Substantiven folgt die zugehörige Pluralform: Innere Plurale werden ausgeschrieben, bei äußeren Pluralen steht nur die Endung in Umschrift	لغز [luɣz], *pl.* ألغاز [ʔal'ɣaːz] … [1]علامة [ʕa'laːma], *pl.* [-aːt] *u.* علائم [ʕa'laːʔim] (2) … كويتي [ku'waitiː] … *pl.* [-uːn] …
Hinweis auf diptotisch deklinierte Formen	[1]صديق [sɒ'diːq], *pl.* أصدقاء [ʔɒsdi'qaːʔ] (2) Freund *m*
Verweis von unregelmäßigen Plural- und Verbformen auf das betreffende Stichwort	لآلئ → لؤلؤ لاق → (ليق)
Kennzeichnung des regionalen	بيارة [ba'jjaːra], *pl.* [-aːt] *Syr., Jord.* Pflanzung *f*, Plantage *f*; *Saudi-Ar.* (*Brunnen-*, *Kanal-*)Schacht *m*
und umgangssprachlichen Gebrauchs	[2]صح [sɒħħ] *umg.* richtig!, stimmt!
Angabe des Sachgebiets, des Fach- oder Lebensbereiches	التحام [ilti'ħaːm] … *Phys.* Adhäsion *f*; *Raumfahrt*: Andocken *n* …
Erläuterungen zur Übersetzung	[1]أمر [ʔamara, u] befehlen (ب ه *j-m A*); *militärische Einheit* befehligen; *im Lokal* bestellen (ب *A*) …
Präpositionen und ihre deutschen Entsprechungen (mit Angabe der Rektion)	[1]دخل [daxala, u] hineingehen, hereinkommen (هـ/إلى/في in *A*) …

Mehr über den Umgang mit diesem Wörterbuch auf den Seiten 9-11.
Die oben und im Hauptteil des Wörterbuchs verwendeten Abkürzungen finden Sie auf den Seiten 16 und 17.

LANGENSCHEIDTS
HANDWÖRTERBÜCHER

Langenscheidts Handwörterbuch Arabisch-Deutsch

von

Dr. Lorenz Kropfitsch

LANGENSCHEIDT
BERLIN · MÜNCHEN · WIEN · ZÜRICH · NEW YORK

*Die Nennung von Waren erfolgt in diesem Werk,
wie in Nachschlagewerken üblich, ohne Erwähnung etwa
bestehender Patente, Gebrauchsmuster oder Warenzeichen.
Das Fehlen eines solchen Hinweises begründet
also nicht die Annahme, eine Ware
oder ein Warenname sei frei.*

*Ergänzende Hinweise, für die wir jederzeit dankbar sind,
bitten wir zu richten an:
Langenscheidt Verlag, Postfach 40 11 20, 80711 München*

Auflage:	*5.*	*4.*	*3.*	*2.*	*1.*	*Letzte Zahlen*
Jahr:	*2000*	*99*	*98*	*97*	*96*	*maßgeblich*

*Satz: Drukkerij Orientaliste, Leuven
Druck: Druckhaus „Thomas Müntzer“, Bad Langensalza
Printed in Germany · ISBN 3-468-04060-1*

Vorwort

In den letzten Jahren ist, dank der veränderten weltpolitischen Bedeutung der arabischen Welt und der immer stärker werdenden Stellung des Islams, das Interesse an der arabischen Sprache und an der arabisch-islamischen Kultur sprunghaft gestiegen. Damit hat auch die Zahl derjenigen, die mit dem Arabischen entweder beruflich als Übersetzer, Studierende oder Dozenten, oder auch nur aus rein privaten Motiven zu tun haben, in bisher nicht dagewesenem Ausmaß zugenommen.

Diese Entwicklung haben Verlag und Verfasser zum Anlaß genommen, in der Reihe der Handwörterbücher ein arabisch-deutsches Lexikon herauszugeben, um auch den Bedürfnissen derjenigen entgegenzukommen, die – sei es mit wissenschaftlichem, literarischem oder gehobenem journalistischen Anspruch – tiefer in das Arabische eindringen wollen.

Die Zielsetzung von Autor und Verlag war es dabei, ein Wörterbuch zu konzipieren, das durch weitestgehende Konzentration auf den modernen Wortschatz und treffende Auswahl von lexikalischen wie auch semantischen Einheiten der verschiedenen, heute relevanten Sachgebiete eine umfassende und ausgewogene Information bietet und das Verstehen von allgemeinen bis hin zu mittelschweren fachlichen Texten ermöglicht.

Erstes Anliegen mußte sein, den **aktuellen Wortschatz** bis an die Schwelle des neuen Jahrtausends mit einzubeziehen. Terminologisch Rechnung getragen wurde den letzten politischen Entwicklungen einschließlich der neu entstandenen Staaten, den neuen wirtschaftlichen, nun auch in der arabischen Welt zunehmend von der Marktwirtschaft geprägten Gegebenheiten, der elektronischen Datenverarbeitung, der Ökologie und den verschiedensten Gebieten der Wissenschaft.

Jeder, der arabische Zeitungen liest, wird mit der Tatsache konfrontiert, daß in den verschiedenen Ländern nicht selten ein und derselbe Begriff auch verschieden bezeichnet wird. Hier wird nun zum ersten Mal der Versuch unternommen, diese **Regionalismen** dingfest zu machen und möglichst gleichgewichtig darzustellen, wobei der regionale Verwendungsbereich durch Angabe des Landes bzw. der Länder kenntlich gemacht wird.

Eine Neuerung, die Puristen ablehnen mögen, die aber jeder, der z.B. Witze und Karikaturen in Zeitungen verstehen will, sicherlich begrüßen wird, ist die Aufnahme von etlichen **Dialektwörtern** als Entsprechungen zu *wer*, *was*, *wo*, *wie* usw. Entscheidendes Kriterium für dieses – rein deskriptiven Prinzipien verpflichtete – Abweichen vom Althergebrachten war das Bestreben, dem Leser der Schriftsprache auch Stellen zu erschließen, deren Medium traditionellerweise die gesprochene Sprache, also der Dialekt ist.

Wie schon im arabisch-deutschen Taschenwörterbuch, wurde eine **streng alphabetische Anordnung der Stichwörter** gewählt, da sie, rein praktisch betrachtet, ganz offensichtlich einen rascheren Zugriff auf das Gesuchte gewährleistet. Die einzige Ausnahme bilden die Verben, die weiterhin unter der Wurzel zusammengestellt bleiben, um so den semantischen Zusammenhang zwischen den Stämmen deutlich werden zu lassen und den Benutzer in die Lage zu versetzen, neu gebildete Stämme einer Wurzel besser und leichter zu verstehen.

Gemäß ihrem nominalen Charakter werden – im Gegensatz zur üblichen Praxis – die tatsächlich gebräuchlichen **Verbalsubstantive** als eigene Stichwörter ausgewiesen. Wo ihnen als deutsches Äquivalent ein substantivierter Infinitiv gegenübersteht, ist dies ein Hinweis darauf, daß eine verbale Übersetzung möglich, wenn nicht sogar empfehlenswert ist.

Erstmals in ein rein alphabetisches Wörterbuch aufgenommen wurde ein **konsequentes Verweissystem für Plural- und Elativformen.** Ausgenommen bleiben lediglich die Pluralformen, deren erster und zweiter Buchstabe mit denen des Singulars identisch sind, die also aufgrund ihrer Ähnlichkeit mit der Singularform ohne große Mühe unter dieser aufgefunden werden können.

Entgegen den in vergleichbaren Wörterbüchern sowie in Grammatiken üblichen Gepflogenheiten wird erstmals das ظ entsprechend seinem tatsächlichen hocharabischen Lautwert und seiner Stellung im phonologischen System als [ð̣] transkribiert.

Bei der Erstellung des Wörterbuchs in der vorliegenden Form ist dem Verfasser seine fast dreißig Jahre lange Arbeit mit modernen arabischen Texten, der eine nach vielen Tausenden von Zetteln zählende Sammlung entsprungen ist, sowie seine fünfundzwanzigjährige praktische Unterrichtserfahrung zugute gekommen. Hier ist der rechte Ort, einmal allen Studierenden zu danken, die an meinen Lehrveranstaltungen in Germersheim teilgenommen haben und die mein lexikographisches Problembewußtsein durch Fragen, aber auch manchmal durch kleinere oder größere Ungenauigkeiten in der Übersetzung geschärft und mich so zum (hoffentlich!) richtigen Wörterbuch-Eintrag hingeführt haben.

Mein besonderer Dank gilt der für das Wörterbuch zuständigen Lektorin des Verlags, Frau Dr. Esther Debus-Gregor, die die Phase des Korrekturlesens mit großem Engagement begleitet und mir mit mancherlei Vorschlag und Hinweis hilfreich zur Seite gestanden hat, sowie den Mitgliedern der Redaktion Orientalische Sprachen ganz allgemein, die den Wünschen und Vorstellungen des Verfassers stets Verständnis entgegengebracht haben.

So hoffe ich, daß sich der für alle Beteiligten beträchtliche Aufwand gelohnt hat und es gelungen ist, dem Benutzer einen Begleiter an die Hand zu geben, der ihm hilft, arabische Texte problemlos zu verstehen, der aber auch weiteres Interesse an der arabischen Sprache zu wecken, tieferes Verständnis der arabisch-islamischen Kultur zu fördern und damit letzten Endes auch einen kleinen Beitrag zur Völkerverständigung zu leisten vermag.

LORENZ KROPFITSCH

Inhaltsverzeichnis

Hinweise für die Benutzung des Wörterbuchs

Alphabetische Reihenfolge

1. Die **arabischen Stichwörter** sind entsprechend dem arabischen Schriftbild in der Reihenfolge des arabischen Alphabets aufgeführt. Wörter mit demselben Schriftbild sind durch hochgestellte Indexziffern voneinander getrennt. Verben – falls vorhanden – sind dabei an erster Stelle angeführt. Es folgen die übrigen Wortarten entsprechend ihrer Vokalisation. Für die Reihenfolge aufgrund der Vokale gilt: [a] vor [u] und [i], z.B.

^{1}**كبر** [kabara] (Verb), ^{2}**كبر** [kabar], ^{3}**كبر** [kubr], ^{4}**كبر** [kibar], ^{5}**كبر** [kibr]

Die wichtigsten arabischen Abkürzungen sowie Länder- und Eigennamen sind an alphabetischer Stelle in das Wörterverzeichnis aufgenommen.

Gebrauch der Tilde

2. Die **Wiederholung des Schriftbildes** eines Stichworts (bei Verben: des Grundstammes oder eines erweiterten Stammes, siehe unten 5.) ist durch eine **Tilde** (~) angezeigt:

^{2}**قوس** [qaus] … ~ قزح (= قوس قزح)

ال~ bedeutet Stichwort mit Artikel; ~ة (wenn letzter Buchstabe nach links unverbunden), ~ـة (wenn letzter Buchstabe nach links verbunden) bedeutet Stichwort mit Femininendung; ~ه (unverbunden), ~ـه (verbunden) bedeutet Possessiv- (bei Substantiven) oder Objektsuffix (bei Verben), etc. Wird das Stichwort als Teil einer Genitivverbindung (vgl. die Grammatikübersicht, Seite 571) auch in der Umschrift wiederholt, so wird es durch den ersten Buchstaben abgekürzt.

Grammatik: Plural

3. Den meisten Substantiven folgt die zugehörige **Pluralform.** Die inneren Plurale werden in arabischer Schrift und Umschrift gegeben, die äußeren Plurale nur durch Angabe der Endung in Umschrift angedeutet. Die Pluralangabe fehlt bei selteneren Wörtern und bei Partizipien mit adjektivischer Bedeutung, wenn der Plural leicht aufgrund der Regeln zu bilden ist (vgl. die Grammatikübersicht, Seite 572–573). Pluralformen stehen immer nach einem Komma, dem die Abkürzung *pl.* folgt. Ein *pl.* unmittelbar nach der Aussprachebezeichnung eines arabischen Wortes kennzeichnet dieses als eine Pluralform. Ein *pl.* nach einem Strichpunkt bedeutet, daß das Stichwort bei Verwendung im Plural die darauffolgend angegebene Bedeutung hat.

^{2}**عيب** [ʕaib], *pl.* عيوب [ʕu'juːb] Fehler *m*, Mangel *m* …; *pl.* Nachteile *m/pl.*, negative Seiten *f/pl.*; …

Genusangaben

4. Das **Genus** der arabischen Substantive ist meist aus der Endung zu erkennen und bleibt dann unbezeichnet. Nur in den wenigen Fällen, wo Wörter ohne weibliche Endung weiblich oder mit weiblicher Endung männlich sind, steht ein *m* oder *f* unmittelbar nach der Aussprachebezeichnung des arabischen Wortes. Sind Femininformen von Substantiven oder Adjektiven angegeben, so stehen sie nach einem Komma, dem ein *f* und dann die entsprechende Form folgt.

Verben

5. Die **Verben** werden wie üblich in ihrer einfachsten Form (3. Person *m/sg.* des Perfekts) angeführt. Auf die Umschrift folgt, abgetrennt durch ein Komma, der **Imperfektvokal**.
Dem unbezeichneten ersten oder Grundstamm des Verbs folgen in herkömmlicher Weise die mit römischen Ziffern bezeichneten **erweiterten Stämme** mit der Umschrift des Perfekts allein, da das Imperfekt hier immer durch das Paradigma gegeben ist. (Vgl. die Konjugationstabellen im Anhang.) Das arabische Schriftbild des II. Stammes ist dann weggelassen, wenn es dem des Stichwortes, also des Grundstammes, entspricht:

> [1]**علم** [ʕalima, a] ... **II** [ʕallama] ... **IV** أعلم [ʔaʕlama] ... **V** تعلم [ta'ʕallama] ... **VI** تعالم [ta'ʕaːlama] ... **X** استعلم [is'taʕlama] ...

Andere Wortarten sind entweder durch Abkürzungen kenntlich gemacht oder aus der Übersetzung ohne weiteres zu erkennen.

Aussprache-bezeichnung

6. Die **Aussprache** jedes arabischen Stichwortes ist diesem in eckigen Klammern beigegeben. Bei Zusammensetzungen mit dem Stichwort sind die hinzutretenden Wörter nicht transkribiert, wenn sie vom Schriftbild her eindeutig sind, z.B. إرسال, oder einem der folgenden Formtypen angehören:

> فعل [faʕala] (Grundstamm des Verbs), فعل [faʕl], فعلة [faʕla], فعال [fa'ʕaːl], فعالة [fa'ʕaːla], فعول [fu'ʕuːl], فعولة [fu'ʕuːla], فاعول [faː'ʕuːl], فعيل [fa'ʕiːl], فعيلة [fa'ʕiːla], فاعل [faːʕil], فاعلة [faːʕila], مفعول [maf'ʕuːl], مفعل [mafʕal], مفعلة [mafʕala], أفعل [ʔafʕal] (2) (Elativ), تفعيل [taf'ʕiːl], تفاعل [ta'faːʕul], انفعال [infi'ʕaːl], افتعال [ifti'ʕaːl], استفعال [istif'ʕaːl].

Auch bei Erweiterung dieser Formen durch das Bezugsadjektiv auf ـي wurde auf die Umschrift verzichtet.
Jedes Wort ist so transkribiert, wie es für sich allein lautet (pausale Aussprache), ohne die Flexionsendungen, die nur im Zusammenhang der Worte gesprochen bzw. gelesen werden, und die daher nur in stehenden Wendungen oder in besonders begründeten Ausnahmefällen eigens gekennzeichnet werden. (Vgl. die Ausspracheerklärungen auf Seite 14, Punkt 5, und die Grammatikübersicht auf Seite 572, Punkt 2.3.)

Übersetzung

7. Die **deutsche Übersetzung**. Es wurde immer danach getrachtet, den vollen, gegenwärtig aktuellen Bedeutungsumfang eines Wortes darzustellen. Unter den Übersetzungen wurde eine möglichst rationelle Reihenfolge eingehalten. Eng zusammengehörige Bedeutungen sind durch **Komma** voneinander getrennt, fernere durch **Strichpunkt**. Sind Wörter verschiedenen Ursprungs und nur lautlich identisch, oder ist der Zusammenhang zwischen Bedeutungen nicht offenkundig, so werden sie – wie darüber hinaus auch einige Sonderfälle – innerhalb desselben Absatzes durch arabische Ziffern voneinander getrennt. Ist eine Pluralform nur für eine der Bedeutungen anwendbar, so steht sie nach der betreffenden Ziffer.

> **عنبر** [ʕambar] **1.** Ambra *f*; **2.** *pl.* عنابر [ʕa'naːbir] (2) (Werk-)Halle *f*; (*Straßenbahn-*)Depot *n*; Hangar *m*; …

Bedeutungsdifferenzierung

Der Benutzer sollte die Übersetzungen immer in ihrem Zusammenhang beurteilen, da deutsche Polyseme oft nur so näher bestimmt werden, z.B. Stärke, Stärkemehl gegenüber Stärke, Kraft; Sprung, Satz gegenüber Sprung, Riß; ausdrücken, auspressen gegenüber ausdrücken, formulieren. Zusätzlich werden Wörter durch Abgrenzung des Anwendungsbereichs genauer definiert oder als Fachausdrücke gekennzeichnet, z.B. *Fußball*: Verteidiger; *Pol.* = *Politik* (vgl. das Abkürzungsverzeichnis auf Seite 16); gelegentlich durch Angabe einer möglichen Zusammensetzung, z.B. (*Schreib-*, *Schul-*)Heft. Grundsätzlich ist die Bedeutung der kursiv gesetzten Zusätze im arabischen Ausdruck selbst nicht enthalten.

> **لسان** [li'saːn], *pl.* ألسنة [ʔalsina], ألسن [ʔalsun] *u.* (*Anat.*) [-aːt] Zunge *f*; Sprache *f*; Organ *n* (*Zeitung*); (*Schlüssel-*)Bart *m*; Riegel *m des Türschlosses*; على ~ه durch (*e-n Sprecher*); ~ الثور [l. aθ-θaur] *Bot.* Ochsenzunge *f*, Borretsch *m*; …

Bei **Verben** stehen oft zwecks genauerer Definition des Gebrauchs charakteristische Subjekte und Objekte, z.B. *Wasser*: versickern (Subjekt, wenn Doppelpunkt), *Strom* sperren (Objekt). Die mit den Verben zu verwendenden **Präpositionen** sind in Klammern beigegeben, wobei zu beachten ist, daß eine arabische Präposition nicht unbedingt einer deutschen gegenüberstehen oder einer solchen wörtlich entsprechen muß, und umgekehrt. Arabische Verben, die den Akkusativ der Person regieren, haben ein (ه) nach sich, solche, die den Akkusativ der Sache regieren, ein (ـه). Der Kasus, den eine deutsche Präposition regiert, ist durch Abkürzung bezeichnet. Wo sich der arabische und der deutsche Gebrauch decken, wurde auf weitere Erklärungen verzichtet. Dies gilt besonders für Verben, die in beiden Sprachen mit dem Akkusativ verbunden werden.

> **قضى** [qɒđɒː, iː] *Zeit* verbringen; *Aufgabe* erledigen; *Bitte*, *Pflicht* erfüllen; … vorsehen, vorschreiben, bestimmen (ب *A*); entscheiden (في über *A*); vernichten, ausrotten (على *A*), ein Ende bereiten (على *D*); … *Gott*: vorherbestimmen; …

Es wird dem Benutzer empfohlen, nie bei der ersten Bedeutung stehenzubleiben, sondern immer alle gegebenen Übersetzungen zu berücksichtigen. Auch die Betrachtung benachbarter Wörter kann oft weitere nützliche Hinweise liefern.

Zur Aussprache des Arabischen

1. Für die **Umschrift** des Arabischen sind die folgenden Zeichen der IPA (International Phonetic Association) verwendet worden:

Buchstabe	Name	Umschrift	
أ, ا	[ʔalif]	ʔ, aː	Mit Hamza: Stimmabsatz; stimmloser Explosivlaut in der Stimmritze; vgl. im Deutschen die Trennung zwischen *e* und *o* in *beobachten*. Ohne Hamza: Dehnungsbuchstabe für [aː].
ب	[baːʔ]	b	
ت	[taːʔ]	t	
ث	[θaːʔ]	θ	Stimmloser Reibelaut zwischen Zungenspitze und oberen Schneidezähnen. Englisches *th* in *think*, *through*.
ج	[ʤiːm]	ʤ, ʒ, g	Stimmhafte Affrikate. Englisches *j* in *Jim*. In Syrien, Libanon und im Maghrib ʒ. In Ägypten *g*.
ح	[ħaːʔ]	ħ	Gepreßtes *h*. Laut bei starkem Hauchen oder dem Versuch auf Distanz zu flüstern.
خ	[xaːʔ]	x	Stimmloser Gaumensegelreibelaut wie *ch* in *ach*, *Krach*.
د	[daːl]	d	
ذ	[ðaːl]	ð	Wie θ, jedoch stimmhaft. Englisches *th* in *this*, *that*.
ر	[raːʔ]	r	Gerolltes Zungenspitzen-R.
ز	[zaːj]	z	Stimmhaftes *s* wie in *Sonne*.
س	[siːn]	s	
ش	[ʃiːn]	ʃ	Deutsches *sch*.
ص	[sɒːd]	ṣ	Velarisiertes *s*. (Siehe unten 3.)
ض	[đɒːd]	đ	Velarisiertes *d*. Im Irak und in Tunesien velarisiertes ð.
ط	[ŧɒːʔ]	ŧ	Velarisiertes *t*.
ظ	[ð̶ɒːʔ]	ð̶	Velarisiertes ð. In Ägypten, Syrien und Libanon bei dialektaler Aussprache velarisiertes *z*.
ع	[ʕain]	ʕ	Gepreßter Knarrlaut in der Stimmritze.
غ	[ɣain]	ɣ	Stimmhaftes *x*, wie *g* in *Wagen*, *sagen* nach Berliner dialektaler Aussprache.

Buchstabe	Name	Umschrift	
ف	[faːʔ]	f	
ق	[qɒːf]	q	Am Gaumensegel (Velum) artikuliertes *k*.
ك	[kaːf]	k	
ل	[laːm]	l	Wie deutsches *l*. Nur im Namen Gottes [ɒ'łłɒːh] velarisiert.
م	[miːm]	m	
ن	[nuːn]	n	
ه	[haːʔ]	h	Wie deutsches *h*.
و	[waːw]	w, uː	Bilabialer Halbkonsonant. Englisches *w*. Dehnungsbuchstabe für [uː].
ي	[jaːʔ]	j, iː	Wie deutsches *j*. Dehnungsbuchstabe für [iː]. (Siehe unten 9.)

2. Das **arabische Vokalsystem** hat nur drei Grundvokale, doch werden sie von den umgebenden Konsonanten beeinflußt, so daß helle und dumpfe Varianten entstehen. Auch ist die Unterscheidung von Kürzen und Längen äußerst wichtig.

Vokalzeichen	Name	Umschrift hell	Umschrift dumpf
ـَ	[fatħa]	a	ɒ
ـَا		aː	ɒː
ـِ	[kasra]	i	ɨ
ـِي		iː	ɨː
ـُ	[đɒmma]	u	
ـُو		uː	

Die **Diphthonge** [ai] und [au] bilden jeweils eine Silbe. Gehört der Halbkonsonant zur folgenden Silbe, wird [aja] bzw. [awa] usw. geschrieben. Die langen Vokale [eː] und [oː] kommen in dialektaler Aussprache als Verschleifungen dieser Diphthonge und in Fremdwörtern vor.

3. Velarisation. Die Konsonanten s̵, đ, ŧ, ð und ł unterscheiden sich von ihren nicht velarisierten Gegenstücken dadurch, daß bei ihrer Artikulierung die Zungenmasse gegen das Gaumensegel und die hintere Rachenwand konzentriert wird. Diese Engebildung und der gepreßte Charakter der velarisierten Konsonanten bewirkt eine dumpfe Färbung der umgebenden Vokale. Eine solche tritt auch beim Konsonanten q auf.

4. Stimmabsatz. Grundsätzlich beginnt jede arabische Silbe mit einem Konsonanten. Daher geht jedem Vokal im Anlaut eines Wortes ein Stimmabsatz voran, der entweder fest ist, d.h. auch im Kontext erhalten bleibt und dann durch ein Hamza (ء) bezeichnet wird, oder nicht fest ist und dann in der arabischen Schrift unbezeichnet bleibt. Auch in der Umschrift ist dieser Stimmabsatz [ʔ] nur dann bezeichnet, wenn er und der ihm folgende Vokal fest sind, z.B. إحسان [ʔiħ'saːn], الإحسان [al-ʔiħ'saːn]; قال أحمد [qaːla ʔaħmad]. Ist der Stimmabsatz nicht bezeichnet, so bedeutet das, daß er im Kontext zusammen mit dem Vokal verschwindet, und daß der Endvokal eines vorangehenden Wortes direkt an den folgenden Konsonanten anschließt. Dieses Phänomen heißt arabisch وصل [wɒs̵l] „Verbindung", z.B. استخدام [istix'daːm], الاستخدام [al-istix'daːm], بالاستخدام [bi-l-istix'daːm]; يقول الولد [ja'quːlu l-walad]. Träger des Hamza sind im In- und Auslaut je nach lautlicher Umgebung entweder Alif, *w* oder *j*. Das Hamza wird je nach folgendem Vokal über oder unter das am Wortanfang stehende Alif gesetzt. Nach langem [aː] und im Auslaut, wenn kein Vokal vorangeht, steht es auch allein. Stimmabsatz und langes [aː] im Anlaut schreibt man mit Madda آ [ʔaː].

5. **Kurze Endvokale** werden in der Pause nicht ausgesprochen (vgl. die Grammatikübersicht, Punkt 2.3) und bleiben in der Regel in der Umschrift unbezeichnet. Ausnahmen wurden gemacht bei Verben, bei nominalen Fügungen, die aufgrund ihrer Konstruktion immer nur im jeweils genannten Kasus erscheinen, sowie gelegentlich auch dort, wo es tunlich erschien, den Flexionsvokal zu bezeichnen.
Bei **weiblichen** Substantiven (z.B. [firqa]) repräsentiert das finale [-a] die in Pausastellung bereits verkürzte Femininendung [-atun] und kann nicht mehr abfallen. Manchmal ist die Kontextform in runden Klammern innerhalb der eckigen Klammern angedeutet: [al-batta(ta)].

6. Die **Betonung** wird durch einen hochgestellten vertikalen Strich **vor** der betonten Silbe angedeutet. Ist die Betonung nicht angegeben, fällt sie auf die erste Silbe. Stoßen zwei verschiedene Konsonanten an der Silbengrenze zusammen, steht der Strich zwischen ihnen, bei zwei identischen Konsonanten (Doppelkonsonanten) jedoch wurde er vor beide gesetzt, z.B. [ma'kaːtib], [mus'taqbal], [ba'lluːra]. Daß es geringe regionale Unterschiede in der Betonung gibt, sei nur am Rande vermerkt.

7. Die **Femininendung** ة ist eine Kombination des Buchstabens ه mit den Punkten des ت. Tritt diese Endung an ein maskulines Wort, so ist die Aussprachebezeichnung sinngemäß zu ergänzen, z.B. تفاح [tu'ffaːħ], ~ة [tu'ffaːħa] (Pausalform), [tu'ffaːħatun] (Kontextform).

8. Das Bildungssuffix der **Bezugsadjektive** ي [-iːj(un)] wird in der Pause zu [-iː] abgeschwächt und erscheint nur so in der Aussprachebezeichnung, z.B. مصري [mɨsriː] ägyptisch. Treten weitere Endungen hinzu, so muß das *j* wieder eingeschoben werden: نسبي [nisbiː], ~ا [nis'biːjan], نسبية [nis'biːja]; حولي [ħauliː], حوليات [ħauliː'jaːt]; دهري [dahriː], ~ون [dahriː'juːn]. Die feminine Form der Bezugsadjektive ist gleichzeitig eine häufige Form abstrakter Substantive.

9. **Mehrdeutigkeit des ي/ى**. Besonders sei auf die Tatsache hingewiesen, daß das ي/ى am Ende eines Wortes für verschiedene Laute stehen kann:

ي	[iː]	wie in	مصري	[mɨsriː]
ي	[j]	wie in	جري	[dʒarj]
ي	[ai]	wie in	لكي	[li'kai]
ى	[aː]	wie in	جرى	[dʒaraː]
ى	[an]	wie in	مدى	[madan]

Vorstehende Tabelle zeigt die orthographische Unterscheidung von ي und ى, wie sie in den meisten arabischen Ländern üblich ist. Besonders in Ägypten werden unter das ى am Ende eines Wortes allerdings auch dann keine Punkte gesetzt, wenn es für [iː], [j] oder [ai] steht.
Am Anfang eines Wortes ist das ي nur Konsonant [j], in der Mitte [iː], [j] oder zweiter Teil des Diphthongs [ai].

Einige Sonderfälle der Rechtschreibung und der Aussprache:

Das Wort für einen Gott ist إله [ʔi'laːh], welches mit dem Artikel zu الله [ɒ'łłɒːh] verschmilzt. Dies ist das einzige Wort der Schriftsprache, in dem das *l* ohne den Einfluß benachbarter velarisierter Konsonanten selbst velarisiert ist. Das lange [aː] ist nicht bezeichnet. Daneben existiert aber auch das nicht kontrahierte الإله, insbesondere im Namen عبد الإله [ʕabdu l-ʔi'laːh], welcher zu unterscheiden ist vom häufigeren عبد الله [ʕabdu 'łłɒːh], umgangssprachlich [ʕab'dɒłłɒ].

Die Präposition لـ [li-] verschmilzt mit الله zu لله: الحمد لله [al-ħamdu li'-llaːh] (keine Velarisation nach [i]!) Gott sei gelobt!, Gott sei Dank!
Die Präposition بـ [bi-] verschmilzt mit اسم [ism] in Verbindung mit dem Wort الله zu بسم: بسم الله [bi-smi 'llaːh] im Namen Gottes.
Neben إله und seinen Kombinationen haben noch die folgenden wichtigen Wörter ein langes [aː], das in der arabischen Schrift nicht wiedergegeben ist: هذا [haːðaː], ذلك [ðaːlika], لكن [laːkin].
Im Gegensatz dazu wird أنا [ʔana] „ich" mit kurzem [a] ausgesprochen.

Im Wörterbuch verwendete Abkürzungen

a., a.	auch	أيضا
A	Akkusativ	حالة المفعول به
Abk., Abk.	Abkürzung	اختصار
Adv.	Adverb	ظرف
Äg.	Ägypten	في مصر
Alg.	Algerien	في الجزائر
allg.	allgemein	عموما
Anat.	Anatomie	علم التشريح
arab., arab.	arabisch	عربي
Arch.	Architektur	فنّ العمارة
Astr.	Astronomie	علم الفلك
Biol.	Biologie	علم الأحياء
Bot.	Botanik	علم النبات
bsd., bsd.	besonders	خصوصا
ca.	ungefähr, zirka	تقريبا
Chem.	Chemie	كيمياء
Chr.	christlich(e Religion)	الدين المسيحي
D	Dativ	حالة المعطى له
Dipl.	Diplomatie	دبلوماسية
du.	Dual, Zweizahl	مثنّى
EDV	Elektronische Datenverarbeitung	علم الحاسوب
e-e, e-e	eine	واحدة، أداة التنكير
e-m, e-m	einem	لواحد، أداة التنكير
e-n, e-n	einen	واحدا، أداة التنكير
e-r, e-r	einer	واحدة (مضاف إليه)، لواحدة، أداة التنكير
e-s, e-s	eines	واحد (مضاف إليه)، أداة التنكير
el.	Elativ	اسم التفضيل
El.	Elektrizität, Elektrotechnik	كهرباء

engl.	englisch	إنكليزي
etc.	et cetera, und so weiter	إلخ
f	feminin	مؤنّث
fig.	figürlich	مجازا
Fin.	Geldwesen	مالي
Fot.	Fotografie	تصوير شمسي
G	Genitiv	حالة المضاف إليه
Gegens.	Gegensatz	عكس
Geo.	Geographie	جغرافيا
Geol.	Geologie	جيولوجيا
Geom.	Geometrie	علم الهندسة
Gr.	Grammatik	صرف ونحو
Hdl.	Handel	تجارة
hist.	historisch	تاريخي
Imp.	Imperativ	صيغة الأمر
Impf.	Imperfekt	مضارع
indet.	indeterminiert	منكّر
intr.	intransitiv	لازم، غير متعدّ
Ir.	Irak	في العراق
isl., *Isl.*	islamisch(e Religion)	دين الإسلام
j-d, j-d	jemand	أحد
j-m, j-m	jemandem	لأحد
j-n, j-n	jemanden	أحدا
j-s, j-s	jemandes	أحد (مضاف إليه)
Jem.	Jemen	في اليمن
Jord.	Jordanien	في الأردنّ
Journ.	Journalismus	صحافة
Jud.	jüdische Religion	الدين اليهودي
Jur.	Jurisprudenz	قانون
klass.	klassisch	لغة قديمة

koll.	Kollektivum	اسم الجنس
Konj.	Konjunktion	حرف عطف، أداة شرط
Kuw.	Kuwait	في الكويت
l	Liter	لتر
Lib.	Libanon	في لبنان
Lit.	Literatur	أدب
m	maskulin	مذكّر
Maghr.	Maghreb	في المغرب العربي
Mar.	Marokko	في المملكة المغربية
Math.	Mathematik	رياضيات
Med.	Medizin	طبّ
Meteor.	Meteorologie	علم الأرصاد الجوية
Mil.	Militär	جيش، جندية
Min.	Mineralogie	علم المعادن
Mus.	Musik	موسيقى
n	Neutrum	محايد
N	Nominativ	حالة الفاعل
Neg.	Negation	نفي
npr.	Eigenname	اسم علم
n. un.	Nomen unitatis	اسم الوحدة
n. vic.	Nomen vicis	اسم المرة
obs.	obsolet, veraltet	قديم الاستعمال
od.	oder	أو
Ök.	Ökonomie, Volkswirtschaft	اقتصاد
Opt.	Optik	علم البصريات
örtl.	örtlich	مكاني
Pal.	Palästina	في فلسطين
Part.	Partizip	اسم الفاعل، اسم المفعول
Pass.	Passiv	صيغة المجهول
pej.	pejorativ	بشكل حاط
Pers.	Person	شخص (المتكلّم أو المخاطب أو الغائب)
Phil.	Philosophie	فلسفة
Phon.	Phonetik	علم الأصوات
Phys.	Physik	علم الطبيعة
Physiol.	Physiologie	فيسيولوجيا
pl.	Plural	جمع
poet.	poetisch	شعري

Pol.	Politik	سياسة
Präp.	Präposition	حرف جرّ
Psych.	Psychologie	علم النفس
Rel.	Religion	دين
Rf.	Rundfunk, Fernsehen	إذاعة، تليفزيون
Rhet.	Rhetorik	بلاغة
Saudi-Ar.	Saudi-Arabien	في المملكة العربية السعودية
s-e, s-e	seine	...ـه (ضمير الملكية للغائب)
sg.	Singular	مفرد
s-m, s-m	seinem	لـ...ـه (ضمير الملكية للغائب)
s-n, s-n	seinen	...ـه (ضمير الملكية للغائب في حالة المفعول به)
Soz.	Soziologie	علم الاجتماع
Spr.	Sprichwort	مثل، قول مأثور
s-r, s-r	seiner	لـ...ـه (ضمير الملكية للغائب)
s-s, s-s	seines	(ضمير الملكية للغائب في حالة المضاف إليه)
Sud.	Sudan	في السودان
Syr.	Syrien	في سوريا
Techn.	Technik	تقنيات
Tel.	Telefon	هاتف
theol.	theologisch	لاهوتي
trans.	transitiv	متعدّ
Tun.	Tunesien	في تونس
Typ.	Typographie, Druckwesen	طباعة
u., u.	und	و
umg.	umgangssprachlich	لغة عامّية
vgl.	vergleiche	قارن
Verk.	Verkehrswesen	مرور
vulg.	vulgär	عبارة سوقية
wörtl.	wörtlich	حرفيا
z.B.	zum Beispiel	مثلا
zeitl.	zeitlich	زماني
Zool.	Zoologie	علم الحيوان

ا

¹ا (ألف) [ʔalif] *erster Buchstabe des arab. Alphabets*; *bei Aufzählungen:* ا...، ب...، ج...، د...، هـ... a) ..., b) ..., c) ..., d) ..., e) ...

²أ [ʔa-] **1.** *Fragepartikel vor direkten Fragen*: أليس كذلك [ʔa-laisa ka-'ðaːlik] ist es nicht so?; أأذهب [ʔa-ʔaðhab] soll ich gehen?; أ... أم [ʔam], أ ... أم أن [ʔanna] (etwa) ... oder?; *vor* و *u.* فـ: أوتظن أن, أفتظن أن [ʔa-wa-ta'ðunnu (ʔa-fa-ta-'ðunnu) ʔanna] glaubst du etwa (*od.* denn), daß...?; **2.** *Fragepartikel vor indirekten Fragen*: ob, ob etwa; لا أعرف أيفعل ذلك [laː ʔaʕrifu ʔa-jafʕalu ðaːlik] ich weiß nicht, ob er das tut; أ ... أم [ʔam] ob ... oder; سواء أ ... أم [sa'waːʔun ʔa] gleichgültig, ob ... oder; sei es, daß ... oder; **3.** *Ausrufewort*: أجئت أخيرا [ʔa-dʒiʔta ʔa'xiːran] da bist du ja endlich!; **4.** *Ausrufewort in den Verbindungen* ألا [ʔa-laː] *u.* أما [ʔa-maː]: ألا فعلت [fa'ʕalta] willst du es nicht endlich tun?; ألا جئتم أمس [dʒiʔtum ʔams] wäret ihr doch nur gestern gekommen!; ألا فانظروا [fa-nðuruː] so seht doch nur!; ألا وهو [wa-'huwa], ألا وهي [wa-'hija] und zwar, nämlich; ألا ليت شعري [laita ʃiʕriː] ach, wüßte ich doch...!; أما إنه مغفل [ʔinnahuː mu'ɣaffal] er ist doch wirklich ein Dummkopf!

¹**أب** [ʔab], *vor G u. Suffixen*: *N* أبو [ʔabuː], *G* أبي [ʔabiː], *A* أبا [ʔabaː], *pl.* آباء [ʔaː'baːʔ] Vater *m*; *Chr.* Pater *m*; الأبوان [al-ʔaba'waːni] *du.* die Eltern, Vater und Mutter; الآباء die Eltern (mehrerer Personen); أبو + *G*: Besitzer *m* (*G*), mit *e-r Sache* versehen; يا أبت [jaː ʔabati] *u.* يا أبتاه [jaː ʔaba'taːh] (o) Vater!; أبونا [ʔa'buːnaː] *Anrede u. Titel von Geistlichen*; آباؤه وأجداده [ʔadʒ'daːduhuː] s-e Väter u. Vorväter, s-e Vorfahren; أبو جعران [ʔa. dʒiʕ'raːn] *Zool.* Mistkäfer *m*; Skarabäus *m*; أبو زريق [ʔa. zu'raiq] *Zool.* Eichelhäher *m*; أبو سعن [ʔa. suʕn] *Zool.* Marabu *m*; أبو لحية [ʔa. liħja] bärtig; أبو النوم [ʔa. n-naum] *Bot.* Mohn *m*; أبو النظارة [ʔa. n-nɒ'ððɒːra] der mit der Brille; أبو الهول [ʔa. l-haul] Sphinx *f* (*a. m*); جده لأبيه [dʒadduhuː li-ʔa'biːhi] sein Großvater väterlicherseits

²**آب** [ʔaːb] *Syr., Lib., Ir., Jord.* August *m* (*Monat*)

³**آب**: الـ~ [al-ʔaːb] *Chr.* der Vater (= Gott)

⁴**آب** [ʔaːbin] widerwillig, widerstrebend

⁵**آب** [ʔaːba] → ¹(أوب)

¹**إباء** [ʔi'baːʔ] Weigerung *f*; Verweigerung *f*; Ablehnung *f*; Stolz *m*

²**آباء** [ʔaː'baːʔ] → أب¹

أبابيل [ʔabaː'biːl] (2) *pl.*: طير ~ [tɒir] Vogelschwärme *m/pl.*

أباتي [ʔa'baːtiː] *Chr.* Abt *m*

أباجور [ʔabaː'ʒuːr] *u.* ~ة Lampenschirm *m*; Lampe *f*

إباحة [ʔi'baːħa] Erlaubnis *f*; Freigabe *f*

إباحي [ʔi'baːħiː] zügellos, ausschweifend; frivol; Anarchist *m*; Nihilist *m*

إباحية [ʔibaː'ħiːja] Zügellosigkeit *f*; Frivolität *f*; Libertinismus *m*; Anarchismus *m*; Nihilismus *m*

إبادة [ʔi'baːda] Vernichtung *f*; Ausrottung *f*; ~ الجنس [ʔi. al-dʒins] Genozid *m*, Völkermord *m*

إبادي [ʔi'baːdiː] Vernichtungs-

آبار → بئر

أباشة [ʔu'baːʃa] Gesindel *n*

إباضة [ʔi'bɒːđɒ] *Biol.* Eisprung *m*

إباضية [ʔibɒː'điːja], **أباضية** [ʔabɒː-'điːja]: الـ~ die Ibaditen *od.* Abaditen *m/pl.* (*isl. Sekte bsd. in Oman u. Nordwestafrika*)

أباطرة → إمبراطور

أباطيل [ʔabaː'ŧiːl] (2) *pl.* unsinnige(s) Zeug; lügnerische Behauptungen *f/pl.*; Eitle(s), Nichtige(s)

أباعر *u.* **أباعير** → بعير

إبالة [ʔi'baːla, ʔi'bbaːla] Bündel *n*, Ballen *m*

إبان [ʔi'bbaːn] Zeit *f*; ~ [-a] *u.* في ~ + *G*: während; ~ ما [-a maː] *Konj.* während

أبت: ~ يا *u.* يا أبتاه → أب¹

ابتداء [ibti'daːʔ] Anfang *m*, Beginn *m*; ~ من [-an] von... an, ab

ابتداع [ibti'daːʕ] Erfindung *f*; Schaffung *f od.* Einführung *f* von Neuem; Erfindungsgabe *f*

ابتدائي [ibti'daːʔiː] Anfangs-; primär; *Volk*: primitiv; vorläufig, Vor-; Grundschul-; التعليم الـ~ Grundschulunterricht *m*; *allg.*: die Grundschule; شهادة ~ة Grundschulzeugnis *n*, Abschlußzeugnis *n* der Grundschule; عقد ~ [ʕaqd] Vorvertrag *m*; محكمة ~ة [maħkama] Gerichtshof *m* erster Instanz, Amtsgericht *n*; مدرسة ~ة [madrasa] Grundschule *f*

ابتدائية [ibtidaː'ʔiːja], *pl.* [-aːt]: الـ~ Grundschule *f*

ابتذال [ibti'ðaːl] Nachlässigkeit *f der Kleidung*; unmoralische(r), anstößige(r) Lebenswandel; Abgeschmacktheit *f*, Banalität *f* des Ausdrucks

أبتر [ʔabtar] (2) gestutzt; schwanzlos; unvollkommen; *Lösung*: unbefriedigend

ابتزاز [ibti'zaːz], *pl.* [-aːt] Raub *m*; Beraubung *f*; Schröpfung *f*; (= ~ بالتهديد) Erpressung *f*

ابتزازي [ibti'zaːziː] räuberisch, erpresserisch

ابتسام [ibti'saːm] *u.* ـة~, *pl.* [-aːt] Lächeln *n*

ابتعاث [ibti'ʕaːθ] Entsendung *f bsd. zur Ausbildung od. zum Studium ins Ausland*

ابتعاد [ibti'ʕaːd] Sichentfernen *n*; Entfremdung *f* (عن von *j-m*); Aufgabe *f* (عن *e-r Gewohnheit*); Meiden *n* (عن *G*)

ابتغاء [ibti'ɣaːʔ] Verlangen *n*, Wunsch *m*; ~ [-a] zwecks; ~ الشيء [-a ʃ-ʃaiʔ] in dem Verlangen *od.* Wunsch nach etwas

ابتكار [ibti'kaːr] Erfindung *f*; Schöpfung *f*, Kreation *f*; Schöpfertum *n*; Originalität *f*; *pl.* [-aːt] Modeneuheit *f*, Modeschöpfung *f*; قوة الـ~ [quwwat al-i.] Kreativität *f*

ابتكاري [ibti'kaːriː] schöpferisch; originell

ابتكارية [ibtikaː'riːja] Originalität *f*

ابتلاء [ibti'laːʔ] Prüfung *f*; Heimsuchung *f*

ابتهاج [ibti'haːdʒ] Freude *f* (ب über *A*); Entzücken *n*

ابتهال [ibti'haːl], *pl.* [-aːt] Flehen *n* (*zu Gott*); flehentliche Bitte; Demut *f* (*vor Gott*)

ابتياع [ibti'jaːʕ] Kauf *m*

أبثر [ʔabθar] (2) *Gesicht*: pickelig

[1]**أبجد** [ʔabdʒada] durch alphabetische Zeichen ausdrücken (هـ *Laute e-r Sprache*)

[2]**أبجد** [ʔabdʒad] *das erste der acht Wörter, die die Buchstaben des arab. Alphabets in der Reihenfolge ihres Zahlenwerts enthalten*

أبجدي [ʔabdʒadiː] alphabetisch; الحروف الأبجدية [al-ħu'ruːf] das Alphabet; ~ ترتيب alphabetische Anordnung

أبجدية [ʔabdʒa'diːja], *pl.* [-aːt] Alphabet *n*; *fig.* Abc *n*, Einmaleins *n*

أبح [ʔa'baħħ] (2), *f* بحاء [ba'ħħaːʔ] (2), *pl.* بح [buħħ] heiser

أبحاث → [2]بحث

إبحار [ʔib'ħaːr] Abfahrt *f e-s Schiffes*

أبحر → [2]بحر

أبخرة → بخار

أبخس [ʔabxas] (2) *el. Preis*: niedriger; *Strafe*: geringer

أبخل [ʔabxal] (2) *el.* geiziger

[1]**أبد II** [ʔabbada] verewigen

[2]**أبد** [ʔabad], *pl.* آباد [ʔaː'baːd] ewige Dauer, Ewigkeit *f*; أبدا [-an] *selten ohne Neg.*: immer; *mit Neg.*: nie(mals); gar nicht; *isoliert, ohne Neg.*: keinesfalls!, durchaus nicht!; لا شيء ~ا [laː ʃaiʔa] überhaupt nichts; إلى الـ~ *u.* الدهر ~ [-a d-dahr] für immer, auf ewig; ~ الآبدين [-a l-ʔaːbi'diːn] für immer und ewig, für alle Zeiten; منذ الـ~ [munðu l-ʔa.] seit jeher

إبداء [ʔib'daːʔ] Äußerung *f*, Bekundung *f*; Erklärung *f*; Mitteilung *f*, Angabe *f von Gründen*; ~ الرأي [ʔi. ar-raʔji] Meinungsäußerung *f*

أبدار → [3]بدر

[1]**أبداع** → [2]بدع

[2]**إبداع** [ʔib'daːʕ] Schaffung *f*; *pl.* [-aːt] schöpferische Leistung; Schöpfergeist *m*, schöpferische Fähigkeit, Kreativität *f*; Originalität *f*; ~ فني [fanniː] künstlerische(s) Schaffen

إبداعي [ʔib'daːʕiː] schöpferisch, kreativ; *Lit.* romantisch

إبداعية [ʔibdaː'ʕiːja] Romantik *f*

[1]**أبدال** [ʔab'daːl] → [2]بدل

[2]**إبدال** [ʔib'daːl] Ersetzung *f* (ب durch *A*); Wechsel *m*; Auswechslung *f*; Umtausch *m a. e-r Währung*; Ersatz *m*; *a. Psych.* Substitution *f*; *Linguistik*: Lautwechsel *m*; ~ الملابس [ʔi. al-ma'laːbis] Umkleiden *n*; ~ العملة [ʔi. al-ʕumla] *bsd. Tun.* Geldwechsel *m*

أبدان → [2]بدن

أبدع [ʔabdaʕ] (2) *el.* großartiger, wunderbarer

آبدة [ʔaːbida], *pl.* أوابد [ʔa'waːbid] (2) erstaunliche Sache

أبدي [ʔabadiː] ewig (dauernd), ohne Ende

أبدية [ʔaba'diːja] Ewigkeit *f*; Jenseits *n*

أبر [ʔabara, u, i] *j-n* stechen

إبراء [ʔib'raːʔ] Freisprechung *f*; Schulderlaß *m*; Heilung *f* (من von *D*); ~ ذمته [ʔi. ði'mmatihiː] Entlastung *f j-s* (*bsd. des Vorstands*)

أبراج → [2]برج

أبراد → [4]برد

أبرار → [2]بر

إبراز [ʔib'raːz] Hervortretenlassen *n*; Hervorhebung *f*; Vorweisen *n*, Vorzeigen *n e-s Ausweises*; *Biol.* Ausscheidung *f*, Absonderung *f*

إبرازي [ʔib'raːziː] *Biol.* ausscheidend, exkretorisch

أبراش → [2]برش

إبراق [ʔib'raːq] Telegraphie *f*

إبرام [ʔib'raːm] Abschluß *m e-s Vertrages*; Ratifizierung *f*; Bestätigung *f e-s Vertrages durch die Regierung*

أبراميس [ʔabraː'miːs] *Zool.* Brasse *f*

إبراهيم [ʔibraː'hiːm] (2) Abraham, Ibrahim *npr. m*

إبراهيمي [ʔibraː'hiːmiː] auf Abraham bezüglich

أبرز [ʔabraz] (2) *el.* deutlicher hervortretend, auffälliger; hervorragender

أبرش [ʔabraʃ] (2) gefleckt, scheckig

أبرص [ʔabrɒs] (2) *Med.* aussätzig, leprakrank

أبرك [ʔabrak] (2) *el.* gesegneter

أبرميس [ʔabra'miːs] *Zool.* Brasse *f*

إبرة [ʔibra], *pl.* إبر [ʔibar] Nadel *f a. e-s Meßinstruments*; *Zool.* Stachel *m*; *Med.* Spritze *f*; ~ تريكو [ʔi. triːkoː] Stricknadel *f*; ~ الخياطة [ʔi. al-xi'jɒːtɒ] Nähnadel *f*; ~ الراعي [ʔi. ar-raːʕiː] *Bot.* Geranium *n*; ~ الرفء [ʔi. ar-rafʔ] Stopfnadel *f*; ~ السفينة Kompaß *m*; ~ الكروشيه [ʔi. al-kroː'ʃeːh] Häkelnadel *f*; ~ مغناطيسية [maɣnaʈiː'siːja] Magnetnadel *f*; ~ حقنه [ħa'qanahuː -tan] *u.* ~ بـ حقنه [bi-ʔibratin] j-m e-e Spritze geben

أبرشية [ʔabra'ʃiːja], *pl.* [-aːt] Diözese *f*

إبري [ʔibariː] nadelförmig

أبرياء → بريء

إبريز [ʔib'riːz] reine(s) Gold

إبريسم [ʔib'riːsam, ʔib'riːsim] Seide *f*

إبريق [ʔib'riːq], *pl.* أباريق [ʔabaː'riːq] (2), *Tun.* أبارقة [ʔa'baːriqa] Kanne *f*

أبريل [ʔab'riːl] *a.* [ʔib'riːl], April *m*

أبزار → بزر [3]

أبزاز → بز [3]

إبزيم [ʔib'ziːm], *pl.* أبازيم [ʔabaː'ziːm] (2) Schnalle *f*, Schließe *f*

إبستيمولوجيا [ʔibisteːmo'loːdʒijaː] *Phil.* Epistemologie *f*, Erkenntnistheorie *f*

أبسطة → بساط

أبسنت [ʔab'sint] Absinth *m*

أبشع [ʔabʃaʕ] (2) *el.* häßlicher, abscheulicher, widerlicher, gräßlicher

[1]**أبصار** [ʔab'sɒːr] → بصر [2]

[2]**إبصار** [ʔib'sɒːr] Sehen *n*; Sehvermögen *n*

إبصاري [ʔib'sɒːriː] optisch

أبض [ʔubɗ], *pl.* آباض [ʔaː'bɒːɗ] Kniekehle *f*

[1](**أبط**) **V** [ta'ʔabbɒtɒ] unter dem Arm tragen; يتأبط ذراعه [ði'raːʕahuː] j-n unterfassen, mit j-m eingehakt gehen

[2]**إبط** [ʔibt] *m u. f*, *pl.* آباط [ʔaː'bɒːt] Achselhöhle *f*

أبطأ [ʔabtɒʔ] (2) *el.* langsamer

إبطاء [ʔib'tɒːʔ] Verlangsamung *f*; Verzögerung *f*; Langsamkeit *f*; Zögern *n*; Verzug *m*; Säumigkeit *f*; ~ دون [duːna ʔi.], ~ بغير *u.* في ~ غير unverzüglich, sofort (*Adv.*)

[1]**أبطال** [ʔab'tɒːl] → بطل [2]

[2]**إبطال** [ʔib'tɒːl] Aufhebung *f*, Abschaffung *f*; *Jur.* Kraftloserklärung *f*; Annullierung *f e-s Vertrages*; Entschärfung *f e-r Bombe*

إبطي [ʔibtiː] *Bot.* achselständig

[1]**أبعاد** [ʔab'ʕaːd] → بعد [4]

[2]**إبعاد** [ʔib'ʕaːd] Entfernung *f*, Beseitigung *f*; Fernhalten *n* (عن von *D*); Relegation *f* (عن von *der Hochschule*); ~ من البلاد [al-bi'laːd] Ausweisung *f*, Abschiebung *f*, Deportation *f*

أبعث [ʔabʕaθ] (2) *el.* besser geeignet, (على *etwas*) hervorzurufen; ~ على العجب [al-ʕadʒab] erstaunlicher

أبعد [ʔabʕad] (2) *el.*, *pl.* [-uːn] *u. bsd. klass.* أباعد [ʔa'baːʕid] (2) sehr fern; ferner, entfernter; weiter entfernt (عن von *D*); weiter (reichend); weitgehender; ~ احتمالا [iħti'maːlan] unwahrscheinlicher; الأقارب الأبعدون [al-ʔa'qaːrib] die entfernten Verwandten; إلى ~ حد (ممكن) [-i ħaddin (mumkin)] *u.* إلى ~ الحدود [-i l-ħu'duːd] weitgehendst; äußerst; هو ~ ما يكون عن ذلك [ʔa. maː ja'kuːn] davon kann bei ihm nicht die Rede sein

أبغال → بغل

أبغض [ʔabɣɒɗ] (2) *el.* verhaßter (إلى *j-m*)

[1]**أبق** [ʔabaqa, i] entlaufen, davonlaufen

[2]**أبق** [ʔabaq] Manilahanf *m*

[3]**آبق** [ʔaːbiq] *Part.* entlaufen

إبقاء [ʔib'qɒːʔ] Erhaltung *f*, Wahrung *f*, Aufrechterhaltung *f*, Beibehaltung *f* (على *e-r Sache*); ~ على صحته [-an ʕalaː si'ħħatihiː] um s-e Gesundheit zu schonen; mit Rücksicht auf s-e Gesundheit

أبقار → بقرة

أبقراط [ʔabuq'rɒːt] (2) Hippokrates

أبكار → بكر [3]

[1]**أبكر** [ʔabkar] (2) *el.* früher (als)

[2]**أبكر** [ʔabkur] → بكر [2]

أبكم [ʔabkam] (2), *f* بكماء [bakmaːʔ] (2), *pl.* بكم [bukm] stumm; أصم ~ [ʔa'sɒmm] taubstumm; صمت ~ [sɒmt] tiefe(s) Schweigen, tiefe Stille

إبل [ʔibil] *koll.* Kamele *n/pl.*

إبلاغ [ʔib'laːɣ] Übermittlung *f*; Mitteilung *f*; (amtliche) Benachrichtigung; ~ الشرطة [ʔi. aʃ-ʃurtɒ] Anzeige *f bei der Polizei*

إبلال [ʔib'laːl] Genesung *f*

أبلام → بلم

أبله [ʔablah] (2), *f* بلهاء [bal'haːʔ] (2), *pl.* بله [bulh] *u.* بلهاء [bula'haːʔ] (2) dumm; einfältig, naiv; Tor *m*; Einfaltspinsel *m*; *Med.* schwachsinnig, debil; *Blick*: stupide

أبلة [ʔabla] *Äg. umg.* Frau *f*

إبليز [ʔib'liːz] Nilschlamm *m*

إبليس [ʔib'liːs], *pl.* أبالسة [ʔa'baːlisa], أباليس [ʔabaː'liːs] (2) Teufel *m*, Satan *m*; ذرية الأبالسة [ðu'rriːjat al-ʔa.] Teufelsbrut *f*

[1]**أبن** **II** [ʔabbana] e-e Leichenrede halten (ه auf *j-n*)

[2]**ابن** [ibn], *bei vorangehendem Namen nur* بن [bnu], *pl.* أبناء [ʔab'naːʔ] *u.* بنون [ba'nuːn] Sohn *m*; Abkomme *m*, Nachkomme *m*, Sproß *m*; Angehöriger *m e-r Familie*, *Gemeinschaft*, *e-s Volkes*; أبناء + *G*: die Bewohner *m/pl.*, Bürger *m/pl. e-s Landes*; الأبناء *Zool.* die Jungen; ~ الأخ [i. al-ʔax], ~ الأخت [i. al-ʔuxt] Neffe *m*; ~ آدم [i. ʔaːdam], *pl.* بنو آدم Mensch *m*; بنو الإنسان [b. l-in'saːn] die Menschheit, das Menschengeschlecht; ~ آوى [i. ʔaːwaː], *pl.* بنات آوى [ba'naːt ʔaːwaː] Schakal *m*, *bsd.* Goldschakal *m*; أبناء البشر [ʔa. al-baʃar] die Menschen *m/pl.*; ~ البلد [i. al-balad] Stadtbewohner *m*; *fig.* schlaue(r) Kerl; أبناء البلد, أبناء البلاد [ʔa. al-bi'laːd] die Einheimischen *m/pl.*, die Bürger *m/pl. e-s Landes*; أبناء دينه [ʔa. diːnihiː] s-e Glaubensbrüder *od.* Glaubensgenossen; أبناء الريف [ʔa. ar-riːf] die Landbevölkerung; ~ الزوج [i. az-zaudʒ] Stiefsohn *m der Frau*, ~ الزوجة Stiefsohn *m des Mannes*; ~ السبيل *j-d*, der des Weges kommt, Wanderer *m*; ~ خمسين (سنة) [i. xam'siːna (sanatan)] ein Mann in den Fünfzigern, ein Fünfzigjähriger; ~ ساعته vergänglich, kurzlebig; ~ الشعب [i. aʃ-ʃaʕb] ein Mann aus dem Volk; ~ صلبه [i. sulbihiː] sein eigener Sohn; sein eigen Fleisch und Blut; أبناء العرب die Araber *m/pl.*; ابن عرس [i. ʕirs], *pl.* بنات عرس [ba'naːt ʕirs] *Zool.* Wiesel *n*; ~ عصره [i. ʕɒsrihiː] ein

Kind s-r Zeit; العم ~ [i. al-ʕamm] Vetter *m*, Cousin *m väterlicherseits*; *umschreibend für*: Ehegatte *m*; بنو ماء السماء [b. maːʔi s-sa-'maːʔ] *Beiname der Araber*; أبناء مصر [ʔa. misr] die Ägypter *m/pl.*; السيد فلان الـ~ [as-sajjid fu'laːn] Herr N.N. junior; مدرسة البنين [madrasat al-b.] Knabenschule *f*

ابنة [ibna], *pl.* بنات [ba'naːt] Tochter *f*; الأخ ~ [i. al-ʔax], الأخت ~ [i. al-ʔuxt] Nichte *f*; الزوج ~ [i. az-zaudʒ] Stieftochter *f der Frau*, ~ الزوجة Stieftochter *f des Mannes*; العم ~ [i. al-ʕamm] Base *f*, Kusine *f väterlicherseits*; *umschreibend für*: Ehegattin *f*

أبنوس [ʔab'nuːs], آبنوس [ʔaːba'nuːs] Ebenholz *n*

[1]**أبه** [ʔabaha, a] beachten (ل/ب *A*), sich kümmern (ل/ب um *A*), Notiz nehmen (ل/ب von *D*); أمر لا يؤبه له [ʔamrun laː juʔbahu lahuː] e-e unbedeutende Sache

[2]**آبه**: بـ/ل ~ غير [ɣaira ʔaːbihin] ohne sich um … zu kümmern

أبها [ʔabhaː] Abha (*Stadt in Saudi-Arabien*)

أبهاء → بهو[2]

إبهاج [ʔib'haːdʒ] Erfreuen *n*, Beglükken *n*

إبهام [ʔib'haːm] **1.** Unklarheit *f*; Unverständlichkeit *f*; Mehrdeutigkeit *f*; Zwielichtigkeit *f e-s Menschen*; **2.** *meist f, pl.* أباهيم [ʔabaː'hiːm] (2) Daumen *m*; große(r) Zeh

أبهر [ʔabhar] (2) **1.** Aorta *f*; **2.** *el.* glänzender, prächtiger

أبهظ [ʔabhɒð] (2) *el.* sehr schwer, drückend; بـ~ الأثمان zu horrenden Preisen

أبهة [ʔubbaha] Pracht *f*, Pomp *m*; Luxus *m*; *pej.* Protzerei *f*; Arroganz *f*

أبهى [ʔabhaː] *el.* prächtiger

أبهياء → بهي[2]

أبو → أب[1]

أبواب → باب

أبواز → باز[1]

أبواش → بوش[2]

أبواع → باع[2]

أبواغ → بوغ

أبوان [ʔaba'waːn] *du.* Eltern *pl.*; → أب[1]

أبو ظبي [ʔabuː ðɒbiː] Abu Dhabi (*Emirat am Arab.-Persischen Golf*)

أبو قير [ʔabuː qiːr] Abukir (*ägyptisches Seebad am Mittelmeer*)

أبونيت [ʔabu'niːt] Ebonit *n*

أبونيه [ʔabuː'neːh], *pl.* [-aːt] Abonnement *n*; Dauerkarte *f*

أبوة [ʔu'buːwa] Vaterschaft *f*; Väterlichkeit *f*; نظام الـ~ [ni'ðɒːm al-ʔu.] Patriarchat *n*

أبوي [ʔabawiː] väterlich; elterlich

أبوية [ʔaba'wiːja] Patriarchat *n*

[1]**أبى** [ʔabaː, aː] sich weigern (أن يفعله [ʔan jafʕalahuː] etwas zu tun); ablehnen; verweigern, verbieten (هـ على *j-m A*); لا يأبى أن يفعله er ist nicht abgeneigt, es zu tun; يأبى إلا أن يفعله [ʔillaː] er besteht darauf, es zu tun; ~ تصديقه [tɒs'diːqahuː] er wollte es nicht glauben; تأباه الطبيعة [taʔ-'baːhu t-tɒ'biːʕa(tu)] widernatürlich; **V** تأبى [ta'ʔabbaː] ablehnen; sich sträuben

[2]**أبي** [ʔabiː] **1.** mein Vater; **2.** *G von* أبو, → أب[1]

[3]**أبي** [ʔa'biːj] stolz, abweisend

أبيب [ʔa'biːb] *11. Monat des koptischen Kalenders*

أبيض [ʔabjɒđ], *f* بيضاء [bai'đɒːʔ] (2), *pl.* بيض [biːđ] weiß; Weiße(r), Angehörige(r) der weißen Rasse; *a. Gesichtsfarbe*: hell; *Gesicht*: bleich; *Waffe*: glänzend, blank; unbeschrieben, leer; *Herz*: rein; makellos; aufrichtig; *Nachricht*: froh, gut; *Revolution*: unblutig, ohne Blutvergießen; أكذوبة بيضاء [ʔuk'ðuːba] Notlüge *f*, verzeihliche Lüge; الخيط الـ~ [al-xaiṭ] die erste Morgendämmerung; الذهب الـ~ [að-ðahab] Platin *n*; ~ موت [maut] plötzliche(r) (natürlicher) Tod; يد بيضاء [jad] Wohltat *f*; صحيفته بيضاء [sɒħiː'fatuhuː] er hat e-n guten *od.* ausgezeichneten Ruf

ابيضاض [ibji'đɒːđ]: الدم ~ [i. ad-dam] Leukämie *f*

أبيقور [ʔabiː'quːr] (2) Epikur

أبيقوري [ʔabiː'quːriː] epikureisch; *pl.* [-uːn] Epikureer *m*

أبيقورية [ʔabiːquː'riːja] Epikureismus *m*

أبين [ʔabjan] (2) *el.* klarer, deutlicher, offenkundiger

آت [ʔaːtin] kommend; folgend, nachstehend; كالآتي [ka-l-ʔaːtiː] wie folgt, folgendermaßen

إتاحة [ʔi'taːħa] Bieten *n e-r Gelegenheit*; Schaffung *f von Voraussetzungen*; Gewährung *f e-s Rechts*

اتأد → وأد[1]

أتان [ataːn], *pl.* أتن [ʔutun, ʔutn] Eselin *f*

إتاوة [ʔi'taːwa], *pl.* [-aːt], أتاوى [ʔa-'taːwaː] Abgabe *f*, Gebühr *f*; Tribut *m*

[1]**أتباع** [ʔat'baːʕ] → تابع *u.* تبع[2]

[2]**إتباع** [ʔit'baːʕ] Unterstellung *f* (ل unter *A*); *Gr.* Verstärkung *f e-s Wortes durch s-e Wiederholung mit verändertem Anfangskonsonanten* (*z.B.* كثير بثير)

[3]**اتباع** [itti'baːʕ] Verfolgen *n*; Verfolgung *f a. e-r Politik*; Befolgung *f*, Beachtung *f*, Einhaltung *f von Bestimmungen*; ل ~ـا [-an] gemäß, entsprechend

اتباعي [itti'baːʕiː] klassisch; klassizistisch

اتباعية [ittibaː'ʕiːja] Klassik *f*; Klassizismus *m*

اتجار [itti'dʒaːr] Handel *m* (في/ب mit *D*); بالمخدرات الـ~ [bi-l-muxaddi-'raːt] Rauschgifthandel *m*

اتجاه [itti'dʒaːh], *pl.* [-aːt] Richtung *f*; Tendenz *f*; Trend *m*; *Psych.* Einstellung *f*; المعتدل الـ~ [al-muʕ'tadil] *Pol.* die gemäßigte Linie; طريق ذو ~ واحد Einbahnstraße *f*; في الـ~ الصحيح *Schritt*: in die richtige Richtung

اتجه → وجه[1]

اتحاد [itti'ħaːd] Übereinstimmung *f von Meinungen*; *pl.* [-aːt] Vereinigung *f*; Bund *m*, Verband *m*; Union *f*; chemische Verbindung; الآراء ~ Einstimmigkeit *f*; الأوروبي الـ~ die Europäische Union; البريدي الـ~ العالمي [al-ʕaːlamiː] der Weltpostverein; دول ~ [i. duwal] *Pol.* Staatenbund *m*; الـ~ السوفييتي *hist.* die Sowjetunion; الـ~ السويسري Schweizerische Eidgenossenschaft; ~ الشغل [i. aʃ-ʃuɣl] *Tun.* Gewerkschaftsbund *m*; ~ العمال [i. al-ʕu'mmaːl] Gewerkschaft *f*; ~ فيدرالي Föderation *f*; ~ كنفدرالي [konfid(i)'raːliː] Konföderation *f*; ~ مصرفي [mɒsrifiː] Bankenkonsortium *n*; ~ نقدي Währungsunion *f*

اتحادي [itti'ħaːdiː] Bundes-; Unions-; *Mar.* zur Partei الاتحاد الوطني gehörend; حكومة ~ة Bundesregierung *f*

اتحادية [ittiħaː'diːja], *pl.* [-aːt] *Alg.* Verein *m*; Bund *m*, Verband *m*; ~ الحزب [i. al-ħizb] *Alg.* (*örtliche*) Parteizentrale

اتحد → وحد[1]

اتخاذ [itti'xaːð] Ergreifung *f e-r Maßnahme*; Annahme *f von Empfehlungen durch e-e Konferenz*; → أخذ[1]; قرار ~ Beschlußfassung *f*

اتخذ → أخذ[1]

أتراب → ترب[3]

أتراح → ترح

أتراس → ترس[2]

أتراك → تركي

أتربة → تراب

أترج [ʔut'ruddʒ] *u.* **أترنج** [ʔut'rundʒ] *koll.* Zitronatzitrone *f*

اتزان [itti'zaːn] Gleichgewicht *n*; Ausgewogenheit *f*; (innere) Ausgeglichenheit

اتزن → وزن[1]

اتساخ [itti'saːx] *intr.* Verschmutzung *f*

[1]**أتساع** [ʔat'saːʕ] → تسع[1]

[2]**اتساع** [itti'saːʕ] Ausdehnung *f*, Weite *f*; Ausreichen *n* (*für etwas*); Ausweitung *f* (في *G*); → وسع[1]

اتساق [itti'saːq] Harmonie *f* (مع mit *D*); → وسق[1]

اتسخ → وسخ[1]

اتسع → وسع[1]

اتسق → وسق[1]

اتسم → وسم[1]

اتصال [itti'sɒːl] **1.** Verbindung *f*, Verbundensein *f*, Zusammenhang *m* (ب mit *D*); **2.** *pl.* [-aːt] Verbindung *f*, Kontakt *m*; Kontaktaufnahme *f* (ب mit *D*); Kommunikation *f*; Verkehr *m*; Kontinuität *f*; هو على ~ ب er ist (*od.* steht) in Verbindung *od.* Kontakt mit; ~ تليفوني Telefonverbindung *f*; ~ جماهيري Massenkommunikation *f*; الاتصالات السلكية واللاسلكية [as-sil'kiːja wa-l-laː-sil'kiːja] Fernmeldeverkehr *m*; اتصالات شخصية persönliche Kontakte *m/pl.*; اتصالات الهاتف Telefonverkehr *m*, Fernsprechverkehr *m*; يجري اتصالات مع [judʒriː] Kontaktgespräche führen mit

اتصف → وصف[1]

اتصل → وصل[1]

اتضاح [itti'ɗɒːħ] Deutlichwerden *n*; deutliche(s) Inerscheinungtreten

اتضاع [itti'ɗɒːʕ] Demut *f*

اتضح → وضح[1]

اتضع → وضع[1]

أتعس [ʔatʕas] (2) *el.* unglücklicher

اتعظ → وعظ[1]

اتفاق [itti'faːq] **1.** Übereinstimmung *f*; **2.** *pl.* [-aːt] Abmachung *f*, Vereinbarung *f*; Einigung *f* (على auf *A*); Absprache *f* (على über *A*); Übereinkommen *n*, Übereinkunft *f*; Abkommen *n*; ~ًا [-an] *Adv.* zufällig; حسب الـ~ [ħasaba l-i.] (je) nach Vereinbarung; ~ تجاري [ti'dʒaːriː] Handelsabkommen *n*; ~ دفع Zahlungsabkommen *n*; ~ شفهي [ʃafahiː] mündliche Vereinbarung; ~ ضمني [ɗimniː] stillschweigende Übereinkunft; → اتفاقية

اتفاقي [itti'faːqiː] zufällig

اتفاقية [ittifaː'qiːja], *pl.* [-aːt] Abkommen *n*; Konvention *f*; *bsd. Pol.* Vertrag *m*; *Jur.* Konkordat *n*; ~ ثنائية [θunaː'ʔiːja] bilaterale(s) Abkommen; ~ مزايا [i. ma'zaːjaː] *Hdl.* Präferenzabkommen *n*; ~ منع انتشار الأسلحة النووية [i. manʕ inti'ʃaːri l-'ʔasliħa(ti) n-nawa'wiːja] Atom(waffen)sperrvertrag *m*; ~ الهدنة [i. al-hudna] Waffenstillstandsabkommen *n*; → اتفاق

اتفق → وفق[1]

أتفه [ʔatfah] (2) *el.* geringer, geringfügiger; *Anlaß*: nichtiger

إتقان [ʔit'qaːn] Können *n*; Beherrschung *f e-s Fachs*; Genauigkeit *f*, Gründlichkeit *f*, Vollendung *f*, Perfektion *f e-r Arbeit*

اتقد → وقد[1]

أتقياء → تقي[2]

اتكأ → (وكأ)

اتكاء [itti'kaːʔ] Sichstützen *n* (على auf *A*), Aufstützen *n*; → (وكأ)

اتكال [itti'kaːl] Sichverlassen *n*; Vertrauen *n* (على auf *A*); → وكل

اتكالي [itti'kaːliː] sich auf andere *od.* das Schicksal verlassend

اتكل → وكل

[1]**أتلاف** [ʔat'laːf] → تلف[2]

[2]**إتلاف** [ʔit'laːf], *pl.* [-aːt] Zerstörung *f*, Vernichtung *f*; Beschädigung *f*; *Jur.* Sachbeschädigung *f*

أتلال → تل[1]

أتم [ʔa'tamm] (2) *el.* vollständiger; → تم; في ~ صحة [fiː ʔa. siħħa] bei bester Gesundheit; ~ على الاستعداد ل voll und ganz *od.* jederzeit bereit zu; على ~ه am vollkommensten

إتمام [ʔit'maːm] Vollendung *f*, Vervollständigung *f*, Beendigung *f*; Zustandebringen *n*; Abschluß *m e-s Geschäfts*; ~ًا للفائدة [-an] der Vollständigkeit halber

أتمتة [ʔatmata] Automation *f*

إتنولوجي [ʔitnu'loːdʒiː] ethnologisch

إتنولوجيا [ʔitnu'loːdʒijaː] Ethnologie *f*

اتهام [itti'haːm] Verdächtigung *f*, Verdacht *m*; Beschuldigung *f*; *Jur.* Anschuldigung *f*, Anklage *f*; Vorwurf *m*; → وهم[1]

اتهم [i'ttahama] → وهم[1]

أتوبيس [ʔutu'biːs], *pl.* [-aːt] Autobus *m*, Bus *m*

أتوماتيكي [ʔutumaː'tiːkiː] automatisch; حركة ~ة [ħaraka] unwillkürliche Bewegung

أتون [ʔa'tuːn, ʔa'ttuːn], *pl.* أتن [ʔutun] *u.* أتاتين [ʔataː'tiːn] (2) Ofen *m*; ~ المعركة Kampfgetümmel *n*; ~ من النار *fig.* Hexenkessel *m*, Inferno *n*

أتى [ʔataː, iː] kommen (إلى/ه/ه zu *j-m od.* an *e-n Ort*, من von *D*); bringen (ب ه *j-m A*); herrühren (من von *D*), resultieren (من aus

D); folgen; vorkommen; erfolgen, stattfinden, vor sich gehen, ablaufen; vollbringen, hervorbringen (ب *A*); erwähnen (على *A*); zu Ende kommen (على mit *D*), abschließen, erledigen (على *A*); vernichten (على *A*); *Arbeit* ausführen, vollbringen; *Handlung*, *Fehler* begehen; *Pass.* أتي [ʔutija] getroffen, ruiniert werden; كما يأتي wie folgt; أتاه النوم [aˈtaːhu n-naum(u)] er schlief ein; به إلى ~ j-n an e-n Ort *od.* in e-e Lage bringen; بخبير ~ e-n Experten hinzuziehen; على ~ آخره [ʔaːˈxirihiː] er hat es vollendet; على ذكره ~ [ðikrihiː] er kam darauf zu sprechen; على ~ الأخضر واليابس alles vernichten; **III** آتى [ʔaːtaː] *u.* واتى [waːtaː] zuteil werden (ه *j-m*); günstig sein (ه für *j-n*), passen (ه *j-m*); entgegenkommen (ـه *j-s Wunsch*); gelingen (ه *j-m*); zukommen lassen (ه ب *j-m A*); **IV** آتى [ʔaːtaː (juʔtiː)] geben, verleihen (ـه ه *j-m A*); *Pass.* أوتي [ʔuːtija] ausgestattet sein (ـه mit *D*); verfügen (ـه über *A*); ~ ثمرته [θamaˈratahuː] *fig.* Früchte tragen; **V** تأتى [taˈʔattaː] zustande kommen, sich einstellen; möglich, denkbar sein (ل für *j-n*); herrühren (من von *D*), sich ergeben (من aus *D*); **X** استأتى [isˈtaʔtaː] zu kommen bitten

أتياس → تيس

إتيان [ʔitˈjaːn] Ausführung *f e-r Handlung*; (Bei-)Bringen (ب *G*)

أتياه → 2تيه

إتيكيت [ʔitiˈkeːt] Etikett *n auf Flaschen*

أتيلان [ʔatiːˈlæːn] *Maghr. u.* أتيلين [ʔatiːˈliːn] Äthylen *n*

أث [ʔaθθa, u, i] dicht wachsen; **II** أثث [ʔaθθaθa] möblieren, einrichten; **V** تأثث [taˈʔaθθaθa] *Haus*: ausgestattet, eingerichtet werden; reich, wohlhabend werden

أثاث [ʔaˈθaːθ] Möbel *n/pl.*; أثاثات *pl.* Einrichtung *f*, Ausstattung *f*

آثار → 2أثر

إثارة [ʔiˈθaːra] Erregung *f*; (Auf-)Reizung *f*; Reiz *m*; Anregung *f*, Anreiz *m* (ل zu *D*); Spannung *f e-s Spiels*; Aufhetzung *f*; Aufwerfen *n e-s Problems*; القلاقل ~ [ʔi. al-qaˈlaːqil] Unruhestiftung *f*

آثاري [ʔaːˈθaːriː] archäologisch; *pl.* [-uːn] Archäologe *m*

1**أثام** [ʔaˈθaːm] Sünde *f*; Frevel(tat *f*) *m*

2**آثام** [ʔaːˈθaːm] → 2إثم

1**أثبات** [ʔaθˈbaːt] → 2ثبت

2**إثبات** [ʔiθˈbaːt] *a. Jur.* Feststellung *f*; Bestätigung *f*; Nachweis *m*; Beweis *m*; Eintragung *f*; Bejahung *f*; *Gr.* positive Form *e-s Verbs;* ~ الذات *Psych.* Selbstbestätigung *f*; ~ الوجود Sichbehaupten *n*; ~ الشخصية Sichausweisen *n*; شاهد ~ *Jur.* Belastungszeuge *m*; عبء الـ~ [ʕibʔ al-ʔi.] Beweislast *f*

إثباتي [ʔiθˈbaːtiː] positiv, bejahend

أثداء → ثدي

1**أثر** [ʔaθara, u] überliefern, berichten (عن von *D*); **II** [ʔaθθara] (ein-)wirken (في/على auf *A*); beeinflussen (في/على *A*); Eindruck machen (في/على auf *A*); *El.* induzieren; فيه وتأثر به sich gegenseitig beeinflussen; **IV** آثر [ʔaːθara] vorziehen (على *D*, أن يفعل [ʔan jafʕala] etwas zu tun); lieber haben; in besonderem Maße zukommen lassen (ه ب *j-m A*); ~ نفسه على الغير [nafsahuː ʕalaː l-ɣair] egoistisch sein; ~ نفسه ب *etwas* für sich selbst nehmen *od.* beanspruchen; **V** تأثر [taˈʔaθθara] beeinflußt werden (ب/من durch *A*); beeindruckt *od.* ergriffen werden (ل/ب durch *A*); betroffen *od.* angegriffen werden (ب von *D*); *El.* induziert werden; (nach)folgen (ه *j-m*); sich zum Vorbild nehmen; **X** استأثر [isˈtaʔθara] für sich allein haben wollen; beanspruchen, mit Beschlag belegen (ب *A*); *Thema*, *Lektüre*: fesseln (ب *j-n*); ~ بالحكم [bi-l-ħukm] allein herrschen

2**أثر** [ʔaθar], *pl.* آثار [ʔaːˈθaːr] Spur *f*; Narbe *f*; Einfluß *m*, Eindruck *m* (في/على auf *A*); Wirkung *f*; Nachwirkung *f*; *Jur.* Rechtswirkung *f*; Zeichen *n*; Werk *n e-s Dichters*; (Bau-)Denkmal *n*; *pl.* Altertümer *pl.*, Bodenfunde *m/pl.*, archäologische Überreste *m/pl.*; جانبي ~ Nebenwirkung *f*; رجعي ~ *Jur.* rückwirkende Kraft, Rückwirkung *f*; ~ فني [fanniː] Kunstwerk *n*; ~ كتابي [kiˈtaːbiː] schriftliche(s) Zeugnis; عالم الآثار Archäologe *m*; علم الآثار [ʕilm al-ʔa.] Archäologie *f*; دار الآثار historische(s) *od.* archäologische(s) Museum; ذو ~ wirkungsvoll, effektiv; لا ~ له [-a] wirkungslos; على/في ~ ذلك [-i ðaːlik] gleich danach; بـ~ رجعي من [bi-ʔaθarin radʒʕiː] *Jur.* rückwirkend vom; لم يعثر له على ~ [lam juʕθar] er war spurlos verschwunden; أصبح ~ا بعد عين [ʔɒsbaħa -an baʕda ʕain] es hat nur noch Spuren hinterlassen, es gehört der Vergangenheit an

3**آثر** [ʔaːθar] (2) lieber (عند *j-m*)

4**أثر** [ʔaθir] selbstsüchtig, egoistisch

5**إثر** [ʔiθra] *Präp.* (unmittelbar) nach; في ~ [ʔiθri] nach

أثرة [ʔaθara] Selbstsucht *f*, Egoismus *m*

أثري [ʔaθariː] alt; antik; historisch; archäologisch; *pl.* [-uːn] Archäologe *m*; لغة ~ة [luɣa] tote Sprache

أثرياء → 3ثري

أثفال → ثفل

أثفية [ʔuθˈfiːja], *pl.* أثاف [ʔaˈθaːfin]: ثالثة الأثافي [θaːˈliθatu l-ʔaˈθaːfiː] was *e-e Sache* vervollständigt *od.* das Maß voll macht

أثقاب → 3ثقب

أثقال → 2ثقل *u.* 4ثقل

أثقل [ʔaθqal] (2) *el.*, *a. fig.* schwerer

أثل [ʔaθl] *koll.*, *n.un.* ~ة, *pl.* أثول [ʔuˈθuːl] *u.* أثلات [ʔaθaˈlaːt] *Bot.* Tamariske *f*

أثلاث → 2ثلث

1**أثم** [ʔaθima, a] sündigen; في ~ an *j-m od. etwas* schuldig werden; **V** تأثم [taʔaθθama] sich der Sünde enthalten

2**إثم** [ʔiθm], *pl.* آثام [ʔaːˈθaːm] Sünde *f*; Frevel(tat *f*) *m*; شعور بالـ~ Schuldgefühl *n*

[3]**آثم** [ʔaːθim] sündhaft; *Handlung*: frevelhaft, verbrecherisch; *Lebenswandel*: anstößig; *pl.* أثمة [ʔaθama] Frevler *m*

إثمار [ʔiθ'maːr] Fruchttragen *n*; Hervorbringen *n von etwas Positivem*

أثمان → ثمن[2] *u.* ثمن[3]

إثمد [ʔiθmid] *Chem.* Antimon *n*

[1]**أثناء** [ʔaθ'naːʔ] → ثني[3]

[2]**أثناء** [ʔaθ'naːʔa] *Präp. u.* ~ في [ʔaθ'naːʔi] während, im Laufe von; في هذه / تلك الـ~ währenddessen

اثنا عشر [iθnaː ʕaʃar(a)], *f* اثنتا عشرة [iθnataː ʕaʃrat(a)] zwölf

اثنا عشري [iθnaː ʕaʃariː] Zwölfer-; *Anat.* Zwölffingerdarm *m*

اثنان [iθ'naːn(i)], *f* اثنتان [iθna'taːn(i)] zwei

اثنوجرافيا [iθnu'graːfijaː] *Äg. u.* **اثنوغرافيا** [iθnu'ɣraːfijaː] Ethnographie *f*

اثنولوجي [iθnu'loːdʒiː] ethnologisch

اثنولوجيا [iθnu'loːdʒijaː] Ethnologie *f*

إثني [ʔiθniː] ethnisch

اثنين [iθ'nain]: الـ~ (= يوم ~ [jaum al-i.]) Montag *m*

أثيث [ʔa'θiːθ], *pl.* إثاث [ʔi'θaːθ] *Haar, Pflanzen*: dicht

[1]**أثير** [ʔa'θiːr] in Gunst stehend (عند bei *j-m*); beliebt; geliebt; Liebling *m*

[2]**أثير** [ʔa'θiːr] Äther *m*

أثيري [ʔa'θiːriː] ätherisch

أثيل [ʔa'θiːl] *Chem.* Äthyl *n*

أثيلين [ʔaθiː'liːn] *Chem.* Äthylen *n*

أثيم [ʔaθiːm] *Tat*: frevlerisch, schändlich; *pl.* أثماء [ʔuθa'maːʔ] (2) *Person*: niederträchtig

أثينا [ʔa'θiːnaː] Athen

أثيني [ʔa'θiːniː] athenisch; *pl.* [-uːn] Athener *m*

أثيوبي [ʔaθ'juːbiː] äthiopisch; *pl.* [-uːn] Äthiopier *m*; الأثيوبية das Äthiopische

أثيوبيا [ʔaθ'juːbijaː] Äthiopien

أج [ʔaddʒa, u] lodern; **II** أجج [ʔaddʒadʒa] *Feuer* anfachen, schüren; **V** تأجج [ta'ʔaddʒadʒa] lodern, prasseln

إجابة [ʔi'dʒaːba], *pl.* [-aːt] Antwort *f*; Beantwortung *f*; Erfüllung *f e-r Bitte*; لطلبكم ~ [-tan li-tɒ'labikum] in Erfüllung Ihrer Bitte

أجاج [ʔu'dʒaːdʒ]: ماء ~ *Min.* Bitterwasser *n*

إجادة [ʔi'dʒaːda] (gute) Beherrschung *e-r Sache*

إجارة [ʔi'dʒaːra] Miete *f*, Vermietung *f*; Leasing *n*

إجازة [ʔi'dʒaːza], *pl.* [-aːt] Erlaubnis *f*, Genehmigung *f*; Lizenz *f*; Lizenziat *n* (*akademischer Grad*); Urlaub *m*, Ferien *pl.*; الاختراع ~ *Jur.* Patent *n*; الحمل والوضع ~ Schwangerschaftsurlaub *m*; السوق ~ [ʔi. as-sauq] *Ir. u.* القيادة ~ [ʔi. al-qi'jaːda] *Kuw.* Führerschein *m*; علمية ~ [ʕil'miːja] akademische(r) Grad; قنصلية ~ [qunsu'liːja] *Dipl.* Exequatur *n*; خط الـ~ [xɒtt al-ʔi.] *Name e-s von den Osmanen verwendeten Schrifttyps*

إجاص [ʔi'ddʒɒːs] *koll., n. un.* ~ة Birne(n *pl.*) *f*

إجاعة [ʔi'dʒaːʕa] Aushungerung *f*

آجال → أجل[3]

أجانب → أجنبي

أجاود *u.* **أجاويد** → جواد[1]

أجباب → جب

إجبار [ʔidʒ'baːr] Zwang *m*

إجباري [ʔidʒ'baːriː] Zwangs-, Pflicht-, obligatorisch; تجنيد ~ Wehrpflicht *f*

أجباس → جبس[3]

أجبن *u.* **أجبنة** → جبين

اجتثاث [idʒti'θaːθ] Herausreißen *n*; *fig.* Ausmerzung *f*

اجتذاب [idʒti'ðaːb] Anziehung *f*, Anlockung *f*; Anwerbung *f von Arbeitskräften*

اجتلاء [idʒti'laːʔ] Enthüllung *f*; Betrachtung *f*

اجتماع [idʒti'maːʕ] Zusammentreffen *n*; Versammlung *f*; Treffen *n*; Sitzung *f*; Konferenz *f*; (menschliche) Gesellschaft; Geselligkeit *f*; Einigkeit *f*, Zusammenhalt *m*; *Astr.* Konjunktion *f*; (= علم الـ~ [ʕilm al-i.]) Soziologie *f*; سنوي ~ [sanawiː] Jahresversammlung *f*; عام ~ [ʕaːmm] öffentliche Sitzung; Vollversammlung *f*; كلمة المسلمين ~ [i. kalimat al-musli'miːn] die Einigkeit *od.* Einmütigkeit der Muslime

اجتماعي [idʒti'maːʕiː] Gemeinschafts-; gesellschaftlich, sozial; soziologisch; *pl.* [-uːn] Soziologe *m*; *Maghr.* e-e (*Handels-*)Gesellschaft betreffend; ~ات *pl.* Nachrichten *f/pl.* aus dem gesellschaftlichen Leben; *Schulfach*: Sozialkunde *f*; اقتصادي ~ sizioökonomisch; لساني ~ [li'saːniː] soziolinguistisch; المزاج ~ [i. al-mi'zaːdʒ] gesellig, kontaktfreudig; نفسي ~ psychosozial; حالة ~ة Familienstand *m*, Personenstand *m*; خدمة ~ة [xidma] Sozialarbeit *f*

اجتناب [idʒti'naːb] Vermeidung *f*

اجتهاد [idʒti'haːd], *pl.* [-aːt] Anstrengung *f*, Bemühen *n*; Fleiß *m*; *Isl.* selbständige Entscheidung von Rechtsfragen; selbständige Interpretation *der Quellen*, selbständige Forschung *bsd. über Koran u. Sunna*

اجتياح [idʒti'jaːħ] Eindringen *n*, Einfall *m e-s Aggressors*

اجتياز [idʒti'jaːz] Durchquerung *f*; Zurücklegung *f e-r Strecke*; Bestehen *n e-r Prüfung*; Überwindung *f von Schwierigkeiten*

أجثاث → جثة

أجحار → جحر

إجحاف [ʔidʒ'ħaːf] Beeinträchtigung *f* (ب in *s-n Rechten*); Ungerechtigkeit *f*

أجداث → جدث

أجداد → جد[2]

أجدر [ʔadʒdar] (2) *el.* würdiger (ب *G*); angemessener (ب für *j-n*); geeigneter; ما ~ه أن يفعله [-ahuː ʔan jafʕalahuː] er hätte allen Grund, es zu tun

أجدى [ʔadʒdaː] nützlicher, besser; الـ~ بك أن du solltest lieber…; من الـ~ أن es wäre besser *od.* sinnvoller…

أجذاع → جذع[2]

[1]**أجر** [ʔadʒara, u] belohnen, entlohnen (على für *A*); **II** [ʔaddʒara] vermieten, verpachten (هـ ل *etwas* an *j-n od.* هـ ه an *j-n etwas*); **IV** آجر

[ʔaːʤara] mieten, pachten; vermieten, verpachten (ل an *j-n*); **X** استأجر [isˈtaʔʤara] mieten, pachten; *Flugzeug* chartern; *j-n* dingen

[2]**أجر** [ʔaʤr], *pl.* أجور [ʔuˈʤuːr] Lohn *m*; Gehalt *n*; Sold *m*; Honorar *n*; Gebühr *f*, Preis *m*; أجور النقل Transportgebühren *f/pl.*, Transportkosten *pl.*; → أجرة

[3]**آجر** [ʔaːˈʤurr] *koll.*, *n.un.* ~ة gebrannte Ziegel *m/pl.*, Dachsteine *m/pl.*

[1]**أجراء** [ʔuʤaˈraːʔ] → أجير

[2]**إجراء** [ʔiʤˈraːʔ] **1.** Durchführung *f*; Führen *n von Gesprächen*; Abhaltung *f von Wahlen*; Vorgehen *n*, Verfahren *n*; Prozedur *f*; **2.** *pl.* [-aːt] Maßnahme *f*; إجراءات *a.* administrative Maßnahmen *f/pl.*, *pej.* Bürokratismus *m*; Formalitäten *f/pl.*; *Tun.*, *Alg. Jur.* Vorschriften *f/pl.*, Verfügungen *f/pl.*; إجراءات التفتيش الجمركي [al-ʤumrukiː] Zollformalitäten *f/pl.*; إجراءات قانونية gerichtliche(s) Vorgehen; Gerichtsverfahren *n*; اتخذ إجراءات [iˈttaxaða] Maßnahmen ergreifen

أجراس → [2]جرس

أجراف → [3]جرف

[1]**أجرام** [ʔaʤˈraːm] → [3]جرم *u.* [4]جرم

[2]**إجرام** [ʔiʤˈraːm] Verbrechen *n* (في حقه [ħaqqihiː] an *D*); Verbrechertum *n*, Kriminalität *f*; علم الـ~ [ʕilm al-ʔi.] Kriminologie *f*

إجرامي [ʔiʤˈraːmiː] verbrecherisch, kriminell

أجران → جرن

إجرائي [ʔiʤˈraːʔiː] Verfahrens-, prozedural; operational; السلطة الإجرائية [as-sultɒ] die Exekutive; مسائل ~ة [maˈsaːʔil] Verfahrensfragen *f/pl.*

أجرب [ʔaʤrab] (2), *f* جرباء [ʤarˈbaːʔ] (2), *pl.* جرب [ʤurb] räudig; krätzig

أجربة → [2]جراب

أجرد [ʔaʤrad] (2), *f* جرداء [ʤarˈdaːʔ] (2), *pl.* جرد [ʤurd] öde, unbewachsen; haarlos; *a. Berg*: kahl; *Stoff*: abgewetzt; *Wahrheit*: nackt, ungeschminkt

أجرة [ʔuʤra] (Miet-)Preis *m*, Gebühr *f*; البريد ~ Porto *n*; سيارة ~ [saˈjjaːrat ʔu.] Taxi *n*

أجرياء → جريء

أجزاء → جزء

أجزاخانة [ʔaʤzaːˈxaːna], *pl.* [-aːt] *umg.*, *bsd. Äg.* Apotheke *f*; Drogerie *f*

أجزائي [ʔaʤˈzaːʔiː] *umg.*, *bsd. Äg.* Apotheker *m*; Drogist *m*

أجساد → [2]جسد

أجسام → [2]جسم

أجسم [ʔaʤsam] (2) *el.* umfangreicher; gewaltiger; dicker

أجش [ʔaˈʤaʃʃ] (2) *el. Stimme*: rauh, heiser; *Klang*: spröde

أجفان → جفن

[1]**أجل** [ʔaʤila, a] sich verzögern; **II** [ʔaddʒala] verzögern, hinausschieben; verschieben, vertagen; *e-e Schuld* stunden; **V** تأجل [taˈʔaddʒala] verschoben, vertagt werden (إلى auf *A*, bis); *Parlament*: sich vertagen; **X** استأجل [isˈtaʔʤala] zu verzögern suchen; um Aufschub bitten (هـ für *A*)

[2]**أجل** [ʔaʤal] jawohl!, gewiß!; *einräumend*: ~ ~ schon, schon!

[3]**أجل** [ʔaʤal], *pl.* آجال [ʔaːˈʤaːl] Frist *f*, Termin *m*; Zeit(punkt *m*) *f*; Zeitpunkt *m* des Todes; Laufzeit *f e-s Kredits*; قصير الـ~ kurzfristig; إلى ~ طويل auf lange Sicht; langfristig; إلى ~ غير مسمى [ɣairi muˈsamman] bis auf weiteres; أقرب الأجلين [ʔaqrab al-ʔaʤaˈlain] *Isl.* der frühere der beiden Termine (*d.h. Scheidung od. Tod*); في أقرب الآجال *Tun.* so schnell wie möglich

[4]**اجل** [ʔaˈʤall] (2) *el.* größer; bedeutender; خدمات جلى [xadamaːt ʤullaː] wertvolle Dienste *m/pl.*

[5]**أجل** [ʔaʤl]: لأجل [li-ˈʔaʤli] *u.* من ~ + *G*: wegen; um … willen; für; لأجل أن damit, um … zu

[6]**آجل** [ʔaːʤil] sich verzögernd; erst später stattfindend; *Hdl.* Kredit-, Termin-; (إن) عاجلا أو آجلا [ʕaːʤilan] früher oder später

[1]**أجلاء** [ʔaʤiˈllaːʔ] → جليل

[2]**إجلاء** [ʔiʤˈlaːʔ] Abzug *m* (*j-s*, عن aus *D*); Vertreibung *f* (عن aus *D*); Evakuierung *f*

أجلاد → [4]جلد

أجلاف → جلف

إجلال [ʔiʤˈlaːl] (Ver-)Ehrung *f*; Hochachtung *f*; ~ا له [-an] ihm zu Ehren

[1]**أجلة** [ʔaˈʤilla] → جليل

[2]**آجلة** [ʔaːʤila]: الـ~ das Jenseits; العاجلة خير من الـ~ [xairun min] *Spr.* was man hat, das hat man

أجلى [ʔaʤlaː] *el.* klarer, deutlicher

إجماع [ʔiʤˈmaːʕ] Übereinstimmung *f*; *Isl.* Konsensus *m der Rechtsgelehrten*; Einstimmigkeit *f*; ~ا [-an] *u.* بالـ~ einstimmig (*Adv.*)

إجماعي [ʔiʤˈmaːʕiː] einmütig; gemeinsam, kollektiv; ~ا [-an] *Adv.* übereinstimmend, einstimmig

[1]**أجمال** [ʔaʤˈmaːl] → [2]جمل

[2]**إجمال** [ʔiʤˈmaːl] Zusammenfassung *f*; ~ا [-an], بالـ~ *u.* على الـ~ zusammenfassend (*Adv.*); im ganzen; insgesamt; im allgemeinen

إجمالي [ʔiʤˈmaːliː] zusammenfassend, summarisch; Gesamt-; Kollektiv-; Pauschal-; Brutto-; Gesamtsumme *f*; الإنتاج ~ Gesamtproduktion *f*; الناتج القومي الـ~ [al-qaumiː] *Ök.* Bruttosozialprodukt *n*; بصفة ~ة [bi-sifatin] im allgemeinen; insgesamt

أجمع [ʔaʤmaʕ] (2), *pl.* [-uːn], *f* جمعاء [ʤamˈʕaːʔ] (2), *pl.* جمع [ʤumaʕ] gesamt, ganz, sämtlich, all; العالم ~ [al-ʕaːlamu ʔaʤmaʕa] die ganze Welt; بأجمعهم [bi-ʔaʤˈmaʕihim] sie alle

أجمة [ʔaʤama], *koll.* أجم [ʔaʤam], *pl.* آجام [ʔaːˈʤaːm] Dickicht *n*, dichte(r) Wald; Röhricht *n*

أجمية [ʔaʤaˈmiːja] *Med.* Malaria *f*

أجن [ʔaʤin] brackig

أجناد → [2]جند

أجناس → [2]جنس

أجنبي [ʔaʤnabiː], *pl.* أجانب [ʔaˈʤaːnib] (2) ausländisch; fremd (عن für *A*); Ausländer *m*; Fremde(r); البلاد الأجنبية [al-biˈlaːd] das Ausland; الحكم الـ~ [ħukm] Fremdherrschaft *f*

أجنح *u.* **أجنحة** → [1]جناح

أجندة [ʔaˈʤanda], *pl.* [-aːt] Notizbuch *n*, Merkbuch *n*

أجنة → جنة[1] u. جنين

أجني [ʔa'dʒinniː] embryonal

إجهاد [ʔidʒ'haːd] Anstrengung f; Beanspruchung f; Überanstrengung f; Streß m

إجهاض [ʔidʒ'hɒːđ] Zufallbringen n, Scheiternlassen n; pl. [-aːt] Med. Fehlgeburt f, Abortus m; Abtreibung f; Schwangerschaftsunterbrechung f

أجهر [ʔadʒhar] (2): الكمان الـ~ Mus. Kontrabaß m

أجواء → جو

أجواخ → جوخ

أجواد → جواد[1]

أجواف → جوف[2]

أجواق → جوق

أجوام → جام

أجوان → جون[2]

أجوبة → جواب[1]

أجود [ʔadʒwad] (2) el. (von جيد) besser

أجوع [ʔadʒwaʕ] (2) el. hungriger

أجوف [ʔadʒwaf] (2), f جوفاء [dʒau'faːʔ] (2), pl. جوف [dʒuːf] hohl, a. fig. ausgehöhlt; a. fig. leer; sinnentleert, nichtssagend; ~ فعل [fiʕl] Gr. Verbum n mit schwachem mittlerem Radikal

أجياد → جواد[1] u. جيد[2]

أجياف → جيفة

أجيام → جيم

أجيج [ʔa'dʒiːdʒ] Lodern n

أجير [ʔa'dʒiːr], pl. أجراء [ʔudʒa'raːʔ] (2) Lohnarbeiter m; Bedienstete(r), Beschäftigte(r); pej. Handlanger m; ~ عامل Lohnarbeiter m, Lohndiener m; → إجراء[2]

أجيو [ʔadʒijoː] Fin. Bankprovision f

[1]**أح** [ʔaħħa, u] husten

[2]**أح** [ʔaħħ] Husten n

[3]**آح** [ʔaːħ] Eiweiß n

إحاثة [ʔi'ħaːθa] u. علم الـ~ [ʕilm al-ʔi.] Paläontologie f

أحاج u. **أحاجي** → أحجية

آحاد → أحد[1]

أحادي [ʔu'ħaːdiː] ein-, mono-; ~ الجانب einseitig; ~ الطور [ʔu. ɒt-tɒur] Strom: einphasig, Einphasen-

أحاديث → أحدوثة u. حديث

إحاطة [ʔi'ħaːtɒ] Umfassen n, Umschließen n; (geistiges) Erfassen; Kenntnis(nahme) f (ب G); Vertrautheit f (ب mit D); Informiertheit f (ب über A); Unterrichtung f (G: j-s), Mitteilung f (ب G)

إحالة [ʔi'ħaːla] Umwandlung f (إلى zu D, in A); a. Fin. Überweisung f; Weitergabe f (إلى an A); Überstellung f e-s Gefangenen; Übertragung f (على/إلى auf A), Zuweisung f; Verweisung f (إلى an j-n); Verweis m in e-m Buch (إلى auf A); Jur. Zession f, Abtretung f; ~ إلى / على المعاش / التقاعد [at-ta'qaːʕud] Versetzung f in den Ruhestand

أحابيل → حيلة

أحب [ʔa'ħabb] (2) el. lieber (إلى j-m)

أحباء → حبيب

أحباب → حب[4] u. حبيب

أحبار → حبر[2]

أحباس → حبس[3] u. حبس[4]

أحباش → حبشي

إحباط [ʔiħ'bɒːt] Vereitelung f; Frustration f

أحبال → حبل[3]

أحبة → حبيب

أحبولة [ʔuħ'buːla], pl. أحابيل [ʔaħaː'biːl] (2) fig. Fallstrick m

احتباس [iħti'baːs] Zurückhaltung f; Hemmung f; Med. Verhaltung f bsd. des Harns; ظاهرة الـ~ الحراري Treibhauseffekt m; → غاز[1]

احتجاب [iħti'dʒaːb] Verschwinden n, Entschwinden n; Einstellung f e-r Zeitung

احتجاج [iħti'dʒaːdʒ], pl. [-aːt] Einspruch m, Widerspruch m, Protest m (على gegen A); Aufbegehren n; Argumentieren n; ~ًا على [-an] aus Protest gegen

احتجاجي [iħti'dʒaːdʒiː] Protest-

احتجاز [iħti'dʒaːz] Festnahme f; Beschlagnahme f; ~ الرهائن [i. ar-ra'haːʔin] Geiselnahme f; رهاب الـ~ [ru'haːb al-i.] Psych. Klaustrophobie f

احتدام [iħti'daːm] Entbrennen n; Heftigkeit f; fig. Hitze f

احتذاء [iħti'ðaːʔ] Nachahmung f

احتراز [iħti'raːz] Vorsicht f; Vorbehalt m; pl. [-aːt] Vorsichtsmaßnahme f

احترازي [iħti'raːziː] Vorsichts-; Vorbehalts-

احتراس [iħti'raːs] Vorsicht f; Achtsamkeit f; ~ًا من [-an] zur Sicherung gegen

احتراف [iħti'raːf] berufsmäßige Ausübung; Sport: Professionalismus m, Profitum n

احتراق [iħti'raːq] Verbrennung f; Brennen n; Brand m; قابل للـ~ brennbar; feuergefährlich; محرك الـ~ الداخلي [mu'ħarrik] Techn. Verbrennungsmotor m

احترام [iħti'raːm], pl. [-aːt] Ehrerbietung f, Hochachtung f; Achtung f, Respektierung f, Respekt m; Rücksichtnahme f; pl. Ehrenbezeigungen f/pl.; ~ في ehrerbietig; höflich; عدم الـ~ [ʕadam al-i.] Respektlosigkeit f

احتساء [iħti'saːʔ] Trinken n

احتساب [iħti'saːb] Berechnung f; Anrechnung f; Bewertung f

احتشاء [iħti'ʃaːʔ] Med. Infarkt m

احتشاد [iħti'ʃaːd] Ansammlung f; Zusammenballung f

احتشام [iħti'ʃaːm] Scham(haftigkeit) f; Sittsamkeit f; Scheu f, Schüchternheit f; Zurückhaltung f

احتضار [iħti'đɒːr] Hinscheiden n, Tod m; أشرف على الـ~ [ʔaʃrafa] fig. in den letzten Zügen liegen

احتضان [iħti'đɒːn] Umarmung f; Umhegen n e-s Kindes

احتفاء [iħti'faːʔ] herzliche(r) Empfang (ب j-s); Feier f (ب aus e-m Anlaß); Interesse n (ب für A, an D)

احتفاظ [iħti'fɒːð] (Be-)Wahrung f, (Aufrecht-)Erhaltung f, Beibehaltung f (ب G); Zurückhaltung f, Reservierung f (ب G)

احتفال [iħti'faːl], pl. [-aːt] Feier f (ب G), Fest n, Feierlichkeit f; Interesse n (ب an D); ~ شعبي Pol. Massenkundgebung f, Massenveranstaltung f

احتقار [iħti'qaːr] Verachtung f, Geringschätzung f

احتقان [iħti'qaːn] (= ~ الدم [i. ad-dam]) Blutstauung f

احتكار [iħti'kaːr], pl. [-aːt] Monopol n; Aufkauf m von Waren

احتكاري [iħti'kaːriː] monopolistisch, Monopol-; ~ تخزين Aufkauf *m*

احتكارية [iħtikaː'riːja] Monopolstellung *f*; *Pol.* Monopolkapitalismus *m*

احتكاك [iħti'kaːk], *pl.* [-aːt] *a. Phys.*, *fig.* Reibung *f*; Kontakt *m* (ب mit *D*), Tuchfühlung *f* (بين zwischen *D*); *Sport*: Kräftemessen *n*

احتكاكي [iħti'kaːkiː] Reibungs-; ~ صوت [sɒut] *Phon.* Reibelaut *m*, Frikativ *m*

احتكام [iħti'kaːm] Anrufung *f* (إلى *e-r Instanz*)

احتلال [iħti'laːl] *Mil.* Besetzung *f*; قوات الـ~ [qu'wwaːt al-i.] Besatzungstruppen *f/pl.*

احتلام [iħti'laːm] Pollution *f*

احتماء [iħti'maːʔ] Schutzsuchen *n* (ب bei *D*); Deckung *f* (ب durch *A*)

احتمال [iħti'maːl], *pl.* [-aːt] Ertragen *n*, (Er-)Dulden *n*; Aushalten *n*; Möglichkeit *f*, Eventualität *f*; Wahrscheinlichkeit *f*; *pl. a.* Aussichten *f/pl.*, Perspektiven *f/pl.*; ~ الحياة [i. al-ħajaːt] Lebenserwartung *f*; ~ات المستقبل [i. al-mus'taqbal] Zukunftsaussichten *f/pl.*, Perspektiven *f/pl.*; حساب الاحتمالات [ħi-'saːb al-i.] Wahrscheinlichkeitsrechnung *f*; صعب الـ~ schwer *od.* kaum zu ertragen; طويل الـ~ geduldig, langmütig; قوة الـ~ [quwwat al-i.] Widerstandsfähigkeit *f*; هذا لا يمكن ~ه [laː jumkinu ħti'maː-luhuː] das kann man nicht akzeptieren *od.* hinnehmen

احتمالي [iħti'maːliː] wahrscheinlich; Eventual-

احتواء [iħti'waːʔ] Einschließen *n*, Umschließen *n*; Einverleibung *f*; Beherrschen *n e-r Situation*

احتياج [iħti'jaːʤ], *pl.* [-aːt] Bedürfnis *n* (إلى/ل nach *D*); Nötighaben *n*; Erfordernis *n*

احتياط [iħti'jɒːʈ], *pl.* [-aːt] Vorsicht *f*; Vorbeugung *f*; *Mil.* Reserve *f*; *pl.* Vorsichtsmaßnahmen *f/pl.*, Vorkehrungen *f/pl.*; *Fin.* Reserven *f/pl.*, Rücklagen *f/pl.*; ~اً ل/من [-ɒn] um *e-r Sache* vorzubeugen; على سبيل الـ~ vorsichtshalber, sicherheitshalber; أخذ/اتخذ الـ~/~اته [i'ttaxaða] Vorkehrungen treffen

احتياطي [iħti'jɒːʈiː] Vorsichts-; vorbeugend, präventiv; *a. Mil.* Reserve-; *pl.* [-aːt] Reserve *f* (*a. Mil.*), Vorrat *m*, Bestand *m*; *Fin.* Rücklage *f*, *selten*: Rückstellung *f*; *pl.* [-uːn] *Sport*: Reservespieler *m*; الـ~ من الذهب [að-ðahab] *Fin.* Goldreserven *f/pl.*; ~ عام [ʕaːmm] *Fin.* offene Rücklagen *f/pl.*; الـ~ من العملات الأجنبية [al-ʕum'laːti l-ʔadʒna'biːja] *Fin.* Devisenreserven *f/pl.*; ~ حبس *Jur.* Untersuchungshaft *f*; Sicherungsverwahrung *f*

احتيال [iħti'jaːl] Täuschungsmanöver *n*; List *f*; Tücke *f*; Betrug *m*

أحجار → ²حجر *u.* ⁴حجر

أحجال → ³حجل

¹**أحجام** [ʔaħ'ʤaːm] → ²حجم

²**إحجام** [ʔiħ'ʤaːm] Abstandnehmen *n* (عن von *D*); Verzicht (عن auf *A*); Zurückhaltung *f*; Abneigung *f*

أحجبة → حجاب

أحجة → ¹حجاج

أحجية [ʔuħ'ʤiːja], *pl.* أحاجي [ʔaħaː-'ʤiːj] (2) *u.* أحاج [ʔa'ħaːʤin] Rätsel *n*

¹**أحد** [ʔaħad], *f* إحدى [ʔiħdaː] einer; jemand, irgendeiner; *pl.* آحاد [ʔaː-'ħaːd] *Math.* Einer *m*; الـ~ Gott; ~ عشر [ʔaħada ʕaʃar(a)], *f* إحدى عشرة [ʔiħdaː ʕaʃra(ta)] elf; ... لا ~ [-un] *u.* ~ لا [-a] niemand; ~هم [-hum] einer von ihnen; (يوم) الـ~ [jaum al-ʔa.], *pl.* (أيام) الآحاد [ʔa'jjaːm al-ʔa.] Sonntag *m*; في إحدى المدن [ʔi. l-mudun] in einer Stadt

²**أحد** [ʔa'ħadd] (2) *el.* schärfer; heftiger

أحداب → ²حدب

¹**أحداث** [ʔaħ'daːθ] → ²حدث

²**إحداث** [ʔiħ'daːθ] Hervorbringung *f*, Schaffung *f*; Verursachung *f*, Auslösung *f*, Bewirkung *f*

إحداثي [ʔiħ'daːθiː], *pl.* [-aːt] *Math.* Koordinate *f*; ~ أفقي [ʔufuqiː] *Math.* Abszisse *f*; ~ رأسي [raʔsiː] *Math.* Ordinate *f*

إحداق [ʔiħ'daːq] Einkreisung *f* (ب von *D*); Drohen *n e-r Gefahr* (ب für *A*)

أحدب [ʔaħdab] (2) **1.** *f* حدباء [ħad-'baːʔ] (2), *pl.* حدب [ħudb] bucklig; Bucklige(r); **2.** *el.* mehr zugetan (على *j-m*)

أحدث [ʔaħdaθ] (2), *pl.* [-uːn] neuer; moderner; ~ سنا [sinnan] jünger

أحدر [ʔaħdar] (2), *f* حدراء [ħad'raːʔ] (2), *pl.* حدر [ħudr] schielend

أحدوثة [ʔuħ'duːθa], *pl.* أحاديث [ʔa-ħaː'diːθ] (2) Gesprächsgegenstand *m*, Thema *n e-r Unterhaltung*; Geschichte *f*, Erzählung *f*; صار ~ [-tan] ins Gerede kommen; حسن الـ~ [ħasan al-ʔu.] e-r, über den man Gutes spricht

إحدى → ¹أحد

احديداب [iħdiː'daːb] Buckel *m*; Krümmung *f*

أحدية [ʔaħa'diːja] Einssein *n*

أحذية → ²حذاء

أحر [ʔa'ħarr] (2) *el.* heißer; ~ التهاني [ʔa. at-ta'haːniː] herzliche Grüße *m/pl.*; على ~ من الجمر wie auf glühenden Kohlen

إحراج [ʔiħ'raːʤ], *pl.* [-aːt] Bedrängung *f*; Verlegenheit *f*, *in die man j-n bringt*; Unannehmlichkeit *f*

أحرار → ³حر

¹**أحراز** [ʔaħ'raːz] → ²حرز

²**إحراز** [ʔiħ'raːz] Erreichung *f*, Erlangung *f*, Gewinnung *f*; Erwerb *m*

أحراش → ²حرش

إحراق [ʔiħ'raːq] Verbrennung *f* (*als Handlung*); Anzünden *n*, Brandstiftung *f*

¹**أحرام** [ʔaħ'raːm] → ²حرم

²**إحرام** [ʔiħ'raːm] *Isl.* Weihezustand *m* des Mekkapilgers; *pl.* أحاريم [ʔaħaː'riːm] (2) Kleidung *f* des Mekkapilgers

أحرف → ²حرف

أحرمة → ²حرام

أحرى [ʔaħraː] *el.* angemessener, passender (ب für *A*); mehr verdienend (ب *A*); أو بالـ~ oder genauer gesagt; oder vielmehr; ما أحراه بأن يفعل

[bi-ʔan jafʕala] es wäre gut, wenn er es täte

أحرياء → ²حري

أحزاب → ²حزب

أحزان → ²حزن *u.* ³حزن

أحزمة → حزام

إحساء [ʔiħ'saːʔ]: الـ~ El-Hasa (*Provinz an der Ostküste Saudi-Arabiens*)

أحساب → ²حسب

إحساس [ʔiħ'saːs], *pl.* [-aːt] *u.* أحاسيس [ʔaħaː'siːs] (2) Wahrnehmung *f* (ب *G*); Gefühl *n*; Empfindung *f*, Sinn *m* (ب für *A*); Empfindlichkeit *f*; الـ~ بالجمال Sinn *m* für das Schöne, ästhetische(s) Empfinden; الـ~ بالمسؤولية Verantwortungsgefühl *n*; عدم الـ~ [ʔadam al-ʔi.] Gefühllosigkeit *f*; قلة الـ~ [qillat al-ʔi.] Mangel *m* an Gefühl; Gefühlsarmut *f*

إحسان [ʔiħ'saːn] Wohltätigkeit *f* (*als Eigenschaft u. Handlung*); pietätvolle(s) *od.* freundliche(s) Verhalten; Almosen *n*; *a. npr.* (*meist*) *f*

أحسن [ʔaħsan] (2), *f* حسنى [ħusnaː], *pl.* أحاسن [ʔa'ħaːsin] (2) besser; هو ~ حالا منها [ħaːlan] es geht ihm besser als ihr; ~ بالتي هي [bi-'l-latiː] in gütiger *od.* freundlicher Weise; في ~ الأحوال/الحالات bestenfalls

أحشاء → ²حشا

إحصاء [ʔiħ'sɒːʔ], *pl.* [-aːt] (Auf-)Zählung *f*; Auszählung *f von Stimmen*; Statistik *f*; ~ السكان [ʔi. as-su'kkaːn] Volkszählung *f*; ~ات السكان Bevölkerungsstatistik *f*

أحصاص → ²حص

إحصان [ʔiħ'sɒːn] Unbescholtenheit *f*, Wohlbehütetheit *f e-r Frau*

إحصائي [ʔiħ'sɒːʔiː] statistisch; *pl.* [-uːn] Statistiker *m*

إحصائية [ʔiħsɒː'ʔiːja], *pl.* [-aːt] Statistik *f*

أحصنة → حصان

إحضار [ʔih'đɒːr] Herbeischaffung *f*, Herbeiholung *f*; Herbeirufung *f*; Besorgung *f*

أحضان → ³حضن

أحضة → حضيض

أحط [ʔa'ħɒʈʈ] (2) *el.* niedriger, tiefer

أحظى [ʔaħðɒː] *el. zu* حظي [ħaðɨja] in höherem Maße besitzend (ب *A*)

أحفاد → حفيد

أحفورة [ʔuħ'fuːra], *pl.* أحافير [ʔaħaː'fiːr] (2) Grabungsfund *m*; Fossil *n*, Versteinerung *f*

أحفوري [ʔuħ'fuːriː] fossil

أحق [ʔa'ħaqq] (2) *el.* würdiger (ب *G*); berechtigter (ب zu *D*); mehr Anspruch habend (ب auf *A*)

أحقاء → حقيق

أحقاب → حقب *u.* حقبة

أحقاد → ²حقد

إحقاق [ʔiħ'qaːq] Durchsetzung *f*, Anerkennung *f e-s Rechts*; ~ا للحق [-an li-l-ħaqq] um der Wahrheit *od.* Gerechtigkeit willen

أحقية [ʔaħa'qqiːja] Berechtigung *f*; (Rechts-)Anspruch *m*; Vorrecht *n*; ~ المرور *Verk.* Vorfahrt *f*

¹**أحكام** [ʔaħ'kaːm] → ³حكم

²**إحكام** [ʔiħ'kaːm] Festigkeit *f*; Genauigkeit *f*, Präzision *f*; Gründlichkeit *f*; Perfektion *f*; بـ~ fest, genau (*Adv.*)

أحكم [ʔaħkam] (2) *el.* klüger, genauer, treffender

أحلاف → ³حلف

أحلاق → ³حلق

إحلال [ʔiħ'laːl] Herbeiführung *f*; Einnehmenlassen *n* (في *e-s Platzes*); *Phon.*, *Chem.* Substitution *f*

أحلام → ³حلم

أحلك [ʔaħlak] (2) *el.* finsterer, düsterer

أحلى [ʔaħlaː] *el.* süßer

أحماء → ²حم *u.* حميم

أحماض → ²حمض

أحمال → ²حمل, ³حمل *u.* ⁴حمل

أحمد [ʔaħmad] (2) *npr. m* Ahmed

أحمدي [ʔaħmadiː] auf Mohammed bezüglich; muslimisch; Angehörige(r) der → أحمدية

أحمدية [ʔaħma'diːja] die Ahmadija (*isl. Sekte*)

أحمر [ʔaħmar] (2), *f* حمراء [ħam'raːʔ] (2), *pl.* حمر [ħumr] rot; *Hautfarbe*: rosig; *Tod*: gewaltsam; Rot *n*, Rouge *n*; Lippenstift *m*; تحت/دون الـ~ infrarot; ~ دمه [damuhuː] er ist reizbar; ليلة حمراء [laila] Liebesnacht *f*

احمرار [iħmi'raːr] Erröten *n*; *a. Med.* Rötung *f*

أحمس [ʔaħmas] (2), *f* حمساء [ħam'saːʔ] (2), *pl.* حمس [ħums], أحامس [ʔa'ħaːmis] (2) begeistert; leidenschaftlich

أحمق [ʔaħmaq] (2), *f* حمقاء [ħam'qaːʔ] (2), *pl.* حمق [ħumq], حمقى [ħamqaː] dumm, töricht; Dummkopf *m*, Narr *m*

أحناث → ²حنث

أحناش → حنش

أحناف → حنفي

أحناك → ²حنك

أحنف [ʔaħnaf] (2), *f* حنفاء [ħan'faːʔ] (2), *pl.* حنف [ħunf] e-n Klumpfuß habend

إحنة [ʔiħna], *pl.* إحن [ʔiħan] Haß *m*; *pl.* Ressentiments *n/pl.*

أحواش → ³حوش

أحواض → حوض

أحوال → ²حال

أحوج [ʔaħwaʤ] (2) mehr bedürfend (إلى *G*); هو ~ ما يكون إلى ذلك [-u maː ja'kuːnu] er hat es dringend nötig; ما ~ه إلى ذلك [-ahuː] wie nötig hat er es doch!

أحور [ʔaħwar] (2), *f* حوراء [ħau'raːʔ] (2), *pl.* حور [ħuːr] mit Augen von großer Intensität des Weißen u. Schwarzen

أحول [ʔaħwal] (2), *f* حولاء [ħau'laːʔ] (2), *pl.* حول [ħuːl] schielend

¹**أحياء** [ʔaħ'jaːʔ] *pl. von* حي [ħajj]; علم الـ~ [ʕilm al-ʔa.] Biologie *f*

²**إحياء** [ʔiħ'jaːʔ] (Wieder-)Belebung *f*; Abhalten *n*, Veranstalten *n e-r Feier*; ~ الذكرى [ʔi. að-ðikraː] Gedächtnisfeier *f für e-n Verstorbenen*; ~ الموات [ʔi. al-ma'waːt] Neulandgewinnung *f*

أحياز → ²حيز

أحيان → ³حين

أحيائي [ʔaħ'jaːʔiː] biologisch; Bio-; *pl.* [-uːn] Biologe *m*

أخ [ʔax], *vor G u. Suffixen*: *N* أخو [ʔaxuː], *G* أخي [ʔaxiː], *A* أخا [ʔaxaː], *pl.* إخوة [ʔixwa] *u.* إخوان [ʔix'waːn] Bruder *m*; Nächste(r); Freund *m*; Gefährte *m*; الـ~ (*von Arabern gebraucht*:) Herr; إخوة *a.* Geschwister *pl.*; الـ~ الإنسان Mitmensch *m*; شقيق ~ leibliche(r) Bruder; صدق ~ [ʔa. sidq] aufrecht, ehrlich; لأب ~ [li-ʔab], لأم ~ [li-ʔumm] Halbbruder *m*; إخوانه في الحزب [fi l-ħizb] seine Parteifreunde; الإخوان المسلمون [al-musli'muːn] die Muslimbruderschaft

إخاء [ʔi'xaːʔ] Brüderlichkeit *f*; brüderliche(s) Verhältnis; Verbrüderung *f*

أخاذ [ʔa'xxaːð] packend, mitreißend; hinreißend; fesselnd, spannend; faszinierend

أخباث → [2]خبث *u.* خبيث

[1]**أخبار** [ʔax'baːr] → [2]خبر

[2]**إخبار** [ʔix'baːr] Benachrichtigung *f*, Mitteilung *f*; Unterrichtung *f* (ب/عن von *D*); Meldung *f* (عن *G*)

[1]**أخباري** [ʔax'baːriː], *pl.* [-uːn] Chronist *m*

[2]**إخباري** [ʔix'baːriː] Nachrichten-, Informations-; جملة ~ة [dʒumla] *Gr.* Aussagesatz *m*; نشرة ~ة Nachrichtensendung *f*

إخبارية [ʔixbaː'riːja], *pl.* [-aːt] Meldung *f*; (vertrauliche) Nachricht

أخباز → [3]خبز

أخبئة *u.* **أخبية** → خباء

أخت [ʔuxt], *pl.* أخوات [ʔaxa'waːt] Schwester *f*; الـ~ (*von Arabern gebraucht*:) Frau; لأب ~ [li-ʔab], لأم ~ [li-ʔumm] Halbschwester *f*; العربية وأخواتها السامية das Arabische u. s-e semitischen Schwestersprachen

أختام → [2]ختم

أختان → [2]ختن

اختبار [ixti'baːr], *pl.* [-aːt] (gemachte) Erfahrung; Erprobung *f*, Versuch *m*, Experiment *n*; Prüfung *f*, Test *m*; ذاتي ~ eigene, persönliche Erfahrung; الذكاء ~ Intelligenztest *m*; القوة ~ [i. al-quwwa] *fig.* Kraftprobe *f*; أنبوبة ~ [ʔum'buːbat i.] *Chem.* Reagenzglas *n*; جهاز الـ~ [dʒi'haːz al-i.] Prüfgerät *n*; تحت الـ~ auf *od.* zur Probe; على سبيل الـ~ versuchsweise, probeweise

اختباري [ixti'baːriː] Erfahrungs-; empirisch; experimentell

اختبال [ixti'baːl] (geistige) Verwirrung

اختتام [ixti'taːm] Beendigung *f*, Abschluß *m*

اختراع [ixti'raːʕ], *pl.* [-aːt] Erfindung *f*; *wissenschaftliche* Entdeckung; Erfindungsgeist *m*; براءة الـ~ *Jur.* Patent *n*; قوة الـ~ [quwwat al-i.] schöpferische Kraft, Kreativität *f*

اختراق [ixti'raːq] Durchdringung *f*, Durchbrechung *f*, Durchquerung *f*; Eindringen *n*; *Mil. u. fig.* Durchbruch *m*; الضاحية ~ [i. ɒđ-đɒːħija] *Sport*: Geländelauf *m*, Querfeldeinlauf *m*

اختزال [ixti'zaːl] Abkürzung *f*; *a. Chem.* Reduktion *f*; Stenographie *f*

اختزان [ixti'zaːn] Speicherung *f*; Lagerung *f*

اختصار [ixti'sɒːr], *pl.* [-aːt] Kürzung *f*, Reduzierung *f*; Abkürzung *f*; kurze Zusammenfassung; بـ~ *u.* بالـ~ kurz gesagt, kurzum

اختصاص [ixti'sɒːs], *pl.* [-aːt] Zuständigkeit *f*; Kompetenz *f*; (= دائرة الـ~) Zuständigkeitsbereich *m*; Fachrichtung *f*; Spezialgebiet *n*, Spezialität *f*; *pl. a.* Besonderheiten *f/pl.*; ذو الـ~ zuständig; هذا من ~ه dafür ist er zuständig, das ist seine Sache

اختصاصي [ixti'sɒːsiː], *pl.* [-uːn] Spezialist *m*

اختصام [ixti'sɒːm], *pl.* [-aːt] Widerstreit *m*, Konflikt *m*

اختطاف [ixti'tɒːf] Entführung *f*, Raub *m*

اختفاء [ixti'faːʔ] Verschwinden *n*; Sichverstecken *n*; Verschwundensein *n*

اختلاء [ixti'laːʔ] Alleinsein *n*

اختلاجة [ixti'laːdʒa] Zuckung *f*; Beben *n*; Regung *f e-s Gefühls*

اختلاس [ixti'laːs], *pl.* [-aːt] Unterschlagung *f*, Veruntreuung *f*

اختلاط [ixti'lɒːt] (Ver-)Mischung *f*, Vermengung *f*; Verwirrung *f*; Verkehr *m*, Umgang *m* (ب mit *D*); (= الجنسين ~ [i. al-dʒin'sain]) Zusammenleben *n* beider Geschlechter; gemeinsame(r) Aufenthalt von Männern u. Frauen an demselben Ort; Koedukation *f*

اختلاف [ixti'laːf] **1.** *pl.* [-aːt] Unterschied *m*, Verschiedenheit *f*; Meinungsverschiedenheit *f*; البضائع على ~ها [al-ba'đɒːʔiʕ] all die verschiedenen Waren; ~ اختلف بـ [ix'talafa] + *G*: je nach… verschieden sein; **2.** regelmäßige(r) *od.* häufige(r) Besuch (الى *G*)

اختلاق [ixti'laːq] Erfindung *f*, Erdichtung *f von Unwahrem*

اختلال [ixti'laːl] Mangelhaftigkeit *f*; Störung *f e-r Funktion, des Gleichgewichts*; Unordnung *f*

اختمار [ixti'maːr] Gärung *f*, Gärungsprozeß *m*; *fig.* Reifung *f*, Reifungsprozeß *m*

اختناق [ixti'naːq] **1.** Ersticken *n*; **2.** *pl.* [-aːt] *fig.* Engpaß *m*; (*Verkehrs-*)Stau *m*

اختيار [ixti'jaːr] **1.** *pl.* [-aːt] Wahl *f*, Auswahl *f*; freie Wahl; *Phil.* Willensfreiheit *f*; اً~ [-an] *Adv.* freiwillig; **2.** *pl.* [-iːja] *Ir., Syr., Jord.* alte(r) Mann; (Gemeinde-)Älteste(r)

اختياري [ixti'jaːriː] freiwillig, fakultativ

أخدع [ʔaxdaʕ] (2) *el.* trügerischer, tückischer

أخدود [ʔux'duːd], *pl.* أخاديد [ʔaxaː'diːd] (2) Furche *f*; Falte *f*; Graben *m*

[1]**أخذ** [ʔaxaða, u] nehmen; *Medizin, Platz* einnehmen; abnehmen, wegnehmen (من *j-m*); entnehmen (عن aus *D*); übernehmen (عن von, aus *D*); studieren (عن bei *j-m*); mitnehmen (إلى nach *D*); abholen (من von *D*); *Meinung* einholen; erhalten, bekommen; (er)fassen, ergreifen; packen, *fig.* fesseln; anfassen, behandeln; auffassen (ـه على أنه *etwas* als); überraschen; *Zeit* in Anspruch nehmen, brauchen; sich halten (ب an *e-e Methode*), übernehmen (ب *A*); führen (ب إلى *j-n* zu, nach *D*); anfangen, beginnen (في/ب mit *D*, + *Impf.*: *etwas zu tun*); vorwerfen, übelnehmen (ـه على *etwas j-m*); الباص ~ den Autobus nehmen, benutzen; حقه ~ [ħaqqahuː] zu s-m Recht kommen; حيطته ~ [ħiː'tɒtahuː] Vorsorge treffen; برأيه ~ [bi-'raʔji-

hiː] sich j-s Meinung anschließen; ~ بأسباب الشيء e-r Sache folgen; ~ صورة [suːratan] e-e Aufnahme machen; ~ عليه طريقه j-m den Weg versperren; ه~ على عاتقه/نفسه etwas auf sich nehmen; ~ عليه عهدا [ʕahdan] j-m e-e Verpflichtung auferlegen; ه~ بعين الاعتبار [bi-ʕaini l-iʕti'baːr] etwas berücksichtigen; ~ نفسه [na'fasahuː] Atem holen; ~ نفسه بالصبر [nafsahuː] sich in Geduld fassen; ~ عليه أنفاسه j-m den Atem rauben; ~ بيده j-n an der Hand nehmen *od.* führen; ~ وأعطى [wa-ʔaʕṭɒː] er verhandelte *od.* diskutierte (مع mit *D*); *Pass.* ~ الرأي على [ʔuxiða] es wurde darüber abgestimmt; **II** [ʔaxxaða] bezaubern, behexen; **III** آخذ [ʔaːxaða] übelnehmen (ه على/ب/في *j-m A*); bestrafen (ه على *j-n* wegen *G*); لا تؤاخذني [tuʔaː'xiðniː] entschuldige!; **VIII** اتخذ [i'ttaxaða] nehmen; *Standpunkt* einnehmen; *e-e Form*, *e-e Empfehlung*, *j-n an Sohnes Statt* annehmen; *Stellung* beziehen; *Maßnahmen* ergreifen; *Beschluß* fassen; verwenden, gebrauchen (ـه من *etwas* als); machen (ـه/ه/من ـه *j-n od. etwas* zu *D*)

²**أخذ** [ʔaxð] Nehmen *n*; Einnahme *f*; Wegnahme *f*; Befolgung *f*, Übernahme *f* (ب *e-r Methode*); Einholen *n e-r Meinung*; ~ العلم ب [ʔa. al-ʕilm] Kenntnisnahme *f* von; ~ ورد [radd] Hin und Her *n*, Erörterung *f*, Disput *m*; ~ وعطاء Disput *m*; Austausch *m*; Handel *m*; *fig.* Geben und Nehmen *n*

³**آخذ** [ʔaːxað] (2) *el.*: ~ للنفس faszinierender

⁴**آخذ** [ʔaːxið] hinreißend; ~ في النمو [fi n-nu'muːw] (an)wachsend, im Wachsen begriffen; البلدان الآخذة في النمو [al-bul'daːn] die Entwicklungsländer *n/pl.*

أخذة [ʔuxða] Zauber *m*; List *f*

¹**أخر** [ʔaxxara] verzögern, aufschieben; hinauszögern; vertagen; *Termin* verlegen; hindern, hemmen; aufhalten; zurückhalten (عن von *D*); *Uhr* zurückstellen; *Uhr*: nachgehen; ~ في الميعاد [fi l-miː'ʕaːd] zu spät zu e-r Verabredung kommen; **V** تأخر [ta'ʔaxxara] sich verspäten, (zu) spät kommen; später kommen (عن als); sich verzögern; warten lassen (على *j-n*); zurückbleiben (عن hinter *D*); *Schüler*: in s-n Leistungen nachlassen; ~ في السداد mit der Zahlung in Rückstand geraten; ~ عن الموعد [al-mauʕid] zu spät kommen

²**آخر** [ʔaːxar] (2), *pl.* [-uːn] *u.* أخر [ʔuxar] (2), *f* أخرى [ʔuxraː], *pl.* أخريات [ʔuxra'jaːt] *u.* أخر [ʔuxar] (2) andere(r); weitere(r); هو الـ~ auch er, هي الأخرى auch sie; مرة أخرى [marratan] noch einmal; من وقت/آن إلى ~ von Zeit zu Zeit

³**آخر** [ʔaːxir] (2), *pl.* [-uːn], *f* أخرى [ʔuxraː], *pl.* أخريات [ʔuxra'jaːt] letzte(r); (*mit folgendem determiniertem G* :) Ende *n*, Schluß *m*; أواخر [ʔa'waːxir] (2) *pl.* Ende *n des Monats, Jahres*; إلى ه~ [ʔaː'xirihiː] bis zu s-m Ende; und so weiter, usw.; عن ~هم bis zum letzten Mann *getötet werden*; في الـ~ *u.* ~ الأمر [-a l-ʔamr] zuletzt, schließlich; في ه~ an s-m Ende; من ه~ von hinten; ~ الأنباء die letzten Nachrichten *od.* Meldungen; ~ الدهر [-a d-dahr] für immer; ~ الكلمة [ʔa. al-kalima], *pl.* أواخر الكلمات *Gr.* Endung *f*; الدار الآخرة das Jenseits; لا ~ له [-a] endlos; أولا و~ا [ʔawwalan wa-ʔaːxiran] zuerst und vor allem, ganz und gar; في أخريات القرن الثامن (am) Ende des 8. Jahrhunderts; ما ~ كل هذا wie soll das enden?

¹**أخراج** [ʔax'raːdʒ] → ²خرج *u.* ³خرج

²**إخراج** [ʔix'raːdʒ] Herausbringen *n*; Hervorholen *n*; Heranbildung *f*; Herausgabe *f*, Publikation *f e-s Buches*; Vertreibung *f*, Entfernung *f*; Ausweisung *f aus e-m Land*; *Physiol.* Ausscheidung *f*; Artikulation *f von Lauten*; *Theater*: Inszenierung *f*; *Film*: Regie *f*

أخرجة → ²خراج

أخرس [ʔaxras] (2), *f* خرساء [xar'saːʔ] (2), *pl.* خرس [xurs] stumm

أخرفة → خروف

أخرق [ʔaxraq] (2), *f* خرقاء [xar'qaːʔ] (2), *pl.* خرق [xurq] dumm, töricht; *Maßnahme*: unklug; ungeschickt; *Argument*: albern

آخرة [ʔaːxira]: الـ~ das Jenseits

أخروي [ʔuxrawiː] jenseitig

أخرى [ʔuxraː]: الـ~ das Jenseits; → ²آخر *u.* ³آخر

أخسر [ʔaxsar] (2) *el.* schädlicher, nachteiliger

أخشاب → ²خشب

أخشن [ʔaxʃan] (2), *f* خشناء [xaʃ'naːʔ] (2), *pl.* خشن [xuʃn] (sehr) rauh

إخشيدي [ʔix'ʃiːdiː] ichschididisch; الإخشيديون *pl. hist.* die Ichschididen (*türkische Dynastie in Ägypten*)

أخص [ʔa'xɒss] (2) *el.* spezieller; على/في الـ~ ganz besonders

إخصاب [ʔix'sɒːb] Befruchtung *f*

أخصاص → ³خص

أخصائي [ʔaxiː'ssɒːʔiː], *pl.* [-uːn] Spezialist *m*, Fachmann *m*; ~ طبيب Facharzt *m*

أخصب [ʔaxsɒb] (2) *el.* fruchtbarer

أخصر [ʔaxsɒr] (2) *el.* kürzer, knapper

إخضاع [ʔix'đɒːʕ] Unterwerfung *f a. e-s Landes*; ـه~ للضريبة Besteuerung *f* j-s *od.* e-r Sache

أخضر [ʔaxđɒr] (2), *f* خضراء [xɒđ'raːʔ] (2), *pl.* خضر [xuđr] grün; frisch; الخضراء *Beiname von Tunis*

اخضرار [ixđɨ'raːr]: دائم الـ~ immergrün

¹**أخطار** [ʔax'ṭɒːr] → ²خطر

²**إخطار** [ʔix'ṭɒːr] Benachrichtigung *f* (ب über *A*); Warnung *f*

أخطاط → ³خط

أخطبوط [ʔuxṭu'buːṭ], *pl.* [-aːt] *a. fig.* Polyp *m*

اخطبوطي [ʔuxṭu'buːṭiː] polypenartig

أخطر [ʔaxṭɒr] (2) *el.* gefährlicher; bedeutender; والـ~ من ذلك noch gefährlicher *ist*

أخف [ʔa'xaff] (2) *el.* leichter; geringer; schwächer

¹**أخفاء** [ʔaxi'ffaːʔ] *pl.* von خفيف

²**إخفاء** [ʔix'faːʔ] Verstecken *n*, Verbergen *n*; Senkung *f der Stimme*

أخفاف → ²خف *u.* خفيف

إخفاق [ʔix'faːq], *pl.* [-aːt] Fehlschlag *m*, Mißerfolg *m*

أخفض [ʔaxfɒd] (2) *el.* niedriger; tiefer(liegend)

[1]**أخلاء** [ʔaxi'llaːʔ] → خليل

[2]**إخلاء** [ʔix'laːʔ] (Ent-)Leerung *f*; Freimachen *n*; Räumung *f e-r Wohnung*, Evakuierung *f*; سبيله ~ s-e Freilassung; طرفه ~ [ʔi. tɒ'rafihiː] Entlastung *f* j-s

إخلاص [ʔix'lɒːs] aufrichtige Zuneigung; Aufrichtigkeit *f*; Treue *f* (ل zu *D*); Lauterkeit *f*, Reinheit *f*; Gewissenhaftigkeit *f bei der Arbeit*; بـ~ aufrichtig, treu; gewissenhaft (*Adv.*)

أخلاط → [3]خلط

أخلاف → [2]خلف *u.* [5]خلف

أخلاق [ʔax'laːq] (*pl. von* خلق [xul(u)q]) Ethos *n*, sittliche Gesinnung, Anstand *m*, Charakter *m*; Moral *f*; الـ~ (علم) [(ʕilm) al-ʔa.] Ethik *f*; → [2]خلق

أخلاقي [ʔax'laːqiː] sittlich; ethisch; moralisch; *pl.* [-uːn] Moralist *m*; Ethiker *m*; ~ا [-jan] *Adv.* moralisch

أخلاقية [ʔaxlaː'qiːja] sittliche Gesinnung; Sittlichkeit *f*; أخلاقيات [ʔaxlaːqiː'jaːt] *pl.* (*Arbeits-*)Moral *f*

إخلال [ʔix'laːl], *pl.* [-aːt] Verletzung *f* (ب *e-s Rechts*); Verstoß *m* (ب gegen *ein Gesetz*); Störung *f* (ب *e-r Ordnung*); مع عدم الـ~ ب [ʕadami l-ʔi.] unbeschadet, ohne Beeinträchtigung *e-r Sache*

أخلق [ʔaxlaq] (2) *el.* geeigneter; angemessener

أخلة → [1]خلال

أخلياء → خلي

إخماد [ʔix'maːd] Löschung *f*; Dämpfung *f*, Beruhigung *f*; Unterdrükkung *f e-s Aufstandes*

أخماس → [2]خمس

أخمرة → [3]خمار

أخمص [ʔaxmɒs] (2) *u.* القدم ~ [ʔa. al-qadam] Fußsohle *f*; من الرأس إلى القدم ~ von Kopf bis Fuß

أخنان → [2]خن

أخنف [ʔaxnaf] (2), *f* خنفاء [xan'faːʔ] (2), *pl.* خنف [xunf] näselnd

[1]**(أخو)** **III** آخى [ʔaːxaː] sich verbrüdern (ه mit *D*); als s-n Bruder behandeln; miteinander verbrüdern (بين ... و *A*); **VI** تآخى [ta'ʔaːxaː] sich miteinander verbrüdern, brüderlich verbunden sein

[2]**أخو** (→ أخ) Bruder *m*

أخوات → أخت

أخوار → [3]خور

أخوال → [2]خال

[1]**أخوان** [ʔaxa'waːni] *du.* zwei Brüder

[2]**إخوان** [ʔix'waːn] *pl.* Brüder *m/pl.*, → أخ

إخواني [ʔix'waːniː] auf die Muslimbruderschaft bezüglich

أخور [ʔa'xuːr] Stall *m*

أخوف [ʔaxwaf] (2) *el.* furchtsamer; furchtbarer

[1]**أخوة** [ʔu'xuːwa] Brüderschaft *f*; brüderliche(s) Verhältnis; Brüderlichkeit *f*

[2]**إخوة** [ʔixwa] *pl.* von أخ

أخوي [ʔaxawiː] brüderlich; geschwisterlich

أخوية [ʔaxa'wiːja] *Rel.* Bruderschaft *f*

[1]**آخى** [ʔaːxaː] → [1](أخو)

[2]**أخي** [ʔaxiː] **1.** mein Bruder; **2.** *G von* [2]أخو

أخيار → [2]خير

أخير [ʔa'xiːr] letzte(r); späteste(r); hinterste(r); jüngste(r); ~ا [-an] zuletzt, schließlich, endlich; kürzlich; الـ~ der letztere; في الـ~ schließlich; قبل الـ~ (باثنين) [(biθ'nain)] (vor)vorletzte(r); وليس ~ا آخرا [ʔaːxiran] nicht zuletzt; last but not least

أخيل [ʔaxjal] (2) **1.** *el.* eingebildeter, stolzer; **2.** *Zool.* Racke *f*

أخيلة → [1]خيال

[1]**إد** [ʔidd]: أمر ~ etwas Verwerfliches, Abscheulichkeit *f*

[2]**آد** [ʔaːda] → [1](أود)

أداء [ʔa'daːʔ] Ausführung *f*, Verrichtung *f*; Leistung *f e-s Dienstes*, *e-s Motors*; Erfüllung *f e-r Funktion*; Darstellung *f e-s Schauspiels*; Wiedergabe *f e-s Musikstücks*; Vortrag *m e-s Liedes*; Spiel *n e-s Schauspielers*; (Be-)Zahlung *f*; Entrichtung *f von Steuern*

آداب → [2]أدب

إدارة [ʔi'daːra] **1.** (Um-)Drehen *n*; **2.** *pl.* [-aːt] Leitung *f*, Verwaltung *f*, Direktion *f*; Verwaltungsstelle *f*, Amt *n*, Behörde *f*; Abteilung *f*; الأعمال ~ Management *n*; الـ~ الأمريكية die amerikanische Administration *od.* Regierung; شؤون ~ العاملين Personalverwaltung *f*, Personalabteilung *f*; قانونية ~ Rechtsabteilung *f*; سوء الـ~ [suːʔ al-ʔi.] schlechte Verwaltung, Mißwirtschaft *f*; مجلس الـ~ [madʒlis al-ʔi.] Verwaltungsrat *m e-s Unternehmens* (*mit Funktion des Vorstands u. Aufsichtsrats*); مركز الـ~ Verwaltungszentrale *f*, Hauptgeschäftsstelle *f*

إداري [ʔi'daːriː] Verwaltungs-, administrativ; *pl.* [-uːn] Verwaltungsexperte *m*, Verwaltungsbeamte(r); Manager *m*

إدام [ʔi'daːm] Zukost *f*, Beilage *f*

إدامة [ʔi'daːma] *Ir.* Instandhaltung *f*

إدانة [ʔi'daːna] Schuldigsprechung *f*; Überführung *f e-s Rechtsbrechers*; Verurteilung *f a. e-r Handlung*

أداة [ʔa'daːt], *pl.* أدوات [ʔada'waːt] *a. fig.* Instrument *n*; Werkzeug *n*; Gerät *n*; *a. fig.* Apparat *m*; Mittel *n*; Organ *n*; *Gr.* Partikel *f*; *pl.* Material *n*; Artikel *m/pl.*; أدوات الاستهلاك Verbrauchsgüter *n/pl.*; أدوات الإنتاج Produktionsmittel *n/pl.*; أدوات البيت [ʔa. al-bait] Hausrat *m*; التعريف ~ *Gr.* bestimmte(r) Artikel; التنكير ~ *Gr.* unbestimmte(r) Artikel; أدوات الحلاقة [ʔa. al-ħi'laːqa] Rasierzeug *n*; ~ الدولة [ʔa. ad-daula] Staatsapparat *m*; أدوات كتابية [kitaː'biːja], أدوات مكتبية Büromaterial *n*; أدات منزلية [manzi'liːja] Haushaltswaren *f/pl.*; النقل ~ Transportmittel *n*

[1]**أدب** [ʔadaba, i] zu e-m Bankett einladen; مأدبة ~ [maʔ'dubatan] ein Essen geben; **II** [ʔaddaba] erziehen (ب zu *D*); gute Manieren beibringen (ه *j-m*); strafen; disziplinieren; züchtigen; **V** تأدب [ta'ʔaddaba] gut erzogen werden

[2]**أدب** [ʔadab], *pl.* آداب [ʔaː'daːb] Wohlerzogenheit *f*, gute(s) Beneh-

men, Anstand *m*; Disziplin *f*; (schöngeistige) Bildung; Literatur *f*; *pl. a.* gute Manieren *pl.*, gute(r) Ton; (= *französisch „lettres"*) Geisteswissenschaften *f/pl.*; ~بـ *u.* في ~ zuvorkommend, höflich (*Adv.*); الآداب الجميلة die schönen Künste; الآداب القديمة klassische Bildung; آداب اللغة [ʔa. al-luɣa] Literatur *f*; آداب المائدة Tischsitten *f/pl.*; آداب المرور Verkehrsdisziplin *f*; بوليس الآداب, شرطة الآداب [ʃurtɒt al-ʔa.] Sittenpolizei *f*; عديم الـ~ unhöflich; قلة الآداب [qillat al-ʔa.] schlechte(s) Benehmen; Taktlosigkeit *f*; قليل الـ~ unerzogen, taktlos, unhöflich; كلية الآداب [ku'lliːjat al-ʔa.] philosophische Fakultät

أدباء → أديب

أدباب → دب[2]

[1]**أدبار** [ʔad'baːr] → دبر[2]

[2]**إدبار** [ʔid'baːr] Rückzug *m*, Entweichen *n*

أدبي [ʔadabiː] moralisch; (*Gegens. materiell*) ideell; literarisch; schriftstellerisch; أدبيات [-'jaːt] *pl.* Literatur *f*; ~اً [-jan] *Adv.* moralisch; شجاعة ~ة Zivilcourage *f*; القسم الـ~ [al-qism] sprachlich-literarische Abteilung *e-r höheren Schule*

ادخار [iddi'xaːr] Sparen *n*, Spartätigkeit *f*; Ersparung *f*; Aufspeicherung *f*; → ذخر[1]

ادخاري [iddi'xaːriː] Spar-

إدخال [ʔid'xaːl] Hineinführung *f*; Einfügung *f*; Einführung *f e-r Änderung, Verbesserung* (على an *D*); *EDV* Eingabe *f* (في/إلى in *A*)

ادخر → ذخر[1]

أدخنة → دخان

[1]**أدراج** [ʔad'raːʤ] → درج[2] *u.* درج[4]

[2]**إدراج** [ʔid'raːʤ] Einfügung *f*; Eintragung *f* (في in *e-e Liste*), Aufnahme *f* (في in *die Tagesordnung etc.*)

[1]**أدراك** [ʔad'raːk] → درك[2]

[2]**إدراك** [ʔid'raːk] Erreichung *f*, Erlangung *f*; Erfassung *f*; Wahrnehmung *f*; Verständnis *n*; Reife *f*, Pubertät *f*; Nachholen *n*, Wettmachen *n*; المسؤولية ~ Verantwortungsbewußtsein *n*; سن الـ~ [sinn al-ʔi.] Mündigkeit *f*

إدراكي [ʔid'raːkiː] erkenntnismäßig, kognitiv

أدران → درن[2]

أدرد [ʔadrad] (2), *f* درداء [dar'daːʔ] (2), *pl.* درد [durd] zahnlos

أدرع → درع[2]

أدرنة [ʔa'dirna] (2) Edirne, Adrianopel (*Stadt in der Türkei*)

أدرياتيك [ʔadrija'tiːk]: بحر الـ~ die Adria

أدرياتيكي [ʔadrija'tiːkiː]: البحر الـ~ die Adria

إدريسي [ʔid'riːsiː] idrisidisch; *pl.* [-uːn] *u.* أدارسة [ʔa'daːrisa] *hist.* Idriside *m* (*Angehöriger e-r isl. Dynastie in Marokko*)

أدسم [ʔadsam] (2) **1.** *f* دسماء [das-'maːʔ] (2) (sehr) fett, fettig; schmutzig; **2.** *el.* gehaltvoller

أدشاش → دش

ادعاء [iddi'ʕaːʔ], *pl.* [-aːt] Behauptung *f*; Anspruch *m*, Forderung *f*; Anmaßung *f*; *Jur.* Anklage *f*; Anklagevertretung *f*, Staatsanwaltschaft *f*

أدعج [ʔadʕaʤ] (2), *f* دعجاء [daʕ-'ʤaːʔ] (2) schwarzäugig

أدعى [ʔadʕaː] *el.* dringender erfordernd; in höherem Maße verursachend *od.* anregend (إلى/لـ *A*)

أدعياء → دعي

أدعية → دعاء

أدغال → دغل

إدغام [ʔid'ɣaːm] *u.* **ادغام** [iddi'ɣaːm] Einfügung *f* (في in *A*), Verschmelzung *f* (في mit *D*); *Gr.* Assimilation *f*

أدفأ [ʔadfaʔ] (2) *el.* wärmer

أدق [ʔa'daqq] (2) *el.* feiner, zarter; genauer; على وجه ~ [waʤhin] genauer (gesagt)

أدقال → دقل

أدقة → دقيق

أدكن [ʔadkan] (2), *f* دكناء [dak'naːʔ] (2), *pl.* دكن [dukn] *Farbe*: dunkel; schwärzlich

أدل [ʔa'dall] (2) *el.* stärker hindeutend (على auf *A*); besser beweisend (على *A*); ليس ~ على ذلك من أن [-a, ʔanna] der beste Beweis dafür ist, daß

[1]**أدلاء** [ʔadi'llaːʔ] → دليل

[2]**إدلاء** [ʔid'laːʔ] Abgabe *f* (بـ *e-r Erklärung, s-r Stimme*); Mitteilung *f*, Äußerung *f*; *Tun.* Vorlage *f* (بـ *G*)

أدلجة [ʔadlaʤa] Ideologisierung *f*

أدلة → دليل

[1]**أدم** [ʔadama, i] Beilagen hinzugeben (هـ *zum Essen*); الخبز ~ [al-xubza] etwas zu s-m Brot essen; **VIII** ائتدم [iʔ'tadama] sein Brot mit e-r Zukost (بـ) essen

[2]**آدم** [ʔaːdam] (2) Adam; ابن ~ [ibn ʔa.] Mensch *m*

إدماج [ʔid'maːʤ] Eingliederung *f*, Einfügung *f*; Integration *f*; Einbeziehung *f* (في in *A*); Fusionierung *f*, Zusammenlegung *f* (في mit *D*)

إدماجي [ʔid'maːʤiː] Integrations-

إدمان [ʔid'maːn] Sucht *f*; Versessensein *n*; المسكرات ~ [ʔi. al-mus-ki'raːt] *u.* الـ~ على الخمر Trunksucht *f*, Alkoholismus *m*

أدمغة → دماغ

أدمة [ʔadama] Haut *f*; *Anat.* Epidermis *f*; التهاب الـ~ Hautentzündung *f*, Dermatitis *f*

آدمي [ʔaːdamiː] menschlich, Menschen-; *pl.* [-uːn] menschliche(s) Wesen, Mensch *m*

آدمية [ʔaːda'miːja] Menschennatur *f*; Menschenwürde *f*; weibliche(s) Wesen

أدنأ [ʔadnaʔ] (2) *el.* geringer, minderwertiger

أدناء → دنيء

أدناس → دنس[2] *u.* دنس[3]

أدناف → دنف[2]

أدنى [ʔadnaː] *el.*, *pl.* [-aun] *u.* أدان [ʔa'daːnin], *f* دنيا [dunjaː], *pl.* دنيوات [dunja'waːt] *u.* دنى [dunan] näher; niedriger, tiefer; الأداني, *f* الدنيوات *Tun. Sport*: jüngste Altersklasse; الحد الـ~ [al-ħadd] unterste Grenze; Minimum *n*; الشرق الـ~ Nahe(r) Osten, Vordere(r) Orient; الموقع أدناه [al-mu'waqqiʕ ʔad'naː-hu] der nachstehend Unterzeichnete; من أدناه إلى أقصاه von e-m Ende zum anderen, völlig; ~ من حبل الوريد ganz nahe, unmittelbar bevorstehend; ~ لا + *G*: nicht

der/das geringste…, überhaupt kein…; بلا ~ شك [ʃakk(in)] ohne den geringsten Zweifel
أدنياء → [2]دني u. دنيء
أدهان → [3]دهن
أدهر → دهر
أدهم [ʔadham] (2), *f* دهماء [dah'maːʔ] (2), *pl.* دهم [duhm] (tief)schwarz; داهية دهماء [daːhija] schwere(s) Unglück
أدهنة → [2]دهان
أدهى [ʔadhaː] **1.** *el.* schlauer, geschickter; *Unglück*: schlimmer; والـ~ من ذلك schlimmer noch *ist*; **2.** *f* دهواء [dah'wwaːʔ] (2) *Unglück*: schlimm, schwer
أدواء → داء
أدوات → أداة
أدواح → دوحة
أدوار → [2]دور
أدوية → دواء
أدى II [ʔaddaː] ausführen, verrichten, leisten; *Dienst* erweisen; *Aufgabe* erfüllen; *Prüfung* ablegen; *Sinn* wiedergeben; (be)zahlen; *Steuer* entrichten; *Äg.* geben (هـ ل/إلى *etwas j-m*); führen (إلى zu *D*, ب إلى *j-n* zu *D*); ~ زيارة [zi'jaːratan] e-n Besuch abstatten; ~ الشهادة als Zeuge aussagen; ~ يمينا [ja'miːnan] e-n Eid ablegen; **V** تأدى [ta'ʔaddaː] führen (إلى zu *D*, ب إلى *j-n* zu *D*); **X** استأدى [is'taʔdaː] fordern (هـ ه von *j-m A*)
أديار u. **أديرة** → دير
أدياك → ديك
أديان → [4]دين
أديب [ʔa'diːb], *pl.* أدباء [ʔuda'baːʔ] (2) literarisch gebildet; Schriftsteller *m*; Literat *m*
أديبة [ʔa'diːba], *pl.* [-aːt] Schriftstellerin *f*
أديس أبابا [ʔa'd(d)iːs ʔa'baːbaː] Addis Abeba
أديم [ʔa'diːm] Haut *f*; Oberfläche *f*, Fläche *f*; صافي الـ~ *Himmel*: klar; على ~ الأرض auf der Erde
إذ [ʔið] da, weil; denn; + *Impf.*: indem, wenn; *zeitlich*: als; da plötzlich; ~ أن [ʔanna], ~ إن [ʔinna] da, weil; denn; ~ ذاك [ðaːka] damals

[1]**إذا** [ʔiðaː] **1.** wenn, falls; *zeitlich*: als; *in indirekter Frage*: ob; ~ ما *u.* ~ فيما [fiːmaː] wenn; ... ~و فإن [fa-ʔinna], ... إلا أن ~و [ʔilla ʔanna] wenn auch ... so doch; إلا ~ außer wenn; es sei denn, daß; *nach Neg.*: nur wenn; ~ ما *in indirekter Frage*: ob; **2.** ب ~, فإذا ب *u.* فإذا + *N*: siehe da; da plötzlich
[2]**إذا** [ʔiðan] also, deshalb, folglich; → [3]إذن
آذار [ʔaː'ðaːr] (2) *Ir., Syr., Lib., Jord.* März *m*
إذاعة [ʔi'ðaːʕa] Verbreitung *f*, Veröffentlichung *f*; Ausstrahlung *f e-s Programms*; (= مسموعة ~) Rundfunk *m*, Radio *n*; Hörfunk *m*; *pl.* [-aːt] *Rf.* Sendung *f*; ~ مرئية [mar'ʔiːja] Fernsehen *n*; (= دار الـ~ *u.* محطة الـ~ [ma'ħattat al-ʔi.]) Sender *m*, Sendestation *f*
إذاعي [ʔi'ðaːʕiː] Sende-; Rundfunk-; Hörfunk-; ~ حديث Rundfunkinterview *n*
[1]**أذان** [ʔa'ðaːn] *Isl.* Gebetsruf *m*; Ankündigung *f* (ب *G*); ~ لكل أوان [li-kulli ʔa.] *Spr.* alles zu seiner Zeit
[2]**آذان** [ʔaː'ðaːn] → [2]أذن
أذاة [ʔa'ðaːt] → [2]أذى
أذبة → ذباب
آذربيجان [ʔaːðarbai'ʤaːn] (2) *f* Aserbeidschan
آذربيجاني [ʔaːðarbai'ʤaːniː] aserbeidschanisch; *pl.* [-uːn] Aserbeidschaner *m*
أذرع → ذراع
أذري [ʔaðariː] *u.* **آذري** [ʔaːðariː] Aserbeidschaner *m*, Aseri *m*
إذعان [ʔið'ʕaːn] Unterwerfung *f* (ل unter *A*); Unterwürfigkeit *f*; Gehorsam *m*
أذقان → ذقن
أذكى [ʔaðkaː] *el.* intelligenter; klüger; wohlriechender; schmackhafter
أذكياء → [2]ذكي
أذلاء → ذليل
إذلال [ʔið'laːl] Demütigung *f*, Erniedrigung *f*; Unterwerfung *f*
أذلة → ذليل
[1]**أذن** [ʔaðina, a] erlauben, gestatten (ب/في ل *j-m A*); **II** [ʔaððana] *Isl.* zum Gebet (للصلاة *u.* بالصلاة) rufen; **IV** آذن [ʔaːðana] bekanntgeben, kundgeben (ب ه *j-m A*); ankündigen, voraussehen lassen (ب *ein Ereignis*); ~ بالعشاء *j-n* zum Abendessen rufen; ~ت الشمس بالمغيب [bi-l-ma'ɣiːb] die Sonne neigte sich dem Untergang zu; ~ الوقت بالعودة [bi-l-ʕauda] es wurde Zeit, sich auf den Rückweg zu machen; **V** تأذن [ta'ʔaððana] ankündigen, kundtun (ب *A*); **X** استأذن [is'taʔðana] um Erlaubnis bitten (ب/في ه *j-n* zu *D*); sich melden lassen (على bei *j-m*); ~ في الانصراف *Weggehender*: sich entschuldigen; ~ في الدخول um Einlaß bitten
[2]**أذن** [ʔuðun, ʔuðn] *f*, *pl.* آذان [ʔaː'ðaːn] Ohr *n*; Henkel *m*; ~ ثقيلة Schwerhörigkeit *f*; حتى أذنيه [ħattaː ʔuðu'naihi] *fig.* bis über die Ohren
[3]**إذن** [ʔiðan] also, deshalb, folglich; *fragend u. ausrufend*: wohl, doch; *steigernd*: erst
[4]**إذن** [ʔiðn] Erlaubnis *f* (ب zu *D*); *pl.* أذون [ʔu'ðuːn] *u.* أذونات [ʔuðuː'naːt] *Fin.* Anweisung *f*; ~ الاستيراد [ʔi. al-istiː'raːd] Importlizenz *f*; ~ البريد Postanweisung *f*; ~ صرف Zahlungsanweisung *f*; ~ على الخزينة *Fin.* Schatzanweisung *f*; بإذنك [bi-ʔiðnika] *u.* عن ~ك wenn Sie gestatten; بإذن الله [bi-ʔiðni 'llaːh], بإذنه تعالى [ta'ʕaːlaː] so Gott will!
[5]**آذن** [ʔaːðin] Türhüter *m*
أذناب → [2]ذنب
إذني [ʔiðniː] *Fin.* Order-; ~ سند [sanad] *Fin.* eigene(r) Wechsel, Solawechsel *m*; Schuldschein *m*
أذهان → ذهن
أذواق → [2]ذوق
[1]**أذي** [ʔaðija, aː] Schaden erleiden; **IV** آذى [ʔaːðaː] Schaden zufügen (ه j-m); Unrecht tun, Schmerz zufügen (ه *j-m*); belästigen; لا يؤذي harmlos; ~ مشاعره [maʃaː'ʕirahuː] j-s Gefühl verletzen; **V** تأذى [ta'ʔaððaː] gekränkt, verletzt werden (من durch *A*)

[2]أذى [ʔaðan] Schaden m; Schädigung f, Beeinträchtigung f; Unrecht n; Ungemach n; Schmerz m; Verletzung f; Belästigung f; Kränkung f; Ärger m; عديم الـ~ [ʕad'iːm al-ʔaðaː] harmlos
أذيال → ذيل[2]
أذين [ʔu'ðain] Anat. Vorhof m des Herzens
أذينات [ʔaðiː'naːt] pl.: الخزينة ~ Mar. Schatzanweisungen f/pl.
أذينة [ʔu'ðaina] Ohrläppchen n
أذية [ʔa'ðiːja] → أذى[2]
آر [ʔaːr], pl. [-aːt] Ar n
آراء → رأي[2]
آراب → أرب[2] u. إرب[3]
أرابسك [ʔara'besk] koll. Arabesken f/pl.
أراجوز [ʔara'goːz] Kasperle n od. m
إرادة [ʔi'raːda] Wille m (G: zu D), Wollen n; pl. [-aːt] Erlaß m, (königliches) Dekret; حسب الـ~ [ħasaba l-ʔi.] nach Wunsch
إرادي [ʔi'raːdiː] willentlich, Willens-; willkürlich; لا ~ unwillkürlich
إرادية [ʔiraː'diːja] Phil. Voluntarismus m
إراقة [ʔi'raːqa] Ausgießen n; ~ دماء [ʔi. di'maːʔ] Blutvergießen n
آرام → رئم[3]
آرامي [ʔaː'raːmiː] aramäisch; pl. [-uːn] hist. Aramäer m; الآرامية das Aramäische
[1]أرب [ʔariba, a] geschickt machen (ب/في A)
[2]أرب [ʔarab], pl. آراب [ʔaː'raːb] Wunsch m (في nach D); Ziel n; هو بلا ~ [bi-laː] er ist wunschlos glücklich
[3]إرب [ʔirb], pl. آراب [ʔaː'raːb] Stück n; مزقه إربا (إربا) [ma'zzaqahuː -an] etwas in Stücke reißen
أرباء → ربيب
أرباب → رب[2]
أرباح → ربح[2]
أرباع → ربع[3]
إرباك [ʔir'baːk] Durcheinanderbringen n; Verwirrung f
أربطة → رباط
أربح [ʔarbaħ] (2) el. gewinnbringender, einträglicher
[1]أربع [ʔarbaʕ] → أربعة
[2]أربع [ʔarbuʕ] → ربع[2]
أربعاء [ʔarbi'ʕaːʔ, ʔarbaʕaːʔ]: (يوم) الـ~ [jaum al-ʔa.] Mittwoch m
أربعمائة = أربع مائة [ʔarbaʕa miʔa(tin)] vierhundert
أربعة [ʔarbaʕa], f أربع [ʔarbaʕ] vier; ~ عشر [-ta ʕaʃar(a)], f أربع عشرة [ʔarbaʕa ʕaʃra(ta)] vierzehn; على أربع auf allen vieren; ذوات الأربع [ða'waːt al-ʔa.] Zool. die Vierfüßler m/pl.
أربعون [ʔarba'ʕuːn], G, A أربعين [ʔarba'ʕiːn] vierzig
أربعينات [ʔarbaʕiː'naːt] pl. u. أربعينيات [ʔarbaʕiːniː'jaːt] pl.: الـ~ die vierziger Jahre n/pl.
[1]أربة [ʔa'ribba] → ربيب
[2]إربة [ʔirba] Schlauheit f
أربيل [ʔar'biːl] (2) Erbil (Stadt im Nordirak), (das antike) Arbela
أرتال → رتل[2]
ارتباط [irti'bɒːŧ], pl. [-aːt] Verbindung f, Verknüpfung f; Zusammenhang m (ب mit D); Gebundensein n, Bindung f (ب an A); Verpflichtung f (ب zu D); a. Math. Korrelation f; بدون ~ [bi'duːni i.] unverbindlich; فك الـ~ [fakk al-i.] Truppenentflechtung f
ارتباك [irti'baːk], pl. [-aːt] Durcheinander n; Verwirrung f; Verlegenheit f
ارتجاج [irti'ʤaːʤ] Beben n, Erschütterung f
ارتجاع [irti'ʤaːʕ] Feedback n, Rückkoppelung f
ارتجاعي [irti'ʤaːʕiː]: مفعول ~ Feedback n, Rückkoppelung f
ارتجال [irti'ʤaːl] Improvisation f; ~ًا [-an] Adv. improvisiert
ارتجالي [irti'ʤaːliː] improvisiert, unvorbereitet
ارتحال [irti'ħaːl] Abreise f, Aufbruch m
ارتخاء [irti'xaːʔ] Lockerung f; Nachlassen n, Erschlaffung f, Entspannung f
ارتداد [irti'daːd] Rückzug m; Abfall m, Abtrünnigkeit f; Rückfall m (إلى in A)
ارتزاق [irti'zaːq] Erwerb m des Lebensunterhaltes
ارتشاء [irti'ʃaːʔ] Bestechlichkeit f; Bestechung f
ارتشاح [irti'ʃaːħ] bsd. Med. Infiltration f, Eindringen n von Flüssigkeit
ارتشاف [irti'ʃaːf] (genußvolles) Schlürfen od. Trinken
ارتطام [irti'ŧɒːm] Aufprall m (ب auf A); Anprall m (ب an, gegen A)
ارتعاش [irti'ʕaːʃ] Zittern n, Beben n
ارتعاشة [irti'ʕaːʃa] n. vic. (ein) Zittern n, (ein) Beben n
ارتفاع [irti'faːʕ] (An-)Steigen n, Zunahme f; Höhe f; Steigung f; على ~ + G: in e-r Höhe von; ~ جوي [ʤawwiː] Met. Hoch n; ~ ضغط الدم [i. đɒɣŧ d-dam] Bluthochdruck m; الـ~ عن سطح البحر Höhe f über dem Meeresspiegel
ارتفاق [irti'faːq] Nutzung f (ب G); Jur. Grunddienstbarkeit f
ارتقاء [irti'qaːʔ] Besteigung f; a. fig. Aufstieg m; Aufwärtsentwicklung f; Biol. Evolution f; (An-)Hebung f (ب des Niveaus); مذهب الـ~ Evolutionstheorie f
ارتقاب [irti'qaːb] Erwarten n
ارتقائي [irti'qaːʔiː] evolutionär; evolutionistisch; pl. [-uːn] Evolutionist m
ارتقائية [irtiqaː'ʔiːja] Evolutionismus m
ارتكاب [irti'kaːb] Begehung f e-s Verbrechens
ارتكاز [irti'kaːz] Sichstützen n, Ruhen n (على auf D); نقطة الـ~ [nuqŧɒt al-i.] Stützpunkt m
أرتوازي [ʔartu'waːziː]: بئر ~ة [biʔr] artesische(r) Brunnen
ارتياب [irti'jaːb] Zweifel m, Argwohn m
ارتياح [irti'jaːħ] Befriedigung f, Genugtuung f (ل/إلى über A); Zufriedenheit f (ل/إلى mit D)
ارتياد [irti'jaːd] Aufsuchen n, Besuch m e-s Ortes; Erkundung f, Erforschung f; ~ الفضاء Raumfahrt f; ~ أعماق البحار [i. ʔaʕ'maːqi l-bi'ħaːr] Tiefseeforschung f
ارتياع [irti'jaːʕ] Erschrecken n, Entsetzen n

أرتيري [ʔar'tiːriː] *u.* **إرتيري** [ʔir'tiːriː] eritreisch; *pl.* [-uːn] Eritreer *m*

أرتيريا [ʔar'tiːrijaː] *u.* **إرتيريا** [ʔir'tiːrijaː] Eritrea

1**أرث** **II** [ʔarraθa] *Eifersucht* entfachen

2**إرث** [ʔirθ] Erbe *n*, Erbschaft *f*

أرثوذوكس [ʔurθu'ðuks]: الـ~ *Chr.*, *a. fig.* die Orthodoxen *m/pl.*

أرثوذوكسي [ʔurθu'ðuksiː] *Chr.*, *a. fig.* orthodox; الأرثوذوكسية die orthodoxe Kirche

1**أرج** [ʔariʤa, a] duften

2**أرج** [ʔaraʤ] Duft *m*, Wohlgeruch *m*

3**أرج** [ʔariʤ] duftend, wohlriechend

4**إرج** [ʔirg], *pl.* [-aːt] Erg *n*

1**أرجاء** [ʔar'ʤaːʔ] *pl.* Gegend *f*, Gebiet *n*; ~ في + *G*: innerhalb; in… umher; überall in; ~ في كل [kulli ʔa.] + *G*: überall in; فسيح الـ~ ausgedehnt, geräumig

2**إرجاء** [ʔir'ʤaːʔ] Aufschub *m*; Verlegung *f*; Vertagung *f*; Verschiebung *f* (إلى auf *A*)

أرجاس → 2رجس

إرجاع [ʔir'ʤaːʕ] Rückgabe *f*; Rückführung *f*; Rücksendung *f*; Zurückführung *f* (إلى auf *A*)

إرجاف [ʔir'ʤaːf], *pl.* أراجيف [ʔaraː'ʤiːf] (2) falsche(s) Gerücht

1**أرجح** [ʔarʤaħa] wackeln lassen; **II** تأرجح [ta'ʔarʤaħa] schaukeln; wackeln; baumeln; schwanken

2**أرجح** [ʔarʤaħ] (2) *el.* überwiegend; wahrscheinlicher; على الـ~ aller Wahrscheinlichkeit nach

أرجل → 3رجل

أرجنتين [ʔarʤan'tiːn]: الـ~ *f* Argentinien

أرجنتيني [ʔarʤan'tiːniː] argentinisch; *pl.* [-uːn] Argentinier *m*

أرجوان [ʔurʤu'waːn] Purpur *m*

أرجواني [ʔurʤu'waːniː] purpurrot, purpurn

أرجوحة [ʔur'ʤuːħa], *pl.* أراجيح [ʔaraː'ʤiːħ] (2) Schaukel *f*, Wippe *f*

أرجوزة [ʔur'ʤuːza], *pl.* أراجيز [ʔaraː'ʤiːz] (2) Gedicht *n* im Metrum رجز [raʤaz]

أرجون [ʔar'goːn] *Chem.* Argon *n*

أرحاء → رحى

أرحام → 2رحم

أرحب [ʔarħab] (2) *el.* weiter, geräumiger

أرحم [ʔarħam] (2) *el.* gnädiger, barmherziger

أرخ [ʔarraxa] **II** *Brief* datieren (بـ mit *e-m Datum*); die Geschichte schreiben (لـ/هـ von *D*)

أرخبيل [ʔarxa'biːl] Archipel *m*, Inselgruppe *f*

أرخص [ʔarxɒs] (2) *el.* billiger

أرخميد [ʔarxa'miːd] (2) Archimedes

أرد [ʔa'radd] (2) *el.* nützlicher, einträglicher (على für *A*)

أرداف → 2ردف

أردان → ردن

إردب [ʔir'dabb], *pl.* أرادب [ʔa'raːdib] (2) *Äg.* *Hohlmaß (198 l)*

أردن [ʔur'dunn]: الـ~ *m u. f* Jordanien; نهر الـ~ der Jordan

أردنة [ʔardana] Jordanisierung *f*

أردني [ʔur'dunniː] jordanisch; *pl.* [-uːn] Jordanier *m*

أردواز [ʔardu'waːz] Schiefer *m*

أردوازي [ʔardu'waːziː] Schiefer-

أردياء → رديء

أردية → رداء

أرذال → 2رذل

1**أرز** [ʔarz] *koll.*, *n. un.* ~ة Zeder(n *pl.*) *f*

2**أرز** [ʔa'ruzz], *Äg. a.* [ʔurz] Reis *m*

أرزاء → رزء

إرساء [ʔir'saːʔ] Verankerung *f*; *Versteigerung*: Zuschlag *m* (على für *j-n*); *Ausschreibung*: Auftragsvergabe *f* (على an *j-n*)

إرساب [ʔir'saːb], *pl.* [-aːt] Ablagerung *f*, Sedimentierung *f*

إرسال [ʔir'saːl] (Ab-, Zu-, Ver-, Ent-)Sendung *f*; *Rf.* Senden *n*; *pl.* [-aːt] *Rf.* Sendung *f*, Übertragung *f*; Funkspruch *m*; ~ تلفزيوني بالكوابل [bi-l-ka'waːbil] Kabelfernsehen *n*; ~ جهاز [ʤi'haːz ʔi.] Funkgerät *n*; ~ محطة [ma'ħɒttɒt ʔi.] Sender *m*, Sendestation *f*

إرسالية [ʔirsaː'liːja], *pl.* [-aːt] (Post-)Sendung *f*; Lieferung *f*; Mission *f*

أرستقراطي *u.* **أرستوقراطي** [ʔaristu'qrɒːtiː] aristokratisch; vornehm; *pl.* [-uːn] Aristokrat *m*

أرستقراطية *u.* **أرستوقراطية** [ʔaristuqrɒː'tiːja] Aristokratie *f*; Vornehmheit *f*

أرسخ [ʔarsax] (2) *el.* fester verankert *od.* verwurzelt

أرسطو [ʔa'ristoː] Aristoteles

أرسطوطاليس [ʔaristoːtɒː'liːs] (2) *u.* **أرسطاطاليس** [ʔaristoːtɒː'lis] (2) Aristoteles

أرسطوطاليسي [ʔaristoːtɒː'liːsiː] aristotelisch

أرسغ → رسغ

أرسن → رسن

إرشاد [ʔir'ʃaːd] Führung *f*, Leitung *f*; Anleitung *f*, Beratung *f*; Lotsen(dienst *m*) *n*; *pl.* Ratschläge *m/pl.*, Anweisungen *f/pl.*; Informationen *f/pl.*; بـ~ من unter *j-s* Anleitung *od.* Führung; ~ مهني [mih(a)niː] Berufsberatung *f*; وزارة الـ~ القومي *Syr.* Ministerium *n* für Nationale Orientierung

إرشادي [ʔir'ʃaːdiː] beratend, Beratungs-; Aufklärungs-; Instruktions-

أرشيدوق [ʔarʃi'duːq] Erzherzog *m*

أرشيف [ʔar'ʃiːf] Archiv *n*; Registratur *f*

أرشيمندريت [ʔarʃiman'driːt] *Chr.* Archimandrit *m*

أرصاد → 2رصد, 3رصد

أرصدة → رصيد

أرصفة → رصيف

1**أرض** [ʔariđɒ, a] *Holz*: von Termiten zerfressen werden; **II** [ʔarrɒđɒ] *El.* erden

2**أرض** [ʔarɒđ] *koll.*, *n. un.* ~ة Termite(n *pl.*) *f*; Holzwurm *m*

3**أرض** [ʔarđ] *f*, *pl.* أراض [ʔa'rɒːđin] *u.* أرضون [ʔarɒ'đuːn] Erde *f*, Boden *m*; Ackerland *n*; Land *n*; Welt *f*; Gebiet *n*, Territorium *n*; Gelände *n*; Fußboden *m*; Grundstück *n*; ~ أميرية Domäne *f*; ~ التنس [ʔa. at-tinnis] Tennisplatz *m*; ~ / أراضي الدولة [ʔa. ad-daula] Staatsgebiet *n*; الأراضي المحتلة [al-ʔa'rɒːđiː l-muħ'talla] die besetzten Gebiete; الأراضي المقدسة [al-mu'qaddasa] *Isl.* die Heiligen Stätten (= *Mekka u.*

Medina); *Chr.* das Heilige Land; منزرعة ~ [mun'zariʕa] Anbaufläche *f*; الميعاد ~ [ʔa. al-miː'ʕaːd] das Gelobte Land; ~ قطعة [qiṭʕat ʔa.] Grundstück *n*; Parzelle *f*; طرحه أرضا [-ɒn] j-n zu Boden werfen
إرضاء [ʔir'ḍɒːʔ] Befriedigung *f*, Zufriedenstellung *f*
أرضروم [ʔarḍu'ruːm] (2) Erzurum (*Stadt in der Nordosttürkei*)
أرضي [ʔarḍiː] Erd-, Boden-; zu ebener Erde; irdisch; *Geol.* tellurisch; *Schuß beim Fußball*: flach; الدار الأرضية *Rel.* die irdische Welt; ~ طابق [ṭɒːbiq, ṭɒːbaq] Erdgeschoß *n*; الكرة الأرضية [al-kura] Erdkugel *f*
أرضي شوكي [arḍiː ʃaukiː] Artischocke *f*
أرضياء → رضي[3]
أرضية [ʔar'ḍiːja] Fußboden *m*; Boden *m e-s Koffers*; Untergrund *m e-s Stoffes*; Hintergrund *m e-s Bildes*
أرط → أورطة
أرطاب → رطب[3]
أرطال → رطل
أرعن [ʔarʕan] (2), *f* رعناء [raʕ'naːʔ] (2), *pl.* رعن [ruʕn] unbesonnen, leichtfertig
إرغام [ʔir'ɣaːm] Zwang *m*; Nötigung *f* (على zu *D*)
أرغفة → رغيف
أرغن [ʔurɣun], *pl.* أراغن [ʔa'raːɣin] (2) Orgel *f*
أرغول [ʔur'ɣuːl] *Art* Klarinette *f*
أرفاد → رفد[3]
أرفع [ʔarfaʕ] *el.* höher; feiner; erlesener
أرفف → رف[2]
[1]**أرق** [ʔariqa, a] (nachts) nicht schlafen können; **II** [ʔarraqa] den Schlaf rauben (ه *j-m*)
[2]**أرق** [ʔaraq] Schlaflosigkeit *f*
[3]**أرق** [ʔa'raqq] (2) *el.* dünner; feiner; zarter
[4]**أرق** [ʔariq] schlaflos
أرقاء → رقيق
أرقام → رقم[2]
أرقان [ʔar'qaːn] Gelbsucht *f*; *Bot.* Mehltau *m*
أرقش [ʔarqaʃ] (2), *f* رقشاء [raq'ʃaːʔ] (2) buntgescheckt
أرقط [ʔarqɒṭ] (2), *f* رقطاء [raq'ṭɒːʔ] (2) gefleckt; Leopard *m*
أرقى [ʔarqaː] *el.* höherstehend; fortschrittlicher; besser; mondäner, moderner; vornehmer, exklusiver
أركيلة [ʔar'giːla], *pl.* أراكيل [ʔaraː'giːl] (2) *Syr.* Wasserpfeife *f*, Nargile *f*
أرماث → رمث
أرماس → رمس
أرماق → رمق[2]
أرمد [ʔarmad] (2) an Augenentzündung leidend
أرمدة → رماد
أرمل [ʔarmal] (2), *pl.* أرامل [ʔa'raːmil] (2), *u.* أراملة [ʔa'raːmila] Witwer *m*
أرملة [ʔarmala], *pl.* أرامل [ʔa'raːmil] (2) Witwe *f*
الأرمن [al-ʔarman] *koll.* die Armenier *m/pl.*
أرمني [ʔarmaniː] armenisch; Armenier *m*
إرميا [ʔirmijaː] Jeremias
أرمينيا [ʔar'meːnijaː] Armenien
أرناؤوط [ʔarnaː'ʔuːṭ] *koll.*: ~ال die Albaner *m/pl.*
أرناؤوطي [ʔarnaː'ʔuːṭiː] albanisch; Albaner *m*
أرنب [ʔarnab], *pl.* أرانب [ʔa'raːnib] (2) Hase *m*; Kaninchen *n*; *fig.* Hasenfuß *m*; هندي ~ [hindiː] Meerschweinchen *n*
أرنبة [ʔarnaba] Häsin *f*; الأنف ~ Nasenspitze *f*
إرهاب [ʔir'haːb] Einschüchterung *f*; Terror *m*
إرهابي [ʔir'haːbiː] Terror-, terroristisch; *pl.* [-uːn] Terrorist *m*
إرهابية [ʔirhaː'biːja] **1.** Terrorismus *m*; **2.** *pl.* [-aːt] Terroristin *f*
إرهاص [ʔir'hɒːs] **1.** hartnäckige(s) Bestehen (ب auf *D*); **2.** *pl.* [-aːt] Grundlegung *f*; Voraussetzung *f* (ل für *A*); Anzeichen *n* (ب von *D*), Hinweis *m* (ب auf *A*)
إرهاصة [ʔir'hɒːsɒ], *pl.* [-aːt] Grundelement *n*; Anzeichen *n*
أرهاط → رهط
إرهاف [ʔir'haːf] Schärfung *f*
إرهاق [ʔir'haːq] Überlastung *f*, Erschöpfung *f*, Überforderung *f*
أرهب [ʔarhab] (2) *el.* schrecklicher, fürchterlicher
إرواء [ʔir'waːʔ] Tränken *n*; Bewässerung *f*; *a. fig.* Stillen *n*; Befriedigung *f e-s Verlangens*
أرواب → روب[2]
أرواث → روث[2]
أرواح → روح[2]
إروائي [ʔir'waːʔiː] Bewässerungs-
أروح [ʔarwaḥ] (2) *el.* bequemer; beruhigender
أروع [ʔarwaʕ] (2) *el.* wunderbarer, großartiger
أروقة → رواق
أرومة [ʔa'ruːma, ʔu'ruːma] Wurzel *f*; Ursprung *m*
آري [ʔaːriː] arisch; *pl.* [-uːn] Arier *m*
أرياح → ريح[2]
أرياف → ريف[2]
أرياق → ريق[2]
أريام → رئم[3]
أريب [ʔa'riːb] schlau; geschickt
آرية [ʔaː'riːja] Ariertum *n*
أريتري [ʔa'riːtriː] *u.* **إريتري** [ʔi'riːtriː] eritreisch; *pl.* [-uːn] Eritreer *m*
أريتريا [ʔa'riːtrijaː] *u.* **إريتريا** [ʔi'riːtrijaː] Eritrea
أريحا [ʔa'riːḥaː] Jericho
أريحي [ʔarjaḥiː] freigebig, großmütig
أريحية [ʔarja'ḥiːja] Freigebigkeit *f*, Großmut *f*
أريكة [ʔa'riːka], *pl.* أرائك [ʔa'raːʔik] (2) (Sitz-)Bank *f*; Sofa *n*; Thron *m*
أز [ʔazza, i] summen; *Motor*: brummen, surren; *Moped*: knattern; *Geschoß*: zischen, pfeifen; *Feuer*: prasseln, knistern
إزاء [ʔi'zaːʔa] *u.* بإزاء [bi-ʔi'zaːʔi] *Präp.* vor, gegenüber, angesichts
إزاحة [ʔizaːḥa] Entfernung *f*, Wegnahme *f*; الستار عن ~ [ʔi. as-si'taːr] Enthüllung *f e-s Denkmals*
إزار [ʔi'zaːr] *m u. f*, *pl.* أزر [ʔuzur] Lendenschurz *m*; Überwurf *m*
إزالة [ʔi'zaːla] Beseitigung *f*, Entfernung *f*; Behebung *f von Mißständen*

أزباب → زب
أزباد → ²زبد
أزبار → زبر
أزبال → ²زبل
أزبك [ʔuzbak]: الـ~ *koll.* die Usbeken *m/pl.*
أزبكيستان [ʔuzbakis'taːn] *f* Uzbekistan
أزج [ʔa'zaddʒ] (2), *f* زجاء [za'ddʒaːʔ] (2), *pl.* زج [zuddʒ] schöne, gewölbte Augenbrauen habend
أزجال → ²زجل
ازدحام [izdi'ħaːm] Gedränge *n;* Überfüllung *f*
ازدراء [izdi'raːʔ] Verachtung *f*, Geringschätzung *f*; ~ في verachtungsvoll (*Adv.*)
ازدهاء [izdi'haːʔ] Blüte *f*, Glanz *m*; Stolz *m*
ازدهار [izdi'haːr] Blüte *f*, Florieren *n*, Prosperität *f*; Entfaltung *f der Persönlichkeit*
ازدواج [izdi'waːdʒ] Doppelheit *f*, Paarigkeit *f*; Dualität *f*; Zweigleisigkeit *f*; ~ الجنسية [i. al-dʒin'siːja] doppelte Staatsangehörigkeit; ~ ضريبي Doppelbesteuerung *f*; ~ لغوي [luɣawiː] Diglossie *f*
ازدواجي [izdi'waːdʒiː]: اللغة ~ [i. al-luɣa] zweisprachig
ازدواجية [izdiwaː'dʒiːja] Dualität *f*; Dualismus *m*; Zweigleisigkeit *f*; ~ اللغة [i. al-luɣa] *u.* ~ لغوية [luɣa-'wiːja] Diglossie *f*
ازدياد [izdi'jaːd] Zunahme *f*, Ansteigen *n*; *Mar., Alg.* Geburt *f*
¹**أزر** [ʔazara, i] umgeben (بـ mit *D*); *j-n* stärken; **II** [ʔazzara] bedecken, umhüllen; e-n Lendenschurz umlegen (ه *j-m*); *j-n* stärken; **III** آزر [ʔaːzara] unterstützen; beistehen (ه *j-m*); **VI** تآزر [ta'ʔaːzara] sich gegenseitig beistehen, zusammenhalten; *Faktoren*: zusammenwirken; **VIII** ائتزر [iʔ'tazara] sich mit e-m Überwurf (إزار) umhüllen
²**أزر** [ʔazr] Stärke *f*, Kraft *f*; شد ~ه [ʃadda -ahuː], شد من ~ه [min -ihiː] j-n unterstützen, sich hinter j-n stellen; شد ~ه [-uhuː] energisch auftreten

إزراء [ʔiz'raːʔ] Verachtung *f*, Herabsetzung *f*
أزرار → ²زر
أزرق [ʔazraq] (2), *f* زرقاء [zar'qaːʔ] (2), *pl.* زرق [zurq] blau
إزعاج [ʔiz'ʕaːdʒ] Belästigung *f*, Störung *f*
أزعر [ʔazʕar] (2), *f* زعراء [zaʕ'raːʔ] (2) **1.** *Stoff*: abgewetzt; schwanzlos; nutzlos; **2.** *pl.* زعران [zuʕ'raːn] *Jord., Lib.* Räuber *m*, Wegelagerer *m*, Strolch *m*
أزف [ʔazifa, a] *Zeitpunkt*: heranrükken; لقد ~ الوقت es ist an der Zeit
أزقاق → ²زق
أزقة → زقاق
أزكى [ʔazkaː] *el.* reiner; gerechter; besser
أزل [ʔazal] Ewigkeit *f* (*ohne Anfang*); منذ الـ~ [munðu l-ʔa.] seit jeher
أزلام → زلة
أزلي [ʔazaliː] (ur)ewig
(**أزم**) **V** تأزم [ta'ʔazzama] *Lage*: kritisch werden, sich zuspitzen
¹**أزمان** [ʔaz'maːn] → ²زمن
²**إزمان** [ʔiz'maːn] chronische(r) Zustand *e-r Krankheit*
أزمرة [ʔazmara] *Chem.* Isomerisierung *f*
أزمنة → زمان
أزمة [ʔazma], *pl.* [ʔaza'maːt] Krise *f*; Not *f*, Notlage *f*; *Med.* Anfall *m*, Attacke *f*; ~ قلبية Herzanfall *m*; Herzschlag *m*, Herzinfarkt *m*
إزمير [ʔiz'miːr] (2) Izmir (*Hafenstadt in der Türkei*), (*das alte*) Smyrna
إزميل [ʔiz'miːl], *pl.* أزاميل [ʔazaː'miːl] (2) Meißel *m*
أزناد → زناد
أزهار → ¹زهرة
أزهر [ʔazhar] (2) leuchtend, strahlend; *el.* strahlender; الـ~ Azhar *f* (*Moschee u. isl. Universität in Kairo*); الأزهران [al-ʔazha'raːn] *du.* Sonne und Mond
أزهري [ʔazhariː] Azhar-; *pl.* [-uːn] Student *m od.* Absolvent *m* der Azhar
أزهى [ʔazhaː] *el.* blühender, strahlender; ~ العصور Blütezeit *f*
أزواج → ²زوج

أزواد → زاد
أزوت [ʔa'zoːt] Stickstoff *m*
أزوتي [ʔa'zoːtiː] Stickstoff-
أزور [ʔazwar] (2), *f* زوراء [zau'raːʔ] (2) schief; krumm; schielend
ازورار [izwi'raːr] Abwendung *f* (عن von *D*); Abneigung *f* (عن gegen *A*)
(**أزي**) **III** آزى [ʔaːzaː] gegenüberstehen (ه/ـه *D*), gegenüberliegen (ـه *D*)
أزياء → زي
أزيار → ²زير
أزياق → ²زيق
أزيد [ʔazjad] (2) *el.* mehr, vermehrt; größer
أزيز [ʔa'ziːz] Summen *n*; Brummen *n*; Motorengeräusch *n*; Zischen *n*
¹(**أس**) **II** أسس [ʔassasa] (be)gründen; **V** تأسس [ta'ʔassasa] gegründet *od.* begründet werden
²**أس** [ʔuss] Grundlage *f*, Basis *f*; *Math.* Exponent *m*; ٣ ~ hoch 3; ~ اثنين [ʔu. iθ'nain] zweite Potenz
³**آس** [ʔaːs] **1.** Myrte *f*; **2.** *pl.* [-aːt] As *n*
⁴**آس** [ʔaːsin] *Wunden* heilend
أسا → (أسو)
إساءة [ʔi'saːʔa] böse Tat; Kränkung *f*; ~ الاستعمال Mißbrauch *m*; ~ المعاملة schlechte Behandlung; → ¹(سوء) IV
أساتذة → أستاذ
آساد → ²أسد
إسار [ʔi'saːr] Riemen *m*, Fessel *f*; *fig.* Gefangenschaft *f*
أسارير → ²سرار
أساس [ʔa'saːs], *pl.* أسس [ʔusus] *u.* [-aːt] *Arch., fig.* Fundament *n*; Grundlage *f*, Basis *f*; *Chem.* Base *f*; *pl. a.* Prinzipien *n/pl.*; ~ًا [-an] im wesentlichen, vorwiegend; grundsätzlich; im Grunde (genommen); على ~ + *G*: auf der Grundlage von, auf Grund von; على ~ أن [ʔanna] auf Grund der Tatsache, daß; من ~ه von Grund auf; ~ تقدير الضريبة Steuerbemessungsgrundlage *f*; لا ~ له من الصحة [laː -a lahuː min ɒs-siħħa] *Nachricht*: jeder Grundlage entbehrend

أساسي [ʔa'saːsiː] grundlegend, Grund-, fundamental; grundsätzlich; wesentlich, hauptsächlich; أساسيات [ʔasaːsiː'jaːt] *pl.* grundlegende Dinge *n/pl.*, Grundlagen *f/pl.*; رأس المال الـ~ Anfangskapital *n*; ~ سبب [sabab] Hauptgrund *m*; صناعة ~ة [si'naːʕa] Grundstoffindustrie *f*; Schlüsselindustrie *f*; بصفة ~ة [bi-sifatin] hauptsächlich; eigentlich (*Adv.*)

إسالة [ʔi'saːla] Verflüssigung *f*; ~ الدماء [ʔi. ad-di'maːʔ] Blutvergießen *n*; ~ الماء *Ir.* Wasserversorgung *f*

أسام → اسم

أسانسير [ʔasan'seːr] Aufzug *m*, Lift *m*

أساور → ²سوار

أسباب → سبب

إسباجيتي [ʔisba'gittiː] *Äg.* Spaghetti *pl.*

إسبارطة [ʔis'bartɒ] Sparta

أسباط → ²سبط

أسباع → ³سبع

إسباغ [ʔis'baːɣ] Überhäufung *f* (على *j-s*); Verleihen *n e-r Eigenschaft*

إسبان [ʔis'baːn] *u.* **أسبان** [ʔas'baːn]: الـ~ *koll.* die Spanier *m/pl.*

إسباناخ [ʔisbaː'naːx] *u.* **إسبانخ** [ʔis'baːnax] Spinat *m*

إسباني [ʔis'baːniː] *u.* **أسباني** [ʔas'baːniː] spanisch; *pl.* [-uːn] Spanier *m*

إسبانيا [ʔis'baːnijaː] *u.* **أسبانيا** [ʔas'baːnijaː] Spanien

أسبتة → ²سبت

أسبخة → سباخ

إسبرتو [ʔis'birtoː] Spiritus *m*; Alkohol *m*

أسبست [ʔas'bist] *u.* **أسبستوس** [ʔas'bistus] Asbest *m*

أسبع → ²سبع

أسبق [ʔasbaq] (2) *el.* früher; vorausgehend; Ex-; vorletzte(r)

أسبقية [ʔasba'qiːja] Vorausgehen *n*, Frühersein *n*; Pionierrolle *f*; Vorrang *m*, Priorität *f*; höhere(s) Dienstalter

إسبليطة [ʔisba'liːtɒ] Schulterklappe *f*, Epaulette *f*

إسبور [ʔis'bɒːr] *Äg.* Sport-

أسبوع [ʔus'buːʕ], *pl.* أسابيع [ʔasaː'biːʕ] (2) Woche *f*; ~ الآلام *Chr.* Passionswoche *f*

أسبوعي [ʔus'buːʕiː] wöchentlich, Wochen-; ~ًا [-jan] *Adv.* wöchentlich

أسبوعية [ʔusbuː'ʕiːja], *pl.* [-aːt] *Rf.* wöchentliche Sendung; *Mar.* Wochenzeitung *f*

إسبيداج [ʔisbiː'daːʤ] Bleiweiß *n*

است [ist], *a.* **إست** [ʔist], *pl.* أستاه [ʔas'taːh] Gesäß *n*; After *m*

إستاتيكا [ʔistaː'tiːkaː] Statik *f*

إستاتيكي [ʔistaː'tiːkiː] statisch

إستاد [ʔis'taːd] Stadion *n*

أستاذ [ʔus'taːð], *pl.* أساتذة [ʔa'saːtiða] Lehrer *m;* Studienrat *m*; Professor *m*; Dozent *m*; Meister *m*; Logenmeister *m der Freimaurer*; *Anrede für Gebildete*; *Hdl.* Hauptbuch *n*; ~ القانون الدولي [ʔu. al-qaː'nuːni d-duwaliː] Völkerrechtler *m*; ~ زائر Gastprofessor *m*; ~ (ذو) كرسي [ʔu. (ðuː) kursiː] ordentliche(r) Professor; ~ مساعد [mu'saːʕid] *engl.* assistant professor, Assistenzprofessor *m*; ~ مشارك [mu'ʃaːrik] *engl.* associate professor, außerordentliche(r) Professor; ~ مشرف [muʃrif] Doktorvater *m*; الـ~ الأكبر *Titel des Rektors der Azhar-Universität*

أستاذة [ʔus'taːða], *pl.* [-aːt] Lehrerin *f*; Studienrätin *f*; Dozentin *f*; Professorin *f*

أستاذية [ʔustaː'ðiːja] Professur *f*; Dozentur *f*; *Tun.* Stelle *f* e-s Studienrats; Meisterschaft *f*

إستانبول [ʔistam'buːl] Istanbul

إستانبولي [ʔistam'buːliː] istanbulisch; Istanbuler *m*

آستانة [ʔaːsi'taːna]: الـ~ *hist.* Konstantinopel

استباحة [isti'baːħa] Enthüllung *f*; Preisgabe *f*; Anmaßung *f*; Plünderung *f*

استباق [isti'baːq] Vorwegnahme *f*; Vorgreifen *n*

استبداد [istib'daːd] Willkür *f*, Eigenmächtigkeit *f*; Willkürherrschaft *f*; Autoritarismus *m*; Totalitarismus *m*; Absolutismus *m*

استبدادي [istib'daːdiː] despotisch; autoritär; totalitär; absolutistisch

استبدادية [istibdaː'diːja] Autoritätsprinzip *n*; Absolutismus *m*

استبدال [istib'daːl] Umtausch *m*, Eintausch *m*; Austausch *m*, Ersetzung *f*

استبرق [ʔis'tabraq] Brokat *m*

استبسال [istib'saːl] Todesmut *m*, Todesverachtung *f*

استبشار [istib'ʃaːr]: بـ~ hoffnungsvoll (*Adv.*)

استبصار [istib'sɒːr] Untersuchung *f*; Einsicht *f*, Verständnis *n*

استبطان [istib'tɒːn] *Psych.* Introspektion *f*

استبعاد [istib'ʕaːd] Entfernung *f*; Ausschließung *f*; Ausschluß *m* (من von *D*); Aussonderung *f*; Ausklammerung *f*; Widerlegung *f e-r Theorie*

استبقاء [istib'qaːʔ] Erhaltung *f*, Beibehaltung *f*

استبيان [istib'jaːn] Fragebogen *m*; Umfrage *f*

استتباب [istit'baːb] Stabilität *f*; Festigung *f von Ruhe u. Ordnung*

استثارة [isti'θaːra] Erregung *f*, Entfachung *f*; Hervorrufung *f von Gefühlen*, Weckung *f von Bedürfnissen*

استثمار [istiθ'maːr], *pl.* [-aːt] (Aus-)Nutzung *f*; Nutzbarmachung *f*; Ausbeutung *f von Bodenschätzen*; (Kapital-)Anlage *f*, Investition *f*; Investitionstätigkeit *f*; شهادة الـ~ Investmentzertifikat *n*

استثماري [istiθ'maːriː] Investitions-; سلع ~ة [silaʕ] Investitionsgüter *n/pl.*

استثناء [istiθ'naːʔ], *pl.* [-aːt] Ausnahme *f*, Ausnahmefall *m*; بـ~ + *G*: mit Ausnahme von; ~ من ذلك [-an] abweichend davon

استثنائي [istiθ'naːʔiː] Ausnahme-; Sonder-; ~ًا [-jan] *Adv.* ausnahmsweise

استجابة [isti'ʤaːba], *pl.* [-aːt] Folgeleisten *n*; Gewährung *f*, Erfüllung *f*; Reaktion *f*, Eingehen *n* (لـ auf *A*); *Phys.*, *fig.* Resonanz *f*; ~ لـ [-tan] in Erfüllung *e-r Sache*, entsprechend

استجداء [istidʒ'daːʔ] Anflehen *n*
استجلاء [istidʒ'laːʔ] Aufklärung *f*, Aufhellung *f*, Ergründung *f*
استجلاب [istidʒ'laːb] Herbeibringung *f*; Beschaffung *f*; Gewinnung *f*
استجمام [istidʒ'maːm] Ausspannen *n*, Entspannen *n*; Erholung *f*; /مركز مكان الـ~ Erholungsort *m*, Kurort *m*; ~ وقفة Verschnaufpause *f*
استجواب [istidʒ'waːb] Befragung *f*; *Jur.* Verhör *n*, Vernehmung *f*; Anfrage *f im Parlament*; *Mar.* Interview *n*
استحالة [isti'ħaːla] Unmöglichkeit *f*, Undenkbarkeit *f*; (Um-)Wandlung *f*; Verwandlung *f*; *Chr.* Transsubstantiation *f*
استحثاث [istiħ'θaːθ] Drängen *n*; Anfeuerung *f*
استحداث [istiħ'daːθ] Schaffung *f*; Einführung *f von Neuem*
استحسان [istiħ'saːn] Billigung *f*, Zustimmung *f*; Beifall *m*; Fürgutbefinden *n*; *isl. Recht*: Gutdünken *n*; بـ~ beifällig (*Adv.*); ~ نظرة wohlgefällige(r) Blick
استحضار [istiħ'đɒːr] Herbeischaffung *f*; Herbeirufung *f*; *Jur.* Vorladung *f*; Zubereitung *f*, Herstellung *f*
استحقاق [istiħ'qaːq], *pl.* [-aːt] *Fin.* Fälligkeit *f*; Anspruch *m*, Anrecht *n*; Forderung *f* e-s Rechts; Würdigkeit *f*; Verdienst *n*; استحقاقاته die ihm zustehenden Beträge; /بدون ~ بغير unverdientermaßen; ~ عن verdientermaßen; تاريخ الـ~ Fälligkeitstermin *m*
استحكام [istiħ'kaːm] Festigkeit *f e-s Materials*; Festigung *f*, Erstarken *n*; استحكامات *pl.* Befestigungen *f/pl.*, Befestigungsanlagen *f/pl.*
استحمام [istiħ'maːm] Baden *n*, Bad *n*
استحواذ [istiħ'waːð] Besitzergreifung *f* (على von *D*); Beherrschung *f* (على *G*)
استحياء [istiħ'jaːʔ] Scham(haftigkeit) *f*, Verschämtheit *f*; Schamgefühl *n*; Verlegenheit *f*; Scheu *f*; Schüchternheit *f*; ~ في/على verschämt; verlegen; schüchtern, zaghaft (*Adv.*)
استخبار [istix'baːr], *pl.* [-aːt] Erkundigung *f* (عن über *A*); (دائرة) الاستخبارات Nachrichtendienst *m*, Geheimdienst *m*
استخدام [istix'daːm] Verwendung *f*, Benutzung *f*; Anstellung *f*, Beschäftigung *f e-s Arbeitnehmers*; Einsatz *m von Arbeitskräften*; Nutzung *f*; Inanspruchnahme *f*; استخدامات *pl.* Verwendungsweisen *f/pl.*; القوة ~ [i. al-quwwa] Gewaltanwendung *f*; كامل ~ *Ök.* Vollbeschäftigung *f*; سوء الـ~ [suːʔ al-i.] Mißbrauch *m*; طلب الـ~ [tɒlab al-i.] Bewerbung *f um e-e Stelle*; Stellungssuche *f*
استخذاء [istix'ðaːʔ] Unterwürfigkeit *f* (لـ gegenüber *D*)
استخراج [istix'raːdʒ] Herausholen *n*; Förderung *f*, Gewinnung *f*, Abbau *m von Bodenschätzen*; *Chem.* Extraktion *f*; Erzeugung *f von Produkten*; Ausstellung *f e-s Dokuments*; Erwirkung *f e-r* Erlaubnis; الجثة ~ [i. al-dʒuθθa] Exhumierung *f*
استخراجي [istix'raːdʒiː]: صناعة ~ـة [sɨ'naːʕa] Grundstoffindustrie *f*
استخفاف [istix'faːf] Geringschätzung *f*
استخلاص [istix'lɒːs] Herleitung *f*, Ableitung *f* (من von *D*); Gewinnung *f* (من aus *D*)
استدارة [isti'daːra], *pl.* [-aːt] Rundung *f*
استدانة [isti'daːna] Aufnahme *f* von Geld *od.* e-s Kredits; Verschuldung *f*
استدراج [istid'raːdʒ] Verlocken *n*, Verführen *n* (ل/إلى zu *D*); ~ عروض *Syr. Hdl.* Ausschreibung *f*
استدراك [istid'raːk], *pl.* [-aːt] Berichtigung *f*, Richtigstellung *f*; Ausgleich *m e-s Mangels*
استدعاء [istid'ʕaːʔ] Herbeirufung *f*; *Jur.* Vorladung *f*; Zurückberufung *f e-s Diplomaten*; *Tun.* Einberufung *f e-r Versammlung*
استدلال [istid'laːl] (Schluß-)Folgerung *f* (من aus *D*), Schluß *m* (على auf *A*); Deduktion *f*; Nachweis *m* (على von *D*); Sichleitenlassen (بـ von *D*)
استدلالي [istid'laːliː] deduktiv
استذكار [istið'kaːr] Sicherinnern *n*; (Auswendig-)Lernen *n*
إستراتيجي [ʔistraː'tiːdʒiː] strategisch
إستراتيجية [ʔistraːtiː'dʒiːja] Strategie *f*
استراحة [isti'raːħa], *pl.* [-aːt] Ruhe *f*, Erholung *f*; Rast *f*, Ruhepause *f*; Pause *f*; Rasthaus *n*, Landhaus *n*, Ferienhaus *n*
استراق [isti'raːq]: السمع ~ Belauschen *n*, Abhören *n*
أسترالي [ʔustu'raːliː] australisch; *pl.* [-uːn] Australier *m*
أستراليا [ʔustu'raːlijaː] Australien
استرجاع [istir'dʒaːʕ] Rückforderung *f*; (Zu-)Rückgewinnung *f*; Wiedererlangung *f*; Zurücknahme *f e-s Versprechens*; *EDV* Abrufung *f*
استرجال [istir'dʒaːl] männliche(s) Verhalten *e-r Frau*, Vermännlichung *f*
استرحام [istir'ħaːm] Bitten *n od.* Flehen *n* um Gnade; *bsd. Jord.* Bittschrift *f*, Eingabe *f*
استرخاء [istir'xaːʔ] Lockerung *f*; Nachlassen *n*, Erschlaffung *f*, Entspannung *f*; Lässigkeit *f*; ~ فترة Verschnaufpause *f*
استرداد [istir'daːd] Rückforderung *f*; (Zu-)Rückgewinnung *f*; Wiedererlangung *f*; Rückeroberung *f*; Abhebung *f von Geld*
استرسال [istir'saːl] Fortfahren *n in e-r Handlung*; Sichhingeben *n* (في an *e-e Handlung*), Aufgehen *n* (في in *e-r Tätigkeit*)
استرشاد [istir'ʃaːd] Einholung *f* von Rat; Suchen *n* um Anleitung; Sichleitenlassen *n* (بـ von *D*)
استرضاء [istir'đɒːʔ] Zufriedenstellung *f*; Versöhnung *f*; versöhnliche Haltung
إسترليني [ʔistar'liːniː] Sterling *m*; ~ جنيه [dʒu'naih] Pfund *n* Sterling; منطقة الـ~ [mintɒqat al-ʔi.] Sterlingzone *f*
استرواح [istir'waːħ]: صدري ~ *Med.* Pneumothorax *m*

إستريو [ʔis'tirijoː] Stereo

إستريوسكوب [ʔistirijos'koːb] Stereoskop *n*

استزادة [isti'zaːda] Streben *n* nach mehr (من)

استزراع [istiz'raːʕ] *bsd. Äg.* Bebauung *f*, Kultivierung *f des Bodens*

استزلام [istiz'laːm] *Lib.* Günstlingswirtschaft *f*

استسقاء [istis'qaːʔ] *Med.* Wassersucht *f*; *Mar.* Bewässerung *f*; Bitten *n* um Regen

استسلام [istis'laːm] Sichergeben *n*, Unterwerfung *f*; Kapitulation *f*; Selbstaufgabe *f*; Resignation *f*

استسلامي [istis'laːmiː] Kapitulations-; kapitulationsbereit; Kapitulant *m*

استسلامية [istislaː'miːja] Kapitulantentum *n*

استشارة [isti'ʃaːra], *pl.* [-aːt] Konsultation *f*, Beratung *f*; ~ طبية [tˤi'bbiːja] ärztliche Konsultation

استشاري [isti'ʃaːriː] beratend, konsultativ

استشراد [istiʃ'raːd] *Phys.* Elektrophorese *f*

استشراف [istiʃ'raːf] Schauen *n* (إلى, *G*: auf *A*); Aufschauen *n* (إلى, *G*: zu *D*); *Phil.* Transzendenz *f*

استشراق [istiʃ'raːq] Orientalistik *f*

استشراقي [istiʃ'raːqiː] orientalistisch

استشعار [istiʃ'ʕaːr] (Ver-)Spüren *n*, Wahrnehmen *n*; الـ~ عن/من البعد [al-buʕd] Fernerkundung *f*; قرن الـ~ *Zool.* Fühler *m*

استشفاء [istiʃ'faːʔ] (Suche *f* nach) Heilung *f*; Krankenhausaufenthalt *m*; Kur *f*

استشفاف [istiʃ'faːf] Erkennen *n*, Wahrnehmen *n*

استشفائي [istiʃ'faːʔiː] Krankenhaus(pflege)-

استشهاد [istiʃ'haːd] Tod *m* im Krieg, Heldentod *m*; Märtyrertod *m*; Zitieren *n*, Anführen *n* von Belegen

استصباح [istɨsˤ'baːħ] Beleuchtung *f*; غاز الـ~ Leuchtgas *n*

استصغار [istɨsˤ'ɣaːr]: ~ الذات mangelnde(s) Selbstwertgefühl

استصلاح [istɨsˤ'laːħ] Urbarmachung *f*; ~ الأراضي Landgewinnung *f*

استصواب [istɨsˤ'waːb] Billigung *f*, Gutheißen *n*

استضاءة [isti'đɒːʔa] Erleuchtungsuchen *n* (بـ durch *A*)

استضافة [isti'đɒːfa] Aufnahme *f* als Gastgeber; Veranstaltung *f e-r Konferenz etc. als Gastgeber*

استطاعة [isti'tˤɒːʕa] Können *n*; Kapazität *f*; باستطاعته er kann, es ist ihm möglich

استطالة [isti'tˤɒːla] Längerwerden *n*, Längung *f*; Überheblichkeit *f*, Anmaßung *f*

استطباب [istɨtˤ'baːb], *pl.* [-aːt] *Med.* Indikation *f*

استطراد [istɨtˤ'rɒːd] Fortfahren *n* (*G*: mit *D*); *pl.* [-aːt] Exkurs *m*, Abschweifung *f*; ~ًا للموضوع [-aːn] um beim Thema zu bleiben

استطلاع [istɨtˤ'laːʕ] Erkundung *f*, *a. Mil.* Aufklärung *f*; (*Zeitungs-*)Bericht *m*, Reportage *f*; ~ الرأي Meinungsumfrage *f*; طائرة الـ~ Aufklärungsflugzeug *n*

استطلاعي [istɨtˤ'laːʕiː] Erkundungs-, Aufklärungs-, Informations-; محادثات ~ـة [muħaːda'θaːt] Sondierungsgespräche *n/pl.*

استظهار [istɨð'haːr] Auswendiglernen *n*; *Tun.* Vorlage *f od.* Vorweisen *n von Dokumenten*

استعادة [isti'ʕaːda] Wiedergewinnung *f*, Wiedererlangung *f*; Rückeroberung *f*

استعارة [isti'ʕaːra] Entleihen *n*; Ausleihe *f von Büchern*; *Rhet.* übertragene(r) Gebrauch *e-s Wortes*, Metapher *f*

استعاري [isti'ʕaːriː] figürlich, metaphorisch

استعاضة [isti'ʕɒːđɒ] Ersetzung *f*, Ersatz *m* (عن ب *e-r Sache* durch *A*); Eintausch *m* (عن ب *e-r Sache* für *A*)

استعانة [isti'ʕaːna] Zuhilfenahme *f* (بـ *G*), Verwendung *f* (بـ *G*)

استعباد [istiʕ'baːd] Versklavung *f*, Knechtung *f*

استعبار [istiʕ'bɒːr] Weinen *n*

استعجاب [istiʕ'ʤaːb] Erstaunen *n*, Verwunderung *f*

استعجال [istiʕ'ʤaːl] Eile *f*, Hast *f*

استعداد [istiʕ'daːd] Bereitschaft *f* (لـ zu *D*); Vorbereitung *f* (لـ auf *A*); (Prä-)Disposition *f*, Empfänglichkeit *f* (لـ für *e-e Krankheit*); Anlage *f e-s Menschen*, Veranlagung *f*; استعدادات *pl.* Vorbereitungen *f/pl.*; Voraussetzungen *f/pl.*; هو على ~ لـ er ist bereit zu; على غير ~ unvorbereitet

استعدادي [istiʕ'daːdiː] Vorbereitungs-, vorbereitend

استعراض [istiʕ'rɒːđ] Parade *f*, Vorbeimarsch *m*; Erörterung *f*, Darlegung *f*; Schau *f*, Revue *f*; Durchsicht *f*; ~ الأعمال Tätigkeitsbericht *m*

استعراضي [istiʕ'rɒːđiː] Schau-, Show-, Revue-; ostentativ

استعصاء [istiʕ'sˤɒːʔ] Widerspenstigkeit *f*; Bösartigkeit *f e-r Krankheit*; Versagen *n*, Funktionsstörung *f*; Schwierigkeit *f*

استعطاف [istiʕ'tˤɒːf] Werben *n* um Wohlwollen *od.* Sympathie; Bitten *n*

استعفاء [istiʕ'faːʔ] Bitte *f* um Verzeihung; Niederlegung *f* (من *e-s Amtes*)

استعلاء [istiʕ'laːʔ] Überlegenheitsgefühl *n*, Dünkel *m*, Überheblichkeit *f*

استعلام [istiʕ'laːm] Erkundigung *f* (عن nach *D*); *pl.* [-aːt] Information *f*, Auskunft *f*; مكتب الاستعلامات Auskunftsbüro *n*

استعمار [istiʕ'maːr] Kolonisierung *f*; Gründung *f* von Kolonien; Kolonialismus *m*; Imperialismus *m*; الـ~ الجديد/الحديث Neokolonialismus *m*

استعماري [istiʕ'maːriː] Kolonial-, kolonial; kolonialistisch; imperialistisch; *pl.* [-uːn] Kolonisator *m*; Kolonialist *m*

استعمارية [istiʕmaː'riːja] Kolonialismus *m*; Imperialismus *m*

استعمال [istiʕ'maːl] Gebrauch *m*, Verwendung *f*, Benutzung *f*; استعمالات *pl.* Verwendungsweisen *f/pl.*; ~ القوة [i. al-quwwa] Gewaltanwendung *f*; ~بـ + *G*: *a.* durch Betätigen (*G*); رهن الـ~ [rahna l-i.] in Gebrauch; سهل الـ~ leicht zu benutzen; ~الـ سوء [suːʔ al-i.] Mißbrauch *m*

استغاثة [isti'ɣaːθa], *pl.* [-aːt] Hilferuf *m*, Bitte *f* um Hilfe

استغراب [istiɣ'raːb] Verwunderung *f*, Befremden *n*

استغلاق [istiɣ'laːq] Unverständlichkeit *f*, Schwierigkeit *f*

استغلال [istiɣ'laːl] Nutzbarmachung *f*, Nutzung *f*, Verwertung *f*; *a. pej.* Ausnutzung *f*; *a. pej.* Ausbeutung *f*

استغلالي [istiɣ'laːliː] Ausnutzungs-, Ausbeutungs-, ausbeuterisch

استغماية [ustuɣu'mmaːja, istiɣu'mmaːja] *Äg.*: ~الـ لعبة Versteckspiel *n*, Blindekuh

استغناء [istiɣ'naːʔ] Verzicht *m* (عن auf *A*)

استفادة [isti'faːda] Nutzbarmachung *f*, (Aus-)Nutzung *f* (من *G*); Nutzen *m* (من aus *D*)

استفاضة [isti'fɒːđɒ] Überfluß *m*, Fülle *f*

استفاقة [isti'faːqa] *a. fig.* Erwachen *n*

استفتاء [istif'taːʔ] Einholen *n* e-s (Rechts-)Gutachtens; Befragung *f*; (= شعبي ~) Volksabstimmung *f*, Volksbefragung *f*

استفتاح [istif'taːħ] Anfang *m*, Beginn *m*; *Äg.* Handgeld *n*, erste Zahlung

استفحال [istif'ħaːl] Furchtbarkeit *f*; Ernst *m e-r Gefahr*

استفراغ [istif'raːɣ] Entleerung *f*; Erbrechen *n*

استفزاز [istif'zaːz], *pl.* [-aːt] Provokation *f*

استفزازي [istif'zaːziː] provokatorisch

استفسار [istif'saːr], *pl.* [-aːt] Erkundigung *f*, Frage *f* (عن nach *D*), Anfrage *f* (عن über *A*), Rückfrage *f*

استفهام [istif'haːm] (Nach-)Frage *f*; ~الـ أداة *Gr.* Fragepartikel *f*; علامة ~الـ Fragezeichen *n*

استفهامي [istif'haːmiː] *Gr.* interrogativ

استقالة [isti'qaːla] Rücktritt *m* (من von *e-m Amt*), Demission *f*; *Sport*: freiwillige(s) Ausscheiden

استقامة [isti'qaːma] Geradheit *f*; aufrechte Stellung; Rechtschaffenheit *f*, Integrität *f*; Richtigkeit *f*

استقبال [istiq'baːl] Aufnahme *f*; *a. Rf.* Empfang *m*; Zukunft *f*; *Astr.* Opposition *f*; ~ًا [-an] *Adv.* in Zukunft; كان في ~ه er war zu s-m Empfang erschienen; العام ~ الجديد Eintritt *m* in das neue Jahr

استقدام [istiq'daːm] (Herbei-)Holen *n*; Anwerbung *f von Arbeitskräften*

استقراء [istiq'raːʔ], *pl.* [-aːt] Untersuchung *f*, Erforschung *f*; *Phil.* Induktion *f*

استقرار [istiq'raːr] Stabilität *f*; Festigkeit *f*, Konsolidierung *f*; Beständigkeit *f*, Stetigkeit *f*; Seßhaftigkeit *f*

استقراض [istiq'rɒːđ] Aufnahme *f* e-s Kredits *od.* Darlehens

استقرائي [istiq'raːʔiː] *Phil.* induktiv

استقصاء [istiq'sɒːʔ], *pl.* [-aːt] gründliche Untersuchung, Durchleuchtung *f e-s Problems*; Ergründung *f*, Erforschung *f*; الرأي ~ Meinungsumfrage *f*

استقصائي [istiq'sɒːʔiː] gründlich, tiefschürfend; erforschend

استقطاب [istiq'ŧɒːb] Umsichscharen *n*, Sammeln *n von Menschen*; *Phys.* Polarisation *f*

استقطار [istiq'ŧɒːr] Destillierung *f*, Destillation *f*

استقطاع [istiq'ŧɒːʕ], *pl.* [-aːt] Abzug *m e-s Betrages*

استقلال [istiq'laːl] *a. Pol.* Unabhängigkeit *f* (عن von *D*); Selbständigkeit *f*; الإرادة ~ Willensfreiheit *f*

استقلالي [istiq'laːliː] Unabhängigkeits-

استقلالية [istiqlaː'liːja] *a. Pol.* Unabhängigkeit *f*; Selbständigkeit *f*

أستك [ʔastik] *Äg.* Gummi *m*

استكان [isti'kaːn], *pl.* [-aːt] *Ir.*, *Kuw.* kleine(s) Teeglas

استكانة [isti'kaːna] Sichunterwerfen *n*, Unterwerfung *f*; Selbstaufgabe *f*; Resignation *f*; Demut *f*

استكتاب [istik'taːb] Diktieren *n*, Diktat *n*

استكثار [istik'θaːr] intensive(s) *od.* häufige(s) Tun (من *G*); Streben *n* nach mehr (من von *etwas*); → كثر[1]

استكشاف [istik'ʃaːf] Aufdeckung *f*; Entdeckung *f*; Erforschung *f*, Exploration *f von Lagerstätten*; *Mil.* Aufklärung *f*, Erkundung *f*

استكشافي [istik'ʃaːfiː] Entdeckungs-, Aufklärungs-

استكمال [istik'maːl] Abschluß *m*, Beendigung *f*; Vervollkommnung *f*, Ergänzung *f*

استكناه [istik'naːh] Ergründung *f*, Erforschung *f*

إستكهولم [ʔis'tokholm] Stockholm

أستكوزا [ʔasta'koːzaː] *u.* **أستكوزة** [ʔasta'koːza] Languste *f*

استلاب [isti'laːb] (Aus-)Plünderung *f*, Beraubung *f*

استلام [isti'laːm] Empfang *m*, Erhalt *m*; Entgegennahme *f*, Übernahme *f*

استلحاق [istil'ħaːq] Angliederung *f*, Annexion *f*

استلطاف [istil'ŧɒːf] Sympathie *f*

استلفات [istil'faːt] Erregen *n* von Aufmerksamkeit

استلهام [istil'haːm], *pl.* [-aːt] Suche *f* nach Eingebungen; Empfang *m* von Inspirationen

استماتة [isti'maːta] verzweifelte(s) Bemühen (في um *A*); Todesverachtung *f*

استمارة [isti'maːra], *pl.* [-aːt] Formular *n*, Vordruck *m*; Fragebogen *m*; السيارة ~ [i. as-sa'jjaːra] *Saudi-Ar.* Kraftfahrzeugschein *m*; الطرد ~ Paketkarte *f*

استماع [isti'maːʕ] Zuhören *n*, Lauschen *n*; Anhörung *f*, Hearing *n*

استمالة [isti'maːla] Gewinnen *n j-s* (ل für *A*)

استمتاع [istim'taːʕ] Genießen *n*, Genuß *m* (ب *G*)

استمرار [istim'raːr] Fortdauer *f*, Weiterbestehen *n*; ~بـ dauernd, ständig (*Adv.*); ~الـ قوة [quwwat al-i.] Beharrungsvermögen *n*

استمرارية [istimraː'riːja] Kontinuität *f*

استمساك [istim'saːk] Festhalten *n* (ب an *D*); Treue *f* (ب zu *D*)

استملاك [istim'laːk], *pl.* [-aːt] Aneignung *f*, Besitzergreifung *f*; Enteignung *f*

استناد [isti'naːd] Anlehnung *f* (إلى an

A), Sichstützen *n* (إلى auf *A*), Berufung *f* (إلى auf *A*); إلى ~ا gestützt auf, unter Berufung auf

استنادي [isti'naːdiː]: ~ جدار [ʤi'daːr] Stützmauer *f*

استنارة [isti'naːra] Aufgeklärtheit *f*, Aufklärung *f*

استنباط [istim'bɒːŧ] Entdeckung *f*, Ersinnen *n*; Erschließung *f* *von Quellen*; Ableitung *f*, Schlußfolgerung *f*; *Phil.* Deduktion *f*; Prägung *f* e-s neuen Wortes aus e-r altarab. Wurzel

استنتاج [istin'taːʤ], *pl.* [-aːt] Ableitung *f*, (Schluß-)Folgerung *f*

استنزاف [istin'zaːf] Erschöpfung *f*, Aufzehrung *f*; Abnützung *f*, Verschleiß *m*; ~ حرب Abnützungs-, Zermürbungskrieg *m*

استنزال [istin'zaːl] Abzug *m e-s Betrages*

استنسابي [istin'saːbiː]: ~ـة بطريقة nach freiem Ermessen, nach Gutdünken

استنساخ [istin'saːx] Abschreiben *n*, Kopieren *n*

استنشاق [istin'ʃaːq] Einatmen *n*, Einatmung *f*

استنصاح [istin'sɒːħ] Befragung *f* um Rat, Konsultation *f*

استنطاق [istin'ŧɒːq], *pl.* [-aːt] Verhör *n*, Vernehmung *f*

استنفار [istin'faːr] Mobilisierung *f*, Bereitschaft *f*; ~ حالة Alarmzustand *m*

استنكار [istin'kaːr] Mißbilligung *f*, (*moralische*) Verurteilung; Abscheu *m*

استهانة [isti'haːna] Verachtung *f*, Geringschätzung *f*; Gleichgültigkeit *f* (ب gegenüber *D*)

استهتار [istih'taːr] Leichtsinn *m*; Unbekümmertheit *f*; Geringschätzung *f* (ب *G*)

استهجان [istih'ʤaːn] Mißbilligung *f*

استهزاء [istih'zaːʔ] Spott *m*, Hohn *m*; ~بـ spöttisch (*Adv.*)

استهلاك [istih'laːk] Verbrauch *m*, Konsum *m*; Abnutzung *f*; *Buchführung*: Abschreibung *f*, Verschleiß *m*; Tilgung *f*, Amortisation *f e-s Kredits*

استهلاكي [istih'laːkiː] Verbrauchs-, Konsum-

استهلال [istih'laːl] Anfang *m*, Beginn *m*; Einleitung *f*

استهلالي [istih'laːliː] Anfangs-; einleitend

استهواء [istih'waːʔ] Bezauberung *f*, Verführung *f*, Verlockung *f*

استواء [isti'waːʔ] Gleichheit *f*, Gleichmäßigkeit *f*; Ebenheit *f*; Geradheit *f*; ~الـ خط [xɒŧŧ al-i.] Äquator *m*

استوائي [isti'waːʔiː] äquatorial; tropisch; المناطق الاستوائية [al-ma'nɒːŧiq] die Tropen *pl.*

إستوديو [ʔis'tuːdijoː], *pl.* إستوديوهات [ʔistuːdijoː'haːt] Studio *n*; Atelier *n*; ~ سيارة [sa'jjaːrat ʔi.] Auto *n* mit allem Komfort

إستوني [ʔis'toːniː] estnisch; *pl.* [-uːn] Este *m*

إستونيا [ʔis'toːnijaː] Estland

إستي [ʔistiː] anal

استياء [isti'jaːʔ] Unwille(n) *m*, Ungehaltenheit *f*; Verärgerung *f* (من über *A*), Unmut *m*; Schmerz *m* (ل über *A*); → [1](سوء) VIII

استئثار [istiʔ'θaːr] Anmaßung *f* (ب *G*); (alleinige) Beanspruchung *od.* Inanspruchnahme (ب *G*)

استئجار [istiʔ'ʤaːr] Miete *f*, Pacht *f*; Chartern *n*

استيداع [istiː'daːʕ] Deponierung *f*, Hinterlegung *f*; einstweilige(r) Ruhestand

استئذان [istiʔ'ðaːn] Bitte *f* um Erlaubnis; ~ الـ بالتليفون telefonische Anmeldung

استيراد [istiː'raːd], *pl.* [-aːt] Import *m*, Einfuhr *f*

استئصال [istiʔ'sɒːl] Ausrottung *f*; operative Entfernung; ~ الجنس [i. al-ʤins] Völkermord *m*; ~ اللوزتين [i. al-lauza'tain] *Med.* Tonsillektomie *f*, Herausnehmen *n* der Mandeln

استيضاح [istiː'đɒːħ] Bitte *f* um Aufklärung, Anfrage *f*; Gewinnen *n* von Klarheit (*G*: über *A*), Erkundung *f*

استيطان [istiː'ŧɒːn] Ansiedlung *f*, Einwanderung *f*; Besiedlung *f*

استيطاني [istiː'ŧɒːniː] Siedlungs-

استيعاب [istiː'ʕaːb] Aufnahme *f*; (*geistige*) Aneignung; Erfassen *n*; Aufnahmefähigkeit *f*, Kapazität *f*

استيفاء [istiː'faːʔ] Erfüllung *f von Bedingungen*; Bezahlen *n*; (*Gebühren-*)Erhebung *f*; (vollständiger) Erhalt; *bsd. Äg.* Ausfüllen *n e-s Formulars*

استيقاظ [istiː'qɒːð] Aufwachen *n*, Erwachen *n*

أستيك [ʔus'tiːk], *pl.* أساتيك [ʔasaː'tiːk] (2) *Äg.* Uhrarmband *n*

استيلاء [istiː'laːʔ] Besitzergreifung *f* (على von *D*); Aneignung *f*; Eroberung *f* (على *G*); Beschlagnahme *f* (على *G*)

استئمارة [istiʔ'maːra] → استمارة

استئمان [istiʔ'maːn] Vertrauen *n*

استئناس [istiʔ'naːs] Kennenlernen *n* (ب von *Meinungen*); Domestikation *f*

استئناف [istiʔ'naːf] Wiederaufnahme *f*; Fortsetzung *f*; *Jur.* Berufung *f*

استئنافي [istiʔ'naːfiː] *Jur.* Berufungs-

أسجاع → [2]سجع

أسحار → [4]سحر

إسحق [ʔis'ħaːq] (2) Isaak

أسحم [ʔasħam] (2), *f* سحماء [saħ'maːʔ] (2), *pl.* سحم [suħm] schwarz

أسخى [ʔasxaː] *el.* großzügiger, freigebiger

أسخياء → [2]سخي

[1]**(أسد)** X استأسد [is'taʔsada] mit Löwenmut kämpfen (على gegen *A*)

[2]**أسد** [ʔasad], *pl.* أسود [ʔu'suːd], آساد [ʔaː'saːd] *u.* أسد [ʔusd] Löwe *m*; *Saudi-Ar.*: *5. Monat des Sonnenjahres*; ~الـ داء *Med.* Leontiasis *f*

[3]**أسد** [ʔa'sadd] (2) *el.* treffender, richtiger

[1]**أسداء** [ʔas'daːʔ] → [2]سدى

[2]**إسداء** [ʔis'daːʔ] Erweisen *n e-s Dienstes*, Erteilung *f von Ratschlägen*

أسداس → [2]سدس

أسداف → سدف

أسدة → [3]سداد

أسدية → سداة *u.* [2]سدى

[1]**أسر** [ʔasara, i] binden, fesseln; gefangennehmen; für sich einnehmen, gewinnen (ب durch *A*)

[2]**أسر** [ʔasr] Gefangennahme *f*; Gefan-

genschaft *f*; *fig.* Fessel *f*, Bande *n/pl.*; Stärke *f der Persönlichkeit*; بأسره [bi-ʔasrihiː] vollständig, insgesamt; شد ~ه [ʃadda -ahuː] j-m Stärke verleihen; قوي الـ~ [qa'wiːj al-ʔa.] stark, mächtig; faszinierend; → [2]أسرة

[3]**أسر** [ʔusr] Harnverhaltung *f*

[4]**آسر** [ʔaːsir] *fig.* überwältigend, beherrschend; faszinierend

[1]**أسراء** [ʔusa'raːʔ] → أسير

[2]**إسراء** [ʔis'raːʔ]: الـ~ die nächtliche Himmelsreise Mohammeds

أسراب → [3]سرب

أسرار → [2]سر

[1]**أسراع** [ʔas'raːʕ] → [2]سرع

[2]**إسراع** [ʔis'raːʕ] Eile *f*; Beschleunigung *f* (ب/في *G*); ب/في الـ~ *a.* beschleunigte(r)…

إسراف [ʔis'raːf] Verschwendung *f*; Maßlosigkeit *f* (في in, bei *D*); في/ بـ~ im Übermaß

إسرافيل [ʔisraː'fiːl] (2) *Isl.* (der Engel) Israfil

أسراك → سرك

إسرائيل [ʔisraː'ʔiːl] (2) *f* Israel

إسرائيلي [ʔisraː'ʔiːliː] israelisch; israelitisch; *pl.* [-uːn] Israeli *m*; Israelit *m*; إسرائيليات *pl.* Judaika *pl.*

أسرع [ʔasraʕ] (2) *el.* schneller, rascher; ما ~ ما/أن فعله [maː -a] gleich darauf tat er es

[1]**أسرة** [ʔa'sirra] → [2]سرار *u.* سرير

[2]**أسرة** [ʔusra], *pl.* أسر [ʔusar] *u.* أسرات [ʔus'raːt] Familie *f*; Sippe *f*, Verwandtschaft *f*; Dynastie *f*; Belegschaft *f e-s Amtes*; ~ التحرير/ الجريدة Redaktion *f* e-r Zeitung; بيت الـ~ [bait al-ʔu.] Vaterhaus *n*

أسروجة [ʔus'ruːdʒa] Lüge *f*

[1]**أسرى** [ʔasraː] → أسير

[2]**أسري** [ʔusariː] Familien-; dynastisch

أسرياء → [2]سري

أسس → [1](أس)

أسطال → [2]سطل

إسطبل [ʔis'tɒbl], *pl.* [-aːt] Stall *m*

أسطبة [ʔus'tubba], *pl.* [-aːt] Werg *n*

أسطح → [2]سطح

أسطر → [2]سطر

أسطرلاب [ʔastur'laːb], *pl.* [-aːt] Astrolabium *n*

أسطع [ʔastɒʕ] (2) *el.* strahlender, leuchtender, heller

إسطمب [ʔis'tɒmb], *pl.* [-aːt] Prägestempel *m*; Stanze *f*; (Kupfer-) Stich *m*

أسطوانة [ʔustu'waːna], *pl.* [-aːt] Säule *f*; *Math., Techn.* Zylinder *m*; Tambour *m e-r Kuppel*; Rolle *f*; Walze *f der Schreibmaschine*; Stahlflasche *f für Gas*; Schallplatte *f*; أساطين [ʔasaː'tiːn] (2) *pl.* große Persönlichkeiten *f/pl.*

أسطواني [ʔustu'waːniː] zylindrisch

أسطورة [ʔus'tuːra], *pl.* أساطير [ʔasaː'tiːr] (2) Sage *f*; Mythos *m*; Legende *f*; Fabel *f*; *selten*: Märchen *n*

أسطوري [ʔus'tuːriː] mythisch; legendär; märchenhaft

أسطول [ʔus'tuːl], *pl.* أساطيل [ʔasaː'tiːl] (2) Flotte *f*; Wagenpark *m*

أسطى [ʔustɒː], *pl.* أسطوات [ʔustɒ'waːt] *Äg., a. als Anrede*: Meister *m*

إسعاد [ʔis'ʕaːd] Glücklichmachen *n*, Beglückung *f*

أسعار → [2]سعر *u.* [3]سعر

إسعاف [ʔis'ʕaːf], *pl.* [-aːt] Hilfe *f*, Rettung *f*; (erste) ärztliche Versorgung; أولي ~ [ʔawwaliː] Erste Hilfe; سيارة ~ [sa'jjaːrat ʔi.] Rettungswagen *m*, Sanitätswagen *m*; صندوق ~ Verbandkasten *m*

إسعافي [ʔis'ʕaːfiː] Erste-Hilfe-

أسعد [ʔasʕad] (2) *el.* glücklicher; → [1]سعد

[1]**أسف** [ʔasifa, a] bedauern (على/ل *A*); nachtrauern (على *D*); *Pass.* يؤسف له [juʔsafu] betrüblich, bedauerlich; → (سف); **IV** آسف [ʔaːsafa]: يؤسفني أن es tut mir leid, daß; **V** تأسف [ta'ʔassafa] bedauern (على *A*)

[2]**أسف** [ʔasaf] Bedauern *n*; Kummer *m*; ويا للـ~ [wa-jaː la-l-'ʔasaf] wie schade!; مع الـ~ *u.* للـ~ leider!; من ~ أن [min -in ʔanna] leider …; ~ي عليه [-iː] er tut mir leid

[3]**آسف** [ʔaːsif] bedauernd; betrübt; ~ (أنا) es tut mir leid!; غير ~ [ɣaira ʔa.] ohne Bedauern

أسفار → [2]سفر *u.* [4]سفر

أسفاط → سفط

إسفاف [ʔis'faːf] Absinken *n* (*moralisch od. im Niveau*), Herunterkommen *n*; Trivialität *f*

إسفاناخ [ʔisfaː'naːx] Spinat *m*

أسفع [ʔasfaʕ] (2), *f* سفعاء [saf'ʕaːʔ] (2) braungebrannt; braun

أسفل [ʔasfal] (2), *f* سفلى [suflaː], *pl.* أسافل [ʔa'saːfil] (2) untere(r), unterste(r); niedrige(r), niedrigste(r); unterste(r) Teil; Unterlauf *m e-s Flusses*; ~[-a] unten an, unterhalb; إلى الـ~ nach unten; مصر السفلى [misr] Unterägypten

أسفلت [ʔas'falt] Asphalt *m*

أسفلتي [ʔas'faltiː] aus Asphalt, asphaltiert

إسفنج [ʔis'fandʒ] *koll., n. un.* ~ة Schwamm *m*

إسفنجي [ʔis'fandʒiː] schwammig

إسفندان [ʔisfin'daːn] *Syr.* Ahorn *m*

إسفيدج [ʔis'fiːdadʒ] Bleiweiß *n*

إسفين [ʔis'fiːn], *pl.* أسافين [ʔasaː'fiːn] (2) *a. fig.* Keil *m*

إسفيني [ʔis'fiːniː] keilförmig; الخط الـ~ [al-xɒtt] Keilschrift *f*

[1]**أسقاط** [ʔas'qɒːt] → [2]سقط

[2]**إسقاط** [ʔis'qɒːt] *a. fig.* Zu-Fall-Bringen *n*; *Mil.* Abschuß *m*; Sturz *m e-r Regierung*; *a. Psych.* Projektion *f*; Fallenlassen *n*; Erlaß *m von Schulden*; Aberkennung *f e-s Rechts*; Fehlgeburt *f*

إسقربوط [ʔisqar'buːt] *Med.* Skorbut *m*

[1]**أسقف** [ʔasquf] → [2]سقف

[2]**أسقف** [ʔusquf], *pl.* أساقفة [ʔa'saːqifa] Bischof *m*

أسقفي [ʔusqufiː] bischöflich, episkopal

أسقفية [ʔusqu'fiːja] Bischofsamt *n*; Bistum *n*

إسقمري [ʔis'qumriː] Makrele *f*

إسكات [ʔis'kaːt] Zum-Schweigen-Bringen *n*

إسكاف [ʔis'kaːf], *pl.* أساكفة [ʔa'saːkifa] Schuster *m*

إسكافي [ʔis'kaːfiː], *pl.* ~ة Schuster *m*

إسكان [ʔis'kaːn] Ansiedlung *f j-s*; Wohnungsbau *m*

إسكتش [ʔis'kitʃ], *pl.* [-aːt] Sketch *m*; Skizze *f*
إسكتلندا [ʔiskut'landaː] Schottland
إسكتلندي [ʔiskut'landiː] schottisch; *pl.* [-uːn] Schotte *m*
أسكفة [ʔus'kuffa] Schwelle *f*; (Tür-) Sturz *m*; Fensterbrett *n*
إسكملة [ʔis'kamla] Schemel *m*
إسكندر [ʔis'kandar] Alexander
إسكندرونة [ʔiskanda'ruːna]: ~الـ Iskenderun (*Hafenstadt in der Türkei*; *früher Alexandrette*)
إسكندرية [ʔiskanda'riːja]: ~الـ Alexandria
إسكندينافي [ʔiskandi'naːfiː] skandinavisch; *pl.* [-uːn] Skandinavier *m*
إسكندينافيا [ʔiskandi'naːfijaː] Skandinavien
أسكي دنيا [ʔaskiː-'dinjaː] *Jord. Bot.* Mispel *f*
أسل [ʔasal] *koll., n. un.* ~ة Binsen *f/pl.*
أسلاب → [2]سلب
أسلاخ → [3]سلخ
أسلاف → [2]سلف *u.* [3]سلف
إسلام [ʔis'laːm] Islam *m*; Ergebung *f* in Gottes Willen
إسلامي [ʔis'laːmiː] islamisch; إسلاميون *pl.* Islamisten *m/pl.*, islamische Fundamentalisten *m/pl.*; إسلاميات *pl.* Islamkunde *f*
إسلامية [ʔislaː'miːja] islamische(r) Charakter *e-r Sache*; (*militanter*) Islamismus
إسلاندا [ʔis'landaː] *u.* **إسلاندة** [ʔis'landa] Island
أسلحة → سلاح
أسلم [ʔaslam] (2) *el.* unversehrter; sicherer; gesünder; vernünftiger; ~الـ أن es ist *od.* wäre am besten, *etwas zu tun*
أسلمة [ʔaslama] Islamisierung *f*
أسلة [ʔasala] Spitze *f*; Zungenspitze *f*
أسلوب [ʔus'luːb], *pl.* أساليب [ʔasaː'liːb] (2) Methode *f*, Verfahren *n*; System *n*; Art u. Weise *f*; Stil *m*; ~ الحياة [ʔu. al-ħa'jaːt] Lebensweise *f*
أسلوبي [ʔus'luːbiː] stilistisch
أسلوبية [ʔusluː'biːja] Stilistik *f*
أسلي [ʔasaliː]: الحروف الأسلية die Konsonanten ز, س u. ص
اسم [ism], *pl.* أسماء [ʔas'maːʔ] *u.* أسام [ʔa'saːmin] Name *m*; *Gr.* Nomen *n*; ~ا [-an] *Adv.* nominell; ~ الاستفهام *Gr.* Interrogativpronomen *n*; ~ الإشارة *Gr.* Demonstrativpronomen *n*; ~ الآلة *Gr.* Nomen instrumenti *n*; ~ أول [ʔawwal] Vorname *m*; ~ التصغير *Gr.* Diminutiv *n*; ~ التفضيل *Gr.* Elativ *m*; ~ ثلاثي [θu'laːθiː] dreiteilige(r) (*aus Vorname, Vatername u. Familienname bestehender*) Name; ~ جامد *Gr.* primäre(s) (*nicht von e-r Verbalform abgeleitetes*) Nomen; ~ الجلالة der Gottesname (= *Allah*); Herrschername *m*; ~ الجمع *Gr.* Kollektivnomen *n*; ~ الجنس [i. al-ʤins] *Gr.* Gattungswort *n*; الأسماء الحسنى [al-ħusnaː] die 99 Namen Gottes; الأسماء الخمسة *Gr.* die fünf Nomina أب, أخ, حم, فم, ذو; ~ الزمان *Gr.* Nomen temporis *n*; ~ ظاهر *Gr.* (explizites) Nomen; ~ العدد [i. al-ʕadad] *Gr.* Zahlwort *n*; ~ علم [i. ʕalam] Eigenname *m*; ~ العين *Gr.* konkrete(s) Nomen; ~ المرة [i. al-marra] *Gr.* Nomen vicis *n*; ~ مستعار [mustaʕaːr] Pseudonym *n*; ~ المعنى *Gr.* Abstraktnomen *n*; ~ المكان *Gr.* Nomen loci *n*; ~ الموصول *Gr.* Relativpronomen *n*; ~ النوع [i. an-nauʕ] *Gr.* Nomen speciei *n*; بسم الله [bismi 'llaːh] im Namen Gottes; باسم فلان [bi-smi fu'laːn] im Namen *j-s*; adressiert an *j-n*; ~ على مسمى [mu'samman] e-e Sache, die ihren Namen verdient; *Spr.* Nomen est omen
أسماع → [2]سمع
إسماعيل [ʔismaː'ʕiːl] (2) Ismael (*Sohn Abrahams, legendärer Stammvater der Araber*)
إسماعيلية [ʔismaːʕiː'liːja]: ~الـ **1.** Ismailia (*Stadt in Ägypten*); **2.** *e-e Richtung der Schiiten*
أسماك → [1]سمك
أسمال → [2]سمل
أسمدة → سماد *u.* سميد
أسمر [ʔasmar] (2), *f* سمراء [sam'raːʔ] (2), *pl.* سمر [sumr] braun; *Haut*: dunkel; ~ خبز [xubz] Schwarzbrot *n*; القارة السمراء [al-qaːrra] *Alg.* der Schwarze Erdteil
أسمطة → سماط
أسمنت [ʔas'mant] *u.* **إسمنت** [ʔis'mant] Zement *m*; Beton *m*; ~ مسلح [mu'sallaħ] Eisenbeton *m*
أسمنتي [ʔas'mantiː] *u.* **إسمنتي** [ʔis'mantiː] Zement-; Beton-
[1]**اسمي** [ismiː] nominell; *Gr.* nominal; قيمة ~ة [qiːma] Nennwert *m*; المذهب الـ~ *Phil.* Nominalismus *m*
[2]**أسمى** [ʔasmaː] *el.* höher; erhabener; الهدف الـ~ [al-hadaf] das oberste Ziel
اسمية [is'miːja] *Phil.* Nominalismus *m*
[1]**أسن** [ʔasina, a] *Wasser*: brackig werden; verwesen
[2]**آسن** [ʔaːsin] brackig, faulig; *fig.* faul
[1]**أسناد** [ʔas'naːd] → [2]سند
[2]**إسناد** [ʔis'naːd] **1.** Stützung *f*; Zuschreibung *f*; Übertragung *f e-s Amtes* (إلى/ل auf *j-n*); *Gr.* Hinzufügung *f* e-s Prädikats (مسند [musnad]) zu e-m Subjekt (مسند اليه); **2.** *pl.* أسانيد [ʔasaː'niːd] (2) Überliefererkette *f e-r islam. Tradition*; *pl.* (*urkundliche*) Unterlagen *f/pl.*
أسناخ → سنخ
أسنان → [3]سن
أسنمة → سنام
أسنة → سنان
إسهاب [ʔis'haːb] Ausführlichkeit *f*; Weitschweifigkeit *f*; ~بـ ausführlich (*Adv.*)
إسهال [ʔis'haːl], *pl.* [-aːt] *Med.* Durchfall *m*, Diarrhö(e) *f*
إسهام [ʔis'haːm] *a. trans.* Beteiligung *f* (في an *D*); *pl.* [-aːt] Beitrag *m*
أسهل [ʔashal] (2) *el.* leichter, einfacher; ebener
أسهم → [2]سهم
(أسو) أسا [ʔasaː, uː] pflegen; **II** أسى [ʔassaː] trösten; **III** آسى [ʔaːsaː] Wohltätigkeit üben (ه an *j-m*); an *j-s* Schicksal (ه) Anteil nehmen; trösten; kondolieren, sein Beileid aussprechen (ه ب/في *j-m zum Tode j-s*); **V** تأسى [ta'ʔassaː] Trost finden (ب bei, in *D*); zum Vorbild nehmen (ب *A*)
أسوأ [ʔaswaʔ] (2) *el.* von سيء; schlechter
[1]**أسوار** [ʔas'waːr] → [2]سور

[2]أسوار [ʔus'waːr, ʔis'waːr], *pl.* أساور [ʔa'saːwir] (2) *u.* أساورة [ʔa'saːwira] Armreif *m*
أسواط → [2]سوط
أسواق → [3]سوق
أسوان [ʔas'waːn, ʔus'waːn] Assuan (*Stadt in Oberägypten*); ~ صخر Syenit *m* (*Gestein*)
أسوج [ʔa'suːʤ] Schweden
أسوجة → سياج
أسوجي [ʔa'suːʤiː] schwedisch; *pl.* [-uːn] Schwede *m*
أسود [ʔaswad] (2), *f* سوداء [sau'daːʔ] (2), *pl.* سود [suːd] *u.* سودان [suː'daːn] schwarz; Schwarze(r); (= ~ باذنجان [baːðin'ʤaːn]) *Jord.* Aubergine *f*; فاحم ~ kohlschwarz; يوم ~ [jaum] Unglückstag *m*; ~ يا خبر [xabar] welch schlimme Nachricht!
أسورة → [2]سوار
أسوة [ʔuswa] Beispiel *n*, Vorbild *n*, Muster *n*; ~ ب [-tan] nach dem Vorbild von; ebenso wie
أسوياء → [2]سوي
[1]أسي [ʔasija, aː] nachtrauern (على *D*); bedauern (على *A*)
[2]أسى [ʔasan] Trauer *f*, Leid *n*; Schmerz *m*; Kummer *m*; Bedauern *n*; Kränkung *f*, Ärger *m*
آسيا [ʔaːsijaː] Asien; ~ الصغرى [s-suɣraː] Kleinasien
أسياخ → [2]سيخ
أسياد → سيد
أسياف → [2]سيف
أسيتيل [ʔaseː'tiːl] *Chem.* Acetyl *n*
أسيتيلين [ʔaseːtiː'leːn] *Chem.* Acetylen *n*
أسير [ʔa'siːr], *pl.* أسرى [ʔasraː], أسراء [ʔusa'raːʔ] (2) *u.* أسارى [ʔa'saːraː] Gefangene(r); gefangen; *fig.* befangen (ل in *D*); وقع ~ًا في يده [-an fiː jadihiː] in j-s Gefangenschaft geraten
أسيف [ʔa'siːf] bekümmert, traurig; betrüblich, bedauerlich
أسيل [ʔa'siːl] glatt
أسئلة → سؤال
أسيوط [ʔas'juːt] (2) Assiut (*Stadt in Mittelägypten*)
آسيوي [ʔaːsijawiː] asiatisch; *pl.* [-uːn] Asiat *m*
أ.ش.أ *Abk. für* (وكالة) أنباء الشرق الأوسط Middle East News Agency, *die Nachrichtenagentur* MENA
أشابة [ʔu'ʃaːba], *pl.* [-aːt] *u.* أشائب [ʔa'ʃaːʔib] (2) Mischung *f*, Legierung *f*
إشادة [ʔi'ʃaːda] lobende Erwähnung; Würdigung *f* (ب *G*)
إشارب [ʔi'ʃarb], *pl.* [-aːt] Kopftuch *n*, Damenschal *m*
إشارة [ʔi'ʃaːra], *pl.* [-aːt] Zeichen *n*, Wink *m*; Hinweis *m* (إلى auf *A*); Signal *n*; Andeutung *f*; *Math.* Vorzeichen *n*; إلى ~ [-tan] *u.* بالـ~ إلى bezugnehmend auf; بـ~ من auf (An-)Weisung von; الأمر ~ *Verk.* Gebotszeichen *n*; الخطر ~ [ʔi. al-xɒtɒr] Warnsignal *n*, Alarmsignal *n*; *Verk.* Gefahrenzeichen *n*; ~ ضبط الوقت *Rf.* Zeitzeichen *n*; ~ ضوئية [đɒu'ʔiːja] Verkehrsampel *f*; ~ لاسلكية [laː-sil'kiːja] Funksignal *n*; المرور ~ Verkehrszeichen *n*; ~ النهي *Verk.* Verbotszeichen *n*; رهن ~ه [rahna -tihiː] zu j-s Verfügung
إشاري [ʔi'ʃaːriː] Signal-; symbolisch; *pl.* [-uːn] Funker *m*
أشاعرة [ʔa'ʃaːʕira]: الـ~ die Aschʿariten (*isl. Sekte, Anhänger der theologischen Richtung des* أشعري)
إشاعة [ʔi'ʃaːʕa] Verbreitung *f*; *pl.* [-aːt] Gerücht *n*
أشأم [ʔaʃʔam] (2) *el.* unheilvoller
أشب II [ʔaʃʃaba] *Chem.* legieren
إشباع [ʔiʃ'baːʕ] Sättigung *f*; Füllung *f*; Befriedigung *f von Bedürfnissen*
أشبه [ʔaʃbah] (2) *el.* (sehr) ähnlich; ähnlicher (ب *D*)
إشبيلية [ʔiʃ'biːlija] (2) Sevilla
إشبين [ʔiʃ'biːn], *pl.* أشابين [ʔaʃaː'biːn] (2) *Chr.* Trauzeuge *m*; *Chr.* (Tauf-)Pate *m*
أشتات → [2]شت
اشتباك [iʃti'baːk] Verwicklung *f* (في in *A*); *pl.* [-aːt] Zusammenstoß *m*, Gefecht *n*, Scharmützel *n*; ~ بالأيدي [bi-l-ʔaidiː] Handgemenge *n*
اشتباه [iʃti'baːh] Zweifel *m*, Zweifelhaftigkeit *f*; Undurchsichtigkeit *f*; Verdacht *m*
اشتداد [iʃti'daːd] *intr.* Verstärkung *f*, Verschärfung *f*; Verschlimmerung *f*
اشتراء [iʃti'raːʔ] Einkauf *m*, Kauf *m*
اشتراط [iʃti'rɒːt], *pl.* [-aːt] Bedingung *f*, Voraussetzung *f*; Ausbedingung *f*; Bestimmung *f*
اشتراع [iʃti'raːʕ] Gesetzgebung *f*; تثنية الـ~ [taθnijat al-i.] Deuteronomium *n*, das 5. Buch Mosis
اشتراعي [iʃti'raːʕiː] legislativ; → مرسوم
اشتراك [iʃti'raːk], *pl.* [-aːt] Teilnahme *f*, Beteiligung *f* (في an *D*); Mitarbeit *f* (في an *D*); Abonnement *n*, Subskription *f* (في von *D*); Abonnementspreis *m*; Beitrag *m für Teilnahme od. Bezug*; *Linguistik*: Polysemie *f*; بالـ~ مع zusammen mit
اشتراكي [iʃti'raːkiː] sozialistisch; *pl.* [-uːn] Sozialist *m*
اشتراكية [iʃtiraː'kiːja] Sozialismus *m*
اشتعال [iʃti'ʕaːl] Entzündung *f*, Auflodern *n*; Ausbruch *m e-s Kampfes*
اشتغال [iʃti'ɣaːl] Beschäftigung *f*, Beschäftigtsein *n*; *Gr.* Rektion *f*, Regiertwerden *n e-s Wortes durch ein anderes*
اشتقاق [iʃti'qaːq], *pl.* [-aːt] Ableitung *f e-s Wortes*; *Gr.* Etymologie *f*
اشتقاقي [iʃti'qaːqiː] *Wort*: durch Ableitung entstanden; *Gr.* etymologisch
اشتهار [iʃti'haːr] Berühmtheit *f*, Ruhm *m*; Berüchtigtheit *f*
اشتياق [iʃti'jaːq] Sehnsucht *f*, Verlangen *n* (إلى nach *D*)
أشتية → شتاء
أشجار → [2]شجر *u.* شجرة
أشجان → [2]شجن
أشجر [ʔaʃʤar] (2), *f* شجراء [ʃaʤ'raːʔ] (2) *obs.* baumreich, waldig
أشجع [ʔaʃʤaʕ] (2) mutig, tapfer, kühn; *el.* mutiger, tapferer, kühner
أشخاص → [2]شخص
[1]أشد [ʔa'ʃadd] (2) *el.* stärker, heftiger, härter; intensiver; schlimmer; ~ سوادا [sa'waːdan] schwärzer; ~ ما يكون [-u maː ja'kuːn] äußerst stark
[2]أشد [ʔa'ʃudd] körperliche Reife; Höhepunkt *m*; على ~ه auf dem Höhepunkt
أشداء → شديد
أشداق → [3]شدق

أشدق [ʔaʃdaq] (2), *f* شدقاء [ʃad'qaːʔ] (2), *pl.* شدق [ʃudq] e-n großen *od.* breiten Mund habend
أشر II [ʔaʃʃara] mit e-m Vermerk versehen (على *A*); vermerken (ب على *etwas* auf *e-m Schriftstück*); mit e-m Sichtvermerk *od.* Visum versehen (على *Reisepaß*)
أشراج → شرج
أشرار → شر *u.* شرير
[1]**أشراط** [ʔaʃ'rɒːŧ] → [2]شرط
[2]**إشراط** [ʔiʃ'rɒːŧ] *Psych.* Konditionierung *f*
إشراطي [ʔiʃ'rɒːŧiː] *Psych.* konditioniert
[1]**أشراف** [ʔaʃ'raːf] → شريف
[2]**إشراف** [ʔiʃ'raːf] Aufsicht *f*, Kontrolle *f* (على über *A*), Überwachung *f* (على *G*); Schirmherrschaft *f*
إشراق [ʔiʃ'raːq] Strahlen *n*, Glanz *m*; Aufgang *m der Sonne*; *Mystik*: Illuminismus *m*
إشراقي [ʔiʃ'raːqiː], *pl.* [-uːn] Anhänger *m* des Illuminismus
إشراقية [ʔiʃraː'qiːja] *Mystik*: Illuminismus *m*
[1]**أشراك** [ʔaʃ'raːk] → [2]شرك
[2]**إشراك** [ʔiʃ'raːk] Beteiligung *f j-s* (في an *D*)
أشربة → [1]شراب
أشرس [ʔaʃras] (2) *el.* bösartiger; wilder
أشرطة → شريط
أشرعة → شراع
أشرف [ʔaʃraf] (2) *el.* ehrbarer, ehrenhafter, ehrenwerter; vornehmer
أشرك → شراك
أشرم [ʔaʃram] (2), *f* شرماء [ʃar'maːʔ] (2), *pl.* شرم [ʃurm] e-e Hasenscharte habend
أشطر → [2]شطر
[1]**أشعار** [ʔaʃ'ʕaːr] → [3]شعر
[2]**إشعار** [ʔiʃ'ʕaːr] Wissenlassen *n*; Fühlenlassen *n*; Benachrichtigung *f*, Informierung *f* (ب über *A*); حتى آخر ~ [ʔaːxar] bis auf weiteres
إشعاع [ʔiʃ'ʕaːʕ], *pl.* [-aːt] (Aus-)Strahlung *f*; ذري ~ [ðarriː], ~ نووي [nawawiː] Atomstrahlung *f*, radioaktive Strahlung; ~ شمسي Sonnen(ein)strahlung *f*
إشعاعي [ʔiʃ'ʕaːʕiː] Strahlungs-; radioaktiv; ~ نشاط Radioaktivität *f*
إشعاعية [ʔiʃʕaː'ʕiːja] Radioaktivität *f*
إشعال [ʔiʃ'ʕaːl] Entfachung *f des Feuers*; Anzünden *n*
أشعب [ʔaʃʕab] (2): ~ أطمع من überaus habgierig *od.* geizig
أشعبي [ʔaʃʕabiː] überaus habgierig *od.* geizig; Geizkragen *m*
أشعر [ʔaʃʕar] (2), *f* شعراء [ʃaʕ'raːʔ] (2) (stark) behaart, (lang)haarig
أشعرة → [2]شعار
أشعة → [2]شعاع
أشغال → [3]شغل
أشفاء → شفا
أشفار → [2]شفر
أشفاع → [2]شفع
إشفاق [ʔiʃ'faːq] Mitleid *n* (على mit *D*); Besorgtheit *f* (على um *A*); على ~ًا [-an] aus Sorge um
أشفية → شفاء
أشقاء → شقيق
أشقر [ʔaʃqar] (2), *f* شقراء [ʃaq'raːʔ] (2), *pl.* شقر [ʃuqr] blond; hellhaarig; rotblond
[1]**أشكال** [ʔaʃ'kaːl] → [2]شكل
[2]**إشكال** [ʔiʃ'kaːl], *pl.* [-aːt] Schwierigkeit *f*, Unklarheit *f*; Problem *n*
إشكالية [ʔiʃkaː'liːja] Problematik *f*
أشل [ʔa'ʃall] (2), *f* شلاء [ʃa'llaːʔ] (2) gelähmt; lahm; Gelähmte(r)
أشلاء → شلو
أشم [ʔa'ʃamm] (2), *f* شماء [ʃa'mmaːʔ] (2), *pl.* شم [ʃumm] stolz; hochmütig; *Streben*: edel
إشمام [ʔiʃ'maːm] *Gr.* Aussprache *f* des *u* nach *i* hin (*z.B.* [rüdda] *für* [rudda])
أشمط [ʔaʃmɒŧ] (2), *f* شمطاء [ʃam'ŧɒːʔ] (2), *pl.* شمط [ʃumŧ] *u.* شمطان [ʃum'ŧɒːn] grauhaarig
أشمل [ʔaʃmal] (2) *el.* umfassender
اشمئزاز [iʃmiʔ'zaːz] Ekel *m*, Widerwille(n) *m*
أشنان [ʔuʃ'naːn] *Chem.* Pottasche *f*; *Bot.* Salzkraut *n*
أشنع [ʔaʃnaʕ] (2), *f* شنعاء [ʃan'ʕaːʔ] (2) häßlich, widerwärtig, abscheulich
أشنة [ʔuʃna] *Bot.* Bartflechte *f*; Moos *n*; Algen *f/pl.*
إشهار [ʔiʃ'haːr] Bekanntgabe *f*; *Mar.*, *Tun.* Werbung *f*, Reklame *f*; ~ الإفلاس Konkurserklärung *f*
إشهاري [ʔiʃ'haːriː] *bsd. Tun.* Werbe-
أشهب [ʔaʃhab] (2), *f* شهباء [ʃah'baːʔ] (2), *pl.* شهب [ʃuhb] (asch)grau; الشهباء *Beiname von Aleppo*
[1]**أشهر** [ʔaʃhar] (2) *el.* berühmter, bekannter
[2]**أشهر** [ʔaʃhur] → [2]شهر
أشهل [ʔaʃhal] (2), *f* شهلاء [ʃah'laːʔ] (2) (tief)blaue Augen habend
أشهى [ʔaʃhaː] *el.* schmackhafter, lekkerer; verlockender
أشواط → [2]شوط
أشواك → [2]شوك
آشور [ʔaː'ʃuːr] Assyrien
آشوري [ʔaː'ʃuːriː] assyrisch; *pl.* [-uːn] Assyrer *m*; علم الآشوريات [ʕilm al-ʔa.] Assyriologie *f*
أشوس [ʔaʃwas] (2), *f* شوساء [ʃau'saːʔ] (2), *pl.* شوس [ʃuːs] *u.* أشاوس [ʔa'ʃaːwis] (2) kühn, verwegen; stolz
أشولة → [2]شوال
أشوه [ʔaʃwah] (2), *f* شوهاء [ʃau'haːʔ] (2), *pl.* شوه [ʃuːh] häßlich, mißgestaltet; entstellt, verunstaltet
أشياء → [2]شيء
أشياخ → [2]شيخ
أشياع → شيعة
أشيب [ʔaʃjab] (2), *f* شيباء [ʃai'baʔ] (2), *pl.* شيب [ʃiːb] grauhaarig, weißhaarig; in höherem Alter
أشيع [ʔaʃjaʕ] (2) *el.* verbreiteter
إصابة [ʔi'sɒːba], *pl.* [-aːt] Treffer *m*; *Sport*: Tor *n*; Verletzung *f*, Verwundung *f*; Verletzte(r), Verwundete(r); (= بمرض ~الـ [bi-marɒđ]) Erkrankung *f*; Unfall *m*; Befall *m von Schäden od. Schädlingen*; Schädigung *f von Nutzpflanzen*; بالعين ~الـ [bi-l-ʕain] der böse Blick; عمل ~ [ʔi. ʕamal] Arbeitsunfall *m*
أصالة [ʔa'sɒːla] Ursprünglichkeit *f*; Originalität *f a. e-s Menschen od. Kunstwerks*, Eigenständigkeit *f*; Verwurzelung *f* in den ursprünglichen Werten; Echtheit *f*, Authentizität *f*; edle Abstammung; Festigkeit *f*; Charakterstärke *f*; ~ [-tan] *Adv.* von sich aus, direkt; عن ~

نفسه [-tan] von sich aus; im eigenen Namen; الحضور ~ أو وكالة [-tan] persönliche(s) Erscheinen oder Teilnahme *f* durch e-n Vertreter; الإرادة ~ Willensstärke *f*; الرأي ~ sichere(s) Urteil; Klugheit *f*, Vernunft *f*

أصباب → صبب

أصباح → ²صبح

أصباغ → ²صبغ

أصبر [ʔɒsbar] (2) *el.* geduldiger ertragend (على *A*), ausdauernder

إصبع [ʔ~~i~~sbaʕ] *meist f, pl.* أصابع [ʔa'sɒːbiʕ] (2) Finger *m*; Zehe *f*; Taste *f des Klaviers*; Stäbchen *n*; Stange *f*; Lutscher *m*; الأحمر ~ Lippenstift *m*; في هذا الأمر ~ له er hat die Hand dabei im Spiel

إصبعي [ʔ~~i~~sbaʕiː] fingerförmig

أصبغة → ²صباغ

أصح [ʔa'sɒħħ] (2) *el.* richtiger; gesünder; أو على الـ~ oder richtiger gesagt

أصحاء → صحيح

أصحاب → صاحب

أصحاح [ʔɒs'ħaːħ] *u.* **إصحاح** [ʔ~~i~~s'ħaːħ] Kapitel *n der Bibel*

أصحر [ʔɒshar] (2), *f* صحراء [sɒħ'raːʔ] (2) von der Farbe des Wüstensandes, wüstenartig

أصد II [ʔɒssɒda] *Tür* schließen

أصداء → ²صدى

إصدار [ʔ~~i~~s'daːr] Herausgabe *f*; Ausstellung *f e-s Dokuments*; Ausgabe *f e-r Währung od. von Wertpapieren*; *pl.* [-aːt] *Fin.* Emission *f*; ~ الحكم [ʔi. al-ħukm] Urteilsverkündung *f*; مصرف الـ~ [mɒsrif al-ʔi.] *Fin.* Emissionsbank *f*; Notenbank *f*

أصداغ → صدغ

أصداف → ²صدف

أصدق [ʔɒsdaq] (2) *el.* aufrichtiger; wahrheitsgemäßer; glaubhafter; richtiger, zutreffender; مثال ~ [ʔa. mi'θaːl(in)] das beste *od.* treffendste Beispiel

أصدقاء → ¹صديق

أصدقة → صداق

إصر [ʔ~~i~~sr] Vertrag *m*; Bürde *f*

إصرار [ʔ~~i~~s'raːr] Bestehen *n* (على auf *D*); Beharren *n*

آصرة [ʔaːsira]: أواصر [ʔa'wɒːsir] (2) *pl. fig.* Bande *n/pl.* der Freundschaft

أصص → أصيص

إصطبل [ʔ~~is~~'tɒbl], *pl.* [-aːt] Stall *m*

اصطحاب [~~isti~~'ħaːb] Begleitung *f*; Mitnahme *f*

اصطخاب [~~isti~~'xaːb] Lärm *m*, Getöse *n*; Durcheinanderschreien *n*

اصطدام [~~isti~~'daːm], *pl.* [-aːt] Zusammenstoß *m* (ب mit *D*); Anprall *m* (ب an *A*), Aufprall *m* (ب auf *A*)

اصطلاح [~~isti~~'laːħ], *pl.* [-aːt] Konvention *f*; Fachausdruck *m*, Terminus *m*; Begriff *m*; *pl.* Terminologie *f*

اصطلاحي [~~isti~~'laːħiː] terminologisch; لفظة ~ة Fachausdruck *m*

إصطمب [ʔ~~is~~'tɒmb], *pl.* [-aːt] *Techn.* Stanze *f*

اصطناع [~~isti~~'naːʕ] künstliche(s) Schaffen, Konstruieren *n*; Vortäuschung *f*

اصطناعي [~~isti~~'naːʕiː] künstlich, synthetisch

اصطياف [~~isti~~'jaːf] Sommeraufenthalt *m*, Sommerfrische *f*

أصعب [ʔɒsʕab] (2) *el.* schwerer, schwieriger

أصعدة → صعيد

إصغاء [ʔ~~is~~'ɣaːʔ] Zuhören *n*, Lauschen *n*; Aufmerksamkeit *f*

أصغر [ʔɒsɣar] (2) *el.*, *pl.* أصاغر [ʔa'sɒːɣir] (2), *f* صغرى [suɣraː], *pl.* صغريات [suɣra'jaːt] kleiner; jünger; الأصاغر والصغريات *Tun. Sport*: mittlere Jugendklasse; الدول الصغرى [ad-duwal] Kleinstaaten *m/pl.*; kleinere Staaten *m/pl.*; النهاية الصغرى [an-ni'haːja] Minimum *n*

أصفاد → ²صفد

أصفار → ³صفر

أصفر [ʔɒsfar] (2), *f* صفراء [sɒf'raːʔ] (2), *pl.* صفر [sufr] gelb; bleich, blaß; blond; ضحكة صفراء ein bitteres Lachen; الهواء الـ~ [al-ha'waːʔ] Cholera *f*

اصفرار [~~i~~sfi'raːr] Gelbfärbung *f*, Gelbwerden *n*; Blässe *f*

إصفهان [ʔ~~i~~sfa'haːn] (2) Isfahan (*Stadt im Iran*)

أصفياء → صفي

أصقاع → ²صقع

¹**أصل** [ʔɒsula, u] (fest) verwurzelt sein; vornehmer Abstammung sein; **II** [ʔɒssɒla] (fest) verwurzeln *od.* verankern (في in *D*); **V** تأصل [ta'ʔɒssɒla] festen Fuß fassen; fest verwurzelt *od.* verankert sein; *Gefühl*: tief sitzen; **X** استأصل [is'taʔsɒla] herausreißen, ausrotten; *Med.* herausnehmen, operativ entfernen; *Mißstand* (*radikal*) beseitigen

²**أصل** [ʔɒsl], *pl.* أصول [ʔu'suːl] *a. fig.* Wurzel *f*; *a. Gr.* Stamm *m*; untere(r) Teil, Ansatz *m*; Herkunft *f*, Abstammung *f*; Ursprung *m*, Quelle *f*; Grundstock *m*; Original *n*; *Typ.* Satzvorlage *f*; Grundlage *f*, Prinzip *n*, Grundsatz *m*, Regel *f*; eigentliche(s) Wesen; Ursache *f*, Grund *m*; *pl. bsd.* Grundlagen *f/pl.*, Grundbegriffe *m/pl.*, Grundregeln *f/pl.*, Elemente *n/pl.*; *Fin.* Aktiva *pl.*, Vermögen *n*; *Jur.* Vorfahren *m/pl. od.* Verwandte *m/pl.* in aufsteigender Linie; الأصولان [al-ʔusuː'laːni] die islamische Theologie u. Rechtswissenschaft; ~ًا [-an] ursprünglich; eigentlich; überhaupt; *mit Neg.*: keineswegs; في الـ~ ursprünglich; eigentlich; في ~ه seinem Wesen nach; من الـ~ von Anfang an; الـ~ أن [ʔanna] Grundsatz ist, daß; normalerweise; ursprünglich; ~ تجاري [ti'dʒaːriː] *Tun.* Geschäftsvermögen *n*; Geschäft *n*, Firma *f*; أصول ثابتة *Fin.* Anlagevermögen *n*; أصول الدين [ʔu. ad-diːn] islamische Theologie; ~ السبب [ʔɒ. as-sabab] der eigentliche Grund; أصول الفقه [ʔu. al-fiqh] islamische Rechtswissenschaft; die vier Grundlagen der islamischen Rechtswissenschaft, d.h. Koran, Sunna, Analogie (قياس [qi'jaːs]) u. Konsens (إجماع [ʔidʒ'maːʕ]); أصول المحاكمات الجزائية [ʔu. al-muħaːka'maːt] Strafprozeßordnung *f*; ألماني الـ~ deutschstämmig; ثلاثي الـ~ [θula'θiːj al-ʔɒ.] *Gr.* dreiradikalig; حسب الأصول ordnungsgemäß (*Adv.*); من بغداد ~ه er stammt aus Bagdad; صورة طبق الـ~ [suːra ~~ti~~bqa l-ʔɒ.] originalgetreue Abschrift; ١٠ من ~ ٥٠ 10 von insgesamt 50

أصلاب ← ²صلب

إصلاح [ʔɨs'laːħ], *pl.* [-aːt] Reform *f*; Behebung *f von Mängeln*; Wiedergutmachung *f e-s Fehlers, Schadens*; Reparatur *f*; Verbesserung *f*; Besserung *f von Straffälligen*; ~ زراعي [zi'raːʕiː] Agrarreform *f*; يد الـ~ [jad al-ʔɨ.] bauliche Erneuerung, Renovierung *f*

إصلاحي [ʔɨs'laːħiː] Reform-, reformerisch; reformistisch; Besserungs-; *pl.* [-uːn] Reformer *m*

إصلاحية [ʔɨslaː'ħiːja] Reformismus *m*; *pl.* [-aːt] Besserungsanstalt *f*, Erziehungsanstalt *f*

أصلاد ← ²صلد

أصلال ← ²صل

أصلح [ʔɒslaħ] (2) *el.* besser, richtiger; geeigneter; redlicher

أصلع [ʔɒslaʕ] (2), *f* صلعاء [sɒl'ʕaːʔ] (2), *pl.* صلع [sulʕ] *u.* صلعان [sul'ʕaːn] kahl(köpfig)

أصلة [ʔasɒla] Python *m*; Boa *f*

أصلي [ʔɒsliː] ursprünglich, primär, Ur-; original, echt; eigentlich; hauptsächlich, Haupt-; grundlegend; Stamm-; ~ أجر Grundlohn *m*; أهل البلاد الأصليون [ʔahl al-bi'laːd] die Ureinwohner *m/pl.*; التعليم الـ~ *bsd. Maghr.* Unterricht *m* islamisch-kultureller Ausrichtung; الجهات الأصلية [al-dʒi'haːt] die vier Himmelsrichtungen; حرف ~ *Gr.* (Stamm-)Radikal *m*; ~ عدد [ʕadad] *Gr.* Kardinalzahl *f*; عضو ~ [ʕuđw] Gründungsmitglied *n*; ordentliche(s) Mitglied; ~ فاعل *Jur.* Haupttäter *m*; لغة ~ة [luɣa] Muttersprache *f*; ~ مصدر Primärquelle *f*; نسخة ~ة [nusxa] Urschrift *f*, Original *m*

أصم [ʔa'sɒmm] (2), *f* صماء [sɒm'maːʔ] (2), *pl.* صم [summ] taub; fest, kompakt, massiv; *Math.* irrational; *Beiname des Monats* رجب [radʒab]; أبكم ~ taubstumm; آلة صماء gefügige(s) Werkzeug; → غدة

أصمخة ← صماخ

أصناء ← صنو

أصناف ← ²صنف

أصنام ← صنم

أصهار ← ³صهر

أصهب [ʔɒshab] (2), *f* صهباء [sɒh'baːʔ] (2), *pl.* صهب [suhb] rötlich

أصوات ← ²صوت

أصوار ← ²صور

أصواف ← ²صوف

أصوب [ʔɒswab] (2) *el.* treffender; richtiger

أصوبية [ʔɒswa'biːja] Zweckmäßigkeit *f*, Ratsamkeit *f*

أصولي [ʔu'suːliː] den Regeln entsprechend, regelrecht; (*islamisch-*)fundamentalistisch; *pl.* [-uːn] Fundamentalist *m*; Rechtsgelehrte(r)

أصولية [ʔusuː'liːja] (*islamischer*) Fundamentalismus

أصونة ← ²صوان

أصياف ← ²صيف

أصيص [ʔa'siːs], *pl.* أصص [ʔusus] Blumentopf *m*

أصيل [ʔa'siːl] **1.** *pl.* أصلاء [ʔusɒ'laːʔ] (2) echt, original; *Gedanke*: originell; *Gefühl*: tief; reinrassig; alteingesessen; angestammt; ursprünglich, eigentlich; verwurzelt; *Grundlage*: fest; angeboren; edel; wer im eigenen Namen handelt; ~ الرأي [ʔɒ. ar-raʔj] von sicherem Urteil; **2.** *pl.* آصال [ʔaː'sɒːl] *u.* أصائل [ʔa'sɒːʔil] (2) Spätnachmittag *m*; ~ الحياة *fig.* der Abend des Lebens

إضاءة [ʔi'đɒːʔa] Beleuchtung *f*

إضاعة [ʔi'đɒːʕa] Vergeudung *f*, Verschwendung *f*; Verlust *m*

إضافة [ʔi'đɒːfa], *pl.* [-aːt] Hinzufügung *f*, Zusatz *m*; Beigabe *f*; *Hdl.* Gutschrift *f*; *Gr.* Genitivverbindung *f*; *bsd. pl.* Beitrag *m* (إلى zu *e-r Wissenschaft*); ~ إلى [-tan] *u.* بالـ~ إلى zusätzlich zu; ~/بالـ~ إلى أن [ʔanna] hinzu kommt noch, daß; بالـ~ إلى ذلك überdies, außerdem

إضافي [ʔi'đɒːfiː] zusätzlich, Zusatz-; ساعات ~ة Überstunden *f/pl.*

أضأل [ʔɒđʔal] (2) *el.* geringer; schwächer

إضبارة [ʔɨđ'baːra], *pl.* [-aːt] *u.* أضابير [ʔađɒː'biːr] (2) Akte *f*, Dossier *n*

أضبع ← ضبع

أضحوكة [ʔuđ'ħuːka], *pl.* أضاحيك [ʔađɒː'ħiːk] (2) Spaß *m*, Scherz *m*

أضحى [ʔɒđħaː] *koll.*, *n. un.* أضحاة Opfertiere *n/pl.*; عيد الـ~ [ʕiːd al-ʔɒ.] das Opferfest am 10. ذو الحجة [ðuː l-ħiddʒa]

أضحية [ʔuđ'ħiːja], *pl.* أضاحي [ʔađɒː'ħiːj] (2) Opfertier *n*

أضخم [ʔɒđxam] (2) *el.* größer; gewaltiger; großartiger

أضداد ← ²ضد

¹**أضراب** [ʔɒđ'raːb] ← ضريب

²**إضراب** [ʔɨđ'rɒːb], *pl.* [-aːt] Streik *m*, Ausstand *m*; ~ عن الطعام Hungerstreik *m*

أضرار ← ضرر

أضراس ← ضرس

أضرحة ← ضريح

اضطراب [ɨđtɨ'rɒːb], *pl.* [-aːt] Verwirrung *f*, Durcheinander *n*; Turbulenz(en *pl.*) *f*; Störung *f*; *pl.* Unruhen *f/pl.*, Krawalle *m/pl.*, Wirren *pl.*; ~ عصبي [ʕasɒbiː] Nervosität *f*; Nervenleiden *n*

اضطرار [ɨđtɨ'rɒːr] Zwang *m*; Gezwungensein *n* (إلى zu *D*); Notwendigkeit *f*, Notfall *m*

اضطراري [ɨđtɨ'rɒːriː] Zwangs-; Not-; ~ هبوط Notlandung *f*

اضطهاد [iđtɨ'haːd], *pl.* [-aːt] Unterdrückung *f*, Verfolgung *f*

اضطهد ← ضهد

¹**أضعاف** [ʔɒđ'ʕaːf] ← ³ضعف

²**إضعاف** [ʔɨđ'ʕaːf] Schwächung *f*

أضغاث ← ضغث

أضغان ← ²ضغن

إضفاء [ʔɨđ'faːʔ] Verleihung *f*

أضلاع ← ²ضلع

إضلال [ʔɨđ'laːl] Irreführung *f*

أضلع ← ²ضلع

إضمار [ʔɨđ'mɒːr] Verheimlichung *f*; *Rhet.* Ellipse *f*

اضمحلال [ɨđmiħ'laːl] Abnahme *f*, Schwund *m*

أضمن [ʔɒđman] (2) *el.* besser gewährleistend, sicherer

أضواء ← ضوء

أضيق [ʔɒđjaq] (2) *el.* enger; beschränkter

أط [ʔɒtt, i] knarren; *Magen*: knurren; *Kamel*: stöhnend brüllen

إطاحة [ʔi'tɒːħa] Beseitigung *f* (بـ *G*); *trans.* Sturz *m* (بـ *e-r Regierung*)

إطار [ʔi'ŧɒːr], *pl.* [-aːt] *u.* أُطُر [ʔuŧur] *a. fig.* Rahmen *m*; Reifen *m e-s Autos, e-s Fasses*; Rand *m e-s Hutes*; Einfassung *f*; Saum *m e-s Kleides*; إطارات *Maghr.* Führungskräfte *f/pl.*, leitende Beamte *m/pl.*, Kader *m/pl.*; ~ في +*G*: im Rahmen von; داخلي ~ Luftschlauch *m*; ~ النظارة [ʔi. an-nɒ'ðððɒːra] Brillengestell *n*

إطاري [ʔi'ŧɒːriː] rahmenartig; reifenartig

إطاعة [ʔi'ŧɒːʕa] Gehorsam *m*

إطاقة [ʔi'ŧɒːqa] Vermögen *n*, Fähigkeit *f*

إطالة [ʔi'ŧɒːla] Verlängerung *f*; Ausdehnung *f*; Weitschweifigkeit *f*

أطباء → طبيب

[1]**أطباق** [ʔɒŧ'baːq] → [2]طبق

[2]**إطباق** [ʔɨŧ'baːq]: حروف الـ~ die Laute [ʂ], [đ], [ŧ], [ð̶]

أطّر II [ʔɒŧŧɒra] in e-n Rahmen (في) einfügen, e-n Rahmen schaffen (هـ für *A*); Fachkräfte *od.* Führungskräfte ausbilden

إطراء [ʔɨŧ'rɒːʔ] (hohes) Lob, Rühmen *n*

اطّراد [iŧŧɨ'rɒːd] ununterbrochene Folge, Kontinuität *f*, Stetigkeit *f*; بـ~ kontinuierlich (*Adv.*)

أطراس → طرس

أطراف → [2]طرف

أطرزة → طراز

أطرش [ʔɒŧrɒʃ] (2), *f* طرشاء [ŧɒr'ʃaːʔ] (2), *pl.* طرش [ŧurʃ] taub

أطرف [ʔɒŧrɒf] (2) *el.* kurioser, eigenartiger

أطروحة [ʔuŧ'ruːħa], *pl.* [-aːt] Dissertation *f*, Doktorarbeit *f*; These *f*

أطروفة [ʔuŧ'ruːfa] *bsd. Syr.* exquisite(s) Kunstwerk

إطرية [ʔɨŧrija] Fadennudeln *f/pl.*

إطعام [ʔɨŧ'ʕaːm] Speisung *f*

أطعمة → طعام

إطفاء [ʔɨŧ'faːʔ] Löschung *f e-s Feuers*; Ausschalten *n des Lichts*; Rückzahlung *f*, Tilgung *f e-r Schuld*; رجال الـ~ [ri'ʤaːl al-ʔi.] die Feuerwehr

أطفال → [3]طفل

إطفائي [ʔɨŧ'faːʔiː], *pl.* [-uːn] Feuerwehrmann *m*

إطفائية [ʔɨŧfaː'ʔiːja] Feuerwehr *f*

أطقم → طقم

[1]**اطّلاع** [iŧŧɨ'laːʕ] Einsichtnahme *f*, Einblick *m* (على in *A*), Durchsicht *f* (على *G*); Sich-Informieren *n* (على über *A*); عند/لدى الـ~ *Hdl.* bei Sicht; سعة الـ~ [saʕat al-i.] Belesenheit *f*

[2]**إطلاع** [ʔɨŧ'laːʕ] Unterrichtung *f*, Informierung *f* (على über *A*)

إطلاق [ʔɨŧ'laːq] Loslassung *f*; Freisetzung *f von Energie*, Emission *f von Schadstoffen*; Freigabe *f*; *trans.* Start *m e-r Rakete*; Abschuß *m*; ~ًا [-an] *Adv. u.* على الـ~ überhaupt; absolut; *mit Neg.*: keineswegs, überhaupt nicht; ليس/لا ... على ~ه überhaupt *od.* absolut nicht; ~ الرصاص Beschießung *f* (على *G*); Erschießung *f* (على *j-s*); ~ السراح Freilassung *f e-s Gefangenen*; ~ النار, ~ النيران [an-niː'raːn] Beschießung *f*, Schießen *n*; تبادل ~ النار [ta'baːdul ʔɨ.] Feuergefecht *n*, Schießerei *f*; وقف ~ النار Feuereinstellung *f*

إطلاقة [ʔɨŧ'laːqa] *n. vic.* Schuß *m*

أطلال → طلل

إطلالة [ʔɨŧ'laːla] *n. vic.* Erscheinen *n*; Beginn *m e-s Jahres*; Vorschau *f*, (Aus-)Blick *m* (على auf *A*)

أطلس [ʔɒŧlɒs] (2) **1.** *pl.* أطالس [ʔɒ'ŧɒːlis] (2) Atlas *m* (*Stoff u. Kartenwerk*), Satin *m*; **2.** (جبال) الـ~ [(ʤi'baːl) al-ʔɒ.] das Atlas-Gebirge; ~ التل [ʔɒ. at-tall] Tell-Atlas *m*; الـ~ الصحراوي [ɒs-sɒħ'raːwiː] Sahara-Atlas *m*; الـ~ المتوسط [al-muta'wassiŧ] Mittlere(r) Atlas

أطلسي [ʔɒŧlɒsiː] atlantisch; auf das atlantische Bündnis bezüglich, Nato-; الـ~ der Atlantik; حلف (الـ)~ [(al-)ħilf] der Atlantikpakt

أطلنطي [ʔɒŧ'lɒntiː] atlantisch; الـ~ der Atlantik; حلف (الـ)~ [(al-)ħilf] der Atlantikpakt

أطماع → [2]طمع

اطمئنان [ʔɨŧmiʔ'naːn] Beruhigung *f*; Gelassenheit *f*; Zuversicht *f*; Vertrauen *n*, Sichverlassen *n* (إلى auf *A*)

[1]**أطناب** [ʔɒŧ'nɒːb] → [2]طنب

[2]**إطناب** [ʔɨŧ'nɒːb] Übertreibung *f*; Umständlichkeit *f*; Weitschweifigkeit *f*; *Linguistik*: Redundanz *f*

أطناف → طنف

أطنان → [2]طن

أطهار → طاهر

أطوار → [2]طور

أطواف → [2]طوف

أطواق → [2]طوق

أطول [ʔɒŧwal] (2) *el.*, *f* طولى [ŧuːlaː] länger, größer

أطوم [ʔɒ'ŧuːm], *pl.* أطم [ʔuŧum] Seeschildkröte *f*

أطياف → طيف

أطيان → [2]طين

أطيب [ʔɒŧjab] (2) *el.*, *pl.* أطايب [ʔa'ŧɒːjib] (2) besser

أطيط [ʔɒ'ŧiːŧ] Knarren *n*; Knurren *n des Magens*; stöhnende(s) Brüllen *des Kamels*

أظافر *u.* **أظفار** → [4]ظفر

أظفور [ʔuð'fuːr], *pl.* أظافير [ʔaðɒː'fiːr] (2) (Finger-, Zehen-)Nagel *m*; Kralle *f*

أظلاف → ظلف

أظناء → ظنين

إظهار [ʔɨð'hɒːr] Zeigen *n*, Aufzeigen *n*; Bekundung *f*; Darstellen *n*, Hinstellen *n* (على أنه als *etwas*); Entwicklung *f e-s Films*

[1]**أظهر** [ʔɒðhɒr] (2) *el.* deutlicher, klarer

[2]**أظهر** [ʔɒðhur] → [2]ظهر

إعادة [ʔi'ʕaːda] Zurückbringen *n*; Rückgabe *f*; Rücksendung *f*; Zurückverweisung *f e-r Gesetzesvorlage*; Wiederherstellung *f*; Wiederaufnahme *f*; Wiederholung *f*; *in Zusammensetzungen*: Wieder-, Re-, Neu-; ~ الاستخدام Wiederverwendung *f*, Wiederverwertung *f*; ~ التأمين Rückversicherung *f*; ~ التدريب Umschulung *f*; ~ التربية [ʔi. at-tarbija] Umerziehung *f*; ~ التقييم Neubewertung *f*; ~ التنظيم Reorganisation *f*; ~ التوحيد Wiedervereinigung *f*; ~ التوزيع Neuverteilung *f*, Umverteilung *f*; ~ الحقوق Rehabilitierung *f*; ~ الحياة Wiederbelebung *f* (إلى *e-r Sache*); ~

الفتح Wiedereröffnung *f*; Wiedereroberung *f*; النظر في ~ [ʔi. an-nɒðɒr] Überprüfung *f*, Revision *f e-r Sache*

إعارة [ʔiˈʕaːra] Verleihen *n*, Verleih *m*

إعاري [ʔiˈʕaːriː]: مكتبة ~ة Leihbücherei *f*

إعاشة [ʔiˈʕaːʃa] Ernährung *f*; (Lebensmittel-)Versorgung *f*; بطاقة الـ~ [biˈŧɒːqat al-ʔi.] Lebensmittelkarte *f*; مواد الـ~ [maˈwaːdd al-ʔi.] Proviant *m*

إعاقة [ʔiˈʕaːqa] Hinderung *f* (عن an *D*); *a. geistige* Behinderung

إعالة [ʔiˈʕaːla] Versorgung *f*, Unterhalt *m der Familie*

إعانة [ʔiˈʕaːna], *pl.* [-aːt] Hilfe *f*, (*finanzielle*) Unterstützung; Beihilfe *f*; Subvention *f*

أعباء → عبء

أعبئة → عباءة

أعتاء → عتي

أعتاب → عتبة

إعتام [ʔiʕˈtaːm]: عدسة العين ~ [ʔi. ʕadasat al-ʕain] *Med.* Graue(r) Star

اعتبار [iʕtiˈbɒːr] Achtung *f*, Hochschätzung *f*, Ansehen *n*; *pl.* [-aːt] Betrachtung *f*, Erwägung *f*, Berücksichtigung *f*; ~ًا لـ *Adv.* in Anbetracht *e-r Sache*; ~ًا من *Adv.* von … an; beginnend mit; بـ~ أن، على ~ أن [ʔanna] angesichts der Tatsache, daß; mit Rücksicht darauf, daß; باعتباره (in s-r Eigenschaft *od.* Funktion) als; بهذا/على هذا الـ~ von diesem Standpunkt aus; دون ~ لـ ungeachtet (*G*); في كل ~ [kulli ʕtiˈbɒːr] in jeder Hinsicht; رد الـ~, إعادة الـ~ [radd al-i.] Rehabilitierung *f*; وضعه في الـ~, أدخله في الـ~ [ʔadˈxalahuː] etwas berücksichtigen *od.* in Betracht ziehen; → نظر[2]

اعتباري [iʕtiˈbɒːriː] der Geltung *od.* Anschauung nach; شخص ~ juristische Person; شخصية ~ة juristische Person; Rechtspersönlichkeit *f*

اعتباطا [iʕtiˈbɒːŧɒn] *Adv.* willkürlich

اعتباطي [iʕtiˈbɒːŧiː] willkürlich

اعتداء [iʕtiˈdaːʔ], *pl.* [-aːt] Angriff *m*, Überfall *m*; feindselige Handlung; Aggression *f*; Anschlag *m*, Attentat *n*; معاهدة عدم الـ~ [muˈʕaːhadat ʕadam al-i.] Nichtangriffspakt *m*

اعتداد [iʕtiˈdaːd] Sichverlassen *n*, Zählen *n* (بـ auf *A*); Stolz *m* (بـ auf *A*); الـ~ بالنفس Selbstvertrauen *n*

اعتدال [iʕtiˈdaːl] Geradheit *f*; Mäßigkeit *f*, Gemäßigtheit *f*; *Astr.* Tagundnachtgleiche *f*; الجو ~ [i. al-ʤaww] *u.* المناخ ~ milde(s) Klima

أعتدة → عتاد

اعتذار [iʕtiˈðaːr], *pl.* [-aːt] Entschuldigung *f*; Ausrede *f*; ablehnende Antwort

اعتراض [iʕtiˈrɒːđ], *pl.* [-aːt] Einwand *m*, Einspruch *m*, Protest *m*; Widerstand *m*; Einschiebung *f e-s Satzteils*; حق الـ~ [ħaqq al-i.] *Pol.* Vetorecht *n*

اعتراف [iʕtiˈraːf] *a. Pol.* Anerkennung *f* (بـ *G*); (Ein-)Geständnis *n* (بـ *G*); *Chr.* Beichte *f*; ~ًا بـ [-an] *Adv.* in Anerkennung *e-r Sache*; باعترافه wie er selbst sagt; الـ~ بالجميل Dankbarkeit *f*; أبو الـ~ *u.* معلم الـ~ [muˈʕallim al-i.] *Chr.* Beichtvater *m*

اعتزاز [iʕtiˈzaːz] Stolz *m* (بـ auf *A*); بـ~ voll(er) Stolz

اعتزال [iʕtiˈzaːl] Absonderung *f*, Zurückgezogenheit *f*; Ausscheiden *n aus e-m Beruf*

اعتزام [iʕtiˈzaːm] Entschluß *m*

اعتصاب [iʕtiˈsɒːb] Zusammenrottung *f*; Streik *m*

اعتصام [iʕtiˈsɒːm] Festhalten *n* (بـ an *D*), (Be-)Wahrung *f* (بـ *G*); *pl.* [-aːt] Sitzstreik *m*

أعتق [ʔaʕtaq] (2) *el.* älter

اعتقاد [iʕtiˈqaːd] Glaube *m*, Überzeugung *f*; Auffassung *f*, Meinung *f*; اعتقادات *pl.* Glaubenssätze *m/pl.*, Dogmen *n/pl.*; في ~ي meiner Meinung nach

اعتقادي [iʕtiˈqaːdiː] dogmatisch

اعتقال [iʕtiˈqaːl], *pl.* [-aːt] Verhaftung *f*, Festnahme *f*; Internierung *f*; معسكر الـ~ [muˈʕaskar al-i.] Konzentrationslager *n*

اعتلاء [iʕtiˈlaːʔ]: العرش ~ Thronbesteigung *f*

اعتلال [iʕtiˈlaːl] Schwäche *f*; Krankheit *f*

اعتماد [iʕtiˈmaːd] Sichstützen *n*, Verlaß *m* (على auf *A*); Abhängigkeit *f* (على von *D*); Anwendung *f e-r Methode*; Genehmigung *f*; Anerkennung *f e-r Prüfung*; *Dipl.* Beglaubigung *f*; *pl.* [-aːt] Kredit *m*; *Hdl.* Akkreditiv *n*; *pl.* (bewilligte) Mittel *pl.*; الـ~ على النفس Selbstvertrauen *n*; مستندي ~ [musˈtanadiː] *Hdl.* Dokumentenakkreditiv *n*; أوراق الـ~ *Dipl.* Beglaubigungsschreiben *n*

اعتناء [iʕtiˈnaːʔ] Betreuung *f* (بـ von *D*), Sorge *f* (بـ um *od.* für *A*); Interesse *n* (بـ für *A*)

اعتناق [iʕtiˈnaːq] Annahme *f e-r Religion*

أعتى [ʔaʕtaː] *el.* unverschämter; anmaßender, zügelloser; wilder, heftiger

اعتياد [iʕtiˈjaːd] *intr.* Gewöhnung *f* (على an *A*), Gewohntsein *n*; Üblichsein *n*, Gewohnheitsmäßigkeit *f*

اعتيادي [iʕtiˈjaːdiː] gewöhnlich, üblich, normal, regulär

إعجاب [ʔiʕˈʤaːb] (Wohl-)Gefallen *n* (بـ an *D*); Bewunderung *f* (بـ für *A*); Selbstgefälligkeit *f*, Stolz *m*

[1]**أعجاز** [ʔaʕˈʤaːz] → عجز[3]

[2]**إعجاز** [ʔiʕˈʤaːz] Unnachahmlichkeit *f des Korans*, Einzigartigkeit *f*

إعجازي [ʔiʕˈʤaːziː] unnachahmlich

إعجام [ʔiʕˈʤaːm] *Gr.* Versehen *n e-s Buchstabens* mit diakritischen Punkten (u. Vokalzeichen)

أعجز [ʔaʕʤaz] (2) *el.* unfähiger, weniger imstande; هو ~ من أن er ist außerstande, *etwas zu tun*

أعجف [ʔaʕʤaf] (2), *f* عجفاء [ʕaʤˈfaːʔ] (2), *pl.* عجاف [ʕiˈʤaːf] mager

أعجل [ʔaʕʤal] (2) *el.* schneller; hastiger

أعجم [ʔaʕʤam] (2), *f* عجماء [ʕaʤˈmaːʔ] (2), *pl.* [-uːn], أعاجم [ʔaˈʕaːʤim] (2) *u.* عجم [ʕuʤm] fehlerhaftes Arabisch sprechend; Nichtaraber *m*; *hist.* Perser *m*; unfähig zu denken

أعجمي [ʔaʕdʒamiː] nichtarabisch; Nichtaraber *m*; *hist.* Perser *m*
أعجوبة [ʔuʕ'dʒuːba], *pl.* أعاجيب [ʔaʕaː'dʒiːb] (2) Wunder *n*, Wunderding *n*
أعداء → [3]عدو
[1]**أعداد** [ʔaʕ'daːd] → عدد
[2]**إعداد** [ʔiʕ'daːd] Vorbereitung *f*; Zubereitung *f*; Erstellung *f*, Ausarbeitung *f*; (*berufliche*) Ausbildung; ~ المعلمين [ʔi. al-muʕalli'miːn] Lehrerausbildung *f*
إعدادي [ʔiʕ'daːdiː] vorbereitend; مدرسة ~ة Mittelschule *f*; *Ir.* Oberschule *f*
إعدادية [ʔiʕdaː'diːja], *pl.* [-aːt] Mittelschule *f*; *Ir.* Oberschule *f*
[1]**أعدال** [ʔaʕ'daːl] → [3]عدل
[2]**إعدال** [ʔiʕ'daːl] *Gr.* Umwandlung *f* *od.* Elision *f* e-s schwachen Radikals
إعدام [ʔiʕ'daːm] Vernichtung *f*; *pl.* [-aːt] Hinrichtung *f*; الحكم بالـ~ [al-ħukm] Todesurteil *n*
أعدل [ʔaʕdal] (2) *el.* gleichmäßiger; gerechter; rechtmäßiger
أعذار → [2]عذر
أعذاق → عذق
أعذب [ʔaʕðab] (2) *el.* süßer; angenehmer; *Melodie*: wohlklingender
أعذبة → عذاب
إعراب [ʔiʕ'raːb] Bekundung *f*, Äußerung *f* (عن *G*); *Gr.* Flexion *f*; Syntax *f* der Flexionsendungen; Satzanalyse *f*; → [2]محل
[1]**أعرابي** [ʔaʕ'raːbiː] Beduine *m*, Wüstenaraber *m*; Beduinen-
[2]**إعرابي** [ʔiʕ'raːbiː] auf die Flexion *etc.* (→ إعراب) bezüglich
أعرابية [ʔaʕraː'biːja] (arabisches) Beduinentum
أعراس → [2]عرس
أعراش → [2]عرش
[1]**أعراض** [ʔaʕ'rɒːđ] → [2]عرض
[2]**إعراض** [ʔiʕ'rɒːđ] Meidung *f* (عن *G*); Abkehr *f* (عن von *D*); Widerstreben *n*
أعراف → [2]عرف *u.* [3]عرف
أعرج [ʔaʕradʒ], *f* عرجاء [ʕar'dʒaːʔ] (2), *pl.* عرج [ʕurdʒ] hinkend
أعرف [ʔaʕraf] (2) *el.* kundiger (ب *e-r Sache*)

أعرق [ʔaʕraq] (2) *el.* verwurzelter
أعز [ʔa'ʕazz] (2) *el.* lieber; mächtiger, stärker
أعزاء *u.* **أعزة** → عزيز
أعزاب → [2]عزب
أعزال → [3]عزل
أعزب [ʔaʕzab] (2), *f* عزباء [ʕaz'baːʔ] (2), *pl.* عزب [ʕuzb] ledig; Junggeselle *m*
أعزل [ʔaʕzal] (2), *f* عزلاء [ʕaz'laːʔ] (2), *pl.* عزل [ʕuzl] *u.* [ʕuzzal] unbewaffnet, wehrlos
إعسار [ʔiʕ'saːr] Zahlungsunfähigkeit *f*; Armut *f*
أعسر [ʔaʕsar] (2) **1.** *f* عسراء [ʕas'raːʔ] (2), *pl.* عسر [ʕusr] linkshändig; **2.** *el.* schwieriger
أعشاب → [2]عشب
أعشار → [3]عشر
أعشاري [ʔaʕ'ʃaːriː] Dezimal-
أعشاش → [2]عش
أعشى [ʔaʕʃaː], *f* عشواء [ʕaʃ'waːʔ] (2) nachtblind; schwachsichtig; planlos *od.* unbedacht handelnd
أعشية → [1]عشاء
إعصار [ʔiʕ'sɒːr], *pl.* أعاصير [ʔaʕaː'sɨːr] (2) Orkan *m*, Wirbelsturm *m*
إعصاري [ʔiʕ'sɒːriː] Orkan-, Sturm-
أعصر → [2]عصر
أعصم [ʔaʕsɒm] (2), *f* عصماء [ʕɒs'maːʔ] (2) *Tier*: e-n weißen Fuß habend; wertvoll, trefflich
أعصياء → [2]عصي
أعضاء → عضو
أعضاد → [2]عضد
إعطاء [ʔiʕ'ŧɒːʔ] Geben *n*; Schenken *n*; Schenkung *f*
[1]**أعطاب** [ʔaʕ'ŧɒːb] → [2]عطب
[2]**إعطاب** [ʔiʕ'ŧɒːb] Zerstörung *f*
أعطاف → [3]عطف
أعطال → [2]عطل
أعطر [ʔaʕŧɒr] (2) *el.* wohlriechender, duftender
أعطية → عطاء
[1]**أعظم** [ʔaʕðɒm] (2) *el.*, *f* عظمى [ʕuðmaː], *pl.* أعاظم [ʔa'ʕɒːðɨm] (2) größer, gewaltiger; großartiger; جريمة عظمى Kapitalverbrechen *n*; الرسول الـ~ [ar-ra'suːl] der Prophet Mohammed; السواد الـ~ die breite Masse
[2]**أعظم** [ʔaʕðum] → [2]عظم

أعف [ʔa'ʕaff] (2) *el.* keuscher, tugendhafter, anständiger
إعفاء [ʔiʕ'faːʔ] Befreiung *f* (من von *e-r Gebühr*); Erlassung *f* (من *e-r Strafe*); Dispensierung *f*; ~ من الخدمة [al-xidma] Freistellung *f* vom Wehrdienst
أعفاج → عفج
أعفر [ʔaʕfar], *f* عفراء [ʕaf'raːʔ] (2) staubgrau
أعق [ʔa'ʕaqq] (2) *el.* ungezogener, widerspenstiger
أعقاب → [2]عقب *u.* [3]عقب
أعقد [ʔaʕqad] (2) **1.** *el.* komplizierter; knotiger; **2.** *f* عقداء [ʕaq'daːʔ] (2) knotig
أعقف [ʔaʕqaf] (2), *f* عقفاء [ʕaq'faːʔ] (2) krumm, gebogen
أعقل [ʔaʕqal] (2) *el.* vernünftiger, klüger
[1]**أعلاء** [ʔaʕi'llaːʔ] → عليل
[2]**إعلاء** [ʔiʕ'laːʔ] Hebung *f*, Erhöhung *f*; *Psych.* Sublimierung *f*
أعلاف → [2]علف
إعلال [ʔiʕ'laːl] *Gr.* (*quantitative od. qualitative*) Veränderung der schwachen Radikale
[1]**أعلام** [ʔaʕ'laːm] → [2]علم
[2]**إعلام** [ʔiʕ'laːm] Benachrichtigung *f*, Unterrichtung *f*, Informierung *f*; Informationswesen *n*, Medienwesen *n*; Publizistik *f*; وزير الـ~ Informationsminister *m*; وسائل الـ~ (Massen-)Medien *n/pl.*
إعلامي [ʔiʕ'laːmiː] Informations-; Medien-; publizistisch; *pl.* [-uːn] Medienvertreter *m*, Journalist *m*
إعلامية [ʔiʕlaː'miːja] Informatik *f*
إعلان [ʔiʕ'laːn], *pl.* [-aːt] Bekanntmachung *f*; Verkündung *f*; Ankündigung *f* (عن *G*); Proklamierung *f*; (*Zeitungs-*)Anzeige *f*; Anschlag *m*, Plakat *n*; Werbung *f*, Reklame *f*; ~ الحرب Kriegserklärung *f*
أعلم [ʔaʕlam] (2) *el.* wissender; الله ~ [ɒ'ɫɫɒːhu] Gott weiß es am besten!
أعلومة [ʔuʕ'luːma], *pl.* أعاليم [ʔaʕaː'liːm] (2) Wegzeichen *n*, Wegweiser *m*
أعلى [ʔaʕlaː] *el.*, *f* عليا [ʕuljaː], *pl.*

علي [ʕulan] *u.* أعال [ʔa'ʕaːlin] höher; obere(r); Ober-; höchste(r); oberste(r); Oberlauf *m e-s Flusses*; أعال die obersten Teile *e-r Sache*; أعلاه obenstehend; المذكور أعلاه der Obenerwähnte; إلى الـ~ nach oben; في أعالي البحار [ʔa'ʕaːliː l-bi'ħaːr] auf hoher See; أعالي النيل der Oberlauf des Nils; مصر العليا [miṣr] Oberägypten; بأعلى صوت [bi-ʔa.ṣɒut(in)] ganz laut

أعم [ʔa'ʕamm] (2) *el.* allgemeiner; في الـ~ im allgemeinen

إعمار [ʔiʕ'maːr] Aufbau *m*; *Jord.* Erbauung *f*, Errichtung *f*; مجلس الـ~ [madʒlis al-ʔi.] *Ir.* Development Board

أعماق → عمق[2]

أعمال[1] [ʔaʕ'maːl] → عمل[2]

إعمال[2] [ʔiʕ'maːl] Arbeitenlassen *n*, Wirkenlassen *n*; Anwendung *f e-s Prinzips*

أعمام → عم[2]

أعمدة → عمود

أعمر [ʔaʕmar] (2) *el.* bevölkerter; blühender

أعمش [ʔaʕmaʃ] (2), *f* عمشاء [ʕam'ʃaːʔ] (2) triefäugig, augenleidend

أعمى [ʔaʕmaː], *f* عمياء [ʕam'jaːʔ] (2), *pl.* عميان [ʕum'jaːn] *u.* عمي [ʕumj] blind

أعناب → عنب[2]

إعنات [ʔiʕ'naːt] Quälerei *f*

أعناق → عنق[2]

أعنز → عنز

أعنف [ʔaʕnaf] (2) *el.* heftiger; erbitterter; strenger, härter

أعنق → عناق[1]

أعنة → عنان[2]

أعواد → عود[3]

إعواز [ʔiʕ'waːz] Bedürftigkeit *f*; Mangel *m*

إعوال [ʔiʕ'waːl] Wehklage *f*, Jammergeschrei *n*

أعوام → عام[2]

أعوان → عون[2]

أعوج [ʔaʕwadʒ] (2), *f* عوجاء [ʕau'dʒaːʔ] (2), *pl.* عوج [ʕuːdʒ] krumm, schief, gebogen

اعوجاج [iʕwi'dʒaːdʒ] Krummheit *f*, (Ver-)Krümmung *f*

أعور [ʔaʕwar] (2), *f* عوراء [ʕau'raːʔ] (2), *pl.* عور [ʕuːr] einäugig; Blinddarm *m*

أعوز [ʔaʕwaz] (2) arm, bedürftig, mittellos

أعوص [ʔaʕwɒs] (2) *el.* schwieriger

أعياء[1] [ʔaʕ'jaːʔ] → عي[2]

إعياء[2] [ʔiʕ'jaːʔ] Ermüdung *f*, Erschöpfung *f*; Kraftlosigkeit *f*; Machtlosigkeit *f*

أعياد → عيد[2]

أعيار → عير[2]

أعين → عين[2]

أعيياء → عيي

أغا [ʔaɣaː], *pl.* أغوات [ʔaɣa'waːt] Aga *m*; Eunuch *m*

إغاثة [ʔi'ɣaːθa] Hilfe *f*, Beistand *m*; وكالة الأمم المتحدة لـ~ وتشغيل اللاجئين الفلسطينيين [wa'kaːlat al-ʔumami l-mu'ttaħida] UNO-Hilfswerk *n* für Palästina-Flüchtlinge

أغادير [ʔaɣaː'diːr] (2) Agadir (*Stadt in Marokko*)

إغارة [ʔi'ɣɒːra], *pl.* [-aːt] Angriff *m* (على auf *A*)

إغاظة [ʔi'ɣɒːðɒ] Wütendmachen *n*, Zornigmachen *n*

أغان → أغنية

أغبر [ʔaɣbar] (2), *f* غبراء [ɣab'raːʔ] (2), *pl.* غبر [ɣubr] staubfarben; الغبراء die Erde

أغبش [ʔaɣbaʃ] (2), *f* غبشاء [ɣab'ʃaːʔ] (2), *pl.* غبش [ɣubʃ] *Nacht*: dunkel

أغبى [ʔaɣbaː] *el.* dümmer, einfältiger

أغبياء → غبي[2]

اغتباط [iɣti'bɒːṭ] Freude *f*, Genugtuung *f*

اغتراب [iɣti'raːb] Auswanderung *f*; Trennung *f* von der Heimat; Entfremdung *f*

اغترار [iɣti'raːr] *intr.* Täuschung *f*; Verblendung *f*

اغتراف [iɣti'raːf] Schöpfen *n* (من aus *D*)

اغتصاب [iɣti'sɒːb] Raub *m*, Usurpation *f*; Vergewaltigung *f e-r Frau*

اغتنام [iɣti'naːm] Ausnutzung *f od.* Wahrnehmung *f e-r Gelegenheit*

اغتياب [iɣti'jaːb] Verleumdung *f*

اغتياظ [iɣti'jɒːð] Zorn *m*, Ärger *m*, Wut *f*

اغتيال [iɣti'jaːl] Ermordung *f*; محاولة ~ [mu'ħaːwalat i.] Mordanschlag *m*

إغداق [ʔiɣ'daːq] Überhäufung *f* (على *j-s* mit *D*) ب

أغدية → غداء

أغذية → غذاء

أغر [ʔa'ɣarr] (2), *f* غراء [ɣa'rraːʔ] (2), *pl.* غر [ɣurr] edel; geschätzt; denkwürdig; großartig; الغراء *a. schmückendes Beiwort zu* الشريعة الإسلامية; يوم ~ [jaum] ein großer *od.* stolzer Tag

إغراء [ʔiɣ'rɒːʔ], *pl.* [-aːt] Verlockung *f*, Verführung *f*, Anreiz *m*

إغراب [ʔiɣ'rɒːb] Übertreibung *f*; Überspanntheit *f*, Extravaganz *f*; Exzentrizität *f*

أغرار → غر[3]

أغراس → غرس[3]

أغراض → غرض[2]

إغراق [ʔiɣ'rɒːq] Versenkung *f e-s Schiffes*; Ertränkung *f*; Überflutung *f*; *Hdl.* Überschwemmung *f des Marktes* (ب mit *Waren*); *Hdl.* Dumping *n*; Maßlosigkeit *f* (في *e-r Handlung*), Übertreibung *f*

أغربة → غراب

أغرة → غرير

أغرودة [ʔuɣ'ruːda], *pl.* أغاريد [ʔaɣaː'riːd] (2) Zwitschern *n*, Gesang *m der Vögel*

إغريق [ʔiɣ'riːq] *koll.*: الـ~ die (alten) Griechen

إغريقي [ʔiɣ'riːqiː] (*alt*)griechisch

أغزر [ʔaɣzar] (2) *el.* reichlicher, reicher

أغسطس [ʔa'ɣusṭus] August *m* (*Monat*)

أغشية → غشاء

أغصان → غصن

إغضاء [ʔiɣ'ḍɒːʔ] Nichtbeachtung *f*; Hinwegsehen *n* (عن über *A*)

إغضاب [ʔiɣ'ḍɒːb] Verärgerung *f*, Erzürnung *f*, Reizung *f zum Zorn*

أغطية → غطاء

إغفاءة [ʔiɣ'faːʔa] Schläfchen *n*

إغفال [ʔiɣ'faːl] Übergehung *f*, Übersehen *n*; (*versehentliche*) Auslassung

أغلاط → غلط[2]

أغلاق[1] [ʔaɣ'laːq] → غلق[2]

[2]**إغلاق** [ʔiɣ'laːq] (Ver-)Schließung *f*; Verbot *n e-r Zeitung*
أغلال → [2]غل
أغلب [ʔaɣlab] (2) **1.** *el.* der überwiegende Teil *von etwas*; das meiste *von*; die meisten *von*; على الـ~ vornehmlich, vor allem; في الـ~ meistens; في الظن ~ [-i ð-ðɒnn] höchstwahrscheinlich; **2.** بنو الـ~ [banu l-ʔa.] *hist.* die Aghlabiden *m/pl.* (*Dynastie in Nordafrika*)
أغلبي [ʔaɣlabiː] *hist.* aghlabidisch; *pl.* أغالبة [ʔa'ɣaːliba] Aghlabide *m*
أغلبية [ʔaɣla'biːja] Mehrheit *f*, Majorität *f*; مطلقة ~ [mutlaqa] *Pol.* absolute Mehrheit
أغلظ [ʔaɣlɒð] (2) *el.* dicker; gröber, rauher; unhöflicher
أغلف [ʔaɣlaf] (2), *f* غلفاء [ɣal'faːʔ] (2), *pl.* غلف [ɣulf] *Mensch*: stumpf; unbeschnitten
أغلفة → غلاف
أغلوطة [ʔuɣ'luːtɒ], *pl.* أغاليط [ʔaɣaː'liːt] (2) *u.* [-aːt] verfängliche Frage
أغلى [ʔaɣlaː] *el.* teurer; kostbarer
أغم [ʔa'ɣamm] (2), *f* غماء [ɣa'mmaːʔ] (2) *Wolken*: dicht
إغماء [ʔiɣ'maːʔ] Ohnmacht *f*, Bewußtlosigkeit *f*
أغماد → [2]غمد
أغمص [ʔaɣmɒs] (2) triefäugig
أغن [ʔa'ɣann] (2), *f* غناء [ɣa'nnaːʔ] (2) *Stimme*: nasal; *Garten*: üppig
إغناء [ʔiɣ'naːʔ] Bereicherung *f* (ب mit *D*); Nutzen *m*
أغنام → [2]غنم
أغنياء → [2]غني
أغنية [ʔuɣnija, ʔuɣ'niːja, ʔiɣ'niːja], *pl.* أغان [ʔa'ɣaːnin] *u.* [-aːt] Lied *n*, Gesang *m*; شعبية ~ Volkslied *n*
إغواء [ʔiɣ'waːʔ] Verführung *f*, Verleitung *f*
أغوار → [2]غار *u.* [2]غور
أغوال → [2]غول
أغوية [ʔuɣwija], *pl.* أغاوي [ʔaɣaː'wiːj] Fallgrube *f*
أغيال → غيل
أغيد [ʔaɣjad] (2), *f* غيداء [ɣai'daːʔ] (2), *pl.* غيد [ɣiːd] *Pflanze, Mädchen*: jung und zart
[1](**أف**) **V** تأفف [ta'ʔaffafa] murren, meckern (من über *A*); nörgeln

[2]**أف** [ʔuffin] *Interjektion des Ärgers*: pfui!
إفادة [ʔi'faːda] Nutzen *m*; Nutzung *f* (من *G*); *pl.* [-aːt] Mitteilung *f*, Meldung *f*; Information *f*; Aussage *f vor Gericht*; الاستلام ~ Empfangsbestätigung *f*
إفاضة [ʔi'fɒːđɒ] Ausführlichkeit *f*
[1]**أفاق** [ʔa'ffaːq] umherlaufend; *pl.* [-uːn] Herumtreiber *m*, Taugenichts *m*; كل رجل ~ [kullu radʒulin] jeder dahergelaufene Kerl
[2]**آفاق** [ʔaː'faːq] → أفق
إفاقة [ʔi'faːqa] (Wieder-)Erwachen *n*; Genesung *f*
أفاك [ʔa'ffaːk] verlogen; Lügner *m*
أفانين → [2]فن
إفتاء [ʔif'taːʔ] *Isl.* Erteilung *f* von (Rechts-)Gutachten; دار الـ~ Amtssitz *m* des Muftis, Muftiamt *n*
أفتار → [2]فتر
افتتاح [ifti'taːħ] Eröffnung *f*; Beginn *m*
افتتاحي [ifti'taːħiː] Eröffnungs-, einleitend; مقال ~ *u.* مقالة ~ة Leitartikel *m*; ليلة ~ة [laila] Premiere *f*
افتتاحية [iftitaː'ħiːja] Leitartikel *m*; Ouvertüre *f*
افتخار [ifti'xɒːr] Prahlerei *f*; Stolz *m*
افتراء [ifti'raːʔ], *pl.* [-aːt] Lüge *f*, Erfindung *f*; Verleumdung *f*
افتراس [ifti'raːs] Reißen *n der Beute*; أصبح ~ه [ʔɒsbaħa -ahuː] j-s Beute werden; أفلت من ~ه [ʔaflata] sich j-s Zugriff entziehen
افتراض [ifti'rɒːđ] Annahme *f*, Hypothese *f*; على ~ أن [ʔanna] unter der Annahme *od.* Voraussetzung, daß
افتراضي [ifti'rɒːđiː] hypothetisch
افتراق [ifti'rɒːq] Sich-Trennen *n*, Trennung *f*
افتضاح [ifti'đɒːħ] Bloßgestelltwerden *n*; Schändlichkeit *f*
افتقاد [ifti'qaːd] Besichtigung *f*, Inspizierung *f*
افتقار [ifti'qɒːr] Mangel *m* (إلى an *D*), Fehlen *n* (إلى *G*); Nötighaben *n*
افتكاك [ifti'kaːk] Einlösen *n*, Auslösen *n*; *bsd. Tun.* Entreißen *n*
افتنان [ifti'naːn] meisterhafte Beherrschung, Meisterschaft *f*
أفحوص [ʔuf'ħuːs], *pl.* أفاحيص [ʔafaː'ħiːs] (2) Nistplatz *m*
أفخاذ → فخذ
أفخارستيا [ʔafxaːris'tiːja] *Chr.* Eucharistie *f*
أفخر [ʔafxar] (2) *el.* prächtiger, herrlicher
أفخم [ʔafxam] (2) *el.* stattlicher, prächtiger; luxuriöser; *Jord.* (*zur Anrede des Ministerpräsidenten*:) hochverehrt
أفدح [ʔafdaħ] (2) *el.* drückender, schwerer
أفدنة → فدان
أفذاذ → فذ
أفراء → فرأ
إفراج [ʔif'raːdʒ] Freilassung *f* (عن *j-s*); Freigabe *f* (عن *G*)
أفراح → [2]فرح
أفراخ → [2]فرخ
[1]**أفراد** [ʔaf'raːd] → [2]فرد
[2]**إفراد** [ʔif'raːd] *Gr.* singularische(r) Gebrauch *e-s Wortes*; *Isl.* Durchführung *f* der Pilgerfahrt (حج [ħaddʒ]) ohne Besuch der heiligen Stätten (عمرة [ʕumra])
إفرادي [ʔif'raːdiː] einzeln, Einzel-
إفراز [ʔif'raːz], *pl.* [-aːt] Ausscheidung *f*, Absonderung *f*; *Biol.* Sekretion *f*; *fig.* Ausfluß *m*, *bsd. pl.* Auswirkung *f*
أفراس → [2]فرس
إفراط [ʔif'rɒːt] Übertreibung *f* (في *G*), Übermaß *n*; لا ~ ولا تفريط [-ɒ] nicht zuviel und nicht zuwenig
إفراغ [ʔif'raːɣ] (Ent-)Leerung *f*; القانون من محتواه ~ [muħta'waːhu] Aushöhlung *f* des Gesetzes
أفران → فرن
أفرشة → [3]فراش
أفرغ [ʔafraɣ] (2) *el.* leerer
أفرق [ʔafraqa] afrikanisieren
أفرقة [ʔafraqa] Afrikanisierung *f*
إفرنج [ʔif'randʒ] *koll.*: الـ~ die Europäer *m/pl.*; *hist. a.* die Franken *m/pl.*
إفرنجي [ʔif'randʒiː] europäisch
إفرنسي [ʔif'ransiː] französisch; → فرنسي
افرنقع → فرقع III
أفرو–آسيوي [ʔafroː-'ʔaːsijawiː] afroasiatisch

أفرول [ʔovaroːl] Overall *m*, Arbeitsanzug *m*, Montur *f*

إفريز [ʔif'riːz], *pl.* أفاريز [ʔafaː'riːz] (2) Fries *m*; Sims *m*, Vorsprung *m e-r Mauer*; Kante *f*; Bürgersteig *m*; Terrasse *f e-s Hotels*; قاري ~ [qaː-rriː] Kontinentalsockel *m*, Shelf *m u. n*; المحطة ~ [ʔi. al-ma'ħɒttɒ] Bahnsteig *m*

إفريقي [ʔif'riːqiː] afrikanisch; *pl.* [-uːn] *u.* أفارقة [ʔa'faːriqa] Afrikaner *m*

إفريقيا [ʔif'riːqijaː] Afrika; شمال/ شمالي ~ Nordafrika

أفريل [ʔav'riːl] *Alg., Tun.* April *m*

أفزاع → فزع[2]

إفساح [ʔif'saːħ] Platzmachen *n*, Erweiterung *f*; المجال ل/أمام ~ Schaffung *f* von Möglichkeiten für

إفساد [ʔif'saːd] Verdorbenmachen *n*; Korrumpierung *f*; الأخلاق ~ Korrumpierung *f*; Untergrabung *f* der Moral

أفسنتين [ʔafsan'tiːn] Wermutpflanze *f*

إفشاء [ʔif'ʃaːʔ] Verraten *n*, Preisgabe *f*; Verbreitung *f*

إفشال [ʔif'ʃaːl] Scheiternlassen *n*, Vereitelung *f*, Hintertreiben *n*

أفشين [ʔaf'ʃiːn], *pl.* أفاشين [ʔafaː'ʃiːn] (2) *Chr.* Gebet *n*

إفصاح [ʔif'sɒːħ] Äußern *n* (عن *s-r Meinung etc.*); offene Erklärung; gute hocharabische Ausdrucksweise

أفصح [ʔafsɒħ] (2) *el., f* فصحى [fusħaː] sprachlich reiner; beredter, wortgewaltiger; (اللغة) العربية الفصحى [(al-luɣa)] das Hocharabische

أفضال → فضل[2]

أفضل [ʔafđɒl] (2) *el., pl.* [-uːn] *u.* أفاضل [ʔa'fɒːđil] (2), *f* فضلى [fuđlaː], *pl.* فضليات [fuđla'jaːt] besser, vorzüglicher; vorzuziehen (من *D*); الـ~ أن es ist am besten, …

أفضلية [ʔafđɒ'liːja], *pl.* [-aːt] Vorrang *m*, Vorzug *m* (على vor *D*); Priorität *f*; *Hdl.* Präferenz *f*; المرور ~ Vorfahrt *f*

إفطار [ʔif'tɒːr] Fastenbrechen *n*; Frühstück *n*; Abendessen *n im Fastenmonat*

أفطح [ʔaftɒħ] (2) breitköpfig, breitnasig

أفطس [ʔaftɒs] (2), *f* فطساء [fɒt'saːʔ] (2), *pl.* فطس [futs] plattnasig, stumpfnasig; *Nase*: platt, stumpf, breit

أفظاظ → فظ

أفعال → فعل[2]

أفعل [ʔafʕal] (2) *el.* wirksamer

أفعوان [ʔufʕu'waːn] Schlange *f*; Natter *f*

أفعى [ʔafʕan], *a.* [ʔafʕaː] *f, pl.* أفاع [ʔa'faːʕin] Schlange *f*; Natter *f*; Giftschlange *f*, Viper *f*, Otter *f*

أفغان [ʔaf'ɣaːn] *koll.*: الـ~ die Afghanen *m/pl.*; *f* Afghanistan

أفغانستان [ʔafɣaːnis'taːn] (2) *f* Afghanistan

أفغاني [ʔaf'ɣaːniː] afghanisch; Afghane *m*

أفق [ʔufuq, ʔufq], *pl.* آفاق [ʔaː'faːq] *a. fig.* Horizont *m*; Weite *f*, Ferne *f*; Landesinnere(s); *pl.* (entfernte) Gegenden *f/pl.*; Perspektiven *f/pl.*, (Zukunfts-)Aussichten *f/pl.*; شذاذ الآفاق [ʃu'ððaːð al-ʔa.] Leute *pl.* aus fremden Ländern; ضيق الـ~ [đɒjjiq al-ʔu.], محدود الـ~ engstirnig,; واسع الـ~ weltoffen; weitblickend; جاب الآفاق [ʤaːba] in die Welt hinausziehen; in die Ferne schweifen

إفقار [ʔif'qaːr] Verarmenlassen *n*, Auspowerung *f*

أفقي [ʔufuqiː] horizontal, waagrecht, Quer-

[1]**أفك** [ʔafaka, i] lügen

[2]**إفك** [ʔifk] Lüge *f*

[3]**آفك** [ʔaːfik] lügnerisch; Lügner *m*

أفكار → فكرة

أفكوهة [ʔuf'kuːha], *pl.* أفاكيه [ʔafaː-'kiːh] (2) Scherz *m*, Spaß *m*, Posse *f*

[1]**أفل** [ʔafala, i, u] *Gestirn*: untergehen, sinken

[2]**آفل** [ʔaːfil] *Gestirn*: untergehend; *Ruhm*: verblaßt

إفلات [ʔif'laːt] Entkommen *n*, Entrinnen *n*; Sichentziehen *n* (من *D*)

أفلاج → فلج[2]

أفلاذ → فلذة

إفلاس [ʔif'laːs] Zahlungsunfähigkeit *f*, Konkurs *m*, Bankrott *m*

أفلاط → فلط

أفلاطون [ʔaflaː'tuːn] (2) Platon

أفلاطوني [ʔaflaː'tuːniː] platonisch; *pl.* [-uːn] Platoniker *m*

أفلاطونية [ʔaflaːtuː'niːja] Platonismus *m*

أفلاك → فلك[2]

أفلام → فيلم

أفلوطين [ʔafluː'tiːn] (2) Plotin

أفمام → فم[2]

أفن [ʔafan] Torheit *f*, Dummheit *f*

إفناء [ʔif'naːʔ] Vernichtung *f*

أفنان → فن[2], فنن

أفندي [ʔa'fandiː], *pl.* [-iːja] *bsd. Äg.* Herr *m* (*Orientale in europäischer Kleidung*); (= يوسف ~ [juːsuf ʔa.]) Mandarine *f*; أفندم! [ʔa'fandim] *Äg.* mein Herr!; *Mil.* hier!; أفندم؟ *Äg.* (*auch zu Frauen gesagt*) wie bitte?

أفنية → فناء[2]

آفة [ʔaːfa], *pl.* [-aːt] Übel *n*; Laster *n*; Schaden *m*; Nachteil *m*; Unglück *n*; Seuche *f*; Pflanzenkrankheit *f*; لكل شيء آفته [li-kulli ʃaiʔin ʔaː'fatuhuː] *Spr.* jedes Ding hat zwei Seiten

[1]**أفهام** [ʔaf'haːm] → فهم[2]

[2]**إفهام** [ʔif'haːm] Begreiflichmachen *n*; Zuverstehengeben *n*

أفوات → فوت[2]

أفواج → فوج

أفواد → فود

أفواه → فم[1] *u.* فوهة

أفوكاتو [ʔavu'kaːtoː] Advokat *m*, Rechtsanwalt *m*

أفول [ʔu'fuːl] Untergang *m von Gestirnen*; Niedergang *m*

أفياء → فيء[2]

أفيال → فيل

أفيح [ʔafjaħ] (2), *f* فيحاء [fai'ħaːʔ] (2) duftend, wohlriechend; ausgedehnt; الفيحاء *Beiname von Damaskus*

أفئدة → فؤاد

أفيش [ʔa'fiːʃ], *pl.* [-aːt] Plakat *n*, Poster *n od. m*

أفيكة [ʔa'fiːka], *pl.* أفائك [ʔa'faːʔik] (2) Lüge *f*

أفيون [ʔaf'juːn] Opium *n*

أقارب → أقرب

أقاقيا [ʔa'qaːqijaː] Akazie *f*
إقالة [ʔi'qaːla] Absetzung *f*, (Amts-)Enthebung *f*; Rückgängigmachen *n e-s Vertrags*
إقامة [ʔi'qaːma] Aufenthalt *m*; Aufstellung *f*, Errichtung *f*; Herstellung *f von Beziehungen etc.*; Abhaltung *f e-r Feier*; Verrichtung *f des Gebets*; جبرية ~ Hausarrest *m*; محل الـ~ [ma'ħall al-ʔi.] Aufenthaltsort *m*; Wohnort *m*
أقاويل → قول[2]
أقب → قب[2]
أقباط → قبطي
إقبال [ʔiq'baːl] Herangehen *n* (على an *D*); Interesse *n* (على an *D*), für *A*); Nachfrage *f* (على nach *D*); Zuspruch *m*, Andrang *m*
أقبح [ʔaqbaħ] (2) *el.* häßlicher; schändlicher
أقبية → قبو *u.* قباء
أقتاب → قتب
اقتباس [iqti'baːs], *pl.* [-aːt] Entlehnung *f*, Übernahme *f*; Zitat *n*
اقتتال [iqti'taːl] gegenseitige(r) Kampf; gegenseitige(s) Umbringen
اقتحام [iqti'ħaːm] Eindringen *n*; Erstürmen *n*; Einbruch *m*; Einfall *m*
اقتداء [iqti'daːʔ] Nachahmung *f*, Nacheiferung *f*; ب ~ [-an] nach dem Vorbild *od.* Beispiel (*G, von D*)
اقتدار [iqti'daːr] Macht *f*; Fähigkeit *f*, Vermögen *n*
اقتراب [iqti'rɒːb] Näherkommen *n*; Annäherung *f* (من an *A*)
اقتراح [iqti'rɒːħ], *pl.* [-aːt] Vorschlag *m*
اقتراض [iqti'rɒːđ] Kreditaufnahme *f* (من bei *D*)
اقتراع [iqti'raːʕ], *pl.* [-aːt] Abstimmung *f* (على über *A*); Wahl *f*; Wahlgang *m*; *Mil.* Musterung *f*; Auslosung *f*; صندوق الـ~ [sun'duːq al-i.] Wahlurne *f*
اقتراف [iqti'raːf] Verübung *f*, Begehung *f e-r Tat*
اقتران [iqti'raːn] Verbindung *f*, Verknüpfung *f*; *Astr.* Konjunktion *f*; Verehelichung *f*
اقتسام [iqti'saːm] Teilung *f* (*untereinander*)
اقتصاد [iqti'sɒːd] Wirtschaft *f*, Ökonomie *f*; Wirtschaftlichkeit *f*, Sparsamkeit *f*; السوق (الحرة) ~ [i. as-suːq(i l-ħurra)] (freie) Marktwirtschaft; الـ~ السياسي [as-si'jaːsiː] politische Ökonomie, Volkswirtschaftslehre *f*; منزلي ~ [manziliː] Hauswirtschaft *f*
اقتصادي [iqti'sɒːdiː] wirtschaftlich, ökonomisch; *pl.* [-uːn] Wirtschaftsexperte *m*, Wirtschaftswissenschaftler *m*; اقتصاديات *pl.* Volkswirtschaft *f*; Wirtschaftsnachrichten *f/pl. e-r Zeitung*; ökonomische Aspekte *m/pl.*
اقتصار [iqti'sɒːr] *intr.* Beschränkung *f* (على auf *A*)
اقتضاء [iqti'đɒːʔ] Erforderlichsein *n*, Notwendigkeit *f*; عند الـ~ nötigenfalls, bei Bedarf
اقتضاب [iqti'đɒːb] kurze Zusammenfassung, Abkürzung *f*; Kürze *f*; Improvisation *f*
اقتطاع [iqti'tɒːʕ] Abzug *m e-s Betrages*; Aneignung *f*
اقتطاف [iqti'tɒːf] Pflücken *n*, Lesen *n*; Auswahl *f*, Auslese *f*
اقتفاء [iqti'faːʔ] Verfolgung *f e-r Spur*; Nachahmung *f*
اقتناء [iqti'naːʔ] Erwerbung *f*, Anschaffung *f*
اقتناع [iqti'naːʕ] *intr.* Überzeugung *f* (بأن [bi-ʔanna] daß), Überzeugtsein *n* (ب von *D*); Zufriedensein *n* (ب mit *D*)
أقحاح → قح[2]
أقحاف → قحف
إقحام [ʔiq'ħaːm] Hineinstoßen *n*, Hineinzwängen *n*, gewaltsame(s) Einführen; Einfügung *f*
أقحوان [ʔuqħu'waːn], *pl.* أقاح [ʔa'qaːħin] *u.* أقاحي [ʔaqaː'ħiːj] (2) Kamille *f*; *bsd. Äg.* Gänseblümchen *n*
أقد → قد[5]
أقداح → قدح[2]
أقدار → قدر[2] *u.* قدر[3]
أقداس → قدس[2]
[1]**أقدام** [ʔaq'daːm] → قدم[2]
[2]**إقدام** [ʔiq'daːm] Unternehmungsgeist *m*; Wagemut *m*, Beherztheit *f*
أقدر [ʔaqdar] (2) *el.* mächtiger; fähiger (على zu *D*)
أقدس [ʔaqdas] (2) *el.* heiliger
أقدم [ʔaqdam] (2) *el.* älter; dienstälter; الأقدمون *pl.* die Alten *pl.*; العرب الأقدمون die alten Araber
أقدمية [ʔaqda'miːja] (hohes) Alter *e-r Erscheinung etc.*; Dienstalter *n*, (bisherige) Dienstzeit
أقذار → قذر[2]
إقذاع [ʔiq'ðaːʕ] Schmähung *f*
إقرار [ʔiq'rɒːr] Bestätigung *f*; Anerkennung *f* (ب *G*); (Ein-)Geständnis *n* (ب *G*); Beschluß *m*; Festigung *f*, Stabilisierung *f*; Seßhaftigkeit *f*; ضريبي ~ Steuererklärung *f*
أقراص → قرص[2]
إقراض [ʔiq'rɒːđ] Kreditgewährung *f*
أقراط → قرط[2]
أقران → قرن[3]
أقرب [ʔaqrab] (2) *el.* näher (إلى *D*); nächste(r); wahrscheinlicher; أقارب [ʔa'qaːrib] (2) *pl. u.* أقربون *pl.* Verwandte *m/pl.*; إلى الفهم ~ verständlicher; إلى العقل ~ einleuchtender; المقربين ~ [ʔa-al-muqarra'biːn] der engste Vertraute; die engsten Vertrauten *m/pl.*; في فرصة (ممكنة) ~ [ʔa. fursɒtin (mumkina)] *od.* بأقرب ما يمكن [bi-ʔaqrabi maː jumkin] so bald wie möglich
أقرباذان [ʔaqrabaː'ðaːn], *pl.* [-aːt] Heilmittel *n*; الـ~ (علم) [(ʕilm) al-ʔa.] Pharmakologie *f*
أقرباء → قريب
أقربة → قراب
أقرع [ʔaqraʕ] (2), *f* قرعاء [qar'ʕaːʔ] (2), *pl.* قرع [qurʕ] kahl; glatzköpfig
أقرن [ʔaqran] (2), *f* قرناء [qar'naːʔ] (2) gehörnt; zusammengewachsene Augenbrauen habend
أقزام → قزم[2]
أقساط → قسط[2]
أقسام → قسم[2] *u.* قسم[3]
أقسماء → قسيم
[1]**أقصاء** [ʔaq'sɒːʔ] → قصي
[2]**إقصاء** [ʔiq'sɒːʔ] *trans.* Entfernung *f*; Verdrängung *f j-s*; Entlassung *f* (عن aus *e-m Amt*)

أقصد [ʔaqsɒd] (2) *el.* direkter
[1]أقصر [ʔaqsɒr] (2) *el.* kürzer
[2]أقصر [ʔuqsur]: ~الـ Luxor (*Stadt in Ägypten*)
أقصوصة [ʔuq'suːsɒ], *pl.* أقاصيص [ʔaqɒː'siːs] (2) Erzählung *f*, Kurzgeschichte *f*; Novelle *f*
أقصى [ʔaqsɒː], *f* قصوى [quswaː], *pl.* أقاص [ʔa'qɒːsin] fern; entfernter; entfernteste(r); äußerste(r); *Nutzen*: größtmöglich; ~الحد [al-ħadd] das Maximum; السرعة القصوى [as-surʕa] Höchstgeschwindigkeit *f*; ~الشرق الـ der Ferne Osten; ~المسجد الـ [al-masdʒid] die El-Aksa-Moschee (*auf dem Tempelplatz in Jerusalem*); ~المغرب الـ [al-maɣrib] Marokko; إلى ~ حد [ʔa. ħadd(in)] bis zur äußersten Grenze, so weit wie möglich; في أقصاه am äußersten Ende davon; عند الضرورة القصوى [ɒđ-đɒ'ruːra] im äußersten Notfall
أقط [ʔaqiṭ] Quark *m*
أقطاب ← [2]قطب
أقطار ← [4]قطر
إقطاع [ʔiq'tɒːʕ] *u.* إقطاعة [ʔiq'tɒːʕa], *pl.* [-aːt] Lehen *n*; الإقطاع der Feudalismus; طبقة الإقطاع [tɒbɒqat al-ʔi.] die Feudalklasse
إقطاعي [ʔiq'tɒːʕiː] Lehns-; Feudal-, feudal; *pl.* [-uːn] Feudalherr *m*
إقطاعية [ʔiqtɒː'ʕiːja] Lehnswesen *n*; Feudalismus *m*
أقطان ← [2]قطن
أقطع [ʔɒqtɒʕ] (2) **1.** *el.* besser schneidend; *Beweis*: überzeugender; **2.** *f* قطعاء [qɒt'ʕaːʔ] (2) einarmig; stumm
إقعاد [ʔiq'ʕaːd] Invalidität *f*
أقعس [ʔaqʕas] (2), *f* قعساء [qaʕ'saːʔ] (2) e-e vorspringende Brust u. e-n hohlen Rücken habend; festgegründet, stark
أقفاء ← [2]قفا
إقفار [ʔiq'faːr] Ödheit *f*; Verwüstung *f*
أقفاص ← قفص
[1]أقفال [ʔaq'faːl] ← [2]قفل
[2]إقفال [ʔiq'faːl] (Ab-)Schließung *f*; *Hdl.* Abschluß *m e-s Kontos*; سعر ~الـ [siʕr al-ʔi.] Schlußkurs *m an der Börse*
أقفية ← [2]قفا
أقل [ʔa'qall] (2) *el.* weniger; geringer; ~على الـ *u.* على ~ تقدير wenigstens, mindestens
إقلاع [ʔiq'laːʕ] Abfahrt *f e-s Schiffes*; Start *m*, Abflug *m e-s Flugzeugs*; Aufgabe *f* (عن *e-r Gewohnheit*)
إقلاق [ʔiq'laːq] *trans.* Beunruhigung *f*
إقلال [ʔiq'laːl] Verringerung *f*, Reduzierung *f* (من *G*)
أقلم [ʔaqlama] akklimatisieren, anpassen; **II** تأقلم [ta'ʔaqlama] sich akklimatisieren, sich anpassen (مع an *A*)
إقليد [ʔiq'liːd], *pl.* أقاليد [ʔaqaː'liːd] (2) Schlüssel *m*
إقليدس [ʔiq'liːdis] (2) Euklid
إقليدي [ʔiq'liːdiː] euklidisch
إقليم [ʔiq'liːm], *pl.* أقاليم [ʔaqaː'liːm] (2) Gebiet *n*, Gegend *f*; Region *f*; Provinz *f*; Territorium *n*; *pl. Äg.* (flaches) Land, Provinz *f*; ~الـ الجنوبي [al-dʒa'nuːbiː] Ägypten, ~الـ الشمالي Syrien *als Teil der Vereinigten Arabischen Republik 1958-1961*
إقليمي [ʔiq'liːmiː] regional; territorial; المياه الأقليمية [al-mi'jaːh] Hoheitsgewässer *n/pl.*
إقليمية [ʔiqliː'miːja] Regionalismus *m*; Territorialität *f*; ~مبدأ الـ *Jur.* Territorialitätsprinzip *n*
أقلية [ʔaqa'lliːja], *pl.* [-aːt] Minderheit *f*, Minorität *f*
أقماح ← قمح
أقمار ← [2]قمر
أقماع ← [3]قمع
أقمر [ʔaqmar] (2), *f* قمراء [qam'raːʔ] (2) *Nacht*: mondhell; mondfarbig
أقمشة ← [2]قماش
أقمصة ← قميص
أقمطة ← قماط
أقناء ← قنو
إقناع [ʔiq'naːʕ] Überzeugen *n*; Überredung *f*; أكثر ~ا [-an] überzeugender; ~القدرة على الـ [al-qudra] *u.* ~قوة الـ [quwwat al-ʔi.] Überzeugungskraft *f*
أقنان ← [3]قن
أقنثا [ʔa'qanθaː] *u.* أقنثوس [ʔa'qanθus] Akanthus *m*
أقنعة ← قناع
أقنوم [ʔuq'nuːm], *pl.* أقانيم [ʔaqaː'niːm] (2) *Chr.* göttliche Person in der Trinität; Grundelement *n*
أقنى [ʔaqnaː], *f* قنواء [qan'waːʔ] (2) *Nase*: gebogen
أقنية ← قناة
أقة [ʔuqqa], *pl.* [-aːt] Okka *f* (*Gewichtseinheit, in Äg. 1248 g, in Syr. 1281 g*)
أقواب ← قوب
أقوات ← [2]قوت
أقواس ← [2]قوس
أقوال ← [2]قول
أقوام ← [2]قوم
أقوياء ← [2]قوي
أقيال ← [2]قيل
أقيام ← قيمة
أكاد [ʔa'kkaːd] *hist.* Akkad (*Stadt in Nordbabylonien*)
أكادي [ʔa'kkaːdiː] akkadisch; *pl.* [-uːn] *hist.* Akkader *m*; الأكادية die akkadische Sprache
أكادير [ʔagaː'diːr] (2) Agadir (*Stadt in Marokko*)
أكاديمي [ʔaka'diːmiː] akademisch, Hochschul-; wissenschaftlich; *pl.* [-uːn] Akademiemitglied *n*
أكاديمية [ʔakadiː'miːja] akademische(r) Charakter *e-r Sache*; Akademismus *m*; *pl.* [-aːt] Akademie *f*
أكاذيب ← أكذوبة
أكاسيا [ʔa'kaːsijaː] Akazie *f*
[1]أكال [ʔa'kkaːl] gefräßig; Vielfraß *m*
[2]أكال [ʔu'kaːl] *Med.* Brand *m*
إكباب [ʔik'baːb] Beschäftigung *f* (على mit *D*), Hingabe *f* (على an *A*)
إكبار [ʔik'bɒːr] Bewunderung *f*, Achtung *f*
أكبر [ʔakbar] (2) *el.*, *pl.* أكابر [ʔa'kaːbir] (2), *f* كبرى [kubraː], *pl.* كبريات [kubra'jaːt] größer; älter; Groß-; ~الـ *nach dem Eigennamen*: … senior; الأكابر die Großen *m/pl.*, die Mächtigen *m/pl.*; الأكابر والكبريات *Tun. Sport*: Leistungsklasse *f* der Erwachsenen, Senioren *m/pl.*; ~ عدد ممكن [ʔa. ʕadadin mumkin(in)] größtmögliche Zahl; ابن أكابر aus

إكس [ʔiks]: ~ أشعة [ʔaˈʃiʕʕat ʔi.] Röntgenstrahlen *m/pl.*

إكساء [ʔikˈsaːʔ] (Ein-)Kleidung *f*; *Syr.* Teeren *n*, Betonieren *n od.* Schottern *n e-r Straße*, → كسوة

إكسبريس [ʔiksibˈreːs]: ~ قطار [qiˈtɒːr ʔi.] Expreßzug *m*, Schnellzug *m*

أكسجين [ʔoksiˈdʒeːn] Sauerstoff *m*, Oxygen *n*

أكسح [ʔaksaħ] (2) lahm; verkrüppelte Beine habend

أكسد [ʔaksada] *trans.* oxydieren; **II** تأكسد [taˈʔaksada] *intr.* oxydieren

أكسدة [ʔaksada] Oxydation *f*

أكسسوار [ʔaksesˈwaːr] Accessoire *n*; Zubehör *n*; *Theater*: Requisiten *n/pl.*

أكسيجين [ʔoksiˈdʒeːn] Sauerstoff *m*, Oxygen *n*

أكسيد [ʔukˈsiːd], *pl.* أكاسيد [ʔakaːˈsiːd] (2) Oxyd *n*; أكاسيد النيتروجين Stickoxyde *n/pl.*; ~ أول [ʔawwal ʔu.] Monoxyd *n*; ~ ثاني الكربون Kohlendioxyd *n*

إكسير [ʔikˈsiːr] Elixier *n*; ~ الشباب *fig.* Jungbrunnen *m*

أكسية → كساء

أكشاك → كشك

أكف → ²كف

أكفأ [ʔakfaʔ] (2) *el.* geeigneter

أكفاء → كفء

أكفال → ²كفل

أكفان → ²كفن

أكفة → ²كفاف

¹أكل [ʔakala, u] essen; fressen; *fig.* verzehren, aufzehren; benagen, zernagen; *Haut*: jucken; sich widerrechtlich aneignen; zugrunde richten; *Verkehrszeichen* überfahren; ~ حقه [ħaqqahuː] j-m sein Recht verweigern; ~ العلقة Schläge kriegen; ~ مخه [muxxahuː] j-m den Kopf verdrehen; ~ المنحنى [al-munˈħanaː] *Verk.* die Kurve schneiden; **II** [ʔakkala] zu essen geben (ـه ه *j-m A*), füttern; *Äg.* e-n Stich machen (*beim Kartenspiel*); **III** آكل [ʔaːkala] gemeinsam essen (ه mit *D*); **IV** آكل [ʔaːkala] zu essen geben (ـه ه *j-m A*); **V** تأكل [taˈʔakkala] durch Korrosion

أكثرية [ʔakθaˈriːja] Mehrheit *f*, Majorität *f*

أكحل [ʔakħal] (2), *f* كحلاء [kaħˈlaːʔ] (2), *pl.* كحل [kuħl] *Auge*: schwarz

¹أكد **II** [ʔakkada] bekräftigen, hervorheben, betonen (ـه/على *A*, أن [ʔanna] daß); bestätigen; versichern, zusichern (ـه ل *j-m A*, أن [ʔanna] daß); behaupten; beteuern; gewährleisten (ـه ل *j-m A*, أن [ʔanna] daß); **V** تأكد [taˈʔakkada] sich überzeugen (من von *D*), sich vergewissern (أن [ʔanna] daß); *Nachricht*: sich bestätigen; sich festigen

²أكد [ʔakad] (2) *hist.* Akkad (*Stadt in Nordbabylonien*)

أكداس → ²كدس

أكدر [ʔakdar] (2), *f* كدراء [kadˈraːʔ] (2) *Farbe*: schmutzig, trübe

أكدي [ʔakadiː] *hist.* akkadisch; الأكدية die akkadische Sprache

أكذوبة [ʔukˈðuːba], *pl.* أكاذيب [ʔakaːˈðiːb] (2) Lüge *f*

أكر [ʔakara, u]: ~ الأرض den Boden bestellen; **III** آكر [ʔaːkara]: ~ الأرض den Boden in Teilpacht bestellen

إكراء [ʔikˈraːʔ] Vermietung *f*; Verpachtung *f*

أكراد → كردي

أكراش → ³كرش

إكرام [ʔikˈraːm] Ehrung *f*; gastfreundliche Aufnahme; ~ا له [-an] ihm zu Ehren

إكرامية [ʔikraːˈmiːja], *pl.* [-aːt] Geschenk *n zum Zeichen der Dankbarkeit*; *Äg.* Honorar *n*

إكراه [ʔikˈraːh] Zwang *m*, Gewalt *f*

إكراهي [ʔikˈraːhiː] Zwangs-

أكرت [ʔakrat] (2) *Haar*: kraus

أكرش [ʔakraʃ] (2), *f* كرشاء [karˈʃaːʔ] (2), *pl.* كرش [kurʃ] dickbäuchig

أكرع → كراع

أكرم [ʔakram] (2) *el.* edler; würdevoller; vornehmer; kostbarer

أكره [ʔakrah] (2) *el.* widerwärtiger, verhaßter

أكرة [ʔukra], *pl.* أكر [ʔukar] Kugel *f*; (Tür-)Klinke *f*

أكرية → كراء

إكزيما [ʔikˈzeːmaː] Ekzem *n*

angesehener Familie stammend; دولة كبرى [daula] Großmacht *f*; Weltmacht *f*, Supermacht *f*; المفتي الـ~ [al-muftiː] der Großmufti; الله ~ [ɒˈłłɒːhu] Gott ist groß!

اكتتاب [iktiˈtaːb], *pl.* [-aːt] Zeichnung *f von Aktien etc.*; (*finanzieller od. Mitglieds-*)Beitrag

اكتتام [iktiˈtaːm] Verheimlichung *f*

اكتراء [iktiˈraːʔ] Mieten *n*; Pachten *n*

اكتراث [iktiˈraːθ] Aufmerksamkeit *f*; Interesse *n*; عدم الـ~ [ʕadam al-i.], قلة الـ~ [qillat al-i.] Gleichgültigkeit *f*

اكتساب [iktiˈsaːb] Erwerbung *f*, Gewinnung *f*

اكتساح [iktiˈsaːħ] *trans.* (Hin-)Wegfegen *n*; Beseitigung *f*

اكتشاف [iktiˈʃaːf], *pl.* [-aːt] Entdeckung *f*; ~ مبكر [muˈbakkir] *Med.* Früherkennung *f*

اكتظاظ [iktiˈðɒːð] Überfüllung *f* (ب mit *D*); Verstopfung *f e-r Straße*

اكتفاء [iktiˈfaːʔ] Sichbegnügen *n* (ب mit *D*), Genügsamkeit *f*; ~ ذاتي Selbstgenügsamkeit *f*; Autarkie *f*

اكتمال [iktiˈmaːl] Vollendung *f*, Vollkommenheit *f*; ~ العدد [i. al-ʕadad] Vollzähligkeit *f*

اكتناز [iktiˈnaːz] starke(r), stramme(r) Bau *des Körpers*

أكتواري [ʔaktuˈwaːriː] versicherungsmathematisch

اكتوبر [ʔukˈtoːbar, ʔokˈtoːbar] Oktober *m*

اكتئاب [iktiˈʔaːb] Niedergeschlagenheit *f*, Deprimiertheit *f*, Depression *f*

أكثر [ʔakθar] (2) *el.* mehr; zahlreicher; ~ + *G pl.*: die meisten; ~ ~ فـ [-a] mehr und mehr; ما ~ [-a] meistens; على الـ~ *u.* على ~ تقدير höchstens; spätestens; ~ (بل/و) من ذلك (ja) mehr noch, darüber hinaus; ~ الصحف [ʔa. ɒs-suħuf] die meisten Zeitungen; ~ الصحف انتشارا [intiˈʃaːran] die verbreitetsten Zeitungen; ما ~ها [-ahaː] wie viele sind es doch!; وما ~ها und davon gibt es genug; ~ ما يعجبني [juʕˈdʒibuniː] was mir am meisten gefällt

zerstört werden; sich abnutzen; verwittern; **VI** تآكل [ta'ʔaːkala] zerfressen werden; sich abnutzen; verwittern; verrotten

2**أكل** [ʔakl] Essen *n*; Speise(n *pl.*) *f*; Futter *n*; العيش ~ [ʔa. al-ʕeːʃ] *Äg.* (die Sorge für) das tägliche Brot; لحوم البشر ~ [ʔa. lu'ħuːmi l-baʃar] Kannibalismus *m*

3**أكل** [ʔukul, ʔukl], *pl.* آكال [ʔaːkaːl]: ~ه يؤتي [juʔtiː] Frucht tragen

4**آكل** [ʔaːkil] **1.** *pl.* [-uːn] *u.* أكلة [ʔakala] Esser *m*; Fresser *m*; ~ لحوم fleischfressend; ~ لحوم البشر [ʔa. lu'ħuːmi l-baʃar] Menschenfresser *m*; ~ النحل *Zool.* Bienenfresser *m*; **2.** zersetzend, korrosiv

أكلاء → 4كلأ

أكلف [ʔaklaf] (2), *f* كلفاء [kal'faːʔ] (2) braunrot; sommersprossig

أكلمة → 2كليم

1**أكلة** [ʔakla], *pl.* [ʔaka'laːt] Mahl *n*, Mahlzeit *f*; Speise *f*; Stich *m* (*beim Kartenspiel*); هنيئة ~ *fig.* leichte Beute

2**أكلة** [ʔukla] Bissen *m*, Happen *m*

3**آكلة** [ʔaːkila] *Med.* Brand *m*

إكليروس [ʔikliː'ruːs, ʔik'liːrus] Klerus *m*, Geistlichkeit *f*

إكليروسي [ʔikliː'ruːsiː] klerikal

إكليروسية [ʔikliːruː'siːja] Klerikalismus *m*

إكليريكي [ʔikliː'riːkiː] klerikal

إكليريكية [ʔikliːriː'kiːja] Klerikalismus *m*

إكليل [ʔik'liːl], *pl.* أكاليل [ʔakaː'liːl] (2) *u.* أكلّة [ʔa'killa] Krone *f*; Kranz *m*; Diadem *n*; *Chr.* Tonsur *f*; ~ الجبل [ʔi. al-ʤabal] Rosmarin *m*; ~ الملك [ʔi. al-malik] *Bot.* Kaiserkrone *f*

إكلينيكي [ʔikliː'niːkiː] klinisch

إكمال [ʔik'maːl] Vervollkommnung *f*, Vollendung *f*, Abschluß *m*

أكمل [ʔakmal] (2) *el.* vollkommener, vollständiger; بأكمله [bi-ʔak'malihiː] vollständig, gänzlich; على ~ وجه [-i waʤh(in)] optimal (*Adv.*)

أكمام → 5كمّ *u.* 6كمّ

أكمه [ʔakmah] (2), *f* كمهاء [kam'haːʔ] (2), *pl.* كمه [kumh] blind; blindgeboren

أكمة [ʔakama], *pl.* [-aːt], آكام [ʔaː'kaːm] *u.* إكام [ʔi'kaːm], *koll.* أكم [ʔakam] Hügel *m*; Haufen *m*

أكمؤ → كمء

أكنان → 4كنّ

إكوادور [ʔikwaː'doːr] *f u.* الـ~ Ecuador

إكوادوري [ʔikwaː'doːriː] ecuadorianisch; *pl.* [-uːn] Ecuadorianer *m*

أكواز → كوز

أكواع → كوع

أكوام → 2كوم *u.* كومة

أكورديون [ʔa'koːrdjun] Akkordeon *n*

أكيار → كير

أكياس → 4كيس

أكيال → 2كيل

أكيد [ʔa'kiːd] sicher, gewiß; *Information*: zuverlässig; *Wunsch*: fest; *Bedürfnis*: dringend; ~اً [-an] gewiß!; حقيقة ~ة gesicherte Tatsache

أكيل [ʔa'kiːl] starke(r) Esser

1**ال** [al-] der, die, das (*bestimmter Artikel*)

2**إلّ** [ʔill] Pakt *m*, Bündnis *n*

3**آل** [ʔaːla] → 1(أول)

4**آل** [ʔaːl] **1.** Familie *f*, Sippe *f*; **2.** Luftspiegelung *f*

1**ألا** [ʔalaː] → 1(ألو)

2**ألا** [ʔa-laː] ist nicht…?; → 2أ

3**ألّا** [ʔallaː] (= أن لا) daß nicht, damit nicht

4**إلّا** [ʔillaː] (= إن لا) wenn nicht; außer; *nach Neg.*: nur; erst; إذا ~ außer wenn; es sei denn, daß; *nach Neg.*: nur wenn; أن ~ [ʔanna] nur daß; jedoch, aber; *zur Einleitung des Nachsatzes von Konzessivsätzen*: so doch; بالرغم من ... ~ أن [bi-r-raɣmi min, ʔanna] trotz … doch; من ~ mit Ausnahme von; و~ und wenn nicht; sonst, andernfalls; و~ فعل sonst tut er es; ليس ~ *nachgestellt*: nur; sonst nichts, sonst niemand; وهو ~ *nach Neg.*: ohne daß er; وهل ... ~ ist … denn (etwa) nicht …?; وما هي ~ أن فعل es dauerte nicht lange, bis er es tat; لايوجد عالم ~ ... و [juːʤadu ʕaːlimun] es gibt keinen Wissenschaftler, der nicht … würde; لم يشعر ~ ...و [jaʃʕur] ehe er sich's versah, …; إن هي ~ ساعات es kann sich nur um Stunden handeln; في الساعة الثالثة ~ربعا [rubʕan] um Viertel vor drei; → ما

آلاء → 2إلى

آلاتي [ʔaː'laːtiː], *pl.* ~ة Musiker *m*, Instrumentalist *m*

آلاف → 3ألف *u.* 7إلف

ألّاق [ʔa'llaːq] leuchtend, strahlend

1**إلامَ** [ʔi'laːma] (= إلى ما) bis wohin?; wie lange (noch)?

2**آلام** → 2ألم

الآن → 6آن

إلاه = 2إله; **إلاهة** = 1إلهة; **إلاهي** = إلهي

ألاي [ʔa'laːj] *u.* آلاي [ʔaː'laːj], *pl.* [-aːt] *hist.* Regiment *n*

1**ألب** **II** [ʔallaba] aufhetzen (على gegen *A*); **V** تألب [ta'ʔallaba] sich zusammenrotten, sich verschwören (على gegen *A*); *Personen*: sich zusammentun; *Faktoren*: zusammenkommen

2**ألب** [ʔalb]: جبال الـ~ [ʤi'baːl al-ʔa.] die Alpen

3**إلب** [ʔilb] **1.** *Name e-s dornigen Baums*; **2.** : هم عليه ~ واحد sie halten gegen ihn zusammen, sie haben sich gegen ihn verschworen

ألباء → لبيب

ألباب → 2لب

إلباس [ʔil'baːs] Bekleiden *n*

ألبان [ʔal'baːn] *koll.*: الـ~ die Albaner *m/pl.*; → 2لبن

ألباني [ʔal'baːniː] albanisch; *pl.* [-uːn] Albaner *m*

ألبانيا [ʔal'baːnijaː] Albanien

البتة → بتة

ألبسة → لباس

ألبوم [ʔalbum], *pl.* [-aːt] Album *n*

التباس [ilti'baːs] Verwirrung *f*; Unklarheit *f*, Zweideutigkeit *f*

التجاء [ilti'ʤaːʔ] Zuflucht(nahme) *f* (إلى zu *D*)

التحاق [ilti'ħaːq] Anschluß *m* (ب an *A*), Beitritt *m* (ب zu *D*), Eintritt *m* (ب in *A*); طلب الـ~ [tˤalab al-i.] Aufnahmeantrag *m*

التحام [ilti'ħaːm] (enge) Verbindung; Aneinanderhaften *n*; *Phys.* Adhäsion *f*; *Raumfahrt*: Andocken *n*; (Nah-)Kampf *m*

التزام [ilti'zaːm], *pl.* [-aːt] Verpflichtung *f* (ب zu *D*); Engagement *n für ein Ziel*; *pl. Hdl.* Verbindlichkeiten *f/pl.*; أدبي ~ [ʔadabiː] moralische Verpflichtung; الالتزامات الزوجية [az-zau'dʒiːja] die ehelichen Pflichten *f/pl.*; قام بالتزاماته s-n Verpflichtungen nachkommen

التصاق [ilti'sɒːq] Aneinanderhaften *n*, Zusammenhängen *n*; gegenseitige Berührung

التفات [ilti'faːt] Hinwendung *f* (إلى zu *D*); Aufmerksamkeit *f*; Beachtung *f*, Berücksichtigung *f*; عدم الـ~ [ʕadam al-i.] Unaufmerksamkeit *f*

التفاتة [ilti'faːta], *pl.* [-aːt] (Hin-)Wendung *f*; Körperdrehung *f*; (flüchtiger) Blick; *Tun.* Geste *f*

التفاف [ilti'faːf] Herumgewundensein *n*; Verschlingung *f*, Verschlungensein *n*; Wendung *f*, *a. Verk.* Wenden *n*; Sichscharen *n* (حول um *j-n*); Umfassen *n* (ب/على *G*); *Ir.* Umgehung *f* (على *des Gesetzes*)

التقاء [ilti'qaːʔ] Zusammentreffen *n*, Begegnung *f*; Übereinstimmung *f von Meinungen*

التقاط [ilti'qɒːt] *Rf.* Empfang *m*; Aufnahme *f*; Auflesen *n*

التماس [ilti'maːs] Bitte *f*, Ersuchen *n*

التماع [ilti'maːʕ] Aufblitzen *n*, Aufleuchten *n*

التهاب [ilti'haːb], *pl.* [-aːt] Entzündung *f*; *als erstes Glied e-r Genitivverbindung dem dt. Suffix* -itis *entsprechend*; *Leidenschaft*: Entflammen *n*; الأذن الوسطى ~ [i. al-ʔuðun al-wustɒː] Mittelohrentzündung *f*; الجيوب (الأنفية) ~ (Nasen-)Nebenhöhlenentzündung *f*; الدماغ ~ [i. ad-di'maːɣ] Gehirnentzündung *f*, Enzephalitis *f*; الرئة ~ Lungenentzündung *f*; الشعب ~ [i. aʃ-ʃuʕab] Bronchitis *f*; الكبد ~ [i. al-kabid] Hepatitis *f*; المفاصل ~ Arthritis *f*; سهل الـ~ *Stoff*: leicht entflammbar

التهابي [ilti'haːbiː] entzündlich

التواء [ilti'waːʔ] Windung *f*, Krümmung *f*; *pl.* [-aːt] *Geol.* Falte *f*

التي → الذي

التياع [ilti'jaːʕ] Entflammtsein *n von Liebe etc.*; Schmerz *m*, brennende Sorge

ألثغ [ʔalθaɣ] (2), *f* لثغاء [laθ'ɣaːʔ] (2), *pl.* لثغ [luθɣ] lispelnd

ألجمة → لجام

إلحاح [ʔil'ħaːħ] Drängen *n*; Nachdruck *m*; Beharrlichkeit *f*; بـ~ *u.* في ~ inständig, mit Nachdruck

1**ألحاد** [ʔal'ħaːd] → 2لحد

2**إلحاد** [ʔil'ħaːd] Ketzerei *f*, Gottlosigkeit *f*

إلحادي [ʔil'ħaːdiː] ketzerisch

إلحاق [ʔil'ħaːq] Anfügung *f* (ب an *A*), Hinzufügung *f* (ب zu *D*), Zuordnung *f*; Aufnahme *f* (ب in *A*); Angliederung *f*, Anschluß *m* (ب an *A*); Annexion *f*; الضرر ب ~ [ʔi. ɒđ-đɒrɒr] (Be-)Schädigung *f e-r Sache*

ألحفة → لحاف

ألحى [ʔalħaː] langbärtig

إلخ *Abk. für* إلى آخره [ʔilaː ʔaː'xiriːhiː] und so weiter, usw.

ألخن [ʔalxan] (2), *f* لخناء [lax'naːʔ] (2), *pl.* لخن [luxn] stinkend

ألد [ʔa'ladd] (2), *f* لداء [la'ddaːʔ] (2), *pl.* لد [ludd]: عدو ~ [ʕa'duːw] Erzfeind *m*, Todfeind *m*

ألذ [ʔa'laðð] (2) *el.* köstlicher, angenehmer; vergnüglicher, genüßlicher

الذي [a'llaðiː], *du.* اللذان [alla'ðaːn(i)], *pl.* الذين [alla'ðiːn(a)], *f* التي [a'llatiː], *du.* اللتان [alla'taːn(i)], *pl.* اللاتي [a'llaːtiː], اللواتي [alla'waːtiː] *u.* اللائي [a'llaːʔiː] *Relativpronomen*: der, die, das; welcher, welche, welches

ألزاس [ʔal'zaːs] *f* Elsaß

إلزام [ʔil'zaːm] Zwang *m* (ب zu *D*)

إلزامي [ʔil'zaːmiː] zwangsweise, obligatorisch; خدمة ~ـة [xidma] (allgemeine) Wehrpflicht

ألزم [ʔalzam] (2) *el.* nötiger

ألسن *u.* **ألسنة** → لسان

ألسني [ʔalsuniː] linguistisch

ألسنية [ʔalsu'niːja] Linguistik *f*

إلصاق [ʔil'sɒːq] Aufkleben *n*; Anheften *n*; Pressen *n* (ب an, gegen *A*); *Linguistik*: Agglutination *f*; *pl.* [-aːt] Anschlag *m an der Wand*

ألصق [ʔalsɒq] (2) *el. fig.* enger verbunden (ب mit *D*)

ألطاف → 2لطف

ألطف [ʔaltɒf] (2) *el.* feiner, zarter; angenehmer; liebenswürdiger, gütiger; eleganter

ألعاب → 2لعب

ألعبان [ʔulʕu'baːn] humorvoll, fidel; listig, trickreich

ألعس [ʔalʕas] (2), *f* لعساء [laʕ'saːʔ] (2) mit dunklen Lippen

ألعوبة [ʔul'ʕuːba], *pl.* ألاعيب [ʔalaː'ʕiːb] (2) Spielzeug *n*; *fig.* Spielball *m* (في يدة [jadihiː] *G*); Spielerei *f*; Spaß *m*; Trick *m*

إلغاء [ʔil'ɣaːʔ] Abschaffung *f*, Aufhebung *f*; Außerkraftsetzung *f*; Annullierung *f*; Kündigung *f e-s Vertrages*; Absage *f e-r Veranstaltung*

ألغاد → لغد

ألغاز → 2لغز

ألغاط → 2لغط

1**ألغام** [ʔal'ɣaːm] → 3لغم

2**إلغام** [ʔil'ɣaːm] Amalgamierung *f*

1**ألف** [ʔalifa, a] vertraut sein (ـه/ه mit *D*); sich gewöhnen (ـه/ه an *A*), gewohnt sein (أن daß; في / ـه etwas von *j-m*); مقهى ~ [maqhan] in e-m Café Stammgast sein; **II** [ʔallafa] zusammensetzen, zusammenstellen, *Ausschuß* bilden; *Schrift* verfassen; *Musikstück* komponieren; vereinigen, verbinden (بين وبين *j-n od. etwas* mit *D*); *Menschen* einander näherbringen; قلبه ~ j-n (für sich) gewinnen; بينه وبين الشيء ~ j-n mit etwas vertraut machen; j-n an etwas gewöhnen; **III** آلف [ʔaːlafa] sich gewöhnen (ـه an *A*); vertraut werden (ه mit *D*); **V** تألف [ta'ʔallafa] gebildet sein *od.* werden, sich zusammensetzen, bestehen (من aus *D*); **VI** تآلف [ta'ʔaːlafa] harmonieren, in Einklang stehen (مع mit *D*); sich zusammenschließen *od.* verbünden (ضد gegen *A*); **VIII** ائتلف [iʔ'talafa] übereinstimmen, harmonieren (مع mit *D*); sich zusammenschließen; e-e Koalition bilden; sich einigen (على auf *A*); bestehen (من aus *D*); **X** استألف [is'taʔlafa] vertraut zu werden suchen (ه mit *D*)

²**ألف** [ʔa'laff] (2), *f* لفاء [la'ffaːʔ] (2), *pl.* لف [luff] stark gebaut, füllig

³**ألف** [ʔalf], *pl.* آلاف [ʔaː'laːf] *u.* ألوف [ʔu'luːf] tausend; Tausend *n*; *meist f* Jahrtausend *n*; آلاف/ألوف مؤلفة [mu'ʔallafa] viele Tausende *n/pl.*, Abertausende *pl.*; عشرات الآلاف [ʕaʃa'raːt al-ʔa.] Zehntausende *n/pl.*; مئات الآلاف Hunderttausende *n/pl.*; للمرة الـ~ [li-l-marra] zum tausendsten Male

⁴**ألف** [ʔalif] *f* der Buchstabe ا; ~ الاستفهام die Fragepartikel أ; ~ فاصلة stumme(s) Alif (*z.B. in* فعلوا); ~ مهموزة Alif *n* mit Hamza; ~ مقصورة auslautende(s), verkürzbare(s) ى [-aː] *od.* ا; ~ ممدودة das lang zu sprechende Alif in der Endung اء; ~ الوصل (= همزة الوصل, → همزة) Verbindungsalif *n*; من الـ~ إلى الياء von A bis Z

⁵**آلف** [ʔaːlaf] (2) *el.* zu أليف; stärker verbindend

⁶**آلف** [ʔaːlif] gewöhnt (ـه an *A*), vertraut (ـه mit *D*)

⁷**إلف** [ʔilf] Vertrautheit *f*, Gewöhnung *f*; *pl.* آلاف [ʔaː'laːf] vertraut; Vertraute(r)

ألفا [ʔalfaː]: ~ أشعة [ʔa'ʃiʕʕat ʔa.] Alpha-Strahlen *m/pl.*

ألفباء [ʔalif'baːʔ] Alphabet *n*

ألفبائي [ʔalif'baːʔiː] alphabetisch

ألفت [ʔalfat] (2) linkshändig

ألفة [ʔulfa] Vertrautheit *f*; Vertraulichkeit *f*; Eintracht *f*, Harmonie *f*; *Chem.* Affinität *f*; عسير الـ~ schwer zugänglich, verschlossen

ألفي [ʔalfiː]: ~ عيد [ʕiːd] Tausendjahrfeier *f*

ألفية [ʔal'fiːja] (*in tausend Versen gesammelte*) arabische Grammatik

(**ألق**) **V** تألق [ta'ʔallaqa] leuchten, strahlen; *a. fig.* glänzen; prangen

إلقاء [ʔil'qaːʔ] Werfen *n*, Wurf *m*, Abwurf *m*; Halten *n e-r Rede*; Vortrag *m e-s Gedichts*; Redeweise *f*; ~ القبض Festnahme *f* (على *j-s*)

إلكترود [ʔilik'troːd], *pl.* [-aːt] Elektrode *f*

إلكتروديناميي [ʔiliktroːdiː'naːmiː] elektrodynamisch

إلكتروليت [ʔiliktroː'liːt] Elektrolyt *m*

إلكتروليتي [ʔiliktroː'liːtiː] elektrolytisch

إلكترون [ʔilik'troːn], *pl.* [-aːt] Elektron *n*

إلكتروني [ʔilik'troːniː] elektronisch; إلكترونيات *pl.* Elektronik *f*; elektronische Geräte *n/pl.*; ~ حاسب Elektronenrechner *m*, Computer *m*; عقل ~ Elektronengehirn *n*, Computer *m*

ألكلة [ʔalkala] *Ölindustrie*: Alkylierung *f*

ألكن [ʔalkan] (2), *f* لكناء [lak'naːʔ] (2), *pl.* لكن [lukn] mit Akzent sprechend

اللات → ²لات

اللاتي ,**اللتان** *u.* **اللذان** → الذي

الله [ɒ'ɫɫɒːh] Gott *m*; ~و [wɒ-'ɫɫɒːhi] bei Gott!; لا و~ aber nein!, keineswegs!; بالله لاتفعل [bi-'llaːhi laː tafʕal] tu es bloß nicht!; بالله عليك Gott sei mit dir!; *nach Bitte od. Aufforderung*: um Himmelswillen!, ich beschwöre dich!; لله [li-'llaːhi] *Ausruf des Erstaunens od. Entsetzens*: mein Gott!; يا الله [jaɫɫɒ] *umg.* los!; ~و الموفق [al-mu'waffiq] *religiöse Formel, etwa*: Gott verleiht den Erfolg; ~و من وراء القصد *religiöse Formel nach Vorschlägen etc., etwa*: Gott steht hinter der (guten) Absicht

اللّهم [ɒɫɫɒ'humma] o Gott!; ~ إلا [ʔillaː] abgesehen von; es sei denn, daß; ~ نعم [naʕam] aber ja!, sicherlich!

إللي [ʔilliː] *m, f u. pl. umg. Relativpronomen*: der, welcher

¹**ألم** [ʔalima, a] Schmerz empfinden; leiden (من/ب/ل an *D*); **IV** آلم [ʔaːlama] schmerzen; weh tun (ه *j-m*); schmerzlich *od.* unangenehm berühren; يؤلمه شيء er leidet unter e-r Sache; **V** تألم [ta'ʔallama] leiden (من/ل unter *D*); Schmerzen haben; sich beklagen (من über *A*)

²**ألم** [ʔalam], *pl.* آلام [ʔaː'laːm] Schmerz *m*, Leid(en) *n*, Weh *n*; Kummer *m*, Qual *f*; ~ عصبي [ʕasɒbiː] Neuralgie *f*; آلام الوضع Geburtswehen *pl.*; أسبوع الآلام *Chr.* Karwoche *f*; زهرة الآلام Passionsblume *f*; طريق الآلام Leidensweg *m*, Via dolorosa *f*

³**ألم** [ʔa-'lam] *verneinte Frage*: hat nicht…?, ist nicht…?

⁴**ألم** [ʔalim] Schmerz empfindend, leidend

⁵**آلم** [ʔaːlam] (2) *el.* schmerzlicher (على für *j-n*)

ألماس [ʔal'maːs] Diamant *m*

ألماسة [ʔal'maːsa] *n. un.* Diamant *m*; *Techn.* Glasschneider *m*

إلماع [ʔil'maːʕ] Anspielung *f* (إلى auf *A*)

إلماعة [ʔil'maːʕa], *pl.* [-aːt] Wink *m*, Anspielung *f*

إلمام [ʔil'maːm] Kenntnis *f*, Vertrautheit *f* (ب mit *D*)

إلمامة [ʔil'maːma] Überblick *m*

ألمان [ʔal'maːn] *koll.*: الـ~ die Deutschen *m/pl.*

ألماني [ʔal'maːniː] deutsch; Deutsche(r); الألمانية die deutsche Sprache

ألمانيا [ʔal'maːnijaː] Deutschland; ~ الاتحادية (جمهورية) [al-ittiħaː'diːja] Bundesrepublik *f* Deutschland

ألمانية [ʔalmaː'niːja] **1.** *pl.* [-aːt] Deutsche *f*; **2.** Deutschtum *n*

¹**ألمع** [ʔalmaʕ] (2) *el.* glänzender, strahlender

²**ألمع** [ʔalmaʕ] (2) *u.* ~ي klug, intelligent, scharfsinnig

ألمعية [ʔalma'ʕiːja] Scharfsinn *m*, Klugheit *f*

¹**أله** **II** [ʔallaha] zum Gott erheben, vergöttlichen; **V** تأله [ta'ʔallaha] sich zum Gott erheben

²**إله** [ʔi'laːh], *pl.* آلهة [ʔaːliha] Gott *m*, Gottheit *f*; يا ~ي mein Gott!, o Gott!

آلة [ʔaːla], *pl.* [-aːt] Werkzeug *n*, Instrument *n*, Apparat *m*, Gerät *n*,

Maschine *f*; آلات الإنتاج Produktionsmittel *n/pl.*; ~ بخارية [buxaːˈriːja] Dampfmaschine *f*; ~ التصوير Fotoapparat *m*; ~ تصوير مستندات [mustanaˈdaːt] Kopiergerät *n*; ~ حاسبة Rechenmaschine *f*, Rechner *m*, Rechenautomat *m*; ~ حاسبة إلكترونية Elektronenrechner *m*, Computer *m*; ~ الحس [ʔa. al-ħiss] Sinneswerkzeug *n*, Sinnesorgan *n*; ~ الخياطة [ʔa. al-xiˈjɒːtɒ] Nähmaschine *f*; ~ راقنة *Maghr.* Schreibmaschine *f*; ~ سينما Filmkamera *f*; ~ صماء [sɒˈmmaːʔ] gefügige(s) Werkzeug; ~ كاتبة Schreibmaschine *f*; ~ لعب القمار [ʔa. laʕbi l-qiˈmaːr] Glücksspielautomat *m*; ~ الإيقاع *Mus.* Schlagzeug *n*; علم الآلات [ʕilm al-ʔa.] Mechanik *f* (*als Lehre*); كالـ~ mechanisch (*Adv.*)

إلهاب [ʔilˈhaːb] Anzünden *n*, Entfachen *n*

إلهام [ʔilˈhaːm], *pl.* [-aːt] Inspiration *f*, Eingebung *f*

[1]**إلهة** [ʔiˈlaːha], *pl.* [-aːt] Göttin *f*

[1]**آلهة** [ʔaːliha], *pl.* [-aːt] Göttin *f*; → [2]إله

إلهي [ʔiˈlaːhiː] göttlich; *fig.* himmlisch; الإلهيات *pl.* die göttlichen Dinge; القداس الـ~ [al-quˈddaːs] *Chr.* die heilige Messe

إلهية [ʔilaːˈhiːja] göttliche(r) Charakter, Göttlichkeit *f*

[1]**(ألو)** ألا [ʔalaː, uː]: لا يألو nichts unterlassen, unermüdlich tun (هـ/ في *A*, ه für *j-n*); لا يألو جهدا في [ʤuhdan] keine Mühe bei *etwas* scheuen; **IV** آلى [ʔaːlaː]: ~ على نفسه sich geloben

[2]**ألو** [ʔaloː] *u.* آلو [ʔaːloː] hallo!

[1]**ألوف** [ʔaˈluːf] vertraut; zutraulich, zahm

[2]**ألوف** [ʔuˈluːf] → [3]ألف

ألومنيا [ʔaluˈminjaː] *u.* **ألومنيوم** [ʔaluˈminjum] Aluminium *n*

ألوهية [ʔuluːˈhiːja] Göttlichkeit *f*

ألوية → لواء

[1]**إلى** [ʔilaː] *Präp.* zu, nach (*e-m Ort*); bis (zu); ~ أن bis (daß); ~ آخره [ʔaːˈxirihiː] und so weiter, usw.; ~ جانب ذلك außerdem, überdies; ~ غير ذلك und anderes mehr; ~ اللقاء [al-liˈqaːʔ] auf Wiedersehen!; ~ متى bis wann?; ~ هذا außerdem, überdies; ~ هنا bis hierher; hier; هذا ~ أن [ʔanna] hinzu kommt noch, daß; وما إليه und dergleichen (mehr); und (alles) was dazu gehört; وما ~ ذلك und dergleichen (mehr); ومن إليه/إليهم [man] und dergleichen Leute mehr; und andere; من إليه die Leute, die zu ihm gehören; إليك *als Anrede, bei Vorschlägen etc., mit A*: hier hast du…; hier ist *od.* sind …; es folgt nun …; إليك اقتراحا [iqtiˈrɒːħan] ich mache dir einen Vorschlag; الأمر إليك es steht *od.* liegt bei dir; إليك عني [ʕanniː] fort mit dir!; رياح خفيفة ~ معتدلة [muʕˈtadila] leichte bis mäßige Winde; يقع ~ الجنوب من [al-ʤaˈnuːb] südlich von … gelegen sein; كل هم ~ فرج [kullu hammin ʔi. faraʤ] *Spr.* auf Regen folgt Sonnenschein

[2]**إلى** [ʔilan], *pl.* آلاء [ʔaːˈlaːʔ] Wohltat *f*

[3]**آلي** [ʔaːliː] mechanisch; maschinell; mechanisiert; motorisiert; (voll)automatisch, selbsttätig; schematisch; *Mus.* instrumental; آليات *pl. Mil.* motorisierte Einheiten; automatische Waffen; *Saudi-Ar., Syr., Jord.* Geräte *n/pl.*, Maschinen *f/pl.*; إنسان ~ Roboter *m*; أنغام ~ـة Instrumentalmusik *f*; مهندس ~ [muˈhandis] Maschinenbauingenieur *m*; بصورة ~ـة [biˈsuːratin] automatisch (*Adv.*)

أليف [ʔaˈliːf], *pl.* ألفاء [ʔulaˈfaːʔ] (2) nahestehende(r) Mensch, Vertraute(r); Gefährte *m*; vertraut; *Tier*: zahm; friedfertig, sanft; حيوان ~ [ħajaˈwaːn] Haustier *n*

أليق [ʔaljaq] (2) *el.* passender, geeigneter, angebrachter (ب für *A*)

أليم [ʔaˈliːm] schmerzhaft, schmerzlich; traurig; *Nachricht etc.*: schlimm; *Unfall*: tragisch; *Situation*: qualvoll

ألين [ʔaljan] (2) *el.* weicher; biegsamer, geschmeidiger; sanfter; zarter

[1]**ألية** [ʔalja], *pl.* [ʔalaˈjaːt] *u.* ألايا [ʔaˈlaːjaː] Gesäß *n*, Hinterteil *n*; Fettschwanz *m*

[2]**آلية** [ʔaːˈliːja], *pl.* [-aːt] Automatismus *m*; Mechanismus *m*; Schematismus *m*; ~ مؤازرة [muˈʔaːzira] *Techn.* Servomechanismus *m*

[1]**أم** [ʔamma, u] **1.** sich begeben (هـ nach *D*), *e-n Ort* aufsuchen; *Schiff*: *e-n Hafen* anlaufen; **2.** vorbeten (ه *j-m*); **II** أمم [ʔammama] verstaatlichen, nationalisieren; **V** تأمم [taˈʔammama] **1.** *e-n Ort* aufsuchen; **2.** nationalisiert werden; **VIII** ائتم [iʔˈtamma] folgen (ب *j-m, e-r Losung*)

[2]**أم** [ʔam] oder (*in Doppelfragen*): حار ~ بارد [ħaːrr] heiß oder kalt?; هل … ~ أن [ʔanna] ist … oder …?

[3]**أم** [ʔumm], *pl.* أمهات [ʔummaˈhaːt] Mutter *f*; Ursprung *m*, Grundlage *f*; Grundwerk *n*; Haupt-; *Typ.* Matrize *f*; ~ + *G*: Besitzerin *f e-r Sache*, versehen mit; ~ أربع وأربعين Tausendfüßler *m*; ~ أويق [ʔu. ʔuˈwaiq] *Äg.* Kauz *m*; ~ جعران [ʔu. ʤiʕˈraːn] Aasgeier *m*; ~ الحبر [ʔu. al-ħibr] Tintenfisch *m*; ~ درمان Omdurman (*Stadt im Sudan*); ~ السوء [ʔu. as-suːʔ] *u.* ~ الشر [ʔu. aʃ-ʃarr] *fig.* Rabenmutter *f*; ~ القرآن [ʔu. al-qurˈʔaːn] *u.* ~ الكتاب [ʔu. al-kiˈtaːb] die 1. Sure des Korans; ~ القرى [ʔu. al-quraː] *Beiname von Mekka*; ~ القيوين [ʔu. al-qaiˈwain] Umm al-Qaiwain (*Emirat am Arab.-Pers. Golf*); أمهات القضايا die Hauptprobleme *n/pl.*; أمهات الكتب [ʔu. al-kutub] Hauptwerke *n/pl.*, Standardwerke *n/pl.*; الشركة الـ~ [aʃ-ʃarika] Muttergesellschaft *f*; اللغة الـ~ [al-luɣa] Muttersprache *f*; جده لأمه [ʤadduhuː li-ʔummihiː] sein Großvater mütterlicherseits; بأم عينه [-i ʕainihiː] mit s-n eigenen Augen

[4]**آم** [ʔaːma] → [1](أيم)

[1]**أما** [ʔa-maː] → [2]أ

[2]**أما** [ʔammaː] *e-n Satz einleitend*, + ف [fa-]: was … betrifft, so …; aber, jedoch, hingegen; ~ بعد

[baʕd(u)] *beim Übergang von der Einleitung zum eigentlichen Thema*: und nun zur Sache, nun also; ~ عن was ... betrifft; ~ وقد... ...فـ nachdem nun (aber), so ...; jetzt da *od.* wo

3**إما** [ʔimmaː]: إما ... إما *u.* إما ... أو entweder ... oder

إماتة [ʔi'maːta] (Ab-)Tötung *f*; *Chr.* Kasteiung *f*

آماد → أمد

أمار [ʔa'mmaːr] gebietend (ب *A*), auffordernd (ب zu *D*); النفس الأمارة بالسوء [bi-s-suːʔ] das niedere Ich

إماراتي [ʔimaː'raːtiː] auf die Vereinigten Arabischen Emirate bezüglich; *pl.* [-uːn] Einwohner *m* der Vereinigten Arabischen Emirate

1**أمارة** [ʔa'maːra], *pl.* [-aːt] (An-)Zeichen *n*, Merkmal *n*; أمارات الوجه Gesichtsausdruck *m*

2**إمارة** [ʔi'maːra], *pl.* [-aːt] Stellung *f* e-s Fürsten *od.* Emirs; Emirat *n*, Fürstentum *n*; الإمارات العربية المتحدة [al-mu'ttaħida] die Vereinigten Arabischen Emirate; *hist.* الإمارات المتصالحة [al-muta'sɒːliħa] *u.* إمارات الهدنة [ʔi. al-hudna] das Befriedete Oman

إماطة [ʔi'maːtɒ] Entfernung *f*; Fernhalten *n* (عن von *D*); ~ اللثام عن [ʔi. al-li'θaːm] Aufdeckung *f*

إماعة [ʔi'maːʕa] Schmelzen *n*, Verflüssigung *f*

أماكن → مكان

إمالة [ʔi'maːla] *Gr.* Aussprache *f* des *a* nach *ä* hin

أمالي → إملاء

1**أمام** [ʔa'maːma] *Präp.* vor, gegenüber; für; gegen; إلى الـ~ [al-ʔa'maːmi] nach vorn, vorwärts; من الـ~ von vorn; انظر للـ~ [unður] *Mil.* Augen geradeaus!; اذهب من ~ـي [iðhab] verschwinde!; ~ انهزم [in'hazama] gegen *j-n* verlieren; وقف ~ـه j-m entgegentreten; j-m gegenübertreten; لا يزال ~ـه عمل كثير [ʕamalun] er hat noch viel zu tun; ~ أتاح الفرصة [ʔa'taːħa l-fursɒta] *j-m* e-e Gelegenheit bieten; لم يكن ~ـه إلا أن [jakun, ʔillaː] er hatte keine andere Möglichkeit als

2**إمام** [ʔi'maːm], *pl.* أئمة [ʔa'ʔimma] Vorbeter *m*, Imam *m*, Führer *m*; *fig.* geistige(r) Vater, Autorität *f auf wissenschaftlichem Gebiet*; führende(r) Vertreter *der Literatur*

إمامة [ʔi'maːma] Stellung *f od.* Würde *f* e-s Imams; Imamat *n*

أمامي [ʔa'maːmiː] vorn befindlich, vordere(r), vorderste(r), Vorder-, Vor-; *Mil.* vorgeschoben

1**أمان** [ʔa'maːn] Sicherheit *f*; Schutz *m*; Schutzgewährung *f*, Gnade *f*, Straffreiheit *f*; ~ حزام [ħi'zaːm ʔa.] Sicherheitsgurt *m*; زر الـ~ [zirr al-ʔa.] Sicherung *f e-r Schußwaffe*; ~ الضمان *Spr.* sicher ist sicher!; في ~ الله [-i llaːh] leb wohl!; وعده بالـ~ j-m freies Geleit zusichern

2**أمان** [ʔa'maːnin] → أمنية

أمانة [ʔa'maːna] Treue *f*, Zuverlässigkeit *f*; Ehrlichkeit *f*, Redlichkeit *f*; Gewissenhaftigkeit *f*; *Sport*: Fairneß *f*; Vertrauen *n*, Treu und Glauben; Treuhandschaft *f*, Treuhänderamt *n*; Aufgabe *f*, Auftrag *m*; *pl.* [-aːt] anvertraute(s), deponierte(s) Gut, Depositum *n*; Sekretariat *n*; *Saudi-Ar.* Stadtverwaltung *f*; *Libyen*: Ministerium *n*; ~ الصندوق [ʔa. ɒs-sun'duːq] Kasse(n-verwaltung) *f*; ~ عامة [ʕaːmma] Generalsekretariat *n*; الـ~ في العمل [fi l-ʕamal] Arbeitsmoral *f*

أماني → أمنية

إمبراطور [ʔimbara'ŧoːr], *pl.* أباطرة [ʔa'baːŧɨra] *u.* [-aːt] Kaiser *m*; Imperator *m*

إمبراطورة [ʔimbara'ŧoːra], *pl.* [-aːt] Kaiserin *f*

إمبراطوري [ʔimbara'ŧoːriː] kaiserlich, imperial

إمبراطورية [ʔimbaraŧoː'riːja], *pl.* [-aːt] Kaiserreich *n*; Imperium *n*, Weltreich *n*; Reich *n*; ~ استعمارية Kolonialreich *n*; ~ وراثية [wiraː'θiːja] Erbmonarchie *f*

إمبريالي [ʔimbir'jaːliː] imperialistisch; *pl.* [-uːn] Imperialist *m*

إمبريالية [ʔimbirjaː'liːja] Imperialismus *m*

أمبير [ʔam'beːr, ʔam'biːr] Ampere *n*

أمت [ʔamt] Krümmung *f*, Unebenheit *f*

إمتاع [ʔim'taːʕ] Genuß *m* (*den etwas bietet*)

امتثال [imti'θaːl] Befolgung *f*; Gehorsam *m*

امتحان [imti'ħaːn], *pl.* [-aːt] Prüfung *f*, Examen *n*; Untersuchung *f*, Probe *f*; القبول ~ [i. al-qa'buːl/al-qu'buːl], الدخول ~ Aufnahmeprüfung *f*; نهائي ~ [ni'haːʔiː] Abschlußprüfung *f*

امتداد [imti'daːd] Sich-Erstrecken *n*, Ausdehnung *f*, Weite *f*; Verlängerung *f*, Fortsetzung *f*; على ~ + *G*: über die gesamte Länge *od.* Ausdehnung von; längs, entlang; *e-e Zeitspanne* hindurch

امتزاج [imti'zaːdʒ] (Ver-)Mischung *f*

امتصاص [imti'sɒːs] Aufsaugung *f*, Absorption *f*; *Med.* Resorption *f*; قوة الـ~ [quwwat al-i.] Sog *m*

امتصاصية [imtisɒː'sɨːja] Absorptionsvermögen *n*

أمتع [ʔamtaʕ] (2) *el.* genußreicher, angenehmer; interessanter; *Geschichte*: unterhaltsamer

امتعاض [imti'ʕɒːđ] Ärger *m*, Unmut *m*; Verärgerung *f* (من über *A*)

أمتعة → متاع

امتلاء [imti'laːʔ] Vollsein *n*, Fülle *f*

امتلاك [imti'laːk] Besitzergreifung *f*; Besitz *m*

أمتن [ʔamtan] (2) *el.* solider, fester

امتناع [imti'naːʕ] Weigerung *f* (عن *etwas zu tun*); Enthaltung *f* (عن von *D*), Verzicht *m* (عن auf *A*); Unmöglichkeit *f*

امتنان [imti'naːn] Dankbarkeit *f* (ل *j-m* gegenüber)

امتهان [imti'haːn] Erniedrigung *f*, Verachtung *f*; Mißbrauch *m*; Ausübung *f* als Beruf *od.* Gewerbe

امتياز [imti'jaːz], *pl.* [-aːt] Auszeichnung *f*; Vorzug *m* (على gegenüber *D*); Privileg *n*, Sonderrecht *n*; Konzession *f*; *Ölindustrie*: Bohrrecht *n*; بـ~ mit Auszeichnung; الامتيازات الأجنبية [al-ʔadʒna'biːja] *hist.* die Kapitulationen *f/pl.* *od.* Handelsprivilegien *n/pl.* der Euro-

m; Auftraggeber m (ب a. e-r Überweisung); الـ~ الناهي unumschränkte(r) Herr od. Gebieter; wer allein zu bestimmen hat
امرؤ → امرؤ
أمراء → أمير
[1]**أمرار** [ʔam'raːr] → [3]مر
[2]**إمرار** [ʔim'raːr] Hindurchführen n
أمراس → [2]مرس u. مرسة
أمراض → [2]مرض
امرأة [imraʔa] (mit Artikel المرأة [al-marʔa]), pl. نساء [ni'saːʔ] u. نسوة [niswa] Frau f, Weib n
أمرد [ʔamrad] (2), f مرداء [mar'daːʔ] (2), pl. مرد [murd] bartlos; Baum: blätterlos
أمرط [ʔamrɒṭ] (2), f مرطاء [mar'tɒːʔ] (2) haarlos
أمرك [ʔamraka] amerikanisieren; **II** تأمرك [ta'ʔamraka] sich amerikanisieren
إمرة [ʔimra] Befehlsgewalt f, Befehl m; بـ~ u. ~ تحت + G: unter j-s Kommando od. Führung
امرؤ [imruʔ], G امرئ [imriʔ], A امرء [imraʔ] (mit Artikel المرء [al-marʔ]) Mann m, Mensch m
أمريكا [ʔam'riːkaː] Amerika; الأمريكتان du. Nord- u. Südamerika
أمريكان [ʔamriː'kaːn] koll.: الـ~ die Amerikaner m/pl.
أمريكاني [ʔamriː'kaːniː] amerikanisch; Amerikaner m
أمريكي [ʔam'riːkiː] amerikanisch; pl. [-uːn] Amerikaner m; ~ لاتيني [laː'tiːniː] lateinamerikanisch
أمرئة → مريء
أمزجة → مزاج
[1]**أمس** [ʔa'mass] (2) el. dringender; هو في ~ الحاجة إلى الشيء er bedarf e-r Sache ganz dringend
[2]**أمس** [ʔams(i)], بالأمس [bi-l-ʔams] u. في الأمس gestern; الـ~ der gestrige Tag; das Gestern, die nahe Vergangenheit; ~ الأول [al-ʔawwal] u. ~ (من) أول [ʔawwala (min) ʔa.] vorgestern; ~ ليلة [lailata ʔa.] gestern abend; gestern nacht; بالـ~ القريب erst vor kurzem
إمساك [ʔim'saːk] Ergreifung f; Zurückhaltung f (عن von D); Aufhören n (عن mit D), Abstehen n

بأمر ~ e-n Befehl ausführen
[2]**أمر** [ʔa'marr] (2) el. bitterer; stärker; قاسى الأمرين [qaːsaː l-ʔama'rrain], ذاق الأمرين [ðaːqa] die schlimsten Dinge durchmachen
[3]**أمر** [ʔamr] **1.** pl. أوامر [ʔa'waːmir] (2) Befehl m (بـ zu D); Anordnung f; Dekret n, Erlaß m (بـ über A); Jur. Verfügung f; a. Hdl. Auftrag m; Bestellung f im Lokal; Med. Verordnung f; Befehlsgewalt f, Herrschaft f; Gr. Imperativ m; ~ الله Gottes Wille; الـ~ بالمعروف Isl. Aufforderung f zu guten Werken; ~ تفتيشي Durchsuchungsbefehl m; ~ جلب gerichtliche(r) Vorführungsbefehl; ~ حضور u. ~ بالحضور Jur. Vorladung f; ~ صرف Zahlungsanweisung f; ~ يومي [jaumiː] Mil. Tagesbefehl m; الأوامر والنواهي Gebote und Verbote; أمرك [ʔamruka!] wie du willst od. meinst!; [ʔamrukaʔ] ja, bitte?; Sie wünschen?; أمرك مطاع [mu'tɒːʕ] zu Befehl!; تحت أمرك zu Diensten!; ganz wie Sie wünschen; وضعه تحت ~ه j-m etwas zur Verfügung stellen; **2.** pl. أمور [ʔu'muːr] Sache f, Angelegenheit f; Lage f; ~ واقع vollendete Tatsache; أول الـ~ [ʔawwala l-ʔa.], في أول الـ~ u. في بادئ الـ~ zuerst, anfangs; من أول الـ~ von Anfang an; von vornherein; في آخر الـ~ [ʔaːxiri l-ʔa.] letzten Endes; الـ~ الذي zur Einleitung e-s Relativsatzes: ... was; لأمر ما [ʔamrin] aus irgendeinem Grunde; aus gutem Grund; هو بين أمرين [ʔam'rain] er hat zwei Möglichkeiten; مهما يكن من ~ [mahmaː jakun min ʔa.] wie dem auch sei; الـ~ في كذلك das gleiche gilt für...; والـ~ كذلك eingeschoben: da es sich so verhält; اشتد الـ~ عليه [iʃ'tadda] s-e Lage wurde kritisch; قضي الـ~ [quđija] die Sache ist entschieden od. erledigt; انتهى به الـ~ إلى [in'tahaː] es kam mit ihm so weit, daß; ماذا في الـ~ was hat das zu bedeuten?
[4]**آمر** [ʔaːmir] gebieterisch; Gebieter m; Befehlshaber m, Kommandeur

päer im Orient; صاحب الـ~ Konzessionsinhaber m; ~ منطقة [mintɒqat i.] Ölindustrie: Konzessionsgebiet n
أمثال → [2]مثل u. [3]مثل
أمثل [ʔamθal] (2) el., f مثلى [muθlaː], pl. أماثل [ʔa'maːθil] (2) vorbildlich, musterhaft; optimal; ideal
أمثلة → [2]مثال
أمثولة [ʔum'θuːla], pl. [-aːt] u. أماثيل [ʔamaː'θiːl] (2) Beispiel n; warnende(s) Beispiel, Lehre f; Schulaufgabe f
أمجاد → [2]مجد
أمجد [ʔamdʒad] (2) el., pl. أماجد [ʔɒ'maːdʒid] (2) ruhmreicher; vornehmer
امحاء [immi'ħaːʔ] intr. Auslöschung f, Tilgung f
أمحوضة [ʔum'ħuːđɒ] aufrichtige(r) Rat
أمخاخ → مخ
أمخال → [2]مخل
أمد [ʔamad], pl. آماد [ʔaː'maːd] Frist f, Zeit(spanne) f; Laufzeit f e-s Vertrages; Dauer f; Abstand m; Ziel n; طويل الـ~ langfristig; قصير الـ~ kurzfristig; منذ ~ طويل seit langem; منذ ~ قريب seit kurzem; في ~ قريب demnächst; شيء طال عليه الـ~ e-e lange bestehende Sache
إمداد [ʔim'daːd] Versorgung f, Unterstützung f (بـ mit D); إمدادات pl. Mil. Verstärkung f, Nachschub m; ~ات كهربائية [kahrabaː'ʔiːja] Stromversorgung f
أمدة [ʔa'midda] Kette f des Gewebes
أمدوحة [ʔum'duːħa], pl. أماديح [ʔamaː'diːħ] (2) Lob n; Lobgedicht n; Lobrede f
[1]**أمر** [ʔamara, u] befehlen (ـه بـ j-m A); militärische Einheit befehligen; im Lokal bestellen (بـ A); كما أمرنا [ʔu'mirnaː] wie es uns befohlen war; ~ اذا طلب [tɒlaba] sein Wunsch ist (mir) Befehl; **III** آمر [ʔaːmara] zu Rate ziehen; **VI** تآمر [ta'ʔaːmara] sich verschwören (على gegen A); **VIII** ائتمر [iʔ'tamara] konspirieren (بـ gegen A);

(عن von *D*); Enthaltsamkeit *f*; Beginn *m* des Fastens *im Ramadan*; Geiz *m*; *Med.* Verstopfung *f*

إمساكية [ʔimsaːˈkiːja] Fastenkalender *m* für den Monat Ramadan

1**أمسية** [ʔamsija] → مساء

2**أمسية** [ʔumˈsiːja], *pl.* [-aːt] *u.* أماسي [ʔamaːˈsiːj] (2) Abend *m*; Abendveranstaltung *f*; الـ~ [al-ʔumˈsiːjata] heute abend; أمسيات [ʔumsiːˈjaːtin] *Adv.* abendelang

أمشاج → مشيج

أمشاط → 2مشط

أمشير [ʔamˈʃiːr] *6. Monat des koptischen Kalenders*

أمصار → 2مصر

أمصال → 1مصل

إمضاء [ʔimˈđɒːʔ], *pl.* [-aːt] Unterschrift *f*; Durchführung *f*; صاحب الـ~ der Unterzeichnete

أمضى [ʔamđɒː] *el.* schärfer, wirksamer

إمع [ʔimmaʕ] *u.* **إمعة** [ʔimmaʕa] Jasager *m*; Mensch *m* ohne festen Charakter; Mitläufer *m*

أمعاء → 2معى

إمعان [ʔimˈʕaːn] Hingabe *f* (في an *A*), Gründlichkeit *f* (في bei *D*); Aufmerksamkeit *f*, Sorgfalt *f*; ~ النظر [ʔi. an-nɒðɒr] aufmerksame *od.* genaue Betrachtung (في *G*)

أمعط [ʔamʕɒŧ] (2), *f* معطاء [maʕˈŧɒːʔ] (2), haarlos

إمعية [ʔimmaˈʕiːja] Mangel *m* an Charakterfestigkeit; Mitläufertum *n*

أمغر [ʔamɣar] (2) braunrot

إمكان [ʔimˈkaːn], *pl.* [-aːt] Möglichkeit *f*; Fähigkeit *f*, Vermögen *n*; بالـ~ + *Verbalsubstantiv*: es ist möglich, man kann; بإمكانه/في ~ـه أن er kann, er ist in der Lage zu; عند الـ~ wenn möglich; ليس في الـ~ es ist unmöglich; بقدر/على قدر الـ~ soweit *od.* soviel wie möglich

إمكانية [ʔimkaːˈniːja], *pl.* [-aːt] Möglichkeit *f*

أمكنة → مكان

1**أمل** [ʔamala, u] hoffen (ـه *A*, في auf *A*); erhoffen (من von *j-m*); **II** [ʔammala] hoffen (ـه/في auf *A*); Hoffnung machen (ه *j-m*); ~ فيه خيرا [xairan] sich viel von j-m erhoffen *od.* versprechen; **V** تأمل [taˈʔammala] aufmerksam betrachten; nachdenken, meditieren (ـه/في über *A*); فتأمل ... [fa-taˈʔammal] *nachgestellt*: man stelle sich das vor!

2**أمل** [ʔamal], *pl.* آمال [ʔaːˈmaːl] Hoffnung *f* (في/ب auf *A*); على ~ أن [-i ʔan] in der Hoffnung, daß; كلنا [kullunaː -un] ~ في أن wir (alle) sind voller Hoffnung, daß

3**آمل** [ʔaːmil] hoffnungsvoll

أملأ [ʔamlaʔ] (2) *el.* voller

1**أملاء** → 3ملأ

2**إملاء** [ʔimˈlaːʔ] **1.** (*zu* أملى [ʔamlaː]) *pl.* أمال [ʔaˈmaːlin] *u.* أمالي [ʔamaːˈliːj] (2) *a. fig.* Diktat *n*; Rechtschreibung *f*; أمالي *a.* (kurzer) Abriß; **2.** (*zu* أملأ [ʔamlaʔa]) Füllen *n*; Ausfüllung *f e-s Formulars*; Besetzung *f e-r Stelle*

أملاح → 3ملح

أملاك → 5ملك

إملائي [ʔimˈlaːʔiː] orthographisch; خطأ ~ [xɒŧɒʔ] Rechtschreibfehler *m*; قطعة إملائية [qiŧʕa] Diktat *n*

أملح [ʔamlaħ] (2) *el.* schöner

أملد [ʔamlad] (2), *f* ملداء [malˈdaːʔ] (2) zart, biegsam

أملس [ʔamlas] (2), *f* ملساء [malˈsaːʔ] (2), *pl.* ملس [muls] glatt

أملط [ʔamlɒŧ] (2), *f* ملطاء [malˈŧɒːʔ] (2) haarlos

أملوحة [ʔumˈluːħa], *pl.* أماليح [ʔamaːˈliːħ] (2) Witz *m*, Anekdote *f*

أملية [ʔumˈliːja], *pl.* أمالي [ʔamaːˈliːj] (2) *Syr.* Abriß *m*, Leitfaden *m*; → 2إملاء

أمم → 2أمة

أممي [ʔumamiː] international; UNO-; المنظمة الأممية [al-muˈnɒððɒma] die UNO

الأممية [al-ʔumaˈmiːja] die Internationale (*Zusammenschluß sozialistischer Parteien*)

1**أمن** [ʔamina, a] in Sicherheit sein; sicher sein (على *G*); sich sicher fühlen (من/ـه/ه vor *D*); vertrauen (ه/إلى/ل *j-m*); anvertrauen (ه على *j-m A*); – [ʔamuna, u] treu, zuverlässig sein; **II** [ʔammana] sichern; Sicherheit verschaffen (ه *j-m*, من/ـه vor *D*); absichern (ضد gegen *A*); versichern (على *A*, ه ضد *j-n* gegen *A*); sicherstellen, gewährleisten, garantieren, verbürgen; *Mittel* bereitstellen, beschaffen (ل für *A*); „amen" sagen; zustimmen (على *D*); ~ على حياته [ħaˈjaːtihiː] e-e Lebensversicherung abschließen; **IV** آمن [ʔaːmana] glauben (ب an *A*); gutheißen (على *A*); **V** تأمن [taˈʔammana] sichergestellt werden (ل für *j-n*); **VIII** ائتمن [iʔˈtamana] vertrauen (ه *j-m od.* auf *A*); anvertrauen (ه على *j-m A*); *Pass.* لا يؤتمن [juʔˈtaman] man kann ihm nicht trauen; **X** استأمن [isˈtaʔmana] Schutz suchen (ه/إلى bei *D*); anvertrauen (ه على *j-m A*)

2**أمن** [ʔamn] Sicherheit *f* (من vor *D*); Schutz *m*, Geborgenheit *f*; ~ اجتماعي soziale Sicherheit; الـ~ العام [al-ʕaːmm] öffentliche Sicherheit; الـ~ الغذائي [al-ɣiˈðaːʔiː] (gesicherte) Lebensmittelversorgung; ~ القلب innere Ruhe; innere(r) Friede; الـ~ والنظام [an-niˈðɒːm] Ruhe und Ordnung; رجال الـ~ [riˈʤaːl al-ʔa.] Sicherheitspolizei *f*; Polizisten *m/pl.*; قوات الـ~ [quˈwwaːt al-ʔa.] Sicherheitskräfte *f/pl.*; مجلس الـ~ [maʤlis al-ʔa.] (Welt-)Sicherheitsrat *m*

3**آمن** [ʔaːman] (2) *el.* sicherer

4**آمن** [ʔaːmin] sicher, gesichert; ohne Risiko, gefahrlos; *Bevölkerung*: friedlich; *Opfer*: unschuldig

أمناء → 1أمين

أمني [ʔamniː] Sicherheits-

أمنية [ʔumˈniːja], *pl.* أمان [ʔaˈmaːnin], أماني [ʔamaːˈniːj] (2) *u.* [-aːt] Wunsch *m*, Begehren *n*

1**أمة** [ʔama], *pl.* إماء [ʔiˈmaːʔ] *u.* أموات [ʔamaˈwaːt] Sklavin *f*, Magd *f*

2**أمة** [ʔumma], *pl.* أمم [ʔumam] Nation *f*, Volk *n*; Gemeinschaft *f*; Religionsgemeinschaft *f*; الـ~ الإسلامية

(*meist nicht zu übersetzende Einleitung von Hauptsätzen*); *nach* قال [qaːla]: daß
[6]**آن** [ʔaːn] Zeit *f*; الـ~ [al-ʔaːna] jetzt; في ~ (واحد) zugleich, gleichzeitig; من ~ لـ/إلى آخر [ʔaːxar(a)] *u.* آنا ~ بعد [ʔaːnan] von Zeit zu Zeit; آنا ... وآونة [ʔaː'winatan] bald ... bald; آنا فآنا nach und nach; بعد الـ~ [al-ʔaːna] von jetzt an; حتى الـ~ bis jetzt; قبل الـ~ früher, zuvor; من الـ~ فصاعدا [fa-sɒːʕidan] von jetzt an, in Zukunft; أعدك منذ الـ~ أن [ʔa'ʕiduka] ich verspreche dir schon jetzt, daß
[7]**آن** [ʔaːna] → [1](أين)
[1]**أنا** [ʔanaː] ich; الـ~ das Ich, Ego; الـ~ العليا [al-ʕuljaː] das Über-Ich
[2]**إنا** [ʔinnaː] (siehe) wir
[1]**إناء** [ʔi'naːʔ], *pl.* آنية [ʔaːnija] *u.* أوان [ʔa'waːnin] Gefäß *n*; Behälter *m*; Schale *f*; الأواني Geschirr *n*
[2]**آناء** [ʔaː'naːʔ] (*pl. von* أنى [ʔanan]): ~ الليل [-a l-lail] *u.* في ~ الليل [-i l-lail] die ganze Nacht; nachts; ~ الليل وأطراف النهار [ʔɒt'raːfa n-na-'haːr] bei Tag und Nacht; → [3]نؤي
إنابة [ʔi'naːba] **1.** Bevollmächtigung *f*, Beauftragung *f*; **2.** reuevolle Hinwendung zu Gott
أنابيب → أنبوب
إنارة [ʔi'naːra] Beleuchtung *f*
أناس [ʔu'naːs] (*nur indet.*) = ناس
أناشيد → أنشودة *u.* نشيد
أناضول [ʔanaː'ðoːl] *f*: الـ~ Anatolien
أناضولي [ʔanaː'ðoːliː] anatolisch
آناف → [2]أنف
أناقة [ʔa'naːqa] Eleganz *f*; gepflegte(s) Äußere(s); Feinheit *f*, Anmut *f*
أنام [ʔa'naːm]: الـ~ die Menschen *m/pl.*
أناناس [ʔanaː'naːs] Ananas *f*
أناني [ʔa'naːniː] egoistisch, ichbezogen
أنانية [ʔanaː'niːja] Egoismus *m*, Ichbezogenheit *f*; Egozentrik *f*
أناة [ʔa'naːt] Sorgfalt *f*, Behutsamkeit *f*, Bedachtsamkeit *f*; Gelassenheit *f*, Geruhsamkeit *f*; Ausdauer *f*, Geduld *f*; بـ~ *u.* في ~ sorgfältig,

[1]**أمين** [ʔa'miːn], *pl.* أمناء [ʔuma'naːʔ] (2) zuverlässig; treu; vertrauenswürdig; ehrlich, redlich; *Amt, Stellung*: sicher; *Geschäft, Wissen*: solide; *Wiedergabe*: getreu; *Mittel*: unschädlich, harmlos; Beauftragte(r); Verwalter *m*, Aufseher *m*; Kustos *m e-s Museums*; Sekretär *m*; *Libyen*: Minister *m*; *Saudi-Ar.* Bürgermeister *m*; Treuhänder *m*; Kämmerer *m*; الـ~ الأول [al-ʔaw-wal] Großkämmerer *m*; ~ الدولة [ʔa. ad-daula] Staatssekretär *m*; ~ السجل المدني [ʔa. as-si'ʤilli l-madaniː] Standesbeamte(r); ~ السر [ʔa. as-sirr] Sekretär *m*; Vertrauensmann *m*; ~ الصندوق [ʔa. ɒs-sun'duːq] Schatzmeister *m*, Kassierer *m*; ~ العاصمة *Ir. etwa*: Stadtdirektor *m* der Hauptstadt; ~ عام [ʔaːmm] Generalsekretär *m*; Staatssekretär *m*; ~ القصر Kastellan *m*; ~ المحفوظات Archivar *m*; ~ المكتبة Bibliothekar *m*; *a. npr. m*
[2]**أمين** [ʔa'miːn], *pl.* [-aːt] *Chem.* Amin *n*
آمين [ʔaː'miːn] amen!
أمينة [ʔa'miːna]: ~ السر [ʔa. as-sirr] Sekretärin *f*
أميني [ʔa'miːniː]: ~ حامض Aminosäure *f*
[1]**أمية** [ʔu'majja]: بنو ~ *hist.* die Omajjaden *m/pl.* (*isl. Dynastie*)
[2]**أمية** [ʔu'mmiːja] Analphabetentum *n*
[1]**أن** [ʔanna, i] stöhnen, ächzen (من über *A*); *Wogen*: brausen
[2]**أن** [ʔan] *vor Verben, + Subjunktiv*: daß; auf daß; ~ لا daß nicht; يريد ~ يفعله [ju'riːdu, jaf'ʕalahuː] er will es tun
[3]**أن** [ʔanna] *vor Nomina u. Pronomina, + A*: daß
[4]**إن** [ʔin] **1.** wenn, falls; و~ und wenn; auch wenn, selbst wenn; obwohl; و~ ... إلا أن [ʔillaː ʔanna] wenn auch ..., so doch; **2.** *zur Einleitung indirekter Fragen*: ob; إن ... أم ob ... oder; **3.** (*a.* ~ ما) nicht; إن ... إلا [ʔillaː] nur; ما إن ... حتى kaum daß ..., so
[5]**إن** [ʔinna] + *A*: wirklich, wahrlich

u. ~ محمد [ʔu. mu'ħammad] die islamische Gemeinschaft; die Muslime *m/pl.*; الـ~ العربية die arabische Nation; الأمم المتحدة [al-mu'ttaħida] die Vereinten Nationen *f/pl.*
أمهات → [3]أم
أمهار → [3]مهر
إمهال [ʔim'haːl] Fristgewährung *f*
أمهر [ʔamhar] (2) *el.* geschickter
أمهري [ʔamhariː] amharisch; Amhare *m*
أموات → ميت
أمواس → موس
أموال → مال
أمواه → ماء
أموري [ʔa'muːriː] *u.* **آموري** [ʔaː'muːriː], *pl.* [-uːn] *hist.* Amoriter *m*
أمومة [ʔu'muːma] Mutterschaft *f*; Mütterlichkeit *f*; حماية الـ~ والطفولة [ħi'maːjat al-ʔu.] Schutz von Mutter und Kind; نظام الـ~ [ni'ðɒːm al-ʔu.] Matriarchat *n*
أمونيا [ʔa'moːnijaː] *u. Maghr.* **أمونياك** [ʔamoːni'jaːk] Ammoniak *n*
أموي [ʔumawiː] *hist.* omajjadisch
أمي [ʔummiː] **1.** des Lesens u. Schreibens unkundig; *pl.* [-uːn] Analphabet *m*; **2.** mütterlich; **3.** meine Mutter
أميبة [ʔa'miːba] Amöbe *f*
أميبي [ʔa'miːbiː] Amöben-, amöbenartig
أمير [ʔa'miːr], *pl.* أمراء [ʔuma'raːʔ] (2) Emir *m*, Fürst *m*; Prinz *m*; Befehlshaber *m*; ~ الأسطول Flottenkommandeur *m*; ~ البحر Admiral *m*; ~ الجيش [ʔa. al-ʤaiʃ] Heerführer *m*
أميركا [ʔa'meːrikaː] Amerika
أميركي [ʔa'meːrikiː] amerikanisch; *pl.* [-uːn] Amerikaner *m*
أميرة [ʔa'miːra], *pl.* [-aːt] Fürstin *f*; Prinzessin *f*; Angebetete *f*; بنت ~ أمراء [bint ʔuma'raːʔ] ein Mädchen aus bestem Hause
أميري [ʔa'miːriː] auf den Emir bezüglich, fürstlich; staatlich, Staats-; أرض ~ـة Staatsgut *n*, Domäne *f*
أميل [ʔamjal] (2) *el.* stärker geneigt (إلى zu *D*)

behutsam, bedächtig (*Adv.*); طول الـ~ [tuːl al-ʔa.] Langmut *f*

أنب II [ʔannaba] tadeln, schelten (ه على *j-n* wegen *G*)

أنباء → نبأ[2]

إنبات [ʔim'baːt] Wachsenlassen *n*

أنبار [ʔam'baːr], *pl.* أنابير [ʔanaː'biːr] (2) Speicher *m*, Magazin *n*; → نبر[3]

أنباشي → أونباشي

أنباط [ʔam'bɒːt]: الـ~ *hist.* die Nabatäer *m/pl.* (*Volk*)

انبثاق [imbi'θaːq] Hervorgehen *n* (عن aus *D*); Hervorbrechen *n*; Ausströmen *n*; Emanation *f*

أنبذة → نبيذ

انبساط [imbi'sɒːt] Ausdehnung *f*; Fröhlichkeit *f*, Heiterkeit *f*; *Psych.* Extraversion *f*

انبساطي [imbi'sɒːtiː] *Psych.* extravertiert

انبطاح [imbi'tɒːħ] Sichhinlegen *n*

انبعاث [imbi'ʕaːθ] *intr. fig.* Erweckung *f*; Auferstehen *n*; Ausströmen *n*; *pl.* [-aːt] Emission *f von Schadstoffen*

أنبل [ʔambal] (2) *el.* edler, vornehmer; großmütiger

انبلاج [imbi'laːdʒ]: ~ الصبح [i. ɒs-subħ] Morgendämmerung *f*, Tagesanbruch *m*

انبهار [imbi'haːr] Geblendetsein *n*, Blendung *f*; Bewunderung *f* (ب *G*)

أنبوب [ʔum'buːb] *u.* **أنبوبة** [ʔum'buːba], *pl.* أنابيب [ʔanaː'biːb] (2) Rohr *n*, Röhre *f*; Tube *f*; Stahlflasche *f* (*für Gas*); Schlauch *m*; أنبوبة اختبار Reagenzglas *n*; أنبوبة (الغاز) العادم Auspuffrohr *n*; خط الأنابيب [xɒtt al-ʔa.] Pipeline *f*; ~ طفل [tifl ʔu.], *pl.* أطفال الأنابيب Retortenbaby *n*

أنبوبي [ʔum'buːbiː] röhrenförmig

أنبوش [ʔum'buːʃ] *u.* **أنبوشة** [ʔum'buːʃa], *pl.* أنابيش [ʔanaː'biːʃ] (2) Ausgegrabene(s), Ausgrabung *f*

أنبياء → نبي

أنبيق [ʔam'biːq] *u.* **إنبيق** [ʔim'biːq], *pl.* أنابيق [ʔanaː'biːq] (2) Destillierkolben *m*

أنت [ʔanta], *f* [ʔanti] du; Sie; يا ~ Mensch!; ~ كتابك [ki'taːbuka] dein (eigenes) Buch

إنتاج [ʔin'taːdʒ] Produktion *f*, Erzeugung *f*; *Bergbau*: Förderung *f*; Leistung *f e-r Maschine*; Werke *n/pl. e-s Schriftstellers*; الـ~ القومي (الإجمالي) [al-qaumiː] (Brutto-) Sozialprodukt *n*

إنتاجي [ʔin'taːdʒiː] Produktions-

إنتاجية [ʔintaː'dʒiːja] Produktivität *f*

إنتان [ʔin'taːn], *pl.* [-aːt] Infektion *f*

انتباه [inti'baːh] Aufmerksamkeit *f*; Achtsamkeit *f*; Beachtung *f*, Wahrnehmung *f* (إلى *G*); بـ~ aufmerksam (*Adv.*)

انتثار [inti'θaːr] Zerstreuung *f*

انتجاع [inti'dʒaːʕ] Transhumanz *f*

انتحار [inti'ħaːr] Selbstmord *m*

انتحاري [inti'ħaːriː] selbstmörderisch, Selbstmord-

انتحال [inti'ħaːl] geistige(r) Diebstahl, Plagiat *n*; Annahme *f e-r Religion*

انتخاب [inti'xaːb], *pl.* [-aːt] *bsd. Pol.* Wahl *f*; Auswahl *f*; انتخابات بلدية [bala'diːja] Kommunalwahlen *f/pl.*; انتخابات الرئاسة Präsidentschaftswahlen *f/pl.*; الـ~ الطبيعي natürliche Auslese; حق الـ~ [ħaqq al-i.] aktive(s) Wahlrecht

انتخابي [inti'xaːbiː] Wahl-; selektiv

انتداب [inti'daːb] Abordnung *f*, Delegierung *f*, Abkommandierung *f*; *Tun.* Einstellung *f von Arbeitskräften; pl.* [-aːt] Mandat *n* (*über ein Land*); دولة الـ~ [daulat al-i.] Mandatarstaat *m*

انتدابي [inti'daːbiː] Mandats-

أنتراسيت [ʔantra'siːt] Anthrazit *m*

انتروبولوجي [ʔantrobo'loːdʒiː] *u.* **أنتروبولوجيا** [ʔantrobo'loːdʒijaː] *s.* أنثروبولوجيا *u.* أنثروبولوجي

أنتريه [ʔant'reːh], *pl.* [-aːt] Diele *f*

انتزاع [inti'zaːʕ] Abreißen *n*; Entreißen *n*, Wegnahme *f*; Entzug *m e-s Rechts*; Erringung *f des Sieges*

انتساب [inti'saːb] Zugehörigkeit *f* (إلى zu *D*); Beitritt *m* (إلى zu *D*), Eintritt *m* (إلى in *A*); دراسة الـ~ [di'raːsat al-i.] Fernstudium *n*; طالب الـ~/بالـ~ externe(r) Studierende(r)

انتشار [inti'ʃaːr] *intr.* Verbreitung *f*, Ausbreitung *f*

انتشال [inti'ʃaːl] Bergung *f*, Rettung *f*

انتصاب [inti'sɒːb] Sichaufrichten *n*, Sicherheben *n*; Aufgerichtetwerden *n*; Erektion *f*

انتصار [inti'sɒːr], *pl.* [-aːt] Sieg *m*, Triumph *m* (على über *A*)

انتظار [inti'ðɒːr] (Er-)Warten *n*; Erwartung *f*; بـ~ *u.* في ~ + *G*: in Erwartung *e-r Sache*, bis *etwas geschieht*; على غير ~ unerwartet (*Adv.*); أنا في ~ه ich erwarte ihn

انتظام [inti'ðɒːm] Ordnung *f*; Regelmäßigkeit *f*, Planmäßigkeit *f*; بـ~ *u.* في ~ regelmäßig; ordnungsgemäß (*Adv.*)

انتعاش [inti'ʕaːʃ] Erholung *f*; Belebung *f*

انتفاء [inti'faːʔ] Nichtvorhandensein *n*, Fehlen *n*; Wegfall *m*

انتفاخ [inti'faːx] Aufblähung *f*; *Med.* Blähung *f*; Schwellung *f*; ~ الرئة *Med.* Lungenemphysem *n*

انتفاض [inti'fɒːđ] Beben *n*, Erzittern *n*; Erwachen *n*

انتفاضة [inti'fɒːđɒ] *n. vic.*, *pl.* [-aːt] Beben *n*, Erzittern *n*; *Pol.* Erhebung *f*, Aufstand *m*

انتفاع [inti'faːʕ] (Aus-)Nutzung *f* (ب/من *G*); Nutznießung *f*; Nutzen *m*

انتقاء [inti'qaːʔ] Auslese *f*, Auswahl *f*, Selektion *f*

انتقاد [inti'qaːd], *pl.* [-aːt] Kritik *f*; Tadel *m*; Rezension *f*; ~ ذاتي Selbstkritik *f*

انتقادي [inti'qaːdiː] kritisch, Kritik-; tadelnd

انتقاص [inti'qɒːs] Abnahme *f*, Verminderung *f*; Herabsetzung *f* (من *des Wertes e-r Sache*)

انتقاض [inti'qɒːđ] Herfallen *n* (على über *j-n*); Aufruhr *m*; Zusammenbruch *m*, Zerfall *m*

انتقال [inti'qaːl] Ortsveränderung *f*, Fortbewegung *f*; Übersiedlung *f*; *intr.* Überführung *f*; Verlegung *f*; Versetzung *f*; Übergang *m* (من ... إلى von *D* zu *D*); Übergreifen *n von Unruhen etc.* (إلى auf *A*); ~ الأموال Kapitalverkehr *m*; ~ عيد العذراء [ʕiːd -i l-ʕað'raːʔ] *Chr.*

Mariä Himmelfahrt; ~ فترة Übergangszeit *f*

انتقالي [inti'qaːliː] Übergangs-, Interims-, provisorisch; ~ اتفاق [itti'faːq] Zwischenabkommen *n*

انتقام [inti'qaːm] Rache *f* (من an *j-m*), Vergeltung *f*

انتقامي [inti'qaːmiː] Rache-, Vergeltungs-

انتقائي [inti'qaːʔiː] selektiv; eklektisch; *pl.* [-uːn] Eklektiker *m*

انتكاس [inti'kaːs] *u.* **انتكاسة** [inti'kaːsa], *pl.* [-aːt] Rückfall *m e-r Krankheit*; Rückschlag *m*

إنتلجنسيا *u.* **إنتليجنسيا** [ʔintili'gensijaː] *koll.* Intelligenz *f*, Intellektuelle *m/pl.*

أنتم [ʔantum] ihr (*2. Pers. m/pl.*); Sie (*a. sg.*)

أنتما [ʔantumaː] ihr beide

انتماء [inti'maːʔ], *pl.* [-aːt] Zugehörigkeit *f* (إلى zu *D*); Bindung *f* (إلى an *e-e Richtung*)

أنتن [ʔan'tunna] ihr (*2. Pers. f/pl.*); Sie (*a. sg.*)

انتهاء [inti'haːʔ] Ende *n*; Ablauf *m*; Abschluß *m*, Beendigung *f* (من *G*); الأجل ~ [i. al-ʔadʒal] Tod *m*; ~ ب [-an] bis (hin) zu

انتهار [inti'haːr] Schelte *f*; Zurückweisung *f*

انتهاز [inti'haːz] Ergreifen *n e-r Gelegenheit*

انتهازي [inti'haːziː], *pl.* [-uːn] Opportunist *m*, Konjunkturritter *m*

انتهازية [intihaː'ziːja] Opportunismus *m*

انتهاك [inti'haːk] Mißbrauch *m*, (*Rechts-*)Verletzung *f*, Übertretung *f*; Erschöpfung *f*, Zermürbung *f*; انتهاكات *pl.* Übergriffe *m/pl.*; ~ الحرمة [i. al-ħurma] Schändung *f*, Entweihung *f*; ~ـات حقوق الإنسان Menschenrechtsverletzungen *f/pl.*

أنتيكخانة [ʔantiːk'xaːna] Museum *n*

أنتيل[ʔan'tiːl]: جزر الـ~ *Geo.* die Antillen *pl.*

أنتيمون [ʔanti'muːn] Antimon *n*

أنث **II** [ʔannaθa] weiblich machen; e-e Geschlechtsumwandlung durchführen (ه an *e-m Mann*); *Gr.* ins Femininum setzen; *Pass.* تؤنث [tu'ʔannaθ] *Wort*: als Femininum gebraucht werden; **V** تأنث [ta'ʔannaθa] weiblich werden

أنثروبولوجي [ʔanθrobo'loːdʒiː] anthropologisch

أنثروبولوجيا [ʔanθrobo'loːdʒijaː] Anthropologie *f*

انثناء [inθi'naːʔ] Biegung *f*, Faltung *f*; Biegsamkeit *f*, Faltbarkeit *f*

انثناءة [inθi'naːʔa] Biegung *f*, Faltung *f*

أنثوي [ʔunθawiː] weiblich, Frauen-; *pej.* weibisch

أنثى [ʔunθaː], *pl.* إناث [ʔi'naːθ] *u.* أناثى [ʔa'naːθaː] weiblich; weibliche(s) Wesen; *Zool.* Weibchen *n*; الإناث die Frauen *pl.*; الأنثيان [al-ʔunθa'jaːn] *du.* die Hoden *pl.*; ~ ذكر أم [ðakar] Junge oder Mädchen?

إنجاب [ʔin'dʒaːb] Gebären *n*; سن الـ~ [sinn al-ʔi.] gebärfähige(s) Alter

إنجاح [ʔin'dʒaːħ] (*bewirkter*) Erfolg

إنجاز [ʔin'dʒaːz] Ausführung *f*, Durchführung *f*, Verrichtung *f e-r Arbeit*; Fertigstellung *f*, Erledigung *f*; Erfüllung *f e-r Pflicht*; إنجازات *pl.* Leistungen *f/pl.*, Errungenschaften *f/pl.*

أنجاس → نجس 3

إنجاص [ʔin'dʒɒːs] *koll.*, *n. un.* ~ة *Syr.* Birne(n *pl.*) *f*

أنجال → نجل 2

انجراف [indʒi'raːf] Weggespültwerden *n*; Abtragung *f*, Erosion *f*; *fig.* Mitgerissenwerden *n*

أنجع [ʔandʒaʕ] (2) *el.* wirksamer, effektiver; nützlicher

1(**أنجل**) **II** تأنجل [ta'ʔangala] anglisiert werden, Engländer werden

2**أنجل** [ʔandʒal] (2), *f* نجلاء [nadʒ'laːʔ] (2), *pl.* نجل [nudʒl] *Auge*: groß; großäugig; *Wunde*: klaffend

انجلاء [indʒi'laːʔ] *fig.* Enthüllung *f*, Entschleierung *f*

إنجلترا [ʔin'gilteraː] England

أنجلو [ʔangloː] anglo-

أنجلوسكسون [ʔangloːsak'soːn] *koll.*: الـ~ die Angelsachsen *m/pl.*

أنجلوسكسوني [ʔangloːsak'soːniː] angelsächsich

إنجليز [ʔing(i)'liːz] *koll.*: الـ~ die Engländer *m/pl.*

إنجليزي [ʔing(i)'liːziː] englisch; Engländer *m*

أنجولا [ʔan'goːlaː] Angola

أنجولي [ʔan'goːliː] angolanisch; Angolaner *m*

أنجياء → نجي

إنجيل [ʔin'dʒiːl], *pl.* أناجيل [ʔanaː'dʒiːl] (2) Evangelium *n*; الـ~ *a.* das Neue Testament

إنجيلي[ʔin'dʒiːliː] evangelisch; Evangelist *m*; الإنجيليون *pl.* die Protestanten *m/pl.*

أنحاء → نحو 2

انحباس [inħi'baːs] Stocken *n*; Versagen *n der Stimme*; Hemmung *f*

انحدار [inħi'daːr] Neigung *f*, Gefälle *n*, Abschüssigkeit *f*; Schrägheit *f*; Schroffheit *f e-s Felsens*; Verfall *m*, Niedergang *m*; Abstammung *f* (من von *D*); سباق الـ~ [si'baːq al-i.] *Sport*: Abfahrtslauf *m*

انحراف [inħi'raːf], *pl.* [-aːt] Abweichung *f*; *fig.* Entgleisung *f*; Verwahrlosung *f*; Fehlverhalten *n*; Sittenverfall *m*; Begehen *n* strafbarer Handlungen; Abwegigkeit *f*; Anomalie *f*; Perversion *f*; *Astr.*, *Opt.* Aberration *f*; *Astr.* Deklination *f*; Schiefheit *f*, schräge Lage; *pl.* Verirrungen *f/pl.*; Exzesse *m/pl.*; Entartungserscheinungen *f/pl.*; ~ الأحداث Jugendkriminalität *f*; ~ المزاج [i. al-mi'zaːdʒ] Verstimmung *f*

انحرافي [inħi'raːfiː] abartig; *pl.* [-uːn] Abweichler m

انحسار [inħi'saːr] Rückgang *m*, Abnahme *f*, Abklingen *n*, rückläufige Entwicklung

انحصار [inħi'sɒːr] Eingeengtheit *f*; Beschränkung *f* (على/في auf *A*); Zusammenfassung *f*; *pl.* [-aːt] Verwaltung *f e-s Staatsmonopols*

انحطاط [inħi'tɒːt] Niedergang *m*, Verfall *m*, Abstieg *m*; Dekadenz *f*; Herabsinken *n*; Abnahme *f der Temperatur*; إحساس الـ~ Minderwertigkeitsgefühl *n*

انحطاطي [inħi'tɒːtiː] dekadent; *Kunst*: nachklassisch
انحلال [inħi'laːl] Auflösung *f*; Zerfall *m*; Verfall *m*; Erschlaffung *f*
انحناء [inħi'naːʔ] Biegung *f*, Krümmung *f*; Neigung *f*; Kurve *f*; Verneigung *f*, Verbeugung *f*; مركز الـ~ *Math.* Krümmungsmittelpunkt *m*
انحناءة [inħi'naːʔa] Biegung *f*; Verneigung *f*
انحنائي [inħi'naːʔiː] krumm, gekrümmt
انحياز [inħi'jaːz] Zurückgezogenheit *f*, Absonderung *f*; Parteilichkeit *f*, Voreingenommenheit *f*; Parteinahme *f* (إلى/ل für *j-n*); عدم الـ~ [ʕadam al-i.] *Pol.* Blockfreiheit *f*; دول عدم الـ~ [duwal ʕadami l-i.] die blockfreien Staaten
انخراط [inxi'rɒːt] Beitritt *m* (في zu *D*), Eintritt *m* (في in *A*)
انخرام [inxi'raːm] Durchlöcherung *f*; Zerrüttung *f*
انخساف [inxi'saːf] Absinken *n*; Verfinsterung *f des Mondes*
انخطاف [inxi'tɒːf] *Mystik*: Entrükkung *f*, Ekstase *f*
انخفاض [inxi'fɒːđ] (Ab-)Sinken *n*; Verminderung *f*; *pl.* [-aːt] Vertiefung *f im Boden*; الأسعار ~ Preisrückgang *m*; niedrige Preise *m/pl.*; جوي ~ [ʤawwiː] *Meteor.* Tief *n*
انخلاع [inxi'laːʕ] *u.* المفاصل ~ Verrenkung *f*
أنداء → ندى[2]
أنداب → ندب[2]
أنداد → ند[4]
اندثار [indi'θaːr] Verlöschen *n*, Verschwinden *n*; Vergessenwerden *n*
اندحار [indi'ħaːr], *pl.* [-aːt] Niederlage *f*; Zusammenbruch *m*
أندر [ʔandar] (2) *el.* seltener
اندفاع [indi'faːʕ] Hast *f*; Elan *m*, Schwung *m*; Einsatzbereitschaft *f*; Eifer *m*; Antrieb *m*; Spontaneität *f*; *pl.* [-aːt] Unüberlegtheit *f*, Unbedachtsamkeit *f*, Affekthandlung *f*; ~ًا [-an] *Adv.* spontan
اندفاعة [indi'faːʕa] *n. vic.* plötzliche(r) Ausbruch *e-r Gefühlsregung*
اندلاع [indi'laːʕ] Ausbruch *m e-s Feuers, e-s Kriegs*

أندلس [ʔandalus] *f*: الـ~ *hist.* das muslimische Spanien
أندلسي [ʔan'dalusiː] *hist.* auf al-'Andalus bezüglich; *pl.* [-uːn] Araber *m* aus al-'Andalus, Maure *m*
اندماج [indi'maːʤ] Eingliederung *f* (في in *A*); Verschmelzung *f*, Fusionierung *f*; Assimilation *f*; نووي ~ [nawawiː] Kernfusion *f*
اندهاش [indi'haːʃ] (Er-)Staunen *n*; Verblüfftheit *f*; Bestürztheit *f*
أندوره [ʔan'doːra] *Geo.* Andorra
إندونيسي [ʔinduː'niːsiː] indonesisch; *pl.* [-uːn] Indonesier *m*
إندونيسيا [ʔinduː'niːsijaː] Indonesien
أندية → ناد
إنذار [ʔin'ðaːr], *pl.* [-aːt] Warnung *f*; *Sport*: Verwarnung *f*; Mahnung *f*; Ankündigung *f*; Alarm *m*; ~ (أخير) Ultimatum *n*; جهاز الـ~ المبكر [ʤi'haːz al-ʔin'ðaːri l-mu'bakkir] Frühwarnsystem *n*
آنذاك [ʔaːna'ðaːk(a)] damals, zu jener Zeit
أنذال → نذل[2]
[1]**أنزال** [ʔan'zaːl] → نزل[2]
[2]**إنزال** [ʔin'zaːl] Herabbringen *n*, Herablassen *n*; *Mil.* Landung *f*; Offenbarung *f des Korans*; *Tun.* lebenslange(r) Pachtvertrag über ein Habous-Grundstück; إلى البحر ~ Stapellauf *m*
انزعاج [inzi'ʕaːʤ] Störung *f*, Belästigung *f durch j-n*; Unbehagen *n*
انزلاق [inzi'laːq] Gleiten *n*; Ausgleiten *n*; Abgleiten *n* (من von *D*); الـ~ على الثلج Skilauf *m*; الـ~ على الجليد Eislauf *m*
انزواء [inzi'waːʔ] Zurückgezogenheit *f*, Absonderung *f*
أنزيم [ʔan'ziːm], *pl.* [-aːt] Enzym *n*
[1]**أنس** [ʔanisa, a] **1.** vertraut werden (ب mit *j-m*); sich in *j-s* Gesellschaft (ب) wohlfühlen; sich freuen (ب über *A*), Gefallen finden (ب an *D*); nett sein (إلى zu *j-m*); gern mögen (إلى *j-n*); Vertrauen, Zuneigung fassen (إلى zu *j-m*); Freude finden (إلى an *D*); sich gewöhnen (إلى an *A*); **2.** wahrnehmen, bemerken, erkennen; feststellen (هـ في/من *etwas* an *j-m*); **II** [ʔannasa] zähmen; **III** آنس [ʔaːnasa] nett, liebenswürdig sein (ه zu *j-m*); **IV** آنس [ʔaːnasa] Gesellschaft leisten (ه *j-m*), erheitern; angenehm berühren; gefallen (ه *j-m*); wahrnehmen, bemerken, erkennen; feststellen (هـ في/من *etwas* an *j-m*); empfinden; Vertrauen fassen (إلى zu *j-m*); sich gewöhnen (إلى an *A*); وحدته ~ [waħ'datahuː], وحشته ~ [waħ'ʃatahuː] j-m Gesellschaft leisten; j-n über s-e Einsamkeit hinwegtrösten; **V** تأنس [ta'ʔannasa] *Gott*: Mensch werden; **X** استأنس [is'tanasa] *j-s* Gesellschaft (ب) suchen; sich in *j-s* Gesellschaft (ب) wohlfühlen; sich gewöhnen (ب an *A*); lauschen (ب *e-r Sache*); vertraut werden (إلى mit *j-m*), sich hingezogen fühlen (إلى zu *j-m*); *j-s* Zutrauen (ه) gewinnen; *Tier* domestizieren; ~ برأيه [bi-raʔjihiː] j-s Meinung einholen; إلى حديثه ~ j-m gerne zuhören
[2]**أنس** [ʔuns] Geselligkeit *f*, Unterhaltung *f*; Frohsinn *m*; Trost *m in der Einsamkeit*; behagliche *od.* gemütliche Atmosphäre, Traulichkeit *f*; Vertrautheit *f* (ب mit *D*), vertraute(r) Umgang (ب mit *j-m*)
[3]**إنس** [ʔins] *koll.* Menschen *m/pl.*
[4]**آنس** [ʔaːnis] zutraulich (ب zu *j-m*); sich wohlfühlend (ب an *e-m Ort*)
أنساب → نسب[2]
[1]**أنسال** [ʔan'saːl] → نسل[2]
[2]**إنسال** [ʔin'saːl] Zeugung *f*
أنسام → نسم[2]
إنسان [ʔin'saːn], *pl.* أناسي [ʔanaː'siːj] (2) Mensch *m*; الـ~ man; لا ... ~ niemand; العين ~ [ʔi. al-ʕain] Pupille *f*; علم الـ~ [ʕilm al-ʔi.] Anthropologie *f*
إنساني [ʔin'saːniː] menschlich; human; *Hilfe*: humanitär; *Bildung*: humanistisch; Menschenfreund *m*; الإنسانيات *pl.*, الدراسات الإنسانية [ad-diraː'saːt] *u.* العلوم الإنسانية Humanwissenschaften *f/pl.*, Geisteswissenschaften *f/pl.*; الروح الإنسانية [ar-ruːħ] Humanität *f*
إنسانية [ʔinsaː'niːja] Menschheit *f*;

Menschlichkeit *f*, Humanität *f*; Menschentum *n*

أنسب [ʔansab] (2) *el.* geeigneter, passender, angemessener

أنسباء → نسيب

انسجام [insiˈdʒaːm] Harmonie *f*, Zusammenpassen *n* (مع mit *D*); Flüssigkeit *f der Ausdrucksweise*; ~ًا مع [-an] in Übereinstimmung *od.* Einklang mit

أنسجة → نسيج

انسحاب [insiˈħaːb], *pl.* [-aːt] *a. Mil.* Rückzug *m*; *Mil.* Abzug *m*; Rücktritt *m*, Ausscheiden *n*

انسداد [insiˈdaːd] Verstopfung *f*, Blockierung *f*; *Med.* Infarkt *m*

انسلاخ [insiˈlaːx] Loslösung *f* (من von *D*); Ende *n e-s Zeitabschnitts*

انسلال [insiˈlaːl] *Pol.* Infiltration *f*

أنسن [ʔansana] vermenschlichen, humanisieren

أنسنة [ʔansana] Humanisierung *f*

آنسة [ʔaːnisa], *pl.* [-aːt] *u.* أوانس [ʔaˈwaːnis] (2) Fräulein *n*, junge Dame

إنسولين [ʔinsuˈliːn] Insulin *n*

أنسي [ʔansaː]: عرق الـ~ [ʕirq al-ʔa.] Hüftnerv *m*, Ischiasnerv *m*

انسياب [insiˈjaːb] Strömung *f*, Strömen *n*, Fluß *m*; (Dahin-)Gleiten *n*

انسيابي [insiˈjaːbiː] stromlinienförmig; aerodynamisch

انسياق [insiˈjaːq] Getriebenwerden *n*, Sich-Treibenlassen *n*; Folgen *n* (ل *D*)

إنش [ʔinʃ], *pl.* [-aːt] Inch *m*, Zoll *m* (*Längeneinheit*)

إنشاء [ʔinˈʃaːʔ] Errichtung *f*, Erbauung *f*; Anlegen *n*, Bau *m*; Gründung *f*, Einrichtung *f*; (Er-)Schaffung *f*; Abfassung *f e-s Textes*; (*sprachlicher*) Stil; *pl.* [-aːt] *Techn.* Konstruktion *f*; (*Schul-*)Aufsatz *m*; *pl. a. Techn.* Anlage *f*; إنشاءات معدنية [maʕdiˈniːja] Stahlbau *m*; إعادة الـ~ Wiederaufbau *m*; مواد الـ~ [maˈwaːdd al-ʔi.] Baumaterialien *n/pl.*; مهندس إنشاءات [muˈhandis ʔi.] Bauingenieur *m*

إنشاد [ʔinˈʃaːd] Rezitation *f*, Vortrag *m e-s Gedichts*

أنشاز → نشز[2]

إنشائي [ʔinˈʃaːʔiː] Bau-; Stil-, stilistisch; redaktionell; موضوع ~ (*Schul-*)Aufsatz *m*

انشراح [inʃiˈraːħ] Frohsinn *m*, Heiterkeit *f*; Entspannung *f*, Gelöstheit *f*

انشطار [inʃiˈtɒːr] *intr.* Teilung *f*, Spaltung *f*; ~ نووي [nawawiː] Kernspaltung *f*

أنشطة → نشاط

انشغال [inʃiˈɣaːl] Beschäftigung *f* (ب mit *D*); (= ~البال) Besorgtheit *f*

انشقاق [inʃiˈqaːq] *intr.* Spaltung *f*, Trennung *f*; Absplitterung *f* (عن von *D*); *Rel.* Schisma *n*

انشقاقي [inʃiˈqaːqiː] Spaltungs-; schismatisch; *pl.* [-uːn] Vertreter *m od.* Anhänger *m* e-r abgesplitterten Gruppe, Schismatiker *m*

أنشوجة [ʔanˈʃuːga] *Äg.* Anschovis *f*

أنشودة [ʔunˈʃuːda], *pl.* أناشيد [ʔanaːˈʃiːd] (2) Lied *n*; Hymne *f*

أنشوطة [ʔunˈʃuːtɒ], *pl.* أناشيط [ʔanaːˈʃiːt] (2) Schlinge *f*, Schleife *f*

أنصاب → نصب[5]

أنصار → ناصر

[1]**أنصاف** [ʔanˈsɒːf] → نصف[3]

[2]**إنصاف** [ʔinˈsɒːf] Gerechtigkeit *f*, Billigkeit *f*; gerechte Behandlung

أنصباء *u.* **أنصبة** → نصيب

انصراف [insiˈrɒːf] Aufbruch *m*, Weggang *m*; Abwendung *f* (عن von *D*), Verzicht *m* (عن auf *A*); Hinwendung *f*, Übergang *m* (إلى zu *D*)

أنصع [ʔansɒʕ] (2) *el.* reiner

أنصف [ʔansɒf] (2) *el.* gerechter (behandelnd)

انصهار [insiˈhaːr] Verschmelzung *f*; ~ نووي [nawawiː] Kernfusion *f*

انصياع [insiˈjaːʕ] Folgeleisten *n* (ل *D*)

إنضاج [ʔinˈđɒːdʒ] Reifenlassen *n*

أنضاد → نضد[2]

انضباط [inđiˈbɒːt] Disziplin *f*; *intr.* Regelung *f*; ~ الجيش [i. al-dʒaiʃ] *Ir.* Militärpolizei *f*

انضغاط [inđiˈɣɒːt] *intr.* Komprimierung *f*; Zusammendrückbarkeit *f*

انضمار [inđiˈmaːr] Schrumpfung *f*

انضمام [inđiˈmaːm] Beitritt *m* (إلى zu *D*), Eintritt *m* (إلى in *A*), Anschluß *m* (إلى an *A*)

أنطاع → نطع[2]

أنطاكيا [ʔanˈtɒːkijaː] Antakya (*das frühere Antiochia*)

انطباع [intiˈbaːʕ], *pl.* [-aːt] Eindruck *m*, Impression *f*

انطباعي [intiˈbaːʕiː] impressionistisch

انطباعية [intibaːˈʕiːja] Impressionismus *m*

انطباق [intiˈbaːq] Sichdecken *n*, Übereinstimmung *f* (مع mit *D*)

انطلاق [intiˈlaːq] Abfahrt *f des Autobusses*; Start *m e-r Rakete*, *a. Sport*; Aufbruch *m* (نحو zu *D*, *a. fig.*); Aufschwung *m*; Schwung *m*, Elan *m*; *a. Chem.* Freiwerden *n*; Ungebundenheit *f*, Freiheit *f*; ~ًا من [-an] ausgehend von; نقطة الـ~ [nuqtɒt al-i.] Ausgangspunkt *m*

انطلاقة [intiˈlaːqa], *pl.* [-aːt] Anfang *m*, erste(r) Ansatz *e-r Entwicklung*; *a. fig.* Aufbruch *m*; Ungebundenheit *f*, Freiheit *f*

انطواء [intiˈwaːʔ] Zurückgezogenheit *f*, Verschlossenheit *f*; (= الـ~ على النفس) *Psych.* Introversion *f*

انطوائي [intiˈwaːʔiː] *Psych.* introvertiert

انطوائية [intiwaːˈʔiːja] Zurückgezogenheit *f*, Abkapselung *f*

أنطولوجي [ʔontoˈloːdʒiː] *Phil.* ontologisch

أنطولوجيا [ʔontoˈloːdʒijaː] *Phil.* Ontologie *f*

أنظمة → نظام

إنعاش [ʔinˈʕaːʃ] Belebung *f*, Aufmunterung *f*; ~ اجتماعي Sozialhilfe *f*, Wohlfahrt *f*; ~ اقتصادي Belebung *f od.* Ankurbelung *f* der Wirtschaft

إنعام [ʔinˈʕaːm] Gunsterweisung *f*; Gunst *f*, Wohltat *f*; ~ النظر [ʔi. annɒđɒr] genaue Betrachtung (في *G*)

إنعامة [ʔinˈʕaːma] Wohltat *f*, Gabe *f*

انعتاق [inʕiˈtaːq] (Selbst-)Befreiung *f*

انعدام [inʕiˈdaːm] Nichtvorhandensein *n*; Mangel *m*; Schwund *m*; ~ الوزن Schwerelosigkeit *f*

انعزال [inʕiˈzaːl] Abgeschnittensein *n* (عن von *D*); Isolation *f*; *intr.* Absonderung *f*

انعزالي [inʕi'zaːliː] *Pol.* isolationistisch; separatistisch; *pl.* [-uːn] Separatist *m*

انعزالية [inʕizaː'liːja] *Pol.* Isolationismus *m*

انعطاف [inʕi'ṭɒːf] Wendung *f*, Biegung *f*; Abbiegen *n* (إلى nach *D*); Neigung *f*

انعطافة [inʕi'ṭɒːfa] *n. vic.* Wendung *f*, Wende *f*

انعقاد [inʕi'qaːd] *intr.* Abhaltung *f e-r Konferenz*; Zusammentritt *m e-r Kommission*; دورة الـ~ [daurat al-i.] Sitzungsperiode *f*

انعكاس [inʕi'kaːs], *pl.* [-aːt] Reflektierung *f*, Rückstrahlung *f*; Reflex *m*; Auswirkung *f* (على auf *A*)

انعكاسي [inʕi'kaːsiː] Reflex-

انغلاق [inɣi'laːq] Geschlossensein *n e-r Tür*; *intr.* Abschließung *f* (على gegen *A*); على النفس ~ Selbstisolierung *f*

أنغولا [ʔan'ɣoːlaː] Angola

أنغولي [ʔan'ɣoːliː] angolanisch; *pl.* [-uːn] Angolaner *m*

1**أنف** [ʔanifa, a] e-e Abneigung haben (من gegen *A*); die Nase rümpfen (من über *j-n*); zu stolz sein (عن *etwas zu tun*); **X** استأنف [is'taʔnafa] wiederaufnehmen; von neuem beginnen; (*nach e-r Unterbrechung*) fortsetzen; الحكم ~ [al-ħukma] *Jur.* gegen ein Urteil Berufung einlegen

2**أنف** [ʔanf], *pl.* آناف [ʔaː'naːf] *u.* أنوف [ʔu'nuːf] Nase *f*; Schnauze *f des Schweins*; Ausläufer *m e-s Berges*; Stolz *m*; رغم ~ـه [raɣma ʔa.] *u.* برغم ~ـه [bi-raɣmi ʔa.] ihm zum Trotz, gegen s-n Willen; شامخ الـ~ hochnäsig, stolz, arrogant; أذل ~ـه [ʔa'ðalla -ahuː], كسر ~ـه [kasara] j-n demütigen; تكلم من ~ـه [ta'kallama] näseln

3**آنف** [ʔaːnif]: الذكر ~ [ʔa. að-ðikr] obenerwähnt; ~ًا [-an] *Adv.* oben (*im Text*)

1**أنفاذ** [ʔan'faːð] → 2نفذ

2**إنفاذ** [ʔin'faːð] Ausführung *f*, Vollzug *m*; Übermittlung *f*

أنفار → 2نفر *u.* نفير

أنفاس → 2نفس

1**أنفاق** [ʔan'faːq] → 2نفق

2**إنفاق** [ʔin'faːq] Ausgabe *f von Geld* (على für *A*); *a. pl.* [-aːt] Ausgaben *f/pl.*; Aufwendung *f*, (*Kosten-*)Aufwand *m*

أنفال → 2نفل

انفتاح [infi'taːħ] Öffnung *f* (*a. e-s Landes nach außen*); (*seelisch-geistige*) Aufgeschlossenheit

انفجار [infi'dʒaːr], *pl.* [-aːt] Explosion *f*, Detonation *f*; Ausbruch *m*; ~ سكاني [su'kkaːniː] Bevölkerungsexplosion *f*; الـ~ العظيم *Astr.* Urknall *m*

انفجاري [infi'dʒaːriː] explosiv; explosionsartig; ~ صوت [sɒut] *Phon.* Explosivlaut *m*

انفراج [infi'raːdʒ] Gelöstheit *f*; *a. Pol.* Entspannung *f*

انفراد [infi'raːd] Alleinsein *n*, Abgesondertheit *f*; ~ على allein; im Alleingang; *Gespräch*: unter vier Augen; الـ~ بالسلطة [bi-s-sulṭɒ] Alleinherrschaft *f*

انفرادي [infi'raːdiː] Allein-, Einzel-; Separat-, separat; *Maßnahme*: einseitig; ~ حبس Einzelhaft *f*

انفراط [infi'rɒːṭ] Auseinanderfallen *n*, Auflösung *f*

أنفرس [ʔan'vers] Antwerpen

أنفرة → نفير

1**أنفس** [ʔanfas] (2) *el.* kostbarer, wertvoller

2**أنفس** [ʔanfus] → 3نفس

انفساح [infi'saːħ] Ausdehnung *f*, Weite *f*

انفصال [infi'sɒːl] *intr.* Abtrennung *f*, Loslösung *f*; Sezession *f*; داعي الـ~, *pl.* دعاة الـ~ [du'ʕaːt al-i.] Separatist *m*

انفصالي [infi'sɒːliː] separatistisch; *pl.* [-uːn] Separatist *m*

انفصالية [infisɒː'liːja] Separatismus *m*

انفصام [infi'sɒːm] Spaltung *f*, Bruch *m*; الشخصية ~ Schizophrenie *f*

انفضاض [infi'ḍɒːḍ] Auflösung *f*; Schließung *f e-r Sitzung*

انفعال [infi'ʕaːl], *pl.* [-aːt] Aufregung *f*, Erregtheit *f*; Emotion *f*; Reaktion *f*; *Biol.* Reiz *m*; سريع الـ~ reizbar, erregbar

انفعالي [infi'ʕaːliː] erregbar; durch Erregung hervorgerufen; emotional

انفعالية [infiʕaː'liːja] Erregbarkeit *f*, Reizbarkeit *f*; Affektgebundenheit *f*; Emotionalität *f*

انفكاش [infi'kaːʃ], *pl.* [-aːt] Verstauchung *f*

انفكاك [infi'kaːk] *intr.* Loslösung *f*

انفلات [infi'laːt] Entkommen *n*, Entrinnen *n*, Entfliehen *n*

إنفلونزا [ʔinflu'wanzaː] Influenza *f*, Grippe *f*

أنفة [ʔanafa] Stolz *m*; (stolze) Verachtung (من *G*); Hochnäsigkeit *f*, Arroganz *f*

أنفي [ʔanfiː] nasal; ~ صوت [sɒut] *Phon.* Nasal *m*

أنق [ʔaniqa, a] hübsch sein, gefallen; **IV** آنق [ʔaːnaqa] hübsch *od.* gefällig aussehen; gefallen (ه *j-m*); **V** تأنق [ta'ʔannaqa] sich schön machen, elegant auftreten; wählerisch sein (في in *D*)

أنقى [ʔanqaː] *el.* reiner, sauberer; klarer

إنقاذ [ʔin'qaːð] Rettung *f*, Befreiung *f aus der Not*; Bergung *f*

إنقاص [ʔin'qɒːs] Verminderung *f*, Verringerung *f*, Kürzung *f*

أنقاض [ʔan'qɒːḍ] *pl.* Trümmer *pl.*

انقباض [inqi'bɒːḍ] Zusammenziehung *f*; *Med.* Kontraktion *f*; (= ~ الصدر) Beklemmung *f*, Bedrücktheit *f*, Niedergeschlagenheit *f*, Depression *f*; القلب ~ *Med.* Systole *f*

انقراض [inqi'rɒːḍ] Aussterben *n*

أنقرة [ʔanqara] Ankara

انقسام [inqi'saːm], *pl.* [-aːt] *intr.* Teilung *f*, Spaltung *f*; Schisma *n*; ~ الخلية [i. al-xa'liːja] *Biol.* Zellteilung *f*; الشخصية ~ Persönlichkeitsspaltung *f*, Schizophrenie *f*

انقضاء [inqi'ḍɒːʔ] Ablauf *m e-r Zeit*; Aufhören *n*, Erlöschen *n*

انقضاض [inqi'ḍɒːḍ] Herabstürzen *n*; Sturzflug *m*; Ansturm *m* (على gegen *A*); Herfallen *n* (على über *A*), Überfall *m*

انقطاع [inqi'ṭɒːʕ] *intr.* Unterbrechung *f*; Trennung *f*; Zerreißen *n*; Aufhören *n* (عن mit *D*); ausschließ-

liche Beschäftigung (إلى mit *D*); ~ بدون [bi-duːn i.] ununterbrochen, ohne Unterlaß; التيار ~ [i. at-ta'jjaːr], الكهرباء ~ [i. al-kahra'baːʔ] Stromausfall *m*
أنقعة → نقيع
انقلاب [inqi'laːb] Umsturz *m*, Umwälzung *f*; Putsch *m*, Staatsstreich *m*; *fig*. Umbruch *m*; Wechsel *m*; Sonnenwende *f*; حراري ~ *Meteor*. Inversion *f*; عسكري ~ Militärputsch *m*; دائرة الـ~ Wendekreis *m*
انقلابي [inqi'laːbiː] umstürzlerisch; Putsch-; *pl*. [-uːn] Putschist *m*
إنقلترا [ʔin'gilteraː] *Tun*. England
إنقليز [ʔing(i)'liːz] *koll*.: الـ~ *Tun*. die Engländer *m/pl*.
أنقليس [ʔanqa'liːs] *u*. **إنقليس** [ʔinqi'liːs] *bsd. Syr*. Aal *m*
أنقياء → ²نقي
انقياد [inqi'jaːd] Sichfügen *n* (لـ *j-m*); Gehorsam *m*
إنكا [ʔinkaː] *koll*.: الـ~ die Inkas *m/pl*.
إنكار [ʔin'kaːr] Verleugnung *f*, Verneinung *f*; Mißbilligung *f*; ~ جميله *u*. نعمته ~ [ʔi. niʕ'matihiː] Undankbarkeit *f* gegen (*A*); ~ الحقوق Beschneidung *f von Rechten*; الذات ~ Selbstverleugnung *f*; Selbstlosigkeit *f*
أنكال → ²نكل
انكباب [inki'baːb] Beschäftigung *f* (على mit *D*), Hingabe *f* (على an *e-e Sache*)
انكباس [inki'baːs] *intr*. Zusammenpressung *f*
أنكد [ʔankad] (2), *f* نكداء [nak'daːʔ] (2) *obs*. mühevoll, hart
أنكر [ʔankar] (2), *f* نكراء [nak'raːʔ] (2) abscheulich; *Lächeln*: böse
انكسار [inki'saːr] *a. Psych*. Gebrochensein *n*; *a. Phys*. Brechung *f*; *Geol*. Bruch *m*, Verwerfung *f*; Niederlage *f*; القلب ~ Niedergeschlagenheit *f*, Zerknirschtheit *f*
انكساف [inki'saːf] Verfinsterung *f der Sonne*; Sonnenfinsternis *f*
إنكشاري [ʔinki'ʃaːriː], *pl*. ـة~ *hist*. Janitschar *m*
انكشاف [inki'ʃaːf] Sichzeigen *n*, Offenbarwerden *n*
انكفاء [inki'faːʔ] Zurückweichen *n*, Rückzug *m*
إنكلترا [ʔin'gilteraː] England
أنكلوستوما [ʔankilos'toːmaː] Hakenwurmkrankheit *f*
أنكلوسكسون [ʔangloːsak'soːn] *koll*.: الـ~ die Angelsachsen *m/pl*.
أنكلوسكسوني [ʔangloːsak'soːniː] angelsächsisch; Angelsachse *m*
إنكليز [ʔing(i)'liːz] *koll*.: الـ~ die Engländer *m/pl*.
إنكليزي [ʔing(i)'liːziː] englisch; Engländer *m*
أنكليس [ʔanka'liːs] *bsd. Syr*. Aal *m*
أنكليكاني [ʔangliː'kaːniː] anglikanisch
انكماش [inki'maːʃ] Schrumpfung *f*; Rückgang *m*; *Ök*. Rezession *f*; *Ök*. Deflation *f*; Versunkenheit *f*
انكماشي [inki'maːʃiː] Rezessions-, rezessiv
أنكولا [ʔan'goːlaː] Angola
أنكى [ʔankaː] schlimmer, schmerzlicher
إنما [ʔinnamaː] **1.** *als Bekräftigung von Satzgliedern nicht zu übersetzen*; **2.** sondern, vielmehr; ليس/لا ... فقط و~ (أيضا) [(ʔaiđɒn)] nicht nur ... sondern auch; **3.** nur; (aber) doch
¹**أنماء** [ʔani'mmaːʔ] → ²نم
²**إنماء** [ʔin'maːʔ] Wachsenlassen *n*; (Ver-)Mehrung *f*; *bsd. Ök*. Entwicklung *f*
أنمار → ²نمر
أنماط → نمط
إنمائي [ʔin'maːʔiː] Entwicklungs-
أنمر [ʔanmar] (2), *f* نمراء [nam'raːʔ] (2) gefleckt, getupft
أنمش [ʔanmaʃ] (2), *f* نمشاء [nam'ʃaːʔ] (2), *pl*. نمش [numʃ] sommersprossig
أنملة [ʔunmula], *pl*. أنامل [ʔa'naːmil] (2) Fingerspitze *f*
أنموذج [ʔun'muːðadʒ], *pl*. [-aːt] = نموذج
إنهاء [ʔin'haːʔ] Abschluß *m*, Beendigung *f*; Einstellung *f e-r Untersuchung*
أنهار → ²نهر
إنهاض [ʔin'hɒːđ] Sicherhebenlassen *n*; Förderung *f*
إنهاك [ʔin'haːk] Erschöpfung *f*, Entkräftung *f*; عصبي ~ [ʕasɒbiː] Neurasthenie *f*
أنهج → ³نهج
¹**أنهر** [ʔanhar] (2): ~ نهار helle(r), strahlende(r) Tag
²**أنهر** [ʔanhur] → ²نهر *u*. نهار
انهزام [inhi'zaːm] Erleiden *n* e-r Niederlage; Niederlage *f* (أمام gegen *A*)
انهزامي [inhi'zaːmiː] defätistisch; *pl*. [-uːn] Defätist *m*
انهزامية [inhizaː'miːja] Defätismus *m*
انهضام [inhi'đɒːm] *intr*. Verdauung *f*; Verdaulichkeit *f*
انهماك [inhi'maːk] Hingabe *f* (في an *e-e Sache*); Versunkenheit *f* (في in *A*)
انهيار [inhi'jaːr], *pl*. [-aːt] Einsturz *m*, Zusammenbruch *m*; Zuspitzung *f der Lage*; أرضي ~ Erdrutsch *m*; ~ عصبي [ʕasɒbiː] Nervenzusammenbruch *m*
انهيال [inhi'jaːl] *u*. الأرض ~ Erdrutsch *m*
أنواء → ²نوء
أنوار → ³نور *u*. ⁴نور
أنواط → ²نوط *u*. ³نوط
أنواع → ²نوع
أنوال → ²نول
أنوان → ²نون
أنوثة [ʔu'nuːθa] Weiblichkeit *f*, Fraulichkeit *f*
أنود [ʔa'noːd], *pl*. [-aːt] Anode *f*
أنوق [ʔa'nuːq]: أعز من بيض الـ~ [ʔa'ʕazz, baiđ] *Spr*. sehr selten
أنوك [ʔanwak] (2), *f* نوكاء [nau'kaːʔ] (2) dumm, töricht
¹**أنى** [ʔanaː, iː] *Zeit*: herankommen; ~ له أن يفعله [jafʕalahuː] es ist höchste Zeit, daß er es tut; **V** تأنى [ta'ʔannaː] warten können; sich Zeit lassen *od*. nehmen (في bei *D*); **X** استأنى [is'taʔnaː] sich Zeit lassen *od*. nehmen, zögern
²**أنى** [ʔannaː] wie?, wo?, woher?, wohin?, wieso?; wie *od*. wo auch immer; ~ له أن wie soll(te) er ...?
³**آني** [ʔaːniː] gegenwärtig, aktuell; zeitweilig
أنياب → ²ناب

آنئذ [ʔaːˈnaʔiðin] damals, zu jener Zeit; *Zukunft*: dann

أنيس [ʔaˈniːs] *Mensch*: nett, liebenswürdig; *Lächeln*: freundlich; *Buch*: interessant; Vertraute(r), Gefährte *m*; *a. npr. m*; ~ لا ... من keine Menschenseele

أنيسون [ʔaniːˈsuːn] Anis *m*

أنيق [ʔaˈniːq] gefällig, hübsch; *Kleidung*, *Möbel*: elegant, schick; *Bewegung*: anmutig; *Speisen*: lecker

أنيمي [ʔaˈniːmiː] anämisch, an Anämie leidend

أنيميا [ʔaˈniːmijaː] *Med.* Anämie *f*

أنين [ʔaˈniːn] Stöhnen *n*, Ächzen *n*; Brausen *n*, Branden *n der Wogen*

آنية → 1إناء

1**آه** [ʔaːh, ʔaːhi, ʔaːhin] *u.* **آها** [ʔaːhaː] ach!; o weh!, oje!; au!

2**آه** [ʔaːha] → 1(أوه)

إهاب [ʔiˈhaːb], *pl.* أهب [ʔuhub] Haut *f*; إبليس في ~ قديس [qiˈddiːs] *fig.* ein Wolf im Schafspelz

إهاجة [ʔiˈhaːdʒa] Erregung *f*, Aufreizung *f*

أهالي → 2أهل

إهانة [ʔiˈhaːna] Beleidigung *f*

أهب II [ʔahhaba] bereitmachen; *j-n* vorbereiten; **V** تأهب [taˈʔahhaba] sich bereitmachen *od.* vorbereiten (ل für *A*), sich rüsten (ل zu *D*)

أهباء → هباء

أهبل [ʔahbal] (2), *f* هبلاء [habˈlaːʔ] (2), *pl.* [hubl] schwachsinnig, blöd

أهبة [ʔuhba] Vorbereitung *f*, Bereitschaft *f*; *pl.* أهب [ʔuhab] Ausrüstung *f*, Ausstattung *f*, Gerät *n*; على ~ الاستعداد jederzeit *od.* gerne bereit (ل *etwas zu tun)*; على ~ السفر [-ti s-safar] reisefertig; هو على ~ + *G*: er schickt sich an *od.* ist im Begriff, *etwas zu tun*; أخذ ~ـه [-tahuː] Vorbereitungen treffen, sich bereitmachen

اهتزاز [ihtiˈzaːz], *pl.* [-aːt] Erschütterung *f*; Zittern *n*, Vibrieren *n*; *a. fig.* Beben *n*

اهتزازة [ihtiˈzaːza] *n. vic.*, *pl.* [-aːt] (*einzelne*) Erschütterung; Vibration *f*; Beben *n*

اهتمام [ihtiˈmaːm], *pl.* [-aːt] Aufmerksamkeit *f*; Interesse *n* (ب für *A*); Sorge *f* (ب für *A*), Sichkümmern *n* (ب um *A*); Wertlegen *n* (ب auf *A*); Sorgfalt *f*; بـ~ mit Interesse, interessiert; ذو ~ مشترك [muʃˈtarak] von gemeinsamen Interesse

أهجوة [ʔuhˈdʒuːwa] *u.* **أهجية** [ʔuhˈdʒiːja], *pl.* أهاجي [ʔahaːˈdʒiːj] (2) Spottgedicht *n*

أهدأ [ʔahdaʔ] (2) *el.* ruhiger, stiller

إهداء [ʔihˈdaːʔ] Schenkung *f*; Widmung *f*, Zueignung *f*

أهداب → 2هدب

إهدار [ʔihˈdaːr] Nichtbeachtung *f*, Ignorieren *n*; Preisgabe *f e-s Wertes*; Verschwendung *f*

أهداف → 2هدف

أهدام → 3هدم

أهدب [ʔahdab] (2), *f* هدباء [hadˈbaːʔ] (2), *pl.* هدب [hudb] lange Wimpern habend

أهدل [ʔahdal] (2), *f* هدلاء [hadˈlaːʔ] (2) lose herabhängend

أهدى [ʔahdaː] *el.* besser geleitet; richtiger, besser

أهراء → 2هري

إهراق [ʔihˈraːq]: ~ الدماء [ʔi. adˈdimaːʔ] Blutvergießen *n*

أهرام *u.* **أهرامات** → 2هرم

أهزوجة [ʔuhˈzuːdʒa], *pl.* أهازيج [ʔahaːˈziːdʒ] (2) Lied *n*

1**أهل** [ʔahala, u] heiraten; – [ʔahila, a] vertraut sein (ب mit *D*); **II** [ʔahhala] befähigen, qualifizieren, ausbilden (ل für *A*); bewillkommnen, begrüßen (ب *A*); **V** تأهل [taˈʔahhala] sich ausbilden (ل für *e-n Beruf*), *a. Sport*: sich qualifizieren (ل für *A*); sich verheiraten; **X** استأهل [isˈtaʔhala] *Glück*, *Strafe* verdienen; würdig sein (هـ *e-r Ehre*); *die Mühe* lohnen; ~ ذهبا [ðahaban] *fig.* Gold wert sein

2**أهل** [ʔahl] *koll.*, *pl.* آهال [ʔaˈhaːlin] *u.* [-uːn] Angehörige *m/pl.*, Verwandte *m/pl.*, Familie *f*; (*sg.*) Gattin *f*; Bewohner *m/pl.*, Einwohner *m/pl.*, Bevölkerung *f*; Leute *pl.*; Anhänger *m/pl. e-r Richtung*; Besitzer *m/pl.*; fähig (ل zu *D*), geeignet (ل für *A*); würdig (ل *G*), verdienend (ل *A*); الأهالي die Einheimischen *m/pl.*, die einheimische Bevölkerung; ~ بلا alleinstehend; ~ الله die Heiligen *m/pl.*; ~ البيت [ʔa. al-bait] Hausbewohner *m/pl.*; *hist.* die Familie Mohammeds; ~ الحرفة [ʔa. al-ħirfa] Berufsangehörige *m/pl.*; ~ حرفته s-e Berufskollegen; ~ الرأي die maßgeblichen Leute; ~ زمانه s-e Zeitgenossen; ~ السنة [ʔa. as-sunna] die Sunniten *m/pl.*; ~ الشرق die Orientalen *m/pl.*; ~ العلم [ʔa. al-ʕilm] die Gelehrten *m/pl.*; ~ الكتاب [ʔa. al-kiˈtaːb] die Besitzer *m/pl.* e-r Offenbarungsschrift (*Christen u. Juden*); ~ًا وسهلا [-an wa-sahlan] *u.* ~ًا بك [bika] (sei) willkommen; تصبح على خير – وأنت من ~ـه [tusbiħu] schlaf gut! — du auch!

3**آهل** [ʔaːhil] *Gegend*: bewohnt; (dicht) besiedelt

أهلاب → 3هلب

أهلب [ʔahlab] (2), *f* هلباء [halˈbaːʔ] (2) behaart; zottig

أهلة → هلال

أهلي [ʔahliː] (ein)heimisch, inländisch; national; privat; Familien-; häuslich; البنك الـ~ *Äg.* Nationalbank *f* (*frühere Staatsbank*); حرب ~ة Bürgerkrieg *m*; ~ حيوان [ħajaˈwaːn] Haustier *n*; ~ فويق *Äg.* Nationalmannschaft *f*; محكمة ~ة *hist. Äg.* Gerichtshof *m* für Inländer; مدرسة ~ة Privatschule *f*; ~ مسرح Volksbühne *f*

إهليلج [ʔihˈliːladʒ] *Bot.* Myrobalane *f*; *Math.* Ellipse *f*

إهليلجي [ʔihˈliːladʒiː] *Math.* elliptisch

أهلية [ʔahˈliːja] Eignung *f*, Befähigung *f*, Tauglichkeit *f*, Qualifikation *f*; *Jur.* Geschäftsfähigkeit *f*; ~ الانتخاب Wählbarkeit *f*; ~ قانونية Rechtsfähigkeit *f*; عديم الـ~ geschäftsunfähig; ناقص الـ~ beschränkt geschäftsfähig; نقص الـ~ beschränkte Geschäftsfähigkeit; كامل الـ~ (unbeschränkt) geschäftsfähig

أهم [ʔaˈhamm] (2) *el.* wichtiger

إهمال [ʔih'maːl] Vernachlässigung *f*; Nichtberücksichtigung *f*; Nachlässigkeit *f*; Unachtsamkeit *f*; *Jur.* Fahrlässigkeit *f*
أهمام → [5]هم
أهمية [ʔaha'mmiːja] Wichtigkeit *f*, Bedeutung *f*; عديم الـ ~ unwichtig
آهة [ʔaːha], *pl.* [-aːt] (Auf-)Stöhnen *n*, Ächzen *n*; *pl.* Ausrufe *m/pl.* des Erstaunens *od.* der Bewunderung
أهواء → [2]هوى
أهوار → [2]هور
أهوال → [2]هول
أهوج [ʔahwaʤ] (2), *f* هوجاء [hau'ʤaːʔ] (2), *pl.* هوج [huːʤ] unüberlegt, leichtfertig, voreilig; tollkühn; *Sturm*: heftig
أهوس [ʔahwas] (2) töricht, verrückt; verblendet
أهون [ʔahwan] (2) **1.** *el.* leichter; geringer; **2.** leicht; gering
أهوى [ʔahwaː] *el.* erwünschter, wünschenswerter
[1]**أهوية** [ʔahwija] → هواء
[2]**أهوية** [ʔuh'wiːja] Abgrund *m*, Tiefe *f*
أهيف [ʔahjaf] (2), *f* هيفاء [hai'faːʔ] (2), *pl.* هيف [hiːf] schlank
[1]**أو** [ʔau] oder; *mit Subjunktiv*: es sei denn, daß; أن ~ [ʔanna] oder vielmehr
[2]**أو** [ʔa-wa] → [2]أ
أوابد → آبدة
أوابك [ʔa'waːbek] OAPEC *f* (*Organisation der arabischen erdölexportierenden Länder*)
أواخر → [3]آخر
أواسط → أوسط
أواصر → آصرة
أوالي [ʔawaː'liːj] (2) *pl.*: الـ ~ *Biol.* Protozoen *n/pl.*, Urtierchen *n/pl.*
أوامر → [3]أمر
[1]**أوان** [ʔa'waːn], *pl.* آونة [ʔaːwina] Zeit *f*; ~ـه die richtige Zeit dafür; في ~ـه rechtzeitig; في غير ~ـه zur Unzeit; سابق لأوانه vorzeitig, verfrüht; voreilig; قبل ~ـه zu früh, vorzeitig; في الآونة الأخيرة in letzter Zeit; بين الآونة (والأخرى) [wa-l-ʔuxraː] von Zeit zu Zeit; آونة ... وأخرى [-tan] bald ... bald; بعد فوات الـ ~ zu spät; آن الـ ~ [ʔaːna] es ist so weit; es ist an der Zeit (لـ *etwas zu tun*); فات الـ ~ es ist *od.* war zu spät; → [2]أذان
[2]**أوان** [ʔa'waːnin] *u.* أواني → [1]إناء
أواه [ʔa'wwaːh] ach!; o weh!; oje!; au!
أوائل → [2]أول
[1]**آب (أوب)** [ʔaːba, uː] zurückkehren; ذهب و~ kommen und gehen
[2]**أوب** [ʔaub]: من كل ~ (وصوب) [min kulli ʔaub(in wa-sɒub)] von überallher
أوبار → [2]وبر
أوباش ‹ وبش
أوبر [ʔaubar] (2), *f* وبراء [wab'raːʔ] (2) behaart, haarig; flaumig
أوبرا [ʔoːbraː, ʔoːp(i)raː], *pl.* [-aːt] Oper *f*; دار الـ ~ Opernhaus *n*
أوبريت [ʔoːb(i)'reːt, ʔoːp'reːt], *pl.* [-aːt] Operette *f*
أوبك [ʔoːbek] OPEC *f* (*Organisation der erdölexportierenden Länder*)
أوبة [ʔauba] Rückkehr *f*; ذهاب و~ Kommen und Gehen *n*
أوبيب [ʔo'beːb] *Maghr.* OPEC *f* (*Organisation der erdölexportierenden Länder*)
أوبيك [ʔoː'beːk, ʔoːbek] = أوبك
أوبئة → وباء
أوت [ʔuːt] *Alg.*, *Tun.* August *m*
أوتاد → [2]وتد
أوتار → [2]وتر
أوتنة → وتين
أوتوبيس [ʔutu'biːs, ʔoːto'biːs], *pl.* [-aːt] Autobus *m*, Bus *m*
أوتوستراد [ʔoːto'straːd], *pl.* [-aːt] Autobahn *f*
أوتوقراطي [ʔoːto'qrɒːŧiː] autokratisch
أوتوقراطية [ʔoːtoqrɒː'ŧiːja] Autokratie *f*
أوتوماتيكي [ʔutumaː'tiːkiː, ʔoːtomaː'tiːkiː] automatisch; → أتوماتيكي
أوتيل [ʔoː'teːl, ʔu'teːl], *pl.* [-aːt] Hotel *n*
أوثان → وثن
أوثق [ʔauθaq] (2) *el.*, *f* وثقى [wuθqaː] enger; fester; zuverlässiger
أوج [ʔauʤ] Höhepunkt *m*, Gipfel *m des Ruhms etc.*; *Astr.* Apogäum *n*; بلوغ الـ ~ Kulmination *f*; بلغ ~ـه [-ahuː] s-n Höhepunkt erreichen, kulminieren
أوجار → وجر *u.* وجرة
أوجاع → [2]وجع
أوجاق [ʔuː'ʤaːq] = وجاق
أوجال → [2]وجل
أوجب [ʔauʤab]: من ~ الواجبات zu den vordringlichsten Pflichten gehört
أوجرة → وجار
أوجع [ʔauʤaʕ] (2) *el.* schmerzhafter; schmerzlicher
[1]**أوجه** [ʔauʤah] (2) *el.* angesehener; vornehmer
[2]**أوجه** [ʔauʤuh] → [2]وجه
أوحال → [2]وحل
أوحد [ʔauħad] (2) einzig; einzigartig, einmalig
[1]**آد (أود)** [ʔaːda, uː] belasten, bedrücken; **V** تأود [ta'ʔawwada] sich biegen; sich neigen *beim Gehen*
[2]**أود** [ʔawad] Biegung *f*; Krümmung *f*; قام بأوده [-ihiː] *u.* أقام ~ـه [-ahuː] für j-s Lebensunterhalt sorgen, j-n am Leben erhalten
أوداج → ودج
أودة [ʔauda] Bürde *f*, Last *f*
أوديب [ʔuː'diːb] Ödipus; عقدة ~ [ʕuqdat ʔu.] Ödipuskomplex *m*
أودية → [3]واد
أوراد → [3]ورد
أوراق → [2]ورق *u.* ورقة
أوراك → ورك
أورال → ورل
أورام → [2]ورم
أورانوس [ʔura'nuːs] Uranus *m* (*Planet*)
أورانيوم [ʔu'raːnijum] Uran *n*
أوربا [ʔu'rubbaː, ʔu'ruppaː] *u.* **أوربة** Europa
أوربي [ʔu'rubbiː, ʔu'ruppiː] europäisch; *pl.* [-uːn] Europäer *m*
أوردة → وريد
أوردو [ʔurduː]: لغة الـ ~ [luɣat al-ʔu.] die Urdu-Sprache
أوردي [ʔurdiː]: اللغة الأردية [al-luɣa] die Urdu-Sprache
أورشليم [ʔur(u)ʃa'liːm] (2) *in der Bibel*: Jerusalem

أورطة [ʔurŧɒ], *pl.* أرط [ʔurɒŧ] *Mil.* Bataillon *n*

أورق [ʔauraq] (2), *f* ورقاء [war'qaːʔ] (2), *pl.* ورق [wurq] aschgrau

أوركسترا [ʔur'kistraː, ʔor'kestraː] *m u. f, pl.* [-aːt] Orchester *n*

أوركسترالي [ʔurkist'raːliː, ʔorkest-'raːliː] Orchester-, orchestral

أورنيك [ʔur'niːk], *pl.* أرانيك [ʔaraː-'niːk] (2) Formular *n*; *Techn.* Gießform *f*

أوره [ʔaurah] (2), *f* ورهاء [war'haːʔ] (2) dumm

أوروبا [ʔu'rubbaː, ʔu'ruppaː, ʔu'roː-paː] Europa

أوروبي [ʔu'rubbiː, ʔu'ruppiː, ʔu'roː-biː] europäisch; *pl.* [-uːn] Europäer *m*

أوروجواي [ʔuruːgu'waːj] *Äg. u.* **أوروغواي** [ʔuruːɣu'waːj] *f* Uruguay

أوريا [ʔuːrijaː] *Chem.* Harnstoff *m*, Carbamid *n*

إوز [ʔi'wazz] *koll.* Gans *f* (*als Art*); *n. un.* ة~, *pl.* [-aːt] (*e-e*) Gans; ~ عراقي [ʕi'raːqiː] Schwan *m*

أوزون [ʔo'zoːn] Ozon *n od. m*; طبقة الـ~ [ŧɒbaqat al-ʔo.] Ozonschicht *f*

أوزوني [ʔo'zoːniː] Ozon-

أوزيريس [ʔuziː'riːs] (2) Osiris (*altägyptischer Gott*)

أوسترالي [ʔustu'raːliː] australisch; *pl.* [-uːn] Australier *m*

أوستراليا [ʔustu'raːlijaː] Australien

أوسط [ʔausɒŧ] (2), *pl.* أواسط [ʔa'waː-siŧ] (2), *f* وسطى [wusŧɒː] mittlere(r), Mittel-; الوسطى der Mittelfinger; أواسط الشهر Mitte des Monats

أوسع [ʔausaʕ] (2) *el.* weiter, geräumiger

أوسمة → وسام

أوشال → وشل

أوشحة → وشاح

أوصاب → وصب

أوصال → وصل[3]

أوصياء → وصي

أوضار → وضر

أوضاع → وضع[2]

أوضام → وضم

أوضح [ʔauđɒħ] (2) *el.* klarer, deutlicher

أوضة *Äg.* [ʔoːđɒ], *Syr. a.* [ʔuːđɒ], *pl.* أوض [ʔuwɒđ] Zimmer *n*

أوطأ [ʔauŧɒʔ] (2) *el.* niedriger

أوطاب → وطب

أوطار → وطر

أوطان → وطن[2]

أوطف [ʔauŧɒf] (2), *f* وطفاء [wɒŧ'faːʔ] (2) starke Augenbrauen habend; *Wolke*: tief u. regenschwer

أوعال → وعل

أوعر [ʔauʕar] (2) **1.** *Gegend*: rauh, unwegsam; **2.** *el.* rauher, unwegsamer

أوعية → وعاء

أوغاد → وغد

أوغندا [ʔuː'ɣandaː] Uganda

أوغندي [ʔuː'ɣandiː] ugandisch; *pl.* [-uːn] Ugander *m*

أوفر [ʔaufar] (2) *el.* reicher (ـه an *D*), reichlicher versehen (ـه mit *D*); ~ حظا [ħɒððɒn] glücklicher, besser dran

أوفرول [ʔoːvaroːl] Overall *m*

أوفست [ʔoːfset] *u.* **أوفسيت** [ʔof'seːt] Offsetdruck *m*

أوفق [ʔaufaq] (2) *el.* passender, geeigneter

أوفى [ʔaufaː] *el.* treuer; vollständiger; ausführlicher, erschöpfender; besser erfüllend (ب *e-n Zweck*)

أوفياء → وفي[2]

أوقاب → وقب

أوقات → وقت[2]

أوقاف → وقف[2]

أوقيانوس [ʔuqijaː'nuːs] Ozean *m*

أوقية [ʔuː'qiːja], *pl.* أواق [ʔa'waː-qin], أواقي [ʔawaː'qiːj] (2) *u.* [-aːt] *Gewichtseinheit*: *Äg. ca. 37 g, Beirut ca. 213 g*; Unze *f* (*Gewichtseinheit für Feingold u. Feinsilber = 28,35 g*)

أوكار → وكر

أوكازيون [ʔukaz'joːn] *Äg.* Gelegenheitskauf *m*; ~ صيفي [sɒifiː] Sommerschlußverkauf *m*

أوكتان [ʔok'taːn] *Chem.* Oktan *n*; رقم الـ~ Oktanzahl *f*

أوكد [ʔaukad] (2) *el.* fester

أوكراني [ʔuk'raːniː] ukrainisch; *pl.* [-uːn] Ukrainer *m*

أوكرانيا [ʔuk'raːnijaː] Ukraine *f*

أوكسجين [ʔoksi'ʒeːn] Sauerstoff *m*

أوكسيد → أكسيد

[1]**أول** (أول) آل [ʔaːla, uː] zurückkehren; hinauslaufen (إلى auf *A*), führen (إلى zu *D*); *Besitz, Recht*: übergehen (إلى auf/an *A*); *Erbschaft*: zufallen (إلى *j-m*); ما ~ اليه حاله was aus ihm geworden ist; wie weit es mit ihm gekommen ist; **II** [ʔaw-wala] interpretieren, auslegen, deuten (ـه ب *A* als); **V** تأول [ta'ʔaw-wala] auslegen, interpretieren

[2]**أول** [ʔawwal] (2), *pl.* [-uːn], أوائل [ʔa'waːʔil] (2) *u.* أول [ʔuwal], *f* أولى [ʔuːlaː], *pl.* أوليات [ʔuːla'jaːt] *u.* أول [ʔuwal] erste(r); früh, frühest, Früh-; ursprünglich, Anfangs-; Ur-; vorderste(r); wichtigste(r), Haupt-; Anfang *m*, Beginn *m*; الأولون die Alten *m/pl.*; die Vorfahren *m/pl.*; die frühen Autoren; ~ اثنين die ersten beiden; ~ أكسيد Monoxyd *n*; ~ الأمر [-a l-ʔamr] zuerst, anfangs; ~ شهر [ʔawwalu ʃahrin] der erste Monat; ~ الشهر Monatsanfang *m*; [-a ʃ-ʃahr] am Ersten (des Monats); أوائل الشهر Anfang des Monats; أوائل الطلبة [ʔa. ɒŧ-ŧɒlaba] die besten Studenten; ~ مرة [ʔawwalu marratin] *u.* المرة الأولى das erste Mal; لأول مرة [li-ʔawwali marratin] *u.* للمرة الأولى zum ersten Mal; الإنسان الـ~ der Urmensch; الخلية الأولى [al-xa'liːja] Urzelle *f*; راقصة أولى Primaballerina *f*; ~ طبيب Chefarzt *m*; العلماء الـ~ [al-ʔuwal] die bedeutendsten Gelehrten; المحك الـ~ والأخير [al-mi'ħakk] das alleinige *od.* entscheidende Kriterium; أكثر من الـ~ [ʔakθara] mehr als zuvor; ~ عند السلم [-i s-sullam] am Fuß der Treppe; ~ في النهار bei Tagesbeginn; في الـ~ *u.* في ~ الأمر zuerst, anfangs; من ~ *u.* من ~ الأمر von Anfang an; من ـه ~ إلى آخره [ʔaː'xirihiː] von Anfang bis (zu) Ende; ~/لأول ما جاءت [-a/li-ʔaw-wali] sobald sie kam, gleich nachdem sie gekommen war; ~ ما فعله er tat es zum ersten Mal; er tat es zunächst *od.* anfangs; هذا

يقوم ~ ما يقوم على [ja'quːmu] das beruht vor allem *od.* in erster Linie auf

أولا [ʔawwalan] erstens; zuerst; anfangs; vor allem; بأول ~ nach und nach; sofort, unverzüglich; ~ أطلعه على فأول nach und nach; بأول ~ الأحداث [ʔɒt'laʕahuː] er hielt ihn über die Ereignisse auf dem laufenden; وأخيرا ~ [ʔaxiːran], وآخرا ~ [ʔaːxiran] zuerst und vor allem, zuallererst, ganz und gar

أولاء *u.* **أولئك** → ذلك *u.* ذاك

أولمبي [ʔoː'limbiː] olympisch

أولو [ʔuːluː] (*pl.* zu ذو) Besitzer *m/pl.* (+ *G*: von *D*); الأمر ~ die Machthaber *m/pl.*; die maßgebenden Leute; الحل والعقد ~ [ʔu. l-ħalli] die Leute, die zu bestimmen haben; die maßgebenden Leute

أولوي [ʔaulawiː] vorrangig

أولوية [ʔaula'wiːja], *pl.* [-aːt] Vorrang *m*, Priorität *f*

¹**أولي** [ʔawwaliː] primär, ursprünglich; erster, Erst-; Ur-; Anfangs-; grundlegend, Grund-, fundamental, elementar; primitiv; *Phil.* a priori; إنذار ~ Vorwarnung *f*; عدد ~ [ʕadad] *Math.* Primzahl *f*; مادة ~ة [maːdda] Rohstoff *m*, Grundstoff *m*; مدرسة ~ة Elementarschule *f*, Grundschule *f*

²**أولى** [ʔaulaː] würdiger (ب *G*), mehr Anspruch habend (ب auf *A*); geeigneter (ب für *A*), angemessener (ب *D*)

³**أولى** [ʔuːlaː] → ²أول

أولياء → ²ولي

أوليات [ʔawwaliː'jaːt] *pl.*: الـ~ *Biol.* Protozoen *n/pl.*, Urtierchen *n/pl.*

أولية [ʔawwa'liːja], *pl.* [-aːt] Grundvoraussetzung *f*; Grundbegriff *m*; *Phil.* Grundwahrheit *f*, Axiom *n*; Priorität *f*; (= حق الـ~ [ħaqq al-ʔa.]) Vorrecht *n*, Vorrang *m*; المرور ~ *Verk.* Vorfahrt *f*

أوم [ʔoːm] *El.* Ohm *n*

أومباشي *u.* **أونباشي** [ʔom'baːʃiː], *pl.* ~ة *früher Mil.* Korporal *m*

أوناش → ونش

أونسة [ʔunsa] *u.* **أونصة** [ʔunsɒ], *pl.* [-aːt] Unze *f*

أونطة [ʔa'wantɒ] *Äg.*, *Syr.* Schwindelei *f*, Mogelei *f*

أونطجي [ʔawan'tɒgiː], *Syr.* [ʔa'wantɒʒiː] Schwindler *m*, Gauner *m*

آونة → ¹أوان

¹**(أوه)** آه [ʔaːha, uː] *u.* **V** تأوه [ta'ʔawwaha] stöhnen, ächzen

²**أوه** [ʔawwah] ach!, o weh!, oje!; au!

أوهاق → وهق

أوهام → ²وهم

أوهد → ²وهد

أوهن [ʔauhan] (2) *el.* schwächer

¹**أوى** [ʔawaː, iː] *Ort* aufsuchen; Zuflucht suchen (إلى an *e-m Ort od.* bei *D*); aufnehmen, beherbergen; إلى فراشه ~ [fi'raːʃihiː] zu Bett gehen; **IV** آوى [ʔaːwaː] beherbergen, Unterkunft gewähren; Zuflucht *od.* Obdach suchen (إلى an *e-m Ort*); aufsuchen (إلى *e-n Ort*)

²**آوى** [ʔaːwaː]: ابن ~, *pl.* بنات ~ Schakal *m*, *bsd.* Goldschakal *m*

¹**أي** [ʔaj] **1.** das heißt; nämlich, und zwar; **2.**: النار ~ *Libyen*: Januar *m*

²**أي** [ʔajj], *f* أية [ʔajja] welcher?; was für ein?; wer auch immer; irgendein; jeder, jedweder; *mit Neg.*: kein; بيت ~ [ʔajju baitin] welches Haus?; أية/أي مدرسة [ʔajjatu / ʔajju mad'rasatin] welche Schule?; ~ شيء was?; جزء ~ [ʔa. ʤuzʔin] der wievielte Band?; أية ساعة [ʔajjata saːʕatin] *u.* في أية ساعة um wieviel Uhr?; رجل ~ [ʔajju raʤulin] irgendein Mann; jeder Mann; ~ واحد jeder (einzelne); على ~ حال auf jeden Fall; أيا كان [-an], *f* أيا/ أية كانت wer *od.* was es auch sei; من كان ~ [ʔajju man] wer es auch sei; فرح ~ فرح [ʔajju faraħ(in)] die (aller)größte Freude

³**إي** [ʔiːj]: والله ~ [wɒ-'ɫɫɒːhi] ja, bei Gott!; gewiß doch!

⁴**آي** → آية

إيا [ʔijjaː] *mit Suffix zur Bezeichnung des Akkusativs*: إياك dich, إياه ihn *etc.*; زيارته إياها [zijaː'ratuhuː] sein Besuch bei ihr; *zum Ausdruck der Warnung*: إياك hüte dich! (من/و vor *D*, أن *etwas zu tun*) untersteh dich!; وإياه mit ihm

إياب [ʔi'jaːb] Rückkehr *f*; Rückfahrt *f*; مقابلة ~ [mu'qaːbalat ʔi.] *Tun. Sport*: Rückspiel *n*; → ذهاب

أياد → يد

أيار [ʔa'jjaːr] *Ir.*, *Syr.*, *Lib.*, *Jord.* Mai *m*

إياس [ʔi'jaːs] Verzweiflung *f*; *Med.* Wechseljahre *pl.*

إيالة [ʔi'jaːla], *pl.* [-aːt] Provinz *f*, Verwaltungsbezirk *m*

أيام → ²يوم

أيان [ʔa'jjaːna] wann?; wann (auch) immer; wo?; wo (auch) immer

أيتام → يتيم

ائتلاف [iʔti'laːf] Vereinigung *f*; Zusammengehen *n*, Bündnis *n* (مع mit *D*); *Pol.* Koalition *f*; *hist.* Entente *f*

ائتلافي [iʔti'laːfiː] *Pol.* Koalitions-

ائتمار [iʔti'maːr] Komplott *n* (ب gegen *A*); بالأمر ~الـ Ausführung *f* des Befehls

ائتمان [iʔti'maːn] Vertrauen *n*; *pl.* [-aːt] Kredit *m*

ائتماني [iʔti'maːniː] *Akte*: vertraulich; Kredit-, kreditpolitisch; تسهيلات ~ة Kreditfazilitäten *f/pl.*

ائتناس [iʔti'naːs] (Gefühl *n* der) Vertrautheit *f*

أيتها → أيها

إيثار [ʔiː'θaːr] Bevorzugung *f* (على vor *D*); Vorliebe *f*; Selbstlosigkeit *f*, Altruismus *m*; النفس على ~ الغير Selbstsucht *f*; له ~ا [-an] ihm zuliebe

إيثاري [ʔiː'θaːriː] altruistisch; *pl.* [-uːn] Altruist *m*

إيثارية [ʔiːθaː'riːja] Altruismus *m*

إيجاب [ʔiː'ʤaːb] Bestätigung *f*; Bejahung *f*; positive Haltung; Verbindlichmachung *f*; ~ا [-an] *Adv.* positiv; ~ا ل entsprechend, gemäß; رد بالـ~ [radda] bejahen

إيجابي [ʔiː'ʤaːbiː] positiv; bejahend; affirmativ; *Mitarbeit*: aktiv, konstruktiv; *Ergebnis*: *a.* konkret

إيجابية [ʔiːʤaː'biːja] positive(r) Charakter *e-r Sache*; positive Einstellung; Positivismus *m*

إيجاد [ʔiːˈʤaːd] Schaffung *f*, Zustandebringen *n*, Hervorbringen *n*; Auffinden *n*

إيجار [ʔiːˈʤaːr], *pl.* [-aːt] Vermietung *f*; Verpachtung *f*; Miete *f*; Pacht *f*; للـ~ zu vermieten; ~ الأرض Pachtzins *m*; ~ طائرة Chartermaschine *f*

إيجاري [ʔiːˈʤaːriː] Pacht-

إيجاز [ʔiːˈʤaːz] Kürze *f*, Prägnanz *f*; Lakonismus *m*; بـ~ شديد in aller Kürze

إيجه [ʔiːʤah] *u.* **إيجة** [ʔiːʤa]: بحر ~ die Ägäis

إيجي [ʔiːʤiː] ägäisch

إيحاء [ʔiːˈħaːʔ], *pl.* [-aːt] Eingebung *f*; Suggestion *f*; ~ ذاتي Autosuggestion *f*

[1]**أيد** **II** [ʔajjada] unterstützen; *Aussage* bekräftigen, untermauern; *Ergebnis, Urteil* bestätigen; *Vorschlag* befürworten; يؤيد ذلك أن [ʔanna] dafür spricht, daß; **V** تأيد [taˈʔajjada] bestätigt *od.* bekräftigt werden

[2]**أيد** [ʔaid] Stärke *f*

[3]**أيد** [ʔajjid] stark

[4]**أيد** [ʔaidin] → يد

إيداع [ʔiːˈdaːʕ] Hinterlegung *f*, Deponierung *f*; Einzahlung *f*, Einlegung *f*; ~ـه في السجن [fi s-siʤn] seine Gefangensetzung

إيدروجين [ʔidroˈʒeːn, ʔiːdruˈʤiːn] *Chem.* Wasserstoff *m*; → هيدروجين

إيدروليكي [ʔidroːˈliːkiː] hydraulisch

أيدز [ʔaidz]: الـ~ Aids *n*

أيدي → يد

إيديولوجي [ʔiːdijoˈloːʤiː] ideologisch; *pl.* [-uːn] Ideologe *m*

إيديولوجيا [ʔiːdijoˈloːʤijaː] *u.* **إيديولوجية** [ʔiːdijoloːˈʤiːja], *pl.* [-aːt] Ideologie *f*

إيذاء [ʔiːˈðaːʔ] Schädigung *f*; Störung *f*, Belästigung *f*; Schädlichkeit *f*

إيذان [ʔiːˈðaːn] Ankündigung *f* (ب *G*); *fig.* Vorbote *m* (ب *G*); ~ا ب [-an] zum Zeichen, daß; الـ~ بالانصراف das Zeichen zum Aufbruch

إيراد [ʔiːˈraːd], *pl.* [-aːt] Ertrag *m*; Einkommen *n*; Zitierung *f*, Anführung *f*; *pl. a.* Einnahmen *f/pl.*

إيران [ʔiːˈraːn] *f* der Iran, Persien

إيراني [ʔiːˈraːniː] iranisch, persisch; *pl.* [-uːn] Iraner *m*, Perser *m*

إيرلندا [ʔirˈlandaː] Irland

إيرلندي [ʔirˈlandiː] irisch; *pl.* [-uːn] Ire *m*

إيريال [ʔeːrijal], *pl.* [-aːt] Antenne *f*

إيزيس [ʔiːˈziːs] Isis (*altägyptische Göttin*)

أيس [ajisa, a] verzweifeln (من an *D*); *j-n od. etwas* aufgeben; **IV** آيس [aːjasa] zur Verzweiflung bringen

أيسر [ʔajsar] (2) **1.** *f* يسرى [jusraː] link(s), linksseitig; **2.** *el.* leichter, geringfügiger; wohlhabender

إيسلندا [ʔisˈlandaː] Island

إيسلندي [ʔisˈlandiː] isländisch; *pl.* [-uːn] Isländer *m*

إيشارب → إشارب

إيصاء [ʔiːˈsɒːʔ] testamentarische Verfügung, Vererben *n*

إيصال [ʔiːˈsɒːl], *pl.* [-aːt] Übermittlung *f*, Beförderung *f*; Durchgabe *f e-s Ferngespräches*; Verbindung *f*, Anschluß *m*; *Hdl.* Quittung *f*

أيض [ʔaiđ] Stoffwechsel *m*, Metabolismus *m*; ~ هدمي [hadmiː] Katabolismus *m*

أيضا [ʔaiđɒn] auch, gleichfalls; noch; wiederum

إيضاح [ʔiːˈđɒːħ], *pl.* [-aːt] Erklärung *f*, Verdeutlichung *f*, Erläuterung *f*; Veranschaulichung *f*; Darlegung *f von Tatsachen*; وسائل الـ~ Anschauungsmaterial *n*, Lehrmittel *n/pl.*

إيضاحي [ʔiːˈđɒːħiː] erklärend, erläuternd

أيضي [ʔaiđiː] Stoffwechsel-

إيطالي [ʔiːˈtɒːliː] italienisch; *pl.* [-uːn] Italiener *m*

إيطاليا [ʔiːˈtɒːlijaː] Italien

إيعاز [ʔiːˈʕaːz] Anraten *n*; *pl.* [-aːt] Wink *m*

إيغال [ʔiːˈɣaːl] tiefe(s) Eindringen (في in *A*)

إيفاء [ʔiːˈfaːʔ] Erfüllung *f*; Begleichung *f e-r Rechnung*

إيفاد [ʔiːˈfaːd] Entsendung *f*, Abordnung *f*

إيفواري [ʔiˈvwaːriː] *bsd. Maghr.* aus Elfenbeinküste, ivorisch; Ivorer *m*

إيقاد [ʔiːˈqaːd] *Techn.* Zündung *f*

إيقاظ [ʔiːˈqɒːð̣] Wecken *n*

إيقاع [ʔiːˈqaːʕ] Verhängung *f e-r Strafe*; Stiften *n* von Unfrieden (بين zwischen *D*); *pl.* [-aːt] Rhythmus *m*; Rhythmik *f*

إيقاعي [ʔiːˈqaːʕiː] rhythmisch

إيقاف [ʔiːˈqaːf] Anhalten *n*, Stoppen *n*; Einstellung *f der Arbeit*; Aussetzung *f*, Unterbrechung *f*; ~ التنفيذ *Jur.* Strafaussetzung *f*; ~ الدفع Zahlungsaufschub *m*

إيقان [ʔiːˈqaːn] Gewißheit *f*

إيقونة [ʔiːˈquːna] *u.* **أيقونة** [ʔaiˈquːna], *pl.* [-aːt] Ikone *f*

أيك [ʔaik] Dickicht *n*

إيكولوجي [ʔiːkuˈloːʤiː] ökologisch; ~ نظام [niˈð̣ɒːm] Ökosystem *n*

[1]**أيل** [ʔajjil, ʔujjal, ʔijjal], *pl.* أيائل [ʔaˈjaːʔil] (2) Hirsch *m*; Reh *n*

[2]**آيل** [ʔaːjil] führend (إلى zu *D*); *als Erbschaft* übergegangen (إلى auf *j-n*); ~ للسقوط *Haus*: baufällig

إيلاء [ʔiːˈlaːʔ] Zuwenden *n der Aufmerksamkeit*

أيلول [ʔaiˈluːl] (2) *Ir., Syr., Lib., Jord.* September *m*

أيلولة [ʔaiˈluːla] Übergang *m e-s Vermögens od. Nachlasses* (إلى auf *j-n*); *Äg.* Besitzrecht *n*; رسم الـ~ (على التركات) [(at-tariˈkaːt)] Erbschaftsteuer *f*

[1]**(أيم)** آم [ʔaːma, iː]: ~ من زوجته [zauˈʤatihiː] die Frau verlieren, Witwer werden; ~ت من زوجها den Mann verlieren, Witwe werden

[2]**أيم** [ʔaim]: ~ الله (و) [(wa-)ʔaimu łłɒːhi] bei Gott!

[3]**أيم** [ʔajjim], *pl.* أيائم [ʔaˈjaːʔim] (2) *u.* أيامى [ʔaˈjaːmaː] verwitwet; Witwer *m*; Witwe *f*

أيما [ʔajjamaː]: (و) ~ كان wie dem auch sei; رحب بها ~ ترحيب [raħħaba] er begrüßte sie herzlich

إيماء [ʔiːˈmaːʔ] Gebärdenspiel *n*; Gebärde *f*; Hinweis *m* (إلى auf *A*); ~ا إلى [-an] unter Hinweis auf; فن الـ~ [fann al-ʔi.] Pantomime *f*

إيماءة [ʔiːˈmaːʔa], *pl.* [-aːt] Gebärde *f*, Geste *f*; Hinweis *m*

[1]أيمان [ʔai'maːn] → يمين

[2]إيمان [ʔiː'maːn] Glaube *m* (ب an *A*); Überzeugung *f* (ب von *D*); Vertrauen *n*; الـ~ بالنفس Selbstsicherheit *f*; ~ـا منه بأن [-an, bi-ʔanna] da er der Überzeugung ist, daß; in der Überzeugung, daß

إيماني [ʔiː'maːniː] Glaubens-

إيمائي [ʔiː'maːʔiː] pantomimisch

[1]أيمن [ʔaiman] (2), *f* يمنى [jumnaː] recht(s), rechtsseitig

[2]أيمن [ʔaimun], *a.* [ʔaiman] (2): ~ الله [-u łłɒːhi] (ich schwöre) bei Gott

[1]أيمة [ʔaima] Witwerschaft *f*; Witwenschaft *f*

[2]أئمة [ʔa'ʔimma] → [2]إمام

[1](اين) آن [ʔaːna, iː] *Zeit*: (heran)kommen; ~ أوان الذهاب es ist Zeit zu gehen; ~ لنا أن نذهب [naðhab(a)] es ist (höchste) Zeit, daß wir gehen

[2]أين **II** [ʔajjana] *Phys.* ionisieren; **V** تأين [ta'ʔajjana] ionisiert werden

[3]أين [ʔaina] wo?; wohin?; wo; إلى ~ wohin?; ~ من woher?; ~ هو مني [minniː] welch ein Unterschied besteht zwischen ihm und mir!; ~ أنت من هذا الأمر was verstehst du schon davon?; ~ هذا من ذاك was ist das im Vergleich zu dem?; لا تعرف ~ هي منه [taʕrifu] sie weiß nicht, wie sie zu ihm steht

[4]أين [ʔain]: الـ~ das Wo

إيناس [ʔiː'naːs] Gesellschaftleisten *n*; Aufheiterung *f*; Freundlichkeit *f* (*G*: gegenüber *D*); Traulichkeit *f*, Behaglichkeit *f*; شعر بالـ~ sich wohlfühlen

إيناع [ʔiː'naːʕ] Reifen *n*, Reife *f*

أينما [ʔainamaː] wo (auch) immer; wohin (auch) immer; überall; überallhin

[1]إيه [ʔiːh] wohlan!

[2]ايه[ʔeː] *Äg.* was?

آية [ʔaːja], *koll.* آي [ʔaːj], *pl.* [-aːt] Zeichen *n*, Anzeichen *n*; Wunder *n*, Wundertat *f*; Meisterwerk *n der Kunst*; Vorbild *n* (في an *D*); Koranvers *m*; ~ الله Ayatollah *m* (*Titel hoher schiitischer Würdenträger*); آيات الشكر [ʔa. aʃ-ʃukr] Ausdruck *m* der Dankbarkeit, Dankesbezeigungen *f/pl.*; ~ كريمة Koranvers *m*

أيها [ʔajjuhaː], *f* أيتها [ʔa'jjatuhaː] o …! (*Vokativpartikel, nur vor bestimmtem Artikel*; *vgl.* يا)

إيهام [ʔiː'haːm], *pl.* [-aːt] Vortäuschung *f*; Irreführung *f*, Täuschung *f*

إيهان [ʔiː'haːn] Schwächung *f*

إيواء [ʔiː'waːʔ] Aufnahme *f*, Beherbergung *f*; Einquartierung *f von Soldaten*

إيوان [ʔiː'waːn], *pl.* [-aːt] *u.* أواوين [ʔawaː'wiːn] (2) (Säulen-)Halle *f*; Estrade *f*; Palast *m*

أيوب [ʔa'jjuːb] Hiob; ~ صبر Engelsgeduld *f*

أيوبي [ʔa'jjuːbiː] *hist.* ajjubidisch; *pl.* [-uːn] Ajjubide *m*

[1]أيوم [ʔaiwam]: ~ يوم [jaumun] schlimme(r) Tag

[2]أيوم [ʔu'juːm] Witwerschaft *f*; Witwenschaft *f*

أيون [ʔa'juːn] *u.* إيون [ʔi'joːn], *pl.* [-aːt] *Phys.* Ion *n*; ~ موجب [muːʤab] Kation *n*

أيوني [ʔa'juːniː] *Phys.* Ionen-

ب

[1]**ب** (باء) [baːʔ] *zweiter Buchstabe des arab. Alphabets; bei Aufzählungen*: b)

[2]**ب** *Abk. für* باب Kapitel *n*, بعد *in* ب م nach Christus *u.* بريد *in* ص.ب. Postfach *n*

[3]**بـ** [bi-] *Präp.* in, an, bei (*örtl. u. zeitl.*); mit, mittels, durch; um (*e-n Preis, e-n Betrag*), für (*e-e Geldsumme*); *Schwur*: bei; *zur Bildung von Adverbien*: بسرعة [bi-surʕa] schnell; *macht intransitive Verben oft kausativ*: نهض ب *etwas* fördern; بدون, بلا [bi-'duːni] *u.* بغير [bi-'ɣairi] ohne; بالنهار am *od.* bei Tage; بالليل [bi-l-lail] bei Nacht; بالدموع unter Tränen; بقيادته [bi-qijaː'datihiː] unter seiner Führung; بالطول [bi-t-tuːl] der Länge nach; ما(ذا) بك was hast du?, was ist mit dir los?; بعد ذلك بأسبوع [bi-ʔus'buːʕ] eine Woche später; رأسك برأسه [raʔsuka] *Spr.* du bist genauso viel wert wie er; العين بالعين [al-ʕain] Auge um Auge; أحسن بها [ʔaħsin] wie schön sie ist!

[1]**باء** [baːʔa] → (بوء)

[2]**باء** [baːʔ] *f* der Buchstabe ب

باب [baːb], *pl.* أبواب [ʔab'waːb] *u.* (*selten*) بيبان [biː'baːn] Tür *f*, Tor *n*; Eingang *m*; Kapitel *n*; Klasse *f*, Kategorie *f*; Rubrik *f*; *fig.* Gebiet *n*, Bereich *m*; على الأبواب *Ereignis*: (unmittelbar) bevorstehend; ~ حديدي Rolladen *m des Ladens*; الـ~ العالي *hist.* die Hohe Pforte; فريد في ~ـه einzig(artig); من ~ أولى [ʔaulaː] aus besserem Grund, erst recht; umso mehr; من ~ الفضل aus Güte; من ~ الضرورة أن [ɒđ-đɒ'ruːra(ti) ʔanna] es ist nötig, daß; طرق ~ الموضوع sich mit e-m Thema befassen; دخل البيوت من أبوابها [al-bu'juːta] direkt zur Sache kommen; فتح ~ا جديدا [-an] e-e neue Möglichkeit eröffnen; فتح ~ الشيء mit e-r Sache beginnen; ~ الاكتتاب مفتوح حتى die Zeichnung *der Aktien* ist möglich bis …

[1]**بابا** [baːbaː], *pl.* بابوات [baːba'waːt] Papst *m*; *Titel des Oberhaupts der koptischen Kirche*; Papa *m*; ~ نويل [b. nu'weːl] *Äg.* Weihnachtsmann *m*

[2]**بأبأ** [baʔbaʔa] *Kind*: »Papa« sagen

بابل [baːbil] *hist.* Babel; Babylon

بابلي [baːbiliː] babylonisch; *pl.* [-uːn] Babylonier *m*

بابه [baːbah] *2. Monat des koptischen Kalenders*

بابوج [baː'buːdʒ], *pl.* بوابيج [bawaː'biːdʒ] (2) Pantoffel *m*

بابور [baː'buːr], *pl.* بوابير [bawaː'biːr] (2) *u.* [-aːt] Dampfer *m*; Dampfmaschine *f*; Lokomotive *f*; *umg.* Petroleumkocher *m*

بابون [baː'buːn] Pavian *m*

بابونج [baː'buːnadʒ] Kamille *f*

بابوي [baːbawiː] päpstlich

بابوية [baːba'wiːja] Papsttum *n*; Pontifikat *n*

[1]**بات** [baːta] → [1](بيت)

[2]**بات** [baːtt] *Weigerung*: entschieden, kategorisch; *Urteil*: definitiv, endgültig, rechtskräftig; *Verbot*: streng

باتر [baːtir] *Schwert*: scharf; *fig.* endgültig

باترون [bat'roːn] Schnittmuster *n*

باتسته [ba'tista] Batist *m*

باتع [baːtiʕ] stark

باثولوجي [baːθo'loːdʒiː] pathologisch

باثولوجيا [baːθo'loːdʒijaː] Pathologie *f*

باح → [1](بوح)

باحث [baːħiθ], *pl.* [-uːn] *u.* (*selten*) بحاث [bu'ħħaːθ] Forscher *m*, Gelehrte(r); *allg.* wer e-e Sache untersucht *od.* sich mit ihr befaßt; Referent *m*; *Blick*: suchend; ~ اجتماعي Soziologe *m*

باحثة [baːħiθa], *pl.* [-aːt] Forscherin *f*

باحة [baːħa], *pl.* [-aːt] *u.* بوح [buːħ] weite(r) Raum; Halle *f*, Saal *m*; freie(r) Platz; Hof *m*

باخ → (بوخ)

باخرة [baːxira], *pl.* بواخر [ba'waːxir] (2) Dampfer *m*; Schiff *n*

[1]**باد** [baːda] → [1](بيد)

[2]**باد** [baːdin] sichtbar; offenbar, offenkundig, offen; ~ للعيان [li-l-ʕi'jaːn] augenfällig; بادي السرور [baːdija s-su'ruːr] sichtlich erfreut

بادرة [baːdira], *pl.* بوادر [ba'waːdir] (2) *u.* (*selten*) [-aːt] erste(s) Anzeichen, Vorbote *m*; Zeichen *n*; (*plötzliche*) Regung, Anwandlung *f*, Anfall *m*; (*spontane*) Handlung *od.* Geste; Initiative *f*; unbedachte Äußerung; *pl.* [-aːt] junge Pflanze, Keimling *m*; ~ أمل [b. ʔamal] Hoffnungsschimmer *m*; ~ سوء [b. suːʔ] böse(s) Omen

بادن [baːdin], *pl.* بدن [budun] beleibt, korpulent

بادئ [baːdiʔ], *pl.* بوادئ [ba'waːdiʔ] (2) anfangend, anfänglich; الـ~ ذكره [ðikruhuː] der eingangs erwähnte; ~ ذي بدء [-a ðiː badʔ(in)], في ~ الأمر [-a l-ʔamr(i)] *u.*

am Anfang, anfangs; الرأي ~ [-a r-raʔj(i)] zunächst; sofort
بادية [baːdija], *pl.* بواد [ba'waːdin] Wüste *f*; Steppe *f*; (= أهل الـ~) Beduinen *m/pl.*, Nomaden *m/pl.*; الشام ~ *Geo.* die Syrische Wüste
بادئة [baːdiʔa], *pl.* بوادئ [ba'waːdiʔ] (2) Vorsilbe *f*
باذخ [baːðix] prunkvoll; luxuriös; verschwenderisch
باذرة [baːðira], *pl.* [-aːt] Sämaschine *f*
باذنجان [baːðin'dʒaːn] *koll., n.un.* ~ة Aubergine *f*, Eierfrucht *f*; *Saudi-Ar.* Tomate *f*; أسود ~ [ʔaswad] *Saudi-Ar.* Aubergine *f*
1 **بار** [baːra] → 1(بور)
2 **بار** [baːr], *pl.* [-aːt] Bar *f*, Kneipe *f*; Schanktisch *m*, Theke *f*
3 **بار** [baːrr], *pl.* بررة [barara] rechtschaffen; *Rel.* fromm; liebevoll; treusorgend; *Sohn*: brav, gehorsam
4 **بار** [baːrin]: أعط القوس باريها [ʔaʕṭi l-qausa baː'rijahaː] *Spr.* gib die Sache in die richtigen Hände
باراشوت [bara'ʃuːt] Fallschirm *m*; جنود الـ~ Fallschirmjäger *m/pl.*
باراجواي [baːragu'waːj] *Äg. u.* **باراغواي** [baːraɣu'waːj] *f* Paraguay
بارامتر [baːra'mitr] *Math.* Parameter *m*
بارانويا [baːra'noːjaː] *Med.* Paranoia *f*
بارجة [baːridʒa], *pl.* بوارج [ba'waːridʒ] (2) Kriegsschiff *n*
بارح [baːriħ] unheilvoll; الـ~ [-a] gestern
بارحة [baːriħa]: الـ~ das Gestern; الـ~ [(-ta)] gestern; أول الـ~ [ʔawwala l-b.] vorgestern; الليلة الـ~ [al-lailata] gestern abend; الليلة قبل الـ~ vorgestern abend
بارد [baːrid] kalt; kühl; *Schweigen*: eisig; *Gedanken*: nüchtern; *Geschichte*: fade, albern; *Mensch*: kaltherzig; *Beute, Leben*: leicht; *Lächeln, Argument*: schwach; *Schere*: stumpf; الأعصاب ~ kaltblütig
بارز [baːriz] hervortretend, vorstehend, vorspringend; reliefartig; hervorragend, hervorstechend; ausgeprägt, auffallend; prominent; خريطة ~ة Reliefkarte *f*
بارع [baːriʕ] hervorragend, tüchtig; glänzend, vorzüglich; geschickt; raffiniert; meisterhaft; *Gedanke*: genial
بارقة [baːriqa], *pl.* بوارق [ba'waːriq] (2) Schimmer *m*, Blinken *n*; أمل ~ [b. ʔamal] Hoffnungsschimmer *m*
باركيه [bar'keːh] Parkettfußboden *m*
بارود [baː'ruːd] Schießpulver *n*
باروكة [baː'ruːka], *pl.* [-aːt] Perücke *f*
بارومتر [baːru'mitr] Barometer *n*
بارون [baː'roːn], *pl.* [-aːt] Baron *m*
بارونة [baː'roːna] Baronin *f*
بارئ [baːriʔ] Schöpfer *m*, Gott *m*
باريس [baː'riːs] Paris
باريسي [baː'riːsiː] pariserisch; *pl.* [-uːn] Pariser *m*
باريوم [baːrijum] *Chem.* Barium *n*
1 **باز** [baːz], *pl.* أبواز [ʔab'waːz] *u.* بيزان [biː'zaːn] Falke *m*
2 **بأز** [baʔz], *pl.* بؤوز [bu'ʔuːz] *u.* بئزان [biʔ'zaːn] Falke *m*
3 **باز** [baːzin], *pl.* بواز [ba'waːzin] *u.* بزاة [bu'zaːt] Falke *m*
بازار [baː'zaːr], *pl.* [-aːt] Markt *m*, Bazar *m*
بازالت [ba'zalt] Basalt *m*
بازغ [baːziɣ] *Gestirn, fig.* aufgehend
بازلا [baː'zillaː] *u.* **بازلاء** [baːzi'llaːʔ] Erbsen *f/pl.*
بازلت [ba'zalt] Basalt *m*
بازوكا [baː'zoːkaː] Panzerfaust *f*
بازيلا [ba'zeːllaː] *Jord.* Erbsen *f/pl.*
1 **باس** [baːsa] → 1(بوس)
2 **بأس** [baʔs] Stärke *f*; Härte *f*; Brutalität *f e-s Tyrannen*; Mut *m*; Macht *f*; Schaden *m*, Schlimme(s); شديد الـ~ hart, zäh; tatkräftig; mutig; لا ~ [-a] nicht schlimm!; alles in Ordnung!; macht nichts!; لا ~ به es ist nichts dagegen einzuwenden; in Ordnung; es ist nicht schlecht, ganz gut; لا ~ من ذلك das kann nicht schaden; مبلغ لا ~ به e-e beträchtliche Summe; لا ~ عليك Kopf hoch!; ما الـ~ في ذلك was ist da schon dabei?; لم ير ~ا في فعل الشيء [jara -an, fiʕli ʃ-ʃ.] er hatte keine Bedenken es zu tun; ليس عليه فيس ذلك من ~ das macht ihm nichts aus; das ist für ihn nicht schlimm
بأساء [baʔ'saːʔ] (2) Not *f*, Elend *n*, Armut *f*; Unglück *n*
باستيل [bas'teːl]: ألوان الـ~ Pastellfarben *f/pl.*
باسر [baːsir]: الوجه ~ mit finsterer Miene
باسط [baːsiṭ]: اليد ~ [b. al-jad] großzügig; الذراعين ~ [b. að-ðiraː'ʕain] mit offenen Armen; عضلة ~ة [ʕaḍula] *Anat.* Streckmuskel *m*
باسفيك [basi'fiːk]: الـ~ *u.* بحر الـ~ der Pazifik
باسق [baːsiq] hoch(ragend)
باسك [bask] *koll.*: الـ~ die Basken *m/pl.*; das Baskenland
باسكي [baskiː] baskisch; Baske *m*
باسل [baːsil], *pl.* بواسل [ba'waːsil] (2) tapfer, heldenhaft
باسم [baːsim] lächelnd; *Stimme*: fröhlich; *Zeit*: glücklich; *Zukunft*: hoffnungsvoll
باسور [baː'suːr], *meist pl.* بواسير [ba-waː'siːr] (2) Hämorrhoiden *f/pl.*
باسيل [baː'siːl] Bazillus *m*, Bazillen *pl.*
1 **باش** [baːʃa] → 1(بوش)
2 **باش** [baːʃ] Ober-, Chef-; باشكاتب [baːʃ'kaːtib] *obs.* Obersekretär *m*; باشمهندس [baːʃmu'handis] *obs.* Chefingenieur *m*
3 **باش** [baːʃʃ] lächelnd, freundlich; froh, heiter
باشا [baːʃaː], *pl.* باشوات [baːʃa'waːt] Pascha *m*
باشق [baːʃaq, baːʃiq], *pl.* بواشق [ba-'waːʃiq] (2) Sperber *m*
باشوية [baːʃa'wiːja] Paschawürde *f*
باص [bɒːs], *pl.* [-aːt] Autobus *m*, Bus *m*; المدرسة ~ Schulbus *m*
باصرة [bɒːsira], *pl.* بواصر [ba'wɒːsir] (2) Auge *n*
باض → 1(بيض)
باطش [bɒːtiʃ] gewalttätig, grausam; rücksichtslos, erbarmungslos, brutal; Unterdrücker *m*
باطل [bɒːtil] nichtig, eitel, wertlos; hinfällig, ungültig; unwahr, falsch; unbegründet, grundlos; unrecht

(*Gegens.* حق [ħaqq]); Unwahrheit *f*; Unrecht *n*; ~ًا [-an] *Adv. u.* بالـ~ zu Unrecht, grundlos; الحق والـ~ Wahre(s) und Falsche(s); Recht und Unrecht; بالحق أو بالـ~ zu Recht oder zu Unrecht; أمنية ~ة [ʔum'niːja] fromme(r) Wunsch; لا يأتيه الـ~ [jaʔ'tiːhi] *Koranvers*: unanfechtbar

باطن [bɒːtˤin], *pl.* بواطن [ba'wɒːtˤin] (2) innere(r), Innen-, innerlich; Innere(s); Innenseite *f*; verborgen, geheim; *Phil.* immanent; ~ الأرض das Erdinnere; بواطن الأمور die Hintergründe *m/pl.*; ~ الركبة [b. ar-rukba] Kniekehle *f*; ~ القدم [b. al-qadam] Fußsohle *f*; ~ الكف [b. al-kaff] Handfläche *f*; أجر غرفة من الـ~ [ʔaddʒara ɣurfatan] ein Zimmer weitervermieten

باطني [bɒːtˤiniː] innere(r); innerlich; geheim, esoterisch; Anhänger *m* der → باطنية; ~ حديث Selbstgespräch *n*; الطب الـ~ [ɒt-tˤibb] innere Medizin; ~ طبيب Internist *m*

باطنية [bɒːtˤi'niːja]: الـ~ die Batinija (*isl. Richtung im Mittelalter*)

باطون [bɒː'tuːn] Beton *m*

باطية [bɒːtˤija], *pl.* بواط [ba'wɒːtˤin] Kanne *f*, Krug *m*

¹**باع** [baːʕa] → ¹(بيع)

²**باع** [baːʕ], *pl.* أبواع [ʔab'waːʕ] Klafter *m od. n*, Spannweite *f der Arme*; *fig.* Macht *f*; طويل الـ~ mächtig, stark, einflußreich; freigebig, großzügig; قصير الـ~ machtlos, schwach; mittellos; geizig; له ~ طويل في er ist in *etwas* sehr beschlagen; بالـ~ والذراع mit Gewalt

باعث [baːʕiθ], *pl.* بواعث [ba'waːʕiθ] (2) Veranlassung *f*, Motiv *n*; treibende Kraft, Triebkraft *f*; auslösende(s) Moment; veranlassend, verursachend (على *A*); ~ على السأم langweilig

باعة → بائع

باعوث [baː'ʕuːθ] *Syr. Chr.* Ostermontagsgebet *n*; Ostermontag *m*

باغ [baːɣin], *pl.* بغاة [bu'ɣaːt] *u.* باغون [baː'ɣuːn] ungerecht; tyrannisch; gewalttätig; Bösewicht *m*; Tyrann *m*

باغة [baːɣa] Zelluloid *n*; Schildpatt *n*

باق [baːqin] (ver)bleibend; noch da *od.* vorhanden; am Leben bleibend *od.* verblieben; dauerhaft, unvergänglich; dauernd, unaufhörlich, beständig; *Gott*: ewig; restlich, Rest-, übrig; (zu)künftig; Rest *m*; *Chem.* Rückstand *m*; باقي الدول [baːqiː d-duwal] die übrigen Staaten *m/pl.*; الباقيات الصالحات *Isl.* die guten Werke *n/pl.*

باقلاء [baːqi'laːʔ] *u.* **باقلى** [baː'qillaː] Saubohnen *f/pl.*

باقة [baːqa] (Blumen-)Strauß *m*, Bukett *n*; Bündel *n*

¹**باك** [baːk] *Sport*: Verteidiger *m*

²**باك** [baːkin], *pl.* بكاة [bu'kaːt] weinend, weinerlich; *Ereignis*: traurig

باكر [baːkir] früh(zeitig); (Morgen-)Frühe *f*; ~ًا [-an] *Adv.* früh(zeitig); *Ir. umg.* morgen; في الصباح الـ~ frühmorgens

باكرة [baːkira], *pl.* بواكر [ba'waːkir] (2) erste *od.* frühe Frucht; Erstlinge *m/pl.*; erste Anzeichen *n/pl.*, Vorboten *m/pl.*

باكستان [baːkis'taːn] *f u.* الـ~ Pakistan

باكستاني [baːkis'taːniː] pakistanisch; *pl.* [-uːn] Pakistaner *m*

باكورة [baː'kuːra], *pl.* بواكير [bawaː'kiːr] (2) *u.* [-aːt] Erstling *m*; erste Ergebnisse *n/pl.*; Frühwerk *n e-s Autors*; Beginn *m*; frühe(r) Morgen; ~ الصبا [b. ɒs-sˤibaː] frühe Jugend; Kindheit *f*; ~ الفواكه [b. al-fa'waːkih] Frühobst *n*

باكية [baːkija], *pl.* [-aːt] **1.** *f zu* ²باك [baːkin]; ~ شاكية [ʃaːkija] Heulsuse *f*; **2.** *pl.* بواك [ba'waːkin] *Arch.* Bogen *m*, Arkade *f*

¹**بال** [baːla] → ¹(بول)

²**بال** [baːl] Sinn *m*, Geist *m*, Gemüt *n*; Aufmerksamkeit *f*; Bedeutung *f*; خلو الـ~ [xu'luːw al-b.] Unbeschwertheit *f*; ذو ~ wichtig, von Bedeutung *od.* Belang; راحة الـ~ (innere) Ruhe, Gelassenheit *f*; طول الـ~ [tˤuːl al-b.] Langmut *f*, Geduld *f*; طويل الـ~ langmütig, geduldig; فراغ الـ~ Muße *f*; مشغول الـ~ besorgt; نعمة الـ~ [niʕmat al-b.] Wohlbehagen *n*; ما بالك [baːluka] was hast du?; was meinst du?; ما بالك بذلك was sagst du dazu?; was soll man davon halten?; ما باله يفعل [jafʕal(u)] warum tut er es?; wie kommt er dazu, es zu tun?; إذا ... فما بالك ب ... wenn ..., so erst recht; ما فما بالك إذا *u.* ما بالنا و... und erst recht, wenn; zumal wenn; wo doch; ما ~ هذه الحياة [haːðihi l-ħajaːt(i)] was ist denn das für ein Leben?; خطر بباله es kam ihm in den Sinn, es fiel ihm ein; أقلق ~ه [baːlahuː] j-n beunruhigen; أعطى/ألقى/جعل ~ه إلى [ʔaʕtˤɒː/ʔalqaː] e-r Sache Aufmerksamkeit schenken; لا يقل بالا عن [ja'qillu] es ist nicht weniger beachtlich *od.* bedeutsam als

³**بال** [baːl] Wal *m*

⁴**بال** [baːlin] alt, abgenutzt, schäbig; *Kleidung*: abgetragen, zerschlissen; *Geldschein*: abgegriffen; *Gebäude*: baufällig, verfallen; *Leichnam*: verwest; veraltet, überholt

بالطو [baltˤoː], *pl.* بالطوات [baltˤɒ'waːt] *u.* بلاطي [ba'laːtˤiː] (*europäischer*) Mantel, Paletot *m*

بالغ [baːliɣ] erreichend; sich belaufend (*A*: auf A); weitgehend, beträchtlich; *Folge*: weiterreichend; *Wirkung*: stark; *Trauer*: tief; *Schaden*, *Verwundung*: schwer; *Gefühl*: heftig; außerordentlich, höchst; *pl.* [-uːn] geschlechtsreif; erwachsen; mündig, volljährig; ~ التأثر [b. at-ta'ʔaθθur] tieferschüttert; ~ الخطر [b. al-xɒtˤɒr] sehr gefährlich; voller Gefahr; رجل ~ من العمر ٢٠ عاما [rajulun b. min al-ʕumri ʕiʃ'riːna ʕaːman] ein zwanzigjähriger Mann

بالة [baːla], *pl.* [-aːt] Ballen *m*, Bündel *n*

بالو [balloː] Ball *m*, Tanzparty *f*

بالوعة [baː'luːʕa], *pl.* بواليع [bawaː'liːʕ] (2) Abflußöffnung *f*, Kanalloch *n*, Gully *m u. n*

بالون [baː'loːn], *pl.* [-aːt] Ballon *m*; ~ الاختبار Versuchsballon *m*

باليه [baː'leːh] Ballett *n*

بامبو [bambuː] Bambus *m*

باميا [baːmijaː] *u.* **بامية** [baːmija] Bamia *f*, Okra *f* (*e-e Art Gemüse*)
[1]**بان** [baːna] → [1](بين)
[2]**بان** [baːn] *koll.*, *n. un.* ـة ~ Moringe *f*, Behennußbaum *m*
[3]**بان** [baːnin], *pl.* بناة [bu'naːt] Erbauer *m*; aufbauend, konstruktiv
[4]**بأن** [bi-ʔan] dadurch, daß; indem; [bi-ʔanna] *nach bestimmten Verben*: daß
بانسيون [bansi'joːn], *pl.* [-aːt] Pension *f* (*Hotel*)
بانيو [banjoː] Badewanne *f*
باه [baːhin] prächtig, strahlend
باهت [baːhit] blaß, verblaßt; *fig.* farblos, glanzlos; *Modefarbe*: dezent; *Stoff*: verschossen; *Lächeln*: matt; *Licht*: schwach, gedämpft; *Haut*: fahl; *Worte*: nichtssagend, banal
باهر [baːhir] strahlend, *a. fig.* glänzend, prächtig; *Nachricht*: aufsehenerregend; *Gefühl*: überwältigend; *Ziel*: hoch, erhaben; *Leistung*: brillant, faszinierend; عمل ~ [ʕamal] Glanzleistung *f*, Bravourstück *n*
باهظ [baːhiðː] schwer, drückend; *Preis*: hoch, überhöht, enorm; (= التكاليف ~ [b. at-takaː'liːf]) kostspielig; فائدة ـة ~ Wucherzins *m*
باون [baːun]: إسترليني ~ [ʔistar'liːniː] *Ir.* Pfund Sterling *n*
باي [baːj], *pl.* [-aːt] *Tun. hist.* Bey *m*
بائت [baːʔit] abgestanden, alt, nicht frisch; über Nacht bleibend; في الصف ~ [fi s-spff] *Äg.* sitzengeblieben, Repetent *m*
بائخ [baːʔix] *u. umg.* **بايخ** [baːjix] fade, abgeschmackt; verdorben, schlecht; Schlingel *m*
بائد [baːʔid] vergangen; الأساطير البائدة [al-asaː'tiːr] die alten Sagen *f/pl.*; عهد ~ [ʕahd] ferne *od.* vergangene Zeit
بائر [baːʔir] *Land*: brachliegend, unbebaut; *Ware*: unverkäuflich
بائس [baːʔis], *pl.* [-uːn] *u.* بؤساء [buʔa'saːʔ] (2) elend, unglücklich; arm, notleidend; *Verhältnisse*: kümmerlich, trostlos; *Stellung*: untergeordnet; *Liebe*: unglücklich
بائض [baːʔiḍ]: دجاجة ـة ~ Legehenne *f*
بايظ [baːjiẓ] *Äg. umg.* verdorben, schlecht
بائع [baːʔiʕ], *pl.* باعة [baːʕa] *u.* [-uːn] Verkäufer *m*; Händler *m*
بائعة [baːʔiʕa], *pl.* [-aːt] Verkäuferin *f*
بائقة [baːʔiqa], *pl.* بوائق [ba'waːʔiq] (2) Unglück *n*
بائن [baːʔin] klar, deutlich, eindeutig; *Trennung*, *isl. Ehescheidung*: endgültig, unwiderruflich
ببغاء [babba'ɣaːʔ] (2) *u.* [bab'ɣaːʔ] (2), *pl.* ببغاوات [babɣaː'waːt] Papagei *m*
ببغاوي [babba'ɣaːwiː] papageienhaft; (einfach) nachplappernd
ببغائيات [babbaɣaːʔi'jaːt] *pl.* Geplapper *n*, Geschnatter *n*
[1]**بت** [batta, u] entscheiden (في هـ *A*, über *A*), regeln (ب *A*); برأي قاطع ~ [bi-raʔjin] e-e (endgültige) Entscheidung treffen; **VII** انبت [in-'batta] entschieden werden; *a. fig.* abgeschnitten werden
[2]**بت** [batt] Entscheidung *f* (في in *e-r Sache*); Regelung *f od.* Erledigung *f e-r Angelegenheit*
بتات [ba'ttaːt] *Aussage*: bündig
بتاتا [ba'taːtan] *Adv.* definitiv; entschieden, kategorisch; ~ ... لا überhaupt nicht, ganz bestimmt nicht, keineswegs; ممنوع ~ streng verboten
بتار [ba'ttaːr] *Messer*: scharf; *fig.* endgültig, definitiv
بتاع [bi'taːʕ] *Äg. umg.* (*Hilfswort zum Ausdruck der Zugehörigkeit*): [il-beːt bi'taːʕiː] mein Haus
[1]**بتر** [batara, u] abschneiden, abtrennen; *Zweige* stutzen; *Med.* amputieren; *fig.* beseitigen, ausmerzen; **VII** انبتر [im'batara] *Verbindung*: abreißen
[2]**بتر** [batr] Abschneiden *n*, Abtrennung *f*; *Med.* Amputation *f*
بتراء [bat'raːʔ]: الـ~ Petra (*Ruinenstätte in Jordanien*)
بتروكيماوي [bitrukiː'maːwiː] petrochemisch; بتروكيماويات *pl.* petrochemische Produkte *n/pl.*; petrochemische Industrie
بتروكيمياء [bitrukiːmi'jaːʔ] Petrochemie *f*
بتروكيميائي [bitrukiːmi'jaːʔiː] petrochemisch; بتروكيميائيات *pl.* petrochemische Produkte *n/pl.*
بترول [bit'roːl] (Erd-)Öl *n*; Petroleum *n*; الدول المنتجة للـ~ [ad-duwal al-muntidʒa] die erdölproduzierenden Länder *n/pl.*
بترولي [bit'roːliː] Erdöl-; حقل ~ Ölfeld *n*
بترون [bat'roːn] Schnittmusterbogen *m*
بتل [batala, i] abschneiden; **V** تبتل [ta'battala] sich von der Welt zurückziehen; sich dem Dienst Gottes (إلى الله) widmen; عن الزواج ~ [az-za'waːdʒ] keusch leben
بتة [batta] (endgültige) Entscheidung; *Tun.* Zuschlag *m bei e-r Auktion*; الـ~ [al-batta(ta)] *Adv.* entschieden, bestimmt, überhaupt; *mit Neg.*: absolut nicht, keineswegs
بتول [ba'tuːl] Jungfrau *f*; الـ~ *Chr.* die Jungfrau Maria
بتولا [ba'tuːlaː] Birke *f*
بتونية [ba'tuːnija] Petunie *f*
[1]**بث** [baθθa, u] ausbreiten, verbreiten; *Geheimnis* mitteilen; *Idee* propagieren; *Gefühle* ausdrücken (ه *j-m*); *Minen* legen; *Rf.* senden, ausstrahlen; الحقد ~ [al-ħiqd(a)] Zwietracht säen (بين unter *D*); الحياة ~ في [l-ħa'jaːta] *fig. etwas* beleben; عاطفة ~ في *j-m* ein Gefühl einflößen; **VII** انبث [im'baθθa] sich ausbreiten, verstreut werden; verstreut liegen
[2]**بث** [baθθ] Ausbreitung *f*, Verbreitung *f*; Propagierung *f*; Ausdruck *m von Gefühlen*; *Rf.* Ausstrahlung *f*; Sendetätigkeit *f*; Kummer *m*; ~ الدعاية [b. ad-di'ʕaːja] Propagandatätigkeit *f*
[1]**بثر** [baθira, a] *Haut*: sich mit Pickeln *od.* Pusteln bedecken
[2]**بثر** [baθr] *koll.*, *pl.* بثور [bu'θuːr] Pickel *m/pl.*, Pusteln *f/pl.*; *Impfung*: Bläschen *n/pl.*
[3]**بثر** [baθir] *Haut*: mit Pusteln bedeckt

بثرة [baθra] *n. un., pl.* [baθa'raːt] Pikkel *m*, Pustel *f*; *Impfung*: Bläschen *n*

بثري [baθriː] pustelartig, Pustel-

بثق [baθaqa, u] *Damm* durchstechen; **VIII** انبثق [im'baθaqa] sich ergießen; hervorbrechen; hervorsprießen; *Blitz*: aufzucken; *Hoffnung*: aufglimmen; *Liebe*: erblühen; hervorgerufen werden (من durch *A*); sich ergeben, entstehen (من aus *D*); hervorgehen (عن/من aus *D*)

بجح [badʒiħa, a] sich freuen (ب über *A*); **V** تبجح [ta'baddʒaħa] prahlen (ب mit *D*)

بجدة [budʒda, badʒda] Wesen *n e-r Sache*

(**بجس**) **VII** انبجس [im'badʒasa] hervorbrechen, sich ergießen (من aus *D*)

بجع [badʒaʕ] *koll., n. un.* ـة~ Pelikan *m*

[1]**بجل** **II** [baddʒala] (sehr) verehren; über *j-n od. etwas* (على) stellen

[2]**بجل** [badʒal] *Ir.* Syphilis *f*

[1]**بجم** [badʒama, i] sprachlos sein

[2]**بجم** [badʒam] *Äg.* Dummkopf *m*, Trottel *m*

بجن **II** [baddʒana] *Spitze e-s Nagels* umschlagen

[1]**بح** [baħħa, a] *Stimme*: heiser sein *od.* werden; صوته ~ [sɒutuhuː] *Person*: heiser sein *od.* werden; **IV** أبح [ʔa'baħħa] heiser machen

[2]**بح** [baħħ] Heiserkeit *f*

[1]**بحاث** [ba'ħħaːθ], *pl.* ـة~ Forscher *m*

[2]**بحاث** [bu'ħħaːθ] → باحث

بحاثة [ba'ħħaːθa] *m* (bedeutender) Forscher

[1]**بحار** [ba'ħħaːr], *pl.* ـة~ Seemann *m*, Matrose *m*; بحارة السفينة Schiffsbesatzung *f*

[2]**بحار** [bi'ħaːr] → [2]بحر

بحبح [baħbaħa] ein angenehmes *od.* flottes Leben führen; **II** تبحبح [ta'baħbaħa] im Wohlstand leben; auf großem Fuß leben; في المعيشة ~ [fi l-ma'ʕiːʃa] in Saus und Braus leben

بحبحة [baħbaħa] großzügige(r) Lebensstil, flotte(s) Leben

بحبوحة [buħ'buːħa] Mitte *f*; (= ~ العيش) [b. al-ʕaiʃ] angenehme(s) Leben, Wohlstand *m*

بحت [baħt] rein, unvermischt; صدفة ـة~ [sudfa] pure(r) Zufall; عربي ~ echte(r) Araber

[1]**بحث** [baħaθa, a] untersuchen, prüfen; erörtern; *Autor*: behandeln; erforschen (هـ/في *A*); suchen, forschen (عن nach *A*); عن المعادن ~ [al-maʕaːdin] nach Mineralien schürfen; **III** باحث [baːħaθa] erörtern (في ـه mit *j-m A*); **VI** تباحث [ta'baːħaθa] sich besprechen; erörtern (مع في mit *j-m A*)

[2]**بحث** [baħθ], *pl.* بحوث [bu'ħuːθ] *u.* أبحاث [ʔab'ħaːθ] Suche *f* (عن nach *A*); Schürfen *n*; (Er-)Forschung *f*; Untersuchung *f*, Prüfung *f*; (*wissenschaftliche*) Abhandlung, Studie *f* (في über *A*); (*wissenschaftliches*) Referat; *Zeitschrift*: Beitrag *m*; Erörterung *f*; صحفي ~ [sɒħafiː, suħufiː] *Journ.* Reportage *f*; علمي ~ [ʕilmiː] wissenschaftliche Forschung; بحوث العمليات [b. al-ʕamaliː'jaːt] Operations-research *n*; الـ~ عن الكسب Gewinnstreben *n*; أبحاث الفضاء Weltraumforschung *f*; أبحاث ميدانية [maidaː'niːja] Feldforschung *f*; إدارة الـ~ الجنائي [al-dʒi'naːʔiː] Kriminalabteilung *f*; المشروع تحت الـ~ das Projekt wird derzeit geprüft; ألقى ~ا [ʔalqaː] e-n Vortrag halten

بحثر [baħθara] verschwenden, vergeuden

بحثي [baħθiː] Forschungs-, Untersuchungs-

[1](**بحر**) **IV** أبحر [ʔabħara] *Schiff*: abfahren, in See stechen; **V** تبحر [ta'baħħara] tief eindringen (في in *A*), sich gründlich befassen (في mit *D*)

[2]**بحر** [bahr], *pl.* بحار [bi'ħaːr], بحور [bu'ħuːr] *u.* أبحر [ʔabħur] Meer *n*, See *f*; (großer) See *od.* Fluß; *fig.* Flut *f*, Fülle *f*; (*pl.* بحور) Versmaß *n*, Metrum *n*; hervorragende(r) Gelehrte(r), Koryphäe *f*; البحران [al-baħ'raːni] *du.* das Mittelmeer u. das Rote Meer; في ~ أسبوع [-i ʔus'buːʕ(in)] im Laufe e-r Woche; الـ~ الابيض (المتوسط) [al-ʔabjɒđ (al-muta'wassiŧ)] das Mittelmeer; الـ~ الأحمر das Rote Meer; ~ البلطيق [al-bal'ŧiːq] die Ostsee; ~ قزوين [b. qaz'wiːn] das Kaspische Meer; أعالي البحار die hohe See; das offene Meer; ~ا [-an] *Adv.* zur See; ~ا وبرا [barran] zu Wasser und zu Lande

بحران [buħ'raːn] *Med.* Krisis *f*; Delirium *n*; ~ الموت [b. al-maut] Agonie *f*

بحراني [baħ'raːniː] **1.** bahrainisch; *pl.* [-uːn] *u.* بحارنة [ba'ħaːrina] Bahrainer *m*; **2.** *pl.* بحاورة [ba'ħaːwira] Unterägypter *m*

بحرة [baħra] Teich *m*; Bassin *n*; Springbrunnen *m*

بحري [baħriː] See-, Meer-, Meeres-; seemännisch; Schiffahrts-; nautisch; Schiffs-; Marine-; *Äg.* nördlich, Nord-, an der Nordseite gelegen; رياضة ـة~ [ri'jɒːđɒ] Wassersport *m*; الصيد الـ~ [ɒs-sɒid] (Hoch-)Seefischerei *f*; القوات البحرية [al-qu'wwaːt] Seestreitkräfte *pl.*, Kriegsmarine *f*; نقيب ~ *Mil.* Hauptmann *m* zur See; الوجه الـ~ Unterägypten; وحدة ـة~ *Mil.* Flotteneinheit *f*

بحرين [baħ'rain] *f*: الـ~ *Geo.* Bahrain

بحريني [baħ'rainiː] bahrainisch; *pl.* بحارنة [ba'ħaːrina] Bahrainer *m*

بحرية [baħ'riːja] Marine *f*; طالب ~ Seekadett *m*

بحش [bahaʃa, a] *Syr.* graben

بحص [baħs] *Syr.* Kies *m*

بحلق [baħlaqa] starren (في auf *A*), anstarren

بحيرة [bu'ħaira], *pl.* [-aːt] See *m*; ~ شاطئية Lagune *f*; الـ~ المرة [al-murra] *Geo.* Bittersee *m*

بحيري [ba'ħiːriː], *pl.* بحاورة [ba'ħaːwira] Unterägypter *m*

[1]**بخ** [baxxa, u] **1.** schnarchen; **2.** ausspritzen, versprühen; *Kraftstoff* einspritzen; bespritzen (ب mit *D*)

[2]**بخ** [baxx] Versprühen *n*; Einspritzen *n von Kraftstoff*; سائل للـ~ Spray *m*

[3]**بخ** [bax]: ~ ~ bravo!; ausgezeichnet!

بخاخة [ba'xxaːxa], *pl.* [-aːt] Zerstäuber *m*, Spraygerät *n*

بخار [bu'xaːr], *pl.* أبخرة [ʔabxira] Dampf *m*; Dunst *m*; أبخرة الضباب Nebelschwaden *m/pl.*

1**بخاري** [bu'xaːriː] Dampf-; mit Dampfantrieb; Motor-; ~ حمام [ħa'mmaːm] Dampfbad *n*; دراجة ~ـة [da'rraːdʒa] Moped *n*; عجلة ~ـة [ʕadʒala] Motorrad *n*; قوة ~ـة محركة [quwwa, mu'ħarrika] Dampfkraft *f*

2**بخارى** [bu'xaːraː] *Geo.* Buchara

بخت [baxt] Glück *n*; بخوت [bu'xuːt] *pl.* Glücksfälle *m/pl.*; آلة الـ~ Glücksspielautomat *m*; سوء الـ~ [suːʔ al-b.] Unglück *n*; قليل الـ~ unglücklich; قرأ ~ـه [-ahuː] j-m wahrsagen; يا ~ـك [-aka] du Glücklicher!

(**بختر**) **II** تبختر [ta'baxtara] e-n wiegenden Gang haben; *Frau*: sich in den Hüften wiegen; *Betrunkener*: wanken; ~ في خيلاء [xuja'laːʔ] einherstolzieren

1**بخر** [baxara, a] verdampfen, verdunsten; **II** [baxxara] verdampfen *od.* verdunsten lassen; chemisch reinigen, desinfizieren; beräuchern; **V** تبخر [ta'baxxara] verdampfen, verdunsten; *Gas*: sich verflüchtigen; sich in Dunst auflösen; *Optimismus*: verfliegen

2**بخر** [baxar] (schlechter) Mundgeruch

3**بخر** [baxr] Verdunstung *f*

1**بخس** [baxasa, a] schmälern, herabsetzen; *Preise* drücken; ~ـه حقه [ħaqqahuː] sich j-m gegenüber ungerecht verhalten; j-n übervorteilen; ~ قدر نفسه [qadra nafsihiː] allzu bescheiden sein; ~ـه قيمته [qiː'matahuː] j-n unterschätzen

2**بخس** [baxs] *Preis*: (sehr) niedrig; *Strafe*: gering; تأمين/التأمين الـ~ Unterversicherung *f*; ~ بسعر [bi-siʕr] spottbillig; باعه بالـ~ [baːʕahuː] etwas zu Schleuderpreisen verkaufen

بخشيش [bax'ʃiːʃ], *pl.* بخاشيش [ba-xaː'ʃiːʃ] (2) Trinkgeld *n*

1**بخل** [baxila, a] *u.* [baxula, u] geizen (ب mit *D*, على ب gegen *j-n* mit *D*), vorenthalten (على ب *j-m A*); ~ بالصرف على an *etwas* sparen; لا تبخل عليه بشيء sie tut alles für ihn; لا يبخل بجهد [bi-dʒuhd] er scheut keine Mühe

2**بخل** [buxl] Geiz *m*

بخلاء → بخيل

بخور [ba'xuːr] Räucherwerk *n*; Weihrauch *m*; ~ مريم [b. marjam] Alpenveilchen *n*, Zyklamen *n*

بخيت [ba'xiːt] glücklich

بخيل [ba'xiːl], *pl.* بخلاء [buxa'laːʔ] (2) geizig; knickerig; Geizhals *m*

1**بد** [badda, u] (zer)teilen; *Chem.* auflösen; **II** بدد [baddada] zerteilen, verstreuen; *Zweifel* zerstreuen; *Gedanken* verscheuchen; *Kummer* vertreiben; *Hoffnung*, *Glauben* zerstören; *Stille* zerreißen; *Zeit*, *Geld* verschwenden, vergeuden; ~ له الوحشة j-m Gesellschaft leisten; **V** تبدد [ta'baddada] sich zerteilen, sich zerstreuen, sich auflösen; sich verlieren, vergehen; verlorengehen; *Hoffnung*, *Glaube*: zerstört werden; *Versuch*: zu nichts führen; ~ في الهواء [fi l-ha'waːʔ] *fig.* verpuffen; **X** استبد [ista'badda] willkürlich *od.* despotisch handeln; eigenmächtig verfahren (ب mit *D*); für sich allein haben (wollen) (ب *A*); *Idee*: beherrschen (ب *j-n*); *Sorge*: sich bemächtigen (ب *j-s*); ~ برأيه [bi-raʔjihiː] s-n Kopf durchsetzen; eigenwillig handeln

2**بد** [budd] Ausweg *m*; لا ~ منه [-a] es ist unausweichlich *od.* unabwendbar *od.* unumgänglich; es muß sein; لا ~ له من ذلك er muß es unbedingt tun; er braucht es unbedingt; لم يكن ~ من أن [lam jakun -un min ʔan] es war unvermeidlich, daß…; لا يرى ~ا من er kann nicht umhin (*etwas zu tun*); لا ~ (و)أن يفعله [jaf'ʕalahuː] er wird es bestimmt *od.* unweigerlich tun; لا ~ أن يكون قد رآها [ra'ʔaːhaː] er muß *od.* müßte sie gesehen haben; ~ من كل [kulli budd(in)] auf jeden Fall; ganz bestimmt

بدء [badʔ] Anfang *m*, Beginn *m*; ~ا من [-an] *u.* ب ~ا angefangen mit; منذ الـ~ von Anfang an; إشارة الـ~ *Sport*: Startzeichen *n*; نقطة الـ~ [nuqtɒt al-b.] Ausgangspunkt *m*; عودا على ~ [ʕaudan ʕalaː badʔin] abermals, wiederum, immer wieder

1**بدا** [badaː] → 1(بدو)

2**بدأ** [badaʔa, a] *intr. u. trans.* beginnen, anfangen (ـه *A*, ب/في mit *D*, من bei *D*); ~ يفعله [jafʕaluhuː] er begann, es zu tun; *Pass.* بدئ [budiʔa] *intr.* beginnen, anfangen; يبدأ ويعيد [ju'ʕiːd(u)] immer wieder das gleiche sagen *od.* tun; immer wieder von vorne anfangen; ~ه بالحديث er begann mit ihm ein Gespräch; er sprach ihn an; **III** بادأ [baːdaʔa] *j-m* gegenüber (ه) mit *etwas* (ب) beginnen; ~ه بالكلام j-n ansprechen; **IV** أبدأ [ʔabdaʔa] *j-m* gegenüber (ه) mit *etwas* (ب) beginnen; يبدئ ويعيد immer wieder von etwas reden *od.* etwas tun; **VIII** ابتدأ [ib'tadaʔa] *intr. u. trans.* beginnen, anfangen (ب, *trans. a.* ـه mit *D*, من bei *D*, an *e-m Tag*)

بداءة [ba'daːʔa] Anfang *m*; ذي ~ بدء [-taðiː badʔ(in)] anfangs, zuerst; als erstes, vor allem

بدار [ba'daːri] schnell!

بدارة [ba'ddaːra] *Äg.* Puderquaste *f*

بداعة [ba'daːʕa] außergewöhnliche(r) *od.* wunderbare(r) Charakter *e-r Sache*; Feinheit *f der Gesichtszüge*

1**بدال** [ba'ddaːl], *pl.* [-uːn] Lebensmittelhändler *m*, Inhaber *m* e-r Gemischtwarenhandlung

2**بدال** [ba'ddaːl, bi'daːl], *pl.* [-aːt] Pedal *n*

1**بدالة** [ba'ddaːla], *pl.* [-aːt] Telefonzentrale *f*; Abzugskanal *m*

2**بدالة** [bi'daːla], *pl.* [-uːn] Lebensmittelhandlung *f*, Gemischtwarenhandlung *f*

بدانة [ba'daːna] Beleibtheit *f*, Leibesfülle *f*, Korpulenz *f*

بدأة [badʔa] Anfang *m*; ذي ~ بدء [-taðiː badʔ(in)] anfangs, zuerst; als erstes, vor allem

بداهة [ba'daːha] Augenscheinlichkeit *f*; Selbstverständlichkeit *f*; Spontaneität *f*; Eingebung *f*; ~ [-tan] *Adv. u.* بالـ~ selbstverständlich, logischerweise; in augenfälliger Weise; spontan, ganz von selbst, instinktiv; على الـ~ spontan; intuitiv; schlagfertig; عن ~ spontan, ganz von selbst; بـ~ الغريزة instinktiv (*Adv.*)

بداوة [ba'daːwa] Beduinentum *n*, Nomadentum *n*; أهل الـ~ die Beduinen *m/pl.*, die Nomaden *m/pl.*

بدائه [ba'daːʔih] (2) selbstverständliche Dinge *n/pl.*, Grundwahrheiten *f/pl.*

بداية [bi'daːja], *pl.* [-aːt] Anfang *m*, Beginn *m*; Ansatz(punkt) *m*; ~ [-tan] من von … an; إشارة الـ~ *Sport*: Startzeichen *n*; نقطة الـ~ [nuqṭɒt al-b.] Ausgangspunkt *m*; Ansatzpunkt *m*; في الأمر zunächst, anfangs; منذ الـ~ von Anfang an

بدائي [bi'daːʔiː, bu'daːʔiː] *u.* (*selten*) [ba'daːʔiː] anfänglich, Anfangs-, erste(r); ursprünglich; primitiv; stümperhaft; *Kenntnisse*: mangelhaft; *Erzählung*: anspruchslos; البدائيون *pl.* die Primitiven *m/pl.*; بدائيات *pl.* primitive Dinge *n/pl. od.* Vorstellungen *f/pl.*; الإنسان الـ~ der Frühmensch; الزمن الـ~ [az-zaman] graue Vorzeit

بدائية [bidaː'ʔiːja] *u.* [budaː'ʔiːja] Primitivität *f*

[1]**بدر** [badara, u] in den Sinn kommen (لـ *j-m*); spontan geschehen (من durch *j-n*) *od.* gemacht werden (من von *j-m*); *Worte*: entschlüpfen (من *j-m*); تبدر منه بادرة الشيء er gibt etwas zu erkennen *od.* äußert etwas; **III** بادر [baːdara] sich beeilen (إلى *etwas zu tun*, بـ mit *D*); die Initiative ergreifen (بـ zu *D*); *Empfindung*, *Gedanke*: sich spontan einstellen (ه bei *j-m*); ins Wort fallen (ه *j-m*); überfallen, überraschen (ه بـ *j-n* mit *D*); ~ها قائلا [qaːʔilan] er sagte rasch zu ihr; ~ بخبر [bi-xabar] etwas sofort erzählen; mit e-r Nachricht herausplatzen; ~ لنجدته [li-nadʒ'datihiː] j-m zu Hilfe eilen; **VI** تبادر [ta'baːdara] sich beeilen (إلى *etwas zu tun*); ~ إلى الذهن [að-ðihn] in den Sinn kommen; *Frage*: sich aufdrängen; **VIII** ابتدر [ib'tadara] *Gedanke*: sich spontan einstellen (ه bei *j-m*); ~ يقول [ja'quːl(u)] er sagte rasch; ~ها قائلا er sagte rasch zu ihr

[2](بدر) **V** تبدر [ta'baddara] sich pudern

[3]**بدر** [badr], *pl.* بدور [bu'duːr] *u.* أبدار [ʔab'daːr] Vollmond *m*

بدروم [bad'ruːm], *pl.* [-aːt] Keller *m*

بدري [badriː] **1.** ~ وجه runde(s) Gesicht; **2.** *umg.* (zu) früh

[1]**بدع** [badaʕa, a] *obs.* erfinden; (neu) schaffen, hervorbringen; **IV** أبدع [ʔabdaʕa] (neu) schaffen, hervorbringen; Hervorragendes leisten (في in *D*, auf *e-m Gebiet*); meisterhaft beherrschen (في *A*); **VIII** ابتدع [ib'tadaʕa] erfinden, sich ausdenken, ersinnen; (neu) schaffen; neue Wege gehen; ~ بدعا [bidaʕan] Neuerungen einführen

[2]**بدع** [bidʕ], *pl.* أبداع [ʔab'daːʕ] Neuerung *f*, Neuheit *f*; erstaunliche *od.* unerhörte Sache; لا ~ [-a] kein Wunder!; ليس ~ا أن [-an] es ist nicht zu verwundern, daß

بدعة [bidʕa], *pl.* بدع [bidaʕ] Neuerung *f*, Neuheit *f*; neue Idee; *Isl.* ketzerische Neuerung, Ketzerei *f*; أهل البدع Ketzer *m/pl.*

[1]**بدل** [badala, u] ersetzen (هـ بـ *etwas* durch *A*); **II** [baddala] verändern, (ab)ändern; umwandeln, verwandeln (هـ هـ *od.* ه ه *etwas od. j-n* in *A*); umtauschen, wechseln; eintauschen (هـ بـ *etwas* für *A od.* gegen *A*); ersetzen (هـ بـ *u.* من هـ *etwas* durch *A*), auswechseln (هـ بـ *etwas* gegen *A*); ~ السرعة [as-surʕa(ta)] *Motor* schalten; ~ ملابسه [malaː'bisahuː] sich umziehen, sich umkleiden; **III** بادل [baːdala] austauschen, wechseln (هـ *A*; ه هـ mit *j-m etwas*); ~ه الحديث sich mit j-m unterhalten; ~ته الحب [-thu l-ħubb(a)] sie erwiderte s-e Liebe; **IV** أبدل [ʔabdala] ändern; wechseln; eintauschen (هـ بـ *etwas* gegen *A*); ersetzen (هـ/ه بـ *j-n od. etwas* durch *A*, من هـ *etwas* durch *A*), auswechseln; ~ ملابسه sich umziehen, sich umkleiden; **V** تبدل [ta'baddala] sich (ver)ändern; sich wandeln; sich verwandeln (من إلى aus *D* in *A*); ausgetauscht werden; ersetzt werden (بـ durch *A*), vertauscht werden; **VI** تبادل [ta'baːdala] (miteinander) austauschen; abwechselnd tun; يتبادلان الحب [jatabaːda'laːni l-ħubb(a)] einander lieben; **X** استبدل [is'tabdala] (um)tauschen; eintauschen (هـ بـ *u.* بـ هـ *etwas* für *A od.* gegen *A*); austauschen; ersetzen (هـ بـ *u.* بـ هـ *etwas* für *A od.* gegen *A*); umwandeln (هـ بـ *etwas* in *A*)

[2]**بدل** [badal], *pl.* [-aːt] *u.* أبدال [ʔab'daːl] Ersatz *m*; Ersatzgeld *n*; Entschädigung *f*, Vergütung *f*; Spesen *pl.*; Gebühr *f*; Gegenwert *m*; *Gr.* appositionelle(s) Substantiv zum Ersatz des vorausgehenden; ~ [-a] + *G u.* بدلا من/عن [-an] *Präp.* statt, anstatt, anstelle von; ~ الاشتراك Abonnementpreis *m*; Teilnahmegebühr *f*; ~ الاغتراب Trennungsentschädigung *f*; ~ أكل Verpflegungsgeld *n*; ~ تمثيل Aufwandsentschädigung *f*; ~ التنقلات [b. at-tanaqqu'laːt] Fahrtkostenentschädigung *f*, Fahrtkostenzuschuß *m*; ~ السكن [b. as-sakan] Wohngeld *n*; الـ~ العسكري [al-ʕaskariː] Wehrersatzgeld *n*; ~ المواصلات [b. al-muwaːsɒ'laːt] Fahrtkostenentschädigung *f*

بدلة [badla], *pl.* [bad(a)'laːt] *u.* بدل [bidal] Anzug *m*; (= ~ رسمية) Uniform *f*; ~ الورشة [b. al-warʃa] Arbeitsanzug *m*, Montur *f*, Overall *m*

بدلية [bada'liːja]: ~ التجنيد Wehrersatzgeld *n*

[1]**بدن** [baduna, u] *u.* [badana, u] dick, beleibt sein

[2]**بدن** [badan], *pl.* أبدان [ʔab'daːn] Körper *m*; Rumpf *m*

بدني [badaniː] körperlich, Körper-; physisch; *Med.* somatisch; تربية ~ة [tarbija] Leibeserziehung *f*;

Turnen *n*, Sport *m* (*als Schulfach*); ~ جزاء Körperstrafe *f*

بده [badaha, a] *u.* **III** باده [baːdaha] plötzlich kommen (ه zu *j-m*); überraschen (ه ب *j-n* mit *D*); **VIII** ابتده [ib'tadaha] *Rede* improvisieren; الحقيقة ~ plötzlich die Wahrheit erkennen

بدهي [badahiː] selbstverständlich

بدهية [bada'hiːja] = بديهية

[1]**(بدو)** بدا [badaː, uː] erscheinen, sich zeigen, offenbar werden; scheinen (ل أن [ʔanna] *j-m* daß); على ما يبدو *u.* فيما يبدو wie es scheint, offensichtlich; يبدو أن [ʔanna] *u.* يبدو (و)كأن [ka-ʔanna] scheinen *od.* so aussehen, als ob; erscheinen als; يبدو نائما [naːʔiman] er scheint zu schlafen; ما ~ لك was *od.* wie *od.* soviel du willst; على حقيقته ~ sein wahres Gesicht zeigen; (الشيء) ~ عليه es war ihm anzusehen; له ~ أن يفعله er hielt es für richtig, es zu tun; يبدو لي أن اقترح [ʔaq'tariħa] ich wollte vorschlagen; **III** بادى [baːdaː] offen bekunden (ب ه *j-m A*); **IV** أبدى [ʔabdaː] zeigen (ل هـ *j-m A*), offenbaren; *Meinung, Wunsch* äußern, *Bereitschaft, Interesse* zum Ausdruck bringen; *Vorbehalte* anmelden; darbieten, *Kunststück* vorführen; **V** تبدى [ta'baddaː] erscheinen, sich zeigen; den Eindruck erwekken *od.* machen, wirken; an den Tag legen (عن *A*)

[2]**بدو** [badw] *koll.* Beduinen *m/pl.*, Nomaden *m/pl.*; Wüste *f*

بدوي [badawiː] beduinisch, Beduinen-, nomadisch, Nomaden-; Beduine *m*

بديع [ba'diːʕ] wundervoll, einzigartig, großartig, außergewöhnlich, ungewöhnlich; *Wetter*: herrlich; *Anblick*: entzückend; Schöpfer *m*; *a. npr. m*; الصنع ~ [b. ɒs-sunʕ] meisterhaft gemacht; Meisterwerk *n*; علم الـ~ [ʕilm al-b.] Lehre *f* vom guten Stil und den rhetorischen Figuren

بديعة [ba'diːʕa], *pl.* بدائع [ba'daːʔiʕ] (2) großartige *od.* originelle Sache; Wunderding *n*

بديعي [ba'diːʕiː] rhetorisch (hervorragend)

بديل [ba'diːl], *pl.* أبدال [ʔab'daːl] *u.* بدلاء [buda'laːʔ] (2) Ersatz *m* (من/عن/ل für *A*); Ersatzmann *m*; *pl.* بدائل [ba'daːʔil] (2) Alternative *f* (عن zu *D*); ~ حل [ħall] Alternativlösung *f*; لا أرضى بحالي ~ا [laː ʔarđɒː bi-ħaːliː -an] ich tausche mit niemandem

بديلة [ba'diːla], *pl.* بدائل [ba'daːʔil] (2) Ersatzteil *n*

بدين [ba'diːn], *pl.* [-uːn] *u.* بدن [budun] beleibt, korpulent

بديهة [ba'diːha] Intuition *f*; Spontaneität *f*; بالـ~ *u.* على الـ~ spontan, ganz von selbst; intuitiv; حاضرة ~ *u.* حضور الـ~ Geistesgegenwart *f*; Schlagfertigkeit *f*; حاضر/سريع الـ~ geistesgegenwärtig; schlagfertig

بديهي [ba'diːhiː] selbstverständlich; offenkundig; apriorisch; spontan; *Erkenntnis*: intuitiv; حقيقة ~ة Binsenweisheit *f*; من الـ~ أن [ʔanna] es versteht sich von selbst, daß

بديهية [badiː'hiːja], *pl.* [-aːt] Selbstverständlichkeit *f*; Grundwahrheit *f*, Axiom *n*; Binsenweisheit *f*; apriorische(r) Charakter *e-r Sache*

[1]**بذ** [baðða, u] übertreffen (ه ب/في *j-n* in *D od.* an *D*)

[2]**بذ** [baðð] schäbig, schlampig, schmutzig

بذأ [baðaʔa, a] = بذئ

بذاءة [ba'ðaːʔa] Unanständigkeit *f*, Obszönität *f*, Zotigkeit *f*

[1]**بذار** [ba'ððaːr] Sämann *m*

[2]**بذار** [bi'ðaːr] Aussaat *f*; → [2]بذر

بذارة [ba'ððaːra] Sämaschine *f*

بذخ [baðax] Luxus *m*, Prunk *m*; Verschwendung *f*

[1]**بذر** [baðara, u] säen, ausstreuen; ~ بذور الشقاق [bu'ðuːra ʃ-ʃi'qaːq] Zwietracht säen; **II** [baððara] verschwenden, vergeuden (في für *A*)

[2]**بذر** [baðr] Säen *n*, Aussaat *f*; *koll.*, *n. un.* ~ة, *pl.* بذار [bi'ðaːr] *u.* بذور [bu'ðuːr] Saatkörner *n/pl.*, Samen *m*; Saatgut *n*; Saat *f*; بذور Kerne *m/pl. von Früchten*; أنبت في نفسه بذور الشيء [ʔanbata] *fig.* in j-m etwas aufkeimen lassen; → [2]بذار

بذرة [baðra] Samenkorn *n*; Kern *m e-r Frucht*; *Biol. u. fig.* Keim *m*; وضع ~ الشيء den Keim zu etwas legen

[1]**بذل** [baðala, u, i] (bereitwillig) hergeben, geben, schenken, spenden; *Geld* ausgeben; *Mühe* aufwenden; *Hilfe* gewähren; darbringen; hingeben, opfern; *Ehre* preisgeben; *ohne Akkusativobjekt*: Opfer bringen, Leistungen vollbringen; ~ جهدا [ʤuhdan] sich bemühen, sich anstrengen; الطاعة ~ ل sich j-m unterwerfen; وسعه ~ [wusʕahuː] sein Möglichstes tun; كل غال ~ ونفيس [kulla ɣaːlin] sein Bestes geben, alles Erdenkliche unternehmen; **V** تبذل [ta'baððala] sich gewöhnlich *od.* ordinär benehmen; (moralisch) herunterkommen; sich preisgeben; *Sitten*: verwildern; *Autor*: Banalitäten von sich geben; **VIII** ابتذل [ib'taðala] herunterkommen; entwürdigen, herabwürdigen; abnutzen

[2]**بذل** [baðl] Aufwendung *f von Mühe*; Ausgabe *f*, Spenden *n*; Darbringung *f*; Hingabe *f*, Opferung *f*; (= النفس ~) Aufopferung *f*, Opferbereitschaft *f*; (persönlicher) Einsatz; الجهد ~ [b. al-ʤuhd] Bemühung *f*, Anstrengung *f*

بذلة [biðla], *pl.* بذل [biðal] Anzug *m*

بذئ [baðiʔa, a] Zoten reißen

بذيء [ba'ðiːʔ] schmutzig, zotig, obszön, unzüchtig; *Worte*: unflätig; unschön, geschmacklos

بذيرة [bu'ðaira], *pl.* [-aːt] *Bot.* Samenanlage *f*

[1]**بر** [barra, a, i] liebevoll *od.* gütig sein (ب gegen *j-n*); *s-e Eltern* ehren; *Gott* gehorchen; halten, einlösen (ب *ein Versprechen*); *Eid*: wahrheitsgemäß sein; *Gott*: *Gebet* erhören; ~ نفسه بالشيء [nafsahuː] er gönnte sich etwas; **II** برر [barrara] rechtfertigen; erklären (هـ ب *etwas* mit *D*); له ما يبرره *etwas ist* gerechtfertigt *od.* berechtigt; الغاية تبرر الوسيلة der Zweck heiligt die Mittel; **IV** أبر [ʔa'barra] *Eid* halten

[2]**بر** [barr], *pl.* أبرار [ʔab'raːr] rechtschaffen; redlich; pietätvoll; fromm; freundlich, gütig, liebevoll (ب gegen *j-n*); freigebig; *pl. a.* die treuen *od.* tapferen *Söhne des Volkes*; ~ًا بالقسم الذي أداه [-an bi-l-qasami llaðiː ʔa'ddaːhu] getreu seinem Eid

[3]**بر** [barr], *pl.* برور [bu'ruːr] Festland *n*, Land *n*; Ufer *n*; ~ًا [-an] *Adv.* zu Lande, auf dem Landwege, → [2]بحر; *umg.* [barraː] draußen; hinaus!; ~ الأمان *fig.* rettende(s) Ufer, Sicherheit *f*

[4]**بر** [burr] Weizen *m*

[5]**بر** [birr] Rechtschaffenheit *f*; Frömmigkeit *f*; Pietät *f*; Güte *f*, Freundlichkeit *f* (ب gegen *j-n*); treusorgende Liebe *der Mutter*; Verehrung *f*, Respekt *m des Kindes*; Wohlwollen *n des Vorgesetzten*; Freigebigkeit *f*, Großzügigkeit *f*; الـ~ (والإحسان) Wohltätigkeit *f*; خير الـ~ عاجله [xairu l-birri ʕaːdʒiluhuː] *Spr.* doppelt gibt, wer schnell gibt; *fig.* je eher, desto besser

[1]**برء** [barʔ] Schöpfung *f*, Erschaffung *f*

[2]**برء** [burʔ] Genesung *f* (العلة [al-ʕilla(ti)] von der Krankheit), Heilung *f*

[1]**برأ** [baraʔa, a] *Gott*: erschaffen

[2]**برأ** [barraʔa] → برئ

[1]**براء** [ba'raːʔ] *m, f u. pl.* frei (من von *D*); nicht schuld (من an *D*)

[2]**براء** [bu'raːʔ, bi'raːʔ] → بريء

براءة [ba'raːʔa] Unschuld *f*, Schuldlosigkeit *f*; Freisein *n* (من von *D*); Arglosigkeit *f*, Naivität *f*; *pl.* [-aːt] Patent *n*; Urkunde *f*; بـ~ arglos, naiv (*Adv.*); ~ الاختراع (Erfinder-)Patent *n*; ~ الاعتماد/التنفيذ *Dipl.* Exequatur *n*; ~ الذمة [b. aððimma] Entlastung *f* von e-r Verpflichtung; Schuldlosigkeit *f*; *Ir. a.* Unbedenklichkeitsbescheinigung *f*; الحكم بالـ~ [al-ħukm] *Jur.* Freispruch *m*

براح [ba'raːħ] Weggehen *n*, Weggang *m*; weite(s) Land, Weite *f*; ~ًا [-an] *Adv.* klar, deutlich

براد [ba'rraːd] **1.** *pl.* [-uːn] Monteur *m*; **2.** Kühlanlage *f*; Eisschrank *m*; Teekanne *f*

[1]**برادة** [ba'rraːda], *pl.* [-aːt] Kühlanlage *f*, Kühlschrank *m*

[2]**برادة** [bu'raːda] Metallspäne *m/pl.*, Eisenfeilspäne *m/pl.*

[3]**برادة** [bi'raːda] Feilen *n*; Monteurberuf *m*

براز [bi'raːz] **1.** Exkrement *n*, Kot *m*; **2.** *Sport*: Wettkampf *m*; Duell *n*

برازيل [braː'ziːl] *f*: الـ~ Brasilien

برازيلي [braː'ziːliː] brasilianisch; *pl.* [-uːn] Brasilianer *m*

براعة [ba'raːʕa] Tüchtigkeit *f*, Können *n*, Geschicklichkeit *f*; Großartigkeit *f e-r Leistung*; Raffinesse *f*

براغ [braːɣ] Prag

براغماتي [braɣ'maːtiː] pragmatisch

برافان [bara'vaːn] Paravent *m*, spanische Wand

برافين [bara'fiːn] Paraffin *n*

[1]**براق** [ba'rraːq] glänzend, leuchtend, strahlend; *Metall*: blitzend, blinkend; *Fassade*: trügerisch; ألفاظ ~ة schöne Worte *n/pl.*

[2]**براق** [bu'raːq] *Isl. Reittier Mohammeds bei der Himmelfahrt*

برامج → برنامج

برامجي [ba'raːmidʒiː] Programm-

برانس [ba'raːnis]: جبال الـ~ [dʒi'baːl al-b.] die Pyrenäen *pl.*

براني [ba'rraːniː] außen befindlich, äußere(r); außerhalb stehend

برايا → [1]برية, بريء

[1]**براية** [ba'rraːja], *pl.* [-aːt] Bleistiftspitzer *m*

[2]**براية** [bu'raːja] Bleistiftspäne *m/pl.*

بربخ [barbax], *pl.* برابخ [ba'raːbix] (2) Wasserrohr *n*

[1]**بربر** [barbara] plappern

[2]**بربر** [barbar] *koll.*: الـ~ die Berber *m/pl.*

بربري [barbariː], *pl.* برابرة [ba'raːbira] **1.** berberisch; Berber *m*; **2.** barbarisch; Barbar *m*

بربرية [barba'riːja] Barbarei *f*, Roheit *f*

بربط [barbatɒ] planschen

بربوش [bar'buːʃ] *Alg.* grobe(r) Kuskus

بربوني [bar'buːniː] *Zool.* rote Meeräsche

بربيس [bir'biːs, bar'biːs] Barbe *f*

برتغال [burtu'ɣaːl] *f*: الـ~ Portugal

برتغالي [burtu'ɣaːliː] portugiesisch; *pl.* [-uːn] Portugiese *m*

برتقال [burtu'qaːl] *koll.*, *n. un.* ~ة Orange(n *pl.*) *f*, Apfelsine(n *pl.*) *f*

برتقالي [burtu'qaːliː] orangefarben

برثن [burθun], *pl.* براثن [ba'raːθin] (2) *a. fig.* Kralle *f*, Klaue *f*; *pl.* Fänge *m/pl.*

[1](**برج**) **V** تبرج [ta'barradʒa] sich schön machen; sich putzen, sich schminken; sich übertrieben schminken, sich aufdonnern

[2]**برج** [burdʒ], *pl.* أبراج [ʔab'raːdʒ] *u.* بروج [bu'ruːdʒ] Turm *m*; Burg *f*, Festung *f*; *Astr.* Tierkreiszeichen *n*; *Arch.* Pfeiler *m*; ~ التبريد *Techn.* Kühlturm *m*; ~ الحفر *Ölindustrie*: Bohrturm *m*; ~ الحمام Taubenschlag *m*; ~ عاجي Elfenbeinturm *m*; ~ المراقبة [b. mu'raːqaba] Kontrollturm *m*

(**برجز**) **II** تبرجز [ta'bardʒaza] zum Bourgeois werden

برجل [bardʒal], *pl.* براجل [ba'raːdʒil] (2) Zirkel *m*

برجمة [burdʒuma], *pl.* براجم [ba'raːdʒim] (2) Fingergelenk *n*, Fingerknöchel *m*

برجوازي [burdʒu'waːziː] *u.* **برجوازية** [burdʒuwaː'ziːja] → بورجوازي *u.* بورجوازية

برح [bariħa, a] *Ort* verlassen; abreisen (ـه إلى von *D* nach *D*); weggehen; ما ~ يفعل [jafʕal(u)] er hört nicht auf es zu tun, er tut es immer noch; ما ~ حيا [ħajjan] er lebt noch; ما ~ في er ist noch in …; ~ الخفاء die Sache ist offenkundig geworden; الأمر لايبرح ذاكرته er kann die Sache nicht vergessen; **II** [barraħa] quälen, plagen (ب *j-n*); **III** بارح [baːraħa] *Ort* verlassen

[1]**برد** [barada, u] **1.** kalt werden, erkalten, sich abkühlen; sich erkälten; يبرد er friert; **2.** feilen; – [baruda, u] kalt werden, erkalten; **II** [barrada] kalt machen, kühlen; **IV** أبرد [ʔabrada] mit der Post schicken; **V** تبرد [ta'barrada] kalt werden, erkalten, sich abkühlen; **VII** انبرد [im-

'barada] *a. fig.* sich abkühlen; sich erfrischen; صدره بالسعادة ~ Glück empfinden

[2]**برد** [barad] *koll.* Hagel *m*

[3]**برد** [bard] Kälte *f*, Kühle *f*; Erkältung *f*; Erleichterung *f*; اً~[-an] *Adv.* vor Kälte

[4]**برد** [burd], *pl.* أبراد [ʔab'raːd] Mantel *m*; Decke *f*

برداء [bura'daːʔ] (2) Schüttelfrost *m*

برداخ [bar'daːx] *Syr., Lib., Jord.* Polieren *n*; Politur *f*

برداق [bar'daːq], *pl.* براديق [baraː-'diːq] (2) Krug *m*

بردان [bar'daːn], *f* ـة~ fröstelnd; أنا ~ mir ist kalt

بردایة [bar'daːja], *pl.* براد [ba'raːdin] *Syr., Jord., Kuw.* Vorhang *m*

بردخ [bardaxa] *Syr., Lib., Jord.* polieren, glänzend machen

بردعة [bardaʕa], *pl.* برادع [ba'raːdiʕ] (2) Sattel *m* des Lasttieres, Packsattel *m*

[1]**بردة** [barada] Hagelkorn *n*

[2]**بردة** [burda], *pl.* برد [burad] Obergewand *n*; *Isl.* Mantel *m* des Propheten

[1]**بردى** [baradaː] *m* Barada (*Fluß in Syrien*)

[2]**بردي** [bardiː] Papyrus *m*; علم البرديات [ʕilm al-bardiː'jaːt] Papyrologie *f*; ورق الـ~ [waraq al-b.] Papyrus *m als Schreibmaterial*

بردية [bar'diːja], *pl.* [-aːt] Papyrusrolle *f*, Papyrus *m*

برذعة [barðaʕa], *pl.* براذع [ba'raːðiʕ] (2) = بردعة

برذون [bir'ðaun], *pl.* براذين [baraː-'ðiːn] (2) (Zug- *od.* Last-)Pferd *n*

بررة → [3]بار

برز [baraza, u] *a. fig.* hervortreten, vorspringen; *a. fig.* hervorragen; in Erscheinung treten, zum Vorschein kommen; *Problem*: auftauchen; herauskommen (من aus *e-m Gebäude*), hinausgehen (إلى auf *die Straße*); sich auszeichnen (على vor *j-m*), übertreffen (ه *j-n*); للعيان ~ [li-l-ʕi'jaːn] sichtbar werden; **II** [barraza] hervortreten *od.* erscheinen lassen; sich (vor anderen) auszeichnen; übertreffen (على *j-n*); **III** بارز [baːraza] kämpfen *od.* fechten (ه gegen *j-n*), sich duellieren (ه mit *j-m*); **IV** أبرز [ʔabraza] hervortreten (*od.* in Erscheinung treten) lassen; hervorheben, betonen; *e-n Punkt* herausstellen; *Problem* herausarbeiten; hervorkehren; zeigen (ه ل j-m *A*); *Ausweis* vorzeigen, vorweisen; *Argument* vorbringen; يده ~ [jadahuː] die Hand ausstrekken; ـه من جيبه~ [dʒaibihiː] etwas aus der Tasche ziehen; **V** تبرز [ta-'barraza] Stuhlgang haben; **VI** تبارز [ta'baːraza] miteinander kämpfen

برزخ [barzax], *pl.* برازخ [ba'raːzix] (2) Landenge *f*; (trennender) Zwischenraum

برسام [bir'saːm] *Med.* Pleuritis *f*, Rippenfellentzündung *f*

برسيم [bir'siːm] Klee *m*; حجازي ~ [ħi'dʒaːziː] Luzerne *f*

[1]**برش** [baraʃa, u] *Syr., Lib. Obst, Gemüse, Käse* reiben, raspeln

[2]**برش** [burʃ], *pl.* أبراش [ʔab'raːʃ] Matte *f*

برشام [bur'ʃaːm], *a.* [bir'ʃaːm] *koll., n. un.* ـة~ Niet *m*, Niete *f*; Oblate *f*; *Chr.* Hostie *f*; *Med.* Kapsel *f*, Pille *f*; رصاص ~ Plombe *f*

برشامة [bur'ʃaːma], *a.* [bir'ʃaːma] → برشام; *Äg.* Spickzettel *m*

برشلونة [barʃi'loːna] Barcelona

برشم [barʃama] (ver)nieten; *Äg.* spikken; بالرصاص ~ plombieren, versiegeln

برشيم [bar'ʃiːm] *Syr.* Niet *m*, Niete *f*

[1]**برص** [barisɒ, a] an Lepra erkranken

[2]**برص** [barɒs] Lepra *f*, Aussatz *m*

برصة [bursɒ] *Hdl.* Börse *f*

برطع [bartɒʕa] *Pferd*: galoppieren; *fig.* nach Belieben schalten und walten

برطل [bartɒla] bestechen

برطم [bartɒma] *Äg.* vor sich hinbrummen, murren

برطمان [bartɒ'maːn], *pl.* [-aːt] **1.** Glasgefäß *n*, Glas *n*; **2.** *Tun.* Appartement *n*

برطيل [bir'tɨːl], *pl.* براطيل [baraː-'tɨːl] (2) Bestechungsgeschenk *n*, Schmiergeld *n*

برع [baraʕa, a] *u.* [baruʕa, u] sich vor anderen auszeichnen; übertreffen (على *j-n*); Hervorragendes leisten (في auf *e-m Gebiet*); **V** تبرع [ta'barraʕa] spenden, beisteuern (ب *A*, ل für *A*); bereitwillig tun (ب *A*), sich zur Verfügung stellen (ب für *A*); bei der Hand sein (ب mit *D*); بالدم ~ [bi-d-dam] Blut spenden

[1]**برعم** [barʕama] *u.* **II** تبرعم [ta'barʕama] knospen, Knospen treiben

[2]**برعم** [burʕum], *pl.* براعم [ba'raːʕim] (2) Knospe *f*; Trieb *m*, Sproß *m*; *pl.* (*künstlerischer od. sportlicher*) Nachwuchs, junge Talente *n/pl.*; *Sport*: Kinderklasse *f*

برعمة [burʕuma] Knospe *f*

برعمي [burʕumiː] knospenförmig; *Äg. Med.* pickelig

برعوم [bur'ʕuːm], *pl.* براعيم [baraː-'ʕiːm] (2) → [2]برعم

برغش [barɣaʃ] *koll., n. un.* ـة~ (Stech-)Mücke *f*

برغل [burɣul] *Art* Weizengrütze *f*

برغوث [bur'ɣuːθ], *pl.* براغيث [baraː-'ɣiːθ] (2) Floh *m*; البحر ~ Garnele *f*; براغيث الست [b. as-sitt] *Äg.* kleine bunte Bonbons *m/pl. od. n/pl.*

برغي [burɣiː], *pl.* براغي [ba'raːɣiː] Schraube *f*

برفير [bir'fiːr], *pl.* برافير [baraː'fiːr] (2) Purpur *m*

[1]**برق** [baraqa, u] *a. fig.* blitzen; leuchten, glänzen; funkeln; ـت~ السماء es blitzte; في ذهنه خاطر ~ [ðihnihiː] ihn durchzuckte ein Gedanke; – [bariqa, a]: بصره ~ [bɒ'sɒ-ruhuː] entsetzt blicken; **II** [bar-raqa]: بصره ~ [bɒ'sɒrahuː], ~ ببصره [bi-bɒ'sɒrihiː] die Augen aufreißen; **IV** أبرق [ʔabraqa] blitzen; *Gedanke*: durchzucken (في رأسه *j-n*); telegrafieren (إلى/ل *j-m*), telegrafisch mitteilen (إلى/ل ب *j-m A*)

[2]**برق** [barq], *pl.* بروق [bu'ruːq] Blitz *m*; Aufblitzen *n*; Telegraf *m*; البريد والـ~ Post- und Telegrafenwesen *n*; نبأ بالـ~ [nabaʔ] Telegrammnachricht *f*

[1]**برقش** [barqaʃa] bunt färben; *Rede* ausschmücken

[2]برقش [birqiʃ] Fink *m*

برقشة [barqaʃa] Buntheit *f*

[1]برقع [barqaʕa] *Frau* verschleiern; **II** تبرقع [ta'barqaʕa] *Frau*: sich verschleiern

[2]برقع [burquʕ], *pl.* براقع [ba'raːqiʕ] (2) Gesichtsschleier *m*

برقة [barqa] (2) *Geo.* die Cyrenaika

برقوق [bar'quːq] *koll.*, *n. un.* ـة~ *Äg.* Pflaume(n *pl.*) *f*; ~ بري [barriː] *Bot.* Schlehe *f*

برقي [barqiː] telegrafisch

برقية [bar'qiːja], *pl.* [-aːt] Telegramm *n*; ~ تهنئة [b. tahniʔa] Glückwunschtelegramm *n*

برك [baraka, u] *Kamel*: niederknien; **II** [barraka] **1.** *Kamel* niederknien lassen; **2.** e-n Segenswunsch aussprechen (على/في über *A*); *Rel.* weihen; **III** بارك [baːraka] *Gott*: segnen (ه/في *j-n*); beglückwünschen (ل على/ه *j-n* zu *D*), gratulieren (ل على/ه *j-m* zu *D*); ein Segen sein (ه/ه für *A*); s-n Segen geben (ه zu *D*), sanktionieren; gutheißen; ~ الله فيك *u. Pass.* بورك فيك [buːrika] Gott segne dich!; **V** تبرك [ta'barraka] Segen erlangen (ب durch *A*); um s-n Segen bitten (ب *A*, *bsd. e-n Heiligen*); Vergnügen finden (ب an *D*); **VI** تبارك [ta'baːraka] *Gott*: gepriesen sein *od.* werden; Segen erlangen (ب durch A); um s-n Segen bitten (ب *j-n*); ~ الله وتعالى [ta'ʕaːlaː] Gott der Gesegnete und Erhabene

بركار [bir'kaːr] Zirkel *m*

بركان [bur'kaːn], *pl.* براكين [baraː'kiːn] (2) Vulkan *m*

بركاني [bur'kaːniː] vulkanisch

[1]بركة [baraka], *pl.* [-aːt] Segen *m*; Glück *n*; بركات التقدم [b. at-ta'qaddum] die Segnungen *f/pl.* des Fortschritts; أهل الـ~ *Isl.* die Frommen *m/pl.*; ~ على الله mit Gottes Segen; الـ~ في أحمد das haben wir Ahmed zu verdanken!; ~ الحركة [al-ħaraka] *Spr.* sich regen bringt Segen; الـ~ في القليل *Spr.* in der Kürze liegt die Würze

[2]بركة [birka], *pl.* برك [birak] Teich *m*; Tümpel *m*; (*künstliches*) Becken; ~ فسق [b. fisq] Sündenpfuhl *m*

برلمان [barla'maːn] Parlament *n*; الـ~ الأوروبي Europäische(s) Parlament, Europaparlament

برلماني [barla'maːniː] parlamentarisch, Parlaments-; *pl.* [-uːn] Parlamentarier *m*

برلمانية [barlamaː'niːja] Parlamentarismus *m*

برلنتي [bar'lantiː] Brillant *m*

برلين [bar'liːn] Berlin

[1]برم [barama, u] *Strick* drehen; festdrehen; *Schnurrbart* zwirbeln; – [barima, a] überdrüssig sein (ب *G*), satt haben (ب *A*); als lästig empfinden (ب *A*); **IV** أبرم [ʔabrama] *Vertrag*, *Abkommen* schließen; *Parlament*: *Abkommen* ratifizieren; *Staatspräsident*: *Abkommen* bestätigen; ~ الحكم [l-ħukma] ein Urteil bestätigen; **V** تبرم [ta'barrama] überdrüssig sein (ب/من *G*), satt haben (ب/من *A*); unzufrieden sein (ب mit *D*), murren; *Schmerz* empfinden

[2]برم [baram] Verärgerung *f*, Ärger *m*, Unwille *m* (ب über *A*); Unzufriedenheit *f* (ب mit *D*); Überdruß *m*; schlechte Laune

[3]برم [barm] Drehen *n*, Festdrehen *n*

[4]برم [barim] verärgert (ب über *A*); unzufrieden (ب mit *D*); mürrisch, schlechter Laune

برما [burmaː] *Geo.* Birma (*heute* Myanmar)

برمائي [bar'maːʔiː] amphibisch, Amphibien-

برمائية [barmaː'ʔiːja], *pl.* [-aːt] Amphibie *f*

برمج [barmadʒa] programmieren

برمجة [barmadʒa] Programmierung *f*

برمجي [barmagiː], *pl.* ـة~ *Äg.* Gauner *m*, Ganove *m*; Zuhälter *m*

برمق [barmaq], *pl.* برامق [ba'raːmiq] (2) Radspeiche *f*

برمة [burma], *pl.* برم [buram] *u.* برام [bi'raːm] irdene(r) Topf

برمهات [barma'haːt, baram'haːt] *7. Monat des koptischen Kalenders*

برمودة [bar'muːda] *8. Monat des koptischen Kalenders*

برميل [bar'miːl], *pl.* براميل [baraː'miːl] (2) Faß *n*, Tonne *f*; Barrel *n* (*Hohlmaß*)

برنامج [bar'naːmadʒ], *pl.* برامج [ba'raːmidʒ] (2) Programm *n*; Plan *m*; (*Rundfunk-*)Sendung *f*; *pl. a. EDV* Software *f*; ~ التعليم Lehrplan *m*; ~ الحاسوب Computerprogramm *n*; ~ الغذاء العالمي [b. al-ɣiˈðaːʔi l-ʕaːlamiː] das Welternährungsprogramm *der UNO*

برنجي [bi'ringiː] *Äg. umg.* erste(r)

برندة [ba'randa], *pl.* [-aːt] *Syr.*, *Jord.* Veranda *f*

[1]برنز [barnaza] bronzieren

[2]برنز [bu'runz] = برونز; برنزي [bu'runziː] = برونزي

[1]برنس [burnus], *pl.* برانس [ba'raːnis] (2) *u.* [-aːt] Burnus *m*, Kapuzenmantel *m*; Bademantel *m*

[2]برنس [b(i)rins], *pl.* [-aːt] Prinz *m*

(برنط) **II** تبرنط [ta'barnatɒ] e-n Hut tragen

برنيطة [bur'naitɒ], *umg.* [bur'neːtɒ], *pl.* برانيط [baraː'niːt] (2) Hut *m*; (*europäische*) Kopfbedeckung

برنية [bar'niːja], *pl.* براني [baraː'niːj] (2) Tongefäß *n*

برهان [bur'haːn], *pl.* براهين [baraː'hiːn] (2) Beweis *m*

برهاني [bur'haːniː] beweiskräftig

برهمي [ba'rahmiː] brahmanisch; *pl.* براهمة [ba'raːhima] Brahmane *m*

برهن [barhana] beweisen (على *A*)

برهنة [barhana] Beweisführung *f*; Nachweis *m* (على *G*)

برهة [burha], *pl.* بره [burah] *u.* [bur(a)'haːt] Weile *f*, kurze Zeit, Moment *m*

برواز [bir'waːz], *pl.* براويز [baraː'wiːz] (2) (*Bilder-*, *Fenster-*)Rahmen *m*

بروبان [broː'baːn] *u.* بروبين [broː'beːn] Propan *n*

بروتستانت [brotis'tant] *koll.*: الـ~ die Protestanten *m/pl.*

بروتستانتي [brotis'tantiː] protestantisch

بروتستو [broː'testoː] (Wechsel-)Protest *m*

بروتوكول [broto'koːl] *a. Dipl.* Protokoll *n*

بروتون [broːˈtoːn], *pl.* [-aːt] Proton *n*
بروتين [broːˈtiːn], *pl.* [-aːt] Protein *n*, Eiweiß *n*
بروتيني [broːˈtiːniː] eiweißhaltig
بروجي [buˈruːʤiː], *pl.* ~ـة Trompeter *m*
برودة [buˈruːda] Kälte *f*, Kühle *f*; Gleichgültigkeit *f* (نحو gegenüber *D*); ~ الدم [b. ad-dam] Kaltblütigkeit *f*; Gelassenheit *f*, Emotionslosigkeit *f*
[1]**بروز** [barwaza] rahmen
[2]**بروز** [buˈruːz] Hervortreten *n*, Hervorragen *n*; Aufkommen *n*, Erscheinen *n*; *Arch.* Vorsprung *m*; ~ للعيان [li-l-ʕiˈjaːn] Augenfälligkeit *f*
بروزة [barwaza] Rahmen *n*, Rahmung *f*
بروسي [b(u)ruːsiː] preußisch
بروسيا [b(u)ruːsijaː] Preußen
بروفسور [broːfiˈsoːr], *pl.* [-aːt] Professor *m*
بروفة [broːva, proːva], *pl.* [-aːt] *Theater*: Probe *f*; Anprobe *f beim Schneider*; *Typ.* Korrekturbogen *m*, Korrektur *f*
بروفيل [broːˈfiːl] *Techn.* Profil *n*
بروكار [broːˈkaːr] Brokat *m*
بروليتاري [broːliˈtaːriː] proletarisch
بروليتاريا [broːliˈtaːrijaː] Proletariat *n*
بروم [broːm] *Chem.* Brom *n*
بروناي [bruˈnaːj] *Geo.* Brunei
برونز [broːnz, buˈrunz] Bronze *f*
برونزي [broːnziː, buˈrunziː] bronzen
[1]**برى** [baraː, iː] *Holz* zuschneiden; *Bleistift* spitzen; abschaben; abschleifen; **III** بارى [baːraː] wetteifern (ه في mit *j-m* in *D*); *Pass.* لا يبارى [juˈbaːraː] er ist ohne Konkurrenz; **VI** تبارى [taˈbaːraː] miteinander wetteifern (في in *D*); konkurrieren (مع في mit *j-m* in *D*); **VII** انبرى [imˈbaraː] abgescheuert werden; entgegentreten (ل *j-m*); sich anschicken (ل *etwas zu tun*); ~ للعمل [li-l-ʕamal] sich an die Arbeit machen; ~ يقول [jaquːl(u)], ~ قائلا [qaːʔilan] er warf ein
[2]**بري** [barj] Zuschneiden *n von Holz*; Spitzen *n des Bleistifts*; Abschaben *n*; Abschleifen *n*; *Geol.* Abrasion *f*
[3]**بري** [barriː] Land-; ländlich; *Tier, Pflanze*: wild; ~ أرنب [ʔarnab] Feldhase *m*; ~ طريق Landweg *m*
برئ [bariʔa, a] frei sein *od.* werden (من von *Schuld*); genesen (من von *e-r Krankheit*); **II** برأ [barraʔa] freisprechen (ه من *j-n* von *e-r Schuld*), lossprechen (ه من *j-n* von e-*m Verdacht*); entlasten; ~ ساحته [saːˈħatahuː] j-n freisprechen; sich für schuldlos erklären; **IV** أبرأ [ʔabraʔa] lossprechen, entbinden (ه من *j-n* von *D*); heilen; ~ ذمته [ðiˈmmatahuː] j-n *od.* sich von s-r Schuld befreien; j-n entlasten; **V** تبرأ [taˈbarraʔa] sich freimachen (من von *D*), loswerden (من *A*); sich lossagen, sich distanzieren (من von *D*)
بريء [baˈriːʔ], *pl.* أبرياء [ʔabriˈjaːʔ] (2) *u.* براء [buˈraːʔ, biˈraːʔ], *f/pl.* برايا [baˈraːjaː] unschuldig; *Frage*: arglos; harmlos; frei (من von *D*), ledig (من *G*)
بريد [baˈriːd] Post *f*; *bsd. Ir. Sport*: Staffel *f*; الـ~ الوارد eingehende Post; سباق الـ~ [siˈbaːq al-b.] *bsd. Ir.* Staffellauf *m*; ~ غرامة Strafporto *n*
بريدج [briːʤ] Bridge *n*
بريدي [baˈriːdiː] Post-, postalisch
بريز [briːz], *pl.* [-aːt] *Syr.* Steckdose *f*
بريزة [baˈriːza], *pl.* [-aːt] *u.* برائز [baˈraːʔiz] (2) *Äg.* Steckdose *f*
بريطاني [briːˈtɒːniː] britisch; *pl.* [-uːn] Brite *m*
بريطانيا [briːˈtɒːnijaː] *hist.* Britannien; ~ (العظمى) [al-ʕuðmaː] Großbritannien
بريغادير [briːɣaːˈdiːr] Brigadier *m* (*in nicht-arab. Armeen*)
بريق [baˈriːq] Blitzen *n*, Schimmern *n*; *a. fig.* Glanz *m*
بريم [baˈriːm] Strick *m*
بريمة [baˈrriːma], *pl.* [-aːt] Bohrer *m*; Schraube *f*; Korkenzieher *m*
[1]**برية** [baˈriːja] Schöpfung *f Gottes*; Menschen *m/pl.*; *pl.* برايا [baˈraːjaː] Geschöpf *n*, Kreatur *f*
[2]**برية** [baˈrriːja], *pl.* براري [baraːˈriːj] (2) Wüste *f*; Steppe *f*
[1]**بز** [bazza, u] entreißen, wegnehmen (ه ـه *j-m A*); übertreffen (ه *j-n*; ه في *j-n* in D); **VIII** ابتز [ibˈtazza] an sich reißen, rauben; ~ مالا [maːlan] *Jur.* erpressen; ~ ماله j-m das Geld aus der Tasche ziehen; j-n schröpfen
[2]**بز** [bazz] **1.** Entreißen *n*, Wegnehmen *n*; **2.** *pl.* بزوز [buˈzuːz] Stoff *m*, (*leinenes od. baumwollenes*) Zeug
[3]**بز** [buzz, bizz], *pl.* بزاز [biˈzaːz] *u.* أبزاز [ʔabˈzaːz] Brustwarze *f*; Zitze *f*
بزاز [baˈzzaːz] Stoffhändler *m*
بزازة [baˈzzaːza], *pl.* [-aːt] Schnuller *m*; Babyflasche *f*
بزاقة [baˈzzaːqa] Schnecke *f*; Kobra *f*
بزاليا [baˈzaːljaː] *Ir.*, *Saudi-Ar.* grüne Erbsen *f/pl.*
بزاة → [3]باز
بزبوز [bazˈbuːz], *pl.* بزابيز [bazaːˈbiːz] (2) Schnabel *m e-s Gefäßes*; Ausfluß *m*
[1]**بزر** [bazara, i, u] säen
[2]**بزر** [bazr] Säen *n*
[3]**بزر** [bizr], *pl.* بزور [buˈzuːr] Samen *m*; أبزار [ʔabˈzaːr] *pl. u.* أبازير [ʔabaːˈziːr] (2) *pl.* Gewürz *n*
بزرة [bizra] Samenkorn *n*; *a. fig.* Keim *m*
بزغ [bazaɣa, u] *Sonne*: aufgehen; *Tag*: anbrechen; *fig.* auftauchen, erscheinen
[1]**بزق** [bazaqa, u] spucken
[2]**بزق** [bazq] Spucken *n*
[3]**بزق** [buzuq] *Ir.* mandolinenartige(s) Zupfinstrument
[1]**بزل** [bazala, u] anbohren; *Faß* anstechen, anzapfen; *Med.* punktieren
[2]**بزل** [bazl] *Med.* Punktion *f*; *Ir.* Entwässerung *f*
بزلة [biˈzilla] *u.* **بزلا** [biˈzillaː] grüne Erbsen *f/pl.*
بزموت [bizˈmuːt] Wismut *n*
بزة [bizza], *pl.* [-aːt] Kleidung *f*; Anzug *m*; Uniform *f*
بس [bass] **1.** *pl.* بساس [biˈsaːs] Katze *f*; **2.** *umg.* nur
بساط [biˈsɒːt], *pl.* بسط [busut] *u.* أبسطة [ʔabsitɒ] Teppich *m*; ~ الرحمة Leichentuch *n*; طرح مسألة على ~ البحث [masˈʔalatan] e-e

Frage aufwerfen; طوى الـ~ بما فيه [tɒwaː] die Sache endgültig abschließen; die Angelegenheit unter den Teppich kehren

بساطة [ba'saːtɒ] Einfachheit *f*, Schlichtheit *f*; Naivität *f*; بـ~ *u.* ~ بكل [bi-kulli b.] schlicht und einfach; (ganz) einfach; ohne weiteres; بهذه الـ~ einfach so, mir nichts, dir nichts

بسالة [ba'saːla] (Helden-)Mut *m*, Tapferkeit *f*

بسام [ba'ssaːm] lächelnd; (freude-) strahlend; *Zukunft*: hoffnungsvoll; *a. npr. m*

بسائط [ba'saːʔit] (2) *pl.* Grundbegriffe *m/pl.*, (Grund-)Elemente *n/pl.*; → بسيطة

بسباس [bas'baːs] *koll., n. un.* ~ة Fenchel *m*

بسبوسة [bas'buːsa] *Äg. Süßspeise in Kuchenform*

بستان [bus'taːn], *pl.* بساتين [basaː'tiːn] (2) (*Obst-*)Garten *m*

بستاني [bus'taːniː] Garten-; *pl.* [-uːn] Gärtner *m*

بستر [bastara] pasteurisieren

بسترة [bastara] Pasteurisation *f*

بستون [bis'toːn], *pl.* [-aːt] *Techn.* Kolben *m*

بستوني [bas'tuːniː] *Spielkarten*: Pik *n*

بسر [basara, u] finster blicken

[1]**بسط** [basatɒ, u] ausbreiten, entfalten; *Buch* aufschlagen; *Finger, Flügel* spreizen; *Hand* ausstrekken; *Macht* ausdehnen (على/إلى auf *A*); *Kriegsrecht* verhängen; ausführlich darlegen (ل *j-m*); erfreuen; *Saudi-Ar.*, *Ir.* schlagen, peitschen; ~ ذراعيه [ðiraː'ʕaihi] die Arme ausbreiten; ~ يده [jadahuː] großzügig sein (ب/في bei *e-r Sache*); ~ يد المساعدة ل [jada l-mu'saːʕada] *j-m* helfend die Hand reichen; – [basutɒ, u]: ~ت نفسه [nafsuhuː] *Mensch*: sich aufheitern; ~ وجهه [wadʒhuhuː] ein freundliches Gesicht machen; **II** [bassatɒ] vereinfachen; erleichtern (ل *j-m A*); **III** باسط [baːsatɒ] offen *od.* aufrichtig sein (ه gegenüber *j-m*); freundlich sein (ه gegenüber *j-m*); **V** تبسط [ta'bassatɒ] sich ungezwungen benehmen; sich ausbreiten (في über *ein Thema*); sich vereinfachen; ~ في الحديث gesprächig sein; **VII** انبسط [im'basatɒ] sich ausbreiten, sich entfalten; *Finger*: ausgestreckt werden; *Hand*: sich öffnen; *Gesicht*: sich entspannen, sich aufhellen; *Mensch*: froh sein, sich freuen; لا تنبسط له أسارير er verzieht keine Miene

[2]**بسط** [bast] Ausbreitung *f*; Ausdehnung *f a. der Macht*; Darlegung *f*; (innere) Erleichterung, Entspannung *f*; *Math.* Zähler *m*

بسطرمة [bas'tirma] (*mit Knoblauch*) *gewürztes Dörrfleisch*

بسطة [bastɒ] Ausdehnung *f*; Ausbreiten *n*, Ausstellung *f von Waren*; hohe(s) Maß (في an *D*); *Ir.* Prügel *pl.*; *pl.* بساط [bi'sɒːt] Treppenabsatz *m*; *pl.* [-aːt] *bsd. Tun.* Darlegung *f*, Darstellung *f*; ~ الجاه hohe(s) Ansehen

بسفور [bus'fuːr]: الـ~ *Geo.* der Bosporus

بسق [basaqa, u] emporragen

بسكليت [bisi'kleːt], *pl.* [-aːt] Fahrrad *n*

بسكوت [bas'kuːt] *u.* **بسكويت** [baska'wiːt] Biskuit *n*, (Tee-)Gebäck *n*, Plätzchen *n u. n/pl.*

بسل [basula, u] tapfer sein; **X** استبسل [is'tabsala] Mut zeigen (في bei *D*); mit Todesverachtung tun (في *A*)

بسلة [bi'silla] Erbsen *f/pl.*

[1]**بسم** [basama, i] lächeln (ل über *A*); zulächeln (ل *j-m*); **V** تبسم [ta'bassama] zulächeln (ل *j-m*); **VIII** ابتسم [ib'tasama] lächeln (ل über *A*); zulächeln (ل *j-m*), anlächeln (ل *A*); ~ له الحظ [lahu l-ħɒðð] das Glück war ihm hold

[2]**بسم** [bi-smi] im Namen *Gottes*; → اسم

بسمل [basmala] *Isl. die Formel* بسم الله الرحمن الرحيم [bi-smi llaːhi r-raħ'maːni r-ra'ħiːm] „Im Namen Gottes, des Gnädigen, des Barmherzigen" aussprechen; *Chr. die Formel* بسم الآب والابن والروح القدس [bi-smi l-ʔaːbi wa-l-ʔibni wa-r-ruːħi l-qudus] „Im Namen des Vaters, des Sohnes und des Heiligen Geistes" aussprechen

بسملة [basmala] *Isl. die Formel* بسم الله الرحمن الرحيم (→ بسمل); *Chr. die Formel* بسم الآب والابن والروح القدس (→ بسمل)

بسمة [basma], *pl.* [-aːt] Lächeln *n*

بسيط [ba'siːt], *pl.* بسطاء [busa'tɒːʔ] (2) einfach; schlicht, bescheiden; gutgläubig, naiv; gering, unbeträchtlich; *Kampf*: leicht; الـ~ *ein arab. Versmaß*; فترة ~ة kurze Zeit; ~ مستخدم [mus'taxdam] kleine(r) Angestellte(r); ~ اليدين [b. al-ja'dain] freigebig

بسيطة [ba'siːtɒ]: الـ~ die Erde; بسائط [ba'saːʔit] (2) *pl.* Landstriche *m/pl.*; flache(s) Land

بسيل [ba'siːl], *pl.* بسلاء [busa'laːʔ] (2) tapfer

[1]**بش** [baʃʃa, a] freundlich behandeln (ل *j-n*); zulächeln (ل *j-m*)

[2]**بش** [baʃʃ] freundlich; froh

بشارة [bi'ʃaːra, bu'ʃaːra], *pl.* بشائر [ba'ʃaːʔir] (2) *u.* [-aːt] gute Nachricht, frohe Botschaft; *Chr.* Evangelium *n*; Geschenk *n* für den Überbringer e-r frohen Botschaft; بشائر + *G*: erste Anzeichen *n/pl.*, Vorboten *m/pl.*; بشائر الصبح [b. ɒs-subħ] Morgengrauen *n*, Tagesanbruch *m*; عيد الـ~ [ʕiːd al-b.] *Chr.* das Fest Mariä Verkündigung

بشاشة [ba'ʃaːʃa] Freundlichkeit *f*; freundliche(s) Lächeln; frohe Miene, Heiterkeit *f*

بشاعة [ba'ʃaːʕa] Häßlichkeit *f*; Abscheulichkeit *f*

[1]**بشر** [baʃara, u] *Käse* reiben; (ab-) schaben; schälen; – [baʃira, a] sich freuen (ب über *A*); **II** [baʃʃara] verkünden, ankündigen, *a. Rel.* verheißen (ب ه *j-m Gutes*); verkündigen, predigen (ب *A*); ahnen lassen (ب *A*), darauf hindeuten (ب *daß*); يبشر بالخير [bi-l-xair] ein gutes Omen sein; verheißungsvoll, vielversprechend; أمر لا يبشر بخير e-e ungünstige Sache; **III** باشر [baːʃara]

sich befassen (ـه, *a.* بـ mit *D*); *Arbeit* aufnehmen, in Angriff nehmen; *Tätigkeit* ausüben, betreiben, durchführen; herangehen (في/بـ an *A*); in Berührung sein (ـه mit *D*); geschlechtlich verkehren (ه mit *j-m*); **IV** أبشر [ʔabʃara] sich freuen (بـ über *A*); zuversichtlich *od.* frohen Mutes sein; **X** استبشر [is'tabʃara] sich freuen (بـ über *A*); (freudig) begrüßen (بـ *etwas*); ~ به خيرا [xairan] etwas als gutes Omen *od.* verheißungsvoll ansehen

2 **بشر** [baʃar] Mensch *m*; *meist koll.* Menschen *m/pl.*; بنو الـ~ [banuː l-b.] *u.* أبناء الـ~ die Menschen *m/pl.*

3 **بشر** [baʃr] Reiben *n*, (Ab-)Schaben *n*; ليمون ~ [b. lai'muːn] geriebene Zitronenschalen *f/pl.*

4 **بشر** [biʃr] Freude *f*; Frohsinn *m*, Heiterkeit *f*; *a. npr. m*

بشرة [baʃara] Haut *f*; *Anat.* Oberhaut *f*

1 **بشري** [baʃariː] menschlich, Menschen-; Human-; personell; demographisch; ethnisch; ~ طب [tibb] Humanmedizin *f*

2 **بشرى** [buʃraː], *pl.* بشريات [buʃra'jaːt] *u.* بشر [buʃar] (= سارة ~ [saːrra]) gute Nachricht, frohe Botschaft

بشرية [baʃa'riːja] Menschheit *f*

1 **بشع** [baʃiʕa, a] häßlich sein; **X** استبشع [is'tabʃaʕa] häßlich *od.* abscheulich finden

2 **بشع** [baʃiʕ] häßlich, abscheulich, abstoßend, widerlich; grauenvoll, grausig; *Charakter*: infam; صورة ~ة [suːra] Schreckbild *n*

بشك [baʃaka, i] lügen

بشكور [baʃ'kuːr], *pl.* بشاكير [baʃaː'kiːr] (2) Feuerhaken *m*

بشكير [baʃ'kiːr], *pl.* بشاكير [baʃaː'kiːr] (2) Badetuch *n*

بشلة [ba'ʃilla, bi'ʃilla], *pl.* [-aːt] Bazillus *m*

بشم [baʃima, a] Ekel empfinden (من vor *D*); sich überessen (من an *D*)

بشمق [baʃmaq] *Alg., Tun.* Lederpantoffeln *m/pl.*

بشنس [ba'ʃans] *9. Monat des koptischen Kalenders*

بشنوقة [baʃ'nuːqa], *pl.* بشانيق [baʃaː'niːq] (2) *Syr., Lib.* (*unter dem Kinn geknotetes*) Kopftuch

بشنين [baʃ'niːn] ägyptische(r) Lotos

بشير [ba'ʃiːr], *pl.* بشراء [buʃa'raːʔ] (2) (Freuden-)Bote *m*; Evangelist *m*; Vorbote *m*, erste(s) Anzeichen (بـ *G*); *a. npr. m*

1 **بص** [bɒssɒ, i] schimmern; *Zigarette*: glimmen; – [bɒssɒ, u] *Äg.* gucken

2 **بص** [bɒss], *pl.* [-aːt] *Äg.* Bus *m*

1 **بصارة** [bɒ'sɒːra] Scharfblick *m*, Scharfsichtigkeit *f*

2 **بصارة** [bi'sɒːra] *Äg. Gericht aus zermahlenen Bohnen*

بصاق [bu'sɒːq] (ausgespuckter) Speichel; Spucke *f*; *Med.* Auswurf *m*

بصبص [bɒsbɒsɒ] *Hund*: mit dem Schwanz wedeln; kokettieren

1 **بصر** [bɒsira, ɒ] *u.* [bɒsura, u] sehen (können); *Blinder*: sehend werden; schauen (إلى auf *A*); sehen, erblicken (بـ *A*); begreifen (بـ *A*); **II** [bɒssɒra] erkennen lassen (ه بـ *j-n A*); aufklären (ه بـ *j-n* über *A*); bewußt machen (ه بـ *j-m A*); *fig.* die Augen öffnen (ه بـ *j-m* für *A*); *Äg.* stechen (بـ *e-e Karte*); **IV** أبصر [ʔabsɒra] (wieder) sehen können; *Blinder*: sehend werden; sehen, erblicken, bemerken (ه/ـه/بـ *A*); sehend machen; *fig.* die Augen öffnen (ه *j-m*); **V** تبصر [ta'bɒssɒra] sich überlegen (في *A*), nachdenken (في über *A*); **X** استبصر [is'tabsɒra] e-n klaren Blick haben; verständig sein; sich Klarheit verschaffen (ـه über *A*)

2 **بصر** [bɒsɒr], *pl.* أبصار [ʔab'sɒːr] Sehen *n*; Blick *m*; Sehkraft *f*; (= نور الـ~ [nuːr al-b.]) Augenlicht *n*; حاسة الـ~ [ħaːssat al-b.] Gesichtssinn *m*; طول الـ~ [tuːl al-b.] *Med.* Weitsichtigkeit *f*; قصير الـ~ *Med.* kurzsichtig; مدى الـ~ [madaː l-b.] Sichtweite *f*; تحت ~ه vor seinen Augen; → 2 لمح

بصرة [bɒsra] **1.** *pl.* [bɒsɒ'raːt] *Äg.* Stich *m im Kartenspiel*; **2.** الـ~ Basra (*Stadt im Irak*); البصرتان *du. hist.* Basra und Kufa

1 **بصري** [bɒsɒriː] Seh-; visuell; optisch; (علم) البصريات [ʕilm al-b.] Optik *f*

2 **بصري** [bɒsriː] basrisch, aus Basra

1 **بصق** [bɒsɒqa, u] *a. Blut* spucken; ausspucken

2 **بصق** [bɒsq] (Aus-)Spucken *n*

بصقة [bɒsqa] (*einmaliges*) Ausspucken; Spucke *f*; *Med.* Auswurf *m*

بصل [bɒsɒl] *koll., n. un.* ~ة Zwiebel(n *pl.*) *f*; الفأر ~ Meerzwiebel *f*

بصلة [bɒsɒla] *e-e* Zwiebel; Knolle *f*; *Med.* Knoten *m*

بصلي [bɒsɒliː] zwiebelartig; knollig

بصم [bɒsɒma, u] e-n Abdruck machen (ـه auf *A*), stempeln

بصمة [bɒsma], *pl.* [bɒsɒ'maːt] Abdruck *m*; الأصابع ~ [b. al-ʔa'sɒːbiʕ] Fingerabdruck *m*; ترك بصماته على s-e Spuren in etwas hinterlassen

(بصو) **III** باصى [bɒːsɒː] *Äg. Fußball*: zuspielen, passen

بصير [bɒ'siːr], *pl.* [-uːn] *u.* بصراء [busɒ'raːʔ] (2) Sehkraft besitzend; scharfsichtig, tiefblickend; *Gedanke*: gescheit; tiefe Einsicht besitzend (بـ in *A*); الـ~ *Beiname Gottes*; عين ~ة [ʕain] *fig.* klare(r) Blick

بصيرة [bɒ'siːra], *pl.* بصائر [bɒ'sɒːʔir] (2) Scharfsichtigkeit *f*, Scharfblick *m*; Tiefblick *m*, Einblick *m*; Verstand *m*, Verständnis *n*; Blick *m*; Intuition *f*; نافذ الـ~ scharfsichtig; هو على ~ من er weiß Bescheid *od.* ist im Bilde über *etwas*

بصيص [bɒ'siːs] (schwacher) Lichtschein, Schimmern *n*; Glimmen *n der Zigarette*; *fig.* Lichtblick *m*; ~ أمل [b. ʔamal] Hoffnungsschimmer *m*

1 **بض** [bɒđđɒ, i] *Wasser*: rinnen

2 **بض** [bɒđđ] *Haut*: zart, weich

بضاعة [bi'đɒːʕa], *pl.* بضائع [bɒ'đɒːʔiʕ] (2) Ware *f*; *pl. a.* Güter *n/pl.*; جاهزة ~ Fertigware(n *pl.*) *f*; قليل الـ~ من nur wenig von *e-r Eigenschaft* vorzuweisen haben

1 **بضع** [bɒđɒʕa, a] (auf)schneiden; sezieren; amputieren; **V** تبضع [ta'bɒđđɒʕa] Einkäufe machen; **X** استبضع [is'tabđɒʕa] einkaufen

2 **بضع** [bɒđʕ] Amputation *f*

[3]بضع [biđʕ] (*vor Femininum*) *u.* بضعة [biđʕa] (*vor Maskulinum*) einige, ein paar (*zwischen 3 u. 9*); بضعة عشر [biđʕata ʕaʃara], *f* بضع عشرة [biđʕa ʕaʃrata] + *A sg.*: zwischen 10 und 20 …; بضعة وعشرون [biđʕatun wa-ʕiʃ'ru:na], *f* بضع وعشرون [biđʕun wa-ʕiʃ'ru:na] mehr als 20 …

بضعة [biđʕa], *pl.* بضع [biđɒʕ] Stück *n* (*Fleisch*); → [3]بضع

[1](**بط**) **II** بطط [bɒŧŧɒŧɒ] flach machen; *Äg. j-n* niederschlagen

[2]**بط** [bɒŧŧ] *koll., n. un.* ـة~ Ente *f*; ~ بري [barri:] Wildente *f*

بطء [butʔ] Langsamkeit *f*, Gemächlichkeit *f*; بـ~ langsam, gemächlich (*Adv.*)

بطاح [bu'ŧɒ:ħ] (Fieber-)Wahn *m*, Delirium *n*

بطارية [bɒŧŧɒ:'ri:ja], *pl.* [-a:t] *El. u. Mil.* Batterie *f*; Taschenlampe *f*; ~ جافة [ʤa:ffa] Trockenbatterie *f*

بطاطا [bɒ'ŧɒ:ŧɒ:] *koll., Syr., Lib.* Kartoffel(n *pl.*) *f*; *Äg.* Süßkartoffel(n *pl.*) *f*, Batate(n *pl.*) *f*; حلوة ~ [ħulwa] Süßkartoffel(n *pl.*) *f*, Batate(n *pl.*) *f*

بطاطس [bɒ'ŧɒ:ŧis] (2) *koll. Äg.* Kartoffel(n *pl.*) *f*

بطاطة [bɒ'ŧɒ:ŧɒ] *koll. Ir.* Kartoffel(n *pl.*) *f*

بطاقة [bi'ŧɒ:qa], *pl.* [-a:t] *u.* (*selten*) بطائق [bɒ'ŧɒ:ʔiq] (2) (Post-, Eintritts-)Karte *f*; *Ir.* Fahrschein *m*; ~ انتخابية Stimmzettel *m*; Wahlschein *m*; ائتمان ~ [b. iʔti'ma:n] Kreditkarte *f*; دعوة ~ [b. daʕwa] Einladung(skarte) *f*; (= الزيارة ~ [b. az-zi'ja:ra]) Visitenkarte *f*; Zettel *m*, Etikett *n*, Schildchen *n*; شخصية ~ *u.* إثبات الشخصية ~ Personalausweis *m*, Kennkarte *f*; ضريبية ~ Steuerkarte *f*; عائلية ~ Familienausweis *m*; فهرس ~ [b. fihris] Karteikarte *f*; مخرمة ~ [mu'xarrama] Lochkarte *f*

بطال [bɒ'ŧŧɒ:l] untätig, *bsd. Alg.* arbeitslos; *Äg.* schlecht, übel; *pl.* [-u:n] *Alg.* Arbeitslose(r)

بطالسة [bɒ'ŧɒ:lisa] *pl. hist.* Ptolemäer *m/pl.*

بطالمة [bɒ'ŧɒ:lima] *pl. hist.* Ptolemäer *m/pl.*

بطالة [bi'ŧɒ:la, bɒ'ŧɒ:la] Arbeitslosigkeit *f*; Untätigkeit *f*, Nichtstun *n*; نسبة الـ~ [nisbat al-b.] Arbeitslosenquote *f*

بطانة [bi'ŧɒ:na], *pl.* بطائن [bɒ'ŧɒ:ʔin] (2) *u.* [-a:t] (*Kleider-*)Futter *n*; Innenseite *f*, Innere(s); Anhänger *m/pl. e-s Politikers*, Gefolge *n*, Anhang *m*; القلب ~ Herzinnenhaut *f*

بطانية [bɒŧŧɒ:'ni:ja], *pl.* [-a:t] *u.* بطاطين [bɒŧɒ:'ŧi:n] (2) (Woll-)Decke *f*

بطبط [bɒŧbɒŧɒ] schnattern

بطبطة [bɒŧbɒŧɒ] Schnattern *n*, Geschnatter *n*

[1]**بطح** [bɒŧɒħa, a] *j-n* niederwerfen; *etwas* hinbreiten; **VII** انبطح [im'bɒŧɒħa] sich hinwerfen, sich zu Boden werfen; sich flach hinlegen

[2]**بطح** [bɒŧħ] Niederwerfen *n*; Hinbreiten *n*

بطحاء [bɒŧ'ħa:ʔ] (2), *pl.* بطاح [bi'ŧɒ:ħ] Talsenke *f*; *Tun.* öffentliche(r) Platz

بطحة [bɒŧħa] *Syr.* flache Flasche; *pl.* [bɒŧɒ'ħa:t] *Äg.* Kopfwunde *f*

[1]**بطر** [bɒŧira, a] übermütig *od.* arrogant auftreten; mißbrauchen (ب *A*); **II** [bɒŧŧɒra] *u.* **IV** أبطر [ʔabŧɒra] übermütig machen; **V** تبطر [ta'bɒŧŧɒra] anmaßend sein; sich zu gut sein (على für *A*)

[2]**بطر** [bɒŧɒr] Übermut *m*; Hochmut *m*, Arroganz *f*; Selbstherrlichkeit *f*

بطراء [bɒŧ'ra:ʔ]: الـ~ Petra (*Ruinenstätte in Jordanien*)

بطرخ [bɒŧrɒx], *pl.* بطارخ [bɒ'ŧɒ:rix] (2) Fischrogen *m*; Kaviar *m*

بطرس [buŧrus] *npr.* Peter; Petrus

بطرك [bɒŧrɒk], *pl.* بطارك [bɒ'ŧɒ:rik] (2) *Chr.* Patriarch *m*

بطركي [bɒŧrɒki:] patriarchalisch

بطركية [bɒŧrɒ'ki:ja], *pl.* [-a:t] Patriarchat *n*

بطرمان [bɒŧrɒ'ma:n], *pl.* [-a:t] *Äg.* Glasgefäß *n*, Glas *n*

بطريرك [bɒŧri'jark], *pl.* بطاركة [bɒ'ŧɒ:rika] *Chr.* Patriarch *m*

بطريق [biŧ'ri:q], *pl.* بطارقة [bɒ'ŧɒ:riqa] Patrizier *m*, Vornehme(r); *hist.* byzantinische(r) Heerführer; *pl.* بطاريق [bɒŧɒ:'ri:q] (2) Pinguin *m*

[1]**بطش** [bɒŧɒʃa, i, u] grausam sein, brutal *od.* mit rücksichtsloser Gewalt vorgehen (ب gegen *j-n*); unterdrücken (ب *j-n*); *Tod*: dahinraffen (ب *j-n*)

[2]**بطش** [bɒŧʃ] Gewalttätigkeit *f*, Grausamkeit *f*; brutale(s) *od.* rücksichtslose(s) Vorgehen (ب gegen *j-n*), Brutalität *f*; Gewalttat *f* (ب gegen *j-n*); Skrupellosigkeit *f*

بطط → [1](بط)

[1]**بطل** [bɒŧɒla, u] hinfällig sein *od.* werden; nichtig *od.* ungültig sein; *Argument*: falsch sein; wegfallen, aufhören; *Arbeit*: eingestellt werden; ein Ende nehmen, außer Gebrauch kommen; untätig, ohne Arbeit sein; العمل بالاتفاقية ~ [al-ʕamalu bi-l-ittifa:'qi:ja] das Abkommen trat außer Kraft; – [bɒŧula, u] tapfer, heldenmütig sein; **II** [bɒŧŧɒla] arbeitslos machen; *Tätigkeit* einstellen; abschaffen; *Argument* entkräften; unwirksam *od.* zunichte machen; *Imp.* بطل [bɒŧŧil] laß das!; **IV** أبطل [ʔabŧɒla] aufheben, abschaffen; zunichte machen; *Argument* entkräften; *Beweis* widerlegen; *Jur.* für ungültig erklären; *Vertrag* annullieren; *Maßnahme* einstellen; *Streik* brechen; *Bombe* entschärfen; nichtiges Zeug reden; العمل ب ~ [l-ʕamala] *etwas* außer Kraft setzen; ~ استعمال الشيء etwas außer Gebrauch setzen; مفعول القنبلة ~ [maf'ʕu:la l-qumbula] e-e Bombe entschärfen; **V** تبطل [ta'bɒŧŧɒla] untätig, arbeitslos sein

[2]**بطل** [bɒŧɒl], *pl.* أبطال [ʔab'ŧɒ:l] Held *m*; Helden-; Hauptdarsteller *m im Theater*; Hauptfigur *f e-s Romans*; *Sport*: Meister *m*; Vorkämpfer *m*; أفلام ~ Filmstar *m*; العالم ~ [b. al-ʕa:lam] Weltmeister *m*

[3]**بطل** [buŧl] Falschheit *f*, Unwahrheit *f*

بطلان [buŧ'la:n] Falschheit *f*, Unwahrheit *f*, Hinfälligkeit *f*; *Jur.*

Nichtigkeit *f*, Ungültigkeit *f*; Unhaltbarkeit *f e-r Theorie*; Unsinnigkeit *f e-s Gedankens*; الضمير ~ Gewissenlosigkeit *f*

بطلمي [bɒtlamiː] *hist.* ptolemäisch; *pl.* بطالمة [bɒ'tɒːlima] Ptolemäer *m*

بطلة [bɒtɒla], *pl.* [-aːt] Heldin *f*; *Sport*: Meisterin *f*; (weiblicher) Filmstar; (weibliche) Hauptfigur *e-s Romans*

بطليموس [bɒtlai'muːs] (2) Ptolemäus

بطليموسي [bɒtlai'muːsiː] *hist.* ptolemäisch; *pl.* بطالسة [bɒ'tɒːlisa] Ptolemäer *m*

بطم [butm] *koll.* Terebinthe(n *pl.*) *f*

[1]**بطن** [bɒtɒna, u] sich verbergen; – [bɒtuna, u] dickbäuchig sein; **II** [bɒttɒna] *Kleid* füttern (ب mit *D*); auslegen (ب mit *D*); *Wand* mit isolierender *od.* dichtender Schicht versehen; *Wand* tapezieren; **IV** أبطن [ʔabtɒna] verbergen; *fig.* in sich bergen; bei sich denken; *Gefühl* hegen; **V** تبطن [ta'bɒttɒna] eindringen (هـ in *A*); *fig.* erfüllt sein (ب von *D*); **X** استبطن [is'tabtɒna] zu ergründen suchen; verbergen, in sich bergen

[2]**بطن** [bɒtn], *pl.* بطون [bu'tuːn] Bauch *m*, Leib *m*; Mutterleib *m*; Wurf *m bei Tieren*; Innere(s); Innenseite *f*; في ~/بطون + *G*: in(mitten); ~ الركبة [b. ar-rukba] Kniekehle *f*; ~ الساق Wade *f*; القدم ~ [b. al-qadam] Fußsohle *f*; الكف ~ [b. al-kaff] Handfläche *f*; المرفق ~ [b. al-mirfaq] Ellenbeuge *f*; الوادي ~ Talboden *m*, Talgrund *m*; ~ لـ ظهرا [ðɒhran] das Innere nach außen gekehrt; ~ لـ قلبه ظهرا [qallabahuː] *alles* auf den Kopf stellen *od.* durchstöbern

[3]**بطن** [bɒtin] dickbäuchig, beleibt

بطنة [bitna] Völlerei *f*, Schlemmerei *f*; ~ أمراض الـ Verdauungsstörungen *f/pl.*

بطني [bɒtniː] Bauch-, Leib-

بطة [bɒttɒ] *e-e* Ente; (flache) Flasche; الساق ~ Wade *f*

بطؤ [bɒtuʔa, u] langsam sein; **IV** أبطأ [ʔabtɒʔa] langsam sein; langsam vonstatten gehen *od.* verlaufen; verlangsamen (في *A*); zögern (ب/في mit *D*), verzögern, hinausschieben (ب/في *A*); aufhalten (ب *j-n*); (lange) ausbleiben, auf sich warten lassen; sich verspäten (عن bei *D*); **VI** تباطأ [ta'bɒːtɒʔa] langsam sein; langsam vergehen; sich verlangsamen; **X** استبطأ [is'tabtɒʔa] lange *od.* mit Ungeduld warten (هـ auf *A*); als langsam empfinden

بطولة [bu'tuːla], *pl.* [-aːt] Tapferkeit *f*, Heldentum *n*; Heldentat *f*; Hauptrolle *f im Theater od. Film*; *Sport*: Meisterschaft *f*

بطولي [bu'tuːliː] heldenhaft, heroisch

بطيء [bɒ'tiːʔ] langsam, gemächlich; schleppend; säumig (في mit *D*); الفهم ~ schwer von Begriff

بطيخ [bɒ'ttiːx] *koll.*, *n. un.* ~ة Wassermelone(n *pl.*) *f*; *Ir.* (Zucker-) Melone(n *pl.*) *f*

بطيخة [bɒ'ttiːxa] **1.** *e-e* Melone; **2.** *Syr.* Nabe *f des Rades*

[1]**بطين** [bɒ'tiːn] dickbäuchig, beleibt

[2]**بطين** [bu'tɒin] Herzkammer *f*

بظر [bɒðr], *pl.* بظور [bu'ðuːr] Klitoris *f*

بعاد [bi'ʕaːd] Trennung *f*; Abwesenheit *f*

بعبع [buʕbuʕ], *pl.* بعابع [ba'ʕaːbiʕ] (2) Popanz *m*, Schreckgestalt *f*; *fig.* Schreckgespenst *n*

[1]**بعث** [baʕaθa, a] schicken, senden, entsenden (ب/هـ/ه *A*); von sich geben, ausstoßen; erregen, auslösen, hervorrufen; *Tote*, *a. Hoffnung* erwecken; wiederbeleben; *Problem* wieder aufgreifen; veranlassen (ه على/إلى j-n zu *D*); Anlaß geben (على zu *D*); الثقة في ~ [θ-θiqata] *j-m* Vertrauen einflößen; على ~ الضحك [ɒđ-đɒħik] zum Lachen reizen; **VII** انبعث [im'baʕaθa] *fig.* ausgesandt werden; (her)kommen (من von *D*); ausströmen; dringen (إلى bis zu *D*); *Laut*: erschallen; *Schadstoffe*: emittiert werden; ausgelöst *od.* hervorgerufen werden; *Hoffnung*: erwachen; entspringen (من *e-m Gefühl*); يفعل ~ [jafʕal(u)] beginnen, *etwas* zu tun; للعمل ~ [li-l-ʕamal] sich an die Arbeit machen; zur Tat schreiten; **VIII** ابتعث [ib'taʕaθa] entsenden; hervorrufen

[2]**بعث** [baʕθ] Aussendung *f*; Hervorrufung *f*; Auferweckung *f*; *Rel.* Auferstehung *f*; *Tun.* Schaffung *f*, Errichtung *f*; *pl.* بعوث [bu'ʕuːθ] Abordnung *f*, Mission *f*; جديد ~ Erneuerung *f*, Renaissance *f*; حزب الـ~ [ħizb al-b.] *Pol.* die Baath-Partei

بعثر [baʕθara] verstreuen, zerstreuen; durcheinanderbringen; vergeuden, verschwenden; جهوده ~ sich verzetteln; **II** تبعثر [ta'baʕθara] sich zerstreuen; durcheinandergeraten

بعثرة [baʕθara] Verstreuen *n*, Zerstreuen *n*; Durcheinanderbringen *n*; Vergeudung *f*, Verschwendung *f*

بعثة [baʕθa], *a.* [biʕθa], *pl.* [baʕa'θaːt] Abordnung *f*, Delegation *f*; *a. Dipl.*, *Chr.* Mission *f*; Studienmission *f*; Expedition *f*; دبلوماسية ~ diplomatische Vertretung; شرف ~ [b. ʃaraf] Ehrengeleit *n*; طالب في الـ~ (*zum Studium*) ins Ausland entsandte(r) Student, im Ausland studierende(r) Stipendiat

بعثي [baʕθiː] baathistisch; *pl.* [-uːn] Anhänger *m* der Baath-Partei, Baathist *m*

بعج [baʕadʒa, a] aufschlitzen; Kerben machen (هـ in *A*)

[1]**بعد** [baʕuda, u] weit entfernt sein (عن von *D*); sich fernhalten (عن von *D*); weit gehen (في in *e-r Sache*); fernliegen, unwahrscheinlich sein; لا يبعد أن es ist nicht ausgeschlossen, daß; الشر عنه ~ [aʃ-ʃarru] Gott bewahre ihn!; الشر ~ *als Antwort*: Gott bewahre!; **II** [baʕʕada] entfernen; fernhalten (عن von *D*); **III** باعد [baːʕada] trennen (بين *A*); entzweien (بين *Menschen*); *Abstand*: größer werden; entfernen, fernhalten (بين ... وبين *j-n od. etwas* von *D*, *a.* ه/هـ *A*); **IV** أبعد [ʔabʕada] entfernen (ه/هـ عن *j-n od. etwas* von *D*); wegschaffen; beseitigen; *Einfluß* ausschalten; *Frage* ausklammern; *Mög-*

lichkeit ausschließen; fortschicken; verweisen (من ه *j-n* von *D od. e-s Landes*), ausweisen, verbannen; sehr weit gehen (في in *od.* bei *D*); ه~ من ذهنه [ðihnihiː] den Gedanken an etwas aufgeben; **VI** تباعد [ta'baːˁada] voneinander entfernt sein, weit auseinander liegen; sich voneinander entfernen; sich entfernen (عن von *D*); sich fernhalten (عن von *D*); sich entfremden (عن *j-m*); **VIII** ابتعد [ib'taˁada] sich entfernen; sich fernhalten *od.* zurückziehen (عن von *D*); vermeiden (عن *A*); absehen (عن von *D*), verzichten (عن auf *A*); fernhalten (ب عن *j-n* von *D*); **X** استبعد [is'tabˁada] entfernen; fernhalten, ausschließen (من ه *j-n* von *D*); *Sport*: disqualifizieren; ausklammern; ausscheiden; *Mißstand* ausmerzen; *Einfluß* ausschalten; *Gedanken* fallenlassen, verwerfen, von der Hand weisen; *Möglichkeit* ausschließen; *Betrag* abziehen (من von *D*)

[2]**بعد** [baˁda] *Präp.* nach; ~ من [min -i] + *G*: nach; ~ أن nachdem; ~ جهد [ʤuhd] nur mit Mühe; ~ ذلك danach, später; demnach, also; außerdem; ~ هذا danach; demnach, also; sonst noch; ~ اليوم [l-jaum(i)] von heute an; ~ ذلك بأسبوع [bi-ʔus'buːˁ] eine Woche später; ص ... وبعدها *in Zitaten*: Seite ... ff.; سفه ما ه~ سفه [safahun] e-e nicht zu überbietende Dummheit; الخامس ~ المائة [l-miʔa] der hundertfünfte

[3]**بعد** [baˁdu] *Adv.* darauf, später; noch; schon; ~ فيما daraufhin, später, nachher; noch; ~ من danach, nachher, später; noch; لا/لم ... ~ noch nicht; nicht mehr; و~ und dann?; und nun?; و~ *u.* أما ~ [ʔammaː] *beim Übergang von der Einleitung zum eigentlichen Thema*: und nun zur Sache, nun also; أما ~ ...فـ nun (aber); im übrigen (aber); ~ لم يأت [lam jaʔti] er ist noch nicht gekommen

[4]**بعد** [buˁd], *pl.* أبعاد [ʔab'ˁaːd] Ferne *f*; Entfernung *f*, Distanz *f*, Abstand *m*; Trennung *f* (عن von *D*); Sichfernhalten *n* (عن von *D*); Dimension *f*, Ausmaß *n*; *pl. a.* Aspekte *m/pl.*; ~ًا ل [-an] weg mit ...!; ~ على + *G*: in e-r Entfernung von ...; ~ من/عن in der Ferne, von weitem; الـ~ عن الواقع Wirklichkeitsferne *f*; ~ بؤري [buʔriː] *Opt.* Brennweite *f*; ~ الصيت [b. ɒs-siːt] (guter) Ruf, Ruhm *m*, Berühmtheit *f*; ~ النظر [b. an-nɒðɒr] Weitblick *m*; ثنائي الـ~ [θunaː'ʔiːj al-b.] zweidimensional

بعدي [baˁdiː] aposteriorisch

بعدئذ [baˁ'daʔiðin] *Adv.* hernach, nachher, danach

بعدين [baˁ'deːn] *umg.* dann, später

بعر [baˁr] Mist *m*, Dung *m*

بعزق [baˁzaqa] verschwenden, vergeuden; **II** تبعزق [ta'baˁzaqa] verschwendet werden

بعض [baˁđ], *pl.* أبعاض [ʔab'ˁɒːđ] (*ein*) Teil *m* (*von*); einige, manche; *klass. a.* eine(r); etwas; الـ~ einige, manche *Leute*, manch einer; ~ الرجال [b. ar-ri'ʤaːl] einige Männer; *klass. a.* einer der Männer; ~ الشيء [baˁđɒʃ-ʃaiʔ] einigermaßen; ein wenig; ~ التقدم [b. at-ta'qaddum] ein gewisser Fortschritt; ~ الناس gewisse *od.* manche Leute; ~ ما [baˁđu maː] ein Teil dessen, was ...; ~هم ~ًا [baˁđuhum -ɒn] einander, gegenseitig; ~هم مع ~ miteinander; الـ~ ... والـ~ الآخر [al-ʔaːxar] die einen ... die anderen; teils ... teils

[1]**بعل** [baˁala, a] sich verheiraten

[2]**بعل** [baˁl] **1.** Baal (*semitische Gottheit*); **2.** *pl.* بعول [bu'ˁuːl] Herr *m*, Gebieter *m*; Gatte *m*; **3.** *Boden*: ohne künstliche Bewässerung

بعلبك [baˁlabakk] (2) Baalbek (*Stadt im Libanon*)

بعلة [baˁla] Gattin *f*

بعلي [baˁliː] *Boden*: ohne künstliche Bewässerung

بعوض [ba'ˁuːđ] *koll.*, *n. un.* ~ة Mücken *f/pl.*; Moskitos *m/pl.*

[1]**بعيد** [ba'ˁiːd], *pl.* [-uːn] *u.* بعداء [buˁa'daːʔ] (2) entfernt, fern (عن von *D*); weit, entlegen; weit zurückliegend, längst vergangen; fernliegend; unwahrscheinlich; ~ًا عن [-an] fernab, ohne; غير ~ *Möglichkeit*: nicht von der Hand zu weisen; ~ من aus der Ferne, von weitem; منذ عهد ~ [munðu ˁahdin] vor langer Zeit; ~ الأثر [b. al-ʔaθar] weitreichend; ~ المنال schwer *od.* kaum erreichbar; ~ عن التصديق kaum zu glauben; ~ من هنا weit von hier; قريب من ~ entfernte(r) Verwandte(r); لا ... من قريب أو من ~ auch nicht im entferntesten; ذهب ~ًا [-an] weit gehen; in die Ferne schweifen; هذا ليس بـ~ das ist durchaus möglich

[2]**بعيد** [bu'ˁaida] *Präp.* kurz nach

بعير [ba'ˁiːr], *pl.* أباعر [ʔa'baːˁir] (2) أباعير [ʔabaː'ˁiːr] (2) *u.* بعران [buˁ'raːn] Kamel *n*

بغاء [bi'ɣaːʔ] Unzucht *f*; Prostitution *f*; دار الـ~ Bordell *n*

بغاث [bu'ɣaːθ], *pl.* بغثان [biɣ'θaːn] junge(r) (Raub-)Vogel

بغال [ba'ɣɣaːl], *pl.* [-uːn] Maultiertreiber *m*; → بغل

بغاة → باغ

بغت [baɣata, a] unerwartet kommen (ه zu *j-m od.* über *j-n*); überraschen (ب ه *j-n* mit *D*); **III** باغت [baːɣata] überraschen (ب ه *j-n* mit *D*); überrumpeln; **VII** انبغت [im'baɣata] überrascht werden

بغتة [baɣta]: ~ [-tan] *Adv.* überraschend, plötzlich; على حين ~ [ˁalaː ħiːni baɣta(tin)] plötzlich (*Adv.*)

بغداد [baɣ'daːd] (2) Bagdad (*Hauptstadt des Irak*)

بغدادي [baɣ'daːdiː] aus Bagdad; *pl.* [-uːn] *u.* بغاددة [ba'ɣaːdida] Bagdader *m*

(**بغدد**) **II** تبغدد [ta'baɣdada] sehr anspruchsvoll sein

بغشة [baɣʃa] feine(r) Regen

[1]**بغض** [baɣađɒ, u] hassen, verabscheuen; – [baɣuđɒ, u] *u.* [baɣiđɒ, a] verhaßt sein; **II** [baɣɣađɒ] verhaßt machen (إلى/ل *j-m*); **IV** أبغض [ʔabɣađɒ] hassen; **VI** تباغض [ta'baːɣađɒ] einander hassen

[2]**بغض** [buɣđ] Haß *m*

بغضاء [baɣ'đɒːʔ] (2) Haß *m*

بغل [baɣl], *pl.* بغال [bi'ɣaːl] *u.* أبغال [ʔab'ɣaːl] Maultier *n*; *Schimpfwort*: Esel *m*; (Brücken-)Pfeiler *m*; *Turnen*: Pferd *n*

بغلة [baɣla] weibliche(s) Maultier

بغم [baɣama, u, a] *Tier*: sanfte Töne von sich geben

[1]**بغى** [baɣaː, iː] anstreben, wünschen; Unzucht *od.* Hurerei treiben; ungerecht handeln; unterdrücken (على *j-n*); Unrecht zufügen (على *j-m*); **VII** انبغى [im'baɣaː]: ينبغي [jam'baɣiː] es sollte *od.* müßte *od.* muß sein; es gehört sich; ينبغي أن er soll(te) *od.* muß; لا ينبغي أن *od.* ينبغي أن لا er darf nicht; كما ينبغي wie es sich gehört; **VIII** ابتغى [ib'taɣaː] erstreben, anstreben, zu erreichen suchen; *Zweck* verfolgen

[2]**بغي** [baɣj] Unrecht *n*; Übergriffe *m/pl.*; Gewalttätigkeit *f*; Unterdrückung *f*; Frevel *m*

[3]**بغي** [ba'ɣiːj], *pl.* بغايا [ba'ɣaːjaː] Prostituierte *f*

بغير [bi-ɣairi] ohne, → [2]غير

بغيض [ba'ɣiːđ] verhaßt (إلى *j-m*); abscheulich, widerwärtig; *Handlung*: niederträchtig; *Mensch*: unsympathisch; *Tatsache*: scheußlich

بغية [buɣja] Wunsch *m*; Verlangen *n*; (Wunsch-)Ziel *n*; ~ [-ta] *Adv.* zwecks; im Bestreben zu

بفت [baft] *u.* **بفتة** [bafta] Kattun *m*, Kaliko *m*

بفتيك [bif'teːk] Beefsteak *n*

[1]**بق** [baqq] *koll.*, *n. un.* ـة~ Wanze *f*; الـ~ الدقيقي *Äg.* Schildlaus *f*; شجرة الـ~ [ʃadʒarat al-b.] Ulme *f*

[2]**بق** [buqq] *umg.* Mund *m*

بقاء [ba'qaːʔ] Bleiben *n*, Verweilen *n*, Verbleib *m*; (Fort-)Dauer *f*; Weiterleben *n*; Überleben *n*; Dasein *n*, Existenz *f*; Erhaltenbleiben *n*; Beibehaltung *f* (على *e-s Zustands*); ~ الأصلح/الأنسب *Biol.* natürliche Auslese; ~ الجنس [b. al-dʒins] *u.* ~ النوع [b. an-nauʕ] *Biol.* Arterhaltung *f*; دار الـ~ Jenseits *n*

بقار [ba'qqaːr], *pl.* ـة~ Rinderhirt *m*

بقاع [bi'qaːʕ] *u.* الـ~ → بقعة

بقال [ba'qqaːl], *pl.* [-uːn] *u.* ـة~ Gemüsehändler *m*; Lebensmittelhändler *m*

بقالة [bi'qaːla] Lebensmittelhandel *m*; Lebensmittel *n/pl.*; *pl.* [-aːt] Lebensmittelgeschäft *n*

بقايا → بقية

بقباق [baq'baːq] geschwätzig; Schwätzer *m*

بقبق [baqbaqa] *Wasser*: gurgeln, glucksen; blubbern; schwatzen; *Radio*: rauschen

بقبقة [baqbaqa] Gurgeln *n*, Glucksen *n des Wassers*; Blubbern *n*; Schwatzen *n*; Rauschen *n des Radios*

بقبوقة [baq'buːqa], *pl.* بقابيق [baqaː'biːq] (2) Blase *f der Haut*

بقجة [buqdʒa], *pl.* بقج [buqadʒ] Bündel *n*, Paket *n*

بقدونس [baq'duːnis] Petersilie *f*

[1]**بقر** [baqara, u] aufschneiden, spalten

[2]**بقر** [baqar] *koll.* Rinder *n/pl.*, Rindvieh *n*

بقراط [buq'rɒːŧ] (2) Hippokrates

بقرة [baqara], *pl.* [-aːt] *u.* أبقار [ʔab'qaːr] Kuh *f*

بقري [baqariː] Rinder-, Kuh-; لحم ~ Rindfleisch *n*

بقس [baqs] Buchsbaum *m*

بقسماط [buqsu'mɒːŧ] Zwieback *m*; Biskuit *n u. m*

بقشيش [baq'ʃiːʃ], *pl.* بقاشيش [baqaː'ʃiːʃ] (2) Trinkgeld *n*

بقع **II** [baqqaʕa] Flecken machen, fleckig machen; kleckern; beklekkern; **V** تبقع [ta'baqqaʕa] fleckig sein *od.* werden

بقعة [buqʕa], *pl.* بقع [buqaʕ] *u.* بقاع [bi'qaːʕ] Fleck *m*, Flecken *m*; *pl.* بقاع Ort *m*, Stelle *f*, ein Flecken Erde; بقاع Länder *n/pl.*, Regionen *f/pl.*; البقاع die Bekaa (*Landschaft im Libanon*)

[1]**بقل** [baqala, u] *Pflanze*: sprießen; *Erde*: grünen

[2]**بقل** [baql] *koll.*, *n. un.* ـة~, *pl.* بقول [bu'quːl] Kräuter *n/pl.*, Grünzeug *n*; ـة~ *Jord.*, *Kuw.* Portulak *m*; ـة~ الخطاطيف [b. al-xɒŧɒː'ŧiːf] Schöllkraut *n*

بقلاوة [baq'laːwa] Honigkuchen *m aus Blätterteig*

بقلي [baqliː]: الفصيلة البقلية *Bot.* die Leguminosen *pl.*

بقم [baqqam] Rotholz *n zur Farbgewinnung*, Brasilholz *n*

بقي [baqija, aː] bleiben; verweilen, verharren (على in *e-m Zustand*); (= ~ حيا [ħajjan]) am Leben bleiben, überleben; übrigbleiben, verbleiben; andauern; bestehenbleiben, erhalten bleiben; ~ على حال in e-m Zustand verbleiben; **II** بقى [baqqaː] übriglassen; **IV** أبقى [ʔab'qaː] zum Bleiben veranlassen; belassen; übriglassen; bewahren, beibehalten (ـه/على *A*); unangetastet lassen (على *A*), (ver)schonen (على *A*); أبقاه في قلبه etwas für sich behalten; أبقاه على حياته [ħa'jaːtihiː] j-n am Leben erhalten; **V** تبقى [ta'baqqaː] übrigbleiben; verbleiben (لـ *j-m*); **X** استبقى [is'tabqaː] zum Bleiben veranlassen; (zurück)behalten; bewahren, erhalten, beibehalten; übriglassen (ـه من *etwas* von *D*)

بقية [ba'qiːja], *pl.* بقايا [ba'qaːjaː] Rest *m*, Überrest *m*, Rückstand *m*, Überbleibsel *n*; Fortsetzung *f* u. Schluß *m e-s Zeitungsartikels*; الـ~ الباقية [al-baːqija] der letzte Rest; ~ الكتب [b. al-kutub] die übrigen *od.* anderen Bücher

[1]**بك** [beː, beːh], *pl.* بكوات [baka'waːt] *u.* بهوات [baha'waːt] Bey *m*, Beg *m* (*Titel*)

[2]**بك** [bi-ka], *f* [bi-ki] mit dir; → [3]بـ

[1]**بكاء** [ba'kkaːʔ] j-d, der viel weint

[2]**بكاء** [bu'kaːʔ] Weinen *n*

بكارة [ba'kaːra] Jungfräulichkeit *f*; *Anat.* Jungfernhäutchen *n*

بكاسين [bakaː'siːn] Bekassine *f*

بكالوريا [bakaː'loːrijaː] *bsd. Maghr.* Abitur *n*; *a.* Bakkalaureat *n* (*unterster akademischer Grad*), → بكالوريوس; شهادة الـ~ Abitur(zeugnis) *n*

بكالوريوس [bakaː'loːrijus] Bakkalaureus *m* (*Inhaber des untersten akademischen Grades*); ~ علوم Bakkalaureus *m* der Naturwissenschaften; ~الـ شهادة Bakkalaureat(s-zeugnis) *n*

بكاة → باك

بكب [bikab] Plattenspieler *m*; سيارة ~ [sa'jja:rat b.] kleine(r) Lieferwagen

بكباشي [bim'ba:ʃi:, big'ba:ʃi:] *früher Äg.* Oberstleutnant *m*

بكت II [bakkata] tadeln, zurechtweisen

بكتريولوجي *u.* **بكتريولوجيا** → بكتيريولوجي *u.* بكتيريولوجيا

بكتيري [bak'te:ri:] bakteriell

بكتيريا [bak'te:rija:] *koll.* Bakterien *f/pl.*; *selten sg.* Bakterie *f*

بكتيريولوجي [bakterio'lo:dʒi:] bakteriologisch; *pl.* [-u:n] Bakteriologe *m*

بكتيريولوجيا [bakterio'lo:dʒija:] Bakteriologie *f*

[1]**بكر** [bakara, u] früh(zeitig) kommen; **II** [bakkara] früh(zeitig) *od.* zu früh kommen; früh(zeitig) *od.* verfrüht tun (في *A*) **III** باكر [ba:kara] vor j-m (ه) kommen; **IV** أبكر [ʔabkara] *obs.* früh(zeitig) kommen; **VIII** ابتكر [ib'takara] erfinden, schaffen; *List* ausdenken, ersinnen; als erster tun; schöpferisch tätig sein

[2]**بكر** [bakr], *pl.* أبكر [ʔabkur] *u.* بكار [bi'ka:r] junge(s) Kamel; *a. npr. m*

[3]**بكر** [bikr] *m u. f*, *pl.* أبكار [ʔab'ka:r] **1.** erstgeboren; Erstgeborene(r); erste(r); Erstling *m*; neu, noch nicht dagewesen; **2.** *a. fig.* jungfräulich; Jungfrau *f*; أرض ~ Neuland *n*

بكرج [bakradʒ], *pl.* بكارج [ba'ka:ridʒ] (2) Kaffeetopf *m*, Teekessel *m*

[1]**بكرة** [bakara, bakra], *pl.* [-a:t] *u.* بكر [bakar] Rolle *f*, Spule *f*; Winde *f*, Flaschenzug *m*

[2]**بكرة** [bakra] **1.** جاؤوا على ~ أبيهم [b. ʔa'bi:him] sie kamen alle; **2.** junge(s) weibliche(s) Kamel

[3]**بكرة** [bukra], *pl.* بكر [bukar] frühe(r) Morgen; *Adv. umg.* morgen

بكري [bikri:] erstgeboren; Erstgeborene(r)

بكرية [bik'ri:ja] Erstgeburtsrecht *n*; Erstgeborene *f*

بكس [boks] **1.** kleine(r) LKW; **2.** *Äg.* Stoß *m*, Knuff *m*

بكل II [bakkala] (zu)schnallen, knöpfen; ineinanderschlingen

بكلة [bukla], *pl.* بكل [bukal] Schnalle *f*

[1]**بكم** [bakima, a] stumm sein

[2]**بكم** [bakam] Stummheit *f*

[3]**بكم** [bukm] → أبكم

بكماء → أبكم

بكوات → [1]بك

بكور [bu'ku:r] frühe(r) Morgen; früh(zeitiges) Kommen; ~ه في العود [fi l-ʕaud] seine früh(zeitige) Rückkehr; البركة في الـ~ [al-baraka] *Spr.* Morgenstund hat Gold im Mund

بكورية [buku:'ri:ja] Erstgeburtsrecht *n*

بكوية [baka'wi:ja] Bey-Würde *f*

[1]**بكى** [baka:, i:] weinen (على um *A od.* über *A*); nachweinen (على *D*); *Verstorbenen* beweinen; nachtrauern (هـ *D*); **II** [bakka:] weinen machen; **IV** أبكى [ʔabka:] zum Weinen bringen; **VI** تباكى [ta'ba:ka:] jammern; Trauer heucheln (على über *A*); **X** استبكى [is'tabka:] zu Tränen rühren

[2]**بكي** [ba'ki:j] j-d, der viel weint

بكير [ba'ki:r] früh(reif); *a. npr. m*

بكين [bi'ki:n] Peking

[1]**بل** [bal] sondern; vielmehr; ja sogar; ~ على العكس من ذلك ganz im Gegenteil

[2]**بل** [balla, u] naß machen; befeuchten (ب mit *D*); *Bohnen* einweichen; ~ ريقه [ri:qahu:] e-n Schluck trinken; ~ صدره j-m Linderung bringen; – [balla, i] *Wunde*: verheilen; genesen (من von *e-r Krankheit*); **II** بلل [ballala] befeuchten, benetzen; tränken (ب mit *D*); **IV** أبل [ʔa'balla] genesen (من von *e-r Krankheit*); **VIII** ابتل [ib'talla] naß, feucht werden; ~ صدره ب [sɒdru-hu:] es tat ihm wohl; er labte sich an *e-r Sache*

[3]**بل** [ball] Befeuchtung *f*, Benetzung *f*

[4]**بل** [bill] Genesung *f*

[1]**بلا** [bala:] → (بلو)

[2]**بلا** [bila:] *Präp.* ohne

بلاء [ba'la:ʔ] Heimsuchung *f*, Unglück *n*, Prüfung *f*; Plage *f*, Geißel *f*; Bewährung *f im Kampf*; أحسن الـ~ [ʔaħsana l-bala:ʔa] sich (*im Kampf*) bewähren *od.* auszeichnen

بلاتوه [bla'to:h] *Studio*: Bühne *f*; Aufnahmeraum *m*, Studio *n*

بلاتين [bla:'ti:n] Platin *n*

بلاتيني [bla:'ti:ni:] Platin-

بلاج [bla:ʒ], *pl.* [-a:t] (Bade-)Strand *m*

بلاد [bi'la:d] (= *pl. von* [2]بلد), *pl.* بلدان [bul'da:n] Land *n*

بلادة [ba'la:da] Dummheit *f*; Engstirnigkeit *f*; Abgestumpftheit *f*; Interesselosigkeit *f*, Lethargie *f*

بلاديوم [ba'lla:dijum] *Chem.* Palladium *n*

بلار [ba'lla:r] *Tun.* Glaser *m*

بلارج [ba'la:radʒ, ba'la:ridʒ] *bsd. Maghr.* (Weiß-)Storch *m*

بلازما [bla:zma:] Plasma *n*

بلاستيك [blas'ti:k] Plastik *n*, Kunststoff *m*

بلاستيكي [blas'ti:ki:] Plastik-, Kunststoff-

بلاش [ba'la:ʃ] *umg.* umsonst, gratis

بلاص [ba'llɒ:s], *pl.* بلاليص [bala:'li:s] (2) *Äg.* irdene(r) Wasserkrug

بلاط [ba'lɒ:t] **1.** (*Königs-*)Palast *m*; (Königs-)Hof *m*; **2.** *koll.* Fliesen *f/pl.*, (*Stein-*)Platten *f/pl.*, (*Stein-*) Pflaster *n*; معركة ~ الشهداء [-i ʃ-ʃuha'da:ʔ] die Schlacht bei Poitiers (*732 n. Chr.*)

بلاطة [ba'la:tɒ], *pl.* [-a:t] Fliese *f*, Kachel *f*; (*Stein-*)Platte *f*

بلاطي → بالطو

بلاعة [ba'lla:ʕa] Abflußöffnung *f*, Kanalloch *n*, Gully *m od. n*; ~ الزبالة [b. az-zu'ba:la] Müllschlukker *m*

بلاغ [ba'la:ɣ], *pl.* [-a:t] Erklärung *f*, Mitteilung *f*; *Pol.* Kommuniqué *n*; Meldung *f*, Anzeige *f* (عن *G*); ~ رسمي (amtliche) Verlautbarung; ~ عسكري [ʕaskari:] Militärkommuniqué *n*; قدم ~ا [qaddama -an] Anzeige erstatten

بلاغة [ba'laːɣa] Beredsamkeit *f*, Redekunst *f*; (= علم الـ~ [ʕilm al-b.]) Rhetorik *f*
بلاغي [ba'laːɣiː] rhetorisch; *pej.* wortreich; *pl.* [-uːn] Rhetoriker *m*
بلاك [blaːg], *pl.* [-aːt] Zündkerze *f*
بلان [ba'llaːn] *Äg.* Badewärter *m*
بلاهة [ba'laːha] Dummheit *f*, Einfalt *f*; *Med.* Idiotie *f*, Schwachsinn *m*
بلبال [bal'baːl], *pl.* بلابل [ba'laːbil] (2) Verwirrung *f*; Unruhe *f*; Sorge *f*
بلبط [balbaṭɒ] *Äg.* plätschern
[1]**بلبل** [balbala] verwirren; durcheinanderbringen; **II** تبلبل [ta'balbala] verwirrt werden; durcheinandergeraten
[2]**بلبل** [bulbul], *pl.* بلابل [ba'laːbil] (2) Nachtigall *f*
بلبلة [balbala], *pl.* بلابل [ba'laːbil] (2) Verwirrung *f*; Durcheinander *n*, Wirrwarr *m*; Unruhe *f*; ~ لغوية [luɣa'wiːja] Sprachengewirr *n*
بلبوعة [bal'buːʕa], *pl.* بلابيع [balaː'biːʕ] (2) *Äg.* Pille *f*, Kapsel *f*
بلج [baladʒa, u] *u.* **VII** انبلج [im'baladʒa] *Morgen*: anbrechen
بلجيك [bal'dʒiːk] *koll.*: الـ~ die Belgier *m/pl.*
بلجيكا [bal'dʒiːkaː] Belgien
بلجيكي [bal'dʒiːkiː] belgisch; *pl.* [-uːn] Belgier *m*
بلح [balaħ] *koll.*, *n. un.* ~ة, *pl.* [-aːt] Dattel *f*
[1]**بلد** [baluda, u] dumm, blöd sein; abgestumpft sein; **II** [ballada] *Gefühl* abstumpfen; **V** تبلد [ta'ballada] abstumpfen, stumpfsinnig werden
[2]**بلد** [balad] *m*, *selten f*, *pl.* بلاد [bi'laːd] *u.* بلدان [bul'daːn] Land *n*; Ort *m*, Ortschaft *f*, Stadt *f*; بلاد Land *n*; Länder *n/pl.* (*die e-e Einheit bilden*), Lande *n/pl.*; ~ المنشأ *Hdl.* Ursprungsland *n*; البلدان الصناعية [ɒs-ṣinaː'ʕiːja] die Industrieländer *n/pl.*; وسط الـ~ [wasɒṭ al-b.] Innenstadt *f*; → [2]نام
بلدة [balda], *pl.* بلاد [bi'laːd] *u.* بلدان [bul'daːn] Ort *m*, Ortschaft *f*, (kleine) Stadt; الـ~ القديمة die Altstadt von Jerusalem
بلدوزر [buldoːzar], *pl.* [-aːt] Bulldozer *m*

بلدي [baladiː] einheimisch; Gemeinde-, kommunal; städtisch; lokal; Landsmann *m*; ~ زي [zijj] Volkstracht *f*; ~ مقهى [maqhan] traditionelle(s) Kaffeehaus *für das einfache Volk*
بلدية [bala'diːja], *pl.* [-aːt] Gemeinde *f*; Stadtverwaltung *f*; دار الـ~ Rathaus *n*
بلر **II** [ballara] kristallisieren; **V** تبلر [ta'ballara] sich kristallisieren
بلسان [bala'saːn] Melisse *f*; Balsam *m*
بلسم [balsam], *pl.* بلاسم [ba'laːsim] (2) *a. fig.* Balsam *m*
بلشفة [balʃafa] Bolschewisierung *f*
بلشفي [balʃafiː] bolschewistisch; *pl.* بلاشفة [ba'laːʃifa] Bolschewist *m*
بلشفية [balʃa'fiːja] Bolschewismus *m*
بلشون [bala'ʃuːn] Reiher *m*
بلص [balasɒ, u] gewaltsam wegnehmen (ه من *j-m A*)
بلط **II** [ballaṭɒ] *Boden* mit Platten *od.* Fliesen belegen; *Straße* pflastern; ~ في الخط [fi l-xɒṭṭ] *Äg.* nicht weitergehen (wollen); *fig.* auf der Stelle treten
بلطجة [balṭɒdʒa] *Äg.* Ganoventum *n*, Gangstertum *n*; Rowdytum *n*; Schmarotzertum *n*
بلطجي [balṭɒdʒiː], *pl.* ~ة *früher Mil.* Pionier *m*; *Äg.* Gauner *m*, Ganove *m*, Gangster *m*; Rowdy *m*; Schlägertyp *m*
بلطة [balṭɒ], *pl.* [-aːt] *u.* بلط [bulɒṭ] Axt *f*, Beil *n*
[1]**بلطي** [balṭiː] baltisch
[2]**بلطي** [bulṭiː] *koll.*, *n. un.* ~ة, *pl.* [-aːt] *ein Nilfisch*
بلطيق [bal'ṭiːq]: الـ~ das Baltikum; بحر الـ~ die Ostsee
[1]**بلع** [balaʕa, a] *a. fig.* schlucken; verschlingen; ~ ريقه [riːqahuː] *fig.* Atem holen, verschnaufen; stutzen; **IV** أبلع [ʔablaʕa] schlucken lassen (ه ه *j-n A*); **VIII** ابتلع [ib'talaʕa] *a. fig.* verschlingen; *a. fig.* (ver-)schlucken
[2]**بلع** [balʕ] Schlucken *n*; Verschlingen *n*
بلعم [bulʕum] Schlund *m*, Rachen *m*; Speiseröhre *f*

بلعة [bulʕa] (großer) Schluck *od.* Bissen
بلعوم [bul'ʕuːm], *pl.* بلاعيم [balaː'ʕiːm] (2) Schlund *m*, Rachen *m*
بلغ [balaɣa, u] erreichen; gelangen (ه/ـه zu *D*); zu Ohren kommen (ه *j-m*); *Betrag*: sich belaufen (ـه auf *A*), *Preis*: betragen; volljährig, mündig werden; erreichen lassen (ه ب *j-n A*); führen (ب إلى *j-n* zu *D*), so weit bringen (ب إلى *j-n* daß); *Schmerz*: einwirken (من auf *j-n*), schwer mitnehmen (من *j-n*); e-n hohen Grad erreichen (من in *od.* bei *D*); ~ من ... أن (*bei e-r Sache*) so weit gehen, daß ...; **II** [ballaɣa] gelangen lassen (ه إلى *etwas* zu *D*); *Grüße* übermitteln (ه/إلى an *j-n*); in Kenntnis setzen (ه ه/إلى *j-n* von *D*), informieren; (*den Behörden*) melden (ه/عن *A*); erreichen lassen (ه ه *j-n A*); ~ عنه البوليس j-n anzeigen; **III** بالغ [baːlaɣa] übertreiben (في *A od.* bei *D*, mit *D*); zu hoch schrauben (في *Erwartungen*); sehr weit gehen (في in *D*); ~ في تقدير الشيء etwas überbewerten *od.* überschätzen; **IV** أبلغ [ʔablaɣa] informieren (ه/ـه ب/عن *j-n* über *A*), benachrichtigen (ه ـه/ب/عن *j-n* von *D*); *Botschaft*, *Befehl* übermitteln; melden; *Polizei* verständigen; Anzeige erstatten (عن über *A*), anzeigen (عن *A*); **V** تبلغ [ta'ballaɣa] *Nachricht*, *Schreiben* erhalten, *Bericht* entgegennehmen; sich begnügen (ب mit *D*); s-n Hunger stillen (ب mit *D*)
بلغار [bul'ɣaːr] *koll.*: الـ~ die Bulgaren *m/pl.*
بلغاري [bul'ɣaːriː] bulgarisch; Bulgare *m*
بلغاريا [bul'ɣaːrijaː] Bulgarien
بلغم [balɣam] (Husten-)Schleim *m*; Auswurf *m*
بلغمي [balɣamiː] Schleim-; phlegmatisch; Phlegmatiker *m*
بلغة [bulɣa] **1.** Genüge *f*, Auskommen *n*; **2.** *pl.* بلغ [bulaɣ] *u.* [-aːt] (ein Paar) Lederpantoffeln (*m/pl.*)
[1]**بلف** [balafa, i] *u.* **II** [ballafa] bluffen
[2]**بلف** [balf] Bluff *m*

بلفة [balfa] Bluff *m*
بلقاء [bal'qaːʔ] (2): ~ كذبة [kiðba] dreiste Lüge
بلقان [bal'qaːn]: الـ~ der Balkan
بلقاني [bal'qaːniː] Balkan-; balkanisch
بلقع [balqaʕ], *pl.* بلاقع [ba'laːqiʕ] (2) öde(s) Land
بلقيس [bil'qiːs] (2) *Name der Königin von Saba*
بلك [bu'lukk], *pl.* [-aːt] → ²بلوك
بلكون [bal'koːn] *u.* **بلكونة** [bal'koːna], *pl.* [-aːt] *u. Syr. a.* بلاكين [balaː'kiːn] (2) Balkon *m*
بلكي [balkiː] *Ir., Syr. umg.* vielleicht
بلل [balal] Feuchtigkeit *f*
بلم [balam] **1.** Anschovis *f*; **2.** *pl.* أبلام [ʔab'laːm] *Ir.* (Fähr-)Boot *n*, Segelbarke *f*
بلمر [balmara] polymerisieren; **II** تبلمر [ta'balmara] polymerisiert werden
بلمرة [balmara] Polymerisation *f*
بلنسيا [ba'lansijaː] *u.* **بلنسية** [ba'lansija] Valencia
¹**بله** [baliha, a] dumm, schwachsinnig sein; **VI** تباله [ta'baːlaha] sich dumm stellen; **X** استبله [is'tablaha] für dumm halten
²**بله** [balah] Dummheit *f*, Idiotie *f*; Schwachsinn *m*
³**بله** [balha] + *A*: geschweige denn, erst recht nicht
⁴**بله** [bulh] → أبله
بلة [billa] Feuchtigkeit *f*; ~ زاد الطين [zaːda ~~t-tiː~~na -tan] die Sache noch schlimmer machen
بلهاء → أبله
بلهارسيا [bil'harsijaː] *Med.* Bilharziose *f*
بلهنية [bulah'niːja] Wohlstand *m*, Luxus *m*
(**بلو**) بلا [balaː, uː] prüfen, auf die Probe stellen; erdulden *od.* ertragen müssen; ~ هذه الحياة [haːðihi l-ħa'jaːt(a)] er kennt dieses Leben aus eigener Erfahrung; **III** بالى [baːlaː] sich kümmern (ه/ـه/ um *A*); beachten (ه/ـه/ب *A*); لا/ما أبالي [ʔu'baːliː] meinetwegen!, von mir aus!; لا تبال [tu'baːli] mach dir nichts draus!; **IV** أبلى [ʔablaː]: ~ بلاء حسنا [ba'laːʔan ħasanan] sich (*im Kampf*) bewähren *od.* auszeichnen; sich wacker schlagen; → ¹بلي; **VIII** ابتلى [ib'talaː] prüfen, auf die Probe stellen; heimsuchen, plagen (ه ب *j-n* mit *D*); *Pass.* ابتلي [ub'tulija] erdulden müssen (ب *A*), zu leiden haben (ب unter *D*); ... ابتلي ب/ببلاء (*e-r Sucht*) verfallen sein
بلوتو [bluːtoː] *Astr.* Pluto *m*
بلوتونيوم [blu'toːnijum] Plutonium *n*
بلوجستان [baluːdʒis'taːn] Belutschistan
بلوجستاني [baluːdʒis'taːniː] belutschisch; *pl.* [-uːn] Belutsche *m*
¹**بلور** [balwara] *fig.* herauskristallisieren, feste Gestalt annehmen lassen; **II** تبلور [ta'balwara] (sich) kristallisieren; *fig.* feste Gestalt annehmen, sich herausbilden, sich klären
²**بلور** [ba'lluːr, bi'llaur] *koll., n. un.* ة~ Kristall *m*; Glas *n*
بلورا [bluːraː] *Anat.* Pleura *f*, Rippenfell *n*
¹**بلورة** [balwara] Kristallisierung *f*; *fig.* Herauskristallisieren *n*, Herausarbeiten *n*
²**بلورة** [ba'lluːra, bi'llaura] *ein* Kristall *m*; Stück *n* Glas
بلوري [ba'lluːriː, bi'llauriː] kristallförmig, kristallin
بلوز [bluːz] *u.* **بلوزة** [bluːza], *pl.* [-aːt] Bluse *f*
بلوط [ba'lluːt] *koll., n. un.* ة~ Eiche(n *pl.*) *f*; Eichel(n *pl.*) *f*
بلوعة [ba'lluːʕa] Abflußöffnung *f*, Kanalloch *n*, Gully *m od. n*
بلوغ [bu'luːɣ] Erreichen *n*; Eintreffen *n e-r Nachricht*; Geschlechtsreife *f*; (= مرحلة الـ~) Pubertät *f*; (= سن الـ~ [sinn al-b.]) Volljährigkeit *f*
بلوفر [bu'loːvar], *pl.* [-aːt] Pullover *m*
¹**بلوك** [bu'luːk], *pl.* [-aːt] *Mil.* Kompanie *f*
²**بلوك** [bloːk, bu'luːk], *pl.* [-aːt] (Häuser-)Block *m*; (Notiz-)Block *m*; Hohlziegel *m*, Baustein *m*
بلوى [balwaː] Heimsuchung *f*, Unglück *n*, Not *f*
¹**بلي** [balija, aː] alt, abgenutzt werden; *Kleid*: abgetragen werden; (*Geld-*)*Scheine*: abgegriffen sein; verfallen, untergehen; *Gefühl*: nachlassen, schwächer werden; *Leichnam*: verwesen; **IV** أبلى [ʔablaː] abnützen, abtragen
²**بلى** [balaː] gewiß!; aber ja!; *Antwort auf verneinte Frage*: doch!
³**بلي** [ba'liːj] alt, abgenutzt, abgetragen; verfallen
⁴**بلى** [bilan] Abgenutztheit *f*; Verfall *m*; Untergang *m*; Verwahrlosung *f*; Verwesung *f e-r Leiche*
⁵**بلي** [bilj] *koll., n. un.* ة~, *pl.* [-aːt] Kugel *f*; Murmel *f*
⁶**بلي** [billiː] *Techn.* Kugel-; ~ كرسي [kursiː] Kugellager *n*
بلياتشو [bal'jatʃoː] Clown *m*, Possenreißer *m*
بليار [bil'jaːr] *u.* **بلياردو** [bil'jardoː] Billard *n*
بليد [ba'liːd], *pl.* بلداء [bula'daːʔ] (2) dumm, blöde; stumpfsinnig; (= ~ الحس [b. al-ħiss]) abgestumpft; ~ الحركة [b. al-ħaraka] schwerfällig
بليدة [bu'laida] kleine(r) Ort
بليسيه [b(i)li'seːh] Plissee *n*
بليغ [ba'liːɣ], *pl.* بلغاء [bula'ɣaːʔ] (2) beredt; rhetorisch begabt; ausdrucksvoll; stilistisch hochwertig; *Text*: eindrucksvoll; nachdrücklich, weitreichend, wirkungsvoll; *Verwundung*: schwer
بليل [ba'liːl] *Wind*: feucht, kühl
بليلة [ba'liːla] *Äg.* süße(r) Weizenbrei *od.* Maisbrei
بلية [ba'liːja], *pl.* بلايا [ba'laːjaː] Prüfung *f*, Heimsuchung *f*, Unglück *n*; شر الـ~ ما يضحك [ʃarru l-b. maː juđħik] *Spr.* wer den Schaden hat, braucht für den Spott nicht zu sorgen
بم [bi-ma] wodurch; womit
ب م *Abk. für* بعد الميلاد [baʕda l-miː'laːd] nach Christus
بما [bi-maː] wodurch; womit; *relativ*: was; so daß; ~ أن [ʔanna] weil; in Anbetracht dessen, daß ...; ~ فيه einschließlich
¹**بمب** [bamb] *Ir., Kuw.* Pumpe *f*
²**بمب** [bumb] *Äg.* Knallkörper *m*
¹**بمبه** [bamba] *Äg.* rosa

2 **بمبة** [bumba] *Äg.* Bombe *f*

بمبي [bambiː] *Äg.* rosa

بمن [bi-man] mit wem; فيهم ~ *bei Personen*: einschließlich

1 **بن** [bunn] *koll.* Kaffeebohnen *f/pl.*, Kaffee *m*

2 **بن** [bnu] → 2 ابن

بنا [bi-naː] mit uns; → 3 بـ

1 **بناء** [ba'nnaːʔ], *pl.* [-uːn] Erbauer *m*, Baumeister *m*; Maurer *m*; *Kritik*: konstruktiv; *Bemerkungen*: hilfreich; حر ~ [ħurr] Freimaurer *m*

2 **بناء** [bi'naːʔ] Erbauung *f*, Errichtung *f*; Aufbau *m*, Struktur *f*; *pl.* أبنية [ʔabnija], *Alg. a.* [-aːt] Bau *m*, Gebäude *n*; على ا~ [-an] auf Grund von, gemäß; تحت الـ~ im Bau (befindlich); تحتي ~ [taħtiː] Unterbau *m*; الذرة ~ [b. að-ðarra] Atomstruktur *f*; فوقي ~ [fauqiː] Überbau *m*; الوطن ~ [b. al-wɒtɒn] *Pol.* der nationale Aufbau; إعادة الـ~ Wiederaufbau *m*; أعمال الـ~ Bauarbeiten *f/pl.*

بنات → بنت *u.* ابنة

بناتي [ba'naːtiː] mädchenhaft; Mädchen-

بنادورة [bana'doːra] *Syr., Lib.* Tomate *f*, Tomaten *f/pl.*

بنان [ba'naːn] *koll.* Finger *m/pl.*, Fingerspitzen *f/pl.*; يشار عليه بالـ~ [ju'ʃaːru] (er ist) berühmt; أنا طوع ~ك [tɒuʕu ba'naːnika] ich bin (immer) für dich da

بناة → 3 بان

بناية [bi'naːja], *pl.* [-aːt] Gebäude *n*; Struktur *f*

بنائي [bi'naːʔiː] baulich, Bau-; Struktur-, strukturell; *fig.* aufbauend, konstruktiv

بنت [bint], *pl.* بنات [ba'naːt] Mädchen *n*, Tochter *f*; *Äg.* Ober *m im Kartenspiel*; البحر ~ Nixe *f*; بنات الدهر Schicksalsschläge *m/pl.*; ~ الشفة [b. aʃ-ʃafa] Wort *n*; ~ العم [b. al-ʕamm] Base *f*, Kusine *f väterlicherseits*; *umschreibend für*: Ehegattin *f*; الفكر ~ [b. al-fikr], *pl.* بنات الأفكار Idee *f*; وردان ~ [b. war'daːn] *Zool.* Küchenschabe *f*

بنتي [bintiː] Mädchen-

1 **بنج II** [bannadʒa] betäuben, narkotisieren

2 **بنج** [bandʒ] **1.** Bilsenkraut *n*; **2.** Betäubungsmittel *n*, Narkosemittel *n*

بنج بنج [bing bong, ping pong] Tischtennis *n*

بنجر [bandʒar] Rübe *f*; rote Rübe; ~ سكر [b. sukkar] Zuckerrübe *f*

بنجلاديش [bangla'deːʃ] *Äg.* Bangladesch

بند [band], *pl.* بنود [bu'nuːd] **1.** Artikel *m*, Absatz *m e-s Vertrages*; Posten *m e-r Bilanz*; Punkt *m der Tagesordnung*; Klausel *f*; *fig.* Kapitel *n*, Kategorie *f*; **2.** *Mil.* Banner *n*

بندر [bandar], *pl.* بنادر [ba'naːdir] (2) Hafenstadt *f*, Hafen *m*; *Äg.* Bezirkshauptstadt *f*; größere Stadt *in der Provinz*

بندق [bunduq] *koll., n. un.* ~ة, *pl.* بنادق [ba'naːdiq] (2) Haselnuß *f*, Haselnüsse *f/pl.*; Haselnußstrauch *m*; Gewehrkugel *f*

بندقاني [bundu'qaːni], *pl.* [-uːn] *u.* بنادقة [ba'naːdiqa] Venezianer *m*

بندقي [bunduqiː] nußbraun

بندقية [bundu'qiːja], *pl.* بنادق [ba'naːdiq] (2) Gewehr *n*, Flinte *f*; الـ~ Venedig; صيد ~ [b. sɒid] Jagdgewehr *n*

بندول [ban'duːl], *pl.* بناديل [banaː'diːl] (2) Pendel *n*

بنزرت [bin'zart] Biserta (*Stadt in Tunesien*)

بنزهير [banza'hiːr] *Äg.* Zitrone *f*

بنزول [ban'zoːl, bin'zoːl] Benzol *n*

بنزين [ban'ziːn] Benzin *n*; خال ~ من الرصاص [xaːlin] bleifreie(s) Benzin; ممتاز ~ [mum'taːz] Superbenzin *n*

بنس [bans], *pl.* [-aːt] Penny *m* (*pl.* Pence)

بنسلين [binsi'liːn, bansi'liːn] Penicillin *n*

بنسة [binsa], *pl.* بنس [binas] *Äg.* Zange *f*; Haarklemme *f*

بنسيون [bansi'joːn], *pl.* [-aːt] Pension *f*

بنشر [banʃar] *Saudi-Ar., Kuw.* Reifenpanne *f*

بنشرجي [ban'ʃardʒiː] *Kuw.* j-d, der Reifenpannen repariert

بنصر [binsɨr] *f*, *pl.* بناصر [ba'nɒːsɨr] (2) Ringfinger *m*

بنط [bunt] *Typ., Börse*: Punkt *m*

بنطلون [bantɒ'loːn], *pl.* [-aːt] Hose *f*

بنغازي [ban'ɣaːziː] Bengasi (*Stadt in Libyen*)

بنغال [ban'ɣaːl]: الـ~ *Geo.* Bengalen

بنغالي [ban'ɣaːliː] bengalisch; aus Bangladesch; *pl.* [-uːn] Bengale *m*

بنغلاديش [banɣla'deːʃ] *f* Bangladesch

بنغلاديشي [banɣla'deːʃiː] bangladeschisch, aus Bangladesch; *pl.* [-uːn] Bangladescher *m*

بنفسج [ba'nafsadʒ] *koll., n. un.* ~ة Veilchen *n* (*n/pl.*)

بنفسجي [ba'nafsadʒiː] Veilchen-; violett; فوق الـ~ [fauqa l-b.] ultraviolett

بنك [bank], *pl.* بنوك [bu'nuːk] *u. Mar.* أبناك [ʔab'naːk] Bank *f* (*Kreditinstitut*); *Äg.* Werkbank *f*; *Äg.* Ladentisch *m*; الـ~ الدولي [ad-duwaliː] die Weltbank; ~ للدم [li-d-dam] Blutbank *f*; الـ~ المركزي Zentralbank *f*; → 2 مصرف

بنكرياس [bankri'jaːs] Bauchspeicheldrüse *f*

بنكنوت [bank'noːt] Banknote *f*, Banknoten *f/pl.*

بنكي [bankiː] Bank-, Banken-

بنما [banamaː] Panama

بنمي [banamiː] panamaisch; *pl.* [-uːn] Panamaer *m*

بنو → 2 ابن

بنوار [bin'waːr], *pl.* بناوير [banaː'wiːr] (2) Parterreloge *f im Theater*

بنون → 2 ابن

بنوة [bu'nuːwa] Sohnschaft *f*; Kindschaft *f*

بنوي [banawiː] Sohnes-; Kindes-

1 **بنى** [banaː, iː] bauen, errichten, erbauen; *Grundstück* bebauen; *Land, Persönlichkeit* aufbauen; gründen (على هـ *etwas* auf *A*); *Gr. Wort* indeklinabel endigen lassen; *Pass.* بني على [bunija] auf *etwas* beruhen, sich auf *etwas* gründen; ~ عزمه على [ʕazmahuː] sich zu *etwas* entschließen; **V** تبنى [ta'bannaː] adoptieren, an Sohnes Statt annehmen; *Vorschlag, a. sich e-r*

Sache annehmen; *Prinzip* sich zu eigen machen; *Politik* verfolgen; **VII** انبنى [im'banaː] beruhen (على auf *D*), sich gründen (على auf *A*); **VIII** ابتنى [ib'tanaː] bauen

[2]بني [bu'naija] mein Söhnchen

[3]بني [bunniː] (kaffee)braun

[4]بني [binniː] *Äg. Art* Karpfen *m*

بنيان [bun'jaːn] Bau *m*, Aufbau *m*, Struktur *f*; Gebäude *n*

بنين [ba'niːn] **1.** *f Geo.* Benin; **2.** → [2]ابن

[1]**بنية** [binja, bunja], *pl.* بنى [binan, bunan] Bau *m*, Aufbau *m*, Struktur *f*; Konstitution *f e-s Menschen*; ~ أساسية Grundstruktur *f*; *a. pl.* Infrastruktur *f*; ~ تحتية [taħ'tiːja] Infrastruktur *f*; ~ الذرة [b. að-ðarra] Atomstruktur *f*

[2]**بنية** [bu'naija] Töchterchen *n*; kleine(s) Mädchen

بنيوي [binjawiː, bunjawiː] strukturell; strukturalistisch; *pl.* [-uːn] Strukturalist *m*

بنيوية [binja'wiːja, bunja'wiːja] Strukturalismus *m*

به [bi-hi] mit ihm; → [3]بـ

[1]**بها** [bahaː] → [1](بهو)

[2]**بها** [bi-haː] mit ihr; → [3]بـ

بهاء [ba'haːʔ] Pracht *f*, Schönheit *f*, Glanz *m*; Ausstrahlung *f e-r Persönlichkeit*

بهار [ba'haːr], *pl.* [-aːt] Gewürz *n*; Pfeffer *m*

بهاما [ba'haːmaː]: الـ~ *Geo.* die Bahamas

بهامي [ba'haːmiː] bahamaisch; *pl.* [-uːn] Bahamaer *m*

بهت [bahata, a] erstaunen, verblüffen; verleumden; *Pass.* [buhita] erstaunt, überrascht sein; – [bahita, a] erstaunt, überrascht, verblüfft sein; sprachlos sein; *Farbe*: verblassen; *Stoff*: verbleichen

بهتان [buh'taːn] Verleumdung *f*, Lüge *f*; Hinterhältigkeit *f*; Falschheit *f des Lächelns od. e-r Anschuldigung*

بهج [bahadʒa, a] entzücken; – [bahidʒa, a] sich freuen (ب/ل über *A*), entzückt sein (ب/ل von *D*); prächtig aussehen; **IV** أبهج [ʔabhadʒa] erfreuen, entzücken; **VIII** ابتهج [ib'tahadʒa] sich freuen (ب/ل über *A*), entzückt sein (ب/ل von *D*)

بهجة [bahdʒa] Pracht *f*, Schönheit *f*; Reiz *m e-r Sache*; Freude *f*, Entzücken *n*, Wonne *f*

بهدل [bahdala] gemein behandeln; verunglimpfen, beschimpfen; in Unordnung bringen, auf den Kopf stellen

بهدلة [bahdala] erniedrigende Behandlung; Schikane *f*; Verunglimpfung *f*, Beschimpfung *f*; unordentliche(s) *od.* schlampige(s) Aussehen

[1]**بهر** [bahara, a] strahlen; verblüffen, überwältigen, blenden, faszinieren; imponieren (ه ب *j-m* mit *D*); **IV** أبهر [ʔabhara] beeindrucken, überwältigen; imponieren (ه *j-m*); **VII** انبهر [im'bahara] geblendet, überwältigt, hingerissen sein (ب von *D*); ~ت أنفاسه außer Atem sein; **VIII** ابتهر [ib'tahara] *obs.* aufschneiden

[2]**بهر** [buhr] Atemnot *f*

[1]**بهرج** [bahradʒa] schmücken; **II** تبهرج [ta'bahradʒa] sich (übertrieben) schmücken

[2]**بهرج** [bahradʒ] eitel; falsch; übertriebene(r) Schmuck; Flitter *m*

بهرجة [bahradʒa] Flitter *m*, Scheinglanz *m*

[1]**بهرة** [bahra] Entzücken *n*

[2]**بهرة** [buhra] Mitte *f*

[1]**بهظ** [bahaðɒ, a] *u.* (*obs.*) **IV** أبهظ [ʔabhaðɒ] belasten; schwer lasten (ه auf *j-m*)

[2]**بهظ** [bahð] Belastung *f*

بهق [bahaq] Weißfärbung *f einzelner Hautstellen*

(بهل) VIII ابتهل [ib'tahala] flehen (إلى الله zu Gott)

بهلوان [bahla'waːn], *pl.* [-aːt] Akrobat *m*

بهلواني [bahla'waːniː] akrobatisch; ~ طيران [tɒja'raːn] Kunstflug *m*, Schaufliegen *n*

بهلوانية [bahlawaː'niːja], *pl.* [-aːt] Akrobatik *f*; *fig.* Kunststück *n*; *fig.* Mätzchen *n*

[1]**(بهم) IV** أبهم [ʔabhama] unklar, unverständlich sein (على *j-m*); unklar, unverständlich machen (ه على *A j-m*); sich unverständlich ausdrükken; **X** استبهم [is'tabhama] unverständlich sein (على für *j-n*)

[2]**بهم** [bahm, baham] *koll.*, *n. un.* ~ة junge(s) Vieh, Lämmer *n/pl.*, Kälber *n/pl.*

[3]**بهم** [buhum] → بهيم

[4]**بهم** [bi-him] mit ihnen; → [3]بـ

بهمة [buhma] Dunkel *n der Nacht*

[1]**(بهو)** بها [bahaː, uː] *u.* **بهو** [bahuwa, uː] schön sein; → [1]بهي

[2]**بهو** [bahw], *pl.* أبهاء [ʔab'haːʔ] Halle *f*, Saal *m*; Wandelhalle *f*, Lobby *f des Parlaments*

بهوات → [1]بك

[1]**بهي** [bahija, aː] schön sein; **III** باهى [baːhaː] wetteifern (ه ب mit *j-m* in *D*, an *D*); prahlen (ه ب gegenüber *j-m* mit *D*); **VI** تباهى [ta'baːhaː] miteinander wetteifern (ب in *D*, an *D*); stolz sein (ب auf *A*), prahlen (ب mit *D*)

[2]**بهي** [ba'hiːj], *pl.* أبهياء [ʔabhi'jaːʔ] (2) schön, prächtig, glänzend

بهيج [ba'hiːdʒ] schön, prächtig; froh, freudig; *Gefühl*: beglückend

بهيجة [ba'hiːdʒa] *npr. f*

بهيم [ba'hiːm], *pl.* بهم [buhum] schwarz; يا ~ *Äg.* du Dummkopf!

بهيمة [ba'hiːma], *pl.* بهائم [ba'haːʔim] (2) Tier *n*, Vieh *n*

بهيمي [ba'hiːmiː] tierisch; animalisch; bestialisch

بهيمية [bahiː'miːja] tierische(s) Wesen; Bestialität *f*

بو [buː] *Maghr.* (*als Bestandteil von Namen*) = أبو, → [1]أب

(بوء) باء [baːʔa, uː] zurückkehren (ب mit *D*); ~ بالفشل [bi-l-faʃal] e-n Fehlschlag erleiden; ~ بالهزيمة e-e Niederlage erleiden; **II** بوأ [bawwaʔa] *u.* (*selten*) **IV** أباء [ʔa'baːʔa]: ~ه مكانا [ma'kaːnan] j-n e-n Platz einnehmen lassen; j-m zu e-r Stellung verhelfen; **V** تبوأ [ta'bawwaʔa] *Platz* einnehmen, *Thron* besteigen; ~ الحكم [l-ħukma] an die Macht kommen

بواب [ba'wwaːb], *pl.* [-uːn] Portier

m, Pförtner m, Türhüter m
بوابة [ba'wwaːba], *pl.* [-aːt] Tor *n*; Einfahrt *f*, Eingang *m*
بوابيج → بابوج
بوابير → بابور
بواخر → باخرة
بواخة [ba'waːxa] *Äg.* miese(s) Benehmen
بواد → بادية
بوادر → بادرة
بوادئ → بادئة، بادئ
بوار [ba'waːr] Ruin *m*, Niedergang *m*; Sitzenbleiben *n e-s Mädchens*; Unverkäuflichkeit *f e-r Ware*; Brachland *n*; دار الـ~ Hölle *f*
بوارتة → بيروتي
بوارج → بارجة
بوارق → بارقة
بواري → بوري[2]
بواز → باز[3]
بواسل → باسل
بواسير → باسور
بواشق → باشق
بواصر → باصرة
بواط → باطية
بواطن → باطن
بواعث → باعث
بواق [ba'wwaːq] Trompeter *m*
بواك → باكية
بواكر → باكرة
بواكير → باكورة
بوال [bu'waːl] *Med.* Polyurie *f*
بواليع → بالوعة
بوائق → بائقة
بوب II [bawwaba] in Kapitel *od.* Abschnitte einteilen; klassifizieren, systematisch ordnen; ~ إعلانا في الصحيفة [ʔiʕ'laːnan] ein Inserat in die Zeitung setzen (lassen)
بوبلين [boːb'liːn] Popeline *f*
بؤبؤ [buʔbuʔ]: ~ العين [b. al-ʕain] Pupille *f*
بوبينة [boː'biːna], *pl.* [-aːt] *Syr.* Spule *f*, Rolle *f*
بوت [buːt] Stiefel *m*
بوتاجاز [buːta'gaːz] *Äg.* Flüssiggas *n*; *pl.* [-aːt] Gasherd *m*
بوتاس [buː'taːs] Pottasche *f*; صناعة الـ~ [siˈnaːʕat al-b.] Kaliindustrie *f*
بوتاسيوم [buː'taːsijum] Kalium *n*
بوتاغاز [buːta'ɣaːz] Flüssiggas *n*; *pl.* [-aːt] Gasherd *m*
بوتان [buː'taːn] **1.** Butan(gas) *n*; **2.** *f Geo.* Bhutan
بوتسوانا [botsu'waːnaː] *Geo.* Botsuana
بوتقة [buːtaqa], *pl.* بواتق [ba'waːtiq] (2) *a. fig.* Schmelztiegel *m*
بوتيك [buː'tiːk], *pl.* [-aːt] Boutique *f*
بوجي [buːʒiː], *pl.* بواجي [ba'waːʒiː] Zündkerze *f*
[1](بوح) باح [baːħa, uː] mitteilen, enthüllen, preisgeben, gestehen (ب *A*); **IV** أباح [ʔa'baːħa] erlauben, gestatten (ـه ل *A j-m*); preisgeben, für herrenlos erklären; *Pass.* يباح [ju'baːħ(u)] erlaubt sein (ل *j-m*); **X** استباح [ista'baːħa] für erlaubt *od.* zulässig halten; preisgeben; als herrenlos betrachten; als Beute nehmen; *Stadt* zur Plünderung freigeben; sich (*ein Recht*) anmaßen; ~ حرمته [ħur'matahuː] sich an j-m *od.* e-r Sache vergehen; ~ دمه [damahuː] j-n für vogelfrei erklären; ~ سرا [sirran] ein Geheimnis enthüllen
[2]**بوح** [bauħ] Mitteilung *f*, Enthüllung *f* (ب von *D*); Preisgabe *f*; Geständnis *n*
[3]**بوح** [buːħ] → باحة
(بوخ) باخ [baːxa, uː] nachlassen, verfliegen; den Geschmack verlieren; *intr.* verderben
بودرة [buːdra] Puder *m*; ~ حليب Milchpulver *n*; ~ سكر [sukkar b.] Puderzucker *m*
بودقة [buːdaqa] = بوتقة
بوذا [buːðaː] Buddha
بوذي [buːðiː] buddhistisch; Buddhist *m*
بوذية [buː'ðiːja] Buddhismus *m*
[1](بور) بار [baːra, uː] *Erde*: brachliegen; *Geschäft*: schlecht gehen; *Arbeit*: ertraglos sein; *Ware*: unverkäuflich sein; *Mensch*: herunterkommen; **II** [bawwara] *Erde* brachliegen lassen
[2]**بور** [buːr] *Erde*: brach, unbebaut; ~ أرض *u.* ~ أراض [ʔa'rɒːđin] Brachland *n*
بورتوريكو [burtu'riːkoː] Puerto Rico
بورتوريكي [burtu'riːkiː] puertoricanisch; *pl.* [-uːn] Puertoricaner *m*
بورتيك [bor'tiːk] rahmenartige(s) Gerüst
بورجوازي [burʤu'waːziː] bürgerlich; *pl.* [-uːn] Bourgeois *m*; ~ صغير Kleinbürger *m*
بورجوازية [burʤuwaː'ziːja] Bourgeoisie *f*, (wohlhabendes) Bürgertum; ~ صغيرة Kleinbürgertum *n*
بور سعيد [buːr sa'ʕiːd] Port Said (*Stadt in Ägypten*)
بورسلان [bors(i)'laːn] *u.* **بورسلين** [bors(i)'leːn] Porzellan *n*
بورصة [bursɒ], *pl.* [-aːt] *Hdl.* Börse *f*; ~ الأوراق المالية Wertpapierbörse *f*
بورق [bauraq] *Chem.* Borax *m*
بوركينا فاسو [bur'kiːnaː faːsoː] *Geo.* Burkina Faso
بورما [burmaː] Birma (*heute* Myanmar)
بورمي [burmiː] birmanisch; *pl.* [-uːn] Birmane *m*
بؤرة [buʔra], *pl.* بؤر [buʔar] *fig.* Mittelpunkt *m*; *Opt.* Brennpunkt *m*, Fokus *m*; Herd *m e-r Infektion*; *Äg.* Vergnügungslokal *n*; ~ فاسدة Lasterhöhle *f*
بوروجي [buː'ruːʤiː], *pl.* ~ة Trompeter *m*
بوروندي [buː'rundiː] *f* Burundi; burundisch; *pl.*[-uːn] Burund(i)er *m*
[1]**بوري** [buːriː] **1.** *pl.* بوريات [buːri'jaːt] Trompete *f*; **2.** *pl.* بواري [ba'waːriː] Rohr *n*
[2]**بوري** [buːriː], *pl.* بواري [bawaː'riːj] (2) Meeräsche *f*; ~ أحمر Meerbarbe *f*
[3]**بؤري** [buʔriː] *Opt.* fokal; ~ بعد [buʕd] Brennweite *f*
بوريك [boː'riːk]: ~ حامض Borsäure *f*
[1]**بوز II** [bawwaza] schmollen
[2]**بوز** [buːz], *pl.* أبواز [ʔab'waːz] Mund *m*; Schnauze *f*, Maul *n*; Rüssel *m e-s Insekts*; Schnabel *m*, Tülle *f e-r Kanne*
بوزترون [boːsi'troːn], *pl.* [-aːt] Positron *n*
[1](بوس) باس [baːsa, uː] küssen
[2]**بؤس** [baʔusa, u] stark, tapfer sein

[3]**بؤس** [buʔs] Not *f*, Elend *n*, Armut *f*; Leid *n*, Unglück *n*
بؤساء → بئيس
بوستر [bostar], *pl.* [-aːt] Poster *n*, Plakat *n*
بوستة [busta] *u.* **بوسطة** [bustɒ] *umg.* Post *f*
بوسفور [bus'fuːr]: ~الـ *Geo.* der Bosporus
بوسنة [busna]: ~الـ Bosnien; ~الـ والهرسك Bosnien-Herzegowina
بوسني [busniː] bosnisch; *pl.* [-uːn] Bosnier *m*
[1](**بوش**) باش [baːʃa, uː] lärmen
[2]**بوش** [bauʃ] Lärmen *n*; *pl.* أبواش [ʔab'waːʃ] *u.* أوباش [ʔau'baːʃ] (lärmende) Menge; Pöbel *m*, Mob *m*
بوص [buːs] *koll.*, *n. un.* ~ة Schilfrohr *n*, Schilf *n*
بوصلة [buːs(ɒ)la, bosla], *pl.* [-aːt] Kompaß *m*, Bussole *f*
بوصة [buːsɒ], *pl.* [-aːt] **1.** *ein* Schilfrohr *n*; **2.** Zoll *m* (*Längenmaß*)
بوط [buːṭ], *pl.* [-aːt] Stiefel *m*
بوظة [buːðɒ] *Syr.* (Speise-)Eis *n*; *Äg.* *Art* (Hirse-)Bier *n*
بوع [buːʕ] Mittelfußknochen *m*; لا يعرف الكوع من الـ~ [laː jaʕrifu l-kuːʕa min al-b.] er hat von Tuten und Blasen keine Ahnung
بوغ [bauɣ], *pl.* أبواغ [ʔab'waːɣ] *Bot.* Spore *f*
بوغاز [buː'ɣaːz], *pl.* بواغيز [bawaː'ɣiːz] (2) Meerenge *f*
بوغي [bauɣiː] *Biol.* Sporen-
بوفيه [buː'feːh] Büfett *n*; Geschirrschrank *m*; Anrichte *f*; Schanktisch *m*; kalte Speisen *f/pl.*
بوق [buːq], *pl.* أبواق [ʔab'waːq] Trompete *f*, Horn *n*; Hupe *f*; Lautsprecher *m* *e-s Radios*; ~ رحمي [raħimiː] *Anat.* Muttertrompete *f*
بوقال [buː'qaːl], *pl.* بواقيل [bawaː'qiːl] (2) henkellose(s) (Trink-)Gefäß, Becher *m*
بوكر [boːkar] Poker *n*; لعب الـ~ [laʕiba] Poker spielen
بوكس [boks] **1.** kleine(r) LKW; **2.** Boxen *n*
[1](**بول**) بال [baːla, uː] urinieren, Wasser lassen; **IV** أبال [ʔa'baːla] urinieren lassen; **V** تبول [ta'bawwala] = بال; **X** استبال [ista'baːla] urinieren lassen; *Med.* (von j-m) e-e Harnprobe nehmen
[2]**بول** [baul] Urinieren *n*, Wasserlassen *n*; *pl.* أبوال [ʔab'waːl] Urin *m*, Harn *m*; مرض الـ~ السكري [marɒđ al-bauli s-sukkariː] Zuckerkrankheit *f*
بولب [baulab] Polyp *m*
بولس [buːlus] (2) Paulus
بولمان [bulman], *pl.* [-aːt] Reisebus *m*; ~ عربة [ʕarabat b.] *Äg.* (komfortabler) Schnellzugwagen
بولندا [buː'landaː, boː'landaː] Polen
بولندي [buː'landiː, boː'landiː] polnisch; *pl.* [-uːn] Pole *m*
بولو [boːloː] Polo *n*
بولوني [boː'loːniː] polnisch; *pl.* [-uːn] Pole *m*
بولونيا [boː'loːnijaː] Polen
[1]**بولي** [bauliː] Harn-; ~ تسمم [ta'sammum] Harnvergiftung *f*; المسالك البولية [al-ma'saːlik] Harnwege *m/pl.*
[2]**بولي** [boːliː] Poly-
بوليس [buː'liːs, boː'liːs] Polizei *f*; الـ~ الدولي [ad-duwaliː] die Interpol
بوليستر [boːli'jestar] *Chem.* Polyester *m*
بوليسي [buː'liːsiː, boː'liːsiː] Polizei-, polizeilich; رواية ~ة [ri'waːja] Kriminalroman *m*
بوليصة [buː'liːsɒ], *pl.* بوالص [ba'waːliṣ] (2) (Versicherungs-)Police *f*; ~ الشحن *Hdl.* Konnossement *n*
بوليفي [boː'liːviː] bolivianisch; *pl.* [-uːn] Bolivianer *m*
بوليفيا [boː'liːvijaː] Bolivien
بولينا [bau'liːnaː]: داء الـ~ Harnvergiftung *f*
بوم [buːm] *koll.*, *n. un.* ~ة Eule(n *pl.*) *f*
بوملي [boː'malliː] Pomelo *f*
بوميات [buːmi'jaːt] *pl.* Eulenvögel *m/pl.*
[1]**بون** [baun, buːn] Zwischenraum *m*, Entfernung *f*; Unterschied *m*; ~ شاسع große(r) Unterschied; *fig.* tiefe Kluft
[2]**بون** [boːn] Bonn
بوني [boːniː] Pony *n*
بونيقي [buː'niːqiː] punisch
بوهيمي [boː'heːmiː] böhmisch; Böhme *m*; zur Boheme gehörend; Bohemien *m*
بوهيميا [boː'heːmijaː] Böhmen
بوهيمية [boːheː'miːja] Boheme *f*, Künstlerleben *n*
بؤوز → [2]بأز
بؤونة [ba'ʔuːna] *10. Monat des koptischen Kalenders*
بويجي [boːjadʒiː], *pl.* ~ة Schuhputzer *m*; Anstreicher *m*
بويضة [bu'waiđɒ], *pl.* [-aːt] Eizelle *f*
بوية [boːja], *pl.* [-aːt] Farbe *f*; Lack *m*; Schuhcreme *f*
بويهيون [buwaihi'juːn] *pl.*: ~الـ *hist.* die Buwaihiden *od.* Bujiden *m/pl.* (*Dynastie iranischer Herkunft*)
بي [biː] mit mir; → [3]بـ
بيات [ba'jaːt] Übernachten *n*; ~ شتوي [ʃatawiː] Winterschlaf *m der Tiere*
بياتي [ba'jaːtiː] *e-e Tonreihe der arab. Musik*
بيادة [ba'jjaːda] Infanterie *f*
بيارة [ba'jjaːra], *pl.* [-aːt] *Syr.*, *Jord.* Pflanzung *f*, Plantage *f*; *Saudi-Ar.* (*Brunnen-*, *Kanal-*)Schacht *m*
بياض [ba'jɒːđ] Weiß *n*, Weiße *f*; weiße(r) Fleck; leere, unbeschriebene Stelle; *Med.* Leukom *n*; *Art* Weißfisch *m*; Weißen *n*; ~ على blanko (*Adv.*); ~ البيض [b. al-baiđ] Eiweiß *n*; ~ النفس *fig.* Lauterkeit *f*; ~ النهار Tageslicht *n*; ~ الوجه Untadeligkeit *f*
[1]**بياضة** [ba'jɒːđɒ], *pl.* [-aːt] *ein Stück n* Weißwäsche
[2]**بياضة** [ba'jjɒːđɒ] Legehenne *f*
بياع [ba'jjaːʕ], *pl.* [-uːn] Händler *m*, Verkäufer *m*
بيان [ba'jaːn], *pl.* [-aːt] Klarheit *f*, Deutlichkeit *f*; Darstellung *f*, Veranschaulichung *f*; (offizielle) Erklärung, Mitteilung, Bekanntgabe; Verlautbarung *f*; Kommuniqué *n*; Bericht *m*; Vermerk *m*; Verzeichnis *n*, Aufstellung *f*, Liste *f* (بـ *G*); Beredsamkeit *f*; *pl.* Angaben *f/pl.*, Daten *n/pl.*; ~الـ der Koran; ~ مشترك [muʃ'tarak] gemeinsame(s)

Kommuniqué; ~الـ عطف *Gr.* erklärende Apposition; ~الـ علم [ʕilm al-b.] Rhetorik *f*

بيانو [b(i)'jaːnoː], *pl.* بيانوهات [b(i-)jaːnoː'haːt] Klavier *n*

بياني [ba'jaːniː] erklärend; rhetorisch

بيبلوس [biːblus] Byblos (das heutige → جبيل)

بيبة [biːba] Pfeife *f*

بيبي [beːbiː] Baby *n*

[1](**بيت**) بات [baːta, iː] übernachten; werden; geraten (في in *e-e Lage od. e-n Zustand*); يفعل ~ [jafʕal(u)] dahin kommen, *etwas* zu tun; zu tun beginnen; *etwas* bereits tun, zu tun pflegen; **II** [bajjata] Böses aushecken (ل gegen *j-n*), sinnen (هـ auf *A*); *Äg.* die Nacht verbringen; في الصف ~ [fi s-spff] *Äg. Schüler*: sitzenbleiben; **IV** أبات [ʔa'baːta] nächtigen lassen

[2]**بيت** [bait], *pl.* بيوت [bu'juːt] Haus *n*; Wohnung *f*; Zimmer *n*; (*Beduinen-*)Zelt *n*; Familie *f*; (*a. pl.* بيوتات [bujuː'taːt]) Handelshaus *n*; Beet *n*; Gehäuse *n*; *pl.* أبيات [ʔab'jaːt] Vers *m*; في الـ~ zu Hause; الـ~ الأبيض [al-ʔabjɒđ] das Weiße Haus; ~ الأدب [b. al-ʔadab] Toilette *f*, Klosett *n*; ~ الله Gotteshaus *n*; Moschee *f*; Kirche *f*; (= ~ الله الحرام) *Isl.* die Kaaba; ~ الخلاء Toilette *f*, Klosett *n*; ~ الداء Sitz *m* der Krankheit; ~ الدجاج Hühnerstall *m*; ~ الدين Beit ed-Din (*Ort im Libanon, Sommerresidenz des Präsidenten*); ~ زجاجي [zu'ʤaːʤiː] Gewächshaus *n*, Treibhaus *n*; ~ شعر **1.** [b. ʃaʕr] Zelt *n*; **2.** [b. ʃiʕr] Vers *m*; ~ الصلاة Gebetsraum *m e-r Moschee*; الـ~ العتيق *Isl.* die Kaaba; ~ القصيد das Entscheidende, das Wesentliche, der springende Punkt; ~ لحم [bait-laħm] Bethlehem; ~ المال *hist.* Schatzkammer *f*, Staatskasse *f*; بنات البيوتات Töchter *f/pl.* aus gutem Hause

بيتا [beːtaː]: ~ أشعة [ʔa'ʃiʕʕat b.] Betastrahlen *m/pl.*

بيتون [bi'toːn] Beton *m*

بيتوني [bi'toːniː] Beton-

بيتي [baitiː] häuslich, Haus-

بيج [beːʒ] beige

بيجاما [biː'ʤaːmaː] *u.* **بيجامة** [biː'ʤaːma], *pl.* [-aːt] Pyjama *m*

[1](**بيد**) باد [baːda, iː] zugrunde gehen, untergehen; vergehen; **IV** أباد [ʔa'baːda] vernichten, ausrotten

[2]**بيد** [baida]: ~ أن [ʔanna] aber, jedoch, allerdings; obgleich

بيداء [bai'daːʔ] (2), *pl.* بيد [biːd] Steppe *f*, Wüste *f*

بيدر [baidar], *pl.* بيادر [ba'jaːdir] (2) Tenne *f*, Dreschboden *m*

بيدق [baidaq], *pl.* بيادق [ba'jaːdiq] (2) Bauer *m im Schachspiel*

بئر [biʔr], *pl.* آبار [ʔaː'baːr] *u. klass.* بئار [bi'ʔaːr] Brunnen *m*, Wasserstelle *f*; (Senk-)Grube *f*; *Ölindustrie*: Bohrloch *n*; ~ البترول Ölquelle *f*

بيرا [biːraː] Bier *n*

بيرق [bairaq], *pl.* بيارق [ba'jaːriq] (2) Fahne *f*, Flagge *f*; Wimpel *m*

بيرة [biːra] Bier *n*

بيرنه [biːrna] *u.* **بيرنيه** [biːri'neːh]: جبال الـ~ [ʤi'baːl al-b.] die Pyrenäen *pl.*

بيرو [beːruː] *f* Peru

بيروت [bai'ruːt] (2) Beirut

بيروتي [bai'ruːtiː], *pl.* بوارتة [ba'waːrita] *u.* بيارتة [ba'jaːrita] Beiruter *m*

بيروقراطي [biːru'qrɒːŧiː] bürokratisch; *pl.* [-uːn] Bürokrat *m*

بيروقراطية [biːruqrɒː'ŧiːja] Bürokratie *f*

بيزان → [1]باز

بئزان → [2]بأز

بيزنطة [biː'zanŧɒ] (2) *hist.* Byzanz

بيزنطي [biː'zanŧiː] byzantinisch; *Diskussion*: haarspalterisch, fruchtlos; ~ جدل [ʤadal] Streit *m* um des Kaisers Bart

بيسون [biː'soːn] Bison *m*

[1]**بئس** [baʔisa, a] unglücklich, in elender Lage sein; **VIII** ابتأس [ib'taʔasa] bekümmert sein; verzweifelt sein

[2]**بئس** [biʔsa]: ~ الرجل [ar-raʤul(u)] der elende Kerl!

[1](**بيض**) باض [bɒːđɒ, iː] Eier legen; **II** [bajjađɒ] weiß machen; weißen, tünchen; bleichen; *Geschirr* (blank) putzen; verzinnen; ins reine schreiben; ~ وجهه [wadʒhahuː] j-m Ehre machen; j-n rechtfertigen; **IX** ابيض [ib'jɒđđɒ] weiß werden; *Gesicht*: erbleichen

[2]**بيض** [baiđ] *koll.*, Eier *n/pl.*

[3]**بيض** [biːđ] → أبيض

بيضاء [bai'đɒːʔ] (2): الـ~ (الدار) Casablanca; → أبيض

بيضاوي [bai'đɒːwiː] **1.** eiförmig, oval; **2.** aus Casablanca stammend

بيضة [baiđɒ], *pl.* [-aːt] Ei *n*; *pl.* بيضان [biː'đɒːn] *u.* بيوض [bu'juːđ] Hoden *m*; Helm *m*; ~ الديك [b. ad-diːk] ein Ding der Unmöglichkeit

بيضوي [baiđɒwiː] eiförmig, oval

بيضي [baiđiː] eiförmig, oval

بيطار [bai'ŧɒːr], *pl.* بياطرة [ba'jaːŧira] Hufschmied *m*

بيطرة [baiŧɒra] Tierheilkunde *f*

بيطري [baiŧɒriː] tierärztlich, veterinär; ~ طبيب Tierarzt *m*

[1](**بيع**) باع [baːʕa, iː] verkaufen (ل هـ *A j-m*, ب um *e-n Preis*); **III** بايع [baːjaʕa] als Herrscher anerkennen; huldigen (ه *e-m Herrscher*); sich verpflichten (على ه gegenüber *j-m* zu *D*); **VI** تبايع [ta'baːjaʕa] (untereinander) ein Geschäft abschließen; **VII** انباع [im'baːʕa] verkauft werden; verkäuflich sein; **VIII** ابتاع [ib'taːʕa] kaufen; abkaufen (هـ من *A j-m*)

[2]**بيع** [baiʕ], *pl.* بيوع [bu'juːʕ] *u.* بيوعات [bujuː'ʕaːt] Verkauf *m*; ~ للـ zu verkaufen; ~ جبري *Jur.* Zwangsverkauf *m*; ~ لآخر راغب [li-ʔaːxiri raːɣib(in)] Verkauf *m* an den Meistbietenden; عقد الـ~ Kaufvertrag *m*

[1]**بيعة** [baiʕa] Geschäft(sabschluß *m*) *n*; Verkauf *m*; Kauf *m*; Huldigung *f*; على/فوق الـ~ *Hdl.* als Zugabe

[2]**بيعة** [biːʕa], *pl.* [-aːt] *u.* بيع [bijaʕ] Kirche *f*

بيقة [biːqa] *u.* **بيقية** [biː'qiːja] *Bot.* Wicke *f*

بيك [beːg], *Äg.* [beː], *pl.* بيكوات [beːga'waːt] Bey *m*, Beg *m* (*Titel*)

بيك أب [bik-ʔab] *u.* **بيك آب** [bik-

'ʔaːb] Tonabnehmer *m*; Plattenspieler *m*; ~ سيارة [sa'jjaːrat b.] kleine(r) Lieferwagen

بيكار [biː'kaːr] Zirkel *m*

بيكربونات [biːkarboː'naːt] Bikarbonat *n*; الصوديوم ~ Natriumbikarbonat *n*

بيل → كرسي

بيلسان [baila'saːn] Holunder *m*

بيلهارسيا [bil'harsijaː] *Med.* Bilharziose *f*

بيمارستان [biːmaːris'taːn] *obs.* Krankenhaus *n*

1(**بين**) بان [baːna, iː] erkennbar, klar, deutlich sein *od.* werden; erkennen lassen (عن *A*); sich trennen (عن von *D*); **II** [bajjana] erklären, erläutern, aufzeigen, darlegen, verdeutlichen, zeigen; angeben; **III** باين [baːjana] sich unterscheiden (ـه/ه von *D*), abweichen (ـه/ه von *D*); **IV** أبان [ʔa'baːna] erklären; äußern, zum Ausdruck bringen (عن *A*); erkennen lassen (عن *A*); unterscheiden, trennen (ـه من von *D*); **V** تبين [ta'bajjana] klar werden (ل *j-m*); sich zeigen, sich herausstellen; hervorgehen (من aus *D*); zu unterscheiden sein (من von *D*); (deutlich) erkennen (können); sich Klarheit verschaffen (ـه über *A*); unterscheiden (ـه من *etwas* von *D*); **VI** تباين [ta'baːjana] differieren, sich voneinander unterscheiden; **X** استبان [ista'baːna] erkennbar werden; klar hervorgehen (من aus *D*); klar werden (ل *j-m*); erkennen, wahrnehmen

2**بين** [bain] Zwischenraum *m*, Trennung *f*; *fig.* Kluft *f*

3**بين** [baina] *Präp.* zwischen; inmitten, unter; ~ ~ mittelmäßig (*Adv.*); Zwischending *n*; بيني وبينك [bainiː wa-bainaka] zwischen dir und mir; unter uns (gesagt); ~ـه و~ نفسه bei sich (selbst); in seinem Innern; im stillen; ~ حين وآخر [b. ħiːnin wa-ʔaːxar(a)], ~ وقت وآخر von Zeit zu Zeit, ab und zu; ~ ... و ... teils ... teils; bald ... bald; ~ يديه [ja'daihi] vor ihm; in seinen Händen; فيما ~ dazwischen; während; فيما ~هم untereinander; gegenseitig; فيما ~ ذلك währenddessen; ما ~ die Sache *od.* die Beziehung zwischen; zwischen; ما ~ النهرين [baina n-nah'rain] Mesopotamien; من ~هم [min bainihim] unter ihnen; aus ihrer Mitte

4**بين** [bajjin] klar, offenbar, deutlich; *Schrift*: deutlich lesbar; auffallend; آيات بينات (من الكتاب الكريم) [al-ki'taːb] Koranverse *m/pl.*

بينا [bainaː] = بينما

بينما [bainamaː] *Konj.* während; *zur Einleitung e-s Hauptsatzes*: hingegen

بينة [bajjina], *pl.* [-aːt] (klarer) Beweis; *Jur.* Beweismittel *n*; Gewißheit *f*; هو على ~ من ذلك er ist sich im klaren darüber; er weiß, wie sich die Sache verhält

بيني [bainiː] Zwischen-, zwischen-

بينين [beː'niːn] Benin (*Staat in Afrika*)

بينيني [beː'niːniː] beninisch; *pl.* [-uːn] Beniner *m*

بيوت → 2بيت

1**بيوتين** [bajo'tiːn] Biotin *n* (*Vitamin*)

2**بيوتين** [bju'teːn] Butan(gas) *n*

بيوض [ba'juːđ] eierlegend (*Gegens.* lebendgebärend)

بيولوجي [bijo'loːʤiː] biologisch; عالم ~ Biologe *m*

بيولوجيا [bijo'loːʤijaː] Biologie *f*; هندسية ~ [handa'siːja] Biotechnik *f*

بئيس [ba'ʔiːs], *pl.* بؤساء [buʔa'saːʔ] (2) elend, unglücklich

بييضة [bu'jaiđɒ] kleine(s) Ei; *Biol.* Ei *n*

بيئة [biːʔa], *pl.* بيئات [biː'ʔaːt] Umwelt *f*; Milieu *n*; Lebensbedingungen *f/pl.*, Verhältnisse *n/pl.*; *fig.* Gebiet *n*; علم الـ~ [ʕilm al-b.] Ökologie *f*; ملائم للـ~ [mu'laːʔim] umweltverträglich, umweltfreundlich

بيئي [biːʔiː] Umwelt-, umweltbedingt; ökologisch; milieubedingt; سياسة ~ـة [si'jaːsa] Umweltpolitik *f*; عوامل ~ـة [ʕa'waːmil] Umweltfaktoren *m/pl.*; مؤثرات ~ـة [muʔaθθi'raːt] Umwelteinflüsse *m/pl.*

ت

[1]ت (تاء) [taːʔ] *dritter Buchstabe des arab. Alphabets*

[2]ت *Abk. für* تليفون Telefon *n*, توفي [tu'wuffija] gestorben *u.* تشرين [tiʃ-'riːn]; ت ا = تشرين الأول [al-ʔawwal] Oktober *m*

[3]تَـ [ta] *Schwurpartikel*: تالله [tɒ-'łłɒːħi] bei Gott!

تاء [taːʔ] *f* der Buchstabe ت; ~ مربوطة *Bezeichnung des Buchstabens* ة

تاب → (توب)

تابع [taːbiʕ], *pl.* تبعة [tabaʕa] *u.* تباع [tu'bbaːʕ] folgend; untergeordnet, unterstehend (ل *D*); gehörend (ل zu *D*); abhängig; *pl.* أتباع [ʔat'baːʕ] *u.* [-uːn] Anhänger *m*, Gefolgsmann *m*; Untergebene(r), Vasall *m*; Gehilfe *m*; Mitarbeiter *m*; *pl.* تبعة [tabaʕa] Untertan *m*; *pl.* توابع [ta-'waːbiʕ] (2) Satellit *m*; Anhang *m*; *Gr.* Apposition *f*; Fortsetzung *f*; التابعون *hist.* die Muslime *m/pl.* der zweiten u. dritten Generation; توابع Dazugehörige(s); دولة ~ـة [daula] Satellitenstaat *m*; مؤسسة ~ـة [mu-'ʔassasa] Tochterunternehmen *n*

تابعة [taːbiʕa], *pl.* توابع [ta'waːbiʕ] (2) Untergebene *f*; Gehilfin *f*; *Mus.* Begleiterin *f*; *pl.* Dazugehörige(s)

تابعي [taːbiʕiː], *pl.* [-uːn] Muslim *m* der zweiten u. dritten Generation

تابعية [taːbi'ʕiːja] Abhängigkeit *f*; Staatsangehörigkeit *f*

تابل [taːbil, taːbal], *pl.* توابل [ta'waː-bil] (2) Gewürz *n*

تابلو [taːbloː] *u.* **تابلوه** [taːb'loːh], *pl.* تابلوهات [taːbloː'haːt] Gemälde *n*; *Theater*: Szene *f*; Ballettdarbietung *f*; Programmnummer *f im Varieté*; Armaturenbrett *n*

تابوت [taː'buːt], *pl.* توابيت [tawaː-'biːt] (2) Sarg *m*, Sarkophag *m*; Schrein *m*, Kasten *m*; الساقية ~ [t. as-saːqija] Schöpfrad *n*

تأبيد [taʔ'biːd] Verewigung *f*

تأبين [taʔ'biːn]: حفل ~ Trauerfeier *f*

تأتأ [taʔtaʔa] lallen

تأتأة [taʔtaʔa] Lallen *n*

تأثر [ta'ʔaθθur] (*passive*) Beeinflussung (ب durch *A*); Beeindrucktwerden *n*; Erregung *f*; Erregbarkeit *f*; Ergriffenheit *f*; Rührung *f*; Betroffenheit *f*; *Phys.* Induktion *f*; ~ا ب [-an] unter dem Eindruck von; beeinflußt von; سريع الـ~ leicht erregbar, empfindlich

تأثري [ta'ʔaθθuriː] impressionistisch; *Phys.* Induktions-

تأثيث [taʔ'θiːθ] Möblierung *f*, Einrichtung *f*

تأثير [taʔ'θiːr], *pl.* [-aːt] Einfluß *m*, Einflußnahme *f*, Einwirkung *f* (على/في auf *A*); Eindruck *m* (على/في auf *A*); Wirkung *f*; *Phys.* Induktion *f*; ~بـ + *G*: unter dem Einfluß (*G*), infolge, durch; ~ جانبي Nebenwirkung *f*; ~ متبادل [muta'baːdal] Wechselwirkung *f*; الـ~ والتأثر [wa-t-ta'ʔaθθur] gegenseitige Beeinflussung

تأثيري [taʔ'θiːriː] e-e Wirkung hervorrufend; *Phys.* induziert, Induktions-

تاج [taːʤ], *pl.* تيجان [tiː'ʤaːn] Krone *f*; *Chr.* Mitra *f*; العمود ~ [t. al-ʕa-'muːd] Kapitell *n*; حرف الـ~ Initiale *f*, Initialbuchstabe *m*

تأجج [ta'ʔaddʒudʒ] *a. fig.* Lodern *n*

تاجر [taːʤir], *pl.* تجار [tu'ddʒaːr] Kaufmann *m*, Händler *m*; الإشاعات ~ Gerüchtemacher *m*; الجملة ~ [t. al-ʤumla] Großhändler *m*

تاجي [taːʤiː] Koronar-, Kranz-

تأجيج [taʔ'ʤiːʤ] Entfachen *n*; *fig.* Anheizen *n des Klimas*

تأجير [taʔ'ʤiːr] Vermietung *f*, Verpachtung *f*

تاجيكستان [taː'ʤiːkistaːn] *f* Tadschikistan

تاجيكستاني [taːʤiːkis'taːniː] tadschikisch; *pl.* [-uːn] Tadschike *m*

تأجيل [taʔ'ʤiːl] Aufschub *m*; Verlegung *f e-s Termins*; Vertagung *f e-r Sitzung*; Verzögerung *f*

تاح → (تيح)

تآخ [ta'ʔaːxin] Verbrüderung *f*, brüderliche Verbundenheit

تأخر [ta'ʔaxxur] Verspätung *f*, Zuspätkommen *n*; Zurückbleiben *n* (عن hinter *D*), Rückständigkeit *f*, Rückstand *m*; Säumigkeit *f*; schlechte Leistungen *f/pl.* (في in *e-m Fach*); الوقت ~ die vorgerückte Stunde

تأخير [taʔ'xiːr] Verzögerung *f*; Aufschub *m*, Zurückstellung *f*; Verspätung *f*, Zuspätkommen *n*; Zurückhalten *n* (*j-s*, عن von *D*); دون ~ unverzüglich; → تقديم

تأدب [ta'ʔaddub] Anstand *m*, Wohlerzogenheit *f*, Höflichkeit *f*

تأديب [taʔ'diːb] Erziehung *f*, Zurechtweisung *f*; Bestrafung *f*; Disziplinierung *f*; أداة الـ~ Zuchtmittel *n*; مجلس الـ~ [maʤlis at-t.] Disziplinargericht *n*

تأديبي [taʔ'diːbiː] disziplinarisch, Disziplinar-; disziplinarrechtlich; حملة ~ـة Strafexpedition *f*; قضية

ـة ~ [qɒ'ɖiːja] Disziplinarverfahren *n*

تأدية [taʔdija] Ausführung *f e-r Arbeit*, Verrichtung *f*, Erledigung *f*; Erfüllung *f e-r Pflicht*; (*Arbeits-*) Leistung *f*; Ableistung *f des Militärdienstes*; *pl.* [-aːt] Zahlung *f*; ~ اليمين Eidesleistung *f*

تأذ [ta'ʔaððin] Gekränktsein *n*, Kränkung *f*

تأرجح [ta'ʔardʒuħ] Schaukeln *n*; *fig.* Schwanken *n*

تارة [taːratan]: ~ ~ *u.* ~ وطورا [tɒuran], ~ وأخرى [ʔuxraː] bald … bald

[1]**تاريخ** [taː'riːx], *pl.* تواريخ [tawaː'riːx] (2) **1.** Datum *n*; Zeitpunkt *m*; ~ الميلاد [t. al-miː'laːd] Geburtsdatum *n*; **2.** Geschichte *f*, Historie *f*; الـ~ القديم das Altertum; ~ قديم e-e alte Geschichte; ~ امرأة ذات [imraʔa] e-e Frau mit Vergangenheit; ما قبل الـ~ [qablat-t.] Vorgeschichte *f*, Prähistorie *f*

[2]**تأريخ** [taʔ'riːx] Datierung *f*; Geschichtsschreibung *f*; Zeitrechnung *f*

تاريخي [taː'riːxiː] geschichtlich, historisch

تاريخية [taːriː'xiːja] Geschichtlichkeit *f*, Historizität *f*

تأريض [taʔ'riːɖ] *El.* Erdung *f*

تآزر [ta'ʔaːzur] gegenseitige(r) Beistand; Zusammenstehen *n*; Zusammenwirken *n von Faktoren*

تأزم [ta'ʔazzum] kritische Zuspitzung *der Lage*

تأس [ta'ʔassin] Trost *m* (*den man findet*); تأسيا ب [ta'ʔassijan] nach dem Vorbild von

تأسس [ta'ʔassus] *intr.* (Be-)Gründung *f*

تأسف [ta'ʔassuf] Bedauern *n*

تاسع [taːsiʕ] neunte(r); ~ عشر [-a ʕaʃara] neunzehnte(r); ـا~ [-aːn] neuntens

تأسل [ta'ʔassul] Atavismus *m*

تأسيس [taʔ'siːs], *pl.* [-aːt] Gründung *f*, Errichtung *f*; Einrichtung *f*; Begründung *f*; ـا~ على [-an] unter Zugrundelegung von

تأسيسي [taʔ'siːsiː] (be-)gründend, Gründungs-; ~ مجلس [madʒlis] *u.* ~ـة جمعية [dʒam'ʕiːja] Gründungsversammlung *f*, konstituierende Versammlung

تأشير [taʔ'ʃiːr] Eintragung *f e-s Vermerks*; *pl.* [-aːt] Eintragung *f*, Vermerk *m*

تأشيرة [taʔ'ʃiːra], *pl.* [-aːt] Eintragung *f*, Vermerk *m*; Visum *n*, Sichtvermerk *m*

تأشيري [taʔ'ʃiːriː] Visa-

تأصل [ta'ʔɒssul] Verwurzelung *f*, Verankerung *f*

تأصيل [taʔ'siːl] (Ver-)Festigung *f*, Verankerung *f*; Rückführung *f* auf die Wurzeln *od.* Ursprünge

تأطير [taʔ'tiːr] Rahmung *f*; Schaffung *f* e-s Rahmens (*G*: für *A*); Ausbildung *f* von (qualifiziertem) Personal; *Mar.* Betreuung *f von Besuchern*

تأفف [ta'ʔaffuf] Murren *n*; Unwille *m*; Unbehagen *n*

تافه [taːfih] gering, geringfügig, unbedeutend, unerheblich; spärlich; nichtig, belanglos; fade, banal, nichtssagend; töricht, albern; شيء ~ Belanglosigkeit *f*, Kleinigkeit *f*

تافهة [taːfiha], *pl.* توافه [ta'waːfih] (2) *u.* [-aːt] Kleinigkeit *f*, Nichtigkeit *f*; Nebensächlichkeit *f*; wertlose Sache

تاق → [1](توق)

تأقلم [ta'ʔaqlum] *intr.* Anpassung *f* (مع an *A*)

تاك → ذاك

تأكد [ta'ʔakkud] Gewißheit *f*; feste Überzeugung *f* (من von *D*); Sichvergewissern *n* (من daß), Überprüfung *f* (من *G*)

تأكسد [ta'ʔaksud] Oxydierung *f*

تاكسي [taksiː], *pl.* [-aːt] *u. Saudi-Ar.* تكاسي [ta'kaːsiː] Taxi *n*

تأكل [ta'ʔakkul] *u.* **تآكل** [ta'ʔaːkul] Abnutzung *f*, Verschleiß *m*; Korrosion *f*; Verwitterung *f*, Erosion *f*; ~ التربة [t. at-turba] Bodenerosion *f*

تأكيد [taʔ'kiːd], *pl.* [-aːt] Versicherung *f*, Zusicherung *f* (ب *e-r Sache*); Nachdruck *m*, Entschiedenheit *f*; Betonung *f* (ب/على *G*); Bestätigung *f*; Sicherung *f*; *Gr.* Verstärkung *f*; بالـ~ sicher!, gewiß!

تال [taːlin] folgend; nachstehend (aufgeführt); بالتالي [bi-t-taːliː] folglich, infolgedessen; im folgenden, später

تالد [taːlid] alt, seit langem bestehend

[1]**تالف** [taːlif] beschädigt, kaputt; verdorben; ruiniert

[2]**تآلف** [ta'ʔaːluf] Harmonie *f*, Eintracht *f*; Zusammengehörigkeitsgefühl *n*

تألق [ta'ʔalluq] Leuchten *n*, Strahlen *n*, Glanz *m*

تألم [ta'ʔallum] Schmerz *m*; Kummer *m*

تأله [ta'ʔalluh] göttliche Verehrung (*die j-d erfährt*)

تأليب [taʔ'liːb] Aufhetzung *f* (على gegen *A*)

تأليف [taʔ'liːf] Abfassung *f von Büchern*; Schriftstellerei *f*; Bildung *f e-r Regierung etc.*, Zusammenstellung *f*; Vereinigung *f*, Verbindung *f* (بين von *D*); *pl.* تآليف [taʔaː'liːf] (2) literarische(s) Werk

تأليه [taʔ'liːh] Vergöttlichung *f*

تام [taːmm] vollständig, ganz; vollkommen, völlig; *Vertrag*: vollgültig; vollwertig; ـة~ دقة [diqqa] größte Genauigkeit; ~ نجاح volle(r) Erfolg

تآمر [ta'ʔaːmur] Verschwörung *f* (على gegen *A*); الـ~ مع العدو [al-ʕa'duːw] Kollaboration *f*

تأمرك [ta'ʔamruk] *intr.* Amerikanisierung *f*

تآمري [ta'ʔaːmuriː] verschwörerisch, konspirativ

تأمل [ta'ʔammul], *pl.* [-aːt] Nachdenken *n*; Überlegung *f*, Überlegungen *f/pl.*; Betrachtung *f*; Meditation *f*; ~ باطني Introspektion *f*; ~ نظري [nɒðɒriː] *Phil.* Spekulation *f*

تأملي [ta'ʔammuliː] nachdenklich; kontemplativ; meditativ; *Phil.* spekulativ

تأمور [taʔ'muːr] *Anat.* Herzbeutel *m*; التهاب الـ~ *Med.* Perikarditis *f*

تاميل [taː'miːl] *koll.*: الـ~ die Tamilen *m/pl.*

تاميلي [taːˈmiːliː] tamilisch

تأميم [taʔˈmiːm], *pl.* [-aːt] Nationalisierung *f*, Verstaatlichung *f*

تأمين [taʔˈmiːn] Sicherung *f* (ب *e-r Sache*), Sicherstellung *f*, Gewährleistung *f*; Absicherung *f* (ضد gegen *A*); Bereitstellung *f*, Beschaffung *f*; *pl.* [-aːt] Versicherung *f*; *Hdl.* Sicherheit *f*, Garantie *f*; Kaution *f*; اجتماعي ~ Sozialversicherung *f*; صحي ~ [siħħiː] Krankenversicherung *f*; الـ~ ضد الحريق Feuerversicherung *f*; الـ~ على الحياة [al-ħaˈjaːt] Lebensversicherung *f*

تأميني [taʔˈmiːniː] Versicherungs-; versicherungsrechtlich

تأن [taˈʔannin] Bedächtigkeit *f*, Langsamkeit *f*; Sichzeitlassen *n*; بـ~ bedächtig; behutsam, sorgfältig (*Adv.*)

تأنس [taˈʔannus] *Chr.* Menschwerdung *f*

تأنف [taˈʔannuf] Murren *n*; Unwille *m*; Entrüstung *f*

تأنق [taˈʔannuq] Eleganz *f*; *pej.* Snobismus *m*; الـ~ في الطعام Feinschmeckerei *f*

تانك → ذاك

تأنيب [taʔˈniːb] Tadel *m*; Vorwurf *m*; Schelte *f* (على wegen *G*); ~ الضمير Gewissensbisse *m/pl.*

تأنيث [taʔˈniːθ] *Gr.* Gebrauch *m* im *od.* als Femininum; Geschlechtsumwandlung *f e-s Mannes*; تاء الـ~ *Gr.* die Femininendung ة

تاه → (توه) *u.* [1](تيه)

تأهب [taˈʔahhub] *intr.* Vorbereitung *f*; Bereitschaft *f*; (= حالة الـ~) Alarmzustand *m*

تأهل [taˈʔahhul] Heirat *f*

تأهيل [taʔˈhiːl] Qualifizierung *f*; Ausbildung *f für e-n Beruf*; (= إعادة الـ~) *Med.* Rehabilitation *f*; إعادة الـ~ Umschulung *f*; Sanierung *f*, Modernisierung *f e-s Betriebs*

تأويل [taʔˈwiːl], *pl.* [-aːt] Auslegung *f*, Interpretation *f*, Deutung *f*; هذا لايحتمل ~ا [jaħˈtamilu -an] daran gibt es nichts zu deuteln

تاي [taːj] *Maghr.* Tee *m*

تائب [taːʔib] reuig, reumütig, bußfertig

تائق [taːʔiq] sehnsüchtig

تايلاند [taːjland] *f* Thailand

تايلاندي [taːjˈlandiː] thailändisch; *pl.* [-uːn] Thailänder *m*, Thai *m*

تأين [taˈʔajjun] *intr. Phys.* Ionisation *f*

تائه [taːʔih] umherirrend; verloren(gegangen); *Blick*: (geistes-)abwesend; hochmütig

تايوان [taiˈwaːn] *f* Taiwan

تايواني [taiˈwaːniː] taiwanisch; *pl.* [-uːn] Taiwaner *m*

تأييد [taʔˈjiːd] Unterstützung *f*; Befürwortung *f*; Bekräftigung *f*, Bestätigung *f*

تايير [taːˈjeːr] Damenkostüm *n*

تأيين [taʔˈjiːn] *trans. Phys.* Ionisation *f*

تب [tabba, i] zugrunde gehen; **X** استتب [istaˈtabba] sich festigen *od.* stabilisieren; sich konsolidieren; ~ الأمر له er setzte sich (*gegen s-n Konkurrenten*) durch

تبا [tabban]: ~ له Verderben über ihn!; zum Teufel mit ihm!

تباحث [taˈbaːħuθ] (gemeinsame) Erörterung

تبادل [taˈbaːdul] Austausch *m*, Tausch *m*; ~ الآراء Meinungsaustausch *m*; ~ إطلاق النار Schußwechsel *m*, Feuerwechsel *m*; ~ تجاري [tiˈdʒaːriː] Handelsaustausch *m*; ~ الخواطر [t. al-xaˈwɒːtɨr] Gedankenübertragung *f*; ~ المعلومات Informationsaustausch *m*

تبادلي [taˈbaːduliː] wechselseitig, gegenseitig; قيمة ~ة [qiːma] Tauschwert *m*

تباشير [tabaːˈʃiːr] (2) *pl.* erste Anzeichen *n/pl.*, Vorboten *m/pl.*

تباطؤ [taˈbɒːtuʔ] Verlangsamung *f*; Langsamkeit *f*; Verzögerung *f* (في *G*); Verzögerungstaktik *f*

تباع → تابع

تباعا [tiˈbaːʕan] *Adv.* nacheinander; nach und nach

تباعد [taˈbaːʕud] Entfernung *f* voneinander; (*räumliche*) Trennung; *fig.* Distanz *f*; Divergenz *f*; gegenseitige Entfremdung

تباغض [taˈbaːɣuđ] gegenseitige(r) Haß

تبانة [taˈbbaːna] *Äg.* Heuschober *m*; درب الـ~ *Astr.* Milchstraße *f*

تباه [taˈbaːhin] Prahlerei *f*, Angeben *n*

تباين [taˈbaːjun] Unterschiedlichkeit *f*, Verschiedenheit *f*; Unterschied *m*; Gegensatz *m*, Kontrast *m*

تبايني [taˈbaːjuniː] unterschiedlich, gegensätzlich

تبت [tibit, tubbat] *f*: الـ~ *Geo.* Tibet

تبتل [taˈbattul] Enthaltsamkeit *f*, Keuschheit *f*

تبتي [tibitiː] tibetisch, tibetanisch; Tibeter *m*, Tibetaner *m*

تبجح [taˈbaddʒuħ] Prahlerei *f*; Dreistigkeit *f*

تبجيل [tabˈdʒiːl] Verehrung *f*

تبحر [taˈbaħħur] tiefe(s) Eindringen (في in *A*); gründliche Beschäftigung (في mit *D*)

تبختر [taˈbaxtur] wiegende(r) Gang; Selbstgefälligkeit *f*

تبخر [taˈbaxxur], *pl.* [-aːt] Verdampfung *f*, Verdunstung *f*

تبخير [tabˈxiːr] Verdampfen *n*, Verdunsten *n*; Beräuchern *n*; *Äg.* chemische Reinigung

تبدد [taˈbaddud] Sichauflösen *n*, Zunichtewerden *n*

تبدل [taˈbaddul], *pl.* [-aːt] Veränderung *f*; Wandel *m*, Wechsel *m*

تبدلية [tabadduˈliːja], *pl.* [-aːt] Veränderlichkeit *f*

تبديد [tabˈdiːd] Verstreuung *f*; Vergeudung *f*

تبديل [tabˈdiːl], *pl.* [-aːt] (Ab-, Ver-) Änderung *f*; Umwandlung *f*; Wechsel *m*, Auswechslung *f*; *Hdl.* Umtausch *m a. e-r Währung*; *Math.* Permutation *f*; قطع الـ~ [qɨtɒʕ at-t.] Ersatzteile *n/pl.*

تبديلي [tabˈdiːliː]: قطعة ~ة [qɨtʕa] Ersatzteil *n*

تبذل [taˈbaððul] ordinäre(s) Benehmen; Verwilderung *f der Sitten*; (*Niveau-, Sitten-*)Verfall *m*; Gebrauch *m* von Gemeinplätzen

تبذير [tabˈðiːr] Verschwendung *f*

تبر [tibr] Goldstaub *m*; Rohmetall *n*, Erz *n*

تبرج [taˈbarrudʒ] (Auf-)Putz *m*; Putzsucht *f*, übertriebene(s) Schminken

تبرع [ta'barruʕ], *pl.* [-aːt] Spende *f*, (freiwilliger) Beitrag; Unentgeltlichkeit *f e-r Leistung*

تبرك [ta'barruk] Erlangen *n* von Segen; Freude *f* (ب über *A*)

تبرم [ta'barrum] Verdrossenheit *f*, Verärgerung *f*; Unzufriedenheit (ب/من mit *D*)

تبرؤ [ta'barruʔ] Lossagung *f* (من von *j-m*)

تبريد [tab'riːd] Kühlung *f*; صناعة الـ~ [sɨ'naːʕat at-t.] kältetechnische Industrie

تبرير [tab'riːr] Rechtfertigung *f*; Erklärung *f*

تبريز [tab'riːz]: شهادة الـ~ Aggrégation *f* (*Nachweis der Lehrbefähigung an höheren Schulen u. Universitäten*)

تبريك [tab'riːk], *pl.* [-aːt] Segenswunsch *m*; *Rel.* Weihe *f*

تبرئة [tabriʔa] Freisprechung *f*; Entlastung *f*

تبسط [ta'bassuŧ] Ausführlichkeit *f*; Redseligkeit *f*

تبسم [ta'bassum] Lächeln *n*

تبسيط [tab'sɨːŧ] Vereinfachung *f*; vereinfachende Darstellung

تبسيطي [tab'sɨːŧiː] vereinfachend, simplifizierend

تبشير [tab'ʃiːr] *Rel.* Verkündigung *f* (ب *e-r Lehre*); Missionierung *f*, Mission *f*; *Pol.* Propaganda *f*; → تباشير (*pl.*)

تبشيري [tab'ʃiːriː] Missions-, missionarisch

تبصر [ta'bɒssur] Nachdenken *n*, Überlegung *f*; Umsicht *f*; عدم الـ~ [ʕadam at-t.] Unüberlegtheit *f*, Unbedachtsamkeit *f*

تبصرة [tabsɨra] Belehrung *f*, Aufklärung *f* (ب über *A*)

تبصير [tab'sɨːr] Belehrung *f*, Aufklärung *f* (ب über *A*)

تبطين [tab'ŧiːn] Füttern *n e-s Kleides*; Tapezieren *n e-r Wand*

¹**تبع** [tabiʕa, a] folgen (ه/ـه *D*, auf *A*), hinter j-m (ه) *od.* e-r Sache (ـه) (her)gehen; *Weg* verfolgen; unterstellt sein, unterstehen (ه/ـه *D*); gehören (ـه zu *D*); أسلوبا ~ [ʔus'luːban] nach e-r Methode verfahren; **II** [tabbaʕa] unterstellen (ـه إلى *A e-r Behörde*); **III** تابع [taːbaʕa] folgen (ه *j-m*); verfolgen; *Behörde*: *e-e Tätigkeit* beobachten, kontrollieren; übereinstimmen (ه على mit *D* in *D*); Schritt halten (ـه mit *e-r Entwicklung*); fortsetzen, weiterführen; **IV** أتبع [ʔatbaʕa] (nach)folgen lassen (ب ـه/ه *j-m od. e-r Sache A*); unterstellen, unterordnen (ل *D*); **V** تتبع [ta'tabbaʕa] verfolgen, beobachten; sich auf dem laufenden halten (ـه über *A*); nachgehen (ـه *e-r Sache*); **VI** تتابع [ta'taːbaʕa] aufeinanderfolgen; sich häufen; andauern; **VIII** اتبع [i'ttabaʕa] *a. fig.* folgen (ـه/ه *D*); *Weg* einschlagen; *Politik* verfolgen, betreiben; *Methode, Mittel* anwenden; befolgen, beachten, einhalten; sich halten (ـه an *A*); *Pass.* يتبع [ju'ttabaʕu] *Meinung*: maßgeblich sein; أسلوبا ~ [ʔus'luːban] nach e-r Methode verfahren; يمينه ~ [ja'miːnahuː] sich rechts halten; **X** استتبع [is'tatbaʕa] nach sich ziehen, zur Folge haben

²**تبع** [tabaʕ] Folge *f*; *pl.* أتباع [ʔat'baːʕ] Gefolgsmann *m*, Anhänger *m*; ~ا ل [-an] entsprechend, gemäß; zufolge; infolge

تبعثر [ta'baʕθur] Durcheinander *n*, Unordnung *f*

¹**تبعة** [tabaʕa] → تابع

²**تبعة** [tabiʕa], *pl.* [-aːt] Folge *f*, Konsequenz *f*; Verantwortung *f*; ألقى ~ الشيء عليه [ʔalqaː] j-n für etwas verantwortlich machen; تقع الـ~ على [taqaʕu] die Verantwortung liegt bei *j-m*

تبعي [tabaʕiː] *Recht, Vertrag*: akzessorisch; عقوبة ~ـة Nebenstrafe *f*

تبعية [taba'ʕiːja] Abhängigkeit *f*; Untertanenschaft *f*; Zugehörigkeit *f zu e-r übergeordneten Macht od. Instanz*; Staatsangehörigkeit *f*; بالـ~ folglich, infolgedessen; folgerichtig

تبغ [tabɣ, tabaɣ, tibɣ] Tabak *m*

تبقيع [tab'qiːʕ] Kleckern *n*

تبكيت [tab'kiːt] Tadel *m*; Vorwurf *m*; Zurechtweisung *f*

تبكير [tab'kiːr] frühzeitige(s) Tun *od.* Kommen

تبل II [tabbala] würzen

تبلبل [ta'balbul] Verwirrung *f*

تبلد [ta'ballud] Abstumpfung *f*, Stumpfsinn *m*; Verblödung *f*; Teilnahmslosigkeit *f*; Betretenheit *f*, Betroffenheit *f*

تبلر [ta'ballur] Kristallisation *f*

تبلور [ta'balwur] Kristallisation *f*; Herausbildung *f*, Klärung *f*

تبليط [tab'lɨːŧ] Pflasterung *f*; Fliesenlegen *n*

تبليغ [tab'liːɣ], *pl.* [-aːt] Benachrichtigung *f*, Mitteilung *f*; Meldung *f*, Anzeige *f*; Übermittlung *f e-r Botschaft*; *Rel.* Verkündung *f*

تبليغي [tab'liːɣiː] *Rel.* auf die Verkündung bezüglich

¹**تبن** [ta'bannin] Adoption *f*; *fig.* Übernahme *f*; Verfolgen *n e-r Politik*; أبوه بالتبني [ʔa'buːhu bi-t-ta'banniː] sein Adoptivvater

²**تبن** [tibn] Stroh *n*

¹**تبني** [ta'banniː] → ¹تبن

²**تبني** [tibniː] strohfarben

تبهرج [ta'bahruʤ] Putz *m*; übertriebene(r) Schmuck

تبوء [ta'bawwuʔ] Einnahme *f e-s Platzes*, Besteigung *f des Thrones*

تبول [ta'bawwul] Wasserlassen *n*, Harnen *n*

تبولة [ta'bbuːla] *Syr., Lib. pikantes Salatgericht*

تبويب [tab'wiːb] Kapiteleinteilung *f*; Klassifizierung *f*; systematische Anordnung

تبيان [tab'jaːn, tib'jaːn] Erklärung *f*, Darlegung *f*

تبين [ta'bajjun] Erkennen *n*; *intr.* Klärung *f*

تبييض [tab'jiːđ] Weißfärbung *f*; Putzen *n des Geschirrs*; Verzinnen *n*; Übertragung *f* in Reinschrift

تبيين [tab'jiːn] Erklärung *f*, Darlegung *f*

تتابع [ta'taːbuʕ] Aufeinanderfolge *f*, Folge *f*; Ablauf *m der Ereignisse*; Andauern *n*; بالـ~ *u.* على الـ~ der Reihe nach; سباق الـ~ [si'baːq at-t.] Staffellauf *m*; Staffelschwimmen *n*

تتار [ta'taːr] *koll.*: الـ~ die Tataren *m/pl.*

تتاري [ta'taːriː] tatarisch; Tatar *m*

تتال [ta'taːlin] Aufeinanderfolge *f*; على الـ~ der Reihe nach, nacheinander

تتبع [ta'tabbuʕ] Verfolgung *f*, Beobachtung *f e-s Vorgangs*; *pl.* [-aːt] *Tun.* gerichtliche Verfolgung

تتر [tatar] *koll.*: الـ~ die Tataren *m/pl.*

¹**تترى** [tatraː] der Reihe nach, nacheinander

²**تتري** [tatariː] tatarisch; Tatar *m*

تتك [titik] Abzug *m am Gewehr*

تتلمذ [ta'talmuð] Lehre *f*, Lehrzeit *f*

تتمة [ta'timma], *pl.* [-aːt] Schluß *m e-s Artikels*; Ergänzung *f*

تتميم [tat'miːm] Vollendung *f*, Durchführung *f*; Erfüllung *f der Pflicht*

تتن [tutun] Tabak *m*

تتويج [tat'wiːdʒ] *a. fig.* Krönung *f*

تثاقف [ta'θaːquf] *Soz.* Akkulturation *f*

تثاقل [ta'θaːqul] Schwere *f*; Schwerfälligkeit *f*, Langsamkeit *f*; Unlust *f* (عن *etwas zu tun*)

تثاؤب [ta'θaːʔub] Gähnen *n*; gähnende Langeweile

تثبت [ta'θabbut] Vergewisserung *f* (من أن [ʔanna] daß), Nachprüfung *f* (من *G*); bedachtsame(s) Vorgehen

تثبيت [taθ'biːt] Befestigung *f*, Anbringung *f*; Festigung *f*, Stabilisierung *f*; Bestätigung *f*, Feststellung *f*; *Chr.* Konfirmation *f*

تثبيط [taθ'biːṭ] Hemmung *f*; Zurückhaltung *f* (من von *D*)

تثقف [ta'θaqquf] (*Geistes-*)Bildung *f*

تثقيف [taθ'qiːf] Bildung *f*; Belehrung *f*; Ausbildung *f*, Erziehung *f*

تثقيفي [taθ'qiːfiː] Bildungs-, erzieherisch

تثقيل [taθ'qiːl] Beschwerung *f*, Belastung *f*

تثليث [taθ'liːθ] *Chr.* Dreifaltigkeit(slehre) *f*

تثليثي [taθ'liːθiː] trigonometrisch

تثليج [taθ'liːdʒ] Einfrieren *n*, Tiefkühlen *n*

تثمير [taθ'miːr] gewinnbringende Anlage *von Geld*, Nutzung *f*

تثمين [taθ'miːn] Schätzung *f des Wertes*, Taxierung *f*

تثنية [taθnija] Wiederholung *f*; Verdoppelung *f*; Falzen *n*; Fältelung *f*; neue Folge *von Erzählungen*; *Gr.* Dualbildung *f*, Dual *m*; ~ الاشتراع *Bibel*: Deuteronomium *n*

تثوير [taθ'wiːr] Revolutionierung *f*

تجاذب [ta'dʒaːðub] Hin- und Herziehen *n*; Tauziehen *n* (حول um *A*); gegenseitige Anziehung; *fig.* Spannungsverhältnis *n* (بين zwischen *D*); ~ أطراف الحديث (längere) Unterhaltung

تجار → تاجر

تجارة [ti'dʒaːra] Handel *m*; Handelsgeschäft *n*; Kaufmannsberuf *m*; ~ التجزئة [t. at-tadʒziʔa] Einzelhandel *m*; ~ الجملة [t. al-dʒumla] Großhandel *m*; ~ حرة [ħurra] Freihandel *m*; ~ خارجية Außenhandel *m*

تجاري [ti'dʒaːriː] kaufmännisch, Kaufmanns-; geschäftlich, Geschäfts-; Handels-, kommerziell; handelspolitisch; *Ölindustrie*: wirtschaftlich lohnend; *hist.* merkantilistisch; *pl.* [-uːn] Kaufmann *m*, Geschäftsmann *m*; *hist.* Merkantilist *m*; اسم ~ [ism] Firmenname *m*, Handelsname *m*; حركة ~ة [ħaraka] Handelsverkehr *m*; غرفة ~ة [ɣurfa] Handelskammer *f*

تجارية [tidʒaː'riːja] *hist.* Merkantilismus *m*

تجاسر [ta'dʒaːsur] Kühnheit *f*, Dreistigkeit *f*, Vermessenheit *f*

تجاف [ta'dʒaːfin] Unvereinbarkeit *f* (مع mit *D*)

تجانس [ta'dʒaːnus] Artverwandtschaft *f*, Gleichartigkeit *f*; Homogenität *f*; Ähnlichkeit *f* (مع mit *D*); Gleichheit *f* (بين von *D*)

تجانف [ta'dʒaːnuf] Abweichung *f* (عن von *D*); Diskrepanz *f*; Unvereinbarkeit *f* (مع mit *D*)

تجاه [tu'dʒaːha, ti'dʒaːha] *Präp.* vor, gegenüber, angesichts

تجاهل [ta'dʒaːhul] Ignorierung *f*, Verkennung *f*, Nichtbeachtung *f*, Übersehen *n*; Vortäuschung *f von Unwissenheit*

تجاوب [ta'dʒaːwub] Übereinstimmung *f*, Harmonie *f*; *fig.* Gleichklang *m* (مع mit *D*); Affinität *f*; Resonanz *f*; Reaktion *f* (مع auf *A*)

تجاوز [ta'dʒaːwuz], *pl.* [-aːt] Überschreitung *f e-r Grenze, des Maßes*; *Verk.* Überholen *n*; Überwindung *f*; Übertreibung *f*; Übergriff *m*; Vorgriff *m*; Absehen *n* (عن von *D*), Hinwegsehen *n* (عن über *A*); Sichhinwegsetzen *n* (عن über *A*)

تجبيس [tadʒ'biːs] (Ein-)Gipsen *n*

تجدد [ta'dʒaddud] *intr.* Erneuerung *f*; Neubeginn *m*; Wiederaufleben *n von Kämpfen*

تجديد [tadʒ'diːd] Erneuerung *f*; Neugestaltung *f*; *pl.* [-aːt] Neuerung *f*, Innovation *f*; Renovierung *f*, Restaurierung *f*; Modernisierung *f*; Modernismus *m*; Verlängerung *f der Frist*; *Techn.* Überholung *f*; ~ البناء [t. al-bi'naːʔ] Wiederaufbau *m*; ~ الشباب Verjüngung *f*

تجديدي [tadʒ'diːdiː] Erneuerungs-

تجديف [tadʒ'diːf] Rudern *n*; Lästerung *f*; Verunglimpfung *f*

تجذير [tadʒ'ðiːr] *Math.* Wurzelziehen *n*

تجر [tadʒara, u] *obs.* Handel treiben (في/ب mit *D*); **III** تاجر [taːdʒara] Handel treiben, Geschäfte machen (في/ب mit *e-r Sache*, ه mit *j-m*); **VIII** اتجر [i'ttadʒara] Handel treiben (ب/في mit *D*)

تجربة [tadʒriba], *pl.* تجارب [ta'dʒaːrib] (2) Versuch *m* (على an, mit *D*), Experiment *n*; Ansatz *m zu e-r Tätigkeit*; Probe *f*, Prüfung *f*; Versuchung *f*; Erfahrung *f*; Erlebnis *n*, Erleben *n*; على سبيل الـ~ zur Probe, probeweise; عن ~ versuchsweise; aus Erfahrung; ~ مطبعية Korrekturabzug *m*

تجرد [ta'dʒarrud] Freisein *n* (من von *D*); *a. fig.* Nacktheit *f*; Hingabe *f* (ل an *e-e Tätigkeit*); Unparteilichkeit *f*; Distanziertheit *f*; Sachlichkeit *f*; Absolutheit *f*; Begrifflichkeit *f*

تجريب [tadʒ'riːb], *pl.* تجاريب [tadʒaː'riːb] (2) Versuch *m*, Erprobung *f*,

Probe *f*; Erfahrung *f*; → تَجْرِبة

تجريبي [taʤ'riːbiː] experimentell-, Probe-, Versuchs-; Erfahrungs-, empirisch; المذهب الـ~ Empirismus *m*; بصفة ~ـة [bi-sifatin] versuchsweise

تجريبية [taʤriː'biːja] Empirismus *m*

تجريح [taʤ'riːħ] *fig.* Verletzung *f*; vernichtende Kritik; Verleumdung *f*; Ablehnung *f*, Nichtgeltenlassen *n*

تجريد [taʤ'riːd] *a. fig.* Entkleidung *f*, Entblößung *f*; Beraubung *f*; Aberkennung *f* (من von *Rechten*); *pl.* [-aːt] Abstraktion *f*; *Mil.* Entsendung *f* von Truppen; الـ~ من الرتبة [ar-rutba] *Mil.* Degradierung *f*; الـ~ من السلاح [as-si'laːħ] Entwaffnung *f*; Abrüstung *f*

تجريدة [taʤ'riːda], *pl.* [-aːt] *u.* تجاريد [taʤaː'riːd] (2) Truppenkontingent *n*; Kommando *n*; Expeditionskorps *n*

تجريدي [taʤ'riːdiː] abstrakt, begrifflich

تجريس [taʤ'riːs] Bloßstellung *f*

تجريم [taʤ'riːm] **1.** Kriminalisierung *f*; **2.** *Jord.* Löschung *f e-r Ladung*

تجزؤ [ta'ʤazzuʔ] *intr.* Teilung *f*

تجزية [taʤzija] Belohnung *f*; Bestrafung *f*

تجزئة [taʤziʔa] (Zer-, Auf-)Teilung *f*; Zerstückelung *f*, Aufsplitterung *f*; Gespaltensein *n*; Abtrennung *f* (عن von *D*); تاجر الـ~ Einzelhändler *m*; قابل للـ~ teilbar

تجزيئي [taʤ'ziːʔiː] Teilungs-; Spaltungs-

تجسد [ta'ʤassud] *intr.* Verkörperung *f*; Inkarnation *f*

تجسس [ta'ʤassus] Spionage *f* (على gegen *A*); Bespitzelung *f* (على *j-s*)

تجسيد [taʤ'siːd] *trans.* Verkörperung *f*; Konkretisierung *f*

تجسير [taʤ'siːr] Brückenschlag *m*; *fig.* Überbrückung *f von Gegensätzen*

تجسيم [taʤ'siːm] *trans.* Verkörperung *f*; plastische Darstellung; Konkretisierung *f*; Vergrößerung *f*; Aufbauschung *f*

تجعد [ta'ʤaʕʕud], *pl.* [-aːt] Falte *f*, Runzel *f*

تجعيدة [taʤ'ʕiːda], *pl.* تجاعيد [taʤaː'ʕiːd] (2) *a. Geol.* Falte *f*; Runzel *f*; *Geol.* Faltung *f*

تجفيف [taʤ'fiːf] Trocknung *f*; Austrocknung *f*; Trockenlegung *f*

تجل [ta'ʤallin] Offenbarwerden *f*; Erscheinen *n*; *Chr.* Verklärung *f*

تجلد [ta'ʤallud] Standhaftigkeit *f*; Ausdauer *f*; Stärke *f*; Gefaßtheit *f*

تجلط [ta'ʤalluṭ] Blutgerinnung *f*; *Med.* Embolie *f*

تجلة [ta'ʤilla] Verehrung *f*, Achtung *f*, Respekt *m*

تجليد [taʤ'liːd] Buchbinden *n*; Buchbinderei *f*

تجلية [taʤlija] *Rel.* Offenbarung *f*

تجمد [ta'ʤammud] Gefrieren *n*; Erstarren *n*, Festwerden *n*; *fig.* Verhärtung *f*

تجمع [ta'ʤammuʕ], *pl.* [-aːt] Ansammlung *f*; *Alg.* Versammlung *f*; (An-)Häufung *f*; (Zusammen-)Ballung *f*; Auflauf *m von Menschen*; Aggregation *f*; Agglutination *f*; Akkumulation *f*; Vereinigung *f*, Zusammenschluß *m*; *Pol.* Sammlungsbewegung *f*, Blockbildung *f*, Gruppierung *f*, Gruppe(nbildung) *f*; *Mil.* Truppenansammlung *f*; ~ سكني [sakaniː] Wohnblock *m*; Ballungszentrum *n*; ~ العوامل [t. al-ʕa'waːmil] Zusammenkommen *n* von Faktoren

تجمل [ta'ʤammul] Höflichkeit *f*, Zuvorkommenheit *f*

تجمهر [ta'ʤamhur] Ansammlung *f von Menschen*, Volksauflauf *m*; *Jur.* Zusammenrottung *f*

تجميد [taʤ'miːd] *a. fig.* Einfrierung *f*; Tiefkühlung *f*; Sperrung *f von Geldern*; Blockierung *f*

تجميع [taʤ'miːʕ] Sammeln *n*, Sammlung *f*; Anhäufung *f*; Zusammentragen *n*, Zusammenstellung *f*, Zusammenfassung *f*; (*Daten-*)Erfassung *f*; Konsolidierung *f von Bilanzen*; Zusammenbau *m*, Montage *f*

تجميل [taʤ'miːl] Verschönerung *f*; Kosmetik *f*; *Kochkunst*: Garnieren *n*; جراحة الـ~ [ʤi'raːħat at-t.] Schönheitschirurgie *f*

تجميلي [taʤ'miːliː] *a. fig.* kosmetisch; جراحة ~ـة [ʤi'raːħa] Schönheitschirurgie *f*

تجن [ta'ʤannin] Bezichtigung *f*, ungerechte Beschuldigung; Unterstellung *f*; ungerechte(s) Verhalten (على gegenüber *j-m*)

تجنب [ta'ʤannub] Vermeidung *f*, Meiden *n*; Ausweichen *n*

تجنس [ta'ʤannus] Erwerb *m* der Staatsangehörigkeit, Einbürgerung *f*, Naturalisierung *f*

تجنيب [taʤ'niːb] Fernhalten *n*, Abwendung *f*; Abzweigen *n e-s Geldbetrages*

تجنيد [taʤ'niːd] *Mil.* Einberufung *f*; Rekrutierung *f*; Mobilmachung *f*, Mobilisierung *f*; Militärdienst *m*, Wehrpflicht *f*; *pl.* تجانيد [taʤaː'niːd] (2) *Ir.* Wehrersatzbehörde *f*; إدارة الـ~ *u. Syr.* شعبة الـ~ [ʃuʕbat at-t.] Wehrersatzbehörde *f*

تجنيس [taʤ'niːs] Angleichung *f*; Assimilation *f*; *trans.* Einbürgerung *f*, Naturalisierung *f*

تجهزة [taʤhiza], *pl.* [-aːt] Vorrichtung *f*

تجهم [ta'ʤahhum] Mißmut *m*, Verdrießlichkeit *f*, schlechte Laune

تجهير [taʤ'hiːr] stimmhafte Aussprache *e-s Konsonanten*

تجهيز [taʤ'hiːz], *pl.* [-aːt] (Vor-, Zu-)Bereitung *f*; Bereitstellung *f*, Lieferung *f*; *a. konkret* Ausrüstung *f*, Einrichtung *f*, Ausstattung *f*; Vorrichtung *f*; Aussteuer *f*

تجهيزي [taʤ'hiːziː] Vorbereitungs-; auf e-e höhere Schule *od.* die Universität vorbereitend

تجهيزية [taʤhiː'ziːja] *Äg.* Vorbereitungsschule *f*

تجوال [taʤ'waːl] Umherwandern *n*, Umherziehen *n*; Rundgang *m*, Rundfahrt *f*; Streifzug *m*

تجوالي [taʤ'waːliː]: بيع ~ [baiʕ] *Äg.* Straßenhandel *m*

تجوز [ta'ʤawwuz] metaphorische(r) Gebrauch *e-s Wortes*; *Gr.* Abweichung *f* (عن von *der Regel*); *Isl.* Abkürzung *f* des Gebets; ~ا [-an] *Adv.* metaphorisch

تجول [ta'ʤawwul] Umhergehen *n*, Umherfahren *n*; Spazierengehen *n*; Patrouillieren *n*; Streifzüge *m/pl*. (في durch *A*); منع الـ~ Ausgehverbot *n*

تجويد [taʤ'wiːd] Kunst *f* der Koranrezitation; gute *od*. hervorragende Ausführung *e-r Handlung*; Vervollkommnung *f*

تجويز [taʤ'wiːz] Gestattung *f*, Duldung *f*

تجويع [taʤ'wiːʕ] Hungernlassen *n*; Aushungerung *f*

تجويف [taʤ'wiːf], *pl*. تجاويف [taʤaː'wiːf] (2) Höhlung *f*, Hohlraum *m*; *a. Anat*. Höhle *f*; *Med*. Kaverne *f*

تجيير [taʤ'jiːr] Indossierung *f e-s Wechsels*; Überweisung *f e-r Summe*

تحابك [ta'ħaːbuk] Verflechtung *f*

تحات [ta'ħaːtt] *Geol*. Erosion *f*; Korrosion *f*

تحارب [ta'ħaːrub] Kampf *m gegeneinander*

تحاسد [ta'ħaːsud] gegenseitige(r) Neid

تحاش [ta'ħaːʃin] Vermeidung *f*

تحاك [ta'ħaːkk] gegenseitige Reibung

تحالف [ta'ħaːluf], *pl*. [-aːt] Bündnis *n*, Allianz *f*; Pakt *m*; Bund *m*

تحالفي [ta'ħaːlufiː] Bündnis-

تحامل [ta'ħaːmul] Voreingenommenheit *f*; Feindseligkeit *f*, Gehässigkeit *f*; ~ على النفس Selbstbeherrschung *f*

تحاور [ta'ħaːwur] Diskussion *f*

تحبب [ta'ħabbub] Suchen *n* der Zuneigung (إلى *j-s*)

تحبيب [taħ'biːb] Granulierung *f*

تحبيذ [taħ'biːð] Befürwortung *f*, Gutheißen *n*, Begrüßen *n e-r Sache*

تحبيشة [taħ'biːʃa], *pl*. تحابيش [taħaː'biːʃ] (2) *Äg*. Imbiß *m*; *pl. a*. Zutaten *f/pl*.

[1]**تحت** [taħta] *Präp*. unter; من ~ [min -i] unter; unter … hervor; ~ الأحمر infrarot; Infrarot *n*; ~ البناء [l-bi'naːʔ] im Bau (befindlich); ~ تصرفه [tasɒ'rrufihiː] zu seiner Verfügung; ~ السداد/التسديد *Schuld*: ausstehend; ~ الطبع im Druck; ~ عينيه [ʕai'naihi] vor seinen Augen; ~ قدميه [qada'maihi] zu seinen Füßen; الأمر ~ البحث die Angelegenheit wird (zur Zeit) geprüft

[2]**تحت** [taħtu] *Adv*. unten; darunter; من ~ [min t.] von unten

تحتاني [taħ'taːniː] untere(r), Unter-

تحتمس [tu'ħutmis] Thutmosis, Tuthmosis (*Name mehrerer Pharaonen*)

تحتي [taħtiː] untere(r), Unter-; بناء ~ [bi'naːʔ] Unterbau *m*; بنية ~ـة [binja] Infrastruktur *f*

تحجج [ta'ħaddʒudʒ] Argumentieren *n*, Argumentation *f*

تحجر [ta'ħaddʒur] *intr*. Versteinerung *f*; *fig*. Erstarrung *f*

تحجير [taħ'ʤiːr] **1.** *trans*. Versteinerung *f*; Gesteinsabbau *m*; **2.** *bsd. Tun*. Verbot *n*

تحجيم [taħ'ʤiːm] Beschränkung *f*, Einengung *f*; Beschneidung *f der Rolle j-s*

تحد [ta'ħaddin], *pl*. تحديات [taħaddi'jaːt] Herausforderung *f*, Provokation *f*; herausfordernde(s) Verhalten

تحدب [ta'ħaddub] Konvexität *f*

تحدث [ta'ħadduθ] Sprechen *n*

تحدد [ta'ħaddud] Begrenztheit *f*; Festgelegtsein *n*, Festgelegtwerden *n*

تحدر [ta'ħaddur] Herabkommen *n*; Herabrinnen *n*; Herabsinken *n*; Abstammung *f* (من von *D*)

تحديث [taħ'diːθ] Modernisierung *f*

تحديثي [taħ'diːθiː] Modernisierungs-

تحديد [taħ'diːd], *pl*. [-aːt] Begrenzung *f*; Beschränkung *f*, Einschränkung *f*; Abgrenzung *f*; Definition *f*; (genaue) Bestimmung; Festlegung *f*, Festsetzung *f*; ~ًا [-an] *u*. بالـ~ genau(er) gesagt; gerade; على (وجه) الـ~ genau; genauer gesagt; ~ السرعة [t. as-surʕa] Geschwindigkeitsbeschränkung *f*; ~ النسل Geburtenbeschränkung *f*

تحذير [taħ'ðiːr], *pl*. [-aːt] Warnung *f* (من vor *D*)

تحذلق [ta'ħaðluq] Wichtigtuerei *f*; Geziertheit *f*; Pedanterie *f*

تحر [ta'ħarrin], *pl*. تحريات [taħarri'jaːt] Untersuchung *f*; Nachforschung *f*, Ermittlung *f*; Erkundigung *f* (عن über *A*); Suche *f* (عن nach *D*); تحري العدل [ta'ħarriː l-ʕadl] Bemühen *n* um *od*. Streben *n* nach Gerechtigkeit; دائرة التحري *Äg*. Geheimpolizei *f*; هيئة التحري [haiʔat at-t.] Untersuchungsausschuß *m*

تحرج [ta'ħarruʤ] Zurückhaltung *f*; Zurückschrecken *n* (من/عن vor *D*); Bedenken *pl*. (من gegen *A*); kritische (Zuspitzung der) Lage; Penibilität *f* (في bei *D*); في غير ~ ohne Zurückhaltung, ungeniert

تحرر [ta'ħarrur] (Selbst-)Befreiung *f*; Emanzipation *f*

تحرري [ta'ħarruriː] Befreiungs-, emanzipatorisch

تحرز [ta'ħarruz] Vorsicht *f*

تحرش [ta'ħarruʃ], *pl*. [-aːt] herausfordernde(s) Verhalten; Herausforderung *f*, Provokation *f* (بـ *j-s*); Belästigung *f* (بـ *j-s*), Zudringlichkeit *f*; *pl*. Schikanen *f/pl*.; Übergriffe *m/pl*.

تحرق [ta'ħarruq] (brennende) Begierde; heiße(s) Verlangen (إلى/على nach *D*)

تحرك [ta'ħarruk], *pl*. [-aːt] Bewegung *f*; Anfahren *n*, Abfahrt *f*; Aufbruch *m*; Vorrücken *n*; Vorstoß *m*, Initiative *f*; *fig*. Regung *f*

تحريج [taħ'riːʤ] **1.** Aufforstung *f*; **2.** Untersagung *f* (على *j-m*/gegenüber)

تحرير [taħ'riːr] **1.** Befreiung *f*; Emanzipation *f*; Freisetzung *f von Energie*; **2.** Abfassung *f*, Redigierung *f*; Ausstellung *f e-r Urkunde*; *pl*. [-aːt] *u*. تحارير [taħaː'riːr] (2) Schriftstück *n*; ~ًا في [-an] *Urkunde*: ausgestellt am; إدارة الـ~ Redaktion *f*, Schriftleitung *f*; رئيس الـ~ *u*. مدير الـ~ [mu'diːr at-t.] Chefredakteur *m*

تحريري [taħ'riːriː] **1.** Befreiungs-; emanzipatorisch; **2.** *a. Prüfung* schriftlich

تحريض [taħ'riːđ] Aufreizung *f*, Aufwiegelung *f*, Aufhetzung *f*; Anstiftung *f* (على zu *D*); Hetze *f* (على gegen *j-n*); *El*. Induktion *f*

تحريضي [taħ'riːđiː] Hetz-; provozierend

تحريف [taħ'riːf], *pl.* [-aːt] Entstellung *f*; Verfälschung *f*; Verdrehung *f des Sinnes*

تحريفية [taħriː'fiːja] *hist.* Revisionismus *m in sozialistischen Ländern*

تحريك [taħ'riːk], *pl.* [-aːt] *trans.* Bewegen *n*, Ingangsetzen *n*; Mobilisierung *f der Massen*; Aktivierung *f*; *Kochkunst*: Umrühren *n*

تحريكة [taħ'riːka] (*Spiel-*)Zug *m*

تحريم [taħ'riːm] Verbot *n*, Untersagung *f*; Tabuisierung *f*

تحزب [ta'ħazzub] Parteibildung *f*; Parteinahme *f* (ل für *A*); Parteilichkeit *f*; Parteigeist *m*

تحسب [ta'ħassub]: ~ا ل/من [-an] um *e-r Sache* vorzubeugen

تحسر [ta'ħassur] Bedauern *n*

تحسس [ta'ħassus] Tasten *n*; Suche *f* (*a.* على nach *D*); Fühlen *n*, Empfindung *f*; Empfindlichkeit *f*

تحسن [ta'ħassun] *intr.* Verbesserung *f*, Besserung *f*

تحسيس [taħ'siːs] Sensibilisierung *f* (ب für *A*)

تحسين [taħ'siːn], *pl.* [-aːt] Verbesserung *f*; Veredelung *f*; Verschönerung *f*; Renovierung *f*; *pl.* تحاسين [taħaː'siːn] (2) Schmuck *m*; ~ النسل Eugenik *f*

تحشم [ta'ħaʃʃum] Verschämtheit *f*, Züchtigkeit *f*

تحشيد [taħ'ʃiːd], *pl.* [-aːt] Zusammenziehung *f*, Konzentration *f von Truppen*

تحشية [taħʃija] Einschaltung *f*, Einschiebung *f*

تحصن [ta'ħɒssun] Verschanzung *f*; Schutz *m* (ب/في an *e-m Ort*, ب durch *A*), Sicherheit *f*, Gesichertsein *n* (ب durch *A*)

تحصيص [taħ'siːs] Aufteilung *f*, Kontingentierung *f*

تحصيل [taħ'siːl] Erlangung *f*, Erwerbung *f*, Aneignung *f*; Eintreibung *f*, Einziehung *f von Geldern*; Inkasso *n e-s Wechsels*; Erhebung *f von Gebühren*; Lernen *n*, Studieren *n*; من ~ الحاصل القول [-i l-ħɒːsili l-qaul(u)] es erübrigt sich zu sagen

تحصين [taħ'siːn], *pl.* [-aːt] Befestigung *f*, Verschanzung *f*; *Med.* Immunisierung *f*; Stärkung *f*; *pl.* Befestigungsanlagen *f/pl.*

تحضر [ta'ħɒðður] zivilisierte Lebensweise; Urbanisierung *f*

تحضير [taħ'ðiːr], *pl.* [-aːt] Bereitmachen *n*, (Vor-, Auf-, Zu-)Bereitung *f*; Herrichten *n*; Herstellung *f*; *Med.* Präparation *f*; *bsd. Maghr.* Appretur *f von Stoffen*; Herbeirufung *f*, Herbeiholung *f*; Zivilisierung *f*; Seßhaftmachung *f von Beduinen*; ~ الجن [t. al-ʤinn] Geisterbeschwörung *f*; ~ الأرواح Spiritismus *m*

تحضيري [taħ'ðiːriː] vorbereitend, Vorbereitungs-

تحطم [ta'ħɒttum] Zerschellen *n*; Zusammenbruch *m*; Schiffbruch *m*

تحطيم [taħ'tiːm] Zerschlagung *f*, Zertrümmerung *f*, Vernichtung *f*

(تحف) IV أتحف [ʔatħafa] beschenken (ه ب *j-n* mit *D*)

تحفز [ta'ħaffuz] (*lauernde od. höchste*) Bereitschaft (ل zu *D*); Schwung *m*; Lauern *n*

تحفظ [ta'ħaffuð] Zurückhaltung *f*, Reserve *f*; Vorsicht *f*; *pl.* [-aːt] Vorbehalt *m* (على gegen *A*); *Jur.* Sicherstellung *f* (على *e-r Sache*); *Jur.* Sicherungsverwahrung *f* (على *j-s*); ~ بغير [bi-ɣairi t.] *u.* ~ بلا rückhaltlos; vorbehaltlos, uneingeschränkt; ~ في vorsichtig (*Adv.*); مع الـ~ mit Vorbehalt

تحفظي [ta'ħaffuðiː] Vorsichts-; *Jur.* vorsorglich, Präventiv-

تحفة [tuħfa], *pl.* تحف [tuħaf] wertvolle(r) *od.* museale(r) Gegenstand; Kunstgegenstand *m*; kunstgewerbliche(r) Gegenstand; Rarität *f*, Kostbarkeit *f*; *fig.* Meisterwerk *n*; *pl. a.* Antiquitäten *f/pl.*

تحفيز [taħ'fiːz] Motivierung *f*, Anregung *f*

تحفيظ [taħ'fiːð] Auswendiglernenlassen *n*; مدرسة ~ القرآن Koranschule *f*

تحقق [ta'ħaqquq] Bewahrheitung *f*, Bestätigung *f*; Verwirklichung *f*, Zustandekommen *n*; Eintritt *m e-s Ereignisses*; Gewißheit *f*; Vergewisserung *f* (über *A*); Nachprüfung *f* (من *od. G*: *e-r Sache*); ~ الذات Selbstverwirklichung *f*

تحقير [taħ'qiːr] Verachtung *f*, Geringschätzung *f*; Verächtlichmachung *f*

تحقيق [taħ'qiːq] Verwirklichung *f*, Realisierung *f*; Durchführung *f*; Erfüllung *f e-r Forderung*; Aufstellung *f von Rekorden*; Erzielung *f von Gewinnen*; Feststellung *f*, Identifizierung *f*; *pl.* [-aːt] Ermittlung *f*, (*gerichtliche*, *wissenschaftliche*) Untersuchung; Nachforschung *f*; Vernehmung *f* (مع *j-s*); *Journ.* Bericht *m*, Reportage *f*; kritische Edition *e-s Textes*; Genauigkeit *f*; بالـ~ genau; wirklich; على الـ~ mit Sicherheit, bestimmt; على وجه الـ~ genau genommen, eigentlich; ~ الذات Selbstverwirklichung *f*; علمي ~ [ʕilmiː] wissenschaftliche Akribie; إدارة التحقيقات (الجنائية) [al-ʤinaː'ʔiːja] Kriminalpolizei *f*; أوراق الـ~ الشخصية Personalpapiere *n/pl.*; قاضي الـ~ Untersuchungsrichter *m*; ~ا ل [-an] um (*A*) zu verwirklichen *od.* erreichen *od.* erzielen; ~ا لهذه الغاية zu diesem Zweck

تحكم [ta'ħakkum] Regulierung *f*, Steuerung *f* (في *G*); Beherrschung *f* (في *G*); Kontrolle *f*, Herrschaft *f* (في über *A*); Bestimmen *n*, Entscheiden *n* (في über *A*); Willkür *f* (في bei *D*); Despotie *f*

تحكمي [ta'ħakkumiː] willkürlich, Willkür-; despotisch

تحكيم [taħ'kiːm] Abgabe *f* e-s Schiedsspruchs; Schiedsspruch *m*; Schiedsgerichtsbarkeit *f*; Schlichtung *f durch Schiedsspruch*; Bestellung *f* e-s Schiedsrichters *od.* Schlichters; *Sport*: Ausübung *f* des Schiedsrichteramtes; تحكيمات *pl.* Befestigungen *f/pl.*; ~ العقل Urteilen *n* nach dem Verstand, verstandesmäßige(s) Handeln; ساعة الـ~ *Sport*: Stoppuhr *f*; لجنة الـ~ Schlichtungsausschuß *m*; هيئة الـ~ [haiʔat at-t.] Schiedsgericht *n*; Preisrichterkollegium *n*; Jury *f*

تحكيمي [taħ'kiːmiː]: هيئة ~ة [haiʔa] Schiedsgericht *n*; Jury *f*

تحلل [ta'ħallul] Auflösung *f*; Loslösung *f* (من von *D*), Sichentledigen *n* (من *G*)

تحليف [taħ'liːf] Vereidigung *f*; هيئة الـ~ [haiʔat at-t.] *Jur.* die Geschworenen *m/pl.*

تحليق [taħ'liːq], *pl.* [-aːt] Fliegen *n*, Flug *m*; Überfliegen *n* (فوق/على *e-s Landes*); *a. fig.* Schweben *n*

تحليل [taħ'liːl] Auflösung *f*; Zerlegung *f* (إلى in *A*); Lossprechung *f* (من von *D*); Erlaubnis *f*; *pl.* [-aːt] *u.* تحاليل [taħaː'liːl] (2) Analyse *f*; رياضي ~ [ri'jɒːđiː] *Math.* Analysis *f*; كمي ~ [kammiː] *Chem.* quantitative Analyse; كهربائي ~ [kahra'baːʔiː] Elektrolyse *f*; نفسي ~ Psychoanalyse *f*

تحليلي [taħ'liːliː] analytisch

تحليلية [taħliː'liːja] Analytik *f*

تحلية [taħlija] Süßen *n*, *fig.* Versüßung *f*; مياه البحر ~ [t. mi'jaːhi l-baħr] Meerwasserentsalzung *f*

تحمس [ta'ħammus] Begeisterung *f*, Enthusiasmus *m*, Leidenschaftlichkeit *f*

تحمل [ta'ħammul] Übernahme *f von Verantwortung, Kosten*; Ertragen *n*, Erdulden *n*; Haltbarkeit *f e-s Materials*; القدرة على الـ~ [al-qudra] Durchhaltevermögen *n*, Widerstandskraft *f*; قوة الـ~ [quwwat at-t.] *Techn.* Tragfähigkeit *f*

تحميص [taħ'miːs] Rösten *n*

تحميض [taħ'miːđ] Säuerung *f*; *Fot.* Entwicklung *f*

تحميل [taħ'miːl] Belastung *f*; *a. fig.* Aufladen *n*; Verladung *f*; Verschiffung *f*; Vorspannung *f von Beton*; زائد ~ *Techn.* Überlastung *f*; *a. fig.* Überbelastung *f*

تحميلة [taħ'miːla], *pl.* تحاميل [taħaː'miːl] (2) *Med.* Zäpfchen *n*

تحنان [taħ'naːn] Sehnsucht *f* (لـ nach *D*); Zärtlichkeit *f*, Mitgefühl *n*

تحنيط [taħ'niːt] Einbalsamierung *f*; Ausstopfen *n*

تحوط [ta'ħawwut] Vorsorge *f*, Vorsicht *f*; تحوطات *pl.* Vorsichtsmaßnahmen *f/pl.*, Vorkehrungen *f/pl.*

تحول [ta'ħawwul], *pl.* [-aːt] (Um-, Ver-)Wandlung *f*, Wandel *m*, Wechsel *m*, Änderung *f*; Wende *f*; Ortswechsel *m*; Richtungsänderung *f*; Übergang *m* (إلى zu *D*); Hinwendung *f* (إلى zu *D*); Abwendung *f* (عن von *D*); نقطة الـ~ [nuqtɒt at-t.] Wendepunkt *m*

تحوير [taħ'wiːr] (Ab-)Änderung *f*, Modifizierung *f*, Abwandlung *f*; Umbildung *f*

تحويش [taħ'wiːʃ] *Äg.* Ersparnisse *f/pl.*

تحويط [taħ'wiːt] Umschließung *f*, Umzingelung *f*

تحويطة [taħ'wiːtɒ] *Syr.* Bollwerk *n*; im Kreis angeordnete Häusergruppe

تحويل [taħ'wiːl], *pl.* [-aːt] (Um-, Ver-)Wandlung *f*; Verarbeitung *f e-s Rohstoffs* (إلى zu *D*); Umgestaltung *f*; *a. El.* Umformung *f*; *El.* Transformation *f*; Umrechnung *f*; Umtausch *m*, Konvertierung *f von Währungen*; Verlagerung *f*; Weiterleitung *f* (إلى an *A*); Übertragung *f*; Überweisung *f von Geld* (إلى an *A*), Transfer *m*; Verweisung *f* (إلى an *ein Gericht*); Umleitung *f*; Hinlenkung *f* (إلى auf *A*); Ablenkung *f* (عن von *D*); *pl. a.* Transaktionen *f/pl.*; قابل للـ~ *Währung*: konvertierbar; *Wertpapier*: übertragbar; لوحة الـ~ الكهربائي [lauħat at-taħ'wiːli l-kahra'baːʔiː] *El.* Schaltbrett *n*

تحويلة [taħ'wiːla], *pl.* تحاويل [taħaː'wiːl] (2) *u.* [-aːt] Ableitung *f*, Abzweigung *f*; *Verk.* Umleitung *f*; *Äg.* Nebenkanal *m bei der Bewässerung*; *Äg. Tel.* Vermittlung *f*, Nebenanschluß *m*

تحويلي [taħ'wiːliː] umgestaltend, transformierend; *Industrie*: verarbeitend; سد ~ [sadd] *Äg.* Ableitungsdamm *m*

تحير [ta'ħajjur] Verlegenheit *f*, Ratlosigkeit *f*, Verwirrung *f*

تحيز [ta'ħajjuz] Voreingenommenheit *f*, Parteilichkeit *f*; Parteinahme *f* (لـ für *A*); عدم الـ~ [ʕadam at-t.] Unvoreingenommenheit *f*, Unparteilichkeit *f*

تحيل [ta'ħajjul] Anwendung *f* von List

تحية [ta'ħiːja], *pl.* [-aːt] *u. bsd. Ir.* تحايا [ta'ħaːjaː] Begrüßung *f*, Gruß *m*; Ausdruck *m* der Anerkennung (لـ für *A*); Glückwunsch *m* (بـ zu *D*); رد الـ~ له [radda t-ta'ħiːjata] j-n Gleiches mit Gleichem vergelten

تحييد [taħ'jiːd] *Pol.*, *Chem.* Neutralisierung *f*

تخ [taxxa, u] *Teig*: sauer werden

تخابث [ta'xaːbuθ] Boshaftigkeit *f*; Schadenfreude *f*

تخابر [ta'xaːbur] Austausch *m* von Informationen; *Mil.* Nachrichtenwesen *n*

تخاذل [ta'xaːðul] Nachlassen *n*; Erschlaffung *f*; Zurückweichen *n*; Nachgiebigkeit *f*, Schwäche *f*

تخاذلي [ta'xaːðuliː] defätistisch

تخاطب [ta'xɒːtub] Unterhaltung *f*, Konversation *f*, Unterredung *f*; *Tel.* Sprechverkehr *m*; sprachliche Kommunikation; لغة الـ~ [luɣat at-t.] Umgangssprache *f*

تخالف [ta'xaːluf] *Phon.* Dissimilation *f*

تخبط [ta'xabbut] *a. fig.* Umhertappen *n*; Umherschlendern *n*; Herumrätseln *n*; Zappeln *n*; Ratlosigkeit *f*, Hilflosigkeit *f*

تخت [taxt], *pl.* تخوت [tu'xuːt] (*erhöhter*) Sitz; Sofa *n*, Bank *f*; Schrein *m*, Kasten *m*; Podium *n*; Orchester *n*, Ensemble *n*; الثياب ~ [t. aθ-θi'jaːb] Kleiderschrank *m*

تختروان [taxtara'waːn], *pl.* [-aːt] Tragsänfte *f*, Kamelsänfte *f*

تختة [taxta], *pl.* تخت [tuxat] *u.* تخوت [tu'xuːt] Schulbank *f*, Schülerpult *n*; Schultafel *f*

تخثر [ta'xaθθur] *Chem.* Gerinnung *f*, Koagulation *f*; *Med.* Thrombose *f*

تخدير [tax'diːr] Betäubung *f*; *Med.* Narkose *f*, Anästhesie *f*; موضعي ~ [mauđiʕiː] Lokalanästhesie *f*

تخديري [tax'diːriː] *Med.* anästhetisch, betäubend

تخرج [ta'xarrudʒ] Absolvierung *f* (من *e-r Schule*); شهادة الـ~ Diplom *n*

تخريب [tax'riːb] Zerstörung *f*, Verwüstung *f*; Sabotage *f* (*G*: an *D*); Subversion *f*

تخريبي [tax'riːbiː] Sabotage-

تخريج [tax'riːʤ] Ausbildung *f*, Schulentlassung *f*; Auslegung *f*, Deutung *f*; Herausholen *n*

تخريد [tax'riːd] *Äg*. Verschrottung *f*

تخريط [tax'riːṭ] Zerkleinern *n*, Zerschneiden *n beim Kochen*

تخريف [tax'riːf] Altersschwachsinn *m*, Verkalkung *f*; Unsinn *m*

تخريفة [tax'riːfa] *Äg*. dumme(r) Einfall

تخريم [tax'riːm] Durchbohrung *f*, Durchlöcherung *f*, Perforierung *f*; Spitze *f* (*durchbrochenes Gewebe*)

تخزين [tax'ziːn] Einlagerung *f*, Aufspeicherung *f*; *a*. *EDV* Speicherung *f*; *EDV* Einspeicherung *f* (في in *A*); مياه الـ~ [mi'jaːh at-t.] Stauwasser *n*

تخزيني [tax'ziːniː] Speicherungs-; Stau-

تخسيس [tax'siːs] Verringerung *f*; Gewichtsreduktion *f*

تخشب [ta'xaʃʃub] *a*. *fig*. Erstarrung *f*; Totenstarre *f*

تخشيب [tax'ʃiːb] Täfelung *f mit Holz*

تخشيبة [tax'ʃiːba], *pl*. [-aːt] *u*. تخاشيب [taxaː'ʃiːb] (2) Holzbaracke *f*; *Äg*. Zelle *f auf dem Polizeirevier*

تخشينة [tax'ʃiːna]: ~ فتيل *Äg*. Werg *n*

تخصص [ta'xɒṣṣuṣ] Spezialisierung *f* (في auf *A*); Spezialgebiet *n*, Fachgebiet *n*

تخصصي [ta'xɒṣṣuṣiː] Spezial-, speziell, Fach-

تخصيب [tax'ṣiːb] Fruchtbarmachung *f des Bodens*; Anreicherung *f von Uran*

تخصيص [tax'ṣiːṣ], *pl*. [-aːt] Bestimmung *f* (لـ für *e-n Zweck*); Spezifizierung *f*; Zuteilung *f*, Zuweisung *f a. von Geldern*; *Ök*. Privatisierung *f*; على (وجه) الـ~ speziell (*Adv*.)

تخضير [tax'ḍiːr] Bebauen *n des Bodens*

تخط [ta'xɒṭṭin] *a*. *fig*. Überschreitung *f*; Überwindung *f von Schwierigkeiten*

تخطيط [tax'ṭiːṭ], *pl*. [-aːt] Planung *f*; Plan *m*, Entwurf *m*; Linierung *f*, Markierung *f*; الحدائق ~ [t. al-ħa'daːʔiq] *u*. البساتين ~ [t. al-basaː'tiːn] Gartengestaltung *f*

تخطيطي [tax'ṭiːṭiː] Planungs-; رسم ~ Skizze *f*, Entwurf *m*

تخف [ta'xaffin] Sichverkleiden *n*, Verkleidung *f*

تخفيض [tax'fiːḍ], *pl*. [-aːt] Verminderung *f*; Senkung *f*, Herabsetzung *f*; القيمة ~ [t. al-qiːma] Abwertung *f e-r Währung*

تخفيف [tax'fiːf] Erleichterung *f*, Milderung *f*, Verringerung *f*; حدة ~ التوتر [t. ħiddati t-ta'wattur] *Pol*. Entspannung *f*

تخل [ta'xallin] Verzicht *m* (عن auf *A*), Aufgabe *f*; Abtretung *f* (عن *G*)

تخلخل [ta'xalxul] *intr*. Erschütterung *f*; Lockerung *f*; Loslösung *f*; Schwinden *n*; Schlottern *n der Knie*; Verdünnung *f der Luft*

تخلص [ta'xalluṣ] Loskommen *n*, Befreitwerden *n*, Sichbefreien *n* (من von *D*); الـ~ من النفايات [an-nufaː'jaːt] Müllentsorgung *f*

تخلف [ta'xalluf] Zurückbleiben *n*; Rückstand *m*; Rückständigkeit *f*; Unterentwicklung *f*; Fernbleiben *n* (عن von *D*)

تخليد [tax'liːd] Verewigung *f*; ~ا لذكراه [-an li-ðik'raːhu] zur (bleibenden) Erinnerung an ihn

تخليص [tax'liːṣ] Freimachen *n*, Befreiung *f*; (Er-)Rettung *f*; *Hdl*. Verzollung *f* (على البضائع [al-bɒ'ḍɒːʔiʕ] von Waren); Abfertigung *f von Gepäck*

تخليط [tax'liːṭ] Durcheinanderbringen *n*, Verwirrung *f*; ungereimte(s) Zeug

تخلية [taxlija] Räumung *f*, Evakuierung *f*

[1]**تخم** [taxima, a] sich den Magen überladen; **III** تاخم [taːxama] angrenzen (ـه an *A*); **IV** أتخم [ʔatxama] *a*. *fig*. überfüttern, übersättigen (ب mit *D*); *Pass*. [ʔutxima] genug haben (ب/ـه von *e-r Sache*); نفسه ~ [nafsahuː] sich überessen

[2]**تخم** [tuxm], *pl*. تخوم [tu'xuːm] Grenze *f*; *pl*. *a*. Grenzgebiet *n*

تخمة [tuxma, tuxama], *pl*. [-aːt] *u*. تخم [tuxam] Völlegefühl *n*, schwere(r) Magen; *fig*. Übersättigung *f* (من an *D*)

تخمير [tax'miːr] Vergärung *f*, Fermentierung *f*; Säuerung *f des Brotes*; Treibenlassen *n des Teigs*; *fig*. Ausreifenlassen *n*

تخمين [tax'miːn] Vermutung *f*, Mutmaßung *f*; Schätzung *f*; Vorhersage *f*; على الـ~ schätzungsweise

تخمينة [tax'miːna], *pl*. [-aːt] Vorhersage *f*

تخميني [tax'miːniː] auf Schätzung *od*. Vermutung beruhend

تخنث [ta'xannuθ] weibische(s) Wesen, Effeminiertsein *n*

تخوف [ta'xawwuf] Angst *f*; Furchtsamkeit *f*

تخويف [tax'wiːf] Einschüchterung *f*, Verängstigung *f*

تخويل [tax'wiːl] Einräumung *f e-s Rechts*, Gewährung *f*

تخيل [ta'xajjul] Einbildung *f*, Phantasie *f*

تخيلي [ta'xajjuliː] imaginär; fiktiv, fiktional

تخيير [tax'jiːr] Wählenlassen *n* (*j-s*, بين zwischen *D*)

تخييل [tax'jiːl] Vorspiegelung *f*; Einbildung(skraft) *f*, Phantasie *f*

تخييم [tax'jiːm] Zelten *n*, Campen *n*

تدابر [ta'daːbur] *fig*. Auseinanderlaufen *n*; Gegensätzlichkeit *f*

تداخل [ta'daːxul] Ineinandergreifen *n*, Verflechtung *f*, Durchdringung *f*; Überlagerung *f*; *bsd*. *Phys*. Interferenz *f*

تدارس [ta'daːrus] gemeinsame Erörterung; genaue Prüfung *od*. Untersuchung

تدارك [ta'daːruk] Wettmachen *n*, Ausgleichen *n*; Behebung *f e-s Mangels*

تداع [ta'daːʕin] gegenseitige Hervorrufung; Niedergang *m*, Zusammenbruch *m*; تداعي الأفكار [ta'daː-

ʕiː l-ʔafkaːr] Gedankenassoziation *f*

تدافع [ta'daːfuʕ] (gegenseitiges) Gestoße, Gedränge *n*

تداو [ta'daːwin] Heilbehandlung *f*; Heilung *f*, Genesung *f*

تداول [ta'daːwul] Kursieren *n*, Zirkulieren *n*; (*Geld*-)Umlauf *m*; Abwechseln *n*; Erörterung *f* (في *G*); ~بالـ abwechselnd (*Adv.*)

تداين [ta'daːjun] *bsd. Tun.* Verschuldung *f*

تدبر [ta'dabbur] planvolle(s) *od.* überlegte(s) Vorgehen; Überlegen *n*; Nachdenken *n* (في über *A*), Erwägung *f* (في *G*)

تدبيج [tad'biːdʒ] Ausschmückung *f*; Formulierung *f*

تدبير [tad'biːr], *pl.* تدابير [tadaː'biːr] (2) Maßnahme *f*; Disponieren *n*; Führung *f*, Leitung *f*; Bereitstellung *f*, Beschaffung *f von Mitteln*; منزلي ~ [manziliː] Haushaltsführung *f*, Hauswirtschaft *f*

تدجيل [tad'dʒiːl] Betrug *m*; Scharlatanerie *f*

تدخل [ta'daxxul], *pl.* [-aːt] Einschreiten *n*, Eingreifen *n*; Einmischung *f*, Intervention *f*; Wortmeldung *f*, Diskussionsbeitrag *m*; عدم الـ~ [ʕadam at-t.] Nichteinmischung *f*

تدخين [tad'xiːn] (*Tabak*-)Rauchen *n*

1**تدرج** [ta'darrudʒ] *intr.* Abstufung *f*; Progression *f*; Allmählichkeit *f*; (berufliche) Ausbildung, Schulung *f*; ~بالـ allmählich, nach und nach

2**تدرج** [tadrudʒ], *pl.* تدارج [ta'daːridʒ] (2) Fasan *m*

تدرن [ta'darrun] Tuberkulose *f*

تدريب [tad'riːb], *pl.* [-aːt] Ausbildung *f*, Schulung *f*; Fortbildung *f*; Training *n*; Übung *f*; Exerzieren *n*; Dressur *f*; عملي ~ [ʕamaliː] (*praktische*) Übung; مهني ~ [mihniː, mihaniː] Berufsausbildung *f*

تدريبي [tad'riːbiː] Ausbildungs-, Schulungs-; Fortbildungs-

تدريج [tad'riːdʒ] Abstufung *f*, Staffelung *f*; *Techn.* Sortieren *n*; ~بالـ *u.* على الـ~ allmählich, nach und nach, stufenweise

تدريجي [tad'riːdʒiː] stufenweise erfolgend, allmählich; ~اً [-jan] *Adv.* allmählich, nach und nach, stufenweise

تدريس [tad'riːs] Unterricht *m*, Lehre *f*

تدريسي [tad'riːsiː] Unterrichts-, Lehr-; didaktisch; Lehrer-

تدشين [tad'ʃiːn] Einweihung *f*, Eröffnung *f*

تدشيني [tad'ʃiːniː] Einweihungs-, Eröffnungs-

تدعيم [tad'ʕiːm] (Unter-)Stützung *f*; Stärkung *f*, Ausbau *m*

تدفق [ta'daffuq] Hervorbrechen *n*, Sichergießen *n*; Strömen *n*, Fließen *n*; *pl.* [-aːt] Zustrom *m* (إلى nach *D*), Zufluß *m*; Abfluß *m* (من von, aus *D*); رؤوس الأموال ~ *Ök.* Kapitalstrom *m*; المعلومات ~ Informationsfluß *m*

تدفئة [tadfiʔa] Heizung *f*, Beheizung *f*; مركزية ~ Zentralheizung *f*

تدقيق [tad'qiːq] (sorgfältige) Prüfung; Genauigkeit *f*, Exaktheit *f*; Sorgfalt *f*; ~بالـ genau, exakt (*Adv.*)

تدلل [ta'dallul] Koketterie *f*; Ziererei *f*

تدليس [tad'liːs] Betrug *m*; الشيك ~ *Tun.* Scheckbetrug *m*

تدليسي [tad'liːsiː] betrügerisch

تدليك [tad'liːk] Massage *f*; Einreibung *f*

تدليل [tad'liːl] **1.** Erbringung *f* des Beweises (على für *A*), Erhärtung *f* (على *e-r Tatsache*); Begründung *f* (على *G*); Beweisführung *f*; ~للـ على um *etwas* zu belegen *od.* zu erhärten; **2.** Verwöhnung *f*; اسم ~ [ism t.] Kosename *m*

تدمر [tadmur] (2), *a.* [tudmur] (2) Palmyra (*Stadt in der Syrischen Wüste*)

تدمري [tadmuriː, tudmuriː] irgendeiner; لا ~ niemand, keine Menschenseele

تدمير [tad'miːr] Vernichtung *f*, Zerstörung *f*

تدميري [tad'miːriː] Vernichtungs-, Zerstörungs-; zerstörerisch

تدن [ta'dannin] Sinken *n*; *fig.* Niedergang *m*; Tiefstand *m der Moral*

تدنس [ta'dannus] Unreinheit *f*, Befleckung *f*

تدنيس [tad'niːs] Besudelung *f*; الحرمة ~ [t. al-ħurma] Schändung *f*

تدهور [ta'dahwur] Niedergang *m*, Verfall *m*; Zuspitzung *f*, Verschlechterung *f der Lage*; Herunterkommen *n*

تدوير [tad'wiːr] mittelschnelle Rezitation des Korans; (= إعادة) Recycling *n*

تدويل [tad'wiːl] Internationalisierung *f*

تدوين [tad'wiːn] Aufzeichnung *f*; Eintragung *f*, Registrierung *f*; Kodifizierung *f*

تدين [ta'dajjun] Religiosität *f*, Frömmigkeit *f*; Annahme *f* (ب *e-r Religion*)

تذبذب [ta'ðabðub] Schwingung *f*, Oszillation *f*

تذرية [taðrija] Atomisierung *f*

تذكار [tað'kaːr, tið'kaːr] Andenken *n*, Erinnerung *f*; ~اً ل [-an] zum Gedenken an; الموتى ~ [t. al-mautaː] *Chr.* Allerseelen

تذكاري [tað'kaːriː] Gedenk-, Erinnerungs-

تذكر [ta'ðakkur] Erinnerung *f*, Sicherinnern *n*; Erinnerungsvermögen *n*

تذكرجي [tað'kargiː] *Äg.* Ausgeber *m* von Eintritts- *od.* Fahrkarten; Schalterbeamte(r); Schaffner *m*

تذكرة [taðkira], *a.* [taðkara], *pl.* تذاكر [ta'ðaːkir] (2) (*Eintritts*-, *Fahr*-)Karte *f*, Ticket *n*; Ausweis *m*; Schein *m*; انتخابية ~ [intixaː'biːja] Wahlzettel *m*; ذهاب وإياب ~ Rückfahrkarte *f*; مرور ~ Passierschein *m*; نفوس ~ *Syr.* Personalausweis *m*, Kennkarte *f*

تذكير [tað'kiːr] **1.** Erinnerung *f* (*j-s*, ب an *A*); **2.** Befruchtung *f weiblicher Blüten*; *Gr.* maskuline(r) Gebrauch e-s Wortes

تذلل [ta'ðallul] Selbsterniedrigung *f*

تذليل [tað'liːl] Überwindung *f*, Bewältigung *f von Schwierigkeiten*; Erniedrigung *f*

تذمر [ta'ðammur], *pl.* [-aːt] Murren *n*, Unwille *m*, Unzufriedenheit *f*

تذوق [ta'ðawwuq] Genießen *n*, Genuß *m*; ästhetische(s) Empfinden

تذوقي [ta'ðawwuqiː] ästhetisch

تذويب [taðˈwiːb] Auflösung *f*, Schmelzung *f*

تراب [tu'raːb], *pl.* أتربة [ʔatriba] *u. klass.* تربان [tir'baːn] Erde *f*, Erdboden *m*, Boden *m*; Territorium *n e-s Landes*; Staub *m*

ترابط [ta'raːbuṭ] Verbindung *f*, Zusammenhang *m* (ب mit *D*); Kohärenz *f e-r Theorie*; gegenseitige Verbundenheit; gegenseitige Verflechtung *od.* Abhängigkeit

ترابطي [ta'raːbuṭiː] kohärent

ترابي [tu'raːbiː] erdig; Erd-; territorial; staubig, Staub-

تراث [tu'raːθ] (Kultur-)Erbe; ~ شعبي Folklore *f*

تراثي [tu'raːθiː] auf das Kulturerbe bezüglich

تراجع [ta'raːdʒuʕ] Rückzug *m*; *fig.* Rückzieher *m*; Rückgang *m*, Abnahme *f*

تراجيدي [tra'dʒeːdiː] tragisch

تراجيديا [tra'dʒeːdijaː], *pl.* [-aːt] *a. fig.* Tragödie *f*

تراحم [ta'raːħum] gegenseitige Rücksichtnahme; Verständnis *n* füreinander

تراخ [ta'raːxin] Erschlaffung *f*, Lockerung *f*, Nachlassen *n*; Nachlässigkeit *f*, Saumseligkeit *f*; Verstreichen *n der Zeit*

تراخوما [traː'xoːmaː] *Med.* Trachom *n*

ترادف [ta'raːduf] Aufeinanderfolge *f*; Synonymie *f*

تراس [ti'raːs], *pl.* [-aːt] Terrasse *f*

تراسل [ta'raːsul] (gegenseitige) Korrespondenz

تراشق [ta'raːʃuq] gegenseitige(r) Beschuß

تراص [ta'rɒːṣṣ] *Gr.* Agglutination *f*

تراض [ta'rɒːḍin] gegenseitige(s) Einverständnis; بالتراضي [bi-t-ta'rɒːḍiː] im gegenseitigen Einvernehmen, einvernehmlich

تراكب [ta'raːkub] Übereinanderlagern *n*; *Geol.* Schichtung *f*

تراكز [ta'raːkuz] Konzentrizität *f*

تراكم [ta'raːkum] (An-, Auf-)Häufung *f*; Zusammenballung *f*

[1]**ترام** [ta'raːmin] *u.* ترامي الأطراف [ta'raːmiː l-ʔɒṭ'raːf] weite Ausdehnung

[2]**ترام** [t(i)raːm] Straßenbahn *f*

ترامواي [t(i)ram'waːj], *pl.* [-aːt] Straßenbahn *f*

ترانزستور [tran'zistor], *pl.* [-aːt] Transistor *m*

ترانزيت [tran'ziːt] Transit *m*, Durchfuhr *f*, Transithandel *m*; Durchreise *f*

تراويح [taraː'wiːħ] (2) *pl.*: صلاة الـ~ Gebet *n*, das man während der Nächte des Ramadan verrichtet

[1]**ترب** [tariba, a] staubig werden; **III** تارب [taːraba] *obs.* j-s (ه) Gefährte sein; **IV** أترب [ʔatraba] mit Staub bedecken

[2]**ترب** [tarib] staubig, staubbedeckt

[3]**ترب** [tirb] *m u. f*, *pl.* أتراب [ʔat'raːb] gleichaltrig; Altersgenosse *m*, Gefährte *m*

ترباس [tir'baːs], *pl.* ترابيس [taraː'biːs] (2) (*Tür-*)Riegel *m*

تربس [tarbasa] verriegeln

تربص [ta'rabbuṣ] Lauern *n*, Lauerstellung *f*; *Alg.*, *Tun.* Fortbildung *f*, Ausbildung *f*

تربنتين [tarban'tiːn] Terpentin *n*

تربة [turba], *pl.* ترب [turab] Erde *f*, Boden *m*; Grab *n*

تربوي [tarbawiː] pädagogisch, Erziehungs-; *pl.* [-uːn] Pädagoge *m*

تربيزة [tara'beːza], *pl.* [-aːt] *Äg.* Tisch *m*

تربيع [tar'biːʕ] Vervierfachung *f*; *Math.* Erhebung *f* ins Quadrat; ~ الدائرة Quadratur *f* des Kreises

تربيعة [tar'biːʕa], *pl.* ترابيع [taraː'biːʕ] (2) Viereck *n*, Quadrat *n*; viereckige Fläche; viereckige(r) Platz; *Äg.* Fliese *f*

تربيعي [tar'biːʕiː] quadratisch

تربين [tur'biːn], *pl.* [-aːt] Turbine *f*

تربيني [tur'biːniː] Turbinen-, Turbo-

تربية [tarbija] Erziehung *f* (على zu *D*); Zucht *f*, Züchtung *f*; Haltung *f von Haustieren*; ~ بدنية [bada'niːja] Sport *m als Schulfach*; ~ الحيوانات [t. al-ħajawaː'naːt] Tierzucht *f*; ~ علاجية [ʕilaː'dʒiːja] Heilpädagogik *f*; ~ قومية [qau'miːja] Staatsbürgerkunde *f als Schulfach*; علم الـ~ [ʕilm at-t.] Pädagogik *f*; علم الـ~ الاجتماعية Sozialpädagogik *f*

ترتر [tirtir] Flitter *m*, Pailletten *f/pl.*

ترتيب [tar'tiːb], *pl.* [-aːt] (An-)Ordnung *f*; Regelung *f*; Maßnahme *f*, Vorkehrung *f*; Reihenfolge *f*; *Sport*: Rangliste *f*; *pl. a.* Verfügungen *f/pl.*, Bestimmungen *f/pl.*; بالـ~ der Reihe nach; من غير ~ [min ɣairi t.] ungeordnet

ترتيبي [tar'tiːbiː] Ordnungs-; عدد ~ [ʕadad] Ordinalzahl *f*

ترتيل [tar'tiːl] Psalmodieren *n*; singende(s) Rezitieren; langsame Art der Koranrezitation

ترتيلة [tar'tiːla], *pl.* تراتيل [taraː'tiːl] (2) kirchliche(r) Gesang

ترج [ta'raddʒin] Hoffnung *f auf etwas*

ترجم [tardʒama] übersetzen (... من إلى aus *e-r Sprache* in *e-e andere*); interpretieren; umsetzen (ه إلى *A* in *die Tat*); zum Ausdruck bringen (عن *A*); j-s (ه/ل) Biographie schreiben

ترجمان [turdʒu'maːn], *pl.* تراجمة [ta'raːdʒima] Übersetzer *m*, Dolmetscher *m*

ترجمة [tardʒama], *pl.* تراجم [ta'raːdʒim] (2) *u.* [-aːt] Übersetzung *f*; Dolmetschen *n*; Interpretation *f*; Ausdruck *m* (عن *G*); Umsetzung *f* (إلى in *A*); (= ~ حياة [t. ħa'jaːt]) Biographie *f*; ~ ذاتية Autobiographie *f*; الـ~ السبعينية [as-sabʕiː'niːja] die Septuaginta; ~ فورية [fau'riːja] Simultandolmetschen *n*

ترجيح [tar'dʒiːħ] Überwiegenlassen *n*; Wahrscheinlichkeit *f*; Vermutung *f*

ترجيع [tar'dʒiːʕ] Rücklauf *m der Kassette*; Widerhall *m*

ترح [taraħ], *pl.* أتراح [ʔat'raːħ] Kummer *m*, Betrübnis *f*, Leid *n*

ترحاب [tar'ħaːb] Willkommensgruß *m*, Bewillkommnung *f*

ترحال [tar'ħaːl] Abreise *f*, Aufbruch *m*; حياة الـ~ [ħa'jaːt at-t.] Nomadenleben *n*

ترحيب [tar'ħiːb] Bewillkommnung *f*, Begrüßung *f* (ب *j-s*)

ترحيبي [tar'ħiːbiː] Willkommens-, Begrüßungs-
ترحيل [tar'ħiːl] Entsendung *f*, Verschickung *f*; Aussiedlung *f*, Umsiedlung *f*; Deportation *f*; Abschiebung *f von Ausländern*; Weiterleitung *f*; Überführung *f*; Transfer *m*; *Buchführung*: Vortrag *m e-r Summe*, Übertragung *f e-s Postens*; عمال الترحيل [ʕu'mmaːl at-taraː'ħiːl] Wanderarbeiter *m/pl.*, Saisonarbeiter *m/pl.*
ترخص [ta'raxxus] Freiheit *f*, die man sich herausnimmt
ترخيص [tar'xiːs] **1.** *pl.* تراخيص [taraː'xiːs] (2) *u.* [-aːt] Erlaubnis *f*, Genehmigung *f*, Lizenz *f*; Lizenzerteilung *f*; Zulassung *f von Kraftfahrzeugen*; **2.** Verbilligung *f*
ترخيم [tar'xiːm] **1.** *Gr.* am Ende verkürzte Aussprache e-s Wortes; **2.** Marmorverkleidung *f*
ترد [ta'raddin] Verschlechterung *f*
ترداد [tar'daːd] (*ständige*) Wiederholung; häufige(r) Besuch
تردد [ta'raddud] Schwanken *n*; Zögern *n*; Unentschlossenheit *f*, Unschlüssigkeit *f*; (innere) Unsicherheit; *pl.* [-aːt] *Phys.* Frequenz *f*; häufige(r) Besuch; عال ~ [ʕaːlin] *Phys.* Hochfrequenz *f*
ترددي [ta'raddudiː] Frequenz-
ترديد [tar'diːd] (*ständige*) Wiederholung
ترزي [tarziː], *pl.* ~ة *Äg.* Schneider *m*
[1]**ترس** **II** [tarrasa] mit e-m (Schutz-)Schild versehen
[2]**ترس** [turs] **1.** *pl.* أتراس [ʔat'raːs] *u.* تروس [tu'ruːs] (Schutz-)Schild *m*; **2.** *a.* [tirs], *pl.* تروس [tu'ruːs] Zahnrad *n*; *pl. a.* Getriebe *n*; *a. fig.* Räderwerk *n*; تروس الساعة Uhrwerk *n*; صندوق التروس [sun'duːq at-t.] Getriebekasten *m*
ترسانة [tar'saːna, tir'saːna], *pl.* [-aːt] Arsenal *n*; (Schiffs-)Werft *f*
ترسب [ta'rassub], *pl.* [-aːt] Ablagerung *f*, Sediment *n*; *Chem.* Niederschlag *m*
ترسل [ta'rassul] freie Prosa
ترسة [tirsa] Meeresschildkröte *f*
ترسيب [tar'siːb] Ablagerung *f*, Sedimentierung *f*; *Chem.* Ausfällung *f*
ترسيخ [tar'siːx] (Ver-)Festigung *f*
ترشح [ta'raʃʃuħ], *pl.* [-aːt] Bewerbung *f*, Kandidatur *f*; *Sport*: Nominiertwerden *n*, Qualifikation *f* (ل für *A*); Infiltration *f*; تصفيات الـ~ [tɒsfi'jaːt at-t.] *Sport*: Ausscheidungskämpfe *m/pl.*
ترشيح [tar'ʃiːħ] Aufstellung *f* als Kandidat, Nominierung *f* für ein Amt; Infiltration *f*; ~ نفسه Bewerbung *f*, Kandidatur *f*; حق الـ~ [ħaqq at-t.] passive(s) Wahlrecht; ~ مدرسة المعلمين [t. al-muʕalli'miːn] *Tun.* Lehrerausbildungsstätte *f*
ترشيد [tar'ʃiːd] sinnvolle Steuerung; zweckmäßige *od.* sparsame Verwendung *von Mitteln, Ressourcen*; *Ök.* Rationalisierung *f*; Einschränkung *f des Verbrauchs*; (An-)Leitung *f*, Lenkung *f*; *Jur.* Mündigkeitserklärung *f*; ~ الإنفاق Ausgabenkürzung *f*, Einsparung(en *pl.*) *f*
ترشيق [tar'ʃiːq] Abnehmen(lassen) *n*, Schlankwerden *n*
ترصد [ta'rɒssud] Auflauern *n*
ترصيد [ta'rsiːd] Bereitstellung *f von Mitteln*
ترصيف [tar'siːf] Asphaltierung *f e-r Straße*
ترضية [tarđija] Zufriedenstellung *f*
(**ترع**) **IV** أترع [ʔatraʕa] füllen (ب mit *D*)
ترعة [turʕa], *pl.* ترع [turaʕ] (*Wasser*-)Kanal *m*
ترغلة [tur'ɣulla, tir'ɣalla] Turteltaube *f*
ترغيب [tar'ɣiːb] Erwecken *n* des Verlangens (في nach *D*); الـ~ والترهيب *fig.* Zuckerbrot und Peitsche
[1](**ترف**) **IV** أترف [ʔatrafa] verwöhnen, verweichlichen
[2]**ترف** [taraf] Luxus *m*, Überfluß *m*
[3]**ترف** [tarif] luxuriös, üppig
ترفاس [tir'faːs] Trüffel *f*
ترفع [ta'raffuʕ] Überheblichkeit *f*, Stolz *m*; Dünkel *m*
ترفي [tarafiː] Luxus-
ترفيع [tar'fiːʕ] Beförderung *f*, Rangerhöhung *f*; *Syr.* Versetzung *f e-s Schülers*
ترفيه [tar'fiːh] Erholung *f*, Entspannung *f*, Unterhaltung *f*, Zerstreuung *f*, Freizeitbeschäftigung *f*
ترفيهي [tar'fiːhiː] der Erholung *od.* Entspannung dienend, Unterhaltungs-, Freizeit-
ترق [ta'raqqin], *pl.* ترقيات [taraqqi'jaːt] Aufwärtsentwicklung *f*, Aufstieg *m*, Fortschritt *m*
ترقب [ta'raqqub] Erwarten *n*
ترقق [ta'raqquq] *intr.* Verdampfung *f*, Zerstäubung *f*
ترقوة [tarquwa], *pl.* تراق [ta'raːqin] *Anat.* Schlüsselbein *n*
ترقيد [tar'qiːd] Vermehrung *f* (*von Pflanzen*) durch Ableger
ترقيدة [tar'qiːda] *Äg. Bot.* Ableger *m*
ترقيع [tar'qiːʕ] Aufsetzen *n* e-s Flikkens; ~ الجلد [t. al-dʒild] Hauttransplantation *f*
ترقيق [tar'qiːq] nichtvelarisierte Aussprache *e-s Lauts*
ترقيم [tar'qiːm] Numerierung *f*; Kennzeichnung *f* durch Ziffern; Punktierung *f e-s arab. Textes*; علامات الـ~ Satzzeichen *n/pl.*
ترقية [tarqija] Hebung *f*, Erhöhung *f*; Förderung *f*, Verbesserung *f*; Beförderung *f e-s Beamten*
[1]**ترك** [taraka, u] lassen; verlassen, zurücklassen, hinterlassen; unterlassen; aufgeben; *religiöse Pflicht* vernachlässigen; auslassen, weglassen; belassen; überlassen (ل *j-m*); يتركه يفعل [jafʕal(u)] zulassen, daß j-d *etwas* tut; j-n veranlassen *etwas* zu tun; *Pass.* يترك له [jutraku] es bleibt ihm überlassen, *etwas zu tun*; ~ الخدمة [l-xidma] aus dem Dienst ausscheiden; **II** [tarraka] türkisieren; **V** تترك [ta'tarraka] *u.* **X** استترك [is'tatraka] türkisiert werden
[2]**ترك** [tark] Lassen *n*; Auslassung *f*, Unterlassung *f*; Aufgabe *f e-r Sache*; *Jur.* Verzichtleistung *f*
[3]**ترك** [turk] *koll.*: الـ~ die Türken *m/pl.*
تركز [ta'rakkuz] *a. Chem.* Konzentration *f*
تركستان [turkis'taːn] *f Geo.* Turkestan
تركمان [turku'maːn] *koll.*: الـ~ die Turkmenen *m/pl.*

تركماني [turku'maːniː] turkmenisch; Turkmene *m*

تركمنستان [turkmanis'taːn] *f Geo.* Turkmenistan

تركة [tarika, tirka] Nachlaß *m*, Hinterlassenschaft *f*; ضريبة الـ~ Erbschaft(s)steuer *f*

تركي [turkiː] türkisch; *pl.* أتراك [ʔat-'raːk] Türke *m*

تركيا [turkijaː] Türkei *f*

تركيب [tar'kiːb], *pl.* تراكيب [taraː-'kiːb] (2) *u.* [-aːt] Zusammensetzung *f*; Montage *f*, Installation *f*; Konstruktion *f*; *Chem.* Verbindung *f*; Wortverbindung *f*, Syntagma *n*; (Rede-)Wendung *f*; Struktur *f*; *bsd. Geol.* Formation *f*; ~ الجملة [t. al-dʒumla] Satzbau *m*; Syntax *f*; ~ فيلم Filmschnitt *m*

تركيبة [tar'kiːba] Gefüge *n*, Struktur *f*, Konstruktion *f*

تركيبي [tar'kiːbiː] Konstruktions-; strukturell, Struktur-, strukturalistisch; synthetisch

تركيبية [tarkiː'biːja] Strukturalismus *m*

تركيز [tar'kiːz] Einpflanzung *f*; Fixierung *f*, Stabilisierung *f*; Konzentration *f* (على auf *A*; *a. Chem.*); Betonung *f*, Hervorhebung *f* (على *G*); Zentralisierung *f*; *Fot.* Scharfeinstellung *f*; جهاز الـ~ [dʒi'haːz at-t.] *Techn.* Stabilisator *m*

تركية [tur'kiːja] Türkentum *n*; الـ~ die türkische Sprache

[1]**ترمس** [turmus] *koll., n. un.* ~ـة Lupine *f* (*Hülsenfrucht*)

[2]**ترمس** [tirmus], *pl.* ترامس [ta'raːmis] (2) Thermosflasche *f*

ترموس [tir'muːs], *pl.* تراميس [taraː-'miːs] (2) Thermosflasche *f*

ترموستات [tirmus'taːt] Thermostat *m*

ترمومتر [tirmu'mitr], *pl.* [-aːt] Thermometer *n*

ترميز [tar'miːz] Symbolisierung *f*; Verschlüsseln *n*, Kodieren *n*

ترميم [tar'miːm], *pl.* [-aːt] Reparatur *f*, Ausbesserung *f*; Restaurierung *f*

ترنج [tu'rundʒ] Zitronatzitrone *f*

ترنك [t(i)rank] *Tel.* Vermittlung *f*, Fernamt *n*

ترنيمة [tar'niːma] Lied *n*, Hymne *f*

ترهب [ta'rahhub] *Chr.* Mönchsleben *n*

ترهل [ta'rahhul] Schlaffheit *f*; Schwammigkeit *f*

ترهة [turraha], *pl.* [-aːt] Schwindel *m*, Lügenmärchen *n*

ترهيب [tar'hiːb] Einschüchterung *f*, Angstmachen *n*

ترو [ta'rawwin] Nachdenken *n*, Überlegung *f*

ترواده [tir'waːda] Troja

تروب [t(u)ruːb] *Mil.* Zug *m*

تروبص [ta'raubus] Schlafwandeln *n*

ترؤس [ta'raʔʔus] Leitung *f*; Vorsitz *m*

ترويج [tar'wiːdʒ] Verbreitung *f*, Propagierung *f*; *Hdl.* Vertrieb *m*; Werbung *f* (لـ für *A*); Förderung *f e-s Projekts*

ترويح [tar'wiːħ] Lüftung *f*, Ventilation *f*; Aufheiterung *f* (عن *j-s*); (= الـ~ عن النفس) Erholung *f*, Entspannung *f*

ترويحة [tar'wiːħa]: ~ نفس Spaziergang *m*; تراويح → صلاة التراويح

ترويحي [tar'wiːħiː] Erholungs-; ~ معسكر [mu'ʕaskar] *Saudi-Ar.* (Jugend-, Ferien-)Lager *n*, Freizeit *f*

ترويسة [tar'wiːsa], *pl.* [-aːt] Überschrift *f*, Titel *m*, (Brief-)Kopf *m*

ترويض [tar'wiːđ] Abrichtung *f von Tieren*

ترويع [tar'wiːʕ] Terrorisierung *f*, Terror *m*

ترويق [tar'wiːq] Klärung *f*, Filterung *f*

ترويقة [tar'wiːqa] *Syr.* Frühstück *n*

تروية [tarwija] Tränken *n*; Bewässern *n*; يوم الـ~ [jaum at-t.] *Isl.* der 8. Tag des ذو الحجة [ðuː l-ħiddʒa]

ترى [taraː, turaː] → [1]رأى

ترياق [tir'jaːq] Gegengift *n*

تريث [ta'rajjuθ] Zögern *n*; Hinauszögern *n* (في *G*)

تريكو [triːkoː] Strickware *f*, Trikot *n*; ~ إبرة Stricknadel *f*; شغل الـ~ Stricken *n*, Strickarbeit *f*; ~ عاملة Strickerin *f*

تريليون [tril'joːn] Billion *f*

تريم [tar'jiːm] *Äg.* Bluffen *n*, Schwindelei *f*

تزاحم [ta'zaːħum] Gedränge *n*; (gegenseitige) Konkurrenz

تزامن [ta'zaːmun] Gleichzeitigkeit *f*, Koinzidenz *f*; *Linguistik*: Synchronie *f*

تزاوج [ta'zaːwudʒ] *a. Zool.* Paarung *f*; Heirat *f* untereinander

تزايد [ta'zaːjud] Anwachsen *n*, Zunahme *f*, Vermehrung *f*

تزجيج [taz'dʒiːdʒ] Verglasung *f*

تزحلق [ta'zaħluq] Gleiten *n*; الـ~ على الثلج Skilaufen *n*; الـ~ على الجليد Eislaufen *n*; *selten*: Skilaufen *n*; الـ~ على الماء Wasserski *n*; ~ فني [fanniː] Kunsteislauf *m*

تزكية [tazkija] Reinigung *f*, Läuterung *f*; Erklärung *f*, daß j-d (*bsd. ein Zeuge*) rechtschaffen *od.* glaubwürdig ist; Unbescholtenheitserklärung *f*; Empfehlung *f*, Referenz *f*; ~ أمواله *Isl.* Entrichtung *f* der Almosensteuer für sein Vermögen

تزلج [ta'zalludʒ] Skilaufen *n*; Eislaufen *n*; ~ فني [fanniː] Kunsteislauf *m*

تزلف [ta'zalluf] Sicheinschmeicheln *n*, Schmeichelei *f*

تزمت [ta'zammut] Ernst *m*, Strenge *f der Gesinnung*; Rigorismus *m*, Dogmatismus *m*; Puritanismus *m*; konservative Einstellung; الـ~ في الرأي Verbohrtheit *f*, Engstirnigkeit *f*

تزهد [ta'zahhud] Askese *f*, Weltentsagung *f*; Anspruchslosigkeit *f*

تزهير [taz'hiːr] Blühen *n*; Blüte *f*; Blühenlassen *n*

تزوج [ta'zawwudʒ] Heirat *f* (من mit *D*)

تزود [ta'zawwud] Sichversorgen *n* (بـ mit *D*), Aneignung *f* (بـ *G*); Anschaffung *f* (بـ *G*); الـ~ بالوقود [bi-l-wa'quːd] *intr.* Auftanken *n*

تزويج [taz'wiːdʒ] Verheiratung *f* (من mit *D*)

تزويد [taz'wiːd] Versorgung *f*, Ausrüstung *f* (بـ mit *D*)

تزوير [taz'wiːr] Fälschung *f*

تزويق [taz'wiːq] Ausschmückung *f*, Verzierung *f*

تزيد [ta'zajjud] Übertreibung *f beim Erzählen*, Hinzudichten *n*

تزييف [taz'jiːf] Fälschung *f*
تزيين [taz'jiːn] (Aus-)Schmücken *n*, Verzierung *f*, Verschönerung *f*; Vorspiegelung *f*
تزييني [taz'jiːniː] der Verschönerung dienend, Zier-
تسابق [ta'saːbuq] Wetteifer *m*, Konkurrenz *f*
تسارع [ta'saːruʕ] *intr.* Beschleunigung *f*
تساعي [tu'saːʕiː] neunfach; Neuner-
تساقط [ta'saːquṭ] Ausfall *m der Haare*; *pl.* [-aːt] *Meteor.* Niederschlag *m*; الثلوج ~ Schneefälle *m/pl.*
تسام [ta'saːmin] Sicherheben *n*, Erhabenheit *f*; *Psych.* Sublimierung *f*
تسامح [ta'saːmuħ] Nachsicht *f*, Duldsamkeit *f*, Toleranz *f*
تساهل [ta'saːhul] Entgegenkommen *n*, Nachsicht *f*, Großzügigkeit *f*, Toleranz *f*
تساو [ta'saːwin] Gleichheit *f*, Gleichwertigkeit *f*; بالتساوي [bi-t-ta'saːwiː] gleichmäßig, zu gleichen Teilen, in gleicher Weise
تساوق [ta'saːwuq] Zusammenhang *m*; Harmonie *f*
تساؤل [ta'saːʔul], *pl.* [-aːt] Frage *f an sich selbst*
تسبب [ta'sabbub] Verursachung *f* (في *G*)
تسبحة [tasbiħa], *pl.* تسابيح [tasaː'biːħ] (2) Lobgesang *m*
تسبقة [tasbiqa], *pl.* [-aːt] *Tun.* Vorauszahlung *f*; Kredit *m*
تسبيب [tas'biːb] Verursachung *f*, Auslösung *f*; Begründung *f e-s Beschlusses etc.*
تسبيح [tas'biːħ], *pl.* تسابيح [tasaː'biːħ] (2) Lobpreisung *f Gottes* (→ سبحان)
تسبيحة [tas'biːħa], *pl.* تسابيح [tasaː'biːħ] (2) Lobpreisung *f Gottes* (→ سبحان); Lobgesang *m*
تسبيخ [tas'biːx] Düngung *f*; *Med.* Koma *n*
تسبيع [tas'biːʕ] Versiebenfachung *f*
تسبيق [tas'biːq], *pl.* [-aːt] *Mar.* Vorauszahlung *f*; Kredit *m*
تسبيك [tas'biːk] Schmoren *n*
تستر [ta'sattur] Verbergen *n*, Verschleierung *f* (على *G*); *Mil.* Deckung *f*; Tarnung *f*
تسجيل [tas'dʒiːl], *pl.* [-aːt] Eintragung *f*, Registrierung *f*; Aufzeichnung *f*; *Hdl.* Buchung *f*; Bandaufnahme *f*; Einschreiben *n e-r Postsendung*; Einschreibung *f*, Belegen *n an der Universität*; Zulassung *f e-s Kraftfahrzeugs-*; جهاز الـ~ [dʒi-'haːz at-t.] Tonbandgerät *n*, Recorder *m*
تسجيلي [tas'dʒiːliː] registrierend, aufzeichnend; فيلم ~ Dokumentarfilm *m*
تسخير [tas'xiːr] Unterwerfung *f*; Dienstbarmachen *n*; Heranziehung *f* (لـ zu *D*); Einsatz *m von Mitteln*
تسخين [tas'xiːn] Erhitzung *f*; Erwärmung *f*; Heizen *n*
تسديد [tas'diːd] Bezahlung *f*; Begleichung *f*, Rückzahlung *f e-r Schuld*; Deckung *f der Kosten, bsd. Tun. a. des Bedarfs*; Lenken *n* (إلى/نحو auf *A*), Zielen *n*; *Fußball*: Schießen *n*, Schuß *m*; Richtigstellung *f*
تسديدة [tas'diːda], *pl.* [-aːt] *Fußball*: Schuß *m*
تسدية [tasdija] *bsd. Syr.* Schären *n* von Kettfäden
تسر [ta'sarrin] Konkubinat *n*
تسرب [ta'sarrub] Auslaufen *n e-r Flüssigkeit*; *a. fig.* Durchsickern *n*; vorzeitiges (Weg-)Gehen; ~ الأموال Kapitalabfluß *m*
تسرع [ta'sarruʕ] Eile *f*, Hast *f*; Überstürzung *f*
تسريب [tas'riːb] Lancieren *n e-r Nachricht*
تسريح [tas'riːħ] Entlassung *f*; Freilassung *f*; *Mil.* Demobilisierung *f*; الشعر ~ Kämmen *n*, Frisieren *n*
تسريحة [tas'riːħa], *pl.* [-aːt] Frisur *f*; Toilettentisch *m*
تسرية [tasrija] Zerstreuung *f*, Erheiterung *f*; *Saudi-Ar.* nächtliche(r) Hochzeitszug
تسطيح [tas'ṭiːħ] Planierung *f*; Abflachung *f*; *Äg.* Schwarzfahren *n auf dem Dach e-s Zuges*
تسطيحة [tas'ṭiːħa] Terrasse *f*
تسطير [tas'ṭiːr] Ziehen *n* von Linien; *Hdl.* Kreuzen *n e-s Schecks*
[1]**تسع** [tusʕ], *pl.* أتساع [ʔat'saːʕ] Neuntel *n*
[2]**تسع** [tisʕ] → تسعة
تسعمائة = تسع مائة [tisʕu miʔa(tin)] neunhundert
تسعة [tisʕa], *f* تسع [tisʕ] neun; ~ عشر [-ta ʕaʃar(a)], *f* تسع عشرة [tisʕa ʕaʃra(ta)] neunzehn
تسعون [tis'ʕuːn] neunzig
تسعير [tas'ʕiːr] Preisfestsetzung *f*; Preisgestaltung *f*
تسعيرة [tas'ʕiːra] Preisfestsetzung *f*; Preisgestaltung *f*; festgesetzte(r) Preis, Tarif *m*; Notierung *f e-r Währung*
تسعينات [tisʕiː'naːt] *pl. u.* **تسعينيات** [tisʕiːniː'jaːt] *pl.*: الـ~ die neunziger Jahre *n/pl.*
تسفيه [tas'fiːh] Verächtlichmachen *n*, Verunglimpfen *n*
تسقيف [tas'qiːf] Überdachung *f*, Dachdeckung *f*
تسكع [ta'sakkuʕ] Herumlungern *n*, Umherstrolchen *n*, (Herum-)Bummeln *n*
تسكين [tas'kiːn] Beruhigung *f*, Besänftigung *f*
تسلح [ta'salluħ] *intr.* Bewaffnung *f*, (Auf-)Rüstung *f*; سباق الـ~ [si'baːq at-t.] Rüstungswettlauf *m*
تسلخ [ta'sallux] Abschürfung *f*, Schürfwunde *f*
تسلسل [ta'salsul] fortlaufende Folge, Aufeinanderfolge *f*; Hierarchie *f*; بالـ~ fortlaufend, kontinuierlich; رقم الـ~ laufende Nummer
تسلسلي [ta'salsuliː] hierarchisch
تسلط [ta'salluṭ] Beherrschung *f* (على *G*), (Vor-)Herrschaft *f*; Kontrolle *f* (على über *A*); Willkür(herrschaft) *f*
تسلطي [ta'salluṭiː] *Staat*: autoritär
تسلطية [tasallu'ṭiːja] Autoritarismus *m*
تسلق [ta'salluq] Klettern *n*; Ersteigung *f*, Besteigung *f*; الجبال ~ [t. al-dʒi'baːl] Bergsteigen *n*
تسلل [ta'sallul] *Pol.* Infiltration *f*; *Fußball*: Abseits *n*

تسلم [ta'sallum] Übernahme *f*, Entgegennahme *f*, Empfang *m*

تسليح [tas'liːħ] *trans.* Bewaffnung *f*, (Auf-)Rüstung *f*; Armierung *f des Betons*

تسليط [tas'liːṭ]: الأضواء على ~ *fig.* Beleuchtung *f e-r Sache*

تسليف [tas'liːf] Kreditgewährung *f*; *pl.* [-aːt] Kredit *m*, Darlehen *n*; Vorschuß *m*; عقاري ~ Hypothekarkredit *m*

تسليك [tas'liːk] Säuberung *f*; Entwirrung *f e-r Angelegenheit*

تسليم [tas'liːm] Übergabe *f*, Überreichung *f*; Auslieferung *f e-r Ware, e-s Verbrechers*; Zustellung *f e-r Ware*; Unterwerfung *f*, *Mil.* Kapitulation *f*; Ergebung *f* (ل in *A*), Ergebenheit *f*; Begrüßung *f* (على *j-s*); Anerkennung *f* (ب *G*); Zubilligung *f* (ب *G*); جاهز للـ~ *Wohnung*: schlüsselfertig

تسلية [taslija], *pl.* (*umg.*) تسالي [ta'saːliː] Tröstung *f*; Zerstreuung *f*, Unterhaltung *f*, Zeitvertreib *m*

تسم [ta'sammin] Sichnennen (ب mit *e-m Namen*), Benanntwerden *n*

تسمع [ta'sammuʕ] Abhören *n von Telefongesprächen*; *Med.* Abhorchen *n*

تسمم [ta'sammum] Vergiftung *f*; (= الدم ~ [t. ad-dam]) *Med.* Blutvergiftung *f*, Sepsis *f*; بولي ~ [bauliː] *Med.* Urämie *f*

تسميد [tas'miːd] Düngung *f*

تسمية [tasmija], *pl.* [-aːt] Benennung *f*, Bezeichnung *f*; Namengebung *f*; = → بسملة

تسنيم [tas'niːm]: الـ~ *e-e Quelle im Paradies*; ماء الـ~ das Getränk der Paradiesbewohner

تسنين [tas'niːn] Zähnung *f*; Zinnen *f/pl.*; Zahnen *n des Kindes*

تسهيل [tas'hiːl], *pl.* [-aːt] Erleichterung *f*; *pl.* (= *engl. facilities*) Einrichtungen *f/pl.*; تسهيلات ائتمانية [iʔtimaː'niːja] Kreditfazilitäten *f/pl.*

تسوس [ta'sawwus] *Med.* Karies *f*; Wurmfraß *m*; Fäule *f*

تسوق [ta'sawwuq] Einkaufen *n*

تسول [ta'sawwul] Bettelei *f*, Betteln *n*

تسويد [tas'wiːd] *u.* **تسويدة** [tas'wiːda] ins unreine geschriebene(r) Entwurf

تسوير [tas'wiːr] Einzäunung *f*

تسويغ [tas'wiːɣ] Zulassung *f*, Erlaubnis *f*; Rechtfertigung *f*; *Maghr.* Verpachtung *f*

تسويف [tas'wiːf] Hinauszögern *n*; *Gr.* Ausdruck *m* der Zukunft

تسويق [tas'wiːq] *Hdl.* Absatz *m*, Vertrieb *m*; Vermarktung *f*; Marketing *n*

تسويقة [tas'wiːqa] *Äg.* vorteilhafte(r) Kauf

تسويقي [tas'wiːqiː] Absatz-; Marketing-

تسوية [taswija], *pl.* [-aːt] Ebnung *f*, Planieren *n*; Nivellierung *f*; *Techn.* Glätten *n*; Regelung *f*; Schlichtung *f*, Beilegung *f*, Ausgleich *m*; Begleichung *f*, Bezahlung *f e-r Rechnung*; *Jord.* Untergeschoß *n*; تحت الـ~ *Hdl.* unbeglichen, ausstehend

تسيار [tas'jaːr] (Rund-)Gang *m*; Reise *f*

تسيب [ta'sajjub] Schlamperei *f*

تسييج [tas'jiːdʒ] Einzäunung *f*

تسيير [tas'jiːr] Inbetriebnahme *f*; *Techn.* Antrieb *m*; Steuerung *f*, Lenkung *f*; *bsd. Maghr.* Führung *f*, Leitung *f*; Verwaltung *f*; Durchführung *f von Flügen*; Einrichtung *f od.* Unterhaltung *f e-r Verkehrsverbindung*; Entsendung *f*; ~ ذاتي *Alg.* Selbstverwaltung *f*

تسييس [tas'jiːs] Politisierung *f*

تسييل [tas'jiːl] Verflüssigung *f*

تشابك [ta'ʃaːbuk] Verflechtung *f miteinander*; Verworrenheit *f*

تشابه [ta'ʃaːbuh] Ähnlichkeit *f miteinander*; Affinität *f*; *Phon.* Assimilation *f*; Verschwommenheit *f*

تشاد [tʃaːd] *f Geo.* Tschad *m*

تشادي [tʃaːdiː] tschadisch; *pl.* [-uːn] Tschader *m*

تشارك [ta'ʃaːruk] gemeinsame Teilnahme *f* (في an *D*)

تشاركية [taʃaːru'kiːja], *pl.* [-aːt] *Libyen*: Genossenschaft *f*

تشاكل [ta'ʃaːkul] Ähnlichkeit *f miteinander*

تشامخ [ta'ʃaːmux] Stolz *m*, Hochmut *m*

تشاور [ta'ʃaːwur], *pl.* [-aːt] Beratung *f* (مع mit *D*, في über *A*), Konsultation *f*

تشاؤم [ta'ʃaːʔum] Schwarzseherei *f*, Pessimismus *m*

تشاؤمي [ta'ʃaːʔumiː] *Ansicht*: pessimistisch

تشبث [ta'ʃabbuθ] Festhalten *n* (ب an *D*); Hartnäckigkeit *f*

تشبع [ta'ʃabbuʕ] *intr. Chem.* Sättigung *f*; Durchdrungensein *n* (ب von *D*)

تشبه [ta'ʃabbuh] Nachahmung *f* (ب *j-s*)

تشبيك [taʃ'biːk] *trans.* Verflechtung *f*

تشبيكة [taʃ'biːka], *pl.* [-aːt] Gitter *n*; *Tun.* Drillich *m*

تشبيه [taʃ'biːh], *pl.* [-aːt] *u.* تشابيه [taʃaː'biːh] (2) Vergleich *m*; Gleichnis *n*; Allegorie *f*; Anthropomorphisierung *f Gottes*

تشتت [ta'ʃattut] *intr.* Zersplitterung *f*; Zerstreuung *f*

تشتيت [taʃ'tiːt] *trans.* Zersplitterung *f*; Zerstreuung *f*

تشجير [taʃ'dʒiːr] Aufforstung *f*; Bepflanzung *f* mit Bäumen

تشجيع [taʃ'dʒiːʕ], *pl.* [-aːt] Ermutigung *f*, Ermunterung *f* (على zu *D*); Förderung *f e-s Unternehmens*

تشحيم [taʃ'ħiːm] Einfettung *f*, Schmierung *f*; *Auto*: Abschmieren *n*

تشخيص [taʃ'xiːs] Personifizierung *f*; *Theater*: Darstellung *f*; Identifizierung *f*; *Med.* Diagnose *f*; نفسي ~ Psychodiagnostik *f*

تشخيصي [taʃ'xiːsiː] darstellerisch; *Med.* diagnostisch

تشدد [ta'ʃaddud] Strenge *f*, Härte *f*, Unnachgiebigkeit *f*

تشدق [ta'ʃadduq] Sichaufspielen *n* (ب mit *D*), Großsprecherei *f*

تشديد [taʃ'diːd] Verstärkung *f*, Intensivierung *f*; *Gr.* Verdopp(e)lung *f* *fig.* Druck *m* (على auf *A*); Hervorhebung *f*, Betonung *f* (على *G*)

تشذيب [taʃ'ðiːb] Stutzen *n von Bäumen*; Zurechtstutzen *n*, Modifizieren *n*

تشرب [ta'ʃarrub] Einsaugung *f*, Absorption *f*

تشرد [ta'ʃarrud] Umherstreifen *n*; Landstreicherei *f*, Vagabundentum *n*; Heimatlosigkeit *f*; Obdachlosigkeit *f*

تشرذم [ta'ʃarðum] Zersplitterung *f*, Gespaltensein *n*

تشريب [taʃ'riːb] Imprägnierung *f von Textilien*

تشريح [taʃ'riːħ] Zerschneidung *f in Scheiben*; Sezieren *n*, Sektion *f*; Obduktion *f*; (= علم الـ~ [ʕilm at-t.]) Anatomie *f*; النبات ~ Phytotomie *f*

تشريحي [taʃ'riːħiː] *Med.* Sektions-; anatomisch

تشريد [taʃ'riːd] Vertreibung *f*; Umherirren *n*, Umherstreifen *n*

تشريط [taʃ'riːṭ] Einritzen *n*, Einkerben *n*

تشريع [taʃ'riːʕ] Gesetzgebung *f*, Legislatur *f*; تشريعات *pl.* Gesetze *n/pl.*

تشريعي [taʃ'riːʕiː] gesetzgebend, legislativ; انتخابات ~ـة Parlamentswahlen *f/pl.*; دورة ~ـة [daura] Legislaturperiode *f*; السلطة التشريعية [as-sulṭɒ] gesetzgebende Gewalt, Legislative *f*

تشريف [taʃ'riːf] ehrenvolle Behandlung; ehrenvolle(r) Besuch

تشريفاتي [taʃriː'faːtiː] Zeremonien-; *pl.* ~ـة Zeremonienmeister *m*; بدلة ~ـة Paradeuniform *f*

تشريفة [taʃ'riːfa] feierliche Zeremonie; تشريفات *pl.* Zeremoniell *n*, Protokoll *n*; رئيس التشريفات Chef *m* des Protokolls; Zeremonienmeister *m*; كسوة الـ~ [kiswat at-t.] Paradeuniform *f*

تشريق [taʃ'riːq] Veröstlichung *f*; Verselbständigung *f bsd. arab. Länder*, Unabhängigkeit *f* vom Westen; أيام الـ~ [ʔa'jjaːm at-t.] *Name der drei auf das Opferfest (10.* ذو الحجة *[ðuː l-ħiddʒa]) folgenden Tage*

تشريك [taʃ'riːk] *trans.* Beteiligung *f* (*j-s*, في an *D*); Sozialisierung *f*, Vergesellschaftung *f*

تشرين [tiʃ'riːn] *Ir., Syr., Lib., Jord.*: الأول ~ [al-ʔawwal] Oktober *m*; ~ الثاني November *m*

تشطيب [taʃ'ṭiːb], *pl.* [-aːt] Streichung *f*; *bsd. Äg.* Fertigstellung *f e-s Gebäudes*; ساعة الـ~ *Äg.* Polizeistunde *f*

تشطير [taʃ'ṭiːr] Zerteilung *f*, Spaltung *f*

تشظية [taʃðˤija] Zersplitterung *f*

تشعب [ta'ʃaʕʕub], *pl.* [-aːt] Verzweigung *f*; Abzweigung *f* (من von *D*); *fig.* Vielschichtigkeit *f*

تشعع [ta'ʃaʕʕuʕ] (Aus-)Strahlung *f*

تشغيل [taʃ'ɣiːl] Beschäftigung *f* (*G*: *j-s*); Inbetriebnahme *f*; Betrieb *m e-r Maschine*; *Techn.* Bedienung *f*; Unterhaltung *f von öffentlichen Einrichtungen*; Einsatz *m von Kapital*; Bearbeitung *f von Material*; الـ~ من/عن بعد [buʕd] Fernbedienung *f*

تشغيلي [taʃ'ɣiːliː] Betriebs-

تشف [ta'ʃaffin] Befriedigung *f* der Rachsucht

تشقق [ta'ʃaqquq] *intr.* (Auf-)Spaltung *f*; Aufgesprungensein *n der Lippen*

تشكر [ta'ʃakkur], *pl.* [-aːt] Danken *n*, Danksagung *f*

تشكك [ta'ʃakkuk] Zweifel *m*; Skeptizismus *m*

تشكل [ta'ʃakkul] *intr.* Ausformung *f*, Gestaltung *f*, Bildung *f*

تشكيك [taʃ'kiːk], *pl.* [-aːt] Erregung *f* von Zweifel; skeptische Äußerung

تشكيل [taʃ'kiːl], *pl.* [-aːt] Gestaltung *f*, Bildung *f*, Formung *f*; *Gr.* Vokalisierung *f*; *pl.* Formationen *f/pl.*, Gruppierungen *f/pl.*, Verbände *m/pl.*; تشكيلات (من) السحب [as-suħub] Wolkenfelder *n/pl.*

تشكيلة [taʃ'kiːla], *pl.* [-aːt] *Hdl.* Auswahl *f*, Sortiment *n*; Aufstellung *f e-r Mannschaft*; Formation *f*; Gruppierung *f*; *Mil.* Verband *m*; *bsd. Syr.* Umbesetzung *f* von Ämtern, Revirement *n*

تشكيلي [taʃ'kiːliː]: الفن الـ~ [al-fann] bildende Kunst

تشمع [ta'ʃammuʕ] *bsd. Syr.* Zirrhose *f*

تشنج [ta'ʃannudʒ], *pl.* [-aːt] Zusammenziehung *f*; *Med.* Krampf *m*, Konvulsion *f*; *fig.* Verkrampftheit *f*; مضاد للـ~ [mu'ðɒːdd] *Med.* krampflösend

تشهير [taʃ'hiːr] öffentliche(s) Bekanntmachen; (öffentliche) Anprangerung (ب *G*); Beschimpfung *f*, Verleumdung *f* (ب *j-s*)

تشوق [ta'ʃawwuq] Sehnsucht *f*, Verlangen *n*

تشوه [ta'ʃawwuh] Entstellung *f*, Mißgestaltetheit *f*; *pl.* [-aːt] Mißbildung *f*

تشويش [taʃ'wiːʃ] *trans.* Verwirrung *f*; *Radio*: Störung *f* (على *G*)

تشويق [taʃ'wiːq] Erweckung *f* von Sehnsucht *od.* Interesse; Erregung *f* von Spannung; Spannung *f*

تشويه [taʃ'wiːh], *pl.* [-aːt] Entstellung *f*, Verunstaltung *f*; Verschandelung *f*; Verfälschung *f von Tatsachen*

تشيع [ta'ʃajjuʕ] Parteinahme *f* (ل für *A*); *Isl.* Bekenntnis *n* zum Schiitentum

تشيك [tʃiːk] *koll.*: الـ~ die Tschechen *m/pl.*

تشيكوسلوفاكي [tʃiːkusloː'vaːkiː] *hist.* tschechoslowakisch; *pl.* [-uːn] Tschechoslowake *m*

تشيكوسلوفاكيا [tʃiːkusloː'vaːkijaː] *hist.* Tschechoslowakei *f*

تشيكي [tʃiːkiː] tschechisch; *pl.* [-uːn] Tscheche *m*

تشيكيا [tʃiːkijaː] Tschechien

تشيؤ [ta'ʃajjuʔ] *intr. Phil.* Verdinglichung *f*

تشييد [taʃ'jiːd] Errichtung *f*, Erbauung *f*; Aufbau *m e-s Landes*

تشييع [taʃ'jiːʕ]: الجنازة ~ [t. al-dʒa'naːza/dʒi'naːza], الجثمان ~ [t. al-dʒuθ'maːn] letzte(s) Geleit; Beisetzung *f*

تصادم [ta'sɒːdum] Zusammenstoß *m*, Kollision *f*; (*seelischer*) Schock

تصادمي [ta'sɒːdumiː] Kollisions-

تصارع [ta'sɒːruʕ] Ringen *n* (مع mit *D*)

تصاريف → تصريف

تصاعد [ta'sɒːʕud] Aufsteigen *n*; (allmählicher) Anstieg; Progression *f*; *Pol*. Eskalation *f*

تصاعدي [ta'sɒːʕudiː] allmählich ansteigend; *Steuer*: progressiv; *Pol*. eskalierend

تصاغر [ta'sɒːɣur] Kriecherei *f*

تصاف [ta'sɒːfin] friedliche(r) Ausgleich (بين zwischen *D*); Versöhnung *f*

تصافح [ta'sɒːfuħ] Händeschütteln *n*

تصالح [ta'sɒːluħ] Aussöhnung *f*; *Jur*. Vergleich *m*; لجنة الـ~ *Tun*. Schlichtungsausschuß *m*

تصايح [ta'sɒːjuħ] Geschrei *n e-r Menge*

تصبير [tɒs'biːr] Konservierung *f von Nahrungsmitteln*

تصبيرة [tɒs'biːra] Imbiß *m*; Gabelfrühstück *n*

تصحر [ta'sɒħħur] Versteppung *f*, Desertifikation *f*

تصحيح [tɒs'ħiːħ], *pl*. [-aːt] Verbesserung *f*, Berichtigung *f*, Korrektur *f*; kritische Revision *e-s Textes*

تصحيحي [tɒs'ħiːħiː] Korrektur-; حركة ~ة [ħaraka] *Syr. Pol*. Korrekturbewegung *f*

تصحيف [tɒs'ħiːf], *pl*. [-aːt] Schreibfehler *m*; falsche Aussprache; Entstellung *f*

تصد [ta'sɒddin] Entgegentreten *n*; Sichbefassen *n* (ل mit *D*)

تصدع [ta'sɒdduʕ] Spaltung *f*, Bersten *n*; Zerrüttung *f der Familie*; Sprung *m*, Riß *m*

تصدير [tɒs'diːr] *Hdl*. Ausfuhr *f*, Export *m*; Vorwort *n e-s Buches*; تصديرات *pl*. Exportgüter *n/pl*.

تصديق [tɒs'diːq] Beglaubigung *f* (على *G*); Ratifizierung *f* (على *e-s Abkommens*); Genehmigung *f*, Billigung *f* (على *G*); Glaube *m* (ب an *A*); سرعة الـ~ [surʕat at-t.] Leichtgläubigkeit *f*

تصرف [ta'sɒrruf] Verfügung *f* (في über *A*); Verfügungsgewalt *f*; *Tun*., *Mar*. Verwaltung *f*, Geschäftsführung *f*; Durchfluß *m des Wassers*; *pl*. [-aːt] Verhalten *n*, Handlungsweise *f*, Benehmen *n*; Maßnahme *f*; بـ~ nach freiem Ermessen, frei; تحت ~ـه zu seiner Verfügung; حرية الـ~ [ħu'rriːjat at-t.] Handlungsfreiheit *f*

تصريح [tɒs'riːħ], *pl*. [-aːt] *u*. **تصاريح** [tasɒː'riːħ] Erlaubnis *f*, Genehmigung *f*, Lizenz *f*; Zulassung *f von Kraftfahrzeugen*; *Pol*. Erklärung *f*; Kundtun *n*, Mitteilung *f* (ب *G*)

تصريف [tɒs'riːf] Ableitung *f des Wassers*, Entwässerung *f*; *Hdl*. Absatz *m*, Vertrieb *m*; *Gr*. Flexion *f*, Konjugation *f*; تصاريف الدهر [tasɒː'riːf ad-dahr] *pl*. Wechselfälle *m/pl*. des Schicksals; الشؤون ~ Führung *f* der Geschäfte, Verwaltung *f*

تصعيد [tɒs'ʕiːd] Aufsteigenlassen *n*; Steigerung *f*, Erhöhung *f*; *Pol*. Eskalation *f*

تصغير [tɒs'ɣiːr] Verkleinerung *f*; *Gr*. Diminutiv *n*

تصفوي [tɒsfawiː] Liquidierungs-

تصفيح [tɒs'fiːħ] Plattierung *f*, Panzerung *f*

تصفيف [tɒs'fiːf]: الشعر ~ Frisieren *n*, Frisur *f*

تصفيق [tɒs'fiːq], *pl*. [-aːt] Applaus *m*, Beifall *m*, Händeklatschen *n*

تصفية [tɒsfija], *pl*. [-aːt] Klärung *f*; Filterung *f*; *Sport*: Ausscheidung *f*; Bereinigung *f e-s Problems*; Beilegung *f von Streitigkeiten*; Liquidierung *f j-s*; *Hdl*. Räumungsverkauf *m*; *Hdl*. Liquidation *f*, Auflösung *f*; *pl*. *Sport*: Ausscheidungskämpfe *m/pl*.; الاستعمار ~ Entkolonialisierung *f*; مأمور الـ~ *Hdl*. Konkursverwalter *m*

تصلب [ta'sɒllub] Verhärtung *f* (*a. fig*.), Versteifung *f*; *Med*. Verkalkung *f*; الشرايين ~ [t. aʃ-ʃaraː'jiːn] *Med*. Arteriosklerose *f*

تصلف [ta'sɒlluf] Prahlerei *f*, Wichtigtuerei *f*

تصليح [tɒs'liːħ], *pl*. [-aːt] Reparatur *f*, Ausbesserung *f*

تصميم [tɒs'miːm] Entschluß *m*, Entschlossenheit *f* (على zu *D*); Planung *f*, Entwerfen *n*; *pl*. [-aːt] *u*. تصاميم [tasɒː'miːm] (2) Plan *m*, Entwurf *m*, Skizze *f*; Konstruktion *f*; ~ هندسي (للبناء) [handasiː (li-l-bi-'naːʔ)] Bauplan *m*

تصميمي [tɒs'miːmiː] Konstruktions-, Bau-

تصنت [ta'sɒnnut] Belauschen *n*

تصنع [ta'sɒnnuʕ] Verstellung *f*, Künstelei *f*

تصنيع [tɒs'niːʕ] Herstellung *f*, Fabrikation *f*; Verarbeitung *f e-s Materials*; Industrialisierung *f e-s Landes*

تصنيف [tɒs'niːf], *pl*. تصانيف [tasɒː'niːf] (2) Sortierung *f*, Klassifizierung *f*; Einstufung *f* (*A*: als); (= علم الـ~ [ʕilm at-t.]) *Bot*., *Zool*. Taxonomie *f*; Kompilation *f*; (literarisches) Werk

تصنيفة [tɒs'niːfa], *pl*. [-aːt] Auswahl *f*, Sortiment *n*

تصور [ta'sɒwwur] Konzipieren *n*; *pl*. [-aːt] Vorstellung *f*, Idee *f*; Imagination *f*; *Phil*. Konzeption *f*

تصوري [ta'sɒwwuriː] nur vorgestellt; imaginär

تصوف [ta'sɒwwuf] Mystik *f*; *Isl*. Sufismus *m*

تصوفي [ta'sɒwwufiː], *pl*. [-uːn] Mystiker *m*

تصوفية [tasɒwwu'fiːja] Mystizismus *m*

تصويب [tɒs'wiːb] Hinwenden *n*, Richten *n* (على auf *A*); *pl*. [-aːt] Richtigstellung *f*, Berichtigung *f*; *pl*. Korrigenda *n/pl*.; جهاز الـ~ [dʒi'haːz at-t.] Zielvorrichtung *f*

تصويت [tɒs'wiːt] Abstimmung *f* (على über *A*), Stimmabgabe *f*

تصوير [tɒs'wiːr] (bildliche) Darstellung; Schilderung *f*; Illustrierung *f*; Malerei *f*; (= شمسي ~) Fotografie *f*; *Fot*. Aufnahme *f*; Kopieren *n*; شعاعي ~ [ʃu'ʕaːʕiː], بالأشعة [bi-l-ʔa'ʃiʕʕa] Radiographie *f*, Radiologie *f*; Röntgen *n*; آلة الـ~ Fotoapparat *m*; آلة ~ المستندات [-i l-mustana'daːt] Kopiergerät *n*

تصويرة [tɒs'wiːra], *pl*. تصاوير [tasɒː'wiːr] (2) *u*. [-aːt] bildliche Darstellung; Abbildung *f*

تصويري [tɒs'wiːriː] schildernd, abbildend; illustrierend; موسيقى ~ة untermalende Musik

تصوين [tɒs'wiːn] *Syr*. Umzäunen *n*, Einfrieden *n*

تصوينة [tɒs'wiːna] *Syr.* Umzäunung *f*, Einfriedung *f*

تصيد [ta'sɒjjud] *a. fig.* Jagd *f* (*G*: nach *D*, auf *A*); Erjagen *n*

تصييف [tɒs'jiːf] Sommerurlaub *m*, Ferienaufenthalt *m*

تضاد [ta'đɒːdd] Gegensatz *m*, Kontrast *m*, (gegenseitiger) Widerspruch

تضارب [ta'đɒːrub] (gegenseitiger) Widerspruch, Konflikt *m von Interessen*, Zusammenstoß *m von Ansichten*

تضاريس [tađɒː'riːs] (2) *pl. u.* ~ الأرض Oberflächenform *f*, Relief *n*; الوجه ~ die Falten *f/pl.* des Gesichts

تضاريسي [tađɒː'riːsiː] Relief-, reliefartig

تضاعف [ta'đɒːˁuf] Verdopp(e)lung *f*; Vermehrung *f*; Vergrößerung *f von Schwierigkeiten*; Vervielfachung *f*

تضاعيف [tađɒː'ˁiːf] (2) *pl.* Inhalt *m e-s Textes*; في ـه in ihm, darin

تضافر [ta'đɒːfur] Zusammenwirken *n von Kräften*; الجهود ~ gemeinsame Bemühungen

تضام [ta'đɒːmm]: مع ~ا [-an] gemeinsam mit

تضامن [ta'đɒːmun] Solidarität *f*; gemeinsame Haftung; مع ~ا [-an] aus Solidarität mit; شركة الـ~ [ʃarikat at-t.] *Hdl.* offene Handelsgesellschaft

تضامني [ta'đɒːmuniː] *Handlung*: solidarisch; شركة ~ة [ʃarika] *Hdl.* offene Handelsgesellschaft

تضاؤل [ta'đɒːʔul] Abnahme *f*, Verringerung *f*

تضحية [tɒđhija] (Auf-)Opferung *f*; *pl.* [-aːt] Opfer *n*

تضخم [ta'đɒxxum] Aufblähung *f*, Anschwellung *f*; (= نقدي ~) Inflation *f*; *Med.* Hypertrophie *f*

تضخمي [ta'đɒxxumiː] inflatorisch, inflationär

تضخيم [tɒđ'xiːm] *trans.* Aufblähung *f*; Verstärkung *f des Tones*

تضرع [ta'đɒrruˁ] Flehen *n*, demütige Bitte

تضريب [tɒđ'riːb] Steppen *n e-r Nacht etc.*; Mischen *n*

تضعيف [tɒđ'ˁiːf] Verdopp(e)lung *f*; *Gr.* Gemination *f*

تضلع [ta'đɒlluˁ] Vertrautheit *f* (ب mit *etwas*); Beschlagenheit *f* (في auf *e-m Gebiet*)

تضليل [tɒđ'liːl] Irreführung *f*, Täuschung *f*

تضليلي [tɒđ'liːliː] Täuschungs-; demagogisch

تضميد [tɒđ'miːd] Verbinden *n e-r Wunde*; *fig.* Heilen *n od.* Schließen *n* von Wunden

تضمين [tɒđ'miːn] Einbeziehung *f*; Auferlegung *f* der Kosten; *Gr.* Gebrauch *m* e-s Verbs mit der Rektion e-s sinnverwandten anderen Verbs; *Phys.* Modulation *f*

تضييع [tɒđ'jiːˁ] Verschwendung *f*, Vergeudung *f*

تضييق [tɒđ'jiːq] Einengung *f*, Verengung *f*; Beschränkung *f*; Bedrängung *f* (على *j-s*), Erschwerung *f* des Lebens

تطابق [ta'tɒːbuq] Übereinstimmung *f*; Kongruenz *f*

تطاريف [tatɒː'riːf] (2) *pl.* Enden *n/pl.*, Spitzen *f/pl. e-r Sache*

تطامن [ta'tɒːmun] Sichbücken *n*; respektvolle Haltung

تطاول [ta'tɒːwul] Dreistigkeit *f*; Anmaßung *f* (ب *G*); Längerwerden *n*

تطبع [ta'tɒbbuˁ] *u.* اجتماعي ~ *Soz.*, *Psych.* Sozialisation *f*

تطبيب [tɒt'biːb] ärztliche Behandlung; Arztberuf *m*

تطبيع [tɒt'biːˁ] Normalisierung *f der Beziehungen*; Druckfehler *m*; ~ اجتماعي *Soz.*, *Psych.* Sozialisation *f*

تطبيق [tɒt'biːq], *pl.* [-aːt] Anwendung *f* (على auf *A*); (= الـ~ العملي [al-ˁamaliː]) Praxis *f*; *Syr. Textilwesen*: Applikation *f*; *pl.* Anwendungsmöglichkeiten *f/pl.*

تطبيقي [tɒt'biːqiː] angewandt, praktisch; praxisbezogen

تطرف [ta'tɒrruf] Extremismus *m*, Radikalismus *m*; extreme(r) Standpunkt

تطريز [tɒt'riːz] Sticken *n*, Stickerei *f*

تطعيم [tɒt'ˁiːm] Impfung *f*; *Bot.* Pfropfung *f*; Einlegearbeit *f*

تطفل [ta'tɒfful] Schmarotzertum *n*

تطلع [ta'tɒlluˁ] Ausschauhalten *n* (إلى nach *D*); Streben *n* (الى nach *D*); تطلعات *pl.* Bestrebungen *f/pl.*, Aspirationen *f/pl.*, Ambitionen *f/pl.*; Erwartungen *f/pl.*, Hoffnungen *f/pl.*

تطلق [ta'tɒlluq] Strahlen *n des Gesichts*

تطمين [tɒt'miːn] Besänftigung *f*, Beruhigung *f*

تطهير [tɒt'hiːr] Säuberung *f* (*a. Pol.*), Reinigung *f*; Desinfektion *f*; *Isl.* Beschneidung *f*; Räumung *f e-s Kanals*, Ausbaggern *n*

تطهيري [tɒt'hiːriː] Säuberungs-, Reinigungs-; desinfizierend

تطواف [tɒt'waːf] Umherreisen *n*, Umherfahren *n*; Prozession *f*

تطوان [tɨt'waːn] Tetuan (*Stadt in Marokko*)

تطور [ta'tɒwwur], *pl.* [-aːt] *intr.* Entwicklung *f*; Evolution *f*; نظرية الـ~ [nɒðɒ'riːjat at-t.] Evolutionstheorie *f*

تطوري [ta'tɒwwuriː] Entwicklungs-; Evolutions-; *pl.* [-uːn] Evolutionist *m*

تطورية [tatɒwwu'riːja] Evolutionismus *m*

تطوع [ta'tɒwwuˁ] freiwillige(r) Dienst; freiwillige Meldung; Freiwilligkeit *f*

تطوعي [ta'tɒwwuˁiː] *Aktion*: freiwillig

تطوير [tɒt'wiːr] *trans.* Entwicklung *f*, Weiterentwicklung *f*, Ausbau *m*; (*berufliche*) Förderung

تطويري [tɒt'wiːriː] Entwicklungs-

تطويع [tɒt'wiːˁ] Dienstbarmachung *f*, Anpassung *f* (ل für *e-n Zweck*); *Syr. Mil.* Rekrutierung *f*; Diplom *n* der Großen Moschee von Tunis

تطويق [tɒt'wiːq] Einschließung *f*, Einkreisung *f*, Umzingelung *f*; Eindämmung *f e-r Gefahr*

تطويل [tɒt'wiːl] Verlängerung *f*, Ausdehnung *f*; Ausführlichkeit *f*; Weitschweifigkeit *f*

تطير [ta'tɒjjur] Pessimismus *m*; Aberglaube *m*

تظاهر [ta'ðɒːhur] Vortäuschung *f* (ب *G*); Zurschaustellung *f* (ب *G*); Prahlerei *f*, Angeberei *f*; *pl.* [-aːt] Demonstration *f*

تظاهرة [ta'ðɒːhura], *pl.* [-aːt] Demonstration *f*, Kundgebung *f*

تظريف [tɒð'riːf] *Tun.* Verpacken *n*

تظلم [ta'ðɒllum], *pl.* [-aːt] Beschwerde *f*

تظهير [tɒð'hiːr], *pl.* [-aːt] *Hdl.* Übertragung *f e-s Wertpapiers* durch Indossament; Indossament *n*

تعادل [ta'ʕaːdul] Gleichgewicht *n*; Gleichwertigkeit *f*; Parität *f von Währungen*; *Sport*: Unentschieden *n*; الأصوات ~ Stimmengleichheit *f*; هدف الـ~ [hadaf at-t.] Ausgleich(stor *n*) *m*

تعارض [ta'ʕaːruđ] Gegensätzlichkeit *f*, Widerspruch *m*, Unvereinbarkeit *f*; المصالح ~ [t. al-mɒ'sɒːliħ] Interessenkollision *f*

تعاسة [ta'ʕaːsa] Unglück *n*, Elend *n*

تعاضد [ta'ʕɒːđud] gegenseitige(r) Beistand, Zusammenarbeit *f*

تعاضدي [ta'ʕɒːđudiː] kooperativ

تعاضدية [taʕɒːđu'diːja], *pl.* [-aːt] *Maghr.* Genossenschaft *f*

تعاط [ta'ʕɒːtˑin] Einnahme *f von Speisen, Medikamenten*; Ausübung *f e-r Tätigkeit*, Beschäftigung *f* (*G*: mit *D*); Umgang *m* (مع mit *D*)

تعاطف [ta'ʕɒːtuf] gegenseitige Zuneigung; Sympathie *f* (مع für *A*); Wohlwollen *n*

تعاظم [ta'ʕɒːðum] Anwachsen *n*, Erstarken *n*

تعاقب [ta'ʕaːqub] Aufeinanderfolge *f*

تعاقد [ta'ʕaːqud] Vertragsabschluß *m*; *pl.* [-aːt] Vertrag *m*

تعاقدي [ta'ʕaːqudiː] vertraglich, Vertrags-

[1]**تعال** [ta'ʕaːla], *f* تعالي [ta'ʕaːlai] *Imp.* komm!, → [1](علو) VI

[2]**تعال** [ta'ʕaːlin] Überheblichkeit *f*, Selbstherrlichkeit *f*

تعالج [ta'ʕaːludʒ] Behandlung *f* (*in der man sich befindet*)

تعالى [ta'ʕaːlaː] *nach dem Gottesnamen*: erhaben ist Er!, → [1](علو) VI

تعام [ta'ʕaːmim] Sichblindstellen *n*; Ignorierung *f* (عن *G*)

تعامل [ta'ʕaːmul] Umgang *m*, Verkehr *m* (مع mit *D*); Geschäftsbeziehungen *f/pl.*, Geschäftsverkehr *m*; *Börse*: Handel *m* (في mit *D*), Umsatz *m*; تجاري ~ [ti'dʒaːriː] Handelsverkehr *m*; Geschäft *n*

تعانق [ta'ʕaːnuq] gegenseitige Umarmung

تعاهدي [ta'ʕaːhudiː] vertraglich, Vertrags-

تعاون [ta'ʕaːwun] Zusammenarbeit *f*, Kooperation *f*; بالـ~ مع in Zusammenarbeit mit

تعاوني [ta'ʕaːwuniː] genossenschaftlich, kooperativ; جمعية ~ة Genossenschaft *f*

تعاونية [taʕaːwu'niːja] Gemeinschaftsgeist *m*; *pl.* [-aːt] Genossenschaft *f*, Kooperative *f*

تعايش [ta'ʕaːjuʃ] Zusammenleben *n* (مع mit *D*); *Pol.* Koexistenz *f*

[1]**تعب** [taʕiba, a] sich (ab)plagen, sich (ab)mühen (في mit *D*); müde werden; genug haben (من von *D*); **IV** أتعب [ʔatʕaba] anstrengen, ermüden; Mühe machen (ه *j-m*); zur Last fallen, lästig werden (ه *j-m*); quälen

[2]**تعب** [taʕab], *pl.* أتعاب [ʔat'ʕaːb] Mühe *f*, Plage *f*, Anstrengung *f*; Ermüdung *f*; Beschwernis *f*; *pl. a.* Honorar *n*, Gebühren *f/pl.*; أتعاب المرارة Gallenbeschwerden *pl.*

[3]**تعب** [taʕib], *pl.* [-uːn] ermüdet, erschöpft, ermattet

تعبان [taʕ'baːn], *pl.* [-uːn] müde, ermüdet, ermattet

تعبد [ta'ʕabbud] Verehrung *f Gottes od. e-s Heiligen*

تعبوي [taʕbawiː] taktisch

تعبيد [taʕ'biːd] Versklavung *f*, Unterjochung *f*; الطرق ~ [t. ɒt-turuq] Straßenbau *m*

تعبير [taʕ'biːr] Äußerung *f* (عن *e-s Gefühls*); Artikulieren *n* (عن *G*); Deutung *f e-s Traumes*; *pl.* [-aːt] *u.* تعابير [taʕaː'biːr] (2) Ausdruck *m*; الوجه ~ Gesichtsausdruck *m*, Miene *f*; بـ~ آخر [ʔaːxar(a)] mit anderen Worten

تعبيري [taʕ'biːriː] Ausdrucks-; expressionistisch

تعبيرية [taʕbiː'riːja] Expressionismus *m*

تعبئة [taʕbiʔa] (Ab-)Füllung *f*; Verpackung *f*; (Auf-)Laden *n*; *bsd. Jord.* Ausfüllen *n e-s Formulars*; *Mil.* Mobilmachung *f*; *fig.* Mobilisierung *f*; عامة ~ [ʕaːmma] *Mil.* allgemeine Mobilmachung

تعتيق [taʕ'tiːq] Ablagernlassen *n des Weins*; *Äg.* Lagerung *f von Waren*

تعتيم [taʕ'tiːm] Verdunkelung *f*

تعثر [ta'ʕaθθur], *pl.* [-aːt] Straucheln *n*, Stolpern *n*; Stocken *n*; Scheitern *n*

تعجب [ta'ʕaddʒub] Erstaunen *n*, Verwunderung *f*; علامة الـ~ Ausrufezeichen *n*

تعجيب [taʕ'dʒiːb] Erwecken *n* von Bewunderung (من für *A*)

تعجيز [taʕ'dʒiːz] Verlangen *n* von Unmöglichem

تعجيزي [taʕ'dʒiːziː] *Bedingung*: unerfüllbar, unannehmbar

تعجيل [taʕ'dʒiːl] Beschleunigung *f* (ب *G*)

تعد [ta'ʕaddin] Überschreitung *f*; *Verk.* Überholen *n*; Übertretung *f*, Verletzung *f von Gesetzen*, Übergriff *m*; Angriff *m* (على auf *A*)

تعداد [taʕ'daːd] Zählung *f*; Aufzählung *f*; السكان ~ [t. as-su'kkaːn] Volkszählung *f*; Bevölkerungszahl *f*

تعدد [ta'ʕaddud] Vielzahl *f*, Vielfalt *f*; *in Zusammensetzungen*: Poly-; الزوجات ~ [t. az-zau'dʒaːt] Polygamie *f*, Polygynie *f*; المعاني ~ [t. al-ma'ʕaːniː] *Gr.* Polysemie *f*

تعددي [ta'ʕaddudiː] pluralistisch

تعددية [taʕaddu'diːja] Pluralismus *m*

تعديل [taʕ'diːl], *pl.* [-aːt] Abänderung *f bsd. e-s Gesetzes*, Modifizierung *f*; Umbildung *f der Regierung*; Anpassung *f*; Regelung *f*, Regulierung *f*; Einrichten *n*, Adjustieren *n*; *El.* Modulation *f*

تعدين [taʕ'diːn] Bergbau *m*; Förderung *f*, Abbau *m von Mineralien*; Metallverarbeitung *f*; Hüttenwesen *n*

تعديني [taʕ'diːniː] Bergbau-; metallverarbeitend; ~ة صناعة [sɨ'naːʕa] Montanindustrie *f*

تعدية [taʕdija] Überfuhr *f*, Übersetzen *n über e-n Fluß*; *Gr.* Transitivierung *f*, Transitivität *f*

تعذر [ta'ʕaðður] Unmöglichkeit *f*

تعذيب [taʕ'ðiːb] Bestrafung *f*; Quälerei *f*, Folterung *f*

تعرج [ta'ʕarrudʒ] Gewundenheit *f*, Zickzack *m*

تعرض [ta'ʕarruđ] Ausgesetztsein *n* (ل *e-r Gefahr*); Eingehen *n* (ل auf *ein Thema*); *pl.* [-aːt] Einwand *m*

تعرف [ta'ʕarruf] Bekanntwerden *n* (على/إلى/ب mit *D*), Kennenlernen *n* (على/إلى/ب *G*), Bekanntschaft *f*

تعرفة [taʕrifa], *pl.* [-aːt] Tarif *m*; Preisliste *f*

تعرق [ta'ʕarruq] Schwitzen *n*, Transpiration *f*; *Bot.*, *Zool.* Äderung *f*

تعريب [taʕ'riːb] Arabisierung *f*; Übersetzung *f* ins Arabische; Aufnahme *f* von Lehn- *od.* Fremdwörtern ins Arabische

تعريج [taʕ'riːdʒ], *pl.* تعاريج [taʕaː'riːdʒ] (2) Krümmung *f*, Windung *f*

تعريض [taʕ'riːđ] Verbreiterung *f*; Andeutung *f*, Anspielung *f*

تعريف [taʕ'riːf], *pl.* تعاريف [taʕaː'riːf] (2) *u.* [-aːt] Bekanntgabe *f*; Bekanntmachung *f* (ب *e-r Sache*, ه على/إلى/ب *j-s* mit *D*); Kennzeichnung *f*; Bestimmung *f*, Definition *f*; *Gr.* Determination *f*; أداة الـ~ *Gr.* bestimmte(r) Artikel; بطاقة الـ~ [bi'tɒːqat at-t.] Kennkarte *f*, Personalausweis *m*

تعريفة [taʕ'riːfa], *pl.* [-aːt] *u.* تعاريف [taʕaː'riːf] (2) Tarif *m*; Preisliste *f*; *früher Äg.* Münze *f* zu 5 Millièmes, halbe(r) Piaster

تعريفي [taʕ'riːfiː] Tarif-, tariflich

تعريق [taʕ'riːq] Irakisierung *f*; Übertragung *f* in den irakischen Dialekt

تعرية [taʕrija] Entblößung *f*; Entkleidung *f*; Bloßlegung *f von Gestein*; *Geol.* Abtragung *f*, Erosion *f*

تعز [ta'ʕizz] (2) Taiz (*Stadt im Nordjemen*)

تعزيز [taʕ'ziːz] Festigung *f*, (Ver-) Stärkung *f*; *Hdl.* Bestätigung *f des Empfangs*; تعزيزات *pl. Mil.* Verstärkung *f*, Nachschub *m*

تعزيم [taʕ'ziːm] *u.* **تعزيمة** [taʕ'ziːma] Beschwörung *f*

تعزية [taʕzija], *pl.* تعاز [ta'ʕaːzin] Tröstung *f*, Trost *m*; Beileid *n*; بطاقة ~ [bi'tɒːqat t.] Beileidskarte *f*; قدم التعازي [qaddama t-ta'ʕaːziː] kondolieren (إلى *j-m*)

[1](**تعس**) **IV** أتعس [ʔatʕasa] unglücklich machen; heimsuchen (ه ب *j-n* mit *D*)

[2]**تعس** [taʕs] Unglück *n*; ~ا له [-an] der elende Kerl!

[3]**تعس** [taʕis] unglücklich, elend; bedauernswert; armselig; kärglich; ~ الحظ [t. al-ħɒðð] vom Pech verfolgt

تعسر [ta'ʕassur] Schwierigkeit *f*

تعسف [ta'ʕassuf] Willkür *f*; Unüberlegtheit *f*

تعسفي [ta'ʕassufiː] willkürlich, Willkür-

تعشق [ta'ʕaʃʃuq] Liebe *f* (*G*: zu *D*)

تعشيب [taʕ'ʃiːb] *Ir.* Jäten *n*

تعشيق [taʕ'ʃiːq] Ineinanderfügen *n*, Verzahnung *f*; *Techn.* Kupplung *f*; *Tischlerei*: Verzapfung *f*

تعشيقة [taʕ'ʃiːqa], *pl.* تعاشيق [taʕaː'ʃiːq] (2) *Techn.* Kupplung *f*; *Techn.* Getriebe *n*; *Tischlerei*: Schwalbenschwanz *m*

تعصب [ta'ʕɒssub] Fanatismus *m*, blinde(r) Eifer; Parteinahme *f* (ل für *A*); Parteigeist *m*; ~ وطني [wɒtɒniː] Chauvinismus *m*

تعصير [taʕ'sɨːr] Modernisierung *f*

تعضيد [taʕ'điːd] Beistand *m*, Unterstützung *f*

تعطل [ta'ʕɒttul] Arbeitslosigkeit *f* (= ~ عن العمل [al-ʕamal]); Stillstand *m von Maschinen*, Betriebsstörung *f*

تعطيب [taʕ'tɨːb] Beschädigung *f*, Zerstörung *f*

تعطيش [taʕ'tɨːʃ] Dürstenlassen *n*

تعطيل [taʕ'tɨːl] Unterbrechung *f*, Einstellung *f e-r Arbeit*; Lahmlegung *f*; Stillegung *f*; Abstellen *n e-r Maschine*; Blockierung *f e-r Funktion*; Schließung *f e-r Dienststelle*; zeitweilige(s) Verbot *e-r Zeitung*; Außerkraftsetzung *f e-s Gesetzes*; Behinderung *f*; Entschärfung *f e-r Bombe*; Lehre *f*, die Gott alle Attribute abspricht

تعظيم [taʕ'ðɨːm] Verherrlichung *f*; *Mil.* Ehrenbezeigung *f*

تعفف [ta'ʕaffuf] Keuschheit *f*, Tugendhaftigkeit *f*; Enthaltsamkeit *f*

تعفن [ta'ʕaffun] Fäulnis *f*, Schimmelbildung *f*; Verwesung *f*; Korruption *f*

تعقب [ta'ʕaqqub], *pl.* [-aːt] *a. Jur.* Verfolgung *f*

تعقد [ta'ʕaqqud], *pl.* [-aːt] Kompliziertheit *f*, Schwierigkeit(en *pl.*) *f*; Komplexität *f*

تعقل [ta'ʕaqqul] Verstand *m*, Vernunft *f*; ~بـ mit Überlegung

تعقيب [taʕ'qiːb], *pl.* [-aːt] Verfolgung *f*; Kommentierung *f*, Kommentar *m*; *Tun. Jur.* Revision *f*; محكمة الـ~ *Tun.* Revisionskammer *f*

تعقيبي [taʕ'qiːbiː] *Tun. Jur.* Revisions-; كلمة ~ة [kalima] Stichwort *n*, Lemma *n*

تعقيد [taʕ'qiːd], *pl.* [-aːt] Verwicklung *f*, Komplikation *f*, Kompliziertheit *f*; Komplexität *f*

تعقيم [taʕ'qiːm] Sterilisierung *f*; Pasteurisierung *f*; Entkeimung *f*, Desinfektion *f*

تعكير [taʕ'kiːr] Trübung *f*; Störung *f*

تعلامة [tiʕ'laːma] *m* hochgelehrt; große(r) Gelehrte(r)

تعلق [ta'ʕalluq] Abhängigkeit *f* (ب von *D*); Verbindung *f*, Zusammenhang *m* (ب mit *D*); Verbundenheit *f* (ب mit *j-m*); Anhänglichkeit *f* (ب an *j-n*)

تعلل [ta'ʕallul], *pl.* [-aːt] Vorwand *m*, Ausrede *f*

تعلم [ta'ʕallum] Lernen *n*, Studium *n*; Erlernung *f*

تعلة [ta'ʕilla], *pl.* [-aːt] Vorwand *m*, Ausrede *f*

تعليب [taʕ'liːb] Konservierung *f* (in Dosen); Abfüllen *n* (in Dosen); معمل ~ Konservenfabrik *f*; Abfüllanlage *f*

تعليق [taʕ'liːq] Aufhängen *n*; *Techn.* Aufhängung *f*; Aussetzung *f e-s Urteils*; *schräge(r) arabische(r) Schriftduktus*; *pl.* [-aːt] *u.* تعاليق [taʕaː'liːq] (2) Kommentar *m*, Randbemerkung *f*

تعليقة [taʕ'liːqa], *pl.* [-aːt] *u.* تعاليق [taʕaː'liːq] (2) Randbemerkung *f*, Glosse *f*

تعليل [taʕ'liːl], *pl.* [-aːt] Begründung *f*, Erklärung *f* (ب mit *D*); لام الـ~ die Konjunktion لـ [li-] „um zu, damit"

تعليم [taʕ'liːm] Unterricht *m*, Lehre *f*, Unterweisung *f*; (Schul-)Ausbildung *f*; تعليمات *pl.* Anweisungen *f/pl.*, Instruktionen *f/pl.*; تعاليم [taʕaː'liːm] (2) *pl.* Lehren *f/pl.*, Lehrsätze *m/pl.*; الـ~ الابتدائي Grundschulwesen *n*; الـ~ الإلزامي Schulpflicht *f*; ~ ثانوي [θaːnawiː] höhere(s) Schulwesen; الـ~ الخاص [al-xɒːsˢ] Privatschulwesen *n*; ~ عال [ʕaːlin] akademische(r) Unterricht, Hochschulwesen *n*; ~ الكبار [t. al-ki'baːr] Erwachsenenbildung *f*; ~ مختلط [mux'talit] Koedukation *f*

تعليمي [taʕ'liːmiː] Unterrichts-; didaktisch; bildend, erzieherisch; سياسة ~ة [si'jaːsa] Bildungspolitik *f*; ~ كتاب [ki'taːb] Lehrbuch *n*

تعلية [taʕlija] Erhöhung *f*, (Er-)Hebung *f*; الـ~ إلى الاحتياطيات *Hdl.* Einstellung *f* in die Rücklage

تعمد [ta'ʕammud] Absicht *f*, Vorsatz *m*; ~ا [-an] *Adv. u.* بـ~ absichtlich, vorsätzlich

تعمدي [ta'ʕammudiː] absichtlich, vorsätzlich

تعمق [ta'ʕammuq] Vertiefung *f* (في in *A*)

تعمل [ta'ʕammul] Geziertheit *f*, Unnatürlichkeit *f*

تعميد [taʕ'miːd] Taufe *f*

تعمير [taʕ'miːr] Aufbau *m*; Wiederaufbau *m*; Wiederherstellung *f*; Renovierung *f*; Reparatur *f*; (Auf-)Füllung *f*; *Tun.* Ausfüllen *n e-s Formulars*; Langlebigkeit *f*

تعميرة [taʕ'miːra] Füllung *f*

تعميق [taʕ'miːq] *a. fig.* Vertiefung *f*

تعميم [taʕ'miːm] allgemeine Verbreitung, Popularisierung *f*; Verallgemeinerung *f*; *pl.* [-aːt] *u.* تعاميم [taʕaː'miːm] (2) Runderlaß *m*; *bsd. Jord.* Rundschreiben *n*; Bekanntmachung *f*

تعن [ta'ʕannin] Mühe *f*, Plage *f*

تعنت [ta'ʕannut] Hartnäckigkeit *f*, hartnäckige(r) Widerstand; Nörgelei *f*; Starrsinn *m*, Verbohrtheit *f*

تعنيف [taʕ'niːf] Zurechtweisung *f*, Schelte *f*

تعهد [ta'ʕahhud] Aufsichnehmen *n* (ب *G*); *pl.* [-aːt] Verpflichtung *f*; *bsd. Bauindustrie*: Übernahme *f* e-s Auftrags; Fürsorge *f*

تعهر [ta'ʕahhur] Prostitution *f*

تعود [ta'ʕawwud] Gewöhnung *f* (على an *A*)

تعويد [taʕ'wiːd] *trans.* Gewöhnung *f* (على an *A*)

تعويذ [taʕ'wiːð], *pl.* تعاويذ [taʕaː'wiːð] (2) Amulett *n*, Talisman *m*; Zauberspruch *m*; Exorzismus *m*

تعويذة [taʕ'wiːða], *pl.* [-aːt] Amulett *n*, Talisman *m*

تعويض [taʕ'wiːđ], *pl.* [-aːt] Ersetzung *f*; Ersatz *m* (عن für *A*); Ersatzleistung *f*, Entschädigung *f*; *Jur.* Schmerzensgeld *n*; *a. Psych.* Kompensation *f*, Ersatzhandlung *f*; *pl.* Reparationen *f/pl.*, Wiedergutmachung *f*; ~ عائلي Familiengeld *n*

تعويضي [taʕ'wiːđiː] Ersatz-; kompensatorisch

تعويق [taʕ'wiːq] Behinderung *f*

تعويم [taʕ'wiːm] *Ök.* Freigabe *f* des Wechselkurses, Floating *n*

تعيس [ta'ʕiːs], *pl.* تعساء [tuʕa'saːʔ] (2) *u.* [-uːn] unglücklich; (= ~ الحظ [t. al-ħɒðð]) vom Pech verfolgt; *Geschichte*: traurig; *Kindheit*: freudlos

تعيين [taʕ'jiːn], *pl.* [-aːt] Bestimmung *f*, Spezifizierung *f*; Einstellung *f e-s Beschäftigten*; Ernennung *f e-s Funktionärs od. Beamten*; Zuweisung *f*, Zuteilung *f*; على الـ~ genauer gesagt

تغاض [ta'ɣɒːđin] Übersehen *n*, Nichtbeachtung *f*; Nachsicht *f*

تغافل [ta'ɣaːful] Nichtbeachtung *f*, Vernachlässigung *f*

تغاير [ta'ɣaːjur] Verschiedenheit *f*, Abweichung *f voneinander*; *Phon.* Dissimilation *f*

تغبية [taɣbija] *trans.* Verdummung *f*

تغذية [taɣðija] Ernährung *f*; *a. Techn.* Speisung *f*, Fütterung *f*; Versorgung *f* (ب mit *D*); سوء الـ~ [suʔ at-t.] *u.* نقص الـ~ Unternährung *f*

تغرب [ta'ɣarrub] Trennung *f* von der Heimat; *intr.* Verwestlichung *f*

تغرض [ta'ɣarruđ] Eingenommensein *n* (لـ für *A*); Voreingenommenheit *f*, Vorurteil *n*

تغريب [taɣ'riːb] Verbannung *f*, Vertreibung *f* aus der Heimat; *trans.* Verwestlichung *f*

تغريد [taɣ'riːd] Zwitschern *n*, Vogelgesang *m*

تغريق [taɣ'riːq] Ertränkung *f*, Versenkung *f*; Überflutung *f*

تغطيس [taɣ'tiːs] Eintauchen *n*, Versenkung *f ins Wasser*; *Chr.* Taufe *f*

تغطية [taɣtija] Bedeckung *f*; Deckung *f der Währung, von Kosten*; Erfassung *f*, Abdecken *n*; *Journ.* Berichterstattung *f*

تغفيل [taɣ'fiːl] Verdummung *f*

تغلب [ta'ɣallub] Überwindung *f*, Überwältigung *f* (على *G*)

تغلغل [ta'ɣalɣul] Eindringen *n*; Unterwanderung *f* (في *G*)

تغليب [taɣ'liːb] *fig.* Darüberstellen *n* (*e-r Sache*, على über *e-e andere*); *Gr.* zusammenfassende Bezeichnung zweier Dinge durch den Dual e-s der beiden

تغليف [taɣ'liːf] Umhüllen *n*; *pl.* [-aːt] Verpackung *f*; ~ ورق [waraq t.] Umschlagpapier *n*

تغوط [ta'ɣawwut] Darmentleerung *f*

تغيب [ta'ɣajjub] Abwesenheit *f*, Fernbleiben *n*

تغير [ta'ɣajjur], *pl.* [-aːt] *intr.* (Ver-)Änderung *f*; Wandlung *f*, Wechsel *m*; ~ مناخي [ma'naːxiː, mu'naːxiː] Klimaveränderung *f*

تغييب [taɣ'jiːb] Entfernen *n*, Fernhalten *n*

تغيير [taɣ'jiːr], *pl.* [-aːt] *trans.* (Ver-)Änderung *f*; Auswechslung *f*

تغييرة [taɣ'jiːra] *e-e* Auswechslung; ~ ملابس [t. ma'laːbis] *Äg.* Kleider *n/pl.* zum Wechseln

تف [taffa, u] spucken

تفاح [tu'ffaːħ] *koll.*, *n. un.* ~ة Apfel *m*; Äpfel *m/pl.*

تفاحش [ta'faːħuʃ] Ungeheuerlichkeit *f*

تفاحيات [tuffaːħiː'jaːt] *Bot.* Apfelgewächse *n/pl.*

تفاخر [ta'faːxur] Prahlerei *f*

تفاد [ta'faːdin] Vermeidung *f*; Ausweichen *n*, Umgehen *n*; تفاديا ل [ta'faːdijan] zur Vermeidung von

تفارق [ta'faːruq] Auseinandergehen *n*

تفاضل [ta'fɒːđul] Streit *m* um den Vorrang; حساب الـ~ [ħi'saːb at-t.] Differentialrechnung *f*

تفاضلي [ta'fɒːđuliː] *Math.* Differential-

تفاعل [ta'faːʕul], *pl.* [-aːt] gegenseitige Wirkung, Wechselwirkung *f*; Wechselbeziehung *f*; Zusammenwirken *n*; Interaktion *f*; *Chem.* Prozeß *m*, Reaktion *f*; ~ متسلسل [muta'salsil] Kettenreaktion *f*; ~ نووي [nawawiː] *Phys.* Kernreaktion *f*

تفاعلي [ta'faːʕuliː] reaktiv; *Soz.* interaktiv

تفاقم [ta'faːqum] Zuspitzung *f der Lage*, Verschärfung *f e-r Krise*

تفان [ta'faːnin] Aufopferung *f* (في bei *e-r Tätigkeit*); Selbstlosigkeit *f*; gegenseitige Vernichtung

تفاهم [ta'faːhum] gegenseitige(s) Verstehen; Verständigung *f*, Einvernehmen *n* (مع على mit *j-m* über *A*); سوء الـ~ [suːʔ at-t.] Mißverständnis *n*

تفاهة [ta'faːha], *pl.* [-aːt] Bedeutungslosigkeit *f*; Nichtigkeit *f*; Spärlichkeit *f*, Geringfügigkeit *f*; Fadheit *f e-r Unterhaltung*; Dummheit *f*; belanglose Sache, Bagatelle *f*

تفاوت [ta'faːwut] Verschiedenheit *f*, Unterschied *m*; Diskrepanz *f*, Divergenz *f*; ~ على in unterschiedlichem Maße

تفاوض [ta'faːwuđ] Verhandlung *f* (على/في über *A*)

تفاوضي [ta'faːwuđiː] Verhandlungs-

تفاؤل [ta'faːʔul] Optimismus *m* (ب in bezug auf *A*)

تفاؤلي [ta'faːʔuliː] *Meinung*: optimistisch

تفتا [taftaː] *u.* **تفتاه** [taftaːh] Taft *m*

تفتت [ta'fattut] *intr.* Zersplitterung *f*

تفتح [ta'fattuħ] *a. fig.* Entfaltung *f*; *fig.* Aufgeschlossenheit *f*; Sichöffnen *n*, Öffnung *f*

تفتيت [taf'tiːt] *trans.* Zerstückelung *f*, Zersplitterung *f*, Zerlegung *f*

تفتيش [taf'tiːʃ], *pl.* [-aːt] *u.* تفاتيش [tafaː'tiːʃ] (2) Inspektion *f*, Besichtigung *f*; (Über-)Prüfung *f*, Kontrolle *f* (على *G*); Untersuchung *f*; Durchsuchung *f*; Fahndung *f*, Suche *f* (عن nach *D*); Aufsichtsbehörde *f*; ~ جوي [ʤawwiː] Luftüberwachung *f*

تفتيشي [taf'tiːʃiː] Inspektions-; Untersuchungs-; Durchsuchungs-; Fahndungs-

تفجر [ta'fadʤur], *pl.* [-aːt] Explosion *f*; Hervorbrechen *n*, Ausbruch *m*

تفجع [ta'fadʤuʕ] Leid *n*, Qual *f*, Schmerz *m*

تفجير [taf'ʤiːr], *pl.* [-aːt] Sprengung *f*; Auslösung *f* e-r Explosion; Zündung *f e-r Bombe*; *Phys.* Spaltung *f*; *fig.* Auslösung *f e-r Revolution etc.*; ~ الذرة [t. að-ðarra] Kernspaltung *f*; ~ زلزالي [zil'zaːliː] seismische Sprengung; صمام الـ~ [ṣi'maːm at-t.] Sprengkapsel *f*

تفحص [ta'faħħuṣ] Prüfung *f*, Untersuchung *f*

تفحم [ta'faħħum] *Bot.* Brand *m*; *pl.* [-aːt] Brandkrankheit *f*

تفحيم [taf'ħiːm] Verkohlung *f*; *Syr.* Abbrennen *n* des Waldes

تفخيم [taf'xiːm] Verstärkung *f*; *Gr.* Velarisierung *f e-s Konsonanten*

تفرج [ta'farruʤ] Betrachtung *f*, Besichtigung *f* (على *G*); Erquikkung *f*; ~الـ على التلفزيون Fernsehen *n* (*als Handlung*)

تفرد [ta'farrud] alleinige(s) Tun *od.* Besitzen (ب *G*); Alleingang *m*; Einzigartigkeit *f*; Individualität *f*

تفرع [ta'farruʕ], *pl.* [-aːt] Abzweigung *f*, Verzweigung *f*; Vielseitigkeit *f*

تفرغ [ta'farruɣ] freie Zeit (ل für *A*); ~ علمي [ʕilmiː] Forschungsurlaub *m*, Forschungssemester *n*; عدم الـ~ [ʕadam at-t.] Zeitmangel *m*, Überlastung *f*; ~ منحة [minħat t.] Forschungsstipendium *n*; للبيع لعدم الـ~ [li-l-baiʕ li-ʕadami t-t.] umständehalber zu verkaufen

تفرق [ta'farruq] Auseinandergehen *n*, Zerstreuung *f*

تفرقة [tafriqa] Unterscheidung *f*; Trennung *f*; بالـ~ *Hdl.* en détail, im Kleinen; ~ عنصرية [ʕunṣu'riːja] Rassentrennung *f*, Rassendiskriminierung *f*

تفريج [taf'riːʤ] Erleichterung *f*, Linderung *f*; Vertreiben *n* von Sorgen, Aufheiterung *f*

تفريخ [taf'riːx] Ausbrüten *n*; آلة الـ~ Brutapparat *m*

تفريد [taf'riːd] Individualisierung *f*

تفريدي [taf'riːdiː] Detail-, detailliert

تفريز [taf'riːz] Fräsen *n*

تفريط [taf'riːṭ] Nachlässigkeit *f* (في bei *D*); Verzicht *m* (في auf *A*), Aufgabe *f* (في *G*); Untertreibung *f*

تفريعة [taf'riːʕa] *El.* Abzweigung *f*, Nebenleitung *f*

تفريغ [taf'riːɣ] (Ent-)Leerung *f*; *a. El.* Entladung *f*; Löschung *f e-r Ladung*

تفريق [taf'riːq] Trennung *f*, Teilung *f*; Unterscheidung *f*; *Syr.*, *Jord.*, *Jur.* gerichtliche Ehetrennung; تفاريق [tafaː'riːq] (2) *pl.* einzelne, getrennte Teile *m/pl.*

تفريقي [taf'riːqiː]: سياسة ~ة [si'jaːsa] Politik *f* der Rassentrennung

تفسخ [ta'fassux] Dekadenz *f*

تفسير [taf'siːr], *pl.* تفاسير [tafaː'siːr] (2) *u.* [-aːt] Erklärung *f*, Erläuterung *f*; Deutung *f*, Interpretation *f*; Kommentar *m*; Koran-Exegese *f*; لا ~ له [-a] unerklärlich

تفسيري [taf'siːriː] erklärend, erläuternd; kommentierend

تفشّ [ta'faʃʃin] *intr.* Ausbreitung *f*, Verbreitung *f*

تفصيح [taf'sˁiːħ] Verhochsprachlichung *f*

تفصيل [taf'sˁiːl] Zuschneiden *n e-s Kleidungsstücks*, Anfertigung *f* nach Maß; Ausführlichkeit *f*, detaillierte Darstellung; *pl.* تفاصيل [tafɒː'sˁiːl] (2) *u.* [-aːt] Einzelheit *f*, Detail *n*; ـاً~[-an] *Adv. u.* بالـ~ im einzelnen; ausführlich; ~ من + *G*: nach Maß geschneidert von; محبوك الـ~ *Kleid*: anliegend

تفصيلي [taf'sˁiːliː] detailliert; ausführlich

تفضّل [ta'fɒđđul] Geruhen *n*, Bereitwilligkeit *f* (بـ zu *D*), Gefälligkeit *f*; لباس الـ~ [li'baːs at-t.] (saloppe) Hauskleidung

تفضيل [taf'điːl] Vorziehen *n*, Bevorzugung *f*, Begünstigung *f*; تفضيلات *pl. Hdl.* Präferenzen *f/pl.*; اسم الـ~ [ism at-t.] *Gr.* Elativ *m*

تفعيل [taf'ʕiːl] Aktivierung *f*

تفضيلي [taf'điːliː] Vorzugs-, Präferenz-

تفعيلة [taf'ʕiːla], *pl.* تفاعيل [tafaː'ʕiːl] (2) Versfuß *m*

تفقّد [ta'faqqud], *pl.* [-aːt] Inspizierung *f*, Besichtigung *f*; Prüfung *f*, Untersuchung *f*

تفقّدي [ta'faqqudiː] Inspektions-

تفقّدية [tafaqqu'diːja] *Tun.* Aufsichtsamt *n*, Inspektorat *n*

تفقّه [ta'faqquh] *Isl.* Beschäftigung *f* mit Rechtsstudien; الـ~ في الدين [fi d-diːn] tiefe(s) Eindringen in die Religion

تفكّر [ta'fakkur] (Nach-)Denken *n*; Erwägung *f*

تفكّك [ta'fakkuk] Auflösung *f*, Zerfall *m*, Auseinanderbrechen *n*; Zersplitterung *f*, Zerrissenheit *f e-r Partei*; *Chem.* Dissoziation *f*, Abbau *m*

[1]**تفكّه** [ta'fakkuh] Belustigung *f*

[2]**تفكه** [tufga], *pl.* تفك [tufag] *Ir.* Gewehr *n*, Schießeisen *n*

تفكير [taf'kiːr] Denken *n*, Nachdenken *n*, Sinnen *n*

تفكيك [taf'kiːk] Zerlegung *f*, Zerstückelung *f*; Demontage *f*; Auflösung *f*

[1]**تفل** [tafala, u, i] spucken

[2]**تفل** [tufl] Spucke *f*; *Äg.* Rückstände *m/pl.*

تفلسف [ta'falsuf] Philosophieren *n*

تفليس [taf'liːs], *pl.* تفاليس [tafaː'liːs] (2) *Hdl.* Konkurs *m*, Bankrott *m*

تفليسة [taf'liːsa], *pl.* [-aːt] *Hdl.* Konkurs *m*, Konkursverfahren *n*

تفليق [taf'liːq] *a. fig.* Spaltung *f*

تفنّن [ta'fannun] Meisterschaft *f*, Kunstfertigkeit *f*; Vielseitigkeit *f* (في in *D*); Mannigfaltigkeit *f*

تفنيد [taf'niːd] **1.** Widerlegung *f*; **2.** Anführung *f* im einzelnen

[1]**تفه** [tafiha, a] geringfügig sein

[2]**تفه** [tafah] Geringfügigkeit *f*, Bedeutungslosigkeit *f*

[3]**تفه** [tafih] gering, unbedeutend; kärglich, kümmerlich; fade; banal

تفهّم [ta'fahhum] Verständnis *n* (*G* für *A*), Erfassen *n*

تفهيم [taf'hiːm] Unterweisung *f*, Erklärung *f*

تفوّق [ta'fawwuq] Überlegenheit *f*; überdurchschnittliche *od.* hervorragende Leistung; Vorrangstellung *f*

تفويت [taf'wiːt] Versäumenlassen *n*; *pl.* [-aːt] *Tun.* Veräußerung *f*

تفويض [taf'wiːđ] Betrauung *f j-s mit e-r Sache*; Ermächtigung *f* (بـ zu *D*); Bevollmächtigung *f*; *pl.* [-aːt] *u.* تفاويض [tafaː'wiːđ] Vollmacht *f* (بـ zu *D*)

تقابض [ta'qaːbuđ] *Isl.* gegenseitige Besitzergreifung (*an der Ware durch den Käufer u. am Preis durch den Verkäufer*)

تقابل [ta'qaːbul] Gegenüberstehen *n*, Gegenüberliegen *n*; Gegensatz *m*, Kontrast *m*

تقابلي [ta'qaːbuliː] *Linguistik*: kontrastiv

تقاتل [ta'qaːtul] gegenseitige Bekämpfung

تقادم [ta'qaːdum] *Jur.* Verjährung *f*; ~ الزمن [t. az-zaman] das Verstreichen der Zeit; مع ~ الزمن im Laufe der Zeit

تقارب [ta'qaːrub] gegenseitige Annäherung; Annäherung *f* (مع an *A*)

تقاسم [ta'qaːsum] Teilen *n miteinander*, (Auf-)Teilung *f*

تقاصّ [ta'qɒːsˁsˁ] *Hdl.* Clearing *n*, Abrechnungsverkehr *m*

تقاضٍ [ta'qɒːđin] Prozeßführung *f miteinander*

تقاطع [ta'qɒːtˁuʕ], *pl.* [-aːt] (*Straßen-*)Kreuzung *f*; Schnittpunkt *m*; Abbruch *m* der Beziehungen zueinander

تقاعد [ta'qaːʕud] Ruhestand *m*, Pension *f*

تقاعس [ta'qaːʕus] Zögern *n* (عن mit *e-r Handlung*); Nachlässigkeit *f*

[1]**تقانة** [ta'qaːna] Festigkeit *f*; Vollendung *f*, Vollkommenheit *f*

[2]**تقانة** [ti'qaːna] Technik *f*, Technologie *f*

تقاوي [ta'qaːwiː] *Äg., Saudi-Ar.* Saatgut *n*

تقبّل [ta'qabbul] Entgegennahme *f*, Annahme *f*; Hinnahme *f*; Rezeption *f e-s literarischen Werkes*

تقبيل [taq'biːl] **1.** Küssen *n*; **2.** *bsd. Saudi-Ar.* Verpachtung *f*

تقتير [taq'tiːr] Knickrigkeit *f*, Knauserei *f*

تقتيل [taq'tiːl] Gemetzel *n*, Hinmorden *n*

تقدّم [ta'qaddum] Vorangehen *n*, Vormarsch *m*; Fortschritt *m*; *Hdl.* Bewerbung *f* (لـ um *A*)

تقدمة [taqdima] Darbringung *f*; Einleitung *f*; *Tun.* Einlage *f*, Einzahlung *f*; *pl.* تقادم [ta'qaːdim] (2) Geschenk *n*

تقدّمي [ta'qaddumiː] fortschrittlich, progressiv; progressistisch; *pl.* [-uːn] Progressist *m*

تقدّمية [taqaddu'miːja] Fortschrittlichkeit *f*; Fortschrittsglaube *m*, Progressismus *m*

تقدير [taq'diːr], *pl.* [-aːt] *u.* تقادير [taqaː'diːr] (2) (Ab-)Schätzung *f*; Einschätzung *f*, Bewertung *f*; Wertschätzung *f*, Würdigung *f*, Anerkennung *f*; Annahme *f*, Vermutung *f*; *Schule*: Beurteilung *f*, Benotung *f der Leistungen*; *Gr.* (hypothetische) Annahme *e-s (fehlenden) Satzteils*; ـاً~ [-an] *Adv.* implizite, virtuell; ـاً~ لـ in Würdigung *od.*

Anerkennung *e-r Sache*; ضريبة ~ الدخل Festsetzung *f* der Einkommensteuer, Einkommensteuerveranlagung *f*; على أقل ~ [ʔa'qalli t.] mindestens; على أكثر ~ höchstens; في ~ي meiner Einschätzung *od.* Meinung nach

تقديري [taq'diːriː] auf Schätzung beruhend, geschätzt; Anerkennungs-; Ermessens-; جائزة ~ـة (Anerkennungs-)Preis *m*, Auszeichnung *f*; سلطة ~ـة [sultɒ] (freies) Ermessen

تقديس [taq'diːs] Heiligung *f*; Weihung *f*; *Chr.* Zelebration *f*; *Chr.* Konsekration *f*; Verherrlichung *f*

تقديم [taq'diːm] Voranstellung *f*; Vorausschicken *n*; Unterbreitung *f*, Vorlage *f*; Überreichung *f*; Präsentation *f*; Einleitung *f*, einführende Worte *n/pl.*; Servieren *n*; Einreichung *f e-s Gesuches*; Vergabe *f*, Gewährung *f von Krediten*; *Tun.* amtlich angeordnete Vormundschaft; وتأخير ~ *Rhetorik*: Hysteron-Proteron *n*; الـ~ إلى المحكمة Vor-Gericht-Stellen *n*

تقذيف [taq'ðiːf] Rudern *n*

تقرب [ta'qarrub] *intr.* Annäherung *f* (من an *A*); Bemühen *n* um j-s Gunst (منه)

تقرح [ta'qarruħ], *pl.* [-aːt] Geschwürbildung *f*

تقريب [taq'riːb] Näherbringen *n*, Annäherung *f* (بين von *zwei Personen*); Angleichung *f*; Verringerung *f von Unterschieden*; ~ًا [-an] *Adv.*, على (وجه) الـ~ *u.* بوجه الـ~ annähernd, fast, ungefähr

تقريبي [taq'riːbiː] annähernd, ungefähr; *Zahl*: (auf-, ab)gerundet; قيمة ~ـة [qiːma] Annäherungswert *m*

تقرير [taq'riːr] Feststellung *f*; Festlegung *f*, Bestimmung *f*; Beschluß *m*; *pl.* تقارير [taqaː'riːr] (2) Bericht *m*; طبي ~ [tɨbbiː] ärztliche(s) Attest; المصير ~ [t. al-mɒ'sɨːr] *Pol.* Selbstbestimmung *f*

تقريري [taq'riːriː] in der Art e-s Berichts, berichtend

تقريطة [taq'rɨːtɒ], *pl.* تقاريط [taqaː'rɨːt] (2) *Tun.* Umschlagtuch *n der Frauen*

تقريظ [taq'rɨːð], *pl.* [-aːt] *u.* تقاريظ [taqaː'rɨːð] (2) Lobrede *f*

تقريع [taq'riːʕ] Schelte *f*, Zurechtweisung *f*, Tadel *m*

تقزز [ta'qazzuz] Abscheu *m*, Ekel *m* (من/عن vor *D*), Widerwille *m* (من/عن gegen *A*)

تقسيط [taq'sɨːt] *Hdl.* Ratenzahlung *f*; بالـ~ auf Raten

تقسيم [taq'siːm], *pl.* [-aːt] Teilung *f* (*a. Math.*: على durch *A*); Einteilung *f* (إلى in *A*); Aufteilung *f*; Gliederung *f* (إلى in *A*); *Chr.* Teufelsaustreibung *f*; *pl.* تقاسيم [taqaː'siːm] (2) *Mus.* Solovortrag *m*; *Mus.* Vorspiel *n*; *Jord.* (Wohn-)Gebiet *n*, Viertel *n*; تقاسيم *a.* Proportionen *f/pl. des Körpers*; ~ العمل [t. al-ʕamal] Arbeitsteilung *f*

تقشف [ta'qaʃʃuf] Askese *f*, Kasteiung *f*; *Pol.* Sparmaßnahmen *f/pl.*

تقشير [taq'ʃiːr] (Ab-)Schälen *n*; Entrindung *f*

تقص [ta'qɒssɨn] (gründliche) Erforschung, (eingehende) Untersuchung

تقصيب [taq'sɨːb] Behauen *n von Steinen*

تقصير [taq'sɨːr] **1.** (Ver-)Kürzung *f*; Unvermögen *n* (عن zu *D*); Unzulänglichkeit *f*; Vernachlässigung *f* (في *G*), Nachlässigkeit *f*; **2.** Bleichen *n e-s Stoffes*

تقضية [taqđɨja] Ausführung *f*, Verrichtung *f*

تقطع [ta'qɒttuʕ] Zerstückelung *f*, Abgehacktsein *n*; *intr.* Unterbrechung *f*

تقطيبة [taq'tɨːba] kurze(r), finstere(r) Blick

تقطير [taq'tɨːr] Destillation *f*; ~ فراغي Vakuumdestillation *f*

تقطيع [taq'tɨːʕ] Zerschneiden *n*, Zerstückelung *f*; Schneiden *n von Gemmen*; Bauchgrimmen *n*; *pl.* تقاطيع taqɒː'tɨːʕ] (2) Statur *f*, Gestalt *f*; تقاطيع الوجه Gesichtszüge *m/pl.*

تقعر [ta'qaʕʕur] Schwülstigkeit *f des Stils*

تقعيد [taq'ʕiːd] *bsd. Gr.* Aufstellung *f* von Regeln

تقفيصة [taq'fiːsɒ], *pl.* تقافيص [taqaː'fɨːs] (2) (*Geflügel*-)Pferch *m*, Verschlag *m*

تقفية [taqfija] Reimen *n*

تقلب [ta'qallub], *pl.* [-aːt] Wechsel *m*, Schwankung *f*; Fluktuieren *n*; Veränderlichkeit *f*, Unbeständigkeit *f*; Sichwälzen *n*; جوي ~ [ʤawwiː] Wetterumschwung *m*; سريع الـ~ (sehr) wankelmütig, wetterwendisch

تقلص [ta'qallus] (Zusammen-)Schrumpfen *n*; Eingehen *n e-s Stoffes*

تقلقل [ta'qalqul] Erschütterung *f*

تقليب [taq'liːb] oftmalige(s) Wenden; عند ~ النظر [-i n-nɒðɒr] bei näherem Hinsehen

تقليد [taq'liːd], *pl.* تقاليد [taqaː'liːd] (2) Nachahmung *f*, Imitation *f*; *Isl.* Übernahme *f* der Entscheidung e-r Rechtsschule; blinde Übernahme; Autoritätsglaube *m*; Epigonentum *n*; *bsd. pl.* Tradition *f*, Überlieferung *f*; تقاليد شعبية Brauchtum *n*

تقليدي [taq'liːdiː] traditionell, herkömmlich; klassisch; auf Autoritätsglauben beruhend; epigonal; *Waffen*: konventionell; *pl.* [-uːn] Traditionalist *m*; غير ~ unkonventionell

تقليدية [taqliː'diːja] Traditionalismus *m*

تقليص [taq'lɨːs] *trans.* Verringerung *f*

تقليعة [taq'liːʕa], *pl.* تقاليع [taqaː'liːʕ] (2) *u.* [-aːt] exzentrische Art, Auffälligkeit *f*; neuartige *od.* ausgefallene Sache; Modeerscheinung *f*

تقليل [taq'liːl] Verringerung *f*, Reduzierung *f* (من *G*); الـ~ من شأنه Herunterspielen *n od.* Bagatellisierung *f* e-r Sache

تقليم [taq'liːm] Stutzen *n*, Beschneiden *n*

تقمص [ta'qammus] Seelenwanderung *f*; *Psych.* Identifikation *f*

تقمع [ta'qammuʕ] *intr.* Vermummung *f*, Maskierung *f*

(**تقن**) **IV** أتقن [ʔatqana] gut *od.* vollendet können, beherrschen

تقني [tiqniː, tiqaniː] technisch; technologisch; *pl.* [-uːn] Techniker *m*; تقنيات *pl.* Technik *f*; تقنيات التعليم Unterrichtstechnologie *f*

تقنين [taq'niːn] Gesetzgebung *f*; *Jur.* Kodifikation *f*; *Ök.* Rationierung *f*; Normung *f*, Normierung *f*, Standardisierung *f*

تقنيني [taq'niːniː]: سياسة ~ة [si'jaːsa] *Mar.* Sparpolitik *f*, restriktive Politik

¹**تقنية** [taqnija] *a. fig.* Kanalisierung *f*

²**تقنية** [tiq'niːja, tiqa'niːja], *pl.* [-aːt] *a. fig.* Technik *f*

تقهقر [ta'qahqur] Zurückweichen *n*, Rückzug *m*, Rückgang *m*

تقوت [ta'qawwut] Ernährung *f* (ب von *D*)

تقوقع [ta'qauquʕ] Abkapselung *f*

تقول [ta'qawwul], *pl.* [-aːt] Gerede *n*, Gerücht *n*

تقوى [taqwaː] Gottesfurcht *f*, Frömmigkeit *f*

تقويتة [taq'wiːta] Imbiß *m*

تقوير [taq'wiːr] (Aus-)Höhlung *f*

تقويرة [taq'wiːra] Halsausschnitt *m e-s Kleides*

تقويسة [taq'wiːsa], *pl.* [-aːt] *Arch., a. e-s Schriftzeichens*: Bogen *m*

تقويض [taq'wiːđ] Niederreißung *f*, Vernichtung *f*

تقويم [taq'wiːm] Bewertung *f*, Beurteilung *f*; Verbesserung *f*; Inordnungbringen *n*; Neugestaltung *f*, Umgestaltung *f*; *El.* Gleichrichtung *f*; *pl.* تقاويم [taqaː'wiːm] (2) Kalender *m*; Almanach *m*; ~ زمني [zamaniː] Zeitrechnung *f*

تقويمي [taq'wiːmiː] bewertend, Bewertungs-; سنة ~ة [sana] Kalenderjahr *n*

تقوية [taqwija] (Ver-)Stärkung *f*, Festigung *f*

¹**تقى** [taqaː, iː] *Gott* fürchten; **VIII** اتقى [i'ttaqaː] → وقى

²**تقي** [ta'qiːj], *pl.* أتقياء [ʔatqi'jaːʔ] (2) gottesfürchtig, fromm

تقيح [ta'qajjuħ] Eiterung *f*; Eitrigkeit *f*

تقيد [ta'qajjud] Gebundensein *n* (ب an *A*); Sichhalten *n* (ب an *A*); *intr.* Beschränkung *f*

تقية [ta'qiːja] Furcht *f*; Vorsicht *f*; Geheimhaltung *f des religiösen Bekenntnisses*

تقييد [taq'jiːd] Fesselung *f*; *trans.* Bindung *f* (ب an *A*); *pl.* [-aːt] *u.* تقاييد [taqaː'jiːd] (2) Beschränkung *f*, Einschränkung *f*; Eintragung *f*, (Ver-)Buchung *f*; تقييدات *Hdl.* Restriktionen *f/pl.*

تقييس [taq'jiːs] Messung *f*; Normung *f*

تقييم [taq'jiːm] Bewertung *f*, Beurteilung *f*, Evaluation *f*, Einschätzung *f*

تقييمي [taq'jiːmiː] bewertend, Bewertungs-

تك [takka, u] *Uhr*: ticken

تكابر [ta'kaːbur] Stolz *m*, Hochmut *m*

تكاتف [ta'kaːtuf] Zusammenhalt *m*, Zusammenstehen *n*, Geschlossenheit *f*

تكاثر [ta'kaːθur] Zunahme *f*, *a. Biol.* Vermehrung *f*

تكاثف [ta'kaːθuf] *intr.* Verdichtung *f*; Kondensation *f*

تكاسل [ta'kaːsul] Faulheit *f*, Trägheit *f*

تكاسي → تاكسي

تكافل [ta'kaːful] gegenseitige Garantie *od.* Bürgschaft; Solidarität *f*

تكافؤ [ta'kaːfuʔ] Gleichwertigkeit *f*, Gleichheit *f*; ~ الضدين [t. ɒđ-đi'ddain] *Psych.* Ambivalenz *f*; ~ الفرص [t. al-furɒs] Chancengleichheit *f*

تكالب [ta'kaːlub] Herfallen *n* (على über *A*); Übereinanderherfallen *n*

تكاليف → تكليف

تكامل [ta'kaːmul] Vollzähligkeit *f*, Vollständigkeit *f*; Integration *f*; حساب الـ~ [ħi'saːb at-t.] Integralrechnung *f*

تكاملي [ta'kaːmuliː] integrativ, ganzheitlich; مدرسة ~ة Gesamtschule *f*

تكأة [tukaʔa] Stab *m*; Stütze *f*; Lehne *f*

تكبر [ta'kabbur] Stolz *m*, Hochmut *m*

تكبير [tak'biːr] Vergrößerung *f*; Verherrlichung *f*; der Ruf الله أكبر; *Gr.* Grundform *f* e-s Nomens *im Gegens. zu der davon abgeleiteten Diminutivform*

تكتك [taktaka] *Uhr*: ticken; *Telefon*: knacken

تكتكة [taktaka] Ticken *n der Uhr*

تكتل [ta'kattul], *pl.* [-aːt] Blockbildung *f*; *Pol.* Block *m*

تكتم [ta'kattum] Verschwiegenheit *f*, Diskretion *f*

تكتوني [tik'toːniː] tektonisch

تكتيك [tak'tiːk], *pl.* [-aːt] Taktik *f*

تكتيكي [tak'tiːkiː] taktisch

تكتيل [tak'tiːl] *trans.* Zusammenballung *f*; Blockbildung *f*

تكثير [tak'θiːr] Vermehrung *f*; لل~ *Gr.* zum Ausdruck der frequentativen Bedeutung

تكثيف [tak'θiːf] Verdichtung *f*; Kondensierung *f*; Intensivierung *f*

تكحيل [tak'ħiːl] Bestreichen *n* der Augenlider mit → كحل [kuħl]

تكدس [ta'kaddus] *intr.* Anhäufung *f*, Aufhäufung *f*

تكدير [tak'diːr] Trübung *f*; Betrüben *n*; Belästigung *f*

تكديس [tak'diːs] Aufhäufung *f*; Aufstapelung *f*

تكذيب [tak'ðiːb] Leugnung *f*; *Pol.* Dementi *n*

تكرار [tak'raːr], *pl.* [-aːt] Wiederholung *f*, Häufigkeit *f*; ا~ [-an] *Adv.* wiederholt; → ¹مرة

تكرم [ta'karrum] freundliche Gewährung (ب *G*), Geruhen *n*

تكره [ta'karruh] Abneigung *f*, Widerwille *m*

تكرير [tak'riːr] **1.** Wiederholung *f*; **2.** Raffination *f*; ~ معمل Raffinerie *f*

تكريز [tak'riːz], *pl.* تكاريز [takaː'riːz] (2) *Chr.* Weihe *f*, Ordination *f*

تكريس [tak'riːs] **1.** Weihe *f*, Einweihung *f*; Widmen *n*; **2.** (Ver-)Festigung *f*, Zementierung *f*

تكريم [tak'riːm] Ehrung *f*; ~ا له [-an] ihm zu Ehren

تكسب [ta'kassub] Verdienen *n*; Verdienst *m*, Erwerb *m*

تكسر [ta'kassur] Zerbrochenwerden *n*; *Opt*. Brechung *f*

تكسير [tak'siːr] (Zer-)Brechung *f*; *Chem*. Kracken *n*; الـ~ بالهيدروجين *Ölindustrie*: Hydrokracken *n*; جمع الـ~ *Gr*. innere(r) *od*. gebrochene(r) Plural

تكسية [taksija], *pl*. [-aːt] Belag *m*; *Straßenbau*: Packlage *f* aus Bruchsteinen

تكشف [ta'kaʃʃuf] Aufgedecktwerden *n*, Aufdeckung *f*

تكضض [ta'kɒđđuđ] Überbürdung *f*, Überanstrengung *f*

تكعيب [tak'ʕiːb] *Math*. Kubieren *n*

تكعيبة [tak'ʕiːba] Gitterwerk *n*, Spalier *n*; Gartenlaube *f*

تكعيبي [tak'ʕiːbiː] kubisch; kubistisch; *pl*. [-uːn] Kubist *m*

تكعيبية [takʕiː'biːja] Kubismus *m*

تكفيت [tak'fiːt] Einlegearbeit *f*

تكفير [tak'fiːr] Sühnung *f* (عن *G*); Verführung *f* zum Unglauben; Bezichtigung *f* des Unglaubens

تكلس [ta'kallus] *Med*. Verkalkung *f*

تكلف [ta'kalluf] Affektiertheit *f*; Umständlichkeit *f*; Verstellung *f*; Zwang *m* (*den man sich antut*)

تكلفة [taklifa] *Hdl*. Kosten *pl*.

تكلم [ta'kallum] Sprechen *n*, Reden *n*

تكلة [tukala] *m* j-d, der sich auf andere verläßt

تكليب [tak'liːb] Aufhetzung *f* (على/ضد gegen *A*)

تكليف [tak'liːf] Beauftragung *f* (ب mit *D*), Übertragung *f* (ب *G*); Verpflichtung *f*; Besteuerung *f*; Gebot *n Gottes*; Förmlichkeit *f*; Umstände *m/pl*.; تكاليف [takaː'liːf] (2) *pl*. Kosten *pl*., Ausgaben *f/pl*., Auslagen *f/pl*.; بلا ~ ohne Umstände, ungezwungen; بـ~ منه in s-m Auftrag; تكاليف المعيشة [t. al-ma'ʕiːʃa] Lebenshaltungskosten *pl*.

تكليل [tak'liːl] Krönung *f*

تكملة [takmila] Ergänzung *f*, Vervollständigung *f*; Ausbau *m*

تكميد [tak'miːd] Anwendung *f* warmer Umschläge

تكميل [tak'miːl] Vervollständigung *f*, Vervollkommnung *f*, Ergänzung *f*

تكميلي [tak'miːliː] ergänzend, komplementär; انتخاب ~ Nachwahl *f*; مدرسة ~ة *Alg*., *Lib*. *etwa*: Mittelschule *f*

تكميلية [takmiː'liːja], *pl*. [-aːt] *Alg*., *Lib*. *etwa*: Mittelschule *f*

تكنوقراط [tiknu'qrɒːʈ] Technokrat *m*

تكنوقراطي [tiknu'qrɒːʈiː] technokratisch

تكنوقراطية [tiknuqrɒː'ʈiːja] Technokratie *f*

تكنولوجي [tiknu'loːdʒiː] technologisch; *pl*. [-uːn] Technologe *m*

تكنولوجيا [tiknu'loːdʒijaː] *u*. *bsd*. *vor G*: تكنولوجية [tiknuloː'dʒiːja] Technologie *f*

تكنيك [tak'niːk], *pl*. [-aːt] Technik *f*

تكنيكي [tak'niːkiː] technisch

تكة [tikka], *pl*. [-aːt] Ticken *n der Uhr*; *pl*. تكك [tikak] Hosenbund *m*

تكهن [ta'kahhun], *pl*. [-aːt] Voraussage *f*, Prophezeiung *f*; Prognose *f*; Spekulation *f*, Vermutung *f*

تكون [ta'kawwun] Entstehung *f*; *intr*. Bildung *f*

تكويك [tak'wiːk]: معمل ~ Kokerei *f*

تكوين [tak'wiːn] Formung *f*, Bildung *f*, (Er-)Schaffung *f*; *Maghr*. Ausbildung *f*, Heranbildung *f*; Zusammensetzung *f*; Körperbau *m*; Konstitution *f*; Struktur *f*; *pl*. [-aːt] *u*. تكاوين [takaː'wiːn] (2) Formation *f*; مهني ~ [mih(a)niː] *Maghr*. Berufsausbildung *f*; سفر الـ~ [sifr at-t.] *Bibel*: die Genesis

تكويني [tak'wiːniː] konstituierend

تكيف [ta'kajjuf] *intr*. Anpassung *f* (مع an *A*)

تكية [ta'kiːja], *pl*. تكايا [ta'kaːjaː] *Isl*. Kloster *n*; Hospiz *n*

تكييف [tak'jiːf] Anpassung *f* (مع/ل an *A*); (= الهواء ~ [t. al-ha'waːʔ]) Aircondition *f*; Klimaanlage *f*; Ausstattung *f* mit e-r Klimaanlage

[1]**تل** [tall], *pl*. تلال [ti'laːl], تلول [tu'luːl] *u*. أتلال [ʔat'laːl] Hügel *m*, Anhöhe *f*; *Archäologie*: Tell *m* (*Stadthügel*); أبيب ~ Tel Aviv; الـ~ (أطلس) *Geo*. Tell-Atlas *m*

[2]**تل** [tull] Tüll *m*

تلا → [1](تلو)

تلاحم [ta'laːħum] Zusammenhalt *m*, Verbundenheit *f*

تلازم [ta'laːzum] gleichzeitige(s) Vorhandensein, Zusammenbestehen *n*

تلاش [ta'laːʃin] (Ver-)Schwinden *n*; Zunichtewerden *n*

تلاصق [ta'lɒːsuq] Aneinanderhaften *n*; gegenseitige Berührung

تلاعب [ta'laːʕub] Spiel *n* (*das j-d treibt*; ب mit *D*); Manipulation *f* (ب *G*)

تلاف [ta'laːfin] Behebung *f e-s Mangels*, Abhilfe *f*; Wettmachen *n e-s Verlustes*

تلاق [ta'laːqin] Aufeinandertreffen *n*, Begegnung *f*

تلألؤ [ta'laʔluʔ] Glänzen *n*, Glitzern *n*, Schillern *n*

تلامذة → تلميذ

تلامة [ta'laːma] *Äg*. Frechheit *f*

تلاوة [ti'laːwa] Verlesung *f*; Rezitation *f von Koranversen*

تلبث [ta'labbuθ] Verweilen *n*; دون ~ unverzüglich (*Adv*.)

تلبس [ta'labbus]: قضايا الـ~ [qɒ'đɒːjaː t-t.] Strafsachen *f/pl*., bei denen der Täter auf frischer Tat gefaßt worden ist

تلبيب [tal'biːb], *pl*. تلابيب [talaː'biːb] (2) Kragen *m*; أخذ بتلابيبه j-n am Kragen packen

تلبيس [tal'biːs] Bekleiden *n*; Verkleiden *n*, Überziehen *n* (ب mit *D*); Überzug *m*; Verputz *m*; Einlegearbeit *f*; Täuschung *f*

تلبيسة [tal'biːsa] *Med*. Zäpfchen *n*

تلبية [talbija] Folgeleistung *f*; Annahme *f e-r Einladung*; ل ~ [-tan] gemäß *e-m Wunsche*

تلحين [tal'ħiːn], *pl*. تلاحين [talaː'ħiːn] (2) Vertonung *f e-s Liedes*, Komposition *f*

تلخيص [tal'xiːs] Zusammenfassung *f*, Resümee *n*, Auszug *m*

تلدين [tal'diːn] *Äg.* Rösten *n od.* Dörren *n von Brot*
تلسكوب [tilis'koːb], *pl.* [-aːt] Teleskop *n*
تلطف [ta'lɒttuf] Freundlichkeit *f*, Liebenswürdigkeit *f*
تلطيف [tal'tiːf] Milderung *f*, Abschwächung *f (G u.* من *e-r Sache)*
تلعة [talʕa], *pl.* تلاع [ti'laːʕ] Bodenerhebung *f*
تلغراف [tiliɣ'raːf], *pl.* [-aːt] Telegraf *m*; Telegramm *n*
تلغرافي [tiliɣ'raːfiː] telegrafisch, Telegramm-
[1]**تلف** [talifa, a] verderben; beschädigt werden, kaputtgehen, ruiniert werden; *Garten, Mensch*: verwahrlosen; **IV** أتلف [ʔatlafa] verderben; beschädigen, *a. fig.* kaputt machen, ruinieren; *Akten* vernichten; *Ruf* ramponieren
[2]**تلف** [talaf], *pl.* أتلاف [ʔat'laːf] Schaden *n*, Beschädigung *f*, Defekt *m*; Zersetzung *f*, Fäulnis *f*; Ruin *m*; Herunterkommen *n*, Verwahrlosung *f j-s*; Verschleiß *m der Nerven*; *Jur.* Deterioration *f*
تلفاز [til'faːz] Fernsehgerät *n*; Fernsehen *n*
تلفز [talfaza] im Fernsehen übertragen
تلفزة [talfaza] Fernsehen *n*
تلفزيون [tiliviz'joːn] Fernsehen *n*; *pl.* [-aːt] Fernsehgerät *n*
تلفظ [ta'laffuð] Aussprache *f*
تلفن [talfana] telefonieren; anrufen (ل/إلى *j-n*)
تلفون = تليفون
تلفيات [talafiː'jaːt] *pl.* Schäden *m/pl.*
تلفيعة [tal'fiːʕa], *pl.* تلافيع [talaː'fiːʕ] (2) Schal *m*
تلفيف [tal'fiːf], *pl.* تلافيف [talaː'fiːf] (2) Wicklung *f*; Windung *f*; في تلافيفه in, in der Tiefe von
تلفيق [tal'fiːq] Erdichtung *f*, Verfälschung *f*; Flunkerei *f*
تلق [ta'laqqin] Empfang *m*, Entgegennahme *f*; Einstecken *n von Schlägen*; Unterrichtetwerden *n*, Lernen *n*; Absolvierung *f e-s Kurses od. Studiums*
تلقاء [til'qaːʔa] *Präp.* gegenüber, vor; من ~ نفسه [min til'qaːʔi] von selbst, von sich aus, spontan
تلقائي [til'qaːʔiː] automatisch, selbsttätig; spontan
تلقائية [tilqaː'ʔiːja] Automatismus *m*; Spontaneität *f*
تلقف [ta'laqquf] rasche(s) Ergreifen, Auffangen *n*
تلقيح [tal'qiːħ], *pl.* [-aːt] Impfung *f* (ضد gegen *A*); Befruchtung *f*; *Bot.* Okulierung *f*
تلقين [tal'qiːn] Lehren *n*, Unterweisung *f*; Vermittlung *f von Wissen*; *pej.* Eintrichtern *n*, Einpauken *n*; Suggerierung *f*
تلك [tilka] jene *f*, die da
تلكم [tilkum] jene *f*; → ذلكم
تلكؤ [ta'lakkuʔ] Saumseligkeit *f*, Bummelei *f*; Herumlungern *n*
تلمذ [talmaða] als Schüler annehmen; **II** تتلمذ [ta'talmaða] *j-s* Schüler sein *od.* werden, in die Lehre gehen (ل/على يد [ʕalaː jadi] bei *j-m*)
تلمذة [talmaða] Lehre *f*, Lehrzeit *f*; Schulzeit *f*
تلمس [ta'lammus] (Ab-, Herum-) Tasten *n*; Suche *f*
تلمسان [tilim'saːn] (2) Tlemcen (*Stadt in Algerien*)
تلمود [tal'muːd] Talmud *m*
تلميح [tal'miːħ], *pl.* تلاميح [talaː'miːħ] (2) Andeutung *f*, Anspielung *f*, Hinweis *m*; *pl. a.* Anzeichen *n/pl. e-r Krankheit*
تلميحة [tal'miːħa], *pl.* [-aːt] Andeutung *f*, Anspielung *f*
تلميذ [til'miːð], *pl.* تلاميذ [talaː'miːð] (2) *u.* (*selten*) تلامذة [ta'laːmiða] Schüler *m*; Lehrling *m*, Azubi *m*; *Chr.* Jünger *m*; *Mil.* Fähnrich *m*; ~ داخلي Internatsschüler *m*
تلميذة [til'miːða], *pl.* [-aːt] Schülerin *f*; weibliche(r) Lehrling
تلميع [tal'miːʕ] Polieren *n*, Glätten *n*
تلة [talla], *pl.* تلال [ti'laːl] Hügel *m*
تلهف [ta'lahhuf] Sehnsucht *f*, ungeduldige(s) Verlangen; بـ~ sehnsüchtig (*Adv.*)
تلهية [talhija] Zerstreuung *f*, Unterhaltung *f*; Ablenkung *f* (عن von *D*)
[1]**(تلو)** تلا [talaː, uː] **1.** folgen (ه/ـه auf *A*); **2.** (ver)lesen; vorlesen (ه على *j-m A*); *Vers* rezitieren; *Textstelle* zitieren; **VI** تتالى [ta'taːlaː] aufeinanderfolgen
[2]**تلو** [tilwa] *Präp.* nach; رسالة ~ رسالة [ri'saːlatan] Brief auf Brief *schicken*; القطعة ~ القطعة [al-qitʕa] Stück für Stück
تلوث [ta'lawwuθ] Verschmutzung *f*, Schmutzigkeit *f*; Verseuchung *f*; ~ إشعاعي radioaktive Verseuchung; ~ البيئة [t. al-biːʔa] Umweltverschmutzung *f*; ~ الجو [t. al-dʒaww] Luftverschmutzung *f*
تلون [ta'lawwun] Annehmen *n* e-r Farbe; Verfärbung *f*
تلويث [tal'wiːθ] *trans.* Verschmutzung *f*, Verunreinigung *f*; ~ الهواء [t. al-ha'waːʔ] Luftverschmutzung *f*
تلويح [tal'wiːħ] Winken *n*; *pl.* [-aːt] Wink *m*; Andeutung *f*, Anspielung *f*; *pl.* Anmerkungen *f/pl.*, (Rand-) Bemerkungen *f/pl.*
تلويحة [tal'wiːħa], *pl.* [-aːt] Winken *n*, Wink *m*
تلويم [tal'wiːm] Tadel *m*
تلوين [tal'wiːn] Färbung *f*, Bemalung *f*; Kolorierung *f e-r Zeichnung*; تلوينات *pl.* Farbtöne *m/pl.*
تليد [ta'liːd] alt, seit langem bestehend, ererbt
تليفريك [tilifi'riːk] Seilbahn *f*, Sessellift *m*
تليفزيون [tiliviz'joːn] Fernsehen *n*; *pl.* [-aːt] Fernsehgerät *n*
تليفزيوني [tiliviz'joːniː] Fernseh-
تليفون [tili'foːn], *pl.* [-aːt] Telefon *n*; Telefonat *n*; ~ عاملة Telefonistin *f*
تليفونجي [tili'fongiː] *Äg. Mil.* Telefonist *m*
تليفوني [tili'foːniː] telefonisch, Telefon-
تلين [ta'lajjun]: ~ الدماغ [t. ad-di'maːɣ] *Med.* Gehirnerweichung *f*
تليين [tal'jiːn] Weichmachen *n*, Geschmeidigmachen *n*
[1]**تم** [tamma, i] vollständig, vollendet werden; beendet werden; vollzogen werden; sich ereignen, stattfinden; zustande kommen, erfolgen;

Erfolg: beschieden sein (ل *j-m*); + *Verbalsubstantiv zur Umschreibung des Passivs*: التوقيع على ~ *etwas* wurde unterzeichnet; ~ له ما أراد er erreichte sein Ziel; **II** تمم [tammama] vollenden, abschließen; vervollständigen, ergänzen; überprüfen (على *A*), nachzählen (على *A*); **IV** أتم [ʔa'tamma] vollenden, abschließen, beenden; vervollständigen, ergänzen (ب durch *A*); vollkommen machen (على für *j-n*); ausführen, durchführen, erledigen; **VI** تتام [ta'taːmma] sich ergänzen; komplementär sein

²**تم** [tamm] *koll.*, *n. un.* ~ة Schwan *m*, Schwäne *m/pl*.

تماثل [ta'maːθul] Ähnlichkeit *f*; Symmetrie *f*; *Phon*. Assimilation *f*; Genesung *f*

تماد [ta'maːdin] Fortfahren *n* (في mit *D*); مع التمادي [at-ta'maːdiː] auf lange Sicht, im Laufe der Zeit

تمارض [ta'maːruđ] Simulieren *n*, Sich-krank-Stellen *n*

تمازج [ta'maːzudʒ] gegenseitige Vermischung

تماس [ta'maːss] gegenseitige Berührung, gegenseitige(r) Kontakt; Kontakt *m* (مع mit *D*); → ²خط, رمية

تماسك [ta'maːsuk] Zusammenhalt *m*; *Phys*. Kohäsion *f*; Festigkeit *f*

تماش [ta'maːʃin] Einklang *m*, Übereinstimmung *f* (مع mit *D*)

تمالك [ta'maːluk] Selbstbeherrschung *f*

تمام [ta'maːm] Vollkommensein *n*, Vollständigkeit *f*; Vollzähligkeit *f*; Volljährigkeit *f*, Mannesalter *n*; *pl*. [-aːt] *Äg. Mil*. Vollzähligkeitsmeldung *f*, Anwesenheitsmeldung *f*; ~ا [-an] *Adv. u.* بالـ~ ganz, völlig; genau; ~ا كـ... ganz wie, genauso wie; بالـ~ والكمال völlig, vollständig; ~ الصحة [t. ɒs-siħħa] völlige Gesundheit; ~ بدر [badr], قمر ~ [qamar] Vollmond *m*; بـ~ معنى الكلمة [maʕnaː l-kalima] im vollen Sinne des Wortes; في ~ الساعة ... um Punkt ... Uhr

تماه [ta'mahin] *Psych*. Identifizierung *f* (مع mit *D*)

تمايز [ta'maːjuz] Unterschied *m*; Unterscheidung *f*, Abgrenzung *f* (عن von *D*)

تمايل [ta'maːjul] Schwanken *n*, Taumeln *n*; Schwingung *f*

تمباك [tum'baːk] Tabak *m für die Wasserpfeife*

تمبر [tambar] → تنبر

تمتع [ta'mattuʕ] Sicherfreuen *n* (ب *G*), Genießen *n* (ب *A*); Verfügen *n* (ب über *A*), Haben *n*; *Isl*. Annahme *f* des Weihezustandes (→ ²إحرام) für die عمرة [ʕumra] während der Zeit der حج [ħaddʒ]; ~ه ب die Tatsache, daß er *etwas* hat

تمتم [tamtama] murmeln (ب *A*)

تمتمة [tamtama] Murmeln *n*, Gemurmel *n*

تمتيع [tam'tiːʕ] Gewährung *f* (ب *G*)

تمتين [tam'tiːn] Festigung *f*, Stärkung *f*

تمثال [tim'θaːl], *pl*. تماثيل [tamaː'θiːl] (2) Statue *f*, Denkmal *n*; (Ab-)Bild *n*; *a*. Götzenbild *n*; ~ صغير Statuette *f*; ~ نصفي [nisfiː] Büste *f*

تمثل [ta'maθθul] *Biol*. Assimilation *f*; Nacheiferung *f*

تمثيل [tam'θiːl] *Theater*: Aufführung *f*, Darstellung *f*; Schauspielkunst *f*; Vetretung *f*, Repräsentation *f*; Angleichung *f*, *Biol*. Assimilation *f*; bildliche Darstellung, Abbildung *f*; Vergleich *m*; Anführung *f* von Beispielen; ~ ضوئي [đɒuʔiː] *Biol*. Photosynthese *f*; ~ غذائي [ɣi'ðaːʔiː] Stoffwechsel *m*; بدل الـ~ [badal at-t.] Aufwandsentschädigung *f*; على سبيل الـ~ zur Illustrierung

تمثيلي [tam'θiːliː] Schauspiel-, dramatisch; Theater-; repräsentativ, parlamentarisch

تمثيلية [tamθiː'liːja], *pl*. [-aːt] Schauspiel *n*, Drama *n*, Theaterstück *n*

تمجد [ta'maddʒud] Selbstverherrlichung *f*, Eigenlob *n*

تمجيد [tam'dʒiːd] Verherrlichung *f*, Glorifizierung *f*, Rühmen *n*

تمحيص [tam'ħiːs], *pl*. [-aːt] Prüfung *f*, Untersuchung *f*; Klärung *f*

تمدح [ta'madduħ] Selbstlob *n*; Großtuerei *f*

تمدد [ta'maddud] *intr*. Ausdehnung *f*, Expansion *f*, Ausbreitung *f*; Sichhinlegen *n*

تمدن [ta'maddun] Zivilisation *f*

تمدني [ta'madduniː] Zivilisations-

تمديد [tam'diːd], *pl*. [-aːt] Verlängerung *f a. e-r Frist*, Ausdehnung *f*; *pl*. *Syr*., *Jord*. Installationen *f/pl*.; تمديدات كهربائية [kahrabaː'ʔiːja] Elektroinstallationen *f/pl*.; عامل تمديدات *Syr*. Installateur *m*

¹**تمدين** [ta'madjun] Zivilisation *f*

²**تمدين** [tam'diːn] Zivilisierung *f*; *trans*. Verstädterung *f*

تمديني [tam'diːniː] zivilisatorisch

تمر [tamr] *koll*., *n. un*. ~ة, *pl*. تمور [tu'muːr] Dattel(n *pl*.) *f*; ~ هندي [hindiː] Tamarinde *f*; Tamarindenwasser *n* (*Erfrischungsgetränk*); شهر التمور *Libyen*: Oktober *m*

تمراد [tim'raːd], *pl*. تماريد [tamaː'riːd] (2) Taubenschlag *m*

تمرجي [ta'margiː], *pl*. ~ة *Äg*. Krankenpfleger *m*; Arzthelfer *m*

تمرجية [tamar'giːja], *pl*. [-aːt] *Äg*. Krankenschwester *f*; Arzthelferin *f*

تمرد [ta'marrud] Empörung *f*, Meuterei *f*, Revolte *f* (على gegen *j-n*); Widerspenstigkeit *f*, Ungehorsam *m*

تمرس [ta'marrus] praktische Ausübung (ب *e-r Tätigkeit*); (praktische) Erfahrung; Auseinandersetzung *f* (ب mit *e-r Frage*)

تمركز [ta'markuz] Konzentration *f* (في an *e-m Ort*); Festigung *f e-r Stellung*

تمرمر [ta'marmur] Bitterkeit *f*, Verbitterung *f*

تمرن [ta'marrun] Geübtheit *f* (إلى an *A*); Übung *f*; praktische Erfahrung

تمرير [tam'riːr] Weitergabe *f* (إلى an *A*); *Fußball*: Abgabe *f des Balles*

تمريرة [tam'riːra], *pl*. [-aːt] *Fußball*: Zuspiel *n*, Paß *m*

تمريض [tam'riːđ] Krankenpflege *f*

تمرين [tam'riːn], *pl*. [-aːt] *u*. تمارين [tamaː'riːn] (2) Übung *f*, Training n; Ausbildung *f*; Praxis *f*; تحت ~ال *Angestellter*: in der Ausbildung befindlich; ابتدائي ~ *Mil.* Grundausbildung *f*; تمرينات بدنية [bada'niːja] Gymnastik *f*

تمزق [ta'mazzuq] Zerrissenwerden *n*; Zerrissenheit *f*; Zwiespalt *m* (بين zwischen *D*); Rissigwerden *n der Haut*; *pl.* [-aːt] Riß *m*

تمزيق [tam'ziːq] Zerreißung *f*

تمساح [tim'saːħ], *pl.* تماسيح [tamaː'siːħ] (2) Krokodil *n*

تمسك [ta'massuk] Festhalten *n* (ب an *D*); Geltendmachung *f* (ب *e-s Anspruchs*)

تمسيد [tam'siːd] Massage *f*

تمش [ta'maʃʃin] Übereinstimmung *f* (مع mit *D*); تمشيا مع [ta'maʃʃijan] in Übereinstimmung *od.* Einklang mit, gemäß, entsprechend

تمشيط [tam'ʃɨːt] Kämmen *n*; Durchkämmen *n e-s Gebiets*

تمصر [ta'mɒssur] *intr.* Ägyptisierung *f*

تمصير [tam'siːr] Ägyptisierung *f*; Besiedlung *f*, Kolonisierung *f*

تمضية [tamđiːja] Verbringen *n der Zeit*

تمطط [ta'mɒttut] Dehnbarkeit *f*

تمطيط [tam'tiːt] Dehnung *f*, Längung *f*

تمغة [tamɣa] Stempel *m*; Stempelmarke *f*

تمكن [ta'makkun] Imstandesein *n* (من zu *D*), Vermögen *n*; Beherrschung *f* (من *G*); (= الـ~ من النفس) Selbstbeherrschung *f*

تمكين [tam'kiːn] Stärkung *f*, (Be-)Festigung *f*; Ermöglichung (من *G*); *Isl.* Besitzeinweisung *f bei der Miete*

تملص [ta'mallus] Sichlosmachen *n* (من von *D*), Entrinnen *n*

تملق [ta'malluq] Schmeichelei *f*

تملك [ta'malluk] Besitzergreifung *f*, Erwerb *m*; Beherrschung *f* (على *G*)

تململ [ta'malmul] Unruhe *f*, Nervosität *f*

تملي [ta'malliː] *Äg. umg.* immer

تمليح [tam'liːħ] Einsalzen *n*, Pökeln *n*

تمليك [tam'liːk] Besitzübertragung *f*, Übereignung *f*

[1]تمن [ta'mannin], *pl.* تمنيات [tamanni'jaːt] Wunsch *m*

[2]تمن [timman] *Ir.* Reis *m*

تمنع [ta'mannuʕ] Weigerung *f*, Ablehnung *f*

تمهل [ta'mahhul] Langsamkeit *f*, Bedächtigkeit *f*

تمهيد [tam'hiːd] Ebnung *f*; Erleichterung *f*; Vorbereitung *f*; Einleitung *f*, Vorwort *n*; ~ا ل [-an] um etwas vorzubereiten

تمهيدي [tam'hiːdiː] einleitend, vorbereitend; *Jur.* vorläufig, Zwischen-

تموج [ta'mawwuʤ], *pl.* [-aːt] Wellenbewegung *f*; Gewelltheit *f*; Schwanken *n*; تموجات صوتية [sɒu'tiːja] Tonwellen *f/pl.*

تمور [ta'mawwur] Hinundherschwanken *n*

تموز [ta'mmuːz] *Ir.*, *Syr.*, *Lib.*, *Jord.* Juli *m*

تموضع [ta'mauđuʕ] *intr.* Lokalisation *f*

تمويج [tam'wiːʤ] Wellung *f*, Ondulation *f*

تمويل [tam'wiːl], *pl.* [-aːt] Finanzierung *f*; *Äg.* Steuerzahlung *f*; *Tun. a.* Investition *f*

تمويلي [tam'wiːliː] Finanzierungs-

تموين [tam'wiːn] Versorgung *f mit Lebensmitteln*, Verproviantierung *f*; تموينات *pl. Mil.* Nachschub *m*; بطاقة الـ~ [bi'tɒːqat at-t.] Lebensmittelkarte *f*; وزارة الـ~ [wi'zaːrat at-t.] Ernährungsministerium *n*

تمويني [tam'wiːniː] auf die Versorgung (*mit Lebensmitteln*) bezüglich; Versorgungs-

تمويه [tam'wiːh] Überziehen *n mit Metall*, Plattierung *f*; *Mil.* Tarnung *f*; Entstellung *f der Wahrheit*

تمويهي [tam'wiːhiː] Schein-, trügerisch, vorgeblich

تميز [ta'majjuz] Charakterisiertsein *n* (ب durch *A*); besondere(r) *od.* eigenständige(r) Charakter *e-r Sache*; Vorzug *m* (على gegenüber *D*)

تميع [ta'majjuʕ] *intr.* Verflüssigung *f*

تميمة [ta'miːma], *pl.* تمائم [ta'maːʔim] (2) Talisman *m*, Amulett *n*

تمييز [tam'jiːz] Auszeichnung *f*; Begünstigung *f*, Bevorzugung *f*; Privilegierung *f*; Unterscheidung *f*; *Pol.* Diskriminierung *f* (ضد *j-s*); *Gr.* Spezifikation *f*, spezifizierende(r) Akkusativ; Unterscheidungsvermögen *n*, Urteilskraft *f*; العدد ~ [t. al-ʕadad] spezifizierende(r) Akkusativ des Gezählten *nach den Zahlwörtern von 11 bis 99*; عنصري ~ [ʕunsuriː] Rassendiskriminierung *f*; سن الـ~ [sinn at-t.] Reifealter *n*; *Jur.* mündige(s) Alter; محكمة الـ~ *u. Saudi-Ar.* هيئة الـ~ [haiʔat at-t.] Kassationsgericht *n*; من غير ~ [min ɣairi] unterschiedslos; undifferenziert, pauschal

تمييزي [tam'jiːziː] diskriminierend; Vorzugs-, bevorzugt; *Lib.* auf das Kassationsgericht bezüglich

تن [tunn] Thunfisch *m*

تنابذ [ta'naːbuð] gegenseitige Abstoßung; Verfeindung *f*, Fehde *f*

تناثر [ta'naːθur] *intr.* Verstreuung *f*; Streuung *f e-s Maschinengewehrs*

تناحر [ta'naːħur] (erbitterter) Kampf *gegeneinander*

تناحري [ta'naːħuriː] antagonistisch

تناذر [ta'naːður] *Med.* Syndrom *n*

تنازع [ta'naːzuʕ] Streit *m*, Kampf *m*; Konflikt *m*; الـ~ على البقاء Kampf *m* ums Dasein

تنازل [ta'naːzul], *pl.* [-aːt] Verzicht *m* (عن auf *A*); Abtretung *f* (عن *G*); Konzession *f*, Zugeständnis *n*; Nachgeben *n*; Rücktritt *m* (عن von *D*); Degression *f des Steuertarifs*; ~ عن العرش Abdankung *f*; عدم الـ~ [ʕadam at-t.] Unnachgiebigkeit *f*

تناس [ta'naːsin] Vergessen *n von Zwistigkeiten*

تناسب [ta'naːsub] gegenseitige Beziehung; proportionale(s) Verhältnis; *a. Math.* Proportion *f*; Gleichförmigkeit *f*, Gleichmäßigkeit *f*, Symmetrie *f*; عدم الـ~ [ʕadam at-t.] Mißverhältnis *n*

تناسخ [ta'naːsux] Aufeinanderfolge *f*; Seelenwanderung *f*

تناسق [ta'naːsuq] Ebenmäßigkeit *f*, Symmetrie *f*; Harmonie *f*, Übereinstimmung *f*

تناسل [ta'naːsul] Fortplanzung *f*, Zeugung *f*; أعضاء الـ~ Geschlechtsorgane *n/pl*.

تناسلي [ta'naːsuliː] Fortpflanzungs-; Geschlechts-, Sexual-; أعضاء ~ة Geschlechtsorgane *n/pl*.

تناضح [ta'nɒːđuʤ] *Chem*. Osmose *f*

تناظر [ta'nɒːður] Disput *m*, Meinungsverschiedenheit *f*; *Math*. Symmetrie *f*; عدم الـ~ [ʕadam at-t.] Asymmetrie *f*

تناغم [ta'naːɣum] gleichzeitige(s) Ertönen, Zusammenklang *m*

تناف [ta'naːfin] gegenseitige Unverträglichkeit, Unvereinbarkeit *f*

تنافر [ta'naːfur] gegenseitige Abstoßung *od*. Abneigung; Meinungsverschiedenheit *f*; *fig*. Mißklang *m*; ~ الأصوات Mißklang *m*, Kakophonie *f*

تنافس [ta'naːfus] *a.Hdl*. Konkurrenz *f*, Wettbewerb *m*; Rivalität *f*, Wettstreit *m* (على um *A*)

تنافسي [ta'naːfusiː] Konkurrenz-

تناقص [tanaː'qus] Verringerung *f*, Abnahme *f*

تناقض [ta'naːquđ], *pl*. [-aːt] (gegenseitiger) Widerspruch; Unvereinbarkeit *f* (مع mit *D*); Gegensatz *m*; Antagonismus *m*

تنام [ta'naːmin] Anwachsen *n*, Zunahme *f*

تناه [ta'naːhin] Begrenztheit *f*, Endlichkeit *f*; Ablauf *m e-r Zeit*

تناوب [ta'naːwub] Abwechslung *f*, gegenseitige Ablösung; بالـ~ abwechselnd, nacheinander; سباق الـ~ [si'baːq at-t.] *Sport*: Staffellauf *m*

تناول [ta'naːwul] Einnahme *f von Speisen*; Behandlung *f e-s Themas*; *Chr*. Kommunion *f*

تنباك [tum'baːk] → تمباك

تنبر [tambar], *pl*. تنابر [ta'naːbir] (2) *Maghr*. Stempel *m*; Stempelmarke *f*; Briefmarke *f*

تنبل [tambal], *pl*. تنابلة [ta'naːbila] faul, träge; Faulpelz *m*

تنبلة [tambala] Faulheit *f*, Trägheit *f*

تنبه [ta'nabbuh] Bemerken *n* (إلى/ل *G*); Achtgeben *n* (إلى/ل auf *A*); Erwachen *n*

تنبؤ [ta'nabbuʔ], *pl*. [-aːt] Vorhersage *f*, Prophezeiung *f*; Voraussage *f*, Prognose *f*

تنبؤي [ta'nabbuʔiː] voraussagend, prognostisch

تنبيت [tam'biːt] (An-)Pflanzung *f*

تنبيه [tam'biːh] Aufmerksammachen *n* (إلى auf *A*); (Er-)Wecken *n*; *pl*. [-aːt] Hinweis *m*; Anmerkung *f*; *Biol*. Reiz *m*; آلة الـ~ Hupe *f des Autos*, Signalhorn *n*

تنجستين [tungistin] *Chem*. Wolfram *n*

تنجيد [tan'ʤiːd] Polstern *n*

تنجير [tan'ʤiːr] Hobeln *n*, Glätten *n von Holz*

تنجيز [tan'ʤiːz] Ausführung *f*, Durchführung *f*, Vollzug *m*

تنجيس [tan'ʤiːs] Beschmutzung *f*, Befleckung *f*

تنجيم [tan'ʤiːm] Astrologie *f*

تنجية [tanʤija] Rettung *f*

تنحيف [tan'ħiːf] Abnehmen(lassen) *n*, Schlankwerden *n*

تنحية [tanħija] Beseitigung *f*, Ausschaltung *f*; Entfernung *f*, Entlassung *f* (عن aus *e-m Amt*)

تندر [ta'naddur] Scherzen *n*, Sichlustigmachen *n* (على/ب über *A*)

تنديد [tan'diːd], *pl*. [-aːt] (heftige) Kritik (ب an *D*); *moralische* Verurteilung (ب *G*)

تنزاني [tan'zaːniː] tansanisch; *pl*. [-uːn] Tansanier *m*

تنزانيا [tan'zaːnijaː] Tansania

تنزه [ta'nazzuh], *pl*. [-aːt] Spaziergang *m*

تنزيل [tan'ziːl], *pl*. [-aːt] Herabsetzung *f des Preises*; Abzug *m* (عن von *D*); *Hdl. a*. Rabatt *m*; Herabsenden *n*; *Rel*. Offenbarung *f*; Herablassen *n*; Abladen *n*; Einlegen *n*, Einlegearbeit *f*; ~ الرتبة [t. ar-rutba] Degradierung *f*

تنس [tinis] Tennis *n*

تنسق [ta'nassuq] richtige Anordnung, Gleichförmigkeit *f*

تنسيب [tan'siːb] *Ir., Jord*. Befürwortung *f*, Empfehlung *f*

تنسيق [tan'siːq] Koordinierung *f*; Abstimmung *f aufeinander*; ausgewogene Anordnung *od*. Planung; ~ الأزهار/الزهور Blumenarrangement *n*; Ikebana *n*

تنسيقة [tan'siːqa] (*Blumen*-)Arrangement *n*

تنشق [ta'naʃʃuq] Einatmen *n*

تنشيط [tan'ʃiːt] Anregung *f*, Belebung *f*, Aktivierung *f*

تنشيف [tan'ʃiːf] (Ab-)Trocknen *n*

تنشيقة [tan'ʃiːqa] Prise *f* Schnupftabak

تنشين [tan'ʃiːn] Zielen *n*; Schießen *n auf ein Ziel*; آلة الـ~ Zielvorrichtung *f*, Visier *n*

تنشئة [tanʃiʔa] Erziehung *f* (على zu *D*), Aufziehen *n von Kindern*; ~ اجتماعية Sozialisation *f*

تنصت [ta'nɒssut] Abhören *n*, (Be-)Lauschen *n*

تنصل [ta'nɒssul] Sichbefreien *n*, Lossagung *f* (من von *D*)

تنصيب [tan'siːb] Einsetzung *f in ein Amt*; Ernennung *f*; *Alg*. Einrichtung *f von Institutionen*

تنصير [tan'siːr] Christianisierung *f*

تنصيف [tan'siːf] Halbierung *f*

تنضيد [tan'điːd] *Typ*. Setzen *n*, Satz *m*

تنظير [tan'ðiːr] Theoretisieren *n*, Entwicklung *f* von Theorien

تنظيف [tan'ðiːf] Reinigung *f*, Säuberung *f*; ~ جاف [ʤaːff] *u*. ~ على الناشف chemische Reinigung

تنظيم [tan'ðiːm] Anordnung *f*; Organisation *f*; Regelung *f*; (Fluß-)Regulierung *f*; *Syr., Lib*. Ausstellung *f e-s Dokuments*; *pl*. [-aːt] Neuordnung *f*, Reform *f*; *konkret*: Organisation *f*, Gruppierung *f*; ~ الأسرة [t. al-ʔusra] *u*. ~ عائلي Familienplanung *f*; ~ (حركة) المرور [t. (ħa'rakati) l-mu'ruːr] Verkehrsregelung *f*; إعادة الـ~ Reorganisation *f*

تنظيمي [tan'ðiːmiː] organisatorisch

تنعيم [tan'ʕiːm] Verwöhnung *f*, Verzärtelung *f*

تنفخ [ta'naffux] Aufgeblähtheit *f*; *fig*. Aufgeblasenheit *f*

تنفس [ta'naffus] Atmung *f*

تنفسي [ta'naffusiː] Atmungs-; الجهاز الـ~ [al-ʤi'haːz] die Atmungsorgane *n/pl*.

تنفيذ [tan'fiːð] Ausführung *f*, Durchführung *f*; Vollstreckung *f e-s Urteils*; Exekution *f*; Zwangsvollstreckung *f* (على in *das Vermögen*); ~ا ل [-an] in Ausführung *e-r Sache*; ~ العقوبة *Jur*. Strafvollzug *m*; عون الـ~ [ʕaun at-t.] *Tun*. Gerichtsvollzieher *m*

تنفيذي [tan'fiːðiː] Vollstreckungs-, exekutiv; *Vorsitzender, Direktor*: geschäftsführend; السلطة التنفيذية [as-sulṭɒ] die Exekutive; لائحة ~ـة *Jur*. Durchführungsbestimmungen *f/pl.*; لجنة ~ـة Exekutivkomitee *n*

تنفير [tan'fiːr] Abstoßung *f*, Abschreckung *f*; Entfremdung *f*

تنفيس [tan'fiːs] *Psych*. Katharsis *f*

تنقل [ta'naqqul], *pl*. [-aːt] Umherreisen *n*, Umherwandern *n*; Fortbewegung *f*; Ortswechsel *m*, Bewegung *f*; *intr*. Transport *m*, Beförderung *f*; Fahrt *f z.B. zum Arbeitsplatz*; Versetzung *f e-s Beamten*; ~ رؤوس الأموال Kapitalbewegungen *f/pl.*, Kapitalverkehr *m*

تنقيب [tan'qiːb], *pl*. [-aːt] Grabung *f*; Bohrung *f* (عن nach *Öl*); *bsd. Ölindustrie*: Prospektion *f*, Exploration *f*; Forschung *f*, Untersuchung *f*; *pl. a. Archäologie*: Ausgrabungen *f/pl.*

تنقيبي [tan'qiːbiː] Bohr-, Bohrungs-; بئر ~ـة [biʔr] Bohrloch *n zur Ölförderung*

تنقيح [tan'qiːħ] Durchsicht *f*, Revision *f*, Verbesserung *f der Auflage e-s Buches*; Änderung *f e-s Gesetzes*

تنقيص [tan'qɨːs] Verminderung *f*, Kürzung *f*, Herabsetzung *f*

تنقيط [tan'qɨːt] Punktieren *n*

تنقية [tanqija] Reinigung *f*, *a. fig.* Säuberung *f*; Klärung *f*; Auslesen *n*, Aussortieren *n*; ~ عرقية [ʕir'qiːja] ethnische Säuberung; ~ مياه المجاري [t. mi'jaːhi l-ma'dʒaːriː] Abwasserreinigung *f*, Abwasserklärung *f*

[1]**تنك** [tanak] *Ir., Syr.* (Weiß-)Blech *n*; Kanister *m/pl. aus (Weiß-)Blech*

[2]**تنك** [tank], *pl*. تنوك [tu'nuːk] *Äg.* Kraftstoffbehälter *m*

تنكجي [ta'nakdʒiː, ta'naktʃiː], *pl*. ~ـة Klempner *m*

تنكر [ta'nakkur] Entfremdung *f* (ل von *D*); Verkleidung *f*, Maskerade *f*

تنكري [ta'nakkuriː] Verkleidungs-; ثياب ~ـة [θi'jaːb] Verkleidung *f*; حفلة ~ـة Maskenball *m*

تنكس [ta'nakkus] Entartung *f*, Degeneration *f*

تنكة [tanaka], *pl*. [-aːt] Kanister *m*; *(Blech-)*Topf *m*

تنكير [tan'kiːr] Unkenntlichmachung *f*, Maskierung *f*; *Gr*. Indetermination *f*

تنكيل [tan'kiːl] exemplarische Bestrafung

تنمل [ta'nammul] *Med*. (Ameisen-) Kribbeln *n*

تنموي [tanmawiː] *Ök*. Entwicklungs-

تنمير [tan'miːr] Numerierung *f*

تنميق [tan'miːq] Verzierung *f*, Ausschmückung *f*; Abfassung *f e-s Textes in elegantem Stil*

تنمية [tanmija] *trans. a. Ök*. Entwicklung *f*; Wachsenlassen *n*; Förderung *f*, Ausbau *m a. von Fähigkeiten*

تنهد [ta'nahhud] Seufzen *n*; *pl*. [-aːt] Seufzer *m*

تنهدة [ta'nahhuda] Seufzer *m*

تنهيج [tan'hiːdʒ] *Syr*. Planung *f*, Programmierung *f*

تنهية [tanhija] *Syr*. Appretur *f*

تنوب [ta'nnuːb] *koll., n. un*. ~ـة Tanne *f*

[1]**تنور** [ta'nawwur] Erleuchtetwerden *n*

[2]**تنور** [ta'nnuːr], *pl*. تنانير [tanaː'niːr] (2) Backgrube *f*, Backofen *m für Fladenbrot*

تنورة [ta'nnuːra], *pl*. تنانير [tanaː'niːr] (2) *Syr., Lib., Kuw*. Unterrock *m*

تنوط [ta'nawwut, tu'nawwɨt] Webervogel *m*

تنوع [ta'nawwuʕ] Vielfalt *f*, Mannigfaltigkeit *f*, Verschiedenartigkeit *f*; Abwechslung *f*; ~ بيولوجي *u*. ~ حيوي [ħajawiː] *Biol*. Artenvielfalt *f*

تنوة [tanwa] *u*. ~ القهوة [t. al-qahwa] Kaffeesatz *m*

تنوير [tan'wiːr] *bsd. fig*. Erleuchtung *f*; *a. geistesgeschichtlich*: Aufklärung *f*; Blühen *n*, Blüte *f*

تنويع [tan'wiːʕ] Verschiedenmachen *n*; Diversifizierung *f*, breitere Fächerung; (Ab-)Änderung *f*, Variierung *f*; Abwechslung *f*; *pl*. [-aːt] *Mus*. Variation *f*; *pl. a*. Sammelband *m*

تنويم [tan'wiːm] Einschläfern *n*; (= ~ مغنطيسي [maɣna'tɨːsiː]) Hypnotisierung *f*, Hypnose *f*

تنوين [tan'wiːn] *Gr*. Nunation *f*

تنويه [tan'wiːh] Hinweis *m* (ب auf *A*); Hervorhebung *f*, lobende Erwähnung *f* (ب *G*)

تنين [ti'nniːn], *pl*. تنانين [tanaː'niːn] (2) *a. Astr*. Drache *m*

تهاتر [ta'haːtur] Widerspruch *m von Zeugenaussagen*

تهاطل [ta'haːtul] *Meteor*. Niederschlag *m*

تهافت [ta'haːfut] Sichstürzen *n* (على auf *A*), Herfallen *n* (على über *A*); Zusammenbruch *m*

تهالك [ta'haːluk] Sichstürzen *n* (على auf *A*); Begeisterung *f* (على für *A*)

تهامة [ti'haːma] (2) Tihama *f* *(Küstenebene in Saudi-Arabien)*

تهاني, تهانئ → تهنئة

تهاون [ta'haːwun] Geringschätzung *f* (ب *G*); Gleichgültigkeit *f* (ب gegenüber *D*)

تهايؤ [ta'haːjuʔ] gegenseitige Anpassung

تهتك [ta'hattuk] Zerrissenwerden *n*; Schamlosigkeit *f*; *pl*. [-aːt] Riß *m*

تهته [tahtaha] stottern, stammeln

تهج [ta'haddʒin] Buchstabieren *n*

تهجم [ta'haddʒum], *pl*. [-aːt] Überfall *m*, Angriff *m*

تهجير [tah'dʒiːr] Aussiedlung *f*, Vertreibung *f*; Ausrottung *f von Seuchen*

تهجين [tah'dʒiːn] *Biol*. Kreuzung *f*

تهجية [tahdʒija] Buchstabieren *n*

تهدد [ta'haddud] *intr*. (Be-)Drohung *f*

تهدم [ta'haddum] Einsturz *m*, Zusammenbruch *m*

تهديد [tah'diːd], *pl.* [-aːt] (Be-)Drohung *f* (ب mit *D*); الـ~ باستعمال القوة [bi-stiˁ'maːli l-quwwa] Gewaltandrohung *f*

تهديف [tah'diːf] *Ir. Sport*: Zielen *n*, Schießen *n*

تهديم [tah'diːm] Zerstörung *f*

تهدئة [tahdiʔa] Beruhigung *f*

تهذب [ta'haððub] Erzogensein *n*, (gute) Erziehung

تهذيب [tah'ðiːb] Verbesserung *f*; Verfeinerung *f*, Überarbeitung *f*, Revision *f*; (gute) Erziehung; wohlerzogene Art; *Chem.*, *Techn.* Läuterung *f*

تهذيبي [tah'ðiːbiː] Erziehungs-, erzieherisch

تهرب [ta'harrub] Sichdrücken *n* (من von, vor *D*, um *A*); (= ~ من الضريبة) Steuerhinterziehung *f*; ~ رأس المال *Ök.* Kapitalflucht *f*

تهرؤ [ta'harruʔ] zerschlissene(r) Zustand; Zerrissenheit *f*

تهريب [tah'riːb] Schmuggel *m*; ~ رؤوس الأموال Kapitalflucht *f*

تهريج [tah'riːʤ] Spaßmachen *n*; Clownerie *f*; Lärmen *n*

تهزيز [tah'ziːz] Schütteln *n*

تهشم [ta'haʃʃum] *intr.* Zertrümmerung *f*

تهصر [ta'hɒssur] Brüchigkeit *f*; مقاومة الـ~ [muqaː'wamat at-t.] Bruchfestigkeit *f e-s Materials*

تهكم [ta'hakkum] Spott *m* (على/ب über *A*), Hohn *m*; Ironie *f*, Sarkasmus *m*

تهكمي [ta'hakkumiː] spöttisch, höhnisch; *Äußerung*: ironisch, sarkastisch

تهلكة [tahluka] Verderben *n*

تهلل [ta'hallul] Freude *f*, Jubel *m*, Frohlocken *n*

تهلين [tah'liːn] Hellenisierung *f*

تهمة [tuhma], *pl.* تهم [tuham] Verdacht *m*, Vorwurf *m*, Anschuldigung *f*

تهميش [tah'miːʃ] Abdrängen *n* an den Rand *od.* in e-e Nebenrolle

تهميشة [tah'miːʃa], *pl.* [-aːt] Randbemerkung *f*, Glosse *f*

تهنئة [tahniʔa], *pl.* تهان [ta'haːnin] *u.* تهانئ [ta'haːniʔ] (2) Glückwunsch *m*

تهور [ta'hawwur] Leichtsinn *m*, Unbesonnenheit *f*, Unüberlegtheit *f*; Überstürzung *f*

تهويد [tah'wiːd] Judaisierung *f*

تهويش [tah'wiːʃ] Aufhetzung *f*, Aufwiegelung *f*

تهويل [tah'wiːl], *pl.* [-aːt] *u.* تهاويل [tahaː'wiːl] (2) Verängstigung *f*, Einschüchterung *f*; Schreckbild *n*; Übertreibung *f*; تهاويل *a.* Ausschmückungen *f/pl.*, ornamentale Verzierungen *f/pl.*

تهوين [tah'wiːn] Geringschätzung *f*, Herabsetzung *f*

تهوية [tahwija] (Be-)Lüftung *f*, Ventilation *f*

تهيب [ta'hajjub] Furcht *f*; Scheu *f*

تهيج [ta'hajjuʤ] Aufregung *f*, Erregung *f*; *Jur.* Affekt *m*; *intr. Med.* Reizung *f e-s Organs*

تهيؤ [ta'hajjuʔ] Bereitschaft *f* (ل zu *D*), Gerüstetsein *n* (ل für *A*)

تهييج [tah'jiːʤ] Erregung *f*, Aufreizung *f*; Anstachelung *f* (على zu *D*)

تهييء [tah'jiːʔ] *bsd. Maghr.* = تهيئة

تهيئة [tahjiʔa] Vorbereitung *f*, Herrichten *n*; Heranbildung *f*

تو [taww]: ~ا [-an] *Adv.*, للتو [li-t-tawwi], في/من/على الـ~ *u.* لتوه [li-'tawwihiː] *etc.* sofort; soeben; auf der Stelle, augenblicklich

تواب [ta'wwaːb] bußfertig, reumütig; *Gott*: verzeihend

توابع → تابع, تابعة

توابل → تابل

توابيت → تابوت

تواتر [ta'waːtur] Aufeinanderfolge *f*; ständige Wiederholung; Häufigkeit *f*, Frequenz *f*; lückenlose Überlieferung *e-s Hadith*; على الـ~ in ständiger Aufeinanderfolge, nacheinander

تواجد [ta'waːʤud] Sicheinfinden *n*; Vorhandensein *n*, Existenz *f*

تواد [ta'waːdd] freundschaftliche(s) Verhältnis

توارث [ta'waːruθ] Vererbung *f*

توارد [ta'waːrud] Eintreffen *n mehrerer Personen nacheinander*; Einlaufen *n von Nachrichten*

تواريخ → تاريخ[1]

تواز [ta'waːzin] Parallelität *f*, Parallelismus *m*; Entsprechung *f*, Gleichwertigkeit *f*; على التوازي [at-ta'waːziː] parallel, gleichlaufend (*Adv.*)

توازن [ta'waːzun] Gleichgewicht *n*; Ausgewogenheit *f*; ~ بيئي [biːʔiː] ökologische(s) Gleichgewicht; ~ حراري Wärmehaushalt *m des Körpers*; ~ الرعب [t. ar-ruˁb] Gleichgewicht *n* des Schreckens; ~ نووي [nawawiː] atomare(s) Gleichgewicht

تواصل [ta'wɒːsul] Fortdauer *f*; Kontinuität *f*; Kommunikation *f*; Kontakt *m*; Verbundenheit *f* miteinander

تواضع [ta'wɒːđuˁ] Bescheidenheit *f a. e-r Sache*, Demut *f*

تواطؤ [ta'wɒːŧuʔ] (geheimes) Einverständnis; Verabredung *f*; Komplizenschaft *f*

توافد [ta'waːfud] Strömen *n* (على nach *D*), Zusammenkommen *n von vielen Leuten*

توافر [ta'waːfur] Vorhandensein *n*, Verfügbarkeit *f*; Erfülltsein *n von Voraussetzungen*

توافق [ta'waːfuq] Übereinstimmung *f* (مع mit *D*), *a. Mus.* Harmonie *f*; Anpassung *f* (مع an *A*)

توافقي [ta'waːfuqiː] Anpassungs-

توافه → تافهة

تواق [ta'wwaːq], *pl.* [-uːn] sehnsüchtig, verlangend (إلى/ل nach *D*)

تواكل [ta'waːkul] gegenseitige(s) Sichverlassen; Gleichgültigkeit *f*, Sorglosigkeit *f*

توال [ta'waːlin] ununterbrochene (Aufeinander-)Folge; على التوالي [at-ta'waːliː] nacheinander, hintereinander; ohne Unterbrechung; beziehungsweise

توالد [ta'waːlud] Fortpflanzung *f*; ~ غير تناسلي [ɣairu ta'naːsuliː] ungeschlechtliche Fortpflanzung

توالدي [ta'waːludiː] Fortpflanzungs-, generativ

تواليت [tuwa'leːt] Toilette *f*

توأم *u.* **توءم** [tauˀam], *pl.* توائم [ta'waːˀim] (2) Zwilling *m*; Zwillinge *m/pl.*; توأمان [tauˀa'maːn] *du.* Zwillingspaar *n*; ثلاثة توائم Drillinge *m/pl.*

توأمة [tauˀama] Zwillingsschwester *f*; *Maghr.* (Schließung *f* e-r) (*Städte-*)Partnerschaft *f*

توأمي [tauˀamiː] Zwillings-

توان [ta'waːnin] Erschlaffung *f*, Ermattung *f*; Langsamkeit *f*; Zögern *n*; Nachlässigkeit *f*

(توب) تاب [taːba, uː] bereuen (عن *A*); sich bekehren (عن von *D*); (= إلى الله ~) Buße tun (عن für *A*); *Gott*: verzeihen (على *j-m*)

توبل [taubala] würzen

توبة [tauba] Buße *f*, Sühne *f*

توبيخ [tau'biːx] Tadel *m*, Schelte *f*

[1]**توت** [tuːt] *koll., n. un.* ~ة Maulbeerbaum *m*; Maulbeere(n *pl.*) *f*; ~ أرضي, ~ إفرنجي [ˀif'randʒiː] Erdbeere *f*; ~ شوكي [ʃaukiː] Himbeere *f*; ~ العليق [t. al-ʕu'llaiq] Brombeere *f*

[2]**توت** [tuːt] *erster Monat des koptischen Kalenders*

توتر [ta'wattur] *a. Phys., El., Pol.* Spannung *f*; (= ~ نفسي) Streß *m*; تخفيف حدة الـ~ [tax'fiːf ħiddati t-t.] *Pol.* Entspannung *f*

توثيق [tau'θiːq] Festigung *f*, Konsolidierung *f*; Dokumentation *f*; Beurkundung *f*, Beglaubigung *f*; notarielle Tätigkeit

توثيقي [tau'θiːqiː] Dokumentations-; notariell

توج II [tawwadʒa] *a. fig.* krönen

توجس [ta'waddʒus] Ängstlichkeit *f*

توجع [ta'waddʒuʕ] Schmerz *m*; Wehleidigkeit *f*

توجه [ta'waddʒuh] Sichbegeben *n* (إلى/نحو nach *D*); Hinwendung *f* (إلى/ل zu *D*); Orientierung *f*, Ausrichtung *f*; Richtung *f*, Trend *m*; Approach *m*, Ansatz *m*

توجو [toːgoː] *Äg. Geo.* Togo

توجيه [tau'dʒiːh] Hinlenkung *f* (إلى auf *A*); Lenkung *f*, Steuerung *f*; Fernsteuerung *f*; *trans.* Ausrichtung *f*, Orientierung *f*; *pl.* [-aːt] Anleitung *f*, Anweisung *f*, Direktive *f*; Ratschlag *m*; بـ~ من auf Anweisung von; ~ ذاتي Selbststeuerung *f*; ~ سياسي [si'jaːsiː] politische Schulung; ~ مهني [mih(a)niː] Berufsberatung *f*

توجيهي [tau'dʒiːhiː] richtunggebend, lenkend, instruierend; (= شهادة الـ~) *Jord.* Abschlußzeugnis *n* der Oberschule, Reifezeugnis *n*

توجيهية [taudʒiː'hiːja]: الـ~ (العامة) ([al-ʕaːmma]) *Saudi-Ar.* Abitur *n*

توحد [ta'waħħud] Einsamkeit *f*, Alleinsein *n*; *intr.* Vereinheitlichung *f*; ~ قياسي [qi'jaːsiː] Normung *f*

توحش [ta'waħħuʃ] Verwilderung *f*, Verrohung *f*; Barbarei *f*; Brutalität *f*

توحيد [tau'ħiːd] Vereinheitlichung *f*, Zusammenfassung *f*; Vereinigung *f*; Monotheismus *m*; Konsolidierung *f von Bilanzen*; (= ~ قياسي [qi'jaːsiː] *u.* ~ المواصفات [t. al-muwaːsɒ'faːt]) Normung *f*; ~ الكلمة [t. al-kalima] Einigung *f*, Zusammenschluß *m*, Einigkeit *f*

توحيدي [tau'ħiːdiː] Vereinigungs-; monotheistisch

توخ [ta'waxxin] Bezwecken *n*; Verfolgen *n e-s Ziels*; Bestreben *n*, Absicht *f*

تودد [ta'waddud] Umschmeichelung *f* (إلى *j-s*), Anbiederung *f* (إلى bei *D*)

تؤدة [tuˀada] Gemächlichkeit *f*, Bedächtigkeit *f*; Besonnenheit *f*; بـ~ *u.* في ~ gemächlich, bedächtig; besonnen (*Adv.*)

توديع [tau'diːʕ] Verabschiedung *f*, Abschied *m*

توراة [tau'raːt]: الـ~ Thora *f*, Pentateuch *m*; Alte(s) Testament

توربين [turbiːn], *pl.* [-aːt] Turbine *f*

توربيني [tur'biːniː] Turbinen-

تورد [ta'warrud] Rötung *f*

تورط [ta'warruṭ] *intr.* Verwicklung *f*, Verstrickung *f* (في in *A*)

تورم [ta'warrum] (An-)Schwellung *f*; Bildung *f* e-r Geschwulst *od.* e-s Tumors

توريث [tau'riːθ] *trans.* Vererbung *f*

توريد [tau'riːd], *pl.* [-aːt] Lieferung *f von Waren*; Einfuhr *f*, Import *m*; Abführung *f der Steuer*

توريق [tau'riːq] Arabeske *f*, Blattornament *n*

تورية [taurija] Anspielung *f* (عن auf *A*); Zweideutigkeit *f*; Verbergen *n*

توزع [ta'wazzuʕ] *intr.* Verteilung *f*

توزيع [tau'ziːʕ] Verteilung *f* (على auf *A*), Distribution *f*; Austeilung *f*, Ausgabe *f*; Zustellung *f der Post*; Streuung *f des Risikos*; Absatz *m*, Vertrieb *m*; ~ الأرباح Gewinnverteilung *f*; إعادة الـ~ Umverteilung *f*, Neuverteilung *f*

توزيعي [tau'ziːʕiː] distributiv

توسط [ta'wassuṭ] Vermittlung *f*; Mittelstellung *f*

توسع [ta'wassuʕ] Sichausdehnen *n*, Ausdehnung *f*, Erweiterung *f*, Ausweitung *f*, *a. Pol.* Expansion *f*; ~ا [-an] im weiteren Sinne

توسعة [tausiʕa], *pl.* [-aːt] Erweiterung *f*

توسعي [ta'wassuʕiː] *Pol.* Expansions-, expansionistisch

توسعية [tawassu'ʕiːja] Expansionismus *m*

توسل [ta'wassul] Flehen *n*, inständige Bitte

توسيع [tau'siːʕ] Erweiterung *f*, Ausweitung *f*, Ausdehnung *f*; Vergrößerung *f*

توسيم [tau'siːm] *Tun.* Auszeichnung *f j-s*, Ordensverleihung *f*

توشيح [tau'ʃiːħ], *pl.* تواشيح [tawaː'ʃiːħ] (2) *alte arab. (bsd. im muslimischen Spanien übliche) Gedichtform*; *pl. Äg.* geistliche Lieder *n/pl.*

توشية [tauʃija] Verschönerung *f*, Verzierung *f*; Bestickung *f*

توصل [ta'wɒṣṣul] Gelangen *n* (الى zu *D*), Erreichung *f* (إلى *e-s Ziels*)

توصيف [tau'ṣiːf] (genaue) Beschreibung, Charakterisierung; Normung *f*

توصيل [tau'ṣiːl] Verbindung *f* (ب mit *D*); *a. El.* Anschluß *m*; Zuleitung *f*; Hinbringen *n* (*j-s*, إلى zu *D*); Übermittlung *f* (إلى an *A*); *El.* Schaltung *f*; الـ~ على التوازي [at-ta'waːziː] *El.* Parallelschaltung *f*; جيد الـ~ [dʒajjid at-t.] *El.* gute(r)

Leiter; الـ~ قابلية *El.* Leitfähigkeit *f*; الـ~ لوحة [lauħat at-t.] Schalttafel *f*; الـ~ إلى الأرض *u.* ~ بالأرض *El.* Erdung *f*

توصيلة [tau'siːla], *pl.* [-aːt] *El.* Anschluß *m*; *Techn.* Muffe *f*; *Äg.* Fahrgeld *n*

توصيلية [tausiː'liːja] *El.* Leitfähigkeit *f*

توصية [tausija], *pl.* [-aːt] *u.* (*selten*) تواص [ta'wɒːsin] Empfehlung *f*; Auftrag *m*, Bestellung *f*; بـ~ من auf Empfehlung von; ~ شركة [ʃarikat t.] *Hdl.* Kommanditgesellschaft *f*

توضؤ [ta'wɒđđuʔ] rituelle Waschung

توضيب [tau'điːb] (An-)Ordnen *n*; Herrichten *n*; technische Überprüfung *e-s Flugzeugs*; Verpacken *n*

توضيح [tau'điːħ] Verdeutlichung *f*, Veranschaulichung *f*, Erklärung *f*, Erläuterung *f*

توطن [ta'wɒttun] Sichniederlassen *n* (ب an *e-m Ort*), Aufschlagen *n* des Wohnsitzes

توطيد [tau'tiːd] Festigung *f*, Stärkung *f*, Konsolidierung *f*

توطين [tau'tiːn] Ansiedlung *f j-s in e-m Land*

توطئة [tautiʔa] Wegbereitung *f*; Vorbereitung *f*; Einleitung *f a. e-s Buches*; Senkung *f der Stimme*; ~ لـ [-tan] um *etwas* vorzubereiten *od.* in die Wege zu leiten

توظف [ta'wɒđđuf] *intr.* Anstellung *f*, Beschäftigung *f j-s*; Übernahme *f e-r Funktion*

توظيف [tau'điːf] Anstellung *f*, Einstellung *f*; Ernennung *f zu e-m Amt*; Anlage *f von Geldern*; Einsatz *m e-s Mittels, Potentials*; *Tun.* Erhebung *f e-r Gebühr*

توظيفي [tau'điːfiː]: سياسة ~ـة [si'jaːsa] Einstellungspolitik *f*

توعد [ta'waʕʕud] Drohung *f*

توعدي [ta'waʕʕudiː] drohend

توعك [ta'waʕʕuk] Unpäßlichkeit *f*, Unwohlsein *n*

توعية [tauʕija] Aufklärung *f* (ب über *A*)

توغل [ta'waɣɣul] Eindringen *n* (في in *A*)

توغو [toːɣoː] *f Geo.* Togo

توفر [ta'waffur] Vorhandensein *n*, Verfügbarkeit *f*; عند ~ الشروط wenn die Bedingungen erfüllt sind

توفير [tau'fiːr] Bereitstellung *f*, Beschaffung *f*; Schaffung *f von Möglichkeiten*; Erfüllung *f von Voraussetzungen*; Sparen *n*, Ersparnis *f*, Einsparung *f*; ~ سكني [sakaniː] *Alg.* Bausparen *n*; ~ الشيء عليه *verbal*: j-m etwas ersparen; ~ الوقت Zeitersparnis *f*; صندوق الـ~ Sparkasse *f*

توفيق [tau'fiːq] In-Einklang-Bringen *n* (بين ... وبين *e-r Sache* mit *D*), Ausgleich *m* (بين von *Gegensätzen*); Schlichtung *f*, Versöhnung *f*; Gelingen *n*, Erfolg *m von Gottes Hand*; Glück *n* (*das man hat*); *a. npr. m*; ~ًا مع / لـ [-an] in Einklang mit; والله ولي الـ~ [wa'liːju t-t.] *u.* وبالله الـ~ *religiöse Formel, etwa*: Gott ist es, der über den Erfolg entscheidet

توفيقي [tau'fiːqiː] Schlichtungs-, Vermittlungs-; Harmonisierungs-

[1]**(توق)** تاق [taːqa, uː] sich sehnen (إلى nach *D*); herbeisehnen (إلى *A*)

[2]**توق** [ta'waqqin] Sichschützen *n* (*A*: vor *D*)

توقد [ta'waqqud] Brennen *n*

توقع [ta'waqquʕ], *pl.* [-aːt] Erwartung *f*; Voraussage *f*, Vorhersage *f*

توقعي [ta'waqquʕiː] vorausschauend

توقف [ta'waqquf] Stehenbleiben *n*, Anhalten *n*; *Verk.* Halten *n*; Stillstand *m*; Aufhören *n* (عن mit *D*), Einstellung *f* (عن *G*); Aufenthalt *m*, Zwischenlandung *f*; Pause *f beim Sprechen*; Abhängigkeit *f* (على von *D*); الـ~ عن الدفع Zahlungseinstellung *f*

توقيت [tau'qiːt] Zeitbestimmung *f*; Zeitmessung *f*; *Sport*: Zeitnahme *f*; Zeitpunkt *m*, Timing *n*; zeitliche Beschränkung; ~ غرينتش Greenwich Mean Time, Westeuropäische Zeit; ~ زوالي → زوالي; ~ صيفي [sɒifiː] Sommerzeit *f*; ~ غروبي → غروبي; ~ محلي [ma'ħalliː] Ortszeit *f*; ساعة الـ~ *Sport*: Stoppuhr *f*

توقيع [tau'qiːʕ], *pl.* [-aːt] *u.* تواقيع [tawaː'qiːʕ] (2) Unterzeichnung *f*, Unterfertigung *f* (*a.* على *G*); Unterschrift *f*; Verhängung *f e-r Strafe*; Eintragung *f*, Registrierung *f*; الـ~ بالأحرف الأولى [bi-l-ʔaħrufi l-ʔuːlaː] Paraphierung *f* (على *e-s Vertrags*); مهمل الـ~ [muhmal at-t.] ohne Unterschrift, unsigniert

توقيعي [tau'qiːʕiː] rhythmisch

توقيف [tau'qiːf] Anhalten *n des Autos*; Parken *n*; Festnahme *f*; Aufrichten *n*; Aussetzung *f von Bestimmungen*

توقيفي [tau'qiːfiː] *Jur.* aufschiebend

توكل [ta'wakkul] Vertrauen *n* (على auf *A*); (= الـ~ على الله) Gottvertrauen *n*; بعد الـ~ على الله im Vertrauen auf Gott(es Hilfe)

توكة [toːka] *Äg. Mil.* Koppelschloß *n*

توكؤ [ta'wakkuʔ] Anlehnen *n*, Aufstützen *n*

توكيد [tau'kiːd], *pl.* [-aːt] *u.* تواكيد [tawaː'kiːd] (2) Bestätigung *f*; Nachdruck *m*; *Gr.* Verstärkung *f der Bedeutung*; *Rhet.* Pleonasmus *m*; (= ~ الفعل [t. al-fiʕl]) *Gr.* Energicus *m*

توكيل [tau'kiːl], *pl.* [-aːt] Ernennung *f* zum Vertreter; Bevollmächtigung *f*; Vollmacht *f*

تول [ta'wallin] Übernahme *f e-r Aufgabe, e-s Amtes, der Regierung*

تولد [ta'wallud] Erzeugtwerden *n*, Erzeugung *f*, Entstehung *f*; Geburt *f*

تولع [ta'walluʕ] leidenschaftliche Liebe (ب zu *D*); Leidenschaft *f*; heftige(s) Begehren

توله [ta'walluh] Kopflosigkeit *f*, Verwirrtheit *f*; Vernarrtheit *f* (ب in *A*)

توليد [tau'liːd] Erzeugung *f von Elektrizität*; Hervorbringung *f*; Geburtshilfe *f*, Entbindung *f*; Neubildung *f od.* Prägung *f von Wörtern*; دار الـ~ Entbindungsheim *n*; محطة ~ القوة الكهربائية [ma'ħɒttɒt -i l-quwwati l-kahrabaː'ʔiːja] Elektrizitätswerk *n*

توليف [tau'liːf] genaue Einstellung *des Senders*

توليفة [tau'liːfa] Mischung *f*

تون [tuːn] *u.* **تونة** [tuːna] Thunfisch *m*

[1]**تونس** [taunasa] tunesifizieren

[2]**تونس** [tuːnus, tuːnis] (2) Tunis; Tunesien

تونسة [taunasa] Tunesifizierung *f*

تونسي [tuːnusiː, tuːnisiː] tunesisch; *pl.* [-uːn] *u.* توانسة [ta'waːnisa] Tunesier *m*

(**توه**) تاه [taːha, uː] planlos umherirren; vom Weg abkommen; → [1](تيه)

توهج [ta'wahhudʒ] Glänzen *n*, Strahlen *n*, Funkeln *n*

توهم [ta'wahhum] Einbildung *f*; ~ (وجود) المرض [t. (wu'dʒuːd) al-marɒđ] Hypochondrie *f*

تويج [tu'waidʒ] *Bot.* Blumenkrone *f*

تويجية [tuwai'dʒiːja] *Bot.* Blütenblatt *n*

تياترو [ti'jaːtroː] Theater *n*

تيار [ta'jjaːr], *pl.* [-aːt] *a. fig. u. El.* Strom *m*; *a. geistige* Strömung; Tendenz *f*, Richtung *f*; ~ الخليج Golfstrom *m*; ~ مستمر, ~ طردي [musta'mirr] Gleichstrom *m*; ~ مترددد [muta'raddid], ~ متقطع [muta'qɒttiʕ] *u.* ~ متناوب [muta'naːwib] Wechselstrom *m*; ~ هواء [t. ha'waːʔ] Luftstrom *m*; Luftzug *m*, Zugluft *f*

تياه [ta'jjaːh] umherirrend; hochmütig; eingebildet (ب auf *A*)

تيتانيوم [tiː'taːnijum] *Chem.* Titan *n*

تيتم [ta'jattum] Verwaistheit *f*, Elternlosigkeit *f*

تيتيم [tai'tiːm] Verwaistmachen *n*

تيجان → تاج

(**تيح**) تاح [taːħa, iː] *vom Schicksal* bestimmt sein (ل *j-m*); *Gelegenheit*: sich bieten; **IV** أتاح [ʔa'taːħa] ermöglichen (ـه ل *j-m A*); *Gelegenheit* bieten (ل *j-m*); *Recht* verleihen, gewähren (ل *j-m*); *Möglichkeiten* schaffen; *Pass.* أتيح لي [ʔu'tiːħa] es war mir beschieden *od.* vergönnt, es wurde mit zuteil, es bot sich mir

تيريني [tiː'reːniː]: البحر الـ~ das Tyrrhenische Meer

تيزة [teːza] *Äg. Kindersprache*: Tante *f*

تيس [tais], *pl.* تيوس [tu'juːs] *u.* أتياس [ʔat'jaːs] Bock *m*

تيسر [ta'jassur] Leichtigkeit *f*; Möglichsein *n*

تيسير [tai'siːr] Erleichterung *f*

تيفود [tiː'fuːd, tai'fuːd] *u.* **تيفوس** [tiː'fuːs, tai'fuːs] Typhus *m*

تيفوئيد [tiːfuː'ʔiːd, taifuː'ʔiːd] *Med.* Typhoïd *n*, leichte(r) Typhus

تيفوئيدي [tiːfuː'ʔiːdiː]: حمى ~ـة [ħummaː] Typhus *m*

تيقظ [ta'jaqquð] Erwachen *n*; Wachsamkeit *f*; Aufmerksamwerden *n* (ل auf *A*)

تيقن [ta'jaqqun] Gewißheit *f* (من أن [ʔanna] daß)

[1]**تيك** [tiːk]: خشب الـ~ [xaʃab at-t.] Teakholz *n*

[2]**تيك** [tiːka] → ذاك

تيل [tiːl] **1.** Hanf *m*; **2.** Leinen *n*

تيلة [tiːla] *Äg.* Faser *f der Baumwolle*; طويل الـ~ langfaserig, langstapelig; *Äg. Techn.* ~ مسمار [mismaːr t.] Splint *m*

تيم **II** [tajjama] *Liebe*: krank, verrückt, toll machen

تيمم [ta'jammum] rituelle Waschung mit Sand (*bei Wassermangel*)

تيمن [ta'jammun] Betrachtung *f* (ب *G*) als gutes Omen

تين [tiːn] *koll., n. un.* ~ـة Feige(n *pl.*) *f*; ~ شوكي [ʃaukiː] Feigenkaktus *m*

[1](**تيه**) تاه [taːha, iː] umherirren; in die Irre gehen; *fig.* versinken, sich verlieren (في in *D*); verlorengehen; *fig.* entschwinden; sich viel einbilden (ب auf *A*)

[2]**تيه** [tiːh], *pl.* أتياه [ʔat'jaːh] Wüste *f*, Wildnis *f*; *fig.* Labyrinth *n*; Stolz *m*

ث

1ث (ثاء) [θaːʔ] *vierter Buchstabe des arab. Alphabets*

2ث *Abk. für* ثانية [θaːnija] Sekunde *f*

ثاء [θaːʔ] *f* der Buchstabe ث

1**ثاب** [θaːba] → 1(ثوب)

2(**ثأب**) **VI** تثاءب [ta'θaːʔaba] gähnen; sich langweilen

ثابت [θaːbit] fest, stabil; gleichbleibend, konstant; *Hdl.*, *Idee*: fix; beständig; *Blick*: unverwandt; unbeweglich, stillstehend; *Lage*: festgefahren; feststehend; *Recht*: unveräußerlich, unbestreitbar; *Tatsache*: erwiesen; widerstandsfähig; *Mensch*: gefestigt, innerlich ruhig; ~ غير *a. fig.* wackelig; unstet; ~ الإيمان fest im Glauben; ~ اللون [θ. al-laun] farbecht; ~ اللون (للغسيل) waschecht; ~ الوجود sicher, vorhanden, nachgewiesen; أموال ~ة Immobilienbesitz *m*; رأس المال الـ~ *Hdl.* Anlagevermögen *n*; ~ مرتب [mu'rattab] feste(s) Gehalt, Fixum *n*; بخطى ~ة [bi-xutɒn] festen Schrittes; unbeirrbar, konsequent; من الـ~ أن [ʔanna] es steht fest, daß; es ist erwiesen, daß

ثابتة [θaːbita], *pl.* ثوابت [θa'waːbit] (2) Fixstern *m*; *pl. a.* feststehende Dinge *n/pl.*

ثاخن [θaːxin]: ~ لبن [laban] Quark *m*

1**ثار** [θaːra] → 1(ثور)

2**ثأر** [θaʔara, a] Blutrache üben (ب/ه für *e-n Getöteten*, ه an *j-m*); rächen (ل *j-n od. etwas*); (= ~ لنفسه) sich rächen (من an *j-m*)

3**ثأر** [θaʔr] Rache *f*, Blutrache *f*; *Sport*: Revanche *f*; *pl.* أثآر [ʔaθ'ʔaːr], آثار [ʔaː'θaːr] *u.* ثأرات [θaʔ(a)'raːt] Racheakt *m*; أخذ ~ه *u.* أخذ بالـ~/بثأره Rache nehmen; بينه وبينهم ~ sie sind Todfeinde, sie sind miteinander verfeindet

ثأري [θaʔriː] Rache-, Vergeltungs-; *Sport*: Revanche-

ثاغية [θaːɣija]: ما له ~ ولا راغية er ist arm wie e-e Kirchenmaus

ثاقب [θaːqib] tief eindringend; *Blick*: bohrend; *Verstand*: scharf

ثاكل [θaːkil] des Kindes *od.* e-s geliebten Menschen (durch den Tod) beraubt

ثاكلة [θaːkila], *pl.* ثواكل [θa'waːkil] (2) *u.* [-aːt] *Frau*: des Kindes *od.* des Mannes (durch den Tod) beraubt

ثالث [θaːliθ] dritte(r); ~ا [-an] *Adv.* drittens; ~ عشر [-a ʕaʃar(a)], *f* ~ة عشرة [-ata ʕaʃra(ta)] dreizehnte(r); ~هما [-uhumaː] der Dritte im Bunde; ~ شخص *Hdl.* Dritte(r)

ثالوث [θaː'luːθ] *Chr.* Dreifaltigkeit *f*, Trinität *f*; Dreiergruppe *f*, *fig.* Dreigestirn *n*; زهرة الـ~ Stiefmütterchen *n*

ثامن [θaːmin] achte(r); ~ا [-an] *Adv.* achtens; ~ عشر [-a ʕaʃar(a)], *f* ~ة عشرة [-ata ʕaʃra(ta)] achtzehnte(r)

ثان [θaːnin], *f* ثانية [θaːnija] zweite(r); andere(r); ثانيا [θaːnijan] *Adv.* zweitens; nochmals, wieder; ثانية [θaː'nijatan] *Adv.* nochmals, wieder; ثاني عشر [θaːnija ʕaʃar(a)], *f* ثانية عشرة [θaː'nijata ʕaʃra(ta)] zwölfte(r); ثاني عشر *a.* zwölftens; ثاني اثنين der andere von zweien; Gegenstück *n*, Pendant *n*; ثاني أكبر zweitgrößte(r); ثاني أكسيد [θ. ʔuk'siːd] Dioxyd *n*

ثانوي [θaːnawiː] sekundär, zweitrangig; Neben-; auf die Oberschule *od.* höhere Schule bezüglich; الـ~ die Oberschule(n *pl.*) *f*; أمور ~ة Nebensächlichkeiten *f/pl.*; التعليم الـ~ höhere(s) Schulwesen; شهادة الدراسة الثانوية [ʃa'haːdat ad-di'raːsati θ-θ.] Reifezeugnis *n*; مدرسة ~ة Oberschule *f*; المرحلة الثانوية die Oberschule *als Bildungsstufe*

ثانوية [θaːna'wiːja] Zweitrangigkeit *f*, Nebensächlichkeit *f*; *pl.* [-aːt] Oberschule *f*; الـ~ العامة [al-ʕaː'mma] *Syr.* الـ~ الموحدة [al-mu'waħħada] (*allgemeinbildende*) Oberschule; شهادة الـ~ Reifezeugnis *n*

ثانية [θaːnija], *pl.* ثوان [θa'waːnin] Sekunde *f*

ثاو [θaːwin] begraben *od.* verborgen (تحت unter *D*)

ثائر [θaːʔir] **1.** aufgeregt, erregt; *Meer*: stürmisch, tosend; *Vulkan*: tätig; wütend, rasend, tobend; aufständisch, rebellisch; Aufregung *f*, Erregung *f*, Wut *f*, → ثائرة; *pl.* ثوار [θu'wwaːr] *u.* [-uːn] Aufständische(r), Rebell *m*, Revolutionär *m*; **2.** Rächer *m*

ثائرة [θaːʔira] Aufregung *f*, Erregung *f*; Aufruhr *m*; Wut *f*; ثارت ~ه *u.* أثار ~ه → 1(ثور)

ثبات [θa'baːt] Festigkeit *f*, Beständigkeit *f*, Stabilität *f*; Unveränderlichkeit *f*; Solidität *f*; *Mensch*: Standhaftigkeit *f*, feste Haltung, Ausdauer *f*; Stehvermögen *n*; Unerschütterlichkeit *f*, Ruhe *f*; Konsequenz *f des Handelns*; Festhalten *n* (على an *D*); Zuverlässigkeit *f von Angaben*; ~ في unerschütterlich, unbeirrbar (*Adv.*); اللون ~ [θ. al-laun] Farbechtheit *f*

ثباتية [θabaːˈtiːja] *hist.* Lehre *f* von der Konstanz der Arten

[1]**ثبت** [θabata, u] fest stehen; sich festigen, sich stabilisieren; standhalten (أمام/ل *D*); Widerstand leisten; sich behaupten (في وجهه gegen *A*); unerschütterlich sein; festhalten (على an *D*); *Tatsache*: feststehen, erwiesen sein; sich herausstellen; *Vermutung*: sich als richtig erweisen, *Verdacht*: sich bestätigen; وجوده ~ nachgewiesen sein; في مركزه ~ s-e Stellung behaupten; لا يثبت على حال sich ändernd, unbeständig, unstet; **II** [θabbata] festmachen; fixieren; befestigen, anbringen (على/في an *D*); festigen, stärken; *Preise* stabilisieren; bekräftigen, bestätigen; überführen (على *e-n Beschuldigten*); أقدامه ~ festen Fuß fassen; بصره على ~ [bɒˈsɒrahuː], عينه ~ على [ˁainahuː] den Blick auf *j-n od. etwas* heften; *j-n od. etwas* anstarren; ـه في وظيفته ~ j-n fest anstellen *od.* in s-m Amt bestätigen; **IV** أثبت [ʔaθbata] nachweisen, beweisen, erweisen; bestätigen, bekräftigen; *Anspruch* feststellen; (*schriftlich*) festhalten; eintragen (في in *A*), verzeichnen, registrieren; *Hdl.* (ver-)buchen; sicherstellen; شخصيته ~ sich ausweisen; *fig.* sich durchsetzen, sich zur Geltung bringen; وجوده ~ sich behaupten; **V** تثبت [taˈθabbata] sich vergewissern (من *G*), nachprüfen (من *A*); mit Bedacht vorgehen (في bei *D*), gewissenhaft tun (في *A*)

[2]**ثبت** [θabat], *pl.* أثبات [ʔaθˈbaːt] **1.** Liste *f*, Verzeichnis *n*; **2.** *Gelehrter*: glaubwürdig, zuverlässig

(ثبر) **III** ثابر [θaːbara] beharrlich *od.* mit Ausdauer tun (على *A*); على ~ عناده [ˁiˈnaːdihiː] nicht locker lassen

ثبط **II** [θabbɒtɒ] abhalten, zurückhalten (ه *j-n* من von *D*); hemmen; erlahmen lassen; scheitern lassen

ثبوت [θuˈbuːt] Festigkeit *f*; Feststehen *n*; *Jur.* Nachweis *m*; التهمة ~ [θ. at-tuhma] Schuldbeweis *m*

ثبور [θuˈbuːr] Untergang *m*, Verderben *n*

ثخانة [θaˈxaːna] Dicke *f*

ثخن [θaxuna, u] dick sein *od.* werden; **IV** أثخن [ʔaθxana] schwer mitnehmen; ـته الجراح ~ [-thu l-dʒiˈraːħ] schwer verwundet sein; *fig.* schwer angeschlagen sein

ثخونة [θuˈxuːna] Dicke *f*

ثخين [θaˈxiːn] *a. Schrift*: dick

ثدي [θadj] *m u. f*, *pl.* أثداء [ʔaθˈdaːʔ] (*weibliche*) Brust; ثديان [θadˈjaːn] *du.* Brüste *f/pl.*, Busen *m*

ثدياء [θadˈjaːʔ] (2) vollbusig

ثديي [θadˈjiːj]: الحيوانات الثديية [al-ħajawaːˈnaːt] *u.* الثدييات *pl.* die Säugetiere *n/pl.*

ثر [θarr] *Quelle*: wasserreich; *fig.* reich

ثراء [θaˈraːʔ] Reichtum *m*, Wohlhabenheit *f*

ثرثار [θarˈθaːr] redselig; Schwätzer *m*

ثرثارة [θarˈθaːra] Klatschbase *f*

ثرثر [θarθara] viel reden; plappern; schwatzen, schwätzen

ثرثرة [θarθara] Geschwätz *n*; Geplapper *n*

ثرم [θarama, i]: أسنانه ~ j-m die Zähne einschlagen

ثروة [θarwa], *pl.* ثروات [θaraˈwaːt] Reichtum *m*, Vermögen *n*; بترولية ~ Erdölvorkommen *n/pl.*; ثروات حيوانية [ħajawaːˈniːja] Viehbestand *m*; ثروات سمكية [samaˈkiːja] Fischreichtum *m*; ثروات طبيعية natürliche Ressourcen *f/pl.*; قومية ~ [qauˈmiːja] Volksvermögen *n*

[1]**ثري** [θarija, aː] reich, wohlhabend sein; **IV** أثرى [ʔaθraː] reich werden; sich bereichern (من an *D*); bereichern

[2]**ثرى** [θaran] Erde *f*, Erdboden *m*; طيب الله ثراه [tɒjjaba] er ruhe in Frieden!

[3]**ثري** [θaˈriːj], *pl.* أثرياء [ʔaθriˈjaːʔ] (2) reich, wohlhabend

ثريا [θuˈrajjaː] **1.** Plejaden *pl.* (*Sterngruppe*); *a. npr. f*; **2.** *pl.* [-aːt] Lüster *m*, Kronleuchter *m*

ثريد [θaˈriːd] Brotsuppe *f*

ثعبان [θuˁˈbaːn], *pl.* ثعابين [θaˁaːˈbiːn] (2) Schlange *f*; الماء ~ Aal *m*; ~ بنت [bint θ.] *pej.* Schlange *f*

ثعلب [θaˁlab], *pl.* ثعالب [θaˈˁaːlib] (2) Fuchs *m*; داء الـ~ *Med.* Haarausfall *m*

ثعلبة [θaˁlaba] Füchsin *f*; Durchtriebenheit *f*, Schläue *f*

ثعلبي [θaˁlabiː] schlau (wie ein Fuchs), durchtrieben

ثغاء [θuˈɣaːʔ] Blöken *n der Schafe*

ثغر [θaɣr], *pl.* ثغور [θuˈɣuːr] Vorderzahn *m*; Vorderzähne *m/pl.*; Mund *m*; Öffnung *f*, Spalte *f*; Hafenstadt *f*

ثغرة [θuɣra], *pl.* ثغرات [θuɣaˈraːt] *u.* ثغر [θuɣar] *a. fig.* Lücke *f*; Kluft *f*; Bresche *f*; Öffnung *f*; Spalte *f*; *fig.* Riß *m*; فتح ~ في e-e Bresche in *etwas* schlagen

(ثغو) ثغا [θaɣaː, uː] *Schaf*: blöken

ثفل [θufl], *pl.* أثفال [ʔaθˈfaːl] Bodensatz *m*

ثقاب [θiˈqaːb] *koll.* Streichhölzer *n/pl.*; عود الـ~ [ˁuːd aθ-θ.] Streichholz *n*

ثقابة [θaˈqqaːba], *pl.* [-aːt] Bohrer *m*; Locher *m*

ثقافة [θaˈqaːfa] (Geistes-)Bildung *f*; Bildungswesen *n*; Kenntnisse *f/pl.*, Wissen *n*; *pl.* [-aːt] Kultur *f*

ثقافي [θaˈqaːfiː] kulturell, Kultur-; Bildungs-

ثقالة [θaˈqaːla] Schwere *f*; Schwerfälligkeit *f*

[1]**ثقب** [θaqaba, u] *a. fig.* durchbohren, durchlöchern; أذنيه ~ [ʔuðuˈnaihi] j-m in den Ohren gellen; **II** [θaqqaba] mit Löchern versehen, perforieren; **VII** انثقب [inˈθaqaba] durchlöchert werden

[2]**ثقب** [θaqb] Durchbohrung *f*, Durchlöcherung *f*

[3]**ثقب** [θuqb, θaqb], *pl.* ثقوب [θuˈquːb] *u.* أثقاب [ʔaθˈqaːb] Loch *n*, Öffnung *f*; Schlitz *m e-s Automaten*; الإبرة ~ [θ. al-ʔibra] Nadelöhr *n*; الأوزون ~ Ozonloch *n*

ثقبة [θuqba], *pl.* ثقب [θuqab] Loch *n*, Öffnung *f*

ثقف II [θaqqafa] Bildung vermitteln (ه *j-m)*, bilden; ausbilden (ه هـ *j-n in* D)*;* V تثقف [ta'θaqqafa] ausgebildet werden (هـ in *D*); sich aneignen

[1]**ثقل** [θaqula, u] schwer sein *od.* werden; schwerfällig sein; schwer lasten (على auf *D*); schwerfallen (على *j-m*); beschwerlich sein (على für *j-n*); bedrücken (على *j-n*); *Waagschale*: sich senken; ~ت جفونه ihm fielen die Augen zu; er schlug die Augen nieder; ~ سمعه [samˁuhuː] schwerhörig sein; ~ جيبه [ʤaibuhuː] Geld haben; يثقل على النفس widerwärtig sein; **II** [θaqqala] schwer machen; belasten; zur Last fallen (ب على *j-m* mit *D*), belästigen (على *j-n*); beschwerlich werden (على *j-m*); (zu)viel zumuten (على *j-m*); *Roman*: langweilig sein; ~ كاهله [kaː'hilahuː] j-n belasten; j-n bedrücken; **IV** أثقل [ʔaθqala] belasten, beschweren, bedrücken; beschwerlich, bedrükkend sein *od.* werden; zur Last fallen (على *j-m*), belästigen (على *j-n*); ~ كاهله j-n belasten; **VI** تثاقل [ta'θaːqala] schwer sein *od.* werden; schwerfällig, träge *od.* langsam sein; schwer lasten (على auf *D*); belasten, bedrücken (على *j-n*); belästigen (على *j-n*), auf die Nerven gehen (على *j-m*); ungern *od.* nur mit Widerwillen tun (عن *A*); aufgeben (عن *etwas Beschwerliches*); **X** استثقل [is'taθqala] lästig finden; unsympathisch finden; ~ ظله [ðillahuː] j-n nicht leiden können

[2]**ثقل** [θaqal], *pl.* أثقال [ʔaθ'qaːl] Last *f*, Gepäck *n*

[3]**ثقل** [θiqal] *a. fig.* Schwere *f*; *fig.* Gewicht *n*; Schwerfälligkeit *f*; (= ~ الدم [θ. ad-dam]) unsympathische(s) Wesen, Langweiligkeit *f e-s Menschen*; ~ في السمع Schwerhörigkeit *f*

[4]**ثقل** [θiql], *pl.* أثقال [ʔaθ'qaːl] Gewicht *n*; Schwere *f*; *a. fig.* Last *f*; ~الـ النوعي [an-nauˁiː] spezifische(s) Gewicht; رفع الأثقال *Sport*: Gewichtheben *n*; ~مركز الـ *a. fig.* Schwerpunkt *m*

ثقلة [θaqla], *pl.* ثقال [θi'qaːl] Mühe *f*, Beschwerlichkeit *f*

ثقة [θiqa] Vertrauen *n*; *pl.* [-aːt] vertrauenswürdig; vertrauenswürdige Persönlichkeit; ~ بالنفس Selbstvertrauen *n*; هو على ~ من er ist sicher, daß; ~ بأن [-tan bi-ʔanna] in der (festen) Überzeugung, daß

ثقيل [θa'qiːl], *pl.* ثقال [θi'qaːl] *u.* ثقلاء [θuqa'laːʔ] (2) schwer *an Gewicht*; zu schwer (على für *j-n*); schwerfällig; beschwerlich, lästig; belastend, (be)drückend; widerwärtig, (= ~ الدم [θ. ad-dam] *u.* ~ الظل [θ. ɒð-ðill]) unsympathisch; *Buch*: langweilig; *Nebel, Augenbrauen*: dicht; ~ الفهم schwer von Begriff; الصناعات الثقيلة [ɒs-siṇaː'ˁaːt] die Schwerindustrie

[1]**ثكل** [θakila, a] *Kind, geliebten Menschen* (durch den Tod) verlieren

[2]**ثكل** [θukl] Verlust *m* e-s Kindes *od.* e-s geliebten Menschen

ثكلان [θak'laːn] (2), *f* ثكلى [θaklaː] e-s Kindes *od.* e-s geliebten Menschen (durch den Tod) beraubt

ثكنة [θukna], *umg. a.* [θak(a)na], *pl.* [-aːt] *u.* ثكن [θukan] Kaserne *f*

ثلاث [θu'laːθa] *Adv.* je drei, zu (je) dreien

ثلاثاء [θulaː'θaːʔ, θalaː'θaːʔ]: (يوم) ~الـ [jaum aθ-θ.] Dienstag *m*

ثلاثمائة = ثلاث مائة [θa'laːθu miʔa-(tin)] dreihundert

ثلاثة [θa'laːθa], *f* ثلاث [θa'laːθ] drei; ثلاثا [θa'laːθan] *Adv.* dreimal; ~ عشر [-ata ˁaʃar(a)], *f* ثلاث عشرة [θa'laːθa ˁaʃra(ta)] dreizehn

ثلاثون [θalaː'θuːn] dreißig

ثلاثي [θu'laːθiː] dreiteilig; dreifach; drei-, Drei-, Dreier-; *Gr.* dreiradikalig; *Mus. u. fig.* Trio *n*; *Mus.* Terzett *n*; ~ الأبعاد dreidimensional; ~ الزوايا [θ. az-za'waːjaː] dreieckig; ~ التكافؤ *Chem.* dreiwertig; الحقبة الثلاثية [al-ħiqba] Tertiär *n*; ~ مخطط [mu'xɒttɒt] Dreijahresplan *m*; وثبة ~ة *Sport*: Dreisprung *m*

ثلاثينات [θalaːθiː'naːt] *pl. u.* **ثلاثينيات** [θalaːθiːniː'jaːt] *pl.*: ~الـ die dreißiger Jahre *n/pl.*

ثلاثية [θulaː'θiːja] Dreiheit *f*; Trilogie *f*

ثلاج [θa'llaːʤ], *pl.* [-uːn] Eisverkäufer *m*

ثلاجة [θa'llaːʤa], *pl.* [-aːt] Eisschrank *m*, Kühlschrank *m*; Gefrieranlage *f*

ثلب [θalaba, i] schlechtmachen, herabsetzen

[1]**ثلث** II [θallaθa] verdreifachen; dreimal tun; dritteln; **V** تثلث [ta'θallaθa] sich verdreifachen

[2]**ثلث** [θulθ], *pl.* أثلاث [ʔaθ'laːθ] Drittel *n*; 20 Minuten *von e-r Stunde*; أكثرية الثلثين [ʔakθa'riːjat aθ-θul'θain], أكثرية ثلثي الأصوات [θul'θaji l-ʔɒs'waːt] Zweidrittelmehrheit *f*

[3]**ثلث** [θuluθ]: ~الـ (خط) [(xɒtt) aθ-θ.] *dekorativer arab. Schriftduktus*

[1]**ثلج** [θaliʤa, a] sich erfreuen (ب an *D*); – [θalaʤa, u] schneien; **II** [θallaʤa] *Getränke* kühlen; gefrieren lassen, einfrieren; **IV** أثلج [ʔaθlaʤa] schneien; erfreuen, erquikken; erleichtern; ~ صدره [ʔa. sɒdruhuː] entzückt sein, erfreut werden; [ʔa. sɒdrahuː] j-n entzükken, erfreuen; **V** تثلج [ta'θallaʤa] *vor Schreck* erstarren; ~ت أطرافه es überlief ihn eiskalt

[2]**ثلج** [θalʤ], *pl.* ثلوج [θu'luːʤ] Schnee *m*; Eis *m*; *pl.* Schneemassen *f/pl.*, Eismassen *f/pl.*; ~ غذائي [ɣi'ðaːʔiː] Speiseeis *n*; ندفة ~الـ [nudfat aθ-θ.] Schneeflocke *f*

ثلجي [θalʤiː] Schnee-; Eis-; eisig

[1]**ثلم** [θalima, a] stumpf, schartig werden; – [θalama, i] stumpf, schartig machen; beschädigen; ~ عرضه [ˁirdɒhuː] j-n verunglimpfen; **II** [θallama] stumpf, schartig machen

[2]**ثلم** [θalm]: ~ الصيت [θ. ɒs-siːt] Verunglimpfung *f*

ثلمة [θulma], *pl.* ثلم [θulam] Ritze *f*; *a. fig.* Lücke *f*; Bresche *f*

ثلة [θulla], *pl.* ثلل [θulal] Schar *f*; Gruppe *f von Menschen*; Trupp *m von Polizisten*; Clique *f*; *pej.* Bande *f*

[1]**ثم** [θamma] da, dort; ~ من deshalb, daher

[2]**ثم** [θumma] dann, darauf, danach; ferner, außerdem, weiterhin; من ~ danach, darauf

ثمالة [θu'maːla] Rest *m*, Rückstand *m*; Neige *f des Weines*

ثمام [θu'maːm] *koll.* Federborstengras *n*; Gras *n*

ثمانمائة (= ثماني مائة) [θa'maːniː miʔa(tin)] achthundert

ثمانون [θamaː'nuːn] achtzig

ثماني [θu'maːniː] achtfach; Achter-; *Mus.* Oktett *n*; *Sport*: ~ قارب Achter *m*

ثمانينات [θamaːniː'naːt] *pl.* *u.* **ثمانينيات** [θamaːniːniː'jaːt] *pl.*: الـ~ die achtziger Jahre *n/pl.*

ثمانية [θa'maːnija], *f* ثمان [θa'maːnin] acht; ~ عشر [-ta ʕaʃar(a)], *f* ثماني عشرة [θa'maːnija ʕaʃra(ta)] achtzehn

[1]**ثمر** [θamara, u] Früchte tragen; **II** [θammara] *sein Geld* gewinnbringend anlegen; **IV** أثمر [ʔaθmara] Früchte tragen; *Keim*: treiben; *fig.* Frucht tragen; *fig.* Gewinn bringen; erfolgreich sein, zu e-m guten Ergebnis führen; *etwas Positives* hervorbringen *od.* erbringen; **X** استثمر [is'taθmara] Nutzen *od.* Gewinn ziehen (ـه aus *D*); nutzbar machen, nutzen, auswerten; *Geld* anlegen, investieren

[2]**ثمر** [θamar] *koll.*, *n. un.* ~ة, *pl.* ثمار [θi'maːr] *u.* أثمار [ʔaθ'maːr] Frucht *f*; *a. fig.* Früchte *f/pl.*; Ertrag *m*

ثمرة [θamara], *pl.* [-aːt] *a. fig.* Frucht *f*; Ertrag *m*, Nutzen *m*, Gewinn *m*

[1]**ثمل** [θamila, a] betrunken, berauscht sein *od.* werden; **IV** أثمل [ʔaθmala] berauschen, trunken machen

[2]**ثمل** [θamal] Rausch *m*, Trunkenheit *f*

[3]**ثمل** [θamil] betrunken, berauscht; بسرور ~ freudetrunken

[1]**ثمن** **II** [θammana] **1.** schätzen, taxieren; *bsd. Syr.* würdigen; *Pass.* لا يثمن [ju'θamman(u)] unschätzbar; **2.** verachtfachen; in acht Teile teilen

[2]**ثمن** [θaman], *pl.* أثمان [ʔaθ'maːn] *a. fig.* Preis *m*; Wert *m*; Erlös *m*; لا يقدر بـ~ [ju'qaddaru] *fig.* unbezahlbar, unschätzbar

[3]**ثمن** [θumn], *pl.* أثمان [ʔaθ'maːn] Achtel *n*

ثمة [θammata] da, dort; es gibt

ثمين [θa'miːn] kostbar, wertvoll; *Gelegenheit*: günstig, willkommen; ~ معدن [maʕdin] Edelmetall *n*

[1]**ثناء** [θa'naːʔ] Lob *n*, Anerkennung *f*

[2]**ثناء** [θu'naːʔa] *Adv.* je zwei, zu (je) zweien; ~ ~ zwei und zwei

ثناية [θa'nnaːja], *pl.* [-aːt] Falzmaschine *f*

ثنائي [θu'naːʔiː] zweiteilig; zweifach, doppelt; zwei-, Zweier-; *fig.* zweigleisig; dualistisch; *Beziehungen*: bilateral; *Gr.* zweiradikalig; Zweiergruppe *f*, Paar *n*; *Mus.* Duo *n*, Duett *n*; *Sport*: Doppel *n*; البعد ~ [θ. al-buʕd] zweidimensional; اللغة ~ [θ. al-luɣa] zweisprachig; ~ محرك [mu'ħarrik] Zweitaktmotor *m*; معادلة ~ـة [mu'ʕaːdala -ja] quadratische Gleichung

ثنائية [θunaː'ʔiːja] Zweiheit *f*; Doppelcharakter *m*; Dualismus *m*; *Gr.* Zweiradikaligkeit *f*; اللغة ~ [θ. al-luɣa] Zweisprachigkeit *f*

ثنوي [θanawiː] Dualist *m*

ثنوية [θana'wiːja] Dualismus *m*

[1]**ثنى** [θanaː, iː] zusammenlegen, falten; falzen; (um)biegen; *Knie* beugen; *Finger* krümmen; abbringen (ه عن *j-n* von *D*); **II** [θannaː] zusammenlegen; falzen; fälteln; verdoppeln; *Gr.* in den Dual setzen; *Buchstaben* mit zwei diakritischen Punkten versehen; *nach e-r ersten Handlung* etwas anderes tun; **IV** أثنى [ʔaθnaː] loben (على *A*), sich anerkennend äußern (على über *A*); **V** تثنى [ta'θannaː] *Tänzerin*: sich wiegen; دلالا ~ [da'laːlan] sich kokett bewegen; sich zieren; **VII** انثنى [in'θanaː] sich (um)biegen, sich beugen; umgeklappt werden; sich umklappen lassen; *Blatt*: sich einrollen; *Arm*: abgewinkelt werden; abbiegen (إلى in *e-e Richtung*); *fig.* sich wenden (إلى an *A*); sich abwenden (عن von *D*), aufgeben (عن *A*); + *Impf.*: beginnen zu; دلالا ~ [da'laːlan] sich zieren; ~ في مشيته [miʃ'jatihiː] sich beim Gehen wiegen; **X** استثنى [is'taθnaː] ausnehmen (من von *D*), e-e Ausnahme machen (ه/ـه bei *D*)

[2]**ثني** [θanj] Zusammenlegen *n*, Falten *n*; Falzen *n*; Biegen *n*, Beugen *n*; Abbringen *n* (عن von *D*)

[3]**ثني** [θinj], *pl.* أثناء [ʔaθ'naːʔ] Windung *f*, Biegung *f e-s Tales*; Falte *f im Stoff*

[1]**ثنية** [θanja], *pl.* [-aːt] Falte *f*; Knick *m im Papier*; Beuge *f von Arm od. Bein*; Saum *m*, Umschlag *m an Kleidungsstücken*

[2]**ثنية** [θa'niːja], *pl.* ثنايا [θa'naːjaː] mittlere(r) Schneidezahn; في/بين ثنايا + *G*: im Innern von, in; طلاع الثنايا [tɒ'llaːʕ aθ-θ.] nach Großem strebend; ausdauernd

ثواب [θa'waːb] Lohn *m*, Belohnung *f*; Verdienst *n durch e-e fromme Handlung*

ثوابت → ثابتة

ثوار → ثائر

ثواكل → ثاكلة

ثوان → ثانية

[1](**ثوب**) ثاب [θaːba, uː] zurückkehren (إلى an *e-n Ort od.* in *e-n Zustand*); إلى رشده ~ [ruʃdihiː] wieder zur Vernunft kommen; إلى نفسه ~ wieder zu sich kommen; s-e Fassung wiedergewinnen; **II** ثوب [θawwaba] belohnen (ه ـه *j-n* für *A*); **IV** أثاب [ʔa'θaːba] belohnen (ه ب *j-n* mit *D*, ه على *j-n* für *A*); zurückbringen; ~ـه إلى رشده [ruʃdihiː] j-n wieder zur Vernunft bringen

[2]**ثوب** [θaub], *pl.* ثياب [θi'jaːb] *u.* أثواب [ʔaθ'waːb] Kleidungsstück *n*; Kleid *n*, *a. fig.* Gewand *n*; Anzug *m*; *Ir.* Hemd *n*; Tuch *n*; *fig.* Deckmantel *m*; ثياب Kleidung *f*; ~ رسمي Robe *f e-s Richters*; ثياب رسمية Uniform *f*; السهرة ~ Abendkleid *n*; Abendanzug *m*; طاهر الـ~ untadelig; لبس ~ـا أكبر من جسمه [lasiba -an ʔakbara min dʒismihiː] sich übernehmen

[1](ثور) ثار [θaːra, uː] in Erregung *od.* Wut geraten; sich erregen; wütend werden; aufbrausen; sich auflehnen *od.* empören (على gegen *A*); *Sturm*: wüten, toben; *Vulkan*: tätig sein; *Staub*: aufgewirbelt werden; *Frage*: sich erheben; *Problem*: sich ergeben; *Interesse*: erwachen; *Mitleid*: sich regen; ثائرته ~ت sich empören; **IV** أثار [ʔa'θaːra] in Erregung versetzen, erregen; *Nerven* aufpeitschen; *Menge* aufputschen; *Wunde* reizen; hervorrufen, auslösen; *Hoffnung* erwecken; *Verwirrung* stiften; *Frage* aufwerfen; *Thema* aufgreifen, zur Diskussion stellen; *Gerüchte* in die Welt setzen; ثائرته ~ j-n empören *od.* erregen; غبارا ~ [ɣu'baːran] *a. fig.* Staub aufwirbeln; **X** استثار [ista'θaːra] erregen; *Gefühl* erwecken; *Interesse* wecken; *Erinnerung* wachrufen; *Sinne* reizen; *Schrei* entlocken (من *j-m*); aufhetzen (ه على *j-n* gegen *A*)

[2]**ثور** [θaur], *pl.* ثيران [θiː'raːn] Stier *m*, Bulle *m*; (= مخصي ~ [max'siːj]) Ochse *m*; *Saudi-Ar. zweiter Monat des Sonnenjahres*

ثوران [θawa'raːn] Erregung *f*, Aufwallung *f*; Empörung *f* (في وجه gegen *A*); *Sturm*: Toben *n*; *Vulkan*: Ausbruch *m*; *Geol.* Eruption *f*

ثورجي [θauragiː] *Äg.* rebellisch; Revoluzzer *m*

ثورة [θaura], *pl.* [-aːt] Erregung *f*; Aufbrausen *n*, Wutanfall *m*; Ausbruch *m e-s Vulkans, von Gefühlen*; Toben *n des Sturms*; Empörung *f* (على über *A*); Auflehnung *f*, Aufbegehren *n*; Revolution *f*; Aufstand *m*, Revolte *f*

ثوروي [θaurawiː] revolutionär

ثوري [θauriː] *a. fig.* revolutionär

ثورية [θau'riːja] revolutionäre Gesinnung; revolutionäre(r) Charakter *e-r Sache*

ثوريوم [θoːrijum] *Chem.* Thorium *n*

(**ثول**) **VII** انثال [in'θaːla] kommen (على über *A*), überkommen (على *j-n*); sich ergießen (على über *A*)

ثوم [θuːm] *koll., n. un.* ~ة Knoblauch *m*

[1]**ثوى** [θawaː, iː] sich aufhalten, sich befinden (في an *e-m Ort*); *Toter*: ruhen; verborgen *od.* begraben sein (تحت unter *D*); *Pass.* ثوي التراب [θuwija t-tu'raːba] begraben werden; **IV** أثوى [ʔaθwaː] sich aufhalten; wohnen; wohnen lassen (ب an *e-m Ort*)

[2]**ثوي** [θa'wiːj] *obs.* Gästezimmer *n*

ثياب → [2]ثوب

ثيب [θajjib], *pl.* [-aːt] deflorierte Frau, nicht mehr Jungfrau

ثيران → [2]ثور

ثيوقراطي [θiju'qrɒːtiː] theokratisch

ثيوقراطية [θijuqrɒː'tiːja] Theokratie *f*

ج

[1]ج (جيم) [ʤiːm], *Äg.* [giːm] *fünfter Buchstabe des arab. Alphabets; bei Aufzählungen*: c); فيتامين ج Vitamin C

[2]ج *Abk. für* جواب Antwort *f*, جمع Plural *m*, جزء [ʤuzʔ] Teil *m*, جمهورية [ʤumhuːˈriːja] Republik *f* *u.* جنيه [ʤuˈnaih] Pfund *n*

جاء → (جيء)

[1]**جاب** [ʤaːba] → [1](جوب) *u.* [1](جيب)

[2]**جاب** [ʤaːbin], *pl.* جباة [ʤuˈbaːt] Steuereinnehmer *m*; *Ir.* (*Autobus-*)Schaffner *m*

جابون [gaːˈbuːn] *f Äg.* Gabun

جابوني [gaːˈbuːniː] *Äg.* gabunisch; *pl.* [-uːn] Gabuner *m*

جابية [ʤaːbija], *pl.* جواب [ʤaˈwaːbin] Bassin *n*

جاث [ʤaːθin], *pl.* جثي [ʤuˈθiːj, ʤiˈθiːj] kniend; hingestreckt; الجاثي [al-ʤaːθiː] *Astr.* Herkules *m*

جاثم [ʤaːθim], *pl.* جثم [ʤuθθam] hockend, dasitzend; daliegend; *Gerät*: stehend; lastend (على *auf D*), drückend; ظلمة ~ة [ðulma] tiefe Dunkelheit

جاثوم [ʤaːˈθuːm] Alp *m*

جاحد [ʤaːħid], *pl.* [-uːn] Leugner *m*; undankbar

جاحظ [ʤaːħið]: العين ~ [ʤ. al-ʕain] glotzäugig

[1]**جاد** [ʤaːda] → [1](جود)

[2]**جاد** [ʤaːdd] ernst, ernsthaft; *Buch*: seriös; gewichtig; bestrebt (لـ *etwas zu tun*)

جادة [ʤaːdda], *pl.* جواد [ʤaˈwaːdd] (2) Weg *m*; *Ir.* (breite) Straße; ~ الصواب [ʤ. ɒs-sɒˈwaːb] der rechte Weg

جاذب [ʤaːðib] anziehend, gewinnend, reizvoll; zugkräftig; قوة ~ة [quwwa] Anziehungskraft *f*

جاذبية [ʤaːðiˈbiːja] Anziehung *f*, *a. Phys.* Anziehungskraft *f*, Attraktivität *f*; Reiz *m*, Charme *m*, Faszination *f*, gewinnende Art *e-s Menschen*; ~ جنسية [ʤinˈsiːja] Sex-Appeal *m*; قوة الـ~ [quwwat al-ʤ.] Schwerkraft *f*

[1]**جار** [ʤaːra] → [1](جور)

[2]**جار** [ʤaːr], *pl.* جيران [ʤiːˈraːn] Nachbar *m*

[3]**جار** [ʤaːrr] ziehend; *Gr.* den Genitiv regierend; ~ ومجرور *Gr.* präpositionale Fügung

[4]**جار** [ʤaːrin] fließend; *a. fig.* laufend; derzeitig; im Umlauf befindlich; im Ablauf begriffen; الشهر الجاري [al-ʤaːriː] der laufende Monat; في ١٠ الجاري am 10. dieses Monats; على جاري العادة wie gewöhnlich; الأعمال جارية die Arbeiten sind im Gang

[5]**جأر** [ʤaʔara, a] *Rind*: brüllen; *Mensch*: schreien; ~ بالشكوى [bi-ʃ-ʃakwaː] sein Leid klagen; sich (laut) beklagen (من *über A*)

جارح [ʤaːriħ] *a. fig.* verletzend; kränkend; schockierend; obszön; ~ طير [tɒir], *pl.* طيور ~ة Greifvogel *m*; ~ لسانه [liˈsaːnuhuː] er hat e-e böse Zunge

جارحة [ʤaːriħa], *pl.* جوارح [ʤaˈwaːriħ] (2) Gliedmaße *f*, Extremität *f*; Raubtier *n*; Greifvogel *m*; جوارحه sein Inneres; sein ganzes Wesen; بكل جوارحه [bi-kulli ʤ.] mit Leib und Seele; von ganzem Herzen; بكل ~ من جوارحه mit jeder Faser seines Herzens

جارف [ʤaːrif] *Strom, a. fig.* reißend; *Leidenschaft*: stürmisch; *Verlangen*: unwiderstehlich

جارة [ʤaːra], *pl.* [-aːt] Nachbarin *f*; → جائر

جارور [ʤaːˈruːr], *pl.* جوارير [ʤawaːˈriːr] (2) *bsd. Syr.* Schublade *f*

جارورة [ʤaːˈruːra] *Lib.* Rechen *m*, Harke *f*

جاروشة [ʤaːˈruːʃa], *pl.* جواريش [ʤawaːˈriːʃ] (2) Handmühle *f für Getreide*

جاروف [ʤaːˈruːf], *pl.* جواريف [ʤawaːˈriːf] (2) Schaufel *f*; Spaten *m*

جارية [ʤaːrija] **1.** *pl.* جوار [ʤaˈwaːrin] Sklavin *f*; Mädchen *n*; **2.** *f zu* جار [ʤaːrin]

[1]**جاز** [ʤaːza] → [1](جوز)

[2]**جاز** [gaːz] *Äg.* Petroleum *n*; → [1]غاز

[3]**جاز** [ʤaːz] Jazz *m*

جازع [ʤaːziʕ] ängstlich, furchtsam, schreckhaft

جازم [ʤaːzim] entschieden; definitiv; kategorisch; *Behauptung*: apodiktisch; *pl.* جوازم [ʤaˈwaːzim] (2) *Gr.* den Apokopatus regierend; اعتقاد ~ feste Überzeugung

جاس → (جوس)

جاسوس [ʤaːˈsuːs], *pl.* جواسيس [ʤawaːˈsiːs] (2) Spion *m*, Spitzel *m*

جاسوسة [ʤaːˈsuːsa] Spionin *f*

جاسوسي [ʤaːˈsuːsiː] Spionage-

جاسوسية [ʤaːsuːˈsiːja] Spionage(tätigkeit) *f*

[1]**جاش** [ʤaːʃa] → [1](جيش)

[2]**جاش** [ʤaʔʃ] Innere(s), Seele *f*; ثابت/رابط الـ~ unerschütterlich, unerschrocken; في ~ ثابت/رابط mit Fassung, gefaßt

جاط [ʤɒːʈ], *pl.* [-aːt] *Jord.*, *Lib.* ovale(s) Tablett aus Porzellan
جاع → [1](جوع)
[1]**جاف** [ʤaːff] *a. fig.* trocken; *Blatt*: welk; *Buch*: langweilig; *Leben*: entbehrungsreich; *Worte*: dürr; *Verstand*: nüchtern; العاطفة ~ gefühllos, stumpf; ~ أكل *Äg.* kalte Küche; ~ قلم [qalam] Kugelschreiber *m*
[2]**جاف** [ʤaːfin], *pl.* جفاة [ʤu'faːt] hart, rauh, grob; unfreundlich, barsch
جافل [ʤaːfil] erschrocken (من über *A*)
جاكتة [ʤa'ketta], *pl.* [-aːt] Jackett *n*, Jacke *f*
جاكيت [ʤaː'keːt], *pl.* [-aːt] Jackett *n*, Jacke *f*
جال → (جول)
جالس [ʤaːlis], *pl.* [-uːn], جلوس [ʤu'luːs] *u.* جلاس [ʤu'llaːs] sitzend; Sitzende(r); الجالسون *u.* الجلاس die Anwesenden *m/pl.*, die Gäste *m/pl.*
جالون [gaː'loːn], *pl.* [-aːt] *Äg.* Gallone *f* (*engl. Hohlmaß, ca. 4 1/2 l*)
جالية [ʤaːlija], *pl.* [-aːt] *u.* جوال [ʤa'waːlin] Kolonie *f von Ausländern in e-m Land*
جام [ʤaːm], *pl.* [-aːt], أجوام [ʔaʤ'waːm] *u.* جوم [ʤuːm] Becher *m*; Schale *f*; صب عليه ~ غضبه [sɒbba, -a χɒ'đɒbihiː] s-e Wut an j-m auslassen
جاما [gaːmaː] *Äg.* → غاما
جامايكا [ʤaːmaːjkaː] *Geo.* Jamaika
جامح [ʤaːmiħ], *pl.* جوامح [ʤa'waːmiħ] (2) *u.* جماح [ʤu'mmaːħ] widerspenstig, trotzig; nicht zu bändigen; *Pferd*: wild; *Leidenschaft*: stürmisch; *Verlangen*: unwiderstehlich
جامد [ʤaːmid] *a. fig.* hart, fest, steif, starr; regungslos; unbeweglich; untätig; *Blick*: apathisch; verknöchert; *Buch*: trocken; *Leben*: eintönig; unbelebt, anorganisch; *pl.* جوامد [ʤa'waːmid] (2) leblose Sache; *Phys.* feste(r) Körper; ~ الكف [ʤ. al-kaff], اليد ~ [ʤ. al-jad] geizig
جامع [ʤaːmiʕ] umfassend, allgemein; gemeinsam; *pl.* [-uːn] Sammler *m*; Kompilator *m*; *Typ.* Setzer *m*; *pl.* جوامع [ʤa'waːmiʕ] (2) Moschee *f*; Verbindende(s), einigende(s) Band; كبير ~ *u.* مسجد ~ [masʤid] große Moschee, Freitagsmoschee *f*
جامعة [ʤaːmiʕa], *pl.* [-aːt] Vereinigung *f*, Liga *f*, Verband *m*; Gemeinschaft *f*; Gemeinsamkeit *f*, einigende(s) Band; Universität *f*, Hochschule *f*; الأزهر ~ die Azhar-Universität (*in Kairo*); الـ~ العربية die Arabische Liga; حركة الـ~ الإسلامية [ħarakat al-ʤ.] *hist.* der Panislamismus
جامعي [ʤaːmiʕiː] Universitäts-, universitär, Hochschul-; akademisch; *pl.* [-uːn] Akademiker *m*; سنة ~ـة [sana] Studienjahr *n*
جاموس [ʤaː'muːs], *pl.* جواميس [ʤa-waː'miːs] (2) Büffel *m*
جاموسة [ʤaː'muːsa] Büffelkuh *f*
[1]**جان** [ʤaːnin], *pl.* جناة [ʤu'naːt] Täter *m*, Delinquent *m*; schuldig
[2]**جان** [ʤaːnn] *koll.* Dämonen *m/pl.*; Geister *m/pl.*, Dschinnen *m/pl.*
جانب [ʤaːnib], *pl.* جوانب [ʤa'waːnib] (2) Seite *f*; Seitenteil *n*; Flanke *f*, *Mil.* Flügel *m*; Hinsicht *f*, *bsd. pl.* Aspekt *m*; Teil *m*; Teilstück *n*; Teilansicht *f*; Ausschnitt *m*, Abschnitt *m* (من aus *D*); e-e gewisse Menge (من von *D*); Position *f*, Stellung *f*, Geltung *f*; جوانبه alles an ihm; er … mit Leib und Seele; ~ًا [-an] *Adv.* beiseite; zur Seite; seitwärts; إلى ~ـه *u.* بجانبه neben ihm; j-m zur Seite; إلى ~ ذلك außerdem, zudem; demgegenüber; على الـ~ auf der Seite; seitlich; في جوانبه *a.* = فيه; من ~ـه seinerseits; من ~ ومن ~ آخر [ʔaːxar(a)] einerseits … andererseits; ~ الفم [ʤ. al-fam] Mundwinkel *m*; رقيق الـ~ sanft; عزيز الـ~ stark, mächtig, angesehen; قوي الـ~ [qa'wiːj al-ʤ.] stark, mächtig, einflußreich; لين الـ~ [lajjin al-ʤ.] sanft, nachgiebig; liebenswürdig, umgänglich; مأمون الـ~ zuverlässig; متعدد الجوانب [muta'ʕaddid al-ʤ.] vielschichtig; مرهوب الـ~ gefürchtet, respektgebietend; الحق بجانبه [al-ħaqq] das Recht ist auf seiner Seite; على ~ كبير من الأهمية [al-ʔaha'mmiːja] von großer Wichtigkeit; جلس ~ـها [-a-haː] er setzte sich neben sie; ألقى ~ًا [ʔalqaː -an] wegwerfen; كسبه إلى ~ـه [ka'sabahuː] j-n für sich gewinnen; وقف إلى ~ـه j-m zur Seite stehen, beistehen; لزم ~ الحذر [lazima -a l-ħaðar] Vorsicht walten lassen
جانبي [ʤaːnibiː] Seiten-, seitlich; Neben-; nebensächlich; آثار ~ـة Nebenwirkungen *f/pl.*; أشياء ~ـة [ʔaʃ'jaːʔu] Nebensächlichkeiten *f/pl.*; ~ قطاع [qiʈ'ʈɒːʕ] *Techn.* Profil *n*
جانح [ʤaːniħ] neigend (إلى zu *D*); vom Weg abgewichen; *pl.* [-uːn] wer sich e-s Vergehens schuldig gemacht hat, Delinquent *m*; Seite *f*, Flügel *m*
جانرك [žaːnəreg] *Syr.* Mirabelle *f*
جانفي [žaːnfiː] *Alg.*, *Tun.* Januar *m*
جانية [ʤaːnija], *pl.* [-aːt] Täterin *f*, Delinquentin *f*
جاه [ʤaːh] Ansehen *n*, Ruhm *m*; gesellschaftliche Geltung
جاهد [ʤaːhid] angestrengt, bemüht; عمل ~ًا [ʕamila -an] alle Anstrengungen unternehmen (لـ um zu)
جاهر [ʤaːhir] offen, offenkundig
جاهز [ʤaːhiz] bereit, fertig; vorbereitet; fertiggestellt; *Antwort*: stereotyp; ~ التصنيع vorgefertigt; ~ مبنى [mabnan] *u.* ~ بيت [bait] Fertighaus *n*; ملابس ~ة [ma'laːbis] Konfektionskleidung *f*
جاهل [ʤaːhil], *pl.* جهلة [ʤahala], جهال [ʤu'hhaːl], جهلاء [ʤuha-'laːʔ] (2) *u. klass.* جهل [ʤuhhal] unwissend; nicht wissend *od.* könnend (بـ *A*); ungebildet; Ungebildete(r); Ignorant *m*; des Lesens u. Schreibens unkundig, Analphabet *m*; Tor *m*; *Ir.* Kind *n*
جاهلي [ʤaːhiliː] vorislamisch
جاهلية [ʤaːhi'liːja]: الـ~ die vorislamische Zeit

جاهة [ʤaːha] *Jord.* Abordnung *f e-s Stammes mit spezieller Aufgabe*
جاودار [ʤaːwa'daːr] Roggen *m*
جاوه [ʤaːwa] *Geo.* Java
جاوي [ʤaːwiː] javanisch; *pl.* [-uːn] Javaner *m*
جاويش [ʤaː'wiːʃ] = شاويش
جائبة [ʤaːʔiba], *pl.* جوائب [ʤa'waːʔib] (2) Neuigkeit *f*
جائح [ʤaːʔiħ] *Gefühl*: heftig
جائحة [ʤaːʔiħa], *pl.* جوائح [ʤa'waːʔiħ] (2) Unglück *n*; Übel *n*
جائر [ʤaːʔir], *pl.* جورة [ʤawara] *u.* جارة [ʤaːra] ungerecht, tyrannisch, despotisch; *Feind*: unerbittlich; Tyrann *m*, Despot *m*
جائز [ʤaːʔiz] erlaubt, *a. Jur.* zulässig; möglich, denkbar
جائزة [ʤaːʔiza], *pl.* جوائز [ʤa'waːʔiz] (2) Preis *m*, Prämie *f*
جائع [ʤaːʔiʕ], *pl.* [-uːn] *u.* جياع [ʤi'jaːʕ] hungrig; Hungernde(r); *Blick*: gierig; *Verlangen*: heiß; triebhaft
جب [ʤubb], *pl.* أجباب [ʔaʤ'baːb] *u.* جباب [ʤi'baːb] Brunnen *m*, Grube *f*
جبار [ʤa'bbaːr], *pl.* جبابرة [ʤa'baːbira] *u.* [-uːn] mächtig, gewaltig; riesig, groß; Riese *m*, Gigant *m*; Koloß *m*; *Gott*: allmächtig; *Gegner*: übermächtig; anmaßend; tyrannisch; Tyrann *m*, Despot *m*; *Verlangen*: stürmisch; الـ~ *Beiname Gottes*; *Astr.* Orion *m*; ~ رهيب Unhold *m*; شخصية ~ة starke Persönlichkeit; ~ عمل [ʕamal] Riesenarbeit *f*; ~ كل ذي عاهة [kullu ðiː ʕaːhatin] *Spr.*, *etwa*: jeder Schwache hat auch seine Stärken
جبارة [ʤi'baːra] Einrichten *n* von Knochenbrüchen; *pl.* جبائر [ʤa'baːʔir] (2) *Med.* Schiene *f*
جباسة [ʤa'bbaːsa], *pl.* [-aːt] Gipsbruch *m*; Gipsbrennerei *f*
جبال → [2]جبل
جبالة [ʤa'bbaːla], *pl.* [-aːt] Betonmischmaschine *f*
[1]**جبان** [ʤa'baːn], *pl.* جبناء [ʤuba'naːʔ] (2) feige; Feigling *m*
[2]**جبان** [ʤa'bbaːn], *pl.* [-uːn] Käseverkäufer *m*
[1]**جبانة** [ʤa'baːna] Feigheit *f*
[2]**جبانة** [ʤa'bbaːna], *pl.* جبابين [ʤabaː'biːn] (2) Friedhof *m*
جباية [ʤi'baːja] Erhebung *f von Steuern*; *pl.* [-aːt] Steuer *f*, Abgabe *f*
جبائي [ʤi'baːʔiː] Steuer-, steuerlich
جبخانة [ʤaba'xaːna] Munition *f*; *hist.* Arsenal *n*
[1]**جبر** [ʤabara, u] *Knochen* einrichten, schienen, *a. fig.* einrenken; wieder in Ordnung bringen; *dem Armen* helfen; *Äg. e-e schlechte Note durch e-e gute* ausgleichen; ~ خاطره j-n trösten; j-n zufriedenstellen; **II** [ʤabbara] *Knochen* einrichten, schienen; **IV** أجبر [ʔaʤbara] zwingen (ه على *j-n* zu *D*); **V** تجبر [ta'ʤabbara] *Knochen*: eingerichtet werden; hochmütig auftreten, den starken Mann spielen
[2]**جبر** [ʤabr] Einrichtung *f e-s Knochenbruchs*, Schienung *f des Knochens*; Inordnungbringen *n*; Wendung *f* zum Guten; *Äg.* Ausgleich *m e-r schlechten Note durch e-e gute*; Zwang *m*, Gewalt *f*; (= علم الـ~ [ʕilm al-ʤ.]) Algebra *f*; ~ا [-an] *Adv. u.* بالـ~ mit Gewalt; zwangsweise; مذهب الـ~ *Isl.* Lehre *f* von der Vorherbestimmung des Schicksals
جبروت [ʤaba'ruːt] (All-)Macht *f*, Gewalt *f*; Selbstherrlichkeit *f*; Standhaftigkeit *f*
جبري [ʤabriː] Zwangs-; aufgezwungen; algebraisch; *pl.* [-uːn] Anhänger *m* der → جبرية; إقامة ~ة Hausarrest *m*; ~ بيع [baiʕ] *Jur.* Zwangsverkauf *m*
جبرية [ʤab'riːja] *Isl.* Lehre *f* von der Unabänderlichkeit des Schicksals; *fig.* Fatalismus *m*
[1]**جبس** **II** [ʤabbasa] (über-, ein)gipsen
[2]**جبس** [ʤabas] *Syr.* Wassermelone *f*
[3]**جبس** [ʤibs], *pl.* أجباس [ʔaʤ'baːs] Gips *m*
جبسي [ʤibsiː] aus Gips
جبصين [ʤab'ṣiːn] *Syr.* Gips *m*
[1]**جبل** [ʤabala, u, i] formen, gestalten, bilden; *Syr. Mörtel* anmachen, anrühren; *Pass.* ~ على [ʤubila] von Natur aus für *etwas* geschaffen sein
[2]**جبل** [ʤabal], *pl.* جبال [ʤi'baːl] Berg *m*; Gebirge *n*; الـ~ الأسود Montenegro; ~ طارق Gibraltar
[3]**جبل** [ʤabl] Formen *n*, Bilden *n*; *Syr.* Anrühren *n von Mörtel*
جبلاية [gaba'laːja], *pl.* [-aːt] *Äg.* Grotte *f*; kleine(r) Hügel
جبلة [ʤibla] Protoplasma *n*; [ʤibla, ʤi'billa] natürliche Veranlagung, Natur *f*
[1]**جبلي** [ʤabaliː] bergig, gebirgig; Berg-, Gebirgs-; *pl.* [-uːn] Bergbewohner *m*
[2]**جبلي** [ʤibliː] *Biol.* plasmatisch
[1]**جبن** [ʤabuna, u] feige sein; zu feige sein (عن zu *D*, أن يفعل *etwas* zu tun); **II** [ʤabbana]: ~ اللبن [l-labana] Käse bereiten; **V** تجبن [ta'ʤabbana] *Milch*: käsig werden, zu Käse werden
[2]**جبن** [ʤubn] **1.** Feigheit *f*; Duckmäusertum *n*; **2.** *koll.*, *n. un.* ~ة, *pl.* أجبان [ʔaʤ'baːn] Käse *m*; ~ قريش *Äg.* Speisequark *m*
جبنة [ʤubna] Stück *n* Käse
جبه [ʤabaha, a] begegnen (ه ب *j-m* mit *D*), konfrontieren (ه ب *j-n* mit *D*); **III** جابه [ʤaːbaha] entgegentreten, gegenüberstehen, trotzen (ه/ـه *D*); konfrontieren (ه ب *j-n* mit *D*)
جبة [ʤubba], *pl.* جبب [ʤubab] *u.* جباب [ʤi'baːb] *langes Obergewand mit weiten Ärmeln*
جبهة [ʤabha], *pl.* [ʤaba'haːt] *u.* جباه [ʤi'baːh] Stirn *f*; Vorderseite *f*; *pl.* [ʤaba'haːt] *Mil.*, *Pol.*, *Meteor.* Front *f*
جبهي [ʤabhiː] frontal
جبوتي [ʤi'buːtiː] *f Geo.* Dschibuti
جبى [ʤabaː, iː] *Steuer* einnehmen, erheben (من von *j-m*, على auf *A*)
جبيرة [ʤa'biːra], *pl.* جبائر [ʤa'baːʔir] (2) *Med.* Schiene *f*
جبيل [ʤu'bail] Djebail (*Stadt im Libanon*), (*das antike*) Byblos
جبين [ʤa'biːn], *pl.* أجبنة [ʔaʤbina], جبن [ʤubun] *u.* أجبن [ʔaʤbun] Stirn *f*
جث [ʤaθθa, u] *u.* **VIII** اجتث [iʤ'taθθa] (her)ausreißen; *Unkraut* jäten; *Übel* ausmerzen, ausrotten

جثام [dʒu'θaːm] Alp *m*

جثليق [dʒiθ'liːq], *pl.* جثاليق [dʒaθaː'liːq] (2) *Chr.* Katholikos *m*

[1]**جثم** [dʒaθama, u] *Tier*: hocken, sitzen; sich nicht von der Stelle rühren; *Gerät*: stehen; *Duft*: liegen (على über *D*); *Dunkelheit*: (her)einbrechen; (schwer) lasten (على auf *j-m*), belasten, bedrücken (على *j-n*)

[2]**جثم** [dʒuθθam] → جاثم

جثمان [dʒuθ'maːn], *pl.* [-aːt] Körper *m*, Leib *m*; Leichnam *m*

جثماني [dʒuθ'maːniː] körperlich

جثة [dʒuθθa], *pl.* جثث [dʒuθaθ] *u.* أجثاث [ʔadʒ'θaːθ] Körper *m*, Leib *m*; (= هامدة ~) Leiche *f*, Leichnam *m*

[1](**جثو**) جثا [dʒaθaː, uː] (nieder-)knien; auf die Knie fallen; auf den Knien liegen

[2]**جثو** [dʒu'θuːw] (Nieder-)Knien *n*

جثوم [dʒu'θuːm]: عند ~ الليل [-i l-lail] bei Einbruch der Dunkelheit

جثي → جاث

جحا [dʒuħaː] Dschuha (*arab. Till Eulenspiegel*)

[1]**جحد** [dʒaħada, a] verneinen, (ver-, ab)leugnen; abstreiten; verweigern (ه/ب ه *j-m sein Recht*); nichts zu tun haben wollen (ه mit *j-m*); *j-n* ablehnen; *Pass.* لا يجحد [judʒħad(u)] unleugbar; فضله/جميله ~ j-m gegenüber undankbar sein

[2]**جحد** [dʒaħd] (Ver-)Leugnung *f*; Ablehnung *f j-s*; Abstreiten *n*

جحر [dʒuħr], *pl.* أجحار [ʔadʒ'ħaːr] *u.* جحور [dʒu'ħuːr] Höhle *f*, Bau *m e-s Tieres*, (*Mause-*)Loch *n*

جحش [dʒaħʃ], *pl.* جحاش [dʒi'ħaːʃ] junge(r) Esel; *Schimpfwort*: Esel *m*; *pl.* جحوش [dʒu'ħuːʃ] Holzgerüst *n*

جحظ [dʒaħɒðɒ, a] *Augen*: hervortreten; glotzen, starren

جحف [dʒaħafa, a] abkratzen; wegnehmen (ب *A*); **IV** أجحف [ʔadʒħafa] ungerecht sein; بحقه ~ [bi-ħaqqihiː] j-m Unrecht tun; j-s Rechte schmälern

جحفل [dʒaħfal], *pl.* جحافل [dʒa'ħaːfil] (2) große(s) Heer; prominente Persönlichkeit; جحافل الشر والظلام [dʒ. aʃ-ʃarri] die Mächte *f/pl.* der Finsternis

جحود [dʒu'ħuːd] (Ver-)Leugnung *f*; Ablehnung *f j-s*; Abstreiten *n*; Undankbarkeit *f*; Teilnahmslosigkeit *f*; Unglaube *m*

جحيم [dʒa'ħiːm] *a. fig.* Hölle *f*, Höllenfeuer *n*

جحيمي [dʒa'ħiːmiː] Höllen-, infernalisch

جخ [dʒaxxa, u] *Syr.* sich schick kleiden, sich aufputzen

[1]**جد** [dʒadda, i] neu sein; neu eintreten *od.* auftreten; sich ereignen, eintreten; ernst(haft), gewichtig sein; es ernst meinen (في mit *D*); sich bemühen (في bei *D*); في ~ السير [fi s-sair] weitergehen, weiterstreben; tüchtig ausschreiten; ~ في الطريق vorwärtsstreben; ~ ما فيه das Neue daran *od.* dabei; من وجد ~ [man, wadʒad(a)] *Spr.* wer sucht, der findet; **II** جدد [dʒaddada] erneuern; renovieren, restaurieren; modernisieren; Neues hervorbringen (في auf *e-m Gebiet*); *Dokument*, *Frist* verlängern; *Wechsel* prolongieren; محاولته ~ [muħaːwa'latahuː] es noch einmal versuchen; **IV** أجد [ʔa'dʒadda] sich bemühen (في bei *D*); es ernst meinen (في mit *D*); **V** تجدد [ta'dʒaddada] erneuert werden; sich erneuern; von neuem beginnen; modernisiert werden; ت المعارك~ [al-ma'ʕaːrik] es kam zu neuen Kämpfen; **X** استجد [ista'dʒadda] neu entstehen, auftreten *od.* hinzukommen; neu entstehen lassen, erneuern

[2]**جد** [dʒadd] **1.** *pl.* أجداد [ʔadʒ'daːd] *u.* جدود [dʒu'duːd] Großvater *m*; Vorfahre *m*, Ahne *m*; الجدان [al-dʒa'ddaːn] *du.* die Großeltern *pl.*; ~ أكبر Urahne *m*; **2.** *pl.* جدود [dʒu'duːd] Geschick *n*, Schicksal *n*

[3]**جد** [dʒidd] Ernst *m*, Ernsthaftigkeit *f*; Eifer *m*; Strebsamkeit *f*; اً~ [-an] *Adv.* sehr; ~ كبير [dʒiddu ka'biːr(in)] sehr groß; ~ قديم uralt; ~ الاختلاف اختلف [dʒidda l-ixti'laːf] grundverschieden sein; يمكن اً~ [jumkinu] es ist gut möglich; بدأ الـ~ jetzt wird es ernst!

جداء [dʒa'daːʔ] Nutzen *m*, Gewinn *m*

جدار [dʒi'daːr], *pl.* جدران [dʒud'raːn] *u.* جدر [dʒudur] Mauer *f*, *a. Anat.* Wand *f*

جدارة [dʒa'daːra] Würdigkeit *f*; Eignung *f*, Tauglichkeit *f*, Befähigung *f*; Berechtigung *f*; Qualifikation *f*; ~ عن verdientermaßen, zu Recht; ~ بكل [bi-kulli dʒ.] wirklich, gewiß; ~ فعل الشيء عن sich auf etwas wirklich verstehen; أجاد الشيء بـ~ [ʔa'dʒaːda] etwas wirklich *od.* gut beherrschen

جداري [dʒi'daːriː] Mauer-, Wand-; *Med.* parietal

[1]**جدال** [dʒi'daːl] Streit *m*, Disput *m*; ~ لا [-a] *u.* ~ بلا unstreitig, unbestreitbar (*Adv.*)

[2]**جدال** [dʒa'ddaːl] streitbar; j-d, der viel disputiert

[1]**جدب** [dʒaduba, u] *Boden*: trocken sein *od.* werden; **IV** أجدب [ʔadʒdaba] *Boden*: trocken, unfruchtbar sein; *Syr. Granate*: (im Rohr) krepieren

[2]**جدب** [dʒadb] Trockenheit *f*, *a. fig.* Dürre *f*; Unfruchtbarkeit *f*, Unergiebigkeit *f*; unfruchtbar; *fig.* unergiebig

جدث [dʒadaθ], *pl.* أجداث [ʔadʒ'daːθ] Grab *n*

جدجد [dʒudʒud], *pl.* جداجد [dʒa'daːdʒid] (2) Grille *f*, Heimchen *n*

[1]**جدر** [dʒadura, u] passen, angemessen sein; tauglich sein (ب für *A*); يجدر بالذكر, يجدر ذكره [ðikruhuː], [bi-ð-ðikr] es verdient Erwähnung; تجدر الإشارة إلى أن [ʔanna] es ist darauf hinzuweisen, daß; يجدر بنا أن نفعله [naf'ʕalahuː] wir sollten es tun; *Pass.* [dʒudira] *u.* **II** [dʒuddira] an den Pocken erkranken

[2]**جدر** [dʒadr], *pl.* جدران [dʒud'raːn] Mauer *f*, Wand *f*

جدران → جدار *u.* [2]جدر

جدري [dʒudariː] *Med.* Pocken *f/pl.*; ~ الماء Windpocken *f/pl.*

[1]**جدع** [dʒadaʕa, a] *Glied* abschneiden; أنفه ~ [ʔanfahuː] j-n s-e Macht fühlen lassen

[2]جدع [ʤadʕ]: بـ~ الأنف um jeden Preis, mit Hängen und Würgen

[3]جدع [gadaʕ], *pl.* جدعان [gid'ʕaːn] *Äg.* Bursche *m*; Kumpel *m*

جدف II [ʤaddafa] **1.** rudern; **2.** lästern; schmähen, verunglimpfen (على *A*)

[1]**جدل** [ʤadala, u, i] *Strick* drehen; *Haar* flechten; **III** جادل [ʤaːdala] streiten, disputieren, debattieren (ه mit *j-m*); bestreiten (في *A*); polemisieren (في gegen *A*); **VI** تجادل [ta'ʤaːdala] miteinander streiten *od.* disputieren (في über *A*)

[2]**جدل** [ʤadal] Streit *m*, Disput *m*; Polemik *f*; فرض ~ا أن [-an ʔanna] davon ausgehen, daß; voraussetzen, daß

جدلي [ʤadaliː] Streit-; polemisch; dialektisch

جدلية [ʤada'liːja] Dialektik *f*

[1]**جدة** [ʤadda], [-aːt] Großmutter *f*

[2]**جدة** [ʤudda, ʤidda] Dschidda (*Hafenstadt in Saudi-Arabien*)

[3]**جدة** [ʤidda] Neuheit *f*, Neusein *n*; Modernität *f*; Aktualität *f*; ~ وطرافة Originalität *f e-s Romans*

(**جدو**) **IV** أجدى [ʔaʤdaː] *Nutzen* bringen; nützen, helfen; ~ نفعا [nafʕan] nützlich sein; **X** استجدى [is'taʤdaː] um Almosen bitten; betteln (ه um *A*); anflehen (ه ه *j-n* um *A*); ~ العلم [l-ʕilm(a)] nach Wissen streben

جدول [ʤadwal], *pl.* جداول [ʤa'daːwil] (2) Tabelle *f*, Tafel *f*; Liste *f*, Verzeichnis *n*; Index *m*; Plan *m*; Bach *m*, kleine(r) Wasserlauf; ~ الأعمال Tagesordnung *f*; ~ التصريف *Gr.* Paradigma *n*; ~ دراسي [di'raːsiː] Vorlesungsverzeichnis *n*; ~ الضرب Einmaleins *n*

جدولة [ʤadwala]: (إعادة) ~ الديون *Hdl.* Umschuldung *f*

جدوى [ʤadwaː] Nutzen *m*, Gewinn *m*; ذو~ nützlich; ergiebig, ersprießlich; عديم الـ~ unnütz, zwecklos, sinnlos; ~ على غير [ɣairi] nutzlos, vergeblich; ergebnislos

[1]**جدي** [ʤadj], *pl.* جداء [ʤi'daːʔ] *u.* جديان [ʤid'jaːn] junge(r) Ziegenbock; *Astr.* Steinbock *m*

[2]**جدي** [ʤiddiː] ernst, ernsthaft; *Vorschlag*: ernstgemeint; *Grund*: gewichtig

جديب [ʤa'diːb] trocken, unfruchtbar

جديد [ʤa'diːd], *pl.* جدد [ʤudud] neu (على für *j-n*); erneut, wiederholt; modern; Neo-, Neu-; الجديدان *du.* Tag und Nacht; ~ من von neuem, wieder; ~ هل من gibt es etwas Neues?

جدير [ʤa'diːr], *pl.* [-uːn] *u.* جدراء [ʤuda'raːʔ] (2) wert, würdig, angemessen (ب *G*); geeignet, tauglich (ب für *A*); verdienend (ب *A*); ansehnlich, imposant; ~ بالذكر [bi-ð-ðikr] erwähnenswert; ~ به أن يفعله [jaf'ʕalahuː] er sollte es tun

جديلة [ʤa'diːla], *pl.* جدائل [ʤa'daːʔil] (2) Zopf *m*, Haarflechte *f*; Tresse *f*

جدية [ʤi'ddiːja] Ernsthaftigkeit *f*; Seriosität *f*; بـ~ ernsthaft (*Adv.*)

جذ [ʤaðða, u] abschneiden

جذاب [ʤa'ððaːb] anziehend; gewinnend; reizvoll, fesselnd; interessant, packend

جذاذة [ʤu'ðaːða], *pl.* [-aːt] Zettel *m*

جذام [ʤu'ðaːm] *Med.* Lepra *f*, Aussatz *m*

جذامة [ʤu'ðaːma] Stoppeln *f/pl. des Feldes*

[1]**جذب** [ʤaðaba, i] (her-, herbei)ziehen; hervorziehen; wegziehen; anziehen, fesseln, faszinieren; gewinnen (ه إلى *j-n* für *A*); **III** جاذب [ʤaːðaba]: ~ـه الحديث [-hu l-ħa'diːθ(a)] mit j-m ein Gespräch anknüpfen; **VI** تجاذب [ta'ʤaːðaba] hin- und herziehen; anziehen; ~وا أطراف الحديث sie unterhielten sich miteinander; **VII** انجذب [in'ʤaðaba] angezogen werden; sich hingezogen fühlen (إلى zu *D*); **VIII** اجتذب [iʤ'taðaba] anziehen, anlokken, reizen; ~ الاستثمار ein Anreiz für Investitionen sein; ~ قلبه j-s Herz erobern

[2]**جذب** [ʤaðb] *a. Phys.* Anziehung *f*; Anziehungskraft *f*, Faszination *f*, Reiz *m*; أخذه ~ا [-an] etwas mit Gewalt wegnehmen; ~ جنسي [ʤinsiː] Sex-Appeal *m*

جذبة [ʤaðba] einmalige(s) (An-)Ziehen

[1]**جذر II** [ʤaððara] *Math.* Wurzel ziehen (ه aus *e-r Zahl*)

[2]**جذر** [ʤiðr, ʤaðr], *pl.* جذور [ʤu'ðuːr] *a. Math.*, *Gr.* Wurzel *f*; untere(s) Ende, Basis *f*; *pl.* أجذار [ʔaʤ'ðaːr] Stammabschnitt *m e-s Scheckheftes*; ~ تربيعي *u.* ~ مربع [mu'rabbaʕ] Quadratwurzel *f*; اجتث الشيء من جذوره [iʤ'taθθa] etwas mit Stumpf und Stiel ausrotten

جذري [ʤiðriː] Wurzel-; grundlegend, radikal; ~ا [-jan] *Adv.* grundlegend, radikal

جذرية [ʤið'riːja] Radikalität *f*, Radikalismus *m*

[1]**جذع** [ʤaðaʕ], *pl.* جذعان [ʤuð'ʕaːn] Bursche *m*, junge(r) Mann

[2]**جذع** [ʤiðʕ], *pl.* جذوع [ʤu'ðuːʕ] *u.* أجذاع [ʔaʤ'ðaːʕ] (Baum-)Stamm *m*; (Baum-)Stumpf *m*; Rumpf *m*

جذف II [ʤaððafa] rudern

[1]**جذل** [ʤaðila, a] fröhlich sein; **IV** أجذل [ʔaʤðala] erheitern

[2]**جذل** [ʤaðal] frohe(r) Sinn, Fröhlichkeit *f*, Heiterkeit *f*

[3]**جذل** [ʤaðil], *pl.* جذلان [ʤuð'laːn] froh, heiter, munter, guter Dinge

جذلان [ʤað'laːn] (2), *f* جذلى [ʤað'laː] = [3]جذل

جذم [ʤaðama, i] abschneiden, abhauen; *Pass.* [ʤuðima] an Lepra erkranken

جذمة [ʤiðma] Stumpf *m*

جذوة [ʤaðwa, ʤiðwa, ʤuðwa], *pl.* جذى[ʤiðan, ʤuðan] *u.* جذاء [ʤi'ðaːʔ] Feuerbrand *m*, *a. fig.* Glut *f*

[1]**جر** [ʤarra, u] ziehen, schleppen; hinter sich herziehen; mitziehen; *Vorhang* zuziehen; herbeiführen, mit sich bringen (على für *A*); *ein Wort* in den Genitiv setzen; ~ جريرة ein Verbrechen begehen (على an *D*); **II** جرر [ʤarrara]: ~ الخطى [l-xutɒː] e-n schleppenden Gang haben; **VII** انجر [in'ʤarra] herrühren (عن von *D*), sich herleiten (عن aus *D*); hineingezogen werden

(إلى in *A*); إلى الوراء ~ sich zurückziehen; **VIII** اجتر [iʤ'tarra] *a. fig.* wiederkäuen; آلامه ~ s-n Kummer in sich hineinfressen; ~ أفكاره s-n Gedanken nachhängen; **X** استجر [ista'ʤarra] ziehen

2**جر** [ʤarr] Ziehen *n*; *Gr.* Genitiv *m*; ~ حرف Präposition *f*; وهلم ~ا [wa-ha'lumma -an] und so weiter, usw.

جرأ → 2جرؤ II

جراء [ʤa'rraːʔ] *u.* (*selten*) [ʤa'raːʔ]: ~ [-a] *u.* (*meist*) ~ من [-i] + *G*: um – willen, für; wegen; infolge

جراءة [ʤa'raːʔa] Mut *m*, Kühnheit *f*; Dreistigkeit *f*

1**جراب** [ʤu'raːb], *pl.* [-aːt] Strumpf *m*, Socke *f*

2**جراب** [ʤi'raːb], *pl.* أجربة [ʔaʤriba] *u.* جرب [ʤurub] Sack *m*, Beutel *m*, Ranzen *m*; *Mil.* Tornister *m*; Futteral *n*; Scheide *f des Degens*

جرابي [ʤi'raːbiː]: ~ حيوان [ħaja'waːn] Beuteltier *n*

جراثيم → جرثومة

جراثيمي [ʤaraː'θiːmiː] bakteriologisch

جراج [ga'raːʒ] *Äg.* Garage *f*

جراح [ʤa'rraːħ], *pl.* [-uːn] Chirurg *m*

جراحة [ʤi'raːħa] Chirurgie *f*; *pl.* [-aːt] *Med.* Operation *f*; ~ الأعصاب Neurochirurgie *f*

جراحي [ʤi'raːħiː] chirurgisch, operativ

جراد [ʤa'raːd] *koll.*, *n. un.* ~ة Heuschrecke *f*; ~ البحر Languste *f*

جرار [ʤa'rraːr] *Heer*: gewaltig; *pl.* [-aːt] Traktor *m*, Schlepper *m*; ~ عربة نقل [ʤ. ʕarabat naql] Sattelschlepper *m*; ~ للسفن [li-s-sufun] Treidler *m*; ~ باب Rolltür *f*; جسر ~ [ʤisr] Zugbrücke *f*

جرارة [ʤa'rraːra], *pl.* [-aːt] Traktor *m*; *Art* Skorpion *m*

جراشة [ʤa'rraːʃa], *pl.* [-aːt] Zerkleinerungsmaschine *f*, Brecher *m*

جرافة [ʤa'rraːfa], *pl* .[-aːt] *u.* جراريف [ʤaraː'riːf] (2) Rechen *m*, Harke *f*; Bagger *m*, Bulldozer *m*; Egge *f*; ~ تسوية [ʤ. taswija] Planierraupe *f*

جرام [graːm], *pl.* [-aːt] *Äg.* Gramm *n*

جرأة [ʤurʔa] Mut *m*, Kühnheit *f*; Dreistigkeit *f*; ~ في mutig (*Adv.*)

جرائد → جريدة

جراية [ʤi'raːja], *pl.* [-aːt] (Tages-)Ration *f*; *Mil.* Verpflegung *f*; Gehalt *n*; *Äg.* Stipendium *n* der Azhar-Studenten; ~ عيش [ʕeːʃ] *Äg.* grobe(s) Brot

1**جرب** [ʤariba, a] räudig sein; *Med.* die Krätze haben; **II** [ʤarraba] versuchen, erproben, probieren, auf die Probe stellen; *Speise* kosten; erleben, erfahren, kennenlernen; ~ حظه [ħɒððɒhuː] sein Glück versuchen (في bei *D*)

2**جرب** [ʤarab] Räude *f*, Krätze *f*; أصابه الـ~ *Med.* die Krätze haben; *Leder*: abgewetzt sein

3**جرب** [ʤurb] → أجرب

جرباء → أجرب

جربندية [ʤaraban'diːja], *pl.* [-aːt] Ranzen *m*; Tornister *m*

جربوع [ʤar'buːʕ] = يربوع

(**جرثم**) **II** تجرثم [ta'ʤarθama] keimen, Wurzel fassen

جرثومة [ʤur'θuːma], *pl.* جراثيم [ʤaraː'θiːm] (2) *Biol. u. fig.* Keim *m*; Mikrobe *f*; Bakterie *f*, Bazillus *m*; علم الجراثيم [ʕilm al-ʤ.] Bakteriologie *f*

جرثومي [ʤur'θuːmiː] Keim-; Bakterien-; الجرثوميات *pl.* Bakteriologie *f*

جرجر [ʤarʤara] gurgeln; ziehen, zerren

جرجرة [ʤarʤara] Gurgeln *n*; Ziehen *n*, Zerren *n*

جرجير [ʤir'ʤiːr] Kresse *f*

1**جرح** [ʤaraħa, a] verwunden, *a. fig.* verletzen; *Isl. Überlieferer* als unglaubwürdig bezeichnen; **II** [ʤarraħa] mehrfach verwunden; *Ehre* verletzen; heruntermachen, verreißen; *Tatsache* nicht gelten lassen; *Zeugen* als unglaubwürdig bezeichnen; *Isl. e-n Hadith* als unecht bezeichnen; **VIII** اجترح [iʤ'taraħa] *Sünde* begehen

2**جرح** [ʤarħ] Verletzung *f*, Verwundung *f*; *Isl.* Verwerfung *f* als unglaubwürdig

3**جرح** [ʤurħ], *pl.* جراح [ʤi'raːħ] *u.* جروح [ʤu'ruːħ] Wunde *f*, Verwundung *f*, Verletzung *f*

جرحى → جريح

1**جرد** [ʤarada, u] schälen; entblößen, kahl machen; *Hdl.* Inventur machen; *Hdl.* inventarisieren; **II** [ʤarrada] schälen; entblößen (من *G*); *a. fig.* entkleiden (من *G*); freimachen (من von *D*); berauben (من *G*); vorenthalten, aberkennen (من ه *j-m ein Recht*); abstrahieren; verabsolutieren; *Truppen* entsenden *od.* einsetzen; *Mil. Angriff* unternehmen (على gegen *A*); *Schwert* zücken; ~ من السلاح [as-si'laːħ] j-n entwaffnen; ~ قلمه للدفاع عن [qa'lamahuː li-d-di'faːʕi] sich mit der Feder für *etwas* einsetzen; **V** تجرد [ta'ʤarrada] frei sein (من von *D*); verloren haben (من *A*); sich ganz widmen (ل *D*); e-e unbeteiligte Haltung einnehmen; *Baum*: kahl werden; ~ عاريا [ʕaːrijan] sich nackt ausziehen; **VII** انجرد [in'ʤarada] *Haare*: ausgehen; abgetreten, abgewetzt sein

2**جرد** [ʤard] *a. fig.* Bestandsaufnahme *f*; *Hdl.* Inventur *f*; *Hdl.* Inventarisierung *f*

3**جرد** [ʤarid] unbewachsen, kahl

4**جرد** [ʤurd] → أجرد

جرداء → أجرد

جردل [ʤardal], *pl.* جرادل [ʤa'raːdil] (2) Eimer *m*, Kübel *m*

جرذ [ʤurað], *pl.* جرذان [ʤur'ðaːn, ʤir'ðaːn] Ratte *f*

جرذون [ʤir'ðaun], *pl.* جراذين [ʤaraː'ðiːn] (2) Ratte *f*

1**جرس** [ʤarasa, i] klingen; **II** [ʤarrasa] bloßstellen, blamieren (ه/ب *j-n*); erfahren machen

2**جرس** [ʤaras], *pl.* أجراس [ʔaʤ'raːs] Glocke *f*; Klingel *f*; Gong *m*; دق الـ~ [daqqa l-ʤaras(a)] an der Tür klingeln

3**جرس** [ʤars, ʤirs] Klang *m*

جرسة [ʤursa] Bloßstellung *f*; Skandal *m*

جرسون [gar'soːn], *pl.* [-aːt] *Äg.* Kellner *m*, Ober *m*

جرسونة [gar'soːna], *pl.* [-aːt] *Äg.* Kellnerin *f*

جرسونيرة [garsoːˈneːra] *Äg.* Junggesellenwohnung *f*; Absteigequartier *n*

[1]جرش [ʤaraʃa, u, i] zerreiben, zermahlen

[2]جرش [ʤarʃ] Zerreiben *n*, Zermahlen *n*; reibende(s) *od.* mahlende(s) Geräusch

جرع [ʤaraˤa, a] (hinunter)schlucken, (aus)trinken; **II** [ʤarraˤa] trinken *od.* schlucken lassen (ه ه *j-n A*); **V** تجرع [taˈʤarraˤa] (aus)trinken, (hinunter)schlucken; hinnehmen müssen

جرعة [ʤurˤa, ʤarˤa], *pl.* جرع [ʤuraˤ] *u.* [ʤurˈˤaːt] Schluck *m*, Zug *m*; Dosis *f e-r Arznei*; الطعم ~ [ʤ. ɒt-tuˤm] Schluckimpfung *f*

[1]جرف [ʤarafa, u] *a. fig.* (hin)wegspülen, mit sich fortreißen, davontragen; wegschaufeln; **II** [ʤarrafa] wegfegen; wegspülen; *Boden* abtragen; **VII** انجرف [inˈʤarafa] weggespült werden; *fig.* fortgetragen, mitgerissen werden; *Gestein*: abgetragen werden; entgegentreiben (نحو *e-r Katastrophe*); **VIII** اجترف [iʤˈtarafa] = [ʤarafa]

[2]جرف [ʤarf] (Hin-)Wegspülen *n*, Fortreißen *n*, Davontragen *n*; Wegschaufeln *n*

[3]جرف [ʤurf, ʤuruf], *pl.* أجراف [ʔaʤˈraːf] *u.* جروف [ʤuˈruːf] Steilufer *n*; Böschung *f*, Steilhang *m*; جليدي ~ Lawine *f*; قاري ~ [qaːrriː] Kontinentalsockel *m*

جركس [ʤarkas] *koll.*: الـ~ die Tscherkessen *m/pl.*

جركسي [ʤarkasiː] tscherkessisch; *pl.* جراكسة [ʤaˈraːkisa] Tscherkesse *m*

[1]جرم **II** [ʤarrama] e-s Verbrechens beschuldigen; *Handlung* kriminalisieren; **IV** أجرم [ʔaʤrama] ein Verbrechen begehen (إلى/على an *D*); **VIII** اجترم [iʤˈtarama]: ~ الذنب [ð-ðamb(a)] schuldig werden

[2]جرم [ʤaram]: ~ لا [-a] sicherlich, gewiß

[3]جرم [ʤurm], *pl.* أجرام [ʔaʤˈraːm] *u.* جروم [ʤuˈruːm] Straftat *f*; Vergehen *n*; Schuld *f*

[4]جرم [ʤirm], *pl.* أجرام [ʔaʤˈraːm] *u.* جروم [ʤuˈruːm] Körper *m*; Himmelskörper *m*

جرمان [ʤarˈmaːn] *koll.*: الـ~ die Germanen *m/pl.*

جرماني [ʤarˈmaːniː] germanisch; germanistisch

جرن [ʤurn], *pl.* أجران [ʔaʤˈraːn] (*Stein-*)Mörser *m*; (*Tauf-*)Becken *n*; *Äg.* Scheune *f*

جرنال [ʒurˈnaːl], *pl.* جرانيل [ʒaraːˈniːl] (2) *bsd. Äg.* Zeitung *f*; Zeitschrift *f*

جرة [ʤarra] **1.** *pl.* جرار [ʤiˈraːr] Tonkrug *m*; العجين ~ Backtrog *m*; **2.** *ein* Ziehen *n*; قلم ~ [ʤ. qalam] Federstrich *m*

[1]جرو [ʤarw, ʤurw, ʤirw], *pl.* جراء [ʤiˈraːʔ] Junge(s) von Raubtieren

[2]جرؤ [ʤaruʔa, u] wagen (على *A*); **II** جرأ [ʤarraʔa] ermutigen (ه على *j-n* zu *D*); **V** تجرأ [taˈʤarraʔa] sich erkühnen (على *etwas zu tun*); sich viel herausnehmen (على gegen *j-n*); **VIII** اجترأ [iʤˈtaraʔa] wagen (على *A*); sich viel herausnehmen (على gegen *j-n*); على القانون ~ gegen das Gesetz handeln

[1]جرى [ʤaraː, iː] fließen; laufen; eilen; *a. fig.* hinterherlaufen (وراء *D*), verfolgen (وراء *ein Ziel*); geschehen, stattfinden, sich ereignen; verlaufen; im Umlauf sein, kursieren; verfahren (على nach *e-r Methode*); gelten (على für *A*); mit sich bringen (ب *A*); جرت العادة بـ/أن [ʔanna] es ist *od.* war üblich, daß; به ~ العمل [al-ˤamal(u)] in Geltung sein; **II** [ʤarraː] laufen lassen; ~ ريقه [riːqahuː] j-m den Mund wässerig machen; **III** جارى [ʤaːraː] mit j-m (ه) gehen; verkehren (ه mit *j-m*); *fig.* zusammengehen (ه mit *j-m*), übereinstimmen (ه في/على mit *j-m* in *D*); mitmachen; sich richten (ه nach *D*); Schritt halten (ه/ه mit *D*); **IV** أجرى [ʔaʤraː] fließen *od.* laufen lassen; durchführen, *Handlung* vornehmen; *Gespräch* führen; *Kontakte* aufnehmen; عملية جراحية ~ [ˤamaˈliːjatan ʤiraːˈħiːja] sich operieren lassen; j-n (ل) operieren; j-n (ل) operieren lassen

[2]جرى [ʤaran]: من جراك [min ʤaˈraːka] deinetwegen, um deinetwillen

[3]جري [ʤarj] Laufen *n*, *a. Sport*: Lauf *m*; على ~ا [-an] entsprechend, gemäß

جريء [ʤaˈriːʔ], *pl.* أجرياء [ʔaʤriˈjaːʔ] (2) (wage)mutig, kühn, waghalsig; gewagt; dreist

جريان [ʤaraˈjaːn] Fließen *n*, Fluß *m*, Strömen *n*

جريح [ʤaˈriːħ], *pl.* جرحى [ʤarħaː] *a. fig.* verwundet, verletzt; Verwundete(r), Verletzte(r)

جريد [ʤaˈriːd] *koll.* Palmzweige *m/pl.* ohne Blätter

جريدة [ʤaˈriːda], *pl.* جرائد [ʤaˈraːʔid] (2) Zeitung *f*; *Kino*: Wochenschau *f*; رسمية ~ Gesetzblatt *n*; Staatsanzeiger *m*

جريرة [ʤaˈriːra], *pl.* جرائر [ʤaˈraːʔir] (2) Vergehen *n*; Verbrechen *n*; Frevel *m*; Schuld *f*; بلا ~ schuldlos

جريس [ʤuˈrais] Glockenblume *f*

جريش [ʤaˈriːʃ] Getreideschrot *m od. n*, Grütze *f*

جريمة [ʤaˈriːma], *pl.* جرائم [ʤaˈraːʔim] (2) Verbrechen *n*, Delikt *n*; *Jur.* Straftat *f*; كبرى ~ [kubraː], ~ عظمى [ˤuðmaː] Kapitalverbrechen *n*; فيلم جرائم Kriminalfilm *m*

[1]جز [ʤazza, u] *Wolle* scheren, *Gras* schneiden, *Rasen* mähen; عنقه ~ [ˤuˈnuqahuː] *Tier* abstechen

[2]جز [ʤazz] Scheren *n*, Schur *f*

جزء [ʤuzʔ], *pl.* أجزاء [ʔaʤˈzaːʔ] Teil *m*; Bestandteil *m*; Bruchteil *m*; Abschnitt *m*; 30. Teil des Korans; ~ من ألف ~ ein Tausendstel

جزأ **II** [ʤazzaʔa] (zer-, auf)teilen; abtrennen (عن von *D*); **V** تجزأ [taˈʤazzaʔa] zerteilt, (auf)geteilt werden; sich teilen (lassen); *bsd. Pol.* zersplittert sein; جزء لا يتجزأ [ʤuzʔ] untrennbare(r) Teil, integrierende(r) Bestandteil; **VIII** اجتزأ [iʤˈtazaʔa] abtrennen (عن von *D*); herausgreifen (ب من *etwas* aus *e-m Text*); sich begnügen (ب mit *D*)

[1]جزاء [ʤa'zaːʔ], *pl.* [-aːt] Vergeltung *f*; Belohnung *f*, Lohn *m* (عن für *A*); Strafe *f*; ~ ضربة *Sport*: Strafstoß *m*; Freistoß *m*

[2]جزاء [ʤi'zaːʔ] → جزية

جزار [ʤa'zzaːr], *pl.* [-uːn] Fleischer *m*, Metzger *m*, Schlächter *m*

[1]جزارة [ʤi'zaːra] Fleischerhandwerk *n*

[2]جزأرة [ʤazʔara] Algerisierung *f*

جزاز [ʤa'zzaːz], *pl.* [-uːn] (Woll-)Scherer *m*

جزاف [ʤu'zaːf] *Hdl.* Kauf *m* in Bausch und Bogen; ~ا [-an] *Adv.* aufs Geratewohl, auf gut Glück; unüberlegt, blindlings, planlos; لم يكن هذا ~ا [lam jakun] das kommt nicht von ungefähr

جزالة [ʤa'zaːla] Fülle *f*; Ausdruckskraft *f*, Reinheit *f des Stils*

جزائر [ʤa'zaːʔir] (2): الـ~ Algerien; (= مدينة الـ~) Algier; → جزيرة

جزائري [ʤa'zaːʔiriː] algerisch; *pl.* [-uːn] Algerier *m*

جزائي [ʤa'zaːʔiː] Straf-; Kriminal-

جزدان [ʤuz'daːn, ʤiz'daːn], *pl.* جزادين [ʤazaː'diːn] (2) *Syr.*, *Lib.* Brieftasche *f*; Geldbörse *f*

[1]جزر [ʤazara, u] **1.** schlachten; niedermetzeln; **2.** *Wasser*: zurückgehen, ebben

[2]جزر [ʤazar] *koll.*, *n. un.* ~ة Karotten *f/pl.*, Möhren *f/pl.*

[3]جزر [ʤazr] **1.** Schlachten *n*; Niedermetzeln *n*; **2.** Ebbe *f*; المد والـ~ [al-madd] Ebbe und Flut

[4]جزر [ʤuzur] → جزيرة *u.* جزور

جزري [ʤazariː] Insel-, insular; *pl.* [-uːn] Inselbewohner *m*

[1]جزع [ʤaziʕa, a] besorgt sein; sich Sorgen machen (ل um *A*); traurig *od.* bekümmert sein (ل über *A*), trauern (على um *A*); Angst haben (من/ل vor *D*); Unbehagen empfinden; die Geduld verlieren

[2]جزع [ʤazaʕ] Unbehagen *n*; Besorgnis *f*; Angst *f*; Traurigkeit *f*; Trauer *f* (على um *A*); Ungeduld *f*; Verzweiflung *f*

[3]جزع [ʤazʕ] Onyx *m* (*Mineral*)

[4]جزع [ʤaziʕ] voll Unbehagen; besorgt (على um *A*); ängstlich; traurig, betrübt; ungeduldig

[5]جزع [ʤuzʕ] Radachse *f*

(جزف) **III** جازف [ʤaːzafa] aufs Geratewohl handeln; ein Risiko eingehen; riskieren, aufs Spiel setzen (ب *A*)

[1]جزل [ʤazula, u] reichlich vorhanden sein

[2]جزل [ʤazl], *pl.* جزال [ʤi'zaːl] reichlich, viel; *Stil*: flüssig, gewählt; ~ الرأي von sicherem Urteil

[1]جزم [ʤazama, i] abschneiden; *Gr.* apokopieren; *Gr.* in den Apokopatus setzen; (endgültig) entscheiden (ب/هـ *A*); mit Bestimmtheit sagen, apodiktisch behaupten (ب/هـ *A*); sicher sein (أن/بأن [(bi-)ʔanna]) daß; **VII** انجزم [in'ʤazama] *Gr.* im Apokopatus stehen

[2]جزم [ʤazm] Abschneiden *n*, Abtrennung *f*; Entscheidung *f*; Bestimmtheit *f*, Gewißheit *f*; *Gr.* Apokopatus *m*

جزمجي [gazmagiː], *pl.* ~ية *Äg.* Schuhmacher *m*

جزمة [ʤazma], *pl.* جزم [ʤizam] *u.* [-aːt] (Paar *n*) Schuhe *m/pl. od.* Stiefel *m/pl.*; ~ فردة ein (einzelner) Schuh *od.* Stiefel

جزة [ʤizza], *pl.* جزز [ʤizaz] *u.* جزائز [ʤa'zaːʔiz] (2) Schurwolle *f*

جزور [ʤa'zuːr], *pl.* جزر [ʤuzur] Schlachtkamel *n*

جزوع [ʤa'zuːʕ] = [4]جزع [ʤaziʕ]

[1]جزى [ʤazaː, iː] vergelten (ه هـ ب *j-m etwas* mit *D*); belohnen (ه على/عن *j-n* für *A*); bestrafen (ه على/عن *j-n* für *A*); ausgleichen (هـ ب *etwas* durch *A*); **III** جازى [ʤaːzaː] vergelten (هـ ب *etwas* mit *D*, ه على *j-m A*); belohnen (ه على *j-n* für *A*); bestrafen (ه على *j-n* für *A*); **IV** أجزى [ʔaʤzaː] ausreichen, genügen (ه *j-m*); ersetzen (عن *A*)

[2]جزى [ʤizan] → جزية

جزيء [ʤu'zaiʔ], *pl.* جزيئات [ʤuzai'ʔaːt] Teilchen *n*, Partikel *f*; Molekül *n*

جزيرة [ʤa'ziːra], *pl.* جزر [ʤuzur] *u.* (*selten*) جزائر [ʤa'zaːʔir] (2) Insel *f*; الـ~ die Dschezira, Nordwest-Mesopotamien; الجزر / الجزائر الخالدات *bsd. Tun.* die Kanarischen Inseln; العرب ~ *u.* الـ~ العربية die arabische Halbinsel; شبه الـ~ [ʃibh al-ʤ.] Halbinsel *f*

جزيل [ʤa'ziːl] reichlich, viel; شكرا ~ا [ʃukran -an] vielen Dank!

جزية [ʤizja], *pl.* جزى [ʤizan] *u.* جزاء [ʤi'zaːʔ] *hist.* Tribut *m*; *hist.* Steuer *f* der freien Nicht-Muslime

جزئي [ʤuzʔiː] Teil-, teilweise, partiell; zweitrangig, nebensächlich, Neben-, geringfügig; ~ا [-jan] *Adv.* teilweise; جزئيات *pl.* Kleinigkeiten *f/pl.*, Einzelheiten *f/pl.*; مادة ~ة [maːdda] *Jur.* Bagatellsache *f*

جزيئي [ʤu'zaiʔiː] molekular

[1]جس [ʤassa, u] betasten, befühlen; prüfen; zu erkunden suchen; ~ نبض الشيء etwas sondieren; **V** تجسس [ta'ʤassasa] spionieren; auskundschaften, ausspionieren (هـ/ *A*); nachspionieren (على *j-m*)

[2]جس [ʤass] (Be-)Fühlen *n*, Betasten *n*; النبض ~ Sondierung *f*

جسارة [ʤa'saːra] Kühnheit *f*, Wagemut *m*; Dreistigkeit *f*

جسامة [ʤa'saːma] Größe *f*, Umfang *m*; Bedeutung *f*, Tragweite *f*; Schwere *f e-s Verbrechens*; Leibesfülle *f*, Dicke *f*

[1]جسد **II** [ʤassada] körperhaft, plastisch machen; *Rolle* verkörpern; konkretisieren; **V** تجسد [ta'ʤassada] körperhaft, plastisch werden; sich verkörpern (في in *D*), Gestalt *od.* konkrete Form annehmen; *Rel.* Mensch werden

[2]جسد [ʤasad], *pl.* أجساد [ʔaʤ'saːd] Körper *m*, Leib *m*; الجريمة ~ Corpus delicti *n*; عيد الـ~ [ʕiːd al-ʤ.], خميس الـ~ *Chr.* Fronleichnamsfest *n*

جسدي [ʤasadiː] körperlich, leiblich; physisch; متعة ~ة [mutʕa] sinnliche(r) Genuß

[1]جسر [ʤasara, u] wagen (على *A*), so kühn sein (على *etwas zu tun*); **II** [ʤassara] **1.** e-e Brücke *od.* e-n Damm bauen; **2.** ermutigen (ه

على *j-n* zu *D*); **VI** تجاسر [ta'dʒaːsara] sich erkühnen *od.* vermessen (على *etwas zu tun*); dreist sein (على gegen *j-n*)

2 **جسر** [dʒisr], *pl.* جسور [dʒu'suːr] Brücke *f*; Damm *m*; *Arch.* Träger *m*; عائم ~ Pontonbrücke *f*; معلق ~ [mu'ʕallaq] Hängebrücke *f*; ~ النظارة [dʒ. an-nɒ'ððɒːra] Brillensteg *m*

1 **جسم** [dʒasuma, u] dick, stark, groß sein; **II** [dʒassama] körperhaft machen; plastisch darstellen; Gestalt *od.* Form annehmen lassen; konkretisieren; in Erscheinung treten lassen; *a. fig.* vergrößern; übertreiben; **V** تجسم [ta'dʒassama] sich verkörpern; plastisch dargestellt werden; Gestalt *od.* Form annehmen; sich konkretisieren; (immer) größer werden; *Konflikt*: sich verschärfen

2 **جسم** [dʒism], *pl.* أجسام [ʔadʒ'saːm] *u.* (*selten*) جسوم [dʒu'suːm] Körper *m*, Leib *m*; Karosserie *f e-s Autos*; Rumpf *m e-s Flugzeugs*; Gestalt *f*; Substanz *f*; *Chem.* Material *n*, Stoff *m*; صلب ~[sulb] etwas Hartes; *Phys.* Festkörper *m*; عضوي ~ [ʕuđwiː] Organismus *m*

جسمان [dʒus'maːn] Körper *m*, Leib *m*; Leichnam *m*

جسماني [dʒus'maːniː] körperlich, leiblich; physisch; تربية ~ـة [tarbija] Leibeserziehung *f*

جسمي [dʒismiː] Körper-, körperlich; substantiell

جسة [dʒassa] (*einmaliges*) Betasten

جسور [dʒa'suːr], *pl.* جسر [dʒusur] kühn, wagemutig; frech

1 **جسيم** [dʒa'siːm], *pl.* جسام [dʒi'saːm] dick, beleibt; umfangreich, gewaltig; bedeutend, groß; *Verbrechen, Fehler*: schwer

2 **جسيم** [dʒu'saim], *pl.* [-aːt] Teilchen *n*, Partikel *f*; Blutkörperchen *n*

(**جشأ**) **V** تجشأ [ta'dʒaʃʃaʔa] rülpsen, aufstoßen

جشاء [dʒu'ʃaːʔ] Rülpsen *n*, Aufstoßen *n*

جشأة [dʒuʃʔa], *pl.* [-aːt] Rülpser *m*

1 **جشع** [dʒaʃiʕa, a] (hab)gierig sein

2 **جشع** [dʒaʃaʕ] (Hab-)Gier *f*; Begierde *f*

3 **جشع** [dʒaʃiʕ], *pl.* [-uːn] *u.* جشاع [dʒi'ʃaːʕ] (hab)gierig, unersättlich

جشم [dʒaʃima, a] auf sich nehmen; **II** [dʒaʃʃama] aufbürden; **V** تجشم [ta'dʒaʃʃama] auf sich nehmen; ertragen, erdulden (müssen)

جشنة [dʒuʃna] *Zool.* Piper *m*

جشني [dʒiʃniː] *Äg.* (Über-)Prüfung *f*

جشة [dʒuʃʃa] Rauheit *f der Stimme*, Heiserkeit *f*

1 (**جص**) **II** جصص [dʒɒssɒsɒ] (ver-)gipsen

2 **جص** [dʒiss, dʒɒss] Gips *m*

جصاص [dʒɒ'ssɒːs], *pl.* [-uːn] Stukkateur *m*

جصي [dʒissiː, dʒɒssiː] Gips-, Stuck-

جعالة [dʒu'ʕaːla, dʒa'ʕaːla, dʒi'ʕaːla] Bezahlung *f*, Belohnung *f*

جعبة [dʒaʕba, dʒuʕba], *pl.* جعاب [dʒi'ʕaːb] Köcher *m*; أخبار ~ j-d, der immer Neuigkeiten weiß; ما في ~ـه was er (noch) zu bieten *od.* zur Verfügung hat

جعجاع [dʒaʕ'dʒaːʕ] lärmend, polternd; *fig.* Angeber *m*

جعجع [dʒaʕdʒaʕa] schreien, lärmen; klappern, knarren; krachen, dröhnen; poltern; quietschen; *fig.* angeben

جعجعة [dʒaʕdʒaʕa] Geschrei *n*, Lärm *m*; Klappern *n*, Knarren *n*; Krachen *n*, Dröhnen *n*; Poltern *n*

1 **جعد** [dʒaʕuda, u] sich kräuseln; **II** [dʒaʕʕada] kräuseln, lockig machen, wellen; in Falten legen; *Stirn* runzeln; zerknittern; **V** تجعد [ta'dʒaʕʕada] sich kräuseln; gelockt *od.* wellig sein; runzelig werden; *Stoff*: knittern

2 **جعد** [dʒaʕd], *pl.* جعاد [dʒi'ʕaːd] gekräuselte(s) *od.* lockige(s) Haar; اليد ~ [dʒ. al-jad] geizig

جعدة [dʒaʕda], *pl.* [dʒaʕa'daːt] Locke *f*

جعر [dʒaʕara, a] *Tier*: s-n Kot ausscheiden; **II** [dʒaʕʕara] *Äg.* schreien

جعران [dʒiʕ'raːn, dʒuʕ'raːn] *u.* أبو ~ [ʔabuː dʒ.] Mistkäfer *m*; Skarabäus *m*; أم ~ [ʔumm dʒ.] Aasgeier *m*

ج ع س *Abk. für* الجمهورية العربية السورية Arabische Republik Syrien

جعفر [dʒaʕfar] Dscha'far *npr. m*

جعفري [dʒaʕfariː]: المذهب الـ~ *Ir.* die Schia

1 **جعل** [dʒaʕala, a] machen (ه/ها zu *D*); festsetzen (ه auf *A*); setzen, legen (في in, an *A*); bewirken; veranlassen (ه يفعل [jafʕal(u)] *j-n etwas* zu tun); beimessen, zuerkennen (ل *D*); + *Impf.*: beginnen zu tun; + *Neg. u. Impf.*: nicht (zu)lassen; آليا ~ـه [ʔaː'liːjan] etwas mechanisieren *od.* automatisieren

2 **جعل** [dʒaʕl] Machen *n usw.*, → 1 جعل

3 **جعل** [dʒuʕal] = جعران (أبو)

4 **جعل** [dʒuʕl], *pl.* أجعال [ʔadʒ'ʕaːl] Bezahlung *f*, Belohnung *f*; (*zugewendete*) Geldsumme

5 **ج ع ل** *Abk. für* الجمهورية العربية الليبية Lybische Arabische Republik (*bis 1977*)

جعة [dʒiʕa] Bier *n*

ج ع ي *Abk. für* الجمهورية العربية اليمنية Jemenitische Arabische Republik (*bis 1990*)

جغرافي [dʒuɣ'raːfiː] geographisch; *pl.* [-uːn] Geograph *m*

جغرافيا [dʒuɣ'raːfijaː] *u.* (*bsd. vor G*) جغرافية [dʒuɣraː'fiːja] Geographie *f*; بشرية ~ [baʃa'riːja] Anthropogeographie *f*

جف [dʒaffa, i] (aus-, ver)trocknen, trocken werden; *fig. Blut in den Adern*: erstarren; **II** جفف [dʒaffafa] (ab-, aus)trocknen, trockenlegen

1 **جفاء** [dʒa'faːʔ] Rauheit *f*, Grobheit *f*; barsche *od.* unwirsche Art; Härte *f*; Abneigung *f gegen j-n*, Entfremdung *f*

2 **جفاء** [dʒu'faːʔ] unnütz, wertlos, nichtig

جفاف [dʒa'faːf] Trockenheit *f*, Dürre *f*; Vertrocknen *n*; Starrheit *f*; Härte *f des Lebens*; Entbehrung *f*; Verkümmerung *f*, Kälte *f der Gefühle*

جفاة → 2 جاف

جفت [dʒift] *Med.* Zange *f*; Pinzette *f*

جفل [dʒafala, i] erschrecken (من über

A); zurückschrecken (من vor *D*); *Pferd*: scheuen; **II** [dʒaffala] aufschrecken, aufscheuchen; **IV** أجفل [ʔadʒfala] = [dʒafala]

جفن [dʒafn], *pl.* أجفان [ʔadʒ'faːn] *u.* جفون [dʒu'fuːn] Augenlid *n*

جفنة [dʒafna], *pl.* جفان [dʒi'faːn], [dʒafa'naːt] *u.* جفن [dʒifan] **1.** Schüssel *f*; **2.** Weinstock *m*, Weinrebe *f*

[1]**(جفو)** جفا [dʒafaː, uː] grob, rauh sein; grob *od.* abweisend behandeln; meiden; nicht leiden können; النوم جفنه ~ [n-naumu dʒafnahuː] er fand keinen Schlaf; **III** جافى [dʒaːfaː] grob *od.* abweisend behandeln, anfahren; meiden; verstoßen (ه gegen *A*); جافاه النوم [-hu n-naum(u)] er fand keinen Schlaf; **VI** تجافى [ta'dʒaːfaː] *a. fig.* weit entfernt sein (عن von *D*); sich abwenden (عن von *D*); Abneigung empfinden (عن gegen *A*); unvereinbar sein (و + *A od.* مع mit *D*); meiden; sich grob gebärden

[2]**جفو** [dʒafw] = [1]جفاء [dʒa'faːʔ]

جفول [dʒu'fuːl] Erschrecken *n*; Scheu *f*

جفوة [dʒafwa] Grobheit *f*, Rauheit *f*, Barschheit *f*; Entfremdung *f* (بين zwischen *D*)

جك [dʒakk], *pl.* [-aːt] *Techn.* Hebebühne *f*

[1]**جل** [dʒalla, i] groß, gewaltig, erhaben sein; zu groß *od.* erhaben sein (عن als daß); الله ~ جلاله [dʒa'laːluhuː] Gott der Erhabene; **II** جلل [dʒallala] **1.** (ver)ehren; **2.** umhüllen; bedecken; بالزهور ~ه etwas mit Blumen umkränzen *od.* schmücken; **IV** أجل [ʔa'dʒalla] (ver)ehren, hochachten; zu hoch einschätzen (عن als daß); **VI** تجال [ta'dʒaːlla] erhaben sein (عن über *A*); sich erhaben dünken (عن über *A*)

[2]**جل** [dʒull] Hauptteil *m*, Großteil *m*, Majorität *f*; ~ه das meiste davon; ما فيه ~ [-u maː] sein Hauptinhalt; حظه ~ [dʒ. ħɒðːðihiː] sein ganzes Glück

جلا → (جلو)

جلاء [dʒa'laːʔ] Klarheit *f*, Deutlichkeit *f*; Klärung *f e-r Frage*; Abzug *m*, Auszug *m* (عن aus *e-m Gebiet*); Räumung *f* (عن *e-s Gebietes*); ~ بكل [bi-kulli dʒ.] in aller Deutlichkeit

[1]**جلاب** [dʒa'llaːb] (= العبيد ~) Sklavenhändler *m*; المصاعب ~ [dʒ. al-mɒ'sɒːʕib] Querulant *m*; الهموم ~ Sorgenkind *n*

[2]**جلاب** [dʒu'llaːb, dʒu'laːb] Rosenwasser *n*

جلابة [dʒa'llaːba], *pl.* [-aːt] *u.* جلالب [dʒa'laːlib] (2) *Mar.* Kapuzenmantel *m*

جلابية [dʒallaː'biːja] *Äg.* lange(s), hemdartige(s) Gewand, Gallabija *f*

جلاتين [ʒelaː'tiːn] Gelatine *f*

جلاخ [dʒa'llaːx], *pl.* [-uːn] Schleifer *m*

جلاد [dʒa'llaːd], *pl.* [-uːn] *a. fig.* Henker *m*

جلادة [dʒa'laːda] Ausdauer *f*, Zähigkeit *f*, Geduld *f*

جلاس → جالس

جلاش [gu'llaːʃ] *Saudi-Ar. Süßspeise aus Blätterteig*

جلال [dʒa'laːl] Erhabenheit *f*; Größe *f a. e-r Gefahr*; *a. npr. m*; الوجه ~ edle Züge *m/pl.*; ~ قال بـ er sagte bedeutungsvoll *od.* ernst

جلالة [dʒa'laːla] Erhabenheit *f*, Größe *f*; *Titel des Königs od. Sultans*: Majestät *f*; اسم الـ~ [ism al-dʒ.] der Name Gottes (= الله); Herrschername *m*; صاحب الـ~ Seine Majestät

جلائل [dʒa'laːʔil] (2) *pl.*: الأمور ~ große Dinge *n/pl.*; الأعمال ~ große Taten *f/pl.*

جلاية [dʒa'llaːja], *pl.* [-aːt]: صحون ~ *Syr.* Geschirrspülmaschine *f*

[1]**جلب** [dʒalaba, i] kommen lassen, heranschaffen, herbeiholen; *Zustand* herbeiführen; *Geld, Glück* bringen; einbringen (ل *j-m*); über *j-n* (على) bringen; *Geld* machen *od.* verdienen; معه ~ه etwas mitbringen; من الخارج ~ aus dem Ausland beziehen *od.* importieren; **VIII** اجتلب [idʒ'talaba] holen, herbeischaffen, sich verschaffen; *j-n* für sich gewinnen; *Begründung* an den Haaren herbeiziehen; → [dʒalaba]; **X** استجلب [is'tadʒlaba] kommen lassen; heranholen, heranschaffen; heranziehen; (zu) gewinnen (suchen)

[2]**جلب** [dʒalb] Heranschaffung *f*, Herbeiholung *f*, Beschaffung *f*; Gewinnung *f*; الـ~ من الخارج Einfuhr *f*

جلباب [dʒil'baːb], *pl.* جلابيب [dʒalaː'biːb] (2) weite(s) Gewand

جلبان [dʒul'baːn] Platterbse *f*

(جلبب) **II** تجلبب [ta'dʒalbaba] ein Gewand (ب) tragen

[1]**جلبة** [dʒalaba] Lärm *m*; Geschrei *n*; Geräusche *n/pl.*

[2]**جلبة** [dʒulba], *pl.* جلب [dʒulab] Schorf *m*, Grind *m*

جلبوت [dʒal'buːt], *pl.* جلابيت [dʒalaː'biːt] (2) *Saudi-Ar.* Jolle *f*

[1]**جلجل** [dʒaldʒala] ertönen, erklingen; schrillen; rasseln

[2]**جلجل** [dʒuldʒul], *pl.* جلاجل [dʒa'laːdʒil] (2) Glöckchen *n*, Schelle *f*

جلجلان [dʒuldʒu'laːn] Sesam *m*

[1]**جلجلة** [dʒaldʒala] (Er-)Klingen *n*, (Er-)Schallen *n*; Schrillen *n*

[2]**جلجلة** [dʒuldʒula] Golgatha, Golgota

[1]**جلخ** [dʒalaxa, a] *u.* **II** [dʒallaxa] *Messer* schleifen, schärfen

[2]**جلخ** [dʒalx] Schleifen *n*; حجر الـ~ [ħadʒar al-dʒ.] Schleifstein *m*

[1]**جلد** [dʒalada, i] (aus)peitschen; – [dʒalida, a] gefrieren; – [dʒaluda, u] ausdauernd, standhaft sein; **II** [dʒallada] **1.** *Buch* binden; **2.** gefrieren lassen; **III** جالد [dʒaːlada] (an)kämpfen (ه/ـه gegen *A*); bekämpfen; **V** تجلد [ta'dʒallada] **1.** standhaft, ausdauernd sein; durchhalten, sich nicht unterkriegen lassen; *Imp.* ~ [ta'dʒallad] Kopf hoch!; **2.**: من القذارة ~ vor Schmutz starren

[2]**جلد** [dʒalad] Ausdauer *f* (على bei *D*), Zähigkeit *f*, Härte *f*; Geduld *f*; *Sport*: Kondition *f*; شديد الـ~ *Mensch*: zäh

[3]**جلد** [dʒald] **1.** Auspeitschung *f*, Bastonade *f*; **2.** *pl.* أجلاد [ʔadʒ'laːd] standhaft, stark

[4]**جلد** [dʒild], *pl.* جلود [dʒu'luːd] *u.* أجلاد [ʔadʒ'laːd] Haut *f*; Leder *n*; (= مجلد [mu'dʒallad]) Band *m*; جلود Lederwaren *f/pl.*; البقر ~ [dʒ. al-baqar] Rindsleder *n*; لماع ~ [la'm-maːʕ] Lackleder *n*; التهاب الـ~ [ilti'haːb al-dʒ.] *Med.* Dermatitis *f*; تحت الـ~ *Injektion*: subkutan; خسر الـ~ والسقط [xasira, wa-s-saqɒt] er hat alles verloren *od.* verspielt; لبس ~ النمر [labisa -a n-namir] den wilden Mann spielen

[1]**جلدة** [dʒalda] Peitschenhieb *m*

[2]**جلدة** [dʒilda], *pl.* [-aːt] Haut *f*; Stück *n* Leder; ابن ~نا, *pl.* بنو ~نا [banuː -tinaː] unser Landsmann

جلدي [dʒildiː] Haut-; Leder-

جلس [dʒalasa, i] sich setzen (على auf *A*; إلى zu *j-m*, an *den Tisch*); sitzen (على auf *D*; إلى am *Tisch*); ~ إلى الرسام [ʔilaː r-ra'ssaːm] e-m Maler Modell sitzen; ~ على العرش den Thron besteigen; auf dem Thron sitzen; **III** جالس [dʒaːlasa] zusammensitzen (ه mit *j-m*), Gesellschaft leisten (ه *j-m*); **IV** أجلس [ʔadʒlasa] setzen, sitzen lassen

[1]**جلسة** [dʒalsa], *pl.* [dʒala'saːt] Sitzen *n*; Sitzung *f*; Beisammensein *n*; ~ عامة [ʕaːmma] Plenarsitzung *f*; Vollversammlung *f*; ~ مغلقة [muɣ-laqa] Sitzung *f* hinter verschlossenen Türen

[2]**جلسة** [dʒilsa] Sitzhaltung *f*, Sitzweise *f*

(**جلط**) **V** تجلط [ta'dʒallatɒ] *Blut*: gerinnen

جلطة [dʒultɒ], *pl.* [-aːt] (= ~ دموية [dama'wiːja]) *Med.* Thrombose *f*; *Med.* Embolie *f*; Blutpfropf *m*; ~ قلبية Herzinfarkt *m*

جلف [dʒilf], *pl.* أجلاف [ʔadʒ'laːf] roh, grob, ungehobelt; Flegel *m*, Grobian *m*

جلفط [dʒalfatɒ] *Schiff* kalfatern

جلفن [galfana] *Äg.* galvanisieren

جلفنة [galfana] *Äg.* Galvanisierung *f*

جلل [dʒalal] wichtig; schwerwiegend; *Verlust*: schwer; ~ مصاب [mu'sɒːb] schmerzliche(r) Todesfall

جلم [dʒalam]: ~ الماء *Zool.* Sturmtaucher *m*

جلمد [dʒalmad], *pl.* جلامد [dʒa'laːmid] (2) Fels *m*

جلمود [dʒul'muːd], *pl.* جلاميد [dʒa-laː'miːd] (2) Fels *m*

جلنار [dʒulla'naːr] Granatapfelblüte *f*

[1]**جلة** [dʒulla], *pl.* جلل [dʒulal] *a.* *Sport*: Kugel *f*

[2]**جلة** [dʒilla] Kot *m von Tieren*, Mist *m*

(**جلو**) جلا [dʒalaː, uː] klar, deutlich sein *od.* werden; weggehen, sich entfernen (عن von *D*); räumen (عن *ein Gebiet*); sich auszeichnen (في in *D*); klar erkennen lassen, aufhellen; *Braut* entschleiern; *Frage* klären; vertreiben, entfernen (عن von, aus *D*); reinigen, putzen, polieren; **II** جلى [dʒallaː] aufklären, enthüllen, ans Licht bringen; **IV** أجلى [ʔadʒlaː] entfernen, vertreiben, evakuieren (عن aus *D*); sich entfernen (عن von *D*); **V** تجلى [ta'dʒallaː] sich zeigen, klar werden; in Erscheinung treten; erkennen lassen (ب *A*); **VII** انجلى [in-'dʒalaː] sich zeigen, klar *od.* offenbar werden; *fig.* enthüllt werden; *Wahrheit*: herauskommen; sich herausstellen; *Braut*: entschleiert werden; *Lage*: sich klären; sich verflüchtigen, entschwinden; zum Vorschein kommen lassen (عن *A*); zum Ergebnis haben (عن *A*); **VIII** اجتلى [idʒ'talaː] enthüllen; betrachten; **X** استجلى [is'tadʒlaː] (auf)klären, aufhellen, ergründen, herausfinden

جلود [dʒa'luːd] ausdauernd

جلوز [dʒi'llauz] *koll.*, *n. un.* ~ة Haselnuß *f*, Haselnüsse *f/pl.*, Haselnußstrauch *m*

جلوس [dʒu'luːs] Sitzen *n*; الـ~ على العرش Thronbesteigung *f*; → جالس

جلوكوما [glu'koːmaː] *Äg. Med.* Glaukom *n*

جلوة [dʒalwa, dʒilwa] Entschleierung *f der Braut*; ليلة الـ~ [lailat al-dʒ.] Brautnacht *f*

[1]**جلي** [dʒa'liːj] klar, offenbar, deutlich, offenkundig; من الـ~ أن [ʔan-na] es ist klar *od.* offensichtlich, daß

[2]**جلى** [dʒullaː] **1.** *pl.* جلل [dʒulal] große, wichtige Sache; **2.** *f zu* → [4]أجل

جليد [dʒa'liːd] **1.** Eis *n*; قطعة من الـ~ [qitʕa] Eisscholle *f*; Eisblock *m*; ~ كرة [kurat dʒ.] Schneeball *m*; **2.** *pl.* جلداء [dʒula'daːʔ] (2) standhaft, stark

جليدة [dʒu'laida], *pl.* [-aːt] Häutchen *n*, Membrane *f*

جليدي [dʒa'liːdiː] Eis-

جليس [dʒa'liːs], *pl.* جلساء [dʒula'saːʔ] (2) j-d, mit dem man zusammensitzt; Gesellschafter *m*; (Tisch-)Genosse *m*

جليسة [dʒa'liːsa], *pl.* [-aːt] Frau *f*, mit der man zusammensitzt; Gesellschafterin *f*; Tischdame *f*; ~ أطفال Babysitterin *f*

جليل [dʒa'liːl], *pl.* أجلاء [ʔadʒi'llaːʔ] (2) *u.* أجلة [ʔa'dʒilla] groß, wichtig, bedeutsam; erhaben; großartig, prächtig, glanzvoll; majestätisch; angesehen, geehrt; *Mensch*: vornehm; *Dienst*: wertvoll; الـ~ *Geo.* Galiläa

جلية [dʒa'liːja]: ~ الأمر der wahre Sachverhalt

[1]**جم** [dʒamma, u] sich (an)sammeln; sich ausruhen; **X** استجم [ista'dʒamma] sich erholen, sich ausruhen; wieder zu Kräften kommen

[2]**جم** [dʒamm] reichlich, zahlreich, viel; vielfältig; Menge *f*; الـ~ الغفير من die große Mehrheit von; ~ الفائدة von größtem Nutzen; يحبها حبا ~ا [ju'ħibbuhaː ħubban -an] er liebt sie über alles

[3]**جم** *u.* ج م *Abk. für* جنيه مصري [dʒu'naih] ägyptische(s) Pfund

[1]**جماح** [dʒu'mmaːħ] → جامح

[2]**جماح** [dʒi'maːħ] Unbezähmbarkeit *f*; Eigenwilligkeit *f*; Widerspenstigkeit *f*; Trotz *m*; كبح ~ه j-n in die Schranken weisen

[1]**جماد** [dʒa'maːd], *pl.* [-aːt] feste(r), leblose(r) Körper; Materie *f*; Mineral *n*

[2]**جماد** [dʒu'maːd] = [2]جمادى

[1]**جمادي** [ʤa'maːdiː] unbelebt, leblos; anorganisch

[2]**جمادى** [ʤu'maːdaː]: الأولى ~ [l-ʔuːla] *u.* الآخرة/الثانية ~ [l-ʔaːxira/θ-θaːnija] *5. u. 6. Monat des islamischen Jahres*

جمار [ʤu'mmaːr] *Bot.* Mark *n*

[1]**جماع** [ʤa'mmaːʕ], *pl.* [-uːn] Sammler *m*; *Typ.* Setzer *m*

[2]**جماع** [ʤu'mmaːʕ] Gesamtheit *f*

[3]**جماع** [ʤi'maːʕ] Geschlechtsverkehr *m*; Koitus *m*; Paarung *f*, Begattung *f von Tieren*

جماعة [ʤa'maːʕa], *pl.* [-aːt] Gruppe *f*; Gemeinschaft *f*; Kollektiv *n*; Leute *pl.*; Schar *f*; (*menschliche*) Gesellschaft; *Pol.* Organisation *f*, Bewegung *f*; *Mil.* Abteilung *f*, Verband *m*; الضغط ~ Pressuregroup *f*

جماعي [ʤa'maːʕiː] Gruppen-; Gemeinschafts-, gemeinschaftlich; kollektiv; ~ عقد عمل [ʕaqd ʕamal] *Jur.* Kollektivvertrag *m*; ~ عمل Teamwork *n*; ~ غناء [ɣi'naːʔ] Chorgesang *m*; ~ لعب Gesellschaftsspiel *n*; ملكية ~ة [mil'kiːja] Gemeineigentum *n*; Kollektiveigentum *n*

جماعية [ʤamaː'ʕiːja] Kollektivismus *m*

[1]**جمال** [ʤa'maːl] Schönheit *f*; *a. npr. m*; علم الـ~ [ʕilm al-ʤ.], فلسفة الـ~ [falsafat al-ʤ.] Ästhetik *f*

[2]**جمال** [ʤa'mmaːl], *pl.* ~ة Kameltreiber *m*

[3]**جمال** [ʤi'maːl] → [2]جمل

جمالون [ʤamaː'luːn], *pl.* [-aːt] Giebel *m*

جمالوني [ʤamaː'luːniː]: سقف ~ Giebeldach *n*, Satteldach *n*

جمالي [ʤa'maːliː] Schönheits-, ästhetisch; schöngeistig

جمالية [ʤamaː'liːja] *u. pl.* جماليات Ästhetik *f*

جمام [ʤa'maːm] Ausruhen *n*, Ausspannen *n*; (innere) Sammlung

جمان [ʤu'maːn] *koll.*, *n. un.* ~ة Perlen *f/pl.*

جماهير → جمهور

جماهيري [ʤamaː'hiːriː] Massen-, Volks-; auf die Dschamahirija (= *Libyen*) bezüglich

جماهيرية [ʤamaːhiː'riːja] *Libyen*: Dschamahirija (= *Republik der Volksmassen*)

جمباز [ʤum'baːz] = جنباز

جمبية [ʤam'biːja] = جنبية

جمجم [ʤamʤama] murmeln (ب *A*); stammeln

[1]**جمجمة** [ʤamʤama] Murmeln *n*; Stammeln *n*

[2]**جمجمة** [ʤumʤuma], *pl.* جماجم [ʤa'maːʤim] (2) Schädel *m*

جمح [ʤamaħa, a] unbezähmbar, widerspenstig, trotzig sein; launenhaft sein; *Pferd*: durchgehen; *Frau*: dem Mann davonlaufen

[1]**جمد** [ʤamada, u] (ein-, zu)frieren, gefrieren; erstarren; *Wort auf den Lippen*: ersterben; *fig.* starr, unbeweglich sein; stagnieren; abgestumpft sein; ~ت يده [jaduhuː] geizig sein; **II** [ʤammada] gefrieren *od.* erstarren lassen; *a. fig.* einfrieren; *Geldbeträge* sperren; *Entwicklung* hemmen; **V** تجمد [ta-'ʤammada] gefrieren, einfrieren, zufrieren; erstarren; fest werden; *Essen*: kalt werden

[2]**جمد** [ʤamd] Gefrieren *n*; *a. fig.* Erstarrung *f*; → جمود

جمر [ʤamr] glühende Kohle, *a. fig.* Glut *f*; كان على أحر من الـ~ [ʔa'ħarra min] wie auf glühenden Kohlen sitzen

[1]**جمرك** [ʤamraka] verzollen

[2]**جمرك** [ʤumruk], *Ir.* [gumrug], *pl.* جمارك [ʤa'maːrik] (2), *Ir.* [ga'maːrig] (2) Zoll *m*; Zollamt *n*

جمركة [ʤamraka] Verzollung *f*; Zollabfertigung *f*

جمركي [ʤumrukiː], *Ir.* [gumrugiː] Zoll-; zollamtlich

جمرة [ʤamra] *n. un.*, *pl.* [ʤama'raːt] glühende Kohle; *Med.* Karbunkel *m*; *Med.* Milzbrand *m*

[1]**جمع** [ʤamaʕa, a] (ein-, ver)sammeln; *Blumen* pflücken; vereinen; zusammenfügen; zusammenstellen; verbinden (بين ... و *etwas* mit *D*); zusammenbringen, zusammenführen (بين ... و *j-n* mit *D*); zusammenschließen, zusammenfassen; zusammentragen; *Informationen* einholen; *Beiträge* erheben; *Math.* addieren; *Buch* kompilieren; in sich vereinen, umschließen; *Typ.* setzen; *Segel* einholen; *Gr.* in den Plural setzen; ~ شملهم [ʃamlahum] Leute (wieder) zusammenbringen *od.* beisammenhalten; الكلمة ~ [l-ka'limata] Einmütigkeit herstellen; *Personen*: zusammenhalten; **II** [ʤammaʕa] (an)sammeln; zusammentragen, aufhäufen; zusammensetzen, montieren; zusammenfassen (في zu *D*); *Fin.* konsolidieren; **III** جامع [ʤaːmaʕa] sexuell verkehren (ها mit *e-r Frau*); **IV** أجمع [ʔaʤmaʕa] einig *od.* einer Meinung sein (على über *A*), sich einigen (على auf *A*); einmütig beschließen (على *A*); ~وا أمرهم [ʔamrahum] sie verständigten sich *od.* wurden sich einig; **V** تجمع [ta'ʤammaʕa] sich ansammeln, sich zusammenballen; *Umstände*, *Geld*: zusammenkommen; *Wolken*: sich zusammenziehen; *Interesse*: sich konzentrieren (في auf *A*); *Pol.* sich zusammenschließen; sich vereinigen; **VIII** اجتمع [iʤ'tamaʕa] sich versammeln; sich treffen, e-e Zusammenkunft haben (مع/إلى/ب mit *j-m*); *Gremium*: zusammentreten, tagen; sich vereinigen, sich verbinden (ب mit *D*); *Umstände*: zusammentreffen, zusammenkommen; sich ansammeln; ~ت كلمتهم على [kali'matuhum] sie einigten sich auf *etwas*; شملهم ~ [ʃamluhum] sie blieben *od.* hielten zusammen; **X** استجمع [is'taʤmaʕa] sammeln; *Eigenschaften* in sich vereinen; *Ereignisse* zusammenfassen; أفكاره ~ sich sammeln, sich konzentrieren

[2]**جمع** [ʤamʕ] (Ein-)Sammeln *n*; Sammlung *f*; Einholen *n von Informationen*; Vereinigung *f*; Zusammenfassung *f*, Zusammenstellung *f*; Zusammenfügen *n*; *Math.* Addition *f*; *Typ.* Satz *m*; *Gr.* Plural *m*; *pl.* جموع [ʤu'muːʕ] (Men-

schen-)Menge *f*, Schar *f*; ~الـ alle (*Anwesenden*); ... من ~ e-e (ganze) Reihe von, etliche; ~ التكسير innere(r) *od.* gebrochene(r) Plural; ~الـ ~ von der Pluralform gebildete(r) Plural; الـ~ السالم äußere(r) *od.* gesunde(r) Plural; ~ الكلمة *u.* الشمل [ʤ. al-kalima] (Ver-)Einigung *f*; ~ القلة [ʤ. al-qilla] *Gr.* Pluralis paucitatis; ~ القمامة [ʤ. al-qu'maːma] Müllabfuhr *f* (*als Handlung*)

[3]**جمع** [ʤumaʕ] → أجمع *u.* جمعة

[4]**جمع** [ʤumʕ]: ~ الكف [ʤ. al-kaff], ~ اليد [ʤ. al-jad] Faust *f*

جمعاء → أجمع

جمعة [ʤumʕa], *pl.* جمع [ʤumaʕ]: ~الـ (يوم) [(jaum) al-ʤ.] Freitag *m*; الآلام ~ *u.* الـ~ الحزينة *Chr.* Karfreitag *m*; صلى الـ~ [sɒllaː] *Isl.* das Freitagsgebet verrichten

جمعي [ʤamʕiː] Gemeinschafts-, Gruppen-, kollektiv

جمعية [ʤam'ʕiːja], *pl.* [-aːt] Vereinigung *f*, Verein *m*, Gesellschaft *f*; Versammlung *f*; تشريعية ~ gesetzgebende Versammlung; تعاونية ~ [taʕaːwu'niːja] Genossenschaft *f*; خيرية ~ [xai'riːja] karitative Vereinigung, Wohltätigkeitsverein *m*; عامة ~ [ʕaːmma], عمومية ~ *Hdl.* Hauptversammlung *f*; Vollversammlung *f*, Generalversammlung *f a. der UNO*; Plenarsitzung *f*

[1]**جمل** [ʤamula, u] schön, hübsch sein; passen (ب zu *D*), wohl anstehen (ب *j-m*); **II** [ʤammala] verschönern; *Kochkunst*: garnieren; **III** جامل [ʤaːmala] freundlich, liebenswürdig, höflich sein (ه zu *j-m*); **IV** أجمل [ʔaʤmala] zusammenfassen, resümieren; **V** تجمل [ta'ʤammala] sich schön machen; sich höflich zeigen; بالصبر ~ Gelassenheit bewahren; **VI** تجامل [ta'ʤaːmala] zueinander höflich sein

[2]**جمل** [ʤamal], *pl.* جمال [ʤi'maːl] *u.* أجمال [ʔaʤ'maːl] Kamel *n*; ~ اليهود [ʤ. al-ja'huːd] Chamäleon *n*

[3]**جمل** [ʤummal]: حساب الـ~ [ħi'saːb al-ʤ.] Gebrauch *m* der Buchstaben nach ihrem Zahlenwert

جملة [ʤumla], *pl.* جمل [ʤumal] Gesamtheit *f*, Ganze(s); Summe *f*; Menge *f*; *Gr.* Satz *m*; ~ [-tan] *Adv.* ganz und gar, gänzlich; im ganzen; واحدة ~ [-tan] alles auf einmal; ~ وتفصيلا [-tan wa-taf'sɪːlan] ganz und gar, durch und durch; من ~ ... e-e (ganze) Reihe von...; بالـ~ im ganzen; alles in allem; kurz zusammengefaßt; *Hdl.* en gros; في/على الـ~ im ganzen, alles in allem; اسمية ~ [is'miːja] Nominalsatz *m der arab. Grammatik*; ~ أسئلة [ʤ. ʔasʔila] e-e Reihe von Fragen; جواب الشرط ~ *Gr.* Nachsatz *m* des Bedingungssatzes; ~ حالية *Gr.* Zustandssatz *m*; فعلية ~ [fiʕ'liːja] *Gr.* Verbalsatz *m*; ~ هذه المشكلات [haːðihi l-muʃki'laːt] all diese Probleme; تاجر الـ~ Großhändler *m*; سعر الـ~ [siʕr al-ʤ.] Großhandelspreis *m*; ~ ~ [-tan -tan] Satz für Satz; القول أن ~ [ʔanna] kurz gesagt; قال في ~ ما er sagte unter anderem; كان من ~ ذلك dazu gehörte auch ...

جمهر [ʤamhara] (ver)sammeln; **II** تجمهر [ta'ʤamhara] sich versammeln; sich zusammenrotten

جمهرة [ʤamhara] Masse *f*; (größere) Gruppe; Mehrzahl *f*; ~ العلماء [ʤ. al-ʕula'maːʔ] die Gelehrten *m/pl.*; الناس ~ die breite Öffentlichkeit

جمهور [ʤum'huːr], *pl.* جماهير [ʤamaː'hiːr] (2) Allgemeinheit *f*; Publikum *n*; *bsd. pl.* (Volks-)Menge *f*, Masse *f*; الجماهير (الشعبية) die breite Masse, das Volk

جمهوري [ʤum'huːriː] republikanisch; *in Republiken*: Staats-, Regierungs-; *pl.* [-uːn] Republikaner *m*; السلام الـ~ Nationalhymne *f*

جمهورية [ʤumhuː'riːja], *pl.* [-aːt] Republik *f*; رئيس الـ~ Staatspräsident *m e-r Republik*

جموح [ʤu'muːħ] Unbändigkeit *f*, Ungezügeltheit *f*

جمود [ʤu'muːd] Starrheit *f*, *a. fig.* Erstarrung *f*, Verhärtung *f*; starre Haltung; anorganische(r) Zustand; Stockung *f*, Stagnation *f*; Teilnahmslosigkeit *f*, Apathie *f*, Passivität *f*

جميز [ʤu'mmaiz] *koll.*, *n. un.* ة~ *Bot.* Sykomore *f*

جميع [ʤa'miːʕ] + *G*: alle, gesamt, sämtlich; الـ~ alle, die Allgemeinheit; ~ا [-an] *Adv.* insgesamt, zusammen; gänzlich

جميل [ʤa'miːl] schön, hübsch; *Eindruck*: gut; *Charakter*: edel; *Empfang*: freundlich; *Ereignis*: erfreulich; gute *od.* freundliche Tat, Liebenswürdigkeit *f*; *a. npr. m*; الاعتراف بالـ~ *u.* عرفان الـ~ [ʕir'faːn al-ʤ.] Dankbarkeit *f*; إنكار الـ~, نكران الـ~ [nuk'raːn al-ʤ.] Undank *m*; معترف بالـ~ [muʕ'tarif] dankbar; ناكر الـ~ undankbar; رد له الـ~ [radda] sich j-m erkenntlich zeigen

[1]**جن** [ʤanna, u] *Nacht*: hereinbrechen; *Pass.* [ʤunna] wahnsinnig *od.* besessen sein, den Verstand verlieren; جنونه ~ [ʤunna ʤu'nuːnuhuː] verrückt werden; außer sich geraten; wie von Sinnen sein; in Tobsucht verfallen; **II** جنن [ʤannana] verrückt machen; in Wut *od.* Raserei versetzen; **IV** أجن [ʔa'ʤanna] *obs.* = جنن

[2]**جن** [ʤinn] *koll.* Dschinnen *m/pl.*, Dämonen *m/pl.*, Geister *m/pl.*

[1]**جناب** [ʤa'naːb] *Ehrentitel*: ~كم Euer Gnaden!

[2]**جناب** [ʤu'naːb] Rippenfellentzündung *f*

جنابة [ʤa'naːba] *Isl.* große rituelle Unreinheit

[1]**جناح** [ʤa'naːħ], *pl.* أجنحة [ʔaʤniħa] *u.* أجنح [ʔaʤnuħ] Flügel *m e-s Vogels, Gebäudes, a. Sport, Mil.*; *fig.* Fittich *m*; Tragfläche *f e-s Flugzeugs*; Pavillion *m e-r Ausstellung*; Suite *f e-s Hotels*; Abteilung *f e-s Museums*; الهجوم ~ *Sport*: Außenstürmer *m*; ذوات الجناحين [ða'waːt al-ʤanaː'ħain] *Zool.* Zweiflügler *m/pl.*; كسير/مهيض الـ~ gebrochen, geknickt, schwach; في ~ه unter seinem Schutz; ~ على السرعة [-i s-surʕa] in fliegender Eile

[2]جناح [ʤu'naːħ] Vergehen *n*, Verfehlung *f*; لا ~ عليه أن [-a] es schadet nichts, wenn er …

جناز [ʤu'nnaːz], *pl.* جنانيز [ʤanaː'niːz] (2) *Chr.* Trauerfeier *f*; صلاة الـ~ Totenmesse *f*

جنازة [ʤi'naːza, ʤa'naːza], *pl.* جنائز [ʤa'naːʔiz] (2) *u.* [-aːt] Begräbnis *n*, Leichenbegängnis *n*, Beisetzung *f*; (Toten-)Bahre *f*

جناس [ʤi'naːs] Wortspiel *n*, Paronomasie *f*

جنان [ʤa'naːn] *fig.* Innere(s), Herz *n*; فقد ~ه die Selbstkontrolle *od.* den Mut *od.* den Kopf verlieren

جناة → [1]جان

جنائزي [ʤa'naːʔiziː] Beisetzungs-, Begräbnis-; Toten-

جنائني [ʤa'naːʔiniː], *pl.* ~ة Gärtner *m*

جناية [ʤi'naːja], *pl.* [-aːt] Vergehen *n*, Verbrechen *n*, Straftat *f*; شرطة الجنايات [ʃurtɒt al-ʤ.] Kriminalpolizei *f*; محكمة الجنايات Strafgericht *n*

جنائي [ʤi'naːʔiː] kriminell, verbrecherisch; Kriminal-; Straf-; strafrechtlich; القانون الـ~ Strafrecht *n*; Strafgesetzbuch *n*; محكمة ~ة Strafgericht *n*

[1]جنب II [ʤannaba] abwenden, fernhalten (ه ه von *j-m A*); *Geldbetrag* abzweigen; *Geld* auf die Seite legen (ل für *e-n bestimmten Zweck*); III جانب [ʤaːnaba] an j-s Seite (ه) sein; einherlaufen (ـه mit *D*); meiden; ~ه التوفيق **1.** Erfolg haben; **2.** keinen Erfolg haben; **V** تجنب [ta'ʤannaba] (ver)meiden, umgehen; ausweichen (ه/ـه *D*); **VIII** اجتنب [iʤ'tanaba] meiden; sich fernhalten (ه/ـه von *D*)

[2]جنب [ʤamb], *pl.* جنوب [ʤu'nuːb] *u.* أجناب [ʔaʤ'naːb] Seite *f*; ~ [-a] *Präp.* bei, neben; ~ا إلى ~/~ا [-an] Seite an Seite; Hand in Hand *gehen*; جنوبه *fig.* sein Inneres; بين جنبيه [-aihi] *fig.* in seinem Innern; ذات الـ~ Rippenfellentzündung *f*

[3]جنب [ʤunub] *Isl.* im Zustand der großen rituellen Unreinheit

جنباز [ʤum'baːz] Turnen *n*, Gymnastik *f*

جنبة [ʤamba], *pl.* [ʤana'baːt] Seite *f*, Gegend *f*; في/بين جنبات + *G*: in

جنبي [ʤambiː] seitlich, Seiten-

جنبية [ʤam'biːja], *pl.* [-aːt] *u.* جنابي [ʤa'naːbiː] *Saudi-Ar.*, *Jem.* Dolch *m*

[1]جنح [ʤanaħa, a] neigen (إلى zu *D*); abweichen (عن von *D*); von der Straße (عن), *fig.* vom rechten Weg abkommen; *Schiff*: stranden; **II** [ʤannaħa] mit Flügeln versehen; *fig.* Flügel verleihen (ه/ـه *D*); **IV** أجنح [ʔaʤnaħa] sich neigen machen; abdrängen

[2]جنح [ʤunħ, ʤinħ]: ~ في/تحت الليل [-i l-lail] bei Nacht und Nebel, im Schutze der Dunkelheit

جنحة [ʤunħa], *pl.* جنح [ʤunaħ] *Jur.* Vergehen *n*, Delikt *n*

[1]جند II [ʤannada] *zum Heer* einziehen, einberufen; *a. fig.* mobilisieren; **V** تجند [ta'ʤannada] einberufen werden, Soldat werden

[2]جند [ʤund], *pl.* جنود [ʤu'nuːd] *u.* أجناد [ʔaʤ'naːd] Heer *n*; Soldaten *m/pl.*

جندب [ʤundub], *pl.* جنادب [ʤa'naːdib] (2) Heuschrecke *f*

جندر [ʤandara] *Äg.Wäsche* mangeln

جندرمة [ʒan'darma] Gendarmerie *f*

جندرة [ʤandara] *Äg.* Mangeln *n*; (Wäsche-)Mangel *f*

[1]جندل [ʤandala] niederschlagen, niederstrecken

[2]جندل [ʤandal], *pl.* جنادل [ʤa'naːdil] (2) große(r) Stein; *pl. Äg.* Katarakt *m*

جندول [gun'duːl], *pl.* جنادل [ga'naːdiːl] (2) Gondel *f*

جندي [ʤundiː], *pl.* جنود [ʤu'nuːd] Soldat *m*, Gemeine(r); ~ أول [ʔawwal] (Ober-)Gefreite(r); ~ ثان [θaːnin] *Jord.* Gemeine(r); ~ المرور Verkehrspolizist *m*

جندية [ʤun'diːja] Heeresdienst *m*; Soldatentum *n*

جنرال [ʤini'raːl], *pl.* [-aːt] General *m in nichtarab. Armeen*

جنزار [ʤin'zaːr] Grünspan *m*

جنزير [ʤin'ziːr], *pl.* جنازير [ʤanaː'ziːr] (2) Kette *f*; Raupenkette *f*

[1]جنس II [ʤannasa] gleichartig machen; *j-n* einbürgern; **III** جانس [ʤaːnasa] artverwandt sein (ه/ـه mit *D*); ähneln (ه/ـه *D*); **V** تجنس [ta'ʤannasa] sich einbürgern lassen, die Staatsangehörigkeit (ب) erwerben; **VI** تجانس [ta'ʤaːnasa] einander gleich *od.* ähnlich sein; artverwandt sein (مع mit *D*)

[2]جنس [ʤins], *pl.* أجناس [ʔaʤ'naːs] Art *f*, Gattung *f*; Geschlecht *n*; *Gr.* Genus *n*; Genre *n*; Rasse *f*; Sexualität *f*; الـ~ البشري [al-baʃariː] das Menschengeschlecht; الـ~ الخشن [al-xaʃin] das starke Geschlecht; الـ~ اللطيف das schöne Geschlecht; إبادة الـ~ Völkermord *m*; علم الأجناس [ʕilm al-ʔa.] Völkerkunde *f*

جنسي [ʤinsiː] Geschlechts-, geschlechtlich, sexuell; Gattungs-; Rassen-; لا ~ ungeschlechtlich; فيلم ~ Sexfilm *m*

جنسية [ʤin'siːja], *pl.* [-aːt] Nationalität *f*, Staatsangehörigkeit *f*; Sexualität *f*; ~ مثلية [miθ'liːja] Homosexualität *f*; عديم الـ~ staatenlos; متعدد الجنسيات [muta'ʕaddid al-ʤ.] multinational

جنطيانا [ʤanti'jaːnaː] Enzian *m*

(جنف) **VI** تجانف [ta'ʤaːnafa] abweichen (عن von *D*); hinneigen (ل zu *D*); unvereinbar sein (مع mit *D*)

[1]جنة [ʤanna], *pl.* [-aːt], جنان [ʤi'naːn] *u. bsd. Tun.* أجنة [ʔa'ʤinna] Garten *m*; (= جنات النعيم) Paradies *n*; ~ عدن [-t ʕadn] der Garten Eden; ساكن الجنان Paradiesbewohner *m*, Verstorbene(r)

[2]جنة [ʤunna], *pl.* جنن [ʤunan] Schutz *m*, Schild *m*

[3]جنة [ʤinna] Wahnsinn *m*, Besessenheit *f*, Verrücktheit *f*

جنوب [ʤa'nuːb] Süden *m*; ~ [-a] + *G*: südlich von; ~ا [-an] *Adv.* nach Süden; ~ إفريقيا Südafrika

جنوبي [ʤa'nuːbiː] südlich, Süd-; *pl.* [-uːn] Bewohner *m* des Südens *e-s Landes*; ~ [-ja] + *G*: südlich von, im Süden von

جنوح [ʤu'nuːħ] Hinneigen *n*, Neigung *f* (إلى zu *D*); Abweichung *f* (عن von *D*); Verfehlung *f*; Stranden *n*, Abgleiten *n* auf die schiefe Bahn

جنون [ʤu'nuːn] Wahnsinn *m*, Besessenheit *f*, Verrücktheit *f*; السرعة ~ [ʤ. as-surʕa] Geschwindigkeitsrausch *m*; العظمة ~ [ʤ. al-ʕaðɒma] Größenwahn *m*; فنون ~الـ jeder ist auf s-e Weise verrückt

جنوني [ʤu'nuːniː] *a. fig.* wahnsinnig, verrückt; überspannt

[1]**جنى** [ʤanaː, iː] **1.** pflücken, ernten; *Nutzen* ziehen (من aus *D*); verursachen; **2.** *Verbrechen* begehen (على an *D*); *Schaden* zufügen (على *D*); **V** تجنى [ta'ʤannaː] Unrecht tun (على *j-m*); bezichtigen (على ب *j-n G*), vorwerfen (على ب *j-m A*); **VIII** اجتنى [iʤ'tanaː] ernten; erzielen; einheimsen

[2]**جنى** [ʤanan] geerntete Früchte *f/pl.*

[3]**جني** [ʤanj] Ernte *f*; Einbringen *n der Ernte*

[4]**جني** [ʤa'niːj] frisch geerntet

[5]**جني** [ʤinniː] Dämon *m*, Geist *m*

جنين [ʤa'niːn], *pl.* أجنة [ʔa'ʤinna] Embryo *m*; Fetus *m*; Kind *n* im Mutterleib; علم الأجنة [ʕilm al-ʔa.] Embryologie *f*

جنينة [ʤu'naina], *pl.* جنائن [ʤa'naːʔin] (2) (kleiner) Garten

جنيني [ʤa'niːniː] embryonal

جنيه [ʤu'naih], *Äg.* [gi'neːh], *pl.* [-aːt] Pfund *n* (*Währungseinheit*); إسترليني ~ [ʔistar'liːniː] Pfund Sterling *n*

جنية [ʤi'nniːja], *pl.* [-aːt] weibliche(r) Dämon, Fee *f*, Elfe *f*

جهات → جهة

جهاد [ʤi'haːd] Bemühen *n*; Kampf *m*; *Isl.* heilige(r) Kampf *gegen Ungläubige*

جهادي [ʤi'haːdiː] Kampf(es)-, Kriegs-

جهارا [ʤi'haːran] *Adv.* offen; öffentlich, in aller Öffentlichkeit

جهاز [ʤi'haːz], *bsd. Äg. a.* [ʤa'haːz], *pl.* أجهزة [ʔaʤhiza] Gerät *n*, Vorrichtung *f*; *a. fig.* Apparat *m*; Einrichtung *f*, (technische) Anlage; *Anat.*, *fig.* Organ *n*; System *n*; Organisation *f*; Mechanismus *m*, Instrumentarium *n*; (*Mitarbeiter-*) Stab *m*; Ausstattung *f der Braut*; *pl. a. EDV* Hardware *f*; أجهزة الإعلام die (Massen-)Medien *n/pl.*; أجهزة الأمن Sicherheitsorgane *n/pl.*; تنفسي ~ [ta'naffusiː] Atemwege *m/pl.*; توقيت ~ Zeitzünder *m*; الدولة ~ [ʤ. ad-daula] Staatsapparat *m*; السمع ~ Hörorgan *n*; Hörgerät *n*; عرض (سينمائي) ~ Projektor *m*; العصبي ~الـ [al-ʕasɒbiː] Nervensystem *n*; العضوي ~الـ [al-ʕuđwiː] Organismus *m*; المسافر ~ [ʤ. al-mu'saːfir] Reiseausrüstung *f*

جهال → جاهل

جهالة [ʤa'haːla] Unwissenheit *f*, Ignoranz *f*; *Syr.* Unbekanntsein *n*; *pl.* [-aːt] Torheit *f*

جهامة [ʤa'haːma] düstere(s) Aussehen

جهبذ [ʤihbið], *pl.* جهابذة [ʤa'haːbiða] namhafte *od.* prominente Persönlichkeit; جهابذة العلم [ʤ. al-ʕilm] Koryphäen *f/pl.* der Wissenschaft

[1]**جهد** [ʤahada, a] sich anstrengen, sich bemühen; (sehr) anstrengen; **III** جاهد [ʤaːhada] sich bemühen (في um *A*); kämpfen (في سبيل + *G*: für *etwas*; ه gegen *j-n*); bekämpfen (ه/ـه *A*); ankämpfen (ه/ـه gegen *A*); **IV** أجهد [ʔaʤhada] anstrengen, plagen; *Boden* auslaugen; نفسه ~ [nafsahuː] sich sehr bemühen, sich abmühen; الفكر ~ [l-fikra] angestrengt überlegen; **VIII** اجتهد [iʤ'tahada] sich (sehr) bemühen (في um *A*); fleißig sein; *bsd. Isl.* selbständig forschen, um e-e Entscheidung zu treffen

[2]**جهد** [ʤuhd], *a.* [ʤahd], *pl.* جهود [ʤu'huːd] Anspannung *f*, Anstrengung *f*, Mühe *f*; *El.* Spannung *f*; خلاق ~ [xa'llaːq] schöpferische Leistung; عال ~ [ʕaːlin] *El.* Hochspannung *f*; بعد جهيد ~ mit großer Mühe, mit Mühe und Not; بذل جهودا/ا~ [-an] sich bemühen, sich anstrengen (في bei *D*); جهد ه~ [ʤahada] *u.* بذل قصارى ه~ [qu'sɒːraː -ihiː] sein Möglichstes tun

[3]**جهد** [ʤuhd] (letzte) Kraft *od.* Anstrengung; ه~ [-ahuː] nach Möglichkeit, nach Kräften; طاقته ~ [-a tɒː'qatihiː] soviel er nur vermag

[1]**جهر** [ʤahara, a] *Stimme* erheben; verlauten lassen, bekanntgeben (ب *A*); äußern, bekunden (ب *e-e Meinung*); – [ʤahura, u] *Stimme*: laut sein; **III** جاهر [ʤaːhara] offen sagen, äußern (ب *A*); ins Gesicht sagen (ب ه *j-m A*); بالعداء ه~ j-m den Kampf ansagen

[2]**جهر** [ʤahr] Offenkundigkeit *f*; offene Bekundung (ب *G*); ا~ [-an] *Adv.* offen; öffentlich, in aller Öffentlichkeit

جهرة [ʤahratan] *Adv.* offen(kundig); klar und deutlich; unverhüllt

جهز [ʤahaza, a] den Gnadenstoß geben (على *j-m*); **II** [ʤahhaza] bereiten, richten; bereitstellen; liefern (إلى an *A*); einrichten; ausstatten, ausrüsten (ب mit *D*); e-e Aussteuer geben (ها *s-r Tochter*); **IV** أجهز [ʔaʤhaza] den Gnadenstoß geben (على *j-m*); erledigen (على *A*); **V** تجهز [ta'ʤahhaza] ausgerüstet *od.* ausgestattet werden (ب mit *D*); sich bereitmachen (ل für *A*)

(**جهش**) **IV** أجهش [ʔaʤhaʃa]: ~ بالبكاء [bi-l-bu'kaːʔ] in Tränen ausbrechen

[1](**جهض**) **IV** أجهض [ʔaʤhađɒ] e-e Fehlgeburt haben; *fig.* zu Fall bringen; نفسها ~ت [nafsahaː] sie trieb (das Kind) ab

[2]**جهض** [ʤihđ] Fehlgeburt *f*; abgetriebene Leibesfrucht

[1]**جهل** [ʤahila, a] unwissend sein; nicht wissen *od.* kennen (ـه/ب *A*); **II** [ʤahhala] *Volk* verdummen; **IV** أجهل [ʔaʤhala] *Volk* verdummen; *j-n* in Unkenntnis e-r Sache (ـه) lassen; **VI** تجاهل [ta'ʤaːhala] sich unwissend stellen; nichts wissen wollen (ـه von *D*); ignorieren, übersehen; sich verschließen (ـه *e-r Tatsache*); *Frage* übergehen

[2]**جهل** [ʤahl] Unwissenheit *f*, Ignoranz *f*; Dummheit *f*; عن ~ in Un-

wissenheit; منه ب ~ًا [-an] in Unkenntnis *e-r Sache*

3جهل [ʤuhhal] → جاهل

جهلاء *u.* جهلة → جاهل

1جهم [ʤahuma, u] finster blicken, ein mürrisches Gesicht machen; **V** تجهم [ta'ʤahhama] ein finsteres Gesicht machen, mürrisch dreinschauen; *Gesicht, a. fig.* sich verdüstern; unfreundlich sein (ه/ل zu *j-m*)

2جهم [ʤahm] *Gesicht*: düster, finster

جهنم [ʤa'hannam] (2) *f* Hölle *f*

جهنمي [ʤa'hannamiː] *a. fig.* höllisch, infernalisch; teuflisch

جهنمية [ʤahanna'miːja] *Bot.* Bougainvillea *f*

جهة [ʤiha], *pl.* [-aːt] Seite *f*; Richtung *f*; Gegend *f*; *Tun.* Region *f*; Stelle *f*, Behörde *f*; ~لـ + *G*: *bsd. Jord.* bezüglich, hinsichtlich; من ~ + *G*: von seiten; hinsichtlich; من ~ ... ومن ... أخرى [ʔuxraː] einerseits ... andererseits; من جهتي meinerseits, was mich betrifft; الجهات الأربع die vier Himmelsrichtungen *f/pl.*; الجهات المختصة [al-mux'tɒssɒ] die zuständigen Stellen *f/pl.*

جهوري [ʤahwariː] *Stimme*: laut

جهوي [ʤihawiː] *Maghr.* regional

جهير [ʤa'hiːr] *Stimme*: laut; *Propaganda*: lautstark

جهيض [ʤa'hiːđ] Fehlgeburt *f*; abgetriebene Leibesfrucht

جو [ʤaww], *pl.* أجواء [ʔaʤ'waːʔ] *u. klass.* جواء [ʤi'waːʔ] Luft *f*; *a. fig.* Atmosphäre *f*; *fig.* Klima *n*; Wetter *n*; أجواء Luftraum *m*; Weltraum *m*; ~ًا [-an] *Adv.* auf dem Luftwege; الـ~ حار [ħaːrr] es ist heiß; خلا له الـ~ [xalaː] er hatte freie Bahn (ل für *A*); خلا لهما الـ~ die beiden waren allein *od.* ungestört

جوا [ʤuwwaː] *umg.* (dr)innen; *Ir. a.* unten; → جو

1جواب [ʤa'waːb], *pl.* أجوبة [ʔaʤwiba] Antwort *f*; *pl.* [-aːt] *Äg.* Brief *m*; الشرط ~ *Gr.* Nachsatz *m* des Bedingungssatzes

2جواب [ʤa'wwaːb] umherziehend; Globetrotter *m*

جوابي [ʤa'waːbiː] Antwort-; الفعل الـ~ [al-fiʕl] *Gr.* Verb *n* im Nachsatz des Bedingungssatzes

1جواد [ʤa'waːd] **1.** *pl.* أجواد [ʔaʤ'waːd], أجاود [ʔa'ʤaːwid] (2), أجاويد [ʔaʤaː'wiːd] (2) *u.* جود [ʤuːd] freigebig, großzügig; *a. npr. m*; **2.** *pl.* جياد [ʤi'jaːd], أجياد [ʔaʤ'jaːd] *u.* أجاويد [ʔaʤaː'wiːd] (2) (Renn-)Pferd *n*

2جواد [ʤa'waːdd] → جادة

1جوار [ʤi'waːr] Nachbarschaft *f*, Nähe *f*; ~بـ + *G*: nahe bei; neben; علاقات حسن الـ~ [ʕalaː'qaːt ħusni l-ʤ.] gutnachbarliche Beziehungen *f/pl.*; انتقل إلى ~ ربه [-i rabbihiː] er ist verstorben *od.* entschlafen

2جوار [ʤa'waːrin] → جارية

جوارح → جارحة

جوارير → جارور

جواريش → جاروشة

جواريف → جاروف

جواز [ʤa'waːz] Zulässigkeit *f*; Erlaubnis *f*, Genehmigung *f*; *pl.* [-aːt] (= سفر ~ [ʤ. safar]) Reisepaß *m*; عدم الـ~ [ʕadam al-ʤ.] Unzulässigkeit *f*

جواسيس → جاسوس

جوافة [gu'waːfa] Guave *f*

1جوال [ʤa'wwaːl] (umher)wandernd; *Hdl.* ambulant; *pl.* ~ة Pfadfinder *m*; تجاري ~ [ti'ʤaːriː] Handlungsreisende(r); ~ بائع Straßenhändler *m*; Handelsvertreter *m*

2جوال [ʤa'waːlin] → جالية

3جوال [gu'waːl], *pl.* [-aːt] *Äg.* Sack *m*

جوالة [ʤa'wwaːla] Wanderer *m*

جوامح → جامح

جوامع → جامع

جواميس → جاموس

جوان [žwaːn] *Alg., Tun.* Juni *m*

جوانب → جانب

جوانتي [gu'wantiː], *pl.* [-aːt] *Äg.* Handschuhe *m/pl.*

جوانح [ʤa'waːniħ] (2) *pl.* Innere(s); في/بين ~نا in unserem Innern

جواني [ʤa'wwaːni, ʤu'wwaːniː] *umg.* innere(r); *Ir. a.* untere(r)

جواهرجي [gawaː'hirgiː] *Äg.* Juwelier *m*

جوائب → جائبة

جوائح → جائحة

جوائز → جائزة

1(جوب) جاب [ʤaːba, uː] *Wüste* durchqueren, *Wald* durchwandern, *Land* durchreisen; durchstreifen; الآفاق ~ (in die Welt) hinausziehen; **III** جاوب [ʤaːwaba] antworten (ه على *j-m* auf *e-e Frage*); **IV** أجاب [ʔa'ʤaːba] antworten (ه *j-m*, على/عن auf *A*); beantworten (على/عن *A*); entsprechen (هـ/إلى *e-r Bitte*), erfüllen (هـ/إلى *e-e Forderung*), Folge leisten (ه/هـ *D*); **VI** تجاوب [ta'ʤaːwaba] einander entsprechen; miteinander harmonieren; *Stimmen*: erschallen; widerhallen (هـ/ب von *D*); übereinstimmen, harmonieren (مع mit *D*), entsprechen (مع *D*, *a. e-r Bitte*); passen (مع zu *D*); sympathisieren (مع mit *D*); sich hingezogen fühlen (مع zu *D*); **VII** انجاب [in'ʤaːba] *Wolken, a. fig.* sich zerstreuen; *Nebel*: sich auflösen; *Sorgen*: verfliegen; **X** استجاب [ista'ʤaːba] reagieren, ansprechen (ل auf *A*); eingehen (ل auf *A*); gewähren (ل *e-e Bitte*); Folge leisten (ل *D*); nachgeben (إلى *j-s Forderungen*); erliegen (ل *e-r Versuchung*); *Gebet* erhören; – استجوب [is'taʤwaba] ausfragen, verhören (ه عن *j-n* über *A*); *im Parlament* interpellieren

2جوب [ʤaub] Durchquerung *f*, Durchstreifen *n*

3جوب [žyːb] *u.* جوبه [žyːba], *pl.* [-aːt] Damenrock *m*

جوت [ʤuːt] *u.* جوته [ʤuːta] Jute *f*

(جوح) **VIII** اجتاح [iʤ'taːħa] heimsuchen; *Aggressor*: einfallen; *Verlangen*: überwältigen

جوخ [ʤuːx], *pl.* أجواخ [ʔaʤ'waːx] Tuch *n*, Stoff *m*

1(جود) جاد [ʤaːda, uː] gut sein *od.* werden; *Pflanze*: gedeihen; freigebig sein; großzügig gewähren (ل ب *j-m A*); spenden (ب *A*); *Schicksal*: bescheren (ب *A*); ~ت بك السماء dich schickt der Himmel!; بنفسه ~ sich opfern; ~ت عيناه بالدمع [ʕai'naːhu] er brach in Tränen aus; **II** [ʤawwada] gut *od.*

besser machen; den Koran rezitieren; **IV** أجاد [ʔaˈdʒaːda] gut machen (können); Vorzügliches leisten; *Sprache* beherrschen; **X** استجاد [istaˈdʒaːda] für gut halten

[2]**جود** [dʒuːd] Freigebigkeit *f*

جودة [dʒauda, dʒuːda] Güte *f*, gute Qualität, Vorzüglichkeit *f*

جودو [dʒuːdoː] Judo *n*

[1]**(جور)** جار [dʒaːra, uː] ungerecht sein (على gegen *j-n*); sich vergehen (على an *D*); tyrannisieren (على *j-n*); Übergriffe verüben (على gegen *A*); verzerrt darstellen; abirren (عن von *D*); **III** جاور [dʒaːwara] benachbart sein (ه/ـه *D*); angrenzen (ـه an *A*); الأزهر (في) ~ Student an der Azhar-Universität sein; **IV** أجار [ʔaˈdʒaːra] Schutz *od.* Beistand gewähren (ه من *j-m* vor *D*); **VI** تجاور [taˈdʒaːwara] benachbart sein; aneinander angrenzen; **X** استجار [istaˈdʒaːra] Schutz suchen (ب من bei *D od.* an *e-m Ort* vor *D*)

[2]**جور** [dʒaur] Unrecht *n*; Unterdrükkung *f*; Übergriffe *m/pl.*; Abirren *n*; verzerrte Darstellung

جورب [dʒaurab], *pl.* جوارب [dʒaˈwaːrib] (2) Socke *f*, Strumpf *m*

جورجي [dʒoːrdʒiː] georgisch; *pl.* [-uːn] Georgier *m*

جورجيا [dʒoːrdʒijaː] Georgien; Georgia (*Bundesstaat der USA*)

[1]**جورة** [dʒawara] → جائر

[2]**جورة** [dʒuːra], *pl.* جور [dʒuwar] Grube *f*

جوري [dʒuːriː] Damaszener Rose *f*

[1]**(جوز)** جاز [dʒaːza, uː] durchqueren (ـه/ب *A*); (hin)durchgehen, passieren; vorübergehen (ه an *j-m*); *Gefahr* überstehen; *Prüfung* bestehen; erlaubt sein (ل *j-m*); möglich, denkbar sein; *List*: verfangen (على bei *j-m*); لايجوز لك أن du darfst nicht; هذا أمر لا يجوز das geht nicht an; **II** [dʒawwaza] erlauben, gestatten, dulden; **III** جاوز [dʒaːwaza] überschreiten; hinausgehen (ـه über *A*, إلى *um zu etwas zu gelangen*); vorübergehen (ه/ـه an *D*); الحد ~ [l-ħadd(a)] *fig.* zu weit gehen; **IV** أجاز [ʔaˈdʒaːza] erlauben, gestatten (ـه ل *j-m A*); genehmigen, billigen; ermächtigen (ل ـه *j-n* zu *D*); *Beschluß* bestätigen; **V** تجوز [taˈdʒawwaza] *Wort* metaphorisch gebrauchen; abweichen (عن von *der Regel*); *Isl. das Gebet* (في) abkürzen; **VI** تجاوز [taˈdʒaːwaza] überschreiten; hinausgehen (ـه über *A*); sich darüber hinaus (ـه) erstrecken (إلى auf *A*); *Verk.* überholen; überwinden; *fig.* hinter sich lassen; außer acht lassen (ـه/عن *A*); sich hinwegsetzen (ـه/عن über *A*); الحد ~ [l-ħadd(a)] *fig.* zu weit gehen; **VIII** اجتاز [idʒˈtaːza] hindurchgehen, durchqueren, passieren; *Straße* überqueren *od.* entlanggehen; *schwere Zeit* durchmachen; *Schwierigkeiten* überwinden; *Prüfung* bestehen

[2]**جوز** [dʒauz] **1.** *koll.*, *n. un.* ة~ (Wal-)Nuß *f*; الطيب ~ [dʒ. ɒt-tiːb] Muskatnuß *f*; القز ~ [dʒ. al-qazz] Puppe *f* der Seidenraupe; القيء ~ Nux vomica *f*; الهند ~ [dʒ. al-hind] Kokosnuß *f*; **2.** *pl.* أجواز [ʔadʒˈwaːz] Weite *f od.* Tiefe *f* des Raumes; في أجواز + *G*: mitten in; **3.** = [2]زوج; الماء ~ *Sud.* zwei Wassereimer, *die an e-r Stange über der Schulter getragen werden*

جوزاء [dʒauˈzaːʔ]: الـ~ *Astr.* Zwillinge *m/pl.*; *Saudi-Ar. dritter Monat des Sonnenjahres*

جوزة [goːza] *Äg.* Wasserpfeife *f*

جوزي [dʒauziː] (= اللون ~ [-j al-laun]) nußbraun

(جوس) جاس [dʒaːsa, uː] umherspähen, spionieren

جوسق [dʒausaq], *pl.* جواسق [dʒaˈwaːsiq] (2) Pavillion *m*, Häuschen *n*

[1]**(جوع)** جاع [dʒaːʕa, uː] hungern, hungrig sein; **II** [dʒawwaʕa] hungern lassen; verhungern lassen; aushungern; **IV** أجاع [ʔaˈdʒaːʕa] = [dʒawwaʕa]

[2]**جوع** [dʒuːʕ] Hunger *m*; مات ~ا [-an] Hungers sterben

جوعان [dʒauˈʕaːn] (2), *f* جوعى [dʒauʕaː], *pl.* جياع [dʒiˈjaːʕ] hungrig; ausgehungert

جوعة [dʒauʕa] Hunger *m*

[1]**جوف II** [dʒawwafa] aushöhlen, hohl machen

[2]**جوف** [dʒauf], *pl.* أجواف [ʔadʒˈwaːf] Hohlraum *m*, Höhlung *f*; Bauch *m*; Innere(s); Mitte *f*; في ~ + *G*: im Innern von, inmitten

[3]**جوف** [dʒuːf] → أجوف

جوفاء → أجوف

جوفي [dʒaufiː] unterirdisch; مياه ~ة [miˈjaːh] Grundwasser *n*

جوق [dʒauq], *pl.* أجواق [ʔadʒˈwaːq], *u.* **جوقة** [dʒauqa], *pl.* [-aːt] Gruppe *f*; (*Theater-*)Truppe *f*, Ensemble *n*; Orchester *n*; Chor *m*; جوقة الشرف [dʒ. aʃ-ʃaraf] Ehrenlegion *f*; رئيس الجوقة Kapellmeister *m*

(جول) جال [dʒaːla, uː] umherziehen, umherstreifen; sich tummeln (في an *e-m Ort*, *fig.* auf *e-m Gebiet*); umherführen (ب *j-n*); الأمر ~ برأسه/في خاطره die Sache ging ihm durch den Kopf *od.* kam ihm in den Sinn; **II** [dʒawwala] *im Land* umherziehen; *die Meere* durchkreuzen; **IV** أجال [ʔaˈdʒaːla] *fig.* herumgehen lassen; *Blicke* schweifen lassen; **V** تجول [taˈdʒawwala] umherziehen, umherwandern, umhergehen, herumlaufen; durchstreifen (في *A*); spazierengehen, bummeln (في durch *A*)

جولان [dʒauˈlaːn]: الـ~ (= مرتفعات الـ~ [murtafaˈʕaːt al-dʒ.]) *Geo.* der Golan

جولف [golf] Golf(spiel) *n*

جولة [dʒaula], *pl.* [-aːt] Rundgang *m*, Rundfahrt *f*; Rundreise *f*; *a. fig.* Runde *f*; Spaziergang *m*, Spazierfahrt *f*, Ausflug *m*; *fig.* Streifzug *m*; انتخابية ~ Wahlgang *m*; Wahlreise *f e-s Kandidaten*

جوم → جام

[1]**جون** [dʒaun], *pl.* جون [dʒuːn] schwarz; Schwärze *f*

[2]**جون** [dʒuːn], *pl.* أجوان [ʔadʒˈwaːn] Golf *m*, Bucht *f*

جونلة [guːˈnilla], *pl.* [-aːt] *Äg.* (Damen-)Rock *m*

[1]**(جوهر) II** تجوهر [taˈdʒauhara] Substanz werden

[2]**جوهر** [dʒauhar], *pl.* جواهر [dʒaˈwaːhir] (2) Materie *f*, Substanz *f*; We-

sen *n*; Wesenheit *f*; Inhalt *m*; Kern *m*; Edelstein *m*, Juwel *n*; *pl.* Juwelierarbeiten *f/pl.*; في ~ه s-m Wesen nach; في ~ الأمور im Grunde (genommen), eigentlich; im wesentlichen

جوهرة [dʒauhara] Edelstein *m*, *a. fig.* Juwel *n*

جوهري [dʒauhariː] substantiell; elementar; wesentlich, eigentlich; Kern-

جوهرية [dʒauha'riːja] *bsd. Syr.* Wesen *n*, Kern *m e-r Sache*

جوي [dʒawwiː] Luft-; atmosphärisch; Wetter-; Klima-, klimatisch; meteorologisch; ~ بريد Luftpost *f*

جويلية [ʒ'wiːlja] *Alg.*, *Tun.* Juli *m*

(جيء) جاء [dʒaːʔa, iː] kommen, gelangen (ـه/ه zu *D*); geschrieben stehen, vorkommen; geschehen, erfolgen; etwas (ـه) sein *od.* zu etwas (ـه) werden; bringen, herbeiholen (ب *A*); hervorbringen, vollbringen (ب *A*); في الجريدة ~ in der Zeitung heißt es

جياد → جواد[1]

جيار [dʒa'jjaːr] ungelöschte(r) Kalk

جيارة [dʒa'jjaːra] Kalkofen *m*; Kalkbrennerei *f*

جياش [dʒa'jjaːʃ] erregt; leidenschaftlich bewegt; *Gedanke*: erregend

جياع → جائع

[1]**(جيب)** جاب [dʒaːba, iː] *umg.* bringen; *Kind* gebären

[2]**جيب** [dʒaib], *pl.* جيوب [dʒu'juːb] Tasche *f bei Kleidungsstücken*; Fach *n e-s Koffers*; *Math.*, *Med.* Sinus *m*; Halsausschnitt *m*, Dekolleté *n*; *Mil.* Kessel *m*; الجيوب الأنفية die Nasennebenhöhlen *f/pl.*; التمام ~ *Math.* Kosinus *m*; ~ خاص [xɒːss] Privatschatulle *f*; جيوب المقاومة [dʒ. al-mu'qaːwama] Widerstandsnester *n/pl.*; مسرح الـ~ Zimmertheater *n*

[3]**جيب** [dʒiːb] Jeep *m*

[4]**جيب** [žyːb] (Damen-)Rock *m*

جيبوتي [dʒi'buːtiː] *f Geo.* Dschibuti; *m* aus *od.* von Dschibuti

جيبي [dʒaibiː] Taschen-

جئت [dʒiʔtu] ich kam, → (جيء)

چيت [tʃiːt] *Ir.* leichte(s) Baumwollgewebe

جيتار [giː'taːr], *pl.* [-aːt] *bsd. Äg.* Gitarre *f*

[1]**جيد** [dʒajjid], *pl.* جياد [dʒi'jaːd] (*a. als Prüfungsnote*) gut; vorzüglich; ~ًا [-an] *Adv.* gut; richtig; ~ جدا [dʒiddan] sehr gut

[2]**جيد** [dʒiːd], *pl.* أجياد [ʔadʒ'jaːd] *u.* جيود [dʒu'juːd] (*schöner*, *schlanker*) Hals

[1]**جير** **II** [dʒajjara] *Wechsel* indossieren; *Summe* überweisen

[2]**جير** [dʒiːr] Kalk *m*

جيران → جار[2]

جيرة [dʒiːra] Nachbarschaft *f*, Nähe *f*

جيري [dʒiːriː] Kalk-, kalkig, kalkhaltig

جيزة [giːza]: الـ~ *Geo.* Gizeh

[1]**(جيش)** جاش [dʒaːʃa, iː] erregt sein; *a. fig.* wogen, wallen; toben; **II** [dʒajjaʃa] *Truppen* zusammenziehen, mobilisieren; **X** استجاش [ista'dʒaːʃa] *a. fig.* mobilisieren

[2]**جيش** [dʒaiʃ], *pl.* جيوش [dʒu'juːʃ] Heer *n*, Armee *f*; الظلمات ~ [dʒ. ɒð-ðulu'maːt] das nächtliche Dunkel

جيشان [dʒaja'ʃaːn] Erregung *f*, Aufwallen *n*

جيشة [dʒaiʃa], *pl.* [-aːt] (*Gefühls-*)Aufwallung *f*

جيفة [dʒiːfa], *pl.* جيف [dʒijaf] *u.* أجياف [ʔadʒ'jaːf] (*verwesender*) Kadaver; Aas *n*

جيل [dʒiːl], *pl.* أجيال [ʔadʒ'jaːl] Generation *f*; *pl. a.* lange(r) Zeitraum, *fig.* Ewigkeit *f*

جيلاتي [dʒeː'laːtiː] (*Speise-*)Eis *n*

جيلاتين [žeːla'tiːn] Gelatine *f*

جيلدر [gildar] (*holländischer*) Gulden

جيم [dʒiːm] *f*, *pl.* [-aːt] *u.* أجيام [ʔadʒ'jaːm] der Buchstabe ج; ~ مخففة [mu'xaffafa] als [ʒ] gesprochene(s) ج; ~ معطشة [mu'ʕɒttɒʃa] als [dʒ] (*nicht als* [g]) gesprochene(s) ج

جينز [dʒiːnz] Jeans *pl. od. f*

جينة [giːna], *pl.* [-aːt] Gen *n*

جيوفيزيا [dʒiju'fiːzijaː] *u.* **جيوفيزياء** [dʒijufiːzi'jaːʔ] Geophysik *f*

جيوفيزيائي [dʒijufiːzi'jaːʔiː] geophysikalisch; *pl.* [-uːn] Geophysiker *m*

جيولوجي [dʒiju'loːdʒiː] geologisch; *pl.* [-uːn] Geologe *m*

جيولوجيا [dʒiju'loːdʒijaː] Geologie *f*

جيئة [dʒiːʔa, dʒaiʔa] Kommen *n*; ~ وذهابا [-tan] hin und her, auf und ab

ح

ح (حاء) [ħaːʔ] *f sechster Buchstabe des arab. Alphabets; bei Aufzählungen*: h)

حابل [ħaːbil]: اختلط الـ~ بالنابل alles geriet durcheinander; خلط الـ~ بالنابل alles durcheinanderbringen

حابلة [ħaːbila], *pl.* حبلة [ħabala] schwanger

حاتمي [ħaːtimiː]: ~ كرم [karam] sprichwörtliche Großzügigkeit

حاثة [ħaːθθa], *pl.* [-aːt] Hormon *n*

حاج [ħaːddʒ], *pl.* حجاج [ħu'ddʒaːdʒ] *u.* حجيج [ħa'dʒiːdʒ] Pilger *m*, Mekkapilger *m*; *a. koll.* Pilger *m/pl.*

حاجب [ħaːdʒib] verhüllend, schützend; *pl.* حجاب [ħu'ddʒaːb] *u.* حجبة [ħadʒaba] Pförtner *m*; Pedell *m*; *pl.* حواجب [ħa'waːdʒib] (2) Augenbraue *f*; *Fot.* Blende *f*; ~ المحكمة Gerichtsdiener *m*

حاجز [ħaːdʒiz], *pl.* حواجز [ħa'waːdʒiz] (2) *u.* حجزة [ħadʒaza] Schranke *f*, Barriere *f*, Hindernis *n*; Sperre *f*, Absperrung *f*; Geländer *n*; Trennwand *f*; *a. Anat.* Scheidewand *f*; *Sport*: Hürde *f*; trennend, sperrend; ~ الأمواج Wellenbrecher *m*; ~ أنفي Nasenscheidewand *f*; ~ الريح [ħ. ar-riːħ] Windschutzscheibe *f*; حواجز جمركية [dʒumru'kiːja] Zollschranken *f/pl.*

حاجزة [ħaːdʒiza] → حاجز

¹**حاجة** [ħaːdʒa], *pl.* [-aːt] Notwendigkeit *f* (إلى *G*); *a. körperliche(s) od. natürliche(s)* Bedürfnis (إلى nach *D*); Bedarf *m* (إلى/من an *D*); Bedürftigkeit *f*; Anliegen *n*, Wunsch *m*; Bedarfsgegenstand *m*; Angelegenheit *f*, Geschäft *n*, Sache *f*; *pl. Hdl.* Waren *f/pl.*; لا ~ إلى/ل ذلك [-ta] das ist nicht nötig; في غير ~ unnötigerweise; هو في ~ إلى er braucht *etwas*; er ist auf *etwas* angewiesen; سد ~ه [sadda] j-s Bedarf decken; قضى ~ه [qɒđɒː] s-e Notdurft verrichten

²**حاجة** [ħaːddʒa] (Mekka-)Pilgerin *f*

حاجيات [ħaːdʒiː'jaːt] *pl.* Bedarfsgüter *n/pl.*; Bedürfnisse *n/pl.*

حاخام [ħaː'xaːm], *pl.* [-aːt] Rabbiner *m*

حاخامية [ħaːxaː'miːja] Amt *n* e-s Rabbiners, Rabbinat *n*

¹**حاد** [ħaːda] → (حود) *u.* ¹(حيد)

²**حاد** [ħaːdd] *a. fig.* scharf; *Blick*: durchdringend; *Nase*: spitz; *Gefühl*: heftig; *Kampf*: erbittert; *Beifall*: stürmisch; *Veränderung*: drastisch; *Stimme*, *Pfiff*: laut, schrill; *Ton*: hoch; ~ الطبع, ~ المزاج [ħ. al-mi'zaːdʒ] leicht erregbar *od.* reizbar; heißblütig, hitzig, aufbrausend; زاوية ~ة [zaːwija] spitze(r) Winkel; ~ صمت gespannte(s) Schweigen

³**حاد** [ħaːdin], *pl.* حداة [ħu'daːt] Kameltreiber *m*

حادث [ħaːdiθ] sich ereignend; *pl.* حوادث [ħa'waːdiθ] (2) Ereignis *n*, Geschehnis *n*, Vorfall *m*; Zwischenfall *m*; *Jur.* Fall *m*; Unfall *m*; Handlung *f*, Akt *m*; ~ مرور Verkehrsunfall *m*; شريك في الـ~ Mittäter *m*; مكان الـ~ Tatort *m*; Unfallort *m*; وقع له ~ ihm ist etwas zugestoßen; er hatte e-n Unfall; → حادثة

حادثة [ħaːdiθa], *pl.* حوادث [ħa'waːdiθ] (2) *u.* [-aːt] Ereignis *n*, Geschehnis *n*, Vorfall *m*; Zwischenfall *m*; Vorgang *m*; Handlung *f*, Akt *m*; Unfall *m*; ~ غرامية Liebesaffäre *f*

حادي [ħaːdiː]: ~ عشر [ħaːdija ʕaʃar(a)], *f* حادية عشرة [ħaː'dijata ʕaʃra(ta)] elfte(r); ~ عشر *a.* elftens; الـ~ والعشرون einundzwanzigste(r); → ³حاد

حاذ → (حوذ)

حاذر [ħaːðir] vorsichtig

حاذق [ħaːðiq], *pl.* [-uːn] *u.* حذاق [ħu'ððaːq] geschickt; gewandt; Könner *m*; ~ عمل [ʕamal] Facharbeit *f*

¹**حار** [ħaːra] → (حير)

²**حار** [ħaːrr] heiß; sehr warm; *Verlangen*: brennend; *Worte*: leidenschaftlich; *Gebet*: inbrünstig; *Empfang*, *Grüße*: herzlich; *Weinen*: bitterlich

حارث [ħaːriθ], *pl.* [-uːn] *u.* حراث [ħu'rraːθ] Pflüger *m*; *a. npr. m*; حارثو الكروم die Weinbauern *m/pl.*; أبو الـ~ [ʔabuː l-ħ.] *poet.* Löwe *m*

حارس [ħaːris], *pl.* حراس [ħu'rraːs] Wächter *m*, Wachtposten *m*; Bewacher *m*, Aufseher *m*; *Schule*: Pedell *m*, Hausmeister *m*; *Jur.* Verwalter *m*, Sequester *m*; ~ الإضراب Streikposten *m*; ~ الحيوانات [ħ. al-ħajawaː'naːt] Tierwärter *m*; ~ خاص [xɒːsʂ] Leibwächter *m*; ~ الغابة Waldaufseher *m*; ~ ليلي [lailiː] Nachtwächter *m*; ~ المرمى [ħ. al-marmaː] *Sport*: Torwart *m*; ملاك ~ *Chr.* Schutzengel *m*

حارق [ħaːriq] brennend; Brandstifter *m*; قنبلة ~ة [qumbula] Brandbombe *f*

حارة [ħaːra], *pl.* [-aːt] Stadtviertel *n*; *pl.* [-aːt] *u.* حوار [ħa'waːrin] Gasse *f*, Seitenstraße *f*; Fahrspur *f*; ~ سد [ħ. sadd] Sackgasse *f*

حاز → [1](حوز)

حازب [ħaːzib]: ~ حزبه [ħa'zabahuː] ihm ist etwas zugestoßen

حازم [ħaːzim], *pl.* حزمة [ħazama] entschlossen; *Ton*: entschieden; energisch; *Meinung*: unabänderlich; streng (مع mit *j-m*); *a. npr. m*

حازوقة [ħaː'zuːqa] Schluckauf *m*

حاسب [ħaːsib] **1.** zählend; Rechner *m* (*als Gerät*: *pl.* [-aːt]); Berechner *m*; آلي/إلكتروني ~ Computer *m*; ~ رقمي Digitalrechner *m*; ~ شخصي Personalcomputer *m*, PC *m*; آلة ~ة Rechenmaschine *f*; **2.** *Imp.* gib acht!, Vorsicht!

حاسبة [ħaːsiba], *pl.* [-aːt] Rechner *m* (*Gerät*); آلية/إلكترونية ~ Computer *m*

حاسد [ħaːsid], *pl.* [-uːn], حساد [ħu'ssaːd] *u.* حسدة [ħasada] neidisch, mißgünstig; Neider *m*; ~ عين [ʕainu -in] *Äg.* der böse Blick

حاسر [ħaːsir] entblößt; الرأس ~ barhäuptig

حاسم [ħaːsim] entscheidend; endgültig, definitiv; ~ دليل überzeugende(r) Beweis

حاسة [ħaːssa], *pl.* حواس [ħa'waːss] (2) Sinn *m*, Sinnesorgan *n*; ~ الإنصاف Gerechtigkeitsgefühl *n*; السمع ~ Gehör *n*

حاسوب [ħaː'suːb], *pl.* حواسيب [ħawaː'siːb] (2) Computer *m*; ~ شخصي Personalcomputer *m*, PC *m*

[1]**حاش** [ħaːʃ]: أسبوع الـ~ [ʔus'buːʕ al-ħ.] *Chr.* Karwoche *f*

[2]**حاش** [ħaːʃa] → حاشا

حاشا [ħaːʃaː]: لله ~ [li-'llaːh] Gott bewahre!, ~ه davon kann keine Rede sein!; ~ له أن niemals könnte er …!; ~(ي) أن أفعل ذلك [(ħaːʃaːja), ʔafʕala] ich denke nicht daran, das zu tun!

حاشد [ħaːʃid] zahlreich; *Bus*: überfüllt (ب mit *D*); ~ جمع dichte Menschenmenge; مظاهرة ~ة [mu'ðɒːhara] Massendemonstration *f*

حاشدة [ħaːʃida], *pl.* [-aːt] Batterie *f*; Akkumulator *m*

حاشية [ħaːʃija], *pl.* حواش [ħa'waːʃin] Rand *m*; Saum *m*; Randbemerkung *f*, Glosse *f*; Fußnote *f*; Gefolge *n*, Anhang *m*; *pl.* Randerscheinungen *f/pl.*; Gefolgsleute *pl.*; رقيق الـ~ liebenswürdig

حاص → [1](حيص)

حاصد [ħɒːsˤid], *pl.* حصاد [ħu'ssɒːd] Schnitter *m*; الأرواح ~ der Sensenmann

حاصدة [ħɒːsˤida], *pl.* [-aːt] Erntemaschine *f*; Mähmaschine *f*

حاصل [ħɒːsˤil] geschehend; entstanden; im Besitz (على *e-r Sache*); Gewinner *m* (على *e-s Preises*); Hauptinhalt *m*; *pl.* حواصل [ħa'wɒːsˤil] (2) Ergebnis *n*, Resultat *n*; *Math.* Summe *f*; *a. Math.* Produkt *n*; حاصلات *pl.* Erzeugnisse *n/pl.*, Produkte *n/pl.*; Güter *n/pl.*; الـ~ kurz gesagt; كما هو ~ wie es der Fall ist

حاض → [1](حيض)

حاضر [ħɒːdˤir], *pl.* [-uːn] *u.* حضور [ħu'dˤuːr] anwesend; Anwesende(r); vorhanden; *Hdl.* vorrätig; bereit, fertig; gegenwärtig, derzeitig; الـ~ Gegenwart *f*; *Gr.* Präsens *n*; بالـ~ *bsd. Tun.* in bar; الذهن ~ [ħ. að-ðihn] geistesgegenwärtig; نقد ~ *bsd. Tun.* Bargeld *n*; في الـ~ (الوقت) derzeit, gegenwärtig

حاضرة [ħɒːdˤira] **1.** *pl.* حواضر [ħa'wɒːdˤir] (2) Metropole *f*; *Alg.*, *Tun.* Hauptstadt *f*; **2.** *pl.* [-aːt] Anwesende *f*

حاضنة [ħɒːdˤina], *pl.* حواضن [ħa'wɒːdˤin] (2) Frau *f*, die das Sorgerecht für ein Kind besitzt; *pl.* [-aːt] Brutkasten *m*

حاط → (حوط)

[1]**حاف** [ħaːfa] → [1](حيف)

[2]**حاف** [ħaːff]: ~ خبز [xubz] trockene(s) Brot

[3]**حاف** [ħaːfin], *pl.* حفاة [ħu'faːt] barfuß; *Fuß*: bloß

حافر [ħaːfir], *pl.* حوافر [ħa'waːfir] (2) Huf *m*

حافز [ħaːfiz], *pl.* حوافز [ħa'waːfiz] (2) Antrieb *m*, Ansporn *m* (على zu *D*); Beweggrund *m*; Motiv *n*, Impuls *m*; *Psych.* Trieb *m*; Initiative *f*; *bsd. pl.* (Leistungs-)Anreiz *m*

حافظ [ħaːfiðˤ], *pl.* حفاظ [ħu'ffɒːðˤ] *u.* حفظة [ħafaðɒ] bewahrend; Hüter *m*, Bewahrer *m*; Beschützer *m* (*Gott*); j-d, der den Koran auswendig kann; Konservator *m*; Bibliothekar *m*; *a. npr. m*

حافظة [ħaːfiðɒ] Gedächtnis *n*; *pl.* حوافظ [ħa'waːfiðˤ] (2) Tasche *f*, Mappe *f*; أوراق ~ Ordner *m*, Ringbuch *n*

حافل [ħaːfil] *Versammlung*: zahlreich, *Veranstaltung*: stark besucht; voll (ب von *D*), angefüllt (ب mit *D*), reich (ب an *D*); reichhaltig; *Tag*, *Zukunft*: ereignisreich; feierlich; ~ غير nicht interessiert (ب an *D*); بالأحداث ~ ereignisreich; بالتنوع ~ [bi-t-ta-'nawwuʕ] abwechslungsreich

حافلة [ħaːfila], *pl.* [-aːt] *u.* حوافل [ħa'waːfil] (2) Omnibus *m*, Bus *m*

[1]**حافة** [ħaːfa], *pl.* حواف [ħa'waːfin] Rand *m*, Kante *f*, Saum *m*; → [2]حافة

[2]**حافة** [ħaːffa], *pl.* [-aːt] *u.* حواف [ħa'waːff] (2) Rand *m*, Kante *f*, Saum *m*; Ufer *n e-s Flusses*; Krempe *f des Hutes*; (*Brot-*)Rinde *f*; Einfassung *f e-s Beetes*; ~ على الهاوية [-ti l-haːwija] am Rande des Abgrunds

حاق → (حيق)

حاقد [ħaːqid], *pl.* حقدة [ħaqada] *u.* [-uːn] haßerfüllt; voller Ressentiments (على gegen *A*); Miesmacher *m*

[1]**حاك** [ħaːka] → (حوك)

[2]**حاك** [ħaːkin] **1.** *pl.* حكاة [ħu'kaːt] Erzähler *m*; **2.** Plattenspieler *m*; Lautsprecher *m*

حاكم [ħaːkim], *pl.* [-uːn] *u.* حكام [ħu'kkaːm] herrschend; beherrschend, ausschlaggebend; Herrscher *m*; regierend; Regierende(r); Gouverneur *m*; *hist.* Statthalter *m*; Richter *m*; الحكام die Machthaber *m/pl.*; بأمره ~ selbstherrlich, eigenmächtig; الصلح ~ [ħ. ɒs-sulħ] Friedensrichter *m*

حاكمية [ħaːki'miːja] Herrschaft *f*; Gerichtsbarkeit *f*; الله ~ Herrschaft *f* Gottes; Gesetzgebung *f* durch Gott

حاكة → حائك

[1]**حال** [ħaːla] → [1](حول)

[2]**حال** [ħaːl] *m u. f, pl.* أحوال [ʔaħ'waːl] Zustand *m*; Lage *f*, Situation *f*; Stand *m* der Dinge; Befinden *n*, Stimmung *f*; Fall *m*; *Gr.* Zustandsausdruck *m*; *pl.* die Umstände *m/pl.*, die Verhältnisse *n/pl.*; ~ [-a] *Präp.* gleich bei, sobald; während, bei; (immer) wenn; ~ًا [-an] *Adv.* sofort, unverzüglich; jetzt, im Augenblick; فى الـ~ *u.* للـ~ sofort, auf der Stelle; ~ في + *G*: im Falle daß; ~ على كل [kulli ħ.], ~ على أي [ʔajji ħ.] auf jeden Fall; ~ بأي ... لا *u.* ... لا بـ~ (من الأحوال) auf (gar) keinen Fall; كما هو الـ~ في wie es der Fall ist bei; والـ~ كذلك *eingeschoben*: da die Dinge so liegen; كيف ~ك [kaifa -uka], *umg.* [kiːf -ak] wie geht es dir?; الأحوال الشخصية Personenstand *m*; Personenstandsangelegenheiten *f/pl.*; صاحب الـ~ *Gr.* Nomen *n*, auf das sich ein Zustandsausdruck bezieht; ~ عرض (Formblatt *n* für e-e) Eingabe; قانون الأحوال الشخصية Personenstandsgesetz *n*; مكتب الأحوال الشخصية Standesamt *n*; بقي على ~ه [baqija] gleich bleiben; تغير من ~ إلى ~ [ta'ɣajjara] sich völlig verändern

حالب [ħaːlib] **1.** *pl.* حلبة [ħalaba] Melker *m*; **2.** *pl.* حوالب [ħa'waːlib] (2) Harnleiter *m*

حالبة [ħaːliba], *pl.* [-aːt] Melkerin *f*

حالق [ħaːliq] Höhe *f*; ~ من von oben herab

حالك [ħaːlik] dunkel, finster; düster; pechschwarz

حالم [ħaːlim] träumerisch, verträumt; Traum-; *pl.* [-uːn] Träumer *m*

حالما [ħaːlamaː] sobald (als)

حالة [ħaːla], *pl.* [-aːt] Zustand *m*, Beschaffenheit *f*, Verfassung *f*; Lage *f*, Situation *f*, Stand *m*; *a. Gr.* Fall *m*; *Phys.* Aggregatzustand *m*; ~ أن [-ta ʔanna] *als Gegens.*: während; ~ في + *G*: im Falle (*des*); في هذه الـ~ in diesem Falle; ~ في ما إذا falls; والـ~ هذه *eingeschoben*: da die Dinge so liegen; ~ اجتماعية Familienstand *m*; ~ الحرب Kriegszustand *m*; الـ~ الراهنة Status quo *m*; ~ مرضية [marɒ'dˤiːja] Krankheitsfall *m*; دراسة الـ~ [di'raːsat al-ħ.] *Psych.* Fallstudie *f*

حالوم [ħaː'luːm] *Äg. e-e Käseart*

حالي [ħaːliː] gegenwärtig, jetzig; ~ًا [-jan] *Adv.* zur Zeit, im Augenblick; العام الـ~ das laufende Jahr; جملة ~ة [dʒumla] *Gr.* Zustandssatz *m*

حالية [ħaː'liːja] *Chem.* Zustand *m*

[1]**حام** [ħaːma] → [1](حوم)

[2]**حام** [ħaːm] Ham (*Sohn Noahs*)

[3]**حام** [ħaːmin] **1.** Schutz-; *pl.* حماة [ħu'maːt] Beschützer *m*, Protektor *m*; حاميها حراميها [ħaː'miːhaː ħaraː'miːhaː] *Spr. etwa*: den Bock zum Gärtner machen; **2.** *a. fig.* heiß; *Verlangen*: brennend; *Temperament*: feurig; *Kampf*: heftig; *Debatte*: hitzig; stürmisch; *Blick*: wütend

حامض [ħaːmiđ] *a. Chem*; sauer; *Ir.* Zitronenaufguß *m*; *pl.* حوامض [ħa'waːmiđ] (2) Säure *f*; Zitrone *f*; *pl. a.* Zitrusfrüchte *f/pl.*; ~ السليسيك [ħ. as-sili'siːk] Kieselsäure *f*; → [2]حمض

حامضي [ħaːmiđiː] Säuren-; *Chem.* sauer; ~ التفاعل [ħ. at-ta'faːʕul] *Chem.* sauer reagierend; أمطار ~ة saure(r) Regen

حامل [ħaːmil] tragend; *f, pl.* حوامل [ħa'waːmil] (2) schwanger; *pl.* [-uːn] *u.* حملة [ħamala] *a. fig.* Träger *m*; Überbringer *m*, Inhaber *m e-s Dokuments*; *Techn.* Halterung *f*; (Trag-)Gestell *n*; ~ سهم Aktionär *m*; ~ الشهادة الثانوية [ħ. aʃ-ʃa'haːdati θ-θaːna'wiːja] *u. bsd. Maghr.* ~ البكالوريا Abiturient *m*; ~ للزيت [li-z-zait] *Schicht*: erdölführend

حاملة [ħaːmila] **1.** *pl.* [-aːt] *u.* حوامل [ħa'waːmil] (2) Traggestell *n*, Träger *m*, Ständer *m*; ~ طائرات Flugzeugträger *m*; **2.** *Jord.* grüne (am Stiel geröstete) Kichererbsen *f/pl.*

حامي [ħaːmiː] hamitisch; *pl.* [-uːn] Hamit *m*; → [2]حام

حامية [ħaːmija], *pl.* [-aːt] Beschützerin *f*, Protektorin *f*; *Mil.* Garnison *f*

[1]**حان** [ħaːna] → [1](حين)

[2]**حان** [ħaːn] Schenke *f*, Kneipe *f*, Bar *f*

[3]**حان** [ħaːnin] mitfühlend; liebevoll

حانة [ħaːna], *pl.* [-aːt] Schenke *f*, Kneipe *f*, Bar *f*

حانوت [ħaː'nuːt], *pl.* حوانيت [ħawaː'niːt] (2) (Kauf-)Laden *m*; Schenke *f*

حانوتي [ħaː'nuːtiː], *pl.* ~ة Ladenbesitzer *m*; *Äg.* Leichenwäscher u. Totengräber *m*

حاو [ħaːwin] **1.** enthaltend; **2.** *pl.* حواة [ħu'waːt] Schlangenbeschwörer *m*; Gaukler *m*

حاوية [ħaːwija], *pl.* [-aːt] Containerschiff *n*; Behälter *m*, Container *m*

حائر [ħaːʔir] verlegen, ratlos, verwirrt, unsicher; bestürzt; *Frage*: bange; ~ في أمره ratlos

حائز [ħaːʔiz], *pl.* [-uːn] Besitzer *m*; Inhaber *m* (على *e-s Zeugnisses*); Gewinner *m*, Träger *m* (على *e-s Preises*)

حائض [ħaːʔiđ] *u.* **حائضة** [ħaːʔiđɒ], *pl.* حوائض [ħa'waːʔiđ] (2) menstruierende Frau

حائط [ħaːʔit], *pl.* حيطان [ħiː'tɒːn] *u.* حوائط [ħa'waːʔit] (2) Wand *f*, Mauer *f*; ~ المبكى [ħ. al-mabkaː] die Klagemauer (*in Jerusalem*)

حائطي [ħaːʔitiː] Wand-

حائك [ħaːʔik] **1.** *pl.* حاكة [ħaːka] Weber *m*; *Äg. a.* Schneider *m*; **2.** *Mar. langes Übergewand der Frauen*

حائكة [ħaːʔika], *pl.* [-aːt] *u.* حوائك [ħa'waːʔik] (2) Weberin *f*; *Äg. a.* Schneiderin *f*

حائل [ħaːʔil] **1.** hindernd; *pl.* حوائل [ħa'waːʔil] (2) Hindernis *n* (دون für *A*); وقف ~ًا بينه وبين ... [-an] *e-r Sache* hindernd im Wege stehen; **2.** Hail (*Stadt in Saudi-Arabien*)

[1]**حب II** حبب [ħabbaba] **1.** lieb, sympathisch *od.* schmackhaft machen (إلى *j-m*); الناس فيه ~ [n-naːsa] sich bei (den Leuten) beliebt machen; **2.** Körner tragen; granulieren; **IV** أحب [ʔa'ħabba] **1.** lieben, (gern) mögen, wünschen; أحب أن [ʔu'ħibbu] ich möchte; **2.** *klass.* Körner tragen; **V** تحبب [ta'ħabbaba] *j-s* Liebe *od.* Freundschaft (إلى) zu gewinnen suchen; sich beliebt machen (إلى bei *j-m*); den Hof machen (إلى *e-r Frau*); **VI** تحاب [ta'ħaːbba] einander lieben; eng befreundet sein (مع mit *j-m*); **X** استحب [ista'ħabba] gern haben, mögen; als wünschenswert ansehen

[2]**حب** [ħabb] *koll., n. un.* ~ة, *pl.* حبوب [ħu'buːb] Körner *n/pl.*, Korn *n*; Samenkörner *n/pl.*, Samen *m*; Beeren *f/pl.*; Kügelchen *n/pl.*; Pillen *f/pl.*, Tabletten *f/pl.*; Pickel *m/pl.*, Hautblüten *f/pl.*; *pl. a.* Getreide *n*; حبوب زيتية [zai'tiːja] Ölsaat *f*; حبوب القهوة/~ [ħ. al-qahwa] Kaffeebohnen *f/pl.*; حبوب منع الحمل Antibabypillen *f/pl.*; الهال ~ Kardamom *m od. n*

[3]**حب** [ħubb] **1.** Liebe *f*, Zuneigung *f*; Vorliebe *f* (لـ für *A*); ~ا [-an] aus Liebe zu; ~ا في aus dem Wunsch heraus zu …; aus Liebe zu; الاستطلاع ~ Neugierde *f*; ~ الذات *u.* النفس ~ Eigenliebe *f*; ~ الظهور Prunksucht *f*; Geltungsbedürfnis *n*; المغامرة ~ [ħ. al-mu'ɣaːmara] Abenteuerlust *f*; الوالدين ~ [ħ. al-waːli'dain] Liebe *f* zu den Eltern; **2.** *pl.* أحباب [ʔaħ'baːb], حباب [ħi'baːb] *u.* حببة [ħibaba] *obs.* (großer) Krug

[4]**حب** [ħibb], *pl.* أحباب [ʔaħ'baːb] wer etwas liebt; Liebling *m*

حباء [ħi'baːʔ] Geschenk *n*

حباب [ħa'baːb] *koll.* Bläschen *n/pl. in od. auf e-r Flüssigkeit*

حباحب [ħu'baːħib] (2) Leuchtkäfer *m*, Glühwurm *m*

حبار [ħa'bbaːr] Tintenfisch *m*

حبارى [ħu'baːraː], *pl.* حباريات [ħubaːra'jaːt] *Zool.* Trappe *f*

حباكة [ħi'baːka] Weben *n*, Weberei *f*

حبال [ħa'bbaːl], *pl.* ~ة Seiler *m*

حبالة [ħi'baːla], *pl.* حبائل [ħa'baːʔil] (2) *u.* [-aːt] *fig.* Schlinge *f*, Fallstrick *m*; وقع في حبائله j-m in die Falle gehen

حبب [ħabab] Bläschen *n/pl. in od. auf e-r Flüssigkeit*

حبحب [ħabħab] *koll., bsd. Saudi-Ar.* Wassermelone(n *pl.*) *f*

حبذ II [ħabbaða] gutheißen, befürworten, billigen

حبذا [ħabbaðaː] + *N u.* لو ~ + *Verb*: es wäre schön, wenn

[1]**حبر II** [ħabbara] *Brief* schreiben, *Text* abfassen; in elegantem Stil abfassen; *etwas* mit Tinte schreiben

[2]**حبر** [ħabr, ħibr], *pl.* أحبار [ʔaħ'baːr] jüdische(r) *od.* christliche(r) Würdenträger; Bischof *m*; Rabbiner *m*; الـ~ الأعظم der Papst; Oberrabiner *m*; سفر الأحبار *Bibel*: das Buch Leviticus

[3]**حبر** [ħibr] Tinte *f*; Druckerschwärze *f*; صيني ~ [siːniː] Tusche *f*; أم الـ~ [ʔumm al-ħ.] Tintenfisch *m*; قلم ~ [qalam ħ.] Füller *m*; Tintenstift *m*; على ورق ~ [waraq] nur auf dem Papier stehend

حبري [ħabriː] *Chr.* Pontifikal-

حبرية [ħab'riːja] *Chr.* Pontifikat *n od. m*

[1]**حبس** [ħabasa, i] in Haft nehmen, einsperren; zurückhalten; *Wut* unterdrücken; vorenthalten (عن هـ *j-m A*); zurückbehalten (على für *A*); *Vermögenswerte* als religiöse Stiftung festlegen; *e-e religiöse Stiftung* errichten; أنفاسه ~ den Atem anhalten; j-m den Atem rauben; الدم ~ [d-dam(a)] *Med.* das Blut stauen; دمه ~ *fig.* j-n in Verlegenheit bringen; صوته ~ [ħubisa sɒutuhuː] ihm versagte die Stimme; لسانه ~ [ħubisa li'saːnuhuː] er brachte kein Wort (mehr) heraus; نفسه في ~ [nafsahuː] sich in *etwas* einschließen; نفسه على ~ sich (ganz) e-r Sache widmen; **II** [ħabbasa] *e-e religiöse Stiftung* errichten (على *zum Nutzen von D*); **VII** انحبس [in'ħabasa] zurückgehalten werden; stocken; صوته ~ [sɒutuhuː] *Med.* die Stimme verlieren; **VIII** احتبس [iħ'tabasa] zurückgehalten werden; *Atem*: stokken; einsperren; في غرفته ~ [ɣur'fatihiː] sich in s-m Zimmer einschließen; صوته ~ ihm versagte die Stimme

[2]**حبس** [ħabs] Zurückhalten *n*; Absperrung *f*; Haft *f*, Haftstrafe *f*; Vorenthaltung *f*; *pl.* حبوس [ħu'buːs] Gefängnis *n*; احتياطي ~ Vorbeugehaft *f*, Sicherungsverwahrung *f*; ~ الدم [ħ. ad-dam] *Med.* Blutstauung *f*; شديد ~ schwere(r) Kerker; ~ مؤبد [mu'ʔabbad] lebenslange Haftstrafe

[3]**حبس** [ħubus, ħubs], *pl.* أحباس [ʔaħ'baːs] religiöse Stiftung; كان ~ا على [-an] abhängig sein von

[4]**حبس** [ħibs], *pl.* أحباس [ʔaħ'baːs] Damm *m*, Wehr *n*

حبسة [ħubsa] Sprachhemmung *f*; Aphasie *f*

حبش [ħabaʃ] *koll.*: الـ~ die Äthiopier *m/pl.*

حبشة [ħabaʃa]: الـ~ Äthiopien; *koll.* die Äthiopier *m/pl.*

حبشي [ħabaʃiː] äthiopisch; *pl.* أحباش [ʔaħ'baːʃ] Äthiopier *m*

(**حبط**) **IV** أحبط [ʔaħbatɒ] zunichtemachen, scheitern lassen, vereiteln; *Aufstand* niederschlagen

حبق [ħabaq] Basilikum *n*

[1]**حبك** [ħabaka, u, i] *Strick* (fest-) drehen; *Knoten* festziehen; *Kranz* flechten; gut u. fest weben; *a. fig.* straffen; *Plan* sorgfältig vorbereiten *od.* aushecken; *Geschichte* ersinnen *od.* kunstvoll aufbauen; **II** [ħabbaka] *Wäscheklammern* festmachen; **V** تحبك [ta'ħabbaka] fest zusammengeschnürt werden; **VI** تحابك [ta'ħaːbaka] sich verflechten; **VIII** احتبك [iħ'tabaka] verflechten

[2]**حبك** [ħabk] Festmachen *n*; kunstvolle(r) *od.* dramatische(r) Aufbau *e-s Romans*

حبكة [ħabka] Gefüge *n*; Aufbau *m od.* Handlung *f e-s Romans*

1حبل: حبلت [ħabilat, a] schwanger werden; **II** [ħabbala] *u.* **IV** أحبل [ʔaħbala] schwängern

2**حبل** [ħabal] Empfängnis *f*; Schwangerschaft *f*

3**حبل** [ħabl], *pl.* حبال [ħi'baːl] *u.* أحبال [ʔaħ'baːl] Seil *n*, Strick *m*, Tau *n*; Schnur *f*; *fig.* Band *n*; ~ سري [surriː] Nabelschnur *f*; ~ سلكي [silkiː] Drahtseil *n*; ~ شوكي [ʃaukiː] Rückenmark *n*; ~ الغسيل Wäscheleine *f*; ~ منوي [manawiː] Samenstrang *m*; ~ الوريد Halsschlagader *f*; ~ه طويل er läßt nicht locker; المعركة حبالها طويلة der Kampf hat kein Ende; اضطرب ~ه [-uhuː] durcheinandergeraten; لعب على حبلين [laʕiba, -ain] ein doppeltes Spiel treiben; ترك/ألقى الـ~ على غاربه [ʔalqaː] j-m *od.* e-r Sache die Zügel schießen lassen

حبلة → حابلة

حبلى [ħublaː], *pl.* حبالى [ħa'baːlaː] schwanger

حبليات [ħabli'jaːt] *pl. Biol.* Chordaten *pl.*

حبن [ħaban] *Med.* Wassersucht *f*

حبة [ħabba], *pl.* [-aːt] *ein* Korn *n*; Samenkorn *n*; Beere *f*; (*Kaffee-*)Bohne *f*; Kügelchen *n*; Pille *f*, Tablette *f*; Pickel *m*, Pustel *f*, Bläschen *n*; (*Regen-*)Tropfen *m*; Krümel *m*; Kleinigkeit *f*; *Chem.* Partikel *n*; *Äg.* einzelne(s) Stück; ~ العين [ħ. al-ʕain] Auge *n*; *Äg. a.* Pupille *f*; يا ~ عيني [-ta ʕainiː] mein Liebling!; ~ القلب das Innerste; Herzblut *n*; ~ منع الحمل Antibabypille *f*; عمل من الـ~ قبة [ʕamila, qubba(tan)] *Spr.* aus e-r Mücke e-n Elefanten machen

(**حبو**) حبا [ħabaː, uː] **1.** kriechen; *Kind*: krabbeln; **2.** schenken, zuteil werden lassen (ه j-m هـ/ب A); **III** حابى [ħaːbaː] freundlich behandeln; entgegenkommen (ه j-m)

حبوس [ħa'buːs] *Maghr.* Habous *m* (= 3حبس)

حبي [ħubbiː] Liebes-; Freundschafts-

حبيب [ħa'biːb], *pl.* أحباء [ʔaħi'bbaːʔ] (2), أحباب [ʔaħ'baːb] *u.* أحبة [ʔa'ħibba] Liebling *m*, Geliebte(r); liebe(r) Freund; geliebt; lieb, teuer (إلى *j-m*); *Worte*: liebevoll

1**حبيبة** [ħa'biːba], *pl.* حبائب [ħa'baːʔib] (2) Geliebte *f*, Liebste *f*; liebe Freundin

2**حبيبة** [ħu'baiba], *pl.* [-aːt] Körnchen *n*; Pickelchen *n*; Partikelchen *n*

حبيبي [ħu'baibiː] körnig, gekörnt

حبيس [ħa'biːs] eingesperrt; verschlossen; zurückgehalten, unterdrückt; stockend; blockiert

1**حت** [ħatta, u] abschaben, abkratzen; **VI** تحات [ta'ħaːtta] abgeschabt werden; zerfressen werden

2**حت** [ħatt] Abschaben *n*, Abkratzen *n*

حتات [ħu'taːt] Stückchen *n/pl.*, Abfälle *m/pl.*

حتار [ħi'taːr] Rand *m*

حتام [ħa'ttaːma] bis wann?; wie lange (noch)?

حتف [ħatf] Tod *m*; Verderben *n*; لقي ~ه [laqija -ahuː] den Tod finden, ums Leben kommen

1**حتم** [ħatama, i] endgültig entscheiden (ب A); **II** [ħattama] zur Pflicht machen, vorschreiben (على *j-m*); erforderlich machen; **V** تحتم [ta'ħattama] (unbedingt) notwendig sein (على für *j-n*), obliegen (على *j-m*)

2**حتم** [ħatm] Notwendigkeit *f*; zwingende(r) Grund; (unausweichliches) Schicksal; ~ًا [-an] *Adv.* *u.* بالـ~ unbedingt; unweigerlich, zwangsläufig; bestimmt; (ganz) entschieden; ~ أن es ist (unbedingt) notwendig, daß; كان ~ًا عليه أن يفعله [jafʕalahuː] er mußte es tun

حتمي [ħatmiː] notwendig, unbedingt; unabänderlich, unausweichlich; zwangsläufig; *Folge*: unausbleiblich; schicksalhaft; Determinist *m*; ~ًا [-jan] *Adv.* notwendigerweise

حتمية [ħat'miːja] Notwendigkeit *f*; Unabänderlichkeit *f*, Unausweichlichkeit *f*; Zwangsläufigkeit *f*; Schicksalhaftigkeit *f*; *Phil.* Determinismus *m*

حتة [ħitta], *pl.* حتت [ħitat] *Äg.* Stück *n*; Stadtviertel *n*

حتى [ħattaː] **1.** *Präp.* bis, bis zu; ~ ما bis wann?; wie lange (noch)?; **2.** *Konj.* bis (daß); (= ~ أن [ʔanna]) so daß (sogar); ~ إذا so daß, als ...; bis schließlich; ~ إذا ما so daß, wenn ...; ~ لـ [la-] + *Verb*: so daß; ~ لقد أصبح ... [laqad] so daß ... wurde; ~ ... ما إن/أن kaum daß ...; so; **3.** (= ~ أن [ʔanna]) sogar, selbst; + *Negation*: (noch) nicht einmal, sei es auch nur; ~ (و)لو selbst wenn

1**حث** [ħaθθa, u] drängen (على auf *A*, ه *j-n* على zu *D*), antreiben (ه *j-n* zu *D*); aufrufen (على zu *D*); ~ خطاه [xu'tɒːhu] s-e Schritte beschleunigen; **IV** أحث [ʔa'ħaθθa] *obs.* drängen (على auf *A*), aufrufen (على zu *D*); **VIII** احتث [iħ'taθθa] *obs.* = [ħaθθa]; **X** استحث [ista'ħaθθa] drängen (ه *j-n*; هـ auf *A*); zu beschleunigen suchen, forcieren

2**حث** [ħaθθ] Drängen *n*, Antreiben *n*; الـ~ على الحرب Kriegstreiberei *f*; ~ كهرمغنطيسي [kahramaɣna'tiːsiː] elektromagnetische Induktion

حثالة [ħu'θaːla], *pl.* [-aːt] Bodensatz *m*; Abfall *m*; *fig.* Abschaum *m*

(**حثو**) حثا [ħaθaː, uː] streuen (على auf *A*)

حثيث [ħa'θiːθ] *Schritte*: schnell, eilig; *Bemühungen*: intensiv, fieberhaft

1**حج** [ħaddʒa, u] *Isl.* die Pilgerfahrt (*nach Mekka*) machen; wallfahren (إلى/هـ an *e-n Ort*); **III** حاج [ħaːddʒa] disputieren (ه mit *j-m*); argumentieren (ه *j-m* ب gegenüber mit *D*); **VI** تحاج [ta'ħaːddʒa] miteinander disputieren; **VIII** احتج [iħ'taddʒa] als Argument anführen (ب *A*); als Vorwand gebrauchen (ب *A*); geltend machen (بأن [bi-ʔanna] daß); protestieren, Einwand erheben (على gegen *A*); rechtfertigen (لـ *A*)

2**حج** [ħaddʒ] Pilgerfahrt *f* (*nach Mekka*); Wallfahrt *f*

حجاب [ħi'dʒaːb], *pl.* حجب [ħudʒub] *u.* أحجبة [ʔaħdʒiba] *a. fig.* Schleier *m*; Vorhang *m*; Amulett *n*; ~

حاجز Zwerchfell *n*; الريح ~ [ħ. ar-riːħ] Windschutzscheibe *f*
حجابة [ħi'dʒaːba] Amt *n od.* Tätigkeit *f* des Pförtners
حجابي [ħi'dʒaːbiː] Zwerchfell-
1 **حجاج** [ħa'dʒaːdʒ], *pl.* أحجة [ʔa-'ħiddʒa] *u.* حجاج [ħi'dʒaːdʒ] Knochen *m* über der Augenhöhle
2 **حجاج** [ħu'ddʒaːdʒ] → حاج
3 **حجاج** [ħi'dʒaːdʒ] Streit *m*, Disput *m*; Argumentation *f*
حجار [ħa'ddʒaːr], *pl.* [-uːn] Steinbrecher *m*; Steinmetz *m*
حجاز [ħi'dʒaːz] **1.** *e-e Tonreihe der arab. Musik*; **2.** الـ~ *Geo.* (der) Hedschas (*Landschaft in Saudi-Arabien*)
حجام [ħa'ddʒaːm], *pl.* [-uːn] j-d, der durch Schröpfen behandelt, Bader *m*
حجامة [ħi'dʒaːma] *Med.* Schröpfen *n*
1 **حجب** [ħadʒaba, u] verhüllen, verdecken, verschleiern; abschirmen (عن vor *D*); verbergen (هـ عن *etwas* vor *D*); vorenthalten, entziehen (هـ عن *j-m A*); trennen (بين ... وبين *j-n* von *D*); hindern (بين ... وبين *j-n* an *D*); **II** [ħaddʒaba] verhüllen, verbergen; *Frau u. fig.* verschleiern; *Frau* von der Außenwelt abschließen; **V** تحجب [ta'ħaddʒaba] = احتجب; **VII** انحجب [in-'ħadʒaba] sich verhüllen, sich verbergen; **VIII** احتجب [iħ'tadʒaba] sich verhüllen, sich verbergen (عن vor *D*); *dem Blick* entschwinden; sich zurückziehen; *Zeitschrift*: das Erscheinen einstellen
2 **حجب** [ħadʒb] Verhüllung *f*, Verdekken *n*, Verscheierung *f*; Abschirmung *f*; Entzug *m e-r Sache*
حجج → حجة1
1 **حجر** [ħadʒara, u] verbieten, verwehren (هـ على *j-m A*); den Zugang versperren (على *j-m*); hindern (هـ على *j-n* an *D*); entmündigen (على *j-n*); **II** [ħaddʒara] steinhart *od.* zu Stein werden; *Tun.* verbieten (هـ على *j-m A*); **V** تحجر [ta'ħaddʒara] versteinern, zu Stein werden; steinhart werden; erstarren; *Herz*: sich verhärten; **X** استحجر [is'taħdʒara] versteinern, zu Stein werden; steinhart werden
2 **حجر** [ħadʒar], *pl.* حجارة [ħi'dʒaːra] *u.* أحجار [ʔaħ'dʒaːr] Stein *m* (*a. beim Brettspiel*); أساسي ~ Grundstein *m*; الـ~ الأسود [al-ʔaswad] der Schwarze Stein (*der Kaaba*); ~ جيري [dʒiːriː] Kalkstein *m*; ~ رملي Sandstein *m*; الزاوية ~ [ħ. az-zaːwija] *a. fig.* Eckstein *m*; ~ الشطرنج [ħ. aʃ-ʃɒt'randʒ] *a. fig.* Schachfigur *f*; عثرة ~*fig.* Stolperstein *m*; القمر ~ [ħ. al-qamar] *Min.* Selenit *m*; الطبع على الـ~ Lithographie *f*
3 **حجر** [ħadʒr] Verbot *n* (على *G*); Einschränkung *f* (على *G*); Absperrung *f*; Entmündigung *f* (على *j-s*); ~ صحي [siħħiː] Quarantäne *f*
4 **حجر** [ħidʒr], *pl.* أحجار [ʔaħ'dʒaːr] *u.* حجور [ħu'dʒuːr] verboten, untersagt; Schoß *m*; في ~ه in seinem Schoße, unter seinem Schutz
حجرة [ħudʒra], *pl.* [ħudʒu'raːt, ħudʒa'raːt] *u.* حجر [ħudʒar] Zimmer *n*, Raum *m*; Gemach *n*, Kammer *f*; Zelle *f im Gefängnis*; Abteil *n*; المائدة ~ Speisezimmer *n*
حجري [ħadʒariː] steinern, Stein-; العصر الـ~ Steinzeit *f*; العصر الـ~ الحديث Neolithikum *n*
1 **حجز** [ħadʒaza, i] zurückhalten; festnehmen, inhaftieren; einschließen; (für sich) reservieren, *Platz* belegen, *Karte* bestellen; sperren; in Beschlag nehmen; *Jur.* beschlagnahmen (هـ/على *A*), sicherstellen; *Jur.* pfänden; zurückbehalten, einbehalten; **VIII** احتجز [iħ'tadʒaza] zurückhalten; festhalten, *als Geisel* gefangenhalten; (für sich) reservieren *od.* zurückbehalten; *Zimmer* bestellen
2 **حجز** [ħadʒz] Zurückhalten *n*; Festnahme *f*; *pl.* حجوزات [ħudʒuː'zaːt] Reservierung *f*, Belegung *f*, Bestellung, Buchung *f*; Sperrung *f*; *Jur.* Beschlagnahme *f*, Sicherstellung *f*; *Jur.* Pfändung *f*; Einbehaltung *f*; الثقة ~ [ħ. aθ-θiqa] Entzug *m* des Vertrauens; الحرية ~ [ħ. al-ħu'rriːja] *Jur.* Freiheitsberaubung *f*; الرهائن ~ [ħ. ar-ra'haːʔin] Geiselnahme *f*; ألقى الـ~ على [ʔalqaː] etwas beschlagnahmen
حجزة → حاجز
1 **حجل** [ħadʒala, i] hüpfen, umherspringen
2 **حجل** [ħadʒal] *koll., n. un.* ~ـة Rebhuhn *n*
3 **حجل** [ħidʒl], *pl.* أحجال [ʔaħ'dʒaːl] *u.* حجول [ħu'dʒuːl] Fußring *m* (*Frauenschmuck*)
1 **حجلة** [ħadʒala], *pl.* حجال [ħi'dʒaːl] Gemach *n* für die Braut
2 **حجلة** [ħadʒla]: لعبة الـ~ Hüpfspiel *n*
1 **حجم** [ħadʒama, u] *Med.* schröpfen; **II** [ħaddʒama] beschränken, einengen, *j-s* Rolle beschneiden; **IV** أحجم [ʔaħdʒama] ablassen (عن von *D*), verzichten (عن auf *A*); nicht wollen, unterlassen (عن *A*); sich enthalten (عن *G*); sich scheuen (عن *etwas zu tun*); *absolut a.* sich zurückhalten, sich *etwas* versagen, sich weigern
2 **حجم** [ħadʒm], *pl.* أحجام [ʔaħ'dʒaːm] *u.* حجوم [ħu'dʒuːm] Größe *f*, Umfang *m*, *a. fig.* Volumen *n*; Format *n e-s Buches*; كبير الـ~ voluminös, dick, umfangreich
1 **حجة** [ħuddʒa], *pl.* حجج [ħudʒadʒ] Argument *n*; Vorwand *m*; *Phil.* Beweis *m*; Urkunde *f*; Autorität *f*; ~ الإسلام *Titel hoher schiitischer Würdenträger*; بـ~ أن [ʔanna] mit dem Argument *od.* unter dem Vorwand, daß
2 **حجة** [ħiddʒa]: ذو الـ~ [ðuː l-ħ.] *12. Monat des islamischen Jahres*
(**حجو**) حجا [ħadʒaː, uː]: ~ به خيرا [xairan] von j-m e-e gute Meinung haben
حجيج → حاج
1 **حد** [ħadda, u] **1.** begrenzen, einschränken (هـ/من *A*); abgrenzen (من von *D*, gegen *A*); **2.** *a. fig.* schärfen; – [ħadda, i] wütend werden (على gegen *j-n*), zornig sein (على auf *j-n*); – [ħadda, i, u] Trauerkleidung tragen (على wegen *e-s Verstorbenen*); **II** حدد [ħaddada] **1.** begrenzen, eingrenzen, be-

schränken, einschränken; abgrenzen, markieren; bestimmen, definieren; festlegen, festsetzen; **2.** *a. fig.* schärfen; **IV** أحد [ʔaˈħadda] *fig.* schärfen, scharf machen; ~ البصر [l-bɒsɒra] scharf hinsehen; **V** تحدد [taˈħaddada] begrenzt, beschränkt werden; definiert werden; bestimmt, festgesetzt werden; festgelegt werden (ب auf *A*); **VIII** احتد [iħˈtadda] heftig werden; in Wut geraten (على über *A*); sich verschärfen

2**حد** [ħadd] Begrenzung *f*, Einschränkung *f* (من *G*); *pl.* حدود [ħuˈduːd] Rand *m*, (*scharfe*) Kante; Schneide *f*; Grenze *f*, Ende *n*; Grenzwert *n*, Limit *n*; Maß *n*, Grad *m*; *Math.* Glied *n*; *Phil.* Definition *f*; *bsd. pl.* im Koran festgelegte Strafe; *pl. a.* Grenze *f e-s Landes*; ~لـ [li-ħaddi] + *G u.* ~ إلى bis (zu); ~لـ الآن bis jetzt; إلى ~ ما [-in] bis zu e-m gewissen Grade; إلى أبعد الحدود weitestgehend; إلى ~ كبير in hohem Maße, weitgehend; لا ~ له [-a] grenzenlos, endlos; بلا حدود grenzenlos; إلى غير ~ endlos *dauern*; على ~ + *G*: gemäß; على ~ قوله [-i qaulihiː] nach seinen Worten; على ~ سواء [-in saˈwaːʔin] in gleicher Weise; في ~ ذاته an sich, als solcher; هدف في ~ ذاته [hadaf] Selbstzweck *m*; في حدود + *G*: im Rahmen von, innerhalb; ungefähr; ~ أدنى [ʔadnaː], *pl.* حدود دنيا [dunjaː] Minimum *n*; ~ أعلى [ʔaʕlaː], *pl.* حدود عليا [ʕuljaː] Höchstgrenze *f*, Obergrenze *f*; Maximum *n*; ~ أقصى [ʔaqsɒː], *pl.* حدود قصوى [quswaː] Maximum *n*; الـ~ الأقصى للسرعة [li-s-surʕa] (*zulässige*) Höchstgeschwindigkeit; حدود الله die göttlichen Gebote *n/pl.*; ~ فاصل Trennungslinie *f*; *Pol.* Demarkationslinie *f*

1**حداء** [ħaˈddaːʔ], *pl.* [-uːn] Kameltreiber *m*

2**حداء** [ħiˈdaːʔ] → 1حدأة *u.* 3حدأة

حداثة [ħaˈdaːθa] Neuheit *f*, Modernität *f*; Jugend(lichkeit) *f*

1**حداد** [ħaˈddaːd], *pl.* [-uːn] Schmied *m*; ~ السيارات [ħ. as-sajjaːˈraːt] Autoschlosser *m*; بينه وبين فلان ما صنع الـ~ [fuˈlaːn, sɒnaʕa] sie sind miteinander verfeindet

2**حداد** [ħiˈdaːd] Trauer *f* (على um *A*); ~ ا على [-an] zum Zeichen der Trauer um *j-n*; لبس الـ~ [labisa] Trauer tragen; → حديد

حدادة [ħiˈdaːda] Schmiedehandwerk *n*, Schmiedekunst *f*

حدافة [ħaˈddaːfa] *Äg.*, *Syr.* Schwungrad *n*

1**حدأة** [ħadaʔa], *pl.* حداء [ħiˈdaːʔ] zweischneidige Axt

2**حداة** [ħuˈđaːt] → 3حاد

3**حدأة** [ħidaʔa], *pl.* حدأ [ħidaʔ], حداء [ħiˈdaːʔ] *u.* حدآن [ħidˈʔaːn] *Zool.* Gabelweihe *f*, Rote(r) Milan

1**حدب** [ħadiba, a] (nach außen) gewölbt, bucklig sein; zugetan sein (على *j-m*), umsorgen (على *j-n*); **II** [ħaddaba] wölben, konvex machen; **V** تحدب [taˈħaddaba] gewölbt, bucklig sein; **XII** احدودب [iħˈdaudaba] gekrümmt sein

2**حدب** [ħadab] **1.** *pl.* أحداب [ʔaħˈdaːb] *u.* حداب [ħiˈdaːb] Bodenerhöhung *f*; Buckel *m*; من كل ~ وصوب [wa-sɒub] von überall her; **2.** (Zu-)Neigung *f* (على zu *j-m*); Besorgtheit *f* (على um *j-n*)

3**حدب** [ħudb] → أحدب

حدباء → أحدب

حدبة [ħadaba] Buckel *m*, Höcker *m*; Wölbung *f*; *Techn.* Nocken *m*

1**حدث** [ħadaθa, u] geschehen (*a.* ل mit *D*), sich ereignen, auftreten, eintreten; passieren, zustoßen (ل *j-m*); – [ħaduθa, u] neu sein; **II** [ħaddaθa] sprechen, reden (ه mit *j-m*, عن von *D*, über *A*); erzählen, berichten (ه *j-m*); **III** حادث [ħaːdaθa] sprechen (ه mit *j-m*, عن/في über *A*); ansprechen (ه *j-n*); anrufen; **IV** أحدث [ʔaħdaθa] hervorrufen, bewirken, verursachen, auslösen; schaffen, ins Leben rufen, (be)gründen; ~ حدثا [ħadaθan] etwas tun; etwas anstellen; **V** تحدث [taˈħaddaθa] sprechen, reden (إلى mit *j-m*, عن/في/ب über *A*, von *D*), plaudern (مع mit *j-m*); ~ بلغة [bi-luɣatin], ~ لغة [luɣatan] e-e Sprache sprechen; **VI** تحادث [taˈħaːdaθa] miteinander sprechen, reden *od.* plaudern; **X** استحدث [isˈtaħdaθa] (neu) einführen *od.* schaffen; *Veränderung* herbeiführen

2**حدث** [ħadaθ], *pl.* أحداث [ʔaħˈdaːθ] Ereignis *n*, Vorfall *m*, Vorgang *m*; Jugendliche(r), Jüngling *m*; *Isl.* kleine rituelle Unreinheit; *pl. a.* Handlung *f e-s Romans*; رعاية الأحداث [riˈʕaːjat al-ʔa.] Jugendfürsorge *f*

حدثان [ħadaˈθaːn, ħidˈθaːn]: ~ الدهر Schicksalsschläge *m/pl.*, Unglück *n*

حدج [ħadadʒa, i]: ~ـه بنظرة حادة [ħaːdda] j-n scharf ansehen

1**حدر** [ħadira, a] schielen; **V** تحدر [taˈħaddara] herabsteigen, herabkommen, herabgleiten; *Tränen*: herabkullern; abstammen (من von *D*); **VII** انحدر [inˈħadara] herabsteigen, herabkommen, herabfließen; hinabgehen; an e-n Ort (إلى) gelangen; *Tränen*: herabkullern; *Gelände*: abfallen, sich senken; *Lohn*: sinken; *fig.* absinken, herunterkommen; abstammen (من von *D*)

2**حدر** [ħadar] Schielen *n*

3**حدر** [ħudr] → أحدر

حدراء → أحدر

1**حدس** [ħadasa, u, i] vermuten; (er-)ahnen; intuitiv erkennen

2**حدس** [ħads] Vermutung *f*; Spürsinn *m*; Intuition *f*

حدسي [ħadsiː] intuitiv

حدف [ħadafa, u, i] *Syr.* werfen

حدق [ħadaqa, i]: ~ـه بعينيه [bi-ʕaiˈnaihi] j-n anschauen; **II** [ħaddaqa] schauen, blicken; *fig.* auf *etwas* (في) schauen, *etwas* (في) im Auge haben; ~ (ببصره) في/إلى [bi-bɒˈsɒrihiː] *u.* ~ عينه إلى [ʕainahuː] *j-n* anblicken, anstarren; **IV** أحدق [ʔaħdaqa] ansehen, anblicken (في/ب/إلى *A*), schauen (في/ب/ إلى auf *A*); umgeben, umringen, einschließen; *Gefahr*: drohen

حدقة [ħadaqa], *pl.* [-aːt] Pupille *f*
حدل [ħadala, i] (glatt)walzen
(**حدم**) **VIII** احتدم [iħ'tadama] *a. fig.* entbrennen, (auf)lodern; *Kampf*: heftig sein *od.* werden; *Disput*: sich entzünden; *Schmerzen*: (immer) stärker werden
¹**حدة** [ħida] Alleinsein *n*; ~ على (für sich) allein
²**حدة** [ħidda] Schärfe *f*; Heftigkeit *f*, Intensität *f*; Wut *f*, Ärger *m*; Leidenschaftlichkeit *f*; بـ~ heftig; drastisch (*Adv.*); ~ في scharf, heftig (*Adv.*)
(**حدو**) حدا [ħadaː, uː] *Kamele mit Gesang* antreiben; *fig.* treiben, anspornen, bewegen (ب إلى *j-n* zu *D*); يحدونا الأمل في [al-ʔamal(u)] wir hegen die Hoffnung, *daß* …; **V** تحدى [ta'ħaddaː] herausfordern; trotzen, die Stirn bieten (ه/ـه *D*); *j-s Zorn* reizen; rivalisieren (ه mit *j-m*)
حدوتة [ħa'duːta] *Äg. umg.* Geschichte *f*, Erzählung *f*
حدوث [ħu'duːθ] Geschehen *n*, Eintreten *n e-s Ereignisses od. Zustandes*
حدوثة [ħu'duːθa] *Äg.* Geschichte *f*, Erzählung *f*
حدود [ħu'duːd] (*pl. von* → ²حد) (Landes-)Grenze *f*
حدودي [ħu'duːdiː] Grenz-, grenznah
حدور [ħa'duːr] Abhang *m*, abschüssige(s) Gelände
حدوة [ħidwa], *pl.* [-aːt] *Äg.*, *Syr.* Hufeisen *n*
حدي [ħaddiː] Grenz-
حديث [ħa'diːθ] **1.** *pl.* حداث [ħi'daːθ] *u.* [-uːn] modern, neu; (= ~ السن [ħ. as-sinn]) jung; *bsd. Biol.* rezent; ~ًا [-an] *Adv.* neulich, jüngst; ~ الزواج [ħ. az-za'waːdʒ] neuvermählt; ~ العهد erst vor kurzem erworben, neuen Datums; ~ العهد ب noch nicht lange vertraut mit; (noch) Neuling in; ~ النشأة jung, neu(gegründet); **2.** *pl.* أحاديث [ʔaħaː'diːθ] (2) Rede *f*, Worte *n/pl.*, Gespräch *n*, Unterhaltung *f*; *pej.* Gerede *n*; Interview *n* (ل mit *D*); Erzählung *f*, Bericht *m*; *Zeitung*: Artikel *m*; *Isl.* Tradition *f*, Überlieferung *f* (*über den Propheten*), Hadith *m*; الأحاديث الشريفة die überlieferten Aussprüche *m/pl.* des Propheten; علم الـ~ [ʕilm al-ħ.] *Isl.* Traditionswissenschaft *f*; أجرى ~ًا [-an] مع *j-n* interviewen
حديد [ħa'diːd] Eisen *n*; *pl.* حداد [ħi'daːd] *a. fig.* scharf; ~ تسليح Armierungseisen *n*; ~ زهر *u.* ~ صب [ħ. sɒbb] Gußeisen *n*; ~ غفل [ħ. ɣufl] Roheisen *n*
حديدة [ħa'diːda], *pl.* حدائد [ħa'daːʔid] (2) Stück *n* Eisen; Gegenstand *m* aus Eisen; *pl.* Eisenwaren *f/pl.*; Schmiedearbeiten *f/pl.*
حديدي [ħa'diːdiː] eisern, Eisen-; Eisenbahn-
حديقة [ħa'diːqa], *pl.* حدائق [ħa'daːʔiq] (2) Garten *m*; ~ الحيوانات [ħ. al-ħajawaː'naːt] Zoo *m*; ~ عامة [ʕaːmma] Park *m*
¹**حذاء** [ħa'ððaːʔ], *pl.* [-uːn] Schuhmacher *m*, Schuster *m*
²**حذاء** [ħi'ðaːʔ] **1.** *pl.* أحذية [ʔaħðija] Schuh *m*; ein Paar Schuhe; ~ طويل Schaftstiefel *m* (*pl.*); **2.** [ħi'ðaːʔa] *u.* بحذاء [bi-ħi'ðaːʔi] *Präp.* gegenüber; entlang; neben; parallel (zu)
حذار [ħa'ðaːri] Vorsicht!; ~ من hüte dich vor …!
حذافير [ħaðaː'fiːr] (2) *pl.*: بحذافيره ganz, vollständig (*Adv.*)
حذاق → حاذق
حذاقة [ħa'ðaːqa] Geschick *n*, Geschicklichkeit *f*, Können *n*
¹**حذر** [ħaðira, a] sich in acht nehmen, hüten (ه/ـه/من vor *D*); **II** [ħaððara] warnen (ه/ـه من *j-n* vor *D*); **III** حاذر [ħaːðara] auf der Hut sein (ه/ ـه/من vor *D*); *Imp.* حاذر [ħaːðir] Vorsicht!
²**حذر** [ħaðar, ħiðr] Vorsicht *f*, Wachsamkeit *f*; Argwohn *m*; Befürchtung *f* (من daß); Mißtrauen *n*; بـ~ *u.* ~ في vorsichtig (*Adv.*); أخذ ~ه auf der Hut sein (من vor *D*)
³**حذر** [ħaðir], *pl.* [-uːn] vorsichtig, wachsam; argwöhnisch
¹**حذف** [ħaðafa, i] wegnehmen, weglassen, auslassen; streichen (من aus *D*); beseitigen, aufheben; *Titel* abschaffen; *Gr.* elidieren
²**حذف** [ħaðf] Weglassen *n*, Auslassen *n*, Streichung *f*; Beseitigung *f*; *Gr.* Elision *f*
¹**حذق** [ħaðaqa, i] geschickt machen, beherrschen; gut können
²**حذق** [ħiðq] Geschick *n*, Geschicklichkeit *f*, Können *n*; (gute) Beherrschung
¹(**حذلق**) **II** تحذلق [ta'ħaðlaqa] kluge Reden führen; pedantisch sein
²**حذلق** [ħiðliq] Schwätzer *m*
حذلقة [ħaðlaqa] Wichtigtuerei *f*; Geziertheit *f*; Pedanterie *f*
¹(**حذو**) حذا [ħaðaː, uː]: ~ حذوه [ħaðwahuː] j-s Beispiel folgen, es so machen wie j-d; **III** حاذى [ħaːðaː] sich gegenüber j-m (ه) *od.* e-r Sache (ـه) befinden; parallel verlaufen (ـه zu *D*); auf gleicher Linie *od.* Höhe stehen (ه/ـه mit *D*); entlanggehen (ـه *D*); **VI** تحاذى [ta'ħaːðaː] einander gegenüberliegen; parallel laufen; **VIII** احتذى [iħ'taðaː] **1.** j-s Beispiel (ه) folgen, es so machen wie j-d (ه); sich *j-n* zum Vorbild nehmen; مثل يحتذى [maθalun juħ'taðaː] Vorbild *n*, Leitbild *n*; **2.**: ~ بحذاء [bi-ħi'ðaːʔ] Schuhe anziehen *od.* tragen
²**حذو** [ħaðwa] *Präp.* gegenüber; parallel zu; hinter; → ¹(حذو)
حذوة [ħuðwa, ħiðwa] Scheibe *f* Fleisch
¹**حر** [ħarra, u, i] heiß sein; **II** حرر [ħarrara] befreien; *Sklaven* freilassen; *Energie* freisetzen; abfassen, niederschreiben, redigieren; *Urkunde* ausstellen; **V** تحرر [ta'ħarrara] sich befreien (من von *D*); sich emanzipieren; befreit werden; abgefaßt *od.* ausgestellt werden; **X** استحر [ista'ħarra] *a. fig.* heiß werden; heftig *od.* stark werden
²**حر** [ħarr] *a. fig.* Hitze *f*; واحر قلباه [waː-ħarra qal'baːh] o Herzenspein!
³**حر** [ħurr], *pl.* أحرار [ʔaħ'raːr], *f/pl.* حرائر [ħa'raːʔir] (2) frei, ungebunden; liberal; *Institution*: nichtstaatlich; *Metall*: echt, rein; حرائر edle

od. vornehme Damen *f/pl.*; ~ الفكر [ħ. al-fikr] aufgeschlossen, liberal; سباحة ~ة [si'baːħa] Freistilschwimmen *n*; ~ عمل [ʕamal] freie Betätigung; freiberufliche Tätigkeit; مدرسة ~ة Privatschule *f*; من ~ ماله aus eigenen Mitteln

1**حراث** [ħa'rraːθ], *pl.* [-uːn] Pflüger *m*

2**حراث** [ħu'rraːθ] → حارث

1**حراثة** [ħa'rraːθa], *pl.* [-aːt] Pflüggerät *n*; آلية ~ Maschinenpflug *m*

2**حراثة** [ħi'raːθa] Ackerbau *m*, Bodenbestellung *f*

1**حراج** [ħa'raːʤ] *Äg.*, *Saudi-Ar.* Auktion *f*

2**حراج** [ħi'raːʤ] → 2حرج

1**حراجة** [ħa'raːʤa] Kompliziertheit *f*, kritische(r) Charakter *der Lage*

2**حراجة** [ħi'raːʤa] Forstwirtschaft *f*

حراجي [ħi'raːʤiː] Forst-; forstwirtschaftlich; Forstbeamte(r)

حرارة [ħa'raːra] Hitze *f*; *a. fig.* Wärme *f*; (= درجة الـ~ [daradʒat al-ħ.]) Temperatur *f*; *a. fig.* Fieber *n*; *Med.* Brennen *n*; Inbrunst *f*, Leidenschaft *f*; Herzlichkeit *f*; ~ الاحتكاك *Phys.* Reibungswärme *f*; علم الـ~ [ʕilm al-ħ.] *Phys.* Wärmelehre *f*

حراري [ħa'raːriː] Wärme-, Thermo-; Kalorien-; حراريات *pl.* Schamottesteine *m/pl.*; (= حراريات عازلة) Wärmeisolierstoffe *m/pl.*; نووي ~ [nawawiː] thermonuklear; ~ عزل Wärmeisolierung *f*, Wärmedämmung *f*; وحدة ~ة Kalorie *f*

حراس → حارس

حراسة [ħi'raːsa] Bewachung *f*, Aufsicht *f*; Wache *f*; *Mil.* Geleit *n*; *Jur.* Sequestration *f*, Verwaltung *f*; ~ السواحل [ħ. as-sa'waːħil] Küstenwacht *f*

حرافة [ħa'raːfa] Schärfe *f des Geschmacks*

حراق [ħa'rraːq] *a. fig.* brennend, heiß; *Speise*: scharf; *pl.* [-aːt] *Syr.* Boiler *m*, Heißwasserbereiter *m*

حراقة [ħa'rraːqa] Kanonenboot *n*

حراك [ħa'raːk] Bewegung *f*

1**حرام** [ħa'raːm] verboten; Verbotene(s); unrechtmäßig, unerlaubt; Sünde *f*; unverletzlich, unantastbar; *Isl.* geheiligt, heilig; ~ ابن [ibn ħ.] *Schimpfwort*: Hurensohn *m*, gemeine(r) Kerl; البيت الـ~ [al-bait] die Kaaba; دنيا الـ~ [dunjaː l-ħ.] die Halbwelt; الشهر الـ~ der Monat Muharram; المسجد الـ~ [al-masʤid] die heilige Moschee in Mekka; ~ منطقة [mintɒqat ħ.] Niemandsland *n*; neutrale(s) Gebiet; Sperrzone *f*; ~ عليك das darfst du nicht tun *od.* sagen; ~ أن es geht nicht an, daß; الـ~ لا ينفع [janfaʕ(u)] *Spr.* unrecht Gut tut selten gut

2**حرام** [ħi'raːm], *pl.* [-aːt] *u.* أحرمة [ʔaħrima] Wolldecke *f als Kleidungsstück*

حرامي [ħa'raːmiː], *pl.* ~ة Dieb *m*, Räuber *m*, Bandit *m*

حران [ħa'rraːn], *pl.* حرار [ħi'raːr], *f* حرى [ħarraː], *pl.* حرارى [ħa'raːraː] heiß; *fig.* schmachtend, sehnsuchtsvoll; ~ أنا mir ist heiß

حرائري [ħa'raːʔiriː] Seidenweber *m*

1**حرب** III حارب [ħaːraba] bekämpfen, bekriegen; (an)kämpfen (ه gegen *j-n*); VI تحارب [ta'ħaːraba] einander bekämpfen; miteinander Krieg führen

2**حرب** [ħarb] *f*, *pl.* حروب [ħu'ruːb] Krieg *m* (على gegen *A*); Kampf *m* (على gegen *A*); Feind *m*, Feinde *m/pl.* (على *j-s*); أهلية ~ Bürgerkrieg *m*; باردة ~ kalte(r) Krieg; ~ صليبية *hist.* Kreuzzug *m*; الـ~ العالمية الثانية [al-ʕaːla'miːja(tu) θ-θaːnija] der Zweite Weltkrieg; ~ نووية [nawa'wiːja] Atomkrieg *m*

حرباء [ħir'baːʔ], *pl.* حرابي [ħaraː'biːj] (2) Chamäleon *n*

حربة [ħarba], *pl.* حراب [ħi'raːb] Lanze *f*, Speer *m*; Bajonett *n*

حربي [ħarbiː] Kriegs-, kriegerisch; Militär-, militärisch; Rüstungs-

حربية [ħar'biːja] Kriegswesen *n*; *Äg.* Kriegsakademie *f*; وزير الـ~ Kriegsminister *m*

1**حرث** [ħaraθa, u] pflügen, *Boden* bestellen *od.* bebauen; يحرث في البحر seine Bemühungen sind ein Schlag ins Wasser

2**حرث** [ħarθ] Pflügen *n*; Bodenbestellung *f*, Ackerbau *m*; Ackerland *n*; شهر الـ~ *Libyen* November *m*

1**حرج** [ħariʤa, a] eng, beengt sein; *Situation*: kritisch sein; untersagt sein (على *j-m*); صدره ~ bedrückt sein; II [ħarraʤa] 1. verbieten (ه على *A j-m*); Schwierigkeiten machen (على في *j-m* bei *D*); 2. aufforsten; IV أحرج [ʔaħraʤa] in die Enge treiben; in Verlegenheit *od.* in e-e peinliche Lage bringen; verbieten (ه على *A j-m*); V تحرج [ta'ħarraʤa] *Lage*: kritisch, schwierig werden; in die Enge getrieben werden, in Bedrängnis geraten; penibel sein (في in *D*); zurückschrecken (من vor *D*); vermeiden (من *A*); صدره ~ bedrückt sein (من wegen *G*)

2**حرج** [ħaraʤ] 1. Beengung *f*; Verlegenheit *f*, Befangenheit *f*; Hemmung *f*; Schwierigkeit *f*, Bedrängnis *f*, kritische Lage, Klemme *f*; unrechte(s) Tun; لا ~ فيه [-a] es ist nichts dagegen einzuwenden; لا ~ عليك في فعل ذلك [fiʕli ðaːlika] du kannst es ruhig tun; لا يرى ~ا في أن يفعله [jaraː -an, jafʕalahuː] er hat keine Bedenken, es zu tun; 2. *koll.*, *n. un.* ~ة, *pl.* حراج [ħi'raːʤ] *u.* أحراج [ʔaħ'raːʤ] Wald *m*, Waldland *n*, Forst *m*

3**حرج** [ħariʤ] beengt; schwierig, kritisch; الصدر ~ bedrückt

حرجة [ħaraʤa] Wald *m*, Waldstück *n*

حرجي [ħaraʤiː] Wald-, Forst-

حرد [ħarida, a] verdrießlich, ärgerlich sein

حردان [ħar'daːn] verdrießlich, ärgerlich

حردبة [ħir'dabba] *Syr.* Höcker *m des Kamels*

حرذون [ħir'ðaun], *pl.* حراذين [ħaraː'ðiːn] (2) Eidechse *f*

1**حرز** [ħaraza, u] bewachen, schützen; – [ħaruza, u] stark befestigt sein; IV أحرز [ʔaħraza] erlangen (ه, *a.* على *A*); *Sieg* erringen; *Fortschritt* erzielen; V تحرز [ta'ħarraza] sich hüten (من vor *D*); mit Vorsicht begegnen (من *D*); **VIII** احترز [iħ'taraza] sich hüten (من vor *D*); sich vorsehen (من vor *D*)

2**حرز** [ħirz], *pl.* أحراز [ʔaħ'raːz] sichere(r) Ort; Amulett *n*, Talisman *m*; في ~ حريز in Sicherheit; gut verwahrt

1**حرس** [ħarasa, u] bewachen, bewahren, hüten, beaufsichtigen; *Mil.* Geleitschutz geben (ـه *D*); auf der Hut sein; **V** تحرس [ta'ħarrasa] = احترس; **VIII** احترس [iħ'tarasa] vorsichtig, auf der Hut sein; sich hüten (من vor *D*)

2**حرس** [ħaras] Wache *f*, Leibwache *f*, Garde *f*; الـ~ السيار [as-sa'jjaːr] motorisierte Bereitschaftspolizei; ~ الشرف [ħ. aʃ-ʃaraf] Ehrenwache *f*; Ehrenkompanie *f*; الـ~ الملكي [al-malakiː] königliche Garde; الـ~ الوطني [al-wɒtɒniː] Nationalgarde *f*

1**حرش II** [harraʃa] aufhetzen (بين *Leute* gegeneinander); **V** تحرش [ta'ħarraʃa] Händel suchen (ب mit *j-m*); herausfordern, provozieren (ب *j-n*); belästigen (ب *ein Mädchen*)

2**حرش** [ħurʃ, ħirʃ], *pl.* أحراش [ʔaħ'raːʃ] Wald *m*, Dickicht *n*

حرشف [ħarʃaf], *pl.* حراشف [ħa'raːʃif] (2) Schuppen *f/pl. vom Fisch*

1**حرص** [ħarɒsɒ, i] *u.* [ħarisɒ, a] streben (على nach *D*), bestrebt sein (على zu), bemüht sein (على um *A*), bedacht sein (على auf *A*); Rücksicht nehmen (على auf *A*); sich kümmern (على um *A*)

2**حرص** [ħirs] Streben *n* (على nach *D*), Bestreben (على zu), Bemühen *n* (على um *A*), Bedachtheit *f* (على auf *A*); Rücksichtnahme *f* (على auf *A*); Besorgtheit *f* (على um *A*); ~ا على [-an] im Streben nach, im Interesse von; الـ~ على الثأر Rachsucht *f*; الـ~ على المال Geldgier *f*

حرض II [ħarrɒđɒ] anstacheln, antreiben, anstiften (على ه *j-n* zu *D*); (auf)reizen; aufhetzen, aufwiegeln (على ه *j-n* zu *D*, على/ضد gegen *A*)

1**حرف** [ħarafa, i] abwenden, ablenken (عن von *D*); abweichen (عن von *D*); **II** [ħarrafa] *Sinn* verdrehen, entstellen; *Lehre* verfälschen; *Namen* verballhornen; **VII** انحرف [in'ħarafa] abweichen; sich abwenden (عن von *D*); abbiegen; *Auto*: ausscheren; übergehen (إلى zu *D*, in *A*); ausarten (إلى in *A*); auf die schiefe Bahn geraten; straffällig werden; verwahrlosen; schief sein *od.* werden; *vom rechten Weg* (عن) abkommen lassen (ب *A*); **VIII** احترف [iħ'tarafa] als Beruf ausüben; ~ الرياضة [r-ri'jɒːđɒ] *Sport*: Profi sein

2**حرف** [ħarf] **1.** Entstellung *f*, Verfälschung *f*; **2.** *pl.* حروف [ħu'ruːf] *u.* حرف [ħiraf] Rand *m*, Kante *f*; **3.** *pl.* حروف [ħu'ruːf] *u.* أحرف [ʔaħruf] Buchstabe *m*; Konsonant *m*; *Phon.* Laut *m*; Gr. Partikel *f*; Schriftzeichen *n*, Type *f*; ~ أصلي *Gr.* Wurzelkonsonant *m*; الحروف الأبجدية [al-ʔabdʒa'diːja] *u.* حروف الهجاء [ħ. al-hi'dʒaːʔ] das Alphabet; ~ الجر [ħ. al-dʒarr] *Gr.* Präposition *f*; ~ جزم *Gr.* Partikel *f* mit folgendem Apokopatus; ~ ساكن Konsonant *m*; ~ صوتي [sɒutiː] Vokal *m*; الـ~ العربي die arabische Schrift; ~ العطف koordinierende Konjunktion; ~ مائل *Typ.* Kursivschrift *f*; بالـ~ الواحد buchstäblich; auf den Buchstaben genau; wörtlich; ~ا بـ~ [-an] Wort für Wort, wortwörtlich; وقع بالأحرف الأولى [waqqaʕa bi-l-ʔaħrufi l-ʔuːlaː] paraphieren

3**حرف** [ħurf] Gartenkresse *f*

حرفة [ħirfa], *pl.* حرف [ħiraf] Gewerbe *n*; (= ~ يدوية [jada'wiːja]) Handwerk *n*; Beruf *m*

1**حرفي** [ħarfiː] buchstäblich, wörtlich (*Adv.* ~ا [-jan]); *Einhaltung*: strikt

2**حرفي** [ħirfiː, ħirafiː] gewerblich, Gewerbe-; handwerklich, Handwerks-; *pl.* [-uːn] Gewerbetreibende(r); Handwerker *m*

حرفية [ħar'fiːja] Wortlaut *m*, wörtliche Bedeutung

1**حرق** [ħaraqa, u, i] *Wunde*: brennen, schmerzen; verbrennen; *Ziegel* brennen; *Zigarette* rauchen; *Geld* verschlingen; *Zeit* zubringen, vergeuden; *fig.* vernichten; ~ أسنانه mit den Zähnen knirschen; ~ دمه [damahuː] sich aufregen; *fig.* j-m Wunden schlagen; j-n (bis zur Weißglut) reizen; ~ قلبه j-m ins Herz schneiden, j-m Wunden schlagen; ~ نفسه sich verzehren; **II** [ħarraqa] verbrennen; ~ أسنانه mit den Zähnen knirschen; **IV** أحرق [ʔaħraqa] *Wunde*: brennen, schmerzen; verbrennen; in Brand stecken, anzünden; versengen; *Zigarette* rauchen; *fig.* vernichten; *fig.* verzehren; quälen; *Pass.* [ʔuħriqa] *Gebäude*: niederbrennen; **V** تحرق [ta'ħarraqa] entflammen; brennen (إلى auf *A*), sich (leidenschaftlich) sehnen (إلى nach *D*); **VIII** احترق [iħ'taraqa] Feuer fangen; brennen; verbrennen, verbrannt werden; sich verbrennen (ب an *D*); ~ شوقا [ʃauqan] brennen (إلى auf *A*); sich vor Sehnsucht verzehren (إلى nach *D*)

2**حرق** [ħarq] Verbrennung *f*, Brandstiftung *f*; *pl.* حروق [ħu'ruːq] Brandmal *n*; Brandwunde *f*; ~ الشمس Sonnenbrand *m*

حرقان [ħara'qaːn] Brennen *n*, brennende(s) Gefühl

حرقدة [ħarqada], *pl.* حراقد [ħa'raːqid] (2) Adamsapfel *m*

1**حرقة** [ħarqa] Verbrennung *f*

2**حرقة** [ħurqa] Brennen *n*, Schmerz *m*; Qual *f*, Pein *f*; Glut *f*, Leidenschaft *f*

1**حرك II** [ħarraka] bewegen, in Gang setzen; *Truppen* in Marsch setzen; (um)rühren; *a. fig. Feuer* schüren; anregen, erwecken; antreiben, veranlassen (على ه *j-n* zu *D*); *Kräfte* mobilisieren; *Gr.* vokalisieren; ~ مشاعره [maʃaː'ʕirahuː] *u.* ~ عواطفه [ʕawaː'ṭifahuː] j-n erregen; j-n rühren; لا يحرك ساكنا [saːkinan] nicht berühren, kalt lassen (في *j-n*); keinen Finger rühren; **V** تحرك [ta'ħarraka] sich bewegen; sich in Bewegung setzen, abfahren, aufbrechen; *fig.* in Gang kommen; tätig werden, handeln; e-n Vorstoß unternehmen; angeregt *od.* entfacht werden; in Erregung geraten; لم يتحرك من مكانه er rührte sich nicht von der Stelle

[2]**حرك** [ħarik] beweglich, lebhaft

حركة [ħaraka], *pl.* [-aːt] *a. fig.*, *Pol.* Bewegung *f*; Tätigkeit *f*; Handlung *f*, Aktion *f*; Regsamkeit *f*, Betriebsamkeit *f*; Getriebe *n e-r Großstadt*; Verkehr *m*; Übung *f beim Turnen*; *Techn.* Geschwindigkeit *f*; Regung *f*; Gebärde *f*; *Gr.* Vokal *m*; ~ـات أرضية Bodenübungen *f/pl.*, Bodenturnen *n*; ~ تنقلات [ħ. tanaqqu'laːt] *Pol.* Revirement *n*, Umbesetzung *f*; ~ المرور (Straßen-) Verkehr *m*; ثقيل الـ~ schwerfällig; خفيف الـ~ flink, behende; علم الـ~ [ʕilm al-ħ.] Kinetik *f*; حركاته sein Verhalten; حركاته وسكناته [saka'naːtuhuː] sein Tun und Lassen

حركي [ħarakiː] Bewegungs-; kinetisch; *Med.* motorisch; dynamisch

حركية [ħara'kiːja] *u.* **حركيات** *pl.* Dynamik *f*

[1]**حرم** [ħarama, i] berauben (ه من/هـ *j-n e-r Sache*); wegnehmen, entziehen, vorenthalten (من ه *j-m A*); ausschließen (من ه *j-n* von *D*); *Chr.* exkommunizieren; – [ħaruma, u] verboten sein (على *j-m*); **II** [ħarrama] verbieten (على هـ *j-m A*); für unzulässig erklären; für unverletzlich *od.* heilig erklären; **IV** [ʔaħrama] *muslimischer Pilger*: in den Weihezustand eintreten; **VIII** احترم [iħ'tarama] (ver)ehren, achten, respektieren; *Abmachung* einhalten, *Vorschriften* befolgen; ~ نفسه auf sich halten; **X** استحرم [is'taħrama] für unantastbar *od.* heilig halten; für unerlaubt halten

[2]**حرم** [ħaram], *pl.* أحرام [ʔaħ'raːm] heilige(r) Ort *od.* Bezirk; Heiligtum *n*; Ort *m*, zu dem Unbefugte keinen Zutritt haben; unantastbare Sache, Tabu *n*; Ehefrau *f*; الحرمان *du.* Mekka und Medina; ~ الجامعة Universitätsgelände *n*, Campus *m*; الـ~ الشريف der »Heilige Bezirk« um e-e Moschee (*bsd. in Mekka u. Jerusalem*); الـ~ المكي [al-makkiː] die Moschee von Mekka; الـ~ النبوي [an-nabawiː] die Moschee des Propheten in Medina; ثالث الحرمين [θaːliθ al-ħara'main] Jerusalem

[3]**حرم** [ħirm] *Chr.* Exkommunikation *f*

حرمان [ħir'maːn] Beraubung *f*; Entzug *m* (من *G*); Ausschließung *f* (من von *D*); *Sport*: Sperre *f*; Entbehrung *f* (من *G*), Mangel *m* (من an *D*); Armut *f*, Not *f*; *Psych.* Frustration *f*; ~ـه من الميراث [al-miː'raːθ] Enterbung *f* j-s

حرمل [ħarmal] Bergraute *f*

حرملك [ħa'ramlik] *hist.* Frauenhaus *n*, Harem *m*

حرملة [ħarmala], *pl.* حرامل [ħa'raːmil] (2) über den Schultern getragene(r) Umhang

حرمة [ħurma], *pl.* [ħura'maːt, ħuru'maːt] Unverletzlichkeit *f*, *a. fig.* Heiligkeit *f*; unantastbare Sache, Tabu *n*; Verbotensein *n*; Ehefrau *f*; Frau *f* e-s anderen; Ehrfurcht *f*, Respekt *m*

حرمون [ħara'muːn] *Geo.* der Hermon

حرن [ħarana, u] widerspenstig, störrisch sein; sich sträuben; *Gerät*: nicht funktionieren

حرة [ħarra], *pl.* حرار [ħi'raːr] Gegend *f* mit vulkanischem Gestein

حروجة [ħu'ruːdʒa] = [1]حراجة

حرور [ħa'ruːr] *f*, *pl.* حرائر [ħa'raːʔir] (2) heiße(r) Wind

حرون [ħa'ruːn], *pl.* حرن [ħurun] widerspenstig, störrisch

[1]**(حري) V** تحرى [ta'ħarraː] suchen (ه/هـ *A od.* nach *D*); untersuchen, erforschen; nachgehen (عن *D*), Ermittlungen anstellen (عن über *A*); anstreben; sich bemühen (هـ um *A*); sich e-r Sache (هـ) befleißigen; يتحرى الصدق [s-sidq(a)] es geht ihm um die Wahrheit

[2]**حري** [ħa'riːj], *pl.* أحرياء [ʔaħri'jaːʔ] (2) geeignet (ب für *A*); verdient habend (ب *A*), würdig (ب *G*); ~ بالذكر [bi-ð-ðikr] nennenswert; هو ~ بأن يفعله [jafʕalahuː] er sollte *od.* müßte es tun; er könnte es tun

[3]**حرى** [ħaraː]: أو بالـ~ oder genauer gesagt

حرير [ħa'riːr] Seide *f*; حرائر [ħa'raːʔir] (2) *u.* حراير [ħa'raːjir] (2) *pl.* Seidenstoffe *m/pl.*, Seidenwaren *f/pl.*; ~ صخري Asbest *m*; ~ صناعي [si'naːʕiː] Kunstseide *f*

[1]**حريرة** [ħa'riːra] **1.** Stück *n* Seidengewebe; **2.** Brei *m aus Mehl u. Milch*

[2]**حريرة** [ħu'raira], *pl.* [-aːt] Kalorie *f*

حريري [ħa'riːriː] seiden, aus Seide; *a. fig.* seidenweich

حريز [ħa'riːz] *Ort*: sicher

حريص [ħa'riːs], *pl.* حراص [ħi'rɒːs], حرصاء [ħurɒ'sɒːʔ] (2) *u.* [-uːn] bemüht (على um *A*), bedacht (على auf *A*); begierig (على nach *D*)

[1]**حريف** [ħa'riːf], *pl.* حرفاء [ħura'faːʔ] (2) *Tun.* Kunde *m*

[2]**حريف** [ħa'rriːf] *Äg.* Kenner *m* (في *G*), Könner *m*

[3]**حريف** [ħi'rriːf] *Speise, Gewürz*: scharf; مواد ~ـة [ma'waːdd] (2) scharfe Sachen *f/pl.*, Delikatessen *f/pl.*

حريق [ħa'riːq], *pl.* حرائق [ħa'raːʔiq] (2) Brand *m*, Feuer(sbrunst *f*) *n*

حريقة [ħa'riːqa] = حريق

حريم [ħa'riːm] Frauengemach *n*; die Frauen *f/pl.* im Harem; Frauen *f/pl.*; *pl.* حرم [ħurum] Ehefrau *f*

حريمي [ħa'riːmiː] Frauen-, Damen-

حرية [ħu'rriːja], *pl.* [-aːt] Freiheit *f*; ~ الاختيار freie Wahl; *Phil.* Willensfreiheit *f*; ~ الانتقال, ~ انتقال الأشخاص *u.* ~ التنقل [ħ. at-ta'naqqul] *Jur.* Freizügigkeit *f*; ~ التجارة [ħ. at-ti'dʒaːra] Freihandel *m*; ~ التصرف [ħ. at-ta'sɒrruf] Handlungsfreiheit *f*, (Handlungs-)Spielraum *m*; ~ التعبير *u.* ~ الرأي [ħ. ar-raʔj] freie Meinungsäußerung, Meinungsfreiheit *f*; ~ العبادة [ħ. al-ʕi'baːda] Religionsfreiheit *f*; ~ الفكر [ħ. al-fikr] Gedankenfreiheit *f*

[1]**حز** [ħazza, u] (ein)schneiden (في in *A*); ~ في نفسه j-n schmerzlich berühren

[2]**حز** [ħazz], *pl.* حزوز [ħu'zuːz] Einschnitt *m*, Kerbe *f*; Rinne *f*, Furche *f*

حزاز [ħa'zaːz] *Bot., Med.* Flechte *f*, *Med.* Schorf *m*

حزازة [ħa'zaːza], *pl.* [-aːt] Haß *m*, Groll *m*; *pl.* Haßgefühle *n/pl.*, Ressentiments *n/pl.*

حزام [ħi'zaːm], *pl.* أحزمة [ʔaħzima] *u.* [-aːt] Gürtel *m*, Leibbinde *f*; Gurt *m*; Band *n*; أخضر ~ Grüngürtel *m*; الأمان ~ Sicherheitsgurt *m*

1**حزب** [ħazaba, u]: الأمر ~ die Sache wurde ernst, es wurde brenzlig; → حازب; **III** حازب [ħaːzaba] Partei ergreifen (ه für *j-n*); j-s Anhänger (ه) sein; **V** تحزب [ta'ħazzaba] Partei ergreifen (ل für *j-n*); e-e Partei bilden, zusammengehen

2**حزب** [ħizb], *pl.* أحزاب [ʔaħ'zaːb] Partei *f*; 60. Teil des Korans; ~ العمال [ħ. al-ʕu'mmaːl] Arbeiterpartei *f*; Labour Party *f*; هو من ~ه er steht auf seiner Seite

حزبي [ħizbiː] Partei-, Parteien-; parteilich; *pl.* [-uːn] Parteimitglied *n*

حزبية [ħiz'biːja] Parteiwesen *n*; *pej.* Parteiunwesen *n*; Parteigebundenheit *f*; Parteilichkeit *f*; Parteigeist *m*

1**حزر** [ħazara, i, u] vermuten; erraten; **II** [ħazzara] *umg.* raten lassen

2**حزر** [ħazr] Vermutung *f*

1**حزق** [ħazaqa, i] festziehen; *Schuhe* fest zuschnüren

2**حزق** [ħazq] Festziehen *n*; Anspannung *f*

1**حزم** [ħazama, i] zusammenbinden, (zu)schnüren; (ein-, ver)packen; *Tier* gürten; أمره ~ [ʔamrahuː] s-e Sache entschlossen in die Hand nehmen; entschlossen *od.* energisch handeln; sich entschließen; – [ħazuma, u] entschlossen sein; **V** تحزم [ta'ħazzama] sich gürten; **VIII** احتزم [iħ'tazama] sich gürten

2**حزم** [ħazm] (Ein-, Ver-)Packen *n*; Verpackung *f*; (Ver-)Schnüren *n*; Entschlossenheit *f*; Tatkraft *f*; Festigkeit *f*; Bedacht *m*, Umsicht *f*; Klugheit *f*; وعزم ~ Resolutheit *f*, Entschiedenheit *f*

1**حزمة** [ħazama] → حازم

2**حزمة** [ħuzma], *pl.* حزم [ħuzam] Bund *n*; Bündel *n*; Garbe *f*; المفاتيح ~ Schlüsselbund *m od. n*

1**حزن** [ħazina, a] traurig sein (على/ل über *A*); trauern (على um *A*); nachtrauern (على *D*); – [ħazana, u] betrübt machen; **IV** أحزن [ʔaħzana] traurig machen, betrüben

2**حزن** [ħazan], *pl.* أحزان [ʔaħ'zaːn] Kummer *m*

3**حزن** [ħuzn], *pl.* أحزان [ʔaħ'zaːn] Trauer *f*, Betrübnis *f*, Schmerz *m*, Kummer *m*

حزنان [ħaz'naːn] (2), *pl.* حزانى [ħa'zaːnaː] traurig, trauernd

حزورة [ħa'zzuːra], *pl.* حزازير [ħazaː'ziːr] (2) Rätsel *n*

حزيران [ħaziː'raːn] (2), *a.* [ħuzai'raːn] (2) *Ir., Syr., Lib., Jord.* Juni *m*

حزيم [ħa'ziːm], *pl.* حزماء [ħuza'maːʔ] (2) entschlossen, energisch

حزين [ħa'ziːn], *pl.* حزناء [ħuza'naːʔ] (2), حزانى [ħa'zaːnaː] *u.* حزان [ħi'zaːn] traurig, betrübt; in Trauer; *Ereignis*: schmerzlich, tragisch; الجمعة الحزينة [al-dʒumʕa] *Chr.* Karfreitag *m*

1**حس** [ħassa, u] fühlen, empfinden; [ħassa, i] Mitleid empfinden (ل mit *j-m*); **II** حسس [ħassasa] (mit der Hand) betasten; fühlen *od.* spüren lassen (ب ه *j-n A*); sensibilisieren, empfindlich machen; **IV** أحس [ʔa'ħassa] (be)merken, wahrnehmen (ـه/ب *A*); *Geräusch* vernehmen; fühlen, empfinden, spüren (ـه/ب *A*); **V** تحسس [ta'ħassasa] betasten, abtasten; tasten (ـه nach *D*); umhertasten; nachgehen (ـه *D*), in Erfahrung bringen (wollen); ~ خبره [xa'barahuː] über j-n Erkundigungen einziehen

2**حس** [ħass] sinnliche(s) Wahrnehmen; Fühlen *n*, Empfinden *n*

3**حس** [ħiss] sinnliche Wahrnehmung; Empfindung *f*, Gefühl *n*; Sinn *m*; Geräusch *n*, Laut *m*; ~ مرهف [murhaf] Feinfühligkeit *f*, Sensibilität *f*; مشترك ~ [muʃ'tarak] gesunde(r) Menschenverstand; ~ الجمال Schönheitssinn *m*; آلات ~الـ Sinnesorgane *n/pl.*; بليد الـ~ stumpfsinnig; عديم الـ~ *Med.* unempfindlich; لا ~ ولا خبر عنها [-a, xabara] über sie ist *od.* war nichts zu erfahren

حساء [ħa'saːʔ] Suppe *f*, Brühe *f*

حساب [ħi'saːb], *pl.* [-aːt] (Aus-, Be-)Rechnen *n*; Berechnung *f*; Verrechnung *f*, Abrechnung *f*; Rechnung *f*; Kalkulation *f*; (= علم الـ~ [ʕilm al-ħ.]) Arithmetik *f*; *Hdl.* Konto *n*; Berücksichtigung *f*; Bedenken *n*, Überlegung *f*; (Ein-)Schätzung *f*; الـ~ *im Lokal*: Zahlen *n*; *pl.* Rechnungswesen *n*, Buchhaltung *f*; التكلفة ~ [ħ. at-taklifa] Kostenrechnung *f*; جار ~ [dʒaːrin] laufende(s) Konto; Girokonto *n*; ~ الجمل → 3جمل; ختامي ~ [xi'taːmiː] Schlußabrechnung *f*; الحسابات الختامية *Hdl.* Jahresabschluß *m*; الـ~ اليومي [al-jaumiː] *Hdl.* Tageskasse *f*; يوم الـ~ das Jüngste Gericht; لحسابه für j-s Rechnung; zugunsten j-s; für j-n; على ~ه auf j-s Rechnung *od.* Kosten; zu j-s Lasten; بلا/من غير ~ ohne zu rechnen *od.* zählen; in großer Zahl; in hohem Maße; umsonst; كل شيء بـ~ [kullu ʃaiʔin] alles wird angerechnet, alles zählt; أدخله في الـ~ [ʔad'xalahuː] etwas einkalkulieren; mit etwas *od.* j-m rechnen (müssen); سقط من الـ~ außer Betracht bleiben; عمل ~ا ل [ʕamila] mit etwas rechnen; etwas in Rechnung stellen, etwas berücksichtigen; أقام الـ~ Rechenschaft ablegen (ل *j-m*, على über *A*)

حسابي [ħi'saːbiː] rechnerisch, Rechen-; arithmetisch

حساد → حاسد

حساس [ħa'ssaːs] empfindlich, sensibel; feinfühlig; heikel, kritisch; *Punkt*: neuralgisch; مركز ~ Schlüsselposition *f*

حساسية [ħassaː'siːja], *pl.* [-aːt] Empfindlichkeit *f*, Sensibilität *f*; Feinfühligkeit *f*; heikle(r) Charakter *e-s Problems*; مرض الـ~ [marođ al-ħ.] Allergie *f*

حسام [ħu'saːm] Schwert *n*

1**حسب** [ħasaba, u] (be-, er-, aus)rechnen; anrechnen (ل *j-m als Ver-*

dienst, على *j-m als Fehler*); zugute halten (ـه ل *j-m A*); zählen; (ab-)schätzen; einkalkulieren (ل *A*); يحسب له حساب [juħsabu, ħi'saːb] man muß mit ihm rechnen; – [ħasiba, a] denken, meinen, glauben; ... أحسبني (لا) ich glaube (nicht), daß ich ...; **III** حاسب [ħaːsaba] *a. fig.* abrechnen (ه mit *j-m*); zur Rechenschaft *od.* Verantwortung ziehen (على für *A*); achtgeben, aufpassen (على auf *A*); *Imp.* حاسب Vorsicht!; ~ـه على كلمته [kali'matihiː] j-n beim Wort nehmen; j-m ein Wort übelnehmen; **V** تحسب [ta-'ħassaba] sich vorsehen; vorbeugen (ل *D*); rechnen (ل mit *D*); **VI** تحاسب [ta'ħaːsaba] *a.fig.* miteinander abrechnen; **VIII** احتسب [iħ'tasaba] berechnen, errechnen; anrechnen (ل *j-m als Verdienst,* على *j-m als Fehler*); in Rechnung stellen; *Sport*: *Strafstoß* verhängen; denken, meinen, glauben

2**حسب** [ħasab] **1.** *pl.* أحساب [ʔaħ-'saːb]: (ونسب) ~ [(nasab)] vornehme Herkunft; **2.** [ħasaba], بـ~ [bi-ħasabi] *u.* ~ على *Präp.* gemäß, je nach; بـ~ ما إذا je nachdem, ob

3**حسب** [ħasb] Genüge *f*; ~ك [-uka] es genügt dir (أن daß), du brauchst nur; و~ك بهذا كله شرا [kullihiː ʃarran] doch genug mit all diesen unerfreulichen Dingen!; ... و~ [wa-ħasb] *u.* (*meist*) فـ~ weiter nichts, nur; ليس فـ~ ... بل أيضا [laisa, bal ʔaiđɒn] nicht nur ..., sondern auch

حسبان [ħus'baːn] (Be-)Rechnung *f*, Kalkulation *f*; بـ~ أن [ʔanna] angesichts der Tatsache daß; في ~ي meiner Einschätzung nach; بلا/ على غير ~ wider Erwarten; أخذ في الـ~/~ـه in Rechnung stellen, einkalkulieren; كان في الـ~ man rechnete damit

حسبما [ħa'sabamaː] je nachdem wie

حسبة [ħisba], *pl.* [-aːt] (Be-, Aus-)Rechnung *f*; Rechenaufgabe *f*

حسبي [ħasbiː]: ~ مجلس [madʒlis] *Äg.* Vormundschaftsgericht *n*

1**حسد** [ħasada, u] beneiden (ه/ـه على *j-n* um *A*); j-m Böses wünschen; *Äg.* j-n mit dem bösen Blick treffen; **VI** تحاسد [ta'ħaːsada] aufeinander neidisch sein; einander nichts Gutes gönnen

2**حسد** [ħasad] Neid *m*, Mißgunst *f*; *Äg.* böse(r) Blick

حسدة → حاسد

حسر [ħasara, u] *Hülle* entfernen (عن von *D*); *Deckel* abnehmen; *Ärmel* zurückstreifen; entblößen; – [ħasira, a] traurig sein (على über *A*), bedauern (على *A*); – [ħasura, ħasara, u] *Auge*: ermüden; **II** [ħassara] betrüben; **V** تحسر [ta'ħassara] traurig sein (على über *A*), trauern (على um *A*), nachtrauern (على *D*); bedauern (على *A*); **VII** انحسر [in-'ħasara] entfernt, zurückgeschoben werden; *Ärmel*: hochrutschen; sichtbar werden lassen (عن *A*); *Flut, a. fig.* zurückgehen; *fig.* abebben

حسران [ħas'raːn] (2), *f* حسرى [ħasraː] betrübt, traurig

حسرة [ħasra], *pl.* [ħasa'raːt] Kummer *m*, Schmerz *m*, Jammer *m*; وا/يا حسرتاه [waː-/jaː-ħasra'taːh] *u.* يا للـ~ [la-l-ħ.] o Jammer!, o weh!

حسك [ħasak] *koll., n. un.* ~ة Stachelgewächs *n*, *bsd.* Tribulus *m*; Grannen *f/pl.*; Fischgräten *f/pl.*

حسكة [ħasaka]: الـ~ Hasakeh (*Stadt in Syrien*)

1**حسم** [ħasama, i] beenden; *Streit* beilegen, schlichten; entscheiden; *Problem* lösen; abschneiden; *Betrag* abziehen (من von *D*); **VII** [in'ħasama] beendet werden; entschieden werden; abgeschnitten werden; abgezogen werden

2**حسم** [ħasm] Beendigung *f*; Beilegung *f*, Schlichtung *f*; Entscheidung *f*; Abzug *m*; *Hdl.* Preisnachlaß *m*, Skonto *m od. n*; *Hdl.* Diskontierung *f e-s Wechsels*, Diskont *m*

1**حسن** [ħasuna, u] gut sein; zweckmäßig sein; schön sein; يحسن (بي) أن أفعل [ʔafʕala] ich sollte es tun; **II** [ħassana] verbessern; verschönern; schmackhaft(er) machen (ل *j-m*); **III** حاسن [ħaːsana] freundlich behandeln; **IV** أحسن [ʔaħsana] gut machen *od.* können, beherrschen; das Richtige tun *od.* sagen, recht handeln; Gutes tun (ل *j-m*); Almosen geben (إلى *j-m*); أحسنت [ʔaħ'sant(a)] gut gemacht!, bravo!; صنعا ~ [sɒnʕan] recht handeln; das Richtige tun; gut daran tun; بالوالدين ~ [bi-l-waːli'dain] den Eltern Respekt erweisen; **V** تحسن [ta'ħassana] verbessert werden; sich (ver)bessern; **X** استحسن [is-'taħsana] *etwas* gut, richtig, zweckmäßig finden; *Pass.* يستحسن [jus-'taħsanu] zu empfehlen sein

2**حسن** [ħasan], *pl.* حسان [ħi'saːn] gut, vortrefflich; schön; *a.npr. m*; ~ا [-an] *Adv.* gut, schön; الحسان das schöne Geschlecht, die Frauen *f/pl.*; الاطلاع ~ [ħ. al-ittiʼlaːʕ] gut informiert; صدفة ~ة [sudfa] glückliche(r) Zufall; فعلت ~ا [-an faʼʕalta] gut gemacht!, bravo!

3**حسن** [ħusn] (Vor-)Trefflichkeit *f*; Richtigkeit *f*; Schönheit *f*; الجوار ~ [ħ al-dʒi'waːr] gute Nachbarschaft; السلوك ~ gute(s) Benehmen; gute Führung; الظن ~ [ħ. ɒð-ðɒnn] gute Meinung; المعاملة ~ [ħ. al-mu'ʕaːmala] gute Behandlung; لـ/من ~ الحظ [li-ħusni l-ħɒðð] zum Glück; → 2سير

حسناء [ħas'naːʔ] (2), *pl.* حسناوات [ħasnaː'waːt] schöne Frau; schöne(s) Mädchen

حسنة [ħasana], *pl.* [-aːt] gute Tat, gute(s) Werk; Almosen *n*; *bsd. pl.* gute Seiten *f/pl.*, Vorteile *m/pl.*

حسنى [ħusnaː]: بالـ~ im guten, gütlich; freundlich; → أحسن *u.* اسم

1(**حسو**) حسا [ħasaː, uː], **V** تحسى [ta-'ħassaː] *u.* **VIII** احتسى [iħ'tasaː] trinken

2**حسو** [ħasw] Trinken *n*; Suppe *f*, Brühe *f*

حسود [ħa'suːd] *m u. f*, *pl.* حسد [ħusud] neidisch, mißgünstig; *Äg.* j-d, der den bösen Blick hat

حسور [ħu'suːr] Ermüdung *f des Auges*

حسون [ħa'ssuːn], *pl.* حساسين [ħasaː'siːn] (2) Stieglitz *m*, Distelfink *m*

حسوة [ħuswa], *pl.* [ħusu'waːt] Schluck *m*

حسي [ħissiː] sinnlich wahrnehmbar; Sinnes-; fühlbar; konkret; sensorisch; sinnlich; المذهب الـ~ *Phil.* Sensualismus *m*

حسيب [ħa'siːb], *pl.* حسباء [ħusa'baːʔ] (2) vornehm; hochgeschätzt, geachtet

حسير [ħa'siːr], *pl.* حسرى [ħasraː] traurig, niedergeschlagen; *Auge*: müde, matt

حسيس [ħa'siːs] Geräusch *n*

حسين [ħu'sain] Hussain *npr. m*

حش [ħaʃʃa, u] *Gras* mähen; **II** حشش [ħaʃʃaʃa] Haschisch rauchen

[1]**حشا** [ħaʃaː] → [1](حشو)

[2]**حشا** [ħaʃan], *pl.* أحشاء [ʔaħ'ʃaːʔ] *bsd. pl.* Gedärme *pl.*, Eingeweide *pl.*; Innereien *pl.*; *fig.* Innere(s); في أحشاء + *G*: im Innern von, in; ابن أحشائها [ibn ʔa.] ihr leiblicher Sohn

حشاش [ħa'ʃʃaːʃ], *pl.* [-uːn] Haschischraucher *m*; Haschischhändler *m*; الحشاشون *hist.* die Assassinen *m/pl.*

حشاشة [ħu'ʃaːʃa] *a. fig.* Atem *m*, Odem *m*; letzte(r) Lebensodem; ~ كبده [ħ. ka'bidihiː] sein Kind

[1]**حشد** [ħaʃada, u] *Leute* (ver)sammeln; *Truppen* zusammenziehen; *Kräfte* mobilisieren; **II** [ħaʃʃada] *Truppen* zusammenziehen, konzentrieren; **V** تحشد [ta'ħaʃʃada] sich (an-, ver)sammeln; **VIII** احتشد [iħ'taʃada] sich (an-, ver)sammeln, sich drängen; *Truppen*: zusammengezogen werden; *Kräfte*: mobilisiert werden

[2]**حشد** [ħaʃd] Sammeln *n*; *Mil.* Zusammenziehung *f*, Massierung *f*; Mobilisierung *f von Kräften*; *pl.* حشود [ħu'ʃuːd] Ansammlung *f*; Menge *f*, Vielzahl *f*; Schar *f*; *pl.* Menschenmassen *f/pl.*; حشودات عسكرية [ʕaska'riːja] Truppenkonzentrationen *f/pl.*

[1]**حشر** [ħaʃara, u, i] *Leute* versammeln, zusammenscharen; zusammenpressen; hineinzwängen (في/بين in *A*); ~ نفسه في *fig.* sich hineindrängen, sich einmischen; **VII** انحشر [in'ħaʃara] eingezwängt sein

[2]**حشر** [ħaʃr] Versammlung *f*; يوم الـ~ [jaum al-ħ.] *Isl.* der Jüngste Tag

حشرج [ħaʃradʒa] *u.* **II** تحشرج [ta'ħaʃradʒa] röcheln

حشرجة [ħaʃradʒa] Röcheln *n*; *Radio*: Rauschen *n*

حشرة [ħaʃara], *pl.* [-aːt] Insekt *n*; ~ ضارة [đɒːrra] Schädling *m*; علم الحشرات [ʕilm al-ħ.] Entomologie *f*

حشري [ħaʃariː] Insekten-; entomologisch

حشفة [ħaʃafa] *Anat.* Eichel *f*

[1]**(حشم)** **V** تحشم [ta'ħaʃʃama] verschämt, züchtig sein; **VIII** احتشم [iħ'taʃama] verschämt, züchtig sein; schüchtern, zurückhaltend sein; sich schämen (من vor *j-m*, *e-r Sache*); تحتشم في الثياب [fi θi'jaːb] sie kleidet sich dezent

[2]**حشم** [ħaʃam] Dienerschaft *f*

[3]**حشم** [ħaʃm] *Ir.* Bußgeld *n*

حشمة [ħiʃma] Scham *f*, Schamhaftigkeit *f*; Schüchternheit *f*, Scheu *f*; Züchtigkeit *f a. der Kleidung*; Zurückhaltung *f*, Bescheidenheit *f*, Anstand *m*

[1]**(حشو)** حشا [ħaʃaː, uː] (aus-, ver-, zu-, voll)stopfen (ب mit *D*); *a. Kochkunst*: füllen; *Zahn* plombieren; *Gewehr* laden; hineinstecken (في in *A*); **II** حشى [ħaʃʃaː] *a. in e-n Text* einschieben; sich e-e Füllung machen lassen (هـ in *e-n Zahn*); *Kleid* säumen; **VI** تحاشى [ta'ħaːʃaː] sich fernhalten (هـ/ه von *D*); *j-n* meiden; *etwas* vermeiden; ausweichen (هـ *D*)

[2]**حشو** [ħaʃw] Füllen *n*, (Voll-)Stopfen *n* (ب mit *D*); *a. Kochkunst*: Füllung *f*; Ladung *f e-s Gewehrs*; Füllwörter *n/pl.*; *Rhet.* Pleonasmus *m*; *Gr.* Infix *n*

حشوة [ħaʃwa] Füllung *f*; Ladung *f e-r Waffe*

حشيش [ħa'ʃiːʃ] *koll.*, *pl.* حشائش [ħa'ʃaːʔiʃ] (2) Gras *n*; Kraut *n*; Haschisch *n*; *pl. a.* Rasen *m*; حشائش (طفيلية) [(ṭufai'liːja)] Unkraut *n*

حشيشة [ħa'ʃiːʃa], *pl.* حشائش [ħa'ʃaːʔiʃ] (2) Kraut *n*; Grashalm *m*; ~ الدينار [ħ. ad-diː'naːr] Hopfen *m*; ~ ضارة [đɒːrra] Unkraut *n*

حشيشي [ħa'ʃiːʃiː] grasgrün

حشيم [ħa'ʃiːm], *pl.* حشماء [ħuʃa'maːʔ] (2) schamhaft; schüchtern, scheu; bescheiden

[1]**حص** [ħɒssɒ, u] als Anteil zukommen (ه *j-m*); **II** حصص [ħɒssɒsɒ] in Anteile aufteilen, kontingentieren

[2]**حص** [ħuss], *pl.* حصوص [ħu'suːs] *u.* أحصاص [ʔaħ'sɒːs] **1.** Safran *m*; **2.** *pl.* حصوص *Syr.*, *Lib.* Schnitz *m e-r Orange*; (*Knoblauch-*)Zehe *f*

[1]**حصاد** [ħɒ'sɒːd, ħɨ'sɒːd] Ernten *n*; Ernte *f*; Erntezeit *f*

[2]**حصاد** [ħɒ'ssɒːd], *pl.* [-uːn] Schnitter *m*

[3]**حصاد** [ħu'ssɒːd] → حاصد

حصار [ħɨ'sɒːr] Belagerung *f*, Blokkade *f*; *Mil.* Umzingelung *f*; Sperre *f*; ~ إعلامي Nachrichtensperre *f*; ~ صحي [siħħiː] Quarantäne *f*; فرض الـ~ حول/على *j-n* isolieren

حصافة [ħɒ'sɒːfa] Umsicht *f*; abgewogene(s) Urteil; Realitätssinn *m*, Klugheit *f*

حصالة [ħɒ'ssɒːla], *pl.* [-aːt] Sammelbüchse *f*

حصان [ħɨ'sɒːn], *pl.* أحصنة [ʔaħsina] *u. klass.* حصن [ħusun] Hengst *m*, Pferd *n*; ~ الحلق [ħ. al-ħalaq] Seitpferd *n* (*Turngerät*); ~ القفز Bock *m* (*Turngerät*); قوة ~ [quwwat ħ.] Pferdestärke *f*

حصانة [ħɒ'sɒːna] Unzugänglichkeit *f*, Uneinnehmbarkeit *f*; Wohlbehütetheit *f*, Keuschheit *f e-r Frau*; *pl.* [-aːt] *Med.*, *Dipl.* Immunität *f*

حصاة [ħɒ'sɒːt], *pl.* حصيات [ħɒsɒ'jaːt] *u.* حصي [ħu'siːj] Steinchen *n*, Kiesel *m*; *Med.* Stein *m*

حصب [ħɒsɒb] Schotter *m*, Kies *m*

حصباء [ħɒs'baːʔ] (2) Kies *m*

حصبة [ħɒsba] *Med.* Masern *pl.*

حصحص [ħɒsħɒsɒ] *Wahrheit*: ans Licht kommen

[1]**حصد** [ħɒsɒda, u] (ab)ernten; mähen; *Korn* schneiden; *Seuche*: *Menschen* dahinraffen

[2]حصد [ħɒsd] Ernten *n*; أرواح ~ Massensterben *n*

[1]حصر [ħɒsɒra, u] umschließen, einschließen; *Brand* eindämmen, lokalisieren; beschränken (في/ب auf *A*), einschränken; *in e-r Liste* zusammenstellen; registrieren, (*zahlenmäßig*) erfassen *od.* festhalten; *in ein Buch* eintragen; *Wort* einklammern; *Pass.* ~ بوله [ħusɨra bauluhuː] an Harnverhaltung leiden; – [ħɒsɨra, a] in Verlegenheit geraten; **III** حاصر [ħɒːsɒra] einschließen, einkreisen, blockieren; *Mil.* belagern; unter Quarantäne stellen; in die Enge treiben; *Vorstellungen*: verfolgen, quälen; **VII** انحصر [in'ħɒsɒra] eingeschlossen sein; zusammengefaßt sein (في in *D*); sich resümieren lassen, bestehen (في in *D*); sich beschränken (في auf *A*)

[2]حصر [ħɒsɒr] Verlegenheit *f*, Gehemmtheit *f*; Sprachhemmung *f*

[3]حصر [ħɒsr] Umschließung *f*, Einschließung *f*; Blockierung *f*; Lokalisierung *f von Kämpfen*; Beschränkung *f*, Einengung *f* (في auf *A*), Einschränkung *f*; Zusammenstellung *f von Verstreutem*, Zusammenfassung *f*; Registrierung *f*, (*zahlenmäßige*) Erfassung; (Auf-)Zählung *f*; ~اً [-an] *Adv.* ausschließlich; ~ البطن Verstopfung *f*; ~ البول [ħ. al-baul] Harnverhaltung *f*; علامة الـ~ *Typ.* Klammer *f*; لا يدخل تحت ~ [-a], لا ~ له [jadxulu], لا يقع تحت ~ [jaqaʕu] *u.* يفوق الـ~ [ja'fuːqu] unbegrenzt, unermeßlich; على سبيل الـ~ erschöpfend, vollständig; على سبيل المثال لا الـ~ [sa'biːli l-mi'θaːl] (nur) als Beispiel; um nur einen *od.* einige zu nennen

[4]حصر [ħusr] Harnverhaltung *f*

حصري [ħɒsriː] *bsd. Syr.* ausschließlich

حصف [ħasufa, u] besonnen, klug sein

حصل [ħɒsɒla, u] sich ereignen, eintreten, stattfinden; entstehen, sich ergeben; passieren, zustoßen (ل *j-m*); resultieren (من aus *D*); erlangen, erhalten (على *A*); erwirken (على *Urteil, Beschluß*); einholen (على *Informationen, Genehmigung*); erzielen (على *Gewinn*); einsammeln (على *Geld*); eintreiben (على *Schulden*); **II** [ħɒssɒla] *a. Kenntnisse* erlangen, erwerben, sich aneignen; *Geld* (ein)sammeln; *Beiträge* kassieren; *Steuern* eintreiben; *Gebühr* erheben; *Lebensunterhalt* verdienen; zusammenfassen, resümieren; **V** تحصل [ta'ħɒssɒla] erlangen, erwerben, erhalten (على *A*); *Gelder*: bezahlt werden; sich ergeben (من aus *D*); bestehen (في in *D*); **X** استحصل [is'taħsɒla] erlangen, erwerben, sich verschaffen (على *A*)

حصمة [ħɒsma] *Jord.* Kies *m*

[1]حصن [ħasuna, u] befestigt, unzugänglich sein; **II** [ħɒssɒna] befestigen, unzugänglich machen (ب durch *A*); schützen (ضد vor *D*, ب durch *A*); *a. Med.* immunisieren (ضد ه *j-n* gegen *A*); **IV** أحصن [ʔaħsɒna] befestigen, unzugänglich machen; *Frau*: wohlbehütet, unbescholten, keusch sein; **V** تحصن [ta'ħɒssɒna] sich verschanzen (في in *D*; *a. fig.* ب/وراء hinter *D*); gesichert, geschützt sein (ب durch *A*); sich absichern (ضد gegen *A*)

[2]حصن [ħɨsn], *pl.* حصون [ħu'suːn] Festung *f*, Burg *f*; *Mil.* (feste) Stellung; (= حصين ~) Bollwerk *n*, Bastion *f*; Schutz *m*

حصة [ħɨssɒ], *pl.* حصص [ħɨsɒs] Anteil *m a. an e-r Gesellschaft*; Quote *f*; Kontingent *n*; (= ~ أرباح/في الأرباح) Dividende *f*; (*selten* = سهم) Aktie *f*; (Schul-)Stunde *f*; ~ الأسد [ħ. al-ʔasad] Löwenanteil *m*; ~ التأسيس Gründeraktie *f*; نظام الحصص [ni'ðɒːm al-ħ.] *Hdl.* Kontingentierung *f*

حصول [ħu'suːl] Eintritt *m*, Stattfinden *n e-s Ereignisses*; Erlangung *f*, Erhalt *m*, Erwerb *m* (على *G*)

حصوة [ħɒswa], *pl.* حصوات [ħɒsɒ'waːt] = حصاة

حصوي [ħɒsɒwiː] steinig, voller Steine

[1](حصي) **IV** أحصى [ʔaħsɒː] (auf)zählen; statistisch erfassen; anlasten (على هـ *j-m A*); (لا يعد و)لا يحصى [(ju'ʕaddu), juħsɒː] unzählig, unermeßlich

[2]حصى [ħɒsɒn] *koll.* Kies *m*, Steinchen *n/pl.*; Geröll *n*

حصيد [ħɒ'sɨːd] Ernte(ertrag *m*) *f*; كل قائم و~ [kullu q.] ausnahmslos alles

حصيرة [ħɒ'sɨːra], *pl.* حصائر [ħɒ'sɒːʔir] (2) Matte *f*

حصيف [ħɒ'sɨːf], *pl.* حصفاء [ħusɒ'faːʔ] (2) umsichtig, besonnen, klug; realistisch, nüchtern

حصيلة [ħɒ'sɨːla], *pl.* حصائل [ħɒ'sɒːʔil] (2) Ertrag *m*; Ergebnis *n*, Resultat *n*; (Gesamt-)Summe *f*; (*Steuer-*)Aufkommen *n*; Quintessenz *f*

حصين [ħɒ'sɨːn] befestigt (*bsd. Mil.*), unzugänglich; *Mil.* uneinnehmbar; fest, gesichert; gefeit (ضد gegen *A*); *Med.* immun (ضد gegen *A*)

[1]حض [ħɒđđɒ, u] anstacheln, antreiben, anspornen (على ه *j-n* zu *D*)

[2]حض [ħɒđđ] Anstacheln *n*, Antreiben *n* (على zu *D*); Hetze *f*

حضارة [ħɒ'đɒːra], *pl.* [-aːt] Kultur *f*; Zivilisation *f*

حضاري [ħɒ'đɒːriː] Kultur-, kulturell; *Studie*: kulturgeschichtlich; Zivilisations-, zivilisatorisch; zivilisiert

حضانة [ħɨ'đɒːna] *od.* (*meist*) [ħɒ'đɒːna] Aufziehen *n e-s Kindes*; Kinderpflege *f als Unterrichtsfach*; (Aus-)Brüten *n*, Bebrütung *f*; *Med.* Inkubation *f*; حق الـ~ [ħaqq al-ħ.] Sorgerecht *n*; دار الـ~ Kinderkrippe *f*; في ~ه in seiner Obhut

[1]حضر [ħɒđɒra, u] zugegen, anwesend sein (هـ bei *D*); kommen (إلى/هـ/ه zu *D*, an *e-n Ort*), erscheinen; teilnehmen (هـ an *e-r Veranstaltung*), beiwohnen (هـ *D*), besuchen; *Gespenst*: spuken; überkommen (ه *j-n*), in den Sinn kommen (ه *j-m*); **II** [ħɒđđɒra] bereit machen, (vor-)bereiten; zubereiten, herstellen; *Text* präparieren; herbeischaffen, holen (lassen), kommen lassen; be-

schaffen (هـ ل *j-m A*); *Geister* beschwören; zivilisieren; *Beduinen* seßhaft machen; **III** حاضر [ħɒːđɒra] e-e Vorlesung *od.* e-n Vortrag halten (في ه *j-m* über *A*), vortragen; **IV** أحضر [ʔaħđɒra] herbeischaffen, holen, kommen lassen, bringen; besorgen (هـ ل *j-m A*); ه~ معه etwas mitbringen (ل für *A*); etwas bei sich haben; ~ كل ذهنه [kulla ðihnihiː] sich scharf konzentrieren; **V** تحضر [ta'ħɒđđɒra] sich vorbereiten (ل auf *A*), sich bereitmachen; seßhaft werden; zivilisiert werden; **VIII** احتضر *Pass.* [uħ'tuđɨra] (ver)sterben, verscheiden; *fig.* zu Ende gehen; **X** استحضر [is'taħđɒra] kommen lassen, holen lassen; *Geist* beschwören; herbeizitieren; *Jur.* vorladen; sich vergegenwärtigen *od.* vor Augen halten; zubereiten, *Präparat* herstellen

²حضر [ħɒđɒr] besiedelte Gegend; Stadt *f*; seßhafte Bevölkerung, Städter *m/pl.*; الريف والـ~ [ar-riːf] Stadt und Land

حضرموت [ħɒđra'maut] (2) Hadramaut (*Landschaft im Jemen*)

حضرمي [ħɒđramiː] hadramautisch; *pl.* حضارمة [ħɒ'đɒːrima] Bewohner *m* von Hadramaut

حضرة [ħɒđra] **1.** Anwesenheit *f*; في ~ + *G*: in Gegenwart von; **2.** *höfliche Form der Anrede*: ~ك [ħɒd'ratuka] *u.* ~كم [ħɒd'ratukum] Sie; ~ الدكتور der Herr Doktor

حضري [ħɒđɒriː] ansässig, seßhaft; städtisch, urban; Städter *m*; urbanistisch; zivilisiert

¹حضن [ħɒđɒna, u] umarmen; *Kind* aufziehen; *Ei* ausbrüten; *Sorgen* mit sich herumtragen; **VI** تحاضن [ta'ħɒːđɒna] sich umarmen; **VIII** احتضن [iħ'tɒđɒna] in die Arme nehmen, umarmen; an sich drükken; *Kind* umhegen, umsorgen; *Eier* ausbrüten; *fig.* in sich aufnehmen, sich zu eigen machen; *Sorgen* mit sich herumtragen; *Maghr.* als Gastgeber ausrichten (هـ *e-e Veranstaltung*)

²حضن [ħɒđn] Umarmung *f*; Ausbrüten *n von Eiern*; مدة الـ~ [muddat al-ħ.] Brutzeit *f*, Brutperiode *f*

³حضن [ħɨđn], *pl.* أحضان [ʔaħ'đɒːn] Brust *f*, *fig.* Busen *m*; بأحضانه in seinen Armen; في أحضان الصحراء [-i s-sɒħ'raːʔ] mitten in der Wüste; أخذه بين أحضانه j-n in die Arme nehmen; ارتمى في ~ه/أحضانه [ir'tamaː] *fig.* sich j-m in die Arme *od.* an den Hals werfen

حضور [ħu'đuːr] Anwesenheit *f*; Erscheinen *n a. vor Gericht*; Teilnahme *f* (*G*: an *D*), Besuch *m*; بحضوره in seiner Gegenwart, in seinem Beisein; ~ الذهن [ħ. aððihn] Geistesgegenwart *f*; → حاضر

حضوري [ħu'đuːriː]: ~ حكم [ħukm] Urteil *n* nach e-r Verhandlung in Anwesenheit der Parteien

حضيرة [ħɒ'đɨːra], *pl.* حضائر [ħɒ'đɒːʔir] (2) *Mil.* Gruppe *f*

حضيض [ħɒ'đɨːđ], *pl.* حضض [ħuđuđ] *u.* أحضة [ʔa'ħɨđđɒ] Fuß *m e-s Berges*; tiefgelegene(s) Land; *fig.* Tiefe *f*, Tiefpunkt *m*; *Astr.* Perigäum *n*; انحدر إلى هذا الـ~ [in'ħadara] so tief ist er gesunken

¹حط [ħɒttɒ, u] niedersetzen, absetzen; sich herabsenken; *Flugzeug*: landen; *fig.* herabsetzen (من قيمته [qiː'matihiː], من قدره/شأنه *den Wert e-r Sache, j-n*), schlechtmachen, in Mißkredit bringen; ~ رحاله [ri'ħaːlahuː] Halt machen; sich niederlassen (في an *e-m Ort*); **VI** [in'ħɒttɒ] (herab)sinken; *fig.* herunterkommen, verfallen, e-n Niedergang erleben; *Stil*: verflachen; sich verringern

²حط [ħɒtt] Niedersetzen *n*, Absetzen *n*; Landung *f e-s Flugzeugs*; Herabsetzung *f* (من قيمته [min qiː'matihiː] *G*)

حطاب [ħɒ'ttɒːb], *pl.* [-uːn] Holzfäller *m*; Brennholzverkäufer *m*; Holzsammler *m*

حطام [ħu'tɒːm] Trümmer *n/pl.*, Bruchstücke *n/pl.*; Wrack *n*; ~ الدنيا [ħ. ad-dunjaː] die irdischen Güter *n/pl.*; Habseligkeiten *pl.*

¹حطب [ħɒtɒba, i] Brennholz sammeln

²حطب [ħɒtɒb] *koll.* (Brenn-)Holz *n*; Reisig *n*

حطبة [ħɒtɒba], *pl.* [-aːt] Stück *n* Holz; Holzscheit *n*

حطم [ħɒtɒma, i] zerbrechen, zerschlagen; **II** [ħattɒma] zerbrechen, zerschlagen, zertrümmern; *Auto* demolieren; *Spielzeug* kaputtmachen; *Rekord* brechen; *Nerven* zerrütten; *Hoffnung* vereiteln; schwer mitnehmen; **V** تحطم [ta'ħattɒma] zerschlagen, zerschmettert, zertrümmert werden; in Stücke gehen; *Glas*: zerspringen; *Flugzeug*: zerschellen (على an *D*); *Spielzeug*: kaputtgehen; *Rekord*: gebrochen werden; *Hoffnung*: sich zerschlagen; *Versuch*: scheitern; *Mensch*: zusammenbrechen

حطة [ħɨttɒ] Niedrigkeit *f*; Nichtswürdigkeit *f*; Erniedrigung *f*, Herabwürdigung *f*

حطيطة [ħɒ'tɨːtɒ], *pl.* حطائط [ħɒ'tɒːʔɨt] (2) Preisnachschlaß *m*

حظ [ħɒðð], *pl.* حظوظ [ħu'ðuːð] Anteil *m*, Teil *m*; Los *n*, Geschick *n*; (= حسن الـ~ [ħusn al-ħ.]) Glück *n*; Chance *f*, Aussicht *f*; سوء الـ~ [suːʔ al-ħ.] Unglück *n*, Pech *n*; سيء الـ~ [sajjiʔ al-ħ.] unglücklich, vom Pech verfolgt; من حسن ~ه zu seinem Glück; ~ك اليوم [-uka l-jaum(a)] dein heutiges Horoskop

¹حظر [ħɒðɒra, u] *Tiere* einzäunen; verbieten, untersagen (على هـ *j-m A*); sperren

²حظر [ħɒðr] Verbot *n*; Sperre *f*; Embargo *n*; ~ التجول [ħ. at-ta'ʤawwul] Ausgangssperre *f*; ~ على تصدير الأسلحة [tɒs'diːri l-ʔasliħa] Waffenembargo *n*

حظوة [ħuðwa, ħɨðwa] bevorzugte Stellung (عند/لدى bei *j-m*); Gunst *f*, Wohlwollen *n*; ذو الـ~ لدى bei *j-m* in Gunst stehend; *j-s* Günstling; نال ~ عند bei *j-m* Wohlwollen *od.* gute Aufnahme finden

حظي [ħɒðɨja, aː] in Gunst stehen (عند bei *j-m*); erlangen, erringen, erhalten, gewinnen (ب *A*); finden (ب *Interesse*)

حظيرة [ħɒ'ðiːra], *pl.* حظائر [ħɒ'ðɒːʔir] (2) Gehege *n*, Hürde *f*, Pferch *m*, Stall *m*; (*Geräte-*)Schuppen *m*; (*Flugzeug-*)Halle *f*; Garage *f*; *fig.* Bereich *m*; Gruppe *f von Staaten*; طائرات ~ Hangar *m*

حظيظ [ħɒ'ðiːð] = محظوظ

حظية [ħɒ'ðiːja], *pl.* حظايا [ħɒ'ðɒːjaː] Lieblingsfrau *f*; Geliebte *f*; Favoritin *f*, Mätresse *f*

[1]**حف** [ħaffa, u] umgeben (ب mit *D*), umsäumen; *Haare* entfernen; تحف به العيون [bi-hi l-ʕu'juːn] alle Augen sind auf ihn gerichtet; تحف به المهابة er strahlt Würde aus; – [ħaffa, i] rauschen, säuseln, rascheln; *starker Wind*: pfeifen; **VIII** احتف [iħ'taffa] umgeben, umringen (ب *A*)

[2]**حف** [ħaff] Enthaarung *f*

حفاء [ħa'faːʔ] Barfußlaufen *n*

حفار [ħa'ffaːr], *pl.* [-uːn] Erdarbeiter *m*; Totengräber *m*; Graveur *m*; Bohrungsarbeiter *m*; *pl.* [-aːt] Bohrgerät *n*; *Ölindustrie*: Bohranlage *f*; Bagger *m*; Bohrkäfer *m*; ~ على الخشب [al-xaʃab] Holzschnitzer *m*

حفارة [ħa'ffaːra], *pl.* [-aːt] Bagger *m*; Bohrgerät *n*

حفاز [ħa'ffaːz], *pl.* [-aːt] *u.* ~ عامل *Chem.* Katalysator *m*

[1]**حفاظ** [ħu'ffɒːð] → حافظ

[2]**حفاظ** [ħi'fɒːð] (Be-)Wahrung *f*, Schutz *m* (على *G*); *pl.* [-aːt] (= ~ الحيض [ħ. al-ħaiđ] Damenbinde *f*

حفاف [ħa'ffaːf] weiche(r) Gaumen

حفاة → [3]حاف

حفاوة [ħa'faːwa] freundliche(r) Empfang, herzliche Aufnahme (ب *j-s*); liebevolle Behandlung (ب *G*)

[1]**حفر** [ħafara, i] graben, ausheben; bohren; *Bohrung* niederbringen; (ein)gravieren; (ein)stanzen, einprägen; *in Holz* einritzen; schnitzen

[2]**حفر** [ħafr] Graben *n*, Grabung *f*; *a. Ölindustrie*: Bohren *n*; (Ein-)Gravierung *f*; Schnitzen *n*; Graphik *f*; الـ~ على الخشب [al-xaʃab] Holzschnitzerei *f*; الـ~ على النحاس [an-nu'ħaːs] Kupferstich *m* (*als Kunst od. Verfahren*); عمليات الـ~ [ʕamaliː'jat al-ħ.] Erdarbeiten *f/pl.*; (archäologische) Ausgrabungen *f/pl.*; Bohrarbeiten *f/pl.*

حفرة [ħufra], *pl.* حفر [ħufar] Grube *f*; Loch *n*; Schlagloch *n*; Grab *n*; *Anat.* Höhle *f*

حفري [ħafriː] (Aus-)Grabungs-; fossil; طباعة ~ة [ṭi'baːʕa] *Typ.* Tiefdruck *m*

حفرية [ħaf'riːja], *pl.* [-aːt] Grabung *f*; *Ölindustrie*: Bohrung *f*; Fossil *n*; *pl. a.* Ausschachtungsarbeiten *f/pl.*; (*archäologische*) Ausgrabungen *f/pl.*; علم الحفريات [ʕilm al-ħ.] Archäologie *f*; Paläontologie *f*

[1]**حفز** [ħafaza, i] antreiben, anspornen, drängen (إلى zu *D*); motivieren (على zu *D*); *Kräfte* mobilisieren; *Entwicklung* forcieren; **V** تحفز [ta'ħaffaza] sich anschicken *od.* bereit sein (ل zu *D*); auf der Lauer liegen, zum Sprung ansetzen

[2]**حفز** [ħafz] Antreiben *n*, Forcierung *f*, Ankurbelung *f*; *Chem.* Katalyse *f*

حفزي [ħafziː] *Chem.* katalytisch

حفش [ħafʃ] Stör *m*

حفصي [ħafsiː] *hist.* hafsidisch; Hafside *m*; الحفصيون *pl.* die Hafsiden *m/pl.* (*islamische Dynastie in Tunesien*)

[1]**حفظ** [ħafiðɒ, a] (be)wahren, behüten (من vor *D*); *Zunge* im Zaum halten; erhalten (على هـ *A j-m*); verwahren, aufbewahren; im Gedächtnis behalten, sich merken; auswendig lernen *od.* können; ~ه الله *Segensformel nach dem Namen des Herrschers*: Gott erhalte ihn!; *Pass.* يحفظ في البريد [juħfaðu] postlagernd; **II** [ħaffaðɒ] auswendig lernen lassen; einstudieren (ه هـ *j-m A*); **III** حافظ [ħaːfaðɒ] bewahren, beschützen (على من *j-n od. etwas* vor *D*); wahren (على *Rechte*); (aufrecht)erhalten (على *A*); achten (على auf *A*); (ein)halten (على *A*); **IV** أحفظ [ʔaħfaðɒ] ärgern, wütend machen; **V** تحفظ [ta'ħaffaðɒ] in Verwahrung *od.* Gewahrsam nehmen (على *A*); Zurückhaltung üben, Vorsicht walten lassen (في bei *D*); Vorbehalte machen (في bei *D*); beachten, einhalten (ب *A*); **VIII** احتفظ [iħ'tafaðɒ] (für sich) behalten (ب *A*); (be)wahren, (aufrecht)erhalten (ب *A*); aufbewahren (ب *A*); einhalten (ب *A*); sich vorbehalten (ب *A*); im Gedächtnis behalten (ب *A*); in s-e Obhut nehmen (ب *j-n*)

[2]**حفظ** [ħifð] (Be-)Wahrung *f*, Behütung *f*, Erhaltung *f*; Schutz *m a. Gottes*; Verwahrung *f*, Aufbewahrung *f*; Konservierung *f von Lebensmitteln*; Auswendiglernen *n*; Gedächtnis *n*; *Jur.* Einstellung *f des Verfahrens*

حفظة → حافظ

[1]**حفل** [ħafala, i] voll sein (ب von *D*); angefüllt sein (ب mit *D*); beachten (ب *A*); sich kümmern (ب um *A*), Wert legen (ب auf *A*); sich freuen (ب über *A*); **VIII** احتفل [iħ'tafala] feiern, feierlich begehen (ب *A*); (großes) Interesse entgegenbringen (ب *D*), (großen) Wert legen (ب auf *A*); sich freuen (ب über *A*)

[2]**حفل** [ħafl] Feier *f*, Fest *n*; Festakt *m*; (*Sport-*)Veranstaltung *f*; Versammlung *f*; ~ استقبال Empfang *m* (*den man gibt*); ~ تخرج [ħ. ta'xarrudʒ] Feier *f* der Verleihung akademischer Grade; أمر لا ~ به [-a] e-e uninteressante Sache

حفلة [ħafla], *pl.* [ħaf(a)'laːt] Feier *f*, Fest *n*; Feierlichkeit *f*, feierliche(r) Akt; Zusammenkunft *f*, Gesellschaft *f*, Party *f*; (*Sport-*)Veranstaltung *f*; (*Kino-*, *Theater-*)Vorstellung *f*; (*Wahl-*)Versammlung *f*; *Pol.* (= ~ شعبية) Kundgebung *f*; ~ الافتتاح Premiere *f*; ~ خيرية [xai'riːja] Wohltätigkeitsveranstaltung *f*; ~ راقصة Tanzveranstaltung *f*, Ball *m*; ~ زفاف [ħ. zi'faːf] Hochzeit(s-feier) *f*; ~ ساهرة Abendveranstaltung *f*; ~ موسيقية Konzert *n*

حفنة [ħafna], *pl.* [ħafa'naːt] *u.* حفن [ħufan] *a. fig.* e-e Handvoll

حفول [ħu'fuːl]: دون الـ~ ب unbekümmert um *A*

[1]**حفي** [ħafija, aː] **1.** freundlich *od.* ehrenvoll aufnehmen (ب *j-n*); liebevoll behandeln (ب *j-n*); **2.** barfuß gehen; **V** تحفى [ta'ħaffaː] liebevoll behandeln (ب *j-n*); **VIII** احتفى [iħ-'tafaː] herzlich empfangen, gastlich aufnehmen (ب *j-n*); sich liebevoll annehmen (ب *j-s*); feiern (ب *A*); sich interessieren (ب für *A*)

[2]**حفي** [ħa'fiːj] freundlich (ب zu *j-m*), freundlich aufnehmend (ب *j-n*)

حفيد [ħa'fiːd], *pl.* أحفاد [ʔaħ'faːd] Enkel *m*; Nachkomme *m*

حفيدة [ħa'fiːda], *pl.* [-aːt] Enkelin *f*

حفيرة [ħa'fiːra], *pl.* حفائر [ħa'faːʔir] (2) Ausgegrabene(s), Ausgrabung *f*

حفيظ [ħa'fiːð] *Beiname Gottes*: Bewahre(r), Erhalte(r)

حفيظة [ħa'fiːðɒ], *pl.* حفائظ [ħa'faː-ʔið] (2) Groll *m*, Zorn *m*; ~ النفوس *Saudi-Ar.* Personalausweis *m*

حفيف [ħa'fiːf] Rauschen *n*, Säuseln *n*; Rascheln *n*; Knistern *n*; Pfeifen *n des Windes*

[1]**حق** [ħaqqa, i] wahr, richtig sein; angemessen sein (على *j-m*), angebracht sein (على für *j-n*); obliegen (على *j-m*), *j-s* (على) Pflicht sein; erlaubt sein, zustehen (ل *j-m*); يحق عليه أن er muß *od.* soll; er hätte allen Grund, zu …; **II** حقق [ħaqqaqa] wahr machen, verwirklichen, realisieren; *Gewinn* erzielen; *Sieg* erringen; *Rekord* aufstellen; untersuchen, nachprüfen; feststellen, ermitteln; verhören (مع *j-n*); kritisch edieren; bestätigen; ~ النظر [n-nɒðɒra] genau hinsehen; **IV** أحق [ʔa'ħaqqa] recht haben (في mit *D*); ~ الحق [l-ħaqqa] das Recht (*e-s anderen*) anerkennen; recht handeln; **V** تحقق [ta'ħaqqaqa] sich bewahrheiten, sich bestätigen; sich verwirklichen, realisiert werden; *Traum*: in Erfüllung gehen; zustandekommen; *Umstände*: eintreten; sich vergewissern (من/هـ *G*); nachprüfen (من/هـ *A*); **X** استحق [ista'ħaqqa] Anspruch haben (هـ auf *A*); beanspruchen; verdienen (هـ على *etwas* für *A*); wert sein; *a. Pass.* [ustu'ħiqqa] *Betrag*: fällig sein

[2]**حق** [ħaqq] wahr, wirklich; recht, richtig; rechtmäßig; angemessen; Wahrheit *f*, Richtigkeit *f*; *pl.* حقوق [ħu'quːq] Recht *n* (في auf *A*); (Rechts-)Anspruch *m*; Pflicht *f* (على für *j-n*); الـ~ *Beiname Gottes*; *pl. Hdl.* Forderungen *f/pl.*; *Maghr.* Gebühren *f/pl.*; الحقوق die Rechte *pl.*, Jura; ~ا [-an] *Adv.* tatsächlich, wirklich; wahrlich; mit *od.* zu Recht; بـ~ mit *od.* zu Recht; بغير ~ zu Unrecht; بالـ~ أو بالباطل zu Recht oder zu Unrecht; في ~ *u.* بـ~ + *G*: hinsichtlich; بحقه *bsd. Jur.* gegen ihn; ~ معك *od.* الـ~ معك du hast recht; هو على ~ er ist im Recht; الـ~ عليك du hast unrecht; ~ـها عليه das, was sie von ihm zu verlangen hat; das, was er ihr schuldig ist; من ~ـه أن er muß *od.* müßte; er hat allen Grund, zu …, er kann mit Recht …; er hat das Recht, zu …; كان من ~ـه أن er hätte dürfen; er hätte müssen *od.* sollen; هذا من ~ـه das steht ihm zu; كان ~ا عليك أن [-an] du mußtest; du tatest gut daran, zu …; du hättest sollen; (و) الـ~ أن [ʔanna] in der Tat; wirklich; in Wahrheit; doch, allerdings; eigentlich; وحقك [wa-ħaqqika], بحقك [bi-ħaqqika] *Beschwörungsformel*: bei Gott!; … (إن) ~ا [-an (ʔinna)] zwar *od.* gewiß … aber …; ولكن … الـ~ الإلهي [al-ʔi'laːhiː] *hist.* Gottesgnadentum *n*; الحقوق الأساسية die Grundrechte *n/pl.*; حقوق الله die Pflichten *f/pl.* gegenüber Gott; حقوق الإنسان die Menschenrechte *n/pl.*; حقوق الطبع Copyright *n*; حقوق المساهمين [ħ. al-musaːhi'miːn] Eigenkapital *n e-r AG*; حقوق المواطن [ħ. al-mu'wɒː-tˤin] die Bürgerrechte *f/pl.*; صاحب الـ~ Anspruchsberechtigte(r); كلية الحقوق [ku'lliːjat al-ħ.] juristische Fakultät; لكل ذي ~ ~ـه [li-kulli ðiː -in -uhuː] jeder soll haben, was ihm zusteht; *Spr.* jedem das Seine; عرفه ~ المعرفة [-a l-maʕrifa] etwas genau kennen *od.* wissen

[3]**حق** [ħuqq], *pl.* حقاق [ħi'qaːq] (kleines) Gefäß; Dose *f*; Kästchen *n*; Töpfchen *n*; *Anat.* Gelenkpfanne *f*; *Äg.* (*Verkaufs-*)Bude *f*

حقارة [ħa'qaːra] Verächtlichkeit *f*, Niedrigkeit *f*; Kümmerlichkeit *f*

حقاني [ħa'qqaːniː] recht; rechtlich

حقانية [ħaqqaː'niːja] *u.* وزارة الـ~ [wi-'zaːrat al-ħ.] *früher Äg.* Justizministerium *n*

حقب [ħuqb], *pl.* أحقاب [ʔaħ'qaːb] *u.* حقاب [ħi'qaːb] (längerer) Zeitraum

حقبة [ħiqba], *pl.* حقب [ħiqab] *u.* أحقاب [ʔaħ'qaːb] Zeit *f*, Zeitraum *m*, Periode *f*; ~ من الزمان e-e Zeitlang

[1]**حقد** [ħaqada, i] Haßgefühle hegen (على gegen *A*); grollen (على *j-m*); verübeln (هـ على *A j-m*)

[2]**حقد** [ħiqd] Haß *m* (على auf *A*), Groll *m*; أحقاد [ʔaħ'qaːd] *pl.* Haßgefühle *n/pl.*, Ressentiments *n/pl.*, Gehässigkeiten *f/pl.*

حقدة → حاقد

حقر [ħaqura, u] verächtlich sein; **II** [ħaqqara] verachten; verächtlich machen, herabwürdigen; **IV** أحقر [ʔaħqara] *obs.* verächtlich machen, herabwürdigen; **VIII** احتقر [iħ'taqara] verachten, geringschätzen

حقل [ħaql], *pl.* حقول [ħu'quːl] *a. fig.* Feld *n*; Acker *m*; *fig.* Gebiet *n*; Rubrik *f*, Kolumne *f*; ~ التجارب [ħ. at-ta'dʒaːrib] Versuchsfeld *n*; ~ الزيت [ħ. az-zait] Ölfeld *n*; ~ الفحم Kohlenrevier *n*; ~ مغنطيسي [maɣna'tˤiː siː] Magnetfeld *n*

حقلي [ħaqliː] Feld-

[1]**حقن** [ħaqana, u] **1.** *Med.* (ein)spritzen, injizieren (هـ/ب ه *j-m A*); *Techn.* spritzen; ~ تحت الجلد [al-dʒild] *Med.* subkutan injizieren; ~ في العضلات [fi l-ʕɒdɒ'laːt] *Med.* intramuskulär injizieren; **2.** ~ الدماء [d-di'maːʔa] ein Blutver-

gießen verhindern; دمه ~ [damahuː] j-s Leben schonen; **VIII** احتقن [iħ'taqana] *Blut*: sich stauen; ~ وجهه بالدم [wadʒhuhuː] ihm stieg das Blut ins Gesicht

[2]**حقن** [ħaqn] *Med., Geol.* Injektion *f*; *Techn.* Spritzen *n*

حقنة [ħuqna], *pl.* حقن [ħuqan] *Med.* Injektion *f*, Einspritzung *f*; (Injektions-)Spritze *f*; شرجية ~ [ʃara'dʒiːja] *Med.* Einlauf *m*

حقة [ħuqqa], *pl.* حقق [ħuqaq] *u.* حقاق [ħi'qaːq] → [3]حق

حقود [ħa'quːd] haßerfüllt

حقوق → [2]حق

حقيبة [ħa'qiːba], *pl.* حقائب [ħa'qaːʔib] (2) Koffer *m*; (Reise-, Hand-)Tasche *f*; Geschäftsbereich *m e-s Ministers*, Portefeuille *n*; ~ دبلوماسية Diplomatentasche *f*; Diplomatenpost *f*

حقيدة [ħa'qiːda], *pl.* حقائد [ħaqaːʔid] (2) Haß *m*, Groll *m*

حقير [ħa'qiːr], *pl.* حقراء [ħuqa'raːʔ] (2) verachtet, verächtlich; niedrig, gering; armselig, ärmlich, kümmerlich

حقيق [ħa'qiːq], *pl.* أحقاء [ʔaħi'qqaːʔ] (2) würdig (ب *G*), verdienend (ب *A*); angemessen (ب *D*); geeignet (ب für *A*)

حقيقة [ħa'qiːqa], *pl.* حقائق [ħa'qaːʔiq] (2) Wahrheit *f*, Wirklichkeit *f*, Realität *f*; Tatsache *f*; *pl. a.* Fakten *pl.*; ~ [-tan] *Adv.* wirklich, tatsächlich, in der Tat; في الـ~ *u.* ~ في الأمر in Wirklichkeit, in Wahrheit; ~ـه die Wahrheit über ihn; ~ أن [ʔanna] wirklich, tatsächlich, in der Tat; allerdings, freilich; الشيء على ~ـه die Sache, wie sie wirklich ist

حقيقي [ħa'qiːqiː] wirklich, wahr; *Bild*: wahrheitsgemäß; tatsächlich; *Ök.* real, Real-; eigentlich, echt; ~ كسر *Math.* echte(r) Bruch

[1]**حك** [ħakka, u] reiben (ب هـ *etwas* an *D*), kratzen; abreiben, abkratzen; ~ في صدره j-n berühren, j-m unangenehm sein; **II** حكك [ħakkaka] abreiben, abkratzen, abschaben; **IV** أحك [ʔa'ħakka] jucken; **V** تحكك [ta'ħakkaka] *a. fig.* sich reiben (ب an *D*); Streit suchen (ب mit *j-m*); **VIII** احتك [iħ'takka] sich reiben (ب an *D*); anstoßen (ب an *e-n Passanten*); in Berührung stehen *od.* in Kontakt kommen (ب mit *D*); die Kräfte messen (ب/مع mit *j-m*)

[2]**حك** [ħakk] Reiben *n*, Reibung *f*; Kratzen *n*

حكاء [ħa'kkaːʔ] Erzähler *m*

حكاك [ħu'kaːk] *Med.* Krätze *f*

حكام → حاكم

حكاة → [2]حاك

حكاية [ħi'kaːja], *pl.* [-aːt] Erzählung *f*, Geschichte *f*; Bewandtnis *f*; *Gr.* wörtliche(s) Zitat; شعبية ~ Volkserzählung *f*; Volksmärchen *n*; ~ صوت [ħ. sɒut] *Gr.* Lautmalerei *f*

[1]**(حكر)** **VIII** احتكر [iħ'takara] aufkaufen, monopolisieren, für sich allein in Anspruch nehmen; mit Beschlag belegen

[2]**حكر** [ħikr] Pacht *f*; Pachtzins *m*; *bsd. Äg.* Monopol *n* (على/ل *j-s*); ~ هذا عليه es ist ihm vorbehalten, *fig.* er hat es gepachtet; ليس على ~ الفكر [al-fikr] *Spr.* Gedanken sind zollfrei

[1]**حكم** [ħakama, u] urteilen; *Jur.* ein Urteil sprechen (على über *j-n*); verurteilen (على ب *j-n* zu *D*); beurteilen (على *A*); *Gericht*: erkennen (ب auf *A*), entscheiden (ل zu *j-s* Gunsten); bestimmen, regeln; herrschen (على/ه über *A*), regieren; ~ بإدانته j-n schuldig sprechen; ~ عليه ببراءته j-n freisprechen; بالإعدام j-n zum Tode verurteilen; **II** [ħakkama] zum Richter *od.* Schiedsrichter machen (بين zwischen *D*), zum Schlichter bestellen; *hist.* zum Herrscher ernennen (على über *A*); ~ العقل [l-ʕaqla] den Verstand entscheiden lassen, nach dem Verstand urteilen; **III** حاكم [ħaːkama] gerichtlich verfolgen; vor Gericht stellen; verhören; **IV** أحكم [ʔaħkama] fest machen; *Arbeit* gut *od.* genau machen; ~ الإغلاق fest abschließen, verschließen; **V** تحكم [ta'ħakkama] beherrschen, kontrollieren, *a. fig.* im Griff haben (في *A*); bestimmen, entscheiden (في über *A*, ب/في *A*); eigenmächtig *od.* willkürlich verfahren (في bei *D*); *Techn.* regeln, steuern (في *A*); **VI** تحاكم [ta'ħaːkama]: تحاكما إلى القاضي die beiden prozessierten miteinander; **VIII** احتكم [iħ'takama] zum Schiedsrichter machen (إلى *j-n*), anrufen (إلى *e-e Instanz*); verfügen (können) (على über *e-e Summe*); ~ إلى العقل den Verstand entscheiden lassen, nach dem Verstand urteilen; **X** استحكم [is'taħkama] sich festigen; sich verstärken; beherrschen (في *j-n*)

[2]**حكم** [ħakam], *pl.* حكام [ħu'kkaːm] Schiedsrichter *m*; Schlichter *m*

[3]**حكم** [ħukm], *pl.* أحكام [ʔaħ'kaːm] Urteil *n*, Urteilsspruch *m*, (*richterliche*) Entscheidung; Verurteilung *f* (على ب *j-s* zu *D*); Beurteilung *f* (على *G*); (= ~الـ القدرة على [al-qudra], ~الـ القوة على [al-quwwa]) Urteilskraft *f*; Bestimmung *f*, Vorschrift *f*, Anordnung *f*; Rechtskraft *f*, Rechtswirksamkeit *f*; Befehlsgewalt *f*, Herrschaft *f*, Regierung *f*; Regime *n*; *hist.* Richteramt *n*; *pl.* Bestimmungen *f/pl.*, Vorschriften *f/pl.*; Gebote *n/pl. der Religion*; ~ا [-an] *Adv.* rechtlich; ~بـ + *G*: kraft, auf Grund von, infolge; بحكمه *a.* nach s-m Urteil; ~بـ الزمن [-i z-zaman] mit der Zeit; في ~ + *G*: so gut wie, gleichsam, zu betrachten als; في ~ العدم [-i l-ʕadam] so gut wie nicht vorhanden, praktisch nicht vorhanden; ~الـ بالإدانة Schuldspruch *m*; ~الـ بالإعدام *u.* ~ الإعدام Todesurteil *n*; ~الـ بالبراءة Freispruch *m*; ~الـ الجمهوري [al-dʒum'huːriː] republikanische Staatsform; ~ ذاتي *Pol.* Selbstverwaltung *f*, Autonomie *f*; ~ شامل *u.* ~ عام [ʕaːmm] Pauschalurteil *n*; ~الـ العرفي [al-ʕurfiː] *u.* الأحكام العرفية Kriegsrecht *n*, Ausnahmezustand *m*; ~الـ النيابي [an-ni'jaːbiː] parlamentari-

sche Regierungsform; للضرورة أحكام [li-đ-đɒ'ruːrati] *Spr.* Not kennt kein Gebot; ... ~ك ه~ + *G*: es ist gleich zu beurteilen wie, dafür gilt das gleiche wie für ...; وما في ~ه und Entsprechendes; أخذ ~ه [-ahuː] gleich wie *etwas anderes* zu beurteilen sein

حكمدار [ħikim'daːr] *Äg.* Polizeipräsident *m*

حكمدارية [ħikimdaː'riːja] *Äg.* Polizeipräsidium *n*

حكمة [ħikma], *pl.* حكم [ħikam] Weisheit *f*, Klugheit *f*; Zweckmäßigkeit *f e-r Maßnahme*; Sinn *m*; Sentenz *f*, Spruchweisheit *f*; Maxime *f*; ~ [-tan] *Adv. u.* ~ عن klugerweise; من الـ~ أن es ist zweckmäßig *od.* ratsam zu ;... es wäre vernünftig zu ...

حكمي [ħikmi, ħikamiː] Weisheits-; ~ شعر [ʃiʕr] gnomische Dichtung

حكة [ħikka] Jucken *n*; *Med.* Krätze *f*

حكومة [ħu'kuːma], *pl.* [-aːt] Regierung *f*; اتحادية ~ [ittiħaː'diːja] Bundesregierung *f*; ائتلافية ~ Koalitionsregierung *f*; أملاك الـ~ Staatseigentum *n*

حكومي [ħu'kuːmiː] Regierungs-; regierungsamtlich; staatlich; staatseigen

[1]**حكى** [ħakaː, iː] erzählen; sprechen (عن von *D*); nachahmen; **III** حاكى [ħaːkaː] nachahmen, imitieren; ähneln (ه/ه *D*)

[2]**حكي** [ħakj] Erzählen *n*; *bsd. Syr., Lib.* Reden *n*, Sprechen *n*

حكيم [ħa'kiːm], *pl.* حكماء [ħuka'maːʔ] (2) weise, klug; *Maßnahme*: zweckmäßig; (*betriebene*) *Politik*: vernünftig, weitblickend; Weise(r); Arzt *m*; → [3]ذكر

حكيمباشي [ħakiːm'baːʃiː] *Äg.* Chefarzt *m*

حكيمة [ħa'kiːma], *pl.* [-aːt] Ärztin *f*

[1]**حل** [ħalla, u] *Problem, Bindung, Vertrag* lösen; *Organisation* auflösen; aufknüpfen, aufbinden; entziffern, dechiffrieren; – [ħalla, u, i] kommen (ه an *e-n Ort*); Halt machen, einkehren; *Gefühl*: sich einstellen; eintreten, *Zeit*: anbrechen; *Fluch*: sich erfüllen; befallen, treffen, überkommen (ب *j-n*); hereinbrechen (ب über *j-n*); ~ محله [ma'ħallahuː] j-s Platz *od.* Stelle einnehmen; ~ في المرتبة الثانية *Sport*: den zweiten Rang *od.* Platz belegen; ~ أينما [ʔainamaː] wohin er auch kam; – [ħalla, i] erlaubt, statthaft sein; *Schuld*: fällig sein; **II** حلل [ħallala] *a. Chem.* auflösen, analysieren; für erlaubt erklären, zulassen; entbinden (ه من *j-n* von *D*); **IV** أحل [ʔa'ħalla] erlauben, freigeben (ه ل *A j-m*); entbinden (ه من *j-n* von *D*); *Zustand* herbeiführen; *Frieden* herstellen; *Platz* einnehmen lassen; **V** تحلل [ta'ħallala] *a. fig.* sich auflösen; sich loslösen, sich freimachen (من von *D*); **VII** انحل [in'ħalla] (auf-)gelöst werden; sich (auf)lösen, zerfallen; gelockert werden; sich lockern; **VIII** احتل [iħ'talla] *Platz, a. Mil.* einnehmen, *Mil.* besetzen; *Amt* bekleiden; **X** استحل [ista'ħalla] für erlaubt halten; als gute Beute ansehen; sich aneignen

[2]**حل** [ħall] **1.** *pl.* حلول [ħu'luːl] Lösung *f a. e-s Problems, Vertrags*; Auflösung *f e-r Organisation*; Aufknüpfung *f*; Entzifferung *f*; *Chr.* Absolution *f*; طيفي ~ [tɒifiː] Spektralanalyse *f*; وسط ~ [ħallun wasɒtun] *od.* [ħallu wasɒtin] Kompromiß *m*; أهل الـ~ والربط (العقد) die maßgebenden Leute *pl.*, die Verantwortlichen *m/pl.*; لا ~ له [-a] unlösbar; **2.**: في ~ه وترحاله [tar'ħaːlihiː] auf allen Wegen; auf Schritt und Tritt; bei allem, was er tut

[3]**حل** [ħill] Erlaubtsein *n*; Entbundensein *n* (من von *D*); أنت في حل من أن du kannst ruhig ..., du darfst ...

حلا → [1](حلو)

حلاب [ħa'llaːb], *pl.* [-uːn] Melker *m*

حلابة [ħa'llaːba], *pl.* [-aːt] Melkerin *f*; Melkmaschine *f*

حلاج [ħa'llaːdʒ], *pl.* [-uːn] Baumwollentkörner *m*

حلاجة [ħi'laːdʒa] Tätigkeit *f* des Baumwollentkörnens, Egrenieren *n*

حلاق [ħa'llaːq], *pl.* [-uːn] Friseur *m*; الصحة ~ [ħ. ɒs-siħħa] Bader *m*, Heilkundige(r)

[1]**حلاقة** [ħa'llaːqa], *pl.* [-aːt] Friseurin *f*, Friseuse *f*

[2]**حلاقة** [ħi'laːqa] Kahlscheren *n*; Rasieren *n*; Friseurberuf *m*; آلة الـ~ Rasierapparat *m*

[1]**حلال** [ħa'laːl] erlaubt, zulässig; Erlaubte(s); rechtmäßige(r) Besitz; ~ ابن eheliche(r) Sohn; anständige(r) Mensch; ~ بنت ein anständiges *od.* ordentliches Mädchen

[2]**حلال** [ħa'llaːl]: المشاكل ~ j-d, der alle Probleme löst

حلاوة [ħa'laːwa] süße(r) Geschmack, *a. fig.* Süße *f*; angenehme(s) Wesen *e-s Menschen*; Anmut *m*, Reiz *m*, Charme *m*; Wohlklang *m e-r Stimme*; *pl.* [-aːt] Süßigkeit *f*, Konfekt *n*; طحينية ~ Süßigkeit *f* aus Sesammehl

[1]**حلب** [ħalaba, u, i] *a. fig.* melken; **V** تحلب [ta'ħallaba]: ريقه ~ [riːquhuː] ihm lief das Wasser im Mund zusammen; ihm wässerte der Mund (على nach *D*); **VIII** احتلب [iħ'talaba] melken; **X** استحلب [is'taħlaba] Saft auspressen (ه aus *D*); *Chem.* emulgieren

[2]**حلب** [ħalab] (2) Aleppo (*Stadt in Syrien*)

[3]**حلب** [ħalb] Melken *n*

[1]**حلبة** [ħalaba] → حالب

[2]**حلبة** [ħalba], *pl.* [ħala'baːt] Rennbahn *f*; *a. fig.* Arena *f*; (Box-)Ring *m*; الرقص ~ Tanzfläche *f*

[3]**حلبة** [ħulba] Bockshornklee *m*

حلبي [ħalabiː] aus Aleppo; Aleppiner *m*

[1]**حلج** [ħaladʒa, i] *Baumwolle* entkörnen, egrenieren

[2]**حلج** [ħaldʒ] Entkörnung *f von Baumwolle*, Egrenierung *f*

حلحل [ħalħala] entfernen (ه/ه عن *A* von *s-m Platz*); **II** تحلحل [ta'ħalħala] sich wegbewegen (عن von *s-m Platz*)

حلزون [ħala'zuːn] *koll., n. un.* ~ة Schnecke(n *pl.*) *f*; Spirale *f*

حلزوني [ħala'zuːniː] schneckenförmig; spiralförmig, Spiral-; ~ فطير Schnecke *f* (*Gebäck*)

1 **حلف** [ħalafa, i] schwören (ب bei *D*); *Eid* leisten; **II** [ħallafa] schwören lassen (ه ب *j-n* bei *D*; ه على j-n auf *den Koran*); beschwören (ه/ب *A*); vereidigen; **III** حالف [ħaːlafa] sich verbünden (ه mit *j-m*); ~ـه الحظ [-hu l-ħɒððˤ] er hatte Glück; ihm war Glück *od.* Erfolg beschieden; **VI** تحالف [ta'ħaːlafa] sich miteinander verbünden; sich verbünden (مع mit *j-m*); **X** استحلف [is'taħlafa] schwören lassen (ه ب *j-n* bei *D*); beschwören

2 **حلف** [ħalf, ħalif] Schwören *n*, Schwur *m*, Eid *m*

3 **حلف** [ħilf], *pl.* أحلاف [ʔaħ'laːf] Bund *m*, Bündnis *n*, Pakt *m*, Allianz *f*; Verbündete(r); ~(الـ) الأطلسي [ħ. al-ʔɒtlasiː] *u.* شمال ~ الأطلسي *Pol.* Atlantikpakt *m*

1 **حلفاء** [ħal'faːʔ] (2) Halfagras *n*

2 **حلفاء** [ħula'faːʔ] → حليف

حلفان [ħil'faːn], *pl.* [-aːt] *umg.* Schwur *m*

1 **حلق** [ħalaqa, i] kahlscheren, *Haare* schneiden; rasieren; **II** [ħallaqa] **1.** in der Luft kreisen; *Flugzeug*: fliegen, abfliegen; überfliegen (على/ فوق *Gelände*); *a. fig.* schweben; einkreisen (على *A*); **2.**: ~ شعره [ʃaʕrahuː] sich die Haare schneiden lassen; **V** تحلق [ta'ħallaqa] e-n Kreis bilden (ه/ـهـ/حول um *A*)

2 **حلق** [ħalaq] *koll.* Ohrringe *m/pl.*; → حلقة

3 **حلق** [ħalq] **1.** *pl.* حلوق [ħu'luːq], أحلاق [ʔaħ'laːq] *u.* حلق [ħuluq] Kehle *f*, Rachen *m*, (innerer) Hals; **2.** Haarschneiden *n*, Rasur *f*

حلقة [ħalqa, ħalaqa], *pl.* [ħala'qaːt] *u.* حلق [ħalaq] Ring *m*; Kettenglied *n*, Glied *n*; Zirkel *m*, Kreis *m von Menschen*; Seminar(übung *f*) *n*; Folge *f e-r Sendereihe*; Jahrzehnt *n des Lebens od. des Jahrhunderts*; ~ دراسية [diraː'siːja] Studienzirkel *m*; Kursus *m*; ~ الذكر [ħ. að-ðikr] (sufische) Andachtsübung; ~ السمك [ħ. as-samak] Fischmarkt *m*; ~ مفرغة [mufraɣa] Circulus vitiosus *m*; ~ وصل Bindeglied *n*; اتسعت حلقاته [i'ttasaʕat] immer weitere Kreise ziehen

حلقوم [ħul'quːm], *pl.* حلاقيم [ħalaː-qiːm] (2) Kehle *f*, Gurgel *f*

حلقي [ħalqiː] guttural, Kehl-; ringförmig; zyklisch

1 **حلك** [ħalika, a] *u.* **XII** احلولك [iħ-'laulaka] tiefschwarz sein

2 **حلك** [ħalak] tiefe Schwärze

3 **حلك** [ħalik] tiefschwarz, pechschwarz

حلكة [ħulka] Schwärze *f*, *a. fig.* Finsternis *f*; Düsterkeit *f*

1 **حلم** [ħalama, u] träumen (ب/عن von *D*); – [ħaluma, u] sich beherrschen, an sich halten; **V** تحلم [ta'ħallama] an sich halten, sich beherrschen; **VIII** احتلم [iħ'talama] e-e Pollution haben

2 **حلم** [ħalam] *koll., n. un.* ~ة Zecke(n *pl.*) *f*; → حلمة

3 **حلم** [ħulm], *pl.* أحلام [ʔaħ'laːm] Traum *m* (ب von *D*); فارس أحلامها der Mann ihrer Träume

4 **حلم** [ħulum] Mannbarkeit *f*

5 **حلم** [ħilm] Sanftmut *f*, Milde *f*, Nachsicht *f*

حلمة [ħalama], *koll.* حلم [ħalam] Brustwarze *f*

1 **حلة** [ħalla], *pl.* حلل [ħilal] niedrige(s) Kupfergefäß; *bsd. Äg.* Kochtopf *m*

2 **حلة** [ħulla], *pl.* حلل [ħulal] Kleidung *f*, Gewand *n*; Anzug *m*; Uniform *f*

3 **حلة** [ħilla] Stadtviertel *n*; Lagerplatz *m*

1 (حلو) حلا [ħalaː, uː] süß, angenehm sein; Freude machen, gefallen, belieben, passen (ل *j-m*); كما يحلو له أن يقول [ʔan ja'quːl(a)] wie er zu sagen beliebt; **II** حلى [ħallaː] süßen; *fig.* versüßen; *Nachspeise* servieren *od.* essen; *Meerwasser* entsalzen; schmücken; **V** تحلى [ta'ħallaː] sich schmücken (ب mit *D*); besitzen (ب *e-e Eigenschaft*); ~ بالصبر sich mit Geduld wappnen; **X** استحلى [is'taħlaː] angenehm finden

2 **حلو** [ħulw], *umg.* [ħilw] süß; angenehm; hübsch, reizend; *Lächeln*: liebenswürdig; *Stimme*: wohlklingend; ~ ماء Süßwasser *n*

حلوان [ħul'waːn] **1.** Finderlohn *m*; Schmiergeld *n*; **2.** Heluan (*Stadt in Ägypten*)

حلواني [ħal(a)'waːniː], *pl.* ~ة Zukkerbäcker *m*, Konditor *m*

حلوب [ħa'luːb] *f* milchspendend; بقرة [baqara] Milchkuh *f*

حلول [ħu'luːl] Kommen *n*, Eintreffen *n*; Eintritt *m e-r Zeit*; Hereinbrechen *n*; Einkehr *f*; *Rel.* Inkarnation *f*; ~ الأرواح Seelenwanderung *f*

حلومي [ħa'lluːmiː] *Jord. e-e Käseart*

حلوى [ħalwaː], *pl.* حلاوى [ħa'laːwaː] Süßigkeit *f*, Konfekt *n*

حلويات [ħalawiː'jaːt] *pl.* Süßigkeiten *f/pl.*, Konfekt *n*

1 **حلي** [ħalija, aː] geschmückt sein (ب mit *D*); **II** حلى [ħallaː] *u.* **V** تحلى [ta'ħallaː] → 1(حلو)

2 **حلي** [ħalj], *pl.* حلي [ħu'liːj] Schmuck *m*, Pretiosen *pl.*

حليب [ħa'liːb] Milch *f*; ~ مجفف [mu'dʒaffaf] Trockenmilch *f*

حليج [ħa'liːdʒ] (*Baumwoll-*)Entkörnung *f*; entkörnt

حليف [ħa'liːf], *pl.* حلفاء [ħula'faːʔ] (2) verbündet; Verbündete(r), Bundesgenosse *m*, Alliierte(r); كان التوفيق ~ـه er war erfolgreich

حليفة [ħa'liːfa], *pl.* [-aːt] Verbündete *f*, Bundesgenossin *f*; Verbündete(r) (*Staat*)

حليق [ħa'liːq] kahlgeschoren; (glatt-) rasiert

حليم [ħa'liːm], *pl.* حلماء [ħula'maːʔ] (2) milde, sanftmütig, nachsichtig

حلية [ħilja], *pl.* حلى [ħilan] Schmuckstück *n*, Schmuck *m*; Dekoration *f*

1 **حم** [ħumma] (*Pass.*) fiebern; ~ القضاء/الأمر Schicksal!; da kann man nichts machen; ~ القضاء فيه sein letztes Stündlein hat geschlagen; **II** حمم [ħammama] *trans.*

baden; **X** استحم [ista'ħamma] baden, ein Bad nehmen

[2]**حم** [ħam] (*vor G u. Suffixen: N* حمو [ħamuː], *G* حمي [ħamiː], *A* حما [ħamaː]), *pl.* أحماء [ʔaħ'maːʔ] Schwiegervater *m*

[1]**حمار** [ħa'mmaːr], *pl.* ـة~ Eseltreiber *m*

[2]**حمار** [ħi'maːr], *pl.* حمير [ħa'miːr] *u.* حمر [ħumur] Esel *m*; وحشي ~ Wildesel *m*

[1]**حمارة** [ħa'maːra, ħa'maːrra]: ~ القيظ [ħ. al-qaið] sommerliche Hitze

[2]**حمارة** [ħi'maːra], *pl.* حمائر [ħa'maːʔir] (2) Eselin *f*

حماس [ħa'maːs] Begeisterung *f*, Enthusiasmus *m*, Eifer *m*; Leidenschaftlichkeit *f*; بـ~ begeistert (*Adv.*)

حماسة [ħa'maːsa] Begeisterung *f*; → حماس

حماسي [ħa'maːsiː] begeistert, enthusiastisch; leidenschaftlich, stürmisch; begeisternd

حماض [ħu'mmɒːđ] Sauerklee *m*

حماقة [ħa'maːqa], *pl.* [-aːt] Dummheit *f*, Torheit *f*, Narrheit *f*

حمال [ħa'mmaːl], *pl.* [-uːn] *u.* ـة~ Lastträger *m*, Gepäckträger *m*

[1]**حمالة** [ħa'mmaːla], *pl.* [-aːt] Träger *m an e-m Kleidungsstück*; Trägerin *f*; صدر ~ Büstenhalter *m*

[2]**حمالة** [ħi'maːla] Tätigkeit *f od.* Beruf *m* des Lastträgers; *pl.* حمائل [ħa'maːʔil] (2) *früher*: (*Degen-*)Gehänge *n*

[1]**حمام** [ħa'maːm] *koll.* Taube(n *pl.*) *f*; زاجل ~ Brieftaube(n *pl.*) *f*

[2]**حمام** [ħa'mmaːm], *pl.* [-aːt] Bad *n*; Badezimmer *n*; Badeanstalt *f*, Badehaus *n*; البخار ~ [ħ. al-bu'xaːr] Dampfbad *n*; دم ~ [ħ. dam] Blutbad *n*; السباحة ~ [ħ. as-si'baːħa] Schwimmbad *n*; ~ شمسي Sonnenbad *n*

[3]**حمام** [ħi'maːm] Todesgeschick *n*

حمامة [ħa'maːma], *pl.* [-aːt] *u.* حمائم [ħa'maːʔim] (2) (*e-e*) Taube

حمامي [ħa'mmaːmiː] Bade-

[1]**حماة** [ħa'maːt], *pl.* حموات [ħama'waːt] Schwiegermutter *f*

[2]**حماة** *u.* **حماه** [ħa'maːh] Hama (*Stadt in Syrien*)

[3]**حماة** [ħu'maːt] → [3]حام

[4]**حمأة** [ħamʔa] Schlamm *m*; *a. fig.* Morast *m*

حماية [ħi'maːja], *pl.* [-aːt] Schutz *m*; *Pol.* Protektorat *n*; البيئة ~ [ħ. al-biːʔa] Umweltschutz *m*

حمحم [ħamħama] wiehern

[1]**حمد** [ħamida, a] loben (ه على *j-n* für *A*), preisen; zufrieden sein (ـه mit *D*); الله ~ Gott danken (على für *A*); *Pass.* يحمد [juħmadu] lobenswert, anerkennenswert; لا تحمد عقباه [tuħmadu ʕuq'baːhu] unliebsam, unangenehm

[2]**حمد** [ħamd] Lob *n*, Preis *m*; الـ~ لله [al-ħamdu li-llaːh] Gott sei gelobt!, Gott sei Dank!; بـ~ الله *u.* والـ~ لله gottlob, Gott sei Dank; الـ~ لله على السلامة *Ausruf nach glücklich überstandener Reise*

حمدل [ħamdala] die Formel الحمد لله (→ [2]حمد) aussprechen

[1]**حمر** **II** [ħammara] röten, rot färben; rösten, braten; **V** تحمر [ta'ħammara] gebraten werden; **IX** احمر [iħ'marra] rot werden, sich röten

[2]**حمر** [ħumar] Bitumen *n*, Asphalt *m*

[3]**حمر** [ħumr] → أحمر

حمراء [ħam'raːʔ] (2) **1.** الـ~ die Alhambra (*in Granada*); **2.** (سمك) الـ~ [samak al-ħ.] *Saudi-Ar. Art* rote(r) Karpfenfisch; → أحمر

حمرق [ħamraqa] *Äg. beim Spiel* kneifen

حمرة [ħumra] Röte *f*, Rotfärbung *f*; Rot *n*, Rouge *n*; *Med.* Wundrose *f*

[1]**حمس** [ħamisa, a] *Unterhaltung*: heftig werden; sich begeistern (ب für *A*); **II** [ħammasa] begeistern (ه ل *j-n* für *A*); *Sport*: anfeuern; **V** تحمس [ta'ħammasa] sich begeistern (ل für *A*); begeistert sein (ل von *D*); sich ereifern (ل für *A*)

[2]**حمس** [ħums] → أحمس

حمساء → أحمس

[1]**حمص** **II** [ħammasɒ] rösten; *Brot* toasten

[2]**حمص** [ħims] Homs (*Stadt in Syrien*)

[3]**حمص** [ħimmis, ħummus] *koll.*, *n. un.* ـة~ Kichererbse(n *pl.*) *f*

[1]**حمض** [ħamuđɒ, u] sauer sein *od.* werden; **II** [ħammađɒ] sauer machen; säuern; *Fot.* entwickeln

[2]**حمض** [ħamđ], *pl.* أحماض [ʔaħ'mɒːđ] Säure *f*; أميني ~ Aminosäure *f*; بولي ~ [bauliː] Harnsäure *f*; دهني ~ [duhniː] Fettsäure *f*; ~ الكبريتيك [ħ. al-kibri'tiːk] Schwefelsäure *f*; نووي ~ [nawawiː] Nukleinsäure *f*; → حامض

حمضي [ħamđiː] *Boden*: sauer; أمطار ـة~ saure(r) Regen; ~ شجر [ʃadʒar] Zitrusbäume *m/pl.*

حمضية [ħam'điːja] Säuregehalt *m*; *pl.* [-aːt] Zitrusfrucht *f*

[1]**حمق** [ħamuqa, u], *a.* [ħamiqa, a] dumm sein; zornig werden; **II** [ħammaqa] für dumm halten; **VI** تحامق [ta'ħaːmaqa] sich dumm stellen; **X** استحمق [is'taħmaqa] für dumm halten

[2]**حمق** [ħumq] Dummheit *f*, Torheit *f*; → أحمق

حمقاء → أحمق

حمقى → أحمق

[1]**حمل** [ħamala, i] tragen, mit sich führen, befördern; schleppen; (über-)bringen (ـه إلى/ل *A j-m*); etwas Schweres abnehmen (عن *j-m*); *Staatsangehörigkeit* besitzen; mit sich bringen; beinhalten, umfassen; *Gefühl* hegen; bewegen, veranlassen (ه على *j-n* zu *D*); angreifen (على *A*); *Gr.* übereinstimmen lassen (ـه على *ein Wort* mit *e-m anderen*), beziehen (ـه على *ein Wort* auf *ein anderes*); schwanger werden; **II** [ħammala] tragen *od.* (über)bringen lassen; beladen (ـه ب *etwas* mit *D*); aufladen (ـه auf *den Wagen*; ـه ه *fig. j-m A*); aufbürden (ـه على *A j-m*); (= ـه~ المسؤولية) *j-n* verantwortlich machen; *Syr. Beton* vorspannen; **V** تحمل [ta'ħammala] *Kosten, Verantwortung* tragen, übernehmen; ertragen, aushalten; zu tragen haben (ـه/ب *Last*), auf sich nehmen (müssen); **VI** تحامل [ta'ħaːmala] voreingenommen *od.* ungerecht sein (على gegen *j-n*); sich mühsam

erheben; *fig.* sich aufraffen; sich (fort)schleppen; **VIII** احتمل [iħ'tamala] *a. fig.* tragen; ertragen, aushalten (können); als möglich ansehen; *Möglichkeit* zulassen; *Pass.* يحتمل [juħ'tamalu] möglich, denkbar sein; wahrscheinlich sein; الأمر يحتمل المناقشة darüber läßt sich streiten

[2]**حمل** [ħamal], *pl.* حملان [ħum'laːn] *u.* أحمال [ʔaħ'maːl] Lamm *n*; *Astr.* Widder *m*; *Saudi-Ar. erster Monat des Sonnenjahres*

[3]**حمل** [ħaml] Tragen *n*, Transport *m*; Überbringung *f*; Veranlassung *f* (على *j-s*); Schwangerschaft *f*; *pl.* أحمال [ʔaħ'maːl] Fetus *m*

[4]**حمل** [ħiml], *pl.* أحمال [ʔaħ'maːl] Last *f*, Bürde *f*; كان ~ا على [-an] *j-m* zur Last fallen

حملق [ħamlaqa] starren; anstarren (في *A*)

حملقة [ħamlaqa] Starren *n*; stiere(r) Blick

[1]**حملة** [ħamala] → حامل

[2]**حملة** [ħamla], *pl.* [ħama'laːt] Angriff *m* (على auf, gegen *A*); *a. fig.* Feldzug *m* (على gegen *A*); *Mil.* Expedition *f*; Kampagne *f*, Aktion *f*; انتخابية ~ Wahlkampf *m*

حمم [ħumam] glühende Asche *od.* Kohle; Lava *f*

[1]**حمة** [ħamma] heiße Quelle

[2]**حمة** [ħuma] (*Insekten-*)Stachel *m*

[3]**حمة** [ħumma] *a. fig.* Fieber *n*

[1]**حمو** [ħamw] Hitze *f*; النيل ~ [ħ. an-niːl] *Äg.* Hitzeblattern *pl.*

[2]**حمو** [ħamuː] → [2]حم

[3]**حمو** [ħu'muːw] Hitze *f*

حمود [ha'muːd] lobenswert

حمورابي [ħamuː'raːbiː] *hist.* Hammurabi

حموضة [ħu'muːðɒ] Säure *f*, Säuregehalt *m*; saure(r) Geschmack; (= زيادة نسبة الـ~ [zi'jaːdat nisbati l-ħ.]) Versauerung *f des Bodens*

حمول [ħa'muːl] Dulder *m*

[1]**حمولة** [ħa'muːla], *pl.* حمائل [ħa'maːʔil] (2) *Ir., Saudi-Ar.* Familie *f*

[2]**حمولة** [ħu'muːla] Tragfähigkeit *f*, Ladefähigkeit *f*; (Schiffs-)Tonnage *f*; *pl.* [-aːt] Ladung *f*, Fracht *f*

[1]**حمى** [ħamaː, iː] (be)schützen; *Künstler* protegieren; **III** حامى [ħaːmaː] (vor Gericht) verteidigen (عن *j-n*); **VI** تحامى [ta'ħaːmaː] (ver)meiden; **VIII** احتمى [iħ'tamaː] Schutz *od.* Zuflucht suchen (ب bei *D*, an *e-m Ort*); sich schützen (من vor *D*, ب durch *A*); gedeckt werden (ب durch *A*)

[2]**حمي** [ħamija, aː] heiß sein *od.* werden; sich erhitzen; *fig.* entbrennen; wütend sein *od.* werden (على auf *j-n*); **II** حمى [ħammaː] heiß machen, erhitzen

[3]**حمى** [ħummaː], *pl.* حميات [ħumma'jaːt] *a. fig.* Fieber *n*; صفراء ~ Gelbfieber *n*

[4]**حمى** [ħiman] Schutz *m*; geheiligte(r) Bezirk

[5]**حمي** [ħamiː] → [2]حم

[6]**حمي** [ħummiː] Fieber-, fiebrig

حميا [ħu'majjaː] *fig.* Feuer *n*, Glut *f bsd. des Weins*

حميد [ħa'miːd] lobenswert; *Med.* gutartig; ~ غير unliebsam, unangenehm; ungünstig; المساعي الحميدة [al-ma'saːʕiː] *Dipl.* gute Dienste *m/pl.*, Vermittlung *f*

[1]**حمير** [ħa'miːr] → [2]حمار

[2]**حمير** [ħimjar] (2) *hist.* die Himjariten *m/pl.* (*südarab. Volk in der Antike*)

حميري [ħimjariː] himjaritisch

حميض [ħummaiđ] Sauerampfer *m*

حميل [ħa'miːl] Fetus *m*, Leibesfrucht *f*

حميم [ħa'miːm], *pl.* أحماء [ʔaħi'mmaːʔ] (2) Vertraute(r), Nahestehende(r); vertraut, innig, intim

حميمية [ħamiː'miːja] Intimität *f*

[1]**حمية** [ħa'miːja] (Feuer-)Eifer *m*; Begeisterung *f*; Verzückung *f*; *negativ*: Fanatismus *m*; Hitzigkeit *f*, Temperament *n*

[2]**حمية** [ħimja] Diät *f*; Mäßigkeit *f* beim Essen

حن [ħanna, i] sich sehnen, verlangen (إلى nach *D*); Sympathie *od.* Zärtlichkeit empfinden (إلى für *j-n*); Mitleid haben (على mit *j-m*); **II** حنن [ħannana] rühren; sehnsüchtig machen; Zärtlichkeit *od.* Mitleid erwecken (ه in *j-m*); **V** تحنن [ta'ħannana] Mitleid haben (على mit *j-m*)

[1]**حنا** [ħanaː] → [1](حنو)

[2]**حنأ** **II** [ħannaʔa] mit Henna färben

حناء [ħi'nnaːʔ] Henna *f* (*roter Pflanzenfarbstoff*); أبو الـ~ Rotkehlchen *n*

[1]**حنان** [ħa'naːn] Liebe *f*, Zärtlichkeit *f*; Fürsorglichkeit *f*; Sympathie *f*; Mitgefühl *n*, Mitleid *n*

[2]**حنان** [ħa'nnaːn] sehnsüchtig; liebevoll, zärtlich; mitleidig; *Gott*: gnädig

حنبلي [ħambaliː], *pl.* حنابلة [ħa'naːbila] *Isl.* hanbalitisch; *fig.* sehr streng in s-n Ansichten

حنبلية [ħamba'liːja] *Isl.* hanbalitische Rechtsschule

[1]**حنث** [ħaniθa, a] e-n Meineid leisten; brechen (ب/في *e-n Eid*); **V** تحنث [ta'ħannaθa] Läuterung suchen

[2]**حنث** [ħinθ], *pl.* أحناث [ʔaħ'naːθ] Meineid *m*; Sünde *f*

حنجرة [ħandʒara], *pl.* حناجر [ħa'naːdʒir] (2) Kehle *f*, Kehlkopf *m*

حنجري [ħandʒariː] Kehlkopf-

حنجل [ħandʒala] *u.* **II** تحنجل [ta'ħandʒala] hüpfen, tänzeln

حنجور [ħun'dʒuːr], *pl.* حناجير [ħanaː'dʒiːr] (2) = حنجرة

حنش [ħanaʃ], *pl.* أحناش [ʔaħ'naːʃ] Schlange *f*

حنط **II** [ħannatɒ] einbalsamieren; *totes Tier* präparieren

حنطة [ħintɒ], *pl.* حنط [ħinɒt] Weizen *m*

حنطور [ħan'tʉːr], *pl.* حناطير [ħanaː'tɨːr] (2) Kutsche *f*

حنطي [ħintɨː] weizenfarbig; weizenblond

حنظل [ħanðɒl] *koll.*, *n. un.* ~ة *Bot.* Koloquinte(n *pl.*) *f*

حنف → أحنف

حنفاء → أحنف

حنفي [ħanafiː], *pl.* [-uːn] *u.* أحناف [ʔaħ'naːf] *Isl.* hanefitisch; Hanefit *m*

حنفية [ħana'fiːja] **1.** *pl.* [-aːt] (Leitungs-, Wasser-)Hahn *m*; **2.** *Isl.* hanefitische Rechtsschule

¹**حنق** [ħaniqa, a] wütend sein (على auf *A*); verübeln (على ـه *A j-m*); **IV** أحنق [ʔaħnaqa] in Wut versetzen

²**حنق** [ħanaq] Wut *f*, Zorn *m*, Groll *m*; Haß *m*

³**حنق** [ħaniq] wütend, verärgert

¹**حنك II** [ħannaka] erfahren machen; ~ـته التجربة [-thu t-tadʒriba] (lebens-)erfahren

²**حنك** [ħanak], *pl.* أحناك [ʔaħ'naːk] Gaumen *m*

³**حنك** [ħunk] = حنكة

حنكليس [ħanka'liːs] Aal *m*

حنكة [ħunka, ħinka] (Lebens-)Erfahrung *f*; Klugheit *f*; *pej.* Gerissenheit *f*

حنكي [ħanakiː] Gaumen-, palatal

حنة [ħinna] Zärtlichkeit *f*; Mitgefühl *n*

¹(**حنو**) حنا [ħanaː, uː] Mitgefühl haben (على mit *j-m*)

²**حنو** [ħu'nuːw] Mitgefühl *n* (على für *j-n*); Liebe *f*

حنون [ħa'nuːn] *m u. f* liebevoll, zärtlich; sanft; mitleidig; *Herz*: weich

¹**حنى** [ħanaː, iː] biegen, krümmen; *Haupt* neigen; sich biegen; sich neigen; **IV** أحنى [ʔaħnaː] neigen, beugen; **VII** انحنى [in'ħanaː] sich biegen, sich krümmen; sich beugen, sich neigen; sich bücken; sich verneigen, sich verbeugen; *Weg*: sich winden; *Straße*: e-e Kurve machen; einbiegen (من ... إلى von *D* in *A*)

²**حني** [ħanj] Biegung *f*, Krümmung *f*

حنيف [ħa'niːf], *pl.* حنفاء [ħuna'faːʔ] (2) rechtgläubig; Rechtgläubige(r); الدين الـ~ [ad-diːn] die wahre Religion (= der Islam)

حنيفية [ħaniː'fiːja]: الـ~ die wahre Religion (= der Islam)

حنين [ħa'niːn] Sehnsucht *f* (إلى nach *D*); الـ~ إلى الماضي/القديم *u.* الـ~ إلى الأيام الماضية [al-ʔa'jjaːmi l-mɒːđija] Nostalgie *f*; الـ~ إلى الوطن [al-wɒtɒn] Heimweh *n*

¹**حنية** [ħanja] Biegung *f*

²**حنية** [ħa'niːja], *pl.* حنايا [ħa'naːjaː] Wölbung *f*; حناياه sein Inneres; في/بين حنايا صدره in seiner Brust, in seinem Herzen

³**حنية** [ħi'nniːja] *umg.* liebenswerte(s) Wesen

حواء [ħa'wwaːʔ] (2) Eva *npr. f*; بنات ~ Evastöchter *f/pl.*

حواجز → حاجز

حوادث → حادث *u.* حادثة

حوار [ħi'waːr], *pl.* [-aːt] Gespräch *n*; Dialog *m*; Diskussion *f*; Disput *m*

حوارة [ħa'wwaːra] = ²**حوارى**

¹**حواري** [ħa'waːriː], *pl.* [-uːn] Schüler *m*, Gefolgsmann *m*; *Chr.* Jünger *m*, Apostel *m*

²**حوارى** [ħu'wwaːraː] (Gips-)Mergel *m*

حواس → حاسة

حواش → حاشية

حواضر → حاضرة

حواضن → حاضنة

حواف → ¹حافة *u.* ²حافة

حوافر → حافر

حوافز → حافز

حوافظ → حافظة

حوافل → حافلة

حوال [ħa'wwaːl] *Äg.* Umleitungskanal *m*

حوالب → حالب

¹**حوالة** [ħa'waːla], *pl.* [-aːt] *Hdl.* Wechsel *m*; Zahlungsanweisung *f*; *Jur.* Zession *f*; بريدية ~ Postanweisung *f*; لدى الاطلاع ~ [ladaː l-iṭṭi'laːʕ] Sichtwechsel *m*

²**حوالة** [ħa'wwaːla] *Äg.* = حوال

حوالي [ħawaː'laj], *selten* [ħa'waːlaː] *Präp.* zirka, ungefähr, *a. örtl.* um ... herum

حوام [ħa'wwaːm] schwebend, kreisend

حوامل → حامل *u.* حاملة

حوامة [ħa'wwaːma], *pl.* [-aːt] Luftkissenboot *n*

حوانيت → حانوت

حواة → حاو

حوايا → حوية

حوائض → حائض *u.* حائضة

حوائك → حائكة

حوائل → حائل

حواية [ħa'waːja], *pl.* [-aːt] runde(s) Polster unter Traglasten

حوت [ħuːt], *pl.* حيتان [ħiː'taːn] (großer) Fisch; Wal *m*; *Saudi-Ar. zwölfter Monat des Sonnenjahres*; الـ~ *Astr.* Fische *m/pl.*; سليمان ~ [ħ. sulai'maːn] Lachs *m*

(**حوج**) **IV** أحوج [ʔaħwadʒa] bedürfen (إلى *G*), brauchen (إلى *A*); nötig machen (إلى ه für *j-n A*); j-n (ه) dazu bringen, etwas zu tun (إلى); **VIII** احتاج [iħ'taːdʒa] brauchen, benötigen (ـه/ل/إلى *A*), bedürfen (ـه/ل/إلى *G*); هذا يحتاج منا إلى das erfordert von uns ...

(**حود**) حاد [ħaːda, uː] *u.* **II** [ħawwada] abbiegen (عن von *der Straße*)

(**حوذ**) حاذ [ħaːða, uː] *Tier* antreiben; **X** استحوذ [is'taħwaða] Besitz ergreifen (على von *D*), sich bemächtigen (على *G*); *Gefühl*: überkommen, beherrschen (على *j-n*)

حوذي [ħuːðiː], *pl.* ـة~ Kutscher *m*

¹**حور II** [ħawwara] (ab)ändern, umbilden; umwandeln (ـه ه *etwas* in *A*); *Wort im Munde* umdrehen; *Teig* ausrollen; **III** حاور [ħaːwara] ein Gespräch führen (ه mit *j-m*); diskutieren, disputieren (في ه mit *j-m* über *A*); *j-n* hinhalten; *Sport*: *Gegner* ausspielen; **IV** أحار [ʔa'ħaːra]: لم يحر جوابا [lam juħir dʒa'waːban] keine Antwort wissen; **V** تحور [ta'ħawwara] (ab)geändert, modifiziert werden; **VI** تحاور [ta'ħaːwara] miteinander diskutieren *od.* disputieren

²**حور** [ħawar] **1.** *koll.* Pappel(n *pl.*) *f*; **2.** Schwarzäugigkeit *f*

³**حور** [ħuːr] → أحور *u.* حورية

حوراء [ħau'raːʔ] (2), *pl.* حوراوات [ħauraː'waːt] Nymphe *f*; → أحور

حوران [ħau'raːn] (2) *Geo.* Hauran-Gebirge *n*

حورية [ħuː'riːja], *pl.* [-aːt] *u.* حور [ħuːr] *Isl.* Paradiesjungfrau *f*; Nymphe *f*; البحر ~ [ħ. al-baħr] Wasserjungfrau *f*

¹(**حوز**) حاز [ħaːza, uː] erlangen, bekommen, gewinnen (ـه/على *A*); **V** تحيز [ta'ħajjaza] sich anschließen (إلى/ل an *D*); Partei ergreifen (إلى/ل für *A*); لا يتحيز unparteiisch sein; **VII** انحاز [in'ħaːza] sich an-

schließen (ل/إلى an *D*); Partei ergreifen (ل/إلى für *A*); sich zurückziehen (إلى an *e-n Ort*); sich abwenden (عن von *j-m*); **VIII** احتاز [iħ'taːza] in Besitz nehmen

[2]**حوز** [ħauz] **1.** *Jur.* Besitz *m*; **2.** *pl.* أحواز [ʔaħ'waːz] *Mar.*, *Tun.* Vororte *m/pl.*, Umgebung *f e-r Stadt*

حوزق [ħauzaqa] den Schluckauf haben

حوزة [ħauza] Besitz *m*; Besitztum *n*; في ـــه in s-m Besitz; ~ الإسلام das Gebiet *od.* Territorium des Islams

[1]**حوش** **II** [ħawwaʃa] *Geld* sparen, zusammenbringen; **VII** انحاش [in'ħaːʃa]: لا ينحاش عن zu allem bereit sein

[2]**حوش** [ħawaʃ] Pack *n*, Bagage *f*

[3]**حوش** [ħauʃ], *pl.* أحواش [ʔaħ'waːʃ] Hof *m*; *Ir. a.* Haus *n*

حوشي [ħuːʃiː] *Wort*: ausgefallen

حوصل [ħausɒl], *pl.* حواصل [ħa'waːsil] (2) *Zool.* Kropf *m*

حوصلة [ħausɒla], *pl.* حواصل [ħa'waːsil] (2) *Zool.* Kropf *m*; *Tun.* Zusammenfassung *f*

حوض [ħauđ], *pl.* أحواض [ʔaħ'wɒːd] *u.* حياض [ħi'jɒːđ] *a. Anat.*, *Geo.* Becken *n*; Bassin *n*; Trog *m*, Mulde *f*; Beet *n*; Dock *n*; *Jord.* Grundbuchsbezirk *m*; ~ (بناء) السفن [ħ. (bi'naːʔi) s-sufun] (Schiffs-)Werft *f*; ~ جاف [ʤaːff] Trockendock *n*; ~ عائم Schwimmdock *n*; ري الحياض/بالحياض [rajj] *Äg.* Bewässerung *f* mit Hilfe von Staubecken; ذاد عن حياض البلاد [-i l-bi'laːd] das Land verteidigen

حوضي [ħauđiː] beckenförmig

(**حوط**) حاط [ħɒːtɒ, uː] umgeben (ه/ـه/ب *A*; ب ـه/ه *j-n od. etwas* mit *D*); ~ـه برعايته [bi-riʕaː'jatihiː] j-n umhegen; **II** [ħawwatɒ] ummauern; **IV** أحاط [ʔa'ħɒːtɒ] umgeben, umfassen, umschließen (ب/ه/ـه *A*; ب ـه/ه *j-n od. etwas* mit *D*); *Feind* umzingeln; sich vertraut machen, vertraut sein; (= ~ به علما [ʕilman]) von etwas Kenntnis nehmen; etwas gründlich kennen; ~ـه علما ب j-n über etwas informieren *od.* von etwas in Kenntnis setzen; **V** تحوط [ta'ħawwatɒ] Vorkehrungen treffen; **VIII** احتاط [iħ'taːtɒ] sich vorsehen; vorsorgen (ل für *A*); Vorkehrungen treffen (ل für *A*, من/تجاه gegen *A*)

حوقل [ħauqala] die Formel لا حول ولا قوة إلا بالله aussprechen

حوقلة [ħauqala] langhalsige Flasche

(**حوك**) حاك [ħaːka, uː] *Stoff* weben; stricken; *Äg. Kleid* nähen; *Faden, Draht* verflechten; ersinnen, sich ausdenken; aushecken (ل ـه *A* gegen *j-n*); *Verschwörung* anzetteln (ضد gegen *A*)

[1](**حول**) حال [ħaːla, uː] verhindern (دون *A*); hindern (بينه وبين *j-n* an *e-r Sache*); trennen (بين *Menschen, Dinge*); sich wandeln; *Zeit*: verstreichen; ~ عليه الحول [ʕalaihi l-ħaul(a)] *Jur.* seit e-m Jahr vorhanden; – [ħawila, a] schielen; **II** [ħawwala] verwandeln, umwandeln (إلى in *A*), umgestalten; *a. El.* umformen; *El.* (um)schalten; *Rohstoff* verarbeiten (إلى zu *D*); *Währung* umtauschen, umrechnen; *Geld* überweisen, transferieren; zu etwas (ـه) machen; übertragen (ـه ل *A j-m od.* auf *j-n*); überführen (ـه إلى *A* in *j-s Hände*); verlagern; weiterleiten, überweisen (ـه إلى *etwas* an *A*); *Tel.* verbinden (ه إلى *j-n* mit *D*); ablenken, abbringen (ه عن *j-n* von *D*); (hin)lenken (ـه إلى *etwas* auf *A*); *Verkehr* umleiten; *Ball* abfälschen; ~ أنظاره إلى j-s Blicke auf *etwas* lenken; **III** حاول [ħaːwala] versuchen; ~ جهده [ʤuhdahuː] alles versuchen *od.* daran setzen (ل um zu); **IV** أحال [ʔa'ħaːla] verwandeln, umwandeln (إلى in *A*); weiterleiten (إلى an *e-e Stelle*), *a. e-n Patienten* überweisen (إلى an *A*, zu *D*); zuleiten (ـه إلى *A j-m*); übertragen (ـه إلى *A j-m*); überstellen (ه على *j-n e-r Behörde*); verweisen (إلى auf *ein Buch*, an *e-e Behörde*); *Jur.* abtreten; ~ـه إلى المعاش j-n in den Ruhestand versetzen; ~ـه على المحكمة j-n vor ein Gericht stellen; **V** تحول [ta'ħawwala] sich verändern; sich verwandeln, umgewandelt werden (إلى in *A*); übergehen (إلى in *e-n anderen Zustand*); sich zuwenden (إلى *D*); sich abwenden (عن von *D*); *Alg.*, *Tun.* sich begeben (إلى nach *D*); überwechseln (إلى zu *D*); *Aufgabe*: übertragen werden; **VI** تحاول [ta'ħaːwala] alles mögliche versuchen; **X** استحال [ista'ħaːla] sich verwandeln (ـه/إلى in *A*), zu etwas (ـه/إلى) werden; unmöglich *od.* undenkbar sein (على für *j-n*)

[2]**حول** [ħawal] Schielen *n*

[3]**حول** [ħaul] **1.** Macht *f*; لا ~ له ولا حيلة [-a, ħiːlata] er weiß nicht mehr, was er machen soll; لا ~ ولا قوة إلا بالله [-a, quwwata, ʔillaː] *etwa*: alles liegt in Gottes Hand; **2.** *pl.* أحوال [ʔaħ'waːl] Jahr *n*; → [2]حال

[4]**حول** [ħaula] *Präp.* um, um … herum; über *ein Thema*, betreffs; ungefähr; من ~ [min ħauli] um … herum

[5]**حول** [ħuːl] → أحول

[6]**حول** [ħiwal]: لا يبتغون عنه ~ـا [laː jabta'ɣuːna ʕanhu -an] sie wollen es nicht anders haben

حولاء → أحول

حولي [ħauliː] periodisch; *Pflanze, Tier*: einjährig; حوليات [ħauliː'jaːt] *pl.* Annalen *pl.*; Zeitschrift *f*, Periodikum *n*; Chronik *f*

[1](**حوم**) حام [ħaːma, uː] schweben; *a. fig.* kreisen (حول/على um *A*); *Verdacht*: sich richten (حول gegen *j-n*); **II** [ħawwama] *a. fig.* kreisen, sich drehen (حول um *A*)

[2]**حوم** [ħaum] Kreisen *n*, Schweben *n*

حومان [ħawa'maːn] Kreisen *n*, Schweben *n*

حومة [ħauma] Taumel *m der Begeisterung*; (*Kampf-*)Getümmel *n*; *Tun.* Stadtviertel *n*

حؤول [ħu'ʔuːl]: ~ الـ دون Verhinderung *f e-r Sache*

حوى [ħawaː, iː] umfassen, umschließen; enthalten; *Personen* vereinen; **II** [ħawwaː] zu e-r Rolle drehen; **V** تحوى [ta'ħawwaː] sich (zusammen)rollen; **VIII** احتوى [iħ'tawaː] umfassen, umschließen; enthalten, in sich schließen (هـ/على *A*); in s-n Besitz bringen (هـ/على *A*); *Situation* beherrschen, *Problem* in den Griff bekommen; *Personen* vereinen

حويط [ħa'wɨːt] *Äg.* durchtrieben, gerissen

حوية [ħa'wiːja]: حوايا [ħa'waːjaː] *pl.* Eingeweide *n/pl* .

1**حي** [ħajja] (يحيا [jaħjaː], يحي [ja'ħajju]) leben; ليحي الملك [li-jaħja l-malik] es lebe der König!; **II** حيا [ħajjaː] *Gott*: lange leben lassen; zu j-m sagen: حياك الله; grüßen; *a. fig.* begrüßen; beglückwünschen (ه على *j-n* zu *D*); ه~ بكل إجلال etwas sehr bewundern; **IV** أحيا [ʔaħjaː] beleben, wiederbeleben; *Veranstaltung* abhalten, *Fest* feiern, veranstalten; ~ ذكراه [ðik'raːhu] e-s Verstorbenen gedenken; ~ ليلة [laila(tan)] *Künstler*: e-e Abendvorstellung geben; **X** استحيا [is'taħjaː] *u.* استحى [is'taħaː] sich schämen; schüchtern sein

2**حي** [ħajj], *pl.* أحياء [ʔaħ'jaːʔ] **1.** lebend, *a. fig.* lebendig; *Unterhaltung*: lebhaft; *Tätigkeit*: rege; lebensnah; *Beispiel*: anschaulich; *Munition*: scharf; Lebewesen *n*; علم الأحياء [ʕilm al-ʔa.] Biologie *f*; مازال/يزال حيا [-an] noch am Leben sein; **2.** (Stadt-)Viertel *n*, Stadtteil *m*; ~ تجاري [ti'ʤaːriː] Geschäftsviertel *n*; ~ سكني [sakaniː] Wohnviertel *n*; ~ شعبي Wohnviertel *n* des einfachen Volkes; هو ~ يرزق [jurzaq] er ist noch am Leben

3**حي** [ħajja]: ~ على الصلاة [ɒsːɒ'laːh] auf zum Gebet!

حياء [ħa'jaːʔ] Scham *f*, Schamgefühl *n*; Scheu *f*, Schüchternheit *f*; قليل الـ~ schamlos, unverschämt

حيات → حية

حياتي [ħa'jaːtiː] Lebens-; خبرة ـة~ [xibra] Lebenserfahrung *f*

حياتية [ħajaː'tiːja] Animismus *m*

حياد [ħi'jaːd] **1.** Neutralität *f*; وقف على الـ~ sich neutral (ver)halten; **2.** (= الـ~ عن الخط [al-xɒtt]) (*Zug-*)Entgleisung *f*

حيادي [ħiː'jaːdiː] neutral; neutralistisch

حيارى → حيران

حيازة [ħi'jaːza] Besitzergreifung *f*, Inbesitznahme *f*; Besitz *m*; *pl.* [-aːt] Besitztum *n*, Besitzung *f*

حياض [ħi'jɒːđ] Menstruation *f*; → حوض

حياكة [ħi'jaːka] Weben *n*; Stricken *n*; *Äg.*, *Saudi-Ar.* Nähen *n e-s Kleides*

حيال [ħi'jaːla] *Präp.* vor, gegenüber; angesichts

حياة [ħa'jaːt], *pl.* حيوات [ħaja'waːt] Leben *n*; (berufliche) Laufbahn; في ~ـه zu s-n Lebzeiten; وحياتي *Bekräftigungsformel*: bei meinem Leben; الـ~ الزوجية [az-zau'ʤiːja] Eheleben *n*, Ehe *f*; الـ~ العامة [al-ʕaːmma] das öffentliche Leben; الـ~ الوجدانية [al-wiʤdaː'niːja] Gefühlsleben *n*; علماء الـ~ [ʕula'maːʔ] die Biologen *m/pl.*

حيتان → حوت

حيث [ħaiθu] *Konj.* wo, wo auch immer; wohin (auch immer); wo doch, während; da (doch); insofern als; wobei; بـ~ so daß; أن ~ [ʔanna] insofern als, in Anbetracht dessen, daß …; da, weil; indem; من ~ woher; + *N*: hinsichtlich, im Hinblick auf; إلى ~ wohin; dahin, wo

حيثما [ħaiθumaː] wo (auch) immer; wohin (auch) immer; ~ اتفق [i'ttafaqa] wie es sich gerade traf

حيثي [ħiːθiː] *hist.* hethitisch; *pl.* [-uːn] Hethiter *m*

حيثية [ħai'θiːja], *pl.* [-aːt] Standpunkt *m*, Gesichtspunkt *m*; gesellschaftliche Stellung, Rang *m*; *pl.* (Urteils-)Begründung *f*; *pl.* Sachverhalt *m*

1(**حيد**) حاد [ħaːda, iː] abweichen, abkommen (عن von *D*); ablassen, sich abwenden (عن von *D*); aufgeben (عن *Absicht*); abbringen (ب عن *j-n* von *D*); sich wenden (إلى zu, nach *D*, an *A*); ~ عن الخط [al-xɒtt] *Zug*: entgleisen; **II** [ħajjada] neutralisieren; **III** حايد [ħaːjada] sich abseits halten; sich neutral verhalten (هـ/ه gegenüber *D*)

2**حيد** [ħaid] Abweichung *f* (عن von *D*); Hinwendung *f* (إلى zu *D*)

حيدة [ħaida] Abweichung *f* (عن von *D*); Abwendung *f* (عن von *D*); Neutralität *f*; ~ على neutral

(**حير**) حار [ħaːra, aː] in Verwirrung *od.* Verlegenheit geraten; verwirrt *od.* ratlos gegenüberstehen (في *D*); ~ في أمره sich keinen Rat wissen; حرت جوابا [ħirtu ʤa'waːban] ich wußte keine Antwort; **II** [ħajjara] in Verlegenheit bringen, verwirren, irritieren, ratlos machen; quälen; **V** تحير [ta'ħajjara] in Verwirrung *od.* Verlegenheit geraten; verwirrt *od.* ratlos gegenüberstehen (في *D*); schwanken (بين … و zwischen *D*), unschlüssig sein; **VIII** احتار [iħ'taːra] verwirrt, verlegen, ratlos sein; nicht wissen, wie *od.* was …; schwanken (بين … و zwischen *D*)

حيران [ħai'raːn] (2), حيرى [ħairaː], *pl.* حيارى [ħa'jaːraː] verwirrt, verlegen, ratlos, irritiert; bestürzt, perplex

1**حيرة** [ħaira] Verwirrung *f*, Verlegenheit *f*, Ratlosigkeit *f*; Unsicherheit *f*; Bestürzung *f*; هو في ~ من أمره er weiß nicht, was er tun soll; er weiß nicht, wie er dran ist; هو في ~ من أمرها er weiß nicht was mit ihr los ist

2**حيرة** [ħiːra]: الـ~ *hist.* Stadt im Irak

1(**حيز**) **V** تحيز *u.* **VII** انحاز → 1(حوز)

2**حيز** [ħajjiz], *pl.* أحياز [ʔaħ'jaːz] *bsd. fig.* Bereich *m*, Gebiet *n*; *fig.* Sphäre *f*; Raum *m*, Platz *m*; في ~ الإمكان im Bereich des Möglichen; دخل في ~ التنفيذ *Abkommen*: in Kraft treten

1(**حيص**) حاص [ħɒːsɒ, iː] entkommen (عن *D*); ausweichen (عن *D*)

2**حيص** [ħaisɒ]: وقع في ~ بيص [baisɒ] in e-e Zwickmühle geraten

1(**حيض**) حاض [ħɒːđɒ, iː] *u.* **V** تحيض [ta'ħajjađɒ] menstruieren

2**حيض** [ħaiđ] Menstruation *f*

حيطان → حائط

حيطة [ħiːtɒ, ħaitɒ] Vorsicht *f*, Vorsorge *f*; في غير ~ unvorsichtig; unbedacht (*Adv.*); أخذ ~ه vorsichtig *od.* auf der Hut sein

[1](حيف) حاف [ħaːfa, iː] ungerecht behandeln (على *j-n*); **V** تحيف [ta'ħajjafa] Gewalt antun (ه *D*); *Rechte* beeinträchtigen, schmälern

[2]**حيف** [ħaif] Unrecht *n*, Ungerechtigkeit *f*; يا ~ على *Syr.* Schande *od.* Schmach über …!

حيفا [ħaifaː] Haifa (*Stadt in Israel*)

(حيق) حاق [ħaːqa, iː] heimsuchen, treffen (ب *j-n*); widerfahren (ب *j-m*); *Schaden*: zugefügt werden (ب *j-m*); *fig.* umgeben (ب *j-n*); **IV** أحاق [ʔa'ħaːqa] widerfahren (ب *j-m*)

(حيك) حاك [ħaːka, iː] → (حوك)

[1](حيل) **V** تحيل [ta'ħajjala] List anwenden; *positiv*: geschickt zu Werke gehen; **VI** تحايل [ta'ħaːjala] alles mögliche versuchen, Tricks anwenden; **VIII** احتال [iħ'taːla] List anwenden; Ausflüchte gebrauchen; *positiv*: geschickt vorgehen (في bei *D*); täuschen (على *j-n*)

[2]**حيل** [ħail] Kraft *f*, Stärke *f*; شد ~ك [ʃudda -aka] sei stark!

حيلة [ħiːla], *pl.* حيل [ħijal] *u.* أحاييل [ʔaħaː'jiːl] (2) List *f*, Trick *m*; Kniff *m*, Behelf *m*; Ausweg *m*; ~ دفاعية [difaː'ʕiːja] *Psych.* Abwehrmechanismus *m*; قليل الـ~ unbeholfen, hilflos; ungeschickt; ما الـ~ was tun?; was soll man da machen?; لا ~ له في ذلك [-ta] er kann nichts dagegen machen, er kann es nicht ändern

حيلولة [ħai'luːla] Verhinderung *f* (دون *G*); Hinderung *f* (بينه وبين *j-s* an *D*)

[1](حين) حان [ħaːna, iː] *Zeit*: kommen; ~ الوقت es ist an der Zeit; ~ له أن es war soweit, daß er … sollte; ~ت منه نظرة إلى er blickte zufällig *od.* unwillkürlich auf …; **V** تحين [ta'ħajjana] lauern (ه auf *A*); *Augenblick* abwarten, *auf e-e günstige Gelegenheit* warten; **X** استحين [is'taħjana] den günstigsten Augenblick abwarten

[2]**حين** [ħain] Tod *m*, Ende *n*

[3]**حين** [ħiːn], *pl.* أحيان [ʔaħ'jaːn] *u.* أحايين [ʔaħaː'jiːn] (2) Zeit *f*, Zeitpunkt *m*; ~ [-a] *Präp.* zur Zeit von, (gleich) bei; *Konj.* zur Zeit, da; während; wenn, wann; ~ما [-an] *Adv.* e-e Zeitlang; ~ما … و ~ما (آخر) [ʔaːxar(a)] bald … bald; أحيانا [ʔaħ'jaːnan] *Adv. u.* في بعض الأحيان manchmal, bisweilen, zuweilen; إلى ~ für e-e gewisse Zeit; einstweilen; بعد ~ nach e-r Weile; بين ~ وآخر von Zeit zu Zeit; (أن) ~ على/في [-i (ʔanna)] (wohin)gegen, während; في ~ه zu seiner Zeit; rechtzeitig; في الـ~ *Maghr.* sofort; في أحايين zu Zeiten; في أغلب الأحيان meistens; لـ~ [li-ħiːnin] für e-e gewisse Zeit; [li-ħiːni] + *G*: bis zum Zeitpunkt *des/der*; من ~ إلى آخر von Zeit zu Zeit; من ذلك الـ~ von da an

حينذاك [ħiːna'ðaːk(a)] damals, zu jener Zeit; dann

حينما [ħiːnamaː] wann immer; während; wenn; als

حينئذ [ħiː'naʔiðin] damals, zu jener Zeit; in diesem Augenblick; dann

حية [ħajja], *pl.* [-aːt] Schlange *f*

حيوان [ħaja'waːn], *pl.* [-aːt] Tier *n*; Lebewesen *n*; *koll.* Tiere *n/pl.*; ~ ثديي [θadjiː] Säugetier *n*; حيوانات رخوة [raxwa] Mollusken *f/pl.*; علم الـ~/ الحيوانات [ʕilm al-ħ.] Zoologie *f*

حيواني [ħaja'waːniː] Tier-, tierisch, animalisch; zoologisch

حيوانية [ħajawaː'niːja] tierische(s) *od.* animalische(s) Wesen

حيود [ħu'juːd] *Phys.* Beugung *f von Lichtwellen*, Diffraktion *f*

حيوي [ħajawiː] Lebens-, vital; lebenswichtig, lebensnotwendig; biologisch, Bio-; *fig.* lebendig, lebensnah; ~ تنوع [ta'nawwuʕ] *Biol.* Artenvielfalt *f*; كيمياء ~ة [kiːmi'jaːʔ] Biochemie *f*; مضادات ~ة [muđɒː'ddaːt] Antibiotika *n/pl.*

حيوية [ħaja'wiːja] Lebenskraft *f*, Vitalität *f*; Schwung *m*, Elan *m*; Aktivität *f*; Lebensnotwendigkeit *f*, entscheidende Wichtigkeit

[1]**حيي** [ħajija] (يحيا [jaħjaː]) **1.** leben; ليحي الملك [li-jaħja l-malik] es lebe der König!; **2.** sich schämen (من vor *j-m*); **II** حيا [ħajjaː] *u.* **IV** أحيا [ʔaħjaː] → [1]حي; **X** استحيا [is'taħjaː] *u.* استحى [is'taħaː] sich schämen; schüchtern sein

[2]**حيي** [ħa'jiːj] schamhaft; schüchtern, verschämt

خ

خ (خاء) [xaːʔ] *siebenter Buchstabe des arab. Alphabets*

[1]خاب [xaːba] → (خيب)

[2]خاب [xaːbin] *a. fig.* erloschen; schwindend; schwach, matt

خابور [xaːˈbuːr] **1.** *pl.* خوابير [xawaːˈbiːr] (2) Pflock *m*, Zapfen *m*; Keil *m*; **2.** *Fluß in Nordost-Syrien*

خابئة [xaːbiʔa], *pl.* خوابئ [xaˈwaːbiʔ] (2), *u.* خابية [xaːbija], *pl.* خواب [xaˈwaːbin] große(s) Gefäß

خاتم [xaːtam, xaːtim], *pl.* خواتم [xaˈwaːtim] (2) Siegel *n*, Stempel *m*; (Finger-)Ring *m*; ~ الأنبياء [x. al-ʔanbiˈjaːʔ] *Isl.* der letzte der Propheten (= Mohammed); ~ البريد Poststempel *m*

خاتمة [xaːtima], *pl.* خواتم [xaˈwaːtim] (2) *u.* خواتيم [xawaːˈtiːm] (2) Ende *n*, Abschluß *m*; Nachwort *n e-s Buches*

خاتون [xaːˈtuːn], *pl.* خواتين [xawaːˈtiːn] (2) vornehme Dame

خاثر [xaːθir] *Milch*: geronnen; dickflüssig, eingedickt

خادع [xaːdiʕ] betrügerisch; trügerisch, täuschend; *pl.* [-uːn] Betrüger *m*; Verführer *m*, Demagoge *m*

خادم [xaːdim], *pl.* خدام [xuˈddaːm] *u.* خدم [xadam] Diener *m*; Dienstbote *m*; Wärter *m*; Kellner *m*; *Chr.* Diakon *m*; *pej.* Lakai *m*; الخدم Dienerschaft *f*; Dienstpersonal *n*; ~ الحرمين [x. al-ħaraˈmain] Hüter *m* der Heiligen Stätten (*Titel des saudi-arab. Königs*)

خادمة [xaːdima], *pl.* [-aːt] *u.* خوادم [xaˈwaːdim] (2) Dienerin *f*; Dienstmädchen *n*; Wärterin *f*; Kellnerin *f*; *Chr.* Diakonissin *f*

خار → [1](خور)

خارب [xaːrib], *pl.* خراب [xuˈrraːb] Zerstörer *m*

خارج [xaːridʒ] außen befindlich, auswärtig; herauskommend, hinausgehend; Außenseite *f*; Außenwelt *f*; Ausland *n*; ~ [-a] *Präp.* außerhalb; ~ا [-an] *Adv.* draußen, außerhalb; hinaus; بالـ~ im Ausland; إلى الـ~ nach draußen, nach außerhalb; ins Ausland; في الـ~ draußen, außerhalb; im Ausland; من الـ~ von draußen, von außerhalb; aus dem Ausland; ~ القسمة [x. al-qisma] *Math.* Quotient *m*; ~ عن الموضوع sachfremd; ~ على القانون gesetzeswidrig

خارجي [xaːridʒiː] außen befindlich, äußere(r), Außen-; (von) auswärts (kommend); *a.Pol.* auswärtig; ausländisch; außenpolitisch; الخوارج [al-xaˈwaːridʒ] *pl. hist.* die Charidschiten *m/pl.*; ~ تلميذ [tilˈmiːð] Externe(r), nicht im Internat wohnende(r) Schüler; الشؤون الخارجية auswärtige Angelegenheiten *f/pl.*; العالم الـ~ [al-ʕaːlam] die Außenwelt; das Ausland; عيادة ~ة [ʕiˈjaːda] Poliklinik *f*

خارجية [xaːriˈdʒiːja]: وزارة الـ~ [wiˈzaːrat/waˈzaːrat al-x.] Außenministerium *n*

خارصين [xaːrɒˈs̶iːn, xaːriˈs̶iːn] Zink *n*

خارطة [xaːrit̶ɒ], *pl.* [-aːt] (Land-)Karte *f*; Plan *m*; → خريطة

خارق [xaːriq] (durch)brechend; (= ~ للعادة) außergewöhnlich, außerordentlich, unerhört; خوارق [xaˈwaːriq] (2) *pl.* Wunder(dinge) *n/pl.*, unerhörte Dinge *n/pl.*; ~ للطبيعة übernatürlich; مصادفة ~ة seltsame(r) *od.* wunderbare(r) Zufall

خازن [xaːzin], *pl.* خزنة [xazana] *hist.* Schatzmeister *m*; Lagerverwalter *m*

خازوق [xaːˈzuːq], *pl.* خوازيق [xawaːˈziːq] (2) Pfahl *m*; *fig.* böse(r) Streich

خاسر [xaːsir] verlustbringend; verloren; aussichtslos; *pl.* [-uːn] Verliere(r); Leidtragende(r)

خاشع [xaːʃiʕ], *pl.* خشعة [xaʃaʕa] *u.* خشع [xuʃʃaʕ] unterwürfig, demütig; *pej.* Duckmäuser *m*

خاص [xɒːs̶s̶] speziell, Spezial-; besondere(r), Sonder-; eigen; privat; persönlich; exklusiv; eigentümlich (بـ *j-m*); betreffend (بـ *A*), bezüglich (بـ *G*); اتفاق ~ بـ [ittiˈfaːq] Abkommen über *A*; حياة ~ة [ħaˈjaːt] Privatleben *n*; سكرتير ~ Privatsekretär *m*; persönliche(r) Referent; طبيب ~ Leibarzt *m*; مجلة ~ة بـ [maˈdʒalla] Fachzeitschrift *f* für …; الـ~ والعام [al-ʕaːmm] das Besondere u. das Allgemeine; alle Leute; بصورة ~ة [bi-suːratin] besonders, insbesondere

خاصرة [xɒːs̶ira], *pl.* خواصر [xaˈwɒːs̶ir] (2) Hüfte *f*, Taille *f*

خاصة [xɒːs̶s̶ɒ], *pl.* خواص [xaˈwɒːs̶s̶] (2) Besonderheit *f*, Eigenheit *f*, Eigentümlichkeit *f*, Charakteristikum *n*; persönliche(r) *od.* private(r) Besitz; الـ~ die Vornehmen *m/pl.*, die Oberschicht, die Elite, die Besten *m/pl.*, die Gebildeten *m/pl.*; ~ [-tan] *Adv. u.* بـ~ besonders, insbesondere; وأن ~ [ʔanna] besonders da, wo doch; الـ~ الملكية [al-mala'kiːja] *Jord.* königliche(r) Grundbesitz; الـ~ والعامة [al-ʕaːmma] alle (Menschen)

خاصية [xɒː'sːiːja], *pl.* خصائص [xɒ-'sɒːʔis] (2) *u.* [-aːt] Besonderheit *f*, Eigenheit *f*, Charakteristikum *n*; Zuständigkeit *f*; Vorrecht *n*; → خصيصة

خاض → [1](خوض)

خاضع [xɒːdiʕ] unterworfen, unterliegend (لـ *e-r Sache*); unterwürfig, demütig; fügsam, gehorsam; ~ للضريبة steuerpflichtig

خاط → [1](خيط)

خاطب [xɒːtib], *pl.* خطاب [xu'ttɒːb] Brautwerber *m*, verlobt; Verlobte(r)

خاطبة [xɒːtiba] Brautwerberin *f*; Verlobte *f*

خاطر [xɒːtir], *pl.* خواطر [xa'wɒːtir] (2) Einfall *m*, Gedanke *m*; Gemüt *n*, Sinn *m*; Geist *m*; Belieben *n*; الخواطر die Gemüter *n/pl.*; سرعة الـ~ [surʕat al-x.] Geistesgegenwart *f*; rasche Auffassungsgabe; عن طيب ~ [tiːbi x.] gern, mit Freuden; bereitwillig; على ~ك nach deinem Belieben, wie du willst; لأجل ~ك [li-ʔadʒli x.] *u.* إكراما لخاطرك [ʔik-'raːman] dir zuliebe, um deinetwillen; أخذ بخاطره j-n trösten; j-n zufriedenstellen; أخذ على ~ه من j-m böse sein

خاطرة [xɒːtira], *pl.* خواطر [xa'wɒːtir] (2) Gedanke *m*

خاطف [xɒːtif] schnell, rasch, flüchtig; reißend, raubend; *pl.* [-uːn] Entführer *m*; زيارة ~ة [zi'jaːra] Blitzbesuch *m*

خاطئ [xɒːtiʔ] falsch, irrig; fehlerhaft; *Politik etc.*: verfehlt; *pl.* [-uːn] *u.* خطاة [xu'tɒːt] irrend; sündig; Sünder *m*, Frevler *m*; ~ اشتعال *Auto*: Fehlzündung *f*

خاطئة [xɒːtiʔa], *pl.* خواطئ [xa'wɒːtiʔ] (2) Sünderin *f*

[1]**خاف** [xaːfa] → [1](خوف)

[2]**خاف** [xaːfin] verborgen; unbekannt (على *j-m*); ليس خافيا أن [xaːfijan ʔanna], (و)غير ~ أن *u.* ليس بـ~ أن [ʔanna] es ist kein Geheimnis, daß; es ist offenkundig, daß

خافت [xaːfit] *Licht*: schwach, gedämpft, schummerig; *Stimme*: leise; ~ الصوت [x. ɒs-sɒut] kleinlaut

خافرة [xaːfira], *pl.* [-aːt] Wachtschiff *n*

خافض [xaːfid] senkend; ~ الرأس gesenkten Hauptes

خافق [xaːfiq] *Herz*: klopfend; *Fahne*: flatternd; الخافقان *du.* Ost und West, die ganze Welt

خافية [xaːfija], *pl.* خواف [xa'waːfin] Geheimnis *n*

خاقان [xaː'qaːn], *pl.* خواقين [xawaː-'qiːn] (2) Herrscher *m*

خاكي [xaːkiː] khakifarben, erdfarben

[1]**خال** [xaːla] → [1](خيل)

[2]**خال** [xaːl] **1.** *pl.* أخوال [ʔax'waːl], خؤول [xu'ʔuːl] *u.* خؤولة [xu'ʔuːla] Onkel *m mütterlicherseits*; **2.** *pl.* خيلان [xiː'laːn] Schönheitsfleck *m*, Muttermal *n*

[3]**خال** [xaːlin] leer; frei (من von *D*); *Stelle*: vakant; *pl.* خوال [xa'waːlin] *Zeit*: vergangen, verflossen; ~ من الرصاص *Benzin*: bleifrei; ~ من الفائدة nutzlos; خالي البال unbekümmert, sorglos; خالي الذهن [xaːliː ð-ðihn] ahnungslos; ~ بنفسه (ganz) allein

خالب [xaːlib] *Glück*: trügerisch; → خلاب

خالجة [xaːlidʒa], *pl.* خوالج [xa'waː-lidʒ] (2) (innere) Regung

خالد [xaːlid] ewig dauernd; unvergänglich, bleibend; *Ereignis*: denkwürdig, unvergeßlich; ruhmreich; *a.npr. m*

خالص [xaːlis], *pl.* خلص [xullɒs] rein, lauter; *Freude*: ungetrübt; *Dank*, *Wunsch*: aufrichtig; allein gehörend (لـ *j-m*); treu ergeben (لـ *j-m*); ~ الرسوم gebührenfrei; ~ ذهب [ðahab] reine(s) Gold, Feingold *n*

خالق [xaːliq] schöpferisch, kreativ; Schöpfer *m* (*a.* = *Gott*)

خالة [xaːla], *pl.* [-aːt] Tante *f mütterlicherseits*

خام [xaːm] (*im Genus u. Numerus unveränderlich*) roh, unbearbeitet; *Mensch*: unerfahren; الحديد ~ Eisenerz *n*; ~ بترول Rohöl *n*; حديد ~ Roheisen *n*; ~ مادة [maːdda], *pl.* ~ مواد [ma'waːdd] Rohstoffe *m/pl.*; خامات *pl.* Rohstoffe *m/pl.*; Erze *n/pl.*

خامد [xaːmid] erlöschend, nachlassend; erloschen; erschlafft, schlaff; schwach

خامر [xaːmir]: ~ عجين Hefeteig *m*

خامس [xaːmis] fünfte(r); ~ عشر [-a ʕaʃar(a)], *f* ~ـة عشرة [-ata ʕaʃra(ta)] fünfzehnte(r); ~ا [-an] fünftens

خامل [xaːmil] *Mensch*: träge; *Körper*: schlaff; *Stimme*: schwach, müde, matt; *Aussage*: unbedeutend; *Bemerkung*: nichtssagend; *Künstler*: unbekannt; *Schüler*: mittelmäßig

خامة [xaːma], *pl.* [-aːt] Rohstoff *m*; Erz *n*

[1]**خان** [xaːna] → (خون)

[2]**خان** [xaːn], *pl.* [-aːt] *hist.* **1.** Karawanserei *f*, Khan *m*; الخليلي ~ *Basarviertel in Kairo*; **2.** Khan *m* (*Titel mongolisch-türkischer Herrscher*)

خانع [xaːniʕ], *pl.* خنعة [xanaʕa] unterwürfig, devot; demütig; Duckmäuser *m*

خانق [xaːniq] würgend; erstickend; *Hitze*: drückend; *Krise*: schwer; ~ صمام [sɨ'maːm] *Techn.* Drosselklappe *f*

خانة [xaːna], *pl.* [-aːt] Spalte *f*, Rubrik *f*; Feld *n a. des Schachbretts*, Kästchen *n*; Fach *n*; Stelle *f bei Zahlen*; *Sport*: Platz *m in der Tabelle*

خانوق [xaː'nuːq] *Med.* Diphtherie *f*

خاو [xaːwin] leer; verödet; öde; *Tätigkeit*: sinnlos; خاوي الوفاض [xaː-wiː l-wi'fɒːd] mit leeren Händen

خائب [xaːʔib] erfolglos, gescheitert; *Hoffnung*: vergeblich; enttäuscht; Versager *m*; رده ~ا [raddahuː -an] j-m e-e Abfuhr erteilen

خائف [xaːʔif], *pl.* [-uːn] *u.* خوف [xuwwaf] furchtsam, ängstlich

خائن [xaːʔin], *pl.* خونة [xawana] verräterisch; Verräter *m* (ل an *e-r Sache*); treulos; *Ehepartner*: untreu; *Sinn*: trügerisch

خائنة [xaːʔina], *pl.* [-aːt] untreue Frau

خب [xabba, u] *Pferd*: im Paßgang gehen; *Pferd, Reiter*: traben

خبأ [xabaʔa, a] verbergen, verstekken; **II** [xabbaʔa] verbergen, verstecken (عن vor *j-m*); bereit haben (ـه ل *etwas* für *j-n*), in petto haben; **VIII** اختبأ [ix'tabaʔa] sich verbergen, sich verstecken; *Mil., fig.* sich tarnen; Unterschlupf finden (في an *e-m Ort*)

خباء [xi'baːʔ], *pl.* أخبئة [ʔaxbiʔa] *u.* أخبية [ʔaxbija] Zelt *n*; *(Getreide-)* Hülse *f*

خباب [xa'bbaːb] Paßgänger *m*; *Sport*: Traber *m*

خباثة [xa'baːθa] Bosheit *f*, Bösartigkeit *f*; → [3]خبث

[1]**خباز** [xa'bbaːz], *pl.* [-uːn] Bäcker *m*

[2]**خباز** [xu'bbaːz] *Bot.* Malve *f*

[1]**خبازة** [xu'bbaːza] *Bot.* Malve *f*

[2]**خبازة** [xi'baːza] Bäckerhandwerk *n*

خبازى [xu'bbaːzaː] *Bot.* Malve *f*

خباص [xa'bbɒːs] *Äg.* Denunziant *m*

خباط [xu'bɒːt] Wahnsinn *m*, Verrücktheit *f*

خبال [xa'baːl] Wahnsinn *m*, Verrücktheit *f*; Geistesgestörtheit *f*

خبايا → خبيئة

خبب [xabab] Paßgang *m*; Trab *m*

(خبت) **IV** أخبت [ʔaxbata]: إلى ~ الله demütig vor Gott sein

[1]**خبث** [xabuθa, u] schlecht, bösartig, boshaft sein; **VI** تخابث [ta'xaːbaθa] sich bösartig verhalten (على gegen *j-n*); **X** استخبث [is'taxbaθa] für schlimm *od.* bösartig halten

[2]**خبث** [xabaθ], *pl.* أخباث [ʔax'baːθ] Schlacke *f*

[3]**خبث** [xubθ] Schlechtigkeit *f e-s Menschen*, Bösartigkeit *f a. e-r Krankheit*, Bosheit *f*, Böswilligkeit *f*; Schadenfreude *f*; Durchtriebenheit *f*, Verschmitztheit *f*

[1]**خبر** [xabara, u] Erfahrungen machen (ـه/ه mit *D*), (aus Erfahrung) kennen; kennenlernen, erfahren; – [xabura, u] (gründlich) kennen (ب *A*); **II** [xabbara] *umg.* benachrichtigen (ه ب/عن *j-n* von *D*); خبرني [xa'bbirniː] sag mir!; **III** خابر [xaːbara] sich wenden (ـه/ه an *A*; *a. schriftlich*), sich in Verbindung setzen (ـه/ه mit *D*); Informationen zukommen lassen (ـه/ه *D*); verhandeln (ه في mit *j-m* über *A*); ه~ بالهاتف j-n anrufen; **IV** أخبر [ʔaxbara] benachrichtigen, unterrichten (ه ب/عن *j-n* von *D*), informieren (ه ب/عن *j-n* über *A*), berichten, mitteilen (ه ب/عن *j-m A*); melden (ه ب/عن *j-m A*); **V** تخبر [ta'xabbara] sich erkundigen (ه bei *j-m*); **VI** تخابر [ta'xaːbara] Informationen austauschen; miteinander korrespondieren *od.* in Verbindung stehen; **VIII** اختبر [ix'tabara] prüfen, testen, erproben, auf die Probe stellen; es versuchen (ـه/ه mit *D*); **X** استخبر [is'taxbara] sich erkundigen (ه عن bei *j-m* über *A*, nach *D*), sich informieren (عن über *A*)

[2]**خبر** [xabar], *pl.* أخبار [ʔax'baːr] Nachricht *f*, Kunde *f*; Meldung *f*, Mitteilung *f*; *Gr.* Prädikat *n e-s Nominalsatzes*; ما الـ~ was gibt es zu berichten?, was gibt es Neues?; كان في ~ أصبح في [ʔɒsbaħa], كان في ~ كان der Vergangenheit angehören

[3]**خبر** [xubr] Erfahrung *f*, Wissen *n*

خبراء → خبير

خبرة [xibra], *pl.* [xib(a)'raːt, xaba'raːt] Erfahrung *f*; (= فنية ~ [fa'nniːja]) Fachkenntnisse *f/pl.*, Know-how *n*; عملية ~ [ʕama'liːja] Berufserfahrung *f*, berufliche Praxis; ~ فنية [fa'nniːja] Fachkenntnisse *f/pl.*; خبرات فنية Fachleute *pl.*, Fachkräfte *f/pl.*; ذو ~ erfahren; ذوو الـ~ [ðawuː l-x.] Experten *m/pl.*

خبري [xabariː]: جملة ~ـة [ʤumla] *Gr.* Aussagesatz *m*

[1]**خبز** [xabaza, i] *Brot* backen

[2]**خبز** [xabz] Backen *n*

[3]**خبز** [xubz], *pl.* أخباز [ʔax'baːz] Brot *n*; أسمر ~ Schwarzbrot *n*

خبزة [xubza], *pl.* [-aːt] Laib *m* Brot

[1]**خبص** [xabasɒ, i] *Äg.* denunzieren (على *j-n*)

[2]**خبص** [xabs] *Äg.* Denunziation *f*

[1]**خبط** [xabatɒ, i] schlagen, klopfen, stoßen; stolpernd s-n Weg gehen; الأرض ~ stampfen; (على) الباب ~ anklopfen; على غير هدى ~ [hudan] *a. fig.* umhertappen, umherirren; خبط عشواء ~ [xabtɒ ʕaʃ'waːʔ] auf gut Glück *od.* aufs Geratewohl handeln; **II** [xabbatɒ] schlagen, klopfen (على auf, an *A*); *Türen* zuschlagen; **V** تخبط [ta'xabbatɒ] umhertappen, umherstolpern; *fig.* im dunkeln tappen; *Vögel*: umherflattern; *gefangenes Tier*: zappeln; *Menge*: sich stoßen; wild (u. verzweifelt) um sich schlagen; kopflos umherrennen; *Türen*: zugeschlagen werden; على غير هدى ~ *a. fig.* umhertappen, umherirren; **VIII** اختبط [ix'tabatɒ] = تخبط

[2]**خبط** [xabt] Klopfen *n*; Stampfen *n*; درجة منع الـ~ [daradʒat manʕi l-x.] *Techn.* Klopffestigkeit *f*; → [1]خبط

خبطة [xabtɒ], *pl.* [xaba'tɒːt] Schlag *m*, Klopfen *n*, Stoßen *n*; Zuschlagen *n der Tür*

[1]**خبل** [xabala, u] verwirren, verrückt machen; – [xabila, a] in Verwirrung geraten; verrückt werden; **II** [xabbala] um den Verstand bringen; **VIII** اختبل [ix'tabala] den Verstand verlieren, verrückt werden

[2]**خبل** [xabal] (geistige) Verwirrung; Verrücktheit *f*, Wahnsinn *m*

[1]**(خبو)** خبا [xabaː, uː] *a. fig.* erlöschen; verblassen, *a. Hoffnung*: schwinden

[2]**خبو** [xabw] Erlöschen *n*, Schwinden *n*

خبيء [xa'biːʔ] verborgen; *fig.* geheim

خبيث [xa'biːθ], *pl.* خبثاء [xuba'θaːʔ] (2), خبث [xubuθ] *u.* أخباث [ʔax'baːθ] schlecht, böse, boshaft, böswillig, *a. Krankheit*: bösartig; schadenfroh; durchtrieben, verschmitzt, spitzbübisch; Schelm *m*; lasterhaft; verwerflich; *Geruch*: widerlich; أنيميا ~ـة *Med.* perniziöse Anämie

خبيثة [xa'biːθa], *pl.* [-aːt] *u.* خبائث [xa'baːʔiθ] (2) Schelmin *f*; Übel *n*

خبير [xa'biːr], *pl.* خبراء [xuba'raːʔ] (2) erfahren (ب in *D*), kundig, Kenner *m* (ب *G*); fachkundig, sachkundig; Fachmann *m*, Experte *m*, Sachverständige(r) (ب für *A*); الـ~ *Beiname Gottes*; ~ الضرائب Steuerexperte *m*; Steuerberater *m*

خبيرة [xa'biːra], *pl.* [-aːt] Expertin *f*

[1]**خبيز** [xa'biːz] gebacken; Gebackene(s); Brot *n*

[2]**خبيز** [xu'bbaiz] *u.* ~ة *Bot.* Malve *f*

خبيئة [xa'biːʔa], *pl.* خبايا [xa'baːjaː] Verborgene(s); Geheimnis *n*

ختام [xi'taːm] Ende *n*, (Ab-)Schluß *m*; Siegellack *m*; ~ا [-an] *Adv. u.* في الـ~ abschließend

ختامة [xa'ttaːma], *pl.* [-aːt] Stempelkissen *n*

ختامي [xi'taːmiː] Schluß-, abschließend

ختان [xi'taːn] *u.* ~ة *Med.* Beschneidung *f*

[1]**ختل** [xatala, u, i] täuschen, betrügen, hereinlegen; auflauern (ـه *dem Wild*); **III** خاتل [xaːtala] täuschen; unaufrichtig sein (ه gegen *j-n*)

[2]**ختل** [xatl] Täuschung *f*, Betrug *m*

[1]**ختم** [xatama, i] (ver)siegeln; (ab-)stempeln; *fig.* besiegeln; beenden, abschließen; ~ـه بالرصاص plombieren; ~ بالشمع الأحمر versiegeln, *Urkunde* siegeln; *Pass.* ~ على قلبه [xutima] *fig.* mit Blindheit geschlagen sein; **VIII** اختتم [ix'tatama] abschließen, beenden

[2]**ختم** [xatm] Versiegelung *f*; (*feierliches*) Lesen *od.* Rezitieren *des Korans od. e-r Hadith-Sammlung*; *pl.* أختام [ʔax'taːm] Siegel(abdruck *m*) *n*, Stempel(abdruck) *m*; ~ البريد Poststempel *m*

ختملي [xutmaliː] *u.* ~ برتقال [burtu'qaːl] *Syr. große, runde Orangenart*

ختمة [xatma], *pl.* [xata'maːt] feierliche Koranrezitation

[1]**ختن** [xatana, i] *Med.* beschneiden; **VIII** اختتن [ix'tatana] beschnitten werden

[2]**ختن** [xatan], *pl.* أختان [ʔax'taːn] Schwiegersohn *m*

[3]**ختن** [xatn] *Med.* Beschneidung *f*

ختنة [xatana], *pl.* [-aːt] Schwiegertochter *f*

ختين [xa'tiːn] *Med.* beschnitten

خثارة [xu'θaːra] Molke *f*, Käsewasser *n*

خثر [xaθara, u] *u.* [xaθura, u] dickflüssig werden; *Milch*: gerinnen; **II** [xaθθara] dickflüssig werden lassen; gerinnen lassen, koagulieren; **V** تخثر [ta'xaθθara] dickflüssig werden; gerinnen, koagulieren

خثرة [xaθra] *Med.* Thrombose *f*

[1]**خجل** [xadʒila, a] sich schämen (من *e-r Sache*, *j-s* vor *j-m*), verlegen sein *od.* werden; ~ من الشيء die Sache war ihm peinlich; **II** [xa'ddʒala] beschämen (ه ب *j-n* durch *A*); **IV** أخجل [ʔaxdʒala] beschämen (ه ب *j-n* durch *A*); in Verlegenheit bringen; peinlich sein (ه für *j-n*)

[2]**خجل** [xadʒal] Scham *f* (من vor *j-m*, über *A*); Verlegenheit *f*; Scheu *f*, Schüchternheit *f*

[3]**خجل** [xadʒil], *pl.* [-uːn] beschämt; verlegen

خجلان [xadʒ'laːn] (2), *f* خجلى [xadʒlaː] beschämt; verlegen; schüchtern; هو ~ منها er schämt sich vor ihr

خجلة واخجلتاه [waːxadʒla'taːh] o Schande!; schäm dich!

خجول [xa'dʒuːl] schamhaft; scheu, schüchtern

[1]**خد** [xadda, u] Furchen ziehen, *den Boden* furchen

[2]**خد** [xadd] **1.** *pl.* خدود [xu'duːd] Wange *f*, Backe *f*; **2.** *pl.* خداد [xi'daːd] Furche *f*

خداج [xi'daːdʒ] Frühgeburt *f*

[1]**خداع** [xa'ddaːʕ] betrügerisch; täuschend; trügerisch; *pl.* [-uːn] Betrüger *m*

[2]**خداع** [xi'daːʕ] Betrug *m* (*a. G*: an *D*), Täuschung *f* (*a. G*: *j-s*); Tücke *f*

[1]**خدام** [xa'ddaːm], *pl.* ~ة Diener *m*

[2]**خدام** [xu'ddaːm] → خادم

خدامة [xa'ddaːma], *pl.* [-aːt] Dienerin *f*; Dienstmädchen *n*

خدج [xadadʒa, u, i] e-e Frühgeburt haben

[1]**خدر** [xadira, a] *Glied*: einschlafen, gefühllos sein *od.* werden; ~ شعوره benommen, wie betäubt sein; **II** [xaddara] betäuben, narkotisieren, anästhesieren; *Gewissen* einschläfern; *Frau* von der Außenwelt abschließen; **V** تخدر [ta'xaddara] betäubt werden; *fig.* eingeschläfert werden

[2]**خدر** [xadar] Gefühllosigkeit *f e-s Gliedes*; *fig.* Benommenheit *f*

[3]**خدر** [xadir] *Glied*: eingeschlafen, gefühllos; betäubt, benommen

[4]**خدر** [xidr], *pl.* خدور [xu'duːr] *u.* أخدار [ʔax'daːr] Frauengemach *n*

[1]**خدش** [xadaʃa, i] zerkratzen; *fig.* verletzen; abträglich sein, schaden (ـه *j-s Ruf*)

[2]**خدش** [xadʃ], *pl.* خدوش [xu'duːʃ] Kratzer *m*, Schramme *f*; Abschürfung *f*

خدع [xadaʕa, a] betrügen, hintergehen; täuschen, irreführen; *Pass.* [xudiʕa] sich täuschen lassen (ب durch *A*), sich irren; **III** خادع [xaːdaʕa] täuschen, irreführen; zu täuschen suchen; **VII** انخدع [in'xadaʕa] sich täuschen, sich irren; sich täuschen lassen

خدعة [xudʕa], *pl.* خدع [xudaʕ] *u.* [-aːt] Betrug *m*; Täuschung *f*, Irreführung *f*

خدل [xadila, a] *Glied*: einschlafen

[1]**خدم** [xadama, i, u] *a. fig.* dienen (ه/ـه *D*); bedienen; Dienst erweisen (ـه *D*); *den Boden* bestellen; اخدم نفسك بنفسك [ixdim nafsaka] bediene dich selbst; **II** [xaddama] in Dienst stellen, einstellen; Arbeit geben (ه *j-m*); bedienen (على *j-n*); **X** استخدم [is'taxdama] benutzen, gebrauchen, verwenden, einsetzen; sich bedienen (ـه *G*); anstellen, einstellen, in Dienst nehmen

[2]**خدم** [xadam] *koll.* Dienerschaft *f*; Dienstpersonal *n*; → خادم

خدمة [xidma], *pl.* [xada'maːt] *u.* (*selten*) [xid'maːt] Dienst *m*, Dienstleistung *f*; Kundendienst *m*, Service *m*; Bedienung *f*; ~ ل [-tan] *u.* في / ~ لـ + *G*: im Dienst *G od.* von *D*; في ~ك *u.* في الـ~ ich stehe zu

Ihren Diensten!; إجبارية/إلزامية ~ Wehrpflicht *f*; اجتماعية ~ Sozialarbeit *f*; الخدمات الاجتماعية öffentliche Fürsorge; Sozialeinrichtungen *f/pl.*; الأرض ~ Bestellung *f* des Bodens; الخدمات الطبية [ɒt-ti'bbiːja] ärztliche Betreuung *od.* Versorgung; الخدمات العامة [al-ʕaːmma] die öffentlichen Dienste *m/pl.*, staatliche Dienstleistungen *f/pl.*; شركات الخدمات [ʃari'kaːt al-x.] *Saudi-Ar.* öffentliche Versorgungsunternehmen *n/pl.*; العلم ~ [x. al-ʕilm] der Dienst an der Wissenschaft

خدمي [xadamiː] Dienstleistungs-

(**خدن**) **III** خادن [xaːdana] Umgang haben, verkehren (ه mit *j-m*)

خدة [xudda], *pl.* خدد [xudad] Furche *f*

خدوم [xa'duːm] dienstfertig, diensteifrig

خديج [xa'diːʤ] zu früh geborene(s) Kind

خديجة [xa'diːʤa] *npr. f*

خديعة [xa'diːʕa], *pl.* خدائع [xa'daːʔiʕ] (2) Betrug *m*; Täuschung *f*; ~ حربية Kriegslist *f*

خدين [xa'diːn], *pl.* خدناء [xuda'naːʔ] (2) Freund *m*, Vertraute(r)

خديو [xi'diːw] *u.* **خديوي** [xi'diːwiː], *pl.* [-uːn] *hist.* Khedive *m* (*Titel des ägyptischen Herrschers*)

خذل [xaðala, u] im Stich lassen; *Gefühl, Kräfte*: verlassen; enttäuschen; **VI** تخاذل [ta'xaːðala] nachlassen, schwach werden; *Körper*: erschlaffen; den Mut verlieren; nicht die Kraft haben (عن *etwas zu tun*), sich nicht entschließen können (عن *etwas zu tun*); sich drücken (عن vor, von *D*); لا يتخاذل nicht lockerlassen

خذلان [xið'laːn] Mißerfolg *m*, Scheitern *n*; Entmutigung *f*; Enttäuschung *f*

(**خذو**) **X** استخذى [is'taxðaː] sich unterwerfen (ل *j-m*)

خر [xarra, i, u] *Wasser*: plätschern, gluckern; *Bach*: murmeln, rieseln; zu Boden stürzen; niederfallen (بين يديه [baina ja'daihi] vor *j-m*); صريعا ~ [sɒ'riːʕan] tot umfallen; (im Kampf) fallen

خرء [xurʔ] Kot *m*, Exkrement *n*

خراء [xa'raːʔ] *vulg.* Scheiße *f*

[1]**خراب** [xa'raːb] Zerstörung *f*, Vernichtung *f*; Zerfall *m*, Verfall *m*; Verödung *f*; Ruin *m*; أرض ~ Ruinenstätte *f*, verödete(s) Land

[2]**خراب** [xu'rraːb] → خارب

خرابة [xa'raːba], *pl.* خرائب [xa'raːʔib] (2) *u.* [-aːt] Ruine *f*; Trümmerstätte *f*; *pl.* Trümmer *n/pl.*

خرابيش [xaraː'biːʃ] (2) *umg.* Krallen *f/pl.*

[1]**خراج** [xa'raːʤ] *Isl. hist.* Grundsteuer *f*

[2]**خراج** [xu'raːʤ], *pl.* [-aːt] *u.* أخرجة [ʔaxriʤa] *Med.* Geschwür *n*, Abszeß *m*

[3]**خراج** [xu'rraːʤ], *pl.* خراريج [xaraː'riːʤ] (2) = [2]خراج

خراط [xa'rrɒːt], *pl.* [-uːn] Drechsler *m*; Dreher *m*

[1]**خراطة** [xa'rrɒːtɒ], *pl.* [-aːt] *Syr.* Damenrock *m*

[2]**خراطة** [xu'rɒːtɒ] Drehspäne *m/pl.*

[3]**خراطة** [xi'rɒːtɒ] Drechseln *n*; Drehen *n*

خرافة [xu'raːfa], *pl.* [-aːt] Aberglaube *m*; Fabel *f*, Legende *f*, Märchen *n*, Sage *f*

خرافي [xu'raːfiː] abergläubisch; Fabel-, legendär; sagenhaft

خرامة [xa'rraːma], *pl.* [-aːt] Bohrer *m*, Locher *m*

خرائطي [xa'raːʔitiː] kartographisch

[1]**خرب** [xaraba, i] zerstören, verwüsten; ruinieren; – [xariba, a] zerstört werden, kaputtgehen; **II** [xarraba] zerstören, verwüsten, in Trümmer schlagen, zugrunde richten; kaputtmachen; ruinieren; Sabotage treiben; **V** تخرب [ta'xarraba] zerstört, verwüstet werden

[2]**خرب** [xarib] zerstört, verwüstet; verfallen; kaputt, ruiniert

خربان [xar'baːn] zerstört, kaputt

خربش [xarbaʃa] kratzen

خربشة [xarbaʃa] Kratzen *n*

خربط [xarbatɒ] in Unordnung bringen

خربة [xirba, xariba], *pl.* خرب [xirab] Ruinenstätte *f*, Ruine *f*

خرتيت [xar'tiːt], *pl.* خراتيت [xaraː'tiːt] (2) Nashorn *n*, Rhinozeros *n*

[1]**خرج** [xaraʤa, u] hinaus-, herausgehen; herauskommen (من aus *D*); ausgehen, weggehen; heraus-, hinausfahren; herausfließen; hinausdringen (من aus *D*); hervortreten; hervorgehen (من aus *D*); austreten, ausscheiden, aussteigen (من aus *D*); entlassen werden; abgehen (من von *der Schule*); außerhalb von etwas (عن) liegen; abkommen, abweichen (عن von *D*); hinausgehen (عن über *A*); herausbringen (ب *A*), herauskommen (ب mit *D*); hervorbringen (ب *A*), erbringen (ب *Ergebnisse*); abbringen (ب عن *j-n* von *D*); Stellung nehmen (على gegen *A*); rebellieren (على gegen *j-n*); verstoßen (على gegen *A*); ~ عن الخط [al-xɒtt] entgleisen; ~ على القاعدة *Gr.* unregelmäßig sein, e-e Ausnahme bilden; **II** [xarraʤa] herausbringen, herausholen; vertreiben; eliminieren; ausbilden (ه في/ل *j-n* in *D*, für *A*); erklären, deuten; → أخرج; **IV** أخرج [ʔaxraʤa] heraus-, hinausbringen; heraus-, hervorholen; herausbefördern (من aus *D*); *aus e-m Behälter* herausnehmen; *Zunge* herausstrekken; hinausschicken; hinauswerfen; ausweisen; ausschließen; *Laut* artikulieren, ausstoßen; *Künstler*: schaffen; *Buch* veröffentlichen; entnehmen (ه من *etwas* aus *D*); *Produkt* gewinnen (من aus *D*); Regie führen (ه bei *D*), inszenieren; **V** تخرج [ta'xarraʤa] das Studium *od.* die Ausbildung abschließen; absolvieren (في/من *e-e Schule*); **X** استخرج [is'taxraʤa] herausholen, herausziehen; herausbefördern; *Bodenschätze* fördern, gewinnen; erzeugen, herstellen; entlocken (ه من *A j-m*); sich (*z.B. e-n Paß*) ausstellen lassen, *Genehmigung* erwirken; auszugsweise abschreiben, exzerpieren

[2]خرج [xardʒ], *pl.* أخراج [ʔax'raːdʒ] Ertrag *m*; *Techn.* Leistung *f*; Besatz *m e-s Kleides*; الدخل والـ~ Einnahmen *f/pl.* u. Ausgaben *f/pl.*

[3]خرج [xurdʒ], *pl.* أخراج [ʔax'raːdʒ] *u.* خرجة [xiradʒa] Packtasche *f*, Satteltasche *f*

خرجة [xardʒa], *pl.* [xara'dʒaːt] Ausgang *m*, Ausfahrt *f*; *Äg.* Begräbnis *n*

خرد II [xarrada] *bsd. Äg.* verschrotten

خردق [xurduq, xurdaq] Schrot *m od. n*

خردقة [xurduqa, xurdaqa] Schrotkugel *f*

خردل [xardal] *koll., n. un.* ~ة Senfkorn *n*, Senf *m*

خردة [xurda] Schrott *m*, Altmetall *n*; *Ir.* Kleingeld *n*; خردوات [xurda'waːt] *pl.* verschiedene kleine Waren *f/pl.*; Kramwaren *f/pl.*; Eisenwaren *f/pl.*

[1]خرز [xaraza, u, i] durchbohren

[2]خرز [xaraz] *koll., n. un.* ~ة, *pl.* [-aːt] (*unechte*) Perlen *f/pl.*

[1]خرس [xarisa, a] verstummen; stumm sein; schweigen; **II** [xarrasa] verstummen machen; **IV** أخرس [ʔaxrasa] verstummen machen, zum Schweigen bringen

[2]خرس [xaras] Stummheit *f*; Schweigen *n*

[3]خرس [xurs] → أخرس

خرساء → أخرس

خرسانة [xara'saːna] Beton *m*; ~ جاهزة Fertigbeton *m*; ~ مسلحة [mu'sallaħa] Eisenbeton *m*, Stahlbeton *m*; ~ منقولة Transportbeton *m*, Lieferbeton *m*

خرساني [xara'saːniː] Beton-

خرشم [xarʃama] *Äg.* verletzen

خرشنة [xarʃana] Seeschwalbe *f*

خرشوف [xur'ʃuːf] *koll., n. un.* ~ة Artischocke(n *pl.*) *f*

خرص [xarɒsɒ, u, i] lügen; raten, mutmaßen; **V** تخرص [ta'xarrɒsɒ] verleumden (على *j-n*)

[1]خرط [xarɒtɒ, u] *Holz* drechseln; *Metall* drehen; *Tee*: ziehen; **II** [xarrɒtɒ] in kleine Stücke schneiden, zerkleinern; **VII** انخرط [in'xarɒtɒ] eintreten (في/في سلك [silki] in *A*), beitreten (في/في سلك *D*); sich anschließen (في *D*); ~ في البكاء [fi l-bu'kaːʔ] in Tränen ausbrechen; **X** استخرط [is'taxrɒtɒ]: ~ في البكاء in Tränen ausbrechen

[2]خرط [xart] Drechseln *n*; Drehen *n*

خرطة [xartɒ], *pl.* خرط [xurɒt] *Äg.* Stückchen *n*, Scheibe *f*

خرطوش [xar'tuːʃ] *koll., n. un.* ~ة, *pl.* خراطيش [xaraː'tiːʃ] (2) Patrone *f a. e-s Füllers*; Bleistiftmine *f*; خرطوشة سجائر [x. sa'gaːʔir] e-e Stange Zigaretten

خرطوم [xur'tuːm], *umg.* [xar'tuːm], *pl.* خراطيم [xaraː'tiːm] (2) Rüssel *m*; Schlauch *m*; الـ~ Khartum (*Hauptstadt des Sudan*); خراطيم المياه [x. al-mi'jaːh] Wasserwerfer *m od. m/pl.*

[1](خرع) **VIII** اخترع [ix'taraʕa] erfinden; neu schaffen; sich ausdenken

[2]خرع [xariʕ] schwach, schlapp, schlaff; Weichling *m*; *fig.*, *Herz*: verzagt, kleinmütig

[1]خرف [xarifa, a] altersschwach werden; faseln; **II** [xarrafa] dummes Zeug reden, faseln; für dumm verkaufen

[2]خرف [xaraf] Altersschwachsinn *m*; Gefasel *n*, dumme(s) Zeug

[3]خرف [xarif] schwachsinnig, vertrottelt

[1]خرق [xaraqa, u, i] *a. fig.* durchbohren, durchlöchern, durchbrechen; *Schweigen*, *Gesetz* brechen; *Tradition* verletzen; ~ المألوف über das Übliche hinausgehen; das normale Maß überschreiten; ungewöhnlich sein; **II** [xarraqa] durchbohren, durchlöchern; **V** تخرق [ta'xarraqa] Löcher bekommen; *Stoff*: zerreißen; **VIII** اخترق [ix'taraqa] *a. fig.* durchbohren, durchlöchern, durchbrechen; durchdringen; eindringen (ـه in *A*); durchqueren; überschreiten; ~ أذنيه [ʔuðu'naihi] j-m in den Ohren gellen; ~ الجو [l-dʒawwa] *schriller Laut*: die Luft zerreißen; ~ الشوارع [ʃ-ʃa'waːriʕ] durch die Straßen gehen

[2]خرق [xarq] Durchbohrung *f*, Durchbrechung *f*; *Mil.* Durchbruch *m*; *fig.* Verletzung *f*; *pl.* خروق [xu'ruːq] Loch *n im Stoff*

[3]خرق [xurq] **1.** Dummheit *f*; من الـ~ أن es wäre töricht, zu ...; **2.** → أخرق

خرقاء → أخرق

خرقة [xirqa], *pl.* خرق [xiraq] Lumpen *m*, Fetzen *m*; Lappen *m*

[1]خرم [xarama, i] ein Loch bohren (ـه in, durch *A*); durchlöchern, durchbohren; *Akten*, *Fahrkarte* lochen; **II** [xarrama] Löcher bohren *od.* machen (ـه in *A*); durchlöchern, perforieren; **VIII** اخترم [ix'tarama] durchbrechen; vernichten; *Tod*: dahinraffen

[2]خرم [xurm], *pl.* خروم [xu'ruːm] Loch *n im Stoff*, *Schuh*; (Nadel-)Öhr *n*

خرنوب [xur'nuːb] *koll., n. un.* ~ة Johannisbrotbaum *m*; Johannisbrot *n*

خرنوبي [xur'nuːbiː] *Syr. Haar*: dunkelbraun

خروب [xa'rruːb] *koll., n. un.* ~ة = خرنوب

خروج [xu'ruːdʒ] Hinausgehen *n*, Herauskommen *n*; Ausgang *m*, Weggang *m*; Ausreise *f*; Austritt *m*; Abgang *m* (من von *der Schule*); Entlassung *f e-s Häftlings*; Abweichen (عن von *D*); Verstoß *m* (على gegen *A*); Auflehnung *f* (على gegen *j-n*)

خروع [xirwaʕ] Rizinus *m*; زيت الـ~ [zait al-x.] Rizinusöl *n*

خروف [xa'ruːf], *pl.* خراف [xi'raːf], خرفان [xir'faːn] *u.* أخرفة [ʔaxrifa] Hammel *m*

خرئ [xariʔa, a] *vulg.* scheißen

خريج [xi'rriːdʒ], *pl.* [-uːn] Absolvent *m e-r Schule od. Universität*

خريجة [xi'rriːdʒa], *pl.* [-aːt] Absolventin *f e-r Schule od. Universität*

خريدة [xa'riːda], *pl.* خرائد [xa'raːʔid] (2) (*undurchbohrte*) Perle

خرير [xa'riːr] Plätschern *n*, Murmeln *n*, Gluckern *n des Wassers*

خريطة [xa'riːtɒ], *pl.* خرائط [xa'raːʔit] (2) (Land-)Karte *f*; Plan *m*; ~ الطرق [x. ɒt-turuq] Straßenkarte *f*;

~ العالم [x. al-ʕaːlam] Weltkarte *f*; علم رسم الخرائط [ʕilm rasmi l-x.] Kartographie *f*

خريف [xa'riːf] Herbst *m*

خريفي [xa'riːfiː] herbstlich, Herbst-

[1]**خز** [xazza, u] (durch)stechen; quälen, peinigen

[2]**خز** [xazz] **1.** Stechen *n*; ~ الضمير Gewissensbisse *m/pl.*; **2.** *pl.* خزوز [xu'zuːz] Seide *f*

خزاف [xa'zzaːf], *pl.* [-uːn] Töpfer *m*

خزافة [xi'zaːfa] Töpferhandwerk *n*, Töpferei *f*

خزام [xi'zaːm] *u.* **خزامة** [xi'zaːma] Nasenring *m*

خزامى [xu'zaːmaː] Lavendel *m*

خزان [xa'zzaːn], *pl.* [-aːt] Reservoir *n*, Sammelbecken *n*; Behälter *m*; *Auto*: Tank *m*; Staubecken *n*; ~ البخار [x. al-bu'xaːr] Dampfkessel *m*

خزانة [xi'zaːna], *pl.* [-aːt], خزائن [xa'zaːʔin] (2) *u. Syr. a.* خزن [xuzun] (*Kleider-*, *Bücher-*)Schrank *m*; Geldschrank *m*, Tresor *m*, Safe *m*; Schließfach *n*; *Bank*: Depot *n*; (= ~ الدولة [x. ad-daula]) Staatskasse *f*; Schatzkammer *f*; ~ أوراق Archiv *n*; ~ الكتب [x. al-kutub] *a.* Bibliothek *f*; وزير الـ~ Finanzminister *m*

خزب [xazab] *Med.* Ödem *n*

خزعبلات [xuzaʕba'laːt] *pl.* leere(s) Gerede, dumme(s) Zeug, Firlefanz *m*; Flunkerei *f*, Lügen *f/pl.*

خزف [xazaf] Töpferwaren *f/pl.*, Keramik *f*; Steingut *n*, Porzellan *n*; الـ~ والصيني [wɒ-s-siːniː] Porzellanwaren *f/pl.*

خزفي [xazafiː] irden, keramisch; Porzellan-; خزفيات *pl.* keramische Waren *f/pl.*, Keramik *f*; Porzellanwaren *f/pl.*

خزق [xazaqa, i]: ~ عينه [ʕainahuː] j-m das Auge ausschlagen

(**خزل**) **VIII** اختزل [ix'tazala] (ab)kürzen; *a. Chem.* reduzieren; stenographieren; ~ كسرا [kasran] *Math.* e-n Bruch kürzen

خزم [xazama, i] *Nase* durchbohren; ~ أنفه [ʔanfahuː] sich j-n gefügig machen

[1]**خزن** [xazana, u] aufspeichern, *a. Daten* speichern; *Waren* lagern; *Wasser* aufstauen; aufbewahren; **II** [xazzana] aufspeichern, anhäufen, *a. Daten* speichern; *Waren* lagern; *Wasser* aufstauen; aufbewahren; hamstern, horten; **V** تخزن [ta'xazzana] *Wasser*: sich stauen; **VIII** اختزن [ix'tazana] (auf)speichern, anhäufen, *Waren* lagern; *Geld* zurücklegen; *a. fig.* sich stauen

[2]**خزن** [xazn] (Auf-)Speicherung *f*; Lagerung *f*; Stauung *f von Wasser*

خزندار [xazan'daːr] *hist.* Schatzmeister *m*

[1]**خزنة** [xazana] → خازن

[2]**خزنة** [xazna] Schatzkammer *f*; أمين الـ~ Schatzmeister *m*

[1]**خزى** [xazaː, iː] beschämen; – خزي [xazija, aː] beschämt werden (ب durch *A*); sich schämen (ب *G*); **IV** أخزى [ʔaxzaː] beschämen (ه ب *j-n* durch *A*); enttäuschen; **X** استخزى [is'taxzaː] beschämt werden, sich schämen

[2]**خزي** [xizj], **خزى** [xazan] Beschämung *f*; Schande *f*; يا للـ~ [jaː la-l-xazaː] o Schande!

خزيان [xaz'jaːn] (2), *f* خزيا [xazjaː], *pl.* خزايا [xa'zaːjaː] beschämt

خزين [xa'ziːn] (auf)gespeichert; Vorrat *m*

خزينة [xa'ziːna], *pl.* خزائن [xa'zaːʔin] (2) Kasse *f*; (= ~ حديدية) Geldschrank *m*, Tresor *m*, Safe *m*; Schatzkammer *f*; ~ الدولة [x. addaula] Staatskasse *f*

[1]**خس** [xassa, u] geringer machen, vermindern; ~ه حقه [ħaqqahuː] j-s Rechte schmälern; – [xassa, a, i] gemein, niedrig sein; abnehmen, geringer werden; **II** خسس [xassasa] geringer machen, vermindern; ~ه حقه j-s Rechte schmälern

[2]**خس** [xass] Kopfsalat *m*, Lattich *m*

خسار [xa'saːr] Zusammenbruch *m*, Ruin *m*

خسارة [xa'saːra], *pl.* خسائر [xa'saːʔir] (2) Verlust *m*, Schaden *m*; ~ هي فيه sie ist zu schade für ihn; يا (للـ)~ [jaː (la-l-)x.] (wie) schade!

خساسة [xa'saːsa] Gemeinheit *f*, Niedrigkeit *f*, Niedertracht *f*

خستخانة [xasta'xaːna] *Ir.* Krankenhaus *n*

خسر [xasira, a] verlieren, einbüßen; Verlust erleiden; **II** [xassara] Verlust *od.* Schaden zufügen (ه *j-m*), schädigen; **IV** أخسر [ʔaxsara] Verlust zufügen (ه *j-m*); um etwas (هـ) bringen (ه *j-n*); **X** استخسر [is'taxsara] mißgönnen (هـ على/في *A j-m*)

[1]**خسران** [xas'raːn] *umg.* geschädigt; Verlierer *m*; verloren

[2]**خسران** [xus'raːn] Verlust *m*, Schaden *m*

[1]**خسف** [xasafa, i] *Erdboden*: einsinken, sich senken; einsinken lassen; *Mond*: sich verfinstern; ~ به الأرض [bihi l-ʔarđɒ] j-n erledigen; ~ الله به الأرض *wörtl.* Gott ließ ihn in die Erde versinken, *d.h.* Gott strafte ihn; **VII** انخسف [in'xasafa] *Erdboden*: einsinken; *Mond*: sich verfinstern; ~ت به الأرض in der Erde versinken

[2]**خسف** [xasf] Erniedrigung *f*, Demütigung *f*, *Pol.* Unterdrückung *f*

خسة [xissa] Gemeinheit *f*, Niedrigkeit *f*, Niedertracht *f*

خسوف [xu'suːf] Mondfinsternis *f*

خسئ [xasiʔa, a] davongejagt werden; اخسأ [ixsaʔ] *u.* خسئت [xa'siʔta] scher dich weg!

خش [xaʃʃa, u] eintreten (في in *A*)

خشاب [xa'ʃʃaːb], *pl.* ~ة Holzhändler *m*

[1]**خشاف** [xu'ʃaːf] *Art* Kompott *n aus eingeweichten Trockenfrüchten*

[2]**خشاف** [xu'ʃʃaːf] *Ir.* = خفاش

[1]**خشب** **II** [xaʃʃaba] mit Holz verkleiden, täfeln; steif *od.* fest (wie Holz) machen; **V** تخشب [ta'xaʃʃaba] wie von Holz werden; hölzern *od.* steif werden, erstarren

[2]**خشب** [xaʃab], *pl.* أخشاب [ʔax'ʃaːb] Holz *n*; ~ معاكس [mu'ʕaːkis] Sperrholz *n*

خشبة [xaʃaba], *pl.* [-aːt] Stück *n* Holz; Brett *n*, Planke *f*; Pfahl *m*, Pfosten *m*; Schaft *m des Gewehres*; ~ الخلاص/النجاة *fig.* Rettungsanker *m*; ~ المسرح (Theater-)Bühne *f*

خشبي [xaʃabiː] aus Holz, hölzern

خشخاش [xaʃ'xaːʃ] *koll., n. un.* ~ ـة Mohn *m*

خشخش [xaʃxaʃa] rasseln, klappern, knarren, rascheln, klirren, quietschen

خشخشة [xaʃxaʃa] Rasseln *n*, Klappern *n*, Knarren *n*, Rascheln *n*, Klirren *n*, Quietschen *n*

[1]**خشع** [xaʃaʕa, a] unterwürfig, demütig sein; *Kind*: folgsam sein; ~ ببصره [bi-bɒ'sɒrihiː] die Augen niederschlagen; **V** تخشع [ta'xaʃʃaʕa] unterwürfig, demütig sein; nachgeben (ل *j-m*); *Betender*: andächtig sein

[2]**خشع** [xuʃʃaʕ] → خاشع

خشعة → خاشع

خشم [xaʃm] *pej.* Nase *f*; Mund *m*; اقفل ~ـك [iqfil] *umg.* halt die Klappe!

[1]**خشن** [xaʃuna, u] rauh, hart, grob sein; **II** [xaʃʃana] grob machen, aufrauhen; **III** خاشن [xaːʃana] grob behandeln; **V** تخشن [ta'xaʃʃana] rauh, hart, grob werden; **XII** اخشوشن [ix'ʃauʃana] gröber werden; rauh, heiser werden

[2]**خشن** [xaʃin], *pl.* خشان [xi'ʃaːn] *u.* [-uːn] *a. fig.* grob, rauh, hart; roh, rüde, derb, ungeschliffen; *Stimme*: heiser; *Ton*: barsch, brüsk; الجنس الـ~ [al-ʤins] das starke Geschlecht

[3]**خشن** [xuʃn] → أخشن

خشناء → أخشن

خشوع [xu'ʃuːʕ] Unterwürfigkeit *f*, Demut *f*; Folgsamkeit *f e-s Kindes*

خشونة [xu'ʃuːna] *a. fig.* Grobheit *f*, Rauheit *f*, Härte *f*; Roheit *f*, Derbheit *f*; Unfreundlichkeit *f des Benehmens*; Heiserkeit *f der Stimme*; Barschheit *f des Tones*

خشي [xaʃija, aː] fürchten (ه/هـ *A*, على für, um *A*); sich fürchten, Angst haben (ه/هـ/من vor *D*); befürchten (هـ *A*, على für *j-n*); *Pass.* يخشى أن [juxʃaː] es steht zu befürchten, daß; **VIII** اختشى [ix'taʃaː] sich schämen, schüchtern sein

خشية [xaʃja] Furcht *f*, Befürchtung *f*, Angst *f*; من ~ [-tan] aus Furcht vor; أن ~ [-ta ʔan] aus Angst, daß

[1]**خص** [xɒssɒ, u] eigentümlich sein, gelten (ه/هـ für *A*); gehören (ه/هـ *D*); angehen, betreffen; besonders erwähnen, meinen; besonders bedenken (ه/هـ ب *j-n od. etwas* mit *D*), allein zukommen lassen (ه/هـ ب *j-m od. e-r Sache A*); فيما يخص was … betrifft; ~ـه بالذكر [bi-ð-ðikr] j-n *od.* etwas besonders erwähnen; ~ نفسه ب [nafsahuː] sich etwas vorbehalten; **II** خصص [xɒssɒsɒ] bestimmen, (speziell, eigens) vorsehen (هـ ل *A* für *j-n*); zuteilen, zuweisen (هـ ل *A j-m*); *Gelder* bereitstellen (ل für *A*); widmen (هـ ل *A j-m*); speziell bedenken (ه/هـ ب *j-n od. etwas* mit *D*); **V** تخصص [ta'xɒssɒsɒ] sich speziell widmen (ل *D*), sich spezialisieren (في auf *A*); **VIII** اختص [ix'tɒssɒ] zuständig sein (ب für *A*); speziell (zu)gehören (ب *D*), charakteristisch sein (ب für *A*); betreffen, angehen (ب *A*); speziell bedenken (ه/هـ ب *j-n od. etwas* mit *D*), widmen (ه/هـ ب *j-m od. e-r Sache A*); فيما يختص ب was … betrifft

[2]**خص** [xɒss] Kopfsalat *m*, Lattich *m*

[3]**خص** [xuss], *pl.* أخصاص [ʔax'sɒːs], خصاص [xi'sɒːs] *u.* خصوص [xu'suːs] Hütte *f*, Bude *f*

خصاء [xi'sɒːʔ] Kastration *f*

خصاص [xɒ'sɒːs] *koll., n. un.* ~ـة Spalt *m*, Lücke *f*, Ritze *f*

خصام [xi'sɒːm] Streit *m*, Zwist *m*; Konflikt *m*

خصائص → خاصية *u.* خصيصة

[1]**خصب** [xɒsiba, a] fruchtbar sein; **II** [xɒssɒba] fruchtbar machen; *Uran* anreichern; **IV** أخصب [ʔaxsɒba] fruchtbar machen; befruchten

[2]**خصب** [xisb] *a. fig.* Fruchtbarkeit *f*; Ergiebigkeit *f*; *a. fig.* fruchtbar, ergiebig

خصخصة [xɒsxɒsɒ] Privatisierung *f*

[1]**(خصر)** **III** خاصر [xɒːsɒra] um die Hüfte fassen; **VI** تخاصر [ta'xɒːsɒra] *Tanzpaar*: sich umfassen; **VIII** اختصر [ix'tasɒra] (ab-, ver-) kürzen; (kurz) zusammenfassen; sich kurz fassen

[2]**خصر** [xɒsr], *pl.* خصور [xu'suːr] Taille *f*

[1]**خصلة** [xɒsla], *pl.* خصال [xi'sɒːl] (Charakter-)Eigenschaft *f*, Wesenszug *m*; Eigentümlichkeit *f*

[2]**خصلة** [xusla], *pl.* خصل [xusɒl] *u.* [-aːt] Locke *f*, (Haar-)Strähne *f*; Büschel *n*

[1]**خصم** [xɒsɒma, i] **1.** im Streit besiegen; **2.** abziehen (هـ من *etwas* von *D*); *Wechsel* diskontieren; *Pass.* يخصم منه [juxsɒmu] abzüglich …; **III** خاصم [xɒːsɒma] streiten (ه mit *j-m*, عن über *A*); gerichtlich vorgehen, prozessieren (ه gegen *j-n*); kämpfen (على für *A*); **VI** تخاصم [ta'xɒːsɒma] miteinander streiten; streiten (مع mit *j-m*); **VII** انخصم [in'xɒsɒma] abgezogen werden; **VIII** اختصم [ix'tasɒma] streiten (في über *A*); e-n Prozeß führen (ه gegen *j-n*)

[2]**خصم** [xɒsm] **1.** *pl.* خصوم [xu'suːm] *u.* خصومات Abzug *m*; *Hdl.* Preisnachlaß *m*, Skonto *m od. n*, Rabatt *m*; *Hdl.* (*Wechsel-*)Diskont *m*; *pl. a. Fin.* Passiva *pl.*; سعر الـ~ [siʕr al-x.] Diskontsatz *m*; **2.** *pl.* خصوم Gegner *m*, Widersacher *m*; Prozeßgegner *m*; Gegenspieler *m*; كان ~ًا وحكما [-an wa-ħakaman] Richter in eigener Sache sein

خصوبة [xu'suːba] *a. fig.* Fruchtbarkeit *f*

خصوص [xu'suːs] Besonderheit *f*; ~ًا [-an] *Adv.* besonders, insbesondere; ~ًا وأن [ʔanna] besonders da, zumal; بـ~ *u.* في ~ hinsichtlich, betreffs; بهذا الـ~ diesbezüglich; على وجه الـ~ besonders, insbesondere

خصوصي [xu'suːsiː] besondere(r), Sonder-; speziell, Spezial-; privat, Privat-; دروس ~ـة Nachhilfestunden *f/pl.*

خصوصية [xusuː'siːja], *pl.* [-aːt] Besonderheit *f*; private(r) Charakter

خصومة [xu'suːma], *pl.* [-aːt] Streit *m*, Streitigkeit *f*; Gegnerschaft *f*

1 **خصى** [xɒsɒː, iː] kastrieren

2 **خصي** [xɒsj] Kastration *f*

3 **خصي** [xɒ'sɨːj], *pl.* خصيان [xɨs'jaːn] Kastrat *m*, Eunuch *m*

خصيب [xɒ'sɨːb] *a. fig.* fruchtbar, ergiebig; الهلال الـ~ [al-hi'laːl] *Geo.* der Fruchtbare Halbmond (*die arab. Halbinsel im Norden halbkreisförmig abschließende Landschaft*)

خصيصا [xɒ'sɨːsɒn], *a.* [xɨ'ssɨːsɒn] *Adv.* besonders, speziell, eigens

خصيصة [xɒ'sɨːsɒ], *pl.* خصائص [xɒ-'sɒːʔɨs] (2) besondere(s) Merkmal, charakteristische Eigenschaft

خصيم [xɒ'sɨːm], *pl.* خصماء [xusɒ-'maːʔ] (2) *u. obs.* خصمان [xus-'maːn] Gegner *m*, Widersacher *m*

خصية [xusja], *pl.* خصى [xusɒn] Hoden *m*; الخصيتان *du.* die Hoden *m/pl.*

1 **خض** [xɒđđɒ, u] schütteln; buttern; in Angst versetzen

2 **خض** [xɒđđ] Schütteln *n*; لبن ~ [laban] Buttermilch *f*

خضاب [xɨ'đɒːb] Farbe *f*, Färbemittel *n*; الدم ~ [x. ad-dam] Hämoglobin *n*

خضار [xu'đɒːr], *a.* [xɒ'đɒːr] Gemüse *n*, Grünzeug *n*

1 **خضب** [xɒđɒba, i] *u.* **II** [xɒđđɒba] färben; **V** تخضب [ta'xɒđđɒba] sich färben

2 **خضب** [xɒđb] Chlorophyll *n*; *Biol., Chem.* Pigment *n*

1 **خضر** [xɒđɨra, a] grün werden *od.* sein; **II** [xɒđđɒra] grün machen *od.* färben; *Boden* begrünen *od.* bebauen; **IX** اخضر [ix'đɒrra] grün werden, grünen

2 **خضر** [xɒđɒr] Grün *n*

3 **خضر** [xuđɒr] → خضرة

4 **خضر** [xuđr] → أخضر

5 **خضر** [xɨđr, xɒđɨr]: الـ~ *legendenumwobene Gestalt mit koranischem Hintergrund*

خضراء → أخضر

خضراوات [xɒđraː'waːt] *pl.* Gemüse *n*, Grünzeug *n*

خضرة [xuđra] Grün *n*, Grünfärbung *f*; Grünfläche *f*; *bsd. pl.* خضر [xu-đɒr] Gemüse *n*, Grünzeug *n*

خضروات [xuđra'waːt, xɒđra'waːt] *pl.* Gemüse *n*, Grünzeug *n*

1 **خضري** [xɒđriː]: الكساء الـ~ [al-ki'saːʔ] Vegetation *f*, Pflanzenwelt *f*, Flora *f*; النمو الـ~ [an-nu'muːw] Vegetation *f*, Pflanzenwuchs *m*

2 **خضري** [xuđriː], *pl.* ~ة Gemüsehändler *m*

خضع [xɒđɒʕa, a] sich beugen, sich unterwerfen; gehorchen (ل *j-m*); unterliegen, unterworfen sein (ل *D*); للضريبة ~ steuerpflichtig sein; **IV** أخضع [ʔaxđɒʕa] unterwerfen (ل هـ/ه *etwas D*); gefügig machen; **VII** انخضع [in'xɒđɒʕa] sich unterwerfen

1 **خضل** [xɒđɨla, a] feucht werden; **II** [xɒđđɒla] feucht machen, benetzen

2 **خضل** [xɒđɨl] feucht

خضم [xɨ'đɒmm] *Meer*: weit; *fig.* Meer *n*, Flut *f*, Strudel *m*; في ~ المعركة (mitten) im Kampfgetümmel

1 **خضوع** [xɒ'đuːʕ], *pl.* خضع [xuđuʕ] unterwürfig

2 **خضوع** [xu'đuːʕ] Unterwerfung *f* (ل unter *A*); Unterwürfigkeit *f*

1 **خط** [xɒŧŧɒ, u] e-e Linie ziehen; zeichnen, skizzieren; (nach)malen; vorzeichnen (ل هـ *A j-m*); schreiben; **II** خطط [xɒŧŧɒŧɒ] Linien ziehen; (auf)zeichnen, skizzieren; (nach)malen; markieren; planen, entwerfen; e-n Plan aufstellen (ل für *A*); *Straße* projektieren; **VIII** اختط [ix'tɒŧŧɒ] Pläne machen; planen, entwerfen, projektieren; abstecken; vorzeichnen (ل هـ *A j-m*); خطة ~ [xuŧŧɒtan] e-n Plan aufstellen *od.* entwerfen; سبيلا ~ [sa'biː-lan] e-n Weg abstecken

2 **خط** [xɒŧŧ], *pl.* خطوط [xu'ŧuːŧ] *a. fig.* Linie *f*; Strich *m*, Streifen *m*; (*Eisenbahn-*)Strecke *f*; (*Telefon-, Rohr-*)Leitung *f*; Leitlinie *f*; Furche *f*; (Schön-)Schreiben *n*, (= فن الـ~ [fann al-x.]) Kalligraphie *f*; Schrift(art) *f*, Duktus *m*; الاستواء ~ [x. al-isti'waːʔ] Äquator *m*; بارز ~ Reliefschrift *f*; التماس ~ [x. at-ta-'maːss] Grenzlinie *f*, Scheidelinie *f*; *Fußball*: Seitenlinie *f*; جوي ~ [dʒawwiː] Fluglinie *f*, *pl.* خطوط جوية *a.* Fluggesellschaft *f*; حديدي ~ (Eisen-)Bahnlinie *f*; الـ~ الحديدي الحجازي [al-ħi'dʒaːziː] *hist.* die Hedschasbahn; الدفاع ~ [x. ad-di'faːʕ] *Mil. u. fig.* Verteidigungslinie *f*; الزوال ~ [x. az-za'waːl] *Astr.* Meridian *m*, Mittagslinie *f*; الـ~ الساخن „heiße(r) Draht"; السير ~ [x. as-sair] (Flug-)Bahn *f*; Kurs *m e-s Schiffes*; Art *f* des Vorgehens; الطول ~ [x. ɒŧ-ŧuːl] Längenkreis *m*, Meridian *m*; الظهر ~ *Sport*: Verteidigung *f*; العرض ~ Breitenkreis *m*; خطوط عريضة grobe Umrisse *m/pl. od.* Züge *m/pl. e-r Sache*; فاصل ~ Trennungslinie *f*; *Pol.* Demarkationslinie *f*; بـالـيد ~ [-i l-jad] handschriftlich; على طول الـ~ [ŧuːli l-x.] auf der ganzen Linie; → أنبوب

3 **خط** [xuŧŧ], *pl.* أخطاط [ʔax'ŧɒːŧ] (Stadt-)Viertel *n*

1 **خطا** [xɒtɒː] → 1 (خطو)

2 **خطأ** [xɒŧŧɒʔa] → 2 خطئ

3 **خطأ** [xɒŧɒʔ], *pl.* أخطاء [ʔax'ŧɒːʔ] Fehler *m*, Irrtum *m*; falsch; ~ [-an] *Adv.* irrtümlicherweise, fälschlicherweise; zu Unrecht; القتل الـ~ [al-qatlu] *u.* القتل ~ [-an] fahrlässige Tötung; في التقدير ~ Fehleinschätzung *f*; من الـ~ أن es wäre falsch, zu …

1 **خطاب** [xu'ŧŧɒːb] → خاطب

2 **خطاب** [xɨ'ŧɒːb], *pl.* [-aːt] Ansprache *f*, Rede *f*; Brief *m*, Schreiben *n*; اعتماد ~ *Hdl.* Kreditbrief *m*, Akkreditiv *n*; ضمان ~ *Hdl.* Garantie *f*, Bürgschaft *f*

1 **خطابة** [xɒ'ŧɒːba] Reden *n*, Vortragen *n*; Predigen *n*

2 **خطابة** [xɨ'ŧɒːba] Reden *n*; (= فن الـ~ [fann al-x.]) Redekunst *f*, Rhetorik *f*

خطابي [xɨ'ŧɒːbiː] Rede-, Vortrags-; rhetorisch

خطاط [xɒ'ŧŧɒːŧ] **1.** *pl.* [-uːn] Kalligraph *m*, Schreiber *m*, Schriftkünstler *m*; **2.** Leuchtspur-

1 **خطاف** [xɒ'ŧŧɒːf] räuberisch

2 **خطاف** [xu'ŧŧɒːf], *pl.* خطاطيف [xɒ-ŧɒː'ŧɨːf] (2) **1.** (*Eisen-*)Haken *m*;

2. Schwalbe *f*; البحر ~ Seeschwalbe *f*, Meerschwalbe *f*

خطاة → خاطئ

خطايا → خطيئة

¹**خطب** [xɒŧɒba, u] e-e Rede halten; predigen; um ein Mädchen (ها) anhalten (إلى/من bei *j-m*); um ein Mädchen (ها) werben (ل für *j-n*); sich verloben; *Pass.* ~ت (قد) [xuŧibat] sie ist *od.* hat sich verlobt (ل mit *j-m*); ~ وده [wuddahuː] um j-s Liebe *od.* Sympathie werben; **III** خاطب [xɒːŧɒba] ansprechen, anreden; sich wenden (ه an *j-n*, في in *e-r Angelegenheit*); sprechen (ه في mit *j-m* über *A*); appellieren (ـه an *A*); ~ بالتليفون mit j-m telefonieren; ~ه بالكاف j-n duzen; **VI** تخاطب [ta'xɒːŧɒba] miteinander sprechen; sprechen (مع mit *j-m*)

²**خطب** [xɒŧb], *pl.* خطوب [xu'ŧuːb] Angelegenheit *f*; Unglück *n*, Mißgeschick *n*; ما ~ الأمر was hat das zu bedeuten?; ما ~ك was ist mit dir los?

¹**خطبة** [xuŧba], *pl.* خطب [xuŧɒb] Rede *f*, Ansprache *f*; Predigt *f*

²**خطبة** [xiŧba] Brautwerbung *f*; Verlobung *f* (إلى/على mit *j-m*)

¹**خطر** [xɒŧɒra, i] sich beim Gehen wiegen; (einher)stolzieren; – [xɒŧɒra, u, i] *Gedanke*: kommen, auftauchen; ~ له (أن) *u.* ~ بباله/على باله j-m in den Sinn kommen *od.* einfallen; ~ له خاطر er hatte e-e Idee; – [xɒŧura, u] wichtig, schwerwiegend sein; gefährlich, ernst sein; **III** خاطر [xɒːŧɒra] riskieren, aufs Spiel setzen (ب *A*); **IV** أخطر [ʔaxŧɒra] informieren (ه ب *j-n* über *A*), verständigen, benachrichtigen (ه ب *j-n* von *D*); **V** تخطر [ta'xɒŧŧɒra] sich beim Gehen wiegen; (einher-)stolzieren

²**خطر** [xɒŧɒr], *pl.* أخطار [ʔax'ŧɒːr] Gefahr *f*, Risiko *n* (على für *A*); Gefährlichkeit *f*; Wichtigkeit *f*, Bedeutung *f*; إشارة الـ~ *Verk.* Gefahrenzeichen *n*; Warnsignal *n*; جليل الـ~ hochbedeutend; ذو ~ bedeutend

³**خطر** [xɒŧir], *pl.* [-uːn] gefährlich; bedeutend, wichtig; ~ على الأمن العام [al-ʔamni l-ʕaːmm] *u.* ~ على المجتمع [al-mudʒ'tamaʕ] gemeingefährlich

خطران [xɒŧɒ'raːn] wiegende(r) Gang

خطرة [xɒtra], *pl.* [xɒŧɒ'raːt] **1.** wiegende(r) Gang; **2.** Gedanke *m*, Einfall *m*; (*einmaliges*) Auftauchen *z.B. e-r Gefühlsregung*

خطط → ²خطة

¹**خطف** [xɒŧɒfa, i] *u.* [xɒŧifa, a] an sich reißen, wegschnappen, pakken; rauben; entführen; entreißen (ـه من *A j-m*); ~ البصر [l-bɒsɒra] *a. fig.* blenden; أخطف رجلي [ridʒliː] ich gehe schnell *od.* eile; **V** تخطف [ta'xɒŧŧɒfa] fortreißen, forttragen; *Tod*: dahinraffen; an sich reißen, wegschnappen, pakken; **VI** تخاطف [ta'xɒːŧɒfa] sich gegenseitig zu entreißen suchen; sich streitig machen; **VII** انخطف [in'xɒŧɒfa] fortgerissen, entrissen werden; **VIII** اختطف [ix'taŧɒfa] an sich reißen, wegschnappen; rauben; entführen, verschleppen; entreißen (ـه من *A j-m*); ~ دمه [damahuː] *fig.* j-m das Blut in den Adern stocken lassen

²**خطف** [xɒŧf] Entreißen *n*, Raub *m*, Entführung *f*; Schnelligkeit *f*, Eile *f*; ~ًا [-an] *Adv.* schnell, flüchtig; ~ الأثقال *Sport*: Reißen *n*

خطفة [xɒŧfa]: في ~ البرق blitzschnell

خطل [xɒŧɒl] dumme(s) Gerede, Geschwätz *n*; من الـ~ es wäre unsinnig *od.* töricht

¹**خطة** [xuŧŧɒ], *bsd. Kuw. a.* [xiŧŧɒ], *pl.* خطط [xuŧɒŧ] Plan *m*, Vorhaben *n*; Art *f* des Vorgehens, Linie *f*; Richtlinie *f*; ~ خمسية Fünfjahresplan *m*; ~ عمل [x. ʕamal] Arbeitsplan *m*

²**خطة** [xiŧŧɒ], *pl.* خطط [xiŧɒŧ] Stück *n* Land; Grundstück *n*; Bezirk *m*; *Tun.* Stelle *f*, Stellung *f*

¹(**خطو**) خطا [xɒŧɒː, uː] schreiten, (vorwärts)gehen; vorankommen; **V** تخطى [ta'xɒŧŧɒː] *a. fig.* überschreiten; übersteigen; *fig.* hinausgehen (ـه über *A*); *Hindernis, Krise* überwinden; durchschreiten; durchfahren, durchqueren; hinter sich lassen; *Verk.* überholen; übergehen, nicht beachten

²**خطو** [xɒŧw] Gehen *n*, Schreiten *n*; Schritt *m* (*als Gangart*); سارع الـ~ [al-xɒŧwa] schneller gehen

خطوبة [xu'ŧuːba] Verlobung *f*

خطورة [xu'ŧuːra] (Ge-)Wichtigkeit *f*, Bedeutung *f*; Ernst *m*, Gefährlichkeit *f*

خطوة [xuŧwa, xɒŧwa], *pl.* [xuŧu'waːt, xɒŧɒ'waːt] *u.* خطى [xuŧɒn] Schritt *m*; خطوات *a.* Maßnahmen *f/pl.*; ~ ~(فـ) [-tan (fa-) -tan] Schritt für Schritt; ثابت الخطى [θaːbita l-x.] festen Schrittes; بخطوات واسعة *fig.* mit Riesenschritten; سار في خطاه *fig.* in j-s Fußstapfen treten; سار في خطوات عسكرية [saːra, ʕaska'riːja] *Mil.* im Gleichschritt marschieren; → ثابت

¹**خطي** [xɒŧŧiː] schriftlich; handschriftlich; Linien-, linear; ~ًا [-jan] *Adv.* schriftlich

²**خطئ** [xɒŧiʔa, a] irren, e-n Fehler begehen; sündigen; **II** خطأ [xɒŧŧɒʔa] e-s Fehlers beschuldigen; **IV** أخطأ [ʔaxŧɒʔa] sich irren, fehlgehen (في bei *D*); sich täuschen (في in *D*, über *A*); falsch machen (ـه/في *A*); unrecht haben; unrecht handeln, Unrecht tun; entgehen (ه *j-m*); fehlen, mangeln (ه *j-m*); ~ السمع [s-samʕa] sich verhören; ~ الهدف [l-hadafa] das Ziel verfehlen; ~ في الكتابة [fi l-ki'taːba] sich verschreiben; لا تخطئه العين [tux'ŧiʔuhu l-ʕain(u)] nicht zu übersehen

خطيب [xɒ'ŧiːb], *pl.* خطباء [xuŧɒ'baːʔ] (2) Redner *m*; Prediger *m*; Verlobte(r), Bräutigam *m*; Bewerber *m* (um die Hand e-s Mädchens); الخطيبان *du.* die Brautleute *pl.*

خطيبة [xɒ'ŧiːba], *pl.* [-aːt] Rednerin *f*; Verlobte *f*, Braut *f*

خطير [xɒ'ŧiːr] (ge)wichtig, bedeutend; schwerwiegend, *a. Krankheit*: ernst; *Verwundung*: schwer; gefährlich; verhängnisvoll; ~ الشأن von großer Bedeutung

خطيفة [xɒ'ŧiːfa] *bsd. Syr.* Frau *f*, die ein Mann entführt, um sie gegen den Willen ihrer Eltern zu heiraten

خطية [xɒ'ŧiːja] **1.** = خطيئة; **2.** *Tun.* Geldstrafe *f*

خطيئة [xɒ'ŧiːʔa], *pl.* خطايا [xɒ'ŧɒːjaː] Fehltritt *m*, Verfehlung *f*; Sünde *f*

[1]**خف** [xaffa, i] *Gewicht*: leicht sein; gering(fügig) sein; leichter werden, abnehmen, sich verringern, sich mildern; *Spannung, Gefühl*: nachlassen; *Geschrei*: leiser werden; weichen (عن von *j-m*); eilen (إلى zu, nach *D*); **II** خفف [xaffafa] leichter machen; *a. fig.* erleichtern (ـه عن *A j-m*); entlasten (عن *j-n*); vermindern, verringern, (ab)mildern, abschwächen (ـه/من *A*); *Verbot* lockern; *Chem.* verdünnen; *Verk., Fot.* abblenden; *Gr. Konsonanten* ohne Verdoppelung aussprechen; خفف عنك [xaffif] nimm's leicht; ~ حدته [ħi'ddatahuː] *u.* ~ من حدته etwas mildern *od.* entschärfen; ~ السرعة [s-surʕa] langsamer fahren; ~ الضغط على entlasten; **V** تخفف [ta'xaffafa] befreit werden (من von *D*); sich entledigen (من *G*); sich leicht (be)kleiden; **X** استخف [ista'xaffa] geringschätzen (ب *A*); mißachten (ب *Gefahr*); unterschätzen, nicht wichtig nehmen (ب *A*); hinreißen, mitreißen (ب/ه *j-n*); ~ روحه [ruːħahuː] j-n sympathisch finden

[2]**خف** [xuff], *pl.* أخفاف [ʔax'faːf] *u.* خفاف [xi'faːf] Pantoffel *m*; (*Kamel-*)Huf *m*; Fußsohle *f*; رجع بخفي حنين [bi-xu'ffaj ħu'nain] mit leeren Händen zurückkommen

خفاء [xa'faːʔ] Verborgenheit *f*; في الـ~ im verborgenen; لا ~ في أن [-a, ʔanna] es ist offenkundig, daß

خفارة [xi'faːra] Bewachung *f*, Wachdienst *m*

خفاش [xu'ffaːʃ], *pl.* خفافيش [xafaː'fiːʃ] (2) Fledermaus *f*

خفاف [xa'ffaːf, xa'faːf] Bimsstein *m*

خفاق [xa'ffaːq] *Fahne*: flatternd; *Herz*: heftig klopfend; *Auge*: flakkernd

خفاقة [xa'ffaːqa], *pl.* [-aːt] *Saudi-Ar., Lib.* Rührgerät *n*, Mixer *m*

خفان [xu'ffaːn] Bimsstein *m*

خفايا → [1]خفية

خفت [xafata, u] verstummen; schwächer *od.* leiser werden; **IV** أخفت [ʔaxfata] zum Schweigen bringen

[1]**خفر** [xafara, u, i] bewachen; *Mil.* eskortieren

[2]**خفر** [xafar] **1.** Bewachung *f*; *Mil.* Eskorte *f*; Wache *f*; ~ السواحل [x. as-sa'waːħil] Küstenwacht *f*; الصيدليات الـ~ [ɒs-sɒidaliː'jaːt] *bsd. Ir.* dienstbereite Apotheken *f/pl.*; **2.** Scheu *f*, Schüchternheit *f*

[3]**خفر** [xafr]: شيخ الـ~ [ʃaix al-x.] *Äg.* Oberfeldhüter *m*

خفش [xafaʃ] Tagblindheit *f*

[1]**خفض** [xafađɒ, i] sinken lassen, senken (ـه/من *A*); *Stimme* dämpfen; *Augen* niederschlagen; *fig.* herabsetzen; *Gr. Wort* in den Genitiv setzen; ~ جناحه للناس zugänglich *od.* leutselig sein; – [xafuđɒ, u] sich senken; **II** [xaffađɒ] senken, herabsetzen, verringern, vermindern, reduzieren (ـه/من *A*); *Preis* ermäßigen; *Stimme* dämpfen; *Produktion* drosseln; خفض عليك [xaffiđ] nimm es nicht so schwer!; ~ قيمة العملة [qiːmata l-ʕumla] e-e Währung abwerten; ~ النور [n-nuːr] *u.* ~ الأنوار *Verk.* abblenden; **IV** أخفض [ʔaxfađɒ] sinken lassen, senken (ـه/من *A*); ~ صوته [sɒutahuː] die Stimme dämpfen, leiser sprechen; **VII** انخفض [in'xafađɒ] gesenkt, ermäßigt werden; sich senken, sinken (عن unter *A*); sich verringern, abnehmen; zu niedrig sein (عن als daß); *Preis*: nachgeben, fallen; *Stimme*: leiser werden

[2]**خفض** [xafđ] Senkung *f*, Herabsetzung *f*; Verringerung *f*, Verminderung *f*, (Ver-)Kürzung *f*; Abbau *m von Truppen*; Ermäßigung *f*; Drosselung *f der Produktion*; *fig.* Dämpfung *f*; *Gr.* Bildung *f* der Genitivform; ~ العيش [x. al-ʕaiʃ] Leben *n* ohne materielle Sorgen; ~ سعر العملة [x. siʕri l-ʕumla] Abwertung *f* e-r Währung

[1]**خفق** [xafaqa, i] (er)beben, vibrieren, schwanken; *Fahne*: flattern; *Licht*: flackern; *Blitz*: zucken; *Herz*: schlagen, klopfen; *Wind*: wehen, blasen; *Gestirn*: untergehen; *Eier, Sahne* schlagen; **IV** أخفق [ʔaxfaqa] scheitern, erfolglos sein; versagen (في bei *D*)

[2]**خفق** [xafq]: ~ أقدام Geräusch *n* von Schritten

خفقان [xafa'qaːn] Schlagen *n*, Klopfen *n des Herzens*; Flattern *n der Fahne*

خفقة [xafqa], *pl.* [xafa'qaːt] (*einmaliges*) Schlagen, Pochen *n des Herzens*

خفة [xiffa] *a. fig.* Leichtigkeit *f*; Behendigkeit *f*, Flinkheit *f*; Beweglichkeit *f*; sympathische(s) Wesen; Leichtfertigkeit *f*; بـ~ behende; beschwingt; behutsam (*Adv.*)

خفوت [xu'fuːt] Verstummen *n*; leise(r) Klang *der Stimme*

[1]**خفي** [xafija, aː] verborgen, unbekannt sein (على *j-m*); لا يخفى offenkundig (sein); لا يخفى أن [ʔanna] bekanntlich …; **IV** أخفى [ʔaxfaː] verbergen, verstecken; verheimlichen; verhehlen, verschweigen (ـه عن/على *A j-m*); *Stimme* dämpfen; لم يخف … *a.* er machte kein Hehl aus …; **V** تخفى [ta'xaffaː] sich verbergen *od.* verstecken (ب hinter *D*); ~ في زي [zijjin] sich verkleiden; **VIII** اختفى [ix'tafaː] verschwinden (من von, aus *D*); entschwinden (عن *den Blicken*); sich verbergen *od.* verstecken; *Verbrecher*: untertauchen; *Laut*: verklingen; *Voraussetzung*: nicht mehr vorhanden sein; **X** استخفى [is'taxfaː] sich verbergen (من vor *D*); entschwinden (عن *den Blicken*); geheimhalten (ب *A*)

[2]**خفي** [xa'fiːj] verborgen, versteckt; geheim; يد ~ـة [jad] unsichtbare Hand; ~ الاسم [x. al-ism] anonym; ليس بـ~ es ist offensichtlich

خفير [xa'fiːr], *pl.* خفراء [xufa'raːʔ] (2) Wächter *m*, Wachmann *m*; ~ الحقول Feldhüter *m*; خفراء القرية [x. al-qarja] Landpolizei *f*

خفيض [xa'fiːđ] niedrig; *Stimme*: leise, gedämpft

خفيف [xa'fiːf], *pl.* خفاف [xi'faːf], أخفاف [ʔax'faːf] *u.* أخفاء [ʔaxi'f-faːʔ] (2) leicht (*an Gewicht*); *Licht, Tee, Wind*: schwach; *Tabak*: mild; *Haar*: schütter; *Bartwuchs*: spärlich; *Lächeln*: flüchtig; gering(fügig), unbedeutend; behende, flink; lebhaft; angenehm; ~الـ *arab. Versmaß*; الحركة ~ [x. al-ħaraka] behende; beweglich; beschwingt; ~ الدم [x. ad-dam], الظل ~ [ɒð-ðill] sympathisch, nett; الروح ~ [x. ar-ruːħ] heiter, lustig; lebhaft; sympathisch; leichtsinnig; العقل ~ von schwachem Verstand; الموج ~ [x. al-mauʤ] *See*: leicht bewegt; ~ اليد [x. al-jad] fingerfertig; على ~ اللسان [al-li'saːn] leicht gesagt; ~الـ وزن *Sport*: Leichtgewicht *n*

[1]**خفية** [xa'fiːja], *pl.* خفايا [xa'faːjaː] Geheimnis *n*

[2]**خفية** [xifja]: ~ [-tan] (*Adv.*) *u.* في ~ heimlich, insgeheim; عنه ~ [-tan] *u.* منه ~ في ohne sein Wissen

[1]**(خل)** **II** خلّل [xallala] **1.** in Essig einlegen, säuern; **2.** أسنانه ~ (sich) in den Zähnen stochern; **IV** أخل [ʔa'xalla] verletzen (ب *Pflicht, Vertrag*); verstoßen (ب gegen *A*); brechen (ب *sein Wort*); stören, schädigen, beeinträchtigen (ب *A*); **III** خال [xaːlla] sich wie ein Freund verhalten (ه gegenüber *j-m*); **V** تخلل [ta'xallala] sich zwischen etwas (هـ) befinden, dazwischen liegen; eingestreut sein (هـ in *A*), durchsetzen, durchziehen; **VIII** اختل [ix'talla] in Unordnung geraten *od.* sein; gestört sein; schadhaft sein

[2]**خل** [xall] Essig *m*

خلا [xalaː] **1.** *Präp.* (+ *A od. G*) *u.* ~ ما (+ *A*) außer, ausgenommen; **2.** → [1](خلو)

خلاء [xa'laːʔ] Leere *f*; Alleinsein *n*; leer, frei; ~الـ في im Freien; draußen (vor der Stadt)

خلاب [xa'llaːb] faszinierend, packend; verführerisch, verlockend; *Versprechen*: trügerisch

خلابة [xi'laːba] Faszination *f*, Reiz *m*, gewinnende Art

خلات [xa'llaːt] *Chem.* Acetat *n*

خلاسي [xi'laːsiː] Mischling *m*, Mulatte *m*

خلاص [xa'lɒːs] Befreiung *f* (من von *D*); (Er-)Rettung *f*, *a. Chr.* Erlösung *f*; Nachgeburt *f*; *Tun.* (Be-) Zahlung *f*; *umg.* Schluß *m*

خلاصة [xu'lɒːsɒ], *pl.* [-aːt] Auszug *m*, *a. Chem.* Extrakt *m*; Pflanzensaft *m*, Konzentrat *n*; Zusammenfassung *f*, Resümee *n*; Quintessenz *f*; ~الـ و *u.* القول ~ [x. al-qaul] kurz gesagt

خلاط [xa'llɒːt], *pl.* [-aːt] Mischmaschine *f*; Mixer *m*

خلاطة [xa'llɒːtɒ], *pl.* [-aːt] Mischmaschine *f*; Mixer *m*

خلاعة [xa'laːʕa] moralische Verkommenheit; Liederlichkeit *f*; ausschweifende(r) Lebenswandel; Lasterhaftigkeit *f*; Schlüpfrigkeit *f*

خلاعي [xa'laːʕiː] pornographisch

خلاعية [xalaː'ʕiːja] Pornographie *f*

خلاف [xi'laːf] Gegensatz *m*, Widerspruch *m*; Unterschied *m*, Verschiedenheit *f*; Meinungsverschiedenheit *f*, Differenz *f*; ~ [-a] *Präp.* außer, neben; ذلك ~ [-a ðaːlika] außerdem, sonst noch; ~ًا ل [-an] im Gegensatz zu, entgegen; ~بـ + *G*: im Unterschied zu; anders als; außer, neben; abgesehen von; على ~ + *G*: im Unterschied zu; anders als; ~ه [xilaːfuhuː] anderes als das, sonstiges

خلافة [xi'laːfa] Nachfolge *f*; Kalifat *n*

خلافي [xi'laːfiː] strittig

خلاق [xa'llaːq] schöpferisch; Schöpfer *m* (*a.* = *Gott*)

[1]**خلال** [xi'laːl], *pl.* أخلة [ʔa'xilla] Zahnstocher *m*; → خلل *u.* خلة

[2]**خلال** [xi'laːla] *Präp.* während, im Laufe von, binnen; *zeitl. u. örtl.*: durch … hindurch; durch, mittels; ~ في + *G*: während, im Laufe von, binnen; *zeitl.*: durch … hindurch; ~ من *örtl.*: durch … hindurch, zwischen (… hindurch); durch, mittels; auf Grund von, anhand; ذلك ~ في währenddessen; ~ من ذلك hierdurch

خلايا → خلية

[1]**خلب** [xalaba, u] ergreifen, packen; عقله ~ [ʕaqlahuː], لبه ~ [lubbahuː] faszinieren

[2]**خلب** [xullab]: ~ برق [barqu -in] *u.* [barqun (-un)] trügerische Hoffnung

خلج [xalaʤa, i] sich bewegen, zukken; innerlich berühren, *den Sinn* beschäftigen; **III** خالج [xaːlaʤa] innerlich berühren, *den Sinn* beschäftigen; *Gefühl*: erfüllen, bewegen, beseelen; لا يخالجه شك [ʃak-k(un)] er hegt keinen Zweifel; **VIII** اختلج [ix'talaʤa] *a. fig.* sich bewegen, sich rühren; zucken; *Stimme*: beben, zittern; في نفسه ~ j-n erfüllt *od.* bewegt etwas

خلجة [xalʤa], *pl.* [xala'ʤaːt] Bewegung *f*; Zucken *n*; *a. fig.* Regung *f*

خلخال [xal'xaːl], *pl.* خلاخيل [xalaː-'xiːl] (2) Fußreif *m* (*Frauenschmuck*)

خلخل [xalxala] *a. fig.* erschüttern; lockern; **II** تخلخل [ta'xalxala] *a. fig.* erschüttert werden; sich lokkern; sich loslösen; *Erinnerung*: nachlassen, schwächer werden; *Luft*: dünner werden; ~ت ركبتاه [rukba'taːhu] ihm schlotterten die Knie

خلخلة [xalxala] *trans.* Erschütterung *f*; Lockerung *f*

[1]**خلد** [xalada, u] ewig dauern; unsterblich sein; إلى الراحة ~ sich zur Ruhe setzen; der Ruhe pflegen; **II** [xallada] verewigen, unsterblich machen; **IV** أخلد [ʔaxlada] sich zurückziehen (إلى an *e-n Ort*); verweilen (إلى an *e-m Ort*); إلى ~ الراحة → خلد [xalada]; **V** تخلد [ta-'xallada] sich verewigen

[2]**خلد** [xalad] Sinn *m*, Geist *m*; دار ه~ في *u.* دار بخلده j-m einfallen *od.* in den Sinn kommen

[3]**خلد** [xuld] **1.** Ewigkeit *f*; ~الـ جنة [ʤannat al-x.], ~الـ دار Paradies *n*; **2.** Maulwurf *m*

خلس [xalasa, i] heimlich wegnehmen; **III** خالس [xaːlasa]: ـه~ النظر [an-nɒðɒra] j-n verstohlen anblicken; **VIII** اختلس [ix'talasa] heimlich wegnehmen, stehlen; unterschlagen, veruntreuen; ~ الخطى [l-xutɒː] heimlich gehen (إلى zu *D*)

خلسة [xulsa, xilsa]: ~ [-tan] *Adv. u.* ~ في heimlich, verstohlen

1**خلص** [xalasɒ, u] *Absicht*: rein, lauter sein; klar sein; frei sein *od.* werden (من von *D*); befreit, erlöst werden (من von *D*); loswerden (من *A*); gelangen (إلى zu *D*); gehören (ل *j-m*); *umg.* zu Ende sein; **II** [xallasɒ] befreien, erlösen (ه/ـه من *j-n od. etwas* von *D*), retten (ه/ـه من *j-n od. etwas* vor *D*); freimachen (على *Brief*); verzollen (على *Waren*); trennen (بين *Streitende*); *umg.* beenden; **IV** أخلص [ʔaxlasɒ] aufrichtig sein (ل gegenüber *D*); treu sein (ل *D*); widmen (ـه ل *A j-m od. e-r Sache*); ~ له الحب [lahu l-ħubb(a)] j-n aufrichtig lieben; **V** تخلص [ta'xallasɒ] loskommen, sich freimachen *od.* befreien (من von *D*); sich entziehen (من *D*); sich entledigen (من *G*); loswerden (من *A*); **VI** تخالص [ta'xaːlasɒ] miteinander quitt sein; **X** استخلص [is'taxlasɒ] (heraus)ziehen; exzerpieren; entnehmen (ـه من *etwas* aus *D*); ableiten, herleiten (ـه من *etwas* von *D*); abringen, abtrotzen (ـه من *etwas j-m*)

2**خلص** [xullɒs] → خالص

1**خلط** [xalatɒ, i] mischen, vermengen (ـه ب *etwas* mit *D*); verwechseln (بين *mehrere Dinge od. Personen*; ـه ب *etwas* mit *D*); **II** [xallatɒ] vermengen, durcheinanderbringen; ~ عليه أمره [ʔamrahuː] j-n verwirren; ~ في الأمور die Dinge verwechseln; **III** خالط [xaːlatɒ] verkehren, Umgang haben (ه mit *j-m*); sich mischen (هم unter *die Leute*; ـه in *A*, *fig.*); *Gefühl*: überkommen; *Pass.* خولط في عقله [xuːlitɒ] nicht ganz richtig im Kopf sein; **VIII** اختلط [ix'talatɒ] sich vermischen, sich vermengen (ب mit *D*); in Verwirrung geraten, durcheinandergeraten; verwechselt werden; verkehren, Umgang haben (ب mit *j-m*); ~ الحابل بالنابل alles ging drunter und drüber; ~ عليه الأمر er geriet in Verwirrung; er faßte die Sache falsch auf

2**خلط** [xalt] (Ver-)Mischung *f*; Verwechslung *f*

3**خلط** [xilt], *pl.* أخلاط [ʔax'lɒːt] Bestandteil *m e-r Mischung*; Gemisch *n*

1**خلطة** [xaltɒ] Mischung *f*; *Äg.* Mischmasch *m*

2**خلطة** [xultɒ] Mischung *f*, Gemisch *n*

1**خلع** [xalaʕa, a] *Kleidungsstück* ausziehen, *a. fig.* ablegen, *Hut* abnehmen; *Zahn* ziehen; (her)ausziehen; *Tür* ausheben; *König* absetzen; *Gelenk* ausrenken; verleihen, schenken (ـه على *A j-m*); ~ امرأته [mra'ʔatahuː] *Isl.* sich von s-r Frau gegen e-e von ihr zu zahlende Summe scheiden lassen; ~ عنه/عن كاهله *fig.* etwas abschütteln; ~ قلبه [qalbahuː] j-n mit Entsetzen erfüllen; j-n faszinieren; – [xaluʕa, u] moralisch verkommen sein; **II** [xallaʕa] entfernen; *Zähne* ziehen lassen; aus den Fugen geraten lassen; *Pass.* [xulliʕa] aus den Fugen geraten; **V** تخلع [ta'xallaʕa] *intr.* herausbrechen; *Glied*: ausgerenkt werden; ~ في المشي [fi l-maʃj] sich in den Hüften wiegen; **VII** انخلع [in'xalaʕa] entfernt werden; *Zahn*: gezogen werden; ausgerenkt werden; ~ قلبه der Schreck fuhr ihm durch die Glieder

2**خلع** [xalʕ] Ablegen *n der Kleidung*; Ziehen *n e-s Zahnes*; Ausheben *n e-r Tür*; *Med.* Verrenkung *f*

3**خلع** [xulʕ] *Isl.* Selbstloskauf *m* der Frau aus der Ehe

خلعة [xilʕa], *pl.* خلع [xilaʕ] Ehrenkleid *n*

1**خلف** [xalafa, u] nachfolgen (ه *j-m*), folgen (ه/ـه auf *A*), an die Stelle treten (ه *j-s*); ~ـه على الحكم [al-ħukm] j-m in der Herrschaft folgen; **II** [xallafa] zurücklassen, hinterlassen; zu s-m Nachfolger machen; Nachkommen haben; **III** خالف [xaːlafa] *a. fig.* widersprechen; im Widerspruch stehen (ه/ـه zu *D*); zuwiderhandeln (ـه *D*); *Gebot* übertreten; sich unterscheiden (ه/ـه von *D*); e-n Unterschied machen (بين zwischen *D*); **IV** أخلف [ʔaxlafa] hinterlassen; *Gott*: entschädigen (على *j-n*); *Versprechen* nicht halten; ~ ظنه [ðɒnnahuː] j-n enttäuschen; **V** تخلف [ta'xallafa] zurückbleiben (عن von *D*; hinter *D*); fernbleiben (عن *D*), nicht erscheinen; nicht tun (عن *A*); **VI** تخالف [ta'xaːlafa] voneinander abweichen; **VIII** اختلف [ix'talafa] verschieden sein, sich unterscheiden, abweichen (عن von *D*); verschiedener Meinung sein (في über *A*); schwanken (بين zwischen *D*); frequentieren, regelmäßig besuchen (إلى *A*); hereinbrechen (على über *A*); لا يختلف فيه/عليه اثنان darin sind sich alle einig; **X** استخلف [is'taxlafa] zu s-m Nachfolger bestimmen

2**خلف** [xalaf], *pl.* أخلاف [ʔax'laːf] Nachkomme *m*; Nachfolger *m*; *koll.* Nachkommenschaft *f*

3**خلف** [xalf] hintere(r) Teil; Hintergrund *m*; [-a] *Präp.* hinter; [-u] *Adv.* hinten; من الـ~ von hinten

4**خلف** [xulf] Unmögliche(s), Absurde(s); Gegensätzlichkeit *f*; (= ~ الوعد) leere Versprechung; Uneinigkeit *f*, Zwietracht *f*

5**خلف** [xilf], *pl.* أخلاف [ʔax'laːf] Zitze *f*

خلفة [xilfa, xulfa], *pl.* [-aːt] Unterschied *m*, Verschiedenheit *f*

خلفي [xalfiː] hintere(r), hinten befindlich, Hinter-; ~ مقعد Rücksitz *m*

خلفية [xal'fiːja], *pl.* [-aːt] *a. fig.* Hintergrund *m*

1**خلق** [xalaqa, u] (er)schaffen; entstehen lassen; machen (ه/ـه من *j-n od. etwas* zu *D*); – [xaluqa, u] schicklich sein (ب für *j-n*); – [xaliqa, a] *Kleidung*: abgetragen sein;

IV أخلق [ʔaxlaqa] *Kleid* abtragen; **V** تخلق [ta'xallaqa] sich formen, geprägt werden (ب durch *A*); annehmen (ب *Eigenschaft*); **VIII** اختلق [ix'talaqa] sich ausdenken, ersinnen, erfinden; andichten (هـ على *A j-m*); flunkern

2 **خلق** [xalaq] *m u. f, pl.* خلقان [xul'qaːn] *u.* أخلاق [ʔax'laːq] *Kleidung*: abgetragen

3 **خلق** [xalq] (Er-)Schaffung *f*, Schöpfung *f*; *koll.* Geschöpfe *n/pl.*; Menschheit *f*; Schaffen *n e-s Künstlers*; Kreativität *f*; الله ~ die Menschen *m/pl.*; die Geschöpfe Gottes; لله في ~ـه شؤون *Spr.*, *etwa*: Gott hat verschiedene Menschen *od.* Kreaturen erschaffen; was es nicht alles gibt!

4 **خلق** [xuluq, xulq], *pl.* أخلاق [ʔax'laːq] Wesensart *f*, Naturell *n*, Charakter(eigenschaft *f*) *m*; *pl.* sittliche Gesinnung, Anstand *m*; Moral *f*; Charakter *m*; Ethos *n*; (علم) الأخلاق [ʕilm al-ʔa.] Ethik *f*; إفساد الأخلاق Korrumpierung *f*; لا أخلاق له [-a] charakterlos

خلقة [xilqa], *pl.* خلق [xilaq] Wesen *n*, Naturell *n*, Natur *f*; Aussehen *n*; Physiognomie *f*

1 **خلقي** [xuluqiː, xulqiː] sittlich, moralisch, ethisch; charakterlich

2 **خلقي** [xilqiː] angeboren

خلقية [xulu'qiːja] Moralität *f*

خلل [xalal], *pl.* خلال [xi'laːl] Zwischenraum *m*, *a. fig.* Lücke *f*; Störung *f*; Fehler *m*, Mangel *m*, Defekt *m*

خلنج [xa'landʒ] Heidekraut *n*, Erika *f*

خلة [xalla], *pl.* خلال [xi'laːl] Wesenszug *m*, Wesensart *f*

1 (خلو) **خلا** [xalaː, uː] leer sein; frei sein (من von *D*); ohne etwas (من) sein; entbehren (من *A*); allein sein (مع/إلى/ب mit *j-m*); sich zurückziehen; *Zeit*: verfließen; منذ شهر ~ [munðu ʃahrin] seit einem Monat; له الجو ~ [lahu l-dʒaww] er war ungestört; er hatte freie Bahn (ل für *A*); **II** خلى [xallaː] freimachen; lassen; ablassen (عن von *D*), aufgeben (عن *A*); خل عن نفسك [xalli] nimm's nicht so schwer!; سبيله ~ j-n freilassen *od.* laufenlassen; خلاه وشأنه [wa-ʃaʔnahuː] j-n (in Ruhe) lassen; j-n tun lassen, was er will; بينه وبين ~ j-m *in e-r Sache* freie Hand lassen; j-n e-r Sache überlassen; **IV** أخلى [ʔaxlaː] freimachen, freigeben, räumen; *Stadt* evakuieren; سبيله ~ j-n freilassen *od.* laufenlassen; له ~ الطريق für j-n freie Bahn schaffen; طرفه ~ [tɒ'rafahuː] j-m Entlastung erteilen; s-n Verpflichtungen nachkommen; له المكان ~ j-m Platz machen, j-m weichen; نفسه ل ~ [naf-sahuː] sich freimachen für; **V** تخلى [ta'xallaː] aufgeben (عن *A*), verzichten (عن auf *A*), ablassen (عن von *D*); verlassen (عن *A*); zurücktreten (عن von *D*); abtreten (عن *A*); **VIII** اختلى [ix'talaː] sich zurückziehen; allein sein (ب mit *j-m*)

2 **خلو** [xu'luːw] Leere *f*; Freisein *n* (من von *D*), Fehlen *n* (من *G*); ~ البال Unbekümmertheit *f*; ~ الرجل [x. ar-ridʒl] *Äg.* (*an den Vermieter zu zahlender*) Aufpreis

خلود [xu'luːd] ewige Dauer; Unsterblichkeit *f*

خلوص [xu'luːs] *u.* النية ~ [x. an-niːja] Aufrichtigkeit *f*, Lauterkeit *f*; *Äg.* Zwischenraum *m*, lichte Weite

خلوة [xalwa], *pl.* خلوات [xala'waːt] Alleinsein *n* (مع/إلى mit *j-m*); Zurückgezogenheit *f*; stille(r) Ort; ~ الحمام [x. al-ħa'mmaːm] Badekabine *f*; الـ~ الزوجية [az-zau'dʒiːja] eheliche Intimität; غرامية ~ Schäferstündchen *n*; هاتفية ~ *Jord.* Telefonzelle *f*; ~ نحن في wir sind unter uns

خلوي [xalawiː] einsam, zurückgezogen; abgeschieden; ländlich, Land-; zellular, Zell-

خلي [xa'liːj], *pl.* أخلياء [ʔaxli'jaːʔ] (2) frei (من von *D*); alleinstehend, ledig; البال ~ unbeschwert, sorglos

خليج [xa'liːdʒ], *pl.* خلجان [xul'dʒaːn] Golf *m*, Meerbusen *m*; الـ~ (العربي) der Arabisch-Persische Golf; العقبة ~ Golf *m* von Akaba; من الـ~ إلى المحيط [al-mu'ħiːt] vom Arab.-Persischen Golf bis zum Atlantik

خليجي [xa'liːdʒiː] Golf-; auf den Arabisch-Persischen Golf bezüglich; vom Golf (stammend)

خليط [xa'liːt] gemischt; *pl.* خلائط [xa'laːʔit] (2) Mischung *f*, Gemisch *n*; معدني ~ [maʕdiniː] Legierung *f*

خليع [xa'liːʕ], *pl.* خلعاء [xula'ʕaːʔ] (2) moralisch verkommen; liederlich; unanständig, unzüchtig; pornographisch

خليفة [xa'liːfa], *pl.* خلفاء [xula'faːʔ] (2) Kalif *m*; Nachfolger *m*; Stellvertreter *m*

خليق [xa'liːq] geeignet (ب für *A*); verdienend (ب *A*); schicklich (ب für *j-n*), angemessen (ب *j-m*), würdig (ب *j-s*); هو ~ أن/بأن er sollte *od.* müßte; كان ~ـا به أن [-an] er hätte (eigentlich) müssen

خليقة [xa'liːqa] Schöpfung *f*, (von Gott erschaffene) Welt, Natur *f*

خليل [xa'liːl], *pl.* خلان [xu'llaːn] *u.* أخلاء [ʔaxi'llaːʔ] (2) (enger) Freund; الـ~ *Geo.* Hebron; الله ~ *Beiname Abrahams*

خليلة [xa'liːla], *pl.* [-aːt] enge Freundin

خلية [xa'liːja], *pl.* خلايا [xa'laːjaː] *Biol.*, *Pol.* Zelle *f*; Bienenstock *m*; alleinstehende Frau; الـ~ الأولى [al-ʔuːlaː] Urzelle *f*; خلايا شمسية *Phys.*, *El.* Solarzellen *f/pl.*; علم الخلايا [ʕilm al-x.] Zytologie *f*

خم [xumm], *pl.* خممة [ximama] Hühnerstall *m*; Taubenschlag *m*

1 **خمار** [xa'mmaːr], *pl.* [-uːn] Weinhändler *m*; (Schank-)Wirt *m*

2 **خمار** [xu'maːr] Katzenjammer *m*, Kater *m*; Rausch *m*

3 **خمار** [xi'maːr], *pl.* أخمرة [ʔaxmira] *u.* خمر [xumur] (Gesichts-)Schleier *m*

خمارة [xa'mmaːra], *pl.* [-aːt] (Wein-)Schenke *f*, Kneipe *f*

خماس [xa'mmaːs], *pl.* خماسة [xa'maːmisa] *Maghr.* Ackerbauer *m*, der ein Fünftel des Ernteertrags als Lohn erhält

خماسي [xu'maːsiː] fünfteilig, fünffach; fünf-, Fünf-, Fünfer-; *Gr.* aus fünf Radikalen bestehend; *Mus.* Quintett *n*; *Sport*: Fünfkampf *m*; الزوايا ~ [x. az-za'waːjaː] fünfeckig; خطة ~ة [xuttɒ] *Maghr.* Fünfjahresplan *m*

خماسين [xamaː'siːn] *heißer Wüstenwind in Ägypten*

خماسيني [xamaː'siːniː]: ~ هواء = خماسين

خماشة [xu'maːʃa], *pl.* [-aːt] Kratzer *m*

خمد [xamada, u] ausgehen, *a. fig.* erlöschen; nachlassen, abflauen, sich legen; **IV** أخمد [ʔaxmada] (aus)löschen; dämpfen, abschwächen; *Revolte* niederwerfen; ~ صوته [sɒutahuː] j-n mundtot machen, j-m e-n Maulkorb anlegen

[1]**خمر** **II** [xammara] gären lassen; *Teig* säuern, gehen lassen; *Früchte* nachreifen lassen; *Gedanken* ausreifen lassen; **III** خامر [xaːmara] *Gefühl*: überkommen, befallen; لا يخامرني الشك [juxaː'miruniː ʃ-ʃakk(u)] ich hege keinen Zweifel; **V** تخمر [ta'xammara] gären; *Teig*: gehen; **VIII** اختمر [ix'tamara] gären; *Teig*: gehen; *Gedanken*: (aus)reifen

[2]**خمر** [xamr] *m u.f, pl.* خمور [xu'muːr] alkoholische(s) Getränk; Wein *m*; الـ~ *fig.* der Alkohol

[1]**خمرة** [xamra] alkoholische(s) Getränk; Wein *m*

[2]**خمرة** [xumra] Ferment *n*

خمري [xamriː] bräunlich, goldbraun; سهرة ~ة abendliche(s) Trinkgelage

[1]**خمس** **II** [xammasa] fünffach machen, verfünffachen; fünfeckig machen; in fünf Teile teilen

[2]**خمس** [xums], *pl.* أخماس [ʔax'maːs] Fünftel *n*; ضرب أخماسه في أسداسه hin und her überlegen; nicht mehr aus noch ein wissen

خمسمائة = خمس مائة [xamsu miʔa(tin)] fünfhundert

خمسة [xamsa], *f* خمس fünf; ~ عشر [-ata ʕaʃar(a)], *f* خمس عشرة [xamsa ʕaʃra(ta)] fünfzehn; ~ في ظرف عشر يوما [jauman] innerhalb von 14 Tagen

خمسون [xam'suːn] fünfzig; عيد الخمسين [ʕiːd al-x.] *Chr.* Pfingsten

خمسي [xamsiː] Fünf-, Fünfer-; خطة ~ة [xuttɒ] Fünfjahresplan *m*

خمسينات [xamsiː'naːt] *pl.*: الـ~ die fünfziger Jahre *n/pl.*

خمسيني [xam'siːniː]: ~ عيد [ʕiːd] 50-Jahr-Feier *f*

خمسينيات [xamsiːniː'jaːt] *pl.*: الـ~ die fünfziger Jahre *n/pl.*

خمش [xamaʃa, u, i] kratzen; **II** [xammaʃa] (zer)kratzen

[1]**خمل** [xamala, u] schwach, matt sein; unbekannt sein; ~ ذكره [ðikruhuː] er geriet in Vergessenheit

[2]**خمل** [xaml] Faserflor *m*; Samt *m*

خملة [xamla], *pl.* [-aːt] Stoff *m* mit feiner Flordecke, Samt *m*

خمن **II** [xammana] (ab)schätzen, vermuten; (er)raten

خمود [xu'muːd] Erlöschen *n*, Nachlassen *n*; Schlaffheit *f*; Apathie *f*, Lethargie *f*; الذهن ~ [x. að-ðihn] geistige Trägheit

خمول [xu'muːl] Trägheit *f*; Schwäche *f*; Apathie *f*, Lethargie *f*; Teilnahmslosigkeit *f*; Unbekanntheit *f* *e-s Künstlers*

خمير [xa'miːr] gesäuert; Sauerteig *m*; *fig.* ausgereift

خميرة [xa'miːra], *pl.* خمائر [xa'maːʔir] (2) Gärmittel *n*; Hefe *f*; Sauerteig *m*; Ferment *n*, Enzym *n*

خميس [xa'miːs]: الـ~ (يوم) [jaum al-x.] Donnerstag *m*; الجسد ~ [x. al-dʒasad] *Chr.* Fronleichnam *m*; ~ الفصح *u.* ~ العهد, الأسرار [x. al-fisħ] *Chr.* Gründonnerstag *m*

خميص [xa'miːs]: خاصرة ~ة schmale Taille

خميلة [xa'miːla], *pl.* خمائل [xa'maːʔil] (2) Gebüsch *n*, Dickicht *n*; Samt *m*

[1]**خن** [xanna, i] näseln

[2]**خن** [xunn], *pl.* أخنان [ʔax'naːn] Körbchen *n e-s Hundes*; Behausung *f von Kleintieren*

خنازير → خنزير

خنازيري [xanaː'ziːriː] skrofulös

خناس [xa'nnaːs]: الـ~ *Beiname des Teufels*

[1]**خناق** [xu'naːq] Diphtherie *f*; Angina *f*; القلب ~ Angina pectoris *f*

[2]**خناق** [xi'naːq] Würgestrick *m*; Hals *m*, Kehle *f*; Streit *m*; ضيق الـ~ عليه [đɒjjaqa] *fig.* j-m die Kehle zuschnüren; j-n arg bedrängen

خناقة [xi'naːqa] *Äg.* Streit *m*, Schlägerei *f*

(**خنث**) **V** تخنث [ta'xannaθa] sich weibisch benehmen; effeminiert sein

خنثى [xunθaː], *pl.* خناث [xi'naːθ] *u.* خناثى [xa'naːθaː] Zwitter *m*, Hermaphrodit *m*

خنجر [xandʒar], *pl.* خناجر [xa'naːdʒir] (2) Dolch *m*

خنخن [xanxana] näseln

[1]**خندق** [xandaqa] e-n Graben ziehen; *Mil.* e-n Schützengraben ausheben

[2]**خندق** [xandaq], *pl.* خنادق [xa'naːdiq] (2) Graben *m*; *Mil.* Schützengraben *m*; حرب الخنادق Stellungskrieg *m*

خنزرة [xanzara] Schweinerei *f*

خنزير [xin'ziːr], *pl.* خنازير [xanaː'ziːr] (2) Schwein *n*; الهند ~ [x. al-hind] Meerschweinchen *n*

خنزيرة [xin'ziːra] Sau *f*

خنشار [xun'ʃaːr] (Tüpfel-)Farn *m*

خنشلة [xanʃala] Khenchela (*Stadt in Algerien*)

خنصر [xinsɨr], *pl.* خناصر [xa'nɒːsɨr] (2) kleine(r) Finger

خنع [xanaʕa, a] sich unterwerfen (ل *j-m*)

خنعة → خانع

خنف *u.* **خنفاء** → أخنف

خنفر [xanfara] schnarchen; *Pferd*: schnauben

خنفس [xunfus] *u.* **خنفساء** [xunfu'saːʔ] (2), *pl.* خنافس [xa'naːfis] (2) Käfer *m*; Mistkäfer *m*; Skarabäus *m*

[1]**خنق** [xanaqa, u] (er)würgen, erdrosseln; *fig.* j-m die Kehle zuschnüren; *a. fig.* ersticken; *Techn.* drosseln; **III** خانق [xaːnaqa] streiten (ه mit *j-m*); **VIII** اختنق [ix'tanaqa] *a. fig.* ersticken (ب an *D*); *a. fig.* abgewürgt, erstickt werden

[2]**خنق** [xanq] Erwürgung *f*, (Ab-)Drosselung *f*
خنقة [xanqa] *Äg*.: اليد ~ [x. al-jad] Handgelenk *n*
(**خنو**) **IV** أخنى [ʔaxnaː] hart mitnehmen, zugrunde richten (على *A*)
خنوثة [xu'nuːθa] weibische(s) Wesen; Hermaphroditismus *m*
[1]**خنوع** [xa'nuːʕ], *pl.* خنعة [xanaʕa] *u.* خنع [xunuʕ] unterwürfig
[2]**خنوع** [xu'nuːʕ] Unterwerfung *f* (ل unter *A*); Unterwürfigkeit *f*
خنى [xanan] Obszönität *f*
خواء [xa'waːʔ] Leere *f*; *fig*. Öde *f*
خواب → خابية
خوابئ → خابئة
خوابير → خابور
خواتم → خاتم, خاتمة
خواتيم → خاتمة
خواتين → خاتون
خواجة [xa'waːdʒa], *pl.* [-aːt] *obs.* Herr *m* (*Anrede für Europäer*); *pej.* feine(r) Herr
خوادم → خادمة
[1]**خوار** [xa'wwaːr] schwach, schwächlich; Schwächling *m*
[2]**خوار** [xu'waːr] Brüllen *n*, Gebrüll *n*
خوارج → خارجي
خوازيق → خازوق
خواص → خاصة
خواصر → خاصرة
خواطر → خاطر, خاطرة
خواطئ → خاطئة
[1]**خواف** [xa'waːfin] → خافية
[2]**خواف** [xa'wwaːf], *pl.* [-uːn] ängstlich, furchtsam; Angsthase *m*
خوافة [xa'wwaːfa], *pl.* [-aːt] *a. fig.* Vogelscheuche *f*
خواقين → خاقان
خوال → [3]خال
خوالج → خالجة
[1]**خوان** [xa'wwaːn], *pl.* [-uːn] treulos, verräterisch
[2]**خوان** [xu'waːn, xi'waːn], *pl.* أخونة [ʔaxwina] Tisch *m*
خوجة *Äg.* [xoːga], *pl.* [-aːt] *früher*: Schulmeister *m*; *Syr.* [xoːdʒa] Sängerin *f*
خوخ [xaux] *koll., n. un.* ~ة, *pl.* [-aːt] *Äg., Ir.* Pfirsich(e *pl.*) *m*; *Syr.* Pflaume(n *pl.*) *f*
خوخة [xauxa] **1.** (*ein*) Pfirsch *m*; *Syr.* (*e-e*) Pflaume; **2.** Fensteröffnung *f*, Luke *f*; kleine Tür *in e-m Tor*
خوخي [xauxiː] pfirsichfarben
خوذة [xuːða], *pl.* [-aːt] *u.* خوذ [xuwað] (Sturz-, Stahl-)Helm *m*
[1](**خور**) خار [xaːra, uː] **1.** brüllen; schreien; **2.** schwach werden, erlahmen, ermatten
[2]**خور** [xawar] Schwäche *f*; Erlahmen *n*, Ermattung *f*
[3]**خور** [xaur], *pl.* أخوار [ʔax'waːr] *u.* خيران [xiː'raːn] Bucht *f*
خورس [xuːrus] Chor *m e-r Kirche*
خورفسقفوس[xuːri'fisqufus] *Syr.* Vertreter *m* des Bischofs
خوري [xuːriː], *pl.* خوارنة [xa'waːrina] Pfarrer *m*
خوزق [xauzaqa] pfählen
خوص [xuːs] *koll., n. un.* ~ة Palmblätter *n/pl.*; ~ كرسي [kursiː x.] *Äg.* geflochtene(r) Stuhl
خوصصة [xausɒsɒ] *Mar., Alg.* Privatisierung *f*
[1](**خوض**) خاض [xɒːđɒ, uː] waten (هـ durch *A*); eindringen, sich hineinstürzen (في/هـ in *A*); eingehen (في auf *ein Thema*), behandeln; *Kampf* führen; تجربة ~ [tadʒ'ribatan] e-n Versuch unternehmen; المعركة ~ [l-maʕraka] *a. fig.* sich in den Kampf stürzen; e-n Kampf führen; **II** [xawwɒđɒ] waten, stapfen
[2]**خوض** [xauđ] Eindringen *n*; Erörterung *f* (في *e-s Themas*)
خوط [xuːŧ] zarte(r) Zweig
[1](**خوف**) خاف [xaːfa, aː] (*1. Pers.* [xif-tu]) sich fürchten (من/ه/هـ vor *D*); (be)fürchten (من/هـ *A*, أن daß); fürchten, bangen (على um *A*); **II** [xawwafa] *u.* **IV** أخاف [ʔa'xaːfa] Furcht einflößen, Angst machen (ه *j-m*); erschrecken, einschüchtern; **V** تخوف [ta'xawwafa] Angst haben (من vor *D*); scheuen (من *A*)
[2]**خوف** [xauf] Angst *f*, Furcht *f* (من vor *D*, على um *A*); Befürchtung *f*; ~ [-a] + *G u.* ~ا من [-an] aus Angst vor; مرضي ~ [marɒđiː] Phobie *f*
[3]**خوف** [xuwwaf] → خائف
خوفو [xuːfuː] *hist.* Cheops
خول **II** [xawwala] gewähren (ل هـ *od.* هـ ه *j-m A*); ermächtigen, berechtigen (ل هـ *od.* هـ ه *j-n* zu *D*)
خول [xawal] Dienerschaft *f*; *Äg.* Lustknabe *m*
خولي [xauliː], *pl.* خول [xawal] Aufseher *m*
(**خون**) خان [xaːna, uː] *j-n* verraten; treulos handeln (ه an *j-m*); *a. Ehepartner* betrügen; *Sinne*: *j-n* täuschen, trügen; *Organ*: versagen (ه *j-m*); *Gedächtnis*: *j-n* im Stich lassen; *Wort* brechen; ~ته أعصابه die Nerven gingen ihm durch; **II** [xawwana] verdächtigen; mißtrauen (ه *j-m*); **V** تخون [ta'xawwana] beeinträchtigen; **VIII** اختان [ix'taːna] verraten; **X** استخون [is'taxwana] mißtrauen (ه *j-m*), für e-n Verräter halten
خونة → خائن
خؤول *u.* **خؤولة** → [2]خال
خؤون [xa'ʔuːn] treulos, verräterisch
خوى [xawaː, iː] *u.* **خوي** [xawija, aː] leer sein
خيار [xi'jaːr] **1.** *pl.* [-aːt] (*freie*) Wahl; Option *f*; Alternative *f*; لا أجد ~ا أمامي [ʔadʒidu -an] es bleibt mir keine andere Wahl; **2.** *koll., n. un.* ~ة Gurke(n *pl.*) *f*; → [2]خير
خياري [xi'jaːriː] Wahl-
[1]**خياط** [xa'jjɒːŧ], *pl.* [-uːn] Schneider *m*
[2]**خياط** [xi'jɒːŧ] Nadel *f*
[1]**خياطة** [xa'jjɒːŧɒ], *pl.* [-aːt] Schneiderin *f*; Näherin *f*
[2]**خياطة** [xi'jɒːŧɒ] Schneiderei *f*, Schneiderhandwerk *n*; Näherei *f*, Näharbeit *f*
[1]**خيال** [xa'jaːl], *pl.* أخيلة [ʔaxjila] Phantasie *f*, Einbildung *f*, Vorstellung *f*; Illusion *f*; Einbildungskraft *f*; Spiegelbild *n*; Gespenst *n*; Schatten *m*, Spur *f*; ~ في ~ Hirngespinst *n*; الظل ~ [x. ɒð-ðill] Schattenspiel *n*
[2]**خيال** [xa'jjaːl], *pl.* ~ة Reiter *m*; *pl.* *a.* Kavallerie *f*; سرية ~ [sa'riːja] *hist.* Schwadron *f*
[1]**خيالة** [xa'jaːla], *pl.* [-aːt] Phantasiebild *n*; Phantasie *f*, Vorstellungskraft *f*; دار الـ~ Kino *n*

[2]**خيالة** [xa'jjaːla], *pl.* [-aːt] Reiterin *f*; → [2]خيال

خيالي [xa'jaːliː] eingebildet, imaginär; illusionär; phantastisch, sagenhaft; utopisch; *a. Lit.* fiktional; *Mensch*: phantasievoll; träumerisch; Phantast *m*, Utopist *m*; غير ~ illusionslos; *Lit.* nichtfiktional; الـ~ الأدب [al-ʔadab] Romanliteratur *f*

خيالية [xajaː'liːja] Phantasterei *f*, Utopismus *m*; Utopie *f*; Hirngespinst *n*

خيانة [xi'jaːna] Verrat *m*, Treubruch *m*; زوجية ~ [zau'dʒiːja] Ehebruch *m*; عظمى ~ [ʕuðmaː] Hochverrat *m*

خياني[xi'jaːniː] verräterisch; (heim-)tückisch

(**خيب**) خاب [xaːba, iː] scheitern (في bei, mit *D*), fehlschlagen, erfolglos sein; *Mensch, Mittel*: versagen; *Schuß*: fehlgehen; *Hoffnung*: enttäuscht werden; *Erwartung*: sich nicht erfüllen; **II** [xajjaba] scheitern *od.* fehlschlagen lassen; *Hoffnung* enttäuschen, zunichte machen

خيبة [xaiba] Scheitern *n*, Versagen *n*; *pl.* [-aːt] Fehlschlag *m*, Mißerfolg *m*; (= أمل ~ [x. ʔamal]) Enttäuschung *f* (في/ب über *A*); الشعور بالـ~ Frustration *f*; ~ ولد [walad] *Äg.* Taugenichts *m*

[1]**خير** **II** [xajjara] wählen lassen (بين ... وبين zwischen *zwei Dingen*), vor die Wahl stellen; vorziehen (ه على *etwas D*); **V** تخير [ta'xajjara] (aus)wählen; **VIII** اختار [ix'taːra] (aus)wählen; aussuchen (ه sich *A*); vorziehen; اللّه ه~ لنفسه إلى جواره [dʒi'waːrihiː] Gott hat ihn abberufen; **X** استخار [ista'xaːra] *Gott* um die richtige Eingebung bitten; *Orakel* befragen

[2]**خير** [xair] Gute(s); Wohl *n*; Gut *n*, Besitz *m*; *pl.* أخيار [ʔax'jaːr] *u.* خيار [xi'jaːr] gut, (vor)trefflich, vorzüglich; besser, beste(r); الـ~ العام [al-ʕaːmm] das Gemeinwohl; عمل الـ~ [ʕamal al-x.] Wohltätigkeit *f*; بـ~ in Ordnung; هو بـ~ es geht ihm gut; صباح الـ~ guten Morgen!; هو ~ منك [xairun minka] er ist besser als du; لك ~ es ist besser für dich; الـ~ أن es wäre besser *od.* am besten; ~ وسيلة [xairu wa'siːla(tin)] das beste Mittel; على ~ وجه auf das beste, bestmöglich; على ~ ما يرام [ju'raːm(u)] denkbar gut, bestens; ~ ما يدل على [-u maː ja'dullu] was *etwas* am besten beweist; *pl.* خيرات → [1]خيرة

[3]**خير** [xajjir], *pl.* [-uːn] gut, wohltätig, großmütig; wohlwollend, freundlich; *Motiv*: edel; *Tat*: rühmlich; *Ergebnis*: erfreulich; *Bemühung*: lobenswert

[1]**خيرة** [xaira], *pl.* [-aːt] Gute(s); Beste(s); gute Tat; *pl.* Güter *n/pl.*, Schätze *m/pl.*, Reichtümer *m/pl.*, *Ök.* Ressourcen *f/pl.*; Segnungen *f/pl.*

[2]**خيرة** [xiːra, xijara] Auslese *f*, Beste(s); Elite *f*; Hautevolee *f*; Wahl *f*, Entscheidung *f*; ~ + *G pl.*: die besten *od.* bedeutendsten *od.* führenden ...; هذه ~ اللّه das ist Gottes Wille

خيري [xairiː] Wohltätigkeits-, karitativ; حفلة ~ة Wohltätigkeitsveranstaltung *f*

خيرية [xai'riːja] Wohltätigkeit *f*; *pl.* [-aːt] *Mar.* Wohltätigkeitsverein *m*

خيزران [xaizu'raːn] *koll., n. un.* ~ة, *pl.* خيازر [xa'jaːzir] (2) Bambus *m*; (Schilf-)Rohr *n*

خيزرانة [xaizu'raːna] Rohrstock *m*, Bambusstock *m*

[1]**خيش** **II** [xajjaʃa] mit Sackleinen beziehen

[2]**خيش** [xaiʃ] Sackleinen *n*

خيشة [xaiʃa], *pl.* خيش [xijaʃ] Putzlappen *m*, Scheuerlappen *m*

خيشوم [xai'ʃuːm], *pl.* خياشيم [xajaː'ʃiːm] (2) Nasenloch *n*; Nüster *f des Pferdes*; Kieme *f*

[1](**خيط**) خاط [xɒːtɒ, iː] nähen; *Kleidung* flicken; *Ränke* schmieden; **II**[xajjɒtɒ] nähen; steppen; schneidern

[2]**خيط** [xait], *pl.* خيوط [xu'juːt] *u.* خيطان [xiː'tɒːn] Faden *m*, Zwirn *m*; Garn *n*; Bindfaden *m*, Schnur *f*; *a. Chem.* Faser *f*; (*Wasser-*)Strahl *m*; أمل ~ [x. ʔamal] Hoffnungsfunke *m*; خيوط الفجر الأولى Morgengrauen *n*

خيطي [xaitiː] fadenartig, Faden-

خيفة [xiːfa] Angst *f*, Furcht *f*; Ängstlichkeit *f*

[1](**خيل**) خال [xaːla, aː] sich einbilden, denken; halten (ه/ه ه/ه *j-n od. etwas* für *A*); يخال لي أن [ʔanna] scheint mir, daß; **II** [xajjala] glauben machen (إلى *j-m*); *Pass.* ~ إليه/له [xujjila] es schien ihm, als ob; er bildete sich ein, daß; ~ إلى نفسه er bildete *od.* redete sich ein; **V** تخيل [ta'xajjala] sich vorstellen; sich einbilden; **VI** تخايل [ta'xaːjala] erscheinen (ل vor *j-s Augen*); ~ في الأفق [fi l-ʔufuq] am Horizont auftauchen; **VIII** اختال [ix'taːla] eingebildet sein; sich viel einbilden (ب auf *A*); ~ في مشيته [miʃ'jatihiː] einherstolzieren

[2]**خيل** [xail] *koll., pl.* خيول [xu'juːl] Pferde *n/pl.*

خيلاء [xuja'laːʔ] (2) Einbildung *f*, Stolz *m*, Dünkel *m*

خيلان → [2]خال

[1]**خيم** **II** [xajjama] sein Zelt aufschlagen; zelten; *fig.* liegen, ruhen (على über *D*); *Schweigen*: herrschen

[2]**خيم** [xiːm] natürliche Anlage, Veranlagung *f*

خيمة [xaima], *pl.* [-aːt], خيم [xijam] *u.* خيام [xi'jaːm] Zelt *n*; *Lib.* Laubhütte *f* des Flurwächters

خية [xajja], *pl.* [-aːt] Schlinge *f des Galgens*; Falle *f*

د

[1]د (دال) [daːl] *achter Buchstabe des arab. Alphabets; bei Aufzählungen*: d)

[2]د *Abk. für* دقيقة Minute *u.* دينار [diː'naːr] Dinar

[3]د. *Abk. für* دكتور Doktor

داء [daːʔ], *pl.* أدواء [ʔad'waːʔ] Krankheit *f*; Übel *n*, Fehler *m*

[1]**داب** [daːba] → (دوب)

[2]**دأب** [daʔaba, a] beharren (على auf *D*); beharrlich, unermüdlich tun (على/في *A*)

[3]**دأب** [daʔb, daʔab] Beharrlichkeit *f*; Gewohnheit *f*

دابر [daːbir] vergangen, verstrichen; الـ~ بالأمس [bi-l-ʔamsi] in der Vergangenheit; قطع ~ الشيء e-r Sache ein Ende machen, etwas ausrotten

دابة [daːbba], *pl.* دواب [da'waːbb] (2) Tier *n*; Reittier *n*; Lasttier *n*

داج [daːdʒin] dunkel, finster

داجن [daːdʒin] **1.** zahm, gezähmt; دواجن [da'waːdʒin] (2) *pl.* Geflügel *n*; ~ حيوان [ħaja'waːn] Haustier *n*; **2.** finster, düster

داخ → (دوخ)

داخل [daːxil] innen befindlich, innere(r); hereinkommend, hineingehend; Innere(s); Innenseite *f*; gehörend (في zu *D*), einbezogen (في in *A*); ~ [-a] *Präp.* innerhalb; ~ـا [-an] *Adv.* innen, drinnen; hinein; إلى الـ~ nach innen, hinein; في الـ~ *u.* بالـ~ innen, im Innern; في الـ~ *a.* im Inland; من الـ~ von innen (heraus), von drinnen

داخلة [daːxila], *pl.* دواخل [da'waːxil] (2) Innere(s); الـ~ *Geo.* die Oase Dakhla (*in Ägypten*)

داخلي [daːxiliː] innen befindlich, innere(r), Innen-; innerlich; inländisch, Inlands-, Binnen-; innenpolitisch; intern; *Biol., Med.* endo-; ~ـا [-jan] *Adv.* im Innern; ~ تلميذ [til'miːð] Internatsschüler *m*; ثوب ~ [θaub] Hauskleid *n*; معالجة ~ـة [mu'ʕaːladʒa] *Med.* stationäre Behandlung; ملابس ~ـة Unterkleidung *f*

داخلية [daːxi'liːja] *Pol.* Innere(s); وزارة الـ~ [wi'zaːrat/wa'zaːrat ad-d.] Innenministerium *n*

دادائي [daː'daːʔiː] dadaistisch; *pl.* [-uːn] Dadaist *m*

دادة [daːda], *pl.* [-aːt] Kindermädchen *n*, Kinderfrau *f*

[1]**دار** [daːra] → [1](دور)

[2]**دار** [daːr] *f*, *pl.* دور [duːr] Haus *n*, Gebäude *n*; *pl.* ديار [di'jaːr] Stätte *f*; Land *n*, Gebiet *n*; ~ الإسلام der islamische Herrschaftsbereich; ~ البقاء *Rel.* das Jenseits; ~ البلدية [d. al-bala'diːja] Rathaus *n*; الـ~ البيضاء [al-bai'đɒːʔ] *Geo.* Casablanca; ~ الحرب *Isl.* Feindesland *n*; die nichtmuslimischen Länder *n/pl.*; ~ السلام *Geo.* Daressalam; *hist. Beiname von Bagdad*; *Isl.* Paradies *n*; ~ سينما Kino *n*; ~ الصناعة [d. ɒs-si'naːʕa] *hist.* Arsenal *n*; ~ الضيافة Gästehaus *n*; ~ الفناء *Rel.* das Diesseits; ~ الكتب [d. al-kutub] *Äg.* Bibliothek *f*; ~ النشر Verlag *m*; الديار العراقية der Irak; الديار المقدسة [al-mu'qaddasa] die heiligen Stätten *f/pl.*

دارج [daːridʒ] im Umlauf befindlich, verbreitet; *Geschäfte*: laufend; اللغة الدارجة [al-luɣa] Umgangssprache *f*

دارس [daːris] **1.** *pl.* [-uːn] Studierende(r); Lehrgangsteilnehmer *m*; Forscher *m*; **2.** *pl.* دوارس [da'waːris] (2) alt, verfallen

دار صيني [daːr 'siːniː] Zimtbaum *m*

دارعة [daːriʕa], *pl.* دوارع [da'waːriʕ] (2) *hist.* Panzerschiff *n*

دارة [daːra], *pl.* [-aːt] Haus *n*; Villa *f*; Kreis *m*; Stromkreis *m*; Hof *m des Mondes*

داس → [1](دوس)

داسر [daːsir] Propeller *m*

داع [daːʕin], *pl.* دواع [da'waːʕin] Anlaß *m*, Veranlassung *f*, Grund *m*, Ursache *f*; Motiv *n*; Anlaß gebend (ل zu *D*); Erfordernis *n*; *pl.* دعاة [du'ʕaːt] *u.* داعون [daː'ʕuːn] *a. fig.* Rufer *m*; *Isl.* Gebetsrufer *m*; Einladende(r); Auffordernde(r) (إلى zu *D*); *Rel.* (Ver-)Künder *m*; Verfechter *m*, Propagandist *m* (إلى *G*); من ~ـب wegen, auf Grund von; لا ~ [daːʕija] es ist nicht nötig (ل zu *D*); ~ إذا دعا إلى ذلك [daʕaː] wenn (dies) erforderlich ist

داعر [daːʕir], *pl.* دعار [du'ʕʕaːr] unsittlich; obszön; *Lied*: frivol; anrüchig; schamlos, unverschämt

داعية [daːʕija] *m* Verfechter *m*, Propagandist *m*; *Rel.* (Ver-)Künder *m*; *pl.* دواع [da'waːʕin] Anlaß *m*, (Beweg-)Grund *m*, Motiv *n*; *pl.* [-aːt] Gastgeberin *f*; من دواعي سرورنا أن [da'waːʕiː su'ruːrinaː] es freut uns (sehr), daß

داغصة [daːɣisɒ], *pl.* دواغص [da'waːɣis] (2) Kniescheibe *f*

دافع [daːfiʕ] stoßend; (an)treibend; Anstoß gebend; zahlend; *pl.* دوافع [da'waːfiʕ] (2) Antrieb *m*, Triebfeder *f*, Beweggrund *m*, Motiv *n*; Trieb *m*; *pl. a.* Motivation *f*; ~ الأمومة Mutterinstinkt *m*; ~ جنسي [ʤinsiː] Geschlechtstrieb *m*; ~ الضرائب [d. ɒđ-đɒ'raːʔib] Steuerzahler *m;* غريزي ~ Trieb *m*; Instinkt *m*; ـة~ قوة [quwwa] *Techn.* Antriebskraft *f*; *fig.* Triebkraft *f*, treibende Kraft; *Mil.* Stoßkraft *f*; Schwung *m*, Tatkraft *f*; ~بـ + *G u.* من ~بـ angetrieben von; aus … heraus; auf Grund von

دافق [daːfiq] (hervor-)strömend; überströmend, heftig

دافئ [daːfiʔ] warm

داكن [daːkin] dunkel; *fig.* düster, trüb; ~ أزرق dunkelblau, tiefblau

1**دال** [daːla] → (دول)

2**دال** [daːl] *f* der Buchstabe د

3**دال** [daːll] bezeichnend (*a.* على *A*), bedeutungsvoll; zeigend (على *A*), hinweisend (على auf *A*); *Linguistik*: Signifikant *m*

دالة [daːlla] **1.** Keckheit *f*, Respektlosigkeit *f* (على gegenüber *j-m*); **2.** *pl.* [-aːt] *Math.* Funktion *f*; *EDV* Cursor *m*

داليا [daːlijaː] Dahlie *f*

دالية [daːlija], *pl.* دوال [da'waːlin] **1.** Weinstock *m*, Rebe *f*; **2.** Krampfader *f*; **3.** Wasserrad *n zur Bewässerung*

1**دام** [daːma] → 1(دوم)

2**دام** [daːmin] blutend, blutig

داما [daːmaː] Damespiel *n*

1**دان** [daːna] → 1(دين)

2**دان** [daːnin] nahe; niedrig; القاصي والداني alle, jedermann

دانتيل [dan'tiːl] *u.* دانتيلا [dan'tiːlaː] Spitze *f an Kleidern*

دانق [daːniq], *pl.* دوانق [da'waːniq] (2) *früher*: 1/6 Dirham; جمع كل ~ [kulla d.] jeden Pfennig zusammenkratzen

دانمارك *u.* **دانمرك** [dan(i)mark] *f*: الـ~ Dänemark

دانماركي *u.* **دانمركي** [dan(i)'markiː] dänisch; Däne *m*

دانوب [daː'nuːb]: الـ~ die Donau

داه [daːhin], *pl.* دهاة [du'haːt] klug, schlau, gewitzt; Schlaukopf *m*

داهم [daːhim] *Gefahr*: drohend

داهومي [daː'hoːmiː] *Geo.* Dahomey (*heute* Benin)

داهية [daːhija] **1.** Schlaukopf *m*; **2.** *pl.* دواه [da'waːhin] Unglück *n*, Katastrophe *f*; ~ في (scher dich) zum Teufel!

داود [daːwud] David *npr. m*

داي [daːj], *pl.* [-aːt] *hist.* Dey *m* (*Titel der Herrscher von Algerien u. Tunesien*)

دائب [daːʔib] beharrlich; *Bemühen*: stetig, unablässig; unermüdlich

دائخ [daːʔix] schwindlig

دائر [daːʔir] sich drehend; vor sich gehend; im Gang, laufend; *Kampf*: tobend

دائرة [daːʔira], *pl.* دوائر [da'waːʔir] (2) Kreis *m*; Umkreis *m*; Bereich *m*, Zone *f*; (*Verwaltungs-*)Bezirk *m*; Amt *n*, Behörde *f*, Dienststelle *f*; Abteilung *f e-s Ministeriums*; Kammer *f e-s Gerichts*; *Äg.* Landgut *n*; Schicksalsschlag *m*; ~ انتخابية Wahlkreis *m*; عمل ~ [d. ʕamal] Wirkungskreis *m*; Aktionsradius *m*; Arbeitsamt *n*; ~ المعارف [d. alma'ʕaːrif] Enzyklopädie *f*; دوائر ديبلوماسية diplomatische Kreise *m/pl.*

دائري [daːʔiriː] kreisförmig, rund; ringförmig; kreisend; ~ طريق Ringstraße *f*

دائرية [daːʔi'riːja] Kreisförmigkeit *f*

دائم [daːʔim] dauernd, (be)ständig, fortgesetzt; *Friede*: dauerhaft; ~ًا [-an] *Adv.* immer, ständig; ~ًا أبدا [ʔabadan] immer und ewig; دولة ~ـة العضوية [daula d. al-ʕuđ'wiːja] ständige(s) Mitglied (*Staat*)

دائمي [daːʔimiː] ständig

دائن [daːʔin], *pl.* [-uːn] *Hdl.* Gläubiger *m*; الجانب الـ~ Habenseite *f des Kontos*; ~ـة دولة [daula] Gläubigerstaat *m*; ~ رصيد Aktivsaldo *m*

داية [daːja], *pl.* [-aːt] Hebamme *f*

1**دب** [dabba, i] kriechen, krabbeln; trappeln; dahintrotten; *a. fig.* schleichen; sich einschleichen (في in *A*); sich regen, aufkommen; *Leben*: pulsieren; sich ausbreiten (في in *D*); → 2هب; **II** دبب [dababa] (an)spitzen

2**دب** [dubb], *pl.* دببة [dibaba] *u.* أدباب [ʔad'baːb] *a. Astr.* Bär *m*; وقع الـ~ *etwa*: jetzt hat es ihn erwischt

دباب [da'bbaːb] kriechend

دبابة [da'bbaːba], *pl.* [-aːt] Panzer (-wagen) *m*

دبارة [du'baːra] = دوبارة

دباسة [da'bbaːsa], *pl.* [-aːt] (*Büro-*) Heftmaschine *f*

دباغ [da'bbaːɣ], *pl.* [-uːn] *u.* ~ـة Gerber *m*

دباغة [di'baːɣa] Gerberhandwerk *n*, Gerberei *f*

دبال [du'baːl] Humus *m*

دبج **II** [dabbaʤa] *Geschichte* ausschmücken; gut formulieren; *Artikel* schreiben (عن über *A*)

دبدب [dabdaba] stampfen, trampeln; trappeln

دبدبة [dabdaba] Stampfen *n*, Trampeln *n*

1**دبر** **II** [dabbara] (planmäßig) vorbereiten, planen, arrangieren; *Plan*, *Ränke* schmieden; *Intrigen* aushecken; *Komplott* anzetteln, *Lüge* ersinnen; regeln; leiten, führen, verwalten; Vorsorge treffen; beschaffen, besorgen (ـه ل *etwas* für *A*); *Mittel* bereitstellen; ~ أمره ل s-e Vorbereitungen für *etwas* treffen; **IV** أدبر [ʔadbara] den Rükken kehren (عن *j-m*), verlassen (عن *j-n*), sich abwenden (عن von *j-m*); ~ على عاقبيه [ʕaːqi'baihi] Fersengeld geben, entfliehen; **V** تدبر [ta'dabbara] nachdenken (ـه/في über *A*), überlegen (ـه/في *A*); Vorsorge treffen (ـه/في für *A*); **VI** تدابر [ta'daːbara] nicht übereinstimmen; uneinig sein; **X** استدبر [is'tadbara] *a. fig.* den Rücken kehren (ه/ـه *D*), sich abwenden (ه/ـه von *D*)

2**دبر** [dubur], *pl.* أدبار [ʔad'baːr] Rükken *m*; Hinterteil *n*; ~ من von hinten; ولى ~ه [wallaː du'burahuː], ولى الأدبار Fersengeld geben, entfliehen

دبرياج [dibri'jaːʒ] Kupplung *f des Autos*

1**دبس** **II** [dabbasa] (zusammen)heften

[2]دبس [dibs] Sirup *m*
[1]دبش [dabaʃ], *pl.* أدباش [ʔad'baːʃ] Gerümpel *n*
[2]دبش [dabʃ] Schotter *m*; (Bau-) Schutt *m*; حجر الـ~ [ħadʒar ad-d.] *Syr., Jord. koll.* Bruchstein *m*
دبغ [dabaɣa, u, a] gerben
دبق [dibq] Vogelleim *m*; *Bot.* Mistel *f*
دبكة [dabka] *Ir., Syr. e-e Art Volkstanz*
دبلج [dablaʒa] *Film* synchronisieren
دبلة [dibla], *pl.* دبل [dibal] (*Finger-*)Ring *m*
دبلوم [dib'loːm], *pl.* [-aːt] Diplom *n*
دبلوماسي [dibloː'maːsiː] *a. fig.* diplomatisch; *pl.* [-uːn] *a. fig.* Diplomat *m*
دبلوماسية [dibloːmaː'siːja] Diplomatie *f*
دبة [dubba] Bärin *f*
دبور [da'bbuːr], *pl.* دبابير [dabaː'biːr] (2) Hornisse *f*; Wespe *f*
دبورة [da'bbuːra] *Mil.* Stern *m* auf der Schulterklappe
دبوس [da'bbuːs], *pl.* دبابيس [dabaː'biːs] (2) Stecknadel *f*; Sicherheitsnadel *f*; Büroklammer *f*; رسم ~ Reißzwecke *f*; الشعر ~ Haarspange *f*; الصدر ~ Anstecknadel *f*; ~ الكرافتا Krawattennadel *f*
دبيب [da'biːb] Kriechen *n*; Trampeln *n*; Schleichen *n*; Sicheinschleichen *n*; Aufkommen *n e-s Gefühls*
دبيلة [du'baila]: الطاعون ~ Pestbeule *f*
دثار [di'θaːr], *pl.* دثر [duθur] Decke *f*, Hülle *f*
دثر [daθara, u] *fig.* ausgelöscht werden; **II** [daθθara] einhüllen; hüllen (ب o *j-n* in *A*); verdecken; **V** تدثر [ta'daθθara] sich hüllen (ب in *A*); **VII** اندثر [in'daθara] *fig.* ausgelöscht werden; verfallen; zugrunde gehen, verschwinden, vergehen; in Vergessenheit geraten
د ج *Abk. für* دينار جزائري Algerische(r) Dinar
دجاج [da'dʒaːdʒ] *koll.* Hühner *n/pl.*
دجاجة [da'dʒaːdʒa], *pl.* [-aːt] (*ein*) Huhn *n*, Henne *f*
دجال [da'ddʒaːl] Betrüger *m*, Schwindler *m*; Scharlatan *m*, Quacksalber *m*; المسيح الـ~ Antichrist *m*
[1]دجل [dadʒala, u] begaunern (على *j-n*); **II** [daddʒala] betrügen, beschwindeln (على *j-n*)
[2]دجل [dadʒl] Betrug *m*, Schwindel *m*, Gaunerei *f*; Scharlatanerie *f*
دجلة [didʒla] (2) Tigris *m* (*Fluß*)
دجن [dadʒana, u] düster, dunkel sein; **II** [daddʒana] zähmen, domestizieren
دجنة [dudʒna] Düsterkeit *f*, Dunkelheit *f*
دجة [duddʒa] Finsternis *f*
(دجو) دجا [dadʒaː, uː] finster sein; *Nacht*: hereinbrechen; **III** داجى [daːdʒaː] umschmeicheln
دجى [dudʒan] Dunkel *n*, Finsternis *f*
[1]دحر [daħara, a] verjagen; *Heer* schlagen; **VII** اندحر [in'daħara] *Heer*: geschlagen werden; zusammenbrechen
[2]دحر [daħr] Zerschlagung *f e-r Armee*
دحرج [daħradʒa] rollen, wälzen; **II** تدحرج [ta'daħradʒa] (dahin)rollen, kullern
[1]دحض [daħaḍa, a] *Argument* widerlegen, entkräften (ب durch *A*)
[2]دحض [daħḍ] Widerlegung *f*, Entkräftung *f e-s Arguments*
[1]دحل [daħala, a] *Syr., Jord. Straße* walzen
[2]دحل [daħal] *Lib.* Murmeln *f/pl.*
[3]دحل [daħl] *Syr., Jord.* Walzen *n der Straße*
دخان [du'xaːn], *a.* [du'xxaːn], *pl.* أدخنة [ʔadxina] Rauch *m*, Qualm *m*; Tabak *m*
دخاني [du'xaːniː] Rauch-
دخر: ادخر → [1]ذخر
دخس [duxas] Delphin *m*
[1]دخل [daxala, u] hineingehen, hereinkommen (هـ/إلى/في in *A*); eintreten (هـ/إلى/في in *A*, على bei *j-m*), betreten; (hin)einfahren; eindringen (هـ/في/إلى in *A*); einmarschieren (هـ in *A*); die Ehe vollziehen, *allg.* schlafen (على mit *e-r Frau*); beitreten (في *e-r Organisation*); annehmen (في *e-e Religion*); teilnehmen (هـ/في an *D*); einbezogen sein (في in *A*), gehören (في zu *D*); *Gr.* vor *ein anderes Wort* (على) treten; في الاعتبار ~ in Erwägung zu ziehen sein; الساحة ~ auf den Plan treten; في الموضوع ~ zum Thema kommen; **III** داخل [daːxala] *Gefühl*: überkommen; **IV** أدخل [ʔadxala] hinein-, hereinbringen, hineinschaffen; eintreten lassen, hineinführen; hineintun, hineinstecken (في in *A*); aufnehmen (في in *ein Programm*); *Neuerung, Waren* einführen; *Änderung* vornehmen; einfügen (في/هـ in *A*); ~ـه في الاعتبار etwas berücksichtigen; ~ـه في الحساب [fi l-ħi'saːb] j-n *od.* etwas mitrechnen; ~ـه في حسابه etwas einkalkulieren, mit j-m rechnen; **V** تدخل [ta'daxxala] sich einmischen (في in *A*); eingreifen, intervenieren; بينهما ~ er trat vermittelnd zwischen die beiden; **VI** تداخل [ta'daːxala] ineinandergreifen; sich überschneiden, sich überlagern; ineinander übergehen; *Begriffe*: verfließen; *Faktoren*: gemeinsam ins Spiel kommen (في bei *D*); sich einmischen (في in *A*)
[2]دخل [daxl], *pl.* دخول [du'xuːl] Einkommen *n*, Einkünfte *f/pl.*; Einnahmen *f/pl.*; Einmischung *f*, Beteiligung *f*; *fig.* Rolle *f* (في bei *D*); حقيقي ~ Realeinkommen *n*; ~ قومي [qaumiː] Volkseinkommen *n*; أصحاب الـ~ المحدود Bezieher *m/pl.* niedriger Einkommen; لا ~ له في ذلك [-a] er hat damit nichts zu schaffen
[1]دخلة [duxla] Vollzug *m* der Ehe; ليلة الـ~ [lailat ad-d.] Hochzeitsnacht *f*
[2]دخلة [duxxala] *Zool.* Sänger *m*
[3]دخلة [dixla] Innere(s) *e-s Menschen*
[1]دخن **II** [daxxana] rauchen, qualmen; *Tabak* rauchen; räuchern
[2]دخن [duxn] Hirse *f*
دخول [du'xuːl] Hineingehen *n*; Betreten *n*, Eintritt *m*, Zutritt *m*; Einfahrt *f*; Einreise *f*; Einmarsch *m*; Teilnahme *f* (في an *e-m Wettbewerb*); امتحان الـ~ Aufnahmeprüfung *f*; → [2]دخل

دخيل [da'xiːl], *pl.* دخلاء [duxa'laːʔ] (2) von außen eingedrungen; fremd(ländisch); Fremde(r); Eindringling *m* (في/على in *A*); *fig.* Fremdkörper *m*; ~ـة كلمة [kalima] Fremdwort *n*

دخيلة [da'xiːla], *pl.* [-aːt] Fremde *f* (*Frau*); *fig.* Fremdkörper *m*; *pl.* دخائل [da'xaːʔil] (2) Innere(s), Innerste(s); دخائل *a.* geheime Gedanken *m/pl.*

1**درّ** [darra, u, i] (reichlich) fließen, strömen; *Gewinn*: zufließen (على *j-m*); *Kuh*: *Milch* geben; *Ertrag* abwerfen, *Gewinn* bringen; **IV** أدرّ [ʔa'darra] fließen lassen; *Kuh*: *Milch* geben; *Ertrag* abwerfen, *Gewinn* bringen; zufließen lassen (ﻫ على *A j-m*); **X** استدرّ [ista'darra] fließen lassen; zu erlangen suchen; bewirken, *Mitleid* erregen

2**درّ** [darr] **1.** Milch *f*; **2.** ~ه لله [li-'llaːhi -uhuː] wie vortrefflich hat er es gemacht!

3**درّ** [durr] *koll.*, *n. un.* ~ة, *pl.* درر [durar] Perlen *f/pl.*

درء [darʔ] Abwendung *f e-r Gefahr* (عن von *D*)

درأ [daraʔa, a] *Gefahr* abwenden, bannen (عن von *D*)

درابزون [daraːba'zuːn] *u.* درابزين [daraːba'ziːn], *pl.* [-aːt] Geländer *n*

درابكة [daraː'bukka] → دربكة

1**درّاج** [da'rraːʤ], *pl.* [-uːn] *Saudi-Ar.*, *Tun.* Radrennfahrer *m*, Radfahrer *m*

2**درّاج** [du'rraːʤ], *pl.* دراريج [daraː'riːʤ] (2) Frankolinhuhn *n*

درّاجة [da'rraːʤa], *pl.* [-aːt] (= ~ هوائية [hawaː'ʔiːja]) Fahrrad *n*; ~ بخارية [buxaː'riːja], ~ نارية Motorrad *n*

دراس [di'raːs] Dreschen *n*

1**درّاسة** [da'rraːsa], *pl.* [-aːt] Dreschmaschine *f*

2**دراسة** [di'raːsa], *pl.* [-aːt] Studium *n*; (*Schul-*)Unterricht *m*; Untersuchung *f*, Erforschung *f*, Prüfung *f*; Studie *f*; الدراسات العليا [al-ʕuljaː] (= *engl. graduate studies*) auf den „Bakkalaureus" folgendes Studium zur Erlangung des Magister- od. Doktor-Grades

دراسي [di'raːsiː] Studien-; Schul-; ~ كتاب [ki'taːb] Schulbuch *n*, Lehrbuch *n*

1**درّاعة** [da'rraːʕa] Panzerschiff *n*

2**درّاعة** [du'rraːʕa], *pl.* دراريع [daraː'riːʕ] (2) *weites, vorne offenes Obergewand*

درّاق [du'rraːq] *koll.*, *n. un.* ~ة, *u.* **دراقن** [du'raːqin] Pfirsich(e *pl.*) *m*

درّاك [da'rraːk] erfolgreich

دراما [draːmaː] Drama *n*; *a. koll.* Dramen *n/pl.*; Spielfilm *m* (als Gattung)

دراماتيكي [draːmaː'tiːkiː] dramatisch

درامي [draːmiː] dramatisch; برامج ~ة [ba'raːmiʤ] Spielfilme *m/pl.*

دراية [di'raːja] Kenntnis *f* (ب von *D*), Wissen *n* (ب von *D*, um *A*), Ahnung *f* (ب von *D*); هو على ~ بذلك er weiß darüber Bescheid; ليس له ~ بهذا الفن [haːðaː l-fann] er versteht nichts von dieser Kunst

1**درب** [dariba, a] gewöhnt sein (ب/على an *A*); geübt sein (ب/على in *D*); **II** [darraba] schulen, ausbilden (ه على *j-n* in *D*); trainieren; einarbeiten (ه على *j-n* in *A*); *Mil.* drillen; abrichten, dressieren (على auf *A*); **V** تدرّب [ta'darraba] sich ausbilden (lassen) (على in *D*); sich schulen (على in *D*); einüben (على *A*)

2**درب** [darb], *pl.* دروب [du'ruːb] Weg *m*, Straße *f*, Gasse *f*; *a. fig.* Pfad *m*; ~ التبانة [d. at-ta'bbaːna] *Astr.* Milchstraße *f*

3**درب** [darib] erfahren, geübt (ب in *D*), vertraut (ب mit *D*)

درباس [dir'baːs], *pl.* درابيس [daraː'biːs] (2) (*Tür-*)Riegel *m*

دربس [darbasa] *Tür* verriegeln

دربكة *Äg.* [dara'bukka], *Syr.* [dir'bakka], *pl.* [-aːt] *kleine Handtrommel*

دربة [durba] Gewöhnung *f* (ب an *A*); Übung *f* (ب in *D*), Erfahrung *f*, Vertrautheit *f* (ب mit *D*)

1**درج** [daraʤa, u] *a. fig.* voranschreiten; gehen; *Rad*: rollen; *Treppe* hinaufsteigen; im Umlauf sein; *Zeit*: vergehen; heranwachsen; entwachsen (من *der Kindheit*); (allmählich) übergehen (على zu *D*); zu tun pflegen (على *A*); verfahren (على nach *e-r Methode*); **II** [darraʤa] in Grade *od.* Stufen einteilen, abstufen; einreihen, einstufen (في in *A*); einrollen (في in *A*); **IV** أدرج [ʔadraʤa] eintragen (في in *A*); einfügen, einsetzen, aufnehmen (في in *A*); anführen, aufführen; *Toten in das Leichentuch* hüllen; **V** تدرّج [ta'darraʤa] allmählich voranschreiten *od.* sich steigern; sich schrittweise entwickeln, übergehen (من ... إلى von *D* zu *D*); allmählich gelangen (إلى zu *D*); **VII** اندرج [in'daraʤa] einzustufen sein (تحت/في in *e-e Kategorie*); gehören (تحت zu *D*); ~ في إطار ..., ~ في نطاق ... [ni'tɒːqi] sich in den Rahmen von ... einfügen; **X** استدرج [is'tadraʤa] bringen, verleiten, verlocken (ه إلى/ل *j-n* zu *D*)

2**درج** [daraʤ] *koll.* Stufen *f/pl.*, Treppe *f*; Sprossen *f/pl. e-r Leiter*; *pl.* أدراج [ʔad'raːʤ] *a. fig.* Weg *m*; عاد أدراجه [ʔad'raːʤahuː] kehrtmachen, (wieder) umkehren; ذهب أدراج الرياح [-a r-ri'jaːħ] spurlos vorübergehen, verpuffen, verhallen

3**درج** [darʤ] Schriftrolle *f*; في ~ الكتاب [-i l-ki'taːb] in dem Buch; في ~ كلامه im Laufe s-r Rede

4**درج** [durʤ], *pl.* أدراج [ʔad'raːʤ] Schublade *f*; Schubfach *n*; (Schreib-)Pult *n des Schülers*

درجة [daraʤa], *pl.* [-aːt] *a. fig.* Stufe *f*; Sprosse *f e-r Leiter*; *a. fig.* Grad *m*; Ausmaß *n*; Rang *m*, Klasse *f*; Spielklasse *f*, Liga *f*; Note *f*, Zensur *f*; Punkt *m* bei der Notengebung; ~ الحرارة Temperatur *f*; ~ صوتية [sɒu'tiːja] Tonstufe *f*, Ton *m*; بالـ~ الأولى [bi-d-da'raʤati l-ʔuːlaː] in erster Linie; من الـ~ الأولى erstklassig; *Gleichung*: ersten Grades; لـ~ أنّ [li-da'raʤati ʔanna], إلى ~ أنّ so (sehr), daß; على ~ كبيرة من mit e-m hohen Maß an ...

درد, **درداء** → أدرد

دردار [dar'daːr] Ulme *f*

دردش [dardaʃa] plaudern, schwatzen

دردشة [dardaʃa] Plaudern *n*, Plauderei *f* (عن über *A*); Geschwätz *n*

درز [daraza, u] nähen, steppen

درزن [darzan], *pl.* درازن [da'raːzin] (2) *Ir.*, *Saudi-Ar.* Dutzend *n*

درزي [durziː], *pl.* دروز [du'ruːz] Druse *m*

[1]**درس** [darasa, u] **1.** studieren (على bei *j-m*); untersuchen, prüfen, erörtern; **2.** dreschen; **3.** auslöschen, tilgen; ausgelöscht, getilgt werden; **II** [darrasa] lehren (هـ/ه ل *j-n A*), unterrichten; كتابا ~ [ki'taːban] nach e-m Buch unterrichten; **III** دارس [daːrasa] studieren, untersuchen; **VI** تدارس [ta'daːrasa] gemeinsam studieren *od.* erörtern; eingehend untersuchen *od.* prüfen; **VII** اندرس [in'darasa] getilgt werden, verschwinden

[2]**درس** [dars] **1.** *pl.* دروس [du'ruːs] Studium *n*, Untersuchung *f*, Prüfung *f*; Unterricht *m*; Unterrichtsstunde *f*; Vorlesung *f*; *a. fig.* Lektion *f*; *fig.* Lehre *f*; دروس خصوصية Nachhilfeunterricht *m*, Privatstunden *f/pl.*; أخذ ~ا من [-an] e-e Lehre aus *etwas* ziehen; **2.** Dreschen *n*; **3.** Tilgung *f*

[1]**درع II** [darraʕa] panzern; wappnen (ه ب *j-n* mit *D*); **V** تدرع [ta'darraʕa] *u.* **VIII** ادرع [i'ddaraʕa] sich wappnen (ب mit *D*)

[2]**درع** [dirʕ] *m u. f*, *pl.* دروع [du'ruːʕ] *u.* أدرع [ʔadruʕ] Panzer *m*; Panzerung *f*; Rüstung *f*; Schild *m*; ~ واق [waːqin], واقية ~ Schutzschild *m*

درفل [darfala] walzen

درفلة [darfala] Walzen *n*

درفة [darfa], *pl.* درف [diraf] (*Tür-*, *Fenster-*)Flügel *m*

درفيل [dar'fiːl], *pl.* درافيل [daraː'fiːl] (2) **1.** Delphin *m*; **2.** Walze *f*

درقي [daraqiː] *Anat.* Schild-; غدة ~ة [ɣudda] Schilddrüse *f*

[1]**(درك) III** دارك [daːraka] erreichen; **IV** أدرك [ʔadraka] erreichen, einholen; *Tod*: ereilen; *Gefühl*: befallen; erfassen, erkennen, wahrnehmen, begreifen; zuteil werden lassen (ه ب *j-m A*); أدركني [ʔad'rikniː] komm zu mir!; komm herein!; hilf mir!; **V** تدرك [ta'darraka] allmählich herabsteigen; **VI** تدارك [ta'daːraka] vorbeugen (هـ *e-r Gefahr*); wiedergewinnen; Ersatz schaffen (هـ für *A*); ausgleichen, wettmachen (هـ ب *etwas* durch *A*); abhelfen (هـ *e-m Mangel*); verbessern, (wieder) in Ordnung bringen; *Gefahr* erkennen; einander erreichen *od.* folgen; **X** استدرك [is'tadraka] verbessern, berichtigen, (wieder) in Ordnung bringen; *Versäumtes* nachholen; ausgleichen; zuvorkommen (هـ *e-r Krise*); sich berichtigen, sich korrigieren

[2]**درك** [darak] **1.** Erreichung *f*; **2.** (Land-)Polizei *f*; **3.** *pl.* أدراك [ʔad'raːk] *fig.* tiefste Stufe

دركة [daraka], *pl.* [-aːt] *fig.* tiefste Stufe

دركي [darakiː], *pl.* [-uːn] Polizist *m*

[1]**(درن) V** تدرن [ta'darrana] an Tuberkulose erkranken

[2]**درن** [daran], *pl.* أدران [ʔad'raːn] Tuberkulose *f*; *koll.* Tuberkeln *m/pl.*; Schmutz *m*, Makel *m*; رئوي ~ [riʔawiː] Lungentuberkulose *f*

[1]**درنة** [darana], *pl.* [-aːt] Tuberkel *m*; *Bot.* Knolle *f*

[2]**درنة** [darna] Derna (*Stadt in Libyen*)

درني [daraniː] tuberkulös; *Bot.* Knollen-

[1]**درة** [darra, dirra] Milch *f*

[2]**درة** [durra], *pl.* درر [durar] Perle *f*

درهم [dirham], *pl.* دراهم [da'raːhim] (2) Dirham *m* (*Währungseinheit*); *pl. a.* Geld *n*

دروز [du'ruːz] *pl.*: الـ~ die Drusen *m/pl.*

(دروش) II تدروش [ta'darwaʃa] Derwisch werden

دروة [dirwa], *pl.* دروات [dara'waːt] *Äg.* geschützte(r) Platz; Schutzwand *f*, Schutz *m*

درويش [dar'wiːʃ], *pl.* دراويش [daraː'wiːʃ] (2) Derwisch *m*

[1]**درى** [daraː, iː] wissen, kennen, verstehen; merken (ب/هـ *A*); **III** دارى [daːraː] schmeicheln (ه *j-m*); verheimlichen, verbergen (من vor *j-m*); **IV** أدرى [ʔadraː] wissen lassen, lehren (ه ب *j-n A*); ما أدراك ب was weißt du schon von…; **VI** تدارى [ta'daːraː] sich verbergen (ب hinter *D*)

[2]**دري** [durriː] leuchtend, schimmernd

دريز [da'rriːz], *pl.* [-uːn] *Lederindustrie*: Stepper *m*

دريس [da'riːs] Heu *n*

دريهمات [duraihi'maːt] *pl.*: قليلة ~ ein paar Pfennige

[1]**دس** [dassa, u] hineintun, hineinstecken (في هـ/ب *etwas* in *A*); einfügen, einschalten (في in *e-n Text*); einschmuggeln (في/بين/على bei *D*, unter *A*); *Idee* (heimlich) verbreiten; ~ بنفسه في sich in *etwas* einmischen; intrigieren; ~ الدسائس [ad-da'saːʔis] Ränke schmieden, intrigieren (ضد/على gegen *A*); **V** تدسس [ta'dassasa] (heimlich) eindringen (في/إلى in *A*); *Gefühl*: sich einschleichen; **VII** اندس [in'dassa] sich einschleichen, sich einschmuggeln; ~ بين الناس sich unter die Leute mischen; in der Menge untertauchen

[2]**دس** [dass] Hineinstecken *n*; Intrigieren *n*; Machenschaften *f/pl.*; ~ الدسائس [d. ad-da'saːʔis] Ränkespiel *n*

دساس [da'ssaːs], *pl.* [-uːn] Intrigant *m*

دسامة [da'saːma] Fettheit *f*; *fig.* Reichhaltigkeit *f*

دست [dast], *pl.* دسوت [du'suːt] **1.** Kessel *m*; **2.** في ~ الحكم [-i l-ħukm] an der Macht

دستة [dasta], *pl.* [-aːt] Dutzend *n*; Päckchen *n*, Pack(en) *m*

دستور [dus'tuːr], *pl.* دساتير [dasaː'tiːr] (2) Verfassung *f*, Grundgesetz *n*; Statut *n*, Satzung *f*; حزب الـ~ الجديد [ħizb ad-d.] *Tun. hist.* Neo-Destour-Partei *f*

دستوري [dus'tuːriː] Verfassungs-, konstitutionell; verfassungsmäßig; *Tun. hist.* auf die Destour-Partei bezüglich

دستورية [dustuː'riːja] Verfassungsmäßigkeit *f*

دسكرة [daskara], *pl.* دساكر [da'saːkir] (2) (größeres) Dorf

[1]**دسم** [dasam] Fettheit *f*; *Kochkunst*: Fett *n*

[2]**دسم** [dasim] fett; fetthaltig; *Mahl*, *Lebensstil*: üppig; *fig.* reichhaltig, gehaltvoll; lohnend, ergiebig

دسماء → أدسم

دسيسة [da'siːsa], *pl.* دسائس [da'saːʔis] (2) Intrige *f*; Anschlag *m* (على auf *A*); *pl. a.* Ränke *pl.*, Ränkespiel *n*, Machenschaften *f/pl.*

دش [duʃʃ], *pl.* أدشاش [ʔad'ʃaːʃ] Dusche *f*

دشت [daʃt] Papierabfälle *m/pl.*

دشداشة [diʃ'daːʃa], *pl.* دشاديش [daʃaː'diːʃ] (2) *Ir.*, *Kuw.* knöchellange(s) Oberkleid (*der Beduinen*)

دشرة [daʃra], *pl.* دشور [du'ʃuːr] *u.* مداشر [ma'daːʃir] (2) *Alg.* kleine(s) Dorf

دشمة [duʃma], *pl.* دشم [duʃam] *Mil.* Deckung *f*, Verhau *m*

دشن **II** [daʃʃana] einweihen, (feierlich) eröffnen; *Schiff* vom Stapel lassen

دع [daʕ] *Imp.* laß!, → ([1]ودع)

دعاء [du'ʕaːʔ], *pl.* أدعية [ʔadʕija] *a. fig.* Ruf *m*; Gebet *n*; Bitte *f*; Segenswunsch *m* (ل für *j-n*); Verwünschung *f* (على *j-s*)

دعابة [du'ʕaːba], *pl.* [-aːt] Scherzen *n*; Scherz *m*, Spaß *m*; Flirt *m*; في ~ zum Scherz; scherzhaft

دعار → داعر

دعارة [da'ʕaːra], *pl.* [-aːt] Unsittlichkeit *f*, Unmoral *f*; Schamlosigkeit *f*; Obszönität *f*; Prostitution *f*; بيت الـ~ [bait ad-d.] Bordell *n*

دعامة [di'ʕaːma], *pl.* [-aːt] *u.* دعائم [da'ʕaːʔim] (2) *a. fig.* Stütze *f*; *Arch.* (Stütz-)Pfeiler *m*

دعاة → داع

دعاية [di'ʕaːja], *pl.* [-aːt] Propaganda *f* (ل für *A*, على gegen *A*); Werbung *f*, Reklame *f*

دعب [daʕaba, a] scherzen, spaßen; **III** داعب [daːʕaba] scherzen, spaßen (ه mit *j-m*); *a. fig.* spielen (ـه mit *D*); tändeln, flirten (ه mit *j-m*); umspielen; *fig.* anwandeln; ~ته الفكرة [daʕa'bathu l-fikra(tu)] er spielte mit dem Gedanken

دعبس [daʕbasa] *umg.* herumsuchen, kramen

دعجاء → أدعج

دعر [daʕara, a] sich unsittlich verhalten

[1]**دعس** [daʕasa, a] niederstoßen; *Auto*: überfahren

[2]**دعس** [daʕs] Niederstoßen *n*; Überfahren *n*

[1]**دعك** [daʕaka, a] reiben; einreiben (ب mit *D*); schrubben; *Papier* zerknüllen

[2]**دعك** [daʕk] Reiben *n*; Schrubben *n*; Zerknüllen *n von Papier*

[1]**دعم** [daʕama, a] *a. fig.* stützen; unterstützen (ب durch *A*); abstützen; *fig.* unterbauen (ب durch *A*); stärken, festigen, ausbauen; subventionieren; **II** [daʕʕama] (ver)stärken, festigen, untermauern; **V** تدعم [ta'daʕʕama] sich festigen, gestärkt werden; **VIII** ادعم [i'ddaʕama] sich stützen (على auf *A*)

[2]**دعم** [daʕm] (Unter-)Stützung *f*; Stärkung *f*, Festigung *f*; Subventionierung *f*, Subvention *f*

دعمة [diʕma], *pl.* [-aːt] *u.* دعم [diʕam] *Techn.* Stütze *f*

دعة [daʕa] Sanftmut *f*, Friedfertigkeit *f*; Ruhe *f*, Gelassenheit *f*

(**دعو**) دعا [daʕaː, uː] rufen; herbeirufen, kommen lassen (ب/ه *j-n*); aufrufen, auffordern (إلى/ل zu *D*); (er)fordern, notwendig machen (إلى *A*); propagieren (ل/إلى *A*); einladen; einberufen (ه ل/إلى *ein Gremium* zu *D*); hervorrufen, auslösen (إلى *A*); Anlaß geben (إلى *zur Besorgnis*); nennen; beten (الله zu Gott); Gutes wünschen (ل *j-m*); Böses wünschen (على *j-m*); **V** تداعى [ta'daːʕaː] sich gegenseitig auffordern (إلى zu *D*); gemeinsam aufrufen (إلى zu *D*); *Gedanken*: assoziiert werden; zusammenbrechen, verfallen, ins Wanken geraten; **VIII** ادعى [i'ddaʕaː] behaupten; sich ausgeben (ه als *A*); für sich in Anspruch nehmen; sich anmaßen; *Jur.* klagen; **X** استدعى [is'tadʕaː] herbeirufen; *Arzt* rufen; *Botschafter* abberufen; *Jur.* vorladen; *Mil.* einberufen; *Erinnerung* wachrufen; erfordern, nötig machen

دعوة [daʕwa], *pl.* [daʕa'waːt] Ruf *m* (إلى nach *D*); Aufruf *m*, Aufforderung *f* (إلى/ل zu *D*); Einberufung *f* (إلى/ل zu *D*); Einladung *f*; *Jur.* Vorladung *f*; Propaganda *f*; Segenswunsch *m*; الـ~ الإسلامية Aufruf *m* zum Islam, Verkündigung *f* des Islams

[1]**دعوى** [daʕwaː], *pl.* دعاوى [da'ʕaːwaː] *u.* دعاو [da'ʕaːwin] Behauptung *f*; Forderung *f* (ل nach *D*); *Jur.* Anspruch *m*; *Jur.* (An-)Klage *f*, Prozeß *m*; بـ~ أن [ʔanna] unter dem Vorwand, daß

[2]**دعوي** [daʕawiː] *Isl.* Verkündigungs-

دعي [da'ʕiːj], *pl.* أدعياء [ʔadʕi'jaːʔ] (2) großsprecherisch; Angeber *m*, Großmaul *n*

دغدغ [daɣdaɣa] *a. fig.* kitzeln; *Phantasie*, *Gaumen* reizen; zerquetschen; *Kochkunst*: zerkleinern

دغدغة [daɣdaɣa] *a. fig.* Kitzeln *n*; Kitzel *m*

دغري [duɣriː] *umg.* geradeaus, direkt

[1](**دغش**) **IV** أدغش [ʔadɣaʃa]: ~ت الدنيا [ad-dunjaː] es wurde dunkel

[2]**دغش** [daɣaʃ] Dunkelheit *f*, Dämmerung *f*

دغل [daɣal], *pl.* أدغال [ʔad'ɣaːl] Dschungel *m*; Dickicht *n*

(**دغم**) **IV** أدغم [ʔadɣama] *u.* **VIII** ادغم [i'ddaɣama] hineintun, einfügen (في in *A*); *Gr.* assimilieren (في an *A*)

[1]**دف** [daffa, i] *Vogel*: mit den Flügeln schlagen

[2]**دف** [duff], *pl.* دفوف [du'fuːf] Tamburin *n*

دفء [difʔ] *a. fig.* Wärme *f*

دفأ **II** [daffaʔa] → دفئ II

دفاءة [da'faːʔa] Wärme *f*

دفاع [di'faːʕ] *a. Jur.* Verteidigung *f* (عن *G*); Eintreten *n* (عن für *A*); ~ مدني [madaniː] Zivilverteidigung *f*, Zivilschutz *m*; خط الـ~ [xaṭṭ ad-d.] *Sport*: Abwehr *f*, Verteidigung *f*

دفاعي [di'faːʕiː] Verteidigungs-, Abwehr-; apologetisch

دفاف [da'ffa:f] Tamburinspieler *m*

دفاق [da'ffa:q] (über)strömend; schwungvoll, lebhaft

دفاية [da'ffa:ja], *pl.* [-a:t] Heizgerät *n*; Heizkörper *m*

دفتر [daftar], *pl.* دفاتر [da'fa:tir] (2) Heft *n*; Register *n*, Verzeichnis *n*; *Hdl.* (Geschäfts-)Buch *n*; الاستاذ ~ [d. al-ʔus'ta:ð] *Hdl.* Hauptbuch *n*; خدمة العلم ~ [d. xidmati l-ʕalam] *Syr.* Wehrpaß *m*; الصندوق ~ [d. ɒs-sun'du:q] *Hdl.* Kassenbuch *n*; ~ المساحة [d. al-mi'sa:ħa] Grundbuch *n*

دفترخانة [daftar'xa:na] Archiv *n*; Registratur *f*

دفتريا [dif'tirija:] Diphtherie *f*

دفس [dafasa, i] *umg.* verbergen

[1]**دفع** [dafaʕa, a] stoßen (ه/ـه/ب *A*); ab-, wegstoßen; abweichen (عن von *D*); *Gedanken* vertreiben; abweisen, verwerfen; entgegenhalten (بأن [bi-ʔanna] daß); (an)treiben, vorantreiben; bewegen, veranlassen, drängen (إلى/ل zu *D*); (be-) zahlen; *Pass.* يدفع [judfaʕu] zahlbar (في an *e-m Tag*, بعد nach *e-r Frist*, إلى an *j-n*); **III** دافع [da:faʕa] verteidigen (عن *A*); ankämpfen (ه/ـه gegen *A*); eintreten (عن für *A*); **V** تدفع [ta'daffaʕa] hervorbrechen; dahineilen; **VI** تدافع [ta'da:faʕa] einander stoßen, sich drängen; zusammenstoßen; hervorbrechen, vorwärtsstürmen; rasch *od.* stoßweise aufeinanderfolgen; **VII** اندفع [in'dafaʕa] losstürzen, (los)eilen; dahinstürmen, dahinschießen; *Auto*: dahinrasen; hervorbrechen; sich stürzen (في in *A*); sich hinreißen *od.* fortreißen lassen; sich hingezogen fühlen (إلى zu *D*); herjagen (وراء hinter *D*); geschleudert werden (الى nach *D*, gegen *A*); stürmisch sein; unbedacht handeln

[2]**دفع** [dafʕ] **1.** Stoßen *n*; Wegstoßen *n*; Stoß *m*, Impuls *m*; Vorantreiben *n*; Abwehr *f*; Veranlassung *f* (إلى/ل zu *D*); الـ~ على العجلات الخلفية [al-ʕaʤa'la:t] Hinterradantrieb *m*; قوة الـ~ [quwwat ad-d.] *a. fig.* Stoßkraft *f*; Schwung *m*, Elan *m*; ~ًا ل [-an] um *etwas* zu vermeiden; um *etwas* voranzubringen; **2.** *bsd. Tun. pl.* دفوعات [dufu:'ʕa:t] (Be-) Zahlung *f*; **3.** *pl.* دفوع [du'fu:ʕ] *Jur.* Einrede *f*

[1]**دفعة** [dafʕa], *pl.* [dafa'ʕa:t] Stoß *m*, Schub *m*; Impuls *m*; Zahlung *f*; Mal *n*; على الحساب ~ [al-ħi'sa:b] Abschlagszahlung *f*; → [2]دفعة

[2]**دفعة** [dufʕa], *pl.* [dufu'ʕa:t] Schub *m von Personen*; Jahrgang *m von Abiturienten*; واحدة ~ [-tan wa:ħida(tan)] mit e-m Schlag, auf einmal; على دفعات verteilt auf mehrere Male, nach und nach

[1]**دفق** [dafaqa, u] ausgießen; überströmen (ـه von *D*); herausfließen; **V** تدفق [ta'daffaqa] sich ergießen; hervorströmen; ständig fließen, strömen (على zu *D*, in *A*); überströmen (ب von *D*); *Mil.* vorstoßen (إلى nach *D*)

[2]**دفق** [dafq] Ausgießen *n*; Strömen *n* (إلى nach *D*)

دفقة [dufqa], *pl.* [dufu'qa:t] Stoß *m*, Schub *m*; Schwall *m*; واحدة ~ [-tan wa:ħida(tan)] mit e-m Schlag, auf einmal

دفلى [difla:] Oleander *m*

[1]**دفن** [dafana, i] beerdigen, *a. fig.* begraben; vergraben

[2]**دفن** [dafn] Begräbnis *n*, Beerdigung *f*, *a. fig.* Begraben *n*; Vergraben *n*; *Saudi-Ar.* Ablagerung *f von Müll*

دفة [daffa], *pl.* [-a:t] Seite(nfläche) *f*; (*Buch-*)Deckel *m*; Steuerruder *n*; *fig.* Steuer *n*, Ruder *n*; مدير الـ~ [mudi:r ad-d.] Steuermann *m*; في دفتي الكتاب [daffa'taji l-ki'ta:b] in dem Buch

دفئ [dafiʔa, a] warm sein; **II** دفأ [daffaʔa] wärmen, heizen; **IV** أدفأ [ʔadfaʔa] (er)wärmen; *fig.* anheizen; **V** تدفأ [ta'daffaʔa] sich (auf-) wärmen; **X** استدفأ [is'tadfaʔa] sich wärmen (ب an *D*)

دفين [da'fi:n], *pl.* دفناء [dufa'na:ʔ] (2) begraben, beerdigt; vergraben; verborgen, geheim; *Gefühl*: unterschwellig

دفية [di'ffi:ja], *pl.* [-a:t] weite(r) Wollmantel

دفيئة [dafi:ʔa] Treibhaus *n*, Gewächshaus *n*

[1]**دق** [daqqa, u] klopfen, schlagen (ـه an *A*, auf *A*); *Nagel* einschlagen; *Pfeiler* einrammen; *Tamburin* spielen; *Glocke*: läuten; zerstoßen, zermalmen, pulverisieren; الآلة الكاتبة ~ [al-ʔa:lata] Schreibmaschine schreiben; الباب ~ [al-ba:ba] an die Tür klopfen; الجرس ~ [al-ʤarasu] es hat geläutet *od.* geklingelt; [al-ʤarasa] er hat (*an der Tür*) geklingelt; الطبل ~ die Trommel schlagen *od.* rühren; — [daqqa, i] fein, subtil sein; **II** دقق [daqqaqa] genau machen; überprüfen, sorgfältig prüfen; genau sein (في bei *D*); النظر ~ [an-nɒðɒra] genau hinsehen; النظر في ~ *etwas* sorgfältig prüfen; **VII** اندق [in'daqqa]: ~ عنقه [ʕu'nuquhu:] *fig.* sich den Hals brechen

[2]**دق** [daqq] Klopfen *n*; Einschlagen *n von Nägeln*; Zerstoßen *n*; Läuten *n der Glocke, des Telefons*; ~ الآلة الكاتبة Maschinenschreiben *n*

[3]**دق** [diqq]: حمى الـ~ [ħumma: d-d.] hektische(s) Fieber

دقاق [da'qqa:q] schlagend; *pl.* [-u:n] Spieler *m* e-s Schlaginstruments; ساعة ~ـة Schlaguhr *f*

دقاقة [da'qqa:qa], *pl.* [-a:t] Türklopfer *m*

دقدق [daqdaqa] klopfen

دقرطة [daqrɒtɒ] Demokratisierung *f*

دقشوم [daq'ʃu:m] Bruchstein *m*

دقل [daqal], *pl.* أدقال [ʔad'qa:l] Mast(baum) *m*

دقماق [duq'ma:q], *pl.* دقاميق [daqa:'mi:q] (2) *Äg.* Holzhammer *m*

[1]**دقة** [daqqa], *pl.* [-a:t] Schlag *m*, Klopfen *n*, Pochen *n*; Anschlag *m auf dem Klavier*; Läuten *n der Glocke, des Telefons*; Tätowierung *f*; دقات الأقدام Stampfen *n*, Trampeln *n*; قديمة ~ أنت *Äg.* du bist altmodisch

[2]**دقة** [duqqa] Gewürzmischung *f*

[3]**دقة** [diqqa] Feinheit *f*, Subtilität *f*; Genauigkeit *f*, Präzision *f*, Exakt-

heit *f*; Schärfe *f*; Sorgfalt *f*; ~ الشعور Feingefühl *n*; Feinfühligkeit *f*; ~بـ genau, sorgfältig (*Adv.*)

دقيق [da'qiːq] **1.** *pl.* دقاق [di'qaːq] *u.* أدقة [ʔa'diqqa] fein, zart, schmal; subtil; sehr klein, winzig; Mikro-; genau, exakt, präzise; sorgfältig, gründlich; penibel; *Logik*: scharf; *Verbot*: streng; heikel, delikat; ~ الشعور feinfühlig; taktvoll; ~ أبو *Äg.* Schmetterling *m*; ~ة أجهزة [ʔadʒhiza] Präzisionsinstrumente *n/pl.*; ~ة أحياء Mikroorganismen *m/pl.*; ~ الكتروني mikroelektronisch; علم الأحياء الدقيقة [ʕilm al-ʔa.] Mikrobiologie *f*; الـ~ المعى [al-miʕaː] Dünndarm *m*; **2.** Mehl *n*

دقيقة [da'qiːqa], *pl.* دقائق [da'qaːʔiq] (2) Minute *f*; Teilchen *n*, Partikel *f*; *fig.* Feinheit *f*

دقية [di'qqiːja] *Äg.*, *Saudi-Ar.* kleine(r) Kupfertopf

[1]**دك** [dakka, u] flach machen; *Straße* walzen; einebnen, *Festung* schleifen; zerstören, *fig.* zerschlagen; (ein)rammen; *Syr. Feuerwaffe* laden; **VII** اندك [in'dakka] zusammenbrechen

[2]**دك** [dakk] Flachmachen *n*; Walzen *n der Straße*; Einebnen *n*; Zerstören *n*, *fig.* Zerschlagen *n*; Einrammen *n*

د.ك *Abk. für* دينار كويتي Kuwaitische(r) Dinar

دكاترة → دكتور

دكان [du'kkaːn], *pl.* دكاكين [dakaː'kiːn] (2) Laden *m*, Geschäft *n*

دكتاتور [diktaː'toːr] Diktator *m*

دكتاتوري [diktaː'toːriː] diktatorisch

دكتاتورية [diktaːtoː'riːja] Diktatur *f*

دكتور [dok'toːr], *pl.* دكاترة [da'kaːtira] Doktor *m* (*a.* = Arzt)

دكتوراه [doktoː'raːh] Doktorat *n*, Doktortitel *m*; حصل على الـ~ promovieren

دكتورة [dok'toːra] Doktorin *f* (*a.* = Ärztin)

دكناء, دكن → أدكن

دكنة [dukna] dunkle Färbung; Dunkelheit *f*

[1]**دكة** [dakka], *pl.* دكاك [di'kaːk] **1.** (Sitz-)Bank *f*; **2.** Schotter *m*

[2]**دكة** [dikka] **1.** *pl.* دكاك [di'kaːk] *u.* دكك [dikak] (Sitz-)Bank *f*; **2.** *pl.* دكك [dikak] Hosenbund *m*

[1]**دل** [dalla, u] hinweisen (على auf *A*); beweisen (على *A*); (an)zeigen (ه على *j-m A*); führen, leiten (على zu *D*); ~و ما قل [qalla] kurz und bündig (gesagt); — [dalla, i] kokett sein; **II** دلل [dallala] **1.** beweisen, erhärten (ب على *etwas* durch *A*), nachweisen; begründen (ب على *etwas* mit *D*); **2.** verwöhnen, verzärteln; **3.** zum Verkauf ausrufen, versteigern; **IV** أدل [ʔa'dalla] sich viel einbilden (ب auf *A*); **V** تدلل [ta'dallala] kokettieren (على mit *j-m*); sich einschmeicheln (على bei *j-m*); sich zieren; **X** استدل [ista'dalla] Aufschluß suchen *od.* erhalten (على über *A*); sich führen lassen (على zu *D*); herausfinden, feststellen (على *A*); schließen, folgern (على ... من aus *D* auf *A*); als Beweis (ب) anführen (على für *A*); sich richten (ب nach *D*); يستدل من ذلك على أن [justa'dallu, ʔanna] daraus geht hervor, daß

[2]**دل** [dall] Selbstgefälligkeit *f*, Koketterie *f*

د.ل *Abk. für* دينار ليبي Libysche(r) Dinar

دلاع [da'llaːʕ] *koll.*, *n. un.* ~ة *Maghr.* Wassermelone(n *pl.*) *f*

دلاعة [da'laːʕa]: اسم الـ~ [ism ad-d.] Kosename *m*

[1]**دلال** [da'laːl] Koketterie *f*; Ziererei *f*

[2]**دلال** [da'llaːl], *pl.* [-uːn] Vermittler *m*, Makler *m*; Versteigerer *m*; *Ir.*, *Saudi-Ar. a.* Händler *m*

[1]**دلالة** [da'laːla], *pl.* [-aːt] Hinweis *m* (على auf *A*); Bezeichnung *f* (على für *A*); Bedeutung *f*, Sinn *m*; Aussagekraft *f*; Beweiskraft *f*; ~ على [-tan] zum Zeichen des *od.* der ...; بالغ الـ~ höchst bedeutsam; ذو ~ bedeutungsvoll; علم الـ~ [ʕilm ad-d.] Semantik *f*

[2]**دلالة** [da'llaːla], *pl.* [-aːt] Vermittlerin *f*, Maklerin *f*

[3]**دلالة** [di'laːla] Vermittlergewerbe *n*; Vermittlung *f*; Vermittlergebühr *f*

دلالي [da'laːliː] semantisch

دلب [dulb] *koll.* Platane(n *pl.*) *f*

دلتا [diltaː] Delta *n*

(**دلج**) **IV** أدلج [ʔadladʒa] bei Eintritt der Nacht aufbrechen

دلدل [daldala] herunterlassen, hängen lassen; **II** تدلدل [ta'daldala] herunterhängen, baumeln

دلس **II** [dallasa] betrügen (على *j-n*); *bsd. Tun. Scheck* fälschen

[1]**دلع** **II** [dallaʕa] verwöhnen, verziehen; liebkosen; **V** تدلع [ta'dallaʕa] *Kind*: verzogen sein; **VII** اندلع [in'dalaʕa] **1.** *Flammen*: emporlodern, züngeln; *Krieg*: ausbrechen; **2.** *Kind*: verzogen sein

[2]**دلع** [dalʕ]: اسم الـ~ [ism ad-d.] Kosename *m*

دلف [dalafa, i] (langsam) gehen; trippeln; sich schleichen, schlüpfen (إلى in *A*)

دلفين [dul'fiːn], *pl.* دلافين [dalaː'fiːn] (2) Delphin *m*

دلق [dalaqa, u] ausschütten, vergießen; **VII** اندلق [in'dalaqa] ausgegossen, ausgeschüttet werden; herab- *od.* heraushängen; sich stürzen (على auf *A*)

دلك [dalaka, u] reiben; streichen (ه über *A*); **II** [dallaka] einreiben (ب mit *D*); massieren, kneten

دله **II** [dallaha] um den Verstand bringen, verwirren; **V** تدله [ta'dallaha]: ~ في حبه [ħubbihiː] j-n leidenschaftlich lieben

دلة [dalla], *pl.* دلال [di'laːl] *Saudi-Ar.*, *Syr.*, *Kuw.* Metallkanne *f zur Kaffeebereitung*

(**دلهم**) **IV** ادلهم [idla'hamma] dunkel, finster sein

دلهي [dilhiː] *Geo.* Delhi; ~ الجديدة Neu-Delhi

[1](**دلو**) **II** دلى [dallaː] hinablassen; herabsenken; **IV** أدلى [ʔadlaː] herab-, hinablassen (ه/ب *A*); äußern (ب *A*); mitteilen (ب إلى *j-m A*); abgeben (ب *Erklärung*, *Stimme*); geben, gewähren (ب *Interview*); vorbringen (ب *Argument*); ablegen (ب *Geständnis*); ~ بدلوه [bi-dalwihiː] sein Teil beitragen; mitmachen; **V** تدلى [ta'dallaː] herabhän-

gen (من von *D*), baumeln (من an *D*); herunterkommen, herabsinken

[2]**دلو** [dalw] *f u. m, pl.* دلاء [di'laːʔ] Eimer *m*; *Astr.* Wassermann *m*; *Saudi-Ar.* der 11. Monat des Sonnenjahres

دليل [da'liːl], *pl.* أدلاء [ʔadi'llaːʔ] (2) (Fremden-)Führer *m*; Lotse *m*; *pl.* أدلة [ʔa'dilla] Führer *m*, Handbuch *n*; *pl.* دلائل [da'laːʔil] (2) *u.* أدلة [ʔa'dilla] Hinweis *m* (على auf *A*), Anzeichen *n* (على von *D*), Zeichen *n* (على von *D*, für *A*); Beweis *m* (على für *A*), Indiz *n*; *pl.* أدلة *Math.* Exponent *m*; بـ~ أن [bi-da'liːli ʔanna] wie man daraus ersieht, daß; da, weil; الهاتف ~ Telefonbuch *n*

دليلة [da'liːla], *pl.* [-aːt] Führerin *f*

دم [dam], *pl.* دماء [di'maːʔ] Blut *n*; *pl.* Bluttaten *f/pl.*

دماثة [da'maːθa] Sanftheit *f*, Milde *f*; Friedfertigkeit *f*; Sanftmut *f*; Rücksichtnahme *f*, taktvolle Art

دمار [da'maːr] Vernichtung *f*, Zerstörung *f*; Untergang *m*, Ruin *m*

دماغ [di'maːɣ], *pl.* أدمغة [ʔadmiɣa] Gehirn *n*; الأدمغة *als Personen*: die Intelligenz

دماغي [di'maːɣiː] Gehirn-

دمامة [da'maːma] Häßlichkeit *f*

[1]**دمث** [damuθa, u] sanft, milde sein

[2]**دمث** [damiθ] → دميث

[1]**دمج** [damaʤa, u] einfügen, aufnehmen (في in *A*); fusionieren, zusammenlegen; **IV** أدمج [ʔadmaʤa] einfügen, eingliedern, aufnehmen (في in *A*); einverleiben (في *D*); *trans.* verschmelzen; **VII** اندمج [in'damaʤa] eingefügt, eingegliedert, integriert werden; verschmelzen, sich zusammenschließen, fusionieren, zusammengelegt werden; untertauchen (في in *der Menge*); aufgehen (في in *e-r Umgebung*); sich identifizieren (في mit *e-r Rolle*)

[2]**دمج** [damʤ] Eingliederung *f*, Aufnahme *f*; Fusion *f*, Zusammenlegung *f*

دمجانة [dam'ʤaːna], *pl.* [-aːt] große Korbflasche

دمدم [damdama] murren, brummen

دمدمة [damdama] Murren *n*

دمر [damara, u] zugrunde gehen; **II** [dammara] vernichten, zerstören; zertrümmern, ruinieren

دمس II [dammasa] *Bohnen* dünsten

دمشق [di'maʃq] (2) Damaskus

دمشقي [di'maʃqiː] damaszenisch; *pl.* دماشقة [da'maːʃiqa] *u.* [-uːn] Damaszener *m*

[1]**دمع** [damaʕa, a] tränen; لا تدمع له عين [ʕain] er vergießt keine Träne

[2]**دمع** [damʕ] *koll.*, *n. un.* ~ة, *pl.* دموع [du'muːʕ] Tränen *f/pl.*; بالدموع unter Tränen

[1]**دمعة** [damʕa] Träne *f*

[2]**دمعة** [dimʕa] *Äg.* Bratensaft *m*, Soße *f*

دمعي [damʕiː] Tränen-

[1]**دمغ** [damaɣa, u] stempeln; *Edelmetall* mit dem Feingehaltsstempel versehen; *a. fig.* abstempeln; anprangern; brandmarken (ب als *A*); ~ـه بالعار j-n mit Schande bedecken

[2]**دمغ** [damɣ] Stempelung *f*

دمغجة [damɣaʤa] *Tun.* Demagogie *f*

دمغة [damɣa] Stempel(abdruck) *m*; Feingehaltsstempel *m*; (= ~ طابع) Stempelmarke *f*, Steuermarke *f*; رسم الـ~ Stempelgebühr *f*; ~ ورق [waraq d.] Stempelpapier *n*

دمقرطة [damqrɒtɒ] Demokratisierung *f*

دمقس [di'maqs] Seide *f*

[1](**دمل**) **VII** اندمل [in'damala] *Wunde*: (ver)heilen

[2]**دمل** [dummal] *sg. u. koll.*, *n. un.* ~ة, *pl.* دمامل [da'maːmil] (2) *u.* دماميل [damaː'miːl] (2) Geschwür *n*, Abszeß *m*; Furunkel *n*; (Pest-, Eiter-)Beule *f*

دملي [dummaliː]: طاعون ~ Beulenpest *f*

(**دمن**) **IV** أدمن [ʔadmana] sich hingeben, sich ergeben (على *D*); süchtig sein; على الخمر ~ Alkoholiker sein

دمنة [dimna], *pl.* دمن [diman] Überreste *m/pl.* e-s verlassenen Lagerplatzes in der Wüste

دموي [damawiː] Blut-, *a. fig.* blutig; blutrot; *Augen*: blutunterlaufen; *Temperament*: sanguinisch

دموية [dama'wiːja] *fig.* Blutigkeit *f*, Grausamkeit *f*

دمي [damija, aː] bluten; **IV** أدمى [ʔadmaː] zum Bluten bringen; blutig machen; *fig.* verletzen

دمياط [dim'jɒːt] (2) *Geo.* Damiette

دميث [da'miːθ], *pl.* دماث [di'maːθ] sanft, mild; *Wesen*: freundlich; ~ الأخلاق rücksichtsvoll, umgänglich

دميم [da'miːm], *pl.* دمام [di'maːm] häßlich

دميمة [da'miːma], *pl.* [-aːt] häßliche(s) Weib

دمية [dumja], *pl.* دمى [duman] Puppe *f*; *a. fig.* Marionette *f*; Standbild *n*, Statue *f*

دن [dann], *pl.* دنان [di'naːn] irdene(r) Weinkrug

دنا → [1](دنو)

دناءة [da'naːʔa] Niedrigkeit *f*, Gemeinheit *f*

دنانير → دينار

دناوة [da'naːwa] Niedrigkeit *f*, Schlechtigkeit *f*

دنتلا [dan'tillaː] Spitze *f an Kleidern*

دندرمة [dun'durma] Speiseeis *n*

دندن [dandana] *Lied* summen, trällern

دندنة [dandana] Summen *n*, Trällern *n*

[1]**دنس** [danisa, a] *a. fig.* schmutzig, besudelt sein; **II** [dannasa] *a. fig.* beschmutzen, besudeln; in den Schmutz ziehen; حرمته ~ [ħur'matahuː] j-n *od.* etwas schänden; **V** تدنس [ta'dannasa] beschmutzt werden

[2]**دنس** [danas], *pl.* أدناس [ʔad'naːs] *a. fig.* Unreinheit *f*; Verworfenheit *f*

[3]**دنس** [danis], *pl.* أدناس [ʔad'naːs] *a. fig.* unrein, beschmutzt, schmutzig

[1]**دنف** [danifa, a] schwer erkrankt sein

[2]**دنف** [danif], *pl.* أدناف [ʔad'naːf] schwerkrank

[1](**دنو**) دنا [danaː, uː] nahe sein; sich nähern, *fig.* nahekommen (من *D*); → [1]دني; **II** دنى [dannaː] nähern (من هـ *etwas D*); → [1]دني; **III** دانى [daːnaː] nahekommen, gleichkommen (هـ/ه *D*), heranreichen (هـ/ه an *A*); einander (بين ... وبين) näher-

bringen; *Pass.* لا يدانى [ju'daːnaː] unerreichbar, unvergleichlich; **IV** أدنى [ʔadnaː] nähern (ﻫ من *etwas D*), näher heranrücken (من ﻫ *etwas an A*); an sich (منه) herankommen lassen; *j-n* an sich (منه) ziehen; → [1]دني; **VI** تدانى [ta'daːnaː] sich einander nähern; sich nähern (من/ إلى *D*)

[2]**دنو** [du'nuːw] (Heran-)Nahen *n*; Nähe *f*

[3]**دنؤ** [danuʔa, u] niedrig sein

[1]**دني** [danija, aː] *fig.* niedrig sein; **II** دنى [dannaː]: نفسه ~ [nafsahuː] sich würdelos benehmen; sich erniedrigen; → [1](دنو); **IV** أدنى [ʔadnaː] *den Schleier* herunterlassen; →[1](دنو); **V** تدنى [ta'dannaː] sich erniedrigen; *fig.* herabsinken; sich herablassen (إلى zu *D*)

[2]**دني** [da'niːj], *pl.* أدنياء [ʔadni'jaːʔ] (2) niedrig, gemein, verachtet

[3]**دنى** [dunan] → أدنى

دنيء [da'niːʔ], *pl.* أدنياء [ʔadni'jaːʔ] (2) *u.* أدناء [ʔad'naːʔ] (2) niedrig, gemein, minderwertig, verachtenswert

دنيا [dunjaː], *pl.* دنيوات [dunja'waːt] *u.* دنى [dunan] Welt *f*; Diesseits *n*, irdische(s) Dasein; أم الـ~ [ʔumm ad-d.] *Beiname von Kairo*; الـ~ برد *Äg.* es ist kalt; أقام الـ~ وأقعدها [ʔaq'ʕadahaː] *fig.* alle Hebel in Bewegung setzen; → أدنى

دنية [da'niːja], *pl.* [-aːt] *u.* دنايا [da'naːjaː] Gemeinheit *f*

دنيوي [dunjawiː] weltlich, irdisch, vergänglich; الدنيويات *pl.* die Dinge *n/pl.* dieser Welt

ده [da(h)] *Äg. umg.* dies, das; dieser

دهاء [da'haːʔ] Schlauheit *f*, Gewitztheit *f*

[1]**دهان** [da'hhaːn] Maler *m*, Anstreicher *m*

[2]**دهان** [di'haːn] **1.** *pl.* [-aːt] *u.* أدهنة [ʔadhina] Creme *f*; Salbe *f*; Schminke *f*, (Wimpern-)Tusche *f*; Farbe *f*, Tünche *f*; *bsd. Syr.* Streichen *n*, Anstrich *m*; **2.** Heuchelei *f*; Schmeichelei *f*

دهاة → داه

دهر [dahr], *pl.* دهور [du'huːr] *u.* أدهر [ʔadhur] (lange) Zeit; Ewigkeit *f*; *Geol.* Zeitalter *n*; Schicksal *n*; ~ا [-an] e-e Zeitlang; lange Zeit; الـ~ [ad-dahra] für immer; sein (mein *etc.*) Leben lang; إلى آخر الـ~ [ʔaː-xiri d-d.] bis in alle Ewigkeit

[1]**دهري** [dahriː], *pl.* [-uːn] Freidenker *m*; Materialist *m*

[2]**دهري** [duhriː] sehr alt, steinalt

[1]**دهس** [dahasa, a] niedertreten, zertreten; überfahren

[2]**دهس** [dahs] Niedertreten *n*; Überfahren *n*

[1]**دهش** [dahiʃa, a] erstaunt, überrascht, verblüfft sein; sich wundern (ل/من über *A*); **IV** أدهش [ʔadhaʃa] verblüffen, in Erstaunen versetzen: **VII** اندهش [in'dahaʃa] überrascht, verblüfft, betroffen sein

[2]**دهش** [dahaʃ] Staunen *n*, Überraschung *f*, Verwunderung *f*

[3]**دهش** [dahiʃ] erstaunt, verblüfft

دهشة [dahʃa] (Er-)Staunen *n*, Verwunderung *f*, Verblüffung *f*; Betroffenheit *f*

دهقان [duh'qaːn, dih'qaːn], *pl.* دهاقنة [da'haːqina] führende Gestalt; Magnat *m*

دهك [dahaka, a] einreiben, verschmieren

دهلي [dihliː]: الجديدة ~ *Geo.* Neu-Delhi

دهليز [dih'liːz], *pl.* دهاليز [dahaː'liːz] (2) Vorraum *m*, Vorhalle *f*, Wandelhalle *f*; (Haus-)Flur *m*, Korridor *m*

دهلية [dah'liːja] Dahlie *f*

[1]**دهم** [dahama, a] unerwartet kommen (ه über, für *j-n*), überraschen, hereinbrechen (ه über *j-n*), befallen; überfallen (ب ه *j-n* mit *A*); anfahren, überfahren (ب mit *dem Auto*); plötzlich eindringen (ﻫ in *A*); **III** داهم [daːhama] befallen, überkommen; überfallen, überraschen; *Gefahr*: bedrohen

[2]**دهم** [dahm] Überraschen *n*, Überfallen *n*, Überrumpeln *n*; Anfahren *n*, Überfahren *n mit dem Auto*

[3]**دهم** [duhm] → أدهم

دهماء [dah'maːʔ] (2): الـ~ breite Masse; *pej.* Pöbel *m*; → أدهم

[1]**دهن** [dahana, u] einölen, (ein)salben, einfetten, einreiben (ب mit *D*); (an)streichen; lackieren; *Wimpern* tuschen; **III** داهن [daːhana] schmeicheln, Honig ums Maul schmieren (ه *j-m*); **V** تدهن [ta'dahhana] sich einreiben (ب mit *D*)

[2]**دهن** [dahn] Einölen *n*, (Ein-)Salben *n*, Einfetten *n*, Einschmieren *n*; Streichen *n*, Lackieren *n*

[3]**دهن** [duhn], *pl.* أدهان [ʔad'haːn], دهون [du'huːn] *u.* دهان [di'haːn] Fett *n*; Speck *m am Körper*

دهناء [dah'naːʔ] (2) Wüste *f*

دهني [duhniː] fettig, Fett-; fetthaltig; غدة ~ة [ɣudda] Talgdrüse *f*; دهنيات *pl.* Fettstoffe *m/pl.*; Fette *n/pl.*

دهواء → أدهى

دهور [dahwara] (um)stürzen, niederreißen; *fig.* zerstören; **II** تدهور [ta'dahwara] *fig.* herabsinken; herunterkommen; verfallen; *Löhne, Kurse*: (drastisch) sinken; sich verschlechtern; *Vertrauen*: schwinden

دهى [dahaː, aː] *Unglück*: treffen; zustoßen (ه *j-m*); — دهي [dahija, aː] schlau, gewitzt sein

دواء [da'waːʔ], *pl.* أدوية [ʔadwija] Heilmittel *n*, Medikament *n*, Arznei(mittel *n*) *f*

دواب → دابة

دواجن → داجن

دواخل → داخلة

[1]**دوار** [da'wwaːr] **1.** sich drehend, kreisend; Dreh-; umherziehend, Wander-; *pl.* [-aːt] Wirbel *m*, Strudel *m*; *Techn.* Rotor *m*; *Äg.* Gutshof *m*; الشمس ~ Sonnenblume *f*; باب ~ Drehtür *f*; عاصفة ~ة Wirbelwind *m*

[2]**دوار** [du'waːr] Schwindel(gefühl *n*) *m*, Taumel *m*; البحر ~ Seekrankheit *f*

[3]**دوار** [du'wwaːr] **1.** *Alg., Mar.* Beduinensiedlung *f*, Douar *m*; **2.** *pl.* [-aːt] *Jord., Kuw.* Platz *m* mit Kreisverkehr

دوارس → دارس

دوارع → دارعة

دوارة [da'wwaːra], *pl.* [-aːt] Wirbel

m, Strudel m; Kreisel m; Karussell n

دواسة [da'wwaːsa], pl. [-aːt] Pedal n; Tritt m e-r Nähmaschine; Fußabtreter m

دواع → داع u. داعية

دواغص → داغصة

دوافع → دافع

دواليك [dawaː'laika]: ~ وهكذا [wa-'haːkaðaː] und so fort

دوام [da'waːm] Dauer f, Beständigkeit f; الـ~ Amtsstunden f/pl.; Geschäftszeit f; ~ًا [-an] Adv. u. على الـ~ dauernd, (be)ständig, stets; ~ التقدم [d. at-ta'qaddum] ständige(r) Fortschritt; الـ~ على العمل [al-ʕa-mal] Fortsetzung f der Tätigkeit; انتظام الـ~ regelmäßige Anwesenheit (z.B. in der Schule); أوقات الـ~ Arbeitszeit f, Dienststunden f/pl.; Geschäftszeit f; ساعات الـ~ Arbeitszeit f

دوامة [du'wwaːma], pl. [-aːt] Kreisel m; Wirbel m, a. fig. Strudel m

دوانق → دانق

دواه → داهية

دواة [da'waːt], pl. دويات [dawa'jaːt] u. دوي [du'wiːj] Tintenfaß n

دواوين → ديوان

دوائر → دائرة

دوائي[da'waːʔiː]Arzneimittel-, pharmazeutisch, medikamentös; medizinisch

دوبارة [duː'baːra], pl. [-aːt] Bindfaden m, Schnur f

(**دوب**) داب [daːba, uː] Äg. (zer-) schmelzen, zergehen

دوبة [duːba], pl. دوب [duwab] Ir., Kuw. Lastkahn m

دوبلاج [dub'laːʒ] Synchronisierung f e-s Films

(**دوح**) **VII** انداح [in'daːħa] sich ausbreiten, sich ausweiten; Welle: sich glätten

دوحة [dauħa] 1. koll. دوح [dauħ], pl. أدواح [ʔad'waːħ] große(r) Baum; Jord. königlicher Stammbaum, Dynastie f; **2.** الـ~ Doha (Hauptstadt von Katar)

(**دوخ**) داخ [daːxa, uː] schwindlig sein; ~ عن ihm wurde schwindlig vor D od. von D; **II** [dawwaxa] Land unterwerfen; schwindlig machen; schwer zu schaffen machen (دماغه/ه [di'maːɣahuː] j-m); Gefühl: befallen; belästigen (ه/ دماغه ب j-n mit D)

دوخان [dawa'xaːn] Schwindelgefühl n

دوخة [dauxa] Schwindel(gefühl n) m; Betäubungszustand m

دود [duːd] koll., n. un. ة~, pl. ديدان [diː'daːn] Wurm m; Made f; Raupe f; ~ الأمعاء Eingeweidewürmer m/pl.; ~ الجبن [d. al-ʤubn] Käsemaden f/pl.; ~ة خيطية [xai'tiːja] Fadenwurm m; ~ة القز [d. al-qazz] Seidenraupe f; ~ة القطن [d. al-qutn] Baumwollraupe f; ~ة وحيدة / شريطية Bandwurm m

دودي [duːdiː] Wurm-; wurmförmig

[1](**دور**) دار [daːra, uː] a. fig. sich drehen (حول um A); kreisen (على, fig. حول um A); herumgehen (حول um A); herumreden (حول um A); rotieren; Motor: anspringen, laufen; in Betrieb sein, fig. im Gang sein; vor sich gehen, sich abspielen; Gespräche: stattfinden; umlaufen, zirkulieren; herumreichen (ب A); herumführen (ب j-n); einbiegen (إلى in A); handeln (حول von D), zum Gegenstand haben (حول A); ~ رأسه ihm wurde schwindlig; در للخلف [li-l-'xalfi dur] Mil. kehrt!; ~ في فلكه [fa'lakihiː] sich in j-s Einflußsphäre bewegen, j-m folgen; ~ به على الضيوف ein Getränk herumreichen; **II** [dawwara] in Drehung versetzen; umdrehen; Motor anlassen, laufen lassen; rund machen; Hdl. Saldo vortragen; **III** داور [daːwara] umgarnen; ~ حاور و [ħaːwara] Winkelzüge machen; **IV** أدار [ʔa'daːra] in Drehung versetzen, drehen; (um)drehen, wenden; kreisen od. zirkulieren lassen; Motor anlassen, laufen lassen; Gerät einschalten; Maschine in Betrieb nehmen, bedienen; fig. in Gang bringen; Maschine antreiben; Geschäft betreiben; lenken, leiten, dirigieren; Vermögen verwalten; Haushalt führen; Verkehr regeln; ~ الحديث في das Gespräch auf etwas lenken; ~ رأسه den Kopf wenden; sich umdrehen (إلى nach D); sich zuwenden (إلى D); j-n verwirren, j-m den Kopf verdrehen; j-n schwindlig machen; j-n überreden; ~ ظهره den Rücken kehren, sich abwenden; ~ قرص الهاتف [qursɒ l-haːtif] Tel. wählen; لم يدر بالا ل [baːlan] e-r Sache keine Bedeutung schenken; **X** استدار [ista'daːra] sich (um)drehen; Auto: wenden; sich runden

[2]**دور** [daur], pl. أدوار [ʔad'waːr] Runde f; Auftritt m, Nummer f e-s Künstlers; Theater u. fig. Rolle f; periodische(r) Wechsel; Fruchtwechsel m; Periode f, Phase f, Etappe f, Stadium n; (Prüfungs-) Termin m an der Schule, Universität; Reihe f (an die man kommt); Anfall m e-r Krankheit; Äg. Stockwerk n, Etage f; Bedeutung f; Musikstück n, Lied n; بالـ~ abwechselnd; der Reihe nach; بدوره seinerseits; هذا بدوره dies wiederum; ~ الانعقاد Sitzungsperiode f; ~ نهائي [ni'haːʔiː] Endrunde f, Finale n; في ~ البناء [-i l-bi'naːʔ] im Bau (befindlich); لعب ~ًا [laʕiba -an] e-e Rolle spielen; نجح بالـ~/في الـ~ الثاني er bestand im zweiten Anlauf

[3]**دور** [duːr] → [2]دار

دوران [dawa'raːn] Rotieren n, (Um-) Drehung f; Kreisen n, Zirkulieren n; Umherlaufen n; Laufen n des Motors; Wenden n des Fahrzeugs; الـ~ على الفاضي Äg. Techn. Leerlauf m; دون لف و ~ [laff] ohne Umschweife

دوراني [dawa'raːniː] rotierend; Rotations-

دورق [dauraq], pl. دوارق [da'waːriq] (2) Krug m, Karaffe f

دورة [daura], pl. [-aːt] Umdrehung f, Umlauf m; Kreislauf m, Zirkulation f; Rundgang m, Runde f; Tournee f; Periode f, Zyklus m; Sitzungsperiode f; (turnusmäßige) Sitzung; Theater: Spielzeit f; Lehrgang m, Kurs(us) m; Sport:

Meisterschaft *f*, Turnier *n*; ~ تدريبية Ausbildungslehrgang *m*; ~ دموية [dama'wiːja] Blutkreislauf *m*; ~ زراعية [ziraː'ʕiːja] Fruchtwechsel *m*; ~ شهرية Periode *f*, Regel *f der Frau*; ~ طارئة Sondersitzung *f*; ~ المياه [d. al-mi'jaːh] Toilette *f*, Badezimmer *n*

دوري [dauriː] periodisch, zyklisch; regelmäßig; turnusmäßig; reihum gehend; *Sport*: Meisterschaftsrunde *f*; Meisterschaft *f*; ~ا [-jan] *Adv*. periodisch, regelmäßig; reihum; (العام) الـ~ [(al-ʕaːmm)] (Ober-)Liga *f*; ~ زورق [zauraq] Patrouillenboot *n*; مجلة ~ـة [ma'ʤalla] Zeitschrift *f*; نشرة ~ـة Rundschreiben *n*

دورية [dau'riːja], *pl*. [-aːt] Streife *f*, Patrouille *f*; Wachdienst *m*; Wache *f*; Periodizität *f*; Periodikum *n*; ~ استطلاع/استكشاف Spähtrupp *m*

دوزن [dauzana] *Instrument* stimmen

[1](**دوس**) داس [daːsa, uː] treten (هـ/ على auf *A*); zertreten, niedertreten, zertrampeln; *fig*. mit Füßen treten; *Verk*. überfahren; verächtlich behandeln, erniedrigen; *Stolz* überwinden

[2]**دوس** [daus] (Nieder-)Treten *n*

دوسنطاريا [duːsin'tɒːrijaː] Dysenterie *f*, Ruhr *f*

دوسيه [doː'seːh], *pl*. [-aːt] Akte *f*, Dossier *n*; Aktendeckel *m*

[1]**دوش** [dawaʃa, i] *Äg*. (*durch Lärm*) belästigen

[2]**دوش** [duːʃ] Dusche *f*

دوشة [dauʃa] *Äg*. Lärm *m*, Krach *m*, Radau *m*; Aufregung *f*

دوطة [doːtɒ] Mitgift *f*

دوق [duːq], *pl*. [-aːt] Herzog *m*; الـ~ الكبير Großherzog *m*

دوقة [duːqa], *pl*. [-aːt] Herzogin *f*

دوقية [duː'qiːja] *fig*. Herzogtum *n*

دوكة [dauka] *fig*. Lärm *m*, Getue *n*

(**دول**) دال [daːla, uː] sich ändern; ablaufen; ~ت دولته [dau'latuhuː] s-e Zeit ist vorbei; ~ت له/عليه الدولة das Schicksal hat sich zu seinen Gunsten/Ungunsten gewendet; **II** [dawwala] internationalisieren; **III** داول [daːwala] wechseln lassen; sich beraten *od*. besprechen (ه في mit *j-m* über *A*); ~ـه بين الناس etwas unter die Leute bringen; **IV** أدال [ʔa'daːla] *j-n* über *j-n* (على) stellen; ersetzen (ب durch *A*); *Pass*. أديل [ʔu'diːla] *Herrschaft*: übergehen (من ... ل auf *A* von *D*); **VI** تداول [ta'daːwala] miteinander austauschen; miteinander besprechen, diskutieren; sich beraten; sich abwechseln (هـ bei *D*); (= *Pass*. تدوول [tu'duːwila]) im Umlauf sein, zirkulieren; ~ته الأيدي die Sache ging von Hand zu Hand

دولاب [duː'laːb], *pl*. دواليب [dawaː'liːb] (2) Schrank *m*; Rad *n*; *fig*. Räderwerk *n*, Getriebe *n*

دولار [doː'laːr, duː'laːr], *pl*. [-aːt] Dollar *m*

دولاري [doː'laːriː, duː'laːriː] Dollar-

دولة [daula], *pl*. دول [duwal] Staat *m*, Reich *n*, Macht *f*; Dynastie *f*; ~ استعمارية Kolonialmacht *f*; ~ بوليسية Polizeistaat *m*; ~ عظمى [ʕuðmaː], ~ كبرى [kubraː] Großmacht *f*; Supermacht *f*; صاحب الـ~ *Titel des Ministerpräsidenten, allg*. Se. Exzellenz; → (دول)

دولوميت [doːloː'miːt] *Min*. Dolomit *m*

دولي [duwaliː], *a*. [dauliː] international; [dauliː] *bsd. Tun*. staatlich, Staats-

دولية [duwa'liːja] Internationalismus *m*; Internationale *f*

[1](**دوم**) دام [daːma, uː] (an-, fort)dauern; Bestand haben; erhalten bleiben; bleiben (على bei *e-r Sache*); ما ~ solange; wenn; da, weil; ما ~ قد فعله da er es getan hat; ما دمت حيا [dumtu ħajjan] solange ich lebe; **II** [dawwama] *Vogel*: kreisen; *a. fig*. schweben; **III** داوم [daːwama] ausharren, bleiben (على bei *e-r Sache*); regelmäßig besuchen (على *Schule*); **IV** أدام [ʔa'daːma] (an)dauern lassen; fortfahren (هـ mit *D*); ~ الله نعمته عليه [niʕ'matahuː] möge ihm Gottes Segen erhalten bleiben!; **X** استدام [ista'daːma](an)dauernlassen; fortfahren (هـ mit *D*)

[2]**دوم** [daum] **1.** (Fort-)Dauer *f*; ~ا [-an] *Adv*. ständig, immer; **2.** Dumpalme *f*

دومنيكان [doːmini'kaːn]: جمهورية الـ~ [ʤumhuː'riːjat ad-d.] Dominikanische Republik

دومينو [doːminoː] Domino *n*

[1]**دون** **II** [dawwana] aufschreiben, schriftlich niederlegen; eintragen, verzeichnen, registrieren; *Gedichte* sammeln *od*. in e-m Diwan zusammenfassen

[2]**دون** [duːn] niedrig, schlecht, minderwertig

[3]**دون** [duːna] *Präp*. unter; weniger als; ohne; unter Übergehung von; vor, diesseits; hinter, jenseits; ~ أن *u*. بدون أن [bi-duːni] ohne daß; ~ما *u*. من ~, بـ~, ohne; ~ ذلك + *N*: davor liegt ...; bevor man das erreichen kann, muß man ...; ~ك + *A*: gib acht auf ...!; nimm ...!; ~ غيره und kein anderer; ~ الأحمر infrarot; حال ~ـه etwas verhindern

دونم [duːnum], *pl*. [-aːt] Donum *m* (*ein Flächenmaß, Ir. etwa 2500 m*^{2}, *Syr. etwa 1000 m*^{2})

دونما [duːnamaː] *Präp*. ohne

دوني [duːniː]: نظر إليه نظرة ~ـة [nɒðratan] j-n *od*. etwas als minderwertig ansehen

دونية [duː'niːja] Minderwertigkeit *f*, Inferiorität *f*

دؤوب [da'ʔuːb] beharrlich, unermüdlich

[1]**دوى** **II** [dawwaː] (er)schallen, (er-)tönen, hallen, dröhnen, krachen; **III** داوى [daːwaː] (ärztlich) behandeln; **VI** تداوى [ta'daːwaː] sich behandeln lassen; kuriert werden (من von *D*)

[2]**دوي** [da'wiːj] **1.** Schall *m*, (Wider-)Hall *m*, Dröhnen *n*, Krachen *n*; Echo *n*; ~ انفجار Detonation *f*; أحدث ~ا كبيرا [ʔaħdaθa, -an] großes Aufsehen erregen; **2.** ~ داء schlimme Krankheit

[3]**دوي** [duːj] Fassung *f e-r Glühlampe*

دويتو [du'wittoː] Duett *n*; Duo *n*

دويلة [du'waila], *pl*. [-aːt] Kleinstaat *m*, Stadtstaat *m*

دياجي [da'jaːʤiː]: في ~ الليل [l-lail] im Dunkel der Nacht

ديار → دار

ديالكتيك [dijalek'tiːk] Dialektik *f*

ديالكتيكي [dijalek'tiːkiː] dialektisch

ديالكتيكية [dijalektiː'kiːja] Dialektik *f*

ديان [da'jjaːn]: الـ~ *Beiname Gottes*

ديانة [di'jaːna], *pl.* [-aːt] Religion *f*, Konfession *f*, Bekenntnis *n*

ديباج [diː'baːʤ], *pl.* دبابيج [dabaː'biːʤ] (2) (Seiden-)Brokat *m*

ديباجة [diː'baːʤa] **1.** Präambel *f*; **2.** ~ الوجه die Schönheit des Gesichtes

ديبلوماسي → دبلوماسي

ديجور [dai'ʤuːr], *pl.* دياجير [dajaː'ʤiːr] (2) Finsternis *f*, Dunkel *n*

ديجولي [deː'goːliː] gaullistisch; Gaullist *m*

ديدان → دود

ديدبان [daida'baːn], *pl.* [-aːt] Wächter *m*, Wachtposten *m*

دير [dair], *pl.* أديار [ʔad'jaːr] *u.* أديرة [ʔadjira] Kloster *n*

ديراني [dai'raːniː] Klosterbruder *m*, Mönch *m*

ديزل [diːzil] Diesel *m*

ديسك [disk] *Anat.* Bandscheibe *f*

ديسمبر[di'sambar,di'sambir] Dezember *m*

ديغولي[deː'ɣoːliː]gaullistisch; Gaullist *m*

ديك [diːk], *pl.* ديوك [du'juːk], ديكة [dijaka] *u.* أدياك [ʔad'jaːk] Hahn *m*; ~ بري [barriː] Fasan *m*; ~ حبشي [ħabaʃiː], ~ رومي [ruːmiː] Truthahn *m*

ديكور [diː'koːr], *pl.* [-aːt] Dekoration *f*, Bühnenausstattung *f*; (Innen-)Ausstattung *f*, (Innen-)Einrichtung *f*; ~ مهندس [mu'handis d.] Dekorateur *m*; Innenarchitekt *m*; Bühnentechniker *m*

ديكولتيه [diːkul'teːh] Dekolleté *n*

ديلزة [dailaza] *Med.* Dialyse *f*

ديماس [diː'maːs, dai'maːs], *pl.* دياميس [dajaː'miːs] (2) *u.* دماميس [damaː'miːs] (2) (unterirdisches) Gewölbe; *pl.* Katakomben *f/pl.*

ديموطيقي [diːmu'ʈiːqiː] *hist. Schrift*: demotisch (*altägyptisch*)

ديمغرافي [diːmuɣ'raːfiː] demographisch

ديمقراطي [diːmuq'rɒːʈiː] demokratisch; *pl.* [-uːn] Demokrat *m*

ديمقراطية [diːmuqrɒː'ʈiːja] Demokratie *f*; demokratische Gesinnung; Demokratisierung *f*

ديمومة [dai'muːma] Dauer *f*

[1](دين) دان [daːna, iː] schulden (ل *j-m*); verdanken (ب ل *j-m A*); unterliegen, unterworfen sein (ل *D*); richten, verurteilen; sich bekennen (ب zu *e-r Religion*); **II** [dajjana] j-n veranlassen, Schulden zu machen; **III** داين [daːjana] e-e (Schuld-)Forderung haben (ه an *j-n*); **IV** أدان [ʔa'daːna] schuldig sprechen; beschuldigen (ب ه *j-n e-r Sache*); *Verbrecher* überführen; (*moralisch*) verurteilen; zu s-m Schuldner machen; **V** تدين [ta'dajjana] sich bekennen (ب zu *e-r Religion*); **VI** تداين [ta'daːjana] Schulden machen; voneinander Geld leihen; **X** استدان [ista'daːna] sich Geld leihen (من von *D*), Schulden machen

[2]**دين** [dain], *pl.* ديون [du'juːn] Schuld *f*; Forderung *f* (على ل *j-s* an *j-n*); بالـ~ auf Kredit; ديون خارجية Auslandsverschuldung *f*; ~ سند [sanad d.] *Fin.* Obligation *f*; صاحب الـ~ Gläubiger *m*

[3]**دين** [dajjin] religiös, fromm

[4]**دين** [diːn], *pl.* أديان [ʔad'jaːn] Religion *f*; (*religiöser*) Glaube; ~ الدولة [d. ad-daula] Staatsreligion *f*; كان على ~ـه derselben Richtung wie j-d angehören

دينار [diː'naːr], *pl.* دنانير [danaː'niːr] (2) Dinar *m* (*Währungseinheit*); *pl. a.* Geld *n*

ديناري [diː'naːriː] Karo *n* (*beim Kartenspiel*)

ديناصور [diːnaː'soːr], *pl.* [-aːt] Dinosaurier *m*

دينامو [diː'naːmoː] Dynamo *m*

دينامي [diː'naːmiː] dynamisch

ديناميات [diːnaːmiː'jaːt] *pl.* Dynamik *f*

ديناميت [diːna'miːt] Dynamit *n*

ديناميكا [diːnaː'miːkaː] Dynamik *f*; ~ كهربائية [kahrabaː'ʔiːja] Elektrodynamik *f*

ديناميكية [diːnaːmiː'kiːja] Dynamik *f*; Dynamismus *m*

دينامية [diːnaː'miːja] Dynamik *f*

دينونة [dai'nuːna] *a. Rel.* Gericht *n*; الـ~ (يوم) *Rel.* das Jüngste Gericht

ديني [diːniː] religiös, geistlich; *Arch.* sakral

دية [dija] Blutgeld *n für e-n Getöteten*, Wergeld *n*

ديوان [diː'waːn], *pl.* دواوين [dawaː'wiːn] (2) Kanzlei *f*, Büro *n*, Amt *n*; *hist.* Ratssaal *m e-s Herrschers*; Rat(sversammlung *f*) *m*; *Äg.* (*Eisenbahn-*)Abteil *n*; Gedichtsammlung *f*, Diwan *m*; *hist.* Gerichtshof *m*; *hist.* (Heeres-)Stammrolle *f*; ~ الإنشاء *hist.* Kanzlei *f*; ~ الرئيس Präsidialamt *n*; ~ المحاسبة [d. al-mu'ħaːsaba], ~ المراقبة [d. al-mu'raːqaba] Rechnungshof *m*; لغة الدواوين [luɣat ad-d.] Kanzleisprache *f*

ديواني [diː'waːniː] Kanzlei-; Diwani *n* (*Schriftduktus*)

ذ

ذ (ذال) [ðaːl] *neunter Buchstabe des arab. Alphabets*

ذا [ðaː], *f* [ðiː], *pl.* أولاء [ʔu'laːʔi] dies(er); بذا damit, somit; كذا [ka-ðaː] so; كذا وكذا soundso viel; لذا [li-ðaː] deshalb, deswegen, darum; ~ ما was (denn)?; ~ هو der hier, das hier; ~ ها هو da(s) ist er; → ذو

ذاب → [1](ذوب)

ذابل [ðaːbil], *pl.* ذبل [ðubul] welk, verwelkt; matt, trübe; *Haut*: schlaff; *Lippen*, *Gesicht*: blaß; *Wangen*: eingefallen

ذات [ðaːt] (*f zu* ذو), *pl.* ذوات [ða'waːt] habend, besitzend; Selbst *n*; *Psych.* Ich *n*; Persönlichkeit *f*, Identität *f*; Wesen *n*; selbst; derselbe; الذوات die vornehmen *od.* feinen Leute; بالـ~ eben, gerade; besonders; لذاته selbständig, eigenständig; هو ~ـه/بذاته er selbst, er persönlich; ~ بينهما [ð. bai'nihimaː] das Verhältnis zwischen den beiden; ~ الجنب [ð. al-dʒamb] Rippenfellentzündung *f*; ~ الرئة [ð. ar-riʔa] Pneumonie *f*; ~ الشيء dasselbe; ~ مرة [-a marra(tin)] einmal, einst; ~ اليمين [-a l-ja'miːn] nach rechts; ~ يوم [-a jaumin] eines Tages; ذوات الفقرات [ð. al-faqa'raːt] Wirbeltiere *n/pl.*; ابن ذوات [ibn ð.] Sohn *m* reicher *od.* vornehmer Leute; إنكار الـ~ Selbstverleugnung *f*; Selbstlosigkeit *f*; حب الـ~ [ħubb að-ð.] Eigenliebe *f*; غاية بذاتها/في ذاتها Selbstzweck *m*; قائم بذاته selbständig, eigenständig; واضح بذاته selbstverständlich; في حد ذاته [ħaddi ð.] an sich, als solcher; بـ~ المكان am selben Ort

ذاتي [ðaːtiː] eigen, Selbst-; subjektiv; persönlich; Subjektivist *m*; selbsttätig, automatisch; ~ًا [-jan] *Adv.* persönlich, in eigener Person; selbst; ~ الحركة [ð. al-ħaraka] automatisch; ~ حكم [ħukm] Autonomie *f*

ذاتية [ðaː'tiːja] Persönlichkeit *f*, Identität *f*; Subjektivismus *m*; قسم الـ~ [qism að-ð.] Personalabteilung *f*

ذاد → [1](ذود)

ذادة → ذائد

ذارف [ðaːrif] *Auge*: weinend

ذاق → [1](ذوق)

ذاع → (ذيع)

ذاك [ðaːka], *f* تاك [taːka] *u.* تيك [tiːka], *pl.* أولئك [ʔu'laːʔika] dieser, jener

ذاكرة [ðaːkira] Gedächtnis *n*, Erinnerungsvermögen *n*; Speicher *m e-s Computers*

ذال [ðaːl] *f* der Buchstabe ذ

ذانك → ذلك

ذاهل [ðaːhil] überrascht, erstaunt; bestürzt, betroffen; verwirrt, verstört; zerstreut, vergeßlich

ذاو [ðaːwin] verwelkt, welk; matt, schwach; *Gesicht*: eingefallen

ذائب [ðaːʔib] schmelzend, geschmolzen; aufgelöst; sanft, zärtlich

ذائد [ðaːʔid], *pl.* ذادة [ðaːda] Verteidiger *m*

ذائع [ðaːʔiʕ] verbreitet, weithin bekannt; *Gerücht*: kursierend; ~ الصيت [ð. as̵-s̵iːt] berühmt

[1]**ذب** [ðabba, u] verjagen, vertreiben (عن von *D*); verteidigen (عن *A*)

[2]**ذب** [ðabb] Verjagung *f*; Verteidigung *f* (عن *G*)

ذباب [ðu'baːb] *koll.*, *n. un.* ~ة, *pl.* ذبان [ði'bbaːn] *u.* أذبة [ʔa'ðibba] Fliegen *f/pl.*

ذبابة [ðu'baːba], *pl.* [-aːt] **1.** Fliege *f*; **2.** Spitze *f des Degens*

ذباح [ða'bbaːħ] Schlächter *m*; Halsabschneider *m*

ذبالة [ðu'baːla] Docht *m*

ذبان → ذباب

ذبانة [ði'bbaːna] Korn *n des Gewehres*

[1]**ذبح** [ðabaħa, a] *Tier* (*durch Kehlschnitt*) töten, schlachten, abstechen; abschlachten, niedermetzeln

[2]**ذبح** [ðabħ] Schlachtung *f*, Tötung *f*; Abschlachten *n*, Niedermetzelung *f*

[3]**ذبح** [ðibħ] Schlachtopfer *n*

ذبحة [ðubħa, ðibħa] Angina *f*; ~ صدرية Angina pectoris *f*

ذبذب [ðabðaba] in Schwingung versetzen; **II** تذبذب [ta'ðabðaba] schwingen, hin- und herpendeln; vibrieren; oszillieren; *fig.* schwanken; *Zeiger*: ausschlagen

ذبذبة [ðabðaba], *pl.* [-aːt] Schwingung *f*; Vibrieren *n*; Oszillation *f*; *fig.* Schwankung *f*; Ausschlag *m des Zeigers*; *El.* Frequenz *f*

[1]**ذبل** [ðabala, u] welken, verwelken; matt werden; *Lippen*: blaß werden; *Wangen*: einfallen; *Mensch*: verfallen; **IV** أذبل [ʔaðbala] welken lassen; *j-n* entkräften

[2]**ذبل** [ðubul] → ذابل

ذبول [ðu'buːl] (Ver-)Welken *n*; Welkheit *f*; Eingefallensein *n der Wangen*; Verfall *m e-s Menschen*

[1]ذخر [ðaxara, a] aufbewahren, aufspeichern (ـه/ب A); *Kräfte* aufsparen; in sich bergen (ـه/ب A); **VIII** ادخر [i'ddaxara] aufbewahren, aufspeichern, (an)sammeln, anhäufen; horten; (an-, auf)sparen; لا يدخر جهدا [ʤuhdan] *u.* لا يدخر وسعا [wusʕan] keine Mühe scheuen

[2]ذخر [ðuxr], *pl.* أذخار [ʔað'xaːr] kostbare(s) Gut, Schatz *m*; Bereicherung *f* (ل für *A*)

ذخيرة [ða'xiːra], *pl.* ذخائر [ða'xaːʔir] (2) Vorrat *m*; *fig.* Schatz *m*; *Mil.* Munition *f*

[1]ذر [ðarra, u] **1.** (aus-, ver)streuen; bestreuen (ب mit *D*); **2.** *Sonne*: aufgehen; sich zeigen

[2]ذر [ðarr] (Aus-, Ver-)Streuen *n*

ذراع [ði'raːʕ] *f u. m, pl.* أذرع [ʔaðruʕ] *a. Tech.* Arm *m*; *obs.* Elle *f* (*Maß*); الإدارة ~ Kurbel *f*; رافعة ~ Hebelarm *m*

ذرب [ðarib] *Zunge*: scharf

[1]ذرع [ðaraʕa, a] *Raum* durchmessen, *Land* durchqueren; *Straße* entlanggehen, entlangfahren; **V** تذرع [ta'ðarraʕa] sich bedienen (ب *G*), gebrauchen (ب *A*); بحجة ~ [bi-ħuddʒa], بذريعة ~ ein Argument *od.* e-n Vorwand benutzen; بوسيلة ~ zu e-m Mittel greifen

[2]ذرع [ðarʕ]: ضاق ~ا ب [-an] *etwas* satt haben *od.* nicht (mehr) ertragen können

ذرف [ðarafa, i] *Tränen* vergießen; *Tränen*: fließen

[1]ذرة [ðarra], *pl.* [-aːt] Atom *n*; Partikelchen *n*, Teilchen *n*, Körnchen *n*, Stäubchen *n*; Spur *f*, Quentchen *n* (من von *D*); ولا مثقال ~ [miθ'qaːlu ð.] kein bißchen, kein Jota

[2]ذرة [ðura] Mais *m*; بيضاء ~ [bai'dˤoːʔ] *Ir.* Mohrenhirse *f*; رفيعة ~, شامية ~ *Äg.* Mais *m*; صفراء ~ *Syr.* Mais *m*; عويجة ~ [ʕu'waidʒa] *Äg.* Mohrenhirse *f*; هجين ~ Hybridmais *m*

(ذرو) ذرا [ðaraː, uː] *Wind*: davontragen, verwehen; *Kummer* zerstreuen; *Hoffnung* zunichte machen; *Getreide* worfeln; **II** ذرى [ðarraː] *Getreide* worfeln; ~ جهوده مع الريح [ar-riːħ] sich vergeblich bemühen; **IV** أذرى [ʔaðraː] = ذرا

ذروة [ðirwa, ðurwa], *pl.* ذرى [ðuran] *a. fig.* Gipfel *m*; Spitze *f*; Höhepunkt *m*; ساعة الـ~ Hauptverkehrszeit *f*

[1]ذري [ðarriː] atomar, Atom-, Kern-; الطاقة الذرية Atomenergie *f*

[2]ذري [ðurriː] → [2]وقف

ذريع [ða'riːʕ] verheerend, schlimm; فشل ~ [faʃal] klägliche(r) Mißerfolg, Fiasko *n*

ذريعة [ða'riːʕa], *pl.* ذرائع [ða'raːʔiʕ] (2) Mittel *n*; Vorwand *m*; مذهب الذرائع *Phil.* Instrumentalismus *m*

[1]ذرية [ða'rriːja] *Phil.* Atomismus *m*, Atomistik *f*

[2]ذرية [ðu'rriːja] Nachkommenschaft *f*, Kinder *n/pl.*

ذعاف [ðu'ʕaːf] *Gift*: tödlich, sofort wirkend; موت ~ [maut] sofortige(r) Tod

[1]ذعر [ðaʕara, a] *j-n* erschrecken; *Pass.* [ðuʕira] *intr.* erschrecken (ل über *A*), Angst bekommen (من vor *D*); — [ðaʕira, a] *intr.* erschrecken; **IV** أذعر [ʔaðʕara] *j-n* erschrecken; **VII** انذعر [in'ðaʕara] *intr.* erschrecken

[2]ذعر [ðuʕr] Schreck(en) *m*, Entsetzen *n*, Angst *f*, Panik *f*

ذعرة [ðuʕara] Bachstelze *f*

(ذعن) **IV** اذعن [ʔaðʕana] sich unterwerfen, sich fügen, gehorchen, nachgeben (ل *j-m*)

ذفر [ðafar] Gestank *m*

ذقن [ðaqn, ðaqan] *f u. m, pl.* أذقان [ʔað'qaːn] *u.* ذقون [ðu'quːn] Kinn *n*; (Kinn-)Bart *m*; حلق ~ه sich rasieren; ضحك على ~ه [dˤɒħika] *j-n* zum Narren halten

ذكاء [ða'kaːʔ] Intelligenz *f*, Klugheit *f*, scharfe(r) Verstand

[1]ذكر [ðakara, u] erwähnen, nennen, anführen; zitieren; mitteilen; *Zeitung*: melden, berichten; sich erinnern (ـه/ه an *A*), gedenken (ـه/ه *G*); *Isl. Gott* anrufen; *Pass.* يذكر [juðkar] nennenswert, bemerkenswert, erwähnenswert; مما يذكر [mimmaː juðkar] es ist zu erwähnen; ~ه بخير [bi-xair] gut von j-m sprechen; **II** [ðakkara] **1.** erinnern (ـه/ب ه *j-n* an *A*); **2.** *Gr.* ins Maskulinum setzen; **III** ذاكر [ðaː-kara] lernen, memorieren; ~ تلميذا دروسه [til'miːðan du'ruː-sahuː] mit e-m Schüler s-e Lektionen einüben *od.* pauken; **IV** أذكر [ʔaðkara] erinnern (ـه/ب/ه ه *j-n* an *A*); **V** تذكر [ta'ðakkara] sich erinnern (ـه/ه an *A*), nachdenken; zurückdenken (ـه an *A*); denken (ـه/ه an *A*); **VI** تذاكر [ta'ðaːkara] miteinander besprechen, beraten (ـه/في *A*); **X** استذكر [is'taðkara] (auswendig) lernen, sich einprägen; sich ins Gedächtnis zurückrufen; sich wieder erinnern

[2]ذكر [ðakar], *pl.* ذكور [ðu'kuːr] *u.* ذكورة [ðu'kuːra] männlich; männliche Person; *Zool.* Männchen *n*; *pl.* ذكور männliche(s) Glied; أم ~ أنثى [ʔam ʔunθaː] Junge oder Mädchen?

[3]ذكر [ðikr] Erwähnung *f*, Nennung *f*; Erinnerung *f*, Gedenken *n*; Ruf *m*, Ansehen *n*; *Isl.* Anrufung *f Gottes*; (sufische) Andachtsübung; على ~ apropos; الـ~ الحكيم der Koran; ~ه الآتي der folgende; أهل الـ~ die Experten *m/pl.*; آنف/سالف الـ~ obenerwähnt

[1]ذكري [ðakariː] männlich

[2]ذكرى [ðikraː], *pl.* ذكريات [ðikra'jaːt] Erinnerung *f* (+ *G*: an *A*); Gedenktag *m*; Jahrestag *m*, Jubiläum *n*; الـ~ المئوية [al-miʔa'wiːja] Hundertjahrfeier *f*

(ذكو) ذكا [ðakaː, uː] aufflammen; entbrennen (ب von *D*); stark duften; **II** ذكى [ðakkaː] *a. fig.* anfachen; entfachen, *Hoffnung* erwecken; **IV** أذكى [ʔaðkaː] aufglimmen, erstrahlen lassen; schüren, erwecken, entfachen

ذكورة [ðu'kuːra] Männlichkeit *f*

ذكوري [ðu'kuːriː] männlich

[1]ذكي [ðakija, aː] intelligent sein; *Verstand*: scharf sein; – ذكى [ðakkaː] → (ذكو) II

[2]ذكي [ða'kiːj], *pl.* أذكياء [ʔaðki'jaːʔ] (2) intelligent, klug, gescheit;

wohlriechend; appetitanregend, schmackhaft

[1]**ذل** [ðalla, i] gedemütigt, verachtet, gering sein; sich erniedrigen (ل vor *j-m*); **II** ذلل [ðallala] *Schwierigkeiten* überwinden, bezwingen, meistern; in die Knie zwingen, unterwerfen; **IV** أذل [ʔa'ðalla] unterwerfen, demütigen, erniedrigen; **V** تذلل [ta'ðallala] sich erniedrigen *od.* demütigen (ل vor *j-m*); sich würdelos benehmen; **X** استذل [ista-'ðalla] demütigen, sich j-m (ه) unterwerfen; sich erniedrigen

[2]**ذل** [ðull] Demut *f*, Unterwürfigkeit *f*; (Selbst-)Erniedrigung *f*, Würdelosigkeit *f*; Erbärmlichkeit *f*; Niedrigkeit *f*

ذلاقة [ða'laːqa] Zungenfertigkeit *f*

ذلق [ðalq, ðaliq] zungenfertig, redegewandt

ذلك [ðaːlika], *f* تلك [tilka], *du.* (*klass.*) *m* ذانك [ðaːnika], *f* تانك [taːnika], *pl.* أولئك [ʔu'laːʔika] jener; das; بـ~ dadurch, so; ~ بعد danach; ~ على (و) (und) daher, (und) so; ~ قبل zuvor, vorher; كـ~ ebenso, auch; لـ~ deshalb, deswegen; ~ مع dennoch, trotzdem; أن ~ (و) [ʔanna], لأن ~ (و) [li-ʔanna] und zwar deshalb, weil ...; بأن ~و [bi-ʔanna] und zwar dadurch, daß

ذلة [ðilla] Erniedrigung *f*, Demütigung *f*, Würdelosigkeit *f*; Niedrigkeit *f*, Ärmlichkeit *f*

ذلول [ða'luːl], *pl.* ذلل [ðulul] fügsam, folgsam; ~ مطية [ma'ṭiːja] gefügige(s) Werkzeug

ذليل [ða'liːl], *pl.* أذلاء [aði'llaːʔ] (2), أذلة [ʔa'ðilla] *u.* ذلال [ði'laːl] unterwürfig, demütig (ل gegenüber *j-m*); fügsam, gehorsam; niedrig, würdelos; erbärmlich

[1]**ذم** [ðamma, u] tadeln, mißbilligen

[2]**ذم** [ðamm] Tadel *m*, Mißbilligung *f*; Vorwürfe *m/pl.*

ذمار [ði'maːr] Heimaterde *f*; teure, zu schützende Güter *n/pl.*

ذمام [ði'maːm] Schutz *m*

(**ذمر**) **V** تذمر [ta'ðammara] murren (من über *A*)

ذمة [ðimma], *pl.* ذمم [ðimam] (Zahlungs)Verpflichtung *f*, Schuld *f*; Verantwortlichkeit *f*; Obhut *f*, Schutz *m*; *Hdl.* Vermögen *n*; Gewissen(haftigkeit *f*)*n*, Redlichkeit *f*; Gerechtigkeit *f des Richters*; بالـ~ ehrlich?; بذمتي bei meiner Ehre; ~ على + *G*: zugunsten von, für; ~ـه على unter j-s Obhut; في ~ـه *u.* بذمته in j-s Schuld; لـ~ + *G*: zugunsten, für; أهل الـ~ *hist.* die (freien) nichtmuslimischen Untertanen; شراء الذمم [ʃi'raːʔ að-ð.] Kauf *m von Personen*, Bestechung *f*; طاهر الـ~ rechtschaffen, redlich; قلة الـ~ [qillat að-ð.] Gewissenlosigkeit *f*; Unredlichkeit *f*; ~ـه على بريئة ihn trifft keine Schuld; على ~ وكالة الأنباء wie die Nachrichtenagentur meldet; هي على ~ـه sie steht unter seiner Obhut; sie ist (noch) mit ihm verheiratet; er hat für sie aufzukommen; هو في ~ الله er ist heimgegangen *od.* entschlafen

ذمي [ðimmiː], *pl.* [-uːn] (freier) nichtmuslimische(r) Untertan

ذميم [ða'miːm], *pl.* ذمام [ði'maːm] tadelnswert, verwerflich; schändlich; schlimm, *Tag*: schwarz; häßlich, abscheulich

[1](**ذنب**) **IV** أذنب [ʔaðnaba] unrecht handeln, schuldig werden; straffällig werden; sündigen

[2]**ذنب** [ðanab], *pl.* أذناب [ʔað'naːb] Schwanz *m*; Schweif *m e-s Kometen*; Anhänger *m*, Gefolgsmann *m*

[3]**ذنب** [ðamb], *pl.* ذنوب [ðu'nuːb] Schuld *f*, Vergehen *n*; ما ذنبي was habe ich denn getan?; was kann denn ich dafür?

ذنيب [ðu'naib] Blattstiel *m*

ذنيبة [ðu'naiba]: أبو ~ Kaulquappe *f*

ذهاب [ða'haːb] Gehen *n*; Weggehen *n*, Wegfahren *n*; Abreise *f*, Fahrt *f*; Hinfahrt *f*; Dahingehen *n*, Schwinden *n*; Hinscheiden *n*; الـ~ إلى أن [ʔanna] die Meinung *od.* Behauptung, daß...; مباراة الـ~ [mubaː'raːt að-ð.] *Sport*: Hinspiel *n*; ~ـا وإيابا [-an wa-ʔi'jaːban] hin und zurück; ~ـا وجيئة [dʒiːʔatan] hin und her; auf und ab

[1]**ذهب** [ðahaba, a] gehen, sich begeben (إلى zu *D*, nach *e-m Ort*); weggehen, fortgehen; dahingehen, (ver)schwinden; *Politiker*: abtreten; wegnehmen, rauben, entfernen, verschwinden lassen (بـ *A*); der Ansicht sein (إلى أن [ʔanna] daß); übergehen (إلى *od.* + *Imperf.* zu *D*); إلى حد القول ~ [ħaddi l-qaul] so weit gehen, zu sagen (بأن [bi-ʔanna] daß); ~ مذهبه [mað'habahuː] j-s Anschauung *od.* Lehre folgen; ebenso vorgehen wie; ما نذهب إليه was wir meinen *od.* glauben; **II** [ðahhaba] vergolden; **IV** أذهب [ʔaðhaba] verschwinden lassen, entfernen, beseitigen; wegnehmen, rauben (عن *j-m*); *Sorgen, Langeweile* vertreiben

[2]**ذهب** [ðahab] Gold *n*; ~ أبيض [ʔabjɒḍ] Platin *n*; Baumwolle *f*; ~ أسود [ʔaswad] schwarze(s) Gold, Erdöl *n*

ذهبي [ðahabiː] golden, aus Gold; goldblond

ذهبية [ðaha'biːja] *Äg.* Hausboot *n* auf dem Nil

ذهل [ðahila, a] überrascht, verblüfft sein; erstaunt sein (ل über *A*); entsetzt, verstört sein; — [ðahala, a] vergessen (عن *A*); **IV** أذهل [ʔaðhala] überraschen, verblüffen, erstaunen; verwirren, benommen machen

ذهن [ðihn], *pl.* أذهان [ʔað'haːn] Geist *m*; حضور الـ~ Geistesgegenwart *f*; أعاده إلى الأذهان etwas ins Gedächtnis rufen

ذهني [ðihniː] geistig, Geistes-

ذهنية [ðih'niːja], *pl.* [-aːt] Denkweise *f*, Mentalität *f*

ذهوب [ðu'huːb] Gehen *n*; ~ـا وجيئة [-an wa-dʒiːʔatan] hin und her; auf und ab

ذهول [ðu'huːl] Überraschung *f*, Erstaunen *n*; Bestürzung *f*, Betroffenheit *f*, Schreck *m*; Verstörtheit *f*, Verwirrung *f*; Benommenheit *f*

ذو [ðuː], *G* ذي [ðiː], *A* ذا [ðaː], *f* ذات [ðaːt] (→ *alphabetisch*), *m/pl.* ذوو [ðawuː] *u.* أولو [ʔuluː], *f/pl.* ذوات [ða'waːt] (versehen *od.* ausgestattet) mit; Besitzer *m*, Inhaber *m von etwas*; ذووه seine Angehörigen; أهمية ~ [ðuː ʔaha'm-miːja], بال ~ *u.* شأن ~ wichtig, bedeutend; ذوو حضارة Träger *m/pl.* e-r Kultur; ذوو الدخل المحدود Bezieher *m/pl.* niedriger Einkommen; القرنين ~ [ðuː l-qar'nain] *Beiname Alexanders des Großen*; القعدة ~ [ðuː l-qaʕda] *u.* الحجة ~ [ðuː l-ħiddʒa] *11. u. 12. Monat des islamischen Jahres*; مال ~ vermögend, reich; من ذي قبل [min ðiː qabl(u)] *nach Komparativ*: als vorher; أعطى كل ذي حق حقه [ʔaʕtɒː kulla ðiː ħaqqin ħaqqahuː] allen gerecht werden

ذؤابة [ðu'ʔaːba], *pl.* [-aːt] *u.* ذوائب [ða'waːʔib] (2) **1.** Haarsträhne *f*; **2.** Spitze *f*; Höhepunkt *m*

ذوات → ذات *u.* ذو

ذواق [ða'wwaːq], *pl.* [-uːn] Mann *m* mit (gutem) Geschmack; *a. fig.* Feinschmecker *m*

ذواقة [ða'wwaːqa] Genießer *m*, Feinschmecker *m*, Kenner *m*

[1](**ذوب**) ذاب [ðaːba, uː] schmelzen, zergehen, zerfließen, sich auflösen; *a. fig.* hinschmelzen; aufgehen (في in *D*); verschwinden, dahinschwinden, vergehen; sich verzehren; لا يذوب unlöslich (sein); **II** [ðawwaba] schmelzen, zergehen lassen; **IV** أذاب [ʔa'ðaːba] schmel-zen, zerfließen, zergehen lassen; (auf)lösen (في in *e-r Flüssigkeit*); جهده ~ [dʒuhdahuː] sich veraus-gaben

[2]**ذوب** [ðaub] Schmelzen *n*; الثلج ~ Schmelzwasser *n*; النفس ~ innige Gefühle *n/pl. od.* Gedanken *m/pl.*

ذوبان [ðawa'baːn] Schmelzen *n*; Auflösung *f*; الثلوج ~ Schneeschmelze *f*; قابل للـ~ löslich

ذؤبان → ذئب

[1](**ذود**) ذاد [ðaːda, uː] verteidigen (عن *A*); sich einsetzen (عن für *A*); abwehren, fernhalten (عن von *D*)

[2]**ذود** [ðaud] Verteidigung *f* (عن *G*); Eintreten *n* (عن für *A*)

[1](**ذوق**) ذاق [ðaːqa, uː] *Speise* kosten, probieren, versuchen; aus eigener Erfahrung kennenlernen; am eigenen Leib zu spüren bekommen, (er)leiden; Geschmack finden (ـه an *D*); لا يذوق للحم طعما [li-l-laħmi tɒʕman] er ißt nicht gerne Fleisch; **II** [ðawwaqa] schmecken lassen; schmackhaft machen (ه *j-m*); **IV** أذاق [ʔa'ðaːqa] kosten *od.* schmekken lassen; Geschmack finden lassen (ـه an *D*); erleiden lassen; **V** تذوق [ta'ðawwaqa] *Speise* kosten; Geschmack finden; auskosten, genießen

[2]**ذوق** [ðauq], *pl.* أذواق [ʔað'waːq] Geschmack *m*; Geschmackssinn *m*; Sinn *m*, Empfinden *n* (في für *A*); Takt(gefühl *n*) *m*; Lebensart *f*; فني ~ [fanniː] Kunstsinn *m*; قلة الـ~ [qillat að-ð.] Geschmacklosigkeit *f*; Taktlosigkeit *f*

ذوي [ðawija, aː] welken; verfallen; *Hoffnung*: schwinden; *G* von ذوو, → ذو

ذي → ذو

ذئب [ðiʔb], *pl.* ذئاب [ði'ʔaːb] *u.* ذؤبان [ðuʔ'baːn] Wolf *m*

ذئبة [ðiʔba] Wölfin *f*

(**ذيع**) ذاع [ðaːʕa, iː] sich ausbreiten, sich verbreiten; allgemein bekannt werden; **IV** أذاع [ʔa'ðaːʕa] verbreiten; veröffentlichen; *Geheimnis* enthüllen; bekanntmachen, verkünden; *Radio*: senden, übertragen, ausstrahlen, *Nachricht* bringen

[1](**ذيل**) **II** [ðajjala] *Buch* mit e-m Anhang *od.* Nachtrag versehen; folgen lassen, anfügen (ـه ب *e-r Sache A*)

[2]**ذيل** [ðail], *pl.* أذيال [aʔð'jaːl] *u.* ذيول [ðu'juːl] unterste(r) Teil *e-r Sache*; Ende *n*; Schwanz *m;* Schleppe *f e-s Kleides*; *fig.* Rockzipfel *m*; (*Rock-*)Saum *m*; Anhang *m*, Nachtrag *m*, Supplement *n*; Anhängsel *n*; Zusatzabkommen *n*; Nachwirkung *f*, Folge *f*; طاهر الـ~ untadelig, rechtschaffen; جره في أذياله [dʒarrahuː] etwas nach sich ziehen; لاذ بأذياله zu etwas Zuflucht nehmen

ذيوع [ðu'juːʕ] Ausbreitung *f*, Verbreitung *f*; Bekanntwerden *n*; Bekanntheit *f*; الصيت ~ [ð. as-siːt] Berühmtheit *f*

ر

1**ر** (راء) [raːʔ] *zehnter Buchstabe des arab. Alphabets*

2**ر** *Komma bei Dezimalzahlen*

1**راب** [raːba] → 1(روب) *u.* 1(ريب)

2**راب** [raːbb], *pl.* [-uːn] Stiefvater *m*

3**رأب** [raʔaba, a] reparieren, ausbessern, flicken

4**رأب** [raʔb] Reparieren *n*, Ausbessern *n*

رابح [raːbiħ] gewinnbringend, einträglich, lukrativ; Gewinner *m*; ـة ~ ورقة [waraqa] Trumpf *m beim Kartenspiel*; Gewinnlos *n*; ~ يوم [jaum] Glückstag *m*

رابض [raːbiđ] *Tier*: daliegend, lagernd; *Mensch*: dastehend, dasitzend; *Fahrzeug*: abgestellt; *Gebäude*: liegend; stationiert

رابط [raːbiŧ] bindend; Verbindung *f*; *a. fig.* Band *n*; ~ الجأش unerschütterlich, unerschrocken, gefaßt

رابطة [raːbiŧɒ], *pl.* روابط [raˈwaːbiŧ] (2) Band *n*, Bindung *f*, Verbindung *f*; Vereinigung *f*, Verband *m*, Bund *m*, Liga *f*; Kreis *m von Gleichgesinnten*, Club *m*; الـ~ الإسلامية die Moslem-Liga (*in Indien*); Panislamismus *m*

رابع [raːbiʕ] vierte(r); ـًا~ [-an] *Adv.* viertens; ~ عشر [-a ʕaʃar(a)], *f* ـة~ عشرة [-ata ʕaʃra(ta)] vierzehnte(r)

رابعة [raːbiʕa]: في ~ النهار am hellichten Tag

رابّة [raːbba] Stiefmutter *f*

رابية [raːbija], *pl.* روابٍ [raˈwaːbin] Hügel *m*

راتب [raːtib] gleichbleibend, beständig; gleichförmig, monoton; *pl.* رواتب [raˈwaːtib] (2) Gehalt *n*, Besoldung *f*; Sold *m*

راتينج [raːˈtiːnadʒ] Harz *n*

راث → 1(روث)

1**راج** [raːdʒa] → (روج)

2**راج** [raːdʒin] hoffend

راجا [raːdʒaː], *pl.* راجوات [raːdʒaˈwaːt] Radscha *m*, indische(r) Fürst

راجيبات [raːdʒibiˈjaːt] *pl.* Bakterien *pl.*

راجح [raːdʒiħ] mehr Gewicht habend, überwiegend; *Meinung*: vorherrschend; den Ausschlag gebend; vorrangig; überlegen; wahrscheinlich; vorzuziehen

راجع [raːdʒiʕ] zurückkehrend; zurückgehend (إلى auf *A*), zuzuschreiben (ل *D*); zukommend (ل *j-m*); ـة ~ حمى [ħummaː] Rückfallfieber *n*

راجف [raːdʒif] schaudernd, entsetzt

راجل [raːdʒil], *pl.* رجالة [raˈddʒaːla] zu Fuß gehend; Fußgänger *m*; Infanterie-; ـًا~ [-an] *Adv.* zu Fuß

1**راح** [raːha] → 1(روح)

2**راح** [raːħ] Wein *m*

راحل [raːħil] dahingegangen, der Vergangenheit angehörend; *pl.* [-uːn] verstorben, Verstorbene(r); auf Reisen befindlich

راحلة [raːħila], *pl.* رواحل [raˈwaːħil] (2) Reitkamel *n*, Reittier *n*; شد ـه~ [ʃadda -tahuː] zur Reise rüsten

راحة [raːħa] Ruhe *f*; Erholung *f*; Bequemlichkeit *f*; Ruhetag *m e-s Betriebs*; ~ البال Unbeschwertheit *f*; ~ الحلقوم [r. al-ħulˈquːm] *geleeartige Süßigkeit*; ~ اليد [r. al-jad] Handfläche *f*; أسباب الـ~ Bequemlichkeiten *f/pl.*, Komfort *m*; بيت الـ~ [bait ar-r.] Toilette *f*; العمل من أجل ~ الأسرة [al-ʕamal min ʔadʒli -ti l-ʔusra], العمل على ~ الأسرة Versorgung *f* der Familie; فترة الـ~ (Ruhe-)Pause *f*

راحم [raːħim] erbarmungsvoll; Erbarmer *m*

راد → (رود)

رادار [raːˈdaːr] Radar *m u. n*

راداري [raːˈdaːriː] Radar-

رادع [raːdiʕ] abschreckend; zurückhaltend, hindernd; präventiv; *pl.* روادع [raˈwaːdiʕ] (2) Abschreckung *f*, zurückhaltende(s) Element; *Psych.* Hemmung *f*

رادياتور [raːdjaˈtoːr], *pl.* [-at] Heizgerät *n*; Heizkörper *m*; Kühler *m des Autos*

راديكالي [raːdiˈkaːliː] radikal; Radikale(r)

راديكالية [raːdikaːˈliːja] Radikalismus *m*

راديو [raːdjoː], *pl.* راديوهات [raːdjoˈhaːt] Radio *n*, Rundfunk *m*; Radioapparat *m*; صورة بالـ~ [suːra] Funkbild *n*

راديوي [raːdjawiː] Radio-, Funk-

راديوم [raːdjum] Radium *n*

رازح [raːziħ]: هو ~ تحت وطأة + *G*: er hat schwer zu tragen an

1**راس** [raːsin] fest, festgegründet; verankert; راسيات [raːsiˈjaːt] *pl. u.* رواس [raˈwaːsin] *pl.* Berge *m/pl.*; الراسي عليه المزاد Ersteigerer *m*

2**رأس** [raʔasa, a, i] an der Spitze stehen (ـه von *D*), führen, leiten; den Vorsitz führen (ـه bei *e-r Sitzung*); j-s (ه) Vorgesetzter sein; **II** [raʔʔasa] zum Führer *od.* Leiter machen (على von *D*); **V** ترأس [taˈraʔʔasa] leiten; j-s (ه) Vorgesetzter sein

[3]**رأس** [raʔs], *pl.* رؤوس [ru'ʔuːs] Kopf *m*, Haupt *n*; Oberhaupt *n*, Führer *m*; Stück *n* (*Vieh*); Spitze *f*, Gipfel *m*; Kap *n*; Beginn *m*, Anfang *m*; Ansehen *n*; ~ًا [-an] *Adv.* direkt, unmittelbar; (قائم) برأسه eigenständig, für sich; ~ على + *G*: an der Spitze von; ~ الجسر [r. al-ʤisr], *pl.* رؤوس الجسور Brückenkopf *m*; ~ الخيمة Ras al-Khaima (*Emirat am Arab.-Pers. Golf*); ~ ذري [ðarriː] Atomsprengkopf *m*; ~ الرجاء الصالح Kap der Guten Hoffnung; ~ السنة [r. as-sana] Neujahr *n*; ~ شمرا [r. ʃamraː], ~ شمرة *hist.* Ras Shamra, Ugarit; ~ العمود [r. al-ʕa'muːd] Kapitell *n*; ~ مال, *pl.* رؤوس أموال Kapital *n*; جزر الـ~ الأخضر [ʤuzur ar-r.] die Kapverdischen Inseln *f/pl.*; و~ أبي [wa-raʔsi ʔabiː] *u.* و~ أمي [ʔummi] *Bekräftigungsformel*: wahrhaftig; على الـ~ والعين [wa-l-ʕain] sehr gerne!, ganz wie Sie wünschen; قلبه ~ًا على عقب [-an ʕalaː ʕaqib] etwas völlig durcheinanderbringen, *e-n Plan* umstoßen

راسب [raːsib] (*in e-r Prüfung*) durchgefallen; (*in der Schule*) sitzengeblieben; *pl.* رواسب [ra'wasib] (2) Sediment *n*, Bodensatz *m*, *Chem.* Niederschlag *m*; Rückstand *m*; رواسب الماضي Überreste *m/pl.* der Vergangenheit

راسخ [raːsix] festgegründet, *a. Überzeugung*: fest; verwurzelt, verankert; beschlagen (في in *D*)

رأسمال [raʔs(u)'maːl], *pl.* رساميل [rasaː'miːl] (2) Kapital *n*

رأسمالي [raʔs(u)'maːliː] kapitalistisch; *pl.* [-uːn] Kapitalist *m*; سلع ~ة [silaʕ] Kapitalgüter *n/pl.*, Investitionsgüter *n/pl.*

رأسمالية [raʔs(u)maː'liːja] Kapitalismus *m*

رأسي [raʔsiː] senkrecht, vertikal; رأسيات الأرجل [raʔsiː'jaːt al-ʔar'ʤul] *pl. Zool.* Kopffüßer *m/pl.*

[1]**راش** [raːʃa] → [1](ريش)

[2]**راش** [raːʃin], *pl.* راشون [raː'ʃuːn] j-d, der e-n anderen besticht

راشد [raːʃid] vernünftig; volljährig, mündig; *pl.* [-uːn] Erwachsene(r); الخلفاء الراشدون [al-xula'faːʔ] die (vier) rechtgeleiteten Kalifen *m/pl.*

راصد [rɒːsɨd], *pl.* رصاد [ru'ssɒːd] *u.* [-uːn] Beobachter *m*, Aufpasser *m*; خزينة ~ة Registrierkasse *f*

راصدة [rɒːsɨda] Teleskop *n*

[1]**راض** [rɒːđɒ] → [1](روض)

[2]**راض** [rɒːđɨn], *pl.* راضون [rɒː'đuːn] *u.* رضاة [ru'đɒːt] zufrieden; einverstanden (ب mit *D*); *Leben*: sorgenfrei, angenehm

[1]**راع** [raːʕa] → [1](روع) *u.* [1](ريع)

[2]**راع** [raːʕin], *pl.* رعاة [ru'ʕaːt] Hirt *m*; Hüter *m*, Beschützer *m*; Schirmherr *m*; *Chr.* Pfarrer *m*; راعي البقر [r. l-baqar] Cowboy *m*; رعاة رحل [ruħħal] Wanderhirten *m/pl.*, Nomaden *m/pl.*

راعب [raːʕib] schreckenerregend

راعف [raːʕif], *pl.* رواعف [ra'waːʕif] (2) Nase(nspitze) *f*

راغ → (روغ)

راغب [raːɣib] wünschend, begehrend (في *A*); Interessent *m*; *a. npr. m*; ~ الزواج heiratswillig; ~ لآخر [li-ʔaːxiri r.] (*Verkauf*) an den Meistbietenden

راغم [raːɣim]: ~ الأنف *u.* ~ وأنفه [wa-ʔanfuhuː] widerstrebend, widerwillig, gezwungen

رأف [raʔafa, a] sich erbarmen (ب *j-s*), Mitleid haben (ب mit *j-m*); **II** [raʔʔafa] zum Mitleid bewegen; **V** ترأف [ta'raʔʔafa] Mitleid haben (ب mit *j-m*)

رافد [raːfid] Stütze *f*, Hilfe *f*; *pl.* روافد [ra'waːfid] (2) Nebenfluß *m*; الرافدان *du.* Euphrat und Tigris; بلاد الرافدين [b. ar-raːfi'dain] Mesopotamien

رافدة [raːfida], *pl.* روافد [ra'waːfid] (2) Tragbalken *m*, Stützbalken *m*, Träger *m*; *fig.* Stützpfeiler *m*

رافض [raːfiđ] ablehnend; *pl.* [-uːn] Verweigerer *m*; ~ الخدمة العسكرية [r. al-xidma al-ʕaska'riːja] Wehrdienstverweigerer *m*

رافضة [raːfiđɒ] abtrünnige Truppen *f/pl.*; الـ~ die Rafiditen *m/pl.* (*schiitische Sekte*)

رافضي [raːfiđiː] abtrünnig; *Isl.* rafiditisch; Rafidit *m* (→ رافضة)

رافع [rafiʕ] Hebe-; ~ الرأس [-a r-raʔs(i)] erhobenen Hauptes

رافعة [raːfiʕa], *pl.* [-aːt] *u.* روافع [ra'wafiʕ] (2) Hebegerät *n*; Kran *m*; Ladebaum *m*; *Phys.* Hebel *m*

رأفة [raʔfa] Mitleid *n*

رافيا [raːfijaː] Raphia *f*, Bambuspalme *f*

[1]**راق** [raːqa] → (روق) *u.* [1](ريق)

[2]**راق** [raːq], *pl.* [-aːt] *Äg.* Lage *f*, Schicht *f*

[3]**راق** [raːqin] **1.** hochstehend, hochentwickelt; niveauvoll; vornehm, exklusiv, mondän; **2.** *pl.* رقاة [ru'qaːt] Zauberer *m*, Magier *m*

راقد [raːqid], *pl.* [-uːn] *u.* رقود [ru'quːd] liegend, ruhend; schlafend

راقص [raːqɨs] tanzend; Tanz-; tänzerisch; *pl.* [-uːn] Tänzer *m*

راقصة [raːqɨsɒ], *pl.* [-aːt] Tänzerin *f*

راقن [raːqin]: آلة ~ة *Maghr.* Schreibmaschine *f*

راقود [raː'quːd] große(r) Krug

راقية [raːqija] Zauberin *f*

راكب [raːkib] reitend; fahrend; *pl.* ركاب [ru'kkaːb] Fahrgast *m*, Passagier *m*, Insasse *m e-s Autos*; *pl.* ركاب *u.* ركبان [ruk'baːn] Reiter *m*; ~ دراجة [r. da'rraːʤa] Radfahrer *m*

راكد [raːkid] stagnierend

راكض [raːkiđ] laufend, rennend

راكع [raːkiʕ], *pl.* ركع [rukkaʕ] niederkniend (*bsd. beim Gebet*), zu Boden geneigt; *fig.* in die Knie gegangen

رال → (ريل)

[1]**رام** [raːma] → [1](روم) *u.* [1](ريم)

[2]**رام** [raːmin] werfend; abzielend (إلى auf *A*); *pl.* رماة [ru'maːt] *a. Astr.* Schütze *m*; Werfer *m*; رامي الجلة [r. al-ʤulla] Kugelstoßer *m*

رام الله [raː'm-ɒllɒ] Ramallah (*Stadt im Westjordanland*)

رامح [raːmiħ]: السماك الـ~ [as-samak] *Astr.* Arkturus *m*

ران → (رين)

راهب [raːhib] sich fürchtend; *pl.* رهبان [ruh'baːn] Mönch *m*

راهبة [raːhiba], *pl.* [-aːt] Nonne *f*

راهن [raːhin] **1.** gegenwärtig, jetzig; **2.** verpfändend; Verpfänder *m*; الحالة الراهنة augenblickliche(r) Zustand, Status quo *m*

راو [raːwin], *pl.* رواة [ru'waːt] *u.* راوون [raː'wuːn] Erzähler *m*; *Isl.* Überlieferer *m*

راوند [raː'wand] Rhabarber *m*

راوية [raːwija] = راو

[1]**رأى** [raʔaː (يرى jaraː)] sehen, erblicken; meinen, glauben, der Ansicht sein, zur Auffassung gelangen (أنّ [ʔanna] daß); es für angebracht halten, beschließen (أن *etwas zu tun*); ansehen (ه/هـ als *A*), halten (ه/هـ für *A*); *Pass.* رؤي أنّ [ruʔija ʔanna] man kam zur Auffassung, daß; *in e-m Gesetz od. in e-r Vorschrift*: es wurde festgelegt *od.* es ist vorgesehen, daß; رؤي أن [ruʔija ʔan] man kam zur Auffassung, daß ... sollte; (يا) ترى [taraː, turaː] *im Fragesatz*: (was meinst du) wohl ...?; أين هو يا ترى wo mag er wohl sein?; حلما ~ [ħulman] e-n Traum haben; رأيه ~ [raʔjahuː] j-s Ansicht sein; أرأيت [ʔa-ra'ʔaita] siehst du (wohl)!; أرى له أن ich meine, er sollte ...; **III** راءى [raːʔaː] sich heuchlerisch benehmen, sich verstellen (ه gegenüber *j-m*); **IV** أرى [ʔaraː (يري juriː)] zeigen (هـ ه *j-m A*); لا أراك الله سوءا [suːʔan] Gott behüte dich!; **VI** تراءى [ta'raːʔaː] zu sehen sein (ل für *j-n*), erscheinen (ل *j-m*); richtig scheinen, belieben (ل *j-m*); **VIII** ارتأى [ir'taʔaː] ins Auge fassen; im Auge haben; für richtig *od.* angebracht halten, beschließen; رأيا ~ [raʔjan] e-e Meinung haben *od.* vertreten

[2]**رأي** [raʔj], *pl.* آراء [ʔaː'raːʔ] Meinung *f*, Ansicht *f*; Stellungnahme *f*; الـ~ العام [al-ʕaːmm] die öffentliche Meinung; die Öffentlichkeit; أصحاب / أهل / ذوو الـ~ [ðawuː r-r.] die maßgeblichen Leute *pl.*; ذوو الـ~ *a.* die Experten *m/pl.*; قسم الـ~ [qism ar-r.] Beratungsabteilung *f*; في ~نا أن [ʔanna] unserer Meinung nach (ist) ...

رائب [raːʔib] *Milch*: geronnen, sauer; لبن ~ Sauermilch *f*, Dickmilch *f*

رائج [raːʔidʒ] verbreitet, gängig; *Gerücht*: kursierend; *Ware*: gut absetzbar, gefragt; *Geschäft*: gutgehend, florierend

رائح [raːʔiħ] (weg)gehend; ~ا وغاديا [-an wa-ɣaːdijan] hin und her, auf und ab

رائحة [raːʔiħa], *pl.* روائح [ra'waːʔiħ] (2) Geruch *m*, Duft *m*; Parfüm *n*

رائد [raːʔid] führend; beispielgebend; bahnbrechend; *pl.* رواد [ru'wwaːd] Vorkämpfer *m*, Bahnbrecher *m*, Pionier *m*; Führer *m*; Besucher *m*, Gast *m*; Kundschafter *m*; *Mil.* Major *m*; Richtschnur *f*; ~ الأعماق Tiefseeforscher *m*; ~ الفضاء Astronaut *m*; ~ مشروع Pilotprojekt *n*

رائدة [raːʔida], *pl.* [-aːt] Vorkämpferin *f*; Pionierin *f*

رائز [raːʔiz], *pl.* روائز [ra'waːʔiz] (2) *Syr., Lib. Psych.* Test *m*

رائع [raːʔiʕ] prächtig, wunderbar, großartig, glänzend; *Gefühl*: erhebend

رائعة [raːʔiʕa], *pl.* روائع [ra'waːʔiʕ] (2) Meisterwerk *n*, wunderbare Sache; في ~ النهار am hellichten Tage

رائق [raːʔiq] klar, rein; ~ المزاج [r. al-mi'zaːdʒ] gut gelaunt

راية [raːja], *pl.* [-aːt] Banner *n*, Flagge *f*

[1]**رب** [rabba, u] (um-, ver)rühren; ~ البيض [l-baiđɒ] Rühreier machen

[2]**رب** [rabb] **1.** (Um-, Ver-)Rühren *n*; **2.** *pl.* أرباب [ʔar'baːb] Herr *m*, Gebieter *m*; Besitzer *m*; Meister *m*; الـ~ der Herr, Gott; ~ الأسرة [r. al-ʔusra] Familienvater *m*; ~ العمل [r. al-ʕamal] Arbeitgeber *m*; أرباب الأموال Kapitalgeber *m/pl.*

[3]**رب** [rubb], *pl.* ربوب [ru'buːb] eingedickte(r) (*Frucht-*)Saft, Sirup *m*

[4]**رب** [rubba] + *G*: manch; رجل ~ [r. radʒulin] mancher Mann, mancheiner

[1]**ربا** [riban] Wucherzins *m*, Wucher *m*; أكل الـ~ Wucher treiben

[2]**ربأ** [rabaʔa, a] e-e zu hohe Meinung von *j-m* (ب) haben, um ihm etwas (عن) zuzutrauen; ~ نفسه عن [nafsahuː] sich zu gut für *etwas* sein

رباب [ra'baːb] *koll., n. un.* ~ة Rebab *m* (*orientalisches Streichinstrument*)

[1]**رباح** [ra'baːħ]: الصباح ~ لم تطر الدنيا [lam tatiri d-dunjaː] morgen ist auch noch ein Tag!

[2]**رباح** [ru'bbaːħ], *pl.* رباييح [rabaː'biːħ] (2) Pavian *m*

رباط [ri'bɒːt], *pl.* أربطة [ʔarbitɒ] *u.* [-aːt] *a. fig.* Band *n*; Binde *f*, Verband *m*; الجورب ~ [r. al-dʒau-rab] Strumpfband *n*; الحذاء ~ [r. al-ħi'ðaːʔ] Schnürsenkel *m*; العنق ~ [r. al-ʕunuq] Krawatte *f*; الـ~ *u.* ~ الفتح *Geo.* Rabat

رباطة [ri'bɒːtɒ]: الجأش ~ Unerschrokkenheit *f*; Fassung *f*

رباطي [ri'bɒːtiː] aus Rabat kommend

[1]**رباع** [ra'bbaːʕ], *pl.* [-uːn] Gewichtheber *m*

[2]**رباع** [ru'baːʕa] *Adv.* je vier, zu je vieren

رباعي [ru'baːʕiː] vierteilig; vierfach; vier-, Vier-, Vierer-; *Gr.* vierradikalig; *Mus.* Quartett *n*; الزوايا ~ [r. az-za'waːjaː] viereckig; السطوح ~ *Geom.* Tetraeder *n*; ~ قارب *Sport*: Vierer *m*

رباعية [rubaː'ʕiːja], *pl.* [-aːt] Vierzeiler *m*; Romanwerk *n* in vier Teilen

ربان [ru'bbaːn], *pl.* ربابنة [ra'baːbina] Kapitän *m e-s Schiffes od. Flugzeugs*

رباني [ra'bbaːniː] göttlich, Gottes-; الصلاة الربانية *Chr.* das Vaterunser

ربانية [rabbaː'niːja] Göttlichkeit *f*

ربت [rabata, i] *u.* **II** [rabbata] streicheln, tätscheln (ه/هـ/على *A*), *auf die Schulter* klopfen

[2]**ربت** [rabt] Streicheln *n*, Tätscheln *n*; (*Auf-die-Schulter-*)Klopfen *n*

[1]**ربح** [rabiħa, a] gewinnen; profitieren (من von *D*); gewinnbringend sein; **IV** أربح [ʔarbaħa] gewinnen lassen; einbringen (هـ ه *j-m A*); gewinnbringend sein

[2]**ربح** [ribħ], *pl.* أرباح [ʔar'baːħ] Gewinn *m*, Profit *m*; Zins *m*; ~ مركب [mu'rakkab] Zinseszins *m*;

توزيع الأرباح Gewinnverteilung *f*, Dividendenausschüttung *f*

ربحية [rib'ħiːja] Gewinnträchtigkeit *f*, Rentabilität *f*

(ربد) **V** تربد [ta'rabbada] *u.* **IX** اربد [ir'badda] *Himmel, Gesicht*: sich verfinstern

(ربص) **V** تربص [ta'rabbasɒ] auf der Lauer liegen; auflauern (ب/ل *j-m*); lauern (ل auf *A*), warten (ب auf *A*)

ربض [rabađɒ, i] *Tier*: sich lagern; *Gebäude:* gelegen sein, liegen; dastehen, dasitzen; *Auto*: abgestellt sein; stationiert sein

[1]**ربط** [rabatɒ, i, u] binden, knüpfen; anbinden, festmachen (ب/في an *D*); verbinden (ب mit *D*, ... بين وبين *etwas* mit *D*); in Zusammenhang bringen (بين ... وبين *etwas* mit *D*); *Schlagader* abbinden; stationieren; festsetzen, festlegen; *Steuer* veranlagen; ~ـه عن العمل [al-ʕamal] j-n suspendieren; ~ الفرامل die Bremsen anziehen; ~ الله قلبه بالصبر [qalbahuː] Gott verlieh ihm innere Stärke; ~ لسانه [li'saːnahuː] j-n zum Schweigen bringen; seine Zunge im Zaume halten; **II** [rabbatɒ] (mehrfach) zusammenbinden *od.* (ver)schnüren; **III** رابط [raːbatɒ] in Stellung gehen, sich postieren; stationiert sein; **VI** ترابط [ta'raːbatɒ] miteinander verbunden sein, zusammenhängen; verbunden sein (ب mit *D*); *Nation*: zusammenstehen; **VIII** ارتبط [ir'tabatɒ] verbunden sein (ب mit *D*); abhängig sein (ب von *D*); sich binden, gebunden sein (ب an *A*); sich verbinden (ب mit *D*)

[2]**ربط** [rabŧ] Binden *n*; *trans.* Verbindung *f*, Verknüpfung *f* (بين ... وبين *zweier Dinge*); Festlegung *f*, Festsetzung *f*; Veranlagung *f der Steuer*; ~ مالي (finanzielle) Zuweisung; أولو الحل والـ~ [ʔuluː l-ħalli] die Maßgeblichen *m/pl.*, die Verantwortlichen *m/pl.*; مكان الـ~ Nahtstelle *f*

ربطة [rabŧɒ], *pl.* [raba'tɒːt] Bündel *n*; Band *n*, Binde *f*; ~ العنق [r. al-ʕunuq], ~ الرقبة [r. ar-raqaba] Binder *m*, Krawatte *f*; ~ المفاتيح Schlüsselbund *m u. n*

[1]**ربع** **II** [rabbaʕa] vervierfachen; viermal tun; quadratisch machen; *Math.* quadrieren; **V** تربع [ta'rabbaʕa] mit gekreuzten Beinen sitzen; sich setzen; hocken, sitzen; (da)stehen, liegen, gelegen sein; ~ على العرش thronen

[2]**ربع** [rabʕ], *pl.* ربوع [ru'buːʕ] *u.* أربع [ʔarbuʕ] (Wohn-)Viertel *n*; große(s) Wohnhaus, Wohnblock *m*; Schar *f*; ربوع Gebiet *n*, Territorium *n*, *fig.* Gefilde *n*

[3]**ربع** [rubʕ], *pl.* أرباع [ʔar'baːʕ] Viertel *n*; الـ~ الخالي Rub al-Khali (*große Sandwüste im Südosten der Arab. Halbinsel*); ~ ساعة [rubʕu saːʕatin] Viertelstunde *f*; ثلاثة أرباع drei Viertel

[4]**ربع** [ribʕ]: حمى الـ~ [ħummaː r-r.] Quartanfieber *n*

[1]**ربعة** [rabʕa] *m u. f Mensch*: mittelgroß

[2]**ربعة** [rubʕa] *Äg. Trockenhohlmaß* (= *0,5 l*)

ربقة [ribqa], *pl.* رباق [ri'baːq] *u.* ربق [ribaq] Lasso *n u. m*, Schlinge *f*; *fig.* Fessel *f*

[1]**ربك** [rabaka, u] *u.* **IV** أربك [ʔarbaka] verwirren, durcheinanderbringen; **VIII** ارتبك [ir'tabaka] in Unordnung geraten; verwirrt sein *od.* werden; *Lage*: verworren sein; in Verlegenheit geraten; *Verdauung*: gestört sein; sich verheddern

[2]**ربك** [rabik] verwirrt, durcheinander

ربما [rubba-maː] *a. mit Perfekt in Präsens- od. Futurbedeutung*: vielleicht, manchmal

ربة [rabba], *pl.* [-aːt] Herrin *f*, Gebieterin *f*; ~ البيت [r. al-bait] Hausfrau *f*; Dame *f* des Hauses; Hauswirtin *f*; ~ الفن [r. al-fann] Muse *f*

[1]**(ربو)** ربا [rabaː, uː] mehr sein (على als), übersteigen (على *A*), hinausgehen (على über *A*); (heran)wachsen; **II** ربى [rabbaː] wachsen lassen, ziehen, züchten, *Tiere* halten; aufziehen, erziehen; (in Zucker) einmachen; **III** رابى [raːbaː] Wucher treiben; **IV** أربى [ʔarbaː] mehr sein (على als), überschreiten, übersteigen (على *A*); **V** تربى [ta'rabbaː] heranwachsen; aufgezogen, erzogen werden; sich entwickeln, sich herausbilden

[2]**ربو** [rabw] Atemnot *f*; *Med.* Asthma *n*

ربوبية [rubuː'biːja] Göttlichkeit *f*

ربوخ [ra'buːx] *Jord.* Hobel *m*

ربوة [rabwa], *pl.* ربى [ruban] Hügel *m*, Anhöhe *f*

ربوي [ribawiː] wucherisch, Wucher-

ربي [rabbiː] mein Herr!, mein Gott!; → ربوة

ربيان [rub'jaːn] *Saudi-Ar., Ir., Kuw.* Garnelen *f/pl.*

ربيب [ra'biːb], *pl.* أرباء [ʔari'bbaːʔ] (2) *u.* أربة [ʔa'ribba] Stiefsohn *m*; Schützling *m*, Hätschelkind *n*; ~ مدينتنا ein Sohn unserer Stadt; ولد ~ Ziehkind *n*

ربيبة [ra'biːba], *pl.* ربائب [ra'baːʔib] (2) Stieftochter *f*; Pflegetochter *f*; Hätschelkind *n*

ربيع [ra'biːʕ] Frühling *m*, Frühjahr *n*; ~ الأول *u.* ~ الثاني/الآخر [al-aːxir] *3. u. 4. Monat des islamischen Jahres*

ربيعي [ra'biːʕiː] Frühlings-

رتابة [ra'taːba] Einförmigkeit *f*, Eintönigkeit *f*, Monotonie *f*; Routine *f*

رتاج [ri'taːdʒ], *pl.* رتج [rutudʒ] (*Tür-*)Riegel *m*

رتب **II** [rattaba] (an)ordnen, in Ordnung bringen; arrangieren; *Akten, Wege* anlegen; sortieren, einteilen; einstufen; *Koffer* packen; *Bett* richten *od.* machen; *Wohnung* einrichten; *Wohnung* aufräumen; *Tisch* decken; bereitmachen, vorbereiten; regeln, festlegen; zuteilen, zuweisen (ل *D*); ableiten (هـ على *etwas* aus *D*), zur Konsequenz machen (هـ على *etwas* von *D*); ~ النتائج على aus *etwas die* Konsequenzen ziehen; **V** ترتب [ta'rattaba] sich (als Konsequenz) ergeben, resultieren (على aus D); *Maßnahme*: notwendig sein, sich gebieten; obliegen (على *j-m*); *Recht*: zustehen (ل *j-m*)

رتبة [rutba], *pl.* رتب [rutab] Rang *m*; Grad *m*, Stufe *f*; Dienstgrad *m*; *Chr.* Weihegrad *m*; Klasse *f*, Kategorie *f*, Gruppe *f*; اجتماعية ~ soziale Stellung; البكوية ~ [r. al-baka'wiːja] Bey-Würde *f*, Bey-Titel *m*

[1]**(رتج)** **IV** أرتج [ʔartaʤa]: *Pass.* أرتج عليه (القول) [ʔurtiʤa, al-qaul(u)] es verschlug ihm die Sprache

[2]**رتج** [rutuʤ] → رتاج

رتع [rataʕa, a] weiden, grasen; sich gütlich tun (في an *D*), schwelgen (في in *D*); يرتع كما يشاء nach Belieben schalten und walten

[1]**رتق** [rataqa, u, i] flicken, ausbessern, zusammennähen; *Strümpfe* stopfen; *fig. Riß* kitten

[2]**رتق** [ratq] Flicken *n*, Ausbessern *n*, Zusammennähen *n*; Stopfen *n von Strümpfen*

[1]**رتل** [ratila, a] regelmäßig aneinandergereiht sein; **II** [rattala] psalmodieren, *Koran* rezitieren; *Lied* singen; *Gebet* sprechen

[2]**رتل** [ratl], *pl.* أرتال [ʔar'taːl] *a. Mil.* Zug *m*, Kolonne *f*; *Tun.* Eisenbahnzug *m*

رتم [ratam] *koll.* Ginster *m*

رتوش [ru'tuːʃ] Retusche *f*; بلا ~ *fig.* ungeschminkt (*Adv.*)

رتيب [ra'tiːb] einförmig, eintönig, monoton; gleichmäßig; geordnet; *Wohnung*: aufgeräumt; *pl.* رتباء [ruta'baːʔ] (2) *Syr.* Unteroffizier *m*; عمل ~ [ʕamal] Routinearbeit *f*

رتيلاء [rutai'laːʔ] (2) Tarantel *f*, Spinne *f*

رتينة [ra'tiːna], *pl.* رتائن [ra'taːʔin] (2) Glühstrumpf *m*

[1]**رث** [raθθa, u, i] abgetragen sein *od.* werden

[2]**رث** [raθθ], *pl.* رثاث [ri'θaːθ] *Kleidung*: alt, schäbig, abgetragen; *Aussehen*: abgerissen, verwahrlost

رثاء [ri'θaːʔ] Trauergedicht *n*, Elegie *f*; Totenklage *f*; Nachruf *m*; Mitleid *n*, Erbarmen *n* (ل mit *j-m*)

رثاثة [ra'θaːθa] Schäbigkeit *f*, Zerlumptheit *f*

رثائي [ri'θaːʔiː] klagend; bedauernd

رثى [raθaː, iː] *e-n Toten* beklagen; ein Trauergedicht verfassen, e-n Nachruf schreiben (ه auf *j-n*); beklagen, beweinen; nachtrauern (ه *D*); bemitleiden, bedauern (ل *j-n*); *Pass.* يرثى له [jurθaː] beklagenswert, bedauernswert

رثيث [ra'θiːθ] schäbig, abgetragen

[1]**رج** [radʤa, u] schütteln; rütteln (ه an *D*); erbeben lassen, erschüttern; **VIII** ارتج [ir'taddʒa] erschüttert werden, erbeben, erzittern; ترتج له القلوب *fig.* erschütternd

[2]**رج** [raddʒ] Schütteln *n*, Rütteln *n*

[1]**رجا** [radʒan]: *sg. zu* أرجاء, *s. d.*

[2]**(رجا)** **IV** أرجأ [ʔarʤaʔa] aufschieben (إلى bis, bis zu *D*), zurückstellen, vertagen

رجاء [ra'ʤaːʔ], *pl.* رجاوات [raʤaː'waːt] Bitte *f*, Ersuchen *n*; Hoffnung *f*; ~ [-an] bitte; بـ~ in bittendem Ton; hoffnungsvoll; ~ على + *G*: in der Hoffnung auf; ~ الشيء [-a ʃ-ʃaiʔ(i)] mit der Bitte um etwas; in der Hoffnung auf etwas; الـ~ أن es wird darum gebeten, daß; الـ~ الإجابة mit der Bitte um Antwort

رجاحة [ra'ʤaːħa] Ausgeglichenheit *f*; Gelassenheit *f*; العقل ~ Besonnenheit *f*

رجاف [ra'ddʒaːf] bebend

رجال → [2]رجل

رجالة → راجل

رجالي [ri'ʤaːliː] Männer-, Herren-

رجب [raʤab] *7. Monat des islamischen Jahres*

رجبي [ragbiː] Rugby *n*

رجح [raʤaħa, a] *Waagschale*: sich senken; mehr wiegen, überwiegen; den Vorrang haben (على vor *D*); (= ~ت كفته [ka'ffatuhuː]) den Ausschlag geben, das Übergewicht *od.* die Oberhand gewinnen; wahrscheinlich sein; **II** [raddʒaħa] überwiegen lassen (على über *A*); vorziehen, bevorzugen (على vor *D*); für wahrscheinlich halten, vermuten; als wahrscheinlich erscheinen lassen; *Pass.* يرجح أن [ju'raddʒaħu] es ist wahrscheinlich, daß; كفته ~ [ka'ffatahuː] zu j-s Gunsten entscheiden; sich für etwas entscheiden; den Ausschlag zu j-s Gunsten geben; **IV** أرجح [ʔarʤaħa] = [radʤaħa]; **V** ترجح [ta'raddʒaħa] sich hin- und herbewegen, schaukeln; überwiegen; لديه أن ~ [ʔanna] er hielt es für wahrscheinlich(er), daß

رجحان [ruʤ'ħaːn] Überwiegen *n*, Übergewicht *n*; Vorrang(stellung *f*) *m* (على vor *D*)

رجحانية [ruʤħaː'niːja] *Phil.* Probabilismus *m*

رجراج [raʤ'raːʤ] sich hin- und herbewegend; bebend, vibrierend

رجرج [raʤraʤa] beben, vibrieren; erzittern lassen; **II** ترجرج [ta'raʤraʤa] sich hin- und herbewegen; beben, vibrieren; schwabbeln

رجرجة [raʤraʤa], *pl.* [-aːt] Beben *n*, Vibrieren *n*

[1]**رجز** [raʤaza, u] Gedichte im raʤaz-Metrum verfassen; **VIII** ارتجز [ir'taʤaza] Gedichte im raʤaz-Metrum verfassen *od.* vortragen

[2]**رجز** [raʤaz] *ein arab. Versmaß*

[1]**رجس** [raʤis] *a. fig.* schmutzig; abscheulich

[2]**رجس** [riʤs], *pl.* أرجاس [ʔar'ʤaːs] schmutzige *od.* verdammenswerte Handlung; Einflüsterung *f* des Teufels; Unflat *m*; Schande *f*; بالوعة الـ~ Sündenpfuhl *m*

[1]**رجع** [raʤaʕa, i] zurückkehren (إلى, *a.* ه/ـه zu *D*), zurückkommen, wiederkehren; zurückbringen, mitbringen (ب *A*); zurückreichen (إلى in *e-e Zeit*); zurückgehen, zurückzuführen sein (إلى auf *A*); *Verdienst*: gebühren (إلى *j-m*); sich wenden (إلى an *e-e Stelle*; على gegen *j-n*); sich beziehen (إلى auf *A*); nachschlagen (إلى *Wort im Wörterbuch*); sich abkehren, ablassen (عن von *D*); zurücknehmen, widerrufen (في *e-n Beschluß*); zurückgeben (ـه إلى *A j-m*); zuwenden (ـه إلى *s-n Blick j-m*); شيئا ~ [ʃaiʔan] wieder zu etwas werden; إلى الصحة ~ [ɒs-siħħa] wieder gesund werden; **II** [raddʒaʕa] zurückkehren lassen, zurückgeben; *Kassette* zurücklaufen lassen; widerhallen lassen; **III** راجع [raːʤaʕa] (noch einmal) durchsehen,

(nach-, über)prüfen, revidieren; Einsicht nehmen (ـه in *A*); nachschlagen (ـه in *e-m Buch*); konsultieren, befragen; sich wenden (ه an *j-n*); sich melden (ـه bei *e-r Behörde*); *Lernstoff* wiederholen, repetieren; widersprechen (ه *j-m*); ~ـه عقله [ʕaqluhuː] er kam wieder zur Vernunft; ~ نفسه mit sich zu Rate gehen; **IV** أرجع [ʔarʤaʕa] zurückbringen (إلى zu *D*, an *e-n Ort*); zurücklegen, zurückstellen; zurückgeben, zurücksenden; *Kassette* zurücklaufen lassen; zurückführen (إلى auf *A*); zurückhalten; **VI** تراجع [ta'raːʤaʕa] *a. fig.* zurückweichen, zurückgehen; nachgeben; *Einfluß*: schwächer werden; *Entwicklung*: rückläufig sein; e-n Rückzieher machen; abrücken (عن von *D*), zurücknehmen (عن *A*); **X** استرجع [is'tarʤaʕa] zurückrufen; zurückverlangen, zurückfordern; zurückerhalten; zurückgewinnen; sich zurückerinnern (ـه an *A*); zurücknehmen, widerrufen; die Formel إنا لله وإنا إليه راجعون [ʔinnaː li-'llaːhi wa-ʔinnaː ʔi'laihi raːʤi-'ʕuːn] aussprechen; ~ أنفاسه Atem holen

²رجع [raʤʕ] Zurückkommen *n*; (= ~ الصدى [r. as-sɒdaː]) Echo *n*, Widerhall *m*; ~كـ البصر [al-bɒsɒr] im Nu, im Handumdrehen

رجعة [raʤʕa] Rückkehr *f*, Wiederkehr *f*; Rückgängigmachung *f*, Widerruf *m*; *a.* [riʤʕa] *Isl.* Wiederverheiratung *f* mit der geschiedenen Frau; إلى غير ~ unwiederbringlich; unwiderruflich; endgültig, für im-mer; لا ~ فيه [-ta] unumstößlich, unwiderruflich

رجعي [raʤʕiː] rückschrittlich, reaktionär; *pl.* [-uːn] Reaktionär *m*; *Jur.* rückwirkend; *Scheidung*: widerruflich; regressiv

رجعية [raʤ'ʕiːja] *Pol.* Rückschrittlichkeit *f*, Reaktion *f*; ~ الأثر [r. al-ʔaθar] *Jur.* rückwirkende Kraft

رجف [raʤafa, u] zittern, (er)beben; erschrecken (من über *A*); ~ من ihn schau(d)erte beim Gedanken an (*A*); **IV** أرجف [ʔarʤafa] erschau(d)ern lassen, erschrecken; Lügen verbreiten; das Gerücht verbreiten, daß (أن [ʔanna]); **VIII** ارتجف [ir'taʤafa] zittern, (er)beben; (*vor Kälte*) schaudern; erschau(d)ern (من beim Gedanken an *A*), erschrecken

رجفان [raʤa'faːn] Zucken *n*

رجفة [raʤfa] Zittern *n*; Beben *n*, Schau(d)er *m*; Zucken *n*; Erschrecken *n*

¹رجل [raʤila, a] zu Fuß gehen; **II** [raddʤala]: ~ شعره [ʃaʕrahuː] sich kämmen; **V** ترجل [ta'raddʤala] absteigen (عن *vom Fahrrad, Pferd*); aussteigen (عن aus *e-m Wagen*); zu Fuß gehen; **VIII** ارتجل [ir'taʤala] aus dem Stegreif reden *od.* vortragen; frei sprechen; improvisieren; **X** استرجل [is'tarʤala] sich wie ein Mann benehmen

²رجل [raʤul], *pl.* رجال [ri'ʤaːl] Mann *m*; ~الـ *allg.* der Mensch; رجالات [riʤaː'laːt] *pl.* bedeutende Männer *m/pl.*, führende Persönlichkeiten *f/pl.*; ~ أعمال Geschäftsmann *m*; ~ دولة [r. daula] Staatsmann *m*; رجال الدين [r. ad-diːn] die Geistlichen *m/pl.*; رجال الشرطة [r. aʃ-ʃurtɒ] Polizisten *m/pl.*; ~ الشارع der Mann auf der Straße

³رجل [riʤl] **1.** *f*, *pl.* أرجل [ʔarʤul] Fuß *m*; Bein *n*; **2.** *pl.* أرجال [ʔar-'ʤaːl] Schwarm *m* (*von Heuschrecken*)

¹رجم [raʤama, u] steinigen; *mit Steinen* bewerfen; verfluchen; ~ بالغيب → [raddʤama]; **II** [raddʤama] Vermutungen anstellen (ب über *A*); ~ بالغيب [bi-l-ɣaib] Mutmaßungen (über die Zukunft) anstellen; die Zukunft vorhersagen

²رجم [raʤm] Steinigung *f*; Bewerfen *n mit Steinen; pl.* رجوم [ru'ʤuːm] Wurfgeschoß *n*; *pl.* رجم [ruʤum] Meteor *m*, Meteorit *m*; ~الـ بالغيب [bi-l-ɣaib] Mutmaßung(en *pl.*) *f*; Vorhersagen *n* der Zukunft

رجمة [ruʤma], *pl.* رجم [ruʤam] Grabstein *m*

(رجو) رجا [raʤaː, uː] hoffen (ـه auf *A*), erhoffen; bitten, ersuchen (ه *j-n*, ـه um *A*); erbitten (من von *j-m*); wünschen (ل *j-m*); *Pass.* لا يرجى منه شفاء [jurʤaː ʃi'faːʔ] *Krankheit*: unheilbar; **V** ترجى [ta'raddʤaː] hoffen (ـه auf *A*); bitten (ـه um *A*); **VIII** ارتجى [ir'taʤaː] hoffen (ـه auf *A*); sich erhoffen, erwarten (من von *D*)

رجوح [ru'ʤuːħ] Sichsenken *n der Waagschale*; Überwiegen *n*; Ausschlaggeben *n*

رجوع [ru'ʤuːʕ] Rückkehr *f*; Zurückkommen *n* (إلى auf *A*); Zurückgehen *n* (إلى auf *A*); Sichwenden *n* (إلى an *A*); *Jur.* Regreß *m*; Verzicht *m* (عن auf *A*), Rücktritt *m* (عن von *D*); Rückgängigmachung *f* (في *G*); ~بـ البريد postwendend (*antworten*)

رجولة [ru'ʤuːla] Männlichkeit *f*, Mannhaftigkeit *f*

رجولي [ru'ʤuːliː] männlich

رجولية [ruʤuː'liːja] Männlichkeit *f*

رجيل [ru'ʤail] Männchen *n*

¹رجيم [ra'ʤiːm] verflucht; teuflisch; ~الـ الشيطان [aʃ-ʃai'tɒːn] der Teufel

²رجيم [ri'ʤiːm] Diät *f*

رحاب → رحبة

رحابة [ra'ħaːba] Weite *f*; ~ الصدر Großzügigkeit *f*; Weitherzigkeit *f*; Aufgeschlossenheit *f* (ل für *A*)

رحال [ra'ħħaːl], *pl.* رحل [ruħħal] reisend, umherziehend, wandernd; nomadisierend; *pl.* ~ة *u.* [-uːn] Forschungsreisende(r); البدو الرحل die Beduinen *m/pl. od.* Nomaden *m/pl.*; رعاة رحل [ru'ʕaːt] Wanderhirten *m/pl.*, Nomaden *m/pl.*; طيور ~ة Zugvögel *m/pl.*

رحالة [ra'ħħaːla] *m* weitgereist; Wanderer *m*; Forschungsreisende(r)

رحاية [ra'ħħaːja] (*Hand-*)Mühle *f*

¹رحب [raħiba, a] *u.* [raħuba, u] weit, geräumig sein; **II** [raħħaba] willkommen heißen, begrüßen (بـ *A*)

²رحب [raħb] weit, geräumig; ~ الصدر weitherzig, großmütig; aufgeschlossen (ل für *A*); ~ الفهم verständnisvoll, großzügig; مجال ~ freie(r) Raum (ل für *A*)

³رحب [ruħb, raħb] Weite *f*, Raum

m; على الـ~ والسعة [wa-s-saʕa] willkommen!

رحبة [raħba], *pl.* [raħa'baːt] *u.* رحاب [ri'ħaːb] freie(r) Platz, weite(r) Raum, große Fläche; رحاب *a. fig.* Gefilde *n/pl.*, Bereich *m*; رحاب الفضاء der Weltraum

رحراح [raħ'raːħ] *Äg. Brot*: dünn und breit

رحرح [raħraħ] *Leben*: angenehm, sorgenfrei

1**رحل** [raħala, a] aufbrechen, abreisen; wegziehen (عن von *D*), auswandern (عن aus *D*); *Nomaden*: ziehen, wandern; (عن الحياة) ~ verscheiden; **II** [raħħala] zum Aufbruch *od.* zur Abreise veranlassen; schicken (إلى an *e-n Ort*), umsiedeln; aussiedeln; deportieren; *Ausländer* ausweisen; *Kranken* abtransportieren; *Summe* vortragen, übertragen; **VIII** ارتحل [ir'taħala] aufbrechen; abreisen (عن von *D*)

2**رحل** [raħl], *pl.* رحال [ri'ħaːl] (*Kamel-*)Sattel *m*; *pl. a.* Reisegepäck *n*; حط رحاله [ħɒttɒ] Halt machen; sich niederlassen (في an *e-m Ort*); شد الرحال [ʃadda] aufbrechen, sich auf den Weg machen

3**رحل** [ruħħal] → رحال

رحلة [riħla], *pl.* [raħa'laːt, riħ'laːt] Reise *f*, Fahrt *f*; Ausflug *m*; Flug *m*

1**رحم** [raħima, a] sich erbarmen (ه *j-s*), gnädig sein (ه gegen *j-n*); verschonen; ـه~ الله *Formel nach dem Namen e-s Verstorbenen*: Gott hab ihn selig!; **V** ترحم [ta'raħħama] Mitleid haben (على mit *j-m*); nachtrauern (على *D*); **VI** تراحم [ta'raːħama] füreinander Verständnis haben; **X** استرحم [is'tarħama] um Erbarmen bitten

2**رحم** [raħim, raħm], *pl.* أرحام [ʔar'ħaːm] *f* Gebärmutter *f*; *fig.* Mutterleib *m*; Verwandtschaft *f*

رحمان *u.* رحمن [raħ'maːn]: الـ~ der Erbarmer (*Beiname Gottes*)

رحمة [raħma] Erbarmen *n*, Mitleid *n*; Barmherzigkeit *f*, Gnade *f*; Güte *f*, Verständnis *n*; Wohltätigkeit *f*; بساط الـ~ [bi'sɒːt ar-r.] Leichentuch *n*; ~ بلا / بدون erbarmungslos; كان تحت ـه~ j-m (auf Gnade oder Ungnade) ausgeliefert sein

رحمى [ruħmaː] Erbarmen *n*

رحوم [ra'ħuːm] barmherzig

رحوي [raħawiː] rotierend, Rotations-

رحوية [raħa'wiːja] Winde *f*

رحى [raħan] *f*, *pl.* أرحاء [ʔar'ħaːʔ] (*Hand-*)Mühle *f*; تدور ~ المعركة [ta'duːru raħaː l-m.] der Kampf tobt

رحيب [ra'ħiːb] weit, geräumig, ausgedehnt; *Atmosphäre*: gelöst, frei; ~ بصدر großmütig, großzügig (*Adv.*)

رحيق [ra'ħiːq] Nektar *m*

رحيل [ra'ħiːl] Aufbruch *m*, Abreise *f*; Weggang *m*; Auszug *m*; *Pol.* Abzug *m*; Umzug *m*; *Mil.* Ausrücken *n*; Verscheiden *n*

رحيم [ra'ħiːm], *pl.* رحماء [ruħa'maːʔ] (2) barmherzig; gnädig; gütig, verständnisvoll; الـ~ *Beiname Gottes*

رخ [ruxx] **1.** *pl.* رخاخ [ri'xaːx] Turm *m im Schachspiel*; **2.** der Vogel Roch (*Fabelwesen*)

1**رخاء** [ra'xaːʔ] Wohlstand *m*, Wohlergehen *n*; Gedeihen *n*, Prosperität *f*

2**رخاء** [ru'xaːʔ] sanfte(r) Wind

رخام [ru'xaːm] Marmor *m*

1**رخامة** [ra'xaːma] Wohlklang *m der Stimme*

2**رخامة** [ru'xaːma], *pl.* [-aːt] Marmorplatte *f*

رخامي [ru'xaːmiː] marmorn, Marmor-

رخاوة [ra'xaːwa] Weichheit *f*, Schlaffheit *f*; ~ العود [r. al-ʕuːd] Weichlichkeit *f*, Schwächlichkeit *f*

1**رخص** [raxusɒ, u] **1.** billig sein *od.* werden; billiger werden; **2.** weich, zart sein; **II** [raxxasɒ] **1.** erlauben (ل *j-m* في/ب *A*), die Genehmigung erteilen; lizenzieren; *Auto* zulassen; **2.** verbilligen; **IV** أرخص [ʔarxasɒ] verbilligen; **V** ترخص [ta'raxxasɒ] lockern (في *Verbot*); Zugeständnisse machen (في bei *D*); sich erlauben *od.* herausnehmen (في *A*); **X** استرخص [is'tarxasɒ] für billig halten

2**رخص** [raxs] zart, weich

3**رخص** [ruxs] Billigkeit *f*

رخصة [ruxsɒ], *pl.* رخص [ruxɒs] (*amtliche*) Erlaubnis, Genehmigung *f*; Lizenz *f*; (*behördliche*) Zulassung; *Tun.* Urlaub *m*; ~ السوق [r. as-sauq], ~ القيادة [r. al-qi'jaːda] *u. Saudi-Ar.* ~ السياقة [r. as-si'jaːqa] Führerschein *m*

1**رخم** [raxuma, u] *Stimme*: weich, wohlklingend sein; — [raxama, u]: ~ البيض [l-baiđɒ] Eier ausbrüten; **II** [raxxama] **1.** mit Marmor auslegen; **2.** *Gr. e-n Eigennamen im Anruf* am Ende kürzen

2**رخم** [raxam] *koll.*, *n. un.* ـة~ Aasgeier *m*

1**(رخو)** رخا [raxaː, uː] weich, locker, schlaff sein *od.* werden; *Leben*: üppig sein; — رخو [raxuwa, u] weich, locker sein *od.* werden; **IV** أرخى [ʔarxaː] lockern, schlaff werden lassen; *Seil* nachlassen; herablassen, senken; **VI** تراخى [ta'raːxaː] sich lockern, schlaff werden; *Nerven*: sich entspannen; *fig.* nachlassen, erlahmen; (herab)sinken; *Jahre*: sich hinziehen; **VIII** ارتخى [ir'taxaː] sich lockern, schlaff werden; *fig.* nachlassen; *Augen, Stimme*: ermatten; **X** استرخى [is'tarxa] sich lockern; sich entspannen; *fig.* nachlassen; *Augenlider*: sich senken

2**رخو** [raxw, rixw] weich, locker; *Stimme*: sanft; schlaff, kraftlos; ~ العود [r. al-ʕuːd] weich(lich), schwächlich

رخوي [raxawiː], *pl.* [raxawiː'jaːt] Weichtier *n*

1**رخي** [raxija, aː] = 1(رخو)

2**رخي** [ra'xiːj] entspannt; *Leben*: angenehm; ~ البال gelöst, entspannt

رخيص [ra'xiːs] *a. fig.* billig; preiswert; von geringer Güte, banal, anspruchslos

رخيم [ra'xiːm] *Stimme*: angenehm, wohlklingend

1**رد** [radda, u] zurückgeben, zurückerstatten; zurückschicken; zurückwerfen; *Angriff, Ball* zurückschlagen, abwehren; zurückjagen, zurücktreiben; *Klage, Bewerber* abweisen; zurückweisen; *Argument* widerlegen; zurückführen (إلى auf *A*); antworten (على *j-m*, auf *A*), *a. Besuch* erwidern; abbringen, zurückhalten (عن von *D*); wieder zu j-m (ه) *od.* etwas (هـ) machen; *Pass.* لا يرد [ju'radd(u)] unwiderlegbar; unabänderlich, unumstößlich; اعتباره ~ j-n rehabilitieren; ~ الباب die Tür (wieder) schließen; die Tür (nur) anlehnen; يرد عليه قوله [qaulahuː] j-m widersprechen; **II** ردد [raddada] *Stimme* widerhallen lassen, *Schall* zurückwerfen; wiederholen; **V** تردد [ta'raddada] (oft) besuchen (على *A*), verkehren (على bei *j-m*, in *e-m Haus, Lokal*); sich wiederholen, wiederkehren; *Gerücht*: sich halten; *Stimme*: widerhallen; *Ruf*: erschallen; verlauten (أن [ʔanna] daß); zögern, schwanken; zweifeln (في an *D*); على الألسن ~ [al-ʔalsun] oft besprochen werden, in aller Munde sein; **VIII** ارتد [ir'tadda] sich zurückziehen, zurückgehen; *Brief*: zurückkommen; *Ball*: zurückspringen; aufgeben, ablassen (عن *A*); abfallen, abtrünnig werden (عن von *D*); على عقبيه ~ [ʕaqi'baihi] wieder kehrtmachen; **X** استرد [ista'radda] zurückerhalten, zurückgewinnen; zurückfordern, zurückverlangen; *Geld* abheben; أنفاسه ~ Atem holen

[2]**رد** [radd], *pl.* ردود [ru'duːd] Rückgabe *f*; Zurückschicken *n*; Zurückwerfen *n*; Reflektieren *n*; Abwehr *f*; Abweisung *f e-r Klage*; Zurückweisung *f*; Widerlegung *f*; Zurückführung *f* (إلى auf *A*); Antwort *f*, Erwiderung *f*; على ا~ [-an] in Beantwortung *des/der*; الاعتبار ~ Rehabilitierung *f;* فعل ~ [r. fiʕl], *pl.* ردود فعل/أفعال Reaktion *f*, Rückwirkung *f*

رداء [ri'daːʔ], *pl.* أردية [ʔardija] Gewand *n*, Überwurf *m*, Mantel *m*

رداءة [ra'daːʔa] schlechte(r) Zustand, Minderwertigkeit *f*; الطقس ~ schlechte(s) Wetter

رداف [ri'daːf] Kruppe *f*

[1]**ردح** [radaħa, a] *Äg.* beschimpfen

[2]**ردح** [radaħ] lange Zeit; من الزمن ـا~ [-an, zaman] e-e Zeitlang

[1]**ردع** [radaʕa, a] abschrecken; *Feind* zurückweisen; zurückhalten (عن von *D*)

[2]**ردع** [radʕ] Abschreckung *f*; Zurückweisung *f*; Gegenschlag *m*; قوات الـ~ [qu'wwaːt ar-r.] Friedenstruppe(n *pl.*) *f*

ردعي [radʕiː] abschreckend

[1]**ردف** [radafa, u] (nach)folgen; **III** رادف [raːdafa] *auf dem Reittier j-s* (ه) Hintermann sein; gleichbedeutend, synonym sein; **IV** أردف [ʔardafa] hinter sich aufsitzen lassen; ergänzen; قائلا ~ [qaːʔilan] er fügte hinzu; **VI** ترادف [ta'raːdafa] aufeinanderfolgen; miteinander synonym sein

[2]**ردف** [ridf], *pl.* أرداف [ʔar'daːf] Hintermann *m*; Hinterteil *n*, Gesäß *n*

[1]**ردم** [radama, i] auffüllen, *Grube* zuschütten; *Material* aufschütten

[2]**ردم** [radm] Zuschüttung *f*; Aufschüttung *f*

ردميات [radmiː'jaːt] *pl.* Aufschüttungsarbeiten *f/pl.*, Erdarbeiten *f/pl.*

ردن [rudn], *pl.* أردان [ʔar'daːn] Ärmel *m*

[1]**ردة** [radda] Antwort *f*, Reaktion *f* (على auf *A*); Kleie *f*; فعل ~ [r. fiʕl] Reaktion *f*

[2]**ردة** [ridda] Abfall *m* (عن von *e-r Religion, bsd. vom Islam*); Rückfall *m* (إلى in *A*); Echo *n*

ردهة [radha], *pl.* [rada'haːt] Halle *f*, Saal *m*; Foyer *n*

ردؤ [raduʔa, u] schlecht sein

ردي [radija, a] zu Fall kommen, zugrunde gehen; **II** ردى [raddaː] zu Fall bringen; **IV** أردى [ʔardaː] zu Fall bringen, stürzen lassen; أرداه قتيلا [qa'tiːlan] j-n tot zu Boden strecken; **V** تردى [ta'raddaː] fallen; verfallen (في in *e-n Fehler*); sich verschlechtern, herunterkommen; sich bekleiden (ب mit *D*); **VIII** ارتدى [ir'tadaː] *Kleidungsstück* anziehen *od.* tragen

رديء [ra'diːʔ], *pl.* أردياء [ʔardi'jaːʔ] (2) schlecht

رديف [ra'diːf] Hintermann *m auf e-m Reittier*; Reservist *m*

رديني [ru'dainiː] Speer *m*

رذ [raððа, u]: السماء ـت~ es nieselt

رذاذ [ra'ðaːð] Nieselregen *m*; Spray *m od. n*

رذالة [ra'ðaːla] Gemeinheit *f*, Nichtswürdigkeit *f*, Niedrigkeit *f*; Verworfenheit *f*

[1]**رذل** [raðala, u] verachten, mißbilligen; verwerfen; — [raðila, a] *u.* [raðula, u] gemein, nichtswürdig sein; verworfen sein; **II** [raððala] zurechtweisen, schelten; **X** استرذل [is'tarðala] für gemein *od.* nichtswürdig halten

[2]**رذل** [raðl], *pl.* أرذال [ʔar'ðaːl] gemein, nichtswürdig; verworfen

رذيل [ra'ðiːl], *pl.* رذلاء [ruða'laːʔ] (2) gemein, nichtswürdig; verworfen

رذيلة [ra'ðiːla], *pl.* رذائل [ra'ðaːʔil] (2) Laster *n*; verwerfliche Handlung

[1]**رز** [razza, u] hineintreiben, *Pflock* einschlagen

[2]**رز** [ruzz] Reis *m*

رزء [ruzʔ], *pl.* أرزاء [ʔar'zaːʔ] schwere(r) Schlag, Unglück *n*

رزأ [razaʔa, a] heimsuchen, *meist Pass.*: رزئ [ruziʔa] heimgesucht werden (ب von *D*)

رزاق [ra'zzaːq]: الـ~ der Ernährer (*Beiname Gottes*); عبد الـ~ *npr. m*

رزام [ra'zzaːm], *pl.* [-uːn] Packer *m*

رزانة [ra'zaːna] Ernst *m*, Besonnenheit *f*, Gemessenheit *f*, Gesetztheit *f*, Gelassenheit *f*

رزح [razaħa, a] zu Boden sinken (تحت unter *e-r Last*), schwer zu tragen haben (تحت an *D*)

[1]**رزق** [razaqa, u] *Gott*: schenken, bescheren (ه *j-m*); *Pass.* [jurzaqu] am Leben sein; *Pass.* رزق طفلا [ruziqa ṭiflan] ihm wurde ein Kind geboren; رزق عمرا طويلا [ruziqa ʕumran] ihm war ein langes Leben geschenkt; **VIII** ارتزق [ir'tazaqa] den Lebensunterhalt verdienen, leben (من von *D*); **X** استرزق [is'tarzaqa] den Lebensunterhalt suchen

[2]**رزق** [rizq], *pl.* أرزاق [ʔar'zaːq] Le-

bensunterhalt *m*, Nahrung *f*, tägliche(s) Brot; أرزاق ناشفة Trockenverpflegung *f*

رزم [razama, u] zusammenbinden, packen, schnüren

رزمة [rizma, ruzma], *pl.* رزم [rizam, ruzam] Bündel *n*, Paket *n*; Ballen *m*

رزن [razuna, u] *Mensch*: ernst sein

رزنامة [ruz'naːma] (Termin-)Kalender *m*; Almanach *m*

رزة [razza], *pl.* [-aːt] *u.* رزز [ruzaz] Eisenband *n* (*Türbeschlag*), Scharnier *n*; (*Tür*-)Verriegelung *f*

رزين [ra'ziːn] ernst, besonnen, gesetzt, gelassen

رزية [ra'ziːja], *pl.* رزايا [ra'zaːjaː] schwere(r) Schlag, Unglück *n*

رزيئة [ra'ziːʔa] = رزية

رسا → [1](رسو)

رسالة [ri'saːla], *pl.* رسائل [ra'saːʔil] (2) Brief *m*, Schreiben *n*; Sendschreiben *n*; Botschaft *f*; *Äg.* Dissertation *f*; *pl.* [-aːt] Sendung *f*, Mission *f*, (hohe) Aufgabe; *Hdl.* Lieferung *f*, Sendung *f*; شفوية ~ [ʃafa'wiːja] mündliche Botschaft; ماجستير ~ Magisterarbeit *f*

رسام [ra'ssaːm], *pl.* [-uːn] Zeichner *m*, Maler *m*; الخرائط ~ Kartograph *m*; الكاريكاتير ~ Karikaturist *m*

رساميل → رأسمال

رسامة [ri'saːma] *Chr.* Weihe *f e-s Geistlichen*

رسب [rasaba, u] niedersinken, sich ablagern; *in e-r Prüfung* durchfallen; sitzenbleiben; **II** [rassaba] sich ablagern lassen; *Chem.* ausfällen; durchfallen lassen; **V** ترسب [ta'rassaba] sich setzen, sich ablagern; *Chem.* sich niederschlagen

رستق [rastaqa] gut einrichten, ordnen

رستو [rostoː] Braten *m*

رسخ [rasaxa, u] fest gegründet, verwurzelt sein; sich einprägen; beschlagen sein (في auf *e-m Gebiet*); **II** [rassaxa] *u.* **IV** أرسخ [ʔarsaxa] verankern (في in *D*), einpflanzen, festigen; **V** ترسخ [ta'rassaxa] sich verwurzeln, sich (ver)festigen

رسغ [rusɣ], *pl.* أرساغ [ʔar'saːɣ] *u.* أرسغ [ʔarsuɣ] Handgelenk *n*, Handwurzel *f*; القدم ~ [r. al-qadam] Fußwurzel *f*

رسف [rasafa, u, i] in Fesseln gehen, in Fesseln geschlagen sein

رسكلة [raskala] *Tun.* Recycling *n*; *Tun.* (berufliche) Weiterbildung

[1]**رسل** [rasila, a] *Haar*: herabwallen; **III** راسل [raːsala] korrespondieren (ه mit *j-m*); **IV** أرسل [ʔarsala] (zu-, ab)schicken, (aus)senden; *Radio*: ausstrahlen; *Haar* herabhängen lassen; *Bart* wachsen lassen; *Tränen* fließen lassen; freien Lauf lassen (ه *e-r Sache*); في طلبه ~ [fɒ'labihiː] j-n holen lassen; **V** ترسل [ta'rassala] sich Zeit lassen (في bei *D*), bedachtsam tun; **VI** تراسل [ta'raːsala] miteinander korrespondieren; **X** استرسل [is'tarsala] ausführlich, intensiv tun (في *A*), sich hingeben (في *e-r Sache*); *Haar*: herabwallen; في أحلامه ~ s-n Träumen nachhängen

[2]**رسل** [rusul] → رسول

[3]**رسل** [risl]: على ~ك langsam!, gemach!

[1]**رسم** [rasama, u] zeichnen; malen; *Linie* ziehen; entwerfen; skizzieren; vorzeichnen, vorschreiben; darstellen, schildern; *Geistlichen* weihen; **II** [rassama] *Tun.* eintragen (في in *A*); *Tun.* zu e-m öffentlichen Amt ernennen; *Ir.* e-e Gebühr *od.* Abgabe festlegen (ه für *e-e Ware*); ~ـه كمركيا [gumru'giːjan] *Ir.* etwas verzollen; **V** ترسم [ta'rassama] folgen (ه *e-r Sache*); *Tun.* zu e-m öffentlichen Amt ernannt werden; **VIII** ارتسم [ir'tasama] sich abzeichnen; *Bild*: *im Geist* erscheinen; *Geistlicher*: geweiht werden; *Chr.* sich bekreuzigen

[2]**رسم** [rasm] Zeichnen *n*, Malen *n*; Vorzeichnen *n*, Planen *n*; *pl.* رسوم [ru'suːm] Zeichnung *f*, Abbildung *f*, Bild *n*, Skizze *f* (*a. pl.* رسومات); Musterung *f*, Dessin *n*; Beschriftung *f*; arab. Schriftbild *n e-s Wortes od. Buchstabens*; *Tun.* Urkunde *f*; *zurückgelassene* Spuren *f/pl.*; Gebühr *f*, Abgabe *f*, Taxe *f*; بـ~ + *G*: bestimmt für, an die Adresse von; الإنتاج ~ Fabrikationssteuer *f*; Verbrauchssteuer *f*; بياني ~ [ba'jaːniː] Diagramm *n*; graphische Darstellung; توضيحي ~ Diagramm *n*; Skizze *f*; رسوم جمركية [ʤumru'kiːja] Zollgebühren *f/pl.*; دمغة ~ Stempelsteuer *f*; ساخر / هزلي ~ Karikatur *f*; القلب ~ Kardiogramm *n*; رسوم متحركة [muta'ħarrika] Zeichentrickfilm *m*; هندسي ~ [handasiː] technische Zeichnung; technische(s) Zeichnen

رسمي [rasmiː] offiziell, amtlich; formell; ~ًا [-jan] *Adv. u.* بشكل ~ [biʃaklin] offiziell, amtlich; *pl.* [-uːn] *Sport*: Funktionär *m*; رسميات [rasmiː'jaːt] *pl.* Zeremoniell *n*; حداد ~ [ħi'daːd] Staatstrauer *f*; شبه ~ [ʃibhu r.] halbamtlich, offiziös; غير ~ inoffiziell

رسن [rasan], *pl.* أرسان [ʔar'saːn] *u.* أرسن [ʔarsun] Halfter *m u. n*

[1](**رسو**) رسا [rasaː, uː] vor Anker gehen; ankern, vor Anker liegen; verankert sein; عليه المزاد ~ / ~ت عليه المناقصة er erhielt bei der Versteigerung / bei e-r Ausschreibung den Zuschlag; **II** رسى [rassaː] den Zuschlag erteilen (ه على *j-m* für *A*); *Auftrag* vergeben (على an *j-n*); **IV** أرسى [ʔarsaː] den Anker werfen; verankern; *Fundament* legen; *Grundlinien* festlegen; den Zuschlag erteilen (على *j-m*), *Auftrag* vergeben (على an *j-n*)

[2]**رسو** [ru'suːw] Ankern *n*; → *Verb* unter [1](رسو)

رسوب [ru'suːb] Durchfallen *n bei e-r Prüfung*; Sitzenbleiben *n*; *pl.* [-aːt] Bodensatz *m*, Sediment *n*

رسوبي [ru'suːbiː] Sediment-; سهل ~ Schwemmland *n*; صخور ~ة Sedimentgestein *n*

رسوخ [ru'suːx] (feste) Verwurzelung (في in *D*); Beschlagenheit *f* (في auf e-m Gebiet)

رسول [ra'suːl], *pl.* رسل [rusul] (Send-)Bote *m*; Gesandte(r); Abgesandte(r) *Gottes*; *Chr.* Apostel *m*; الـ~ der Gesandte Gottes, der Prophet (*Mohammed*)

رسولي [ra'suːliː] *Chr.* apostolisch, päpstlich

رسوم [ru'suːm] Gebühren *f/pl.*, → ²رسم

¹**رش** [raʃʃa, u] (ver)spritzen; bespritzen, besprengen (ب mit *D*); bestäuben, bestreuen

²**رش** [raʃʃ] Spritzen *n*, Sprengen *n*; Besprengung *f*; Bestäubung *f*, Bestreuung *f*; ~ بندقية [bundu'qiːjat r.] Schrotflinte *f*; ~بالـ الري [ar-rajj] Beregnung *f*

رشاد [ra'ʃaːd] **1.** richtige(s) Handeln, Vernunft *f*; *a. npr. m*; **2.** Gartenkresse *f*

¹**رشاش** [ra'ʃaːʃ] Spritzer *m*, aufsprühende(s) Wasser

²**رشاش** [ra'ʃʃaːʃ], *pl.* [-aːt] (= مسدس ~ [mu'saddas]) Maschinenpistole *f*; (= ~ مدفع [midfaʕ]) Maschinengewehr *n*; ~ـة أسلحة [ʔasliħa] Schnellfeuerwaffen *f/pl.*, automatische Waffen *f/pl.*

رشاشة [ra'ʃʃaːʃa], *pl.* [-aːt] Maschinenpistole *f*; Maschinengewehr *n*; Zerstäuber *m*; Regner *m*; Spritzgerät *n*; Gießkanne *f*; Dusche *f*

رشاقة [ra'ʃaːqa] Eleganz *f*; Anmut *f*, Grazie *f*; Gewandtheit *f*; Schlankheit *f*; ~بـ gewandt, behende, flink

¹**رشح** [raʃaħa, a] (durch)sickern; schwitzen, Flüssigkeit absondern; wasserdurchlässig, undicht sein; durchsickern lassen; **II** [raʃʃaħa] filtrieren; als Kandidaten aufstellen, *bsd. Sport*: nominieren; ~ نفسه [nafsahuː] kandidieren; **V** ترشح [ta'raʃʃaħa] filtriert werden; (durch)sickern; als Kandidat aufgestellt, nominiert werden; kandidieren; *Sport*: sich qualifizieren (ل für *A*); *Maghr.* sich bewerben

²**رشح** [raʃħ] Durchsickern *n*; Lecksein *n*; Schwitzen *n*; Schnupfen *m*

¹**رشد** [raʃada, u] *u.* [raʃida, a] vernünftig werden, richtig handeln; volljährig werden; **II** [raʃʃada] lenken, steuern; sinnvoll verwenden; den rechten Weg führen; **IV** أرشد [ʔarʃada] führen (ه إلى *j-n* zu *D*), anleiten, aufklären; unterweisen, instruieren (إلى in *D*); beraten; lotsen; anzeigen (إلى/على *j-n*); **X** استرشد [is'tarʃada] sich leiten lassen (ب von *D*); sich den Weg zeigen lassen (ب von *j-m*)

²**رشد** [ruʃd] Vernunft *f*, richtige(s) Handeln; ~الـ سن [sinn ar-r.] Volljährigkeit *f*; ه~ عاد إلى wieder zu sich kommen; ـه~ فقد den Verstand verlieren

رشف [raʃafa, u, i] schlürfen, trinken; *Gefäß* leeren; **V** ترشف [ta'raʃʃafa] *u.* **VIII** ارتشف [ir'taʃafa] schlürfen, trinken

رشفة [raʃfa], *pl.* [raʃa'faːt] (kleiner) Schluck

¹**رشق** [raʃaqa, u] bewerfen (ب mit *D*); ـه~ بلسانه [bi-li'saːnihiː] j-n beschimpfen *od.* beleidigen; ـه~ ببصره [bi-bɒ'sɒrihiː] j-n mit s-m Blick durchbohren; — [raʃuqa, u] elegant, graziös sein; **VI** تراشق [ta'raːʃaqa] einander bewerfen; ~ بالكلام einander beschimpfen

²**رشق** [raʃq] Bewerfen *n* (ب mit *D*)

¹**رشم** [raʃama, u] *Chr.* das Kreuzzeichen machen

²**رشم** [raʃm], *pl.* رشوم [ru'ʃuːm] *u.* رشومات [ruʃuː'maːt] *Chr.* Kreuzzeichen *n*; *Koptisch-Chr.* Salbung *f*

رشة [raʃʃa] (*einmaliges*) Spritzen

¹(**رشو**) رشا [raʃaː, uː] bestechen; **VIII** ارتشى [ir'taʃaː] sich bestechen lassen

²**رشو** [raʃw] Bestechung *f*

رشوة [raʃwa, riʃwa, ruʃwa], *pl.* رشاوى [ra'ʃaːwaː] *u.* رشى [ruʃan, riʃan] Bestechungsgeld *n*, Schmiergeld *n*; Bestechungsgeschenk *n*; Bestechung *f*; ~الـ تقديم *Jur.* aktive Bestechung

رشيد [ra'ʃiːd], *pl.* رشداء [ruʃa'daːʔ] (2) vernünftig, richtig, klug; sinnvoll; mündig; *Geo.* Rosette (*Stadt in Nordägypten*)

رشيش [ra'ʃiːʃ] *u.* **رشيشة** [ra'ʃiːʃa] Maschinenpistole *f*; leichte(s) Maschinengewehr

رشيق [ra'ʃiːq] elegant; graziös; schlank

¹**رص** [rɒssɒ, u] (auf)schichten, (auf)stapeln; aneinanderreihen; ~ الحروف *Typ.* setzen; ~ الصفوف die Reihen schließen; **II** رصص [rɒssɒsɒ] **1.** (auf)schichten, (auf)stapeln, verstauen; aneinanderreihen; **2.** mit Blei überziehen; **VI** تراص [ta'rɒːssɒ] aneinandergereiht, aneinandergefügt sein *od.* werden; festgefügt sein

²**رص** [rɒss] Aufschichten *n*, (Auf-)Stapeln *n*; Aneinanderreihen *n*

رصاد → راصد

رصاص [rɒ'sɒːs] Blei *n*; (*Gewehr-*)Kugeln *f/pl.*

رصاصة [rɒ'sɒːsɒ], *pl.* [-aːt] (*Gewehr-*)Kugel *f*

رصاصي [rɒ'sɒːsiː] bleiern, Blei-; bleigrau

رصافة [rɒ'sɒːfa] Festigkeit *f*

رصانة [rɒ'sɒːna] Gesetztheit *f*, Gelassenheit *f*; Festigkeit *f*, Solidität *f*; Ausgewogenheit *f*

¹**رصد** [rɒsɒda, u] beobachten, überwachen; auflauern (ه/ـه *D*); *Gelder* bereitstellen; *auf ein Konto* verbuchen; **II** [rɒssɒda] *Gelder* bereitstellen; *Konto* abschließen; *Posten (der Reihe nach)* eintragen; **IV** أرصد [ʔarsɒda] *Gelder* bereitstellen, zuteilen; **V** ترصد [ta'rɒssɒda] auflauern (ل *j-m*)

²**رصد** [rɒsɒd], *pl.* أرصاد [ʔar'sɒːd] Aufpasser *m*

³**رصد** [rɒsd], *pl.* أرصاد [ʔar'sɒːd] Beobachtung *f*; Bereitstellung *f von Geldern*; أرصاد جوية [ʤa'wwiːja] Wetterbeobachtung *f*; علم الأرصاد الجوية [ʕilm al-ʔa.] Meteorologie *f*

رصع **II** [rɒssɒʕa] besetzen (ب mit *Edelsteinen*); schmücken (ب mit *D*)

¹**رصف** [rɒsɒfa, u] pflastern; asphaltieren; in e-e Linie bringen, ausrichten; *Typ.* setzen

²**رصف** [rɒsf] (Be-)Pflasterung *f*; Asphaltierung *f*; *Typ.* Setzen *n*

رصن [rɒsuna, u] fest sein; ruhig, gelassen sein

رصيد [rɒ'siːd], *pl.* أرصدة [ʔarsida] Bestand *m*, Fundus *m*; Guthaben *n*; Saldo *m*; *Sport*: Punktkonto *n*; ~ بدون *Scheck*: ungedeckt

رصيص [rɒ'sɨːs] fest zusammengefügt, kompakt

رصيف [rɒ'sɨːf] **1.** fest, solide; *pl.* أرصفة [ʔarsifa] Gehsteig *m*; Bahnsteig *m*; Kai *m*; Hafendamm *m*; Plattform *f*; **2.** *pl.* رصفاء [rusɒ'faːʔ] (2) Kollege *m*

رصين [rɒ'sɨːn] gesetzt, gelassen; überlegt; ausgeglichen; fest, solide

[1]**رض** [rɒđđɒ, u] (zer)quetschen, zermalmen; e-e Quetschwunde zufügen (ﻫ *e-m Körperteil*)

[2]**رض** [rɒđđ], *pl.* رضوض [ru'đuːđ] Quetschung *f*, Quetschwunde *f*

رضا → [2]رضى

رضاء [rɨ'đɒːʔ] Zufriedenheit *f*; Billigung *f*, Zustimmung *f*

رضاب [ru'đɒːb] Speichel *m*

رضاع [rɨ'đɒːʕ, rɒ'đɒːʕ] Säugen *n e-s Kindes*

[1]**رضاعة** [rɒ'đɒːʕa, rɨ'đɒːʕa] Säugen *n e-s Kindes*; أخ في الـ~ Milchbruder *m*

[2]**رضاعة** [rɒ'đđɒːʕa], *pl.* [-aːt] Saugflasche *f*, Fläschchen *n*

رضائي [rɨ'đɒːʔiː] auf gegenseitiger Zustimmung beruhend

[1]**رضح** [rɒđɒħa, a] zerknacken; *Kopf* einschlagen

[2]**رضح** [rɒđħ] Zerknacken *n*

رضخ [rɒđɒxa, a, i] sich unterwerfen, sich beugen, sich fügen (ل *D*)

رضرض [rɒđrɒđɒ] zerschlagen, zerstoßen

[1]**رضع** [rɒđɨʕa, rɒđɒʕa, a] *Kind*: saugen (ﻫ an *der Mutterbrust*); **IV** أرضع [ʔarđɒʕa] *Kind* säugen, stillen

[2]**رضع** [rɒđʕ] Saugen *n*

رضعة [rɒđʕa] (*einmaliges*) Saugen, (Baby-)Mahlzeit *f*

رضفة [rɒđ(ɒ)fa] Kniescheibe *f*

رضم [rɒđ(ɒ)m] Quaderstein *m*

رضه *Abk. für* رضي الله عنه

رضوان [rɨđ'waːn, ruđ'waːn] Zufriedenheit *f*; Wohlgefallen *n Gottes*; *a. npr. m*; رضي الله عنه = ~ الله عليه

رضوخ [ru'đuːx] Sichfügen *n*

[1]**رضي** [rɒđɨja, a] zufrieden sein (ﻫ/ب/عن mit *D*); einverstanden sein (ﻫ/ب/عن mit *D*), billigen, hinnehmen (ﻫ/ب/عن *A*); sich fügen (ب der Gewalt *j-s*); gutheißen (ﻫ/ب/عن *A*), Gefallen finden (ﻫ/ب/عن an *D*); für gut *od.* angemessen halten (ل für *j-n*); ~ لنفسه أن sich die Freiheit nehmen zu …; ~ أو/أم أبى [ʔabaː] ob er will oder nicht; ~ الله عنه Gott möge an ihm Wohlgefallen haben!; **II** رضى [rɒđđɒː] zufriedenstellen; **III** راضى [rɒːđɒː] zufriedenzustellen suchen, begütigen, versöhnen; **IV** أرضى [ʔarđɒː] zufriedenstellen, befriedigen; **V** ترضى [ta'rɒđđɒː] zufriedenzustellen *od.* zu versöhnen suchen; **VI** تراضى [ta'rɒːđɒː] sich verständigen (ﻫ auf *A*); **VIII** ارتضى [ir'tađɒː] zufrieden sein (ﻫ mit *D*); gutheißen, billigen; anerkennen (ﻫ/ه als *A*); **X** استرضى [is'tarđɒː] zu versöhnen suchen, besänftigen

[2]**رضى** [rɨđɒn] Zufriedenheit *f* (ب mit *D*); Einverständnis *n* (ب mit *D*), Billigung *f* (ب *G*); ~ عن bereitwillig, gern

[3]**رضي** [rɒ'đɨːj], *pl.* أرضياء [ʔarđɨ'jaːʔ] (2) zufrieden; einverstanden; ~ـة بنفس bereitwillig, gern

رضيض [rɒ'đɨːđ] zerquetscht, zermalmt

رضيع [rɒ'đɨːʕ], *pl.* رضع [ruđđɒʕ] *u.* رضعاء [ruđɒ'ʕaːʔ] (2) Säugling *m*, Baby *n*; Milchbruder *m*

رطانة [rɒ'tɒːna] Kauderwelsch *n*; ~ فنية [fa'nniːja] Fachjargon *m*

[1]**رطب** **II** [rɒttɒba] befeuchten; erfrischen, kühlen; *Datteln*: reif werden; **V** ترطب [ta'rɒttɒba] befeuchtet werden; erfrischt, frisch, kühl werden

[2]**رطب** [rɒtb] feucht; frisch, kühl; *Pflanze*: zart

[3]**رطب** [rutɒb] *koll., n. un.* ~ـة, *pl.* أرطاب [ʔar'tɒːb] *u.* رطاب [rɨ'tɒːb] frische, reife Datteln *f/pl.*

رطل [rɒtl], *pl.* أرطال [ʔar'tɒːl] Ratl *n* (*Gewichtseinheit, Äg. ca. 450 g, Syr. ca. 2,5 kg*)

(**رطم**) **VIII** ارتطم [ir'tatɒma] aufprallen, auftreffen (ب auf *A*), stoßen (ب an *A*); *Schiff*: stranden

رطن [rɒtɒna, u] kauderwelschen

رطوبة [ru'tuːba] Feuchtigkeit *f*

رطيب [rɒ'tɨːb] = [2]رطب

رطينى [ru'tɒinaː] Kauderwelsch *n*

رع [raʕ] Ra, Re (*altägyptischer Sonnengott*)

رعاد [ra'ʕʕaːd] *koll., n. un.* ~ـة Zitterrochen *m od. m/pl.*

رعاع [ra'ʕaːʕ] Pöbel *m*, Gesindel *n*

رعاف [ru'ʕaːf] Nasenbluten *n*

رعاة → راع

رعايا → رعية

رعاية [ri'ʕaːja] Betreuung *f*, Fürsorge *f*, Pflege *f*; Obhut *f*; Schirmherrschaft *f*, Patronat *n*; ~ تحت + *G*: unter der Schirmherrschaft *G*, *von D*; ~ الأحداث / الشباب Jugendfürsorge *f*; ~ صحية [sɨ'ħħiːja] Gesundheitsfürsorge *f*

رعائي [ra'ʕaːʔiː] Hirten-; ~ شعر [ʃiʕr] Hirtendichtung *f*

[1]**رعب** [raʕaba, a] erschrecken, ängstigen; **IV** أرعب [ʔarʕaba] erschrecken, in Angst *od.* Furcht versetzen; **VIII** ارتعب [ir'taʕaba] erschrecken, in Schrecken geraten

[2]**رعب** [ruʕb] Schrecken *m*, Angst *f*; Horror *m*

رعبوب [ruʕ'buːb] *Frau*: rundlich, mollig, von vollen Formen

[1]**رعد** [raʕada, a] donnern; drohen (ل *j-m*); ~ـت السماء es donnert; **IV** أرعد [ʔarʕada] (er)zittern, (er)beben lassen; **VIII** ارتعد [ir'taʕada] (er)zittern, (er)beben, zusammenzucken

[2]**رعد** [raʕd], *pl.* رعود [ru'ʕuːd] Donner *m*

رعدة [riʕda, raʕda] Zittern *n*, Erschauern *n*, Schauder *m*

رعدي [raʕdiː] Gewitter-; ~ـة عاصفة Gewitter *n*; ~ مطر [mɒtɒr] Gewitterschauer *m*

رعديد [riʕ'diːd], *pl.* رعاديد [raʕaː'diːd] (2) feige; Hasenfuß *m*

(**رعرع**) **II** ترعرع [ta'raʕraʕa] aufblühen, gedeihen; heranwachsen, sich entwickeln

رعش [raʕiʃa, a] (er)zittern, (er)beben; **IV** أرعش [ʔarʕaʃa] erzittern, erbeben, erschauern lassen; **VIII** ارتعش [ir'taʕaʃa] (er)zittern, (er)beben; zucken

رعشة [raʕʃa] Zittern *n*, Erbeben *n*, (Zusammen-)Zucken *n*, Schauer *m*; الحمى ~ [r. al-ħummaː] Fieberschauer *m*, Schüttelfrost *m*

رعف [raʕifa, a] *u.* [raʕafa, u]: أنفه ~ [ʔanfuhuː] Nasenbluten haben

1**رعن** [raʕuna, u] unbesonnen handeln

2**رعن** [raʕn] Sonnenstich *m*

3**رعن** [ruʕn] → أرعن

رعناء → أرعن

رعونة [ru'ʕuːna] Unbesonnenheit *f*, Leichtsinn *m*, Gedankenlosigkeit *f*

رعوي [raʕawiː] Hirten-; Nomaden-; Weide-

رعوية [raʕa'wiːja] Staatsangehörigkeit *f*

1**رعى** [raʕaː, aː] *Vieh*: weiden; *Tiere* hüten, weiden; Sorge tragen (ـه für *A*), sich kümmern (ـه/ه um *A*), betreuen; wachen (ـه über *A*); Schirmherr sein (ـه von *D*); beachten, einhalten; *Interessen* wahrnehmen, wahren; **III** راعى [raːʕaː] Rücksicht nehmen (ـه/ه auf *A*), berücksichtigen; befolgen, beachten; wachen (ـه über *A*), beaufsichtigen; **IV** أرعى [ʔarʕaː]: أرعاه سمعه [samʕahuː] j-m sein Ohr leihen; **VIII** ارتعى [ir'taʕaː] *Vieh*: weiden, grasen; **X** استرعى [is'tarʕaː] *Blick, Aufmerksamkeit* auf sich ziehen

2**رعي** [raʕj] Hüten *n von Tieren*; Weiden *n*; Weidewirtschaft *f*; Behütung *f*; Beachtung *f*, Einhaltung *f*; Wahrung *f von Interessen*; ~ـا لك [-an] Gott behüte dich!

رعيل [ra'ʕiːl], *pl.* رعال [ri'ʕaːl] Trupp *m*, Gruppe *f*; Vorhut *f*; الـ~ الأول [al-ʔawwal] die Pioniere *m/pl. e-r Sache*

رعية [ra'ʕiːja], *pl.* رعايا [ra'ʕaːjaː] Untertan *m*, Bürger *m*; Herde *f*; *Chr.* Pfarrgemeinde *f*

رغاء [ra'ɣɣaːʔ], *pl.* [-uːn] Schaumschläger *m*, Schwätzer *m*

رغادة [ra'ɣaːda] Sorgenfreiheit *f*, Behaglichkeit *f des Lebens*

1**رغام** [ra'ɣaːm] *poetisch*: Erde *f*, Erdboden *m*, Staub *m*

2**رغام** [ru'ɣaːm] Nasenschleim *m*; Rotz *m* (*Pferdekrankheit*)

رغامى [ru'ɣaːmaː] Luftröhre *f*

رغب [raɣiba, a] wünschen, begehren, mögen (في *A*); nicht wünschen, nicht mögen (عن *A*); verschmähen (عن *A*); **II** [raɣɣaba] den Wunsch erwecken (في ه in *j-m* nach *D*); interessieren (في ه *j-n* für *A*)

رغبة [raɣba], *pl.* [raɣa'baːt] Wunsch *m*, Begehren *n*, Verlangen *n* (في nach *D*); في (منه) ~ [-tan] im Wunsche nach

1**رغد** [raɣuda, u] *u.* [raɣida, a] *Leben*: sorgenfrei, angenehm, behaglich sein

2**رغد** [raɣad] = رغادة

3**رغد** [raɣd] *Leben*: sorgenfrei, angenehm, behaglich, bequem

رغرغ [raɣraɣa] schwelgen; *Äg.* (= غرغر) gurgeln

1(**رغم**) **IV** أرغم [ʔarɣama] zwingen, nötigen (على zu *D*)

2**رغم** [raɣm, ruɣm] Widerstreben *n*, Trotz *m*; [raɣma], ~ـا عن [-an], بالـ~ من [bi-r-raɣmi min] *u.* على الـ~ من *Präp.* trotz; ~ أن [-a ʔanna], بالـ~ من أن *u.* على الـ~ من أن obwohl; على ~ـه *u.* على الـ~ منه gegen seinen Willen; ~ـا عن انفه ihm zum Trotz

(**رغو**) رغا [raɣaː, uː] schäumen; *Kamel*: schreien; **II** رغّى [raɣɣaː] *u.* **IV** أرغى [ʔarɣaː] schäumen, Schaum bilden; أرغى وأزبد [ʔazbada] vor Wut schäumen

رغوة [raɣwa] Schaum *m*; Schlacke *f*

رغوي [raɣwiː] schaumig, Schaum-

رغيبة [ra'ɣiːba], *pl.* رغائب [ra'ɣaːʔib] (2) Gegenstand *m* des Wunsches, Wunsch *m*

رغيد [ra'ɣiːd] = 3رغد

رغيف [ra'ɣiːf], *pl.* أرغفة [ʔarɣifa] *u.* رغفان [ruɣ'faːn] (Brot-)Laib *m*, (Brot-)Fladen *m*

1**رف** [raffa, u, i] zucken; flattern; *Augen*: blinzeln; *Licht*: blinken; *Blitz*: aufleuchten; دون أن يرف له جفن ohne mit der Wimper zu zucken

2**رف** [raff] **1.** Zucken *n*; Flattern *n*; Blinzeln *n*; Blinken *n*; **2.** *pl.* رفوف [ru'fuːf] *u.* أرفف [ʔarfuf] Wandbrett *n*; Regal *n*; Konsole *f*; Gepäcknetz *n*; Vogelschwarm *m*; وضعه على الـ~ beiseite schieben, zu den Akten legen

رفء [rafʔ] Ausbessern *n*, Flicken *n*, Stopfen *n*

رفأ [rafaʔa, a] ausbessern, flicken, stopfen

1**رفاء** [ra'ffaːʔ] Ausbesserer *m von Kleidungsstücken*, Stopfer *m*

2**رفاء** [ri'faːʔ] Eintracht *f*, Harmonie *f*; بالـ~ والبنين [wa-l-ba'niːn] *Segenswunsch für ein Hochzeitspaar*

رفات [ru'faːt] sterbliche Überreste *m/pl.*

رفادة [ri'faːda] Verband *m*, Bandage *f*

رفاس [ra'ffaːs] *u.* **رفاص** [ra'ffɒːs], *pl.* [-aːt] Propeller *m*, Schiffsschraube *f*

رفاع [ri'faːʕ] *Chr.* Fastnacht *f*

رفاف [ra'ffaːf] (auf)blitzend, blinkend

رفاق → رفيق

رفاه [ra'faːh], رفاهة [ra'faːha] *u.* رفاهية [ra'faːhija] Wohlstand *m*; Wohlergehen *n*, Wohl *n*; مجتمع الرفاهية [mudʒ'tamaʕ ar-r.] Wohlstandsgesellschaft *f*

1**رفت** [rafata, i, u] **1.** *Arbeitskräfte* entlassen, abbauen; **2.** zerfallen, sich zersetzen; *trans.* zerbrechen

2**رفت** [raft] **1.** Entlassung *f*, Abbau *m von Arbeitskräften*; **2.** Zerfall *m*; Zerbrechen *n*

رفتية [raf'tiːja] *Äg.* Zollbescheinigung *f*

1**رفث** [rafaθa, u]: في كلامه ~ unanständige Reden führen, Obszönitäten von sich geben

2**رفث** [rafaθ] schmutzige *od.* obszöne Reden *f/pl.*, Obszönität *f*

1**رفد** [rafada, i] stützen; unterstützen (ب mit *D*); beschenken; **IV** أرفد [ʔarfada] unterstützen; beschenken; **X** استرفد [is'tarfada] um Unterstützung bitten

2**رفد** [rafd] (Unter-)Stützung *f*; Beschenkung *f*

3**رفد** [rifd], *pl.* رفود [ru'fuːd] *u.* أرفاد [ʔar'faːd] Unterstützung *f*; Geschenk *n*

[1]رفرف [rafrafa] *Vogel, Fahne*: flattern

[2]رفرف [rafraf], *pl.* رفارف [ra'faːrif] (2) Schirm *m e-r Mütze*; Kotflügel *m des Autos*

رفرفة [rafrafa] Flattern *n*

رفس [rafasa, i, u] treten; *Pferd*: ausschlagen

رفسة [rafsa], *pl.* [rafa'saːt] (Fuß-) Tritt *m*; Rückstoß *m e-s Gewehrs*

رفش [rafʃ], *pl.* رفوش [ru'fuːʃ] Schaufel *f*

[1]رفض [rafađɒ, u, i] ablehnen, zurückweisen, verweigern; verwerfen; **IX** ارفض [ir'fɒđđɒ] sich zerstreuen, auseinandergehen; *Tränen*: fließen

[2]رفض [rafđ] Ablehnung *f*, Zurückweisung *f*, Verweigerung *f*; Verwerfung *f*

[1]رفع [rafaʕa, a] (hoch-, an-, er-, ab-) heben; erhöhen (ـه/من *A*); hissen; vorlegen (ـه إلى *j-m A*), einreichen; *Bericht* erstatten; *Parole* ausgeben; wegnehmen, abnehmen; *Tun. Ware* abholen; *Anker* lichten; *Tun. Zählerstand* ablesen; *Sitzung, Verbot* aufheben; *Stück vom Programm* absetzen; *Prozeß* anstrengen; *Klage* erheben; *Hadith* zurückführen (إلى auf *e-n Gewährsmann*); *Gr. Nomen* in den Nominativ setzen, *Verb* in den Indikativ setzen; رأسه ~ stolz sein; j-n stolz machen; من شأنه ~ die Bedeutung e-r Sache erhöhen; الصوت ~ [as-sɒuta] laut(er) sprechen; s-e Stimme erheben; يديه عن ~ [ja'daihi] die Hände von etwas lassen; **II** [raffaʕa] **1.** erhöhen; *Mil. j-n* befördern; **2.** dünner machen; **3.** *Chr.* Fastnacht feiern; **III** رافع [raːfaʕa] *Jur.* verteidigen (عن *j-n*); ـه~ إلى القاضي j-n vor den Richter zitieren; **V** ترفع [ta'raffaʕa] erhaben sein (عن über *A*); sich erhaben dünken (عن über *A*); sich nicht herablassen (عن *etwas zu tun*); *Syr.* versetzt werden (إلى in *die nächste Klasse*); **VI** ترافع [ta'raːfaʕa] *Jur.* plädieren; prozessieren; **VIII** ارتفع [ir'tafaʕa] (an-) steigen, sich (er)heben, sich erhöhen; zunehmen; *Preise, Kurse*: anziehen

[2]رفع [rafʕ] (An-)Hebung *f*; Erhöhung *f*; Hissen *n*; Unterbreitung *f*, Einreichung *f*; Ausgeben *n e-r Parole*; Wegnehmen *n*; *Tun.* Abholung *f e-r Ware*; Lichten *n des Ankers*; *Tun.* Ablesung *f des Zählerstandes*; Aufhebung *f e-r Sitzung*; Absetzung *f vom Programm*; *Gr.* Gebrauch *m* e-s Nomens im Nominativ *bzw.* e-s Verbs im Indikativ; Nominativ *m*; Indikativ *m*; ~ الأثقال *Sport*: Gewichtheben *n*

[1]رفعة [rafʕa] *Sport*: Gewichtheben *n*

[2]رفعة [rifʕa] hohe(r) Rang; Aufstieg *m e-s Landes*; صاحب الـ~ Exzellenz *f (früherer Titel des ägyptischen Ministerpräsidenten)*

[1]رفق [rafaqa, u] *u.* [rafiqa, a] freundlich, wohlwollend behandeln (ب/ على/ل *j-n*); بنفسه ~ sich schonen; **III** رافق [raːfaqa] begleiten; j-s (ه) Gefährte sein; **IV** أرفق [ʔarfaqa] beilegen, beigeben, beifügen (ـه ب *u.* ـه ب *etwas e-r Sache*); **V** ترفق [ta'raffaqa] gütig, freundlich, nett behandeln (ب *j-n*); **VI** ترافق [ta'raːfaqa] einander begleiten; einhergehen (مع mit *D*); **VIII** ارتفق [ir'tafaqa] sich bedienen (ب *G*), sich stützen (ب auf *A*); sich aufstützen (ـه auf *A*)

[2]رفق [rifq] Güte *f*, Milde *f*, Freundlichkeit *f*; ~ [-a] *u.* بـ~ + *G*: *bsd. Lib.* beigefügt, *e-m Brief* beiliegend; بـ~ behutsam (*Adv.*); جمعية الـ~ بالحيوان [bi-l-ħaja'waːn] Tierschutzverein *m*

رفقة [rifqa, rufqa] Begleitung *f*, Gesellschaft *f*; بـ~ + *G*: in Begleitung von

رفل [rafala, u] einherstolzieren; ~ في أثواب السعادة والنعيم ein Leben im Wohlstand führen

رفه [rafuha, u] *Leben*: angenehm, sorgenfrei, behaglich sein; **II** [raffaha] vergnügen, unterhalten, zerstreuen (عن *j-n*); عن نفسه ~ sich vergnügen, sich unterhalten, sich zerstreuen, sich entspannen; **V** ترفه [ta'raffaha] sich entspannen, sich erholen, sich zerstreuen

(رفو) رفا [rafaː, uː] stopfen

رفيع [ra'fiːʕ] *a. Stimme*: hoch; hochgestellt, erhaben; fein, dünn, zart; *Geschmack*: erlesen; الشأن ~ hochgestellt, angesehen

رفيق [ra'fiːq], *pl.* رفاق [ri'faːq] *u.* رفقاء [rufa'qaːʔ] (2) Gefährte *m*, Kamerad *m*, Kollege *m*; Genosse *m*; mild, gütig, nachsichtig; behutsam, sanft; *a. npr. m*; ~ السلاح [r. as-si'laːħ] Waffenbruder *m*

رفيقة [ra'fiːqa], *pl.* [-aːt] Gefährtin *f*, Kameradin *f*, Kollegin *f*; Genossin *f*; Geliebte *f*

[1]رق [raqqa, i] dünn sein *od.* werden; fein, zart sein *od.* werden; zärtlich, mitfühlend sein; gut sein (ل zu *j-m*); *Sinne*: wach, empfänglich werden; قلبه ~ voller Mitgefühl sein; **II** رقق [raqqaqa] dünn machen; verfeinern, zart machen; *e-n Laut* nicht velarisiert aussprechen; **IV** أرق [ʔa'raqqa] dünn, fein machen; *Herz* erweichen; **V** ترقق [ta'raqqaqa] dünn, fein werden; mitfühlen (ل mit *j-m*); **X** استرق [ista'raqqa] versklaven

[2]رق [riqq] **1.** Slaverei *f*; **2.** *pl.* رقوق [ru'quːq] Pergament *n*; Tamburin *n*

رقاء [ra'qqaːʔ], *pl.* [-uːn] Zauberer *m*; Geisterbeschwörer *m*; Exorzist *m*

رقابة [ra'qaːba, ri'qaːba] Aufsicht *f*, Kontrolle *f*, Überwachung *f*, Zensur *f*

رقاد [ru'qaːd] Ruhen *n*; Liegen *n*; Schlaf *m*

رقاص [ra'qqɒːs], *pl.* [-uːn] Tänzer *m*; *pl.* [-aːt] Pendel *n*

رقاصة [ra'qqɒːsɒ], *pl.* [-aːt] Tänzerin *f*

رقاعة [ra'qaːʕa] Dummdreistigkeit *f*, Unverschämtheit *f*

رقاق [ru'qaːq] *koll.* flache(s), dünne(s) Brot; Waffeln *f/pl.*

رقاقة [ru'qaːqa], *pl.* [-aːt] flache(s), dünne(s) Brot; Waffel *f*; *pl.* رقائق [ra'qaːʔiq] (2) *Elektronik*: Chip *m*

رقاة → [2]راق

رقب [raqaba, u] beobachten, überwachen; warten (ـه auf *A*); **III** راقب [raːqaba] kontrollieren, überwachen, beaufsichtigen; beobachten, verfolgen; zensieren; *Bücher*, *Bilanz* prüfen; **V** ترقب [ta'raqqaba] Ausschau halten (ـه/ه nach *D*); erwarten; abwarten; **VIII** ارتقب [ir'taqaba] erwarten; abwarten

[1]**رقبة** [raqaba] **1.** *pl.* رقاب [ri'qaːb] *u.* [-aːt] Hals *m*; (*Stiefel-*)Schaft *m*; غليظ الـ~ halsstarrig; هذا في ~ك du bist daran schuld; أخذ بعضه برقاب بعض (dicht) aufeinanderfolgen; **2.** *pl.* رقاب Sklave *m*

[2]**رقبة** [riqba] Beobachtung *f*; Wachsamkeit *f*; Kontrolle *f*

رقبى [ruqbaː] *Isl.* Schenkung *f*, bei der der geschenkte Gegenstand Eigentum des Überlebenden wird

رقد [raqada, u] sich niederlegen; liegen, ruhen; schlafen; *Hitze*: nachlassen; ~ على البيض [al-baiđi] brüten; **II** [raqqada] *Henne* brüten lassen; *Pflanze* sich durch Ableger vermehren lassen; **IV** أرقد [ʔarqada] zur Ruhe legen, *Kind* schlafen legen; schlafen machen

رقدة [raqda] Liegen *n*, Ruhen *n*; Schlaf *m*

رقراق [raq'raːq] *Tränen im Auge*: schimmernd; strahlend

(**رقرق**) **II** ترقرق [ta'raqraqa] *Tränen*: fließen; ~ت عيناه بالدموع [ʕai'naːhu] *u.* ~ت الدموع في عينيه [ʕai'naihi] ihm standen die Tränen in den Augen

رقش [raqaʃa, u] bunt machen; **II** [raqqaʃa] ausschmücken

رقشاء → أرقش

[1]**رقص** [raqɒsɒ, u] tanzen; tänzeln; **II** [raqqɒsɒ] tanzen lassen; in Schwingung versetzen, (er)beben machen; **III** راقص [raːqɒsɒ] tanzen (ه mit *j-m*); **IV** أرقص [ʔarqɒsɒ] tanzen, hüpfen lassen; **VI** تراقص [ta'raːqɒsɒ] miteinander tanzen; tänzeln

[2]**رقص** [rɒqs] Tanz *m*, Tanzen *n*; ~ البطن Bauchtanz *m*; علم الـ~ [ʕilm ar-r.] Choreographie *f*

رقصة [rɒqsɒ], *pl.* [raqɒ'sɒːt] (*ein*) Tanz *m*

رقطاء → أرقط

رقع [raqaʕa, a] *u.* **II** [raqqaʕa] flicken, ausbessern (ب mit *D*)

رقعة [ruqʕa] **1.** *pl.* رقاع [ri'qaːʕ] *u.* رقع [ruqaʕ] Stück *n* Land, Flecken *n* Erde; Stück *n* Tuch; Flicken *m*; Stück *n* Papier, Zettel *m*; ~ زراعية [ziraː'ʕiːja] Anbaufläche *f*; ~ الشطرنج [r. aʃ-ʃɒt'randʒ] Schachbrett *n*; **2.** Ruqʕa (*Name der arab. Schreibschrift*)

[1]**رقم** [raqama, u] bezeichnen, markieren; *arab. Text* punktieren; **II** [raqqama] numerieren; *arab. Text* punktieren

[2]**رقم** [raqm], *pl.* أرقام [ʔar'qaːm] Nummer *f*; Ziffer *f*; (= ~ الملف [r. al-mi'laff]) Aktenzeichen *n*; الأرقام العربية die arabischen Ziffern *f/pl.*; الأرقام الهندية [al-hin'diːja] die im arabischen Osten gebräuchlichen Ziffern *f/pl.*; ~ قياسي [qi'jaːsiː] Rekord *m*; ~ مسلسل [mu'salsal] laufende Nummer

رقمي [raqmiː] zahlenmäßig; digital

رقن [raqn] *Maghr.* Maschineschreiben *n*

رقة [riqqa] Dünnheit *f*, Feinheit *f*, Zartheit *f*; Zärtlichkeit *f*; Sanftheit *f*; Liebenswürdigkeit *f*, Güte *f*; Feinsinnigkeit *f*; بـ~ sanft, schonungsvoll, behutsam, taktvoll; freundlich (*Adv.*); ~ الشعور Zartgefühl *n*, Sensibilität *f*

رقود [ru'quːd] Ruhen *n*, Liegen *n*; Schlaf *m*; → راقد

[1]**رقي** [raqija, aː] besteigen, ersteigen, emporsteigen; aufsteigen, aufrükken, aufstreben, sich aufwärts entwickeln; fördern (ب *A*); لا يرقى إليه شك [ʃakk] er *od.* es ist über jeden Zweifel erhaben; **II** رقى [raqqaː] sich aufwärts entwickeln lassen, heben, fördern; *in der Dienststellung* befördern; **V** ترقى [ta'raqqaː] emporsteigen, aufsteigen, sich aufwärts entwickeln; vorwärtskommen, befördert werden; **VIII** ارتقى [ir'taqaː] hinaufsteigen, besteigen, ersteigen; aufsteigen, aufrücken (إلى zu *D*); erhöhen, heben (ب *A*)

[2]**رقي** [ra'qiːj] *koll. Ir.*, *Kuw.* Wassermelone(n *pl.*) *f*

[3]**رقي** [ru'qiːj] Aufstieg *m*, Fortschritt *m*, Aufwärtsentwicklung *f*

رقيب [ra'qiːb], *pl.* رقباء [ruqa'baːʔ] (2) Aufseher *m*, Aufpasser *m*; Zensor *m*; *Äg.*, *Syr.*, *Lib. Mil.* Feldwebel *m*, Unteroffizier *m*; ~ أول [ʔawwal] *Äg.*, *Syr.*, *Lib. Mil.* Oberfeldwebel *m*

رقيع [ra'qiːʕ] **1.** dummdreist, unverschämt; **2.** *pl.* أرقعة [ʔarqiʕa] Firmament *n*

رقيق [ra'qiːq] **1.** *pl.* رقاق [ri'qaːq] dünn, fein, zart; zärtlich; sanft; gütig; *Grüße*: freundlich; *Saudi-Ar.* Brotfladen *m*; ~ الحال unbemittelt; ~ الحاشية [al-ħaːʃija], ~ الحواشي [al-ħa'waːʃiː] liebenswürdig; *Leben*: angenehm; ~ الشعور zartfühlend, sensibel; **2.** *pl.* أرقاء [ʔari'qqaːʔ] (2) Sklave *m*; *koll.* Sklaven *m/pl.*; تجارة الـ~ الأبيض [ti'dʒaːrat ar-r.] Mädchenhandel *m*

رقيقة [ra'qiːqa], *pl.* رقائق [ra'qaːʔiq] (2) **1.** dünne(s) Blättchen, Lamelle *f*; Folie *f*; → رقاقة; **2.** Sklavin *f*

رقيم [ra'qiːm], *pl.* رقائم [ra'qaːʔim] (2) *u.* رقم [ruqum] Inschrift *f*, Schrifttafel *f*; Schreiben *n*; ~ طيني [ṭiːniː] Tontafel *f*

رقية [ruqja], *pl.* رقى [ruqan] Zauberformel *f*, Zauberspruch *m*, Beschwörung *f*; Zauber *m*; Amulett *n*

رك [rakka, i] *Stil*: dürftig, blaß sein

[1]**ركاب** [ru'kkaːb] → راكب

[2]**ركاب** [ri'kaːb], *pl.* ركب [rukub] Steigbügel *m*; Zug *m*, Gefolge *n*; في ~ه in j-s Gefolge; سار في ~ه sich j-m anschließen

ركاز [ri'kaːz] (edle) Erze *n/pl.*

ركاض [ra'kkɒːđ] Läufer *m*

ركاكة [ra'kaːka] Schwäche *f*, Dürftigkeit *f*, Blässe *f bsd. des Stils*

ركام [ru'kaːm] Haufen *m*

ركائب → ركوبة

[1]**ركب** [rakiba, a] reiten (ـه *ein od.* auf *e-m Tier*); *Reittier*, *Fahrzeug* besteigen; einsteigen (ـه in *A*);

fahren (ـه in *D*, auf *D*, mit *D*); sich einlassen (ـه auf *A*), sich begeben (ـه in *e-e Gefahr*); *Risiko* eingehen; *Sünde*, *Schandtat* begehen; البحر ~ zur See fahren; ~ رأسه (nur) nach seinem Kopf handeln; الهواء ~ [al-ha'waːʔa] *im Flugzeug* fliegen; **II** [rakkaba] montieren, zusammensetzen, installieren; einsetzen, einbauen, einfügen; *aus verschiedenen Komponenten* herstellen; synthetisieren; → [ʔarkaba]; **IV** أركب [ʔarkaba] reiten *od.* aufsitzen lassen; einsteigen *od.* fahren lassen; **V** تركب [ta'rakkaba] sich zusammensetzen, bestehen (من aus *D*); zusammengesetzt werden; **VI** تراكب [ta'raːkaba] sich (an)häufen; sich überlagern; **VIII** ارتكب [ir'takaba] *Fehler*, *Verbrechen* begehen, sich *e-n Verstoß* zuschulden kommen lassen, *Tat* verüben

[2]**ركب** [rakb] (Reiter-)Zug *m*, Gruppe *f*; التطور ~ [r. at-ta'tɒwwur] der Gang der Entwicklung; لحق بركبه [laħiqa] an etwas Anschluß finden, j-n *od.* etwas einholen

ركبان → راكب

ركبة [rukba], *pl.* ركب [rukab] Knie *n*

ركد [rakada, u] stagnieren

[1]**ركز** [rakaza, u] in den Boden stecken; *Fahne* aufpflanzen; **II** [rakkaza] *Fahne* aufpflanzen; aufbauen, befestigen; konzentrieren (على auf *A*); sich konzentrieren (على auf *A*); hervorheben, unterstreichen (على *A*); **V** تركز [ta'rakkaza] sich konzentrieren (على/حول auf *A*); **VIII** ارتكز [ir'takaza] *Fahne*: aufgepflanzt sein *od.* werden; sich stützen (على auf *A*), (be)ruhen (على auf *D*)

[2]**ركز** [rakz] Hineinstecken *n in den Boden*; Aufpflanzen *n der Fahne*

[3]**ركز** [rikz] Geräusch *n*, Laut *m*

[1]**ركض** [rakaɖɒ, u] laufen, rennen; galoppieren; *Tier* zum Laufen bringen; **III** راكض [raːkaɖɒ] um die Wette laufen (ـه mit *j-m*); **VI** تراكض [ta'raːkaɖɒ] miteinander um die Wette laufen

[2]**ركض** [rakɖ] Laufen *n*, Rennen *n*

ركضة [rakɖɒ] (*einmaliger*) Lauf *m*

[1]**ركع** [rakaʕa, a] niederknien; *beim Gebet* den Körper beugen; **II** [rakkaʕa] in die Knie zwingen; **IV** أركع [ʔarkaʕa] niederknien lassen

[2]**ركع** [rukkaʕ] → راكع

ركعة [rakʕa], *pl.* [raka'ʕaːt] *Isl.* Rakʕa (*Rumpfbeugung u. Niederwerfung beim Gebet*)

[1]**ركل** [rakala, u] mit dem Fuß treten

[2]**ركل** [rakl] Treten *n mit dem Fuß*

ركلة [rakla], *pl.* [rakalaːt] Fußtritt *m*

ركم [rakama, u] aufhäufen, stapeln; **VI** تراكم [ta'raːkama] sich anhäufen, sich aufhäufen, sich türmen; sich akkumulieren; *Schulden*: auflaufen

[1]**ركن** [rakana, u] vertrauen, sich verlassen (إلى auf *A*); *fig.* sich stützen (إلى auf *A*); إلى الهدوء ~ ruhig werden; ruhig bleiben; — [rakana, i] *Äg. Wagen* parken, abstellen; **II** [rakkana] *Sport*: Ball in die Ecke schießen; **IV** أركن [ʔarkana] *obs.* vertrauen, sich verlassen (إلى auf *A*); **VIII** ارتكن [ir'takana] sich lehnen (على an *A*), sich stützen (على auf *A*)

[2]**ركن** [rakn] *Äg.* Parken *n*, Abstellen *n des Wagens*

[3]**ركن** [rukn], *pl.* أركان [ʔar'kaːn] Stütze *f*, (Stütz-)Pfeiler *m*; Grundlage *f*, Basis *f*; Ecke *f*; (wesentliches) Element; *bsd. Mil.* Stab *m*; *nach e-m mil. Dienstgrad*: … im Generalstab; أساسي ~ *fig.* Eckpfeiler *m*; أركان الإسلام die fünf Säulen des Islams (*Glaubensbekenntnis*, *Gebet*, *Almosensteuer*, *Fasten*, *Pilgerfahrt*); (هيئة) أركان الحرب [haiʔat ʔa.] *u. Syr.* هيئة الأركان العامة *Mil.* Generalstab *m*; ركين ~ *fig.* feste Stütze; رئيس الأركان, رئيس أركان الحرب (General-)Stabschef *m*

ركني [rukniː]: ـة ~ ضربة *Sport*: Eckball *m*

ركنية [ruk'niːja] *Alg. Sport*: Eckball *m*

ركة [rukka]: الـ~ طب [tɨbb ar-r.] *Äg. von Frauen ausgeübte* Volksmedizin

ركوب [ru'kuːb] Reiten *n*, Fahren *n*; Sichbegeben *n* (+ *G*: in *e-e Gefahr*); البحر ~ Seefahrt *f*

ركوبة [ra'kuːba], *pl.* ركائب [ra'kaːʔib] (2) Reittier *n*

ركود [ru'kuːd] *a. Ök.* Stagnation *f*

ركوع [ru'kuːʕ] Niederknien *n*; Beugen *n* des Körpers *beim Gebet*

ركون [ru'kuːn] Vertrauen *n* (إلى auf *A*); يمكن الـ~ إليه verläßlich, zuverlässig

ركوة [rakwa], *pl.* [raka'waːt] *Syr.* kleine Kaffeekanne

ركيزة [ra'kiːza], *pl.* ركائز [ra'kaːʔiz] (2) Stütze *f*, (Stütz-)Pfosten *m*; *Tun.* Bake *f*, Hinweiszeichen *n* auf Bahnübergänge; أساسية ~ Grundpfeiler *m*

ركيك [ra'kiːk] *Stil*: schwach, dürftig, blaß

ركين [ra'kiːn] fest, unerschütterlich

رم [ramma, u] reparieren, ausbessern, instandsetzen; — [ramma, i] verwesen, verfaulen; morsch werden; **II** رمم [rammama] reparieren, ausbessern, instandsetzen; restaurieren; **IV** أرم [ʔa'ramma] faul, morsch werden; **V** ترمم [ta'rammama] repariert, instandgesetzt werden

رماح [ra'mmaːħ], *pl.* ـة~ Lanzenreiter *m*; Lanzenerzeuger *m*

رماد [ra'maːd], *pl.* أرمدة [ʔarmida] Asche *f*; Schlacke *f*, Rückstand *m*; أربعاء الـ~ [ʔarbi'ʕaːʔ ar-r.], عيد الـ~ [ʕiːd ar-r.] Aschermittwoch *m*; نفخ في الـ~ vergebliche Mühe aufwenden

رمادي [ra'maːdiː] aschfarben, grau

[1]**رمال** [ra'mmaːl], *pl.* ـة~ Wahrsager *m*

[2]**رمال** [ri'maːl] → [3]رمل

رمان [ru'mmaːn] *koll.*, *n. un.* ـة~ Granatapfel *m*, Granatäpfel *m/pl.*; ~ بلح [balaħ] *Techn.* Wälzlager *n*; ~ بلي [billiː] *Techn.* Kugellager *n*

رمانة [ru'mmaːna], *pl.* [-aːt] **1.** Granatapfel *m*; **2.** Knauf *m*, Knopf *m*; يدوية ~ [jada'wiːja] Handgranate *f*

رماة → رام

رماية [ri'maːja] Schießen *n*, Schießsport *m*

رمث [ramaθ], *pl.* ارماث [ʔar'maːθ] Floß *n*

رمج [ramadʒa, u] *Äg.*, *Jord.* befreien (عن *vom Militärdienst*)

[1]**رمح** [ramaħa, a] *mit der Lanze* durchbohren; *Pferd*: treten

[2]**رمح** [rumħ], *pl.* رماح [ri'maːħ] Speer *m*, Lanze *f*

[1]**رمد** [ramida, a] *Auge*: entzündet sein; **II** [rammada] zu Asche verbrennen, *Leiche* einäschern; **V** ترمد [ta'rammada] zu Asche werden

[2]**رمد** [ramad] Augenentzündung *f*, Ophthalmie *f*; حبيبي ~ [ħu'baibiː] Trachom *n*

[3]**رمد** [ramid] an Augenentzündung leidend

[1]**رمز** [ramaza, u, i] hindeuten, hinweisen, anspielen (إلى auf *A*); symbolisieren (إلى *A*); ein Zeichen *od.* e-n Wink geben (إلى *j-m*)

[2]**رمز** [ramz], *pl.* رموز [ru'muːz] Zeichen *n*, Wink *m*; Symbol *n*; Hinweis *m*, Anspielung *f*; رموز سرية [si'rriːja] Geheimzeichen *n/pl.*, Chiffren *f/pl.*

رمزي [ramziː] symbolisch, Symbol-; symbolistisch

رمزية [ram'ziːja] Symbolik *f*; Symbolismus *m*

رمس [rams], *pl.* أرماس [ʔar'maːs] *u.* رموس [ru'muːs] Grab *n*

[1]**رمش** [ramaʃa, u, i] *Auge*: blinzeln; بعينيه ~ [bi-ʕai'naihi] mit den Augen zwinkern

[2]**رمش** [ramaʃ] Entzündung *f* der Augenlider

[3]**رمش** [rimʃ], *pl.* رموش [ru'muːʃ] Wimper *f*

رمشة [ramʃa] Blinzeln *n*, Zwinkern *n*

رمضاء [ram'đɒːʔ] (2) starke Hitze; استجار من الـ~ بالنار [ista'dʒaːra] vom Regen in die Traufe kommen

رمضان [rama'đɒːn] (2) Ramadan *m* (*9. Monat des islamischen Jahres, Fastenmonat*)

رمضاني [rama'đɒːniː] Ramadan-; رمضانيات *pl.* Ereignisse *n/pl.* im Ramadan, Berichte *m/pl.* über den Ramadan

[1]**رمق** [ramaqa, u] *u.* **II** [rammaqa] anblicken, anstarren

[2]**رمق** [ramaq], *pl.* أرماق [ʔar'maːq] Lebensfunke *m*; على آخر ~ [ʔaːxiri r.] dem Sterben nahe; ausgepumpt, ausgelaugt; سد ~ـه [sadda -ahuː] sein Leben notdürftig fristen; j-n gerade noch am Leben erhalten

[1]**رمل** **II** [rammala] zur Witwe *od.* zum Witwer machen; **IV** أرمل [ʔarmala] *u.* **V** ترمل [ta'rammala] Witwe *od.* Witwer werden

[2]**رمل** [ramal] *ein arab. Versmaß*

[3]**رمل** [raml], *pl.* رمال [ri'maːl] Sand *m*; ضرب الـ~ Geomantie *f*

رملي [ramliː] sandig, Sand-

[1]**رمة** [rumma]: برمته ganz, insgesamt

[2]**رمة** [rimma], *pl.* رمم [rimam] morsche(s) Gebein, Kadaver *m*

[1]**رمى** [ramaː, iː] werfen, schleudern (ه/ب/ـه *A*); wegwerfen (ـه/ب/ه *A*); *Baum*: Blätter abwerfen; bewerfen; beschießen (ب mit *D*); hinzielen, abzielen (إلى auf *A*), bezwecken (إلى *A*); beschuldigen (ه ب *j-n e-r Sache*); Zwietracht säen (بين zwischen *D*); **VI** ترامى [ta'raːmaː] einander bewerfen; sich werfen (على auf *A*), sich stürzen (في in *A*); weit auseinander liegen, sich ausdehnen; *Nachricht*: gelangen (إلى zu *D*); **VIII** ارتمى [ir'tamaː] sich werfen, sich stürzen (على auf *A*); zu Boden fallen, niedersinken; في أحضانه ~ sich j-m in die Arme werfen

[2]**رمي** [ramj] (Be-, Weg-)Werfen *n*; (Be-)Schießen *n*; الجلة ~ [r. al-dʒulla] Kugelstoßen *n*; الرمح ~ [r. ar-rumħ] Speerwerfen *n*; القرص ~ [r. al-qurs] *u. Tun.* الصحن ~ Diskuswerfen *n*; بالرصاص ~ـا [-an] durch Erschießen

رميم [ra'miːm] morsch, verfault

رمية [ramja], *pl.* [-aːt] Wurf *m*, Stoß *m*; Schuß *m*; تماس ~ [r. ta'maːss] *Fußball*: Einwurf *m*; ركنية ~ [ruk'niːja] *Sport*: Eckball *m*; من غير رام ~ [min ɣairi raːmin] *fig.* Glückstreffer *m*

رن [ranna, i] klingen, (er)tönen; hallen; *Gläser*: klirren; läuten, klingeln

رنان [ra'nnaːn] klingend, tönend; hallend, schallend; klangvoll, sonor

رنجة [ringa], *pl.* [-aːt] Hering *m*, Bückling *m*

رنح **II** [rannaħa] wanken lassen, taumeln *od.* schwanken machen; **V** ترنح [ta'rannaħa] wanken, taumeln, schwanken; ~ـت أعطافه ihm hüpfte das Herz vor Freude

رنق **II** [rannaqa] *Wasser* trüben; ~ النظر إلى [an-nɒđɒra] j-n anstarren; ~ النوم في عينيه [an-nauma fiː ʕai'naihi] ihm fielen die Augen zu

رنك [rank] Wappen *n*; Abzeichen *n*

رنكة [ranka] Hering *m*

رنم **II** [rannama] *u.* **V** ترنم [ta'rannama] singen, trällern, anstimmen (ب *ein Lied*)

رنة [ranna], *pl.* [-aːt] Klang *m*, Ton *m*, Hall *m*; Klingeln *n*

(رنو) رنا [ranaː, uː] liebevoll anschauen (إلى *j-n*); hinschauen (إلى zu *D*); Ausschau halten, streben (إلى nach *D*)

رنين [ra'niːn] Klingen *n*; Klang *m*, Hallen *n*; Klingeln *n*; Resonanz *f*

رهاب [ru'haːb] Angst *f*, Phobie *f*; ~ الاحتجاز Klaustrophobie *f*

رهافة [ra'haːfa] *a. fig.* Feinheit *f*

رهان [ri'haːn] Wette *f*; Einsatz *m*; الـ~ الرياضي [ar-ri'jɒːđiː] *Alg.* Sporttoto *n*

رهب [rahiba, a] sich fürchten (ه/ـه vor *D*); **II** [rahhaba] Angst machen (ه *j-m*), einschüchtern; **IV** أرهب [ʔarhaba] terrorisieren; **V** ترهب [ta'rahhaba] Mönch *od.* Nonne werden

رهبان → راهب

رهبانية [rahbaː'niːja] Mönchtum *n*

(رهبن) **II** ترهبن [ta'rahbana] Mönch *od.* Nonne werden

رهبنة [rahbana] Mönchtum *n*

رهبة [rahba] Furcht *f*, Schrecken *m*, Entsetzen *n*; أو رغبة ~ [-tan ʔaw raɣbatan] wohl oder übel

رهبى [ruhbaː] Furcht *f*, Schrecken *m*, Entsetzen *n*

[1](رهج) **IV** أرهج [ʔarhadʒa] Staub aufwirbeln

[2]**رهج** [rahadʒ] Staub *m*

(**رهص**) **IV** أرهص [ʔarhasɒ] festigen, stabil machen; Vorbote *e-r Sache* (ب) sein, ankündigen (ب *A*)

رهط [raht], *pl.* أرهاط [ʔar'hɒːt] Schar *f*, Gruppe *f*

رهف [rahufa, u] dünn, fein sein; ~ حسه [ħissuhuː] feinfühlig sein; — [rahafa, a] *a. fig.* schärfen; **IV** أرهف [ʔarhafa] dünn, fein machen; schärfen; ~ سمعه [samʕahuː] die Ohren spitzen

(**رهق**) **III** راهق [raːhaqa] heranwachsen, in die Pubertät kommen; **IV** أرهق [ʔarhaqa] anstrengen, erschöpfen, aufreiben; belasten, bedrücken

(**رهل**) **V** ترهل [ta'rahhala] wabbelig, schwammig sein; schlaff sein

[1]**رهن** [rahana, a] verpfänden; mit e-r Hypothek belasten; binden (ب an *A*), abhängig machen (ب von *D*); **III** راهن [raːhana] wetten (ه على mit *j-m* um *A*); setzen (على auf *ein Pferd, e-e Möglichkeit*); **IV** أرهن [ʔarhana] verpfänden; **VI** تراهن [ta'raːhana] miteinander wetten; wetten (مع mit *j-m*, على um *A*); **VIII** ارتهن [ir'tahana] als Pfand erhalten; sich verpflichten (ب zu *D*); **X** استرهن [is'tarhana] als Pfand fordern (ب von *j-m*)

[2]**رهن** [rahn] Verpfändung *f*; Binden *n* (ب an *A*); *pl.* رهون [ru'huːn] *u.* رهونات [ruhuː'naːt] Pfand *n*; Unterpfand *n*; حيازي ~ [ħi'jaːziː] Pfandrecht *n*; (= عقاري ~) Hypothek *f*; ~ [-a] *Präp.* unterliegend, abhängig von; ب ~ [-un] abhängig von, gebunden an; بذلك ~ا [-an] abhängig davon, hierdurch bedingt; إشارتك ~ zu deiner Verfügung; ~ الظروف je nach den Umständen; بيت الرهونات [bait ar-r.], دكان الرهونات [dukkaːn ar-r.] Pfandhaus *n*, Leihhaus *n*

رهنية [rah'niːja], *pl.* [-aːt] Hypothek *f*

رهو [rahw] **1.** still, ruhig; **2.** *pl.* رهاء [ri'haːʔ] Kranich *m*

رهيب [ra'hiːb] furchtbar, schrecklich; *Person*: gefürchtet; *umg.* irrsinnig gut *od.* schön

رهيف [ra'hiːf] dünn, fein; *Hüfte*: schmal; *Messer*: scharf

رهين [ra'hiːn] abhängig (ب von *D*), gebunden (ب an *A*); verantwortlich (ب für *A*)

رهينة [ra'hiːna], *pl.* رهائن [ra'haːʔin] (2) Geisel *f*; Pfand *n*

[1]**رواء** [ru'waːʔ] schöne(s) Aussehen, Anmut *f*

[2]**رواء** [ri'waːʔ] → ريان

رواب → رابية

روابط → رابطة

رواج [ra'waːdʒ] Verkäuflichkeit *f*, Absetzbarkeit *f*, Absatz *m von Waren*; Verbreitung *f*

رواح [ra'waːħ] Gehen *n*; Weggang *m*

رواد → رائد

رواعف → راعف

[1]**رواغ** [ra'waːɣ] List *f*, Kniff *m*, Trick *m*

[2]**رواغ** [ra'wwaːɣ] listig, schlau, durchtrieben

روافد → رافد, رافدة

روافع → رافعة

رواق [ri'waːq, ru'waːq], *pl.* أروقة [ʔarwiqa] (Säulen-, Bogen-)Gang *m*; (= مقنطر ~ [mu'qantɒr]) Arkaden *f/pl.*; *Arch.* Schiff *n*; Pavillon *m*; *Syr.* Veranda *f*; الأزهر ~ Wohnquartier *n* der Azhar-Studenten

رواقي [ri'waːqiː] *Phil.* stoisch; *pl.* [-uːn] Stoiker *m*

رواقية [riwaː'qiːja] *Phil.* Stoa *f*, Stoizismus *m*

رواندا [ru'wandaː] *Geo.* Ruanda

رواندي [ru'wandiː] ruandisch, Ruander *m*

رواة → راو

روائح → رائحة

روائع → رائعة

رواية [ri'waːja], *pl.* [-aːt] Erzählung *f*, Bericht *m*; Überlieferung *f*; Version *f*; (= طويلة ~) Roman *m*; تمثيلية / مسرحية ~ Bühnenstück *n*, Drama *n*; هزلية ~ Lustspiel *n*, Komödie *f*

روائي [ri'waːʔiː] erzählerisch; Roman-; *pl.* [-uːn] (= كاتب ~) Romanschriftsteller *m*; فيلم ~ Spielfilm *m*

[1](**روب**) راب [raːba, uː] *Milch*: gerinnen, sauer werden; **II** [rawwaba] *u.* **IV** أراب [ʔa'raːba] gerinnen lassen, sauer werden lassen

[2]**روب** [roːb], *pl.* أرواب [ʔar'waːb] Morgenrock *m*; Robe *f*

روبصة [raubasɒ] Schlafwandeln *n*

روبل [ruːbil], *pl.* [-aːt] Rubel *m*

روبيان [rub'jaːn] *koll. Saudi-Ar., Ir., Kuw.* Garnelen *f/pl.*

روبية [ruː'biːja], *pl.* [-aːt] Rupie *f*

روتش [rautaʃa] retuschieren

روتين [ruː'tiːn] Routine *f*, rein schematische Tätigkeit

روتيني [ruː'tiːniː] routinemäßig, Routine-

[1](**روث**) راث [raːθa, uː] *Tier*: Kot auswerfen, misten

[2]**روث** [rauθ], *pl.* أرواث [ar'waːθ] Kot *m*, Mist *m*

(**روج**) راج [raːdʒa, uː] kursieren; verbreitet sein, in Umlauf sein; *Ware*: guten Absatz finden, gefragt sein; *Markt*: florieren; **II** [rawwadʒa] in Umlauf setzen, verbreiten; *Ware* absetzen, vertreiben; *Markt* beleben; *Projekt* fördern; propagieren (ل *A*), Propaganda machen (ل für *A*)

[1](**روح**) راح [raːħa, uː] gehen; weggehen; ضحيته ~ [ɖɒħiː'jatahuː] j-m *od.* e-r Sache zum Opfer fallen; يفعل ~ sich anschicken *od.* beginnen zu; **II** [rawwaħa] fächeln; *Herz* erfrischen; *umg.* nach Hause gehen; sich erholen lassen (عن *j-n*); عن نفسه ~ sich entspannen; **III** راوح [raːwaħa] abwechselnd tun (بين ... و *verschiedene Dinge*); ~ في مكانه auf der Stelle treten, stagnieren; **IV** أراح [ʔa'raːħa] (aus)ruhen lassen; beruhigen; *Gewissen* erleichtern, entlasten; ersparen (ه من *j-m A*); نفسه ~ sich erholen, sich entspannen; نفسه من ~ sich von *etwas* freimachen; **V** تروح [ta'rawwaħa] sich Luft zufächeln; **VI** تراوح [ta'raːwaħa] schwanken

(بين zwischen *D*); **VIII** ارتاح [is-ta'raːħa] sich ausruhen; Ruhe finden (من vor *D*); zufrieden sein (إلى/ل mit *D*), befriedigt, froh sein (إلى/ل über *A*); Gefallen finden (إلى/ل an *D*); **X** استراح [ista'raːħa] sich ausruhen, Ruhe finden; sich erholen, rasten; befreit werden (من von *D*); zufrieden sein (إلى mit *D*), sich verlassen (إلى auf *A*); — استروح [is'tarwaħa] einatmen; Ruhe finden

[2]**روح** [ruːħ] *f u. m, pl.* أرواح [ʔar'waːħ] Geist *m*, Seele *f*; Lebensgeist *m*; ~ التضحية [r. at-tɒđħija] Opfergeist *m*; الـ~ القدس [al-qudus] *Chr.* der Heilige Geist; ~ المسؤولية Verantwortungsgefühl *n*; ثقيل الـ~ unsympathisch; طويل الـ~ langmütig; خسائر في الأرواح Verluste *m/pl.* an Menschenleben

روحاني [ruː'ħaːniː] geistig; geistlich; spiritualistisch

روحانية [ruːħaː'niːja] Geistigkeit *f*; Spiritualismus *m*

روحي [ruːħiː] geistig, Geistes-; geistlich; مشروبات ~ة geistige Getränke *n/pl.*

روحية [ruː'ħiːja] Geistesart *f*, Geisteshaltung *f*; Spiritualismus *m*

(**رود**) راد [raːda, uː] durchstreifen, durchforschen; suchen (هـ nach *D*); **III** راود [raːwada] *Gefühl*: überkommen; zu gewinnen versuchen (ه على *j-n* für *A*); ه~ عن نفسه j-n zu verführen suchen; ه~ الأمل [al-ʔamal(u)] er hegte die Hoffnung; ~ته الفكرة [al-fikra(tu)] ihm kam der Gedanke; er spielte mit dem Gedanken; **IV** أراد [ʔa'raːda] wollen; wünschen; haben wollen; (hin)wollen (ه/هـ zu *D*, nach *D*); dahin bringen wollen (ه على *j-n etwas zu tun*); meinen (ب هـ *etwas* mit *D*); vorhaben (ب هـ *etwas* mit *D*); يراد بذلك أن [ju'raːdu, anna] damit ist gemeint, daß; darunter versteht man, daß; **VIII** ارتاد [ir-'taːda] *Ort* aufsuchen, besuchen; durchforschen

رودس [ruːdis, ruːdus] Rhodos

روديوم [roːdijum] *Chem.* Rhodium *n*

روزنامة [ruːz'naːma] (Termin-)Kalender *m*; Almanach *m*

روس [ruːs]: الـ~ *koll.* die Russen *m/pl.*

رؤساء → رئيس

روسي [ruːsiː] russisch; *pl.* [-uːn] Russe *m*

روسيا [ruːsijaː] Rußland; ~ البيضاء [al-bai'đɒːʔ] Weißrußland

روستو [rostoː] Braten *m*

روشتة [ru'ʃitta], *pl.* [-aːt] *Äg.* Rezept *n*

[1](**روض**) راض [rɒːđɒ, uː] *Tier* abrichten, dressieren; **II** [rawwađɒ] *Tier* abrichten, dressieren; bändigen, zähmen; trainieren; **VIII** ارتاض [ir'taːđɒ] sich üben; spazierengehen

[2]**روض** [rauđ] Garten *m*

روضة [rauđɒ], *pl.* رياض [ri'jɒːđ] *u.* [-aːt] Garten *m*; ~ الأطفال Kindergarten *m*

[1](**روع**) راع [raːʕa, uː] erschrecken, entsetzen; beeindrucken, begeistern; **II** [rawwaʕa] *u.* **IV** أراع [ʔa'raːʕa] in Angst *od.* Schrecken versetzen; **V** تروع [ta'rawwaʕa] *u.* **VIII** ارتاع [ir'taːʕa] erschrecken (من vor *D*), sich entsetzen

[2]**روع** [rawaʕ] (*überraschende*) Schönheit

[3]**روع** [rauʕ] Erschrecken *n*, Bestürzung *f*, Schock *m*

[4]**روع** [ruːʕ] Sinn *m*, Seele *f*, Gemüt *n*; أفرخ ~ـه [ʔafraxa -uhuː] sich beruhigen; وقع في ~ـه es kam ihm in den Sinn; أدخل / ألقى في ~ـه j-m *etwas* einreden

روعة [rauʕa] Pracht *f*, Schönheit *f*; Betroffenheit *f*

(**روغ**) راغ [raːɣa, uː] abweichen, sich abwenden (عن von *D*); sich hinwenden (إلى zu *D*); **III** راوغ [raː-waɣa] täuschen, (zu) hintergehen (suchen); *Ballspiel:* ausspielen; Tricks gebrauchen, Spiegelfechterei treiben

(**روق**) راق [raːqa, uː] rein, klar, lauter sein; gefallen, zusagen (ل *j-m*); **II** [rawwaqa] klären, reinigen; روق دمك [rawwiq damaka] ruhig Blut!; **IV** أراق [ʔa'raːqa] ausgießen, vergießen; ~ ماء وجهه [maːʔa wadʒhihiː] sein Gesicht verlieren; **V** تروق [ta'rawwaqa] *Syr.* frühstükken

روك [roːk] *Äg.*: مال الـ~ Gemeineigentum *n*

[1](**روم**) رام [raːma, uː] wünschen, begehren, verlangen; suchen; على ما يرام [ju'raːm(u)] in bester Ordnung, bestens

[2]**روم** [ruːm] **1.** Rum *m*; **2.** الـ~ Ostrom *n*, die Byzantiner *m/pl.*; الـ~ الأرثوذكس [al-ʔurθu'đuks] die Griechisch-Orthodoxen *m/pl.*; بحر الـ~ *hist.* das Mittelmeer

روما [roːmaː] Rom

روماتزم [ruːma'tizm] Rheumatismus *m*

رومان [ruː'maːn]: الـ~ *koll.* die Römer *m/pl.*; die Romanen *m/pl.*

رومانتيكي [roːman'tiːkiː] romantisch

رومانتيكية [roːmantiː'kiːja] Romantik *f*

رومانسي [roː'mansiː] romantisch

رومانسية [roːman'siːja] Romantik *f*

روماني [ruː'maːniː] römisch; romanisch; rumänisch; الرومانيون *pl.* die Rumänen *m/pl.*; الدراسات الرومانية [ad-diraː'saːt] Romanistik *f*

رومانيا [ruː'maːnijaː] Rumänien

رومانيسكي [roːma'neskiː] *Baustil*: romanisch

رومي [ruːmiː] oströmisch, byzantinisch; ~ جبن [dʒubn] Schnittkäse *m*; ~ ديك [diːk] Truthahn *m*

روند [ra'wand] = راوند

رونق [raunaq] Schönheit *f*, Pracht *f*, Glanz *m*

رؤوس → رأس[2]

رؤوف [ra'ʔuːf] barmherzig, mitleidig, gütig; الـ~ *Beiname Gottes*

[1]**روى** [rawaː, iː] **1.** erzählen; berichten, überliefern, tradieren; *Gedicht* rezitieren; **2.** bewässern; — [rawija, a] s-n Durst stillen; bewässert werden; **II** [rawwaː] den Durst löschen; bewässern; **IV** أروى [ʔarwaː] *j-s Durst* löschen; bewässern; *j-s Neugier* befriedigen, stillen; **V** تروى [ta'rawwaː] nachdenken (في über *A*); **VIII**

ارتوى [ir'tawaː] s-n Durst stillen; bewässert werden; *aus e-r Quelle* schöpfen

[2]روي [ra'wiːj] Reimbuchstabe *m in arab. Versen*

رؤيا [ruʔjaː], *pl.* رؤى [ruʔan] Vision *f*, Traumgesicht *n*; Vorstellung *f*; Sichtweise *f*, Sehweise *f*; سفر الـ~ [sifr ar-r.] Apokalypse *f* (*Buch im Neuen Testament*)

رويد [ru'waid]: ~ك [-aka] gemach!, langsam!; ~ا [-an] *Adv.* gemächlich; ~ا ~ا nach und nach, allmählich

[1]**روية** [ra'wiːja] Nachdenken *n*, Erwägung *f*, Überlegung *f*; بدون ~ unüberlegt (*Adv.*); عن ~ (wohl-) überlegt (*Adv.*)

[2]**رؤية** [ruʔja] Sehen *n*; Sicht *f*; Anblick *m*

ري [rajj] Bewässerung *f*; الـ~ بالرش [bi-r-raʃʃ] Beregnung *f*

رياء [ri'jaːʔ] Heuchelei *f*, Verstellung *f*, Scheinheiligkeit *f*

رئات → رئة

[1]**رياح** [ra'jjaːħ], *pl.* [-aːt] *Äg.* (*Bewässerungs-*)Hauptkanal *m*

[2]**رياح** [ri'jaːh] → [2]ريح

ريادة [ri'jaːda] Führung *f*, führende Rolle, Vorreiterrolle *f*

ريادي [ri'jaːdiː] *Rolle*: führend

رئاسة [ri'ʔaːsa], *Äg. a.* رياسة [ri'jaːsa] Führung *f*, Leitung *f*; Vorsitz *m*; Präsidentschaft *f*; بـ~ + *G*: unter der Leitung *od.* dem Vorsitz *j-s*; مجلس الـ~ [madʒlis ar-r.] Präsidentschaftsrat *m*; Präsidium *n*

رئاسي [ri'ʔaːsiː], *Äg. a.* رياسي [ri'jaːsiː] Präsidenten-, Präsidentschafts-, Präsidial-

رياش [ri'jaːʃ] Einrichtung *f*, Mobiliar *n*

رياض [ri'jɒːđ]: الـ~ Riad (*Hauptstadt Saudi-Arabiens*); → روضة

رياضة [ri'jɒːđɒ], *pl.* [-aːt] Sport *m*; (*selten* = رياضيات) Mathematik *f*; *pl. Chr.* Exerzitien *n/pl.*; ~ بدنية [bada'niːja] Turnen *n*, Sport *m als Schulfach*; Gymnastik *f*; ~ عقلية Denksport *m*

رياضي [ri'jɒːđiː] **1.** sportlich, Sport-; *pl.* [-uːn] Sportler *m*; **2.** mathematisch; *pl.* [-uːn] Mathematiker *m*; الرياضيات *pl.* Mathematik *f*

رياضية [rijɒː'điːja], *pl.* [-aːt] **1.** Sportlerin *f*; **2.** Mathematikerin *f*

ريال [ri'jaːl], *pl.* [-aːt] Rial *m* (*Währungseinheit in Saudi-Ar., Jemen, Oman, Katar*); ~ ماريا تيريزا Maria-Theresien-Taler *m*

ريان [ra'jjaːn] (2), *f* ريا [rajjaː], *pl.* رواء [ri'waːʔ] mit Flüssigkeit gesättigt; üppig; *Zweig*: saftig; *Gesicht*: voll

[1](**ريب**) راب [raːba, iː] *u.* **IV** أراب [ʔa'raːba] Verdacht erregen (ه bei *j-m*); argwöhnisch machen; **V** تريب [ta'rajjaba] argwöhnen (في/ب *A*); verdächtigen (ب/في *j-n*); **VIII** ارتاب [ir'taːba] verdächtigen (في *j-n*); zweifeln (في an *D*), anzweifeln (في *A*); ~ في الأمر die Sache kam ihm verdächtig vor; **X** استراب [ista'raːba] Zweifel *od.* Verdacht hegen

[2]**ريب** [raib] Zweifel *m*, Ungewißheit *f*; ~ بلا, ~ فيه لا مما [mimmaː laː -a fiːhi] *u.* (*nachgestellt*) ~ ولا [-a] zweifellos

ريبان [riː'baːn] *koll. Syr.* Band *n*, Streifen *m*

ريبة [riːba], *pl.* ريب [rijab] Argwohn *m*, Verdacht *m*

ريبية [rai'biːja] Skeptizismus *m*

(**ريث**) **V** تريث [ta'rajjaθa] zögern; hinauszögern (في *A*); lange überlegen (في *A*); (ab)warten, sich gedulden

ريثما [raiθamaː] (so lange) bis; um zu

[1]**ريح** **II** [rajjaħa] Ruhe gewähren (ه/ـه *D*), (aus)ruhen lassen

[2]**ريح** [riːħ] *meist f*, *pl.* رياح [ri'jaːħ] *u.* أرياح [ʔar'jaːħ] Wind *m*; Geruch *m*; هبت ~ه [habbat] es war seine große Zeit, er hatte Erfolg; ذهب مع الـ~ vom Winde verweht (sein)

[3]**ريح** [rajjiħ] windig

ريحان [rai'ħaːn], *pl.* رياحين [rajaː'ħiːn] (2) Basilikum *n*; Duftpflanze *f*

ريحة [riːħa] Duft *m*, Geruch *m*

ريس [rajjis] *Äg.* = رئيس

[1](**ريش**) راش [raːʃa, iː] befiedern; zu Geld kommen; **II** [rajjaʃa] befiedern; Federn bekommen; zu Geld kommen; **V** تريش [ta'rajjaʃa] zu Geld kommen

[2]**ريش** [riːʃ] *koll.* Federn *f/pl.*, Gefieder *n*

ريشة [riːʃa], *pl.* [-aːt] *u.* ريش [rijaʃ] Feder *f*; Schreibfeder *f*; Pinsel *m des Malers*; *Mus.* Plektrum *n*; Lanzette *f*; ريش *a.* Rippchen *n/pl.*, Rippenfleisch *n*; بـ~ + *G*: geschrieben von; gezeichnet von; الـ~ الطائرة *Sport*: Federball *m*, Badminton *n*

[1](**ريع**) راع [raːʕa, iː] sich mehren, zunehmen

[2]**ريع** [raiʕ] Ertrag *m*; Bodenertrag *m*; Rendite *f*; ريوع [ru'juːʕ] *pl.* Gewinnanteile *m/pl.*; ~ عقاري Bodenrente *f*

ريعان [rai'ʕaːn] Blüte(zeit) *f*; ~ في الشباب in der Blüte der Jugend

ريعية [rai'ʕiːja] Rentabilität *f*

[1]**ريف** **II** [rajjafa] ländlichen Charakter geben (ـه *D*)

[2]**ريف** [riːf], *pl.* أرياف [ʔar'jaːf] (flaches) Land *n*, ländliche Gegend; الـ~ das Rif(gebirge) *in Nordostmarokko*; في الـ~ auf dem Lande

ريفي [riːfiː] ländlich, dörflich, bäuerlich; *pl.* [-uːn] Landbewohner *m*, Mann *m* vom Lande; *Mar.* Bewohner *m* des Rif

ريفية [riː'fiːja] ländliche Art, bäurische(s) Wesen; *pl.* [-aːt] Frau *f* vom Lande; Bäuerin *f*

[1](**ريق**) **V** تريق [ta'rajjaqa] *Syr.* frühstücken

[2]**ريق** [riːq], *pl.* أرياق [ʔar'jaːq] Speichel *m*; على الـ~ auf nüchternen Magen; أبلعني ~ي [ʔab'liʕniː] gönne mir e-e Ruhepause!

ريكوردر [ri'koːrdar], *pl.* [-aːt] Tonbandgerät *n*, Rekorder *m*

(**ريل**) رال [raːla, iː] *u.* **II** [rajjala] sabbern

[1](**ريم**) رام [raːma, iː]: ظل في مكانه لا يريم [đɒlla] sich nicht von der Stelle rühren

[2]**رئم** [raʔima, a] zärtlich behandeln, liebkosen

³**رئم** [riʔm] *u.* ريم [riːm], *pl.* آرام [ʔaːˈraːm] weiße Antilope

(**رين**) ران [raːna, iː] *fig.* herrschen (على in *D*), beherrschen (على *A*); überwältigen, überkommen (على *j-n*)

¹**رية** [rajja], *pl.* [-aːt] (*einmalige*) Bewässerung

²**رئة** [riʔa], *pl.* رئات [riˈʔaːt] Lunge *f*; ذات الـ~ Lungenentzündung *f*

رئوي [riʔawiː] Lungen-

رئيس [raˈʔiːs], *pl.* رؤساء [ruʔaˈsaːʔ] (2) Leiter *m*, Vorsitzende(r), Chef *m*; Präsident *m*; (Staats-)Oberhaupt *n*; Anführer *m*, Häuptling *m*; Ober-, Chef-; Vorgesetzte(r); *Jord. Mil.* Hauptmann *m*; ~ أركان الحرب (General-)Stabschef *m*; ~ الأساقفة [r. al-ʔaˈsaːqifa] Erzbischof *m*; ~ الأطباء [r. al-ʔaṭṭiˈbbaːʔ] Chefarzt *m*; ~ البلدية [r. al-balaˈdiːja] Bürgermeister *m*; ~ التحرير Chefredakteur *m*; ~ فخري Ehrenpräsident *m*; ~ الفريق *Sport*: Mannschaftskapitän *m*; ~ الملائكة Erzengel *m*; ~ الوزراء Ministerpräsident *m*, Premierminister *m*

رئيسة [raˈʔiːsa], *pl.* [-aːt] Leiterin *f*; Präsidentin *f*; → رئيس

رئيسي [raˈʔiːsiː] Haupt-, hauptsächlich; wichtigste(r)

ز

ز (زاء) [zaːʔ] *u.* (زاي) [zaːj] *elfter Buchstabe des arab. Alphabets; bei Aufzählungen*: g)

زأبق [zaʔbaqa] mit Quecksilber überziehen

زاج [zaːʤ] *Chem.* Vitriol *n*

زاجر [zaːʤir] abhaltend; *pl.* زواجر [za'waːʤir] (2) hindernde(s) Moment, Hemmnis *n*; Gewissen *n*

زاجل [zaːʤil]: ~ حمام *koll.* Brieftauben *f/pl.*

زاح → (زيح)

زاحف [zaːħif] kriechend; schleichend; *Heer*: vorrückend

زاحفة [zaːħifa], *pl.* زواحف [za'waːħif] (2) Kriechtier *n*, Reptil *n*

زاخر [zaːxir] (über)voll, (über)reich; *Gefühl*: überströmend

1**زاد** [zaːda] → 1(زيد)

2**زاد** [zaːd], *pl.* أزواد [ʔaz'waːd] Proviant *m*, Wegzehrung *f*

1**زار** [zaːra] → 1(زور)

2**زار** [zaːr] *Äg.* Geisterbeschwörung *f*

3**زأر** [zaʔara, a] brüllen

زارع [zaːriʕ] anbauend; *pl.* زراع [zu'rraːʕ] *u.* [-uːn] Ackerbauer *m*, Pflanzer *m*, Landwirt *m*

1**زاغ** [zaːɣa] → (زوغ) *u.* 1(زيغ)

2**زاغ** [zaːɣ], *pl.* زيغان [ziː'ɣaːn] (Aas-) Krähe *f*

زال → (زول) *u.* (زيل)

زام → (زوم)

زامبي [zambiː] sambisch; Sambier *m*

زامبيا [zambijaː] *Geo.* Sambia

زامر [zaːmir], *pl.* [-uːn] Flötenspieler *m*

1**زان** [zaːna] → 1(زين)

2**زان** [zaːn] Buche *f*; ~ ثمر [θamar z.] Bucheckern *f/pl.*

3**زان** [zaːnin], *pl.* زناة [zu'naːt] Ehebrecher *m*, Hurer *m*

زانة [zaːna], *pl.* [-aːt] Stange *f*, Stab *m*; القفز بالـ~ *Sport*: Stabhochsprung *m*

زانية [zaːnija], *pl.* زوان [za'waːnin] Ehebrecherin *f*, Hure *f*

زاه [zaːhin] glänzend, *Farbe*: leuchtend, strahlend; prächtig; blühend

زاهد [zaːhid] entsagend; verzichtend (في auf *A*); nicht interessiert (في an *D*); asketisch; *pl.* زهاد [zu'hhaːd] Asket *m*

زاهر [zaːhir] leuchtend, strahlend, glänzend

زاوية [zaːwija], *pl.* زوايا [za'waːjaː] *a. Math.* Winkel *m*; Ecke *f*; *bsd. Jord.* Rubrik *f e-r Zeitung*; Blickwinkel *m*; kleine(s) Bethaus; *Maghr.* Zawija (*kleine Moschee mit dem Grab e-s muslimischen Heiligen*); حادة ~ [ħaːdda] spitze(r) Winkel; قائمة ~ rechte(r) Winkel; منفرجة ~ [mun'fariʤa] stumpfe(r) Winkel; حجر الـ~ [ħaʤaraz-z.] Eckstein *m*; من زوايا مختلفة [mux'talifa] von verschiedenen Gesichtspunkten aus

زاي [zaːj] *f* der Buchstabe ز

زائد [zaːʔid] zunehmend; übersteigend; überzählig, überflüssig, über-; Über-, Mehr-; (= ا~ [-an]) *beim Rechnen*: plus; hinausgehend (عن über *A*); ~ وزن Übergewicht *n*

زائدة [zaːʔida], *pl.* زوائد [za'waːʔid] (2) *Anat.*, *Biol.* Fortsatz *m*; ~ دودية [duː'diːja] Blinddarm *m*

زائدي [zaːʔidiː] *Geom.* hyperbolisch

زائر [zaːʔir] besuchend; *pl.* زوار [zu'wwaːr] *u.* [-uːn] Besucher *m*; *pl.* زوار *Saudi-Ar.*, *Ir.* Pilger *m*; أستاذ ~ [ʔus'taːð] Gastprofessor *m*

زائغ [zaːʔiɣ] abweichend; *a. Blick*: schief

زائف [zaːʔif] falsch, gefälscht; Pseudo-; ~ نقد Falschgeld *n*

زائل [zaːʔil] vorübergehend, vergänglich; entschwunden, beseitigt

زائير [zaː'ʔiːr] *f Geo.* Zaire

زائيري [zaː'ʔiːriː] zairisch; Zairer *m*

زب [zubb], *pl.* أزباب [ʔaz'baːb] *umg.* männliche(s) Glied, Penis *m*

زباد [za'baːd] Zibet *m*; سنور الـ~ [si'nnaur az-z.], قط الـ~ [qiṭṭ az-z.] Zibetkatze *f*

زبادي [za'baːdiː] *u.* ~ لبن [laban] Joghurt *m*, Dickmilch *f*

زبال [za'bbaːl], *pl.* [-uːn] Straßenkehrer *m*, Müllmann *m*

زبالة [zu'baːla] Müll *m*, Kehricht *m*

زباني [zu'baːnaː] *Zool.* Schere *f*

زبانية [za'baːnija] *pl.* Schergen *m/pl.*; *Isl.* Engel *m/pl.*, die die Verdammten in die Hölle stürzen

زبائن → زبون1

1**زبد** II [zabbada] *Milch*: Rahm ansetzen; IV أزبد [ʔazbada] *a. vor Wut* schäumen; ~ أرغى و [ʔarɣaː] vor Wut schäumen

2**زبد** [zabad], *pl.* أزباد [ʔaz'baːd] Schaum *m*; Schlacke *f*

3**زبد** [zubd] Butter *f*

زبدة [zubda], *pl.* زبد [zubad] Butter *f*; Auslese *f*; Quintessenz *f*

زبدية [zub'diːja], *pl.* زبادي [zabaː'diːj] (2) kleine Schüssel, Schale *f*; Butterdose *f*

زبر [zubr], *pl.* أزبار [ʔaz'baːr] *Äg.* männliche(s) Glied, Penis *m*

[1]**زبل** **II** [zabbala] düngen

[2]**زبل** [zibl] Mist *m*, Dung *m*; أزبال [ʔaz'baːl] Abfall *m*, Müll *m*

زبور [za'buːr], *pl.* زبر [zubur] Psalter *m*

[1]**زبون** [za'buːn] **1.** *Kampf*: erbittert; **2.** *pl.* زبائن [za'baːʔin] (2) *u. bsd. Mar.* زبناء [zuba'naːʔ] (2) Kunde *m*; Gast *m e-s Hotels*; دائم ~ Stammkunde *m*; Stammgast *m*

[2]**زبون** [zu'buːn] *Syr., Ir.* hemdartige(s) Gewand

زبونة [za'buːna], *pl.* [-aːt] Kundin *f*

زبى [zuban], *pl.*: بلغ السيل الـ~ [balaɣa s-sailu] die Sache erreichte den Höhepunkt, das Maß war voll

زبيب [za'biːb] *koll., n. un.* ـة~ Rosine(n *pl.*) *f*; *Äg.* Rosinenschnaps *m*; بناتي ~ Sultaninen *f/pl.*

زبيبة [za'biːba] (*e-e*) Rosine; *Äg.* Hornhautfleck *m auf der Stirn des muslimischen Beters*

[1]**زج** [zaddʒa, u] werfen (ه/ـه/ب *A*), stecken (ه/ب في *j-n* in *A*); stoßen (ـه/ب في *etwas* in *A*); به / ـه~ في السجن [fi s-sidʒn] j-n ins Gefängnis werfen *od.* stecken; **II** زجج [zaddʒadʒa] verglasen; emaillieren; *Augenbrauen mit dem Stift* nachziehen

[2]**زج** [zaddʒ] Werfen *n*, Stoßen *n*

[3]**زج** [zuddʒ] → أزج

زجاء → أزج

[1]**زجاج** [za'ddʒaːdʒ], *pl.* [-uːn] Glaser *m*

[2]**زجاج** [zu'dʒaːdʒ, za'dʒaːdʒ] Glas *n*; أمامي ~ *Äg.* Windschutzscheibe *f*; حراري ~ hitzebeständige(s) Glas; النافذة ~ Fensterscheibe *f*

زجاجة [zu'dʒaːdʒa, za'dʒaːdʒa], *pl.* [-aːt] Stück Glas *n*; Flasche *f*

زجاجي [zu'dʒaːdʒiː] gläsern, Glas-; زجاجيات *pl.* Glaswaren *f/pl.*

زجال [za'ddʒaːl], *pl.* [-uːn] Zadʒal-Dichter *m*, → [2]زجل

[1]**زجر** [zadʒara, u] zurückhalten, abhalten, abschrecken (عن von *D*); zurechtweisen, anfahren; **VII** انزجر [in'zadʒara] *u.* **VIII** ازدجر [iz'dadʒara] *Pass.* zu زجر

[2]**زجر** [zadʒr] Zurückhaltung *f*, Hinderung *f*; Unterdrückung *f*, Unterbindung *f*; Zurechtweisung *f*

زجرة [zadʒra] Zurechtweisung *f*

زجري [zadʒriː] repressiv, Zwangs-

[1]**زجل** [zadʒala, u] *Brieftaube* fliegen lassen; — [zadʒila, a] trällern

[2]**زجل** [zadʒal], *pl.* أزجال [ʔaz'dʒaːl] Dichtung *f* im Dialekt, Volksdichtung *f*; الجن ~ [z. al-dʒinn] Stimmen *f/pl.* der Geister

(**زجو**) زجا [zadʒaː, uː] (an)treiben; **II** زجى [zaddʒaː] *Zeit* verbringen; **IV** أزجى [ʔazdʒaː] treiben

زحار [zu'ħaːr] **1.** *Med.* Ruhr *f*; **2.** Stöhnen *n*

زحافة [za'ħħaːfa], *pl.* [-aːt] Kriechtier *n*; *Äg.* Planiergerät *n*; Egge *f*; ~ ثلج Schlitten *m*; Ski *m*

زحام [zi'ħaːm] Gedränge *n*, Andrang *m*, Gewühl *n*

زحر [zaħara, a, i] stöhnen; *Pass.* [zuħira] an Ruhr erkranken; **II** [zaħħara] stöhnen

زحزح [zaħzaħa] verschieben, wegschieben, verrücken; entfernen (عن von *D*); ins Wanken bringen; **II** تزحزح [ta'zaħzaħa] (*von der Stelle*) bewegt werden; beiseite rutschen; لا يتزحزح *Glaube*: unerschütterlich

[1]**زحف** [zaħafa, a] kriechen; schleichen; *Heer*: vorrücken (على/نحو/إلى auf *A*)

[2]**زحف** [zaħf] Kriechen *n*; Vormarsch *m*; *pl.* زحوف [zu'ħuːf] (vorrückender) Heerhaufe

زحل [zuħal] Saturn (*Planet*)

زحلاوي [zaħ'laːwiː] Zahlawi (*libanesischer Anisschnaps*)

زحلق [zaħlaqa] gleiten *od.* rutschen lassen; **II** تزحلق [ta'zaħlaqa] gleiten, rutschen; على الثلج ~ Ski laufen; على الجليد ~ eislaufen; *selten*: Ski laufen

زحلة [zaħla] Zahle (*Stadt im Libanon*)

زحم [zaħama, a] (zusammen)drängen; vollstopfen; **III** زاحم [zaːħama] drängeln; konkurrieren, rivalisieren (ه mit *j-m*); Konkurrenz machen (ه/ـه *D*); **VI** تزاحم [ta'zaːħama] sich drängen, sich drängeln; miteinander konkurrieren, sich Konkurrenz machen; **VIII** ازدحم [iz'daħama] sich drängen; *Ort*: gedrängt voll sein (ب von *D*), überfüllt, überlaufen sein

زحمة [zaħma] Gedränge *n*, Gewühl *n*; *Syr., Ir.* Beschwerlichkeit *f*, Ungelegenheit *f*

زحير [za'ħiːr] Stöhnen *n*

زخر [zaxara, a] übervoll sein (ب von *D*), voller (ب) … sein, strotzen (ب von *D od.* vor *D*); reich sein (ب an *D*)

[1]**زخرف** [zaxrafa] (aus)schmücken, verzieren, dekorieren; **II** تزخرف [ta'zaxrafa] (aus)geschmückt, verziert, dekoriert werden

[2]**زخرف** [zuxruf], *pl.* زخارف [za'xaːrif] (2) Schmuck *m*, Verzierung *f*, Dekoration *f*; *pl. a.* Ornamente *n/pl.*, Ornamentik *f*

زخرفة [zaxrafa], *pl.* [-aːt] *u.* زخارف [za'xaːrif] (2) Ausschmückung *f*, Verzierung *f*, Dekoration *f*, Dekor *m*; Ornamente *n/pl.*, Ornamentik *f*

زخرفي [zuxrufiː] Schmuck-, Dekorations-; ornamental

[1]**زخم** [zaxama, a] stoßen; vorantreiben; — [zaxima, a] stinken

[2]**زخم** [zaxm] Stoßen *n*; Vorantreiben *n*; Antrieb *m*, Impetus *m*, Schwung *m*; قوة الـ~ [quwwat az-z.] *Mil.* Stoßkraft *f*

[3]**زخم** [zaxim] stinkend, übelriechend

زخمة [zaxma] Gestank *m*; *Äg. Mus.* Plektrum *n*; *Äg.* Schlegel *m der Trommel*; *Äg.* Lederriemen *m*

زخة [zaxxa], *pl.* [-aːt] (Regen-) Schauer *m*

[1]**زر** [zarra, u] *Auge* zukneifen; **II** زرر [zarrara] zuknöpfen

[2]**زر** [zirr], *pl.* أزرار [ʔaz'raːr] *a. Techn.* Knopf *m*; Knospe *f*; Troddel *f*

زرادشت [zaraː'daʃt] Zarathustra, Zoroaster

زرادشتي [zaraː'daʃtiː] zoroastrisch

زرادية [zarraː'diːja], *pl.* [-aːt] *Äg.* (Kneif-, Draht-, Kombi-)Zange *f*

زرار [zi'raːr], *pl.* زراير [za'raːjir] (2) *Äg.* Knopf *m*

[1]**زراع** [za'rraːʕ], *pl.* ـة~ *u.* [-uːn] Ackerbauer *m*, Landwirt *m*

[2]**زراع** [zu'rraːʕ] → زارع

زراعة [ziˈraːʕa] Landwirtschaft *f*, Ackerbau *m*; Anbau *m*; *Med.* Verpflanzung *f*; *pl.* [-aːt] landwirtschaftliche Kultur; البساتين ~ Gartenbau *m*; القلب ~ Herzverpflanzung *f*

زراعي [ziˈraːʕiː] landwirtschaftlich, Landwirtschafts-, Agrar-; Ackerboden *m*; ~ خبير Agronom *m*; ~ طريق Landstraße *f*; Feldweg *m*; ـة~ نباتات Kulturpflanzen *f/pl.*

زرافة [zaˈraːfa], *pl.* [-aːt] **1.** Schar *f*, Gruppe *f*; زرافات ووحدانا [-tin waˈwuħˈdaːnan] *Adv.* in Scharen (und einzeln); **2.** *a.* [zuˈraːfa] Giraffe *f*

زراية [ziˈraːja] Schmähung *f*, Lästerung *f*; Mißachtung *f*

زربية [zurˈbiːja], *pl.* زرابي [zaraːˈbiːj] (2) Teppich *m*

1**زرد** [zarida, a] *u.* **VIII** ازدرد [izˈdarada] verschlingen; verschlukken, *a. fig.* hinunterschlucken

2**زرد** [zarad], *pl.* زرود [zuˈruːd] Ringpanzer *m*; ~ حمار [ħiˈmaːr] Zebra *n*

زردة [zarada], *pl.* [-aːt] Kettenglied *n*

زردية [zaraˈdiːja], *pl.* [-aːt] *Äg.* (Kneif-, Draht-, Kombi-)Zange *f*

زرزور [zurˈzuːr], *pl.* زرازير [zaraːˈziːr] (2) *Zool.* Star *m*

1**زرع** [zaraʕa, a] anbauen, pflanzen, säen; *Boden* bebauen, bestellen; bepflanzen (ب mit *D*); *Organ* verpflanzen, einpflanzen (ل *j-m*); *Minen, Bomben* legen; **VII** انزرع [inˈzaraʕa] *Pass. zu* زرع; **X** استزرع [isˈtazraʕa] *Boden* kultivieren, erstmalig bestellen

2**زرع** [zarʕ] Anbau *m*; Bestellung *f des Bodens*; *Med.* Verpflanzung *f*; *pl.* زروع [zuˈruːʕ] Saatgut *n*; Saat *f*, Pflanzung *f*; Saatfeld *n*; *koll.* Pflanzen *f/pl.*, Feldfrüchte *f/pl.*; الـ~ والضرع Ackerbau und Viehzucht; أهلك الـ~ والضرع [ʔahlaka] keinen Stein auf dem anderen lassen

زرفيل [zarˈfiːl], *pl.* زرافيل [zaraːˈfiːl] (2) *Jord.* (*Schrank-*)Schloß *n*

1**زرق** [zaraqa, i] *Vogel*: Mist fallen lassen; — [zariqa, a] blau werden; **IX** ازرق [izˈraqqa] = [zariqa]

2**زرق** [zaraq] *Med.* Glaukom *n*

3**زرق** [zurq] → أزرق

زرقاء → أزرق

زرقة [zurqa] Bläue *f*, Blau *n*

زركش [zarkaʃa] besticken (ب mit *D*); schmücken

زركشة [zarkaʃa], *pl.* [-aːt] Stickerei *f* (*a. als Gegenstand*); Ausschmükkung *f*, Verzierung *f*

زرنيخ [zirˈniːx] Arsen *n*; Arsenik *n*

1**زرى** [zaraː, iː] vorwerfen (على هـ *j-m A*); schmähen (على هـ *j-n* wegen *G*); tadeln (على *j-n*), mißbilligen (على هـ an *j-m A*); **IV** أزرى [ʔazraː] herabsetzen, herabwürdigen (ب *A*); **VIII** ازدرى [izˈdaraː] verachten, geringschätzen

2**زري** [zaˈriːj] miserabel, verächtlich, gering

زريبة [zaˈriːba], *pl.* زرائب [zaˈraːʔib] (2) (Vieh-)Stall *m*, Pferch *m*

زريعة [zaˈriːʕa] Saat *f*; Feldfrüchte *f/pl.*

زريق [zuˈraiq] *u.* ~ أبو [ʔabuː z.] Eichelhäher *m*

زعازع [zuˈʕaːziʕ]: ~ ريح [riːħ] Sturm *m*, heftige(r) Wind

زعاف [zuˈʕaːf] *Gift*: tödlich

زعامة [zaˈʕaːma] Führung *f*, Führerschaft *f*, führende Position; زعامات *pl.* Führungspersönlichkeiten *f/pl.*

زعبوط [zaʕˈbuːt], *pl.* زعابيط [zaʕaːˈbiːt] (2) *Äg.* wollene(s) Gewand

زعتر [zaʕtar] Thymian *m*

(**زعج**) **IV** أزعج [ʔazʕadʒa] stören, belästigen; beunruhigen; aufstören (من/عن von *D*); **VII** انزعج [inˈzaʕadʒa] gestört, belästigt werden; beunruhigt werden (من über *A*)

زعر [zaʕira, a] *Haar*: sich lichten

زعراء → أزعر

زعرور [zuʕˈruːr], *pl.* زعارير [zaʕaːˈriːr] (2) *koll.*, *n. un.* ـة~ Weißdorn *m*, *bsd.* Azarole *f*

1**زعزع** [zaʕzaʕa] erschüttern; **II** تزعزع [taˈzaʕzaʕa] erschüttert werden; لا يتزعزع unerschütterlich

2**زعزع** [zaʕzaʕ]: ~ ريح [riːħ] Sturm *m*

زعزعة [zaʕzaʕa] Erschütterung *f*

زعط [zaʕatɒ, a] *Äg.* erwürgen, erdrosseln

زعفران [zaʕfaˈraːn] Safran *m*

زعق [zaʕaqa, a] schreien; anschreien (ب *j-n*); schimpfen, krakeelen; **II** [zaʕʕaqa] laut schreien; heftig schimpfen, krakeelen

زعقة [zaʕqa] (Auf-)Schrei *m*

1**زعل** [zaʕila, a] ärgerlich *od.* verärgert sein; böse sein (من auf *j-n*); **II** [zaʕʕala] ärgern

2**زعل** [zaʕal] Ärger *m*, Verdruß *m*

زعلان [zaʕˈlaːn] ärgerlich, verärgert (من über *j-n*); böse (من auf *j-n*)

1**زعم** [zaʕama, u] behaupten, vorgeben; لنفسه ~ für sich in Anspruch nehmen; **V** تزعم [taˈzaʕʕama] (an-)führen

2**زعم** [zaʕm] Behauptung *f*; في ~ـه nach seiner Behauptung

زعنفة [zaʕnafa, ziʕnifa], *pl.* زعانف [zaˈʕaːnif] (2) Flosse *f des Fisches*

زعيق [zaˈʕiːq] Schreien *n*, Geschrei *n*

زعيم [zaˈʕiːm], *pl.* زعماء [zuʕaˈmaːʔ] (2) Führer *m*; *Jord. Mil.* Brigadegeneral *m*

زعيمة [zaˈʕiːma] Führerin *f*

1**زغب** [zaɣab] Flaum *m*

2**زغب** [zaɣib] flaumig

زغد [zaɣada, a] rempeln, puffen

زغدة [zaɣda] Rempler *m*, Stoß *m*

زغر [zaɣara, a] *Äg.* anschielen (إلى/ل *j-n*)

زغرب [zaɣrab] *Geo.* Zagreb

زغرد [zaɣrada] *Frauen*: Freudentriller ausstoßen; jauchzen

زغردة [zaɣrada] *u.* زغرودة [zaɣˈruːda], *pl.* زغاريد [zaɣaːˈriːd] (2) (langanhaltender) Freudentriller *der arab. Frauen*

زغزغ [zaɣzaɣa] *Äg.* kitzeln

زغطة [zuˈɣuttɒ] *Äg.* Schluckauf *m*

زغل [zaɣal] Fälschung *f*; Falschgeld *n*

زغلل [zaɣlala] *Äg.* blenden

زغلول [zuɣˈluːl], *pl.* زغاليل [zaɣaːˈliːl] (2) Kindchen *n*; junge(s) Täubchen

زف [zaffa, i] *Wind*: säuseln; — [zaffa, u] *die Braut im festlichen Zug dem Bräutigam* (إلى) zuführen; übermitteln (هـ إلى *A j-m*);

Pass. زُفت [zuffat] *Frau*: verheiratet werden (إلى mit *j-m*); بشرى ~ إلى [buʃraː] *j-m* e-e frohe Botschaft bringen

زفاف [zi'faːf] Hochzeit *f*

1**زفت** **II** [zaffata] *Straße* asphaltieren; verpichen

2**زفت** [zift] Asphalt *m*; Pech *n*; *Ausruf*: (verdammter) Mist!

1**زفر** [zafara, i] *Atem, Seufzer* ausstoßen; *Luft* ausatmen; **II** [zaffara] fettig machen, mit Fett beschmutzen

2**زفر** [zafar] *Chr.* fette Speisen *f/pl.* (*die in der Fastenzeit verboten sind*)

3**زفر** [zafir] fettig, fettverschmiert

زفرة [zafra] **1.** *pl.* [zafa'raːt] (*einmaliges*) Ausatmen, Seufzer *m*; **2.** *Syr.* Schaum *m* des siedenden Fleisches

زفزفة [zafzafa] Pfeifen *n*, Säuseln *n des Windes*

زفة [zaffa], *pl.* [-aːt] Hochzeitszug *m*

زفير [za'fiːr] Ausatmen *n*, Seufzen *n*

زفيف [za'fiːf] Säuseln *n des Windes*

1**زق** [zaqqa, u] *Vogel*: *Junge* füttern

2**زق** [ziqq], *pl.* زقاق [zi'qaːq] *u.* أزقاق [ʔaz'qaːq] (*Wasser-, Wein-*) Schlauch *m*

زقاء [zu'qaːʔ] Krähen *n des Hahnes*

زقازيق [zaqaː'ziːq]: الـ~ Zagazig (*Stadt in Ägypten*)

زقاق [zu'qaːq], *pl.* أزقة [ʔa'ziqqa] Gasse *f*

زقزاق [zaq'zaːq] Regenpfeifer *m*; ~ شامي Kiebitz *m*

زقزق [zaqzaqa] piepen, piepsen; zwitschern; *Vogel*: Junge füttern

زقزقة [zaqzaqa] Piepen *n*, Piepsen *n*; Gezwitscher *n*

زقلية [zuq'liːja] *Äg.* Knüppel *m*; Keule *f*

زقم [zaqama, u] verschlingen; **II** [zaqqama] *u.* **IV** أزقم [ʔazqama] verschlingen *od.* schlucken lassen

(زقو) زقا [zaqaː, uː] krähen; schreien; piepen

زكام [zu'kaːm] Schnupfen *m*

زكانة [za'kaːna] Spürsinn *m*, Gespür *n*, Intuition *f*

زكاة [za'kaːt], *pl.* زكوات [zaka'waːt] *Isl.* Almosensteuer *f*; Reinheit *f*; ~ المال *Isl.* vermögensabhängige Almosensteuer

زكم *Pass.* [zukima] sich einen Schnupfen holen

(زكو) زكا [zakaː, uː] wachsen, gedeihen

1**زكي** [zakija, a] wachsen, gedeihen; rein, lauter sein; **II** زكى [zakkaː] (ver)mehren; verstärken, fördern; reinigen, läutern; *j-n* empfehlen; die Almosensteuer entrichten; **V** تزكى [ta'zakkaː] geläutert werden; die Almosensteuer entrichten

2**زكي** [za'kiːj], *pl.* أزكياء [ʔazki'jaːʔ] (2) rein, lauter; schuldlos; *Duft*: angenehm, köstlich

زكيبة [za'kiːba], *pl.* زكائب [za'kaːʔib] (2) *Äg.* (großer) Sack

1**زل** [zalla, i, a] ausgleiten, ausrutschen, straucheln; e-n Fehler begehen; abweichen (عن von *der Wahrheit*); **IV** أزل [ʔa'zalla] ausrutschen *od.* straucheln lassen

2**زل** [zall] Ausgleiten *n*, Ausrutschen *n*, Straucheln *n*

زلاج [zi'laːʤ] Türriegel *m*

زلابية [za'laːbija], *pl.* [-aːt] *e-e Art* Krapfen *m*

زلاجة [za'llaːʤa], *pl.* [-aːt] Ski *m*

1**زلاقة** [za'laːqa] Glätte *f*, Schlüpfrigkeit *f*

2**زلاقة** [za'llaːqa], *pl.* [-aːt] Schlitten *m*

زلال [zu'laːl] *u.* البيض ~ [z. al-baiđ] Eiweiß *n*, Albumin *n*

زلالي [zu'laːliː] Eiweiß-, eiweißhaltig, Albumin-; زلاليات Eiweißstoffe *m/pl.*, Albumine *n/pl.*

1**زلج** [zaliʤa, a] (aus-, ab-, dahin-) gleiten; *Wort*: entschlüpfen (من *j-m*); **V** تزلج [ta'zallaʤa] (dahin-) gleiten; على الجليد ~ eislaufen; **VII** انزلج [in'zalaʤa] (aus)gleiten, (aus-)
rutschen

2**زلج** [zaliʤ, zalʤ] glatt, schlüpfrig

زلزال x[zil'zaːl, zal'zaːl], *pl.* زلازل [za'laːzil] (2) Erdbeben *n*

زلزالي [zil'zaːliː] seismisch; seismologisch

زلزل [zalzala] erbeben lassen, erschüttern; **II** تزلزل [ta'zalzala] erschüttert werden; *Erde*: beben

زلزلة [zalzala], *pl.* زلازل [za'laːzil] (2) Erdbeben *n*

1**زلط** [zalatɒ, u] verschlingen; **II** [zallatɒ] *Syr.* entkleiden, entblößen

2**زلط** [zalɒt] *Äg.* Kies *m*, Schotter *m*

زلطة [zalatɒ], *pl.* [-aːt] *Äg.* (*Kiesel-*)Steinchen *n*

زلعة [zalʕa], *pl.* زلع [zilaʕ] *Äg.* (hoher) Tonkrug

(زلف) **V** تزلف [ta'zallafa] schmeicheln (إلى *j-m*), sich einschmeicheln (إلى bei *j-m*)

زلفى [zulfaː] Schmeichelei *f*

1**زلق** [zaliqa, a] ausgleiten, ausrutschen; **II** [zallaqa] (spiegel)glatt machen; **VII** انزلق [in'zalaqa] gleiten, rutschen; abgleiten, abrutschen; على الثلج ~ Ski laufen; ~ على الجليد eislaufen

2**زلق** [zalq] Ausgleiten *n*, Ausrutschen *n*

3**زلق** [zaliq] glatt

زلقة [zalqa] (*einmaliges*) Ausgleiten, Rutsch *m*

زلل [zalal] Ausrutschen *n*, Straucheln *n*

(زلم) **X** استزلم [is'tazlama] zu s-m Gefolgsmann machen

زلمة [zalama], *pl.* أزلام [ʔaz'laːm] *u.* زلم [zalam] *bsd. Syr.* Mann *m*, Bursche *m*, Kerl *m*

زلة [zalla], *pl.* [-aːt] Ausgleiten *n*, Ausrutscher *m*; Fehler *m*, Lapsus *m*

زلومة [za'lluːma], *pl.* زلاليم [zalaː'liːm] (2) Rüssel *m des Elefanten*; *Syr.* Schnabel *m*, Ausguß *m*

زم [zamma, u] festbinden, zubinden; *Lippen* zusammenpressen; بأنفه ~ [bi-ʔanfihiː] die Nase hoch tragen; die Nase rümpfen; **II** زمم [zammama] (auf)zäumen

زمار [za'mmaːr], *pl.* [-uːn] Bläser *m*, Flötenspieler *m*

زمارة [za'mmaːra, zummaːra], *pl.* زمامير [zamaː'miːr] (2) Doppelflöte *f*; الإنذار ~ Alarmsirene *f*

زمالة [za'maːla] Kameradschaft *f*; Kollegialität *f*; Stellung *f* e-s Fellow *e-s College*; *Ir.* Stipendium *n e-s Fellow*

زمام [zi'maːm] **1.** *pl.* أزمة [ʔa'zimma] Zügel *m* (*meist pl.*); الحكم ~ [z. al-ħukm] die Zügel *m/pl.* der Macht; أخذ بـ~ المبادرة [z. al-mu'baːdara] die Initiative ergreifen; قبض على ~ الأمور das Heft in die Hand nehmen *od.* in der Hand haben; **2.** Boden *m*, Grund *m*

زمان [za'maːn], *pl.* أزمنة [ʔazmina] Zeit *f*; *Gr.* Tempus *n*; من / منذ ~ schon lange, seit geraumer Zeit; على مر الـ~ [marri z-z.] im Laufe der Zeit; أيام ~ [ʔa'jjaːma z.] in alten Zeiten, einst

زمانة [za'maːna] chronische(r) Zustand *e-r Krankheit*

زماني [za'maːniː] Zeit-; *Gr.* zeitlich, temporal; ظروف ~ـة zeitbedingte Umstände *m/pl.*

زمبرك = زنبرك

(**زمت**) **V** تزمت [ta'zammata] e-e strenge, puritanische Haltung einnehmen

زمجر [zamdʒara] toben, wüten; *Wasser*: tosen

1**زمر** [zamara, u] *u.* **II** [zammara] *Blasinstrument* spielen, blasen

2**زمر** [zamr] Blasen *n e-s Musikinstruments*; *pl.* زمور [zu'muːr] Doppelflöte *f*; *Syr.* Hupe *f*

زمرد [zu'murrud] Smaragd *m*

زمردي [zu'murrudiː] smaragdfarben

زمرة [zumra], *pl.* زمر [zumar] Gruppe *f*; Clique *f*

1**زمزم** [zamzama] *Donner*: rollen, grollen; *Feuer*: prasseln

2**زمزم** [zamzam] (2) der heilige Brunnen Zemzem *in Mekka*

زمزمة [zamzama] Grollen *n des Donners*; Prasseln *n des Feuers*

زمزمية [zamza'miːja], *pl.* [-aːt] Feldflasche *f*

(**زمع**) **IV** أزمع [ʔazmaʕa] sich entschließen, entschlossen sein (على zu *D*)

زمل **II** [zammala] einwickeln, einhüllen; **III** زامل [zaːmala] Gesellschaft leisten; j-s (ه) Kamerad *od.* Kollege sein; **V** تزمل [ta'zammala] sich einhüllen; **VI** تزامل [ta'zaːmala] kameradschaftlich *od.* kollegial verbunden sein

1**زمن** [zamina, a] chronisch krank sein; **IV** أزمن [ʔazmana] chronisch sein; lange dauern; **VI** تزامن [ta'zaːmana] zeitlich zusammenfallen (مع mit *D*)

2**زمن** [zaman], *pl.* أزمان [ʔaz'maːn] Zeit *f*, Zeitdauer *f*; *Gr.* Tempus *n*; ~ًا [-an] *Adv.* e-e Zeitlang; مع الـ~ mit der Zeit; الـ~ الثالث Tertiär *n*; الـ~ الرابع Quartär *n*

3**زمن** [zamin], *pl.* زمنى [zamnaː] chronisch leidend

زمني [zamaniː] Zeit-, zeitlich; weltlich; قنبلة ~ـة [qumbula] Zeitbombe *f*

(**زمهر**) **IV** ازمهر [izma'harra] bitterkalt sein *od.* werden

زمهرير [zamha'riːr] strenge(r) Frost, Eiseskälte *f*

زميل [za'miːl], *pl.* زملاء [zuma'laːʔ] (2) Kollege *m*, Gefährte *m*, Kamerad *m*; Kommilitone *m*

زميلة [za'miːla], *pl.* [-aːt] Kollegin *f*, Gefährtin *f*; Kommilitonin *f*

1**زن** [zanna, u] *Äg.* summen, surren

2**زن** [zann] *Äg.* Gesumm *n*, Gesurre *n*

زناء [zi'naːʔ] Ehebruch *m*, Hurerei *f*

زنابك → زنبرك

زناد [zi'naːd], *pl.* أزناد [ʔaz'naːd] Abzug *m am Gewehr*; حجر الـ~ [ħadʒar az-z.] Feuerstein *m*; → زند

زنار [zu'nnaːr], *pl.* زنانير [zanaː'niːr] (2) Leibbinde *f*, Gürtel *m*

زناة → 2زان

زنبرك [zam'barak, zum'buruk], *pl.* زنابك [za'naːbik] (2) (*Metall-*)Feder *f*

زنبق [zambaq] *koll.*, *n. un.* ~ـة Lilie(n *pl.*) *f*

زنبة [zumba], *pl.* زنب [zunab] Pinne *f*, Stift *m*; *Techn.* Körnerspitze *f*

زنبور [zum'buːr], *pl.* زنابير [zanaː'biːr] (2) Wespe *f*; كبير ~ Hornisse *f*

زنبيل [zam'biːl], *pl.* زنابيل [zanaː'biːl] (2) Korb *m*

زنج [zandʒ, zindʒ] *koll.*: الـ~ die Neger *m/pl.*, die Schwarzen *m/pl.*

زنجار [zin'dʒaːr] Grünspan *m*; Rost *m*

زنجبار [zindʒi'baːr, zandʒi'baːr] *Geo.* Sansibar

زنجبيل [zandʒa'biːl] Ingwer *m*

زنجفر [zun'dʒufr, zin'dʒafr] Zinnober *m*

زنجي [zandʒiː, zindʒiː] Neger-; negroid; *pl.* زنوج [zu'nuːdʒ] Neger *m*, Schwarze(r)

زنجير [zin'dʒiːr], *pl.* زناجير [zanaː'dʒiːr] (2) Kette *f*

1**زنخ** [zanixa, a] *u.* **II** [zannaxa] ranzig werden

2**زنخ** [zanax] Ranzigwerden *n*

3**زنخ** [zanix] ranzig

زند [zand] **1.** *f*, *pl.* زنود [zu'nuːd] *Anat.* Elle *f*; **2.** *pl.* زناد [zi'naːd] *aus zwei Hölzern bestehendes* Feuerbohrgerät

(**زندق**) **II** تزندق [ta'zandaqa] Ketzer *od.* Freigeist werden

زندقة [zandaqa] Ketzerei *f*, Freidenkertum *n*

زنديق [zin'diːq], *pl.* زناديق [zanaː'diːq] (2) Ketzer *m*, Freigeist *m*

زنر **II** [zannara] *Syr.*, *Lib.* (um)gürten

زنزانة [zin'zaːna], *pl.* [-aːt] (*Gefängnis-*)Zelle *f*

زنزلخت [zanza'laxt] Zedrachbaum *m*

زنق **II** [zannaqa] eng schnüren; knapp halten (على *j-n*)

زنقة [zanqa], *pl.* [-aːt] *Mar.* Straße *f*

زنك [zink] Zink *n*

زنكي [zangiː]: الدولة الزنكية [ad-daula] *hist.* die Zengiden-Dynastie (*in Nordsyrien u. im Irak*)

زنكين [zan'giːn] *Ir.* reich

زنة [zina] Gewicht *n*

زنيم [za'niːm] niedrig, gemein; Bastard *m*

1**زنى** [zanaː, iː] huren

2**زنى** [zinan] Unzucht *f*, Hurerei *f*; Ehebruch *m*

زها [zuhan] Leuchten *n*, Glanz *m*, Pracht *f*

زهاء [zu'haːʔa] *Präp.* ungefähr, etwa

زهاد → زاهد

1**زهد** [zahida, a] entsagen (في *D*), sich enthalten (في *G*), verzichten (في auf *A*); **II** [zahhada] verleiden (ه في *j-m A*); **V** تزهد [ta'zahhada] ein asketisches Leben führen

[2]زهد [zuhd] (Welt-)Entsagung *f*, Askese *f*

[1]زهر **II** [zahhara] **1.** *bsd. Syr.* blühen; zur Blüte bringen; **2.** *Wäsche* bläuen; **IV** أزهر [ʔazhara] blühen; leuchten, strahlen; **VIII** ازدهر [iz'dahara] *bsd. fig.* blühen; florieren; sich (voll) entfalten

[2]زهر [zahr] **1.** *koll.* Blumen *f/pl.*; Blüten *f/pl.*; العسل ~ [z. al-ʕasal] *Bot.* Geißblatt *n*; اللؤلؤ ~ [z. al-luʔluʔ] Gänseblümchen *n*; ماء الـ~ Orangenblütenwasser *n*; **2.** (= ~ الحديد *u.* ~ حديد) Gußeisen *n*

[1]زهرة [zahra], *pl.* [zaha'raːt], أزهار [ʔaz'haːr] *u.* زهور [zu'huːr] Blume *f*; Blüte *f*; *Jord.* Blumenkohl *m*; ~ الثالوث Stiefmütterchen *n*; ~ الربيع Schlüsselblume *f*

[2]زهرة [zuhara]: الـ~ Venus *f* (*Planet*)

[3]زهرة [zuhra] leuchtende Weiße; Glanz *m*, Leuchten *n e-r Farbe*

[1]زهري [zahriː] *Syr.*, *Lib.* rosarot

[2]زهري [zuhariː] Syphilis *f*; الأمراض الزهرية venerische Krankheiten *f/pl.*

زهرية [zah'riːja], *pl.* [-aːt] (*Blumen-*) Vase *f*

زهق [zahaqa, a] zugrunde gehen, erlöschen; روحه ~ت [ruːħuhuː], نفسه ~ت *umg.* erledigt sein; überdrüssig werden (من *G*); **IV** أزهق [ʔazhaqa] zugrunde gehen *od.* erlöschen lassen

زهم [zahim] stinkend, übelriechend

زهمة [zuhma] Gestank *m*

[1](زهو) زها [zahaː, uː] stolz sein (ب auf *A*), sich rühmen (ب *G*); glänzen, *bsd. Farbe*: leuchten; blühen; *Pass.* زهي [zuhija] stolz sein (ب auf *A*), sich rühmen (ب *G*); **VIII** ازدهى [iz'dahaː] stolz sein (ب auf *A*); mit Stolz erfüllen

[2]زهو [zahw, zu'huːw] Blüte *f*; Glanz *m*; Leuchten *n*, Leuchtkraft *f bsd. von Farben*; Stolz *m* (ب auf *A*), Hochmut *m*

زهوق [za'huːq] vergänglich

زهومة [zu'huːma] Gestank *m*

زهيد [za'hiːd] gering(fügig), unbedeutend; *Preis*: mäßig

زواج [za'waːʤ] Heirat *f*, Ehe(schließung) *f* (من mit *j-m*); ~ أحادي [ʔu'ħaːdiː] Monogamie *f*; ~ الأقارب Heirat *f* unter Verwandten, Verwandtenehe *f*; Inzucht *f*

زواحف → زاحفة

زوادة [zu'wwaːda] (Reise-)Proviant *m*

زوار → زائر

زواق [za'waːq, zi'waːq] Schmuck *m*, (Auf-)Putz *m*

زوال [za'waːl] **1.** (Ver-)Schwinden *n*, Aufhören *n*, Ende *n*; (*Sonnen-*) Untergang *m*; **2.** *bsd. Maghr.* Mittag *m*; ~ا [-an] *Maghr.* mittags, am Mittag; بعد الـ~ nachmittags; خط الـ~ [xɒtt az-z.] Meridian *m*

زوالي [za'waːliː] *Maghr.* Mittags-; التوقيت الـ~ *Saudi-Ar.* Zeitrechnung *f*, bei der die Stunden vom Höchststand der Sonne an gezählt werden; في الساعة الرابعة ~ة [-jatan] um 4 Uhr nach Zawaːl-Zeit (*d.h. nachmittags*)

زؤام [zu'ʔaːm]: ~ موت [maut] gewaltsame(r), jähe(r) Tod

[1]زوان → زانية

[2]زؤان [zu'ʔaːn] *Bot.* Taumellolch *m*

زوايا → زاوية

زوائد → زائدة

زوبعة [zaubaʕa], *pl.* زوابع [za'waːbiʕ] (2) Sturm *m*

[1](زوج) **II** [zawwaʤa] *e-e Frau* verheiraten (من/ب/ه/ل mit *j-m*); (paarweise) verbinden (ب mit *D*); **III** زاوج [zaːwaʤa] paarweise einteilen *od.* verbinden (بين *Dinge*, *Personen*); **IV** أزوج [ʔazwaʤa] verheiraten (ب mit *j-m*); paarweise verbinden (بين *Dinge*, *Personen*); **V** تزوج [ta'zawwaʤa] heiraten (من/ ب/ها/ه *j-n*), sich verheiraten (من/ ب/ها/ه mit *j-m*); **VI** تزاوج [ta'zaːwaʤa] untereinander heiraten; paarweise sein; **VIII** ازدوج [iz'dawaʤa] doppelt, paarig sein; *Eisenbahn*: zweispurig sein *od.* werden

[2]زوج [zauʤ], *pl.* أزواج [ʔaz'waːʤ] Ehemann *m*, Gatte *m*; Ehefrau *f*, Gattin *f*; Paar *n*; زوجان *du.* Ehepaar *n*; Paar *n*

زوجة [zauʤa], *pl.* [-aːt] Ehefrau *f*, Gattin *f*

زوجي [zauʤiː] ehelich, Ehe-; *Tennis:* Doppel *n*; *Rudern*: Zweier *m*; مختلط ~ [mux'talitt] gemischte(s) Doppel; حياة ~ة Eheleben *n*, Ehe *f*

زوجية [zau'ʤiːja] Ehestand *m*

زود **II** [zawwada] versorgen, ausstatten, versehen (ب mit *D*); eingeben (ب ـه *e-r od.* in *e-e Maschine etwas*); **V** تزود [ta'zawwada] versorgt, ausgestattet, versehen werden (ب mit *D*); sich versorgen (ب mit *D*, من bei *D*); Proviant mitnehmen; ~ بالوقود [bi-l-wa'quːd] (auf)tanken

[1](زور) زار [zaːra, uː] besuchen, aufsuchen; **II** [zawwara] (ver)fälschen; **VI** تزاور [ta'zaːwara] sich gegenseitig besuchen; **IX** ازور [iz'warra] sich abwenden (عن von *D*); ausweichen (عن *e-r Sache*)

[2]زور [zawar] Schiefe *f*, Krummheit *f*; Schielen *n*; *Med.* Skoliose *f*

[3]زور [zaur] Kehle *f*, Hals *m*; آلام الـ~ Halsschmerzen *m/pl.*

[4]زور [zuːr] Unwahrheit *f*, Falschheit *f*; ~ شهادة falsche(s) Zeugnis

زوراء → أزور

زورق [zauraq], *pl.* زوارق [za'waːriq] (2) Boot *n*; الطوربيد ~ Torpedoboot *n*

زورة [zaura], *pl.* [-aːt] Besuch *m*, Visite *f*

(زوغ) زاغ [zaːɣa, uː] abweichen (عن von *D*); ausweichen (عن/من *D*)

زوغان [zawa'ɣaːn] Abweichen *n* (عن von *D*)

زوفاء [zuː'faːʔ] *u.* زوفى [zuːfaː] *Bot.* Ysop *m*

زوق **II** [zawwaqa] (aus)schmücken, herausputzen, hübsch aufmachen

(زول) زال [zaːla, uː] verschwinden, aufhören, zu Ende gehen; → (زيل); **III** زاول [zaːwala] *Tätigkeit* ausüben, betreiben; *s-n Pflichten* nachgehen; **IV** أزال [ʔa'zaːla] entfernen, beseitigen

زولو [zuːluː] *koll.*: الـ~ die Zulus *m/pl.*

زولوجي [zoː'loːʤiː] zoologisch

زولوجيا [zoː'loːʤijaː] Zoologie *f*

(زوم) زام [zaːma, uː] das Gesicht verziehen, Grimassen schneiden; knurren; brummeln

زوى [zawaː, iː] entfernen, verstekken, beiseite schieben; *Stirn* in Falten legen; مابين عينيه ~ [ʕai'naihi] die Stirn runzeln; **VII** انزوى [in'zawaː] sich zurückziehen, sich verkriechen, sich absondern; ~ في جلده [dʒildihiː] sich in sich selbst verkriechen

زي [zijj], *pl.* أزياء [ʔaz'jaːʔ] Kleidung *f*; Tracht *f*; Uniform *f*; Mode *f*; — [zajj] *Äg. umg.* wie; wie?

زيا → زيي

زيات [za'jjaːt], *pl.* [-uːn] Ölverkäufer *m*

زياح [za'jjaːħ] *Chr.* Prozession *f*

زيادة [zi'jaːda], *pl.* [-aːt] Zunahme *f*, Anstieg *m*; Erhöhung *f*, Steigerung *f*; Übersteigen *n* (على *e-s Betrags*); Zulage *f*; Über-; عن ~ [-tan] über ... hinaus; على ذلك ~ darüber hinaus; الإنتاج (في) ~ Produktionssteigerung *f*; الضغط الدموي ~ [ad-damawiː] Bluthochdruck *m*; المواليد ~ [z. al-mawaː'liːd] Geburtenüberschuß *m*; نقطتين ~ [z. nuq-tɒ'tain] *Sport*: ein Vorsprung von 2 Punkten; لـ~ الإيضاح um es noch besser zu verdeutlichen

زيارة [zi'jaːra], *pl.* [-aːt] Besuch *m*, Visite *f*; *Ir.* Pilgerfahrt *f*; خاطفة ~ Blitzbesuch *m*, Stippvisite *f*; ـه~ لمصر [li-misr] sein Ägypten-Besuch

زياط [za'jjɒːt] lärmend, schreiend

زئبق [ziʔbaq] Quecksilber *n*

زئبقي [ziʔbaqiː] Quecksilber-; quecksilbern

1**زيت** **II** [zajjata] ölen, schmieren

2**زيت** [zait], *pl.* زيوت [zu'juːt] (*Speise-*, *Mineral-*)Öl *n*; التشحيم ~ Schmieröl *n*; الخروع ~ [z. al-xirwaʕ] Rizinusöl *n*; الزيتون ~ [z. az-zai'tuːn] Olivenöl *n*; السمك ~ [z. as-samak] *u.* كبد الحوت ~ [z. kabidi l-ħuːt] Lebertran *m*; الغاز ~ *Chem.* Gasöl *n*; نباتي ~ Pflanzenöl *n*

زيتون [zai'tuːn] *koll.* Ölbaum *m*, Ölbäume *m/pl.*; Oliven *f/pl.*

زيتونة [zai'tuːna] Ölbaum *m*; Olive *f*; جامع الـ~ die Zaituna-Moschee *in Tunis*

زيتوني [zai'tuːniː] Oliven-; olivgrün; *pl.* [-uːn] Student *m* der Zaituna-Moschee

زيتي [zaitiː] ölig, Öl-

زيج [ziːdʒ] astronomische Tafel; Richtschnur *f des Maurers*

زيجة [ziːdʒa], *pl.* [-aːt] Ehe *f*; Heirat *f*

(**زيح**) زاح [zaːħa, iː] sich entfernen, weggehen; **IV** أزاح [ʔa'zaːħa] entfernen, vertreiben; wegziehen, wegschieben; عن الصدارة ~ von der Spitze verdrängen; القناع ~ عن [al-qi'naːʕa] *etwas* entlarven; **VII** انزاح [in'zaːħa] weggezogen *od.* weggeschoben werden

1(**زيد**) زاد [zaːda, iː] zunehmen, anwachsen, steigen; übersteigen, überschreiten (على/عن *A*), höher sein (على/عن als *N*); vermehren, vergrößern, steigern, erhöhen (ـه/من/في *A*); hinzufügen (على zu *D*); mehr geben (ـه ه *j-m* von *D*); أو ما يزيد *nach Zahlangaben*: oder mehr; ما يزيد على (ب) (um) mehr als; زد على ذلك أن [zid, ʔanna] hinzu kommt (noch), daß; → يزيد; **III** زايد [zaːjada] überbieten (*bei e-r Versteigerung*); **V** تزيد [ta'zajjada] zunehmen, steigen; في ~ الحديث viele Worte machen; *etwas* aufbauschen; **VI** تزايد [ta'zaːjada] zunehmen, anwachsen, immer mehr werden; **VIII** ازداد [iz'daːda] zunehmen, anwachsen; *Mar.*, *Alg.* geboren werden

2**زيد** [zaid] Zeid *npr. m*

زيدية [zai'diːja]: الـ~ die Zaidija (*schiitische Sekte im Jemen*)

1**زير** **II** [zajjara] *Mar. Knopf* zumachen; *Schraube* festziehen

2**زير** [ziːr], *pl.* أزيار [ʔaz'jaːr] große(r) Tonkrug; höchste Saite *der Saiteninstrumente*; Frauenheld *m*, Don Juan *m*

زيرقون [zaira'quːn] *Syr.* Mennige *f*

زيز [ziːz] *koll.*, *n. un.* ـة~, *pl.* زيزان [ziː'zaːn] Zikade(n *pl.*) *f*

زيزفون [zaiza'fuːn] Linde *f*

زيط **II** [zajjatɒ] lärmen

زيطة [zaitɒ] Lärm *m*, Krach *m*

1(**زيغ**) زاغ [zaːɣa, iː] abweichen, abirren (عن von *D*); **IV** أزاغ [ʔa'zaːɣa] abweichen *od.* abirren lassen (عن von *D*)

2**زيغ** [zaiɣ] Abweichung *f*, Abirrung *f*; Aberration *f des Lichts*

1**زيغان** [zaja'ɣaːn] Abweichung *f*, Abirrung *f*; Aberration *f des Lichts*

2**زيغان** [ziː'ɣaːn] → زاغ

1**زيف** **II** [zajjafa] *Geld* fälschen

2**زيف** [zaif] Falschheit *f*

1**زيق** **II** [zajjaqa] *Äg.* quietschen

2**زيق** [ziːq], *pl.* أزياق [ʔaz'jaːq] Halsbündchen *n*, Kragen *m*; Saum *m*, Borte *f*

(**زيل**) زال [zaːla, aː] + *A*, *Impf. od. Präp.*: ~ لم يزل, مايزال, لايزال *u.* ما [lam jazal] noch (immer) sein *od.* tun; ما ~ قائما [qaːʔiman] er steht noch immer; ما / لا يزال في حاجة إليه er braucht es immer noch; لم يزل يعمل er arbeitet(e) immer noch; → (زول); **III** زايل [zaːjala] sich trennen, weichen (ـه von *D*); **VI** تزايل [ta'zaːjala] allmählich schwinden

زيلاندا [ziː'landa]: الجديدة ~ Neuseeland

زيمبابوي [zim'babwiː] *f Geo.* Simbabwe; simbabwisch; *pl.* [-uːn] Simbabwer *m*

1(**زين**) زان [zaːna, iː] schmücken, zieren; **II** [zajjana] schmücken, dekorieren (ب mit *D*); schmackhaft machen, anpreisen (ـه ل *etwas j-m*); **V** تزين [ta'zajjana] geschmückt sein *od.* werden; sich schmücken; sich schön machen; **VIII** ازدان [iz'daːna] geschmückt sein *od.* werden

2**زين** [zain] schön, hübsch; *Ir. umg.* [zeːn] *Adv.* gut, schön

زينكو [zinkoː] Zink *n*

زينة [ziːna], *pl.* [-aːt] Schmuck *m*, Zier(de) *f*, Dekoration *f*, Putz *m*; أدوات الـ~ [ʔada'waːt az-z.] Mittel *n/pl.* zur Schönheitspflege, Kosmetika *n/pl.*; بيت الـ~ [bait az-z.] Kosmetiksalon *m*, Friseurladen *m*; خوان الـ~ [xu'waːn az-z.] Toilettentisch *m*; نباتات الـ~ Zierpflanzen *f/pl.*

(**زيي**) **II** زيا *u.* زيى [zajjaː] kleiden; **V** تزيا *u.* تزيى [ta'zajjaː] sich kleiden, sich kostümieren

زيوس [zi'juːs] Zeus

زئير [za'ʔiːr] Brüllen *n*, Gebrüll *n*

س

[1]س (سين) [siːn] *zwölfter Buchstabe des arab. Alphabets*; *Math.* x

[2]س *Abk. für* سؤال Frage, ساحة Platz *u.* ساعة Stunde, Uhr; س وج (= سؤال وجواب) Frage und Antwort

سـ [sa-] *Futurpartikel*: سيفعل [sajafʕalu] er wird tun

سا *Abk. für* ساعة Stunde, Uhr

ساء → [1](سوء)

ساب → [1](سيب)

سابح [saːbiħ] schwimmend; schwebend; *pl.* [-uːn] *u.* سباح [su'bbaːħ] Schwimmer *m*, Badende(r)

سابرة [saːbira], *pl.* سوابر [sa'waːbir] (2) Sonde *f*

سابع [saːbiʕ] sieb(en)te(r); ~ عشر [-a ʕaʃar(a)], *f* ـة~ عشرة [-ata ʕaʃra(ta)] siebzehnte(r); ـا~ [-an] sieb(en)tens

سابغ [saːbiɣ] weit; *Kleid*: lang; *Regen*: ergiebig

سابق [saːbiq] vorhergehend, früher, ehemalig, Ex-; vorausgehend (على *e-r Sache*); bisherig; oben erwähnt; *pl.* [-uːn] Vorgänger *m*; ـا~ [-an] *Adv.* früher, ehemals; في الـ~ früher, einst; كالـ~ wie zuvor; في ~ لأوانه verfrüht, vorzeitig; في وقت ~ (schon) zu e-m früheren Zeitpunkt; للأسلام ~ vorislamisch; للرأسمالية ~ [li-r-raʔsmaː'liːja] vorkapitalistisch; المصدر الـ~ *beim Zitieren in Büchern*: ebenda

سابقة [saːbiqa], *pl.* سوابق [sa'waːbiq] (2) Vorgängerin *f*; frühere(r) Fall, Präzedenzfall *m*; *Gr.* Präfix *n*; *pl. a.* Vorstrafen *f/pl.*; صاحب سوابق *u.* من له سوابق vorbestraft; Vorbestrafte(r)

سابلة [saːbila] *koll.* Passanten *m/pl.*

ساتان [sa'taːn] Satin *m*

ساتر [saːtir] (ver)deckend, verschleiernd

[1]ساج [saːdʒ] Teakbaum *m*; Teakholz *n*

[2]ساج [saːdʒin] ruhig; *Blick*: schmachtend

ساجات [saː'dʒaːt] *pl.* Kastagnetten *f/pl.*

ساجد [saːdʒid], *pl.* [-uːn], سجد [suddʒad] *u.* سجود [su'dʒuːd] sich niederwerfend, anbetend

ساجع [saːdʒiʕ] Verfasser *m* von Reimprosa

ساح → (سيح)

ساحب [saːħib] ziehend; *pl.* [-uːn] Trassant *m e-s Wechsels*, Aussteller *m e-s Schecks*

ساحبة [saːħiba], *pl.* [-aːt] Schleppfahrzeug *n*

ساحر [saːħir] verzaubernd; bezaubernd, faszinierend; *pl.* [-uːn] *u.* سحرة [saħara] Zauberer *m*, Magier *m*, Hexenmeister *m*; كلمة ـة~ [kalima] Zauberwort *n*

ساحرة [saːħira], *pl.* [-aːt] Zauberin *f*; Beschwörerin *f*

ساحق [saːħiq] *Mehrheit*: erdrückend, überwältigend; *Schlag*: vernichtend

ساحل [saːħil], *pl.* سواحل [sa'waːħil] (2) Küste *f*; العاج ~ Elfenbeinküste *f*; منطقة [mintɒqat as-s.] Sahelzone *f*

ساحلي [saːħiliː] Küsten-

ساحة [saːħa], *pl.* [-aːt] Platz *m*; (*Universitäts-*, *Fabrik-*)Gelände *n*; Schauplatz *m*, *fig.* Bühne *f*; *fig.* Gebiet *n*; الحرب ~ Kriegsschauplatz *m*; الشرف ~ [s. aʃ-ʃa-raf], ~ المعركة [→ al-maʕraka] Schlachtfeld *n*; القضاء ~ Gerichtshof *m*, Tribunal *n*; ألعاب الـ~ والميدان [wa-l-mai-'daːn] *Ir.* Leichtathletik *f*; برأ ـه~ [barraʔa] j-n freisprechen

ساخ → (سوخ)

ساخر [saːxir] sich lustig machend; ironisch; *pl.* [-uːn] Spötter *m*

ساخط [saːxiṭ] empört, entrüstet, aufgebracht

ساخن [saːxin] heiß; *Problem*: brennen; علقة ـة~ e-e ordentliche Tracht Prügel

[1]ساد [saːda] → [1](سود)

[2]ساد [saːdd] verstopfend; blockierend, hinderlich

سادر [saːdir] unbekümmert, gedankenlos, ohne Bedenken

سادس [saːdis] sechste(r); ~ عشر [-a ʕaʃar(a)], *f* ـة~ عشرة [-ata ʕaʃra(ta)] sechzehnte(r); ـا~ [-an] sechstens

سادن [saːdin], *pl.* سدنة [sadana] Aufseher *m*; *Chr.* Küster *m*

سادة *u.* ساده [saːda] einfach, ohne Zutaten; *Stoff*: einfarbig; ~ قهوة [qahwa] schwarze(r), ungesüßte(r) Kaffee; → سيد

سادي [saːdiː] sadistisch

سادية [saː'diːja] Sadismus *m*

ساذج [saːðidʒ, saːðadʒ], *pl.* سذج [suððadʒ] naiv, unbedarft, einfältig; arglos; einfach, bieder; töricht, absurd

[1]سار [saːra] → [1](سير)

[2]سار [saːrr] erfreulich; غير ~ unerfreulich, *Überraschung*: unliebsam

[3]سار [saːrin] zirkulierend, fließend, verbreitet; *Krankheit*: ansteckend; (= ساري المفعول) gültig, in Kraft

سارح [saːriħ] umherziehend; الفكر ~ [s. al-fikr] geistesabwesend, zerstreut

سارق [saːriq], *pl.* [-uːn] *u.* سراق [su'rraːq] Dieb *m*

سارقة [saːriqa] Diebin *f*

ساري [saːriː] Sari *m*; → [3]سار

سارية [saːrija], *pl.* [-aːt] *u.* سوار [sa'waːrin] Mast *m*

ساس → [1](سوس)

ساسة → سائس *u.* سياسي

ساط → [1](سوط)

ساطع [saːtˤiʕ] strahlend, glänzend; offenkundig, klar, eindeutig; *a. npr. m*

ساطور [saː'tˤuːr], *pl.* سواطير [sawaː'tˤiːr] (2) Hackbeil *n*

ساع [saːʕin] strebend (إلى nach *D*), bemüht (إلى um *A*); *pl.* سعاة [su'ʕaːt] Bote *m*, Kurier *m*; Verleumder *m*; ساعي البريد Postbote *m*, Briefträger *m*

ساعاتي [saː'ʕaːtiː], *pl.* ـة~ Uhrmacher *m*

ساعد [saːʕid], *pl.* سواعد [sa'waːʕid] (2) Unterarm *m*; ه~ الأيمن [al-ʔaiman] *fig.* s-e rechte Hand; ~ الدفاع [s. ad-di'faːʕ] *Fußball*: Läufer *m*; الهجوم ~ *Fußball*: Halbstürmer *m*; ه~ اشتد [iʃ'tadda] stark, mächtig werden

ساعدة [saːʕida], *pl.* سواعد [sa'waːʕid] (2) Zufluß *m*

ساعة [saːʕa], *pl.* [-aːt] Stunde *f*; Uhr *f*; الـ~ [-ta] zur Stunde, soeben, jetzt; حتى / إلى الـ~ bis jetzt; من ـه~ sofort, sogleich; من/منذ الـ~ von jetzt an, ab sofort; رملية ~ Sanduhr *f*; الضبط ~ Chronometer *n*; ابن ـه~ [ibnu s.] vergänglich, vorübergehend; مشاكل الـ~ aktuelle Probleme *n/pl.*

ساغ → (سوغ) *u.* (سيغ)

سافر [saːfir] unverhüllt, offen(kundig), flagrant; *Frau*: unverschleiert

سافل [saːfil], *pl.* سفلة [safala] niedrig, gemein

[1]**ساق** [saːqa] → [1](سوق)

[2]**ساق** [saːq] *f*, *pl.* سيقان [siː'qaːn] *u.* سوق [suːq] Bein *n*; (Unter-)Schenkel *m*; *Bot.* Stamm *m*, Stiel *m*, Stengel *m*; عظم الـ~ Schienbein *n*; متساوي الساقين [muta'saːwiː s-saː'qain] *Geom.* gleichschenk(e)lig; كشف الأمر عن ـه~ die Angelegenheit wurde schwierig

[3]**ساق** [saːqin] bewässernd; tränkend; *pl.* سقاة [su'qaːt] Kellner *m*; *hist.* Mundschenk *m*

ساقط [saːqitˤ] fallend; gefallen; *Schüler*: durchgefallen; *Versprechen*: hinfällig; *Seite*: fehlend; verwerflich; verrufen

ساقطة [saːqitˤɒ], *pl.* [-aːt] gefallene Frau, Dirne *f*

ساقة [saːqa] *Mil.* Nachhut *f*

ساقية [saːqija], *pl.* [-aːt] Kellnerin *f*; *pl.* سواق [sa'waːqin] Bewässerungskanal *m*; Schöpfrad *n*; Trommel *f des Revolvers*; الـ~ الحمراء *nördlicher Teil des früheren Spanisch-Sahara*

ساكت [saːkit] schweigend, schweigsam; stumm

ساكن [saːkin] ruhig, ruhend, bewegungslos, statisch; *Gr.* vokallos; *pl.* سكان [su'kkaːn] *u.* [-uːn] Bewohner *m*, Einwohner *m*; السكان die Bevölkerung; حرف ~ *Gr.* Konsonant *m*; قليل السكان dünnbesiedelt; لا يحرك ـا~ → حرك

[1]**سال** → [1](سيل)

[2]**سأل** [saʔala, a], *Imp.* اسأل [isʔal] *u.* سل [sal] fragen, sich erkundigen (عن/على nach *D*); bitten (ـه um *A*); *Pass.* سئل عن [suʔila] für *etwas* verantwortlich sein; سؤالا ~ [su'ʔaːlan] e-e Frage stellen; **III** ساءل [saːʔala] befragen (ه عن *j-n* nach *D*), ausfragen; zur Rechenschaft ziehen (عن für *A*, wegen *G*); **VI** تساءل [ta'saːʔala] fragen; sich fragen (عما إذا [ʕammaː] ob …)

سالب [saːlib] raubend; plündernd; negativ; سوالب [sa'waːlib] (2) *pl.* negative Seiten *f/pl. e-r Sache*; ~ اللب [s. al-lubb] betörend; صورة ـة~ [suːra] *Fot.* Negativ *n*; علامة الـ~ Minuszeichen *n*

سالف [saːlif], *pl.* سوالف [sa'waːlif] (2) vorausgegangen, früher; ـا~ [-an] *Adv.* ehemals, früher; ~ الذكر [s. að-ðikr] obenerwähnt; في ~ الزمان / العصور in früheren Zeiten

سالك [saːlik] *e-n Weg* beschreitend; *Weg*: begehbar, befahrbar, *fig.* gangbar

سالم [saːlim] wohlbehalten, unversehrt, heil; frei, verschont (من von *D*); *Plural*, *Verb*: regelmäßig; *a. npr. m*; ـا~ غانما [-an ɣaːniman] wohlbehalten und erfolgreich

سالونيكا [salu'niːkaː] *Geo.* Saloniki

[1]**سام** [saːma] → (سوم)

[2]**سام** [saːmm] giftig, Gift-

[3]**سام** [saːmin] hoch, erhaben, edel; أمر ~ königliche(s) Dekret; مندوب ~ Hochkommissar *m*; → سامي

[4]**سأم** [saʔm] Überdruß *m*, Unlust *f*; Langeweile *f*; في ~ gelangweilt (*Adv.*)

سامر [saːmir], *pl.* سمار [su'mmaːr] abendliche(r) Gesellschafter; *a. npr. m*

سامراء [saːma'rraːʔ] (2) *Geo.* Samarra

سامرة [saːmira]: الـ~ *koll.* die Samaritaner *m/pl.*

سامري [saːmiriː] samaritanisch

سامع [saːmiʕ] hörend; *pl.* [-uːn] (Zu-)Hörer *m*

سامعة [saːmiʕa], *pl.* سوامع [sa'waːmiʕ] (2) Ohr *n*

سامق [saːmiq] hochragend

سآمة [sa'ʔaːma] Langweiligkeit *f*

سامي [saːmiː] semitisch; *pl.* [-uːn] Semit *m*; → [3]سام

سانا [saːnaː] SANA (= *Syrian Arab News Agency*), Syrische Nachrichtenagentur

سانح [saːniħ], *pl.* سوانح [sa'waːniħ] (2) *Gelegenheit*: günstig

سانحة [saːniħa], *pl.* سوانح [sa'waːniħ] (2) günstige Gelegenheit; Regung *f*, Anwandlung *f*; zufällige(r) Gedanke

ساندوتش [sandwitʃ] *u.* ساندويش [sand'wiːʃ], *pl.* [-aːt] Sandwich *m od. n*, belegte(s) Brot

ساه [saːhin] unaufmerksam, nachlässig; (= ساهي الفكر [saːhiː l-fikr]) zerstreut, geistesabwesend; ساهيا لاهيا [saːhijan laːhijan] *Adv.* unbekümmert

ساهد [saːhid] schlaflos

ساهر [saːhir] wach(bleibend); wachsam; Abend-; ة~ حفلة Abendveranstaltung *f*

سائب [saːʔib] verlassen, herrenlos; lose; المال الـ~ يعلم الناس الحرام [ju'ʕallimu] *Spr.* Gelegenheit macht Diebe

سائبة [saːʔiba], *pl.* [-aːt] *Syr.* Prostituierte *f*

سائح [saːʔiħ], *pl.* سواح [su'wwaːħ], سياح [su'jjaːħ] *u.* [-uːn] Tourist *m*

سائد [saːʔid] (vor)herrschend

سائر [saːʔir] **1.** (*von* سير) gehend, fahrend; *Sprichwort*: gängig, bekannt; ة~ خدمة [xidma], *pl.* خدم [xidam] *Äg.* Arbeiter *m* ohne dauerndes Lohnverhältnis; **2.** (*von* سئر) übrig; alle; ~ الأشياء die übrigen Dinge *n/pl.*; ~ الأنواع alle Arten

سائس [saːʔis], *pl.* سواس [su'wwaːs], سياس [su'jjaːs] *u.* ساسة [saːsa] Leiter *m*; Verwalter *m*; Stallknecht *m*

سائغ [saːʔiɣ] schmackhaft; erlaubt

سائق [saːʔiq], *pl.* [-uːn] Fahrer *m*, Chauffeur *m*; *pl.* ساقة [saːqa] *u.* سواق [su'wwaːq] Treiber *m von Tieren*; ~ قطار [s. qi'tɒːr] Lokomotivführer *m*

سائل [saːʔil] **1.** (*von* سأل) fragend; bittend; *pl.* [-uːn] Fragende(r), Fragesteller *m*; Bittsteller *m*; *pl.* سألة [saʔala] Bettler *m*; **2.** (*von* سيل) fließend, flüssig; *pl.* سوائل [sa'waːʔil] (2) Flüssigkeit *f*

سايلو [sailoː] *Ir.* Silo *m*

[1]**سب** [sabba, u] (be)schimpfen, beleidigen; verunglimpfen, schmähen; **II** سبب [sabbaba] verursachen, herbeiführen, auslösen; *Äg. a. Antrag, Meinung* begründen; **V** تسبب [ta'sabbaba] verursacht werden (عن durch *A*), sich ergeben (عن aus *D*); verursachen, auslösen (في *A*); schuld sein (في an *D*); (Klein-)Handel treiben (ب mit *D*); **VI** تساب [ta'saːbba] einander beschimpfen *od.* beleidigen

[2]**سب** [sabb] Beschimpfung *f*, Beleidigung *f*; Verunglimpfung *f*, Schmähung *f*; الـ~ بالدين [bi-d-diːn] Gotteslästerung *f*

سبأ [sabaʔ] *hist.* Saba; ~ تفرقوا أيدي [ta'farraquː ʔaidija s.] sie wurden in alle Welt zerstreut

[1]**سباب** [sa'bbaːb] Lästerer *m*, Verleumder *m*

[2]**سباب** [si'baːb] Schimpfen *n*, Zänkerei *f*; Beschimpfung *f* (في *j-s*)

سبابة [sa'bbaːba], *pl.* [-aːt] Zeigefinger *m*; zänkische(s) Weib

سبات [su'baːt] Schlaf *m*, Schlummer *m*; Lethargie *f*; *Med.* Koma *n*

[1]**سباتي** [su'baːtiː] lethargisch; شريان ~ [ʃir'jaːn] Halsschlagader *f*

[2]**سباتي** [si'baːtiː] *Spielkarte*: Kreuz *n*, Treff *n*

سباح [sa'bbaːħ], *pl.* [-uːn] Schwimmer *m*

سباحة [si'baːħa] Schwimmen *n*; Baden *n*; ~ حرة [ħurra] Freistilschwimmen *n*; ~ الفراشة *Sport*: Schmetterlingsstil *m*

سباحي [si'baːħiː] Schwimm-

سباخ [si'baːx], *pl.* أسبخة [ʔasbixa] Dünger *m*

سباط [sa'bbɒːt], *pl.* سبابيط [sabaː'biːt] (2) Schuh *m*

سباعي [su'baːʕiː] siebenteilig, siebenfach; Sieben-, Siebener-; *Mus.* Septett *n*

سباعية [subaː'ʕiːja] siebenteilige (*Sende-*)Folge

[1]**سباق** [sa'bbaːq], *pl.* [-uːn] allen anderen vorauseilend; führend (إلى bei *D*); Vorläufer *m*, Vorkämpfer *m*, Pionier *m*

[2]**سباق** [si'baːq] Wettkampf *m*; *fig.* Wettlauf *m*; (Pferde-)Rennen *n*; ~ اجتياز الضاحية [s. idʒti'jaːz ɒđ-đɒː-ħija], ~ اختراق الضاحية [s. ixtiraːq ɒđ-đɒːħija] Querfeldeinlauf *m*; ~ التتابع [s. at-ta'taːbuʕ] Staffellauf *m*; ~ التسلح [s. at-ta'salluħ] Wettrüsten *n*; ~ القوارب Regatta *f*; حلبة الـ~ Rennbahn *f*, Arena *f*

سباك [sa'bbaːk], *pl.* [-uːn] Gießer *m*; Hüttenarbeiter *m*; Klempner *m*, Installateur *m*

سباكة [si'baːka] Gießen *n von Metall*; Klempnerei *f*

سبانخ [sa'baːnax, sa'baːnix] Spinat *m*

سبب [sabab], *pl.* أسباب [ʔas'baːb] Grund *m*, Ursache *f*, Anlaß *m*; *pl. a.* Voraussetzungen *f/pl.*, Faktoren *m/pl.*, Mittel *n/pl.*; بـ~ [bi-sababi] + *G*: auf Grund von, wegen, infolge; أسباب الحكم [ʔa. al-ħukm] Urteilsbegründung *f*; أسباب الحياة Lebensverhältnisse *n/pl.*; Lebensunterhalt *m*; أسباب الراحة Annehmlichkeiten *f/pl.*, Komfort *m*; أسباب الصداقة die Bande *n/pl.* der Freundschaft; أسباب مخففة [mu'xaffifa] *Jur.* mildernde Umstände *m/pl.*; أسباب مشددة [mu'ʃaddida] *Jur.* erschwerende Umstände *m/pl.*; انقطعت الأسباب بينهم [in'qɒtɒʕat] zwischen ihnen ist es aus

سببي [sababiː] ursächlich, kausal

سببية [saba'biːja] Kausalität *f*

[1]**سبت** [sabata, u] (aus)ruhen; den Sabbat halten; **IV** أسبت [ʔasbata] den Sabbat halten; *Tier*: den Winterschlaf halten

[2]**سبت** [sabat], *pl.* أسبتة [ʔasbita] Korb *m*

[3]**سبت** [sabt], *pl.* سبوت [su'buːt]: (يوم) الـ~ [jaum as-s.] Samstag *m*, Sonnabend *m*; Sabbat *m*; ~ النور [s. an-nuːr] *Chr.* Karsamstag *m*

سبتمبر [sab'tambar, sibtambar, sib'tambir] September *m*

سبتة [sabta] *Geo.* Ceuta

سبح [sabaħa, a] schwimmen; baden; schweben; **II** [sabbaħa] *Gott* preisen; die Formel سبحان الله (→ سبحان) aussprechen; rühmen, preisen (ب *A*)

سبحان [sub'ħaːna]: ~ الله [s. łłɒːh] gepriesen sei Gott!; *Ausruf der Bewunderung od. Mißbilligung*: mein Gott!

سبحل [sabħala] die Formel سبحان الله (→ سبحان) aussprechen

[1]**سبحة** [sabħa], *pl.* [saba'ħaːt] *fig.* Schweben *n*; سبحات الوجد Gefühlsüberschwang *m*

[2]**سبحة** [subħa], *pl.* سبحات [subu'ħaːt] *u.* سبح [subaħ] Rosenkranz *m*, *od. dessen* Kügelchen *n/pl.*; zusätzliche(s), nicht pflichtgemäße(s) Gebet; سبحات الله die Erhabenheit Gottes

[1]**سبخ** [sabixa, a] *Erde*: salzhaltig

sein; **II** [sabbaxa] **1.** düngen; **2.** tief schlafen

[2]**سبخ** [sabax] Dünger *m*

سبخة [sabxa], *pl.* [saba'xaːt] *u.* سباخ [si'baːx] Salzboden *m*; Salzsumpf *m*, Sebcha *f*

[1]**سبر** [sabara, u] *Wunde* mit der Sonde untersuchen; sondieren, untersuchen, erkunden; ~ غوره [ɣaurahuː] j-m auf den Zahn fühlen, j-n unter die Lupe nehmen

[2]**سبر** [sabr] Sondierung *f*, Untersuchung *f*, Erkundung *f*

سبرانية [sibraː'niːja] Kybernetik *f*

سبرتو [si'birtuː] Spiritus *m*; Sprit *m*

سبسب [sabsaba] *Haar* glatt kämmen

[1]**سبط** [sabɨt], *pl.* سباط [si'bɒːt] *Haar*: glatt; ~ القامة hochgewachsen

[2]**سبط** [sibt], *pl.* أسباط [ʔas'bɒːt] Stamm *m bei den Israeliten*; Enkel *m*; أبو السبطين [ʔabuː s-sib'tɒin] *Beiname Alis*

[1]**سبع** **II** [sabbaʕa] versiebenfachen; in sieben Teile teilen

[2]**سبع** [sab(u)ʕ], *pl.* سباع [si'baːʕ] *u.* أسبع [ʔasbuʕ] Löwe *m*; Raubtier *n*; ~ البحر Seelöwe *m*

[3]**سبع** [subʕ], *pl.* أسباع [ʔas'baːʕ] Sie-b(en)tel *n*

سبعمائة = سبع مائة [sabʕu miʔa(tin)] siebenhundert

سبعة [sabaʕ] *m, f* سبع [sabʕ] sieben; ~ عشر [sabʕta ʕaʃar(a)], *f* سبع عشرة [sabʕa ʕaʃra(t)a] siebzehn

سبعون [sab'ʕuːn] siebzig

سبعينات [sabʕiː'naːt]: ~الـ *pl.* die siebziger Jahre *n/pl.*

سبعيني [sab'ʕiːniː] siebzigjährig; الترجمة السبعينية die Septuaginta

سبعينيات [sabʕiːniː'jaːt]: ~الـ *pl.* die siebziger Jahre *n/pl.*

(**سبغ**) **IV** أسبغ [ʔasbaɣa] reichlich geben (على *j-m*), überhäufen (على ـه *j-n* mit *D*); verleihen, geben, zusprechen (على *D*)

[1]**سبق** [sabaqa, i, u] vorangehen, vorausgehen (ه *j-m*, إلى zu *D*, nach *D*); vor j-m (ه) zu etwas (إلى) gelangen, zuvorkommen (ه إلى *j-m* bei *D*, mit *D*); vorgreifen (ه/ـه *D*); überholen, überflügeln; *Pass.* سبق ب [subiqa] erst nach … erfolgen; فيما ~ im vorausgehenden, (weiter) oben; früher; ~ له أن + *Perf.* er hat schon einmal …; er hatte bereits …; لم يسبق له أن (er hat) nie zuvor …; لم يسبق له مثيل ohnegleichen; في السنة التي ~ت [fi s-sana] im Jahr zuvor; كما ~ أن ذكرنا wie (wir) bereits erwähnt (haben); ~ـه لسانه [li'saːnuhuː] sich verplappern; ~ السيف العذل [as-saifu l-ʕaðal(a)] *Spr.* es ist (war) schon zu spät; **II** [sabbaqa] im voraus tun, vorwegnehmen; Vorrang verleihen (على vor *D*); **III** سابق [saːbaqa] zuvorzukommen suchen (ه *j-m*); um die Wette laufen (مع mit *j-m*); wetteifern (إلى ه mit *j-m* um *A*); **VI** تسابق [ta'saːbaqa] einander zuvorzukommen suchen; um die Wette laufen; miteinander wetteifern (إلى um *A*); **VIII** استبق [is-'tabaqa] einander zuvorkommen wollen; miteinander wetteifern; vorgreifen (ـه *D*)

[2]**سبق** [sabq] (zeitliches) Vorausgehen; Vorsprung *m*, Überlegenheit *f*; Vorrang *m*; ~ صحفي [sɒħafiː, suħufiː] *Journ.* Sensationsmeldung *f*, Knüller *m*; الـ~ في الحكم [al-ħukm] voreilige(s) Urteil; مع ~ الإصرار *Jur.* vorsätzlich

سبقة [sabqa]: ~ اللسان [s. al-li'saːn] unüberlegte(s) Wort

[1]**سبك** [sabaka, i] *Metall* (schmelzen *u.*) gießen; *Erz* verhütten; gut formulieren; **II** [sabbaka] *trans.* schmoren; **V** تسبك [ta'sabbaka] *intr.* schmoren

[2]**سبك** [sabk] (*Metall-*)Guß *m*; *a. Typ.* Gießen *n*; حسن الـ~ [ħusn as-s.] prägnante Formulierung; ~ صناعة المعادن [sɨ'naːʕat s. al-m.] Hüttenindustrie *f*

سبل **II** [sabbala] wohltätigen Zwekken zukommen lassen; *Augen* schließen; **IV** أسبل [ʔasbala] herablassen, herabziehen; *Augen* niederschlagen; *Augen* schließen

سبلة [sabla] Stalldünger *m*

سبنسة [si'binsa], *pl.* [-aːt] *Äg.* Schlußwagen *m* des Zuges; Gepäckwagen *m*

سبهللة [sa'bahlala] Unordnung *f*

سبور [spoːr] Sport *m*

سبورة [sa'bbuːra], *pl.* [-aːt] (Wand-) Tafel *f*

[1]**سبى** [sabaː, iː] gefangennehmen; *fig.* fesseln

[2]**سبي** [sabj] Gefangennahme *f*; Gefangenschaft *f*

[3]**سبي** [sa'biːj], *pl.* سبايا [sa'baːjaː] Gefangene(r)

سبيدج [sa'bbiːdadʒ] Tintenfisch *m*

سبيكة [sa'biːka], *pl.* سبائك [sa'baː-ʔik] (2) (*Metall-*)Barren *m*

سبيل [sa'biːl] *m u. f*, *pl.* سبل [subul] *a. fig.* Weg *m*, Pfad *m*; Mittel *n*, Möglichkeit *f*; (= ~ ماء) öffentliche(r) Brunnen; ~بـ + *G*: gerade dabei *od.* im Begriff *sein*; ~ في + *G*: um … willen, für, im Interesse von; ~ على + *G*: -weise; على ~ التجربة versuchsweise; على ~ المثال [-i l-mi'θaːl] zum Beispiel; ما ~ـا استطاع إلى ذلك [ista'tɒːʕa, -an] so gut er konnte, nach Kräften

سبئي [sabaʔiː] *hist.* sabäisch; *pl.* [-uːn] Sabäer *m*

ست [sitt], *pl.* [-aːt] Dame *f*; Herrin *f*; Großmutter *f*; ~ البيت [s. al-bait] *Äg.* Hausfrau *f*; ~ الحسن [s. al-ħusn] Tollkirsche *f*; الـ~ المستحية [al-mus-'taħija] *Äg. Bot.* Mimose *f*; → ستة

ستاد [staːd] Stadion *n*

[1]**ستار** [sa'ttaːr] beschützend; ~الـ *Beiname Gottes*

[2]**ستار** [si'taːr], *pl.* ستر [sutur] Vorhang *m*; *fig.* Schleier *m*; ~ تحت + *G*: unter dem Deckmantel (*G*); ~ ناري *Mil.* Sperrfeuer *n*; من وراء الـ~ *fig.* hinter den Kulissen; أزاح ~ التمثال [s. at-tim'θaːl] ein Denkmal enthüllen

ستارة [si'taːra], *pl.* ستائر [sa'taːʔir] (2) Vorhang *m*; Gardine *f*; *fig.* Schleier *m*

ستافة [sa'ttaːfa], *pl.* [-aːt] *bsd. Syr.* Stapler *m*

[1]**ستر** [satara, u] verbergen; schützen; verdecken, verhüllen; *Mil.* decken; tarnen (ب mit *D*); *Wahrheit* verschleiern; ربنا يستر [rabbunaː] das verhüte Gott!; gebe es Gott!; **II**

[sattara] verbergen; **V** تستر [ta'sattara] sich verstecken, sich verbergen (خلف hinter *D*); sich tarnen; in Deckung gehen (ب hinter *D*); verbergen (على *A*); verschleiern, vertuschen (على *A*); decken (على *j-n*); **VIII** استتر [is'tatara] sich verbergen (ب hinter *D*)

[2]**ستر** [satr] Verbergen *n*; Schutz *m*, Deckung *f*; Verschleierung *f*, Vertuschung *f*

[3]**ستر** [sitr], *pl.* ستور [su'tuːr] *u.* أستار [ʔas'taːr] Schleier *m*, Deckmantel *m*; Schutz *m*, Abschirmung *f*

سترات [sit'raːt] *Chem.* Zitrat *n*

ستراتوسفير [straːtus'feːr] Stratosphäre *f*

ستراتيجي [straː'tiːdʒiː] strategisch

ستراتيجية [straːtiː'dʒiːja] Strategie *f*

سترة [sutra], *pl.* ستر [sutar] *u.* [sutu'raːt] Jacke *f*, Jackett *n*; *Mil.* (Waffen-)Rock *m*

ستريو [stirijuː] Stereo *n*

ستف II [sattafa] aufstapeln; *Zimmer* aufräumen

ستة [sitta] *m*, *f* ست [sitt] sechs; ~ عشر [sittata ʕaʃar(a)], *f* ست عشرة [sitta ʕaʃra(ta)] sechzehn

ستوديو [stuːdijoː], *pl.* ستوديوهات [stuːdijo'haːt] Studio *n*; Atelier *n*

ستون [si'ttuːn] sechzig

ستيان [sut'jaːn], *pl.* [-aːt] Büstenhalter *m*

ستينات [sittiː'naːt]: الـ~ *pl.* die sechziger Jahre *n/pl.*

ستيني [si'ttiːniː]: العقد الـ~ die sechziger Jahre *n/pl.*

ستينيات [sittiːniː'jaːt]: الـ~ *pl.* die sechziger Jahre *n/pl.*

سجاحة [sa'dʒaːħa]: ~ الطبع umgängliche(s) Wesen

سجاد [sa'ddʒaːd] *koll.* Teppiche *m/pl.*; *n. un.* ~ة, *pl.* سجاجيد [sadʒaː'dʒiːd] (2) Teppich *m*

سجارة, سجاير *u.* **سجائر** → سيجارة

سجاف [si'dʒaːf], *pl.* سجف [sudʒuf] Schleier *m*, Vorhang *m*

سجال [si'dʒaːl] Auseinandersetzung *f*, Kontroverse *f*; كانت الحرب ~ا [-an] der Kampf wogte hin und her

سجان [sa'ddʒaːn], *pl.* [-un] Gefängniswärter *m*

[1]**سجد** [sadʒada, u] sich niederwerfen (ل vor *D*); *Isl.* beim Gebet mit der Stirn den Bodens berühren; anbeten (ل *Gott*); **IV** أسجد [ʔasdʒada] sich niederwerfen lassen (ل vor *j-m*)

[2]**سجد** [sadʒd] Sichniederwerfen *n*; Kniefall *m*

[3]**سجد** [suddʒad] → ساجد

سجدة [sadʒda] Sichniederwerfen *n*; Berühren *n* des Bodens mit der Stirn *beim Gebet*

[1]**سجع** [sadʒaʕa, a] **1.** in Reimprosa schreiben *od.* sprechen; **2.** *Taube*: gurren

[2]**سجع** [sadʒʕ] **1.** *pl.* أسجاع [ʔas'dʒaːʕ] Reimprosa *f*; **2.** Gurren *n der Taube*

سجعة [sadʒʕa] ein Stück *n* Reimprosa

سجق [sudʒuq] Wurst *f*

[1]**سجل II** [saddʒala] eintragen, vermerken; verzeichnen, registrieren; (schriftlich) festhalten; (ver)buchen; *Gerät*: aufzeichnen, aufnehmen; *Rekord* aufstellen; *Treffer*, *Tor* erzielen; ~ اسمه [ismahuː] sich eintragen (lassen); *Universität*: sich einschreiben; يوم ~ه التاريخ [jaumun] ein Tag, der in die Geschichte einging; **III** ساجل [saːdʒala] rivalisieren (ه mit *j-m*); streitig machen (ه ـه *j-m A*); **V** تسجل [ta'saddʒala] eingetragen werden; **VI** تساجل [ta'saːdʒala] miteinander rivalisieren

[2]**سجل** [si'dʒill], *pl.* [-aːt] Register *n*, Verzeichnis *n*; *pl. a.* Archiv *n*; ~ تجاري [ti'dʒaːriː] Handelsregister *n*; ~ التشريفات (offizielle) Besucherliste; Gästebuch *n*; ~ عقاري *u.* ~ الأطيان Grundbuch *n*, Kataster *m* (*a. n*); الـ~ المدني [al-madaniː] Personenstandsregister *n*; مكتب الـ~ المدني Standesamt *n*

(**سجم**) **VII** انسجم [in'sadʒama] übereinstimmen, in Einklang stehen, harmonieren (مع /و mit *D*)

[1]**سجن** [sadʒana, u] ins Gefängnis werfen, gefangensetzen, einkerkern; gefangenhalten

[2]**سجن** [sadʒn] Inhaftierung *f*; Gefangenhaltung *f*; Haft *f*; ~ مؤبد [mu'ʔabbad] lebenslange Haft

[3]**سجن** [sidʒn], *pl.* سجون [su'dʒuːn] Gefängnis *n*, *hist.* Kerker *m*; الحكم بالـ~ [al-ħukm] Verurteilung *f* zu e-r Gefängnisstrafe

سجود [su'dʒuːd] Sichniederwerfen *n*; Prosternation *f im Gebet*; Kniefall *m*; → ساجد

سجين [sa'dʒiːn], *pl.* سجناء [sudʒa'naːʔ] (2) gefangen(gehalten); (*Straf-*)Gefangene(r), Häftling *m*

سجينة [sa'dʒiːna] (*Straf-*)Gefangene *f*

سجية [sa'dʒiːja], *pl.* سجايا [sa'dʒaːjaː] Charakter(eigenschaft *f*) *m*; Natur *f*, Wesen *n*, Veranlagung *f*; على ~ه so wie er ist, ungezwungen, natürlich; أرسل نفسه على ~ها [ʔarsala], أطلق نفسه ~ها [ʔɒtlaqa] sich ungezwungen geben; s-n Gefühlen freien Lauf lassen

سح [sahha, i, u] fließen, strömen

سحاءة [si'ħaːʔa], *pl.* سحايا [sa'ħaːjaː] Hirnhaut *f*

[1]**سحاب** [sa'ħaːb] *koll.* Wolken *f/pl.*

[2]**سحاب** [sa'ħħaːb], *pl.* [-aːt] *Syr.*, *Jord.* Reißverschluß *m*

[1]**سحابة** [sa'ħaːba], *pl.* سحب [suħub] *u.* [-aːt] Wolke *f*; *Med.* Leukom *n*; ~ [-ta] *Präp.* während; ~ صيف *fig.* nur ein kleines Wölkchen; vorübergehend

[2]**سحابة** [su'ħaːba] *Med.* Leukom *n*

سحار [sa'ħħaːr], *pl.* [-uːn] Zauberer *m*, Magier *m*, Beschwörer *m*

سحارة [sa'ħħaːra], *pl.* [-aːt] **1.** Zauberin *f*, Beschwörerin *f*; **2.** unterirdische Rohrleitung; *pl.* سحاحير [saħaː'ħiːr] (2) Kiste *f*, Kasten *m*

سحاق [si'ħaːq] lesbische Liebe

سحائي [si'ħaːʔiː] Hirnhaut-

[1]**سحب** [saħaba, a] *a. Los*, *Revolver*, *Wechsel*, *Metall* ziehen; *Scheck* ausstellen; zurückziehen, entziehen; *Truppen* abziehen; *Geld* abheben; (ab)holen; *Dipl.* abberufen; anwenden, ausdehnen (على auf *A*); **VII** انسحب [in'saħaba] sich zurückziehen, abziehen (من von *D*, aus *D*); ausscheiden (من aus *D*); anzuwenden sein (على auf *A*), gelten (على für *A*)

[2]**سحب** [saħb] Ziehen *n* (*a. von Metallen*); Ausstellung *f e-s Wechsels od. Schecks*; Entzug *m*; (*Truppen-*)Abzug *m*; Abholung *f*; *Dipl.* Abberufung *f*; *pl.* سحوب [su'ħuːb] *u.* سحوبات Ziehung *f e-r Lotterie*; *Hdl.* Abhebung *f*

سحج [saħadʒa, a] hobeln

سحجة [saħdʒa], *pl.* [saħa'dʒaːt] *bsd. Syr.* Abschürfung *f*, Schürfwunde *f*

[1]**سحر** [saħara, a] verzaubern; bezaubern, betören, faszinieren; **V** تسحر [ta'saħħara] die Morgenmahlzeit *im Ramadan* einnehmen

[2]**سحر** [saħar] die Zeit vor Tagesanbruch, Morgendämmerung *f*

[3]**سحر** [saħr, suħr] *Anat.* Lungengegend *f*

[4]**سحر** [siħr], *pl.* أسحار [ʔas'ħaːr] *u.* سحور [su'ħuːr] *a. fig.* Zauber *m*; Magie *f*; Charme *m*, Reiz *m*, Faszination *f*

سحري [siħriː] Zauber-, zauberhaft; magisch; *Schloß*: verwunschen; bezaubernd

[1]**سحق** [saħaqa, a] zerreiben, zermahlen, zerstoßen; zerdrücken; *Mil.* aufreiben, zerschlagen; *Aufstand* niederschlagen; *Widerstand* brechen; *Sport*: an die Wand spielen; schockieren, sprachlos machen; **VII** انسحق [in'saħaqa] betroffen, sprachlos sein

[2]**سحق** [saħq] Zerreiben *n*, Zermahlen *n*, Zerstoßen *n*; *Mil.* Aufreibung *f*, Zerschlagung *f*; Niederschlagung *f e-s Aufstandes*

سحقا [suħqan]: له ~ der verdammte Kerl!; لي ~ verdammt!

سحل [saħala, a] zu Tode schleifen; *fig.* abnutzen

سحلب [saħlab] Salep *m*; süße(s) Getränk aus Salep

سحلبيات [saħlabiː'jaːt] *pl.* Orchideengewächse *n/pl.*

سحلية [siħ'liːja], *pl.* سحال [sa'ħaːlin] Eidechse *f*

[1]**سحن** [saħana, a] zerstoßen, zerreiben

[2]**سحن** [saħn] Zerstoßen *n*, Zerreiben *n*

سحنة [saħna] Aussehen *n*; Gesicht(sausdruck *m*) *n*

سحور [sa'ħuːr] Morgenmahlzeit *f im Ramadan*

سحيق [sa'ħiːq] fern, entlegen; tief; في الماضي الـ~ in alten *od.* längst vergangenen Zeiten

سخا → (سخو)

سخاء [sa'xaːʔ] Freigebigkeit *f*, Großzügigkeit *f*; بـ~ freigebig, großzügig (*Adv.*)

سخافة [sa'xaːfa], *pl.* [-aːt] Dummheit *f*, Torheit *f*; Unsinnigkeit *f*; Unsinn *m*

سخام [su'xaːm] Ruß *m*; Schwärze *f*; ! ~ Mist!

سخان [sa'xxaːn], *pl.* [-aːt] Warmwasserbereiter *m*, Boiler *m*; Badeofen *m*; Kocher *m*; Tauchsieder *m*

سخاوة [sa'xaːwa] Großzügigkeit *f*

سختيان [suxti'jaːn, sixti'jaːn] Maroquin *m*, Saffian(leder *n*) *m*

سخد [suxd] *Biol.* Plazenta *f*

[1]**سخر** [saxira, a] spotten, sich lustig machen (من/ب über *A*), verspotten, verlachen (من/ب *j-n*); **II** [saxxara] sich j-s (ه) bedienen; ausbeuten, ausnutzen; dienstbar machen (ل *e-r Sache*); zur Zwangsarbeit heranziehen; *hist.* zum Frondienst zwingen; unterwerfen

[2]**سخر** [saxar] Spott *m* (من über *A*)

سخرة [suxra] Zwangsarbeit *f*; *hist.* Frondienst *m*; Gegenstand *m* des Spottes

سخري [suxriː] ironisch

سخرية [sux'riːja], *pl.* [-aːt] Spott *m*, Hohn *m*, Ironie *f*; Spöttelei *f*; Verspottung *f* (ب *G*); Gegenstand *m* des Spottes, Gespött *n*; lächerliche *od.* absurde Sache; القدر ~ [s. al-qadar] Ironie *f* des Schicksals

سخسخ [saxsaxa] *Äg.* in Ohnmacht fallen

[1]**سخط** [saxɨŧɒ, a] aufgebracht *od.* unwillig sein, sich empören (على über *A*); — [saxɒŧɒ, a] verwandeln (ه/ـه in *A*); **IV** أسخط [ʔasxɒŧɒ] wütend machen, mit Unwillen erfüllen; aufbringen (ه على *j-n* gegen *A*); **VII** انسخط [in'saxɒŧɒ] sich verwandeln (ه/ـه in *A*)

[2]**سخط** [suxŧ, suxuŧ] Ärger *m* (على über *A*), Unwille *m*; شعبي ~ Volkszorn *m*; عارم ~ helle Empörung

[1]**سخف** [saxufa, u] *Worte*: dumm, töricht sein; *Verstand*: schwach sein; **X** استسخف [is'tasxafa] für dumm *od.* töricht halten

[2]**سخف** [suxf] Dummheit *f*, Torheit *f*; Unsinn *m*; Absurdität *f*

سخلة [saxla], *pl.* سخال [si'xaːl] Lamm *n*

سخم **II** [saxxama] schwärzen, rußen

[1]**سخن** [saxana, u] heiß sein *od.* werden; **II** [saxxana] erhitzen, warm *od.* heiß machen

[2]**سخن** [suxn] heiß

(**سخو**) سخا [saxaː, uː] = [1]سخي

سخونة [su'xuːna] Hitze *f*; Wärme *f*

[1]**سخي** [saxija, aː] großzügig *od.* freigebig sein (ب mit *D*, على gegenüber *D*)

[2]**سخي** [sa'xiːj], *pl.* أسخياء [ʔas'xijaːʔ] (2) großzügig, freigebig; *Quelle*: ergiebig; اليد ~ [s. al-jad] großzügig, freigebig

سخيف [sa'xiːf] dumm, töricht, albern; unsinnig, absurd

سخيمة [sa'xiːma] Böswilligkeit *f*, Übelwollen *n*

سخينة [sa'xiːna] (*Mehl-*)Brei *m*

[1]**سد** [sadda, u] verstopfen, zustopfen; (ver)sperren, verrammeln; blokkieren; *Nase* zuhalten; *Lücke* schließen, ausfüllen; *Bedarf*, *Kosten* decken; *Mangel* beheben; عليه الطريق ~ j-m den Weg versperren; نفسه ~ j-m den Appetit (عن auf *A*) verderben; **II** سدد [saddada] bezahlen, begleichen; *Kredit* zurückzahlen; *Defizit* ausgleichen, *Kosten* decken; richten, lenken; (*auf den rechten Weg*) leiten; zielen (نحو/إلى auf *A*), anvisieren (نحو *A*); *Ball* schießen; *Schläge* austeilen (إلى an *A*); **VII** انسد [in'sadda] verstopft, versperrt, blockiert werden

[2]**سد** [sadd] Verstopfung *f*; Versperrung *f*, Blockierung *f*; Schließung *f e-r Lücke*; Deckung *f des Bedarfs*, *der Kosten*; Behebung *f e-s Man-*

gels; (*Tun. a.* [sudd]), *pl.* سدود [su'duːd] (*Stau-*)Damm *m*; Wall *m*; Sperre *f*, Barriere *f*; ~ حارة Sackgasse *f*; ~ النفس عن Unlust *f* zu *etwas*; وقف ~ا حائلا دون [-an ħaːʔilan] *e-r S.* hindernd im Wege stehen

سداء [sa'daːʔ] *Syr.* Kette *f* des Gewebes

[1]**سداد** [sa'daːd] (Be-)Zahlung *f*, Begleichung *f*; Rückzahlung *f e-r Schuld*, Tilgung *f e-s Darlehens*; Deckung *f von Kosten*; Richtigkeit *f des Handelns*; تحت الـ~ (noch) offen, unbeglichen; ~ الرأي Vernunft *f*, Klugheit *f*

[2]**سداد** [su'daːd] Herzinfarkt *m*

[3]**سداد** [si'daːd], *pl.* أسدة [ʔa'sidda] Verschluß *m*, Stöpsel *m*, Pfropfen *m*

سدادة [si'daːda], *pl.* [-aːt] Stöpsel *m*, Korken *m*, Pfropfen *m*; ~ قطن [s. qutn] Tampon *m*

سدارة [si'daːra], *pl.* [-aːt] *u.* سدائر [sa'daːʔir] (2) Mütze *f*

سداس [su'daːsa] zu sechst

سداسي [su'daːsiː] sechsteilig, sechsfach; Sechs-, Sechser-; *pl.* [-aːt] *Mus.* Sextett *n*; *Maghr.* Semester *n*

سدانة [si'daːna] Wächteramt *n*

سداة [sa'daːt], *pl.* أسدية [ʔasdija] Kette *f des Gewebes*; *Bot.* Staubblatt *n*

سدر [sidr] *koll.*, *n. un.* ~ة Lotosbaum *m*; بلغ سدرة المنتهى [sidrata l-mun'tahaː] das Letzte erreichen

[1]**سدس II** [saddasa] versechsfachen; in sechs Teile teilen

[2]**سدس** [suds], *pl.* أسداس [ʔas'daːs] Sechstel *n*

سدف [sadaf], *pl.* أسداف [ʔas'daːf] Dunkel *n*

سدل [sadala, u] *u.* **IV** أسدل [ʔasdala] herablassen, herabhängen lassen (على auf *A*); أسدل الجفنين [al-dʒaf'nain] die Augen schließen; أسدل ستارا على [si'taːran] *fig. etwas* verschleiern; **V** تسدل [ta'saddala] herabgelassen werden, herabfallen; **VII** انسدل [in'sadala] herabgelassen werden, herabfallen, sich herabsenken (على auf *A*)

سدن [sadana, u] hüten

سدنة → سادن

[1](**سدي**) **II** سدى [saddaː] *bsd. Syr. Kettfäden* schären; **IV** أسدى [ʔasdaː] zuteil werden lassen (ل/إلى *j-m*); *Dienst* erweisen; *Ratschläge* erteilen; *Dank* aussprechen

[2]**سدى** [sadan], *pl.* أسدية [ʔasdija] *u.* أسداء [ʔas'daːʔ] Kette *f des Gewebes*, Kettenfaden *m*; *fig.* rote(r) Faden

[3]**سدى** [sudan] *Adv.* vergeblich, umsonst; ~ ذهب keinen Nutzen bringen

سديد [sa'diːd] richtig; *Urteil*: treffend; *Meinung*: vernünftig; *Rat*: klug; passend, sinnvoll

سديم [sa'diːm] *Astr.* Nebel *m*

سذاب [sa'ðaːb] *koll. Bot.* Raute *f*

سذاجة [sa'ðaːdʒa] Naivität *f*, Unbedarftheit *f*, Einfalt *f*; Arglosigkeit *f*; Einfachheit *f*, Schlichtheit *f*

سذج → ساذج

[1]**سر** [sarra, u] (er)freuen; *Pass.* [surra] sich freuen (ب/ل über *A*); يسرني [ja'surruniː] es freut mich; **III** سار [saːrra] anvertrauen (ب ه *j-m A*); **IV** أسر [ʔa'sarra] anvertrauen, vertraulich mitteilen (هـ/ب إلى *A j-m*); ~ في نفسه für sich behalten; **VI** تسار [ta'saːrra] (miteinander) Geheimnisse austauschen

[2]**سر** [sirr], *pl.* أسرار [ʔas'raːr] Geheimnis *n*; Mysterium *n*; geheime(r) Sinn; (wahrer) Grund; *fig.* Rätsel *n*; ~ا [-an] *Adv.* insgeheim, heimlich; في ~ه im stillen, bei sich; في ~ من الناس heimlich, verstohlen, unbemerkt; ~ الليل [s. al-lail] Kennwort *n*, Parole *f*

سراء [sa'rraːʔ] Glück *n*; في الـ~ والضراء [aɖ-ɖɒ'rrɒːʔ] in guten wie in schlechten Zeiten

سراب [sa'raːb] Luftspiegelung *f*, Fata Morgana *f*

سرابي [sa'raːbiː] trügerisch, utopisch

[1]**سراج** [sa'rraːdʒ], *pl.* [-uːn] Sattler *m*

[2]**سراج** [si'raːdʒ], *pl.* سرج [suruːdʒ] Lampe *f*, Leuchte *f*

سراجة [si'raːdʒa] Sattlerhandwerk *n*

سراح [sa'raːħ] Freilassung *f*; مطلق الـ~ [mutlɒq as-s.] frei(gelassen); أطلق ~ه j-n freilassen

سرادق [su'raːdiq] (Fest-)Zelt *n*; Pavillon *m*

[1]**سرار** [sa'raːr]: ~ الشهر die letzte Nacht des Monats

[2]**سرار** [si'raːr], *pl.* أسرة [ʔa'sirra] *u.* أسارير [ʔasaː'riːr] (2) Linie *f* der Hand *od.* der Stirn; أسارير (الوجه) Gesichtszüge *m/pl.*, Gesichtsausdruck *m*

سراعا [si'raːʕan] *Adv.* schnell, eilig, bald

سراق → سارق

سراي [sa'raːj], *pl.* سرايات [saraː'jaːt] Palast *m*, Palais *n*, Schloß *n*; رجل الـ~ [radʒul as-s.] Höfling *m*

[1]**سرب** [saraba, u] fließen, laufen; **II** [sarraba] tropfenweise fließen lassen; einschleusen (إلى in *A*); *Nachricht* durchsickern lassen; **V** تسرب [ta'sarraba] *Flüssigkeit*: auslaufen (من aus *D*); *Dampf*: ausströmen; *a. fig.* durchsickern; (ein)sickern, (ein)dringen (إلى in *A*); sich einschleichen (إلى in *j-s Herz*); vorzeitig (weg)gehen; ~ إلى ذهني أن [ðihniː ʔanna] mir kam der Gedanke, daß; ~ في ضياع dahinschwinden; **VII** انسرب [in'saraba]: ~ إلى نفسه *fig.* j-n beschleichen

[2]**سرب** [sarib] leck

[3]**سرب** [sirb], *pl.* أسراب [ʔas'raːb] Schar *f*; Schwarm *m*; Gruppe *f von Menschen*; Staffel *f*, Geschwader *n von Flugzeugen*; هادئ الـ~ ruhig, gelassen

سربل [sarbala] bekleiden, umhüllen (ب mit *D*); *fig.* einhüllen; **II** تسربل [ta'sarbala] *fig.* gehüllt sein (ب in *A*); ausstrahlen (ب *A*)

سرت [sirt] *Geo.* Syrte *f*; Sirt (*Stadt in Libyen*)

[1]**سرج** [saradʒa, u] *Pferd* satteln; **II** [sarradʒa] *Pferd* satteln; *Stoff beim Nähen* heften; **IV** أسرج [ʔasradʒa] *Lampe* anzünden

[2]**سرج** [sardʒ] Satteln *n des Pferdes*; *pl.* سروج [su'ruːdʒ] Sattel *m*

سرح [saraħa, a] umherziehen; *Vieh*: auf die Weide gehen; *Blick*:

umherschweifen; s-e Gedanken schweifen lassen; zerstreut sein; — [sariħa, a]: ومرح ~ [wa-mariħa] sich tummeln; **II** [sarraħa] losschicken; *Vieh* weiden lassen; *Isl.* sich trennen (ها von *s-r Frau*); *j-n aus der Armee* entlassen; *Personal* abbauen; *Geldmittel* freisetzen; *Blick* schweifen lassen; *Sorgen* vertreiben; *Haar* kämmen; **VII** انسرح [in'saraħa] sich frei bewegen können; يفكر ~ [ju'fakkir(u)] s-n Gedanken nachgehen

[1]**سرحان** [sara'ħaːn] Geistesabwesenheit *f*, Zerstreutheit *f*

[2]**سرحان** [sar'ħaːn] gedankenverloren, geistesabwesend, zerstreut

[3]**سرحان** [sir'ħaːn], *pl.* سراحين [saraː'ħiːn] (2) *poet.* Wolf *m*

سرخس [sarxas] *koll.* Farn *m*

[1]**سرد** [sarada, u] erzählen, berichten, schildern; anführen, aufführen, nennen; *Argument* vorbringen

[2]**سرد** [sard] Erzählung *f*, Schilderung *f*; Erzählweise *f*

سردي [sardiː] erzählend, erzählerisch

سرداب [sir'daːb], *pl.* سراديب [saraː'diːb] (2) Keller *m*; unterirdische(s) Gewölbe; *pl. fig.* der Untergrund

سردار [sir'daːr] *obs. Äg.* Oberbefehlshaber *m*

سردوك [sar'duːk] *Maghr.* Hahn *m*

سردين [sar'diːn] *koll.*, *n. un.* ة~ Sardine(n *pl.*) *f*

سردينيا [sar'diːnijaː] Sardinien

سرطان [sara'tɒːn], *pl.* [-aːt] *Zool.*, *Astr.*, *Med.* Krebs *m*; *fig.* Krebsgeschwür *n*; *Saudi-Ar.* 4. Monat des Sonnenjahres; البحر ~ Hummer *m*; الدم ~ [s. ad-dam] Blutkrebs *m*, Leukämie *f*

سرطاني [sara'tɒːniː] krebsartig, Krebs-

[1]**سرع** **II** [sarraʕa] beschleunigen; **III** سارع [saːraʕa] eilen, laufen (إلى zu *D*, an *e-n Ort*); beschleunigen; ~ إلى فعل الشيء *u.* يفعل [fiʕli ʃ-ʃaiʔ] etwas eilends *od.* sogleich tun; **IV** أسرع [ʔasraʕa] eilen (إلى zu *D*); sich beeilen; schnell *od.* sofort tun (إلى/في *A*); beschleunigen (هـ/ب *A*); vorantreiben (ب *A*); في ~ مشيه [maʃjihiː] schnell *od.* schneller gehen; **V** تسرع [ta'sarraʕa] übereilen, voreilig *od.* überstürzt tun (ب/في *A*); **VI** تسارع [ta'saːraʕa] eilen, stürzen

[2]**سرع** [surʕ], *pl.* أسراع [ʔas'raːʕ] Zügel *m*

سرعان [sur'ʕaːna]: ما ~ alsbald, gar bald, schnell; sofort

سرعسكر [sar'ʕaskar] *hist.* Heerführer *m*

سرعة [surʕa], *pl.* [-aːt] Schnelligkeit *f*, Geschwindigkeit *f*, Tempo *n*; Eile *f*; Gang *m des Kraftfahrzeugs*; بـ~ schnell (*Adv.*); التصديق ~ Leichtgläubigkeit *f*; التنفيذ ~ schnelle Ausführung; الخاطر ~ Geistesgegenwart *f*; الصوت ~ [s. as-sɒut] Schallgeschwindigkeit *f*; لـ~ إنجاز الأعمال um die Arbeiten rasch auszuführen

[1](**سرف**) **IV** أسرف [ʔasrafa] verschwenden, vergeuden; übertreiben (في bei *D*); zuviel zumuten (على *j-m*), ungerecht behandeln (على *j-n*); في الكبرياء ~ [al-kibri'jaːʔ] maßlos eingebildet sein

[2]**سرف** [saraf] Übertreibung *f*, Maßlosigkeit *f*

سرفيس [sar'fiːs] Linientaxi *n*

سرق [saraqa, i] stehlen, rauben (من *j-m* هـ *A*); bestehlen, berauben; ~ نظرة e-n verstohlenen Blick werfen; **III** سارق [saːraqa]: هـ~ النظر [an-nɒðɒra] j-n verstohlen ansehen; **VII** انسرق [in'saraqa] unbemerkt entschwinden; **VIII** استرق [is'taraqa] *fig.* sich einschleichen (إلى in *A*); الخطى إلى ~ [al-xutɒː] sich zu j-m *od.* e-m Ort hinschleichen; ~ السمع [as-samʕa] heimlich lauschen, horchen; النظر إلى ~ *j-n* verstohlen anblicken; → [1]رق X

سرقة [sariqa], *pl.* [-aːt] Diebstahl *m*, Entwendung *f*; Ausraubung *f e-s Geschäftes*; أدبية ~ [ʔada'biːja] Plagiat *n*; المسكن ~ Einbruch *m*; هوس الـ~ [hawas as-s.] Kleptomanie *f*

سرك [sirk], *pl.* أسراك [ʔas'raːk] Zirkus *m*

سركومة [sar'koːma] *Med.* Sarkom *n*

سرمد [sarmad] ewige Dauer; ewig dauernd

سرمدي [sarmadiː] ewig dauernd

سرة [surra], *pl.* سرر [surar] *u.* [-aːt] Nabel *m*; الأرض ~ der Nabel der Welt; أبو ~ [ʔabuː s.] Navelorange *f*

سرو [sarw] *koll.*, *n. un.* ة~ Zypresse(n *pl.*) *f*

سروال [sir'waːl], *pl.* سراويل [saraː'wiːl] (2) Hose *f*; (*Damen-*) Höschen *n*; داخلي ~ Unterhose *f*; فضفاض ~ [fɒđ'fɒːđ] Pluderhose *f*

سرور [su'ruːr] Freude *f*; Vergnügen *n*; ~ (بكل) بـ [bi-kulli s.] mit Vergnügen!

[1]**سرى** [saraː, iː] fließen; umlaufen, zirkulieren; sich ausbreiten; (= ~ مفعوله) [maf'ʕuːluhuː] gelten, gültig sein (على für *A*), *Gesetz*: in Kraft sein; **II** [sarraː]: (الهم) عنه ~ [al-hamm(a)] j-n von s-n Sorgen befreien; j-n aufrichten, aufmuntern; j-n zerstreuen, aufheitern; *Pass.* سري عني [surrija ʕanniː] mir wurde leichter ums Herz, ich atmete auf; **IV** أسرى [ʔasraː] nachts reisen; nachts reisen lassen (ب *j-n*)

[2]**سري** [sa'riːj], *pl.* أسرياء [ʔasri'jaːʔ] (2) *u.* سراة [su'raːt, sa'raːt] vornehm, hochstehend; السراة die Prominenz; die Oberschicht

[3]**سري** [surriː] Nabel-

[4]**سري** [sirriː] geheim, Geheim-, geheimnisvoll; *Mitteilung*: vertraulich; illegal, Untergrund-

سريالي [sur'jaːliː, sir'jaːliː] surrealistisch

سريالية [surjaː'liːja, sirjaː'liːja] Surrealismus *m*

[1]**سريان** [sara'jaːn] Fließen *n des Stroms*; (= المفعول ~) Gültigkeit *f* (على für *A*), Anwendung *f e-s Gesetzes* (على auf *A*); بداية ~ القانون [bi'daːjat s. al-qaː'nuːn] das Inkrafttreten des Gesetzes

[2]**سريان** [sur'jaːn]: الـ~ *koll. hist.* die Syrer *m/pl.*; Angehörige *m/pl.* der syrischen Kirche

سرياني [sur'jaːniː] *hist.* syrisch; Syrer *m*; السريانية das Syrische

سريح [sa'rriːħ] *u.* ~ بائع Straßenhändler *m*, fliegende(r) Händler

سرير [sa'riːr], *pl.* أسرة [ʔa'sirra] *u.* سرر [surur] Bett *n*, Liege *f*

سريرة [sa'riːra], *pl.* سرائر [sa'raːʔir] (2) Innerste(s) *e-s Menschen*; geheim(st)e Gedanken *m/pl.*; Gewissen *n*; ~الـ طيب [tɒjjib as-s.] gutmütig; ~الـ فاسد gewissenlos

سريري [sa'riːriː] klinisch

سريع [sa'riːʕ], *pl.* سراع [si'raːʕ] *u.* [-uːn] schnell, rasch, eilig; *ein arab. Versmaß;* ~ا [-an] *Adv.* schnell; sofort; ~ الالتهاب leicht entzündlich; ~ التأثر [s. at-ta'ʔaθθur] leicht zu beeinflussen; sensibel; ~ التصديق leichtgläubig; ~ الخاطر geistesgegenwärtig; إجراءات ~ة Sofortmaßnahmen *f/pl.*; أخبار ~ة Kurzmeldungen *f/pl.*; ~ قطار [qɨ'tɒːr] Schnellzug *m*

سري لانكا [sriː lankaː] Sri Lanka

سريلانكي [sriː'lankiː] srilankisch; *pl.* [-uːn] Srilanker *m*

[1]**سرية** [sa'riːja], *pl.* سرايا [sa'raːjaː] *Mil.* Kompanie *f*; ~ خيالة [s. xa'jjaːla] (Kavallerie-)Schwadron *f*

[2]**سرية** [si'rriːja] Geheimhaltung *f*; Geheimniskrämerei *f*; ~ الاقتراع geheime Abstimmung; ~ البنوك Bankgeheimnis *n*

سشوار [siʃ'waːr] Trockenhaube *f*

سطا → [1](سطو)

[1]**سطح** **II** [sɒttɒħa] flach machen; *Äg.* schwarzfahren (*auf dem Dach e-s Zuges*); **V** تسطح [ta'sɒttɒħa] *u.* **VII** انسطح [in'satɒħa] sich flach hinlegen

[2]**سطح** [sɒtħ], *pl.* سطوح [su'tuːħ] *u.* أسطح [ʔastuħ] Fläche *f*, Oberfläche *f*, Ebene *f*; Dach *n*, (Dach-)Terrasse *f*; Deck *n e-s Schiffs*; ~ البحر Meeresspiegel *m*; ~ الارتفاع عن البحر Seehöhe *f*

سطحي [sɒtħiː] Oberflächen-; an der Außenseite befindlich, äußerlich; *fig.* oberflächlich; auf dem Dach befindlich; ~ بريد gewöhnliche Post

سطحية [sɒt'ħiːja] Oberflächlichkeit *f*

[1]**سطر** [satɒra, u] lini(i)eren; niederschreiben; **II** [sattɒra] Linien ziehen; lini(i)eren; (nieder)schreiben; *Tun.* vorzeichnen, *Plan* skizzieren

[2]**سطر** [sɒtr], *pl.* سطور [su'tuːr] *u.* أسطر [ʔastur] Linie *f*; Zeile *f*; في سطور in wenigen Zeilen, in Kürze

سطع [satɒʕa, a] *Gestirn*, *Duft*: aufsteigen; *Sonne*: scheinen, leuchten, strahlen; *fig.* glänzen

[1]**سطل** [satɒla, u] *Rauschgift*: berauschen; **VII** انسطل [in'satɒla] sich berauschen, ein Rauschmittel nehmen

[2]**سطل** [sɒtl] **1.** Rausch(zustand) *m*; **2.** *pl.* سطول [su'tuːl] *u.* أسطال [ʔas'tɒːl] Eimer *m*, Kübel *m*

[1](**سطو**) سطا [satɒː, uː] überfallen, herfallen (على über *A*); einbrechen (على in *ein Gebäude*); ~ على عرضه [ʕirđɨhiː] j-m die Ehre rauben

[2]**سطو** [sɒtw] Überfall *m*; Gewalttätigkeit *f*; Einbruch *m* (على in *ein Gebäude*)

سطوع [su'tuːʕ] Scheinen *n*, Glanz *m*

سطوة [sɒtwa], *pl.* [satɒ'waːt] Gewalt *f*; Stärke *f*, Kraft *f*, Macht *f*; Autorität *f*; Schlagkraft *f e-r Armee*; ~ في mit Gewalt, gewaltsam

سعاد [su'ʕaːd] *npr. f*

سعادة [sa'ʕaːda] Glück *n*, Glückseligkeit *f*; Wonne *f*; Exzellenz *f* (*als Anrede für Botschafter u. Gesandte, Saudi-Ar. a. für e-n Emir*); سعادتكم (Eure) Exzellenz; Euer Gnaden (*hist., als Anrede für e-n Pascha*); ~الـ صاحب Exzellenz; Euer Gnaden; يا ~ المدير [jaː -ta l-mu'diːr] Herr Direktor!

سعار [su'ʕaːr] Heißhunger *m*; heiße(s) Verlangen

سعال [su'ʕaːl] Husten *m*; ~ ديكي [diːkiː] Keuchhusten *m*

سعاة → ساع

سعتر [saʕtar] Thymian *m*

[1]**سعد** [saʕada, a]: ~ حظه [ħɒððuhuː] er hatte Glück; — [saʕida, a] glücklich sein; sich erfreuen (ب *G od.* an *D*); das Glück haben (ب zu + *Infinitiv*); **III** ساعد [saːʕada] helfen (ه على/في *j-m* bei *D*), unterstützen (ه على/في *j-n* bei *D*); beitragen (على/في zu *D*); *Zustand*: erlauben (ه *j-m*); **IV** أسعد [ʔasʕada] glücklich machen; يسعدني أن ich habe die Freude zu; ~ه الحظ [al-ħɒðð(u)] das Glück war ihm hold; ~ الله مساءكم guten Abend!

[2]**سعد** [saʕd], *pl.* سعود [su'ʕuːd] Glück *n*; *a. npr. m*; *pl.* glückliche Fügungen *f/pl.*

[3]**سعد** [suʕd] Riedgras *n*

سعدان [saʕ'daːn] **1.** Affe *m*; **2.** *e-e distelartige Wüstenpflanze*

سعدي [saʕdiː] *hist.* Parteigänger *m* des سعد زغلول [saʕd zaɣ'luːl]

[1]**سعر** [saʕara, a] *a. fig.* entfachen; **II** [saʕʕara] den Preis festsetzen; *Börse*: *Kurs* notieren; **V** تسعر [ta'saʕʕara] lodern; **VIII** استعر [is'taʕara] lodern, brennen; *fig.* entbrennen, aufflammen; *Begeisterung*: sich entzünden (ل an *D*); ~ت نار الحرب der Krieg brach aus

[2]**سعر** [suʕr], *pl.* أسعار [ʔas'ʕaːr], *u.* ~ حراري Kalorie *f*

[3]**سعر**[siʕr], *pl.* أسعار [ʔas'ʕaːr] Preis *m*; Kurs *m*; ~ الجملة [s. al-dʒumla] Großhandelspreis *m*; ~ الخصم Diskontsatz *m*; ~ الشحن Frachtgebühr *f*; ~ الصرف القطع Wechselkurs *m*; ~ الضريبة Steuersatz *m*; ~ الفائدة Zinssatz *m*

سعرة [suʕra], *pl.* [-aːt] Kalorie *f*

[1]**سعري** [suʕriː]: وحدة ~ة Kalorie *f*

[2]**سعري** [siʕriː] Preis-, preislich

[1](**سعف**) **IV** أسعف [ʔasʕafa] helfen, beistehen (ه *j-m*); zuteil werden lassen, gewähren (ه ب *j-m A*); ~ه بالعلاج [al-ʕi'laːdʒ] ärztlich behandeln *od.* versorgen, j-m Erste Hilfe leisten; لم تسعفه الذاكرة er konnte sich nicht erinnern (ب an *A*)

[2]**سعف** [saʕaf] *koll., n. un.* ~ة, *pl.* [-aːt] Palmzweige *m/pl.*; Palmwedel *m/pl.*; ~الـ أحد [ʔaħad as-s.] *Chr.* Palmsonntag *m*

سعل [saʕala, u] husten

سعلة [suʕla], *pl.* [-aːt] Husten(stoß) *m*

سعة [saʕa] Kapazität *f*, Fassungsvermögen *n*; Weite *f*, Geräumigkeit *f*; Kraft *f*, Vermögen *n*; Wohlhabenheit *f*; ~ عن *u.* ~بـ reichlich (*Adv.*); الأسطوانة ~ [s. al-ʔustu'wa:na] Hubraum *m*; الأفق ~ [s. al-ʔufuq] *fig.* weite(r) Horizont, Weltoffenheit *f*, Weitblick *m*; ~ الموجة [s. al-mauʤa] Amplitude *f*; على قدر ~ـه nach besten Kräften; على الرحب والـ~ [ruħb, raħb] willkommen!

سعود [su'ʕu:d] Saud *npr. m*; → 2سعد

سعودة [saʕwada] Saudisierung *f*

سعودي [su'ʕu:di:], *a.* [sa'ʕu:di:] saudisch, saudiarabisch; *pl.* [-u:n] Saudi(-Araber) *m*; المملكة العربية السعودية (das Königreich) Saudi-Arabien

سعودية [suʕu:'di:ja], *a.* [saʕu:'di:ja]: الـ~ Saudi-Arabien

سعوط [sa'ʕu:t] Schnupftabak *m*

1**سعى** [saʕa:, a:] eilen, laufen, *Wolke*: ziehen; streben (إلى/ل/وراء nach *D*), erstreben, anstreben (إلى/ل/وراء *A*), bestrebt sein (إلى/ل/وراء zu + *Infinitiv*); sich bemühen (إلى/ل/وراء um *A*); her sein (وراء hinter *D*), nachjagen (وراء *D*); verleumden (ب *j-n* bei *j-m*) (إلى); وراء رزقه ~ [rizqihi] s-m Broterwerb nachgehen

2**سعي** [saʕj] Laufen *n*, Lauf *m*; *Isl.* der rituelle siebenmalige Lauf zwischen الصفا *u.* المروة; Streben *n* (إلى/نحو/وراء nach *D*), Bemühen *n* (إلى/وراء/من أجل um *A*); تم له سعيه [saʕjuhu:] er hat sein Ziel erreicht

سعيد [sa'ʕi:d], *pl.* سعداء [suʕa'da:ʔ] (2) glücklich (ب über *A*); glückselig; *a. npr. m*

سعيدة [sa'ʕi:da] *npr. f*

سعير [sa'ʕi:r] Hitze *f*, *a. fig.* Glut *f*, Feuer *n*; Hölle *f bsd. des Krieges*

1**سغب** [saɣiba, a] hungrig sein

2**سغب** [saɣab] Hunger *m*

(**سف**) **IV** أسف [ʔa'saffa] *Vogel*: herunterflattern, herunterfallen; *moralisch od. im Niveau* absinken, herunterkommen; → أسف [ʔasifa]; **VIII** استف [is'taffa] schlucken

1**سفاح** [sa'ffa:ħ] blutrünstig, mordgierig; *Verfolgung*: blutig; *pl.* [-u:n] blutrünstige(r) Mensch, Mörder *m*, Amokläufer *m*

2**سفاح** [si'fa:ħ] nichteheliche(r) Geschlechtsverkehr; *pej.* Hurerei *f*

سفاد [si'fa:d] *Zool.* Paarung *f*

سفارة [si'fa:ra], *a.* [sa'fa:ra], *pl.* [-a:t] *Dipl.* Botschaft *f*

سفاك [sa'ffa:k] mörderisch, blutrünstig; *fig.* Bluthund *m*, Schlächter *m*

سفالة [sa'fa:la], *pl.* [-a:t] Gemeinheit *f*, Niedertracht *f*

سفاهة [sa'fa:ha] Dummheit *f*; Frechheit *f*, Unverschämtheit *f*

سفتجة [suftaʤa] *u. bsd. Ir.* [saftaʤa], *pl.* سفاتج [sa'fa:tiʤ] (2) *Hdl.* Wechsel *m*

1**سفح** [safaħa, a] *Blut*, *Tränen* vergießen

2**سفح** [safħ] **1.** (*Blut-*)Vergießen *n*; **2.** *pl.* سفوح [su'fu:ħ] Fuß *m e-s Berges*; (Ab-)Hang *m*; في الـ~ ganz unten (*in der sozialen Struktur*)

(**سفد**) **III** سافد [sa:fada] *das Weibchen* decken

1**سفر** [safara, i] **1.** *Frau*: sich entschleiern; enthüllen, an den Tag bringen (عن *A*); الصباح ~ es wurde Morgen, es tagte; **2.** vermitteln (بين zwischen *D*); **3.** abreisen; **II** [saffara] auf die Reise schicken, losschicken; *Diplomaten* entsenden; **III** سافر [sa:fara] abreisen, verreisen; reisen; fahren (ب mit *dem Zug, Bus*); **IV** أسفر [ʔasfara] zutage treten; sichtbar werden lassen (عن *A*); an den Tag bringen (عن *A*); (als Resultat) erbringen, ergeben (عن *A*), führen (عن zu *e-m Ergebnis*); enden (عن mit *D*); الصباح ~ es wurde Morgen, es tagte; ~ت عن وجهها [waʤhiha:] sie entschleierte sich

2**سفر** [safar], *pl.* أسفار [ʔas'fa:r] Abreise *f*, Abfahrt *f*; Reise *f*, Fahrt *f*

3**سفر** [safr] *koll.* Reisende *m/pl.*

4**سفر** [sifr], *pl.* أسفار [ʔas'fa:r] Buch *n*, Werk *n*; التكوين ~ die Genesis (*1. Buch Mose*)

سفرجل [sa'farʤal] *koll., n. un.* ~ة, *pl.* سفارج [sa'fa:riʤ] (2) Quitte(n *pl.*) *f*

سفرجي [sufraʤi:], *pl.* ~ة Servierer *m*, Kellner *m*

سفرطاس [safar'tɒ:s], *pl.* [-a:t] *Ir.* tragbare(s) Kochgeschirr

1**سفرة** [safra], *pl.* [safa'ra:t] Reise *f*, Fahrt *f*

2**سفرة** [sufra], *pl.* سفر [sufar] (Eß-)Tisch *m*; غرفة الـ~ [ɣurfat as-s.] Eßzimmer *n*

سفري [safari:] Reise-; سرير ~ Feldbett *n*

سفرية [safa'ri:ja], *pl.* [-a:t] Reise *f*, Fahrt *f*

سفساف [saf'sa:f], *pl.* سفاسف [sa'fa:sif] (2): سفاسف الأمور wertlose(s), minderwertige(s) Zeug; Nichtigkeiten *f/pl.*

سفسطة [safsatɒ] Sophistik *f*; *pl.* [-a:t] Sophisterei *f*, Spitzfindigkeit *f*; أهل الـ~ die Sophisten *m/pl.*

سفسطائي [safsa'tɒ:ʔi:] *u.* سفسطي [safsati:] sophistisch; Sophist *m*

سفط [safɒt], *pl.* أسفاط [ʔas'fɒ:t] Korb *m*

سفع [safaʕa, a] schlagen; *Sturm*: peitschen

سفعاء → أسفع

1**سفك** [safaka, i] *Blut* vergießen

2**سفك** [safk]: الدماء ~ [s. ad-di'ma:ʔ] Blutvergießen *n*

1**سفل** [safala, u] niedergehen, herabsinken; niedrig, gemein sein; **V** تسفل [ta'saffala] herabsinken

2**سفل** [sufl] unterste(r) Teil

سفلت [saflata] asphaltieren

سفلتة [saflata] Asphaltierung *f*

1**سفلة** [safala] → سافل

2**سفلة** [sifla]: الـ~ *u.* الناس ~ gemeine(s) Volk; Gesindel *n*; أناس ~ [ʔu'na:su siflatin] Gesindel *n*, liederliche(s) Pack

1**سفلى** [sufla:] → أسفل

2**سفلي** [sufli:] unten befindlich, unterer; tieferliegend, tiefer; الطابق الـ~ Erdgeschoß *n*

سفن → سفينة

سفنج [sa'fanʤ, sa'finʤ] *koll., n. un.* ~ة Schwamm *m*

1**سفه** [safiha, a] dumm, töricht sein; **II** [saffaha] als dumm *od.* töricht bezeichnen; für unzurechnungsfähig erklären; lächerlich machen; نفسه ~ sich lächerlich machen

[2]**سفه** [safah] Dummheit *f*, Torheit *f*; Verantwortungslosigkeit *f*; Unzurechnungsfähigkeit *f*

سفود [sa'ffuːd], *pl.* سفافيد [safaː'fiːd] (2) Bratspieß *m*

سفور [su'fuːr] Zutagetreten *n*; Ablegen *n* des Schleiers; الصباح ~ Tagesanbruch *m*

سفى [safaː, iː] *Staub* aufwirbeln

سفير [sa'fiːr], *pl.* سفراء [sufa'raːʔ] (2) Botschafter *m*; بابوي ~ [baːbawiː] päpstliche(r) Nuntius; فوق العادة ~ außerordentliche(r) Botschafter

سفيرة [sa'fiːra], *pl.* [-aːt] Botschafterin *f*

سفين [sa'fiːn] **1.** Keil *m*; **2.** *koll.* Schiffe *n/pl.*; Schiff *n*

سفينة [sa'fiːna], *pl.* سفن [sufun] *u.* *klass.* سفائن [sa'faːʔin] (2) Schiff *n*; ~ال *Astr.* Argo *f*; ركاب ~ [s. ru'kkaːb] Passagierschiff *n*; ~ فضاء Raumschiff *n*

سفيه [sa'fiːh], *pl.* سفهاء [sufa'haʔ] (2) dumm, töricht; unzurechnungsfähig

[1]**سقاء** [sa'qqaːʔ], *pl.* [-uːn] Wasserträger *m*; (Trink-)Wasserverkäufer *m*

[2]**سقاء** [si'qaːʔ], *pl.* أسقية [ʔasqija] (*Wasser*-)Schlauch *m*

[1]**سقاطة** [sa'qqɒːtɒ], *Äg.* [su'qqɒːtɒ], *pl.* [-aːt] *u.* سقاقيط [saqaː'qiːt] (2) Türklinke *f*; Türklopfer *m*

[2]**سقاطة** [su'qɒːtɒ] *a. Techn.* Abfall *m*

سقالة [si'qaːla], *pl.* سقايل [sa'qaːjil] (2) Gerüst *n*

سقام [sa'qaːm] Überdruß *m*, Langeweile *f*

سقاية [si'qaːja] Tränkung *f*, *bsd. Isl.* Tränkung *f* der Mekkapilger; *Techn.* Abschreckung *f*, Härtung *f*

سقراط [suq'rɒːt] Sokrates

سقسق [saqsaqa] *Vogel*: piep(s)en

سقسقة [saqsaqa] Piep(s)en *n des Vogels*

[1]**سقط** [saqɒtɒ, u] fallen; herabfallen; *Haar*: ausfallen; *a. Regierung*: stürzen; *Flugzeug*: abstürzen; absinken, niedersinken; *Strahl*: einfallen; (*bei e-r Prüfung*) durchfallen, sitzenbleiben; *Währung*: verfallen; entfallen, wegfallen; *Anspruch*: hinfällig werden, verlorengehen; fallen lassen (ب *A*); geraten (على an *j-n*); entgehen (عن *j-m*); zufallen (ل *j-m*); ليسقط [li-jasqut] nieder mit ihm!; ~ مريضا [ma'riːđɒn] erkranken; سقط في يده [suqitɒ fiː jadihiː] bestürzt, fassungslos sein; **IV** أسقط [ʔasqɒtɒ] fallen *od.* niedersinken lassen; *a. fig.* zu Fall bringen; *Regierung* stürzen; *Flugzeug* abschießen; projizieren (على auf *A*); anlasten, anhängen (على ـه *j-m A*); *Schüler* durchfallen lassen; *Bomben*, *Baum s-e Früchte* abwerfen; *Zahn* ausschlagen; *Vorhaben* vereiteln; *Argument* entkräften, gegenstandslos machen; *Zahl* abziehen; entziehen, aberkennen (عن ـه *j-m A*); weglassen; *Klage* abweisen; *Kläger*: *s-e Klage* zurückziehen; e-e Fehlgeburt haben; ~ من حسابه [ħi'saːbihiː] außer acht lassen, mit *etwas* nicht rechnen; أسقط في يده [ʔusqitɒ] bestürzt, fassungslos sein; **V** تسقط [ta'saqqɒtɒ] nach und nach erfahren (من von *j-m*); in Erfahrung zu bringen suchen; ~ الأخبار herumspionieren; **VI** تساقط [ta'saːqɒtɒ] (*nach und nach* herab)fallen; *Haare*: ausfallen, ausgehen; abfallen; (*nach und nach*) gelangen (إلى zu *D*); الرذاذ ~ es tröpfelte

[2]**سقط** [saqɒt], *pl.* أسقاط [ʔas'qɒːt] (= المتاع ~) Abfall *m*, Ausschuß *m*; Plunder *m*; → [4]جلد

[3]**سقط** [saqt] Funken *m/pl. des Feuerzeugs*

[4]**سقط** [siqt] Fehlgeburt *f*

سقطرة [suqutra] *Geo.* Sokotra

سقطة [saqtɒ], *pl.* [saqɒ'tɒːt] Sturz *m*, *a. moralisch*: Fall *m*; Fehler *m*, Versagen *n*

سقع [saqaʕa, a] klatschend schlagen

[1]**سقف** [saqafa, u] überdachen; **II** [saqqafa] überdachen; البيت ~ [albaita] das Dach decken

[2]**سقف** [saqf], *pl.* سقوف [su'quːf] *u.* أسقف [ʔasquf] Dach *n*; (*Zimmer*-)Decke *f*; الحلق ~ Gaumen *m*

سقلبي [saqlabiː] slawisch; *pl.* سقالبة [sa'qaːliba] Slawe *m*

[1]**سقم** [saqima, a] *u.* [saquma, u] (lange) krank sein; abmagern; **IV** أسقم [ʔasqama] krank machen

[2]**سقم** [suqm, saqam] Siechtum *n*; Überdruß *m*

سقوط [su'quːt] Fallen *n*; Fall *m a. e-r Stadt*; *Pol.* Sturz *m*; Absturz *m*; Zusammenbruch *m*; Niedergang *m*; Entfallen *n*, Wegfall *m*; Ungültigwerden *n*

[1]**سقى** [saqaː, iː] *u.* **IV** أسقى [ʔasqaː] zu trinken geben, tränken; bewässern; *Garten* gießen; *Metall* härten; **III** ساقى [saːqaː] zu trinken geben (ه *j-m*); **VI** تساقى [ta'saːqaː] miteinander trinken; **VIII** استقى [is'taqaː] *a. fig.* schöpfen (من aus *D*); *Informationen* einholen (من bei *D*); **X** استسقى [is'tasqaː] um Regen bitten

[2]**سقي** [saqj] Tränken *n*; Bewässerung *f*; Gießen *n*; ~ أرض bewässerte(r) Boden

سقيا [suqjaː] Tränken *n*; Bewässerung *f*

سقيفة [sa'qiːfa], *pl.* سقائف [sa'qaːʔif] (2) (Schutz-)Dach *n*; (Garten-)Laube *f*

سقيم [sa'qiːm], *pl.* سقماء [suqa'maːʔ] (2) *u.* سقام [si'qaːm] krank; siech; *Phantasie*: krankhaft; abgemagert, mager; mangelhaft, schwach; verfehlt, falsch; ~ ذوق [ðauq] schlechte(r) Geschmack

[1]**سك** [sakka, u] **1.** *Tür* verschließen; **2.** *Münzen* prägen

[2]**سك** [sakk] Prägung *f von Münzen*; ~ دار النقود Münzanstalt *f*

سكاف [sa'kkaːf], *pl.* [-uːn] Schuster *m*

سكاكين → سكين

سكاكيني [sakaː'kiːniː], *pl.* ~ة Messerschmied *m*

سكان [su'kkaːn], *pl.* [-aːt] (Steuer-)Ruder *n*; → ساكن

سكاني [su'kkaːniː] Bevölkerungs-, demographisch

سكاير *u.* **سكائر** → سيكارة

[1]**سكب** [sakaba, u] (aus-, ver)gießen;

Wohn-; ~ حي [ḥajj] Wohnviertel *n*

[2] **سكنى** [suknaː] Wohnen *n*; Wohnung *f*; ~الـ محل [maˈḥall as-s.] Wohnort *m*

سكة [sikka], *pl.* سكك [sikak] Weg *m*, Straße *f*; *Äg. Tel.* Leitung *f*; ~ الحديد ,الحديد ~الـ *u.* الحديدية ~الـ Eisenbahn *f*

سكوت [suˈkuːt] Schweigen *n* (عن/ على über *A*); Verschweigen *n*, stillschweigende(s) Übergehen (عن *G*)

سكون [suˈkuːn] Ruhe *f*, Stille *f*; Bewegungslosigkeit *f*; *Gr.* Vokallosigkeit *f e-s Konsonanten*, Zeichen *n* der Vokallosigkeit; ~الـ حالة statische(r) Zustand

[1] **سكوني** [suˈkuːniː] statisch

[2] **سكوني** [siˈkkoːniː], *pl.* ~ة Steuermann *m*

سكير [siˈkkiːr], *pl.* [-uːn] Trunkenbold *m*, Säufer *m*

سكين [siˈkkiːn], *pl.* سكاكين [sakaːˈkiːn] (2) Messer *n*

سكينة [saˈkiːna], *pl.* سكائن [saˈkaːʔin] (2) Ruhe *f*; داخلية ~ *u.* ~ النفس innere Ruhe, Seelenruhe *f*; ~الـ والاستقرار Geborgenheit *f*

[1] **سل** [sal] frag! (*Imp. von* سأل)

[2] **سل** [salla, u] herausziehen; *Pass.* [sulla] an Tuberkulose erkranken; **V** تسلل [taˈsallala] sich hineinstehen, sich einschleichen, einsickern, eindringen (إلى in *A*); hindurchschlüpfen (بين zwischen *D*); sich davonschleichen, sich fortstehlen; **VII** انسل [inˈsalla] sich einschleichen, einsickern (إلى in *A*); sich davonschleichen; **VIII** استل [isˈtalla] (heraus)ziehen, *Schwert* zücken

[3] **سل** [sull, sill] Tuberkulose *f*; ~ رئوي [riʔawiː] Lungentuberkulose *f*

سلاب [saˈllaːb], *pl.* [-uːn] Plünderer *m*, Räuber *m*

سلاجقة → سلجوقي

سلاح [siˈlaːḥ], *pl.* أسلحة [ʔasliḥa] Waffe *f*; *koll.* Waffen *f/pl.*; Waffengattung *f*; Pflugschar *f*; ~الـ *Sport*: Fechten *n*; ~ أبيض [ʔabjɒḍ] blanke Waffe; ~الـ البحري Marine *f*; ~الـ الجوي [al-dʒawwiː] *u.* ~ الطيران [s.

schütten (على über *A*); *Herz* ausschütten; *Duft* ausströmen; *Gefühl* einflößen; **VII** انسكب [inˈsakaba] ausgegossen, vergossen werden; sich ergießen (على über *A*); ausfließen; *Tränen*: fließen

[2] **سكب** [sakb] Gießen *n*

سكباج [sikˈbaːdʒ] *ein Fleischgericht*

[1] **سكت** [sakata, u] schweigen (عن/ على zu *D*, über *A*); verstummen; mit Stillschweigen übergehen (عن *A*), sich nicht äußern; nicht antworten (عن *j-m*); in Ruhe lassen (عن *j-n*); *Pass.* [sukita] e-n Schlaganfall erleiden; ~ الغضب عنه [al-ɣɒḍɒbu] sein Zorn legte sich; **II** [sakkata] *u.* **IV** أسكت [ʔaskata] zum Schweigen bringen, verstummen lassen; mundtot machen

[2] **سكت** [sakt] Schweigen *n*; ~الـ على in aller Stille

سكتة [sakta] Schweigen *n*, Verstummen *n*; Schlaganfall *m*; قلبية ~ *Med.* Herzschlag *m*

[1] **سكر** [sakira, a] sich betrinken; berauscht sein *od.* werden (ب von *D*); **II** [sakkara] **1.** *Tür* (ver-)schließen; **2.** zuckern, kandieren; **3.** betrunken machen; **IV** أسكر [ʔaskara] (be)trunken machen, berauschen; **VI** تساكر [taˈsaːkara] sich betrunken stellen

[2] **سكر** [sukkar] Zucker *m*; البنجر ~ Rübenzucker *m*; القصب ~ [s. al-qɒsɒb] Rohrzucker *m*; ناعم ~ Puderzucker *m*; النبات ~ Kandiszucker *m*

[3] **سكر** [sukr] Rausch *m*, Trunkenheit *f*

[4] **سكر** [sikr] *Syr.* Absperrvorrichtung *f*

سكران [sakˈraːn] (2), *f* سكرانة [sakˈraːna] *u.* سكرى [sakraː], *pl.* سكارى [saˈkaːraː] (be)trunken, berauscht; بالنصر ~ siegestrunken

سكرتارية [sikritaːˈriːja], *pl.* [-aːt] Sekretariat *n*

سكرتير [sikriˈteːr], *pl.* [-uːn] Sekretär *m*; عام ~ [ʕaːmm] Generalsekretär *m*

سكرتيرة [sikriˈteːra], *pl.* [-aːt] Sekretärin *f*

سكرتيرية [sikriteːˈriːja], *pl.* [-aːt] Sekretariat *n*

[1] **سكرة** [sakra], *pl.* [sakaˈraːt] Rausch (-zustand) *m*, Trunkenheit *f*, Verzückung *f*, Ekstase *f*; سكرات الموت [s. al-maut] Todeskampf *m*, Agonie *f*

[2] **سكرة** [sukkara] Stück *n* Zucker

سكروز [sukkaˈroːz, sakaˈroːz] Saccharose *f*

سكري [sukkariː] Zucker-, zuckerig; سكريات [-ˈjaːt] *pl.* Zuckerwaren *f/pl.*; Süßigkeiten *f/pl.*; Kohlenhydrate *pl.*

سكرين [sukkaˈriːn, sakaˈriːn] Saccharin *n*

سكرية [sukkaˈriːja], *pl.* [-aːt] Zuckerdose *f*

سكسوفون [saksoˈfoːn] Saxophon *n*

سكسون [sakˈsoːn] *koll.*: ~الـ die Sachsen *m/pl.*

سكسوني [sakˈsoːniː] sächsisch; Sachse *m*

سكسونيا [sakˈsoːnijaː] *Geo.* Sachsen

(**سكع**) **V** تسكع [taˈsakkaʕa] herumlungern, sich herumtreiben; umherbummeln

سكك → سكة

[1] **سكن** [sakana, u] ruhig, still sein *od.* werden; sich beruhigen, nachlassen, sich legen; ruhig verharren (إلى bei *D*); wohnen (ب/في/ـه in *D*), bewohnen (ب/في/ـه *A*); *Konsonant*: vokallos sein; يسكن إليه البال beruhigend; ~ إلى مصيره sich mit s-m Schicksal abfinden; **II** [sakkana] beruhigen, besänftigen; lindern, mildern; *Konsonanten* vokallos aussprechen; **III** ساكن [saːkana] zusammenwohnen (ه mit *j-m*, ـه/ في in *D*); **IV** أسكن [ʔaskana] wohnen lassen, unterbringen (ه bei *j-m*, ـه/في in *D*); ansiedeln (في in *D*); *Konsonanten* vokallos aussprechen

[2] **سكن** [sakan] Wohnen *n*, Unterkunft *f*; Wohnung *f*; Geborgenheit *f*

سكنات [sakaˈnaːt] *pl.*: حركاته وسكناته [ḥaraˈkaːtuhuː] (all) sein Tun und Lassen

[1] **سكني** [sakaniː] Wohnungs-,

at-tɒja'raːn] Luftwaffe *f*; ذو ~ حدين [ðuː ħa'ddain] *fig.* zweischneidige(s) Schwert; ~ ناري Feuerwaffe *f*; ~ نووي [nawawiː] Atomwaffe *f*

سلاخ [sa'llaːx] Abdecker *m*

سلاسة [sa'laːsa] Gefügigkeit *f*, Lenksamkeit *f*; Glätte *f des Stils*

سلاطة [sa'laːtɒ] **1.** Salat *m*; **2.** *fig.* Bissigkeit *f*; Unverschämtheit *f*

سلاف [su'laːf] *klass.* edle(r) Wein

سلافة [su'laːfa] = سلاف

سلافي [slaːviː] slawisch; *pl.* [-uːn] Slawe *m*

سلاق [su'llaːq]: الـ~ Christi Himmelfahrt

سلاقة [sa'laːqa] Bissigkeit *f*, Schärfe *f*

سلاقون [salaː'quːn] Mennige *f*

سلال [sa'llaːl], *pl.* [-uːn] *u.* ~ـة Korbmacher *m*

سلالة [su'laːla], *pl.* [-aːt] Dynastie *f*; Familie *f*; Nachkommenschaft *f*; Rasse *f*; (*Zucht-*)Stamm *m*; علم السلالات البشرية [ʕilm as-s. al-baʃa'riːja] Ethnologie *f*

سلالي [su'laːliː] Stammes-; rassisch, ethnisch; Familien-

سلالية [sulaː'liːja] Stammesdenken *n*; Rassenstolz *m*; Rassismus *m*

سلام [sa'laːm] Friede *m*; Wohlbehaltenheit *f*; *pl.* [-aːt] Gruß *m*; الـ~ الجمهوري [al-ʤum'huːriː] Nationalhymne *f* (*in e-r Republik*); الـ~ الملكي [al-malakiː] *Saudi-Ar.* Königshymne *f*; الـ~ الوطني [al-wɒtɒniː] Nationalhymne *f*; دار الـ~ das Paradies; *Geo.* Daressalam; مدينة الـ~ *Beiname von Bagdad*; يا ~ *Ausruf des Erstaunens od. der Bestürzung*: mein Gott!, gütiger Himmel!; الـ~ عليكم [as-sa'laːmu ʕa'laikum] *Grußformel, wörtlich*: Friede sei mit euch!; عليه الـ~ *Segensformel nach Namen von vormohammedanischen Propheten*; و~ ... und damit gut; أدى الـ~ [ʔaddaː] grüßen

سلامة [sa'laːma] Unversehrtheit *f*, Wohlbehaltenheit *f*; Sicherheit *f*; fehlerfreie(r) *od.* tadellose(r) Zustand; Gesundheit *f des Verstandes*; ordnungsgemäße Durchführung; ~ الأراضي territoriale Integrität; ~ الذوق [s. að-ðauq] gute(r) Geschmack; ~ المرور Verkehrssicherheit *f*; ~ النية [s. an-niːja] Arglosigkeit *f*, Aufrichtigkeit *f*; gute(r) Glaube; ~ك [-taka] gute Besserung!; مع الـ~ *Abschiedsgruß*: leb wohl!; الحمد لله على الـ~ *Ausruf nach glücklich überstandener Reise, etwa*: Gott sei gepriesen!

سلامى [su'laːmaː], *pl.* سلاميات [sulaːma'jaːt] Finger- *od.* Zehenglied *n*

سلايد [slaːjd], *pl.* [-aːt] Dia *n*

[1]**سلب** [salaba, u] rauben (ه ـه *j-m A*), berauben (ه ـه/من *j-n e-r Sache*); *j-n* um *etwas* (ـه/من) bringen, plündern; absprechen (ـه من *j-m*); **VIII** استلب [is'talaba] = [salaba]

[2]**سلب** [salab], *pl.* أسلاب [ʔas'laːb] Beute *f*

[3]**سلب** [salb] Beraubung *f*; Plünderung *f*; Verneinung *f*; *Gr.* privative Bedeutung *e-s Verbs*; ~ا [-an] *Adv.* negativ; علامة الـ~ *Math.* Minuszeichen *n*

سلبطة [salbatɒ] *Syr.* Eingriff *m in j-s Rechte*, Übergriff *m*

سلبة [salaba] *Äg.* Seil *n*, Tau *n*

سلبي [salbiː] negativ; passiv; سلبيات *pl.* negative Seiten *f/pl.*, Schattenseiten *f/pl.*; ~ـة صورة [suːra] *Fot.* Negativ *n*; ~ـة مقاومة [mu'qaːwama] passive(r) Widerstand

سلبية [sal'biːja] Negativismus *m*; negative(r) Aspekt *e-r Sache*; Passivität *f*

[1]**سلت** [salata, i] entfernen; *Schuhe* abstreifen; **VII** انسلت [in'salata] sich entfernen, sich fortstehlen; *j-m* entgleiten

[2]**سلت** [salt] Entfernen *n*; Abstreifen *n der Schuhe*

[3]**سلت** [silt]: الـ~ *koll.* die Kelten *m/pl.*

سلتي [siltiː] keltisch; Kelte *m*

سلجم [salʤam] Brassica-Rübe *f*; Raps *m*

سلجوقي [sal'ʤuːqiː] seldschukisch; *pl.* سلاجقة [sa'laːʤiqa] *hist.* Seldschuke *m*

[1]**سلح** [salaħa, a] *Vogel*: Kot auswerfen; **II** [sallaħa] bewaffnen, ausrüsten, bestücken; *Beton* armieren; **V** تسلح [ta'sallaħa] sich bewaffnen; rüsten; sich wappnen (بـ mit *D*)

[2]**سلح** [salħ] (*Vogel-*)Kot *m*

سلحفاة [sulaħ'faːt], *pl.* سلاحف [sa'laːħif] (2) Schildkröte *f*

سلحفائي [sulaħ'faːʔiː] Schildkröten-; ~ـة سرعة [surʕa] Schneckentempo *n*

[1]**سلخ** [salaxa, a] *Tier* abhäuten, *Fell* abziehen; (ab)trennen; *Zeitspanne*: zu Ende gehen; *Zeitspanne* zubringen; **V** تسلخ [ta'sallaxa] *Haut*: sich schälen; sich wundreiben, sich aufscheuern; **VII** انسلخ [in'salaxa] *Tier*: abgehäutet werden, *Fell*: abgezogen werden; ablegen (من/عن *e-e Eigenschaft*), sich (los)lösen (من/عن von *D*); *Zeitabschnitt*: enden

[2]**سلخ** [salx] Abhäutung *f*; Abziehen *n des Fells*; (Ab-)Trennung *f*

[3]**سلخ** [silx], *pl.* أسلاخ [ʔas'laːx] (Schlangen-)Haut *f*, Balg *m*

سلخانة [salaxaːna], *pl.* [-aːt] Schlachthof *m*

[1]**سلس** [salisa, a] fügsam sein *od.* werden; *Stil*: flüssig sein; **IV** أسلس [ʔaslasa] gefügig machen

[2]**سلس** [salis] fügsam, gefügig, willfährig; *Stil*: glatt, flüssig

سلسبيل [salsa'biːl] (2) Quell *m*; *e-e Quelle im Paradies*

سلسل [salsala] zusammenketten, verketten; verbinden (بـ mit *D*); anketten; ~ نسبه إلى [na'sabahuː] s-e Abstammung zurückführen bis zu; **II** تسلسل [ta'salsala] miteinander verkettet sein; ununterbrochen fortlaufen, aufeinanderfolgen; *Wasser*: rieseln

سلسلة [silsila], *pl.* سلاسل [sa'laːsil] (2) Kette *f*; *Radio*: Reihe *f*, Serie *f*; ~ الظهر Wirbelsäule *f*; ~ النسب [s. an-nasab] Stammbaum *m*

سلط [salitɒ, a] scharf, bissig sein; **II** [sallatɒ] als Herrscher einsetzen (على über *A*); *Hunde* loslassen,

hetzen (على auf *A*); richten, konzentrieren (على auf *A*); الضوء ~ على [ɒđ-đɒuʔa], الأضواء على ~ *etwas* beleuchten; **V** تسلط [ta'sallatɒ] herrschen, die Macht ausüben (على über *A*); beherrschen, kontrollieren (على *A*); gerichtet werden (على auf *A*), eingesetzt werden (على gegen *A*)

سلطان [sul'tɒːn] Macht *f*, Gewalt *f*, Herrschaft *f* (على über *A*); *pl.* سلاطين [salaː'tiːn] (2) Herrscher *m*; Sultan *m*; إبراهيم ~ *Zool.* Rote Meeräsche

سلطانة [sul'tɒːna] Sultanin *f*; Gemahlin *f* des Herrschers

سلطاني [sul'tɒːniː] den Herrscher *od.* Sultan betreffend

سلطانية [sultɒː'niːja], *pl.* [-aːt] (*Suppen-*)Schüssel *f*, Terrine *f*

سلطح [saltɒħa]: نفسه ~ *Äg.* sich auf den Rücken legen

سلطعون [saltɒ'ʕuːn], *pl.* [-aːt] *Zool.* Krebs *m*

سلطن [saltɒna] zum Herrscher *od.* Sultan machen; **II** تسلطن [ta'saltɒna] sich wie ein Sultan gebärden

سلطنة [saltɒna], *pl.* [-aːt] Sultanat *n*

[1]**سلطة** [salatɒ], *pl.* [-aːt] Salat *m*

[2]**سلطة** [sultɒ], *pl.* [sulu'tɒːt] *u. Tun.* سلط [sulɒt] Macht *f*, Gewalt *f*; (Macht-)Befugnis *f*, Autorität *f*, Vollmacht *f*; (= العامة ~الـ [al-ʕaːmma]) Staatsmacht *f*; Behörde *f*; التشريعية ~الـ die Legislative; ~الـ التنفيذية die Exekutive; القضائية ~الـ die Jurisdiktion

سلطوي [sultɒwiː] Macht-, Herrschafts-; obrigkeitlich

سلعة [silʕa], *pl.* سلع [silaʕ] Ware *f*; سلع رأسمالية, سلع استثمارية [raʔsmaːliːja] Investitionsgüter *n/pl.*; سلع استهلاكية Konsumgüter *n/pl.*

سلعي [silaʕiː] Waren-, Güter-

[1]**سلف** [salafa, u] vorausgehen, voraufgehen; فيما ~ früher, schon einmal; **II** [sallafa] *Geld* vorschießen, leihen (ه *j-m*); **IV** أسلف [ʔaslafa] (schon) vorher tun; كما أسلفنا wie wir bereits sagten; أسلفنا القول [al-qaul(a)] wir haben schon vorher *od.* früher gesagt; **VIII** استلف [is'talafa] *Geld* leihen, *e-n Betrag* als Darlehen *od.* Kredit aufnehmen (من bei *D*)

[2]**سلف** [salaf], *pl.* أسلاف [ʔas'laːf] Vorgänger *m*; *koll.* Vorfahren *m/pl.*, Ahnen *m/pl.*; ~ًا [-an] *Adv.* im voraus; الصالح ~الـ die rechtschaffenen Vorfahren *m/pl.*, die treffliche alte Generation

[3]**سلف** [silf], *pl.* أسلاف [ʔas'laːf] Schwager *m*

سلفات [sul'faːt] Sulfat *n*

سلفادور [salvaː'doːr] *f u.* ~الـ El Salvador

سلفادوري [salvaː'doːriː] salvadorianisch; Salvadorianer *m*

سلفت [salfata] asphaltieren

[1]**سلفة** [sulfa], *pl.* سلف [sulaf] *u.* [sulafaːt] Kredit *m*, Darlehen *n*; Vorschuß *m*

[2]**سلفة** [silfa] Schwägerin *f*

سلفي [salafiː] traditionsgebunden, traditionell; Anhänger *m* der → سلفية

سلفيد [sul'fiːd] Sulfid *n*

سلفية [sala'fiːja] **1.** *pl.* [-aːt] Darlehen *n*, Kredit *m*; **2.** ~الـ *hist.* die Salafija (*Reformbewegung in Ägypten*)

[1]**سلق** [salaqa, u] sieden, in Wasser kochen; *Hitze*: *Pflanzen* versengen; بلسانه ~ه [bi-li'saːnihiː] j-n verletzen, beschimpfen; **V** تسلق [ta'sallaqa] hinaufklettern (ه auf *A*); erklettern, erklimmen; *Pflanze*: sich emporranken

[2]**سلق** [salq] **1.** Kochen *n in Wasser*; **2.** *Äg. u.* [silq] *Jord.* Mangold *m*

سلقون [sala'quːn] Mennige *f*

[1]**سلك** [salaka, u] **1.** *e-n Weg* einschlagen, beschreiten, verfolgen; sich benehmen, sich verhalten; **2.** hineinstecken; einfädeln; **II** [sallaka] *Rohr*, *Kanal* reinigen, freimachen; *Angelegenheit* entwirren; **IV** أسلك [ʔaslaka] hineinstecken; einreihen (في unter *A*); **VII** انسلك [in'salaka] zählen (في zu *D*)

[2]**سلك** [silk], *pl.* أسلاك [ʔas'laːk] Draht *m*; Kabel *n*; *Mar.* Schiene *f*; Korps *n*; أسلاك شائكة Stacheldraht *m*; الأول ~الـ [al-ʔawwal] *Mar.* Grundstudium *n* (*d.h. die ersten beiden Jahre an der Universität*); التدريسي ~الـ Lehrkörper *m*, Lehrerschaft *f*; الدبلوماسي ~الـ, السياسي ~الـ [as-si'jaːsiː] diplomatische(s) Korps; العسكري ~الـ [al-ʕaskariː] das Militär; die Militärs *m/pl.*

سلكي [silkiː] Draht-; ~لا drahtlos; Funk-; Radio *n*; اتصال لا~ [itti'sɒːl] Funkverbindung *f*; إشارة لاسلكية Funksignal *n*; Funkspruch *m*; مواصلات ~ة [muwaːsɒ'laːt] Fernsprechverkehr *m*; المواصلات السلكية واللاسلكية Fernmeldewesen *n*, Telekommunikation *f*

[1]**سلم** [salima, a] unversehrt, wohlbehalten sein; verschont *od.* frei bleiben (من von *D*); **II** [sallama] übergeben, aushändigen (إلى ه *j-m A*); *Waren* ausliefern, zustellen; zubilligen, zugestehen (ب ل *j-m A*); billigen, gelten lassen (ب *A*); grüßen (على *j-n*); *bsd. Gott*: erretten (من vor *D*, aus *D*); sich ergeben (إلى/ل *j-m*); أمره إلى الله ~ sich in den Willen Gottes ergeben; سلاحه ~ [si'laːħahuː] die Waffen strecken; نفسه ~ sich stellen (ل *der Polizei*), sich ausliefern; صلى الله عليه و~ → (صلو); **III** سالم [saːlama] in Frieden leben, sich versöhnen (ه mit *j-m*); **IV** أسلم [ʔaslama] preisgeben; ausliefern (ه إلى/ل *j-n j-m*); anheimstellen (ه إلى/ل *j-m A*); Muslim werden; أمره إلى الله ~ → سلم [sallama]; روحه ~ [ruːħahuː] s-n Geist aufgeben; نفسه ل ~ sich *j-m* ausliefern; **V** تسلم [ta'sallama] in Empfang nehmen, entgegennehmen; *Amt*, *Arbeit* übernehmen, antreten; **VI** تسالم [ta'saːlama] (miteinander) in Frieden leben; **VIII** استلم [is'talama] empfangen, erhalten; *Rolle* übernehmen; *den heiligen Stein der Kaaba* berühren *od.* küssen; **X** استسلم [is'taslama] sich ergeben (ل *j-m*), kapitulieren; erliegen (ل *D*); sich hingeben (إلى/ل *D*); (= لمصيره ~) resignieren

[2]**سلم** [sullam], *pl.* سلالم [sa'laːlim] (2) Leiter *f*, Treppe *f*; الطائرة ~ Gangway *f*; متحرك ~ [muta'ħarrik] Rolltreppe *f*; المرتبات ~ [s. al-muratta'baːt] Lohnskala *f*; موسيقي ~ Tonleiter *f*

[3]**سلم** [silm] Friede *m*; مجلس الـ~ العالمي [madʒlis as-s. al-ʕaːlamiː] Weltfriedensrat *m*

سلمان [sal'maːn] *npr. m*

سلمون [sal'moːn] Lachs *m*

[1]**سلمى** [salmaː] *npr. f*

[2]**سلمي** [silmiː] friedlich, Friedens-

سلمية [sil'miːja] Pazifismus *m*

سلندر [si'lindar], *pl.* [-aːt] Zylinder *m des Autos*

سلة [salla], *pl.* سلال [si'laːl] Korb *m*

(**سلو**) سلا [salaː, uː] vergessen (ه/ هـ/عن *A*); hinwegkommen (هـ/عن über *A*); **II** سلى [sallaː] ablenken (ه عن *j-n* von *D*), vergessen machen; unterhalten, zerstreuen; (hinweg)trösten (عن über *A*); **IV** أسلى [ʔaslaː] trösten; hinwegtrösten (عن über *A*); **V** تسلى [ta'sallaː] sich ablenken, sich zerstreuen; sich belustigen (ب mit *D*), sich amüsieren

سلوان [sul'waːn] Vergessen *n*; Trost *m*

سلواة → سلوى

سلور [si'llaur] Wels *m*

سلوفاك [sloː'vaːk] *koll.*: الـ~ die Slowaken *m/pl.*

سلوفاكي [sloː'vaːkiː] slowakisch; Slowake *m*

سلوفاكيا [sloː'vaːkijaː] Slowakei *f*

سلوفيني [sloː'veːniː] slowenisch; *pl.* [-uːn] Slowene *m*

سلوفينيا [sloː'veːnijaː] Slowenien

سلوقي [sa'luːqiː] arabische(r) Windhund

سلوك [su'luːk] Benehmen *n*, Verhalten *n*; Führung *f*; أصول الـ~ Etikette *f*

سلوكي [su'luːkiː] Verhaltens-; behavioristisch; Behaviorist *m*; سلوكيات [-'jaːt] *pl.* die sittlichen Normen *f/pl.* des Verhaltens; المذهب الـ~ Behaviorismus *m*

سلوكية [suluː'kiːja] Behaviorismus *m*; sittliche(s) Verhalten, Ethik *f*; *pl.* [-aːt] Verhaltensweise *f*

سلولوز [siluː'loːz] Zellulose *f*

سلوة [salwa] Tröstung *f*, Trost *m*; Ablenkung *f*, Zerstreuung *f*; Vergnügen *n*

سلوى [salwaː] **1.** Tröstung *f*, Trost *m*; Ablenkung *f*, Zerstreuung *f*; Vergnügen *n*; **2.** *koll.*, *n. un.* سلواة [sal'waːt], *pl.* سلاوى [sa'laːwaː] Wachtel *f*

سليب [sa'liːb] geraubt; القوى ~ [s. al-quwaː] entkräftet

سليخ [sa'liːx] abgehäutet; *Speise*: geschmacklos; أرض ~ *Syr.* Brachland *n*

سليخة [sa'liːxa] Kassia-Zimtbaum *m*

سليط [sa'liːt] scharf, bissig; اللسان ~ [s. al-li'saːn] frech, dreist, unverschämt

سليقة [sa'liːqa], *pl.* سلائق [sa'laːʔiq] (2) Veranlagung *f*, Instinkt *m*; *Syr. Gericht aus gekochtem Gemüse*; بالـ~ instinktiv (*Adv.*); تاجر بالـ~ ein geborener Händler

سليكون [sili'koːn] *Chem.* Silizium *n*; Silikon *n*

سليل [sa'liːl] Abkömmling *m*, Sproß *m*; *Schwert*: gezückt

سليم [sa'liːm], *pl.* سلماء [sula'maːʔ] (2) unversehrt, wohlbehalten; einwandfrei, intakt; *Ausdruck*: korrekt; gesund; richtig, vernünftig; sinnvoll; normal; sicher; *a. npr. m*; العاقبة ~ *Krankheit*: gutartig; القلب ~, النية ~ [s. an-niːja] arglos, aufrichtig; أساس ~ sichere, gesunde *od.* solide Basis; ذوق ~ [ðauq] gute(r) Geschmack; عقل ~ gesunde(r) Menschenverstand

سليمان [sulai'maːn] (2) Salomo, Suleiman; سمك ~ [samak s.] Lachs *m*

[1]**سم** [samma, u] *u.* **II** سمم [sammama] vergiften; **V** تسمم [ta'sammama] vergiftet werden; sich vergiften (ب mit *D*)

[2]**سم** [samm, summ], *pl.* سموم [su'muːm] *u.* سمام [si'maːm] **1.** Gift *n*; **2.** Loch *n*, Öffnung *f*; (*Nadel-*)Öhr *n*

[3]**سم** *Abk. für* سنتيمتر cm

سماء [sa'maːʔ] *f*, *pl.* سماوات [samaː'waːt] *u.* سموات [sama'waːt] Himmel *m*

سمات → سمة

سماجة [sa'maːdʒa] Widerwärtigkeit *f*, Häßlichkeit *f*

سماح [sa'maːħ] Erlaubnis *f* (ب zu *D*), Erlauben *n*; Großmut *f*

سماحة [sa'maːħa] Großmut *f*, Güte *f*; Eminenz *f* (*Titel e-s islamischen religiösen Würdenträgers*)

سماد [sa'maːd], *pl.* أسمدة [ʔasmida] Dünger *m*, Düngemittel *n*

[1]**سمار** [sa'maːr] *koll. Äg.* Binsen *f/pl.*

[2]**سمار** [su'mmaːr] → سامر

سماط [si'mɒːt], *pl.* أسمطة [ʔasmitɒ] *u.* [sumut] Tischtuch *n*; (*Eß-*)Tisch *m*; (aufgetragenes) Mahl

سماع [sa'maːʕ] (An-, Zu-)Hören *n*; (= أقوال ~) Anhörung *f von Zeugen*, Vernehmung *f*; allgemeine(r) Sprachgebrauch

سماعة [sa'mmaːʕa], *pl.* [-aːt] (Telefon-, Kopf-)Hörer *m*; *Med.* Stethoskop *n*

سماعي [sa'maːʕiː] vom Hörensagen bekannt; durch den Sprachgebrauch sanktioniert; شاهد ~ Ohrenzeuge *m*

سماق [su'mmaːq] *Bot.* Sumach *m*, *bsd.* Essigbaum *m*

سماك [sa'mmaːk], *pl.* [-uːn] Fischhändler *m*

سماكة [sa'maːka] Dicke *f*, Kompaktheit *f*

[1]**سمان** [sa'mmaːn], *pl.* [-uːn] Butterhändler *m*

[2]**سمان** [su'mmaːn] *koll.*, *n. un.* ~ة *Äg.* Wachtel *f*

سمانى [su'maːnaː] *koll.*, *n. un.* سماناة [sumaː'naːt], *pl.* سمانيات [sumaːna'jaːt] Wachtel *f*

سماوات → سماء

سماوي [sa'maːwiː] himmlisch, Himmels-; göttlich; himmelblau

سمائم → سموم

[1](**سمت**) **III** سامت [saːmata] gegenüberstehen (هـ *D*); sich auf gleicher Höhe befinden (هـ mit *D*)

[2]**سمت** [samt], *pl.* سموت [su'muːt] Art und Weise *f*; Weg *m*. *Astr.* Azimut *m*; الرأس ~ Zenit *m*

1**سمج** [samudʒa, u] widerwärtig, häßlich sein

2**سمج** [samdʒ, samidʒ] widerwärtig, häßlich

1**سمح** [samaħa, a] erlauben, gestatten (ب ل *j-m A*); الله ~ لا Gott behüte!; *Pass.* يسمح له ب [jusmaħu] er darf ...; — [samuħa, u] großmütig sein; **III** سامح [saːmaħa] Nachsicht haben (ه mit *j-m*); nachsehen, verzeihen (ب/في ه *j-m A*); **VI** تسامح [ta'saːmaħa] nachsichtig, tolerant sein (مع gegenüber *D*); **X** استسمح [is'tasmaħa] um Erlaubnis bitten (ه/من *j-n*); um Verzeihung bitten (ه/من *j-n*)

2**سمح** [samħ], *pl.* سماح [si'maːħ] großmütig, gütig; الشريعة السمحة das wahre u. gnädige (islamische) Gesetz

سمحاء [sam'ħaːʔ] (2): الشريعة الـ~ → 2سمح

سمد II [sammada] düngen

1**سمر** [samara, u] die Nacht im Gespräch verbringen; — [samura, u] braun sein *od.* werden; **II** [sammara] **1.** annageln, festnageln, *Nagel* einschlagen; **2.** bräunen; **III** سامر [saːmara] abends *od.* nachts Gesellschaft leisten (ه *j-m*) *od.* sich unterhalten (ه mit *j-m*); **VI** تسامر [ta'saːmara] abends *od.* nachts einander Gesellschaft leisten *od.* sich unterhalten; **IX** اسمر [is'marra] braun werden

2**سمر** [samar] abendliche *od.* nächtliche Unterhaltung

3**سمر** [samur] *koll.* Art *f* der Akazie (*Acacia spirocarpa*)

4**سمر** [sumr] → أسمر

سمرقند [samar'qand] *Geo.* Samarkand

سمرمر [sa'marmar] *Zool.* Rosenstar *m*

سمرة [sumra] Bräune *f*; Dunkelheit *f der Haut*

سمسار [sim'saːr], *pl.* سماسرة [sa'maːsira] Makler *m*, Vermittler *m*

سمسرة [samsara] Maklertätigkeit *f*; Maklergebühr *f*; *Mar.* Versteigerung *f*; *Jem.* Karawanserei *f*, Herberge *f*

سمسم [simsim] Sesam *m*

سمسمي [simsimiː] Sesam-; sesamfarben

1**سمط** [samatɒ, u] *ein geschlachtetes Tier* abbrühen

2**سمط** [simtɒ], *pl.* سموط [su'muːtɒ] Perlenschnur *f*, Halskette *f*

1**سمع** [samiʕa, a] hören (ه/ـه *A*, ب/ عن von *D*, ل auf *A*); *Imp.* اسمع [ismaʕ] hör mal!; أقواله ~ j-n vernehmen; *Pass.* لم يسمع به [jusmaʕ] unerhört; **II** [sammaʕa] hören lassen; *Gelerntes* aufsagen; **IV** أسمع [ʔasmaʕa] hören lassen; **V** تسمع [ta'sammaʕa] hören (ل/ إلى auf *A*); horchen, lauschen; *Med.* abhorchen; abhören (على *Telefongespräch*); **VI** تسامع [ta'saːmaʕa]: الناس ~ die Leute sagen, man flüstert sich ins Ohr (ب daß); **VIII** استمع [is'tamaʕa] hören (ـه *A*, إلى auf *A*, *e-e Sendung*); anhören, zuhören (إلى *j-m*); إلى ~ شهادته j-n als Zeugen vernehmen

2**سمع** [samʕ] Hören *n*; Gehör *n*; *pl.* أسماع [ʔas'maːʕ] Ohr *n*; سمعا وطاعة [-an wa-tɒːʕatan] zu Befehl!; حاسة الـ~ [ħaːssat as-s.] Gehörsinn *m*; استرق الـ~ → سرق

سمعة [sumʕa] Ruf *m*, Ansehen *n*

سمعي [samʕiː] Gehör-, Hör-; akustisch; auditiv; بصري ~ [bɒsɒriː] audio-visuell; شفوي ~ [ʃafawiː] *Sprachunterricht*: audio-lingual

سمفوني [sim'foːniː] sinfonisch

سمفونية [simfoː'niːja], *pl.* [-aːt] Sinfonie *f*

سمق [samaqa, u] hochragen

1**سمك** [samak] *koll.*, *n. un.* ـة~, *pl.* أسماك [ʔas'maːk] Fisch *m*; Fische *m/pl.*; ثعبان ~ [s. θuʕ'baːn] *Äg.* Aal *m*; ذهبي ~ [ðahabiː] Goldfisch *m*; القرش ~ [s. al-qirʃ] Hai *m*; ~ الكركي [s. al-kurkiː] Hecht *m*; ~ موسى [s. muːsaː] Seezunge *f*

2**سمك** [sumk] Dicke *f*, Stärke *f e-r Platte*

سمكرة [samkara] Klempnerei *f*; ~ سيارات [s. sajjaː'raːt] Beruf *m od.* Tätigkeit *f* des Autoschlossers

سمكري [samkariː] Klempner *m*; ~ سيارات [s. sajjaː'raːt] Autoschlosser *m*

سمكي [samakiː] Fisch-

1**سمل** [samala, u] *Auge* ausstechen

2**سمل** [samal], *pl.* أسمال [ʔas'maːl] Lumpen *m*, abgetragene(s) Kleidungsstück

1**سمن** [samina, a] fett, beleibt sein *od.* werden; **II** [sammana] fett, dick machen; mästen; **IV** أسمن [ʔasmana] = [sammana]; لايسمن ولايغني من جوع [juɣniː min dʒuːʕ] *Spr.* zum Leben zuwenig, zum Sterben zuviel; ein Tropfen auf den heißen Stein

2**سمن** [samn], *pl.* سمون [su'muːn] (Koch-)Fett *n*; Butterschmalz *n*; صناعي ~ [sɨ'naːʕiː] Margarine *f*; نباتي ~ Pflanzenbutter *f*, Pflanzenfett *n*

3**سمن** [siman] Fettheit *f*, Beleibtheit *f*, Korpulenz *f*

سمنت [si'mant], *Ir.* [si'mint] Zement *m*

سمنجوني [saman'dʒuːniː] himmelblau

سمندل [sa'mandal], *pl.* سمادل [sa'maːdil] (2) Salamander *m*

1**سمنة** [samna] (Koch-)Fett *n*; Butterschmalz *n*

2**سمنة** [simna] Fettheit *f*, Korpulenz *f*; Übergewicht *n*

سمة [sima], *pl.* [-aːt] Merkmal *n*, Kennzeichen *n*; *Saudi-Ar.*, *Ir.* Visum *n*; سمات الوجه Gesichtszüge *m/pl.*

سمهري [samhariː]: القامة ~ hochaufgeschossen

1**(سمو)** سما [samaː, uː] hoch sein, emporragen; höher sein (عن als), zu hoch sein (عن für *A*); sich erheben (إلى zu *D*); erhaben sein (عن über *A*); streben (إلى nach *D*); hinaufführen (ب إلى *j-n od. etwas* zu *D*); **II** سمى [sammaː] (اسم *zu*) nennen, benennen (ـه/ب mit *e-m Namen*); ernennen, nominieren (ل zu *D*); بسم الله [bi-smi llaːh] sagen; *Pass.* يسمى [ju'sammaː] genannt werden, heißen; ماذا يسمى هذا wie heißt das?; ما يسمى (ب) sogenannt; سمى الأشياء بأسمائها die Dinge beim (rechten) Namen nennen; **IV** أسمى [ʔasmaː] (*nur im Perfekt*) nennen, benennen (هـ/ب mit *e-m Namen*); bezeichnen (ب *als*); **V** تسمى [ta'sammaː] genannt werden (ب mit *e-m Namen*); **VI** تسامى [ta'saːmaː] emporragen; erhaben sein (عن über *A*); sich erheben, sich erhaben dünken (عن über *A*); miteinander wetteifern

[2]**سمو** [sumuːw] Höhe *f*, Erhabenheit *f*; hohe(r) Rang; *Titel*: Hoheit *f*; صاحب الـ~ الملكي [-i l-malakiː] Seine Königliche Hoheit

سموات → سماء

سمور [sa'mmuːr], *pl.* سمامير [samaː'miːr] (2) Zobel *m*

سموم [sa'muːm] *f*, *pl.* سمائم [sa'maːʔim] (2) heiße(r) Sandsturm, Samum *m*; → [2]سم

سمي [sa'miːj] **1.** hoch, erhaben; **2.** Namensvetter *m*

سميح [sa'miːħ] großmütig, gütig; *a. npr. m*

سميحة [sa'miːħa] *npr. f*

سميد [sa'miːd] (Weizen-)Grieß *m*; *pl.* أسمدة [ʔasmida] *Äg.* Kringelgebäck *n*

سميذ [sa'miːð] (Weizen-)Grieß *m*

سمير [sa'miːr] (abendlicher *od.* nächtlicher) Gesprächspartner *od.* Gesellschafter; *a. npr. m*

سميرة [sa'miːra] *npr. f*

سميط [sa'miːŧ] Kringelgebäck *n*

[1]**سميع** [sa'miːʕ] hörend; الـ~ *Beiname Gottes*

[2]**سميع** [sa'mmiːʕ], *pl.* ~ة Musikliebhaber *m*; *pl. a.* Zuhörerschaft *f*

سميك [sa'miːk] dick, stark

سمين [sa'miːn], *pl.* سمان [si'maːn] fett, korpulent, übergewichtig

سمية [su'mmiːja, sa'mmiːja] Giftigkeit *f*

[1]**سن** [sanna, u] **1.** schärfen, schleifen; **2.** *Gesetz* erlassen; *Methode* einführen, begründen; **II** سنن [sannana] zähnen, auszahnen, auszakken; *Kind*: zahnen; **IV** أسن [ʔa'sanna] alt *od.* bejahrt werden; **VIII** استن [is'tanna] **1.** *Gesetz* einführen, erlassen; *Weg* verfolgen; folgen (ب *j-m, e-m Brauch*); **2.** sich die Zähne putzen

[2]**سن** [sann] **1.** Schärfen *n*, Schleifen *n*; **2.** Erlaß *m von Gesetzen*; Einführung *f von Methoden*

[3]**سن** [sinn] *m u. f* (Lebens-)Alter *n*; *pl.* أسنان [ʔas'naːn] Zahn *m* (*a. bei Kamm, Säge etc.*); Spitze *f der Feder*; الرشد ~ [s. ar-ruʃd] Volljährigkeit *f*; صغير الـ~ jung; كبير الـ~ alt; طاعن في الـ~ betagt

سناء [sa'naːʔ] Erhabenheit *f*; Glanz *m*

سناتور [sinaː'toːr] Senator *m* (*in den USA*)

سناد [si'naːd] fehlerhafte(r) Reim

سنادة [si'naːda], *pl.* [-aːt] *Techn.* Stütze *f*

سنارة [si'nnaːra], *pl.* سنانير [sanaː'niːr] (2) Angelhaken *m*; Angel(rute) *f*; *bsd. Syr.* Häkelnadel *f*

سنام [sa'naːm], *pl.* أسنمة [ʔasnima] (*Kamel-*)Höcker *m*

سنان [si'naːn], *pl.* أسنة [ʔa'sinna] Speerspitze *f*

سنبك [sumbuk], *pl.* سنابك [sa'naːbik] (2) Stanzeisen *n*; Huf *m*

سنبلة [sumbula], *koll.* سنبل [sumbul], *pl.* سنابل [sa'naːbil] (2) Ähre *f*; الـ~ *Astr.* Jungfrau *f*

سنبوسك [sam'buːsak] *Art Pasteten*

سنبوق [sum'buːq, sam'buːq] kleine(s) Boot

سنت [sant], *pl.* [-aːt] Cent *m*

سنترال [sint'raːl], *pl.* [-aːt] (Fernsprech-)Zentrale *f*, Amt *n*

سنتغراد [sintiɣ'raːd]: درجة ~ [daraʤa] Grad Celsius

سنتيم [san'tiːm], *pl.* [-aːt] Centime *m*

سنتيمتر [santiː'mitr], *pl.* [-aːt] Zentimeter *m*

سنجاب [sin'ʤaːb], *pl.* سناجيب [sanaː'ʤiːb] (2) Eichhörnchen *n*

سنجابي [sin'ʤaːbiː] aschfarben, grau

سنجق [sanʤaq], *pl.* سناجق [sa'naːʤiq] (2) Banner *n*, Standarte *f*; Sandschak *m* (*Verwaltungsbezirk im Osmanischen Reich*)

[1]**سنجة** [sanʤa], *pl.* سنج [sinaʤ] *u.* [sana'ʤaːt] Gewicht *n der Waage*

[2]**سنجة** [singa], *pl.* سنج [sinag] *Äg.* Bajonett *n*

سنح [sanaħa, a] *Gelegenheit*: sich bieten; einfallen, *Gedanke*: kommen

سنخ [sinx], *pl.* أسناخ [ʔas'naːx] Wurzel *f*, Ursprung *m*; *Anat.* Alveole *f* (*Zahnfach*)

سنخي [sinxiː] *Med.* alveolär; *Gr.* alveolar

[1]**سند** [sanada, u] sich stützen (إلى auf *A*); **II** [sannada] stützen, anlehnen; **III** ساند [saːnada] helfen (ه *j-m*), unterstützen; **IV** أسند [ʔasnada] stützen (إلى auf *A*), lehnen (إلى an *A*, gegen *A*); übertragen (إلى *j-m*); zuschreiben (إلى *j-m*); **VI** تساند [ta'saːnada] sich gegenseitig stützen; **VIII** استند [is'tanada] sich stützen (إلى/على auf *A*); sich anlehnen (إلى/على an *A*); sich berufen (إلى/على auf *A*); sich gründen (إلى/على auf *A*); sich verlassen (إلى/على auf *A*)

[2]**سند** [sanad], *pl.* أسناد [ʔas'naːd] Stütze *f*; Rückhalt *m*; *pl.* [-aːt] Urkunde *f*, Dokument *n*, Schein *m*, Beleg *m*; *pl.* [-aːt] *u. selten* أسناد Schuldverschreibung *f*, Obligation *f*; *Hdl.* Wechsel *m*; سندات (*im Gegens. zu* أسهم [ʔashum] Aktien) Rentenpapiere *n/pl.*; رجال الـ~ [ri'ʤaːl as-s.] Gewährsleute *pl.* (*bsd. in der isl. Überlieferung*)

[3]**سند** [sind]: الـ~ *Geo.* der Indus; Gebiet *n* am Unterlauf des Indus

سندان [sin'daːn], *pl.* سنادين [sanaː'diːn] (2) Amboß *m*; بين الـ~ والمطرقة [wa-l-miŧraqa] zwischen Hammer und Amboß

سندس [sundus] Brokat *m*

سندوتش [sandwitʃ] *u.* **سندويش** [sand'wiːʃ], *pl.* [-aːt] Sandwich *m od. n*

سنديان [sindi'jaːn] *koll.*, *n. un.* ~ة Eiche(n *pl.*) *f*; أخضر ~ Steineiche *f*

سنديك [sin'diːk] Konkursverwalter *m*

سنط [sanŧ] Akazie *f*

سنطة [sanŧɒ] *Äg.* Warze *f*

سنطور [san'ŧuːr] *Mus.* Hackbrett *n*

سنطير [san'ŧiːr] *Mus.* Hackbrett *n*

سنغافورة [sinɣa'fuːra] *Geo.* Singapur

سنغال [sin'ɣaːl] *f*: الـ~ *Geo.* Senegal

سنغالي [sin'ɣaːliː] senegalesisch; Senegalese *m*
سنفر [sanfara] abschmirgeln
سنفرة [sanfara]: ~ ورق [waraq s.] Schmirgelpapier *n*, Sandpapier *n*
سنكري [sankariː] = سمكري
سنكسار [sinak'saːr] *Chr.* Synaxar *n*, Martyrologium *n*
(سنم) **V** تسنم [ta'sannama] *a. Thron* besteigen; *Amt* übernehmen; *Gipfel des Ruhmes* erklimmen
سنمورة [sana'muːra] Anschovis *f*; *Syr.* [sana'moːra] gesalzene *u.* geräucherte Fische *m/pl.*
(سنه) **V** تسنه [ta'sannaha] *Nahrungsmittel*: verderben
[1]**سنة** [sana], *pl.* سنوات [sana'waːt] *u.* سنون [si'nuːn] (*G, A* سنين [si'niːn]) Jahr *n*; دراسية ~ [diraː'siːja] Schuljahr *n*; Studienjahr *n*; كبيسة ~ Schaltjahr *n*; مالية ~ Rechnungsjahr *n*, Finanzjahr *n*; Geschäftsjahr *n*
[2]**سنة** [sunna], *pl.* سنن [sunan] Brauch *m*, Sitte *f*, überlieferte Norm; الـ~ *Isl.* Sunna *f* (*als verbindliches Vorbild dienende Aussagen u. Handlungen des Propheten*); الحياة ~ das Gesetz des Lebens; أهل الـ~ die Sunniten *m/pl.*
[3]**سنة** [sina] Schlummer *m*
(سنو) **V** تسنى [ta'sannaː] leicht, möglich sein (لـ für *j-n*)
سنوات → [1]سنة
سنور [si'nnaur], *pl.* سنانير [sanaː'niːr] (2) Katze *f*
سنوسي [sa'nuːsiː] Senussi-
سنوسية [sanuː'siːja]: الـ~ *koll.* die Senussi *m/pl.* (*muslimischer Orden in Nordafrika*)
سنونو [su'nuːnuː] *koll.*, *n. un.* ة~ Schwalbe(n *pl.*) *f*
سنوي [sanawiː] (*zu* [1]سنة) jährlich, Jahres-; ~ًا [-jan] *Adv.* jährlich
[1]**سنى** [sanan] Glanz *m*
[2]**سني** [sa'niːj] erhaben, hoch
[3]**سني** [sunniː] *Isl.* sunnitisch; *pl.* [-uːn] Sunnit *m*
سني [sinniː] dental
سنين *G u. A von* سنون, → [1]سنة
سنيور [sin'joːr] *vor Personennamen*: Señor; Signor
سهاد [su'haːd] Schlaflosigkeit *f*
[1]**سهار** [sa'hhaːr] die Nacht über (häufig) wach bleibend
[2]**سهار** [su'haːr] Wachsein *n* in der Nacht, Wachbleiben *n*
[1]**(سهب)** **IV** أسهب [ʔashaba] weitschweifig, ausführlich reden, sich verbreiten (في über *A*)
[2]**سهب** [suhb], *pl.* سهوب [su'huːb] Steppe *f*; ebene(s) Gelände
[1]**سهد** [sahida, a] schlaflos sein; **II** [sahhada] *u.* **IV** أسهد [ʔashada] nicht schlafen lassen
[2]**سهد** [suhd] Schlaflosigkeit *f*
[1]**سهر** [sahira, a] (*nachts*) aufbleiben, wach sein; den Abend *od.* die Nacht verbringen (على mit *D*); wachen (على über *A*); **II** [sahhara] *u.* **IV** أسهر [ʔashara] wach halten
[2]**سهر** [sahar] Wachsein *n*, Wachbleiben *n*; abendliche(s) Ausgehen; Wachen *n* (على über *A*), Wachsamkeit *f*; Überwachung *f* (على *e-r Sache*)
سهران [sah'raːn] wach
سهرة [sahra], *pl.* [saha'raːt] Abendgesellschaft *f*, Abendveranstaltung *f*, Soiree *f*, Abend *m*; ثوب الـ~ [θaub as-s.] Abendkleid *n*
[1]**سهل** [sahula, u] leicht (*nicht schwierig*) sein (على für *j-n*); **II** [sahhala] erleichtern (على/لـ *j-m*); **III** ساهل [saːhala] Entgegenkommen zeigen (ه *j-m* gegenüber); **IV** أسهل [ʔashala] abführen, Durchfall verursachen; **V** تسهل [ta'sahhala] leicht (-er) werden; **VI** تساهل [ta'saːhala] nachsichtig, tolerant, entgegenkommend sein (مع mit *j-m*); (zu sehr) vernachlässigen (في/مع *A*); **X** استسهل [is'tashala] für leicht halten
[2]**سهل** [sahl] **1.** leicht, einfach; ~ الاستعمال bequem zu benutzen, handlich; المعاشرة ~ [s. al-mu'ʕaːʃara] umgänglich; ممتنع ~ [mum'taniʕ] (dem Schein nach) einfach, doch unnachahmlich; من الـ~ (عليه) es ist leicht (für ihn); أهلا وسهلا → [2]أهل; **2.** *pl.* سهول [su'huːl] Ebene *f*
سهلي [sahliː] Flachland-, eben
[1]**سهم** [sahuma, u]: وجهه ~ [wadʒhuhuː] sein Gesicht verziehen, ernst blicken; **III** ساهم [saːhama] sich beteiligen (في an *D*); beitragen (في zu *D*); **IV** أسهم [ʔashama] sich beteiligen (في an *D*); beitragen (في zu *D*); beteiligen (ه في *j-n* an *D*)
[2]**سهم** [sahm] **1.** *pl.* سهام [si'haːm] *u.* أسهم [ʔashum] Pfeil *m*; الرامي ~ *Astr.* Sagitta *f*; ناري ~ Brandpfeil *m*; Feuerwerkskörper *m*, Rakete *f*; Leuchtrakete *f*; **2.** *pl.* أسهم [ʔashum] Anteil(schein) *m*; Aktie *f*
[1]**(سهو)** سها [sahaː, uː] unaufmerksam sein; vergessen, übersehen (عن *A*)
[2]**سهو** [sahw] Unaufmerksamkeit *f*; Vergessen *n*, Übersehen *n*; Versehen *n*; Vergeßlichkeit *f*; ~ًا [-an] *Adv. u.* عن ~ aus Versehen
سهوان [sah'waːn] (2) unachtsam, vergeßlich
سهولة [su'huːla] Leichtigkeit *f*; بـ~ leicht (*Adv.*)
سهير [su'hair] *npr. f*
سهيل [su'hail] *npr. m*
[1]**(سوء)** ساء [saːʔa, uː] schlecht, schlimm sein; sich verschlechtern, sich verschlimmern; mißfallen (ه *j-m*), betrüben; ظنه ~ [ðɒnnuhuː] schlecht denken (بـ von *D*); يسوءني zu meinem Bedauern *od.* Leidwesen; **II** سوأ [sawwaʔa] schlecht machen; tadeln (على هـ *j-n* wegen *G*); **IV** أساء [ʔa'saːʔa] schlecht tun, miß-; schaden (إلى *D*), schädigen (إلى *A*); schlecht handeln (إلى an *j-m*); kränken (إلى *j-n*); استخدامه ~ j-n *od.* etwas mißbrauchen; الظن ~ [ɒð-ðɒnna] schlecht denken (بـ von *D*); فهمه ~ etwas mißverstehen; **VIII** استاء [is'taːʔa] ungehalten, verärgert, erbost sein (من/لـ über *A*, wegen *G*); übelnehmen (من/لـ *A*)
[2]**سوء** [suːʔ] Böse(s), Übel *n*, Unheil *n*; Miß-; الاستخدام/الاستعمال ~ Mißbrauch *m*; البخت ~ Unglück *n*; التغذية ~ [s. at-taɣðija] Unterernährung *f*; التفاهم ~ [s. at-ta'faːhum] Mißverständnis *n*; التقدير ~ Fehleinschätzung *f*; الحظ ~

[s. al-ħɒðð] Unglück *n*; السلوك ~ schlechte(s) Benehmen; schlechte Führung; الظن ~ [s. ađ-đɒnn] schlechte Meinung; الفهم ~ Mißverständnis *n*; المعاملة ~ [s. al-mu'ʕaːmala] schlechte Behandlung; Mißhandlung *f*; النية ~ [s. an-niːja] böse Absicht; رفاق الـ~ [ri'faːq as-s.] schlechte Gesellschaft; لـ~ الحظ unglücklicherweise; يزيد الحالة ا~ [ja'ziːdu l-ħaːlata -an] die Lage noch verschlimmern

سواء [sa'waːʔ] **1.** (*im Genus u. Numerus unveränderlich*) gleich; gleichgültig (على für *j-n*); ~ [-a] außer; بـ~ ~ gleichermaßen; على الـ~ *u.* ~ على حد [ħaddin] gleichermaßen, gleich; أ... أم/أو ~ *a.* [-an] + *Perf.*: gleichgültig, ob ... oder; sei es, daß ... oder; **2.** ~ السبيل der rechte *od.* richtige Weg

سوابر → سابرة

سوابق → سابقة

سواح → سائح

سواحل → ساحل

سواد [sa'waːd] Schwärze *f*, schwarze Farbe; Masse *f*, Mehrheit *f*; الـ~ الأعظم die große *od.* breite Masse; المدينة ~ (ländliche) Umgebung der Stadt; الناس ~ die Masse (des Volkes), gemeine(s) Volk

[1]**سوار** [sa'waːrin] → سارية

[2]**سوار** [si'waːr], *pl.* أساور [ʔa'saːwir] (2) *u.* أسورة [ʔaswira] Armreif *m*; Manschette *f*

سواريه [suwaː'reːh] Abendveranstaltung *f*, Soiree *f*

سوازيلاند [swaːziland] Swasiland

سواس → سائس

سواسية [sa'waːsija] *pl.* gleich

سواطير → ساطور

سواعد → ساعد, ساعدة

[1]**سواق** [sa'wwaq], *pl.* [-uːn] Fahrer *m*, Chauffeur *m*

[2]**سواق** [sa'waːqin] → ساقية

[3]**سواق** [su'wwaːq] → سائق

سواقة [si'waːqa] Fahren *n*, Führen *n*, Lenken *n e-s Fahrzeugs*

سواك [si'waːk] Hölzchen *n* zum Reinigen der Zähne

سؤال [su'ʔaːl], *pl.* أسئلة [ʔasʔila] Frage *f* (عن nach *D*); Bitte *f*

سوالب → سالب

سوالف → سالف

سوامع → سامعة

سوانح → سانح

سواه [si'waːhu] außer ihm, → [3]سوى

سوءة [sauʔa], *pl.* [-aːt] Schande *f*; schimpfliche Tat; Schamteile *pl.*

سوبر [suːbar] Super *n*

سوبر ماركت [suːbarmarkit] Supermarkt *m*

سوبر فوسفات [suːbarfus'faːt] Superphosphat *n* (*Phosphordünger*)

سوتيان [suːti'jaːn], *pl.* [-aːt] Büstenhalter *m*

(**سوخ**) ساخ [saːxa, uː] einsinken (في *im Boden*)

[1](**سود**) ساد [saːda, uː] herrschen (هـ an *e-m Ort*), beherrschen; vorherrschen; **II** [sawwada] **1.** schwärzen, schwarz machen; ins unreine schreiben, entwerfen; *Blatt Papier* vollschreiben; الله وجهه ~ [wadʒhahuː] Gott verdamme ihn!; **2.** zum Herrn *od.* Oberhaupt machen; **IX** اسود [is'wadda] schwarz werden

[2]**سود** → أسود

سوداء [sau'daːʔ] (2) Melancholie *f*, Trübsinn *m*; → أسود

سودان [suː'daːn]: الـ~ *m u. f* der Sudan; → أسود

سوداني [suː'daːniː] sudanesisch; *pl.* [-uːn] Sudanese *m*

سوداوي [sau'daːwiː] melancholisch, schwermütig

سؤدد[suʔdud, suʔdad] Macht *f*, Stärke *f*; Größe *f*

سودن [saudana] sudanisieren

[1]**سور** **II** [sawwara] mit e-r Mauer umgeben, einzäunen; **III** ساور [saːwara] befallen, überfallen, überkommen; **V** تسور [ta'sawwara] e-e Mauer ersteigen

[2]**سور** [suːr], *pl.* أسوار [ʔas'waːr] Mauer *f*; Einzäunung *f*; Hecke *f*

[1]**سورة** [saura] Ungestüm *n*, Stärke *f*, Heftigkeit *f*

[2]**سورة** [suːra], *pl.* سور [suwar] Sure *f* (*Kapitel des Korans*)

سوري [suːriː] syrisch; *pl.* [-uːn] Syrer *m*

سوريا [surijaː] Syrien

سوريالي → سريالي

سورية [suː'riːjja] *u.* [suːrija] (2) Syrien

[1](**سوس**) ساس [saːsa, uː] führen, lenken; regieren; **II** [sawwasa] *u.* **V** تسوس [ta'sawwasa] wurmstichig sein; *Zahn*: kariös sein *od.* werden; *Knochen*: faulen, sich zersetzen

[2]**سوس** [suːs] **1.** *koll.*, *n. un.* ~ة (Holz-, Mehl-)Wurm *m*; **2.** Süßholz *n*; عرق ~ [ʕirq s.] Süßholzwurzel *f*; Süßholzsaft *m*; رب الـ~ [rubb as-s.] Lakritze *f*

سوستة [susta], *pl.* سست [susat] Reißverschluß *m*; Sprungfeder *f*

سوسن [sausan] *koll.*, *n. un.* ~ة Schwertlilie *f*; (= الوادي ~) Maiglöckchen *n*; *a. npr. f*; أبيض ~ [ʔabjɒđ] Florentiner Schwertlilie *f*

سوسة [suːsa] (2) Sousse (*Hafenstadt in Tunesien*)

[1](**سوط**) ساط [saːtɒ, uː] peitschen

[2]**سوط** [saut], *pl.* سياط [si'jɒːt] *u.* أسواط [ʔas'wɒːt] Peitsche *f*, Knute *f*

(**سوغ**) ساغ [saːɣa, uː] erlaubt sein (لـ *j-m*); sich leicht schlucken lassen; angenehm zu essen *od.* zu trinken sein; **II** [sawwaɣa] erlauben (لـ *j-m*), zulassen; rechtfertigen (هـ ب *etwas* mit *D*); *Maghr.* verpachten; **IV** أساغ [ʔa'saːɣa] *a. fig.* schlucken; Angenehmes zu schätzen wissen; Geschmack finden (هـ an *D*); Unangenehmes hinnehmen; (in sich) aufnehmen, (innerlich) verarbeiten; *Grund* gelten lassen; لا أسيغه er ist mir unerträglich; **X** استساغ [ista'saːɣa] Geschmack finden (هـ an *D*), angenehm finden; billigen, richtig finden

[1]**سوف** **II** [sawwafa] aufschieben; vertrösten

[2]**سوف** [saufa] *Futurpartikel*: يفعل ~ er wird machen

سوفسطائي [suːfis'tɒːʔiː] sophistisch; *pl.* [-uːn] Sophist *m*

سوفسطائية [suːfistɒː'ʔiːja] Sophistik *f*

سوفيات [suf'jaːt, suv'jaːt], سوفيت [sovjet] *u.* سوفييت [sov'jeːt] *hist.* Sowjet *m*; *koll.* Sowjets *m/pl.*

سوفياتي [suf'jaːti, suv'jaːtiː], سوفيتي [sovjetiː] *u.* سوفييتي [sov'jeːtiː] *hist.* sowjetisch; الاتّحاد الـ~ [al-itti'ħaːd] die Sowjetunion

¹(سوق) ساق [saːqa, uː] *Vieh* treiben; *Fahrzeug* lenken, fahren; führen (إلى ه *j-n* zu *D*); anführen, zitieren; سيق إلى الجندية [siːqa ʔila l-ʤun-'diːja] er wurde (*zum Militärdienst*) eingezogen; **II** [sawwaqa] *Waren* absetzen, vermarkten; **V** تسوّق [ta-'sawwaqa] (*auf dem Markt*) einkaufen; **VI** تساوق [ta'saːwaqa] sich aneinanderreihen; miteinander harmonieren; **VII** انساق [in'saːqa] getrieben werden; geführt werden; sich treiben lassen; sich bestimmen *od.* leiten lassen (وراء/مع von *D*); **VIII** استاق [is'taːqa] vor sich hertreiben

²**سوق** [sauq] (An-)Treiben *n*; Fahren *n*, Führen *n e-s Fahrzeugs*; Einziehung *f* (ل *zum Militärdienst*); ~ إجازة Führerschein *m*

³**سوق** [suːq] *f*, *a. m*, *pl.* أسواق [ʔas-'waːq] Markt *m*; Basar *m*; *Maghr.* Suk *m*; ~ حرّة [ħurra] freie(r) Markt; Duty-free-Shop *m*; ~ خيرية [xai'riːja] Wohltätigkeitsbasar *m*; الـ~ السوداء Schwarzmarkt *m*; ~ الصرف/النقد Devisenmarkt *m*; ~ مشتركة [muʃ'taraka] gemeinsame(r) Markt; ~ مالية/مالي Finanzmarkt *m*, Kapitalmarkt *m*, Geldmarkt *m;* (*bsd.* ~ مالي) *a.* (*Wertpapier-*) Börse *f*; → ²ساق

سوقة [suːqa] Untertanen *m/pl.*, Volk *n*; Pöbel *m*

¹**سوقي** [sauqiː] strategisch

²**سوقي** [suːqiː] Markt-; plebejisch, gemein

سوقية [sau'qiːja] Strategie *f*

سوك II [sawwaka] *Zähne* putzen, reinigen (*mit e-m* سواك [si'waːk])

سوكر [saukara] versichern; *Brief* einschreiben

سول II [sawwala] verleiten, verführen (ل *j-n*); ~ت له نفسه [nafsuhuː] sich verleiten lassen; **V** تسوّل [ta'sawwala] betteln

(سوم) سام [saːma, uː] **1.** *Strafe* auferlegen (ه *j-m*); ~ه خسفا [xasfan] j-n demütigen; ~ه عذابا [ʕa'ðaːban] j-n peinigen; **2.** (zum Bischof) weihen, (zum Priester) ordinieren; **III** ساوم [saːwama] feilschen, handeln (على ه mit *j-m* um *A*)

سومر [suːmir] (2) *hist.* Sumer

سومري [suːmiriː] *hist.* sumerisch; *pl.* [-uːn] Sumerer *m*

سونا [saunaː] Sauna *f*

¹**سوي** [sawija, aː] wert sein, kosten; **II** سوّى [sawwaː] ebnen, gleichmachen; *Techn.* glätten; regeln, ordnen; beilegen, schlichten; begleichen; *Ir.*, *Syr.* machen, herstellen; gar kochen; ~ الحساب معه [al-ħi'saːba] mit j-m abrechnen; **III** ساوى [saːwaː] gleichen (ه *D*), gleich sein, entsprechen (ه *D*); gleichmachen, gleichstellen (بين ... و *Dinge, Personen*); يساوي وزنه/ثقله ذهبا [waznahuː/θiqlahuː ðahaban] es ist Gold wert; **VI** تساوى [ta'saːwaː] einander gleichen; gleichkommen, entsprechen (مع *D*); **VIII** استوى [is'tawaː] gleich sein, sich gleichen; gleichmäßig sein; gleichen (ه *D*); gerade sein; thronen (على auf *D*); gar gekocht werden; reif sein; ~ واقفا [waːqifan] aufrecht stehen; يستوي في هذا ... و ... das gilt ebenso für ... wie für ...

²**سوي** [sa'wiːj], *pl.* أسوياء [ʔaswi'jaːʔ] (2) richtig, recht; in Ordnung, intakt, gesund; normal; السبيل الـ~ der rechte Weg

³**سوى** [siwan]: سواه [si'waːhu] ein anderer als er; außer ihm; وسواه/سواهم und dergleichen; دون سواه *nachgestellt*: kein anderer, nur er; لا/ليس/لم/لن ... سوى nur

سويا [sa'wiːjan] *Adv.* zusammen, gemeinsam

سويتش [swiːtʃ] *Äg.* Schalter *m*

سويد [suweːd]: الـ~ Schweden

سويداء [suwai'daːʔ] (2) **1.** Melancholie *f*; **2.** الـ~ Soueida (*Stadt in Syrien*)

سويدي [suweːdiː] schwedisch; *pl.* [-uːn] Schwede *m*

سويس [su'wais, su'weːs]: الـ~ Suez; قناة الـ~ Suezkanal *m*

سويسرا [swiːsraː] Schweiz *f*

سويسري [swiːsriː] schweizerisch; *pl.* [-uːn] Schweizer *m*

سوية [sa'wiːja] Gleichheit *f*; ~ [-tan] *Adv.* zusammen, gemeinsam

¹**سي** [siː] *umg.* Herr ...!

²**سي** [sijj] gleich; هما سيان [si'jjaːni] sie sind beide gleich; سيان عندي es ist mir gleich; الأمر سيان es ist ein und dasselbe

سيء [sajjiʔ] schlecht, böse, schlimm, übel; ~ الحظ [s. al-ħɒðð] unglücklich; ~ السمعة [s. as-sumʕa] übel beleumundet; ~ الطالع unglücklich; ~ الطبع bösartig

سياج [si'jaːʤ], *pl.* [-aːt] *u.* أسوجة [ʔaswiʤa] Hecke *f*; Zaun *m*, Einfriedung *f*

سياح → سائح

سياحة [si'jaːħa] Tourismus *m*, Touristik *f*; *pl.* [-aːt] Reise *f*

سياحي [si'jaːħiː] touristisch, Touristen-, Touristik-, Reise-

سيادة [si'jaːda] Herrschaft *f* (على über *A*), Vorherrschaft *f*; Souveränität *f*; *Titel u. Anrede von hochgestellten Personen*; ~ك/~كم Sie; ~ الرئيس (der) Herr Präsident; ~ المطران [s. al-muṭ'raːn] S-e Exzellenz der Metropolit; دولة ذات ~ souveräne(r) Staat

سيار [sa'jjaːr] beweglich, in ständiger Bewegung; kursierend, *Zeitung:* gängig; *pl.* [-aːt] (= ~ كوكب [kaukab]) Planet *m*

سيارة [sa'jjaːra], *pl.* [-aːt] Auto (-mobil) *n*, Kraftwagen *m*; ~ أجرة [s. ʔuʤra] Taxi *n*; ~ الإسعاف Krankenwagen *m*; ~ ركاب [s. ru-'kkaːb] Personenkraftwagen *m*, Pkw *m*; ~ شحن / نقل Lastkraftwagen *m*, Lkw *m*; ~ عسكرية Militärfahrzeug *n*

سياس → سائس

سياسة [si'jaːsa] Politik *f*; ~ تعليمية Bildungspolitik *f*; ~ خارجية Außenpolitik *f*

¹**سياسي** [sa'jaːsiː] → سيسي

²**سياسي** [si'jaːsiː] politisch; diplomatisch (→ ²سلك); *pl.* [-uːn] *u.* ساسة [saːsa] Politiker *m*; علم الاقتصاد

الـ~ [ʕilm al-iqtisɒːd as-s.] Nationalökonomie *f*

سياف [sa'jjaːf], *pl.* [-uːn] Scharfrichter *m*

سياق [si'jaːq] Zusammenhang *m*, Kontext *m*; في ~ الحديث im Laufe des Gesprächs

سياقة [si'jaːqa] Fahren *n*, Führen *n*, Lenken *n e-s Fahrzeugs*

سيال [sa'jjaːl] fließend, strömend

سيالة [sa'jjaːla], *pl.* [-aːt] Abflußrinne *f*; *Äg.* Tasche *f*

سيان → سي

سيانيد [sija'niːd] Zyanid *n*; ~ الهيدروجين Blausäure *f*

[1](**سيب**) ساب [saːba, iː] *Wasser*: fließen, laufen; dahingleiten, eilen; *Äg.* (los)lassen, freilassen; **II** [sajjaba] (los)lassen; *Wasser* ablassen; liegenlassen, vernachlässigen; **VII** انساب [in'saːba] fließen; dahingleiten, dahineilen; einströmen (إلى in *A*)

[2]**سيب** [saib] Fließen *n*

[3]**سيب** [seːb], *pl.* سيوب [su'juːb] *in der Golfregion*: j-d, der beim Perlentauchen mit dem Taucher durch ein Seil verbunden ist

سيبيريا [siː'biːrijaː] Sibirien

سيج **II** [sajjaʤa] einzäunen, einhegen; **V** تسيج [ta'sajjaʤa] eingezäunt, eingehegt werden

سيجار [si'gaːr], *pl.* [-aːt] *Äg.* Zigarre *f*

سيجارة [si'gaːra], *pl.* سجائر [sa'gaːʔir] (2) *u.* سجاير [sa'gaːjir] *Äg.* Zigarette *f*

سيجة [siːʤa]: لعب الـ~ *Art* Damespiel *n*

(**سيح**) ساح [saːħa, iː] **1.** fließen; (zer)schmelzen, zergehen; **2.** reisen, umherziehen; **II** [sajjaħa] zum Fließen *od.* Schmelzen bringen

[1](**سيخ**) ساخ [saːxa, iː] → (سوخ)

[2]**سيخ** [siːx], *pl.* أسياخ [ʔas'jaːx] Spieß *m*; (Eisen-)Stab *m*

سيد [sajjid], *pl.* سادة [saːda] *u.* أسياد [ʔas'jaːd] Herr *m*; Gebieter *m*; *Isl. Titel der Nachkommen des Propheten*; سيدي (*Maghr.* [siːdiː]) mein Herr!

سيدا [siːdaː] *Maghr.* Aids *n*

سيدة [sajjida], *pl.* [-aːt] Dame *f*; Herrin *f*; *Anrede*: Frau *f*; الـ~ الأولى [al-ʔuːlaː] First Lady *f*; سيداتي وسادتي meine Damen und Herren!

[1](**سير**) سار [saːra, iː] gehen; marschieren; fahren; *Maschine*: laufen, funktionieren; verlaufen; *Sprichwort*: umlaufen, kursieren, in Gebrauch kommen; führen (بـ *j-n*); handeln, verfahren (على nach *D*); ~ قدما [quduman] voranschreiten, Fortschritte machen; ~ على خطة [xuttɒ] e-n Plan verfolgen; → خطوة; **II** [sajjara] laufen lassen, antreiben, betreiben, in Gang setzen; *bsd. Maghr.* verwalten, leiten; *Reise* veranstalten; *Flug* durchführen; schicken, entsenden; **III**ساير [saːjara] Schritt halten (ه mit *j-m*); sich anpassen (ـه an *A*); willfahren (ه *j-m*)

[2]**سير** [sair] **1.** Gehen *n*; Fahrt *f*; Gang *m*, Fortgang *m*, (Ab-, Ver-)Lauf *m*; *bsd. Mar.* Verkehr *m*; Lebenswandel *m*; Befolgung *f* (على *e-r Methode*); حسن الـ~ والسلوك [ħusn as-s.] untadelige(r) Lebenswandel, gute Führung; **2.** *pl.* سيور [su'juːr] Gurt *m*, (Leder-)Riemen *m*; ~ متحرك [muta'ħarrik] Fließband *n*; ~ ناقل Fließband *n*; Förderband *n*

[3]**سير** [siːr] Sir *m*

سيراليون [siːrali'joːn] *f Geo.* Sierra Leone

سيراميك [siːraː'miːk] Keramik *f*

سيرج [siːraʤ] Sesamöl *n*

سيرك [sirk] Zirkus *m*

سيرة [siːra], *pl.* سير [sijar] Lebensgang *m*; Lebenswandel *m*, Verhalten *n*; (= ~ الحياة) Lebenslauf *m*; Biographie *f*; Heldenerzählung *f*; ~ ذاتية Autobiographie *f*; ~ النبي [s. an-na'biːj] die Biographie Mohammeds

سيرورة [sai'ruːra] Verlauf *m*, Entwicklung *f*

سيريالي [siri'jaːliː] → سريالي

سيزال [siː'zaːl] Sisal *m*

سيزموغرافي [sizmoɣ'raːfiː] seismographisch

سيزيوم [siːzijum] *Chem.* Zäsium *n*

سيس **II** [sajjasa] politisieren

سيسي [siːsiː], *pl.* سياسي [sa'jaːsiː] *Äg.* Pony *n*

سيشل [siːʃil] *f u.* **سيشيل** [seː'ʃeːl] *f Geo.* Seychellen *pl.*

سيطر [saitɒra] kontrollieren, beherrschen, im Griff haben (على *A*); unter Kontrolle bringen (على *A*)

سيطرة [saitɒra] Kontrolle *f*, Herrschaft *f* (على über *A*); Vorherrschaft *f*, Vormachtstellung *f*; ~ ذاتية Selbstbeherrschung *f*

(**سيغ**) ساغ [saːɣa, iː]: لا يسيغ الطعام das Essen schmeckt nicht; → (سوغ) IV

[1]**سيف** [saif], *pl.* سيوف [su'juːf] Schwert *n*, Säbel *m*; ~ أبو [ʔabuː s.] Schwertfisch *m*; سبق الـ~ العذل [al-ʕaðal(a)] *Spr.* es ist/war schon zu spät

[2]**سيف** [siːf], *pl.* أسياف [ʔas'jaːf] Ufer *n*, Küste *f*

سيفون [siː'foːn, sai'fuːn], *pl.* [-aːt] Wasserspülung *f*; Unterführung *f e-s Wasserlaufs*, Düker *m*

سيقان → [1] ساق

سيكار [si'gaːr], *pl.* [-aːt] Zigarre *f*

سيكارة [si'gaːra], *pl.* سكائر [sa'gaːʔir] (2) *u.* سكاير [sa'gaːjir] Zigarette *f*

سيكوباتي [siːko'baːtiː, saiko'baːtiː] psychopathisch

سيكولوجي [siːko'loːʤiː, saiko'loːʤiː] psychologisch; *pl.* [-uːn] Psychologe *m*

سيكولوجيا [siːko'loːʤijaː, saiko'loːʤijaː], (*vor G*) سيكولوجية Psychologie *f*

[1](**سيل**) سال [saːla, iː] fließen; **II** [sajjala] verflüssigen; **IV** أسال [ʔa'saːla] fließen lassen; verflüssigen

[2]**سيل** [sail], *pl.* سيول [su'juːl] Strom *m*, Flut *f*, Sturzbach *m*

[1]**سيلان** [saja'laːn] Fließen *n*, Rinnen *n*; *Med.* Tripper *m*

[2]**سيلان** [siː'laːn] (2) *Geo.* Ceylon

سيلوفان [silu'faːn] Cellophan *n*

سيلولوز [silu'loːz] Zellulose *f*

سيليكون [sili'koːn] *Chem.* Silizium *n*; Silikon *n*

سئم [saʔima, a] überdrüssig sein

(من/ه/ـه *G*), satt haben (من/ه/ـه *A*); **IV** أسأم [ʔasʔama] langweilen, anöden

سيما [sijjamaː] *u. bsd.* ~ لا besonders, insbesondere; وأن ~ *u. bsd.* لا ~ وأن [wa-ʔanna] besonders da, zumal

سيمة [siːma], سيمى [siːmaː] *u.* سيماء [siːˈmaːʔ] (2), *pl.* سيم [sijam] Zeichen *n*

سين [siːn] *f* der Buchstabe س; *Math.* x

سيناء [siːˈnaːʔ] (2) Sinai *m*

سيناتور [sinaːˈtoːr] Senator *m* (*in den USA*)

سيناريو [siˈnaːrjoː], *pl.* سيناريوهات [sinaːrjoˈhaːt] Szenario *n*; Drehbuch *m e-s Films*

سينما [sinimaː, sinemaː] *meist f, pl.* سينمات [siniˈmaːt, sineˈmaːt] Kino *n*; Filmkunst *f*, Film *m*; جهاز الـ~ [ʤiˈhaːz as-s.], ماكينة الـ~ Filmprojektor *m*; ~ دار Kino *n*

سينمائي [siniˈmaːʔiː, sineˈmaːʔiː] Kino-; Film-; *pl.* [-uːn] Filmemacher *m*; ~ ممثل [muˈmaθθil] Filmschauspieler *m*

سيني [siːniː] *Math.* x-; أشعة ~ـة [ʔaˈʃiʕʕa] Röntgenstrahlen *m/pl.*; ~ محور [miħwar] *Math.* Abszissenachse *f*

سيولة [sujuːla] flüssige(r) Zustand; *Fin.* Liquidität *f*

سية [sija], *pl.* [-aːt] (Bogen-)Sehne *f*

سيئ [sajjiʔ] → سيء

سيئة [sajjiʔa], *pl.* [-aːt] Missetat *f*; *pl.* Schattenseiten *f/pl.*, Nachteile *m/pl. e-r Sache*

ش

[1]**ش** (شين) [ʃiːn] *dreizehnter Buchstabe des arab. Alphabets*

[2]**ش** *Abk. für* شارع Straße *f u.* شركة [ʃarika] Gesellschaft *f*

[1]**شاء** [ʃaːʔa] → (شيأ)

[2]**شاء** [ʃaːʔ] *koll., n. un.* شاة [ʃaːt] Schafe *n/pl.*

[1]**شاب** [ʃaːba] → [1](شوب) *u.* [1](شيب)

[2]**شاب** [ʃaːbb], *pl.* شبان [ʃu'bbaːn] *u.* شباب [ʃa'baːb] jung, jugendlich; Jüngling *m*, junge(r) Mann

شابل [ʃaːbil] Alose *f* (*Fisch*)

شابة [ʃaːbba], *pl.* [-aːt] *u.* شواب [ʃa'waːbb] (2) Mädchen *n*, junge Frau

شات [ʃaːtin] den Winter verbringend; winterlich, regnerisch

شاحب [ʃaːħib] blaß, matt; *Licht*: fahl; schwach; *fig.* mager

شاحن [ʃaːħin] Ladevorrichtung *f*; *El.* Ladegerät *n*; *Schiff*: beladen; *pl.* [-uːn] Spediteur *m*, Verfrachter *m*

شاحنة [ʃaːħina], *pl.* [-aːt] Lastwagen *m*; صهريج ~ [ʃ. sɨh'riːʤ] Silowagen *m*; ضخمة ~ Schwerlaster *m*

شاخ → [1](شيخ)

[1]**شاد** [ʃaːda] → (شيد)

[2]**شاد** [ʃaːdin] Sänger *m*; gebildet

شادر [ʃaːdir], *pl.* شوادر [ʃa'waːdir] (2) Lagerhaus *n*

شادن [ʃaːdin], *pl.* شوادن [ʃa'waːdin] (2) Gazellenjunge(s)

شادوف [ʃaː'duːf], *pl.* شواديف [ʃawaː'diːf] (2) *Äg.* Schöpfbaum *m zur Bewässerung*

شادية [ʃaːdija] Sängerin *f*

شاذ [ʃaːðð], *pl.* شواذ [ʃa'waːðð] (2) *u.* شذاذ [ʃu'ððaːð] anormal, abnorm; abartig, abwegig, unnatürlich; regelwidrig, *a. Gr.* unregelmäßig; شواذ Ausnahmen *f/pl.*; شذاذ الآفاق Fremde *m/pl.*, Reisende *m/pl.*; الأطوار / الطبع ~ exzentrisch; جنسيا ~ [ʤin'siːjan], *pl.* شواذ جنسيا sexuell abartig; homosexuell

شار [ʃaːrin], *pl.* شراة [ʃu'raːt] Käufer *m*; الشراة *hist. Bezeichnung für die Charidschiten*

شارب [ʃaːrib] trinkend; *pl.* [-uːn], شرب [ʃarb] *u.* شراب [ʃu'rraːb] Trinkende(r), Trinker *m*; *pl.* شوارب [ʃa'waːrib] (2) Schnurrbart *m*

شارح [ʃaːriħ] erklärend, erläuternd; *pl.* شراح [ʃu'rraːħ] Erklärer *m*, Kommentator *m*

شارد [ʃaːrid], *pl.* شرد [ʃurud, ʃurrad] flüchtig; verirrt; vertrieben; *Phantasie*: ausschweifend; Flüchtling *m*; الفكر ~ [ʃ. al-fikr] zerstreut, gedankenlos

شاردة [ʃaːrida], *pl.* شوارد [ʃa'waːrid] (2) Absonderlichkeit *f*; *Phys.* Ion *n*; لا تفوته ~ ولا واردة [ta'fuːtuhuː] es entgeht ihm nicht das allergeringste

شارع [ʃaːriʕ] **1.** *pl.* شوارع [ʃa'wariːʕ] (2) Straße *f*; دائري ~ Ringstraße *f*; رئيسي ~ Hauptstraße *f*; **2.** *pl.* [-uːn] Gesetzgeber *m*

شارقة [ʃaːriqa]: الـ~ Sharjah (*Emirat am Arab.-Pers. Golf*)

شارة [ʃaːra], *pl.* [-aːt] Zeichen *n*; Abzeichen *n*; Kennzeichen *n*; الدولة ~ Staatswappen *n*

شاسع [ʃaːsiʕ] weit ausgedehnt; weit, geräumig; *Unterschied*: gewaltig, enorm

شاسي [ʃaːsiː], *pl.* شاسيهات [ʃaːsiː'haːt] Chassis *n*

شاش [ʃaːʃ] *u.* طبي ~ [tɨbbiː] Mull *m*

شاشة [ʃaːʃa], *pl.* [-aːt] (Film-)Leinwand *f*; (Bild-)Schirm *m*; (العرض) ~ Projektionsfläche *f*; *EDV* Display *n*

[1]**شاط** [ʃaːtɒ] → [1](شوط) *u.* (شيط)

[2]**شاط** [ʃɒːtt] *Tun.* übermäßig

شاطر [ʃaːtɨr], *pl.* شطار [ʃu'ttɒːr] schlau, klug, clever, tüchtig

شاطئ [ʃaːtɨʔ], *pl.* شواطئ [ʃa'waːtɨʔ] (2) Küste *f*, Ufer *n*, Strand *m*

شاطئي [ʃaːtɨʔiː] Küsten-, Ufer-, Strand-

شاع → (شيع)

شاعر [ʃaːʕir] dichterisch, poetisch; bewußt; *Seele*: empfindsam; *pl.* شعراء [ʃuʕa'raːʔ] (2) Dichter *m*, Poet *m*

شاعرة [ʃaːʕira], *pl.* [-aːt] *u.* (*klass.*) شواعر [ʃa'waːʕir] (2) Dichterin *f*

شاعري [ʃaːʕiriː] dichterisch, poetisch

شاعرية [ʃaːʕiriːja] Dichtertum *n*; dichterische *od.* poetische Gabe; poetische(r) Charakter *e-r Sache*

شاغر [ʃaːɣir] *Stellung*: frei, vakant, unbesetzt; شواغر [ʃa'waːɣir] (2) *pl.* freie Stellen *f/pl.*

شاغل [ʃaːɣil] beschäftigend; *pl.* شواغل [ʃa'waːɣil] (2) Beschäftigung *f*, Sorge *f*; Abhaltung *f* (عن von *D*)

شاف [ʃaːfin] heilend, heilsam; *Antwort*: definitiv; → (شوف)

شافع [ʃaːfiʕ] Vermittler *m*, Fürsprecher *m*

شافعي [ʃaːfiʕiː], *pl.* [-uːn] *u.* شوافع [ʃa'waːfiʕ] (2) *Isl.* schafiitisch; Schafiit *m*

شافعية [ʃaːfi'ʕiːja]: الـ~ *Isl.* die schafiitische Rechtsschule

شأفة [ʃaʔfa] Wurzel *f*; استأصل ~ـه etwas mit Stumpf und Stiel ausrotten

[1]**شاق** [ʃaːqa] → [1](شوق)

[2]**شاق** [ʃaːqq] beschwerlich, mühevoll, hart; *Anstrengung*: groß; أعمال ~ة Zwangsarbeit *f*

شاقول [ʃaːˈquːl] Lot *n*, Senkblei *n*

شاقولي [ʃaːˈquːliː] senkrecht, vertikal

[1]**شاك** [ʃaːka] → [1]شوك

[2]**شاك** [ʃaːkk] zweifelnd, skeptisch; ~ السلاح [ʃ. as-siˈlaːħ] waffenstarrend

[3]**شاك** [ʃaːkin] klagend, Beschwerde führend; شاكي السلاح → [2]شاك

شاكر [ʃaːkir] dankbar

شاكلة [ʃaːkila] Art *f*, Weise *f*; على ~ـه nach seiner Art, auf seine Weise

شاكوش [ʃaːˈkuːʃ], *pl.* شواكيش [ʃawaːˈkiːʃ] (2) Hammer *m*; أبو ~ Hammerhai *m*

[1]**شال** [ʃaːla] → (شول) *u.* (شيل)

[2]**شال** [ʃaːl], *pl.* شيلان [ʃiːˈlaːn] Schal *m*

شالية [ʃaːˈleːh], *pl.* [-aːt] Hütte *f*, Bungalow *m*

[1](**شأم**) **VI** تشاءم [taˈʃaːʔama] pessimistisch sein, schwarz sehen; als böses Omen betrachten (ب/من A)

[2]**شام** [ʃaːma] → (شيم)

[3]**شام** [ʃaːm]: الـ~ Syrien; Damaskus

شامبو [ʃambuː] Shampoo *n*

شامت [ʃaːmit], *pl.* شمات [ʃuˈmmaːt] schadenfroh, hämisch

شامخ [ʃaːmix], *pl.* شوامخ [ʃaˈwaːmix] (2) stolz; hochragend; ~ الأنف hochnäsig

شامل [ʃaːmil] umfassend; global; total; ~ا [-an] + *A*: einschließlich

[1]**شامة** [ʃaːma], *pl.* [-aːt] Muttermal *n*; Leberfleck *m*

[2]**شامة** [ʃaːmma] Geruchssinn *m*

شامي [ʃaːmiː], *pl.* [-uːn] *u.* شوام [ʃaˈwaːmm] (2) syrisch; damaszenisch; Syrer *m*; Damaszener *m*

[1]**شان** [ʃaːna] → [1](شين)

[2]**شأن** [ʃaʔn], *pl.* شؤون (*Äg.* شئون) [ʃuˈʔuːn] Angelegenheit *f*, Sache *f*; Bedeutung *f*, Stellung *f*; Ansehen *n*; Anliegen *n*; ~ [-a] (ebenso) wie; بـ~ [bi-ʃaʔni] + *G*: betreffs, hinsichtlich, wegen; ذو ~ bedeutend, wichtig; خطير الـ~ von großer Bedeutung; صاحب الـ~ der Betreffende; من ~ـه أن [ʔan] er *od.* es ist dazu angetan *od.* geeignet, zu; es liegt in seinem Wesen, daß; es ist seine Sache, zu; (أنت و) ~ـك [wa-ʃaʔnaka] tu, was du willst!; لا ~ له في ذلك [ʃaʔna] damit hat er nichts zu schaffen; das geht ihn nichts an; في ~ـه ~ ذلك [ʃaʔnuhuː] es gilt für ihn dasselbe wie für …; ebenso; هذا ~ـه دائما [daːʔiman] so ist er immer; كان من ~ـه es war seine Gewohnheit; كما هو الـ~ wie es der Fall ist; لله في خلقه شؤون [liˈllaːhi] *Spr. etwa*: was es nicht alles gibt!

شانتاج [ʃanˈtaːʤ] Erpressung *f*

شاه [ʃaːh] Schah *m*; *Schach*: König *m*; ~ مات (Schach-)Matt *n*

شاة [ʃaːt], *pl.* شياه [ʃiˈjaːh] Schaf *n*

شاهاني [ʃaːˈhaːniː] auf den Schah bezüglich; kaiserlich

شاهد [ʃaːhid], *pl.* شهود [ʃuˈhuːd] Zeuge *m*; *pl.* شواهد [ʃaˈwaːhid] (2) Beweis *m*, Beleg *m* (على für *A*); Belegstelle *f*, Grabstein *m*, Stele *f*; ~ الإثبات Belastungszeuge *m*; ~ عيان [ʃ. ʕiˈjaːn] Augenzeuge *m*; شهد ~ النفي Entlastungszeuge *m*; ~ من أهله [ʃahiˈda] das sagt e-r, der es wissen muß

شاهدة [ʃaːhida], *pl.* [-aːt] Zeugin *f*; *pl.* شواهد [ʃaˈwaːhid] (2) Grabstein *m*, Stele *f*

شاهر [ʃaːhir]: ~ا السلاح [-an isˈsiˈlaːħa] mit gezückter Waffe, mit der Waffe im Anschlag

شاهق [ʃaːhiq] hochragend; *Höhe*: gewaltig, groß

شاهي [ʃaːhiː] *Saudi-Ar.* Tee *m*

شاهين [ʃaːˈhiːn], *pl.* شواهين [ʃawaːˈhiːn] (2) Wanderfalke *m*

شأو [ʃaʔw] Gipfelpunkt *m*; قطع / بطغ ~ا بعيدا [-an baˈʕiːdan] ein gewaltiges Stück vorankommen

شاورما [ʃaːˈwurmaː, ʃaːˈwirmaː] *an e-m senkrechten Spieß gebratene Hammelfleischscheiben*

شاوش [ʃaːwuʃ], *pl.* شواش [ʃuˈwwaːʃ] *Tun.* Amtsdiener *n*, Bürodiener *m*

شاويش [ʃaːˈwiːʃ], *pl.* [-iːja] *Äg. umg.* Polizist *m*; *früher Mil.* Sergeant *m*

شاي [ʃaːj] Tee *m*

شائب [ʃaːʔib] grauhaarig, weißhaarig; *Haar*: grau, weiß; *Kartenspiel*: König *m*

شائبة [ʃaːʔiba], *pl.* شوائب [ʃaˈwaːʔib] (2) Verunreinigung *f*; (verunreinigende) Beimengung; Fehler *m*, Makel *m*; سعادة لا تشوبها ~ ungetrübte(s) Glück

شائخ [ʃaːʔix] alt

شائع [ʃaːʔiʕ] verbreitet, bekannt; *Methode*: üblich; ~ الاستعمال allgemein gebräuchlich; ملك ~ [milk] gemeinsame(s) Eigentum

شائعة [ʃaːʔiʕa], *pl.* [-aːt] *u.* شوائع [ʃaˈwaːʔiʕ] (2) Gerücht *n*

شايف [ʃaːjif] *umg.* sehend

شائق [ʃaːʔiq] interessant, reizvoll; *Film*: spannend; *Leistung*: ausgezeichnet, glänzend

شائك [ʃaːʔik] dornig, stachelig; *Frage*: heikel, schwierig; ~ السلاح [ʃ. as-siˈlaːħ] waffenstarrend; أسلاك ~ة *pl.* Stacheldraht *m*

شايل [ʃaːjil] *umg.* (weg)tragend

شائن [ʃaːʔin] unehrenhaft, schändlich

شائه [ʃaːʔih] entstellt, mißgestaltet; häßlich, widerwärtig

[1]**شب** [ʃabba, i] aufwachsen, heranwachsen; *Tier*: sich auf die Hinterbeine stellen; *Feuer*: lodern; *Krieg*: ausbrechen; من ~ على شيء شاب عليه [ʃaːba] *Spr. etwa*: jung gewohnt, alt getan; — [ʃabba, u] anzünden, anfachen

[2]**شب** [ʃabb] **1.** Jüngling *m* (= [2]شاب); **2.** Alaun *m*

شباب [ʃaˈbaːb] Jugend *f*; junge Leute *pl.*; → [2]شاب

شبابي [ʃaˈbaːbiː] Jugend-

شباط [ʃuˈbɒːṭ] *Syr.*, *Lib.*, *Jord.*, *Ir.* Februar *m*

شباك [ʃuˈbbaːk], *pl.* شبابيك [ʃabaːˈbiːk] (2) Fenster *n*; Schalter *m der Post etc.*; (*Holz-*)Gitter *n*

شبان → [2]شاب

شباة [ʃaˈbaːt], *pl.* شبا [ʃaban] *u.* شبوات [ʃabaˈwaːt] Spitze *f*; Stachel *m des Skorpions*

شبت [ʃiˈbitt] *Bot.* Dill *m*

1(شبث) **V** تشبث [taˈʃabbaθa] sich klammern (ب an *A*); (zäh) festhalten (ب an *D*)

2**شبث** [ʃiˈbiθθ] *Bot.* Dill *m*

شبح [ʃabaħ], *pl.* أشباح [ʔaʃˈbaːħ] Gespenst *n*; Schreckgespenst *n*; Phantom *n*; schemenhafte Erscheinung, undeutliche Gestalt

شبحي [ʃabaħiː] Gespenster-, Geister-; schemenhaft

1**شبر** [ʃabara, i] mit gespreizter Hand abmessen; **II** [ʃabbara] mit gespreizter Hand abmessen; gestikulieren

2**شبر** [ʃibr], *pl.* أشبار [ʔaʃˈbaːr] Spanne *f der Hand*; كل ~ من الأرض [kullu ʃ.] jeder Fußbreit *od.* Zoll Bodens

شبرق [ʃabraqa] in Stücke zerreißen; *Äg.* mit vollen Händen ausgeben

شبرقة [ʃabraqa], *pl.* شبارق [ʃaˈbaːriq] (2) Taschengeld *n*

شبرة [ʃibra], *pl.* [-aːt] *Kuw.* Schuppen *m*, Halle *f*

شبشب [ʃibʃib], *pl.* شباشب [ʃaˈbaːʃib] (2) Pantoffel *m*

شبط [ʃabɒṭa, u] sich klammern (في an *A*)

1**شبع** [ʃabiʕa, a] sich satt essen, satt werden; satt haben (من *A*); **II** [ʃabbaʕa] sättigen; tränken (ب mit *D*); **IV** أشبع [ʔaʃbaʕa] sättigen, saturieren; *Bedürfnis* befriedigen; gründlich, ausführlich machen; *Vokal in der Wortmitte* dehnen; *Pass.* [ʔuʃbiʕa] voll, erfüllt sein (ب von *D*); ~ه ضربا [ðarban] j-n verdreschen; **V** تشبع [taˈʃabbaʕa] gesättigt, getränkt sein (ب mit *D*); erfüllt sein (ب von *D*)

2**شبع** [ʃabaʕ] Sattsein *n*, Sättigung *f*, Sattheit *f*

شبعان [ʃabˈʕaːn] (2), *f* ~ة *u.* شبعى [ʃabʕaː], *pl.* شباعى [ʃaˈbaːʕaː] *u.* شباع [ʃiˈbaːʕ] satt, gesättigt

1**شبق** [ʃabiqa, a] lüstern, geil sein

2**شبق** [ʃabaq] Lüsternheit *f*, Geilheit *f*; المرأة ~ Nymphomanie *f*

3**شبق** [ʃabiq] lüstern, geil

1**شبك** [ʃabaka, i] anheften, befestigen (ب an *D*); ineinanderschlingen; sich verloben (ها mit *e-m Mädchen*); ~ ذراعه بذراعها [ðiˈraːʕahuː] er hakte sich bei ihr ein; **II** [ʃabbaka] verflechten, verknüpfen, ineinanderfügen; الأصابع ~ die Hände falten; **V** تشبك [taˈʃabbaka] verflochten, verknüpft, ineinandergefügt werden; **VI** تشابك [taˈʃaːbaka] (ineinander) verflochten sein; verworren sein; sich verwirren; **VIII** اشتبك [iʃˈtabaka] verwickelt, verstrickt werden; sich verwickeln *od.* verstricken (في in *A*); zusammenstoßen (مع/ب mit *D*); kompliziert, verworren sein

2**شبك** [ʃabk] Anheften *n*, Befestigen *n*

1**شبكة** [ʃabaka], *pl.* [-aːt], شباك [ʃiˈbaːk] *u.* شبك [ʃabak] Netz *n*; Gitter *n*; المواصلات ~ [ʃ. al-muwaːsɒˈlaːt] Verkehrsnetz *n*; تلفزيونية ~ Fernsehsender *m*, Fernsehanstalt *f*; ~ كهربائية [kahrabaːˈʔiːja] Stromnetz *n*; (كهربائية) هوائية ~ *El.* Freileitung *f*

2**شبكة** [ʃabka] *Äg.* Verlobungsgeschenk *n*

شبكي [ʃabakiː] Netz-, netzartig; Gitter-

شبكية [ʃabaˈkiːja] Netzhaut *f des Auges*

شبل [ʃibl], *pl.* أشبال [ʔaʃˈbaːl] Löwenjunge(s); *Sport*: Jugendliche(r), Nachwuchsspieler *m*, Fohlen *n*

1(**شبه**) **II** [ʃabbaha] vergleichen (ب mit *D*); *Pass.* [ʃubbiha] zweifelhaft sein (على j-m); **III** شابه [ʃaːbaha] gleichen, ähneln (ـه/ه *D*), so aussehen (ـه/ه wie); وما ~ ذلك und dergleichen mehr; **IV** أشبه [ʔaʃbaha] gleichen, ähneln (ـه/ه *D*), so aussehen (ـه/ه wie); **V** تشبه [taˈʃabbaha] sich vergleichen (ب mit *D*); nachahmen (ب *A*); **VI** تشابه [taˈʃaːbaha] einander ähnlich sein; unklar sein; **VIII** اشتبه [iʃˈtabaha] verdächtigen (في *j-n*), den Verdacht haben (في daß); bezweifeln (في *A*); unklar sein (على *j-m*); في الأمر ~ die Sache kam ihm verdächtig vor

2**شبه** [ʃabah] **1.** Ähnlichkeit *f* (ب mit *D*), Gleichartigkeit *f*; ~ال قريب sehr ähnlich (ب/إلى *D*); **2.** Messing *n*

3**شبه** [ʃibh], *pl.* أشباه [ʔaʃˈbaːh] + *G*: etwas Ähnliches *od.* Gleiches wie; -ähnlich, -gleich; halb-, Halb-; Quasi-; so gut wie; -oid; Pseudo-; جاف ~ [dʒaːff] semiarid; جزيرة ~ Halbinsel *f*; الجزيرة العربية ~ die Arabische Halbinsel; رسمي ~ halbamtlich, halboffiziell, offiziös; عسكري ~ paramilitärisch; قارة ~ [ʃ. qaːrra] Subkontinent *m*; معين ~ [ʃ. muˈʕajjan] Rhomboid *n*; منحرف ~ [ʃ. munˈħarif] Trapezoid *n*; موصل ~ [ʃ. muˈwɒssil], *pl.* أشباه موصلات *El.* Halbleiter *m*; أشباهه seinesgleichen; من المؤكد ~ [i l-muˈʔakkad] (es ist) so gut wie sicher

شبة [ʃabba] Alaun *m*

شبهان [ʃabaˈhaːn] Messing *n*

شبهة [ʃubha], *pl.* [ʃubuˈhaːt] Verdacht *m*, Argwohn *m*; Zweifel *m*

شبورة [ʃaˈbuːra, ʃaˈbbuːra] *Äg.* Nebel *m*

شبوط [ʃaˈbbuːṭ], *n. un.* ~ة, *pl.* شبابيط [ʃabaːˈbiːṭ] (2) Karpfen *m*

شبيبة [ʃaˈbiːba] Jugend *f*

شبين [ʃaˈbiːn], *pl.* شباين [ʃaˈbaːjin] (2) (Tauf-)Pate *m*; Begleiter *m* des Bräutigams

شبينة [ʃaˈbiːna], *pl.* [-aːt] (Tauf-) Patin *f*; Brautführerin *f*

شبيه [ʃaˈbiːh], *pl.* شباه [ʃiˈbaːh] ähnlich, gleich (ب *D*); vergleichbar (ب mit *D*); -oid

1**شت** [ʃatta, i] zerstreut, aufgelöst werden; **II** شتت [ʃattata] zerstreuen, zersprengen, auflösen; zersplittern; شملهم ~ *Menschenmenge* auflösen, *Truppen* zersprengen; **V** تشتت [taˈʃattata] sich zerstreuen; zersprengt, aufgelöst werden

2**شت** [ʃatt]: أشتات [ʔaʃˈtaːt] *pl.* zerstreute, aufgelöste Teile *m/pl. od.* Gruppen *f/pl.*; verschiedene *od.* mannigfaltige Arten *f/pl.*

شتاء [ʃiˈtaːʔ], *pl.* أشتية [ʔaʃtija] Winter *m*; Regenzeit *f*

شتات [ʃaˈtaːt] Zerstreuung *f*; Aufsplitterung *f*, Gespaltenheit *f*; Diaspora *f*; zerstreut; جمع ~هم die Leute zusammenführen

شتان [ʃa'ttaːna]: ~ (ما) بين ... و ... welch ein Unterschied besteht doch zwischen ... und ...

شتل [ʃatala, u, i] *Baum, Pflanze* setzen, (ver)pflanzen

شتلة [ʃatla], *koll.* شتل [ʃatl], *pl.* [ʃata'laːt] *u.* شتائل [ʃa'taːʔil] (2) Setzling *m*, Ableger *m*

[1]**شتم** [ʃatama, i, u] *u.* **III** شاتم [ʃaːtama] beschimpfen; **VI** تشاتم [ta'ʃaːtama] einander beschimpfen

[2]**شتم** [ʃatm] Beschimpfung *f*, Schmähung *f*

شتنبر [ʃutambir] *Mar.* September *m*

(شتو) شتا [ʃataː, uː] überwintern; **II** شتّى [ʃattaː] **1.** überwintern; **2.** regnen; **V** تشتّى [ta'ʃattaː] überwintern

شتوي [ʃat(a)wiː], *Äg.* [ʃitwiː] winterlich, Winter-

شتى → شتيت *u.* (شتو) **II**

شتيت [ʃa'tiːt], *pl.* شتى [ʃattaː] zerstreut; mannigfaltig; في شتى المجالات auf den verschiedensten Gebieten; أشياء شتى verschiedenste Dinge, alle Arten von Sachen

شتيم [ʃa'tiːm] verunstaltet

شتيمة [ʃa'tiːma], *pl.* شتائم [ʃa'taːʔim] (2) Beschimpfung *f*, Schmähung *f*, Schimpfwort *n*

[1]**شج** [ʃaddʒa, u] zerbrechen, spalten; *Schädel* einschlagen

[2]**شج** [ʃadʒin] wehmütig, traurig

شجا [ʃadʒan] Wehmut *f*, Traurigkeit *f*; Rührung *f*; Bissen *m*, der im Hals steckenbleibt

شجار [ʃi'dʒaːr] Streit *m*

شجاع [ʃu'dʒaːʕ], *pl.* شجعان [ʃudʒ'ʕaːn] *u.* شجعة [ʃadʒaʕa] tapfer, mutig, kühn

شجاعة [ʃa'dʒaːʕa] Mut *m*, Tapferkeit *f*, Kühnheit *f*

[1]**شجب** [ʃadʒaba, u] verurteilen, scharf kritisieren

[2]**شجب** [ʃadʒb] Verurteilung *f*, scharfe Kritik

[1]**(شجر)** **II** [ʃaddʒara] mit Bäumen bepflanzen, aufforsten; **III** شاجر [ʃaːdʒara] sich streiten (ه mit *D*); **VI** تشاجر [ta'ʃaːdʒara] miteinander streiten; sich streiten (مع mit *D*); **VIII** اشتجر [iʃ'tadʒara] *Streit*: ausbrechen

[2]**شجر** [ʃadʒar] *koll.*, *pl.* أشجار [ʔaʃ'dʒaːr] Bäume *m/pl.*, Sträucher *m/pl.*

[3]**شجر** [ʃadʒir] bewaldet, waldig, waldreich

شجراء → أشجر

شجرة [ʃadʒara] *n. un.*, *pl.* [-aːt] *u.* أشجار [ʔaʃ'dʒaːr] Baum *m*, Strauch *m*; ~ فاكهة *u.* ~ مثمرة [muθmira] Obstbaum *m*; ~ النسب [ʃ. an-nasab] Stammbaum *m*; مقطوع من ~ mutterseelenallein

شجع [ʃadʒuʕa, u] mutig sein; **II** [ʃaddʒaʕa] ermuntern, ermutigen (ه *j-n* zu على *D*); fördern (ه/ـه على *A*); **V** تشجع [ta'ʃaddʒaʕa] Mut fassen; den Mut haben (على zu *D*)

[1]**شجن** [ʃadʒina, a] traurig, wehmütig sein; **IV** أشجن [ʔaʃdʒana] traurig, wehmütig stimmen

[2]**شجن** [ʃadʒan], **1.** *pl.* شجون [ʃu'dʒuːn] *u.* أشجان [ʔaʃ'dʒaːn] Wehmut *f*, Traurigkeit *f*, Kummer *m*; **2.** *pl.* شجون: الحديث ذو شجون vom Hundertsten ins Tausendste kommen

شجة [ʃaddʒa], *pl.* شجاج [ʃi'dʒaːdʒ] Kopfwunde *f*

[1]**(شجو)** شجا [ʃadʒaː, uː] wehmütig, traurig stimmen; rühren, ergreifen; **IV** أشجى [ʔaʃdʒaː] = شجا

[2]**شجو** [ʃadʒw] Wehmut *f*, Traurigkeit *f*, Kummer *m*; Rührung *f*; ergreifende(r) Klang *e-s Instruments*, *e-r Weise*

شجوي [ʃadʒawiː] wehmütig, traurig

[1]**شجي** [ʃadʒija, aː] wehmütig, traurig sein

[2]**شجي** [ʃa'dʒiːj] wehmütig, traurig, bekümmert; ergreifend, ans Herz gehend; *Klänge*: melodisch, *Melodie*: einschmeichelnd

شجيرة [ʃu'dʒaira], *pl.* [-aːt] Strauch *m*, Busch *m*, kleine(r) Baum

[1]**شح** [ʃaħħa, i] knapp, spärlich sein *od.* werden; — [ʃaħħa, u] geizig sein, geizen (ب على mit *D* gegenüber *j-m*)

[2]**شح** [ʃuħħ, ʃaħħ] Knappheit *f*, Spärlichkeit *f*; Geiz *m*

شحات [ʃa'ħħaːt], *pl.* [-uːn] *u.* ~ة Bettler *m*

شحاذ [ʃa'ħħaːð], *pl.* [-uːn] Bettler *m*; ~ العين Gerstenkorn *n am Auge*

[1]**شحاذة** [ʃi'ħaːða] Bettelei *f*

[2]**شحاذة** [ʃa'ħħaːða], *pl.* [-aːt] Bettlerin *f*

شحاطة [ʃa'ħħaːŧɒ], *pl.* [-aːt] **1.** *Syr.*, *Jord.*, *Kuw.* Hausschuh *m*; **2.** *Ir.*, *Pal.* Zündholz *n*

شحب [ʃaħaba, ʃaħuba, u] *u. Pass.* [ʃuħiba] blaß sein *od.* werden

[1]**شحذ** [ʃaħaða, a] **1.** *a. Verstand, Sinne* schärfen; schleifen, wetzen; ~ همته [himmatahuː] j-n anspornen; **2.** (an)betteln

[2]**شحذ** [ʃaħð] *a. fig.* Schärfen *n*; Wetzen *n*

شحرور [ʃuħ'ruːr], *pl.* شحارير [ʃaħaː'riːr] (2) Amsel *f*, Schwarzdrossel *f*

شحط [ʃaħaŧɒ, a] *Zündholz* anstreichen

شحطة [ʃaħŧɒ], *pl.* [ʃaħa'ŧɒːt] Streifen *m der Uniform*; *Syr.*, *Lib.* Strich *m mit der Feder*

[1]**شحم** **II** [ʃaħħama] einfetten, (ab-)schmieren

[2]**شحم** [ʃaħm], *pl.* شحوم [ʃu'ħuːm] Fett *n*, Talg *m*; Schmierfett *n*; Speck *m*, Schmalz *n*

شحمة [ʃaħma] Stück *n* Fett; ~ الأذن [ʃ. al-ʔuðun] Ohrläppchen *n*

[1]**شحن** [ʃaħana, a] *a. El.* laden; *Schiff* beladen; *Ware* verladen; verfrachten, verschiffen; **III** شاحن [ʃaːħana] Haßgefühle hegen (ه gegen *A*); sich streiten (ه mit *D*); **VI** تشاحن [ta'ʃaːħana] Haßgefühle gegeneinander hegen; sich in den Haaren liegen

[2]**شحن** [ʃaħn] Beladung *f*; Verladung *f*; Verfrachtung *f*, Verschiffung *f*; *El.* (Auf-)Ladung *f*; Transport *m*; ~ بوليصة Frachtbrief *m*; ~ سيارة [sa'jjaːrat ʃ.] Lastwagen *m*

شحناء [ʃaħ'naːʔ] (2) Haßgefühle *n/pl.*, Groll *m*, Feindschaft *f*

شحنة [ʃaħna, ʃuħna], *pl.* [ʃaħa'naːt, ʃuħa'naːt] *a. El.* Ladung *f*; Fracht *f*; *Techn.* Charge *f*; ~ متفجرات [ʃ. mutafaddʒi'raːt] *u.* ~ ناسفة Sprengladung *f*

شحة [ʃiħħa] Knappheit *f*, Spärlichkeit *f*

شحوب [ʃu'ħuːb] Blässe *f*

شحيح [ʃa'ħiːħ], *pl.* شحاح [ʃi'ħaːħ] geizig; knapp, spärlich

شحيطة [ʃu'ħħaitɒ] *Lib.* Zündholz *n*

شخ [ʃaxxa, u] urinieren

شخاخ [ʃu'xaːx] Urin *m*, Harn *m*

شخب [ʃaxaba, a, u] (heraus)fließen, (hervor)spritzen

شخبط [ʃaxbatɒ] kritzeln, schmieren; **II** تشخبط [ta'ʃaxbatɒ] bekritzelt, beschmiert werden

شختورة [ʃax'tuːra], *pl.* شخاتير [ʃaxaː'tiːr] (2) kleine(s) Boot, Barke *f*

شخر [ʃaxara, i] schnarchen; schnauben

شخشخ [ʃaxʃaxa] klappern; knarren; rasseln; klirren

شخشخة [ʃaxʃaxa] Klappern *n*; Knarren *n*; Rasseln *n*; Klirren *n*

شخشيخة [ʃux'ʃaixa], *pl.* شخاشيخ [ʃaxaː'ʃiːx] (2) *Äg.* Rassel *f*, Klapper *f*

1 **شخص** [ʃaxɒsɒ, a] erscheinen (لـ *j-m*); *Auge*: starren (إلى auf *A*); sich begeben (إلى *an e-n Ort*) übergehen (من إلى aus *e-m Zustand* in *e-n anderen*); بصره ~ [bɒ'sɒrahuː], ببصره ~ [bi-bɒ'sɒrihiː] seinen Blick heften auf; **II** [ʃaxxɒsɒ] *Krankheit* diagnostizieren; darstellen, personifizieren, verkörpern; identifizieren; **V** تشخص [ta'ʃaxxɒsɒ] erscheinen, sich zeigen (لـ *j-m*)

2 **شخص** [ʃaxs], *pl.* أشخاص [ʔaʃ'xɒːs] *u.* شخوص [ʃu'xuːs] Person *f*; *Lit.* Gestalt *f*, Figur *f*; jemand; ~ اعتباري juristische Person; ~ طبيعي natürliche Person; غير ~ مرغوب فيه *Dipl.* unerwünschte Person; معنوي ~ [maʕnawiː] juristische Person

شخصاني [ʃax'sɒːniː] *Phil.* personalistisch

شخصانية [ʃaxsɒː'niːja] *Phil.* Personalismus *m*

شخصي [ʃaxsiː] persönlich; privat, eigen; ~ا [-jan] *Adv.* persönlich

شخصية [ʃax'siːja], *pl.* [-aːt] Persönlichkeit *f*; *Lit.* Gestalt *f*; اعتبارية ~, معنوية ~ [maʕna'wiːja] juristische Person; Rechtspersönlichkeit *f*; شهادة تحقيق الـ~ Personalausweis *m*

شخير [ʃa'xiːr] Schnarchen *n*

1 **شد** [ʃadda, i] fest, stark, heftig sein; — [ʃadda, u] festmachen, befestigen (على/إلى an *D*); (an)ziehen, festziehen, spannen, straffen; *Bündel* schnüren, binden; faszinieren, fesseln; *Aufmerksamkeit* erregen; drücken (على auf *A*); losgehen (على auf *A*); ما ~(لـ) [(la-)] wie groß, wie sehr, wie oft; أزره ~ j-m den Rücken stärken; الرحال ~ [ar-ri-'ħaːl] aufbrechen, abreisen; على ~ يده [jadihiː] j-m die Hand drücken; **II** شدد [ʃaddada] verstärken, verschärfen; mit Nachdruck tun (في *A*); betonen, hervorheben (على *A*); einschärfen (ب على *j-m A*); *Gr. Buchstaben od. Laut* verdoppeln; **V** تشدد [ta'ʃaddada] hart bleiben, sich streng *od.* unerbittlich zeigen; **VIII** اشتد [iʃ'tadda] sich verstärken, sich verschärfen, heftiger werden; schlimm werden (على für *j-n*)

2 **شد** [ʃadd] (An-, Fest-)Ziehen *n*; ~ الحبل Tauziehen *n*; الـ~ والجذب Hin und Her *n*

شداد [ʃa'ddaːd], *pl.* [-aːt] Zugbalken *m*, Spannbalken *m*, Dachbalken *m*; Zuganker *m*, Zugstange *f*; Band *n od.* Binde *f zum Festziehen*

شدخ [ʃadaxa, a] zertrümmern, zerschmettern; **V** تشدخ [ta'ʃaddaxa] zerreißen, bersten

1 **(شدق)** **V** تشدق [ta'ʃaddaqa] den Mund vollnehmen, sich aufspielen

2 **شدق** [ʃudq] → أشدق

3 **شدق** [ʃidq], *pl.* أشداق [ʔaʃ'daːq] Mundwinkel *m*; Kiefer *m*, Kinnbacke(n *m*) *f*; ضحك بملء شدقيه [đaħika bi-milʔi ʃid'qaihi] über das ganze Gesicht lachen

شدقاء [ʃad'qaːʔ] → أشدق

شده [ʃadaha, a] verblüffen, überraschen; *Pass.* [ʃudiha] verblüfft, überrascht, perplex sein

1 **شدة** [ʃadda], *pl.* [-aːt] Zug *m*, Ruck *m*; *Gr.* Verdoppelungszeichen *n*; Päckchen *n* Spielkarten

2 **شدة** [ʃidda] Stärke *f*, Schärfe *f*, Härte *f*, Heftigkeit *f*, Intensität *f*; Not *f*, Unglück *n*; بـ~ scharf, heftig, intensiv, energisch (*Adv.*); البرد ~ große Kälte

1 **(شدو)** شدا [ʃadaː, uː] singen (بـ *A*), in singendem Ton vortragen (بـ *A*); sich *e-e gewisse Bildung* aneignen

2 **شدو** [ʃadw] Gesang *m*

شدياق [ʃid'jaːq], *pl.* شدايقة [ʃa'daːjiqa] *Chr.* Diakon *m*

شديد [ʃadiːd], *pl.* شداد [ʃi'daːd], أشداء [ʔaʃi'ddaːʔ] (2) *u.* [-uːn] stark, scharf, heftig, intensiv; hart, streng, schlimm; *Bedauern*, *Elend*: tief; الانفجار ~ hochexplosiv; الاهتمام ~ äußerst interessiert; التوتر ~ spannungsgeladen; الشكيمة ~ unnachgiebig, hartnäckig; الوطأة ~ qualvoll, grausam

شديدة [ʃa'diːda], *pl.* شدائد [ʃa'daːʔid] (2) Unglück *n*, Elend *n*, Not *f*

شذ [ʃaðða, u, i] (von der Norm) abweichen; anormal, unnatürlich, abartig sein; e-e Ausnahme bilden (عن/على von *D*), unregelmäßig sein; sich absondern (عن von *D*)

شذا [ʃaðan] Duft *m*, Wohlgeruch *m*

شذاذ → شاذ

شذب **II** [ʃaððaba] *Bäume* beschneiden, stutzen; *Techn.* abgraten; *Edelstein* schleifen

شذر [ʃaðara]: تفرقوا ~ مذر [ta'farraquː ʃ. maðara] sie zerstreuten sich in alle Richtungen

شذرة [ʃaðra], *pl.* [ʃaða'raːt] *u.* شذور [ʃu'ðuːr] Teilchen *n*, Bruchstück *n*, Splitter *m*

شذوذ [ʃu'ðuːð] Abweichung *f* von der Norm, Abnormität *f*; *Gr.* Unregelmäßigkeit *f*; جنسي ~ [ʤinsiː] sexuelle Abartigkeit; Homosexualität *f*; عن/على القاعدة ~ Ausnahme *f* von der Regel

1 **شذى** = شذا

2 **شذي** [ʃa'ðiːj] duftend

شر [ʃarr], *pl.* أشرار [ʔaʃ'raːr] schlecht, schlimm, böse; *el.* schlechter, schlimmer; *pl.* شرور [ʃu'ruːr] Schlimme(s), Böse(s), Übel *n*, Mißstand *m*

شراء [ʃi'raːʔ], *pl.* [-aːt] *u. Mar.* أشرية [ʔaʃrija] Kauf *m*, Ankauf *m*, Einkauf *m*

[1]**شراب** [ʃa'raːb], *pl.* أشربة [ʔaʃriba] Getränk *n*; Saft *m*; Wein *m*; الطعام والـ~ Essen und Trinken

[2]**شراب** [ʃa'rraːb], *pl.* [-uːn] Trinker *m*, Säufer *m*

[3]**شراب** [ʃu'rraːb], pl. [-aːt] *u.* شراريب [ʃaraː'riːb] (2) Strumpf *m*, Socke *f*; → شارب

[4](**شرأب**) **IV** اشرأب [iʃra'ʔabba] sich den Hals verrenken (إلى/ل nach *D*)

شرابة [ʃa'rraːba], *pl.* شراريب [ʃaraː'riːb] (2) Quaste *f*, Troddel *f*

شراح → شارح

شرارة [ʃa'raːra], *koll.* شرار [ʃa'raːr], *pl.* [-aːt] Funke *m*

شراسة [ʃa'raːsa] Bösartigkeit *f*; Zanksucht *f*; Wildheit *f*, Erbitterung *f*

شراع [ʃi'raːʕ], *pl.* أشرعة [ʔaʃriʕa] Segel *n*

شراعة [ʃa'rraːʕa], *pl.* [-aːt] Guckfenster *n*, Guckloch *n in e-r Tür*

شراعي [ʃi'raːʕiː] Segel-; سفينة ~ة Segelschiff *n*; طائرة ~ة Segelflugzeug *n*

شراقة [ʃa'rraːqa] Ansaugöffnung *f*, Saugrohr *n*

شراك [ʃiraːk], *pl.* شرك [ʃuruk] *u.* أشرك [ʔaʃruk] Schuhband *n*, Schnürsenkel *m*

شراكة [ʃi'raːka] Teilhaberschaft *f*, Partnerschaft *f*; Komplizenschaft *f*

شراني [ʃa'rraːniː] böse, bösartig, zänkisch

شراة → شار

شراهة [ʃa'raːha] Gefräßigkeit *f*, Gier *f*

[1]**شرب** [ʃariba, a] trinken; *Tabak* rauchen; نخبه ~ auf j-s Wohl trinken; **II** [ʃarraba] zu trinken geben (ه هـ *j-m A*), trinken lassen; tränken, imprägnieren (ب mit *D*); **III** شارب [ʃaːraba] trinken (ه mit *j-m*); **IV** أشرب [ʔaʃraba] zu trinken geben (ه هـ *j-m A*), trinken lassen; *Pass.* [ʔuʃriba] durchdrungen sein (هـ von *D*); **V** تشرب [ta'ʃarraba] in sich aufnehmen, durchtränkt werden; durchdrungen sein (هـ/ب von *D*)

[2]**شرب** [ʃarb] → شارب

[3]**شرب** [ʃurb] Trinken *n*

[1]**شربة** [ʃarba], *pl.* [-aːt] Trunk *m*, Trank *m*; Schluck *m*; *Med.* Mittel *n*

[2]**شربة** [ʃurba], *pl.* [-aːt] Suppe *f*

شرج [ʃaradʒ], *pl.* أشراج [ʔaʃ'raːdʒ] After *m*, Anus *m*

شرجي [ʃaradʒiː] After-, anal

[1]**شرح** [ʃaraħa, a] erklären, erläutern, kommentieren; خاطره ~ j-n erheitern *od.* erfreuen; صدره ل ~ j-n aufnahmebereit *od.* aufgeschlossen machen für; **II** [ʃarraħa] in Stücke schneiden; sezieren; **VII** انشرح [in'ʃaraħa] sich freuen; ~ باله / خاطره froh sein, sich freuen; صدره ~ aufnahmebereit *od.* aufgeschlossen sein

[2]**شرح** [ʃarħ], *pl.* شروح [ʃu'ruːħ] Erklärung *f*, Erläuterung *f*, Kommentar *m*

شرحة [ʃarħa] dünne Scheibe

[1]**شرخ** [ʃaraxa, u] heranwachsen; — [ʃaraxa, a] *Äg.* zum Springen *od.* Reißen bringen

[2]**شرخ** [ʃarx] **1.** Blüte *f* der Jugend; **2.** *pl.* شروخ [ʃu'ruːx] *Äg.* Riß *m*, Sprung *m*; *Med.* Rißwunde *f*

[1]**شرد** [ʃarada, u] fliehen, davonlaufen; umherirren; *Gedanken*: abschweifen; **II** [ʃarrada] davonjagen, vertreiben, heimatlos machen; **V** تشرد [ta'ʃarrada] umherirren, vagabundieren, heimatlos sein

[2]**شرد** [ʃurud, ʃurrad] → شارد

(**شرذم**) **II** تشرذم [ta'ʃarðama] sich in mehrere Gruppen spalten, zersplittert werden

شرذمة [ʃirðima], *pl.* شراذم [ʃa'raːðim] (2) kleine Gruppe, Häuflein *n*

شرر [ʃarar] *koll.* Funken *m/pl.*

[1]**شرس** [ʃarisa, a] bösartig, zanksüchtig sein; *Kampf*: wild, erbittert sein

[2]**شرس** [ʃaris] bösartig, zanksüchtig; wild, erbittert

شرش [ʃirʃ], *pl.* شروش [ʃu'ruːʃ] Wurzel *f*; اللبن ~ [ʃ. al-laban] *Äg.* Molke *f*

شرشب [ʃarʃaba] ausfransen

شرشحة [ʃarʃaħa] *Lib.* Armseligkeit *f*

شرشر [ʃarʃara] gezackt, gezähnt machen

شرشف [ʃarʃaf], *pl.* شراشف [ʃa'raːʃif] (2) Bettuch *n*, Laken *n*

شرشور [ʃur'ʃuːr], *pl.* شراشير [ʃaraː'ʃiːr] (2) *Zool.* Fink *m*

[1]**شرط** [ʃarɒŧɒ, u, i] (ein-, auf)schneiden, ritzen; zur Bedingung machen (على *j-m*), ausbedingen; **II** [ʃarrɒŧɒ] (ein-, auf)schneiden, ritzen; in Stücke reißen; **III** شارط [ʃaːrɒŧɒ] zur Bedingung machen (على ه *j-m A*); **IV** أشرط [ʔaʃrɒŧɒ] *Psych.* konditionieren; **VIII** اشترط [iʃtarɒŧɒ] bedingen; zur Bedingung machen (على *j-m*), sich ausbedingen; *Pass.* يشترط [juʃ'tarɒŧu] Bedingung *od.* Voraussetzung ist

[2]**شرط** [ʃarɒŧ], *pl.* أشراط [ʔaʃ'rɒːŧ] (Vor-)Zeichen *n*

[3]**شرط** [ʃɒrŧ], *pl.* شروط [ʃu'ruːŧ] Bedingung *f*, Voraussetzung *f*; Klausel *f im Vertrag*; (Ein-)Schnitt *m*, Schlitz *m*; أن ~ [-a ʔan], أن بـ~ *u.* أن ~ على unter der Bedingung, daß; بدون ~ bedingungslos; بلا ~ ولا قيد bedingungslos, uneingeschränkt; بشروط ,بـ~ mit Vorbehalt; أساسي ~ Grundbedingung *f*; شروط الدفع Zahlungsbedingungen *f/pl.*; مسبق ~ [musbaq, mu'sabbaq] Vorbedingung *f*

شرطن [ʃɒrŧɒna] *zum Priester* weihen

[1]**شرطة** [ʃɒrŧɒ], *pl.* شرط [ʃurɒŧ] Strich *m*; Gedankenstrich *m*, Bindestrich *m*

[2]**شرطة** [ʃurŧɒ] Polizei *f*; السير ~, ~ المرور Verkehrspolizei *f*

[1]**شرطي** [ʃɒrŧiː] Bedingungs-; bedingt; *Psych.* konditioniert

[2]**شرطي** [ʃurŧiː], *pl.* [-uːn] Polizist *m*; سري ~ [sirriː] Geheimpolizist *m*

[1]**شرع** [ʃaraʕa, a] anfangen, beginnen (في mit *D*; + *Impf.*: zu), vorhaben; *Waffe*, *Feder* zücken; **II** [ʃarraʕa] Gesetze geben; gesetzlich vorschreiben; **IV** أشرع [ʔaʃraʕa] *Waffe* zücken; **VIII** اشترع [iʃ'taraʕa] *Gesetz* geben, einführen

[2]**شرع** [ʃarʕ] Gesetz *n*; الـ~ *Isl.* das religiöse Gesetz; ~ًا [-an] nach dem Gesetz

شرعة [ʃirʕa] (religiöses) Gesetz; Charta *f*

شرعي [ʃarʕiː] gesetzlich, legitim, legal, rechtmäßig; Rechts-; *Isl.* Scharia-; ~ًا [-jan] *Adv.* gesetzlich,

de jure; ~الـ الطب [ɒŧ-ŧibb] Gerichtsmedizin *f*; ~ طفل [ŧifl] eheliche(s) Kind; ~ غير illegal, illegitim; *Kind*: unehelich; محكمة ~ـة Scharia-Gericht *n*

شرعية [ʃar'ʕiːja] Gesetzlichkeit *f*, Legitimität *f*, Legalität *f*, Rechtmäßigkeit *f*; إضفاء صفة الـ~ على [ʔiđ'faːʔ ṣifati ʃ-ʃ.] Legalisierung *f e-r Sache*

1**شرف** [ʃarifa, a] hoch, erhaben sein; — [ʃarufa, u] edel, vornehm sein; **II** [ʃarrafa] ehren; die Ehre geben (ه *j-m*), beehren; adeln, auszeichnen; **III** شارف [ʃaːrafa] sich nähern (ـه *D*); herabschauen (ـه auf *A*); überragen (على *die Umgebung*); um den Vorrang an Ehre wetteifern (ه mit *D*); **IV** أشرف [ʔaʃrafa] beaufsichtigen, kontrollieren, überwachen (على *A*); die Schirmherrschaft haben (على über *A*); herabschauen (على auf *A*), überblicken (على *A*); überragen, beherrschen (على *die Umgebung*); *Fenster*: hinausgehen (على auf *A*); sich nähern (على *D*), am Rande sein (على *des Verderbens*); **V** تشرف [ta'ʃarrafa] geehrt werden; die Ehre haben, sich beehren (ب zu); تشرفنا es ist *od.* war uns eine Ehre; **X** استشرف [is'taʃrafa] aufschauen (ـه/إلى zu *D*); überblicken, überschauen; sich aufrichten, sich erheben

2**شرف** [ʃaraf] Ehre *f*; بشرفي bei meiner Ehre!; ~ـه على ihm zu Ehren; ~الـ تصريح على *Tun.* ehrenwörtliche Erklärung

شرفاء → شريف *u.* أشرف

شرفة [ʃurfa], *pl.* [ʃur(a)'faːt, ʃuru'faːt] *u.* شرف [ʃuraf] Balkon *m*; Terrasse *f*, Veranda *f*; Loge *f im Theater*

شرفي [ʃarafiː] Ehren-

1**شرق** [ʃaraqa, u] *Sonne*: aufgehen; — [ʃariqa, a] sich verschlucken; ~ بدمعه [bi-'damʕihiː] seine Tränen erstickten ihn fast; **II** [ʃarraqa] nach Osten gehen; *Fleisch* in Streifen schneiden u. an der Sonne trocknen; **IV** أشرق [ʔaʃraqa] *Sonne*: aufgehen, scheinen; *a. fig.* leuchten, strahlen; **V** تشرق [ta'ʃarraqa] zum Orientalen werden; **X** استشرق [is'taʃraqa] orientalische Sitten annehmen; sich mit dem Orient befassen

2**شرق** [ʃarq] Osten *m*; Orient *m*; ~ [-a] östlich von; ~ًا [-an] *Adv.* östlich, im Osten; ostwärts; الـ~ الأدنى der Nahe Osten; الـ~ الأقصى der Ferne Osten; الـ~ الأوسط der Mittlere Osten; *heute meist*: der Nahe Osten; الـ~ الشمالي الشرقي Ostnordost

شرقراق [ʃaraq'raːq] *u.* **شرقرق** [ʃa'raqraq] *Zool.* Racke *f*

شرقي [ʃarqiː] östlich; orientalisch; *pl.* [-uːn] Orientale *m*; ~ [-ja] + *G*: östlich von, im Osten von; ~ آسيا Ostasien; ~ أوروبا Osteuropa

شرقية [ʃar'qiːja]: الـ~ *Saudi-Ar.* = المنطقة ~ [al-minŧɒqa] Ostregion *f*

1**شرك** [ʃarika, a] beteiligt sein, Anteil haben (في an *D*); **II** [ʃarraka] sozialisieren, vergesellschaften; **III** شارك [ʃaːraka] teilnehmen, sich beteiligen, mitwirken (في an *D*); teilhaben (في an *D*); ~ـه رأيه j-s Meinung teilen; **IV** أشرك [ʔaʃraka] beteiligen, teilnehmen *od.* teilhaben lassen (ه في *j-n* an *D*); ~ بالله Polytheist sein; **VI** تشارك [ta'ʃaːraka] gemeinsam teilnehmen (في an *D*); zusammenwirken; **VIII** اشترك [iʃ'taraka] teilnehmen, sich beteiligen, mitwirken, mitarbeiten (في/ب an *D*); teilhaben (في an *D*); abonnieren (في *Zeitschrift*)

2**شرك** [ʃarak], *pl.* أشراك [ʔaʃ'raːk] *u.* شراك [ʃi'raːk] Falle *f*, Schlinge *f*; Fallstrick *m*; نصب له ~ًا j-m eine Falle stellen

3**شرك** [ʃuruk] untauglich

4**شرك** [ʃirk] Polytheismus *m*, Götzendienerei *f*

شركاء → شريك

شركة [ʃarika], *bsd. Äg.* [ʃirka], *pl.* [-aːt] (Handels-)Gesellschaft *f*; Firma *f*, Betrieb *m*; ~ تضامن *u.* ~ تضامنية offene Handelsgesellschaft, OHG; ~ توصية [ʃ. tawṣija] Kommanditgesellschaft *f*; ~ ذات مسؤولية محدودة Gesellschaft *f* mit beschränkter Haftung, GmbH; ~ خفية الاسم [xafiːjat al-ism] *Tun.* Aktiengesellschaft *f*, AG; ~ مجهولة الاسم *Mar.* Aktiengesellschaft *f*; ~ محاصة [mu'ħɒːṣṣɒ] stille Gesellschaft; ~ محدودة (= *engl. limited company*) Gesellschaft *f* mit Haftungsbeschränkung; ~ مساهمة [musaːhima] *od.* [ʃ. musaːhama] Aktiengesellschaft *f*; ~ مشتركة [muʃ'taraka] Joint-venture *n*, Gemeinschaftsunternehmen *n*; ~ مغفلة [muɣfala] *bsd. Syr., Lib.* Aktiengesellschaft *f*

شركس [ʃarkas]: الـ~ *koll.* die Tscherkessen *m/pl.*

شركسي [ʃarkasiː], *pl.* شراكسة [ʃa'raːkisa] Tscherkesse *m*

شرلمان [ʃarlə'maːn] Karl der Große

1**شرم** [ʃarama, i] zerreißen, brechen; *Teller* anschlagen

2**شرم** [ʃarm], *pl.* شروم [ʃu'ruːm] Loch *n*, Riß *m*, Spalt *m*, Schlitz *m*; Bucht *f*; → أشرم

شرماء → أشرم

شرمط [ʃarmɒŧɒ] in Stücke reißen

شرموطة [ʃar'muːŧɒ], *pl.* شراميط [ʃaraː'miːŧ] (2) Hure *f*, Nutte *f*; Fetzen *m*, Lumpen *m*

شرنقة [ʃarnaqa], *pl.* شرانق [ʃa'raːniq] (2) Puppe *f*, Kokon *m*

1**شره** [ʃariha, a] gefräßig sein; gieren (إلى nach *D*)

2**شره** [ʃarah] Gefräßigkeit *f*; Gier *f*

3**شره** [ʃarih] gefräßig; gierig

شروال [ʃir'waːl] = سروال

1**شرود** [ʃa'ruːd], *pl.* شرد [ʃurud] davonlaufend; davongelaufen; Ausreißer *m*

2**شرود** [ʃu'ruːd] Fortlaufen *n*; Umherirren *n*, Umherschweifen *n*; ~ الفكر [ʃ. al-fikr] Zerstreutheit *f*, Gedankenlosigkeit *f*

شروع [ʃu'ruːʕ] Beginn *m*, Anfang *m* (في/ب mit *D*); Versuch *m* (في *e-r Straftat*); الـ~ في القتل versuchte(r) Mord

شروق [ʃu'ruːq] (Sonnen-)Aufgang *m*

شروة [ʃarwa] (Ein-)Kauf *m*

شروى [ʃarwaː]: لا يملك ~ نقير [laː jamliku ʃ. naqiːr(in)] er besitzt keinen roten Heller; ~ لا يجدي

نقير [laː judʒdiː] es nützt nicht das geringste

[1]شرى [ʃaraː, iː] kaufen; hingeben; **VIII** اشترى [iʃtaraː] (ein-, an)kaufen, erwerben; **X** استشرى [is'taʃraː] um sich greifen; *Lage*: sich verschlimmern, bedrohlich werden

[2]شرى [ʃaran] *Med.* Nesselsucht *f*

شريان [ʃir'jaːn, ʃar'jaːn], *pl.* شرايين [ʃaraː'jiːn] (2) Arterie *f*; *fig.* Lebensader *f*; إكليلي/تاجي ~ Herzkranzader *f*

شرياني [ʃir'jaːniː, ʃar'jaːniː] Arterien-

شريب [ʃi'rriːb], *pl.* ~ة Säufer *m*, Trunkenbold *m*

شريحة [ʃa'riːħa], *pl.* شرائح [ʃa'raːʔiħ] (2) Scheibe *f von Obst, Fleisch*, Schnitte *f*; Streifen *m*; Schnitzel *n*; Dia *n*; (*Gesellschafts*-)Schicht *f*; ضريبية ~ Steuerklasse *f*; من ~ الدخل Einkommensgruppe *f*

شريد [ʃa'riːd] vertrieben, verjagt; flüchtig; Vagabund *m*

شرير [ʃi'rriːr], *pl.* أشرار böse; *Plan*: teuflisch; *Herrscher*: brutal, grausam; Bösewicht *m*, Schurke *m*

شريط [ʃa'riːt], *pl.* أشرطة [ʔaʃritɒ] *u.* شرائط [ʃaraːʔit] (2) Band *n*, Streifen *m*; Borte *f*, Tresse *f*; (*Kino*-)Film *m*; Schienenstrang *m*; تسجيل ~ Magnetband *n*; Tonband *n*; ~ صوتي *bsd. Maghr.* Tonband *n*; ~ فيديو Videoband *n*; وثائقي ~ [wa-'θaːʔiqiː] Dokumentarfilm *m*

شريطة [ʃa'riːtɒ], *pl.* شرائط[ʃa'raːʔit] (2) **1.** Bedingung *f*; أن ~ [-ta ʔan] *u.* أن ~ على unter der Bedingung *od.* Voraussetzung, daß; **2.** Band *n*

شريطي [ʃa'riːtiː] Band-, Streifen-

شريعة [ʃa'riːʕa], *pl.* شرائع [ʃa'raːʔiʕ] (2) Gesetz *n*; ~الـ die Scharia, das islamische Recht

شريف [ʃa'riːf] **1.** *pl.* شرفاء [ʃura'faːʔ] (2) edel, vornehm; *Beruf*: achtbar, ehrbar; ehrenwert; ehrenhaft; *Arbeit*: ehrlich; ~ غير unehrenhaft; ~ حديث Ausspruch *m/pl.* des Propheten; → [2]حرم; **2.** *pl.* أشراف [ʔaʃ'raːf] Scherif *m* (*Titel der Nachkommen Mohammeds*); *hist. Titel des Gouverneurs von Mekka*

شريك [ʃa'riːk], *pl.* شركاء [ʃura'kaːʔ] (2) Teilhaber *m*, Partner *m*, Kompagnon *m*; Gesellschafter *m*; Mittäter *m*, Komplize *m*; تجاري [ti'dʒaːriː] Handelspartner *m*; الحياة ~ Lebensgefährte *m*, (*Ehe*-)Partner *m*; موص ~ [mu'wassin] *Hdl.* Kommanditist *m*; وشركاه [wa-ʃura'kaːh(u)] *in Firmennamen*: & Co.

شريكة [ʃa'riːka], *pl.* [-aːt] Teilhaberin *f*, Partnerin *f*

شزرا [ʃazran] *Adv.* schief, scheel, von der Seite

شزراء [ʃaz'raːʔ] (2): ~ نظرة ein schiefe(r) *od.* scheele(r) Blick

شست [ʃist] Schiefer *m*

ششخان [ʃaʃ'xaːn] *Äg. Gewehrlauf*: gezogen

ششمة [ʃiʃma] *Äg.* Klosett *n*

ششنة [ʃiʃna] *Syr.* Probe *f e-s Materials*

ششني [ʃiʃniː] *Äg.* Probe *f e-s Materials*

شص [ʃiss], *pl.* شصوص [ʃu'suːs] Angelhaken *m*

[1]**شط** [ʃɒttɒ, u] zu weit gehen (في bei *D*), das Maß überschreiten; abschweifen (عن von *D*); **VIII** اشتط [iʃtɒttɒ] = شط

[2]**شط** [ʃɒtt], *pl.* شطوط [ʃu'tuːt] Ufer *n*, Küste *f*, Strand *m*; العرب ~ *Geo.* Schatt el-Arab (*gemeinsamer Unterlauf des Euphrat u. Tigris*)

شطار → شاطر

شطارة [ʃa'tɒːra] Schlauheit *f*, Klugheit *f*, Cleverness *f*, Tüchtigkeit *f*

[1]**شطب** [ʃatɒba, u] (durch)streichen, ausstreichen, tilgen; **II** [ʃɒttɒba] (durch)streichen, ausstreichen, tilgen; *Äg.* fertigstellen; *Äg. Konto* abschließen

[2]**شطب** [ʃɒtb] Streichung *f*, Tilgung *f*

شطح [ʃatɒħa, a]: في الأحلام ~ sich Träumereien hingeben

[1]**شطر** [ʃatɒra, u] halbieren, in zwei Hälften spalten; — [ʃatura, u] schlau, clever sein; **II** [ʃɒttɒra] zerteilen, zerstückeln; zu jedem Halbvers e-n eigenen hinzudichten; **III** شاطر [ʃaːtɒra] teilen (ه ـه mit *j-m A*); Anteil nehmen (ـه an *D*); رأيه ه~ j-s Meinung teilen; **VII** انشطر [in'ʃatɒra] gespalten werden; sich spalten

[2]**شطر** [ʃɒtr] Teilung *f*, Halbierung *f*; *pl.* شطور [ʃu'tuːr] *u.* أشطر [ʔaʃtur] Hälfte *f*, Teil *m*; ~ [-a] in Richtung auf, nach; حلب الدهر أشطره [ħalaba d-dahra ʔaʃ'turahuː] er hat Glück und Unglück kennengelernt

شطرنج [ʃɒt'randʒ] Schach(spiel) *n*

شطط [ʃɒtɒt] Übertreibung *f*; Übermaß *n*

شطف [ʃatɒfa, u] (ab)spülen, waschen; **II** [ʃɒttɒfa] *Lib. Holz* in kleine Stücke spalten

شطفة [ʃutfa], *pl.* شطف [ʃutɒf] Stück *n*, Splitter *m*, Span *m*

شطة [ʃɒttɒ] *koll.* rote Pfefferschoten *f/pl.*

[1]**شظف** [ʃaðɒf], *pl.* شظاف [ʃi'ðɒːf] Entbehrung *f*, Härte *f des Lebens*

[2]**شظف** [ʃaðif] entbehrungsvoll, hart

(**شظي**) **V** تشظى [ta'ʃɒððɒː] zersplittert werden

شظية [ʃa'ðiːja], *pl.* شظايا [ʃa'ðaːjaː] Splitter *m*; Span *m*; Wadenbein *n*

شع [ʃaʕʕa, i] sich (strahlenförmig) ausbreiten; strahlen; **IV** أشع [ʔa'ʃaʕʕa] (aus-, ab)strahlen; **V** تشعع [ta'ʃaʕʕaʕa] *intr.* (aus)strahlen

[1]**شعار** [ʃa'ʕʕaːr], *pl.* [-uːn] *u.* ~ة *Ir.* Tänzer *m*, der weibliche Rollen darstellt

[2]**شعار** [ʃi'ʕaːr], *pl.* [-aːt] *u.* أشعرة [ʔaʃʕira] Devise *f*, Losung *f*, Parole *f*, Motto *n*; Slogan *m*; Kennwort *n*; Abzeichen *n*, Emblem *n*; Wappen *n*; ~ تحت unter dem Motto

شعاري [ʃiʕaːriː] heraldisch

[1]**شعاع** [ʃa'ʕaːʕ]: طار/تطاير ~ا [-an] auseinanderfliegen, in alle Richtungen verstreut werden

[2]**شعاع** [ʃu'ʕaːʕ], *pl.* أشعة [ʔa'ʃiʕʕa] Strahl *m*; Radspeiche *f*; أشعة إكس [ʔa. ʔiks] *u.* أشعة سينية [siː'niːja] Röntgenstrahlen *m/pl.*; أشعة دون الحمراء infrarote Strahlen *m/pl.*; صورة أشعة [suːrat ʔa.] Röntgenbild *n*; علم الأشعة [ʕilm al-ʔa.] Radiologie *f*

شعاعي [ʃu'ʕaːʕiː] Strahlen-, Strahlungs-; ~ة صورة [suːra] Röntgenbild *n*

شعانين [ʃaʕaː'niːn] (2): أحد الـ~ [ʔaħad aʃ-ʃ.] *Chr.* Palmsonntag *m*

1 **شعب** **II** [ʃaʕʕaba] verzweigen; unterteilen; sich verzweigen; **V** تشعب [ta'ʃaʕʕaba] sich verzweigen; abzweigen (عن von *D*); in Unterabteilungen zerfallen; **VII** انشعب [in'ʃaʕaba] sich verzweigen

2 **شعب** [ʃaʕb], *pl.* شعوب [ʃu'ʕuːb] Volk *n*

3 **شعب** [ʃiʕb], *pl.* شعاب [ʃi'ʕaːb] Bergpfad *m*; *Äg.* Riff *n*

شعبان [ʃaʕ'baːn] (2) *8. Monat des islamischen Jahres*

شعبذة [ʃaʕbaða] Gaukelei *f*, Taschenspielerei *f*, Hokuspokus *m*

1 **شعبة** [ʃuʕba], *pl.* شعب [ʃuʕab] *u.* شعاب [ʃi'ʕaːb] Abteilung *f*, Sektion *f*; Zweigstelle *f*, Filiale *f*; Fachrichtung *f an e-r Universität*; *Anat.* Bronchie *f*; التجنيد ~ *Syr.* Wehrersatzamt *n*

2 **شعبة** [ʃiʕba], *pl.* شعب [ʃiʕab] *Äg.* Riff *n*

1 **شعبي** [ʃaʕbiː] Volks-; von den Volksmassen getragen; volkstümlich, populär; für das (einfache) Volk; Folklore-, folkloristisch; öffentlich; استقبال ~ Empfang *m* durch die Bevölkerung

2 **شعبي** [ʃuʕabiː] Bronchial-

شعبية [ʃaʕ'biːja] Popularität *f*

1 **شعث** [ʃaʕiθa, a] *Haar*: zerzaust sein; **II** [ʃaʕʕaθa] zerzausen; **V** تشعث [ta'ʃaʕʕaθa] zerzaust werden; in Unordnung geraten; *Gebäude*: verfallen

2 **شعث** [ʃaʕaθ] unordentliche(r) Zustand; لم ~ه [lamma] etwas wieder in Ordnung bringen

3 **شعث** [ʃaʕiθ] *Haar*: zerzaust; struppig

1 **شعر** [ʃaʕara, u] fühlen, spüren, empfinden, wahrnehmen (ب *A*); intuitiv verstehen (ب *A*); بالبرد ~ frieren; لم يشعر إلا ب/و unversehens war da; ehe er sich versah, geschah …; **IV** أشعر [ʔaʃʕara] fühlen *od.* merken lassen (ب ه *j-n A*), das Gefühl geben (ب ه *j-m* daß); wissen lassen (ب ه *j-n A*), in Kenntnis setzen (ب ه *j-n* von *D*); informieren (ب ه *j-n* über *A*); **X** استشعر [is'taʃʕara] fühlen; sich bewußt sein (ـه *G*)

2 **شعر** [ʃaʕr], *pl.* شعور [ʃu'ʕuːr] *koll.* Haar *n*; Fell *n*; Borsten *pl.*; مستعار ~ Perücke *f*, Toupet *n*

3 **شعر** [ʃiʕr], *pl.* أشعار [ʔaʃ'ʕaːr] Dichtung *f*, Poesie *f*; Gedicht *n*, Verse *m/pl.*; غنائي ~ [ɣi'naːʔiː] Lyrik *f*; ليت ~ي [laita] wenn ich doch wüßte …!

شعراء → شاعر .*u* أشعر

شعراني [ʃaʕ'raːniː] haarig, (stark) behaart

شعرة [ʃaʕra], *pl.* [ʃaʕa'raːt] (ein einzelnes) Haar

1 **شعري** [ʃaʕriː] Haar-; kapillar; أوعية ~ة [ʔawʕija] Kapillargefäße *n/pl.*

2 **شعري** [ʃiʕriː] dichterisch, Dichter-, poetisch

3 **شعرى** [ʃiʕraː]: الـ~ *Astr.* Sirius *m*

1 **شعرية** [ʃaʕ'riːja] **1.** *pl.* [-aːt] Drahtnetz *n*, Gitter *n*; **2.** *Phys.* Kapillarität *f*; **3.** *Ir.* Fadennudeln *f/pl.*

2 **شعرية** [ʃiʕ'riːja] *Äg.* Fadennudeln *f/pl.*

شعشع [ʃaʕʃaʕa] funkeln, glänzen; *Wein* mit Wasser mischen

(**شعل**) **IV** أشعل [ʔaʃʕala] anzünden, entzünden, entfachen; مشاعر ~ الناس die Gemüter erregen; النار ~ في *etwas* in Brand stecken; **VIII** اشتعل [iʃ'taʕala] sich entzünden, in Flammen aufgehen; auflodern; *Feuer*, *Kampf*: ausbrechen; ~ غضبا [ɣaðɒban] der Zorn packte ihn

شعلة [ʃuʕla], *pl.* شعل [ʃuʕal] Fackel *f*; Flamme *f*

شعواء [ʃaʕ'waːʔ] (2) *f Angriff*: wütend, massiv, verheerend

شعوبي [ʃu'ʕuːbiː] auf die شعوبية bezüglich; Anhänger *m* der شعوبية; araberfeindlich; partikularistisch

شعوبية [ʃuʕuː'biːja] *hist.* Richtung *f* in der islamischen Völkergemeinschaft, die die Vorrangstellung der Araber nicht anerkannte; Araberfeindlichkeit *f*; Partikularismus *m*

شعوذ [ʃaʕwaða] vorgaukeln, Hokuspokus treiben

شعوذة [ʃaʕwaða] Gaukelei *f*, Taschenspielerei *f*, Hokuspokus *m*

1 **شعور** [ʃa'ʕuːr] *Saudi-Ar. e-e Fischart*

2 **شعور** [ʃu'ʕuːr] Gefühl *n*, Empfindung *f*, Wahrnehmung *f*; Bewußtsein *n*; بالأمن ~ Gefühl *n* der Sicherheit; بالذات ~ Selbstbewußtsein *n*; بالمسؤولية ~ Verantwortungsgefühl *n*; وطني ~ [wɒtɒniː] Nationalbewußtsein *n*; عديم الـ~ gefühllos; فاقد الـ~ bewußtlos; اللا~ das Unbewußte; من غير ~ منه [min ɣairi ʃ.] unbewußt (*Adv.*)

شعوري [ʃu'ʕuːriː] gefühlsmäßig; bewußt; لا~ *od.* غير ~ unbewußt

شعير [ʃa'ʕiːr] *koll.* Gerste *f*; محمص ~ [mu'ħammɒs] *Syr.* Malz *n*

1 **شعيرة** [ʃa'ʕiːra] **1.** *pl.* شعائر [ʃa'ʕaːʔir] (2) religiöse Zeremonie, Ritus *m*; **2.** *n. un.* Gerstenkorn *n*; *Syr.* Korn *n am Gewehr*

2 **شعيرة** [ʃu'ʕaira], *pl.* [-aːt] Härchen *n*; Faden *m der Glühlampe*; Faser *f*; دموية ~ [dama'wiːja] Haargefäß *n*, Kapillare *f*

شغاف [ʃa'ɣaːf], *pl.* شغف [ʃuɣuf] *Anat.* Herzbeutel *m*

شغال [ʃa'ɣɣaːl] beschäftigt; arbeitsam; *Maschine*: in Betrieb; *pl.* [-uːn] Arbeiter *m*

شغالة [ʃa'ɣɣɑːla], *pl.* [-aːt] Arbeiterin *f*; *Äg.* Dienstmädchen *n*

1 **شغب** [ʃaɣaba, a] Unruhe stiften; **III** شاغب [ʃaːɣaba] Unruhe stiften; sich anlegen (ه mit *D*)

2 **شغب** [ʃaɣab] Unruhe *f*, Aufruhr *m*, Streit *m*; مثير الـ~ [mu'θiːr aʃ-ʃ.] Unruhestifter *m*

شغر [ʃaɣara, u] *Stelle*: frei, unbesetzt, vakant sein

1 **شغف** [ʃaɣafa, a] begeistern, entflammen; *Pass.* [ʃuɣifa] sich begeistern (ب für *A*), verrückt sein (ب nach *D*, auf *A*); **VII** انشغف [in'ʃaɣafa] = [ʃuɣifa]

2 **شغف** [ʃaɣaf] Begeisterung *f*, Leidenschaft *f*, Passion *f*, Interesse *n*; بـ~ mit Begeisterung, mit (großem) Interesse

3 **شغف** [ʃaɣif] begeistert (ب von *D*, für *A*), verrückt (ب nach *D*), eingenommen (ب von *D*)

شغفي [ʃaɣafiː] *Mar.* interessant

[1]**شغل** [ʃaɣala, a] beschäftigen, in Anspruch nehmen; *Stelle* besetzen; *Fläche* einnehmen; *Raum* ausfüllen; *feindliche Kräfte* binden; ablenken, abbringen (عن von *D*); *Pass.* [ʃuɣila] beschäftigt sein (ب mit *D*) *od.* werden (ب durch *D*); abgelenkt werden (ب عن durch *A* von *D*); البال ~ beunruhigen, Sorgen bereiten; **II** [ʃaɣɣala] beschäftigen, arbeiten lassen; *Gerät* in Gang setzen, einschalten; *Maschine* in Betrieb nehmen, einsetzen; *Motor* anlassen *od.* laufen lassen; *Techn.* bedienen; *Kapital* einsetzen, anlegen; **III** شاغل [ʃaːɣala] beschäftigen, ablenken; **IV** أشغل [ʔaʃɣala] beschäftigen; ablenken, abbringen (عن von *D*); → [ʃaɣala]; البال ~ beunruhigen, Sorgen bereiten; **VII** انشغل [inˈʃaɣala] beschäftigt sein (ب mit *D*); beunruhigt sein, sich sorgen; abgelenkt werden (ب عن durch *A* von *D*); **VIII** اشتغل [iʃˈtaɣala] arbeiten, beschäftigt *od.* tätig sein; sich beschäftigen (ب mit *D*); *Maschine*: laufen, in Betrieb sein

[2]**شغل** [ʃaɣl] Besetzung *f e-r Stelle*

[3]**شغل** [ʃuɣl], *pl.* أشغال [ʔaʃˈɣaːl] Arbeit *f*, Beschäftigung *f*; Sorge *f*; ~ شاغل Hauptsorge *f*; Sache *f*, die j-n von etwas (عن) ablenkt; أشغال شاقة [ʃaːqqa] Zwangsarbeit *f*; أشغال عامة [ʕaːmma] *u. bsd. Maghr.* أشغال عمومية öffentliche Arbeiten *f/pl.*; يدوي ~ [jadawiː] Handarbeit *f*; هو في ~ ب er ist beschäftigt mit; هو في ~ عن er ist zu sehr in Anspruch genommen, um *etwas zu tun*

شغلة [ʃaɣla] *umg.* Arbeit *f*

شغور [ʃuˈɣuːr] Vakanz *f e-r Stelle*

شغوف [ʃaˈɣuːf] begeistert (ب für *A*); بالعلم ~ [bi-l-ʕilm], بالمعرفة ~ [bi-l-maʕrifa] wißbegierig

[1]**شف** [ʃaffa, i] durchsichtig, transparent sein; durchschimmern lassen (عن *A*); dünn sein; — [ʃaffa, u] (durch)pausen; **X** استشف [istaˈʃaffa] hindurchsehen (هـ durch *A*); zu sehen *od.* erkennen suchen (هـ من *etwas* durch *A*, an *D*); ablesen (من an *D*); *a. Pass.* [ustuˈʃiffa] offenkundig, erkennbar werden

[2]**شف** [ʃaff, ʃiff], *pl.* شفوف [ʃuˈfuːf] Gaze *f*, Chiffon *m*, durchsichtige(r) Stoff

شفا [ʃafan], *pl.* أشفاء [ʔaʃˈfaːʔ] Rand *m*; على ~ + *G*: am Rande von

شفاء [ʃiˈfaːʔ] Heilung *f*, Genesung *f*; *pl.* أشفية [ʔaʃfija] Heilmittel *n*, Arznei *f*; قابل للـ~ heilbar

شفاطة [ʃaˈffaːtɒ], *pl.* [-aːt] Saugpumpe *f*; Siphon *m*

شفاعة [ʃaˈfaːʕa] Fürsprache *f*, Fürbitte *f*

شفاف [ʃaˈffaːf] durchsichtig, durchscheinend, transparent; *Lack*: farblos

شفافة [ʃaˈffaːfa], *pl.* [-aːt] *bsd. Maghr.* Dia *n*

شفافية [ʃaffaːˈfiːja] Durchsichtigkeit *f*, Transparenz *f*

شفاه → شفة

شفاها [ʃiˈfaːhan] *Adv.* mündlich

شفاهي [ʃiˈfaːhiː] mündlich; الـ~ die mündliche Prüfung

شفت [ʃift] *Med.* Zange *f*; Pinzette *f*

شفتر [ʃaftara] schmollen

[1]**شفر II** [ʃaffara] chiffrieren

[2]**شفر** [ʃafr, ʃufr], *pl.* أشفار [ʔaʃˈfaːr] Lidrand *m*; Schamlippe *f*

[1]**شفرة** [ʃafra], *pl.* [ʃafaˈraːt] Klinge *f*, Rasierklinge *f*; Schamlippe *f*

[2]**شفرة** [ʃafra, ʃifra] Chiffre *f*, Code *m*; Geheimschrift *f*

شفشق [ʃafʃaq] Krug *m*, Karaffe *f*

[1]**شفط** [ʃafatɒ, u] (ab-, an)saugen

[2]**شفط** [ʃaft] (Ab-, An-)Saugen *n*

[1]**شفع** [ʃafaʕa, a] **1.** Fürsprache *od.* ein gutes Wort einlegen (ل für *j-n*); **2.** beifügen, verbinden (ب mit *D*); nachfolgen lassen (ب هـ *e-r Sache e-e andere*); **V** تشفع [taˈʃaffaʕa] = [ʃafaʕa] 1.

[2]**شفع** [ʃafʕ], *pl.* أشفاع [ʔaʃˈfaːʕ] Paar *n*; gerade Zahl; ~ًا [-an] paarweise

شفعة [ʃufʕa] Vorkaufsrecht *n*

شفعي [ʃafʕiː] paarig; *Zahl*: gerade

[1]**شفق** [ʃafiqa, a] sich sorgen (على um *A*); **IV** أشفق [ʔaʃfaqa] Mitleid haben (على mit *D*), besorgt sein (على um *A*); fürchten (من *A*, على für *j-n*)

[2]**شفق** [ʃafaq] Abendröte *f*; Dämmerung *f*; الآلهة ~ [ʃ. al-ʔaːliha] Götterdämmerung *f*; الـ~ القطبي [al-qutbiː] Polarlicht *n*

شفقة [ʃafaqa] Mitleid *n*, Erbarmen *n*; عديم الـ~ mitleidslos, unbarmherzig

[1](**شفه**) **III** شافه [ʃaːfaha] sprechen, sich mündlich unterhalten (ه mit *D*)

[2]**شفة** [ʃafa], *pl.* شفاه [ʃiˈfaːh], شفوات [ʃafaˈwaːt] *u. Äg., Ir.* شفايف [ʃaˈfaːjif] Lippe *f*

شفهي [ʃafahiː] mündlich; *Phon.* labial; الـ~ die mündliche Prüfung

(**شفو**) **IV** أشفى [ʔaʃfaː] nahe sein (على *D*), am Rande sein (على von *D*); an den Rand bringen (ب *j-n*, على von *D*)

شفوف [ʃuˈfuːf] Durchsichtigkeit *f*, Transparenz *f*

شفوق [ʃaˈfuːq] mitleidig, mitleidsvoll

شفوي [ʃafawiː] mündlich; *Phon.* labial; سني ~ [sinniː] labiodental

شفى [ʃafaː, iː] heilen, kurieren; *Durst* stillen, *Verlangen* befriedigen; *Pass.* شفي [ʃufija] geheilt werden, genesen, *Wunde*: heilen; **V** تشفى [taˈʃaffaː] *u.* **VIII** اشتفى [iʃˈtafaː] geheilt werden; sich rächen (من an *D*); **X** استشفى [isˈtaʃfaː] Heilung suchen

شفير [ʃaˈfiːr] Rand *m*

شفيع [ʃaˈfiːʕ], *pl.* شفعاء [ʃufaˈʕaːʔ] (2) Fürsprecher *m*; *Chr.* Schutzheilige(r); Vorkaufsberechtigte(r)

شفيف [ʃaˈfiːf] durchscheinend, durchsichtig, transparent

شفيق [ʃaˈfiːq], *pl.* شفقاء [ʃufaˈqaːʔ] (2) mitleidig, mitleidsvoll; *a. npr. m*

[1]**شق** [ʃaqqa, u] **1.** spalten, zerreißen, zerbrechen; durchfurchen, *Boden* pflügen; durchqueren; *Weg* bahnen; *Straße*, *Kanal* anlegen; *Zahn*: durchbrechen; ~ت جيبها [dʒaibahaː] *Frau*: sich zum Zeichen der Trauer das Vorderteil des Gewandes zerreißen; لا يشق غباره [laː juˈʃaqqu ɣuˈbaːruhuː] unerreichbar, unvergleichlich; **2.** hart,

schwer *od.* mühevoll sein (على für *j-n*); zur Last fallen (على *j-m*), belasten (على *A*); sehen (على nach *D*); **II** شقّق [ʃaqqaqa] spalten; rissig werden, reißen; **V** تشقّق [taˈʃaqqaqa] sich spalten, bersten; rissig werden, reißen; **VII** انشقّ [inˈʃaqqa] gespalten werden, sich spalten; zerrissen werden, (auf)reißen; sich trennen, sich abspalten (عن von *D*); **VIII** اشتقّ [iʃˈtaqqa] *Wort* ableiten; *Chem.* abspalten

[2]**شقّ** [ʃaqq] Spaltung *f*; Anlegen *n von Straßen u. Kanälen*; *pl.* شقوق [ʃuˈquːq] Spalt *m*, Riß *m*, Schlitz *m*

[3]**شقّ** [ʃiqq] **1.** Hälfte *f*, (*ergänzender*) Teil; **2.** Mühe *f*; ~ النفس, *pl.* ~ بـ الأنفس [ʃiqqi l-ʔanfus]) mit Mühe

شقا [ʃaqan] *u.* شقاء [ʃaˈqaːʔ] Elend *n*, Not *f*, Unglück *n*; Mühsal *f*, Plackerei *f*

شقافة [ʃuˈqaːfa] (Ton-)Scherben *f/pl.*

شقاق [ʃiˈqaːq] Zwist *m*, Zwietracht *f*

شقاوة [ʃaˈqaːwa] **1.** Unglück *n*, Elend *n*; **2.** *Äg.* Ungezogenheit *f*, Bosheit *f*

[1]**شقر** [ʃaqura, u] blond sein

[2]**شقر** [ʃuqr] → أشقر

شقراء → أشقر

شقراق [ʃaqiˈrraːq, ʃiqiˈrraːq] *Zool.* Racke *f*

شقرة [ʃuqra] Blondheit *f*; helle Haarfarbe

شقشق [ʃaqʃaqa] piepsen; *Tag:* anbrechen

شقف [ʃaqaf] *koll.* (Ton-)Scherben *f/pl.*; (Bruch-)Stücke *n/pl.*

شقفة [ʃaqfa] *n. un.* (Ton-)Scherbe *f*; Stück *n*

شقلب [ʃaqlaba] umstürzen, auf den Kopf stellen; **II** تشقلب [taˈʃaqlaba] sich überschlagen; e-n Purzelbaum schlagen

شقلبة [ʃaqlaba], *pl.* [-aːt] Überschlag *m*; Purzelbaum *m*

[1]**شقّة** [ʃaqqa], *pl.* [-aːt] *u.* شقق [ʃuqaq] Wohnung *f*; Appartement *n*

[2]**شقّة** [ʃuqqa, ʃiqqa], *pl.* شقق [ʃuqaq, ʃiqaq] Mühe *f*, Mühsal *f*; Beschwerlichkeit *f*; Entfernung *f*, Abstand *m*; بعيد الـ~ weit entfernt; sehr verschieden

[3]**شقّة** [ʃiqqa], *pl.* شقق [ʃiqaq] Wohnung *f*; Appartement *n*; Stück *n* Land; längliche(s) Stück Stoff; ~ من الأرض Parzelle *f*; تمليك ~ Eigentumswohnung *f*

شقي [ʃaqija, aː] elend, unglücklich sein; **IV** أشقى [ʔaʃqaː] elend, unglücklich machen, ins Unglück *od.* in Not stürzen

شقيق [ʃaˈqiːq], *pl.* أشقاء [ʔaʃiˈqqaːʔ] (2) Bruder *m* (*mit demselben Vater u. derselben Mutter*); Bruder-, brüderlich befreundet; *pl.* Geschwister *pl.*; دولة ~ة Bruderstaat *m*

شقيقة [ʃaˈqiːqa] **1.** *pl.* [-aːt] Schwester *f* (*mit demselben Vater u. derselben Mutter*); **2.** Migräne *f*; **3.** *pl.* شقائق [ʃaˈqaːʔiq] (2): ~ النعمان [ʃ. an-nuʕˈmaːn] Anemone *f*

[1]**شكّ** [ʃakka, u] **1.** zweifeln (في an *D*); bezweifeln, anzweifeln (في *A*); Bedenken haben, skeptisch sein; verdächtigen, beargwöhnen (في *j-n*); في أمره ~ j-n verdächtigen; **2.** aufspießen; **II** شكّك [ʃakkaka] in Zweifel ziehen, skeptisch beurteilen (في *A*); in Frage stellen (في/ب *A*); zweifeln lassen (ه في *j-n* an *D*); Skepsis erregen; *Äg.* auf Kredit kaufen *od.* verkaufen; **V** تشكّك [taʃakkaka] zweifeln (في an *D*); Bedenken haben, skeptisch sein

[2]**شكّ** [ʃakk], *pl.* شكوك [ʃuˈkuːk] Zweifel *m*, Bedenken *n*; Verdacht *m*; بلا ~ zweifellos, ohne Zweifel; لا ~ (في) أن [laː ʃakka (fiː) ʔanna] *od.* ليس من ~ (في) أن es besteht kein Zweifel (daran), daß

[3]**شكّ** [ʃikk], *pl.* [-aːt] Scheck *m*

شكا → (شكو)

شكّاء [ʃaˈkkaːʔ] ständig klagend; Lamentierer *m*

شكارة [ʃiˈkaːra], *pl.* [-aːt] *u.* شكاير [ʃaˈkaːjir] (2) *Äg.* Sack *m*

شكاسة [ʃaˈkaːsa] Übellaunigkeit *f*, Unverträglichkeit *f*, Gehässigkeit *f*, Streitsucht *f*

شكّاك [ʃaˈkkaːk] skeptisch; Skeptiker *m*

شكال [ʃiˈkaːl], *pl.* [-aːt] *u.* شكل [ʃukul] (Fuß-)Fessel *f*

شكاية [ʃiˈkaːja], *pl.* [-aːt] Klage *f*, Beschwerde *f*

[1]**شكر** [ʃakara, u] danken (ه على/ل *j-m* für *A*); **V** تشكّر [taˈʃakkara] dankbar sein (ل *j-m*)

[2]**شكر** [ʃukr] Dank *m*; ~ا [-an] danke!; ~ا جزيلا vielen Dank!; لا ~ على الواجب [laː ʃukra] nichts zu danken!; ~ على تعزية [taʕzija] Danksagung *f für Beileidsbezeigung*

[1]**شكس** [ʃakusa, u] *u.* [ʃakisa, a] übellaunig, unverträglich, gehässig, streitsüchtig sein; **III** شاكس [ʃaːkasa] sich gehässig benehmen (ه gegenüber *D*); Händel anfangen (ه mit *D*); **VI** تشاكس [taˈʃaːkasa] sich zanken

[2]**شكس** [ʃakis], *pl.* شكس [ʃuks] übellaunig, unverträglich, gehässig, streitsüchtig

شكك [ʃukuk] *Äg.* auf Kredit

[1]**شكل** [ʃakala, u] **1.** zweifelhaft, unklar sein; **2.** *Gr.* vokalisieren; **II** [ʃakkala] formen, gestalten, *a. fig.* bilden; *Gefahr, Erfolg* darstellen; *Streitkräfte* formieren, aufstellen; variieren, verschieden machen; *Gr.* vokalisieren; **III** شاكل [ʃaːkala] gleichen (ه/ه *D*); وما ~ ذلك und dergleichen; **IV** أشكل [ʔaʃkala] schwierig sein (على für *j-n*), unklar sein; **V** تشكّل [taˈʃakkala] geformt, gestaltet, gebildet werden; formiert werden, sich formieren; die Gestalt (ب *e-r Sache*) annehmen; **VI** تشاكل [taˈʃaːkala] einander gleichen; **X** استشكل [isˈtaʃkala] zweifelhaft sein

[2]**شكل** [ʃakl], *pl.* أشكال [ʔaʃˈkaːl] Form *f*; Gestalt *f*, Figur *f*; Aussehen *n e-s Menschen*; Abbildung *f*; Art und Weise *f*; *Gr.* Vokalisierung *f*; ~ا [-an] *Adv.* formell; ~ من أشكال + *G*: eine Art *od.* Form von; irgendein; هو وأشكاله er und seinesgleichen; بـ~ آخر [ʔaːxar(a)] anders; بـ~ ملحوظ in beachtlicher Weise; ~ على + *G*: in Form von; على هذا الـ~ auf diese Art; أشكال نباتية *Kunst*: Pflanzenmotive *n/pl.*

شكلة [ʃakla], *pl.* [ʃakaˈlaːt] *Gr.* Vokalzeichen *n*

شكلي [ʃakliː] formal, formell; Form-; شكليات [ʃakliːˈjaːt] *pl.* Formalitäten *f/pl.*
شكلية [ʃakˈliːja] Formalismus *m*
شكم [ʃakama, u] *Reittier* (auf)zäumen; *fig.* zügeln
(شكو) شكا [ʃakaː, uː] klagen (من/ه/ـه über *A*, إلى *j-m*); sich beklagen, sich beschweren (من/ه/ـه über *A*, إلى bei *j-m*); leiden (من/ـه unter *D*), *fig.* beklagen (من/ـه *A*); **V** تشكى [taˈʃakkaː] klagen, sich beklagen, sich beschweren; **VI** تشاكى [taˈʃaːkaː] einander *etwas* (ـه) klagen; **VIII** اشتكى [iʃˈtakaː] klagen, sich beklagen; Anzeige erstatten (للشرطة [li-ʃ-ʃurtɒ] *bei der Polizei*)
شكور [ʃaˈkuːr] *m u. f* (sehr) dankbar
شكوريا [ʃiˈkuːrijaː] Chicorée *f od. m*
شكولاته [ʃukuːˈlaːta, ʃokoˈlaːta], *Äg. a.* [ʃikuˈlaːta] Schokolade *f*
شكوة [ʃakwa], *pl.* [ʃakaˈwaːt] Klage *f*, Beschwerde *f*
شكوى [ʃakwaː], *pl.* شكاوى [ʃaˈkaːwaː] *a. Jur.* Klage *f*; Beschwerde *f*
شكيمة [ʃaˈkiːma], *pl.* شكائم [ʃaˈkaːʔim] (2) Unbeugsamkeit *f*, Festigkeit *f*; Trense *f*, Gebiß *n des Pferdezaumes*; شديد الـ~ unbeugsam, hartnäckig, unnachgiebig; قوي الـ~ [qaˈwiːj aʃ-ʃ.] zielbewußt, energisch
شل [ʃalla, u] *a. fig.* lähmen; zum Erliegen bringen; ~ حركته [ħaraˈkatahuː] j-n lähmen; etwas lahmlegen; **IV** أشل [ʔaˈʃalla] lähmen; lahmlegen; **VII** انشل [inˈʃalla] gelähmt sein *od.* werden
شلاء → أشل
شلال [ʃaˈllaːl], *pl.* [-aːt] Wasserfall *m*; Stromschnelle *f*, Katarakt *m*
شلب [ʃilib] *Ir.* Reis *m*
شلبة [ʃalba, ʃilba] *Zool.* Salpabrasse *f*
شلبي [ʃalabiː] elegant, hübsch; *Äg. a.* geckenhaft
شلت II [ʃallata] *Äg. Pferd*: ausschlagen; e-n Fußtritt geben (ل *j-m*)
شلتة [ʃalta, ʃilta], *pl.* [-aːt] *u.* شلت [ʃilat] dünne Matratze, (Sitz-)Polster *n*
شلجم [ʃaldʒam] *koll.* (Kohl-)Rübe(n *pl.*) *f*; Raps *m*
شلح [ʃalaħa, a] *Kleid* ausziehen, ablegen; **II** [ʃallaħa] entkleiden, ausziehen; berauben
شلشل [ʃalʃala] tropfenweise fallen
شلعة [ʃalʕa] *Syr.* Herde *f von Kleinvieh*; Schwarm *m von Vögeln*
شلغم [ʃalɣam] *koll. Ir.* (*weiße*) Rübe
شلل [ʃalal] Lähmung *f*; ~ الأطفال Kinderlähmung *f*
شلن [ʃilin], *pl.* [-aːt] Schilling *m*
[1]**شلة** [ʃalla], *pl.* شلل [ʃilal] *Äg.* Gruppe *f*, Haufen *m*
[2]**شلة** [ʃilla], *Äg.* [ʃalla], *pl.* شلل [ʃilal] Knäuel *n*, (Woll-)Strähne *f*
شلو [ʃilw], *pl.* أشلاء [ʔaʃˈlaːʔ] (2) (abgerissener) Körperteil; Trümmerteil *n*; Wrackteil *n*; *pl.* Leichenteile *m/pl.*; Trümmer *n/pl.*, Überreste *m/pl.*
شلوت [ʃaˈlluːt], *pl.* شلاليت [ʃalaːˈliːt] (2) *Äg.* Fußtritt *m*
شلوح [ʃluːħ] Schluh *pl.* (*Gruppe der Berber in Marokko*)
شليك [ʃuˈllaik, ʃileːk] *koll.* Erdbeeren *f/pl.*
[1]**شم** [ʃamma, a] stolz sein; — [ʃamma, u] riechen (ـه *A*, an *D*); ~ رائحته nach etwas schnuppern; ~ النسيم/الهواء frische Luft schöpfen; **II** شمم [ʃammama] *u.* **IV** أشم [ʔaˈʃamma] riechen lassen; **V** تشمم [taˈʃammama] riechen (ـه an *D*); schnuppern, schnüffeln; ~ الأخبار auf Neuigkeiten aus sein, herumschnüffeln; **VIII** اشتم [iʃˈtamma] riechen; ablesen (ـه من *A* an *D*), entnehmen (ـه من *A* aus *D*)
[2]**شم** [ʃamm] Riechen *n*; (= حاسة الـ~ [ħaːssat aʃ-ʃ.]) Geruchssinn *m*; ~ النسيم *Äg.* Frühlingsfest *n am koptischen Ostermontag*
[3]**شم** [ʃumm] → أشم
ش.م. *Abk. für* شركة مساهمة [ʃarika muˈsaːhima] Aktiengesellschaft *f*
شماء → أشم
شمات → شامت
شماتة [ʃaˈmaːta] Schadenfreude *f*, Frohlocken *n*
(شمأز) IV اشمأز [iʃmaˈʔazza] Abscheu *od.* Ekel empfinden (من vor *D*), angewidert werden (من von *D*)
شماس [ʃaˈmmaːs], *pl.* شمامسة [ʃaˈmaːmisa] *Chr.* Diakon *m*; Meßdiener *m*, Küster *m*
شماع [ʃaˈmmaːʕ], *pl.* [-uːn] Hersteller *m od.* Verkäufer *m* von Kerzen
شماعة [ʃaˈmmaːʕa], *pl.* [-aːt] Kleiderrechen *m*; Kleiderhaken *m*; Kleiderbügel *m*
[1]**شمال** [ʃaˈmaːl], *Äg.* [ʃiˈmaːl] Norden *m*; *f* Nordwind *m*; ~ [-a] nördlich von; ~ًا [-an] *Adv.* nördlich, im Norden; nach Norden; ~ شرقي Nordosten *m*
[2]**شمال** [ʃiˈmaːl] linke Seite; ~ًا [-an] *Adv.* links; nach links; (خذ) ~ك [xuð] halte dich links!
[1]**شمالي** [ʃaˈmaːliː] nördlich, Nord-; ~ [ʃamaːˈliːja] + *G*: nördlich von, im Norden von; إفريقيا ~ *u.* إفريقيا الشمالية Nordafrika; ~ شرقي nordöstlich
[2]**شمالي** [ʃiˈmaːliː] links, links befindlich
شمام [ʃaˈmmaːm] **1.** *koll.*, *n. un.* ~ة (Zucker-)Melone *f*; **2.** *pl.* [-uːn] (*Tabak*-)Schnupfer *m*; j-d, der e-n guten Geruchssinn hat
شمبانزي [ʃimˈbanziː] Schimpanse *m*
شمبانيا [ʃamˈbanjaː] Champagner *m*
شمت [ʃamita, a] Schadenfreude empfinden (ب über *A*); **IV** أشمت [ʔaʃmata] Schadenfreude empfinden lassen (ب über *A*)
شمخ [ʃamaxa, a] hoch aufragen; ~ بأنفه hochmütig sein; **VI** تشامخ [taˈʃaːmaxa] hoch aufragen; hochmütig *od.* stolz sein
(شمخر) IV اشمخر [iʃmaˈxarra] hoch aufragen; hochmütig sein
[1]**شمر II** [ʃammara] *Ärmel* hochkrempeln, *Kleidungsstück* hochschlagen; *fig.* die Ärmel hochkrempeln (ل um *etwas zu tun*); ~ عن ساعده sich an die Arbeit machen; ~ عن ساعد الجد [saːʕidi l-dʒidd] sich ins Zeug legen
[2]**شمر** [ʃamar] Fenchel *m*
[1]**شمرة** [ʃamra]: رأس ~ *hist.* Ras Schamra, Ugarit

[2]شمرة [ʃumra] Fenchel *m*

شمروخ [ʃum'ruːx], *pl.* شماريخ [ʃa-maː'riːx] (2) (*Dattel-*)Rispe *f*

[1]شمس **II** [ʃammasa] der Sonne aussetzen; *Chr.* den Diakonsdienst versehen; نفسه ~ sich sonnen; **V** تشمس [ta'ʃammasa] sich sonnen

[2]شمس [ʃams] *f, pl.* شموس [ʃu'muːs] Sonne *f*; ~ ضربة Sonnenstich *m*; عباد الـ~ [ʕa'bbaːd aʃ-ʃ.] Sonnenblume *f*

شمسي [ʃamsiː] Sonnen-, solar, Solar-

شمسية [ʃam'siːja], *pl.* [-aːt] (*Sonnen-*)Schirm *m*; Lichtöffnung *f in Kuppeln*; Schalloch *n e-s Saiteninstruments*

[1]شمط [ʃamitɒ, a] *Haar*: ergrauen

[2]شمط [ʃumṭ] → أشمط

شمطاء, شمطان → أشمط

[1]شمع **II** [ʃammaʕa] wachsen, mit Wachs einreiben; versiegeln; ~ الفتلة sich aus dem Staube machen

[2]شمع [ʃamʕ] Wachs *n*; *koll.* Kerzen *f/pl.*; أحمر ~ *u.* الختم ~ Siegellack *m*

شمعدان [ʃamʕa'daːn], *pl.* [-aːt] Leuchter *m*; Kerzenhalter *m*

شمعة [ʃamʕa], *pl.* [ʃama'ʕaːt] *u.* شموع [ʃu'muːʕ] Kerze *f*; احتراق ~ Zündkerze *f*

شمعي [ʃamʕiː] Wachs-, aus Wachs

[1]شمل [ʃamala, u] *u.* [ʃamila, a] umfassen, umschließen; *Gefühl*: erfüllen; ـه بعنايته [bi-ʕinaː'jatihiː] j-m s-e Fürsorge angedeihen lassen; **V** تشمل [ta'ʃammala] sich einhüllen (ب in *A*); **VIII** اشتمل [iʃ'tamala] umfassen, enthalten (على *A*)

[2]شمل [ʃaml]: اجتمع ~هم [-uhum] zusammenkommen; جمع ~هم [-ahum] vereinigen, zusammenführen; شتت ~هم [ʃattata], فرق ~هم [farraqa] auseinanderreißen, trennen

شملة [ʃamla], *pl.* [ʃama'laːt] Mantel *m*, Überwurf *m*

شملول [ʃam'luːl] *Äg.* lebhaft, flink

شمم [ʃamam] Stolz *m*, Hochmut *m*

ش.م.م. *Abk. für* شركة مساهمة مصرية (ägytische) AG *u.* شركة ذات مسؤولية محدودة GmbH

شمندر [ʃa'mandar] *koll., n. un.* ~ة Rübe *f*

شمندورة [ʃaman'duːra], *pl.* [-aːt] *Äg.* Boje *f*

شموخ [ʃu'muːx] hohe(s) Aufragen; stolze Höhe, Erhabenheit *f*

شموس [ʃa'muːs] *m u. f, pl.* شمس [ʃumus] störrisch, widerspenstig

شموطي [ʃa'mmuːṭiː] *Syr.* große, längliche Orangenart

شمول [ʃumuːl] Umfassen *n*; umfassende(r) Charakter, umfassende Geltung

شمولي [ʃu'muːliː] allumfassend, total; ganzheitlich; totalitär

شمولية [ʃumuː'liːja] umfassende(r) Charakter *e-r Sache*; Universalität *f*

شميلة [ʃa'miːla], *pl.* شمائل [ʃa'maːʔil] (2) Wesensart *f*, Charakter *m*; حميد الشمائل integer

شمنتو [ʃe'mentoː] *Syr.* Zement *m*

[1]شن [ʃanna, u] *Krieg* führen, *Angriff* richten (على gegen *A*); *Kampagne* starten

[2]شن [ʃann] Führen *n e-s Krieges*; Starten *n e-r Kampagne*

شنأ [ʃanaʔa, a] hassen

شنار [ʃa'naːr] Schimpf *m*, Schande *f*

شناعة [ʃa'naːʕa] Abscheulichkeit *f*, Gräßlichkeit *f*, Fürchterlichkeit *f*

شنب [ʃanab], *pl.* أشناب [ʔaʃ'naːb] Schnurrbart *m*

شنبر [ʃambar], *pl.* شنابر [ʃa'naːbir] (2) *Äg.* Metallband *n*; Brillengestell *n*

(شنج) **V** تشنج [ta'ʃannadʒa] sich verkrampfen; zucken

شنطة [ʃantɒ], *pl.* [-aːt] *u.* شنط [ʃunɒt] Tasche *f*; Reisetasche *f*; يد ~ Handtasche *f*

شنع [ʃanuʕa, u] abscheulich, gräßlich, fürchterlich sein; **II** [ʃannaʕa] schmähen, verunglimpfen (على *A*)

شنعاء → أشنع

شنف **II** [ʃannafa]: الآذان ~ das Ohr erfreuen

[1]شنق [ʃanaqa, u] aufhängen, erhängen

[2]شنق [ʃanq] Erhängung *f*; ~ًا [-an] *Adv.* durch Erhängen, *Hinrichtung* durch den Strang

شنقب [ʃunqub] Sumpfschnepfe *f*, *bsd.* Bekassine *f*

[1]شنكل [ʃankala] *Tür* einhaken; *Äg.* ein Bein stellen (ه *j-m*)

[2]شنكل [ʃankal], *pl.* شناكل [ʃa'naːkil] (2) Haken *m*

شنهق [ʃanhaqa] *Esel*: schreien

شنيع [ʃa'niːʕ] abscheulich, gräßlich, schändlich, fürchterlich, schrecklich; *Fehler*: schlimm, kraß

شنينة [ʃa'niːna] *Ir.* gewässerte Sauermilch

شهاب [ʃi'haːb], *pl.* شهب [ʃuhub] Sternschnuppe *f*; Meteor *m*

شهادة [ʃa'haːda], *pl.* [-aːt] Zeugnis *n*; Diplom *n*; Bescheinigung *f*, Zertifikat *n*; (Zeugen-)Aussage *f*; Glaubensbekenntnis *n* (لا إله إلا الله محمد رسول الله); ~ ابتدائية Grundschulabschlußzeugnis *n*; ~ إثبات *Jur.* belastende Aussage; ~ استثمار Investmentzertifikat *n*; ~ إعدادية Zeugnis *n* der mittleren Reife; ثانوية ~ [θaːna'wiːja] Abiturzeugnis *n*; ~ حسن السير والسلوك [ʃ. ħusn as-sair] Führungszeugnis *n*; ~ خدمة [ʃ. xidma] Arbeitszeugnis *n*; ~ طبية [ṭi'bbiːja] ärztliche(s) Attest; ~ كفاءة Leistungszeugnis *n*; Befähigungsnachweis *m*; ~ الكفاءة المهنية [al-mih(a)'niːja] *Alg.* Lehrabschlußzeugnis *n*; ~ الولادة [ʃ. al-wi'laːda] Geburtsurkunde *f*

شهاق [ʃu'haːq] Keuchhusten *m*

شهامة [ʃa'haːma] Anständigkeit *f*, Ehrenhaftigkeit *f*; Edelmut *m*, Edelsinn *m*

شهب *u.* شهباء → أشهب

شهبة [ʃuhba] graue Farbe

[1]شهد [ʃahida, a] Zeuge sein (ـه *G*), zugegen sein (ـه bei *D*), mit eigenen Augen sehen, erleben; Zeugnis ablegen, aussagen (ل für *A*, على gegen *A*); bezeugen (على *A*); bescheinigen, bestätigen (ب *A*); **III** شاهد [ʃaːhada] sehen, erblicken; ansehen, betrachten, besichtigen; beobachten; **IV** أشهد [ʔaʃhada] als Zeugen anrufen; **V** تشهد [ta'ʃahhada] das Glaubensbekenntnis (شهادة) aussprechen; **X** استشهد [is'taʃhada] als Zeugen anführen (ب

j-n); anführen, zitieren (ب *A*); *Pass.* [us'tuʃhida] den Heldentod erleiden, fallen

²شهد [ʃahd, ʃuhd] Honig *m*; Honigwabe *f*

شهداء → شهيد

¹شهر [ʃahara, a] bekanntgeben; berühmt machen; *Waffe* ziehen, zükken; *Waffe* richten (على gegen *A*); **II** [ʃahhara] bloßstellen, anprangern (ب *A*); **IV** أشهر [ʔaʃhara] bekanntgeben; *Konkurs* anmelden; **VIII** اشتهر [iʃ'tahara] bekannt *od.* berühmt sein *od.* werden (ب durch, für *A*); berüchtigt sein *od.* werden

²شهر [ʃahr] **1.** Bekanntgabe *f*; مصلحة الـ~ العقاري *Äg.* Grundbuchamt *n*; Zücken *n e-r Waffe*; **2.** *pl.* شهور [ʃu'huːr] *u.* أشهر [ʔaʃhur] Monat *m*; ~ العسل [ʃ. al-ʕasal] Flitterwochen *f/pl.*

شهرة [ʃuhra] Berühmtheit *f*, Ansehen *n*, Ruf *m*; *Syr.*, *Lib.* Zuname *m*; Beiname *m*; ذو ~ عالية weltberühmt

شهري [ʃahriː] monatlich, Monats-; ~ًا [-jan] *Adv.* monatlich

شهرية [ʃah'riːja], *pl.* [-aːt] Monatsgehalt *n*

شهق [ʃahiqa, ʃahaqa, a] tief einatmen; röcheln, keuchen, japsen; *Esel*: schreien; ~ بالبكاء [bi-l-bukaːʔ] schluchzen

شهقة [ʃahqa] *n. vic.* tiefe(s), keuchende(s) Einatmen; Keuchhusten *m*

شهل **II** [ʃahhala] sich beeilen (في bei *D*)

شهلاء → أشهل

شهلة [ʃuhla] dunkelblaue Farbe der Augen

شهم [ʃahm], *pl.* شهام [ʃi'haːm] anständig, ehrenhaft, edelmütig

(شهو) **II** شهى [ʃahhaː] j-s Begierde (ه) erwecken; den Appetit anregen; **V** تشهى [ta'ʃahhaː] gierig verlangen (هـ nach *D*); **VIII** اشتهى [iʃ'tahaː] begierig sein, verlangen (هـ nach *D*); Appetit haben (هـ auf *A*)

شهواني [ʃah'waːniː] gierig, lüstern, sinnlich

شهود → شاهد

شهوة [ʃahwa], *pl.* [ʃaha'waːt] Verlangen *n*, Begierde *f*; (*sinnliche*) Lust, Lüsternheit *f*; *pl.* Gelüste *n/pl.*

¹شهى → (شهو)

²شهي [ʃa'hiːj] appetitlich, schmackhaft

شهيد [ʃa'hiːd], *pl.* شهداء [ʃuha'daːʔ] (2) Blutzeuge *m*, Märtyrer *m*, im (*Freiheits-*)Kampf Gefallene(r)

شهير [ʃa'hiːr], *pl.* [-uːn] bekannt, berühmt; berüchtigt (ب für *A*, wegen *G*)

شهيق [ʃa'hiːq] (tiefes) Einatmen; Schreien *n des Esels*

شهية [ʃa'hiːja] Appetit *m*; فاتح للـ~ appetitanregend

شو [ʃuː] *Syr.*, *Lib. umg.* was?

¹شواء [ʃa'wwaːʔ] Grillkoch *m*

²شواء [ʃi'waːʔ, ʃu'waːʔ] gegrillte(s) Fleisch; [ʃi'waːʔ] Grillen *n*

شواب → شابة

شوادر → شادر

شوادن → شادن

شواديف → شادوف

شواذ → شاذ

شوارب → شارب

شوارد → شاردة

شوارع → شارع

شواش → شاوش

شواطئ → شاطئ

شواظ [ʃu'wɒːð̣] Lohe *f*, Flamme *f*

شواعر → شاعرة

شواغر → شاغر

شواغل → شاغل

شوافع → شافعي

شواكيش → شاكوش

¹شوال [ʃa'wwaːl] *10. Monat des islamischen Jahres*

²شوال [ʃi'waːl, ʃu'waːl], *pl.* [-aːt] *u.* أشولة [ʔaʃwila] Sack *m*

شوام → شامي

شواة [ʃa'waːt], *pl.* شوى [ʃawan] Kopfhaut *f*

شواهد → شاهد, شاهدة

شواهين → شاهين

شوائب → شائبة

شوائع → شائعة

شواية [ʃa'wwaːja], *pl.* [-aːt] Grill *m*; *Kuw. a.* Grillroom *m*

¹(شوب) شاب [ʃaːba, uː] sich mischen (هـ in *A*); trüben, verunreinigen; لا تشوبه شائبة makellos; ungetrübt

²شوب [ʃaub] Beimischung *f*, Trübung *f*

³شوب [ʃoːb] *Syr.* Hitze *f*; *Äg.* heiße(r) Wind

شوبق [ʃaubaq], *pl.* شوابق [ʃa'waːbiq] (2) Teigrolle *f*, Nudelholz *n*

¹شوح **II** [ʃawwaħa] *Äg.* braten, rösten; *Syr.* gestikulieren

²شوح [ʃuːħ] *koll.*, *n. un.* ~ة Tanne *f*

شوحة [ʃuːħa] rote(r) Milan

شور **II** [ʃawwara] hinweisen (إلى auf *A*), e-n Wink geben (إلى/على *j-m*); **III** شاور [ʃaːwara] sich beraten (ه mit *D*), um Rat fragen; **IV** أشار [ʔa'ʃaːra] hinweisen, deuten, zeigen (إلى auf *A*); ein Zeichen geben (إلى *j-m*); anraten (على ب *j-m A*); تشير الدلائل إلى أن [ʔanna] die Anzeichen deuten darauf hin, daß …; **V** تشور [ta'ʃawwara] *Lib.* gehen; **VI** تشاور [ta'ʃaːwara] sich beraten (مع mit *D*, في über *A*); **X** استشار [ista'ʃaːra] um Rat fragen, zu Rate ziehen, konsultieren

شوربة *Ir.* [ʃoːrba], *Syr.* [ʃoːraba] Suppe *f*

شورت [ʃort] Shorts *pl.*; Kurzfilm *m*; Kurzschluß *m*

شورى [ʃuːraː] Beratung *f*, Rat *m*

شوس *u.* شوساء → أشوس

¹شوش **II** [ʃawwaʃa] stören (هـ/على *A*); verwirren, durcheinanderbringen; **V** تشوش [ta'ʃawwaʃa] gestört sein *od.* werden; verwirrt sein *od.* werden

²شوش [ʃuːʃ] *Saudi-Ar.* Maria-Theresien-Taler *m*

شوشرة [ʃauʃara] *Äg.* Lärm *m*, laute(s) Geschrei

شوشة [ʃuːʃa] *Äg.* Haarbüschel *n*; Kamm *m der Vögel*

¹(شوط) شاط [ʃaːtɒ, uː] *Ball* schießen

²شوط [ʃaut], *pl.* أشواط [ʔaʃwɒːt] Wegstrecke *f*, Etappe *f*; *Sport*: Spielabschnitt *m*, Durchgang *m*, Halbzeit *f*, Runde *f*; *Motor*: Hub *m*, Takt *m*; قطع ~ا كبيرا/بعيدا [-an] ein gutes Stück vorankommen

(شوف) شاف [ʃaːf, uː] *umg.* sehen, schauen; **II** [ʃawwafa] **1.** *umg.* zeigen (هـ ه *j-m A*); **2.** *Frau* schmükken; **V** تشوف [ta'ʃawwafa] aus-

schauen, sich sehnen (إلى nach *D*)
شوفاج [ʃoːˈfaːʒ] *Syr.* Heizung *f*
شوفان [ʃuːˈfaːn] Hafer *m*
شوفة [ʃaufa] *Ir., Syr.* (An-)Blick *m*
شوفيني [ʃoːˈviːniː] chauvinistisch, Chauvinist *m*
شوفينية [ʃoːviːˈniːja] Chauvinismus *m*
[1](**شوق**) شاق [ʃaːqa, uː] mit Sehnsucht erfüllen; **II** [ʃawwaqa] Sehnsucht, Verlangen erwecken (ه إلى in *j-m* nach *D*); Interesse erwecken (ه إلى in *j-m* an *D*); Spannung erzeugen (ه in *j-m*); **V** تشوق [taˈʃawwaqa] sich sehnen, verlangen (إلى nach *D*); **VIII** اشتاق [iʃˈtaːqa] sich sehnen (إلى nach *D*)
[2]**شوق** [ʃauq], *pl.* أشواق [ʔaʃˈwaːq] Sehnsucht *f*
[1]**شوك II** [ʃawwaka] *Dornen*: stechen; *Bart*: kratzen; *Mauer, z.B. mit Glasscherben* spicken
[2]**شوك** [ʃauk] *koll., pl.* أشواك [ʔaʃˈwaːk] Dornen *m/pl.*, Stacheln *m/pl.*; Gräten *f/pl.*
شوكة [ʃauka] *n. un., pl.* [-aːt] Dorn *m*, Stachel *m*; Zacke(n *m*) *f*, Zinke *f*; Gräte *f*; *Zool.* Sporn *m*; *pl. a.* شوك [ʃiwak] Gabel *f*
شوكولاته [ʃokoːˈlaːta] Schokolade *f*
شوكي [ʃaukiː] dornig, stachelig; تين ~ [tiːn] Feigenkaktus *m*; Kaktusfeigen *f/pl.*; ~ نخاع [nuˈxaːʕ] Rükkenmark *n*
(**شول**) شال [ʃaːla, uː] *Waagschale*: hochgehen
شولة [ʃaula], *pl.* [-aːt] Komma *n*; ~ منقوطة Semikolon *n*
شؤم [ʃuʔm] böse(s) Vorzeichen; Unglück *n*, Unheil *n*; كان ~ا على [-an] *j-m* zum Verhängnis werden
شون II [ʃawwana] *Äg. Ernte* in die Scheune bringen, aufspeichern
شوندر [ʃaˈwandar] *koll., n. un.* ~ة Rübe(n *pl.*) *f*; سكري ~ [sukkariː] Zuckerrübe(n *pl.*) *f*
شونة [ʃuːna], *pl.* شون [ʃuwan] *Äg.* Scheune *f*, (Korn-)Speicher *m*
[1]**شوه** [ʃawiha, a] entstellt, verunstaltet sein; **II** [ʃawwaha] entstellen, verunstalten; verfälschen, verzerren, *Tatsachen* verdrehen; *Rundfunksendung* stören; **V** تشوه [taˈʃawwaha] entstellt, verunstaltet sein; verzerrt sein
[2]**شوه** [ʃawah] Entstellung *f*, verunstaltete(r) Zustand
[3]**شوه** [ʃuːh] → أشوه
شوهاء → أشوه
شؤون → شأن
[1]**شوى** [ʃawaː, iː] *Fleisch* grillen; *Kastanien, Kartoffeln* rösten
[2]**شوي** [ʃawi] *umg.* Grillen *n*; Rösten *n*
[3]**شوي** [ʃaˈwiːj] gegrillt, geröstet
شويحنة [ʃuˈwaiħina] *Tun.* kleine(r) Lastwagen, Lieferwagen *m*
شوية [ʃuˈwajja] (*Diminutiv von* شيء) *umg.* etwas, ein wenig
(**شيأ**) شاء [ʃaːʔa, aː] wollen; إن ~ الله [ʔin ʃaːʔa łłɒːh] so Gott will, hoffentlich; ما ~ الله **1.** solange *od.* soviel Gott will; **2.** (*Ausdruck der Bewunderung*) nein so etwas!; إلى ما ~ الله Gott weiß wie lange; bis in ferne Zeiten; **II** [ʃajjaʔa] *Phil.* verdinglichen; **V** تشيأ [taˈʃajjaʔa] *Phil.* sich verdinglichen
شيء [ʃaiʔ], *pl.* أشياء [ʔaʃˈjaːʔ] (2) Ding *n*, Sache *f*; etwas; (*mit Negation*) nichts; أي ~ [ʔajju ʃaiʔin] irgend etwas; كل ~ [kullu ʃaiʔin] alles; لا ~ [laː ʃaiʔa] nichts; اللاشيء das Nichts; بعض الـ~ [baʕđɒ ʃ-ʃaiʔ] einigermaßen, ein wenig, etwas; على ~ من etwas, ein bißchen; ~ا فشيئا [-an] *Adv.* allmählich; في الأمر ~ da stimmt etwas nicht; لا لـ~ إلا لأن [ʔillaː li-ʔanna] nur deshalb, weil …; بهدف واحد مقابل لا~ *Sport*: 1:0
شياخة [ʃiˈjaːxa] Amt *n e-s* Scheichs
شياكة [ʃiˈjaːka] Schick *m*
شيال [ʃaˈjjaːl], *pl.* [-uːn] (Last-, Gepäck-)Träger *m*; *Ir.* Hosenträger *m*
[1]**شيالة** [ʃaˈjjaːla], *pl.* [-aːt] Topflappen *m*; *Syr.* Hosenträger *m*
[2]**شيالة** [ʃiˈjaːla] Beruf *m* des Lastträgers; Trägerlohn *m*
شياه → شاة
[1](**شيب**) شاب [ʃaːba, iː] *Haar*: weiß, grau werden; weißhaarig werden; **II** [ʃajjaba] weißhaarig machen, altern lassen
[2]**شيب** [ʃaib] Weißhaarigkeit *f*, Grauhaarigkeit *f*; Alter *n*
[3]**شيب** [ʃiːb] → أشيب
شيباء → أشيب
شيبة [ʃaiba] Weißhaarigkeit *f*, Grauhaarigkeit *f*; Alter *n*
شيت [ʃiːt] Kattun *m*
[1]**شيح II** [ʃajjaħa] *Tun.* trocknen; löschen; **IV** أشاح [ʔaˈʃaːħa] abwenden, abkehren (ب *Blick*, عن von *D*)
[2]**شيح** [ʃiːħ] Wermut *m*
[1](**شيخ**) شاخ [ʃaːxa, iː] alt werden
[2]**شيخ** [ʃaix], *pl.* شيوخ [ʃuˈjuːx], مشايخ [maˈʃaːjix] (2), أشياخ [ʔaʃˈjaːx] *u.* مشيخة [maʃjaxa] alte(r) Mann, Greis *m*; Älteste(r) *e-s Stamms*; Scheich *m* (*a. als Titel geistlicher Würdenträger*); *Tun.* Bürgermeister *m*; *Pol.* Senator *m*; Altmeister *m*, Nestor *m*; الأزهر ~ der Rektor der Azhar-Universität; البلد ~ [ʃ. al-balad] Dorfschulze *m*; جبل الـ~ [ʤabal aʃ-ʃ.] der Berg Hermon
شيخة [ʃaixa], *pl.* [-aːt] alte Frau, Greisin *f*; *Saudi-Ar. Titel von Würdenträgerinnen*
شيخوخة [ʃaiˈxuːxa] hohe(s) Alter; Altern *n*
(**شيد**) شاد [ʃaːda, iː] *u. meist* **II** [ʃajjada] erbauen, errichten; *Land* aufbauen; **IV** أشاد [ʔaˈʃaːda] würdigen, lobend hervorheben, rühmen (ب *A*)
شيرة [ʃiːra] *Syr., Ir.* süße(r) Saft, Sirup *m*
شيزوفرينيا [ʃiːzoˈfreːnijaː] Schizophrenie *f*
شيش [ʃiːʃ] Florett *n*, Stoßdegen *m*; Bratspieß *m*; Jalousie *f*
شيشان [ʃiːˈʃaːn] *koll.*: الـ~ die Tschetschenen *m/pl.*
شيشاني [ʃiːˈʃaːniː] tschetschenisch; *pl.* [-uːn] Tschetschene *m*
شيشة [ʃiːʃa], *pl.* [-aːt] *u.* شيش [ʃijaʃ] Wasserpfeife *f*; *Tun.* Flasche *f*
(**شيط**) شاط [ʃaːtɒ, iː] anbrennen; **II** [ʃajjatɒ] anbrennen lassen, versengen; **X** استشاط [istaˈʃaːtɒ]: ~ غضبا [ɣɒđɒban] aufbrausen
شيطان [ʃaiˈtɒːn], *pl.* شياطين [ʃajaːˈtiːn]

(2) Teufel *m*, Satan *m*

شيطاني [ʃaiˈtɒːniː] teuflisch, satanisch

شيطنة [ʃaitɒna] Teufelei *f*, Schurkerei *f*

(**شيع**) شاع [ʃaːʕa, iː] sich verbreiten, sich ausbreiten, um sich greifen; bekannt werden; verbreitet sein; استخدامه ~ allgemein *od.* vielfach verwendet werden; **II** [ʃajjaʕa] (= جنازته ~) das letzte Geleit geben, zu Grabe tragen; das Geleit geben, zurückbegleiten; schicken; **III** شايع [ʃaːjaʕa] folgen, sich anschließen (ه *j-m*); Partei ergreifen (ه für *A*); **IV** أشاع [ʔaˈʃaːʕa] verbreiten, bekanntmachen, publik machen; **V** تشيع [taˈʃajjaʕa] Partei ergreifen (ل für *A*); *Isl.* Schiit werden

شيعة [ʃiːʕa], *pl.* شيع [ʃijaʕ] Gruppe *f* (von Gefolgsleuten); Anhängerschaft *f*; أشياع [ʔaʃˈjaːʕ] *pl.* Anhänger *m/pl.*, Parteigänger *m/pl.*; ال~ *Isl.* die Schia, die Schiiten *m/pl.*

شيعي [ʃiːʕiː] schiitisch; *pl.* [-uːn] Schiit *m*

شيفرة [ʃifra] Chiffre *f*, Code *m*; Geheimschrift *f*

شيق [ʃajjiq] interessant

شيك [ʃeːk], *pl.* [-aːt] Scheck *m*; ~ سياحي [siˈjaːħiː] Reisescheck *m*; ~ لحامله [li-ħaːˈmilihiː] Überbringerscheck *m*

شيكوريا [ʃiˈkuːrijaː] Chicorée *f od. m*

شيكولاته [ʃikoˈlaːta] Schokolade *f*

(**شيل**) شال [ʃaːla, iː] tragen

شيلان → شال

شيلم [ʃailam] Roggen *m*

شيلمان [ʃeːlˈmaːn] *koll. Ir.* Eisenträger *m/pl.*

شيلة [ʃaila] Last *f*

شيلي [ʃiːliː] *f* Chile; *m* chilenisch; *pl.* [-uːn] Chilene *m*

(**شيم**) شام [ʃaːma, iː] ausspähen (هـ nach *D*)

شيمة [ʃiːma], *pl.* شيم [ʃijam] Naturanlage *f*, Wesen *n*, Charakter *m*

1(**شين**) شان [ʃaːna, iː] entstellen, verunstalten; entwürdigen; *Ruf* schädigen

2**شين** [ʃain] Entstellung *f*, Verunstaltung *f*; Entwürdigung *f*; Schädigung *f des Rufs*

3**شين** [ʃiːn] *f* der Buchstabe ش

شية [ʃija], *pl.* [-aːt] (Kenn-)Zeichen *n*, Merkmal *n*; (Farb-)Fleck *m*

شيوع [ʃuˈjuːʕ] Verbreitung *f*, Ausbreitung *f*; Bekanntwerden *n*; Gemeinsamkeit *f des Besitzes*

شيوعي [ʃuˈjuːʕiː] kommunistisch; *pl.* [-uːn] Kommunist *m*

شيوعية [ʃujuːˈʕiːja] Kommunismus *m*

شئون → 1شأن

شييء [ʃuˈjaiʔ] Sächelchen *n*, kleine Sache

شيئي [ʃaiʔˈiː] sachlich, dinglich

ص

1ص (صاد) [sɒːd] *vierzehnter Buchstabe des arab. Alphabets*; *Math.* y

2ص *Abk. für* صفحة Seite *f*; ص.ب *Abk. für* صندوق بريد Postfach *n*

صابر [sɒːbir] geduldig, standhaft, ausdauernd

صابغ [sɒːbiɣ], *pl.* [-uːn] Färber *m*; يوحنا الـ~ [juːˈħannaː] Johannes der Täufer

صابورة [sɒːˈbuːra] Ballast *m*

صابة [sɒːba], *pl.* [-aːt] *Maghr.* Ernte *f*

صابون [sɒːˈbuːn] Seife *f*

صابونة [sɒːˈbuːna] *n. un.*, *pl.* [-aːt] Stück *n* Seife; الركبة ~ [s. ar-rukba] Kniescheibe *f*; ~ كله عند العرب [kulluhuː] *umg.* das ist Jacke wie Hose

صابوني [sɒːˈbuːniː] aus Seife; seifig, seifenartig

صابئ [sɒːbiʔ], *pl.* [-uːn] *u.* صابئة [sɒːbiʔa] *hist.* Sabier *m* (*Angehöriger e-r religiösen Sekte*)

صاج [sɒːdʒ] Blech *n*; ~ مضلع [muˈđɒllaʕ] Wellblech *n*

1**صاح** [sɒːħa] → (صيح)

2**صاح** [sɒːħin] **1.** *pl.* صاحون [sɒːˈħuːn] aufgewacht, wach; wachsam; nüchtern; **2.** *Tag*: heiter, klar

صاحب [sɒːħib], *pl.* أصحاب [ʔɒsˈħaːb] Besitzer *m*, Inhaber *m*, Herr *m*; Verfasser *m e-s Buches*; *pl.* صحب [sɒhb] Begleiter *m*; *pl.* صحاب [siˈħaːb] Gefährte *m*, Freund *m*; صحبه s-e Begleitung, sein Gefolge; الامتياز ~ Konzessionär *m*; الأمر ~ Gebieter *m*; ~ الجلالة Seine Majestät (*der König*); الحق ~ [s. al-ħaqq] Inhaber *m* des Rechts (في auf *A*), Anspruchsberechtigte(r); السمو الملكي ~ [s. as-suˈmuːw al-ˈmalakiː] Seine Königliche Hoheit; الشكوى ~ Beschwerdeführer *m*, Kläger *m*; ~ العلاقة der Betreffende; العمل ~ [s. al-ʕamal] Arbeitgeber *m*; ~ الفكرة geistige(r) Urheber, Initiator *m*; القرار ~ Entscheidungsträger *m*; أصحاب القلم [ʔɒ. al-qalam] Schriftsteller *m/pl.*, Journalisten *m/pl.*; أصحاب اللغة [ʔɒ. al-luɣa] die Sprecher *m/pl.* e-r Sprache

صاحبة [sɒːħiba], *pl.* [-aːt] *u.* صواحب [sɒˈwaːħib] (2) *f* zu صاحب

صاخب [sɒːxib] laut, lärmend; *Sitzung*: stürmisch; *Wasser:* tosend

1**صاد** [sɒːda] → 1(صيد)

2**صاد** [sɒːd] *f* der Buchstabe ص

3**صاد** [sɒːdin] dürstend

صادح [sɒːdiħ], *pl.* صوادح [sɒˈwaːdiħ] (2) singend, Sing-

صادر [sɒːdir] *Buch*: erschienen, herausgegeben; *Befehl*: ausgegeben; *Gesetz*: erlassen; *Dokument*: ausgestellt; exportiert; الـ~ ausgehende Post; صادرات *pl.* Ausfuhren *f/pl.*, Export(e *pl.*) *m*, Exportgüter *n/pl.*

صادق [sɒːdiq] aufrichtig; wahr; *Abbild*: getreu, *Darstellung*: wahrheitsgemäß; richtig, zutreffend; *a. npr. m*

صادي [sɒːdiː] *Math.* y-; ~ محور [miħwar] Ordinatenachse *f*

1**صار** [sɒːra] → (صير)

2**صار** [sɒːrin], *pl.* صوار [sɒˈwaːrin] Mast *m*; Stange *f*

صارخ [sɒːrix] *a. fig.* schreiend; Schreier *m*, Rufer *m*

صارخة [sɒːrixa], *pl.* [-aːt] *Tun.* heulende(s) Signalhorn, Martinshorn *n*

صارم [sɒːrim], *pl.* صوارم [sɒˈwaːrim] (2) scharf, hart, streng, rigoros; unerbittlich

صاروخ [sɒːˈruːx], *pl.* صواريخ [sɒwaːˈriːx] (2) Rakete *f*; ~ عابر للقارات [ʕaːbir li-l-qaːˈrraːt] Interkontinentalrakete *f*; صواريخ متوسطة المدى Mittelstreckenraketen *f/pl.*

صاروخي [sɒːˈruːxiː] Raketen-

صارية [sɒːrija], *pl.* صوار [sɒwaːrin] Mast *m*; Stange *f*

صاع [sɒːʕ], *pl.* صيعان [siːˈʕaːn] *altes Hohlmaß*; رد/كال له الـ~ صاعين [ɒs-sɒːʕa sɒːˈʕain(i)] j-m etwas doppelt heimzahlen

صاعد [sɒːʕid] aufsteigend; hinaufgehend; *Generation*: heranwachsend; من الآن فصاعدا [min al-ʔaːna fa-sɒːʕidan] von jetzt an

صاعدة [sɒːʕida], *pl.* صواعد [sɒˈwɒːʕid] (2) Stalagmit *m*

صاعق [sɒːʕiq]: هجوم ~ Blitzangriff *m*

صاعقة [sɒːʕiqa], *pl.* صواعق [sɒˈwaːʕiq] (2) (*einschlagender*) Blitz; Donnerschlag *m*; ~ هجوم Blitzangriff *m*

1**صاغ** [sɒːɣa] → 1(صوغ) *u.* (صيغ)

2**صاغ** [sɒːɣ] **1.** *früher Äg.*, *Sud. Mil.* Major *m*; أول ~ [ʔawwal] *Alg.* Major *m*; ثان ~ [θaːnin] *Alg.* Hauptmann *m*; **2.** ~ قرش [qirʃ] *Äg.* große(r) Piaster

3**صاغ** [sɒːɣin] lauschend; aufmerksam; آذان صاغية offene Ohren *n/pl.*

صاغر [sɒːɣir] unterwürfig, demütig

صاغة → صائغ

[1]**صاف** [sɒːfa] → [1](صيف)

[2]**صاف** [sɒːfin] rein, klar, ungetrübt; netto; صافي الربح [sɒːfi r-ribħ] Nettogewinn *m*; صافي النية [s. n-niːja] aufrichtig, arglos; ~ دخل Nettoeinkommen *n*; Nettoeinnahmen *f/pl.*; ~ وزن Nettogewicht *n*

صافرة [sɒːfira], *pl.* [-aːt] (*Signal-, Triller-*)Pfeife *f*; Sirene *f*

صافي [sɒːfiː]: الـ~ *Fischart im Arab.-Pers. Golf*

صال → [1](صول)

صالح [sɒːliħ] **1.** *pl.* [-uːn] rechtschaffen, richtig, gut; fromm; brauchbar, geeignet; ~ للأكل eßbar; *a. npr. m*; **2.** Wohl *n*, Interesse *n*; الـ~ العام [al-ʕaːmm] das Gemeinwohl; لـ~ + *G*: zugunsten

صالصة [sɒlsɒ] Soße *f*

صالة [sɒːla], *pl.* [-aːt] Saal *m*, Halle *f*; Parkett *n im Theater*

صالون [sɒː'loːn, sɒː'luːn] **1.** *pl.* [-aːt] Salon *m*; Frisiersalon *m*; **2.** *pl.* صوالين [sɒwaː'liːn] (2) *Saudi-Ar., Ir., Kuw.* Limousine *f*; ~ خصوصي *Jord.* Privatwagen *m*; ~ عمومي *Jord.* Taxi *n*; ~ عربة [ʕarabat s.] Salonwagen *m der Eisenbahn*

صام → [1](صوم)

صامت [sɒːmit] schweigend, still; ~ حرف/صوت Konsonant *m*; فيلم ~ Stummfilm *m*; *pl.* صوامت [sɒ'waːmit] (2) Konsonant *m*

صامد [sɒːmid] standhaft, sich behauptend; widerstandsfähig (لـ gegen *A*); ~ للجو [li-l-ʤaww] wetterfest; ~ للماء wasserdicht

صامولة [sɒː'muːla], *pl.* صواميل [sɒwaː'miːl] (2) (Schrauben-)Mutter *f*

صان → [1](صون)

صانع [sɒːniʕ], *pl.* صناع [su'nnaːʕ] *u.* [-uːn] herstellend, machend; Hersteller *m*; Handwerker *m*; Gestalter *m*; *umg.* Diener *m*

صانعة [sɒːniʕa] *umg.* Dienerin *f*

صائب [sɒːʔib] treffend, richtig

صائت [sɒːʔit] Ton-; *pl.* صوائت [sɒ'waːʔit] (2) Vokal *m*

صائد [sɒːʔid], *pl.* [-uːn] Jäger *m*; ~ أسماك Fischer *m*

صائر [sɒːʔir] werdend

صائغ [sɒːʔiɣ], *pl.* صاغة [sɒːɣa] *u.* صياغ [su'jjaːɣ] Goldschmied *m*, Juwelier *m*; (سوق) الصاغة Edelmetallmarkt *m in Kairo*

صائفة [sɒːʔifa] Sommer *m*

صائم [sɒːʔim], *pl.* [-uːn], صوم [suwwam] u. صيام [si'jaːm] fastend; Fastende(r)

[1]**صب** [sɒbba, u] *a. Techn.* gießen; überschütten (هـ على *j-n* mit *D*); sich ergießen, (ein)münden (في in *A*); ~ غضبه على [ɣɒ'đɒbahuː] s-e Wut an *j-m* auslassen; ~ في مصب واحد [mɒ'sɒbbin] auf dasselbe hinauslaufen, — [sɒbba, a] ins Herz geschlossen haben (إلى *j-n*), verliebt sein (إلى in *A*); **V** تصبب [ta'sɒbbaba] sich ergießen, fließen, triefen; **VII** انصب [in'sɒbba] (aus-)gegossen werden; sich ergießen; gerichtet sein (على auf *A*)

[2]**صب** [sabb] **1.** Gießen *n*, Guß *m*; ~ الحديد Eisengießerei *f*; **2.** pl. [-uːn] von Liebe entflammt, verliebt

[1]**صبا** [sɒbaː] → [1](صبو)

[2]**صبا** [sɒban] *f* Ostwind *m*

[3]**صبا** [siban] Jugend *f*, Jugendlichkeit *f*

صباء [sɒ'baːʔ] → [3]صبا

صبابة [sɒ'baːba] heftige Liebe

[1]**صباح** [sɒ'baːħ] Morgen *m*; ~ا [-an] *Adv.* morgens; ~ (الـ)أمس [-a(l-)ʔams(i)] gestern morgen; ~ الخير [-a l-xair] *u.* (*als Antwort darauf*) ~ النور [-a 'n-nuːr] guten Morgen!; ~ غد [-a ɣadin] *u.* ~ الغد morgen früh; ~ مساء [-a ma'saːʔa] von morgens bis abends; ~ اليوم [-a l-jaum(i)] heute morgen

[2]**صباح** [su'baːħ] hübsch, schön

صباحي [sɒ'baːħiː] Morgen-

صباحية [sɒbaː'ħiːja] *umg.* Morgengabe *f*

صبار [su'bbaːr, sɒ'bbaːr] *koll., n. un.* ~ة Feigenkaktus *m*; Kaktus *m*

صباط [sɒ'bbɒːt], *pl.* صبابيط [sɒbaː'biːt] (2) *Syr.* Paar *n* Schuhe

صباع [su'baːʕ] *Äg.* Finger *m*; Zehe *f*

[1]**صباغ** [sɒ'bbaːɣ], *pl.* [-uːn] Färber *m*

[2]**صباغ** [si'baːɣ], *pl.* أصبغة [ʔɒsbiɣa] Farbe *f*, Färbemittel *n*

صباغة [si'baːɣa] Färberhandwerk *n*, Färberei *f*

صبان [sɒ'bbaːn] Seifensieder *m*; Seifenverkäufer *m*

صبانة [sɒ'bbaːna], *pl.* [-aːt] Seifendose *f*

صبب [sɒbab], *pl.* أصباب [ʔɒs'baːb] Abhang *m*, Böschung *f*

[1]**صبح** [sɒbuħa, u] *Gesicht*: strahlen; **II** [sɒbbaħa] am Morgen besuchen; e-n Morgentrunk reichen (ه *j-m*); ~ك الله بالخير [sɒ'bbaħaka 'ɫɫaːhu bi-l-'xair] guten Morgen!; **IV** أصبح [ʔɒsbaħa] werden (هـ zu *D*); dahin kommen, daß …; (*mit Impf.*) beginnen *etwas zu tun*; *häufig mit* nun(mehr) + *Präsens zu übersetzen*; ~ الصباح es wurde Morgen; تصبح على خير [tusbiħ] gute Nacht!, wünsche wohl zu ruhen!; لم يصبح يفعله er tat es nicht mehr; ~ له الشيء er bekam es; **VIII** اصطبح [iṣ'tɒbaħa] e-n Morgentrunk nehmen; *Lampe* anzünden; **X** استصبح [is'tɒsbaħa] Licht machen

[2]**صبح** [subħ], *pl.* أصباح [ʔɒs'baːħ] Morgen *m*; *Isl.* Morgengebet *n*

[1]**صبر** [sɒbara, i] Geduld haben; ertragen, erdulden, aushalten (على *A*); standhalten (لـ *j-m*), standhaft sein; sich enthalten (عن *G*), verzichten (عن auf *A*); **II** [sɒbbara] um Geduld bitten; trösten; haltbar machen, konservieren; *Toten* einbalsamieren; *Tier* ausstopfen; ~ بطنه [bɒtnahuː] *Äg.* einen Imbiß nehmen; **V** تصبر [ta'sɒbbara] geduldig sein, ausharren, aushalten; **VIII** اصطبر [iṣ'tɒbara] Geduld haben; geduldig ertragen (على *A*)

[2]**صبر** [sɒbr] Geduld *f*; Erdulden *n*, Ertragen *n* (على *G*); Ausdauer *f*, Standhaftigkeit *f*; Gelassenheit *f*; *Bot.* Aloe *f*; ~ قليل ungeduldig

[1]**صبغ** [sɒbaɣa, u, i] färben; *Chr.* taufen; ~ بصبغته [bi-sib'ɣatihiː] sein Gepräge geben; **VII** انصبغ [in'sɒbaɣa] gefärbt werden, sich färben; **VIII** اصطبغ [is'tɒbaɣa] gefärbt werden; geprägt sein *od.* werden; ~ بصبغة [bi-sibɣati] + *G*: das Gepräge von … annehmen

[2]صبغ [sɒbɣ] Färben *n*

[3]صبغ [s̶ibɣ], *pl.* أصباغ [ʔɒs'baːɣ] Farbstoff *m*; Schminke *f*

صبغة [s̶ibɣa], *pl.* [-aːt] Farbe *f*, Farbstoff *m*, Färbemittel *n*; Tinktur *f*; Färbung *f*, Anstrich *m*; Gepräge *n*, Charakter *m*; *Chr*. Taufe *f*

صبغي [s̶ibɣiː] *u.* صبغية [s̶ib'ɣiːja], *pl.* [-aːt] Chromosom *n*

صبن II [sɒbbana] einseifen; *Chem.* verseifen; **V** تصبن [ta'sɒbbana] eingeseift werden; mit Seife gewaschen werden; *Chem.* verseifen

صبة [sɒbba] *Syr.* Mörtel *m*

[1](صبو) صبا [sɒbaː, uː] streben, trachten (إلى nach *D*), anstreben (إلى *A*); **II** صبى [sɒbbaː] verjüngen; **V** تصبى [ta'sɒbbaː] sich jugendlich geben; verführen, bestricken; **VI** تصابى [ta'sɒːbaː] sich jugendlich geben; **X** استصبى [is'tɒsbaː] sich wie ein Kind benehmen

[2]**صبو** [su'buːw] Streben *n*, Trachten *n* (إلى nach *D*)

صبوح [sɒ'buːħ] *Gesicht*: leuchtend; *poet.* Morgentrunk *m*

صبور [sɒ'buːr], *pl.* صبر [subur] geduldig, ausdauernd; standhaft; الـ~ *Beiname Gottes*

صبوة [sɒbwa] Streben *n*, Trachten *n* (إلى nach *D*); jugendliche(r) Überschwang

[1]**صبى** [s̶iban] Jugend *f*, Jugendlichkeit *f*

[2]**صبي** [sɒ'biːj], *pl.* صبيان [s̶ib'jaːn] *u.* صبية [s̶ibja] Junge *m*, Knabe *m*; Lehrjunge *m*, Lehrling *m*

صبيب [sɒ'biːb] vergossen

صبيح [sɒ'biːħ], *pl.* صباح [s̶i'baːħ] hübsch, anmutig

صبيحة [sɒ'biːħa] Morgen *m*; ~ اليوم [-ta l-jaum] heute morgen

صبير [su'bbair] *koll.* Feigenkaktus *m*

[1]**صح** [sɒħħa, i] gesund sein; richtig, in Ordnung sein; wahr sein, stimmen, zutreffen; gelingen (ل *j-m*); passen (على auf *A*), gelten (في für *A*); ~ت عزيمته sein Entschluß stand fest; ~ النوم! [n-naum(u)] ich wünsche, wohl geruht zu haben!; إن ~ هذا التعبير gewissermaßen, sozusagen; يصح أن يقال [ju'qaː-l(a)] man kann mit Recht sagen; **II** صحح [sɒħħaħa] korrigieren, berichtigen; *Text* emendieren, kritisch edieren; *Zahl* aufrunden; **V** تصحح [ta'sɒħħaħa] korrigiert, berichtigt werden

[2]**صح** [sɒħħ] *umg.* richtig!, stimmt!

صحا → [1](صحو)

صحابة [sɒ'ħaːba] *koll.*: الـ~ *Isl.* die Gefährten *m/pl.* des Propheten

صحابي [sɒ'ħaːbiː] *Isl.* Gefährte *m* des Propheten

صحاح → صحيح

صحارة [sɒ'ħħaːra], *pl.* [-aːt] Truhe *f*, Kiste *f*

صحافة [s̶i'ħaːfa, sɒ'haːfa] Presse *f*, Journalistik *f*

صحافي [s̶i'ħaːfiː, sɒ'ħaːfiː], *pl.* [-uːn] journalistisch; Journalist *m*

صحافية [s̶iħaː'fiːja, sɒħaː'fiːja], *pl.* [-aːt] Journalistin *f*

[1]**صحب** [sɒħiba, a] begleiten; befreundet sein (ه mit *D*); **III** صاحب [sɒːħaba] begleiten; هذا التطور ~ ... [at-ta'tɒwwura] + *N*: diese Entwicklung war begleitet von; **IV** أصحب [ʔɒsħaba] beifügen, beigeben; **VI** تصاحب [ta'sɒːħaba] sich anfreunden, befreundet sein; **VIII** اصطحب [i̶s'tɒħaba] *Begleiter, Gegenstand* mitnehmen; begleiten; ~ه معه etwas mitbringen; **X** استصحب [is'tɒsħaba] zum Begleiter nehmen; sich anfreunden (ه mit *D*); mitnehmen

[2]**صحب** [sɒħb] *pl.* Begleitung *f*, Gefolge *n*; → صاحب

صحبة [suħba] Begleitung *f*; Umgang *m*, Gesellschaft *f*; Gefährten *m/pl.*, Kameraden *m/pl.*; *Äg.* (Blumen-) Strauß *m*; ~ [-ta] in Begleitung von; zusammen mit; بصحبته in j-s Begleitung

صحراء [sɒħ'raːʔ] (2), *pl.* صحارى [sɒ'ħaːraː] *u.* صحراوات [sɒħraː-'waːt] Wüste *f*; الـ~ الإسبانية *hist.* Spanisch-Sahara; الـ~ (الكبرى) ([al-kubraː]) die Sahara; → أصحر

صحراوي [sɒħ'raːwiː] Wüsten-; Westsahara betreffend; *pl.* [-uːn] Bewohner *m* von Westsahara, Sahrawi *m*

صحف II [sɒħħafa] falsch schreiben *od.* lesen; entstellen, verdrehen; **V** تصحف [ta'sɒħħafa] falsch geschrieben *od.* gelesen werden

صحفة [sɒħfa], *pl.* صحاف [s̶i'ħaːf] Schüssel *f*

صحفي [sɒ'ħafiː, suħufiː] Presse-, Zeitungs-, journalistisch; publizistisch; *pl.* [-uːn] Journalist *m*

[1]**صحن** [sɒħana, a] *Äg. Pfeffer, Kaffee* mahlen

[2]**صحن** [sɒħn], *pl.* صحون [su'ħuːn] Teller *m*, Napf *m*; Satellitenschüssel *f*; Hof *m des Hauses*; ~ الخد [s. al-xadd] Wange *f*; ~ طائر fliegende Untertasse, Ufo *n*

صحة [s̶iħħa] Gesundheit *f*; Richtigkeit *f*; ~ عامة [ʕaːmma], ~ عمومية Volksgesundheit *f*; ~ نفسية Psychohygiene *f*; حفظ الـ~ [ħifð ɒs-s.], رعاية الـ~ [ri'ʕaːjat ɒs-s.] Hygiene *f* (= *Gesundheitspflege*); علم الـ~ [ʕilm ɒs-s.] Hygiene *f* (= *Gesundheitslehre*)

[1](صحو) صحا [sɒħaː, uː] **1.** aufklaren; klar, heiter sein; **2.** (wieder) zu sich kommen, aufwachen; **II** صحى [sɒħħaː] (auf)wecken, wach machen

[2]**صحو** [sɒħw] Klarheit *f*, Heiterkeit *f*, Wolkenlosigkeit *f*; *Tag*: klar, heiter; Aufwachen *n*; Wachsein *n*, Wachheit *f*

صحوة [sɒħwa] Wachheit *f*; Nüchternheit *f*; Renaissance *f des Islams, des Theaters*

صحي [s̶iħħiː] gesundheitlich; *Klima, Speise, Entwicklung*: gesund; hygienisch, Hygiene-; sanitär

صحيح [sɒ'ħiːħ], *pl.* صحاح [s̶i'ħaːħ] *u.* أصحاء [ʔas̶i'ħħaːʔ] (2) gesund; richtig, in Ordnung; korrekt; wahr; *Hadith*: echt; authentisch; (rechts-) gültig; *Gr. Radikal*: stark; *Verb*: regelmäßig; ~ عدد [ʕadad] *Math.* ganze Zahl; ~ أنه ... لكن zwar ... aber

صحيفة [sɒ'ħiːfa], *pl.* صحف [suħuf] *u.* صحائف [sɒ'ħaːʔifu] (2) Zeitung *f*; Blatt *n e-s Buches*; Oberfläche *f*, Außenseite *f*; أبيض الـ~ [ʔabjɒđ ɒs-s.] unbescholten, von gutem Ruf

صخاب [sɒ'xxaːb] lärmend, tobend

[1]**صخب** [sɒxiba, a] lärmen, schreien; toben, tosen; **VIII** اصطخب [ɨs'tɒxaba] *Meer*: toben, tosen

[2]**صخب** [sɒxab] Lärm *m*, Geschrei *n*

صخر [sɒxr] *koll.*, *n. un.* ة~, *pl.* صخور[su'xuːr] Felsen *m*, Gestein *n*

صخرة [sɒxra] *n. un.* Felsen *m*, Felsstück *n*; الـ~ المشرفة [al-mu'ʃarrafa] der Heilige Felsen *im Felsendom*; قبة الـ~ [qubbat as-s.] der Felsendom *in Jerusalem*

صخري [sɒxriː] felsig, Felsen-, Stein-

[1]**صد** [sɒdda, u] *Angriff* abschlagen, abweisen, *a. Ball* abwehren; zurückweisen; zurückhalten, abhalten (عن von *D*); sich abwenden (عن von *D*); **II** صدد [sɒddada] eitern; *Tun.* rosten lassen

[2]**صد** [sɒdd] Abweisung *f*, Zurückweisung *f*, Abwehr *f*; Abhaltung *f* (عن von *D*), Hinderung *f* (عن an *D*)

[1]**صدأ** [sɒdda?a] → [3]صدئ

[2]**صدأ** [sɒda?] Rost *m* (*a. Pflanzenkrankheit*); غير قابل للصدأ rostfrei

[1]**صداح** [sɒ'ddaːħ] Sing-

[2]**صداح** [su'daːħ] Singen *n*, Zwitschern *n*

صدار [sɨ'daːr] Weste *f*

صدارة [sɒ'daːra] vorrangige Stellung, (= مكان الـ~) erste(r) Platz, Spitzenposition *f*

صداع [su'daːʕ] Kopfschmerzen *m/pl.*; ~ نصفي [nɨsfiː] Migräne *f*

صداق [sɒ'daːq], *pl.* صدق [suduq] Brautgeld *n*; *pl.* أصدقة [ʔɒsdiqa] *Tun.* Ehevertrag *m*

صداقة [sɒ'daːqa], *pl.* [-aːt] Freundschaft *f*

صدام [sɨ'daːm], *pl.* [-aːt] Zusammenstoß *m*

صدامة [sɒ'ddaːma], *pl.* [-aːt] Stoßdämpfer *m*

صدح [sɒdaħa, a] (laut) singen (ب *ein Lied*)

[1]**صدد** [sɒddada] → [1]صد

[2]**صدد** [sɒdad] Betreff *m*, Zusammenhang *m*, Hinsicht *f*; بـ~ + *G*: betreffs, wegen; في هذا الـ~ in diesem Zusammenhang; بـ~ الإنجاز in Ausführung befindlich; هو في ~ + *G*: er ist im Begriff, zu …

[1]**صدر** [sɒdara, u] herauskommen, hervorkommen; ausgehen, herrühren (من/عن von *D*); *Post*: abgehen; *Urteil*, *Befehl*: ergehen; *Gesetz*: erlassen werden; *Buch*: herausgegeben werden, erscheinen; **II** [sɒddara] ausführen, exportieren; *Buch* einleiten (ب mit *D*); **III** صادر [sɒːdara] beschlagnahmen, konfiszieren; **IV** أصدر [ʔɒsdara] *Buch* herausgeben; *Banknoten*, *Aktien* ausgeben; *Dokument* ausstellen; *Strahlen* aussenden; *Gesetz* erlassen; *Befehl* erteilen; *Urteil* fällen; *Meinung* äußern; **V** تصدر [ta'sɒddara] an der Spitze stehen (ـه von *D*), vorangehen; *Sport*: die Tabelle anführen; *Äg.* entgegentreten (ل *D*); **X** استصدر [is'tɒsdara] *Urteil*, *Befehl* erwirken; *Verordnung* erlassen

[2]**صدر** [sɒdr], *pl.* صدور [su'duːr] Brust *f*, *fig.* Busen *m*; Vorderteil *n*; Anfang *m*, Frühzeit *f*; erste(r) Halbvers; (An-)Führer *m*, Meister *m*; الـ~ الأعظم Großwesir *m im osmanischen Reich*; ~ النهار die ersten Stunden des Tages; فتح ~ه ل, أفسح ~ه ل [ʔafsaħa] j-n für etwas aufgeschlossen machen

صدرة [sudra] Weste *f*

صدري [sɒdriː] Brust-

صدرية [sɒd'riːja, sud'riːja] *Syr.* Weste *f*

[1]**صدع** [sɒdaʕa, a] spalten; befolgen (ب*A*); *Pass.* [sudiʕa] Kopfschmerzen haben *od.* bekommen; **II** [sɒddaʕa] bersten *od.* reißen lassen; Kopfschmerzen bereiten (ه *j-m*); **V** تصدع [ta'sɒddaʕa] (auseinander)brechen, bersten, reißen; **VII** انصدع [in'sɒdaʕa] bersten; *Morgen*: anbrechen

[2]**صدع** [sɒdʕ], *pl.* صدوع [su'duːʕ] Riß *m*, Sprung *m*

صدغ [sudɣ], *pl.* أصداغ [ʔɒs'daːɣ] Schläfe *f*; Backenbart *m*, Koteletten *pl.*

[1]**صدف** [sɒdafa, i, u] Abstand nehmen (عن von *D*), (ver)meiden (عن *A*); abhalten (ه عن *j-n* von *D*); **III** صادف [sɒːdafa] treffen, stoßen (ه/ـه auf *A*); fallen (ـه auf *ein Datum*); zufällig geschehen; ~ الاستحسان Billigung finden; ~ صعوبات auf Schwierigkeiten stoßen; **VI** تصادف [ta'sɒːdafa] zufällig geschehen, sich treffen; fallen (مع auf *e-n Tag*), zusammenfallen (مع mit *e-m Ereignis*)

[2]**صدف** [sɒdaf] *koll.*, *n. un.* ة~, *pl.* أصداف [ʔɒs'daːf] (Perl-)Muschel *f*; Perlmutt *n*

[1]**صدفة** [sɒdafa] *n. un.* (Perl-)Muschel *f*; ~ الأذن [s. al-ʔuðun] Ohrmuschel *f*

[2]**صدفة** [sudfa], *pl.* صدف [sudaf] Zufall *m*; ~ [-tan] *Adv. u.* بالـ~ zufällig; ليس من الـ~ es ist kein Zufall, daß

صدفي [sɒdafiː] Muschel-; Perlmutt-

[1]**صدق** [sɒdaqa, u] die Wahrheit sagen; recht haben; sich bewahrheiten; zutreffen (على auf, für *A*); aufrichtig sein; ~ الله العظيم (*Formel nach Koranzitaten*) Gott spricht die Wahrheit; ~ه الحب [-hu l-ħubba] j-n aufrichtig lieben; ~ القول [l-qaula] die Wahrheit sagen; ~ في وعده, ~ وعده sein Versprechen erfüllen; **II** [sɒddaqa] glauben (ـه *A*, ه *j-m*), für wahr *od.* glaubwürdig halten; beglaubigen, bestätigen (على *A*); ratifizieren (على *A*); zustimmen (على *D*); *Pass.* لا يصدق [ju'sɒddaq] unglaublich; unglaubwürdig; صدق أو لا تصدق [sɒddiq, tu'sɒddiq] unglaublich, aber wahr; **III** صادق [sɒːdaqa] beglaubigen, bestätigen (على *A*); ratifizieren (على *A*); Freundschaft schließen (ه mit *D*); **IV** أصدق [ʔɒsdaqa] das Brautgeld bezahlen (ها *der Braut*); das Brautgeld festsetzen (ها für *e-e Frau*); **V** تصدق [ta'sɒddaqa] als Almosen geben (ب على *j-m A*); beschenken, bedenken (ب على *j-n* mit *D*); **VI** تصادق [ta'sɒːdaqa] Freundschaft schließen

[2]**صدق** [sɨdq] Wahrheit *f*, Richtigkeit *f*; Aufrichtigkeit *f*

صدقة [sɒdaqa], *pl.* [-aːt] Almosen *n*, fromme Gabe

1**صدم** [sɒdama, i] stoßen, prallen (ـه/ه gegen *A*); aufprallen (ـه auf *A*); anfahren, niederstoßen; rammen; schockieren; **III** صادم [sɒːdama] prallen (ـه gegen *A*); aufprallen (ـه auf *A*); rammen; **VI** تصادم [ta'sɒːdama] miteinander zusammenstoßen, aufeinanderprallen, kollidieren; zusammenstoßen (مع mit *D*); **VIII** اصطدم [ɨs'tɒdama] stoßen, fahren (ب gegen *A*); auflaufen (ب auf *A*); zusammenstoßen (ب mit *D*); kollidieren (ب mit *D*); بعقبات ~ [ʕaqa'baːt] auf Schwierigkeiten *od.* Hindernisse stoßen

2**صدم** [sɒdm] Stoßen *n*, Prallen *n*; Anfahren *n*, Niederstoßen *n*; Rammen *n*

صدمة [sɒdma], *pl.* [sɒda'maːt] Stoß *m*, Schlag *m*; Aufprall *m*, Aufschlag *m*; Schock *m*; كهربائية ~ [kahrabaː'ʔiːja] elektrische(r) Schlag; Elektroschock *m*

صدور [sɨ'duːr] Herauskommen *n*, Erscheinen *n e-s Buches*; Erlaß *m e-s Gesetzes*; Ausfuhr *f*, Export *m*

صدوق [sɒ'duːq] wahr, wahrhaft, aufrichtig

1**صدي** [sɒdija, aː] durstig sein; **IV** أصدى [ʔɒsdaː] widerhallen; **V** تصدى [ta'sɒddaː] entgegentreten, sich entgegenstellen, begegnen (ل *D*); sich auseinandersetzen, sich befassen (ل mit *D*)

2**صدى** [sɒdan], *pl.* أصداء [ʔɒs'daːʔ] *a. fig.* Echo *n*, Widerhall *m*

3**صدئ** [sɒdiʔa, a] rosten; **II** صدأ [sɒddaʔa] rosten; rosten lassen

صديد [sɒ'diːd] Eiter *m*; *Tun.* Rost *m*

1**صديق** [sɒ'diːq], *pl.* أصدقاء [ʔɒsdi'qaːʔ] (2) Freund *m*; befreundet

2**صديق** [sɨ'ddiːq] rechtschaffen, wahrheitsliebend; الـ~ *Beiname des Kalifen Abu Bakr*

صديقة [sɒ'diːqa], *pl.* [-aːt] Freundin *f*

صر [sɒrra, i] quietschen, knarren; knirschen; *Grille*: zirpen; على ~ أسنانه mit den Zähnen knirschen; — [sɒrra, u] zusammenbinden, schnüren; **IV** أصر [ʔasɒrra] bestehen, beharren (على auf *D*)

صراح [su'raːħ] rein

صراحة [sɒ'raːħa] Offenheit *f*, Freimütigkeit *f*; Aufrichtigkeit *f*; ~ [-tan] *Adv. u.* بـ~ offen, freimütig; بـ~ *a.* offen gesagt *od.* gestanden; بكل ~ [bi-kulli s.] in aller Offenheit

صراخ [su'raːx] Schreien *n*, Geschrei *n*

صرار [sɒ'rraːr] *u.* الليل ~ [s. al-lail] Grille *f*

صراط [sɨ'rɒːt] Weg *m*; المستقيم الـ~ [al-musta'qiːm] *Isl.* der rechte Weg

صراع [sɨ'raːʕ], *pl.* [-aːt] Kampf *m*, Ringen *n* (على um *A*); Konflikt *m*; طبقي ~ [tɒbaqiː] Klassenkampf *m*

صراف [sɒ'rraːf], *pl.* [-uːn] Geldwechsler *m*; Kassierer *m*

1**صرافة** [sɒ'rraːfa], *pl.* [-aːt] Kassiererin *f*; التذاكر ~ [s. at-ta'ðɒːkir] Eintrittskartenverkäuferin *f*

2**صرافة** [sɨ'raːfa] Geldwechselgeschäft *n*

صرامة [sɒ'raːma] Strenge *f*, Härte *f*, Schärfe *f*; بـ~ streng (*Adv.*)

صرب [sɨrb]: الـ~ *koll.* die Serben *m/pl.*

صربي [sɨrbiː] serbisch; *pl.* [-uːn] Serbe *m*

صربيا [sɨrbijaː] Serbien

1**صرح** **II** [sɒrraħa] erklären (ب *A*, بأن [bi-'ʔanna] daß); erlauben, gestatten (ب ل *j-m A*); **III** صارح [sɒːraħa] offen reden (ه mit *D*); offen sagen (ب ه *j-m A*); **VI** تصارح [ta'sɒːraħa] offen miteinander reden

2**صرح** [sɒrħ], *pl.* صروح [su'ruːħ] *bsd. fig.* Gebäude *n*; Schloß *n*

صرخ [sɒraxa, u] schreien, laut rufen; anbrüllen (في وجهه *j-n*)

صرخة [sɒrxa], *pl.* [sɒra'xaːt] Schrei *m*; استغاثة ~ Hilferuf *m*

صرصار [sɨr'sɒːr], *pl.* صراصير [sɒraː'sɨːr] (2) Schabe *f* (*Insekt*)

1**صرصر** [sɒrsɒra] *Grille*: zirpen; quietschen; *Wind*: pfeifen

2**صرصر** [sɒrsɒr]: ريح ~ [riːħ] schneidende(r) Wind

3**صرصر** [sursur], *pl.* صراصر [sɒ'raːsɨr] (2) Grille *f*; *Ir.*, *Syr. a.* Schabe *f* (*Insekt*)

صرصور [sur'suːr, sɒr'suːr], *pl.* صراصير [sɒraː'sɨːr] (2) Schabe *f* (*Insekt*); *selten* Grille *f*

1**صرع** [sɒraʕa, a] niederwerfen, niederschlagen, zu Boden strecken; *Äg.* heftig erschrecken; *Pass.* [suriʕa] e-n epileptischen Anfall haben; zu Boden gehen; **III** صارع [sɒːraʕa] ringen, kämpfen (ـه/ه mit *D*); ankämpfen (ـه gegen *A*); **VI** تصارع [ta'sɒːraʕa] miteinander ringen *od.* kämpfen; *fig.* ringen (مع mit *D*); **VII** انصرع [in'sɒraʕa] zu Boden gehen; *Äg.* toll werden, rasen; **VIII** اصطرع [ɨs'tɒraʕa] miteinander ringen *od.* kämpfen

2**صرع** [sɒrʕ] Epilepsie *f*

صرعة [sɒrʕa], *pl.* [sɒra'ʕaːt] Neuheit *f*, Mode *f*; صرعات الموضة [s. al-'moːđa] modische Neuheiten *f/pl.*, Modeströmungen *f/pl.*

1**صرف** [sɒrafa, i] abhalten, ablenken (عن von *D*); *Blick* abwenden (عن von *D*); *Wasser* ableiten; *Geld* ausgeben (على für *A*); *Mühe*, *Zeit* aufwenden; *Zeit* zubringen; *Geld* wechseln; *Fahrkarten* ausgeben, ausstellen; *Angestellten* entlassen; *Gr.* voll *od.* triptotisch flektieren; النظر عن ~ [an-nɒðɒra] nicht berücksichtigen, absehen von; **II** [sɒrrafa] *Wasser* ableiten; entwässern; *Waren* absetzen; *Geschäfte* abwickeln, erledigen; *j-n* abfertigen; *Verb* konjugieren, *Substantiv* deklinieren; شؤونه ~ j-s Angelegenheiten regeln, die Geschicke *e-r Organisation* lenken; **V** تصرف [ta'sɒrrafa] handeln, vorgehen; sich verhalten; verfügen (في über *A*); *Gr.* flektiert werden; **VII** انصرف [in'sɒrafa] sich abwenden, weggehen; aufbrechen; abfließen; aufgeben (عن *A*); sich zuwenden, sich widmen (إلى *e-r Sache*); übergehen (إلى zu *D*); gerichtet sein (إلى auf *A*); *Begriff*: sich beziehen (إلى auf *A*); *Geld*: ausgegeben werden; *Fahrkarte*: ausgestellt werden; *Gr.* voll *od.* triptotisch flektiert werden

[2]**صرف** [sɒrf] **1.** Abhalten *n*, Ablenken *n* (عن von *D*); Abwenden *n des Blicks*; Ableitung *f von Wasser*; Entwässerung *f*; Ausgabe *f von Geld od. Fahrkarten*; Auszahlung *f*; Ausstellung *f von Dokumenten*; Entlassung *f von Angestellten*; *Gr.* Konjugation *f*, Deklination *f*; *Gr.* volle *od.* triptotische Flexion; ~ صحي [sɨħħiː] *Äg.* Kanalisation *f*; ~ العملة [s. al-ʕumla] Geldwechsel *m*; سوق الـ~ [suːq ɒs-s.] Devisenmarkt *m*; علم الـ~ [ʕilm ɒs-s.] *Gr.* Morphologie *f*; بـ~ النظر عن [sɒrfi n-nɒðɒr] abgesehen von; ungeachtet; **2.** صروف الدهر *pl.* die Wechselfälle *m/pl.* des Schicksals

[3]**صرف** [sɨrf] rein, bloß

صرفي [sɒrfiː] *Gr.* morphologisch; *pl.* [-uːn] Grammatiker *m*

[1]**صرم** [sɒrama, i] sich trennen (ه von *D*); ~ حبل الوصال [ħabla l-wiˈsɒːl] die Freundschaft aufsagen; — [sɒruma, u] streng, hart sein; **V** تصرم [taˈsɒrrama] dahinschwinden, vergehen; **VII** انصرم [inˈsɒrama] *Zeit*: vergehen, ablaufen

[2]**صرم** [surm] *Äg.* After *m*

صرماتي [suraˈmaːtiː], *pl.* ~ة *Äg.* Schuster *m*

صرماية [surˈmaːja], *pl.* [-aːt] *u.* صرامي [sɒˈraːmiː] *Syr.* Paar *n* Schuhe

صرمة [sɒrma], *pl.* صرم [suram] *Äg.* Paar *n* Schuhe

صرة [surra], *pl.* صرر [surar] Geldbeutel *m*, Geldbörse *f*; Bündel *n*, Beutel *m*

صريح [sɒˈriːħ], *pl.* صرحاء [suraˈħaːʔ] (2) offen, freimütig; ausdrücklich; klar

صريخ [sɒˈriːx] Schreien *n*, Geschrei *n*

صرير [sɒˈriːr] Quietschen *n*, Knarren *n*; Knirschen *n der Zähne*; Zirpen *n der Grille*

صريع [sɒˈriːʕ], *pl.* صرعى [sɒrʕaː] niedergestreckt; Opfer *n e-s Unglücks*, *a. fig.*; toll; *e-r Sache* verfallen; ~ الحب [s. al-ħubb] liebestoll; ~ا سقط [-an] niedergestreckt werden; im Kampf fallen

صريفة [sɒˈriːfa], *pl.* صرائف [sɒˈraːʔif] (2) *Ir.* Hütte *f bsd. aus Schilf*

صعاب → صعب *u.* صعوبة

[1]**صعب** [sɒʕuba, u] schwer, schwierig sein (على für *A*); schwerfallen (على *j-m*); **II** [sɒʕʕaba] schwierig machen; **X** استصعب [isˈtɒsʕaba] schwierig finden, für schwierig halten

[2]**صعب** [sɒʕb], *pl.* صعاب [sɨˈʕaːb] schwierig, schwer; ~ الاحتمال schwer *od.* kaum zu ertragen; ~ المراس [s. al-miˈraːs] eigensinnig, starrköpfig, widerspenstig

صعتر [sɒʕtar] Thymian *m*

صعد [sɒʕida, a] aufsteigen; steigen (ـه auf *A*), besteigen, ersteigen, hinaufgehen (ـه auf *A*); einsteigen (إلى in *ein Fahrzeug*); ~ به إلى aufsteigen lassen *od.* hinführen zu; **II** [sɒʕʕada] steigen lassen; steigen (في auf *A*); *trans.* eskalieren; *Chem.* sublimieren; verdampfen lassen; **V** تصعد [taˈsɒʕʕada] besteigen, ersteigen; verdampfen, sich verflüchtigen; تصعد أنفاسه tief seufzen; **VI** تصاعد [taˈsɒːʕada] *Rauch*: aufsteigen; ansteigen, sich steigern; sich ausweiten, eskalieren

صعداء [suʕaˈdaːʔ] (2): تنفس الـ~ [taˈnaffasa s-suʕaˈdaːʔa] e-n Seufzer der Erleichterung ausstoßen, aufatmen

صعر **II** [sɒʕʕara]: ~ خده [xaddahuː] j-n über die Schulter ansehen

[1]**صعق** [sɒʕaqa, a] *Blitz*: treffen, erschlagen; *a. fig.* niederschmettern; *Pass.* [suʕiqa] niedergeschmettert werden; wie vom Donner gerührt sein; sterben; **VII** انصعق [inˈsɒʕaqa] vom Blitz getroffen werden

[2]**صعق** [sɒʕq] Niederschmettern *n*

[3]**صعق** [sɒʕiq] wie vom Donner gerührt

صعلوك [suʕˈluːk], *pl.* صعاليك [sɒʕaːˈliːk] (2) Strolch *m*, Gauner *m*

صعوبة [suˈʕuːba], *pl.* [-aːt] *u.* صعاب [sɨˈʕaːb] Schwierigkeit *f*; بـ~ nur unter Schwierigkeiten, mühsam

صعود [suʕuːd] Aufsteigen *n*, Aufstieg *m*; Besteigung *f*; Abheben *n des Flugzeugs*; Anstieg *m* (إلى auf *A*); ~ الأسعار *Fin.* Hausse *f*; عيد الـ~ [ʕiːd ɒs-s.] Christi Himmelfahrt

صعودي [suˈʕuːdiː] steigend, Aufwärts-

صعيد [sɒˈʕiːd], *pl.* أصعدة [ʔɒsʕida] *fig.* Ebene *f*; الـ~ Oberägypten; على الـ~ السياسي [-i s-siˈjaːsiː] auf politischer Ebene

صعيدي [sɒˈʕiːdiː] oberägyptisch; *pl.* صعايدة [sɒˈʕaːjida] Oberägypter *m*

صغار → صغير

صغارة [sɒˈɣaːra] Kleinheit *f*, Niedrigkeit *f*

[1]**صغر** [sɒɣura, u] *u.* [sɒɣira, a] klein, gering sein; jung sein; sich erniedrigen; — [sɒɣara, u] jünger sein (ب ه als *j-d* um *A*); **II** [sɒɣɣara] verkleinern; erniedrigen, herabsetzen; *Gr.* die Diminutivform bilden (ـه von *D*); **VI** تصاغر [taˈsɒːɣara] sich erniedrigen; **X** استصغر [isˈtɒsɣara] für klein *od.* unbedeutend halten, geringachten

[2]**صغر** [sɨɣar] Kleinheit *f*; Kindheit *f*, Jugend *f*; منذ الـ~ *u.* من ~ه von klein auf

صغرى → أصغر

(صغو) **IV** أصغى [ʔɒsɣaː] lauschen, zuhören (إلى *D*)

صغير [sɒˈɣiːr], *pl.* صغار [sɨˈɣaːr], *f/pl. a.* [-aːt] klein; jung; الصغار die Kleinen *m/pl.*; ~ السن [s. as-sinn] jung; صغار الفلاحين [s. al-fallaːˈħiːn] Kleinbauern *m/pl.*; صغار الموظفين [s. al-muwɒððɒˈfiːn] kleine *od.* niedrige Beamte *m/pl.*; صغار المساهمين Kleinaktionäre *m/pl.*; ~ النفس kleinmütig; niedrig gesinnt; الصغار والكبار [al-kiˈbaːr] *u.* صغارا وكبارا [sɨˈɣaːran wa-kiˈbaːran] jung und alt

صغيرة [sɒˈɣiːra], *pl.* صغائر [sɒˈɣaːʔir] (2) Kleinigkeit *f*; kleine(s) Vergehen; صغائر الأمور Kleinigkeiten *f/pl.*; كل ~ وكبيرة jede Einzelheit

[1]**صف** [sɒffa, u] in e-r Reihe anordnen; einreihen (ه مع *j-n* unter *A*); *Typ.* setzen; *Gepäck* verstauen; **II** صفف [sɒffafa] in e-r Reihe aufstellen *od.* anordnen; *Haar* frisieren; **VI** تصاف [taˈsɒːffa] sich in

e-r Reihe aufstellen; **VIII** اصطف [is'tɒffa] sich in e-r Reihe aufstellen; Aufstellung nehmen, antreten; على جانبي الطريق ~ [ʕalaː ʤaːni'baji t-tɒ'riːq] ein Spalier bilden

[2]صف [sɒff] Anordnung *f* in e-r Reihe; *Typ.* Satz *m*; *pl.* صفوف [su'fuːf] Reihe *f*; (Schul-)Klasse *f*; Klassenraum *m*; ضابط ~ *u.* ضابط ~ Unteroffizier *m*; دعم الـ~ العربي Stärkung *f* der arabischen Front; رحدة الـ~ Geschlossenheit *f*; رقف ~ا واحدا [-an] e-e geschlossene Front bilden; في صفوفهم in ihren Reihen, unter ihnen

[1]صفا [sɒfaː] → [1](صفو)

[2]صفا **1.** [sɒfan] *koll., n. un.* صفاة Steine *m/pl.*, Gestein *n*; **2.** الـ~ [as-sɒfaː] *Name e-s (heute eingeebneten) Hügels in Mekka*, → [2]سعي; **3.** الـ~ *Basalttrümmerfelder südöstlich von Damaskus*

صفاء [sɒ'faːʔ] Klarheit *f*, Reinheit *f*, Lauterkeit *f*; Heiterkeit *f*

صفات → صفة

صفاح [su'ffaːħ], *pl.* [-aːt] *u.* صفافيح [sɒfaː'fiːħ] (2) Platte *f*, Steinfliese *f*

صفاد [si'faːd], *pl.* أصفاد [ʔɒs'faːd] Fessel *f*; اليدين ~ [s. al-ja'dain] Handschelle *f*

[1]صفار [sɒ'faːr] gelbe Farbe; البيض ~ [s. al-baiđ] Eidotter *m od. n*, Eigelb *n*

[2]صفار [sɒ'ffaːr], *pl.* [-uːn] Kupferschmied *m*

[3]صفار [su'faːr] Blässe *f der Haut*

صفارة [sɒ'ffaːra, su'ffaːra], *pl.* [-aːt] Pfeife *f der Lokomotive etc.*; Sirene *f*; إنذار ~ (Alarm-)Sirene *f*

صفاف [sɒ'ffaːf] *u.* الحروف ~ Schriftsetzer *m*

صفاق [si'faːq], *pl.* صفق [sufuq] Bauchfell *n*

صفاقة [sɒ'faːqa] Unverschämtheit *f*

[1]صفح [sɒfaħa, a] verzeihen (عن *j-m, etwas*); **II** [sɒffaħa] platt machen, (aus)walzen; mit (Metall-)Platten verkleiden, panzern; plattieren; **III** صافح [sɒːfaħa] die Hand geben *od.* schütteln (ه *j-m*); mit Handschlag begrüßen *od.* verabschieden; *Wind*: streichen (ـه über *A*); **V** تصفح [ta'sɒffaħa] *Buch* durchblättern; durchsehen, prüfen; **VI** تصافح [ta'sɒːfaħa] einander die Hand schütteln

[2]صفح [sɒfħ] Verzeihung *f*; ضرب عنه ~ا [-an] j-n *od.* etwas übergehen; von etwas Abstand nehmen

صفحة [sɒfħa], *pl.* [sɒfa'ħaːt] Seite *f e-s Buches*; (Ober-)Fläche *f*; ~ـه بيضاء [bai'đɒː] er hat eine weiße Weste; قرأ على ~ وجهه in s-m Gesicht lesen (können)

[1]صفد **II** [sɒffada] *u.* **IV** أصفد [ʔɒsfada] fesseln

[2]صفد [sɒfad], *pl.* أصفاد [ʔɒs'faːd] Fessel *f*

[1]صفر [sɒfara, i] pfeifen; *Schlange*: zischen; *Sirene*: heulen; — [sɒfira, a] leer sein; **II** [sɒffara] **1.** pfeifen; *Schlange*: zischen; **2.** gelb färben; **IX** اصفر [is'farra] gelb werden, erbleichen, erblassen; وجهه ~ [wadʒhuhuː] er wurde blaß

[2]صفر [sɒfar] **1.** Gelbsucht *f*; **2.** *zweiter Monat des islamischen Jahres*

[3]صفر [sufr] Messing *n*; → أصفر

[4]صفر [sifr] **1.** *pl.* أصفار [ʔɒs'faːr] Null *f*; Nullpunkt *m*; تحت الـ~ unter Null; بدأ من الـ~ bei Null *od.* von vorn anfangen; **2.** *m u. f* leer; ~ اليدين [s. al-ja'dain] *u.* الأيدي ~ [s. al-'ʔaidiː] mit leeren Händen

صفراء [sɒf'raːʔ] (2) Galle *f*; → أصفر

صفراوي [sɒf'raːwiː] Gallen-; ضحكة ~ة [đaħka, điħka] gezwungene(s) Lachen

صفرة [sufra] Gelb *n*; Blässe *f*

صفصاف [sɒf'sɒːf] Weide *f* (*Baum*); رومي ~ [ruːmiː] *u.* مستح ~ [mus'taħin] Trauerweide *f*

صفصف [sɒfsɒfa] *Syr.* (nebeneinander an)ordnen; *Haare* glattkämmen

[1]صفع [sɒfaʕa, a] ohrfeigen; e-n Schlag mit der flachen Hand geben (ه *j-m*); **VI** تصافع [ta'sɒːfaʕa] einander ohrfeigen

[2]صفع [sɒfʕ] Ohrfeigen *n*; Schlagen *n* mit der flachen Hand

صفعة [sɒfʕa], *pl.* [sɒfa'ʕaːt] Ohrfeige *f*, Klaps *m*, Schlag *m* mit der flachen Hand

صفق [sɒfaqa, i] hörbar schlagen, klatschen; *Tür* zuschlagen; — [sɒfuqa, u] unverschämt sein; **II** [sɒffaqa] (in die Hände) klatschen, Beifall klatschen, applaudieren; **VII** انصفق [in'sɒfaqa] *Tür*: zugeschlagen werden

صفقة [sɒfqa], *pl.* [sɒfa'qaːt] Geschäft *n*; Geschäftsabschluß *m*; أسلحة ~ [s. ʔasliħa] Waffengeschäft *n*; ~ خاسرة Verlustgeschäft *n*

صفة [sifa], *pl.* [-aːt] Eigenschaft *f*; *Gr.* Adjektiv *n*, Attribut *n*; *Gr.* asyndetische(r) Relativsatz (*ohne Relativpronomen*); Art *f*, Weise *f*; بـ~ خاصة [bi-sifatin 'xɒːssɒ] besonders, speziell; بصفته وزيرا [wa'ziːran] in seiner Eigenschaft als Minister

[1](صفو) صفا [sɒfaː, uː] klar, rein sein; **II** صفى [sɒffaː] klären, reinigen; filtern, (durch)sieben; *Kochkunst*: passieren; Wasser abgießen (ـه von *D*); *Erdöl* raffinieren; liquidieren; *Rechnung* begleichen; *Problem* bereinigen *od.* ausräumen; *Lager* räumen, *Ware* ausverkaufen; صفاه من الماء *Kochkunst*: Wasser abgießen von; **III** صافى [sɒːfaː] aufrichtig sein (ه gegenüber *D*); **IV** أصفى [ʔɒsfaː] bedenken (ه ب *od.* ل ـه *j-n* mit *D*); **V** تصفى [ta'sɒffaː] gefiltert *od.* gesiebt werden; *Wasser*: abtropfen (من von *D*); **VI** تصافى [ta'sɒːfaː] sich versöhnen; **VIII** اصطفى [is'tɒfaː] (aus)erwählen

[2]صفو [sɒfw] Klarheit *f*, Reinheit *f*; Ungetrübtheit *f*; Glück *n*

صفوح [sɒ'fuːħ] verzeihend, großmütig

صفوة [sɒfwa] Beste(s), Auslese *f*; Elite *f*

صفوي [sɒfawiː] aus as-Safa (→ صفا) stammend, safaitisch

صفي [sɒ'fiːj] rein, lauter; *pl.* أصفياء [ʔɒsfi'jaːʔ] (2) beste(r) *od.* aufrichtige(r) Freund

صفيح [sɒ'fiːħ] Blech *n*, Weißblech *n*

صفيحة [sɒ'fiːħa], *pl.* صفائح [sɒ'faːʔiħ] (2) Stück *n* Blech, Blechplatte *f*; (*Metall-, Stein-*)Platte *f*; Kanister *m*, Blechkanne *f*; (Konserven-) Dose *f*

صفير [sɒ'fiːr] Pfeifen *n*; حروف الـ~ *Phon.* Zischlaute *m/pl.*

صفيق [sɒ'fiːq], *pl.* صفاق [sɨ'faːq] unverschämt, unverfroren; *Haut, Stoff*: dick; *Schleier*: dicht

صفية [sɒ'fiːja], *pl.* صفايا [sɒ'faːjaː] beste *od.* aufrichtige Freundin

صقال [sɒ'qqaːl], *pl.* [-uːn] Polierer *m*, Schleifer *m*

صقالبة → صقلبي

[1]**صقالة** [sɒ'qqaːla], *pl.* [-aːt] (*Bau-*) Gerüst *n*

[2]**صقالة** [sɨ'qaːla], *pl.* صقائل [sɒ'qaːʔil] (2) (*Bau-*)Gerüst *n*

صقر [sɒqr], *pl.* صقور [su'quːr] Falke *m*; الصقور *Pol.* die Falken *m/pl.*

صقريات [sɒqriː'jaːt] *pl.* Falken *m/pl.*, Falconidae *pl.*

[1]**صقع II** [sɒqqaʕa] eiskalt sein *od.* werden, gefroren sein

[2]**صقع** [suqʕ], *pl.* أصقاع [ʔɒs'qaːʕ] Gegend *f*, Landstrich *m*, Region *f*; في أصقاع الأرض überall in der Welt

صقعان [sɒq'ʕaːn] *umg.*: ~ أنا ich friere

صقعة [sɒqʕa] Kälte *f*

[1]**صقل** [sɒqala, u] polieren, schleifen, glätten; *Stil* verfeinern; *Begabung* pflegen; **VII** انصقل [in'sɒqala] poliert *od.* geschliffen werden

[2]**صقل** [sɒql] Polieren *n*, Schleifen *n*, Glätten *n*; Verfeinerung *f des Stils*; Geschliffenheit *f*

صقلبي [sɒqlabiː] *obs.* slawisch; *pl.* صقالبة [sɒ'qaːliba] Slawe *m*

صقلي [sɨ'qilliː] sizilianisch; Sizilianer *m*

صقلية [sɨqɨ'lliːja] (2) Sizilien

صقيع [sɒ'qiːʕ] Frost *m*

صقيل [sɒ'qiːl] poliert, glatt, *a. fig.* geschliffen; ~ ورق [waraq] Glanzpapier *n*

[1]**صك** [sɒkka, u] schlagen (ـه an *A*), einschlagen (ـه auf *A*); *Tür* schließen; **VIII** اصطك [ɨs'tɒkka] *Knie*: schlottern; *Zähne*: klappern

[2]**صك** [sɒkk], *pl.* صكوك [su'kuːk] Scheck *m*; Urkunde *f*; Vertrag *m*; *pl. a.* (Wert-)Papiere *n/pl.*

[1]**صل** [sɒlla, i] klirren, rasseln

[2]**صل** [sɨll], *pl.* أصلال [ʔɒs'laːl] Kobra *f*; Brillenschlange *f*

صلابة [sɒ'laːba] *a. fig.* Härte *f*, Festigkeit *f*; الرأي ~ [s. ar-raʔj] Hartnäckigkeit *f*, Unnachgiebigkeit *f*, Halsstarrigkeit *f*; العود ~ [s. al-ʕuːd] Unbeugsamkeit *f*

صلاح [sɒ'laːħ] Rechtschaffenheit *f*; geordnete(r) *od.* geregelte(r) Zustand; Richtigkeit *f e-s Prinzips*; Eignung *f*; *a. npr. m*

صلاحية [sɒlaː'ħiːja] Tauglichkeit *f*, Eignung *f*, Brauchbarkeit *f*; *bsd. Tun.* Gültigkeit *f*, Laufzeit *f e-s Vertrags*; *pl.* [-aːt] Befugnis *f*, Vollmacht *f*; صاحب الـ~ der (dafür) Zuständige; مدة الـ~ [muddat ɒs-s.] Haltbarkeitsdauer *f von Lebensmitteln*

صلادة [sɒ'laːda] Härte *f*, Festigkeit *f*

صلاة [sɒ'laːt], *pl.* صلوات [sɒla'waːt] *Isl.* (*rituelles*) Gebet; Segen *m Gottes*; الـ~ الربانية [ar-rabbaː'niːja] *Chr.* Vaterunser *n*

[1]**صلب** [sɒlaba, i] kreuzigen; — [sɒluba, u] hart sein; **II** [sɒllaba] **1.** hart *od.* steif machen; **2.** das Kreuzzeichen machen, sich bekreuzigen; *Arme* kreuzen; **V** تصلب [ta'sɒllaba] hart werden, sich verhärten; sich versteifen; hart, streng sein; **VI** تصالب [ta'sɒːlaba] sich kreuzen

[2]**صلب** [sɒlab], *pl.* أصلاب [ʔɒs'laːb] Rückgrat *n*

[3]**صلب** [sɒlb] Kreuzigung *f*

[4]**صلب** [sulb] **1.** *a. fig.* hart, fest, steif; الرأي ~ [s. ar-raʔj] hartnäckig, unnachgiebig, halsstarrig; العود ~ [s. al-ʕuːd] hart, unbeugsam; **2.** Stahl *m*; **3.** *pl.* أصلاب [ʔɒs'laːb] Rückgrat *n*; Lenden *f/pl.*; Innerste(s), Kern *m*; الموضوع ~ der Kern des Themas; هو من ~ه er ist sein leiblicher Sohn

صلبة [sulba] Lederhaut *f des Auges*, Sklera *f*

صلبوخ [sɒl'buːx] *Kuw.*: ~ رمل Schotter *m*

[1]**صلح** [sɒlaħa, sɒluħa, u] tauglich, geeignet, brauchbar sein; passen (لـ für *A*, zu *D*); gültig sein (لـ für *A*); rechtschaffen, fromm sein; **II** [sɒllaħa] reparieren, ausbessern; **III** صالح [sɒːlaħa] sich versöhnen (ـه mit *D*); versöhnen (بين *Leute*, ـه مع *j-n* mit *D*); Frieden stiften (بين zwischen *D*); **IV** أصلح [ʔɒslaħa] in Ordnung bringen, wiederherstellen; instandsetzen, restaurieren; *Mängel* beheben; reformieren; versöhnen (بين *Leute*), Frieden stiften (بين zwischen *D*); **VI** تصالح [ta'sɒːlaħa] sich miteinander versöhnen; sich versöhnen (مع mit *D*); **VII** انصلح [in'sɒlaħa] in Ordnung gebracht werden; **VIII** اصطلح [ɨs'tɒlaħa] sich einigen (على auf *A*), übereinkommen (على über *A*); *obs.* sich versöhnen (مع mit *D*); **X** استصلح [is'tɒslaħa] *Boden* urbar machen; gut, brauchbar finden

[2]**صلح** [sulħ] Friede *m*; Friedensschluß *m*; Aussöhnung *f*; *Jur.* Vergleich *m*; حاكم الـ~ *u.* قاضي الـ~ Friedensrichter *m*

صلحي [sulħiː] Friedens-; Aussöhnungs-; Schlichtungs-

[1]**صلد** [sɒlada, i] *u.* [sɒluda, u] hart, fest sein; **II** [sɒllada] härten

[2]**صلد** [sɒld], *pl.* أصلاد [ʔɒs'laːd] hart, fest; *Boden*: dürr

صلصال [sɒl'sɒːl] *Geol.* Ton *m*

صلصالي [sɒl'sɒːliː] Ton-

صلصل [sɒlsɒla] klirren, rasseln

صلصة [sɒlsɒ], *pl.* [-aːt] Soße *f*

صلطعون [sɒltɒ'ʕuːn] *Syr.* Krebs *m*

[1]**صلع** [sɒliʕa, a] kahl(köpfig) sein *od.* werden

[2]**صلع** [sɒlaʕ] Kahlheit *f*, Glatzköpfigkeit *f*

[3]**صلع** [sulʕ] → أصلع

صلعان, **صلعاء** → أصلع

صلعم *Abk. für* صلى الله عليه وسلم, → (صلو)

صلعة [sɒlʕa], *pl.* [-aːt] Glatze *f*

[1]**صلف** [sɒlifa, a] den großen Herrn spielen, sich aufblasen; **V** تصلف [ta'sɒllafa] = [sɒlifa]

[2]**صلف** [sɒlaf] Wichtigtuerei *f*, Selbstherrlichkeit *f*

[3]**صلف** [sɒlif], *pl.* صلفاء [sula'faːʔ] (2) wichtigtuerisch, selbstherrlich; Wichtigtuer *m*

صلة [sila], *pl.* [-aːt] Verbindung *f*, Beziehung *f*, Zusammenhang *m*; *Gr.* syndetische(r) Relativsatz (*mit Relativpronomen*); Geschenk *n*; ~ الوصل Bindeglied *n*

(**صلو**) **II** صلى [sɒllaː] beten; ~ بالناس *als Imam* der Gemeinde vorbeten; ~ الله عليه وسلم [sallam] (*Segensformel nach der Nennung des Propheten*) Gott segne ihn und schenke ihm Heil!

صلوة [sɒ'laːt] *klass.* = صلاة

صلي [sɒlija, aː] ausgesetzt sein (هـ *e-r Sache, bsd. dem Feuer*), ertragen müssen; **IV** أصلى [ʔɒslaː] aussetzen (هـ ه *j-n e-r Sache, bsd. dem Feuer*); أصلاه نارا [naːran] unter Beschuß nehmen; أصلاه نارا من … j-n etwas erleiden lassen; **V** تصلى [ta'sɒllaː] sich wärmen (ب *am Feuer*); **VIII** اصطلى [is'tɒlaː] sich wärmen; ~ بناره unter e-r Sache schwer zu leiden haben; لا يصطلى بناره [jus'tɒlaː] er ist unbesiegbar *od.* unüberwindbar

صليب [sɒ'liːb], *pl.* صلبان [sul'baːn] Kreuz *n*; الـ~ الأحمر das Rote Kreuz; ~ معقوف Hakenkreuz *n*

صليبي [sɒ'liːbiː] Kreuzzugs-; *pl.* [-uːn] Kreuzfahrer *m*; الحروب الصليبية die Kreuzzüge *m/pl.*

صليبية [sɒliː'biːja], *pl.* [-aːt] Kreuzzug *m*

صلية [sɒlja] *Ir.* Salve *f*

[1]**صم** [sɒmma, a] taub sein *od.* werden; *fig.* taub sein (عن für *A*); — [sɒmma, u] *Äg.* (mechanisch) auswendig lernen; **II** صمم [sɒmmama] beschließen (على *A*), entschlossen sein (على zu *D*); bestehen, beharren (على auf *D*); planen; konstruieren; *Pass.* [summima] *Techn.* ausgelegt sein (ب für *A*); **IV** أصم [ʔa'sɒmma] taub machen; **VI** تصام [ta'sɒːmma] sich taub stellen (عن für, gegen *A*)

[2]**صم** [sɒmm] *Äg.* mechanische(s) Auswendiglernen

[3]**صم** [summ] → أصم

صماء → أصم

صماخ [sɨ'maːx], *pl.* أصمخة [ʔɒsmixa] Gehörgang *m*

صمام [sɨ'maːm], *pl.* [-aːt] Stöpsel *m*; Ventil *n*; *Techn.* Klappe *f*; (*Radio-*)Röhre *f*; ~ الأمن/الأمان Sicherheitsventil *n*; ~ ثنائي [θu'naːʔiː] *El.* Diode *f*; ~ خانق Drosselklappe *f*; صمامات القلب Herzklappen *f/pl.*

[1]**صمت** [sɒmata, u] schweigen; **IV** أصمت [ʔɒsmata] zum Schweigen bringen

[2]**صمت** [sɒmt] Schweigen *n*; ~ في schweigend, still (*Adv.*)

[1]**صمد** [sɒmada, u] standhalten (ل/أمام *j-m*), sich behaupten (ل/أمام gegen *A*); **II** [sɒmmada] *Ir., Syr., Lib.* *Geld* sparen, zurücklegen

[2]**صمد** [sɒmad] ewig, unvergänglich; الـ~ *Beiname Gottes*

[1]**صمغ** **II** [sɒmmaɣa] kleben, gummieren; **IV** أصمغ [ʔɒsmaɣa] *Baum*: Harz absondern

[2]**صمغ** [sɒmɣ], *pl.* صموغ [su'muːɣ] Gummi *m u. n*, Leim *m*, Klebstoff *m*; Harz *n*; ~ عربي Gummiarabikum *n*

صمغي [sɒmɣiː] Gummi-, Leim-; Harz-

صمم [sɒmam] Taubheit *f*

صموت [sɒ'muːt] schweigsam

صمود [su'muːd] Standhalten *n*, Sichbehaupten *n*; Durchhaltevermögen *n*; Standhaftigkeit *f*

صمولة [sɒ'muːla], *pl.* صواميل [sɒwaː'miːl] (2) (Schrauben-)Mutter *f*

صمون [sɒ'mmuːn] *Ir., Syr.* längliche(s) Brot

صميم [sɒ'miːm] Innerste(s), Kern *m*; echt, rein; ~ في + *G*: im Kern; inmitten, mitten in; في ~ه im Kern, im Grunde; ~ من + *G*: mitten aus, tief aus; من ~ القلب aus tiefstem Herzen, aufrichtigst; أصابه في الـ~ j-n im Innersten treffen

(**صن**) **IV** أصن [ʔasɒnna] stinken

صناج [sɒ'nnaːdʒ] Zimbalspieler *m*

صناجة [sɒ'nnaːdʒa] **1.** Zimbalspieler *m*; **2.** صناجات *pl.* Kastagnetten *f/pl.*

صنارة [sɨ'nnaːra], *pl.* صنانير [sɒnaː'niːr] (2) Angelhaken *m*, Angel *f*; Stricknadel *f*; Häkelnadel *f*

[1]**صناع** [sɒ'naːʕ] *m u. f* geschickt; يد ~ [jad] e-e geschickte Hand

[2]**صناع** [su'nnaːʕ] → صانع

صناعة [sɨ'naːʕa], *pl.* [-aːt] Industrie *f*; Industriezweig *m*; Handwerk *n*, Gewerbe *n*; *Äg. a.* Beruf *m*; Anfertigung *f*, Erzeugung *f*; ~ ثقيلة Schwerindustrie *f*; ~ الغزل والنسيج Textilindustrie *f*; ~ يدوية [jada'wiːja] Handwerk *n*

صناعي [sɨ'naːʕiː] industriell, Industrie-; künstlich, Kunst-; *pl.* [-uːn] Gewerbetreibende(r); ~ سر [sirr] Betriebsgeheimnis *n*

صنائعي [sɒ'naːʔiʕiː], *pl.* ~ة Handwerker *m*

صنبور [sum'buːr], *pl.* صنابير [sɒnaː'biːr] (2) (*Wasser-*)Hahn *m*; Schnabel *m der Kanne*

(**صنت**) **V** تصنت [ta'sɒnnata] *umg.* belauschen (على *j-n*), abhören (على *Telefongespräche*)

صنتمتر [sɒnti'metr], *pl.* [-aːt] *Tun.* Zentimeter *m*

صنتيم [sɒn'tiːm], *pl.* [-aːt] *Tun.* Centime *m*

صنج [sɒndʒ], *pl.* صنوج [su'nuːdʒ] Zimbal *n*

صندل [sɒndal] **1.** Sandelholz *n*; **2.** *pl.* صنادل [sɒ'naːdil] (2) (Last-)Kahn *m*; Paar *n* Sandalen

صندوق [sun'duːq], *pl.* صناديق [sɒnaː'diːq] (2) Kiste *f*, Kasten *m*; Truhe *f*; Koffer *m*; Kofferraum *m*; Gehäuse *n*; Kasse *f*; *Fin.* Fonds *m*; ~ اقتراع Wahlurne *f*; ~ بريد Postfach *n*; ~ التوفير Sparkasse *f*; ~ خاص [xɒːss] Sonderfonds *m*; ~ النقد الدولي [ad-duwaliː, ad-dauliː] Internationale(r) Währungsfonds

صندوقة [sun'duːqa] kleine Kiste, kleine(r) Kasten; Bauchladen *m*

صندوقي [sun'duːqiː] kastenförmig

صنديد [sɨn'diːd], *pl.* صناديد [sɒnaː'diːd] (2) heldenmütig

[1]**صنع** [sɒnaʕa, a] herstellen, erzeugen, anfertigen; machen; schaffen; gestalten; **II** [sɒnnaʕa] industriell herstellen *od.* verarbeiten; industrialisieren; **III** صانع [sɒːnaʕa] schmeicheln (ه *j-m*); **V** تصنع [ta'sɒnnaʕa] vortäuschen, heucheln; sich affektiert benehmen;

VIII اصطنع [is'tɒnaʕa] fabrizieren, künstlich schaffen, *Beispiel, Zusammenhang* konstruieren; *j-n* gewinnen; nehmen, machen (هـ ل *etwas* zu *D*)

2**صنع** [sɒnʕ] Tun *n*, Handeln *n*

3**صنع** [sunʕ] Herstellung *f*, Anfertigung *f*, Erzeugung *f*; Wohltat *f*; من ~ + *G*: vom Typ …; من ~ الإنسان von Menschenhand geschaffen

صنعاء [sɒn'ʕaːʔ] (2) *Geo*. Sana

صنعة [sɒnʕa] Ausführung *f*, Machart *f*; Handwerk *n*; *Äg*. Gewerbe *n*, Beruf *m*

صنعي [sunʕiː] künstlich

1**صنف** **II** [sɒnnafa] sortieren, klassifizieren; einteilen (إلى in *Kategorien*); *Buch* verfassen, kompilieren; **V** تصنف [ta'sɒnnafa] klassifiziert werden; eingeordnet werden (ضمن in *e-e Gruppe*)

2**صنف** [sinf, sɒnf], *pl*. أصناف [ʔɒs'naːf] Art *f*, Klasse *f*, Kategorie *f*, Sorte *f*; *Hdl*. Artikel *m*; *Kochkunst*: Gericht *n*; الـ~ الأكبر من وسام الجمهورية [wi'saːm al-ʤumhuː'riːja] *Tun*. Große(r) Orden der Republik

صنفرة [sɒnfara] (Ab-)Schmirgeln *n*; ورق ~ [waraq s.] Schmirgelpapier *n*, Sandpapier *n*

صنم [sɒnam], *pl*. أصنام [ʔɒs'naːm] Götzenbild *n*, Götze *m*

صنة [sinna] unangenehme(r) Geruch

صنهاجي [sɒn'haːʤiː], *pl*. [-uːn] *hist*. Angehörige(r) der Sanhadscha (*Berberstamm im Mahgreb*)

صنو [sinw], *pl*. صنوان [sin'waːn] *u*. أصناء [ʔɒs'naːʔ] Zwillingsbruder *m*; gleichartig

صنوبر [sɒ'naubar] *koll*., *n. un*. ~ة Pinie(n *pl*.) *f*; حلبي ~ [ħalabiː] Aleppokiefer *f*

صنوبري [sɒ'naubariː] Pinien-; Nadel-; صنوبريات *pl*. Nadelbäume *m/pl*.; غدة ~ة [ɣudda] Zirbeldrüse *f*

صنيع [sɒ'niːʕ] Handlung *f*, Tat *f*; gute Tat; Schützling *m*; صنع ~ه [-ahuː] es so machen wie j-d

صنيعة [sɒ'niːʕa], *pl*. صنائع [sɒ'naːʔiʕ] (2) gute Tat; Schützling *m*; willige(s) Werkzeug

صه [sɒh!] pst!, still!

صهب → أصهب

صهباء [sɒh'baːʔ] (2) *poet*. Wein *m*; → أصهب

1**صهد** [sɒhada, a] versengen

2**صهد** [sɒhd] sengende Hitze, Glut-hitze *f*

1**صهر** [sɒhara, a] *Metall* schmelzen; **III** صاهر [sɒːhara] sich verschwägern, verwandt werden (ه mit *D*); **IV** أصهر [ʔɒshara] sich verschwägern (إلى mit *D*); **VI** تصاهر [ta'sɒːhara] sich verschwägern; **VII** انصهر [in'sɒhara] *intr*. schmelzen; (miteinander) verschmelzen; aufgehen (في in *D*)

2**صهر** [sɒhr] Schmelzen *n*

3**صهر** [sihr] **1.** Verschwägerung *f*; **2.** *pl*. أصهار [ʔɒs'haːr] Schwager *m*; Schwiegersohn *m*

صهريج [sih'riːʤ], *pl*. صهاريج [sɒhaː'riːʤ] (2) Tank *m*

صهل [sɒhala, a] *Pferd*: wiehern

صهوة [sɒhwa], *pl*. [sɒha'waːt] Rükken *m des Pferdes*

صهير [sɒ'hiːr] geschmolzen; Magma *n*

صهيل [sɒ'hiːl] Wiehern *n*, Gewieher *n*

صهين [sɒhjana] zionistisch machen

صهيوني [sɒh'juːniː, sih'jauniː] zionistisch; *pl*. صهاينة [sɒ'haːjina] Zionist *m*

صهيونية [sɒhjuː'niːja, sihjau'niːja] Zionismus *m*

1**صواب** [sɒ'waːb] Richtige(s), Richtigkeit *f*; Vernunft *f*; ~ًا أو خطأ [-an ʔaw xɒtɒʔan] zu Recht oder Unrecht; ~ هو على er hat recht; غائب عن الـ~ bewußtlos; عاد إلى الـ~ zur Vernunft kommen; فقد ~ه den Verstand verlieren

2**صؤاب** [su'ʔaːb] *koll*., *pl*. صيبان [siː'baːn] Nissen *f/pl*.

صوابية [sɒwaː'biːja] Richtigkeit *f*

صواحب → صاحبة

صوادح → صادح

صوار → صار *u*. صارية

صوارم → صارم

صواريخ → صاروخ

صواعد → صاعدة

صواعق → صاعقة

صوالين → صالون

صوامت → صامت

صواميل → صمولة, صامولة

1**صوان** [sɒ'wwaːn] Feuerstein *m*; Granit *m*

2**صوان** [sɒ'waːnin] → صينية

3**صوان** [si'waːn, su'waːn], *pl*. أصونة [ʔɒswina] Schrank *m*; السفرة ~ [s. as-sufra] Büfett *n*

صوائت → صائت

1**(صوب)** **II** [sɒwwaba] richten, zielen (إلى/نحو auf *A*); *Gewehr* anlegen; *Fehler* berichtigen; **IV** أصاب [ʔa'sɒːba] treffen; *Zweck* erreichen; *Wissen* erwerben; *Bissen* zu sich nehmen; *Fußball*: *Tor* schießen; *Krankheit*: befallen; verwunden, verletzen; zustoßen (ه *j-m*); auf etwas (هـ) stoßen, finden; recht haben; *Pass*. أصيب [ʔu'siːba] getroffen *od*. betroffen werden; befallen werden (ب von *D*); erkranken (ب an *D*); أصيب بخسائر Verluste erleiden; **X** استصوب [is'tɒswaba] für richtig halten

2**صوب** [sɒub] Richtung *f*, Seite *f*; *Ir*. Seite *f e-r Stadt in bezug auf e-n Fluß*; ~ [-a] *Präp*. in Richtung auf, nach; من كل حدب و~ [ħadabin] von allen Seiten, von überall her

صوبة [soːba], *pl*. [-aːt] *u*. صوب [suwab] Gewächshaus *n*, Treibhaus *n*; *pl*. [-aːt] *Syr*., *Jord*. Ofen *m*

صوبي [soːbiː]: تأثير ~ Treibhauseffekt *m*

1**صوت** **II** [sɒwwata] stimmen (لصالح [li-'sɒːliħi], ل für *A*, ضد gegen *A*), abstimmen (على über *A*); e-n Laut von sich geben, rufen

2**صوت** [sɒut], *pl*. أصوات [ʔɒs'waːt] Stimme *f* (*a. bei der Wahl*); Laut *m*; Ton *m*, Klang *m*, Schall *m*; Geräusch *n*; احتكاكي ~ *Phon*. Reibelaut *m*; أنفي ~ *Phon*. Nasallaut *m*; سرعة الـ~ [surʕat ɒs-s.] Schallgeschwindigkeit *f*; علم الـ~ [ʕilm ɒs-s.] Akustik *f*; علم الأصوات Phonetik *f*; بـ~ عال [ʕaːlin] laut (*Adv*.)

صوتي [sɒutiː] Stimm-; lautlich, phonetisch; Laut-, Ton-, Schall-

صوتيات [sɒutiː'jaːt] *pl*. Phonetik *f*

صوح **II** [sɒwwaħa] vertrocknen, (ab)trocknen

(**صوخ**) **IV** أصاخ [ʔa'sɒːxa] lauschen (ل/إلى *D*)

صودا [soːdaː] Soda *f*; Sodawasser *n*, Sprudel *m*

صوديوم [soːdijum] Natrium *n*

[1]**صور** **II** [sɒwwara] bildlich darstellen, abbilden; illustrieren; malen; fotografieren; schildern, darstellen; formen, gestalten; *Pass.* [suwwira] vorkommen, scheinen (ل *j-m*); ~ بالأشعة [bi-l-ʔa'ʃiʕʕa] röntgen; **V** تصور [ta'sɒwwara] sich vorstellen; vorkommen, scheinen (ل *j-m*); *Imp.* [ta'sɒwwar] stell dir (mal) vor ...!; لا يتصوره العقل unvorstellbar

[2]**صور** [suːr], *pl.* أصوار [ʔɒs'waːr] Horn *n*, Posaune *f*

[3]**صور** [suːr] (2) Sur, Sour (*Stadt im Libanon, das antike Tyros*)

صورة [suːra], *pl.* صور [suwar] Bild *n*; Abbild *n*; *Fot.* Aufnahme *f*; Erscheinungsbild *n*, Gestalt *f*; Image *n*; Abschrift *f*, Kopie *f*; Form *f*, Art und Weise *f*; ~ على/في + *G*: in Form *od.* Gestalt von; ~ في (ما إذا) *bsd. Tun.* wenn, falls, im Falle daß; ~ بالراديو Funkbild *n*; ~ شمسية Fotografie *f*, Lichtbild *n*; ~ طبق الأصل [tɨbqa l-ʔɒsl] originalgetreue Abschrift; Kopie *f*; ~بـ خاصة [xɒːssa] im besonderen, besonders; ~بـ عامة [ʕaːmma] im allgemeinen

صوري [suːriː] Schein-, formal; fiktiv; محاكمة ~ة [mu'ħaːkama] Scheinprozeß *m*

صوص [suːs], *pl.* صيصان [sɨː'sɒːn] Küken *n*

صوصو [sɒusɒwa] *Äg.* piepen, piepsen

صوصى [sɒusɒː] *Syr.* piepen, piepsen

(**صوع**) **VII** انصاع [in'sɒːʕa] sich fügen, sich unterwerfen (ل *D*)

[1](**صوغ**) صاغ [sɒːɣa, uː] formen, gestalten; prägen; formulieren

[2]**صوغ** [sɒuɣ] Formung *f*, Gestaltung *f*

[1](**صوف**) **V** تصوف [ta'sɒwwafa] *Isl.* Sufi *od.* Mystiker werden

[2]**صوف** [suːf], *pl.* أصواف [ʔɒs'waːf] Wolle *f*; ~ زجاجي [zu'ʤaːʤiː] Glaswolle *f*

صوفا [soːfaː] Sofa *n*

صوفي [suːfiː] **1.** wollen, Woll-; **2.** *pl.* [-uːn] Sufi *m*, Mystiker *m*

صوفيا [soːfijaː] *Geo.* Sofia

صوفية [suː'fiːja] Sufismus *m*, Mystik *f*, Mystizismus *m*

[1](**صول**) صال [sɒːla, uː] anfallen (على *j-n*), herfallen (على über *A*); ~ وجال sich tummeln, *die Szene* beherrschen; **II** [sɒwwala] *Getreide, Gold* waschen; **III** صاول [sɒːwala] in Streit geraten *od.* liegen (ه mit *D*); **VI** تصاول [ta'sɒːwala] (miteinander) in Streit geraten *od.* liegen

[2]**صول** [soːl] *Äg., Sud. Mil.* (*früher*) Oberfeldwebel *m*; Stabsfeldwebel *m*

صولجان [sɒula'ʤaːn], *pl.* [-aːt] *u.* صوالجة [sɒ'waːliʤa] Zepter *n*; (Polo-)Schläger *m*

صولة [sɒula], *pl.* [-aːt] Gewalt *f*, Macht *f*; Angriff *m*, Überfall *m*

[1](**صوم**) صام [sɒːma, uː] fasten; sich enthalten (عن *G*)

[2]**صوم** [sɒum] Fasten *n*; Enthaltung *f* (عن von *D*); ~ الأربعين [s. al-ʔarba-'ʕiːn] *u.* ~ الـ الكبير *Chr.* die vierzigtägige Fastenzeit vor Ostern

[3]**صوم** [suwwam] → صائم

صومال [soː'maːl] *f*: ~الـ Somalia

صومالي [soː'maːliː] somalisch; Somali *m*, Somalier *m*; الصومالية das Somali (*Sprache*)

صومعة [sɒumaʕa], *pl.* صوامع [sɒ'waːmiʕ] (2) Silo *m*; *Maghr.* Minarett *n*

[1](**صون**) صان [sɒːna, uː] bewahren, erhalten; schützen (من/عن vor *D*, gegen *A*); warten, instandhalten, pflegen

[2]**صون** [sɒun] Bewahrung *f*, Erhaltung *f*; Schutz *m*; Pflege *f*

صوة [suwwa], *pl.* صوى [suwan] (steinerner) Wegweiser

صوى [sɒwaː, iː] vertrocknen; *Äg.* piepen, piepsen

صويا [soːjaː] *u.* ~الـ فول [fuːl ɒs-s.] Sojabohnen *f/pl.*

صيبان → [2]صؤاب

صياح [sɨ'jaːħ] Schreien *n*, Geschrei *n*

صياد [sɒ'jjaːd], *pl.* [-uːn] *u. Ir., Syr. a.* ~ة Jäger *m*; ~ الأسماك Fischer *m*; ~ السمك [s. a's-samak] Fischer *m*; Eisvogel *m*

صياغ → صائغ

صياغة [sɨ'jaːɣa] Formung *f*, Gestaltung *f*; Formulierung *f*; Stil *m*; Goldschmiedehandwerk *n*

صيام → صائم

صيانة [sɨ'jaːna] Wartung *f*, Instandhaltung *f*, Pflege *f*, Erhaltung *f*; Schutz *m*; ~ البيئة [s. al-biːʔa] Umweltschutz *m*

صيت [sɨːt] Ansehen *n*, Ruf *m*, Renommee *n*; (= ~الـ بعد [buʕd ɒs-s.]) Berühmtheit *f*; ذائع الـ~ angesehen, prominent, berühmt

(**صيح**) صاح [sɒːħa, iː] schreien; rufen (بـ nach *D*), zurufen (بـ *j-m*); anschreien (في *j-n*); *Hahn*: krähen; kreischen; **II** [sɒjjaħa] Schreie ausstoßen, ein Geschrei erheben; **VI** تصايح [ta'sɒːjaħa] einander zurufen

صيحة [sɒiħa], *pl.* [-aːt] *a. fig.* Schrei *m*; ~ آخر [ʔaːxiru s.] der letzte Schrei, Dernier cri *m*

[1](**صيد**) صاد [sɒːda, iː] jagen; fischen, angeln; erlegen; **V** تصيد [ta'sɒjjada] jagen; auf der Jagd sein (هـ nach *D*); **VIII** اصطاد [ɨs'tɒːda] jagen; fischen; erjagen, erlegen, fangen

[2]**صيد** [sɒid] Jagd *f*; (= ~ السمك [s. as-samak]) Fischfang *m*, Fischerei *f*; Jagdbeute *f*; ~ بحري Hochseefischerei *f*

صيدا [sɒidaː] Saida (*Stadt im Libanon, das antike Sidon*)

صيداوي [sɒi'daːwiː] aus Saida stammend

صيدلاني [sɒida'laːniː] Apotheker *m*

صيدلانية [sɒidalaː'niːja] Apothekerin *f*

صيدلة [sɒidala] Pharmazie *f*, Pharmakologie *f*

صيدلي [sɒidaliː] pharmazeutisch; *pl.* صيادلة [sɒ'jaːdila] Apotheker *m*, Pharmazeut *m*

صيدلية [sɒida'liːja], *pl.* [-aːt] Apotheke *f*

(**صير**) صار [sɒːra, iː] werden (ـه *etwas od.* zu *etwas*); erfolgen, geschehen; gelangen, geraten; enden (إلى mit *D*); führen, bringen (ب إلى *j-n* zu *D*, in *A*); zuteil werden (ل *j-m*); *vor Impf.*: beginnen zu; *Pass.* يصار إلى [ju'sɒːru] man schreitet dazu, daß; es kommt dahin, daß; **II** [sɒjjara] werden lassen, machen (ـه/ه *j-n od. etwas*, /ه ـه zu *D*); **IV** أصار [ʔa'sɒːra] gelangen lassen (إلى zu *D*)

صيرفي [sɒirafiː], *pl.* صيارفة [sɒ'jaːrifa] Geldwechsler *m*; *bsd. Tun.* Bankier *m*

صيرورة [sɒi'ruːra] Werden *n*

صيصان → صوص

صيصة [siːsɒ] *u.* صيصية [siːsija], *pl.* صياص [sɒ'jɒːsin] Sporn *m des Hahnes*; Stricknadel *f*

صيعان → صاع

(**صيغ**) صاغ [sɒːɣa, iː] *Ir.* in gutem Stil formulieren

صيغة [siːɣa], *pl.* صيغ [sijaɣ] *a. Gr.* Form *f*; Fassung *f*, Formulierung *f e-s Textes*; *a. Pol.* Formel *f*; الأمر ~ *Gr.* Imperativ *m*; المجهول ~ *Gr.* Passiv *n*; المعلوم ~ *Gr.* Aktiv *n*

[1](**صيف**) صاف [sɒːfa, iː] sommerlich sein; **II** [sɒjjafa] den Sommer verbringen; sich sommerlich kleiden; **VIII** اصطاف [is'tɒːfa] den Sommer verbringen

[2]**صيف** [sɒif], *pl.* أصياف [ʔɒs'jaːf] Sommer *m*; ~ًا [-an] *Adv.* im Sommer, sommers; الـ~ (شهر) *Libyen*: Juni *m*

صيفي [sɒifiː] sommerlich, Sommer-

صين [siːn] *f*: الـ~ China; الـ~ الوطنية [al-wɒtɒ'niːja] *früher*: Nationalchina (= Taiwan)

صيني [siːniː] **1.** chinesisch; *pl.* [-uːn] Chinese *m*; **2.** Porzellan *n*

صينية [siː'niːja] **1.** *pl.* صوان [sɒ'waːnin] *u.* صواني [sɒwaː'niːj] (2) Servierbrett *n*, Tablett *n*; (*metallene*) Tischplatte; Backblech *n*; **2.** الـ~ die chinesische Sprache

صيوان [siː'waːn], *pl.* [-aːt] *u.* صواوين [sɒwaː'wiːn] (2) große(s) Zelt, Festzelt *n*

ض

ض (ضاد) [đɒːd] *fünfzehnter Buchstabe des arab. Alphabets*

ضابط [đɒːbɨt] **1.** *pl.* ضباط [đu'bbɒːt] Offizier *m*; (*nach engl. officer*) *a.* Beamte(r); ارتباط ~ Verbindungsoffizier *m*; السلامة ~ *Saudi-Ar.* Sicherheitsbeauftragte(r); صف ~ [đ. sɒff] *u.* صف ~ Unteroffizier *m*; **2.** *pl.* ضوابط [đɒ'waːbɨt] (2) Regel *f*, Richtschnur *f*; *Techn.* Regler *m*; *pl. a.* Kontrollinstanzen *f/pl.*; Kontrollmechanismen *m/pl.*; بلا ~ unkontrolliert, zügellos

ضابطة [đɒːbitɒ] **1.** Polizei *f*; **2.** *pl.* ضوابط [đɒ'waːbɨt] (2) Regel *f*, Ordnung *f*

ضابطي [đɒːbitiː] Polizist *m*

ضاحك [đɒːħik] lachend; *Gespräch, Unterhaltung*: lustig, heiter, fröhlich; فيلم ~ Filmkomödie *f*

ضاحية [đɒːħija], *pl.* ضواح [đɒ'waːħin] Vorort *m*, Randbezirk *m*; *pl.* Umgebung *f e-r Stadt*

ضاد [đɒːd] *f* der Buchstabe ض; الـ~, الناطقون بالـ~ *u.* أبناء الـ~, أهل الـ~ die Araber *m/pl.*; لغة الـ~ [luɣat ɒđ-đ.] das Arabische

[1]**ضار** [đɒːra] → [1](ضير)

[2]**ضار** [đɒːrr] schädlich (ب für *A*)

[3]**ضار** [đɒːrin] wild; *Kampf*: erbittert; *pl.* ضوار [đɒ'waːrin] wilde(s) Tier

ضارب [đɒːrib] schlagend; Multiplikator *m*; الرمل ~ Geomant *m*, j-d, der aus Linien u. Figuren im Sand wahrsagt; على الآلة الكاتبة ~ Maschinenschreiber *m*; قوة ~ـة [quwwa] Schlagkraft *f*

ضاع → (ضيع)

ضاغط [đɒːɣɨt] **1.** Druck ausübend; آلة ~ـة Kompressor *m*; **2.** *pl.* ضواغط [đɒ'waːɣɨt] (2) Kompressor *m*

ضاغطة [đɒːɣitɒ], *pl.* ضواغط [đɒ'waːɣɨt] (2) Kompressor *m*; Druckmittel *n*; هوائية ~ Kompressor *m*

[1]**ضاف** [đɒːfa] → [1](ضيف)

[2]**ضاف** [đɒːfin] ausführlich, umfangreich

ضاق → [1](ضيق)

ضال [đɒːll] irrend, verirrt, verloren(gegangen); fehlgeleitet; streunend

ضالع [đɒːliʕ] beteiligt (في an *e-r Tat*), verwickelt (في in *A*)

[1]**ضالة** [đɒːlla] verlorene(r) Gegenstand; Gegenstand *m* der Suche *od.* des Wunsches; وجد ~ـه er fand, was er gesucht hatte

[2]**ضآلة** [đɒ'ʔaːla] Geringheit *f der Menge od. Anzahl*; Schwäche *f*, Schmächtigkeit *f*

ضام → [1](ضيم)

ضامر [đɒːmir] mager, dünn, dürr

ضامن [đɒːmin] haftend, bürgend, garantierend; *pl.* [-uːn] Bürge *m*

ضأن [đɒʔn] *koll.* Schafe *n/pl.*

ضاني [đɒːniː] *umg.* Hammelfleisch *n*

ضائع [đɒːʔiʕ] verlorengegangen; *a. Mühe*: verloren; *Tier*: entlaufen; verpaßt

ضائقة [đɒːʔiqa], *pl.* ضوائق [đɒ'waːʔiq] (2) schwierige Lage, Bedrängnis *f*; (finanzieller) Engpaß

[1]**ضب** [đɒbba, i] *Syr. Zelt* abbrechen, *Anlagen* abbauen; **II** ضبب [đɒbbaba] *Tür* verriegeln

[2]**ضب** [đɒbb], *pl.* ضباب [đɨ'baːb] Dornschwanzeidechse *f*; *Äg.* vorstehende Zähne *m/pl.*

ضباب [đɒ'baːb] Nebel *m*

ضبابي [đɒ'baːbiː] neblig, Nebel-; nebelhaft, nebulös

ضبارة [đu'baːra], *pl.* ضبائر [đɒ'baːʔir] (2) = إضبارة

ضباط → ضابط

ضبخان [đɒb'xaːn] Smog *m*

[1]**ضبط** [đɒbɒtɒ, i, u] ergreifen, fassen, erwischen; sicherstellen, beschlagnahmen; *Straftat* feststellen; in der Gewalt haben, fest in der Hand haben; zügeln, kontrollieren; einstellen, regulieren; genau *od.* sorgfältig machen; passend machen; einhalten; *Wort* vokalisieren; نفسه ~ sich beherrschen; sich zurückhalten; **VII** انضبط [in'đɒbɒtɒ] kontrolliert werden; diszipliniert sein

[2]**ضبط** [đɒbt] **1.** Ergreifung *f*, Fassen *n*; Sicherstellung *f*, Beschlagnahme *f*; Kontrolle *f*; Einstellung *f*, Regulierung *f*; Genauigkeit *f*, Exaktheit *f*; Disziplin *f*; بالـ~ [bi-đ-đɒbt] genau, exakt, pünktlich (*Adv.*); ضبط من بعد [buʕd] Fernbedienung *f*; النفس ~ Selbstbeherrschung *f*; Zurückhaltung *f*; Disziplin *f*; الـ~ والربط Disziplin *f*; **2.** *pl.* ضبوط [đu'buːt] Protokoll *n*

ضبع [đɒbuʕ], *pl.* ضباع [đɨ'baːʕ] *u.* أضبع [ʔɒđbuʕ] Hyäne *f*

ضبة [đɒbba] **1.** *pl.* [-aːt] *u.* ضبب [đubab] Türriegel *m*; **2.** *pl.* [-aːt] *Ir.* Bündel *n* (*z.B. Radieschen*)

ضج [đɒddʒa, i] lärmen, zetern, in Geschrei ausbrechen; ausposaunen (ب *Neuigkeit*)

[1]**ضجر** [đɒdʒira, a] ärgerlich, mißmutig, verdrossen sein; sich ärgern (من über *A*); **IV** أضجر [ʔɒđdʒara]

ärgern, mißmutig machen; **V** تضجر [ta'đɒddʒara] = [đadʒira]

[2]**ضجر** [đɒdʒar] Ärger *m*, Verdruß *m*, Unmut *m*, Mißmut *m*

[3]**ضجر** [đɒdʒir] ärgerlich, mißmutig, verdrossen

ضجع [đɒdʒaʕa, a] liegen; schlafen; **IV** أضجع [ʔɒđdʒaʕa] niederlegen, ins Bett legen; **VIII** اضطجع [iđ-'ŧɒdʒaʕa] sich hinlegen, sich niederlegen; liegen

ضجة [đɒddʒa] Lärm *m*, Geschrei *n*, Gezeter *n*, Tumult *m*; Rummel *m*; Aufsehen *n*

ضجيج [đɒ'dʒiːdʒ] Lärm *m*, Geschrei *n*, Radau *m*

ضجيع [đɒ'dʒiːʕ] Bettgenosse *m*, Schlafkamerad *m*

ضحالة [đɒ'ħaːla] *a. fig.* Seichtheit *f*; Flachheit *f*, Oberflächlichkeit *f*

ضحضاح [đɒħ'đɒːħ] *Wasser*: seicht

ضحضح [đɒħđɒħa] *Äg.* zusammenschlagen, zerbrechen

[1]**ضحك** [đɒħika, a] lachen (من über *A*); auslachen (على *j-n*); sich lustig machen (من/على über *A*); ~ على ذقنه j-n zum Narren halten; **II** [đɒħħaka] zum Lachen bringen; **III** ضاحك [đɒːħaka] spaßen, scherzen (ه mit *D*); **IV** أضحك [ʔɒđħaka] zum Lachen bringen; **VI** تضاحك [ta'đɒːħaka] gezwungen lachen; miteinander lachen; **X** استضحك [is'tɒđħaka] zum Lachen bringen

[2]**ضحك** [đɒħik, điħk] Lachen *n*, Gelächter *n*

ضحكة [đɒħka, điħka] (*einmaliges*) Lachen, Auflachen *n*

ضحل [đɒħl] *a. fig.* seicht; oberflächlich

(**ضحو**) **II** ضحى [đɒħħaː] opfern (ه/ب/هـ *A*); ~ نفسه/بنفسه sich opfern; **IV** أضحى [ʔɒđħaː] werden; *vor Impf.*: beginnen zu

ضحوك [đɒ'ħuːk] gern lachend, fröhlich

ضحى [đuħan] Morgen *m*, Vormittag *m*; → عشية *u.* ليلة

ضحية [đɒ'ħiːja], *pl.* ضحايا [đɒ'ħaːjaː] Opfer *n*; ذهب/وقع ~هـ j-m zum Opfer fallen

[1]**ضخ** [đɒxxa, u] pumpen

[2]**ضخ** [đɒxx] Pumpen *n*; محطة [ma'ħɒŧŧɒt đ.] Pumpstation *f*

ضخامة [đɒ'xaːma] große(r) Umfang; Größe *f*; Schwere *f z.B. der Verantwortung*

[1]**ضخم** [đɒxuma, u] umfangreich, groß sein; *Verantwortung*: schwer sein; **II** [đɒxxama] vergrößern, aufblähen; *Ton* verstärken; **V** تضخم [ta'đɒxxama] sich vergrößern, an Umfang zunehmen, sich aufblähen, anschwellen

[2]**ضخم** [đɒxm], *pl.* ضخام [điˈxaːm] umfangreich, groß, gewaltig; gewichtig, schwer

[1](**ضد**) **III** ضاد [đɒːdda] entgegenwirken (ه/هـ *D*); entgegengesetzt sein (هـ *D*); **VI** تضاد [ta'đɒːdda] einander entgegengesetzt sein

[2]**ضد** [điddl], *pl.* أضداد [ʔɒđ'daːd] Gegenteil *n*, Gegensatz *m*; *pl. Gr.* Wörter *n/pl.* mit zwei entgegengesetzten Bedeutungen; ~ [-a] *Präp.* gegen

ضدي [điddiː] gegensätzlich; Anti-

[1]**ضر** [đɒrra, u] schaden (ه/هـ *D*); *Pass.* ضر بصره [đurra bɒ'sɒruhuː] blind sein; **II** ضرر [đɒrrara] (sehr) schaden (ه/هـ *D*); **III** ضار [đɒːrra] schädigen (ه/هـ *A*); etwas antun (ه *j-m*); **IV** أضر [ʔa'đɒrra] schaden (ب/ه/هـ *D*), schädigen (ب/ه/هـ *A*); nachteilig sein (ب/ه/هـ für *A*), beeinträchtigen (ب/هـ *A*); **V** تضرر [ta-'đɒrrara] Schaden erleiden, zu Schaden kommen, geschädigt werden (من durch *A*); **VII** انضر [in-'đɒrra] geschädigt werden; **VIII** اضطر [iđ'ŧɒrra] zwingen (إلى zu *D*); *Pass.* [uđ'ŧurra] gezwungen sein (إلى zu *D*)

[2]**ضر** [đurr] Schaden *m*, Nachteil *m*

ضراء [đɒ'rraːʔ] (2) Not *f*, Leid *n*; في السراء والـ~ [fi s-sa'rraːʔi] in Freud und Leid

ضراط [đu'rɒːŧ] Wind *m*, *derb* Furz *m*

ضراعة [đɒ'raːʕa] Unterwürfigkeit *f*; (An-)Flehen *n*

ضرام [điˈraːm] Brennen *n*, Brand *m*

ضراوة [đɒ'raːwa] Heftigkeit *f*, Erbitterung *f*, Grausamkeit *f*, Erbarmungslosigkeit *f des Kampfes*

ضرائبي [đɒ'raːʔibiː] Steuer-, steuerlich

[1]**ضرب** [đɒraba, i] schlagen (ه/هـ *A*, هـ auf *A*); *Herz*: pochen; beschießen (ب mit *D*); *Erdbeben ein Land* heimsuchen; *Münzen* prägen; *Instrument* spielen; schreiben, tippen (على auf *der Schreibmaschine*); *Glocke* läuten; *Zelt* aufschlagen; *Rekord* aufstellen; *Tier* decken; *Beispiel* anführen; multiplizieren (في mit *D*); umherziehen, (durch-) reisen; sich enthalten (عن *G*); ~ الأرز [al-ʔa'ruzz] Reis schälen; ~ جذوره (tief) verwurzelt sein (في in *D*); ~ الرمل [ar-ramla] aus dem Sand wahrsagen; ~ طوبا [ŧuːban] Ziegel herstellen *od.* formen; ~ عنقه [ʕunuqahuː] j-m den Kopf abschlagen; ~ الكرة [al-kura] den Ball schießen *od.* schlagen; ~ إلى الحمرة [al-ħumra] ins Rötliche spielen; ~ به الأرض [bihi l-ʔarđɒ] j-n zu Boden werfen; ~ بالقنابل [bi-l-qa'naːbil] bombardieren; ~ بالرصاص beschießen; erschießen; → [2]صفح, [4]عرض [ʕurđ]; **II** [đɒrraba] (ver)mischen; *Stoff* steppen; **III** ضارب [đɒːraba] spekulieren; **IV** أضرب [ʔɒđraba] fernbleiben (عن von *D*); ~ عن الطعام in den Hungerstreik treten; ~ عن العمل [al-ʕamal] streiken; **VI** تضارب [ta-'đɒːraba] sich gegenseitig schlagen; einander widersprechen; *Meinungen*: aufeinanderprallen; kollidieren; **VIII** اضطرب [iđ'ŧɒraba] erregt sein *od.* werden; *See*: unruhig sein; schwanken, *Schiff*: schlingern; gestört werden

[2]**ضرب** [đɒrb] **1.** Schlagen *n*; Beschuß *m*; Prägung *f von Münzen*; Spielen *n* (على auf *e-m Instrument*); Schreiben *n*, Tippen *n*; *Math.* Multiplikation *f*; ~ بالقنابل [bi-l-qa'naːbil] Bombardierung *f*; ~ أفضى إلى الموت [al-maut] *Jur.* Totschlag *m*; → [3]رمل; **2.** *pl.* ضروب [đu'ruːb] Art *f*, Spielart *f*, Gattung *f*

ضربة [đɒrba], *pl.* ضربات [đɒra'baːt] Schlag *m*, Stoß *m*; *a. Fußball*: Schuß *m*; ~ البداية [đ. al-bi'daːja]

Fußball: Anstoß *m*; جزاء ~ *Fußball*: Strafstoß *m*; حرة ~ [ħurra] *Fußball*: Freistoß *m*; ركنية ~ [ruk'niːja] *Fußball*: Eckstoß *m*; ~ شمس Sonnenstich *m*, Hitzschlag *m*; قاصمة ~ *fig*. Todesstoß *m*; ~ قاضية [qɒːđɨja] entscheidende(r) Schlag (على gegen *A*); *Sport*: Knockout *m*, K.o. *m*; مرمى ~ [đ. marmaː] *Fußball*: (Tor-)Abschlag *m*

ضرج **II** [đɒrradʒa] mit Blut beflecken; röten; **V** تضرج [ta'đɒrradʒa] mit Blut befleckt werden; sich röten

ضرر [đɒrar], *pl.* أضرار [ʔɒđ'raːr] Schaden *m*; Nachteil *m*; لا ~ منه [-a] es schadet nicht; es ist unschädlich

ضرس [đɨrs], *pl.* أضراس [ʔɒđ'raːs] *u.* ضروس [đu'ruːs] Backenzahn *m*; ~ العقل Weisheitszahn *m*

ضرط [đɒrɒŧɒ, i] e-n Wind lassen, *derb* furzen

ضرطة [đɒrŧɒ], *pl.* [-aːt] Wind *m*, *derb* Furz *m*

[1]**ضرع** [đɒraʕa, a] (*demütig*) anflehen, demütig bitten (إلى *j-n*); bitten (إلى *Gott*); sich demütigen (إلى vor *D*); **III** ضارع [đɒːraʕa] gleichen, gleichkommen (ه/ـه *D*); **V** تضرع [ta'đɒrraʕa] (*demütig*) anflehen (إلى *j-n*); sich demütigen (إلى vor *D*)

[2]**ضرع** [đɒrʕ], *pl.* ضروع [đu'ruːʕ] Euter *n*; الزرع والـ~ → زرع[2]

ضرغام [đɨr'ɣaːm], *pl.* ضراغمة [đɒ'raːɣima] Löwe *m*

[1]**(ضرم)** **IV** أضرم [ʔɒđrama] anzünden, entfachen; ~ النار في *etwas* in Brand stecken *od.* setzen; **V** تضرم [ta'đɒrrama] *u.* **VIII** اضطرم [iđ'ŧɒrama] brennen, lodern

[2]**ضرم** [đurm] Lavendel *m*

(ضرو) **II** ضرى [đɒrraː] *Tier, j-n* hetzen (ب auf, gegen *A*)

ضرورة [đɒ'ruːra], *pl.* [-aːt] Notwendigkeit *f*; بالـ~ notwendigerweise; zwangsläufig; عند الـ~ notfalls; ~ شعرية [ʃiʕ'riːja] dichterische Freiheit; حالة الـ~ Notfall *m*, Notlage *f*, Notstand *m*; للـ~ أحكام *Spr.* Not kennt kein Gebot

ضروري [đɒ'ruːriː] notwendig, nötig; ضروريات *pl.* notwendige Güter *n/pl.*, Bedarfsgüter *n/pl.*; من الـ~ أن es ist nötig, daß

ضروس [đɒ'ruːs] *Krieg*: mörderisch

ضريب [đɒ'riːb], *pl.* أضراب [ʔɒđ'raːb] von gleicher Art, gleich

ضريبة [đɒ'riːba], *pl.* ضرائب [đɒ'raːʔib] (2) Steuer *f*; *fig.* Tribut *m*; ~ الدخل Einkommensteuer *f*; Körperschaftsteuer *f*; ~ الدم [đ. ad-dam] Blutzoll *m*

ضريبي [đɒ'riːbiː] Steuer-, steuerlich

ضريح [đɒ'riːħ], *pl.* أضرحة [ʔɒđriħa] Grabmal *n*, Mausoleum *n*; Grab *n e-s Heiligen*

ضرير [đɒ'riːr] blind

ضعاف → ضعيف

ضعضع [đɒʕđɒʕa] ruinieren, zugrunde richten; **II** تضعضع [ta'đɒʕđɒʕa] ruiniert werden, zugrunde gehen

[1]**ضعف** [đɒʕufa, u] schwach sein; schwächer werden; zu schwach sein (عن für *A*, als daß); **II** [đɒʕʕafa] verdoppeln; **III** ضاعف [đɒːʕafa] verdoppeln; verstärken, vergrößern; ~ه ثلاث مرات [θa'laːθa ma'rraːt(in)] etwas verdreifachen; **IV** أضعف [ʔɒđʕafa] schwächen, schwach machen (ه/ـه/من *A*); **VI** تضاعف [ta'đɒːʕafa] sich verdoppeln; sich verstärken, sich vergrößern; ~ ثلاث مرات sich verdreifachen; **X** استضعف [is'tɒđʕafa] für schwach halten

[2]**ضعف** [đuʕf, đɒʕf] Schwäche *f*; ~ عصبي [ʕasɒbiː] *Med.* Neurasthenie *f*

[3]**ضعف** [đɨʕf], *pl.* أضعاف [ʔɒđ'ʕaːf] Doppelte(s); ~اه *du.* das Doppelte; أضعاف أضعاف *u.* أضعافه أضعافه, مضاعفة [mu'đɒːʕafa] Vielfache(s), Mehrfache(s); ثلاثة أضعافه das Dreifache

ضعة [đɒʕa] Erniedrigung *f*; Niedrigkeit *f*

ضعيف [đɒ'ʕiːf], *pl.* ضعفاء [đuʕa'faːʔ] (2) *u.* ضعاف [đɨ'ʕaːf] schwach (*a. zur Qualifizierung e-s Hadith*); ~ البنية [đ. al-binja] schwächlich; ~ العقل schwachsinnig

ضغث [đɨɣθ], *pl.* أضغاث [ʔɒđ'ɣaːθ] Gewirr *n*; أضغاث أحلام [ʔɒđ'ɣaːθu ʔaħ'laːmin] wirre Träume *m/pl.*

[1]**ضغط** [đɒɣɒŧɒ, a] drücken (ه/ـه *A*, على auf *A*), pressen; Druck ausüben (على auf *A*); bedrücken (على *j-n*); komprimieren; **VII** انضغط [in'dɒɣɒŧɒ] gedrückt, gepreßt, komprimiert werden

[2]**ضغط** [đɒɣŧ], *pl.* ضغوط [đu'ɣuːŧ] *u.* ضغوطات Druck *m* (على auf *A*); Pression *f*; *El.* Spannung *f*; *pl. a.* Zwänge *m/pl.*; ~ الدم [đ. ad-dam] Blutdruck *m*; ~ التشغيل *El.* Betriebsspannung *f*; ~ عال [ʕaːlin] Hochdruck *m*; *El.* Hochspannung *f*

[1]**ضغن** [đɒɣina, a] hassen (على *j-n*)

[2]**ضغن** [đɨɣn], *pl.* أضغان [ʔɒđ'ɣaːn] Haß *m*, Groll *m*

ضغينة [đɒ'ɣiːna], *pl.* ضغائن [đɒ'ɣaːʔin] (2) Haß *m*, Groll *m*

ضفدع [đɨfdiʕ, đɨfdaʕ] *u.* ضفدعة [đɨfdiʕa, đɨfdaʕa], *pl.* ضفادع [đɒ'faːdiʕ] (2) Frosch *m*; ~ بشري [baʃariː] Froschmann *m*

ضفر [đɒfara, i] *u.* **II** [đɒffara] flechten, *Strick* drehen; **VI** تضافر [ta'đɒːfara] miteinander verflochten sein, sich verflechten; ineinandergreifen; Hand in Hand gehen, zusammenwirken

ضفة [đɨffa, đɒffa], *pl.* ضفاف [đɨ'faːf] Ufer *n*; الـ~ الغربية das Westjordanland

(ضفو) **IV** أضفى [ʔɒđfaː] verleihen (ـه على *j-m od. e-r Sache A*)

ضفيرة [đɒ'fiːra], *pl.* ضفائر [đɒ'faːʔir] (2) Zopf *m*, Flechte *f*; Tresse *f*

ضل [đɒlla, i] sich verirren, irregehen; abkommen (عن *vom Weg*); ~ سعيه [saʕjuhuː] seine Mühe war vergeblich; **II** ضلل [đɒllala] irreführen, irreleiten; fehlleiten; *Pol.* verführen; **IV** أضل [ʔa'đɒlla] irreführen, irreleiten; den Weg verlieren lassen

ضلاعة [đɒ'laːʕa] Kraft *f*, Stärke *f*, Robustheit *f*

ضلال [đɒ'laːl] Irregehen *n*; Abweichen *n vom Wege*; ~ الحواس [đ. al-ħa'waːss] Sinnestäuschung *f*

ضلالة [đɒ'laːla] Irrtum *m*; Verirrung *f*

[1]**ضلع** [đɒlaʕa, a] gemeinsame Sache machen (مع mit *D*); — [đɒluʕa, u] stark, kräftig sein; **II** [đɒllaʕa] gerippt machen; **V** تضلع [ta'đɒllaʕa] gründlich vertraut sein (في/ب/من mit *D*), beschlagen sein (في/ب/من in *D*); **VIII** اضطلع [ɨđ'ŧɒlaʕa] übernehmen, wahrnehmen (ب *Aufgabe*); befaßt sein (ب mit *D*); auf sich nehmen (ب *Arbeit, Last*)

[2]**ضلع** [đɨlʕ], *pl.* أضلاع [ʔɒđ'laːʕ], ضلوع [đu'luːʕ] *u.* أضلع [ʔɒđluʕ] Rippe *f*; Kotelett *n*; Seite *f e-s Dreiecks, Polygons*; متوازي الأضلاع Parallelogramm *n*; مربع الأضلاع [mu'rabbaʕ al-ʔɒ.] quadratisch; له ~ في الأمر er hat die Hand im Spiel

ضلفة [đɒlfa], *pl.* ضلف [đulaf] (Fenster-, Tür-)Flügel *m*

ضلمة [đolma] gefüllte(s) Gemüse (*Paprika, Weinblätter etc.*)

ضليع [đɒ'liːʕ] stark, kräftig, robust; beschlagen, bewandert (في in *D*)

[1]**ضم** [đɒmma, u] umfassen, enthalten; vereinigen (إلى mit *D*), zusammenfassen; eingliedern, einfügen (إلى in *A*); hinzufügen (إلى zu *D*); annektieren; *Gr.* mit dem Vokal *u* aussprechen *od.* schreiben; ~ـه إلى صدره j-n an seine Brust drükken, umarmen; يضم الوفد ٣ أعضاء der Delegation gehören drei Mitglieder an; وفد يضم ٥ أعضاء eine fünfköpfige Delegation; **VI** تضام [ta'đɒːmma] sich vereinigen; **VII** انضم [in'đɒmma] sich anschließen (إلى *D*); sich zusammenschließen, vereinigt werden (إلى mit *D*); eingegliedert, aufgenommen werden (إلى in *A*); beitreten (إلى *e-r Vereinigung, e-m Abkommen*); ~ إلى عضوية ... [ʕuđ'wiːjati] als Mitglied *in* ... aufgenommen werden

[2]**ضم** [đɒmm] Vereinigung *f* (إلى mit *D*); Eingliederung *f* (إلى in *A*); Hinzufügung *f* (إلى zu *D*); *Pol.* Annexion *f*; *Gr.* Aussprache *f od.* Schreibung *f* (*e-s Konsonanten*) mit dem Vokal *u*; Vokal *u*

ضمادة [đɨ'maːda], *pl.* [-aːt] (*Wund-*) Verband *m*, Binde *f*, Bandage *f*

ضمان [đɒ'maːn], *pl.* [-aːt] Garantie *f*, Bürgschaft *f*; Haftung *f*; Sicherung *f*; Versicherung *f*; *Hdl.* Sicherheit *f*; اجتماعي ~ *bsd. Tun.* Sozialversicherung *f*; *Äg.* (soziale) Wohlfahrt; *Äg.* Wohlfahrtsbezüge *m/pl.*; مالي ~ Kaution *f*; بدون ~ *Kredit*: ungesichert

ضمانة [đɒ'maːna], *pl.* [-aːt] Garantie *f*, Bürgschaft *f*

(**ضمحل**) **IV** اضمحل [ɨđma'ħalla] (ver-, dahin)schwinden

ضمخ II [đɒmmaxa] parfümieren; *Lippen* schminken

ضمد II [đɒmmada] *Wunde* verbinden; *fig. Wunden* heilen, schließen

ضمر [đɒmura, u] abmagern; schrumpfen; **II** [đɒmmara] mager, dürr *od.* dünn machen; **IV** أضمر [ʔɒđmara] verbergen, verheimlichen; (*bsd. negatives*) *Gefühl* hegen, empfinden; *etwas* im Schilde führen (ضد gegen *j-n*); **VII** انضمر [in'đɒmara] schrumpfen

[1]**ضمن** [đɒmina, a] garantieren (ل *j-m*), gewährleisten, verbürgen; bürgen (ـه/ه für *A*); ~ لنفسه sich *etwas* sichern; **II** [đɒmmana] einschließen, einbeziehen, einfügen (ه ـه *etwas* in *A*); versichern (ضد gegen *A*); *Jord. Gebühren* auferlegen (ه *j-m*); **V** تضمن [ta'đɒmmana] enthalten, beinhalten; **VI** تضامن [ta'đɒːmana] solidarisch sein, zusammenstehen; gemeinsam *od.* solidarisch haften

[2]**ضمن** [đɨmna] *Präp.* innerhalb, in; ~ًا [-an] *Adv.* stillschweigend; implizite; بضمنها darin eingeschlossen; بضمنهم, من ~ـهم unter ihnen

ضمني [đɨmniː] stillschweigend; implizit; ~ًا [-jan] *Adv.* implizite; اتفاق ~ [itti'faːq] stillschweigende Übereinkunft

ضمة [đɒmma], *pl.* [-aːt] Umarmung *f*; *Gr.* Vokalzeichen für *u*, der Vokal *u*

ضمور [đu'muːr] Magerkeit *f*, Dürrheit *f*; Schwäche *f*; Abnahme *f*, Schwund *m*; *Med.* Atrophie *f*

ضمير [đɒ'miːr], *pl.* ضمائر [đɒ'maːʔir] (2) Gewissen *n*; Gedanken *m/pl.*, *die j-n bewegen*, Innere(s); *Gr.* (*Personal-*)Pronomen *n*; حي الـ~ [ħajj ɒđ-đ.] gewissenhaft; فاقد/معدوم الـ~ gewissenlos; أنبه ~ه [ʔa'nnabahuː -uhuː] er hatte ein schlechtes Gewissen

ضمين [đɒ'miːn], *pl.* ضمناء [đuma'naːʔ] (2) Bürge *m*, Garant *m*

[1]**ضن** [đɒnna, i] geizen (ب mit *D*, على gegenüber *j-m*), vorenthalten (ب على *j-m A*)

[2]**ضن** [đɒnn] Geizen *n* (ب mit *D*); ~ًا ب [-an] mit Rücksicht auf, zur Schonung von

ضنك [đɒnk]: ~ عيش [ʕaiʃ] harte(s), kümmerliche(s) Leben

[1]**ضني** [đɒnija, aː] s-e Kräfte verlieren; **IV** أضنى [ʔɒđnaː] schwächen, aufreiben, erschöpfen; zehren (ـه an *D*)

[2]**ضنى** [đɒnan] Schwäche *f*, Auszehrung *f*; Liebeskummer *m*

(**ضهد**) **VIII** اضطهد [ɨđ'ŧɒhada] unterdrücken, verfolgen

(**ضهي**) **III** ضاهى [đɒːhaː] ähneln, gleichen, entsprechen (ـه/ه *D*); vergleichen (ب mit *D*, بين ... وبين zwischen ... und); *Pass.* لا يضاهى [ju'đɒːhaː] unvergleichlich, einmalig

ضوأ II [đɒwwaʔa] *Lampe* anzünden; **IV** أضاء [ʔa'đɒːʔa] beleuchten, erleuchten, erhellen; (auf)leuchten; **V** تضوء [ta'đɒwwaʔa] leuchten, strahlen; **X** استضاء [ista'đɒːʔa] sich erleuchten *od.* leiten lassen (ب von *D*); Erleuchtung *od.* Aufklärung suchen (ب durch *A*)

ضوء [đɒuʔ], *pl.* أضواء [ʔɒđ'waːʔ] Licht *n*; *pl. a.* Rampenlicht *n*; ~ على/في + *G*: im Lichte von, unter dem Aspekt *od.* Blickwinkel von; ~ الحجم, *Tun.* ~ الهيكل [đ. al-haikal] *Verk.* Begrenzungslicht *n*; أضواء كاشفة Scheinwerferlicht *n*; Flutlicht *n*; أضواء وامضة *Lib.* Blinklicht *n*; ~ الوقوف *Verk.* Standlicht *n*; ألقى الـ~ على *fig.* etwas beleuchten; ألقى أضواء كاشفة على [ʔɒđ'waːʔan] ein Schlaglicht werfen auf

ضوابط → ضابط *u.* ضابطة
ضواح → ضاحية
ضوار → ضار[3]
ضواغط → ضاغط *u.* ضاغطة
ضوائق → ضائقة
(ضور) V تضور [ta'đɒwwara]: ~ جوعا [dʒuːʕan] vom Hunger gequält werden; verhungern
ضوضاء [đɒu'đɒːʔ] Lärm *m*, Getöse *n*, Krach *m*
ضؤل [đɒʔula, u] gering sein; schwach sein; **VI** تضاءل [ta'đɒːʔala] sich verringern, abnehmen, zurückgehen
ضؤلاء → ضئيل
(ضوي) IV أضوى [ʔɒđwaː] schwächen; **VII** انضوى [in'đɒwaː] sich scharen (إلى / تحت لوائه [li'waːʔihiː] um *j-n*); sich anschließen (إلى *D*)
ضوئي [đɒuʔiː] Licht-; Foto-, foto-; ~ كيماوي [kiː'maːwiː] fotochemisch; ~ـة إشارة Lichtsignal *n*; Verkehrsampel *f*; ~ـة سنة [sana] Lichtjahr *n*
ضياء [đi'jaːʔ] Leuchten *n*, Glanz *m*
ضياع [đɒ'jaːʕ] Verlust *m*; Untergang *m*, Verderb *m*
ضيافة [đi'jaːfa] Gastfreundschaft *f*, Gastlichkeit *f*
[1]**(ضير)** ضار [đɒːra, iː] schaden (ه/ـه *D*), schädigen; *Pass.* يضار [ju'đɒːru] Schaden erleiden
[2]**ضير** [đɒir] Schaden *m*; لا ~ في ذلك [-a] es schadet nichts
(ضيع) ضاع [đɒːʕa, iː] verlorengehen, abhanden kommen; (ver-, ent)schwinden; sich verlieren; *Mühe*: vergeblich sein; *Geld*: vergeudet sein; ضعت [điʕtu] ich bin verloren!; **II** [đɒjjaʕa] verlieren; *Zeit* vergeuden; *Gelegenheit* versäumen; *Lib.* den Weg verfehlen lassen; zugrundegehen lassen, verderben; **IV** أضاع [ʔa'đɒːʕa] verlieren; *Zeit* vergeuden; *Gelegenheit* versäumen; ~ـه على نفسه etwas versäumen, sich um etwas bringen
ضيعة [đɒiʕa], *pl.* ضياع [đi'jaːʕ] *u.* *Mahgr. a.* [-aːt] Landgut *n*; Weiler *m*
[1]**(ضيف)** ضاف [đɒːfa, iː] zu Gast sein (ه bei *D*); **II** [đɒjjafa] gastlich *od.* als Gast aufnehmen; bewirten; **IV** أضاف [ʔađɒːfa] hinzufügen (إلى zu *D*); beigeben (إلى *D*); ~ قائلا [qaːʔilan] er fügte hinzu, er sagte weiter; أضف إلى ذلك [ʔɒđif] hinzu kommt (noch); **VII** انضاف [in'đɒːfa] hinzugefügt werden; **X** استضاف [ista'đɒːfa] zu Gast haben, als Gast einladen; j-s (ه) Gastgeber sein
[2]**ضيف** [đɒif], *pl.* ضيوف [đu'juːf] *u.* ضيفان [điː'faːn] Gast *m*; ~ـا على [-an] als Gast von; ~ الشرف [đ. aʃ-ʃaraf] Ehrengast *m*; ~ كبير hohe(r) Gast; ضيوف الرحمن [đ. ar-raħ'maːn] *Saudi-Ar.* Mekkapilger *m/pl.*
ضيفة [đɒifa] weibliche(r) Gast
[1]**(ضيق)** ضاق [đɒːqa, iː] eng *od.* knapp sein; sich verenge(r)n; zu eng *od.* knapp sein (عن für *A*); bedrängt sein (ب durch *A*); überdrüssig sein *od.* werden (ب *G*); ~ صدره bedrückt sein; ~ ذرعا ب [ðarʕan] *etwas* satt haben; *etwas* nicht ertragen können; ~ـت به الأرض *u.* ~ـت به السبل [bihi s-subul(u)] nicht mehr aus noch ein wissen; ~ـت الوقت die Zeit drängte; ~ـت يده عن [jaduhuː] unfähig *od.* nicht imstande sein zu; **II** [đɒjjaqa] enger machen, verenge(r)n (ـه/من *A*); beschränken; knapp halten (على *j-n*); bedrängen (على *j-n*); ~ الخناق على [l-xi'naːqa] *j-n* in Bedrängnis bringen *od.* in die Enge treiben; **III** ضايق [đɒːjaqa] belästigen, stören, ärgern, bedrängen; **VI** تضايق [ta'đɒːjaqa] verärgert sein, sich ärgern (عن über *A*)
[2]**ضيق** [đɒjjiq] eng, schmal; knapp; beschränkt; ~ الأفق [đ. al-'ʔufuq] engstirnig; ~ الخلق [đ. al-'xuluq] griesgrämig, ärgerlich; ~ الصدر bedrückt; ~ العقل engstirnig, beschränkt; ~ النطاق [đ. an-ni'ŧɒːq] begrenzt, beschränkt
[3]**ضيق** [điːq] Enge *f*; Knappheit *f*; Beschränktheit *f*; Mangel *m*; Bedrängnis *f*, Bedrängtheit *f*; ~ التنفس [đ. at-ta'naffus] Atemnot *f*; Asthma *n*; ~ الحال Armut *f*; ~ الخلق [đ. al-xuluq] Griesgrämigkeit *f*, Übellaunigkeit *f*; ~ الصدر Bedrücktheit *f*; ~ الوقت Zeitnot *f*; ~ اليد [đ. al-'jad] Armut *f*
[1]**(ضيم)** ضام [đɒːma, iː] unrecht tun (ه *j-m*)
[2]**ضيم** [đɒim], *pl.* ضيوم [đu'juːm] Unrecht *n*
ضئيل [đɒ'ʔiːl], *pl.* ضؤلاء [đuʔa'laːʔ] (2) gering; schwach; schmächtig

ط

[1]ط (طاء) [tɒːʔ] *sechzehnter Buchstabe des arab. Alphabets*; *bei Aufzählungen*: i)

[2]ط *Abk. für* طبعة Auflage *f*

[1]طاب [tɒːba] → [1](طيب)

[2]طاب [tɒːb], *pl.* [-aːt] *Äg.* Stück *n* e-r Palmgerte; لعبة الـ~ [luʕbat at-t.] *Äg. Glücksspiel mit Stäbchen aus Palmgerten*

[1]طابع [tɒːbiʕ] **1.** Gepräge *n*, Charakter *m*; **2.** druckend; *pl.* [-uːn] Drukker *m*; آلة كاتبة ~ Schreibmaschinenkraft *f*

[2]طابع [tɒːbiʕ, tɒːbaʕ], *pl.* طوابع [tɒ'waːbiʕ] (2) Stempel *m*, Abdruck *m*; (*Brief-*)Marke *f*; مالي ~ Stempelmarke *f*

طابعة [tɒːbiʕa], *pl.* [-aːt] weibliche Schreibmaschinenkraft; Drucker *m*, Printer *m*; *Ir.* Schreibmaschine *f*

طابق [tɒːbiq, tɒːbaq], *pl.* طوابق [tɒ'waːbiq] (2) Stockwerk *n*, Geschoß *n*, Etage *f*; أرضي ~ Erdgeschoß *n*; تسوية ~ [t. taswija] *Jord.* Untergeschoß *n*, Kellergeschoß *n*; متكرر ~ [muta'karrir] *Jord.* Obergeschoß *n*

طابة [tɒːba], *pl.* [-aːt] *Syr.* Ball *m*, Kugel *f*; *Med.* Schiene *f*

طابو [tɒːpuː] *Ir.* Grundbuch *n*; *Ir.* Grundbuchamt *n*

طابور [tɒː'buːr], *pl.* طوابير [tɒwaː'biːr] (2) (*Menschen-*)Schlange *f*; *Mil.* Kolonne *f*; *Mil.* Appell *m*; *Sport*: Riege *f*; الـ~ الخامس fünfte Kolonne

طابوق [tɒː'buːq] *koll.*, *n. un.* ~ة *Ir.* Ziegel *m/pl.*; ناري ~ gebrannte Ziegel *m/pl.*

طابونة [tɒː'buːna], *pl.* [-aːt] *Äg.* Backofen *m*; Bäckerei *f*

[1]طابية [tɒːbija], *pl.* طواب [tɒ'waːbin] Festung *f*; runde(r) Festungsturm; *Schach*: Turm *m*

[2]طابية [tɒː'biːja] *Kopfbedeckung der maronitischen Priester*

طاجن [tɒːdʒin], *pl.* طواجن [tɒ'waːdʒin] (2) Kasserolle *f*

طاح → (طوح)

طاحن [tɒːħin] zermahlend; zermürbend; *Schlacht*: mörderisch

طاحنة [tɒːħina], *pl.* طواحن [tɒ'waːħin] (2) Backenzahn *m*

طاحونة [tɒː'ħuːna], *pl.* طواحين [tɒwaː'ħiːn] (2) Mühle *f*; هوائية ~ Windmühle *f*

[1]طار [tɒːra] → [1](طير)

[2]طار [tɒːr], *pl.* [-aːt] Tamburin *n*

طارد [tɒːrid] vertreibend; دواء ~ للديدان [li-d-diː'daːn] Wurmmittel *n*; قوة مركزية ~ة [quwwa] Zentrifugalkraft *f*

طارق [tɒːriq] **1.** (an)klopfend; *pl.* طراق [tu'rraːq] nächtliche(r) Besucher; **2.** *npr. m*; جبل ~ [dʒabal t.] *Geo.* Gibraltar

طارمة [tɒːrima], *pl.* [-aːt] *Äg.* Häuschen *n*, Kiosk *m*; *Ir.* Veranda *f*, Terrasse *f*

طارة [tɒːra], *pl.* [-aːt] Felge *f*; Rad *n*; *Spiel*: Reifen *m*

طارئ [tɒːriʔ] unerwartet, plötzlich, unvorhergesehen; zufällig; von außen kommend, zugereist; اجتماع ~ Sondersitzung *f*; außerordentliche Sitzung *od.* Tagung

طارئة [tɒːriʔa], *pl.* طوارئ [tɒ'waːriʔ] (2) unvorhergesehene(s) Ereignis; Notfall *m*, Notstand *m*; حالة الطوارئ Notstand *m*; قوات الطوارئ [qu'wwaːt at-t.] Notstandstruppe *f*, (*UN-*)Friedenstruppe *f*

طازج [tɒːzadʒ, tɒːzidʒ] *Lebensmittel*: frisch

طازه [tɒːza] *Äg. Lebensmittel*: frisch

طاس [tɒːs], *pl.* [-aːt] Tasse *f*, (Trink-)Schale *f*

طاسة [tɒːsa], *pl.* [-aːt] Tasse *f*, (Trink-)Schale *f*; Tiegel *m*

طاش → [1](طيش)

طأطأ [tɒʔtɒʔa] *Kopf* senken, neigen

طاعن [tɒːʕin] stechend, durchbohrend; *Jur.* anfechtend; في السن ~ [fi s-sinn] alt, bejahrt; رسالة ~ة [ri'saːla] Schmähschrift *f*, Pamphlet *n*

طاعة [tɒːʕa] Gehorsam *m*; عمياء ~ [ʕam'jaːʔ] blinde(r) Gehorsam; الدخول في بيت الـ~ *Isl.* Rückkehr *f der Frau* in das Haus des Gatten, *den sie unrechtmäßig verlassen hat*

طاعون [tɒː'ʕuːn] Pest *f*

طاغ [tɒːɣin] tyrannisch; *pl.* [-uːn] *u.* طغاة [tu'ɣaːt] Tyrann *m*, Gewaltherrscher *m*

طاغوت [tɒː'ɣuːt], *pl.* طواغيت [tɒwaː'ɣiːt] (2) Schreckensherrscher *m*; *Koran*: Götze *m*; Satan *m*, Verführer *m*

طاغية [tɒːɣija] Tyrann *m*, Unterdrücker *m*, Schreckensherrscher *m*

طاف → [1](طوف)

طافح [tɒːfiħ] übervoll; angefüllt (بـ mit *D*), voll (بـ von *D*)

[1]طاق [tɒːqa] → [1](طوق)

[2]طاق [tɒːq], *pl.* طيقان [tiː'qaːn] *Arch.* Bogen *m*; *pl.* [-aːt] Lage *f*, Schicht *f*

طاقم [tɒːqim] **1.** Besatzung *f e-s Flugzeugs*; **2.** = طقم

طاقة [tɒːqa], *pl.* [-aːt] **1.** Kraft *f*, Vermögen *n*; Kapazität *f*; Potential *n*; Energie *f*; إنتاجية ~ Produktionskapazität *f*; حرارية ~ Wärmeenergie *f*, Wärmekraft *f*; ذرية ~ [ðaˈrriːja] Atomenergie *f*; قدر الـ~ [qadra ṭ-ṭ.] nach Möglichkeit, soweit es in seinen/unseren Kräften steht; **2.** Fenster *n*, Luke *f*

طاقية [tɒːˈqiːja], *pl.* طواق [tɒˈwaːqin] *u.* طواقي [tɒˈwaːqiː] Mütze *f*, Käppchen *n*, Kappe *f*

طال → 1(طول)

طالب [tɒːlib] **1.** (er)bittend; beantragend, ersuchend; suchend; **2.** *pl.* [-uːn] Antragsteller *m*; **3.** *pl.* طلاب [tuˈllaːb] *u.* طلبة [tɒlaba] Student *m*, Studierende(r); Schüler *m*; *Mil.* Kadett *m*

طالبة [tɒːliba], *pl.* [-aːt] Studentin *f*; Schülerin *f*

طالح [tɒːliħ] schlecht, böse

طالع [tɒːliʕ] aufgehend, aufsteigend; erscheinend; Schicksal *n*, Geschick *n*; حسن الـ~ [ħusn aṭ-ṭ.] glückliche(s) Geschick, Glück *n*; من حسن الـ~ glücklicherweise; من سوء الـ~ [suːʔi ṭ-ṭ.] unglücklicherweise; قرأ له ~ه j-m das Horoskop stellen

طالق [tɒːliq] *u.* طالقة [tɒːliqa] *Frau*: geschieden

طالما [tɒːlamaː] *u.* لطالما [la-ˈtɒːlamaː] schon lange, schon oft; wie oft!; solange als; أن ~ [ʔanna] solange (als); sofern; wo doch, da

طامع [tɒːmiʕ] verlangend, strebend (في/ب nach *D*)

طامة [tɒːmma], *pl.* [-aːt] Unglück *n*; كبرى ~ [kubraː] Katastrophe *f*

طاه [tɒːhin], *pl.* طهاة [tuˈhaːt] Koch *m*

طاهر [tɒːhir], *pl.* أطهار [ʔɒtˈhaːr] rein; *a. npr. m*; الذيل ~ [ṭ. að-ðail] untadelig, makellos; حب ~ [ħubb] reine *od.* platonische Liebe

طاو [tɒːwin] *u.* طاوي البطن ausgehungert

طاولة [tɒːwila], *pl.* [-aːt] Tisch *m*; Tricktrack *n* (*Brettspiel*)

طاووس [tɒːˈwuːs], *pl.* طواويس [tɒwaːˈwiːs] (2) Pfau *m*

طائر [tɒːʔir] **1.** fliegend; الكرة الطائرة [al-kura] Volleyball *m*; **2.** *pl.* طيور [tuˈjuːr] Vogel *m*; **3.** Omen *n*; على الـ~ الميمون [-i l-maiˈmuːn] glückliche Reise!

طائرة [tɒːʔira], *pl.* [-aːt] Flugzeug *n*; جامبو ~ Jumbo-Jet *m*; ركاب ~ [ṭ. ruˈkkaːb] Passagierflugzeug *n*; شحن/نقل ~ Transportflugzeug *n*; شراعية ~ [ʃiraːˈʕiːja] Segelflugzeug *n*; عمودية ~ [ʕamuːˈdiːja] *u.* هليكبتر ~ [ṭ. heliˈkoptar] Hubschrauber *m*; مقاتلة ~ [muˈqaːtila] Kampfflugzeug *n*; نفاثة ~ [naˈffaːθa] Düsenflugzeug *n*

طائش [tɒːʔiʃ] gedankenlos, unbedacht, unüberlegt, planlos; leichtsinnig; *Kugel*: verirrt; *pl.* [-uːn] leichtsinnige, kopflose Person

طائع [tɒːʔiʕ] gehorsam; ~ـا أو كارها [-an ʔaw kaːrihan] ob *er etc.* will oder nicht

طائف [tɒːʔif] **1.** umhergehend, umherziehend; Anwandlung *f*; **2.** الـ~ Taif (*Stadt in Saudi-Arabien*)

طائفة [tɒːʔifa], *pl.* طوائف [tɒˈwaːʔif] (2) Gruppe *f*, Gruppierung *f*; Volksgruppe *f*; Sekte *f*; religiöse Minderheit *od.* Gemeinschaft; Konfession *f*; من ~ eine Anzahl von

طائفي [tɒːʔifiː] Gruppen-; Sekten-; Konfessions-

طائفية [tɒːʔiˈfiːja] Sektierertum *n*

طائل [tɒːʔil] **1.** *bsd. Geldmittel*: enorm, gewaltig; **2.** Nutzen *m*; دون ~ unnütz, nutzlos

طائلة [tɒːʔila]: تحت ~ العقاب [tɒːˈʔilati l-ʕiˈqaːb] bei Strafe; وقع تحت ~ القانون unter Strafe stehen

1**طب** [tɒbba, u] *Äg.* fallen; في ~ قبضته [qabˈđɒtihiː] j-m in die Hände fallen; **II** طبب [tɒbbaba] ärztlich behandeln; **V** تطبب [taˈtɒbbaba] sich mit Medizin beschäftigen; sich behandeln lassen; **X** استطب [istaˈtɒbba] *e-n Arzt* konsultieren

2**طب** [tibb] Medizin *f*, Heilkunde *f*; باطني ~ innere Medizin; بشري ~ [baʃariː] Humanmedizin *f*; بيطري ~ [baitɒriː] Tierheilkunde *f*; شرعي ~ Gerichtsmedizin *f*; نفساني ~ [nafˈsaːniː] Psychiatrie *f*; نووي ~ [nawawiː] Nuklearmedizin *f*

طبابة [tiˈbaːba] ärztliche Tätigkeit

طباخ [tɒˈbbaːx] **1.** *pl.* [-uːn] Koch *m*; **2.** *pl.* [-aːt] *Ir., Saudi-Ar., Jord.* (*Gas-, Elektro-*)Herd *m*

طباشير [tɒbaːˈʃiːr] (2) Kreide *f*

طباشيري [tɒbaːˈʃiːriː] Kreide-

1**طباع** [tɒˈbbaːʕ], *pl.* [-uːn] Drucker *m*

2**طباع** [tiˈbaːʕ] → 2طبع

طباعة [tiˈbaːʕa] Drucken *n*, Druckwesen *n*, Buchdruck *m*

طباعي [tiˈbaːʕiː] den Druck betreffend, Buchdrucker-

1**طباق** [tiˈbaːq] entsprechend (+ *G*: *e-r Sache*), übereinstimmend (+ *G*: mit *D*); Entsprechung *f*; *Rhet.* Antithese *f*

2**طباق** [tuˈbbaːq] *Bot.* Flohkraut *n*

طبال [tɒˈbbaːl], *pl.* [-uːn] Trommler *m*

1**طبخ** [tɒbaxa, u] *Speisen* kochen; **VII** انطبخ [inˈtɒbaxa] gekocht werden

2**طبخ** [tɒbx] Kochen *n*; فن الـ~ [fann ɒt-ṭ.] Kochkunst *f*

طبخة [tɒbxa], *pl.* [-aːt] Gericht *n*; *fig.* Intrige *f*

طبر [tɒbar] Axt *f*, Beil *n*

طبرق [tubruq] Tobruk (*Stadt in Libyen*)

طبرية [tɒbaˈriːja] (2) Tiberias (*Stadt am See Genezareth*); بحيرة ~ [buˈħairat ṭ.] See Genezareth

طبشورة [tɒbˈʃuːra] *Syr.* Kreide *f*

طبطابة [tɒbˈtɒːba] Schlagholz *n für Ballspiele*

طبطب [tɒbtɒba] klapsen (على *j-n*); *Sport*: dribbeln

1**طبع** [tɒbaʕa, a] drucken; *Typ.* prägen; stempeln; *auf der Schreibmaschine* schreiben, tippen; ~ه بطابعه e-r Sache seinen Stempel aufdrücken *od.* sein Gepräge geben, j-n *od.* etwas prägen; **II** [tɒbbaʕa] normalisieren; beflekken, beschmutzen; **V** تطبع [taˈtɒbbaʕa] das Gepräge *od.* den Charakter (ب *e-r Sache*) annehmen, geprägt werden (ب durch *A*); **VII** انطبع [inˈtɒbaʕa] gedruckt werden; sich abdrucken, sich einprägen; geprägt werden (ب von *D*)

2**طبع** [tɒbʕ] **1.** Druck *m e-s Buches*, Drucklegung *f*; تحت الـ~ im Druck;

2. *pl.* طباع [tɨ'baːʕ] Anlage *f*, Natur *f*, Wesenszug *m*, Charakter *m*; ~ًا [-an] *Adv. u.* بالـ~ [bi-t-tɒbʕ] natürlich, selbstverständlich

طبعة [tɒbʕa], *pl.* [-aːt] Auflage *f e-s Buches*; Abdruck *m*; ~ خاصة [xɒːssɒ] Sonderausgabe *f*

[1]**طبق II** [tɒbbɒqa] anwenden (على auf *A*); sich verbreiten (ﻫ über *A*); bedecken; auflegen (على auf *A*); *Äg. Pferd* beschlagen; zusammenfalten; **III** طابق [tɒːbɒqa] entsprechen (ﻫ/ه *D*), übereinstimmen (ﻫ/ه mit *D*), passen (ﻫ/ه zu *D*); anpassen (على an *A*); deckungsgleich machen (و ... بين *zwei Dinge*); **IV** أطبق [ʔɒtbɒqa] *Augen, Mund* schließen; zuschnappen und (على *A*) festhalten; umzingeln, umstellen (على *A*); ~ الصمت es herrschte Schweigen; **VI** تطابق [ta'tɒːbɒqa] sich decken, kongruieren; entsprechen (مع *D*), übereinstimmen (مع mit *D*); **VII** انطبق [intɒbɒqa] Anwendung finden, zutreffen (على auf *A*), gelten (على für *A*); sich decken (مع mit *D*)

[2]**طبق** [tɒbɒq], *pl.* أطباق [ʔɒt'bɒːq] Teller *m*; Gang *m beim Essen*; Gericht *n*; *pl. a.* (*Eß-*)Geschirr *n*; ~ طائر fliegende Untertasse, Ufo *n*

[3]**طبق** [tɨbqa] *Präp.* entsprechend, gemäß

طبقا [tɨbqan] entsprechend (ل *D*), in Übereinstimmung (ل mit *D*)

طبقة [tɒbɒqa], *pl.* [-aːt] Schicht *f*, Lage *f*; (*soziale*) Klasse; ~ الثلج Schneedecke *f*; ~ حاملة للزيت [li-z-zait] erdölführende Schicht; ~ الصوت Stimmlage *f*; الـ~ العاملة Arbeiterklasse *f*

طبقي [tɒbɒqiː] Klassen-; *Geol.* stratigraphisch; *Phon.* velar; ~ صراع [sɨ'raːʕ] Klassenkampf *m*

طبقية [tɒbɒ'qiːja] Klassensystem *n*

[1]**طبل II** [tɒbbala] trommeln; die Trommel rühren (ل für *A*)

[2]**طبل** [tɒbl], *pl.* طبول [tu'buːl] Trommel *f*

طبلة [tɒbla] **1.** *pl.* طبول [tu'buːl] Trommel *f*; ~ الأذن [t. al-ʔuðun] Trommelfell *n*; ~ المكبح [t. al-mikbaħ] Bremstrommel *f*; **2.** *pl.* [-aːt] *Ir.* kleine(r) Tisch

طبلية [tɒb'liːja], *pl.* [-aːt] (niedriger, runder) Tisch; *Saudi-Ar. Techn.* Palette *f*

طبنجة [tɒ'bandʒa], *pl.* [-aːt] Pistole *f*

طبة [tɒbba], *pl.* [-aːt] *Äg.* Kissen *n*, Polster *n*; *Äg.* Stöpsel *m*

طبي [tɨbbiː] medizinisch, ärztlich; ~ عقلي psychiatrisch; ~ًا لائق [-jan] gesundheitlich tauglich; ~ة نباتات Arzneipflanzen *f/pl.*

طبيب [tɒ'biːb], *pl.* أطباء [ʔatɨ'bbaːʔ] (2) Arzt *m*; ~ الأسرة [t. al-ʔusra], ~ العائلة Hausarzt *m*; ~ أسنان Zahnarzt *m*; ~ الأذن والأنف والحنجرة [t. al-ʔuðun, al-ħandʒara] Hals-Nasen-Ohrenarzt *m*; ~ بشري [baʃariː] Humanmediziner *m*; ~ بيطري [baitɒriː] Tierarzt *m*; ~ خاص [xɒːss] Leibarzt *m*; Hausarzt *m*; ~ شرعي Gerichtsmediziner *m*; ~ ممارس [mu'maːris] *Ir.* praktische(r) Arzt; ~ نفساني [naf'saːniː] Psychiater *m*

طبيبة [tɒ'biːba], *pl.* [-aːt] Ärztin *f*

طبيخ [tɒ'biːx] gekochte(s) Essen

طبيعة [tɒ'biːʕa], *pl.* طبائع [tɒ'baːʔiʕ] (2) Natur *f*, Wesen *n*, Charakter *m*; Veranlagung *f*; Beschaffenheit *f*; على الـ~ vor Ort, an Ort und Stelle; من ~ـه, بطبيعته seinem Wesen nach; ~ بـ الحال naturgemäß; عالم الـ~ Physiker *m*; علم الـ~ [ʕilm at-t.] Physik *f*; علوم الـ~ Naturwissenschaften *f/pl.*; ما وراء الـ~ Metaphysik *f*

طبيعي [tɒ'biːʕiː] natürlich, Natur-; normal; physikalisch; naturalistisch; *pl.* [-uːn] Physiker *m*; Naturalist *m*; ~ عالم Physiker *m*; Naturwissenschaftler *m*; العلوم الطبيعية die Naturwissenschaften *f/pl.*; غاز ~ Erdgas *n*; المذهب الـ~ Naturalismus *m*

طبيعية [tɒbiː'ʕiːja] Naturalismus *m*

[1]**طحال** [tɨ'ħaːl], *pl.* طحل [tuħul] Milz *f*

[2]**طحال** [tu'ħaːl] Milzentzündung *f*

طحان [tɒ'ħħaːn], *pl.* [-uːn] Müller *m*

طحلب [tuħlub], *pl.* طحالب [tɒ'ħaːlib] (2) Moos *n*; Algen *f/pl.*

[1]**طحن** [tɒħana, a] (zer)mahlen, zerreiben; **VI** تطاحن [ta'tɒːħana] sich befehden

[2]**طحن** [tɒħn] Mahlen *n*

طحين [tɒ'ħiːn] Mehl *n*

طحينة [tɒ'ħiːna] Sesammus *n*; *würzige Soße aus Sesammehl*

طحيني [tɒ'ħiːniː] → حلاوة

طخروري [tux'ruːriː]: ~ة طبقة [tɒbɒqa] Stratosphäre *f*

طر [tɒrra, u] sprießen

[1]**طرا** [turran] *Adv.* insgesamt

[2]**طرأ** [tɒraʔa, a] (*plötzlich*) kommen; überkommen (على *j-n*), widerfahren (على *j-m*); stattfinden (على bei, in *D*); لم يطرأ تغير على الوضع [ta'ɣajjur] es ist keine Veränderung der Lage eingetreten; ~ت عليه فكرة [fikra] ihm kam ein Gedanke, ihm fiel etwas ein

طرابزون [tɒ'raːbizuːn] (2) Trabzon, Trapezunt (*Hafenstadt in der Türkei*)

طرابلس [tɒ'raːbulus] (2) Tripolis (*Hauptstadt von Libyen*, = ~ الغرب); Tripoli (*Stadt im Libanon*)

طراحة [tɒ'rraːħa], *pl.* [-aːt] *u.* طراريح [tɒraː'riːħ] (2) *Äg.* Matratze *f*; *Lib.* niedrige(r) Polstersitz

[1]**طراد** [tɒ'rraːd], *pl.* [-aːt] Kreuzer *m* (*Kriegsschiff*)

[2]**طراد** [tɨ'raːd] Verfolgung *f*, Jagd *f*

طرادة [tɒ'rraːda], *pl.* [-aːt] Kreuzer *m* (*Kriegsschiff*)

طراز [tɨ'raːz], *pl.* طرز [turuz], [-aːt] *u.* أطرزة [ʔɒtriza] Typ *m*, Modell *n*; (Bau-)Stil *m*; ~ من + *G*: vom Typ ...; من الـ~ القديم altmodisch

طراشة [tɨ'raːʃa] *Jord.* Tünchen *n*

طرافة [tɒ'raːfa] Kuriosität *f*, Eigenartigkeit *f*, Ungewöhnlichkeit *f*, Neuartigkeit *f*; Originalität *f*

طراق → طارق

طراوة [tɒ'raːwa] Frische *f*, Zartheit *f*, Weichheit *f*

[1]**طرب** [tɒriba, a] entzückt sein; innerlich bewegt sein; **II** [tɒrraba] entzücken, begeistern; **IV** أطرب [ʔɒtraba] in Entzücken versetzen, begeistern; mit Gesang *od.* Musik entzücken; singen

[2]طرب [ŧɒrab] Entzücken *n*; Unterhaltung *f durch Musik od. Gesang*; ~ آلة Musikinstrument *n*

[3]طرب [ŧɒrib] entzückt, erfreut; gerührt, bewegt

طربوش [ŧɒr'buːʃ], *pl.* طرابيش [ŧɒraː'biːʃ] (2) Tarbusch *m*, Fes *m* (*Kopfbedeckung aus rotem Filz*)

طربيزة [ŧɒra'beːza], *pl.* [-aːt] *Äg.* Tisch *m*

[1]طرح [ŧɒraħa, a] (weg)werfen; *Frage* vorlegen (على *j-m*); *Frage, Problem* aufwerfen, zur Diskussion stellen; *Aktien* auflegen; *Math.* abziehen, subtrahieren; e-e Fehlgeburt haben; ~ـه على بساط البحث [bi'sɒːŧɨ l-baħθ] etwas zur Diskussion stellen; ~ـه للبيع [li-l-baiʕ] zum Verkauf anbieten; ~ـه في السوق [fi s-suːq] etwas auf den Markt werfen *od.* bringen; ~ـه في مناقصة [mu'naːqɒsɒ] *Projekt* ausschreiben; **III** طارح [ŧɒːraħa] austauschen, wechseln (ـه ه mit *j-m etwas*); ~ـه الحديث sich mit j-m unterhalten; **VI** تطارح [ta'ŧɒːraħa] miteinander austauschen *od.* wechseln; **VII** انطرح [in'ŧɒraħa] geworfen werden; sich (hin)werfen (على auf *A*); **VIII** اطرح [i'ŧŧɒraħa] wegwerfen, wegschleudern

[2]طرح [ŧɒrħ] Werfen *n*; Vorlegen *n e-r Frage*; Aufwerfen *n e-s Problems*; Darstellung *f e-r Frage*; Auflegung *f von Aktien*; Ausschreibung *f e-s Projekts*; *Math.* Subtraktion *f*; Fehlgeburt *f*

طرحة [ŧɒrħa], *pl.* طرح [ŧuraħ] Kopftuch *n*, Schleier *m*

طرخون [ŧɒr'xuːn] *Bot.* Estragon *m*

[1]طرد [ŧɒrada, u] vertreiben, verjagen, hinauswerfen; *aus e-m Land* ausweisen; *Spieler vom Spiel* ausschließen; seines Amtes (من منصبه [man'sɨbihiː]) entheben; **III** طارد [ŧɒːrada] verfolgen, jagen; nachstellen (ه *j-m*); **VIII** اطرد [i'ŧŧɒrada] ununterbrochen *od.* kontinuierlich vonstatten gehen; *Gr.* regelmäßig sein; **X** استطرد [is'tɒŧrada] *in der Rede* fortfahren, weiter ausführen; e-n Exkurs machen, abschweifen; ~ يقول er fuhr fort und sagte

[2]طرد [ŧɒrd] **1.** Vertreibung *f*, Verjagung *f*; Ausweisung *f*; Ausschluß *m e-s Spielers*; Entfernung *f* (من aus *e-m Amt*); ~ مركزي Zentrifugierung *f*; ~ـا متناسب [muta'naːsib -an] direkt proportional; بحث مسألة ~ا وعكسا [baħaθa mas'ʔalatan -an wa-'ʕaksan] ein Problem von allen Seiten untersuchen; **2.** *pl.* طرود [ŧu'ruːd] Paket *n*; Bienenschwarm *m*

طردي [ŧɒrdiː] *Proportion, Beziehung*: direkt

[1]طرز **II** [ŧɒrraza] sticken; besticken (ب mit *D*)

[2]طرز [ŧɒrz] = طراز

طرس [ŧirs], *pl.* أطراس [ʔɒŧ'raːs] Blatt *n* (*Papier*)

[1]طرش [ŧɒraʃa, u] sich erbrechen; *Syr.* tünchen; — [ŧɒriʃa, a] taub sein *od.* werden; **II** [ŧɒrraʃa] taub machen

[2]طرش [ŧɒraʃ] Taubheit *f*

[3]طرش [ŧɒrʃ] **1.** *Syr.* Tünchen *n*; **2.** *pl.* طروش [ŧu'ruːʃ] *Syr.* Herde *f*

[4]طرش [ŧurʃ] → أطرش

طرشان, طرشاء → أطرش

طرشي [ŧurʃiː] Mixed Pickles *pl.*

طرطر [ŧɒrŧɒra] *Äg.* prahlen

طرطش [ŧɒrŧɒʃa] spritzen; bespritzen (ب mit *D*); *Mauer* verputzen

[1]طرطور [ŧur'ŧuːr, ŧɒr'ŧuːr], *pl.* طراطير [ŧɒraː'ŧiːr] (2) hohe, spitze Mütze

[2]طرطور [ŧɒrɒ'ŧuːr] *Syr. pikante Gewürztunke aus* → طحينة

طرطوس [ŧɒr'ŧuːs] (2) Tartus (*Küstenstadt in Syrien*)

طرطوفة [ŧɒr'ŧuːfa] *Bot.* Topinambur *m*; *Äg. a.* Trüffel *f*; *Äg.* Spitze *f*, Ende *n*

[1]طرف [ŧɒrufa, u] kurios sein; **II** [ŧɒrrafa] an den Rand *od.* das Ende setzen *od.* stellen; **IV** أطرف [ʔɒŧrafa] schenken (ب ه *j-m etwas Neues*), darbringen; **V** تطرف [ta'ŧɒrrafa] sehr weit gehen; extrem, radikal sein; ~ إلى القول بأن [al-qauli bi-ʔanna] er ging so weit zu sagen, daß; **X** استطرف [is'tɒŧrafa] kurios finden

[2]طرف [ŧɒraf] **1.** *pl.* أطراف [ʔɒŧ'raːf] Rand *m*, Spitze *f*, Ende *n*; Seite *f a. e-r Gleichung*; Partei *f*, *vertragschließende* Seite; Extremität *f des Körpers*; ~ [-a] *u.* ~بـ bei *j-m*; ~ من von seiten; *Maghr.* von, durch (*beim Passiv*); أطراف الأصابع Fingerspitzen *f/pl.*, Zehenspitzen *f/pl.*; الأطراف المتعاقدة [al-muta'ʕaːqida] die vertragschließenden Parteien; أطراف المدينة die Außenbezirke der Stadt; **2.** *pl.* أطاريف [ʔaŧɒː'riːf] (2) *Syr., Jord.* Straßenbegrenzung *f aus Stein*; **3.**: ~ الأغر [al-ʔa'ɣarr] *Geo.* Trafalgar

[3]طرف [ŧɒrf] Auge *n*, Blick *m*

طرفاء [ŧɒr'faːʔ] (2) Tamariske *f*

[1]طرفة [ŧɒrfa]: ~ عين [ŧ. ʕain] Augenblick *m*

[2]طرفة [ŧurfa], *pl.* طرف [ŧuraf] Kuriosität *f*, originelle Sache; Meisterwerk *n*

[1]طرق [ŧɒrɒqa, u] klopfen (ـه an *e-e Tür*); hämmern, schmieden; dringen (ـه zu *D*, an *A*); *Weg* begehen; *Thema* berühren, behandeln; **II** [ŧɒrrɒqa] hämmern, schmieden; **IV** أطرق [ʔɒŧraqa] senken, neigen (ب *den Kopf*); gesenkten Hauptes schweigen; **V** تطرق [ta'ŧɒrrɒqa] vordringen (إلى zu *D*); eingehen, zu sprechen kommen (إلى auf *A*), berühren (إلى *Thema*)

[2]طرق [ŧɒrq] Klopfen *n*; Hämmern *n*, Schmieden *n*

[3]طرق [ŧuruq] → طريق *u.* طريقة

[1]طرقة [ŧɒrqa], *pl.* [ŧɒrɒ'qaːt] (*einmaliges*) Klopfen; Schlag *m*

[2]طرقة [ŧurqa], *pl.* [ŧuru'qaːt] Korridor *m*; *pl.* → طريق

طرقع [ŧɒrqaʕa] *Äg.* knallen

طرمبة [ŧu'rumba], *pl.* [-aːt] *Äg.* Pumpe *f*

طروادة [ŧir'waːda] (2) Troja

طروء [ŧu'ruːʔ] Eintreten *n e-s Ereignisses*

طروب [ŧɒ'ruːb], *pl.* [-uːn] heiter, fröhlich

[1]طري [ŧɒrija, aː] frisch, zart, weich sein; **II** طرى [ŧɒrraː] frisch, zart, weich machen; **IV** أطرى [ʔɒŧraː] rühmen, preisen

[2]**طري** [tɒ'riːj] weich, *Fleisch*: zart; *Gemüse*: frisch

طريء [tɒ'riːʔ] weich, zart; *Gemüse*: frisch

طريح [tɒ'riːħ], *pl.* طرحى [tɒrħaː] hingeworfen, zu Boden gestreckt; ~ الفراش [t. al-fi'raːʃ] bettlägerig

طريد [tɒ'riːd] vertrieben, ausgestoßen; flüchtig

طريدة [tɒ'riːda] Wild *n*

طريف [tɒ'riːf] kurios, ungewöhnlich, originell; interessant; geistreich

طريفة [tɒ'riːfa], *pl.* طرائف [tɒ'raːʔif] (2) kuriose Sache, Kuriosität *f*; Anekdote *f*

طريق [tɒ'riːq], *pl.* طرق [ṭuruq] *u.* طرقات [ṭuru'qɒːt] *a. fig.* Weg *m*; (Land-)Straße *f*; Fahrbahn *f*; ~ بحري Seeweg *m*; تجاري ~ [ti'dʒaːriː] Handelsstraße *f*; ثانوي ~ [θaːnawiː] *u.* فرعي ~ Nebenstraße *f*; رئيسي ~ Hauptstraße *f*; زراعي ~ [zi'raːʕiː] Landstraße *f*; Feldweg *m*; عام ~ [ʕaːmm] Staatsstraße *f*; Landstraße *f*; مسدود ~ *a. fig.* Sackgasse *f*; ~ وسط [wasɒt] Mittelweg *m*; عن ~ durch, vermittels; über, via; في الـ~ auf dem Wege, unterwegs; في ~ـه إلى auf dem Wege nach

طريقة [tɒ'riːqa], *pl.* طرق [ṭuruq] *u.* (*selten*) طرائق [tɒ'raːʔiq] (2) Art und Weise *f*; Methode *f*, Verfahren *n*; *Isl.* religiöse(r) Orden; على ~ nach der Art von, à la; على هذه الـ~ auf diese Art und Weise; الاستعمال ~ Gebrauchsanweisung *f*, طرق التدريس Lehrmethoden *f/pl.*; Didaktik *f*

طز [ṭuzz] *Äg.* pah!

طست [tɒst], *pl.* طسوت [ṭu'suːt] (*Wasch-*)Schüssel *f*

طش [tɒʃʃa, u] *Ir.*, *Syr.* (aus)streuen; (ver)spritzen; ausschütten

طشت [tɒʃt, ṭiʃt], *pl.* طشوت [ṭu'ʃuːt] (*Wasch-*)Schüssel *f*

طعاجة [tɒ'ʕʕaːdʒa], *pl.* [-aːt] *Jord. Techn.* Biegevorrichtung *f*

طعام [tɒ'ʕaːm], *pl.* أطعمة [ʔɒṭʕima] Essen *n*, Speise *f*, Mahl *n*; الغداء ~ Mittagessen *n*

طعج II [tɒʕʕadʒa] *Syr.* biegen, krümmen

[1]**طعم** [tɒʕima, a] kosten, schmecken; **II** [tɒʕʕama] impfen; *Baum* veredeln, pfropfen; einlegen (ب mit *D*), inkrustieren; *Kochkunst u. fig.* spicken (ب mit *D*); **IV** أطعم [ʔɒṭʕama] zu essen geben (ـه ه *j-m A*), speisen, füttern (ـه ه *j-n* mit *D*); **V** تطعم [ta'tɒʕʕama] geimpft werden; **X** استطعم [is'tɒṭʕama] um Essen bitten; schmackhaft finden

[2]**طعم** [tɒʕm] Geschmack *m*; بلا ~ geschmacklos, fade

[3]**طعم** [tɒʕim] schmackhaft

[4]**طعم** [ṭuʕm], *pl.* طعوم [ṭu'ʕuːm] Köder *m*; Pfropfreis *n*; Impfstoff *m*

طعمة [ṭuʕma], *pl.* طعم [ṭuʕam] Futter *n*; Köder *m*; Raub *m der Flammen*

طعمية [tɒʕ'miːja] *Äg. Kroketten aus zerriebenen Bohnen* = فلافل

[1]**طعن** [tɒʕana, a] stechen, durchbohren (ب mit *D*); angreifen (ـه/في *A*); schmähen, verunglimpfen (ب/في *j-n*), schlecht machen (على *A*); anfechten (في *Urteil*), Revision einlegen (في gegen *ein Urteil*); widerlegen (ب/في *Meinung*); ~ في السن [fi s-sinn] alt werden; **III** طاعن [tɒːʕana] angreifen, aufs Korn nehmen; **VI** تطاعن [ta'tɒːʕana] einander angreifen, sich bekämpfen

[2]**طعن** [tɒʕn] Durchbohrung *f*; Schmähung *f*; *Jur.* Anfechtung *f*; *Jur.* Einlegen *n* der Revision (في gegen *ein Urteil*); قتله ~ًا [qa'talahuː -an] j-n erstechen

طعنة [tɒʕna], *pl.* [tɒʕa'naːt] Stich *m*, Stoß *m*; Schmähung *f*

طغار [ṭɣaːr], *pl.* [-aːt] *Ir. Gewichtseinheit von 2000 kg*

طغام [tɒ'ɣaːm] Pöbel *m*

طغاة → طاغ

طغراء [ṭuɣ'raːʔ] (2) kalligraphische(r) Namenszug des Sultans *auf Erlassen etc.*

طغمة [ṭuɣma], *pl.* [-aːt] Clique *f*; Junta *f*; عسكرية ~ [ʕaska'riːja] Militärjunta *f*

(طغو) طغا [tɒɣaː, uː] *See*: toben; *Fluß*: über die Ufer treten; → طغى

طغى [tɒɣaː, aː] vorherrschen (على bei, in *D*), (ganz) beherrschen, dominieren (على *A*); in den Hintergrund drängen, in den Schatten stellen (على *A*); tyrannisch sein (على gegen *A*), unterdrücken (على *j-n*); *Gefühl*: überwältigen (على *j-n*); → طغا *unter* (طغو); **IV** أطغى [ʔɒṭɣaː] tyrannisch machen

طغيان [ṭuɣ'jaːn] Wüten *n*; Tyrannei *f*; Vorherrschen *n*, Dominieren *n* (على bei, in *D*)

(طف) **II** طفف [tɒffafa] nicht das volle Maß geben

(طفأ) **IV** أطفأ [ʔɒṭfaʔa] (aus)löschen; *Licht* ausschalten; *Gerät* abstellen; *Schuld* zurückzahlen, tilgen; **VII** انطفأ [in'tɒfaʔa] erlöschen, ausgehen

طفاشة [tɒ'ffaːʃa], *pl.* [-aːt] *Äg.* Dietrich *m*

طفالة [tɒ'faːla] Infantilismus *m*

طفاية [tɒ'ffaːja], *pl.* [-aːt] Feuerlöscher *m*; *Äg.* Aschenbecher *m*

[1]**طفح** [tɒfaħa, a] überfließen, überlaufen; الكيل ~ [al-kail(u)] das Maß ist voll; **II** [tɒffaħa] *u.* **IV** أطفح [ʔɒṭfaħa] bis zum Überlaufen füllen; zum Überlaufen bringen

[2]**طفح** [tɒfħ] Überlaufen *n*; Überfülle *f*; *Med.* Ausschlag *m*

طفحان [tɒf'ħaːn] (2), *f.* طفحى [tɒfħaː] zum Überfließen voll

[1]**طفر** [tɒfara, i] springen

[2]**طفر** [tɒfar] Schwanzriemen *m am Sattel*

[3]**طفر** [tɒfr] Springen *n*

طفرة [tɒfra], *pl.* [tɒfa'raːt] Sprung *m*; Aufschwung *m*, Boom *m*; *Biol.* Mutation *f*; ~ [-tan] *Adv.* sprungartig, schlagartig

طفش [tɒfaʃa, i] *Äg.* davonlaufen, ausreißen

طفق [tɒfiqa, a] anfangen (يفعل [jafʕalu] etwas zu tun)

[1]**(طفل)** **V** تطفل [ta'tɒffala] ungebeten kommen (على zu *j-m*), sich aufdrängen (على *j-m*); schmarotzen (على bei *j-m*)

[2]**طفل** [tɒfl] Ton(erde *f*) *m*, Lehm *m*; *Geol.* Mergel *m*

[3]**طفل** [ṭifl], *pl.* أطفال [ʔɒṭ'faːl] Kind

n, Junge *m*; صغير ~ Baby *n*; Kleinkind *n*

[1]**طفلة** [tɒfla] Ton(erde *f*) *m*, Lehm *m*

[2]**طفلة** [tɨfla], *pl.* [-aːt] (*kleines*) Mädchen

[1]**طفلي** [tɒfliː] Ton-, Lehm-; Mergel-

[2]**طفلي** [tɨfliː] kindlich, Kinder-, Kindes-

(طفو) طفا [tɒfaː, uː] *an der Oberfläche* schwimmen, treiben; *fig.* erscheinen (على/على سطحه auf *D*), liegen (على über *D*)

طفولة [tu'fuːla] Kindheit *f*; Kinder *n/pl.*; → أمومة

طفولي [tu'fuːliː] Kindes-, Kinder-, kindlich; kindisch

طفولية [tufuː'liːja] Kindheit *f*

طفيف [tɒ'fiːf] gering, geringfügig, leicht

طفيلي [tu'failiː] Schmarotzer-, parasitär; Schmarotzer *m*, Parasit *m*; طفيليات [-'jaːt] *pl. Biol.* Parasiten *m/pl.*; (= علم الطفيليات [ʕilm ɒt-t.]) Parasitologie *f*

[1]**طق** [tɒqqa, u] platzen, knallen

[2]**طق** [tɒq] klick!; klapp!; bum!; peng!

[3]**طق** [tɒqq] Platzen *n*, Knallen *n*

طقس [tɒqs] **1.** Wetter *n*; Klima *n*; **2.** *pl.* طقوس [tu'quːs] Ritus *m*, religiöse(r) Brauch; *pl. a. fig.* Ritual *n*

طقسي [tɒqsiː] rituell; *Chr.* liturgisch

طقطق [tɒqtɒqa] knattern, knarren; knacken; schnalzen; prasseln

طقطقة [tɒqtɒqa] Geknatter *n*, Knarren *n*; Knacken *n*; Schnalzen *n*; Prasseln *n*

طقطوقة [tɒq'tuːqa], *pl.* طقاطيق [tɒqaː'tɨːq] (2) *Äg.* Schlager *m*, Chanson *n*; Aschenbecher *m*; Beistelltisch *m*

طقم [tɒqm], *pl.* طقوم [tu'quːm] *u.* أطقم [ʔɒtqum] Satz *m*, Set *n od. m*; Garnitur *f*; (*Kaffee-*, *Tee-*)Service *n*; (*Arbeits-*, *Schlaf-*)Anzug *m*, Uniform *f*; Geschirr *n e-s Pferdes*; أسنان ~ (künstliches) Gebiß

[1]**طل** [tɒlla, u] *bsd. Äg.* vorbeischauen (على bei *j-m*), besuchen (على *j-n*); **IV** أطل [ʔa'tɒlla] herabschauen (على auf *A*), überblicken (على *A*); beherrschen (على *Gegend*), überragen (على *A*); *Fenster*: hinausgehen (على auf *A*); erscheinen, sich zeigen; *Jahr*: anbrechen

[2]**طل** [tɒll] Tau *m*; Nieselregen *m*

طلاء [tɨ'laːʔ] Streichen *n*, Tünchen *n*; Überziehen *n*; *pl.* [-aːt] Anstrich *m*, Lackierung *f*; Lack *m*; Überzug *m*, Beschichtung *f*; الأظافر ~ [t. al-ʔa'ðɒːfir] Nagellack *m*; زجاجي ~ [zu'ʤaːʤiː] Glasur *f*

طلاب → طالب

طلابي [tu'llaːbiː] Studenten-, studentisch

طلاع [tɒ'llaːʕ] strebend, begierig (إلى nach *D*)

طلاق [tɒ'lɒːq] Scheidung *f der Ehe*; بالثلاثة ~ *Isl.* endgültige Scheidung

طلاقة [tɒ'lɒːqa] Ungebundenheit *f*, Freiheit *f*; Gelöstheit *f*; اللسان ~ [t. al-li'saːn] Redegewandtheit *f*; ~ بـ تكلم [ta'kallama] *e-e Sprache* fließend sprechen

طلاوة [tɒ'laːwa] Eleganz *f*, Glätte *f des Stils*

طلائعي [tɒ'laːʔiʕiː] avantgardistisch; *Rolle*: führend; *pl.* [-uːn] Avantgardist *m*

[1]**طلب** [tɒlaba, u] verlangen, fordern (ـه من *etwas* von *D*); bitten (إلى/من *j-n*); erbitten; auffordern (إلى/ه *j-n*); bestellen; beantragen; suchen (ـه nach *D*); *Tel.* wählen; *Imp.* اطلب [utlub] siehe (*bei Verweisen*); العلم ~ [l-ʕilma] studieren; يدها ~ [jadahaː] um die Hand *e-r Frau* anhalten; **III** طالب [tɒːlaba] fordern (ه ب von *j-m A*), auffordern (ه ب *j-n* zu *D*); **V** تطلب [ta'tɒllaba] erfordern, nötig machen

[2]**طلب** [tɒlab], *pl.* [-aːt] Verlangen *n*, Forderung *f*; Bitte *f*, Ersuchen *n*; *Hdl.* Bestellung *f*; Antrag *m*, Gesuch *n*; Suche *f*; Nachfrage *f* (على nach *D*); تحت الـ~ *Hdl.* bei Sicht *fällig*; ودائع تحت الـ~ *Fin.* Sichteinlagen *f/pl.*; تحت ~ه zu j-s Verfügung; ~ على + *G*: auf Antrag *od.* Wunsch von; عند الـ~ auf Wunsch; ~ا لـ [-an] auf der Suche nach; العلم ~ [t. al-ʕilm] Suche *f* nach Wissen, Studium *n*

[1]**طلبة** [tɒlba] *Chr.* Litanei *f*, Gebet *n*

[2]**طلبة** [tɒlaba] → طالب

طلبية [tɒla'biːja], *pl.* [-aːt] Bestellung *f*, Auftrag *m*

طلح [tɒlħ] *koll.*, *n. un.* ~ة Gummi liefernde Akazienart; Banane(nstaude) *f*

طلحية [tɒl'ħiːja], *pl.* طلاحي [tɒlaː'ħiːj] (2) Blatt *n* Papier

طلس [tɒlasa, i] *u.* **II** [tɒllasa] *Geschriebenes* auslöschen, auswischen

طلسم [tɨ'lasm, tɨ'llasm], *pl.* طلاسم [tɒ'laːsim] (2) Talisman *m*; Rätsel *n*

[1]**طلع** [tɒlaʕa, u] emporsteigen, *Gestirn*: aufgehen; hervorkommen, erscheinen; *Morgen*: anbrechen; (*a.* [tɒlaʕa, tɒliʕa, a]) hinaufgehen, besteigen; überfallen (على *j-n*); **II** [tɒllaʕa] hervorkommen lassen; hochschaffen; **III** طالع [tɒːlaʕa] lesen, durchsehen; sich zeigen, entgegenleuchten (ه *j-m*); *Imp.* طالع [tɒːliʕ] siehe (*bei Verweisen*); **IV** أطلع [ʔɒtlaʕa] informieren, unterrichten (على über *A*); **V** تطلع [ta'tɒllaʕa] ausschauen (إلى nach *D*), blicken (إلى auf *A*); entgegensehen (إلى *D*); streben (إلى nach *D*); **VIII** اطلع [i'ttɒlaʕa] sich informieren, sich unterrichten (على über *A*); Einsicht nehmen (على in *A*), kennenlernen (على *A*); **X** استطلع [is'tɒtlaʕa] erkunden, erforschen; *Mil.* aufklären

[2]**طلع** [tɒlʕ] Blütenstand *m der Palme*

[1]**طلعة** [tɒlʕa] Aussehen *n*, Äußere(s); *pl.* [tɒla'ʕaːt] Flug *m*, (*Flug-*)Einsatz *m*; استكشافية ~ Aufklärungsflug *m*

[2]**طلعة** [tulaʕa] wißbegierig

[1]**طلق** [tɒlaqa, u] beschießen; **II** [tɒllɒqa] *Frau* verstoßen, sich *von ihr* (ها) scheiden lassen; *Leute* verlassen; **IV** أطلق [ʔɒtlɒqa] *Pfeil*, *Rakete* abschießen, *Schuß* abfeuern, abgeben (على auf *A*); *Rakete* starten; *a. Schadstoffe* ausstoßen; *Revolution* auslösen; freilassen, loslassen; *Kräfte* freisetzen; *Freiheit* gewähren; nennen (على *A*),

bezeichnen (على هـ *A* als, = عليه ~ ما ~ عليه اسم/ب اسم [isma] + *G*); [ʔutlɨqa] der/das sogenannte; ~ الحبل على الغارب die Zügel schießen lassen; ~ الحياء die Scham fallen lassen; ~ الرصاص/النار على beschießen; ~ سراحه j-n freilassen, auf freien Fuß setzen; ~ ساقيه للريح [saː'qaihi li-'r-riːħ] die Beine in die Hand nehmen; ~ لحيته [lih'jatahuː] sich den Bart wachsen lassen; ~ لسانه [li'saːnahuː] j-m die Zunge lösen; ~ لسانه في j-n schmähen; ~ له العنان [lahu l-ʕi-'naːna] e-r Sache freien Lauf lassen; ~ يده [jadahuː] j-m freie Hand lassen; **VII** انطلق [in'tɒlɒqa] losfahren, losgehen, abfahren, starten; *Auto*: anfahren; losgelassen werden; gestartet werden; abgefeuert werden; *Energie*: freigesetzt werden; ausgehen, herrühren (من von *D*); erschallen, ausgestoßen werden; (los)stürzen, (dahin)eilen; *mit Impf.* (*sofort*) beginnen

²**طلق** [tɒlq] **1.** frei, offen; ungehemmt; ~ اللسان [t. al-li'saːn] beredt, zungenfertig; ~ الوجه mit heiterem Gesicht; ~ اليدين [t. al-ja'dain] freigebig; في الهواء الـ~ im Freien, unter freiem Himmel; **2.** Schießen *n*, Beschuß *m*; Geburtswehen *pl.*; **3.** Talk *m*

طلقة [tɒlqa] **1.** *pl.* [tɒlɒ'qaːt] (*Gewehr-*, *Kanonen-*)Schuß *m*; Einschuß *m*; سريع الطلقات Schnellfeuer-; **2.** *Isl. Jord.* Scheidung(serklärung) *f*

طلل [tɒlal], *pl.* أطلال [ʔɒt'laːl] *u.* طلول [tu'luːl] (*meist im pl. gebraucht*:) Überreste *m/pl.*, Ruinen *f/pl.*

طلمبة [tu'lumba], *pl.* [-aːt] *Äg.* Pumpe *f*

طلمس [tɒlmasa] *Geschriebenes* auslöschen; finster blicken

طلوع [tu'luːʕ] Aufsteigen *n*, Aufstieg *m*; Aufgang *m der Sonne*; Erscheinen *n*

طلى [tɒlaː, iː] (an)streichen (ب mit *D*); überziehen, beschichten (ب mit *D*); ~ بالذهب [bi-ð-ðahab] vergolden; ~ بالقصدير [bi-l-qɒs-'diːr] verzinnen; ~ بالكروم [bi-l-kroːm] verchromen; ~ بالكهرباء [bi-l-kahra'baːʔ] galvanisieren; **VII** انطلى [in'tɒlaː]: انطلت عليه الحيلة [ʕa'laihi l-ħiːla] er ist (darauf) hereingefallen

طليان [tɒl'jaːn, tul'jaːn]: الـ~ *koll.* die Italiener *m/pl.*

طلياني [tɒl'jaːniː, tul'jaːniː] italienisch; Italiener *m*

طليطلة [tu'laitula] (2) Toledo

طليعة [tɒ'liːʕa], *pl.* طلائع [tɒ'laːʔiʕ] (2) *Mil.* Vorhut *f*; *fig.* Avantgarde *f*, vorderste Reihe, Spitze *f*; *pl. a.* Anfänge *m/pl.*, erste Anzeichen *n/pl.*; في الـ~ an der Spitze

طليعي [tɒ'liːʕiː] avantgardistisch; Spitzen-; *pl.* [-uːn] Avantgardist *m*

طليق [tɒ'liːq], *pl.* طلقاء [tulɒ'qɒːʔ] (2) frei (من von *D*); freigelassen; *Energie*: freigesetzt

طليقة [tɒ'liːqa], *pl.* [-aːt] geschiedene Frau

طم [tɒmma, u] *Ir.*, *Syr. mit Erde bedecken*

طماطم [tɒ'mɒːtɨm] (2) *koll.*, *n. un.* ~ة Tomaten *f/pl.*

طماطة [tɒ'mɒːtɒ] *koll. Ir.*, *Kuw.* Tomaten *f/pl.*

طماع [tɒ'mmaːʕ] (be)gierig, habgierig

طمأن [tɒmʔana] beruhigen; **IV** اطمأن [itma'ʔanna] sich beruhigen; sicher *od.* zuversichtlich sein; vertrauen (إلى auf *A*)

طمأنة [tɒmʔana] Beruhigung *f j-s*

طمأنينة [tumaʔ'niːna] Beruhigung *f*; Gefühl *n* der Sicherheit, Zuversicht *f*; Vertrauen *n*

¹**طمث** [tɒmaθa, u, i] menstruieren

²**طمث** [tɒmθ] Menstruation *f*

طمح [tɒmaħa, a] streben, trachten (إلى nach *D*); *Blick*: gerichtet sein (إلى auf *A*)

طمر [tɒmara, u] vergraben, verscharren; zuschütten; **II** [tɒmmara] *Äg. Pferd* striegeln

¹**طمس** [tɒmasa, i] *Spuren* auslöschen, verwischen; **VII** انطمس [in-'tɒmasa] ausgelöscht, verwischt werden

²**طمس** [tɒms] Auslöschung *f*

¹**طمع** [tɒmiʕa, a] verlangen, trachten (في/ب nach *D*); es abgesehen haben, versessen sein (في/ب auf *A*); **II** [tɒmmaʕa] *u.* **IV** أطمع [ʔɒtmaʕa] *j-s* Verlangen *od. j-s* Begierde wecken (في/ب nach *D*)

²**طمع** [tɒmaʕ], *pl.* أطماع Verlangen *n*, Begierde *f*, Begehrlichkeit *f*; Bestrebung *f*; ~ا في [-an] aus Begierde nach; ~ في الربح [fi r-ribħ] Profitgier *f*, Profitsucht *f*

طمن **II** [tɒmmana] beruhigen; **VI** تطامن [ta'tɒːmana] sich bücken

(**طمو**) طما [tɒmaː, uː] über die Ufer treten

¹**طموح** [tɒ'muːħ] *a. Plan*: ehrgeizig; strebsam

²**طموح** [tu'muːħ], *pl.* [-aːt] Streben *n*, Trachten *n*, Bestrebung *f*, Ambition *f*; Ehrgeiz *m*, Strebsamkeit *f*

¹**طمى** [tɒmaː, iː] über die Ufer treten

²**طمي** [tɒmj] Schlamm *m*

¹**طن** [tɒnna, i] klingen, erschallen; klingeln; summen

²**طن** [tunn], *pl.* أطنان [ʔɒt'naːn] Tonne *f* (*Gewicht*); ~ طويل = *engl.* long ton (*1016,05 kg*); ~ قصير = *engl.* short ton (*907,185 kg*); ~ متري [mitriː] (metrische) Tonne (*1000 kg*); ~ مسجل [mu'saddʒal] Registertonne *f*

طنان [tɒ'nnaːn] klingend, erschallend, hallend; weithin hörbar; *Techn.* Summer *m*

¹(**طنب**) **IV** أطنب [ʔɒtnaba] weitschweifig sein, (zu) ausführlich sein

²**طنب** [tunub], *pl.* أطناب [ʔɒt'naːb] Zeltstrick *m*; ضرب أطنابه في *an e-m Ort* Wurzeln schlagen, sich einnisten; *Unordnung*: herrschen

طنبور [tum'buːr], *pl.* طنابير [tɒnaː'biːr] (2) **1.** Archimedische Schraube (*Wasserhebegerät*); **2.** *Techn.* Trommel *f*, Zylinder *m*; **3.** *ein Saiteninstrument*

طنبوشة [tɒm'buːʃa], *pl.* [-aːt] *Äg.* Radgehäuse *n e-s Raddampfers*

طنجرة [tɒndʒara], *pl.* طناجر [tɒ'naː-dʒir] (2) Kochtopf *m*, Kasserolle *f*; ~ ضغط Schnellkochtopf *m*

طنجة [ŧɒndʒa] (2) Tanger (*Stadt in Marokko*)
طنطا [ŧɒntɒː] Tanta (*Stadt in Ägypten*)
طنطن [ŧɒnŧɒna] lärmen; klingeln; summen, brummen
طنطنة [ŧɒnŧɒna] Lärmen *n*; Klingeln *n*; Summen *n*, Gebrumm *n*
طنف [ŧunuf, ŧɒnf], *pl.* طنوف [ŧu'nuːf] *u.* أطناف [ʔɒŧ'naːf] (Mauer-)Vorsprung *m*, Sims *m*
طنفسة [ŧinfisa, ŧunfusa], *pl.* طنافس [ŧɒ'naːfis] (2) Teppich *m*
طنين [ŧɒ'niːn] Klingen *n*, Tönen *n*; Klingeln *n*; Summen *n*
طه [ŧɒːhaː] **1.** *Name e-r Sure*; **2.** Taha *npr. m*
طهارة [ŧɒ'haːra] *fig.* Sauberkeit *f*; *Isl.* rituelle Reinheit; الذيل ~ Rechtschaffenheit *f*
طهاة → طاه
طهاية [ŧɒ'haːja] Kochen *n*, Kochkunst *f*
طهر [ŧɒhura, u] rein sein; **II** [ŧɒhhara] reinigen (من von *D*); *fig.* säubern; *Kanal* räumen; läutern; desinfizieren; *Isl.* beschneiden; **III** طاهر [ŧɒːhara] beschneiden; **V** تطهر [ta'ŧɒhhara] sich reinigen
طهران [ŧɒh'raːn] (2) Teheran
طهق [ŧɒhaqa, a] *Äg.* satt haben (من *A*)
[1]**(طهو)** طها [ŧɒhaː, uː] kochen, *Speise* zubereiten
[2]**طهو** [ŧɒhw] Kochen *n*
طهور [ŧɒ'huːr] rein; *Isl.* Beschneidung *f*
طهي [ŧɒhj] Kochen *n*; فن الـ~ [fann at-ŧ.] Kochkunst *f*
[1]**طواب** [ŧɒ'wwaːb], *pl.* ~ة Ziegelbrenner *m*
[2]**طواب** [ŧɒ'waːbin] → [1]طابية
طوابع → [2]طابع
طوابق → طابق
طوابير → طابور
طواجن → طاجن
طواحن → طاحنة
طواحين → طاحونة
طوارق [ŧɒ'waːriq] *pl.* die Tuareg *m/pl.*
طوارئ → طارئة
طواشي [ŧɒ'waːʃiː], *pl.* ~ة *Äg.* Eunuch *m*
طواعية [ŧɒ'waːʕija] Gehorsam *m*; ~ [-tan] *Adv. u.* ~ عن freiwillig
طواغيت → طاغوت
[1]**طواف** [ŧɒ'waːf] Rundgang *m*; *Isl.* Rundlauf *m* um die Kaaba
[2]**طواف** [ŧɒ'wwaːf] herumgehend; die Runde machend; *Äg.* Landbriefträger *m*
طوافة [ŧɒ'wwaːfa], *pl.* [-aːt] Patrouillenboot *n*
طواق *u.* **طواقي** → طاقية
طوال [ŧɒ'waːla] *Präp.* während, … lang, … hindurch
طواويس → طاووس
طوائف → طائفة
طواية [ŧɒ'wwaːja], *pl.* [-aːt] *Äg.* Bratpfanne *f*
طوب [ŧuːb] *koll.* Ziegel *m/pl.*; ~ أحمر gebrannte Ziegel *m/pl.*; ~ مزجج [mu'zaddʒadʒ] Klinker *m/pl.*; ~ ني [najj] *Äg.* ungebrannte Ziegel *m/pl.*
طوبار [ŧuː'baːr] *Jord.* (*Bau-*)Gerüst *n*
طوباوي [ŧuː'baːwiː] *Chr.* selig; utopisch
طوباوية [ŧuːbaː'wiːja] Seligkeit *f*; Utopie *f*
طوبجي [ŧobdʒiː, ŧoːptʃiː], *Äg.* [ŧobgiː], *pl.* ~ة Artillerist *m*
طوبجية [ŧob'dʒiːja, ŧoːp'tʃiːja], *Äg.* [ŧob'giːja] Artillerie *f*
[1]**طوبة** [ŧuːba] Ziegelstein *m*
[2]**طوبه** [ŧuːba] *5. Monat des koptischen Kalenders*
طوبوغرافي [ŧoboɣ'raːfiː] topographisch
طوبوغرافيا [ŧoboɣ'raːfiːja] Topographie *f*
طوبى [ŧuːbaː] Seligkeit *f*; *Chr. Titel u. Anrede e-s Patriarchen*
(طوح) طاح [ŧɒːħa, uː] verlorengehen; zugrunde gehen; abirren; **II** [ŧɒwwaħa] (weg)werfen, (weg)schleudern (ب *A*); **IV** أطاح [ʔaŧɒːħa] stürzen (ب *Regierung*); wegfegen (ب *A*); **V** تطوح [ta'ŧɒwwaħa] schwanken, taumeln
[1]**طور** **II** [ŧɒwwara] entwickeln; weiterentwickeln; fördern; **V** تطور [ta'ŧɒwwara] sich entwickeln; sich weiterentwickeln
[2]**طور** [ŧɒur], *pl.* أطوار [ʔɒŧ'waːr] Phase *f* (*a. El.*), Stadium *n*; Zustand *m*; ~ا … ~ا [-an] bald … bald, mal … mal; ~ا بعد ~ ein ums andere Mal; غريب الأطوار seltsam, exzentrisch; خرج عن ~ه aus der Fassung geraten
[3]**طور** [ŧuːr] Berg *m*; ~ سيناء [ŧ. siː'naːʔ] der Sinai
طوراني [ŧuː'raːniː] wild; turanisch
طورانية [ŧuːraː'niːja] *Pol.* Turanismus *m*
طوربيد [ŧur'biːd], *pl.* [-aːt] Torpedo *m*
طوربين [ŧur'biːn], *pl.* [-aːt] Turbine *f*
طوربيني [ŧur'biːniː] Turbinen-, Turbo-
طوروس [ŧoː'roːs] *Geo.* Taurus *m*; جبال ~ [dʒi'baːl ŧ.] Taurus-Gebirge *n*
طورية [ŧuː'riːja], *pl.* طواري [ŧɒ'waːriː] *Äg.* Hacke *f* (*Werkzeug*)
طوش **II** [ŧɒwwaʃa] kastrieren; *Syr.* betäuben, benommen machen
طوطم [ŧɒuŧɒm] Totem *n*
طوطمي [ŧɒuŧɒmiː] totemistisch
طوطمية [ŧɒuŧɒ'miːja] Totemismus *m*
[1]**طوع** **II** [ŧɒwwaʕa] gehorsam machen, unterwerfen; dienstbar machen (ل *e-r Sache*), anpassen (ل *e-m Zweck*); **III** طاوع [ŧɒːwaʕa] gehorchen, willfährig sein (ه/ـه *D*); **IV** أطاع [ʔaŧɒːʕa] gehorchen, sich fügen (ه/ـه *D*); gehorsam sein; **V** تطوع [ta'ŧɒwwaʕa] freiwillig tun (ب/ل *A*); freiwillig dienen (في in *der Armee*); sogleich, eilends, bereitwillig tun (ب *A*); **X** استطاع [ista'ŧɒːʕa] können; imstande sein (ـه zu *D*); يستطيع أن يفعله [jaf'ʕalahuː] er kann es machen
[2]**طوع** [ŧɒuʕ] Gehorsam *m*; Freiwilligkeit *f*; ~ا [-an] *Adv.* freiwillig, aus freien Stücken; ~ا أو كرها [kurhan] wohl oder übel, ob er will oder nicht; ~ أمره [-a ʔamrihiː] zu j-s Diensten
طوعي [ŧɒuʕiː] freiwillig; ~ا [-jan] *Adv.* freiwillig, aus freien Stücken
طوغو [ŧoːɣoː]: الـ~ *Maghr.* Togo
[1]**(طوف)** طاف [ŧɒːfa, uː] umhergehen, umherstreifen; herumlaufen, herumfahren; durchstreifen (ب *A*); umkreisen (حول *A*); herumführen (ب *j-n*); *Mil.* patrouillieren; *Isl.*

den Rundlauf um die Kaaba machen; im Traum erscheinen (ب *j-m*); **II** [ŧɒwwafa] mehrmals herumgehen (ب um *A*); umherfahren, umherziehen (في in *D*); herumführen; umherschweifen lassen (ب *den Blick*); *Isl.* den Rundlauf um die Kaaba machen; **IV** أطاف [ʔaŧɒːfa] umgeben (ب *A*); nachts kommen (ب zu *D*)

[2]**طوف** [ŧɒuf] Rundgang *m*; *pl.* أطواف [ʔɒŧ'waːf] Patrouille *f*, Streife *f*; Floß *n*; *Äg.* Lehmplatte *f* (*als Wand e-r Hütte*)

[1]**طوفان** [ŧɒwa'faːn] Umhergehen *n*, Herumlaufen *n*; Umkreisung *f*, Rundgang *m*

[2]**طوفان** [ŧuː'faːn] Überschwemmung *f*; Sintflut *f*

[1](**طوق**) طاق [ŧɒːqa, uː] aushalten, ertragen (können); **II** [ŧɒwwaqa] umringen, umzingeln, einschließen, *Mil.* einkesseln; *Gefahr* eindämmen, ausschalten; mit Reifen *od.* Ringen versehen; ~ه بذراعيه [biðiraː'ʕaihi] die Arme um j-n legen; **IV** أطاق [ʔa'ŧɒːqa] können, vermögen; aushalten, ertragen (können); لا أطيقه ich kann ihn nicht ausstehen; *Pass.* لا يطاق [ju'ŧɒːqu] unerträglich; لم يطق صبرا [lam juŧiq sɒbran] er konnte es (vor Ungeduld) nicht aushalten; **V** تطوق [ta'ŧɒwwaqa] sich etwas (ب) um den Hals legen; *Schlange*: sich zusammenrollen

[2]**طوق** [ŧɒuq] **1.** Kraft *f*, Vermögen *n*; **2.** *pl.* أطواق [ʔɒŧ'waːq] Ring *m*, Reifen *m*; Halsband *n*; Kragen *m*; Umklammerung *f*; ~ نجاة Rettungsring *m*; كسر الـ~ Überwinden *n e-r* (*ausweglosen*) *Situation*, Durchbrechen *n von Konventionen*

طوكيو [ŧoːkijoː] Tokio

[1](**طول**) طال [ŧɒːla, uː] lang sein; lange dauern, sich in die Länge ziehen; ~ الزمن أو قصر [az-zamanu ʔaw qɒsura] früher oder später; ~ به الزمن حتى ... es dauerte lange, bis er ...; حدث ~ انتظاره [ħadaθ] ein (schon) lange erwartetes Ereignis; — [ŧɒːla, aː] erreichen, erfassen; **II** [ŧɒwwala] lang machen, verlängern; ~ باله على [baːlahuː] geduldig sein mit; **III** طاول [ŧɒːwala] j-n hinhalten; sich messen (ه mit *D*); **IV** أطال [ʔa'ŧɒːla] verlängern, ausdehnen, in die Länge ziehen; sich verbreiten (في über *A*); ~ لسانه [li'saːnahuː] unverschämt *od.* vorwitzig sein; **VI** تطاول [ta'ŧɒːwala] sich recken *od.* strecken (إلى nach *D*); angreifen (على *j-n*); sich etwas herausnehmen (على gegen *A*); sich anmaßen (ب *A*); **X** استطال [ista'ŧɒːla] lang sein *od.* werden; länglich sein; anmaßend sein

[2]**طول** [ŧɒul] Macht *f*

[3]**طول** [ŧuːl], *pl.* أطوال [ʔɒŧ'waːl] Länge *f*; (*Körper-*)Größe *f*; ~ [-a] *Präp.* während, ... lang; längs; ~ًا [-an] *Adv. u.* بالطول [bi-'ŧ-ŧuːl] der Länge nach; ~ النهار den ganzen Tag lang; ~ على **1.** + *G*: entlang, längs; **2.** *umg.* geradeaus; ständig; ~ على الخط [-i l-xɒŧŧ] auf der ganzen Linie; ~ الأناة Geduld *f*, Langmut *f*; ~ المسافة weite Entfernung; بعد ~ فراق [ŧ. fi'raːq] nach langer Abwesenheit

[4]**طول** [ŧuwwal] langbeinige(r) Wasservogel, *bsd.* Stelzenläufer *m*

طولاني [ŧuː'laːniː] Längen-; Längs-

طولكرم [ŧuːl'karm] Tulkarm (*Stadt im Westjordanland*)

طولوني [ŧuː'luːniː] tulunidisch; الطولونيون [aŧ-ŧuːluːniː'juːn] *pl. hist.* die Tuluniden *m/pl.* (*ägyptische Dynastie*)

[1]**طولى** → أطول

[2]**طولي** [ŧuːliː] Längen-; Längs-

طومار [ŧuː'maːr], *pl.* طوامير [ŧɒwaː'miːr] (2) Schriftrolle *f*

[1]**طوى** [ŧɒwaː, iː] falten, zusammenlegen; verbergen, *Geheimnis* bewahren; *Segel* einholen; *Vergangenes* vergessen, begraben; *Entfernung* zurücklegen, *Land* durcheilen; ~ صفحة الماضي einen Schlußstrich (unter die Vergangenheit) ziehen; — طوي [ŧɒwija, aː] hungern; **VII** انطوى [in'ŧɒwaː] gefaltet *od.* zusammengelegt werden; *Zeit*: verfließen; enthalten (على *A*); ~ على نفسه sich abschließen, sich abkapseln; ~ تحت لوائه [li'waːʔihiː] zu *e-r Gruppe etc.* gehören

[2]**طوى** [ŧɒwan] Hunger *m*; على الـ~ nüchtern, mit leerem Magen

طويل [ŧɒ'wiːl], *pl.* طوال [ŧi'waːl] lang; groß (*von Wuchs*); الـ~ *ein arab. Versmaß*; ~ًا [-an] *Adv.* lange; ~ الأجل [ŧ. al-ʔadʒal] langfristig; ~ الروح, الأناة [ŧ. a'r-ruːħ] geduldig, langmütig; ~ الباع mächtig; tüchtig; ~ القامة hochgewachsen; ~ اللسان [ŧ. al-li'saːn] spitzzüngig, frech

طوية [ŧɒ'wiːja], *pl.* طوايا [ŧɒ'waːjaː] Absicht *f*; حسن الـ~ [ħasan aŧ-ŧ.], سليم الـ~ ohne Falsch; treuherzig; arglos

طي [ŧɒjj] Falten *n*, Zusammenlegen *n*; Verbergen *n*; Einholen *n der Segel*; Vergessen *n von Vergangenem*; Zurücklegen *n e-r Entfernung*, Durcheilen *n des Landes*; ~ًا [-an] *Adv. u.* طيه [ŧɒjjahuː] beiliegend, anbei (*im Brief*); ~ في الكتمان [ŧɒjji l-kit'maːn] unter dem Siegel der Verschwiegenheit; صار في ~ النسيان [ŧɒjji n-nis'jaːn] in Vergessenheit geraten

طيار [ŧɒ'jjaːr] *Chem.* flüchtig; *pl.* [-uːn] Flieger *m*, Pilot *m*; (*nach mil. Dienstgrad*) ... der Luftwaffe

طيارة [ŧɒ'jjaːra], *pl.* [-aːt] Fliegerin *f*, Pilotin *f*; Flugzeug *n*; Drachen *m* (*Spielzeug*)

طيان [ŧɒ'jjaːn] *Äg.* Mörtelträger *m*; *Syr.* Stukkateur *m*

[1](**طيب**) طاب [ŧɒːba, iː] gut sein; gefallen, zusagen (ل *j-m*); gut schmecken; gesund werden, genesen; ~ت نفسه sich freuen, frohen Mutes sein; ~ت ليلتكم [lai'latukum] gute Nacht!; ~ نفسا عن [nafsan] gern auf etwas verzichten; طب نفسا [ŧib] sei zufrieden!; يطيب لي أن ich freue mich ...; **II** [ŧɒjjaba] parfümieren; würzen; ~ خاطره [xɒː'ŧirahuː] j-n begütigen; **V** تطيب [ta'ŧɒjjaba] sich parfümieren; **X** استطاب [ista'ŧɒːba] *u.* استطيب [istɒŧjaba] gut *od.* köstlich finden; mögen

[2]طيب [tɒjjib], *pl.* [-uːn] gut; köstlich; *Anlaß, Zeit, Beisammensein*: schön; *Folgen*: erfreulich, positiv; *Land*: geliebt; bei guter Gesundheit; الطيبة *Beiname von Medina*; الذكر ~ [ṭ. að-ðikr] seligen Angedenkens; الرائحة ~ wohlriechend; كلمة ~ة [kalima] freundliche(s) Wort

[3]طيب [tˤiːb] **1.**: الطعم ~ gute(r) Geschmack; العرق ~ [ṭ. al-ʕirq] vornehme Herkunft; عن ~ خاطر gern, bereitwillig; **2.** *pl.* طيوب [tˤu'juːb] *u.* أطياب [ʔɒṭ'jaːb] Parfüm *n*; ~ال جوزة Muskatnuß *f*

[1]طيبة [tɒjjiba]: *bsd. pl.* طيبات gute *od.* angenehme Dinge *n/pl.*; Genüsse *m/pl.*

[2]طيبة [tˤiːba] **1.** Güte *f des Menschen*; بـ~ خاطر gern, bereitwillig; **2.** Theben

[1](طير) طار [tɒːra, iː] fliegen; ~ صيته في الناس [sˤiːtuhuː] er wurde berühmt; ~ طائره aufgebracht sein; ~ عقله den Verstand verlieren; ~ فرحا [faraħan] vor Freude außer sich sein; **II** [tɒjjara] fliegen lassen; *Brief* abschicken; ~ عقله [ʕaqlahuː] j-n um den Verstand bringen; **IV** أطار [ʔatɒːra] fliegen lassen; fortwehen; ~ عقله j-n um den Verstand bringen; **V** تطير [ta'tɒjjara] ein böses Vorzeichen erblicken (من/ب in *D*); abergläubisch sein; **VI** تطاير [ta'tɒːjara] umherfliegen, durch die Luft schwirren; auseinanderfliegen, stieben; *Chem.* sich verflüchtigen; verfliegen; **X** استطار [ista'tɒːra] auseinanderfliegen; *a. fig.* sich verflüchtigen

[2]طير [tɒir] *koll., selten a. als n. un., pl.* طيور [tˤu'juːr] *u.* أطيار [ʔɒṭ'jaːr] Vögel *m/pl.*; Vogel *m*; *pl. a.* Geflügel *n*; طيور مهاجرة [mu'haːdʒira] Zugvögel *m/pl.*; (شهر) ~ال *Libyen*: April *m*; علم الطيور [ʕilm aṭ-ṭ.] Ornithologie *f*

طيران [tɒja'raːn] Fliegen *n*, Flug *m*; Flugwesen *n*, Luftfahrt *f*; ~ مدني [madaniː] Zivilluftfahrt *f*; صناعة ~ال [sˤi'naːʕat ɒṭ-ṭ.] Flugzeugindustrie *f*

طيرة [tɒira] *Äg.* Fliege *f*

طيز [tˤiːz] *umg.* Arsch *m*

[1](طيش) طاش [tɒːʃa, iː] gedankenlos, unüberlegt *od.* leichtsinnig handeln; verfehlen (عن *Ziel*); ~ عقله den Kopf verlieren

[2]طيش [tɒiʃ] Gedankenlosigkeit *f*, Unüberlegtheit *f*, Leichtsinn *m*

طيشان [tɒja'ʃaːn] Gedankenlosigkeit *f*, Unüberlegtheit *f*, Leichtsinn *m*

طيطوى [tˤiːtɒwaː] *Zool.* Strandläufer *m*

طيع [tɒjjiʕ] gehorsam, gefügig; anpassungsfähig, flexibel

طيف [tɒif], *pl.* أطياف [ʔɒṭ'jaːf] Traumbild *n*; Phantom *n*; *Phys.* Spektrum *n*

طيفي [tɒifiː] spektral, Spektral-

طيقان → [2]طاق

طيلسان [tɒila'saːn], *pl.* طيالس [tɒ'jaːlis] (2) (*Kopf u. Schultern bedeckender*) Überwurf

طيلة [tˤiːlata] *Präp.* während, … lang, … hindurch

[1]طين **II** [tɒjjana] mit Lehm bestreichen

[2]طين [tˤiːn], *pl.* أطيان [ʔɒṭ'jaːn] Lehm *m*, Ton *m*; *bsd. Med.* Schlamm *m*; *Syr.* Mörtel *m*; *Äg.* Ackerboden *m*

طينة [tˤiːna] Lehm *m*, Ton *m*; *Syr.* Mörtel *m*; Art *f*, Beschaffenheit *f*

طيني [tˤiːniː] Lehm-; tonhaltig, tönern

طية [tɒjja], *pl.* [-aːt] Falte *f*; حمل في/بين طياته (in sich) bergen

طيون [tɒ'jjuːn] Art *f* des Alants (*Inula viscosa*)

ظ

ظ (ظاء) [ðɒːʔ] *siebzehnter Buchstabe des arab. Alphabets*

ظافر [ðɒːfir] siegreich, triumphierend; Sieger *m*; erlangend (ب *A*)

ظالم [ðɒːlim] ungerecht; tyrannisch; *pl.* [-uːn], ظلمة [ðɒlama] *u.* ظلام [ðu'llaːm] Tyrann *m*, Unterdrücker *m*

ظامئ [ðɒːmiʔ] durstig

ظاهر [ðɒːhir] sichtbar; offensichtlich, augenscheinlich; äußerlich; Äußere(s); scheinbar; wörtliche Bedeutung (*bsd. im Koran*); ~ا [-an] *Adv. u.* في الـ~ augenscheinlich, anscheinend; الـ~ أن [ʔanna] es hat den Anschein, daß; في الـ~ *u.* في ~ الأمر dem äußeren Anschein nach, nach außen hin; → اسم

ظاهراتي [ðɒːhi'raːtiː] phänomenologisch

ظاهرة [ðɒːhira], *pl.* ظواهر [ðɒ'waːhir] (2) Erscheinung *f*, Phänomen *n*; Anzeichen *n*, Symptom *n*

ظاهري [ðɒːhiriː] äußerlich, Außen-; scheinbar

ظبي [ðɒbj], *pl.* ظباء [ði'baːʔ] Antilope *f*; Gazelle *f*

ظبياني [ðɒb'jaːniː] aus Abu Dhabi (stammend)

ظبية [ðɒbja], *pl.* ظباء [ði'baːʔ] weibliche Antilope; weibliche Gazelle

ظرافة [ðɒ'raːfa] Eleganz *f*; Charme *m*; Geist *m*, Esprit *m*

ظربان [ðɒri'baːn], *pl.* ظرابي [ðɒraː'biːj] (2) Bandiltis *m*; ~ أمريكي Skunk *m*, Stinktier *n*

[1]**ظرف** [ðɒrufa, u] elegant sein; charmant sein; geistreich sein; **II** [ðɒrrafa] **1.** in e-e Hülle *od.* e-n Umschlag stecken; **2.** hübsch *od.* elegant machen; **V** تظرف [ta'ðɒrrafa] sich elegant zeigen; sich charmant zeigen; **X** استظرف [is'tɒðrafa] elegant finden; charmant finden; geistreich finden

[2]**ظرف** [ðɒrf], *pl.* ظروف [ðu'ruːf] Umschlag *m*, Kuvert *n*; Hülle *f*; Umstand *m*; *Gr.* Adverb *n*; *meist pl.* Umstände *m/pl.*, Verhältnisse *n/pl.*, Bedingungen *f/pl.*; ~ في + *G*: innerhalb von; ~ زمان Adverb *n* der Zeit; ظروف مخففة [mu'xaffifa] *Jur.* mildernde Umstände *m/pl.*

ظرفي [ðɒrfiː] durch die Umstände *od.* Verhältnisse bedingt; *Gr.* adverbial

ظريف [ðɒ'riːf], *pl.* ظرفاء [ðura'faːʔ] (2) elegant; charmant; geistreich, witzig, fein

ظفار [ðu'faːr] Dhofar (*Landschaft in Südoman*)

[1]**ظفر** [ðɒfira, a] siegen, triumphieren (على über *A*), besiegen (على *A*); erlangen, gewinnen (ب *A*); **II** [ðɒffara] den Sieg verleihen

[2]**ظفر** [ðɒfar] Sieg *m*, Triumph *m*

[3]**ظفر** [ðɒfir] siegreich, triumphierend; *pl.* ظفران [ðuf'raːn] *Saudi-Ar.* Jüngling *m*

[4]**ظفر** [ðufr, ðufur], *pl.* أظفار [ʔɒð'faːr] *u.* أظافر [ʔa'ðɒːfir] (2) (Finger-, Zehen-)Nagel *m*; Kralle *f*; منذ نعومة أظفاره von Kindesbeinen an

ظفرة [ðɒfara] *Med.* Flügelfell *n* (*am Auge*)

[1]**ظل** [ðɒlla, a] bleiben; + *Impf.*: nicht aufhören, ständig *od.* weiter(hin) tun, noch immer sein; ~ على موقفه [mau'qifihiː] auf seinem Standpunkt beharren; **II** [ðɒllala] Schatten spenden (ه *j-m*); **IV** أظل [ʔa'ðɒlla] Schatten spenden (ه *j-m*); schützen, beschirmen; **V** [ta'ðɒllala] im Schatten sitzen; **X** استظل [ista'ðɒlla] Schatten suchen; Schutz suchen (ب bei *D*), sich schützen (ب durch *A*)

[2]**ظل** [ðill], *pl.* ظلال [ði'laːl] Schatten *m*; Schattierung *f*; Nuance *f*; Schutz *m*; *Math.* Tangens *m*; في ~ + *G*: unter (*bestimmten Verhältnissen*), im Rahmen von; ~ التمام Kotangens *m*; ثقيل الـ~ unsympathisch, unangenehm; خفيف الـ~ sympathisch, angenehm; تقلص ~ه [ta'qallasɒ] sein Einfluß *od.* seine Macht schwand

ظلام [ðɒ'laːm] Dunkel *n*, Dunkelheit *f*, Finsternis *f*

ظلامة [ðu'laːma], *pl.* [-aːt] Unrecht *n*, Ungerechtigkeit *f*; Beschwerde *f*

ظلامية [ðɒlaː'miːja] Obskurantismus *m*

ظلع [ðɒlaʕa, a] *Mensch*: hinken, *Tier*: lahmen

ظلف [ðilf], *pl.* أظلاف [ʔɒð'laːf] (*gespaltener*) Huf

[1]**ظلم** [ðɒlama, i] ungerecht behandeln; Unrecht tun (ه *j-m*); unterdrücken, tyrannisieren; **IV** أظلم [ʔɒðlama] dunkel, finster werden; **V** تظلم [ta'ðɒllama] sich beschweren (من über *A*), Beschwerde einlegen (من gegen *A*); sich beklagen (من über *A*); **VII** انظلم [ɨn'ðɒlama] *u.* **VIII** اظلم [ɨ'ððɒlama] ungerecht behandelt werden, Unrecht erleiden

[2]**ظلم** [ðulm] Unrecht *n*, Ungerechtigkeit *f*; Tyrannei *f*; ~ا [-an] *Adv.*

zu Unrecht; من الـ~ أن [ʔan] es wäre ungerecht, …
ظلماء [ðɒl'maːʔ] (2) Dunkelheit *f*; ~ ليلة stockdunkle Nacht
[1]**ظلمة** [ðɒlama] → ظالم
[2]**ظلمة** [ðulma], *pl.* [ðulu'maːt] *u.* ظلم [ðulam] Dunkel *n*, Dunkelheit *f*, Finsternis *f*
ظلوم [ðɒ'luːm] ungerecht
ظليل [ðɒ'liːl] schattig
ظليم [ðɒ'liːm], *pl.* ظلمان [ðil'maːn, ðul'maːn] (*männlicher*) Strauß
ظمأ [ðɒmaʔ] *a. fig.* Durst *m*
ظمآن [ðɒm'ʔaːn], *f* ظمأى [ðɒmʔaː], *pl.* ظماء [ði'maːʔ] durstig
ظمئ [ðɒmiʔa, a] durstig sein; dürsten (إلى nach *D*); **II** ظمأ [ðɒmmaʔa] durstig machen, dürsten lassen
[1]**ظن** [ðɒnna, u] glauben, meinen, denken, annehmen, vermuten; zutrauen (ـه ه *j-m A*); verdächtigen (ـه ب *j-n G*); أظنه يكذب [ʔa'ðunnuhuː jakðib] ich glaube, daß er lügt; أظنه كاذبا [kaːðiban] ich halte ihn für einen Lügner; على ما أظن wie ich glaube *od.* meine; ~ به الظنون eine schlechte Meinung von j-m haben
[2]**ظن** [ðɒnn], *pl.* ظنون [ðu'nuːn] Glaube *m*, Meinung *f*, Annahme *f*; Argwohn *m*, Verdacht *m*; ~ا منه أن [-an minhuː ʔanna] in dem Glauben, daß; في ~ه أن [ʔanna] er glaubt *od.* ist der Meinung, daß; في أغلب / أكبر الـ~ höchstwahrscheinlich; أغلب ~ي أن [ʔanna] ich glaube bestimmt, daß; أحسن الـ~ بـ [ʔaħsana ð-ðɒnna] eine gute Meinung haben von; أساء الـ~ بـ [ʔa'saːʔa ð-ðɒnna] eine schlechte Meinung haben von; حسن الـ~ [ħusn ɒð-ð.] gute Meinung; سوء الـ~ [suːʔ ɒð-ð.] schlechte Meinung
ظنة [ðinna], *pl.* ظنن [ðinan] Argwohn *m*, Verdacht *m*
ظنون [ðɒ'nuːn] argwöhnisch
ظني [ðɒnniː] auf bloßer Vermutung beruhend
ظنين [ðɒ'niːn], *pl.* أظناء [ʔaði'nnaːʔ] (2) verdächtig
[1]**ظهر** [ðɒhara, a] sichtbar werden, erscheinen, sich zeigen, zutage treten; sich herausstellen; sich ergeben (من aus *D*); besiegen (على *j-n*); Kenntnis erlangen *od.* haben (على von *D*); ~ جليا [dʒa'liːjan] offenkundig werden; ~ إلى الوجود zu existieren beginnen; **II** [ðɒhhara] *Hdl.* indossieren, durch Indossament übertragen; **III** ظاهر [ðɒːhara] unterstützen; **IV** أظهر [ʔɒðhara] zeigen, sichtbar machen, demonstrieren; offenbaren, an den Tag legen; hinstellen (على أنه als *A*); enthüllen (على ه *j-m A*), Kenntnis geben (على ه *j-m* von *D*); **VI** تظاهر [ta'ðɒːhara] zur Schau tragen, vorgeben, vortäuschen (ب *A*); demonstrieren (ضد gegen *A*), e-e Kundgebung veranstalten; gemeinsame Sache machen (على gegen *A*); ~ بالغباء sich dumm stellen; **X** استظهر [is'tɒðhara] **1.** auswendig lernen; **2.** Hilfe *od.* Beistand suchen (ب bei *D*); **3.** *Alg., Tun.* vorlegen (ب *Dokument*), vorzeigen (ب *Ausweis*)
[2]**ظهر** [ðɒhr], *pl.* ظهور [ðu'huːr] *u.* أظهر [ʔɒðhur] **1.** Rücken *m*; Rückseite *f*; Deck *n e-s Schiffes*; Lasttier *n*; ~ على + *G*: auf (*der Oberfläche von*); على ~ الباخرة an Bord des Schiffes; بين أظهرهم unter ihnen; عن ~ القلب auswendig; هو من ~ه *Ir.* er ist sein Sohn; → [2]بطن; **2.** *Äg.* (= [2]زهر) Gußeisen *n*
[3]**ظهر** [ðuhr] Mittag *m*; *f* Gebet *n* zur Mittagszeit; ا~ [-an] *Adv.* mittags; ~ غد [-a ɣadin] morgen mittag; ~ اليوم heute mittag; بعد الـ~ am Nachmittag, nachmittags; قبل الـ~ am Vormittag, vormittags
ظهران [ðɒh'raːn]: الـ~ Dhahran (*Stadt in Saudi-Arabien*)
ظهري [ðɒhriː] Rücken-, dorsal
ظهور [ðu'huːr] Erscheinen *n*, Sichzeigen *n*; حب الـ~ → [3]حب; → [2]ظهر
ظهورات [ðuhuː'raːt] *Äg.*: ~ مستخدم [mus'taxdam ð.] Angestellte(r) auf Zeit
ظهير [ðɒ'hiːr] **1.** *pl.* ظهراء [ðuha'raːʔ] (2) Helfer *m*; *Fußball*: Verteidiger *m*; ~ الجنب Außenverteidiger *m*; **2.** *pl.* ظهائر [ðɒ'haːʔir] (2) *Mar.* Dekret *n*, Erlaß *m*
ظهيرة [ðɒ'hiːra] Mittagszeit *f*
ظواهر → ظاهرة

ع

[1]ع (عين) [ʕain] *achtzehnter Buchstabe des arab. Alphabets*

[2]ع *Abk. für* عدد [ʕadad] Nummer *f e-r Zeitschrift u.* عمود [ʕa'muːd] Spalte *f e-r Zeitung*

عاب → [1](عيب)

عابث [ʕaːbiθ] spaßend, scherzend; Unfug treibend (ب mit *D*)

عابد [ʕaːbid], *pl.* [-uːn], عباد [ʕu'b-baːd] *u.* عبدة [ʕabada] Anbeter *m*, Verehrer *m*

عابر [ʕaːbir] durchquerend, überquerend; *Blick*: flüchtig, kurz; *Bemerkung*: beiläufig; *Zeit*: vergangen; (*zeitlich u. örtlich*) vorübergehend; *pl.* [-uːn] Vorübergehende(r), Passant *m*; سبيل ~ Passant *m*; Wanderer *m*; تجارة ~ة [ti'dʒaːra] Transithandel *m*; صاروخ ~ للقارات → صاروخ

عابس [ʕaːbis] finster blickend, mürrisch

عات [ʕaːtin], *pl.* عتاة [ʕu'taːt] anmaßend, zügellos; *Sturm*: wild, heftig

عاتق [ʕaːtiq], *pl.* عواتق [ʕa'waːtiq] (2) *fig.* Schulter *f*; ألقاه على ~ـه [ʔal-'qaːhu] j-m etwas auferlegen, *bsd. Verantwortung* aufbürden, übertragen

عاث → (عيث)

عاثر [ʕaːθir] stoßend (على auf *A*), findend (على *A*); strauchelnd

[1]**عاج** [ʕaːdʒa] → [1](عوج)

[2]**عاج** [ʕaːdʒ] Elfenbein *n*

عاجز [ʕaːdʒiz], *pl.* [-uːn] unfähig, außerstande (عن zu *D*); *Bilanz*: defizitär; *pl.* عواجز [ʕa'waːdʒiz] (2) schwach, kraftlos; *pl.* عجزة [ʕa-dʒaza] altersschwach; Invalide *m*; بيت العجزة Altersheim *n*

عاجل [ʕaːdʒil] eilig; dringend; sofortig; ~ًا [-an] *Adv.* alsbald, gleich; إجراءات ~ـة Sofortmaßnahmen *f/pl.*; جلسة ~ـة Dringlichkeitssitzung *f*; في القريب الـ~ schon (sehr) bald; → [6]آجل

عاجي [ʕaːdʒiː] elfenbeinern, Elfenbein-

[1]**عاد** [ʕaːda] → [1](عود)

[2]**عاد** [ʕaːdin] angreifend; *pl.* عداة [ʕu'daːt] Feind *m*

عادل [ʕaːdil], *pl.* [-uːn] *u.* عدول [ʕu-'duːl] gerecht; *Anspruch*: berechtigt, rechtmäßig; *Behandlung*: fair

عادم [ʕaːdim], *pl.* عوادم [ʕa'waːdim] (2) Abfall-; Abgas *n*; ماسورة الـ~ *Techn.* Auspuff *m*; مياه ~ـة [mi-'jaːh] Abwässer *n/pl.*

عادة [ʕaːda], *pl.* [-aːt] Gewohnheit *f*, Brauch *m*, Sitte *f*; (ما) ~ [-tan] *Adv.* gewöhnlich, in der Regel; فوق الـ~ außergewöhnlich, außerordentlich; كالـ~ *u.* كسابق الـ~ [ka-saːbiqi l-ʕa.] wie gewöhnlich, wie üblich; الـ~ السرية [as-si'rriːja] Onanie *f*; الـ~ الشهرية die monatliche Regel; جرت الـ~ بـ(أن) [dʒarat] es hat sich eingebürgert, es ist üblich

عادي [ʕaːdiː] gewöhnlich, üblich, normal, regulär; *Versammlung*: ordentlich; *Mehrheit*: einfach; *Intelligenz*: durchschnittlich; غير ~ außergewöhnlich, außerordentlich; الحياة العادية Alltagsleben *n*; القارئ الـ~ Durchschnittsleser *m*

عاديات [ʕaːdiː'jaːt] *pl.* Antiquitäten *f/pl.*

عادية [ʕaːdija], *pl.* [-aːt] *u.* عواد [ʕa'waːdin] Schicksalsschlag *m*, Unglück *n*

عاذ → [1](عوذ)

عاذل [ʕaːðil], *pl.* عذال [ʕu'ððaːl] Tadler *m*

[1]**عار** [ʕaːr] Schande *f*, Schmach *f*

[2]**عار** [ʕaːrin], *pl.* عراة [ʕu'raːt] nackt, entblößt; frei, bar, entbehrend (من/عن *e-r Sache*); شاطئ العراة FKK-Strand *m*; ~ من/عن الصحة [as-siħħa] *Nachricht*: jeder Grundlage entbehrend

عارض [ʕaːriđ] **1.** vorlegend; ausstellend; *pl.* [-uːn] Aussteller *m*; Vorführer *m*; Bieter *m bei e-r Versteigerung*; Einreicher *m e-s Angebots*; **2.** vorübergehend, unwesentlich; zufällig; Neben-; *pl.* عوارض [ʕa'waːriđ] (2) vorübergehende *od.* zufällige Erscheinung, Akzidens *n*; Hindernis *n*; *Äg.* Querleiste *f*, Querlatte *f*

عارضة [ʕaːriđɒ] **1.** *pl.* [-aːt] Vorführerin *f*; أزياء ~ Mannequin *n*; **2.** *pl.* عوارض [ʕa'waːriđ] (2) *Sport*: Querlatte *f*, Querbalken *m*; Latte *f beim Hochsprung*; التوازن ~ *Sport*: Schwebebalken *m*

عارف [ʕaːrif] wissend (ب *A*); vertraut (ب mit *D*), Bescheid wissend (ب über *A*); *pl.* [-uːn] Kenner *m*; Insider *m*; *Tun.* (*Handwerks-*)Meister *m*

عارفة [ʕaːrifa] *Syr.* weise(r), respektierte(r) Mann *e-s Dorfes*

عارم [ʕaːrim] stürmisch; *Flut*: reißend; *Zorn*: unbändig; سخط ~ [suxt] helle Empörung

عارية [ʕaːrija], *pl.* عوار [ʕa'waːrin] *etwas* Geliehene(s)

عاز → [1](عوز)

عازب [ʕaːzib], *pl.* عزاب [ʕu'zzaːb] ledig; Junggeselle *m*

عازف [ʕaːzif] spielend; *pl.* [-uːn] Spieler *m e-s Musikinstruments*; Musiker *m*; الكمان ~ Geiger *m*

عازقة [ʕaːziqa], *pl.* [-aːt] Gerät *n* zum Auflockern des Bodens

عازل [ʕaːzil] isolierend; *pl.* عوازل [ʕa'waːzil] (2) Isolator *m*

عازلة [ʕaːzila], *pl.* [-aːt] *u.* عوازل [ʕa'waːzil] (2) Isolator *m*

عازم [ʕaːzim], *pl.* [-uːn] entschlossen (على zu *D*)

عاش → [1](عيش)

عاشر [ʕaːʃir] zehnte(r); اً~ [-an] *Adv.* zehntens

عاشق [ʕaːʃiq], *pl.* [-uːn] *u.* عشاق [ʕu'ʃʃaːq] Liebende(r); Liebhaber *m a. von Büchern etc.*; Fan *m*

عاشوراء [ʕaːʃuː'raːʔ] (2) *schiitischer Trauertag (10. Muharram)*

عاص [ʕaːsin], *pl.* عصاة [ʕu'sɒːt] aufrührerisch, rebellisch; Aufrührer *m*, Rebell *m*; → عاصي

عاصف [ʕaːsif] stürmisch

عاصفة [ʕaːsifa], *pl.* عواصف [ʕa'waːsif] (2) *a. fig.* Sturm *m*

عاصمة [ʕaːsima], *pl.* عواصم [ʕa'waːsim] (2) Hauptstadt *f*, Metropole *f*

عاصي [ʕaːsiː]: الـ~ *u.* نهر الـ~ Orontes (*Fluß in Syrien*)

عاطر [ʕaːtir] wohlriechend, duftend; *Lob*: überschwenglich; تحيات ~ة [taħiː'jaːt] herzliche Grüße *m/pl.*

عاطش [ʕaːtiʃ] durstig; lechzend (إلى nach *D*)

عاطف [ʕaːtif] zugetan (على *j-m*), sympathisierend (على mit *D*); mitfühlend, mitleidig; ~ (حرف) *Gr.* Konjunktion *f*

عاطفة [ʕaːtifa], *pl.* عواطف [ʕa'waːtif] (2) Gefühl *n*, Empfindung *f*, Emotion *f*; Zuneigung *f*

عاطفي [ʕaːtifiː] gefühlsbetont, emotional; gefühlvoll, empfindsam, sentimental; zärtlich; قصة ~ة [qissɒ] Liebesgeschichte *f*

عاطفية [ʕaːti'fiːja] Gefühlsbetontheit *f*, Sentimentalität *f*

عاطل [ʕaːtil] ohne (من/عن *A*); (= ~ عن العمل [al-ʕamal]) arbeitslos; funktionslos; *pl.* [-uːn] Arbeitslose(r)

عاطوس [ʕaːtuːs] Schnupftabak *m*; Niespulver *n*

عاف → [1](عيف)

عافية [ʕaːfija] Gesundheit *f*, Wohlbefinden *n*

[1]**عاق** [ʕaːqa] → [1](عوق)

[2]**عاق** [ʕaːqq] *Kind*: ungehorsam, undankbar

عاقبة [ʕaːqiba], *pl.* عواقب [ʕa'waːqib] (2) Folge *f*, Konsequenz *f* (على für *j-n*); Ausgang *m e-r Sache*; سيء الـ~ [sajjiʔ al-ʕa.] verhängnisvoll

عاقد [ʕaːqid]: ~ لبن [laban] *Äg.* Quark *m*

عاقر [ʕaːqir] (*Genus unveränderlich*) unfruchtbar, steril

عاقل [ʕaːqil], *pl.* [-uːn] *u.* عقلاء [ʕuqa'laːʔ] (2) verständig, vernünftig, vernunftbegabt; im Vollbesitz s-r geistigen Kräfte; *Gr.* Person *f*; غير ~ *Gr.* Sache *f*

عاك → (عوك)

عاكس [ʕaːkis] widerspiegelnd; *pl.* [-aːt] Reflektor *m*; النور ~ [ʕa. annuːr] Rückstrahler *m*

عاكف [ʕaːkif], *pl.* [-uːn] *u.* عكوف [ʕu'kuːf] beschäftigt (على mit *D*), hingegeben (على *e-r Sache*)

[1]**عال** [ʕaːla] → [1](عول)

[2]**عال** [ʕaːl] *Äg.* sehr gut, ausgezeichnet; الـ~ ~ erstklassig, überragend

[3]**عال** [ʕaːlin] hoch, erhaben; hochgradig, stark; *Stimme*: laut; عاليه [ʕaː'lijahuː] *u.* بعاليه [bi-ʕaː'liːhi] oben, obig; عالي الذكاء hochintelligent; الباب العالي *hist.* die Hohe Pforte; ~ ضغط Hochdruck *m*; *El.* Hochspannung *f*

عالق [ʕaːliq] hängend; ~ بالذهن [bi-ð-ðihn] im Gedächtnis haftend

[1]**عالم** [ʕaːlam], *pl.* عوالم [ʕa'waːlim] (2) Welt *f*; الـ~ الثالث die Dritte Welt; ~ الحيوان [ʕa. al-ħaja'waːn] Tierwelt *f*, Tierreich *n*; الـ~ الخارجي Außenwelt *f*; Ausland *n*

[2]**عالم** [ʕaːlim] wissend (ب um *A*); *pl.* علماء [ʕula'maːʔ] (2) Wissenschaftler *m*, Gelehrte(r); ~ الآثار Archäologe *m*; ~ الأحياء Biologe *m*; البراكين ~ [ʕa. al-baraː'kiːn] Vulkanologe *m*; ~ الحيوان [ʕa. al-ħaja'waːn] Zoologe *m*; ~ الطبيعة Physiker *m*; Naturwissenschaftler *m*; ~ النبات Botaniker *m*; ~ نفسي, *pl.* علماء النفس Psychologe *m*

عالمة [ʕaːlima], *pl.* [-aːt] Wissenschaftlerin *f*, Gelehrte *f*; *Äg.* Sängerin *f*

عالمي [ʕaːlamiː] Welt-, international; weltweit; universal

[1]**عالمية** [ʕaːla'miːja] weltweite Verbreitung; Universalität *f*; Internationalität *f*; Weltgeltung *f*

[2]**عالمية** [ʕaːli'miːja] durch Diplom (*z.B. der Azhar-Universität*) verliehene Gelehrtenwürde

عالة [ʕaːla] Last *f*, Bürde *f*; ~ على auf *j-s* Kosten lebend, *j-m* zur Last fallend

[1]**عام** [ʕaːma] → [1](عوم)

[2]**عام** [ʕaːm], *pl.* أعوام [ʔaʕ'waːm] Jahr *n*; ~ [-a] im Jahre …; ~ دراسي [di-'raːsiː] Schuljahr *n*; Studienjahr *n*

[3]**عام** [ʕaːmm] allgemein, generell, General-; global; öffentlich; staatlich; شركة ~ة [ʃarika], مؤسسة ~ة [mu'ʔassasa] staatliche(s) Unternehmen; ~ بشكل im allgemeinen

عامر [ʕaːmir] blühend, in Blüte stehend; bevölkert, voller Leben; voll (ب von *D*); *a. npr. m*

عامل [ʕaːmil] **1.** arbeitend; tätig; berufstätig; *Apotheke*: dienstbereit; *Mitglied*, *Truppe*: aktiv; *militärische Einheit*: operierend (في in *D*); ~ رأسمال غير [raʔs'maːl] brachliegende(s) Kapital; **2.** *pl.* [-uːn] Tätige(r), Beschäftigte(r); *pl.* Belegschaft *f e-s Betriebes*; Personal *n*; العاملون بالدولة *Äg.* Arbeitnehmer *m/pl.* im öffentlichen Dienst; **3.** *pl.* عمال [ʕu'mmaːl] *u. Tun.* عملة [ʕamala] Arbeiter *m*; *pl. a.* Arbeitnehmer *m/pl.*; ~ بناء [ʕa. bi'naːʔ] Bauarbeiter *m*; ~ ماهر Facharbeiter *m*; ~ لاسلكي [laː-'silkiː] Funker *m*; **4.** *pl.* عمال [ʕu'mmaːl] *Mar.* Gouverneur *m e-r Provinz*; *Mar.* Präfekt *m* (*Leiter e-r Stadtpräfektur*); *hist.* Statthalter *m*; **5.** *pl.* عوامل [ʕa'waːmil] (2) Faktor *m*; Koeffizient *m*; *Gr.* Wort *n*, das e-e Rektion ausübt

عاملة [ʕaːmila], *pl.* [-aːt] Arbeiterin *f*

عامة [ʕaːmma], *pl.* عوام [ʕa'waːmm] (2) Allgemeinheit *f*, Volk *n*; ~ [-tan] im allgemeinen; الناس ~ die breite Masse; → خاصة

عامود [ʕaː'muːd], *pl.* عواميد [ʕawaː'miːd] (2) Säule *f*, Pfeiler *m*, Stütze *f*; *Techn.* Welle *f*

عامي [ʕaːmmiː] Volks-; plebejisch; umgangssprachlich

عامئذ [ʕaː'maʔiðin] in jenem Jahr

عامية [ʕaː'mmiːja]: الـ~ Volkssprache *f*, Umgangssprache *f*

عانس [ʕaːnis], *pl.* عوانس [ʕa'waːnis] (2) unverheiratete ältere Frau, alte Jungfer

عانة [ʕaːna] Schamgegend *f*, Scham *f*

عاهرة [ʕaːhira], *pl.* [-aːt] *u.* عواهر [ʕa'waːhir] (2) Prostituierte *f*

عاهل [ʕaːhil], *pl.* عواهل [ʕa'waːhil] (2) Herrscher *m*, Monarch *m*

عاهة [ʕaːha], *pl.* [-aːt] Gebrechen *n*, Krankheit *f*; مستديمة ~ [musta'diːma] Dauerschaden *m als Folge e-s Unfalls*; ذوو العاهات [ðawuː l-ʕa.] Körperbehinderte *m/pl.*

عاوز [ʕaːwiz] *Äg. umg.* brauchend, nötig habend, wollend; أنا ~ ich möchte, ich brauche

عائد [ʕaːʔid] **1.** zurückkehrend; zurückgehend (إلى auf *A*); *Täter*: rückfällig; gehörend (ل *j-m*), eigen (ل *j-m*); *Gr.* zurückweisende(s) Pronominalsuffix im Relativsatz; **2.** *pl.* [-uːn] Rückkehrer *m*; **3.** *pl.* عواد [ʕu'wwaːd] Besucher *m e-s Kranken*; **4.** *pl.* [-aːt] *u.* عوائد [ʕa'waːʔid] (2) Ertrag *m*, Rendite *f*; *pl.* Einkünfte *pl.*, Einnahmen *f/pl.*; عوائد *a.* Abgaben *f/pl.*, Gebühren *f/pl.*

عائدة [ʕaːʔida] Aida *npr. f*

[1]**عائز** [ʕaːʔiz] bedürftig, arm

[2]**عايز** [ʕaːjiz] *Äg. umg.* brauchend, nötig habend, wollend; أنا ~ ich möchte, ich brauche

عائش [ʕaːʔiʃ] lebend; in guten Verhältnissen

عائق [ʕaːʔiq] **1.** *pl.* عوائق [ʕa'waːʔiq] (2) Hindernis *n*, Hemmnis *n*; **2.** *pl.* عياق [ʕu'jjaːq] *Äg.* Stutzer *m*

عائقة [ʕaːʔiqa], *pl.* عوائق [ʕa'waːʔiq] (2) Hindernis *n*, Hemmnis *n*

عائل [ʕaːʔil] Ernährer *m e-r Familie*; *Biol.* Wirt *m*, Wirtspflanze *f*

عائلة [ʕaːʔila], *pl.* [-aːt] *u.* عوائل [ʕa'waːʔil] (2) Familie *f*

عائلي [ʕaːʔiliː] Familien-

عائم [ʕaːʔim] schwimmend

عائمة [ʕaːʔima], *pl.* [-aːt] *Äg.* Hausboot *n*

[1]**عب** [ʕabba, u] in langen Zügen trinken

[2]**عب** [ʕubb, ʕibb] Oberteil *n*, Ausschnitt *m des Kleides*

عبء [ʕibʔ], *pl.* أعباء [ʔaʕ'baːʔ] Last *f*, Belastung *f*, Bürde *f*

عبأ [ʕabaʔa, a] *mit Negation*: sich nicht kümmern (ب um *A*); **II** [ʕabbaʔa] füllen; abfüllen (في in *A*); verpacken (في in *A*); aufladen; *Waffe*, *Batterie* laden; *Mil.* mobil machen, *a. fig.* mobilisieren

عباءة [ʕa'baːʔa], *pl.* [-aːt] *u.* أعبئة [ʔaʕbiʔa] (*Beduinen*-)Mantel *m*, Überwurf *m*

عباب [ʕu'baːb] Fluten *f/pl.*, Wogen *f/pl.*

[1]**عباد** [ʕa'bbaːd]: الشمس ~ Sonnenblume *f*

[2]**عباد** [ʕu'bbaːd] → عابد

عبادة [ʕi'baːda] Anbetung *f*, Verehrung *f*, Gottesdienst *m*; Kult *m*; ~ الأوثان Götzendienerei *f*; عبادات *pl.* gottesdienstliche Handlungen *f/pl.*, religiöse Pflichten *f/pl.*

[1]**عبارة** [ʕa'bbaːra], *pl.* [-aːt] Fähre *f*; *Jord.* Steg *m*, Brücke *f über e-n Bach*

[2]**عبارة** [ʕi'baːra], *pl.* [-aːt] Ausdruck *m*, Wort *n*; Satz *m*, Phrase *f*; ~ عن gleichbedeutend mit, *etwas* bedeutend; bestehend in; بـ~ أخرى [ʔuxraː] mit anderen Worten; بـ~ أدق [ʔa'daqq] genauer gesagt

عباس [ʕa'bbaːs] Abbas *npr. m*; بنو الـ~ die Abbasiden *m/pl.* (*isl. Dynastie*)

عباسي [ʕa'bbaːsiː] abbasidisch; *pl.* [-uːn] Abbaside *m*

عباسية [ʕabbaː'siːja]: الـ~ *Stadtviertel von Kairo*

عبال [ʕa'baːl] *koll.*, *n. un.* ~ة Hekkenrose *f*

عباية [ʕa'baːja], *pl.* [-aːt] *u.* عبي [ʕa'biːj] (*Beduinen*-)Mantel *m*, Überwurf *m*

[1]**عبث** [ʕabiθa, a] spielen, scherzen (ب mit *D*); herumspielen (ب an, mit *D*); Unfug treiben (ب mit *D*); mißbrauchen (ب *A*), sich vergreifen (ب an *D*); aufs Spiel setzen (ب *A*); **III** عابث [ʕaːbaθa] seinen Spaß treiben (ه mit *D*)

[2]**عبث** [ʕabaθ] Scherz *m*, (*böses*) Spiel; Unfug *m*, Mißbrauch *m*; (leichtfertiges) Aufs-Spiel-Setzen (ب *G*); ~ا [-an] umsonst, sinnlos, vergeblich; من الـ~ أن es ist sinnlos *od.* absurd, zu …

عبثي [ʕabaθiː] *Lit.* absurd

عبثية [ʕaba'θiːja] Sinnlosigkeit *f*, Absurdität *f*

[1]**عبد** [ʕabada, u] anbeten, verehren, vergöttern; **II** [ʕabbada] *Straße* ausbauen, befestigen, *a.* pflastern, asphaltieren; **V** تعبد [ta'ʕabbada] Gott dienen; **X** استعبد [is'taʕbada] versklaven, unterjochen

[2]**عبد** [ʕabd] **1.** *pl.* عبيد [ʕa'biːd] Sklave *m*, Knecht *m*; **2.** *pl.* عباد [ʕi'baːd] Diener *m Gottes*, Mensch *m*; *pl.* Menschen *m/pl.*, Menschheit *f*; الـ~ لله [li-'l-laːh] meine Wenigkeit, ich

عبدلاوي [ʕabda'llaːwiː] *ägyptische Melonenart*

عبدة → عابد

[1]**عبر** [ʕabara, u] durchqueren, überqueren; *Fluß* durchschwimmen; dahinschreiten, gehen (هـ/على auf *e-r Straße*); **II** [ʕabbara] ausdrücken, zum Ausdruck bringen, äußern (عن *A*), Ausdruck geben (عن *e-m Gefühl*); *Traum* deuten; **VIII** اعتبر [iʕ'tabara] betrachten, ansehen (هـ/ه هـ/ه *A* als); der Ansicht sein (أن [ʔanna] daß); sich als Lehre dienen lassen (ب *A*); *Pass.* [uʕ'tubira] angesehen werden, gelten (هـ/ه als), *oft einfach*: sein; **X** استعبر [is'taʕbara] Tränen vergießen, weinen

[2]**عبر** [ʕabra] *Präp.* quer durch, hindurch; durch, vermittels, über

عبراني [ʕib'raːniː] hebräisch; *pl.* [-uːn] Hebräer *m*

عبرانية [ʕibraː'niːja]: الـ~ das Hebräische

[1]**عبرة** [ʕabra], *pl.* [ʕaba'raːt] Träne *f*

[2]**عبرة** [ʕibra], *pl.* عبر [ʕibar] Lehre *f* (*die man zieht*); Maßgebliche(s); الـ~ ب/في maßgeblich *od.* entscheidend ist; ليست الـ~ ب/في es kommt nicht darauf an, daß …; لا ~ به [-ta] das hat nichts zu sagen; الـ~ بالنهاية [bi-n-ni'haːja] *Spr.* man soll den Tag nicht vor dem Abend loben

عبري [ʕibriː] hebräisch; *pl.* [-uːn] Hebräer *m*

عبرية [ʕib'riːja]: الـ~ das Hebräische

عبس [ʕabasa, i] *u.* **II** [ʕabbasa] finster blicken, ein mürrisches Gesicht machen

عبط [ʕabatɒ, i] umarmen, umklammern

[1]**عبق** [ʕabiqa, a] duften; **II** [ʕabbaqa] mit Duft erfüllen

[2]**عبق** [ʕabiq] duftend, wohlriechend

عبقري [ʕabqariː] genial; *pl.* عباقرة [ʕa'baːqira] Genie *n*

عبقرية [ʕabqa'riːja] Genialität *f*; *pl.* [-aːt] Genie *n*

عبقة [ʕabqa] (Atem-)Beklemmung *f*

عبل [ʕabl], *pl.* عبال [ʕi'baːl] dick(-lich), mollig

عبودية [ʕubuː'diːja] Sklaverei *f*, Knechtschaft *f*

عبور [ʕu'buːr] Überquerung *f*, Durchquerung *f*; Überfahrt *f*; Passage *f e-s Kanals*

[1]**عبوس** [ʕa'buːs] finster blickend, düster

[2]**عبوس** [ʕu'buːs] Mißmut *m*, Verdrießlichkeit *f*

عبوة [ʕu'buːwa], *pl.* [-aːt] Packung *f e-r Ware*; Ladung *f der Waffe*; ~ ناسفة Sprengladung *f*

عبى **II** [ʕabbaː] *umg.* = عبأ II

[1]**عبيد** [ʕa'biːd] → [2]عبد

[2]**عبيد** [ʕu'baid] *npr. m*

عبير [ʕa'biːr] Duft *m*, Aroma *n*; Blume *f des Weins*

عبيط [ʕa'biːt], *pl.* عبطاء [ʕubɒ'tɒːʔ] (2) dumm, blöd

عتاب [ʕi'taːb] Tadel *m*, Schelte *f*, Vorwurf *m*

عتابة [ʕa'taːba] *Syr. e-e Art Volkslied*

عتاد [ʕa'taːd], *pl.* أعتدة [ʔaʕtida] *u.* عتد [ʕutud] (*Kriegs-*)Material *n*, (*Kriegs-*)Gerät *n*, Ausrüstung *f*

عتاقة [ʕa'taːqa] Alter *n bsd. des Weins*

عتال [ʕa'ttaːl], *pl.* ~ة *u.* [-uːn] (Last-)Träger *m*

عتالة [ʕi'taːla] Trägerberuf *m*; Trägerlohn *m*

عتامة [ʕa'taːma] Undurchsichtigkeit *f*; Dunkelheit *f*

عتاة → عات

عتاهة [ʕa'taːha] Schwachsinn *m*

عتب [ʕataba, i, u] tadeln, schelten (على *j-n*), Vorwürfe machen (على *j-m*); **III** عاتب [ʕaːtaba] schelten (ه *j-n* على wegen *G*)

عتبة [ʕataba], *pl.* [-aːt], أعتاب [ʔaʕ'taːb] *u.* عتب [ʕatab] Schwelle *f*; على أعتاب + *G*: an der Schwelle *G*; ~ عليا [ʕuljaː], ~ علوية [ʕul'wiːja] Türsturz *m*; خادم الأعتاب الشريفة *Mar. etwa*: untertänigste(r) Diener Sr. Majestät

(**عتد**) **IV** أعتد [ʔaʕtada] herrichten, (vor)bereiten

[1]**عتق** [ʕataqa, i] freilassen; — [ʕatuqa, u] alt werden; *Wein*: ablagern; **II** [ʕattaqa] *Wein* ablagern lassen; **IV** أعتق [ʔaʕtaqa] *Sklaven* freilassen

[2]**عتق** [ʕatq] Freilassung *f*

[3]**عتق** [ʕitq] **1.** Alter *n*; **2.** Freilassung *f*; Freiheit *f*

[1]**عتل** [ʕatala, i, u] tragen

[2]**عتل** [ʕu'tull] grob; harte(r) Bursche

عتلتة [ʕatlata] *Lib.* Leichtathletik *f*

عتلة [ʕatala], *pl.* [-aːt] Brechstange *f*; Hebel *m*

[1]**عتم** [ʕatama, i] zögern; لم يعتم أن er zögerte nicht …; alsbald; **II** [ʕattama] verdunkeln; **IV** أعتم [ʔaʕtama] dunkel sein

[2]**عتم** [ʕutm] *koll.*, *n. un.* ~ة wilde(r) Ölbaum

عتمة [ʕatma] Dunkelheit *f*, Dunkel *n*

[1]**عته** [ʕatiha, a] schwachsinnig sein

[2]**عته** [ʕatah, ʕuth] Schwachsinn *m*, Idiotie *f*

[1](**عتو**) عتا [ʕataː, uː] ungebärdig, wild sein; sich anmaßend benehmen; **V** تعتى [ta'ʕattaː] = عتا

[2]**عتو** [ʕu'tuːw] Wildheit *f*; Anmaßung *f*, Arroganz *f*

عتي [ʕa'tiːj], *pl.* أعتاء [ʔaʕ'taːʔ] ungezügelt, wild

عتيد [ʕa'tiːd] bereit; altvertraut; altehrwürdig; *Syr.* zukünftig

عتيق [ʕa'tiːq] **1.** alt; veraltet; *Wein*: abgelagert; edel; ~ الطراز [ʕa. ɒt-tɨ'raːz] altmodisch; **2.** *pl.* عتقاء [ʕuta'qaːʔ] (2) freigelassen

عث [ʕuθθ] *koll.*, *n. un.* ~ة, *pl.* عثث [ʕuθaθ] Motte(n *pl.*) *f*

عثار [ʕi'θaːr] Stolpern *n*, Straucheln *n*

عثر [ʕaθara, u] stoßen (على auf *A*), finden (على *A*); — [ʕaθara, i, u] stolpern (ب über *A*), straucheln; لم يعثر له على أثر [juʕθar, ʔaθar] von ihm fehlt jede Spur; **II** [ʕaθθara] stolpern lassen, zu Fall bringen; **IV** أعثر [ʔaʕθara] stolpern lassen; stoßen lassen, führen (ه *j-n* على auf *A*); **V** تعثر [ta'ʕaθθara] stolpern, straucheln; ins Stocken geraten, stocken; Mühe haben (في/ب *etwas zu tun*), Schwierigkeiten haben (في/ب bei *D*); ~ في الكلام stottern

عثرة [ʕaθra], *pl.* [ʕaθa'raːt] Stolpern *n*, Straucheln *n*, Fehltritt *m*; حجر ~ [ħadʒar ʕa.] *fig.* Stolperstein *m*; وقف ~ في سبيله [-tan] j-m hindernd im Wege stehen

عثمان [ʕuθ'maːn] Osman *npr. m*

عثماني [ʕuθ'maːniː] *hist.* osmanisch; *pl.* [-uːn] Osmane *m*

عثور [ʕu'θuːr] Auffindung *f* (على *G*)

عج [ʕaddʒa, i] wimmeln (ب von *D*); tosen, dröhnen; ~ بالسكان [bi-s-su'kkaːn] dicht besiedelt sein

عجاب [ʕu'dʒaːb]: العجب الـ~ [al-ʕadʒab] etwas (ganz) Erstaunliches

[1]**عجاج** [ʕa'dʒaːdʒ] Staubwirbel *m*

[2]**عجاج** [ʕa'ddʒaːdʒ] *Meer*: tosend

عجاف → أعجف

عجالة [ʕu'ʤaːla], *pl.* [-aːt] Abriß *m*, Skizze *f*, Übersicht *f*

عجالي [ʕa'ddʒaːliː] *Äg.*, *Saudi-Ar.*: ~ لحم Kalbfleisch *n*

عجانة [ʕa'ddʒaːna], *pl.* [-aːt] Knetmaschine *f*

عجائن → عجينة

1**عجب** [ʕaʤiba, a] sich wundern (من/ل über *A*); **IV** أعجب [ʔaʕʤaba] gefallen (ه *j-m*); *Pass.* [ʔuʕʤiba] bewundern (ب *A*); **V** تعجب [ta'ʕaddʒaba] sich wundern (من über *A*); **X** استعجب [is-'taʕʤaba] = تعجب

2**عجب** [ʕaʤab] Verwunderung *f*; Wunder *n*; ~ا [-an] wie erstaunlich!, wie merkwürdig!; ~ لا [-a] kein Wunder (أن daß); من ~ أن [ʔanna] es ist verwunderlich *od.* erstaunlich; ~ في verwundert (*Adv.*); ~يا للـ [la-l-ʕa.] welch Wunder!, wie merkwürdig!; رأى ~ا sein blaues Wunder erleben

عجر [ʕaʤr] *Äg.* unreif

(**عجرف**) **II** تعجرف [ta'ʕaʤrafa] anmaßend, arrogant sein

عجرفة [ʕaʤrafa] Anmaßung *f*, Arroganz *f*, Hochmut *m*

عجرة [ʕuʤra], *pl.* عجر [ʕuʤar] *Med.* Knoten *m*, Auswuchs *m*

1**عجز** [ʕaʤaza, i] nicht imstande sein, unfähig sein (عن zu), nicht können (عن *A*); — [ʕaʤuza, u] alt werden; **II** [ʕaddʒaza] unfähig machen (عن zu), lähmen; alt werden; **IV** أعجز [ʔaʕʤaza] unfähig machen (عن zu), schwächen; unmöglich sein (ه für *j-n*); unnachahmlich reden *od.* schreiben

2**عجز** [ʕaʤz] Unfähigkeit *f*, Unvermögen *n* (عن zu *D*); Invalidität *f*, Arbeitsunfähigkeit *f*; Defizit *n*; ~ في ميزان المدفوعات [miː'zaːni l-madfuː'ʕaːt] Zahlungsbilanzdefizit *n*

3**عجز** [ʕaʤuz, ʕuʤz], *pl.* أعجاز [ʔaʕ-'ʤaːz] Gesäß *n*, Hinterteil *n*; Bürzel *m*; *arab. Dichtung*: zweite(r) Halbvers

عجعج [ʕaʤʕaʤa] laut brüllen

عجفاء → أعجف

1**عجل** [ʕaʤila, a] sich beeilen; **II** [ʕaddʒala] rasch tun, beschleunigen (ب/هـ *A*); antreiben (ه *j-n*); anzahlen; **III** عاجل [ʕaːʤala] überfallen (ب ه *j-n* mit *D*); ereilen; **IV** أعجل [ʔaʕʤala] antreiben, drängen; zu früh kommen (ه zu *D*); **V** تعجل [taʕaddʒala] sich beeilen; etwas überhastet *od.* voreilig tun; drängen, antreiben; ~ه الجواب rasche Antwort von j-m fordern; **X** استعجل [is'taʕʤala] in Eile sein, sich beeilen; zur Eile drängen; beschleunigen

2**عجل** [ʕaʤal] Eile *f*, Hast *f*; ~ على in Eile, schnell

3**عجل** [ʕiʤl], *pl.* عجول [ʕu'ʤuːl] Kalb *n*; ~ البحر Robbe *f*; Seehund *m*

عجلان [ʕaʤ'laːn] (2), *f* عجلى [ʕaʤlaː], *pl.* عجالى [ʕa'ʤaːlaː] *u.* عجال [ʕi'ʤaːl] eilig, hastig, rasch

1**عجلة** [ʕaʤala] **1.** Eile *f*, Hast *f*; ~ال من الشيطان [aʃ-ʃai'tˤaːn] *Spr. etwa*: eile mit Weile!; **2.** *pl.* [-aːt] Rad *n*; *bsd. Äg.* Fahrrad *n*; ~ القيادة [ʕa. al-qi'jaːda] Steuerrad *n*; ~ مسننة [mu'sannana] Zahnrad *n*

2**عجلة** [ʕiʤla], *pl.* [-aːt] weibliche(s) Kalb, Kalbe *f*

1**عجم** [ʕaʤama, u] prüfen, erproben; *a.* = أعجم; **IV** أعجم [ʔaʕʤama] *Gr. e-n Buchstaben* mit diakritischen Punkten (u. Vokalzeichen) versehen

2**عجم** [ʕaʤam]: ~ال *koll.* Nichtaraber *m/pl.*; Perser *m/pl.*

3**عجم** [ʕuʤm] *klass.*: ~ال *koll.* Nichtaraber *m/pl.*

عجماء → أعجم

عجمان [ʕaʤ'maːn] (2) Adschman, Ajman (*Emirat am Arab.-Pers. Golf*)

عجمة [ʕuʤma] unarabische *od.* fehlerhafte Ausdrucksweise

عجمي [ʕaʤamiː] nichtarabisch; persisch; Nichtaraber *m*; Perser *m*

عجمية [ʕaʤa'miːja] *Äg.* gepreßte Datteln *f/pl. als Gebäckfüllung*

1**عجن** [ʕaʤana, i] *Teig* kneten; لت ~و [latta] endlos wiederholen, wiederkäuen

2**عجن** [ʕaʤn] Kneten *n*

عجة [ʕuddʒa] Omelett *n*

عجور [ʕa'ddʒuːr] *koll.*, *n. un.* ~ة, *Äg.* *grüne Melonenart*

عجوز [ʕa'ʤuːz], *pl.* عجائز [ʕa'ʤaːʔiz] (2) alt, greis; alte Frau; alte(r) Mann

عجول [ʕa'ʤuːl], *pl.* عجل [ʕuʤul] schnell, eilig; hastig, überstürzt

عجوة [ʕaʤwa] gepreßte Datteln *f/pl.*

عجيب [ʕa'ʤiːb] erstaunlich, merkwürdig, wunderbar

عجيبة [ʕa'ʤiːba], *pl.* عجائب [ʕa-'ʤaːʔib] (2) Wunder *n*, Wunderding *n*; *pl. a.* Merkwürdigkeiten *f/pl.*; عجائب الدنيا [ʕa. ad-dunjaː] die Weltwunder *n/pl.*

عجيج [ʕa'ʤiːʤ] Geschrei *n*, Lärm *m*

عجين [ʕa'ʤiːn] Teig *m*

عجينة [ʕa'ʤiːna] Stück *n* Teig; Teig *m*; Paste *f*, weiche Masse; *pl.* عجائن [ʕa'ʤaːʔin] (2) Kunststoff *m*; عجائن غذائية [ɣiðaː'ʔiːja] Teigwaren *f/pl.*

1**عد** [ʕadda, u] zählen, aufzählen; zählen, rechnen (من zu *D*); betrachten (ه/هـ ه/هـ *A* als *A*); *Pass.* [ʕudda] gelten (ه/هـ als), gezählt werden, zählen (من zu *D*); لا يعد [juʕadd(u)] unzählig; **II** عدد [ʕaddada] aufzählen; *e-n Toten* beklagen u. seine Verdienste aufzählen; **IV** أعد [ʔa'ʕadda] (vor)bereiten, herrichten, präparieren; *Flotte* ausrüsten; *Studie*, *Projekt* ausarbeiten, erstellen; *Rf. Programm* gestalten; ~ عدته ل [ʕu'ddatahuː] s-e Vorbereitungen für *etwas* treffen; **V** تعدد [ta'ʕaddada] zahlreich *od.* vielfältig sein; ~ت المحاولات [al-muħaːwa'laːt] es gab zahlreiche Versuche; **VIII** اعتد [iʕ'tadda] halten (ه/هـ für *A*); berücksichtigen (ب *A*); rechnen (ب mit *D*), sich verlassen (ب auf *A*); *Isl.* die gesetzliche Wartefrist bis zur Wiederverheiratung einhalten; ~ بنفسه selbstsicher sein, Selbstvertrauen haben; *Pass.* يعتد ب [juʕ'taddu] nennenswert (sein); لا يعتد ب *a.* maßgeblich ist nicht …; **X** استعد [ista-'ʕadda] sich vorbereiten (ل auf *A*), sich fertigmachen (ل für *A*, zu *D*)

[2]**عد** [ʕadd] Zählen *n*; Aufzählung *f*; تنازلي ~ Countdown *m*

عدا [ʕadaː] (+ *A od. G*), ما عدا [maː ʕadaː] *u.* عن ~ *Präp.* außer, mit Ausnahme von; عدا *a.* neben, über … hinaus; فيما عدا ذلك außerdem; → [1](عدو)

[1]**عداء** [ʕa'daːʔ] Feindschaft *f*; الـ~ للشيوعية [li-ʃ-ʃujuː'ʕiːja] Antikommunismus *m*

[2]**عداء** [ʕa'ddaːʔ], *pl.* [-uːn] *Sport*: Läufer *m*

عداءة [ʕa'ddaːʔa], *pl.* [-aːt] *Sport*: Läuferin *f*

[1]**عداد** [ʕa'ddaːd], *pl.* [-aːt] Zähler *m*, Zählgerät *n*; Meßgerät *n*, Messer *m*

[2]**عداد** [ʕi'daːd] Zahl *f*, Anzahl *f*; لا ~ له [-a] zahllos; هو في ~ هم er wird zu ihnen gerechnet, er gehört zu ihnen

عدالة [ʕa'daːla] Gerechtigkeit *f*; Rechtmäßigkeit *f*, Billigkeit *f von Forderungen*

عداة → [2]عاد

عداوة [ʕa'daːwa] Feindschaft *f*, Feindseligkeit *f*

عدائي [ʕa'daːʔiː] feindlich, feindselig, aggressiv

عدد [ʕadad], *pl.* أعداد [ʔaʕ'daːd] Zahl *f*; Anzahl *f*; Nummer *f e-r Zeitschrift*, *Tun. a.* = رقم; من ~ eine Anzahl von, mehrere; أصلي ~ *Gr.* Kardinalzahl *f*; ترتيبي ~ *Gr.* Ordinalzahl *f*; خاص ~ [xɒːss] Sondernummer *f e-r Zeitschrift*; من حيث الـ~ [min ħaiθu] zahlenmäßig (*Adv.*)

عددي [ʕadadiː] zahlenmäßig, numerisch

عدس [ʕadas] *koll.*, *n. un.* ~ة Linse(n *pl.*) *f* (*Hülsenfrucht*)

عدسة [ʕadasa], *pl.* [-aːt] *Opt.*, *Anat.* Linse *f*; *Fot.* Objektiv *n*; عينية ~ [ʕai'niːja] *Opt.* Okular *n*; مكبرة ~ [mu'kabbira] Vergrößerungsglas *n*

عدسي [ʕadasiː] linsenförmig

عدسية [ʕada'siːja] *Opt.* Linse *f*

[1]**عدل** [ʕadala, i] gerecht handeln; gleichkommen (ـه *D*); Abstand nehmen, absehen (عن von *D*), verzichten (عن auf *A*), fallenlassen (عن *A*); **II** [ʕaddala] abändern, verändern, modifizieren; geraderichten, in Ordnung bringen (ـه/من *A*); anpassen; *El.* modulieren; **III** عادل [ʕaːdala] gleichkommen, gleichwertig sein, entsprechen (ـه *D*); aufwiegen; *Rekord* einstellen; **V** تعدل [ta'ʕaddala] abgeändert, modifiziert werden; **VI** تعادل [ta'ʕaːdala] sich ausgleichen, im Gleichgewicht sein; einander entsprechen; *Sport*: unentschieden spielen (مع mit *D*); **VIII** اعتدل [iʕ'tadala] sich geradesetzen, sich aufrichten; *Klima, Haltung*: gemäßigt sein; *Preis*: mäßig sein

[2]**عدل** [ʕadl] **1.** Gerechtigkeit *f*; وزير الـ~ Justizminister *m*; من الـ~ أن es ist recht u. billig, daß; **2.** *pl.* عدول [ʕu'duːl] unbescholten, redlich, gerecht; *Tun.* Gerichtsschreiber *m*, Justizsekretär *m*; منفذ ~ [mu'naffið] *Tun.* Gerichtsvollzieher *m*; **3.**: الـ~ عن صيغة إلى أخرى [s~~iː~~ɣa, ʔuxraː] *Gr.* Transformation *f e-s Wortes* nach e-m anderen Formtyp

[3]**عدل** [ʕidl], *pl.* أعدال [ʔaʕ'daːl] gleich, entsprechend; Packsack *m* (*Hälfte der Last beim Lasttier*)

عدلي [ʕadliː] *bsd. Tun.* Justiz-, Gerichts-

عدلية [ʕad'liːja] Justiz *f*, Rechtswesen *n*; وزارة الـ~ [wi'zaːrat al-ʕa.] Justizministerium *n*

[1]**عدم** [ʕadima, a] ermangeln (ـه *e-r Sache*), nicht haben; **IV** أعدم [ʔaʕ-dama] hinrichten; berauben (ـه ه *j-n e-r Sache*); ~ـه شنقا [ʃanqan] j-n durch Erhängen hinrichten; **VII** انعدم [in'ʕadama] nicht vorhanden sein, nicht existieren, verschwinden

[2]**عدم** [ʕadam] Nichtexistenz *f*, Fehlen *n*; Nichts *n*; Nicht-, Un-; ~ الاختصاص *Jur.* Inkompetenz *f*; ~ الاستقرار Instabilität *f*; ~ الانحياز [ʕa. al-inħi'jaːz] *Pol.* Blockfreiheit *f*; ~ الاهتمام Desinteresse *n*; ~ التدخل [ʕa. at-ta'daxxul] *Pol.* Nichteinmischung *f*; ~ التسامح Intoleranz *f*; ~ التوازن Unausgewogenheit *f*, Unausgeglichenheit *f*; ~ الشرعية Unrechtmäßigkeit *f*; ~ توفر, وجود [ʕa. ta'waffur] Nichtvorhandensein *n*, Fehlen *n*; … من ~ـه … oder nicht

عدمي [ʕadamiː] nihilistisch; *pl.* [-uːn] Nihilist *m*

عدمية [ʕada'miːja] Nihilismus *m*

[1]**عدن** **II** [ʕaddana] *Bodenschätze* abbauen

[2]**عدن** [ʕadan] (2) Aden (*Hafenstadt im südlichen Jemen*)

[3]**عدن** [ʕadn]: جنة ~ [ʤannat ʕa.] der Garten Eden

عدنان [ʕad'naːn] (2) Adnan (*legendärer Stammvater der Nordaraber*); *npr. m*

[1]**عدة** [ʕudda], *pl.* عدد [ʕudad] Gerät *n*, Werkzeug *n*; (*Kriegs-*)Material *n*; عدد يدوية [jada'wiːja] Handwerkszeug *n*; → [1]عد IV

[2]**عدة** [ʕida] Versprechen *n*

[3]**عدة** [ʕidda] **1.** mehrere, eine Anzahl von; مرات ~ [-ta ma'rraːt(in)] mehrmals; شهور ~ [ʕiddatun] mehrere Monate; **2.** *Isl.* Wartefrist *f e-r Frau nach der Scheidung od. dem Tod des Ehemanns bis zur Wiederverheiratung*

[1](**عدو**) عدا [ʕadaː, uː] laufen, rennen; hinausgehen (ـه über *A*), überschreiten; überfallen, angreifen (على *A*); لا يعدو أن يكون er/es ist nichts weiter als *od.* ist nur; **II** عدى [ʕaddaː] *über e-n Fluß* übersetzen; *Gr.* transitiv machen; **III** عادى [ʕaːdaː] feindlich gesinnt sein (ه *j-m*), gegen j-n (ه) *od.* etwas (ـه) sein; **IV** أعدى [ʔaʕdaː] anstecken, infizieren (ب mit *D*); **V** تعدى [ta'ʕaddaː] überschreiten; hinausgehen (ـه über *A*); sich darüber hinaus (ـه) erstrecken (إلى auf *A*); *Gesetze* verletzen, übertreten; überholen; angreifen (على *j-n*), feindselig vorgehen (على gegen *A*); لمفعولين ~ [li-mafʕuː'lain] *Verb*: den doppelten Akkusativ fordern; **VI** تعادى [ta'ʕaːdaː] miteinander verfeindet sein; **VII** انعدى [in'ʕadaː] sich

anstecken (ب mit *e-r Krankheit*); **VIII** اعتدى [iʕ'tadaː] überfallen (على *A*), feindselig vorgehen (على gegen *A*), e-e Aggression verüben (على gegen *A*), ein Attentat verüben (على auf *A*); sich vergehen (على an *D*); **X** استدعى [is'tadʕaː] um Beistand bitten (على gegen *A*); aufhetzen (على gegen *A*)

[2]**عدو** [ʕadw] Laufen *n*, Lauf *m*

[3]**عدو** [ʕa'duːw], *pl.* أعداء [ʔaʕ'daːʔ] Feind *m*

عدوان [ʕud'waːn] Aggression *f*

عدواني [ʕud'waːniː] aggressiv, Aggressions-

عدوانية [ʕudwaː'niːja] Aggressivität *f*

عدول [ʕu'duːl] Abstandnehmen *n* (عن von *D*), Verzicht *m* (عن auf *A*); Aufgabe *f* (عن *G*); → عادل

عدوة [ʕudwa] (Ufer-)Böschung *f*

عدوى [ʕadwaː] Ansteckung *f*, Infektion *f*

عديد [ʕa'diːd], *pl.* [-uːn] zahlreich

عديل [ʕa'diːl], *pl.* عدلاء [ʕuda'laːʔ] (2) gleich, entsprechend, gleichwertig; Schwager *m* (*Mann der Schwester der Ehefrau*)

عديم [ʕa'diːm] nicht habend, ohne, -los; ~ الجنسية [ʕa. al-ʤin'siːja] staatenlos

عذاب [ʕa'ðaːb], *pl.* [-aːt] *u.* أعذبة [ʔaʕðiba] Folter *f*, Qual *f*

عذار [ʕi'ðaːr]: خلع ~ه alle Zurückhaltung *od.* alle Hemmungen abwerfen

عذال → عاذل

[1]**عذب** [ʕaðuba, u] süß, angenehm sein; **II** [ʕaððaba] quälen, martern, foltern; **V** تعذب [ta'ʕaððaba] gepeinigt *od.* gequält werden, leiden; **X** استعذب [is'taʕðaba] süß, angenehm finden

[2]**عذب** [ʔaðb] süß (*bsd. Wasser u. fig.*); angenehm; *Melodie*: wohlklingend, einschmeichelnd; مياه ~ة [mi'jaːh] Süßwasser *n*

[1]**عذر** [ʕaðara, i] **1.** *j-n* entschuldigen; verzeihen (ه في *j-m A*); **2.** *klass.* beschneiden; **IV** أعذر [ʔaʕðara] entschuldigt sein; ~ من أنذر [man ʔanðara] *Spr.* wer gewarnt hat, ist entschuldigt; **V** تعذر [ta'ʕaððara] unmöglich sein (على für *j-n*); **VIII** اعتذر [iʕ'taðara] sich entschuldigen (عن/من für *A*, wegen *G*, ل/إلى bei *j-m*); als Entschuldigungsgrund anführen (ب *A*), als Vorwand *od.* Ausrede benutzen (ب *A*); ~ عن حضوره sich (*für sein Wegbleiben*) entschuldigen

[2]**عذر** [ʕuðr], *pl.* أعذار [ʔaʕ'ðaːr] Entschuldigung *f*; Entschuldigungsgrund *m*, Rechtfertigung *f*; Vorwand *m*, Ausrede *f*; بحث عن أعذار nach Ausflüchten suchen

عذراء [ʕað'raːʔ] (2), *pl.* عذارى [ʕa'ðaːraː] *a. Astr.* Jungfrau *f*; jungfräulich; *Saudi-Ar. 6. Monat des Sonnenjahres*; الـ~ *Chr.* die Heilige Jungfrau

عذرة [ʕuðra] Jungfräulichkeit *f*

عذري [ʕuðriː] jungfräulich; keusch, unschuldig; الحب الـ~ [al-ħubb], الهوى الـ~ [al-hawaː] platonische Liebe

عذرية [ʕuð'riːja] Jungfräulichkeit *f*

عذق [ʕiðq], *pl.* عذوق [ʕu'ðuːq] *u.* أعذاق [ʔaʕ'ðaːq] Traube *f*, Büschel *n*

[1]**عذل** [ʕaðala, i, u] tadeln, rügen

[2]**عذل** [ʕaðl] Tadel *m*, Rüge *f*, Vorwurf *m*

عذوبة [ʕu'ðuːba] Süße *f*, angenehme(r) Charakter *e-r Sache*; köstliche(r) Geschmack; angenehme(s), freundliche(s) Wesen *e-s Menschen*; Wohlklang *m e-r Melodie*

عر [ʕarra, u] Schande machen (ه *j-m*)

عراء [ʕa'raːʔ] freie(s) Land, freie(r) Himmel; في الـ~ im Freien

عراب [ʕa'rraːb], *pl.* [-uːn] *Chr.* (Tauf-)Pate *m*

عرابة [ʕa'rraːba], *pl.* [-aːt] *Chr.* (Tauf-)Patin *f*

عراف [ʕa'rraːf], *pl.* [-uːn] Wahrsager *m*

[1]**عرافة** [ʕa'rraːfa], *pl.* [-aːt] Wahrsagerin *f*

[2]**عرافة** [ʕi'raːfa] Wahrsagerei *f*, Beruf *m* des Wahrsagers

عراق [ʕi'raːq] *m, selten f*: الـ~ Irak *m*

[1]**عراقة** [ʕa'raːqa] vornehme Abstammung, Adel *m*; Alter *n*, Vornehmheit *f e-r Sache*

[2]**عراقة** [ʕi'raːqa], *pl.* [-aːt] Bogen *m*, geschwungene(s) Ende *e-s arab. Buchstabens*

عراقي [ʕi'raːqiː] irakisch; *pl.* [-uːn] Iraker *m*

عراقيل [ʕaraː'qiːl] (2) *pl.* Hindernisse *n/pl.*, Hemmnisse *n/pl.*

عراك [ʕi'raːk] Kampf *m*

عراة → [2]عار

عرائش [ʕa'raːʔiʃ]: الـ~ Larache (*Stadt in Nord-Marokko*)

[1]**عرب** **II** [ʕarraba] arabisieren; ins Arabische übersetzen; *Substantiv durch Anpassung an die arab. Morphologie* als Lehnwort übernehmen; **IV** أعرب [ʔaʕraba] aussprechen, zum Ausdruck bringen, äußern, bekunden (عن *A*); *Gr.* Satz analysieren; *Nomen* flektieren; **V** تعرب [ta'ʕarraba] arabisiert werden; ins Arabische übersetzt werden; sich arabisieren, zum Araber werden; **X** استعرب [is'taʕraba] sich arabisieren, zum Araber werden

[2]**عرب** [ʕarab]: الـ~ *koll.* die Araber *m/pl.*; ~ البائدة/العاربة die ausgestorbenen Stämme der Araber, die echten Araber der Vergangenheit; ~ المتعربة [al-muta'ʕarriba], ~ المستعربة [al-mustaʕriba] die nicht reinblütigen Araber

عربان [ʕur'baːn] *pl.* Wüstenaraber *m/pl.*, Beduinen *m/pl.*

عربانة [ʕara'baːna] *Ir.* (*kleiner*) Wagen, Karren *m*

عربجي [ʕarbaʤiː], *pl.* ~ة [ʕarba'ʤiːja] Kutscher *m*

عربد [ʕarbada] Krach schlagen, toben, randalieren

عربدة [ʕarbada] Krawall *m*, Randalieren *n*

عربن [ʕarbana] e-e Anzahlung leisten (ه *j-m*)

عربة [ʕaraba], *pl.* [-aːt] Wagen *m*; Waggon *m*; Kutsche *f*; ~ أجرة [ʕa. ʔuʤra] Taxi *n*, Droschke *f*; ~ أكل Speisewagen *m*; ~ متحركة [muta'ħarrika] *Syr.* Triebwagen *m*

عربون [ʕur'buːn, ʕara'buːn], *pl.* عرابين [ʕaraː'biːn] (2) Anzahlung *f*

عربي [ʕarabiː] arabisch; Araber *m*; *umg.* Arabisch *n*; عربيات [-jaːt] *pl.* arabische Angelegenheiten *f/pl.* (*Rubrik in Zeitschriften*); ~بال *umg.* auf arabisch; ~ا ودوليا [-jan waduwa'liːjan] in der arab. Welt und auf internationaler Ebene

عربية [ʕara'biːja] **1.** *pl.* [-aːt] Wagen *m*, *Äg. a.* Auto *n*; **2.** arabische(r) Charakter *e-r Sache*; ~الـ die arabische Sprache, das Hocharabische; ~ السعودية [as-suʕuː'diːja] Saudi-Arabien

عربيد [ʕir'biːd] Störenfried *m*, Randalierer *m*

1 **عرج** [ʕaradʒa, u] hinaufsteigen; — [ʕaridʒa, a] hinken, humpeln, lahmen; **II** [ʕarradʒa] abbiegen (عن von *D*); einbiegen (إلى in *e-e Straße*); sich wenden (على zu, nach *D*), e-n Abstecher machen (على zu *D*); zickzackförmig machen; hinkend machen; **V** تعرج [ta'ʕarradʒa] *Straße*: sich winden, zickzackförmig verlaufen; im Zickzack fahren; *Sport*: Slalom fahren; **VII** انعرج [in'ʕaradʒa] sich krümmen *od.* winden; *Tun.* abbiegen (نحو nach *D*)

2 **عرج** [ʕaradʒ] Hinken *n*

3 **عرج** [ʕurdʒ] → أعرج

عرجاء → أعرج

1 **عرس** **II** [ʕarrasa] *Saudi-Ar.* sich verheiraten (ب mit *D*)

2 **عرس** [ʕurs], *pl.* أعراس [ʔaʕ'raːs] Hochzeit *f*

3 **عرس** [ʕirs]: ~ ابن, *pl.* ~ بنات Wiesel *n*

عرسة [ʕirsa] Wiesel *n*

1 **عرش** [ʕaraʃa, i] ein Gitter *od.* Spalier (*für Weinstöcke*) errichten; *Wein* am Spalier hochziehen; *Hütte* überdachen

2 **عرش** [ʕarʃ], *pl.* عروش [ʕuruːʃ] *u.* أعراش [ʔaʕ'raːʃ] Thron *m*; *Tun.* (*Volks-*)Stamm *m*

عرص **II** [ʕarrɒsɒ] Zuhälterei betreiben

عرصة [ʕarsɒ], *pl.* [ʕara'sɒːt] Hof *m des Hauses*; freie(r) Platz, Gelände *n*; (Bau-)Parzelle *f*

1 **عرض** [ʕarɒđɒ, i] vorführen, aufführen, darbieten, zeigen; ausstellen; vorlegen, unterbreiten (هـ على *A j-m*); vorschlagen (هـ على *A j-m*); anbieten (هـ على *A j-m*); *Gesuch* einreichen; sich zeigen (ل *j-m*); *Gedanke*: in den Sinn kommen (ل *j-m*); entgegentreten, sich in den Weg stellen (ل *j-m*); sich zuwenden (ل *D*), eingehen (ل auf *A*); sich abwenden (عن von *D*); — [ʕaruđɒ, u] breit sein, sich verbreitern; **II** [ʕarrɒđɒ] verbreitern; aussetzen (ل هـ/ه *A e-r Gefahr*); anspielen (ب auf *A*); **III** عارض [ʕaːrɒđɒ] sich widersetzen (ه/هـ *D*), opponieren, sich stellen (ه/هـ gegen *A*); **IV** أعرض [ʔaʕrɒđɒ] sich abwenden (عن von *D*), meiden (عن *A*), verzichten (عن auf *A*); aufgeben (عن *A*), um sich e-r anderen Sache (إلى) zuzuwenden; **V** تعرض [ta'ʕarrɒđɒ] ausgesetzt sein (ل *e-r Gefahr*); sich widersetzen, sich entgegenstellen (ل *D*); sich zuwenden (ل *D*), eingehen (ل auf *A*); **VI** تعارض [ta'ʕaːrɒđɒ] zueinander im Widerspruch stehen; im Widerspruch *od.* Gegensatz stehen (مع zu *D*); **VIII** اعترض [iʕ'tarɒđɒ] sich entgegenstellen, den Weg verstellen (ل *j-m*); zu schaffen machen (ه *j-m*); *Flugzeug* abfangen; Einwände *od.* Einspruch erheben, protestieren (على gegen *A*); ~ طريقه sich j-m in den Weg stellen; **X** استعرض [is'taʕrɒđɒ] sich anschauen, Revue passieren lassen, durchsehen; durchgehen, erörtern; darlegen; darbieten, zur Schau stellen; *Truppe* besichtigen, Parade *e-r Truppe* abnehmen; *Ehrenkompanie* abschreiten

2 **عرض** [ʕarɒđ], *pl.* أعراض [ʔaʕ'rɒːđ] Vorübergehende(s); Zufällige(s); *Med.* Symptom *n*; *Phil.* Akzidens *n*; ~ا [-ɒn] *Adv.* zufällig; beiläufig, nebenbei

3 **عرض** [ʕarđ] **1.** *pl.* عروض [ʕu'ruːđ] Vorführung *f*, Aufführung *f*, Darbietung *f*; Ausstellung *f e-r Sache*; Vorlage *f*, Unterbreitung *f*; Vorschlag *m*; *a. Ök.* Angebot *n*, *Hdl.* Offerte *f*; Besprechung *f e-s Buches*; ~ الأزياء [ʕa. al-ʔaz'jaːʔ] Modenschau *f*; عروض التجارة [ʕu. at-ti'dʒaːra] *Isl.* Handelswaren *f/pl.*; ~ حال Gesuch *n*, Eingabe *f*; Antragsformular *n*; ~ عسكري [ʕaskariː] Militärparade *f*; ~ العضلات [ʕa. al-ʕɒđɒ'laːt] Muskelspiel *n*, Kraftmeierei *f*; ~الـ والطلب [wɒ-ŧ-ŧɒlab] Angebot und Nachfrage; **2.** Breite *f*, Weite *f*; ~ا [-ɒn] *Adv. u.* ~بال quer, der Breite nach; خط ~الـ *Geo.* Breitengrad *m*

4 **عرض** [ʕurđ] Mitte *f e-r Fläche*; ~ الطريق Fahrbahn *f* (*im Gegensatz zum Trottoir*); في ~ البحر auf hoher See; في ~ الطريق auf offener Straße; ضرب به ~ الحائط [-ɒ l-ħaːʔiŧ] sich nicht darum scheren

عرضاني [ʕarđɒːniː] Breiten-; Quer-

عرضحال [ʕarđ(u)'ħaːl], *pl.* [-aːt] Gesuch *n*, Eingabe *f*; Antragsformular *n*

1 **عرضة** [ʕarđɒ] **1.** *n. vic.* Vorführung *f*, Aufführung *f*, Darbietung *f*; **2.** *Äg.* (= عارضة) *Sport*: Querlatte *f*, Querbalken *m*

2 **عرضة** [ʕurđɒ] *fig.* Zielscheibe *f*, Gegenstand *m* (ل *e-r Sache*); ausgesetzt (ل *e-r Sache*)

1 **عرضي** [ʕarɒđiː] vorübergehend; gelegentlich; zufällig; unwesentlich, akzidentiell; ~ة خطيئة *Chr.* läßliche Sünde

2 **عرضي** [ʕarđiː] Breiten-; Quer-

عرعر [ʕarʕar] Wacholder *m*

1 **عرف** [ʕarafa, i] kennen, wissen; kennenlernen, erfahren; erkennen; unterscheiden (können) (هـ من *etwas* von *D*); *Sprache usw.* können; *Pass.* [ʕurifa] bekannt sein (ب *als*); ~ نفسه sich selbst (er-)kennen; ~ له الجميل j-m dankbar sein; **II** [ʕarrafa] bekanntmachen (ب *A*); bekannt machen (ه إلى/على/ب *j-n* mit *D*), vorstellen (ب/على/إلى *j-m*); bestimmen, definieren (ب *als*); *Gr.* determinieren; **V** تعرف [ta'ʕarrafa] kennen-

lernen (ب/إلى/على *A*), bekannt werden (ب/إلى/على mit *j-m*); erkennen (إلى/على *A*); sich vertraut machen (إلى/على mit *D*); **VI** تعارف [ta'ʕaːrafa] sich kennenlernen; bekannt werden (ب mit *D*); (gemeinsam) kennenlernen (على *A*); **VIII** اعترف [iʕ'tarafa] anerkennen (ب *A*); zugeben, (ein)gestehen, bekennen (ب *A*); zugestehen, zubilligen (ب ل *j-m A*); ein Geständnis ablegen; beichten; ~ له بالجميل j-m dankbar sein

[2]**عرف** [ʕarf], *pl.* أعراف [ʔaʕ'raːf] *Tun.* Arbeitgeber *m*

[3]**عرف** [ʕurf], *pl.* أعراف [ʔaʕ'raːf] **1.** Brauch *m*, Gewohnheit *f*, Gepflogenheit *f*; Gewohnheitsrecht *n*; **2.** Kamm *m des Hahnes*; Mähne *f des Pferdes*

عرفات [ʕara'faːt] *Name e-s Berges u. e-r Ebene in der Nähe von Mekka, wo die Pilger am 9.* ذو الحجة *verweilen*

عرفان [ʕir'faːn] (Er-)Kenntnis *f*; Anerkennung *f*; ~ الجميل *u.* الـ~ بالجميل Dankbarkeit *f*

عرفة [ʕarafa] = عرفات

عرفي [ʕurfiː] dem Brauch *od.* den Konventionen entsprechend; الحكم الـ~ [al-ħukm] *u.* الأحكام العرفية Standrecht *n*, Kriegsrecht *n*; الأحكام العرفية Ausnahmezustand *m*; القانون الـ~ Kriegsrecht *n*, Standrecht *n*; محكمة ~ة Kriegsgericht *n*

[1]**عرق** [ʕariqa, a] schwitzen; *Fensterscheibe*: anlaufen; — [ʕaruqa, u] (tief) verwurzelt sein, e-e lange Tradition haben; **II** [ʕarraqa] **1.** zum Schwitzen bringen; **2.** Wurzeln schlagen; **3.** mit Adern durchziehen, ädern; **4.** irakisieren; **IV** أعرق [ʔaʕraqa] Wurzeln schlagen, e-e lange Tradition haben

[2]**عرق** [ʕaraq] Schweiß *m*; Anisschnaps *m*; بـ/من ~ جبينه im Schweiße seines Angesichtes

[3]**عرق** [ʕirq], *pl.* عروق [ʕu'ruːq] *u.* أعراق [ʔaʕ'raːq] *Anat., Bot., Bergbau*: Ader *f*; Rasse *f*, Abstammung *f*; *Maghr.* Sandwüste *f*; ~ الذهب [ʕi. að-ðahab] *Bot.* Brechwurz *f*; ~ سوس [ʕi. suːs] Süßholz *n*; ~ النسا [ʕi. an-nasaː] *Anat.* Hüftnerv *m*; *Med.* Ischias *f od. n*; طيب الـ~ [ŧɒjjib al-ʕi.] von vornehmer Abstammung; الـ~ دساس [da'ssaːs] *Spr.* Art läßt nicht von Art, der Apfel fällt nicht weit vom Stamm

عرقان [ʕar'qaːn] (2) schwitzend

عرقسوس [ʕirq'suːs] Süßholz *n*

عرقل [ʕarqala] behindern, hemmen, aufhalten

عرقلة [ʕarqala] Behinderung *f*, Hemmen *n*, Aufhalten *n*

عرقوب [ʕur'quːb] **1.** *pl.* عراقيب [ʕaraː'qiːb] (2) Achillessehne *f*; Kniesehne *f*; **2.**: ~ مواعيد [mawaː'ʕiːd ʕu.] leere Versprechungen *f/pl.*

عرقي [ʕirqiː] rassisch, Rassen-; ethnisch; rassistisch

[1]**عرقية** [ʕara'qiːja] *Äg.* (*eng anliegende, meist unter dem Tarbusch getragene*) Mütze

[2]**عرقية** [ʕir'qiːja] Rassismus *m*

عرك [ʕaraka, u] reiben; ~ـه الدهر j-d ist lebenserfahren; **III** عارك [ʕaːraka] kämpfen (ه mit *D*, gegen *A*); **VI** تعارك [ta'ʕaːraka] miteinander *od.* gegeneinander kämpfen; kämpfen (مع mit *D*); **VIII** اعترك [iʕ'taraka] miteinander kämpfen

عركة [ʕarka] Kampf *m*

[1]**عرم** **II** [ʕarrama] aufhäufen, aufstapeln

[2]**عرم** [ʕarim] stürmisch, unbändig

عرمرم [ʕa'ramram]: ~ جيش [dʒaiʃ] gewaltige(s) Heer

عرمة [ʕarama, ʕurma] Haufen *m*

عرموط [ʕar'muːŧ] **1.** *koll., n. un.* ~ة, *Ir.* Birne(n *pl.*) *f*; **2.** *Jord., Lib.* سمك الـ~ [samak al-ʕa.] *Zool.* Wittling *m*, Merlan *m*

عرن [ʕaran] *Med.* Überbein *n*

عرناس [ʕir'naːs], *pl.* عرانيس [ʕaraː'niːs] (2) *Syr.* (*Mais-*)Kolben *m*

عرنين [ʕir'niːn], *pl.* عرانين [ʕaraː'niːn] (2) Nasenrücken *m*

عرة [ʕurra] Räude *f*, Krätze *f*; *Äg.* Weibsstück *n*

(**عرو**) عرا [ʕaraː, uː] *u.* **VIII** اعترى [iʕ'taraː] befallen, überkommen, ergreifen

عروبة [ʕu'ruːba] Arabertum *n*; arabische Sache, arabische Welt

عروبي [ʕu'ruːbiː] arabisch-nationalistisch; panarabisch; *pl.* [-uːn] arabische(r) Nationalist; Panarabist *m*

عروبية [ʕuruː'biːja] arabische(r) Nationalismus; Panarabismus *m*

عروس [ʕa'ruːs], *pl.* عرائس [ʕa'raːʔis] (2) Braut *f* (*am Hochzeitstag*); Neuvermählte; *schmückendes Beiwort bsd. für am Meer liegende Stadt, etwa*: Perle *f*; *pl.* عرس [ʕurus] *klass.* Bräutigam *m* (*am Hochzeitstag*); Neuvermählte(r); العروسان *du.* das Brautpaar; die Neuvermählten

عروسة [ʕa'ruːsa], *pl.* عرائس [ʕa'raːʔis] (2) *Äg.* Puppe *f*

عروض [ʕa'ruːđ] Prosodie *f*; علم الـ~ [ʕilm al-ʕa.] Metrik *f*, Verslehre *f*

عروضي [ʕa'ruːđiː] metrisch, die Verskunst betreffend

عروة [ʕurwa], *pl.* عرى [ʕuran] Henkel *m e-s Kruges*; Knopfloch *n*; Schlinge *f*, Öse *f*; عرى الصداقة die Bande *n/pl.* der Freundschaft; ~ معوية [miʕa'wiːja] *Anat.* Darmschlinge *f*

[1]**عري** [ʕarija, aː] nackt sein; entblößt sein (عن von *D*); **II** عرى [ʕarraː] entkleiden, entblößen; عراه من ملابسه j-n ausziehen; **V** تعرى [ta'ʕarraː] sich entkleiden; entkleidet werden; *Gestein*: (*durch Abtragung*) bloßgelegt werden

[2]**عري** [ʕurj] Nacktheit *f*

عريان [ʕur'jaːn], *pl.* عرايا [ʕa'raːjaː] nackt, entblößt

عريانية [ʕurjaː'niːja] Nudismus *m*

عريس [ʕa'riːs], *pl.* عرسان [ʕir'saːn] Bräutigam *m*; Neuvermählte(r)

عريش [ʕa'riːʃ] **1.** *pl.* عرش [ʕuruʃ] *u.* عرائش [ʕa'raːʔiʃ] (2) Spalier *n*, Gitter *n*; Laube *f*; Hütte *f* aus Zweigen; Deichsel *f*; **2.** الـ~ El-Arisch (*Stadt in Nordägypten*)

عريض [ʕa'riːđ], *pl.* عراض [ʕi'rɒːđ] breit, weit (*ausgedehnt*)

عريضة [ʕa'riːđɒ], *pl.* عرائض [ʕa'raːʔiđ] (2) Gesuch *n*, Eingabe *f*, Antrag *m*; الاتهام ~ [ʕa. al-itti'haːm] *Jur.* Anklageschrift *f*

عريف [ʕa'riːf], *pl.* عرفاء [ʕura'faːʔ] (2) *Äg., Syr., Jord., Lib.* Unteroffizier *m*; *Ir.* Feldwebel *m*; إعاشة ~ *Ir.* Oberfeldwebel *m*; رئيس عرفاء *Ir.* Hauptfeldwebel *m*; ~ نائب *Ir.* Unteroffizier *m*; ~ وكيل *Äg., Syr.* Obergefreite(r)

عريق [ʕa'riːq] (tief) verwurzelt; ~ في القدم [fi l-qidam] uralt; ~ النسب [ʕa. an-nasab] von vornehmer Abstammung

عريكة [ʕa'riːka] Veranlagung *f*, Naturell *n*

[1]**عز** [ʕazza, i] stark, mächtig, angesehen sein; schwierig sein (على für *j-n*); lieb, teuer sein (على *j-m*); leid tun (على *j-m*), schmerzen (على *j-n*); **II** عزز [ʕazzaza] (ver)stärken, festigen, stützen, fördern; ehren, ehrenvoll behandeln; **IV** أعز [ʔaʕazza] ehren, hochschätzen; stärken, stark machen; **V** تعزز [ta'ʕazzaza] stark, gestärkt, gefestigt werden; **VIII** اعتز [iʕ'tazza] stolz sein (ب auf *A*), sich rühmen (ب *G*)

[2]**عز** [ʕizz] Ehre *f*, Ansehen *n*; Macht *f*, Geltung *f*; Höhepunkt *m*; Blüte *f der Jugend*; في ~ الشتاء [ʕizzi ʃ-ʃi'taːʔ] im tiefsten Winter; ~ في النهار am hellichten Tag

عزاء [ʕa'zaːʔ] Tröstung *f*, Trost *m*; قدم له الـ~ [qaddama] j-m sein Beileid ausdrücken

عزاب → عازب

عزال [ʕi'zaːl] *Äg.* Umzug *m*, Übersiedlung *f*

[1]**عزب** [ʕazaba, i] entschwinden (عن *j-s Gedächtnis*); — [ʕazaba, u] unverheiratet, ledig sein

[2]**عزب** [ʕazab], *pl.* أعزاب [ʔaʕ'zaːb] *u.* عزاب [ʕu'zzaːb] unverheiratet, ledig; Junggeselle *m*

[3]**عزب** [ʕuzb] → أعزب

عزباء → أعزب

[1]**عزبة** [ʕuzba] Ledigenstand *m*

[2]**عزبة** [ʕizba], *pl.* عزب [ʕizab] *Äg.* Bauernhof *m*, Landgut *n*

عزر [ʕazara, i] *u.* **II** [ʕazzara] zurechtweisen

عزرائيل [ʕizraː'ʔiːl] (2) *Name des Todesengels*

[1]**عزف** [ʕazafa, i] **1.** spielen (على auf *e-m Musikinstrument*), musizieren; **2.** Abstand nehmen (عن von *D*), verzichten (عن auf *A*), aufgeben (عن *A*), sich abwenden (عن von *D*)

[2]**عزف** [ʕazf] Spielen *n*, Musizieren *n*

عزق [ʕazaqa, i] *Boden* umgraben, umstechen, aufhacken

عزقة [ʕazaqa], *pl.* عزق [ʕazaq] *u.* [ʕaza'qaːt] *Syr. Techn.* Mutter *f*

[1]**عزل** [ʕazala, i] absondern, isolieren (عن von *D*); *Mil.* abschneiden (عن von *D*); aussondern; *Beamten* absetzen, entlassen, *s-r Stellung* (عن) entheben; **II** [ʕazzala] *Äg.* umziehen; **VII** انعزل [in'ʕazala] abgetrennt, isoliert, abgeschnitten werden; ausgesondert werden; abgesetzt werden; **VIII** اعتزل [iʕ'tazala] sich isolieren; sich zurückziehen, sich absondern (عن von *D*); ~ الخدمة [al-xidmata] den Dienst quittieren

[2]**عزل** [ʕazl] Absonderung *f*, Isolierung *f*; Aussonderung *f*; Absetzung *f*

[3]**عزل** [ʕuzul], *pl.* أعزال [ʔaʕ'zaːl] wehrlos, unbewaffnet

[4]**عزل** [ʕuzl, ʕuzzal] → أعزل

عزلاء → أعزل

عزلة [ʕuzla] Isoliertheit *f*, Isolation *f*, Abgeschiedenheit *f*, Zurückgezogenheit *f*

[1]**عزم** [ʕazama, i] sich entschließen (على zu), beschließen (على *A*); einladen (ه على *j-n* zu *D*); beschwören (ه على أن *j-n etwas zu tun*); **II** [ʕazzama] *durch Zauberriten* beschwören (على *A*); **VIII** اعتزم [iʕ'tazama] sich entschließen, entschlossen sein (على zu), beabsichtigen, vorhaben (ـه *A*)

[2]**عزم** [ʕazm] Entschlossenheit *f*; Entschluß *m* (على zu *D*); *Phys.* Moment *n*

عزمة [ʕazma], *pl.* [ʕaza'maːt] Entschluß *m*; strenge(r) Befehl

عزة [ʕizza] Ansehen *n*, Macht *f*; Stolz *m*; النفس ~ Selbstachtung *f*, Stolz *m*; الـ~ صاحب *Anrede für e-n Bey*

[1]**(عزو)** عزا [ʕazaː, uː] zurückführen (إلى auf *A*); zuschreiben (ـه إلى *j-m A*); *Pass.* يعزى [juʕzaː] zurückzuführen sein (إلى auf *A*); **VIII** اعتزى [iʕ'tazaː] s-e Abstammung zurückführen (إلى auf *A*); → (عزي)

[2]**عزو** [ʕazw] Zurückführung *f* (إلى auf *A*), Zuschreibung *f*

عزوبة [ʕu'zuːba] Ledigenstand *m*, Ehelosigkeit *f*

[1]**عزوف** [ʕa'zuːf] abgeneigt, abhold (عن *D*)

[2]**عزوف** [ʕu'zuːf] Abstandnehmen *n* (عن von *D*), Verzicht *m* (عن auf *A*)

عزومة [ʕu'zuːma], *pl.* عزائم [ʕa'zaːʔim] (2) Einladung *f*, Gastmahl *n*

(عزي) **II** عزى [ʕazzaː] trösten (ه عن *j-n* über *A*); sein Beileid aussprechen, kondolieren (ه في *j-m zum Tode von*); **V** تعزى [ta'ʕazzaː] sich trösten, Trost finden

عزيز [ʕa'ziːz] **1.** *pl.* أعزاء [ʔaʕi'zzaːʔ] (2) lieb (*a. in Briefanrede*), teuer; kostbar; الـ~ *Beiname Gottes*; ~ي mein Lieber; ~تي فاطمة liebe Fatima!; ~ة أيام [ʔa'jjaːm] glückliche, schöne Tage *m/pl.*; **2.** *pl.* أعزة [ʔa'ʕizza] mächtig, stark; ~ النفس stolz; **3.** schwierig (على für *A*); ~ المنال kaum zu erreichen, selten

عزيف [ʕa'ziːf] Brausen *n des Windes*

عزيمة [ʕa'ziːma], *pl.* عزائم [ʕa'zaːʔim] (2) Entschluß *m* (على zu *D*), feste Absicht; Entschlossenheit *f*, (fester) Wille; *Ir., Syr.* Einladung *f*; بـ~ ثابتة fest entschlossen

[1]**عسر** [ʕasura, i] schwierig, hart sein; **II** [ʕassara] schwer *od.* schwierig machen, erschweren; يسر ولاتعسر [jassir wa-laː tu'ʕassir] mach es (ihm) leicht, nicht schwer!; **IV** أعسر [ʔaʕsara] in Schwierigkeiten *od.* Not geraten, verarmen; zahlungsunfähig werden; **V** تعسر [ta'ʕassara] schwer *od.* schwierig sein (على für *A*); **X** استعسر [is'taʕsara] schwer *od.* schwierig finden

[2]**عسر** [ʕasir] schwer, schwierig, *a. Wasser*: hart; mißlich

[3]**عسر** [ʕusr] Schwierigkeit *f*, Härte *f*; يسر الـ~ بعد [jusr] *Spr.* auf Regen folgt Sonnenschein; → أعسر

عسراء → أعسر

عسرة [ʕusra] mißliche Lage, Armut *f*, Not *f*

عسس [ʕasas] Patrouille *f*

[1]**عسف** [ʕasafa, i] ungerecht behandeln; **V** تعسف [taˈʕassafa] willkürlich verfahren; **VIII** اعتسف [iʕˈtasafa] mit Willkür behandeln, willkürlich verfahren

[2]**عسف** [ʕasf] Ungerechtigkeit *f*, Willkür *f*, Unterdrückung *f*

عسقلان [ʕasqaˈlaːn] (2) Askalon (*Hafenstadt in Israel*)

[1]**عسكر** [ʕaskara] lagern; stationiert sein; militarisieren

[2]**عسكر** [ʕaskar] Heer *n*, Armee *f*

عسكرة [ʕaskara] Militarisierung *f*

عسكري [ʕaskariː] militärisch, Militär-; *pl.* [-uːn] Militär *m*; Militarist *m*; *pl.* عساكر [ʕaˈsaːkir] (2) Soldat *m*; *Äg.* Polizist *m*; *Schach*: Bauer *m*

عسكرية [ʕaskaˈriːja] Militarismus *m*; Soldatentum *n*

[1]**عسل** **II** [ʕassala] mit Honig zubereiten *od.* süßen

[2]**عسل** [ʕasal] Honig *m*; أسود ~ [ʕas-wad] *u.* السكر ~ [ʕa. as-sukkar] Melasse *f*; التمر ~ Dattelsirup *m*; الملكي الـ~ [al-malakiː] Gelée royale *n*; النحل ~ Bienenhonig *m*

عسلي [ʕasaliː] honigartig; honigfarben

[1]**عسى** [ʕasaː]: أن ~ *u.* عساه, عساها + *Impf.*: es könnte sein, daß; vielleicht, möglicherweise; (*in der Frage*) wohl; jemand *od.* etwas möge ...; أن أفعل ~ ماذا [ʔafʕal(a)] was könnte *od.* sollte ich (wohl) tun?

[2]**عسي** [ʕaˈsiːj], *pl.* [-uːn]: هو ~ ب er sollte ..., es wäre ihm (wohl) angemessen

عسير [ʕaˈsiːr] **1.** schwierig, hart; zu schwierig (على für *A*); **2.** Asir (*Hochland in Saudi-Arabien*)

[1]**(عش)** **II** عشش [ʕaʃʃaʃa] nisten; sich einnisten; **V** تعشش [taˈʕaʃʃaʃa] sich einnisten (في in *D*)

[2]**عش** [ʕuʃʃ], *pl.* أعشاش [ʔaʕˈʃaːʃ] *u.* عشاش [ʕiˈʃaːʃ] Nest *n*; غراب ~ [ʕu. ɣuˈraːb] *Äg.* Pilze *m/pl.*

عشا [ʕaʃan] Sehschwäche *f*; ليلي ~ [lailiː] Nachtblindheit *f*

[1]**عشاء** [ʕaˈʃaːʔ], *pl.* أعشية [ʔaʕʃija], *u.* طعام الـ~ Abendessen *n*; السري الـ~ [as-sirriː] *Chr.* das Abendmahl

[2]**عشاء** [ʕiˈʃaːʔ] Abend *m*; *f* (= صلاة الـ~) *Isl.* Abendgebet *n*

عشاب [ʕaˈʃʃaːb], *pl.* [-uːn] Pflanzenkenner *m*

[1]**عشار** [ʕaˈʃʃaːr], *pl.* [-uːn] Einsammler *m* des Zehnten; *in der Bibel*: Zöllner *m*

[2]**عشار** [ʕuˈʃaːra] *Adv.* je zehn, zu zehnt

[3]**عشار** [ʕiˈʃaːr] *Äg.* trächtig

عشاري [ʕuˈʃaːriː] zehnfach; *Sport*: Zehnkampf *m*

عشاق → عاشق

عشاوة [ʕaˈʃaːwa] Sehschwäche *f*; Nachtblindheit *f*

عشائر → عشيرة

عشائري [ʕaˈʃaːʔiriː] Sippen-; Stammes-; Gruppen-; *Syr.* Beduinen-

عشائرية [ʕaʃaːʔiˈriːja] Sippenbindung *f*; Tribalismus *m*

[1]**عشب** **II** [ʕaʃʃaba] sich mit Gras *od.* Pflanzen bedecken; *Ir.* Unkraut entfernen; **XII** اعشوشب [iʕˈʃauʃaba] sich mit Gras *od.* Pflanzen bedecken

[2]**عشب** [ʕuʃb] *koll.*, *pl.* أعشاب [ʔaʕˈʃaːb] Kraut *n*, Gras *n*; أعشاب ضارة [đɒːrra] Unkraut *n*; أعشاب طبية [ŧɨˈbbiːja] Arzneikräuter *n/pl.*, Arzneipflanzen *f/pl.*

عشبة [ʕuʃba] Pflanze *f*, Kraut *n*

عشبي [ʕuʃbiː] grasartig, Gras-, Kraut-

عشتار [ʕiʃˈtaːr] (2) Ischtar (*babylonische Göttin*)

عشترة [ʕaʃtara] (2) *u.* عشتروت [ʕaʃtaˈruːt] (2) Astarte (*westsemitische Göttin*)

[1]**عشر** **II** [ʕaʃʃara] den Zehnten nehmen (هـ von *D*); *Äg. Tier* decken; *Tier*: trächtig sein; **III** عاشر [ʕaːʃara] verkehren, (vertrauten) Umgang haben (ه mit *D*); ها~ معاشرة الأزواج [muʕaːˈʃarata l-ʔazˈwaːdʒ] mit *e-r Frau* ehelich verkehren; **VI** تعاشر [taˈʕaːʃara] miteinander verkehren

[2]**عشر** [ʕaʃr] *f* zehn

[3]**عشر** [ʕuʃr], *pl.* أعشار [ʔaʕˈʃaːr] Zehntel *n*

[1]**عشرة** [ʕaʃara], *f* عشر [ʕaʃr] zehn; عشرات [ʕaʃaˈraːt] *pl.* Dutzende *n/pl.* (*von*), zig; *Math.* Zehner *m/pl.* (*Gegens. Einer m/pl.*)

[2]**عشرة** [ʕiʃra] Verkehr *m*, (vertrauter) Umgang *mit j-m*; Geselligkeit *f*

عشرون [ʕiʃˈruːn] zwanzig

عشري [ʕuʃriː] Dezimal-

عشرينات [ʕiʃriːˈnaːt] *u.* **عشرينيات** [ʕiʃriːniːˈjaːt] *pl.*: الـ~ die zwanziger Jahre *n/pl.*

عشرية [ʕaʃˈriːja] *Tun.* Jahrzehnt *n*

عشعش [ʕaʃʕaʃa] sich einnisten (في in *D*)

[1]**عشق** [ʕaʃiqa, a] lieben; **II** [ʕaʃʃaqa] ineinanderfügen; *Techn.* verzapfen; *Auto*: kuppeln; **V** تعشق [taˈʕaʃʃaqa] lieben

[2]**عشق** [ʕiʃq] Liebe *f*

[1]**عشم** **II** [ʕaʃʃama] *Äg.* Hoffnung machen (ه *j-m*); **V** تعشم [taˈʕaʃʃama] *Äg.* sich Hoffnung machen

[2]**عشم** [ʕaʃam] *Äg.* Hoffnung *f*

(عشو) عشا [ʕaʃaː, uː] schwachsichtig sein; nachtblind sein; **II** عشى [ʕaʃʃaː] das Abendessen geben (ه *j-m*); **IV** أعشى [ʔaʕʃaː] schwachsichtig machen; nachtblind machen; **V** تعشى [taˈʕaʃʃaː] zu Abend essen

عشواء [ʕaʃˈwaːʔ] (2) → أعشى; خبط ~ → [1]خبط

عشوائي [ʕaʃˈwaːʔiː] planlos, blind, aufs Geratewohl

عشوة [ʕaʃwa] Dunkelheit *f*; *Syr.* Abendessen *n*

[1]**عشي** [ʕaʃija, aː] = عشا, → (عشو)

[2]**عشي** [ʕaʃʃiː], *pl.* ـة~ *Syr., Lib.* (Gar-)Koch *m*

عشير [ʕaˈʃiːr], *pl.* عشراء [ʕuʃaˈraːʔ] (2) Gefährte *m*

عشيرة [ʕaˈʃiːra], *pl.* عشائر [ʕaˈʃaːʔir] (2) Sippe *f*, (Volks-)Stamm *m*; Verwandte *pl.*; *pl. Syr.* Beduinen *m/pl.*

عشيق [ʕaˈʃiːq] Geliebte(r)

عشيقة [ʕa'ʃiːqa] Geliebte *f*

عشية [ʕa'ʃiːja], *pl.* عشايا [ʕa'ʃaːjaː] *u.* [-aːt] Abend *m*; Vorabend *m*; ~ [-ta] am Vorabend *des/der* …; بين ~ وضحاها [đu'ħaːhaː] über Nacht

عصا [ʕasɒ] *f*, *pl.* عصي [ʕi'sɨːj, ʕu'sɨːj] Stock *m*, Stab *m*; لعب الـ~ *Äg. volkstümliches Spiel mit Stökken*; أكل العصي *Syr., Lib.* e-e Tracht Prügel bekommen; شق ~ الطاعة [ʃaqqa ʕasɒː ŧ-ŧɒːʕa] sich auflehnen

عصاب [ʕu'sɒːb] Neurose *f*

عصابة [ʕi'sɒːba] **1.** *pl.* [-aːt] Bande *f*; Clique *f*; حرب العصابات Guerillakrieg *m*; **2.** *pl.* عصائب [ʕa'sɒːʔib] (2) Binde *f*, Verband *m*

عصابي [ʕu'sɒːbiː] neurotisch

[1]**عصارة** [ʕɒ'ssɒːra], *pl.* [-aːt] Presse *f* (*zum Auspressen*); (Wäsche-)Schleuder *f*

[2]**عصارة** [ʕu'sɒːra], *pl.* [-aːt] *a. Physiol.* Saft *m*; Quintessenz *f*

عصافة [ʕu'sɒːfa] Spreu *f*

عصامي [ʕi'sɒːmiː] durch eigene Tüchtigkeit hochgekommen; *pl.* [-uːn] Selfmademan *m*

عصاة → عاص

عصاية [ʕa'sɒːja] *Äg.* Stock *m*, Stab *m*

[1]**عصب** [ʕasɒba, i] *u.* **II** [ʕɒssɒba] umwickeln, verbinden; **V** تعصب [ta'ʕɒssɒba] fanatisch sein; sich (blind) ereifern (ل für *A*); Partei ergreifen (ل für *A*, على gegen *A*); sich um den Kopf wickeln (ب *A*)

[2]**عصب** [ʕasɒb], *pl.* أعصاب [ʔaʕ'sɒːb] Nerv *m*; ~ الحياة Lebensnerv *m*, Grundlage *f*; فقد الأعصاب die Nerven verlieren

[1]**عصبة** [ʕɒsba], *pl.* عصب [ʕusɒb] *Äg.* schwarze(s) Kopftuch

[2]**عصبة** [ʕusba], *pl.* عصب [ʕusɒb] Bund *m*, Liga *f*; Bande *f*; ~ الأمم [ʕu. al-ʔumam] *hist.* Völkerbund *m*

عصبي [ʕasɒbiː] Nerven-, nervös; nervlich, neural; überempfindlich, reizbar; ~ المزاج [ʕa. al-mi'zaːdʒ] nervös

عصبية [ʕasɒ'biːja] **1.** Nervosität *f*; Überempfindlichkeit *f*, Reizbarkeit *f*; **2.** *pl.* [-aːt] Fanatismus *m*, Parteigeist *m*; Gruppenbindung *f*, Stammesbewußtsein *n*; Stammesdenken *n*; ~ عشائرية [ʕaʃaːʔi'riːja] Sippendenken *n*

[1]**عصر** [ʕasɒra, i] auspressen, ausdrücken; auswringen; *Wein* keltern; **II** [ʕɒssɒra] modernisieren; **III** عاصر [ʕaːsɒra] Zeitgenosse sein (ه *j-s*); (mit)erleben; **VI** تعاصر [ta'ʕaːsɒra] gleichzeitig sein; **VIII** اعتصر [iʕ'tasɒra] auspressen

[2]**عصر** [ʕɒsr] **1.** Auspressen *n*; **2.** *pl.* عصور [ʕu'suːr] *u.* (*klass. a.*) أعصر [ʔaʕsur] Zeitalter *n*, Epoche *f*, Periode *f*; الـ~ die gegenwärtige, moderne Zeit; الـ~ الجليدي Eiszeit *f*; الـ~ الحجري [al-ħadʒariː] Steinzeit *f*; الـ~ الحديدي Eisenzeit *f*; ~ الذرة [ʕa. að-ðarra] Atomzeitalter *n*; العصور الوسطى [al-wustɒː] Mittelalter *n*; **3.** *pl.* عصار [ʕa'sɒːrin] Nachmittag *m*; *f Isl.* Nachmittagsgebet *n*; ~ اليوم [-a l-jaum] heute nachmittag

عصرنة [ʕɒsrana] Modernisierung *f*

عصري [ʕɒsriː] modern, zeitgemäß; *pl.* [-uːn] Modernist *m*

عصرية [ʕɒs'riːja] Modernität *f*; Modernismus *m*

عصعص [ʕusʕus, ʕɒsʕɒs] *u.* عصعوص [ʕus'ʕuːs] Steißbein *n*

عصف [ʕasɒfa, i] *Wind*: stürmen, heftig wehen; hinwegfegen (ب *A*); *Gefühl*: erfassen, ergreifen (ب *j-n*)

عصفة [ʕɒsfa] Windstoß *m*

عصفر [ʕusfur] *Bot.* Färberdistel *f*; *daraus gewonnener roter Farbstoff*

عصفور [ʕus'fuːr], *pl.* عصافير [ʕasɒː'fiːr] (2) Sperling *m*, Spatz *m*; kleine(r) Vogel; ضرب ~ين بحجر واحد [-aini bi-ħadʒarin waːħid] *Spr.* zwei Fliegen mit einer Klappe schlagen

عصفورة [ʕus'fuːra] *Äg.* (*hölzerner*) Zapfen, Pflock *m*; صامولة بـ~ *Äg.* Flügelmutter *f*

عصل [ʕasɨla, a] *Holz*: sich verziehen, sich werfen

عصم [ʕasɒma, i] schützen, bewahren (من vor *D*); **VIII** اعتصم [iʕ'tasɒma] Schutz suchen (ب bei *D*); e-n Sitzstreik durchführen, sich (zum Zeichen des Protests) hinsetzen *od.* hinlegen; ~ بالصبر Geduld üben; ~ بالصمت sich in Schweigen hüllen

عصماء → أعصم

عصمة [ʕɨsma] Reinheit *f*, Sündlosigkeit *f*, Keuschheit *f*; Unfehlbarkeit *f*; Schutz *m*, Bewahrung *f*; في ~ـه unter seiner Obhut (stehend); mit ihm verheiratet; صاحبة الـ~ *Titel vornehmer Frauen*

[1]**عصى** [ʕasɒː, iː] *u.* **III** عاصى [ʕaːsɒː] nicht gehorchen (ـه/ه *D*), sich auflehnen, rebellieren (ـه/ه gegen *A*); **V** تعصى [ta'ʕɒssɒː] widerstehen, trotzen (على *j-m*); (zu) schwierig sein; **X** استعصى [is'taʕsɒː] sich auflehnen (على gegen *A*); widerstehen, trotzen (على *D*); den Dienst versagen (على *j-m*); *Krankheit*: bösartig, hartnäckig sein; ~ على الحل [al-ħall] nicht zu lösen sein

[2]**عصي** [ʕa'sɨːj], *pl.* أعصياء [ʔaʕsɨ'jaːʔ] (2) *u.* [-uːn] sich widersetzend, sich entziehend (على *e-r Sache*); ~ النطق [ʕa. an-nutq] unfähig zu sprechen; ~ على الفهم unverständlich, unbegreiflich

عصيان [ʕɨs'jaːn] Ungehorsam *m*; Auflehnung *f*, Aufstand *m*, Rebellion *f*; ~ مدني [madaniː] zivile(r) Ungehorsam; ~ مسلح [mu'sallaħ] bewaffnete(r) Aufstand; Putsch (-versuch) *m*

عصيب [ʕa'sɨːb] kritisch, schwierig

عصيدة [ʕasɨːda] (Mehl-)Brei *m*

عصير [ʕa'sɨːr], *pl.* عصائر [ʕa'sɒːʔir] (2) (*ausgepreßter*) Saft, Juice *m*

عصيرة [ʕa'sɨːra], *pl.* [-aːt] (*ausgepreßter*) Saft

عصية [ʕusɒjja], *pl.* [-aːt] Stöckchen *n*, Stäbchen *n*; Bazillus *m*

[1]**عض** [ʕađđɒ, u] beißen (ه *j-n*, ـه in *A*), mit den Zähnen packen; *Hunger*: quälen; ~ بالنواجذ على [bi-n-na'waːdʒið] an e-r Sache verbissen festhalten

[2]**عض** [ʕɒđđ] Beißen *n*

عضاض [ʕɒ'đđɒːđ] bissig

عضال [ʕu'đɒːl] unheilbar; داء ~ Krebsschaden *m*

عضاه [ʕi'đɒːh] Dornsträucher *m/pl.*

[1]**عضد** [ʕađɒda, u] *u.* **II** [ʕađđɒda] *u.* **III** عاضد [ʕaːđɒda] unterstützen; **VI** تعاضد [ta'ʕaːđɒda] sich (gegen-

seitig) unterstützen; zusammenarbeiten (مع mit *D*)

2عضد [ʕađud], *pl.* أعضاد [ʔaʕ'đɒːd] Oberarm *m*; *fig.* Stütze *f*; شد ~ه j-m beistehen; فت في ~ه j-n schwächen *od.* entmutigen

عضعض [ʕɒđʕɒđɒ] herumbeißen (هـ an *D*)

1(عضل) **IV** أعضل [ʔaʕđɒla] schwierig, problematisch sein (ه für *A*), ratlos machen

2عضل [ʕađɒl] *koll.* Muskeln *m/pl.*, Muskulatur *f*

3عضل [ʕađɨl] muskulös

عضلة [ʕađɒla], *pl.* [-aːt] Muskel *m*; باسطة ~ Streckmuskel *m*; قابضة ~ Beugemuskel *m*

عضلي [ʕađɒliː] Muskel-; *Injektion*: intramuskulär

عضة [ʕɒđđɒ], *pl.* [-aːt] Biß *m*

عضو [ʕuđw], *pl.* أعضاء [ʔaʕ'đɒːʔ] Glied *n*, Organ *n*; Mitglied *n*; أعضاء تناسلية Geschlechtsorgane *n/pl.*; أصلي/أصيل ~ ordentliche(s) Mitglied; فخري ~ Ehrenmitglied *n*

عضوة [ʕuđwa], *pl.* [ʕuđu'waːt] weibliche(s) Mitglied

عضوي [ʕuđwiː] organisch; غير ~ anorganisch; العضويات [al-ʕuđwiː'jaːt] *pl.* die organische Welt

عضوية [ʕuđ'wiːja] Mitgliedschaft *f*

عطاء [ʕa'tɒːʔ] **1.** Geben *n*; was j-d gibt *od.* leistet, Schaffen *n*, Leistung *f*; Hingabe *f*, Opferbereitschaft *f*; **2.** *pl.* أعطية [ʔaʕtɨja] *u.* أعطيات Gabe *f*, Geschenk *n*; **3.** *pl.* [-aːt] *Hdl.* Angebot *n*; Ausschreibung *f von Aufträgen*; طرح ~ *Jord.* Ausschreibung *f*

عطار [ʕɒ'ttɒːr], *pl.* [-uːn] Drogist *m*; Gewürzhändler *m*

عطارد [ʕu'tɒːrid] (2) *Astr.* Merkur *m*

عطارة [ʕi'tɒːra] Handel *m* mit Drogen *od.* Gewürzen; محل ~ [ma'ħall ʕi.] Drogerie *f*

عطاس [ʕu'tɒːs] Niesen *n*

عطالة [ʕa'tɒːla] Arbeitslosigkeit *f*

1عطب [ʕatɨba, a] beschädigt werden; **II** [ʕɒttɒba] **1.** beschädigen; **2.** *Äg. Wein* würzen; **IV** أعطب [ʔaʕtɒba] beschädigen; **V** تعطب [ta'ʕɒttɒba] beschädigt werden

2عطب [ʕatɒb], *pl.* أعطاب [ʔaʕ'tɒːb] Beschädigung *f*, Schaden *m*, Defekt *m*, Panne *f*

1عطر **II** [ʕɒttɒra] parfümieren, wohlriechend machen, aromatisieren; **V** تعطر [ta'ʕɒttɒra] sich parfümieren

2عطر [ʕatɨr] wohlriechend, duftend, aromatisch; ~ة تحيات [taħi'jaːt] herzliche Grüße; ~ة سمعة [sumʕa] gute(r) Ruf

3عطر [ʕitr], *pl.* عطور [ʕu'tuːr] Parfüm *n*, Wohlgeruch *m*; Aromastoff *m*

عطري [ʕitriː] wohlriechend, aromatisch

عطس [ʕatɒsa, i] niesen; **II** [ʕɒttɒsa] zum Niesen bringen

عطسة [ʕɒtsa] *n. vic.* Niesen *n*

1عطش [ʕatɨʃa, a] durstig sein; lechzen (إلى nach *D*); **II** [ʕɒttɒʃa] durstig machen, dürsten lassen; *Phon.* das ج als [dʒ] (*nicht als* [g]) aussprechen; **IV** أعطش [ʔaʕtɒʃa] durstig machen, dürsten lassen; **V** تعطش [ta'ʕɒttɒʃa] dürsten, lechzen (إلى nach *D*)

2عطش [ʕatɒʃ] Durst *m*

3عطش [ʕatɨʃ] durstig

عطشان [ʕɒt'ʃaːn] (2), *f* عطشى [ʕɒtʃaː], *pl.* عطاش [ʕi'tɒːʃ], عطشى [ʕɒtʃaː] *u.* عطاشى [ʕa'tɒːʃaː] durstig; lechzend, voll Verlangen (إلى nach *D*); *Dorf*: an Wassermangel leidend

1عطف [ʕatɒfa, i] zugetan sein (على *j-m*), Sympathie empfinden (على für *A*); Mitgefühl haben (على für *A*), Mitleid haben (على mit *D*); *Gr. Wörter* koordinierend aneinanderfügen; biegen; **II** [ʕɒttɒfa] Sympathie, Mitgefühl *od.* Mitleid erwecken (على für *A*); biegen; **V** تعطف [ta'ʕɒttɒfa] Mitgefühl haben (على für *A*), mitfühlen (على mit *D*), Mitleid haben (على mit *D*); **VI** تعاطف [ta'ʕaːtɒfa] sympathisieren (مع mit *D*); **VII** انعطف [in'ʕatɒfa] sich biegen, gekrümmt sein; *Verk.* abbiegen (إلى nach *D*); **X** استعطف [is'taʕtɒfa] zu gewinnen *od.* an sich zu ziehen suchen; um Mitleid bitten

2عطف [ʕɒtf] Zuneigung *f*, Sympathie *f*; Mitgefühl *n* (على für *A*), Mitleid *n* (على mit *D*); بيان ~ *Gr.* erklärende appositionelle Anfügung; حرف ~ *Gr.* koordinierende Konjunktion

3عطف [ʕɨtf], *pl.* أعطاف [ʔaʕ'tɒːf] Seite *f des Körpers*; لين الأعطاف [lajjin al-ʔa.] sanft(mütig); ثنى ~ـه عنه er wandte sich von ihm ab

عطفة [ʕɒtfa] **1.** Windung *f*, Biegung *f*, Krümmung *f*; **2.** *pl.* [ʕatɒ'faːt] *u.* عطف [ʕutɒf] *Äg.* (Seiten-)Gasse *f*

1عطل [ʕatɒla, u] arbeitslos sein; — [ʕatɨla, a] nicht haben (من *A*), entbehren, ermangeln (من *G*); **II** [ʕɒttɒla] stillegen, außer Betrieb setzen, außer Dienst stellen; *Motor* abstellen; lahmlegen; *Tätigkeit* einstellen; *Gesetz* außer Kraft setzen; behindern, stören, schädigen; *Zeitung* verbieten; *Mil.* außer Gefecht setzen, kampfunfähig machen; *Bombe* entschärfen; **V** تعطل [ta'ʕɒttɒla] *Maschine*: aussetzen, zum Stehen kommen; *Auto*: eine Panne haben; *Gerät*: versagen; *Verkehr*: lahmgelegt werden; unterbrochen *od.* behindert werden; عن العمل ~ [al-ʕamal] arbeitslos sein

2عطل [ʕutl], *pl.* أعطال [ʔaʕ'tɒːl] Schaden *m*, Panne *f*, Defekt *m*, Störung *f*

عطلة [ʕutla], *pl.* [-aːt] *u. Maghr.* عطل [ʕutɒl] Urlaub *m*, Ferien *pl.*; arbeitsfreie(r) Tag; رسمية ~ gesetzliche(r) Feiertag; (نهاية) الأسبوع ~ [ʕu. (ni'haːjat) al-ʔu.] (arbeitsfreies) Wochenende

1عطن [ʕatɨna, a] faulen

2عطن [ʕatɨn] faul

(عطو) **III** عاطى [ʕaːtɒː] geben (ه هـ *j-m A*); **IV** أعطى [ʔaʕtɒː] geben (ه/ل هـ *j-m A*); gewähren, *Vertrauen* schenken, *Priorität* einräumen; *Wort* erteilen; alles *od.* sein Bestes geben; أعطاه حقه [ħaqqahuː] j-m zu s-m Recht verhelfen; j-m *od.* e-r Sache gerecht werden; نفسه ل ~ sich *e-r Sache* hingeben; **VI** تعاطى [ta'ʕaːtɒː] zu sich nehmen, *Medizin* einnehmen; *Rauschgift* nehmen; *Tätigkeit* ausüben,

Handel treiben; sich hingeben (ـه *e-m Laster*)

عطوف [ʕa'tˤuːf] gütig, mitleidig

عطوفة [ʕu'tˤuːfa] Zuneigung *f*; *Jord. Ehrentitel, etwa*: Se. Gnaden

عطية [ʕa'tˤiːja], *pl.* عطايا [ʕa'tˤɒːjaː] Gabe *f*, Geschenk *n*

عظاءة [ʕa'ðɒːʔa, ʕi'ðɒːʔa], *pl.* عظاء [ʕa'ðɒːʔ, ʕi'ðɒːʔ] *u.* [-aːt] Echse *f*

عظام → ²عظم

عظامي [ʕi'ðɒːmiː] aristokratisch

عظاية [ʕa'ðɒːja, ʕi'ðɒːja], *pl.* [-aːt] Echse *f*

(**عظل**) **III** عاظل [ʕaːðɒla]: الكلام ~ sich geschraubt u. in Wiederholungen ausdrücken

¹**عظم** [ʕaðuma, u] groß, gewaltig, mächtig sein; großartig sein; **II** [ʕaððɒma] verherrlichen, hoch ehren; **IV** أعظم [ʔaʕðɒma] verherrlichen, hoch ehren; für bedeutend halten; **V** تعظم [ta'ʕɒððɒma] hochmütig, arrogant sein; **VI** تعاظم [ta'ʕaːðɒma] (immer) größer werden, anwachsen; arrogant sein; **X** استعظم [is'taʕðɒma] als groß *od.* bedeutend ansehen

²**عظم** [ʕɒðm], *pl.* عظام [ʕi'ðɒːm] *u.* أعظم [ʔaʕðum] Knochen *m*; ~ الساق, القصبة ~ [ʕa. al-qasɒba] Schienbein *n*

³**عظم** [ʕiðɒm] Größe *f*, Mächtigkeit *f*; Großartigkeit *f*; Wichtigkeit *f*

¹**عظمة** [ʕaðɒma] Größe *f*, Erhabenheit *f*, Majestät *f*, Pracht *f*

²**عظمة** [ʕɒðma] Knochenstück *n*, Knochen *m*; الشظية ~ [ʕa. aʃ-ʃa'ðiːja] Wadenbein *n*

¹**عظمي** [ʕɒðmiː] Knochen-, knochig

²**عظمى** [ʕuðmaː] *f zu* أعظم

عظة [ʕiðɒ], *pl.* [-aːt] Ermahnung *f*, Warnung *f*, Lehre *f*; Predigt *f*

عظيم [ʕa'ðiːm], *pl.* عظام [ʕi'ðɒːm] *u.* عظماء [ʕuðɒ'maːʔ] (2) groß, gewaltig, mächtig; großartig, prächtig, herrlich; bedeutend, wichtig; الشأن ~ von großer Bedeutung; فرصة ~ة [fursɒ] e-e glänzende Gelegenheit

عظيمة [ʕa'ðiːma], *pl.* عظائم [ʕa'ðɒːʔim] (2) gewaltige(s) *od.* schreckliche(s) Ding

¹**عف** [ʕaffa, i] sich enthalten (عن *G*); sittsam, züchtig, keusch sein; **V** تعفف [taʕaffafa] = عف

²**عف** [ʕaff] tugendhaft, sittsam, anständig

عفاء [ʕa'faːʔ] Verschwinden *n*, Untergang *m*

عفار [ʕu'faːr] *Äg.* Staub *m*

عفارم [ʕa'faːrim] *Äg.* bravo!

عفارة [ʕa'ffaːra], *pl.* [-aːt] Zerstäuber *m*

عفاف [ʕa'faːf] Tugendhaftigkeit *f*, Sittsamkeit *f*, Anständigkeit *f*, Keuschheit *f*, Züchtigkeit *f*

عفج [ʕafadʒ], *pl.* أعفاج [ʔaʕ'faːdʒ] Zwölffingerdarm *m*

¹**عفر** [ʕafara, i] mit Staub bedecken; **II** [ʕaffara] mit Staub bedecken; überstäuben

²**عفر** [ʕafar] *koll.*: ~الـ die Afar (*Volksstamm in Dschibuti*)

عفراء → أعفر

(**عفرت**) **II** تعفرت [ta'ʕafrata] ein wahrer Teufel sein; herumtollen

عفرتة [ʕafrata] Teufelei *f*, böse(r) Streich

عفريت [ʕif'riːt], *pl.* عفاريت [ʕafaː'riːt] (2) Dämon *m*, Teufel *m*; *Äg.* ungezogene(s) Kind

¹**عفريتة** [ʕif'riːta] Dämonin *f*, Teufelin *f*

²**عفريتة** [ʕaf'riːta] Arbeitsanzug *m*, Overall *m*; Wagenheber *m*

عفش [ʕafʃ] Hausrat *m*; *Äg.* Gepäck *n*, Sachen *f/pl.*

¹**عفص** [ʕafs] *koll., n. un.* ~ة Galläpfel *m/pl.*

²**عفص** [ʕafis] bitter, herb

¹**عفن** [ʕafina, a] (ver)faulen, verwesen, verderben; schimmeln; **II** [ʕaffana] (ver)faulen; schimmeln; verfaulen lassen; **V** تعفن [ta'ʕaffana] = عفن

²**عفن** [ʕafan] Fäulnis *f*, Verdorbensein *n*; Schimmel *m*; *Med.* Sepsis *f*

³**عفن** [ʕafin] faul, verdorben; verschimmelt; *Med.* septisch

عفة [ʕiffa] Tugendhaftigkeit *f*, Sittsamkeit *f*, Anständigkeit *f*, Keuschheit *f*, Züchtigkeit *f*

¹(**عفو**) عفا [ʕafaː, uː] ausgelöscht werden; auslöschen, tilgen (على *A*); vergeben, verzeihen (عن *j-m*); begnadigen (عن *j-n*); **II** عفى [ʕaffaː] auslöschen, verwischen, beseitigen; **III** عافى [ʕaːfaː] (ver)schonen; erlassen (ه من *j-m A*); *Pass.* عوفي [ʕuːfija] gesund werden, genesen; **IV** أعفى [ʔaʕfaː] befreien, entbinden, dispensieren (من/عن von *D*), erlassen (ه من *j-m A*); entheben (ه من *j-n seines Amtes*); **VI** تعافى [ta'ʕaːfaː] wieder gesund werden; **X** استعفى [is'taʕfaː] um Befreiung, Freistellung *od.* Entlassung aus dem Amt bitten

²**عفو** [ʕafw] Vergebung *f*, Verzeihung *f*; Begnadigung *f*, Amnestie *f*; ~ا [-an] *u.* ~الـ Verzeihung!; bitte! (*als Antwort auf*: *danke!*); ~ا *a.* spontan (*Adv.*); عام ~ [ʕaː-mm] Generalamnestie *f*; منظمة ~الـ الدولية [mu'nɒððɒmat al-ʕafwi d-duwa'liːja] Amnesty International

عفوصة [ʕu'fuːsɒ] Bitterkeit *f*, (*den Mund*) zusammenziehende Eigenschaft, Herbheit *f*

عفونة [ʕu'fuːna] Fäulnis *f*, Verdorbensein *n*; Schimmel *m*; *Med.* Sepsis *f*

عفوي [ʕafawiː, ʕafwiː] spontan, unwillkürlich, automatisch

عفوية [ʕafa'wiːja, ʕaf'wiːja] Spontaneität *f*

عفي [ʕa'fiːj] *Äg.* stark, kräftig

عفيف [ʕa'fiːf] tugendhaft, sittsam, anständig, keusch, züchtig

¹**عق** [ʕaqqa, u] ungehorsam sein (ه gegenüber *s-n Eltern*)

²**عق** [ʕaqq] *Kind*: ungehorsam, undankbar

¹**عقاب** [ʕu'qaːb] *meist f, pl.* عقبان [ʕiq'baːn] Adler *m*

²**عقاب** [ʕi'qaːb] Bestrafung *f*, Strafe *f*

عقابي [ʕi'qaːbiː] Straf-

عقاد [ʕa'qqaːd], *pl.* [-uːn] Posamentierer *m*

¹**عقار** [ʕa'qaːr], *pl.* [-aːt] Grundstück *n*; Grundbesitz *m*; *pl.* Immobilien *pl.*

[2]**عقار** [ʕa'qqaːr], *pl.* عقاقير [ʕaqaː'qiːr] (2) Droge *f*, Arzneimittel *n*

عقاري [ʕa'qaːriː] Grundstücks-, Immobilien-

عقاقيري [ʕaqaː'qiːriː] Drogen-, Arznei-

عقال [ʕi'qaːl], *pl.* عقل [ʕuqul] Kopfband *n zum Festhalten des Kopftuches* كوفية; Fessel *f*

عقائدي [ʕa'qaːʔidiː] dogmatisch, doktrinär; weltanschaulich, ideologisch; Glaubens-; *pl.* [-uːn] Dogmatiker *m*; Ideologe *m*

عقائدية [ʕaqaːʔi'diːja] Dogmatismus *m*; Ideologie *f*

[1]**عقب** [ʕaqaba, u] (nach)folgen; **II** [ʕaqqaba] kommentieren (على *A*), Stellung nehmen (على zu *D*); **III** عاقب [ʕaːqaba] bestrafen (ه ب *j-n* mit *D*, على *etwas*); **IV** أعقب [ʔaʕqaba] (nach)folgen; folgen lassen, hervorrufen; *Nachkommen* hinterlassen; **V** تعقب [ta'ʕaqqaba] verfolgen; **VI** تعاقب [ta'ʕaːqaba] aufeinanderfolgen

[2]**عقب** [ʕaqb, ʕaqib], *pl.* أعقاب [ʔaʕ'qaːb] Ferse *f*; Ende *n*, letzte(r) Teil; ~ [ʕaqiba] *Präp.* sofort nach, im Anschluß an; في أعقاب الحرب (unmittelbar) nach dem Krieg; انقلب/رجع على ~به [ʕaqi'baihi] (wieder) kehrtmachen

[3]**عقب** [ʕuqb], *pl.* أعقاب [ʔaʕ'qaːb] (*Zigaretten-*)Stummel *m*; Stumpf *m e-r Kerze*; letzte(r) Rest, Ende *n*

عقبة [ʕaqaba] **1.** *pl.* [-aːt] *u.* عقاب [ʕi'qaːb] Schwierigkeit *f*, Hindernis *n*; **2.** الـ~ Akaba (*Hafenstadt in Jordanien*)

عقبى [ʕuqbaː] Folge *f*, Ergebnis *n*; Ausgang *m*, Ende *n*

[1]**عقد** [ʕaqada, i] *Versammlung* abhalten; *Vertrag* (ab)schließen; *Vergleich* anstellen; knüpfen, knoten; *Augenbrauen* zusammenziehen; *Stirn* runzeln; zuerkennen, verleihen (ه ل/على *j-m A*); أملا على ~ [ʔamalan] Hoffnungen an *etwas* knüpfen; ~ت الدهشة لسانه [li'saːnahuː] er war sprachlos; العزم ~ على den Entschluß fassen zu; ~ فصلا [fɒslan] *Autor*: ein Kapitel verfassen; القران ~ [l-qi'raːn] die Ehe schließen (على mit *j-m*); ~ النية على [n-niːjata] den Vorsatz fassen zu, sich *etwas* vornehmen; ~ له النصر er trug den Sieg davon; — [ʕaqida, a]: ~ لسانه [li'saːnuhuː] ihm versagte die Stimme; **II** [ʕaqqada] kompliziert machen; (fest) verknoten; **V** تعقد [ta'ʕaqqada] kompliziert sein *od.* werden; verknotet sein; dick werden, eindicken; **VI** تعاقد [ta'ʕaːqada] e-n Vertrag schließen (على über *A*), vertraglich vereinbaren (على *A*); **VII** انعقد [in'ʕaqada] *Konferenz*: abgehalten werden, stattfinden; *Vertrag*: abgeschlossen werden; verknotet werden; *Wolken*: sich bilden; **VIII** اعتقد [iʕ'taqada] glauben; على ما أعتقد wie ich glaube; *Pass.* يعتقد أن [juʕ'taqadu ʔanna] es wird angenommen, daß

[2]**عقد** [ʕaqd] **1.** Knüpfen *n*; Abhaltung *f e-r Sitzung*; Abschluß *m e-s Vertrages*; القران ~ [ʕa. al-qi'raːn] Eheschließung *f*; Ehevertrag *m*; **2.** *pl.* عقود [ʕu'quːd] Vertrag *m*, Kontrakt *m*; Urkunde *f*; Jahrzehnt *n*; *Arch.* Bogen *m*; الزواج ~ Ehevertrag *m*

[3]**عقد** [ʕiqd], *pl.* عقود [ʕu'quːd] Halsband *n*, Halskette *f*

عقدة [ʕuqda], *pl.* عقد [ʕuqad] Knoten *m* (*a. Seemeile*); *Lit.* Verwicklung *f*, Konflikt *m*; *Psych.* Komplex *m*; ~ أوديب Ödipuskomplex *m*; ~ الخواجة [ʕu. al-xa'waːdʒa] Komplex *m* gegenüber den Europäern (*die man in übertriebener Weise zu imitieren sucht*); ~ الذنب Schuldkomplex *m*; ~ النقص Minderwertigkeitskomplex *m*

عقدي [ʕaqadiː] dogmatisch, doktrinär

[1]**عقر** [ʕaqura, u] unfruchtbar sein; **III** عاقر [ʕaːqara] ergeben sein (ه *e-r Sache*); ~ الخمر dem Alkohol zusprechen

[2]**عقر** [ʕuqr] **1.** Unfruchtbarkeit *f*; **2.**: في ~ داره in s-m eigenen Haus; في ~ ديارهم [di'jaːrihim] in ihrem (*pl.*) eigenen Land

عقرب [ʕaqrab] *meist f*, *pl.* عقارب [ʕa'qaːrib] (2) *a. Astr.* Skorpion *m*; *Saudi-Ar. achter Monat des Sonnenjahres*; Zeiger *m der Uhr*

عقص [ʕaqasɒ, i] *Haar* flechten

عقعق [ʕaqʕaq], *pl.* عقاعق [ʕa'qaːʕiq] (2) Elster *f*

عقف [ʕaqafa, i] krümmen, biegen

عقفاء → أعقف

[1]**عقل** [ʕaqla, i] **1.** vernünftig sein, Verstand haben; begreifen, verstehen; *Pass.* لا يعقل [juʕqal(u)] es leuchtet nicht ein; **2.** *Tier* anbinden; **3.** *Isl.* das Blutgeld zahlen (ه für *e-n Getöteten*); **II** [ʕaqqala] vernünftig, einsichtig machen; **V** تعقل [ta'ʕaqqala] vernünftig, einsichtig sein; **VIII** اعتقل [iʕ'taqala] verhaften, festnehmen; internieren

[2]**عقل** [ʕaql], *pl.* عقول [ʕu'quːl] Verstand *m*, Vernunft *f*, Geist *m*, Intellekt *m*; ~ إلكتروني [ʔilik'troːniː] Elektronengehirn *n*, Computer *m*; الـ~ الباطن *u.* الـ~ اللاشعوري *Psych.* das Unbewußte; الـ~ السليم gesunde(r) Menschenverstand

عقلاء → عاقل

عقلاني [ʕaq'laːniː] rational, vernunftgemäß

عقلانية [ʕaqlaː'niːja] Rationalität *f*; Rationalismus *m*

عقلن [ʕaqlana] rational machen, rationalisieren

عقلنة [ʕaqlana] Rationalisierung *f*; vernünftige *od.* rationale Gestaltung *e-r Sache*

عقلة [ʕuqla], *pl.* عقل [ʕuqal] *u.* [-aːt] Knöchel *m des Fingers*; Knoten *m des Halmes*; Steckreis *n*; *Sport*: Reck *n*, Trapez *n*

عقلي [ʕaqliː] Geistes-, geistig, intellektuell; rational

عقلية [ʕaq'liːja] Geisteshaltung *f*, Mentalität *f*

[1]**عقم** [ʕaqama, ʕaquma, u] unfruchtbar sein; **II** [ʕaqqama] sterilisieren; keimfrei machen, desinfizieren; *Milch* pasteurisieren

[2]**عقم** [ʕuqm] Sterilität *f*

عقوبة [ʕu'quːba], *pl.* [-aːt] Strafe *f*, Bestrafung *f*; Sanktion *f*; مالية ~ Geldbuße *f*

عقور [ʕa'quːr] bissig, scharf

عقول [ʕa'quːl] verständig, einsichtig; *Med.* adstringierend, stopfend

عقيب [ʕa'qiːba] *Präp.* sofort nach, im Anschluß an

عقيد [ʕa'qiːd], *pl.* عقداء [ʕuqa'daːʔ] (2) Oberst *m*; *Lib.* Oberstleutnant *m*

عقيدة [ʕa'qiːda], *pl.* عقائد [ʕa'qaːʔid] (2) Glaube *m*, Bekenntnis *n*, Überzeugung *f*, Weltanschauung *f*; Doktrin *f*, Dogma *n*

عقيرة [ʕa'qiːra], *pl.* عقائر [ʕa'qaːʔir] (2) Stimme *f*

عقيق [ʕa'qiːq] **1.** *pl.* أعقة [ʔa'ʕiqqa] tiefe(s), enge(s) Tal, Cañon *m*; **2.** *n. un.* ~ة Karneol *m*; يماني ~ Achat *m*; Onyx *m*

عقيلة [ʕa'qiːla], *pl.* [-aːt] *u.* عقائل [ʕa'qaːʔil] (2) Gattin *f*, Gemahlin *f*

عقيم [ʕa'qiːm] *a. fig.* steril, unfruchtbar

عك [ʕakk] *Äg.* drückend heiß, schwül

عكا [ʕakkaː] Akka (*Stadt in Israel*)

عكارة [ʕa'kaːra] *Äg.* Schwebstoffe *m/pl.* (*die e-e Flüssigkeit trübe machen*)

عكاز [ʕu'kkaːz] *u.* عكازة [ʕu'kkaːza], *pl.* [-aːt] *u.* عكاكيز [ʕakaː'kiːz] (2) Krücke *f*, Krückstock *m*

[1]**عكر** [ʕakira, a] trübe sein; **II** [ʕakkara] *a. fig.* trüben; stören; الصفو ~ trüben, stören; **V** تعكر [ta'ʕakkara] trübe werden, sich trüben

[2]**عكر** [ʕakar] Trübheit *f*

[3]**عكر** [ʕakir] trübe

(**عكز**) **V** تعكز [ta'ʕakkaza] an Krücken gehen

[1]**عكس** [ʕakasa, i] widerspiegeln, reflektieren; *trans.* umkehren; **III** عاكس [ʕaːkasa] entgegenarbeiten (ه *j-m*); belästigen; necken; **VI** تعاكس [ta'ʕaːkasa] reflektiert werden; einander entgegengesetzt sein; **VII** انعكس [in'ʕakasa] sich widerspiegeln, reflektiert werden; sich auswirken (على auf *A*); ~ت آثاره على Auswirkungen haben auf

[2]**عكس** [ʕaks] Gegenteil *n*, Gegensatz *m*; Reflektierung *f*; ~ [-a] *Präp. u.* ~على/بـ + *G*: im Gegensatz zu; ~بالـ *u.* ~على الـ im Gegenteil, umgekehrt; ~بالـ ~والـ *u.* ~والـ صحيح und umgekehrt

عكسي [ʕaksiː] umgekehrt, gegenteilig; entgegengesetzt

عكش [ʕakiʃ] *Haare*: zerzaust, unordentlich

عكف [ʕakafa, i] sich beschäftigen (على mit *D*), bemüht sein (على um *A*), sich widmen (على *e-r Sache*); verweilen (في an *e-m Ort*); **VIII** اعتكف [iʕ'takafa] sich zurückziehen (في an *e-n Ort*); sich widmen (إلى *e-r Sache*)

عكم [ʕakama, i] *Äg.* zusammenbündeln

عكة [ʕukka], *pl.* [ʕukak] *Saudi-Ar.* Butterschlauch *m*

عكوب [ʕa'kkuːb] *Jord.* Gemüsekarde *f*, Spanische Artischocke

عكوف → عاكف

عكيس [ʕa'kiːs] Ableger *m e-r Pflanze*

[1]**عل** *Pass.* [ʕulla] krank sein; **II** علل [ʕallala] begründen, motivieren (ب mit *D*); نفسه ب ~ sich der Hoffnung hingeben, daß; ~ـه بالوعود j-n mit Versprechungen hinhalten; **V** تعلل [ta'ʕallala] vorbringen (ب *Entschuldigung*); sich zerstreuen (ب mit); بعلة ~ [bi-ʕilla], بحجة ~ [bi-ħuddʒa] als Ausrede *od.* Vorwand benutzen; **VIII** اعتل [iʕ'talla] krank, schwach sein *od.* werden; *Gr.* e-n schwachen Radikal haben; vorschützen, vorgeben (ب *A*)

[2]**عل** [ʕalu]: من ~ von oben

[3]**عل** [ʕalla] = لعل [la'ʕalla]

علا [ʕulan] Größe *f*, Erhabenheit *f*

علاء [ʕa'laːʔ] Höhe *f*; hohe(r) Rang

علاج [ʕi'laːdʒ] Behandlung *f* (*allg. u. Med.*), Therapie *f*; Kur *f*; Heilmittel *n* (ل gegen *A*); Behebung *f e-s Mangels*; Lösung *f e-s Problems*; تحت ~ in Behandlung; نفسي ~ Psychotherapie *f*

علاجي [ʕi'laːdʒiː] Heil-, therapeutisch

علاف [ʕa'llaːf], *pl.* ~ة Futtermittelhändler *m*

[1]**علاقة** [ʕa'laːqa], *pl.* [-aːt] *u.* علائق [ʕa'laːʔiq] (2) Beziehung *f* (ب zu *D*), Verbindung *f*, Zusammenhang *m* (ب mit *D*); *pl. Pol.* Beziehungen *f/pl.* (مع zu *D*); *pl. a.* Verhältnisse *n/pl.*; علاقات الإنتاج Produktionsverhältnisse *n/pl.*; علاقات دبلوماسية diplomatische Beziehungen *f/pl.*; علاقات عامة [ʕaːmma] Public Relations *pl.*; صاحب الـ~ der Betreffende; له ~ ب er *od.* es steht damit in Beziehung *od.* Zusammenhang; ليس له ~ بذلك er *od.* es hat damit nichts zu tun

[2]**علاقة** [ʕa'llaːqa], *pl.* [-aːt] Kleiderbügel *m*; Gurt *m*, Aufhängeriemen *m*

[3]**علاقة** [ʕi'laːqa], *pl.* علائق [ʕa'laːʔiq] (2) Gurt *m*, Aufhängeriemen *m*

علالي → علية[1]

[1]**علام** [ʕa'laːma] worauf?; worüber?; warum?; wozu?

[2]**علام** [ʕa'llaːm] alles wissend, genau kennend

[1]**علامة** [ʕa'laːma], *pl.* [-aːt] *u.* علائم [ʕa'laːʔim] (2) Zeichen *n*, Marke *f*; Kennzeichen *n*, Merkmal *n*, Symptom *n*; Anzeichen *n*; (*Schul-*) Note *f*; الاستفهام ~ Fragezeichen *n*; تجارية ~ [tidʒaː'riːja] Handelsmarke *f*; التعجب ~ [ʕa. at-ta-'ʕaddʒub] Ausrufezeichen *n*; التنصيص ~ Anführungszeichen *n*; فارقة ~ besondere(s) Kennzeichen, Unterscheidungsmerkmal *n*; المرور ~ Verkehrszeichen *n*

[2]**علامة** [ʕa'llaːma] *m* hochgelehrt; bedeutende(r) Gelehrte(r)

علانية [ʕa'laːnija] Öffentlichkeit *f*, Offenheit *f*; ~ [-tan] *Adv.* öffentlich, offen

علاوة [ʕi'laːwa], *pl.* [-aːt] Hinzufügung *f*; Zulage *f zum Gehalt*; Zuschuß *m*; Lohnerhöhung *f*; على ~ [-tan] zusätzlich zu; على ~ ذلك darüber hinaus

علب II [ʕallaba] konservieren, in Dosen einlegen *od.* abpacken

علبة [ʕulba], *pl.* علب [ʕulab] Schachtel *f*, Dose *f*, Büchse *f*; Etui *n*; Kassette *f*; أسطوانية ~ [ʔustuwaː-

logie *f*; طبيعة ~ الطبيعة Physik *f*; ~ طبقات الأرض Geophysik *f*; ~ طبقات الأرض [ʕi. tɒba'qaːti l-ʔarđ] Geologie *f*; Stratigraphie *f*; ~ القياس [ʕi. al-qi'jaːs], ~ المقاييس Metrologie *f*; ~ الغدد الصماء [ʕi. al-ɣudadi s-sɒ'mmaːʔ] Endokrinologie *f*; ~ الفطريات [ʕi. al-futriː'jaːt] Pilzkunde *f*; ~ الفلك [ʕi. al-falak] Astronomie *f*; Astrologie *f*; ~ اللغة [ʕi. al-luɣa], ~ اللسان [ʕi. al-li'saːn] Sprachwissenschaft *f*, Linguistik *f*; (*altarab.*) Lexikographie *f*; ~ المعادن Mineralogie *f*; ~ المكتبات Bibliothekswissenschaft *f*; ~ النبات Botanik *f*; ~ النسج [ʕi. an-nusudʒ] Histologie *f*; ~ النفس Psychologie *f*; ~ النفس الاجتماعي Sozialpsychologie *f*; العلوم الإنسانية Geisteswissenschaften *f/pl.*; Humanwissenschaften *f/pl.*; العلوم السلوكية Verhaltensforschung *f*; العلوم الطبيعية Naturwissenschaften *f/pl.*; العلوم الهندسية [al-handa'siːja] Ingenieurwissenschaften *f/pl.*; كلية العلوم [ku-'lliːjat al-ʕu.] naturwissenschaftliche Fakultät

علماء → ²عالم

علماني [ʕal'maːniː] säkular; Laien-, laizistisch; *pl.* [-uːn] Laie *m* (*Gegens. Kleriker*)

علمانية [ʕalmaː'niːja] Laientum *n*, Laizismus *m*

علمة [ʕulma], *pl.* علم [ʕulam] Hasenscharte *f*

علمي [ʕilmiː] wissenschaftlich; *a. Abteilung e-r höheren Schule*: naturwissenschaftlich

علمية [ʕil'miːja] Wissenschaftlichkeit *f*, wissenschaftliche(r) Charakter *e-r Sache*

¹(**علن**) **IV** أعلن [ʔaʕlana] bekanntmachen, bekanntgeben, verkünden; öffentlich bekunden; ausrufen, proklamieren (عن/ هـ *A*); anzeigen, annoncieren (عن/ هـ *A*); künden (عن von *D*); *Hdl.* werben (عن für *A*); ~ الحرب على j-m den Krieg erklären

²**علن** [ʕalan] Öffentlichkeit *f*; Offenheit *f*; ~ًا [-an] *Adv.* offen, öffentlich

'niːja] *Techn.* Buchse *f*; ~ التروس Getriebekasten *m*; ~ الليل [ʕu. al-lail] Nachtlokal *n*

علت [ʕilt] *Jord.* Chicorée *m od. f*

(**علج**) **III** عالج [ʕaːladʒa] *e-n Kranken, ein Thema* behandeln; bearbeiten; sich befassen (هـ mit *D*); *literarische Gattung* pflegen; *Ursachen, Krise, Mangel* beheben; **VI** تعالج [ta'ʕaːladʒa] behandelt werden, sich behandeln lassen; **VIII** اعتلج [iʕ'taladʒa] *Gefühle*: miteinander ringen; wogen, in Erregung sein

¹**علف** [ʕalafa, i] *Vieh* füttern

²**علف** [ʕalaf], *pl.* أعلاف [ʔaʕ'laːf] Futter *n*, Futtermittel *n*; ~ أخضر Grünfutter *n*

¹**علق** [ʕaliqa, a] hängen, hängenbleiben, haften (ب an *D*); lieben; schwanger werden; **II** [ʕallaqa] hängen, aufhängen, festmachen; *Bedingungen, Hoffnungen* knüpfen (على an *A*); in der Schwebe lassen; (einstweilen) aufheben, *Mitgliedschaft* suspendieren; kommentieren (على *A*); ~ أهمية كبيرة على [ʔaha'mmiːjatan] *e-r Sache* große Bedeutung beimessen; ~ آمالا كبيرة على [ʔaː'maːlan] große Hoffnungen auf *etwas* setzen; **V** تعلق [ta'ʕallaqa] *a. fig.* hängen (ب an *D*); zusammenhängen (ب mit *D*); abhängen, abhängig sein (ب von *D*); hängen (ب an *D*), in Freundschaft *od.* Liebe verbunden sein (ب *j-m*); يتعلق الأمر ب es handelt sich um, es geht um

²**علق** [ʕalaq] *koll., n. un.* ~ة Egel *m* (*pl.*), *bsd.* Blutegel *m* (*pl.*); Blutklumpen *m*, geronnene(s) Blut

علقم [ʕalqam] **1.** *koll., n. un.* ~ة *Bot.* Koloquinte(*n pl.*) *f*; **2.** *fig.* Bitternis *f*, Elend *n*

¹**علقة** [ʕalaqa] (Blut-)Egel *m*; Blutklumpen *m*

²**علقة** [ʕalqa] Tracht *f* Prügel

¹**علك** [ʕalaka, u, i] kauen

²**علك** [ʕilk] Kaugummi *m*; *Jord.* Chicorée *m od. f*

علكة [ʕilka] Kaugummi *m*

¹**علم** [ʕalima, a] wissen; Kenntnis haben (هـ/ب von *D*); erfahren (هـ/ب *A*); *Pass.* [ʕulima] es wurde bekannt, es verlautete; **II** [ʕallama] lehren (هـ ه *j-n A*), unterrichten (ه هـ *j-n* in *D*); markieren; **IV** أعلم [ʔaʕlama] wissen lassen (ه هـ/ب *j-n A*), in Kenntnis setzen (ه هـ/ب *j-n* von *D*), informieren (ه هـ/ب *j-n* über *A*), mitteilen (ه هـ/ب *j-m A*); **V** تعلم [ta'ʕallama] (er)lernen; **VI** تعالم [ta'ʕaːlama] Wissen vortäuschen; **X** استعلم [is'taʕlama] sich erkundigen (ه عن bei *j-m* nach *D*)

²**علم** [ʕalam], *pl.* أعلام [ʔaʕ'laːm] Fahne *f*, Flagge *f*; Zeichen *n*, Kennzeichen *n*; Symbol *n* (على für *A*); überragende *od.* prominente Persönlichkeit; (= اسم ~ [ismu ʕalamin]) *Gr.* Eigenname *m*

³**علم** [ʕilm] **1.** Wissen *n*, Kenntnis *f*; ~ًا بأن [-an bi-ʔanna] *u.* مع الـ~ بأن wobei (zu sagen ist, daß); *a.* مع الـ~ بأن obwohl; ~ عن wissentlich; ~ هو على ب er hat *davon* Kenntnis, er weiß *darüber* Bescheid; **2.** *pl.* علوم [ʕu'luːm] Wissenschaft *f*; العلوم die Naturwissenschaften *f/pl.*; ~ الآثار Archäologie *f*; ~ الاجتماع Soziologie *f*; ~ الإجرام Kriminologie *f*; ~ الأحافير *u.* الإحاثة Paläontologie *f*; ~ الأحياء Biologie *f*; ~ الأخلاق Ethik *f*; ~ الأساطير Mythologie *f*; ~ الإشعاع Radiologie *f*; ~ الأصوات Phonologie *f*; ~ الإنسان Anthropologie *f*; ~ البكتيريا Bakteriologie *f*; ~ البيئة [ʕi. al-biːʔa] Ökologie *f*; ~ التربة [ʕi. at-turba] Bodenkunde *f*; ~ التربية [ʕi. at-tarbija] Pädagogik *f*; ~ الجراثيم Bakteriologie *f*; ~ الجمال Ästhetik *f*; ~ الحساب [ʕi. al-ħi'saːb] Arithmetik *f*; ~ الحشرات [ʕi. al-ħaʃa'raːt] Insektenkunde *f*, Entomologie *f*; ~ الحفريات Archäologie *f*; (= ~ الحفريات القديمة) Paläontologie *f*; ~ الحيوان [ʕi. al-ħaja'waːn] Zoologie *f*; ~ الدلالة Semantik *f*; ~ الزلازل [ʕi. az-za'laːzil] Seismologie *f*; ~ السياسة [ʕi. as-si'jaːsa] Politologie *f*; ~ الشعوب Ethnologie *f*; ~ الصحة [ʕi. ɒs-siħħa] Hygiene *f* (= *Gesundheitslehre*); ~ الصرف *Gr.* Morpho-

علني [ʕalaniː] öffentlich, in der Öffentlichkeit

علنية [ʕala'niːja] Öffentlichkeit *f*, öffentliche(r) Charakter *e-r Sache*

[1]علة [ʕalla], *pl.* [-aːt] Nebenfrau *f*; بنو العلات Stiefgeschwister *pl.*

[2]علة [ʕilla], *pl.* علل [ʕilal] *u.* [-aːt] **1.** Defekt *m*, Mangel *m*, Fehler *m*; Schwäche *f*; Krankheit *f*; حروف الـ~ *Gr.* die »schwachen« Buchstaben (ا, و, ي); **2.** Ursache *f*; Vorwand *m*, Ausrede *f*

[1](علو) علا [ʕalaː, uː] hoch sein; sich erheben, hochsteigen, aufsteigen; hinaufsteigen (هـ auf *A*), besteigen; angebracht sein (هـ auf, über *D*), darüber sein; höher sein (عن als), überragen, übersteigen (هـ/عن *A*); zu hoch sein (عن für *A*); laut sein; lauter sein (على als); überkommen, *j-s Gesicht* überziehen; **II** علّى [ʕallaː] erhöhen, höher machen; *Stimme* erheben, lauter sprechen; lauter stellen; علاه إلى الاحتياطيات [al-iħtijaːti'jaːt] *e-n Betrag* in die Rücklage einstellen; **IV** أعلى [ʔaʕlaː] erhöhen, erheben; *Psych.* sublimieren; ~ شأنه *j-s* Ansehen steigern; **V** تعلى [ta'ʕallaː] hoch *od.* höher werden; **VI** تعالى [ta'ʕaːlaː] *bsd. Gott*: erhaben sein; sich erhaben dünken (عن über *A*); *Geräusch*: sich erheben; *Rauch*: aufsteigen; تعال [ta'ʕaːla] *Imp.* komm!; ~ الله Gott der Erhabene; ~ قوله [qauluhuː] das Wort Gottes; **VIII** اعتلى [iʕ'talaː] (hinauf)klettern (هـ auf *A*), *a. Thron* besteigen; **X** استعلى [is'taʕlaː] sich erheben (على über *A*)

[2]علو [ʕu'luːw] Höhe *f*; Größe *f*, Erhabenheit *f*

علوان [ʕul'waːn] = عنوان

علوش [ʕa'lluːʃ], *pl.* علالش [ʕa'laːliʃ] (2) *Maghr.* (männliches) Lamm

علوفة [ʕa'luːfa], *pl.* علائف [ʕa'laːʔif] (2) im Stall gefütterte(s) Tier

علوق [ʕa'luːq] anhänglich, treu

[1]علوي [ʕalawiː] alawitisch; *hist.* alidisch; *Mar.* auf die Dynastie der Alawiden bezüglich; *pl.* [-uːn] Alawit *m* (*Angehöriger e-r schiitischen Sekte*); Alide *m*

[2]علوي [ʕulwiː] obere(r), Ober-; himmlisch

[1]على [ʕalaː] *Präp.* auf, an; bei; im Zustand von, in; in (einer Weise), auf (eine Art); gemäß; gegen; zuungunsten von (*Gegens.* ل); trotz; *Math.* durch; ~ أن [ʔan] wobei, unter der Voraussetzung, daß; ~ ~ أن [ʔanna] allerdings, jedoch, indessen; (in der Eigenschaft) als; عليه أن [ʕa'laihiː ʔan] er muß, er hat zu; ما عليك إلا/سوى أن du brauchst nur…; وعليه فـ demgemäß, also, so; عليه لي er schuldet mir; لا عليك sei unbesorgt!; ما علينا was liegt (uns) daran, was kümmert es uns; ما هو عليه der Zustand, in dem er *od.* es ist; عما هو/كان عليه (*Steigerung, Verringerung*) gegenüber, im Vergleich zu; ~ ما يبدو wie es scheint; ~ ما يقال [ju'qaːl] wie man sagt, wie es heißt; ~ ذلك dementsprechend, demzufolge; ~ ضوء + *G*: im Lichte *G*; ~ يده [jadihiː] durch ihn (*wörtlich*: seine Hand); كان ~ علم ب [ʕilmin] er hatte Kenntnis von *etwas*

[2]على [ʕulan] Größe *f*, Erhabenheit *f*; → أعلى

[3]علي [ʕa'liːj] hoch, erhaben; *Beiname Gottes*; Ali *npr. m*; الدولة العلية *Bezeichnung des Osmanischen Reichs*

عليا → أعلى

علياء [ʕal'jaːʔ] (2) Höhe *f*; *fig.* Gipfel *m*; *a. npr. f*

[1]عليق [ʕa'liːq], *pl.* علائق [ʕa'laːʔiq] (2) (Vieh-)Futter *n*

[2]عليق [ʕu'llaiq] *koll.*, *n. un.* ~ة Brombeerstrauch *m*; Dornbusch *m*

عليل [ʕa'liːl] **1.** angenehm, lind, sanft; **2.** *pl.* أعلاء [ʔaʕi'llaːʔ] (2) krank

عليم [ʕa'liːm] wissend (ب um *A*); الـ~ *Beiname Gottes*: der Allwissende

عليه [ʕa'laihi] auf ihm, darauf; → [1]على

[1]علية [ʕu'lliːja, ʕi'lliːja] **1.** *pl.* علالي [ʕalaː'liːj] (2) Dachzimmer *n*, Mansarde *f*; **2.**: ~ الناس Oberschicht *f*

[2]علية [ʕilja]: ~ الناس Oberschicht *f*

[1]عم [ʕamma, u] allgemein (verbreitet) sein; sich (allgemein) verbreiten; umfassen, erfassen; **II** عمم [ʕammama] **1.** allgemein verbreiten *od.* einführen (على in *D*), popularisieren; allgemein bekanntmachen (على bei *D*); verallgemeinern; **2.** mit e-m Turban bekleiden; **V** تعمم [ta'ʕammama] e-n Turban aufsetzen *od.* tragen

[2]عم [ʕamm], *pl.* أعمام [ʔaʕ'maːm] *u.* عمومة [ʕu'muːma] Onkel *m väterlicherseits*

[3]عم [ʕamma] (= عن ما) worüber, wovon

[4]عم *Abk. für die Segensformel* عليه السلام, → سلام

عما [ʕammaː] (= عن ما): ~ قليل [qa'liːl(in)], ~ قريب [qa'riːb(in)] binnen kurzem, bald; ~ هو عليه (*Steigerung, Verringerung*) gegenüber, im Vergleich zu; ~ سأله إذا er fragte ihn, ob

عماد [ʕi'maːd] **1.** *pl.* عمد [ʕumud, ʕamad] *a. fig.* Stütze *f*, Pfeiler *m*; **2.** *Syr.* Generaloberst *m*; *Lib.* Generalmajor *m*; **3.** Taufe *f*

عمادة [ʕi'maːda] Dekanat *n*; Taufe *f*

عمارة [ʕi'maːra], *pl.* [-aːt] *u. bsd. Saudi-Ar.* عمائر [ʕa'maːʔir] (2) Gebäude *n*; ~ عالية [ʕaːlija] Hochhaus *n*; فن الـ~ Baukunst *f*, Architektur *f*

عماص [ʕu'mɒːs] *Äg.* Absonderung *f* des Auges

عمال → عامل

عمالة [ʕa'maːla] **1.** Arbeiterschaft *f*, Arbeitnehmerschaft *f*, Arbeitskräfte *f/pl.*, Beschäftigte *m/pl.*; **2.** *Mar.* Präfektur *f*; **3.** Agententum *n*, Handlangertum *n*

عمالي [ʕu'mmaːliː] Arbeiter-

عمامة [ʕi'maːma], *pl.* عمائم [ʕa'maːʔim] (2) Turban *m*

[1]عمان [ʕa'mmaːn] (2) Amman (*Hauptstadt Jordaniens*)

[2]عمان [ʕu'maːn] (2) Oman (*Sultanat im Südosten der arab. Halbinsel*)

عماني [ʕu'maːniː] omanisch; *pl.* [-uːn] Omaner *m*

[1]**عمد** [ʕamada, i] darangehen, sich daranmachen (إلى *etwas zu tun*); schreiten, greifen (إلى zu *D*); sich wenden (إلى zu, nach *D*); bedacht sein (إلى auf *A*); taufen; **II** [ʕammada] taufen; **V** تعمد [taʼʕammada] es abgesehen haben (ـه auf *A*), sich *etwas* vornehmen; absichtlich *od.* vorsätzlich tun; getauft werden; **VIII** اعتمد [iʕ'tamada] sich stützen (على auf *A*); sich verlassen, vertrauen, bauen (على auf *A*); abhängen, abhängig sein (على von *D*); angewiesen sein (على auf *A*); genehmigen, billigen; bestätigen, beglaubigen; *Diplomaten* akkreditieren; *Gelder* bereitstellen, *Kredite* bewilligen; *Methode* anwenden

[2]**عمد** [ʕamd] Absicht *f*; *Jur.* Vorsatz *m*; ~ًا [-an] *Adv.* absichtlich, bewußt; *Jur.* vorsätzlich; عن غير ~ unabsichtlich, unbewußt; القتل الـ~ *Jur.* Mord *m*; القتل بدون ~, القتل من غير ~ *Jur.* fahrlässige Tötung

عمدة [ʕumda], *pl.* عمد [ʕumad] **1.** Stütze *f*; **2.** Bürgermeister *m*

عمدي [ʕamdiː] absichtlich, vorsätzlich

[1]**عمر** [ʕamara, u] *Land*: in Blüte stehen; bewohnt *od.* bevölkert sein; mit Leben erfüllen; bewohnen, bevölkern; **II** [ʕammara] (wieder)aufbauen; bevölkern; reparieren; füllen, *Gewehr* laden, *Pfeife* stopfen; *Tun. Formular* ausfüllen; *Gott*: ein langes Leben schenken (ه *j-m*); [ʕammara] *u. Pass.* [ʕummira] (lange) leben; **IV** أعمر [ʔaʕmara] aufbauen, zur Blüte bringen; **VIII** اعتمر [iʕ'tamara] die → عمرة [ʕumra] durchführen; *Hut, Helm* aufsetzen; **X** استعمر [is'taʕmara] kolonisieren, zur Kolonie machen

[2]**عمر** [ʕumr], *pl.* أعمار [ʔaʕ'maːr] Leben *n*; (Lebens-)Alter *n*; Altersstufe *f*; Lebensdauer *f e-r Maschine*; Dauer *f*, Bestehen *n*; لـ~ الله [la-'ʕamru 'łaːhi] *Schwurformel*: beim ewigen Gott!; لعمري [la-ʕamriː] bei meinem Leben!; ذات العمرين [ðaːt al-ʕum'rain] Amphibie *f*

[3]**عمر** [ʕumar] (2) Omar *npr. m*

عمران [ʕum'raːn] Bau *m*, Bauwesen *n*; Aufbau(tätigkeit *f*) *m*; Besiedlung *f*, Bevölkertsein *n e-s Landes*, Zivilisation *f*, Kultur *f*

عمراني [ʕum'raːniː] Bau-, (städte-) baulich

[1]**عمرة** [ʕamra], *pl.* [-aːt] *Äg.* Reparatur *f*; *Äg.* Überholung *f*; Kopfbedeckung *f*

[2]**عمرة** [ʕumra] »kleine« Wallfahrt nach Mekka (*die nicht an e-e bestimmte Zeit gebunden ist*); Besuch *m* der heiligen Stätten

عمرو [ʕamr] Amr *npr. m*

عمشاء → أعمش

عمص **II** [ʕammasɒ] *Äg. Auge*: verklebt sein

[1]**عمق** [ʕamuqa, u] tief sein; **II** [ʕammaqa] vertiefen; **V** تعمق [taʼʕammaqa] tief eindringen, sich vertiefen (في in *A*)

[2]**عمق** [ʕumq], *pl.* أعماق [ʔaʕ'maːq] Tiefe *f*; *Mil.* Hinterland *n*; → رائد

[1]**عمل** [ʕamila, a] tun, machen; arbeiten (على an *D*); funktionieren; handeln; hinwirken, hinarbeiten (على auf *A*), betreiben (على *A*); wirken, sich einsetzen (من أجل/على für *A*); *Mil.* operieren; *Gr.* Rektion ausüben (في auf *A*); *Pass.* يعمل ب [juʕmalu] in Kraft sein; in Kraft treten; **III** عامل [ʕaːmala] behandeln; umgehen, verfahren (ه mit *D*); ~ـه بالمثل [bi-l-miθl] mit j-m genauso verfahren, Gleiches mit Gleichem vergelten; **IV** أعمل [ʔaʕmala] betätigen; arbeiten, wirken lassen; **VI** تعامل [taʼʕaːmala] umgehen, verkehren (مع mit *D*); in Geschäftsbeziehung stehen (مع mit *D*); **VIII** اعتمل [iʕ'tamala] wirken; **X** استعمل [is'taʕmala] verwenden, anwenden, gebrauchen, benutzen

[2]**عمل** [ʕamal] Arbeiten *n*, Tun *n*, Handeln *n*; Funktionieren *n*, Funktion *f*; Machen *n*; Herstellung *f*, Anfertigung *f*; Hinarbeiten *n* (على auf *A*), Bemühung *f* (على um *A*); *Gr.* Rektion *f*; *pl.* أعمال [ʔaʕ'maːl] Arbeit *f*, (Berufs-)Tätigkeit *f*; Tat *f*, Handlung *f*, Aktion *f*, Akt *m*; Werk *n*; Geschäft *n*; Aktivität *f*; *pl.* geschäftliche Tätigkeit; الـ~ ب Gültigkeit *f e-s Gesetzes*, Anwendung *f e-r Sache*; ~ًا ب [-an] in Durchführung, in Anwendung *e-r Sache*; رب الـ~ [rabb al-ʕa.], صاحب الـ~ Arbeitgeber *m*; رجل أعمال [radʒul ʔa.] Geschäftsmann *m*; ما الـ~ was ist zu tun?

عملاق [ʕim'laːq] riesig, gigantisch; Super-; Supermacht *f*; *pl.* عمالقة [ʕa'maːliqa] Riese *m*, Gigant *m*

عملقة [ʕamlaqa] *Med.* Gigantismus *m*

[1]**عملة** [ʕamla] böse Tat

[2]**عملة** [ʕamala] → عامل

[3]**عملة** [ʕumla], *pl.* [-aːt] Währung *f*; Münze *f*; ~ أجنبية [ʔadʒna'biːja] fremde Währung, Devisen *pl.*; ~ تذكارية [taðkaː'riːja] Gedenkmünze *f*; ~ حرة [ħurra] unbeschränkt konvertierbare Währung; ~ رئيسية Leitwährung *f*; ~ صعبة harte Währung, Devisen *pl.*; سوق الـ~/العملات [suːq al-ʕu.] Devisenmarkt *m*

عملي [ʕamaliː] praktisch; praktikabel; pragmatisch; *Weg*: gangbar; *Studie*: empirisch; الحياة العملية Berufsleben *n*, Arbeitsleben *n*; سياسة ~ـة [si'jaːsa] Realpolitik *f*

عملياتي [ʕamaliː'jaːtiː] operativ, Operations-

عملية [ʕama'liːja], *pl.* [-aːt] Aktion *f*, Akt *m*, Handlung *f*, *a. Med., Mil.* Operation *f*; Prozeß *m*, Vorgang *m*; Verfahren *n*; Arbeitsgang *m*, Arbeit *f*; Manöver *n e-s Raumfahrzeugs*; ~ مالية finanzielle Transaktion

عمن [ʕamman] = عن من

عمننة [ʕamnana] Omanisierung *f*

عمه [ʕamiha, a] verwirrt, ratlos sein

عمة [ʕamma], *pl.* [-aːt] Tante *f väterlicherseits*

عمود [ʕa'muːd], *pl.* أعمدة [ʔaʕmida] *u.* عمد [ʕumud] Säule *f*, Pfeiler *m*; Pfahl *m*; Mast *m*; Schaft *m*, Stiel *m*; Spalte *f*, Kolumne *f*; ~ فقري Wirbelsäule *f*, Rückgrat *n*; ~

القيادة [ʕa. al-qi'jaːda] Lenksäule *f des Autos*

عمودي [ʕa'muːdiː] senkrecht, vertikal

عمولة [ʕu'muːla], *pl.* [-aːt] Provision *f*, Vermittlungsgebühr *f*; (= الوكالة بالـ~) *Hdl.* Kommission *f*, Kommissionsgeschäft *n*

عموم [ʕu'muːm] Allgemeinheit *f*, Öffentlichkeit *f*; Gesamtheit *f*; ~ا [-an], على الـ~ *u.* على وجه الـ~ im allgemeinen; في ~ البلاد [-i l-bi'laːd] im ganzen Land; ~ إدارة الجمارك [-i l-ga'maːrik] *Äg.* Zollhauptverwaltung *f*

عمومة [ʕu'muːma] *Verwandtschaftsverhältnis des Onkels zum Neffen*; → [2]عم

عمومي [ʕu'muːmiː] öffentlich; Staats-; General-; عموميات [-jaːt] *pl.* allgemeine Dinge *n/pl.*, Universalien *pl.*

عمومية [ʕumuː'miːja] allgemeine(r), allumfassende(r) Charakter *e-r Sache*, Universalität *f*

عمونيون [ʕammuːniː'juːn]: الـ~ *hist.* die Ammoniter *m/pl.*

[1]**عمي** [ʕamija, aː] blind sein (عن für *A*); erblinden; **II** عمى [ʕammaː] *u.* **IV** أعمى [ʔaʕmaː] blind machen (*a. fig.*: عن für *A*), blenden; **V** تعمى [taʕammaː] erblinden; **VI** تعامى [ta'ʕaːmaː] blind sein (عن für *A*); sich blind stellen (عن gegenüber *D*)

[2]**عمى** [ʕaman] Blindheit *f*; ~ الألوان [ʕamaː l-ʔal'waːn] Farbenblindheit *f*

[3]**عمي** [ʕumj] → أعمى

عمياء *u.* **عميان** → أعمى

عميد [ʕa'miːd], *pl.* عمداء [ʕuma'daːʔ] (2) Oberhaupt *n*; Dekan *m e-r Fakultät*; *Dipl.* Doyen *m*; führende Persönlichkeit *auf e-m kulturellen Gebiet*, Nestor *m*; *Äg.*, *Ir.*, *Syr.* Brigadegeneral *m*; *Lib.* Oberst *m*

عميق [ʕa'miːq] *a. fig.* tief; tiefgreifend, nachhaltig; *Ursache*: tiefer, tieferliegend; *Untersuchung*: tiefschürfend, eingehend; *Dank*: tiefempfunden; *Überzeugung*: fest; *Kenntnis*: gründlich, intim

عميل [ʕa'miːl], *pl.* عملاء [ʕuma'laːʔ] (2) Kunde *m*, Klient *m*; Geschäftspartner *m*, *Land*: Handelspartner *m*; Agent *m*; Handlanger *m*, Lakai *m*; Agenten-; Lakaien-; kollaborierend (مع mit *D*); ~ سري [sirriː] Geheimagent *m*; ~ نظام [ni'ðɒːm] Marionettenregime *n*

عميلة [ʕa'miːla], *pl.* [-aːt] Kundin *f*; Geschäftspartnerin *f*; Agentin *f*; Handlangerin *f*

عميم [ʕa'miːm] allgemein, allumfassend

[1]**عن** [ʕan] *Präp.* von, von weg; aus (*e-m Gefühl*) … heraus; über *ein Thema*; nach (Aussage von); (stellvertretend) für, in Vertretung *od.* im Auftrag von; ~ آخرهم [ʔaː'xirihim] bis zum letzten Mann; ~ حق mit Recht; ~ خوف aus Furcht; ~ دراية [di'raːja] in Kenntnis (der Dinge), bewußt; ~ طريق über, via; vermittels, durch; ~ قريب bald; ~ يمينه rechts von ihm; إليك عني [ʔi'laika ʕanniː] weg von mir!; مات ~ ثمانين عاما [maːta] er starb im Alter von 80 Jahren

[2]**عن** [ʕanna, i] einfallen (ل *j-m*), *Gedanke*: kommen (ل *j-m*)

عناء [ʕa'naːʔ] Mühe *f*, Plage *f*

عناب [ʕu'nnaːb] *koll.*, *n. un.* ~ة *Bot.* Jujube *f*

عنابة [ʕa'nnaːba] Annaba, Bône (*Hafenstadt in Ostalgerien*)

عناد [ʕi'naːd] Widerstand *m*, Widerspenstigkeit *f*; Starrsinn *m*, Eigensinn *m*, Hartnäckigkeit *f*, Trotz *m*

[1]**عناق** [ʕa'naːq], *pl.* عنوق [ʕu'nuːq] *u.* أعنق [ʔaʕnuq] weibliche(s) Zicklein; ~ الأرض Wüstenluchs *m*

[2]**عناق** [ʕi'naːq] Umarmung *f*

[1]**عنان** [ʕa'naːn] *koll.* Wolken *f/pl.*

[2]**عنان** [ʕi'naːn], *pl.* أعنة [ʔa'ʕinna] Zügel *m*, Zaum *m*; أطلق له الـ~ [ʔɒtlaqa] e-r Sache freien Lauf lassen

عناية [ʕi'naːja] Sorgfalt *f*, Aufmerksamkeit *f*; Interesse *n* (ب für *A*); Fürsorge *f* (ب für *A*), Betreuung *f*, Pflege *f* (ب *G*); بـ~ sorgfältig (*Adv.*); ~ وحدة المكثفة [-ti l-mu'kaθθafa] Intensivstation *f*

عنب [ʕinab] *koll.*, *n. un.* ~ة, *pl.* أعناب [ʔaʕ'naːb] Weintrauben *f/pl.*, Weinbeeren *f/pl.*; ~ الثعلب Einbeere *f*; ~ الذئب Schwarze(r) Nachtschatten

عنبر [ʕambar] **1.** Ambra *f*; **2.** *pl.* عنابر [ʕa'naːbir] (2) (Werk-)Halle *f*; (*Straßenbahn-*)Depot *n*; Hangar *m*; Speicher *m*, Schuppen *m*; (*Schiffs-*)Laderaum *m*; Baracke *f*, Unterkunft *f*; Krankensaal *m*; ~ الولادة [ʕa. al-wi'laːda] Kreißsaal *m*; **3.** Pottwal *m*

[1]**عنت** [ʕanita, a] in Bedrängnis geraten *od.* sein; **IV** أعنت [ʔaʕnata] drangsalieren, schikanieren; **V** تعنت [ta'ʕannata] zusetzen (ه *j-m*); verbohrt sein

[2]**عنت** [ʕanat] Qual *f*, Drangsal *f*, Schikane *f*

عنتر [ʕantar] *u.* عنترة [ʕantara] Antar, Antara (*Held e-s Ritterromans*); سيرة عنترة [siːrat ʕa.] der Antara-Roman

عنتري [ʕantariː] *Äg.* Mieder *n*, Leibchen *n*

عنجهية [ʕundʒu'hiːja] Hochmut *m*, Arroganz *f*

[1]**عند** [ʕanada, i] widerspenstig, hartnäckig, trotzig sein; **III** عاند [ʕaːnada] sich widersetzen, Widerstand leisten (ه *j-m*)

[2]**عند** [ʕinda] *Präp.* bei; ~ي bei mir; ich habe; ~ك [ʕindak] *umg.* halt!; ~ه أن [ʔanna] er ist der Meinung, daß; ~ها *u.* ~ ذلك da, in diesem Augenblick; من ~ه [min ʕindihiː] von ihm weg, aus seinem Haus; ما ~ك was meinst du?

عندليب [ʕanda'liːb], *pl.* عنادل [ʕa'naːdil] (2) Nachtigall *f*

عندم [ʕandam] Brasilholz *n*; *daraus gewonnener roter Farbstoff*

عندما [ʕindamaː] als, sobald; wenn (*temporal*)

عنديات [ʕindiː'jaːt]: من ~ه von ihm (selbst) erfunden

عندئذ [ʕin'daʔiðin] dann, darauf(hin); damals

عنز [ʕanz] *koll.*, *n. un.* ~ة, *pl.* أعنز [ʔaʕnuz] *u.* عنوز [ʕu'nuːz] Ziege(n *pl.*) *f*

عنس [ʕanasa, u, i] unverheiratet in die Jahre kommen

عنصر [ʕuns̶ur], *pl.* عناصر [ʕa'naːs̶ɨr] (2) Element *n*; Faktor *m*; Moment *n*; (Arbeits-)Kraft *f*; Rasse *f*; *pl.* Kräfte *f/pl.* (*Personen*); عناصر شابة [ʃaːbba] junge Leute *pl.*, Jugendliche *m/pl.*; عناصر مساعدة [mu'saːʕida] Hilfskräfte *f/pl.*, Hilfspersonal *n*

عنصرة [ʕans̶ɒra] *u.* عيد الـ~ [ʕiːd al-ʕa.] Pfingsten *n*

عنصري [ʕuns̶uriː] rassisch, Rassen-; rassistisch

عنصرية [ʕuns̶u'riːja] Rassismus *m*

عنصل [ʕuns̶ul], *pl.* عناصل [ʕa'naːs̶ɨl] (2) Meerzwiebel *f*

عنعنات [ʕanʕa'naːt] *pl. Isl.* Traditionen *f/pl.*, Überlieferungen *f/pl.*

[1]**عنف** **II** [ʕannafa] hart behandeln; schelten, zurechtweisen

[2]**عنف** [ʕunf] Gewalt *f*; Strenge *f*, Härte *f*, Heftigkeit *f*; بـ~ heftig, stark (*Adv.*); أعمال الـ~ Gewaltakte *m/pl.*

عنفصة [ʕanfas̶ɒ] Arroganz *f*, Unverschämtheit *f*

عنفة [ʕanafa], *pl.* [-aːt] Turbine *f*

عنفوان [ʕunfu'waːn] Blüte *f der Jugend*, Vollkraft *f*

[1]**(عنق)** **III** عانق [ʕaːnaqa] umarmen; **VI** تعانق [ta'ʕaːnaqa] sich umarmen; **VIII** اعتنق [iʕ'tanaqa] umarmen; übernehmen, sich zu eigen machen, *Religion* annehmen

[2]**عنق** [ʕunuq], *pl.* أعناق [ʔaʕ'naːq] Hals *m* (*a. e-r Flasche*); ~ الرحم [ʕu. ar-raħim] Gebärmutterhals *m*

عنقاء [ʕan'qaːʔ] Greif *m*, Phönix *m*

عنقود [ʕun'quːd], *pl.* عناقيد [ʕanaː'qiːd] (2) Traube *f*; Weintraube *f*

عنقودي [ʕun'quːdiː] traubenförmig; ميكروبات ~ة Staphylokokken *m/pl.*

عنكبوت [ʕanka'buːt] *a. f*, *pl.* عناكب [ʕa'naːkib] (2) Spinne *f*; بيت الـ~ [bait al-ʕa.], نسيج الـ~ Spinnennetz *n*, Spinngewebe *n*

عنة [ʕunna] Impotenz *f*

(عنو) عنا [ʕanaː, uː] sich unterwerfen (لـ *j-m*), sich demütigen (لـ vor *D*)

عنوان [ʕun'waːn], *pl.* عناوين [ʕanaː'wiːn] (2) Adresse *f*, Anschrift *f*; Titel *m*, Überschrift *f*; Schlagzeile *f*; Zeichen *n*, Symbol *n* (على *u. G*: für *A*); ~ًا على [-an] zum Zeichen von; ~ فرعي Untertitel *m e-s Buches*

عنوسة [ʕu'nuːsa] Ehelosigkeit *f e-r Frau*

عنون [ʕanwana] adressieren; betiteln

عنوة [ʕanwa] Gewalt *f*; ~ [-tan] *Adv.* gewaltsam

عنى [ʕanaː, iː] bedeuten; *j-n*, *etwas* meinen; angehen, betreffen, interessieren; *Pass.* عني [ʕunija] sich befassen (ب mit *D*), sich kümmern (ب um *A*), interessiert sein (ب an *D*); sich sorgen (ب um *A*); — عني [ʕanija, aː] sich abmühen; **II** [ʕannaː] Mühe machen, quälen; **III** عانى [ʕaːnaː] leiden (من an, unter *D*), zu leiden haben (من unter *D*), zu ertragen haben, durchmachen (من *A*), zu kämpfen haben (من mit *D*); **VIII** اعتنى [iʕ'tanaː] sich kümmern, sich sorgen (ب um *A*), sich annehmen (ب *G*); pflegen, betreuen (ب *j-n*)

عنيد [ʕa'niːd], *pl.* [-uːn] *u.* عند [ʕunud] widerspenstig, halsstarrig, eigensinnig, hartnäckig, trotzig

عنيف [ʕa'niːf] heftig, hart, schwer, *Kampf*: erbittert

عهارة [ʕa'haːra] Unzucht *f*; Prostitution *f*; Unzüchtigkeit *f*

[1]**عهد** [ʕahida, a] übertragen (إلى ب *j-m A*), betrauen, beauftragen (إلى ب *j-n* mit *D*); kennen; فيما أعهد [ʔaʕhad(u)] meines Wissens; **III** عاهد [ʕaːhada] versprechen (ه على *j-m A*), sich verpflichten (ه على *j-m* gegenüber zu *D*); geloben (ه على *j-m A*); ~ نفسه ب sich *etwas* (fest) vornehmen; **V** تعهد [ta'ʕahhada] sich verpflichten (ل ب *j-m* gegenüber zu *D*), auf sich nehmen (ب*A*); sorgen (ـه/ه für *A*), betreuen (ـه/ه *A*); pflegen, unterhalten; **VI** تعاهد [ta'ʕaːhada] einander geloben (على *A*), sich verpflichten (على zu *D*)

[2]**عهد** [ʕahd] **1.** Beauftragung *f* (إلى ب *j-s* mit *D*); **2.** Kenntnis *f*; ~ي بك أن [ʔanna] ich kenne dich als; كعهدهم به [ka-ʕahdihim] so wie sie ihn kannten; لا ~ له ب [-a] er weiß nichts davon, er kennt es nicht; ما ذال على ~ه noch genauso sein, immer noch der alte sein; **3.** *pl.* عهود [ʕu'huːd] Versprechen *n*; Gelübde *n*; Vereinbarung *f*; *Chr.* Bund *m*; Zeit *f*, Epoche *f*; في/على ~ + *G*: in der Zeit *od.* Epoche *des/der*; الـ~ الجديد das Neue Testament; الـ~ القديم das Alte Testament; حديث الـ~ neueren *od.* jüngeren Datums, neu, jung; حديث/قريب الـ~ ب noch neu in etwas; قديم الـ~ alt; قديم الـ~ ب lange mit *etwas* vertraut

عهدة [ʕuhda] Verantwortlichkeit *f*, verantwortliche Aufsicht; في ~ه in j-s Obhut, j-m anvertraut; على ~ه er ist *dafür* verantwortlich

عهدئذ [ʕah'daʔiðin] zu jener Zeit

عهر [ʕihr] Unzucht *f*, Prostitution *f*

عهن [ʕihn] (farbige) Wolle

عهيد [ʕa'hiːd] *obs.* Bundesgenosse *m*

عواء [ʕu'waːʔ] Heulen *n*, Jaulen *n*, Geheul *n*

عواتق → عاتق

عواد → عادية *u.* عائد

عوادم → عادم

عوار → عارية

عوارض → عارض *u.* عارضة

عوارف → عارفة

عوازل → عازل *u.* عازلة

عواصف → عاصفة

عواصم → عاصمة

عواطف → عاطفة

عواقب → عاقبة

عوالق [ʕa'waːliq] (2) *pl.* Plankton *n*

عوالم → عالم[1]

[1]**عوام** [ʕa'waːmm] → عامة

[2]**عوام** [ʕa'wwaːm] schwimmend; gute(r) Schwimmer

عوامل → عامل

عوامة [ʕa'wwaːma], *pl.* [-aːt] Boje *f*; Ponton *m*; Schwimmkörper *m*, *Techn.* Schwimmer *m*; *Äg.* Hausboot *n auf dem Nil*; *Äg.* Tretroller *m*

عواميد → عامود

عوان [ʕa'waːn] *Krieg*: erbittert

عوانس → عانس

عواهر → عاهرة

عواهل → عاهل

عواهن [ʕaˈwaːhin]: ألقى الكلام على ـه~ [ʔalqaː] unbekümmert dahinreden

عوائد → عائد

عوائق → عائقة ,عائق

عوائل → عائلة

[1]**(عوج)** عاج [ʕaːʤa, uː] vorbeikommen, einkehren (على bei *D*); — عوج [ʕawiʤa, a] krumm, gebogen sein; **II** [ʕawwaʤa] biegen, krümmen; **V** تعوج [taˈʕawwaʤa] *u.* **IX** اعوج [iʕˈwaʤʤa] sich krümmen, sich biegen; krumm, gebogen sein

[2]**عوج** [ʕuːʤ] → أعوج

[3]**عوج** [ʕiwaʤ] (Ver-)Krümmung *f*, Gekrümmtheit *f*

عوجا [ʕoːʤaː] *Syr.*, *Jord.* grüne Mandeln *f/pl.* (*die mit Salz gegessen werden*)

عوجاء → أعوج

[1]**(عود)** عاد [ʕaːda, uː] zurückkehren, zurückkommen, wiederkehren; zurückgehen, zurückzuführen sein (إلى auf *A*); wieder zufallen (إلى/ ل *j-m*), gehören (ل/إلى *j-m*); *Verdienst*: gebühren, zukommen (ل *j-m*); bringen (ب *Nutzen*); + *A*: zu *etwas* werden; *Kranken* besuchen; aufgeben (عن *A*); *mit Impf. od.* ل/إلى + *Verbalsubstantiv*: wieder *tun*; fortfahren zu; *mit Negation*: nicht mehr *tun*; يقول ~ [jaˈquːl(u)] er fuhr fort (in der Rede); أعود وأقول/فأقول ich wiederhole…; aber wie gesagt…; لا يعود يتكلم [jataˈkallam(u)] er spricht nicht mehr; لم يعد يشعر [lam jaʕud jaʃʕur(u)] er spürt *od.* spürte nicht mehr; إلى ارتكاب الجريمة ~ *Jur.* rückfällig werden; إلى رشده ~ [ruʃdihiː] wieder zur Vernunft kommen; إلى طبيعته ~ sich normalisieren; يعود تاريخه إلى zurückreichen bis; بالذاكرة إلى ~ an *etwas* zurückdenken, sich an *etwas* zurückerinnern; **II** [ʕawwada] gewöhnen (على an *A*); **III** عاود [ʕaːwada] wiederaufnehmen; sich wieder einstellen (ه/ـه bei *D*); الارتفاع ~ [l-irtiˈfaːʕa] wieder (an)steigen; **IV** أعاد [ʔaˈʕaːda] zurückgeben, zurückbringen, zurückschaffen, zurücksenden, zurückleiten, *Gesetzesvorlage* zurückverweisen; wiederherstellen; wiedereinsetzen; wieder *od.* von neuem tun; wiederholen; ه~ إلى الأذهان etwas ins Gedächtnis zurückrufen; بناءه ~ [biˈnaːʔahuː] wieder *od.* neu aufbauen; تربيته ~ [tarbiˈjatahuː] j-n umerziehen; ~ تصديره reexportieren; ~ الحساب [aɫ-ħiˈsaːb] neu berechnen; ~ الحياة إلى wiederbeleben; ~ النظر في [an-naðɒra] *etwas* überprüfen, revidieren; **V** تعود [taˈʕawwada] sich gewöhnen (على/ـه an *A*); **VIII** اعتاد [iʕˈtaːda] gewohnt sein (على/ـه *A*, أن zu), für gewöhnlich tun; **X** استعاد [istaˈʕaːda] zurückgewinnen, wiedererlangen, wiedergewinnen; sich in Erinnerung rufen

[2]**عود** [ʕaud] Rückkehr *f*, Wiederkehr *f*; *Jur.* Rückfälligkeit *f*; عند الـ~ im Wiederholungsfall; ~ا وبدءا [-an wa-badʔan] wieder von vorn

[3]**عود** [ʕuːd] **1.** *pl.* عيدان [ʕiːˈdaːn] *u.* أعواد [ʔaʕˈwaːd] Stengel *m*, Halm *m*, Rohr *n*; Hölzchen *n*; (= ~ هندي [hindiː]) Aloeholz *n*; ~ أسنان Zahnstocher *m*; ~ الثقاب [ʕu. aθ-θiˈqaːb] *u.* ~ الكبريت [ʕu. al-kibˈriːt] Zündholz *n*; **2.** *pl.* أعواد [ʔaʕˈwaːd] Laute *f* (*Saiteninstrument*); **3.** Körperbau *m*; صلب الـ~ [sulb al-ʕu.] unbeugsam; عجم ه~ j-n prüfen, testen

عودة [ʕauda] Rückkehr *f*; Aufgabe *f* (عن *G*)

[1]**(عوذ)** عاذ [ʕaːða, uː] Schutz *od.* Zuflucht suchen (ب bei *D*); أعوذ بالله من [bi-ˈllaːhi] Gott bewahre mich vor …!; **II** [ʕawwaða] durch ein Amulett *od.* e-n Zauberspruch schützen (من vor *D*); **IV** أعاذ [ʔaˈʕaːða]: ه~ بالله j-n unter Gottes Schutz stellen; **V** تعوذ [taˈʕawwaða] *u.* **X** استعاذ [istaˈʕaːða] Schutz *od.* Zuflucht suchen (ب bei *D*)

[2]**عوذ** [ʕauð] Zufluchtnahme *f*

عوذة [ʕuːða], *pl.* عوذ [ʕuwað] Amulett *n*, Talisman *m*

[1]**عور** [ʕawira, a] einäugig sein *od.* werden; **II** [ʕawwara] e-s Auges berauben; beschädigen; *Maße*, *Gewichte* eichen; **IV** أعار [ʔaˈʕaːra] leihen (ـه ه *j-m A*); ausleihen, verleihen; اهتماما ه~ [ihtiˈmaːman] e-r Sache Aufmerksamkeit widmen; **VI** تعاور [taˈʕaːwara] *bsd. Krankheiten*: abwechselnd *od.* der Reihe nach befallen; **VIII** اعتور [iʕˈtawara] überkommen, befallen; **X** استعار [istaˈʕaːra] borgen, entleihen, ausleihen

[2]**عور** [ʕuːr] → أعور

عوراء → أعور

عورة [ʕaura], *pl.* [-aːt] Scham *f*, Schamteile *m/pl.*; Blöße *f*, Schwäche *f*

[1]**(عوز)** عاز [ʕaːza, uː] *umg.* brauchen; **IV** أعوز [ʔaʕwaza] fehlen, abgehen (ه *j-m*); verarmen; ه~ الشيء *a.* er bedurfte der Sache, er brauchte es

[2]**عوز** [ʕawaz] Armut *f*, Bedürftigkeit *f*

[3]**عوز** [ʕawiz] arm, bedürftig

عوسج [ʕausaʤ] Brombeerstrauch *m*

عوص [ʕawisɒ, a] schwierig sein

[1]**عوض** **II** [ʕawwaɖɒ] ersetzen (ه عن *j-m A*), entschädigen, abfinden (ه عن *j-n* für *A*); ausgleichen, kompensieren (عن *A*); aufkommen (عن für *e-n Schaden*); *Pass.* لا يعوض [juˈʕawwɒɖ(u)] unersetzlich; **V** تعوض [taˈʕawwaɖɒ] ersetzt werden; ausgeglichen werden; **VIII** اعتاض [iʕˈtaːɖɒ] als Ersatz nehmen *od.* erhalten; **X** استعاض [istaˈʕaːɖɒ] ersetzen (ب عن *j-n od. etwas* durch *A*)

[2]**عوض** [ʕiwɒɖ] Ersatz *m*; ~ [-a] *Präp. u.* ~ا عن/من [-an] anstatt, an Stelle von, als Ersatz für

[1]**(عوق)** عاق [ʕaːqa, uː] behindern, hemmen; hindern (ه عن *j-n* an *D*); **II** [ʕawwaqa] behindern, hemmen, erschweren; *Äg. umg.* zu spät kommen; **IV** أعاق [ʔaˈʕaːqa] behindern, hemmen; hindern (ه عن *j-n* an *D*); **V** تعوق [taˈʕawwaqa] behindert, gehemmt, erschwert werden; gehindert werden

[2]**عوق** [ʕauq] Behinderung *f*; Hinderung *f*

(عوك) عاك [ʕaːka, uː] *Sud.* sich *j-m* zuwenden *od.* nähern

(عول) عال [ʕaːla, uː] versorgen, ernähren, *Familie* erhalten; **II** [ʕawwala] sich verlassen, sich stützen (على auf *A*); **IV** أعال [ʔaʕaːla] versorgen, ernähren; — أعول [ʔaʕwala] heulen, wehklagen

1(عوم) عام [ʕaːma, uː] schwimmen; **II** [ʕawwama] schwimmen machen; *Schiff* flottmachen; *Währung* floaten lassen; *Äg.* überfluten

2عوم [ʕaum] Schwimmen *n*

1(عون) **III** عاون [ʕaːwana] *u.* **IV** أعان [ʔaʕaːna] helfen, beistehen (ه *j-m*), unterstützen (ه في/على *j-n* bei *D*); **VI** تعاون [taʕaːwana] zusammenarbeiten (مع mit *D*, في/على bei *D*), kooperieren (مع mit *D*); kollaborieren (مع mit *dem Feind*); **X** استعان [istaʕaːna] um Hilfe *od.* Unterstützung bitten (ب *j-n*), Hilfe suchen (ب bei *D*); zu Hilfe nehmen (ب *A*), sich bedienen (ب *G*)

2عون [ʕaun] **1.** Hilfe *f*, Unterstützung *f*; العدو ~ [ʕa. al-ʕaduːw] Feindbegünstigung *f*; بـ~ الله mit Gottes Hilfe; **2.** *pl.* أعوان [ʔaʕwaːn] Helfer *m*; *Tun.* Bedienstete(r), Beamte(r); *Tun.* Agent *m*; *pl. Tun. a.* Beschäftigte *m/pl.*, Kräfte *f/pl.*

عونة [ʕauna] Frondienst *m*

عوى [ʕawaː, iː] heulen, jaulen

عويص [ʕaˈwiːs] schwierig; schwer verständlich

عويل [ʕaˈwiːl] Geheul *n*; *Äg.* Schmarotzer *m*, Schnorrer *m*

عوينات [ʕuwaiˈnaːt] *pl.* Brille *f*

1عي [ʕajja, a] unfähig sein (عن/ب zu); kein Wort hervorbringen; **IV** أعيا [ʔaʕjaː] j-s Bemühungen trotzen *od.* spotten

2عي [ʕajj], *pl.* أعياء [ʔaʕˈjaːʔ] unfähig zu sprechen, sprachlos

3عي [ʕijj] Unfähigkeit *f* zu sprechen

عياء [ʕaˈjaːʔ] Unfähigkeit *f*, Schwäche *f*; ~ داء schwere *od.* unheilbare Krankheit

عياب [ʕaˈjjaːb], *pl.* [-uːn] *u.* ~ة Nörgler *m*

عيادة [ʕiˈjaːda], *pl.* [-aːt] (*Arzt-*)Praxis *f*; Klinik *f*; (Kranken-)Besuch *m*, Visite *f*; خارجية ~ ambulatorische Klinik; خاصة ~ [xɒːssɒ] Privatpraxis *f*; Privatklinik *f*

عيادي [ʕiˈjaːdiː] klinisch

عياذ [ʕiˈjaːð]: الـ~ بالله [bi-llaːh(i)] Gott behüte (mich davor)!

1عيار [ʕaˈjjaːr], *pl.* [-uːn] Landstreicher *m*

2عيار [ʕiˈjaːr] **1.** Eichen *n von Maßen u. Gewichten*; **2.** *pl.* [-aːt] Karat *n* (*Maß für den Feingehalt von Gold*); Kaliber *n e-r Schußwaffe*; **3.** *pl.* [-aːt] *u.* أعيرة [ʔaʕjira] (= ~ ناري) Schuß *m*

عياط [ʕiˈjɒːt] Schreien *n*, Geschrei *n*

عيال → 2عيل

عيالة [ʕiˈjaːla] Versorgung *f*, Unterhalt *m e-r Familie*

1عيان [ʕaˈjjaːn] *Äg. umg.* krank

2عيان [ʕiˈjaːn] Sehen *n mit eigenen Augen*; ~ شاهد Augenzeuge *m*; واضح للـ~ klar (erkennbar); ظهر للـ~ sich zeigen, erkennbar werden

عياني [ʕiˈjaːniː]: ~ شاهد Augenzeuge *m*

1(عيب) عاب [ʕaːba, iː] zu bemängeln, auszusetzen sein (ه/ـه an *D*); ein Fehler sein (ه an *j-m*); tadeln (ـه على *etwas* an *j-m*), *j-m* (على) *etwas* vorwerfen; **II** [ʕajjaba] auszusetzen haben, tadeln (ـه على *etwas* an *j-m*), *j-m* (على) *etwas* vorwerfen; sich lustig machen (على über *A*); beschädigen, verderben

2عيب [ʕaib], *pl.* عيوب [ʕuˈjuːb] Fehler *m*, Mangel *m*, Defekt *m*, Makel *m*; Schande *f*, Schmach *f*; *pl. a.* Nachteile *m/pl.*, negative Seiten *f/pl.*; ~ خلقي [xilqiː] Geburtsfehler *m*; ~ عليك schäm dich!

عيبة [ʕaiba], *pl.* [-aːt], عيب [ʕijab] *u.* عياب [ʕiˈjaːb] Fehler *m*, Makel *m*; Ledertasche *f*

(عيث) عاث [ʕaːθa, iː] wüten, Unheil anrichten; verwüsten, verheeren (في *A*); ~ في الأرض فسادا [faˈsaːdan] das Land verwüsten

1عيد **II** [ʕajjada] ein Fest feiern; zu e-m Fest beglückwünschen (على *j-n*); **III** عايد [ʕaːjada] zu e-m Fest beglückwünschen (على *j-n*)

2عيد [ʕiːd], *pl.* أعياد [ʔaʕˈjaːd] Fest *n*, Festtag *m*, Feiertag *m*, Jahrestag *m*; الأضحى ~ [ʕi. al-ʔɒdħaː] *u.* الـ~ الكبير das Opferfest *am 10.* ذو الحجة [ðuː l-ħiddʒa], das Große Fest; ~ جميع القديسين [ʕi. dʒaˈmiːʕi l-qiddiːˈsiːn] *Chr.* Allerheiligen *n*; ~ الفطر [ʕi. al-fitr] *u.* الـ~ الصغير das Fest des Fastenbrechens *am 1.* شوال [ʃaˈwwaːl], das Kleine Fest; ~ القربان [ʕi. al-qurˈbaːn] *Chr.* Fronleichnamsfest *n*; ~ وطني [waˈtɒniː], ~ قومي [qaumiː] Nationalfeiertag *m*; ~ ميلاد [ʕi. miːˈlaːd] Geburtstag *m*; ~ الميلاد Weihnachten *n*; ~ مئوي [miʔawiː] Hundertjahrfeier *f*

عيدان → 3عود

عيدية [ʕiːˈdiːja] Festgeschenk *n*, Festgabe *f*

1عير **II** [ʕajjara] Vorwürfe machen (ه ب *j-m* wegen *G*), schmähen; eichen, prüfen; **III** عاير [ʕaːjara] eichen, prüfen, (nach)messen; **VI** تعاير [taʕaːjara] sich gegenseitig Vorwürfe machen *od.* beschimpfen

2عير [ʕair], *pl.* أعيار [ʔaʕˈjaːr] Wildesel *m*

3عير [ʕiːr], *pl.* [-aːt] Karawane *f*; لا في الـ~ ولا في النفير unbedeutend, unerheblich

عيرة [ʕiːra] *Äg. Zähne, Haar*: falsch

عيسى [ʕiːsaː] **1.** *Isl.* Jesus; *a. npr. m*; **2.**: الـ~ die Issa (*Volksstamm in Dschibuti*)

1(عيش) عاش [ʕaːʃa, iː] leben; erleben, durchleben, verleben, miterleben; ... ~ es lebe ...!; ~ على von *etwas* leben; ~ أكثر من [ʔakθara] länger leben als; **II** [ʕajjaʃa] am Leben erhalten, ernähren; **III** عايش [ʕaːjaʃa] zusammenleben (ه mit *D*); erleben; **IV** أعاش [ʔaʕaːʃa] am Leben erhalten, leben lassen; mit Lebensmitteln *od.* Proviant versorgen; **V** تعيش [taʕajjaʃa] sein Auskommen haben; leben (من von *D*); **VI** تعايش [taʕaːjaʃa] zusammenleben, koexistieren; **VIII** اعتاش [iʕˈtaːʃa] leben, sich ernähren (على von *D*)

[2]**عيش** [ʕaiʃ] Leben *n*; [ʕeːʃ] *bsd. Äg.* Brot *n*; غراب ~ [ʕe. ɣu'raːb] *Äg.* Pilze *m/pl.*

عيشة [ʕiːʃa] Leben *n*, Lebensweise *f*

عيط II [ʕajjatɒ] schreien; rufen (على nach *D*)

[1](**عيف**) عاف [ʕaːfa, iː] Ekel empfinden (ـه vor *D*)

[2]**عيف** [ʕaif] Ekel *m*, Abscheu *m*, Widerwille(n) *m*

[1]**عيل II** [ʕajjala] *u.* **IV** أعيل [ʔaʕjala] e-e zahlreiche Familie haben

[2]**عيل** [ʕajjil], *pl.* عيال [ʕi'jaːl] zu ernährende(s) Familienmitglied, Kind *n*; *pl. a.* unnütze Esser *m/pl.*, Schmarotzer *m/pl.*

عيلام [ʕiː'laːm] *u.* عيلم [ʕiːlam] *hist.* Elam (*Land im Zagros-Gebirge*)

[1]**عين II** [ʕajjana] bestimmen, festlegen, festsetzen; *j-n* einstellen, anstellen, *zu e-m Amt* ernennen; zuteilen (ل *j-m*); **III** عاين [ʕaːjana] besichtigen, in Augenschein nehmen; **V** تعين [ta'ʕajjana] bestimmt, ernannt werden; عليه ~ er muß

[2]**عين** [ʕain] *f*, *pl.* عيون [ʕu'juːn] *u.* أعين [ʔaʕjun] Auge *n*; böse(r) Blick; Knospe *f*; Masche *f im Netz*; Öhr *n*; Quelle *f*; selbst, derselbe; der Buchstabe ع; *Gr.* zweite(r) Wurzelkonsonant arabischer Verben; *pl.* أعيان [ʔaʕ'jaːn] bedeutende Persönlichkeit, Prominente(r), *pl.* Notabeln *m/pl.*; ـا~ [-an] *Adv.* in Sachwerten, in natura; هو بعينه, *f* هي بعينها, *pl.* هم بأعيانهم er selbst *usw.*, er persönlich; الرجل ~ـه [ar-radʒul] derselbe Mann; ~ في المكان an genau demselben Ort, an Ort und Stelle; السمكة ~ [ʕa. as-samaka] *Med.* Hühnerauge *n*; ~ شمس Heliopolis; جامعة ~ شمس Ain-Shams-Universität *f*; مجلس الأعيان [madʒlis al-ʔa.] *Jord.*, *früher a. Ir.* Senat *m*; بأم ~ـه [bi-ʔummi ʕainihiː] mit eigenen Augen; بالـ~ المجردة [al-mu'dʒarrada] mit dem bloßen Auge; ملأ ~ـه j-m gefallen, j-n zufriedenstellen; يا ~ـي mein Lieber!, teurer Freund!; du liebe Güte!; يا ~ـي عليه *Syr.* (*Ausruf der Zärtlichkeit od. Bewunderung*) wie gern ich ihn mag!, wie sehr ich ihn schätze!; على ~ـي aber gern!, mit Vergnügen!; → [3]رأس

عينة [ʕajjina], *pl.* [-aːt] Muster *n*, Probe *f*, Kostprobe *f*; *Statistik*: Stichprobe *f*

عيني [ʕainiː] in Sachwerten bestehend, Sach-, Natural-; *Jur.* dinglich, real; قيمة ~ـة [qiːma] Sachwert *m*

عينية [ʕai'niːja], *pl.* [-aːt] Okular *n*

عيوق [ʕa'jjuːq] Capella (*Stern*); *Äg.* Stutzer *m*, Geck *m*

[1]**عيي** [ʕajija (يعيا jaʕjaː)] unfähig sein (عن/ب zu)

[2]**عيي** [ʕa'jiːj], *pl.* أعيياء [ʔaʕji'jaːʔ] (2) unfähig; (= اللسان ~ [ʕa. al-li'saːn]) unfähig zu sprechen, sprachbehindert

غ

[1]غ (غين) [ɣain] *neunzehnter Buchstabe des arab. Alphabets*

[2]غ *Abk. für* غرش [ɣirʃ] Piaster *m*

[1]**غاب** [ɣaːba] → [1](غيب)

[2]**غاب** [ɣaːb] *koll.* Schilfrohr *n*; ~ هندي [hindiː] Bambus *m*; → غابة

غابر [ɣaːbir] vergangen, verflossen; في الزمان الـ~ in alten, längst verflossenen Zeiten

غابة [ɣaːba], *pl.* [-aːt], *koll.* غاب [ɣaːb] Wald *m*

غابون [ɣaːˈbuːn] *f Geo.* Gabun

غابوني [ɣaːˈbuːniː] gabunisch; *pl.* [-uːn] Gabuner *m*

غابي [ɣaːbiː] Wald-

غادر [ɣaːdir] treulos, falsch; ein falsches Spiel treibend (بـ mit *D*)

غادة [ɣaːda], *pl.* غيد [ɣiːd] *u.* [-aːt] anmutige(s) junge(s) Mädchen

[1]**غار** [ɣaːra] → [1](غور) *u.* [1](غير)

[2]**غار** [ɣaːr] **1.** *koll.*, *n. un.* ~ة Lorbeer(baum) *m*; **2.** *pl.* أغوار [ʔaɣˈwaːr] *u.* غيران [ɣiːˈraːn] Höhle *f*

غارب → [2]حبل

غارق [ɣaːriq], *pl.* غرقى [ɣarqaː] untergehend, versinkend; untergegangen; versunken (*a. fig.*: في in *A*); ertrunken; ~ في الديون bis an den Hals in Schulden steckend; ~ في السلبية in völliger Passivität verharrend; ~ في النسيان [fi n-nisˈjaːn] dem Vergessen anheimgefallen

غارة [ɣaːra], *pl.* [-aːt] Angriff *m*, Überfall *m*; ~ جوية [dʒaˈwwiːja] Luftangriff *m*

[1]**غاز** [ɣaːz], *pl.* [-aːt] Gas *n*; Benzin *n*, Treibstoff *m*; ~ سائل Flüssiggas *n*; ~ طبيعي Erdgas *n*; ~ات الاحتباس الحراري Treibhausgase *n/pl.*

[2]**غاز** [ɣaːzin], *pl.* غزاة [ɣuˈzaːt] Eroberer *m*; غازي *a. npr. m*; قوات غازية [quˈwwaːt ɣaːzija] Invasionstruppen *f/pl.*

غازوزة [ɣaːˈzuːza] Sprudel *m*, Sodawasser *n*

غازي [ɣaːziː] Gas-; ~ ماء/شراب Sprudel *m*; → [2]غاز

غازية [ɣaːzija], *pl.* غواز [ɣaˈwaːzin] Tänzerin *f*

غاشم [ɣaːʃim] grausam, brutal, *Gewalt*: roh; tyrannisch

غاشية [ɣaːʃija], *pl.* غواش [ɣaˈwaːʃin] Hülle *f*; Herzbeutel *m*; Unglück *n*

[1]**غاص** [ɣaːsɒ] → [1](غوص)

[2]**غاص** [ɣɒːs̶s̶] angefüllt, vollgestopft (بـ mit *D*), übervoll

غاصب [ɣaːs̶i̶b] räuberisch; *pl.* [-uːn] Usurpator *m*

غاض → [1](غيض)

غاضب [ɣɒːđib] zornig, wütend

غاطس [ɣɒːt̶i̶s] (ein)tauchend, Tauch-; Tiefgang *m des Schiffes*

غاظ → [1](غيظ)

غافل [ɣaːfil], *pl.* [-uːn] *u.* غفل [ɣuffal] sorglos; nachlässig, unachtsam, unaufmerksam

[1]**غال** [ɣaːla] → [1](غول)

[2]**غال** [ɣaːl] **1.** *pl.* [-aːt] (Vorlege-)Schloß *n*; **2.**: الـ~ *hist.* Gallien

[3]**غال** [ɣaːlin] **1.** teuer, kostbar; lieb; *Preis*: hoch; بذل الغالي والرخيص في سبيله alles für j-n *od.* etwas tun; **2.** *pl.* غلاة [ɣuˈlaːt] extreme(r) *od.* fanatische(r) Verfechter *e-r Sache*, Extremist *m*, Fanatiker *m*; **3.** *Wasser*: kochend, siedend

غالب [ɣaːlib] dominierend; sich durchsetzend (على gegen *A*); ~ًا (ما) [-an] *u.* في الـ~ meistens, meist; والـ~ أن [ʔanna] meistens ist es so, daß

غالبية [ɣaːliˈbiːja] Mehrheit *f*, Mehrzahl *f*, größte(r) Teil; الـ~ العظمى [al-ʕuðmaː] überwiegende Mehrheit; في ~ـه [ɣaːlibiːˈjatihiː] größtenteils

غالط [ɣaːlɨt] fehlerhaft, falsch

غالون [ɣaːˈloːn], *pl.* [-aːt] Gallone *f*

غام → [1](غيم)

غاما [ɣaːmaː]: ~ أشعة [ʔaˈʃiʕʕat ɣ.] Gamma-Strahlen *m/pl.*

غامبي [ɣambiː] gambisch; Gambier *m*

غامبيا [ɣambijaː] *Geo.* Gambia

غامر [ɣaːmir] **1.** überflutend; *fig.* überströmend; **2.** *Land*: öde, leer

غامض [ɣaːmɨđ], *pl.* غوامض [ɣaˈwaːmɨđ] (2) undurchsichtig, rätselhaft, dunkel; vage, nebulös; mysteriös

غامق [ɣaːmiq] *Farbe*: dunkel; أزرق ~ dunkelblau

غانا [ɣaːnaː] *Geo.* Ghana

غانم [ɣaːnim] erfolgreich

غاني [ɣaːniː] ghanaisch; *pl.* [-uːn] Ghanaer *m*

غانية [ɣaːnija], *pl.* [-aːt] *u.* غوان [ɣaˈwaːnin] schöne Frau; leichte(s) Mädchen

غاو [ɣaːwin], *pl.* غواة [ɣuˈwaːt] Liebhaber *m*; Anhänger *m*; Verführer *m*

غائب [ɣaːʔib], *pl.* [-uːn] abwesend; verborgen; ~ عن الوعي im Rauschzustand, high; الـ~ (صيغة) [(s̶iː ɣat) al-ɣ.] *Gr.* dritte Person

غائر [ɣaːʔir] *Auge*: eingesunken, eingefallen; *Wunde*: tief

غائط [ɣaːʔɨt] Kot *m*, Exkremente *n/pl.*

غائلة [ɣaːʔila], *pl.* غوائل [ɣa'waːʔil] (2) Unglück *n*, Unheil *n*

غائم [ɣaːʔim] wolkig, bewölkt; nebulos, verschwommen

غاية [ɣaːja], *pl.* [-aːt] Ziel *n*, Zweck *m*; äußerste Grenze; ~بـ *u.* ~لـ + *G*: mit dem Ziel, zwecks; ~لـ + *G*: *a.* bis; ~للـ [li-l-ɣaːja] äußerst, außerordentlich; في ~ الجمال von außerordentlicher Schönheit; ~ في ذاته Selbstzweck *m*; الـ~ تبرر الوسيلة [tu'barriru] der Zweck heiligt die Mittel

غائي [ɣaːʔiː] *Phil.* final; zielgerichtet, teleologisch; النظرية الغائية [an-naðɒ'riːja] *Phil.* Finalismus *m*

غائية [ɣaː'ʔiːja] *Phil.* Finalität *f*

غب [ɣibb] Ergebnis *n*, Folge *f*; ~ [-a] *Präp.* nach (*zeitlich*); حمى الـ~ [ħummaː l-ɣ.] *Äg.* Tertianfieber *n*

غباء [ɣa'baːʔ] Dummheit *f*

غبار [ɣu'baːr] Staub *m*; لا ~ عليه [-a] einwandfrei, tadellos; eindeutig, klar; لا يشق له ~ [ju'ʃaqqu] er ist unvergleichlich *od.* unübertrefflich

غباوة [ɣa'baːwa] Dummheit *f*

[1]**غبر** [ɣabara, u] vergehen, verfließen; **II** [ɣabbara] mit Staub bedecken *od.* beschmutzen, staubig machen; **V** تغبر [ta'ɣabbara] staubig werden

[2]**غبر** [ɣubr] → أغبر

غبراء [ɣab'raːʔ] (2): الـ~ die Erde; → أغبر

[1]**غبرة** [ɣabara] Staub *m*

[2]**غبرة** [ɣubra] Staubfarbe *f*; Staub *m*

[1]**غبش** [ɣabaʃ] Halbdunkel *n*, Dämmerlicht *n*

[2]**غبش** [ɣubʃ] → أغبش

غبشة [ɣubʃa] Halbdunkel *n*, Dämmerlicht *n*

(غبط) **VIII** اغتبط [iɣ'tabatɒ] sich freuen, glücklich sein, Genugtuung empfinden (بـ über *A*)

غبطة [ɣibtɒ] Glückseligkeit *f*, Glück *n*, Freude *f*; صاحب الـ~ *Titel des Patriarchen*

[1]**غبن** [ɣabana, i] übervorteilen, betrügen

[2]**غبن** [ɣabn, ɣubn] Übervorteilung *f*, Betrug *m*; *Jur.* Schädigung *f*

[1]**غبي** [ɣabija, aː] dumm sein; zu dumm sein (عن für *A*, um … zu); **VI** تغابى [ta'ɣaːbaː] sich dumm stellen

[2]**غبي** [ɣa'biːj], *pl.* أغبياء [ʔaɣbi'jaːʔ] (2) dumm; Dummkopf *m*

غت [ɣatta, u] eintauchen (في in *A*); *Lachen* unterdrücken

غترة [ɣutra], *pl.* غتر [ɣutar] *Ir.*, *Saudi-Ar.* Kopftuch *n*

غث [ɣaθθ] mager, dürftig, kümmerlich

غثاء [ɣu'θaːʔ] Schaum *m*

غثاثة [ɣa'θaːθa] Magerkeit *f*, Dürftigkeit *f*

[1]**غجر** **II** [ɣaddʒara] *Äg.* schimpfen

[2]**غجر** [ɣadʒar]: الـ~ *koll.* Zigeuner *m/pl.*

غجري [ɣadʒariː] Zigeuner *m*

غد [ɣad] morgige(r) Tag; ا~ [-an] *Adv.* morgen; بعد ~ übermorgen; في الـ~ morgen; في الـ~ القريب in naher Zukunft; صباح ~ [sɒ'baːħa ɣad(in)] *u.* صباح الـ~ morgen früh; مساء ~ [ma'saːʔa ɣad(in)] *u.* مساء الـ~ morgen abend; يوم ~ [jauma ɣad(in)] morgen

غدا [ɣadan] *Adv.* morgen

غداء [ɣa'daːʔ], *pl.* أغدية [ʔaɣdija] Mittagessen *n*

غدار [ɣa'ddaːr] treulos, verräterisch

غدارة [ɣa'ddaːra], *pl.* [-at] Flinte *f*; Pistole *f*

غداف [ɣu'daːf], *pl.* غدفان [ɣid'faːn] (Kolk-)Rabe *m*

غداة [ɣa'daːt], *pl.* غدوات [ɣada'waːt] frühe(r) Morgen; ~ [-a] + *G* unmittelbar nach; الـ~ [-a] heute morgen

غددي [ɣudadiː] Drüsen-; *s.* غرة

[1]**غدر** [ɣadara, i] treulos, verräterisch handeln (ه/بـ an *j-m*), täuschen (ه/بـ *j-n*); **III** غادر [ɣaːdara] *e-n Ort* verlassen; abreisen, abfahren (هـ von, aus *D*, إلى nach *D*)

[2]**غدر** [ɣadr] Treulosigkeit *f*, Verrat *m*; ا~ [-an] *Adv.* heimtückisch

[1]**(غدق)** **IV** أغدق [ʔaɣdaqa] überhäufen (هـ على *j-n* mit *D*); *absolut*: j-n (على) reich beschenken

[2]**غدق** [ɣadiq] *Wasser*: reichlich; *Leben*: üppig

غدة [ɣudda], *pl.* غدد [ɣudad] Drüse *f*; ~ تناسلية Geschlechtsdrüse *f*; ~ حلوة [ħulwa] Bauchspeicheldrüse *f*; ~ درقية [dara'qiːja] Schilddrüse *f*; ~ صماء [sɒ'mmaːʔ] endokrine Drüse; ~ صنوبرية [sɒnauba'riːja] Zirbeldrüse *f*; ~ كظرية [kuð'riːja] Nebenniere *f*; ~ لعابية [luʕaː'biːja] Speicheldrüse *f*; ~ نخامية [nuxaː'miːja] Hirnanhangdrüse *f*; ~ نكفية Ohrspeicheldrüse *f*

(غدو) غدا [ɣadaː, uː] werden (هـ zu *D*); gehen, kommen; *mit Impf.*: dahin kommen, daß; ~ وراح hin- und hergehen; kommen und gehen; **II** غدى [ɣaddaː] das Mittagessen geben (ه *j-m*); **III** غادى [ɣaːdaː] (am Morgen) gehen (ه zu *D*) *od.* besuchen; **V** تغدى [ta'ɣaddaː] zu Mittag essen

[1]**غدوة** [ɣadwa], *pl.* [ɣada'waːt] **1.** Mittagessen *n*; **2.** Gang *m* am Morgen; غدواته وروحاته [wa-rau'ħaːtuhuː] sein Kommen und Gehen, all sein Tun

[2]**غدوة** [ɣudwa] Morgen *m*; ~ [-tan] *Adv.* am Morgen, morgens

غدير [ɣa'diːr], *pl.* غدران [ɣud'raːn] *u.* غدر [ɣudur] Bach *m*; Teich *m*, Tümpel *m*

غديرة [ɣa'diːra], *pl.* غدائر [ɣa'daːʔir] (2) Zopf *m*

غذاء [ɣi'ðaːʔ], *pl.* أغذية [ʔaɣðija] Nahrung *f*, Speise *f*; *pl.* Nahrungsmittel *n/pl.*

غذائي [ɣi'ðaːʔiː] Nahrungs-, Nähr-; قيمة ~ـة [qiːma] Nährwert *m*; مواد ~ـة [ma'waːdd] Nahrungsmittel *n/pl.*, Lebensmittel *n/pl.*

[1]**(غذو)** غذا [ɣaðaː, uː] nähren; **II** غذى [ɣaððaː] (er)nähren, füttern, speisen; versorgen (بـ mit *D*); *Techn.* einspeisen (هـ بـ *etwas* in *A*); **V** تغذى [ta'ɣaððaː] sich ernähren (بـ/على von *D*); ernährt werden (بـ mit *D*); versorgt werden (بـ mit *D*); **VIII** اغتذى [iɣ'taðaː] sich ernähren (بـ von *D*)

[2]**غذو** [ɣaðw] Fütterung *f*, Ernährung *f*

[1]**غر** [ɣarra, u] täuschen; **II** غرر [ɣarrara] irreführen, verführen (بـ *j-n*);

VIII اغتر [iɣ'tarra] sich täuschen (ب über *A*), sich täuschen lassen (ب von *D*); بنفسه ~ eingebildet sein

[2]غر [ɣurr] → أغر

[3]غر [ɣirr], *pl.* أغرار [ʔaɣ'raːr] unerfahren; Grünschnabel *m*; *Äg.*, *Syr.* Rekrut *m*

[1]غراء [ɣa'rraːʔ] → أغر

[2]غراء [ɣi'raːʔ] Leim *m*

غراب [ɣu'raːb], *pl.* غربان [ɣir'baːn] *u.* أغربة [ʔaɣriba] Krähe *f*; Rabe *m*

غرابة [ɣa'raːba] Merkwürdigkeit *f*, Seltsamkeit *f*; Extravaganz *f*, Exzentrizität *f*; Fremdheit *f*; ~ لا [-ta] kein Wunder!

[1]غرار [ɣa'rraːr] trügerisch

[2]غرار [ɣi'raːr] Art und Weise *f*; على ~ + *G*: nach Art von; على هذا الـ~ in dieser Art

غرارة [ɣi'raːra], *pl.* غرائر [ɣa'raːʔir] (2) Sack *m*

غراس [ɣi'raːs] Pflanzgut *n*; Pflanzzeit *f*

غراسة [ɣi'raːsa], *pl.* [-aːt] Pflanzung *f*, Kultur *f*

غراف [ɣa'rraːf], *pl.* غراريف [ɣaraː'riːf] (2) *Syr.* Wasserschöpfrad *n*

[1]غرام [ɣa'raːm] Leidenschaft *f* (بـ für *A*), Liebe *f*; Vorliebe *f* (ب für *A*)

[2]غرام [ɣ(i)raːm], *pl.* [-aːt] Gramm *n*

غرامة [ɣa'raːma], *pl.* [-aːt] (Geld-)Buße *f*, (Geld-)Strafe *f*

غرامي [ɣa'raːmiː] Liebes-, leidenschaftlich

غرائي [ɣi'raːʔiː] leimig

[1]غرب [ɣaraba, u] weggehen; *Sonne*: untergehen; — [ɣaruba, u] seltsam, sonderbar, merkwürdig sein; fremd *od.* seltsam vorkommen (على *j-m*); **II** [ɣarraba] **1.** nach Westen gehen; *trans.* verwestlichen; **2.** in die Fremde schicken; **IV** أغرب [ʔaɣraba] sich seltsam aufführen; übertreiben (في *A*); **V** تغرب [ta'ɣarraba] **1.** *intr.* verwestlichen; **2.** in die Fremde gehen; **VIII** اغترب [iɣ'taraba] in der Fremde *od.* im Ausland leben; **X** استغرب [is'taɣraba] seltsam *od.* merkwürdig finden; erstaunt sein, sich wundern

[2]غرب [ɣarb] Westen *m*; Okzident *m*; ~ [-a] westlich von; im Westen von; ~ًا [-an] *Adv.* westwärts, nach Westen; im Westen; الـ~ الجنوبي الغربي [al-ʤa'nuːbiː] Westsüdwest

غربال [ɣir'baːl], *pl.* غرابيل [ɣaraː'biːl] (2) Sieb *n*

غربل [ɣarbala] sieben

غربة [ɣurba] Fremde *f*; Exil *n*; Fremdheit *f*; Entfremdung *f* (عن von *D*); بالـ~ يشعر [jaʃ'ʕuru] sich fremd fühlen

غربي [ɣarbiː] westlich; *pl.* [-uːn] im Westen (= *Westeuropa od. USA*) lebend; ~ [-ja] + *G*: westlich von

غربية [ɣar'biːja]: الـ~ *u.* ~ المنطقة [al-mintɒqa] *Saudi-Ar.* die Westprovinz

غرد **II** [ɣarrada] *Vogel*: singen, zwitschern

[1]غرز [ɣaraza, i] stechen (ب mit *D*); (hinein)stechen, hineinbohren (في in *A*); hineinstecken, einbohren (في in *A*); **II** [ɣarraza] (hinein-)stechen, hineinbohren; **V** تغرز [ta'ɣarraza] hineingestochen werden; **VII** انغرز [in'ɣaraza] hineingesteckt werden, sich einbohren (في in *A*)

[2]غرز [ɣarz] (Hinein-)Stechen *n*, (Hin-)Einbohren *n*

غرزة [ɣurza], *pl.* غرز [ɣuraz] Stich *m*; *Äg.* Kneipe *f*

[1]غرس [ɣarasa, i] pflanzen, *a. fig.* einpflanzen; bepflanzen (ب mit *D*); **VII** انغرس [in'ɣarasa] (ein)gepflanzt werden; einsinken, versinken (في in *D*)

[2]غرس [ɣars] **1.** Pflanzen *n*, Einpflanzen *n*; Bepflanzung *f*; **2.** *koll.*, *pl.* أغراس [ʔaɣ'raːs] *u.* غراس [ɣi'raːs] Setzlinge *m/pl.*, Jungpflanzen *f/pl.*

[3]غرس [ɣirs], *pl.* أغراس [ʔaɣ'raːs] Setzling *m*, Jungpflanze *f*

غرسة [ɣarsa] *n. un.* Setzling *m*, Jungpflanze *f*

غرش [ɣirʃ], *pl.* غروش [ɣu'ruːʃ] Piaster *m* (*Münze*); → [2]قرش

[1](غرض) **IV** أغرض [aɣradɒ] persönliche Interessen *od.* eigennützige Ziele verfolgen

[2]غرض [ɣarɒd], *pl.* أغراض [ʔaɣ'rɒːd] Zweck *m*, Ziel *n*; *pl. Saudi-Ar.*, *Syr.*, *Lib.* Sachen *f/pl.*, Gegenstände *m/pl.*; لـ~ + *G*: zwecks; لأغراض القانون *Ir.* im Sinne des Gesetzes; في أغراض مختلفة [mux'talifa] zu verschiedenen Zwecken (*verwenden*); الـ~ منه das Ziel, das damit verfolgt wird

[1]غرغر [ɣarɣara] gurgeln; *Wasser*: brodeln, aufwallen; *Auge*: voller Tränen sein; **II** تغرغر [ta'ɣarɣara] gurgeln

[2]غرغر [ɣirɣir] *koll.*, *n. un.* ~ة Perlhuhn *n*

غرغرة [ɣarɣara] Gurgeln *n*, Gegurgel *n*

غرف [ɣarafa, i] *u.* **VIII** اغترف [iɣ'tarafa] schöpfen

غرفة [ɣurfa], *pl.* غرف [ɣuraf] Zimmer *n*, Kammer *f*, Stube *f*; *Saudi-Ar.* Häuschen *n* für den Moscheediener; ~ الاستقبال Empfangszimmer *n*, Salon *m*; ~ التجارة [ɣ. at-ti'ʤaːra] Handelskammer *f*; ~ الجلوس Wohnzimmer *n*; ~ النوم [ɣ. an-naum] Schlafzimmer *n*

[1]غرق [ɣariqa, a] versinken (في in *D*, *fig.* in *A*), untergehen; ertrinken; **II** [ɣarraqa] versenken; ertränken; überfluten; **IV** أغرق [ʔaɣraqa] versenken; ertränken; überfluten, *a. Markt* überschwemmen; maßlos sein (في in *D*), übertreiben (في *A*); **X** استغرق [is'taɣraqa] *Zeit* dauern; beanspruchen, in Anspruch nehmen; versunken sein (في in *Schlaf etc.*); زيارة تستغرق ثلاثة أيام [zi'jaːra, ʔa'jjaːm] ein dreitägiger Besuch; **XII** اغرورق [iɣ'rauraqa]: ~ت عيناها (بالدموع) [ʕai'naːhaː] ihre Augen schwammen in Tränen

[2]غرق [ɣaraq] Versinken *n*, Untergehen *n*; مات ~ًا [-an] ertrinken

غرقان [ɣar'qaːn] *umg.* versunken (في in *D*); ertrunken

غرلة [ɣurla], *pl.* غرل [ɣural] *Anat.* Vorhaut *f*

[1]غرم [ɣarima, a] *Strafe* zahlen; **II** [ɣarrama] mit e-r Geldstrafe belegen (هـ in Höhe von); **IV** أغرم *Pass.* [ʔuɣrima] verliebt sein, vernarrt

sein (ب in *A*), verrückt sein (ب nach *D*); **V** تغرم [ta'ɣarrama] mit e-r Geldstrafe belegt werden

[2]**غرم** [ɣurm] Schaden *m*, Verlust *m*

غرناطة [ɣar'naːtɒ] (2) Granada

غرنوق [ɣur'nuːq] *u.* **غرنيق** [ɣir'niːq], *pl.* غرانيق [ɣaraː'niːq] (2) *Art* Kranichvogel *m*

[1]**غرة** [ɣurra] **1.** *pl.* غرر [ɣurar] Blesse *f* (*weißer Stirnfleck*) *des Pferdes*; **2.** erste(r) Tag des Monats *od.* Jahres

[2]**غرة** [ɣirra] Unachtsamkeit *f*, Unaufmerksamkeit *f*; ~ على (حين) ([ħiːniː]) unerwartet, unvermutet, unversehens; أخذه على حين ~ j-n überrumpeln *od.* überraschen

[1](**غرو**) **II** غرى leimen; **IV** أغرى [ʔaɣraː] verlocken, verführen, verleiten (ب zu *D*); anreizen (ب zu *D*); hetzen (ب auf, gegen *A*)

[2]**غرو** [ɣarw]: لا ~ [-a] kein Wunder!

غرواني [ɣara'waːniː] *Chem.* kolloidal

غروب [ɣu'ruːb] (*Sonnen-*)Untergang *m*

غروبي [ɣu'ruːbiː]: التوقيت الـ~ *Saudi-Ar.* Stundenzählung *f* vom Sonnenuntergang an; → زوالي

[1]**غرور** [ɣa'ruːr] trügerisch

[2]**غرور** [ɣu'ruːr] Täuschung *f*, Illusion *f*, Verblendung *f*; Einbildung *f*, Dünkel *m*; Ehrgeiz *m*, Ambition *f*; الـ~ بنفسه Selbsttäuschung *f*; Selbstüberhebung *f*

غروي [ɣirawiː] *Chem.* kolloidal

غريب [ɣa'riːb], *pl.* غرباء [ɣura'baːʔ] (2) fremd (عن/على *j-m*); seltsam, sonderbar, merkwürdig; extravagant; *Wort*: ausgefallen; Fremde(r); *pl.* أغراب [ʔaɣ'raːb] Fremdling *m*; الأطوار ~ wunderlich, absonderlich; exzentrisch; جسم ~ [ʤism] Fremdkörper *m*; من الـ~ أن [ʔanna] es ist merkwürdig, daß

[1]**غريبة** [ɣa'riːba], *pl.* غرائب [ɣa'raːʔib] (2) Merkwürdigkeit *f*, seltsame *od.* unglaubliche Sache

[2]**غريبة** [ɣu'raijiba] *Äg.*, *Syr.*, *Lib. Art* süße(s) Buttergebäck

غرير [ɣa'riːr] verblendet; *pl.* أغرة [ʔa'ɣirra] unerfahren, naiv

غريزة [ɣa'riːza], *pl.* غرائز [ɣa'raːʔiz] (2) Instinkt *m*, (Natur-)Trieb *m*; ~ جنسية [ʤin'siːja] Geschlechtstrieb *m*; ~ حب البقاء [ɣ. ħubb al-ba'qaːʔ] Selbsterhaltungstrieb *m*; ~ الموت Todestrieb *m*; بالـ~ instinktiv (*Adv.*)

غريزي [ɣa'riːziː] instinktiv; ~ًا [-jan] *Adv.* instinktiv

غريسة [ɣa'riːsa], *pl.* غرائس [ɣa'raːʔis] (2) Setzling *m*

غريض [ɣa'riːđ] *Fleisch*, *Obst*: frisch

غريق [ɣa'riːq], *pl.* غرقى [ɣarqaː] ertrunken; Ertrunkene(r)

غريم [ɣa'riːm], *pl.* غرماء [ɣura'maːʔ] (2) Gegner *m*, Widersacher *m*

غرين [ɣa'riːn] Schlamm *m*

غريني [ɣa'riːniː] Schlamm-; أراض ~ة [ʔa'raːđin] Schwemmland *n*

غزارة [ɣa'zaːra] Reichlichkeit *f*, Reichtum *m*, Fülle *f*

[1]**غزال** [ɣa'zaːl], *pl.* غزلان [ɣiz'laːn] Gazelle *f*; Hirsch *m*

[2]**غزال** [ɣa'zzaːl], *pl.* [-uːn] (*Garn-*)Spinner *m*, Spinnereiarbeiter *m*

غزالة [ɣa'zaːla] weibliche Gazelle; Hirschkuh *f*

غزاة → [2]غاز

غز [ɣazza, u] stechen

غزر [ɣazura, u] reichlich sein

[1]**غزل** [ɣazala, i] spinnen; — [ɣazila, a] den Hof machen (ب *e-r Frau*); besingen (ب *A*); **III** غازل [ɣaːzala] flirten (ها mit *e-r Frau*); **V** تغزل [ta'ɣazzala] den Hof machen (ب/في *e-r Frau*); besingen (ب/في *A*); **VI** تغازل [ta'ɣaːzala] miteinander flirten

[2]**غزل** [ɣazal] Liebespoesie *f*; Liebesworte *n/pl.*

[3]**غزل** [ɣazl] **1.** Spinnen *n*, Spinnerei *f*; صناعة الـ~ النسيج [si'naːʕat al-ɣ.] Spinnerei *f* und Weberei *f*, Textilindustrie *f*; **2.** *pl.* غزول [ɣu'zuːl] Garn *n*; ~ البنات *Syr. Art* Zuckerwatte *f*

غزلي [ɣazaliː] Liebes-, erotisch; شعر ~ [ʃiʕr] Liebesdichtung *f*

[1]**غزة** [ɣazza], *pl.* [-aːt] Stich *m*

[2]**غزة** [ɣazza] (2) *Geo.* Gaza

[1](**غزو**) غزا [ɣazaː, uː] erobern; einfallen (ـه in *A*), überfallen

[2]**غزو** [ɣazw] Eroberung *f*; Einfall *m*, Invasion *f*

غزوة [ɣazwa], *pl.* [ɣaza'waːt] Einfall *m*, Überfall *m*; Beutezug *m*, Kriegszug *m*

غزير [ɣa'ziːr], *pl.* غزار [ɣi'zaːr] reichlich, reich; *Beschuß*, *Feuer*: anhaltend; ~ المادة [ɣ. al-maːdda] reichhaltig; ~ المطر [ɣ. al-matɒr] regenreich

غسال [ɣa'ssaːl], *pl.* [-uːn] Wäscher *m*

غسالة [ɣa'ssaːla], *pl.* [-aːt] Wäscherin *f*; Waschmaschine *f*; *Jord.* Waschanlage *f für Autos*; ~ صحون Geschirrspülmaschine *f*

غساني [ɣa'ssaːniː] *hist.* ghassanidisch; *pl.* [-uːn] *u.* غساسنة [ɣa'saːsina] Ghassanide *m*

غسق [ɣasaq] Dämmerung *f*, Dunkel *n*

[1]**غسل** [ɣasala, i] waschen; *Geschirr* spülen; *Zähne* putzen; **II** [ɣassala] gründlich *od.* mehrmals waschen; **VIII** اغتسل [iɣ'tasala] sich waschen; baden

[2]**غسل** [ɣasl] Waschen *n*

[3]**غسل** [ɣusl] Waschung *f*; *Isl.* rituelle Waschung *des ganzen Körpers*

غسول [ɣa'suːl] Waschwasser *n*; Waschmittel *n*; Lotion *f*

غسيل [ɣa'siːl] Waschen *n*, Wäsche *f*; (*schmutzige*) Wäsche; ~ المخ [ɣ. al-muxx] Gehirnwäsche *f*

[1]**غش** [ɣaʃʃa, u] täuschen, betrügen, beschwindeln; mogeln, schummeln; *Nahrungsmittel* verfälschen; **II** غشش [ɣaʃʃaʃa] täuschen, betrügen; **VII** انغش [in'ɣaʃʃa] sich täuschen lassen, betrogen werden

[2]**غش** [ɣaʃʃ] Verfälschung *f von Lebensmitteln*

[3]**غش** [ɣiʃʃ] Täuschung *f*, Schwindel *m*, Betrug *m*

غشاء [ɣi'ʃaːʔ], *pl.* أغشية [ʔaɣʃija] Hülle *f*, Überzug *m*, Film *m*; Häutchen *n*, Haut *f*, Membran *f*; ~ البكارة Jungfernhäutchen *n*; ~ مخاطي [mu'xɒːtiː] Schleimhaut *f*

غشاش [ɣa'ʃʃaːʃ] betrügerisch; *pl.* [-uːn] Betrüger *m*, Schwindler *m*

غشاوة [ɣa'ʃaːwa] Schleier *m*, Hülle *f*; Häutchen *n*

غشت [ɣuʃt] *Mar.* August *m* (*Monat*)

غشم [ɣaʃama, i] *u.* **V** تغشم [ta'ɣaʃʃama] ungerecht behandeln, unterdrücken; **VI** تغاشم [ta'ɣaːʃama] sich dumm stellen

غشوم [ɣa'ʃuːm] ungerecht, tyrannisch; brutal

غشي [ɣaʃija, aː] **1.** kommen (ه zu *j-m*, هـ nach *D*), aufsuchen; **2.** bedecken, verhüllen; *Frau* beschlafen; *Tier* decken; *Nacht*: dunkel sein; *Pass.* [ɣuʃija] bewußtlos, ohnmächtig werden; **II** غشى [ɣaʃʃaː] bedecken, einhüllen; überziehen, verkleiden (ب mit *D*); **IV** أغشى [ʔaɣʃaː] *Nacht*: sich niedersenken; dunkel sein; **V** تغشى [ta'ɣaʃʃaː] sich bedecken (ب mit *D*), sich einhüllen (ب in *A*)

غشيان [ɣaʃa'jaːn] Ohnmacht *f*, Bewußtlosigkeit *f*

غشيم [ɣa'ʃiːm], *pl.* غشماء [ɣuʃa'maːʔ] (2) unerfahren, *umg.* grün; unbeholfen; Tolpatsch *m*

غشية [ɣaʃja] Ohnmacht *f*, Bewußtlosigkeit *f*

غص [ɣɒssɒ, a] zu ersticken drohen; würgen (ب an *D*); übervoll, vollgestopft sein (ب mit *D*); **IV** أغص [ʔa'ɣɒssɒ] fast ersticken lassen; **VIII** اغتص [iɣ'tɒssɒ] überfüllt, vollgestopft sein

[1]**غصب** [ɣasɒba, i] rauben, wegnehmen (هـ ه *j-m A*); **VIII** اغتصب [iɣ'tasɒba] rauben, mit Gewalt *od.* widerrechtlich an sich reißen, usurpieren; *Frau* vergewaltigen

[2]**غصب** [ɣɒsb] Raub *m*, Usurpation *f*; Gewalt *f*, Zwang *m*, Nötigung *f*; ~ًا [-an] *Adv.* gewaltsam; ~ًا عنه gegen j-s Willen

غصن [ɣusn], *pl.* أغصان [ʔaɣ'sɒːn] *u.* غصون [ɣu'suːn] Zweig *m*

غصة [ɣussɒ], *pl.* غصص [ɣusɒs] Qual *f*, Kummer *m*; Würgen *n*

[1]**غض** [ɣɒđđɒ, u] niederschlagen (هـ/من *Augen*), senken (هـ/من *Blick*); schmälern, herabsetzen (من *den Wert e-r Sache*); ~ النظر عن [an-nɒðɒra] über *etwas* hinwegsehen

[2]**غض** [ɣɒđđ] **1.** Niederschlagen *n der Augen*; بـ~ النظر عن [-i n-nɒðɒr] abgesehen von, ungeachtet (*G*); **2.** zart, *Zweig*: saftig

غضار [ɣɒ'đɒːr] *Min.* Ton *m*

غضارة [ɣɒ'đɒːra] Üppigkeit *f*

غضاضة [ɣɒ'đɒːđɒ] **1.** Zartheit *f*, Frische *f*; **2.** Makel *m*, Fehler *m*, Schande *f*; لا يجد ~ في [jadʒidu] er nimmt keinen Anstoß an

[1]**غضب** [ɣađiba, a] zornig, ärgerlich sein (من/على über *A*); zürnen (من/على *j-m*); wütend sein; sich ereifern (ل für *A*), verteidigen (ل *A*); **IV** أغضب [ʔaɣđɒba] ärgern, erzürnen, wütend machen

[2]**غضب** [ɣɒđɒb] Zorn *m*, Ärger *m* (من/على über *A*)

غضبان [ɣɒđ'baːn] (2), *f* غضبى [ɣɒđbaː] *u.* غضبانة [ɣɒđ'baːna], *pl.* غضاب [ɣi'đɒːb] *u.* غضابى [ɣɒ'đɒːbaː] zornig, wütend

غضبة [ɣɒdba] Wutanfall *m*, Zornausbruch *m*; Zorn *m* (على über *A*)

غضروف [ɣuđ'ruːf], *pl.* غضاريف [ɣɒđɒː'riːf] (2) Knorpel *m*; ~ مفصلي [mifsɒliː] *Anat.* Meniskus *m*

غضروفي [ɣuđ'ruːfiː] Knorpel-

غضن II [ɣɒđđɒna] in Falten ziehen, *Stirn* runzeln; **V** تغضن [ta'ɣɒđđɒna] faltig werden, sich runzeln

غضنفر [ɣɒ'đɒnfar] Löwe *m*

غضوب [ɣɒ'đuːb] jähzornig, reizbar

غضون [ɣu'đuːn] *pl.* Falten *f/pl.*, Runzeln *f/pl.*; ~ في + *G*: während, im Verlauf von, innerhalb von; ~ في ذلك währenddessen, inzwischen

(**غضي**) **IV** أغضى [ʔaɣđɒː] *die Augen* schließen; die Augen verschließen (عن vor *D*), übersehen (عن *A*), hinwegsehen (عن über *A*); **VI** تغاضى [ta'ɣɒːđɒː] nicht beachten, übersehen (عن *A*), hinwegsehen (عن über *A*); durchgehen lassen (عن *A*)

غضير [ɣɒ'điːr] üppig

غط [ɣɒŧŧɒ, i] schnarchen; ~ في سبات عميق [su'baːt] in Lethargie verfallen sein; — [ɣɒŧŧɒ, u] eintauchen (في in *A*)

غطاء [ɣiŧɒːʔ], *pl.* أغطية [ʔaɣŧija] Decke *f*, Bedeckung *f*; Deckel *m*, Verschluß *m*; Deckung *f e-r Währung*; ~ نباتي Pflanzendecke *f*

[1]**غطاس** [ɣɒ'ŧŧɒːs] Taucher *m* (*a. Wasservogel*)

[2]**غطاس** [ɣi'ŧɒːs] *Chr.* Taufe *f*; *Chr.* Epiphanias *n*

(**غطرس**) **II** تغطرس [ta'ɣɒŧrasa] hochmütig, arrogant, eingebildet sein

غطرسة [ɣɒŧrasa] Hochmut *m*, Arroganz *f*, Überheblichkeit *f*

[1]**غطس** [ɣɒŧɒsa, i] tauchen; **II** [ɣɒŧŧɒsa] ins Wasser tauchen, eintauchen

[2]**غطس** [ɣɒŧs] Tauchen *n* (*a. als Sport*)

غطسة [ɣɒŧsa] (*einmaliges*) Tauchen, Eintauchen *n*, Untertauchen *n*

(**غطو**) **II** غطى [ɣɒŧŧɒː] bedecken, abdecken; *Kosten, Bedarf, Währung, e-n Spieler, a. Mil.* decken; erfassen, abdecken; *Presse*: berichten (هـ über *A*); überdecken, übertönen (على *A*); **V** تغطى [ta'ɣɒŧŧɒː] bedeckt, abgedeckt werden; sich zudecken

غطيط [ɣɒ'ŧiːŧ] Schnarchen *n*

غفار [ɣa'ffaːr] *Gott*: verzeihend

غفارة [ɣa'ffaːra] Priesterornat *m*

غفر [ɣafara, i] verzeihen, vergeben (ل *j-m*); *Pass.* لا يغفر [juɣfar(u)] unverzeihlich; ~ الله له *Formel nach dem Namen e-s Verstorbenen, etwa*: Gott hab' ihn selig!; **II** [ɣaffara] *Äg.* bewachen (على *A*); **VIII** اغتفر [iɣ'tafara] verzeihen; *Pass.* لا يغتفر [juɣ'tafar] unverzeihlich; **X** استغفر [is'taɣfara] um Verzeihung bitten; أستغفر الله [ʔas'taɣfiru ɫɫɒːh] (*Formel zur Abwehr von Lob*:) nicht doch!

غفران [ɣuf'raːn] Verzeihung *f*, Vergebung *f*; عيد الـ~ [ʕiːd al-ɣ.] *Jud.* Versöhnungsfest *n*, Jom Kippur *m*

غفرة [ɣufra] Decke *f*; Deckel *m*

[1]**غفل** [ɣafala, u] vergessen, vernachlässigen (عن *A*); unachtsam sein; **II** [ɣaffala] unachtsam machen; **III** غافل [ɣaːfala] sich j-s Unachtsamkeit (ه) zunutze machen, überrumpeln; **IV** أغفل [ʔaɣfala] übergehen, übersehen; weglassen, auslassen; ~ ذكره [ðikrahuː] etwas nicht erwähnen; **VI** تغافل [ta'ɣaːfala] vernachlässigen, nicht beachten (عن *A*); Unachtsamkeit heucheln; **X** استغفل [is'taɣfala] zum Narren halten; für dumm halten

[2]**غفل** [ɣafal] Unachtsamkeit *f*

³**غفل** [ɣufl] nicht versehen (من mit *D*), nicht gekennzeichnet; من ~ التاريخ undatiert; من التوقيع ~ nicht unterschrieben, anonym; → غافل
غفلان [ɣafˈlaːn] (2) sorglos; nachlässig, unachtsam, unaufmerksam
غفلة [ɣafla] Unachtsamkeit *f*, Unaufmerksamkeit *f*; Geistesabwesenheit *f*; Sorglosigkeit *f*; Stupidität *f*; ~ على (حين) [(ħiːni)] unerwartet, unvermutet, unversehens; هو في ~ عنه er achtet nicht darauf, er bemerkt es nicht
(**غفو**) غفا [ɣafaː, uː] ein Schläfchen machen
غفور [ɣaˈfuːr] *Gott*: verzeihend
غفوة [ɣafwa] Schlummer *m*, Schläfchen *n*
غفي [ɣafija, aː]: ~ت عينه ihm fielen die Augen zu
غفير [ɣaˈfiːr] **1.** zahlreich, *Zahl*: groß; **2.** *pl.* غفراء [ɣufaˈraːʔ] (2) *Äg.* Wächter *m*, Wachtposten *m*
¹**غل** [ɣalla, u] **1.** in Ketten legen, fesseln; ~ يده [jadahuː] *fig.* j-s Hände binden; **2.** *Ertrag* abwerfen; **II** غلل [ɣallala] in Ketten legen, fesseln; **IV** أغل [ʔaˈɣalla] *Ertrag* abwerfen; **X** استغل [istaˈɣalla] nutzen, ausnutzen; ausbeuten
²**غل** [ɣull], *pl.* أغلال [ʔaɣˈlaːl] Kette *f*, Fessel *f*
³**غل** [ɣill] Haß *m*, Groll *m*
غ.ل. *Abk. für* غرش لبناني [ɣirʃ lubˈnaːniː] libanesische(r) Piaster
غلاء [ɣaˈlaːʔ] Teuerung *f*; ~ موجة Teuerungswelle *f*
غلاب [ɣaˈllaːb] siegreich
غلاظة [ɣaˈlaːðɒ] Dicke *f*; Grobheit *f*, Rauheit *f*
غلاف [ɣiˈlaːf], *pl.* أغلفة [ʔaɣlifa] *u.* [-aːt] Hülle *f*; Umschlag *m*; Futteral *n*; Verpackung *f*; Manschette *f e-s Blumentopfs*; ~ جوي [dʒawwiː], ~ هوائي Lufthülle *f*, Atmosphäre *f*; ~ واق [waːqin] Schutzumschlag *m e-s Buches*; صورة الـ~ [sˤuːrat al-ɣ.] Titelbild *n*
غلال → ¹غلة
غلالة [ɣiˈlaːla], *pl.* غلائل [ɣaˈlaːʔil] (2) dünne(s), durchsichtige(s) Gewand, Schleier *m*
غلام [ɣuˈlaːm], *pl.* غلمان [ɣilˈmaːn] Jüngling *m*, Bursche *m*; Diener *m*
غلاة → ²غال
غلاية [ɣaˈllaːja], *pl.* [-aːt] (Wasser-) Kessel *m*; Boiler *m*
غلب [ɣalaba, i] besiegen, überwinden, überwältigen (على/ه *j-n*); vorherrschen, dominieren, überwiegen (على bei *D*); entreißen (ه على *j-m A*); يغلب على الظن [ɒð-ðɒnn] es ist wahrscheinlich; غلب على أمره [ɣuliba] er war machtlos *od.* hilflos, er konnte sich nicht durchsetzen; **II** [ɣallaba] *etwas* über etwas anderes (على) stellen, e-r Sache (هـ) gegenüber e-r anderen (على) den Vorzug geben; siegen lassen (على über *A*); **III** غالب [ɣaːlaba] kämpfen, ringen (ه/هـ mit *D*); **V** تغلب [taˈɣallaba] überwinden, meistern (على *A*); die Oberhand gewinnen, siegen (على über *A*), überwältigen (على *A*)
غلبان [ɣalˈbaːn] *Äg.* arm, armselig
غلباوي [ɣalaˈbaːwiː], *pl.* ~ة *Äg.* schwatzhaft; Schwätzer *m*, Plappermaul *n*
غلبة [ɣalaba] Vorherrschen (على bei *D*), Dominanz *f*; Sieg *m*; *Äg.* Geschwätz *n*
¹**غلط** [ɣalitɒ, a] (sich) irren, e-n Fehler machen; **II** [ɣallatɒ] e-s Fehlers zeihen; e-n Fehler begehen lassen; **III** غالط [ɣaːlatɒ] irreführen, täuschen; beschwindeln
²**غلط** [ɣalɒt] **1.** *pl.* أغلاط [ʔaɣˈlɒːt] Irrtum *m*, Fehler *m*; **2.** falsch
غلطان [ɣalˈtɒːn] (2) im Irrtum befindlich, falscher Meinung
غلطة [ɣaltɒ], *pl.* [ɣalaˈtɒːt] Irrtum *m*, Fehler *m*; ~ مطبعية Druckfehler *m*
غلظ [ɣaluðɒ, u] *u.* [ɣalaðɒ, i] dick sein *od.* werden; grob, rauh, hart sein; **II** [ɣallaðɒ] dick, grob machen, vergröbern; ~ اليمين e-n heiligen Eid leisten; **IV** أغلظ [ʔaɣlaðɒ]: ~ له في القول [fi l-qaul] j-n (grob) anfahren; **X** استغلظ [isˈtaɣlaðɒ] dick finden; grob finden
غلظة [ɣilðɒ] Dicke *f*; Grobheit *f*, Roheit *f*; Härte *f*
(**غلغل**) **II** تغلغل [taˈɣalɣala] (tief) eindringen (في in *A*); (weit) hineinreichen (في in *A*)
¹**غلف** **II** [ɣallafa] in e-e Hülle stecken, einwickeln; verpacken; *Buch* mit e-m Umschlag versehen
²**غلف** [ɣulf] → أغلف
غلفاء → أغلف
غلفة [ɣulfa] *Anat.* Vorhaut *f*
¹**غلق** [ɣalaqa, i] (ver-, ab)schließen, zumachen; **II** [ɣallaqa] verschließen, verriegeln; **IV** أغلق [ʔaɣlaqa] (ver-, ab)schließen, zumachen; *Zeitung* verbieten; **VII** انغلق [inˈɣalaqa] sich schließen; sich abschließen (على gegen *A*), sich abriegeln; ~ على نفسه sich abschließen, sich (selbst) isolieren; **X** استغلق [isˈtaɣlaqa] unmöglich sein (على *j-m*); ~ فهمه [fahmuhuː] unverständlich sein
²**غلق** [ɣalaq] **1.** *pl.* أغلاق [ʔaɣˈlaːq] Schloß *n an der Tür*; *Arch.* Schlußstein *m*; **2.** *pl.* غلقان [ɣulˈqaːn] *Äg.* Korb *m*
³**غلق** [ɣaliq] unverständlich, dunkel
⁴**غلق** [ɣalq] Schließung *f*
غلمة [ɣulma] Sinnenlust *f*, Lüsternheit *f*
¹**غلة** [ɣalla], *pl.* غلال [ɣiˈlaːl] *u.* [-aːt] Feldfrüchte *f/pl.*, Getreide *n;* Ernteertrag *m*; Ertrag *m*
²**غلة** [ɣulla] Durst *m*
¹(**غلو**) غلا [ɣalaː, uː] teuer sein *od.* werden, sich verteuern; übertreiben (في *A*), zu weit gehen (في in *D*), das Maß überschreiten; **II** غلى [ɣallaː] verteuern, *Preis* erhöhen; → ¹غلى; **III** غالى [ɣaːlaː] übertreiben (في *A*); e-n zu hohen Preis verlangen (في für *A*); ~ في تقديره etwas überbewerten; **IV** أغلى [ʔaɣlaː] verteuern; **X** استغلى [isˈtaɣlaː] teuer finden
²**غلو** [ɣuˈluːw] Übertreibung *f*, Übermaß *n*
غلواء [ɣulaˈwaːʔ, ɣulˈwaːʔ] (2) Übertreibung *f*, Maßlosigkeit *f*
غلومة [ɣuˈluːma] Jugendlichkeit *f*
¹**غلى** [ɣalaː, iː] sieden, kochen; **II** [ɣallaː] zum Sieden bringen, kochen; → ¹(غلو)
²**غلي** [ɣalj] *intr.* Sieden *n*, Kochen *n*

غليان [ɣala'jaːn] *intr.* Sieden *n*, Kochen *n*; brodelnde Erregung, *fig.* Gärung *f*, Aufruhrstimmung *f*, Unruhe *f*

غليظ [ɣaliːð], *pl.* غلاظ [ɣilɒːð] dick; grob, rauh, roh; hart

غليل [ɣa'liːl] (heftiger) Durst; Rachedurst *m*; Haß *m*

غليون [ɣal'juːn], *pl.* غلايين [ɣalaː'jiːn] (2) **1.** (Wasser-, Tabaks-)Pfeife *f*; **2.** Galeone *f* (*Schiff*)

[1]**غم** [ɣamma, u] bedrücken, bekümmern, schmerzen; *Pass.* [ɣumma] verborgen, unverständlich sein (على *j-m*); **II** غمم [ɣammama] verhüllen; **IV** أغم [ʔa'ɣamma] bekümmern, bedrücken; **VII** انغم [in'ɣamma] *u.* **VIII** اغتم [iɣ'tamma] bekümmert, bedrückt, traurig sein

[2]**غم** [ɣamm], *pl.* غموم [ɣu'muːm] Kummer *m*, Sorge *f*, Gram *m*

[3]**غم** *Abk. für* غرام Gramm

غماء → أغم

غمار → [2]غمر *u.* غمرة

غماز [ɣa'mmaːz] Abzug(shahn) *m des Gewehrs*

غمازة [ɣa'mmaːza], *pl.* [-aːt] Grübchen *n*

غمام [ɣa'maːm] *koll.* Wolken *f/pl.*

[1]**غمامة** [ɣa'maːma], *pl.* غمائم [ɣa'maːʔim] (2), *koll.* غمام [ɣa'maːm] Wolke *f*

[2]**غمامة** [ɣi'maːma], *pl.* غمائم [ɣa'maːʔim] (2) Scheuklappe *f*, Augenbinde *f*; Maulkorb *m*

[1]**غمد** [ɣamada, i] in die Scheide stecken; **V** تغمد [ta'ɣammada]: ~ الله الفقيد برحمته [bi-raħ'matihiː] Gott sei dem Verstorbenen gnädig!

[2]**غمد** [ɣimd], *pl.* أغماد [ʔaɣ'maːd] (*Schwert-*)Scheide *f*

[1]**غمر** [ɣamara, u] überfluten, überschwemmen, mit Wasser bedekken; überschütten, überhäufen (ب mit *D*); *Gefühl*: durchfluten, erfüllen; **III** غامر [ɣaːmara] riskieren, wagen (ب *A*); ~ بنفسه sich in Abenteuer stürzen, sein Leben aufs Spiel setzen; **VII** انغمر [in'ɣamara] überflutet, überschwemmt werden

[2]**غمر** [ɣamr] Überschwemmung *f*, Überflutung *f*; *pl.* غمار [ɣi'maːr] (Wasser-)Flut *f*

غمرة [ɣamra], *pl.* [ɣama'raːt] *u.* غمار [ɣi'maːr] *a. fig.* Flut *f*; Hitze *f des Kampfes*, Getümmel *n*; Überschwang *m des Gefühls*; ~ في + *G*: mitten in

[1]**غمز** [ɣamaza, i] zublinzeln (ل/ه *j-m*), mit den Augen zwinkern; ein Zeichen geben (ب ه *j-m* mit *D*); (bei der Polizei) denunzieren (ب/على *j-n*); **VI** تغامز [ta'ɣaːmaza] einander zublinzeln; einander Zeichen geben

[2]**غمز** [ɣamz]: الـ~ واللمز Schmähung *f*

غمزة [ɣamza], *pl.* [ɣama'zaːt] Blinzeln *n*, Zwinkern *n*, Wink *m mit den Augen*

غمس [ɣamasa, i] *u.* **II** [ɣammasa] eintauchen (في in *A*); **VII** انغمس [inɣamasa] eingetaucht werden; *intr.* eintauchen (في in *A*); *fig.* sich stürzen (في in *A*); verwickelt, verstrickt werden (في in *A*)

غمض [ɣamađɒ, ɣamuđɒ, u] verborgen, dunkel, undurchsichtig sein; **II** [ɣammađɒ] *Augen* schließen; undurchsichtig, unklar machen; **IV** أغمض [ʔaɣmađɒ] *Augen* schließen; hinnehmen, über sich ergehen lassen (على *A*); ~ العينين عن [al-ʕai'naini] die Augen vor *etwas* verschließen

غمضة [ɣamđɒ] Schließen *n der Augen*; ~ في عين [-ti ʕain(in)] in e-m Augenblick, im Nu

غمط [ɣamaŧɒ, i] undankbar sein (هـ für *A*); verachten, geringschätzen; ~ه حقه [ħaqqahuː] j-s Recht *auf etwas* bestreiten *od.* nicht anerkennen

غمغم [ɣamɣama] brummeln, brummen, murmeln

غمغمة [ɣamɣama], *pl.* [-aːt] Brummeln *n*, Gebrumm *n*, Gemurmel *n*

غمق [ɣamiqa, a] tief sein; *Farbe*: dunkel sein

غمة [ɣumma] Kummer *m*, Sorge *f*; kummervolle Lage, Not *f*

غموس [ɣa'muːs] unheilvoll; ~ يمين Meineid *m*

غموض [ɣu'muːđ] Unklarheit *f*, Undurchsichtigkeit *f*, Vagheit *f*; Rätselhaftigkeit *f*, geheimnisvolle(r) *od.* mysteriöse(r) Charakter *e-r Sache*

غموم → [2]غم

[1]**غمي** *Pass.* ~ عليه [ɣumija] *u. bsd.* **IV** *Pass.* أغمي عليه [ʔuɣmija] ohnmächtig werden, das Bewußtsein verlieren

[2]**غمي** [ɣamj] Ohnmacht *f*, Bewußtlosigkeit *f*

غميزة [ɣa'miːza] Makel *m*, Fehler *m*

غن [ɣanna, a] näseln

[1]**غناء** [ɣa'naːʔ] Genüge *f*; Nützlichkeit *f*; ~ في ذلك das genügt; ~ لا فيه [-a] es hat keinen Wert, es taugt nichts

[2]**غناء** [ɣa'nnaːʔ] → أغن

[3]**غناء** [ɣi'naːʔ] Gesang *m*, Singen *n*

غنام [ɣa'nnaːm] Schafhirt *m*

غنائي [ɣi'naːʔiː] Gesangs-; lyrisch

[1]**غنج** [ɣaniʤa, a] *u.* **V** تغنج [ta'ɣanaʤa] kokettieren

[2]**غنج** [ɣunʤ] Koketterie *f*

غنجة [ɣaniʤa] *Frau*: kokett

غنجو [ɣanʤuː] *Äg.* Kupplungsstange *f der Eisenbahn*

(**غندر**) **II** تغندر [ta'ɣandara] den Geck spielen; sich herausputzen

غندور [ɣan'duːr], *pl.* غنادرة [ɣa'naːdira] *Äg.* Stutzer *m*, Geck *m*

غندورة [ɣan'duːra] *Äg.* schicke, flotte Frau

غنغرينا [ɣanɣa'riːnaː] *Med.* Gangrän *n*, Brand *m*

[1]**غنم** [ɣanima, a] erbeuten; **VIII** اغتنم [iɣ'tanama] *Gelegenheit* benutzen, wahrnehmen

[2]**غنم** [ɣanam] *koll.*, *pl.* أغنام [ʔaɣ'naːm] Schafe *n/pl.*

[3]**غنم** [ɣunm] Beute *f*; Gewinn *m*

غنمة [ɣanama] *n. un.* Schaf *n*

غنة [ɣunna] näselnde Aussprache, Nasalierung *f*; näselnde(r) Ton

غنوج [ɣa'nnuːʤ]: ~ بابا *u.* ~ أبو *Syr., Lib. Gericht aus Auberginen*

[1]**غني** [ɣanija, aː] reich sein *od.* werden; entbehren können (عن *A*), ver-

zichten können (عن auf *A*); **II** غنّى [ɣanna:] singen; besingen (ب *A*); **IV** أغنى [ʔaɣna:] bereichern; entbehrlich, überflüssig machen (ه عن *j-m A*); ersparen (ه عن *j-m A*); nützen (عن/ه *j-m*); لايغني شيئا [ʃaiʔan], لا يغني فتيلا [fa'ti:lan] es nützt gar nichts; **V** تغنّى [ta'ɣanna:] singen (ب *A*); besingen, preisen (ب *A*); **VIII** اغتنى [iɣ'tana:] reich werden; **X** استغنى [is'taɣna:] entbehren können (عن *A*), verzichten (können) (عن auf *A*), auskommen (können) (عن ohne *A*); auskommen (ب mit *D*); *Pass.* لايستغنى عنه [jus'taɣna:] unentbehrlich

2 **غني** [ɣa'ni:j], *pl.* أغنياء [ʔaɣni'ja:ʔ] (2) reich (ب an *D*), wohlhabend; ~ عن البيان es versteht sich von selbst; ~ الحرب Kriegsgewinnler *m*

3 **غنى** [ɣinan] Reichtum *m*; لا ~ عنه [ɣina:] unentbehrlich; لا ~ له عن ذلك er kann nicht darauf verzichten

غنيمة [ɣa'ni:ma], *pl.* غنائم [ɣa'na:ʔim] (2) Beute *f*; ~ باردة leichte Beute; رضي/قنع من الـ~ بالإياب [rɒḍija/qaniʕa, ʔi'ja:b] froh sein, (mit heiler Haut) davongekommen zu sein

غواتيمالا [ɣuwa:ti'ma:la:] Guatemala

غواتيمالي [ɣuwa:ti'ma:li:] guatemaltekisch; Guatemalteke *m*

غواز ← غازية

غواش ← غاشية

غواص [ɣa'wwɒ:s], *pl.* [-u:n] Taucher *m*

غواصة [ɣa'wwa:sɒ], *pl.* [-a:t] Unterseeboot *n*

غوافة [ɣu'wa:fa] Guave *f*

غوامض ← غامض

غوان ← غانية

غواة ← غاو

غوائل ← غائلة

غواية [ɣa'wa:ja] Verfehlung *f*, Irrtum *m*

1 **(غوث)** **IV** أغاث [ʔa'ɣa:θa] zu Hilfe kommen, Hilfe leisten (ه *j-m*); **X** استغاث [ista'ɣa:θa] zu Hilfe rufen (ه/ب *j-n*); um Hilfe rufen

2 **غوث** [ɣauθ] Hilfe *f*, Hilfeleistung *f*

1 **(غور)** غار [ɣa:ra, u:] *Auge*: einfallen, einsinken; *Wasser*: versickern; **II** [ɣawwara] *Wasser*: versickern; **IV** أغار [ʔa'ɣa:ra] angreifen (على *A*); überfallen (على *e-e Nation*)

2 **غور** [ɣaur], *pl.* أغوار [ʔaɣ'wa:r] (Boden-)Senke *f*; *a. fig.* Tiefe *f*; الـ~ das Jordantal; بعيد الـ~ tiefgründig, tiefschürfend

غورو [ɣu:ru:] Guru *m*

غوريلا [ɣu'rilla:] Gorilla *m*

غوز **II** [ɣawwaza] in Gas umwandeln, gasförmig machen; **V** تغوز [ta'ɣawwaza] gasförmig werden

1 **(غوص)** غاص [ɣa:sɒ, u:] tauchen (على nach *D*); untertauchen; **II** [ɣawwasɒ] tauchen lassen, *j-n* untertauchen

2 **غوص** [ɣaus] Tauchen *n*

1 **غوط** **II** [ɣawwatɒ] *Brunnen* vertiefen; **V** تغوط [ta'ɣawwatɒ] den Darm entleeren

2 **غوط** [ɣu:t]: الـ~ *koll. hist.* die Goten *m/pl.*

غوطة [ɣu:tɒ]: الـ~ *Name der fruchtbaren Ebene rund um Damaskus*

غوطي [ɣu:ti:] gotisch

غوغاء [ɣau'ɣa:ʔ] (2) Pöbel *m*, Mob *m*; Menschenmenge *f*; Lärm *m*, Tumult *m*

غوغائي [ɣau'ɣa:ʔi:] demagogisch; *pl.* [-u:n] Demagoge *m*

غوغائية [ɣauɣa:'ʔi:ja] Demagogie *f*

1 **(غول)** غال [ɣa:la, u:] packen, wegraffen; vernichten; **VIII** اغتال [iɣ'ta:la] ermorden

2 **غول** [ɣu:l] *m u. f*, *pl.* غيلان [ɣi:'la:n] *u.* أغوال [ʔaɣ'wa:l] Dämon *m*

غوى [ɣawa:, i:] verführen, irreleiten; irregehen; — غوي [ɣawija, a:] irregehen; mögen, begehren; **II** [ɣawwa:] verführen, verleiten; **X** استغوى [is'taɣwa:] verführen, verlocken (ب mit *D*)

غويانا [ɣu'ja:na:] *Geo.* Guyana

غويص [ɣa'wi:s] tief; *umg.* schwierig

غي [ɣajj] Irrtum *m*, Verfehlung *f*; Verführung *f*

غياب [ɣi'ja:b] Abwesenheit *f*, Fehlen *n*

غيابة [ɣa'ja:ba], *pl.* [-a:t] Tiefe *f e-s Brunnens, Gefängnisses*

غيابي [ɣi'ja:bi:]: حكم ~ [ħukm] *Jur.* Versäumnisurteil *n*; ~ًا [-jan] *Adv. Jur.* in Abwesenheit

غياث [ɣi'ja:θ] Hilfe *f*, Hilfeleistung *f*

غيار [ɣi'ja:r]: قطع الـ~ [qitɒʕ al-ɣ.] *u. Saudi-Ar.* غيارات *pl.* Ersatzteile *n/pl.*

1 **(غيب)** غاب [ɣa:ba, i:] fernbleiben (عن *D*), abwesend sein; sich entfernen (عن von *D*), verschwinden, entschwinden; *Sonne*: untergehen; ~ عن النظر [an-nɒðɒr] dem Blick entschwinden; لا يغيب عن الذهن [að-ðihn], لا يغيب عن البال man darf nicht vergessen; ~ عن الصواب das Bewußtsein verlieren; **II** [ɣajjaba] verschwinden lassen, entfernen, verbergen; **V** تغيب [ta'ɣajjaba] fernbleiben (عن *D*), abwesend sein (عن von *D*); ~ عن المدرسة die Schule schwänzen; **VIII** اغتاب [iɣ'ta:ba] schlechtmachen, diffamieren, verleumden

2 **غيب** [ɣaib], *pl.* غيوب [ɣu'ju:b] Verborgene(s), Übersinnliche(s), göttliche(s) Geheimnis; ~ًا [-an] *Adv.* auswendig; ~ رجم بالـ ← رجم 1; علام الغيوب [ʕalla:m al-ɣ.] der Allsehende, Gott

غيبة [ɣaiba] Abwesenheit *f*; Verborgenheit *f*; Verschwinden *n e-r Person*

غيبوبة [ɣai'bu:ba] Bewußtlosigkeit *f*; *Med.* Koma *n*; Trance *f*

غيبي [ɣaibi:] verborgen, übersinnlich; transzendent, metaphysisch

غيبية [ɣai'bi:ja] Verborgenheit *f*, Übersinnlichkeit *f*

غيتار [ɣi:'ta:r] Gitarre *f*

غيتو [ɣi:tu:, ɣe:to:] Ghetto *n*

غيث [ɣaiθ], *pl.* غيوث [ɣu'ju:θ] Regen *m*

1 **(غيد)** **VI** تغايد [ta'ɣa:jada] sich beim Gehen anmutig wiegen

2 **غيد** [ɣajad] Zartheit *f e-s Mädchens*, Anmut *f*; ← أغيد *u.* غادة

غيداء ← أغيد

1 **(غير)** غار [ɣa:ra, a:] eifersüchtig sein (من auf *A*); eifersüchtig wachen (على über *A*), sich einsetzen (على für *A*); **II** [ɣajjara] ändern, verän-

dern (هـ/من *A*); (aus)wechseln; ~ السرعة [as-surʕa] *Verk.* schalten; **III** غاير [ɣaːjara] anders sein (هـ als), sich unterscheiden, abweichen (هـ von *D*); auswechseln, abwechselnd benutzen (بين *A*); **V** تغير [taˈɣajjara] sich (ver)ändern, wechseln; **VI** تغاير [taˈɣaːjara] voneinander verschieden sein *od.* abweichen

[2]**غير** [ɣair], *pl.* أغيار [ʔaɣˈjaːr] + *G*: andere(r), andere(s) als, verschieden von; *zur Verneinung von Adjektiven*: nicht-, un-; ~ [-a] *Präp.* außer; الـ~ die anderen, andere Personen, Dritte *pl.*; أن ~ [-a ʔanna] jedoch, aber, indessen; غيرهم [ɣairuhum] andere (als sie); ذلك ~ etwas anderes; وغيره (غيرهم) und anderes (andere); وـ~ ذلك und dergleichen mehr, und so weiter; رسمي ~ inoffiziell; العرب ~ Nichtaraber *m/pl.*; مفيد ~ [muˈfiːd] nutzlos; واحد ~ mehr als einer; ~ مرة [-a marra(tin)] mehr als einmal, öfter; بـ~ *u.* ~ من/في/على + *G*: ohne; ~ لا *u.* ~ ليس nichts anderes, nur; في ~صالحه zu s-n Ungunsten; في ~ هذا المكان [ɣairi haːða l-makaːn] an anderer Stelle

[1]**غيران** [ɣaiˈraːn] (2), *f* غيرى [ɣairaː], *pl.* غيارى [ɣaˈjaːraː] eifersüchtig

[2]**غيران** [ɣiˈraːn] → [2]غار

غيرة [ɣaira] Eifersucht *f* (من auf *A*); Eifer *m*, Eintreten *n*, wachsame Sorge (على für *A*); الـ~ (روح) [(ruːħ) al-ɣ.] Ehrgefühl *n*

غيري [ɣairiː] altruistisch; *pl.* [-uːn] Altruist *m*; جنسية ~ة [dʒinˈsiːja] Heterosexualität *f*

غيرية [ɣaiˈriːja] Altruismus *m*

[1]**(غيض)** غاض [ɣaːđɒ, iː] versiegen; لا يغيض *Quelle*: nie versiegend, unerschöpflich

[2]**غيض** [ɣaiđ]: ~ من فيض nur ein weniges aus e-r Fülle von Dingen

غيضة [ɣaiđɒ], *pl.* غياض [ɣiˈjɒːđ] Dickicht *n*, Gebüsch *n*

غيط [ɣait], *pl.* غيطان [ɣiːˈtɒːn] Feld *n*, Acker *m*

[1]**(غيظ)** غاظ [ɣaːðɒ, iː] *u. meist* **IV** أغاظ [ʔaˈɣaːðɒ] wütend machen, erzürnen, reizen; **V** تغيظ [taˈɣajjaðɒ] *u.* **VIII** اغتاظ [iɣˈtaːðɒ] wütend, zornig werden

[2]**غيظ** [ɣaið] Zorn *m*, Wut *f*, Ärger *m*

غيل [ɣiːl], *pl.* أغيال [ʔaɣˈjaːl] Dickicht *n*

غيلة [ɣiːla] Meuchelmord *m*; ~ قتله [-tan] j-n meuchlings ermorden

غيلي [ɣiːliː] gälisch

[1]**(غيم)** غام [ɣaːma, iː] *u.* **II** [ɣajjama] *Himmel*: sich bewölken, sich umwölken

[2]**غيم** [ɣaim] *koll., n. un.* ~ة, *pl.* غيوم [ɣuˈjuːm] Wolken *f/pl.*

غين [ɣain] *f* der Buchstabe غ

غيني [ɣiːniː] guineisch; *pl.* [-uːn] Guineer *m*; ~ خنزير [xinˈziːr] Meerschweinchen *n*

غينيا [ɣiːnijaː] Guinea; ~ الاستوائية [al-istiwaːˈʔiːja] Äquatorialguinea; ~ بيساو [biːˈsaːw] Guinea-Bissau; ~ الجديدة Neuguinea

غيهب [ɣaihab], *pl.* غياهب [ɣaˈjaːhib] (2) *meist pl.* Finsternis *f*, Dunkelheit *f*

غيور [ɣaˈjuːr], *pl.* غير [ɣujur] eifersüchtig; eifersüchtig wachend (على über *A*); sich einsetzend (على für *A*)

ف

1ف (فاء) [faːʔ] *zwanzigster Buchstabe des arab. Alphabets*

2ف *Abk. für* فدان [fa'ddaːn] (*Flächenmaß*) *u.* فلس Fils *m* (*Währungseinheit*)

3فـ [fa-] und, (und) da, (und) dann, so; denn; *mit Subjunktiv*: so daß, damit, *nach Negation*: damit nicht; شيئا فشيئا [ʃaiʔan] *Adv.* allmählich; خطوة فخطوة [xuŧwatan] Schritt für Schritt; يوما فيوما [jauman] Tag für Tag; فليكتب [fal-'jaktub] er soll schreiben

فا → 1فم

1فاء [faːʔa] → 1(فيء)

2فاء [faːʔ] *f* der Buchstabe ف; *Gr.* erste(r) Wurzelkonsonant

فابريقة [faːb'riːqa], *pl.* [-aːt] *u.* فبارق [fa'baːriq] (2) Fabrik *f*

فابريكة [faːb'riːka], *pl.* [-aːt] *u.* فبارك [fa'baːrik] (2) Fabrik *f*

1(فأت) **VIII** افتأت [if'taʔata] Lügen erzählen (على über *A*); برأيه ~ [bi-raʔjihiː] nach eigenem Urteil handeln

2فات → 1(فوت)

فاتح [faːtiħ] **1.** öffnend; Eroberer *m*; الـ~ erste(r) Tag des Monats; *Libyen*: September *m*; للشهية ~ [li-ʃ-ʃa'hiːja] appetitanregend; **2.** *Farbe*: hell

فاتحة [faːtiħa], *pl.* فواتح [fa'waːtiħ] (2) Anfang *m*, Beginn *m*, Einleitung *f*; الـ~ *Name der ersten Sure des Korans*

فاتر [faːtir] matt, schlaff; *Wasser*, *a. fig.* lau; flau

فاترينة [fat'riːna], *pl.* [-aːt] Schaufenster *n*, Vitrine *f*

فاتك [faːtik] mörderisch, verderbenbringend; *pl.* فتاك [fu'ttaːk] Mörder *m*

فاتن [faːtin] bezaubernd, faszinierend, hinreißend, verführerisch; Verführer *m*; فواتن [fa'waːtin] (2) *pl.* Reize *m/pl.*

فاتورة [faː'tuːra], *pl.* فواتير [fawaː'tiːr] (2) Rechnung *f*, Faktura *f*

فاتيكان [fati'kaːn, vati'kaːn]: الـ~ der Vatikan

فاجر [faːdʒir], *pl.* فجار [fu'ddʒaːr] *u.* فجرة [fadʒara] schamlos; unmoralische(r) Mensch; Wüstling *m*; Ehebrecher *m*

فاجرة [faːdʒira], *pl.* فواجر [fa'waːdʒir] (2) Hure *f*; Ehebrecherin *f*

فاجع [faːdʒiʕ] betrüblich, schmerzlich; tragisch

فاجعة [faːdʒiʕa], *pl.* فواجع [fa'waːdʒiʕ] (2) Unglück *n*, Unheil *n*, Katastrophe *f*, Tragödie *f*

فاح → (فوح)

فاحش [faːħiʃ] ungeheuerlich, unerhört; schamlos, unanständig, schmutzig

فاحشة [faːħiʃa], *pl.* فواحش [fa'waːħiʃ] (2) Ungeheuerlichkeit *f*, Schandtat *f*; Hurerei *f*

فاحص [faːħis̶] *a. Blick*: prüfend; Prüfer *m*

فاحم [faːħim] *u.* أسود ~ tiefschwarz, kohlschwarz

فاختة [faːxita], *pl.* فواخت [fa'waːxit] (2) Ringeltaube *f*

فاخر [faːxir] prächtig, herrlich, vorzüglich; Pracht-; Luxus-, luxuriös; *Mahl*: festlich

فاخورة [faː'xuːra] Töpferwerkstatt *f*, Töpferei *f*

فاخوري [faː'xuːriː] Töpfer *m*

فاد [faːdin] Erlöser *m*

فادح [faːdiħ] *Verlust*: schwer, hoch; *Last*: drückend; *Preis*: horrend

فادن [faːdin], *pl.* فوادن [fa'waːdin] (2) Senkblei *n*

1فار [faːra] → 1(فور)

2فار [faːr], *pl.* فيران [fiː'raːn] → 4فأر

3فار [faːrr] fliehend; entflohen, flüchtig

4فأر [faʔr], *pl.* فئران [fiʔ'raːn] Maus *f*; Ratte *f*

فارزة [faːriza] Gerät *n* zum Trennen *od.* Aussondern, Separator *m*; Komma *n*, Beistrich *m*

فارس [faːris] **1.** *pl.* فرسان [fur'saːn] *u.* فوارس [fa'waːris] (2) Reiter *m*; Ritter *m a. e-s Ordens*; *pl.* فوارس bedeutende(r) Vertreter *e-r Wissenschaft od. Kunst*; فرسان يوحنا (القديس) [f. (al-qi'ddiːs) juː'ħannaː] die Johanniter *m/pl.*; سلاح الفرسان [si'laːħ al-f.] Kavallerie *f*; **2.** (= بلاد ~ [bi'laːd f.]) Persien

فارسة [faːrisa], *pl.* [-aːt] *u.* فوارس [fa'waːris] (2) Reiterin *f*; Amazone *f*

فارسي [faːrisiː] persisch; *pl.* فرس [furs] Perser *m*

فارط [faːriŧ] *bsd. Maghr.* vergangen, letzte(r)

فارع [faːriʕ] hoch; (= الطول ~ [f. ɒŧ-ŧuːl] *u.* القامة ~) hochgewachsen

فارغ [faːriɣ] leer; frei, vakant; فوارغ [fa'waːriɣ] *pl.* Leergut *n*; كلام ~ leere(s) Geschwätz, sinnlose(s) Gerede; وزن ~ Tara *f*; بـ الصبر ~ ungeduldig (*Adv.*)

فارق [faːriq] **1.** unterscheidend, distinktiv; **2.** *pl.* فوارق [fa'waːriq] (2) Unterschied *m*; Abstand *m*, Differenz *f*

فاره [faːrih] schön, hübsch

1**فارة** [faːra], *pl.* [-aːt] Hobel *m*; مسح بالـ~ (ab)hobeln

2**فأرة** [faʔra] *n. un. a. EDV* Maus *f*

فاروق [faː'ruːq] *npr. m*; الـ~ *Beiname des Kalifen Omar*

1**فاز** [faːza] → 1(فوز)

2**فاز** [faːz], *pl.* [-aːt] *El.* Phase *f*

فازة [vaːza], *pl.* [-aːt] Vase *f*

فازلين [faz'liːn, vaz'liːn] Vaseline *f*

1**فاس** [faːs] (2) Fes (*Stadt in Marokko*)

2**فأس** [faʔs] *f*, *pl.* فؤوس [fu'ʔuːs] Axt *f*, Beil *n*; Streitaxt *f*

فاسد [faːsid] verdorben, faul, schlecht; korrupt; unmoralisch; *Isl. Jur.* nichtig

فاسق [faːsiq], *pl.* فساق [fu'ssaːq] *u.* فسقة [fasaqa] unmoralisch, lasterhaft, liederlich; Frevler *m*; Hurer *m*

فاشستي [faːʃistiː] faschistisch; Faschist *m*

فاشستية [faːʃis'tiːja] Faschismus *m*

فاشل [faːʃil] gescheitert, fehlgeschlagen; Versager *m*

فاشوش [faː'ʃuːʃ] geistesschwach, schwachsinnig

فاشي [faːʃiː] faschistisch; *pl.* [-uːn] Faschist *m*

فاشية [faː'ʃiːja] Faschismus *m*

فاصل [fɒːsɨl] **1.** trennend, Trennungs-; isolierend; entscheidend; ~ حد [ħadd], ~ خط [xɒtt] Trennungslinie *f*; *Pol.* Demarkationslinie *f*; الكلمة الفاصلة [al-kalima] das entscheidende Wort; مباراة ~ة *Sport*: Entscheidungsspiel *n*; **2.** *pl.* فواصل [fa'wɒːsɨl] (2) Trennende(s), *a. fig.* Trennung *f*; Abstand *m*; Unterbrechung *f*; Zwischenspiel *n*, Intermezzo *n*; *bsd. Saudi-Ar., Tun.* Komma *n*; ~ بلا ohne Unterbrechung

فاصلة [fɒːsɨla], *pl.* فواصل [fa'wɒːsɨl] (2) Komma *n*; *Mus.* Intervall *n*; *Math.* Abszisse *f*; Ende *n* des Koranverses

فاصم [fɒːsɨm] *El.* Unterbrecher *m*

فاصوليا [fɒː'suːlijaː], فاصولياء [fɒːsuː'lijaːʔ] (2) *u.* فاصولية [fɒːsuːlija] Bohne(n *pl.*) *f*

1**فاض** [faːđɒ] → 1(فيض)

2**فاض** [fɒːđin] leer; *Zimmer*: frei; الدوران على الـ~ [ad-dawa'raːn] *Techn.* Leerlauf *m*

فاضح [fɒːđɨħ] schändlich, skandalös, unverschämt; blamabel

فاضل [fɒːđɨl] **1.** *pl.* فضلاء [fuđɒ'laːʔ] (2) *u.* [-uːn] trefflich, vorzüglich, hervorragend, ausgezeichnet; verdienstvoll; **2.** übrig, übrigbleibend; *pl.* فواضل [fa'wɒːđɨl] (2) Rest *m*, Überrest *m*

فاطر [fɒːtɨr] **1.** Schöpfer *m* (*Gott*); **2.** das Fasten beendend

فاطمة [fɒːtɨma] Fatima *npr. f*

فاطمي [fɒːtɨmiː] *hist.* fatimidisch; *pl.* [-uːn] Fatimide *m*

فاعل [faːʕil] machend, tuend; tätig, aktiv; bewirkend; wirksam, effektiv; *Gr.* Subjekt *n des Verbalsatzes*; *pl.* [-uːn] Handelnde(r), *Jur.* Täter *m*; *pl.* فعلة [faʕala] Arbeiter *m*; ~ الخير [f. al-xair] Wohltäter *m*; اسم الـ~ [ism al-f.] *Gr.* Partizip *n* Aktiv

فاعلية [faːʕi'liːja] Wirksamkeit *f*; Aktivität *f*

فاغر [faːɣir]: ~ا فاه [-an faːhu] mit offenem Mund

فاغية [faːɣija] Hennablüte *f*

فأفأ [faʔfaʔa] stammeln, stottern

فاق → 1(فوق)

فاقد [faːqid] beraubt (+ *G*: *e-r Sache*), -los; verlorengegangen; Verlust *m*; الشعور ~ gefühllos; bewußtlos; الضمير ~ gewissenlos; ~ الوعي bewußtlos

فاقع [faːqiʕ] *Farbe*: leuchtend, grell; أصفر ~ leuchtend gelb

فاقة [faːqa] Armut *f*, Bedürftigkeit *f*

فاكس [faks] (Tele-)Fax *n*

فاكه [faːkih] lustig, heiter

فاكهاني [faːki'haːniː], *pl.* ~ة Obsthändler *m*

فاكهة [faːkiha], *pl.* فواكه [fa'waːkih] (2) Obst *n*, Früchte *f/pl.*; فواكه مجففة [mu'dʒaffafa] Trockenobst *n*

1(**فأل**) **VI** تفاءل [ta'faːʔala] als gutes Vorzeichen betrachten (بـ *A*); optimistisch sein

2**فأل** [faʔl], *pl.* فؤول [fu'ʔuːl] Vorzeichen *n*, Omen *n*; خير ~ [faʔlu xair(in)] gute(s) Vorzeichen *od.* Omen; Glücksbringer *m*

فالت [faːlit] entkommend

فالج [faːlidʒ] Halbseitenlähmung *f*

فالس [vals], *pl.* [-aːt] Walzer *m*

فالق [faːliq], *pl.* فوالق [fa'waːliq] (2) *Geol.* Verwerfung *f*, Bruch *m*; (*Erd-*)Spalte *f*

فالوذج [faː'luːðadʒ] *Süßspeise aus Mehl u. Honig*

فالية [faːlija] gefleckte(r) Mistkäfer

1**فان** [vaːn] *Jord.* Lieferwagen *m*

2**فان** [faːnin] vergänglich, nichtig; altersschwach

3**فإن** [fa'ʔinna] *satzeinleitende Partikel*: denn; لذلك ~ [li-'ðaːlika] deshalb

فاناديوم [fa'naːdijum, va'naːdijum] Vanadium *n*

فانلا [fa'nillaː] *u.* فانلة [fa'nilla] *Äg.* Unterhemd *n*; Trikot *n*; Flanell *m*

فانوس [faː'nuːs], *pl.* فوانيس [fawaː'niːs] (2) Laterne *f*; سحري ~ [siħriː] Laterna magica *f*, Projektionsapparat *m*

فانيليا [va'niːlijaː] Vanille *f*

فاهم [faːhim] verstehend

فائت [faːʔit] vorübergehend, *bsd. Lib. a. Jahr*: vergangen

فائدة [faːʔida], *pl.* فوائد [fa'waːʔid] (2) Nutzen *m*, Vorteil *m*, Gewinn *m*; Zins *m*, Zinsen *pl.*; لـ~ + *G*: *bsd. Maghr.* zugunsten von; عديم الـ~ nutzlos

فائز [faːʔiz] gewinnend (بـ *A*), siegreich; *pl.* [-uːn] Gewinner *m*, Sieger *m*

فائزة [faːʔiza], *pl.* [-aːt] Gewinnerin *f*, Siegerin *f*

فائض [faːʔiđ] **1.** überfließend; überschüssig, Überschuß-; **2.** *pl.* فوائض [fa'waːʔiđ] (2) Überschuß *m*; *pl. bsd. Tun.* Zinsen *pl.*; ~ الإنتاج Überproduktion *f*; Überschußproduktion *f der EU*

فايظجي [faː'jizgiː] *Äg.* Wucherer *m*

فائق [faːʔiq] übertreffend; überragend, hervorragend, vorzüglich; überaus groß; مع ~ الاحترام mit vorzüglicher Hochachtung; مع ~ الشكر mit bestem Dank

فبارق → فابريقة

فبارك → فابريكا

فبراير [fib'raːjir] Februar *m*

فت [fatta, u] zerbröckeln, zerbröseln; ~ في ساعده j-n schwächen *od.* entmutigen; **II** فتت [fattata] zersplittern, aufsplittern; zerreißen, zerbröckeln, zerkrümeln; zerkleinern; zerlegen; يفتت الأكباد herzzerreißend; **V** تفتت [ta'fattata] *intr.* zersplittern; zerfallen; zerbröckeln

فتاء [fa'taːʔ] Jugend *f*, Jünglingsalter *n*

فتات [fu'taːt] (Brot-)Krumen *f/pl.*, Krümel *pl.*, Bröckchen *n/pl.*, Brösel *m/pl.*, Brosamen *pl.*

فتاح [fa'ttaːħ] Bachstelze *f*, *bsd.* Schafstelze *f*; الـ~ der Eröffner (*Beiname Gottes*)

فتاحة [fa'ttaːħa], *pl.* [-aːt] (Büchsen-)Öffner *m*

فتاق [fi'taːq] *Med.* Bruch *m*, Hernie *f*

[1]**فتاك** [fa'ttaːk] mörderisch, tödlich, verderbenbringend

[2]**فتاك** [fu'ttaːk] → فاتك

فتال [fa'ttaːl] Seiler *m*

فتان [fa'ttaːn] bezaubernd, faszinierend, hinreißend, verführerisch

فتاة [fa'taːt], *pl.* فتيات [fata'jaːt] Mädchen *n*, junge Frau

[1]**فتح** [fataħa, a] öffnen, aufmachen; *Hahn* aufdrehen, *Gerät* einschalten; *Kredit*, *Perspektiven*, *Feuer* eröffnen; *Straße* anlegen, bauen; *Appetit* anregen; *Land* erobern, einnehmen; *Gott*: Erfolg verleihen (على *j-m*); *Gott*: eingeben (على *j-m* ب *A*); *Konsonanten* mit dem Vokal *a* aussprechen; **II** [fattaħa] (weit *od.* wiederholt) öffnen; *Blüte*: sich öffnen; **III** فاتح [faːtaħa] eröffnen (ه ب *j-m A*); herantreten (ه an *j-n*), ansprechen (ه في *j-n* auf *etwas*); **V** تفتح [ta'fattaħa] sich öffnen; *Blume*: aufblühen; aufgeschlossen sein; **VII** انفتح [in'fataħa] sich öffnen (*a. fig.*: على für *A*), sich auftun; geöffnet werden; *Land*: sich nach außen hin (على) öffnen; **VIII** افتتح [if'tataħa] *Konferenz etc.* eröffnen; einleiten, beginnen; **X** استفتح [is'taftaħa] den Anfang machen, beginnen (ب mit *D*)

[2]**فتح** [fatħ] **1.** Öffnung *f*; Eröffnung *f*; Aussprache *f e-s Konsonanten* mit folgendem *a*; *pl.* فتوح [fu'tuːħ] *u.* فتوحات [futuː'ħaːt] Eroberung *f*; فتوحات Errungenschaften *f/pl. bsd. e-r Wissenschaft*; *Tun.* Spenden *f/pl. für e-e Zawija*; **2.** *f Abk. für* حركة تحرير فلسطين Bewegung *f* zur Befreiung Palästinas, Al Fatah

[1]**فتحة** [fatħa], *pl.* [fata'ħaːt] *Gr.* Vokalzeichen für *a*, der Vokal *a*

[2]**فتحة** [futħa], *pl.* [futa'ħaːt] *u.* فتح [futaħ] Öffnung *f*, Loch *n*; Ausschnitt *m e-s Kleides*; ~ الباب Türspalt *m*

[1]**فتر** [fatara, u] erschlaffen, ermatten; nachlassen, abflauen, sich abschwächen; *Begeisterung*, *Wut*: sich legen; *Wasser*: lau werden; **II** [fattara] schlaff *od.* matt werden lassen; abschwächen, dämpfen; lau(warm) machen

[2]**فتر** [fitr], *pl.* أفتار [ʔaf'taːr] Spanne *f zwischen Daumen u. Zeigefinger*

فترة [fatra], *pl.* [fata'raːt] Zeitraum *m*, Zeitspanne *f*, Periode *f*, Zeit *f*; ~ انتقالية *u.* ~ الانتقال Übergangszeit *f*; ~ السماح tilgungsfreie Zeit *e-s Kredits*; ~ من الزمن [az-zaman] eine Weile, eine Zeitlang; بين ~ وأخرى [ʔuxraː] ab und zu, hin und wieder; في الـ~ الأخيرة in der letzten Zeit

فترينة [fat'riːna], *pl.* [-aːt] Schaufenster *n*, Vitrine *f*

فتش **II** [fattaʃa] durchsuchen; prüfen, inspizieren (ه/عن/على *A*); suchen (عن nach *D*)

فتفت [fatfata] zerkrümeln

فتفوتة [fat'fuːta], *pl.* فتافيت [fataː'fiːt] (2) Krümel *m*, Krume *f*

[1]**فتق** [fataqa, u, i] aufreißen, aufschlitzen; **II** [fattaqa] aufreißen; auftrennen; **V** تفتق [ta'fattaqa] aufgerissen werden, zerreißen, platzen; ~ ذهنه عن [ðihnuhuː] *etwas* ersinnen, ausdenken; **VII** انفتق [in'fataqa] zerreißen, platzen

[2]**فتق** [fatq], *pl.* فتوق [fu'tuːq] Riß *m*, Schlitz *m*; Loch *n im Strumpf*; *Med.* Bruch *m*, Hernie *f*

[1]**فتك** [fataka, i] umbringen, töten (ب *j-n*); *Seuche* dahinraffen (ب *j-n*); *Raubtier*: reißen (ب *ein Tier*), *Raubvogel*: schlagen (ب *ein Tier*); vernichten (ب *A*)

[2]**فتك** [fatk] Umbringen *n*; Vernichtung *f*

[1]**فتل** [fatala, i] (zusammen)drehen, zwirnen; *Schnurrbart* zwirbeln; **II** [fattala] (zusammen)drehen, zwirnen; **V** تفتل [ta'fattala] gedreht, gezwirnt werden; **VII** انفتل [in'fatala] gedreht, gezwirnt werden; sich umdrehen und gehen

[2]**فتل** [fatl] (Zusammen-)Drehen *n*, Zwirnen *n*

فتلة [fatla], *pl.* [-aːt] *u.* فتل [fital] *Äg.* (Zwirns-)Faden *m*; شمع الـ~ [ʃammaʕa] sich aus dem Staub machen

فتن [fatana, i] bezaubern, faszinieren, betören; verführen, verlocken; weglocken (عن von *D*); *Pass.* [futina] betört, entzückt sein (ب von *D*); verrückt sein (ب nach *D*); **VIII** افتتن [if'tatana] betören; verführen; *Pass.* [uf'tutina] bezaubert, betört werden; sich blenden lassen

فتنة [fitna], *pl.* فتن [fitan] Bezauberung *f*, Zauber *m*, Faszination *f*; Verlockung *f*; Aufruhr *m*, Aufstand *m*; Streit *m*, Zwietracht *f*; الـ~ *hist.* Kämpfe *m/pl.* um das Kalifat im Frühislam

فتور [fu'tuːr] Erschlaffung *f*, Nachlassen *n*, Abflauen *n*; Mattheit *f*, Schlaffheit *f*; Lauheit *f*; ~ الهمة [f. al-himma] Erlahmen *n* des Eifers

فتوة [fu'tuːwa] **1.** Jugend *f*, Jünglingsalter *n*; Ritterlichkeit *f*, Männlichkeit *f*; *Syr.* vormilitärische Ausbildung; **2.** *pl.* [-aːt] *Äg.* Rowdy *m*, Raufbold *m*

فتوى [fatwaː], *pl.* فتاوى [fa'taːwaː] *u.* فتاو [fa'taːwin] *Isl.* Rechtsgutachten *n*, Fetwa *n*

1**فتي** [fatija, aː] jung sein; **IV** أفتى [ʔaftaː] ein Rechtsgutachten abgeben (في über *A*); durch Rechtsgutachten entscheiden (بأن [bi-ʔanna] daß); aufklären (ه في *j-n* über *A*); **X** استفتى [is'taftaː] um ein Rechtsgutachten bitten (ه في *j-n* über *A*); befragen (ه في *j-n* über *A*)

2**فتى** [fatan], *pl.* فتيان [fit'jaːn] *u.* فتية [fitja] junge(r) Mann, Jüngling *m*, Bursche *m*

3**فتي** [fa'tiːj] jung

4**فتئ** [fatiʔa, a]: ما ~ يفعل [jafʕal(u)] nicht aufhören zu tun, unaufhörlich tun

فتيا [futjaː] = فتوى

فتيات → فتاة

فتيت [fa'tiːt] zerbröckelt, zerkrümelt

فتيتة [fa'tiːta] *Äg. Art* Brotsuppe *f*

فتيل [fa'tiːl] gedreht, gezwirnt; *pl.* فتائل [fa'taːʔil] (2) Docht *m*; Zündschnur *f*, Lunte *f*; *Med.* Gazepfropf *m*; لا يجدي ~ًا [juʤdiː -an], لا يغني ~ًا [juɣniː -an] es nützt gar nichts, es ist völlig wertlos *od.* zwecklos

فتيلة [fa'tiːla], *pl.* فتائل [fa'taːʔil] (2) Docht *m*; Glühfaden *m*

فثأ [faθaʔa, a] stillen, dämpfen; *Zorn* abkühlen; **VII** انفثأ [in'faθaʔa] abklingen, sich beruhigen; *Zorn*: sich legen

1**فج** [faʤʤa, u] *die Beine* spreizen

2**فج** [faʤʤ], *pl.* فجاج [fi'ʤaːʤ] Engpaß *m*, Talschlucht *f*, (Berg-)Spalte *f*; من كل ~ وصوب [min kulli f. wa-sɒub] von überall(her)

3**فج** [fiʤʤ] unreif; *fig.* unausgereift, unausgegoren

فجأ [faʤaʔa, a] *u.* **III** فاجأ [faːʤaʔa] überraschen (ب mit *D*); unerwartet kommen (ه über *j-n*), überfallen

فجاءة [fu'ʤaːʔatan] *Adv.* unerwartet, plötzlich, überraschend

فجاجة [fa'ʤaːʤa] Unreife *f*; *fig.* Unausgereiftheit *f*, Unausgegorenheit *f*

فجار → فاجر

فجال [fa'ddʒaːl], *pl.* ~ة Verkäufer *m* von Rettichen

فجأة [faʤʔatan] *Adv.* unerwartet, plötzlich, überraschend

فجائي [fu'ʤaːʔiː] überraschend, unerwartet, plötzlich

1**فجر** [faʤara, u] ausschweifend leben, ein lasterhaftes *od.* unmoralisches Leben führen; **II** [faddʒara] zur Explosion bringen, *Sprengkörper* zünden; *Atom* spalten; *Revolution* auslösen; **V** تفجر [ta'faddʒara] hervorbrechen, hervorsprudeln; explodieren, bersten; **VII** انفجر [in'faʤara] explodieren, detonieren; bersten, platzen; losplatzen, *in Tränen* ausbrechen

2**فجر** [faʤr] Morgendämmerung *f*; Frühzeit *f*; *f* Morgengebet *n*; ~ًا [-an] *Adv.* (früh)morgens

فجرة → فاجر

فجع [faʤaʕa, a] heimsuchen, schmerzlich treffen; *Pass.* [fuʤiʕa] beraubt werden (ب/في *e-r Sache*), durch Tod verlieren (ب/في *j-n*); **II** [faddʒaʕa] heimsuchen, quälen; **V** تفجع [ta'faddʒaʕa] (weh)klagen

(**فجعن**) **II** تفجعن [ta'faʤʕana] *Äg.* gefräßig sein, gierig essen

فجعنة [faʤʕana] *Äg.* Gefräßigkeit *f*

فجل [fuʤl, fiʤl] *koll.*, *n. un.* ~ة Rettich(e *pl.*) *m*; ~ رومي [ruːmiː] Radieschen *n/pl.*

فجة [faddʒa], *pl.* [-aːt] *Syr.* Flügel *m e-r Tür*

فجور [fu'ʤuːr] Lasterhaftigkeit *f*, Ausschweifung *f*, Unsittlichkeit *f*; Hurerei *f*

فجوة [faʤwa], *pl.* [faʤa'waːt] *fig.* Lücke *f*, Kluft *f*; Loch *n*

فجئ [faʤiʔa, a] = فجأ

فجيعة [fa'ʤiːʕa], *pl.* فجائع [fa'ʤaːʔiʕ] (2) Unglück *n*, Unheil *n*

فح [faħħa, u] *Schlange*: zischen; *Geschoß*, *Sturm*: pfeifen

فحاش [fa'ħħaːʃ] unmoralisch, unzüchtig, obszön

فحام [fa'ħħaːm], *pl.* ~ة Kohlenhändler *m*; Köhler *m*

1**فحش** [faħuʃa, u] ungeheuerlich, unerhört sein; schamlos, unanständig, schmutzig sein; **IV** أفحش [ʔafħaʃa] sich unanständig *od.* unzüchtig benehmen; **VI** تفاحش [ta'faːħaʃa] ungeheuerlich sein; unanständig sein

2**فحش** [fuħʃ] Ungeheuerlichkeit *f*; Unanständigkeit *f*, Zotenhaftigkeit *f*

فحشاء [faħ'ʃaːʔ] (2) = فاحشة

1**فحص** [faħasɒ, a] untersuchen, prüfen; **V** تفحص [ta'faħħasɒ] untersuchen, prüfen, mustern, durchforschen; forschen (عن nach *D*)

2**فحص** [faħs], *pl.* فحوص [fu'ħuːs] *u.* فحوصات [fuħuː'sɒːt] Untersuchung *f*, Prüfung *f*; ~ طبي [ṭibbiː] ärztliche Untersuchung

1(**فحل**) **X** استفحل [is'tafħala] sich verschlimmern, überhandnehmen

2**فحل** [faħl], *pl.* فحول [fu'ħuːl] *u.* فحولة [fu'ħuːla] männliche(s) Tier, Hengst *m*; *pl.* فحول hervorragende *od.* führende Persönlichkeit; فحول الشعراء [f. aʃ-ʃuʕa'raːʔ] große Dichter *m/pl.*

1**فحم** **II** [faħħama] verkohlen; schwarz machen, schwärzen; **IV** أفحم [ʔafħama] zum Schweigen *od.* Verstummen bringen; *Pass.* [ʔufħima] ihm verschlug es die Sprache, er war unfähig zu antworten; **V** تفحم [ta'faħħama] *intr.* verkohlen

2**فحم** [faħm], *pl.* فحومات [fuħuː'maːt] Kohle *f*; ~ حجري [ħaʤariː] Steinkohle *f*; ~ كوك [koːk] Koks *m*; ~ منشط [mu'naʃʃiṭ] *Chem.* Aktivkohle *f*; ~ نباتي Holzkohle *f*

فحمات [faħ'maːt] Karbonat *n*

فحمة [faħma] **1.** *pl.* [faħa'maːt] Stück *n* Kohle; **2.** Schwärze *f*

فحمي [faħmiː] Kohlen-; kohlschwarz

فحواء [faħ'waːʔ] = فحوى

فحولة [fuħuːla] Männlichkeit *f*; Vortrefflichkeit *f*

فحوى [faħwaː] Sinn(gehalt) *m*, Inhalt *m*

فحيح [fa'ħiːħ] Zischen *n der Schlange*

فخ [faxx], *pl.* فخاخ [fi'xaːx] Falle *f*,

Schlinge *f*; وقع في الـ~ in die Falle gehen
[1]فخار [fa'xaːr] Stolz *m*; Ruhm *m*
[2]فخار [fa'xxaːr] Tonware *f*, Keramik *f*
فخاري [fa'xxaːriː] Töpfer-, irden, keramisch; *pl.* ~ة Töpfer *m*; فخاريات [-'jaːt] *pl.* Töpferwaren *f/pl.*
فخامة [fa'xaːma] Herrlichkeit *f*, Pracht *f*; Würde *f des Amtes*; Bedeutsamkeit *f des Anlasses*; Eleganz *f von Möbeln*; (= صاحب الـ~) *als Ehrentitel*: Exzellenz *f*; *Syr.*, *Lib.* رئيس الدولة ~ *Titel des Staatspräsidenten*
فخت [faxata, a] durchbohren
فخذ [faxið, faxð], *pl.* أفخاذ [ʔaf'xaːð] **1.** *f* Oberschenkel *m*; Keule *f des Hammels*; **2.** *m* Unterabteilung *f* e-s Stammes
فخذة [faxða] Keule *f des Hammels*
[1]**فخر** [faxara, a] stolz sein (ب auf *A*); **III** فاخر [faːxara] sich rühmen (ب *G*); wetteifern (ب ه mit *j-m* um *den Ruhm*); **VI** تفاخر [ta'faːxara] sich rühmen (ب *G*), prahlen (ب mit *D*); miteinander um den Ruhm wetteifern; **VIII** افتخر [if'taxara] stolz sein (ب auf *A*); sich rühmen (ب *G*), prahlen (ب mit *D*)
[2]**فخر** [faxr] Stolz *m*; ~ ولا أنا [wa-laː faxr(a)] ohne mich rühmen zu wollen
فخراني [faxa'raːniː], *pl.* ~ة *Äg.* Töpfer *m*
فخري [faxriː] Ehren-; دكتوراه ~ة Ehrendoktorwürde *f*
فخفخ [faxfaxa] prahlen
فخفخة [faxfaxa] Prahlerei *f*; Prunk *m*, Luxus *m*
[1]**فخم** [faxuma, u] stattlich, prächtig, herrlich sein; **II** [faxxama] ehren; *Konsonanten* emphatisch *od.* velarisiert aussprechen
[2]**فخم** [faxm] stattlich, prächtig; luxuriös
فخور [fa'xuːr] stolz (ب auf *A*); prahlerisch
فداء [fi'daːʔ] Opferung *f*; Opfer *n*; روح الـ~ [ruːħ al-f.] Opfergeist *m*; كبش الـ~ Sündenbock *m*
فداحة [fa'daːħa] Schwere *f von Verlusten od. Fehlern*
فدان [fa'ddaːn], *pl.* أفدنة [ʔafdina] *u.* فدادين [fadaː'diːn] (2) Feddan *m* (*Flächenmaß, 0,42 Hektar*)
فدائي [fi'daːʔiː], *pl.* [-uːn] (*wörtlich*: e-r, der sich opfert) Freiheitskämpfer *m*, Widerstandskämpfer *m*; Freischärler *m*, Guerillakämpfer *m*
فدائية [fidaː'ʔiːja] Opfergeist *m*
فدح [fadaħa, a] schwer sein, bedrükken; **X** استفدح [is'tafdaħa] als schwer *od.* schlimm ansehen
فدخ [fadaxa, a] zerbrechen, zerschlagen; ~ رأسه j-m den Schädel einschlagen
فدر [fadar], *pl.* فدور [fu'duːr] Gemse *f*
فدرالي [fid(i)'raːliː, fada'raːliː] föderativ, Bundes-; föderalistisch
فدرالية [fid(i)raː'liːja, fadaraː'liːja] Föderalismus *m*
فدغ [fadaɣa, a] = فدخ
[1]**فدى** [fadaː, iː] auslösen, loskaufen; opfern (ب ه für *j-n etwas*); فداه بنفسه sich für j-n (auf)opfern; **II** [faddaː] die Worte جعلت فداك [ʤuʼʕiltu fi'daːka] (→ [2]فدى) sagen; **VI** تفادى [ta'faːdaː] vermeiden (هـ/من *A*), ausweichen (هـ/من *D*), sich hüten (من vor *D*); **VIII** افتدى [if'tadaː] opfern (ب ه für *j-n etwas*); auslösen, loskaufen
[2]**فدى** [fidan] Loskauf *m*; Opfer *n* (+ *G*: für *A*, *zur Rettung od. Befreiung j-s*); جعلت فداك [ʤu'ʕiltu fi'daːka] könnte ich mich doch für dich aufopfern!
فدية [fidja] Lösegeld *n*
فذ [faðð], *pl.* أفذاذ [ʔaf'ðaːð] einzigartig, einmalig, außergewöhnlich
فذلكة [faðlaka] Zusammenfassung *f*, Resümee *n*, Übersicht *f*
فر [farra, i] fliehen, flüchten, ausreißen; ausbrechen (من aus *dem Gefängnis*); ~ هاربا [haːriban] die Flucht ergreifen; ~ من الجندية [al-ʤun'diːja] desertieren; **VIII** افتر [if'tarra] entblößen (عن *A*); lächeln; leuchten; ~ عن الأسنان die Zähne beim Lachen sehen lassen
فرأ [faraʔ], *pl.* أفراء [ʔaf'raːʔ] Wildesel *m*
فراء [fa'rraːʔ], *pl.* [-uːn] Kürschner *m*, Pelzhändler *m*
فرات [fu'raːt]: الـ~ der Euphrat
فراخ → فرخة
فرادى [fu'raːdaː] *Adv.* einzeln, einer nach dem anderen
فرار [fi'raːr] Flucht *f*
فرارة [fu'rraːra], *pl.* [-aːt] *Ir.* Windrädchen *n*
فراز [fa'rraːz] Milchzentrifuge *f*
فرازة [fa'rraːza], *pl.* [-aːt] Milchzentrifuge *f*; Sortiermaschine *f*
فراسة [fi'raːsa] Menschenkenntnis *f*; عالم بالـ~ Physiognom *m*; علم الـ~ Physiognomik *f*
[1]**فراش** [fa'raːʃ] *koll.*, *n. un.* ~ة Schmetterling(e *pl.*) *m*; → فرشاة *u.* فرشاية
[2]**فراش** [fa'rraːʃ], *pl.* [-uːn] Diener *m*, Dienstbote *m*; Bürodiener *m*, Bote *m*
[3]**فراش** [fi'raːʃ], *pl.* فرش [furuʃ] *u.* أفرشة [ʔafriʃa] Bett *n*
فراشة [fa'raːʃa] *n. un.* Schmetterling *m*
فراطة [fu'raːtɒ] Kleingeld *n*
فراعنة → فرعون
فراغ [fa'raːɣ] Leere *f*, leere(r) Raum, Vakuum *n*; *pl.* [-aːt] Lücke *f*, Zwischenraum *m*, Abstand *m*; Freizeit *f*, Muße *f*; Fertigsein *n* (من mit *D*); وقت الـ~ Freizeit *f*
فراغي [fa'raːɣiː] Vakuum-
فراق [fi'raːq] Trennung *f*, Abschied *m*
فراك [f(i)raːk], *pl.* [-aːt] Frack *m*
فرامة [fa'rraːma], *pl.* [-aːt] Fleischwolf *m*
فران [fa'rraːn], *pl.* [-uːn] Bäcker *m*
فراهة [fa'raːha] Lebhaftigkeit *f*, Flinkheit *f*; Schönheit *f*, schöne(r) Wuchs
فراولة [fa'raːwla, fi'raːwla] *Äg.* Erdbeere(n *pl.*) *f*
فرايز [fraːjz] Fräse *f*, Fräsmaschine *f*
[1]**فرج** [faraʤa, i] *Sorge* vertreiben, zerstreuen, nehmen (عن *j-m*); öffnen; **II** [farraʤa] zeigen (ه على *j-m A*); *Sorgen* vertreiben; öffnen; **IV** أفرج [ʔafraʤa] freilassen, auf

freien Fuß setzen (عن *j-n*); freigeben (عن *etwas*); **V** تفرج [ta'farradʒa] zuschauen (على *D*); sich ansehen, besichtigen (على *A*); *Sorgen*: vertrieben werden; على التلفزيون ~ fernsehen; **VII** انفرج [in'faradʒa] sich entspannen; gelöst sein; *Sorgen*: vertrieben *od.* zerstreut werden; sich öffnen, sich weiten, *Wunde*: auseinanderklaffen

2**فرج** [faradʒ] Erleichterung *f*, Entspannung *f;* glückliche(r) Ausgang *e-r Sache*; Gelingen *n*; Erlösung *f*; Hilfe *f von Gott*

3**فرج** [fardʒ], *pl.* فروج [fu'ruːdʒ] Öffnung *f*; Vulva *f*

فرجار [fir'dʒaːr], *pl.* فراجير [faraː'dʒiːr] (2) Zirkel *m*

فرجة [furdʒa], *pl.* فرج [furadʒ] **1.** Spalt *m*, Öffnung *f*; **2.** Betrachten *n* (على *G*); Anblick *m*, Schauspiel *n*; Vergnügen *n*, Unterhaltung *f*; Erleichterung *f*

فرجون [fir'dʒaun], *pl.* فراجين [faraː'dʒiːn] (2) Bürste *f*, Striegel *m*

1**فرح** [fariħa, a] sich freuen, froh sein (ل/ب über *A*); fröhlich, heiter sein; **II** [farraħa] *u.* **IV** أفرح [ʔafraħa] erfreuen, froh machen, erheitern

2**فرح** [faraħ] Freude *f*; *pl.* أفراح [ʔaf'raːħ] Hochzeit(sfeier) *f*; ~ًا [-an] *Adv.* vor Freude

3**فرح** [fariħ], *pl.* [-uːn] froh, erfreut

فرحان [far'ħaːn] (2), *f* ~ة froh, erfreut

فرحة [farħa] Freude *f*

1**فرخ** **II** [farraxa] *Vogel*: Junge bekommen *od.* haben; ausbrüten; *Baum*: Schößlinge treiben; **IV** أفرخ [ʔafraxa]: روعه ~ [rauʕuhuː] seine Furcht schwand, er beruhigte sich; روعه ~ [rauʕahuː] er *od.* es machte j-s Furcht schwinden; → [farraxa]

2**فرخ** [farx], *pl.* أفراخ [ʔaf'raːx] *u.* فروخ [fu'ruːx] (Vogel-)Junge(s); (Pflanzen-)Schößling *m*; *Äg.* Bogen *m* Papier; البط ~ [f. al-bɒtt] Entenküken *n*; السمك ~ [f. as-samak] Laich *m*

فرخة [farxa], *pl.* فراخ [fi'raːx] weibliche(s) Vogeljunge(s); Henne *f*; Hühnchen *n*; *pl. a.* Geflügel *n*; فراخ الأسماك Laich *m*; رومية ~ [ruːˈmiːja] Truthenne *f*

1**فرد** [farada, faruda, u] allein, einzig sein; einzigartig sein; — [farada, u] *Äg.* spreizen; **II** [farrada] isolieren, absondern; **IV** أفرد [ʔafrada] bestimmen, vorsehen (ل für *A*), widmen (ل *e-m Zweck*); beiseite legen; isolieren, absondern; **V** تفرد [ta'farrada] allein tun (ب *A*), allein besitzen (ب *A*), allein stehen (ب mit *D*); **VII** انفرد [in'farada] allein sein; allein *od.* einzig dastehen (ب mit *D*), allein besitzen (ب *A*); sich absondern *od.* trennen (عن von *D*); **X** استفرد [is'tafrada] isolieren, trennen

2**فرد** [fard] **1.** *pl.* أفراد [ʔaf'raːd] Einzelperson *f*, Individuum *n*; alleinig, einzig; *pl. a.* Angehörige *m/pl.*, Mitglieder *n/pl.*; الـ~ *a.* der einzelne; ا~ ا~ [-an] *Adv.* einzeln, Mann für Mann; أفراد العائلة Familienmitglieder *n/pl.*; ضباط الصف والأفراد [đu'bbɒːŧ ɒs-sɒff] Unteroffiziere u. Mannschaften; دخل الـ~ Pro-Kopf-Einkommen *n*; **2.** *pl.* فرود [fu'ruːd] Pistole *f*

1**فردة** [farda] Hälfte *f e-s Paares*; حذاء ~ [f. ħi'ðaːʔ] ein (einzelner) Schuh

2**فردة** [firda] *Äg.* Steuer *f*

فردوس [fir'daus] *f*, *pl.* فراديس [faraː'diːs] (2) Paradies *n*

فردوسي [fir'dausiː] paradiesisch

فردي [fardiː] Einzel-, individuell, persönlich; *Sport*: Einzel *n*; *Zahl*: ungerade; *pl.* [-uːn] Individualist *m*; ~ دخل Pro-Kopf-Einkommen *n*; ~ غناء [ɣi'naːʔ] Sologesang *m*; المذهب الـ~ Individualismus *m*

فردية [far'diːja] Individualität *f*; Individualismus *m*; Vereinzelung *f*

1**فرز** [faraza, i] absondern, aussondern; sichten, auswählen, aussuchen; sortieren, *a. Mil.* mustern; *Stimmen* auszählen; *Syr.*, *Jord.* *Grund* parzellieren; **II** [farraza] fräsen; **IV** أفرز [ʔafraza] *Physiol.* ausscheiden, absondern; hervorbringen; aussondern

2**فرز** [farz] Absonderung *f*, Aussonderung *f*; Sichtung *f*, Auswahl *f*; Sortieren *n*, *a. Mil.* Musterung *f*; الأصوات ~ Stimmenauszählung *f*; معمل لـ~ الغاز من الزيت [az-zait] *Ölindustrie*: Gastrennanlage *f*

فرزان [fir'zaːn], *pl.* فرازين [faraː'ziːn] (2) Dame *f im Schachspiel*

1**فرس** [farasa, i] *Beutetier* reißen; **V** تفرس [ta'farrasa] prüfend ansehen, mustern; erkennen (ـه في *etwas* in *j-m*); **VIII** افترس [if'tarasa] *Beutetier* reißen, verschlingen

2**فرس** [faras] *m u. f*, *pl.* أفراس [ʔaf'raːs] Pferd *n*, Stute *f*; Springer *m im Schachspiel*; الـ~ الأعظم *Astr.* Pegasus *m*; البحر/النهر ~ Flußpferd *n*, Nilpferd *n*; النبي ~ [f. an-na'biːj] *Zool.* Gottesanbeterin *f*

3**فرس** [furs]: الـ~ die Perser; (= بلاد الـ~ [bi'laːd al-f.]) Persien

فرسان → فارس

فرسخ [farsax], *pl.* فراسخ [fa'raːsix] (2) Parasange *f* (*Längenmaß unterschiedlicher Größe*)

فرسوفيا [far'soːfijaː, var'soːvijaː] Warschau

1**فرش** [faraʃa, u, i] *Teppich* ausbreiten; *Wohnung* ausstatten, möblieren; *Brot* belegen; *Straße* mit Belag versehen; **II** [farraʃa] *Äg.* (aus)bürsten; *Pflanze*: sich ranken; **VIII** افترش [if'taraʃa] sich hinlegen (ـه auf *A*)

2**فرش** [farʃ] **1.** Ausbreiten *n*; Möblieren *n e-r Wohnung*; Versehen *n* mit e-m Belag; **2.** *pl.* فروش [fu'ruːʃ] Einrichtung *f*, Möbel *pl.*; Bettwäsche *f*, Bettzeug *n*

فرشاة [fur'ʃaːt], *pl.* فراش [fa'raːʃin] Bürste *f*; Pinsel *m*

فرشاية [fir'ʃaːja, fur'ʃaːja], *pl.* فراش [fa'raːʃin] *Syr.* Bürste *f*

فرشح [farʃaħa] *Beine* spreizen

فرشحة [farʃaħa] Spreizen *n der Beine*; Spagat *m* (*beim Turnen*)

فرشخ [farʃaxa] = فرشح

1**فرشة** [farʃa], *pl.* [-aːt] Bett *n*; Bettzeug *n*; Matratze *f*; Einlage *f im Schuh*; *Tun.* Bodenbelag *m* (*Fliesen etc.*)

2**فرشة** [furʃa], *pl.* فرش [furaʃ] Bürste *f*; Pinsel *m*; الأسنان ~ Zahnbürste *f*

فرصة [fursɒ], *pl.* فرص [furɒs] Gelegenheit *f*, Chance *f*; Ferien *pl.*; فرص العمل [f. al-ʕamal] Arbeitsmöglichkeiten *f/pl.*; Arbeitsplätze *m/pl.*; فرص الشغل [f. aʃ-ʃuɣl] *Tun.* Arbeitsplätze *m/pl.*

1 **فرض** [farɒđɒ, i] vorschreiben, zur Pflicht machen; auferlegen; aufzwingen (على *j-m*); *Blockade* verhängen (على über *A*); *Steuer* erheben; *s-n Willen od. Standpunkt* durchsetzen; annehmen, voraussetzen; ~ ضريبة على *etwas* mit e-r Steuer belegen; ~ نفسه sich durchsetzen; sich (als Notwendigkeit) aufdrängen; **VIII** افترض [if'tarɒđɒ] annehmen, voraussetzen; ولنفترض [wa-l(i-)naf'tarid] nehmen wir einmal an, daß; angenommen, daß

2 **فرض** [fard] Auferlegung *f*; Verhängung *f*; Erhebung *f e-r Steuer*; *pl.* فروض [fu'ruːd] Pflicht *f*, Vorschrift *f*; *Isl.* religiöse Pflicht; Annahme *f*, Hypothese *f*; ~ على + *G u.* ~ على أن [ʔanna] unter der Annahme *od.* Voraussetzung, daß; في أحسن الفروض bestenfalls

فرضة [furđɒ], *pl.* فرض [furɒđ] Hafen *m*; Einschnitt *m*, Öffnung *f*; ~ بحرية (See-)Hafen *m*

1 **فرضي** [farɒđiː] auf die religiösen Pflichten bezüglich

2 **فرضي** [farđiː] hypothetisch

فرضية [far'điːja] Hypothese *f*, These *f*

1 **فرط** [farɒtɒ, u] *Wort*: entschlüpfen, entfahren (من *j-m*); *Früchte* abstreifen, abschlagen; **II** [farrɒtɒ] vernachlässigen (في *A*); verzichten (في auf *A*), aufgeben (في *A*); vergeuden (في *A*); **IV** أفرط [ʔafrɒtɒ] übertreiben (في *A*), übermäßig tun (في *A*), unmäßig sein (في in *D*), das Maß überschreiten; **VII** انفرط [in'farɒtɒ] *Früchte*: abgestreift, angeschlagen werden; auseinanderfallen, sich auflösen; ~ عقدهم sie gingen auseinander, sie zerstreuten sich

2 **فرط** [farɒt] *Äg.* Zinsen *m/pl.*

3 **فرط** [fart] **1.** Übermaß *n*; Über-, Hyper-; ~ الحساسية [f. al-ħassaː'siːja] Überempfindlichkeit *f*; **2.** *umg.* lose, unverpackt

فرطح [fartɒħa] platt machen, abflachen; **II** تفرطح [ta'fartɒħa] platt sein *od.* werden

1 **فرع** **II** [farraʕa] Zweige treiben; ableiten, herleiten, deduzieren (من von *D*); **V** تفرع [ta'farraʕa] sich verzweigen, sich verästeln, sich gabeln; abzweigen; sich ableiten (عن aus, von *D*); **VIII** افترع [if'taraʕa] entjungfern

2 **فرع** [farʕ], *pl.* فروع [fu'ruːʕ] Ast *m*, *a. fig.* Zweig *m*; Zweigstelle *f*, Filiale *f*, Zweigniederlassung *f*; Außenstelle *f e-s Instituts*; (Unter-)Abteilung *f*; Fachrichtung *f*, Studienfach *n*; *pl. Jur.* Nachkommen *m/pl. od.* Verwandte *m/pl.* in absteigender Linie; ~ التخصص [f. at-ta'xɒssus] *u.* ~ رئيسي Hauptfach *n (beim Studium)*; ~ جانبي Nebenfach *n*; فروع المعرفة [f. al-maʕrifa] Wissenszweige *m/pl.*, Wissensgebiete *n/pl.*; الفروع والأصول die abgeleiteten *od.* praktischen Dinge u. die theoretische Grundlegung

فرعون [fir'ʕaun], *pl.* فراعنة [fa'raːʕina] Pharao *m*; tyrannische(r) *od.* arrogante(r) Mensch

فرعوني [fir'ʕauniː] pharaonisch; altägyptisch

فرعونية [firʕau'niːja] *hist.* ägyptische(r) Nationalismus (*der sich auf die altägyptischen u. nicht die arab.-islamischen Wurzeln beruft*)

فرعي [farʕiː] Zweig-, Neben-, Unter-, Sub-; sekundär; Teil-

فرغ [faraɣa, a, u] *u.* [fariɣa, a] leer, erschöpft *od.* verbraucht sein; fertig sein *od.* werden (من mit *D*); beendigen, erledigen (من *A*); sich widmen (ل *e-r Sache*), sich beschäftigen (ل mit *D*); **II** [farraɣa] leeren, schütten; entladen; *Ladung* löschen; **IV** أفرغ [ʔafraɣa] leeren; gießen, schütten; **V** تفرغ [ta'farraɣa] unbeschäftigt sein, Muße haben; sich ausschließlich beschäftigen (ل mit *D*), sich ganz widmen (ل *D*); **X** استفرغ [is'tafraɣa] leeren; aufbrauchen, erschöpfen; sich erbrechen; ~ مجهوده في s-e ganze Kraft auf *etwas* konzentrieren

فرفح [farfaħa] *Syr. Vogel*: flattern

فرفر [farfara] *Vogel*: mit den Flügeln schlagen

فرفش [farfaʃa] *Äg.* aufmuntern, beleben, anregen; ~ نفسه sich erholen, sich amüsieren

فرفور [fur'fuːr], *pl.* فرافير [faraː'fiːr] (2) kleine(r) Vogel

فرفوري [far'fuːriː] *Äg.* Porzellan *n*

فرفير [fir'fiːr] Purpur *m*

1 **فرق** [faraqa, u, i] teilen, trennen; scheiden (بين ... و *etwas* von *D*); *Haar* scheiteln; — [fariqa, a] sich fürchten; **II** [farraqa] trennen (بين ... وبين *j-n* von *D*), teilen; verstreuen, zersprengen, auflösen; verteilen (على/في an, unter *A*); unterscheiden (بين zwischen *D*); *Imp.* فرق تسد [farriq tasud] teile und herrsche!; **III** فارق [faːraqa] verlassen (ه/ـه *A*), sich trennen (ه/ـه von *D*), scheiden (ه von *D*); sich unterscheiden (ـه von *D*); **V** تفرق [ta'farraqa] zersprengt, zerstreut, aufgelöst werden; sich zerstreuen, sich auflösen, auseinandergehen; **VIII** افترق [if'taraqa] sich trennen, auseinandergehen; sich (auf)spalten; sich unterscheiden (عن von *D*)

2 **فرق** [faraq] Furcht *f*, Angst *f*

3 **فرق** [farq], *pl.* فروق [fu'ruːq] *u.* فروقات [furuː'qaːt] Unterschied *m*, Differenz *f*; Scheitel *m*

4 **فرق** [firaq] → [2]فرقة, فريق

فرقان [fur'qaːn]: الـ~ der Koran; *Chr.* die Bibel

فرقد [farqad] Polarstern *m*; الفرقدان *du.* *zwei Sterne im kleinen Bären*

فرقع [farqaʕa] *u.* **II** تفرقع [ta'farqaʕa] knallen, platzen, krachen; explodieren; **III** افرنقع [if'ranqaʕa] weggehen (عن von *j-m*); *Imp.* افرنقع عني [i'franqiʕ ʕanniː] laß mich zufrieden!

فرقعة [farqaʕa] Knall *m*, platzende(s) Geräusch, Krach *m*; Explosion *f*

فرقلة [far'qilla], *pl.* [-aːt] *Äg.* Peitsche *f*

1 **فرقة** [furqa] Trennung *f*

[2]**فرقة** [firqa], *pl.* فرق [firaq] Gruppe *f*; Ensemble *n*, Truppe *f*; *Mil.* Division *f*; الإعدام ~ Hinrichtungskommando *n*; الإنشاء ~ Bautrupp *m*; الإنقاذ ~ Rettungsmannschaft *f*; موسيقية ~ Orchester *n*

[1]**فرك** [faraka, u] reiben; einreiben (ب mit *D)*; **II** [farraka] (heftig) reiben; **VII** انفرك [in'faraka] gerieben werden

[2]**فرك** [fark] Reiben *n*; Einreiben *n*

فركش [farkaʃa] *Äg.* verwirren, durcheinanderwerfen

[1]**فرم** [farama, i] in kleine Stücke schneiden, *Fleisch* hacken

[2]**فرم** [farm] Schneiden *n* in kleine Stücke, Hacken *n*; اللحم ~ ماكينة Fleischwolf *m*

فرمل [farmala] bremsen

فرملجي [far'malgiː], *pl.* ـة~ *Äg.* Bremser *m*

فرملة [farmala], *pl.* فرامل [fa'raːmil] (2) Bremse *f am Wagen*

فرمة [furma] (Guß-)Form *f*

فرموزا [for'moːzaː, far'moːzaː] *Geo.* Formosa (*heute*: *Taiwan*)

فرن [furn], *pl.* أفران [ʔaf'raːn] Ofen *m*; Bäckerei *f*; عال ~ [ʕaːlin] Hochofen *m*

[1]**فرنج** [farnadʒa] europäisieren; **II** تفرنج [ta'farnadʒa] europäisiert werden, sich europäisieren

[2]**فرنج** [fa'randʒ] *koll.*: الـ~ die Europäer *m/pl.*; *hist.* die Franken *m/pl.*

[1]**فرنجة** [fa'randʒa] *koll.*: الـ~ die Europäer *m/pl.*; *hist.* die Franken *m/pl.*

[2]**فرنجة** [farnadʒa] Europäisierung *f*

فرنجي [fa'randʒiː] Europäer *m*; *hist.* Franke *m*

فرند [fi'rind] Schwert *n*

فرندة [fa'randa, va'randa], *pl.* [-aːt] Veranda *f*

فرنس [farnasa] franzö(si)sieren; **II** تفرنس [ta'farnasa] Franzose werden; sich französisch geben

فرنسا [fa'ransaː] Frankreich

فرنساوي [faran'saːwiː] französisch; *pl.* [-uːn] Franzose *m*

فرنسة [farnasa] Französierung *f*

فرنسي [fa'ransiː] französisch; *pl.* [-uːn] Franzose *m*

فرنسيس [faran'siːs]: الـ~ *koll.* die Franzosen *m/pl.*

فرنسيسكان [faransis'kaːn]: الـ~ *koll.* die Franziskaner *m/pl.*

فرنسيسكاني [faransis'kaːniː] Franziskaner *m*

فرنك [fi'rank, fa'rank], *pl.* [-aːt] Franc *m*; Franken *m*; نص ~ [nuss f.] (= نصف) *obs. Äg. umg. Bezeichnung für 2 Piaster*

فرنيه [fir'niːh] *Äg.* Lackleder *n*

فرو [farw] *koll., n. un.* ة~, *pl.* فراء [fi'raːʔ] Pelz *m*, Fell *n*

فروج [fa'rruːdʒ] *koll., n. un.* ـة~, *pl.* فراريج [faraː'riːdʒ] (2) Hühnchen *n*, Hähnchen *n*; Junghuhn *n*

فروسي [fu'ruːsiː] ritterlich

فروسية [furuː'siːja] Reitkunst *f*, Reitsport *m*, Pferdesport *m*; Ritterlichkeit *f*; Rittertum *n*

فروغ [fu'ruːɣ] Leere *f*; Fertigsein *n* (من mit *D*), Beendigung *f* (من *G*)

فروة [farwa] Pelz *m*, Fell *n*; الرأس ~ Kopfhaut *f*; ~ أبو *Äg.* eßbare Kastanie

[1]**فرى** [faraː, iː] **1.** schneiden, zerkleinern; **2.**: عليه الكذب ~ [al-kaðiba] über j-n e-e Lüge ersinnen; **II** [farraː] in kleine Stücke zerschneiden, zerkleinern; **VIII** افترى [if'taraː] verleumden, diffamieren (على *j-n*); الأكاذيب ~ Lügen ersinnen

[2]**فري** [firriː] *bsd. Syr.* Wachtel *f*

فريد [fa'riːd] einzig, einzigartig, einmalig; في نوعه ~ einzigartig, einmalig

فريدة [fa'riːda], *pl.* فرائد [fa'raːʔid] (2) kostbare Perle; kostbare(r) Edelstein, Solitär *m*; Kostbarkeit *f*; *a. npr. f*

فريدي [fa'rriːdiː] *Syr.* Rotbrassen *m*

فريزر [friːzar], *pl.* [-aːt] Tiefkühltruhe *f*; Gefrierfach *n e-s Kühlschranks*

فريزة [freːza] Fräse *f*

فريزيان [friːzijan] friesische(s) Rindvieh

فريسة [fa'riːsa], *pl.* فرائس [fa'raːʔis] (2) Beute *f*, Opfer *n*; Beutetier *n*

فريضة [fa'riːđɒ], *pl.* فرائض [fa'raːʔiđ] (2) *Isl.* (religiöse) Pflicht

فريق [fa'riːq] **1.** *pl.* فرق [firaq] Mannschaft *f*, Team *n*, Gruppe *f*; **2.** *pl.* فرقاء [fura'qaːʔ] (2) Partei *f*, Seite *f e-s Vertrags*; *Äg.*, *Syr.*, *Ir.*, *Jord.* Generalleutnant *m*; أول ~ [ʔawwal] *Äg.*, *Saudi-Ar.*, *Jord.* General *m*

فريك [fa'riːk] gerieben, zerrieben; geschrotete(r) Weizen; Gericht *n* aus geschrotetem Weizen; *Äg.* grüne, geröstete Weizenkörner *n/pl.*

فرية [firja], *pl.* فرى [firan] Lüge *f*, Verleumdung *f*

فز [fazza, i] aufspringen; zusammenschrecken, aufschrecken; **IV** أفز [ʔa'fazza] *j-n* aufschrecken; verscheuchen; **X** استفز [ista'fazza] aufschrecken, aufstören (من aus *D*); provozieren, herausfordern

فزاعة [fa'zzaːʕa] j-d, der Furcht einjagt; Vogelscheuche *f*

فزر [fazara, u] zerreißen, bersten lassen; **V** تفزر [ta'fazzara] bersten

[1]**فزع** [faziʕa, a] sich fürchten (من vor *D*), erschrecken (من über *A*); Angst haben *od.* bekommen; **II** [fazzaʕa] *u.* **IV** أفزع [ʔafzaʕa] erschrecken, in Angst versetzen; **V** تفزع [ta'fazzaʕa] erschrecken, zusammenschrecken

[2]**فزع** [fazaʕ], *pl.* أفزاع [ʔaf'zaːʕ] Angst *f*, Schrecken *m*

[3]**فزع** [faziʕ] ängstlich

فزة [fazza] (plötzliches *od.* wütendes) Aufspringen

فزورة [fa'zzuːra], *pl.* فوازير [fawaː'ziːr] (2) *Äg.* Rätsel *n*

فساد [fa'saːd] Verdorbensein *n*, Fäulnis *f*; Verwesung *f*; Verdorbenheit *f*, Verderbtheit *f*, Korruptheit *f*; Schlechtigkeit *f*; Unmoral *f*; Zerrüttung *f*

فساق → فاسق

فستان [fus'taːn], *pl.* فساتين [fasaː'tiːn] (2) Kleid *n*

فستق [fustuq] *koll., n.un.* ـة~ Pistazie(n *pl.*) *f*; حلبي ~ [ħalabiː] Echte Pistazie; سوداني ~ [suː'daːniː] *u.* العبيد ~ Erdnüsse *f/pl.*

فستقي [fustuqiː] pistaziengrün

1 فسح [fasaħa, a] *selten*: Platz machen (ل für *A*); — [fasuħa, u] weit, geräumig sein; **II** [fassaħa] weit, geräumig machen; Platz machen (ل für *A*); **IV** أفسح [ʔafsaħa] Platz machen (ل für *A*); *Weg* freimachen (ل für *A*); weit, geräumig machen; ~ المجال أمام/ل j-m die Möglichkeit geben *od.* schaffen; **V** تفسح [ta'fassaħa] spazierengehen; **VII** انفسح [in'fasaħa] weit, geräumig sein; *Zeit*: reichlich vorhanden sein; ينفسح المجال أمام es bieten sich *ihm* (große) Möglichkeiten (ل für *A*)

2 فسح [fasħ]: ~ المجال ل Schaffung *f* der Möglichkeit für

1 فسحة [fasaħa], *pl.* [-aːt] Vorraum *m*, Diele *f*, Entree *n*; Hof *m*

2 فسحة [fusħa] **1.** Weite *f*, Ausgedehntheit *f*; Spielraum *m* (ل für *A*); **2.** *pl.* فسح [fusaħ] *u.* [-aːt] Spaziergang *m*; Spazierfahrt *f*, Ausflug *m*; Pause *f*

1 فسخ [fasaxa, a] annullieren, aufheben; *Ehe* auflösen; zerreißen; **II** [fassaxa] in Stücke (zer)reißen; *Äg. Fische* einsalzen; **V** تفسخ [ta'fassaxa] zerrissen werden; kaputtgehen; verfaulen, verderben; **VII** انفسخ [in'fasaxa] annulliert *od.* aufgehoben werden

2 فسخ [fasx] Annullierung *f*, Aufhebung *f*; Auflösung *f der Ehe*

فسد [fasada, u, i] schlecht, faul, verdorben sein *od.* werden; verderben; korrupt sein *od.* werden; **IV** أفسد [ʔafsada] *trans.* verderben; korrumpieren; erschüttern, zugrunde richten; *Moral* untergraben; entzweien (بين *Personen*); ~ عليه السرور j-m die Freude verderben; **VII** انفسد [in'fasada] verdorben sein *od.* werden; korrupt sein *od.* werden

فسر **II** [fassara] erklären, deuten, auslegen, interpretieren; kommentieren; **V** تفسر [ta'fassara] erklärt, gedeutet, ausgelegt werden; sich erklären lassen (ب durch *A*); **X** استفسر [is'tafsara] sich erkundigen (عن nach *D*, über *A*), anfragen (ه bei *j-m*)

فسطاط [fus'ŧɒːt], *pl.* فساطيط [fasaː'ŧiːt] (2) Zelt *n*; ~ال *alte isl. Stadt im Gebiet des heutigen Kairo*

فسطان [fus'ŧɒːn] = فستان

فسفات [fus'faːt] Phosphat *n*

(فسفر) **II** تفسفر [ta'fasfara] phosphoreszieren

فسفرة [fasfara] Phosphoreszenz *f*

فسفس [fasfas] *koll.*, *n. un.* ~ة, *pl.* فسافس [fa'saːfis] (2) *bsd. Syr.* Wanze(n *pl.*) *f*

فسفور [fus'fuːr] Phosphor *m*

فسفوري [fus'fuːriː] Phosphor-, phosphorhaltig

فسفوسة [fas'fuːsa], *pl.* فسافيس [fasaː'fiːs] (2) Pickel *m*, Pustel *f*

1 فسق [fasaqa, u, i] *u.* [fasuqa, u] ein lasterhaftes *od.* unmoralisches Leben führen

2 فسق [fisq] unmoralische(r) Lebenswandel, Unmoral *f*, Lasterhaftigkeit *f*; Hurerei *f*

فسقة → فاسق

فسقية [fis'qiːja], *pl.* [-aːt] *u.* فساقي [fasaː'qiːj] (2) Springbrunnen *m*

فسلجة [fasladʒa] Physiologie *f*

فسلجي [fasladʒiː] physiologisch

فسوق [fu'suːq] lasterhafte(r) *od.* unmoralische(r) Lebenswandel; Hurerei *f*

(فسو) فسا [fasaː, uː] e-n geräuschlosen Wind lassen

فسيح [fa'siːħ] weit, geräumig, ausgedehnt

فسيخ [fa'siːx] *Äg.* gesalzene(r) Fisch

فسيفساء [fusai'fisaːʔ] (2) Mosaik *n*

فسيلة [fa'siːla], *pl.* فسائل [fa'saːʔil] (2) Palmschößling *m*; Schößling *m*

فسيولوجي [fisjo'loːdʒiː] physiologisch; *pl.* [-uːn] Physiologe *m*

فسيولوجيا [fisjo'loːdʒijaː] Physiologie *f*

فش [faʃʃa, u] *Geschwulst*: abnehmen, zurückgehen; ~ غله فيه [ɣil-lahuː], ~ خلقه فيه [xu'luqahuː] s-n Zorn an j-m auslassen; **VII** انفش [in'faʃʃa] *Geschwulst*: zurückgehen

فشار [fa'ʃʃaːr], *pl.* [-uːn] Aufschneider *m*, Prahler *m*

فشاشة [fa'ʃʃaːʃa] *Äg.* Dietrich *m*

فشخ [faʃaxa, u, i] *u.* **II** [faʃʃaxa] große Schritte machen; *Beine* spreizen

فشخة [faʃxa], *pl.* [faʃa'xaːt] große(r) Schritt

1 فشر [faʃara, u] aufschneiden, prahlen

2 فشر [faʃr] Aufschneiderei *f*, Prahlerei *f*

فشك [faʃak] *koll.*, *n. un.* ~ة Patronen *f/pl.*; ~ خلبي [xullabiː] *Syr.* Platzpatronen *f/pl.*

1 فشل [faʃila, a] scheitern, Mißerfolg haben (في bei *D*); fehlschlagen, mißglücken; **IV** أفشل [ʔafʃala] zum Scheitern bringen

2 فشل [faʃal] Scheitern *n*, Mißerfolg *m*, Fehlschlag *m*; (= ذريع ~) Fiasko *n*

1 فشة [faʃʃa]: ~ خلق [f. xuluq] Wutanfall *m*

2 فشة [fiʃʃa], *pl.* فشش [fiʃaʃ] *Äg.*, *Syr.* (*Tier-*)Lunge *f*

(فشو) فشا [faʃaː, uː] sich ausbreiten, sich verbreiten, um sich greifen; **IV** أفشى [ʔafʃaː] enthüllen, verraten; **V** تفشى [ta'faʃʃaː] sich ausbreiten, sich verbreiten, um sich greifen

فشيك [fi'ʃeːk] *koll. Äg.* Platzpatronen *f/pl.*

1 (فص) **II** فصص [fɒssɒsɒ] enthülsen, schälen; *Apfelsine* in Schnitze zerlegen

2 فص [fɒss], *pl.* فصوص [fu'suːs] (*gefaßter*) Edelstein; Schnitz *m*, Teil *m e-r Frucht*; *Anat.* Lappen *m*; ~ ثوم [f. θuːm] Knoblauchzehe *f*; بنصه وفصه [bi-nɒssihiː] echt, wirklich; genau

فصاحة [fa'sɒːħa] Reinheit *f der Sprache*; Ausdruckskraft *f e-r Sprache*; Beredsamkeit *f*, Sprachgewalt *f*

فصاد [fisɒːd] *Med.* Aderlaß *m*

فصادة [fi'sɒːda]: أبو ~ *Äg.* Bachstelze *f*

1 فصح [fasuħa, u] beredt, sprachgewandt sein; **II** [fassɒħa] hocharabisch machen, verhochsprachlichen; **IV** أفصح [ʔafsɒħa] (klar) ausdrücken, (deutlich) zum Ausdruck bringen (عن *A*); deutlich sprechen; **VI** تفاصح [ta'faːsɒħa] Sprachgewandtheit vorspiegeln

[2]فصح [fish] *u.* ~ عيد الـ [ʕiːd al-f.] Ostern *n*, Osterfest *n*; *Jud.* Passahfest *n*

فصحى [fusħaː]: ~ (اللغة) العربية الـ [(al-luɣa)] das Hocharabische; → أفصح

[1]فصد [fɒsɒda, i] zur Ader lassen; **V** تفصد [ta'fɒssɒda] *Schweiß*: triefen

[2]فصد [fɒsd] *Med.* Aderlaß *m*, Schröpfen *n*

فصفات [fus'faːt] Phosphat *n*

فصفصة [fisfisɒ] *Bot.* Luzerne *f*

فصفور [fusfuːr] Phosphor *m*

فصفوري [fus'fuːriː] Phosphor-, phosphorhaltig

[1]فصل [fɒsɒla, i] trennen (عن von *D*), abtrennen; entlassen, seines Amtes (عن/من) entheben; ausschließen (من aus *e-r Gemeinschaft*); isolieren; *Strom* abschalten; *Streit* entscheiden; e-e Entscheidung fällen (في über *A*); **II** [fɒssɒla] detaillieren, im Detail darlegen; *Anzug* zuschneiden *od.* nach Maß anfertigen; **III** فاصل [fɒːsɒla] **1.** feilschen, handeln (على ه mit *j-m* um *A*); **2.** sich trennen (ه von *D*); **VII** انفصل [in'fɒsɒla] abgetrennt werden; sich trennen, sich lösen (عن von *D*); *Rad etc.*: abgehen; entlassen werden; ausscheiden (عن/من aus *e-m Amt*); austreten (عن/من aus *D*)

[2]فصل [fɒsl] **1.** Trennung *f*, Abtrennen *n*; Entlassung *f* (عن/من aus *e-m Amt*); Abschaltung *f des Stroms*; Entscheidung *f*; ~ القوات [f. al-qu'wwaːt] Truppenentflechtung *f*; ~ النفيات [f. an-nufaːˈjaːt] Mülltrennung *f*; القول الـ~ das letzte *od.* entscheidende Wort; يوم الـ~ das Jüngste Gericht; **2.** *pl.* فصول [fu'suːl] Abschnitt *m*; Kapitel *n e-s Buches*; *Tun.* Paragraph *m*, Artikel *m*; Aufsatz *m in e-r Zeitung*; Satz *m e-r Symphonie;* Akt *m im Theater*; Klasse *f in der Schule*; Jahreszeit *f*; Quartal *n*; ~ دراسي [di'raːsiː] Semester *n an der Universität*; عقد ~ًا e-n Aufsatz *od.* Artikel schreiben; **3.** فصول *pl.* Nachkommen *m/pl.*

فصلي [fɒsliː] jahreszeitlich, saisonal; Vierteljahres-; *Zeitschrift*: vierteljährlich erscheinend; *Schule*: Klassen-

فصلة [fɒsla], *pl.* [-aːt] Komma *n*; *Tun.* Sonderdruck *m e-r Zeitschrift*

فصم [fɒsɒma, i] abtrennen, abbrechen; spalten; **VIII** انفصم [in'fɒsɒma] *intr.* abbrechen, zerbrechen, zerreißen; gespalten werden, sich spalten

فصة [fissɒ] *Bot.* Luzerne *f*

فصوليا [fɒ'suːlijaː] Bohne(n *pl.*) *f*

فصيح [fa'siːħ] *Sprache*: rein; hochsprachlich; *pl.* فصحاء [fusɒ'ħaːʔ] (2) sprachgewandt, beredt

فصيل [fa'siːl], *pl.* فصلان [fus'laːn] junge(s), entwöhnte(s) Kamel

فصيلة [fa'siːla], *pl.* فصائل [fa'sɒːʔil] (2) Gruppe *f*, *a. Mil.* Abteilung *f*; *Bot.*, *Zool.* Familie *f*, Gattung *f*; ~ الدم [f. ad-dam] Blutgruppe *f*; الـ~ الوردية Rosengewächse *n/pl.*

[1]فض [fɒđđɒ, u] *Sitzung* beenden, schließen, aufheben; *Brief*, *Umschlag* öffnen; *Siegel* aufbrechen; ~ بكارتها *ein Mädchen* deflorieren; **II** فضض [fɒđđɒđɒ] versilbern; **VII** انفض [in'fɒđđɒ] *Sitzung*: beendet, aufgehoben werden

[2]فض [fɒđđ] Beendigung *f*, Aufhebung *f e-r Sitzung*; Öffnung *f e-s Briefes od. Umschlags*; Aufbrechen *n e-s Siegels*; ~ الاشتباك (Truppen-)Entflechtung *f*; ~ البكارة Defloration *f*; ~ العروض *Hdl.* Angebotseröffnung *f*

فضاء [fa'đɒːʔ] (leerer) Raum *m*; (= ~ خارجي) Weltraum *m*; ~ أرض [(-un)] unbebaute(s) Grundstück

فضالة [fu'đɒːla], *pl.* [-aːt] Rest *m*, Überbleibsel *n*

فضائي [fa'đɒːʔiː] (Welt-)Raum; *pl.* [-uːn] Raumfahrer *m*, Astronaut *m*; ~ برنامج [bar'naːmadʒ] Satellitenprogramm *n*; محطة ~ة [ma'ħɒttɒ] Raumstation *f*; Satellitensender *m*

فضائية [fađɒː'ʔiːja] Satellitenkanal *m*, Satellitenprogramm *n*

[1]فضح [fɒđɒħa, a] enthüllen, bloßlegen; entlarven; bloßstellen, blamieren, kompromittieren; **VII** انفضح [in'fɒđɒħa] *u.* **VIII** افتضح [if'tađɒħa] enthüllt werden; bloßgestellt, kompromittiert werden

[2]فضح [fɒđħ] Bloßstellung *f*, Kompromittierung *f*

فضفاض [fɒđ'fɒːđ] *Gewand*: weit, wallend

[1]فضل [fɒđɒla, u] **1.** übertreffen (ه/ـه A), besser sein (ه/ه/على als); **2.** übrigbleiben; **II** [fɒđđɒla] vorziehen (على *D*, أن *etwas zu tun*), bevorzugen (على gegenüber *D*); *Pass.* يفضل [ju'fɒđđɒlu] vorzuziehen sein; **III** فاضل [fɒːđɒla] abwägen (بين gegeneinander), vergleichen (بين miteinander); um den Vorrang streiten (ه mit *D*); **IV** أفضل [ʔafđɒla] e-e Wohltat erweisen (على *j-m*); beschenken (على ب *j-n* mit *D*); **V** تفضل [ta'fɒđđɒla] die Güte haben, geruhen, so freundlich sein (ب *etwas zu tun*)

[2]فضل [fɒđl] **1.** *pl.* فضول [fu'đuːl] (Über-)Rest *m*; Überschüssige(s), Überflüssige(s); عن ~ًا [-an] hinzu kommt noch; عن ذلك ~ًا darüber hinaus; من فضول الكلام es ist überflüssig zu sagen; **2.** *pl.* أفضال [ʔaf'đɒːl] Verdienst *n* (في um *A*); Wohltat *f*; Güte *f*; ~بـ *Präp.* dank, infolge; ~بـ الله [-i llaːh] durch die Gnade Gottes; من ~ك [min fɒđlika], *umg.* [min fɒđlak] bitte! (*nur bittend, vgl.* [2]عفو); ~ه عليهم das, was sie ihm zu verdanken haben; صاحب الـ~ عليه sein Gönner; له عليها ~ الحياة sie hat ihm ihr Leben zu verdanken; يرجع الـ~ إليه [jardʒiʕu] das Verdienst kommt ihm zu

فضلاء → فاضل

فضلة [fɒđla], *pl.* [fɒđɒ'laːt] (Über-)Rest *m*, Überbleibsel *n*; Abfall *m*; *pl. Physiol.* Ausscheidungsstoffe *m/pl.*, Rückstände *m/pl.*; فضلات الطعام Speisereste *m/pl.*

فضلى, فضليات → أفضل

فضة [fiđđɒ] Silber *n*

(فضو) **II** فضى [fɒđđɒ] *Äg.* leeren, räumen; **IV** أفضى [ʔafđɒː] führen (إلى zu *D*); mitteilen (إلى ب *j-m A*)

فضول [fu'đuːl] Neugier *f*; → ²فضل
فضولي [fu'đuːliː] neugierig
فضي [fiđđiː] silbern, Silber-; فضيات *pl.* Silberwaren *f/pl.*
فضيحة [fa'điːħa], *pl.* فضائح [fa'đɒːʔiħ] (2) Skandal *m*; Blamage *f*, Schande *f*
فضيل [fa'điːl], *pl.* فضلاء [fuđɒ'laːʔ] (2) trefflich, verdienstvoll
فضيلة [fa'điːla], *pl.* فضائل [fa'đɒːʔil] (2) Tugend *f*; Vortrefflichkeit *f*; صاحب الـ~ *Titel u. Anrede islamischer Theologen u. Rechtsgelehrter*
فطاطري [fa'ŧɒːŧiriː], *pl.* ~ة *Äg.* Feinbäcker *m*
فطام [fi'ŧɒːm] Entwöhnung *f e-s Säuglings*
فطانة [fa'ŧɒːna] Klugheit *f*, Scharfsinn *m*
فطايري [fa'ŧɒːjiriː], *pl.* ~ة *Tun.* Feinbäcker *m*
فطحل [fiŧɒħl], *bsd. pl.* فطاحل [fa'ŧɒːħil] (2) Koryphäen *f/pl.*, bedeutende Persönlichkeiten *f/pl.*; *Sport*: Stars *m/pl.*
¹**فطر** [fɒŧɒra, u] frühstücken; *Isl.* nach dem Fasten essen u. trinken; *Gott*: (er)schaffen; brechen; *Pass.* ~ على [fuŧira] *etwas* ist ihm angeboren, er ist von Natur aus zu *etwas* veranlagt; **IV** أفطر [ʔafŧɒra] *Isl.* das Fasten brechen, nach dem Fasten essen u. trinken; frühstücken; **V** تفطر [ta'fɒŧŧɒra] *intr.* brechen; **VII** انفطر [infɒŧɒra] zerbrochen werden, brechen
²**فطر** [fɒŧr], *pl.* فطور [fu'ŧuːr] *obs.* Riß *m*, Spalt *m*
³**فطر** [fuŧr] *koll.*, *n. un.* ~ة Pilz(e *pl.*) *m*
⁴**فطر** [fiŧr]: زكاة الـ~ *Isl.* das Almosen am Ende des Monats Ramadan; عيد الـ~ [ʕiːd al-f.] das Fest des Fastenbrechens am 1. شوال [ʃa'wwaːl], das Kleine Fest
فطرة [fiŧra] Natur *f*, natürliche Anlage, Veranlagung *f*; ~ [-tan] *u.* بالـ~ von Natur (aus); عالم بالـ~ ein geborener Wissenschaftler
فطري [fiŧriː] natürlich, angeboren
فطريات [fuŧriː'jaːt] *pl.* Pilze *m/pl.*; علم الـ~ [ʕilm al-f.] Pilzkunde *f*
فطرية [fiŧ'riːja] Angeborensein *n*
فطس [fɒŧɒsa, i] krepieren; verrekken; **II** [fɒŧŧɒsa] *trans.* ersticken; umbringen; → أفطس
فطساء → أفطس
فطم [fɒŧɒma, i] *Säugling* entwöhnen; **VII** انفطم [in'fɒŧɒma] entwöhnt sein *od.* werden
¹**فطن** [fɒŧina, a] *u.* [fɒŧɒna, u] verstehen, begreifen, erfassen (إلى/ل *A*); — [fɒŧuna, u] klug, scharfsinnig sein; **II** [fɒŧŧɒna] begreiflich machen, erklären (إلى/ل ه *j-m A*); **V** تفطن [ta'fɒŧŧɒna] verstehen, begreifen, erfassen (إلى/ل *A*)
²**فطن** [fɒŧin] klug, scharfsinnig, intelligent
فطنة [fiŧna] Klugheit *f*, Scharfsinn *m*, Intelligenz *f*
فطور [fu'ŧuːr, fa'ŧuːr] Frühstück *n*
فطير [fa'ŧiːr] ungesäuert; unausgereift, unüberlegt; *koll.* Feingebäck *n*
فطيرة [fa'ŧiːra], *pl.* فطائر [fa'ŧɒːʔir] (2) Feingebäck *n*; ~ محشوة [maħ'ʃuːwa] Pastete *f*
¹**فطيسة** [fa'ŧiːsa], *pl.* فطائس [fa'ŧɒːʔis] (2) Aas *n*, Kadaver *m*
²**فطيسة** [fi'ŧŧiːsa] Rüssel *m des Elefanten*
فطيم [fa'ŧiːm], *pl.* فطم [fuŧum] *Säugling*: entwöhnt
فطين [fa'ŧiːn], *pl.* فطناء [fuŧɒ'naːʔ] (2) klug, scharfsinnig, intelligent
فظ [fɒððð], *pl.* أفظاظ [ʔaf'ðɒːð] grob, roh, rüde, barsch; taktlos
فظاظة [faðɒːðɒ] Grobheit *f*, Roheit *f*
فظاعة [fa'ðɒːʕa], *pl.* فظائع [fa'ðɒːʔiʕ] (2) Scheußlichkeit *f*, Gräßlichkeit *f*, Abscheulichkeit *f*; Greueltat *f*
فظع [fɒðuʕa, u] scheußlich, gräßlich, abscheulich sein
فظيع [fa'ðiːʕ] scheußlich, gräßlich, fürchterlich, abscheulich
فعال [fa'ʕʕaːl] wirksam, wirkungsvoll, effektiv; aktiv
فعالية [faʕʕaː'liːja] Wirksamkeit *f*, Effektivität *f*; *pl.* [-aːt] Aktivität *f*
¹**فعل** [faʕala, a] tun, machen; (ein-)wirken (في auf *A*); **II** [faʕʕala] *Vers* skandieren; **VI** تفاعل [ta'faːʕala] aufeinander einwirken; *a. Chem.* aufeinander reagieren; in Wechselwirkung *od.* Wechselbeziehung stehen (مع mit *D*); reagieren (مع auf *A*); **VII** انفعل [in'faʕala] beeinflußt werden (ب/ل von *D*); sich erregen, sich aufregen; **VIII** افتعل [if'taʕala] erfinden, ersinnen, erdichten, fabrizieren; künstlich herbeiführen
²**فعل** [fiʕl], *pl.* أفعال [ʔaf'ʕaːl] *u.* فعال [fi'ʕaːl] Tun *n*, Tätigkeit *f*; Handlung *f*, *a. Jur.* Tat *f*; Wirkung *f*; *Gr.* Verb *n*; ~ا [-an] *Adv.* tatsächlich, wirklich, in der Tat; بالـ~ tatsächlich, wirklich, in der Tat; bereits; بـ~ + *G*: durch, infolge; بـ~ أن [ʔanna] dadurch, daß; weil; ~ منعكس [mun'ʕakis] Reflex (-handlung *f*) *m*; الأفعال الخمسة *Gr.* die fünf im Imperfekt auf [-iːna], [-aːni] *bzw.* [-uːna] endenden Verbformen; أفعال القلوب *Gr.* Verben *n/pl.* des Glaubens (ظن *etc.*)
فعلة [faʕla], *pl.* [-aːt] Tat *f*; Untat *f*
فعلي [fiʕliː] tatsächlich, wirklich; faktisch, De-facto-; wirksam; *Gr.* verbal; ~ا [-jan] *Adv.* tatsächlich, wirklich; de facto
(فعم) IV أفعم [ʔafʕama] (an-, voll-) füllen; erfüllen
فغر [faɣara, a] *Mund* aufsperren, *Maul* aufreißen
فغرة [fuɣra] Talöffnung *f*
فغفوري [faɣ'fuːriː] *Äg.* feine(s) Porzellan
فقأ [faqaʔa, a] *Auge* ausschlagen; *Geschwür*, *Blase* öffnen, aufstechen; **V** تفقأ [ta'faqqaʔa] *Geschwür*: aufgehen; *Blase*: platzen
فقار [fa'qaːr] *koll.*, *n. un.* ~ة Rükkenwirbel *m/pl.*; Wirbelsäule *f*
فقاري [fa'qaːriː] *Anat.* Wirbel-; اللافقاريات [al-laː-faqaːri'jaːt] *pl.* *Zool.* die Wirbellosen *pl.*; سلسلة ~ة [silsila] Wirbelsäule *f*, Rückgrat *n*
فقاعة [fu'qqaːʕa], *pl.* فقاقيع [faqaː'qiːʕ] (2) (*Wasser-*, *Luft-*)Blase *f*
¹**فقد** [faqada, i] verlieren; *Pass.* [fuqida] verlorengehen (من *j-m*); **IV**

أفقد [ʔafqada] verlieren lassen; rauben, nehmen (ه ه *j-m A*), berauben (ه *G*); **V** تفقد [ta'faqqada] inspizieren, besichtigen; **VIII** افتقد [if'taqada] verlieren; vermissen; vermissen lassen

[2]**فقد** [fa'qad] (= قد + ف) → [1]قد

[3]**فقد** [faqd] Verlust *m*

فقدان [fuq'daːn] Verlust *m*, Schwund *m*; Nicht-Haben *n*, -losigkeit *f*; ~ الذاكرة Gedächtnisschwund *m*; ~ الشهية [f. aʃ-ʃa'hiːja] Appetitlosigkeit *f*

[1](**فقر**) **VIII** افتقر [if'taqara] ermangeln (إلى *G*); vermissen lassen (إلى *A*); arm werden, verelenden

[2]**فقر** [faqr] Armut *f*; Mangel *m*; Dürftigkeit *f*; ~ الدم [f. ad-dam] Blutarmut *f*

فقراء → فقير

[1]**فقرة** [faqra, fiqra], *pl.* [faqa'raːt, fiqa'raːt] *u.* فقر [fiqar] (Rücken-)Wirbel *m*

[2]**فقرة** [fiqra, faqra], *pl.* [fiqa'raːt] Absatz *m e-s Paragraphen od. Textes*; Abschnitt *m*; Programmpunkt *m*

فقري [faqriː, fiqriː] *Anat.* Wirbel-; فقريات *pl.* Wirbeltiere *n/pl.*; اللافقريات *Zool.* die Wirbellosen *pl.*; ~ عمود [ʕa'muːd] Wirbelsäule *f*

[1]**فقس** [faqasa, i] *Eier* ausbrüten; *Ei nach dem Ausbrüten*: aufspringen, aufbrechen; *Küken*: (aus)schlüpfen; ~ـت البيضة ein Küken ist ausgeschlüpft

[2]**فقس** [faqs] Ausbrüten *n*, Brut *f*

فقش [faqaʃa, i] zerbrechen, zerdrücken; **II** [faqqaʃa]: ~ بأصابعه [bi-ʔɒsɒː'biʕihiː] *Syr.* mit den Fingern schnippen

فقص [faqasɒ, i] *u.* **II** [faqqasɒ] *Eier* ausbrüten

[1]**فقط** [faqqaṭɒ]: ~ الحساب [al-ħi'saːba] hinter den Endbetrag e-r Rechnung das Wort فقط »nur« schreiben, um Zusätze zu verhindern

[2]**فقط** [faqɒṭ] *meist nachgestellt*: nur; *nach Zahlangaben zur Verhinderung von Zusätzen verwendet*; ليس/لا/لم ... ~ بل أيضا [ʔaiđɒn] nicht nur ... sondern auch

[1]**فقع** [faqaʕa, a] platzen, bersten; **II** [faqqaʕa]: ~ أصابعه [ʔasɒː'biʕahuː] mit den Fingern schnalzen; **VII** انفقع [in'faqaʕa] platzen

[2]**فقع** [faqʕ] *koll. Bot.* Bovist *m*

(**فقم**) **III** فاقم [faːqama] *Lage* zuspitzen, verschärfen; **VI** تفاقم [ta'faːqama] *Lage*: sich zuspitzen, sich verschärfen, ernst *od.* gefährlich werden

فقمة [fuqma], *pl.* [fuq'maːt] *u.* فقم [fuqam] Robbe *f*; Seehund *m*

[1]**فقه** [faqiha, a] verstehen, begreifen; sich auskennen (ه in *D*); **II** [faqqaha] *u.* **IV** أفقه [ʔafqaha] lehren (ه ه *j-n A*), unterweisen (ه ه *j-n in D*); **V** تفقه [ta'faqqaha] verstehen; sich eingehend beschäftigen (في mit *D*), studieren (في *A*, *bsd. isl. Recht*)

[2]**فقه** [fiqh] Kenntnis *f*, Verständnis *n*; *allg.* Rechtswissenschaft *f*; *Isl.* Gesetzeswissenschaft *f*; *a. allg.* Wissenschaft *f*; ~ اللغة [f. al-luɣa] (*bsd.* die traditionelle arab.) Philologie, Sprachwissenschaft

فقهي [fiqhiː] auf die islamische Rechtswissenschaft bezüglich, juristisch

فقوس [fa'qquːs] *koll.*, *n. un.* ~ة Schlangengurke(n *pl.*) *f*

فقوص [fa'qquːs] *koll.*, *n. un.* ~ة Schlangengurke(n *pl.*) *f*

فقيد [fa'qiːd] verstorben; Verstorbene(r)

فقيدة [fa'qiːda] Verstorbene *f*

فقير [fa'qiːr], *pl.* فقراء [fuqa'raːʔ] (2) arm; Arme(r)

فقيه [fa'qiːh], *pl.* فقهاء [fuqa'haːʔ] (2) Rechtsgelehrte(r); Lehrer *m e-r Koranschule*; *volkstümlich* Koranrezitator *m*

[1]**فك** [fakka, u] auseinandernehmen, zerlegen; abmontieren, demontieren; abschrauben; *Knoten* aufbinden, lösen; aufmachen, *Hand* öffnen; aufknöpfen; *Zeichen* entziffern, dekodieren; *Beschränkungen* aufheben, abbauen; *Äg. Geld* wechseln; *Pfand* einlösen; **II** فكك [fakkaka] auseinandernehmen, in Stücke zerlegen, demontieren; **V** تفكك [ta'fakkaka] sich (auf)lösen, zerfallen; *Chem.* abgebaut werden; **VII** انفك [in'fakka] auseinandergenommen, zerlegt, abmontiert werden; aufgebunden, aufgeschraubt, gelöst werden; sich (los)lösen; ما ~ يفعل [jafʕalu], لم ينفك يفعل nicht aufhören, *etwas* zu tun; **VIII** افتك [if'takka] *Pfand* einlösen, auslösen; *bsd. Tun.* entreißen (ه من *A j-m*)

[2]**فك** [fakk] **1.** Auseinandernehmen *n*, Zerlegen *n*; Abmontieren *n*, Demontage *f*; Aufbinden *n*, (Los-)Lösen *n*; Abschrauben *n*; Aufknöpfen *n*; Entzifferung *f von Zeichen*; Aufhebung *f*, Abbau *m von Beschränkungen*; Einlösung *f e-s Pfandes*; ~ الارتباط (Truppen-)Entflechtung *f*; ~ الرموز Dekodierung *f*; **2.** *pl.* فكوك [fu'kuːk] Kiefer *m*, Kinnlade *f*; Backe *f e-r Zange*; الـ~ الأسفل Unterkiefer *m*; الـ~ الأعلى Oberkiefer *m*

فكاك [fa'kaːk, fi'kaːk] Einlösung *f*, Auslösung *f e-s Pfandes*; Loskommen *n* (من von *D*); لا ~ منه [-a] untrennbar, unlösbar; *etwas*, wovon man nicht loskommt

فكاهة [fu'kaːha] Humor *m*; *pl.* [-aːt] Scherz *m*, Spaß *m*; Humoreske *f*, Posse *f*; على سبيل الـ~ im Spaß, zum *od.* im Scherz

فكاهي [fu'kaːhiː] humoristisch

[1]**فكر** **II** [fakkara] denken (في an *A*); nachdenken (في über *A*); **V** تفكر [ta'fakkara] nachdenken (في über *A*); **VIII** [if'takara] denken (في/ه/ه an *A*); sich erinnern (ه/ه an *A*)

[2]**فكر** [fikr] Denken *n*; Gedankengebäude *n*; Gedankengut *n*; Gedankenwelt *f*, Geisteswelt *f*; Geistesleben *n*; (*Gegens.* ممارسة, تطبيق [mu'maːrasa]) Theorie *f*

فكرة [fikra], *pl.* أفكار [ʔaf'kaːr] Gedanke *m*, Idee *f*; Vorstellung *f* (عن von *D*); *pl.* Gedanken *m/pl.* (عن über *A*); على ~ da fällt mir ein, apropos; ليس لديه ~ عن er hat keine Ahnung von

فكري [fikriː] geistig; gedanklich;

ideell; (*Gegens.* عملي [ʕamaliː]) theoretisch
فكرية [fik'riːja] Ideologie *f*
1**فكه** [fakiha, a] lustig, humorvoll sein; **II** [fakkaha] belustigen, erheitern; **III** فاكه [faːkaha] scherzen, spaßen (ه mit *D*); **V** تفكه [ta'fakkaha] sich amüsieren, sich belustigen (ب mit *D*); sich lustig machen (على/ب über *A*)
2**فكه** [fakih] lustig, heiter
فكة [fakka] *bsd. Äg.* Kleingeld *n*
1**فل** [falla, u] schartig machen; brechen, zerschlagen
2**فل** [fall], *pl.* فلول [fu'luːl] Scharte *f*; *pl.* Trümmer *pl.*, Reste *m/pl.*; فلول الجيش Überreste *m/pl.* e-r Armee
3**فل** [full] Sambac-Jasmin *m*
4**فل** [fill] *Äg.* Kork *m*
1**فلاح** [fa'laːħ] Wohl *n*, Heil *n*; Erfolg *m*, Gedeihen *n*
2**فلاح** [fa'llaːħ], *pl.* [-uːn] Bauer *m*, Fellache *m*
1**فلاحة** [fa'llaːħa], *pl.* [-aːt] Bäuerin *f*, Fellachin *f*
2**فلاحة** [fi'laːħa] Bebauung *f des Bodens*, Ackerbau *m*; *Maghr.* Landwirtschaft *f*
1**فلاحي** [fa'llaːħiː] bäuerlich
2**فلاحي** [fi'laːħiː] *Maghr.* landwirtschaftlich
فلاسفة → فيلسوف
فلاش [flaːʃ] *Fot.* Blitzlicht *n*; *fig.* Streiflicht *n*
فلافل [fa'laːfil] (2) Falafil *pl.* (*gebackene Kroketten aus zerstoßenen Bohnen*; *in Äg.* طعمية)
فلان [fu'laːn], *f* ~ة N.N. (*statt e-s Namens*), Soundso
فلاني [fu'laːniː] der und der; في الساعة الفلانية um soundso viel Uhr
فلاة [fa'laːt], *pl.* فلوات [fala'waːt] Wüste *f*
فلائك → فلوكة
فلت [falata, i] entkommen, entwischen (من *D*); **IV** أفلت [ʔaflata] entkommen, entwischen, entrinnen (من *D*); entgehen (من *j-m*); entgleiten, entschlüpfen (من *j-m*); sich entziehen (من *D*); **V** تفلت [ta'fallata] entkommen, sich entwinden (من *D*); **VII** انفلت [in'falata] entkommen, entwischen (من *D*); sich freimachen (من aus *D*)
فلتر [filtar], *pl.* [-aːt] Filter *m*
فلتة [falta], *pl.* [fala'taːt] Versehen *n*, Lapsus *m*, Fehler *m*; ~ قلم [f. qalam] Lapsus calami *m*; ~ لسان [f. li'saːn] Lapsus linguae *m*
1**فلج** [faladʒa, u, i] spalten; *Pass.* [fulidʒa] halbseitig gelähmt sein; **VII** انفلج [in'faladʒa] halbseitig gelähmt sein
2**فلج** [faladʒ], *pl.* أفلاج [ʔaf'laːdʒ] *Saudi-Ar.*, *Oman* Bewässerungskanal *m*
فلح [falaħa, a] *Boden* bebauen; **IV** أفلح [ʔaflaħa] Erfolg haben, erfolgreich sein (في bei *D*)
فلذة [filða], *pl.* [fila'ðaːt] *u.* أفلاذ [ʔaf'laːð] Stück *n Fleisch od. Metall*; ~ كبده [f. ka'bidihiː], *pl.* فلذات أكبادهم sein Kind, sein eigen Fleisch und Blut
فلز [fi'lizz], *pl.* [-aːt] Metall *n*; فلزات الحديد Eisenmetalle *n/pl.*
1**فلس** **II** [fallasa] für bankrott erklären; **IV** أفلس [ʔaflasa] in Konkurs gehen, Konkurs *od.* Bankrott machen
2**فلس** [fals]: فلوس [fu'luːs] *pl.* Fischschuppen *f/pl.*
3**فلس** [fils], *pl.* فلوس [fu'luːs] Fils *m* (*Währungseinheit im Irak u. in Jordanien, = 1/1000 Dinar*); *pl. umg.* Geld *n*
فلسطين [filas'ŧiːn] (2) Palästina
فلسطيني [filas'ŧiːniː] palästinensisch; *pl.* [-uːn] Palästinenser *m*; *pl. a. hist.* Philister *m/pl.*
فلسف [falsafa] philosophisch betrachten, interpretieren *od.* fundieren; **II** تفلسف [ta'falsafa] philosophieren
فلسفة [falsafa], *pl.* [-aːt] Philosophie *f*; ~ اجتماعية Sozialphilosophie *f*; ~ عقلية Rationalismus *m*; ~ العلوم Wissenschaftstheorie *f*
فلسفي [falsafiː] philosophisch
فلط [voŧŧ], *pl.* أفلاط [ʔav'lɒːŧ] *El.* Volt *n*
فلطح [faŧŧɒħa] platt machen, abplatten; **II** تفلطح [ta'faŧŧɒħa] platt werden, abgeplattet werden
فلع [falʕ], *pl.* فلوع [fu'luːʕ] Spalt *m*, Riß *m*
1**فلفل** [falfala] pfeffern
2**فلفل** [filfil, fulful] Pfeffer *m*; ~ أحمر Paprika *m*; Cayennepfeffer *m*; ~ أخضر Paprikaschoten *f/pl.*; ~ أسود [ʔaswad] Schwarze(r) Pfeffer; ~ بارد edelsüße(r) Paprika; ~ حار [ħaːrr] scharfe(r) Paprika
فلفلة [filfila, fulfula] Pfefferkorn *n*
1**فلق** [falaqa, i] (auf)spalten; *Gott: den Morgen* anbrechen lassen; **II** [fallaqa] spalten, zerreißen; **V** تفلق [ta'fallaqa] sich spalten, reißen; **VII** انفلق [in'falaqa] gespalten werden, sich spalten; *Morgen*: anbrechen
2**فلق** [falaq] Tagesanbruch *m*, erste(s) Tageslicht
3**فلق** [falq], *pl.* فلوق [fu'luːq] Spalt *m*, Riß *m*
فلقة [falaqa] *Äg.* Bastonade *f*
1**فلك** **II** [fallaka] *Syr.* wahrsagen
2**فلك** [falak], *pl.* أفلاك [ʔaf'laːk] Himmelssphäre *f*; Gestirn *n*; Bahn *f e-s Gestirns*; علم الـ~ [ʕilm al-f.] Astronomie *f*; دار في ~ـه sich in j-s Einflußsphäre bewegen, j-m folgen
3**فلك** [fulk] *m u. f* Schiff *n*; ~ نوح [f. nuːħ] die Arche Noah
فلكلور [folk'loːr] Folklore *f*; Volkskunde *f*
فلكلوري [folk'loːriː] Folklore-, folkloristisch; volkskundlich
فلكن [falkana] vulkanisieren
فلكة [filka], *pl.* [-aːt] *Ir.* runde(r) Platz; Kreisverkehr *m*
فلكي [falakiː] astronomisch; *pl.* [-uːn] Astronom *m*; فيزياء ~ة Astrophysik *f*
فلم → فيلم
فلمندي [fala'mandiː] flämisch; Flame *m*
فلمنكي [fala'mankiː] flämisch; Flame *m*
فلنكة [fa'lanka], *pl.* [-aːt] *Äg.* (*Eisenbahn-*)Schwelle *f*
1**فلة** [filla] *Äg.* Korken *m*, Stöpsel *m*
2**فلة** [filla] *u.* **ڤلة** [villa], *pl.* [-aːt] *u.* فلل [filal] (ڤلل [vilal]) Villa *f*
فلوت [fluːt] Flöte *f*

[1](فلور) **II** تفلور [ta'falwara] fluoreszieren
[2]**فلور** [f(u)'luːr, fi'luːr] *Chem.* Fluor *n*
فلورسنت [floːri'sant] fluoreszierend; ~ مصباح [mis'baːħ] Leuchtstofflampe *f*
فلورين [floː'riːn] **1.** Gulden *m*; **2.** *Chem.* Fluor *n*
فلوس [fu'luːs] *pl.* Geld *n*; → [2]فلس *u.* [3]فلس
فلوكة [fa'luːka], *pl.* فلائك [fa'laːʔik] (2) Boot *n*, Feluke *f*
فلى II [fallaː] lausen, entlausen
فليبين [fili'bbiːn] *f*: الـ~ die Philippinen *pl.*
فليبيني [fili'bbiːniː] philippinisch; *pl.* [-uːn] Philippiner *m*
فليفلة [fu'laifila] *Syr.* Paprikaschoten *f/pl.*; Pfefferschoten *f/pl.*
فلين [fa'lliːn] Kork *m*
فلينة [fa'lliːna], *pl.* [-aːt] Korken *m*
فليني [fa'lliːniː] Kork-; korkartig
[1]**فم** [fam], *pl.* أفواه [ʔaf'waːh] Mund *m*; Maul *n e-s Tieres*; Mündung *f*; Mundstück *n*; المعدة ~ [f. al-maʕida] *Anat.* Pförtner *m*
[2]**فم** [fumm], *pl.* أفمام [ʔaf'maːm] *umg.* = [1]فم
فموي [famawiː] Mund-, oral
فمي [famiː] Mund-, oral
[1](فن) **II** فنن [fannana] verschieden machen, variieren; **V** تفنن [ta'fannana] meisterhaft beherrschen (في *A*); vielseitig gestalten (في *A*)
[2]**فن** [fann] **1.** *pl.* فنون [fu'nuːn] Kunst *f*; Technik *f*; الفنون التشكيلية bildende Kunst; الفنون الجميلة die schönen Künste; الـ~ الشعبي *u.* الفنون الشعبية Volkskunst *f*; الفنون الشعبية *a.* Folklore *f*; الطباعة ~ [f. ɒtti'baːʕa] Buchdruck *m*; **2.** *pl.* فنون [fu'nuːn], أفنان [ʔaf'naːn] *u.* أفانين [ʔafaː'niːn] (2) Art *f*, Sorte *f*; → فنن
[1]**فناء** [fa'naːʔ] Untergang *m*; Vergänglichkeit *f*; *Mystik*: Entwerdung *f*
[2]**فناء** [fi'naːʔ], *pl.* أفنية [ʔafnija] Hof *m e-s Hauses*
فنار [fa'naːr], *pl.* [-aːt] Leuchtturm *m*
فنان [fa'nnaːn], *pl.* [-uːn] Künstler *m*
فنانة [fa'nnaːna], *pl.* [-aːt] Künstlerin *f*
فنجان [fin'dʒaːn], *pl.* فناجين [fanaː'dʒiːn] (2) Tasse *f*
فند II [fannada] **1.** widerlegen; als falsch nachweisen; **2.** im einzelnen aufführen
فندال [van'daːl]: الـ~ *koll. hist.* die Wandalen *m/pl.*
فندق [funduq], *pl.* فنادق [fa'naːdiq] (2) Hotel *n*, Gasthof *m*
فنزويلا [finzu'weːlaː, fanza'weːlaː] Venezuela
فنزويلي [finzu'weːliː, fanza'weːliː] venezolanisch; *pl.* [-uːn] Venezolaner *m*
فنط II [fannaṭɒ] Punkt für Punkt aufzählen; *Karten* mischen
فنطاس [fin'ṭɒːs], *pl.* فناطيس [fanaː'ṭiːs] (2) Wassertank *m*, Kessel *m*
[1]**فنك** [fanak] Wüstenfuchs *m*, Fennek *m*
[2]**فنك** [finig], *pl.* [-aːt] Pfennig *m*
فنلندا [fin'landaː] Finnland
فنلندي [finlandiː] finnisch; *pl.* [-uːn] Finne *m*
فنن [fanan], *pl.* أفنان [ʔaf'naːn] Zweig *m*
[1]**فني** [fanija, aː] untergehen, vergehen, verschwinden; *bsd. Mystik*: aufgehen (في in *D*); لا يفنى unvergänglich; **IV** أفنى [ʔafnaː] vernichten, zerstören; verbrauchen, aufzehren; عمره من أجله ~ [ʕumrahuː] sich für j-n *od.* etwas aufopfern; **VI** تفانى [ta'faːnaː] sich verzehren (في in *D*); sich aufopfern (في für *A*), aufgehen (في in *D*)
[2]**فني** [fanniː] künstlerisch, Kunst-; technisch; fachlich, Fach-; *pl.* [-uːn] Techniker *m*; فنيات *pl.* Technik *f e-s Malers etc.*; عامل ~ Facharbeiter *m*
فنيقي [fi'niːqiː] phönizisch; *pl.* [-uːn] Phönizier *m*
فنيك [fi'niːk] Karbolsäure *f*, Phenol *n*
فنية [fa'nniːja] **1.** Künstlertum *n*; künstlerische(r) Gehalt; technische(r) Charakter *e-r Sache*; **2.** *pl.* [-aːt] Technikerin *f*; فنيات → [2]فني
فهامة [fa'hhaːma] verständig, einsichtsvoll
فهد [fahd], *pl.* فهود [fu'huːd] Gepard *m*; *a.* Panther *m*
[1]**فهرس** [fahrasa] ein (Inhalts-)Verzeichnis anfertigen; *Bücher* katalogisieren
[2]**فهرس** [fihris], *pl.* فهارس [fa'haːris] (2) Inhaltsverzeichnis *n*; Index *m*; Katalog *m*; كتب ~ [f. kutub] Bibliographie *f*, Bücherverzeichnis *n*
فهرست [fihrist], *pl.* فهارس [fa'haːris] (2) → [2]فهرس
فهرسة [fahrasa] Katalogisierung *f*; علم الـ~ [ʕilm al-f.] Bibliographie *f als Wissenschaft*
فهلوي [fahlawiː] **1.** *umg.* clever, schlau; **2.** اللغة الفهلوية [al-luɣa] Pehlewi *n*, Mittelpersisch *n*
[1]**فهم** [fahima, a] verstehen, begreifen; einsehen; يفهم من ذلك أن [jufhamu, ʔanna] das ist so zu verstehen, daß; **II** [fahhama] *u.* **IV** أفهم [ʔafhama] begreiflich machen, erklären (ه *j-m* هـ *A*); zu verstehen geben (ه *j-m* هـ *A*); **V** تفهم [ta'fahhama] zu verstehen suchen; (allmählich) verstehen; **VI** تفاهم [ta'faːhama] einander *od.* sich verstehen; sich verständigen; **X** استفهم [is'tafhama] fragen (ه *j-n* عن/هـ nach *D*), sich erkundigen (ه عن/هـ bei *j-m* nach *D*)
[2]**فهم** [fahm], *pl.* أفهام [ʔaf'haːm] Verstehen *n*, Verständnis *n*; Verstand *m*
[3]**فهم** [fahim] von rascher Auffassungsgabe, verständig
فهيم [fa'hiːm], *pl.* فهماء [fuha'maːʔ] (2) von rascher Auffassungsgabe, verständig
فو [fuː] (*G* في [fiː], *A* فا [faː]) *klassische Nebenform zu* [1]فم *als Leitwort e-r Genitivverbindung*
فوات [fa'waːt] Vorübergehen *n*, Verstreichen *n e-r Zeit*; Verpassen *n e-r Gelegenheit*; بعد الأوان ~ wenn es zu spät ist, zu spät; قبل الأوان ~ bevor es zu spät ist
فواتح → فاتحة
فواتير → فاتورة
فواجر → فاجرة
فواجع → فاجعة

فواح [fa'wwaːħ] stark riechend, duftend

فواحش → فاحشة

فواخت → فاختة

فؤاد [fu'ʔaːd], *pl.* أفئدة [ʔafʔida] Herz *n*; *a. npr. m*

فوادن → فادن

فوار [fa'wwaːr] aufwallend, sprudelnd, schäumend

فوارس → فارس، فارسة

فوارق → فارق

فوارة [fa'wwaːra], *pl.* [-aːt] Quelle *f*; Springbrunnen *m*; Geysir *m*

فواصل → فاصل، فاصلة

فواضل → فاضل

فواق [fu'waːq] Schlucken *m*, Schluckauf *m*

فواكه → فاكهة

فوال [fa'wwaːl], *pl.* ~ة Bohnenverkäufer *m*

فوالق → فالق

فوانيس → فانوس

فوائد → فائدة

فوائض → فائض

فوب [foːb] *Hdl.* fob

[1]**(فوت)** فات [faːta, uː] entgehen (ه *j-m*); vorübergehen, vorbeigehen; ~ الأوان / الوقت die Zeit ist vorbei, es ist zu spät; ~ته الفرصة [al-fursɒ(tu)] er versäumte die Gelegenheit; ~ـه القطار [al-qi'tɒːr(u)] er verpaßte den Zug; **II** [fawwata] entgehen lassen (على ـه *j-m A*), *bsd. Gelegenheit* versäumen lassen (على *j-n*); *Tun.* veräußern; **VI** تفاوت [ta'faːwata] unterschiedlich, verschieden sein

[2]**فوت** [faut], *pl.* أفوات [ʔaf'waːt] Zwischenraum *m*, Abstand *m*

فوتوغرافي [futuɣ'raːfiː] fotografisch; Fotograf *m*

فوتيل [fuː'teːl], *pl.* [-aːt] Sessel *m*, Fauteuil *m*

فوتيه [fuː'teːh], *pl.* [-aːt] Sessel *m*, Fauteuil *m*

فوج [faudʒ], *pl.* أفواج [ʔaf'waːdʒ] Gruppe *f*, Trupp *m*; Schar *f*; *Saudi-Ar., Ir., Lib.* Bataillon *n*; أفواجا [-an] *Adv.* in Scharen; تبدل الـ~ [ta'baddul al-f.] Schichtwechsel *m*

(فوح) فاح [faːħa, uː] *Geruch*: ausströmen, sich verbreiten; duften; ~ت منه رائحة الـ... es roch nach...

فوحان [fawa'ħaːn] Ausströmen *n von Geruch*

فوحة [fauħa] Dufthauch *m*

فود [faud], *pl.* أفواد [ʔaf'waːd] Schläfe *f*; Haar *n* an den Schläfen

[1]**(فور)** فار [faːra, uː] (auf)wallen, sprudeln, brodeln; *fig. Blut*: kochen; hervorquellen, übersprudeln; **II** [fawwara] zum Sprudeln bringen; ~ دمه [damahuː] j-n in Wallung bringen

[2]**فور** [faur]: ~ًا [-an] *Adv. u.* على الـ~ sofort, sogleich, unverzüglich; ~ [-a] *Präp.* sofort nach

فوران [fawa'raːn] Aufwallen *n*, Sprudeln *n*, Brodeln *n*

فورمايكا [for'maːikaː] Resopal *n*

فورمة [forma], *pl.* [-aːt] *Techn.* Form *f*

فورة [faura], *pl.* [-aːt] Aufwallung *f*; Ausbruch *m des Zorns, der Freude*

فوري [fauriː] sofortig, Sofort-; unmittelbar; إجراءات ~ة Sofortmaßnahmen *f/pl.*

[1]**(فوز)** فاز [faːza, uː] gewinnen (ب *A*, على gegen *A*); siegen (على über *A*), besiegen (على *A*); erringen (ب *Macht*)

[2]**فوز** [fauz] Sieg *m*, Gewinn *m*, Triumph *m*; Erringung *f* (ب *G*)

فوسفات [fus'faːt] Phosphat *n*

فوسفاتي [fus'faːtiː] Phosphat-

فوسفور [fus'fuːr] Phosphor *m*

فوسفوري [fus'fuːriː] Phosphor-, phosphorhaltig

فوسفوريك [fusfuː'riːk]: حامض الـ~ Phosphorsäure *f*

فوض II [fawwaɖɒ] übertragen (إلى/ ل ـه *j-m A*), betrauen (إلى/ل ـه *j-n* mit *D*); bevollmächtigen (إلى/ ل ـه *j-n* zu *D*), ermächtigen (ب zu *D*); **III** فاوض [faːwaɖɒ] verhandeln (ه mit *j-m*); **VI** تفاوض [ta'faːwaɖɒ] miteinander verhandeln; verhandeln (مع mit *j-m*, على über *A*)

فوضوي [fawɖɒwiː] chaotisch; planlos; anarchisch; anarchistisch; *pl.* [-uːn] Anarchist *m*, Chaot *m*

فوضوية [fawɖɒ'wiːja] chaotische(r) Charakter *e-r Sache*; Planlosigkeit *f*; Anarchismus *m*

فوضى [fawɖɒː] Chaos *n*, Durcheinander *n*; Anarchie *f*

فوطة [fuːtɒ], *pl.* فوط [fuwɒt] Handtuch *n*; Serviette *f*

[1]**(فوق)** فاق [faːqa, uː] übertreffen, überragen; übersteigen; **II** [fawwaqa] zielen (ـه إلى mit *etwas* auf *A*), *Waffe* richten (إلى auf *j-n*); wieder zu sich bringen; **IV** أفاق [ʔa'faːqa] aufwachen; wieder zu sich kommen; sich erholen, genesen (من von *D*); **V** تفوق [ta'fawwaqa] übertreffen (على *A*), überlegen sein (على *j-m*); Hervorragendes leisten (في auf *e-m Gebiet*); zu den besten Schülern *od.* Absolventen gehören; **X** استفاق [ista'faːqa] erwachen; sich erholen, genesen

[2]**فوق** [fauqa] *Präp.* über, oberhalb; auf; ~ ذلك überdies, darüber hinaus; ~ البنفسجي [f. l-ba'nafsadʒiː] ultraviolett; ~ الدول [f. ad-duwal] supranational; ~ السمعي، ~ الصوتي [f. s-sɒutiː] Ultraschall-; ~ العادة außerordentlich, außergewöhnlich; ~ كل شيء [f. kulli ʃ.] vor allen Dingen

[3]**فوق** [fauqu] *Adv.* oben, darüber; إلى ~ nach oben, in die Höhe

فوقاني [fau'qaːniː] obere(r), Ober-

فول [fuːl] *koll., n. un.* ~ة (Sau-)Bohne(n *pl.*) *f*; ~ سوداني [suː'daːniː] Erdnüsse *f/pl.*; ~ مدمس [mi'dammis] *Äg.* gekochte Saubohnen mit Öl; ~ نابت *Äg.* gekochte keimende Bohnen; ~ حبة [ħabbat f.] *eine Bohne*

فولاذ [fuː'laːð] Stahl *m*

فولاذي [fuː'laːðiː] stählern, Stahl-

فولت [volt] *El.* Volt *n*

فولتا العليا [voltaː l-ʕuljaː] *hist.* Obervolta (*heute Burkina Faso*)

فولتية [vol'tiːja] *El.* Spannung *f*

فولط [voɫt] *El.* Volt *n*

فولطية [voɫtiːja] *El.* Spannung *f*

فولكلور [folk'loːr] Folklore *f*; Volkskunde *f*

فولكلوري [folk'loːriː] Folklore-, folkloristisch; volkskundlich

فوليك [foː'liːk]: حامض الـ~ Blattsäure *f*, Folsäure *f*

فوم [fuːm] Knoblauch *m*

فونت [font]: ~ حديد *Syr.* Gußeisen *n*

فونولوجي [fono'loːʤiː] phonologisch

فونولوجيا [fono'loːʤijaː] Phonologie *f*

فونيم [foː'neːm], *pl.* [-aːt] Phonem *n*

فونية [fuː'niːja], *pl.* [-aːt] Düse *f*

[1](**فوه**) فاه [faːha, uː] *u.* **V** تفوه [ta'faw-waha] aussprechen, äußern (ب *A*)

[2]**فوه** [fuwwah] Krapp *m*, Färberröte *f*

فوهة [fuwwaha, fuːha], *pl.* [-aːt] *u.* أفواه [ʔaf'waːh] Öffnung *f*; Loch *n*; Mündung *f e-r Waffe*; Krater *m*; *fig.* Schlund *m*; → [1]فم

فؤوس → [2]فأس

فؤول → [2]فأل

[1]**في** [fiː] *Präp.* in; an; bei; über, betreffs; فيه [fiː(h)] *umg.* es gibt; فيهم [fiːhim] unter ihnen; ~ الأول من أكتوبر [fi l-ʔawwal] am 1. Oktober; ~ زيارة رسمية [zi'jaːratin] zu e-m offiziellen Besuch; ~ الساعة العاشرة um 10 Uhr; ~ الشارع auf der Straße; ~ يوم الأحد [jaumi l-ʔaħad] am Sonntag; ثلاثة ~ أربعة drei mal vier; كذب ~ كذب [kiðb] Lüge über Lüge; ~ دهشة erstaunt (*Adv.*); ~ خبث [xubθ] boshaft (*Adv.*); هل لك ~ ... möchtest du... ?; → فو

[2]**في** [fijja] in mir

[1](**فيء**) فاء [faːʔa, iː] zurückkehren; *Schatten*: wandern; **IV** أفاء [ʔa-'faːʔa] zufallen lassen (على *j-m*); **V** تفيأ [ta'fajjaʔa] Schatten suchen (هـ/في unter *D*)

[2]**فيء** [faiʔ], *pl.* أفياء [ʔaf'jaːʔ] *u.* فيوء [fu'juːʔ] Schatten *m*; Beute *f*

فئات → فئة

فياض [fa'jjɒːđ] *a. fig.* überströmend; überschwenglich; freigebig

فيتامين [fiːtaː'miːn], *pl.* [-aːt] Vitamin *n*; → [1]ج, [1]هـ

فيتنام [vijat'naːm] *f* Vietnam

فيتنامي [vijat'naːmiː] vietnamesisch; *pl.* [-uːn] Vietnamese *m*

فيتو [viːtoː, veːtoː] *Pol.* Veto *n*; حق الـ~ [ħaqq al-v.] Vetorecht *n*

فيتيس [fiː'teːs] *Techn.* Gangschaltung *f*, Gang *m*

فيثاغورس [fiːθaː'ɣuːras] (2) Pythagoras

فيثاغوري [fiːθaː'ɣuːriː] pythagoreisch; *pl.* [-uːn] Pythagoreer *m*

فيجي [fiːʤiː] *f Geo.* Fidschi; *m* fidschianisch, aus Fidschi; *pl.* [-uːn] Fidschianer *m*

فيحاء [fai'ħaːʔ]: الـ~ *Beiname von Damaskus*; → أفيح

(**فيد**) **IV** أفاد [ʔa'faːda] nützen, nützlich sein, Nutzen bringen (ه *j-m*); Nutzen ziehen (من aus *D*); mitteilen, melden (ب ه *j-m A*), informieren (ب ه *j-n* über *A*); *a. Jur.* aussagen (ب/هـ *A*); besagen; كلمة تفيد هذا المعنى [kalima, maʕnaː] ein Wort mit dieser Bedeutung; **X** استفاد [ista'faːda] Nutzen ziehen (من aus *D*), profitieren (من von *D*), sich zunutze machen (من *A*); in Anspruch nehmen (من *Vergünstigung*); يستفيد منه *a.* es kommt ihm zugute; *Pass.* يستفاد منه أن [justa-'faːdu minhu ʔanna] dem ist zu entnehmen, daß; daraus geht hervor, daß; ~ من دروس الماضي Lehren aus der Vergangenheit ziehen

فيدرالي [fid(i)'raːliː] föderativ, Bundes-; föderalistisch

فيدرالية [fid(i)raː'liːja] Föderalismus *m*; *Alg.* Verband *m*, Bund *m*

فيديو *u.* **ڤيديو** [vidijoː], *pl.* فيديوهات *u.* ڤيديوهات [vidijoː'haːt] Video *n*, Videoband *n*; Videogerät *n*

فيران → [2]فار

فئران → [4]فأر

فيروز [fai'ruːz] Türkis *m*

فيروس [viːrus, vairus], *pl.* [-aːt] Virus *n*

فيزا [viːzaː], *pl.* فيزات [viː'zaːt] Visum *n*

فيزياء [fiːzi'jaːʔ] Physik *f*; ~ ذرية [ða'rriːja] Atomphysik *f*; ~ فلكية [fala'kiːja] Astrophysik *f*; ~ نووية [nawa'wiːja] Kernphysik *f*

فيزيائي [fiːzi'jaːʔiː] physikalisch; *pl.* [-uːn] Physiker *m*

فيزيولوجي [fizio'loːʤiː] physiologisch

فيزيولوجيا [fizio'loːʤijaː] Physiologie *f*

فيسيولوجي [fisio'loːʤiː] physiologisch

فيسيولوجيا [fisio'loːʤijaː] Physiologie *f*

فيش [fiːʃ], *pl.* [-aːt] *Syr. El.* Stecker *m*

فيشة [fiːʃa], *pl.* [-aːt] Zettel *m*; Schildchen *n*; Karteiblatt *n*; *El.* Stecker *m*

فيصل [faisɒl] (entscheidendes) Kriterium; Faisal *npr. m*

[1](**فيض**) فاض [faːđɒ, iː] über die Ufer treten, überfließen; überfluten, überschwemmen (على *A*); überquellen (ب vor *D*); übersteigen (عن *A*); ~ت روحه [ruːħuhuː] s-n Geist aushauchen; **IV** أفاض [ʔa'faːđɒ] überströmen lassen; schütten, gießen (على über *A*); ausführlich schildern (في *A*); weitschweifig darlegen (في *A*); **X** استفاض [ista'faːđɒ] sich ausbreiten; ausführlich sein

[2]**فيض** [faiđ] Überfließen *n*; Überflutung *f*, Überschwemmung *f*; Strom *m von Tränen*; *Phil.* Emanation *f*; Fülle *f*, Überfluß *m*

فيضان [faja'đɒːn], *pl.* [-aːt] Überschwemmung *f*

فيضي [faiđiː] Überschwemmungs-; تربة ~ـة [turba] Schwemmland *n*

فيفاء [fai'faːʔ] (2), *pl.* فياف [fa'jaːfin] Wüste *f*

فيفري [fiːvriː] *Alg.*, *Tun.* Februar *m*

فيكتوري [vik'toːriː] *hist.* viktorianisch

فيكتوريا [vik'toːrijaː]: ~ بحيرة [bu'ħairat v.] Victoriasee *m*

فيل [fiːl], *pl.* أفيال [ʔaf'jaːl] *u.* فيلة [fijala] Elefant *m*; Läufer *m im Schachspiel*; داء الـ~ *Med.* Elefantiasis *f*

فيلا, **ڤيلا** [villaː], *pl.* [-aːt] *u.* فلل, ڤلل [vilal] Villa *f*

فيلبين [fili'bbiːn] *f*: الـ~ die Philippinen *pl.*

فيلبيني [fili'bbiːniː] philippinisch; *pl.* [-uːn] Philippiner *m*

فيلسوف [faila'suːf], *pl.* فلاسفة [fa'laː-sifa] Philosoph *m*

فيلق [failaq], *pl.* فيالق [fa'jaːliq] (2) Armeekorps *n*

فيلم [film], *pl.* أفلام [ʔaf'laːm] Film *m*; ~ بوليسي Kriminalfilm *m*; ~ ثابت *Maghr.* Stehbildstreifen *m*; ~ جنسي [ʤinsiː] Sexfilm *m*; ~ رعاة البقر [f. ru'ʕaːti l-baqar] Wildwestfilm *m*; ملون [mu'lawwan] Farbfilm *m*; ناطق ~ Tonfilm *m*; وثائقي ~ [wa'θaːʔiqiː] Dokumentarfilm *m*

فيلمي [filmiː] Film-, filmisch

فيليه [fiː'leːh] Filet *n*

فيم [fiːma] worin?; worüber?

فيما [fiːmaː] in dem, was…; *je nach Rektion des Verbs*: über das, was … *etc.*; worin?; *Konj.* während; إذا ~ wenn, falls; ob; أعتقد ~ [ʔaʕ'taqid(u)] wie ich glaube; ~ أعرف [ʔaʕrif(u)] soweit ich weiß; تفكر ~ [tu'fakkir] woran denkst du?; يلي ~ [jaliː] im folgenden; بعد ~ [baʕd(u)] später; بينهم ~ [bainahum] untereinander; لو ~ wenn, falls; مضى ~ früher, zuvor; يتعلق ب ~ was … betrifft; قال ~ قال er sagte unter anderem

فيمن [fiːman] = في من

فين [feːn] *Äg. umg.* wo?

فينا [vi'jannaː] Wien

فينة [faina] Zeit *f*, Zeitpunkt *m*; بين الـ~ والأخرى [al-ʔuxraː] von Zeit zu Zeit

فينوس [fiː'nuːs] Venus *f*

فينيقي [fiː'niːqiː] phönizisch; *pl.* [-uːn] Phönizier *m*

فينيقيا [fiː'niːqijaː] Phönizien

فينيقية [fiːniː'qiːja] Phöniziertum *n*; phönizische(r) Charakter *e-r Sache*

فينيل [fiː'niːl] *Chem.* Phenyl *n*

فئة [fiʔa], *pl.* فئات [fi'ʔaːt] Gruppe *f*; (*Gesellschafts-*)Schicht *f*; Klasse *f*; Nennwert *m von Münzen u. Banknoten*; *Jord. Mil.* Zug *m*; أوراق نقدية من ~ Banknoten *f/pl.* zu …; طوابع بريدية من ~ Briefmarken *f/pl.* zu …

فيوم [fa'jjuːm]: الـ~ Fayum (*Stadt in Ägypten*)

فئوي [fiʔawiː] Gruppen-; Schichten-

فيينا [vi'jannaː] Wien

ق

[1]ق (قاف) [qaːf] *einundzwanzigster Buchstabe des arab. Alphabets*

[2]ق *Abk. für* دقيقة Minute, قبل [qabla] vor *u.* قرش [qirʃ] Piaster *m*

قاء → [1](قيء)

قاب [qaːb]: على ~ قوسين من [-i qau'sain] ganz nahe bei, dicht vor

قابض [qaːbiđ] (in Händen) haltend (على *A*); Empfänger *m von Geld*; *Alg., Tun.* Leiter *m e-r* قباضة; *Med.* stopfend; *Techn.* Halterung *f*; Kupplung *f des Autos*; البريد ~ *Tun.* Leiter *m* des Postamts; الحافلة ~ *Tun.* Autobusschaffner *m*

قابع [qaːbiʕ] hockend; zurückgezogen

قابل [qaːbil] annehmend, akzeptierend; -bar, -lich; الأيام ~ [q. al-ʔa'jjaːm] zukünftige Zeiten; ~ للاحتراق brennbar; للانفجار ~ explosiv; للالتهاب ~ leicht entzündlich; للتحويل ~ *Währung*: konvertierbar; للتوصيل ~ *El.* leitfähig; ~ للشفاء [li-ʃ-ʃi'faːʔ] heilbar; للكسر ~ zerbrechlich; غير ~ للرجوع unwiderruflich; جواز السفر ~ للتجديد [ʤa'waːz as-safar] der Reisepaß kann verlängert werden

قابلة [qaːbila], *pl.* [-aːt] *u.* قوابل [qa'waːbil] (2) Hebamme *f*

قابلية [qaːbi'liːja] Fähigkeit *f*; -barkeit *f*; الانهضام ~ Verdaubarkeit *f*; التوصيل ~ *El.* Leitfähigkeit *f*; ~ التحويل Konvertierbarkeit *f e-r Währung*

قابوس [qaː'buːs] Qabus *npr. m*

قات [qaːt] Kat *n* (*Catha edulis, Baum, dessen Blätter anregende Wirkung haben u. bsd. im Jemen gekaut werden*)

قاتل [qaːtil] tötend; tödlich; *pl.* قتلة [qatala] Mörder *m*

قاتم [qaːtim] dunkel, finster; düster; ~ أحمر dunkelrot, tiefrot

قاح → (قوح)

قاحل [qaːħil] trocken, dürr; *Klima*: arid

قاد → (قود)

قادر [qaːdir] fähig (على zu *D*); leistungsfähig; vermögend; القادرون *pl.* die Vermögenden *m/pl.*; ~ على العمل [al-ʕamal] arbeitsfähig

قادس [qaːdis] (2) Cadiz (*Stadt in Spanien*)

قادم [qaːdim] **1.** *pl.* [-uːn] (an)kommend (من aus *D*); الجديد ~الـ Neugeborene(s), neue(r) Erdenbürger; **2.** kommend, künftig, nächste(r); ~الـ بعد übernächste(r)

قادة → قائد

قادوس [qaː'duːs], *pl.* قواديس [qawaː'diːs] (2) Schöpfeimer *m des Wasserrads*

قاذف [qaːðif] werfend; ~ مقعد Schleudersitz *m*

قاذفة [qaːðifa], *pl.* [-aːt] Werfer *m*, Wurfmaschine *f*; (= قنابل ~) Bombenflugzeug *n*, Bomber *m*; ~ ألغام Minenwerfer *m*; اللهب ~ [q. al-lahab] Flammenwerfer *m*; ~ الماء, *pl.* قواذف الماء [qa'waːðif al-maːʔ] Wasserwerfer *m*; مقاتلة ~ [mu'qaːtila] Jagdbomber *m*; النار ~ Flammenwerfer *m*

قاذورة [qaː'ðuːra]: *bsd. pl.* قاذورات Unrat *m*, Schmutz *m*, Dreck *m*; Abwasser *n*

[1]**قار** [qaːr] Teer *m*; Pech *n*

[2]**قار** [qaːrr] **1.** fest, ständig; *Tun. Steuer*: direkt; ~ غير *Tun. Steuer*: indirekt; ~ مدخول *Tun.* feste(s) Einkommen; **2.** kalt

قارب [qaːrib], *pl.* قوارب [qa'waːrib] (2) Boot *n*

قارس [qaːris] bitter kalt; *Kälte*: streng, grimmig

قارص [qaːrɨs] beißend (*a. fig.*), stechend; قوارص [qa'waːrɨs] (2) *pl. Ir.* stechende Insekten *n/pl.*

قارض [qaːrɨđ] Nager *m*; الحيوانات القارضة [al-ħajawaː'naːt] *u.* القوارض [al-qa'waːrɨđ] (2) *pl.* die Nagetiere *n/pl.*

قارعة [qaːriʕa] **1.** *pl.* قوارع [qa'waːriʕ] (2) Unglück *n*, Katastrophe *f*, Verhängnis *n*; ~الـ der Jüngste Tag; **2.**: على ~ الطريق mitten auf der Straße, auf offener Straße

قارة [qaːrra], *pl.* [-aːt] Erdteil *m*, Kontinent *m*

قارورة [qaː'ruːra], *pl.* قوارير [qawaː'riːr] (2) Flasche *f*; Phiole *f*; Flakon *n od. m*

قاري [qaːrriː] kontinental

قارئ [qaːriʔ], *pl.* قراء [qu'rraːʔ] *u.* [-uːn] Leser *m*; (*Koran-*)Rezitator *m*; ~ (خطوط) الكف [(xu'tuːt) al-kaff] Handliniendeuter *m*, Chiromant *m*

قارئة [qaːriʔa], *pl.* [-aːt] Leserin *f*

قازوزة [qaː'zuːza, gaː'zuːza] Brause *f*, Limonade *f*, Sprudel *m*

[1]**قاس** [qaːsa] → (قيس)

[2]**قاس** [qaːsin], *pl.* قساة [qu'saːt] hart, streng, grausam, unbarmherzig; *Umstände*: schwierig

قاسم [qaːsim] *Math.* Teiler *m*; *Math.* Nenner *m*; *a. npr. m*; مشترك ~ [muʃ'tarak] *a. fig.* gemeinsame(r) Nenner

قاشاني [qaːˈʃaːniː] glasierte Kacheln *f/pl. od.* Fliesen *f/pl.*; glasierte Tonwaren *f/pl.*, Fayencen *f/pl.*

[1]**قاص** [qɒːs̶s̶], *pl.* قصاص [quˈs̶s̶ɒːs̶] Erzähler *m*

[2]**قاص** [qɒːs̶in], *pl.* قاصون [qɒːˈs̶uːn] fern; القاصي والداني jedermann

قاصد [qɒːs̶id] **1.** aufsuchend; meinend; *Weg*: direkt; *Reise*: bequem; **2.** *pl.* قصاد [quˈs̶s̶ɒːd] Besucher *m e-s Ortes*; رسولي ~ [raˈsuːliː] päpstliche(r) Delegat, Nuntius *m*

قاصر [qɒːs̶ir] sich beschränkend *od.* beschränkt (على auf *A*); unfähig (عن zu *D*); unzulänglich; *pl.* قصر [qus̶s̶ɒr] minderjährig, unmündig; Minderjährige(r)

قاصف [qɒːs̶if] bombardierend, beschießend; *Donner*: grollend; *Geschütz*: dröhnend

قاصم [qɒːs̶im] zerbrechend; *Schlag*: schwer, vernichtend

قاصة [qɒːs̶s̶ɒ] Erzählerin *f*

[1]**قاض** [qɒːđɒ] → (قوض)

[2]**قاض** [qɒːđin] **1.** entscheidend, bestimmend, *Gesetz*: vorsehend (ب *A*); ضربة قاضية entscheidende(r) Schlag (على gegen *A*); *Sport*: Knockout *m*, k.o. *m*; *fig.* Todesstoß *m*; **2.** *pl.* قضاة [quˈđɒːt] Richter *m*, Kadi *m*; قاضي الإحالة *Äg.* Vorführungsrichter *m*; ~ البحث *Tun. u.* ~ التحقيق *Äg.* Untersuchungsrichter *m*; ~ الصلح [q. s̶-s̶ulħ] Friedensrichter *m*; قاضي القضاة oberste(r) Richter, Präsident *m* des Obersten Gerichtshofs

قاضية [qɒːđija] Richterin *f*

قاطبة [qɒːˈŧibatan] *Adv. nachgestellt*: insgesamt; ~ العالم [al-ʕaːlamu] die ganze Welt

قاطر [qɒːŧir] ziehend, schleppend; ~ة سيارة [saˈjjaːra] Zugmaschine *f*

قاطرة [qɒːŧira], *pl.* [-aːt] Lokomotive *f*; Triebwagen *m*; Zugmaschine *f*; Schlepper *m*, Schleppdampfer *m*

قاطع [qɒːŧiʕ] **1.** schneidend; fest, entschieden; *Beweis*: schlagend; eindeutig; ~ الدائرة *Geom.* Sekante *f*; ~ة سن [sinn] Schneidezahn *m*; ~ة بصورة [bi-s̶uːratin] entschieden, kategorisch (*Adv.*); **2.** *pl.* [-aːt] *El.* Unterbrecher *m*, Ausschalter *m*; **3.** *pl.* قواطع [qaˈwaːŧiʕ] (2) Trennwand *f*; (*Front-*)Abschnitt *m*; طائر ~, *pl.* طير قواطع Zugvogel *m*; **4.** *pl.* قطاع [quˈŧŧɒːʕ]: ~ الطريق, *pl.* قطاع الطرق [q. ɒŧ-ŧuruq] Wegelagerer *m*, Straßenräuber *m*

قاطعة [qɒːŧiʕa], *pl.* قواطع [qaˈwaːŧiʕ] (2) *El.* Unterbrecher *m*; *Geom.* Sekante *f*; Schneidezahn *m*

قاطن [qɒːŧin] wohnhaft, ansässig; *pl.* [-uːn] *u.* قطان [quˈŧŧɒːn] Einwohner *m*, Bewohner *m*

قاع [qaːʕ], *pl.* قيعان [qiːˈʕaːn] Grund *m des Meeres*, Boden *m*, (*Tal-*)Sohle *f*; ~ النهر Flußbett *n*

قاعد [qaːʕid] sitzend; (= ~ عن العمل [al-ʕamal]) untätig, müßig

قاعدة [qaːʕida], *pl.* قواعد [qaˈwaːʕid] (2) Grundlage *f*, *a. Mil.* Basis *f*; *Mil.* Stützpunkt *m*; Fundament *n*, Sockel *m*; *Geom.* Grundlinie *f*; *Chem.* Base *f*; Regel *f*; Grundsatz *m*, Prinzip *n*; ~ الإطلاق Abschußrampe *f*, Startrampe *f*; ~ الانطلاق Ausgangsbasis *f*; ~ بيانات [q. bajaːˈnaːt] *EDV* Datenbank *f*; ~ جوية [ʤaˈwwiːja] Luft(waffen)-stützpunkt *m*; قواعد اللغة [q. al-luɣa] Grammatik *f*

قاعدي [qaːʕidiː] Basis-; *Chem.* basisch

قاعة [qaːʕa], *pl.* [-aːt] Saal *m*, Halle *f*; ~ طعام Speisesaal *m*; ~ العمليات [q. al-ʕamaliːˈjaːt] Operationssaal *m*; ~ المحاضرات [q. al-muħaːđɒˈraːt] Vortragssaal *m*; Hörsaal *m*

قاف [qaːf] *f* der Buchstabe ق

قافلة [qaːfila], *pl.* قوافل [qaˈwaːfil] (2) Karawane *f*; Kolonne *f*, Konvoi *m*; *Mil.* Geleitzug *m*

قافية [qaːfija], *pl.* قواف [qaˈwaːfin] Reim *m*

[1]**قاق** [qaːqa] → (قوق)

[2]**قاق** [qaːq], *pl.* قيقان [qiːˈqaːn] Krähe *f*; Rabe *m*; ~ الماء *Zool.* Kormoran *m*

قاقلة [qaːˈqulla] Kardamom *m od. n*

قاقلى [qaːˈqullaː] *Bot.* Salzkraut *n*

قاقم [qaːqum] Hermelin *n*

قال [qaːl]: ~الـ والقيل [wa-l-qiːl] Gerede *n*, Klatsch *m*; → [1](قول), [1](قيل)

قالب [qaːlib, qaːlab], *pl.* قوالب [qaˈwaːlib] (2) (*Guß-*)Form *f*, Kokille *f*; Backform *f*; Model *n*; Matrize *f*; (*gegossenes od. geformtes*) Stück (*z.B. Seife*); *fig.* Klischee *n*

قالة [qaːla] Worte *n/pl.*, Äußerungen *f/pl.*; Gerede *n*

قام → [1](قوم)

قامة [qaːma] Statur *f*, Figur *f*, Gestalt *f*, Körpergröße *f*

قاموس [qaːˈmuːs], *pl.* قواميس [qawaːˈmiːs] (2) Wörterbuch *n*, Lexikon *n*

قاموسي [qaːˈmuːsiː] lexikalisch

قان [qaːnin]: ~ أحمر tiefrot

قانص [qaːnis̶], *pl.* قناص [quˈnnɒːs̶] Jäger *m*

قانصة [qaːnis̶ɒ], *pl.* قوانص [qaˈwaːnis̶] (2) Vogelmagen *m*

قانط [qaːniŧ] verzweifelt, verzagt, mutlos

قانع [qaːniʕ] zufrieden (ب mit *D*)

قانون [qaːˈnuːn], *pl.* قوانين [qawaːˈniːn] (2) **1.** Gesetz *n*; Recht *n*; ~ًا [-an] *Adv.* kraft Gesetzes; ~ الأحوال الشخصية Personenstandsgesetz *n*; Personalstatut *n*; ~ أساسي Satzung *f*, Statuten *pl.*; ~ أصول المحاكمات [q. ʔuˈs̶uːli al-muħaːkaˈmaːt] *Syr.* Prozeßordnung *f*; ~ البحار [q. al-biˈħaːr] Seerecht *n*; ~الـ التجاري [at-tiˈʤaːriː] Handelsrecht *n*; Handelsgesetzbuch *n*; ~الـ الجنائي [al-ʤiˈnaːʔiː] Strafrecht *n*; Strafgesetzbuch *n*; ~الـ الخاص [al-xɒːs̶s̶] Privatrecht *n*; ~الـ الدولي [ad-duwaliː] Völkerrecht *n*; ~الـ الطبيعي Naturrecht *n*; ~ العقوبات Strafrecht *n*; ~الـ المدني [al-madaniː] Zivilrecht *n*; ~ المرافعات [q. al-muraːfaˈʕaːt] *Äg.* Prozeßordnung *f*; **2.** Zither *f*

قانوني [qaːˈnuːniː] gesetzlich; legal; Rechts-; *pl.* [-uːn] Rechtsgelehrte(r), Jurist *m*; ~ صيدلي [s̶ɒidaliː] approbierte(r) Apotheker

قانونية [qaːnuːˈniːja] Gesetzlichkeit *f*, Legalität *f*

قاهر [qaːhir] bezwingend, überwältigend; *Grund, Notwendigkeit*:

zwingend; ~ة قوة [quwwa] höhere Gewalt

قاهرة [qaːhira]: ~الـ Kairo

قاورما [qaː'wurmaː] *u.* **قاورمة** [qaː'wurma, qaː'wirma] geschmortes Hammel- *od.* Rindfleisch

قاووق [qaː'wuːq], *pl.* قواويق [qawaː'wiːq] (2) hohe Kopfbedeckung *aus Filz*

قاوون [qaː'wuːn] *Art* Zuckermelone *f*

قائد [qaːʔid] führend; *pl.* قادة [qaːda] *u.* قواد [qu'wwaːd] Führer *m*; Fahrer *m e-s Wagens*; Pilot *m*; *Sport*: Kapitän *m*; Oberhaupt *n*; Befehlshaber *m*; قادة *Pol. a.* Führungsspitze *f*; ~ أعلى, ~ عام [ʕaːmm] Oberbefehlshaber *m*; ~ الجيش [q. al-ʤaiʃ] Heerführer *m*, Feldherr *m*

قايش [qaːjiʃ], *pl.* قوايش [qa'waːjiʃ] (2) (Leder-)Riemen *m*, (Leder-) Koppel *n*

قائل [qaːʔil] sagend; *pl.* [-uːn] Befürworter *m*, Verfechter *m* (ب *G*); قد ~ يقول vielleicht sagt jemand, man könnte sagen

قائم [qaːʔim] **1.** *pl.* [-uːn] *u.* قوام [qu'wwaːm] stehend, aufrecht; bestehend; durchführend (ب *A*); beruhend (على auf *D*); verantwortlich (على für *A*), überwachend (على *A*); Verantwortliche(r) (على für *A*); senkrecht stehend (على auf *D*); ~ بالأعمال Geschäftsträger *m*; ~ بنفسه *u.* بالذات selbständig, eigenständig, für sich; ~ الزاوية rechtwink(e)lig; زاوية ~ة rechte(r) Winkel; ~ وزن Bruttogewicht *n*; **2.** *pl.* قوائم [qa'waːʔim] (2) (*Tür-*, *Tor-*) Pfosten *m*

قائمقام [qaːʔimma'qaːm], *pl.* [-uːn] *Lib.*, *Ir.* Verwaltungsbeamte(r) an der Spitze e-s قضاء, *etwa*: Landrat *m*

قائمقامية [qaːʔimmaqaː'miːja] *Ir.* oberste Verwaltungsbehörde e-s قضاء, *etwa*: Landratsamt *n*

قائمة [qaːʔima] **1.** *pl.* قوائم [qa'waːʔim] (2) Pfosten *m;* Bein *n e-s Möbels*; Ständer *m*; **2.** *pl.* قوائم *u.* [-aːt] Liste *f*, Verzeichnis *n*; ~ سوداء Schwarze Liste; ~ طعام Speisekarte *f*

[1]**قب** [qabba, u] sich heben, anschwellen; **II** قبب [qabbaba] *Gebäude* mit e-r Kuppel versehen

[2]**قب** [qabb], *pl.* أقب [ʔa'qubb] Nabe *f*; Waagbalken *m*

قباء [qa'baːʔ], *pl.* أقبية [ʔaqbija] Obergewand *n*, Mantel *m*

قباب → [2]قبة

قباحة [qa'baːħa] Häßlichkeit *f*

قبار [qa'bbaːr] *Bot.* Kapern *f/pl.*

قباضة [qi'baːđɒ], *pl.* [-aːt] *Alg.*, *Tun.* (Amts-)Kasse *f*, Zahlstelle *f*; ~ القمارق [q. al-ga'maːrig] *Tun.* Zollamt *n*

[1]**قبالة** [qa'baːla] Verpflichtung *f*, Bürgschaft *f*; Vertrag *m*

[2]**قبالة** [qu'baːlata] *Präp.* gegenüber

[3]**قبالة** [qi'baːla] Geburtshilfe *f*

قبان [qa'bbaːn], *pl.* قبابين [qabaː'biːn] (2) (*große*) Brückenwaage

قبائل → قبيلة

قبائلي [qa'baːʔiliː] kabylisch; *pl.* [-uːn] Kabyle *m*

قبج [qabaʤ] *koll.*, *n. un.* ~ة *Art* Feldhuhn *n*

[1]**قبح** [qabuħa, u] häßlich, schlecht sein; **II** [qabbaħa] häßlich machen; häßlich *od.* schändlich finden (على bei *od.* an *j-m*); **X** استقبح [is'taqbaħa] häßlich *od.* schändlich finden

[2]**قبح** [qubħ] Häßlichkeit *f*, Schlechtigkeit *f*; ~ا لك [-an laka] pfui!

[1]**قبر** [qabara, u, i] begraben

[2]**قبر** [qabr], *pl.* قبور [qu'buːr] Grab *n*

قبرص [qubrus] *f* Zypern

قبرصي [qubrusiː] zyprisch, zypriotisch; *pl.* قبارصة [qa'baːrisɒ] Zyprer *m*, Zypriot *m*

قبرة [qubbara], *koll.* قبر [qubbar] *Zool.* Lerche *f*

[1]**قبس** [qabasa, i] entnehmen (من aus *D*), übernehmen (من von *D*); **VIII** اقتبس [iq'tabasa] entnehmen (من aus *D*), übernehmen (من von *D*), entlehnen (من von, aus *D*); zitieren (من aus *D*); *Theaterstück etc.* bearbeiten

[2]**قبس** [qabas] glimmende(s) Holzstück, glühende Kohle

قبصة [qabsɒ, qubsɒ] Prise *f*

[1]**قبض** [qabađɒ, i] fassen, packen, ergreifen, festhalten (على *A*); festnehmen (على *j-n*); *Geld* empfangen, erhalten; *Essig den Mund* zusammenziehen; *Pass.* [qubiđɒ] *u.* ~ت روحه [qubiđɒt ruːħuhuː] sterben; ~ البطن *Med.* stopfen; ~ صدره j-n bedrücken *od.* beklemmen; **II** [qabbađɒ] *Geld* auszahlen (ه *j-m*); zusammenziehen; ~ صدره j-n bedrücken; **VII** انقبض [in'qabađɒ] sich zusammenziehen, sich verengen; sich verschließen (عن *D*); ~ صدره niedergedrückt, deprimiert sein

[2]**قبض** [qabđ] Ergreifung *f*, Festnahme *f* (على *j-s*); Erhalt *m*; ألقى الـ~ على [-a] *j-n* festnehmen *od.* verhaften

قبضاي [qaba'đɒːj], *pl.* [-aːt] *Syr.*, *Lib.* kräftige(r) Kerl (*als Aufpasser od. als Leibwächter e-s Politikers*); Schläger *m*, Raufbold *m*

قبضة [qabđɒ], *pl.* [qaba'đɒːt] *a. fig.* Griff *m*; Handgriff *m*, Stiel *m*; Haltegriff *m*; Handvoll *f*; ~ اليد [q. al-jad] Faust *f*; في ~ه in j-s Hand *od.* Gewalt; وقع في ~ه j-m in die Hände fallen

قبط [qibŧ, qubŧ] *koll.*: ~الـ die Kopten *pl.*

قبطان [qub'tɒːn], *pl.* قباطنة [qa'baːŧina] Kapitän *m*

قبطي [qibŧiː, qubŧiː] koptisch; *pl.* أقباط [ʔaq'bɒːŧ] Kopte *m*

قبع [qabaʕa, a] hocken; kauern (خلف hinter *D*); *Schrank*: *im Zimmer* stehen; einsam u. zurückgezogen leben

قبعة [qubbaʕa], *pl.* [-aːt] Hut *m*; Mütze *f*

قبقاب [qab'qaːb], *Äg.* [qub'qaːb], *pl.* قباقيب [qabaː'qiːb] (2) Holzschuh *m*; (*ein Paar*) Holzschuhe; ~ الزحلقة, الانزلاق [q. az-zaħlaqa] Schlittschuhe *m/pl.*; ~ الفرملة [q. al-farmala] Bremsklotz *m*

قبقب [qibqib] *koll.* Seemuschel *f*

[1]**قبل** [qabila, a] annehmen, akzeptieren (ـه/ب *A*); *Antrag*, *Dank* entgegennehmen; zustimmen (ـه/ب *D*), einverstanden sein (ـه/ب mit

D); zulassen; aufnehmen; لا يقبل الشك [jaqbalu ʃ-ʃakk] zweifellos; لا يقبل المنافسة [jaqbalu l-mu'naːfasa] konkurrenzlos; **II** [qabbala] küssen; *Äg*. nach Süden fahren *od*. kommen; **III** قابل [qaːbala] treffen (ه *j-n*, ه/ـه auf *A*), begegnen (ه/ـه *D*, *fig*. ه/ـه ب *j-m od. e-r Sache* mit *D*); aufnehmen, zur Kenntnis nehmen; empfangen; gegenüberstehen, gegenüberliegen (ه/ـه *D*); vergleichen (ب mit *D*); vergelten (ب mit *D*); ~ـه بالمثل [bi-l-miθl] Gleiches mit Gleichem vergelten; **IV** أقبل [ʔaqbala] herangehen, herantreten, herankommen (على an *A*); sich an *etwas* (على) machen, sich zuwenden (على *D*); sich interessieren (على für *A*); **V** تقبل [ta'qabbala] entgegennehmen, annehmen, empfangen; einverstanden sein (ـه mit *D*); hinnehmen; empfänglich sein (ـه für *A*), aufnehmen; *Gott*: *Gebet* erhören; **VI** تقابل [ta'qaːbala] einander gegenüberliegen *od*. -stehen; einander treffen, begegnen; zusammentreffen (مع mit *D*), *Sport*: treffen (مع auf *A*); **X** استقبل [is'taqbala] *j-n* empfangen, e-n Empfang bereiten (ه *j-m*); *a. geistig* aufnehmen; ~ العام الجديد ins neue Jahr gehen

[2]قبل [qabla] *Präp*. vor (*zeitlich*); ~ أن bevor; ~ الأخير vorletzte(r); ~ ذلك davor, vorher; ~ كل شيء [kulli ʃaiʔ] vor allem; ما ~ التّاريخ Vorgeschichte *f*, Urgeschichte *f*; prähistorisch; من ~ [min qabli] vor; من ~ أن bevor

[3]قبل [qabl(u)] *Adv*. *u*. من ~ [min qabl(u)] vorher, zuvor, früher; من ~ ذي *nach Elativ*: als zuvor

[4]قبل [qubul]: من ~ von vorn

[5]قبل [qibal] Macht *f*, Gewalt *f*; ~ [-a] *Präp*. bei, gegenüber (*j-m*); من ~ [min qibali] durch, von (*beim Passiv*), von seiten; لا ~ له ب [-a] er kann dagegen nichts ausrichten; er vermag das nicht zu leisten

قبلا [qablan] *Adv*. vorher, früher

[1]قبلة [qubla], *pl*. [-aːt] *u*. قبل [qubal] Kuß *m*

[2]قبلة [qibla] *Isl*. Gebetsrichtung *f nach Mekka*; *fig*. Zentrum *n*, Mekka *n*; ~ الأنظار Punkt *m*, auf den alle Blicke gerichtet sind

[1]قبلي [qabaliː] Stammes-; tribalistisch

[2]قبلي [qabliː] apriorisch; ~ا [-jan] *Adv*. a priori

[3]قبلي [qibliː] südlich, Süd-; die Gebetsrichtung anzeigend, nach Mekka gerichtet; الوجه الـ~ *Äg*. Oberägypten

[1]قبة [qabba], *pl*. [-aːt] Kragen *m*

[2]قبة [qubba], *pl*. قباب [qi'baːb] *u*. قبب [qubab] Kuppel *f*; *Syr*. kleine(r) Raum, Kammer *f*

قبو [qabw], *pl*. أقبية [ʔaqbija] (Keller-)Gewölbe *n*, Keller *m*

قبول [qa'buːl, qu'buːl] Annahme *f*, Akzeptieren *n*; Zustimmung *f*; Akzeptanz *f*; Aufnahme *f*; Zulassung *f zum Studium*; وجد ~ا [-an] Anklang finden

قبوة → قبو

قبيح [qa'biːħ], *pl*. قباح [qi'baːħ] häßlich; schändlich, gemein

قبيحة [qa'biːħa], *pl*. قبائح [qa'baːʔiħ] (2) häßliche Handlung, Gemeinheit *f*

[1]قبيل [qa'biːl] Art *f*, Gattung *f*; من هذا الـ~ von dieser Art, derartig; ليس من ~ المبالغة [-i l-mu'baːlaɣa] es ist nicht übertrieben

[2]قبيل [qu'baila] *Präp*. kurz vor; ~ أن kurz bevor

قبيلة [qa'biːla], *pl*. قبائل [qa'baːʔil] (2) (*Volks*-)Stamm *m*; القبائل die Kabylei (*in Nordalgerien*); القبائل الكبرى [al-kubraː] die Große Kabylei

قت [qatt] *Bot*. Luzerne *f*

قتاد [qa'taːd] *Bot*. Tragant *m*

[1]قتال [qa'ttaːl] mörderisch, tödlich

[2]قتال [qi'taːl] Kampf *m*; ساحة الـ~ Schlachtfeld *n*

قتالي [qi'taːliː] Kampf-

قتام [qa'taːm] Finsternis *f*, Dunkelheit *f*

قتامة [qa'taːma] Finsternis *f*, Dunkelheit *f*; Düsterkeit *f*

قتب [qatab], *pl*. أقتاب [ʔaq'taːb] Buckel *m*, Höcker *m*

[1]قتر **II** [qattara] knauserig sein (على gegenüber *j-m*)

[2]قتر [qatr] Knauserigkeit *f*, Geiz *m* (على gegenüber *j-m*)

[1]قتل [qatala, u] töten, umbringen, ermorden; *Zeit* totschlagen; ~ـه بحثا [baħθan] etwas gründlich untersuchen *od*. behandeln; ~ النبيذ بالماء Wein panschen; **II** [qattala] niedermetzeln; **III** قاتل [qaːtala] bekämpfen; kämpfen (ه/ـه gegen *A*); ~ـه الله so ein verdammter *od*. verflixter Kerl!; **VI** تقاتل [ta'qaːtala] einander bekämpfen, miteinander kämpfen; **VIII** اقتتل [iq'tatala] miteinander kämpfen, sich gegenseitig umbringen; **X** استقتل [is'taqtala] verzweifelt *od*. bis zum letzten kämpfen

[2]قتل [qatl] Tötung *f*, Totschlag *m*; Ermordung *f*, Mord *m*; الـ~ العمد *Jur*. Mord *m*; الـ~ بدون/من غير عمد *Jur*. fahrlässige Tötung

[1]قتلة [qatala] → قاتل

[2]قتلة [qitla] Art *f* der Tötung

قتم **II** [qattama] verdunkeln, abdunkeln

قتوم [qu'tuːm] Düsterkeit *f*

قتيل [qa'tiːl], *pl*. قتلى [qatlaː] Getötete(r), Tote(r), Gefallene(r)

قثاء [qi'θθaːʔ] *koll*., *n. un*. ~ة (Schlangen-)Gurke(n *pl*.) *f*

قثتر [qaθtara] katheterisieren

قثترة [qaθtara], *pl*. قثاتر [qa'θaːtir] (2) *Med*. Katheter *m*

قثطر [qaθŧɒra] katheterisieren

قثطرة [qaθŧɒra], *pl*. قثاطر [qa'θaːŧɨr] (2) *Med*. Katheter *m*

[1]قح [qaħħa, u] *Syr*. husten

[2]قح [quħħ], *pl*. أقحاح [ʔaq'ħaːħ] echt, rein

قحبة [qaħba], *pl*. قحاب [qi'ħaːb] Hure *f*

[1]قحط [qaħiŧɒ, qaħaŧɒ, a] *Jahr*: regenlos sein; **II** [qaħħaŧɒ] *Äg*. abkratzen, abschaben

[2]قحط [qaħŧ] Dürre *f*, Trockenheit *f*

قحطان [qaħ'ŧɒːn] (2) Qahtan (*legendärer Stammvater der Südaraber*); *a. npr. m*

قحف [qiħf], *pl*. أقحاف [ʔaq'ħaːf] *u*. قحوف [qu'ħuːf] Schädeldecke *f*

[1]**قحل** [qaħila, a] trocken sein *od.* werden

[2]**قحل** [qaħal] Dürre *f*, Trockenheit *f*

[3]**قحل** [qaħil, qaħl] *obs.* dürr, trokken

(قحم) **IV** أقحم [ʔaqħama] hineinstoßen, hineinzwängen; einführen (في in *A*); *fig.* hineinziehen (في in *A*); نفسه ~ sich drängen, sich zwängen (بين zwischen *A*); **VIII** اقتحم [iq'taħama] eindringen, sich hineinstürzen (ـه in *A*); (er)stürmen

[1]**قحة** [quħħa] *Syr.* Husten *m*

[2]**قحة** [qiħa] Frechheit *f*, Unverschämtheit *f*

[1]**قد** [qad] *drückt vor dem Perfekt Abgeschlossenheit der Handlung aus*; *vor dem Impf.*: vielleicht, möglicherweise, manchmal

[2]**قد** [qadda, u] *obs.* (in Streifen) schneiden; *Pass.* قلب ~ من حجر [qudda min adʒar] *fig.* ein Herz von Stein; **II** قدد [qaddada] *Fleisch* (in Streifen schneiden u.) trocknen; **V** تقدد [ta'qaddada] getrocknet werden

[3]**قد** [qadd], *pl.* قدود [qu'duːd] Gestalt *f*, Statur *f*, Wuchs *m*; *bsd. Äg.* Größe *f*, Umfang *m*; على ~ه von gleicher Größe

[4]**قد** [qudd] Dorsch *m*

[5]**قد** [qidd], *pl.* أقد [ʔa'qudd] (Leder-)Streifen *m*, Riemen *m*

قداحة [qa'ddaːħa], *pl.* [-aːt] Feuerzeug *n*; حجر الـ~ [ħadʒar al-q.] Feuerstein *m*

قداس [qu'ddaːs], *pl.* قداديس [qadaː'diːs] (2) (*christliche*) Messe

قداسة [qa'daːsa] Heiligkeit *f* (*a. Titel des Papstes*)

قدام [qu'ddaːma] *Präp.* vor (*örtlich*)

قدامى → قديم

[1]**قدح** [qadaħa, a] Feuer schlagen; (durch)bohren; herabwürdigen, schmähen (في *j-n*); beeinträchtigen, schmälern (في *j-s guten Ruf*); bestreiten, anfechten (في *A*); زناد الفكر ~ [zi'naːda l-fikr] den Geist sprühen lassen *od.* anregen; شررا ~ [ʃararan] Funken sprühen; فكره ~ [fikrahuː] scharf nachdenken

[2]**قدح** [qadaħ], *pl.* أقداح [ʔaq'daːħ] Becher *m*, (Trink-)Glas *n*; *Äg. Trockenhohlmaß* (= 2,062 *l*)

[3]**قدح** [qadħ] Herabwürdigung *f*, Schmähung *f* (في *j-s*); Beeinträchtigung *f*, Schmälerung *f* (في *des Rufs*); Anfechtung *f* (في *G*)

[1]**قدر** [qadara, i] *u.* [qadira, a] können, vermögen (على *A*), imstande sein (على *zu*); — [qadara, u, i] *Gott*: bestimmen; **II** [qaddara] schätzen, veranschlagen (ب auf *A*); bewerten, abschätzen; wertschätzen, würdigen; vermuten, annehmen; festsetzen, *a. Gott*: bestimmen; *Pass.* له أن ~ [quddira] es war ihm beschieden *od.* vergönnt; لا يقدر [juqaddar(u)] unschätzbar; **IV** أقدر [ʔaqdara] befähigen, in den Stand setzen (على zu); **V** تقدر [ta'qaddara] bestimmt, festgesetzt werden; **VIII** اقتدر [iq'tadara] = قدر

[2]**قدر** [qadar], *pl.* أقدار [ʔaq'daːr] Schicksal *n*, Bestimmung *f*

[3]**قدر** [qadr], *pl.* أقدار [ʔaq'daːr] (Aus-)Maß *n*; Ansehen *n*; ~ [-a], بـ~ *u.* على ~ (in dem Maße) wie, gemäß, entsprechend; ~ الإمكان, ~ المستطاع [-a l-musta'tɒːʕ] *u.* بـ~ الإمكان/المستطاع nach Möglichkeit, möglichst; ~ الطاقة nach Kräften; بالـ~ الذي *u.* بقدرما in dem Maße wie; بقدرما ... بقدرما je ... desto; زيادة ~ها [zi'jaːdatun qadruhaː] e-e Steigerung von *od.* um; مبلغ ~ه [mablaɣun qadruhuː] ein Betrag von; ليلة الـ~ *Isl.* Nacht *f* der Vorherbestimmung (*e-e der letzten 10 Nächte des Ramadan*)

[4]**قدر** [qidr] *m u. f*, *pl.* قدور [qu'duːr] Kochtopf *m*, Kessel *m*

[1]**قدرة** [qidra], *pl.* قدر [qidar] *bsd. Äg.* irdene(r) Topf

[2]**قدرة** [qudra], *pl.* [-aːt] Fähigkeit *f* (على zu *D*), Vermögen *n*, Kraft *f*, Macht *f*; Leistungsfähigkeit *f*; *pl. a.* Leistungspotential *n*; شرائية ~ [ʃiraː'ʔiːja] Kaufkraft *f*

[1]**قدري** [qadariː] Schicksals-; fatalistisch; القدريات [-'jaːt] *pl.* schicksalhafte Vorherbestimmung; استسلام ~ Schicksalsergebenheit *f*

[2]**قدري** [qadriː] *npr. m*

قدرية [qada'riːja]: الـ~ *Isl.* Lehre *f* von der Willensfreiheit des Menschen

[1]**قدس** **II** [qaddasa] heiligen, heilighalten; *Chr.* heiligsprechen; *Chr.* die Messe lesen *od.* zelebrieren; ~ الله سره [sirrahuː] Gott hab' ihn selig!; **V** تقدس [ta'qaddasa] geheiligt werden

[2]**قدس** [quds] Heiligkeit *f*; *pl.* أقداس [ʔaq'daːs] Heiligtum *n*; الـ~ Jerusalem; ~ الأقداس *Chr., Jud.* das Allerheiligste

[3]**قدس** [qudus]: الروح الـ~ [ar-ruːħ] *Chr.* der Heilige Geist

قدسي [qudsiː] heilig; aus Jerusalem

قدسية [qud'siːja] Heiligkeit *f*

[1]**قدم** [qadama, u] vorangehen (ه *j-m*); — [qadima, a] (an)kommen, eintreffen (من aus *D*); — [qaduma, u] alt sein; **II** [qaddama] überreichen, präsentieren; *Glückwünsche* überbringen; vorlegen, unterbreiten, Ge*such* einreichen, *Antrag* stellen; *Beweis* liefern; anbieten (ل/إلى *j-m*); *Hilfe*, *Kredit* gewähren; *Dienst* erweisen; *Dank*, *Beileid* aussprechen; *Bericht* erstatten; *Prüfung* ablegen; servieren; darbieten, vorführen, aufführen; *Sendung* moderieren, gestalten; *Diskussionsrunde* leiten; vorangehen lassen, voranstellen, vorausschicken; *Uhr* vorstellen; *Geld* vorschießen; vorstellen (ه ل/إلى *j-n j-m*); *Uhr*: vorgehen; ~ إلى المحكمة [quddima], ~ للمحاكمة [li-l-muħaːkama] vor Gericht gestellt werden; لا يقدم ولا يؤخر [ju'ʔaxxir(u)] darauf kommt es nicht an; **IV** أقدم [ʔaqdama] herangehen (على an *A*), unternehmen, in Angriff nehmen (على *A*); sich heranwagen (على an *A*), sich erkühnen (على zu); **V** تقدم [ta'qaddama] vorangehen, voranschreiten, vorgehen; vorausgehen (ـه/ه *D*); vorher erwähnt werden; vortreten; vorwärts gehen, fortschreiten, Fortschritte machen; in e-m Spiel führen (على gegen *A*); zugehen (نحو

auf j-n); herantreten, sich wenden (إلى/ل/من an *A*); vorstellig werden (إلى/ل bei *D*); vorlegen, unterbreiten, einreichen (ب *A*); ~ يتضح مما [ja'ttaḍiḥu mimmaː t.] aus dem Gesagten ergibt sich *od.* geht hervor; **VI** تقادم [ta'qaːdama] verjähren; alt werden, veralten; **X** استقدم [is'taqdama] kommen lassen, (herbei-) holen, anfordern, *Arbeitskräfte* anwerben

[2]**قدم** [qadam] *f, pl.* أقدام [ʔaq'daːm] Fuß *m* (*a. Längenmaß*); ~ مكعب [mu'kaʕʕab] Kubikfuß *m*; على قدميه [qada'maihi], *pl.* (*a. für sg. gebräuchlich*) على الأقدام zu Fuß; على ~ المساواة مع [-i l-musaː'waːt] gleichberechtigt mit; على ~ وساق in vollem Gange

[3]**قدم** [qidam] alte Zeit; Alter *n*; منذ الـ~ von alters her

قدما [quduman] *Adv.* vorwärts; سار ~ vorankommen; ~ مضى vorwärtsschreiten; fortfahren

(**قدو**) **VIII** اقتدى [iq'tadaː] sich zum Beispiel *od.* Vorbild nehmen (ب *j-n*), nacheifern, folgen (ب *j-m*)

قدوس [qu'dduːs, qa'dduːs] hochheilig; الـ~ *Beiname Gottes*

[1]**قدوم** [qa'dduːm, qa'duːm], *pl.* قدائم [qa'daːʔim] (2) Dechsel *f*, Krummhaue *f*

[2]**قدوم** [qu'duːm] Ankunft *f*, Eintreffen *n*; Kommen *n*

قدوة [qudwa] Vorbild *n*, Beispiel *n*, Muster *n*

قديد [qa'diːd] getrocknete(s) Fleisch

قدير [qa'diːr], *pl.* [-uːn] mächtig (على *G*), fähig, befähigt (على zu *D*); *Gott*: allmächtig

قديس [qi'ddiːs] heilig; *pl.* [-uːn] Heilige(r)

قديفة [qa'diːfa] *Ir.* Samt *m*

قديم [qa'diːm], *pl.* قدماء [quda'maːʔ] (2) *u.* قدامى [qu'daːmaː] alt; veraltet; antik; ~ا [-an] in alten Zeiten, früher; قدماء المصريين [q. al-miṣriː'jiːn] die alten Ägypter; في ~ الزمان in alten Zeiten

قذارة [qa'ðaːra] Schmutzigkeit *f*, Unreinlichkeit *f*; Schmutz *m*

قذاف [qa'ððaːf], *pl.* [-aːt] *Mil.* Werfer *m*; *Mil.* Haubitze *f*; Wurfmaschine *f*, Katapult *n*

قذال [qa'ðaːl] Hinterkopf *m*

[1]**قذر** [qaðira, a] *u.* [qaðura, u] schmutzig sein *od.* werden; **II** [qaððara] schmutzig machen, beschmutzen

[2]**قذر** [qaðar], *pl.* أقذار [ʔaq'ðaːr] Schmutz *m*, Dreck *m*

[3]**قذر** [qaðir] *a. fig.* schmutzig

(**قذع**) **IV** أقذع [ʔaqðaʕa] beschimpfen, schmähen

[1]**قذف** [qaðafa, i] werfen, schleudern; abwerfen; *Lava* auswerfen; bewerfen, bombardieren (ب mit *D*); ejakulieren; verleumden (ه/في حقه [ħaqqihiː] *j-n*); ~ه بتهمة [bituhma] j-n beschuldigen; **II** [qaððafa] rudern; **VI** تقاذف [ta'qaːðafa] einander bewerfen (ب mit *D*); einander zuwerfen; hin- und herwerfen; **VII** انقذف [in'qaðafa] geworfen, geschleudert werden

[2]**قذف** [qaðf] Werfen *n*, Schleudern *n*; Abwurf *m*; Bewerfen *n* (ب mit *D*); Verleumdung *f*; ~ بالقنابل [bil-qa'naːbil] Bombardierung *f*

قذى [qaðan] Stäubchen *n*, Fremdkörper *m im Auge*; ~ في العين [fi l-ʕain] e-e verhaßte Sache, ein Dorn im Auge

قذيفة [qa'ðiːfa], *pl.* قذائف [qa'ðaːʔif] (2) Geschoß *n*; Granate *f*

[1]**قر** [qarra, a] sich niederlassen, bleiben (ب/في an *e-m Ort*); ~ رأيه [raʔjuhuː] beschließen (على *A*), sich entschließen (على zu *D*); لا يقر له قرار [ja'qarru] in ständiger Bewegung, ruhelos; — [qarra, i] kalt sein *od.* werden; ~ت عينه [ʕainuhuː] sich erquicken (ب an *D*), sich freuen (ب über *A*); **II** قرر [qarrara] beschließen; festlegen, festsetzen; *sein Schicksal* bestimmen; *Arzt e-e Krankheit* feststellen; berichten; erklären, aussagen (ه/ب *A*); *j-n* zwingen, *etwas* (ب/على) anzuerkennen *od.* zu gestehen; **IV** أقر [ʔa'qarra] **1.** bestätigen; bekennen, eingestehen (ه/ب *A*); sich bekennen (ب ه zu *D*); zugestehen (ب ل *j-m A*); billigen, *Gesetzentwurf* annehmen; (*selten* = قرر) beschließen; festigen, stabilisieren, konsolidieren; **2.**: ~ عينه [ʕainahuː] j-n erfreuen; **V** تقرر [ta'qarrara] beschlossen werden; entschieden werden; festgelegt, bestimmt werden; **X** استقر [ista'qarra] sich niederlassen, bleiben, verweilen, verharren; seßhaft werden; zur Ruhe kommen; sich festigen, sich stabilisieren, sich konsolidieren; ~ رأيه [raʔjuhuː] sich entschließen (على zu *D*, für *A*)

[2]**قر** [qurr] Kälte *f*, Kühle *f*

قرأ [qaraʔa, a] lesen; vorlesen (على/ل *j-m*); *bsd. Koran* rezitieren; studieren (على bei *j-m*); **IV** أقرأ [ʔaqraʔa] lesen lassen; يقرئك السلام [juq'riʔuka] er läßt dich grüßen; **X** استقرأ [is'taqraʔa] untersuchen, erforschen; zu lesen bitten

قراء → قارئ

قراءة [qiraːʔa], *pl.* [-aːt] Lesen *n*; Lesung *f im Parlament*; Verlesung *f*; Lektüre *f*; Rezitation *f*; ~ الطالع Stellen *n* des Horoskops, Wahrsagerei *f*; ~ الفنجان [q. al-fin'dʒaːn] Wahrsagen *n* aus dem Kaffeesatz; ~ الكف [q. al-kaff] Chiromantie *f*

قراب [qiraːb], *pl.* أقربة [ʔaqriba] (*Schwert*-)Scheide *f*; (*Pistolen*-) Halfter *n od. f*

[1]**قرابة** [qa'raːba] Verwandtschaft *f*

[2]**قرابة** [qu'raːbata] + *G*: ungefähr, annähernd, etwa

قراح [qa'raːħ] *Wasser*: rein, klar

قراد [qu'raːd] *koll., n. un.* ~ة, *pl.* قردان [qir'daːn] Zecke(n *pl.*) *f*

قرار [qa'raːr] **1.** Beständigkeit *f*, Stabilität *f*, Ruhe *f*; Grund *m*, Boden *m e-s Gefäßes*; Tiefe *f des Meeres*; لا ~ له [-a] unbeständig; bodenlos; بعيد الـ~ tief; ~ الموجة [q. al-maudʒa] *Techn.* Wellental *n*; دار الـ~ das Jenseits; **2.** *pl.* [-aːt] Beschluß *m*, Entscheidung *f*, *Pol.* Resolution *f*; Verordnung *f*, *Jur.* Verfügung *f*

قرارة [qa'raːra], *pl.* [-aːt] Tiefe *f*, Grund *m*, Boden *m*

قراسيا [qa'raːsijaː] → قراصيا

قراص [qu'rrɒːṣ] Brennessel *f*

قراصيا [qa'rɒːṣijaː]Kirschpflaume(n

pl.) *f*; *Äg*. Pflaume(n *pl.*) *f*; *Äg*. *a*. Backpflaume(n *pl.*) *f*, Dörrpflaume(n *pl.*) *f*

قراضة [qu'rɒːđɒ], *pl*. [-aːt] (Metall-) Späne *m/pl*.

قراع [qu'raːˁ] Hautkrankheit *f*, Grind *m*, Flechte *f*

قراقوش [qara'qoːʃ] *Äg*. Kasper *m*

[1]**قران** [qɨ'raːn] Verbindung *f*; (= عقد الـ~) Eheschließung *f*; *Astr*. Konjunktion *f*; *Isl*. Durchführung *f* der Pilgerfahrt (حج [ħaddʒ]) mit gleichzeitigem Besuch der heiligen Stätten (عمرة [ˁumra])

[2]**قرآن** [qur'ʔaːn]: الـ~ der Koran

قرآني [qur'ʔaːniː] koranisch, Koran-

قرانيا [qa'raːnijaː] *Bot*. Hartriegel *m*

[1]**قرب** [qaruba, u] sich nähern, nahe kommen, nahe sein (من/إلى/ه/ـه *D*); ما يقرب من + *Zahlangabe*: annähernd, nahezu; **II** [qarraba] nahe *od*. näher kommen lassen, nähern (من/إلى *D*); nahebringen (...و... بين *Menschen einander*); *fig*. *j-n* in s-e Nähe ziehen *od*. rufen; *Tag* heranrücken lassen; *Opfer* darbringen; *Zahl* auf- *od*. abrunden (إلى auf *A*); ~ـه إلى فهمه j-m etwas näherbringen *od*. verständlich machen; **III** قارب [qaːraba] nahe herankommen (ه/ـه an *A*); nahekommen (ـه *D*); ما يقارب annähernd, nahezu; ~ الخمسين an die Fünfzig sein; **V** تقرب [ta'qarraba] sich nähern (من/إلى *j-m*), nahe herankommen (من/إلى an *j-n*); näherzukommen suchen (من/إلى *j-m*); sich um *j-s* (من/إلى) Gunst bemühen; **VI** تقارب [ta'qaːraba] sich einander (an)nähern; sich annähern (مع an *A*); **VIII** اقترب [iq'taraba] sich nähern (من *D*), herankommen, herantreten (من an *A*); *Zeitpunkt*: gekommen sein

[2]**قرب** [qurb] Nähe *f*; ~ [-a] + *G u*. بالـ~ من nahe bei, in der Nähe von; ~ عن aus der Nähe

قربان [qur'baːn], *pl*. قرابين [qaraːbiːn] (2) Opfer *n*; *Chr*. Meßopfer *n*; *Chr*. Eucharistie *f*; تناول الـ~ [ta'naːwul al-q.] *Chr*. Kommunion *f*

قربة [qɨrba], *pl*. قرب [qɨrab] lederne(r) Wasserschlauch; *Mus*. Dudelsack *m*

قربوس [qar'buːs], *pl*. قرابيس [qaraː'biːs] (2) Sattelknopf *m*

قربى [qurbaː] Verwandtschaft *f*

[1]**قرح** [qariħa, a] mit Geschwüren bedeckt sein, schwären; **II** [qarraħa] *u*. **V** تقرح [ta'qarraħa] = قرح; **VIII** اقترح [iq'taraħa] vorschlagen (على *j-m*), anregen

[2]**قرح** [qarħ], *pl*. قروح [qu'ruːħ] Geschwür *n*; Wunde *f*

قرحة [qurħa], *pl*. قرح [qurаħ] Geschwür *n*, Ulkus *m*; ~ رخوة weiche(r) Schanker; ~ في المعدة [fi l-maˁida] Magengeschwür *n*

قرد [qɨrd], *pl*. قرود [qu'ruːd] *u*. قردة [qɨrada] Affe *m*

قرداتي [qura'daːtiː], *pl*. ~ة *Äg*. Vorführer *m* dressierter Affen

قردان [qɨr'daːn]: أبو ~ *Äg*. weiße(r) Reiher; Ibis *m*

[1]**قرش** [qaraʃa, u] *Äg*. knabbern, zerkauen; **II** [qarraʃa] das Geld für s-e Familie (لعياله [li-ˁi'jaːlihiː]) verdienen

[2]**قرش** [qɨrʃ] **1.** *pl*. قروش [qu'ruːʃ] Piaster *m*; ~ صاغ *Äg*. Piaster *m*; ~ تعريفة *Äg*. halbe(r) Piaster; **2.** (= سمك الـ~ [samak al-q.]), *pl*. أسماك الـ~ [ʔas'maːk al-q.] Hai *m*

قرشي [quraʃiː] *hist*. koreischitisch; Koreischit *m* (→ [2]قريش)

[1]**قرص** [qɒrɒsɒ, u] kneifen, zwicken; *Insekt*: stechen, beißen

[2]**قرص** [qurs], *pl*. أقراص [ʔaq'rɒːs] Scheibe *f*, runde Platte; Diskus *m*; Tablette *f*; *EDV* Diskette *f*; أقراص عجوة *Syr. Gebäck mit Mandeln u. Dattelpaste*; ~ العسل [q. al-ˁasal] Honigwabe *f*

قرصان [qur'sɒːn], *pl*. قراصنة [qa'rɒːsɨna] Pirat *m*, Seeräuber *m*

قرصنة [qɒrsɒna] Piraterie *f*, Piratenakt *m*

[1]**قرصة** [qɒrsɒ], *pl*. [qɒrɒ'sɒːt] *n. vic*. Kneifen *n*; (*Insekten*-)Stich *m*, Biß *m*

[2]**قرصة** [qursɒ], *pl*. قرص [qurɒs] runde(r) Brotfladen; *Äg*. runde(r) Kuchen

قرصي [qursɨː] von der Form e-r (runden) Scheibe, scheibenartig

[1]**قرض** [qɒrɒđɒ, i] nagen (ـه an *D*); benagen, abnagen, zernagen, zerfressen; *Fahrkarte* knipsen; ~ الشعر [aʃ-ʃiˁr] Verse schreiben, dichten; **II** [qɒrrɒđɒ] zernagen, zerfressen; **IV** أقرض [ʔaqrɒđɒ] Geld leihen, Kredit gewähren (ه *j-m*); **VII** انقرض [in'qɒrɒđɒ] aussterben; **VIII** اقترض [iq'tarɒđɒ] Geld *od*. e-n Kredit aufnehmen (من bei *j-m*), borgen (من von *j-m*); **X** استقرض [is'taqrɒđɒ] Geld *od*. e-n Kredit aufnehmen (من bei *j-m*)

[2]**قرض** [qɒrđ] **1.** *pl*. قروض [qu'ruːđ] Kredit *m*, Darlehen *n*; Anleihe *f*; **2.**: ~ الشعر [q. aʃ-ʃiˁr] Verfassen *n* von Versen *od*. Gedichten

[1]**قرط** [qɒrɒtɒ, u] (in kleine Stücke) schneiden; **II** [qɒrrɒtɒ] in kleine Stücke schneiden, zerschneiden; knauserig sein (على gegenüber *j-m*); *Äg*. zusetzen (على *j-m*), bedrängen, bearbeiten (على *j-n*)

[2]**قرط** [qurt], *pl*. أقراط [ʔaq'rɒːt] Ohrring *m*

قرطاج [qɒr'tɒːdʒ] (2) (*bsd. Maghr.*) *u*. قرطاجنة [qɒrtɒː'dʒanna] (2) Karthago

قرطاجني [qɒrtɒː'dʒanniː] *u*. (*bsd. Maghr.*) قرطاجي [qar'tɒːdʒiː] karthagisch; *pl*. [-uːn] Karthager *m*

قرطاس [qɨr'tɒːs], *pl*. قراطيس [qɒrɒː'tiːs] (2) Papier *n*, Blatt *n* Papier

قرطاسية [qɨrtɒː'siːja] Schreib- u. Papierwaren *f/pl*.

قرطبة [qurtuba] (2) Cordoba

قرطجنة [qɒrtɒ'dʒanna] (2) Cartagena (*Stadt in Spanien*); (*selten* = قرطاجنة) Karthago

قرطم [qurtum] Färberdistel *f*, Saflor *m*

قرطمان [qurtu'maːn] Platterbse *f*; Hafer *m*

قرظ II [qɒrrɒðɒ] loben, rühmen

[1]**قرع** [qaraˁa, a] schlagen (ـه auf, gegen *A*); klopfen, pochen (ـه an *A*); *Glocke* läuten; ~ سمعه an j-s Ohr dringen; ~ سنه [sinnahuː] mit den Zähnen knirschen; bereuen; ~ الطبل die Trommel schlagen *od*.

rühren; الكأس له ~ auf j-s Wohl anstoßen; — [qariʕa, a] kahl(köpfig) sein *od.* werden; **II** [qarraʕa] schelten, zurechtweisen; **III** قارع [qaːraʕa] bekämpfen; streitig machen (ه على *j-m A*); **VIII** اقترع [iq'taraʕa] auslosen; abstimmen (على über *A*)

[2]**قرع** [qaraʕ] Kahlköpfigkeit *f*

[3]**قرع** [qarʕ] **1.** Klopfen *n*, Pochen *n*, Schlagen *n*; الجرس ~ [q. al-dʒaras] Läuten *n*, Klingeln *n*; **2.** *koll.*, *n. un.* ~ة Kürbis *m*; عسلي ~ [ʕasaliː] *Äg.* gelbe Kürbisart; كوسى ~ [q. kuːsa] *Äg.*, *Syr.* Zucchini *pl.*

[4]**قرع** [qurʕ] → أقرع

[1]**قرعة** [qarʕa] **1.** *n. vic.* Klopfen *n*, Pochen *n*, Schlag *m*; **2.** *n. un.* Kürbis *m*

[2]**قرعة** [qurʕa], *pl.* قرع [quraʕ] Losen *n*, Los *n*; Auslosung *f*; *Mil.* Aushebung *f*, Rekrutierung *f*

[1]**قرف** [qarafa, i] schälen; — [qarifa, a] Ekel *od.* Widerwillen empfinden; **II** [qarrafa] schälen; j-s (ه) Ekel *od.* Widerwillen erregen; **III** قارف [qaːrafa] *u.* **VIII** اقترف [iq'tarafa] *Verbrechen* begehen, verüben

[2]**قرف** [qaraf] Ekel *m*, Widerwille *m*; في ~ voller Ekel, widerwillig

قرفال [qar'faːl] *koll.*, *n. un.* ~ة *Tun.* Wicke *f*

قرفان [qar'faːn] *Äg.* Ekel *od.* Widerwillen empfindend (من gegen *A*)

قرفص [qɒrfɒsɒ] hocken

قرفصاء [qurfu'sɒːʔ] Hocken *n*, Hockstellung *f*; ~الـ جلس hocken

قرفة [qɨrfa], *pl.* قرف [qɨraf] Rinde *f*, Schale *f*; Zimt *m*; *Äg.* Getränk *n* aus Zimt, Zucker u. Wasser

قرق [qaraqa, u] *Henne*: glucken

قرقذان [qarqa'ðaːn] Eichhörnchen *n*

قرقر [qarqara] *Magen*: knurren; *Wasser*: gluckern; *Taube*: gurren; *Katze*: schnurren; *Auto*, *Motor*: knattern; في الضحك ~ [fi đ-đɒħik] lauthals *od.* schallend lachen

قرقرة [qarqara] Knurren *n des Magens*; Gluckern *n des Wassers*; Gurren *n der Taube*; Schnurren *n der Katze*; Knattern *n*, Geknatter *n des Autos*

قرقش [qarqaʃa] knabbern, nagen (ـه an *D*)

قرقض [qarqɒđɒ] *Äg.* knabbern, nagen (ـه an *D*)

قرقع [qarqaʕa] knarren; *Peitsche*: knallen

قرقعة [qarqaʕa] Knarren *n*; Knallen *n der Peitsche*

قرقور [qar'quːr], *pl.* قراقير [qaraː'qiːr] (2) *Syr.*, *Lib.* Lamm *n*; *Saudi-Ar.* geflochtene(r) Behälter für den Fischfang

قرقوشة [qar'quːʃa], *pl.* قراقيش [qaraː'qiːʃ] (2) *Äg.* knusprige(s) Feingebäck; Knorpel *m*

قرقول [qara'qoːl], *pl.* [-aːt] *Sud.* Polizeiwache *f*

[1]**قرم** [qarama, i] nagen (ـه an *D*), (hinein)beißen (ـه in *A*)

[2]**قرم** [qɨrim]: ~الـ *Geo.* die Krim

[1]**قرمد** [qarmada] mit Ziegeln decken

[2]**قرمد** [qarmad] *koll.* Ziegel *m/pl.*, Backsteine *m/pl.*

قرمزي [qɨrmiziː] karmesinrot, scharlachrot; الحمى القرمزية [al-ħummaː] Scharlach *m*

قرمش [qarmaʃa] knabbern

قرمطي [qarmɒtiː] *hist.* Karmaten-; القرامطة [al-qa'raːmɨtɒ] *pl.* die Karmaten *pl.*

قرمة [qurma], *pl.* قرم [quram] Baumstumpf *m*; Holzklotz *m*; Hackblock *m*

قرمود [qar'muːd] *koll.*, *n. un.* ~ة *Mar.* Ziegel *m/pl.*, Backsteine *m/pl.*; Dachziegel *m/pl.*

قرموط [qur'muːt, qar'muːt], *pl.* قراميط [qaraː'mɨːt] (2) Aalwels *m*

قرميد [qɨr'miːd] *koll.*, *n. un.* ~ة Ziegel *m/pl.*, Backsteine *m/pl.*; Dachziegel *m/pl.*

[1]**قرن** [qarana, i] verbinden, verknüpfen (ب mit *D*); **III** قارن [qaːrana] vergleichen (ب mit *D*, بين *mehrere Dinge*); *Imp.* [qaːrin] vergleiche!; **VIII** اقترن [iqtarana] verbunden, verknüpft sein (ب mit *D*); sich verbinden (ب mit *D*); sich verheiraten (ب mit *D*)

[2]**قرن** [qarn], *pl.* قرون [qu'ruːn] Horn *n*; *Bot.* Hülse *f*, Schote *f*; Jahrhundert *n*; الإفريقي ~الـ *Geo.* das Horn von Afrika; القرون الوسطى [al-wustɒː] Mittelalter *n*; ذو القرنين [ðuː l-qar'nain] *Beiname Alexanders des Großen*

[3]**قرن** [qɨrn], *pl.* أقران [ʔaq'raːn] ebenbürtig, gleich; gleichaltrig; Kollege *m*; أقران سنه [ʔa. sinnihiː] s-e Altersgenossen *m/pl.*; أقرانه في المدرسة s-e Klassenkameraden *m/pl.*; s-e Mitschüler *m/pl.*

قرناء → أقرن

قرنبيط [qarna'bɨːt] Blumenkohl *m*

قرنفل [qa'ranful] *koll.*, *n. un.* ~ة Nelke(n *pl.*) *f*; Gewürznelke(n *pl.*) *f*

قرنة [qurna], *pl.* قرن [quran] Ecke *f*, Winkel *m*

قرني [qarniː] aus Horn, hörnern; الشكل ~ hornförmig

قرنية [qar'niːja] Hornhaut *f des Auges*

قره‌جوز [ʔara'goːz] *Äg. u.* **قره‌قوز** [qara'qoːz] Kasper *m* (*Hauptfigur des Schattenspiels*)

قره‌قول [qara'qoːl], *pl.* [-aːt] Polizeiwache *f*

(**قرو**) **X** استقرى [is'taqraː] untersuchen, erforschen; prüfen

قروس [qa'ruːs] *Äg.* Seebarsch *m*, Zackenbarsch *m*

قروسطي [qara'wastiː] mittelalterlich

قروي [qarawiː] dörflich, Dorf-; ländlich, bäuerlich; *pl.* [-uːn] Dorfbewohner *m*, Dörfler *m*; Landbewohner *m*; Bauer *m*; Angehörige(r) der Hochschule al-Qarawijin; جامع القرويين *Moschee u. Hochschule in Fes*

قروية [qara'wiːja], *pl.* [-aːt] Dorfbewohnerin *f*; Landbewohnerin *f*; Bäuerin *f*

قرى [qaraː, iː] *Gast* bewirten; → (قرو) *u.* قرية

قريب [qa'riːb] **1.** nahe (من bei *D*); bevorstehend; ~ا [-an] *Adv.* bald, demnächst; vor kurzem; عن ~ *u.* عما ~ [ʕammaː] bald, demnächst; في الـ~ العاجل in allernächster Zeit, demnächst; من/منذ عهد ~ seit kurzem; kürzlich, neulich; حتى وقت ~ bis vor kurzem; لا ... من ~ أو بعيد nicht im entferntesten; **2.** *pl.* أقرباء [ʔaqri'baːʔ] (2) Verwandte(r)

قريحة [qa'riːħa], *pl.* قرائح [qa'raːʔiħ] (2) große(s) Talent, geniale Begabung

قريدس [qu'raidis] *koll.*, *n. un.* ـة~ Garnele(n *pl.*) *f*

قرير [qa'riːr]: العين ~ froh, zufrieden, glücklich

[1]**قريش** [qa'riːʃ]: ~ جبن [ʤubn] weiße(r) Quarkkäse

[2]**قريش** [qu'raiʃ] Koreisch (*Name e-s altarab. Stammes*); die Koreischiten *pl.*

قريض [qa'riːđ] Poesie *f*

قرين [qa'riːn], *pl.* قرناء [qura'naːʔ] (2) Gatte *m*, Gemahl *m*; Gefährte *m*, Begleiter *m*

قرينة [qa'riːna] **1.** *pl.* [-aːt] Gattin *f*, Gemahlin *f*; السيدة ـه~ [as-sajjida -tuhuː] s-e Frau Gemahlin; **2.** *pl.* قرائن [qa'raːʔin] (2) Indiz *n*; Beleg *m*; Zusammenhang *m*, Kontext *m*

قرية [qarja], *pl.* قرى [quran] Dorf *n*

[1](**قز**) **II** قزز [qazzaza] verglasen; **V** تقزز [ta'qazzaza] sich ekeln (من vor *D*), Widerwillen empfinden (من gegen *A*)

[2]**قز** [qazz] (Roh-)Seide *f*

قزاز [qi'zaːz] *Äg.* Glas *n*

قزازة [qi'zaːza], *pl.* قزائز [qa'zaːʔiz] (2) *u.* [-aːt] *Äg.* Flasche *f*

قزان [qa'zaːn], *pl.* [-aːt] (*großer*) Kessel

قزح [quzaħ]: ~ قوس [qausu quzaħ(in)] Regenbogen *m*

قزحية [quza'ħiːja] Iris *f*, Regenbogenhaut *f des Auges*

قزعة [quzʕa] *Äg.* Zwerg *m*, Knirps *m*

قزقز [qazqaza] *Äg.* (auf)knacken

[1](**قزم**) **VI** تقازم [ta'qaːzama] immer unscheinbarer werden, schrumpfen

[2]**قزم** [qazam] **1.** *pl.* أقزام [ʔaq'zaːm] Zwerg *m*; Knirps *m*; Liliputaner *m*; **2.** *Med.* Zwergwuchs *m*

[1]**قزمة** [qazama], *pl.* [-aːt] Zwergin *f*; Liliputanerin *f*

[2]**قزمة** [qazma], *pl.* قزم [qizam] *u.* [-aːt] Beil *n*, Hacke *f*

قزوين [qaz'wiːn]: ~ بحر Kaspische(s) Meer

قس [qass], *pl.* قسوس [qu'suːs] Priester *m*, Pfarrer *m*

ق.س *Abk. für* قرش سوري syrische(r) Piaster

قساة → [2]قاس

قساوة [qa'saːwa] Härte *f*, Strenge *f*, Grausamkeit *f*

[1]**قسر** [qasara, i] zwingen, nötigen (على zu *D*); **VIII** اقتسر [iq'tasara] zwingen (على zu *D*); unterwerfen

[2]**قسر** [qasr] Zwang *m*; ا~ [-an] *Adv.* zwangsweise, mit Gewalt

قسري [qasriː] Zwangs-

[1]**قسط** [qasaṭɒ, i] *obs.* gerecht handeln; **II** [qassaṭɒ] in Raten zahlen; **IV** أقسط [ʔaqsaṭɒ] gerecht handeln

[2]**قسط** [qisṭ], *pl.* أقساط [ʔaq'sɒːṭ] Teil *m*, Portion *f*; Maß *n*; Rate *f*, Teilzahlung *f*; على أقساط in Raten; هو على ~ كبير من er besitzt *e-e Eigenschaft* in hohem Maße, er ist sehr …

قسطاس [qus'ṭɒːs, qis'ṭɒːs], *pl.* قسطيس [qasaː'ṭiːs] (2) Waage *f*; Kriterium *n*

قسطر [qasṭɒra] *Münzen* auf Echtheit prüfen; *Med.* katheterisieren

قسطرة [qasṭɒra] *Med.* Katheterisierung *f*

قسطل [qasṭɒl] **1.** *pl.* قساطل [qa'saːṭil] (2) Wasserrohr *n*, Wasserleitung *f*; **2.** *koll. Äg.* Kastanie(nbaum *m*) *f*

قسطنطينية [qusṭɒnṭiː'niːja]: الـ~ Konstantinopel

[1]**قسم** [qasama, i] (*in zwei Teile*) teilen; dividieren (على durch *A*); *Gott*, *Schicksal*: zuteilen, bestimmen (على/ل *j-m*); **II** [qassama] (*in mehrere Teile*) teilen; aufteilen (بين unter *A*); verteilen (على an *A*); einteilen, (auf)gliedern (إلى in *A*); **III** قاسم [qaːsama] teilen (ه ـه mit *j-m etwas*); **IV** أقسم [ʔaqsama] schwören (ب bei *D*), e-n Eid leisten; beschwören (على *s-e Aussage*, *j-n*); **V** تقسم [ta'qassama] (auf-, ein)geteilt, verteilt werden; *Sorgen*: peinigen; **VI** تقاسم [ta'qaːsama] unter sich (auf-, ver)teilen; **VII** انقسم [in'qasama] geteilt werden, sich teilen; sich (auf)spalten; eingeteilt werden, sich gliedern (إلى in *A*); **VIII** اقتسم [iq'tasama] unter sich aufteilen

[2]**قسم** [qasam], *pl.* أقسام [ʔaq'saːm] Schwur *m*, Eid *m*; ا~ بالله [-an bi-llaːh] ich schwöre bei Gott

[3]**قسم** [qism], *pl.* أقسام [ʔaq'saːm] Teil *m* (من *G*); Abteilung *f a. e-r Universität*; Sektion *f*; *Maghr.* Klasse *f in der Schule*; *Äg.* Stadtkreis *m*, Distrikt *m*; الـ~ الأدبي [al-ʔadabiː] sprachlich-literarische Abteilung *e-r höheren Schule*; ~ البوليس, ~ الشرطة [q. aʃ-ʃurṭɒ] *Äg.* Polizeirevier *n*, Polizeiwache *f*; الـ~ العلمي [al-ʕilmiː] naturwissenschaftliche Abteilung *e-r höheren Schule*; الـ~ الوطني [al-wɒṭɒniː] *Mar. Sport*: Nationalliga *f*

قسمات [qasa'maːt] *pl.* Gesichtszüge *m/pl.*

قسمة [qisma], *pl.* قسم [qisam] Teilung *f*; Division *f* (على durch *A*); Anteil *m*, Los *n*, Schicksal *n*

(**قسو**) قسا [qasaː, uː] streng, grausam sein (على gegen *j-n*), hart anfassen (على *j-n*); قلبه ~ herzlos *od.* lieblos sein; **II** قسى [qassaː] *Herz* verhärten; **III** قاسى [qaːsaː] erleiden, erdulden, ertragen

قسوسة [qu'suːsa] Priesterwürde *f*, Priestertum *n*

قسوة [qaswa] Härte *f*, Strenge *f*, Grausamkeit *f*

[1]**قسى** [qassaː] → (قسو)

[2]**قسي** [qa'siːj] hart

[3]**قسي** [qu'siːj, qi'siːj] → [2]قوس

قسيس [qi'ssiːs], *pl.* قساوسة [qa'saːwisa] *u.* [-uːn] Priester *m*, Pfarrer *m*, Geistliche(r)

قسيم [qa'siːm], *pl.* أقسماء [ʔaqsi'maːʔ] (2) Teilhaber *m*; Gegenstück *n*

قسيمة [qa'siːma], *pl.* قسائم [qa'saːʔim] (2) Kupon *m a. e-r Aktie*, Abschnitt *m*; Beleg *m*, Bon *m*; *Saudi-Ar.* Strafzettel *m*; *Kuw.* Grundstück *n*, Parzelle *f*

[1]**قش** [qaʃʃa, u] sammeln, auflesen, aufnehmen

[2]**قش** [qaʃʃ] Stroh *n*; *Syr.*, *Lib.* zum Flechten verwendete Binsenart; ~ كرسي [kur'siːj q.] Korbstuhl *m*

قشاش [qa'ʃʃaːʃ]: ~ قطار [qiˈṭɒːr] *Äg.* Bummelzug *m*

[1]**قشاط** [qu'ʃɒːt], *pl.* [-aːt] Stein *m des Brettspiels*

[2]**قشاط** [qi'ʃɒːt], *pl.* أقشطة [ʔaqʃitɒ] Riemen *m*, Treibriemen *m*

قشاطة [qa'ʃʃaːtɒ] *Jord.* Schrubber *m*

قشتالة [qaʃ'taːla] (2) *Geo.* Kastilien

قشتالي [qaʃ'taːli] kastilisch

قشدة [qiʃda] Sahne *f*, Rahm *m*

[1]**قشر** [qaʃara, i, u] *u.* **II** [qaʃʃara] schälen, enthülsen; **V** تقشر [ta'qaʃʃara] geschält, enthülst werden; *Haut*: sich schälen, abschuppen; abblättern; **VII** انقشر [in'qaʃara] sich schälen; abblättern

[2]**قشر** [qiʃr], *pl.* قشور [qu'ʃuːr] Schale *f*; Hülse *f*; Rinde *f*, Borke *f*; Kruste *f*; *koll. u. pl.* Schuppen *f/pl.*; *pl. a.* Äußerlichkeiten *f/pl.*, Nebensächlichkeiten *f/pl.*; قشور المرجل [q. al-mirdʒal] Kesselstein *m*

قشرة [qiʃra] Schale *f*; Hülse *f*; Rinde *f*, Borke *f*; Kruste *f*; *Med.*, *Bot.* Schorf *m*; Balg *m e-r Schlange*; Schuppe *f*; أرضية ~ Erdkruste *f*; ~ الدماغ [q. ad-di'maːɣ] Hirnrinde *f*; ~ خشب [xaʃab q.] Furnier *n*

قشري [qiʃriː] Schalen-; Rinden-; Schuppen-; القشريات [-'jaːt] *pl.* Krustentiere *m/pl.*

[1]**قشط** [qaʃatɒ, i, u] abkratzen, abschaben; *Rahm*, *Schaum* abschöpfen; **II** [qaʃʃatɒ] abkratzen, abschaben; (aus)plündern

[2]**قشط** [qaʃt] Abkratzen *n*, Abschaben *n*

قشطة [qiʃtɒ] Sahne *f*, Rahm *m*; *Äg. Bot.* Annone *f*, *bsd.* Zimtapfel *m*; صباح الـ~ *Äg.* guten Morgen!

قشع [qaʃaʕa, a] vertreiben, zerstreuen; **V** تقشع [ta'qaʃʃaʕa] *u.* **VII** انقشع [in'qaʃaʕa] verjagt, zerstreut werden; sich zerstreuen

(قشعر) **IV** اقشعر [iqʃa'ʕarra] e-e Gänsehaut bekommen; يقشعر جلدي [dʒildiː] mich schaudert; شيء تقشعر منه الجلود/الأبدان e-e schauderhafte Sache

قشعريرة [quʃaʕ'riːra] Schauder *m*; ~ الحمى [q. al-ħummaː] Fieberschauer *m*, Schüttelfrost *m*

قشف [qaʃifa, a] *u.* [qaʃufa, u] im Elend leben; **II** [qaʃʃafa] *Äg. Haut*: rissig werden; **V** تقشف [ta'qaʃʃafa] spartanisch, asketisch, genügsam leben

قشفة [qiʃfa], *pl.* قشف [qiʃaf] (*Brot-*)Kruste *f*

قشقوان [qaʃqa'waːn] Kaschkawall *m* (*Art Schafskäse*)

قشلة [qiʃla], *pl.* قشل [qiʃal] *Ir.*, *Syr.* Kaserne *f*; *Äg.* Hospital *n*

قشمش [qiʃmiʃ] *koll.* Korinthen *f/pl.*, Rosinen *f/pl.*

قشة [qaʃʃa] **1.** *n. un.* Strohhalm *m*; ~ ثقاب [q. θi'qaːb] Streichholz *n*; ~ خيار [xi'jaːr] *Äg.* Essiggurken *f/pl.*, Pfeffergurken *f/pl.*; **2.** *Syr.* Gericht *n* aus Kopf, Füßen u. Innereien des Schafs

قشيب [qa'ʃiːb] (nagel)neu; (blitz-)blank

[1]**قص** [qɒssɒ, u] (ab-, zer)schneiden; stutzen, scheren; erzählen (على *j-m*); أثره ~ [ʔa'θarahuː] j-s Spur folgen; الشعر ~ das Haar schneiden; **II** قصص [qɒssɒsɒ] zerschneiden, zerschnippeln; **III** قاص [qɒːssɒ] abrechnen, verrechnen (ه mit *j-m*); Gleiches mit Gleichem vergelten (ه *j-m*); **V** تقصص [ta'qɒssɒsɒ]: ~ أثره [ʔa'θarahuː] j-s Spur folgen; **VI** تقاص [ta'qɒːssɒ] miteinander abrechnen, gegenseitig verrechnen; **VIII** اقتص [iq'tɒssɒ] Vergeltung üben (من an *D*); (genau) erzählen

[2]**قص** [qɒss] Schneiden *n*; Zuschneiden *n*, Schnitt *m e-s Kleides*; Erzählen *n*

قصاب [qɒ'ssɒːb], *pl.* [-uːn] Fleischer *m*, Metzger *m*; *Äg.* Feldmesser *m*

قصابة [qɨ'sɒːba] Fleischerhandwerk *n*, Fleischerei *f*

[1]**قصاد** [qu'sɒːd(a)] *Präp. Äg.* vor, gegenüber

[2]**قصاد** [qu'ssɒːd] → قاصد

[1]**قصار** [qɒ'sɒːr, qu'sɒːr]: ~ك أن تفعل هذا [tafʕala] das ist das Äußerste, was du tun kannst

[2]**قصار** [qɒ'ssɒːr], *pl.* [-uːn] Bleicher *m*, Walker *m*

[3]**قصار** [qɨsɒːr] → [1]قصير

قصارة [qɨ'sɒːra] *Jord.* Malerhandwerk *n*

قصارى [qu'sɒːraː] Äußerste(s), Höchste(s); ~ الأمر kurzum, kurz gesagt; das Äußerste ist…; ~ القول kurzum, kurz gesagt; man kann höchstens sagen; ~ بذل جهده sein Möglichstes tun; قصاراك أن تفعل هذا [tafʕala] das ist das Äußerste, was du tun kannst

[1]**قصاص** [qɒ'ssɒːs], *pl.* [-uːn] Erzähler *m*; → [1]قاص

[2]**قصاص** [qɨ'sɒːs] Vergeltung *f*, Abrechnung *f*; *Isl.* Wiedervergeltung *f*, Talion *f*; Bestrafung *f*

قصاصة [qu'sɒːsɒ], *pl.* [-aːt] Zettel *m*; (Papier-)Schnitzel *n* (*a. m*); (*Zeitungs-*)Ausschnitt *m*; *Tun.* Kupon *m a. e-r Aktie*, Abschnitt *m*; (*Stoff-*)Rest *m*, Fetzen *m*

[1]**قصب** [qɒsɒba, i] *Schlachttier* zerlegen; **II** [qɒssɒba] mit Gold- u. Silberfäden durchwirken; *Stein* behauen

[2]**قصب** [qɒsɒb] *koll.* Rohr *n*, Schilf *n*; (*eingewirkte*) Gold- u. Silberfäden *m/pl.*; ~ السكر [q. as-sukkar] Zuckerrohr *n*; أحرز ~ السبق [ʔaħraza] den Sieg davontragen, den Vogel abschießen

[1]**قصبة** [qɒsɒba] (*ein*) Rohr *n*; Röhre *f*; *Art* Rohrpfeife *f*; Metropole *f*; *Syr.* Hauptort *m e-s Bezirks*; *Äg. ein Längenmaß* (= *3,55 m*); ~ الرجل [q. ar-ridʒl], ~ الساق Schienbein *n*; ~ الرئة [q. ar-riʔa] *u.* ~ هوائية [hawaː'ʔiːja] Luftröhre *f*; ~ المريء Speiseröhre *f*

[2]**قصبة** [qɒsba], *pl.* [-aːt] *u.* قصابي [q(ɒ)sɒːbiː] *Maghr.* Kasba *f*, Zitadelle *f*

[1]**قصد** [qɒsɒda, i] sich begeben (ه/ إلى zu *j-m*, nach *D*), aufsuchen (ه/ إلى *j-n*), ansteuern (ه/إلى *e-n Ort*); beabsichtigen (*a.* من/ب mit *D*), ins Auge fassen; meinen (ب mit *D*); verstehen (من/ب unter *etwas*); e-n Mittelweg einschlagen (في bei *D*); *Pass.* يقصد بذلك [juqsɒdu] darunter ist zu verstehen; **V** تقصد [ta'qɒssɒda] *Äg.* hart behandeln, drangsalieren; **VIII** اقتصد [iq'tasɒda] sparsam sein, haushalten (في mit *D*)

[2]قصد [qɒsd] Absicht *f*, Vorsatz *m*; Zweck *m* (من *G*), Ziel *n*; ~ا [-an] *Adv. u.* ~ عن absichtlich, vorsätzlich; ~ بغير/عن غير unabsichtlich; ~بـ أن [-i] in der Absicht zu

قصدر [qɒsdara] verzinnen

قصدي [qɒsdiː] absichtlich, beabsichtigt

قصدير [qɒs'diːr] Zinn *n*

[1]قصر [qɒsɒra, u] beschränken (على auf *A*); unfähig *od.* nicht imstande sein (عن zu *D*); *Äg.* (ver)kürzen; *Stoff* bleichen; — [qɒsura, u] kurz sein *od.* werden; zu kurz sein (عن für *A*, *als daß*); kürzer sein *od.* werden; **II** [qɒssɒra] kürzer machen, (ver)kürzen; nicht erreichen, verfehlen (عن *Ziel, Zweck*); vernachlässigen (في *A*); *Stoff* bleichen; **IV** أقصر [ʔaqsɒra] kurz *od.* kürzer machen; ablassen (عن von *D*); **VI** تقاصر [ta'qɒːsɒra] allmählich kürzer werden; ablassen (عن von *D*), sich enthalten (عن *G*); **VIII** اقتصر [iq'tasɒra] sich beschränken (على auf *A*); **X** استقصر [is'taqsɒra] für kurz halten

[2]قصر [qɒsr] **1.** Beschränkung *f* (على auf *A*); *Äg.* Kürzung *f*; ~ك أن تفعل هذا das ist das Äußerste, was du tun kannst; **2.** *pl.* قصور [qu'suːr] Palast *m*, Schloß *n*

[3]قصر [qussɒr] → قاصر

[4]قصر [qɨsɒr] Kürze *f*, Kleinheit *f*; ~ النظر [q. an-nɒðɒr] Kurzsichtigkeit *f*

قصرية [qɒs'riːja], *pl.* قصار [qɒ'sɒːrin] Blumentopf *m*; Nachttopf *m*

[1]قصص [qɒsɒs] Erzählkunst *f*; Erzählung *f*, Roman *m*, Novelle *f als Gattung*

[2]قصص [qusɒs] → [2]قصة

[3]قصص [qɨsɒs] → [3]قصة

قصصي [qɒsɒsiː] erzählend, erzählerisch, episch; *pl.* [-uːn] Erzähler *m*, Novellist *m*

قصع [qɒsɒʕa, a] zerdrücken, zerquetschen

قصعة [qɒsʕa], *pl.* [qɒsɒ'ʕaːt] *u.* قصاع [qɨ'sɒːʕ] (große) Holzschüssel; *Ir.* Kessel *m*; *Äg.* Schiffsrumpf *m*

[1]قصف [qɒsɒfa, i] beschießen (ب mit *D*), bombardieren; *Geschütz*: dröhnen, donnern; *Donner*: grollen; abbrechen, zerbrechen; **II** [qɒssɒfɒ] zerbrechen, abbrechen; **V** تقصف [ta'qɒssɒfa] *intr.* abbrechen, zerbrechen

[2]قصف [qɒsf] Beschuß *m* (ب mit *D*), Bombardierung *f*; Dröhnen *n*, Donner *m der Geschütze*; ~ مدفعي [midfaʕiː] Artilleriebeschuß *m*

قصفة [qɒsfa] *n. vic.* Salve *f*; Donnerschlag *m*

قصقص [qɒsqɒsɒ] *Äg.* abschneiden, stutzen

[1]قصل [qɒsɒla, i] abschneiden, (ab-)mähen

[2]قصل [qɒsɒl] *koll.* Spreu *f*; Halme *m/pl.*

قصلة [qɒsɒla] *n. un.* Halm *m*

قصم [qɒsɒma, i] zerbrechen; ~ ظهره j-n zusammenbrechen lassen; **V** تقصم [ta'qɒssɒma] *u.* **VII** انقصم [in'qɒsɒma] *intr.* zerbrechen

[1]قصة [qɒssɒ], *pl.* [-aːt] Schnitt *m des Haares, e-s Kleides*

[2]قصة [qussɒ], *pl.* قصص [qusɒs] Stirnlocke *f*

[3]قصة [qɨssɒ], *pl.* قصص [qɨsɒs] Erzählung *f*, Geschichte *f*; ~ قصيرة Kurzgeschichte *f*; ~ طويلة Roman *m*; ... ~ ما هي welche Bewandtnis hat es mit ...?, wie verhält es sich mit ...?

(قصو) **IV** أقصى [ʔaqsɒː] entfernen (*a.* عن von *s-m Posten*); ausweisen (عن aus *D*), verweisen (عن von, aus *D*); **V** تقصى [ta'qɒssɒː] genau untersuchen, erforschen; auf den Grund gehen (ه *D*); **X** استقصى [is'taqsɒː] genau untersuchen, erforschen; auf den Grund gehen (ه *D*); Nachforschungen anstellen (عن über *A*)

قصور [qu'suːr] Unfähigkeit *f* (عن zu *D*); Minderjährigkeit *f*; Unzulänglichkeit *f*; ~ ذاتي *Phys.* Trägheit *f*; عزم الـ~ الذاتي *Phys.* Trägheitsmoment *n*; → [2]قصر

قصوى → أقصى

قصي [qɒ'siːj], *pl.* أقصاء [ʔaq'sɒːʔ] (2) fern, entfernt

قصيبة [qu'sɒiba] *Tun., Libyen* Hafer *m*

قصيد [qɒ'sɨːd] Kasside *f*, Gedicht *n*; بيت الـ~ [bait al-q.] das Wesentliche, das Entscheidende, der springende Punkt

قصيدة [qɒ'sɨːda], *pl.* قصائد [qɒ'sɒːʔid] (2) Qaside *f* (*altarab. Gedichtform*); *heute allg.* Gedicht *n*; بيت الـ~ → قصيد

[1]قصير [qɒ'sɨːr], *pl.* قصار [qɨ'sɒːr] kurz; klein (*von Wuchs*); ~ الأجل [q. al-ʔadʒal] kurzfristig; ~ الباع machtlos, ohnmächtig, schwach; ~ البصر [q. al-bɒsɒr] kurzsichtig; ~ النظر [q. an-nɒðɒr] *bsd. fig.* kurzsichtig

[2]قصير [qɒ'ssɨːr], *pl.* ~ة *Jord.* Maler *m*, Anstreicher *m*

قصيف [qɒ'sɨːf] schwach, zerbrechlich

قصيل [qɒ'sɨːl] Grünfutter *n*

[1]قض [qɒđđɒ, u] niederreißen, einreißen; **IV** أقض [ʔa'qɒđđɒ]: ~ مضجعه [mɒđ'dʒaʕahuː] j-m den Schlaf *od.* die Ruhe rauben; **VII** انقض [in'qɒđđɒ] sich stürzen (على auf *A*); *Blitz*: einschlagen

[2]قض [qɒđđ] *koll.* Kies *m*, Kieselsteine *m/pl.*; ~هم [qɒđđuhum, qɒđđɒhum], بقضهم [bi-qɒđđɨhim] alle, allesamt

قضاء [qɒ'đɒːʔ] **1.** Verbringen *n e-r Zeit*; Erledigung *f e-r Aufgabe*; Erfüllung *f e-r Bitte, e-r Pflicht*; Befriedigung *f e-s Wunsches, Bedürfnisses*; Vernichtung *f*, Ausrottung *f* (على *G*); Entscheidung *f* (في über *A*); Verurteilung *f* (على *j-s*); Rechtsprechung *f*, Gerichtsbarkeit *f*; Justiz *f*, Rechtswesen *n*; Schicksal *n*; ~ وقدرا [-an wa-qadaran] *u.* بالـ~ والقدر durch Fügung des Schicksals, durch höhere Gewalt; **2.** *pl.* أقضية [ʔaqđɨja] *Ir., Jem., Lib.* Regierungsbezirk *m*, Distrikt *m*

قضاة → قاض

قضايا → قضية

قضائي [qɒ'đɒːʔiː] richterlich, gerichtlich, Rechts-

قضب [qɒđɒba, i] *u.* **II** [qɒđđɒba] abschneiden, stutzen; **VIII** اقتضب

[iq'tađɒba] (ab)kürzen; improvisieren

قضبان → قضيب

[1]**قضم** [qɒđɒma, i] *u.* [qɒđɨma, a] nagen, knabbern (ـه an *D*); أظافره ~ [ʔaðɒː'firahuː] (die) Nägel kauen

[2]**قضم** [qɒđm] Nagen *n*; الأظافر ~ [q. al-ʔa'ðɒːfir] Nägelkauen *n*

قضى [qɒđɒː, iː] *Zeit* verbringen; *Aufgabe* erledigen; *Bitte, Pflicht* erfüllen; *Wunsch, Bedürfnis* befriedigen; *Gebet* verrichten; vorsehen, vorschreiben, bestimmen (ب *A*); entscheiden (في über *A*); vernichten, ausrotten (على *A*), ein Ende bereiten (على *D*); zunichte machen (على *A*); urteilen, richten; ein Urteil fällen (ل zu *j-s* Gunsten); verurteilen (على ب *j-n* zu *D*); notwendig machen (على ب für *j-n A*), erfordern (على ب von *j-m A*); *Gott*: vorherbestimmen; أجله ~ [ʔađʒalahuː], نحبه ~ das Zeitliche segnen, sterben; *Pass.* قضي الأمر [qudɨja] die Sache ist entschieden *od.* erledigt; قضي عليه es ist aus mit ihm, er ist erledigt; **II** [qɒđđɒː] durchführen, verrichten; **III** قاضى [qɒːđɒː] gerichtlich vorgehen (ه gegen *j-n*), den Prozeß machen (ه *j-m*); **V** تقضى [ta'qɒđđɒː] *Zeit*: ablaufen, verstreichen; **VI** تقاضى [ta'qɒːđɒː] *Gehalt* empfangen, erhalten; (ein)fordern (ـه/ه من von *j-m A*); miteinander prozessieren; **VII** انقضى [in'qɒđɒː] *Zeit*: ablaufen, verstreichen; beendet werden; *Recht*: erlöschen; **VIII** اقتضى [iq'tađɒː] notwendig machen, erfordern; fordern, verlangen (ـه ه von *j-m A*); *Schuld* einfordern; **X** استقضى [is'taqđɒː] (ein)fordern, verlangen (ـه ه von *j-m A*)

قضيب [qɒ'điːb], *pl.* قضبان [qud'baːn] Stab *m*, Stange *f*; Rute *f*, Gerte *f*; (*Eisenbahn-, Führungs-*)Schiene *f*; Penis *m*; وراء القضبان hinter Gittern

قضية [qɒ'điːja], *pl.* قضايا [qɒ'đɒːjaː] Angelegenheit *f*, Sache *f*, Frage *f*, Problem *n*; *Jur.* Fall *m*, Verfahren *n*, Prozeß *m*; Affäre *f*; *Phil.* Prämisse *f*; These *f*; العربية ~الـ die arabische Sache

قضيض [qɒ'điːđ]: ~ـهم [qɒ'điːđuhum, qɒđiːđɒhum], بقضيضهم [biqɒ'điːđihim] alle, allesamt

[1]**قط** [qɒŧŧɒ, u] (zurecht-, zu-, be-)schneiden; *Bleistift* anspitzen

[2]**قط** [qɒŧŧ(u)] *im verneinten Satz*: nie

[3]**قط** [qiŧŧ], *pl.* قطط [qiŧɒŧ] Kater *m*, Katze *f*

قطار [qi'ŧɒːr], *pl.* [-aːt] *u.* قطر [quŧur] (*Eisenbahn-*)Zug *m*; *Mil.* Reihe *f*; بضاعة ~ [q. bi'đɒːʕa] Güterzug *m*; ركاب ~ [q. ru'kkaːb] Personenzug *m*; سباق ~ [sa'bbaːq], سريع ~ Schnellzug *m*, Expreßzug *m*; ~ قشاش [qa'ʃʃaːʃ] *Äg.* Bummelzug *m*

قطارة [qɒ'ŧŧɒːra], *pl.* [-aːt] Pipette *f*; Tropfflasche *f*

[1]**قطاع** [qu'ŧŧɒːʕ] → قاطع

[2]**قطاع** [qi'ŧɒːʕ], *pl.* [-aːt] *a. Geom.* Sektor *m*; *bsd. Mil.* Abschnitt *m*; *Techn.* Profil *n*, Profilstahl *m*; الخاص ~الـ [al-xɒːss] der private Sektor; طولي ~ [ŧuːliː] *Geom.* Längsschnitt *m*; العام ~الـ [al-ʕaːmm] der öffentliche Sektor; عرضي ~ *Geom.* Querschnitt *m*; غزة ~ [q. ɣazza] der Gaza-Streifen

قطاعة [qɒ'ŧŧɒːʕa], *pl.* [-aːt] Schneidegerät *n*

[1]**قطاعي** [qɒ'ŧŧɒːʕiː]: ~بالـ en détail; ~تاجر بالـ Einzelhändler *m*

[2]**قطاعي** [qi'ŧɒːʕiː] e-n (Wirtschafts-)Sektor betreffend, sektoral

قطاف [qi'ŧɒːf] Pflücken *n von Früchten*, Lese *f*, Ernte *f*; Erntezeit *f*

[1]**قطان** [qɒ'ŧŧɒːn], *pl.* [-uːn] *u.* ~ة Baumwollhändler *m*

[2]**قطان** [qu'ŧŧɒːn] → قاطن

قطانيات [qɒŧɒːniː'jaːt, quŧɒːniː'jaːt]: ~الـ Hülsenfrüchte *f/pl.*

قطانية [quŧɒː'niːja, qiŧɒː'niːja] *Tun.* Mais *m*

[1]**قطب** [qɒŧɒba, i] (auf)sammeln; **II** [qɒŧŧɒba] die Stirn runzeln; **X** استقطب [is'taqŧɒba] *Phys.* polarisieren; um sich sammeln *od.* scharen; *Aufmerksamkeit* auf sich ziehen

[2]**قطب** [quŧb], *pl.* أقطاب [ʔaq'ŧɒːb] *Geo., El.* Pol *m*; führende Persönlichkeit, Führer *m*; الجنوبي ~الـ [al-dʒa'nuːbiː] Südpol *m*; ~ الرحى [q. ar-raħaː] Angelpunkt *m*; ~ سالب *El.* Kathode *f*; الشمالي ~الـ Nordpol *m*; ~ موجب [muːdʒib] *El.* Anode *f*; أقطاب السياسة [ʔa. as-si'jaːsa] Spitzenpolitiker *m/pl.*

قطبي [quŧbiː] polar

[1]**قطر** [qɒŧɒra, u] *Fahrzeug* ziehen, schleppen; tropfen, tröpfeln; **II** [qɒŧŧara] tropfen lassen, (ein)träufeln; abtropfen lassen; destillieren; *Schnaps* brennen; **V** تقطر [ta'qɒŧŧɒra] (ab)tropfen; destilliert werden; **VI** تقاطر [ta'qɒːŧɒra] strömen (على nach *e-m Ort*), zusammenströmen; **X** استقطر [is'taqŧɒra] destillieren

[2]**قطر** [qɒŧɒr] (2) Katar (*Scheichtum am Arab.-Pers. Golf*)

[3]**قطر** [qɒŧr] **1.** Tropfen *n*, Tröpfeln *n*; **2.** *Äg.* (*Eisenbahn-*)Zug *m*

[4]**قطر** [quŧr], *pl.* أقطار [ʔaq'ŧɒːr] Land *n*; Durchmesser *m e-s Kreises*; Kaliber *n e-s Rohres*; السوري ~الـ [as-suːriː] Syrien; العراقي ~الـ [al-ʕi'raːqiː] der Irak; نصف الـ~ [nisf al-q.] Halbmesser *m*, Radius *m*

قطران [qɒŧ'raːn] Teer *m*

قطرب [quŧrub] Glühwürmchen *n*

قطرن [qɒŧrana] teeren

قطرة [qɒŧra], *pl.* [qɒŧɒ'raːt] Tropfen *m*; قطرات عينية [ʕai'niːja] Augentropfen *m/pl.*

[1]**قطري** [qɒŧɒriː] katarisch, aus Katar; *pl.* [-uːn] Katarer *m*

[2]**قطري** [quŧriː] Landes-; *Sprachgebrauch des Baath*: regional, Regional-; *Math.* diametrisch; القيادة القطرية [al-qi'jaːda] die regionale Führung (*Syriens od. des Iraks*); ~ نصف [nisf q.] *Math.* radial

[1]**قطع** [qɒŧɒʕa, a] (ab-, durch)schneiden, abtrennen; zuschneiden; abschlagen; *Baum* fällen; *Strom* unterbrechen, abschalten, sperren; *Beziehungen, Reise* abbrechen; *Karten beim Spiel* abheben; *Weg* zurücklegen; *Phase* durchlaufen; überqueren, durchqueren; *Fahrkarte* lösen; fest behaupten, versichern (ب *A*); الأمل ~ [al-ʔamala],

الرجاء ~ [ar-ra'ʤaːʔa] die Hoffnung aufgeben; عليه حديثه ~ j-m ins Wort fallen, j-n unterbrechen; شوطا ~ كبيرا [ʃautɒn] ein gutes Stück vorankommen; الطريق ~ Straßenraub betreiben; عليه الطريق ~ j-m den Weg abschneiden; عهدا ل ~ [ʕahdan] *j-m* ein Versprechen geben; على نفسه عهدا ب ~ sich zu etwas verpflichten, sich etwas geloben; النظر عن ~ [an-nɒðɒra] von etwas absehen; **II** [qɒṭṭɒʕa] in Stücke schneiden, zerschneiden, zerstükkeln, *Fleisch* zerhacken; *Vers* skandieren; **III** قاطع [qɒːṭɒʕa] boykottieren, *j-n* schneiden; brechen (ه mit *j-m*); *j-n* unterbrechen; **IV** أقطع [ʔaqṭɒʕa] als Lehen übergeben (ه ه *j-m A*); zuweisen (ه ه *j-m A*); **V** تقطع [ta'qɒṭṭɒʕa] zerschnitten, zerstückelt, zerhackt werden; *Worte*: abgehackt sein; periodisch aussetzen, *Strom*: stoßweise fließen; الأمر بينهم ~ sich zerstreiten; **VI** تقاطع [ta'qɒːṭɒʕa] sich schneiden, sich kreuzen; sich (voneinander) trennen; **VII** انقطع [in'qɒṭɒʕa] abgeschnitten, abgetrennt werden; *Beziehungen*: abgebrochen werden; unterbrochen werden; *Strom*: ausfallen, abgeschaltet werden; *Verbindung*: abbrechen; abgehen, abreißen; enden; aufhören (عن mit *D*), einstellen (عن *A*); sich ausschließlich beschäftigen (ل/إلى mit *D*); **VIII** اقتطع [iq'taṭɒʕa] *Betrag* abziehen (من von *D*); herausreißen, heraustrennen (من aus *D*), abtrennen; sich aneignen; **X** استقطع [is'taqṭɒʕa] *Äg. Betrag* abziehen

²**قطع** [qɒṭʕ] **1.** Abschneiden *n*, Abtrennen *n*; Abschlagen *n*; Fällen *n von Bäumen*; Unterbrechung *f*, Abschaltung *f*, Sperre *f des Stroms*; Abbruch *m von Beziehungen*; Zurücklegung *f e-s Weges*; Durchlaufen *n e-r Phase*; Überquerung *f*, Durchquerung *f*; الـ~ ب sichere Behauptung *od.* Feststellung *e-r Sache*; ~ًا [-an] *Adv. u.* بالقطع (ganz) entschieden, bestimmt, mit Bestimmtheit; لا/لم/لن ... ~ًا bestimmt nicht, keineswegs; الـ~ الأجنبي [al-ʔaʤnabiː], الـ~ النادر fremde Währung, Devisen *pl.*; ~ الطريق Straßenraub *m*; **2.** *pl.* قطوع [qu'ṭuːʕ] *Geom.* Schnitt *m*; زائد ~ Hyperbel *f*; مخروط/مخروطي ~ Kegelschnitt *m*; مكافئ ~ [mu'kaːfiʔ] Parabel *f*; ناقص ~ Ellipse *f*; **3.** *pl.* أقطاع [ʔaq'ṭɒːʕ] Format *n e-s Buches*

قطعاء → أقطع

¹**قطعة** [quṭʕa], *pl.* [quṭu'ʕaːt] *u.* قطع [quṭɒʕ] Stück *n* Land

²**قطعة** [qiṭʕa], *pl.* قطع [qiṭɒʕ] Stück *n*; *Mil.* Einheit *f*; *Geom.* Segment *n*; أرض ~ Stück *n* Land, Parzelle *f*; تبديل ~, غيار ~ [q. ɣi'jaːr] Ersatzteil *n*; دائرية ~ Kreissegment *n*; قطع مطروقة Schmiedestücke *n/pl.*; نقدية ~ Geldstück *n*, Münze *f*; العمل بالـ~ [al-ʕamal] Stückarbeit *f*, Akkordarbeit *f*; ~ ~ [-tan -tan] Stück für Stück

قطعي [qɒṭʕiː] **1.** bestimmt, entschieden, definitiv, kategorisch; **2.** Schnitt-; ~ جرح [ʤurħ] Schnittwunde *f*

¹**قطف** [qɒṭɒfa, i] pflücken, abreißen; **VIII** اقتطف [iq'taṭɒfa] pflücken, abreißen; auswählen, auslesen (من aus *D*)

²**قطف** [qɒṭf] Pflücken *n*, Abreißen *n*

³**قطف** [qiṭf], *pl.* قطوف [qu'ṭuːf] Büschel *n*, Traube *f*

قطقوطة [qɒṭ'quːṭɒ], *pl.* قطاقيط [qɒṭɒː'qiːṭ] (2) junge(s) Mädchen

قطم [qɒṭɒma, i] abschneiden; abbeißen

قطمة [qɒṭma] Bissen *m*, Happen *m*

قطمير [qiṭ'miːr]: لا يملك ~ا [jamliku -an] er besitzt keinen roten Heller, er ist bettelarm

¹**قطن** [qɒṭɒna, u] wohnen, ansässig sein (ب in *D*); bewohnen; **II** [qɒṭṭɒna] ansiedeln (ب in *D*)

²**قطن** [quṭn], *pl.* أقطان [ʔaq'ṭɒːn] Baumwolle *f*; طبي ~ [ṭibbiː] Watte *f*

قطني [quṭniː] Baumwoll-, baumwollen

قطنية [quṭ'niːja, qiṭ'niːja], *pl.* قطاني [qɒṭɒː'niːj] (2) Hülsenfrüchte *f/pl.*

قطة [qiṭṭɒ], *pl.* قطط [qiṭɒṭ] *u.* قططة [qiṭɒṭɒ] Katze *f*

قطيع [qɒ'ṭiːʕ], *pl.* قطعان [quṭ'ʕaːn] Herde *f*, Rudel *n*

قطيعة [qɒ'ṭiːʕa] Bruch *m* mit *j-m*, Abbruch *m* der Beziehungen; *pl.* قطائع [qɒ'ṭɒːʔiʕ] (2) Lehen *n*

قطيف [qɒ'ṭiːf]: الـ~ El-Katif (*Stadt in Ost-Saudi-Arabien*)

قطيفة [qɒ'ṭiːfa] Plüsch *m*, Samt *m*; *Bot.* Amarant *m*

قعد [qaʕada, u] sich setzen; sitzen; hocken; verweilen, bleiben; sitzen lassen (ب *j-n*); ablassen (عن von *D*); auflauern (ل *j-m*); **IV** أقعد [ʔaqʕada] sich setzen lassen, sitzen lassen, (hin)setzen; abhalten (عن von *D*), hindern (عن an *D*); arbeitsunfähig machen; **VI** تقاعد [ta'qaːʕada] sich zur Ruhe setzen, in Pension gehen; ablassen (عن von *D*), unterlassen (عن *A*); **VIII** اقتعد [iq'taʕada] sich setzen (ه auf *A*); sitzen (ه auf *D*)

قعدة [qaʕda] Sitzen *n*; ذو الـ~ [ðuː l-q.] *11. Monat des isl. Jahres*

¹**قعر** [qaʕura, u] tief sein; **II** [qaʕʕara] tief(er) machen, vertiefen; konkav machen; **V** تقعر [ta'qaʕʕara] vertieft sein; sich schwülstig ausdrücken

²**قعر** [qaʕr], *pl.* قعور [qu'ʕuːr] Boden *m*, Grund *m*, Tiefe *f*; Kiel *m des Schiffes*

(**قعس**) **VI** تقاعس [ta'qaːʕasa] zögern (عن *etwas zu tun*), nichts wissen wollen (عن von *D*); versäumen (عن *A*)

قعساء → أقعس

¹**قعقع** [qaʕqaʕa] rasseln, klappern, klirren

²**قعقع** [quʕquʕ] Elster *f*

قعقعة [qaʕqaʕa] Gerassel *n*, Geklapper *n*, Klirren *n*; السلاح ~ [q. as-si'laːħ] Waffenklirren *n*, *fig.* Säbelrasseln *n*

(**قعو**) **IV** أقعى [ʔaqʕaː] *Hund*: auf den Hinterpfoten sitzen

¹**قعود** [qa'ʕuːd], *pl.* قعدان [qiʕ'daːn] junge(s) Kamel

²**قعود** [qu'ʕuːd] Sitzen *n*; Hocken *n*; Ablassen *n* (عن von *D*), Verzicht *m* (عن auf *A*)

قعيد [qa'ʕiːd] Gefährte *m* (*mit dem man zusammensitzt*); المنزل ~ [q. al-manzil] an das Haus gebunden *od.* gefesselt

قف [qif] (*Imp. zu* وقف) halt!, bleib stehen!, stop!

¹**قفا** [qafaː] → (قفو)

²**قفا** [qafan] *m u. f, pl.* أقفية [ʔaqfija] *u.* أقفاء [ʔaq'faːʔ] Nacken *m*; Rückseite *f*

قفار [qa'faːr]: ~ خبز [xubz] trockene(s) Brot

قفاز [qu'ffaːz], *pl.* [-aːt] *u.* قفافيز [qafaː'fiːz] (2) Handschuh *m*; ein Paar Handschuhe

قفال [qa'ffaːl], *pl.* [-uːn] Schlosser *m*

¹(**قفر**) **IV** أقفر [ʔaqfara] *intr.* veröden; entblößt sein (من von *D*)

²**قفر** [qafr], *pl.* قفار [qi'faːr] öde Gegend, Einöde *f*; öde, einsam, verlassen; entblößt (من von *D*); *Brot*: trocken; ~ أرض öde Gegend, Einöde *f*

قفرة [qafra] öde Gegend, Einöde *f*

¹**قفز** [qafaza, i] springen; *Preis*: emporschnellen; إلى الأذهان ~ *Frage*: sich aufdrängen; **V** تقفز [ta'qaffaza] Handschuhe anziehen *od.* tragen

²**قفز** [qafz] Springen *n, a. Sport*: Sprung *m*; بالزانة ~ [bi-z-zaːna] Stabhochsprung *m*; ثلاثي ~ [θu-'laːθiː] Dreisprung *m*; الحواجز ~ [q. al-ħawaːdʒiz], السدود ~ Springreiten *n*; طويل/عريض ~ Weitsprung *m*; عال ~ [ʕaːlin] Hochsprung *m*

قفزة [qafza] *n. un., pl.* [qafa'zaːt] Sprung *m*, Satz *m*

قفش [qafaʃa, i] *bsd. Äg.* packen, erwischen

قفص [qafɒs], *pl.* أقفاص [ʔaq'fɒːs] Käfig *m*; Kiste *f für den Warenversand*; Korb *m*; (= صدري ~) Brustkorb *m*; الاتهام ~ [q. al-itti'haːm] Anklagebank *f*

قفطان [quf'tɒːn], *pl.* قفاطين [qafaː-'tiːn] (2) Kaftan *m*, mantelartige(s) Obergewand

قفع [qafiʕa, a] sich zusammenziehen; **II** [qaffaʕa] sich (*vor Kälte*) zusammenziehen lassen, steif werden lassen; **V** تقفع [ta'qaffaʕa] sich zusammenziehen

ققفاس [qaf'qaːs]: ~الـ *Geo.* der Kaukasus

قفقف [qafqafa] vor Kälte zittern, bibbern

¹**قفل** [qafala, i] (ab-, ver)schließen, verriegeln; — [qafala, u] zurückkehren; **II** [qaffala] *mehrere Türen* (ab-, ver)schließen; *e-e Tür mehrfach* verriegeln; **IV** أقفل [ʔaqfala] (ab-, ver)schließen, verriegeln, versperren

²**قفل** [qufl], *pl.* أقفال [ʔaq'faːl] Schloß *n*, Vorhängeschloß *n*

قفة [quffa], *pl.* قفف [qufaf] große(r) Korb; *Ir.* Guffa *f* (*geflochtenes Rundboot*)

(**قفو**) قفا [qafaː, uː] folgen (هـ *j-s Spur*); **II** قفى [qaffaː] folgen lassen (هـ/ب ه *j-m e-e Person*), nachschicken (هـ/ب ه *j-m e-e Person*); reimen; **VIII** اقتفى [iq'tafaː]: أثره ~ [ʔaθarahuː] j-s Spur *od.* j-m folgen, in j-s Fußstapfen treten

¹**قل** [qalla, i] wenig, gering sein, in geringer Zahl *od.* Menge vorhanden sein; weniger, geringer werden; sich verringern, abnehmen; weniger, geringer sein (عن als), unterschreiten (عن *A*); selten geschehen; أن ~ es kommt selten vor, daß; وندر ~ إلا فيما [ʔillaː] bis auf wenige Ausnahmen; بما (لا) يقل عن um *od.* von (nicht) weniger als; ودل ~ ما [wa-dall(a)] (*meist als Überschrift e-r Zeitungsspalte*:) kurz und treffend; **II** قلل [qallala] verringern, vermindern, reduzieren (من/هـ *A*); weniger *od.* seltener tun (من/هـ *A*); ~ من شأنه etwas herunterspielen, bagatellisieren; **IV** أقل [ʔa'qalla] **1.** verringern, vermindern (من *A*); **2.** befördern, bringen, tragen; **V** تقلل [ta'qallala] sich verringern; **X** استقل [ista'qalla] **1.** unabhängig, selbständig sein *od.* werden; allein tun *od.* besitzen (ب *A*); ~ بنفسه selbständig *od.* unabhängig sein; **2.** gering finden, geringachten; **3.** *Fahrzeug* besteigen

²**قل** [qul] sag!, sprich!; → (¹قول)

ق.ل *Abk.* für قرش لبناني libanesische(r) Piaster

قلاب [qa'llaːb] umkippbar, Kipp-; *pl.* [-aːt] Kipper *m*; ~ لوري [loːriː] Kipper *m*

قلابة [qa'llaːba], *pl.* [-aːt] Rührmaschine *f*, Rührwerk *n*

قلادة [qi'laːda], *pl.* قلائد [qa'laːʔid] (2) Halsband *n*, Halskette *f*

¹**قلاع** [qu'laːʕ] *Med.* Mundfäule *f*

²**قلاع** [qi'laːʕ] → ²قلع *u.* قلعة

قلاعي [qu'laːʕiː]: الحمى القلاعية [al-ħummaː] Maul- und Klauenseuche *f*

قلامة [qu'laːma] Schnitzel *n/pl.*, Späne *m/pl.*; abgeschnittene Fingernägel *m/pl.*

قلاووظ [qalaː'wuːð] *u.* ~ مسمار [mis-'maːr q.] Schraube *f*

¹**قلاية** [qa'llaːja], *pl.* [-aːt] Bratpfanne *f*

²**قلاية** [qi'llaːja], *pl.* [-aːt] *u.* قلالي [qa'laːliː] *Chr.* Residenz *f* e-s Bischofs

¹**قلب** [qalaba, i] wenden, umdrehen, umkehren; umstülpen, umwerfen, umstürzen; umwälzen; *Seite* umblättern; umwandeln, verwandeln (هـ in *A*); النظام ~ [n-ni'ðɒːm] e-n Umsturz herbeiführen; ~هـ رأسا على عقب [raʔsan, ʕaqib] etwas auf den Kopf stellen; **II** [qallaba] nach allen Seiten drehen *od.* wenden; *Seiten* umblättern; *Buch* durchblättern; *Bücher* wälzen; (um)rühren; genau untersuchen *od.* prüfen; wühlen (في in *D*); دماغه ~ [di-'maːɣahuː] sich den Kopf zerbrechen, hin und her überlegen; ~ النظر في [n-nɒðɒra] von allen Seiten betrachten, mustern; **V** تقلب [ta-'qallaba] sich hin- und herwenden; schwanken, wechseln, fluktuieren; **VII** انقلب [in'qalaba] gewendet, umgedreht, umgeworfen, umgestürzt, umgewälzt werden; umstürzen, sich überschlagen, *Boot*: ken-

tern; sich umkehren; sich verkehren, umschlagen (ـه/إلى in *A*); sich verwandeln (إلى in *A*), sich verändern; werden (ـه zu *D*); ~ رأسا على عقب [raʔsan, ʕaqib] auf den Kopf gestellt werden

[2]**قلب** [qalb] **1.** Wenden *n*, Umkehrung *f*; Umstülpen *n*, Umwerfen *n*, Umstürzen *n*; Umblättern *n e-r Seite*; ~ النظام [q. an-ni'ðɒːm] Umsturz *m*; **2.** *pl.* قلوب [qu'luːb] Herz *n*; *fig.* Kern *m*; Mitte *f*, Zentrum *n*; Gemüt *n*; ~ النخلة Palmherz *n*; ~ا وقالبا [-an wa-qaːlaban] in- und auswendig, ganz und gar; عن ظهر ~الـ auswendig (*lernen*); من صميم ~الـ *u.* من كل ~ـه [kulli qalbihiː] von ganzem Herzen

[3]**قلب** [qullab] wankelmütig

قلبة [qalba] **1.** *Äg.* Aufschlag *m e-r Jacke*; **2.** *pl.* [-aːt] *Tun. Hohlmaß* (= *20 l*)

قلبي [qalbiː] Herz-; herzlich

قلح [qalaħ] Gelbheit *f der Zähne*

قلد II [qallada] nachmachen, nachahmen, imitieren; *bsd. Orden* verleihen (ه *j-m*); betrauen (ـه ه *j-n* mit *D*), *Herrschaft* übertragen (ه *j-m*); umgürten (ـه ه *j-n* mit *D*); ein Halsband anlegen (ه *j-m*); **V** تقلد [ta'qallada] *Herrschaft*, *Amt* übernehmen; sich umgürten (ـه mit *D*); *Orden*, *Schmuck* anlegen

قلزم [qulzum]: بحر الـ~ das Rote Meer

قلس II [qallasa] *Äg.* sich lustig machen (على über *A*)

قلشين [qal'ʃiːn], *pl.* قلاشين [qalaː'ʃiːn] (2) Wickelgamasche *f*

قلص II [qallasɒ] zusammenziehen; *Zeitraum* verkürzen; verringern; **V** تقلص [ta'qallasɒ] sich zusammenziehen, schrumpfen; *Stoff*: eingehen; schwinden; ~ ظله [ðilluhuː] sein Einfluß *od.* s-e Macht schwand

قلطق [qultuq], *pl.* قلاطق [qa'laːtiq] (2) *Syr.* Sessel *m*, Lehnsessel *m*

[1]**قلع** [qalaʕa, a] (her)ausreißen, herausziehen; *Zahn* ziehen; *Kleidungsstück* ausziehen; **II** [qallaʕa] ausreißen, entwurzeln; **IV** أقلع [ʔaqlaʕa] abfliegen, starten; *Schiff*: abfahren, in See stechen; aufgeben (عن *A*), verzichten (عن auf *A*); **VIII** اقتلع [iq'talaʕa] ausreißen, entwurzeln; *Unkraut* ausrotten, vernichten

[2]**قلع** [qilʕ], *pl.* قلوع [qu'luːʕ] *u.* قلاع [qi'laːʕ] Segel *n*

قلعط [qalʕatɒ] *Äg.* beschmutzen, beschmieren

قلعة [qalʕa], *pl.* قلاع [qi'laːʕ] Festung *f*, Zitadelle *f*, Burg *f*; *fig.* Bollwerk *n*, Bastion *f*; Hochburg *f e-r Partei*

قلف [qalafa, i] *Baum* entrinden; — [qalafa, u] *j-n* beschneiden; **II** [qallafa] kalfatern, abdichten

قلفط [qalfatɒ] kalfatern, abdichten; *Äg.* nachlässig arbeiten, pfuschen

قلفة [qulfa], *pl.* قلف [qulaf] *Anat.* Vorhaut *f*

قلفونية [qala'fuːnija] Kolophonium *n*

[1]**قلق** [qaliqa, a] besorgt, beunruhigt sein (من wegen *G*); sich ängstigen (من vor *D*, على um *j-n*); **IV** أقلق [ʔaqlaqa] beunruhigen, ängstigen; Sorgen machen (ه *j-m*)

[2]**قلق** [qalaq] Besorgnis *f* (من über *A*, wegen *G*), Sorge *f* (من wegen *G*, على um *j-n*), Beunruhigung *f* (من über *A*), Ängstigung *f*, Unruhe *f*, Ruhelosigkeit *f*

[3]**قلق** [qaliq] besorgt (على um *A*), beunruhigt (من über *A*), ängstlich

قلقاس [qul'qaːs] *koll.*, *n. un.* ~ة Zehrwurzel *f*, Kolokasie *f*

قلقل [qalqala] bewegen, erschüttern, schütteln; **II** تقلقل [ta'qalqala] bewegt, erschüttert, geschüttelt werden; wackeln

قلقلة [qalqala] Erschütterung *f*, Störung *f*, Unruhe *f*; *pl.* Unruhen *f/pl.*

[1]**قلم II** [qallama] abschneiden, stutzen, *Fingernägel* schneiden

[2]**قلم** [qalam], *pl.* أقلام [ʔaq'laːm] (*Schreib-*, *Mal-*)Stift *m*; (= ~ رصاص) Bleistift *m*; (= ~ حبر [q. ħibr]) Füllfederhalter *m*; Schreibrohr *n*; Schrift(art) *f*, Duktus *m*; Handschrift *f*; Stil *m*; *bsd. pl.* Schriftsteller *m*; Amt *n*, Büro *n*; *bsd. Ir.* Reis *n*, Schößling *m*; *Äg.* Ohrfeige *f*; ~ بـ + *G*: von (*j-m verfaßt*); ~ الاقتراع *Lib.* Wahlausschuß *m*, Wahlbüro *n*; ~ التحرير Redaktion *f*; ~ حبر جاف [ʤaːff], ~ حبر ناشف Kugelschreiber *m*; ~ الحمرة [q. al-ħumra] *u.* ~ الشفايف [q. aʃ-ʃa'faːjif] *Äg.* Lippenstift *m*; ~ المرور *Äg.* Verkehrsamt *n*

قلما [qallamaː] selten, kaum

قلمي [qalamiː] schriftstellerisch

قلنسوة [qalan'suwa], *pl.* قلانس [qa'laːnis] (2) Kopfbedeckung *f*, Mütze *f*; Kapuze *f*; Kardinalshut *m*

[1]**قلة** [qulla], *pl.* قلل [qulal] **1.** Gipfel *m*, Spitze *f*; **2.** *Äg.* Tonkrug *m zum Kühlen des Wassers*

[2]**قلة** [qilla] Wenigkeit *f*, geringe Zahl *od.* Menge; Mangel *m*; *intr.* Verringerung *f*, Abnahme *f*; ~ الإحساس Mangel *m* an Gefühl; Gefühlsarmut *f*; ~ الأدب [q. al-ʔadab] Ungezogenheit *f*; ~ الحياء [q. al-ħa'jaːʔ] Schamlosigkeit *f*; ~ الصبر Ungeduld *f*; ~ العرض geringe(s) Angebot; ~ قليلة verschwindende Minderheit; ~ الوجود Seltenheit *f*

(**قلو**) قلا [qalaː, uː] hassen

قلوظ [qalwaðɒ] (fest)schrauben

قلوي [qilwiː, qilawiː, qalawiː] alkalisch, basisch; Alkali *n*; القلويات [-'jaːt] *pl.* Basen *f/pl.*, Laugen *f/pl.*

[1]**قلى** [qalaː, iː] braten

[2]**قلي** [qalj] Braten *n*

[3]**قلي** [qilj] Alkali *n*; ~ شبه [ʃibh q.] *Chem.* Alkaloid *n*

قليل [qa'liːl], *pl.* قلائل [qa'laːʔil] (2) *u.* [-uːn] wenig; *Zahl*, *Menge*: gering, klein; spärlich; ~ا [-an] *Adv.* (ein) wenig, etwas; ~ا ~ا allmählich; ما ~ا selten; ~ بعد ein wenig später, kurz darauf; ~ عما [ʕammaː] binnen kurzem, bald; ~ غير nicht gering, nicht wenig; ~ الأدب [q. al-ʔadab] ungezogen; ~ الحياء [q. al-ħa'jaːʔ] unverschämt; ~ الخبرة [q. al-xibra] unerfahren; ~ الصبر ungeduldig; ~ الوجود selten; في السنوات القليلة الماضية [sana'waːt, mɒːđija] in den (aller)letzten Jahren

قليوبية [qaljuː'biːja]: الـ~ *Provinz in Nordägypten*

ق.م *Abk. für* قبل الميلاد vor Christus *u.* قرش مصري ägyptische(r) Piaster

قماءة [qa'maːʔa] Unansehnlichkeit *f*
قمار [qi'maːr] Glücksspiel *n*
[1]**قماش** [qa'mmaːʃ], *pl.* [-uːn] Stoffhändler *m*
[2]**قماش** [qu'maːʃ], *pl.* أقمشة [ʔaqmiʃa] Stoff *m*, Tuch *n*; Abfall *m*, Plunder *m*; البيت ~ [q. al-bait] Hausrat *m*
قماط [qi'mɒːŧ], *pl.* أقمطة [ʔaqmiŧɒ] *u.* قمط [qumuŧ] Windel *f*
قمامة [qu'maːma] Müll *m*, Abfall *m*, Kehricht *m*
قمح [qamħ], *pl.* قموح [qu'muːħ] *u.* أقماح [ʔaq'maːħ] Weizen *m*; ~ صلب [ꞩulb] Hartweizen *m*, Glasweizen *m*; لين ~ [lajjin] Weichweizen *m*, Saatweizen *m*
قمحة [qamħa] *n. un.* Weizenkorn *n*; Korn *n am Gewehr*; *Gewichtseinheit (in Äg. = 0,04875 g)*
قمحي [qamħiː] weizenfarben
[1]**قمر** [qamara, u] im Spiel besiegen; **II** [qammara] toasten; **III** قامر [qaːmara] ein Glücksspiel spielen (ه mit *j-m*); aufs Spiel setzen (ب *A*); *im Spiel*: setzen (ب على *etwas* auf *A*); **IV** أقمر [ʔaqmara] *Nacht*: mondhell sein; **VI** تقامر [ta'qaːmara] miteinander (*ein Glücksspiel*) spielen
[2]**قمر** [qamar], *pl.* أقمار [ʔaq'maːr] Mond *m*; القمران *du.* Sonne und Mond; الدين ~ [q. ad-diːn] *Äg.* getrocknete Aprikosenscheiben; صناعي ~ [ꞩɨ'naːʕiː] (*künstlicher*) Satellit
[3]**قمر** [qamir] *Nacht*: mondhell
[4]**قمر** [qumur] *f*: جزر الـ~ [dʒuzur al-q.] *Geo.* die Komoren
قمراء [qam'raːʔ] (2): ~ ليلة [laila] mondhelle Nacht; → أقمر
قمرق [gumrug], *pl.* قمارق [ga'maːrig] (2) *Tun.* Zoll *m*
قمرة [qam(a)ra], *pl.* [-aːt] Kabine *f*; Oberlicht *n*, Dachluke *f*
[1]**قمري** [qamariː] Mond-, lunar; mondförmig, mondgleich
[2]**قمري** [qumriː] *koll.*, *n. un.* ~ة, *pl.* قماري [qamaː'riːj] (2) *Art* Turteltaube *f*
قمرية [qama'riːja], *pl.* [-aːt] *Äg.* Oberlicht *n*, Dachluke *f*, Dachfenster *n*
قمش [qamaʃa, u, i] *u.* **II** [qammaʃa] *Abfall* auflesen, sammeln
[1]**قمص** **II** [qammaꞩɒ] mit e-m Hemd bekleiden; **II** تقمص [ta'qammaꞩɒ] ein Hemd anziehen; sich umhüllen (ـه mit *D*); *Seele*: wandern; sich identifizieren (ه mit *j-m*)
[2]**قمص** [qummuꞩ], *pl.* قمامصة [qa'maːmiꞩɒ] *koptische Kirche:* Erzpriester *m*
قمصان → قميص
قمط [qamaŧɒ, u, i] *u. bsd.* **II** [qammaŧɒ] *Kind* wickeln
قمطر [qi'mɒŧr], *pl.* قماطر [qa'maːŧɨr] (2) (Schul-)Ranzen *m*
[1]**قمع** [qamaʕa, a] unterdrücken; **II** [qammaʕa] *Äg.* das obere Ende (*bsd. der Okrafrucht*) abschneiden
[2]**قمع** [qamʕ] Unterdrückung *f*, Repression *f*
[3]**قمع** [qimʕ, qamʕ], *Äg.* [qumʕ] **1.** *pl.* أقماع [ʔaq'maːʕ] Trichter *m*; **2.** *pl.* قموع [qu'muːʕ] (Frucht-)Stiel *m*
قمعي [qamʕiː] Unterdrückungs-, repressiv
قمقم [qumqum], *pl.* قماقم [qa'maːqim] (2) Flasche *f zum Verspritzen von Parfüm*; *Ir., Syr.* (große) Kaffeekanne
قمقمة [qumquma] Flasche *f*
[1]**قمل** [qamila] *u.* **II** [qammala] verlaust sein
[2]**قمل** [qaml] *koll.* Läuse *f/pl.*
[3]**قمل** [qamil] verlaust
قملة [qamla] *n. un.* Laus *f*
قمة [qimma], *pl.* قمم [qimam] Gipfel *m e-s Berges*; Höhepunkt *m*; ~ الرأس Scheitel *m*; الموجة ~ *Phys.* Wellenberg *m*; ~ مؤتمر [muʔ'tamar q.] Gipfelkonferenz *f*
قميص [qa'miːꞩ], *pl.* قمصان [qum'ꞩɒːn] *u.* أقمصة [ʔaqmiꞩɒ] Hemd *n*; Überzug *m*; بيتوني ~ *Syr.* Betondecke *f e-r Straße*
قمين [qa'miːn] **1.** würdig (ب *G*), verdienend (ب *A*); geeignet (ب für *A*); **2.** (Brenn-)Ofen *m*
قمينة [qa'miːna], *pl.* [-aːt] (Brenn-)Ofen *m*
[1](**قن**) **II** قنن [qannana] *Gesetz* erlassen; gesetzlich festlegen, kodifizieren; *Ök.* rationieren; *Ök.* kontingentieren; normieren, standardisieren
[2]**قن** [qunn] Hühnerstall *m*
[3]**قن** [qinn], *pl.* أقنان [ʔaq'naːn] Sklave *m*
ق.ن.أ *Abk. für* Qatar News Agency (Nachrichtenagentur von Katar)
[1]**قناص** [qa'nnɒːꞩ], *pl.* ~ة *u.* [-uːn] Heckenschütze *m*; Scharfschütze *m*
[2]**قناص** [qu'nnɒːꞩ] → قانص
قناع [qi'naːʕ], *pl.* أقنعة [ʔaqniʕa] *u.* [-aːt] Maske *f*; واق ~ [waːqin] Gasmaske *f*
قناعة [qa'naːʕa], *pl.* [-aːt] Überzeugung *f* (ب daß); Zufriedensein *n* (ب mit *D*); ~ عن aus Überzeugung
قنال [qa'naːl] *obs.* Kanal *m*
قناة [qa'naːt] **1.** *pl.* قنوات [qana'waːt] *u* . أقنية [ʔaqnija] *a. fig.*, *Rf.*, *Med.* Kanal *m*; **2.** Lanze *f*; صلب الـ~ [ꞩulb al-q.] *u.* لا تلين ~ـه [ta'liːnu] fest, unerschütterlich, unnachgiebig
قنب [qinnab, qunnab] Hanf *m*; ~ هندي [hindiː] Indische(r) Hanf
قنبار [qum'baːr] *Ir.* Läufer *m aus Kokosfasern*, (*Kokos-*)Matte *f*
قنباز [qum'baːz], *pl.* قنابيز [qanaː'biːz] (2) *Syr.* lange(s), vorn offene(s) Obergewand der Männer
قنبر [qumbur] *koll.*, *n. un.* ~ة, *pl.* قنابر [qa'naːbir] (2) *Zool.* Lerche *f*
قنبع [qumbuʕ] *koll.*, *n. un.* ~ة, *pl.* قنابع [qa'naːbiʕ] (2) Hülsen *f/pl.*, Schalen *f/pl.* des Getreidekorns, Spelzen *f /pl.*
قنبل [qambala] bombardieren
[1]**قنبلة** [qambala] Bombardierung *f*, Bombardement *n*
[2]**قنبلة** [qumbula], *pl.* قنابل [qa'naːbil] (2) Bombe *f*; حارقة ~ Brandbombe *f*; ذرية ~ [ða'rriːja] Atombombe *f*; زمنية ~ [zama'niːja] Zeitbombe *f*; محرقة ~ [muħriqa] Brandbombe *f*; مسيلة للدموع ~ [mu'siːla] Tränengasbombe *f*; يدوية ~ [jada'wiːja] Handgranate *f*
قنبيط [qunna'bɨːŧ] Blumenkohl *m*
قنت [qanata, u] gehorchen (ل *j-m*); gottesfürchtig sein
قند [qand] Kandiszucker *m*

قندس [qundus] Biber *m*

قندلفت [qanda'laft], *pl.* [-iːja] *Chr.* Küster *m*, Sakristan *m*

قندول [qan'duːl] Stachelginster *m*

قنديل [qin'diːl], *pl.* قناديل [qanaː'diːl] (2) Lampe *f*; البحر ~ (Leucht-) Qualle *f*

1 **قنص** [qanasɒ, i] jagen; erjagen; (*als Heckenschütze*) beschießen; **VIII** اقتنص [iq'tanasɒ] erjagen, erlegen; abjagen (من *j-m*); ergattern; *Gelegenheit* beim Schopf packen

2 **قنص** [qanɒs] Jagdbeute *f*

3 **قنص** [qans] Jagd *f*; Beschuß *m durch Heckenschützen*

قنصل [qunsul], *pl.* قناصل [qa'naːsil] (2) Konsul *m*; عام ~ [ʕaːmm] Generalkonsul *m*

قنصلي [qunsuliː] konsularisch, Konsular-

قنصلية [qunsu'liːja], *pl.* [-aːt] Konsulat *n*; عامة ~ [ʕaːmma] Generalkonsulat *n*

1 **قنط** [qanitɒ, a] *u.* [qanatɒ, u, i] verzweifeln (من an *D*), verzagen; **II** [qannatɒ] verzweifelt *od.* mutlos machen, deprimieren

2 **قنط** [qanit] verzweifelt, verzagt, mutlos

قنطار [qin'tɒːr], *pl.* قناطير [qanaː'tiːr] (2) *Gewicht von 100* رطل (*Äg. = 44,93 kg, etwa = Zentner, Syr. = 256,4 kg, Tun. 53,9 kg*)

قنطاريون [qintɒːriː'juːn] Tausendgüldenkraut *n*

قنطر [qantɒra] **1.** überwölben; **2.** Geld scheffeln

قنطرة [qantɒra], *pl.* قناطر [qa'naːtir] (2) Brücke *f*; (Gewölbe-)Bogen *m*

قنطري [qantɒriː] brückenartig

قنطريون [qantɒriː'juːn] = قنطاريون

1 **قنع** [qaniʕa, a] zufrieden sein (ب mit *D*); sich zufriedengeben (ب mit *D*), sich abfinden (ب mit *D*); überzeugt sein; **II** [qannaʕa] maskieren; verschleiern; **IV** أقنع [ʔaqnaʕa] überzeugen (ب von *D*); überreden (ب zu *D*); **V** تقنع [ta'qannaʕa] sich maskieren; sich verschleiern; **VIII** اقتنع [iq'tanaʕa] zur Überzeugung kommen (ب daß)

2 **قنع** [qaniʕ] *obs.* zufrieden

قنفذ [qunfuð], *pl.* قنافذ [qa'naːfið] (2) Igel *m*; البحر ~ Seeigel *m*; Igelfisch *m*

قنن → (قن[1])

قنة [qunna], *pl.* قنن [qunan] *u.* قنان [qi'naːn] Gipfel *m e-s Berges*

قنو [qunw, qinw], *pl.* أقناء [ʔaq'naːʔ] Büschel *n*, Traube *f Datteln*

قنواء → أقنى

قنوت [qu'nuːt] Gottergebenheit *f*

قنوط [qu'nuːt] Verzweiflung *f*, Verzagtheit *f*, Mutlosigkeit *f*

قنوع [qa'nuːʕ], *pl.* قنع [qunuʕ] zufrieden (ب mit *D*); genügsam

قنوة [qunwa, qinwa] Erwerbung *f*; erworbene(r) Gegenstand

قنى [qanaː, iː] erwerben; **II** [qannaː] *Kanal* graben, anlegen; **VIII** اقتنى [iq'tanaː] erwerben; sich anschaffen

قنينة [qi'nniːna], *pl.* قنان [qa'naːnin] *u.* قناني [qanaː'niːj] (2) Flasche *f*; Fläschchen *n*

قنية [qunja, qinja] = قنوة

قهار [qa'hhaːr]: الـ~ der Bezwinger (*Beiname Gottes*)

1 **قهر** [qahara, a] bezwingen, überwinden, überwältigen; *Angst, Leidenschaft* besiegen; zwingen (على zu *D*); *Pass.* لا يقهر [juqhar] unbezwingbar

2 **قهر** [qahr] Bezwingung *f*, Überwindung *f*; Zwang *m*, Gewalt *f*; *Äg.* Kummer *m*; ~ا [-an] *Adv.* mit Gewalt, zwangsweise

قهرمان [qahra'maːn], *pl.* قهارمة [qa'haːrima] (Haus-)Verwalter *m*, *früher*: Haushofmeister *m*

قهرمانة [qahra'maːna], *pl.* [-aːt] (Haus-)Verwalterin *f*; Haushälterin *f*

قهري [qahriː] zwingend, Zwangs-

قهقر [qahqara] zurückgehen, zurückweichen; **II** تقهقر [ta'qahqara] zurückweichen, sich zurückziehen; zurückgehen, sich verschlechtern

قهقرى [qahqaraː]: رجع/عاد الـ~ zurückgehen, zurückweichen, den Rückzug antreten

قهقه [qahqaha] laut *od.* schallend lachen

قهقهة [qahqaha], *pl.* [-aːt] laute(s), schallende(s) Gelächter

قهواتي [qah'waːtiː], *pl.* ~ة *Syr.* Kaffeehausbesitzer *m*

قهوجي [qahwadʒiː], *pl.* [-uːn] *u.* ~ة Kaffeehausbesitzer *m*; Kaffeekoch *m*

قهوة [qahwa] Kaffee *m*; *pl.* [qahawaːt] *u.* قهاو [qa'haːwin] Kaffeehaus *n*, Café *n*

قهي [qahija, aː]: عن الطعام ~ keinen Appetit haben

قواء [qa'waːʔ] **1.** öde, verlassene Gegend; **2.** *obs.* Hunger *m*

قوابل → قابلة

قوات → قوة

1 **قواد** [qa'wwaːd], *pl.* [-uːn] Zuhälter *m*

2 **قواد** [qu'wwaːd] → قائد

قوادة [qi'waːda] *Jur.* Kuppelei *f*

قواديس → قادوس

قوارب → قارب

قوارص → قارص

قوارض → قارض

قوارع → قارعة

قوارير → قارورة

قواس [qawwaːs] Bogenschütze *m*; Kawaß *m*, Wächter *m bei Gesandtschaften*

قواطع → قاطع *u.* قاطعة

قواعد → قاعدة

قواف → قافية

قوافل → قافلة

قوال [qa'wwaːl] gesprächig, redselig; *pl.* [-uːn] Volkssänger *m*, Wandersänger *m*

قوالب → قالب

1 **قوام** [qa'waːm] Statur *f*, Wuchs *m*, Gestalt *f*; Geradheit *f*, richtige(r) Zustand

2 **قوام** [qa'wwaːm], *pl.* [-uːn] Leiter *m*, Verwalter *m* (على *G*); Gebieter *m*, (Ober-)Haupt *n*

3 **قوام** [qu'wwaːm] → قائم

4 **قوام** [qi'waːm] Grundlage *f*; Bestand *m*, (zahlenmäßige) Stärke; أهله ~ der Ernährer seiner Familie

قواميس → قاموس

قوانص → قانصة

قوانين → قانون

قواويق → قاووق

قوايش → قايش

قوائم → قائم *u.* قائمة

قوب [quːb], *pl.* أقواب [ʔaq'waːb] Küken *n*, Vogeljunge(s)

قوباء [quwa'baːʔ, quː'baːʔ] Ekzem *n*; Herpes *m*

قوبة [quːba] Ekzem *n*; Herpes *m*

[1]**(قوت)** **IV** أقات [ʔa'qaːta] ernähren; **V** تقوت [ta'qawwata] sich ernähren (ب/على von *D*); **VIII** اقتات [iq'taːta] sich ernähren, leben (ب/هـ/على von *D*)

[2]**قوت** [quːt], *pl.* أقوات [ʔaq'waːt] Nahrung *f*; ~ال مواد [ma'waːdd al-q.] Nahrungsmittel *n/pl.*, Lebensmittel *pl.*

(قوح) قاح [qaːħa, uː] *Wunde*: eitern; **III** قاوح [qaːwaħa] *Äg.* hartnäckig streiten, nicht lockerlassen

(قود) قاد [qaːda, uː] *a. Fahrzeug* führen; *Fahrzeug* lenken; *intr.* führen (إلى zu *D*); **VII** انقاد [in'qaːda] geführt werden, sich führen lassen; folgen, sich fügen (ل *j-m*); sich hingeben (ل *e-r Sucht*); **VIII** اقتاد [iq'taːda] führen

قور **II** [qawwara] aushöhlen; ein rundes Loch machen; **V** تقور [ta'qawwara] *Schlange*: sich zusammenrollen

قورما → قاورما

[1]**قوس** **II** [qawwasa] biegen, krümmen; sich biegen, sich krümmen; **V** تقوس [ta'qawwasa] sich biegen, sich krümmen

[2]**قوس** [qaus] *m u. f, pl.* أقواس [ʔaq'waːs] *u.* قسي [qu'siːj, qi'siːj] Bogen *m* (*a. Waffe, Arch.*); *Schrift*: runde Klammer; ~ال *Astr.* Schütze *m*; *Saudi-Ar.* 9. Monat des Sonnenjahres; ~ قزح [-u quzaħ(in)] Regenbogen *m*; ~ كهربائي [kahra'baːʔiː] *El.* Lichtbogen *m*; ~ان معقوفان *du.* eckige Klammern *f/pl.*; بين ~ين [qau'sain] in (runden) Klammern; اللحام بالـ~ الكهربائي [al-li'ħaːm] Lichtbogenschweißen *n*

قوسي [qausiː] bogenförmig

(قوض) قاض [qɒːđɒ, u] niederreißen; **II** [qawwađɒ] *Gebäude* niederreißen, abreißen; *Zelt* abbrechen; zerstören; *Maßnahmen* zunichte machen, untergraben, unterminieren

قوط [quːŧ]: ~ال *koll.* die Goten *pl.*

قوطة [quːŧɒ] *Äg.* Tomaten *f/pl.*

قوطي [quːŧiː] gotisch

قوطية [quː'ŧiːja], *pl.* قواطي [qa'waːŧiː] *Ir.* Dose *f*, Schachtel *f*

(قوق) قاق [qaːqa, uː] *Huhn*: gackern

قوقاز [qau'qaːz]: ~ال, *a.* القوقاس *Geo.* der Kaukasus

قوقازي [qau'qaːziː] kaukasisch

[1]**(قوقع)** **II** تقوقع [ta'qauqaʕa] sich abkapseln, sich in sich zurückziehen

[2]**قوقع** [qauqaʕ] *koll.* Schnecken *f/pl.*; *Äg.* Muscheln *f/pl.*

قوقعة [qauqaʕa], *pl.* قواقع [qa'waːqiʕ] (2) Schnecke *f*

[1]**(قول)** قال [qaːla, uː] sagen (إن [ʔinna] / بأن [biʔanna] daß, ل zu *j-m*, على von *j-m*, عن über *A*); besagen; *Rf.* melden; *Zeitung*: berichten; vertreten (ب *e-e Ansicht*), behaupten, aussagen (ب *A*); *Gedicht* verfassen; *Pass.* يقال [ju'qaːlu] man sagt, es heißt; أو قل [qul] oder (vielmehr); وقل مثل ذلك في [miθla] dasselbe ist zu sagen von *od.* gilt für; ~ البيان in der Erklärung heißt es; **III** قاول [qaːwala] e-n Kontrakt *od.* ein Geschäft abschließen (ه mit *D*); verhandeln, sich besprechen (ه mit *D*); **IV** أقال [ʔa'qaːla] → [1](قيل); **V** تقول [ta'qawwala] Gerüchte verbreiten, abfällig reden (على über *j-n*); **X** استقال [ista'qaːla] → [1](قيل)

[2]**قول** [qaul] **1.** *pl.* أقوال [ʔaq'waːl] Worte *pl.*, Äußerung *f*, Ausspruch *m*, *a. Jur.* Aussage *f*; *pl. a.* Ausführungen *f/pl.*; ~ًا وفعلا/عملا [-an wa-fiʕlan/ʕamalan] *u.* بالـ~ والفعل/العمل in Wort und Tat, mit Rat und Tat; أقوال الصحف [ʔa. as-suħuf] Presseschau *f*; ~ مأثور Sprichwort *n*; إن صح الـ~ [sɒħħa] gewissermaßen, sozusagen; **2.** أقاويل [ʔaqaː'wiːl] (2) *pl.* Gerede *n*; Redensarten *f/pl.*

[3]**قول** [qoːl] *obs. Mil.* Heeresabteilung *f*, Armeekorps *n*

قولب [qaulaba] formen

قولبة [qaulaba] Formung *f*

قولحة [qaulaħa], *pl.* قوالح [qa'waːliħ] (2) *Äg.* (*Mais-*)Kolben *m*

قولة [qaula] Wort *n*, Ausspruch *m*

قولون [qoː'loːn] Dickdarm *m*

[1]**(قوم)** قام [qaːma, uː] aufstehen, sich aufrichten; sich erheben (*a.* على gegen *A*); entstehen; *Möbel*: stehen; *Zug*: abfahren; *Flugzeug*: abfliegen; aufbrechen, sich begeben (إلى nach *D*); hingehen (إلى zu *D*); durchführen (ب *A*), verrichten (ب *Arbeit*), tun (ب *Pflicht*), machen (ب *Ausflug*), erfüllen (ب *Aufgabe*), unternehmen (ب *Versuch*), abstatten (ب *Besuch*), spielen (ب *Rolle*); übernehmen, tragen (ب *Kosten*); beruhen (على auf *D*), sich gründen (على auf *A*); wachen (على über *A*), überwachen (على *A*), sorgen (على für *A*); *Rel.* auferstehen; ~ت قيامته [qijaː'matuhuː] wütend werden, aufgebracht sein; ~ مقامه [ma'qaːmahuː] an j-s Stelle treten; **II** [qawwama] geraderichten, in Ordnung bringen, (ver)bessern; *El.* gleichrichten; bewerten (ب mit *D*, *a. fig.*), einschätzen; *Pass.* لا يقوم بثمن [ju'qawwamu bi-θaman] unschätzbar; **III** قاوم [qaːwama] Widerstand leisten, sich widersetzen, standhalten (ه *j-m*); *Pass.* لا يقاوم [ju'qaːwam(u)] unwiderstehlich; **IV** أقام [ʔa'qaːma] aufstellen, aufrichten; errichten, gründen, einrichten, schaffen; *Beziehungen* herstellen; *Veranstaltung* durchführen, *Fest* veranstalten, *Wettkämpfe* austragen, abhalten; *Gebet* verrichten; *Beweis* erbringen, antreten; *Prozeß* anstrengen; *Klage* erheben; *Essen*, *Empfang* geben; einsetzen (ه als *A*), machen (ه zu *D*); die Leitung von *etwas* (على) übertragen (ه *j-m*); *Rel.* auferwekken; sich aufhalten, wohnhaft sein; *Pass.* أقيم [ʔu'qiːma] *a.* stattfinden; ~ـه مقامه [ma'qaːmahuː] j-n an j-s Stelle setzen; لايقام له وزن [ju'qaːmu] unerheblich sein; ~ الدنيا وأقعدها [ad-dunjaː wa-ʔaq'ʕadahaː] Himmel und Erde in Bewegung setzen; **X** استقام [ista'qaːma] ge-

rade sein; richtig sein; aufrecht, aufrichtig sein; in Ordnung kommen, in Ordnung sein

[2]**قوم** [qaum], *pl.* أقوام [ʔaq'waːm] Volk *n*, Leute *pl.*

قومندان [quman'daːn], *pl.* [-aːt] *bsd. Sud.* Kommandant *m*, Befehlshaber *m*

قومة [qauma] Aufstehen *n*; Erhebung *f*, Aufstand *m*

قومي [qaumiː] national, National-; panarabisch; Volks-, ethnisch; *pl.* [-uːn] Nationalist *m*

قومية [qau'miːja] Nationalismus *m*; Volkstum *n*; panarabische(r) Charakter *e-r Sache*; *pl.* [-aːt] Nationalität *f*, Völkerschaft *f*; الـ~ العربية (*gesamt*)arabische(r) Nationalismus, Panarabismus *m*

قونة [quːna], *pl.* قون [quwan] Ikone *f*

قوة [quwwa] **1.** *pl.* قوى [quwan, qiwan] Kraft *f*, Stärke *f*, Macht *f*; Gewalt *f*; Potential *n*; *Math.* Potenz *f*; بـ~ energisch, mit Nachdruck; بالـ~ mit Gewalt, gewaltsam; *Phil.* virtuell, potentiell (*Adv.*); بـ~ السلاح [-ti s-si'laːħ] mit Waffengewalt; ~ الاحتمال, ~ التحمل [q. at-ta'ħammul] Belastungsfähigkeit *f*; ~ الإرادة Willenskraft *f*; ~ إنتاجية Produktionskraft *f*, Produktionsleistung *f*; ~ تفجيرية Sprengkraft *f*; ~ دافعة Antriebskraft *f*; *fig.* Triebkraft *f*; Stoßkraft *f*; Elan *m*, Schwung *m*, Tatkraft *f*; ~ الدفع Stoßkraft *f*; ~ ضاربة Schlagkraft *f*; *a.* (= *force de frappe*) Streitmacht *f*; ~ عظمى [ʕuðmaː] Großmacht *f*; ~ العمل [q. al-ʕamal] Arbeitskraft *f des Menschen*; Arbeitskräfte *f/pl.*, Arbeitskräftepotential *n*; القوى العاملة Arbeitskräfte *f/pl.*; ~ محركة [mu'ħarrika] Antriebskraft *f*; Energie *f*; ~ مركزية جاذبة [marka'ziːja] Zentripetalkraft *f*; ~ مركزية طاردة Zentrifugalkraft *f*; ~ معنوية [maʕna'wiːja] sittliche Kraft, Moral *f*; ألعاب القوى Leichtathletik *f*; **2.** *pl.* قوات [qu'wwaːt] Streitmacht *f*; Truppe *f*; *pl.* Streitkräfte *pl.*, Truppen *f/pl.*; قوات الاحتلال Besatzungstruppen *f/pl.*; ~ الانتشار السريع schnelle Eingreiftruppe; قوات القوات المسلحة [al-mu'sallaħa] die Streitkräfte *pl.* → طارئة; الطوارئ

[1]**قوي** [qawija, aː] stark sein *od.* werden; stärker werden; so stark sein (على daß), bewältigen können (على *A*); stärker sein (على als); **II** قوى [qawwaː] (ver)stärken, kräftigen; **III** قاوى [qaːwaː] s-e Kräfte messen (ه mit *j-m*); **V** تقوى [ta'qawwaː] stärker werden, sich verstärken; **X** استقوى [is'taqwaː] Mut fassen (على zu *D*), sich trauen (على *A*)

[2]**قوي** [qa'wiːj], *pl.* أقوياء [ʔaqwi'jaːʔ] (2) stark, kräftig; mächtig; fest, solide; leistungsfähig, leistungsstark

[3]**قوى** [quwan, qiwan] → قوة

قويق [qu'waiq]: ~ أم [ʔumm q.] *bsd. Äg.* Eule *f*; Kauz *m*

قويم [qa'wiːm], *pl.* قيام [qi'jaːm] *Mensch*: gerade, aufrecht; richtig, wahr(haft); ~ خلق [xuluq] aufrechte(r), geradlinige(r) Charakter

[1]**(قيء)** قاء [qaːʔa, iː] (sich) erbrechen, sich übergeben; **II** قيأ [qajjaʔa] zum Erbrechen bringen; **V** تقيأ [ta'qajjaʔa] → [qaːʔa]

[2]**قيء** [qaiʔ] Erbrechen *n*

قياد [qi'jaːd] Führstrick *m*, Halfter *m od. n*; سلس الـ~ [salis al-q.] gefügig, fügsam; صعب الـ~ unfügsam

قيادة [qi'jaːda], *pl.* [-aːt] Führung *f*, Leitung *f*; *bsd. Mil.* Kommando *n*; Lenken *n*, Steuern *n e-s Fahrzeugs*; *pl. a.* Führungskräfte *f/pl.*, Führer *m/pl.*; ~ عليا [ʕuljaː], ~ عامة [ʕaːmma] Oberkommando *n*; عجلة الـ~ [ʕadʒalat al-q.] Steuer(rad) *n*; مجلس ~ الثورة [madʒlis qi'jaːdati θ-θaura] Revolutionsrat *m*

قيادي [qi'jaːdiː] Führungs-; *a. Rolle*: führend; Fahr-, fahrtechnisch; führende Persönlichkeit

قياس [qi'jaːs] Messen *n*, Messung *f*; *pl.* [-aːt] *u.* أقيسة [ʔaqjisa] Maß *n*, Maßstab *m*; (*Schuh-*, *Kleidungs-*) Größe *f*; Anprobe *f*; Vergleich *m*; *a. isl. Recht*: Analogie *f*, Analogieschluß *m*; ~ًا إلى [-an] *u.* بالـ~ إلى gemessen an, im Vergleich zu; ~ًا على ذلك analog dazu; ~ عالمي [ʕaːlamiː] Weltrekord *m*; أخذ الـ~ *Schneider*: Maß nehmen

قياسي [qi'jaːsiː] Analogie-; Vergleichs-; regelmäßig; Rekord-; ~ رقم Rekord *m*; Indexzahl *f*, Meßzahl *f*

قيافة [qi'jaːfa] Verfolgung *f e-r Spur*; Äußere(s), Aufmachung *f*

قيام [qi'jaːm] Aufstehen *n*; Entstehen *n*, Zustandekommen *n*; Ausbruch *m e-s Aufstandes, Krieges*; Abfahrt *f des Zuges*; Abflug *m*; Durchführung *f* (ب *G*), Verrichtung *f* (ب *e-r Arbeit*), Erfüllung *f* (ب *e-r Pflicht, Aufgabe*), Abstattung *f* (ب *e-s Besuchs*), Übernahme *f* (ب *von Kosten*); → قويم

قيامة [qi'jaːma] *Rel.* Auferstehung *f*; عيد الـ~ [ʕiːd al-q.] *Chr.* Ostern *n*; يوم الـ~ der Jüngste Tag

قيتار [qiː'taːr], *pl.* قياتير [qajaː'tiːr] (2) Gitarre *f*; Leier *f*

قيثار [qiː'θaːr], *pl.* قياثير [qajaː'θiːr] (2) Gitarre *f*; Leier *f*

قيثارة [qiː'θaːra], *pl.* [-aːt] Gitarre *f*; Leier *f*

[1]**(قيح)** قاح [qaːħa, iː], **II** [qajjaħa] *u.* **V** تقيح [ta'qajjaħa] eitern

[2]**قيح** [qaiħ] Eiter *m*

[1]**قيد** **II** [qajjada] fesseln, binden; einschränken, beschränken; eintragen, registrieren; ~ـه على حسابه [ħi'saːbihiː] j-m etwas in Rechnung stellen, j-m etwas anschreiben; ~ـه لحسابه j-m etwas gutschreiben; **V** تقيد [ta'qajjada] sich halten (ب an *A*); eingeschränkt werden; eingetragen werden

[2]**قيد** [qaid] **1.** *pl.* قيود [qu'juːd] Fessel *f*, *poetisch*: Band *n*; Beschränkung *f*, Einschränkung *f*; *pl. Ök.* Restriktionen *f/pl.*; ~ [-a] *Präp.* im Stadium von, Gegenstand von; المشروع ~ البحث/الدرس das Projekt wird zur Zeit geprüft; ~ شعرة um Haaresbreite; لا ~ أنملة [-a ʔunmula(tin)] um keinen Fingerbreit; (لا يزال) على ~ الحياة [-i l-ħa'jaːt] er ist (noch) am Leben;

بلا ~ ولا شرط bedingungslos; **2.** *pl.* قيود *u.* قيودات [qujuːˈdaːt] Eintragung *f*, Registrierung *f*; Buchung *f*; Urkunde *f*, Schein *m*

[1]**قير II** [qajjara] teeren, asphaltieren

[2]**قير** [qiːr] Teer *m*; أبو ~ Abukir (*ägyptische Stadt am Mittelmeer*)

قيراط [qiːˈrɒːṭ], *pl.* قراريط [qaraːˈriːṭ] (2) Karat *n* (*a. als Maß des Feingehalts*); *Name mehrerer alter Längen-, Flächen- u. Hohlmaße*

قيروان [qairaˈwaːn]: الـ~ Kairuan (*Stadt in Tunesien*)

(**قيس**) قاس [qaːsa, iː] messen (*a.* على an *D*), abmessen; *Kleidungsstück* anprobieren; vergleichen (ب/على mit *D*); *Pass.* إذا قيس ب [qiːsa] gemessen an, verglichen mit; وقس على ذلك [qis] und so fort; **III** قايس [qaːjasa] vergleichen (ب mit *D*, بين *mehrere Dinge*)

قيشاني [qiːˈʃaːniː] glasierte Kacheln *f/pl.od.* Fliesen *f/pl.*; glasierte Tonwaren *f/pl.*, Fayencen *f/pl.*

قيصر [qaisɒr] Cäsar; *pl.* قياصرة [qaˈjaːsira] Kaiser *m*; Zar *m*

قيصري [qaisɒriː] kaiserlich, Kaiser-; zaristisch; *pl.* [-uːn] Zarist *m*; عملية ~ـة [ʕamaˈliːja] *Med.* Kaiserschnitt *m*

قيصوم [qaiˈsuːm] *Bot.* Eberraute *f*

قيض II [qajjaḍɒ] *Gott*: bestimmen, senden, schicken (ل *j-m*); **III** قايض [qaːjaḍɒ] tauschen (ه mit *j-m*, ـه ب etwas *gegen A*), eintauschen (ه ـه ب bei *j-m etwas* für, gegen *A*)

قيطان [qiːˈṭɒːn], *pl.* قياطين [qajaːˈṭiːn] (2) Schnur *f*, Kordel *f*, Litze *f*

قيظ [qaið] Sommerhitze *f*, Gluthitze *f*

قيعان → قاع

قيف II [qajjafa] *Spur* verfolgen

قيقان → [2]قاق

قيقب [qaiqab] Ahorn *m*

[1](**قيل**) قال [qaːla, iː] *u.* **II** [qajjala] seinen Mittagsschlaf halten, Siesta halten; → [1](قول); **IV** أقال [ʔaˈqaːla] des Amtes entheben, absetzen; rückgängig machen; ~ـه من عثرته j-m wieder auf die Beine helfen; **X** استقال [istaˈqaːla] zurücktreten (من von *e-m Amt*), ausscheiden (من aus *e-m Amt*), demissionieren

[2]**قيل** [qail], *pl.* أقيال [ʔaqˈjaːl] *u.* قيول [quˈjuːl] *hist.* König *m*, Herrscher *m der Himjariten*

[3]**قيل** [qiːl] → قال; [qiːla] es wurde gesagt

قيلولة [qaiˈluːla] Mittagsschlaf *m*, Siesta *f*

[1]**قيم II** [qajjama] (be)werten, einschätzen; auswerten

[2]**قيم** [qajjim] **1.** wertvoll; **2.** *pl.* [-uːn] Verantwortliche(r) (على für *A*); Leiter *m*, Verwalter *m* (على *G*)

[3]**قيم** [qijam] → قيمة

قيمر [qaimar, geːmar] *Ir.* Sahne *f*, Rahm *m*

قيمة [qiːma], *pl.* قيم [qijam] *u.* (*bsd. Ir.*) أقيام [ʔaqˈjaːm] Wert *m*; Betrag *m*, Summe *f*, Preis *m*; Höhe *f e-s Betrages*; قيم Wertvorstellungen *f/pl.*; لا ~ له [-ta] wertlos; ~ اسمية [isˈmiːja] *Hdl.* Nennwert *m*; قيم منقولة Wertpapiere *n/pl.*, Effekten *pl.*; ذو ~ wertvoll

قيمي [qiːmiː] wertmäßig

قين [qain], *pl.* قيون [quˈjuːn] Schmied *m*

قينة [qaina], *pl.* قيان [qiˈjaːn] Sängerin *f*

قيوم [qaˈjjuːm]: الـ~ der Ewige (*Beiname Gottes*)

ك

[1]ك (كاف) [kaːf] *zweiundzwanzigster Buchstabe des arab. Alphabets*

[2]ك *Abk. für* كانون الأول : كانون Dezember *m*, كانون الثاني Januar *m*

[3]كـ [ka-] *Präp.* wie; (*in der Eigenschaft*) als; كالعادة wie gewöhnlich, wie üblich; ككل [ka-'kull] als Ganzes; كهذا wie dieser, solch ein

[4]ـك *u.* ك [-ka], *f* [-ki] **1.** *Possessivsuffix*: dein; **2.** *Objektsuffix*: dich

[1]كاب [kaːbin] *Licht*: trübe; *Farbe*: matt

[2]كاب [kaːb]: مدينة الـ~ [ma'diːnat al-k.] Kapstadt

كابت [kaːbit] hemmend, unterdrückend

كابس [kaːbis] drückend, pressend; آلة ~ة Kompressor *m*

[1]كابل [kaːbul] Kabul (*Hauptstadt von Afghanistan*)

[2]كابل [kaːbil], *pl.* [-aːt] *u.* كوابل [ka'waːbil] (2) Kabel *n*

كآبة [ka'ʔaːba] Betrübnis *f*, Kummer *m*, Niedergeschlagenheit *f*

كابوريا [ka'buːrijaː] *Äg.* Krebs(e *pl.*) *m*

كابوس [kaː'buːs], *pl.* كوابيس [kawaː'biːs] (2) Alptraum *m*, Alpdruck *m*

كابون [kaː'buːn], *pl.* [-aːt] Kupon *m*, Abschnitt *m*

كابينة [kaː'biːna], *pl.* [-aːt] *u.* كبائن [ka'baːʔin] (2) Kabine *f*

كاتب [kaːtib] **1.** *pl.* [-uːn] schreibend; آلة ~ة Schreibmaschine *f*; **2.** *pl.* كتاب [ku'ttaːb] Schriftsteller *m*; ~ قصصي [qɒsɒsiː] Erzähler *m*, Novellist *m*; ~ مقالات [k. maqaː'laːt] Essayist *m*; **3.** *pl.* كتبة [kataba] Schreiber *m*, Büroangestellte(r); *bsd. Maghr.* Sekretär *m*; الكتبة *a.* die Schriftgelehrten *m/pl.*; ~ الدولة [k. ad-daula] *Maghr.* Staatssekretär *m*; ~ السر [k. as-sirr] Sekretär *m*; ~ العدل Notar *m*; ~ المحكمة *u. Mar., Alg.* ~ الضبط Gerichtsschreiber *m*, Justizsekretär *m*

كاتدرائية [kaːtidraː'ʔiːja], *pl.* [-aːt] Kathedrale *f*, Dom *m*

كاتم [kaːtim] dämpfend; ~ السر [k. as-sirr] Sekretär *m*; ~ الصوت [k. ɒs-sɒut] Schalldämpfer *m*

كاتو [gaːtoː] Kuchen *m*, Gebäck *n*

كاتود [kaː'toːd] *El.* Kathode *f*

كاثود [kaː'θoːd] *El.* Kathode *f*

كاثوليك [kaːθuː'liːk]: الـ~ *koll.* die Katholiken *m/pl.*

كاثوليكي [kaːθuː'liːkiː] katholisch; *pl.* [-uːn] Katholik *m*

كاحل [kaːħil], *pl.* كواحل [ka'waːħil] (2) Fußknöchel *m*

كاخية [kaːxija], *pl.* كواخ [ka'waːxin] Verwalter *m*, *früher*: Haushofmeister *m*

[1]كاد [kaːda] → [1](كود) *u.* [1](كيد)

[2]كاد [kaːd] **1.** Katechu-Akazie *f*; Katechu *n*; **2.**: بالـ~ fast, beinahe; kaum

كأداء [kaʔ'daːʔ] (2): ~ عقبة [ʕaqaba] unüberwindbare(s) Hindernis

كادح [kaːdiħ] arbeitend, werktätig; *pl.* [-uːn] Arbeitende(r), Werktätige(r); الطبقة الكادحة [ɒt-tɒbaqa] die Arbeiterklasse

كادر [kaːdir], *pl.* كوادر [ka'waːdir] (2) Kader *m*, (Stamm-)Personal *n*; *pl.* Führungskräfte *f/pl.*, leitende Beamte *od.* Angestellte *m/pl.*; Fachkräfte *f/pl.*

كادميوم [kadmijum] Kadmium *n*

كاذب [kaːðib] lügend; lügnerisch, verlogen; *Hoffnung*: falsch, trügerisch; *pl.* [-uːn] *u.* كذبة [kaðaba] Lügner *m*; ~ إنذار blinde(r) Alarm

كار [kaːr], *pl.* [-aːt] Gewerbe *n*, Handwerk *n*, Beruf *m*; ~ ابن *bsd. Äg.* Handwerker *m*

كاراتيه [kaː'raːtiː] Karate *n*

كاراج [ga'raːʒ] *Ir., Syr.* Garage *f*

كارب [karb] Karpfen *m*

كارت [kart], *pl.* كروت [ku'ruːt] Karte *f*

كارتل [kartil] Kartell *n*

كارتون **1.** [kar'toːn], *pl.* كراتين [karaː'tiːn] (2) Karton *m*, Pappe *f*; *pl.* [-aːt] Karton *m als Behälter*; **2.** [kar'tuːn] Cartoon *m od. n*; ~ فيلم Zeichentrickfilm *m*

كارثة [kaːriθa], *pl.* كوارث [ka'waːriθ] (2) Katastrophe *f*, Unglück *n*

كارد [kard] *Textilindustrie*: Kardieren *n*, Karden *n*; ~ آلة Krempel (-maschine) *f*

كاردينال [kaːrdiː'naːl], *pl.* كرادلة [ka'raːdila] Kardinal *m*

كارنيه [kar'neːh], *pl.* [-aːt] *Äg.* Dauerausweis *m*, Fahrausweis *m*

[1]كارو [kaːroː], *pl.* كاروهات [kaːroː'haːt] *Äg.* Karo *n*, Viereck *n*

[2]كارو [karroː], *pl.* كاروهات [karroː'haːt] *Äg.* Karre *f*

كاري [kaːriː] Curry *m*

كاريبي [kaː'riːbiː] karibisch; البحر الـ~ Karibische(s) Meer; منطقة الـ~ [min'tɒqat al-k.] die Karibik

كاريكاتورية [karikaːtuː'riːja] Karikatur *f*

كاريكاتير [karikaː'teːr] Karikatur *f*

كاريكاتيري [karikaː'teːriː] Karikatur-, karikaturistisch

كاز [gaːz] Gas *n*; Benzin *n*, Treibstoff *m*

كازاخستان [kaːzaxs'taːn] *f Geo.* Kasachstan

كازاخي [kaː'zaːxiː] kasachisch; *pl.* [-uːn] Kasache *m*

كازوز [gaː'zoːz] *u.* **كازوزة** [gaː'zoːza] Sprudel *m*, Sodawasser *n*

كازينو [ka'ziːnu], *pl.* كازينوات [kaziːno'waːt] *u.* كازينوهات [kaziːnu'haːt] (*Spiel-*, *Unterhaltungs-*)Kasino *n*; *Äg.* (Garten-)Restaurant *n*

كأس [kaʔs], *pl.* كؤوس [ku'ʔuːs] *u.* [-aːt] Becher *m*, (*bsd. Wein-*)Glas *n*; *a. Sport*: Pokal *m*; *a. Bot.* Kelch *m*; العالم ~ [k. al-ʕaːlam] Weltpokal *m*, Weltcup *m*

كاسب [kaːsib] Verdiener *m*; *pl.* كسبة [kasaba] *Alg.* Arbeiter *m*, Arbeitnehmer *m*

كاسح [kaːsiħ] *Sieg*: überwältigend

كاسحة [kaːsiħa], *pl.* [-aːt]: الجليد ~ Eisbrecher *m*; الألغام ~ Minensuchboot *n*, Minensucher *m*

كاسد [kaːsid] stagnierend; *Markt*: flau; *Ware*: schlecht verkäuflich; بضاعة ~ة [bi'ḍaːʕa] Ladenhüter *m*

كاسر [kaːsir] (zer)brechend; *pl.* كواسر [ka'waːsir] (2) *Tier*: reißend, wild; الأمواج ~ Wellenbrecher *m*; الحجر ~ [k. al-ħaʤar] *Bot.* Steinbrech *m*; ~ طير [ṭɒir] Raubvogel *m*

كاسف [kaːsif] betrübt, traurig; finster

كاسكيت [kas'keːt], *pl.* [-aːt] (Schirm-)Mütze *f*

كاسيت [ka'seːt] Kassette *f*

كاشف [kaːʃif] aufdeckend, enthüllend; *Rf.* Detektor *m*; *Chem.* Reagens *n*; *Ir.*, *Syr. Farbe*: hell; أضواء ~ة Scheinwerfer *m/pl.*; Flutlicht *n*

كاظم [kaːð̣im] *npr. m*

كاعب [kaːʕib] *f*, *pl.* كواعب [ka'waːʕib] (2) vollbusig

كاغد [kaːɣid] Papier *n*

كاغط [kaːɣiṭ] *Mar.* Papier *n*

1**كاف** [kaːf] *f* der Buchstabe ك

2**كاف** [kaːfin] genug, genügend, ausreichend

كافتيريا [kafe'teːrijaː], *pl.* كافتيريات Cafeteria *f*; Imbißraum *m*

كافر [kaːfir], *pl.* [-uːn] *u.* كفار [ku'ffaːr] ungläubig; Ungläubige(r); بالنعمة ~ [bi-n-niʕma] undankbar

كافة [kaːffa] alle; ganz; ~ [-tan] *Adv. nachgestellt*: insgesamt; البلدان ~ [k. al-bul'daːn] alle Länder; الشعب ~ [-tan] das ganze Volk

كافور [kaː'fuːr] Kampfer *m*

كاكاو [kaː'kaːu] Kakao *m*

كاكي [kaːkiː] Kakipflaume *f*; khakifarben

1**كال** [kaːla] → 1(كيل)

2**كال** [kaːll] matt, ermüdet

كالح [kaːliħ] *Farbe*: glanzlos, trüb; *Gesicht*: finster, mürrisch

كالسيت [kal'siːt] Kalzit *m*

كالسيوم [kalsijum] Kalzium *n*

كالو [kalloː], *pl.* كالوهات [kalloː'haːt] Hühnerauge *n*

1**كالون** [kaː'luːn], *pl.* كوالين [kawaː'liːn] (2) *Äg.* (Tür-)Schloß *n*

2**كالون** [gaː'loːn], *pl.* [-aːt] Gallone *f*

كامبودي [kam'boːdiː] kambodschanisch; *pl.* [-uːn] Kambodschaner *m*

كامبوديا [kam'bodjaː] Kambodscha

كامبيو [kambijoː] Geldwechsel *m*; Wechselkurs *m*

كامخ [kaːmix, kaːmax], *pl.* كوامخ [ka'waːmix] (2) Essiggemüse *n*, Mixed Pickles *pl.*

كامرون [kami'ruːn] *f u.* الـ~ *Geo.* Kamerun

كاموني [kami'ruːniː] kamerunisch; *pl.* [-uːn] Kameruner *m*

كامل [kaːmil] vollständig, vollzählig, ganz, vollkommen; *a. npr. m*; + *G pl.*: alle; بكامله *u.* بالـ~ vollständig (*Adv.*); الدسم ~ حليب [k. ad-dasam] Vollmilch *f*

كامن [kaːmin] verborgen, latent; geheim; liegend, begründet (في in *D*); كوامن [ka'waːmin] (2) Tiefen *f/pl.* der Seele

كامة [kaːma], *pl.* [-aːt] Nocken *m*; ~ عامود Nockenwelle *f*

كاميرا [kaːmiraː], *pl.* كاميرات Kamera *f*

كاميرون → كامرون

1**كان** → 1(كون)

2**كأن** [ka'ʔan] (wie) zum Beispiel daß; لم يكن ~ يعتبر [juʕ'tabaru, lam jakun] *Jur.* *etwas* gilt als nicht vorhanden *od.* geschrieben

3**كأن** [ka'ʔanna] + *A od. Pronominalsuffix*: als ob

كانتو [kantoː]: سوق الـ~ [suːq al-k.] Flohmarkt *m*

كانتين [kan'tiːn], *pl.* [-aːt] Kantine *f*

كانسة [kaːnisa], *pl.* [-aːt] (*Straßen-*)Kehrmaschine *f*

كأنما [ka'ʔannamaː] *vor Verb*: als ob

كانو [kaːnuː] Kanu *n*

1**كانون** [kaː'nuːn], *pl.* كوانين [kawaː'niːn] (2) Ofen *m*, Herd *m*

2**كانون** [kaː'nuːn] (2): الأول ~ [al-ʔawwal] *Syr.*, *Lib.*, *Ir.*, *Jord.* Dezember *m*; الثاني ~ *Syr.*, *Lib.*, *Ir.*, *Jord.* Januar *m*; ~ (شهر) *Libyen*: Dezember *m*

كاهل [kaːhil], *pl.* كواهل [ka'waːhil] (2) Rücken *m*, Schultern *f/pl.*; أثقل ~ه [ʔaθqala -ahuː] j-n *od.* etwas belasten; ألقى عبئا على ~ه [ʔalqaː ʕibʔan] j-m e-e Last aufbürden

كاهن [kaːhin], *pl.* كهنة [kahana] Priester *m*

كاهية [kaːhija], *pl.* كواه [ka'waːhin] *Tun.* Stellvertreter *m*

كاوتش [kaːwitʃ] *Äg.* Gummi *m od. n*; *pl.* [-aːt] (Gummi-)Reifen *m*

كاوتشوك [kau'tʃuːk] Kautschuk *m*, Gummi *m od. n*

كاولين [kau'liːn] Kaolin *n*

كاوليني [kau'liːniː] Kaolin-; kaolinhaltig

كاونتر [kauntar], *pl.* [-aːt] *Jord.* Ladentisch *m*

كائن [kaːʔin] seiend, existierend; befindlich; *pl.* [-aːt] Geschöpf *n*, Wesen *n*; أسطوري ~ [ʔus'ṭuːriː] Fabelwesen *n*; حي ~ [ħajj] Lebewesen *n*; كائنات دقيقة Mikroorganismen *n/pl.*

1**كب** [kabbu, a] umwerfen, umstürzen, umstoßen; ausgießen; **II** كبب [kabbaba] zu e-r Kugel formen; *Garn* aufwickeln; **IV** أكب [ʔa'kabba] niederwerfen; sich (mit Hingabe) widmen (على *e-r Sache*); **VII** انكب [in'kabba] sich niederwerfen; sich beugen (على über *etwas*); sich (mit Hingabe) widmen (على *e-r Sache*)

²كب [kabb] Umwerfen *n*, Umstürzen *n*

كباب [ka'baːb] Kebab *m* (*am Spieß gebratene Fleischstücke*)

كبابجي [ka'baːbdʒiː], *pl.* ـة~ Kebab-Verkäufer *m*

كبابة [ka'baːba, ku'baːba] Kubebenpfeffer *m*

كباد [ka'bbaːd, ku'bbaːd] Zitrone *f*

¹كبار [ku'baːr, ku'bbaːr] sehr groß

²كبار [ki'baːr] → كبير

كباريه [kaba'reːh], *pl.* [-aːt] Kabarett *n*

كباس [ka'bbaːs], *pl.* [-aːt] Kolben *m*; Presse *f*; Ladestock *m*; Heftapparat *m*

كباش [ka'bbaːʃ], *pl.* [-aːt] *Techn.* Greifer *m*

كباية [ku'bbaːja], *pl.* [-aːt] *Äg.* Trinkglas *n*

¹كبت [kabata, i] *Zorn, Gefühl* unterdrücken; *Psych.* verdrängen

²كبت [kabt] Unterdrückung *f des Zorns, e-s Gefühls*; *Psych.* Verdrängung *f*

كبتن [kabtan] *Saudi-Ar. Sport*: Kapitän *m*

¹كبح [kabaħa, a] *Pferd* zügeln; zurückhalten; bändigen; bremsen

²كبح [kabħ] Zurückhalten *n*; Bändigung *f*; Bremsen *n*

¹كبد II [kabbada] *Verluste* zufügen (ه *j-m*); III كابد [kaːbada] (zu) ertragen (haben), erdulden, aushalten; V تكبد [ta'kabbada] *Verluste* erleiden; *Kosten* zu tragen haben, tragen; *Astr.* im Zenit stehen

²كبد [kabid], *pl.* أكباد [ʔak'baːd] Leber *f*; Mitte *f*, Innere(s); ~ في السماء im Zenit

كبدة [kibda] *Äg.* Leber *f*

كبدي [kabidiː, kibdiː] Leber-

¹كبر [kabara, u] älter sein (ه هـ/ب als *j-d* um *A*); — [kabura, u] groß *od.* alt werden; größer *od.* älter werden; zunehmen; zu groß sein *od.* werden (عن für *A*, *als daß*); zu schwierig sein *od.* werden (على für *A*); ~ـت نفسه عن [nafsuhuː] *etwas* (aus Stolz) verschmähen; II [kabbara] vergrößern; rühmen, verherrlichen; الله أكبر [a'ɫɫoːhu ʔakbar] rufen; III كابر [kaːbara] hochmütig behandeln; rechthaberisch sein (ه gegenüber *j-m*); IV أكبر [ʔakbara] rühmen, preisen; für groß *od.* viel halten; bewundern, wertschätzen; V تكبر [ta'kabbara] überheblich, hochmütig sein (على gegenüber *j-m*); X استكبر [is'takbara] hochmütig, überheblich sein; für groß, wichtig *od.* viel halten

²كبر [kabar] *Bot.* Kapern *f/pl.*

³كبر [kubr] Ansehen *n*, Würde *f*; Größe *f*

⁴كبر [kibar] Größe *f*; (hohes) Alter

⁵كبر [kibr] Hochmut *m*, Stolz *m*

كبرت [kabrata] schwefeln; vulkanisieren

¹كبرى → أكبر

²كبري [kubriː], *pl.* كباري [ka'baːriː] *Äg.* Brücke *f*

كبرياء [kibri'jaːʔ] *f* Stolz *m*, Hochmut *m*

كبريت [kib'riːt] Schwefel *m*; Streichhölzer *n/pl.*

كبريتات [kibriː'taːt] *Chem.* Sulfat *n*

كبريتة [kib'riːta], *pl.* [-aːt] Streichholz *n*; Schachtel *f* Streichhölzer

كبريتور [kibriː'tuːr] *Chem.* Sulfid *n*

كبريتي [kib'riːtiː] schwefelig, Schwefel-

كبريتيد [kibriː'tiːd] *Chem.* Sulfid *n*

كبريتيك [kibriː'tiːk]: حامض الـ~ Schwefelsäure *f*

¹كبس [kabasa, i] (zusammen)pressen, komprimieren; drücken (على auf *A*); überfallen, überrumpeln; ~ السنة بيوم [as-sanata bi-jaum(in)] e-n Tag im Schaltjahr einschalten; ~ـه في الخل [fi l-xall] *etwas* in Essig einmachen; II [kabbasa] mehrfach *od.* stark pressen; massieren; VII انكبس [in'kabasa] gepreßt *od.* gedrückt werden

²كبس [kabs] Pressen *n*; Drücken *n* (على auf *A*); Einschaltung *f e-s Tages im Schaltjahr*; Einmachen *n in Essig*

كبسة [kabsa] *n. vic.* Überfall *m*, Überrumpelung *f*; Razzia *f*

كبسولة [kab'suːla], *pl.* [-aːt] Kapsel *f*; Zündhütchen *n*; ~ فضائية Raumkapsel *f*

¹كبش [kabaʃa, i] e-e Handvoll nehmen (هـ von *D*)

²كبش [kabʃ], *pl.* كباش [ki'baːʃ] Schafbock *m*, Widder *m*; *pl.* كبوش [ku'buːʃ] Ramme *f*; *Syr.* Maulbeere *f*; ~ الفداء [k. al-fi'daːʔ], ~ المحرقة [k. al-muħraqa] Sündenbock *m*; كبوش قرنفل [k. qa'ranful] Gewürznelken *f/pl.*

¹كبشة [kabʃa] Handvoll *f*; Schöpfkelle *f*

²كبشة [kubʃa, kabʃa], *pl.* كبش [kubaʃ] Haken *m*, Häkchen *n*, Spange *f*

كبكب [kabkaba] *Fleisch* zu Buletten formen

كبل [kabala, i] *u. bsd.* II [kabbala] fesseln, in Fesseln legen

¹كبة [kubba], *pl.* كبب [kubab] Knäuel *n*, Kugel *f*

²كبة [kubba, kibba] Buletten *f/pl. aus feingehacktem Fleisch u. Weizenschrot*

(كبو) كبا [kabaː, uː] stolpern, niederfallen

كبوت [ka'bbuːt], *pl.* كبابيت [kaba'biːt] (2) Kapuze *f*; (*Kapuzen-*)Mantel *m*; (*Wagen-*)Verdeck *n*; Kondom *n*

كبود [ka'bbuːd], *pl.* كبابيد [kabaː'biːd] (2) *bsd. Äg.* (*Wagen-*)Verdeck *n*; Kondom *n*

كبوريا [ka'buːrijaː] *Äg.* Krebs(e *pl.*) *m*

كبوة [kabwa] Straucheln *n*, Fehltritt *m*

كبير [ka'biːr], *pl.* كبار [ki'baːr] groß (*a. = bedeutend*); *Mensch*: alt; hoch (*an Rang od. Würde*); + *G*: Chef-, Ober-; الكبار die Erwachsenen *m/pl.*; ~ الحجم umfangreich; كبار رجال الـ... [k. ridʒaːl] führende Persönlichkeiten *f/pl.* des/der…, Spitzenfunktionäre *m/pl.*; ~ السن [k. as-sinn] alt, bejahrt; كبار المسؤولين führende Persönlichkeiten *f/pl.*, Spitzenfunktionäre *m/pl.*; كبار ملاك الأرض [k. mu'llaːk al-ʔa.] Großgrundbesitzer *m/pl.*; ~ المهندسين [k. al-muhandi'siːn] Chefingenieur *m*; ~ ضيف ein hoher Gast; اهتم ~ا اهتماما [ih'tamma, -an] sich sehr interessieren

كبيرة [ka'biːra], *pl.* كبائر [ka'baːʔir] (2) schwere Sünde; schwere(s) Vergehen; → صغيرة

كبيس [ka'biːs] *in Essig* eingemacht; سنة ~ة [sana] Schaltjahr *n*

كبينة [ka'biːna], *pl.* كبائن [ka'baːʔin] (2) Kabine *f*; ~ هاتفية Telefonzelle *f*

[1]**كتاب** [ki'taːb], *pl.* كتب [kutub] Buch *n*; Schreiben *n*, Schriftstück *n*, Brief *m*; (Ehe-)Vertrag *m*; الـ~ der Koran; die Bibel; ~ أبيض [ʔabjɒđ] *Pol.* Weißbuch *n*; ~ تعليمي Lehrbuch *n*; ~ مدرسي [madrasiː] Schulbuch *n*, Lehrbuch *n*; الـ~ المقدس [al-mu'qaddas] die Heilige Schrift, die Bibel; أهل الـ~ Christen und Juden (*als Besitzer e-r heiligen Schrift*)

[2]**كتّاب** [ku'ttaːb], *pl.* كتاتيب [kataː'tiːb] (2) Koranschule *f*, Elementarschule *f*; → كاتب

كتابة [ki'taːba] Schreiben *n*; *pl.* [-aːt] Schrift *f*; Aufschrift *f*, Inschrift *f*; *Maghr.* Sekretariat *n*; *pl. a.* Schriften *f/pl.*; ~ [-tan] *Adv.* schriftlich; ~ الدولة [k. ad-daula] *Maghr.* Staatssekretariat *n*; ~ عامة [ʕaːmma] *Maghr.* Generalsekretariat *n*; لغة الـ~ [luɣat al-k.] Schriftsprache *f*

كتابي [ki'taːbiː] schriftlich; Schreib-; Schrift-; Christ *m od.* Jude *m* (vgl. [1]كتاب); أعمال ~ة Schreibarbeiten *f/pl.*, Büroarbeiten *f/pl.*

كتاف [ki'taːf], *pl.* كتف [kutuf] (*Hand-*)Fessel *f*

كتام [ki'taːm] *Äg.* Verstopfung *f*, Konstipation *f*

كتّان [ka'ttaːn] Flachs *m*, Lein *m*; Leinen *n*

كتّاني [ka'ttaːniː] leinen, aus Leinwand

كتائبي [ka'taːʔibiː] *Lib.* auf die Phalange-Partei bezüglich; *pl.* [-uːn] Phalangist *m*, Angehörige(r) der Phalange-Partei

[1]**كتب** [kataba, u] schreiben (هـ *A*, لـ *j-m*); aufschreiben; *Schicksal*: bestimmen (على/لـ *j-m*); *Pass.* [kutiba] beschieden sein (لـ *j-m*); لم يكتب له النجاح [juktab] ihm war kein Erfolg beschieden; **II** [kattaba] schreiben lassen; *Truppen* in Schwadronen *bzw.* Bataillonen formieren; **III** كاتب [kaːtaba] korrespondieren (ه mit *D*); schreiben (ه an *j-n*); **IV** أكتب [ʔaktaba] schreiben lassen (ه هـ *j-n A*); **VI** تكاتب [ta'kaːtaba] miteinander in Briefwechsel stehen *od.* korrespondieren; **VIII** اكتتب [ik'tataba] sich eintragen (في in *A*); zeichnen (في/ب *Aktien, Kapital*); subskribieren (في *A*); spenden (لصالح für *A*); **X** استكتب [is'taktaba] schreiben *od.* abschreiben lassen

[2]**كتب** [katb]: ~ الكتاب [k. al-ki'taːb] Niederschrift *f* des Ehevertrages

[3]**كتب** [kutub] → [1]كتاب

كتبة → كاتب

كتبي [kutubiː], *pl.* ~ة Buchhändler *m*

كتشينة [kut'ʃiːna] *Äg.* Spielkarten *f/pl.*; لعب الـ~ Kartenspiel *n*

[1]**كتف** [katafa, i] die Hände auf dem Rücken zusammenbinden (ه *j-m*); **II** [kattafa] *die Arme* verschränken; **V** تكتف [ta'kattafa] die Arme verschränken; **VI** تكاتف [ta'kaːtafa] zusammenstehen, zusammenhalten, Schulter an Schulter stehen

[2]**كتف** [katif], *a.* [kitf] *u.* (*selten*) [katf], *pl.* أكتاف [ʔak'taːf] **1.** *meist f* Schulter *f*; **2.** *m Arch.* Stützpfeiler *m*, Strebepfeiler *m*; Auflager *n e-r Brücke*; يعرف من أين تؤكل الـ~ [jaʕrifu, tuʔkalu] er weiß, wie man die Sache anpackt

كتكوت [kat'kuːt], *pl.* كتاكيت [kataː'kiːt] (2) Küken *n*

كتل II [kattala] zusammenballen, zusammenpressen; **V** تكتل [ta'kattala] sich zusammenballen; *Pol.* sich zu e-m Block *od.* e-r Gruppe zusammenschließen

كتلة [kutla], *pl.* كتل [kutal] Klumpen *m*, *a. Phys.* Masse *f*; *Pol.* Block *m*; Fraktion *f im Parlament*; ~ جبلية [dʒaba'liːja] Gebirgsmassiv *n*; الـ~ الذرية [að-ða'rriːja] Atommasse *f*; الـ~ الشرقية *hist.* der Ostblock; كتل الهواء [k. al-ha'waːʔ] *u.* كتل هوائية Luftmassen *f/pl.*

كتلوي [kutlawiː] Block-

[1]**كتم** [katama, u] geheimhalten (عن vor *j-m*), verheimlichen (عن *j-m*); *Geheimnis* wahren; *Zorn, Leidenschaft* unterdrücken; verbergen; *Atem* anhalten; *Schall* dämpfen; **III** كاتم [kaːtama] verbergen, verschweigen (ه هـ *j-m A*); **V** تكتم [ta'kattama] Stillschweigen bewahren (هـ über *A*), verschweigen

[2]**كتم** [katm] Geheimhaltung *f*, Verschweigen *n*, Verheimlichung *f*

كتمان [kit'maːn] Geheimhaltung *f*, Verschweigen *n*, Verheimlichung *f*; Verschwiegenheit *f*, Diskretion *f*

كتمة [katma] *Äg.* Schwüle *f*

كتوم [ka'tuːm] verschwiegen, diskret; *Gesicht*: verschlossen

كتيب [ku'tajjib], *pl.* [-aːt] Büchlein *n*, Broschüre *f*

كتيبة [ka'tiːba], *pl.* كتائب [ka'taːʔib] (2) *Äg.*, *Syr.*, *Jord.* Bataillon *n*; *früher* Schwadron *f*; ~ السلام Friedenskorps *n*; حزب الكتائب [ħizb al-k.] *Lib.* die Phalange-Partei

كتينة [ka'tiːna] (*Uhr-*)Kette *f*

[1]**كث** [kaθθa, i] *Haar*: dicht, voll sein *od.* werden

[2]**كث** [kaθθ] *Haar*: dicht, voll

كثار → كثير

كثافة [ka'θaːfa] Dichte *f*; Intensität *f*; ~ السكان [k. as-su'kkaːn] Bevölkerungsdichte *f*

كثب [kaθab] Nähe *f*; عن ~ aus der Nähe

[1]**كثر** [kaθura, u] viel, zahlreich sein; mehr werden, zunehmen; mehr, zahlreicher sein (عن als); **II** [kaθθara] vermehren; ~ خيرك *Äg.* [kattar xeːrak] *Äg.* danke! (= *Gott vermehre dein Wohl*); **III** كاثر [kaːθara] an Zahl *od.* Menge übertreffen (ه *j-n*, ب in *D*); **IV** أكثر [ʔakθara] vermehren (من/هـ *A*); viel *od.* oft tun (من/هـ *A*); viel *od.* oft geben (ل من *j-m A*); **VI** تكاثر [ta'kaːθara] *a. Biol.* sich vermehren; sich zusammentun (على gegen *A*); **X** استكثر [is'takθara] viel *od.* oft tun (من *A*); nach mehr (من von *etwas*) streben; für zu viel halten; für unverdient ansehen (على bei *j-m*)

[2]كثر [kuθr] *pl.* zahlreich
كثرة [kaθra] Vielzahl *f*, Menge *f*, Fülle *f*; بـ~ in Menge, viel; الـ~ الكاثرة die überwiegende Mehrheit; ~ الناس die vielen Leute
كثف [kaθufa, u] dicht, dick sein *od.* werden; **II** [kaθθafa] verdichten, kondensieren; verdicken, eindikken; intensivieren; **V** تكثف [ta'kaθθafa] *intr.* kondensieren; sich intensivieren; **VI** [ta'kaːθafa] sich verdichten
(**كثلك**) **II** تكثلك [ta'kaθlaka] katholisch werden
كثلكة [kaθlaka]: الـ~ der Katholizismus *m*
كثيب [ka'θiːb], *pl.* كثبان [kuθ'baːn] (Sand-)Düne *f*
كثير [ka'θiːr], *pl.* [-uːn] *u.* كثار [ki'θaːr] viel(e), zahlreich(e); große(r) Teil (من von *D*); ~ا [-an] *Adv.* sehr; oft; ما ~ا *vor Verben*: oft, häufig; بـ~ *nach Komparativ*: viel, bei weitem; ~(الـ) من viel(e); ~ على zuviel für; ~ الحدوث häufig; في ~ من الأحيان/الأوقات häufig (*Adv.*); الـ~ الشيء ein Großteil, das meiste; ~ا [-an] أو قليلا mehr oder weniger
كثيراء [kaθiː'raːʔ] (2) *Bot.* Tragant *m*
كثيف [ka'θiːf] dicht; dick, kompakt; intensiv; *Angriff*: massiv
كجم *Abk.* für كيلوجرام Kilogramm *n*
كح [kaħħa, u] husten
[1]**كحت** [kaħata, a] *u.* **II** [kaħħata] *Äg.* abschaben, abkratzen; *a. Med.* ausschaben
[2]**كحت** [kaħt] Abschaben *n*; *Med.* Ausschabung *f*
كحكح [kaħkaħa] *Äg.* husten, hüsteln
كحكحة [kaħkaħa] *Äg.* Husten *m*, Hüsteln *n*
[1]**كحل** [kaħala] *u.* **II** [kaħħala] s-e Augenlider mit كحل [kuħl] färben; **V** تكحل [ta'kaħħala] sich die Augenlider mit كحل färben; **VIII** اكتحل [ik'taħala] sich die Augenlider mit كحل färben; erquickt werden (بـ durch *A*)
[2]**كحل** [kuħl] Kuhl *n* (*Mittel zum Schwärzen der Augenlider*); Lidschatten *m*; *Chem.* Antimon *n*; → أكحل
كحلاء → أكحل
كحلة [kuħla] *Äg.* Verstreichen *n* der Fugen, Ausfugen *n*
كحلي [kuħliː] dunkelblau
كحة [kuħħa] Husten *m*
كحول [ku'ħuːl] Alkohol *m*
كحولي [ku'ħuːliː] alkoholisch, Alkohol-
كحيل [ka'ħiːl] *Auge*: schwarz; *Augenlid*: schwarzgefärbt
[1]**كد** [kadda, u] sich anstrengen; *j-n* anstrengen
[2]**كد** [kadd] Anstrengung *f*, Mühe *f*, Plackerei *f*
كداس [ku'ddaːs], *pl.* كداديس [kadaː'diːs] (2) (*Heu-*)Schober *m*; Stapel *m von Büchern*
كداسة [ku'daːsa] Haufen *m*, Stapel *m*
[1]**كدح** [kadaħa, a] sich abmühen, sich plagen; hart arbeiten, schuften
[2]**كدح** [kadħ] Mühe *f*, Plackerei *f*, Schufterei *f*
[1]**كدر** [kadira, a] trübe sein *od.* werden, getrübt sein; **II** [kaddara] trüben; betrüben; (ver)ärgern, stören; kränken; **V** تكدر [ta'kaddara] trübe, getrübt werden; gekränkt sein, verärgert sein (من über *A*)
[2]**كدر** [kadar] Getrübtheit *f*; Betrübnis *f*, Ärger *m*, Verdruß *m*
[3]**كدر** [kadir] trübe, getrübt
كدراء → أكدر
كدرة [kudra] Getrübtheit *f*; trübe Farbe
[1]**كدس** **II** [kaddasa] anhäufen, aufhäufen; **V** تكدس [ta'kaddasa] sich anhäufen, sich stapeln
[2]**كدس** [kuds], *pl.* أكداس [ʔak'daːs] Haufen *m*, Stapel *m*
كدمة [kadma], *pl.* [kada'maːt] Prellung *f*, Quetschung *f*; blutunterlaufene(r) *od.* blaue(r) Fleck
كدود [ka'duːd] *m u. f* arbeitsam, fleißig
كدى **II** [kaddaː] betteln
كديش [ka'diːʃ], *pl.* كدش [kudʃ] Schindmähre *f*, Gaul *m*
كدية [kudja] Bettelei *f*
كذا [kaðaː] so, auf diese Weise; ~ و~ soundso (viel); في سنة ~ [sanati k.] im Jahre soundso
كذاب [ka'ððaːb] lügnerisch, verlogen; *pl.* [-uːn] Lügner *m*
[1]**كذب** [kaðaba, i] lügen; belügen (على *j-n*); **II** [kaððaba] *j-n* der Lüge bezichtigen; *j-n* Lügen strafen; dementieren
[2]**كذب** [kaðib, kiðb] Lüge *f*
كذبة [kiðba] Lüge *f*; أبريل ~ Aprilscherz *m*
كذلك [ka'ðaːlika] ebenso, ebenfalls, auch, desgleichen
كذوب [ka'ðuːb] Lügner *m*
[1]**كر** [karra, u] (wieder) angreifen (على *j-n*); zurückkehren, sich zurückziehen; **II** كرر [karrara] **1.** wiederholen; wiederholt tun; *Frage* wiederholt richten (على an *A*); ~ نفسه sich wiederholen; **2.** reinigen, klären; *Öl, Zucker* raffinieren; **V** تكرر [ta'karrara] sich wiederholen; raffiniert werden
[2]**كر** [karr] Angriff *m*, Attacke *f*; Wandel *m der Zeiten*; الـ~ والفر [wa-l-farr] Hin- und Herwogen *n des Kampfes*; على ~ العصور im Laufe der Jahrhunderte
كراء [ki'raːʔ] Miete *f*, Pacht *f*; *pl.* أكرية [ʔakrija] *Maghr.* (*zu zahlende*) Miete
كرات [ku'rraːt] *Äg.*, *Saudi-Ar.*, *Kuw.* Lauch *m*
كراتي [ka'raːtiː] Karate *n*
كراث [ku'rraːθ] Lauch *m*; *Äg. a.* Schnittlauch *m*
كراج [ga'raːʒ], *pl.* [-aːt] *Ir.*, *Syr.* Garage *f*
كرادلة → كاردينال
كرار [ka'raːr], *pl.* [-aːt] Vorratskammer *f*
كرارية [kurraː'riːja], *pl.* [-aːt] *Äg.* (*Garn-*)Knäuel *n*
كرازة [ki'raːza] *koptische Kirche:* Predigt *f*, Verkündigung *f*; الـ~ المرقسية [al-marqu'siːja] das Jurisdiktionsgebiet des koptischen Patriarchats
كراس [ku'rraːs], *pl.* كراريس [karaː'riːs] (2) *bsd. Maghr.* = كراسة
كراسة [ku'rraːsa], *pl.* [-aːt] *u.* كراريس [karaː'riːs] (2) Heft *n*; Lieferung *f e-s Buches*

كراع [ku'raːˁ] *f u. m, pl.* أكرع *(Hammel-)*Fuß *m*
كرافت [kraft] braune(s) Packpapier
كرافتا [kra'vattaː], *pl.* [-aːt] Krawatte *f*
كراكة [ka'rraːka], *pl.* [-aːt] *Äg.* Bagger *m*
كراكي → كركي
[1]**كرام** [ka'rraːm] Weinbauer *m*
[2]**كرام** [ki'raːm] → [1]كريم
كرامة [ka'raːma] Würde *f*, Ansehen *n*, Ehre *f*, Prestige *n*; Edelmut *m*, Adel *m*; Hochherzigkeit *f*, Großzügigkeit *f*, Freigebigkeit *f*; *pl.* [-aːt] Wundertat *f*; الإنسان ~ Menschenwürde *f*
كراهة [ka'raːha] = كراهية
كراهية [ka'raːhija] Haß *m*, Widerwille *m*, Abneigung *f*
كراويا [ka'raːwijaː] Kümmel *m*
[1]**كرب** [karaba, u] bedrücken, bekümmern, betrüben; **VII** انكرب [in'karaba] bedrückt, niedergeschlagen sein
[2]**كرب** [karb], *pl.* كروب [ku'ruːb] Bedrücktheit *f*, Kummer *m*, Betrübnis *f*, Besorgnis *f*, Sorge *f*
[3]**كرب** [ki'ribb] Krepp *m*
كرباج [kur'baːʤ], *pl.* كرابيج [karaː'biːʤ] (2) Peitsche *f*
كربلاء [karba'laːʔ] (2) Kerbela *(Stadt im Irak)*
كربن [karbana] karbonisieren
كربة [kurba], *pl.* [-aːt] *u.* كرب [kurab] Kummer *m*, Besorgnis *f*, Sorge *f*, Notlage *f*
كربوجة [kar'buːʤa], *pl.* كرابيج [karaː'biːʤ] (2) *Syr. Art* Feingebäck *n* in Kugelform
كربون [kar'boːn] Kohlenstoff *m*; ورق ~ [waraq k.] Kohlepapier *n*
كربونات [karboː'naːt] Karbonat *n*
كربوني [kar'boːniː] Kohlenstoff-
كرت [kart], *pl.* كروت [ku'ruːt] Karte *f*
كرتون **1.** [kar'toːn], *pl.* كراتين [karaː'tiːn] (2) Karton *m*, Pappe *f*; *pl.* [-aːt] Karton *m als Behälter*; **2.** [kar'tuːn] Cartoon *m od. n*
كرتوني [kar'toːniː] Karton-
(كرث) **VIII** اكترث [ik'taraθa] sich kümmern (ب/ل um *A*), sich interessieren (ب/ل für *A*), beachten (ب/ل *A*)
كرج [kurʤ]: الـ~ *koll.* die Georgier *m/pl.*
كرخانة **1.** [kara'xaːna], *pl.* [-aːt] *Äg.* Bordell *n*; **2.** [kar'xaːna], *pl.* [-aːt] *u.* كراخين [karaː'xiːn] (2) *Syr.* Fabrik *f*; Werkstatt *f*
[1]**كرد** [kard] *Textilindustrie*: Kardieren *n*, Karden *n*
[2]**كرد** [kard, gard], *pl.* كرود [ku'ruːd, gu'ruːd] *Ir.* von Rindern *od.* Pferden gedrehte(s) Wasserschöpfrad
[3]**كرد** [kurd]: الـ~ *koll.* die Kurden *m/pl.;* بلاد الـ~ [bi'laːd al-k.] Kurdistan
كردان [kir'daːn], *pl.* كرادين [karaː'diːn] (2) Halskette *f*
كردس [kardasa] aufhäufen, aufeinanderhäufen; zusammenscharen
كردستان [kurdis'taːn] (2) *f* Kurdistan
كردوس [kar'duːs], *pl.* كراديس [karaː'diːs] (2) *Ir.* Kampfgruppe *f*, Truppe *f*
كردون [kar'doːn], *pl.* [-aːt] Kordon *m*; Band *n*, Litze *f*
كردي [kurdiː] kurdisch; *pl.* أكراد [ʔak'raːd] Kurde *m*
[1]**كرز** [karaza, i] *Chr.* predigen
[2]**كرز** [karaz] *koll., n. un.* ة~ Kirsche(n *pl.*) *f*
[3]**كرز** [karz] *Chr.* Predigt *f*
كرزة [karaza], *pl.* [-aːt] Kirsche *f*
كرزي [karaziː] kirschförmig; kirschrot
كرس **II** [karrasa] **1.** festigen, *fig.* zementieren; verewigen; **2.** weihen, einweihen; *Prinzipien* heiligen; widmen (ل *e-r Sache*); **V** تكرس [ta'karrasa] sich festigen
كرسنة [kir'sinna] Linsenwicke *f*
كرسي [kursiː], *pl.* كراسي [karaː'siːj] (2) *u.* كراس [ka'raːsin] Stuhl *m*, Sessel *m*; Sitz *m*; Lehrstuhl *m*; *Techn.* Lager *n*; بلي ~ [billiː], ~ بيل [biːl] Kugellager *n*; طويل ~ Liegestuhl *m*; الملك ~ [k. al-mulk] Königsthron *m*; هزاز ~ [ha'zzaːz] Schaukelstuhl *m*; الهمزة ~ *Gr.* Träger *m* des Hamza *(Buchstabe, auf den das Hamza gesetzt wird)*
[1]**كرش** [kariʃa, a] faltig, runzlig sein *od.* werden; **II** [karraʃa] e-n Bauch bekommen
[2]**كرش** [kurʃ] → أكرش
[3]**كرش** [kirʃ] *f u. m, pl.* أكراش [ʔak'raːʃ] *u.* كروش [ku'ruːʃ] Bauch *m*, Wanst *m*
كرشاء → أكرش
كرشة [kirʃa] *Äg.* Kaldaunen *pl.* *(als Gericht)*
كرشوني [kar'ʃuːniː] Arabisch *n* in syrischer Schrift
كرع [karaˁa, a] schlürfen; **V** تكرع [ta'karraˁa] *Äg.* aufstoßen, rülpsen
كرفس [karafs], *Ir.* [krafus] Sellerie *m od. f*
كرك [karak]: الـ~ Kerak *(Stadt in Jordanien)*
كركب [karkaba] *Äg.* durcheinanderbringen, in Unordnung bringen
كركبة [karkaba] *Äg.* Durcheinander *n*, Unordnung *f*
كركدن [karka'dann] Nashorn *n*, Rhinozeros *n*
[1]**كركر** [karkara] *Magen*: knurren; ~ في الضحك [fi đ-đoħik] lauthals *od.* schallend lachen
[2]**كركر** [karkar] Raubmöwe *f*
كركم [kurkum] Kurkuma *f*, Gelbwurzel *f*
كركند [kar'kand] *Äg., Syr.* Hummer *m*
كركة [karaka] Destillierkolben *m*
كركوك [kar'kuːk] Kirkuk *(Stadt im Irak)*
كركي [kurkiː], *pl.* كراكي [karaː'kiːj] (2) Kranich *m*; سمك الـ~/الكراكي [samak al-k.] Hecht *m*
[1]**كرم** [karuma, u] edel(mütig), hochherzig sein; großzügig, freigebig sein; geehrt werden (عند von *j-m*); **II** [karrama] ehren; **III** كارم [kaːrama] ehrenvoll *od.* großzügig behandeln; **IV** أكرم [ʔakrama] ehren, ehrenvoll behandeln; gastfreundlich behandeln; beschenken (ب mit *D*); **V** تكرم [ta'karrama] die Ehre haben (ب zu); die Güte haben, geruhen (ب zu); großmütig *od.* großzügig sein (على gegenüber *j-m*); verehren (ب على *j-m A*)

[2]**كرم** [karam] Großmut *f*, Edelmut *m*, Güte *f*; Großzügigkeit *f*, Freigebigkeit *f*

[3]**كرم** [karm] *koll.*, *pl.* كروم [ku'ruːm] (Wein-)Reben *f/pl.*, Wein *m*; Weingarten *m*, Weinberg *m*

كرمش [karmaʃa] *u.* **II** تكرمش [ta'karmaʃa] *Äg.* sich falten, runzlig werden

كرمشة [karmaʃa] *Äg.* Falte *f*, Runzel *f*

كرملي [karmaliː], *pl.* [-uːn] *Chr.* Karmeliter *m*

كرملين [kremlin, krem'liːn]: الـ~ der Kreml

كرمة [karma] Weinstock *m*, Rebe *f*

كرنب [ku'rumb] Kohl *m*, Kraut *n*; ~ بروكسل Rosenkohl *m*

كرنبة [ku'rumba] Kohlkopf *m*

كرنتينة [karan'tiːna, kuran'tiːna] Quarantäne *f*

كرنك [ka'rank], *pl.* [-aːt] *Techn.* Kurbelwelle *f*

كرنيش [kur'niːʃ], *pl.* كرانيش [karaː'niːʃ] (2) Uferstraße *f*

[1]**كره** [kariha, a] nicht leiden können, nicht mögen, verabscheuen, hassen; e-e Antipathie haben (ه/ـه gegen *A*); **II** [karraha] verhaßt, widerwärtig, unsympathisch machen (ه إلى *j-m A*); **IV** أكره [ʔakraha] zwingen (على zu *D*); **X** استكره [is'takraha] Widerwillen empfinden (ـه gegen *A*); + *Neg.*: nicht zurückschrecken (ـه vor *D*)

[2]**كره** [karh] Abneigung *f*, Widerwille *m*; ~ا [-an] *Adv.* widerwillig, gezwungen

[3]**كره** [kurh] Haß *m*, Abscheu *m*, Abneigung *f*, Antipathie *f*; على ~ منه widerwillig, gezwungen (*Adv.*)

[1]**كرة** [karra] Wiederkehr *f*; Mal *n*; Angriff *m*; ~ بعد ~ [-tan] ein ums andere Mal

[2]**كرة** [kura], *pl.* [-aːt] Kugel *f*, Ball *m*; ~ أرضية Erdkugel *f*; *Fußball*: Flachschuß *m*; الكرات البيضاء [al-bai'đɒːʔ] die weißen Blutkörperchen *n/pl.*; الكرات الحمراء [al-ħam-'raːʔ] die roten Blutkörperchen *n/pl.*; ~ الريشة [k. ar-riːʃa] Federball *m*; ~ السلة [k. as-salla] Basketball *m od. n*; ~ الطاولة Tischtennis *n*; الـ~ الطائرة Volleyball *m*; ~ القدم [k. al-qadam] Fußball *m*; الـ~ اللينة [al-lajjina] Softball *m*; ~ الماء Wasserball *m*; ~ المضرب [k. al-miđrab] Tennis *n*; ~ اليد [k. al-jad] Handball *m*; نصف ~ [nisf k.] Halbkugel *f*

كروات [kru'waːt] *koll.*: الـ~ die Kroaten *m/pl.*

كرواتي [kru'waːtiː] kroatisch; *pl.* [-uːn] Kroate *m*

كرواتيا [kru'waːtijaː] Kroatien

كروان [kara'waːn], *pl.* كراوين [karaː'wiːn] (2) Brachvogel *m*

كروب [ka'ruːb], *pl.* كروبيون [karuːbiː'juːn], كروبية [karuː'biːja] *u.* كروبيم [karuː'biːm] *Chr.* Cherub *m*

كروشيه [kroː'ʃeːh] Häkeln *n*

كروكي [kroːkiː], *pl.* [-aːt] Skizze *f*

كروم [kroːm] Chrom *n*

كرونة [kroːna], *pl.* [-aːt] Krone *f* (*Währungseinheit*)

كروي [kurawiː] kugelförmig, Kugel-; Fußball-

كروية [kura'wiːja] Kugelförmigkeit *f*; Kugelgestalt *f der Erde*

[1]**كرى** [karaː, iː] graben; **IV** أكرى [ʔakraː] vermieten, verpachten; **VIII** اكترى [ik'taraː] mieten, pachten

[2]**كرى** [karan] Schlummer *m*

[3]**كري** [karriː] Curry *m*

كريب [kreːb] Krepp *m*

كريب فروت [greːb-fruːt] Grapefruit *f*

كريت [k(i)riːt] Kreta

كريدر [greːdar], *pl.* [-aːt] Planiermaschine *f*; Sortiermaschine *f*

كريز [ku'raiz] *koll.*, *n. un.* ~ة *Äg.* Kirsche(n *pl.*) *f*

كريك [ku'reːk], *pl.* [-aːt] Schaufel *f*; Wagenheber *m*

[1]**كريم** [ka'riːm], *pl.* كرام [ki'raːm] *u.* كرماء [kura'maːʔ] (2) edel, großmütig, hochherzig; großzügig, freigebig; geehrt, verehrt; *Leben*: menschenwürdig; *Einkommen*: anständig; الـ~ *Beiname Gottes*; ~ حجر [ħadʒar] Edelstein *m*; القرآن الـ~ der Heilige Koran; القارئ الـ~ der freundliche Leser; ~ معدن [maʕ-din] Edelmetall *n*

[2]**كريم** [kreːm, kriːm], *pl.* [-aːt] Creme *f*

[1]**كريمة** [ka'riːma], *pl.* كرائم [ka'raːʔim] (2) Kostbarkeit *f*; Tochter *f*

[2]**كريمة** [kreːma], *pl.* [-aːt] Creme *f*; dicke Soße

كرين [krain], *pl.* [-aːt] *Saudi-Ar.*, *Kuw.* Kran *m*

كريه [ka'riːh] widerlich, verhaßt

كرية [ku'raija], *pl.* [-aːt] Kügelchen *n*; Blutkörperchen *n*

كريهة [ka'riːha], *pl.* كرائه [ka'raːʔih] (2) Widerwärtigkeit *f*; Unglück *n*, Not *f*

[1]**كز** [kazza, u] schrumpfen, sich zusammenziehen; ~ على أسنانه *Äg.* mit den Zähnen knirschen

[2]**كز** [kazz], *pl.* كز [kuzz] zusammengeschrumpft; steif, starr

كزاز [ku'zaːz] Wundstarrkrampf *m*, Tetanus *m*

كزبرة [kuzbara, kuzbura] Koriander *m*; ~ البئر [k. al-biʔr] *Bot.* Frauenhaar *n*, Venushaar *n*; ~ الثعلب [k. aθ-θaʕlab] Pimpinelle *f*

كس [kuss], *pl.* أكساس [ʔak'saːs] *umg.* Vulva *f*

كساء [ki'saːʔ], *pl.* أكسية [ʔaksija] Gewand *n*, Kleid *n*

كساح [ku'saːħ] *Med.* Rachitis *f*

كساحة [ku'saːħa] Kehricht *m*

كساد [ka'saːd] Stagnation *f*, (Wirtschafts-)Flaute *f*

كسارة [ka'ssaːra], *pl.* [-aːt] *Techn.* Brecher *m*; Nußknacker *m*

[1]**كسب** [kasaba, i] verdienen, erwerben; *Zeit*, *Vertrauen*, *a. j-n* gewinnen; *Beifall* ernten; **II** [kassaba] verdienen *od.* gewinnen lassen; **IV** أكسب [ʔaksaba] verdienen *od.* gewinnen lassen; verleihen (ه/ـه *j-m od. e-r Sache etwas*); **V** تكسب [ta'kassaba] den Lebensunterhalt *od.* Geld verdienen; **VIII** اكتسب [ik'tasaba] erwerben, verdienen; *Bedeutung* gewinnen; *Erfahrungen* sammeln; *Eigenschaft* annehmen

[2]**كسب** [kasb] Verdienen *n*, Erwerb *m*, Gewinn *m*; ~ الرزق [k. ar-rizq] Erwerb *m* des Lebensunterhalts; ~

الوقت Zeitgewinn *m*; للوقت ~ـا [-an] um Zeit zu gewinnen

3كسب [kusb] Ölkuchen *m*, Preßrückstand *m bei der Ölgewinnung*

كسبرة [kusbara] Koriander *m*

كسبة → كاسب

كستاريكا [kosta'riːkaː] Costa Rica

كستاريكي [kosta'riːkiː] costaricanisch; *pl.* [-uːn] Costaricaner *m*

كستبان [kustu'baːn] Fingerhut *m*

كستليته [kusta'leːta] *Äg.* Kotelett *n*

كستنا [kastanaː] *u.* كستناء [kasta'naːʔ] Kastanie(n *pl.*) *f*

كستنائي [kasta'naːʔiː] kastanienbraun

كستنة [kastana] Kastanienbaum *m*, Kastanie *f*

كستور [kus'tuːr] dicke(r) Baumwollstoff

كسح [kasaħa, a] fegen; *Minen* räumen; — [kasiħa, a] verkrüppelt sein; **II** [kassaħa] *Äg.* verkrüppeln; **VIII** اكتسح [ik'tasaħa] (hin)wegfegen; überrennen, *Konkurrenz* aus dem Feld schlagen, an die Wand drücken

كسد [kasada, u] stagnieren; *Markt*: flau sein

1كسر [kasara, i] zerbrechen, aufbrechen; *a. fig.* brechen; durchbrechen, sprengen; *Regel* verletzen; *Nuß* knacken; besiegen; *Durst* löschen; *Konsonanten* mit dem Vokal *i* aussprechen; خاطره ~ j-n enttäuschen, betrüben; **II** [kassara] in Stücke zerbrechen, zerschlagen, zertrümmern; *Nüsse* knacken; **V** تكسر [ta'kassara] zerbrochen werden, zerbrechen; *Strahlen, Wogen*: sich brechen; **VII** انكسر [in'kasara] zerbrochen werden, (zer)brechen; *Licht, Strahlen*: sich brechen; gebrochen sein, nachlassen; besiegt werden

2كسر [kasr] **1.** (Zer-, Auf-)Brechen *n*; Aussprechen *n e-s Konsonanten* mit dem Vokal *i*; **2.** *pl.* كسور [ku'suːr] *Med., Math.* Bruch *m*; Bruchstück *n*; عشري ~ [ʕuʃriː] Dezimalbruch *m*; جنيه وكسور [dʒu'naih] etwas mehr als ein Pfund; زجاج ~ [zu'dʒaːdʒ] Glasbruch *m*

1كسرة [kasra], *pl.* [kasa'raːt] **1.** *Gr.* Vokalzeichen für *i*; **2.** Niederlage *f*

2كسرة [kisra], *pl.* [kis(a)'raːt] *u.* كسر [kisar] abgebrochene(s) Stück, Stückchen *n*

كسرى [kisraː] Chosroes; *Bezeichnung der persischen (sassanidischen) Könige*

كسف [kasafa, i] **1.** *Sonne*: sich verfinstern; **2.** beschämen; **VII** انكسف [in'kasafa] sich verfinstern; sich schämen, verlegen werden

1كسكس [kaskasa] *Äg.* zurückweichen, sich zurückziehen

2كسكس [kuskus] *u.* كسكسي [kuskusiː] Kuskus *m* (*Gericht aus Hirse od. Hartweizengrieß in Nordafrika*)

1كسل [kasila, a] faul, träge sein, faulenzen; **II** [kassala] *u.* **IV** أكسل [ʔaksala] faul *od.* träge machen; **VI** تكاسل [ta'kaːsala] faul sein, faulenzen; zu faul sein (عن für *A*); sich faul stellen

2كسل [kasal] Faulheit *f*, Trägheit *f*

كسلان [kas'laːn] (2), *f* كسلى [kaslaː] *u.* ~ة, *pl.* كسالى [ka'saːlaː, ku'saːlaː] *u.* كسلى [kaslaː] faul, träge

كسم [kasm] Form *f*, Fasson *f*, Schnitt *m e-s Kleides*

(كسو) كسا [kasaː, uː] kleiden, bekleiden, einkleiden; bedecken, überziehen; **IV** أكسى [ʔaksaː] kleiden (ه ـه *j-n* in *A*), bekleiden (ه ـه *j-n* mit *D*); *Syr. Straße* mit e-m Belag versehen; verleihen, geben (ـه ـه *e-r Sache e-n Charakter*); **VIII** اكتسى [ik'tasaː] sich kleiden (ـه in *A*); sich bedecken, sich überziehen

كسوف [ku'suːf]: الشمس ~ Sonnenfinsternis *f*

كسول [ka'suːl] faul, träge

كسوة [kiswa, kuswa], *pl.* كسى [kisan, kusan] *u.* كساو [ka'saːwin] Kleidung *f*, Gewand *n*; Uniform *f*; Überzug *m*; (الشريفة) الـ~ Hülle *f* der Kaaba *in Mekka*; بيتونية ~ *Syr.* Betondecke *f*

كسيح [ka'siːħ] verkrüppelt, *Bein*: lahm

كسير [ka'siːr], *pl.* كسرى [kasraː] *u.* كسارى [ka'saːraː] gebrochen, zerbrochen; besiegt; الخاطر ~ verzagt, entmutigt

1كش [kaʃʃa, i] **1.** *Stoff*: einlaufen; **2.** *Fliegen* verjagen, verscheuchen; *Syr. Tauben* fliegen lassen, dressieren

2كش [kaʃʃ] Verjagen *n*, Verscheuchen *n*

كشاش [ka'ʃʃaːʃ]: حمام ~ *Syr.* j-d, der Tauben dressiert

كشاف [ka'ʃʃaːf] **1.** *pl.* ~ة Kundschafter *m*; Pfadfinder *m*; *Äg.* Prüfer *m von Baumwollsorten*; Fahnder *m*; **2.** *pl.* [-aːt] Prüfgerät *n*, Detektor *m*; Scheinwerfer *m*; Index *m*; يدوي ~ [jadawiː] Taschenlampe *f*

كشافة [ka'ʃʃaːfa] Pfadfinderbewegung *f*

1كشح [kaʃaħa, a] **1.** verjagen, zerstreuen; **2.** له بالعداوة ~ j-m feindlich gesinnt sein

2كشح [kaʃħ], *pl.* كشوح [ku'ʃuːħ] Seite *f*, Flanke *f*; عن ~ـه طوى [tɒwaː-ahuː] sich von *etwas* abkehren

كشر [kaʃara, i]: عن أسنانه ~ die Zähne zeigen (*konkret*); **II** [kaʃʃara]: ~ عن أنيابه [ʔan'jaːbahuː] *fig.* die Zähne zeigen *od.* fletschen; ein böses Gesicht machen

كشرة [kiʃra] Zähnefletschen *n*; Grimasse *f*

1كشط [kaʃatɒ, i] abkratzen, abschaben; *Äg.* (weg-, aus)radieren; *Rahm* abschöpfen

2كشط [kaʃt] Abschaben *n*; Radieren *n*

1كشف [kaʃafa, i] wegnehmen, wegziehen (عن von *D*); *a. fig.* aufdecken, enthüllen (ـه/عن *A*); herausfinden (ـه/عن *A*); prüfen (على *A*); ärztlich untersuchen (على *j-n*); ~ القناع عن [al-qi'naːʕa] *j-n* entlarven; النقاب عن ~ [an-ni'qaːba] *fig. etwas* enthüllen *od.* aufdecken; **III** كاشف [kaːʃafa] enthüllen, eröffnen, offenbaren (ب ه *j-m A*); **V** تكشف [ta'kaʃʃafa] ans Licht kommen, offenbar werden, sich zeigen; **VII** انكشف [in'kaʃafa] aufgedeckt, enthüllt werden; *Schleier*: gelüftet werden; offenbar werden, sich zeigen; *Spion*: enttarnt werden; ~ أمره aufgedeckt werden; **VIII** اكتشف [ik'taʃafa] entdecken; *Verschwörung* aufdecken; ausfindig machen; **X** استكشف [is'takʃafa] erkunden, auskundschaften, erforschen; entdecken; *bsd. Mil.* aufklären

[2]**كشف** [kaʃf] **1.** Wegnehmen *n*, Wegziehen *n* (عن von *D*); Aufdeckung *f*, Enthüllung *f* (*G od.* عن *G*); ~ مبكر [mu'bakkir] Früherkennung *f* (عن *e-r Krankheit*); قدم ~ حساب عن [qaddama -a ħi'sa:bin] Rechenschaft ablegen über; **2.** *pl.* كشوف [ku'ʃu:f] Prüfung *f*, Untersuchung *f* (على *G*); ~ طبي [ŧibbi:] ärztliche Untersuchung; **3.** *pl.* كشوف *u.* كشوفات [kuʃu:'fa:t] Liste *f*, Aufstellung *f*; Verzeichnis *n*; ~ تقديري (Kosten-)Voranschlag *m*; ~ حساب [k. ħi'sa:b] Kontoauszug *m*

كشفي [kaʃfi:] Pfadfinder-

كشك [kuʃk], *pl.* أكشاك [ʔak'ʃa:k] Kiosk *m*, Verkaufsbude *f*; Kabine *f*; (*Telefon-*)Zelle *f*; Pavillon *m*

[1]**كشكش** [kaʃkaʃa] *Stoff* mit Rüschen versehen

[2]**كشكش** [kaʃkaʃ] *koll.* Rüschen *f/pl.*

كشكشة [kaʃkaʃa] Rüsche *f*

كشكول [kaʃ'ku:l], *pl.* كشاكيل [kaʃa:'ki:l] (2) Bettelsack *m*, Bettelschale *f*; Tasche *f* für alles mögliche; (Sammel-)Mappe *f*; *Kuw.* Heft *n*

كشمش [kiʃmiʃ] *koll.* Rosinen *f/pl.*, Korinthen *f/pl.*; Johannisbeeren *f/pl.*

كشمير [kaʃ'mi:r] *Geo.* Kaschmir; Kaschmir *m* (*Gewebe*)

كشميري [kaʃ'mi:ri:] aus Kaschmir

كشن [kuʃin], *pl.* [-a:t] *Ir.*, *Kuw.* (Sitz-)Polster *n*

(**كظ**) **VIII** اكتظ [ik'tɒððɒ] überfüllt, überladen, gedrängt voll, vollgestopft sein (ب mit *D*)

كظم [kaðɒma, i] *Zorn* unterdrücken, verbeißen

كظيم [ka'ði:m] voll unterdrückten Zorns; zornerfüllt

كظيمة [ka'ði:ma], *pl.* كظائم [ka'ðɒ:ʔim] (2) Thermosflasche *f*

[1]**كعب** **II** [kaʕʕaba] würfelförmig machen; in Würfel schneiden; *Math.* kubieren

[2]**كعب** [kaʕb], *pl.* كعوب [ku'ʕu:b] *u.* كعاب [ki'ʕa:b] *Anat.* Knöchel *m*; Ferse *f* (*Anat.*, *des Strumpfes*); (*Schuh-*)Absatz *m*; (*Buch-*)Rücken *m*; Kontrollabschnitt *m*, Stamm(abschnitt) *m*; Knoten *m e-s Halmes*; (*Spiel-*)Würfel *m*; ~ عال [ʕa:lin] hohe(r) Absatz; عالي الـ~ tüchtig, erfolgreich

كعبرة [kuʕbura], *pl.* كعابر [ka'ʕa:bir] (2) *Bot.* Knoten *m*; عظم الـ~ *Anat.* Speiche *f*

كعبل [kaʕbala] *Äg.* ein Bein stellen (ه *j-m*)

كعبة [kaʕba], *pl.* [kaʕa'ba:t] Würfel *m*; الـ~ die Kaaba *in Mekka*

كعك [kaʕk] *koll.*, *n. un.* ~ة Kuchen *m*, Gebäck *n*, Keks(e *pl.*) *m*

كغم *Abk. für* كيلوغرام kg

[1]**كف** [kaffa, u] verzichten (عن auf *A*), aufgeben (عن *A*), Abstand nehmen (عن von *D*); zurückhalten, abbringen (عن von *D*); *Kleid* säumen; ~ بصره *u. Pass.* [kuffa bɒ'sɒruhu:] erblinden; **II** كفف [kaffafa] *Kleid* säumen

[2]**كف** [kaff] **1.** Verzicht *m* (عن auf *A*), Aufgabe *f* (عن *G*); **2.** *pl.* كفوف [ku'fu:f] *u.* أكف [ʔa'kuff] Hand *f*, Handfläche *f*; Pfote *f*; ~ مريم [k. marjam] *Bot.* Keuschbaum *m*; وضع حياته على ~ه [ħa'ja:tahu:] er setzte sein Leben aufs Spiel; **3.**: ~ البصر [k. al-bɒsɒr] Erblindung *f*, Blindheit *f*

كفء [kufʔ], *pl.* أكفاء [ʔak'fa:ʔ] ebenbürtig, gewachsen (ل *j-m*); fähig, befähigt; geeignet (ل für *A*)

كفأ [kafaʔa, a] sich abwenden (عن von *D*); **III** كافأ [ka:faʔa] belohnen, entlohnen (على für *A*); wettmachen (هـ ب *etwas* durch *A*); gleichkommen (هـ *D*); sich messen können (ه mit *j-m*); **VI** تكافأ [ta'ka:faʔa] einander gleich sein; gleich sein (مع wie), entsprechen (مع *D*); **VII** انكفأ [in'kafaʔa] weichen, zurückweichen, sich zurückziehen; zurückkehren; umgestürzt werden; sich beugen (على über *A*)

[1]**كفاء** [ka'fa:ʔ] *obs.* Gleichheit *f*

[2]**كفاء** [ki'fa:ʔ]: لا ~ له [-a] unvergleichlich

كفاءة [ka'fa:ʔa], *pl.* [-a:t] Leistungsfähigkeit *f*; Fähigkeit *f*, Qualifikation *f*; Effizienz *f*; *pl. a.* Fachkräfte *f/pl.*; ~ قتالية [qita:'li:ja] Kampfkraft *f e-r Truppe*

كفاح [ki'fa:ħ] Kampf *m* (ضد gegen *A*)

كفاحي [ki'fa:ħi:] Kampf-

كفار → كافر

كفارة [ka'ffa:ra] Sühne *f*, Buße *f* (عن für *A*)

[1]**كفاف** [ka'fa:f] was zum Leben ausreicht, Lebensnotwendige(s); عاش على الـ~ sein Leben fristen

[2]**كفاف** [ki'fa:f], *pl.* أكفة [ʔa'kiffa] Saum *m*, Rand *m*, Borte *f*

كفالة [ka'fa:la], *pl.* [-a:t] Bürgschaft *f*, Garantie *f*; (= ~ نقدية) Kaution *f*; بـ~ gegen Kaution; ~ مصرفية [mɒsri'fi:ja] Bankbürgschaft *f*, Bankgarantie *f*

كفاية [ki'fa:ja] was genügt *od.* ausreicht, Genüge *f*; *pl.* [-a:t] (Leistungs-)Fähigkeit *f*; Effizienz *f*; ~! genug (damit)!; ~ إنتاجية Produktionsleistung *f*; (Arbeits-)Produktivität *f*; ذو ~ عالية [ʕa:lija] von hoher Leistungsfähigkeit; Hochleistungs-; عدم الـ~ [ʕadam al-k.] Unfähigkeit *f*; Unzulänglichkeit *f*; في هذا ~ das genügt, damit ist es genug

[1]**كفت** **II** [kaffata] mit Intarsien versehen *od.* verzieren, inkrustieren

[2]**كفت** [kaft] Verzierung *f* mit Intarsien, Inkrustierung *f*

كفتة [kufta] *Art* Frikadellen *f/pl.*

كفتي [kafti:] Hersteller *m* von Einlegearbeiten *od.* Intarsien

(**كفح**) **III** كافح [ka:faħa] kämpfen (من أجل/في سبيل für *A*, ضد gegen *A*); bekämpfen (ه/هـ *A*); verteidigen (من *A*)

[1]**كفر** [kafara, u] ungläubig sein; undankbar sein (ب für *A*); ~ بالله [bi-lla:h] nicht an Gott glauben;

II [kaffara] **1.** machen, daß j-d (ه) nicht (mehr) an *etwas* (ب) glaubt; des Unglaubens bezichtigen; **2.** sühnen (عن *A*), büßen (عن für *A*); verzeihen (ل/عن *j-m*); **IV** أكفر [ʔak-fara] ungläubig machen; des Unglaubens bezichtigen

²**كفر** [kafar], *pl.* [-aːt] *Äg., Saudi-Ar.* Gummireifen *m*

³**كفر** [kafr], *pl.* كفور [ku'fuːr] Dorf *n*, Weiler *m*

⁴**كفر** [kufr] Unglaube *m*; بالله ~ [bil-laːh] Gottlosigkeit *f*, Gotteslästerung *f*; بالنعمة ~ [bi-n-niʕma] Undankbarkeit *f*

كفران [kuf'raːn] Unglaube *m*; ~ بالنعمة [bi-n-niʕma] Undankbarkeit *f*

كفكف [kafkafa] *Tränen* abwischen

¹**كفل** [kafala, u] **1.** gewährleisten, garantieren, sicherstellen, verbürgen; bürgen (ه/ـه für *A*); **2.** ernähren, unterhalten; **II** [kaffala] sorgen (ه für *j-n*), ernähren, unterhalten; j-s Fürsorge (ه) anvertrauen; **IV** أكفل [ʔakfala] zum Bürgen machen; **V** تكفل [ta'kaffala] übernehmen (ب *A*), sich verpflichten (ب zu *D*); sich verbürgen (ب für *A*); **VI** تكافل [ta'kaːfala] füreinander bürgen; gemeinsam die Bürgschaft, Garantie *od.* Verantwortung übernehmen

²**كفل** [kafal], *pl.* أكفال [ʔak'faːl] Kruppe *f*, Hinterteil *n des Pferdes*

¹**كفن** II [kaffana] ins Leichentuch hüllen

²**كفن** [kafan], *pl.* أكفان [ʔak'faːn] Leichentuch *n*

¹**كفة** [kuffa], *pl.* كفف [kufaf] Saum *m*, Rand *m*, Borte *f*

²**كفة** [kiffa, kaffa], *pl.* كفف [kifaf] Waagschale *f*

(**كفهر**) **IV** اكفهر [ikfa'harra] sich verfinstern, sich verdüstern

كفؤ [kufuʔ] *u.* كفوء [ku'fuːʔ] gewachsen, ebenbürtig (ل *D*)

كفور [ka'fuːr] ungläubig; undankbar

كفى [kafaː, iː] genügen, genug sein (ه *j-m*), ausreichen; *Mühe* ersparen (ه *j-m*); schützen (ـه ه *j-n* vor *D*); و~ das genügt!, und damit genug!; **III** كافى [kaːfaː] belohnen (ه ب *j-n* mit *D*), vergelten (ه ب *j-m* mit *D*); **VIII** اكتفى [ik'tafaː] sich begnügen (ب mit *D*), sich beschränken (ب auf *A*)

كفيف [ka'fiːf] blind; Blinde(r)

كفيل [ka'fiːl] Gewähr bietend (ب für *A*), geeignet (ب für *die Erreichung e-s Zwecks*), verbürgend (ب *A*); *pl.* كفلاء [kufa'laːʔ] (2) Bürge *m*; Garant *m* (ب *e-r Sache*)

¹**كل** [kalla, i] müde, erschöpft werden, *a. Material*: ermüden; *Stimme, Auge*: schwach werden; *Schwert*: stumpf werden; **II** كلل [kallala] *a. fig.* krönen; *Chr.* trauen; **IV** أكل [ʔa'kalla] matt, müde machen, erschöpfen; **V** تكلل [ta'kallala] gekrönt werden; *Chr.* getraut werden; بالنجاح ~ von Erfolg gekrönt sein

²**كل** [kall] Erschöpfung *f*; *Auge*: schwach; *Schwert*: stumpf

³**كل** [kull] *vor indet. Substantiv*: jeder; *vor determiniertem Substantiv*: ganz; alle; الـ~ die Gesamtheit, alle; بيت ~ [kullu baitin] jedes Haus; البيت ~ [kullu l-baiti] *u.* البيت ~ـه [al-baitu kulluhuː] das ganze Haus; البيوت ~ [kullu l-bu-'juːti] alle Häuser; ذلك ~ all das; سنتين ~ [kulla sana'tain] alle zwei Jahre; شيء ~ alles; ما ~ alles, was; من ~ [kullu man] jeder, der; [kullun min] sowohl … als auch; واحد ~ jeder einzelne; يوم ~ [kulla jaumin] jeden Tag; الـ~ في الـ~ alles in allem, als Ganzes genommen; على ~ [kullin] jedenfalls; في مكان ~ überall; كـ~ als Ganzes; أمل ~ـي [ʔamal] ich bin voller Hoffnung; اختلف ~ الاختلاف [ix'talafa] sich völlig unterscheiden

¹**كلا** [kallaː] nein!, keineswegs!

²**كلا** [kilaː], *f* كلتا [kiltaː], *G, A vor Pronominalsuffix*: كلي [ki'lai], *f* كلتي [kil'tai] beide; كلاهما [ki'laː-humaː] sie beide

³**كلأ** [kalaʔa, a] *bsd. Gott*: (= ه~ برعايته [bi-riʕaː'jatihiː]) *j-n* behüten, beschützen

⁴**كلأ** [kalaʔ], *pl.* أكلاء [ʔak'laːʔ] (Futter-)Gras *n*

¹**كلاب** [ku'llaːb], *pl.* كلاليب [kalaː-'liːb] (2) Haken *m*

²**كلاب** [ki'laːb] → ³كلب

كلابة [ku'llaːba, ka'llaːba], *pl.* [-aːt] Zange *f*

كلابش [ka'labʃ], *pl.* [-aːt] *Äg.* Handschelle(n *pl.*) *f*

كلاسيكي [klaː'siːkiː] klassisch; *pl.* [-uːn] Klassiker *m*

كلاكس [k(a)laks], *pl.* [-aːt] Autohupe *f*

كلال [ka'laːl] Erschöpfung *f*, Mattheit *f*, *a. Techn.* Ermüdung *f*

كلام [ka'laːm] Worte *n/pl.*, Äußerung *f*; Sprechen *n* (عن/على über *A*), Reden *n*, Rede *f*; *Gr.* Satz *m*; ~ الله [-u łłɒːh] das Wort Gottes; ~ فارغ leere(s) Gerede, Geschwätz *n*; علم الـ~ [ʕilm al-k.] scholastische Theologie *des Islams*; كثير الـ~ gesprächig, redselig; لغة الـ~ [luɣat al-k.] gesprochene Sprache

كلامي [ka'laːmiː] in Worten ausgedrückt, gesprochen, Wort-, Rede-; Sprech-; *isl. Theologie*: scholastisch; مشادة ~ة [mu'ʃaːdda] Wortgefecht *n*

كلاوي → كلوة

¹**كلب** [kaliba, a] tollwütig sein *od.* werden; verrückt sein (على nach *D*); **VI** تكالب [ta'kaːlaba] sich stürzen (على auf *A*), herfallen (على über *A*)

²**كلب** [kalab] Tollwut *f*

³**كلب** [kalb], *pl.* كلاب [ki'laːb] Hund *m*; البحر ~ Hai *m*; Seehund *m*; ~ الماء Fischotter *m*; Biber *m*

⁴**كلب** [kalib] tollwütig

كلبتان [kalba'taːn] *du. Äg., Saudi-Ar.* Zange *f*

كلبش [ka'labʃ], *pl.* [-aːt] Handschelle(n *pl.*) *f*

كلبة [kalba], *pl.* [-aːt] Hündin *f*

كلبي [kalbiː] hündisch, Hunde-

كلتا → ²كلا

¹**كلتي** [kil'tai] → ²كلا

²**كلتي** [kiltiː] keltisch

كلح [kalaħa, a] ein finsteres Gesicht machen

كلدان [kal'daːn]: الـ~ *koll.* die Chaldäer *m/pl.*

كلداني [kal'daːniː] chaldäisch; *pl.* [-uːn] Chaldäer *m*

[1]كلس **II** [kallasa] kalken, weißen; *Chem.* kalzinieren; **V** تكلس [ta'kallasa] *Med.* verkalken

[2]كلس [kils] Kalk *m*

كلسة [kalsa], *pl.* [-aːt] Strumpf *m*

كلسون [kal'suːn], *pl.* [-aːt] Unterhose *f*

كلسي [kilsiː] Kalk-, kalkig

كلسيوم [kalsijum] Kalzium *n*

كلغ *Abk. für* كيلوغرام Kilogramm *n*

[1]كلف [kalifa, a] versessen sein (ب auf *A*), verliebt sein (ب in *A*); sommersprossig sein *od.* werden; *Gesicht*: braunrot werden; **II** [kallafa] beauftragen (ـه/ب ه *j-n* mit *D*); kosten (ـه ه *j-n etwas*); خاطره ~ [xɒːˈtirahuː], نفسه ~ [nafsahuː] sich die Mühe machen; ـه غاليا ~ [ɣaːlijan] j-n teuer zu stehen kommen; مهما ~ الأمر [mahmaː] koste es, was es wolle; **V** تكلف [ta'kallafa] auf sich nehmen, übernehmen; sich zwingen (ـه zu *D*); sich affektiert *od.* gekünstelt verhalten; sich zieren; kosten (على *j-n*); ausgeben (ـه على *e-n Betrag* für *A*); الضحك ~ [ɒđ-đɒħik(a)] gezwungen lachen

[2]كلف [kalaf] **1.** *koll.* Sommersprossen *pl.*; الشمس ~ Sonnenflecken *m/pl.*; **2.** Verliebtheit *f*

[3]كلف [kalif] versessen (ب auf *A*), verliebt (ب in *A*)

كلفاء → أكلف

كلفت [kalfata] *Äg.* schludern

كلفة [kulfa], *pl.* كلف [kulaf] Kosten *pl.*, Kostenaufwand *m*; Besatz *m auf Kleidungsstücken*

كلك [kalak], *pl.* [-aːt] *Ir.* Schlauchfloß *n*

كلكل [kalkal], *pl.* كلاكل [ka'laːkil] (2) Brust *f*

كلكلة [kalkala] Schwiele *f*

كلكوعة [kal'kuːʕa], *pl.* كلاكيع [kalaː'kiːʕ] (2) *Äg.* Klumpen *m*, Klümpchen *n*

كلل [kalal] Ermüdung *f*, Erschöpfung *f*; بدون ~ unermüdlich, unverdrossen

[1]كلم [kalama, i] verletzen; **II** [kallama] sprechen (ه mit *j-m*), ansprechen; **III** كالم [kaːlama] (telefonisch) sprechen, telefonieren (ه mit *j-m*); **V** تكلم [ta'kallama] sprechen (ـه/ب *e-e Sprache*, مع mit *j-m*, حول/عن/على über *A*, von *D*), reden

[2]كلم [kalm], *pl.* كلوم [ku'luːm] Wunde *f*

[3]كلم [kalim] *koll.* Worte *n/pl.*, Äußerung *f*

[4]كلم *Abk. für* كيلومتر Kilometer *m*

كلما [kullamaː] + *Perf.*: jedesmal wenn, immer wenn, sooft; ... ~ ~ je ... desto

كلماني [kal'maːniː] wortgewandt, beredt

كلمة [kalima], *pl.* [-aːt] Wort *n*; Rede *f*, Ansprache *f*; Ausführungen *f/pl.*; ~ (فـ) ~ [-tan (fa-) -tan] Wort für Wort, wortwörtlich; حق ~ [-tu ħaqqin] ein wahres Wort; السر ~ [k. as-sirr], المرور ~ Kennwort *n*, Losung *f*, Parole *f*; كلمات متقاطعة [muta'qɒːtiʕa] Kreuzworträtsel *n*; اتحاد الـ~ [itti'ħaːd al-k.] Einigkeit *f*, Eintracht *f*; جمع/توحيد الـ~ Einigung *f*, Zusammenschluß *m*, Einigkeit *f*; بـ~ أخرى [ʔuxraː] mit anderen Worten

كلنا [kullunaː] wir alle

كلنكر [klinkar] *koll.* Klinker *m/pl.*

كله, كلها, كلهم → [3]كل

[1]كلة [kulla], *pl.* كلل [kulal] Kugel *f*; Murmel *f*

[2]كلة [killa], *pl.* كلل [kilal] Moskitonetz *n*

[1]كلور [kalwara] chloren, chlorieren

[2]كلور [kloːr] *Chem.* Chlor *n*

كلوروفلوروكربون [kloːrufloːrukar'boːn], *pl.* [-aːt] Fluorchlorkohlenwasserstoff *m*, FCKW

كلوروفورم [kloːru'form] *Chem.* Chloroform *n*

كلوريد [kloː'riːd] *Chem.* Chlorid *n*

كلوكوز [glu'koːz] Glukose *f*

كلوة [kulwa], *pl.* كلى [kulan] *u.* كلاوي [ka'laːwiː] Niere *f*

كلوي [kulwiː] Nieren-; مغص ~ Nierenkolik *f*

[1]كلى [kulan] → كلوة, [1]كلية

[2]كلي [kulliː] gesamt, Gesamt-, total, absolut; ~ا [-jan] *Adv.* ganz und gar, (voll und) ganz

كليب [ku'laib] Hündchen *n*

كليشيه [kliː'ʃeːh], *pl.* [-aːt] *a. fig.* Klischee *n*, *Typ.* Druckstock *m*

كليل [ka'liːl] erschöpft, müde, matt; *Auge, Stimme*: schwach

[1]كليم [ka'liːm] **1.** *pl.* كلمى [kalmaː] verwundet; **2.** *pl.* كلماء [kula'maːʔ] (2) Sprecher *m*; الله ~ *Beiname des Moses*

[2]كليم [ki'liːm], *pl.* أكلمة [ʔaklima] Kelim *m* (*Teppich ohne Flor*)

[1]كلية [kulja], *pl.* كلى [kulan] Niere *f*

[2]كلية [ku'lliːja] Ganzheit *f*; Gesamtheit *f*; Fakultät *f e-r Universität*; Hochschule *f*, College *n*; ~ [-tan] *Adv.* ganz und gar, (voll und) ganz; بكليته ganz und gar, gänzlich; التجارة ~ [k. at-ti'dʒaːra] Handelshochschule *f*; Fakultät *f* für Handel; حربية ~ *u. Jord.* الأركان ~ Militärakademie *f*

[1]كم [kam] + *A sg.*: wieviel(e); ~ رجلا [radʒulan] wieviele Männer?; مرة ~ [marratan] wie oft?; بـ~ um wieviel?; mit wieviel?; الساعة ~ [as-saːʕa(tu)] wie spät ist es?

[2]كم [kamma, u]: فمه ~ [famahuː] j-n knebeln; **II** كمم [kammama] **1.** e-n Maulkorb anlegen (ـه *e-m Tier*, *a. fig.* ه *j-m*); *fig.* knebeln, mundtot machen; **2.** *Hemd* mit Ärmeln versehen

[3]كم [kamm] Quantität *f*, Menge *f*; ميكانيكا الـ~ Quantenmechanik *f*; نظرية الـ~ [nɒðɒ'riːjat al-k.] Quantentheorie *f*; من حيث الـ~ quantitativ (gesehen)

[4]ـكم *u.* كم [-kum] **1.** *Possessivsuffix*: euer, Ihr; **2.** *Objektssuffix*: euch, Sie

[5]كم [kumm], *pl.* أكمام [ʔak'maːm] Ärmel *m*

[6]كم [kimm], *pl.* أكمام [ʔak'maːm] Blütenhülle *f*; Blütenkelch *m*

[7]كم *Abk. für* كيلومتر Kilometer *m*

كمء [kamʔ], *pl.* كمأة [kamʔa] *u.* أكمؤ [ʔakmuʔ] Trüffel *f*

[1]كما [kamaː] (so) wie; *zur Einleitung*

e-s Hauptsatzes: ebenso, weiterhin, außerdem; أن ~ [ʔanna] *u.* ~ وأن [ʔanna] außerdem, wie auch; لو كان ~ als wäre; هو الأمر ~ *u.* ~ هو/هي الحال wie es der Fall ist

[2]**ـكما** *u.* **كما** [-kumaː] **1.** *Possessivsuffix*: euer (beider); **2.** *Objektssuffix*: euch (beide)

كمادة [ki'maːda], *pl.* [-aːt] Umschlag *m*, Kompresse *f*

كماشة [ka'mmaːʃa], *pl.* [-aːt] Zange *f*

كمال [ka'maːl] Vollkommenheit *f*, Vollendung *f*; Perfektion *f*; *a. npr. m*; الأجسام ~ Bodybuilding *n*

كمالي [ka'maːliː] Luxus-; كماليات [-'jaːt] *pl.* Luxusartikel *m/pl.*; Luxusgüter *n/pl.*

كمامة [ki'maːma], *pl.* [-aːt] *u.* كمائم [ka'maːʔim] (2) Maulkorb *m*; (Gas-, Atem-)Maske *f*; Blütenkelch *m*; واقية ~ [waːqija] Schutzmaske *f*

كمان [ka'maːn] **1.** *pl.* [-aːt] Geige *f*; **2.** *Äg.*, *Syr. umg.* noch, auch

كمبودج [kam'boːdʒ]: ~الـ *Maghr.* Kambodscha

كمبودي [kamboːdiː] kambodschanisch; *pl.* [-uːn] Kambodschaner *m*

كمبوديا [kamboːdjaː] Kambodscha

كمبيالة [kamb'jaːla, kimb'jaːla], *Ir.* [kump'jaːla] *Hdl.* Wechsel *m*

كمبيو [kambjoː] Geldwechsel *m*; ~سعر الـ [siʕr al-k.] Wechselkurs *m*

كمبيوتر [kamb'juːtar], *pl.* [-aːt] Computer *m*

كمثراة [kummaθ'raːt], *pl.* كمثريات [kummaθra'jaːt] Birne *f*

كمثرى [kummaθraː] *koll.* Birne(n *pl.*) *f*

[1]**كمد** [kamida, a] traurig, bekümmert sein; *Farbe*: matt werden; **II** [kammada] e-n Umschlag machen (هـ um *A*); **IV** أكمد [ʔakmada] betrüben

[2]**كمد** [kamad] Kummer *m*, Betrübnis *f*, Gram *m*

[3]**كمد** [kamid] traurig, bekümmert

كمر [kamar], *pl.* أكمار [ʔak'maːr] (*Hosen-*)Bund *m*; Gürtel *m*

كمرك [gumruk], *pl.* كمارك [ga'maːrik] (2) *Ir.*, *Syr.*, *Jord.* Zoll *m* (*Abgabe*)

كمركي [gumrukiː] Zoll-

كمرة [kamara], *pl.* [-aːt] (Eisen-) Träger *m*, Tragbalken *m*

كمرون [kami'ruːn] *f*: ~الـ *Geo.* Kamerun

كمساري [kum'saːriː], *pl.* ~ة *Äg.* Schaffner *m*

كمش [kamaʃa, u] ergreifen, packen; **VII** انكمش [in'kamaʃa] (zusammen-)schrumpfen, sich zusammenziehen; *Stoff*: eingehen, einlaufen; (~ على نفسه =) in sich versinken, sich auf sich selbst zurückziehen

كمل [kamula, u] ganz, vollständig sein *od.* werden; vollkommen sein *od.* werden; **II** [kammala] vervollständigen, vervollkommnen, ergänzen; **IV** أكمل [ʔakmala] vollenden, fertigmachen; *Mangel*, *Defizit* ausgleichen; **VI** تكامل [ta'kaːmala] einander vervollständigen *od.* ergänzen; integriert werden, sich integrieren; vollkommen sein *od.* werden; **VIII** اكتمل [ik'tamala] vollendet, abgeschlossen, beendet sein *od.* werden; vollständig sein *od.* werden; **X** استكمل [is'takmala] vollenden, zu Ende führen, fertigstellen; vervollständigen

[1]**كمن** [kamana, u] sich verbergen (في in *D*), stecken (وراء hinter *D*); liegen, begründet sein (في in *D*); auflauern (ل *j-m*)

[2]**كمن** [ka-man] wie jemand, der

كمنجة [ka'mandʒa], *pl.* [-aːt] Geige *f*

[1]**كمه** [kamah] (*angeborene*) Blindheit

[2]**كمه** [kumh] → أكمه

كمهاء → أكمه

[1]**كمون** [ka'mmuːn] Kümmel *m*

[2]**كمون** [ku'muːn] latente(s) Vorhandensein, Latenz *f*

كمي [kammiː] quantitativ, mengenmäßig

كميت [ku'mait] rotbraun; Braune(r) (*Pferd*)

كمين [ka'miːn] Hinterhalt *m*, Falle *f*; نصب له ~ًا [-an] j-m e-e Falle stellen

كمية [ka'mmiːja], *pl.* [-aːt] Menge *f*, Quantität *f*

كميون [kam'juːn], *pl.* [-aːt] Last(kraft)wagen *m*

[1]**كن** [kanna, u] *Gefühl* hegen (ل für *j-n*), entgegenbringen (ل *j-m*), empfinden (ل für *j-n*); *Wind*: sich legen; **IV** أكن [ʔa'kanna] *Gefühl* hegen (ل für *j-n*), entgegenbringen (ل *j-m*), empfinden (ل für *j-n*); **X** استكن [ista'kanna] verborgen sein

[2]**ـكن** *u.* **كن** [-kunna] **1.** *Possessivsuffix*: euer (*weiblich*); **2.** *Objektsuffix*: euch (*Frauen*)

[3]**كن** *Verb*: sie *f/pl.* waren, → [1](كون)

[4]**كن** [kinn], *pl.* أكنان [ʔak'naːn] Obdach *n*, Heim *n*; Nest *n*

كنا [kunnaː] wir waren, → [1](كون)

كنار [ka'naːr] Saum *m*, Borte *f*, Kante *f*

كناري [ka'naːriː] Kanarienvogel *m*; ~جزر الـ [dʒuzur al-k.] die Kanarischen Inseln *f/pl.*

كناس [ka'nnaːs], *pl.* [-uːn] Straßenkehrer *m*

كناسة [ku'nasa] Kehricht *m*

كناش [ku'nnaːʃ], *pl.* كنانيش [kanaː'niːʃ] (2) *Maghr.* (*Schreib-*, *Schul-*)Heft *n*; Notizbuch *n*

كناشة [ku'nnaːʃa], *pl.* [-aːt] (*Schreib-*, *Schul-*)Heft *n*; Notizbuch *n*

كنافة [ku'naːfa], *pl.* [-aːt] *Süßigkeit aus Teigfäden mit Honig u. Nüssen*

كنانة [ki'naːna], *pl.* [-aːt] *u.* كنائن [ka'naːʔin] (2) Köcher *m*; أرض ~الـ Ägypten

كنائسي [ka'naːʔisiː] kirchlich, Kirchen-; klerikal

كناية [ki'naːja] *Rhet.* Metonymie *f*; Anspielung *f*; عن ~ [-tan] unter Anspielung auf; als Ausdruck (+ *G*)

كنب [kanab] Schwiele *f*

كنباية [kana'baːja], *pl.* [-aːt] *Syr.*, *Jord.* Sofa *n*

كنبة [kanaba], *pl.* [aːt] Sofa *n*

كنت [kuntu] ich war, [kunta] du (*m*) warst, [kunti] du (*f*) warst, → [1](كون)

كنتم [kuntum] ihr wart, → [1](كون)

كنجر [kangar], *pl.* كناجر [ka'naːgir] (2) *Äg.* Känguruh *n*

كندا [kanadaː] Kanada

كندرجي [kun'durdʒiː], *pl.* ~ة *Ir.*, *Syr.* Schuster *m*
كندرة [kundura], *pl.* كنادر [ka'naːdir] (2) *Ir.*, *Syr.* Schuh *m*
كندش [kunduʃ] Elster *f*
كندور [kon'doːr] Kondor *m*
كندوز [kan'duːz] *Äg.* Rindfleisch *n*
كندي [kanadiː] kanadisch; *pl.* [-uːn] Kanadier *m*
1**كنز** [kanaza, i] *Schatz* vergraben; horten; **VIII** اكتنز [ik'tanaza] horten; kompakt sein *od.* werden
2**كنز** [kanz], *pl.* كنوز [ku'nuːz] Schatz *m*
كنزة [kanza], *pl.* [-aːt] Pullover *m*
1**كنس** [kanasa, u] fegen, kehren
2**كنس** [kans] Fegen *n*, Kehren *n*
كنسي [kanasiː] kirchlich, Kirchen-; klerikal
كنعان [kan'ʕaːn] (2) Kanaan
كنعاني [kan'ʕaːniː] kanaanäisch; *pl.* [-uːn] Kanaanäer *m*
كنعد [kanʕad] *Saudi-Ar. Art der* Makrele *f*
كنغر [kanɣar], *pl.* كناغر [ka'naːɣir] (2) Känguruh *n*
كنغرس [konɣres]: الـ~ der (*amerikanische*) Kongreß
1**كنف** [kanafa, u] einfrieden, umgeben; schützen; **VIII** اكتنف [ik'tanafa] umgeben; *Gefühl*: erfüllen; يكتنفه الغموض etwas ist in Dunkel gehüllt
2**كنف** [kanaf], *pl.* أكناف [ʔak'naːf] Flügel *m*; *fig.* Fittich *m*; Schutz *m*; في ~ه unter seinem Schutz, unter seiner Obhut
كنفدرالي [konfid(i)'raːliː] föderativ, föderalistisch
كنفدرالية [konfid(i)raː'liːja], *pl.* [-aːt] *Alg.* Bund *m*, Verband *m*
كنكة [kanaka], *pl.* [-aːt] *Äg.* Kaffeekanne *f*
1(**كنه**) **VIII** اكتنه [ik'tanaha] ergründen, erfassen; **X** استكنه [is'taknaha] zu ergründen suchen, e-r Sache (هـ) auf den Grund zu kommen suchen
2**كنه** [kunh] Kern *m*, Wesen *n e-r Sache*
كنة [kanna], *pl.* كنائن [ka'naːʔin] (2) Schwiegertochter *f*
كنود [ka'nuːd] *m u. f* undankbar
كنى [kanaː, iː] anspielen (ب عن mit *D* auf *A*); metonymisch gebrauchen (ب *ein Wort*, عن für *A*); mit e-m Beinamen (ب) benennen; **II** [kannaː] mit e-m Beinamen (ب) benennen; **V** تكنى [ta'kannaː] *u.* **VIII** اكتنى [ik'tanaː] sich mit e-m Beinamen (ب) nennen, unter e-m Beinamen (ب) bekannt sein
كنيست [kneːset]: الـ~ die Knesseth (*israelisches Parlament*)
كنيسة [ka'niːsa], *pl.* كنائس [ka'naːʔis] (2) Kirche *f*; Synagoge *f*
كنيف [ka'niːf], *pl.* كنف [kunuf] Klosett *n*
كنية [kunja], *pl.* كنى [kunan] (*aus* أبو [ʔabuː] *bzw.* أم [ʔumm] *mit dem Namen des Sohnes od. aus* ابن [ibn] *bzw.* بنت [bint] *mit dem Namen des Vaters bestehender*) Beiname
كهاريز → كهريز
كهانة [ki'haːna] Wahrsagung *f*, Prophezeiung *f*; Wahrsagerei *f*; Priestertum *n*
1**كهرب** [kahraba] elektrifizieren; elektrisieren; **II** تكهرب [ta'kahraba] *Äg.* e-n elektrischen Schlag bekommen
2**كهرب** [kahrab], *pl.* كهارب [ka'haːrib] (2) Elektron *n*
كهرباء [kahra'baːʔ, kahru'baːʔ] Elektrizität *f*; توليد الـ~ Stromerzeugung *f*
كهربائي [kahra'baːʔiː, kahru'baːʔiː] elektrisch, Elektro-; *pl.* [-uːn] Elektriker *m*
كهربائية [kahrabaː'ʔiːja, kahrubaː'ʔiːja] elektrische Beschaffenheit, Elektrizität *f*
كهربة [kahraba] Elektrifizierung *f*; Elektrisierung *f*
كهربي [kahrabiː] elektrisch, Elektro-
كهرطيسي [kahra'ṯiːsiː] elektromagnetisch
كهرطيسية [kahraṯiː'siːja] Elektromagnetismus *m*
كهرمان [kahra'maːn] Bernstein *m*
كهرمائي [kahra'maːʔiː] hydroelektrisch
كهريز [kah'riːz]: كهاريز [kahaː'riːz] (2) *pl. Syr.* Kanalisation *f*
كهف [kahf], *pl.* كهوف [ku'huːf] Höhle *f*
1(**كهل**) **VIII** اكتهل [ik'tahala] in das reife Alter kommen
2**كهل** [kahl], *pl.* كهول [ku'huːl] Mann *m* im reifen *od.* mittleren Alter
(**كهن**) **V** تكهن [ta'kahhana] vorhersagen, prophezeien (ب *A*)
1**كهنة** [kahana] → كاهن
2**كهنة** [kuhna] Lumpen *pl.*, Fetzen *pl.*; zerlumpt
كهنوت [kaha'nuːt] Priestertum *n*; رجال الـ~ [ri'dʒaːl al-k.] die Geistlichkeit, der Klerus
كهنوتي [kaha'nuːtiː] priesterlich, Priester-, geistlich
كهولة [ku'huːla] reife(s) *od.* mittlere(s) Alter
كهيرب [ku'hairib], *pl.* [-aːt] Elektron *n*
كواء [ka'wwaːʔ], *pl.* [-uːn] Bügler *m*, Plätter *m*
كوابل → كابل2
كوابيس → كابوس
كواحل → كاحل
كواخ → كاخية
كوادر → كادر
كوارث → كارثة
كوارة [ku'waːra], *pl.* كوائر [ka'waːʔir] (2) Bienenstock *m*; Honigwabe *f*; Behälter *m* zum Aufbewahren von Getreide *od.* Mehl
كواسر → كاسر
كواعب → كاعب
كوافير [kuwa'feːr] Friseur *m*
كوافيرة [kuwa'feːra] Friseuse *f*
كوالين → كالون
كواليني [kawaː'liːniː], *pl.* ~ة Schlosser *m*
كوامخ → كامخ
كوانين → كانون1
كواه → كاهية
كواهل → كاهل
كوب [kuːb], *pl.* أكواب [ʔak'waːb] (Trink-)Glas *n*, Becher *m*
كوبا [kuːbaː] Kuba
كوبالت [koːbalt] Kobalt *n*
كوبري [kubriː], *pl.* كباري [ka'baːriː] *Äg.* Brücke *f*; ~ معلق [mu'ʕallaq] Fußgängerbrücke *f*
كوبلت [koːbalt] Kobalt *n*

كوبة [kuːba] **1.** Trinkglas *n*; **2.** Herz *n im Kartenspiel*

كوبون [kuː'boːn], *pl.* [-aːt] Kupon *m*, Abschnitt *m*

كوبي [kuːbiː] kubanisch; *pl.* [-uːn] Kubaner *m*

كوبيا [koːbijaː] *u. bsd. Ir.* [koːpijaː] Kopie *f*; *Ir.* Spickzettel *m*; ~ قلم [qalam k.] Kopierstift *m*

كوتش [ka'witʃ], *pl.* [-aːt] *Äg.* (Gummi-)Reifen *m*

كوتشينة → كتشينة

كوثر [kauθar]: الـ~ *Name e-s Flusses im Paradies*

كوجه [kaudʒa] *koll. Ir., Kuw.* große pflaumenartige Frucht

كوخ [kuːx], *pl.* أكواخ [ʔak'waːx] Hütte *f*; *Jord.* (Telefon-)Zelle *f*

[1](**كود**) كاد [kaːda, aː] *mit Impf. od.* أن: nahe daran sein; fast, beinahe tun; *mit Negation*: kaum; ~ يموت beinahe wäre er gestorben; كدت أذهب [kidtu ʔaðhab(u)] fast wäre ich gegangen; نكاد نكون متفقين [muttafi'qiːn] wir sind uns so gut wie einig; ما ~ يخرج حتى [jaxrudʒu], لم يكد يخرج حتى [jakad jaxrudʒu] kaum war er hinausgegangen, als

[2]**كود** [koːd] Kode *m*

كودي [koːdiː] kodiert, verschlüsselt; ~ رقم Kennzahl *f*, Kennziffer *f*

[1]**كور** **II** [kawwara] zusammenrollen; (auf-, herum)wickeln; *Faust* ballen; **V** تكور [ta'kawwara] sich zusammenrollen; sich runden

[2]**كور** [kuːr], *pl.* أكوار [ʔak'waːr] *u.* كيران [kiː'raːn] Schmiedeofen *m*, Esse *f*; *Äg.* Blasebalg *m*; Kamelsattel *m*

كورال [koː'raːl], *pl.* [-aːt] Chor *m*

كورس [koːras] Chor *m*

كورسيه [kor'seːh], *pl.* [-aːt] Korsett *n*

كورنر [koːrnar] *Fußball*: Ecke *f*, Eckball *m*

كورة [kuːra], *pl.* كور [kuwar] **1.** (Land-)Bezirk *m*, Distrikt *m*; **2.** (= [2]كرة) Ball *m*

كوري [kuːriː] koreanisch; *pl.* [-uːn] Koreaner *m*

كوريا [kuːrijaː] Korea

كوز [kuːz], *pl.* أكواز [ʔak'waːz] *u.* كيزان [kiː'zaːn] Krug *m*, Kanne *f*; *Bot.* Zapfen *m*; *Äg.* Maiskolben *m*

كوسا [kuːsaː] *koll., n. un.* كوساة *u.* كوساية [kuː'saːja] Zucchini *f/pl. od. m/pl.*

كوستاريكا [kosta'riːkaː] Costa Rica

كوستاريكي [kosta'riːkiː] costaricanisch; *pl.* [-uːn] Costaricaner *m*

كوسج [kausadʒ] Hai *m*; Schwertfisch *m*

كوسة [kuːsa] *koll.* Zucchini *f/pl. od. m/pl.*

كوسى [kuːsaː] *koll., n. un.* كوساة *u.* كوساية [kuː'saːja] Zucchini *f/pl. od. m/pl.*

كوشة [koːʃa], *pl.* كوش [kuwaʃ] *Äg.* erhöhte(r) Sitz für das Brautpaar

كوع [kuːʕ], *pl.* أكواع [ʔak'waːʕ] *u.* كيعان [kiː'ʕaːn] Ellbogen *m*; Knie *n e-s Rohres*; Knierohr *n*, Kniestück *n*

كوفائين [koːfaː'ʔiːn] Koffein *n*

كوفرته [ku'varta], *pl.* [-aːt] Decke *f*, Plaid *n*

كوفة [kuːfa]: الـ~ Kufa (*Stadt im Irak*)

كوفي [kuːfiː] kufisch, aus Kufa; (= الخط الـ~ [al-xɒtt]) kufische Schrift; الكوفيون *pl. hist.* die kufischen Grammatiker

كوفية [kuː'fiːja], *pl.* [-aːt] *viereckiges, unter dem* عقال [ʕi'qaːl] *getragenes Kopftuch*

[1]**كوك** **II** [kawwaka] verkoken

[2]**كوك** [koːk] Koks *m*

كوكائين [koːkaː'ʔiːn] Kokain *n*

كوكب [kaukab], *pl.* كواكب [ka'waːkib] (2) Stern *m*; (*Film-*)Star *m*; ~ ثابت Fixstern *m*; ~ سيار [sa'jjaːr] Planet *m*

كوكبة [kaukaba] Gruppe *f*, Schar *f*; *Mil.* Schwadron *f*

كوكبي [kaukabiː] Stern-; sternförmig

كوكتيل [kok'teːl] Cocktail *m*

كولومبي [ko'lumbiː] kolumbianisch; *pl.* [-uːn] Kolumbianer *m*

كولومبيا [ko'lumbijaː] Kolumbien

كولونيا [koː'loːnijaː] Köln; ~ ماء Kölnischwasser *n*

كولونيل [kolo'neːl] Oberst *m* (*in nichtarab. Armeen*)

كوليرا [koːleraː] Cholera *f*

كوليس [kuː'liːs], *pl.* كواليس [kawaː'liːs] (2) Kulisse *f*; وراء الكواليس hinter den Kulissen

[1]**كوم** **II** [kawwama] aufhäufen, aufstapeln; **V** تكوم [ta'kawwama] sich aufhäufen, sich türmen

[2]**كوم** [kaum], *pl.* أكوام [ʔak'waːm] Haufen *m*

كومندوس [ko'mandos] *Mil.* Kommandotruppe *f*, Kommando *n*

كومة [kauma, kuːma], *pl.* أكوام [ʔak'waːm] *u.* [-aːt] Haufen *m*; ~ الحطب [k. al-ħatɒb] Scheiterhaufen *m*

كوميدي [koː'meːdiː]: مسرحية ~ـة Komödie *f*

كوميديا [koː'meːdijaː] Komödie *f*

كوميكون [koːmekon]: الـ~ *hist.* Rat *m* für Gegenseitige Wirtschaftshilfe, RGW

[1](**كون**) كان [kaːna, uː] sein (+ *A des Prädikatsnomens*); existieren; sich befinden; geschehen, stattfinden; ~ عليه أن er mußte; er hätte müssen; ~ له er hatte; ~ له أن er konnte *od.* durfte; ~ منهم er gehörte zu ihnen; لم يكن لـ [jakun] + *Subjunktiv*: er war nicht imstande zu; es war nicht geeignet zu; ما يكون + *Elativ*: äußerst; so … wie möglich; ganz; ~ من أي نوع [ʔajji nauʕin] jedweder Art; أصبح في ~ خبر [ʔɒsbaħa, xabari k.] (von der Bildfläche) verschwinden; **II** [kawwana] bilden, formen, gestalten, schaffen; konstituieren; *Maghr.* (aus)bilden, heranbilden; **V** تكون [ta'kawwana] sich bilden, entstehen; gebildet sein, bestehen (من aus *D*); **X** استكان [ista'kaːna] aufgeben, sich ergeben, sich fügen

[2]**كون** [kaun] Sein *n*, Dasein *n*, Existenz *f*; الـ~ das Weltall; ~ـه + *Verb*: die Tatsache, daß er …; مع ~ـه … obwohl er … ist; لكونه … يشكل [ju'ʃakkil] weil er … darstellt

كونا *Abk. für* Kuwait News Agency (*Kuwaitische Nachrichtenagentur*)

كونت [kont] Graf *m*

كونتر [kontar] *Äg.* Sperrholz *n*

كونتيسة [kon'teːsa] Gräfin *f*

كونجرس [kongres] *Äg.* u. **كونغرس** [konɣres]: الـ~ der (*amerikanische*) Kongreß
كونغو [konɣoː] *f*: الـ~ Kongo
كوني [kauniː] kosmisch; Welt-; universal
كونياك [kon'jaːk] Kognak *m*
كوة [kuwwa], *pl.* [-aːt] *u.* كوى [kuwan] kleine(s) Fenster, Luke *f*; Bullauge *n*; Schießscharte *f*
كؤوس → كأس
1**كوى** [kawaː, iː] bügeln, plätten; ätzen; kauterisieren (*als Heilbehandlung*)
2**كوي** [kawj] Bügeln *n*, Plätten *n*
كويت [ku'wait]: الـ~ Kuwait
كويتي [ku'waitiː] kuwaitisch; *pl.* [-uːn] Kuwaiter *m*
كويس [ku'wajjis] *Äg. umg.* gut; schön, hübsch
1**كي** [kai] *Konj.* damit
2**كي** [kajj] Bügeln *n*, Plätten *n*; Ätzung *f*; *Med.* Kauterisation *f*
كياسة [ki'jaːsa] Klugheit *f*, Schlauheit *f*; Gewandtheit *f*; Takt *m*
كيال [ka'jjaːl] Kornmesser *m*; j-d, der das rechte Maß bestimmt, Gebieter *m*
كيان [ki'jaːn] Sein *n*, Existenz *f*; Entität *f*, Wesen *n*, Wesenheit *f*; Gebilde *n*; Staatswesen *n*, Staatsgebilde *n*
كيبل [keːbil], *pl.* [keːb'laːt] Kabel *n*
كيت [kaita]: ~ و~ dies und das
1**(كيد)** كاد [kaːda, iː] täuschen, hintergehen; auf j-s Verderben (ل) sinnen; intrigieren (ل gegen *j-n*); ~ له الكيد [al-kaid(a)] gegen j-n Ränke schmieden; **III** كايد [kaːjada] zu überlisten suchen, täuschen
2**كيد** [kaid] Machenschaften *f/pl.*, Ränke *pl.*
كير [kiːr], *pl.* أكيار [ʔak'jaːr] *u.* كيران [kiː'raːn] Blasebalg *m*
كيروسين [kiːru'siːn] Kerosin *n*
كيزان → كوز
1**كيس** **II** [kajjasa] in Beutel *od.* Säcke verpacken
2**كيس** [kais] Klugheit *f*, Schlauheit *f*; Gewandtheit *f*
3**كيس** [kajjis] klug, schlau, gewitzt; gewandt
4**كيس** [kiːs], *pl.* أكياس [ʔak'jaːs] Sack *m*, (*a. Tee-*)Beutel *m*; Tüte *f*; ~ دمعي *Anat.* Tränensack *m*; ~ النقود Geldbeutel *m*; على ~ه auf seine Kosten
كيعان → كوع
1**كيف** **II** [kajjafa] anpassen (ل/مع an *A*); *Luft* durch Klimaanlage verbessern; *Reflex* bedingen; formen, gestalten; leicht berauschen, in Stimmung bringen; ~ نفسه ل sich an *etwas* anpassen; ~ هواء الغرفة [ha'waːʔa l-ɣurfa] e-n Raum klimatisieren; **V** تكيف [ta'kajjafa] sich anpassen (ل/مع an *A*); sich formen; in Stimmung kommen, guter Laune sein
2**كيف** [kaif] **1.** Qualität *f*; Belieben *n*; أصحاب الـ~ Genießer *m/pl.*, Lebemänner *m/pl.*; على ~ك wie es dir beliebt, (ganz) wie Sie es wünschen; **2.** *pl.* كيوف [ku'juːf] Genußgift *n*
3**كيف** [kaifa], *umg.* [keːf, kiːf] wie?; *in indirekter Frage* (= ~ أن [ʔanna] + *Substantiv*): wie; ~فـ ب und wie verhält es sich dann erst mit…?; → 2حال
كيفما [kaifamaː] wie auch immer; ~ كان الحال wie dem auch bei
كيفي [kaifiː] qualitativ; willkürlich, launenhaft
كيفية [kai'fiːja] Art und Weise *f*, Modalität *f*; Beschaffenheit *f*, Qualität *f*
كيكة [kaika], *pl.* كياك [ka'jaːkin] *u.* كياكي [ka'jaːkiː] Ei *n*
1**(كيل)** كال [kaːla, iː] messen, wägen; zumessen (هـ ل *j-m A*); ~ الشتائم [aʃ-ʃa'taːʔim(a)] sich in Beschimpfungen ergehen; ~ الضربات [ɒđđɒra'baːt] Schläge austeilen; **II** [kajjala] (ab)messen
2**كيل** [kail] Messen *n*; *pl.* أكيال [ʔak'jaːl] (Hohl-)Maß *n*
كيلا [kai-laː] damit nicht
كيلة [kaila], *pl.* [-aːt] *ein (Trocken-) Hohlmaß (Äg. = 16,72 l)*
كيلو [kiːloː] Kilogramm *n*; Kilometer *m*
كيلوجرام [kiːlu'graːm], *pl.* [-aːt] *Äg.* Kilogramm *n*
كيلوسيكل [kiːlu'saikil], *pl.* [-aːt] Kilohertz *n*
كيلوغرام [kiːlu'ɣraːm], *pl.* [-aːt] Kilogramm *n*
كيلومتر [kiːlu'mitr], *pl.* [-aːt] Kilometer *m*
كيلوطن [kiːlu'ŧunn] Kilotonne *f*
كيلوهرتس [kiːluherts] Kilohertz *n*
كيلووات → كيلوواط
كيلوواط [kiːlu'wɒːŧ] Kilowatt *n*; ~–ساعة Kilowattstunde *f*, kWh
كيما [kaimaː] *Konj.* damit
كيماوي [kiː'maːwiː] chemisch; *pl.* [-uːn] Chemiker *m*; كيماويات [-jaːt] *pl.* Chemikalien *pl.*
كيمائي [kiː'maːʔiː] = كيماوي
كيمياء [kiːmi'jaːʔ] Chemie *f*; الـ~ الحيوية [al-ħaja'wiːja] Biochemie *f*; الـ~ العضوية [al-ʕuđ'wiːja] organische Chemie; الـ~ غير العضوية anorganische Chemie; ~ فيزيائية physikalische Chemie
كيمياوي [kiːmi'jaːwiː] chemisch; *pl.* [-uːn] Chemiker *m*
كيميائي [kiːmi'jaːʔiː] chemisch; *pl.* [-uːn] Chemiker *m*
(كين) **X** استكان [ista'kaːna] aufgeben, sich ergeben, sich fügen
كينا [kiːnaː] Chinin *n*
كينونة [kai'nuːna] Sein *n*, Existenz *f*
كيني [keːniː] kenianisch; *pl.* [-uːn] Kenianer *m*
كينيا [keːnjaː] Kenia
كية [kajja] kauterisierte Stelle; Brandmal *n*
كيهك [ki'jahk, kiːhak] *4. Monat des koptischen Kalenders*
كئيب [ka'ʔiːb] niedergeschlagen, traurig, schwermütig; düster

ل

[1]ل (لام) [laːm] *dreiundzwanzigster Buchstabe des arab. Alphabets*

[2]ل *Abk. für* لتر Liter *m u.* ليرة Pfund *n* (*Währungseinheit*)

[3]لَ [la-] *Bekräftigungspartikel* (*bsd. nach* إن [ʔinna], *im Nachsatz des irrealen Bedingungssatzes, nach* إذ indem, wenn *u. bei Ausrufen*)

[4]لِ [li-] **1.** *Präp.* für; zugunsten; zu; wegen; von (*bei Verfassernamen*); *ersetzt manchmal* إلى; *dient zum Ausdruck des Dativs*; له [lahuː] er hat; له أن er kann *od.* darf; ليس لي أن es steht mir nicht zu, daß; لها له من أهمية [ʔaha'mmiːja] wegen s-r Bedeutung; هل لك في möchtest du ...?; ... لي عليه er schuldet mir ...; لذلك *u.* لهذا deshalb; صديق له ein Freund von ihm; لأول مرة [li-ʔawwali marra(tin)] zum ersten Mal; جده لأمه [ʤadduhuː li-ʔummihiː] sein Großvater mütterlicherseits; *steht in nominaler Fügung vor dem Akkusativobjekt der entsprechenden verbalen Phrase*: زيارته لتونس [zijaː'ratuhuː] sein Tunesien-Besuch, الوفد المرافق له [al-mu'raːfiq] die ihn begleitende Delegation; **2.** *Konj. mit Subjunktiv*: damit, um zu; *mit Apokopat zum Ausdruck der Aufforderung*: (er) soll

لا [laː] **1.** nein!; nicht; kein; **2.** *f* Nein *n*; **3.** un-, a-, Nicht-; ~ أهمية له [ʔaha'mmiːjata] unwichtig

لاأبالية [laː-ʔubaː'liːja] Gleichgültigkeit *f*, indifferente Haltung

لااجتماعي [laː-iʤti'maːʕiː] asozial

لاأخلاقي [laː-ʔax'laːqiː] amoralisch

لاأدري [laː-'ʔadriː], *pl.* [-uːn] Agnostiker *m*; Skeptiker *m*

لاأدرية [laː-ʔad'riːja] Agnostizismus *m*; Skeptizismus *m*

لاإرادي [laː-ʔi'raːdiː] unwillkürlich, unbewußt

لاانتمائي [laː-inti'maːʔiː] an keine Richtung *od.* Ideologie gebunden

لاإنساني [laː-ʔin'saːniː] unmenschlich

لاب → (لوب)

لابس [laːbis] bekleidet (هـ mit *D*), tragend (هـ *ein Kleidungsstück*)

[1]**لات** [laːta]: ~ حين مناص [ħiːna ma'nɒːsin] es ist zu spät (zu entrinnen)

[2]**لات** [laːt]: الـ~ *Name e-r altarab. Gottheit*

لاتاريخي [laː-taː'riːxiː] ahistorisch

لاتفي [latfiː] lettisch; *pl.* [-uːn] Lette *m*

لاتفيا [latfijaː] Lettland

لاتماثل [laː-ta'maːθul] Asymmetrie *f*

لاتيني [laː'tiːniː] lateinisch; (اللغة) اللاتينية [(al-luɣa)] die lateinische Sprache

لأجل → اجل[5]

لاجنسي [laː-'ʤinsiː] staatenlos

لاجئ [laːʤiʔ] flüchtend; *pl.* [-uːn] Flüchtling *m*

لاح → [1](لوح)

لاحتمية [laː-ħat'miːja] *Phil.* Indeterminismus *m*

لاحرب [laː-'ħarb]: حالة الـ~ واللاسلم [wa-l-laː-'silm] Schwebezustand *m* zwischen Krieg und Frieden

لاحظة [laːħiðɒ], *pl.* لواحظ [la'waːħið] (2) Auge *n*

لاحق [laːħiq] erreichend, einholend (ب *A*); folgend, anschließend; ~ًا [-an] *Adv.* anschließend, später; في وقت ~ zu e-m späteren Zeitpunkt, später; in nächster Zeit, in der Folgezeit; في وقت ~ اليوم [al-jaum(a)] im Laufe des heutigen Tages

لاحقة [laːħiqa], *pl.* لواحق [la'waːħiq] (2) Anhang *m*, *pl.* zugehörige Dinge *n/pl.*; *Gr.* Suffix *n*

لادن [laːdan, laːdin] Ladanum *n*; [laːdin] Kaugummi *m*

لاديني [laː-'diːniː] irreligiös, antireligiös, atheistisch

لادينية [laː-diː'niːja] Irreligiosität *f*, Atheismus *m*

لاذ → (لوذ)

لاذع [laːðiʕ] brennend, stechend; *Spott*: beißend, bitter; *Zunge*: scharf

لاذقية [laːði'qiːja]: الـ~ Latakia (*Hafenstadt in Syrien*)

لازب [laːzib]: صار ضربة ~ [đɒrbata l.] es ist unerläßlich geworden

لازر [laːzir] Laser *m*

لازم [laːzim] notwendig, nötig, erforderlich, unerläßlich; *umg. mit Impf.*: (ich, er ...) muß; *Gr.* intransitiv; لوازم [la'waːzim] (2) *pl.* Zubehör *n*, Bedarfsgüter *n/pl.*, Bedarf *m*, Material *n*; لوازم مكتبية Bürobedarf *m*

لازمة [laːzima] dauernde(s) Attribut; ständige Redensart *j-s*; *Mus.* Refrain *m*

لازورد [laːzu'ward] Lapislazuli *m*; Ultramarin *n*

لازوردي [laːzu'wardiː] azurblau; ultramarin

لاسامي [laː-'saːmiː] antisemitisch; Antisemit *m*

لاسامية [laː-saː'miːja] Antisemitismus *m*

لاسع [laːsiʕ] brennend, beißend, scharf

لاسلكي [laː-'silkiː] drahtlos, Funk-; Radio *n*; ~ اتصال [itti'sɒːl] Funkverbindung *f*, Funkkontakt *m*; ~ـة إشارة Funkspruch *m*; ~ـة برقية Radiotelegramm *n*; ~ـة رسالة [ri-'saːla] Funkspruch *m*; ~ـة صورة [suːra] Funkbild *n*

لاسيما → سيما

لاشعور [laː-ʃu'ʕuːr] *Psych.* Unbewußte(s)

لاشعوري [laː-ʃu'ʕuːriː] *Psych.* unbewußt

لاشكلي [laː-'ʃakliː] amorph

لاشيء [laː-'ʃaiʔ] nichts; null; فاز ~ـا بهدف [bi-hadafin] mit 1:0 gewinnen

لاص → (لوص)

لاصق [laːsiq] anhaftend, klebend; *Kleid*: anliegend; ~ شريط Heftpflaster *n*; Klebstreifen *m*; عدسة ~ـة [ʕadasa] Kontaktlinse *f*; مادة ~ـة [maːdda] Klebstoff *m*

لاصقة [laːsiqa], *pl.* لواصق [la'waːsiq] (2) *Gr.* Affix *n*

لاط → [1](لوط)

لاعب [laːʕib] spielend; *pl.* [-uːn] Spieler *m*

لاعج [laːʕidʒ], *pl.* لواعج [la'waːʕidʒ] *Liebe*: brennend, glühend; لواعج الحب [l. al-ħubb] Liebesqualen *f/pl.*

لاعقلاني [laː-ʕaq'laːniː] irrational

لاعقلانية [laː-ʕaqlaː'niːja] Irrationalismus *m*

لاعقلي [laː-ʕaqliː] irrational

لاعودة [laː-'ʕauda]: نقطة الـ~ [nuqtɒt al-l.] der Punkt, von dem aus es kein Zurück mehr gibt

لاغ [laːɣin] ungültig, unwirksam, (null und) nichtig

لافت [laːfit] die Blicke lenkend, aufmerksam machend (إلى auf *A*); ~ للنظر [li-n-nɒðɒr] auffallend, auffällig

لافتة [laːfita], *pl.* [-aːt] *u.* لوافت [la'waːfit] (2) (*Hinweis-*)Tafel *f*, Schild *n*; Spruchband *n*

لافح [laːfiħ] sengend, brennend heiß

لافظ [laːfið] Auswerfvorrichtung *f*, Auswerfer *m*

لاق → (ليق)

لاقط [laːqit] aufnehmend, *Rf.* empfangend; الصوت ~ [l. ɒs-sɒut] Tonabnehmer *m* (*des Plattenspielers*); ~ جهاز [dʒi'haːz] Empfangsgerät *n*, Empfänger *m*

لاقطة [laːqitɒ], *pl.* [-aːt] Gerät *n* zur Aufnahme von Schallwellen; ~ ألغام Minensuchgerät *n*

لاك → (لوك)

لألأ [laʔlaʔa] *u.* **II** تلألأ [ta'laʔlaʔa] glänzen, glitzern, leuchten, schimmern

لألاء [laʔ'laːʔ] Glanz *m*, Schimmer *m*

لآلئ → لؤلؤ

[1]**لام** [laːma] → [1](لوم)

[2]**لام** [laːm] *f* der Buchstabe ل; *Gr.* Bekräftigungspartikel لـ [la-]; *Gr.* Präposition u. Konjunktion لـ [li-]; *Gr.* dritte(r) Wurzelkonsonant

[3]**لأم** [laʔama, a] *Wunde* verbinden; ausbessern, flicken; — لؤم [laʔuma, u] schlecht, böse sein; **III** لاءم [laːʔama] passen (ه *j-m*, ـه zu *D*), günstig sein (ه/ـه für *A*); angemessen sein (ه/ـه für *A*); übereinstimmen (ـه mit *D*); in Einklang bringen (بين *mehrere Dinge*); versöhnen (بين ... و *j-n* mit *D*); **VI** تلاءم [ta'laːʔama] übereinstimmen (مع mit *D*); **VIII** التأم [il'taʔama] *Wunde*: sich schließen, heilen; miteinander harmonieren; (= شملهم ~ [ʃamluhum]) zusammenkommen, *Kongreß*: zusammentreten

[4]**لأم** [laʔm] Verbinden *n e-r Wunde*; Ausbesserung *f*

لاما [laːmaː] *Zool.* Lama *n*; Lama *m* (*buddhistischer Priester*)

لامادية [laː-maː'ddiːja] *Phil.* Immaterialismus *m*

لامبال [laː-mu'baːlin] gleichgültig; gewissenlos

لامبالاة [laː-mubaː'laːt] Desinteresse *n*, Gleichgültigkeit *f*; Gewissenlosigkeit *f*

لامتناه [laː-muta'naːhin] unendlich

لامحدود [laː-maħ'duːd] unbeschränkt, unbegrenzt, grenzenlos

لامركزي [laː-'markaziː] dezentralisiert

لامركزية [laː-marka'ziːja] Dezentralisation *f*

لامسؤول [laː-mas'ʔuːl] unverantwortlich, verantwortungslos

لامع [laːmiʕ] glänzend, strahlend, leuchtend; brillant

لامعقول [laː-maʕ'quːl] irrational

لامقبول [laː-maq'buːl] unannehmbar

[1]**لأمة** [laʔma] (Ketten-)Panzer *m*

[2]**لامة** [laːmma] böse(r) Blick

لامي [laːmiː] auf den Buchstaben ل bezüglich; lamaistisch

[1]**لان** [laːna] → [1](لين)

[2]**لأن** [li-'ʔan] *Konj. mit Subjunktiv*: damit

[3]**لأن** [li-'ʔanna] *Konj. mit A*: weil

لانهاية [laː-ni'haːja] Unendlichkeit *f*; الـ~ das Unendliche

لانهائي [laː-ni'haːʔiː] unendlich

لانهائية [laː-nihaː'ʔiːja] Unendlichkeit *f*

لاه [laːhin] unaufmerksam, achtlos

لاهاي [laː'haːj] Den Haag

لاهوت [laː'huːt] *u.* علم الـ~ [ʕilm al-l.] Theologie *f*

لاهوتي [laː'huːtiː] theologisch; Theologe *m*

لاو [laːwin]: غير ~ على شيء sich um nichts kümmernd

لاواع [laː-'waːʕin] *Psych.* unbewußt

لاوعي [laː-'waʕj]: الـ~ *Psych.* das Unbewußte

لاوس [laːwus] *f u.* **لاووس** [laː'wuːs] *f* Laos

لاوسي [laːwusiː] *u.* **لاووسي** [laː'wuːsiː] laotisch; *pl.* [-uːn] Laote *m*

لأي [laʔj]: بعد ~ mit Mühe und Not, zu guter Letzt

لائحة [laːʔiħa], *pl.* لوائح [la'waːʔiħ] (2) *u.* [-aːt] Liste *f*; Tabelle *f*, Tafel *f*; Statut *n*, Satzung *f*; لوائح Bestimmungen *f/pl.*, Vorschriften *f/pl.*; ~ الاتهام [l. al-itti'haːm] *u. Jord.* ~ الدعوى [l. ad-daʕwaː] Anklageschrift *f*; ~ تنفيذية Durchführungsbestimmungen *f/pl.*; ~ داخلية Geschäftsordnung *f*; ~ السفر [l. as-safar] Fahrplan *m*; ~ قانونية Gesetzesvorlage *f*, Gesetzentwurf *m*

لائق [laːʔiq] angemessen, würdig;

tauglich, passend, geziemend; ~ صحيا [sɨˈħħiːjan] gesundheitlich geeignet

لائم [laːʔim] tadelnd; Tadler *m*

لائمة [laːʔima], *pl.* لوائم [laˈwaːʔim] (2) Tadel *m*, Vorwurf *m*

[1](**لب**) **II** لبب [labbaba] am Kragen packen; *Äg. Melone* aufschneiden

[2]**لب** [lubb] **1.** Mark *n*, *a. fig.* Kern *m*; Pulpe *f*; **2.** *pl.* ألباب [ʔalˈbaːb] Herz *n*; Geist *m*, Verstand *m*; ~ خشب [l. xaʃab] Zellstoff *m*, Zellulose *f*

لباب [luˈbaːb] Innere(s), Mark *n*; Krume *f des Brotes*; Quintessenz *f*; خشب ~ [l. xaʃab] Zellstoff *m*, Zellulose *f*

لباد [luˈbbaːd] Filz *m*

لبادة [luˈbbaːda], *pl.* [-aːt] *u.* لبابيد [labaːˈbiːd] (2) Satteldecke *f*; Filzkappe *f*

لباس [liˈbaːs], *pl.* ألبسة [ʔalbisa] Kleidungsstück *n*; Gewand *n*, Kleid *n*; Kleidung *f*; *Äg.*, *Syr.* Unterhose *f*; ألبسة جاهزة Fertigkleidung *f*; ألبسة داخلية Unterwäsche *f*; السهرة ~ Abendkleid *n*; Abendanzug *m*; عسكري ~ [ʕaskariː] Uniform *f*; واق ~ [waːqin] Schutzanzug *m*

لباقة [laˈbaːqa] Gewandtheit *f*, Geschicklichkeit *f*; Eleganz *f*

[1]**لبان** [laˈbaːn] Brust *f*

[2]**لبان** [laˈbbaːn], *pl.* ~ة **1.** Milchhändler *m*; **2.** Ziegelmacher *m*

[3]**لبان** [luˈbaːn] Weihrauch *m*; Kaugummi *m*; جاوي ~ Benzoeharz *n*; ذكر ~ [l. ðakar] *Äg.* Weihrauch *m*

[1]**لبانة** [laˈbbaːna] *Saudi-Ar.* Melkmaschine *f*

[2]**لبانة** [luˈbaːna], *pl.* [-aːt] **1.** Verlangen *n*, Wunsch *m*; قضى ~ه sein Ziel erreichen, sein Verlangen stillen; **2.** Kaugummi *m*

[3]**لبانة** [liˈbaːna] Milchhandel *m*

لبث [labiθa, a] bleiben, verweilen; *mit Verb*: weiter tun; ما لبث/لم يلبث أن es dauerte nicht lange, so …; **V** تلبث [taˈlabbaθa] bleiben, verweilen

لبثة [lubθa] kurze Pause, kurze(r) Aufenthalt

[1]**لبخ** **II** [labbaxa] e-n Breiumschlag machen

[2]**لبخ** [labax, labx] *koll.*, *n. un.* ~ة Lebbekbaum *m*; *Äg.* Anabaum *m*

[3]**لبخ** [labx] *Ir.*, *Syr.*, *Lib.* (Zusammen-)Kleben *n*

لبخة [labxa], *pl.* [labaˈxaːt] Breiumschlag *m*, Kataplasma *n*

[1]**لبد** [labada, u] haften, kleben (ب an *D*); verweilen; **II** [labbada] verfilzen; sich verfilzen; *Gewebe*, *Fasern* walken; **V** تلبد [taˈlabbada] sich verfilzen; *Wolken*: sich zusammenziehen, sich verdichten; ~ بالغيوم [bi-l-ɣuˈjuːm] *Himmel*: sich bewölken

[2]**لبد** [labad] Wolle *f*; Filz *m*

[3]**لبد** [lubad] *der siebente Geier Luqmans* (*Sinnbild der Langlebigkeit*)

[4]**لبد** [libd], *pl.* لبود [luˈbuːd] Filz *m*; *Äg.* Torf *m*

لبدة [libda], *pl.* لبد [libad] Mähne *f des Löwen*; Filzmütze *f*

[1]**لبس** [labisa, a] *Kleidungsstück* anziehen, tragen; sich anziehen; **II** [labbasa] umhüllen, überziehen, verkleiden (ب mit *D*); (be)kleiden; unklar, verworren machen (على für *j-n*); täuschen, hintergehen (على *j-n*); **III** لابس [laːbasa] *Umstände*: begleiten; Umgang haben (ه mit *j-m*); **IV** ألبس [ʔalbasa] kleiden (ه in *A*), bekleiden (ه mit *D*); **V** تلبس [taˈlabbasa] sich kleiden (ب in *A*); *Dämon*: hineinfahren (ه in *j-s Körper*); sich einlassen (ب auf *A*), verwickelt werden (ب in *A*); **VIII** التبس [ilˈtabasa] unklar, zweifelhaft sein (على für *j-n*)

[2]**لبس** [labs, lubs] Unklarheit *f*, Zweideutigkeit *f*; Verwirrung *f*

[3]**لبس** [lubs] Anziehen *n*, Tragen *n e-s Kleidungsstücks*

[4]**لبس** [libs] Kleidung *f*

لبسة [libsa] Art *f*, sich zu kleiden

لبط [labatɒ, u, i] *Pferd*: ausschlagen; ~ به الأرض [bihi l-ʔarđ(ɒ)] j-n zu Boden werfen

[1]**لبق** [labiqa, a] *Kleidungsstück*: passen (ب *j-m*)

[2]**لبق** [labiq] gewandt, geschickt; elegant

لبك **II** [labbaka] durcheinanderbringen, in Unordnung bringen, verwirren; **V** تلبك [taˈlabbaka] in Unordnung geraten

لبكة [labka] Verwirrung *f*

لبلاب [labˈlaːb] Efeu *m*

[1]**لبن** **II** [labbana] Ziegel machen

[2]**لبن** [laban], *pl.* ألبان [ʔalˈbaːn] *Äg.* Milch *f*; *Ir.*, *Syr.* Joghurt *m*; *pl.* Milchprodukte *n/pl.*; رائب ~ Sauermilch *f*, Dickmilch *f*; عاقد ~ *Äg.* Quark *m*; معقم ~ [muˈʕaqqam] *Äg.* pasteurisierte Milch; مخيض ~ [maˈxiːđ] Buttermilch *f*; معمل ألبان Molkerei *f*

[3]**لبن** [labin, libn] *koll.* (ungebrannte) Ziegel *m/pl.*

لبنات [labaˈnaːt] *Chem.* Laktat *n*

لبنان [lubˈnaːn] (2) *meist m* Libanon *m*

لبناني [lubˈnaːniː] libanesisch; *pl.* [-uːn] Libanese *m*

لبنن [labnana] libanesisch machen, in libanesische Hände überführen

لبنة [labina, libna], *pl*; [-aːt] (ungebrannter) Ziegel, *a. fig.* Baustein *m*; *Saudi-Ar. Art* Käse *m*

[1]**لبني** [labaniː] milchig, milchartig; Milch-

[2]**لبنى** [lubnaː] Styraxbaum *m*

لبنية [labaˈniːja] *Syr. Speise aus Dickmilch, Reis u. Fleisch*

لبة [labba], *pl.* [-aːt] (*Tier-*)Kehle *f*, Stelle *f*, an der der Schlachtschnitt gesetzt wird

لبوس [laˈbuːs] Kleidung *f*; *pl.* [-aːt] *Med.* Zäpfchen *n*

لبون [laˈbuːn] *m u. f* milchgebend; ~ بقرة [baqara] Milchkuh *f*; حيوان ~ [ħajaˈwaːn] Säugetier *n*; لبونات *pl.* Säugetiere *n/pl.*

لبؤة [labuʔa], *pl.* [-aːt] *u.* **لبوة** [labwa], *pl.* [labaˈwaːt] Löwin *f*

لبى **II** [labbaː] folgen, Folge leisten (ه *e-r Einladung*, *Aufforderung*), entsprechen (ه *e-m Wunsch*)

لبيب [laˈbiːb], *pl.* ألباء [ʔaliˈbbaːʔ] (2) klug, verständig, einsichtig; *a. npr. m*

لبيس [laˈbiːs] Nilkarpfen *m*

لبيسة [laˈbbiːsa], *pl.* [-aːt] *Äg.* Schuhlöffel *m*

لبيك [la'bbaika] zu deinen/Ihren Diensten!

[1]**لت** [latta, u] zerstoßen; *Mehl* anrühren; *Teig* kneten; schwatzen

[2]**لت** [latt] *Äg.* Geschwätz *n*

لتات [la'ttaːt], *pl.* [-uːn] *Äg.* Schwätzer *m*

لتر [litr], *pl.* [-aːt] Liter *m*

لتوني [li'toːniː] lettisch; Lette *m*

لتونيا [li'toːnijaː] Lettland

لتيا [lu'tajjaː, la'tajjaː]: بعد التي والـ~ [a'llatiː] nach vielem Hin und Her

لثام [li'θaːm], *pl.* لثم [luθum] (Gesichts-)Schleier *m*

[1]**لثغ** [laθiɣa, a] lispeln

[2]**لثغ** [luθɣ] → ألثغ

لثغاء → ألثغ

لثغة [luθɣa] Lispeln *n*, fehlerhafte Aussprache

لثم [laθama, i] küssen; **II** [laθθama] *Gesicht* verschleiern; **V** تلثم [ta'laθθama] sich (das Gesicht) verschleiern

لثمة [laθma], *pl.* [laθa'maːt] Kuß *m*

لثة [liθa], *pl.* لثى [liθan] *u.* [-aːt] Zahnfleisch *n*

لثوي [liθawiː, laθawiː] *Phon.* interdental

[1]**لج** [laddʒa, i, a] hartnäckig sein (في bei *D*), hartnäckig tun (في *A*); *Sorge*: quälen (ب *j-n*); bedrängen (على *j-n*)

[2]**لج** [luddʒ] Tiefe *f des Meeres*

لجأ [ladʒaʔa, a] flüchten (إلى zu, nach *D*); Zuflucht nehmen (إلى zu *D*); zurückgreifen (إلى auf *A*), greifen (إلى zu *D*), sich bedienen (إلى *e-s Mittels*); sich (um Hilfe) wenden (إلى an *A*); **IV** ألجأ [ʔaldʒaʔa] veranlassen, nötigen (إلى zu *D*); **VIII** التجأ [il'tadʒaʔa] Zuflucht nehmen (إلى zu *D*); zurückgreifen (إلى auf *A*); Zuflucht suchen (إلى bei *D*)

لجاجة [la'dʒaːdʒa] Hartnäckigkeit *f*

لجام [li'dʒaːm], *pl.* لجم [ludʒum] *u.* ألجمة [ʔaldʒima] Zügel *m*, Zaum *m*

لجان → لجنة

لجب [ladʒib] tosend

(**لجلج**) **II** تلجلج [ta'ladʒladʒa] stottern, stammeln

لجلجة [ladʒladʒa] Gestotter *n*, Stammeln *n*

[1](**لجم**) **IV** ألجم [ʔaldʒama] *Pferd* zügeln; *j-n* im Zaum halten; **VIII** التجم [il'tadʒama] gezügelt werden

[2]**لجم** [ladʒm] *bsd. fig.* Zügeln *n*

لجنة [ladʒna], *pl.* لجان [li'dʒaːn], *Mar. a.* لجن [lidʒan] Ausschuß *m*, Kommission *f*, Komitee *n*; ~ الامتحان Prüfungskommission *f*; ~ تحضيرية Vorbereitungskomitee *n*; ~ التحقيق Untersuchungsausschuß *m*; ~ تنفيذية Exekutivkomitee *n*; ~ التوفيق Schlichtungskommission *f*; ~ العفو الدولية [l. al-ʕafwi d-duwa'liːja] Amnesty International; ~ فرعية Unterausschuß *m*; ~ المراقبة [l. al-mu'raːqaba] Aufsichtsrat *m*; ~ مركزية Zentralkomitee *n*; ~ المساعي الحميدة *Pol.* Schlichtungskommission *f*

[1]**لجة** [laddʒa] Geschrei *n*, Lärm *m*, Tumult *m*

[2]**لجة** [luddʒa], *pl.* لجج [ludʒadʒ] Tiefe *f des Meeres*; Abgrund *m*

لجوء [lu'dʒuːʔ] Zufluchtnahme *f* (إلى zu *D*); Zurückgreifen *n* (إلى auf *A*), Greifen *n* (إلى zu *D*); حق الـ~ [ħaqq al-l.] Asylrecht *n*; (حق) الـ~ السياسي [as-si'jaːsiː] politische(s) Asyl

لجوج [la'dʒuːdʒ] hartnäckig

لجي [luddʒiː] *Meer*: unendlich tief

لجين [lu'dʒain] *poet.* Silber *n*

(**لح**) **IV** ألح [ʔa'laħħa] drängen (في auf *A*, على *j-n*); bestehen, beharren (في auf *D*)

لحاء [li'ħaːʔ] (*Baum-*)Rinde *f*; Bast *m*

لحاد [la'ħħaːd], *pl.* [-uːn] Totengräber *m*

لحاظ [li'ħɒːð] äußere(r) Augenwinkel

لحاف [li'ħaːf], *pl.* لحف [luħuf] *u.* ألحفة [ʔalħifa] Bettdecke *f*, Steppdecke *f*

لحاق [la'ħaːq] Sichanschließen *n*, Folgen *n* (ب *j-m*); Einholen *n*, Erreichen *n* (ب *G*); الـ~ بركب العصر Schritthalten *n* mit der modernen Entwicklung

[1]**لحام** [la'ħħaːm], *pl.* [-uːn] **1.** Fleischer *m*; **2.** Schweißer *m*

[2]**لحام** [li'ħaːm] Schweißen *n*; Löten *n*; الـ~ بالأكسيجين autogene(s) Schweißen; الـ~ بالبنط [bi-l-bunɒt] Punktschweißen *n*; الـ~ بالقوس الكهربائي [al-kahra'baːʔiː]Lichtbogenschweißen *n*; الـ~ بالكهرباء Elektroschweißen *n*

لحامة [la'ħaːma] Fleischigkeit *f*, Korpulenz *f*

[1]**لحد** [laħada, a] beerdigen; **IV** ألحد [ʔalħada] vom Glauben abfallen, Ketzer werden

[2]**لحد** [laħd], *pl.* لحود [lu'ħuːd] *u.* ألحاد [ʔal'ħaːd] Grab *n*

لحس [laħisa, a] lecken (ـه an *D*), ablecken; *Motte*: *Wolle* zerfressen

[1]**لحظ** [laħaðɒ, a] anblicken; beobachten; feststellen; **III** لاحظ [laːħaðɒ] bemerken, wahrnehmen; beobachten; anmerken (ـه على *j-m A*); e-e Bemerkung machen; feststellen; *Pass.* يلاحظ [ju'laːħaðu] es ist festzustellen *od.* zu bemerken

[2]**لحظ** [laħð], *pl.* ألحاظ [ʔal'ħɒːð] Blick *m*

لحظة [laħðɒ], *pl.* [laħa'ðɒːt] Augenblick *m*, Moment *m*; ~ [-tan] (einen) Moment!; لحظات [laħa'ðɒːtin] für Augenblicke; ~ [-ta] + *G*: in dem Moment, als…; بين الـ~ والأخرى [wa-l-ʔuxraː] von einem Augenblick zum andern; jeden Moment; في آخر ~ [ʔaːxiri l.] im letzten Augenblick

لحف [laħafa, a] bedecken; einhüllen (ـه in *A*); **IV** ألحف [ʔalħafa] drängen (في auf *A*), bestehen, beharren (في auf *D*); **VIII** التحف [il'taħafa] sich zudecken (ب mit *D*), sich einhüllen (ب in *A*)

لحق [laħiqa, a] sich anschließen, folgen (ب *j-m*); einholen, erreichen (ـه/ه/ب *A*); *Schaden, Verlust*: treffen (ه/ب *j-n*); antreten (ب *e-n Dienst*); ~ بركبه Anschluß an etwas finden; ~ بركب العصر mit der modernen Entwicklung Schritt halten; **III** لاحق [laːħaqa] folgen, nachkommen (ه *j-m*); (*a. Jur. od. behelligend od. belästigend*) verfolgen; **IV** ألحق [ʔalħaqa] anschließen, angliedern (ب an *A*), eingliedern (ب in *A*); (nach)folgen lassen (ب *D*); anfügen, beifügen, beigeben (ب *D*); die Aufnahme (ب in *e-e Schule* *etc.*) veranlassen; *Mil.* abkommandieren (ب zu *e-r Einheit*); *Schaden* zufügen, *Verlust* beibringen (ب *j-m*); ~ـه بالمدرسة j-n zur Schule schicken; **VI** تلاحق [taˈlaːħaqa] aufeinanderfolgen; **VIII** التحق [il-ˈtaħaqa] sich anschließen (ب *D*); eintreten (ب in *A*), beitreten (ب *D*); ~ بالجامعة er nahm das Studium an der Universität auf; **X** استلحق [isˈtalħaqa] sich *etwas* angliedern

[1]**لحم** [laħama, u] schweißen; löten; **IV** ألحم [ʔalħama] verbinden, koppeln; **VI** تلاحم [taˈlaːħama] aneinanderhaften, fest verbunden sein; miteinander kämpfen; **VIII** التحم [ilˈtaħama] fest verbunden sein (ب mit *D*); sich anschmiegen (ب an *A*); *Raumschiff*: andocken (ب an *A*); sich ineinander verbeißen, miteinander ringen *od.* kämpfen

[2]**لحم** [laħm] **1.** *pl.* لحوم [luˈħuːm] Fleisch *n*; *pl.* Fleischwaren *f/pl.*; ~ البقر [l. al-baqar] Rindfleisch *n*; ~ـا ودما [-an wa-daman] durch und durch, ganz und gar; **2.** *Alg.*, *Tun.* Schweißen *n*; Löten *n*

[3]**لحم** [laħim] fleischig, korpulent

[1]**لحمة** [laħma], *pl.* [-aːt] Stück *n* Fleisch

[2]**لحمة** [luħma] **1.** Schußfaden *m des Gewebes*; Leitmotiv *n*; **2.** Verwandtschaft *f*

لحمية [laħˈmiːja], *pl.* [-aːt] *Anat.* Bindehaut *f*; *Med.* Schleimhautwucherung *f*, Polyp *m*; *Med.* wilde(s) Fleisch

[1]**لحن** [laħana, a] fehlerhaft sprechen; etwas andeuten (ل *j-m* gegenüber); **II** [laħħana] vertonen, komponieren; intonieren; psalmodieren

[2]**لحن** [laħn], *pl.* ألحان [ʔalˈħaːn] **1.** Melodie *f*, Weise *f*, Klang *m*; **2.** (*grammatisch*) fehlerhafte(s) Sprechen

(**لحو**) لحا [laħaː, uː] **1.** entrinden, schälen; **2.** beschimpfen, schmähen; **VI** تلاحى [taˈlaːħaː] einander beschimpfen *od.* schmähen; **VIII** التحى [ilˈtaħaː] sich einen/den Bart wachsen lassen

لحوح [laˈħuːħ] hartnäckig, beharrlich, zudringlich

[1]**لحى** [laħaː, aː] = لحا, → (لحو)

[2]**لحي** [laħj], *pl.* لحي [luˈħiːj] Kinn *n*, Kinnbacke *f*

لحيم [laˈħħiːm], *pl.* [-uːn] *u.* ~ـة *Jord.* Schweißer *m*

لحية [liħja], *pl.* لحى [liħan] Bart *m*

لخبط [laxbatɒ] *Äg.* durcheinanderbringen, verwirren

لخص **II** [laxxasɒ] (kurz) zusammenfassen, resümieren; e-n Auszug machen (هـ aus *D*); **V** تلخص [ta-ˈlaxxasɒ] zusammengefaßt werden; sich zusammenfassen lassen (في in *D*); (*im wesentlichen*) bestehen (في in *D*)

لخلخ [laxlaxa] schütteln; rütteln (هـ an *D*); **II** تلخلخ [taˈlaxlaxa] wackeln

لخمة [laxma, luxama] *Äg.* schwerfällig, unbeholfen

لخن *u.* **لخناء** → ألخن

[1](**لد**) **III** لادّ [laːdda] heftig streiten (ه mit *D*), anfeinden

[2]**لد** [ludd]: الـ~ Lod (*Stadt u. Flughafen in Israel*); → ألد

لداء → ألد

لدانة [laˈdaːna] Weichheit *f*, Biegsamkeit *f*, Geschmeidigkeit *f*, Elastizität *f*

لدائن [laˈdaːʔin] (2) *pl.* Kunststoffe *m/pl.*

لدد [ladad] Feindschaft *f*, Zwist *m*

[1]**لدغ** [ladaɣa, a] *Insekt*: stechen; *Schlange*: beißen; *fig.* verletzen

[2]**لدغ** [ladɣ] Stechen *n*, Beißen *n*; ~ الحشرات [l. al-ħaʃaˈraːt] Insektenstiche *m/pl.*

لدغة [ladɣa], *pl.* [ladaˈɣaːt] Stich *m*, Biß *m*

[1]**لدن** [laduna, u] weich, biegsam, geschmeidig, elastisch sein; **II** [laddana] weich *od.* elastisch machen; *Äg.* *Brot* rösten, dörren

[2]**لدن** [ladn, ladin] weich, biegsam, geschmeidig, knetbar; *a. fig.* elastisch

[3]**لدن** [ladun] *Präp.* bei; ~ من von seiten

لدني [laduniː] *Wissen*: mystisch; العلم الـ~ [al-ʕilm] das von Gott (من لدن الله) verliehene Wissen *bei den Sufis*

لدة [lida] Geburt *f*

لدود [laˈduːd] *Feind*: erbittert

لدى [ladaː] *Präp.* bei; *mit Suffix*: [ladai-]: لديه bei ihm (= er hat); السفير السوري ~ الولايات المتحدة [al-wilaːˈjaːti l-muˈttaħida] der syrische Botschafter in den USA

لديغ [laˈdiːɣ], *pl.* لدغاء [ludaˈɣaːʔ] (2) gestochen, gebissen

لذ [laðða, a] köstlich, angenehm sein; يلذ لي أن es ist mir angenehm *od.* es freut mich zu…; **II** لذذ [laððaða] erfreuen, ergötzen; **V** تلذذ [ta-ˈlaððaða] *u.* **VIII** التذ [ilˈtaððа] sich erfreuen, sich ergötzen (ب an *D*); genießen (ب *A*); **X** استلذ [ista-ˈlaðða] köstlich *od.* angenehm finden

لذاذة [laˈðaːða] Annehmlichkeit *f*, Köstlichkeit *f*

لذاع [laˈððaːʕ] brennend, beißend, scharf

لذائذ [laˈðaːʔið] (2) *pl.* Annehmlichkeiten *f/pl.*, Wonnen *f/pl.*

[1]**لذع** [laðaʕa, a] *Speisen*: brennen; verletzen, kränken

[2]**لذع** [laðʕ] Brennen *n*

لذلك [liˈðaːlik(a)] deshalb, deswegen, darum

لذة [laðða], *pl.* [-aːt] Genuß *m*, Wonne *f*, Lust *f*, Freude *f*, Vergnügen *n*

لذيذ [laˈðiːð] köstlich, herrlich, genußreich, angenehm; *Schlummer*, *Erinnerung*: süß

لز [lazza, u] fest verbinden (ب mit *D*); nötigen (الى zu *D*)

[1]**لزاق** [laˈzzaːq] klebend, haftend, Klebe-

[2]**لزاق** [liˈzaːq] Klebstoff *m*

لزام [liˈzaːm]: كان ~ـا عليه [-an] es ist für ihn nötig, er muß

[1]**لزج** [lazidʒa, a] klebrig sein; kleben, haften (ب an *D*)

[2]**لزج** [lazidʒ] klebrig, schmierig; *Chem.* viskos

[1]**لزق** [laziqa, a] kleben, haften (ب/هـ an *D*); **II** [lazzaqa] (an)kleben; *Äg.* andrehen (هـ ل *j-m A*); **IV** ألزق [ʔalzaqa] ankleben, aufkleben; **VIII** التزق [ilˈtazaqa] kleben, haften

[2]**لزق** [lizq]: ~ـه [-ahuː] *od.* بلزقه eng an seiner Seite

لزقة [lazqa], *pl.* لزق [luzaq] (Zug-)Pflaster *n*

لزم [lazima, a] notwendig sein (ه für *j-n*), obliegen (ه *j-m*); unzertrennlich sein (ه/ـه von *D*); *Bett*, *Haus* hüten; *Schweigen* bewahren; ~ حده [ħaddahuː] seine Grenzen nicht überschreiten, seine Grenzen kennen; إذا ~ الأمر nötigenfalls; **III** لازم [laːzama] untrennbar verbunden sein (ه/ـه mit *D*); dauernd bei j-m (ه) *od.* um j-n (ه) sein; *Bett* hüten; ~ الصمت sich in Schweigen hüllen; **IV** ألزم [ʔalzama] zur Pflicht machen (ه ب/ـه *j-m A*), verpflichten (ه ب/ـه *j-n* zu *D*); nötigen (ب/ـه zu *D*); **VI** تلازم [ta'laːzama] unzertrennlich sein; eng verbunden sein (مع mit *D*); **VIII** التزم [il'tazama] sich verpflichten (ب zu *D*); verpflichtet sein (ب zu *D*), gebunden sein (ب an *A*); sich halten (ب/ـه an *A*); auf sich nehmen (ب/ـه *A*); *Vorsicht* walten lassen; ~ الصمت sich in Schweigen hüllen; ~ اليمين *Verk.* sich rechts halten; **X** استلزم [is'talzama] erfordern

لزمة [lazma], *pl.* [-aːt] (behördliche) Konzession

لزوجة [lu'zuːdʒa] Klebrigkeit *f*; *Chem.* Viskosität *f*

لزوم [lu'zuːm] Notwendigkeit *f*; + *G*: für (*etwas nötig*); حسب الـ~ [ħasaba l-l.] (je) nach Bedarf; عند الـ~ bei Bedarf, nötigenfalls

لسان [li'saːn], *pl.* ألسنة [ʔalsina], ألسن [ʔalsun] *u.* (*Anat.*) [-aːt] Zunge *f*; Sprache *f*; Organ *n* (*Zeitung*); (*Schlüssel-*)Bart *m*; Riegel *m des Türschlosses*; على ~ـه durch (*e-n Sprecher*); ~ الثور [l. aθ-θaur] *Bot.* Ochsenzunge *f*, Borretsch *m*; ~ الحال Organ *n* (*Zeitung*); ~ الحمل [l. al-ħamal] *Bot.* Wegerich *m*; ~ العصفور Esche *f*; ~ مركزي Zentralorgan *n* (*Zeitung*); متحدث بـ~ [muta'ħaddiθ], ناطق بـ~ + *G*: Sprecher *m* des/der…; دار على ألسنة الناس in aller Munde sein

لساني [li'saːniː] linguistisch; *pl.* [-uːn] Linguist *m*

لسانيات [lisaːniː'jaːt] *pl.* Sprachwissenschaft *f*, Linguistik *f*

لست [lasta] du bist nicht; [lastu] ich bin nicht; → ليس

لستيك [las'tiːk] Gummi *m od. n*

لسع [lasaʕa, a] *Insekt*: stechen, beißen; brennen, *Mund* verbrennen; *fig.* verletzen

لسعة [lasʕa], *pl.* [lasa'ʕaːt] Stich *m*, Biß *m*

[1]**لسن** [lasina, a] beredt sein

[2]**لسن** [lasin] beredt, sprachgewandt

لشبونة [liʃ'boːna] Lissabon

(**لشى**) **III** لاشى [laːʃaː] beseitigen, vernichten; **VI** تلاشى [ta'laːʃaː] (ver)schwinden, zunichte werden

[1](**لص**) **V** تلصص [ta'lɒssɒsɒ] verstohlen blicken (عبر durch *A*, على auf *A*); schnüffeln (على in *D*); heimlich tun

[2]**لص** [liꞩꞩ], *pl.* لصوص [lu'suːs] Dieb *m*, Räuber *m*; Einbrecher *m*

[1]**لصق** [laꞩiqa, a] kleben, haften (ب an *D*); — [lasɒqa, a] (auf)kleben (على auf *A*), haften lassen; **III** لاصق [laːsɒqa] angrenzen (ـه an *A*); in enger Berührung sein (ه/ـه mit *D*); **IV** ألصق [ʔalsɒqa] (auf)kleben (ب auf *A*), ankleben (ب an *A*); pressen, drücken (ب gegen *A*); ~ به تهمة [tuhmatan] gegen j-n e-e Verdächtigung aussprechen; **VI** تلاصق [ta'laːsɒqa] aneinanderkleben, aneinanderhaften; sich aneinanderpressen, sich aneinanderdrängen; **VIII** [il'tasɒqa] kleben, haften (ب an *D*); klebenbleiben (ب an *D*); sich anschmiegen (ب an *A*)

[2]**لصق** [lɒsq] (Auf-)Kleben *n*, Haftenlassen *n*

[3]**لصق** [liꞩqa] *u.* بـ~ [bi-liꞩqi] + *G*: dicht neben

لصة [liꞩꞩɒ] Diebin *f*; Einbrecherin *f*

لصوصية [lusuː'ꞩiːja] Dieberei *f*, Räuberei *f*

[1]**لصوق** [la'suːq] Pflaster *n*

[2]**لصوق** [lu'suːq] Kleben *n*, Haften *n*

لصيق [la'ꞩiːq] klebend, haftend (ب an *D*); *Kleidungsstück*: eng anliegend; *Eigenschaft*: anhaftend (ب *j-m*)

لضم [lađɒma, u] *umg.* *Faden* einfädeln; *Perlen* auffädeln

لط [lɒŧŧɒ, u] schlagen, prügeln

لطافة [la'ŧɒːfa] Zartheit *f*, Feinheit *f*; Anmut *f*, Zierlichkeit *f*; Freundlichkeit *f*, Güte *f*

[1]**لطخ** [laŧɒxa, a] *fig.* beflecken, beschmutzen; **II** [lɒŧŧɒxa] schmutzig machen; *a. fig.* beflecken, beschmutzen; **V** تلطخ [ta'lɒŧŧɒxa] befleckt, beschmutzt werden

[2]**لطخ** [lɒŧx], *pl.* لطوخ [lu'ŧuːx] *Äg.* Dummkopf *m*, Narr *m*

[1]**لطخة** [lɒŧxa], *pl.* [laŧɒ'xaːt] Fleck *m*

[2]**لطخة** [luŧɒxa], *pl.* [-aːt] Dummkopf *m*, Narr *m*

لطش [laŧɒʃa, u] schlagen, hauen; klauen

لطع [laŧɒʕa, a] schlagen; *Äg.* warten lassen

لطعة [lɒŧʕa] Fleck *m*; *Äg.* e-e Krankheit der Baumwollpflanze

[1]**لطف** [laŧɒfa, u] sich gütig *od.* freundlich verhalten (ب gegenüber *j-m*); — [laŧufa, u] zart, fein, anmutig sein; **II** [lɒŧŧɒfa] mildern, lindern, abschwächen (من/ـه *A*); angenehm machen (من/ـه *A*); **III** لاطف [laːŧɒfa] freundlich, liebenswürdig, wohlwollend behandeln; liebkosen, streicheln; **V** تلطف [ta'lɒŧŧɒfa] angenehm *od.* mild sein *od.* werden; entgegenkommend, liebenswürdig sein (ب zu *j-m*); so freundlich *od.* gütig sein (ب *etwas zu tun*); behutsam tun (ب *A*); **VI** تلاطف [ta'laːŧɒfa] zueinander freundlich sein; **X** استلطف [is'talŧɒfa] liebenswürdig, sympathisch finden; angenehm, nett finden

[2]**لطف** [luŧf], *pl.* ألطاف [ʔal'ŧɒːf] Freundlichkeit *f*, Liebenswürdigkeit *f*, Güte *f*; Höflichkeit *f*; Milde *f*, Sanftheit *f*; بـ~ freundlich; sanft, sachte (*Adv.*)

[1]**لطم** [laŧɒma, i] mit der Hand schlagen, ohrfeigen; **VI** تلاطم [ta'laːŧɒma] *u.* **VIII** التطم [il'taŧɒma] aufeinanderprallen, zusammenstoßen

[2]**لطم** [lɒŧm] Schlagen *n mit der Hand*; Ohrfeigen *n*

لطمة [lɒtma], *pl.* [latɒ'maːt] Schlag *m mit der Hand*; Ohrfeige *f*

لطيف [la'tiːf], *pl.* لطفاء [lutɒ'faːʔ] (2) *u.* لطاف [li'tɒːf] freundlich, liebenswürdig, gütig; *Mensch, Luft*: mild; *Ton, Worte*: sanft; *a. Behandlung*: zart; *Nase, Glieder*: fein; anmutig, zierlich; angenehm, hübsch, nett; الـ~ der Gütige (*Beiname Gottes*); يا ~ mein Gott!, ach du meine Güte!; الجنس الـ~ [al-dʒins] das schöne Geschlecht

لطيفة [la'tiːfa], *pl.* لطائف [la'tɒːʔif] (2) geistvolle(r) Ausspruch, Witz *m*; *pl. a.* Annehmlichkeiten *f/pl.*, Feinheiten *f/pl.*; لطائف النكات [l. an-ni'kaːt] geistreiche Witze

لطيم [la'tiːm] elternlos; Vollwaise *f*

لظي [laðija, aː], **V** تلظى [ta'lɒððɒː] *u.* **VIII** التظى [il'taðɒː] flammen, lodern

لعاب [lu'ʕaːb] Speichel *m*; Geifer *m*; الشمس ~ Altweibersommer *m*; سال ~ـه ل/على ihm wässerte der Mund nach *etwas*

لعابي [lu'ʕaːbiː] Speichel-

لعان [li'ʕaːn] *Isl.* eidliche Behauptung des Ehebruchs der Frau

1**لعب** [laʕiba, a] spielen (ب mit *D*, على auf *e-m Instrument*); sein Spiel treiben (على mit *j-m*); دورا ~ [dauran] e-e Rolle spielen; الورق ~ [al-waraq(a)] Karten spielen; ورقة ~ [wa'raqa(tan)], بورقة ~ *a. fig.* e-e Karte ausspielen; **II** [laʕʕaba] spielen lassen (ه/ـه *A*, *a. Muskeln*); wedeln (ـه mit *dem Schwanz*); **III** لاعب [laːʕaba] spielen (ه/ـه mit *D*); **VI** تلاعب [ta'laːʕaba] spielen, sein Spiel treiben (ب mit *j-m*); manipulieren (ب/في *A*)

2**لعب** [laʕib, laʕb, liʕb], *pl.* ألعاب [ʔal'ʕaːb] Spiel *n*; Spielraum *m*; الألعاب الجامعية Universiade *f*; ألعاب رياضية [rijɒː'diːja] Sport *m*, Leibesübungen *pl.*; ألعاب الساحة والميدان [wa-l-mai'daːn] *Ir. u.* ألعاب القوى [ʔa. al-quwaː] Leichtathletik *f*; ألعاب نارية Feuerwerk *n*

1**لعبة** [laʕba] Spiel *n*; Trick *m*; لعب الـ~ المزدوجة [laʕiba, muz'dawidʒa] ein Doppelspiel treiben

2**لعبة** [luʕba], *pl.* لعب [luʕab] Spielzeug *n*; Spiel *n*; Puppe *f*

3**لعبة** [luʕaba] dem Spiel ergeben

(لعثم) **II** تلعثم [ta'laʕθama] stottern, stammeln; *Sprecher*: stocken

لعساء → ألعس

لعق [laʕiqa, a] (ab-, be)lecken

لعل [la'ʕalla] + *A od. Pronominalsuffix*: vielleicht; wohl; hoffentlich

لعلع [laʕlaʕa] **1.** schallen, hallen, dröhnen; **2.** flimmern, schimmern; **II** تلعلع [ta'laʕlaʕa] flimmern, schimmern

1**لعن** [laʕana, a] verfluchen, verdammen; fluchen; **VI** تلاعن [ta'laːʕana] einander verfluchen

2**لعن** [laʕn] Verfluchung *f*

لعنة [laʕna], *pl.* [laʕa'naːt] Fluch *m*; Verwünschung *f*

لعوب [la'ʕuːb] *m u. f* verspielt; *Frau*: leichtfertig, kokett

لعيب [li'ʕʕiːb] verspielt; *pl.* ~ة *Sport*: Ballkünstler *m*

لعين [la'ʕiːn] verflucht, verdammt, verwünscht; الـ~ der Teufel

لغات → لغة

لغب [laɣiba, a] ermatten, erschlaffen

لغد [luɣd], *pl.* ألغاد [ʔal'ɣaːd] Doppelkinn *n*

1**لغز** [laɣaza, u] *u.* **IV** ألغز [ʔalɣaza] in Rätseln sprechen

2**لغز** [luɣz], *pl.* ألغاز [ʔal'ɣaːz] Rätsel *n*

1**لغط** [laɣatɒ, a] lärmen

2**لغط** [laɣɒt, laɣt], *pl.* ألغاط [ʔal'ɣɒːt] Lärm *m*, Geschrei *n*, Aufruhr *m*

1**لغم** [laɣama, a] verminen; mit Sprengstoff versehen; *fig.* unterminieren; **II** [laɣɣama] verminen; mit Sprengstoff versehen; **IV** ألغم [ʔalɣama] *Chem.* amalgamieren

2**لغم** [laɣm] Verminung *f*; *fig.* Unterminierung *f*

3**لغم** [luɣm], *Äg.* [laɣam], *pl.* ألغام [ʔal'ɣaːm] Mine *f*

لغمط [laɣmatɒ] beschmutzen, beschmieren

لغة [luɣa], *pl.* [lu'ɣaːt] Sprache *f*; أجنبية ~ [ʔadʒna'biːja] Fremdsprache *f*; حية ~ [ħajja] lebende *od.* moderne Sprache; رسمية ~ Amtssprache *f*; Staatssprache *f*; المهنة ~ [l. al-mihna] Berufsjargon *m*; أهل الـ~ Sprachwissenschaftler *m/pl.*; Philologen *m/pl.*; (*die altarab.*) Lexikographen *m/pl.*; علم الـ~ [ʕilm al-l.] Sprachwissenschaft *f*, Linguistik *f*; (*altarab.*) Lexikographie *f*

1**(لغو)** لغا [laɣaː, uː] unsinniges Zeug reden; **IV** ألغى [ʔalɣaː] abschaffen, aufheben; annullieren, streichen, ungültig machen; *Geplantes* absagen; *Antrag* zurückziehen; *Pass.* أُلغي [ʔulɣija] *a.* ausfallen; الحجز ~, الطلب ~ [ɒt-tɒlab(a)] abbestellen

2**لغو** [laɣw] Unsinn *m*, unsinnige(s) Zeug, törichte(s) Gerede

لغوب [lu'ɣuːb, la'ɣuːb] Ermattung *f*

لغوي [luɣawiː] sprachlich, Sprach-; sprachwissenschaftlich; *pl.* [-uːn] Sprachwissenschaftler *m*; Philologe *m*; (*altarab.*) Lexikograph *m*

لغويات [luɣawiː'jaːt] *pl.* Sprachwissenschaft *f*, Linguistik *f*

1**لف** [laffa, u] (ein-, auf-, um)wickeln; aufspulen, herumwinden; zusammenrollen, einrollen; *Haar* eindrehen; einhüllen, umhüllen; *Äg.* herumgehen (ـه um *A*); *Äg.* (um die Sache) herumreden; *Äg.* sich (um)wenden, sich umdrehen; **II** لفف [laffafa] mehrfach einwickeln, fest umhüllen; *j-n* herumführen; **VIII** التف [il'taffa] sich (ein)wickeln, sich hüllen (ب in *A*); sich winden, sich legen (حول um *A*); sich ineinanderschlingen; *Verk.* wenden; *Verk.* abbiegen (إلى nach *D*); (rings) umgeben (ب/على/حول *A*); sich scharen (حول um *j-n*); *Ir.* umgehen (على *Gesetz*)

2**لف** [laff] (Ein-)Wickeln *n*, Einrollen *n*; *El.* Wicklung *f*; *Äg.* Umweg *m*, Ausflucht *f*; من غير ~ unumwunden, ohne Umschweife; الـ~ والدوران [wa-d-dawa'raːn] Umwege und Ausflüchte

3**لف** [luff] → 2ألف

لفافة [li'faːfa], *pl.* لفائف [la'faːʔif] (2) *u.* [-aːt] Hülle *f*, Decke *f*; Binde *f*, Bandage *f*; Wickelgamasche *f*; Zigarette *f*

[1]لفت [lafata, i] *u.* (*selten*) **IV** ألفت [ʔalfata] wenden, richten, lenken; ~ نظره إلى [nɒðɒrahuː] j-s Blick *od.* Aufmerksamkeit auf *etwas* lenken; **V** تلفت [ta'laffata] sich wenden; sich umschauen; **VIII** التفت [il'tafata] sich umdrehen; sich wenden (إلى zu *D*, an *A*); achten (إلى/ل auf *A*); beachten, berücksichtigen (إلى/ل *A*); **X** استلفت [is'talfata] *Blicke* auf sich lenken; *Aufmerksamkeit* beanspruchen

[2]لفت [laft]: ~ النظر إلى [l. an-nɒðɒr] Lenkung *f* der Aufmerksamkeit auf *etwas*

[3]لفت [lift] Weiße Rübe

لفتة [lafta], *pl.* [lafa'taːt] Sichumwenden *n*; Wendung *f*; Geste *f*; ~ كريمة e-e freundliche *od.* noble Geste

لفح [lafaħa, a] versengen, verbrennen

لفحة [lafħa], *pl.* [lafa'ħaːt] Hitze *f des Fiebers*; Gluthauch *m*

[1]لفظ [lafaðɒ, i] ausstoßen, ausspucken, ausspeien (ـه/ب *A*); aussprechen, artikulieren, sagen (ـه/ب *A*); ~ نفسه الأخير [nafasahuː] den letzten Hauch von sich geben; **V** تلفظ [ta'laffaðɒ] aussprechen, artikulieren (ب *Wort, Laut*)

[2]لفظ [lafð] Aussprache *f*; *pl.* ألفاظ [ʔal'fɒːð] Wort *n*, Ausdruck *m*; ~ـا [-an] dem Wortlaut nach, buchstäblich; ~ـا ومعنى [maʕnan] nach Buchstaben und Geist; أخطأ الـ~ falsch aussprechen

لفظة [lafðɒ], *pl.* [lafa'ðɒːt] Wort *n*

لفظي [laf ðiː] wörtlich, buchstäblich, den Wortlaut betreffend

(لفع) **V** تلفع [ta'laffaʕa] sich (ein)hüllen (ب in *A*)

لفق **II** [laffaqa] erdichten, erfinden; verfälschen

لفلف [laflafa] sich (ein)hüllen (في in *A*); vertuschen

لفة [laffa], *pl.* [-aːt] Drehung *f*, Windung *f*, *a. El.* Wicklung *f*; Rolle *f*; Spule *f*; Ballen *m*, Paket *n*; *Äg.* Umweg *m*, Ausflucht *f*; Runde *f*, Tour *f*

(لفو) **IV** ألفى [ʔalfaː] finden; **VI** تلافى [ta'laːfaː] (wieder) in Ordnung bringen; *Mangel* beheben, abstellen; abhelfen (ـه *e-r Sache*); *Verlust* wiedergutmachen

لفيظ [la'fiːð] *Wort*: ausgesprochen

لفيف [la'fiːf] versammelt, zusammengeschart; Schar *f*, Menge *f*; *Gr.* Verb *n* mit zwei schwachen Radikalen

لفيفة [la'fiːfa], *pl.* لفائف [la'faːʔif] (2) Zigarette *f*; Bündel *n*

لقاء [li'qaːʔ], *pl.* [-aːt] Begegnung *f*, Treffen *n*; Zusammenkunft *f*, Meeting *n*; Interview *n* (مع mit *D*); ~ [-a] *Präp.* gegen, als Gegenleistung für; إلى الـ~ auf Wiedersehen!; ~ كفالة gegen Kaution

لقاح [la'qaːħ], *pl.* [-aːt] Impfstoff *m*, Serum *n*; *a.* [li'qaːħ] Blütenstaub *m*, Pollen *m*

لقاط [lu'qɒːt] *u.* لقاطة [lu'qaːtɒ] Aufgelesene(s); Nachlese *f*

لقانة [la'qaːna] schnelle(s) Verständnis, rasche Auffassung

[1]لقب **II** [laqqaba] benennen (ب mit *e-m Namen*), e-n Beinamen geben (ه *j-m*); **V** تلقب [ta'laqqaba] benannt werden

[2]لقب [laqab], *pl.* ألقاب [ʔal'qaːb] Beiname *m*; Familienname *m*; Titel *m*; ~ البطولة Meistertitel *m*

[1]لقح [laqaħa, a] befruchten, bestäuben; — [laqiħa, a] befruchtet werden; **II** [laqqaħa] impfen (ضد gegen *A*); *Baum* okulieren; befruchten, bestäuben; **VI** تلاقح [ta'laːqaħa] sich (gegenseitig) befruchten

[2]لقح [laqħ] Befruchtung *f*

لقد [la'qad] (*am Satzanfang u. nach Partikeln wie* حتى, بل, إذ): *drückt vor dem Perfekt Abgeschlossenheit der Handlung aus*; → [1]قد

لقط [laqatɒ, u] aufnehmen, auflesen, sammeln; **VIII** التقط [il'taqatɒ] auflesen; *Rf.* empfangen; *Bild, Ball* aufnehmen; *Funkspruch* auffangen; aufschnappen; sich *e-e Krankheit* holen

[1]لقطة [laqtɒ], *pl.* [laqa'tɒːt] *Fot., Film*: Aufnahme *f*; ~ خاطفة Momentaufnahme *f*, Schnappschuß *m*

[2]لقطة [luqtɒ], *pl.* لقط [luqɒt] Aufgelesene(s), (glücklicher) Fund; *Äg.* Gelegenheitskauf *m*

لقف [laqifa, a] *u.* **V** تلقف [ta'laqqafa] (schnell) ergreifen, (auf)fangen, schnappen

لقلاق [laq'laːq] Storch *m*

[1]لقلق [laqlaqa] *Storch*: klappern

[2]لقلق [laqlaq], *pl.* لقالق [la'qaːliq] (2) Storch *m*

لقم [laqima, a] hinunterschlingen, verschlingen; **II** [laqqama] füttern; *Anlage* speisen, versorgen; *bsd. Syr. Waffe* laden; *Kaffee* aufbrühen; **IV** ألقم [ʔalqama] (bissenweise) zu essen geben (ه *j-m*); ~ـه حجرا [haðʒaran] j-n (durch Argumente) zum Schweigen bringen

لقمة [luqma], *pl.* لقم [luqam] Bissen *m*, Happen *m*; ~ سائغة leichte Beute, gefundene(s) Fressen; ~ العيش [l. al-ʕaiʃ] das tägliche Brot, Lebensunterhalt *m*; ~ القاضي *Art* Krapfen *m*

لقن [laqina, a] schnell verstehen *od.* auffassen; **II** [laqqana] beibringen (ـه ه *j-m A*), unterweisen (ـه ه *j-n* in *D*); eintrichtern (ـه ه *j-m A*); soufflieren (ه *j-m*); *Wissen* vermitteln; ~ـه درسا [darsan] j-m e-e Lektion erteilen; **V** تلقن [ta'laqqana] erfahren

لقوة [laqwa] Gesichtslähmung *f*

لقي [laqija, aː] begegnen (ه *j-m*); treffen (ه *j-n*, ـه auf *A*); finden (ـه/ه *A*), stoßen (ـه/ه auf *A*); erfahren, *Niederlage* erleiden; ~ تأييدا [taʔ'jiːdan] Unterstützung finden; ~ حتفه/مصرعه den Tod finden; **III** لاقى [laːqaː] begegnen (ه *j-m*); treffen (ه *j-n*, ـه/ه auf *A*); stoßen (ـه auf *Interesse*); finden, erfahren; erleiden; **IV** ألقى [ʔalqaː] werfen (ب/ـه/ه *A*); wegwerfen, abwerfen (ب/ـه *A*); zuwerfen (إلى ـه/ب *j-m A*); *Vortrag* halten (على vor *D*); *Frage* stellen; *Gedicht* vortragen; *Erklärung* abgeben; ~ بنفسه sich werfen, sich stürzen; ~ السلاح [as-si'laːħ] die Waffen strecken; ~ السمع إلى *j-m* Gehör schenken; ~ ضوءا على [đɒuʔan] *etwas* beleuchten; ~ على عاتقه j-m *etwas* aufbürden *od.* auferlegen; ~ القبض على *j-n* festnehmen *od.* verhaften;

V تلقى [ta'laqqaː] empfangen, erhalten; entgegennehmen; *Nachricht, Ball* aufnehmen; *Schläge* einstecken; erfahren; ~ دروسا في [du'ruːsan] Stunden in *e-m Fach* nehmen; ~ العلم [al-ʕilma] studieren; **VI** تلاقى [ta'laːqaː] sich begegnen, sich treffen, zusammentreffen; **VIII** التقى [il'taqaː] treffen (ب *j-n*), begegnen (ب *j-m*); sich treffen, zusammentreffen (ب mit *D*); **X** استلقى [is'talqaː] sich hinlegen

لقيا [luqjaː] Begegnung *f*

لقيط [la'qiːt], *pl.* لقطاء [luqa'tɒːʔ] (2) Findling *m*, Findelkind *n*

لقية [luqja, la'qiːja] Fund *m*

[1]**لك** [laka] dir; [laki] dir (*f*)

[2]**لك** [lakka, u] mit der Faust schlagen

[3]**لك** [lukk, lakk] Lack *m*

لكأ [lakaʔa, a] schlagen; **V** تلكأ [ta'lakkaʔa] saumselig sein, sich Zeit lassen; ~ في السير [fi s-sair] bummeln, schlendern

لكز [lakaza, u] stoßen, puffen

لكع [lukaʕ] gemein, niederträchtig

[1]**لكم** [lakama, u] mit der Faust schlagen, boxen; **III** لاكم [laːkama] boxen (ه *j-n*, mit *j-m*, gegen *j-n*)

[2]**لكم** [lakm] Boxen *n*

[3]**لكم** [lakum] euch

لكمة [lakma], *pl.* [laka'maːt] Faustschlag *m*, Boxhieb *m*

[1]**لكن** [lakina, a] mit Akzent sprechen

[2]**لكن** [lakan], *pl.* ألكان [ʔal'kaːn] (*Kupfer-*)Becken *n*

[3]**لكن** [laːkin] (*vor Nomina u. Suffixen*: [laː'kinna]) aber, jedoch

[4]**لكن** [lukn] → ألكن

لكنة [lukna] Akzent *m*, falsche Aussprache

لكي [li'kai] *Konj.* damit; لكيلا [li'kailaː] damit nicht

لكيما [li'kaimaː] *Konj.* damit

[1]**لم** [lamma, u] sammeln, zusammenbringen, zusammentragen; ~ شعثه [ʃa'ʕaθahuː] etwas wieder in Ordnung bringen; ~ شملهم *Leute* zusammenbringen, vereinen; **IV** ألم [ʔa'lamma] sich vertraut machen (ب mit *D*), kennenlernen (ب *A*); vertraut sein (ب mit *D*); erfassen (ب *Sinn*); kommen (ب zu *j-m*), einkehren (ب bei *j-m*); befallen, überkommen (ب *j-n*); **VIII** التم [il'tamma] sich versammeln, sich scharen

[2]**لم** [lam] *mit Apokopat*: nicht; ~ يكتب [jaktub] er schrieb nicht; ~ ... إلا [ʔillaː] nur; erst; ~ ... بعد noch nicht

[3]**لم** [lamm]: ~ شملها Sammeln *n*, Zusammentragen *n von Dingen*; ~ شملهم Zusammenbringen *n von Leuten*, Vereinen *n*

[4]**لم** [lima] warum?; ~ لا *u. Perf.* ~ لم [lam] warum nicht?

[1]**لما** [lammaː] *Konj.* als; da, weil; *mit Apokopat*: noch nicht; ~ يعد [jaʕud] er ist noch nicht zurückgekehrt

[2]**لما** [limaː] warum?; für das, was…; wegen dessen, was…; ~ ذا warum?; ~ له من أهمية [ʔaha'mmiːja] wegen s-r Bedeutung

لماح [la'mmaːħ] glänzend, brillant

لماذا [li'maːðaː] warum?

لماع [la'mmaːʕ] glänzend, leuchtend, strahlend; schimmernd; ~ جلد [dʒild] Lackleder *n*

لماما [li'maːman] *Adv.* gelegentlich, selten

لمامة [lu'maːma] Gesammelte(s), Aufgelesene(s); *Laub, Heu*: Zusammengeharkte(s)

لمباجو [lam'baːgoː] Hexenschuß *m*

لمبة [lamba], *pl.* [-aːt] Lampe *f*, Glühbirne *f*; Radioröhre *f*

لمجة [lumdʒa] Imbiß *m*

[1]**لمح** [lamaħa, a] erblicken, erspähen, bemerken; e-n Blick werfen (ه/إلى auf *A*); **II** [lammaħa] andeuten (إلى *A*); anspielen (إلى auf *A*); **IV** ألمح [ʔalmaħa] hinweisen, hindeuten (إلى auf *A*); andeuten (إلى *A*); anspielen (إلى auf *A*)

[2]**لمح** [lamħ] Erblicken *n*, Bemerken *n*; flüchtige(r) Blick; في ~ك/~ البصر [lamħi l-bɒsɒr] blitzartig, in Windeseile, im Nu

لمحة [lamħa], *pl.* [lama'ħaːt] (flüchtiger) Blick; Aufleuchten *n des Blitzes*; (kurzer) Überblick (عن über *A*); *pl. a.* Streiflichter *n/pl.*; ~ في البرق blitzschnell (*Adv.*); ~ فيه من أبيه er hat Ähnlichkeit mit seinem Vater

لمز [lamaza, i] zuzwinkern (ه *j-m*); schlecht sprechen (ه von *j-m*)

[1]**لمس** [lamasa, i, u] berühren, betasten, anfassen; wahrnehmen, bemerken; suchen; **III** لامس [laːmasa] berühren; in Berührung kommen *od.* sein (ه mit *D*); **V** تلمس [ta'lammasa] abtasten, befühlen; tasten (ه *nach*); *Weg* ertasten; aufspüren; suchen (ه *nach*); **VI** تلامس [ta'laːmasa] einander berühren; **VIII** التمس [il'tamasa] erbitten (ه من von *j-m A*), ersuchen (ه من *j-n* um *A*); suchen (ه nach *D*)

[2]**لمس** [lams] Berührung *f*, Tasten *n*; حاسة الـ~ [ħaːssat al-l.] Tastsinn *m*; انتقل بالـ~ [in'taqala] *Krankheit*: durch Hautkontakt übertragen werden

لمسة [lamsa], *pl.* [lama'saːt] Berührung *f*; Retusche *f*; Anflug *m* (من von *e-r Eigenschaft*); وضع اللمسات الأخيرة على letzte Hand an etwas legen; e-r Sache den letzten Schliff geben

لمسي [lamsiː] Tast-

لمظ [lamaðɒ, u] sich die Lippen lekken

لمع [lamaʕa, a] glänzen, leuchten, funkeln, blitzen, blinken; **II** [lammaʕa] glänzend machen, polieren, glätten; **IV** ألمع [ʔalmaʕa] hinweisen, anspielen (إلى auf *A*); *mit der Hand* winken; **VIII** التمع [il'tamaʕa] aufleuchten, aufblitzen

لمعان [lama'ʕaːn] Glanz *m*, Schimmer *m*

لمعة [lumʕa], *pl.* لمع [lumaʕ] Aufleuchten *n*, Aufblitzen *n*; Glanz *m*, Schimmer *m*

لمفاوي [lim'faːwiː] lymphatisch, Lymph-

لملم [lamlama] aufnehmen, zusammenraffen

لمم [lamam] Fehltritt *m*; Anfall *m* von Verrücktheit

[1]**لمن** [la-'min] → [3]ل *u.* [2]من

[2]**لمن** [li-'man] wem?; für wen?

[1]لمة [lamma] (An-)Sammlung *f*; Anfall *m* von Wahnsinn

[2]لمة [lumma] Gruppe *f* von Leuten, Gesellschaft *f*

[3]لمة [limma], *pl.* لمم [limam] *u.* لمام [li'maːm] Haarsträhne *f*, Haarlocke *f*

لمياء [lam'jaːʔ] (2) *npr. f*

لن [lan] *mit Subjunktiv*: nicht (*zur Verneinung der Zukunft*)

لنا [lanaː] uns (*D*)

لنج [lang]: ~ جديد *Äg.* funkelnagelneu

لنجة [landʒa], *pl.* [-aːt] *Kuw.* Motorboot *n*

لندن [landan] London

لندني [landaniː] Londoner

لنش [lanʃ] *u.* لنشة [lanʃa], *pl.* [-aːt] Motorboot *n*

له [lahuː] ihm

لها [lahaː] ihr; → [1](لهو)

لهاب [lu'haːb] Flamme(n *pl.*) *f*; heftige(r) Durst

لهاث [lu'haːθ] Keuchen *n*

لهانة [la'hhaːna] *Ir.* Weißkohl *m*

لهاة [la'haːt], *pl.* لهوات [laha'waːt] *u.* لهيات [laha'jaːt] (Gaumen-)Zäpfchen *n*, Uvula *f*

[1]لهب [lahiba, a] flammen, lodern; **IV** ألهب [ʔalhaba] entzünden, entfachen; ظهره ~ *ein Tier* peitschen; **V** تلهب [ta'lahhaba] entflammt sein, brennen; **VIII** التهب [il'tahaba] *a. Med.* sich entzünden; (auf)flammen, lodern; in Flammen aufgehen, Feuer fangen

[2]لهب [lahab] Flamme(n *pl.*) *f*

لهث [lahaθa, a] keuchen, außer Atem sein; lechzen (وراء nach *D*)

لهج [lahidʒa, a] beständig tun (ب *A*); بالثناء على ~ sich in Lobpreisungen *j-s* ergehen; **IV** *Pass.* ألهج [ʔulhidʒa] versessen sein (ب auf *A*), e-e Schwäche haben (ب für *A*)

لهجة [lahdʒa], *pl.* [laha'dʒaːt] Dialekt *m*, Mundart *f*; Ton *m*, Redeweise *f*; شديدة ~ scharfe(r) Ton

[1]لهف [lahifa, a] beklagen, bedauern (على *A*); **V** تلهف [ta'lahhafa] begierig sein, brennen (على auf *A*), sich sehnen, lechzen (على nach *D*)

[2]لهف [lahf]: ~ يا [-a] ach wie schade!, wie bedauerlich!

لهفان [lah'faːn] (2), *f* لهفى [lahfaː], *pl.* لهافى [la'haːfaː] *u.* لهف [luhuf] sehnsüchtig verlangend (على nach *D*), begierig (على auf *A*)

لهفة [lahfa] Sehnsucht *f*, ungeduldige(s) Verlangen (على/إلى nach *D*); Sorge *f* (على um *A*)

لهق [lahiq] schneeweiß

لهم [lahima, a] verschlingen; **IV** ألهم [ʔalhama] eingeben (ـه ه *j-m A*), inspirieren (ـه ه *j-n* zu *D*); **V** تلهم [ta'lahhama] *u.* **VIII** التهم [il'tahama] verschlingen; **X** استلهم [is'talhama] sich inspirieren lassen, inspiriert werden; sich leiten lassen (ـه von *D*); *Gott* bitten (ـه um *A*)

[1](لهو) لها [lahaː, uː] sich vergnügen, sich unterhalten, sich die Zeit vertreiben, spielen; sich ablenken lassen (عن von *D*), vergessen (عن *A*); **II** لهى [lahhaː] ablenken (عن von *D*); unterhalten, zerstreuen; **IV** ألهى ['alhaː] ablenken (عن von *D*); vergessen lassen (عن ه *j-n A*); **V** تلهى [ta'lahhaː] *u.* **VI** تلاهى [ta'laːhaː] *u.* **VIII** التهى [il'tahaː] sich ablenken (ب mit *D*, عن von *D*); sich unterhalten, sich amüsieren

[2]لهو [lahw] Unterhaltung *f*, Vergnügung *f*, Amüsement *n*, Zeitvertreib *m*, Spiel *n*, Ablenkung *f*

لهوج [lahwadʒa] schnell *u.* schlampig machen, hinschludern

لهوم [la'huːm] gefräßig

لهوي [lahawiː] *Phon.* uvular, velar

لهي [lahija, a] versessen sein (ب auf *A*); sich abwenden (عن von *D*)

لهيب [la'hiːb] Flamme(n *pl.*) *f*

لهيف [la'hiːf] begierig, sehnsüchtig, ungeduldig verlangend (إلى nach *D*); bekümmert, besorgt

لو [lau] *Konj.* (*in der Regel zur Einleitung irrealer Bedingungssätze, häufig aber auch im Sinne von* إذا *gebraucht*) wenn; wenn doch; ~ أن [ʔanna] *mit folgendem Substantiv*: wenn; لا ~ wenn nicht (wäre *od.* gewesen wäre); ~و selbst wenn, wenn auch; sogar; أن ~و selbst wenn, wenn auch; ~ فيما im Falle, daß; ~ كما wie wenn

لواء [li'waːʔ], *pl.* ألوية [ʔalwija] Banner *n*; *früher Ir.* Provinz *f* (*Verwaltungseinheit*); *Jord.* Distrikt *m*; *Äg ., Ir., Syr., Jord.* Brigade *f*; *pl.* [-aːt] *Äg., Ir., Syr., Jord.* Generalmajor *m*; عقد له ~ النصر [ʕuqida] er trug den Sieg davon; → [1]طوى

لواحظ → لاحظة

لواحق → لاحقة

لوازم → لازم

لواصق → لاصقة

لواط [li'wɒːṭ, lu'wɒːṭ] Homosexualität *f*; Päderastie *f*; Sodomie *f*

لواطة [li'waːṭɒ] Homosexualität *f*; Päderastie *f*; Sodomie *f*

لواعج → لاعج

لوافت → لافتة

لوام [la'wwaːm] (strenger) Tadler; النفس اللوامة strenge(s) Gewissen

لوائح → لائحة

لوائم → لائمة

(لوب) لاب [laːba, uː] dürsten, verlangen (حول/على nach *D*)

[1]لوبي [luːbiː] *hist.* libysch; Libyer *m*; اللوبيون [-'juːn] *pl.* die (alten) Libyer *m/pl.*

[2]لوبي [loːbiː] Lobby *f*

لوبيا [luːbijaː] *u.* لوبياء [luːbi'jaːʔ] (2) Bohne(n *pl.*) *f*

لوت [luːt] *Äg.* Adlerfisch *m*

لوتس [luːtus, luːtas] Lotosblume *f*

لوث **II** [lawwaθa] beschmutzen, beflecken; verschmutzen, verseuchen; يديه ~ [ja'daihi] *a. fig.* sich die Hände schmutzig machen; **V** تلوث [ta'lawwaθa] beschmutzt werden; verschmutzt, verseucht werden

لوثري [luːθariː] lutherisch; *pl.* [-uːn] Lutheraner *m*

لوثة [lauθa, luːθa] Schwäche *f*, Schwachheit *f*; Geistesschwäche *f*

لوج [loːʒ], *pl.* [-aːt] *u.* ألواج [ʔal'waːʒ] (*Theater-, Freimaurer-*)Loge *f*

[1](لوح) لاح [laːħa, uː] erscheinen; scheinen (ل *j-m*); leuchten, schimmern; **II** [lawwaħa] **1.** winken (ب mit *D*); schwingen, schwenken (ب *A*); Zeichen geben, signalisieren; gestikulieren; anspielen (ب auf *A*), andeuten (ب *A*); **2.** *Sonne*: bräunen; **3.** *Fußboden* dielen; **VI**

تلاوح [ta'laːwaħa] nach und nach auftauchen *od.* erscheinen

[2]لوح [lauħ], *pl.* ألواح [ʔal'waːħ] Tafel *f*, Platte *f*; Brett *n*; Planke *f*; Blech *n*; (*Glas-, Fenster-*)Scheibe *f*; ~ ثلج Eisblock *m*; لوح شراعي [ʃi-'raːʕiː] *Tun.* Surfbrett *n*; ~ الكتف [l. al-katif] Schulterblatt *n*

لوحة [lauħa], *pl.* [-aːt] Tafel *f*, Schild *n*; Brett *n*; Bild *n*, Gemälde *n*; Szene *f im Theater*, Programmnummer *f im Varieté*; ~ الإعلانات Anschlagtafel *f*, Schwarze(s) Brett; ~ التسجيل *Tun.*, ~ الرقم *u.* ~ السيارة [l. as-sajjaːra] Nummernschild *n des Autos*; ~ التوزيع / التوصيل *El.* Verteilertafel *f*, Schalttafel *f*; ~ زيتية [zai'tiːja] Ölgemälde *n*; ~ الشطرنج [l. aʃ-ʃɒt'randʒ] Schachbrett *n*; ~ المفاتيح [l. al-mafaː'tiːħ] Armaturenbrett *n des Autos*; *EDV* Tastatur *f*

(**لوذ**) لاذ [laːðа, uː] sich flüchten (ب zu *D*), Zuflucht nehmen (ب zu *D*); ~ بالصمت sich in Schweigen hüllen; ~ بالفرار [bi-l-fi'raːr] sein Heil in der Flucht suchen, die Flucht ergreifen

لوذعي [lauðaʕiː] scharfsinnig, intelligent

لورد [lord], *pl.* [-aːt] Lord *m*

لوري [loːriː], *pl.* [-aːt] *u.* لواري [la-'waːriː] Lastkraftwagen *m*

لورين [loː'reːn]: الـ~ Lothringen

[1]**لوز** II [lawwaza] mit Mandeln füllen; *Äg. Baumwolle*: Samenkapseln ansetzen

[2]**لوز** [lauz] *koll.* Mandeln *f/pl.*; *Äg.* Samenkapseln *f/pl. der Baumwolle*; ~ فرك *Jord.* geschälte Mandeln; دودة الـ~ [duːdat al-l.] Baumwollkapselwurm *m*

لوزة [lauza], *pl.* [-aːt] Mandel *f*; اللوزتان *du. Anat.* die Mandeln *f/pl.*; التهاب اللوزتين [i. al-lauza'tain] Mandelentzündung *f*

لوزي [lauziː] mandelförmig, Mandel-

(**لوص**) لاص [laːsɒ, uː] *durch die Türritze* spähen

[1](**لوط**) لاط [laːtɒ, uː] haften (ب an *D*); *Äg. Wand* verputzen

[2]**لوط** [luːt] Lot *npr. m*

[3]**لوط** [loːt], *pl.* [-aːt] *Äg. Hdl.* Partie *f*, Posten *m von Waren*

لوطس [luːtus] Lotosblume *f*

لوطي [luːtiː] Homosexueller *m*; Päderast *m*; Sodomit *m*

لوع II [lawwaʕa] quälen, peinigen, schmerzen; **VIII** التاع [il'taːʕa] entbrannt, entflammt sein

لوعة [lauʕa] Qual *f*, Pein *f*, Schmerz *m*

لوغاريتم [loːɣa'ritm], *pl.* [-aːt] *Math.* Logarithmus *m*

لوف [luːf] *u.* لوفة [luːfa] Luffa *f* (*pflanzlicher Schwamm*)

لوق II [lawwaqa] mit Butter anrühren *od.* anrichten

لوقا [luːqaː] Lukas (*Evangelist*)

(**لوك**) لاك [laːka, uː] kauen; herumkauen (هـ auf *D*); تلوكه الألسن [al-ʔalsun] in aller Munde sein; ما تلوكه الألسن was man sich erzählt

لوكس [luks] Luxus-

لوكسمبورج [luksumburg] *f Äg. u.* **لوكسمبورغ** [luksamburɣ] *f* Luxemburg

لوكندة [loː'kanda], *pl.* [-aːt] *Äg.* Gasthof *m*, Hotel *n*

لولا → لو

لولب [laulab], *pl.* لوالب [la'waːlib] (2) Schraube *f*; Spirale *f*; Spiralfeder *f*

لولبي [laulabiː] schraubenförmig; spiralförmig; ~ درج [daradʒ], ~ سلم [sullam] Wendeltreppe *f*

لؤلؤ [luʔluʔ] *koll.*, *n. un.* ة~, *pl.* لآلئ [la'ʔaːliʔ] (2) Perlen *f/pl.*; زهرة الـ~ Gänseblümchen *n*

[1](**لوم**) لام [laːma, uː] tadeln, schelten; Vorwürfe machen (ه على *j-m* wegen *G*); **V** تلوم [ta'lawwama] sich Zeit nehmen; j-m (له) e-e Frist setzen (ب von *D*); **VI** تلاوم [ta'laː-wama] einander tadeln; sich gegenseitig Vorwürfe machen

[2]**لوم** [laum] Tadeln *n*; Tadel *m*; Vorwurf *m*

[3]**لؤم** [luʔm] Schlechtigkeit *f*, Gemeinheit *f*; Durchtriebenheit *f*

لؤماء → لئيم

لومان [luː'maːn] *Äg.* Zuchthaus *n*

[1]**لون** II [lawwana] färben, bemalen; **V** تلون [ta'lawwana] gefärbt werden, sich färben; sich verfärben; ~ بلونه [bi-launihiː] die Farbe e-r Sache annehmen

[2]**لون** [laun], *pl.* ألوان [ʔal'waːn] Farbe *f*, Färbung *f*; Tönung *f*, Schattierung *f*; Art *f*, Gattung *f*, Sorte *f*; *pl. a.* Farbstifte *m/pl.*; ألوان الأطعمة [ʔa. al-ʔɒtʕima] alle Arten von Speisen; ألوان طيفية [tɒi'fiːja] Spektralfarben *f/pl.*; ألوان مائية Wasserfarben *f/pl.*

لوني [launiː] Farben-

لوى [lawaː, iː] (ver)drehen, krümmen; لا يلوي على شيء er kümmert *od.* schert sich um nichts; **IV** ألوى [ʔalwaː] (ver)drehen; **V** تلوى [ta-'lawwaː] gedreht, gewunden sein; sich drehen, sich krümmen; *a. fig.* sich winden; **VIII** التوى [il'tawaː] verdreht, verbogen, gekrümmt sein; sich verbiegen, sich krümmen; sich winden; verwickelt, kompliziert sein (على für *j-n*)

[1]**لي** [lajj] Biegung *f*, (Ver-)Drehung *f*, Krümmung *f*; ~ الشيشة [l. aʃ-ʃiːʃa] *Äg.* Schlauch *m* der Wasserpfeife

[2]**لي** [liː] mir

لياء [li'jaːʔ] Heringshai *m*

لياقة [li'jaːqa] Angemessenheit *f*; Tauglichkeit *f*, Eignung *f*; Schicklichkeit *f*; ~ بدنية [bada'niːja] (körperliche) Fitness; *Sport*: Kondition *f*

ليال *u.* **ليالي** → ليلة

ليبرالي [liːb(i)'raːliː] liberal; liberalistisch; *pl.* [-uːn] Liberale(r)

ليبرالية [liːb(i)raː'liːja] Liberalismus *m*

ليبي [liːbiː] libysch; *pl.* [-uːn] Libyer *m*

ليبيا [liːbijaː] Libyen

ليبيري [liː'beːriː] liberianisch, liberisch; *pl.* [-uːn] Liberianer *m*

ليبيريا [liː'beːrijaː] Liberia

ليت [laita] *u.* ~ يا + *A od. Pronominalsuffix*: wäre doch…!, hätte doch…!, o daß doch…!; ~ه كان هنا [hunaː] wäre er doch hier!; ~ شعري [ʃiʕriː] wenn ich doch wüßte…!

ليتر [litr], *pl.* [-aːt] Liter *m*
ليتواني [liːtu'waːniː] litauisch; *pl.* [-uːn] Litauer *m*
ليتوانيا [liːtu'waːnijaː] Litauen
ليث [laiθ], *pl.* ليوث [lu'juːθ] *poet.* Leu *m*, Löwe *m*
ليثيوم [liːθijum] *Chem.* Lithium *n*
ليختنشتاين [lixten'ʃtaːin] *f* Lichtenstein
ليرة [liːra], *pl.* [-aːt] Pfund *n* (*Währungseinheit in Syrien u. im Libanon*); إيطالية ~ italienische Lira
ليزر [leːzar] Laser *m*; ~ أشعة [ʔa'ʃiʕʕat l.] Laserstrahlen *m/pl.*
ليس [laisa] nicht sein (*A od.* ب: *etwas*); nicht; له ~ er hat nicht; ~ له أن er steht ihm nicht zu, er darf nicht; إلا ~ [ʔillaː] nur; بكثير ~ es ist nicht viel; ~ على شيء من ...الـ überhaupt nicht ... sein
ليسانس [liː'sans] Lizentiat *n* (*akademischer Grad*)
ليسوتو [leː'suːtuː] *f* Lesotho
ليش [leːʃ] *Syr. umg.* warum?
ليطاني [liː'tɒːniː]: ~الـ Litani *m* (*Fluß im Libanon*)
ليف [liːf] *koll., n. un.* ~ة, *pl.* ألياف [ʔal'jaːf] Fasern *f/pl.*; زجاجي ~ [zu'ʤaːʤiː] Glasfibern *f/pl.*; ألياف صناعية [sinaː'ʕiːja] Kunstfasern *f/pl.*; ألياف عضلية [ʕaðɒ'liːja] Muskelfasern *f/pl.*
ليفة [liːfa] Faser *f*; Büschel *n* Palmfasern; الاستحمام ~ Badeschwamm *m*
ليفي [liːfiː] faserig, fibrös; ~ زجاج [zu'ʤaːʤ] Faserglas *n*
(ليق) لاق [laːqa, iː] angemessen, würdig sein (ب *G*); sich schicken, sich geziemen (ب für *j-n*); passen (ب zu *j-m*); tauglich, geeignet sein; **II** [lajjaqa] mit Butter anrühren *od.* anrichten
ليقة [liːqa] Fasern *f/pl. zum Festhalten der Tinte im Tintenfaß*
ليل [lail] Nacht *f*, Nachtzeit *f*; ~ًا [-an] *Adv.* nachts; (و)نهارا ~ًا *u.* ~ نهار [-a] Tag und Nacht
لئلا [li-ʔallaː] damit nicht
ليلك [lailak] Flieder *m*
ليلكي [lailakiː] lila
ليلة [laila], *pl.* ليال [la'jaːlin] Nacht *f*; ~الـ *u.* هذه الـ~ [-ta] heute abend, heute nacht; أمس ~ [-ta ams(i)] gestern abend, gestern nacht; ~ راقصة Tanzabend *m*; ~ القدر/القضاء die Nacht, in der (*nach Sure 97*) der Koran herabgesandt wurde, gefeiert in der Nacht zum 27. Ramadan; ليلاء ~ dunkle Nacht; ~ المعراج [l. al-miʕ'raːʤ] die Nacht zum 27. Radschab, in der der Prophet seine Himmelsreise unternahm; بين ~ وضحاها [ɖu'ħaːhaː] über Nacht
[1]**ليلى** [lailaː] Laila *npr. f*
[2]**ليلي** [lailiː] nächtlich, abendlich; Nacht-, Abend-
ليمان [liː'maːn], *pl.* [-aːt] *Äg.* Zuchthaus *n*
ليمفاوي [lim'faːwiː] lymphatisch, Lymph-
ليمون [lai'muːn] *koll., n. un.* ~ة, *pl.* [-aːt] Zitrone(n *pl.*) *f*; ~ بوسفير [bu'sfair] *u.* بوصفير ~ *Lib.* Bitterorange *f*, Pomeranze *f*; ~ حامض Limone *f*; هندي ~ [hindiː] Pampelmuse *f*, Grapefruit *f*
ليمونادة [liːmoː'naːda, leːmoː'naːda] *u.* ليموناضة [leːmoː'naːđɒ] Limonade *f*
ليموني [lai'muːniː] zitronengelb
[1](لين) لان [laːna, iː] weich, zart sein *od.* werden; sanft, milde sein *od.* werden; nachgiebig sein; لا يلين unnachgiebig; ~ت قناته nachgeben, sich breitschlagen lassen; **II** [lajjana] weich, locker machen, *Muskeln* lockern; milde stimmen; **IV** ألان [ʔa'laːna] milde stimmen, besänftigen, erweichen; weich machen
[2]**لين** [lajjin], *pl.* [-uːn] weich, zart; mild, sanft; nachgiebig; geschmeidig, biegsam; الجانب ~ sanftmütig; العريكة ~ sanftmütig, nachgiebig
[3]**لين** [liːn] Weichheit *f*, Zartheit *f*; Milde *f*, Sanftheit *f*; Nachgiebigkeit *f*; العريكة ~ Sanftmut *f*, Nachgiebigkeit *f*; العظام ~ [l. al-ʕi'ðɒːm] *Med.* Knochenerweichung *f*; ~ حروف الـ *Gr.* die Laute *bzw.* Buchstaben ا, و, ي
لينوتيب [liːno'tiːb] Linotype *f*
لينينية [leːniː'niːja] Leninismus *m*
[1]**ليه** [leː] *Äg. umg.* warum?
[2]**لية** [lajja] Biegung *f*, Windung *f*, Krümmung *f*; Falte *f*
[3]**لية** [liːja] Fettschwanz *m des Schafes*
ليوان [liː'waːn], *pl.* لواوين [lawaː'wiːn] (2) Halle *f*, Saal *m*; → إيوان
ليونة [lu'juːna] Weichheit *f*, Zartheit *f*; Milde *f*, Sanftheit *f*; Nachgiebigkeit *f*; Biegsamkeit *f*
لئيم [la'ʔiːm], *pl.* لئام [li'ʔaːm] *u.* لؤماء [luʔa'maːʔ] (2) schlecht, gemein; durchtrieben

م

[1]م (ميم) [miːm] *vierundzwanzigster Buchstabe des arab. Alphabets*

[2]م *Abk. für* متر [mitr] Meter *m*, مليم Mallim *m* (*ägyptische Münze*), *bsd. Tun.* مليون Million *f*, ميدان [maiˈdaːn] Platz *m u.* ميلادية [miːlaːˈdiːja] (*nach Jahreszahlen*) n. Chr.; → ش.م.م.

[3]م [ma] (*nach Präp.*) = ما was?; إلام wohin?; بم womit?; علام worauf?, worüber?; wozu?; عم [ʕamma] von was?, über was?; فيم worin?; worüber?; لم [lima] warum?

ما [maː] **1.** *Interrogativpron.* was?; *im indirekten Fragesatz*: was; ماذا *vor Verben u. Präp.*: was?; ماذا عن wie steht es mit…?; لماذا [liˈmaːðaː] warum?; ~ إذا *in indirekten Fragen*: ob; سأله عما إذا [ʕammaː] er fragte ihn, ob…; **2.** *Relativpronomen* (das,) was; بما فيه einschließlich; ~ بعد الحرب die Nachkriegszeit; ~ قبل التاريخ Vorgeschichte *f*, Urgeschichte *f*; ~ وراء البحار [waˈraːʔa l-biˈħaːr] Übersee; ~ أحسن يكون [ʔaħsanu] das Beste *od.* Schönste, was es gibt; → بين بما *u.* [2]لما; **3.** *bsd. beim Perfekt u. umg.*: nicht; ~ ان ... حتى ... [ʔin, ʔan] kaum …, so …; ~ هو إلا [ʔillaː] er *od.* es ist nichts (weiter) als; ~ هي إلا أن es dauerte nicht lange, bis er…; alsbald; ~ هي إلا أن ... حتى ... kaum daß er …, so…; ~ عليه إلا أن er braucht nur; ~ عليش [maʕˈleːʃ] *umg.* das macht nichts!; ~ من أحد [ʔaħadin] kein einziger; ~ من شك في أن [ʃakk fiː ʔanna] es besteht kein Zweifel, daß; **4.** *Konj.* solange; ~ دام solange; sofern; ~ لم solange nicht; sofern nicht; **5.** *Indefinitpronomen* (*nachgestellt*) irgendein; ~ يوما [jauman] an irgendeinem Tage, irgendwann; eines Tages; ~ إلى حد [ħaddin] bis zu einem gewissen Grade; einigermaßen; **6.** *mit folgendem Elativ im A*: o wie …!; ~ أجمل هذه المدينة wie schön ist diese Stadt!

[1]ماء [maʔa] → (موء)

[2]ماء [maːʔ], *pl.* مياه [miˈjaːh] *u.* أمواه [ʔamˈwaːh] Wasser *n*; *pl. a.* Gewässer *n/pl.*; مياه إقليمية Hoheitsgewässer *n/pl.*; مياه باطنية/جوفية Grundwasser *n*; ~ الشباب Blüte *f* der Jugend; ~ عذب Süßwasser *n*; ~ غازي Sprudel *m*; ~ الكولونيا Kölnischwasser *n*; ~ الوجه Ehre *f*; ~ الورد Rosenwasser *n*; شهر الـ~ *Libyen* Mai *m*; حفظ ~ وجهه [ħafiðɒ] das Gesicht wahren

مات → [1](موت); مآت → مأتى

مأتم [maʔˈtam], *pl.* مآتم [maˈʔaːtim] (2) Trauerfeier *f*

ماتور [maːˈtoːr], *pl.* [-aːt] *Saudi-Ar., Jord., Kuw.* Motor *m*

مأتى [maʔtan], *pl.* مآت [maˈʔaːtin] Ort *m*, von *od.* zu dem man kommt; *fig.* Ursprung *m*; *pl. a.* Leistungen *f/pl.*, Errungenschaften *f/pl.*

ماتينيه [maːtineːh] Matinee *f*

مأثرة [maʔθara], *pl.* مآثر [maˈʔaːθir] (2) Ruhmestat *f*; Leistung *f*, Verdienst *n*

ماثل [maːθil] (da)stehend; sich zeigend, erscheinend; ~ للعيان [li-lʕiˈjaːn] offenkundig, augenscheinlich, sichtbar

مأثور [maʔˈθuːr] überliefert; ~ قول [qaul] überlieferte(s) Wort, Ausspruch *m*; Spruchweisheit *f*; قولة ~ـة Sprichwort *n*, geflügelte(s) Wort; المأثورات الشعبية (überliefertes) Volksgut; Volkskunde *f*

ماج → [1](موج)

ماجريات [maːdʒaraˈjaːt] *pl.* Ereignisse *n/pl.*; ~ الأمور der Gang *od.* Lauf der Ereignisse

ماجستير [maːdʒisˈteːr] *u.* درجة الـ~ [daradʒat al-m.] Magistergrad *m*

ماجن [maːdʒin], *pl.* مجان [muˈddʒaːn] unverschämt, schamlos, dreist

[1]ماجور [maːˈdʒuːr] **1.** *pl.* مواجير [mawaːˈdʒiːr] (2) *Äg.* (*Teig-*)Schüssel *f*; **2.** Major *m in nichtarab. Armeen*

[2]مأجور [maʔˈdʒuːr] bezahlt (على für *e-e Arbeit*); gedungen (على für *A*), gekauft; ~ غير unentgeltlich; ~ جندي [dʒundiː] Söldner *m*; عمل ~ [ʕamal] Lohnarbeit *f*

ماحق [maːħiq] vernichtend; ضربة ~ـة *fig.* Todesstoß *m*

ماحل [maːħil] unfruchtbar

مأخذ [maʔxað] **1.** *Verbalsubstantiv zu* أخذ: أخذه ~ الجد [-a l-dʒidd] etwas ernst nehmen; أخذ الأمر من نفسه ~ـه [-ahuː] die Sache ging ihm (sehr) nahe; سهل الـ~ *Nachschlagewerk*: leicht zu benutzen, handlich; قريب الـ~ leicht verständlich, eingängig; **2.** *pl.* مآخذ [maˈʔaːxið] (2) schwache(r) Punkt, Schwäche *f*

مأخوذ [maʔˈxuːð] genommen; entnommen (من aus *D*); überrascht; betroffen, bestürzt; ~ به in Geltung; ~ في عقله leicht verrückt

ماخور [maːˈxuːr], *pl.* مواخير [mawaːˈxiːr] (2) Bordell *n*

ما دام [maː 'daːma] solange; wenn; da, weil; → [1](دوم)
مأدبة [maʔduba], *pl.* مآدب [ma'ʔaː-dib] (2) Bankett *n*; Gastmahl *n*, Festmahl *n*; أقام ~ عشاء ein Abendessen geben
مادة [maːdda], *pl.* مواد [ma'waːdd] (2) Materie *f*, Substanz *f*; Stoff *m*, Material *n*; (Schul-, Studien-)Fach *n*; Inhalt *m e-s Buches*; Paragraph *m*, Artikel *m e-s Gesetzes*; *Gr.* Wurzel *f e-s Wortes*; *pl. a.* Material *n*, Waren *f/pl.*; ~ إضافية *Chem.* Zusatzstoff *m*; ~ أولية [ʔawwa'liːja] Rohstoff *m*; Grundstoff *m*; مواد البناء [m. al-bi'naːʔ] *u.* مواد إنشائية Baumaterial *n*, Baustoffe *m/pl.*; ~ خام, *pl.* مواد خام Rohstoff *m*; ~ دراسية [diraː'siːja] Unterrichtsstoff *m*; مواد غذائية [ɣiðaː'ʔiːja] Lebensmittel *n/pl.*, Nahrungsmittel *n/pl.*
مادي [maːddiː] materiell, stofflich; physisch; substantiell; *Beweisstück*: konkret; materialistisch; *pl.* [-uːn] Materialist *m*; ~ا ومعنويا [-jan wa-maʕna'wiːjan] *Adv.* materiell und ideell; الماديات *pl.* die materiellen Dinge
مادية [maː'ddiːja] Materialismus *m*
ماذا [maːðaː] *vor Verben u. Präp.*: was?; *im indirekten Fragesatz*: was; ~ عن wie steht es mit …?
مأذنة [maʔðana], *pl.* مآذن [ma'ʔaːðin] (2) Minarett *n*
مأذون [maʔ'ðuːn] ermächtigt, autorisiert, zugelassen; ~ شرعي Standesbeamte(r); ~ مصدر autorisierte *od.* maßgebliche Quelle
مأذونية [maʔðuː'niːja] Amtsbefugnis *f*; *Syr. Mil.* Urlaub *m*; *Syr.* Gewerbelizenz *f*
[1]**مار** [maːra] → (مور)
[2]**مار** [maːr] *vor dem Namen christlicher Heiliger*: der Heilige …
[3]**مار** [maːrr] vorübergehend, vorüberfahrend; *pl.* ~ة *u.* [-uːn] Passant *m*
مأرب [maʔrab], *pl.* مآرب [ma'ʔaːrib] (2) Anliegen *n*, Vorhaben *n*, Wunsch *m*; Ziel *n*, Zweck *m*
مارت [maːrt] *Ir.* März *m*
مارج [maːrʒ] Marge *f*, Spanne *f*
مارد [maːrid], *pl.* مردة [marada] Dämon *m*; Riese *m*
مارس [maːr(i)s] *Äg., Tun., Mar.* März *m*
مارستان [maːris'taːn], *pl.* [-aːt] Irrenhaus *n*
مارسيليا [mar'siːlijaː] *Geo.* Marseille
مارش [marʃ], *pl.* [-aːt] *Mus.* Marsch *m*; *Techn.* Anlasser *m*
مارشال [maːri'ʃaːl], *pl.* [-aːt] Marschall *m in nichtarab. Armeen*
مارك [mark], *pl.* [-aːt] Mark *f* (*Währung*)
ماركسي [marksiː] marxistisch; *pl.* [-uːn] Marxist *m*
ماركسية [mark'siːja] Marxismus *m*
ماركة [maːrka], *pl.* [-aːt] (Handels-) Marke *f*; ~ مسجلة [mu'saddʒala] eingetragene(s) *od.* gesetzlich geschützte(s) Warenzeichen
ماروني [maː'ruːniː] maronitisch; *pl.* موارنة [ma'waːrina] Maronit *m*
ماري [maːriː] *hist.* Mari (*Stadt am mittleren Euphrat, das heutige Tell Hariri*)
مازا [maːzaː], *pl.* مازوات [maːza'waːt] *Syr., Lib.* kleine(r) Imbiß, Appetithäppchen *n*
مازاتي [maː'zaːtiː] *Lib.* Hersteller *m od.* Verkäufer *m* von Appetithäppchen *od.* kleinen Imbissen
مازح [maːziħ] scherzend; ~ا [-an] *Adv.* scherzhaft
مأزق [maʔziq], *pl.* مآزق [ma'ʔaːziq] (2) schwierige *od.* kritische Lage, Klemme *f*, Dilemma *n*; *fig.* Sackgasse *f*
ماز → (ميز)
مآزر → مئزر
مازة [maːza] → مازا
مازوت [maː'zuːt, maː'zoːt] Schweröl *n*; Dieselöl *n*; Heizöl *n*
مازوزي [maː'zuːziː] *Mar. Getreide, Früchte*: spät
مازوط [maː'zoːt] *Tun.* → مازوت
[1]**ماس** [maːsa] → [1](ميس)
[2]**ماس** [maːs] Diamant *m*
[3]**ماس** [maːss] berührend; rührend (ب an *A*), tangierend (ب *A*); *Bedarf, Notwendigkeit*: dringend; ~ كهربائي [kahra'baːʔiː] *El.* Kurzschluß *m*
مأساة [maʔ'saːt], *pl.* مآس [ma'ʔaːsin] *a. fig.* Tragödie *f*, Trauerspiel *n*; ~ أليمة große(s) Unglück, schmerzliche(s) Leid; ~ مضحكة [muđħika] Tragikomödie *f*
مأساوي [maʔ'saːwiː] tragisch
ماسح [maːsiħ] (ab)wischend, (ab-) putzend; *pl.* [-uːn] Putzer *m*; ~ الأحذية [m. al-ʔaħðija] Schuhputzer *m*
ماسخ [maːsix] geschmacklos, fade (schmeckend)
ماسورة [maː'suːra], *pl.* مواسير [ma-waː'siːr] (2) Rohr *n*, Röhre *f*; Leitungsrohr *n*; Lauf *m e-r Flinte*; ~ العادم Auspuff(rohr *n*) *m*
ماسوني [maː'soːniː] freimaurerisch, Freimaurer-; Freimaurer *m*
ماسونية [maːsoː'niːja] Freimaurerei *f*
مأسوي [maʔsawiː] tragisch
ماسي [maːsiː] diamanten; العيد الـ~ [al-ʕiːd] 75jährige(s) Jubiläum
ماش [maːʃin] gehend, laufend; *pl.* مشاة [mu'ʃaːt] Fußgänger *m*; *Mil.* Infanterist *m*; (سلاح) المشاة [(si-'laːħ) al-m.] die Infanterie; على الماشي im Vorübergehen; nebenbei, am Rande
ماشية [maːʃija], *pl.* مواش [ma'waːʃin] Vieh *n*
ماص [mɒːss] saugend, Saug-; مضخة ~ة [mi'đɒxxa] Saugpumpe *f*
ماض [mɒːđin] vergangen; *Schwert*: scharf; الماضي Vergangenheit *f*, *Gr.* Perfekt *n*; ~ فعل [fiʕl] Verb *n* im Perfekt
ماطر [mɒːtɨr] **1.** regnerisch; **2.** Mateur (*Stadt in Tunesien*)
ماع → (ميع)
ما عدا [maː ʕadaː] + *A*: außer, mit Ausnahme von
ماعز [maːʕiz], *pl.* معيز [ma'ʕiːz] *u.* أمعز [ʔamʕuz] Ziege *f*; Ziegenbock *m*
ماعزة [maːʕiza], *pl.* مواعز [ma'waːʕiz] (2) Ziege *f*
ماعون [maː'ʕuːn], *pl.* مواعين [mawaː-'ʕiːn] (2) Gefäß *n*; *Syr.* Topf *m*; *Ir.* Teller *m*; *Syr.* ein Ries Papier; *pl. a.* Geschirr *n*
ماعونة [maː'ʕuːna], *pl.* [-aːt] *u.*

مواعين [mawaːˈʕiːn] (2) *Äg.* Lastkahn *m*, Leichter *m*
مافيا [mafijaː] Mafia *f*
ماكر [maːkir], *pl.* [-uːn] *u.* مكرة [makara] schlau, listig, verschlagen
مأكل [maʔkal], *pl.* مآكل [maˈʔaːkil] (2) Essen *n*, Speise *f*; الـ~ والمشرب Essen und Trinken *n*
مأكول [maʔˈkuːl] gegessen; eßbar; مأكولات *pl.* Nahrungsmittel *n/pl.*, Speisen *f/pl.*
ماكياج [maːkiˈjaːʒ] Schminken *n*, Make-up *n*
ماكيافيلية [maːkijaveˈlliːja] Machiavellismus *m*
ماكينة [maːˈkiːna], *pl.* [-aːt] *u.* مكائن [maˈkaːʔin] (2) Maschine *f*; ~ خياطة [m. xiˈjɒːtɒ] Nähmaschine *f*; → مكنة¹
¹**مال** [maːla] → ¹(ميل)
²**مال** [maːl], *pl.* أموال [ʔamˈwaːl] Vermögen *n*, Hab und Gut *n*; Geld *n*; *pl.* Vermögenswerte *m/pl.*; (Geld-)Mittel *pl.*, Gelder *n/pl.*; Kapital *n*; ~ احتياطي *Hdl.* Reserven *f/pl.*, Rücklagen *f/pl.*; ~ حرام unrechtmäßig erworbene(s) Geld *od.* Vermögen, unrecht Gut; أموال ثابتة *u.* أموال غير منقولة unbewegliche(s) Vermögen; أموال سائلة flüssige Mittel *pl.*; أموال منقولة bewegliche(s) Vermögen, Mobilien *pl.*; بيت الـ~ → ²بيت; رأس الـ~ Kapital *n*
مآل [maˈʔaːl] Ausgang *m*, Ende *n*; Ergebnis *n*, Resultat *n*
ملاجاش [malaˈgaːʃ] *f Äg.* Madagaskar
مالاوي [maːˈlaːwiː] Malawi; malawisch; *pl.* [-uːn] Malawier *m*
مالت [malt] Malz *n*
مالح [maːliħ] salzig, Salz-
مالديف [malˈdiːf] (2) *f Geo.* die Malediven *pl.*
مالطة [maltɒ] *Geo.* Malta
مالطي [maltɨː] maltesisch; *pl.* [-uːn] Malteser *m*
مالك [maːlik] besitzend; *pl.* ملاك [muˈllaːk] *u.* [-uːn] Eigentümer *m*, Besitzer *m*; ~ الحزين *Zool.* Reiher *m*; ملاك كبار [kiˈbaːr] Großgrundbesitzer *m/pl.*; الأسرة المالكة [al-ʔusra] das Königshaus
مالكي [maːlikiː] *Isl.* malikitisch; Malikit *m*
مالكية [maːliˈkiːja]: الـ~ *Isl.* die malikitische Rechtsschule
مألوف [maʔˈluːf] gewohnt, vertraut; üblich, gewöhnlich; غير ~ ungewohnt; كالـ~ wie gewohnt, wie üblich; على ~ عادتنا nach unserer Gewohnheit; المكان الـ~ Stammplatz *m*
¹**مالي** [maːliː] finanziell, Finanz-; geldlich, Geld-; أوراق ~ة Wertpapiere *n/pl.*; ~ تضخم [taˈđɒxxum] Inflation *f*
²**مالي** [maːliː] *f Geo.* Mali; malisch; *pl.* [-uːn] Malier *m*
مالية [maːˈliːja] Finanzwesen *n*, Finanzen *pl.*; وزارة الـ~ [wiˈzaːrat al-m.] Finanzministerium *n*
ماليزي [maːˈliːziː, maːˈlaiziː] malaysisch; *pl.* [-uːn] Malaysier *m*
ماليزيا [maːˈliːzijaː, maːˈlaizijaː] Malaysia
¹**ماما** [maːmaː] Mama *f*
²**مأمأ** [maʔmaʔa] *Schaf*: blöken, *Ziege*: meckern
مأمن [maʔman] sichere(r) Ort; بـ~ من in Sicherheit vor
مأمور [maʔˈmuːr] beauftragt; *pl.* [-uːn] Beauftragte(r), Kommissar *m*; Beamte(r); ~ البوليس *Äg.* Polizeidirektor *m*, Polizeichef *m*; ~ الجمرك [m. al-ʤumruk] Zollbeamte(r); ~ السجن [m. as-siʤn] Gefängnisdirektor *m*
مأمورية [maʔmuːˈriːja], *pl.* [-aːt] Auftrag *m*, Mission *f*; Verwaltungsstelle *f*, Amt *n*; Kommissariat *n*
مأمول [maʔˈmuːl] erhofft; ~ فيه hoffnungsvoll, verheißungsvoll; من الـ~ أن es ist *od.* steht zu hoffen, daß
مأمون [maʔˈmuːn] sicher, *Einkommen*: gesichert; *Mensch*: zuverlässig
مان → ¹(مين)
مانجا [mangaː] *u.* **مانجو** [mangoː] Mango *f*
مانش [maːnʃ]: الـ~ *Geo.* der Ärmelkanal
مانع [maːniʕ] verbietend; (ver)hindernd; *pl.* موانع [maˈwaːniʕ] (2) Hindernis *n*; Hinderungsgrund *m*; ~ للحمل empfängnisverhütend; سباق الموانع [siˈbaːq al-m.] Hindernislauf *m*; Hindernisreiten *n*, Springreiten *n*; لا ~ من أن [-a] er kann ohne weiteres *od.* durchaus; لا ~ من ذلك dem steht nichts im Wege; ~ ليس/ما عندي ich habe nichts dagegen; لا يرى ~ا [-an] er hat nichts dagegen einzuwenden
مانعة [maːniʕa]: ~ الصواعق [m. ɒs-sɒˈwaːʕiq] Blitzableiter *m*
مأنوس [maʔˈnuːs] vertraut, bekannt
مانوي [maːnawiː] Manichäer *m*
مانوية [maːnaˈwiːja] Manichäismus *m* (*von Mani begründete Religion*)
مانيفست [maniˈfest] *u.* **مانيفستو** [maniˈfestoː] *Hdl.* Ladeliste *f*, (Ladungs-)Manifest *n*
ماهر [maːhir], *pl.* مهرة [mahara] *u.* [-uːn] geschickt; clever; ~ عامل Facharbeiter *m*
مأهول [maʔˈhuːl] bewohnt, bevölkert; *Lokal*: gutbesucht; *Raumschiff*: bemannt
ماهية [maːˈhiːja] **1.** Wesen *n*, Charakter *m*, Beschaffenheit *f*; **2.** *pl.* [-aːt] *u.* مهايا [maˈhaːjaː] Gehalt *n*; *Mil.* Sold *m*
ماوردي [maːˈwardiː]: ~ برتقال [burtuˈqaːl] *Syr.* Blutorange *f*
¹**مأوى** [maʔwan], *pl.* مآو [maˈʔaːwin] Behausung *f*, Unterkunft *f*; Zufluchtsort *m*; Schlupfwinkel *m*; ~ بلا/بدون obdachlos; لا ~ له [maʔwaː] er ist obdachlos; er hat kein Zuhause
²**ماوي** [maːwiː] *Ir.* blau
ماي [maːj] *Alg.*, *Tun.* Mai *m*
مائت [maːʔit] sterbend, → ¹(موت)
مائج [maːʔiʤ] wogend
مائدة [maːʔida], *pl.* موائد [maˈwaːʔid] (2) *u.* [-aːt] Tisch *m*; ~ مستديرة [mustaˈdiːra] *a. fig.* runde(r) Tisch
مايس [maːjis] *Ir.* Mai *m*
مايسترو [maːˈjistroː] Kapellmeister *m*, Dirigent *m*, Maestro *m*
مائع [maːʔiʕ] schmelzend, (zer)fließend; verschwommen; *pl.* موائع [maˈwaːʔiʕ] (2) Flüssigkeit *f*
مايكرو [maikro-] Mikro-

مائل [maːʔil] geneigt, schief, schräg; neigend (إلى zu *D*)

[1]**مائة** [miʔa], *pl.* مئات [miʔaːt] *u.* مئون [miʔuːn] hundert; Hundert *n*; مئات + *G od.* من: Hunderte von; المئات *Math.* die Hunderter *pl.*; بال ~ *u.* في الـ~ Prozent; واحد بالـ~ ein Prozent; في الـ~ ~ 100%; hundertprozentig; مئات الآلاف/الألوف Hunderttausende *pl.*; للمرة الـ~ [lil-marra] zum hundertsten Mal; الثامن بعد الـ~ der hundertachte

[2]**ماية** [maːja] *umg.* = مائة

مايو [maːjuː] *Äg., Mar.* Mai *m*

مايونيز [maːju'neːz] Mayonnaise *f*

مايوه [maː'joːh], *pl.* [-aːt] Badehose *f*; Badeanzug *m*

مائي [maːʔiː] Wasser-, wässerig; hydraulisch; Aquarell-

مباءة [ma'baːʔa], *pl.* [-aːt] Brutstätte *f*, Pfuhl *m*

مباح [mu'baːħ] erlaubt, zulässig; freistehend (ل *j-m*); مباحات *pl. Isl.* zulässige Handlungen *f/pl.*

مباحثة [mu'baːħaθa], *pl.* [-aːt] Unterredung *f*, Besprechung *f*, Gespräch *n*

مبادرة [mu'baːdara] Eile *f* (إلى *mit der man etwas tut*); *pl.* [-aːt] Initiative *f* (إلى zu *D*); بـ~ من auf Initiative von; أخذ زمام الـ~ [zi'maːm al-m.] die Initiative ergreifen

مبادلة [mu'baːdala], *pl.* [-aːt] Tausch *m*, Austausch *m*; مبادلات تجارية [tidʒaː'riːja] Handelsaustausch *m*

مبادهة [mu'baːdaha] Initiative *f*

مبادئ → مبدأ

مباراة [mubaː'raːt], *pl.* مباريات [mubaːra'jaːt] (Wett-)Kampf *m*; Spiel *n*, Match *n*, Begegnung *f*; ~ ودية [wi'ddiːja] Freundschaftsspiel *n*

مبارز [mu'baːriz] Duellant *m*

مبارزة [mu'baːraza], pl. [-aːt] (Wett-) Kampf *m*; Duell *n*; Fechten *n*; الـ~ بالشيش [bi-ʃ-ʃiːʃ] Florettfechten *n*

مبارك [mu'baːrak] *a. fig.* gesegnet; glücklich; erfreulich, begrüßenswert; verheißungsvoll; *a. npr. m*; *schmückendes Beiwort zu* (شهر) رمضان, عيد الأضحى *u.ä.*; !~ herzlichen Glückwunsch!, (ich) gratuliere!; ~ عليك du Glücklicher!

مباشر [mu'baːʃir] direkt, unmittelbar; ausübend; *pl.* [-uːn] *Äg.* Geschäftsführer *m*, Verwalter *m*; *Syr.* Gerichtsdiener *m*; غير ~ indirekt; إذاعة ~ة Direktübertragung *f*; Live-Sendung *f*; إصابة ~ة Volltreffer *m*; الرئيس الـ~ *Tun.* der amtierende Präsident

مباشرة [mu'baːʃara] Ausübung *f e-r Tätigkeit*; Aufnahme *f* (في/ب *od. G*: *e-r Arbeit*); ~ [-tan] *Adv.* direkt

مباع [mu'baːʕ] verkauft

مباغت [mu'baːɣit] überraschend, unerwartet, plötzlich

مباغتة [mu'baːɣata] Überraschung *f*; Überfall *m*; ~ [-tan] *Adv.* überraschend; überfallartig

مبال [mu'baːlin]: غير ~ [ɣaira m.] *Adv.* unbekümmert (ب um *A*), gleichgültig (ب gegenüber *D*)

مبالاة [mubaː'laːt] Beachtung *f*; Rücksichtnahme *f*; بغير ~ unbekümmert; rücksichtslos; دون ~ unbekümmert (ب um *A*); عدم الـ~ [ʕadam al-m.] Unbekümmertheit *f*, Gleichgültigkeit *f*; Rücksichtslosigkeit *f*

مبالغة [mu'baːlaɣa], *pl.* [-aːt] Übertreibung *f* (في *G*); صيغة الـ~ [ṣiːɣat al-m.] *Gr.* Intensivform *f*; في ~ التقدير Überbewertung *f*; ليس من الـ~ القول [-ti l-qaul(u)] es ist nicht übertrieben zu sagen

مبان → مبنى[1]

مباهاة [mubaː'haːt] Prahlen *n* (ب mit *D*), Großtuerei *f*, Angabe *f*

مبايعة [mu'baːjaʕa], *pl.* [-aːt] Treueid *m für e-n Herrscher*, Huldigung *f*, Ausrufung *f zum König*

مباين [mu'baːjin] verschieden, abweichend (ل von *D*)

مبتاع [mub'taːʕ] Käufer *m*

مبتدأ [mub'tadaʔ] Anfang *m*, Beginn *m*; *Gr.* Subjekt *n des Nominalsatzes*

[1]**مبتدع** [mub'tadaʕ] neu geschaffen *od.* entwickelt; مبتدعات *pl.* (neue) Erfindungen *f/pl.*

[2]**مبتدع** [mub'tadiʕ], *pl.* [-uːn] Neuerer *m*; Ketzer *m*

مبتدئ [mub'tadiʔ] anfangend, beginnend; *Künstler*: angehend; *pl.* [-uːn] Anfänger *m*; *Chr.* Novize *m*

مبتذل [mub'taðal] abgenutzt, abgedroschen, banal, abgeschmackt; *Bild*: geschmacklos; *Witz*: unanständig; *Mensch*: ordinär, vulgär

مبتسر [mub'tasar] vorzeitig, verfrüht

مبتسم [mub'tasim] lächelnd

مبتغى [mub'taɣan] erstrebt; ersehnt; Erstrebte(s), Wunsch *m*, Ziel *n*

[1]**مبتكر** [mub'takar] originell, neu, neuartig; *pl.* [-aːt] Schöpfung *f*; Kreation *f*; Entdeckung *f*, Erfindung *f*; *pl. a.* neuartige Gedanken

[2]**مبتكر** [mub'takir] schöpferisch; erfinderisch; *pl.* [-uːn] Schöpfer *m*; Neuerer *m*

مبتل [mub'tall] feucht, naß

مبتلى [mub'talan] heimgesucht (ب von *D*), gestraft, geschlagen (ب mit *D*); الـ~ [al-mub'talaː] der Unglückliche

مبتهج [mub'tahidʒ] freudig bewegt, froh

مبتور [mab'tuːr] abgerissen; amputiert; *Text*: verstümmelt; unvollkommen; ~ حل [ħall] (nur) e-e halbe Lösung

مبحبح [mu'baħbaħ] im Wohlstand lebend

مبحث [mabħaθ], *pl.* مباحث [ma'baːħiθ] (2) Gegenstand *m* der Untersuchung, Thema *n*; *Maghr.* Abschnitt *m e-s Buches*; *pl.* (polizeiliche) Nachforschungen, Ermittlungen *f/pl.*; المباحث (الجنائية) [(al-dʒinaː'ʔiːja)] Kriminalpolizei *f*; المباحث (العامة) [(al-ʕaːmma)] Geheimdienst *m*

مبخر [mu'baxxir], *pl.* [-aːt] Verdampfer *m*

مبخرة [mibxara], *pl.* مباخر [ma'baːxir] (2) Räuchergefäß *n*; Räucherapparat *m*; Weihrauchgefäß *n*

مبخوت [mab'xuːt] vom Glück begünstigt, glücklich

مبدأ [mabdaʔ], *pl.* مبادئ [ma'baːdiʔ] (2) Ausgangspunkt *m*, Anfang *m*; Grundsatz *m*, Prinzip *n*; *pl. a.* Elemente *n/pl.*, Grundzüge *m/pl.*, Grundbegriffe *m/pl.*; في ~ الأمر am Anfang, anfangs; من حيث الـ~ [min ħaiθu l-m.] im Prinzip, grundsätzlich

مبدع [mubdiʕ] schöpferisch, kreativ, erfinderisch; *pl.* [-uːn] Schöpfer *m*; schöpferische(r) Mensch, Künstler *m*

1مبدل [mu'baddil], *pl.* [-aːt] Vorrichtung *f* zum Auswechseln, Wechsler *m*; *El.* Kollektor *m*, Kommutator *m*; *El.* Umformer *m*; أسطوانات ~ [m. ʔustuwaː'naːt] Plattenwechsler *m*

2مبدل [mubdal]: منه ~الـ *Gr.* Wort *n*, dem ein appositionelles Substantiv folgt, → 2بدل

مبدئي [mabdaʔiː] prinzipiell, grundsätzlich; *Werk*: grundlegend; Anfangs-; ~ًا [-jan] *Adv.* im Prinzip, grundsätzlich; ursprünglich

مبذر [mu'baððir] verschwenderisch; *pl.* [-uːn] Verschwender *m*

مبذل [mibðal], *pl.* مباذل [ma'baːðil] (2) (aufgetragenes, abgenutztes) Kleidungsstück; *pl.* Alltagskleidung *f*; فلان في مباذله [fu'laːn] N.N. im Alltag, im Privatleben

مبذول [mab'ðuːl] *Anstrengung*: unternommen; *Arbeit*: geleistet; *Gelegenheit*: dargeboten; مقدار العمل ~الـ [miq'daːr al-ʕamal] Arbeitsaufwand *m*

مبرأ [mu'barraʔ] frei, verschont (من von *D*)

مبراة [mib'raːt], *pl.* مبار [ma'baːrin] Bleistiftspitzer *m*; Taschenmesser *n*

1مبرد [mibrad], *pl.* مبارد [ma'baːrid] (2) Feile *f*, Raspel *f*; لسانه كالـ~ [li'saːnuhuː] er hat eine scharfe Zunge

2مبرد [mu'barrad] gekühlt; tiefgekühlt

3مبرد [mu'barrid] kühlend, Kühl-; *Getränk*: erfrischend; *pl.* [-aːt] kühle(s) Getränk, Erfrischung *f*; Kühlgerät *n*, Kühlanlage *f*; Kühler *m des Autos*

1مبرر [mu'barrar] gerechtfertigt; *Hoffnung*: begründet, berechtigt

2مبرر [mu'barrir] rechtfertigend; *pl.* [-aːt] Rechtfertigungsgrund *m*; Rechtfertigung *f*; Beweggrund *m*, Grund *m*; Argument *n*, Erklärung *f*; بلا ~ ungerechtfertigt, grundlos; لا ~ له [-a] ungerechtfertigt, unentschuldbar

1مبرز [mu'barriz] überragend, herausragend, profiliert; Agrégé *m* (*Gymnasiallehrer bzw. Dozent, der die Agrégation – تبريز – besitzt*)

2مبرز [mubraz] vorgewiesen, vorgezeigt; → برز IV

مبرشة [mibraʃa] (*Käse-*, *Gemüse-*) Reibe *f*

مبرق [mubriq]: آلة ~ة Fernschreiber *m*

مبرقة [mubriqa], *pl.* [-aːt] Fernschreiber *m*

مبرم [mubram] *Vertrag*: (ab)geschlossen; *Abkommen*: ratifiziert; fest; قضاء ~ unausweichliche(s), unabänderliche(s) Geschick; unweigerliche(s) Ende (على *G*)

1مبرمج [mu'barmadʒ] programmiert

2مبرمج [mu'barmidʒ], *pl.* [-uːn] Programmierer *m*

مبرة [ma'barra], *pl.* [-aːt] *u.* مبار [ma'baːrr] (2) gute Tat, gute(s) Werk; *pl.* [-aːt] karitative Einrichtung

مبرور [mab'ruːr] von Gott gnädig angenommen, gottgefällig

مبروك [mab'ruːk] gesegnet; (على) ~ *u.* ألف ~ herzlichen Glückwunsch! (zu *D*), Gratulation!

مبستر [mu'bastar] pasteurisiert

مبسط [mu'bassɒt] vereinfacht; gemeinverständlich (gemacht)

مبسم [mabsim], *pl.* مباسم [ma'baːsim] (2) Mundstück *n von Zigaretten u. Blasinstrumenten*

مبسوط [mab'suːt] ausgebreitet; ausgedehnt; *Hand*: geöffnet, flach; zufrieden, sich wohlfühlend, froh; *Tun.* wohlhabend; *Ir.* geschlagen

مبشر [mu'baʃʃir] verkündend (ب *A*); verheißend (ب *A*); *pl.* [-uːn] Verkünder *m* (ب *G*); *Chr.* Missionar *m*

مبشرة [mibʃara], *pl.* مباشر [ma'baːʃir] (2) Reibeisen *n*

مبشور [mab'ʃuːr] gerieben, geschabt

مبصر [mubsɨr] sehend; *fig.* klarsehend, hellsichtig

مبصقة [mibsɒqa], *pl.* مباصق [ma'baːsɨq] (2) Spucknapf *m*

مبضع [mibđɒʕ], *pl.* مباضع [ma'baːđɨʕ] (2) Skalpell *n*, Seziermesser *n*

مبطخة [mabŧɒxa], *pl.* مباطخ [ma'baːŧɨx] (2) Melonenfeld *n*

مبطط [mu'bɒŧŧɒŧ] flach

مبطل [mubŧɨl] ungültig machend, aufhebend, auflösend

1مبطن [mu'bɒŧŧɒn] *Kleidungsstück*: gefüttert; verkleidet, ausgeschlagen (ب mit *D*); *Wand*: tapeziert

2مبطن [mu'bɒŧŧɨn]: الجدران ~ [m. al-dʒud'raːn] Tapezierer *m*

مبطون [mab'ŧuːn] magenkrank; darmkrank

مبعث [mabʕaθ], *pl.* مباعث [ma'baːʕiθ] (2) Ursprung *m*, Ausgangspunkt *m*; Ursache *f*, auslösende(s) Moment, Faktor *m*; Sendung *f des Propheten*

مبعثر [mu'baʕθar] verstreut, durcheinandergeworfen; *Nation*: zersplittert; *Truppen*: versprengt; *Zimmer*: unordentlich, in Unordnung

1مبعد [mubʕad] ausgewiesen, verbannt

2مبعد [mubʕid]: عضلة ~ة [ʕađɒla] *Anat.* Abduktor *m*, Abspreizmuskel *m*

مبعدة [mabʕada] Entfernung *f*; على ~ من fernab von

مبعوث [mab'ʕuːθ] entsandt; *pl.* [-uːn] Beauftragte(r), Gesandte(r); دبلوماسي ~ diplomatische(r) Vertreter; خاص ~ [xɒːss] Sonderbeauftragte(r)

مبق [mubqin]: غير ~ على [ɣaira m.] ohne j-n *od.* etwas zu schonen, ohne Rücksicht auf; unbekümmert um

مبك [mubkin] traurig, zu Tränen rührend; jammervoll, jämmerlich, kläglich; من المبكي أن [ʔanna] es ist zum Heulen, daß

مبكار [mib'kaːr] frühreif

مبكر [mu'bakkir] früh, frühzeitig; Früh-; Frühaufsteher *m*; ~ًا [-an] *Adv.* früh(zeitig); إنذار ~ Frühwarnung *f*; مرحلة ~ة Frühstadium *n*; في ساعة ~ة zu früher Stunde; من الـ~ es ist zu früh, *etwas zu tun*

مبكى [mabkan]: حائط المبكى [ħaːʔiŧ al-mabkaː] Klagemauer *f in Jerusalem*

مبلبل [mu'balbal]: الفكر ~ [m. al-fikr] durcheinander, konfus, verwirrt; Wirrkopf *m*

مبلط [mu'ballɒt] gepflastert; gefliest, gekachelt

[1]**مبلغ** [mablaɣ], *pl.* مبالغ [ma'baːliɣ] (2) Betrag *m*, Summe *f*; (Aus-)Maß *n*; *pl.* Summen *f/pl.*, Gelder *n/pl.*; بلغ الأمر ~ الجد [-a l-ʤidd] die Sache wurde ernst

[2]**مبلغ** [mu'balliɣ], *pl.* [-uːn] Informant *m*; *pej.* Denunziant *m*

مبلل [mu'ballal] naß, feucht

مبلول [mab'luːl] naß, feucht

[1]**مبنى** [mabnan], *pl.* مبان [ma'baːnin] Gebäude *n*, Bauwerk *n*, Bau *m*; ~ الكتاب ومعناه [mabnaː l-ki'taːb] Form u. Inhalt des Schreibens

[2]**مبني** [mab'niːj] gebaut, erbaut, errichtet; *Grundstück*: bebaut; aufgebaut, gegründet (على auf *D*); *Gr.* undeklinierbar endend (على auf *A*); ~ للمجهول *Gr.* passiv; ~ للمعلوم *Gr.* aktiv

مبهج [mubhiʤ] erfreulich, entzückend; *Gedanken*: froh

مبهدل [mu'bahdal] *Kleidung*: unordentlich, ungepflegt, schlampig; *Wohnung*: verwahrlost

مبهر [mubhir] glanzvoll, eindrucksvoll

مبهرج [mu'bahraʤ] prunkhaft; herausgeputzt, aufgedonnert; *Stil*: überladen, geschraubt

مبهم [mubham] unklar, zweideutig; zweifelhaft, obskur; vage; *Person*: zwielichtig; ~ عدد [ʕadad] *Math.* abstrakte Zahl; الاسم الـ~ [al-ism] *Gr.* Demonstrativpronomen *n*; العصب الـ~ [al-ʕasɒb] *Anat.* Vagus *m*

مبهوت [mab'huːt] verblüfft, sprachlos

مبهور [mab'huːr] überwältigt; geblendet, fasziniert (ب von *D*); (= ~ الأنفاس) atemlos, außer Atem; keuchend; sprachlos

مبوب [mu'bawwab] in Kategorien *od.* Kapitel eingeteilt, klassifiziert; systematisch angeordnet

[1]**مبولة** [mabwala], *pl.* مباول [ma'baːwil] (2) **1.** Pissoir *n*; **2.** harntreibende(s) Mittel

[2]**مبولة** [mibwala], *pl.* مباول [ma'baːwil] (2) Nachttopf *m*; *Med.* Harnflasche *f*

[1]**مبيت** [ma'biːt] Übernachtung *f*; Unterkunft *f*

[2]**مبيت** [mu'bajjat] ausgeheckt; نية ~ة [niːja] Hintergedanke *m*

مبيد [mu'biːd] vernichtend; *Bakterien* abtötend; *pl.* [-aːt] Vernichtungsmittel *n*, Vertilgungsmittel *n*, Pestizid *n*; الأعشاب ~ Herbizid *n*; الحشرات ~ [m. al-ħaʃa'raːt], ~ حشري [ħaʃariː] Insektizid *n*; مبيدات حيوية [ħaja'wiːja] Antibiotika *n/pl.*

[1]**مبيض** [ma'biːđ, mibjɒđ], *pl.* مبايض [ma'baːjiđ] (2) *Anat.* Eierstock *m*; *Bot.* Stempel *m*

[2]**مبيض** [mu'bajjiđ], *pl.* [-uːn] Tüncher *m*, Anstreicher *m*; ~ نحاس [m. nu'ħaːs] Verzinner *m*

مبيضة [mu'bajjɒđɒ] Reinschrift *f*

مبيع [ma'biːʕ] **1.** verkauft; **2.** *pl.* [-aːt] Verkauf *m*; *pl.* verkaufte Waren *f/pl.*, Verkäufe *m/pl.*, Umsatz *m*

[1]**مبين** [mu'bajjan] genannt, angegeben, angeführt; aufgezeigt; bezeichnet, markiert; verdeutlicht, erklärt; festgelegt

[2]**مبين** [mu'bajjin], *pl.* [-aːt] *Techn.* Anzeiger *m*, Messer *m*

[3]**مبين** [mu'biːn] klar, deutlich; offenkundig, *Fehler*: offensichtlich; الكتاب الـ~ [al-ki'taːb] der Koran

مت [matta, u] in Beziehung stehen (إلى zu *D*), Verbindung haben (إلى mit *D*); ~ إليه بقرابة mit j-m verwandt sein; لا يمت إليه بصلة [bi-sila] nichts damit zu tun haben

متابع [mu'taːbiʕ] Nachfolger *m*, Epigone *m*

متابعة [mu'taːbaʕa] Folgen *n*, Verfolgen *n*; Verfolgung *f*, Beobachtung *f*; Kontrolle *f*; Fortsetzung *f*, Fortführung *f*; ~ لجنة Kontrollkommission *f*

متأثر [muta'ʔaθθir] unter der Wirkung *od.* dem Einfluß (ب von *D*); beeindruckt, ergriffen (ب von *D*)

متأجج [muta'ʔaddʒidʒ] *fig.* entflammt; *Gefühl*: heiß, glühend, brennend

متاجر [mu'taːʤir] Handel treibend (في mit *D*); Händler *m*

متاجرة [mu'taːʤara] Handel *m*; *pej.* Geschäftemacherei *f*

متاح [mu'taːħ] sich bietend (ل *j-m*); zu Gebote stehend (ل *j-m*); *Geldmittel*: verfügbar; möglich; مجال ~ Freiraum *m* (ل für *D*)

متأخر [muta'ʔaxxir] spät; verspätet, zu spät; sich verzögernd, im Rückstand; *Arbeit*: noch nicht fertig *od.* erledigt; (*in der Entwicklung*) zurückgeblieben, rückständig; nach *j-m* (عن) kommend; المتأخرون *pl.* die Späteren *m/pl.*, die Modernen *m/pl.*; die Zurückgebliebenen *m/pl.*, die Rückschrittlichen *m/pl.*; متأخرات *pl.* Rückstände *m/pl.*, rückständige Beträge *m/pl.*; ~ا [-an] *Adv.* spät; verspätet, zu spät; في ساعة ~ة zu später Stunde

متاخم [mu'taːxim] angrenzend

متأدب [muta'ʔaddib] gebildet; *pl.* [-uːn] Gebildete(r)

متأرجح [muta'ʔarʤiħ] schaukelnd; *a. fig.* schwankend; *Lage*: labil

متآزر [muta'ʔaːzir] einander unterstützend; *Bemühungen*: gemeinsam

متأسف [muta'ʔassif] bedauernd; ~! es tut mir leid!

متأصل [muta'ʔɒssɪl] eingewurzelt, verwurzelt; tiefsitzend

متاع [ma'taːʕ], *pl.* أمتعة [ʔamtiʕa] Hab und Gut *n*, Sachen *f/pl.*; Hausrat *m*; *pl. a.* Gepäck *n*

متاعب [ma'taːʕib] (2) *pl.* Mühen *f/pl.*, Anstrengungen *f/pl.*, Strapazen *f/pl.*; Unannehmlichkeiten *f/pl.*, Schwierigkeiten *f/pl.*, Scherereien *f/pl.*, Ärger *m*; (gesundheitliche) Beschwerden *f/pl.*

متأكد [muta'ʔakkid] sicher (من *e-r Sache*), überzeugt (من von *D*)

متآكل [muta'ʔaːkil] verschlissen

متآلف [muta'ʔaːlif] im Einvernehmen handelnd; einträchtig; harmonierend, in Eintracht lebend (مع mit *D*); verschworen (ضد gegen *A*)

متألق [muta'ʔalliq] leuchtend, strahlend; *fig.* glänzend, brillant; *Fest*: glanzvoll; *Verzierung*: prachtvoll

متألم [muta'ʔallim] schmerzerfüllt; klagend, jammernd; teilnahmsvoll, voll Mitleid; ~ًا [-an] *Adv.* schweren Herzens

متأله [muta'ʔallih] sich selbst zum Gott erhebend

متآمرون [mutaʔaːmi'ruːn] *pl.* Verschwörer *m/pl.*

متأمل [muta'ʔammil] nachdenklich, kontemplativ

متأن [muta'ʔannin] langsam, bedächtig; *Arbeit*: langwierig; *Untersuchung*: sorgfältig

متأنق [muta'ʔanniq] elegant, schick

متانة [ma'taːna] Festigkeit *f*, Solidität *f*

متأهب [muta'ʔahhib] bereit (ل zu *D*); ~ للقتال [li-l-qi'taːl] *Truppen*: einsatzbereit

متأهل [muta'ʔahhil] verheiratet

متاهة [ma'taːha], *pl.* [-aːt] Labyrinth *n*; ~ الشوارع Straßengewirr *n*

متأوه [muta'ʔawwih] stöhnend; *Herz*: verwundet

متبادل [muta'baːdal] wechselseitig, gegenseitig, beiderseitig; *Interessen*: gemeinsam; ~ تأثير Wechselwirkung *f*

متبار [muta'baːrin] Wettbewerber *m*, Konkurrent *m*; Wettkämpfer *m*

متباطئ [muta'bɒːtˤiʔ] langsam; säumig; Nachzügler *m*

متباعد [muta'baːʕid] weit auseinanderliegend; fern (عن von *D*); *Besuche*: gelegentlich; في فترات ~ة [fata'raːtin] hin und wieder

متباك [muta'baːkin] weinerlich

متباه [muta'baːhin] prahlerisch, stolz

متباين [muta'baːjin] unterschiedlich, verschiedenartig; gegensätzlich; *Gefühle*: zwiespältig

متبجح [muta'baddʒiħ] großsprecherisch; *pl.* [-uːn] Maulheld *m*

متبحر [muta'baħħir] tiefschürfend, gründlich

متبختر [muta'baxtir] mit wiegenden Schritten *od.* Hüften; schwankend, torkelnd

متبرع [muta'barriʕ], *pl.* [-uːn] Spender *m*; *Jur.* Schenker *m*

متبرم [muta'barrim] mürrisch; unmutig, unwillig, verdrossen; überdrüssig (ب *G*)

متبصر [muta'bɒsˤsˤir] sehend, erkennend

متبطل [muta'bɒtˤtˤil] untätig, müßig

1 **متبع** [mu'ttabaʕ] *Methode*: üblich, gängig, befolgt; *Brauch*: eingehalten; الـ~ gängige Praxis, Regel *f*; الأصول المتبعة die Regel; الـ~ أن üblicherweise, im allgemeinen; كالـ~ wie üblich

2 **متبع** [mu'ttabiʕ] j-d, der (be)folgt; Anhänger *m*

متبق [muta'baqqin] verbleibend, verblieben; übrig(geblieben), restlich; Rest *m*

متبل [mu'tabbal] gewürzt; *Syr.*, *Lib.* mit Reis, gehacktem Fleisch u. Gewürzen gefüllt

متبلور [muta'balwir] kristallisiert

متبن [matban], *pl.* متابن [ma'taːbin] (2) Strohhaufen *m*, Strohschober *m*

متبنى [muta'bannan]: بنت متبناة [bint mutaba'nnaːt] Adoptivtochter *f*

متبوع [mat'buːʕ] j-m, dem Gefolgschaft geleistet wird, Gefolgsherr *m*; übergeordnet

متبوعية [matbuː'ʕiːja] Überordnung *f*, Oberherrschaft *f*

متتابع [muta'taːbiʕ] aufeinanderfolgend; fortgesetzt, anhaltend, andauernd; متتابعات *pl.* Melodienfolge *f*

متتال [muta'taːlin] aufeinanderfolgend

متتالية [muta'taːlija], *pl.* [-aːt] Sequenz *f*

متتبع [muta'tabbiʕ], *pl.* [-uːn] Beobachter *m*; ... الـ~ ل wer ... verfolgt

متثاقل [muta'θaːqil] schwer, lastend; schwerfällig, träge, langsam; *Gang*: schleppend; gelangweilt

متثائب [muta'θaːʔib] gähnend; *fig.* gelangweilt

متجانس [muta'dʒaːnis] (art)verwandt, gleichartig, homogen; غير ~ heterogen

متجاوب [muta'dʒaːwib] miteinander in Einklang stehend; harmonisch; harmonierend (مع mit *D*)

متجاور [muta'dʒaːwir] einander benachbart; nebeneinander befindlich

متجاوز [muta'dʒaːwiz] überschreitend; الحد ~ [m. al-ħadd] übermäßig, übertrieben

متجدد [muta'dʒaddid] sich erneuernd; *Energie*: erneuerbar; wiederauflebend; *Kampf*: erneut ausbrechend

متجر [matdʒar], *pl.* متاجر [ma'taːdʒir] (2) Geschäft *n*, Laden *m*; Ware *f*; ~ كبير Kaufhaus *n*, Warenhaus *n*

متجرد [muta'dʒarrid] entblößt, nackt; selbstlos, frei von persönlichem Interesse

متجسد [muta'dʒassid] körperhaft; verkörpert; *Chr.* inkarniert

متجعد [muta'dʒaʕʕid] = مجعد

متجل [muta'dʒallin] offenbar, sichtbar, klar erkennbar

متجمد [muta'dʒammid] gefroren; zugefroren; vereist, eisig; *Lage*: festgefahren; المنطقة المتجمدة الشمالية [al-mintɒqa] die Arktis

متجمع [muta'dʒammiʕ] gesammelt; versammelt; *Kapital*: angesammelt; zusammengestellt

متجنس [muta'dʒannis] naturalisiert

1 **متجه** [mu'ttadʒah] Richtung *f*

2 **متجه** [mu'ttadʒih] gerichtet (نحو/إلى auf *A*), sich zuwendend (إلى *D*); *pl.* [-aːt] *Math.* Vektor *m*

متجهم [muta'dʒahhim] finster (dreinschauend); mürrisch, unwillig, verdrießlich; *Miene*, *Zukunft*: düster

متجول [muta'dʒawwil] umherziehend; umherreisend; ambulant; Wander-; *pl.* [-uːn] Reisende(r); Wanderer *m*; ~ بائع Straßenhändler *m*; ~ وكيل *Hdl.* Reisende(r)

1 **متح** [mataħa, a] *a. fig.* schöpfen (من aus *D*)

2 **متح** [matħ] *a. fig.* Schöpfen *n* (من aus *D*)

متحارب [muta'ħaːrib] miteinander kriegführend

متحالف [muta'ħaːlif] miteinander verbündet, alliiert; verbündet (مع

mit *D*); *pl.* [-uːn] Verbündete(r), Alliierte(r)

متحجر [muta'ħaddʒir] *a. fig.* versteinert; fossil; erstarrt; verhärtet; متحجرات *pl.* Fossilien *n/pl.*, Versteinerungen *f/pl.*

[1]**متحد** [muta'ħaddin] herausfordernd; Herausforderer *m*

[2]**متحد** [mu'ttaħid] vereint, vereinigt; الأمم المتحدة [al-ʔumam] die Vereinten Nationen; الولايات المتحدة [al-wilaː'jaːt] die Vereinigten Staaten

متحدث [muta'ħaddiθ] sprechend; *pl.* [-uːn] Sprecher *m*; Anrufer *m am Telefon*; ~ باسم الحكومة [bi-smi l-ħu'kuːma] Regierungssprecher *m*

متحدر [muta'ħaddir] abstammend (من von *D*)

متحذلق [muta'ħaðliq] pedantisch; wichtigtuerisch; *pl.* [-uːn] Pedant *m*; *fig.* Schulmeister *m*; Wichtigtuer *m*

متحرر [muta'ħarrir] befreit; *Sklave*: freigelassen; emanzipiert; *Grundsätze*: liberal

متحرز [muta'ħarriz] vorsichtig; غير ~ من [ɣaira m.] unbekümmert um

متحرك [muta'ħarrik] sich bewegend; beweglich, mobil; *Bett*: fahrbar; Bewegungs-; in Bewegung, bewegt; *Konsonant*: vokalisiert; جسر ~ [dʒisr] Zugbrücke *f*; Pontonbrücke *f*; رسوم ~ة Zeichentrickfilm *m*; سقف ~ Schiebedach *n*; سلم ~ [sullam] Rolltreppe *f*

متحزب [muta'ħazzib] parteiisch, parteilich; *pl.* [-uːn] Parteigänger *m*

متحشم [muta'ħaʃʃim] sittsam, züchtig

متحصل [muta'ħɒssɨl], *pl.* [-aːt] Ertrag *m*, Einnahme *f*

متحضر [muta'ħɒđđɨr] zivilisiert; kultiviert; شعب ~ Kulturvolk *n*

متحف [matħaf, mutħaf], *pl.* متاحف [ma'taːħif] (2) Museum *n*; ~ الشمع Wachsfigurenkabinett *n*; ~ فني [fanniː] Kunstgalerie *f*

متحفز [muta'ħaffiz] sprungbereit

متحفظ [muta'ħaffɨð] zurückhaltend, reserviert

متحقق [muta'ħaqqɨq] tatsächlich (eingetreten); erreicht; *Gewinn*: erzielt; überzeugt, gewiß

متحمس [muta'ħammis] begeistert (ل für *A*), enthusiastisch; leidenschaftlich, heftig; *pl.* [-uːn] begeisterte(r) Anhänger (ل *G*); Eiferer *m*

متحمل [muta'ħammil] tragend

متحول [muta'ħawwil] veränderlich, wandelbar, wechselnd; *Geol.* metamorph; *Festtag*: beweglich; *pl.* [-aːt] Veränderung *f*, Wandel *m*

متحير [muta'ħajjir] verlegen; ratlos, unsicher

متحيز [muta'ħajjiz] parteiisch, voreingenommen; eingenommen (ل für *j-n*)

متخاذل [muta'xaːðil] schwach, weich, schlapp; *pl.* [-uːn] Schwächling *m*, *umg.* Schlappschwanz *m*

متخاصر [muta'xɒːsɨr] einander um die Hüfte fassend; *Tanzpaar*: umschlungen

متخالف [muta'xaːlif] voneinander abweichend

متخبط [muta'xabbɨt] umhertappend; *Hand*: umhertastend; *fig.* hilflos, ratlos

متخثر [muta'xaθθir] geronnen, dick (-flüssig); *Milch*: sauer

[1]**متخذ** [mu'ttaxað] *Maßnahmen*: ergriffen

[2]**متخذ** [mu'ttaxið] *Maßnahmen* ergreifend; ~ القرار Entscheidungsträger *m*

متخرج [muta'xarridʒ], *pl.* [-uːn] Absolvent *m e-r Schule*; ~ المدرسة Schulabgänger *m*

متخشب [muta'xaʃʃib] *fig.* starr, erstarrt

متخصص [muta'xɒssɨs] spezialisiert (في auf *A*); Spezial-, Sonder-; Fach-; *pl.* [-uːn] Fachmann *m*, Spezialist *m* (في für *A*)

متخف [muta'xaffin] verborgen; verkleidet (في ثوب [θaubi], في زي [zijji] als)

متخلخل [muta'xalxil] gelockert, lokker; *Chem.* verdünnt

متخلف [muta'xallif] (*in der Entwicklung*) zurückgeblieben; rückständig; *pl.* [-uːn] Zurückgebliebene(r); *pl.* [-aːt] Rückstand *m*; *Chem.* Residuum *n*; متخلفات Hinterlassenschaft *f*, Nachlaß *m*; ~ عقليا [ʕaq'liːjan] geistig zurückgeblieben *od.* behindert; ~ عن الركب *fig.* Nachzügler *m*

متخم [mutxam] überfüttert; *Magen*: überladen; *fig.* übersättigt

متخوف [muta'xawwif] sich fürchtend (من vor *D*)

متخوم [mat'xuːm] vollgefressen; *Tier*: überfüttert; an verdorbenem Magen *od.* Verdauungsstörung leidend

متخيل [muta'xajjil], *pl.* [-uːn] Schwärmer *m*, Phantast *m*

متداخل [muta'daːxil] ineinandergreifend; sich überlagernd; miteinander verflochten; ineinander übergehend

متداع [muta'daːʕin] **1.** baufällig, wakkelig; dem Zusammenbruch nahe; gebrechlich; *Gesundheitszustand*: zerrüttet; **2.** *Gedanken*: miteinander assoziiert

متداول [muta'daːwal] im Umlauf befindlich, umlaufend, kursierend; *Buch*: viel gelesen, verbreitet; *Mittel*: gängig; gebräuchlich, üblich; أصول ~ة *Hdl.* Umlaufvermögen *n*

متدثر [muta'daθθir] gehüllt, gekleidet (ب in *A*)

متدرج [muta'darridʒ] stufenweise *od.* schrittweise voranschreitend; *pl.* [-uːn] Teilnehmer *m* an e-m Fortbildungslehrgang

متدفق [muta'daffiq] *a. fig.* sich ergießend; *Quelle*: sprudelnd; hervorquellend; hervorbrechend; überschwenglich, überschäumend

متدل [muta'dallin] herabhängend

متدلل [muta'dallil] kokett

متدن [muta'dannin] sinkend; gesunken; niedrig; minderwertig

متدهور [muta'dahwir] heruntergekommen; *Lage*: schlimm, schlecht

متدين [muta'dajjin] religiös, fromm; *pl.* [-uːn] Bekenner *m* (بدين [bi-diːn] *e-r Religion*)

متذبذب [muta'ðabðib] schwankend, wankelmütig, unschlüssig

متذرع [muta'ðarriʕ]: ~ب [-an] unter dem Vorwand von
متذكر [muta'ðakkir] sich erinnernd
متذلل [muta'ðallil] würdelos, kriecherisch; *pl.* [-uːn] Kriecher *m*
متذمر [muta'ðammir] murrend: mürrisch, übellaunig
متر [mitr], *pl.* أمتار [ʔam'taːr] Meter *m*; مربع ~ [mu'rabbaʕ] Quadratmeter *m*; مكعب ~ [mu'kaʕʕab] Kubikmeter *m*
مترابط [muta'raːbiṭ] miteinander verbunden, zusammenhängend; *Phys. u. fig.* kohärent; *Nation*: geschlossen
متراخ [muta'raːxin] schlaff; locker; gelöst, entspannt; schlapp, müde, schwach; träge
مترادف [muta'raːdif] (miteinander) synonym; مترادفات *pl.* Synonyme *n/pl.*
متراس [mit'raːs], *pl.* متاريس [mataː'riːs] (2) Querstange *f* an der Tür; Barrikade *f*; Verschanzung *f*
متراص [muta'rɒːṣṣ] dichtgedrängt; *Reihen*: dicht; *Masse*: kompakt
مترافع [muta'raːfiʕ] *Jur.* streitende Partei
مترافق [muta'raːfiq] einander begleitend; einhergehend (مع mit *D*)
متراكب [muta'raːkib] sich überlagernd
متراكز [muta'raːkiz] konzentrisch
مترام [muta'raːmin] weit, ausgedehnt; مترامي الأطراف weiträumig
مترب [mutrib] staubig
متربص [muta'rabbiṣ] auf der Lauer liegend; *Gefahr*: lauernd; *pl.* [-uːn] *Maghr.* Teilnehmer *m* an e-m Ausbildungs- *od.* Schulungskurs
متربع [muta'rabbiʕ] mit gekreuzten Beinen sitzend; hockend; *Gebäude, Einrichtungsgegenstand*: stehend
متربة [matraba] Armut *f*, Elend *n*; ذو ~ Habenichts *m*
مترجح [muta'raddʒiħ] sich hin- u. herbewegend, pendelnd
مترجل [muta'raddʒil] zu Fuß gehend
مترجم [mu'tardʒim], *pl.* [-uːn] Übersetzer *m*; Dolmetscher *m*; Biograph *m*; فوري ~ [fauriː] Simultandolmetscher *m*
مترد [muta'raddin] verschlechtert; heruntergekommen, desolat
متردد [muta'raddid] häufig wiederkehrend; (oft) besuchend (على *A*); zögernd, zaudernd, schwankend; *pl.* [-uːn] Besucher *m* (على *z.B. e-s Cafés*); Zauderer *m*
مترع [mutraʕ] voll (ب von *D*), gefüllt (ب mit *D*); vollgestopft (ب mit *D*)
مترف [mutraf] im Luxus lebend, verwöhnt; verweichlicht; luxuriös; *Essen*: opulent
مترفع [muta'raffiʕ] stolz; erhaben (عن über *A*); überheblich
مترقب [muta'raqqib] lauernd
مترنح [muta'ranniħ] schwankend, wankend, taumelnd, torkelnd
مترهل [muta'rahhil] dick; aufgedunsen; schwammig, wabbelig
مترو [metroː] *u.* الأنفاق ~ U-Bahn *f*
متروبص [muta'raubiṣ], *pl.* [-uːn] Schlafwandler *m*
متروبوليت [metroːbo'liːt] *Chr.* Metropolit *m*
متروك [mat'ruːk] verlassen; hinterlassen; überlassen (ل *j-m*); هذا ~ للصدفة [li-ṣ-ṣudfa] das bleibt dem Zufall überlassen
متري [mitriː] metrisch
متزامن [muta'zaːmin] gleichzeitig, synchron
متزايد [muta'zaːjid] zunehmend, sich steigernd, ansteigend, anwachsend
متزحلق [muta'zaħliq] *Straße*: rutschig; *pl.* [-uːn]: على الثلج ~ Skiläufer *m*; على الجليد ~ Eisläufer *m*; Skiläufer *m*
متزعزع [muta'zaʕziʕ] schwankend, wankend, wacklig; غير ~ unerschütterlich
متزلج [muta'zalliʤ], *pl.* [-uːn] Skiläufer *m*; Eisläufer *m*
متزلف [muta'zallif] schmeichlerisch, kriecherisch; *pl.* [-uːn] Schmeichler *m*, Kriecher *m*
متزمت [muta'zammit] streng, ernst; sittenstreng; puritanisch; Puritaner *m*; puristisch; Purist *m*; orthodox; philiströs; konservativ
متزن [mu'ttazin] ausgewogen, *a. Charakter*: ausgeglichen; abgewogen; *Schritte*: gemessen; في رأيه ~ [raʔjihiː] *Mensch*: abgeklärt
متزوج [muta'zawwiʤ] verheiratet
متسابق [muta'saːbiq], *pl.* [-uːn] Mitbewerber *m*, Konkurrent *m*; Wettkämpfer *m*; سيارات ~ [m. sajjaː'raːt] Autorennfahrer *m*
متسارع [muta'saːriʕ] beschleunigt; *Ereignisse*: sich überstürzend
متسامح [muta'saːmiħ] nachsichtig, verständnisvoll, tolerant
متساهل [muta'saːhil] nachsichtig, tolerant; entgegenkommend, großzügig
متساو [muta'saːwin] gleich, gleichartig; gleichwertig; gleichgestellt, gleichberechtigt; متساوي الأضلاع *Geom.* gleichseitig; متساوي الزوايا [muta'saːwiː z-za'waːjaː] *Geom.* gleichwinklig; متساوي الساقين [muta'saːwiː s-saː'qain] *Geom.* gleichschenklig
متساوق [muta'saːwiq] gleichmäßig, harmonisch
متسبب [muta'sabbib], *pl.* [-uːn] Verursacher *m* (في von *D*); Kleinhändler *m*
متستر [muta'sattir] getarnt, verschleiert
متسرع [muta'sarriʕ] eilig, schnell; übereilt, vorschnell
[1] **متسع** [mu'ttasaʕ] Raum *m*; Spielraum *m*, Zeit *f* (ل für *A*)
[2] **متسع** [mu'ttasiʕ] weit, geräumig, ausgedehnt; Platz bietend, ausreichend (ل für *A*)
متسق [mu'ttasiq] wohlgeordnet, harmonisch; im Einklang (مع mit *D*)
متسلسل [muta'salsil] *Numerierung*: fortlaufend; تفاعل ~ Kettenreaktion *f*; رقم ~ laufende Nummer
متسلسلة [muta'salsila], *pl.* [-aːt] *Math.* Reihe *f*
متسلط [muta'sallit] (be)herrschend
متسلق [muta'salliq] hinaufkletternd; الجبال ~ [m. al-ʤi'baːl] Bergsteiger *m*; نبات ~ Kletterpflanze *f*
متسلل [muta'sallil], *pl.* [-uːn] Eindringling *m*

متسول [muta'sawwil], *pl.* [-uːn] Bettler *m*
متسيد [muta'sajjid] (vor)herrschend
متشابك [muta'ʃaːbik] (miteinander) verflochten
متشابه [muta'ʃaːbih] einander ähnlich *od.* gleichend; *Chem.* isomer; *Textstelle*: unklar
متشامخ [muta'ʃaːmix] hochmütig, stolz
متشائم [muta'ʃaːʔim] pessimistisch (ب/من hinsichtlich *G*); *pl.* [-uːn] Pessimist *m*
متشبث [muta'ʃabbiθ] hartnäckig, zäh
متشدد [muta'ʃaddid] streng, hart, unnachgiebig; rigoros; orthodox; *pl.* [-uːn] Rigorist *m*; Hardliner *m*
متشدق [muta'ʃaddiq] großsprecherisch; *pl.* [-uːn] Aufschneider *m*
متشرد [muta'ʃarrid] obdachlos; *Jugendlicher*: verwahrlost; *pl.* [-uːn] Vagabund *m*, Landstreicher *m*
متشرع [muta'ʃarriʕ], *pl.* [-uːn] Rechtsgelehrte(r); *obs.* Gesetzgeber *m*
متشعب [muta'ʃaʕʕib] verzweigt, verästelt; الأطراف ~ *Problem*: vielschichtig
متشنج [muta'ʃanniʤ] krampfhaft, krampfartig; zuckend
متشوق [muta'ʃawwiq] voll Sehnsucht *od.* Verlangen (إلى/ل nach *D*)
متصاعد [muta'sɒːʕid] aufsteigend, heraufkommend; (allmählich) ansteigend, zunehmend; *Steuer*: progressiv
متصاهر [muta'sɒːhir] verschwägert
متصبب [muta'sɒbbib] triefend
متصدع [muta'sɒddiʕ] rissig, gesprungen; *fig.* zerrissen, zersplittert
متصرف [muta'sɒrrif] verfügungsberechtigt; *pl.* [-uːn] *Ir.* Gouverneur *m* e-r Provinz; *Jord.* Gouverneur *m* e-s Distrikts (لواء); *Maghr.* Vorsteher *m*, Leiter *m*, Direktor *m*
متصرفية [mutasɒrri'fiːja] *Ir.* Gouvernement *n*, Dienstbereich *m od.* Amt *n* e-s متصرف; *Jord.* Distriktsverwaltung
متصل [mu'ttasɨl] verbunden, zusammenhängend; fortgesetzt, ununterbrochen, kontinuierlich; *Linie*: fortlaufend; ~ ضمير *Gr.* Pronominalsuffix *n*
متصلب [muta'sɒllib] starr, erstarrt; *Med.* verhärtet; *fig.* unnachgiebig
متصنع [muta'sɒnniʕ] affektiert; geheuchelt
متصور [muta'sɒwwar] vorstellbar; من الـ~ أن es ist vorstellbar, daß
متصوف [muta'sɒwwif], *pl.* ~ة *u.* [-uːn] Mystiker *m*, Sufi *m*
متضاد [muta'đɒːdd] einander entgegengesetzt, gegensätzlich
متضارب [muta'đɒːrib] widerspruchsvoll, unvereinbar; *Meinungen*: gegensätzlich
متضافر [muta'đɒːfir] zusammenwirkend; جهود ~ة gemeinsame Bemühungen
متضامن [muta'đɒːmin] solidarisch (verbunden); *Jur.* solidarisch *od.* gesamtschuldnerisch haftend; ~ شريك *Hdl.* Komplementär *m*; *Hdl.* Vollhafter *m*
متضايق [muta'đɒːjiq] sich bedrängt *od.* unbehaglich fühlend; verärgert; *Raum*: eng
متضح [mu'ttađiħ] klar, deutlich, offenbar
متضرر [muta'đɒrrir], *pl.* [-uːn] Geschädigte(r); Leidtragende(r); Opfer *n e-r Katastrophe*
متطابق [muta'ŧɒːbiq] miteinander übereinstimmend
متطاول [muta'ŧɒːwil] sich lang hinziehend; anmaßend, unverschämt
متطاير [muta'ŧɒːjir] (auseinander-, durch die Luft) fliegend, stiebend; verfliegend; *Gas*: sich verflüchtigend
متطبب [muta'ŧɒbbib] Quacksalber *m*
متطرف [muta'ŧɒrrif] extrem; extremistisch; radikal; *pl.* [-uːn] Extremist *m*; Radikale(r); جهة ~ة [ʤiha] Außenbezirk *m*
متطفل [muta'ŧɒffil] schmarotzerisch; Schmarotzer *m*; ungebetene(r) Gast
متطلبات [mutaŧɒlla'baːt] *pl.* Erfordernisse *n/pl.*, Anforderungen *f/pl.*
متطور [muta'ŧɒwwir] (hoch)entwickelt; *Waffen*: modern
متطوع [muta'ŧɒwwiʕ], *pl.* [-uːn] Freiwillige(r), Volontär *m*
متطير [muta'ŧɒjjir] abergläubisch
متظاهر [muta'ðɒːhir], *pl.* [-uːn] Demonstrant *m*
متظرف [muta'ðɒrrif], *pl.* [-uːn] Geck *m*, Stutzer *m*
متع **II** [mattaʕa] genießen lassen (ه ب *j-n A*), erfreuen (ه ب *j-n* mit *D*); *Gott*: j-m etwas (ه ب) schenken; *Isl.* e-e Abfindung zahlen (ها *e-r geschiedenen Frau*); البصر ~ [al-bɒsɒra] das Auge erfreuen; **IV** أمتع [ʔamtaʕa] Genuß spenden, Freude bereiten (ه *j-m*); **V** تمتع [ta'mattaʕa] genießen (ب *A*), sich erfreuen (ب *G*); in den Genuß e-r Sache (ب) kommen; haben (ب *Gutes, Angenehmes*); **X** استمتع [is'tamtaʕa] genießen (ب *A*)
متعادل [muta'ʕaːdil] das Gleichgewicht haltend, ausgeglichen; *Sport*: sich unentschieden trennend; einander gleichend
متعارف [muta'ʕaːraf] *u.* عليه ~ (allgemein) üblich, gebräuchlich
متعاطف [muta'ʕaːŧɨf] sympathisierend (مع mit *D*)
متعاقب [muta'ʕaːqib] aufeinanderfolgend, ununterbrochen
متعاقد [muta'ʕaːqid] vertragschließend; Vertragspartner *m*
متعال [muta'ʕaːlin] sich erhebend; erhaben (عن über *A*); arrogant; ertönend, erschallend; بروح متعالية [biruːħin] von oben herab
متعامد [muta'ʕaːmid] rechtwinklig zueinander; im rechten Winkel zulaufend (على auf *A*)
متعاهد [muta'ʕaːhid] vertragschließend; Vertragspartner *m*
متعاون [muta'ʕaːwin] zusammenarbeitend, kooperierend (مع mit *D*); kollaborierend (مع mit *D*); *pl.* [-uːn] Mitglied *n* e-r Genossenschaft
[1]متعب [mutʕab] müde, ermüdet, erschöpft, abgespannt; *Stimme*: schwach, matt
[2]متعب [mutʕib] ermüdend, beschwerlich, anstrengend; lästig; *Frage*: schwierig
متعبد [muta'ʕabbid] fromm

متعثر [muta'ʕaθθir] stolpernd; *Tätigkeit*: nur mühsam *od.* schleppend vor sich gehend

متعجرف [muta'ʕadʒrif] arrogant

متعجل [muta'ʕaddʒil] voreilig, übereilt

متعد [muta'ʕaddin] angreifend (على *j-n*); *Gr.* transitiv

متعدد [muta'ʕaddid] mehrfach, mehr-; viel-, multi-, poly-; ~ الأبعاد *fig.* vielschichtig; ~ الأضلاع *Geom.* polygonal, vielseitig; ~ الأطراف multilateral; ~ الألوان vielfarbig, mehrfarbig; ~ الجنسيات [m. al-dʒinsiː'jaːt] multinational; ~ الجوانب [m. al-dʒa'waːnib] vielseitig; *fig.* vielschichtig; ~ الخلايا [m. al-xa'laːjaː] *Biol.* vielzellig; ~ الزوايا [m. az-za'waːjaː] *Geom.* polygonal, vieleckig; ~ الزوجات [m. az-zau'dʒaːt] polygam; ~ القوميات [m. al-qaumiː'jaːt] multinational; ~ اللغات [m. al-lu'ɣaːt] mehrsprachig, polyglott; ~ النواحي [m. an-na-'waːħiː] vielfältig, mannigfaltig

متعذر [muta'ʕaððir] unmöglich, zu schwierig

متعرب [muta'ʕarrib] arabisiert; → عرب[2]

متعربد [muta'ʕarbid] lärmend, tobend, randalierend

متعرج [muta'ʕarridʒ] gewunden; zickzackförmig, Zickzack-

متعصب [muta'ʕɒṣṣib] fanatisch; *pl.* [-uːn] Fanatiker *m*

متعطش [muta'ʕɒṭṭiʃ] dürstend, lechzend, voll Verlangen (إلى nach *D*); *das Phonem* ج: mit dem Lautwert [dʒ] ausgesprochen

متعطل [muta'ʕɒṭṭil] defekt; *Auto*: e-e Panne habend; arbeitslos; *pl.* [-uːn] Arbeitslose(r)

متعفف [muta'ʕaffif] tugendhaft, keusch, züchtig

متعفن [muta'ʕaffin] schimmlig, verfault, verdorben; *Regime*: korrupt

متعقل [muta'ʕaqqil] vernünftig

متعلق [muta'ʕalliq] zusammenhängend (ب mit *D*), bezüglich (ب *G*); abhängig (ب von *D*)

متعلم [muta'ʕallim] lernend; gebildet; des Lesens u. Schreibens kundig; *pl.* [-uːn] Lehrling *m*; Gebildete(r)

[1]**متعمد** [muta'ʕammad] vorsätzlich, absichtlich (herbeigeführt); geplant, gezielt

[2]**متعمد** [muta'ʕammid] vorsätzlich *od.* absichtlich handelnd

متعمق [muta'ʕammiq] sich vertiefend (في in *A*); tiefschürfend, gründlich

متعنت [muta'ʕannit] hartnäckig, starrsinnig, verbohrt

متعة [mutʕa], *pl.* متع [mutaʕ] Genuß *m*; *Isl.* Zeitehe *f bei den Schiiten*; *Isl.* Abfindung *f* für die geschiedene Ehefrau

متعهد [muta'ʕahhid], *pl.* [-uːn] Unternehmer *m (der Aufträge übernimmt)*; Bauunternehmer *m*; Lieferant *m*

متعود [muta'ʕawwid] gewöhnt (على an *A*), gewohnt (على zu)

متعين [muta'ʕajjin]: من الـ~ es ist erforderlich

متغاير [muta'ɣaːjir] voneinander abweichend, heterogen

متغرض [muta'ɣarriḍ] parteiisch, voreingenommen, voller Vorurteile

متغطرس [muta'ɣɒṭris] hochmütig, überheblich, dünkelhaft

متغيب [muta'ɣajjib] abwesend; fernbleibend (عن *D*)

متغير [muta'ɣajjir] sich verändernd, wechselnd; veränderlich, variabel; wechselhaft; *pl.* [-aːt] Variable *f*; Veränderung *f*, Wandel *m*

متفاوض [muta'faːwiḍ], *pl.* [-uːn] Unterhändler *m*

متفائل [muta'faːʔil] optimistisch (ب in bezug auf *A*); *pl.* [-uːn] Optimist *m*

متفتح [muta'fattiħ] offen, aufgeschlossen (على für *A*); *Blume*: blühend, geöffnet; aufblühend

متفجر [muta'faddʒir] explosiv; Spreng-, Explosiv-; متفجرات *pl.* Sprengstoff *m*, Sprengkörper *m/pl.*

متفجرة [muta'faddʒira] Sprengkörper *m*

متفحص [muta'faħħiṣ] *Blick*: prüfend, kritisch

متفرج [muta'farridʒ], *pl.* [-uːn] Zuschauer *m*, Betrachter *m*

متفرد [muta'farrid] einzigartig; individuell

متفرع [muta'farriʕ] abzweigend (من von *D*); sich ableitend (من von *D*); verzweigt, verästelt; متفرعات *pl.* sekundäre Dinge *n/pl.*

متفرغ [muta'farriɣ] unbeschäftigt, Müßiggänger *m*; ausschließlich beschäftigt (ل mit *D*); ~ أستاذ غير [ʔus'taːð] Professor *m*, der nur neben s-m Amt außerhalb der Universität s-e Lehrtätigkeit ausübt

متفرق [muta'farriq] verstreut; verschieden; متفرقات *pl.* Verschiedene(s), Diverse(s)

متفرنس [muta'farnis] französisiert

متفسخ [muta'fassix] verdorben; degeneriert; dekadent, heruntergekommen

متفش [muta'faʃʃin] verbreitet

[1]**متفق** [mu'ttafaq]: ~ عليه vereinbart, verabredet; من الـ~ أن [ʔanna] man ist sich darin einig, daß

[2]**متفق** [mu'ttafiq] übereinstimmend (مع mit *D*)

متفقد [muta'faqqid], *pl.* [-uːn] Aufseher *m*, Inspektor *m*

متفلسف [muta'falsif], *pl.* ~ة Philosoph *m*; Pseudophilosoph *m*

متفنن [muta'fannin] findig, einfallsreich; vielseitig

متفوق [muta'fawwiq] überlegen; hervorragend, überragend; ausgezeichnete Leistungen vollbringend; zu den Besten gehörend; المتفوقون *pl.* die Besten *m/pl. e-r Klasse od. e-s Jahrgangs*

متق [mu'ttaqin] gottesfürchtig, fromm; sich schützend (→ وقى)

متقارب [muta'qaːrib] nahe beieinander liegend; *Math.* konvergent; في فترات ~ة [fata'raːtin] in kurzen (Zeit-)Abständen

متقاض [muta'qɒːḍin] prozeßführend(e Partei)

متقاطع [muta'qɒːṭiʕ] sich kreuzend; كلمات ~ة [kali'maːt] Kreuzworträtsel *n*

متقاعد [muta'qaːʕid] im Ruhestand, pensioniert

متقد [mu'ttaqid] brennend, entbrannt, entflammt; *Liebe*: leidenschaftlich

متقدم [muta'qaddim] vorausgehend; vorrückend; fortgeschritten; vorn befindlich; *Mil. Stellung*: vorgeschoben; *Kultur*: hochentwickelt; *pl.* [-uːn] Bewerber *m*; *Sport*: Senior *m*; ~الـ ذكره [ðikruhuː] der oben erwähnte; ~ في السن [fi s-sinn] in vorgerücktem Alter, bejahrt; البلاد المتقدمة [al-bi'laːd] die Industrieländer *n/pl.*; هو ~ عليه er ist ihm überlegen *od.* voraus

متقرح [muta'qarriħ] schwärend; mit Geschwüren bedeckt

متقشف [muta'qaʃʃif] enthaltsam, asketisch; *Äg. Haut*: rissig, aufgesprungen; *pl.* [-uːn] Asket *m*

متقطع [muta'qɒṭṭiʕ] zerrissen, zerstückelt, zerhackt; *Stimme*: abgehackt; *Bewegung*: ruckartig; *Worte*: zusammenhang(s)los; تيار~ [ta'jjaːr] *El.* Wechselstrom *m*

متقلب [muta'qallib] schwankend, wechselhaft, veränderlich; unbeständig, wankelmütig; (=الأطوار~) launenhaft

متقلص [muta'qalliṣ] geschrumpft, zusammengezogen

متقن [mutqan] genau, exakt, präzise; perfekt; gekonnt; vollendet, meisterhaft

متقوس [muta'qawwis] gekrümmt, gebogen

متقيح [muta'qajjiħ] eiternd, eitrig

متكأ [mu'ttakaʔ], *pl.* متكآت [mutta-ka'ʔaːt] (*Arm-*)Stütze *f*; Polster *n*; Sofa *n*, Couch *f*

متكاثر [muta'kaːθir] (an)wachsend, sich vermehrend, zunehmend; zahlreich

متكافل [muta'kaːfil] gemeinsam verantwortlich; solidarisch

متكافئ [muta'kaːfiʔ] (einander) gleich; entsprechend (مع *D*); gleichgewichtig; ~ في الحقوق gleichberechtigt

متكامل [muta'kaːmil] einander ergänzend; in sich geschlossen, abgerundet; vollkommen, vollwertig; umfassend; integriert, integral

متكبر [muta'kabbir] hochmütig, stolz, arrogant, überheblich

متكتل [muta'kattil] klumpig, geballt; kompakt; *Körper*: klobig

متكدر [muta'kaddir] verärgert (من über *A*), ärgerlich

متكرر [muta'karrir] sich wiederholend; wiederholt, häufig; mehrfach, Mehrfach-

متكرش [muta'karriʃ] dickbäuchig; *Bauch*: dick

متكلس [muta'kallis] verkalkt

[1]**متكلف** [muta'kallaf] gekünstelt, affektiert; *Lachen*: gezwungen; *Stil*: gesucht, geschraubt

[2]**متكلف** [muta'kallif] *Person*: affektiert

متكلم [muta'kallim] sprechend; Sprecher *m*; *Gr.* erste Person; *Isl.* scholastische(r) Theologe

متكهن [muta'kahhin], *pl.* [-uːn] Wahrsager *m*

متكون [muta'kawwin] gebildet, bestehend (من aus *D*)

متلاحق [muta'laːħiq] aufeinanderfolgend

متلاحم [muta'laːħim] fest verbunden (ب mit *D*); sich anschmiegend (ب an *A*); miteinander ringend *od.* kämpfend

متلازم [muta'laːzim] (untrennbar) miteinander verbunden, verknüpft; eng verbunden (مع mit *D*)

متلازمة [muta'laːzima] *Med.* Syndrom *n*

متلاش [muta'laːʃin] (ver)schwindend, vergehend

متلاصق [muta'laːṣiq] aneinanderhaftend; aneinander angrenzend

متلاطم [muta'laːṭim] aufeinanderprallend

متلاف [mit'laːf] Schaden anrichtend; *Pol.* (Volks-)Schädling *m*

متلاق [muta'laːqin] einander begegnend; konvergierend

متلألئ [muta'laʔliʔ] glänzend, glitzernd, leuchtend, schimmernd

متلبس [muta'labbis]: ~ًا (بالجريمة) [-an] auf frischer Tat, in flagranti

متلجلج [muta'ladʒlidʒ] stotternd, stammelnd

[1]**متلف** [mutlaf] ruiniert, kaputt

[2]**متلف** [mutlif] schädigend, vernichtend, ruinierend; ruinös

متلفز [mu'talfaz] im Fernsehen übertragen, Fernseh-

متلقن [muta'laqqin] empfangend, entgegennehmend

متلكئ [muta'lakkiʔ] saumselig

متلهف [muta'lahhif] sich sehnend, lechzend (على nach *D*)

متلوف [mat'luːf] verdorben

متلون [muta'lawwin] (viel)farbig, schillernd; wechselhaft, launenhaft

متماثل [muta'maːθil] einander gleichend *od.* ähnlich; symmetrisch

متماد [muta'maːdin] fortfahrend (في mit *D*); sich in die Länge ziehend

متماسك [muta'maːsik] zusammenhängend, fest verbunden; fest(gefügt), gefestigt; logisch zusammenhängend, kohärent

متمايز [muta'maːjiz] (deutlich) voneinander unterschieden

متمثل [muta'maθθil] sich verkörpernd *od.* bestehend (في in *D*)

متمدن [muta'maddin] zivilisiert; *Bevölkerung*: verstädtert; غير ~ unzivilisiert

متمرد [muta'marrid] meuternd, rebellisch, ungehorsam, widersetzlich; *pl.* [-uːn] Meuterer *m*, Rebell *m*, Aufrührer *m*

متمرس [muta'marris] ausübend, praktizierend (ب *A*); geübt, erprobt, erfahren

متمرن [muta'marrin] geübt, erfahren (ب in *D*); *pl.* [-uːn] in Ausbildung Befindliche(r), Praktikant *m*

متمسك [muta'massik] (zäh) festhaltend (ب an *D*)

متمصر [muta'mɒṣṣir] ägyptisiert

متمعدن [muta'maʕdin] metallhaltig

متمكن [muta'makkin] fest gegründet, eingewurzelt; beherrschend (من *A*); *pl.* [-uːn] Könner *m*, Meister *m*; *Gr.* deklinierbar; أمكن ~ *Gr.* triptotisch; غير أمكن ~ *Gr.* diptotisch

متملق [muta'malliq], *pl.* [-uːn] Schmeichler *m*

متململ [muta'malmil] unruhig, zappelig

متمم [mu'tammim] ergänzend; vervollständigend; Ergänzung *f*; Ver-

vollständigung *f*; متممات *pl.* Zubehör *n*
متمن [muta'mannin] wünschend
متمنيات [mutamanna'jaːt] *pl.* Wünsche *m/pl.*
متمهل [muta'mahhil] langsam, gemächlich
متموج [muta'mawwidʒ] gewellt, wellenförmig; wogend; schwankend
متمول [muta'mawwil], *pl.* [-uːn] Finanzmann *m*, Kapitalist *m*
متميز [muta'majjiz] ausgezeichnet (ب durch *A*); charakteristisch, spezifisch; besondere(r); privilegiert; unterschieden (عن von *D*)
[1]**متن** [matuna, u] fest, solide sein *od.* werden; **II** [mattana] festigen
[2]**متن** [matn], *pl.* متون [mu'tuːn] Rükken *m e-s Tieres*; Mitte *f der Straße*, Fahrdamm *m*; Text *m (im Gegens. zu den Anmerkungen)*; Wortbestand *m e-r Sprache*; ~ على an Bord *e-s Schiffes od. Flugzeugs*
متناثر [muta'naːθir] verstreut
[1]**متنازع** [muta'naːzaʕ]: فيه/عليه ~ strittig
[2]**متنازع** [muta'naːziʕ] miteinander streitend, miteinander in Konflikt stehend; *pl.* [-uːn] Prozeßgegner *m*
[1]**متنازل** [muta'naːzal]: له ~ Person *f*, zu deren Gunsten man verzichtet
[2]**متنازل** [muta'naːzil] Verzichtende(r)
متناسب [muta'naːsib] zueinander passend; *Math.* proportional; konform (مع mit *D*)
متناسق [muta'naːsiq] aufeinander abgestimmt, koordiniert; harmonisch; ebenmäßig; symmetrisch
متناظر [muta'naːðir] einander entsprechend; symmetrisch
متناغم [muta'naːɣim] melodisch; rhythmisch
متنافر [muta'naːfir] miteinander im Widerstreit stehend; nicht zusammenpassend, unharmonisch; sich streitend, zerstritten
متناقص [muta'naːqis] sich verringernd
متناقض [muta'naːqiđ] einander widersprechend, unvereinbar, widersprüchlich; gegensätzlich; متناقضات *pl.* Widersprüche *m/pl.*
متناه [muta'naːhin] endlich, begrenzt; äußerst, extrem; ~ غير endlos; لا ~ unendlich; في الدقة ~ [fi d-diqqa] äußerst dünn *od.* fein
متناوب [muta'naːwib] abwechselnd; ~ تيار [ta'jjaːr] *El.* Wechselstrom *m*
متناول [muta'naːwal] Reichweite *f*; في ~ه für j-n erreichbar; ~ في الجميع für jedermann erreichbar *od.* erschwinglich; في ~ اليد [-i l-jad] greifbar, erreichbar
متنبه [muta'nabbih] wach, wachsam
متنح [muta'naħħin] sich entfernend (عن von *D*); *Biol.* rezessiv
متنرفز [muta'narfiz] nervös
[1]**متنزه** [muta'nazzah], *pl.* [-aːt] Park *m*; Promenade *f*
[2]**متنزه** [muta'nazzih], *pl.* [-uːn] Spaziergänger *m*; Ausflügler *m*
متنفذ [muta'naffiδ] *Syr.* einflußreich; *pl.* [-uːn] einflußreiche Persönlichkeit
متنفس [muta'naffas] Atemfreiheit *f*, Bewegungsfreiheit *f*, Auslauf *m*; freie(r) Raum *für etwas*
متنقل [muta'naqqil] umherziehend, umherreisend; mobil; ambulant; transportabel, tragbar; fahrbar
متنكر [muta'nakkir] verkleidet; ~ا [-an] *Adv.* inkognito; ~ رقص Maskenball *m*
متنوع [muta'nawwiʕ] verschiedenartig, mannigfaltig, vielfältig; allerlei; متنوعات *pl.* Verschiedene(s) (*Rubrik in der Zeitung*)
متهاود [muta'haːwid] *Preis*: mäßig
متهاون [muta'haːwin] nachlässig, gleichgültig
متهتك [muta'hattik] unanständig, schamlos
متهدم [muta'haddim] zusammengebrochen, verfallen
متهذب [muta'haððib] geschliffen; wohlerzogen
متهرئ [muta'harriʔ] verschlissen, kaputt
متهكم [muta'hakkim] spottend, spöttisch, ironisch
متهلل [muta'hallil] jubelnd; strahlend
[1]**متهم** [mu'ttaham] verdächtig; beschuldigt, angeklagt; *pl.* [-uːn] Beschuldigte(r), Angeklagte(r)
[2]**متهم** [mu'ttahim], *pl.* [-uːn] Ankläger *m*
متهور [muta'hawwir] überstürzt, voreilig; leichtsinnig, unbesonnen
متهوس [muta'hawwis] besessen, verrückt
متهيب [muta'hajjib] ehrfurchtsvoll
متهيج [muta'hajjidʒ] erregt, aufgeregt
متواتر [muta'waːtir] aufeinanderfolgend; ununterbrochen; wiederholt; *Hadith*: in ununterbrochener Folge überliefert, unbezweifelbar
متواجد [muta'waːdʒid] anwesend, sich befindend; vorhanden
متوارث [muta'waːriθ] ererbt, überkommen; althergebracht, traditionell
متواز [muta'waːzin] parallel; (= متوازيان [mutawaːzi'jaːn] *du.*), *pl.* متوازيات *Sport*: Barren *m*; متوازي الأضلاع Parallelogramm *n*
متوازن [muta'waːzin] ausgewogen
متواشج [muta'waːʃidʒ] miteinander verbunden *od.* verflochten
متواصل [muta'wɒːsˤil] fortwährend, ununterbrochen, andauernd
متواضع [muta'wɒːđiʕ] *a. Sache*: bescheiden
متواطئ [muta'wɒːtˤiʔ] Hand in Hand arbeitend (مع mit *j-m*); *pl.* [-uːn] Verschwörer *m*
متوافر [muta'waːfir] vorhanden; reichlich vorhanden; *Bedingung*: erfüllt
متوافق [muta'waːfiq] übereinstimmend (مع mit *D*); zusammenpassend, harmonisch
متواقت [muta'waːqit] synchron
متوال [muta'waːlin] aufeinanderfolgend, ununterbrochen
متوالية [muta'waːlija], *pl.* [-aːt] *Math.* Reihe *f*; حسابية ~ [ħisaː'biːja], ~ عددية [ʕada'diːja] arithmetische Reihe; هندسية ~ [handa'siːja] geometrische Reihe
متوان [muta'waːnin] langsam, saumselig
متوتر [muta'wattir] gespannt, angespannt
متوج [mu'tawwadʒ] gekrönt

متوحد [muta'waħħid] allein; einsiedlerisch; *pl.* [-uːn] Einsiedler *m*
متوحش [muta'waħħiʃ] wild, verwildert, barbarisch, roh; *pl.* [-uːn] Wilde(r)
متورد [muta'warrid] rosafarben
متوسط [muta'wassiṭ] mittlere(r), Mittel-; durchschnittlich; mittelmäßig; *pl.* [-aːt] Mittel *n*, Durchschnitt *m*; الـ~ (= البحر الأبيض الـ~) Mittelmeer *n*; الدخل ~ Durchschnittseinkommen *n*; العمر ~ [m. al-ʕumr] durchschnittliche(s) Lebensalter; *pl.* و~ العمر mittleren Alters; المدى ~ mit mittlerer Reichweite, Mittelstrecken-; الهجوم ~ Mittelstürmer *m*; مدرسة ~ة *Saudi-Ar.*, *Kuw.*, *Alg.* Mittelschule *f*; موجة ~ة [mauʤa] Mittelwelle *f*; في الـ~ durchschnittlich, im Mittel
متوسطي [muta'wassiṭiː] mittelmeerisch, Mittelmeer-, mediterran
متوطن [muta'wɒṭṭin] ansässig; *Krankheit*: endemisch
متوعك [muta'waʕʕik] unwohl
متوفر [muta'waffir] vorhanden; reichlich vorhanden; *Bedingung*: erfüllt
متوفى [muta'waffan] verstorben
متوقد [muta'waqqid] brennend, flammend; funkelnd, leuchtend
متوقع [muta'waqqaʕ] erwartet; من الـ~ أن es wird erwartet, daß; es ist *od.* steht zu erwarten, daß
متوقف [muta'waqqif] anhaltend; aufhörend, *Arbeit*: eingestellt; abhängig (على von *D*)
متوكلي [muta'wakkiliː]: المملكة المتوكلية اليمنية [al-jama'niːja] das Jemenitische Königreich (*1918-1962*)
متول [muta'wallin] beauftragt, betraut *mit D*, verantwortlich *für A*
متولي [mit'walliː] *Äg. npr. m*; → متول
متوهج [muta'wahhiʤ] glühend, flammend; gleißend, strahlend
1 **متوهم** [muta'wahham] *Gefahr etc.*: eingebildet
2 **متوهم** [muta'wahhim] sich Einbildungen hingebend
1 **متى** [mataː] wann?; + *Perfekt*: wann immer; wenn; ~ ما + *Perfekt*: wann (auch) immer; حتى *u.* إلى ~ [ħattaː] bis wann?, wie lange?
2 **متى** [mattaː] Matthäus *npr. m*
متئد [mu'ttaʔid] langsam, bedächtig; bedachtsam
متيسر [muta'jassir] (leicht) erreichbar, leicht erhältlich; leicht; möglich; zur Verfügung stehend, vorhanden
متيقظ [muta'jaqqiḓ] wach, wachsam, auf der Hut
متيقن [muta'jaqqin] überzeugt, sicher; من الـ~ es ist sicher
متيم [mu'tajjam] liebeskrank; verliebt (ب in *A*), hingerissen, entzückt (ب von *D*)
متين [ma'tiːn] fest, solide
مثابر [mu'θaːbir] *Mensch*: ausdauernd; beständig; *Bemühen*: beharrlich
مثابرة [mu'θaːbara] Beharrlichkeit *f*
مثابة [ma'θaːba] **1.** Treffpunkt *m*, Versammlungsort *m*; **2.** بـ~ + *G*: gleichbedeutend mit, soviel wie, so etwas wie, gleichsam; اعتبره بـ~ [iʕta'barahuː] etwas betrachten als
1 **مثار** [ma'θaːr] Anlaß *m*, Ursache *f*, Motiv *n*; Gegenstand *m*, Objekt *n*; اتهام ~ [m. itti'haːm] Verdachtsmoment *n*; الاهتمام ~ Gegenstand *m* des Interesses; الجدل ~ [m. al-ʤadal] Streitobjekt *n*
2 **مثار** [mu'θaːr] *Staub*: aufgewirbelt; *Frage*: aufgeworfen
مثاقفة [mu'θaːqafa] Fechten *n*, Fechtkampf *m*, Fechtsport *m*
1 **مثال** [ma'θθaːl], *pl.* [-uːn] *u.* ~ة Bildhauer *m*
2 **مثال** [mi'θaːl] **1.** *pl.* أمثلة [ʔamθila] Beispiel *n* (على für *A*); Vorbild *n*, Muster *n*, Musterbild *n*; Modell *n*; *Gr.* Verbum *n* primae infirmae; ~ ذلك [mi'θaːlu ðaːlika] *u.* والـ~ على ذلك ein Beispiel dafür ist, zum Beispiel; على سبيل الـ~ zum Beispiel; ~ على + *G*: nach dem Muster *od.* Vorbild von; **2.** *pl.* مثل [muθul]: ~ أعلى, *pl.* مثل عليا Ideal *n*
مثالة [ma'θaːla] Vorbildlichkeit *f*, Beispielhaftigkeit *f*
مثالي [mi'θaːliː] vorbildlich, beispielhaft, ideal; idealistisch; *pl.* [-uːn] Idealist *m*
مثالية [miθaː'liːja] Idealismus *m*
مثانة [ma'θaːna], *pl.* [-aːt] (Harn-) Blase *f*
1 **مثبت** [mu'θabbat] befestigt, fixiert, festgemacht; fest
2 **مثبت** [mu'θabbit] *Fot.* Fixiermittel *n*, Fixativ *n*
3 **مثبت** [muθbat] bejaht, positiv; bestätigt, nachgewiesen; sicher
4 **مثبت** [muθbit] bejahend; bestätigend
مثبط [mu'θabbiṭ] hemmend; ~ للهمم [li-l-himam] entmutigend, demoralisierend
مثبوت [maθ'buːt] feststehend; erwiesen
مثر [muθrin] reich, wohlhabend
مثقاب [miθ'qaːb], *pl.* مثاقيب [maθaː'qiːb] (2) Bohrer *m*, Bohrgerät *n*; Locher *m*
مثقال [miθ'qaːl], *pl.* مثاقيل [maθaː'qiːl] (2) **1.** Gewicht *n*; ذرة ~ [m. ðarra] ein klein wenig; **2.** *Äg. Gewichtseinheit von 4,68 g*
1 **مثقب** [mu'θaqqab] mit Löchern versehen; perforiert
2 **مثقب** [miθqab], *pl.* مثاقب [ma'θaːqib] (2) Bohrer *m*, Bohrgerät *n*; Locher *m*
1 **مثقف** [mu'θaqqaf] gebildet; *pl.* [-uːn] Gebildete(r), Intellektuelle(r); المثقفون *a.* die Intelligenz
2 **مثقف** [mu'θaqqif] Erzieher *m*, Pädagoge *m*; Berater *m*
1 **مثقل** [mu'θaqqal] beladen, belastet, überladen (ب mit *D*)
2 **مثقل** [muθqal] beschwert, überhäuft (ب mit *D*); بالديون ~ [bi-d-du'juːn] schwer verschuldet
مثقوب [maθ'quːb] ein Loch habend, durchlöchert
1 **مثل** [maθala, u] erscheinen (بين يديه/أمام [ja'daihi] vor *j-m*), sich zeigen; sich hinstellen, stehen; **II** [maθθala] vertreten, repräsentieren; darstellen, verkörpern, bilden; *Rolle* darstellen, spielen; *Theaterstück* aufführen; vergleichen (ب mit *D*); als Beispiel anführen (ب/

ـه A); *Pflanze*: assimilieren; ein Exempel statuieren (ب an *j-m*); verstümmeln (ب *j-n*); **III** ماثل [maːθala] gleichen, ähnlich sein, entsprechen (ـه/ه *D*); vergleichen (ب mit *D*); **V** تمثّل [ta'maθθala] sich verkörpern, sich darstellen, bestehen (في in *D*); erscheinen, sich zeigen; sich *etwas* vorstellen; als Beispiel anführen (ب *A*); sich ein Vorbild nehmen (ب an *D*); sich *etwas* assimilieren; *etwas* (in sich) aufnehmen; **VI** تماثل [ta'maːθala] einander ähnlich sein, sich gleichen; gleich sein, entsprechen (مع *D*); genesen (من von *D*); للشفاء ~ [li-ʃ-ʃi'faːʔ] sich auf dem Wege der Genesung befinden; **VIII** امتثل [im'taθala] Folge leisten, folgen, sich fügen, gehorchen (ـه/ل *e-m Befehl*), befolgen (ـه/ل *A*)

[2]**مثل** [maθal] **1.** *pl.* أمثال [ʔam'θaːl] Beispiel *n*; Sprichwort *n*, Gleichnis *n*; Gleiche(s); ~ًا [-an] zum Beispiel; ~ـه ~ + *G u.* ~ـه كـ~ + *G*: er ist (genauso) wie, er ist zu vergleichen mit; **2.** *pl.* مثل [muθul]: ~ أعلى, *pl.* مثل عليا Ideal *n*, Vorbild *n*

[3]**مثل** [miθl], *pl.* أمثال [ʔam'θaːl] Gleiche(s); *nach Zahlen*: -fach; ~ [-u] + *G*: (einer) wie, so wie, *pl.* أمثال [-u] + *G*: (Leute) wie; ~ [-a], *pl.* (*bsd. bei Personen*) أمثال [-a] *Präp.* wie, wie z.B.; كـ~ [ka-'miθli] *u.* ~ من + *G*: wie, wie z.B.; رجل ~ـه [radʒulun -uhuː] ein Mann wie er; هذا الرجل ~ [-u] ein solcher Mann; هو وأمثاله er und seinesgleichen; بالـ~ in gleicher Weise; ما ~ [-a] ebenso wie; أجر الـ~ der angemessene Lohn; ثلاثة أمثاله das Dreifache; في ~ حجمه gleich groß wie *etwas*; مبدأ المعاملة بالمثل [mabdaʔ al-mu'ʕaːmala] Gegenseitigkeitsprinzip *n*; قابل الـ~ بالـ~ Gleiches mit Gleichem vergelten

مثلبة [maθlaba], *pl.* مثالب [ma'θaːlib] (2) Fehler *m*, Mangel *m*; *pl.* negative Seiten *f/pl.*, Nachteile *m/pl.*; schlechte Eigenschaften *f/pl.*

[1]**مثلث** [maθlaθa] *Adv.* zu je dreien

[2]**مثلث** [mu'θallaθ] dreifach; dreiteilig; *Buchstabe*: mit drei diakritischen Punkten versehen; *pl.* [-aːt] Dreieck *n*; المثلثات *u.* حساب المثلثات [ħi'saːb al-m.] Trigonometrie *f*; ~ الزوايا [m. az-za'waːjaː] *Math.* dreieckig; ~ الشكل dreiseitig; dreieckig; ~ متساوي الساقين [muta'saːwiː s-saː'qain] gleichschenklige(s) Dreieck; ~ متساوي الأضلاع gleichseitige(s) Dreieck

مثلثاتي [muθalla'θaːtiː] *Math.* trigonometrisch

مثلثي [mu'θallaθiː] *Math.* trigonometrisch

[1]**مثلج** [mu'θalladʒ] eisgekühlt; tiefgekühlt; mit Eis bedeckt; مثلجات *pl.* eisgekühlte Getränke *n/pl.*

[2]**مثلج** [mu'θallidʒ]: ~ الشمبانيا Sektkühler *m*

[3]**مثلج** [muθladʒ]: ~ الصدر erfreut, froh

مثلم [mu'θallam] schartig

مثلما [miθlamaː] ebenso wie

مثلوج [maθ'luːdʒ] eisgekühlt, eisig

مثلوم [maθ'luːm] *Waffe*: stumpf; *Ehre*: befleckt

مثلى → أمثل

مثمر [muθmir] fruchtbar, fruchtbringend, ergiebig; شجرة ~ة [ʃadʒara] Obstbaum *m*

[1]**مثمن** [mu'θamman] **1.** kostbar, geschätzt; **2.** achtfach; achteckig; *pl.* [-aːt] Achteck *n*

[2]**مثمن** [mu'θammin], *pl.* [-uːn] Taxator *m*, Schätzmeister *m*

[1]**مثني** [maθ'niːj] gefaltet

[2]**مثنى** [mu'θannan] verdoppelt, doppelt, zweifach; *Gr.* im Dual stehend; *Gr.* Dual *m*

مثول [mu'θuːl] Erscheinen *n* (أمام vor *D*); Audienz *f*

مثوى [maθwan], *pl.* مثاو [ma'θaːwin] Aufenthaltsort *m*; Behausung *f*, Wohnung *f*; الـ~ الأبدي [al-maθwaː l-ʔabadiː] das Jenseits; مثواه الأخير s-e letzte Ruhestätte

مثير [mu'θiːr] erregend; aufregend; aufsehenerregend, sensationell; *Film*: spannend; (= ~ للاهتمام) interessant; aufreizend, provozierend; aufpeitschend; *pl.* [-uːn] Anstifter *m*; *pl.* [-aːt] Reizmittel *n*, Reizstoff *m*, Stimulans *n*; Reizfaktor *m*; Erreger *m*; ~ للجدل [li-l-dʒadal] umstritten; ~ الشغب [m. aʃ-ʃaɣab] Unruhestifter *m*, Aufwiegler *m*; دعاية ~ة [di'ʕaːja] Hetzpropaganda *f*

مثيل [ma'θiːl] Gleiche(s), Entsprechung *f*; لا ~ له [-a], ~ ليس له *u.* ~ لم يسبق له [jasbiq] beispiellos, ohnegleichen; ~ـه, *f* ~ـتها seinesgleichen, ihresgleichen

مج [maddʒa, u] ausspeien, ausstoßen, von sich geben

مجابهة [mu'dʒaːbaha] Entgegentreten *n*, Konfrontation *f*

مجادلة [mu'dʒaːdala], *pl.* [-aːt] Disput *m*, Streit *m*

مجاذبة [mu'dʒaːðaba]: ~ الأحاديث Plaudern *n*, Unterhaltung *f*

مجاراة [mudʒaː'raːt] *a. fig.* Mitgehen *n* (*G*: mit *D*); Schritthalten *n*; Sichanschließen *n*, Folgen *n*; ~ ل [-an] im Einklang mit *D*, gemäß *D*

[1]**مجاز** [ma'dʒaːz] Bedeutungsübertragung *f*; übertragene(r) Ausdruck, Metapher *f*; ~ًا [-an] *Adv. u.* على سبيل الـ~ im übertragenen Sinn, metaphorisch

[2]**مجاز** [mu'dʒaːz] lizenziert, graduiert, diplomiert; *pl.* [-uːn] Lizentiat *m*

مجازاة [mudʒaː'zaːt] Vergeltung *f*; Bestrafung *f*

مجازف [mu'dʒaːzif] abenteuerlustig; wagemutig, verwegen

مجازفة [mu'dʒaːzafa], *pl.* [-aːt] Wagnis *n*; Abenteuer *n*; riskante(s), waghalsige(s) *od.* gefahrvolle(s) Unternehmen; Risiko *n*; Wagemut *m*, Verwegenheit *f*

مجازي [ma'dʒaːziː] übertragen, figürlich, metaphorisch

مجاعة [ma'dʒaːʕa], *pl.* [-aːt] Hungersnot *f*

مجافاة [mudʒaː'faːt] grobe *od.* abweisende Behandlung *j-s*; Verstoß *m* (*G*: gegen *Prinzipien, die guten Sitten*)

[1]**مجال** [ma'dʒaːl], *pl.* [-aːt] Bereich *m*, Gebiet *n*; Raum *m* (*a. fig.*: ل für *A*), Platz *m* (ل für *A*); Spielraum *m*; Gelegenheit *f*, Möglichkeit *f*;

(*elektrisches od. magnetisches*) Feld; البصر ~ [m. al-bɒsɒr] Blickfeld *n*; الرؤية ~ [m. ar-ruʔja] Gesichtsfeld *n*, Sichtweite *f*; جوي ~ [dʒawwiː] Luftraum *m*; النشاط ~ Betätigungsfeld *n*; ~ في + *G*: auf dem Gebiet *od.* im Bereich von; في هذا الـ~ auf diesem Gebiet, in diesem Bereich; لا ~ لذلك [-a] dazu besteht keine Möglichkeit; لم يترك ~ا للشك [jatruk -an li-ʃ-ʃakk] er ließ keinen Zweifel daran

2مجال [ma'dʒaːlin] (*pl. zu* مجلى [madʒlan]) Manifestationen *f/pl.*; مجالي الحياة die Schönheiten des Lebens

مجالدة [mu'dʒaːlada] Kämpfen *n*, Kampf *m*; Ankämpfen *n* (*G*: gegen *A*)

مجالس [mu'dʒaːlis], *pl.* [-uːn] Tischherr *m*

1مجالسة [mu'dʒaːlasa] Zusammensein *n* (*G*: mit *D*), Gesellschaftleisten *n*

2مجالسة [mu'dʒaːlisa], *pl.* [-aːt] Tischdame *f*

مجامل [mu'dʒaːmil] freundlich, liebenswürdig, entgegenkommend; schmeichelhaft; *pl.* [-uːn] Schmeichler *m*

مجاملة [mu'dʒaːmala] Freundlichkeit *f*, Liebenswürdigkeit *f*, Entgegenkommen *n*; *pl.* [-aːt] Höflichkeit *f*; Kompliment *n*; Schmeichelei *f*; ~ زيارة [zi'jaːrat m.] Höflichkeitsbesuch *m*

1مجان [ma'ddʒaːn] Possenreißer *m*; ~ا [-an] *Adv.* kostenlos, umsonst, unentgeltlich

2مجان [mu'ddʒaːn] → ماجن

مجانب [mu'dʒaːnib] **1.** im Einklang (ل mit *D*); **2.** im Widerspruch stehend (ل zu *D*)

مجانس [mu'dʒaːnis] ähnlich, gleichartig, artverwandt

مجانسة [mu'dʒaːnasa] Ähnlichkeit *f*, Gleichartigkeit *f*, Artverwandtschaft *f*

مجاني [ma'ddʒaːniː] kostenlos, unentgeltlich

مجانية [maddʒaː'niːja] Kostenlosigkeit *f*, Unentgeltlichkeit *f*

مجاهد [mu'dʒaːhid] kämpferisch; *pl.* [-uːn] Kämpfer *m*; Freiheitskämpfer *m*

مجاهدة [mu'dʒaːhada] Bekämpfung *f*; Kampf *m*

مجاهرة [mu'dʒaːhara] Bekundung *f* (ب *G*); Offenheit *f*; ~ه بالعداء Kampfansage *f* an j-n

مجاهل [ma'dʒaːhil] (2) (*pl. zu* مجهل [madʒhal]) *a. fig.* unerforschte(s) Gebiet; ~ إفريقيا das unbekannte Afrika

مجاور [mu'dʒaːwir] benachbart, Nachbar-; angrenzend, anliegend (ل an *A*); nebenan befindlich, Neben-; *pl.* [-uːn] Azhar-Student *m* (*der in den Studentenunterkünften der Azhar wohnt*)

مجاورة [mu'dʒaːwara] Nachbarschaft *f*, Nähe *f*

مجاوزة [mu'dʒaːwaza] Überschreiten *n*

1مجبر [mu'dʒabbir], *pl.* [-uːn] Heilkundige(r), der die Glieder einrenkt

2مجبر [mudʒbar] gezwungen, genötigt (على zu *D*)

مجبنة [madʒbana] **1.** *pl.* مجابن [ma'dʒaːbin] (2) Käserei *f*; **2.** Anlaß *m* zur Feigheit

مجبور [madʒ'buːr] gezwungen

مجبول [madʒ'buːl] von Natur aus zu *etwas* (على) veranlagt

مجتر [mudʒ'tarr] wiederkäuend; ~ حيوان [ħaja'waːn] Wiederkäuer *m*

1مجتمع [mudʒ'tamaʕ] Gesellschaft *f*, Gemeinschaft *f*; Versammlungsort *m*, Treffpunkt *m*; ~ الاستهلاك *u.* ~ استهلاكي Konsumgesellschaft *f*

2مجتمع [mudʒ'tamiʕ] *Kongreß*: zusammengetreten, tagend; المجتمعون *pl.* die Versammelten *pl.*; هذه العوامل ~ة [haːðihi l-ʕa'waːmil mudʒta'miʕatan] alle diese Faktoren zusammengenommen

مجتمعي [mudʒ'tamaʕiː] Gesellschafts-, gesellschaftlich

مجتهد [mudʒ'tahid] fleißig; sich bemühend; *pl.* [-uːn] (*schiitischer*) Rechtsgelehrte(r); ~ حر [ħurr] unabhängige(r) Denker, Freidenker *m*

مجثم [madʒθam] Stelle *f*, an der man sitzt

مجحف [mudʒħif] ungerecht (ب gegen *A*); nachteilig (ب für *A*)

1مجد II [maddʒada] rühmen, preisen, verherrlichen; **IV** أمجد [ʔamdʒada] = [maddʒada]; **V** تمجد [ta'maddʒada] sich rühmen (ب *G*)

2مجد [madʒd], *pl.* أمجاد [ʔam'dʒaːd] Ruhm *m*; *pl. a.* Ruhmestaten *f/pl.*

3مجد [mudʒdin] nützlich; غير ~ unnütz, fruchtlos

4مجد [mu'dʒidd] fleißig, eifrig, ernsthaft; aktiv, rührig; *Schüler*: strebsam

مجداف [midʒ'daːf], *pl.* مجاديف [madʒaː'diːf] (2) Ruder *n*

مجدب [mudʒdib] unfruchtbar, öde

1مجدد [mu'dʒaddad] erneuert; *Maschine*: überholt; modernisiert, renoviert; ~ا [-an] *Adv.* erneut

2مجدد [mu'dʒaddid] erneuernd, Erneuerungs-; *pl.* [-uːn] Erneuerer *m*; Neuerer *m*

مجدر [mu'dʒaddar] von den Pocken befallen; pockennarbig

مجدرة [mu'dʒaddara] *Syr. Gericht aus Reis od.* → برغل [burɣul] *u. Linsen*

مجدف [mu'dʒaddif], *pl.* [-uːn] Lästerer *m*

مجدور [madʒ'duːr] von den Pocken befallen; pockennarbig

مجدوع [madʒ'duːʕ] *bsd. Nase*: verstümmelt

مجدول [madʒ'duːl] geflochten; *Körper*: stramm, muskulös

مجذاف [midʒ'ðaːf], *pl.* مجاذيف [madʒaː'ðiːf] (2) Ruder *n*

مجذف [mu'dʒaððif], *pl.* [-uːn] Ruderer *m*

مجذوب [madʒ'ðuːb] verrückt; *pl.* مجاذيب [madʒaː'ðiːb] (2) Besessene(r), Irre(r); *pl.* [-uːn] *u.* مجاذيب *Mystik*: entrückt

مجذوم [madʒ'ðuːm] leprakrank, aussätzig

مجر [madʒar] *f*: الـ~ Ungarn

مجراف [midʒ'raːf], *pl.* مجاريف [madʒa'riːf] (2) Schaufel *f*

1مجرب [mu'dʒarrab] erprobt; erfahren; ~ بالمحن [bi-l-miħan] leidgeprüft

2مجرب [mu'dʒarrib] j-d, der prüft *od.*

auf die Probe stellt; الـ~ der Versucher, der Teufel

مجرد [muʤarrad] frei (من/عن von *D*), ohne; rein, bloß; abstrakt, absolut; uneigennützig, selbstlos, lauter; *Gr.* erste(r) Stamm des arab. Verbs; لهو ~ [-u lahwin] ein bloßer Scherz, nur ein Scherz; أن ~ [-u ʔanna] die bloße Tatsache, daß; بـ~ + *G*: sofort bei, sofort nach; بـ~ أن [-i ʔanna] schon allein dadurch, daß; nur weil; sobald, kaum daß; لـ~ أن [ʔanna] aus dem bloßen Grunde, daß; nur weil; منطقة ~ة من السلاح [mintɒqa, as-si'laːħ] entmilitarisierte Zone; بالعين المجردة [bi-l-ʕain] mit bloßem Auge

مجرشة [miʤraʃa] *Ir.* Schälmühle *f* für Reis, Erbsen *etc.*

مجرف [maʤraf], *pl.* مجارف [ma'ʤaːrif] (2) Strom *m*, reißende Strömung

مجرفة [miʤrafa], *pl.* مجارف [ma'ʤaːrif] (2) Schaufel *f*; *Syr.* (*Maurer-*)Kelle *f*

مجرم [muʤrim] verbrecherisch, kriminell; *pl.* [-uːn] (Straf-)Täter *m*, Verbrecher *m*; Krimineller *m*; ~ حرب Kriegsverbrecher *m*

مجرة [ma'ʤarra], *pl.* [-aːt] Milchstraße *f*, Galaxis *f*

مجروح [maʤ'ruːħ] verwundet, verletzt

مجرور [maʤ'ruːr] gezogen, geschleppt; *Gr.* (*nach e-r Präposition*) im Genitiv stehend; *pl.* مجارير [maʤaː'riːr] (2) Abflußrohr *n*, Kanalrohr *n*

مجروش [maʤ'ruːʃ] *u.* ~ حب [ħabb] zerriebene Körner *n/pl.*; ~ ثلج gekörnte(s) (Frucht-)Eis

1**مجري** [maʤariː] ungarisch; *pl.* [-uːn] Ungar *m*

2**مجرى** [maʤran], *pl.* مجار [ma'ʤaːrin] Wasserlauf *m*, Rinne *f*, *a. Anat.* Kanal *m*; (Rohr-)Leitung *f*; Lauf *m*, Verlauf *m*, Ablauf *m*, Gang *m*; *fig.* Strömung *f*; *pl.* Kanalisation *f*; البول ~ [maʤraː l-baul] Harnröhre *f*; مجاري التنفس [ma'ʤaːriː t-ta'naffus] Atemwege *pl.*; الدموع ~ Tränenkanal *m*; مائي ~ Wasserlauf *m*; Wasserstraße *f*; النهر ~ Flußlauf *m*; Flußbett *n*; الهواء ~ Luftstrom *m*, Luftzug *m*; أخذ مجراه s-n Lauf nehmen; جرى مجراه denselben Weg nehmen wie; ebenso verfahren wie; ebenso verlaufen wie; وما يجري مجراه und ähnliches mehr; جرى فيه/منه ~ الدم (في العروق) [ʤaraː, maʤraː d-dam] j-m in Fleisch u. Blut übergehen

مجريات [maʤara'jaːt, maʤra'jaːt] *pl.*: الأمور ~ der Lauf *od.* Gang der Ereignisse

1**مجز** [mi'ʤazz], *pl.* مجاز [ma'ʤaːzz] (2) Schere *f* zum Wollscheren

2**مجز** [muʤzin] lohnend, gewinnbringend, lukrativ; ausreichend

مجزأ [mu'ʤazzaʔ] geteilt, aufgeteilt; *Pol.* zersplittert

مجزر [maʤzir], *pl.* مجازر [ma'ʤaːzir] (2) Schlachthaus *n*

مجزرة [maʤzara], *pl.* مجازر [ma'ʤaːzir] (2) Gemetzel *n*, Blutbad *n*, Schlächterei *f*

مجزع [mu'ʤazzaʕ] marmoriert

مجزوم [maʤ'zuːm] entschieden; *Verb*: im Apokopat stehend; من الـ~ به es steht fest

1**مجس** [maʤass]: خشن الـ~ [xaʃin al-m.] sich rauh anfühlend, rauh

2**مجس** [mi'ʤass], *pl.* مجاس [ma'ʤaːss] (2) *Med.* Sonde *f*; *Techn.* Prüfgerät *n*; *Zool.* Fühler *m*

مجسد [mu'ʤassad] körperhaft, plastisch

مجسم [mu'ʤassam] körperhaft; verkörpert; plastisch, anschaulich; konkret, greifbar; reliefartig, Relief-; stereoskopisch; *Film*: dreidimensional; aufgebauscht, übertrieben; *pl.* [-aːt] geometrische(r) Körper; Modell *n e-s Bauwerks*; Relief *n*

مجعجع [muʤaʕʤiʕ] lärmend, laut, polternd

مجعد [mu'ʤaʕʕad] *Haar*: gewellt, wellig, gekräuselt, kraus; *Stirn*: runzelig, in Falten; *Stoff*: zerknittert

1**مجفف** [mu'ʤaffaf] getrocknet; vertrocknet, ausgetrocknet; مجففات *pl.* getrocknete Nahrungsmittel *n/pl.*; لبن ~ [laban] Trockenmilch *f*; فواكه ~ة [fa'waːkih] Dörrobst *n*

2**مجفف** [mu'ʤaffif], *pl.* [-aːt] Trockner *m*; Trockenmittel *n*; الشعر ~ Haartrockner *m*

مجفل [muʤfil] erschrocken, erschreckt

مجل [mu'ʤallin] Erste(r), Sieger *m*

مجلبب [mu'ʤalbab] mit e-r Gallabija (→ جلابية) bekleidet

مجلبة [maʤlaba], *pl.* مجالب [ma'ʤaːlib] (2) Ursache *f*, Anlaß *m*, Grund *m*

مجلجل [mu'ʤalʤil] laut; *Lachen*: schallend; *Schrei*: gellend

1**مجلخ** [maʤlax], *pl.* مجالخ [ma'ʤaːlix] (2) Schleifstein *m*, Wetzstein *m*

2**مجلخ** [mu'ʤallix] Schleifer *m*

1**مجلد** [mu'ʤallad] **1.** *Buch*: gebunden; *pl.* [-aːt] Band *m* (*Buch*); **2.** (ein)gefroren

2**مجلد** [mu'ʤallid], *pl.* [-uːn]: ~ الكتب [m. al-kutub] Buchbinder *m*

مجلس [maʤlis], *pl.* مجالس [ma'ʤaːlis] (2) Sitz *m*, Sitzplatz *m*; Zusammensitzen *n*, Zusammensein *n*, Zusammenkunft *f*; Sitzung *f*; Leute *pl.*, die irgendwo zusammensitzen, Gesellschaft *f*, Kreis *m*; Ratsversammlung *f*; Rat *m*; leitende(s) Gremium; *Pol.* Parlament *n*, Versammlung *f*, Kammer *f*; Konzil *n*; *Mil.* Gericht *n*; الآباء ~ Elternbeirat *m*; الإدارة ~ Verwaltungsrat *m e-s Unternehmens* (*mit Funktion des Vorstands u. Aufsichtsrats*); الأمن ~ *Pol.* Sicherheitsrat *m*; الأمناء ~ [m. al-ʔuma'naːʔ] Kuratorium *n*; الأمة ~ [m. al-ʔumma] Nationalversammlung *f*, Parlament *n*; الـ~ الأوروبي der Europarat; بلدي ~ [baladiː] *u.* البلدية ~ Gemeinderat *m*; ~ تأسيسي konstituierende *od.* verfassunggebende Versammlung; ~ تأديبي *u.* التأديب ~ Disziplinargericht *n*; التحقيق ~ Untersuchungsausschuß *m*; تشريعي ~ gesetzgebende Versammlung, Parlament *n*; التعاون الخليجي ~ Golf-Kooperationsrat *m*; الثورة ~ [m. aθ-θaura] Revolutionsrat *m*; الجامعة ~ Akademische(r) Senat; الدولة ~ [m. ad-daula] Staatsrat *m*; الرئاسة ~ Präsidialrat *m*, Präsidentschaftsrat *m*; الشعب ~ Volksversammlung *f*, Volkskammer *f*; الشورى ~ [m. aʃ-ʃuːraː] Konsultativrat *m*; الشيوخ ~ [m. aʃ-ʃu'juːx] *Pol.* Senat *m*; ~ عرفي [ˁurfiː], عسكري ~ [ˁaskariː] Kriegsgericht *n*; العموم ~ das (*britische*) Unterhaus; قروي ~ [qarawiː] Gemeinderat *m e-r Dorfgemeinde*; قيادة الثورة ~ [m. qi'jaːdat aθ-θaura] Revolutionäre(r) Kommandorat, Revolutionsrat *m*; ~ النواب [m. an-nu'wwaːb] Abgeordnetenhaus *n*, Parlament *n*; Repräsentantenhaus *n* (*USA*); الوزراء ~ [m. al-wuza'raːʔ] *u.* وزاري ~ [wi'zaːriː] Ministerrat *m*, Kabinett *n*

مجلفن [mu'galfan] *Äg.* galvanisiert

مجلة [ma'ʤalla], *pl.* [-aːt] Zeitschrift *f*, Magazin *n*; *Tun.* Gesetzbuch *n*; التجارية ~الـ [at-tiʤaː'riːja] *Tun.* Handelsgesetzbuch *n*; مصورة ~ [mu'sɒwwara] Illustrierte *f*

مجلو [maʤ'luːw] klar, rein

مجلوب [maʤ'luːb] herangeschafft; herbeigeführt

مجلى [maʤlan] → ²مجال

مجمج [maʤmaʤa] undeutlich sprechen *od.* schreiben

مجمد [mu'ʤammad] **1.** vereist, eingefroren; **2.** *Konto, Guthaben*: gesperrt

مجمرك [mu'ʤamrak] verzollt; zollamtlich abgefertigt

مجمرة [miʤmara], *pl.* مجامر [ma'ʤaːmir] (2) Kohlenbecken *n*; Gefäß *n* zur Verbrennung von Räucherwerk

¹**مجمع** [maʤmaˁ], *pl.* مجامع [ma'ʤaːmiˁ] (2) Versammlungsort *m*, Treffpunkt *m*; Versammlung *f*; Kollegium *n*; Akademie *f*; (= ~ كنائسي) Synode *f*; علمي ~ [ˁilmiː] Akademie *f* der Wissenschaften; الكرادلة ~ [m. al-ka'raːdila] *Chr.* Konsistorium *n*; *Chr.* Konklave *n*; مسكوني ~ [mas'kuːniː] Ökumenische(s) Konzil; أخذ بمجامع القلوب Entzücken hervorrufen, begeistern; نظر إليه بمجامع عينيه [bi-m. ˁai'naihi] j-n mit großen Augen *od.* voll Interesse *od.* aufmerksam ansehen

²**مجمع** [mu'ʤammaˁ] zusammengetragen; akkumuliert; kombiniert; *Bilanz*: konsolidiert; montiert; *pl.* [-aːt] Kombinat *n*; Komplex *m*; Behördengebäude *n* mit verschiedenen Ämtern; استهلاكي ~ Einkaufszentrum *n*; سكني ~ [sakaniː] Wohnblock *m*, Wohnanlage *f*; ~ الصلب [m. as-sulb] Stahlwerk *n*

³**مجمع** [mu'ʤammiˁ] sammelnd, Sammel-; *pl.* [-aːt] Sammler *m*; Akkumulator *m*; Kollektor *m*

⁴**مجمع** [muʤmaˁ]: عليه ~ worüber Übereinstimmung *od.* Einigkeit besteht

⁵**مجمع** [muʤmiˁ] übereinstimmend (على in *D*)

مجمعي [maʤmaˁiː] Akademie-; *pl.* [-uːn] Akademiemitglied *n*

¹**مجمل** [mu'ʤammil] verschönernd

²**مجمل** [muʤmal] (kurz) zusammengefaßt; Zusammenfassung *f*; summarische Darstellung, Abriß *m*; Gesamtheit *f*, Summe *f*; القول ~ [m. al-qaul] kurz gesagt

مجموع [maʤ'muːˁ] gesammelt, zusammengestellt; Gesamtheit *f*, Ganze(s); Gesamtzahl *f*, Gesamtbetrag *m*; *a. Math.* Summe *f*; ~الـ die Gesamtheit *der Menschen*, alle; العصبي ~الـ [al-ˁasɒbiː] Nervensystem *n*; كلي ~ [kulliː] Gesamtsumme *f*

مجموعة [maʤ'muːˁa], *pl.* [-aːt] *u.* مجاميع [maʤaː'miːˁ] (2) Sammlung *f*, Kollektion *f*; zusammengehörige(s) Ganze(s); Gruppe *f*; Gasamtheit *f*, Kollektiv *n*; Komplex *m von Gebäuden etc.*; Block *m von Staaten*; Bündel *n*, Stoß *m von Briefen*; *Mil.* Einheit *f*, Verband *m*; *Techn.* Aggregat *n*; Anlage *f*; *Tennis*: Satz *m*; Reihe *f*, Serie *f* (من von *D*); الأوروبية ~الـ *hist.* die Europäische Gemeinschaft; شركات ~ [m. ʃari'kaːt] Unternehmensgruppe *f*, Konsortium *n*; شمسية ~ Sonnensystem *n*; ~ قصصية [qɒsɒ'siːja] Erzählband *m*, Anthologie *f*; نظرية المجموعات [nɒðɒ'riːjat al-m.] *Math.* Mengenlehre *f*

¹**مجن** [maʤana, u] scherzen, spaßen; unverschämt, dreist sein; **VI** تماجن [ta'maːʤana] Possen reißen; unverschämte Späße machen

²**مجن** [mi'ʤann], *pl.* مجان [ma'ʤaːnn] (2) Schild *m*; *fig.* Schutzschild *m*

مجنبة [mu'ʤanniba] Flanke *f des Heeres*

مجنح [mu'ʤannaħ] mit Flügeln versehen; *Zool.* geflügelt

مجند [mu'ʤannad] einberufen; *pl.* [-uːn] Rekrut *m*; القوات المجندة [al-qu'wwaːt] ausgehobene Truppen

مجندة [mu'ʤannada] weibliche Armeeangehörige

مجنزر [mu'ʤanzar] *Fahrzeug*: mit Ketten versehen, Ketten-; جرار ~ [ʤa'rraːr] Raupenschlepper *m*

مجنة [ma'ʤanna] Verrücktheit *f*, Wahnsinn *m*

مجنون [maʤ'nuːn], *pl.* مجانين [maʤaː'niːn] (2) verrückt, wahnsinnig; närrisch; Narr *m*; geistesgestört; besessen; außer Rand u. Band

¹**مجنى** [maʤnan], *pl.* مجان [ma'ʤaːnin] Ort *m* des Pflückens; Geerntete(s), *fig.* Früchte *f/pl.*

²**مجني** [maʤ'niːj]: عليه ~ Opfer *n e-s Verbrechens*; Geschädigte(r)

مجهار [miʤ'haːr] Lautsprecher *m*; *Mensch*: mit lauter Stimme

مجهر [miʤhar], *pl.* مجاهر [maʤaːhir] (2) Mikroskop *n*; إلكتروني ~ Elektronenmikroskop *n*

¹**مجهز** [mu'ʤahhaz] ausgerüstet, ausgestattet (ب mit *D*); bestückt (ب mit *Geschützen*)

²**مجهز** [mu'ʤahhiz], *pl.* [-uːn] *Ir.*, *Alg.* Lieferant *m*

¹**مجهض** [muʤhɒđ]: جنين ~ abgetriebene *od.* abgegangene Leibesfrucht

²**مجهض** [muʤhiđ], *pl.* [-aːt] Abtreibungsmittel *n*

مجهل → مجاهل

مجهود [maʤ'huːd] angestrengt, mühsam; überanstrengt; *pl.* [-aːt] Anstrengung *f*, Bemühung *f*; Mühe *f*;

(Arbeits-, Kraft-)Aufwand *m*; (Arbeits-)Leistung *f*

مجهول [madʒ'huːl] *a. Math.* unbekannt; anonym; *pl.* [-uːn] Unbekannte(r); الـ~ *a.* das Verborgene *od.* Ungewisse; الجندي الـ~ [al-dʒundiː] der Unbekannte Soldat; رسالة من ~ [ri'saːla] anonyme(r) Brief; شركة ~ـة الاسم → شركة; مبني للـ~ [mab'niːj] *Gr.* im Passiv stehend; صيغة المبني للـ~ [siːɣat al-m.] *Gr.* Passiv *n*

مجوز [midʒwaz] *Syr.* Blasinstrument *n* mit doppeltem Rohr

مجوسي [ma'dʒuːsiː], *koll.* مجوس [ma'dʒuːs] *a. hist. Rel.* Magier *m*; Zoroastrier *m*; المجوس *Chr.* die Weisen aus dem Morgenland

مجوسية [madʒuː'siːja] *hist. Rel.* Magiertum *n*; Zoroastrimus *m*

مجوف [mu'dʒawwaf] ausgehöhlt, hohl

مجون [mu'dʒuːn] Schamlosigkeit *f*, Unanständigkeit *f*; Possenreißerei *f*, Übermut *m*

مجوهرات [mudʒauha'raːt] *pl.* Schmucksachen *f/pl.*, Juwelierarbeiten *f/pl.*, Juwelen *n/pl.*

مجيء [ma'dʒiːʔ] Ankunft *f*, Kommen *n*

مجيب [mu'dʒiːb] antwortend; *Gott*: *Bitte* erhörend

مجيد [ma'dʒiːd] ruhmvoll, ruhmreich

[1]**مجير** [mu'dʒajjir], *pl.* [-uːn] *Hdl.* Indossant *m*

[2]**مجير** [mu'dʒiːr] Beschützer *m*

مح [muħħ] Eidotter *m*, Eigelb *n*

محاباة [muħaː'baːt] Begünstigung *f*, Bevorzugung *f*; Entgegenkommen *n*; freundliche Behandlung; (= ~ الأنصار) Günstlingswirtschaft *f*

محاجة [mu'ħaːddʒa] Disput *m*; Argumentation *f*

محادثة [mu'ħaːdaθa], *pl.* [-aːt] Gespräch *n*, Unterhaltung *f*, Unterredung *f*; Konversation *f*; ~ هاتفية Telefongespräch *n*, Anruf *m*

محاذ [mu'ħaːðin] entlang, längs; parallel (لـ zu *D*); gegenüberliegend (لـ *D*)

محاذاة [muħaː'ðaːt] Gegenüberliegen *n*; ~بـ + *G*: entlang, längs; parallel zu *D*

محاذرة [mu'ħaːðara] Vorsicht *f*; في ~ vorsichtig (*Adv.*)

محار [ma'ħaːr] *koll.*, *n. un.* ~ة Austern *f/pl.*

محارب [mu'ħaːrib] kämpfend; *pl.* [-uːn] Kämpfer *m*; Krieger *m*; ~ قديم Veteran *m*

محاربة [mu'ħaːraba] Bekämpfung *f*; Kampf *m* (*G*: gegen *A*, mit *D*); Kriegführung *f*

محاسب [mu'ħaːsib], *pl.* [-uːn] Buchhalter *m*, Rechnungsführer *m*; (= ~ قانوني) Wirtschaftsprüfer *m*

محاسبة [mu'ħaːsaba] *a. fig.* Abrechnung *f* (*G*: mit *j-m*); Rechenschaftsforderung *f*; Buchführung *f*; Rechnungswesen *n*; Rechnungsprüfung *f*; ~ النفس/الضمير Gewissensprüfung *f*, Gewissenserforschung *f*; ديوان الـ~ [diː'waːn al-m.] Rechnungshof *m*; قسم الـ~ [qism al-m.] Buchführungsabteilung *f*, Buchhaltung *f*

محاسن [ma'ħaːsin] (2) *pl.* gute Seiten *f/pl. od.* Eigenschaften *f/pl.*, Vorzüge *m/pl.*; Schönheiten *f/pl.*, Reize *m/pl.*

محاسنة [mu'ħaːsana] freundliche Behandlung; Freundlichkeit *f* (*G*: gegenüber *j-m*)

محاصة [mu'ħɒːssɒ]: ~ شركة [ʃarikat m.] stille Gesellschaft

[1]**محاصر** [mu'ħaːsɒr] eingeschlossen, belagert; *fig.* beengt, bedrängt

[2]**محاصر** [mu'ħaːsɨr] Belagerungs-, Blockade-

محاصرة [mu'ħaːsɒra] Einschließung *f*, Umzingelung *f*; Belagerung *f*, Blockade *f*; *fig.* In-die-Zange-Nehmen *n*

محاضر [mu'ħɒːđɨr], *pl.* [-uːn] Vortragende(r), Redner *m*; *Äg.* Lektor *m an e-r Universität*; *Ir.* Dozent *m*

[1]**محاضرة** [mu'ħɒːđɒra], *pl.* [-aːt] Vortrag *m*; Vorlesung *f*

[2]**محاضرة** [mu'ħɒːđɨra], *pl.* [-aːt] Vortragende *f*, Rednerin *f*; *Äg.* Lektorin *f an e-r Universität*; *Ir.* Dozentin *f*

محاط [mu'ħɒːt] umgeben (بـ von *D*)

محافظ [mu'ħaːfið] wachend (على über *A*); *Pol.* konservativ; *pl.* [-uːn] Hüter *m* (على *G*); Gouverneur *m*, Präfekt *m*; Präsident *m der Zentralbank*; *Pol.* Konservative(r)

محافظة [mu'ħaːfaðɒ] (Be-)Wahrung *f*, Erhaltung *f*, Aufrechterhaltung *f* (على *G*); Wahrnehmung *f* (على *von Interessen*); Einhaltung *f* (على *G*); Behütung *f* (من vor *D*); Konserva-ti(vi)smus *m*; *pl.* [-aːt] Provinz *f*, Gouvernement *n*; Amt *n* des Gouverneurs *od.* Präfekten; ~على [-tan] zur Erhaltung *od.* im Interesse von; الـ~ على البيئة [al-biːʔa] Umweltschutz *m*; دار الـ~ Präfektur *f*

محاق [ma'ħaːq, mu'ħaːq] Abnehmen *n* des Mondes, die letzten drei Nächte des Mondmonats

محاك [mu'ħaːkin] imitierend; Imitator *m*

محاكاة [muħaː'kaːt] Nachahmung *f*; Simulation *f*; Ähnlichkeit *f*; ~ القصص [m. al-qɒsɒs] Nacherzählung *f*

محاكم → محكمة

محاكمة [mu'ħaːkama], *pl.* [-aːt] gerichtliche Verfolgung; gerichtliche(s) Verfahren, Prozeß *m*; (Gerichts-)Verhandlung *f*; (kritische) Beurteilung; ~ جنائية [dʒinaː'ʔiːja] Strafprozeß *m*; أصول المحاكمات المدنية [al-mada'niːja] Zivilprozeßordnung *f*

[1]**محال** [ma'ħaːll] → [2]محل

[2]**محال** [mu'ħaːl] übertragen; unmöglich, undenkbar, absurd; *Forderung*: unannehmbar; *Theorie*: unhaltbar; ~ عليه *Jur.* Zessionar *m*; ~ إلى/على التقاعد in den Ruhestand versetzt, Rentner *m*

محالفة [mu'ħaːlafa] Bündnis *n*, Bund *m*

محالة [ma'ħaːla] Rolle *f am Ziehbrunnen*; لا ~ [(-ta)] unweigerlich, sicherlich, ganz gewiß; لا ~ منه (es ist) unvermeidlich, unausbleiblich

محام [mu'ħaːmin], *pl.* محامون [muħaː'muːn] (Rechts-)Anwalt *m*, Advokat *m*; Verteidiger *m* (*fig.*: عن *G*)

محاماة [muħaːˈmaːt] Anwaltstätigkeit *f*, Anwaltsberuf *m*; *a. Jur.* Verteidigung *f*; مكتب الـ~ Rechtsanwaltskanzlei *f*

محامية [muˈħaːmija], *pl.* [-aːt] Rechtsanwältin *f*

محاور [muˈħaːwir] Teilnehmer *m* an e-m Dialog, Gesprächspartner *m*

محاورة [muˈħaːwara] Gespräch *n*; Disput *m*; Dialog *m*; الـ~ والمداورة [wa-l-muˈdaːwara] Manövrieren *n*, Winkelzüge *m/pl*.

محاولة [muˈħaːwala], *pl.* [-aːt] Versuch *m*; ~ اغتيال Mordanschlag *m*

محايد [muˈħaːjid] neutral; unvoreingenommen, sachlich; *Blick*: indifferent, teilnahmslos; *Gr.* Neutrum *n*; *pl.* [-uːn] Neutrale(r)

محب [muˈħibb] liebend; *Lächeln*: liebevoll; *pl.* [-uːn] liebe(r) Mensch; Freund *m*; Liebhaber *m*; Fan *m*, Verehrer *m e-s Künstlers*, Anhänger *m*; المحبان *du.* die Liebenden *m/pl.*, das Liebespaar; ~ للبشر [li-l-baʃar] Philanthrop *m*; ~ للحرية [li-l-ħuˈrriːja] freiheitsliebend; ~ لذاته eigensüchtig, egoistisch; ~ للسلام friedliebend; ~ للناس menschenfreundlich; ~ الكتب [m. al-kutub] Bücherfreund *m*

محبب [muˈħabbab] **1.** beliebt (لدى bei *j-m*); lieb (لدى *j-m*), liebenswert; liebgeworden; angenehm; **2.** körnig, gekörnt

محبرة [miħbara], *pl.* محابر [maˈħaːbir] (2) Tintenfaß *n*

[1]**محبس** [maħbis], *pl.* محابس [maˈħaːbis] (2) Ort *m*, wo j-d eingeschlossen ist; Gefängnis *n*

[2]**محبس** [miħbas], *pl.* محابس [maˈħaːbis] (2) Absperrvorrichtung *f*; Absperrhahn *m*

[3]**محبس** [muˈħabbas]: ~ عليه Nutznießer *m* e-r frommen Stiftung

[4]**محبس** [muˈħabbis], *pl.* [-uːn] Stifter *m* e-s Habous, Gründer *m* e-r frommen Stiftung

محبة [maˈħabba] Liebe *f*, Zuneigung *f*; Sympathie *f*; ~ البشر [m. al-baʃar] Philanthropie *f*

محبوب [maħˈbuːb] geliebt; beliebt (لدى/عند/من bei *j-m*); liebgeworden, lieb; populär; Lieblings-; Liebling *m*; Geliebte(r)

محبوبة [maħˈbuːba] Liebste *f*, Geliebte *f*

محبور [maħˈbuːr]: ~ النفس erfreut (ب über *A*); ~ سعيد froh und glücklich

محبوس [maħˈbuːs] zurückgehalten; eingeschlossen, eingesperrt, gefangen; *Geldsumme*: gesperrt; *Stimme*: erstickt; *pl.* محابيس [maħaːˈbiːs] (2) Gefangene(r), Häftling *m*; ~ ملك [milk] unveräußerliche(s) Gut; *Isl.* fromme Stiftung

محبوك [maħˈbuːk] fest u. gut gewebt; *Kleid*: wie angegossen sitzend, eng anliegend; *Erzählung*: straff, gestrafft; spannend

محتاج [muħˈtaːdʒ] bedürfend (إلى *e-r Sache*); bedürftig, arm, notleidend

محتال [muħˈtaːl] arglistig, (hinter-) listig, betrügerisch; Schwindler *m*, Betrüger *m*, Gauner *m*

محتج [muħˈtaddʒ] Einspruch erhebend, protestierend; *pl.* [-uːn] Protestierende(r)

[1]**محتجز** [muħˈtadʒaz] zurückbehalten, einbehalten, reserviert (ل für *A*); *pl.* [-uːn] *als Geisel* Festgehaltene(r); Festgenommene(r)

[2]**محتجز** [muħˈtadʒiz], *pl.* [-uːn]: ~ رهائن [m. raˈhaːʔin] Geiselnehmer *m*

محتد [muħˈtadd] heftig; zornig, wütend

محتدم [muħˈtadim] wutentbrannt; *Debatte*: hitzig, heftig, erregt

محترس [muħˈtaris] vorsichtig

[1]**محترف** [muħˈtaraf], *pl.* [-aːt] Atelier *n*

[2]**محترف** [muħˈtarif] berufsmäßig, Berufs-, professionell; gewerbsmäßig; *pl.* [-uːn] Berufstätige(r); (= ~ لاعب) Berufsspieler *m*, Professional *m*, Profi *m*

محترفة [muħˈtarifa], *pl.* [-aːt] berufstätige Frau; Prostituierte *f*

محترم [muħˈtaram] geehrt, verehrt; geachtet, angesehen, respektiert; *als Anrede in Briefen*: sehr geehrt; *Beruf*: ehrbar; *Restaurant*: vornehm; stattlich, achtbar, respektabel

[1]**محتسب** [muħˈtasab] wofür man Lohn im Jenseits erwarten kann; مباراة ~ـة [mubaːˈraːt] *Sport*: Punktspiel *n*

[2]**محتسب** [muħˈtasib], *pl.* [-uːn] *Tun.* Leiter *m* der Universitätskasse; *hist.* Marktaufseher *m*

محتشد [muħˈtaʃid] in großer Zahl versammelt, dichtgedrängt

محتشم [muħˈtaʃim] schamhaft, *a. Kleid*: züchtig; bescheiden, zurückhaltend

محتضر [muħˈtaðɒr] **1.** sterbend, in den letzten Zügen liegend; Sterbende(r); *Hoffnung*: schwindend; erstorben; **2.** von den Dschinn besessen

محتفل [muħˈtafal]: ~ به gefeiert; Gefeierte(r), Jubilar *m*

محتفى [muħˈtafan]: ~ به gefeiert; Gefeierte(r)

محتقر [muħˈtaqar] verachtet; verächtlich

[1]**محتكر** [muħˈtakar] monopolisiert

[2]**محتكر** [muħˈtakir], *pl.* [-uːn] Monopolinhaber *m*, Monopolist *m*

محتل [muħˈtall] besetzt, okkupiert; besetzend, Besatzungs-; القوات المحتلة [al-quˈwwaːt] Besatzungstruppen *f/pl*.

محتم [muˈħattam] (vom Schicksal) bestimmt; unvermeidlich, unausweichlich, unabdingbar; notwendig (على für *j-n*)

محتمل [muħˈtamal] **1.** zu ertragen, erträglich, auszuhalten ; **2.** möglich, denkbar, eventuell; potentiell; wahrscheinlich; من الـ~ es ist wahrscheinlich

محتو [muħˈtawin] enthaltend (على *A*)

محتوم [maħˈtuːm] (vom Schicksal) bestimmt; auferlegt, geboten, obligatorisch; unvermeidlich; *Folge*: unausbleiblich; *Ergebnis*: zwangsläufig; *Schicksal*: unabänderlich

محتوى [muħˈtawan], *pl.* محتويات [muħtawaˈjaːt] Inhalt *m*; Gehalt *m*; ~ مائي Wassergehalt *m*; محتويات النفس die geheimen Gedanken *f/pl*.

محج [ma'ħaddʒ], *pl.* محاج [ma'ħaːddʒ] (2) Pilgerort *m*, Wallfahrtsort *m*

محجب [mu'ħaddʒab] *Frau*: verschleiert; *fig.* verborgen

محجبة [mu'ħaddʒaba], *pl.* [-aːt] verschleierte Frau

[1]**محجر** [maħdʒar], *pl.* محاجر [ma'ħaːdʒir] (2) **1.** Steinbruch *m*; **2.** Quarantänestation *f*; Quarantäne *f*

[2]**محجر** [maħdʒir], *pl.* محاجر [ma'ħaːdʒir] (2) Augenhöhle *f*

[3]**محجر** [mu'ħaddʒar]: ~ ملك [milk] *Jur.* unveräußerliche(s) Gut

[4]**محجر** [miħdʒar] → [2]محجر

محجل [mu'ħaddʒal] Fußringe tragend; *Pferd*: weiß an den Füßen

[1]**محجم** [muħdʒim] Abstand nehmend, ablassend (عن von *D*)

[2]**محجم** [miħdʒam], *pl.* محاجم [ma'ħaːdʒim] (2) Schröpfkopf *m*

محجة [ma'ħaddʒa]: الصواب ~ [m. ɒs-sɒ'waːb] der rechte Weg

محجوب [maħ'dʒuːb] verhüllt, verborgen

محجوج [maħ'dʒuːdʒ] *Ort*: zu dem gewallfahrtet wird

محجور [maħ'dʒuːr] *u.* عليه ~ entmündigt; unmündig; Mündel *n od. m*

محجوز [maħ'dʒuːz] reserviert (ل für *A*)

محدب [mu'ħaddab] gebuckelt, gekrümmt; nach außen gewölbt, konvex; *Geol.* sattelförmig; طية ~ة [tɒjja] *Geol.* Sattelfalte *f*; عدسة ~ة [ʕadasa] Konvexlinse *f*

[1]**محدث** [mu'ħaddiθ], *pl.* [-uːn] Sprecher *m*, Redende(r), Erzähler *m*; Gesprächspartner *m*; *Isl.* Hadith-Gelehrte(r), Überlieferer *m*; (*a.* = [3]محدث [muħdiθ]) Neuerer *m*

[2]**محدث** [muħdaθ] neu geschaffen *od.* eingeführt; neu; modern; *pl.* [-uːn] Moderne(r); Emporkömmling *m*; *pl.* [-aːt] Neuerung *f*

[3]**محدث** [muħdiθ] *Ursache*: auslösend; *pl.* [-uːn] Neuerer *m*

محدثة [mu'ħaddiθa], *pl.* [-aːt] Sprecherin *f*; Gesprächspartnerin *f*

[1]**محدد** [mu'ħaddad] **1.** geschärft; **2.** festgesetzt; (genau) bestimmt, definiert; klar umrissen; *Plan*: genau (ausgearbeitet); konkret; begrenzt; beschränkt, eingeschränkt; المعالم ~ [m. al-ma'ʕaːlim] fest umrissen

[2]**محدد** [mu'ħaddid] bestimmend

محددة [mu'ħaddida], *pl.* [-aːt] Determinante *f*

محدق [muħdiq] umgebend (ب *A*); *Gefahr*: drohend

محدلة [miħdala], *pl.* محادل [ma'ħaːdil] (2) (Straßen-)Walze *f*

محدود [maħ'duːd] begrenzt; beschränkt; genau abgegrenzt; *Ziel*: klar umrissen; (genau) bestimmt, festgelegt; غير ~ unbegrenzt; unbestimmt, undefinierbar; دخل ~ beschränkte(s) *od.* niedrige(s) *od.* geringe(s) Einkommen

محدودب [muħ'daudib] buckelig, gekrümmt

محدودية [maħduː'diːja] Begrenztheit *f*, Beschränktheit *f*

محذر [mu'ħaððir] warnend

محذور [maħ'ðuːr] **1.**: شيء ~ منه etwas, wovor man sich hüten muß; Unannehmlichkeit *f*; Unglück *n*; **2.** *pl.* محاذير [maħaː'ðiːr] (2) Gefahr *f*

محراب [miħ'raːb], *pl.* محاريب [maħaː'riːb] (2) Gebetsnische *f in der Moschee*; *fig.* Allerheiligste(s)

محراث [miħ'raːθ], *pl.* محاريث [maħaː'riːθ] (2) Pflug *m*

محراك [miħr'aːk], *pl.* محاريك [maħaː'riːk] (2) Schürhaken *m*

[1]**محرج** [mu'ħarridʒ]: محرجات الأيمان *pl.* bindende *od.* heilige Eide *m/pl.*

[2]**محرج** [muħradʒ] in die Enge getrieben, in Verlegenheit

[3]**محرج** [muħridʒ] in Verlegenheit bringend, peinlich, unangenehm

[1]**محرر** [mu'ħarrar] **1.** freigelassen; befreit; **2.** schriftlich niedergelegt; *Dokument*: ausgestellt; *pl.* [-aːt] Schriftstück *n*

[2]**محرر** [mu'ħarrir], *pl.* [-uːn] **1.** Befreier *m*; **2.** Schreiber *m*, Verfasser *m*; Redakteur *m*, Schriftleiter *m*; Aussteller *m e-s Dokuments*

محرض [mu'ħarriđ] antreibend (على zu *D*); aufhetzend, Hetz-; *El.* induzierend; *pl.* [-uːn] Hetzer *m*, Aufwiegler *m*, Agitator *m*, Provokateur *m*; *pl.* [-aːt] Beweggrund *m*

محرف [mu'ħarraf] entstellt, verdreht; *Lehre*: verfälscht

[1]**محرق** [maħraq], *pl.* محارق [ma'ħaːriq] (2) Brennpunkt *m*

[2]**محرق** [muħraq] brennend; niedergebrannt

[3]**محرق** [muħriq] brennend, Brand-; (glühend) heiß; leidenschaftlich; *Traum*: wild; *fig.* schmerzhaft; قنبلة ~ة [qumbula] Brandbombe *f*

محرقة [muħraqa], *pl.* [-aːt] Brandopfer *n*

محرقي [maħraqiː] *Opt.* fokal

محرك [mu'ħarrik] bewegend; (an-)treibend, Antriebs-; *pl.* [-uːn] Beweger *m*; Erreger *m*, Auslöser *m*; *pl.* [-aːt] *a. fig.* Motor *m*; Antriebsmaschine *f*, Triebwerk *n*; den Anstoß gebende(r) Faktor, Triebkraft *f*; صاروخي ~ Raketenantrieb *m*; قوة ~ة [quwwa] Antriebskraft *f*; Energie *f*; treibende Kraft

[1]**محرم** [maħram], *pl.* محارم [ma'ħaːrim] (2) Verwandte(r), *der nicht geheiratet werden darf*

[2]**محرم** [mu'ħarram] **1.** verboten (على für *j-n*); unantastbar, tabu (على für *j-n*); محرمات *pl.* verbotene Dinge *n/pl.*; **2.** Muharram *m* (*1. Monat des islamischen Jahres*)

[3]**محرم** [muħrim], *pl.* [-uːn] Mekkapilger *m*, der in den Zustand der Weihe (→ [2]إحرام) eingetreten ist

محرمة [maħrama], *pl.* محارم [ma'ħaːrim] (2) Taschentuch *n*

محروب [maħ'ruːb] in Not, unglücklich

محرور [maħ'ruːr] hitzig, *fig.* erhitzt

محروس [maħ'ruːs] beschützt, behütet; المحروسون *pl.* die Kinder *m/pl.*, die Familie, die Lieben *pl.*; ابنك ~ال [ibnuka] dein lieber Sohn

محروسة [maħ'ruːsa], *pl.* [-aːt] liebe(s) Mädchen, liebe Frau; ~ال *Beiname von Städten*

محروق [maħ'ruːq] verbrannt; *Ton*: gebrannt; brennbar; e-r, der Verbrennungen erlitten hat; محروقات *pl.* Brennstoffe *m/pl.*

محروم [maħ'ruːm] beraubt (من *e-r Sache*); ausgeschlossen (من von

D); *Chr.* exkommuniziert; notleidend, bedürftig, arm; verboten; المحرومون *pl.* die sozial Schwachen *m/pl.*

محز [ma'ħazz] Kerbe *f*; أصاب الـ~ den Nagel auf den Kopf treffen

محزقة [miħzaqa], *pl.* محازق [ma'ħaːziq] (2) Schraube *f* (mit Mutter)

محزن [muħzin] traurig, betrüblich; beklagenswert, bedauerlich; *Zustand*: kläglich; tragisch

محزون [maħ'zuːn] traurig, betrübt; schmerzerfüllt; (um e-n Verstorbenen) trauernd; *pl.* [-uːn] Hinterbliebene(r)

محسن [muħsin] wohltätig; Wohltäter *m*; j-d, der sich vorbildlich verhält; gut könnend; *a. npr. m*; → محاسن

محسنات [muħassi'naːt] *pl.*: بديعية ~ stilistische Ausschmückungen *f/pl.*

محسة [mi'ħassa], *pl.* محاس [ma'ħaːss] (2) Striegel *m*

محسوب [maħ'suːb] gerechnet *od.* zählend (في zu *D*); geltend (على als); (ein)kalkuliert; *Geste*: bedacht, gemessen; *pl.* [-uːn] *u.* محاسيب [maħaː'siːb] (2) Schützling *m*, Günstling *m*, Protegé *m*; غير ~ womit man nicht rechnet *od.* gerechnet hat; ~ك zu Diensten!

محسوبية [maħsuː'biːja] Günstlingswirtschaft *f*, Vetternwirtschaft *f*, Protektion *f*

محسود [maħ'suːd] beneidet (على um *A*); beneidenswert

محسور [maħ'suːr] bekümmert, traurig

محسوس [maħ'suːs] fühlbar, spürbar, merklich; konkret, greifbar; *Beweis*: handfest; *Verlust*: empfindlich; المحسوسات *pl.* die sinnlich wahrnehmbaren *od.* konkreten Dinge *n/pl.*

محسوم [maħ'suːm] *Frage*: entschieden

محش [mi'ħaʃʃ], *pl.* [-aːt] *u.* محاش [ma'ħaːʃʃ] (2) Sense *f*; Sichel *f*

محشة [mi'ħaʃʃa], *pl.* [-aːt] Sense *f*; Sichel *f*

محشو [maħ'ʃuːw] gefüllt, ausgestopft (بـ mit *D*); *Zahn*: plombiert; *Waffe*: geladen; محشوات *pl.* gefüllte Speisen *f/pl.*

محشي [maħ'ʃiːj] *umg. Speise*: gefüllt; *pl.* [-aːt] gefüllte Speise

محص [maħasɒ, a] läutern, reinigen; **II** [maħħasɒ] *Frage* klären; prüfen, untersuchen; **V** تمحص [ta'maħħasɒ] geklärt werden; geprüft werden

محصد [miħsɒd], *pl.* محاصد [ma'ħaːsɨd] (2) Sense *f*; Sichel *f*

[1]**محصل** [mu'ħɒssɒl] Zusammenfassung *f*, Quintessenz *f*

[2]**محصل** [mu'ħɒssɨl], *pl.* [-uːn] Kassierer *m*; (Autobus-)Schaffner *m*; الضرائب ~ [m. ɒđ-đɒ'raːʔib] Steuereinnehmer *m*

[1]**محصلة** [mu'ħɒssɨla], *pl.* [-aːt] Kassiererin *f*

[2]**محصلة** [mu'ħɒssɨla, mu'ħɒssɒla] Ergebnis *n*; *Phys.* Resultante *f*; نهائية ~ [nihaː'ʔiːja] Endergebnis *n*

محصن [mu'ħɒssɒn] *Mil.* befestigt; uneinnehmbar; sicher; gefeit (ضد gegen *A*); *Med.* immun (ضد gegen *A*)

محصنة [muħsɨna, muħsɒna], *pl.* [-aːt] wohlbehütete *od.* unbescholtene Frau

محصوب [maħ'suːb] an Masern erkrankt

محصود [maħ'suːd] geerntet; *Feld*: abgeerntet; *Wiese*: gemäht

محصور [maħ'suːr] eingeengt; beschränkt, eingeschränkt, begrenzt (في/ب auf *A*); (statistisch) erfaßt, eingetragen

محصول [maħ'suːl], *pl.* محاصيل [maħaː'siːl] (2) *u.* [-aːt] Ertrag *m*; Ernteertrag *m*, Ernte *f*; (landwirtschaftliches) Erzeugnis, Produkt *n*; Ergebnis *n*, Resultat *n*, Gewinn *m*

[1]**محض** [maħađɒ, a]: الود ~ـه [-hu l-wudda] j-m Zuneigung schenken; — [maħuđɒ, u] rein, echt sein

[2]**محض** [mahđ] rein, bloß, pur; ~ صدفة [m. sudfa(tin)] reine(r) Zufall; ~بـ إرادته aus freien Stücken; عربي ~ reine(r) *od.* echte(r) Araber

[1]**محضر** [maħđɒr] Anwesenheit *f*, Gegenwart *f*; *pl.* محاضر [ma'ħaːđɨr] (2) Protokoll *n*, Niederschrift *f*, (offizieller) Bericht; الجرد ~ *Hdl.* Inventuraufnahmeliste *f*; ضبط ~ سير [m. ðɒbt sair] Strafzettel *m*, gebührenpflichtige Verwarnung; ~بـ منه in seiner Gegenwart

[2]**محضر** [mu'ħɒđđɨr], *pl.* [-uːn] *Med.* Präparator *m*; الأرواح ~ Geisterbeschwörer *m*; معمل ~ Laborant *m*

[3]**محضر** [muħđɨr], *pl.* [-uːn] Gerichtsbeamte(r), Justizbeamte(r); Gerichtsdiener *m*

محضن [miħđɒn], *pl.* محاضن [ma'ħaːđɨn] (2) Brutapparat *m*; *Med.* Brutkasten *m*

محضنة [miħđɒna], *pl.* محاضن [ma'ħaːđɨn] (2) Brutapparat *m*; *Med.* Brutkasten *m*

محط [ma'ħɒtt] *fig.* Zielpunkt *m*, Gegenstand *m*, Objekt *n*; الآمال ~ Gegenstand *m* der Hoffnungen; ~ الأنظار Ziel *n* der Blicke, Mittelpunkt *m* des allgemeinen Interesses

محطم [mu'ħɒttɒm] zerschlagen, zertrümmert, kaputt; *Nerven, Familie*: zerrüttet; القلب ~ schwer getroffen, gebrochen, geknickt; طائرة ~ة Flugzeugwrack *n*

محطمة [mu'ħɒttɨma] Brechmaschine *f*; (*Eis*-)Brecher *m*; الذرة ~ [m. að-ðarra] Zyklotron *n*

محطة [ma'ħɒttɒ], *pl.* [-aːt] Haltestelle *f*, Halteplatz *m*; Station *f*; Bahnhof *m*; إذاعة/إرسال ~ Sendestation *f*, Sender *m*; أرضية ~ Bodenstation *f*; بنزين ~ Tankstelle *f*; التحويل ~ Transformatorenstation *f*, Umspannwerk *n*; توليد الكهرباء ~ [m. tauliːdi l-kahra'baːʔ], القوة ~ الكهربائية [m. al-quwwa] *u.* ~ كهربائية Kraftwerk *n*, Elektrizitätswerk *n*; الفضاء ~ Raumstation *f*; فضائية ~ Raumstation *f*; Satellitensender *m*; مياه ~ [m. mi'jaːh] Wasserwerk *n*

محظر [mu'ħɒððɒr] verboten, untersagt (على *j-m*); verpönt

محظور [maħ'ðuːr] verboten, untersagt (على *j-m*); verbotene Sache, Tabu *n*; محظورات *pl.* verbotene Dinge *n/pl.*

محظوظ [maħ'ðuːð] vom Glück begünstigt, glücklich; sich glücklich schätzend (ب *etwas zu haben*); mit materiellen Gütern gesegnet; *Klasse*: privilegiert; المحظوظون *pl.* die Wohlhabenden *m/pl.*

محظي [maħ'ðiːj] genießend (ب *A*); begünstigt (ب durch *A*); *pl.* [-uːn] Günstling *m*

محظية [maħ'ðiːja], *pl.* [-aːt] Geliebte *f*, Konkubine *f*, Mätresse *f*

محفار [miħ'faːr], *pl.* محافير [maħaː'fiːr] (2) Spaten *m*

محفر [miħfar], *pl.* محافر [ma'ħaːfir] (2) Spaten *m*

محفظ [mu'ħaffið]: القرآن ~ Koranlehrer *m*

محفظة [maħfɒðɒ, miħfɒðɒ], *pl.* محافظ [ma'ħaːfið] (2) Mappe *f*, Tasche *f*; *Bot.* Kapsel *f*; Brieftasche *f*; *Fin.* Portefeuille *n*; النقود ~ Geldbörse *f*

محفل [maħfil], *pl.* محافل [ma'ħaːfil] (2) Versammlung *f*, Zusammenkunft *f*; Gremium *n*, Organisation *f*; *bsd. pl.* Kreis *m*

محفور [maħ'fuːr] (auf)gegraben; eingraviert, eingeritzt; لوحة ~ة على النحاس [lauħa, n-nu'ħaːs] Kupferstich *m*

محفوظ [mah'fuːð] aufbewahrt, verwahrt; bewahrt, behütet; vorbehalten, reserviert; konserviert; auswendig gelernt; *a. npr. m*; محفوظات *pl.* Dokumentensammlung *f*, Akten *f/pl.*; Archiv *n*; auswendig Gelernte(s), auswendig zu Lernende(s), Lehrstoff *m*; Konserven *f/pl.*; جميع الحقوق ~ة *Jur.* alle Rechte vorbehalten

محفوف [maħ'fuːf] umgeben (ب von *D*); بالأخطار ~ voller Gefahren

[1]**محق** [maħaqa, a] auslöschen, vernichten; **IV** أمحق [ʔamħaqa] *Mond*: in die letzte Phase des Abnehmens eintreten; **VII** انمحق *u.* امحق [i'mmaħaqa] ausgelöscht werden, verschwinden

[2]**محق** [maħq] Auslöschung *f*, Vernichtung *f*

[3]**محق** [mu'ħiqq] im Recht; recht habend; zu Recht bestehend

محقر [mu'ħaqqar] verachtet

[1]**محقق** [mu'ħaqqaq] verwirklicht; sicher, gesichert, gewiß, feststehend; unausweichlich, unvermeidlich; *Tatsache*: unbestreitbar; من الـ~ أن [ʔanna] es steht fest, daß

[2]**محقق** [mu'ħaqqɨq] verwirklichend; *pl.* [-uːn] (Nach-)Prüfer *m*; Ermittler *m*; Ermittlungsbeamte(r); Untersuchungsrichter *m*; Herausgeber *m e-r kritischen Edition*; Forscher *m*

محقنة [miħqana], *pl.* محاقن [ma'ħaːqin] (2) (Injektions-)Spritze *f*

محقوق [maħ'quːq] *Äg.* im Unrecht

[1](**محك**) **III** ماحك [maːħaka] Streit suchen, sich anlegen (ه mit *j-m*); **V** تمحك [ta'maħħaka] Streit suchen, streiten

[2]**محك** [mi'ħakk] *fig.* Prüfstein *m*; *pl.* [-aːt] Raspel *f*

[1]**محكم** [mu'ħakkam], *pl.* [-uːn] Schiedsrichter *m*; *Boxen*: Ringrichter *m*; Preisrichter *m*

[2]**محكم** [muħkam] fest; fest geschlossen; *Tür*, *Fenster*: gutschließend; *Verschluß*: luftdicht, hermetisch; genau, exakt, präzis; *Organisation*: straff; gut gemacht; solide, gediegen; *Schlag*: wohlgezielt; *Ausdruck*: treffend; غير ~ *Tür*: undicht; التدبير ~ gut geplant *od.* vorbereitet; wohldurchdacht; الباب ~ الإغلاق die Tür ist fest verschlossen; die Tür schließt gut

محكمة [maħkama], *pl.* محاكم [ma'ħaːkim] (2) Gericht *n*, Gerichtshof *m*; ابتدائية ~ Gerichtshof *m* erster Instanz, Amtsgericht *n*; ~ الأحداث Jugendgericht *n*; ~ الأحوال الشخصية Gericht *n* für Personenstandsangelegenheiten; ~ الاستئناف Berufungsgericht *n*, Revisionsgericht *n* ; تأديبية ~ Disziplinargericht *n*; التمييز ~ *Syr.*, *Lib.* Kassationshof *m*; جزئية ~ [dʒuz'ʔiːja] Bagatellgericht *n*; الجنايات ~ [m. al-dʒinaː'jaːt] *u.* جنائية ~ Strafgericht *n;* شرعية ~ religiöse(r) Gerichtshof; العدل ~ Gerichtshof *m*; العدل الدولية ~ [ad-duwa'liːja] der Internationale Gerichtshof; ~ عسكرية [ʕaska'riːja] Militärgericht *n*; القضاء الإداري ~ Verwaltungsgericht *n*; مختلطة ~ [mux'talitɒ] *hist. Äg.* gemischte(r) Gerichtshof *für Ausländer*; مدنية ~ [mada'niːja] Zivilgericht *n*; مركزية ~ *Äg.* Bezirksgericht *n*; النقض والإبرام ~ *Äg.* Kassationshof *m*

محكوك [maħ'kuːk] abgerieben, abgescheuert, durchgewetzt

محكوم [maħ'kuːm] beherrscht; ~ عليه verurteilt (ب zu *D*); Verurteilte(r); المحكومون *pl.* die Untertanen *m/pl.*; عليه بالفشل ~ [bi-l-faʃal] zum Scheitern verurteilt; بالمنطق ~ [bi-l-mantɨq] von der Logik bestimmt

محكومية [maħkuː'miːja] Verurteilung *f*

محكي [maħ'kiːj] erzählt; *Syr.*, *Lib.* gesprochen; nachgeahmt

[1]**محل** [mahala, a] *Boden*: unfruchtbar sein; **IV** أمحل [ʔamħala] *Boden*: unfruchtbar sein; *Regen*: ausbleiben; **V** تمحل [ta'maħħala] List anwenden; الأعذار ~ Ausreden erfinden, Vorwände benutzen

[2]**محل** [ma'ħall], *pl.* محال [ma'ħaːll] (2) *u.* [-aːt] Ort *m*, Stelle *f*, Platz *m*; Örtlichkeit *f*, Stätte *f*; Lokal *n*; Geschäft *n*, Laden *m*, Handelshaus *n*, Firma *f*; Gegenstand *m der Untersuchung etc.*; Anlaß *m* (ل zu *D*); *Gr.* Funktion *f*; الإقامة ~ Aufenthaltsort *m*; Wohnort *m*; الديب ~ [m. ad-diːb] *Geo.* die Malediven *pl.*; صناعي ~ [sɨ'naːʕiː] Industriebetrieb *m*; ~ات عامة [ʕaːmma] öffentliche Einrichtungen *f/pl. od.* Gebäude *n/pl.*; العمل ~ [m. al-ʕamal] Arbeitsplatz *m*; النزاع ~ [m. an-ni'zaːʕ] Streitobjekt *n*; ~ هندسي [handasiː] geometrische(r) Ort; السنة ~ الاعتبار [as-sanatu -u l-iʕti'baːr] das betreffende Jahr; في ~ه am rechten Platze, angebracht; في غير ~ه am unrechten Platz, unangebracht, unpassend; ~ك سر [ma'ħallak] *Mil.* auf der Stelle marsch!; لا ~ له من الإعراب [-a] *Gr. Wort*: ohne Funktion im → إعراب [ʔiʕ'raːb]

3**محل** [maħl] Unfruchtbarkeit *f*; Dürre *f*, Trockenheit *f*

محلب [maħlab], *pl.* محالب [ma'ħaːlib] (2) **1.** Weichselkirsche *f*; **2.** Melkstation *f*

1**محلج** [maħladʒ], *pl.* محالج [ma'ħaːlidʒ] (2) (*Baumwoll-*)Entkörnungsbetrieb *m*

2**محلج** [miħladʒ], *pl.* محالج [ma'ħaːlidʒ] (2) (*Baumwoll-*)Entkörnungsmaschine *f*, Egreniermaschine *f*

محلف [mu'ħallaf] vereidigt; *pl.* [-uːn] Geschworene(r)

محلق [mu'ħalliq] in der Luft schwebend

1**محلل** [mu'ħallal] **1.** erlaubt; **2.** analysiert

2**محلل** [mu'ħallil] analysierend; *pl.* [-uːn] Analytiker *m*; *Börse*: Analyst *m*; *pl.* [-aːt] Lösungsmittel *n*; نفسي/نفساني ~ Psychoanalytiker *m*

محلة [ma'ħalla], *pl.* [-aːt] Halteplatz *m*, Station *f*; Stadtviertel *n*; الـ~ الكبرى Mahalla el Kubra (*Stadt in Ägypten*)

محلول [maħ'luːl] aufgelöst, *a. Chem.* gelöst; *pl.* محاليل [maħaː'liːl] (2) *Chem.* Lösung *f*; الشعر ~ mit aufgelöstem Haar; Haarwasser *n*; ~ الصابون Seifenlauge *f*

1**محلى** [mu'ħallan] gesüßt; *Meerwasser*: entsalzt

2**محلي** [ma'ħalliː] örtlich, lokal, Lokal-; einheimisch, Inlands-, Binnen-; regional; محليات *pl.* Lokalnachrichten *f/pl.*, Lokale(s); توقيت ~ Ortszeit *f*

محمد [mu'ħammad] gepriesen; Mohammed, Muhammad *npr. m*

محمدة [maħmada], *pl.* محامد [ma'ħaːmid] (2) löbliche Handlung; Lob *n*

محمدي [mu'ħammadiː] auf den Propheten Mohammed bezüglich

1**محمر** [mu'ħammar] geröstet, gebraten; gerötet

2**محمر** [muħ'marr] gerötet, rot, rötlich

محمس [mu'ħammis] anfeuernd; ermutigend, aufmunternd; *Rede*: zündend

محمص [mu'ħammɒs] geröstet

محمصة [miħmɒsɒ], *pl.* محامص [ma'ħaːmɨs] (2) Röstpfanne *f*; Kaffeeröstmaschine *f*; Toaster *m*

محمض [mu'ħammɨđ] (Film-)Entwickler *m* (*Pers.*)

1**محمل** [maħmal]: ~ حمله على + *G*: etwas als *etwas* auffassen; حمل قوله على ~ الجد [maħmali l-dʒidd] j-s Worte für bare Münze *od.* ernst nehmen

2**محمل** [maħmil, maħmal], *pl.* محامل [ma'ħaːmil] (2) Kamelsänfte *f*; geschmückte Sänfte, *die von muslimischen Herrschern mit der Pilgerkarawane nach Mekka geschickt wurde*; *Techn.* (Auf-)Lager *n*

3**محمل** [mu'ħammal] *a. fig.* beladen (ب mit *D*); *fig.* belastet (ب mit *D*); voll (ب von *D*), reich (ب an *D*); *Last*: aufgebürdet (على *j-m*)

محمود [maħ'muːd] gelobt, gepriesen; lobenswert, löblich; ~ غير *Folgen*: unliebsam, unangenehm; *Wirkung*: ungünstig; Mahmud *npr. m*; السيرة ~ [m. as-siːra] mit einwandfreiem Lebenswandel

محموق [maħ'muːq] wütend, zornig, aufgebracht

محمول [maħ'muːl] getragen; tragbar, erträglich; Ladegewicht *n*, Tonnage *f*; *Logik*: Prädikat *n*, Attribut *n*; عليه ~ beladen; *Logik*: Subjekt *n*; قوات ~ـة [qu'wwaːt] motorisierte Truppen *f/pl.*; قوات ~ـة جوا [dʒawwan] Luftlandetruppen *f/pl.*

محموم [maħ'muːm] Fieber habend; *a. fig.* fiebernd; *Bemühungen*: fieberhaft; leidenschaftlich, erregt; *Augen*: glühend, funkelnd

محمي [maħ'miːj] geschützt, beschützt (ب durch *A*); sicher (من vor *D*); *Pol.* unter Protektorat stehend; *pl.* [-uːn] Protegé *m*

محمية [maħ'miːja], *pl.* [-aːt] *Pol.* Protektorat *n*; (Wild-)Reservat *n*, Schutzgebiet *n*

(محن) VIII امتحن [im'taħana] prüfen, untersuchen, erproben; *Pass.* [um'tuħina] heimgesucht werden (ب von *D*)

محنط [mu'ħannɒŧ] einbalsamiert; *totes Tier*: ausgestopft

1**محنق** [muħnaq] verärgert, ärgerlich, wütend, zornig

2**محنق** [muħniq] Ärgernis erregend, ärgerlich

محنك [mu'ħannak] erfahren, erprobt, gewitzt

محنة [miħna], *pl.* محن [miħan] Heimsuchung *f*, Prüfung *f*; Leid *n*, Unglück *n*

محني [maħ'niːj] gebeugt, gekrümmt, gebückt

1**(محو)** محا [maħaː, uː] auslöschen, ausradieren, abwischen; *Eintragung* löschen; ausmerzen, beseitigen; **VII** انمحى *u.* امحى [i'mmaħaː] ausgelöscht, getilgt werden; verschwinden

2**محو** [maħw] Auslöschung *f*, Ausradieren *n*, Tilgung *f*; Löschung *f e-r Eintragung*; Ausmerzung *f des Analphabetentums*, Beseitigung *f*

1**(محور) II** تمحور [ta'maħwara] e-e Achse bilden; *fig.* sich drehen (حول um *A*)

2**محور** [mu'ħawwar] abgeändert, abgewandelt; verdreht, entstellt

3**محور** [miħwar], *pl.* محاور [ma'ħaːwir] (2) *Techn. u. fig.* Achse *f*; Nudelholz *n*; (Dreh- und) Angelpunkt *m*; Mittelpunkt *m*; thematische(r) Schwerpunkt; سيني ~ [siːniː] *Math.* Abszissenachse *f*; ~ صادي *Math.* Ordinatenachse *f*; دول الـ~ [duwal al-m.] *hist.* die Achsenmächte *pl.*

محوري [miħwariː] Achsen-, axial; Kern-, zentral

محوط [ma'ħuːŧ] umgeben (ب von *D*)

1**محول** [mu'ħawwal] weitergeleitet (إلى an *A*); *Hdl.* überwiesen; *Hdl.* transferiert; umgewandelt (إلى in *A*); عليه بالقيمة ~ [bi-l-qiːma] Nachnahme-

2**محول** [mu'ħawwil] verwandelnd; *Hdl.* überweisend; *Hdl.* transferierend; übertragend; *pl.* [-aːt] *El.* Transformator *m*, Umformer *m*; *Phys.*, *Hüttenwesen*: Konverter *m*; Schalthebel *m*; Umschalttaste *f*

محولة [mu'ħawwila] *Syr. El.* Transformator *m*

محي [muħjin]: محيي الدين [muħji d-diːn] *npr. m*

محيا [mu'ħajjan] Gesicht *n*, Antlitz *n*

محيد [ma'ħiːd]: لا ~ عنه/منه [-a] unvermeidlich, unumgänglich

محير[1] [mu'ħajjar] in Verlegenheit, verlegen, ratlos; verunsichert

محير[2] [mu'ħajjir] verwirrend; unklar, rätselhaft

محيص [ma'ħiːs]: لا ~ عنه/منه [-a] unvermeidlich, unumgänglich

محيض [ma'ħiːđ] Einsetzen *n* der Menstruation, Geschlechtsreife *f*

محيط [mu'ħiːt] umgebend (ب *A*); *Wissen, Lexikon*: umfassend; vertraut (ب mit *D*), kenntnisreich; Umfang *m e-s Kreises*; Peripherie *f*; Umgebung *f*; Umwelt *f*, Umfeld *n*, Milieu *n*; Gebiet *n*, Bereich *m*; *pl.* [-aːt] Ozean *m*; الـ~ الأطلسي [al-ʔɒtlasiː], الـ~ الأطلنطي [al-ʔɒt-'lantiː] Atlantische(r) Ozean; الـ~ الحيوي [al-ħajawiː] Biosphäre *f*; الـ~ الهادئ Stille(r) Ozean, Pazifik *m*; الـ~ الهندي [al-hindiː] Indische(r) Ozean; البحر الـ~ Ozean *m*

محيطي [mu'ħiːtiː] am Rande befindlich, peripher; ozeanisch

محيل [mu'ħiːl], *pl.* [-uːn] *Hdl.* Indossant *m*; *Jur.* Zedent *m*

مخ [muxx], *pl.* مخاخ [mi'xaːx] *u.* أمخاخ [ʔam'xaːx] Gehirn *n*; هجرة الأمخاخ [hidʒrat al-ʔa.] Abwanderung *f* der Intelligenz, Brain-Drain *m*

مخابرة [mu'xaːbara], *pl.* [-aːt] Benachrichtigung *f*, Verständigung *f*; Mitteilung *f*, Nachricht *f*, Information *f*; *pl.* Nachrichtendienst *m*, Geheimdienst *m*; ~ تليفونية Telefongespräch *n*, Anruf *m*; المخابرات العسكرية [al-ʕaska'riːja] militärische(r) Abschirmdienst; المخابرات العامة [al-ʕaːmma] staatliche(r) Nachrichtendienst; وكالة المخابرات المركزية CIA *m*

مخاتل [mu'xaːtil] betrügerisch; heimtückisch, hinterhältig

مخاتلة [mu'xaːtala] Falschheit *f*, Arglist *f*, Hinterhältigkeit *f*

مخادع [mu'xaːdiʕ] betrügerisch, falsch, hinterhältig; *pl.* [-uːn] Betrüger *m*, Gauner *m*

مخادنة [mu'xaːdana] Umgang *m*; sexuelle Beziehungen *f/pl.*

مخاصم [mu'xaːsim] Gegner *m*, Widersacher *m*

مخاض [ma'xɒːđ] Geburtswehen *pl.*

مخاضة[1] [ma'xɒːđɒ], *pl.* [-aːt] *u.* مخاوض [ma'xaːwiđ] (2) Furt *f*

مخاضة[2] [ma'xxɒːđɒ] *Äg.* Butterfaß *n*

مخاط [mu'xɒːt] (Nasen-)Schleim *m*, Rotz *m*

مخاطب[1] [mu'xɒːtɒb] angeredet, angesprochen; الـ~ *Gr.* zweite Person

مخاطب[2] [mu'xɒːtib] anredend; Gesprächspartner *m*

مخاطبة [mu'xɒːtɒba], *pl.* [-aːt] Anrede *f*; Gespräch *n*; ~ السلطات [m. as-sulu'tɒːt] *Äg.* der Verkehr *od.* Umgang mit den Behörden

مخاطر[1] [ma'xɒːtir] (2) *pl.* Gefahren *f/pl.*; Risiko *n*

مخاطر[2] [mu'xɒːtir] wagemutig, kühn; *Vorhaben*: gewagt, riskant

مخاطرة [mu'xɒːtɒra], *pl.* [-aːt] Wagnis *n*, Risiko *n*; Abenteuer *n*

مخاطي [mu'xɒːtiː] schleimig, Schleim-; ~ غشاء [ɣi'ʃaːʔ] Schleimhaut *f*

مخافة [ma'xaːfa] Furcht *f*, Angst *f*; مخاوف [ma'xaːwif] (2) *pl.* Befürchtungen *f/pl.*, Ängste *f/pl.*, Sorgen *f/pl.*; ~ الله Furcht Gottes; ~ أن [-ta] aus Furcht davor, daß

مخالصة [mu'xaːlasɒ] Erteilung *f* e-r Quittung; *pl.* [-aːt] Quittung *f*

مخالطة [mu'xaːlatɒ] Umgang *m*, Verkehr *m* (*G*: mit *D*)

مخالف [mu'xaːlif] entgegengesetzt, gegensätzlich; im Widerspruch stehend (ل zu *D*); abweichend; *pl.* [-uːn] Übertreter *m e-s Gebots*, Zuwiderhandelnde(r); Verkehrssünder *m*; *Pol.* Abweichler *m*; ~ للآداب [li-l-ʔaːdaːb] sittenwidrig; ~ للقانون gesetzwidrig, ungesetzlich

مخالفة [mu'xaːlafa], *pl.* [-aːt] Zuwiderhandlung *f*; *Jur.* Übertretung *f*; Vergehen *n*, Verstoß *m* (*G*: gegen *A*); *Sport*: Foul *n*; (*Geld-*)Strafe *f für e-e Übertretung*; ~ الدستور [m. ad-dus'tuːr] Verfassungswidrigkeit *f*; ~ سلوكية Fehlverhalten *n*; ~ سير [m. sair] Verkehrsdelikt *n*, Ordnungswidrigkeit *f im Straßenverkehr*

مخاوف → مخافة

مخايل [ma'xaːjil] (2) *pl.* Anzeichen *n/pl.*, (Kenn-)Zeichen *n/pl.*; (*Gesichts-*)Ausdruck *m*

مخبأ[1] [maxbaʔ], *pl.* مخابئ [ma'xaːbiʔ] (2) Versteck *n*; Unterschlupf *m*, Schlupfwinkel *m*; *Mil.* Bunker *m*, Luftschutzkeller *m*

مخبأ[2] [mu'xabbaʔ] verborgen, versteckt; geheim; مخبآت [muxab-ba'ʔaːt] *pl.* Geheimnisse *n/pl.*

مخبار [mix'baːr], *pl.* مخابير [maxaː-'biːr] (2) Reagenzglas *n*

مخباط [mix'bɒːt] Schlagstock *m zum Klopfen der Wäsche*

مخبر[1] [maxbar], *pl.* مخابر [ma'xaːbir] (2) **1.** Labor(atorium) *n*; **2.** Innere(s), Kern *m*; Aussage *f e-s Kunstwerks*

مخبر[2] [muxbir], *pl.* [-uːn] Reporter *m*, Berichterstatter *m*; Informant *m*; Spitzel *m*; Denunziant *m*; ~ سري [sirriː] Geheimpolizist *m*; Detektiv *m*

مخبري [maxbariː] Labor-

مخبز [maxbaz], *pl.* مخابز [ma'xaːbiz] (2) Bäckerei *f*; Backofen *m*

مخبط [mixbɒt], *pl.* مخابط [ma'xaːbit] (2) Trommelschlegel *m*

مخبل [mu'xabbal] verrückt; Narr *m*

مخبوء [max'buːʔ] verborgen, versteckt

مخبول [max'buːl] verrückt; Narr *m*

مختار [mux'taːr] ausgewählt; auserwählt; ausgesucht, (aus)erlesen; Lieblings-, bevorzugt; freie Wahl habend (في bei *D*); *a. npr. m*; *pl.* مخاتير [maxaː'tiːr] (2) *Ir., Syr., Lib.* Dorfschulze *m*, Bürgermeister *m e-s Stadtbezirks*; ~ا [-an] *Adv.* freiwillig; مختارات *pl.* ausgewählte Stücke *n/pl. od.* Schriften *n/pl.*

مختال [mux'taːl] eingebildet, selbstgefällig, angeberisch

1 مختبر [mux'tabar], *pl.* [-aːt] Labor(atorium) *n*; لغوي ~ [luɣawiː] Sprachlabor *n*

2 مختبر [mux'tabir] erfahren, erprobt; *pl.* [-uːn] Prüfer *m*

مختبري [mux'tabariː] Labor-

مختبئ [mux'tabiʔ] versteckt, verborgen

1 مختتم [mux'tatam] Ende *n*, Abschluß *m*

2 مختتم [mux'tatim] abschließend

1 مخترع [mux'taraʕ], *pl.* [-aːt] Erfindung *f*

2 مخترع [mux'tariʕ] erfinderisch; *pl.* [-uːn] Erfinder *m*

مخترق [mux'tariq] durchbohrend, durchdringend

1 مختزل [mux'tazal] abgekürzt, verkürzt; verringert, reduziert

2 مختزل [mux'tazil], *pl.* [-uːn] **1.** Stenograph *m*; **2.:** عامل ~ *Chem.* Reduktionsmittel *n*

مختزن [mux'tazan] *a. fig.* aufgestaut

مختص [mux'tɒss] betreffend (ب *A*), bezüglich (ب auf *A*); zuständig, kompetent (ب für *A*); spezialisiert (ب auf *A*); Spezialist *m* (ب für *A*); الجهات المختصة [al-dʒi'haːt] die zuständigen Stellen *f/pl.*; موظف ~ [mu'wɒððɒf] Sachbearbeiter *m*

مختصر [mux'tasɒr] gekürzt, abgekürzt, verkürzt; kurz zusammengefaßt, kurz(gefaßt), knapp; *pl.* [-aːt] Abkürzung *f e-s Wortes*; kurze Zusammenfassung; كتاب ~ [ki'taːb] Abriß *m*, Kompendium *n*

مختف [mux'tafin] verborgen; verschwunden

مختفى [mux'tafan] Versteck *n*

مختل [mux'tall] in Unordnung; gestört; *Bilanz*: unausgewogen, unausgeglichen; schadhaft

مختلج [mux'talidʒ] *Stimme*: zitternd, bebend; *Augenlider*: zuckend

1 مختلس [mux'talas] *Blick*: verstohlen, heimlich

2 مختلس [mux'talis] j-d, der e-e Unterschlagung *od.* Veruntreuung begangen hat; ~ًا [-an] *Adv.* verstohlen *blickend*, *greifend etc.*

مختلط [mux'talɨt] gemischt; تربية ~ة [tarbija] Koedukation *f*; شركة ~ة [ʃarika] gemischtwirtschaftliche(s) Unternehmen

1 مختلف [mux'talaf]: فيه/عليه ~ umstritten, strittig

2 مختلف [mux'talif] verschieden(artig), unterschiedlich; verschieden, abweichend (عن von *D*); verschiedener Meinung; أنواع البضائع ~ [m. ʔan'waːʕi l-ba'đɒːʔiʕ] die verschiedensten Arten von Waren; هذا أمر ~ das ist etwas anderes!

1 مختلق [mux'talaq] frei erfunden, erdichtet; *pl.* [-aːt] Erfindung *f*, Lügengeschichte *f*

2 مختلق [mux'taliq], *pl.* [-uːn] Erfinder *m* von Unwahrheiten

مختمر [mux'tamir] gärend; gegoren, vergoren; *Teig*: aufgehend, aufgegangen; *fig.* ausreifend, ausgereift

مختنق [mux'taniq] erstickend (ب an *D*); erstickt; صوت ~ بالدموع [sɒut] tränenerstickte Stimme

مختوم [max'tuːm] versiegelt

مختون [max'tuːn] beschnitten; Beschnittene(r)

1 مخثر [mu'xaθθar] dickflüssig; geronnen; *pl.* [-aːt] *Chem.* Koagulat *n*

2 مخثر [mu'xaθθir], *pl.* [-aːt] *Chem.* Koagulans *n*

مخجل [muxdʒil] beschämend; schändlich

مخجول [max'dʒuːl] beschämt

1 مخدر [mu'xaddar] betäubt; gefühllos; berauscht

2 مخدر [mu'xaddir] betäubend; *Med.* schmerzstillend; *Droge*: berauschend; *Duft*: betörend; *pl.* [-aːt] Betäubungsmittel *n*, Narkotikum *n*, Anästhetikum *n*; Rauschgift *n*

مخدع [muxdaʕ, maxdaʕ, mixdaʕ], *pl.* مخادع [ma'xaːdiʕ] (2) Kammer *f*, Gemach *n*, Kabinett *n*

مخدم [mu'xaddim], *pl.* [-uːn] Stellenvermittler *m*

مخدة [mi'xadda], *pl.* [-aːt] *u.* مخاد [ma'xaːdd] (2) Kissen *n*; Kopfkissen *n*

مخدوش [max'duːʃ] zerkratzt; *Haut*: aufgeschürft

مخدوع [max'duːʕ] getäuscht, betrogen

مخدوم [max'duːm], *pl.* [-uːn] Dienstherr *m*

مخدومة [max'duːma], *pl.* [-aːt] (Dienst-)Herrin *f*

مخذول [max'ðuːl] kleinlaut; schwach

مخر [maxara, u, a] *Schiff*: *die Wellen* pfügen

مخراز [mix'raːz], *pl.* مخاريز [maxaː'riːz] (2) Ahle *f*

مخرب [mu'xarrib] zerstörend, zerstörerisch; subversiv; *pl.* [-uːn] Zerstörer *m*; *Pol.* Saboteur *m*

1 مخرج [maxradʒ], *pl.* مخارج [ma'xaːridʒ] (2) Ausgang *m*, Ausfahrt *f*; Austrittsstelle *f*; Ausweg *m*, *fig.* Hintertür *f*; Artikulationsstelle *f e-s Lautes*; *Math.* Nenner *m*; علم مخارج الحروف [ʕilm m.] Phonetik *f*

2 مخرج [muxradʒ], *pl.* [-aːt] Output *m e-r Datenverarbeitungsanlage*, *e-s Unternehmens*; *Biol.* Ausscheidungsstoff *m*

3 مخرج [muxridʒ], *pl.* [-uːn] Regisseur *m*, Spielleiter *m*

مخرز [mixraz], *pl.* مخارز [ma'xaːriz] (2) Ahle *f*

مخرطة [mixrɒtɒ], *pl.* مخارط [ma'xaːrɨt] (2) (*Holz-*, *Metall-*)Drehbank *f*

مخرف [mu'xarrif] schwachsinnig, senil; *pl.* [-uːn] Schwachkopf *m*; Schwätzer *m*

مخرم [mu'xarram] gelocht, perforiert; löcherig; durchbrochen gearbeitet; مخرمات *pl.* (*geklöppelte*) Spitze

مخروط [max'ruːt] gedrechselt; *pl.* مخاريط [maxaː'riːt] (2) *Math.* Kegel *m*; *Techn.* Konus *m*

مخروطي [max'ruːtiː] kegelförmig, konisch

مخروق [max'ruːq] durchbohrt, durchlöchert

مخروم [max'ruːm] gelocht; durchlöchert; lückenhaft

مخزاة [max'zaːt], *pl.* مخاز [ma'xaːzin] Schandtat *f*; Schändlichkeit *f*

مخزن [maxzan], *pl.* مخازن [ma'xaːzin] (2) Lager *n*, Speicher *m*, Depot *n*, Magazin *n*; Vorratsraum *m*; Abstellraum *m*; Laden *m*, Geschäft

n; Warenhaus *n*; الـ~ *früher* der Makhzen, die (*marokkanische*) Regierung; أدوية ~ [m. ʔadwija] Drogerie *f*; غلال ~ [m. ɣi'laːl] Scheune *f*; Getreidesilo *m*

مخزني [maxzaniː] arzneilich, offizinell; *Mar.* staatlich; أراض ~ـة [ʔa'rɒːđɨn] *Mar.* (staatliche) Domänen *f/pl.*

مخزون [max'zuːn] gelagert, gespeichert; *pl.* [-aːt] Vorrat *m*; *Hdl.* Lagerbestand *m*; الأسلحة ~ [m. al-ʔasliħa] Waffenarsenal *n*

مخسر [mu'xassir] schädlich, verderblich

مخشوشن [mux'ʃauʃin] *Stimme*: rauh, grob

[1]**مخصب** [mu'xɒssɒb] *Uran*: angereichert

[2]**مخصب** [mu'xɒssɨb], *pl.* [-aːt] Düngemittel *n*, Dünger *m*

[3]**مخصب** [muxsɨb] fruchtbar

مخصص [mu'xɒssɒs] bestimmt, vorgesehen (ل für *A*); zugeteilt, zugewiesen (ل *j-m*); zweckgebunden; *pl.* [-aːt] Rückstellung *f* (*in der Buchführung*); *pl.* zugeteilte, bewilligte Gelder *n/pl.* *od.* Mittel *n/pl.*; finanzielle Zuwendungen *f/pl.*; (*Haushalts-*)Ansätze *m/pl.*

مخصوص [max'suːs] speziell; Sonder-; الـ~ القسم [al-qism] *Äg.* Geheimpolizei *f*

مخصوم [max'suːm] *Betrag*: abgezogen; *Wechsel*: diskontiert

مخصي [max'sɨːj] verschnitten, kastriert; حصان ~ [ħi'sɒːn] Wallach *m*

[1]**مخض** [maxɒđɒ, u, a] buttern; schütteln; الرأي ~ sich etwas durch den Kopf gehen lassen; — [maxiđɒ, a] Geburtswehen haben, kreißen; **V** تمخض [ta'maxxɒđɒ] erbringen, hervorbringen (عن *A*); *a.* (*inkorrekt*) sich ergeben (عن aus *D*); Geburtswehen haben; الجبل فولد فأرا ~ [al-ʤabal, faʔran] *Spr.* der Berg kreißte u. gebar e-e Maus

[2]**مخض** [maxđ] Buttern *n*; Schütteln *n*

مخضب [mu'xɒđđɒb] gefärbt

مخضر [mux'đɒrr] grün, grünlich, grünend

مخضرم [mu'xɒđram] *hist.* zu Ende der vorislamischen u. zu Beginn der islamischen Zeit lebend; zwei verschiedenen Epochen angehörend; *Politiker*: altgedient, erfahren

مخضرة [maxđɒra], *pl.* مخاضر [ma'xɒːđɨr] (2) Grünfläche *f*, grünbewachsene(s) Stück Land

مخضل [mux'đɒll] feucht

مخضوب [max'đuːb] gefärbt

(**مخط**) **V** تمخط [ta'maxxɒtɒ] sich schneuzen

مخطاف [mix'tɒːf] *Äg.* Haken *m*

[1]**مخطر** [muxtɨr] gefährlich

[2](**مخطر**) **II** تمخطر [ta'maxtɒra] (einher)stolzieren

[1]**مخطط** [mu'xɒttɒt] geplant; *Stoff*: gestreift; *pl.* [-aːt] Plan *m*; Skizze *f*; ثلاثي ~ [θu'laːθiː] *Maghr.* Dreijahresplan *m*

[2]**مخطط** [mu'xɒttɨt], *pl.* [-uːn] Planer *m*

مخطوب [max'tuːb] verlobt (ل mit *j-m*); Verlobte(r), Bräutigam *m*

مخطوبة [max'tuːba] Verlobte *f*, Braut *f*

مخطوط [max'tuːt] handgeschrieben, handschriftlich; *pl.* [-aːt] Manuskript *n*; *hist.* Handschrift *f*

مخطوطة [max'tuːtɒ], *pl.* [-aːt] Manuskript *n*; *hist.* Handschrift *f*

مخطوف [max'tuːf] weggenommen; entführt

مخطئ [muxtɨʔ] irrend, im Irrtum befindlich; *Meinung*: irrig; e-n Fehler machend

مخفر [maxfar, maxfir], *pl.* مخافر [ma'xaːfir] (2) Wache *f*, Wachstation *f*; الشرطة ~ [m. aʃ-ʃurtɒ] Polizeiwache *f*, Polizeirevier *n*

مخفض [mu'xaffɒđ] gesenkt; *Preis*: herabgesetzt, ermäßigt, reduziert

[1]**مخفف** [mu'xaffaf] abgeschwächt, gemildert; *Flüssigkeit*: verdünnt; erleichtert; *Konsonant*: ohne Verdoppelung ausgesprochen

[2]**مخفف** [mu'xaffif] abschwächend, mildernd; ظروف ~ـة mildernde Umstände *m/pl.*

مخفق [muxfiq] gescheitert, erfolglos; fehlgeschlagen

مخفقة [mixfaqa], *pl.* مخافق [ma'xaːfiq] (2) Schneebesen *m*

مخفور [max'fuːr] unter Geleitschutz stehend

[1]**مخل** [mu'xill] störend, verletzend (ب *A*); بالآداب ~ sittenwidrig

[2]**مخل** [muxl], *pl.* أمخال [ʔam'xaːl] Hebel *m*; Brechstange *f*

مخلاة [mix'laːt], *pl.* مخال [ma'xaːlin] Tragetasche *f*, Beutel *m*

مخلب [mixlab], *pl.* مخالب [ma'xaːlib] (2) Kralle *f*, *a. fig.* Klaue *f*

مخلخل [mu'xalxal] erschüttert; aufgelöst; gelockert

[1]**مخلد** [mu'xallad] ewig

[2]**مخلد** [muxlid] verweilend (إلى bei *D*); zurückgezogen (إلى an *e-n Ort*, in *A*)

[1]**مخلص** [maxlɒs] Ausweg *m*, Rettung *f*

[2]**مخلص** [mu'xallɒs] *u.* عليه ~ *Postsendung*: freigemacht; *Ware*: verzollt

[3]**مخلص** [mu'xallɨs] Befreier *m*; *Chr.* Erlöser *m*

[4]**مخلص** [muxlɨs] aufrichtig; treu, ergeben (ل *j-m*); الـ~ *im Briefschluß*: Ihr (ergebener); لواجبه ~ [li-waː'ʤibihiː] pflichtgetreu

مخلط [mu'xallɒt] gemischt; durcheinandergebracht

مخلع [mu'xallaʕ] aus den Fugen geraten; جواد ~ Schindmähre *f*

مخلف [mu'xallif]: ~ًا [-an] + *A*: unter Zurücklassung von

مخلفات [muxalla'faːt] *pl.* Überbleibsel *n/pl.*, Überreste *m/pl.*; Relikte *n/pl.* der Vergangenheit; Nachlaß *m*, *a. fig.* Hinterlassenschaft *f*; Abfälle *m/pl.*

مخلل [mu'xallal] in Essig eingelegt; مخللات *pl.* Essigfrüchte *f/pl.*; خيار ~ [xi'jaːr] Essiggurke *f*

مخلوط [max'luːt] gemischt; *pl.* مخاليط [maxaː'liːt] (2) Gemisch *n*; Legierung *f*

مخلوع [max'luːʕ] herausgezogen; *Kleidungsstück*: abgelegt, ausgezogen; *Brille*: abgenommen; leichtsinnig, verrückt

مخلوق [max'luːq] erschaffen; (wie) geschaffen (ل für *A*); *pl.* [-aːt] *u.*

مخاليق [maxaːˈliːq] (2) Geschöpf *n*, Kreatur *f*; *pl.* [-aːt] Werk *n*, Schöpfung *f*

مخلوقة [maxˈluːqa], *pl.* [-aːt] weibliche(s) Geschöpf *od.* Wesen

مخمس [muˈxammas] fünffach, fünfteilig; fünfeckig; *pl.* [-aːt] Fünfeck *n*

مخمل [muxmal] Samt *m*

مخملي [muxmaliː] samten, Samt-; *fig.* sanft, weich

مخمن [muˈxammin], *pl.* [-uːn] Schätzer *m*, Taxator *m*

مخمور [maxˈmuːr] betrunken, berauscht

مخنث [muˈxannaθ] weibisch, effeminiert; verweichlicht; *Biol.* zweigeschlechtig

مخنق [maxnaq], *pl.* مخانق [maˈxaːniq] (2) Hals *m*; أخذه بمخنقه j-m hart zusetzen

مخنوق [maxˈnuːq] *Stimme*: erstickt; *Lachen*: unterdrückt; الهواء ~ *Raum*: mit stickiger Luft

مخوف [maˈxuːf] gefürchtet; furchteinflößend, gefährlich

مخول [muˈxawwal] ermächtigt, berechtigt (ب zu *D*); به ~ *Ermächtigung*: erteilt

مخي [muxxiː] Gehirn-, zerebral

مخيب [muˈxajjib]: للآمال ~ enttäuschend

مخيخ [muˈxaix] Kleinhirn *n*

مخيض [maˈxiːđ] Buttermilch *f*

[1]**مخيط** [maˈxiːt] *Isl.* genähte Kleidung

[2]**مخيط** [mixjɒt] (Näh-)Nadel *f*

مخيطة [maxjatɒ] *Jord.* Schneiderei *f*

مخيف [muˈxiːf] furchtbar, schrecklich; furchteinflößend; erschreckend; beängstigend, alarmierend

مخيلة [muˈxajjila] Einbildung(skraft) *f*, Vorstellungskraft *f*, Phantasie *f*

[1]**مخيم** [muˈxajjam], *pl.* [-aːt] Zeltlager *n*; Campingplatz *m*

[2]**مخيم** [muˈxajjim] *fig.* herrschend; *fig.* liegend (على über *D*); *pl.* [-uːn] Zeltende(r), Camper *m*

[1]**مد** [madda, u] ausdehnen, (aus)strekken; in die Länge ziehen; *Frist* verlängern; *e-n Laut* dehnen; *Netz* auslegen; *Kabel*, *Rohre* verlegen; *Tisch* decken; unterstützen, versorgen (ب mit *D*); *Wasser*: steigen; *Pflanze*: Wurzeln schlagen; بصره إلى ~ [bɒˈsɒrahuː] s-n Blick auf *etwas* richten; يده إلى ~ [jadahuː] die Hand nach *etwas* ausstrecken; إليه يده ~ j-m die Hand reichen; إليه يد المساعدة ~ [jada l-muˈsaːʕada] j-m unter die Arme greifen, j-n unterstützen; **II** مدد [maddada] **1.** *Frist* verlängern; ausdehnen; *Farbe* verdünnen (ب mit *Wasser*); **2.** eitern; **IV** أمد [ʔaˈmadda] versorgen, versehen (ب mit *D*); unterstützen (ب mit *D*); **V** تمدد [taˈmaddada] sich (aus)dehnen; sich ausstrecken; *Frist*: verlängert werden; **VIII** امتد [imˈtadda] sich ausdehnen, sich erstrecken (إلى auf *A*); *Hand*: sich ausstrecken (إلى nach *D*); *Feuer*: übergreifen (إلى auf *A*); lang werden; **X** استمد [istaˈmadda] entnehmen, (be)ziehen, herleiten (من aus *D*); um Hilfe bitten

[2]**مد** [madd] Ausdehnen *n*, Ausstrekken *n*; Verlängerung *f e-r Frist*; Dehnung *f e-s Lautes*; Auslegen *n e-s Netzes*; Verlegung *f e-s Kabels od. e-r Rohrleitung*; Decken *n des Tisches*; Versorgung *f* (ب mit *D*); Flut *f des Meeres*; *fig.* Woge *f*, Strömung *f*; الـ~ والجزر Ebbe und Flut, die Gezeiten *pl.*; حروف الـ~ *Gr.* die Buchstaben ا, و, ي (*zur Bezeichnung der Langvokale*); die Langvokale [aː], [uː], [iː]

[3]**مد** [mudd], *pl.* أمداد [ʔamˈdaːd] *u.* مداد [miˈdaːd] *Syr. ein Hohlmaß (ca. 18 Liter)*

مداجاة [mudaːˈdʒaːt] Schmeichelei *f*; Anbiederung *f*

مداح [maˈddaːħ] Lobredner *m*

مداخلة [muˈdaːxala] Eingreifen *n*, Intervention *f* (في in *e-r Sache*); Einmischung *f* (في in *A*); (Diskussions-)Beitrag *m*

مداد [miˈdaːd] Tinte *f*; Öl *n* für die Lampe; على ~ واحد nach derselben Art, nach demselben Muster

مدار [maˈdaːr] Kreisen *n*; *pl.* [-aːt] Kreisbahn *f*; Umlaufbahn *f*, Umlauf *m*; *Geo.* Wendekreis *m*; Bereich *m*, Sphäre *f*; Angelpunkt *m*, Drehpunkt *m*; Gegenstand *m*, Thema *n*; على ~ الساعة rund um die Uhr; على ~ السنة [-i s-sana] das ganze Jahr hindurch; كان ~ الحديث حول (على) bei dem Gespräch ging es um

مداراة [mudaːˈraːt] Freundlichkeit *f*, Liebenswürdigkeit *f*; Verstellung *f*, Heuchelei *f*

مدارس → مدرسة

مدارسة [muˈdaːrasa] Studium *n e-r Sache*

مدارك [maˈdaːrik] (2) **1.** *pl.* Wahrnehmungsfähigkeit *f*; Auffassungsvermögen *n*, Verstandeskraft *f*, Geisteskräfte *f/pl.*; Sinneskräfte *f/pl.*, Sinne *m/pl.*; **2.** *fig.* tiefste Stufen *f/pl.*, Niederungen *f/pl.*

مداري [maˈdaːriː] orbital, Orbital-; tropisch; المنطقة المدارية [al-mintɒqa] die Tropen *pl.*; المنطقة شبه المدارية [ʃibh al-m.] die Subtropen *pl.*

مداس [maˈdaːs] Paar *n* Schuhe *od.* Sandalen

مداشر → دشرة

مداعب [muˈdaːʕib] scherzend, spaßend; kokett

مداعبة [muˈdaːʕaba], *pl.* [-aːt] Scherzen *n*; Spaß *m*; Flirt *m*

مدافع [muˈdaːfiʕ], *pl.* [-uːn] Verteidiger *m* (عن *G*); *Sport*: Abwehrspieler *m*

مدافعة [muˈdaːfaʕa] Verteidigung *f* (عن *G*); Abwehr *f*; Bekämpfung *f* (*G* : *e-r Sache*)

مدالية [miˈdaːlija], *pl.* [-aːt] Medaille *f*

مدام [maˈdaːm] Madame *f*

مدان [muˈdaːn] schuldig (gesprochen), verurteilt

مداهم [muˈdaːhim] überraschend, unerwartet (*eintretend*)

مداهمة [muˈdaːhama], *pl.* [-aːt] Razzia *f*, Haussuchung *f*

مداهن [muˈdaːhin] schmeichlerisch; *pl.* [-uːn] Schmeichler *m*, Heuchler *m*

مداهنة [muˈdaːhana] Schmeichelei *f*; Heuchelei *f*, Verstellung *f*

مداواة [mudaːˈwaːt] *Med.* Behandlung *f*

مداورة [muˈdaːwara] Herumreden *n*; *pl.* [-aːt] (Täuschungs-)Manöver *n*, Schachzug *m*; *pl. a.* Winkelzüge *m/pl.*; ~ [-tan] auf Umwegen

مداولة [muˈdaːwala] **1.** *pl.* [-aːt] Besprechung *f*, Beratung *f*, Diskussion *f*; **2.**: ~ [-tan] *u.* بالـ~ abwechselnd

مداومة [muˈdaːwama] Fortsetzung *f* (على *e-r Tätigkeit*); Beständigkeit *f*; Ausdauer *f*

مدائن [maˈdaːʔin]: الـ~ (die antiken Städte) Ktesiphon u. Seleukia (*südlich von Bagdad*)

مدب [maˈdabb] **1.** *Äg.* Tölpel *m*; **2.** *pl.* مداب [maˈdaːbb] (2) *fig.* Niederungen *f/pl.*

مدبب [muˈdabbab] spitz, zugespitzt; *fig.* scharf, heftig; الأطراف ~ scharfkantig

مدبج [muˈdabbadʒ]: ~ حرير Seidenbrokat *m*

[1]**مدبر** [muˈdabbar] geplant; vorbereitet, arrangiert

[2]**مدبر** [muˈdabbir], *pl.* [-uːn] Planer *m*, Leiter *m*, Lenker *m*; *pej.* Drahtzieher *m*; المكائد ~ [m. al-maˈkaːʔid] Ränkeschmied *m*, Intrigant *m*

[3]**مدبر** [mudbir] den Rücken kehrend, entschwindend

مدبرة [muˈdabbira]: ~ شؤون البيت [m. ʃuˈʔuːni l-bait] Hausfrau *f*; Haushälterin *f*

مدبغة [madbaɣa], *pl.* مدابغ [maˈdaːbiɣ] (2) Gerberei *f*

مدثر [muˈdaθθar] gehüllt, gekleidet (ب in *A*)

مدجج [muˈdaddʒadʒ]: ~ بالسلاح [bi-s-siˈlaːħ] schwer bewaffnet, waffenstarrend

مدجن [muˈdaddʒan]: المدجنون *pl.* die Mudejaren *m/pl.* (*im nachmuslimischen Spanien*)

مدجني [muˈdaddʒaniː] *hist.* auf die Mudejaren bezüglich, Mudejar-

مدجنة [mad-dʒana], *pl.* مداجن [maˈdaːdʒin] (2) Geflügelfarm *f*; Hühnerstall *m*

[1]**مدح** [madaħa, a] loben, preisen; **V** تمدح [taˈmaddaħa] nach Lob trachten; sich rühmen (ب *G*), angeben (ب mit *D*); **VIII** امتدح [imˈtadaħa] loben, preisen

[2]**مدح** [madħ] Lob *n*; Panegyrik *f* (*als literarische Gattung*)

مدحاض [midˈħɒːđ]: ~ دعوى [daʕwaː] unbegründete(r) Anspruch

مدحلة [midħala], *pl.* مداحل [maˈdaːħil] (2) *Saudi-Ar.*, *Syr.* (Straßen-)Walze *f*

مدحة [midħa], *pl.* مدح [midaħ] Lob *n*; Lobgedicht *n*

مدحور [madˈħuːr] davongejagt; abgewiesen

[1]**مدخل** [madxal], *pl.* مداخل [maˈdaːxil] (2) Eingang *m*; Vorraum *m*, Diele *f*; Einfahrt *f*, Zufahrt *f*; Zufahrtsstraße *f*, Einfallstraße *f*; *a. fig.* Zugang *m*; Einführung *f* (إلى in *ein Thema*); ~ رئيسي Haupteingang *m*; حسن الـ~ [ħusn al-m.] richtige(s) Verhalten

[2]**مدخل** [mudxal], *pl.* [-aːt] *EDV*, *Ök.* Input *m*

[1]**مدخن** [muˈdaxxan] geräuchert

[2]**مدخن** [muˈdaxxin], *pl.* [-uːn] Raucher *m*; غير ~ Nichtraucher *m*

[1]**مدخنة** [madxana], *pl.* مداخن [maˈdaːxin] (2) Schornstein *m*, Kamin *m*

[2]**مدخنة** [muˈdaxxina], *pl.* [-aːt] Raucherin *f*

مدخول [madˈxuːl] an e-r Störung leidend, krank; geistesschwach; *pl.* مداخيل [madaːˈxiːl] (2) (*Geld-*)Einnahme *f*; *Tun.* Einkommen *n*; ~ فيه verfälscht

[1]**مدد** [madad] Hilfe *f*, Beistand *m*, Unterstützung *f*; أمداد [ʔamˈdaːd] *pl.* Hilfsquellen *f/pl.*; Hilfstruppen *f/pl.*; عقلي ~ geistige(r) Rückhalt

[2]**مدد** [mudad] → [2]مدة

[1]**مدر** [madar]: أهل الـ~ die seßhaften Bewohner *m/pl.*

[2]**مدر** [muˈdirr] (*schweiß-*, *harn-*)treibend; *Tätigkeit*: einträglich

مدراء → مدير

مدرار [midˈraːr] reichlich strömend; Tränen vergießend

مدراة [midˈraːt], *pl.* مدار [maˈdaːrin] Stange *f*

[1]**مدرب** [muˈdarrab] ausgebildet, geschult; trainiert; geübt; *Hund*: dressiert

[2]**مدرب** [muˈdarrib], *pl.* [-uːn] Ausbilder *m*; Trainer *m*; Dompteur *m*; Abrichter *m*

[1]**مدرج** [madradʒ], *pl.* مدارج [maˈdaːridʒ] (2) *a. fig.* Weg *m*; *Flugw.* Startbahn *f*, Landebahn *f*, Rollfeld *n*; *pl. a.* Stufen *f/pl.*; المدارج (الأولى) ([al-ʔuːlaː]) Anfänge *m/pl.*

[2]**مدرج** [muˈdarradʒ] abgestuft; Stufen-; terrassiert; *pl.* [-aːt] (*stufenförmig ansteigender*) Hörsaal; Amphitheater *n*; Tribüne *f*; Terrasse *f*

[3]**مدرج** [mudradʒ] eingefügt; eingetragen; aufgenommen (في/ب in *A*); enthalten (في/ب in *D*)

[1]**مدرجة** [madradʒa], *pl.* مدارج [maˈdaːridʒ] (2) Weg *m*; Gehweg *m*

[2]**مدرجة** [muˈdarridʒa] *Landwirtschaft*: Sortiermaschine *f*; *Bauwesen*: Planiermaschine *f*

مدرس [muˈdarris], *pl.* [-uːn] Lehrer *m*; Dozent *m*; ابتدائي ~ Grundschullehrer *m*; ثانوي ~ [θaːnawiː] Studienrat *m*

مدرسة [madrasa], *pl.* مدارس [maˈdaːris] (2) *a. fig.* Schule *f*; *Isl.* Medrese *f*; ابتدائية ~ Grundschule *f*; ~ إعدادية Mittelschule *f*; *Ir.* Oberschule *f*; تجارية ~ [tidʒaːˈriːja] Handelsschule *f*; ثانوية ~ [θaːnaˈwiːja] Oberschule *f*; حربية ~ Militärakademie *f*; خاصة ~ [xɒːssɒ] Sonderschule *f*; Privatschule *f*; داخلية ~ Internat *n*. صناعية ~ [s̶inaːˈʕiːja] Gewerbeschule *f*, Berufsschule *f*; عالية ~ [ʕaːlija], عليا ~ [ʕuljaː] Hochschule *f*; (السيارات) قيادة ~ [m. qiˈjaːda(ti s-sajjaːˈraːt)] Fahrschule *f*; ليلية ~ [laiˈliːja] Abendschule *f*; متوسطة ~ [mutaˈwassitɒ] *Saudi-Ar.*, *Kuw.*, *Alg.* Mittelschule *f*; مهنية ~ [mih(a)ˈniːja] Berufsschule *f*

مدرسي [madrasiː] Schul-, schulisch; كتاب ~ [kiˈtaːb] Schulbuch *n*, Lehrbuch *n*; واجب ~ Hausaufgabe *f*

مدرع [muˈdarraʕ] gepanzert, Panzer-; Gürteltier *n*; سيارة ~ة [saˈjjaːra] Panzerwagen *m*; ~ـة قوة [quwwa] Panzertruppe *f*

مدرعة [mu'darraʕa], *pl.* [-aːt] Panzerfahrzeug *n*; *pl.* Panzertruppen *f/pl.*

¹مدرك [mudrak], *pl.* [-aːt] Begriff *m*, Vorstellung *f*

²مدرك [mudrik] begreifend; verständig, intelligent

مدروس [mad'ruːs] untersucht, studiert; durchdacht, wohlüberlegt

مدرى [midran], *pl.* مدار [ma'daːrin] Stange *f*

مدسوس [mad'suːs] hineingetan, hineingesteckt (في in *A*); *Mitteilung*: heimlich; ~ خبر [xabar], ~ نبأ [nabaʔ] lancierte Falschmeldung

مدع [mu'ddaʕin] behauptend; *pl.* مدعون [mudda'ʕuːn] Kläger *m*; Ankläger *m*; المدعي العام [al-mu'ddaʕiː l-ʕaːmm] öffentliche(r) Ankläger, Staatsanwalt *m*; مدعي الفن [mu'ddaʕiː l-fann] j-d, der behauptet, etwas von Kunst zu verstehen

مدعاة [mad'ʕaːt], *pl.* مداع [ma'daːʕin] Anlaß *m* (ل zu *D*), Ursache *f*, Grund *m*

مدعبل [mu'daʕbal] rund, kugelig

مدعم [mu'daʕʕam] gestützt (ب durch *D*)

مدعو [mad'ʕuːw] eingeladen (إلى zu *D*); aufgerufen (إلى zu *D*); Eingeladene(r), Gast *m*; genannt, namens

مدعى [mu'ddaʕan] behauptet, vorgeblich; beansprucht; الـ~ عليه [al-mu'ddaʕaː] Beklagte(r); Angeklagte(r)

مدعية [mu'ddaʕija], *pl.* [-aːt] Klägerin *f*

مدغدغ [mu'daɣdiɣ] prickelnd, lokkend

مدغشقر [mada'ɣaʃqar] *f Geo.* Madagaskar

مدغم [mudɣam] hineingetan (في in *A*); *Laut*: assimiliert, kontrahiert

مدفأة [midfaʔa], *pl.* مدافئ [ma'daːfiʔ] (2) Ofen *m*; Heizgerät *n*, Heizkörper *m*; (*offener*) Kamin

مدفئ [mu'daffiʔ] heizend, wärmend

مدفع [midfaʕ], *pl.* مدافع [ma'daːfiʕ] (2) Kanone *f*, Geschütz *n*; آلي ~, رشاش ~ [ra'ʃʃaːʃ] Maschinengewehr *n*; سريع الطلقات ~ [sariːʕ ɒt-tɒla'qaːt] Schnellfeuergeschütz *n*; مضاد للطائرات ~ [mu'đɒːdd] Fliegerabwehrkanone *f*; الميدان ~ [m. al-mai'daːn] Feldhaubitze *f*; الهاون ~ [m. al-haːwun] Granatwerfer *m*

مدفعجي [mid'faʕgiː], *pl.* ~ـة *Äg.* Kanonier *m*, Artillerist *m*

مدفعي [midfaʕiː] Geschütz-, Kanonen-; Artillerie-; *pl.* [-uːn] Artillerist *m*

مدفعية [midfa'ʕiːja] Artillerie *f*

مدفن [madfan], *pl.* مدافن [ma'daːfin] (2) Friedhof *m*; Grabstätte *f*; ~ النفايات [m. an-nufaː'jaːt], ~ صحي [s̶ihhiː] *Saudi-Ar.* (Müll-)Deponie *f*

مدفوع [mad'fuːʕ] gestoßen, getrieben; gezahlt, bezahlt; ausgezahlt; eingezahlt; مدفوعات *pl.* Zahlungen *f/pl.*; رأس المال الـ~ eingezahlte(s) Kapital; ~ـا ب [-an] angetrieben von

مدفون [mad'fuːn] begraben; vergraben; verborgen

مدق [mi'daqq], *pl.* [-aːt] **1.** Schlegel *m*; Stößel *m*; **2.** Weg *m*, Pfad *m*

مدقع [mudqiʕ] *Armut*: bitter, drükkend

¹مدقق [mu'daqqaq] (*genau*) geprüft; genau, exakt, präzise

²مدقق [mu'daqqiq] prüfend; *Forscher*: genau, exakt; *pl.* [-uːn] Prüfer *m*

مدقة [mi'daqqa], *pl.* مداق [ma'daːqq] (2) Schlegel *m*; Stößel *m*; *Bot.* Stempel *m*

مدقوق [mad'quːq] zerstoßen, zerrieben, zermahlen

مدك [mi'dakk], *pl.* [-aːt] Stampfer *m*, Ramme *f*; Ladestock *m*

مدل [mu'dill] *u.* بنفسه ~ eingebildet, dünkelhaft, anmaßend

مدلس [mu'dallis] betrügerisch; Betrüger *m*

مدلع [mu'dallaʕ] *Kind*: verwöhnt, verzogen

مدلك [mu'dallik], *pl.* [-uːn] Masseur *m*

مدلكة [mu'dallika], *pl.* [-aːt] Masseurin *f*

¹مدلل [mu'dallal] verwöhnt, verhätschelt, verzärtelt

²مدلل [mu'dallil] zärtlich

مدله [mu'dallah] von leidenschaftlicher Liebe erfüllt; verstört

مدلهم [mudla'himm] dunkel, *a. fig.* finster

مدلول [mad'luːl], *pl.* [-aːt] Bedeutung *f*, Sinn *m e-s Wortes*; Begriff *m*; *Linguistik*: Bezeichnete(s); Aussage *f e-r Geschichte*

مدلى [mu'dallan] herabhängend

مدماك [mid'maːk], *pl.* مداميك [madaː'miːk] (2) Schicht *f od.* Reihe *f von Ziegeln*

مدمج [mudmadʒ] fest, kompakt; *Bein*: stramm

مدمر [mu'dammir] vernichtend, zerstörerisch; zersetzend

مدمرة [mu'dammira], *pl.* [-aːt] *Mil.* Zerstörer *m*; *pl. a.* Vernichtungswaffen *f/pl.*

مدمس [mu'dammas]: ~ فول [fuːl] gedünstete Saubohnen *f/pl.*

مدمع [madmaʕ], *pl.* مدامع [ma'daːmiʕ] (2) Tränenkanal *m*

مدملج [mu'damladʒ] straff, fest

مدمن [mudmin] süchtig, *e-r Leidenschaft od. Sucht* (على) ergeben; ~ المخدرات [m. al-muxaddi'raːt] Rauschgiftsüchtige(r), Drogenabhängige(r); ~ الخمر Alkoholiker *m*

مدموك [mad'muːk] fest, straff

مدمى [mu'damman] blutbefleckt; blutig

¹مدن **II** [maddana] zivilisieren; **V** تمدن [ta'maddana] zivilisiert werden

²مدن [mudun] → مدينة

¹مدنس [mu'dannas] *fig.* unrein; lasterhaft, anrüchig

²مدنس [mu'dannis]: ~ الحرمات [m. al-ħuru'maːt] Schänder *m*

مدني [madaniː] zivil, Zivil-, bürgerlich; städtisch, Stadt-; weltlich; *Baukunst*: profan; *Schule*: nichtkirchlich; *pl.* [-uːn] Zivilist *m*; medinensisch, Medinenser *m*; ~ـة أعمال (Tief-)Bauarbeiten *f/pl.*; الأهالي المدنيون Zivilbevölkerung *f*; ~ـة حالة Familienstand *m*; الحقوق المدنية Bürgerrechte *n/pl.*; الخدمة المدنية [al-xidma] *Saudi-Ar.*, *Jord.*,

Kuw. Staatsdienst *m*; دعوى ~ـة Zivilprozeß *m*; Zivilklage *f*; دفاع ~ [di'faːʕ] Zivilverteidigung *f*; القانون الـ~ Zivilrecht *n*, bürgerliche(s) Recht; Zivilgesetzbuch *n*, bürgerliche(s) Gesetzbuch; المجتمع الـ~ [al-mudʒ'tamaʕ] bürgerliche Gesellschaft; ~ مهندس [mu'handis] (Tief-)Bauingenieur *m*; هندسة ~ـة [handasa] Ingenieurbau *m*, Bauwesen *n*, *bsd.* Tiefbau *m*

مدنية [mada'niːja], *pl.* [-aːt] Zivilisation *f*

[1]**مدة** [madda], *pl.* [-aːt] Madda *n* (*Dehnungszeichen über dem Alif*); *Kalligraphie*: Längung *f e-s Buchstabens*

[2]**مدة** [mudda], *pl.* مدد [mudad] Zeitraum *m*, Zeitspanne *f*, (Zeit-)Dauer *f*; Frist *f*; ~لـ + *G*: für die Dauer von; الخدمة ~ [m. al-xidma] *Mil.* Dienstzeit *f*; من الزمن ~ [-tan, az-zaman] e-e Zeitlang

[3]**مدة** [midda] Eiter *m*

مدهش [mudhiʃ] erstaunlich, verblüffend, frappierend; wunderbar

مدهن [mudhin] *Fleisch*: fett

مدهوش [mad'huːʃ] verblüfft

مدهون [mad'huːn] gestrichen, lakkiert

مدو [mu'dawwin] schallend, laut; dröhnend

مدوخ mu'dawwix] schwindelerregend; *Höhe*: schwindelnd

مدود [mu'dawwid, ma'duːd] von Würmern zerfressen, madig

مدور [mu'dawwar] **1.** rund; kreisförmig; **2.** *Summe in der Buchführung*: übertragen, *Gewinn*: vorgetragen

مدوسة [midwasa], *pl.* مداوس [ma-'daːwis] (2) Pedal *n*

[1]**مدون** [mu'dawwan] aufgezeichnet, schriftlich niedergelegt; eingetragen; مدونات *pl.* Aufzeichnungen *f/pl.*, Eintragungen *f/pl.*

[2]**مدون** [mu'dawwin], *pl.* [-uːn] wer etwas schriftlich aufzeichnet

مدونة [mu'dawwana], *pl.* [-aːt] Gesetzessammlung *f*, Kodex *m*, Gesetzbuch *n*; Aufzeichnung *f*

[1](**مدى**) **VI** تمادى [ta'maːdaː] beharren (في auf *D*); fortfahren (في mit *D*); sich in die Länge ziehen

[2]**مدى** [madan] (Reich-)Weite *f*; Ausdehnung *f*, Entfernung *f*; Ausmaß *n*; ~ [madaː] *Präp.* ~ على + *G*: für die Dauer von; ~ على *a.* im Verlauf von, während, ... hindurch; البصر ~ [madaː l-bɒsɒr] Sehweite *f*; الحياة ~ Lebensdauer *f*; auf Lebenszeit; بعيد الـ~ weitreichend; langfristig; Langstrecken-; طويل الـ~ langfristig; قصير الـ~ kurzfristig; متوسط الـ~ [muta'wassiṭ al-madaː] mittelfristig, Mittelstrekken-; على ~ البصر soweit das Auge reicht; على الـ~ البعيد auf lange Sicht; على ~ ثلاث ساعات drei Stunden lang; سئل عن ~ صحة هذا [suʔila, madaː siħħati] er wurde gefragt, inwieweit dies stimme

مديح [ma'diːħ], *pl.* مدائح [ma'daːʔiħ] (2) Lob *n*; Lobgedicht *n*

مديد [ma'diːd] ausgedehnt, lang; الـ~ Madid (*arab. Versmaß*); ~ القامة von hohem Wuchs

مدير [mu'diːr], *pl.* [-uːn] *u.* مدراء [muda'raːʔ] (2) Leiter *m*, Direktor *m*; Verwalter *m*, Manager *m*; Geschäftsführer *m*; Rektor *m e-r Universität*; Ressortleiter *m e-s Ministeriums*, *etwa*: Ministerialdirektor *m*; Bezirksvorsteher *m*; *Äg.* Provinzgouverneur *m*; البلدية ~ [m. al-bala'diːja] *etwa*: Stadtdirektor *m*; عام ~ [ʕaːmm] Generaldirektor *m*

مديرة [mu'diːra], *pl.* [-aːt] Leiterin *f*, Direktorin *f*

مديرية [mudiː'riːja], *pl.* [-aːt] Direktion *f*; (Haupt-)Abteilung *f e-s Ministeriums*; Verwaltungsbezirk *m*; Bezirksverwaltung *f*; *Äg.* Provinz *f*; النفوس ~ *Ir.* Einwohnermeldeamt *n* u. Standesamt *n*

مدين [ma'diːn] verschuldet; schuldig (لـ ب *j-m A*); *pl.* [-uːn] Schuldner *m*, Debitor *m*; ~ بلد [balad] Schuldnerland *n*; هو ~ لها er hat bei ihr Schulden; er hat ihr *etwas* (ب) zu verdanken

مدينة [ma'diːna], *pl.* مدن [mudun] Stadt *f*; الـ~ *Geo.* Medina; ~ صناعية [ṣinaː'ʕiːja] Industriestadt *f*; Industriegebiet *n*; فاضلة ~ Utopia

مديني [ma'diːniː] städtisch

مدية [mudja], *pl.* مدى [mudan] Messer *n*

مديون [mad'juːn] verschuldet

مديونية [madjuː'niːja] Verschuldung *f*

مذ [muð] (= منذ) seit

مذاب [mu'ðaːb] geschmolzen; aufgelöst; *fig.* schwer mitgenommen; في الماء ~ in Wasser gelöst

مذاع [mu'ðaːʕ] im Rundfunk übertragen

مذاق [ma'ðaːq] Geschmack *m*; لذة الـ~ [laððat al-m.] Schmackhaftigkeit *f*

مذاكرة [mu'ðaːkara] (Auswendig-)Lernen *n*; *pl.* [-aːt] Verhandlung *f*; Debatte *f*

مذبح [maðbaħ], *pl.* مذابح [ma'ðaːbiħ] (2) Schlachthof *m*, Schlachthaus *n*; Altar *m*

مذبحة [maðbaħa], *pl.* مذابح [ma'ðaː-biħ] (2) Gemetzel *n*, Blutbad *n*

[1]**مذبذب** [mu'ðabðab] *a. fig.* schwankend; unschlüssig; wankelmütig

[2]**مذبذب** [mu'ðabðib] *Phys.* Oszillator *m*

مذبة [mi'ðabba], *pl.* [-aːt] Fliegenwedel *m*

مذخور [mað'xuːr] (auf)gespeichert; *Gefühle*: aufgestaut

مذر [maðir] verdorben, faul; → شذر

مذراة [mið'raːt], *pl.* مذار [ma'ðaːrin] (Getreide-)Schwinge *f*

مذعان [mið'ʕaːn] gefügig

مذعن [muðʕin] gehorsam, gefügig; unterwürfig

مذعور [mað'ʕuːr] erschrocken, entsetzt; verängstigt; panisch (reagierend)

[1]**مذكر** [mu'ðakkar] *Gr.* männlich, maskulin; Maskulinum *n*

[2]**مذكر** [mu'ðakkir] erinnernd; mahnend

مذكرة [mu'ðakkira], *pl.* [-aːt] Notiz *f*; Note *f*, Memorandum *n*, Denkschrift *f*; Protokoll *n*; Antrag *m*; Notizbuch *n*; *pl.* Erinnerungen *f/pl.*, Memoiren *pl.*; Tagebuch *n*; الاتهام ~ [m. al-itti'haːm] Anklageschrift *f*; الدعوى ~ [m. ad-daˁwaː] Klageschrift *f*; تفسيرية ~ (*schriftliche*) Begründung; Erläuterung *f*, Kommentar *m*

مذكور [maðˈkuːr] erwähnt, genannt; erwähnenswert, nennenswert; ~ أعلاه oben erwähnt

مذل [muˈðill] erniedrigend, entwürdigend

مذلة [maˈðalla] Demütigung *f*; Demut *f*, Unterwürfigkeit *f*; ~ في unterwürfig; kleinlaut (*Adv.*)

مذمة [maˈðamma], *pl.* [-aːt] Tadel *m*

مذموم [maðˈmuːm] tadelnswert, verwerflich

[1]**مذنب** [muˈðannab] *Komet*: geschweift; *pl.* [-aːt] Komet *m*

[2]**مذنب** [muðnib] schuldig; Missetäter *m*, Übeltäter *m*; *Jur.* straffällig; *Rel.* sündig, Sünder *m*

[1]**(مذهب) II** تمذهب [taˈmaðhaba] sich anschließen (ب *e-r Lehrmeinung etc.*), folgen (ب *e-r Lehre*)

[2]**مذهب** [maðhab], *pl.* مذاهب [maˈðaːhib] (2) Gehen *n*, Weg *m*; Verfahrensweise *f*, Art und Weise *f*; Ausweg *m* (عن aus *D*); Meinung *f*, Ansicht *f*, Auffassung *f*; Lehre *f*, Doktrin *f*, Schule *f*, Richtung *f*; (religiöses) Bekenntnis, Konfession *f*; *Isl.* Rechtsschule *f*; الـ~ الحر [al-ħurr] Liberalismus *m*; الـ~ العقائدي [al-ˁaˈqaːʔidiː] Dogmatismus *m*; الـ~ الفردي Individualismus *m*; ~ فكري [fikriː] geistige Richtung, Ideologie *f*; الـ~ الواقعي Realismus *m*; ذهب ~ـا بعيدا [-an] (sehr) weit gehen

[3]**مذهب** [muˈðahhab] vergoldet, golden

مذهبي [maðhabiː] weltanschaulich; doktrinär; ideologisch; konfessionell; sektiererisch

مذهبية [maðhaˈbiːja] Dogmatismus *m*; Sektierertum *n*

مذهل [muðhil] überraschend, verblüffend; *Tempo*: atemberaubend

مذهول [maðˈhuːl] verblüfft; bestürzt, entsetzt

مذود [miðwad], *pl.* مذاود [maˈđaːwid] (2) Futtertrog *m*, Krippe *f*

مذياع [miðˈjaːʕ], *pl.* مذاييع [maðaːˈjiːʕ] (2) Radio(gerät) *n*; Mikrophon *n*

مذيب [muˈðiːb] (auf)lösend; *pl.* [-aːt] *Chem.* Lösungsmittel *n*

مذيع [muˈðiːʕ], *pl.* [-uːn] Rundfunksprecher *m*, Ansager *m*; Moderator *m*

مذيعة [muˈðiːʕa], *pl.* [-aːt] Rundfunksprecherin *f*, Ansagerin *f*

مذيل [muˈðajjal] mit e-m Anhang *od.* Nachtrag (ب) versehen

[1]**مر** [marra, u] vorbeigehen (ب an *D*), vorbeikommen (ب an *D*, على bei *j-m*); passieren, (hin)durchgehen, durchqueren (ب *A*); (durch)kommen (من durch *A*); durchfahren, durchreisen (ب durch *A*): durchfließen (في *ein Gebiet*); durchlaufen, durchmachen (ب *e-e Phase*); *Weg*: führen (ب durch *A*); *Linie*: verlaufen; hinweggehen (على über *Probleme*); *Zeit*: vergehen, verfließen, vorübergehen; ذكره ~ [ðikruhuː] es wurde (schon) erwähnt; كما ~ بنا wie wir bereits erwähnt *od.* gesehen haben; ~ به/عليه مر الكرام [marra l-kiˈraːm] etwas übergehen; **II** مرر [marrara] **1.** hindurchführen, hindurchleiten; weitergeben; *Ball* zuspielen, passen; **2.** bitter machen; **IV** أمر [ʔaˈmarra] vorbeigehen lassen (ب/على an *D*); passieren lassen (ب *A*), (hin)durchgehen lassen, hindurchführen (ب durch *A*); **X** استمر [istaˈmarra] dauern (هـ *e-e bestimmte Zeit*); andauern, anhalten; fortfahren (في in, mit *D*), fortführen, fortsetzen, weiter tun (في *A*)

[2]**مر** [marr] **1.** Vorbeigehen *n*; ~ على الزمان im Laufe der Zeit; ~ مر به الكرام → [1]مر; **2.** *pl.* أمرار [ʔamˈraːr] Spaten *m*

[3]**مر** [murr], *pl.* أمرار [ʔamˈraːr] bitter, scharf; Myrrhe *f*

مرء [marʔ]: الـ~ man

مرأ [maraʔa, a] gesund, bekömmlich sein; **X** استمرأ [isˈtamraʔa] schmackhaft finden; Geschmack finden (هـ an *D*)

[1]**مراء** [muˈraːʔin], *pl.* مراؤون [muraːˈʔuːn] Heuchler *m*, Scheinheilige(r)

[2]**مراء** [miˈraːʔ] Streit *m*; ~ بلا unbestreitbar, unstreitig (*Adv.*); ~ لا في أن [-a, ʔanna] es ist unbestreitbar, daß

مراءاة [muraːˈʔaːt] Verstellung *f*, Heuchelei *f*

[1]**مرأب** [marʔab], *pl.* مرائب [maˈraːʔib] (2) Garage *f*; Reparaturwerkstatt *f*

[2]**مراب** [muˈraːbin], *pl.* مرابون [muraːˈbuːn] Wucherer *m*

مرابحة [muˈraːbaħa] *u.* بيع الـ~ [baiˁ al-m.] *Isl.* Weiterverkauf *m* mit Aufschlag

[1]**مرابط** [maˈraːbiṭ] → [1]مربط *u.* [2]مربط

[2]**مرابط** [muˈraːbiṭ] stationiert, in Garnison stehend (ب an *e-m Ort*); *pl.* [-uːn] *Isl.* Marabut *m*; المرابطون *hist.* die Almoraviden *m/pl.* (*Dynastie in Marokko*)

مرابطة [muˈraːbaṭa] Stationierung *f von Truppen*

مرابطي [muˈraːbiṭiː] *hist.* almoravidisch; Almoravide *m*

مرات → مرة[1]

[1]**مراجع** [maˈraːdʒiˁ] → مرجع

[2]**مراجع** [muˈraːdʒiˁ], *pl.* [-uːn] **1.** Prüfer *m*, Revisor *m*, Kontrolleur *m*; *Typ.* Korrektor *m*; الحسابات ~ [m. al-ħisaːˈbaːt] Rechnungsprüfer *m*; **2.** Vorsprechende(r), Partei *f im Amtsverkehr*

مراجعة [muˈraːdʒaˁa] **1.** Überprüfung *f*, (Nach-)Prüfung *f*, Revision *f*; Durchsicht *f*; *Typ.* Korrektur *f*; Besprechung *f e-s Buches*; ~ الحسابات [m. al-ħisaːˈbaːt] Rechnungsprüfung *f*; **2.** Sichwenden *n* (*G*: an *e-e Stelle*), Konsultation *f*, Vorsprache *f* (*G*: bei *e-r Behörde*); Antrag *m*, Gesuch *n*; ساعات الـ~ Sprechzeiten *f/pl.*

[1]**مراح** [maˈraːħ] (Tummel-)Platz *m*

[2]**مراح** [miˈraːħ] Ausgelassenheit *f*, Fröhlichkeit *f*

مراد [muˈraːd] gewollt, beabsichtigt, gewünscht; gemeint (ب mit *D*); *a. npr. m*; الأهداف الـ~ تحقيقها [al-muˈraːdu taħˈqiːquhaː] die Ziele, die erreicht werden sollen

مرادف [muˈraːdif] gleichbedeutend, synonym (ل mit *D*); *pl.* [-aːt] Synonym *n*

مرار → ¹مرة

مرارة [maˈraːra] Bitterkeit *f*; Bitternis *f*, Verbitterung *f*; Gallenblase *f*; انشقت مرارته غيظا [inˈʃaqqat, ɣaiðɒn] ihm lief die Galle über

مراس [miˈraːs]: سهل الـ~ fügsam, lenkbar; صعب الـ~ widerspenstig, schwierig

مراسل [muˈraːsil], *pl.* [-uːn] Korrespondent *m*, Berichterstatter *m*; Briefpartner *m*; *Hdl.* Korrespondenzbank *f*

مراسلة [muˈraːsala] Korrespondenz *f*, Briefwechsel *m*; *pl.* [-aːt] Zuschrift *f*, Schreiben *n*; *Mil.* Meldung *f*, Nachricht *f*; (= ~ عسكري [ʕaskariː m.]) *Mil.* Ordonnanz *f*; بالـ~ brieflich (*Adv.*)

مراسم [maˈraːsim] *pl.* Zeremonien *f/pl.*, Zeremoniell *n*; Etikette *f*; *Dipl.* Protokoll *n*; *Rel.* Ritual *n*; → مرسم

مراسيم → مرسوم

مراضاة [murɒːˈđɒːt] Zufriedenstellung *f*; بالـ~ einvernehmlich, gütlich (*Adv.*)

مراعاة [muraːˈʕaːt] Berücksichtigung *f*; Rücksicht(nahme) *f* (*G*: auf *A*); Beachtung *f*, Respektierung *f*, Befolgung *f von Vorschriften*; ~ ل [-tan] mit Rücksicht auf; ~ الصحة [m. ɒs-siħħa] Gesundheitspflege *f*

مرافع [maˈraːfiʕ] *pl.*: ثلاثاء الـ~ [θulaːˈθaːʔ al-m.] *Chr.* Fastnachtsdienstag *m*

مرافعة [muˈraːfaʕa], *pl.* [-aːt] Gerichtsverfahren *n*, Gerichtsverhandlung *f*; Plädoyer *n*; قانون/أصول المرافعات *u. Tun.* مجلة المرافعات [maˈdʒallat al-m.] Prozeßordnung *f*

¹**مرافق** [maˈraːfiq] → ²مرفق

²**مرافق** [muˈraːfiq] begleitend; *pl.* [-uːn] Begleiter *m*; *Mil.* Adjutant *m*; الوفد الـ~ Begleitdelegation *f*

مرافقة [muˈraːfaqa] Begleitung *f*; Umgang *m*, Gesellschaft *f*

¹**مراقب** [maˈraːqib] → ¹مرقب *u.* ²مرقب

²**مراقب** [muˈraːqib], *pl.* [-uːn] Beobachter *m*; Aufsichtführende(r), Aufseher *m*; Kontrolleur *m*; Inspekteur *m*, Inspektor *m*; Zensor *m*; ~ الخطوط *Sport*: Linienrichter *m*; ~ عام [ʕaːmm] Generalinspekteur *m*

مراقبة [muˈraːqaba] Beobachtung *f*; Überwachung *f*, Beaufsichtigung *f*, Aufsicht *f*; Kontrolle *f*; Zensur *f*; *pl.* [-aːt] Aufsichtsstelle *f*, Kontrollstelle *f*; *Äg.* Abteilung *f e-r Behörde*, (Unter-)Abteilung *f e-s Ministeriums*; ~ الله Gottesfurcht *f*; ~ النفس Selbstbeobachtung *f*; Selbstkontrolle *f*

¹**مراقص** [maˈraːqis] → مرقص

²**مراقص** [muˈraːqis], *pl.* [-uːn] Tanzpartner *m*, Tänzer *m*

مراقصة [muˈraːqisɒ], *pl.* [-aːt] Tanzpartnerin *f*

مراقي → ¹مرقاة *u.* ²مرقاة

مراكبي [maˈraːkibiː], *pl.* ~ة Bootsmann *m*; Fährmann *m*

مراكش [maˈrraːkuʃ, maˈrraːkiʃ] Marrakesch (*Stadt in Marokko*); *früher a.* Marokko

مراكشي [maˈrraːkuʃiː, maˈrraːkiʃiː] aus Marrakesch stammend; *früher a.* marokkanisch, Marokkaner *m*

مرام [maˈraːm], *pl.* [-aːt] Wunsch *m*, Verlangen *n*, Begehren *n*

مران [miˈraːn] Übung *f*, Training *n*, Praxis *f*

مرأة [marʔa]: الـ~ (*ohne Artikel*: امرأة) Frau *f*

مرآة [mirˈʔaːt], *pl.* مرايا [maˈraːjaː] Spiegel *m*; ~ عاكسة Rückspiegel *m des Autos*

مراهق [muˈraːhiq] in der Pubertät befindlich; *pl.* [-uːn] Jugendliche(r) *im Pubertätsalter*, Halbwüchsige(r)

¹**مراهقة** [muˈraːhaqa] Pubertät *f*

²**مراهقة** [muˈraːhiqa], *pl.* [-aːt] junge(s) Mädchen, Halbwüchsige *f*, Teenager *m*

مراهن [muˈraːhin] wettend; Wetter *m*; *a. fig.* setzend (على auf *A*)

مراهنة [muˈraːhana], *pl.* [-aːt] Wette *f*; Wetten *n*, Setzen *n* (على auf *A*)

مراوحة [muˈraːwaħa] Schwanken *n* (بين zwischen *D*), Wechsel *m*; *Ir.*, *Syr.* Auf-der-Stelle-Treten *n*

مراوغ [muˈraːwiɣ] hinterlistig, verschlagen, durchtrieben; Spiegelfechter *m*

مراوغة [muˈraːwaɣa] Hinterlist *f*, Verschlagenheit *f*; Spiegelfechterei *f*; *pl.* [-aːt] Verdrehung *f* der Tatsachen, Täuschungsmanöver *n*; *pl.* Finten *f/pl.*, Winkelzüge *m/pl.*

مرأى [marʔan] Anblick *m*; Sicht *f*; مراء [maˈraːʔin] *pl.* Bilder *n/pl. die man im Geist sieht*; على ~ منه vor seinen Augen

مرب [muˈrabbin], *pl.* مربون [muraˈbbuːn] Erzieher *m*, Pädagoge *m*; Züchter *m*

مربب [muˈrabbab] Schützling *m*

مربح [murbiħ] gewinnbringend, einträglich, lukrativ

مربد [murˈbadd] *Himmel*, *Gesicht*: finster

مربض [marbiđ], *pl.* مرابض [maˈraːbiđ] (2) Lager *n e-s Tieres*; *Mil.* Geschützstellung *f*

¹**مربط** [marbɒt, marbit], *pl.* مرابط [maˈraːbit] (2) Stelle *f* zum Anbinden von Tieren; Box *f für Pferde*; Droschkenhalteplatz *m*

²**مربط** [mirbɒt], *pl.* مرابط [maˈraːbit] (2) Haltevorrichtung *f*; *El.* Klemme *f*

¹**مربع** [marbaʕ], *pl.* مرابع [maˈraːbiʕ] (2) Wiese *f*; Lagerplatz *m*; (= ~ ليلي [lailiː]) Nachtlokal *n*

²**مربع** [muˈrabbaʕ] viereckig, quadratisch, Quadrat-; vierfach; Vierfache(s); *pl.* [-aːt] Quadrat *n*; Quartett *n*; viereckige(s) Feld *des Schachbretts*; ~ منحرف [munˈħarif] *Math.* Trapez *n*; ~ متر [mitr] Quadratmeter *m*

مربك [murbik] verwirrend; in Verlegenheit bringend, peinlich

مربة [muˈrabba], *Äg.* [miˈrabba], *pl.* [-aːt] Marmelade *f*

مربوط [marˈbuːt] (an)gebunden; verbunden; festgesetzt; *Steuer*: veranlagt; feste(s) Gehalt, Fixum *n*; Dotierung *f*, Mittelzuweisung *f*

مربوع [mar'buːʕ]: القامة ~ mittelgroß, von mittlerer Statur

مربى [mu'rabban] **1.** großgezogen, erzogen; **2.** *pl.* مربيات [murabba'jaːt] Marmelade *f*; Eingemachte(s)

مربية [mu'rabbija], *pl.* [-aːt] Erzieherin *f*; Pädagogin *f*; Kindermädchen *n*

مرتاب [mur'taːb] zweifelnd, skeptisch; فيه ~ zweifelhaft, verdächtig

مرتاح [mur'taːħ] beruhigt; erleichtert; zufrieden, von Genugtuung erfüllt; erfreut (ل über *A*); ~ هو الضمير er hat ein ruhiges Gewissen

مرتاد [mur'taːd] **1.** *pl.* [-uːn] (häufiger) Besucher; **2.** Ort *m*, den man häufig aufsucht

مرتب [mu'rattab] angeordnet; geordnet; arrangiert; *Wohnung*: aufgeräumt, ordentlich; *pl.* [-aːt] Gehalt *n*

مرتبط [mur'tabiŧ] verbunden, verknüpft (ب mit *D*); gebunden (ب an *A*)

مرتبك [mur'tabik] verwirrt, in Verlegenheit; *Lage*: verworren, verwickelt, unübersichtlich

مرتبة [martaba], *pl.* مراتب [ma'raːtib] (2) Stufe *f*, Rang *m*; Stelle *f*, *die man einnimmt*, Platz *m*; Matratze *f*; في الـ~ الأولى [fi l-mar'tabati l-ʔuːlaː] an erster Stelle; *Hypothek*: erstrangig

مرتجف [mur'tadʒif] zitternd, bebend; *Schrift*: zitterig

1 **مرتجل** [mur'tadʒal] improvisiert; aus dem Stegreif; spontan

2 **مرتجل** [mur'tadʒil] improvisierend

مرتجى [mur'tadʒan] erhofft, ersehnt; Hoffnung *f*

مرتخ [mur'taxin] schlaff; locker

1 **مرتد** [mur'tadd], *pl.* [-uːn] Abtrünnige(r), Renegat *m*; Apostat *m*

2 **مرتد** [mur'tadin] *Kleidungsstück* tragend

1 **مرتزق** [mur'tazaq] Existenzgrundlage *f*

2 **مرتزق** [mur'taziq] gedungen, in Sold stehend; *pl.* ~ة [mur'taziqa] Söldner *m*

مرتع [martaʕ], *pl.* مراتع [ma'raːtiʕ] (2) Weide *f*; *fig.* fruchtbare(r) Boden (ل für *A*), Tummelplatz *m*; *fig.* Stätte *f*, wo etwas üppig wuchert

مرتعد [mur'taʕid] bebend, zitternd

مرتعش [mur'taʕiʃ] bebend, zitternd; *Blicke*: unruhig

1 **مرتفع** [mur'tafaʕ], *pl.* [-aːt] Höhe *f*, Anhöhe *f*; *pl.* Höhenzug *m*; مرتفعات الجولان die Golan-Höhen *f/pl.*

2 **مرتفع** [mur'tafiʕ] hoch, erhöht; (an)steigend

مرتفق [mur'tafaq] etwas, worauf man sich stützt

مرتق [mur'taqin] hoch, hochstehend

مرتقب [mur'taqab] erwartet, zu erwarten(d); in Aussicht stehend; من الـ~ es ist *od.* steht zu erwarten

مرتقى [mur'taqan] Höhe *f*, hohe(s) Niveau

مرتكب [mur'takib] *e-e Straftat begehend;* جريمة ~ Straftäter *m*

1 **مرتكز** [mur'takaz], *pl.* [-aːt] *fig.* Stütze *f*, Pfeiler *m*; Grundlage *f*

2 **مرتكز** [mur'takiz] gestützt (على auf *A*)

مرتل [mu'rattil], *pl.* [-uːn] Koranrezitator *m*; *Chr.* (Kirchen-)Sänger *m*

مرتنة [martana] Mauretanisierung *f*

1 **مرتهن** [mur'tahan] gebunden (ب an *A*); abhängig (ب von *D*)

2 **مرتهن** [mur'tahin], *pl.* [-uːn] Pfandnehmer *m*, Pfandgläubiger *m*

مرتين [marra'tain] zweimal (→ 1مرة)

مرثاة [mar'θaːt], *pl.* مراث [ma'raːθin] Trauergedicht *n*, Elegie *f*; Trauerrede *f*

مرثية [marθija], *pl.* مراث [ma'raːθin] Trauergedicht *n*, Elegie *f*; Trauerrede *f*

1 **مرج** [maradʒ, mardʒ] Durcheinander *n*, Wirrwarr *m*; → 2هرج

2 **مرج** [mardʒ], *pl.* مروج [mu'ruːdʒ] Wiese *f*

مرجان [mar'dʒaːn] **1.** *koll.*, *n. un.* ~ة Korallen *f/pl.*; **2.** *Zool.* Rotbrassen *m*

مرجاني [mar'dʒaːniː] Korallen-, korallenartig; مرجانيات *pl.* Korallentiere *n/pl.*; ~ة جزيرة Atoll *n*; شعب ~ة [ʃiʕab] *Äg.* Korallenriff *n*

مرجاة [mar'dʒaːt] Hoffnung *f*

1 **مرجح** [mu'raddʒaħ] wahrscheinlich; überwiegend; den Vorrang habend (على vor *D*); الـ~ أن (من) [ʔanna] es ist wahrscheinlich, daß

2 **مرجح** [mu'raddʒiħ] ausschlaggebend

مرجع [mardʒiʕ], *pl.* مراجع [ma'raːdʒiʕ] (2) Stelle *f*, an die man sich wendet; zuständige Stelle, maßgebliche Instanz; kompetente Person, Autorität *f*; (*wissenschaftliche*) Quelle, Nachschlagewerk *n*; Grund *m*, auf den etwas zurückzuführen ist; الـ~ السابق *beim Zitieren*: ebenda; الـ~ إليه man muß sich an ihn wenden; ~ الأمر إلى أن [ʔanna] die Sache ist darauf zurückzuführen, daß

مرجعي [mardʒiʕiː] Quellen-; Bezugs-; ~ كتاب [ki'taːb] Nachschlagewerk *n*, Quelle *f*

مرجف [murdʒif], *pl.* [-uːn] Gerüchtemacher *m*; طنين المرجفين Unkenrufe *m/pl.*

1 **مرجل** [mu'raddʒal] *Haar*: gekämmt

2 **مرجل** [mirdʒal], *pl.* مراجل [ma'raːdʒil] (2) (Koch-, Heiz-, Dampf-) Kessel *m*

مرجو [mar'dʒuːw] erhofft; erwünscht, erstrebt; erbeten; الـ~ أن es wird darum gebeten, daß

مرجوحة [mar'dʒuːħa], *pl.* مراجيح [maraː'dʒiːħ] (2) Schaukel *f*

1 **مرح** [mariħa, a] fröhlich, vergnügt, ausgelassen sein

2 **مرح** [maraħ] Fröhlichkeit *f*, Ausgelassenheit *f*

3 **مرح** [mariħ], *pl.* [-uːn] *u.* مرحى [mar'ħaː] fröhlich, vergnügt, ausgelassen

مرحاض [mir'ħɒːđ], *pl.* مراحيض [maraː'ħiːđ] (2) Toilette *f*, Klosett *n*

1 **مرحب** [marħaba] willkommen heißen

2 **مرحب** [mu'raħħib] begrüßend; einladend, freundlich

مرحبا [marħaban] willkommen!; ~ بك sei (mir) willkommen!

مرحل [mu'raħħal], *pl.* [-aːt] *Buchführung*: Übertrag *m*, Vortrag *m*

مرحلة [marħala], *pl.* مراحل [ma'raːħil] (2) Etappe *f*; Stufe *f*; Phase *f*,

Stadium *n*; بمراحل bei weitem, um Längen; على مراحل etappenweise

مرحلي [marħaliː] Etappen-, Stufen-; Übergangs-, Zwischen-; اتفاق [itti'faːq] Zwischenabkommen *n*

مرحمة [marħama], *pl.* مراحم [ma'raːħim] (2) Erbarmen *n*; Wohltat *f*, Gnade *f*

مرحوم [mar'ħuːm] verstorben, selig

مرحى [marħaː] bravo!

مرخ **II** [marraxa] einreiben, geschmeidig machen

مرخص [mu'raxxɒs]: به ~ zugelassen; autorisiert; له ب ~ zu *etwas* berechtigt

مرخمة [mirxama], *pl.* مراخم [ma'raːxim] (2) Brutapparat *m*

مرخى [murxan] *Vorhang*: herabgelassen, geschlossen

[1]**مرد** [maruda, u] sich auflehnen; **II** [marrada] Blätter abstreifen (ـه *von e-m Zweig*); **V** تمرد [ta'marrada] sich empören, meutern, rebellieren, revoltieren (على gegen *A*)

[2]**مرد** [ma'radd] Zurückweisung *f*, Einspruch *m*; لا ~ له [-a] unabwendbar, unabweisbar; ~ ه إلى das ist darauf zurückzuführen, daß

[3]**مرد** [murd] → أمرد

مرداء → أمرد

مردد [mu'raddad] wiederholt

مردقوش [marda'quːʃ] Majoran *m*

مردم [mardam]: النفايات ~ [m. an-nufaː'jaːt], صحي ~ [siħħiː] *Saudi-Ar.* (Müll-)Deponie *f*

مردن [mirdan], *pl.* مرادن [ma'raːdin] (2) Spindel *f*

مردة → مارد

مردود [mar'duːd] **1.** Ertrag *m*; Nutzeffekt *m*; (Produktions-, Arbeits-) Leistung *f*; **2.** zurückgegeben; zurückgewiesen; *Behauptung*: widerlegt

مردودية [marduː'diːja] *Mar.* Rentabilität *f*

مردوم [mar'duːm] zugeschüttet, verschüttet

مرذاذ [mir'ðaːð] Sprühgerät *n*, Sprühflasche *f*

مرذول [mar'ðuːl] verwerflich, abzulehnen; *Handlung*: gemein; schlecht, schlimm

مرزاب [mir'zaːb], *pl.* مرازيب [maraː'ziːb] (2) *bsd. Ir.* Abflußrohr *n*

مرزبان [marzu'baːn], *pl.* مرازبة [ma'raːziba] *hist.* Satrap *m*

مرزبة [mir'zabba], *pl.* مرازب [ma'raːzib] (2) Vorschlaghammer *m*; Stange *f*

مرزة [ma'razza] Reisfeld *n*

مرزوق [mar'zuːq] von Gott beschenkt, gesegnet

[1](**مرس**) **III** مارس [maːrasa] *Beruf, Rechte, Druck* ausüben; betreiben, praktizieren; **V** تمرس [ta'marrasa] ausüben (ب *A*); sich üben (ب in *D*); praktisch zu tun haben, sich auseinandersetzen (ب mit *D*)

[2]**مرس** [maris], *pl.* أمراس [ʔam'raːs] erfahren, erprobt

مرساة [mir'saːt], *pl.* مراس [ma'raːsin] Anker *m*

مرسح [marsaħ], *pl.* مراسح [ma'raːsiħ] (2) *Syr.* Theater *n*; gesellige Veranstaltung

[1]**مرسل** [mursal] gesandt, geschickt; abgesandt; *Haar*: herabwallend; frei, ungebunden; (*von Gott dem Menschen*) freigestellt; *Hadith*: unvollständig überliefert; *pl.* [-uːn] Abgesandte(r); *Isl.* Gesandte(r) Gottes; *Chr.* Missionar *m*; الـ~ إليه Empfänger *m e-s Briefes*; ~ أسلوب [ʔus'luːb] Prosastil *m*; ~ شعر [ʃiʕr] reimlose Verse *m/pl.*; ~ كلام ungebundene Rede

[2]**مرسل** [mursil] **1.** *pl.* [-uːn] Absender *m*; **2.** *pl.* [-aːt] *Rf.* Sender *m*, Sendeanlage *f*

مرسم [marsam], *pl.* مراسم [ma'raːsim] (2) Atelier *n e-s Malers*; → مراسم

مرسة [marasa], *pl.* أمراس [ʔam'raːs] Seil *n*, Tau *n*

مرسوم [mar'suːm] gezeichnet, gemalt; vorgezeichnet, vorgegeben; *Ziel*: gesteckt; geplant; *pl.* مراسيم [maraː'siːm] (2) Erlaß *m*, Verordnung *f*, Dekret *n*; *pl. a.* Zeremonien *f/pl.*; Vorschriften *f/pl.*; ~ بقانون *Äg.*, ~ تشريعي *u. Syr., Lib.* ~ اشتراعي Gesetzesverordnung *f*; مراسيم الجنازة [m. al-ʤi'naːza] Beisetzungsfeierlichkeiten *f/pl.*; وفق ~ خطة [wafqa xuttɒtin] planmäßig (*Adv.*)

مرسى [marsan], *pl.* مراس [ma'raːsin] Ankerplatz *m*, Anlegestelle *f*; Hafen *m*

مرسيليا [mar'siːlijaː] Marseille

[1]**مرشح** [mu'raʃʃaħ] **1.** gefiltert; **2.** nominiert; *pl.* [-uːn] Kandidat *m*, Bewerber *m*; Anwärter *m*; *Syr., Jord. Mil.* Feldwebel *m mit der Funktion e-s Offiziers*

[2]**مرشح** [mu'raʃʃiħ], *pl.* [-aːt] Filter *m*, Filtriergerät *n*; ~ للمياه [li-l-mi'jaːh] Kläranlage *f*

مرشحة [mu'raʃʃaħa], *pl.* [-aːt] Kandidatin *f*

مرشد [murʃid], *pl.* [-uːn] (*geistiger*) Führer, Leiter *m*; Berater *m*, Ratgeber *m*, Instrukteur *m*; Lotse *m*; Pfadfinder *m*; (Polizei-)Spitzel *m*; *pl.* [-aːt] *als Buch*: Führer *m*, Leitfaden *m*; الـ~ العام [al-ʕaːmm] Führer *m* der Muslimbruderschaft

مرشدة [murʃida], *pl.* [-aːt] Führerin *f*, Leiterin *f*; Beraterin *f*; Jugendleiterin *f*; Pfadfinderin *f*; weibliche(r) (Polizei-)Spitzel

مرشة [mi'raʃʃa] Gießkanne *f*; *Chr.* Sprengwedel *m*

مرصاد [mir'sɒːd]: بالـ~ auf der Lauer; وقف له بالـ~ j-m auflauern; j-n nicht aus den Augen lassen; gegen j-n *od.* etwas arbeiten; e-e Sache hintertreiben

[1]**مرصد** [marsɒd], *pl.* مراصد [ma'rɒːsid] (2) Beobachtungsstation *f*, Observatorium *n*; ~ جوي [ʤawwiː] Wetterwarte *f*

[2]**مرصد** [mirsɒd], *pl.* مراصد [ma'rɒːsid] (2) Teleskop *n*

مرصع [mu'rɒssɒʕ] besetzt (ب mit *Edelsteinen*); geschmückt (ب mit *D*); voll (ب von *D*); ~ بالنجوم *Himmel*: mit Sternen übersät; *Nacht*: sternenklar

مرصود [mar'suːd] *Mittel*: bereitgestellt (ل für *A*)

مرصوص [mar'suːs] festgefügt; *Worte*: wohlgesetzt

مرصوف [mar'suːf] gepflastert; asphaltiert

[1]مرض [mariđɒ, a] erkranken; **II** [marrɒđɒ] *e-n Kranken* pflegen; **IV** أمرض [ʔamrɒđɒ] krank machen; **VI** تمارض [ta'maːrɒđɒ] sich krank stellen

[2]مرض [marɒđ], *pl.* أمراض [ʔam'rɒːđ] Krankheit *f*; Erkrankung *f*; أمراض باطنية innere Krankheiten *f/pl.*; أمراض سرية [si'rriːja] Geschlechtskrankheiten *f/pl.*; أمراض صدرية Lungenkrankheiten *f/pl.*; أمراض عقلية Geisteskrankheiten *f/pl.*, Nervenkrankheiten *f/pl.*

[3]مرض [murđin] zufriedenstellend, befriedigend; *Note*: ausreichend; غير ~ unbefriedigend

مرضاة [mar'đɒːt] Zufriedenheit *f*; Wohlgefallen *n*; Zufriedenstellung *f*, Befriedigung *f*

مرضع [murđiʕ] stillend; Amme *f*

مرضعة [murđiʕa], *pl.* [-aːt] *u.* مراضع [ma'raːđiʕ] (2) Amme *f*

مرضوض [mar'đuːđ] zerquetscht; gequetscht, mit Quetschwunden

[1]مرضى [marđɒː] → مريض

[2]مرضي [marɒđiː] Krankheits-; krankhaft

[3]مرضي [murđiː] → [3]مرض

مرط [marɒtɒ, u] *Haare* ausreißen, ausrupfen; **V** تمرط [ta'marrɒtɒ] *Haare*: ausfallen

مرطاء → أمرط

مرطب [mu'rɒttib] erfrischend, kühlend; مرطبات *pl.* (erfrischende) Getränke *n/pl.*, Erfrischungen *f/pl.*

مرطبان [martɒ'baːn], *pl.* [-aːt] *Syr.* Gefäß *n* aus Glas *od.* Steingut für Eingemachtes

مرعب [murʕib] erschreckend; schrecklich; furchteinflößend

[1]مرعش [murʕaʃ]: الصوت ~ [-as-sɒut] mit bebender Stimme

[2]مرعش [murʕiʃ] schrecklich, schauerlich

مرعوب [mar'ʕuːb] erschrocken

[1]مرعى [marʕan], *pl.* مراع [ma'raːʕin] Weide *f*, Weideland *n*; *fig.* Pfründe *f*

[2]مرعي [mar'ʕiːj] eingehalten, befolgt; *Gesetz*: herrschend, gültig; *Gewohnheit*: eingebürgert; *Methode*: allgemein praktiziert

[1]مرغ **II** [marraɣa] (im Staub) wälzen; **V** تمرغ [ta'marraɣa] sich (im Staub) wälzen

[2]مرغ [murɣin] schäumend

مرغرين [marɣa'riːn] Margarine *f*

مرغم [murɣam] gezwungen (على zu *D*); ~ًا [-an] *Adv.* gezwungen, widerstrebend

مرغوب [mar'ɣuːb] *u.* فيه ~ gewünscht, erwünscht; begehrt; wünschenswert; عنه ~ unerwünscht; شخص غير ~ فيه Persona non grata

مرفأ [marfaʔ], *pl.* مرافئ [ma'raːfiʔ] (2) Hafen *m*; Landeplatz *m*, Anlegestelle *f*

مرفاع [mir'faːʕ], *pl.* مرافيع [maraː'fiːʕ] (2) Hebevorrichtung *f*, Heber *m*

[1]مرفع [marfaʕ], *pl.* مرافع [ma'raːfiʕ] (2) *Chr.* Fastnacht *f*

[2]مرفع [mirfaʕ], *pl.* مرافع [ma'raːfiʕ] (2) Hebevorrichtung *f*, Heber *m*

[1]مرفق [murfaq] beigefügt, beigegeben (ب *e-m Brief etc.*); مرفقات *pl.* Anlagen *f/pl. zu e-m Brief*, Beilagen *f/pl.*; طيه ~ [tɒjjahuː] *e-m Brief* beigefügt; رسالة ~ة ب [ri'saːla] ein Brief, dem … beiliegt

[2]مرفق [mirfaq, marfiq], *pl.* مرافق [ma'raːfiq] (2) **1.** Ellbogen *m*; **2.** *bsd. pl.* (*öffentliche*, *soziale*, *kulturelle*) Einrichtung; *pl.* Nutzräume *m/pl.*, Bad *n* u. Toilette *f*; مرافق رياضية [rijɒː'điːja] Sportanlagen *f/pl.*; مرافق صحية [si'hhiːja] sanitäre Anlagen *f/pl.*; المرافق العامة [al-ʕaːmma] öffentliche Einrichtungen *f/pl.*

[1]مرفه [mu'raffah] *Leben*: angenehm; *Mensch*: im Wohlstand lebend

[2]مرفه [mu'raffih] angenehm, wohltuend; unterhaltend, entspannend

مرفوض [mar'fuːđ] abgelehnt; abzulehnend; nicht akzeptabel

مرفوع [mar'fuːʕ] gehoben, erhoben; vorgelegt; *Gr.* im Nominativ *od.* Indikativ stehend; *Hadith*: auf den Propheten zurückgehend

مرفئي [marfaʔiː] Hafen-

[1]مرق [maraqa, u] durchbohren, durchdringen (من *A*); abweichen (من von *D*); vorüberfliegen, vorüberschießen, vorbeieilen; davonschießen, davoneilen

[2]مرق [maraq] Brühe *f*, Bouillon *f*; Soße *f*

[1]مرقاة [mar'qaːt, mir'qaːt], *pl.* مراق [ma'raːqin] *fig.* Stufe *f*, Stufenleiter *f*

[2]مرقاة [mir'qaːt], *pl.* مراق [ma'raːqin] Fahrstuhl *m*, Lift *m*

[1]مرقب [marqab], *pl.* مراقب [ma'raːqib] (2) Beobachtungsposten *m*; Wachtturm *m*

[2]مرقب [mirqab], *pl.* مراقب [ma'raːqib] (2) Fernrohr *n*, Teleskop *n*

[1]مرقد [marqad], *pl.* مراقد [ma'raːqid] (2) Lager *n*, Ruhebett *n*; Ruhestätte *f* (*Grab*)

[2]مرقد [mu'raqqad] *Syr. Brotlaib*: rund

[3]مرقد [murqid] einschläfernd

مرقس [marqus] (2) Markus (*Evangelist*)

مرقص [marqɒs], *pl.* مراقص [ma'raːqis] (2) Tanzlokal *n*; Tanzfläche *f*

مرقع [mu'raqqaʕ] geflickt; مرقعات *pl.* geflickte Kleider *n/pl.*

مرقم [mu'raqqam] numeriert; mit der Nummer *od.* dem Aktenzeichen

مرقة [maraqa] Brühe *f*, Bouillon *f*; Soße *f*

[1]مركب [markab], *pl.* مراكب [ma'raːkib] (2) Schiff *n*, Boot *n*; Fahrzeug *n*; الصيد ~ [m. ɒs-sɒid] Fischkutter *m*; ركب ~ًا صعبا [rakiba -an] e-n schweren Weg gehen

[2]مركب [mu'rakkab] zusammengesetzt; komplex; montiert, installiert; *bsd. Mar.* synthetisch; *pl.* [-aːt] Komplex *m*; *Chem.* Verbindung *f*; صناعي ~ [si'naːʕiː] *Alg.* Industriekomplex *m*, Kombinat *n*; نقص ~ Minderwertigkeitskomplex *m*; جملة ~ة [dʒumla] Satzgefüge *n*; فائدة ~ة Zinseszins *m*

[3]مركب [mu'rakkib] zusammensetzend; Zusammensetzer *m*

[1]مركبة [markaba], *pl.* مراكب [ma'raːkib] (2) Fahrzeug *n*; فضاء ~ Raumschiff *n*; قمرية ~ [qama'riːja] Mondlandefähre *f*

[2]مركبة [mu'rakkiba], *pl.* [-aːt] Bestandteil *m*, Komponente *f*

[1]مركز [markaz], *pl.* مراكز [ma'raːkiz] (2) Zentrum *n*, Mittelpunkt *m*;

Zentrale *f*, Hauptgeschäftsstelle *f*, (Haupt-)Sitz *m e-r Firma*; Ort *m*, Stelle *f*; *bsd. Sport*: Platz *m*, Rang *m*; Standort *m*, Lage *f*; Station *f*, *bsd. Mil.* Posten *m*; Position *f*, (*a. gesellschaftliche*) Stellung; *Äg.* Kreis *m*, Bezirk *m*; أساسي ~ Ausgangspunkt *m*; الانتخاب ~ Wahllokal *n*; البريد ~ (Haupt-)Postamt *n*; ثقافي ~ kulturelle(s) Zentrum; Kulturzentrum *n*; الشرطة ~ [m. aʃ-ʃurtɒ] Polizeirevier *n*, Polizeiwache *f*; صحي ~ [siħħiː] Gesundheitszentrum *n*, Ambulanz *f*; ~ القيادة [m. al-qi'jaːda] *Mil.* Befehlsstand *m*

2 **مركز** [mu'rakkaz] konzentriert; *pl.* [-aːt] Konzentrat *n*; ~ حليب Kondensmilch *f*

مركزي [markaziː] zentral, Zentral-; zentralistisch; *Äg.* Kreis-, Bezirks-; ~لا dezentralisiert

مركزية [marka'ziːja] Zentralismus *m*; ~لا Dezentralisation *f*; أوروبية ~ Eurozentrismus *m*; التخطيط ~ zentrale Planung

مركم [mirkam], *pl.* مراكم [ma'raːkim] (2) Akkumulator *m*

مركوب [mar'kuːb], *pl.* مراكيب [maraː'kiːb] (2) **1.** Reittier *n*; (*orientalischer*) Schlüpfschuh; **2.**: ~ هو er ist von e-m Dämon besessen

مركوم [mar'kuːm] aufgehäuft

مركون [mar'kuːn] *Auto*: abgestellt, geparkt

مركيز [mar'kiːz] Marquis *m*

مرمر [marmar] Marmor *m*

مرمرة [marmara]: ~ بحر Marmara-Meer *n*

مرمري [marmariː] marmorn

مرمط [marmatɒ] *Äg.* verderben

مرمل [mu'rammal] mit Sand bestreut; sandig, Sand-

مرمم [mu'rammim], *pl.* [-uːn] Restaurator *m*

مرمود [mar'muːd] *Auge*: entzündet

مرموق [mar'muːq] betrachtet, beachtet; beachtlich, sehenswert; angesehen, renommiert; bedeutsam, (ge)wichtig

1 **مرمى** [marman], *pl.* مرام [ma'raːmin] Ziel *n*, Absicht *f*; *Sport*: Tor *n*; Reichweite *f*; Schußweite *f*; ~ النظر [marmaː n-nɒðar], ~ البصر [marmaː l-bɒsɒr] Sichtweite *f*

2 **مرمي** [mar'miːj] hingeworfen; weggeworfen

مرميس [mir'miːs] Nashorn *n*

1 **مرن** [marana, u] elastisch, flexibel sein; **II** [marrana] einüben (ه على *j-m A*); *j-n* trainieren; einarbeiten (ه على *j-n* in *A*); **V** تمرن [ta'marrana] sich üben (على in *D*); trainieren; *Mil.* exerzieren; geübt sein (على in *D*)

2 **مرن** [marin] biegsam, geschmeidig, elastisch; flexibel

مرنان [mir'naːn] *Phys.* Resonator *m*

1 **مرة** [marra], *pl.* [-aːt] *u.* مرار [mi'raːr] Mal *n*; ~ [-tan] einmal; مرتين [marra'tain(i)] zweimal; مرارا [mi'raːran] mehrmals, wiederholt, öfter; ~ أخرى [-tan ʔuxraː] noch einmal, ein weiteres Mal; ~ بعد ~ *u.* ~الـ تلو الـ~ [al-marrata tilwa l-m.] ein ums andere Mal; ~ ثانية [-tan] noch einmal, ein zweites Mal; ~ واحدة [-tan] einmal; auf einmal; مرارا وتكرارا [-an wa-tak'raːran] zu wiederholten Malen, immer wieder; ~ أكثر من [ʔakθara] *u.* ~ غير [ɣaira marra(tin)] mehr als einmal, mehrmals; ~ ذات [ðaːta marra(tin)] einmal, einst; ~ كل [kulla m.] jedesmal; ~ كم wie oft; ~ لأول [li-ʔawwali m.] *u.* ~للـ الأولى [li-l-marrati l-ʔuːlaː] zum ersten Mal; ~بالـ ... لا überhaupt nicht, in keiner Weise

2 **مرة** [mirra] **1.** Galle(nflüssigkeit) *f*; **2.** Kraft *f*

مرهف [murhaf] scharf; *Sinn*: geschärft; fein; ~ الحس [m. al-ħiss] feinfühlig, sensibel; feinsinnig

1 **مرهق** [murhaq] übermäßig belastet (ب durch *A*); überlastet, erschöpft; ~ بالعمل [bi-l-ʕamal] überarbeitet

2 **مرهق** [murhiq] belastend; (be)drükkend; aufreibend, strapaziös

مرهم [marham], *pl.* مراهم [ma'raːhim] (2) Salbe *f*, Creme *f*

مرهوب [mar'huːb] furchteinflößend, fürchterlich; ~ الجانب gefürchtet, respektgebietend

مرهون [mar'huːn] verpfändet (عند *j-m*); gebunden (ب an *A*), abhängig (ب von *D*); الأمور ~ـة بأوقاتها alles zu seiner Zeit; die Zukunft wird darüber entscheiden

1 **مرؤ** [maruʔa, u] männlich sein; gesund, bekömmlich sein; → مرأ

2 **مرو** [marw] *koll.*, n. un. ة~ Kiesel *m*

مروءة [mu'ruːʔa] Männlichkeit *f*; Ritterlichkeit *f*, Hochherzigkeit *f*

مروبص [mu'raub~~is~~], *pl.* [-uːn] Schlafwandler *m*

مروج [mu'rawwidʒ] verbreitend, propagierend; *pl.* [-uːn] Verbreiter *m*; ~ الشائعات Gerüchtemacher *m*

مروح [mu'rawwiħ]; ~ للنفس angenehm, wohltuend; beruhigend; unterhaltend, entspannend

مروحة [mirwaħa], *pl.* مراوح [ma'raːwiħ] (2) Fächer *m*; Ventilator *m*; Propeller *m*; (*Palm-*)Wedel *m*

مروحي [mirwaħiː] fächerförmig; طائرة ~ـة Hubschrauber *m*

مروحية [mirwa'ħiːja] Hubschrauber *m*

مرود [mirwad], *pl.* مراود [ma'raːwid] (2) Schminkstift *m*

مرور [mu'ruːr] Passieren *n*, Passage *f*; Durchfahrt *f*, Durchreise *f*, Durchzug *m*, *Mil.* Durchmarsch *m*; Transit *m*; Verkehr *m*; Vorbeigehen *n*, Vorübergehen *n*; Ablauf *m e-r Frist*; ~تجارة الـ [ti'dʒaːrat al-m.] Transithandel *m*; ~حركة الـ [ħarakat al-m.] Verkehr *m*; ~شرطة الـ [ʃurtɒt al-m.] Verkehrspolizei *f*; ~ا ب (*angefangen von*) über … (*bis zu*); ~ الزمن مع [-i z-zaman] im Laufe der Zeit

مروري [mu'ruːriː] Verkehrs-; حادث ~ Verkehrsunfall *m*

1 **مروع** [mu'rawwaʕ] erschrocken, entsetzt; eingeschüchtert

2 **مروع** [mu'rawwiʕ] fürchterlich, entsetzlich, schrecklich; erschrekkend, beängstigend, alarmierend

1 **مروق** [mu'rawwiq] Klärmittel *n*

2 **مروق** [mu'ruːq] Durchdringung *f*; Abfall *m* (من von *D*), Abtrünnigkeit *f*

مروقي [mu'ruːqiː] *Tun. Spitzname für die berufsmäßigen Koranpsalmodisten*; *Tun.* Leichenträger *m*

مرونة [mu'ruːna] Biegsamkeit *f*, Geschmeidigkeit *f*, Elastizität *f*; *Techn.* Spannkraft *f*; Flexibilität *f*

مروة [marwa]: ~ال *Name e-s (heute eingeebneten) Hügels in Mekka*, → سعي[2]

مرؤوس [mar'ʔuːs] unterstellt (ل *j-m*); *pl.* [-uːn] Untergebene(r)

مروي [mar'wiːj] **1.** (mündlich) überliefert; **2.** bewässert

(**مرى**) **III** مارى [maːraː] streiten (ه mit *j-m*); bestreiten (في *A*); **VI** تمارى [ta'maːraː] sich streiten

مريء [ma'riːʔ] **1.** bekömmlich, gesund; **2.** *pl.* أمرئة [ʔamriʔa] Speiseröhre *f*

مريب [mu'riːb] verdächtig, zweifelhaft, undurchsichtig, zwielichtig

مريح [mu'riːħ] beruhigend; bequem, behaglich, gemütlich; komfortabel

مريخ [mi'rriːx] Mars *m* (*Planet*); ~ال (شهر) *Libyen* März *m*

مريد [mu'riːd] wollend, anstrebend; *pl.* [-uːn] Anhänger *m*, Jünger *m*, Schüler *m*; *Chr.* Novize *m*

مرير [ma'riːr], *pl.* مرائر [ma'raːʔir] (2) hart, zäh, erbittert; bitter

مريرة [ma'riːra], *pl.* مرائر [ma'raːʔir] (2) Härte *f*, Zähigkeit *f*, Festigkeit *f*; Entschlossenheit *f*

مريسي [ma'riːsiː] *Äg.* heiße(r) Südwind

مريض [ma'riːđ], *pl.* مرضى [marđɒː] krank, erkrankt; *Phantasie*: krankhaft; Kranke(r), Patient *m*

مريضة [ma'riːđɒ], *pl.* [-aːt] Kranke *f*, Patientin *f*

[1]**مريع** [ma'riːʕ] *Boden*: fruchtbar, ertragreich

[2]**مريع** [mu'riːʕ] schrecklich; ~ خبر [xabar] Schreckensnachricht *f*

مريلة [marjala], *pl.* مرايل [ma'raːjil] (2) Lätzchen *n*; Schürze *f*; (einheitliche) Schulkleidung

مريم [marjam] Maria *npr. f*

مريمية [marja'miːja] Salbei *m*

مرين [ma'riːn]: ~ بنو [banuː m.] *hist.* die Meriniden (*Berberdynastie in Nordwestafrika*)

ميريني [ma'riːniː] *hist.* merinidisch; *pl.* [-uːn] Merinide *m*

مريول [mar'juːl] Lätzchen *n*; (einheitliche) Schulkleidung

مرئي [mar'ʔiːj] zu sehen, sichtbar; visuell; ~ غير unsichtbar; المرئيات *pl.* die sichtbaren *od.* konkreten Dinge *m/pl.*; (geistige) Bilder *n/pl.*; الإذاعة المرئية Fernsehen *n*

[1](**مز**) **VIII** امتز [im'tazza] *Chem.*, *Phys.* adsorbieren

[2]**مز** [muzz] säuerlich

مزاج [mi'zaːʤ], *pl.* أمزجة [ʔamziʤa] Temperament *n*, Naturell *n*; Laune *f*, Stimmung *f*; ~ال رائق gut gelaunt

مزاجي [mi'zaːʤiː] Temperaments-

مزاح [mi'zaːħ] Spaß *m*, Scherz *m*; ~ هذا مجرد [mu'ʤarradu m.] (es war) nur ein Scherz!

مزاحم [mu'zaːħim], *pl.* [-uːn] Konkurrent *m*, Mitbewerber *m*, Rivale *m*

مزاحمة [mu'zaːħama] Konkurrenz *f*; Rivalität *f*; ~ال لا يقبل [jaqbalu] konkurrenzlos

[1]**مزاد** [ma'zaːd], *pl.* [-aːt] Versteigerung *f*, Auktion *f*; ~ علني [ʕalaniː] öffentliche Versteigerung

[2]**مزاد** [mu'zaːd] erhöht, vermehrt

مزار [ma'zaːr] Besuch *m*; *pl.* [-aːt] Ort *m*, den man aufsucht; Wallfahrtsort *m*; Heiligengrab *n*

مزارع [mu'zaːriʕ], *pl.* [-uːn] Bauer *m*, Landwirt *m*; Farmer *m*

مزارعة [mu'zaːraʕɒ] Pachtvertrag *m*, der e-n prozentualen Anteil am Ertrag vorsieht

مزاعم [ma'zaːʕim] (2) *pl.* Behauptungen *f/pl.*

مزامنة [mu'zaːmana] Synchronisation *f*

مزاوجة [mu'zaːwaʤa] Paarung *f*, Verbindung *f*

مزاودة [mu'zaːwada] *Jord.* Versteigerung *f*

مزاولة [mu'zaːwala] Ausübung *f e-r Tätigkeit*

مزايا → مزية

مزايد [mu'zaːjid], *pl.* [-uːn] Bieter *m bei e-r Versteigerung*

مزايدة [mu'zaːjada], *pl.* [-aːt] Überbieten *n e-s Angebots*; Versteigerung *f*; *pl.* Versuche *m/pl.*, sich gegenseitig zu überbieten

مزبد [muzbid] schäumend

مزبدة [mazbada], *pl.* مزابد [ma'zaːbid] (2) Butterfabrik *f*

مزبلة [mazbala], *pl.* مزابل [ma'zaːbil] (2) Abfallhaufen *m*, Müllhaufen *m*; Misthaufen *m*

[1]**مزج** [mazaʤa, u] mischen, vermengen (ب mit *D*); *Wein* panschen; **III** مازج [maːzaʤa] sich vermischen (ه mit *D*); sich mischen (ه in *A*); **VIII** امتزج [im'tazaʤa] sich mischen, vermischt sein *od.* werden (ب mit *D*)

[2]**مزج** [mazʤ] Mischen *n*

مزجج [mu'zaddʒaʤ] verglast; *Augenbrauen*: nachgezogen

مزجر [mazʤar]: وقف منه ~ الكلب [-a l-kalb] vor j-m kuschen

مزح [mazaħa, a] scherzen, spaßen; **III** مازح [maːzaħa] scherzen, spaßen (ه mit *j-m*)

مزحة [mazħa] Scherz *m*, Spaß *m*

[1]**مزخرف** [mu'zaxraf] verziert (ب mit *D*), ausgeschmückt, dekoriert; *Stil*: schwülstig; ~ة كتابة [ki'taːba] Zierschrift *f*

[2]**مزخرف** [mu'zaxrif], *pl.* [-uːn] Dekorateur *m*; Innendekorateur *m*

مزداد [muz'daːd] *Mar.*, *Alg.* geboren

[1]**مزدحم** [muz'daħam] Gedränge *n*; überfüllte(r) Platz

[2]**مزدحم** [muz'daħim] sich drängend, gedrängt; gedrängt voll, überfüllt; voll (ب von *D*), vollgepfropft (ب mit *D*)

مزدر [muz'darin] geringschätzig, verächtlich; Verächter *m*

مزدكية [mazda'kiːja]: ~ال *hist.* die Mazdak-Sekte (*in Persien*)

مزدهر [muz'dahir] blühend, in Blüte stehend; *Zeiten*: rosig; *Fest*: glanzvoll

مزدوج [muz'dawiʤ] doppelt, Doppel-, zweifach; *Bahnlinie*: zweigleisig; *Straße*: zweispurig; ~ اللغة [m. al-luɣa] zweisprachig

مزر [muzrin] erniedrigend, entwürdigend; schmählich

مزراب [miz'raːb], *pl.* مزاريب [mazaː'riːb] (2) Abflußrohr *n*, Speirohr *n*

مزراق [miz'raːq], *pl.* مزاريق [mazaː'riːq] (2) Lanze *f*

مزرعة [mazraʕa], *pl.* مزارع [ma'zaːriʕ] (2) Pflanzung *f*, (Anbau-)Feld *n*, Plantage *f*; Anbaufläche *f*, Anbaugebiet *n*; Bauernhof *m*, (Land-)Gut *n*, Farm *f*; Ranch *f*; (*Bakterien-*)Kultur *f*; مزارع أسماك *u.* مزارع سمكية [sama'kiːja] Fischteiche *m/pl.*; ~ الدواجن [m. ad-da'waːdʒin] Geflügelfarm *f*; ~ العنب [m. al-ʕinab] Weingarten *m*; ~ نموذجية [namuːða'dʒiːja] landwirtschaftliche(r) Musterbetrieb

مزرق [muz'raqq] blau, bläulich

مزركش [mu'zarkaʃ] verziert, geschmückt; bunt; bestickt

مزروع [maz'ruːʕ] (an)gepflanzt; *Boden*: bepflanzt, bebaut; *Organ*: verpflanzt; ~ـة مساحة [mi'saːħa] Anbaufläche *f*, landwirtschaftliche Nutzfläche

مزروعة [maz'ruːʕa], *pl.* [-aːt] Saatfeld *n*; das, was auf dem Feld wächst, landwirtschaftliche Kultur

مزرى [muzran] verächtlich, verachtenswert

مزع [mazaʕa, a] laufen, (dahin)springen; (ab)reißen, zerreißen; **II** [mazzaʕa] abzupfen, abreißen; zerreißen, in Stücke reißen

مزعج [muzʕidʒ] störend, lästig, unangenehm; quälend; ärgerlich; beängstigend; beunruhigend; Plagegeist *m*

مزعزع [mu'zaʕzaʕ] erschüttert, wankend; zerrüttet; wackelig

مزعل [mu'zaʕʕil] ärgerlich, verdrießlich

مزعم → مزاعم

مزعة [mizʕa], *pl.* مزع [mizaʕ] Wollflocke *f*; Stück *n*

مزعوم [maz'ʕuːm] behauptet; angeblich, vorgeblich

مزغل [mazɣal], *pl.* مزاغل [ma'zaːɣil] (2) Schießscharte *f*

مزفت [mu'zaffat] asphaltiert

مزفتة [mizfata], *pl.* مزافت [ma'zaːfit] (2) Asphaltiermaschine *f*

[1]**مزق** [mazaqa, i] zerreißen; **II** [mazzaqa] in Stücke zerreißen, zerfetzen; **V** تمزق [ta'mazzaqa] *intr.* zerreißen

[2]**مزق** [mazq] Zerreißen *n*; Riß *m*

مزقة [mizqa], *pl.* مزق [mizaq] abgerissene(s) Stück, Fetzen *m*

مزكوم [maz'kuːm]: ~ هو er hat e-n Schnupfen

مزلاج [miz'laːdʒ], *pl.* مزاليج [mazaː'liːdʒ] (2) (Tür-)Riegel *m*

مزلج [mizladʒ], *pl.* مزالج [ma'zaːlidʒ] (2) Schlittschuh *m*

[1]**مزلزل** [mu'zalzal] erschüttert

[2]**مزلزل** [mu'zalzil] erschütternd

[1]**مزلق** [mazlaq], *pl.* مزالق [ma'zaːliq] (2) schlüpfrige *od.* glatte Stelle; *Techn.* Rutsche *f*; *pl.* Gefahren *f/pl.*, Stolpersteine *m/pl.*

[2]**مزلق** [muzliq] *bsd. Tun.* rutschig, glatt

[3]**مزلق** [mizlaq], *pl.* مزالق [ma'zaːliq] (2) Schlittschuh *m*; ~ ذو عجلات [ðuː ʕadʒa'laːt] Rollschuh *m*

مزلقان [mazla'qaːn], *pl.* [-aːt] Bahnübergang *m*

[1]**مزلقة** [mazlaqa], *pl.* مزالق [ma'zaːliq] (2) glatte Stelle; Rutschbahn *f*

[2]**مزلقة** [mizlaqa], *pl.* مزالق [ma'zaːliq] (2) Schlittschuh *m*; Schlitten *m*

مزمار [miz'maːr], *pl.* مزامير [mazaː'miːr] (2) Oboe *f*, Schalmei *f*; *Anat.* Stimmritze *f*; ~الـ لسان [li'saːn al-m.] Kehldeckel *m*

مزمجر [mu'zamdʒir] schimpfend, polternd, brüllend; tobend, tosend

مزمز [mazmaza] *umg.* nippen (ـهـ an *D*), schlürfen

[1]**مزمع** [muzmaʕ] *u.* ~ عليه beschlossen; المؤتمر الـ~ عقده في [al-muʔtamar, ʕaqduhuː] die Konferenz, die am … abgehalten werden soll

[2]**مزمع** [muzmiʕ] *etwas* vorhabend, beschlossen habend, *zu etwas* entschlossen

مزمن [muzmin] lange dauernd; ständig (wiederkehrend); chronisch

مزمور [maz'muːr], *pl.* مزامير [mazaː'miːr] (2) Psalm *m*; (سفر) المزامير [(sifr) al-m.] der Psalter

مزموم [maz'muːm] *Lippen*: zusammengepreßt; gespitzt; ~ العنق [m. al-ʕunuq] *Damenkleid*: hochgeschlossen

مزن [muzn] *koll.*, *n. un.* ~ـة Regenwolken *f/pl.*

مزنجرة [mu'zandʒara] Raupenfahrzeug *n*

مزة [mazza], *pl.* [-aːt] *Äg.*, *Ir.* Appetithäppchen *n*

[1]**مزهر** [mizhar], *pl.* مزاهر [ma'zaːhir] (2) *Art* Laute *f*

[2]**مزهر** [mu'zahhar] geblümt, blumig

[3]**مزهر** [muzhir] blühend; glänzend, strahlend

مزهرية [mazha'riːja], *pl.* [-aːt] Blumenvase *f*

مزهو [maz'huːw] stolz (ب auf *A*); ~ بنفسه eingebildet, hochmütig

مزواج [miz'waːdʒ] oft heiratend

[1]**مزود** [mizwad], *pl.* مزاود [ma'zaːwid] (2) Proviantbeutel *m*

[2]**مزود** [mu'zawwad] versehen, ausgestattet, versorgt (ب mit *D*); *Auflage e-s Buches*: vermehrt

[3]**مزود** [mu'zawwid], *pl.* [-uːn] Lieferant *m*

[1]**مزور** [mu'zawwar] gefälscht

[2]**مزور** [mu'zawwir] **1.** Fälscher *m*; **2.** (*Pilger-*)Führer *m*

مزوق [mu'zawwaq] (aus)geschmückt, verziert; aufgeputzt, aufgemacht; ~ـة ألفاظ schöne Worte *n/pl.*

مزولة [mizwala], *pl.* مزاول [ma'zaːwil] (2) Sonnenuhr *f*

مزوي [maz'wiːj] zusammengezogen

مزيت [mu'zajjat] geölt; geschmiert

[1]**مزيتة** [mu'zajjita], *pl.* [-aːt] Öler *m*, Schmiervorrichtung *f*

[2]**مزيتة** [mizjata, mazjata], *pl.* مزايت [ma'zaːjit] (2) Ölkanne *f*

مزيج [ma'ziːdʒ] Mischung *f*, Gemisch *n* (من aus *D*); Legierung *f*

مزيد [ma'ziːd] Mehr *n* (من an *D*), Steigerung *f*; hohe(s) Maß, Höchstmaß *n* (من an *D*); Übermaß *n* (من an *D*); *pl.* [-aːt] *Gr.* erweiterte(r) Stamm; ~ من الاستعلامات nähere Auskünfte *f/pl.*; weitere Informationen *f/pl.*; ~ من الإنتاج gesteigerte Produktion; بـ~ الأسف [-i l-ʔasaf] mit größtem Bedauern; بـ~ السرور mit größter Freude

[1]مزيف [mu'zajjaf] gefälscht, verfälscht; Schein-, Pseudo-; عملة ~ة [ʕumla] Falschgeld *n*

[2]مزيف [mu'zajjif], *pl.* [-uːn] Fälscher *m*; ~ النقود Falschmünzer *m*

[1]مزين [mu'zajjan] geschmückt, verziert (ب mit *D*)

[2]مزين [mu'zajjin], *pl.* [-uːn] Barbier *m*, Friseur *m*

مزينة [mu'zajjina], *pl.* [-aːt] Friseurin *f*, Friseuse *f*

مزية [ma'ziːja], *pl.* مزايا [ma'zaːjaː] Vorzug *m*; Vorteil *m*, Vergünstigung *f*; Vorrecht *n*, Privileg *n*; *pl. a. Hdl.* Präferenzen *f/pl.*

[1]مس [massa, a] *a. fig.* berühren; tangieren; antasten; *Unglück*: treffen; ~ت الحاجة إلى es war dringend erforderlich, daß; **III** ماس [maːssa] berühren; anstoßen, grenzen (هـ an *A*); **VI** تماس [ta'maːssa] einander berühren

[2]مس [mass] Berühren *n*, Berührung *f*; Anfall *m e-r Krankheit*; Verrücktheit *f*, Besessenheit *f*

مساء [ma'saːʔ], *pl.* أمسية [ʔamsija] Abend *m*; ~ [-an] *Adv.* abends; ~ أمس [-a ʔams(i)] gestern abend; ~ الخير [-a l-xair] guten Abend!; ~ اليوم heute abend

مساءة [ma'saːʔa], *pl.* مساوئ [ma'saːwiʔ] (2) schlechte *od.* schlimme Sache; schlechte Eigenschaft, schlechte Seite; *pl. a.* Mängel *m/pl.*, Fehler *m/pl. e-s Menschen*; Schattenseiten *f/pl.*, negative Auswirkungen *f/pl.*

مسابق [mu'saːbiq], *pl.* [-uːn] Mitbewerber *m*, Konkurrent *m*; Wettkämpfer *m*

مسابقة [mu'saːbaqa], *pl.* [-aːt] Wettbewerb *m*, Wettkampf *m*; *a. fig.* Wettlauf *m*, Wettrennen *n*; Preisausschreiben *n*; خارج الـ~ [xaːridʒa l-m.] außer Konkurrenz; ~ القبول [m. al-qa'buːl] Aufnahmeprüfung *f*, Auswahlverfahren *n*

مساجلة [mu'saːdʒala], *pl.* [-aːt] Disput *m*; Kontroverse *f*; Polemik *f*

مساح [ma'ssaːħ], *pl.* [-uːn] **1.** Landmesser *m*, Geometer *m*; **2.** Schuhputzer *m*

[1]مساحة [ma'ssaːħa], *pl.* [-aːt] Scheibenwischer *m*

[2]مساحة [mi'saːħa] Vermessung *f*; *pl.* [-aːt] Fläche *f*, Flächeninhalt *m*; Grundfläche *f e-s Gebäudes*; علم ~ الأرض [ʕilm m.] Geodäsie *f*; مصلحة الـ~ Vermessungsamt *n*

مسار [ma'saːr], *pl.* [-aːt] Bahn *f von Himmelskörpern, Strahlen etc.*; Kurs *m e-s Flugzeugs*; *Verk.* Fahrspur *f*; (Ab-)Lauf *m*, Verlauf *m*, Gang *m*

مساس [mi'saːs] Berührung *f*, Antasten *n* (ب *von Rechten*); له ~ ب es berührt *od.* betrifft; فيه ~ ب es tastet *etwas* an, es schadet (*D*)

مساع → مسعى

مساعد [mu'saːʕid] helfend, unterstützend, Hilfs-; *Person*: stellvertretend; *pl.* [-uːn] Helfer *m*, Gehilfe *m*; Mitarbeiter *m*, Assistent *m*; *Fußball*: Halbstürmer *m*; *Mil.* Stabsfeldwebel *m*; ~ أستاذ [ʔus'taːð] Assistenzprofessor *m*; طيار ~ [tɒ'jjaːr] Kopilot *m*

[1]مساعدة [mu'saːʕada], *pl.* [-aːt] Hilfe *f*, Unterstützung *f*, Beistand *m*; ~ اقتصادية Wirtschaftshilfe *f*

[2]مساعدة [mu'saːʕida], *pl.* [-aːt] Helferin *f*, Gehilfin *f*; Mitarbeiterin *f*, Assistentin *f*

مسافر [mu'saːfir] abreisend; *pl.* [-uːn] Reisende(r); Fahrgast *m*; هو ~ er ist verreist

مسافة [ma'saːfa], *pl.* [-aːt] Entfernung *f*, Distanz *f*; Abstand *m*; Strecke *f*; على ~ in einiger Entfernung; ~ الطريق [-ta t-tɒ'riːq] gleich, sofort (*d.h. es ist nur der Weg zurückzulegen*)

مساق [ma'saːq] *fig.* Weg *m*, Bahn *f*

مساكة [ma'ssaːka], *pl.* [-aːt] Klemmvorrichtung *f*, Klemme *f*

مسالم [mu'saːlim] friedfertig, friedlich, versöhnlich; *Volk*: friedliebend; pazifistisch; *pl.* [-uːn] Pazifist *m*

مسالمة [mu'saːlama] Friedfertigkeit *f*; versöhnliche Haltung; (مذهب) الـ~ Pazifismus *m*

مسألة [masʔala], *pl.* مسائل [ma'saːʔil] (2) Frage *f*, Problem *n*; Angelegenheit *f*; ~ وقت e-e Frage der Zeit; الـ~ أن [ʔanna] es geht darum, daß; es verhält sich so, daß

مسامح [mu'saːmiħ] nachsichtig; *pl.* [-uːn] *Äg.* Urlauber *m*

مسامحة [mu'saːmaħa] Nachsicht *f*, Verzeihung *f*; *Äg.* Ferien *pl.*

مسامر [mu'saːmir], *pl.* [-uːn] e-r, mit dem man s-e Abende verbringt; Gesprächspartner *m*, Gesellschafter *m*

مسامرة [mu'saːmara] (abendliche) Unterhaltung *od.* Geselligkeit

مسامة [ma'saːmma], *pl.* مسام [ma'saːmm] (2) Pore *f*

مسامي [ma'saːmmiː] porös

مسامية [masaː'mmiːja] Porosität *f*

مساندة [mu'saːnada] Unterstützung *f*, Hilfe *f*, Beistand *m*

مساهم [mu'saːhim] beteiligt (في an *D*); *pl.* [-uːn] Aktionär *m*; شركة ~ة [ʃarika] Aktiengesellschaft *f*

[1]مساهمة [mu'saːhama] Teilnahme *f*, Beteiligung *f* (في an *D*); *pl.* [-aːt] Beitrag *m* (في zu *D*); شركة الـ~ [ʃarikat al-m.] Aktiengesellschaft *f*

[2]مساهمة [mu'saːhima], *pl.* [-aːt] Aktionärin *f*

مساو [mu'saːwin] gleich, gleichwertig (ل *D*); gleichberechtigt (ل mit *j-m*)

مساواة [musaː'waːt] Gleichheit *f*, Gleichwertigkeit *f*; Gleichberechtigung *f*; الـ~ في الحقوق Gleichberechtigung *f*

مساوقة [mu'saːwaqa] Übereinstimmung *f* (*G*: mit *D*)

مساومة [mu'saːwama] Handeln *n*, Feilschen *n*; Aushandeln *n*

مساوئ → مساءة

مساير [mu'saːjir] sich anpassend (ل *D*); ~ للدنيا [li-d-dunjaː] lebenstüchtig; غير ~ للدنيا weltfremd

مسايرة [mu'saːjara] Schritthalten *n* (*G*: mit *D*); Anpassung *f* (*G*: an *A*)

مسائل → مسألة

مسائي [masaːʔiː] abendlich, Abend-

مسبار [mis'baːr], *pl.* مسابير [masaː'biːr] (2) (Wund-)Sonde *f*; Echolot *n*

1 **مسبب** [mu'sabbab] verursacht (ب/من durch *A*); *Antrag*: begründet; *pl.* [-aːt] Wirkung *f*; السبب والـ~ [as-sabab] Ursache und Wirkung

2 **مسبب** [mu'sabbib] verursachend; *pl.* [-uːn] Verursacher *m*, Urheber *m*; *pl.* [-aːt] Ursache *f*; مسببات verursachende *od.* auslösende Faktoren *m/pl.*; ~ للسرطان [li-s-sara'tɒːn] *Med.* karzinogen

مسبح [masbaħ], *pl.* مسابح [ma'saːbiħ] (2) Schwimmbad *n*; Schwimmbecken *n*

مسبحة [misbaħa], *pl.* مسابح [ma'saːbiħ] (2) *Isl.* Gebetsschnur *f*; *Chr.* Rosenkranz *m*

مسبر [misbar], *pl.* مسابر [ma'saːbir] (2) (Wund-)Sonde *f*; (Echo-)Lot *n*

مسبع [mu'sabbaʕ] siebenfach, siebenteilig; *pl.* [-aːt] Siebeneck *n*

1 **مسبق** [mu'sabbaq] im voraus gemacht; *Meinung*: vorgefaßt; ~ الصنع [m. ɒs-sunʕ] vorgefertigt; ~ حكم [ħukm] Vorurteil *n*; شرط ~ Vorbedingung *f*; → [musbaq]

2 **مسبق** [musbaq] vorhergehend; ~ًا [-an] *Adv.* im voraus, vorher; → [musabbaq]

1 **مسبك** [masbak], *pl.* مسابك [ma'saːbik] (2) (*Metall-*)Gießerei *f*

2 **مسبك** [mu'sabbak] geschmort, Schmor-

مسبة [ma'sabba], *pl.* [-aːt] Beschimpfung *f*, Beleidigung *f*, Schmähung *f*

مسبوق [mas'buːq] überholt; Verlierer *m bei e-m Rennen*; غير ~ noch nicht dagewesen; كان ~ًا ب [-an] e-r Sache ging *etwas* voraus

مسبوك [mas'buːk] gegossen; مسبوكات *pl.* Gußwaren *f/pl.*

مستاء [mus'taːʔ] verärgert, ärgerlich, ungehalten (ل/من über *A*)

مستأثر [mus'taʔθir] mit Beschlag belegend (هـ *A*), besitzergreifend

1 **مستأجر** [mus'taʔʤar] gemietet; gedungen; طائرة ~ة Charterflugzeug *n*

2 **مستأجر** [mus'taʔʤir], *pl.* [-uːn] Mieter *m*; Pächter *m*

1 **مستأنف** [mus'taʔnaf] fortgesetzt; الـ~ عليه *Jur.* Berufungsbeklagte(r)

2 **مستأنف** [mus'taʔnif], *pl.* [-uːn] *Jur.* Berufungskläger *m*

مستأهل [mus'taʔhil] e-r Sache (هـ) würdig, *etwas* verdienend

مستبد [musta'bidd] selbstherrlich, eigenmächtig; tyrannisch, despotisch; autoritär

مستبعد [mus'tabʕad] auszuschließen, ausgeschlossen; unwahrscheinlich; *Gedanke*: abwegig, absurd

مستتب [musta'tibb] *Sicherheitslage*: konsolidiert, stabil

مستتر [mus'tatir] verborgen, versteckt; verstohlen, heimlich; *Pronomen*: implizit im Verb enthalten

1 **مستثمر** [mus'taθmar] gewinnbringend angelegt; investiert; *Bodenschätze*: genutzt, verwertet

2 **مستثمر** [mus'taθmir] nutzend; investierend; *pl.* [-uːn] Investor *m*, Kapitalanleger *m*; *pej.* Ausbeuter *m*

مستثنى [mus'taθnan] ausgenommen (من von *D*)

مستجاب [musta'ʤaːb] *Bitte*, *Gebet*: erhört

1 **مستجد** [musta'ʤidd] neu; neu hinzukommend; neu aufgetreten; *pl.* [-uːn] Neue(r), Neuling *m*; *Mil.* Rekrut *m*; مستجدات *pl.* neue Ereignisse *n/pl.* *od.* Entwicklungen *f/pl.*

2 **مستجد** [mus'taʤdin] bittend, bettelnd

مستجوب [mus'taʤwib], *pl.* [-uːn] Interpellant *m*

مستجيب [musta'ʤiːb] erhörend, gewährend; reagierend, ansprechend (ل auf *A*); Folge leistend (ل *D*), entgegenkommend

مستجير [musta'ʤiːr] Schutz *od.* Hilfe suchend

مستح [mus'taħin] schamhaft, schüchtern

مستحاث [musta'ħaːθ], *pl.* [-aːt] Fossil *n*; علم المستحاثات [ʕilm al-m.] Paläontologie *f*

مستحب [musta'ħabb] beliebt, geschätzt, gern gesehen; erwünscht; empfehlenswert; *Handlung*: lobenswert

مستحدث [mus'taħdaθ] neu, neuartig; neu aufgekommen *od.* eingeführt; *pl.* [-aːt] Neuerung *f*, Neuheit *f*, Neueinführung *f*

مستحسن [mus'taħsan] löblich; empfehlenswert, angebracht, zweckmäßig; gut, vortrefflich; من الـ~ أن es ist empfehlenswert *od.* zweckmäßig, daß

مستحضر [mus'taħđɒr], *pl.* [-aːt] Präparat *n*; مستحضرات التجميل Kosmetika *n/pl.*; مستحضرات طبية [tʉ'bbiːja] Arzneimittel *n/pl.*

1 **مستحق** [musta'ħaqq] zu beanspruchen; verdient; → [musta'ħiqq]

2 **مستحق** [musta'ħiqq] fällig, zahlbar; zustehend (ل *j-m*); zu zahlend (على von *D*); Anspruch habend (في/هـ auf *A*); verdienend; *pl.* [-uːn] Anspruchsberechtigte(r); *Isl.* Nutznießer *m* e-s Waqf; مستحقات *pl.* fällige Beträge *m/pl.*; Forderungen *f/pl.*; الدفع ~ fällig, zahlbar

مستحكم [mus'taħkam] fest, gefestigt, verfestigt; tief verwurzelt; *Eigenschaft*: ausgeprägt

مستحلب [mus'taħlab], *pl.* [-aːt] Emulsion *f*; *Bot.* Milch *f*

مستحم [musta'ħimm], *pl.* [-uːn] Badende(r), Badegast *m*

مستحيل [musta'ħiːl] unmöglich; undenkbar, absurd; مستحيلات *pl.* unmögliche Dinge *n/pl.*

مستحية [mus'taħija] *Bot.* Mimose *f*

1 **مستخدم** [mus'taxdam], *pl.* [-uːn] Bedienstete(r), Angestellte(r); Arbeitnehmer *m*

2 **مستخدم** [mus'taxdim], *pl.* [-uːn] Arbeitgeber *m*, Dienstherr *m*

مستخذ [mus'taxðin] unterwürfig, demütig; resigniert

مستخرج [mus'taxraʤ], *pl.* [-aːt] Auszug *m aus amtlichen Akten*; *pl. a.* geförderte Bodenschätze *pl.*; Extrakte *m/pl.*, Produkte *n/pl.*

مستخلص [mus'taxlɒs], *pl.* [-aːt] Auszug *m*, Exzerpt *n*; Extrakt *m*

مستدع [mus'tadʕin], *pl.* مستدعون [mustad'ʕuːn] Antragsteller *m*, Petent *m*

مستدق [musta'daqq] fein, schmal; zierlich, *Minarett*: schlank; spitz
مستدير [musta'diːr] rund, kreisförmig
مستديرة [musta'diːra] *Syr.*, *Kuw.* Platz *m* mit Kreisverkehr
مستديم [musta'diːm] dauernd, beständig; *Schaden*: bleibend
مستدين [musta'diːn] verschuldet; Schuldner *m*
1 مستتر [mu'sattar] verborgen
2 مستر [mistar] *vor engl. Personennamen*: Mister
مستراح [musta'raːħ], *pl.* [-aːt] Toilette *f*
مسترسل [mus'tarsil] *Gewand*: herabwallend; *Haar*: herabhängend; *Brüllen*: langgezogen, langanhaltend; *bsd. Tun.* fortlaufend, ständig; في أحلامه ~ verträumt
مسترق [mus'taraq] *Blick*: verstohlen, heimlich
مستريب [musta'riːb] argwöhnisch, mißtrauisch
مستريح [musta'riːħ] sich ausruhend; ausgeruht; *a. Gewissen*: ruhig; beruhigt (إلى über *A*), zufrieden (إلى mit *D*)
مستزيد [musta'ziːd] mehr verlangend, mehr haben wollend
مستساغ [musta'saːɣ] *a. fig.* leicht zu schlucken; schmackhaft; annehmbar
مستسلم [mus'taslim] sich ergebend *od.* unterwerfend
مستشار [musta'ʃaːr], *pl.* [-uːn] Berater *m*, Ratgeber *m*, Rat *m*; *Pol.* Kanzler *m*; *Äg. etwa*: Justizrat *m*; ثقافي ~ Kulturreferent *m*; قانوني ~ Rechtsberater *m*
مستشارية [mustaʃaːˈriːja] Kanzleramt *n*
مستشرق [mus'taʃriq], *pl.* [-uːn] Orientalist *m*
مستشف [mus'taʃfin] Heilung suchend
مستشفى [mus'taʃfan], *pl.* مستشفيات [mustaʃfa'jaːt] Krankenhaus *n*, Klinik *f*, Heilanstalt *f*; الأمراض ~ العقلية [mus'taʃfaː l-ʔamrɒːđ] psychiatrische Klinik; عسكري ~ [ʕaskariː] Lazarett *n*
مستصلح [mus'tɒslaħ]: أراض ~ة [ʔa'rɒːđɨn] (gewonnenes) Neuland
مستضعف [mus'tɒđʕaf] schwach, schwächlich; arm, elend
مستضيف [musta'đɨːf] gastgebend; دولة ~ة [daula] Gastland *n*
مستطاع [musta'tɒːʕ] möglich; قدر الـ~ [qadra l-m.] *u.* بقدر / على قدر الـ~ nach Möglichkeit
مستطرف [mus'tɒtɾɒf] ungewöhnlich, kurios, interessant
مستطير [musta'tɨːr]: شر ~ [ʃarr] schlimme(s) Übel
مستطيل [musta'tɨːl] länglich, langgestreckt; *pl.* [-aːt] Rechteck *n*
مستعار [musta'ʕaːr] entliehen, geborgt; figürlich, metaphorisch; *Haar, Bart*: falsch; اسم ~ [ism] Pseudonym *n*, Deckname *m*; شعر ~ Perücke *f*
1 مستعبد [mus'taʕbad] versklavt
2 مستعبد [mus'taʕbid], *pl.* [-uːn] Unterdrücker *m*, Bedrücker *m*
1 مستعجل [mus'taʕdʒal] dringend; قاضي الأمور المستعجلة Schnellrichter *m*
2 مستعجل [mus'taʕdʒil] in Eile; Eil-; بريد ~ Eilpost *f*
مستعد [musta'ʕidd] bereit (لـ zu *D*); vorbereitet
مستعر [mus'taʕir] brennend, lodernd; heiß, leidenschaftlich, heftig
مستعرب [mus'taʕrib], *pl.* [-uːn] Arabist *m*
مستعص [mus'taʕsɨn] widerstehend, trotzend (على *D*); unheilbar; nicht zu beheben; schwierig; على ~ الهضم unverdaulich
مستعل [mus'taʕlin] überlegen; überheblich
1 مستعمر [mus'taʕmar] kolonisiert
2 مستعمر [mus'taʕmir], *pl.* [-uːn] Kolonist *m*; Kolonisator *m*; Kolonialherr *m*, Kolonialist *m*; Imperialist *m*
مستعمرة [mus'taʕmara], *pl.* [-aːt] Kolonie *f*; Siedlung *f*
1 مستعمل [mus'taʕmal] gebraucht, benutzt; gebräuchlich; سيارة ~ة [sa'jjaːra] Gebrauchtwagen *m*
2 مستعمل [mus'taʕmil], *pl.* [-uːn] Benutzer *m*
مستعير [musta'ʕiːr], *pl.* [-uːn] Entleiher *m*
1 مستغرب [mus'taɣrab] seltsam, sonderbar, verwunderlich
2 مستغرب [mus'taɣrib] **1.** verwundert, befremdet; **2.** verwestlicht
مستغرق [mus'taɣriq] vertieft, versunken (في in *A*)
1 مستغل [musta'ɣall] ausgebeutet; Ausgebeutete(r); genutzt
2 مستغل [musta'ɣill] ausbeutend; ausbeuterisch, Ausbeuter-; nutzend; *pl.* [-uːn] Ausbeuter *m*; Nutzer *m*
مستفاد [musta'faːd] zu entnehmen (من aus *D*); *Lehre*: gezogen
مستفحل [mus'tafħil] schlimm, ernst
مستفيد [musta'fiːd] Nutzen ziehend (من aus *D*); *pl.* [-uːn] Nutznießer *m*; *bsd. Maghr.* Berechtigte(r); *Hdl.* Begünstigte(r)
مستفيض [musta'fɨːđ] ausführlich, eingehend
1 مستقبل [mus'taqbal] Zukunft *f*; ~ًا [-an] *Adv.* in Zukunft; علم الـ~ [ʕilm al-m.] Futurologie *f*; في الـ~ القريب in naher Zukunft
2 مستقبل [mus'taqbil] **1.** *pl.* [-aːt] Empfänger *m* (*Radio*); *Physiol.* Rezeptor *m*; **2.** *j-n* empfangend; *pl.* [-uːn] Person *f*, die zu j-s Empfang erscheint
مستقبلي [mus'taqbaliː] zukünftig, Zukunfts-; futuristisch; futurologisch; *pl.* [-uːn] Futurist *m*
مستقبلية [mustaqba'liːja] Futurismus *m*
1 مستقر [musta'qarr] Wohnort *m*, Aufenthaltsort *m*
2 مستقر [musta'qɨrr] fest, stabil; konstant; seßhaft; غير ~ unbeständig, instabil
مستقطع [mus'taqtɒʕ], *pl.* [-aːt] Abzug *m von e-r Summe*
مستقل [musta'qill] unabhängig, selbständig; autonom
مستقيل [musta'qiːl] *vom Amt* zurückgetreten
مستقيم [musta'qiːm] gerade; geradlinig; richtig, recht; redlich, rechtschaffen; Mastdarm *m*, Rektum *n*; *pl.* [-aːt] *Math.* Gerade *f*; مستقيمات الأجنحة [m. al-ʔadʒniħa] *Zool.* Geradflügler *m/pl.*; → صراط

مستكتب [mus'taktab], *pl.* [-uːn] *Lib.* (männliche) Schreibkraft

مستكتبة [mus'taktaba], *pl.* [-aːt] *Lib.* (weibliche) Schreibkraft

مستكشف [mus'takʃif], *pl.* [-uːn] Entdecker *m*, Erforscher *m*

مستكمل [mus'takmal] vollendet; vollkommen, perfekt

مستكين [musta'kiːn] willfährig, ergeben

مستل [mus'tall], *pl.* [-aːt] *Ir.* Sonderdruck *m*

مستلزمات [mustalza'maːt] *pl.* Erfordernisse *n/pl.*; Voraussetzungen *f/pl.*; *Hdl.* Bedarf *m*

مستلقٍ [mus'talqin] *Pers.*: liegend

مستلم [mus'talim], *pl.* [-uːn] Empfänger *m e-r Postsendung*

مستمد [musta'madd] hergeleitet (من von, aus *D*), entnommen (من aus *D*)

مستمر [musta'mirr] andauernd; fortgesetzt, ständig; fortführend (في *A*); ما زال ~ا [-an] weiter andauern; → تيار

مستمسك [mus'tamsak], *pl.* [-aːt] *Ir.* Dokument *n*, *pl.* Unterlagen *f/pl.*; جرمي ~ [ʤurmiː] *Jur.* Beweisstück *n*, Corpus delicti *n*

[1]**مستمع** [mus'tamaʕ] gehört; له قول ~ [qaul] man hört auf ihn

[2]**مستمع** [mus'tamiʕ], *pl.* [-uːn] Hörer *m*, Zuhörer *m*

مستميت [musta'miːt] todesmutig; *Anstrengung, Kampf*: verzweifelt

مستنبت [mus'tambat] gezüchtet; *pl.* [-aːt] Pflanzung *f*, Kultur *f*

مستنبط [mus'tambiŧ] erschließend, entdeckend

[1]**مستند** [mus'tanad], *pl.* [-aːt] (*schriftliche*) Unterlage, Beleg *m*, Schein *m*; Urkunde *f*, Dokument *n*; مستندات الشحن Frachtpapiere *n/pl.*; نهائي ~ [ni'haːʔiː] Schlußdokument *n*, Schlußakte *f*

[2]**مستند** [mus'tanid] sich stützend (إلى auf *A*); إلى ~ا [-an] gestützt auf

مستندي [mus'tanadiː]: ~ اعتماد *Hdl.* Dokumentenakkreditiv *n*

مستنطق [mus'tanŧiq] *Syr.* Untersuchungsrichter *m*

مستنفر [mus'tanfar] in Alarmbereitschaft, kampfbereit

مستنقع [mus'tanqaʕ], *pl.* [-aːt] Sumpf *m* (*a. fig.*), Moor *n*

مستنكر [mus'tankar] verwerflich, zu mißbilligen

مستنير [musta'niːr] erleuchtet, aufgeklärt

مستهام [musta'haːm] leidenschaftlich verliebt

مستهتر [mus'tahtir] unbekümmert (ب um *A*), geringschätzend (ب *A*), leichtsinnig; rücksichtslos; *pl.* [-uːn] Zyniker *m*

مستهدف [mus'tahdaf] worauf man abzielt, Ziel *n*

مستهزئ [mus'tahziʔ] spöttisch; *pl.* [-uːn] Spötter *m*

مستهل [musta'hall] Anfang *m*, Beginn *m*

[1]**مستهلك** [mus'tahlak] verbraucht, erschöpft; abgenutzt, verschlissen; *Auto*: klapprig

[2]**مستهلك** [mus'tahlik], *pl.* [-uːn] Verbraucher *m*, Konsument *m*

مستوٍ [mus'tawin] gerade; eben, ebenmäßig, gleichmäßig, glatt; *Dach*: flach; aufgerichtet; gar (*gekocht*); الهندسة المستوية [al-handasa] Planimetrie *f*

مستوجب [mus'tauʤib] erforderlich machend, verlangend; *etwas* verdienend

مستوحى [mus'tauħan] geleitet, inspiriert (من von *D*); hergeleitet (من aus, von *D*)

مستودع [mus'taudaʕ], *pl.* [-aːt] Aufbewahrungsort *m*, Aufbewahrungsraum *m*; Speicher *m*, Lager *n*, Depot *n*; (*Wasser-*)Reservoir *n*; *Mar., Tun.* Garage *f*; الأمانات ~ Gepäckaufbewahrung *f*

مستور [mas'tuːr] verborgen, versteckt; getarnt; verhüllt, bedeckt; *Lebenswandel*: einwandfrei, anständig; in gesicherten Verhältnissen lebend, (gut) versorgt; مستورات الزهر *pl.* Sporenpflanzen *f/pl.*

[1]**مستورد** [mus'taurad] importiert; مستوردات *pl.* Importe *m/pl.*

[2]**مستورد** [mus'taurid] importierend; *pl.* [-uːn] Importeur *m*

مستوصف [mus'tausɒf], *pl.* [-aːt] Klinik *f*

مستوطن [mus'tauŧin] (ein)heimisch, festgewurzelt; *Krankheit*: endemisch; *pl.* [-uːn] Siedler *m*

مستوطنة [mus'tauŧɒna], *pl.* [-aːt] Siedlung *f*; زراعية ~ [ziraː'ʕiːja] *in Israel*: Kibbuz *m*

مستوعب [mus'tauʕib] aufnehmend; begreifend

مستوفٍ [mus'taufin] *Bedingungen* erfüllend

مستوفى [mus'taufan] vollständig; *Gebühr*: erhoben; voll (*bezahlt*)

مستوقد [mus'tauqad], *pl.* [-aːt] Feuerstelle *f*, Herd *m*

مستوى [mustawan], *pl.* مستويات [mustawa'jaːt] Ebene *f*, Niveau *n*; Höhe *f*, Stand *m*; Standard *m*, Stufe *f*; ثقافي ~ Bildungsniveau *n*; ~ الماء [mustawaː l-maːʔ] Wasserstand *m*; مائل ~ *Math.* schiefe Ebene; المعيشة ~ Lebensstandard *m*; ~ أعلى Höchststand *m*; على الـ~ الدولي [ad-duwaliː] auf internationaler Ebene; في ~ واحد مع auf gleicher Stufe mit *j-m* stehend

مستيقظ [mus'taiqɨð] erwachend; erwacht

مسجد [masʤid], *pl.* مساجد [ma'saːʤid] (2) Moschee *f*; جامع ~ Große Moschee, Freitagsmoschee *f*; الـ~ الحرام die Moschee von Mekka; الـ~ الأقصى die Aksa-Moschee (*in Jerusalem*)

[1]**مسجل** [mu'saddʒal] eingetragen, registriert; gebucht, verbucht; *Brief*: eingeschrieben; *auf Band* aufgenommen; *Sendung*: aufgezeichnet; ماركة/علامة تجارية ~ة [tiʤaː'riːja] eingetragene(s) Warenzeichen

[2]**مسجل** [mu'saddʒil], *pl.* [-uːn] Registerführer *m*; *pl.* [-aːt] Registriergerät *n*; Tonbandgerät *n*, Recorder *m*; الزلزال ~ [m. az-zil'zaːl/az-zal'zaːl] Seismograph *m*; العقود ~, الوثائق ~ [m. al-wa'θaːʔiq] Notar *m*

مسجلة [mu'saddʒila], *pl.* [-aːt] Tonbandgerät *n*, Recorder *m*; Registriergerät *n*
مسجوع [mas'dʒuːʕ] in Reimprosa (*geschrieben*)
مسجون [mas'dʒuːn] eingekerkert; *pl.* [-uːn] *u.* مساجين [masaː'dʒiːn] (2) Häftling *m*, (Straf-)Gefangene(r)
مسجى [mu'saddʒan] *Toter*: *mit dem Leichentuch* bedeckt, aufgebahrt; على فراشه ~ [fi'raːʃihiː] krank daniederliegend; auf dem Sterbebett liegend
1 **مسح** [masaha, a] (ab)wischen, (ab-)putzen; einreiben, salben (ب mit *D*); *Grundstück* ausmessen, *Land* vermessen, *Gelände* aufnehmen; *bei e-r Erhebung* erfassen; *Möglichkeiten* ausloten; **II** [massaħa] einreiben, salben; christianisieren; **V** تمسح [ta'massaħa] sich abwischen; sich reiben (ب an *j-m*)
2 **مسح** [masħ] Abwischen *n*; Einreibung *f*, Salbung *f*; *Chr.* (letzte) Ölung; *pl.* مسوحات [musuː'ħaːt] Vermessung *f von Land*, Aufnahme *f*; Erfassung *f durch e-e Erhebung*, Erhebung *f*; زلزالي ~ [zil'zaːliː] seismographische Messung
3 **مسح** [misħ], *pl.* مسوح [mu'suːħ] Mönchskutte *f*; Büßerhemd *n*
مسحاء [mas'ħaːʔ] (2) flachbrüstig
مسحاج [mis'ħaːdʒ], *pl.* مساحيج [masaː'ħiːdʒ] (2) Hobel *m*
مسحاة [mis'ħaːt], *pl.* مساح [ma'saːħin] Spaten *m*, Schaufel *f*
مسحج [misħadʒ], *pl.* مساحج [ma'saːħidʒ] (2) Hobel *m*
مسحل [misħal], *pl.* مساحل [ma'saːħil] (2) Feile *f*, Raspel *f*
مسحنة [misħana], *pl.* مساحن [ma'saːħin] (2) Stößel *m*, Mörserkeule *f*
مسحة [masħa] (einmaliges) Wischen; Salbung *f*, Ölung *f*; *fig.* Färbung *f*, Anstrich *m*; Anflug *m*, Spur *f von etwas*
مسحوب [mas'ħuːb] *Wechsel*: gezogen (على auf *A*); *Blech*: ausgewalzt; عليه ~ (*Wechsel-*)Bezogene(r)
مسحوبة [mas'ħuːba] *Alg.* Anhänger *m e-s Fahrzeugs*
مسحور [mas'ħuːr] verzaubert; betört, fasziniert
مسحوق [mas'ħuːq] zermahlen, zerrieben; *pl.* مساحيق [masaːħiːq] (2) Pulver *n*; Puder *m*; البن ~ [m. al-bunn] Kaffeepulver *n*; الغسيل ~ Waschpulver *n*; الفحم ~ Kohlenstaub *m*
1 **مسخ** [masaxa, a] verwandeln, umwandeln; entstellen; *Speisen* geschmacklos machen
2 **مسخ** [masx] Verwandlung *f*; Entstellung *f*; Verfälschung *f a. des Geschmacks*
3 **مسخ** [misx, masx], *pl.* مسوخ [mu'suːx] Mißgeburt *f*
1 **مسخر** [masxara] lächerlich machen, verspotten; **II** تمسخر [ta'masxara] sich lustig machen (على über *A*)
2 **مسخر** [mu'saxxar] dienstbar gemacht, herangezogen; unterworfen (ل *j-m*); Zwangsarbeiter *m*
مسخرة [masxara], *pl.* مساخر [ma'saːxir] (2) etwas, wodurch man sich lächerlich macht; lächerliche Sache; Maskerade *f*; الـ~ عيد [ʕiːd al-m.] Karneval *m*
مسخطة [masxatɒ], *pl.* مساخط [ma'saːxit] (2) Ärgernis n
مسخم [mu'saxxam] rußig, verrußt
مسخن [mu'saxxin], *pl.* [-aːt] Erhitzer *m*, Wärmer *m*; Boiler *m*
مسخنة [misxana], *pl.* مساخن [ma'saːxin] (2) Kessel *m*, Topf *m zum Erhitzen*
مسخوط [mas'xuːt], *pl.* مساخيط [masaː'xiːt] (2) mißgestaltet; häßliche(r) Zwerg
1 **مسد** **II** [massada] massieren
2 **مسد** [masad] *koll.* Palmfasern *f/pl.*
3 **مسد** [ma'sadd]: ه~ سد [sadda -ahuː] an j-s Stelle treten, j-n *od.* etwas ersetzen
1 **مسدد** [mu'saddad] *Schuß*: gezielt; bezahlt
2 **مسدد** [mu'saddid] *auf j-n od. etwas* richtend *od.* zielend; *Tun.* Zahler *m*; إصابة ~ Torschütze *m*
مسدس [mu'saddas] sechsfach, sechsteilig; sechseckig; *pl.* [-aːt] Sechseck *n*; Revolver *m*, Pistole *f*; بساقية ~ [bi-saːqija] Trommelrevolver *m*; رشاش ~ [ra'ʃʃaːʃ] Maschinenpistole *f*
مسدل [musdal] herabgelassen, herabhängend; *Vorhang*: geschlossen
مسدود [mas'duːd] verstopft; versperrt, abgesperrt; *Straße*: unpassierbar; طريق ~ *a. fig.* Sackgasse *f*
مسر [mu'sirr] erfreulich
مسرب [masrab], *pl.* مسارب [ma'saːrib] (2) Fahrspur *f*; Weg *m*, Bahn *f*; Flußbett *n*; Abflußkanal *m*
مسرجة [misradʒa], *pl.* مسارج [ma'saːridʒ] (2) Lampe *f*, Leuchter *m*
1 **مسرح** [masraħ], *pl.* مسارح [ma'saːriħ] (2) Bühne *f*, Theater *n*; Schauplatz *m*; *fig.* Gefilde *n/pl.*; الجيب ~ [m. al-dʒaib] Zimmertheater *n*; التمثيل ~ Schauspielhaus *n*; Sprechbühne *f*; غنائي ~ [ɣi'naːʔiː] Opernbühne *f*, Opernhaus *n*; ظهر على الـ~ auf der Bildfläche erscheinen, auf den Plan treten
2 **مسرح** [mu'sarraħ] entlassen; *Offizier*: verabschiedet
مسرحي [masraħiː] Theater-, Bühnen-; theatralisch; *pl.* [-uːn] (= كاتب ~) Bühnenautor *m*, Dramatiker *m*
مسرحية [masra'ħiːja], *pl.* [-aːt] Theaterstück *n*, Bühnenstück *n*, Schauspiel *n*; غنائية ~ [ɣinaː'ʔiːja] Singspiel *n*, Musical *n*; Oper *f*
مسرد [masrad], *pl.* مسارد [ma'saːrid] (2) Index *m*, Register *n*
مسرطن [mu'sartin] *Med.* karzinogen
مسرع [musriʕ] eilend, eilig, schnell; *Autofahrer*: rasend
مسرف [musrif] übermäßig, maßlos; verschwenderisch; *pl.* [-uːn] Verschwender *m*
مسرة [ma'sarra], *pl.* [-aːt] Freude *f*, Vergnügen *n*
مسرور [mas'ruːr] erfreut, froh (ب über *A*)
مسروق [mas'ruːq] gestohlen; bestohlen, ausgeraubt; مسروقات *pl.* Diebesgut *n*
مسرى [misraː] *12. Monat des koptischen Kalenders*
مسز [misiz] *vor engl. Personennamen*: Mrs.

مسطبة [mastɒba], *pl.* مساطب [ma'saːŧib] (2) *Äg.* Steinbank *f*; Mastaba *f* (*altägyptische Grabform*)

مسطح [mu'sɒŧŧɒħ] flach, abgeplattet; *pl.* [-aːt] Fläche *f*

مسطر [mu'sɒŧŧɒr] liniert; *Tun. Ziel*: vorgezeichnet, abgesteckt; شيك ~ [ʃeːk] Verrechnungsscheck *m*

[1]**مسطرة** [mastɒra]: قانون الـ~ الجنائية [al-ʤinaː'ʔiːja] *Mar.* Strafprozeßordnung *f*

[2]**مسطرة** [mistɒra], *pl.* مساطر [ma'saːŧir] (2) Lineal *n*; حاسبة ~ Rechenschieber *m*

مسطرين [mastɒ'riːn] Maurerkelle *f*

مسطور [mas'ŧuːr] liniert

مسطول [mas'ŧuːl] berauscht (*bes. von Haschisch*); high; benommen

مسعد [musʕad] vom Glück begünstigt, glücklich

[1]**مسعر** [mu'saʕʕar] *Preis*: festgesetzt; *bsd. Maghr.* (*an der Börse*) notiert

[2]**مسعر** [misʕar] Kalorimeter *n*

مسعف [musʕif] hilfreich; *pl.* [-uːn] Sanitäter *m*

مسعود [mas'ʕuːd] vom Glück begünstigt, glücklich; *a. npr. m*

مسعور [mas'ʕuːr] rasend, toll, blindwütig

مسعى [masʕan], *pl.* مساع [ma'saːʕin] Bemühung *f*, Anstrengung *f*; Bestreben *n*; المساعي الحميدة *Dipl.* gute Dienste *m/pl.*

مسغبة [masɣaba] Hunger *m*; Hungersnot *f*

مسفلت [mu'saflat] asphaltiert

مسفلتة [mu'saflita], *pl.* [-aːt] *Saudi-Ar.* Asphaltiergerät *n*

مسقاة [mis'qaːt], *pl.* مساق [ma'saːqin] Bewässerungskanal *m*

[1]**مسقط** [masqɒŧ, masqiŧ], *pl.* مساقط [ma'saːqiŧ] (2) Stelle *f*, wo etwas auffällt *od.* niederfällt; أفقي ~ [ʔufuqiː] *Geom.* Grundriß *m*; ~ الرأس Geburtsort *m*; رأسي ~ *Geom.* Aufriß *m*; مائي ~ *od.* الماء ~, *pl.* مساقط المياه [m. al-mi'jaːh] Wasserfall *m*; النور ~ [m. an-nuːr] Lichtschacht *m*

[2]**مسقط** [masqɒŧ] (2) Maskat (*Hauptstadt von Oman*)

مسقعة [mu'saqqaʕa] *Gericht aus Auberginen u. Fleisch*

[1]**مسقف** [mu'saqqaf] mit e-m Dach versehen, überdacht; *pl.* [-aːt] überdachte(r) Raum

[2]**مسقف** [mu'saqqif], *pl.* [-uːn] Dachdecker *m*

مسقم [musqim] krankmachend; unerträglich; *Langeweile*: tödlich

مسقوي [misqawiː] *Äg.*, *Saudi-Ar.* bewässert

مسقى [masqan], *pl.* مساق [ma'saːqin] Tränke *f*

[1]**مسك** [masaka, i] fassen, ergreifen (ه/هـ/ب *A*); halten, festhalten (ه/هـ/ب *A*); haften (ب an *D*); *Bücher* führen; **II** [massaka] **1.** *j-n etwas* halten lassen; **2.** mit Moschus parfümieren; **IV** أمسك [ʔamsaka] fassen, ergreifen, packen (ه/هـ/ب *A*); halten, festhalten (ه/هـ/ب *A*); zurückhalten (عن von *D*); sich enthalten (عن *G*); أنفاسه ~ *a. fig.* den Atem anhalten; البطن ~ [al-bɒŧna] *Med.* stopfen; لسانه ~ [li'saːnahuː] s-e Zunge im Zaum halten; **V** تمسك [ta'massaka] festhalten (ب an *D*); sich halten (ب an *A*); *Jur.* geltend machen (ب *A*); **VI** تماسك [ta'maːsaka] zusammenhalten, aneinanderhaften; sich zusammennehmen; **X** استمسك [is'tamsaka] festhalten (ب an *D*)

[2]**مسك** [mask] Ergreifen *n*; Halten *n*; الدفاتر ~ [m. ad-da'faːtir] Buchführung *f*

[3]**مسك** [misk] Moschus *m*; الختام ~ [m. al-xi'taːm] der krönende Abschluß; رومي ~ [ruːmiː] Nachthyazinthe *f*

مسكب [maskab], *pl.* مساكب [ma'saːkib] (2) Schmelztiegel *m*

مسكت [muskit] *Antwort*: überzeugend, schlagfertig; *Argument*: schlagkräftig

[1]**مسكر** [mu'sakkar] **1.** gezuckert, zuck(e)rig; مسكرات *pl.* Zuckerwaren *f/pl.*, Süßigkeiten *f/pl.*; **2.** (ab)geschlossen, versperrt

[2]**مسكر** [muskir] berauschend; *pl.* [-aːt] berauschende(s) *od.* alkoholische(s) Getränk

[1]**مسكن** [maskan], *pl.* مساكن [ma'saːkin] (2) Wohnung *f*; Wohnhaus *n*; Wohnraum *m*; Wohnen *n*, Unterkunft *f*; شعبي ~ Sozialwohnung *f*

[2]**مسكن** [mu'sakkin] beruhigend; *pl.* [-aːt] Beruhigungsmittel *n*, Sedativ *n*; schmerzstillende(s) Mittel; ~ للألم [li-l-ʔalam] schmerzstillend

مسكنة [maskana] Armut *f*, Elend *n*

[1]**مسكة** [maska], *pl.* [masa'kaːt] Griff *m*

[2]**مسكة** [muska] **1.** *pl.* مسك [musak] Griff *m*, Henkel *m*; **2.** Geiz *m*

مسكوكة [mas'kuːka], *pl.* [-aːt] Münze *f*

مسكون [mas'kuːn] bewohnt; von Geistern heimgesucht

مسكونة [mas'kuːna]: الـ~ die bewohnte Erde; *Chr.* die Ökumene

مسكوني [mas'kuːniː] *Chr.* ökumenisch

مسكونية [maskuː'niːja]: الـ~ *Chr.* die Ökumene

مسكين [mis'kiːn], *pl.* مساكين [masaː'kiːn] (2) arm, elend, bedauernswert

مسل [mu'sallin] tröstend, tröstlich; unterhaltend, unterhaltsam; vergnüglich, amüsant; Tröster *m*

مسلاة [mas'laːt], *pl.* مسال [ma'saːlin] Vergnügen *n*, Vergnügung *f*

مسلح [mu'sallaħ] bewaffnet; *pl.* [-uːn] Bewaffnete(r); إسمنت ~ [ʔis'mant] Eisenbeton *m*; قوات ~ة [qu'wwaːt] Streitkräfte *pl.*; سالم ~ *Syr.* tauglich zum Dienst mit der Waffe

مسلخ [maslax], *pl.* مسالخ [ma'saːlix] (2) Schlachthof *m*

مسلسل [mu'salsal] *Nummer*: fortlaufend; *Sendung*: in mehreren Folgen; *Roman*: in Fortsetzungen; *pl.* [-aːt] Sendereihe *f*, Serie *f*; تفاعل ~ Kettenreaktion *f*

مسلسلة [mu'salsala], *pl.* [-aːt] Sendereihe *f*, Serie *f*

مسلط [mu'sallɒŧ] *Licht*: beleuchtend *od.* anstrahlend (على *etwas*); *Schwert*: gezückt; سيف ~ على رأسه/عنقه [saif, ʕu'nuqihiː] Damoklesschwert *n*

مسلك [maslak], *pl.* مسالك [ma'saːlik] (2) *a. fig.* Weg *m*; Verhaltensweise *f*, Handlungsweise *f*; Vorgehen *n*, Methode *f*; المسالك البولية [al-bau'liːja] die Harnwege *m/pl.*; مسالك التنفس [m. at-ta'naffus] die Atemwege *m/pl.*

مسلكي [maslakiː] beruflich, Berufs-; dienstlich

1**مسلم** [mu'sallam] **1.** übergeben; ausgeliefert; **2.**: ~ *u.* به ~ (allgemein) anerkannt, selbstverständlich; unbestritten; من الـ~ به es ist unbestritten *od.* selbstverständlich

2**مسلم** [muslim] muslimisch; *pl.* [-uːn] Muslim *m*

1**مسلمة** [mu'sallama], *pl.* [-aːt] *Phil.* Postulat *n*; Axiom *n*; *pl. a.* Selbstverständlichkeiten *f/pl.*

2**مسلمة** [muslima], *pl.* [-aːt] Muslimin *f*

مسلة [mi'salla], *pl.* [-aːt] *u.* مسال [ma'saːll] (2) große Nadel, Sacknadel *f*; Obelisk *m*

مسلوب [mas'luːb] geraubt; beraubt (*G*: *e-r Sache*); ausgeplündert

مسلوخ [mas'luːx] abgehäutet, ohne Haut

مسلوع [mas'luːʕ] mit e-m Schlitz

مسلوق [mas'luːq] (*in Wasser*) gekocht; ~ بيض [baiđ] weich(gekocht)e Eier *n/pl.*; بيض ~ (جامد) hart(gekocht)e Eier *n/pl.*

مسلوك [mas'luːk] *Weg*: (viel) begangen; *fig.* gangbar

مسلول [mas'luːl] **1.** *Schwert*: gezückt; **2.** schwindsüchtig

مسماح [mis'maːħ] großmütig, großzügig; verständnisvoll

مسمار [mis'maːr], *pl.* مسامير [masaː'miːr] (2) Nagel *m*, Stift *m*; Gewürznelke *f*; ~ برشام [m. bur'ʃaːm] *Techn.* Niete *f*

مسماري [mis'maːriː]: الخط الـ~ [al-xɒtt] *u.* الكتابة المسمارية [al-ki'taːba] die Keilschrift

مسماع [mis'maːʕ] *Med.* Stethoskop *n*

مسماة → مسمى

1**مسمر** [masmara] (ver-, zu)nageln

2**مسمر** [mu'sammar] festgenagelt, angenagelt; *fig.* wie festgenagelt

1**مسمع** [masmaʕ] Hörweite *f*; على ~ من in Hörweite von *j-m*; على ~ منه so daß er es hören konnte

2**مسمع** [mismaʕ], *pl.* مسامع [ma'saːmiʕ] (2) Ohr *n*; *Med.* Stethoskop *n*; على ~ـه vor j-s Ohren

مسمكة [masmaka], *pl.* مسامك [ma'saːmik] (2) Fischgeschäft *n*; Fischzuchtbetrieb *m*

مسمن [mu'samman] gemästet; fett; حيوانات ~ة [ħajawaː'naːt] Mastvieh *n*

مسموح [mas'muːħ] *u.* (*korrekt*) به ~ erlaubt, gestattet

مسموع [mas'muːʕ] hörbar, vernehmbar; هو ~ الكلمة [m. al-kalima] seine Stimme hat Gewicht

مسموم [mas'muːm] vergiftet, giftig; *Propaganda*: böswillig

مسمى [mu'samman], *f* مسماة [musa'mmaːt], *u.* ب ~ genannt, benannt; *pl.* [-aːt] Bezeichnung *f*, Benennung *f*, Name *m*; Begriff *m*; إلى أجل غير ~ [ʔadʒalin] auf unbestimmte Zeit, bis auf weiteres

1**مسن** [mu'sinn], *pl.* [-uːn] *u. klass.* مسان [ma'saːnn] (2) alt, bejahrt, betagt

2**مسن** [mi'sann], *pl.* [-aːt] *u.* مسان [ma'saːnn] (2) Schleifstein *m*; Streichriemen *m*

1**مسند** [musnad] gestützt (إلى auf *A*), gelehnt (إلى an *A*); *pl.* مساند [ma'saːnid] (2) *Isl.* Überlieferung *f* mit lückenloser Überliefererkette; الـ~ *Gr.* Prädikat *n*; الـ~ إليه *Gr.* Subjekt *n*; خط الـ~ [xɒtt al-m.] die himjaritische *od.* altsüdarabische Schrift

2**مسند** [misnad], *pl.* مساند [ma'saːnid] (2) Stütze *f*; Lehne *f*; Polsterkissen *n*; Unterlage *f zum Schreiben*

مسنم [mu'sannam] gewölbt

مسنن [mu'sannan] gezähnt, gezackt; *Mauer*: mit Zinnen versehen; عجلة ~ة [ʕadʒala] Zahnrad *n*

مسنون [mas'nuːn] *Messer*: scharf, geschliffen; spitz

1**مسهب** [mushab] *Schilderung*: ausführlich; weitschweifig

2**مسهب** [mushib] *Redner*: ausführlich; weitschweifig

1**مسهد** [mu'sahhad] schlaflos, wach

2**مسهد** [mu'sahhid] *Nacht*: schlaflos

مسهر [mashar], *pl.* مساهر [ma'saːhir] (2) Nachtlokal *n*

1**مسهل** [mu'sahhil] erleichternd; *pl.* [-aːt] Abführmittel *n*

2**مسهل** [mushil] abführend; *pl.* [-aːt] Abführmittel *n*

مسهم [mushim] beteiligt (في an *D*)

(**مسو**) **II** مسى [massaː] e-n guten Abend wünschen (ه *j-m*); مساك الله بالخير [ma'ssaːka łɒːhu bi-l-xair] guten Abend!; **IV** أمسى [ʔamsaː] werden (*A*: *etwas od.* zu *etwas*); am Abend sein (في an *e-m Ort*); *mit Impf.*: beginnen *etwas zu tun*

مسواك [mis'waːk], *pl.* مساويك [masaː'wiːk] (2) Zahnputzholz *n*

مسود [ma'suːd] beherrscht; Beherrschte(r), Untertan *m*

مسودة [mu'sawwada, mus'wadda], *pl.* [-aːt] Entwurf *m*, Konzept *n*; ~ الطبع Korrekturbogen *m*

مسوس [mu'sawwis] *Zahn*: kariös; *a.* [mu'sawwas] *Holz*: wurmstichig; *Getreide*: verfault

مسوغ [mu'sawwiɣ], *pl.* [-aːt] Rechtfertigungsgrund *m*; (ausreichende) Begründung; *pl.* Bewerbungsunterlagen *f/pl.*; لا ~ له [-a] ungerechtfertigt; unbegründet

مسوق [ma'suːq] angetrieben (ب durch *A*)

مسوكر [mu'saukar] versichert

مسؤول [mas'ʔuːl] verantwortlich (عن für *A*, أمام gegenüber *D*); *pl.* [-uːn] Verantwortliche(r); كبار المسؤولين [ki'baːr al-m.] hohe Funktionäre *m/pl. od.* Beamte *m/pl.*, führende Persönlichkeiten *f/pl.*; لا ~ unverantwortlich

مسؤولية [masʔuː'liːja], *pl.* [-aːt] Verantwortung *f* (عن für *A*), Verantwortlichkeit *f*; Haftung *f* (عن für *A*); *bsd. pl.* Aufgabe *f*

مسى → (مسو)

مسيء [mu'siːʔ] schädlich, abträglich; kränkend, verletzend; *pl.* [-uːn] j-d, der sich falsch verhält; Übeltäter *m*

مسيح [ma'siːħ] gesalbt; الـ~ Christus

مسيحي [ma'siːħiː] christlich; *pl.* [-uːn] Christ *m*
مسيحية [masiː'ħiːja] Christentum *n*
مسيخ [ma'siːx] mißgestaltet, häßlich; geschmacklos, fade
[1]**مسير** [ma'siːr] Marsch *m*; Gehen *n*, Gang *m*; Fahren *n*, Fahrt *f*; Aufbruch *m*; Abfahrt *f*; على ~ دقائق من [m. da'qaːʔiq(a)] ein paar Minuten entfernt von
[2]**مسير** [mu'sajjar] gelenkt, gesteuert (ب durch *A*); *Maghr.* geleitet, verwaltet; *Phil.* willensunfrei
[3]**مسير** [mu'sajjir], *pl.* [-uːn] *Maghr.* Leiter *m*, Verwalter *m*
مسيرة [ma'siːra], *pl.* [-aːt] Marsch *m*; *a. fig.* Weg *m*; Gehen *n*, Gang *m*; Entwicklung *f*; على ~ دقائق من [m. da'qaːʔiq(a)] ein paar Minuten entfernt von
[1]**مسيس** [ma'siːs]: ~ الحاجة dringende Notwendigkeit, dringende(s) Bedürfnis; هو في ~ الحاجة إلى er bedarf dringend *e-r Sache*
[2]**مسيس** [mu'sajjas] politisiert
مسيطر [mu'saiŧir] beherrschend (على *A*); vorherrschend; Herr *m* (على über *A*)
مسيك [ma'siːk] wasserdicht; geizig
[1]**مسيل** [ma'siːl] Fließen *n*; *pl.* مسايل [ma'saːjil] (2) (Wasser-)Rinne *f*; *Anat.* Kanal *m*, Gang *m*
[2]**مسيل** [mu'sajjal] verflüssigt, Flüssig-
[3]**مسيل** [mu'siːl]: غاز ~ للدموع Tränengas *n*
مسئول, مسئولية → مسؤول, مسؤولية
[1]**مش** [maʃʃa, u] *Knochen* aussaugen
[2]**مش** [muʃ, miʃ] *umg.* nicht
مشاء [ma'ʃʃaːʔ], *pl.* [-uːn] *Sport*: Geher *m*; المشاؤون *Phil.* die Peripatetiker *m/pl.*
مشابه [mu'ʃaːbih] ähnlich, gleich (ل *D*)
مشابهة [mu'ʃaːbaha], *pl.* [-aːt] Ähnlichkeit *f*; Affinität *f*
مشاجرة [mu'ʃaːdʒara] Streit *m*, Zank *m*
مشاحنة [mu'ʃaːħana], *pl.* [-aːt] Streit *m*, Zank *m*
مشاحة [mu'ʃaːħħa] Streit *m*; مشاحات *pl.* Streitigkeiten *f/pl.*
مشادة [mu'ʃaːdda] Streit *m*, Auseinandersetzung *f*; Wortgefecht *n*
مشار [mu'ʃaːr]: الـ~ إليه der (vor)erwähnte …
مشارف → [1]مشرف
مشارك [mu'ʃaːrik] teilnehmend (في an *D*); Teilhaber *m*
مشاركة [mu'ʃaːraka] Beteiligung *f*, Teilnahme *f* (في an *D*); Mitwirkung *f* (في an *D*); Teilhaberschaft *f*, Partnerschaft *f*; *betriebliche* Mitbestimmung; *Isl.* Muscharaka *f* (*Vertragsform, bei der Bank u. Kunde das gemeinsame Projekt finanzieren*); *Jur.* Mittäterschaft *f*; *Chr.* Kommunion *f*; الـ~ في الأرباح Gewinnbeteiligung *f*; الـ~ في العمل [fi l-ʕamal] Mitarbeit *f*; ~ وجدانية [widʒdaː'niːja] Mitgefühl *n*, Anteilnahme *f*, Sympathie *f*
مشارة [ma'ʃaːra], *pl.* [-aːt] Stück *n* Ackerland
مشاع [mu'ʃaːʕ] allen gehörend, allgemein; Gemeinbesitz *m*, Gemeineigentum *n*
مشاغب [mu'ʃaːɣib], *pl.* [-uːn] Unruhestifter *m*, Störenfried *m*, Aufrührer *m*
مشاغبة [mu'ʃaːɣaba], *pl.* [-aːt] Unruhestiftung *f*, Aufhetzung *f*, Aufruhr *m*; *pl. Pol.* Unruhen *f/pl.*
مشافهة [mu'ʃaːfaha] Gespräch *n*; ~ [-tan] *Adv.* mündlich
مشاق → مشقة
مشاقة [mu'ʃaːqa, mu'ʃaːqqa] Abfallfasern *f/pl.* von Flachs *od.* Hanf; Werg *n*; ~ حرير Florettseide *f*
مشاكس [mu'ʃaːkis] streitsüchtig, zänkisch, unverträglich
مشاكسة [mu'ʃaːkasa] Streitsüchtigkeit *f*, Unverträglichkeit *f*; *pl.* [-aːt] Herausforderung *f*, Frechheit *f*
مشال [ma'ʃaːl] Trägerlohn *m*
مشاة → ماش
[1]**مشاهد** [ma'ʃaːhid] → مشهد
[2]**مشاهد** [mu'ʃaːhad] zu sehen, sichtbar; مشاهدات *pl.* Beobachtungen *f/pl.*; من الـ~ أن [ʔanna] es ist zu beobachten, daß
[3]**مشاهد** [mu'ʃaːhid], *pl.* [-uːn] Zuschauer *m*; Schaulustige(r)
مشاهدة [mu'ʃaːhada] Ansehen *n*, Anschauen *n*; Zuschauen *n*; Besichtigung *f*; → [2]مشاهد
مشاهرة [mu'ʃaːhara] monatliche Zahlung; ~ [-tan] *Adv.* monatlich
مشاور [mu'ʃaːwar], *pl.* [-uːn] Berater *m*
مشاورة [mu'ʃaːwara], *pl.* [-aːt] Beratung *f*; مجلس الـ~ [madʒlis al-m.] Beirat *m*
مشايخ → [2]شيخ *u.* مشيخة
مشايع [mu'ʃaːjiʕ], *pl.* [-uːn] Parteigänger *m*
مشاية [ma'ʃʃaːja], *pl.* [-aːt] Läufer *m* (*Teppich*); Laufgitter *n*
مشائي [ma'ʃʃaːʔiː] *Phil.* peripatetisch; Peripatetiker *m*
[1]**مشبع** [mu'ʃabbaʕ] gesättigt (ب mit *D*), saturiert; durchtränkt (ب mit *D*); voll *od.* erfüllt (ب von *D*)
[2]**مشبع** [muʃbaʕ] voll *od.* erfüllt (ب von *D*)
[1]**مشبك** [mu'ʃabbak] geflochten, verflochten; *Äg. e-e Art Kuchen*; زخارف ~ة Flechtwerk *n* (*als Verzierung*)
[2]**مشبك** [miʃbak], *pl.* مشابك [ma'ʃaːbik] (2) Klammer *f*; Wäscheklammer *f*; *Mode*: Schnalle *f*; Brosche *f*; ~ الشعر Haarnadel *f*; ~ الورق [m. al-waraq] Büroklammer *f*, Heftklammer *f*
[1]**مشبه** [mu'ʃabbah] *Gr.* dieselbe Rektion *od.* Funktion ausübend (ب *wie*)
[2]**مشبه** [muʃbih] ähnlich (ب/ل *D*)
مشبوب [maʃ'buːb] brennend, flammend; *fig.* entflammt (ب von *D*); leidenschaftlich
مشبوه [maʃ'buːh] verdächtig; zweifelhaft, dubios, suspekt; anrüchig; *pl.* [-uːn] Verdächtige(r)
مشتاق [muʃ'taːq] sehnsüchtig, verlangend; *fig.* dürstend
مشتاة [maʃ'taːt], *pl.* مشاتي [ma'ʃaːtiː] *Alg., Tun.* Siedlung *f* seßhaft gewordener Beduinen
مشتبك [muʃ'tabik] verflochten, verwickelt
مشتبه [muʃ'tabah]: ~ فيه/به verdächtig, zweifelhaft

مشتت [muˈʃattat] zerstreut; zersplittert, verzettelt; الفكر ~ [m. al-fikr] zerstreut, unkonzentriert; verwirrt
مشتد [muʃˈtadd] hart, streng
مشتر [muʃˈtarin], *pl.* مشترون [muʃtaˈruːn] Käufer *m*, Einkäufer *m*; المشتري *Astr.* Jupiter *m*
مشترط [muʃˈtarɒṭ] zur Bedingung gemacht, ausbedungen
مشترع [muʃˈtariʕ] Gesetzgeber *m*
[1]**مشترك** [muʃˈtarak] gemeinsam, gemeinschaftlich, Gemeinschafts-, Gemein-; *Linguistik*: polysem; ~ بينهما ihnen (beiden) gemeinsam; ~ إنتاج Koproduktion *f*
[2]**مشترك** [muʃˈtarik] teilnehmend (في an *D*); *pl.* [-uːn] Teilnehmer *m*; Abonnent *m*, Subskribent *m*
مشتركة [muʃˈtarika], *pl.* [-aːt] Teilnehmerin *f*
[1]**مشترى** [muʃˈtaran] gekauft; مشتريات [muʃtaraˈjaːt] *u.* مشتروات [muʃtaraˈwaːt] *pl.* Käufe *m/pl.*, Einkäufe *m/pl.*
[2]**مشتري** [muʃˈtariː] → مشتر
مشتعل [muʃˈtaʕil] brennend, in Flammen (stehend); *fig.* flammend, leidenschaftlich, heiß
مشتغل [muʃˈtaɣil] beschäftigt (ب mit *D*); Beschäftigte(r), Berufstätige(r); *Maschine*: in Betrieb
مشتق [muʃˈtaqq] *Wort*: abgeleitet; *pl.* [-aːt] *Gr.* Ableitung *f*; *pl. a.* Derivate *n/pl.*, Nebenprodukte *n/pl.*; مشتقات النفط Erdölprodukte *n/pl.*
مشتك [muʃˈtakin] sich beklagend, klagend; *pl.* مشتكون [muʃtaˈkuːn] Beschwerdeführer *m*; Kläger *m*
مشتكى [muʃˈtakan]: عليه ~الـ [al-muʃˈtakaː] *Jur.* Beklagte(r)
مشتل [maʃtal], *pl.* مشاتل [maˈʃaːtil] (2) Pflanzstätte *f*, Anpflanzung *f*; Pflanzenzuchtbetrieb *m*; أشجار ~ *u. Jord.* حرجي ~ [ħaraʤiː] Baumschule *f*
[1]**مشتمل** [muʃˈtamal], *pl.* [-aːt] *Ir.* kleine(s) Haus (*zum Vermieten*); *pl. a.* Inhalt *m*; *pl. a.* Zubehör *n*
[2]**مشتمل** [muʃˈtamil] enthaltend, umfassend (على *A*)
مشته [muʃˈtahin] begehrend, begierig
[1]**مشتهى** [muʃˈtahan] begehrenswert, wünschenswert, erwünscht; angenehm, lustvoll; مشتهيات [mutaʃhaˈjaːt] *pl.* wünschenswerte Dinge *n/pl.*
[2]**مشتهي** [muʃˈtahiː] → مشته
مشتى [maʃtan], *pl.* مشات [maˈʃaːtin] Winterkurort *m*; Winteraufenthalt *m*
مشج [muʃʤin] traurig (stimmend), betrüblich; ans Herz gehend, ergreifend
مشجب [miʃʤab], *pl.* مشاجب [maˈʃaːʤib] (2) Kleiderständer *m*; Kleiderbügel *m*; Kleiderhaken *m*
مشجر [muˈʃaddʒar] mit Bäumen bepflanzt; *Stoff*: mit Blumen *od.* Zweigen gemustert
مشجع [muˈʃaddʒiʕ] ermutigend; fördernd; Ansporn *m* (لـ zu *D*), ermutigende(r) Faktor; *pl.* [-uːn] Förderer *m*; Anhänger *m e-s Klubs*, Fan *m*
مشح [maʃaħa, a] *Chr.* die letzte Ölung geben (ه *j-m*)
مشحذ [miʃħað], *pl.* مشاحذ [maˈʃaːħið] (2) Wetzstein *m*, Schleifstein *m*
[1]**مشحم** [muˈʃaħħam] geschmiert, eingefettet; fettig
[2]**مشحم** [muˈʃaħħim] jemand, der den Schmierdienst versieht
مشحمة [muˈʃaħħima] Schmierapparat *m*
مشحة [maʃħa] *Chr.* letzte Ölung
مشحوذ [maʃˈħuːð] geschärft, scharf; spitz
مشحوف [maʃˈħuːf], *pl.* مشاحيف [maʃaːˈħiːf] (2) *Ir.* lange(s) Boot (*aus Holz od. aus mit Teer überzogenem Stroh*)
مشحون [maʃˈħuːn] beladen (ب mit *D*), aufgeladen; *El.*, *fig.* geladen; مشحونات *pl.* Ladung *f*, Ladegut *n*; بالتوتر ~ [bi-t-taˈwattur] spannungsgeladen, gespannt
مشخص [muˈʃaxxiṣ] diagnostizierend; charakteristisch; *pl.* [-uːn] Diagnostiker *m*; Darsteller *m*, Schauspieler *m*; مشخصات *pl.* Charakteristika *n/pl.*, Wesenszüge *m/pl.*
مشخصاتي [muʃaxxiˈṣɒːtiː], *pl.* ~ة Schauspieler *m*, Komödiant *m*
مشخصة [muˈʃaxxiṣɒ], *pl.* [-aːt] Darstellerin *f*, Schauspielerin *f*
مشد [miˈʃadd], *pl.* [-aːt] Korsett *n*
[1]**مشدد** [muˈʃaddad] *Sicherheitsmaßnahmen*: verschärft, verstärkt; scharf, streng; *Konsonant*: verdoppelt
[2]**مشدد** [muˈʃaddid] *Umstände*: erschwerend
مشدوخ [maʃˈduːx] zerbrochen; *Glas*: zersprungen
مشدود [maʃˈduːd] gespannt, straff; *fig.* überspannt; الأعصاب ~ *Person*: (an)gespannt; على/إلى ~ الجسد [al-ʤasad] *Kleid*: enganliegend
مشدوه [maʃˈduːh] verblüfft; bestürzt; überwältigt
مشراط [miʃˈrɒːṭ], *pl.* مشاريط [maʃaːˈriːṭ] (2) Skalpell *n*, Lanzette *f*; Seziermesser *n*
[1]**مشرب** [maʃrab] Trinken *n*, Trank *m*; *pl.* مشارب [maˈʃaːrib] (2) Trinkstelle *f*, Trinkbrunnen *m*; Tränke *f*; Kneipe *f*; Denkweise *f*, Tendenz *f*, Richtung *f*; *fig.* Schattierung *f*; قهوة ~ [m. qahwa] Café *n*, Cafeteria *f*
[2]**مشرب** [muˈʃarrab] getränkt (ب mit *D*); *fig.* durchdrungen (ب von *D*)
[3]**مشرب** [muʃrab] *fig.* durchdrungen, voll (ب von *D*)
مشربية [maʃraˈbiːja] vorspringende(s) Gitterfenster aus Holz
مشرح [muˈʃarriħ], *pl.* [-uːn] Anatom *m*
مشرحة [maʃraħa], *pl.* مشارح [maˈʃaːriħ] (2) Obduktionskammer *f*; Seziertisch *m*; Operationstisch *m*
مشرد [muˈʃarrad] vertrieben, heimatlos; obdachlos; umherstrolchend, verwahrlost
مشرشب [muˈʃarʃab] *Kuw.* ausgefranst, fransig
مشرط [miʃrɒṭ], *pl.* مشارط [maˈʃaːriṭ] (2) Skalpell *n*, Lanzette *f*; Seziermesser *n*
[1]**مشرع** [maʃraʕ], *pl.* مشارع [maˈʃaːriʕ] (2) Wasserstelle *f*
[2]**مشرع** [muˈʃarriʕ] Gesetzgeber *m*

[3]مشرع [muʃraʕ] *Waffe*: gezückt

مشرعة [maʃraʕa], *pl.* مشارع [maˈʃaːriʕ] (2) Wasserstelle *f*

[1]مشرف [maʃraf], *pl.* مشارف [maˈʃaːrif] (2) hochgelegene(r), beherrschende(r) Ort; على مشارف + *G*: unmittelbar vor (*räumlich*); مشارف المدينة die nähere Umgebung der Stadt

[2]مشرف [muˈʃarraf] geehrt, verehrt; المشرفة *Beiname der Kaaba*

[3]مشرف [muˈʃarrif] ehrenvoll, ehrenhaft; *Tat, Epoche*: ruhmreich

[4]مشرف [muʃrif] hochragend; *erhöhter Punkt*: überragend, beherrschend (على *A*); aufsichtführend; überwachend (على *A*); *pl.* [-uːn] Aufseher *m*; Inspektor *m*; Vorarbeiter *m*; Betreuer *m*; Leiter *m*; ~ تربوي [tarbawiː] Schulrat *m*; ~ على الموت [al-maut] im Sterben liegend; *fig.* in den letzten Zügen liegend; ~ أستاذ [ʔusˈtaːð] Doktorvater *m*; Betreuer *m* e-r akademischen Prüfungsarbeit; لجنة ~ـة Kontrollkommission *f*

مشرفة [muʃrifa], *pl.* [-aːt] Aufseherin *f*; Betreuerin *f* (*bsd. von Kindern u. Behinderten*), Kindergärtnerin *f*

[1]مشرق [maʃriq], *pl.* مشارق [maˈʃaːriq] (2) Osten *m*; Orient *m*; der Osten der arab. Welt; المشرقان *du.* Ost und West; ~ الشمس Sonnenaufgang *m*; في مشارق الأرض ومغاربها in der ganzen Welt

[2]مشرق [muʃriq] strahlend, leuchtend; *Sonne a.*: aufgehend

مشرقي [maʃriqiː] östlich; orientalisch; ostarabisch; *pl.* مشارقة [maˈʃaːriqa] Araber *m* aus dem Osten; Orientale *m*; المشرقيات *pl.* Orientalistik *f*

مشرك [muʃrik], *pl.* [-uːn] Polytheist *m*, Heide *m*

مشروب [maʃˈruːb], *pl.* [-aːt] Getränk *n*; مشروبات روحية [ruːˈħiːja] alkoholische Getränke *n/pl.*

مشروبية [maʃruːˈbiːja] Trinkbarkeit *f*

مشروط [maʃˈruːt] bedingt, an Bedingungen geknüpft; mit Vorbehalt; geknüpft (ب an *A*), abhängig (ب von *D*); ausbedungen; ~ غير bedingungslos; an keine Bedingungen geknüpft

مشروع [maʃˈruːʕ] gesetzlich, legal, legitim, rechtmäßig, berechtigt; *pl.* مشاريع [maʃaːˈriːʕ] (2) *u.* [-aːt] Projekt *n*, Vorhaben *n*, Plan *m*; Entwurf *m*; *Hdl. a.* Unternehmen *n*; ~ غير ungesetzlich, illegal; ungerechtfertigt; ~ قانون Gesetzentwurf *m*; ~ قرار Resolutionsentwurf *m*; ~ مشترك [muʃˈtarak] Joint-venture *n*

مشروعية [maʃruːˈʕiːja] Legalität *f*, Rechtmäßigkeit *f*, Legitimität *f*

[1]مشط **II** [maʃʃaṭa] *a. Wolle* kämmen; *Gebiet* durchkämmen; **V** تمشط [taˈmaʃʃaṭa] sich kämmen

[2]مشط [muʃṭ, miʃṭ] **1.** *pl.* أمشاط [ʔamˈʃaːṭ] Kamm *m*; Rechen *m*; Steg *m von Saiteninstrumenten*; Rist *m*, Spann *m des Fußes*; *Mil.* Ladestreifen *m*; ~ اليد [m. al-jad] *Anat.* Mittelhand *f*; **2.** *ein* Buntbarsch *m*

[3]مشط [muˈʃiṭṭ] *Maghr.* übermäßig

مشطوب [maʃˈtuːb] (durch)gestrichen; *Syr., Jord.* zerkratzt, zerschrammt

مشطور [maʃˈṭuːr] gespalten, geteilt, halbiert

مشطي [muʃṭiː] kammförmig; *Anat.* Mittelhand-

مشع [muˈʃiʕʕ] strahlend, leuchtend; Strahlen aussendend; radioaktiv

مشعث [muˈʃaʕʕaθ] *Haar*: zerzaust; *Schnurrbart*: struppig

مشعر [maʃʕar], *pl.* مشاعر [maˈʃaːʕir] (2) Gefühl *n*, Empfindung *f*, Sinn *m*; Kultstätte *f bei der Pilgerfahrt*; *pl.* Gefühle *n/pl.*; religiöse Zeremonien *f/pl.*; الـ~ الحرام die Hadsch-Station al-Muzdalifa bei Mekka

[1]مشعل [maʃʕal], *pl.* مشاعل [maˈʃaːʕil] (2) Fackel *f*

[2]مشعل [miʃʕal], *pl.* مشاعل [maˈʃaːʕil] (2): ~ قطع Schneidbrenner *m*

[3]مشعل [muʃʕil] Zünder *m*

مشعوذ [muˈʃaʕwið], *pl.* [-uːn] Gaukler *m*, Taschenspieler *m*, Schwindler *m*, Scharlatan *m*

مشعور [maʃˈʕuːr] verrückt

[1]مشغل [maʃɣal], *pl.* مشاغل [maˈʃaːɣil] (2) Werkstatt *f*, Atelier *n*; Arbeitshaus *n*

[2]مشغل [muˈʃaɣɣal], *pl.* [-uːn] Beschäftigte(r), Angestellte(r)

[3]مشغل [muˈʃaɣɣil], *pl.* [-uːn] j-d, der e-e Maschine *od.* ein Gerät bedient; ~ رافعة Kranführer *m*

[4]مشغل [muʃɣil], *pl.* [-uːn]: ~ منصب [m. manṣib] Inhaber *m* e-r Stelle

مشغلة [maʃɣala], *pl.* مشاغل [maˈʃaːɣil] (2) was j-n beschäftigt *od.* beansprucht; Beschäftigung *f*; Sorge *f*

مشغوف [maʃˈɣuːf] verliebt (ب in *A*); entzückt, begeistert (ب von *D*); sehr interessiert (ب an *D*)

مشغول [maʃˈɣuːl] beschäftigt (ب mit *D*); besetzt, belegt; abgelenkt (عن von *D*); *Material*: bearbeitet, verarbeitet; *Handarbeiten*: gestrickt, gehäkelt, gestickt; مشغولات *pl.* (angefertigte) Arbeiten *f/pl.*; ~ البال ب in Sorge um

مشغولية [maʃɣuːˈliːja] Beschäftigtsein *n*; Beanspruchung *f* (ب durch *A*); ~ البال Besorgtheit *f*

مشف [muʃfin]: ~ على النهاية [an-niˈhaːja] im Sterben liegend, todgeweiht

مشفر [miʃfar], *pl.* مشافر [maˈʃaːfir] (2) Lefze *f*

مشفق [muʃfiq] mitfühlend, mitleidig; besorgt

مشفوع [maʃˈfuːʕ] begleitet (ب von *D*), verbunden (ب mit *D*); مشفوعات *pl. Saudi-Ar.* Anlagen *f/pl. zu e-m Brief*

مشفوف [maʃˈfuːf]: ~ رسم Pausen *n*

[1]مشق [maʃaqa, u] dehnen; kämmen; *Wolle* krempeln, karden; **VIII** امتشق [imˈtaʃaqa] *Schwert* zücken

[2]مشق [maʃq] Dehnen *n*; Krempeln *n*, Karden *n*

مشقق [muˈʃaqqaq] rissig, aufgesprungen; *Stoff*: geschlitzt

مشقة [maˈʃaqqa], *pl.* مشاق [maˈʃaːqq] (2) *u.* [-aːt] Mühe *f*, Mühsal *f*, Beschwerlichkeit *f*; Schwierigkeit *f e-r Aufgabe*

مشقوق [maʃ'quːq] gespalten; (auf-)geschlitzt; zerrissen; rissig, aufgesprungen

مشكاة [miʃ'kaːt], *pl.* مشكوات [miʃkaː'waːt] *u.* مشاك [ma'ʃaːkin] Wandnische *f für Beleuchtung*; Lampe *f*, Leuchte *f*

مشكك [mu'ʃakkik] anzweifelnd (في *A*), skeptisch

[1]**مشكل** [mu'ʃakkal] gebildet (من aus *D*), geformt; verschiedenartig; *Gr.* vokalisiert

[2]**مشكل** [mu'ʃakkil] bildend

[3]**مشكل** [muʃkil] problematisch; unklar; *pl.* مشاكل [ma'ʃaːkil] (2) *Maghr.* Problem *n*

مشكلة [muʃkila], *pl.* مشاكل [ma'ʃaːkil] (2) *u.* [-aːt] Problem *n*, Schwierigkeit *f*

مشكو [maʃ'kuːw]: منه ~ beklagt; الـ~ der Beklagte

مشكور [maʃ'kuːr] bedankt; dankenswert; dankbar angenommen; anerkennenswert; *Dienst*: wertvoll, hilfreich; ا~ [-an] *Adv.* dankenswerterweise

مشكوك [maʃ'kuːk]: فيه ~ zweifelhaft; verdächtig, suspekt

مشكول [maʃ'kuːl] *Gr.* vokalisiert

[1]**مشلح** [maʃlaħ], *pl.* مشالح [ma'ʃaːliħ] (2) *Saudi-Ar.*, *Syr.* (*weiter*) Mantel

[2]**مشلح** [mu'ʃallaħ] Auskleideraum *m*

مشل [mu'ʃill] lähmend

مشلوز [miʃ'lauz] süßkernige Aprikose

مشلول [maʃ'luːl] gelähmt

مشمخر [muʃma'xirr] hoch(ragend); riesengroß; hochmütig

[1]**مشمس** [mu'ʃammas] der Sonne ausgesetzt; besonnt; *Platz*: sonnig

[2]**مشمس** [muʃmis] *Tag*: sonnig

مشمسة [maʃmasa] Solarium *n*

مشمش [miʃmiʃ] *koll.*, *n. un.* ~ة Aprikose(n *pl.*) *f*; في الـ~ *Äg. umg.* niemals!; nicht im Traum

مشمع [mu'ʃammaʕ] Wachs-; *Stoff*: wasserdicht; *pl.* [-aːt] Wachstuch *n*; wasserdichte(r) *od.* imprägnierte(r) Stoff; (Zelt-)Plane *f*; Dachpappe *f*; معطف ~ [miʕṭaf] Regenmantel *m*

مشمول [maʃ'muːl] enthalten, inbegriffen; erfaßt (ب von *D*); مشمولات *pl.* Befugnisse *f/pl.*; Kompetenzen *f/pl.*; برعايته ~ [bi-riʕaː'jatihiː] j-s Schutz genießend

مشموم [maʃ'muːm] riechend; duftend

مشنعاتي [muʃanni'ʕaːtiː] *Äg.* j-d, der alles schlechtmacht, Miesmacher *m*

مشنقة [miʃnaqa, maʃnaqa], *pl.* مشانق [ma'ʃaːniq] (2) Galgen *m*

مشنة [mi'ʃanna], *pl.* [-aːt] (*flacher*) Korb

مشه [mu'ʃahhin] appetitanregend; مشهيات [muʃahhi'jaːt] *pl.* Appetithäppchen *n/pl.*

مشهد [maʃhad], *pl.* مشاهد [ma'ʃaːhid] (2) Schauplatz *m*, Szenerie *f*; Szene *f*; Nummer *f im Varieté*; Anblick *m*; Wallfahrtsstätte *f*; Todesstätte *f* e-s Märtyrers; على ~ من in Sichtweite von; vor *j-s* Augen

مشهود [maʃ'huːd] denkwürdig; bezeugt, bestätigt; Tag *m* der Auferstehung; له ب ~ j-m bezeugt; ~ له بالكفاءة e-e anerkannte Kapazität

مشهور [maʃ'huːr], *pl.* مشاهير [maʃaː'hiːr] (2) bekannt, berühmt; berüchtigt; allgemein verbreitet *od.* üblich; مشاهير العلماء [m. al-ʕula'maːʔ] berühmte Wissenschaftler *m/pl.*

مشوار [miʃ'waːr], *pl.* مشاوير [maʃaː'wiːr] (2) Gang *m*; Spaziergang *m*; Weg *m*, *den man zu machen hat*, Besorgung *f*; Fahrt *f mit dem Taxi*; Takt *m*, Hub *m des Motors*; محرك رباعي الـ~ [mu'ħarrik rubaː'ʕiːj al-m.] Viertaktmotor *m*

مشواة [miʃ'waːt], *pl.* مشاو [ma'ʃaːwin] Bratrost *m*, Grill *m*

مشوب [ma'ʃuːb] getrübt, unrein; gemischt (ب mit *D*)

مشور [maʃwara] e-n Gang *od.* e-e Besorgung machen lassen; **II** تمشور [ta'maʃwara] e-n Gang *od.* e-e Besorgung machen

مشورة [ma'ʃuːra, maʃwara], *pl.* [-aːt] Beratung *f*, Rat *m*

[1]**مشوش** [mu'ʃawwaʃ] verwirrt; *Worte*: wirr, konfus; *Lage*: verworren, undurchsichtig; *Radio*: gestört; الفكر ~ [m. al-fikr] verwirrt

[2]**مشوش** [mu'ʃawwiʃ] verwirrend

[1]**مشوق** [mu'ʃawwaq] voller Sehnsucht (إلى nach *D*), begierig (إلى auf *A*); sehnsüchtig; *Zuschauer*: gespannt

[2]**مشوق** [mu'ʃawwiq] sehnsuchterregend; spannend, interessant; anregend

مشوك [mu'ʃawwak] stachelig

مشوه [mu'ʃawwah] entstellt, verzerrt; verunstaltet, mißgestaltet; körperbehindert; الحرب ~ (Schwer-)Kriegsbeschädigte(r)

مشؤوم [maʃ'ʔuːm] unheilvoll, verhängnisvoll; Unglücksmensch *m*; يوم ~ [jaum] Unglückstag *m*

مشوي [maʃ'wiːj] gebraten, gegrillt; geröstet; مشويات *pl.* gebratene *od.* gegrillte Speisen *f/pl.*

[1]**مشى** [maʃaː, iː] gehen, laufen; funktionieren; **II** [maʃʃaː] *j-n* gehen lassen; *Angelegenheit* fördern, beschleunigen, erledigen; **III** ماشى [maːʃaː] Schritt halten (ه/هـ mit *D*); mitgehen (ه mit *j-m*); mitmachen (ه mit *j-m*); **V** تمشى [ta'maʃʃaː] langsam gehen, spazierengehen; in Einklang stehen, übereinstimmen (مع mit *D*), entsprechen (مع *D*), passen (مع zu *D*); folgen (على *e-m Prinzip*); **VI** تماشى [ta'maːʃaː] Schritt halten (مع mit *D*); in Einklang stehen, übereinstimmen (مع mit *D*)

[2]**مشي** [maʃj] Gehen *n*, Laufen *n*

[1]**مشيب** [ma'ʃiːb] Grauhaarigkeit *f*

[2]**مشيب** [mu'ʃajjab] *Haar*: ergraut, grau, weiß

مشيج [ma'ʃiːdʒ], *pl.* أمشاج [ʔam'ʃaːdʒ] Geschlechtszelle *f*; Mischung *f*

مشيخة [maʃjaxa] Würde *f od.* Amt *n* e-s Scheichs; *pl.* [-aːt] *u.* مشايخ [ma'ʃaːjix] (2) Scheichtum *n*

[1]**مشيد** [ma'ʃiːd] errichtet

[2]**مشيد** [mu'ʃajjad] errichtet; *Bau*: stattlich

[3]**مشيد** [mu'ʃajjid], *pl.* [-uːn] Erbauer *m*

[4]**مشيد** [mu'ʃiːd] würdigend, rühmend, lobend (ب *A*)

مشير [mu'ʃiːr] hinweisend (إلى auf *A*); *pl.* [-uːn] Berater *m*, Ratgeber *m*; *Mil.* Feldmarschall *m*

مشيع [mu'ʃajjiʕ]: المشيعون *pl.* Leichenzug *m*, Trauergemeinde *f*

مشيق [ma'ʃiːq] schlank

مشيمة [ma'ʃiːma], *pl.* مشائم [ma'ʃaːʔim] (2) Plazenta *f*, Mutterkuchen *m*

مشين [mu'ʃiːn] schimpflich, schändlich; beschämend, blamabel; unwürdig; هذا غير ~ له das ist keine Schande für ihn

مشية [miʃja] Gangart *f*, Gang *m*

مشيئة [ma'ʃiːʔa] Wille *m*; Wunsch *m*; بـ~ الله so Gott will

[1]**مص** [mɒssɒ, u] saugen (هـ *A*, an *D*), einsaugen; (*mit dem Strohhalm*) trinken; lutschen; **V** تمصص [ta'mɒssɒsɒ] aufsaugen, einschlürfen; **VIII** امتص [im'tɒssɒ] aufsaugen, einsaugen; absorbieren; *Kaufkraft*, *Liquidität* abschöpfen; *Stoß* auffangen

[2]**مص** [mɒss] Saugen *n*, Einsaugen n; Lutschen *n*; قصب الـ~ [qɒsɒb al-m.] Zuckerrohr *n*

[1]**مصاب** [ma'sɒːbb] → مصب

[2]**مصاب** [mu'sɒːb] getroffen; befallen (ب von *e-r Krankheit*), erkrankt (ب an *D*); verwundet; Verwundete(r); Verunglückte(r); Unglück *n*; ~ أليم, ~ جلل [dʒalal] schwere(r) Verlust, Trauerfall *m*

مصاحب [mu'sɒːħib] begleitend (ل *A*)

مصاحبة [mu'sɒːħaba] Begleitung *f*

مصادر [mu'sɒːdar] beschlagnahmt, konfisziert

مصادرة [mu'sɒːdara] Beschlagnahme *f*, Konfiskation *f*

مصادفة [mu'sɒːdafa], *pl.* [-aːt] Zufall *m*; ~ [-tan] *Adv. u.* عن طريق الـ~ zufällig

مصادقة [mu'sɒːdaqa] Beglaubigung *f*, Bestätigung *f* (على *G*); Ratifizierung *f* (على *e-s Abkommens*); Zustimmung *f* (على zu *D*)

مصادمة [mu'sɒːdama], *pl.* [-aːt] Zusammenstoß *m*

مصارحة [mu'sɒːraħa] Offenheit *f e-s Sprechenden*; offene Aussprache (ب über *A*), offene(s) Wort

مصارع [mu'sɒːriʕ], *pl.* [-uːn] Kämpfer *m*; Ringkämpfer *m*, Ringer *m*

مصارعة [mu'sɒːraʕa] Ringen *n*, Ringkampf *m*; Kampf *m*; الثيران ~ [m. aθ-θiː'raːn] Stierkampf *m*; حرة ~ [ħurra] Freistilringen *n*; يابانية ~ Judo *n*

مصاريف → مصروف

مصاص [mɒ'ssɒːs] Sauger *m*; ~ الدماء [m. ad-di'maːʔ] Blutsauger *m*

[1]**مصاصة** [mɒ'ssɒːsɒ], *pl.* [-aːt] Lutscher *m*

[2]**مصاصة** [mu'sɒːsɒ]: القصب ~ [m. al-qɒsɒb] Zuckerrohrabfall *m*

مصاعب [mɒ'sɒːʕib] (2) *pl.* Schwierigkeiten *f/pl.*

[1]**مصاغ** [mɒ'sɒːɣ] Schmuck *m*

[2]**مصاغ** [mu'sɒːɣ] gebildet, geformt

مصاف → [1]مصف

مصافحة [mu'sɒːfaħa], *pl.* [-aːt] Händedruck *m*, Handschlag *m*

مصالحة [mu'sɒːlaħa] Aussöhnung *f* (*G*: mit *j-m*), Versöhnung *f* (*G*: mit *j-m*, بين von *Personen miteinander*); Ausgleich *m*, Vergleich *m*; Schlichtung *f*; Kompromiß *m*

مصانعة [mu'sɒːnaʕa] Verstellung *f*, Heuchelei *f*; Schmeichelei *f*

مصاهرة [mu'sɒːhara] Verschwägerung *f*, Verwandtschaft *f* durch Heirat

مصاولة [mu'sɒːwala] Wettstreit *m*; Streit *m*

مصب [ma'sɒbb], *pl.* [-aːt] *u.* مصاب [ma'sɒːbb] (2) Mündung *f*, Ausflußstelle *f*

مصباح [mis'baːħ], *pl.* مصابيح [masɒː'biːħ] (2) Lampe *f*, Leuchte *f*; Laterne *f*; Glühbirne *f*

مصبح [musbiħ] am Morgen tuend *od.* befindlich

مصبرات [musɒbba'raːt] *pl.* Konserven *f/pl.*

مصبع [mu'sɒbbaʕ] (Brat-)Rost *m*; Gitter *n*

مصبغة [mɒsbaɣa], *pl.* مصابغ [ma'sɒːbiɣ] (2) Färberei *f*; *Äg.* (chemische) Reinigungsanstalt

مصبوب [mɒs'buːb] gegossen

مصبوغ [mɒs'buːɣ] gefärbt; geprägt (ب von *D*)

مصح [masɒħħ], *pl.* [-aːt] → مصحة

مصحح [mu'sɒħħiħ], *pl.* [-uːn] Korrektor *m*; mit der Korrektur Beauftragte(r)

[1]**مصحف** [mu'sɒħħaf] falsch geschrieben

[2]**مصحف** [musħaf], *pl.* مصاحف [ma'sɒːħif] (2) Koranexemplar *n*

مصحة [ma'sɒħħa], *pl.* [-aːt] Sanatorium *n*, Heilanstalt *f*

مصد [mi'sɒdd], *pl.* [-aːt] Stoßstange *f*; Puffer *m des Eisenbahnwagens*; التوقيف ~ Prellbock *m*; الرياح ~ [m. ar-ri'jaːħ] Windschutzhecke *f*

مصدأ [musdaʔ] rostig, verrostet

مصداق [mis'daːq] Kriterium *n*, Prüfstein *m*; Bestätigung *f* (ل für *A*)

مصداقية [misdaː'qiːja] Glaubwürdigkeit *f*; Schlüssigkeit *f e-r Theorie*

[1]**مصدر** [mɒsdar], *pl.* مصادر [ma'sɒːdir] (2) Quelle *f*, Ursprung *m*; Ausgangspunkt *m*; *Gr.* Verbalsubstantiv *n*; رسمي ~ offizielle(r) Sprecher; مصادر مطلعة [mu'ttɒliʕa] gutunterrichtete Kreise *m/pl.*

[2]**مصدر** [mu'sɒddar] exportiert; eingeleitet, beginnend (ب mit *D*)

[3]**مصدر** [mu'sɒddir] exportierend; *pl.* [-uːn] Exporteur *m*; للنفط ~ erdölexportierend

[4]**مصدر** [musdar] *Hdl.* ausgegeben, emittiert

[5]**مصدر** [musdir] *Hdl.* ausgebend, emittierend; *pl.* [-uːn] Emittent *m*

مصدرية [mɒsda'riːja]: حرف ~ *Gr.* Partikel *f* (*z.B.* أن *daß*), die an die Stelle e-s Verbalsubstantivs [mɒsdar] tritt

[1]**مصدع** [mu'sɒddaʕ]: رأسي ~ ich habe Kopfschmerzen

[2]**مصدع** [mu'sɒddiʕ] Kopfschmerzen bereitend

[1]**مصدق**[mu'sɒddaq]glaubhaft,glaubwürdig; (= عليه ~) beglaubigt

[2]**مصدق** [mu'sɒddiq]: غير ~ ungläubig, zweifelnd

مصدقة [mu'sɒddiqa], *pl.* [-aːt] *Syr.* Bescheinigung *f*

مصدود [mɒs'duːd]: النفس ~ lustlos

مصدور [mɒs'du:r] lungenkrank, schwindsüchtig

مصدوع [mɒs'du:ʕ] gesprungen, e-n Riß habend; ~ رأسي ich habe Kopfschmerzen

[1]**مصر** II [mɒssɒra] ägyptisieren; V تمصر [ta'mɒssɒra] sich ägyptisieren; ägyptisiert werden

[2]**مصر** [mɨsr] **1.** (2) *f* Ägypten; *Äg.* Kairo; ~ الجديدة Heliopolis; ~ السفلى [as-sufla:] Unterägypten; ~ القاهرة Kairo; **2.** *pl.* أمصار [ʔam'sɒ:r] große Stadt, Metropole *f*; *hist.* Provinz *f*, Land *n*

[3]**مصر** [mu'sɨrr] beharrend *od.* bestehend (على auf *D*); beharrlich, entschlossen

مصراع [mɨs'ra:ʕ], *pl.* مصاريع [masɒ:'ri:ʕ] (2) Türflügel *m*, Fensterflügel *m*; Halbvers *m*; الباب مفتوح على مصراعيه [mɨsra:'ʕaihi] die Tür steht sperrangelweit offen

مصران [mus'ra:n], *pl.* مصارين [mɒsɒ:'ri:n] (2) Darm *m*; → مصير

مصرح [mu'sɒrrah] *Himmel*: klar; ~ به genehmigt, zugelassen, autorisiert; ~ له ب zu *etwas* befugt

مصرع [mɒsraʕ] (gewaltsamer) Tod; لقي ~ه den Tod finden

[1]**مصرف** [mɒsraf] Verwendungszweck *m* von Geldern

[2]**مصرف** [mɒsrif], *pl.* مصارف [mɒ'sɒ:rif] (2) **1.** Bank *f* (*Kreditinstitut*); ~ إصدار Emissionsbank *f*; ~ الدم [m. ad-dam] Blutbank *f*; الـ~ الدولي [ad-duwali:] die Weltbank; ~ مركزي Zentralbank *f*; **2.** Entwässerungsgraben *m*, Abzugskanal *m*

مصرفي [mɒsrifi:, mɒsrafi:] Bank-; *pl.* [-u:n] Bankangestellte(r); Banker *m*

مصروف [mɒs'ru:f] ausgegeben; ausgegebene(s) Geld; Taschengeld *n*; *pl.* [-a:t] *u.* مصاريف [mɒsɒ:'ri:f] (2) Ausgaben *f/pl.*; Kosten *pl.*, Aufwendungen *f/pl.*; Spesen *pl.*; ~ البيت [m. al-bait] Haushaltsgeld *n*, Wirtschaftsgeld *n*; ~ الجيب [m. al-ʤaib] Taschengeld *n*

مصري [mɨsri:] ägyptisch; *pl.* [-u:n] Ägypter *m*; المصريات *pl.* Ägyptologie *f*

مصرية [mɨs'ri:ja] Ägyptertum *n*, ägyptische(s) Wesen; *pl.* [-a:t] Ägypterin *f*

مصطاف [mus'tɒ:f], *pl.* [-u:n] Sommerfrischler *m*, Feriengast *m*

مصطبة [mɒstɒba], *pl.* مصاطب [mɒ'sɒ:tɨb] (2) *Äg.* Steinbank *f*; Mastaba *f* (*altägyptische Grabform*)

مصطفى [mustɒfan] auserwählt; [mustɒfa:] Mustafa *npr. m*; الـ~ *Isl.* der Prophet

مصطكاء [mustɒ'ka:ʔ] *u.* مصطكى [mɒstɒka:] Mastixstrauch *m*; Mastix *m*

مصطلح [mus'tɒlah], *pl.* [-a:t] Fachausdruck *m*, Terminus (technicus) *m*; ~ عليه allgemein angenommen *od.* üblich, konventionell; *pl. a.* Terminologie *f*

مصطنع [mus'tɒnaʕ] künstlich, gekünstelt, unecht; künstlich geschaffen

مصطول [mɒs'tu:l] = مسطول

[1]**مصعد** [mɒsʕad], *pl.* مصاعد [mɒ'sɒ:ʕid] (2) *El.* Anode *f*

[2]**مصعد** [mɨsʕad], *pl.* مصاعد [mɒ'sɒ:ʕid] (2) Aufzug *m*, Lift *m*

مصعدا [mu'sɒʕʕidan] *Adv.* hinaufsteigend, aufwärts

مصعوق [mɒs'ʕu:q] vom Blitz getroffen; wie vom Blitz getroffen

مصغ [musɣin] zuhörend, aufmerksam; أذن مصغية [ʔuðun] offene(s) Ohr

مصغر [mu'sɒɣɣar] verkleinert; Mikro-; *pl.* [-a:t] Verkleinerung *f*, Miniatur *f*; صورة ~ة [su:ra] verkleinerte(s) Abbild (من von *D*)

[1]**مصف** [mɒ'sɒff], *pl.* مصاف [mɒ'sɒ:ff] (2) Reihe *f*; جعله في مصاف + *G*: j-n *od.* etwas unter … einreihen; → مصفاة *u.* مصفى

[2]**مصف** [mu'sɒffin], *pl.* مصفون [musɒ'ffu:n] *Hdl.* Liquidator *m*

مصفاة [mɨs'fa:t], *pl.* مصاف [mɒ'sɒ:fin] Filter *m*; Seiher *m*, Sieb *n*; Kläranlage *f*; Raffinerie *f*; → [1]مصف *u.* مصفى

مصفح [mu'sɒffah] gepanzert; verkleidet (ب mit *D*); سيارة ~ة [sa'jja:ra] Panzerwagen *m*

مصفحة [mu'sɒffaha], *pl.* [-a:t] Panzerwagen *m*

مصفد [mu'sɒffad] gefesselt; *a. fig.* in Ketten

مصفر [mus'farr] gelb (geworden); vergilbt; bleich, blaß, fahl

مصفف [mu'sɒffaf] gekämmt, frisiert

[1]**مصفق** [mɒsfaq, mɨsfaq], *pl.* مصافق [mɒ'sɒ:fiq] (2) *Hdl.* Börse *f*

[2]**مصفق** [mu'sɒffiq] applaudierend; *Herz*: frohlockend

مصفوفة [mɒs'fu:fa] *Math.* Matrix *f*

[1]**مصفى** [mɒsfan], *pl.* مصاف [mɒ'sɒ:fin] Raffinerie *f*; → [1]مصف *u.* مصفاة

[2]**مصفى** [mu'sɒffan] gereinigt; rein

مصقول [mɒs'qu:l] *a. fig.* geschliffen; glatt; poliert; ~ ورق [waraq] Glanzpapier *n*

[1]**مصل** [mɒsl], *pl.* مصول [mu'su:l] *u.* أمصال [ʔam'sɒ:l] Serum *n*; Molke *f*

[2]**مصل** [mu'sɒllin], *pl.* مصلون [musɒ'llu:n] Betende(r)

[1]**مصلح** [mu'sɒllih], *pl.* [-u:n] Reparateur *m*; ~ أحذية [m. ʔahðija] Flickschuster *m*

[2]**مصلح** [muslih], *pl.* [-u:n] Reformer *m*; Reformator *m*; ~ اجتماعي Sozialreformer *m*; ~ العالم [m. al-ʕa:lam] Weltverbesserer *m*

مصلحة [mɒslaha], *pl.* مصالح [mɒ'sɒ:lih] (2) Interesse *n*, Wohl *n*; Vorteil *m*, Nutzen *m*; Amt *n*, Behörde *f*, Verwaltung *f*; Verwaltungsstelle *f*; في ~ه in seinem Interesse; لمصلحته zu seinem Nutzen *od.* Wohl, zu seinen Gunsten; من الـ~ (es ist) zweckmäßig; ~ البريد Postverwaltung *f*; Postamt *n*; ~ عامة [ʕa:mma] Behörde *f*; الـ~ العامة das Gemeinwohl; das öffentliche Interesse; الـ~ المالية Finanzamt *n*; Finanzverwaltung *f*

مصلى [mu'sɒllan], *pl.* مصليات [musɒlla'ja:t] Gebetsplatz *m*, Bethaus *n*

مصمت [musmat] massiv, nicht hohl, kompakt

مصمص [mɒsmɒsɒ] (ein)saugen; einschlürfen

[1]**مصمم** [mu'sɒmmam] entworfen, konstruiert

[2]**مصمم** [mu'sɒmmim] entschlossen (على zu *D*); *pl.* [-uːn] Konstrukteur *m*; Designer *m*; الأزياء ~ Modeschöpfer *m*; الرقص ~ Choreograph *m*

مصندق [mu'sɒndaq]: سيارة ~ـة [sa'jjaːra] *Saudi-Ar.* Kastenwagen *m*

[1]**مصنع** [mɒsnaʕ], *pl.* مصانع [mɒ'sɒːniʕ] (2) Fabrik *f*, Werk *n*; الألبان ~ Molkerei *f*; الغزل ~ Spinnerei *f*

[2]**مصنع** [mu'sɒnnaʕ] industriell erzeugt; industrialisiert; البلدان المصنعة [al-bul'daːn] *Maghr.* die Industrieländer *n/pl.*; سلع ~ـة [silaʕ] Industriegüter *n/pl.*

[1]**مصنف** [mu'sɒnnaf], *pl.* [-aːt] (*literarisches*) Werk

[2]**مصنف** [mu'sɒnnif], *pl.* [-uːn] Kompilator *m*, Verfasser *m*; j-d, der klassifiziert *od.* einteilt

مصنوع [mɒs'nuːʕ] hergestellt; erzeugt; gekünstelt, unecht; *pl.* [-aːt] Erzeugnis *n*, Produkt *n*, Fabrikat *n*; *pl. a.* Industrieprodukte *n/pl.*; ... في ~ made in ...; باليد ~ [bi-l-jad] handgefertigt; سلع ~ـة [silaʕ] Industrieprodukte *n/pl.*; منتجات نصف ~ـة [munta'dʒaːt nisf m.] Halbfertigprodukte *n/pl.*

مصة [mɒssɒ] *n. vic.*, *pl.* [-aːt] Saugen *n*, Lutschen *n*

[1]**مصهر** [mɒshar], *pl.* مصاهر [mɒ'sɒːhir] (2) Schmelzhütte *f*; Schmelzofen *m*

[2]**مصهر** [mishar], *pl.* مصاهر [mɒ'sɒːhir] (2) *El.* Sicherung *f*

[1]**مصوب** [mu'sɒwwab] gerichtet (إلى nach *D*, نحو auf *A*); *Schuß*: gezielt; *Waffe*: schußbereit

[2]**مصوب** [mu'sɒwwib] richtend, zielend (إلى auf *A*); Visier *n*

مصوت [mu'sɒwwit], *pl.* [-uːn] Abstimmende(r), Stimmberechtigte(r)

[1]**مصور** [mu'sɒwwar] illustriert; mit e-r bildlichen Darstellung versehen; gemalt; *Film*: gedreht; Abbild *n*; *pl.* [-aːt] *Syr.* topographische Karte *od.* Skizze; مجلة ~ة [ma'dʒalla] Illustrierte *f*

[2]**مصور** [mu'sɒwwir], *pl.* [-uːn] Maler *m*; Illustrator *m*; Photograph *m*; (= سينمائي ~) Kameramann *m*; Gestalter *m*

مصوع [mu'sɒwwaʕ] Massaua (*Hafenstadt in Eritrea*)

مصوغات [mɒsuː'ɣaːt] *pl.* Goldschmiedearbeiten *f/pl.*, Schmuck *m*

مصون [mɒ'suːn] geschützt, beschützt; *Frau*: wohlbehütet, tugendhaft; gepflegt, instandgehalten; حرمكم الـ~ [ħaramukum] Ihre (verehrte) Frau Gemahlin

مصيب [mu'siːb] *a. fig.* treffend; richtig; treffsicher; im Recht

مصيبة [mu'siːba], *pl.* مصائب [mɒ'sɒːʔib] (2) Unglück *n*, Katastrophe *f*; مصائب قوم عند قوم فوائد [m. qaumin, fa'waːʔid] *Spr.* des einen Freud ist des andern Leid

[1]**مصيدة** [mɒsjada], *pl.* مصايد [mɒ'sɒːjid] (2) *u.* مصائد [mɒ'sɒːʔid] (2) Fangplatz *m*, Fischereigründe *m/pl.*; *Geol.* Lagerstätte *f*; *pl. a.* Fischerei *f*

[2]**مصيدة** [misjada], *pl.* مصايد [mɒ'sɒːjid] (2) Falle *f*, Schlinge *f*, Netz *n*; *Techn.* Abscheider *m*, Separator *m*

مصير [mɒ'siːr] **1.** *pl.* مصائر [mɒ'sɒːʔir] (2) *u.* مصاير [mɒ'sɒːjir] (2) Werden *n*, Fortgang *m*; Ausgang *m*, Ende *n*; Schicksal *n*, Geschick *n*; حق تقرير الـ~ [ħaqq taqriːr al-m.] *Pol.* Selbstbestimmungsrecht *n*; **2.** *pl.* مصران [mus'raːn] *u.* مصارين [mɒsɒː'riːn] (2) Darm *m*; *pl.* Gedärme *n/pl.*, Eingeweide *n/pl.*

مصيري [mɒ'siːri] schicksalhaft, Schicksals-; über die Zukunft entscheidend

مصيرية [mɒsiː'riːja] schicksalhaftigkeit *f*

مصيص [mɒ'ssiːs] *Äg.* Stuck *m*, Gipsmörtel *m*

[1]**مصيف** [mɒ'siːf, mɒsjaf], *pl.* مصايف [mɒ'sɒːjif] (2) Sommeraufenthalt *m*; Sommerfrische *f*, Sommerkurort *m*; بحري ~ Seebad *n*

[2]**مصيف** [mu'sɒjjif], *pl.* [-uːn] Sommerurlauber *m*, Sommerfrischler *m*

مض [mɒđđɒ, a, u] *j-n* schmerzen, quälen; brennen; **IV** أمض [ʔa'mɒđđɒ] schmerzen, quälen

[1]**مضاء** [mɒ'đɒːʔ] Schärfe *f*; العزيمة ~ Entschlußkraft *f*

[2]**مضاء** [mu'đɒːʔ] beleuchtet (ب von *D*)

مضاد [mu'đɒːdd] entgegengesetzt; Gegen-, Anti-; *pl.* [-aːt] Gegenmittel *n*; مضادات الحيوية [m. al-ħaja'wiːja] *u.* المضادات الحيوية Antibiotika *n/pl.*; للتشنج ~ [li-t-ta'ʃannudʒ] krampflösend; Spasmolytikum *n*; ثورة ~ة [θaura] Konterrevolution *f*; → مدفع

مضارب [mu'đɒːrib], *pl.* [-uːn] Spekulant *m*; *Isl.* Beteiligte(r) an e-r → مضاربة; على الصعود ~ *Hdl.* Haussier *m*; على النزول ~ *Hdl.* Baissier *m*

مضاربة [mu'đɒːraba], *pl.* [-aːt] Spekulation *f* (على/في mit *D*); *Isl.* Mudaraba *f* (*Vertragsform, bei der die Bank als alleiniger Geldgeber und der Kunde als Unternehmer den Gewinn untereinander aufteilen*)

مضارع [mu'đɒːriʕ] ähnlich (ل *D*); *Gr.* im Imperfekt stehend; Imperfekt *n*; المرفوع الـ~ Indikativ *m* des Imperfekts

مضارعة [mu'đɒːraʕa] Ähnlichkeit *f*, Gleichheit *f*; حرف الـ~ *Gr.* Präfix *n* des Imperfekts

مضاعف [mu'đɒːʕaf] verdoppelt; vervielfacht; mehrfach; *Anstrengungen*: verstärkt

مضاعفة [mu'đɒːʕafa] Verdoppelung *f*; Vervielfachung *f*, Verstärkung *f*; *pl.* [-aːt] Komplikation *f*

مضاف [mu'đɒːf] hinzugefügt; *Gr.* erste(s) *od.* regierende(s) Nomen e-r Genitivverbindung; إليه ~ zweite(s) Nomen e-r Genitivverbindung, Genitivattribut *n*

مضاه [mu'đɒːhin] gleich (ل *D*)

مضاهاة [muđɒː'haːt] Gleichheit *f*; Nachahmung *f*; Vergleich *m*

مضايق [mu'đɒːjiq] lästig, störend, ärgerlich

مضايقة [mu'đɒːjaqa], *pl.* [-aːt] Belästigung *f*, Störung *f*; Schikane *f*; Unbehagen *n*; *pl. a.* Unannehmlichkeiten *f/pl.*, Ärger *m*

مضبطة [mɒđbɒŧɒ], *pl.* مضابط [mɒ'đɒːbɨŧ] (2) Protokoll *n*

مضبوط [mɒđ'buːŧ] genau, exakt; (genau) festgelegt *od.* bestimmt; richtig; sichergestellt, beschlagnahmt; ! ~ *umg.* stimmt!, genau!; بالشكل ~ *Gr.* vokalisiert

[1]**مضجر** [mudđʒar] verärgert, mürrisch

[2]**مضجر** [mudđʒir] ärgerlich, unangenehm, lästig

مضجع [mɒđđʒaʕ], *pl.* مضاجع [mɒ'đɒːđʒiʕ] (2) Lager *n*, Liegestatt *f*, Bett *n*; ـه~ أقض [ʔa'qɒđđɒ -ahuː] j-m den Schlaf rauben, j-n bedrängen

مضح [mu'đɒħħin] opferbereit, aufopferungsvoll

مضحك [mudħik] komisch, lustig, spaßig; lächerlich; *pl.* [-uːn] Spaßmacher *m*, Komiker *m*

مضحكة [mɒđħaka] Gegenstand *m* des Gelächters

مضخم [mu'đɒxxim], *pl.* [-aːt] *El.*, *Rf.* Verstärker *m*; الصوت ~ [m. ɒs-sɒut] Megaphon *n*

مضخة [mi'đɒxxa], *pl.* [-aːt] Pumpe *f*; رافعة ~ Saugpumpe *f*

[1]**مضر** [mudɒr] (2) Urenkel ʻAdnans (*Stammvater mehrerer nordarab. Stämme*); ~ لغة [luɣat m.] die arabische Sprache

[2]**مضر** [mu'đɨrr] schädlich, nachteilig (ب für *A*); بالبيئة ~ [bi-l-biːʔa] umweltschädlich; غير ~ بالبيئة umweltverträglich, umweltfreundlich

مضراب [mɨđ'raːb], *pl.* مضاريب [mɒđɒː'riːb] (2) = [3]مضرب

[1]**مضرب** [mɒđrib], *pl.* مضارب [mɒ'đɒːrib] (2) **1.** Lagerplatz *m*; (Zelt-)Lager *n*; **2.** الأرز ~ [m. al-ʔa'ruzz] Reisschälmaschine *f*; Reismüllerei *f*; **3.** المثل في البخل ~ [m. al-maθal fi l-buxl] sprichwörtlich geizig

[2]**مضرب** [muđrib], *pl.* [-uːn] Streikende(r)

[3]**مضرب** [miđrab], *pl.* مضارب [mɒ'đɒːrib] (2) Schlaggerät *n*; *Sport*: Schlagholz *n*; (*Tennis-*)Schläger *m*; *Mus.* Schlagklöppel *m*; Schneebesen *m*; (*Teppich-*)Klopfer *m*; (*Trommel-*)Schlegel *m*

مضرج [mu'đɒrradʒ]: بالدم ~ [bi-d-dam] blutbefleckt; في دمائه ~ [di'maːʔihiː] er liegt in seinem Blut

مضرة [mɒ'đɒrra], *pl.* مضار [mɒ'đɒːrr] (2) Schaden *m*; Nachteil *m*

مضروب [mɒđ'ruːb] geschlagen; *Zeitpunkt*: festgesetzt, vereinbart; multipliziert (في mit *D*); *Math.* Multiplikand *m*; فيه ~ Multiplikator *m*; ~ بيض [baiđ] Rührei *n*

مضرور [mɒđ'ruːr] *Jur.* Geschädigte(r)

مضض [mɒđɒđ] Schmerz *m*, Qual *f*; على ~ widerwillig (*Adv.*)

[1]**مضطجع** [muđ'ŧɒdʒaʕ], *pl.* [-aːt] Lager *n*, Liegestatt *f*

[2]**مضطجع** [muđ'ŧɒdʒiʕ] (da)liegend, hingestreckt

مضطر [muđ'ŧɒrr] gezwungen, genötigt (إلى zu *D*)

[1]**مضطرب** [muđ'ŧɒrab] Verwirrung *f*; *fig.* Strudel *m*, Tummelplatz *m*

[2]**مضطرب** [muđ'ŧɒrib] in Unordnung, ungeordnet, durcheinander; zerrüttet; gestört, verwirrt; *Lage*: verworren, unübersichtlich; *Meer*: bewegt; unruhig, aufgeregt

مضطرم [muđ'ŧɒrim] brennend; heiß, leidenschaftlich

[1]**مضطهد** [muđ'ŧɒhad] unterdrückt; *pl.* [-uːn] Verfolgte(r)

[2]**مضطهد** [muđ'ŧɒhid] unterdrückend; *pl.* [-uːn] Unterdrücker *m*, Verfolger *m*

[1]**مضعف** [mu'đɒʕʕaf] verdoppelt, doppelt; vervielfacht, vielfach

[2]**مضعف** [muđʕif] schwächend

[1]**مضغ** [mɒđɒɣa, u, a] kauen

[2]**مضغ** [mɒđɣ] Kauen *n*

مضغط [mɨđɣɒŧ], *pl.* مضاغط [mɒ'đɒːɣɨŧ] (2) (= هواء ~) Kompressor *m*

مضغة [muđɣa], *pl.* مضغ [muđɒɣ] etwas, was gekaut wird; Bissen *m*, Brocken *m*; Embryo *m*; جعله ~ في الأفواه [-tan] j-n ins Gerede bringen

مضغوط [mɒđ'ɣuːŧ] (zusammen)gepreßt, komprimiert; هواء ~ [ha'waːʔ] Preßluft *f*, Druckluft *f*

مضغوطية [mɒđɣuː'ŧiːja] *Phys.* Kompressibilität *f*

مضل [mu'đɨll] irreführend, trügerisch

مضلع [mu'đɒllaʕ] gerippt; vieleckig; *pl.* [-aːt] Polygon *n*; صاج ~ Wellblech *n*

[1]**مضلل** [mu'đɒllal] irregeführt, getäuscht; verführt

[2]**مضلل** [mu'đɒllil] irreführend, täuschend; verführend; demagogisch; *pl.* [-uːn] Verführer *m*; Demagoge *m*

مضلة [mɒ'đɒlla] Anlaß *m* zum Verirren *od.* zum Irrtum

مضمار [mɨđ'maːr], *pl.* مضامير [mɒđɒː'miːr] (2) Arena *f*, Kampfplatz *m*; *fig.* Gebiet *n*; *fig.* Betätigungsfeld *n*, Tummelplatz *m*; في هذا الـ~ auf diesem Gebiet; مسابقات الـ~ [musaːba'qaːt al-m.] *Sport*: Bahnwettbewerbe *m/pl.*

مضمد [mu'đɒmmid], *pl.* [-uːn] *Ir.*, *Syr.* Krankenpfleger *m*

مضمدة [mu'đɒmmida], *pl.* [-aːt] *Ir.*, *Syr.* Krankenpflegerin *f*; Kompresse *f*

[1]**مضمر** [muđmar] verborgen, geheim; unausgesprochen; impliziert; *Gr.* (*selbstständiges od. suffigiertes*) Personalpronomen

[2]**مضمر** [muđmir] *etwas* vorhabend; *Gefühl* empfindend

مضمض [mɒđmɒđɒ] *den Mund* spülen

مضمن [mu'đɒmman] enthalten (في in *D*)

مضموم [mɒđ'muːm] *Lippen*: zusammengekniffen; *Gr.* mit *u* zu sprechen *od.* mit dem Vokalzeichen *u* versehen

مضمون [mɒđ'muːn] garantiert, verbürgt; gesichert; sicher; *pl.* مضامين [mɒđɒː'miːn] (2) Inhalt *m*, Gehalt *m*; رسالة ~ـة [ri'saːla] Einschreiben *n*; ليس ~ النتائج [-a n-na'taːʔidʒ] *Unternehmen*: mit ungewissen Ausgang

مضن [muđnin] aufreibend, erschöpfend, kräfteraubend

مضنى [muđnan] ausgemergelt, ausgezehrt

[1]**مضى** [mɒđɒː, iː] *Zeit*: vergehen, verfließen (على seit *D*); weggehen;

wegnehmen (ب *A*); fortfahren, fortsetzen (في *A*); ausführen (في *A*); zu Ende führen (على *A*); *Schwert*: scharf sein; قائلا ~ [qaːʔilan] *u.* يقول ~ er sagte weiter, er fuhr fort; قدما ~ [quduman] vorwärtsschreiten; fortfahren (في mit *D*); لحال سبيله ~ seines Weges gehen; فيما ~ früher, einst; أكثر من أي وقت ~ [ʔakθara, ʔajji waqtin] mehr denn je; **II** [mɒđđɒː] *Zeit* verbringen; **IV** أمضى [ʔamđɒː] vollenden, durchführen; *Zeit* verbringen; unterschreiben

[2]**مضى** [mu'điːj] Vergehen *n der Zeit*; Verstreichen *n*, Ablauf *m e-r Frist*; Fortführung *f* (في *G*); Ausführung *f* (في *G*); الـ~ قدما [quduman] Vorwärtsschreiten *n*; Fortsetzung *f* (في *G*); المدة ~ [m. al-mudda] *Jur.* Verjährung *f*

مضيء [mu'điːʔ] leuchtend, strahlend; hell; erleuchtend; إعلان ~ Leuchtreklame *f*

مضياف [miđ'jaːf] gastfreundlich

[1]**مضيع** [mu'đɒjjaʕ] verloren; *Chance*: verpaßt

[2]**مضيع** [mu'đɒjjiʕ]: للوقت ~ zeitraubend

مضيعة [mɒđjaʕa]: للوقت ~ Zeitvergeudung *f*

[1]**مضيف** [mɒ'điːf, mu'điːf], *pl.* مضايف [mɒ'đɒːjif] (2) *Ir.* Gästehaus *n*

[2]**مضيف** [mu'điːf] **1.** hinzufügend; **2.** gastgebend; *pl.* [-uːn] Gastgeber *m*; Flugbegleiter *m*; Steward *m*; دولة ~ة [daula] Gastland *n*

[1]**مضيفة** [mɒđjafa], *pl.* مضايف [mɒ'đɒːjif] (2) Empfangsraum *m*, Gästezimmer *n*

[2]**مضيفة** [mu'điːfa], *pl.* [-aːt] Gastgeberin *f*; Flugbegleiterin *f*; Stewardeß *f*, Hosteß *f*

[1]**مضيق** [mɒ'điːq], *pl.* مضايق [mɒ'đɒːjiq] (2) *u.* مضائق [mɒ'đɒːʔiq] (2) Engpaß *m*, Paß *m*; Meerenge *f*

[2]**مضيق** [mu'đɒjjaq] enger gemacht, verengt

[1]**مط** [mɒŧŧɒ, u] dehnen, langziehen, strecken; **II** مطط [mɒŧŧɒŧɒ] ausdehnen, langziehen; gummieren, kautschutieren; **V** تمطط [ta'mɒŧŧɒŧɒ] gedehnt, langgezogen werden; sich dehnen

[2]**مط** [mɒŧŧ] Dehnen *n*, Langziehen *n*, Strecken *n*

مطابق [mu'ŧɒːbiq] entsprechend (ل *D*); konform(istisch); للحقيقة ~ wahrheitsgemäß; نسخة ~ة للأصل [nusxa] originalgetreue Abschrift

مطابقة [mu'ŧɒːbaqa] Übereinstimmung *f* (ل mit *D*), Entsprechung *f*; *Gr.* Kongruenz *f*

مطار [mɒ'ŧɒːr], *pl.* [-aːt] Flughafen *m*, Flugplatz *m*

مطارحة [mu'ŧɒːraħa], *pl.* [-aːt] Unterhaltung *f*, Gespräch *n*, Plauderei *f*

مطارد [mu'ŧɒːrid], *pl.* [-uːn] Verfolger *m*, Jäger *m*; طائرة ~ة Jagdflugzeug *n*

[1]**مطاردة** [mu'ŧɒːrada] Verfolgung *f*

[2]**مطاردة** [mu'ŧɒːrida], *pl.* [-aːt] Jagdflugzeug *n*

مطاط [mɒ'ŧŧɒːŧ] dehnbar, elastisch; Gummi *m*, *n*, Kautschuk *m*

مطاطية [mɒŧŧɒː'ŧiːja] Dehnbarkeit *f*

مطاع [mu'ŧɒːʕ] j-d, dem man zu gehorchen hat; له الأمر الـ~ er hat das Sagen, man hört auf ihn

مطاعن → مطعن

مطاف [mɒ'ŧɒːf] Umherziehen *n*; نهاية الـ~ [ni'haːjat al-m.] das Endergebnis; das Ende vom Lied; في نهاية الـ~ letzten Endes; انتهى به الـ~ إلى schließlich gelangte er zu …

مطافئ → مطفأة

[1]**مطالب** [mɒ'ŧɒːlib] → مطلب

[2]**مطالب** [mu'ŧɒːlab] aufgefordert (ب zu *D*)

[3]**مطالب** [mu'ŧɒːlib] fordernd (ب *A*); بالعرش ~ Thronprätendent *m*

مطالبة [mu'ŧɒːlaba], *pl.* [-aːt] Forderung *f* (ب nach *D*); Einforderung *f* (ب von *D*); Beanspruchung *f* (ب *G*); *pl. a. Hdl.* Forderungen *f/pl.*

مطالع [mu'ŧɒːliʕ] lesend; Leser *m*

مطالعة [mu'ŧɒːlaʕa] Lesen *n*, Lektüre *f*; قاعة الـ~ Lesesaal *m*

مطاو → [1]مطوى *u.* مطواة

مطاوع [mu'ŧɒːwiʕ] nachgiebig, weich; formbar; الـ~ *Gr.* Passiv-Reflexiv *n*; حديد ~ Weicheisen *n*

مطاوعة [mu'ŧɒːwaʕa] Nachgiebigkeit *f*, Weichheit *f*; Formbarkeit *f*, Abwandelbarkeit *f*; *Gr.* Passiv-Reflexiv *n*

مطايب [mɒ'ŧɒːjib] (2) Annehmlichkeiten *f/pl.*

مطب [mɒ'ŧɒbb], *pl.* [-aːt] Schlagloch *n*; هوائي ~ [ha'waːʔiː] Luftloch *n*

مطبخ [mɒŧbax], *pl.* مطابخ [mɒ'ŧɒːbix] (2) Küche *f*; السفينة ~ Kombüse *f*

[1]**مطبعة** [mɒŧbaʕa], *pl.* مطابع [mɒ'ŧɒːbiʕ] (2) Druckerei *f*

[2]**مطبعة** [miŧbaʕa], *pl.* مطابع [mɒ'ŧɒːbiʕ] (2) Druckerpresse *f*

مطبعي [mɒŧbaʕiː] Druck-; خطأ ~ [xɒŧɒʔ] Druckfehler *m*

[1]**مطبق** [mu'ŧɒbbaq] angewandt; *Gesetz*: geltend, in Kraft

[2]**مطبق** [muŧbaq] zusammengepreßt, geschlossen; الحروف المطبقة die Laute s, đ, ŧ, ð

[3]**مطبق** [muŧbiq] vollständig, total; unterirdische(r) Kerker, Verließ *n*

مطبوع [mɒŧ'buːʕ] gedruckt, geprägt; bedruckt; maschinengeschrieben; von Natur aus begabt (على für *A*) *od.* neigend (على zu *D*); مطبوعات *pl.* Druckerzeugnisse *n/pl.*, Drucksachen *f/pl.*; Publikationen *f/pl.*; … بطابع ~ geprägt von *D od.* durch *A*; شاعر ~ geborene(r) Dichter

مطبوعة [mɒŧ'buːʕa], *pl.* [-aːt] *Tun.* Formular *n*, Vordruck *m*

مطثة [mi'ŧɒθθa] *Ir. Sport*: Diskus *m*

مطحنة [mɒŧħana, miŧħana], *pl.* مطاحن [mɒ'ŧɒːħin] (2) Mühle *f*

مطحول [mɒŧ'ħuːl] milzleidend

[1]**مطر** [mɒŧɒra, u]: ~ت السماء regnen; **IV** أمطر [ʔamŧɒra] regnen lassen; ~ت السماء regnen; **X** استمطر [is'tamŧɒra] um Regen bitten; herabwünschen (على auf *j-n*)

[2]**مطر** [mɒŧɒr], *pl.* أمطار [ʔam'ŧɒːr] Regen *m*; *pl.* Regenfälle *m/pl.*; أمطار حمضية saure(r) Regen

[3]**مطر** [mɒŧir] regnerisch

مطران [miŧ'raːn, muŧ'raːn], *pl.* مطارنة [mɒ'ŧɒːrina] Erzbischof *m*, Metropolit *m*

مطرانية [miŧraː'niːja, muŧraː'niːja], *pl.* [-aːt] Erzdiözese *f*; Amtssitz *m* e-s Erzbischofs *od.* Metropoliten

مطرب [mutrib] entzückend; *Stimme*: melodiös; *pl.* [-uːn] Sänger *m*
مطربة [mutriba], *pl.* [-aːt] Sängerin *f*
مطرح [mɒtraħ], *pl.* مطارح [mɒ'tɒːriħ] (2) Stelle *f*, Platz *m*
مطرحة [mitraħa], *pl.* مطارح [mɒ'tɒːriħ] (2) Kuchenbrett *n des Bäckers*
مطرد [mu'ttɒrid] ständig, stet(ig), kontinuierlich, konstant; *Regel*: allgemein; regelmäßig
مطرز [mu'tɒrraz] gestickt; bestickt
مطرف [mitraf], *pl.* مطارف [mɒ'tɒːrif] (2) Stola *f*
مطرق [mutriq]: الرأس ~ gesenkten Hauptes
مطرقة [mitraqa], *pl.* مطارق [mɒ'tɒːriq] (2) *a. Anat.* Hammer *m*
مطرة [mɒtra], *pl.* [mɒtɒ'raːt] Regenschauer *m*
مطروح [mɒt'ruːħ] (hin)geworfen; hingestreckt; *Frage*: aufgeworfen, zur Diskussion gestellt; auf den Markt geworfen, angeboten; *Math.* Subtrahend *m*; الـ~ منه Minuend *m*; ~ـاً منه [-an] *Adv.* abzüglich
مطرود [mɒt'ruːd] vertrieben, verjagt
مطروق [mɒt'ruːq] *Weg*: (viel)begangen, (viel)befahren; *Thema*: vielbehandelt, vieldiskutiert; geschmiedet
مطرية [mɒtɒ'riːja], *pl.* [-aːt] Regenschirm *m*
[1]**مطعم** [mɒtʕam], *pl.* مطاعم [mɒ'tɒːʕim] (2) Restaurant *n*, Gasthaus *n*; Kantine *f*; Speisesaal *m*
[2]**مطعم** [mu'tɒʕʕam] geimpft; eingelegt, inkrustiert
مطعن [mɒtʕan], *pl.* مطاعن [mɒ'tɒːʕin] (2) Angriffspunkt *m*, Schwachpunkt *m; pl. a.* Schmähungen *f/pl.*
مطعوم [mɒt'ʕuːm], *pl.* مطاعيم [mɒtɒː'ʕiːm] (2) Pfropfreis *n*; *Jord.* Impfstoff *m*
مطعون [mɒt'ʕuːn] **1.** pestkrank; **2.**: فيه ~ *Zeuge*: abgelehnt, für befangen erklärt; *Urteil*: angefochten; *Theorie*: widerlegt, hinfällig
مطفأ [mutfaʔ] gelöscht, erloschen; *Licht*: ausgeschaltet; glanzlos, matt
مطفأة [mitfaʔa], *pl.* مطافئ [mɒ'tɒːfiʔ] (2) Löschgerät *n*, Feuerspritze *f*; رجال المطافئ [ri'dʒaːl al-m.], فرقة المطافئ [firqat al-m.] Feuerwehr *f*
[1]**مطل** [mɒtɒla, u] hinauszögern; verlängern; *Eisen* strecken; **III** ماطل [mɒːtɒla] sich Zeit lassen; *j-n* hinhalten
[2]**مطل** [mu'till] hinabschauend (على auf *A*), überragend (على *A*); beherrschend (على *Gegend*); على ~ البحر *Land*: am Meer liegend
مطلاق [mit'laːq] sich oft scheiden lassend
مطلب [mɒtlab], *pl.* مطالب [mɒ'tɒːlib] (2) Forderung *f*, Verlangen *n*; Wunsch *m*; Anliegen *n*; Anspruch *m*; Problem *n*; Unterabschnitt *m e-s Textes*
[1]**مطلع** [mɒtlaʕ], *pl.* مطالع [mɒ'tɒːliʕ] (2) Ort *od.* Zeit *f* des Aufgangs *von Gestirnen*; Anbruch *m des Tages*; Anfang *m*, Beginn *m des Monats etc.*; Gedichtanfang *m*; *Mus.* Präludium *n*
[2]**مطلع** [mu'ttɒliʕ] informiert, unterrichtet (على über *A*)
[1]**مطلق** [mu'tɒllaq] geschieden
[2]**مطلق** [mutlaq] abgeschossen, abgefeuert; freigesetzt; frei; uneingeschränkt, absolut; ~ـاً [-an] *Adv.* absolut, ganz und gar; ~ لا/لم/لن überhaupt nicht
مطلقة [mu'tɒllaqa], *pl.* [aːt] geschiedene Ehefrau
مطلمة [mitlama], *pl.* مطالم [mɒ'tɒːlim] (2) Nudelholz *n*
مطلوب [mɒt'luːb] gewünscht, erbeten; beantragt; bestellt; angestrebt; gesucht; benötigt; erforderlich (لـ für *A*); *Math.* unbekannt; مطلوبات *pl. Hdl.* Verbindlichkeiten *f/pl.*; *Hdl.* Passiva *pl.*; *Hdl. a.* Forderungen *f/pl.*; مطاليب [mɒtɒː'liːb] (2) *pl. a. Hdl.* Forderungen *f/pl.*
مطلول [mɒt'luːl]: دم ~ [dam] ungerächte(s) Blut
مطلي [mɒt'liːj] bestrichen; überzogen (بـ mit *D*)
مطمار [mit'maːr], *pl.* مطامير [mɒtɒː'miːr] (2) Senklot *n*
مطماع [mit'maːʕ] sehr (be)gierig
مطمح [mɒtmaħ], *pl.* مطامح [mɒ'tɒːmiħ] (2) Gegenstand *m* des Strebens *od.* Trachtens; *pl. a.* Bestrebungen *f/pl.*, Ziele *n/pl.*
مطمر [mitmar], *pl.* مطامر [mɒ'tɒːmir] (2) Senklot *n*
مطمع [mɒtmaʕ], *pl.* مطامع [mɒ'tɒːmiʕ] (2) Bestrebung *f*, Absicht *f*; لا ~ له في [-a] er hat kein Verlangen nach
مطمور [mɒt'muːr] vergraben; unterirdisch
مطمورة [mɒt'muːra], *pl.* مطامير [mɒtɒː'miːr] (2) unterirdische(r) Vorratsraum
مطموس [mɒt'muːs] ausgelöscht, verwischt
[1]**مطمئن** [mu'tɒmʔin] beruhigend
[2]**مطمئن** [mutma'ʔinn] beruhigt; sicher (إلى in bezug auf *A*, إلى أن [ʔanna] daß); zuversichtlich; zufrieden (إلى mit *D*)
مطنب [mutnib] weitschweifig, wortreich
[1]**مطهر** [mɒthar] Fegefeuer *n*
[2]**مطهر** [mu'tɒhhar] gereinigt, gesäubert; geläutert; desinfiziert; beschnitten; *schmückendes Beiwort zu* → [2]سنة [sunna]
[3]**مطهر** [mu'tɒhhir], *pl.* [-aːt] Desinfektionsmittel *n*; antiseptische(s) Mittel
مطهرة [mɒthara], *pl.* مطاهر [mɒ'tɒːhir] (2) Waschraum *m*; Gefäß *n* für die rituelle Waschung
مطهم [mu'tɒhham] *Pferd*: edel; ركوبة ~ـة [ra'kuːba] *Äg.* festlich geschmückte(s) Reittier
(مطو) **V** تمطى [ta'mɒttɒː] sich strekken, sich recken; einherstolzieren; **VIII** امتطى [im'tatɒː] *Tier* reiten; *Tier, Fahrzeug* besteigen; fahren
مطواع [mit'waːʕ] gehorsam, folgsam
مطواة [mit'waːt], *pl.* مطاو [mɒ'tɒːwin] Taschenmesser *n*
مطوب [mu'tɒwwab] *Syr. ins Grundbuch* eingetragen
مطوع [mu'tɒwwaʕ], *pl.* [-uːn] j-d, der das Diplom der Großen Moschee von Tunis besitzt; Rekrutierte(r), (Kriegs-)Freiwillige(r)
مطوف [mu'tɒwwif], *pl.* [-uːn] Pilgerführer *m in Mekka*

مطوق [mu'tɒwwaq] eingeschlossen, eingekreist; Ringeltaube *f*

مطول [mu'tɒwwal] ausführlich; *Buch*: umfangreich

[1]**مطوى** [mɒtwan], *pl.* مطاو [mɒ'tɒːwin] Falte *f*; في مطاوي + *G*: im Innern von, in

[2]**مطوي** [mɒt'wiːj] zusammengefaltet; in sich bergend, enthaltend (على *A*); ~ـة صفحة *fig.* der Vergangenheit angehörend; Unbekannte(s), Verborgene(s)

مطياف [mit'jaːf] Spektroskop *n*; Spektrograph *m*

مطير [mɒ'tiːr] regnerisch

مطيع [mu'tiːʕ] gehorsam, folgsam

مطيل [mɒ'tiːl] *Techn.* streckbar, dehnbar

مطيلية [mɒtiː'liːja] *Techn.* Streckbarkeit *f*, Dehnbarkeit *f*

مطية [mɒ'tiːja], *pl.* مطايا [mɒ'tɒːjaː] *u.* مطي [mɒ'tiːj] Reittier *n*; Mittel *n*

مظان → مظنة

مظاهرة [mu'ðɒːhara], *pl.* [-aːt] Demonstration *f*

مظروف [mɒð'ruːf], *pl.* مظاريف [mɒðɒː'riːf] (2) Umschlag *m*, Kuvert *n*

مظفر [mu'ðɒffar] siegreich, triumphierend

مظل [mu'ðill] schattig, schattenspendend

مظلل [mu'ðɒllal] schattig

مظلم [muðlim] dunkel, finster; *Aussichten*: düster; *Gedanken*: trübe

مظلمة [mɒðlima, mɒðlama], *pl.* مظالم [mɒ'ðɒːlim] (2) Ungerechtigkeit *f*; Beschwerde *f*

مظلة [mi'ðɒlla], *pl.* [-aːt] *u.* مظال [mɒ'ðɒːll] (2) (Regen-, Sonnen-) Schirm *m*; Markise *f*; Schutzdach *n*; (= هابطة/واقية ~) Fallschirm *m*; ذرية ~ [ða'rriːja], نووية ~ [nawa'wiːja] *Pol.* Atomschild *m*; عيد الـ~ [ʕiːd al-m.] Laubhüttenfest *n der Juden*; قوات المظلات [qu'wwaːt al-m.] Fallschirmjägertruppen *f/pl.*

مظلوم [mɒð'luːm] ungerecht behandelt; unterdrückt

مظلي [mi'ðɒlliː], *pl.* [-uːn] Fallschirmspringer *m*; *Mil.* Fallschirmjäger *m*

مظنة [mɒ'ðinna], *pl.* مظان [mɒ'ðɒːnn] (2) Ort *m*, wo man j-n *od.* etwas vermutet; Vermutung *f*; Verdacht *m*, Argwohn *m*

مظنون [mɒð'nuːn] vermutet; من الـ~ أن [ʔanna] vermutlich

[1]**مظهر** [mɒðhar], *pl.* مظاهر [mɒ'ðɒːhir] (2) (äußere) Erscheinung, Äußere(s), Erscheinungsbild *n*, Erscheinungsform *f*, Aussehen *n*, Anblick *m*; Aspekt *m*; مظاهر الحياة [m. al-ħa'jaːt] *Biol.* Lebensäußerungen *f/pl.*; في الـ~ nach außen (hin)

[2]**مظهر** [mu'ðɒhhar]: ~ إليه *Hdl.* Indossatar *m*

[3]**مظهر** [mu'ðɒhhir], *pl.* [-uːn] *Hdl.* Indossant *m*

مظهري [mɒðhariː] äußerlich

مع [maʕa] *Präp.* (zusammen) mit; bei; trotz; ~ أن [ʔanna] obwohl; ~ هذا trotzdem; in der Anlage, anbei; ~ ذلك trotzdem; *selten*: und so; ~ كل هذا bei *od.* trotz alledem; ~ الفجر bei Tagesanbruch; كان ~ـه es war bei ihm, er hatte es bei sich; كان ~ـها لطيفا [la'tiːfan] er war freundlich zu ihr; → [2]كون

معا [maʕan] *Adv.* zusammen, miteinander

معاء [mi'ʕaːʔ] → [2]معى

معابة [ma'ʕaːba], *pl.* معايب [ma'ʕaːjib] (2) Fehler *m*, Makel *m*; Schande *f*

[1]**معاد** [ma'ʕaːd] Rückkehr *f*; Ort *m*, an den man zurückkehrt

[2]**معاد** [ma'ʕaːdin] → معدية *u.* معادي

[3]**معاد** [mu'ʕaːd] wiederholt; zurückgegeben; retourniert

[4]**معاد** [mu'ʕaːdin] feindselig; -feindlich, anti-; ~ للحكومة regierungsfeindlich; ~ للسامية antisemitisch

معاداة [muʕaː'daːt] Feindschaft *f*, Gegnerschaft *f*; الـ~ لليهود [li-l-ja'huːd] Antisemitismus *m*

معادل [mu'ʕaːdil] gleichkommend, entsprechend (ل *D*); gleichwertig, äquivalent; Äquivalent *n*; ausgleichend

معادلة [mu'ʕaːdala] Entsprechung *f*, Gleichwertigkeit *f*; Gleichstellung *f*, Gleichsetzung *f*; Gleichgewicht *n*, richtige(s) Verhältnis; Ausgleich *m*; *pl.* [-aːt] *Math.* Gleichung *f*; ~ من الدرجة الأولى [ad-daradʒa(ti) l-ʔuːlaː] Gleichung *f* ersten Grades

معادي [ma'ʕaːdiː]: الـ~ El-Maadi (*Vorort von Kairo*); → [4]معاد *u.* معدية

معاذ [maʕaːð] Zuflucht *f*, Zufluchtsort *m*; ~ الله [-a łłɒːh] Gott behüte (mich davor)!

معاذير [maʕaː'ðiːr] (2) Entschuldigungen *f/pl.*; Ausreden *f/pl.*

معار [mu'ʕaːr] ausgeliehen, verliehen

معارض [mu'ʕaːriđ] oppositionell, Oppositions-; *pl.* [-uːn] Opponent *m*, Gegner *m*; Oppositionelle(r)

معارضة [mu'ʕaːrɒđɒ] Opposition *f*; Widerstand *m*, Widerspruch *m*, Protest *m*; *Jur.* Einspruch *m*

معارف → معرفة

[1]**معاش** [ma'ʕaːʃ] Lebensunterhalt *m*; *pl.* [-aːt] Ruhegehalt *n*, Rente *f*, Pension *f*, Versorgungsbezüge *m/pl.*; أحاله إلى/على الـ~ j-n in den Ruhestand versetzen

[2]**معاش** [mu'ʕaːʃ] gelebt; erlebt; *Zeit*: verlebt

معاشرة [mu'ʕaːʃara] Verkehr *m mit Menschen*, Umgang *m*; (eheliches) Zusammenleben (*G*: mit *j-m*)

معاشي [ma'ʕaːʃiː] Lebens-, die Lebensbedürfnisse betreffend

معاصر [mu'ʕaːsir] zeitgenössisch; *pl.* [-uːn] Zeitgenosse *m*

معاصرة [mu'ʕaːsɒra] zeitgemäße(r) Charakter *e-r Sache*, Modernität *f*; Mit-der-Zeit-Gehen *n*

معافاة [muʕaː'faːt] Befreiung *f*, Dispensierung *f* (من von *D*)

معافى [mu'ʕaːfan] gesund; heil, unversehrt; befreit, dispensiert (من von *D*)

معاق [mu'ʕaːq] (*geistig od. körperlich*) behindert; *pl.* [-uːn] Behinderte(r)

معاقب [mu'ʕaːqab] bestraft; *Spieler*: gesperrt; ~ عليه strafbar

معاقبة [mu'ʕaːqaba] Bestrafung *f*

[1]**معاكس** [mu'ʕaːkas] Sperrholz *n*

[2]**معاكس** [mu'ʕaːkis] entgegengesetzt; Gegen-; *Umstände*: widrig;

Sperrholz *n*; ~ هجوم Gegenangriff *m*

معاكسة [mu'ʕaːkasa] Belästigung *f*, Störung *f*; Widrigkeit *f der Umstände*

معال [ma'ʕaːlin]: معاليه [maʕaːliːhi] *u.* صاحب المعالي Se. Exzellenz; معالي الوزير Se. Exzellenz der Minister

معالجة [mu'ʕaːladʒa] Behandlung *f e-s Kranken od. e-s Themas*; Therapie *f*; Kur *f*; Bearbeitung *f*, Aufbereitung *f*; Behebung *f e-r Störung*; ~ البيانات [m. al-bajaː'naːt] Datenverarbeitung *f*; ~ المياه [m. al-mi'jaːh] Wasseraufbereitung *f*

معامل [mu'ʕaːmil], *pl.* [-aːt] Koeffizient *m*

معاملة [mu'ʕaːmala], *pl.* [-aːt] Behandlung *f e-r Person*; *Hdl.* Geschäft *n*, Transaktion *f*, Operation *f*; *pl. a.* Geschäftsverkehr *m*, Geschäftsbeziehungen *f/pl.* (مع mit *D*); *pl. a.* Umsatz *m*; *pl. a. Isl.* Beziehungen *f/pl.* der Menschen untereinander (*Gegens.* عبادات); شهادة الـ~ *Äg.* Bescheinigung *f* über das Wehrdienstverhältnis; → [3]مثل

[1]**معان** [ma'ʕaːn] Maan (*Stadt in Jordanien*)

[2]**معان** [ma'ʕaːnin] → [1]معنى

معاناة [muʕaː'naːt] Leiden *n* (من unter *D*), Erduldung *f*; Last *f*, Belastung *f*; Leidensweg *m*; Mühe *f*, Plage *f*

معاند [mu'ʕaːnid] sich widersetzend; hartnäckig; halsstarrig

معاندة [mu'ʕaːnada] Widerstand *m*, Widersetzlichkeit *f*; Hartnäckigkeit *f*; Halsstarrigkeit *f*

معانقة [mu'ʕaːnaqa] Umarmung *f*

معاهدة [mu'ʕaːhada], *pl.* [-aːt] Vertrag *m*; Abkommen *n*, Konvention *f*; ~ عدم الاعتداء [m. ʕadam al-iʕti'daːʔ] Nichtangriffspakt *m*

معاود [mu'ʕaːwid] *Med.* rezidivierend

معاودة [mu'ʕaːwada] wiederholte(s) Tun, Wiederaufnahme *f*; erneute(s) Auftreten

معاوضة [mu'ʕaːwɒđɒ] *Isl.* Vertrag *m* über gegenseitigen Austausch von Vermögenswerten

معاون [mu'ʕaːwin], *pl.* [-uːn] Helfer *m*, Beistand *m*, Gehilfe *m*; Assistent *m*; Stellvertreter *m*; *Ir.* Polizeibeamte(r) an der Spitze e-s Stadtreviers

معاونة [mu'ʕaːwana] Hilfe *f*, Unterstützung *f*, Beistand *m*

معاونية [muʕaːwi'niːja] *Ir.* Polizeirevier *n*

معايدة [mu'ʕaːjada], *pl.* [-aːt] Glückwunsch *m zu e-m Festtag*, Beglückwünschung *f*

معاير [ma'ʕaːjir] (2) *pl.* Fehler *m/pl.*, Schändlichkeiten *f/pl.*

معايرة [mu'ʕaːjara] Eichung *f von Gewichten etc.*

معايشة [mu'ʕaːjaʃa] Zusammenleben *n*

معاين [mu'ʕaːjin] besichtigend, begutachtend; ~ خبير Gutachter *m*

معاينة [mu'ʕaːjana] Inaugenscheinnahme *f*, Besichtigung *f*, Begutachtung *f*, Inspizierung *f*; *Syr.*, *Jord.* (*ärztliche*) Konsultation

[1]**معبد** [maʕbad], *pl.* معابد [ma'ʕaːbid] (2) Tempel *m*, Gotteshaus *n*

[2]**معبد** [mu'ʕabbad] *Straße*: befestigt, ausgebaut, asphaltiert

[1]**معبر** [maʕbar], *pl.* معابر [ma'ʕaːbir] (2) Übergang *m*; Furt *f*; *Jord.* Landungsplatz *m*

[2]**معبر** [mu'ʕabbar]: ~ عنه ausgedrückt

[3]**معبر** [mu'ʕabbir] ausdrückend (عن *A*); ausdrucksvoll; ~ رقص Ausdruckstanz *m*

[4]**معبر** [miʕbar], *pl.* معابر [ma'ʕaːbir] (2) Brücke *f*, Steg *m*; Fähre *f*

معبرة [miʕbara], *pl.* معابر [ma'ʕaːbir] (2) Fähre *f*

معبود [maʕ'buːd] angebetet; Angebetete(r); *pl.* [-aːt] Gottheit *f*; Abgott *m*, Idol *n*

معتاد [muʕ'taːd] gewohnt, üblich; كالـ~ wie gewöhnlich

معتبر [muʕ'tabar] angesehen, respektiert; respektabel, ansehnlich

معتد [muʕ'tadin] angreifend (على *A*); *pl.* معتدون [muʕta'duːn] Angreifer *m*, Aggressor *m*; Attentäter *m*

معتدل [muʕ'tadil] gemäßigt, mäßig; *Klima*: mild; ebenmäßig, gerade; (= ~ الموج [m. al-maudʒ]) *Meer*: ruhig

معتذر [muʕ'taðir] sich entschuldigend

معترض [muʕ'tarið] protestierend, Einspruch erhebend (على gegen *A*); Gegner *m*; جملة ~ة [dʒumla] eingeschobene(r) Satz

[1]**معترف** [muʕ'taraf]: ~ به anerkannt

[2]**معترف** [muʕ'tarif] anerkennend (ب *A*); eingestehend (ب *A*)

معترك [muʕ'tarak] Kampfstätte *f*

معتزلة [muʕ'tazila]: الـ~ *Isl.* die Muʕtazila (*theologische Schule*)

معتزلي [muʕ'taziliː] *Isl.* muʕtazilitisch; Muʕtazilit *m*

[1]**معتق** [mu'ʕattaq] *Wein*: alt, abgelagert

[2]**معتق** [muʕtaq] *Sklave*: freigelassen

معتقد [muʕ'taqad] geglaubt; *pl.* [-aːt] Überzeugung *f*, Anschauung *f*; Glaubenssatz *m*; معتقدات دينية [diː'niːja] religiöse Lehren *f/pl. od.* Glaubensvorstellungen *f/pl.*

معتقل [muʕ'taqal] **1.** *pl.* [-uːn] Häftling *m*, Inhaftierte(r); **2.** *pl.* [-aːt] Gefangenenlager *n*; *hist.* Konzentrationslager *n*

معتل [muʕ'tall] krank, leidend; *Gr. Radikal*: schwach; *Verb*: mit e-m schwachen Radikal; ~ العين [m. al-ʕain] *Verb*: Mediae infirmae

معتم [muʕtim] dunkel; *fig.* düster

[1]**معتمد** [muʕ'tamad] beglaubigt, bestätigt; genehmigt; akkreditiert; *pl.* [-uːn] Beauftragte(r), Kommissar *m*; *Tun.* Vorsteher *m* e-s Regierungsbezirks, Bezirkspräsident *m*; ~ عليه verläßlich, zuverlässig; ~ تجاري [ti'dʒaːriː] Handelsdelegierte(r); ~ السامي *hist.* Hochkommissar *m*

[2]**معتمد** [muʕ'tamid] gestützt (على auf *A*); abhängig (على von *D*)

معتمدية [muʕtama'diːja], *pl.* [-aːt] *Tun.* Regierungsbezirk *m*; Bezirksregierung *f*

معتمر [muʕ'tamir] **1.** *Hut*, *Helm* tragend; **2.** *pl.* [-uːn] j-d, der die → [2]عمرة [ʕumra] ausführt

معتن [muʕ'tanin] besorgt, aufmerksam

معتوه [maʕ'tuːh], *pl.* معاتيه [maʕaː'tiːh] (2) schwachsinnig

معجن [maʕʤana] spachteln

[1]**معجب** [muʕʤab] bewundernd (ب *A*), beeindruckt, angetan (ب von *D*); *pl.* [-uːn] Bewunderer *m*; ~ بنفسه eingebildet

[2]**معجب** [muʕʤib] bewunderungswürdig

معجز [muʕʤiz] unnachahmlich, Wundercharakter habend

معجزة [muʕʤiza], *pl.* [-aːt] Wunder *n*

[1]**معجل** [mu'ʕaddʒal] beschleunigt; vorzeitig; *Brautgeld*: sofort zu zahlen (*Gegens.* مؤجل); ولادة ~ة [wi'laːda] Frühgeburt *f*

[2]**معجل** [mu'ʕaddʒil] Beschleuniger *m*

معجم [muʕʤam] *Buchstabe*: mit diakritischen Punkten versehen; *a.* vokalisiert; *pl.* معاجم [ma'ʕaːʤim] (2) Wörterbuch *n*, Lexikon *n*; ~ مفهرس [mu'fahras] Konkordanz *f*

معجمي [muʕʤamiː] Wörterbuch-; lexikographisch; *pl.* [-uːn] Lexikograph *m*

معجمية [muʕʤa'miːja] Lexikographie *f*

معجن [miʕʤan], *pl.* معاجن [ma'ʕaːʤin] (2) Backtrog *m*

معجنات [muʕaddʒa'naːt] *pl.* Teigwaren *f/pl.*

معجون [maʕ'ʤuːn] geknetet; *pl.* معاجين [maʕaː'ʤiːn] (2) Paste *f*, Creme *f*; Kitt *m*; ~ الأسنان Zahnpasta *f*; ~ الطماطم [m. ɒt-tɒmɒːtɨːm] Tomatenmark *n*

معجونة [maʕ'ʤuːna] *Syr., Jord.* Kitt *m*

[1]**معد** [muʕida] *Pass.* magenkrank sein

[2]**معد** [mu'ʕadd] vorbereitet; fertig; bereit (ل zu *D*); ausgearbeitet, erstellt; vorgesehen, bestimmt (ل für *A*)

[3]**معد** [mu'ʕidd] vorbereitend

[4]**معد** [muʕdin] *Krankheit*: ansteckend

معدات [muʕa'ddaːt], *fälschlich a.* [muʕi'ddaːt] *pl.* Geräte *n/pl.*, Anlagen *f/pl.*; *EDV* Hardware *f*; Material *n*, Ausrüstung *f*

معددة [mu'ʕaddida], *pl.* [-aːt] Klageweib *n*

[1]**معدل** [mu'ʕaddal] **1.** modifiziert, abgeändert; **2.** *pl.* [-aːt] Durchschnitt *m*, Mittel *n*; (*Wachstums-*, *Inflations-*)Rate *f*; (*Zins-*, *Steuer-*)Satz *m*; ~ بـ (um) durchschnittlich; ~ الأسعار Durchschnittspreise *m/pl.*; ~ الزيادة [m. az-zi'jaːda] durchschnittliche Steigerung; Steigerungsrate *f*; ~ المواليد [m. al-mawaː'liːd] Geburtenziffer *f*, Geburtenrate *f*

[2]**معدل** [mu'ʕaddil] abändernd, modifizierend

معدم [muʕdim] mittellos, arm

[1]**معدن** [maʕdan] *Äg.* bravo!, bestens!

[2]**معدن** [maʕdin], *pl.* معادن [ma'ʕaːdin] (2) Metall *n*; Mineral *n*; Wesen *n*, Kern *m*; ~ ثمين Edelmetall *n*; علم المعادن [ʕilm al-m.] Mineralogie *f*

[3]**معدن** [mu'ʕaddin], *pl.* [-uːn] Bergmann *m*, Grubenarbeiter *m*

معدني [maʕdiniː] metallisch, Metall-; mineralisch, Mineral-; ثروات ~ة [θara'waːt] Bodenschätze *m/pl.*; ماء ~ Mineralwasser *n*

معدة [maʕida, miʕda], *pl.* معد [miʕad] Magen *m*; التهاب الـ~ Gastritis *f*

معدود [maʕ'duːd] gezählt; *Gr.* Gezählte(s), vom Zahlwort abhängige(s) Substantiv; zahlenmäßig begrenzt; wenig, ein paar

معدوم [maʕ'duːm] fehlend, nicht vorhanden; ~ + *G*: ohne, -los

[1]**معدى** [maʕdan] Ausweg *m*; لا ~ عنه [maʕdaː] unvermeidlich

[2]**معدي** [maʕidiː] Magen-, gastrisch

[3]**معدي** [muʕdiː] → [4]معد

معدية [mu'ʕaddija], *pl.* معاد [ma'ʕaːdin] Fähre *f*; → [4]معاد *u.* معادي

[1]**معذب** [mu'ʕaððab] gepeinigt, gequält

[2]**معذب** [mu'ʕaððib] peinigend, quälend; *pl.* [-uːn] Folterknecht *m*

معذرة [maʕðira], *pl.* معاذر [ma'ʕaːðir] (2) Entschuldigung *f*; ~ [(-tan)] Verzeihung!

معذور [maʕ'ðuːr] entschuldigt; entschuldbar

معراج [miʕ'raːʤ] **1.** Leiter *f*; **2.** die Himmelfahrt Mohammeds (*am 27.* رجب [radʒab])

[1]**معرب** [mu'ʕarrab] arabisiert; ins Arabische übersetzt

[2]**معرب** [mu'ʕarrib], *pl.* [-uːn] Übersetzer *m* ins Arabische

[3]**معرب** [muʕrab] *Gr.* im Auslaut flektierbar

معربد [mu'ʕarbid] Krach schlagend, tobend, randalierend

معرش [mu'ʕarraʃ], *pl.* [-aːt] Laube *f*

معرص [mu'ʕarrɒs], *pl.* [-uːn] Zuhälter *m*, Kuppler *m*

[1]**معرض** [maʕrɨđ], *pl.* معارض [ma'ʕaːrɨđ] (2) Ausstellung *f*, Schau *f*, Messe *f*; ~ الصحف [m. ɒs-suhuf] Presseschau *f*; ~ في + *G*: bei Gelegenheit von, bei; في ~ حديثه عن bei seinen Ausführungen über

[2]**معرض** [mu'ʕarrɒđ] ausgesetzt (ل *D*); ~ للخطر [li-l-xɒtɒr] gefährdet

[1]**معرف** [mu'ʕarraf] *Gr.* determiniert; غير ~ indeterminiert

[2]**معرف** [mu'ʕarrif], *pl.* [-uːn] Zeuge *m*, der *vor Gericht* die Identität von Personen bestätigt

معرفة [maʕrifa], *pl.* معارف [ma'ʕaːrif] (2) Wissen *n*, Kenntnis *f*; Erkenntnis *f*; Erkennen *n*, Erfahren *n*, Feststellen *n*; Bekanntschaft *f mit e-r Sache*; Bekannte(r); *Gr.* determinierte(s) Nomen; ~بـ + *G*: mit Wissen von; durch, von; ~ تقنية [tiq(a)'niːja], ~ تكنولوجية Know-how *n*; ~ الذات *u.* ~ نفسه Selbsterkenntnis *f*; وزارة المعارف [wi'zaːrat al-m.] Bildungsministerium *n*

معرفي [maʕrifiː] Wissens-; Erkenntnis-; kognitiv; erkenntnistheoretisch

[1]**معرق** [mu'ʕarraq] geädert; *Holz*: gemasert

[2]**معرق** [mu'ʕarriq] schweißtreibend

[3]**معرق** [muʕriq] fest verwurzelt; alt und vornehm

معرقل [mu'ʕarqil] behindernd

معركة [maʕraka], *pl.* معارك [ma'ʕaːrik] (2) Kampf *m*, Schlacht *f*; ~ انتخابية Wahlkampf *m*

معروض [maʕ'ruːđ] ausgestellt; angeboten; *Hdl.* Angebot *n* (من an *D*); *pl.* [-aːt] Ausstellungsgegenstand *m*, Exponat *n*; *pl.* معاريض [maʕaː'rɨːđ] (2) Gesuch *n*, Eingabe *f*

معروف [maʕ'ruːf] bekannt; *Bot., Zool.* gemein; Gefälligkeit *f*, Freundschaftsdienst *m*; gute(s) Werk, Gute(s); ناكر الـ~ undankbar; من الـ~ أن [ʔanna] es ist bekannt, daß; bekanntlich

معروق [maʕ'ruːq] verschwitzt; ausgezehrt, ausgemergelt

[1]**معز** [maʕz, maʕaz] *koll.* Ziege(n *pl.*) *f*

[2]**معز** [mu'ʕazzin] tröstend; kondolierend; Tröster *m*

معزاة [miʕ'zaːt], *pl.* معيز [ma'ʕiːz] Ziege *f*

[1]**معزز** [mu'ʕazzaz] verstärkt, gefestigt; beliebt; geehrt

[2]**معزز** [mu'ʕazziz] verstärkend

معزف [miʕzaf], *pl.* معازف [ma'ʕaːzif] (2) (Saiten-)Instrument *n*; Klavier *n*

معزقة [miʕzaqa], *pl.* معازق [ma'ʕaːziq] (2) Hacke *f*, Haue *f*; Hackmaschine *f*

معزل [maʕzil] Abgeschiedenheit *f*, Isolation *f*; بـ~ عن abgesondert, isoliert von; entfernt von

معزوفة [maʕ'zuːfa], *pl.* [-aːt] Musikstück *n*

معزول [maʕ'zuːl] isoliert; fern (عن von *D*)

معزوم [maʕ'zuːm] eingeladen; *pl.* معازيم [maʕaː'ziːm] (2) Gast *m*

معسر [muʕsir] in finanziellen Schwierigkeiten; *Hdl.* zahlungsunfähig

معسرة [maʕsara] bedrängte Lage

معسكر [mu'ʕaskar], *pl.* [-aːt] Heerlager *n*; *a. Pol.* Lager *n*; ~ الاعتقال Gefangenenlager *n*; *hist.* Konzentrationslager *n*

معسل [mu'ʕassal] mit Honig gesüßt; *Tabak*: parfümiert

معسلة [maʕsala], *pl.* معاسل [ma'ʕaːsil] (2) Bienenstock *m*

معسور [maʕ'suːr] notleidend, arm

معسول [maʕ'suːl] honigsüß

معشار [miʕ'ʃaːr] Zehntel *n*

معشب [muʕʃib] grasreich, grün

معشبة [maʕʃaba] Herbarium *n*

[1]**معشر** [maʕʃar], *pl.* معاشر [ma'ʕaːʃir] (2) Gruppe *f*, Gesellschaft *f*; نحن ~ العرب [-a l-ʕarab] wir Araber; يا ~ الناس [-a n-naːs] ihr Leute!

[2]**معشر** [mu'ʕaʃʃar]: الزوايا ~ zehneckig

معشق [mu'ʕaʃʃaq] ineinandergefügt

معشوشب [muʕ'ʃauʃib] grasbedeckt, grün

معشوق [maʕ'ʃuːq] Geliebte(r)

معشوقة [maʕ'ʃuːqa], *pl.* [-aːt] Geliebte *f*

معصرة [miʕsɒra], *pl.* معاصر [ma'ʕaːsɨr] (2) (*Öl*-)Presse *f*

معصم [miʕsɒm], *pl.* معاصم [ma'ʕaːsɨm] (2) Handgelenk *n*

معصوم [maʕ'suːm] geschützt (من vor *D*), gefeit (من gegen *A*); ~ من الخطأ [al-xɒŧɒʔ] unfehlbar

معصية [maʕsɨja], *pl.* معاص [ma'ʕɒːsɨn] Ungehorsam *m*; Sünde *f*

(**معض**) **VIII** امتعض [im'taʕađɒ] sich ärgern, verärgert *od.* ungehalten sein

معضل [muʕđɨl] problematisch, schwierig; *pl.* معاضل [ma'ʕɒːđɨl] (2) Problem *n*, Schwierigkeit *f*

معضلة [muʕđɨla], *pl.* [-aːt] Problem *n*, Schwierigkeit *f*

[1]**معط** [maʕaŧɒ, a] *Haare, Federn* ausreißen, rupfen

[2]**معط** [maʕɨŧ] haarlos, kahl

[3]**معط** [muʕŧɨn] gebend; Geber *m*; المعطي [al-muʕŧɨː] *Beiname Gottes*

معطاء [miʕ'ŧɒːʔ] (*im Genus unveränderlich*) sehr freigebig; *Boden*: reichen Ertrag schenkend

معطر [mu'ʕɒŧŧɒr] parfümiert, wohlriechend

معطف [miʕŧɒf], *pl.* معاطف [ma'ʕɒːŧɨf] (2) Mantel *m*

[1]**معطل** [mu'ʕɒŧŧɒl] untätig; außer Betrieb, stillgelegt; *Gerät*: kaputt; *Land*: brachliegend; *Kräfte*: ungenutzt; *Amt*: geschlossen

[2]**معطل** [mu'ʕɒŧŧɨl] **1.** *pl.* [-uːn] *Theol.* j-d, der Gott alle Attribute abspricht; **2.** *pl.* [-aːt] *Med.* funktionshemmende(s) Mittel

معطوب [maʕ'ŧuːb] schadhaft, beschädigt, kaputt

معطى [muʕŧɒn] gegeben; *pl.* معطيات [muʕŧɒ'jaːt] *Math.* gegebene Größe; *pl. a.* gegebene Fakten *n/pl.*, Gegebenheiten *f/pl.*; Daten *pl.*

[1]**معظم** [mu'ʕɒððɒm] *Herrscher*: erhaben; الشهر الـ~ der Ramadan

[2]**معظم** [muʕðɒm] + *G*: die meisten; في ~ـه größtenteils

معفن [mu'ʕaffan] verfault, faul; schimmlig

معفو [maʕ'fuːw]: ~ عنه amnestiert

معفى [muʕfan] befreit (من von *D*); ~ من الضريبة steuerfrei

معقب [mu'ʕaqqib], *pl.* [-uːn] Kommentator *m*; *bsd. Saudi-Ar., Syr.* j-d, der *etwas* überwacht *od.* kontrolliert

[1]**معقد** [maʕqid]: ~ الآمال Gegenstand *m* der Hoffnung

[2]**معقد** [mu'ʕaqqad] kompliziert, verwickelt; komplex; *Verfahren*: umständlich

معقرب [mu'ʕaqrab] gekräuselt

معقل [maʕqil], *pl.* معاقل [ma'ʕaːqil] (2) Festung *f*; *fig.* Bollwerk *n*, Bastion *f*, Hochburg *f*

[1]**معقم** [mu'ʕaqqam] entkeimt, sterilisiert, steril; desinfiziert; pasteurisiert

[2]**معقم** [mu'ʕaqqim], *pl.* [-aːt] Sterilisator *m*; Desinfektionsapparat *m*

معقود [maʕ'quːd] geknüpft; gewölbt; *Vertrag*: geschlossen; *Konferenz*: abgehalten; كان الأمل ~ا أن [al-ʔamalu -an] man hegte die Hoffnung, daß

معقوف [maʕ'quːf] gekrümmt, gebogen; معقوفان *du.* eckige Klammern *f/pl.*; ~ صليب Hakenkreuz *n*

معقول [maʕ'quːl] vernünftig, rational, logisch, einleuchtend, begreiflich; Verstand *m*; غير ~ widersinnig, absurd, unbegreiflich

معقولية [maʕquː'liːja] vernünftige(r), rationale(r) *od.* logische(r) Charakter *e-r Sache*

[1]**معكر** [mu'ʕakkar] getrübt, trübe; gestört

[2]**معكر** [mu'ʕakkir] trübend, störend; Störfaktor *m*

معكرونة [maʕka'ruːna] Makkaroni *pl.*

معكوس [maʕ'kuːs] reflektiert; umgekehrt

معلاق [miʕ'laːq], *pl.* معاليق [maʕaː'liːq] (2) Innereien *f/pl. von Schlachttieren*

معلب [mu'ʕallab] in Dosen *od.* Büchsen abgepackt; معلبات *pl.* (Büchsen-)Konserven *f/pl.*

معلف [miʕlaf], *pl.* معالف [ma'ʕaːlif] (2) Futterkrippe *f*; Futtertrog *m*

1 **معلق** [mu'ʕallaq] aufgehängt (*a. Techn.*), hängend; abhängig (على/ب von *D*); *Hoffnung*: geknüpft (على an *A*); in der Schwebe (befindlich), unentschieden; *Frage*: ungelöst, umstritten, offen

2 **معلق** [mu'ʕalliq], *pl.* [-uːn] Kommentator *m*

معلقات [muʕalla'qaːt] *pl.*: الـ~ *Bezeichnung e-r Sammlung vorislamischer arab. Gedichte*

1 **معلم** [maʕlam], *pl.* معالم [ma'ʕaːlim] (2) Merkmal *n*, Kennzeichen *n*, Wahrzeichen *n*; Wegzeichen *n*; Spur *f*; *pl. a.* Umrisse *m/pl.*, Konturen *f/pl.*; charakteristische Züge *m/pl.*; Sehenswürdigkeiten *f/pl.*; واضح المعالم mit klaren Umrissen *od.* Konturen

2 **معلم** [mu'ʕallam] unterrichtet; (= ~ عليه) markiert; ~ عليه بالأحمر rot angestrichen

3 **معلم** [mu'ʕallim], *pl.* [-uːn] Lehrer *m*; Meister *m*; *Äg. a.* Geschäftsinhaber *m*; *Jord.*, *Kuw. a.* Zubereiter *m* u. Verkäufer *m* von Speisen

معلمة [mu'ʕallima], *pl.* [-aːt] Lehrerin *f*; Meisterin *f*; ~ ابتدائية Grundschullehrerin *f*

1 **معلن** [muʕlan] verkündet; *Ziel*: erklärt; offen, unverhüllt; ~ سعر [siʕr] Listenpreis *m des Erdöls*

2 **معلن** [muʕlin] bekanntgebend; inserierend; (*für etwas*) werbend; *pl.* [-uːn] Inserent *m*; j-d, der Werbung betreibt

معلوف [maʕ'luːf] gemästet

معلول [maʕ'luːl] **1.** krank, leidend; **2.** Wirkung *f*; العلة والـ~ [al-ʕilla] Ursache und Wirkung

معلوم [maʕ'luːm] bekannt; gewiß!, selbstverständlich!; (= صيغة الـ~ [s̶i̶ːɣat al-m.]) *Gr.* Aktiv *n*; *pl.* معاليم [maʕaː'liːm] (2) *Tun.* Gebühr *f*, Taxe *f*, Abgabe *f*; من الـ~ أن [ʔanna] es ist bekannt, daß; bekanntlich

معلوماتية [maʕluːmaː'tiːja] Informatik *f*

معلومة [maʕ'luːma], *pl.* [-aːt] Information *f*; *pl. a.* Kenntnisse *f/pl.*, Wissen *n*; Daten *pl.*

معلومية [maʕluː'miːja] Bekanntsein *n e-r Sache*

معليشية [maʕleː'ʃiːja] *umg.* Wurstigkeit *f*

معمار [miʕmaːr] Baumeister *m*, Architekt *m*

معماري [miʕ'maːriː] architektonisch, bautechnisch; *pl.* [-uːn] Baumeister *m*, Architekt *m*; ~ فن [fann] Architektur *f*; ~ مهندس [mu'handis] Architekt *m*

معمد [mu'ʕammad] *Chr.* getauft; Täufling *m*

معمدان [maʕma'daːn]: يوحنا الـ~ [juː'ħannaː] Johannes der Täufer

1 **معمر** [mu'ʕammar] (wieder)aufgebaut; kultiviert; alt, betagt; *a. npr. m*; *pl.* [-uːn] *Sport*: Senior *m*; المعمرون die alten Menschen *m/pl.*; أكبر ~ مصري [m̶i̶s̶riː] der älteste Ägypter

2 **معمر** [mu'ʕammir] langlebig; *Bot.* mehrjährig, perennierend; *pl.* [-uːn] Kolonist *m*

معمعان [maʕma'ʕaːn] Höhepunkt *m von Hitze od. Kälte*; الصيف ~ [m. ᴅs-s̶ᴅif] Hochsommer *m*

معمعة [maʕmaʕa], *pl.* معامع [ma'ʕaːmiʕ] (2) Durcheinander *n*, Tumult *m*; Getümmel *n*, Kampf *m*

معمل [maʕmal], *pl.* معامل [ma'ʕaːmil] (2) Werkstätte *f*; Fabrik *f*, Werk *n*; Labor(atorium) *n*; ~ التكرير Raffinerie *f*; ~ فضاء *u.* ~ فضائي Raumlabor *n*; ~ لفرز الغاز من الزيت [az-zait] *Ölindustrie*: Gastrennanlage *f*

معملي [maʕmaliː] Labor-

معمم [mu'ʕammam] **1.** verallgemeinert; allgemein verbreitet *od.* eingeführt; **2.** turbantragend

معمودية [maʕmuː'diːja] Taufe *f*

معمور [maʕ'muːr] bevölkert, bewohnt

معمورة [maʕ'muːra]: الـ~ die Welt

معمول [maʕ'muːl] angefertigt; *Syr.*, *Lib.* mit Pistazien *od.* Mandeln gefüllte(s) Gebäck; ~ به gültig; gebräuchlich

معمى [mu'ʕamman], *pl.* معميات [muʕamma'jaːt] Rätsel *n*

(معن) **IV** أمعن [ʔamʕana] sich gründlich *od.* eingehend beschäftigen (في mit *D*), sich vertiefen (في in *A*), genau tun (في *A*); ~ النظر في [an-nᴅðᴅra] genau *od.* aufmerksam betrachten; **V** تمعن [ta'maʕʕana] genau betrachten *od.* prüfen (في *A*)

معنعن [mu'ʕanʕan] überliefert

معنون [mu'ʕanwan] *Brief*: adressiert; betitelt

معنوي [maʕnawiː] den Sinn betreffend; ideell; abstrakt; moralisch; geistig, immateriell; bedeutungsvoll; معنويات *pl.* ideelle Dinge *n/pl.*; abstrakte Dinge *n/pl.*; Moral *f*, Geist *m*, moralische Kraft; روح ~ة [ruːħ] Moral *f*, moralische Kraft; ~ شخص *Jur.* juristische Person; مادي و~ [maːddiː] materiell und ideell

1 **معنى** [maʕnan], *pl.* معان [ma'ʕaːnin] Sinn *m*, Bedeutung *f*; Vorstellung *f*; Begriff *m*, Idee *f*; *pl. a.* Inhalt *m*, Aussage *f*; معاني القرآن [ma'ʕaːniː l-qur'ʔaːn] der Inhalt des Korans; ~ اسم [ism m.] *Gr.* Abstraktnomen *n*; ذو ~ bedeutungsvoll; لا ~ له [maʕnaː] bedeutungslos; sinnlos; علم المعاني [ʕilm al-maʕaːniː] Rhetorik *f*, Semantik *f*, Semasiologie *f*; بـ~ أن [bi-maʕnaː ʔanna] in dem Sinne, daß; بمعناه الواسع im weiteren Sinne; بكل ~ الكلمة [bi-kulli maʕnaː l-kalima] im vollen Sinn des Wortes; قال ما معناه er sagte sinngemäß

2 **معني** [maʕ'niːj] *j-n* betreffend, angehend; *Stelle*: zuständig; interessiert (ب/في an *D*)

معهد [maʕhad], *pl.* معاهد [ma'ʕaːhid] (2) Institut *n*; (Fach-)Schule *f*; ~ إعداد المعلمين [ʔiʕ'daːd al-muʕalli'miːn] *u. Jord.* ~ المعلمين Lehrerausbildungsstätte *f*, pädagogische Hochschule; ~ تجاري [ti'dʒaːriː] Handelsschule *f*; ~ تجاري عال [ʕaː'lin] Handelshochschule *f*; ~ ثانوي [θaːnawiː] *Tun.* Gymnasium *n*; ~

عال Hochschule *f*; Fachhochschule *f*; معاهد عليا [ʕuljaː] Hochschulen *f/pl.*; Fachhochschulen *f/pl.*

معهود [maʕ'huːd] (wohl)bekannt; gewohnt; الـ~ der bewußte …; ~ به übertragen (إلى *j-m*)

معوان [miʕ'waːn], *pl.* معاوين [maʕaː'wiːn] (2) hilfsbereit

معوج [muʕ'waddʒ] gekrümmt, gebogen; schief

معوجة [muʕ'waddʒa], *pl.* [-aːt] Retorte *f*

معود [mu'ʕawwad] gewöhnt (على an *A*), gewohnt (على zu *D*)

معور [mu'ʕawwar] beschädigt

معوز [muʕwiz, muʕwaz] arm, mittellos, verarmt

1**معوق** [mu'ʕawwaq] (*geistig od. körperlich*) behindert; *pl.* [-uːn] Behinderte(r)

2**معوق** [mu'ʕawwiq], *pl.* [-aːt] Hindernis *n*, Hemmnis *n*

1**معول** [mu'ʕawwal] Verlaß *m*; ليس ~ عليه auf ihn ist kein Verlaß

2**معول** [miʕwal], *pl.* معاول [maʕaːwil] (2) Spitzhacke *f*; هدم ~ destruktive(s) Element

معونة [ma'ʕuːna], *pl.* [-aːt] Hilfe *f*, Unterstützung *f*; مالية ~ Finanzhilfe *f*

معوي [miʕawiː, maʕwiː] Darm-; *Med.* intestinal; ~ التهاب *Med.* Enteritis *f*

1**معي** [maʕiː] mit mir (→ مع)

2**معى** [miʕan] *u.* **معي** [maʕj], *pl.* أمعاء [ʔam'ʕaːʔ] Darm *m*; Eingeweide *n/pl.*; الـ~ الدقيق [al-miʕaː/al-maʕj] Dünndarm *m*; الـ~ الغليظ Dickdarm *m*

معيار [miʕ'jaːr], *pl.* معايير [maʕaː'jiːr] (2) Standard *m*, Norm *f*; Richtmaß *n*; Maßstab *m*, Kriterium *n*

معياري [miʕ'jaːriː] Standard-, normativ

معيب [ma'ʕiːb] mangelhaft, fehlerhaft; schändlich, verwerflich

معيد [mu'ʕiːd], *pl.* [-uːn] Repetitor *m*, Assistent *m an der Universität*

معير [mu'ʕiːr] (ver)leihend; Verleiher *m*

معيز → ماعز *u.* معزاة

معيشة [ma'ʕiːʃa] Leben *n*, Lebensunterhalt *m*, Lebenshaltung *f*; تكاليف الـ~ [takaː'liːf al-m.] Lebenshaltungskosten *pl.*; → مستوى

معيشي [ma'ʕiːʃiː] Lebens-; مستوى ~ Lebensstandard *m*

معيق [mu'ʕiːq] behindernd

معيل [mu'ʕiːl] Ernährer *m e-r Familie*, Familienvater *m*

1**معين** [ma'ʕiːn] **1.** *fig.* Quelle *f*; **2.** Reich *n* der Minäer *im alten Südarabien*

2**معين** [mu'ʕajjan] **1.** bestimmt; festgesetzt; *zu etwas* ernannt; eingestellt, in den Dienst genommen; *pl.* [-uːn] Eingestellte(r); *Tun.* (Geld-)Betrag *m*, Zins *m*; الكراء ~ [m. al-ki'raːʔ] Mietzins *m*, Pachtzins *m*; الخصائص المعينة [al-xɒ-'sɒːʔis] die jeweiligen Besonderheiten (ل von *D*); **2.** *pl.* [-aːt] Rhombus *m*; شبه الـ~ [ʃibh al-m.] Rhomboid *n*

3**معين** [mu'ʕiːn], *pl.* [-uːn] Helfer *m*, Gehilfe *m*; *pl.* [-aːt] Hilfsmittel *n*

معيني [ma'ʕiːniː] *hist.* minäisch; *pl.* [-uːn] Minäer *m*

معية [ma'ʕiːja] Begleitung *f*, Gesellschaft *f*; بمعيته in j-s Begleitung; واو الـ~ *Gr.* das (*den Akkusativ regierende*) „و der Begleitung"

معيوب [maʕ'juːb] mangelhaft, fehlerhaft; schändlich

مغادرة [mu'ɣaːdara] Verlassen *n*; Abreise *f* (*G*: aus *D*)

مغار [ma'ɣaːr], *pl.* [-aːt] Höhle *f*, Grotte *f*

مغاربي [ma'ɣaːribiː] maghrebinisch, Maghreb-

مغارسة [mu'ɣaːrasa], *pl.* [-aːt] *Tun.* Pachtvertrag *m*, *auf Grund dessen der Pächter die Hälfte des Gartens als Eigentum erhält, wenn dieser Ertrag bringt*

مغارة [ma'ɣaːra], *pl.* [-aːt] *u.* مغاور [ma'ɣaːwir] (2) Höhle *f*, Grotte *f*

مغازلة [mu'ɣaːzala], *pl.* [-aːt] Flirt *m*

مغازة [ma'ɣaːza], *pl.* [-aːt] *Tun.* Geschäft *n*, Laden *m*; عامة ~ [ʕaːmma] Kaufhaus *n*, Warenhaus *n*

مغاص [ma'ɣɒːs] Tauchplatz *m*; ~ اللؤلؤ Perlentaucherei *f*; Perlmuschelbank *f*

مغافلة [mu'ɣaːfala] Täuschung *f*; Überrumpelung *f*

مغالاة [muɣaː'laːt] Übertreibung *f*, Überschreitung *f* der Grenzen; بلا ~ ohne Übertreibung; في الـ~ التقدير Überbewertung *f*

مغالبة [mu'ɣaːlaba] Bekämpfung *f*; Kampf *m*, Ringen *n*

مغالطة [mu'ɣaːlatɒ], *pl.* [-aːt] Irreführung *f*, Betrug *m*; Schwindel *m*; Trugschluß *m*; Scheinbeweis *m*

مغامر [mu'ɣaːmir] waghalsig; abenteuerlustig; *pl.* [-uːn] Abenteurer *m*

مغامرة [mu'ɣaːmara], *pl.* [-aːt] Abenteuer *n*; Risiko *n*

مغاير [mu'ɣaːjir] abweichend, verschieden (ل von *D*), andere(r) (ل als); entgegengesetzt (ل *D*); ~ للآداب sittenwidrig

مغبر [mu'ɣabbar, muɣ'barr] verstaubt, staubig

مغبة [ma'ɣabba], *pl.* [-aːt] Ergebnis *n*, Folge *f*, Konsequenz *f*

مغبوط [maɣ'buːt] glücklich; *Chr.* selig

مغبون [maɣ'buːn] übervorteilt, betrogen, geprellt

مغتاظ [muɣ'tɒːð] wütend (من auf *j-n*), zornig

مغتبط [muɣ'tabit] erfreut, froh, voller Genugtuung, befriedigt (ب über *A*)

مغترب [muɣ'tarib] in der Fremde lebend; *Student, Schüler*: auswärtig; *pl.* [-uːn] im Ausland Lebende(r), Emigrant *m*

مغتسل [muɣ'tasal] Waschraum *m*

1**مغتصب** [muɣ'tasɒb] vergewaltigt; *Gebiet*: gewaltsam angeeignet

2**مغتصب** [muɣ'tasib], *pl.* [-uːn] Vergewaltige(r); Usurpator *m*

مغتم [muɣ'tamm] betrübt, traurig

مغدى [maɣdan]: ومراح ~ stets aufgesuchte(r) Ort

مغذ [mu'ɣaððin] speisend, versorgend (ب mit *D*); nahrhaft

مغر [muɣrin] verlockend, verführerisch; Ansporn *m*; *pl.* مغرون [muɣ'ruːn] Verführer *m*; Anstifter *m*;

مغريات [muɣri'jaːt] *pl.* Verlockungen *f/pl.*

مغراة [miɣ'raːt] Leimtopf *m*

1**مغرب** [maɣraba] marokkanisieren

2**مغرب** [maɣrib], *pl.* مغارب [ma'ɣaːrib] (2) Ort *m od.* Zeit *f* des Sonnenuntergangs; Westen *m*; *f* Gebet *n* bei Sonnenuntergang; الـ~ Marokko; der Maghreb, (das arabische) Nordwestafrika; الـ~ العربي (الكبير) der Maghreb; في مشارق الأرض ومغاربها in der ganzen Welt

3**مغرب** [mu'ɣarrab] aus der Heimat vertrieben

مغربة [maɣraba] Marokkanisierung *f*

مغربي [maɣribiː] marokkanisch; maghrebinisch, nordwestafrikanisch; *pl.* مغاربة [ma'ɣaːriba] Marokkaner *m*; Maghrebiner *m*, Nordwestafrikaner *m*

مغربية [maɣri'biːja] *Syr., Lib. ein dem nordwestafrikanischen Kuskus ähnliches Gericht*

مغرس [maɣris], *pl.* مغارس [ma'ɣaːris] (2) Stelle *f*, wo etwas eingepflanzt ist; Pflanzung *f*, Beet *n*

مغرض [muɣriđ] von persönlichen Interessen geleitet; eigennützig; voreingenommen; tendenziös; berechnend; *Propaganda, Kritiker*: böswillig

مغرفة [miɣrafa], *pl.* مغارف [ma'ɣaːrif] (2) Schöpflöffel *m*, Kelle *f*

مغرق [muɣriq] versunken, vertieft (في in *A*)

1**مغرم** [maɣram], *pl.* مغارم [ma'ɣaːrim] (2) Schaden *m*, Verlust *m*

2**مغرم** [muɣram] verliebt, vernarrt (ب in *A*), verrückt (ب nach *D*)

مغرة [muɣra] Ocker *m*; Rötel *m*

مغرور [maɣ'ruːr] e-r Täuschung *od.* Illusion erlegen, verblendet; eingebildet

مغروس [maɣ'ruːs] gepflanzt; bepflanzt

مغزاة [maɣ'zaːt], *pl.* مغاز [ma'ɣaːzin] Kriegszug *m*; *pl. a.* Erzählungen *f/pl.* von Kriegszügen; Heldentaten *f/pl.* der Eroberer

1**مغزل** [maɣzil], *pl.* مغازل [ma'ɣaːzil] (2) Spinnerei *f*

2**مغزل** [miɣzal], *pl.* مغازل [ma'ɣaːzil] (2) Spindel *f*; أبو مغازل *Äg.* langbeinige(r) Wasservogel, *bsd.* Stelzenläufer *m*

مغزلي [miɣzaliː] spindelförmig

مغزى [maɣzan], *pl.* مغاز [ma'ɣaːzin] Sinn *m*, Bedeutung *f*; Aussage *f e-s literarischen Werks*; Moral *f e-r Geschichte*; ذو ~ bedeutungsvoll

1**مغسل** [maɣsal], *pl.* مغاسل [ma'ɣaːsil] (2) Waschraum *m*; Wäscherei *f*

2**مغسل** [miɣsal] Waschbecken *n*; Waschschüssel *f*

مغسلة [maɣsala], *pl.* مغاسل [ma'ɣaːsil] (2) Waschraum *m*; Waschtisch *m*; Wäscherei *f*

مغشوش [maɣ'ʃuːʃ] verfälscht, gefälscht; *Getränk*: gepanscht; getäuscht

مغشي [maɣ'ʃiːj]: عليه ~ ohnmächtig

1**مغص** [maɣisɒ, a] *u. Pass.* [muɣisɒ] e-e Kolik *od.* Bauchschmerzen haben *od.* bekommen

2**مغص** [maɣs, maɣɒs] Kolik *f*; Bauchschmerzen *m/pl.*; صفراوي ~ [sɒf'raːwiː] Gallenkolik *f*; معوي ~ [miʕawiː] Darmkolik *f*

مغصوب [maɣ'suːb] usurpiert; erzwungen

مغضوب [maɣ'đuːb]: عليه ~ der, dem man zürnt; mißliebig

مغط [maɣatɒ, a] *u.* **II** [maɣɣatɒ] strecken, dehnen

1**مغطس** [maɣtɒsa] magnetisieren, magnetisch machen

2**مغطس** [maɣtɨs], *pl.* مغاطس [ma'ɣaːtɨs] (2) Tauchbecken *n*; *Chem.* Bad *n*

3**مغطس** [miɣtɒs], *pl.* مغاطس [ma'ɣaːtɨs] (2) (Bade-)Wanne *f*

مغطى [mu'ɣɒttɒn] zugedeckt, *a. Fin.* gedeckt

مغفر [miɣfar], *pl.* مغافر [ma'ɣaːfir] (2) Helm *m*

مغفرة [maɣfira] Vergebung *f*, Verzeihung *f*

1**مغفل** [mu'ɣaffal] dumm, einfältig; *pl.* [-uːn] Dummkopf *m*, Einfaltspinsel *m*

2**مغفل** [muɣfal] vernachlässigt; weggelassen, ausgelassen; übersehen; anonym; شركة ~ة [ʃarika] *Syr., Lib.* Aktiengesellschaft *f*

مغفور [maɣ'fuːr]: الـ~ له der Verstorbene (= *der, dem verziehen worden ist*)

مغل [mu'ɣill] ertragbringend, ertragreich

مغلاق [miɣ'laːq], *pl.* مغاليق [maɣaː'liːq] (2) (Vorhänge-)Schloß *n*; Verschluß *m*

مغلظ [mu'ɣallɒð]: يمين ~ة heilige(r) Eid

مغلف [mu'ɣallaf] eingehüllt, verhüllt; verpackt; *pl.* [-aːt] (Brief-) Umschlag *m*

مغلق [muɣlaq] geschlossen; *a. Mensch*: verschlossen; جلسة ~ة Sitzung *f* hinter verschlossenen Türen

مغلوب [maɣ'luːb] besiegt, unterlegen; *Biol.* rezessiv; على أمره ~ besiegt, überwältigt; sich nicht zu helfen wissend, ohnmächtig

مغلوط [maɣ'luːt] irrig, unrichtig, falsch

مغلوق [maɣ'luːq] geschlossen

مغلول [maɣ'luːl] in Ketten gelegt, gefesselt; بأيد ~ة [bi-ʔaidin] tatenlos; machtlos (*Adv.*); هو ~ اليد [m. al-jad] ihm sind die Hände gebunden, er ist machtlos; er schaut tatenlos zu

مغلي [maɣ'liːj] (ab)gekocht; Brühe *f*; Absud *m*, Dekokt *n*

مغمز [maɣmaz], *pl.* مغامز [ma'ɣaːmiz] (2) Fehler *m*, Makel *m*; schwache Stelle

مغمض [muɣmiđ]: العينين ~ [-a l-ʕainain] mit geschlossenen Augen

مغمور [maɣ'muːr] überschwemmt, überflutet; unbekannt, namenlos; منطقة ~ة [mintɒqa] *Ölindustrie*: Shelfgebiet *n*, Off-shore-Gebiet *n*

مغموم [maɣ'muːm] bedrückt, bekümmert, betrübt

مغمى [muɣman]: عليه ~ ohnmächtig, bewußtlos

مغن [mu'ɣannin], *pl.* مغنون [muɣa'nnuːn] Sänger *m*

مغناج [miɣ'naːʤ] kokett

مغناطيس [maɣna'tɨːs, miɣna'tɨːs] Magnet *m*

مغناطيسي [maɣna'tiːsiː, miɣna'tiːsiː] magnetisch

مغنط [maɣnatɒ] magnetisieren, magnetisch machen

مغنطيس [maɣna'tiːs, miɣna'tiːs] Magnet *m*; كهربائي ~ [kahra'baːʔiː] Elektromagnet *m*

مغنطيسي [maɣna'tiːsiː, miɣna'tiːsiː] magnetisch

مغنطيسية [maɣnatiː'siːja, miɣnatiː'siːja] Magnetismus *m*

مغنم [maɣnam], *pl.* مغانم [ma'ɣaːnim] (2) Beute *f*; Ausbeute *f*, Gewinn *m*

مغنة [muɣna]: خشب الـ~ [xaʃab al-m.] Mahagoniholz *n*

مغنى [maɣnan], *pl.* مغان [ma'ɣaːnin] **1.** Wohnsitz *m*; **2.** Gesang *m*

مغنيزيا [maɣ'niːzijaː] *u.* **مغنيسيا** [maɣ'niːsijaː] *Chem.* Magnesia *f*

مغنيسيوم [maɣ'niːsijum] Magnesium *n*

مغنية [mu'ɣannija], *pl.* [-aːt] Sängerin *f*

مغوار [miɣ'waːr], *pl.* مغاوير [maɣaː'wiːr] (2) Angriffe unternehmend; verwegen; *pl. Ir., Syr.* Kommandotrupps *m/pl.*

مغول [mu'ɣuːl, ma'ɣuːl]: الـ~ *koll.* die Mongolen *m/pl.*; *hist.* die Moguln *m/pl.*

مغولي [mu'ɣuːliː, ma'ɣuːliː] mongolisch; Mongole *m*; *hist.* auf die Moguln bezüglich

مغيب [ma'ɣiːb] Abwesenheit *f*; (Sonnen-)Untergang *m*

مغيبات [muɣajji'baːt] *pl.* Betäubungsmittel *n/pl.*

مغيث [mu'ɣiːθ] (Er-)Retter *m*, Helfer *m*

1 **مغير** [mu'ɣajjar] geändert, verändert

2 **مغير** [mu'ɣajjir] ändernd, verändernd; سبحان ~ الأحوال [sub'ħaːna -i l-ʔaħ'waːl] *nach Feststellung e-r Veränderung*: gepriesen sei der alles Verändernde (= *Gott*)

3 **مغير** [mu'ɣiːr] angreifend; *pl.* [-uːn] Angreifer *m*

مغيظ [ma'ɣiːð] wütend, zornig

مغيم [mu'ɣajjim] bewölkt

مفاتحة [mu'faːtaħa] Ansprechen *n*; Herantreten *n an j-n mit e-r Angelegenheit*

مفاتن [ma'faːtin] (2) *pl.* Reize *m/pl.*

مفاجأة [mu'faːdʒaʔa], *pl.* مفاجآت [mufaːdʒa'ʔaːt] Überraschung *f*

مفاجئ [mu'faːdʒiʔ] überraschend; unerwartet, plötzlich

مفاد [mu'faːd] Inhalt *m*; ~ه أن [ʔanna] des Inhalts, daß; der *od.* das besagt, daß

مفارقة [mu'faːraqa], *pl.* [-aːt] Paradox *n*; Widersprüchlichkeit *f*; paradoxe Tatsache, unglaubliche(s) Ereignis; Gegensatz *m* (بين zwischen *D*); Trennung *f von j-m*; تاريخية ~ Anachronismus *m*

مفازة [ma'faːza], *pl.* [-aːt] *u.* مفاوز [ma'faːwiz] (2) *a. fig.* Wüste *f*

مفاضلة [mu'fɒːđɒla] Abwägung *f* (بين *zweier Dinge gegeneinander*), Vergleich *m*

مفاعل [mu'faːʕil], *pl.* [-aːt] Reaktor *m*; نووي ~ [nawawiː] Kernreaktor *m*

مفاكهة [mu'faːkaha], *pl.* [-aːt] Spaß *m*, Scherz *m*, scherzhafte Worte *n/pl.*; humorvolle Geschichte

مفاوض [mu'faːwiđ], *pl.* [-uːn] Verhandlungspartner *m*; Unterhändler *m*; الوفد الـ~ Verhandlungsdelegation *f*

مفاوضة [mu'faːwɒđɒ], *pl.* [-aːt] Verhandlung *f*, Besprechung *f*

مفت [muftin], *pl.* مفتون [muf'tuːn] *Isl.* Mufti *m*

مفتاح [mif'taːħ], *pl.* مفاتيح [mafaː'tiːħ] (2) Schlüssel *m* (*a. fig.*: *G* zu *D*); *El.* Schalter *m*; Auslöser *m am Fotoapparat*; Taste *f des Klaviers, der Schreibmaschine*; Klappe *f des Blasinstruments*; Wirbel *m des Saiteninstruments*; Ventil *n der Trompete*; صامولة ~ Schraubenschlüssel *m*

مفتت [mu'fattat] zersplittert; zerkleinert; zerbröckelt

مفتتح [muf'tataħ] Beginn *m*, Anfang *m*, Eröffnung *f*

مفترات [mufatti'raːt] *pl.* antriebshemmende *od.* bewußtseinsdämpfende Mittel *n/pl.*

مفترس [muf'taris] *Tier*: reißend; حيوان ~ [ħaja'waːn] Raubtier *n*

مفترض [muf'tarɒđ] (*hypothetisch*) angenommen; vorausgesetzt; من الـ~ أن er *od.* es sollte

مفترق [muf'taraq]: الطرق ~ [m. ɒt-turuq] (*Straßen*-)Gabelung *f od.* Kreuzung *f*; *fig.* Scheideweg *m*

مفتريات [muftara'jaːt] Lügen *f/pl.*, Verleumdungen *f/pl.*

مفتش [mu'fattiʃ], *pl.* [-uːn] Aufseher *m*, Inspektor *m*, Inspekteur *m*; (Kriminal-)Kommissar *m*; التعليم ~ *Äg.* Schulrat *m*; عام ~ [ʕaːmm] *Mil.* Generalinspekteur *m*

مفتشية [mufatti'ʃiːja] Inspektorat *n*

مفتعل [muf'taʕal] künstlich, gekünstelt, unecht; *Lüge*: ersonnen

مفتقر [muf'taqir] Mangel habend (إلى an *D*); bedürfend (إلى *G*)

مفتوح [maf'tuːħ] geöffnet, *a. fig.* offen; *Gerät*: eingeschaltet; رسالة ~ة [ri'saːla] offene(r) Brief; شهيتي ~ة [ʃa'hiːjatiː] ich habe (großen) Appetit

مفتوق [maf'tuːq] zerrissen, aufgetrennt; *Med.* bruchleidend

مفتول [maf'tuːl] (zusammen)gedreht; *Seil*: fest geflochten; *Muskeln*: kräftig; العضلات ~ [m. al-ʕađɒ'laːt] muskulös

مفتون [maf'tuːn] bezaubert, entzückt, fasziniert (بـ von *D*)

مفتي → مفت

مفجر [mu'faddʒir], *pl.* [-aːt] Zünder *m*

مفجع [mufdʒiʕ] quälend, peinigend, schrecklich

مفجوع [maf'dʒuːʕ] gequält, gepeinigt; beraubt (في *j-s*); *umg.* gefräßig; Vielfraß *m*

1 **مفحم** [mu'faħħam] verkohlt

2 **مفحم** [mu'faħħim], *pl.* [-aːt] Vergaser *m*

مفخخ [mu'faxxax] *Lib. fig.* voller Fallen

مفخرة [mafxara], *pl.* مفاخر ma'faːxir] (2) Gegenstand *m* des Stolzes; Ruhmestat *f*; rühmenswerte Eigenschaft

مفخم [mu'faxxam] geehrt; *Phon.* velarisiert, emphatisch

مفدى [mu'faddan] *Beiwort nach dem Namen e-s Königs, etwa*: innig geliebt, teuer

مفر [ma'farr] Entrinnen *n*, Ausweg *m*; لا ~ منه [-a] unausweichlich, unvermeidlich

مفراك [mif'raːk], *pl.* مفاريك [mafaː'riːk] (2) Quirl *m*

[1]**مفرج** [mafradʒ] *Jem.* Empfangszimmer *n im obersten Stockwerk*

[2]**مفرج** [mu'farridʒ] *Kummer, Sorgen* vertreibend

مفرح [mufriħ] erfreulich

مفرخ [mafrax], *pl.* مفارخ [ma'faːrix] (2) Brutkäfig *m*, Nest *n* zum Brüten

[1]**مفرد** [mufrad] einzeln, (für sich) allein; einfach, nicht zusammengesetzt; *Gr.* Singular *m*; *pl.* [-aːt] (Einzel-)Wort *n*; *pl. a.* Einzelelemente *n/pl.*; (Einzel-)Posten *m/pl. e-s Kontos od. e-r Rechnung*; بمفرده (für sich) allein

[2]**مفرد** [mufrid] *Isl.* j-d, der die Pilgerfahrt ohne Besuch der heiligen Stätten durchführt

مفردة [mufrada], *pl.* [-aːt] (einzelnes) Wort; (Einzel-)Posten *m*

مفرزات [mufra'zaːt] *pl.* Ausscheidungen *f/pl.*, Sekrete *n/pl.*

[1]**مفرزة** [mafraza], *pl.* مفارز [ma'faːriz] (2) Gruppe *f*, Abteilung *f*, Trupp *m*

[2]**مفرزة** [mu'farriza], *pl.* [-aːt] Fräsmaschine *f*

مفرش [mifraʃ], *pl.* مفارش [ma'faːriʃ] (2) Tischtuch *n*; Matratze *f*

مفرط [mufriŧ] übermäßig, übertrieben; ~ في الحساسية [fi l-ħasaː'siːja] überempfindlich

مفرطح [mu'farŧɒħ] breitgedrückt, platt

[1]**مفرغ** [mu'farraɣ] entleert; leer; hohl; Vakuum-; *Schiff*: entladen; ~ من الهواء [al-ha'waːʔ] luftleer

[2]**مفرغ** [mu'farriɣ] entleerend; مضخة ~ـة [mi'đɒxxa] Vakuumpumpe *f*

[3]**مفرغ** [mufraɣ] entleert, leer; *a. Techn.* gegossen; حلقة ~ـة Teufelskreis *m*

[1]**مفرق** [mafraq, mafriq], *pl.* مفارق [ma'faːriq] (2); ~ الطرق [m. ɒt-ŧuruq] Straßengabelung *f*, Straßenkreuzung *f*, Scheideweg *m*

[2]**مفرق** [mafriq], *pl.* مفارق [ma'faːriq] (2): ~ الشعر Scheitel *m*

[3]**مفرق** [mu'farraq] getrennt, verstreut; aufgelöst; Detail-; بالـ~ en détail; تاجر الـ~ Einzelhändler *m*

[4]**مفرق** [mu'farriq] trennend

مفرقع [mu'farqiʕ] knallend, (zer)platzend; مفرقعات *pl.* Sprengstoffe *m/pl.*; Knallkörper *m/pl.*

مفرمة [miframa], *pl.* مفارم [ma'faːrim] (2) Fleischwolf *m*

مفرود [maf'ruːd] geöffnet, gespreizt

مفروز [maf'ruːz] *Syr., Jord. Grund*: parzelliert

مفروش [maf'ruːʃ] ausgebreitet; bedeckt (ب mit *D*); möbliert; مفروشات *pl.* Möbel *n/pl.*, Einrichtungsgegenstände *m/pl.*; Bodenbelag *m*, Teppichböden *m/pl.*

مفروض [maf'ruːđ] auferlegt (على j-m); *Steuer*: erhoben; vorausgesetzt; مفروضات *pl.* Pflichten *f/pl.*; من الـ~ أن er *od.* es sollte; كان من الـ~ أن er *od.* es hätte sollen

مفروغ [maf'ruːɣ]: ~ منه erledigt; أمر ~ منه *a.* e-e beschlossene *od.* ausgemachte Sache; e-e bekannte (Tat-)Sache

مفروم [maf'ruːm] *Fleisch*: gehackt; *Tabak*: geschnitten

مفزع [mufziʕ] schrecklich, entsetzlich

مفسد [mufsid] korrumpierend; verderblich; demoralisierend

مفسدة [mafsada], *pl.* مفاسد [ma'faːsid] (2) Ursache *f* von Verderbnis *od.* Verderbtheit; Verderbnis *f*; Übel *n*; schimpfliche Tat

مفسر [mu'fassir] auslegend, erklärend, kommentierend; *pl.* [-uːn] Kommentator *m*; Exeget *m*

مفصد [mifsɒd], *pl.* مفاصد [ma'fɒːꞩɨđ] (2) Lanzette *f*

[1]**مفصل** [mafꞩɨɫ], *pl.* مفاصل [ma'fɒːꞩɨɫ] (2) *Anat., Techn.* Gelenk *n*

[2]**مفصل** [mu'fɒssɒl] im einzelnen dargelegt, detailliert, ausführlich; maßgeschneidert, Maß-; *selten*: (ab)getrennt; ~ًا [-an] *Adv.* im einzelnen, detailliert

[3]**مفصل** [mu'fɒssɨɫ], *pl.* [-uːn] Zuschneider *m*

مفصلة [mu'fɒssɒla], *pl.* [-aːt] Scharnier *n*; *Äg.* (Tür-)Angel *f*

مفصلي [mafꞩɨliː] Gelenk-

مفصول [maf'ꞩuːl] abgetrennt; entlassen, seines Amtes enthoben

[1]**مفض** [mi'fɒđđ]: ~ الخطابات [m. al-xiŧɒː'baːt] Brieföffner *m*

[2]**مفض** [mufđɨn] führend (إلى zu *D*)

مفضال [mif'đɒːl] vortrefflich; verdienstvoll

مفضل [mu'fɒđđɒl] bevorzugt; Lieblings-; ~ مقهى [maqhan] Stammcafé *n*; من الـ~ es ist vorzuziehen

مفطر [mufŧɨr] das Fasten brechend; (*Gegens.* صائم) nicht fastend

مفطور [maf'ŧuːr] von Natur aus veranlagt (على zu *D*)

مفعم [mufʕam] (über)voll (ب von *D*), voller

مفعول [maf'ʕuːl] Wirkung *f*, Wirksamkeit *f*; Geltung *f*, Gültigkeit *f*; *pl.* [-aːt] *u.* مفاعيل [mafaː'ʕiːl] (2) *Gr.* Objekt *n*; ~ به *Gr.* Objekt *n*; ~ فيه *Gr.* adverbiale Orts- *od.* Zeitangabe; ~ مطلق [muŧlaq] *Gr.* innere(s) Objekt; ~ معه *Gr.* das nach dem واو المعية [waːw al-maʕiːja] im Akkusativ stehende Substantiv; ~ له/لأجله *Gr.* Akkusativ *m* des Beweggrundes; اسم الـ~ *Gr.* Partizip Passiv *n*; ساري الـ~ gültig

مفعولي [maf'ʕuːliː] *Gr.* auf das Objekt bezüglich

مفعولية [mafʕuː'liːja] Gültigkeit *f*; *Gr.* Objektcharakter *m e-s Wortes*

مفقس [mifqas], *pl.* مفاقس [ma'faːqis] (2) Brutapparat *m*

مفقود [maf'quːd] verloren, vermißt, fehlend; *pl.* [-uːn] Vermißte(r); *pl.* [-aːt] Verlust *m*; verlorene(r) Gegenstand

مفك [mi'fakk], *pl.* [-aːt] Schraubenzieher *m*

مفكر [mu'fakkir] denkend (في an *A*), nachdenkend (في über *A*); *pl.* [-uːn] Denker *m*; Gelehrte(r); Ideologe *m*; Theoretiker *m*; Intellektueller *m*

مفكرة [mu'fakkira], *pl.* [-aːt] Notizbuch *n*

مفكك [mu'fakkak] zerlegt, demontiert; zusammenhanglos

مفكوك [maf'kuːk] auseinandergenommen; aufgebunden; lose, lokker

مفلح [mufliħ] erfolgreich
مفلس [muflis] bankrott, zahlungsunfähig
مفلطح [mu'faltɒħ] breitgedrückt, platt
مفلفل [mu'falfal] gepfeffert; ~ رز [ruzz] mit Salz u. Pfeffer gekochte(r) Reis, Pilaw *m*; ~ شعر Kraushaar *n*
مفلق [mufliq]: ~ شاعر ein begnadete(r) Dichter
مفلوج [maf'luːʤ] halbseitig gelähmt
مفند [mu'fannad] widerlegt
¹**مفهرس** [mu'fahras] mit Index (versehen); katalogisiert; → معجم
²**مفهرس** [mu'fahris] j-d, der *etwas* katalogisiert
مفهوم [maf'huːm] verstanden; verständlich, begreiflich; *pl.* مفاهيم [mafaː'hiːm] (2) Begriff *m*; Sinn *m*; Konzeption *f*; Auffassung *f*, Vorstellung *f*; الـ~ أن [ʔanna] es versteht sich, daß; es verlautet, daß; من الـ~ أن [ʔanna/ʔan] es ist verständlich, daß
مفهومية [mafhuː'miːja] Verständlichkeit *f*
مفوض [mu'fawwɒđ] bevollmächtigt (ب zu *D*); *pl.* [-uːn] Bevollmächtigte(r), Beauftragte(r); الـ~ السامي Hochkommissar *m*; ~ الشرطة [m. aʃ-ʃurtɒ] Polizeikommissar *m*; ~ بالتوقيع zeichnungsberechtigt; Zeichnungsbevollmächtigte(r) ~ وزير Gesandte(r)
مفوضية [mufawwɒ'điːja], *pl.* [-aːt] Gesandtschaft *f*; Kommissariat *n*
مفوه [mu'fawwah] beredt, wortgewandt
مفؤود [maf'ʔuːd] herzkrank
مفيد [mu'fiːd] nützlich, nutzbringend, vorteilhaft; *Satz*: e-n vollständigen Sinn vermittelnd; ~ للصحة [li-s-siħħa] *Klima*: gesund
مفيق [mu'fiːq] wach
مقابل [mu'qaːbil] gegenüberliegend; Entsprechende(s), Gegenwert *m*, Gegenleistung *f*, Gegen-; Entgelt *n*; *pl.* [-aːt] Entsprechung *f*, Gegenstück *n*; *pl.* [-uːn] Interviewer *m*; ~ [-a] *Präp.* (als Gegenleistung) für, gegen; gegenüber; ~ ذلك *a.* demgegenüber; ~ الوفاء [m. al-wa'faː] *bsd. Ir. Fin.* Deckungsbeitrag *m*, (*Wechsel-*)Deckung *f*; بالـ~ als Ausgleich, dafür; في ~ ذلك als Gegenleistung dafür; بدون ~ unentgeltlich; ~ ثلاثة أهداف هدفين [hada'fain] *Sport*: 3:2 Tore
مقابلة [mu'qaːbala], *pl.* [-aːt] Begegnung *f*, Treffen *n*; Interview *n*; Empfang *m*, Audienz *f*; Vergeltung *f*; Vergleich *m*; Gegenüberstellung *f*; الـ~ بالمثل [bi-l-miθl] Vergeltung *f*; (*Prinzip der*) Gegenseitigkeit *f*; ~ إياب *Sport*: Rückspiel *n*; لـ~ احتياجاته um seinen Bedürfnissen zu entsprechen
مقاتل [mu'qaːtil] kämpfend, Kampf-; *pl.* [-uːn] Kämpfer *m*, Krieger *m*
¹**مقاتلة** [mu'qaːtala] Bekämpfung *f*; Kampf *m* (*G*: gegen *A*)
²**مقاتلة** [mu'qaːtila], *pl.* [-aːt] Kämpferin *f*; Kampfflugzeug *n*
مقاذر [ma'qaːðir] (2) *pl.* schmutzige Dinge *n/pl.*, Schmutz *m*
مقارب [mu'qaːrib] nahekommend, in etwa entsprechend (لـ *e-r Sache*)
مقارفة [mu'qaːrafa] Begehen *n*, Verüben *n*
¹**مقارن** [mu'qaːran] verglichen; الأدب الـ~ [al-ʔadab] vergleichende Literaturwissenschaft; ~ا ب [-an] verglichen mit
²**مقارن** [mu'qaːrin] *Wissenschaft*: vergleichend
مقارنة [mu'qaːrana], *pl.* [-aːt] Vergleich *m*, Vergleichung *f*; بالـ~ مع im Vergleich zu
مقاس [ma'qaːs], *pl.* [-aːt] Abmessung *f*, Maß *n*, Ausmaß *n*, Größe *f*
مقاسم [mu'qaːsim] Teilhaber *m*
مقاسمة [mu'qaːsama] Teilen *n*, Aufteilung *f*
مقاصة [mu'qɒːssɒ] *Hdl.* Verrechnung *f*, Clearing *n*; Aufrechnung *f*
مقاطعة [mu'qɒːtɒʕa], *pl.* [-aːt] **1.** Boykott *m*; Bruch *m* (*G*: mit *j-m*); **2.** Provinz *f*, Distrikt *m*
¹**مقال** [ma'qaːl], *pl.* [-aːt] Aufsatz *m*, Artikel *m*; Essay *m od. n*; Abhandlung *f*
²**مقال** [ma'qaːlin] → مقلاة *u.* ²مقلى
مقالة [ma'qaːla], *pl.* [-aːt] Aufsatz *m*, Artikel *m*; Essay *m od. n*; Abhandlung *f*
مقاليد [maqaː'liːd] (2) *pl.*: ~ الأمور, ~ الحكم [m. al-ħukm] die Zügel *m/pl.* der Herrschaft *od.* Macht
¹**مقام** [ma'qaːm], *pl.* [-aːt] Stelle *f*, Stellung *f*, Position *f*; Ort *m*, Platz *m*; Standort *m*; Heiligengrab *n*, heilige(r) Ort; *Math.* Nenner *m e-s Bruchs*; *Mus.* Tonart *f*; الـ~ السامي *Saudi-Ar. Ehrentitel des Königs*; ~ الوزارة [m. al-wi'zaːra/wa'zaːra] *Saudi-Ar.* das Ministerium; في الـ~ الأول [-i l-ʔawwal] an erster Stelle
²**مقام** [mu'qaːm] aufgestellt, errichtet; *Prozeß*: anhängig; Aufenthalt *m*
¹**مقامر** [ma'qaːmir] → مقمرة
²**مقامر** [mu'qaːmir], *pl.* [-uːn] (Glücks-)Spieler *m*
مقامرة [mu'qaːmara] Glücksspiel *n*; *fig.* Hasardspiel *n*; Risiko *n*
مقامة [ma'qaːma], *pl.* [-aːt] Makame *f* (*arab. Literaturgattung*)
مقانق [ma'qaːniq] (2) *Syr.* kleine Würste aus Hammelfleisch
مقاه → مقهى
مقاول [mu'qaːwil], *pl.* [-uːn] (Bau-)Unternehmer *m*
مقاولة [mu'qaːwala], *pl.* [-aːt] Abmachung *f*, Kontrakt *m* (على über *e-e auszuführende Arbeit*); Auftrag *m*, *bsd.* Bauauftrag *m*; شركة المقاولات [ʃarikat al-m.] Baufirma *f*, Bauunternehmen *n*
مقاوم [mu'qaːwim] Widerstand leistend; widerstandsfähig, *Med.* resistent (لـ gegen *A*); *pl.* [-uːn] Widerstandskämpfer *m*; ~ للنار feuerfest
مقاومات [muqaːwi'maːt] *pl.*: ~ أرضية Flugabwehrgeschütze *n/pl.*
مقاومة [mu'qaːwama] Widerstand *m* (*G*: gegen *A*); Bekämpfung *f*; Widerstandsbewegung *f*; *Techn.* Widerstandsfähigkeit *f*; *pl.* [-aːt] *El.* Widerstand *m*; ~ سلبية passive(r) Widerstand; ~ للنار Feuerbeständigkeit *f*
مقايسة [mu'qaːjasa] Vergleich *m*, Gegenüberstellung *f*

مقايضة [mu'qaːjɒđɒ] (Aus-)Tausch *m*; Tauschhandel *m*

مقبب [mu'qabbab] mit e-r Kuppel versehen; gewölbt

مقبرة [maqbara], *pl.* مقابر [ma'qaːbir] (2) Friedhof *m*; Grabstätte *f*

مقبس [maqbis], *pl.* مقابس [ma'qaː-bis] (2) *El.* Fassung *f*

مقبض [miqbɒđ], *pl.* مقابض [ma'qaː-biđ] (2) (*a. Tür-, Fenster-*)Griff *m*, Stiel *m*, Heft *n*

مقبل [muqbil] kommend, künftig; *Monat*: nächste(r); herangehend, sich machend (على an *A*); vor *e-m Ereignis* (على) stehend

مقبلات [muqabbi'laːt] *pl.* Appetithäppchen *n/pl.*, Horsd'œuvre *n*

مقبوض [maq'buːđ] erhalten, in Empfang genommen; عليه ~ festgenommen; Festgenommene(r); *pl.* [-aːt] *u. Tun.* مقابيض [maqaː'biːđ] (2) Einnahme *f*

مقبول [maq'buːl] angenommen, akzeptiert; *zum Studium* zugelassen; annehmbar, akzeptabel; *Geschenk*: willkommen; غير ~ unannehmbar; من غير الـ~ أن es geht nicht an, daß

[1]**مقت** [maqata, u] hassen; **II** [maqqata] verhaßt machen (إلى bei *D*)

[2]**مقت** [maqt] Haß *m*, Abneigung *f*

مقتبس [muq'tabas] entlehnt, übernommen (من von, aus *D*); *pl.* [-aːt] Entlehnung *f*, Übernahme *f*

مقتبل [muq'tabal]: في العمر ~ [-i l-ʕumr] in der Blüte s-r Jahre

مقتتل [muq'tatal] Schlachtfeld *n*

مقتحم [muq'taħim] eindringend; (er)stürmend

مقتدر [muq'tadir] imstande, fähig (على zu *D*)

مقتر [mu'qattir] knauserig, knickerig (على gegenüber *D*)

مقترح [muq'taraħ] vorgeschlagen; *pl.* [-aːt] Vorschlag *m*

مقترض [muq'tariđ] e-n Kredit aufnehmend; *pl.* [-uːn] Kreditnehmer *m*

مقترع [muq'tariʕ] abstimmend (على über *A*); *pl.* [-uːn] Wähler *m*

مقترف [muq'tarif] Täter *m e-s Verbrechens*

مقترن [muq'tarin] verbunden (بـ mit *D*); verheiratet

مقتصد [muq'tasɨd] wirtschaftlich, sparsam; *Stil*: knapp

مقتصدية [muqtasɒ'diːja] *Tun.* Verwaltung(sstelle) *f*

مقتصر [muq'tasɨr] beschränkt (على auf *A*)

مقتضب [muq'tađɒb] **1.** kurz, knapp; lapidar; **2.** improvisiert, aus dem Stegreif

مقتضى [muq'tađɒn] erforderlich, notwendig; مقتضيات [muqtađɒ-'jaːt] *pl.* Erfordernisse *n/pl.*; *Tun., Mar.* Bestimmungen *f/pl. e-s Gesetzes*; بـ~ gemäß, entsprechend, nach

مقتطف [muq'tatɒf], *pl.* [-aːt] Auslese *f*, Auswahl *f*, Auszug *m*; *pl. a.* Anthologie *f*

مقتل [maqtal] Tötung *f*, Tod *m*; *pl.* مقاتل [ma'qaːtil] (2) lebenswichtige Stelle (*deren Verletzung zum Tod führt*); أصاب منه ~ا [-an] j-n tödlich treffen

مقتن [muq'tanin], *pl.* مقتنون [muqta-'nuːn] Erwerber *m*, Käufer *m*

مقتنع [muq'taniʕ] überzeugt (بـ von *D*)

مقتنى [muq'tanan], *pl.* مقتنيات [muq-tana'jaːt] Erworbene(s), Erwerbung *f*

مقحام [miq'ħaːm], *pl.* مقاحيم [ma-qaː'ħiːm] (2) waghalsig, tollkühn

مقدادية [miqdaːdiːja]: الـ~ Al-Miqdadiya (*Stadt im Irak*)

مقدار [miq'daːr], *pl.* مقادير [maqaː-'diːr] (2) Ausmaß *n*, Maß *n*; Betrag *m*, Höhe *f*; بـ~ *u.* ه~ [-uhuː] in Höhe von; بـ~ ما in dem Maße, wie; → مقدور

مقدام [miq'daːm], *pl.* مقاديم [maqaː-'diːm] (2) unerschrocken, kühn, verwegen, draufgängerisch

مقدح [miqdaħ], *pl.* مقادح [ma-'qaːdiħ] (2) Bohrgerät *n*

[1]**مقدر** [mu'qaddar] geschätzt, veranschlagt; vorherbestimmt; implizit; مقدرات *pl.* Schätzungen *f/pl.*; Voranschläge *m/pl.*; Schicksal *n*, Geschick *n*; من الـ~ أن es wird geschätzt, daß

[2]**مقدر** [mu'qaddir], *pl.* [-uːn] Abschätzer *m*, Taxator *m*

مقدرة [maqdira] Kraft *f*, Fähigkeit *f* (على zu *D*); Leistungsfähigkeit *f*; شرائية ~ [ʃiraː'ʔiːja] Kaufkraft *f*

[1]**مقدس** [maqdis]: بيت الـ~ [bait al-m.] Jerusalem

[2]**مقدس** [mu'qaddas] geheiligt, heilig; geweiht; مقدسات *pl.* heilige Dinge *n/pl.*; Heiligtümer *n/pl.*; الأرض المقدسة das Heilige Land; البيت الـ~ [al-bait] Jerusalem; الكتاب الـ~ [al-ki'taːb] *Chr.* die Heilige Schrift

[1]**مقدم** [maqdam] Kommen *n*; Ankunft *f*

[2]**مقدم** [mu'qaddam] überreicht; vorgelegt; vorangestellt; Vorderteil *n*; Bug *m des Schiffes*; Anzahlung *f*, Vorauszahlung *f*; *pl.* [-uːn] *Mil.* Oberstleutnant *m*; *Lib.* Major *m*; *Tun.* amtlich bestellte(r) Vormund; عليه ~ *Tun.* unter Vormundschaft stehende(r) Minderjährige(r); ~ا [-an] *Adv.* im voraus

[3]**مقدم** [mu'qaddim] überreichend; vorlegend; *pl.* [-uːn] Präsentator *m*, Moderator *m*; الطلب ~ [m. ɒt-tɒlab] Antragsteller *m*

مقدمة [mu'qaddima], *pl.* [-aːt] Vorderteil *n*; Bug *m des Schiffes*; Vordergrund *m*; vorderste Reihe, Spitze *f*; *Mil.* Vorhut *f*; Einleitung *f*, Vorwort *n*, Präambel *f*; Prolog *m*; *Mus.* Vorspiel *n*; Prämisse *f*

مقدور [maq'duːr] Fähigkeit *f*, Können *n*; vorherbestimmt, verhängt; *pl.* مقادير [maqaː'diːr] (2) Schicksal *n*, Geschick *n*; في ~ه أن er ist zu *etwas* imstande, er kann

مقدونس [maq'duːnis] Petersilie *f*

مقدوني [maq'duːniː] mazedonisch; *pl.* [-uːn] Mazedonier *m*

مقدونيا [maq'duːnijaː] Mazedonien

مقديشو [maq'diːʃu, muq'diːʃu] Mogadischu (*Hauptstadt von Somalia*)

مقذاف [miq'ðaːf], *pl.* مقاذيف [ma-qaː'ðiːf] (2) Ruder *n*

مقذوف [maq'ðuːf] geworfen; *pl.* [-aːt] *u.* مقاذيف [maqaː'ðiːf] (2) Wurfgeschoß *n*; Geschoß *n*, Projektil *n*

مقذوفة [maq'ðuːfa], *pl.* [-aːt] *u.* مقاذيف [maqaː'ðiːf] (2) Wurfgeschoß *n*; Geschoß *n*, Projektil *n*

مقر [ma'qarr], *pl.* مقار [ma'qaːrr] (2) Standort *m*, Ort *m*, Platz *m*; Sitz *m*, Amtssitz *m*; الشركة ~ [m. aʃ-ʃarika] *u. Maghr.* اجتماعي ~ Gesellschaftssitz *m*

مقراب [miq'raːb] Teleskop *n*

مقرب [mu'qarrab] angenähert; nahestehend (من *j-m*); *pl.* [-uːn] Vertraute(r) *m*

مقربة [maqruba, maqraba] Nähe *f*; على ~ من in der Nähe von

[1]**مقرر** [mu'qarrar] beschlossen; festgesetzt, festgelegt, vorgesehen; *Steuern*: direkt; *pl.* [-aːt] Studienfach *n*; Lehrplan *m*; *pl. a.* Beschlüsse *m/pl.*; ~ غير *Steuer*: indirekt; دراسي ~ [di'raːsiː] Studienfach *n*; Lehrveranstaltung *f*; من الـ~ أن es ist vorgesehen, es soll; المؤتمر الـ~ عقده في [al-muʔ'tamar, ʕaqduhuː] die Konferenz, die *zu e-m bestimmten Zeitpunkt* stattfinden soll

[2]**مقرر** [mu'qarrir] beschließend; *pl.* [-uːn] Referent *m*

[muqrɨđ] kreditgebend; *pl.* .n] Kreditgeber *m*

م [miqraʕa], *pl.* مقارع [ma'qaːriʕ] (2) (Tür-)Klopfer *m*; Knüppel *m*, Stock *m*

مقرف [muqrif] widerwärtig, widerlich, ekelhaft

مقرن [maqran], *umg.* [muqran]: ~ النيلين [m. an-niː'lain] *Sud.* Zusammenfluß *m* von Weißem u. Blauem Nil *bei Khartum*

مقروء [maq'ruːʔ] gelesen; vielgelesen; leserlich, lesbar

مقروح [maq'ruːħ] mit Geschwüren bedeckt

مقرون [maq'ruːn] verbunden (ب mit *D*); *Augenbrauen*: zusammengewachsen

مقزز [mu'qazziz] ekelerregend, widerlich

مقسط [muqsɨt] gerecht

[1]**مقسم** [maqsam], *pl.* مقاسم [ma'qaːsim] (2) *Syr.* Parzelle *f*; *Kuw.* (*Fernsprech-*)Vermittlungsstelle *f*

[2]**مقسم** [mu'qassam] geteilt; aufgeteilt; eingeteilt, gegliedert; (= ~ الهاتف) *Syr.*, *Jord.* (Fernsprech-) Vermittlungsstelle *f*, Telefonzentrale *f*; ~ مأمورة *Jord.* Telefonistin *f in der Vermittlung*; ~ إلى قسمين [qis'main] zweigeteilt

مقسوم [maq'suːm] geteilt; *Math.* Dividend *m*; ~ عليه *Math.* Divisor *m*

مقشط [miqʃɒt], *pl.* مقاشط [ma'qaːʃɨt] (2) Kratzer *m*; Schabemesser *n*; Radiermesser *n*

مقشطة [miqʃatɒ], *pl.* مقاشط [ma'qaːʃɨt] (2) Fräsmaschine *f*; Stoßmaschine *f*

مقشع [mu'qaʃʃiʕ] *Med.* schleimlösend; Expektorans *n*

مقشة [mi'qaʃʃa], *pl.* [-aːt] *bsd. Äg.* Besen *m*

مقص [mi'qɒss], *pl.* مقاص [ma'qɒːss] (2) *u.* [-aːt] Schere *f*; *Syr.* Federung *f des Autos*; ~ أبو *Zool.* Ohrwurm *m*; *Zool.* Scherenschnabel *m*

[1]**مقصب** [maqsɒb], *pl.* مقاصب [ma'qɒːsɨb] (2) *Katar*, *Bahrain*: Schlachthof *m*

[2]**مقصب** [mu'qɒssɒb] mit Gold- u. Silberfäden durchwirkt; *Stein*: behauen

مقصد [maqsɨd, maqsɒd], *pl.* مقاصد [ma'qɒːsɨd] (2) Zielort *m*, Ziel *n*; Absicht *f*, Zweck *m*

مقصر [mu'qɒssɨr] vernachlässigend (في *A*), nachlässig

مقصف [maqsɒf, maqsɨf], *pl.* مقاصف [ma'qɒːsɨf] (2) Kantine *f*, Büfett *n*

مقصلة [miqsɒla], *pl.* [-aːt] *u.* مقاصل [ma'qɒːsɨl] (2) Guillotine *f*

مقصود [maq'suːd] beabsichtigt; absichtlich, vorsätzlich; gemeint; ... الـ~ به هو ... darunter ist ... zu verstehen

مقصور [maq'suːr] beschränkt (على auf *A*); gebleicht; → [4]ألف

مقصورة [maq'suːra], *pl.* [-aːt] *u.* مقاصير [maqɒː'sɨːr] (2) Abteil *n*; Kabinett *n*, Kammer *f*; Loge *f*; abgetrennte(r) Teil e-r Moschee

مقصوص [maq'suːs] geschoren, gestutzt; *pl.* مقاصيص [maqɒː'sɨːs] (2) *Äg.* Schläfenlocke *f*

مقضب [miqđɒb], *pl.* مقاضب [ma'qɒːđɨb] (2) Baumschere *f*

مقضي [maq'đɨːj] entschieden; *Zeit*: verbracht; ~ عليه بالفشل [bi-l-faʃal] zum Scheitern verurteilt

[1]**مقطر** [mu'qɒttɒr] destilliert; Schnaps: gebrannt

[2]**مقطر** [mu'qɒttɨr] Destilliergerät *n*

[1]**مقطع** [maqtɒʕ], *pl.* مقاطع [ma'qɒːtɨʕ] (2) Abschnitt *m*; Absatz *m e-s Textes*; Strophe *f*; Silbe *f*; Schnittpunkt *m*; *Math.* Schnitt *m*; Übergangsstelle *f*, Durchgangsstelle *f*; ~ الحجارة [m. al-ħi'dʒaːra] Steinbruch *m*; ~ عرضي *Math.* Querschnitt *m*

[2]**مقطع** [mu'qɒttɒʕ] (in Stücke) zerschnitten *od.* zerrissen

[3]**مقطع** [miqtɒʕ], *pl.* مقاطع [ma'qɒːtɨʕ] (2) Schneidegerät *n*; ~ الورق [m. al-waraq] Papierschneider *m*

مقطعة [miqtɒʕa] Schneidegerät *n*

مقطعي [maqtɒʕiː] Silben-

مقطف [maqtɒf], *pl.* مقاطف [ma'qɒːtɨf] (2) Korb *m*

مقطور [maq'tuːr]: ~ة عربة [ʕaraba] angehängte(r) Wagen, Anhänger *m*

مقطورة [maq'tuːra], *pl.* [-aːt] Anhänger *m e-s Lastkraftwagens*

مقطوع [maq'tuːʕ] abgeschnitten, abgehauen; *Ir.*, *Kuw.* *Preis*: festgesetzt, fest; ~ به entschieden; من الـ~ به es steht fest; ~ مبلغ Pauschalsumme *f*

مقطوعة [maq'tuːʕa], *pl.* [-aːt] *u.* مقاطيع [maqɒː'tɨːʕ] (2) (Musik-)Stück *n*; ~ شعرية [ʃiʕ'riːja] (*kurzes*) Gedicht, Vers *m*

مقطوعية [maqtuː'ʕiːja] Akkordarbeit *f*; Verbrauch *m*

(**مقع**) **VIII** امتقع *Pass.* [um'tuqiʕa]: ~ لونه [launuhuː] die Farbe wechseln

[1]**مقعد** [maqʕad], *pl.* مقاعد [ma'qaːʕid] (2) Sitz *m*, (Sitz-)Platz *m*; Stuhl *m*, Bank *f*; ~ دراسي [di'raːsiː] Studienplatz *m*; ~ مقذوف Schleudersitz *m*

[2]**مقعد** [muqʕad] invalid(e); Invalide *m*

مقعدة [maqʕada], *pl.* مقاعد [ma'qaːʕid] (2) Gesäß *n*

مقعر [mu'qaʕʕar] vertieft, hohl, konkav

مقفر [muqfir] öde, verödet, wüst

مقفل [muqfal] geschlossen, verschlossen, verriegelt

مقفى [mu'qaffan] gereimt

مقل [mu'qill] **1.** befördernd; **2.** arm, bedürftig, mittellos

مقلاد [miq'laːd] → مقاليد

مقلاع [miq'laːʕ], *pl.* مقاليع [maqaː'liːʕ] (2) Schleuder *f*, Katapult *n*

مقلاة [miq'laːt], *pl.* مقال [ma'qaːlin] Bratpfanne *f*

مقلب [maqlab], *pl.* مقالب [ma'qaːlib] (2) **1.** Müllkippe *f*, Deponie *f*; **2.** (Schelmen-)Streich *m*

1 **مقلد** [mu'qallad] nachgemacht, nachgeahmt; gefälscht

2 **مقلد** [mu'qallid], *pl.* [-uːn] Imitator *m*; blinde(r) Gefolgsmann, Autoritätsgläubige(r); Fälscher *m*

مقلص [mu'qallɨs] Beugemuskel *m*

مقلع [maqlaʕ], *pl.* مقالع [ma'qaːliʕ] (2) Steinbruch *m*

مقلق [muqliq] beunruhigend

مقلم [mu'qallam] **1.** gestutzt, geschnitten; **2.** *Stoff*: gestreift

مقلمة [maqlama, miqlama], *pl.* [-aːt] *u.* مقالم [ma'qaːlim] (2) Federkasten *m*, Federmäppchen *n*

مقلة [muqla], *pl.* مقل [muqal] (= ~ العين [m. al-ʕain]) Augapfel *m*

مقلوب [maq'luːb] gewendet, umgekehrt; verkehrt; *Math.* reziprok; بالـ~ umgekehrt, verkehrt (*Adv.*)

مقلوظ [mu'qalwɒð] schraubenförmig gewunden

1 **مقلي** [maq'liːj] gebraten; ~ بيض [baiđ] Spiegeleier *n/pl.*

2 **مقلى** [miqlan], *pl.* مقال [ma'qaːlin] Bratpfanne *f*

1 **مقمر** [mu'qammar] geröstet, getoastet; *bsd. Äg.* Toast *m*

2 **مقمر** [mu'qammir], *pl.* [-aːt] Toaster *m*, Brotröster *m*

3 **مقمر** [muqmir] mondhell

مقمرة [maqmara], *pl.* مقامر [ma'qaːmir] (2) Spielbank *f*, Spielkasino *n*

مقمل [mu'qammal] verlaust

مقند [mu'qannad] mit Kandiszucker gesüßt, eingezuckert

مقنطر [mu'qanŧɒr] gewölbt, bogenförmig

1 **مقنع** [mu'qannaʕ] maskiert; verschleiert; versteckt

2 **مقنع** [muqniʕ] überzeugend

1 **مقنن** [mu'qannan] festgelegt, normiert; kodifiziert; standardisiert; rationiert

2 **مقنن** [mu'qannin] gesetzgebend; kodifizierend; normierend; Gesetzgeber *m*

مقهور [maq'huːr] bezwungen, unterlegen; traurig, niedergeschlagen

مقهى [maqhan], *pl.* مقاه [ma'qaːhin] Café *n*, Kaffeehaus *n*

مقو [mu'qawwin] (ver)stärkend, kräftigend; *pl.* مقويات [muqawwi'jaːt] Stärkungsmittel *n*; *Radio*: Verstärker *m*

مقود [miqwad], *pl.* مقاود [ma'qaːwid] (2) Lenkrad *n*, Steuer *n*; Lenkstange *f*; Halfter *m od. n*, Leitstrick *m*

مقور [mu'qawwar] ausgehöhlt; *Kleid*: ausgeschnitten

مقورة [miqwara], *pl.* مقاور [ma'qaːwir] (2) Instrument *n* zum Aushöhlen, Hohlbeitel *m*

مقوس [mu'qawwas] bogenförmig, gebogen, gekrümmt

مقول [ma'quːl] gesagt; Gesagte(s); *pl.* [-aːt] *Phil.* Kategorie *f*

مقولة [ma'quːla], *pl.* [-aːt] Äußerung *f*, Wort *n*, Ausspruch *m*, Aussage *f*; Leitsatz *m*

1 **مقوم** [mu'qawwam] bewertet (ب zu *e-m Preis*); *Wertpapiere*: ausgestellt (ب in *e-r Währung*); geradegerichtet, in Ordnung gebracht

2 **مقوم** [mu'qawwim] bewertend; geraderichtend; *pl.* [-aːt] *El.* Gleichrichter *m*; مقومات grundlegende Elemente *n/pl. od.* Faktoren *m/pl.*, Grundlagen *f/pl.*, Bildungselemente *n/pl.*, Voraussetzungen *f/pl.*; Ingredienzen *f/pl.*

مقوى [mu'qawwan] verstärkt, gestärkt; ~ ورق [waraq] Karton *m*, Pappe *f*

مقياس [miq'jaːs], *pl.* مقاييس [maqaː'jiːs] (2) Maßstab *m*, Maß *n*; Gradmesser *m*, Kriterium *n*; Meßgerät *n*; Skala *f*; *Techn.*, *Phys.* Modul *m*; *pl. a.* Normen *f/pl.*; الـ~ *u.* ~ النيل der Nilmesser; ~ الحرارة Thermometer *n*; ~ السرعة [m. as-surʕa] Tachometer *m*; ~ الضغط Druckmesser *m*; ~ الضغط الجوي [al-ʤawwiː] Barometer *n*; ~ الطول [m. ɒŧ-ŧuːl] Längenmaß *n*; ~ المطر [m. al-mɒŧɒr] Regenmesser *m*, Pluviometer *n*; بكل المقاييس [bikulli l-m.] in jeder Hinsicht

1 **مقيت** [ma'qiːt] verhaßt, hassenswert

2 **مقيت** [mu'qiːt]: الـ~ der Ernährer (*Beiname Gottes*)

1 **مقيد** [mu'qajjad] gefesselt; eingeschränkt, gebunden; eingetragen, gebucht; غير ~ uneingeschränkt

2 **مقيد** [mu'qajjid] einschränkend; eintragend

مقيم [mu'qiːm] errichtend; veranstaltend; sich aufhaltend, wohnhaft, ansässig; residierend; *pl.* [-uːn] Deviseninländer *m*, Gebietsansässige(r); *hist.* Resident *m*; الـ~ العام [al-ʕaːmm] *Tun. hist.* Generalresident *m*; غير ~ Devisenausländer *m*, Gebietsfremde(r)

مقيئ [mu'qajjiʔ] Erbrechen hervorrufend; *Pl.* مقيئات [muqajji'ʔaːt] Brechmittel *n*

مكابر [mu'kaːbir] rechthaberisch, eigensinnig

مكابرة [mu'kaːbara] Rechthaberei *f*, Eigensinn *m*

1 **مكاتب** [ma'kaːtib] → مكتب

2 **مكاتب** [mu'kaːtib], *pl.* [-uːn] Korrespondent *m*

مكاتبة [mu'kaːtaba], *pl.* [-aːt] Korrespondenz *f*, Briefwechsel *m*; Schriftverkehr *m*

1 **مكار** [ma'kkaːr] listig, schlau, verschlagen

2 **مكار** [mu'kaːrin], *pl.* مكارون [mukaː'ruːn] Vermieter *m*, Verleiher *m* *bsd. von Lasttieren*

مكافأة [mu'kaːfaʔa], *pl.* [-aːt] Belohnung *f*; Entlohnung *f*, Entgelt *n*; Vergütung *f*, Tantieme *f*; Prämie *f*; ~ آخر الخدمة [m. ʔaːxiri l-xidma] Abfindung *f bei Beendigung des Arbeitsverhältnisses*

مكافح [mu'kaːfiħ] kämpfend; *pl.* [-uːn] Kämpfer *m*
مكافحة [mu'kaːfaħa] Bekämpfung *f* (*G*: *e-r Sache*), Kampf *m* (*G*: gegen *A*)
مكافئ [mu'kaːfiʔ] belohnend; gleich(-artig), entsprechend
مكالمة [mu'kaːlama], *pl.* [-aːt] Gespräch *n*, Unterredung *f*; هاتفية ~ Telefonat *n*
مكان [ma'kaːn], *pl.* أمكنة [ʔamkina] *u.* أماكن [ʔa'maːkin] (2) Ort *m*, Platz *m*, Stelle *f*, Stätte *f*; Örtlichkeit *f*, Lokalität *f*; ~ [-a] *Präp.* anstatt; ~ـه [-ahuː] an seiner Stelle; ~ـك [-aka] halt!; أماكن العامة [al-ʕaːmma] öffentliche Gebäude *n/pl. od.* Einrichtungen *f/pl.*; الأماكن المقدسة [al-mu'qaddasa] die Heiligen Stätten *f/pl.*; الحادث ~ Ort *m* des Geschehens; Tatort *m*; Unfallort *m*; العبادة ~ [m. al-ʕi'baːda] Kultstätte *f*; العمل ~ [m. al-ʕamal] Arbeitsplatz *m*; ظرف الـ~ *Gr.* Ortsadverb *n*; ~ فى كل [kulli m.] überall; من الصعوبة بـ~ (es ist) ziemlich *od.* recht schwierig
مكانة [ma'kaːna], *pl.* [-aːt] Stellung *f*, Position *f*, Rang *m*, Platz *m*; Stellenwert *m*
مكاني [ma'kaːniː] örtlich, räumlich
مكانية [makaː'niːja] Räumlichkeit *f*, räumliche(r) Charakter
مكايدة [mu'kaːjada] Täuschung *f j-s*; Machenschaften *pl.*
مكائن → ماكينة *u.* [1]مكنة
[1]**مكب** [mi'kabb], *pl.* [-aːt] *u.* مكاب [ma'kaːbb] (2) Garnrolle *f*, Spule *f*
[2]**مكب** [mu'kibb] ganz hingegeben (على an *e-e Sache*), sich intensiv widmend (على *e-r Sache*)
مكبح [mikbaħ], *pl.* مكابح [ma'kaːbiħ] *Techn.* Bremse *f*
[1]**مكبر** [mu'kabbar] vergrößert; صورة ~ة [suːra] *Photo*: Vergrößerung *f*
[2]**مكبر** [mu'kabbir] vergrößernd; *pl.* [-aːt] Verstärker *m*; (= الصوت ~ [m. ɒs-sɒut]) Lautsprecher *m*; Megaphon *n*; ~ة عدسة [ʕadasa] Vergrößerungsglas *n*
مكبرة [mu'kabbira], *pl.* [-aːt] Vergrößerungsglas *n*, Lupe *f*

مكبس [mikbas], *pl.* مكابس [ma'kaːbis] (2) Presse *f*; *Techn.* Kolben *m*
مكبوت [mak'buːt] unterdrückt; *Psych.* verdrängt
مكبوس [mak'buːs] gepreßt; (= ~ في الخل [fi l-xall]) eingemacht, konserviert; مكبوسات *pl.* Konserven *f/pl.*
مكتب [maktab], *pl.* مكاتب [ma'kaːtib] (2) Büro *n*; Amt *n*; Schreibtisch *m*; البريد ~ Postamt *n*; ~ السفريات [m. as-safariː'jaːt] *Syr.* Reisebüro *n*; العمل ~ [m. al-ʕamal] Arbeitsamt *n*
مكتبة [maktaba], *pl.* [-aːt] Bibliothek *f*, Bücherei *f*; Buchhandlung *f*; الـ~ العربية *fig.* das arab. Schrifttum
مكتبي [maktabiː] Büro-
[1]**مكتتب** [muk'tatab]: فيه/به ~ *Aktien, Kapital*: gezeichnet
[2]**مكتتب** [muk'tatib], *pl.* [-uːn] Zeichner *m von Aktien*
مكترث [muk'tariθ] achtsam, interessiert; ~ غير gleichgültig, uninteressiert
مكتسب [muk'tasab] erworben; مكتسبات *pl.* Errungenschaften *f/pl.*
[1]**مكتشف** [muk'taʃaf] entdeckt; مكتشفات *pl.* Entdeckungen *f/pl.*
[2]**مكتشف** [muk'taʃif], *pl.* [-uːn] Entdecker *m*
مكتظ [muk'tɒðð] vollgestopft, überfüllt (ب mit *D*)
مكتف [muk'tafin] sich begnügend (ب mit *D*); genügsam, zufrieden
مكتمل [muk'tamil] vollendet, abgeschlossen; النمو ~ [m. an-nu'muːw] *Mensch*: ausgewachsen
مكتنز [muk'taniz] fest, kompakt; *Körper*: gedrungen; *Lippen*: wulstig
مكتنف [muk'tanaf] umgeben, eingeschlossen (ب von *D*)
مكتوب [mak'tuːb] geschrieben; beschieden, bestimmt; *pl.* مكاتيب [makaː'tiːb] (2) Schreiben *n*, Brief *m*
مكتوف [mak'tuːf]: اليدين ~ [m. al-ja'dain], الأيدي ~ [m. al-ʔaidiː] *a. fig.* mit gebundenen Händen; وقف ~ اليدين [-a l-ja'dain], الأيدي ~ [-a l-ʔaidiː] tatenlos zusehen (müssen)

مكتوم [mak'tuːm] verborgen, verheimlicht, geheimgehalten, geheim
[1]**مكث** [makaθa, u] bleiben, verweilen
[2]**مكث** [makθ] Bleiben *n*, Verweilen *n*, Aufenthalt *m*
مكثر [mukθir] viel tuend; wohlhabend, begütert
[1]**مكثف** [mu'kaθθaf] verdichtet; kondensiert; *Anstrengungen*: intensiv; دروس ~ة Intensivkurs(e *pl.*) *m*
[2]**مكثف** [mu'kaθθif] verdichtend; *pl.* [-aːt] Kondensator *m*
مكحال [mik'ħaːl] Stift *m* zum Färben der Augen (mit كحل [kuħl])
مكحل [mikħal] = مكحال
مكحلة [mukħula], *pl.* مكاحل [ma'kaːħil] (2) Dose *f* für Kuhl (*schwarze Farbe zum Färben der Augen*)
مكدر [mu'kaddir] unangenehm, ärgerlich
مكدود [mak'duːd] überarbeitet, überanstrengt
مكذوب [mak'ðuːb] erlogen, falsch
[1]**مكر** [makara, u] täuschen, betrügen (ب *j-n*); **III** ماكر [maːkara] zu täuschen suchen
[2]**مكر** [makr] (Arg-)List *f*, Verschlagenheit *f*; Schlauheit *f*
[3]**مكر** [mukrin], *pl.* مكرون [muk'ruːn] Vermieter *m*
مكرب [mu'karrib], *pl.* [-uːn] *Bezeichnung der Priesterkönige im alten Saba*
مكربن [mu'karbin] Vergaser *m des Autos*
مكرر [mu'karrar] wiederholt; immer wieder vorgetragen (على *j-m*); raffiniert, gereinigt; ~ سكر [sukkar] (Zucker-)Raffinade *f*; ~ ص ٢٠ Seite 20b
مكرس [mu'karras] **1.** geweiht; gewidmet; ~ ماء *Chr.* Weihwasser *n*; **2.** gefestigt
مكرش [mukriʃ] dickbäuchig
مكرم [mu'karram] geehrt, verehrt; المكرمة *Beiname von Mekka*
[1]**مكرمة** [makrama], *pl.* مكارم [ma'kaːrim] (2) edle *od.* gute Eigenschaft
[2]**مكرمة** [makruma], *pl.* [-aːt] *u.* مكارم [ma'kaːrim] (2) edle *od.* gute Tat

ماكر → **مكرة**

مكرهة [makraha] Gegenstand *m* der Abscheu *od.* des Hasses; مكاره [ma'ka:rih] (2) *pl.* Widerwärtigkeiten *f/pl.*, Widrigkeiten *f/pl.*

[1]**مكروب** [mak'ru:b] bedrückt, betrübt, traurig

[2]**مكروب** [mik'ro:b], *pl.* [-a:t] Mikrobe *f*, Mikroorganismus *m*

مكروباص [mikro:'bɒ:s], *pl.* [-a:t] *Syr.* Kleinbus *m*

مكرور [mak'ru:r] wiederholt

مكروه [mak'ru:h] verabscheut, verhaßt, widerwärtig, verabscheuenswert; verpönt; Unheil *n*, Unglück *n*

مكس [maks], *pl.* مكوس [mu'ku:s] Abgabe *f*, (*Verbrauchs-*, *Waren-*) Steuer *f*; Zoll *m*

[1]**مكسب** [maksab, maksib], *pl.* مكاسب [ma'ka:sib] (2) Gewinn *m*, Ertrag *m*, Erfolg *m*; *pl.* Errungenschaften *f/pl.*

[2]**مكسب** [muksib] gewinnbringend, lukrativ

مكسح [mu'kassaħ] verkrüppelt; *pl.* [-u:n] Krüppel *m*

مكسحة [miksaha], *pl.* مكاسح [ma'ka:siħ] (2) Besen *m*

[1]**مكسر** [maksir], *pl.* مكاسر [ma'ka:sir] (2) Bruchstelle *f*, Bruch *m*; لين الـ~ [lajjin al-m.] zerbrechlich; *Mensch*: weich, nachgiebig

[2]**مكسر** [mu'kassar] (*in Stücke*) zerbrochen, zerschlagen; *Sprache*: gebrochen; مكسرات *pl.* Mandeln *f/pl.* u. Nüsse *f/pl.*; جمع ~ *Gr.* innere(r) *od.* gebrochene(r) Plural

مكسم [mu'kassam] wohlgeformt

مكسور [mak'su:r] gebrochen, zerbrochen; besiegt; gescheitert; *Konsonant*: mit dem Vokal *i* versehen

مكسوف [mak'su:f] *Äg.* beschämt, verschämt

مكسيك [mak'si:k, mik'si:k] *f*: الـ~ Mexiko

مكسيكي [mak'si:ki:, mik'si:ki:] mexikanisch; *pl.* [-u:n] Mexikaner *m*

مكسيكو [miksiko:] Mexiko-Stadt

مكشر [mu'kaʃʃir] grimmig *od.* böse blickend

مكشط [mikʃɒŧ], *pl.* مكاشط [ma'ka:ʃiŧ] (2) Schabemesser *n*, Radiermesser *n*

مكشوف [mak'ʃu:f] aufgedeckt, bloßgelegt; offen, unbedeckt, frei; على الـ~ offen (*Adv.*); اعتماد على الـ~ *Fin.* Blankokredit *m*, ungesicherte(r) Kredit; السحب على الـ~ *Hdl.* Überziehung *f des Kontos*

مكعب [mu'kaʕʕab] würfelförmig; kubisch, Kubik-; *pl.* [-a:t] Würfel *m*, Kubus *m*; متر ~ [mitr] Kubikmeter *m*

مكفهر [mukfa'hirr] düster, finster

مكفوف [mak'fu:f] blind; *pl.* [-u:n] *u.* مكافيف [maka:'fi:f] (2) Blinde(r)

مكفول [mak'fu:l] garantiert, gesichert; wer in j-s Obhut steht; j-d, für den gebürgt wird

مكلا [mu'kalla:]: الـ~ Mukalla (*Hafenstadt im Südjemen*)

[1]**مكلف** [mu'kallaf] beauftragt (بـ mit *D*); *Ministerpräsident*: designiert; *Jur.* rechtsfähig; steuerpflichtig; *pl.* [-u:n] Steuerpflichtige(r); (= ~ بالتجنيد) wehrpflichtig, Wehrpflichtige(r)

[2]**مكلف** [mu'kallif] kostspielig, (kosten)aufwendig

مكلل [mu'kallal] bekränzt, gekrönt

مكلور [mu'kalwar] gechlort

مكمرك [mu'gamrak] *Ir.*, *Syr.*, *Jord.* verzollt

مكمل [mu'kammil] vervollständigend, ergänzend; مكملات *pl.* Zubehör *n*, Accessoire(s *pl.*) *n*

مكمن [makman], *pl.* مكامن [ma'ka:min] (2) Versteck *n*; Lagerstätte *f von Bodenschätzen*

مكن [makuna, u] fest, stark, mächtig sein; **II** [makkana] befähigen, in den Stand setzen (من zu *D*); ermöglichen (ه من *j-m A*); Zugang verschaffen (ه من *j-m* zu *D*); befestigen, (ver)stärken; **IV** أمكن [ʔamkana] möglich sein (ه *j-m*); يمكن أن es ist möglich, daß; يمكنه أن er kann *etwas tun*; **V** تمكن [ta'makkana] imstande sein (من zu *D*), vermögen, können (من *A*); beherrschen, meistern (من *A*); **X** استمكن [is'tamkana] sich bemächtigen (من *G*); in s-r Gewalt haben (من *A*)

مكناس [mik'na:s] (2) Meknes (*Stadt in Marokko*)

مكنسة [miknasa], *pl.* مكانس [ma'ka:nis] (2) Besen *m*; كهربائية ~ [kahraba:'ʔi:ja] Staubsauger *m*

مكنن [maknana] mechanisieren

مكننة [maknana] Mechanisierung *f*

[1]**مكنة** [makina, makana], *pl.* [-a:t], مكائن [ma'ka:ʔin] (2) *u.* مكن [makan] Maschine *f*

[2]**مكنة** [mukna] Macht *f*, Fähigkeit *f*, Möglichkeit *f*; ليس في ~ه أن es steht nicht in seiner Macht, er kann nicht

مكنون [mak'nu:n] verborgen, geheim; مكنونات *pl.* verborgene Dinge *n/pl.*

[1]**مكني** [makani:] maschinell, mechanisch

[2]**مكني** [mak'ni:j]: ~ به *Wort*: metonymisch gebraucht (عن für *A*)

[3]**مكنى** [mu'kannan] benannt (بـ mit *e-m Beinamen*)

مكة [makka] (2) Mekka (*Stadt*)

مكهرب [mu'kahrab] elektrifiziert; elektrisch geladen; elektrisiert

مكواة [mik'wa:t], *pl.* مكاو [ma'ka:win] Bügeleisen *n*; *Med.* Brenneisen *n zum Kauterisieren*; ~ الشعر Brennschere *f zum Kräuseln der Haare*

مكوث [mu'ku:θ] Bleiben *n*, Verweilen *n*, Aufenthalt *m*

مكوجي [makwagi:], *pl.* ~ة *Äg.* Bügler *m*, Plätter *m*

مكور [mu'kawwar] kugelförmig, rund

مكوك [ma'kku:k], *pl.* مكاكيك [ma-ka:'ki:k] (2) Weberschiffchen *n*; ~ الفضاء Raumtransporter *m*, Raumfähre *f*; سياسة الـ~ [si'ja:sat al-m.] Reisediplomatie *f*

مكوكي [ma'kku:ki:] Pendel-(*Diplomatie etc.*)

[1]**مكون** [mu'kawwan] gebildet (من aus *D*)

[2]**مكون** [mu'kawwin] bildend, konstituierend; Schöpfer *m*; مكونات *pl.* Komponenten *f/pl.*, Konstituenten *f/pl.*, Bestandteile *m/pl.*

مكوى [makwan], *pl.* مكاو [ma'kaːwin] Bügeleisen *n*; Büglerei *f*, Plätterei *f*; الشعر ~ Brennschere *f zum Kräuseln der Haare*

مكي [makkiː] mekkanisch; Mekkaner *m*

مكياج [mak'jaːʒ, mik'jaːʒ] Schminken *n*, Make-up *n*

مكيافلية [makjave'lliːja] *Pol.* Machiavellismus *m*

مكيال [mik'jaːl], *pl.* مكاييل [makaː'jiːl] (2) (Hohl-)Maß *n*

مكيدة [ma'kiːda], *pl.* مكائد [ma'kaːʔid] (2) *u.* مكايد [ma'kaːjid] (2) Intrige *f*; *pl.* Ränke *pl.*, Machenschaften *f/pl.*

مكيسة [mu'kajjisa], *pl.* [-aːt] Sackabfüllmaschine *f*

1 **مكيف** [mu'kajjaf] angepaßt; *Reflex*: bedingt; (= الهواء ~ [m. al-ha'waːʔ]) klimatisiert

2 **مكيف** [mu'kajjif] anpassend; مكيفات *pl.* Rauschgifte *n/pl.*

مكين [ma'kiːn], *pl.* مكناء [muka'naːʔ] (2) fest, solide, gesichert; fest eingewurzelt; angesehen

مل [malla, a] müde, überdrüssig sein *od.* werden (ه/ـه *G*); satt haben; sich langweilen; لا يمل unermüdlich, unverdrossen; **IV** أمل [ʔa'malla] langweilen; **V** تملل [ta'mallala] sich langweilen; ملة ~ [millatan] e-e Religion annehmen

1 **ملء** [malʔ] Füllen *n*; Ausfüllen *n e-s Formulars*; Besetzen *n e-r freien Stelle*

2 **ملء** [milʔ] voll machende Menge, Fülle *f*; صحن ~ [m. sɒħnin] ein Teller voll; اليد ~ [m. al-jad] eine Handvoll; بـ~ شدقيه [bi-milʔi ʃid'qaihi] über das ganze Gesicht *lachen*; بـ~ فمه [bi-m. famihiː] aus voller Brust; im Brustton der Überzeugung; نام ~ جفنيه [milʔa ʤaf'naihi], نام ~ عينيه [milʔa ʕai'naihi] tief schlafen

1 **ملا** [mullaː], *pl.* ملالي [ma'laːliː] *Isl.* (*schiitischer*) Geistliche(r), Mulla *m*

2 **ملأ** [malaʔa, a] füllen, anfüllen, vollmachen; erfüllen; *Formular* ausfüllen; *Stelle* besetzen; *Uhr* aufziehen; عينه ~ [ʕainahuː] j-m gefallen; **III** مالأ [maːlaʔa] helfen, beistehen (على ه *j-m* bei *D*); gemeinsame Sache machen (ه mit *j-m*); **IV** أملأ [ʔamlaʔa] füllen, anfüllen; *Stelle* besetzen; **VIII** امتلأ [im'talaʔa] sich füllen, voll werden; erfüllt sein (ـه/ب von *D*), voller … sein

3 **ملأ** [malaʔ], *pl.* أملاء [ʔam'laːʔ] Leute *pl.*, Menge *f*; Publikum *n*, Öffentlichkeit *f*; على الـ~ öffentlich, in aller Öffentlichkeit

ملاءمة [mu'laːʔama] Passen *n*, Angemessenheit *f;* Übereinstimmung *f* (مع mit *D*); In-Einklang-Bringen *n* (بين *mehrerer Dinge*)

1 **ملاءة** [ma'laːʔa] *u.* مالية ~ *Hdl.* Zahlungsfähigkeit *f*

2 **ملاءة** [mu'laːʔa], *pl.* [-aːt] *schwarze(s)* Umschlagtuch *der Frauen*; Bettuch *n*, Laken *n*

ملابس → 1 ملبس

ملابسة [mu'laːbasa], *pl.* [-aːt] *meist pl.* (Begleit-)Umstand *m*, Begleiterscheinung *f*

1 **ملاح** [ma'llaːħ] **1.** *pl.* [-uːn] Matrose *m*, Seemann *m*; الفضاء ~ Astronaut *m*; **2.** Mellah *m* (*Ghetto der marokkanischen Städte*)

2 **ملاح** [mi'laːh] → مليح

1 **ملاحظ** [mu'laːħɒð] bemerkt, beobachtet; من الـ~ أن [ʔanna] *u.* والـ~ أن [ʔanna] es ist zu bemerken *od.* es ist festzustellen, daß

2 **ملاحظ** [mu'laːħið], *pl.* [-uːn] Aufseher *m*, Kontrolleur *m*; *Ir.* leitende(r) Beamte(r), Inspektor *m*; ~ سياسي [si'jaːsiː] *bsd. Maghr.* politische(r) Beobachte(r)

ملاحظة [mu'laːħaðɒ] Beobachtung *f*, Wahrnehmung *f*; Beachtung *f*; Feststellung *f e-r Tatsache*; Überwachung *f*; *pl.* [-aːt] Bemerkung *f* (على, حول zu *D*, über *A*), Anmerkung *f*, Notiz *f*

ملاحقة [mu'laːħaqa], *pl.* [-aːt] *a. Jur.* Verfolgung *f*

1 **ملاحة** [ma'laːħa] Schönheit *f*, Anmut *f*

2 **ملاحة** [ma'llaːħa], *pl.* [-aːt] Saline *f*; Salzfaß *n*

3 **ملاحة** [mi'laːħa] Schiffahrt *f*, Seefahrt *f*; تجارية ~ [tiʤaː'riːja] Handelsschiffahrt *f*; جوية ~ [ʤa'wwiːja] Luftfahrt *f*; فضائية ~ Raumfahrt *f*, Astronautik *f*; جهاز الـ~ [ʤi'haːz al-m.] Navigationsinstrument *n*

ملاحي [mi'laːħiː] Schiffahrts-, nautisch

ملاذ [ma'laːð] Zuflucht *f*; Zufluchtsort *m*

ملاريا [ma'laːrijaː] Malaria *f*

1 **ملازم** [ma'laːzim] → 3 ملزم, 1 ملزمة *u.* 2 ملزمة

2 **ملازم** [mu'laːzim] untrennbar verbunden (ل mit *D*); anhaftend; bleibend, ständig; *pl.* [-uːn] Anhänger *m*, Gefolgsmann *m*; *Mil.* Leutnant *m*; أول ~ [ʔawwal] Oberleutnant *m*

ملازمة [mu'laːzama] enge Verbundenheit, Untrennbarkeit *f*; Anhaften *n*; Bleiben *n*, Verweilen *n*; Verfolgung *f e-s Zieles*; Beharrlichkeit *f*

ملاسة [ma'laːsa] Glätte *f*

ملاشاة [mulaː'ʃaːt] Beseitigung *f*, Verschwindenlassen *n*, Vernichtung *f*

ملاصق [mu'laːsɨq] angrenzend, anstoßend (ل an *A*), eng benachbart

ملاصقة [mu'laːsɒqa] Angrenzen *n*, Anstoßen *n*, Nachbarschaft *f*; Verbundensein *n*

ملاط [mi'lɒːŧ] Mörtel *m*

ملاطفة [mu'laːŧɒfa], *pl.* [-aːt] Liebenswürdigkeit *f*; Liebkosung *f*

ملافاة [mulaː'faːt] Behebung *f e-s Schadens*, Abstellen *n e-s Fehlers*

ملاق [ma'llaːq] Schmeichler *m*

ملاقاة [mulaː'qaːt] Begegnung *f*, Treffen *n*; Aufnahme *f*, Empfang *m*

1 **ملاك** [ma'laːk], *pl.* ملائكة [ma'laːʔika] Engel *m*

2 **ملاك** [ma'llaːk], *pl.* [-uːn] Eigentümer *m*, (Grund-)Besitzer *m*; كبار الملاكين [ki'baːr al-m.] Großgrundbesitzer *m/pl.*; → مالك

3 **ملاك** [mi'laːk, ma'laːk], *pl.* [-aːt] Personal *n*, Belegschaft *f*, (Mitarbeiter-)Stab *m*

[4]ملاك [mi'laːk] *Tun.* Verlobung *f*; Verlobungsgeschenk *n des Bräutigams*

ملاكم [mu'laːkim], *pl.* [-uːn] Boxer *m*

ملاكمة [mu'laːkama] Boxen *n*, Boxkampf *m*, Faustkampf *m*

ملاكي [ma'llaːkiː] *Auto*: privat

ملال [ma'laːl] Langeweile *f*; Überdruß *m*, Verdrossenheit *f*

[1]ملام [ma'laːm] Tadel *m*, Vorwurf *m*

[2]ملام [mu'laːm] getadelt; tadelnswert

ملامح [ma'laːmiħ] (2) *pl.* Wesenszüge *m/pl.*, Charakterzüge *m/pl.*; Gesichtszüge *m/pl.*

ملامسة [mu'laːmasa] Berührung *f*, Betasten *n*, Fühlen *n*

ملامة [ma'laːma] Tadel *m*, Vorwurf *m*

ملآن [mal'ʔaːn], *f* ~ة *u.* ملأى [malʔaː], *pl.* ملاء [mi'laːʔ] voll, (an)gefüllt

ملاوص [mu'laːwis] *Äg.* schlau, listig

ملاوع [mu'laːwiʕ] *Äg.* schlau, listig

ملاوي [ma'laːwiː] *f Geo.* Malawi; malawisch; *pl.* [-uːn] Malawier *m*

ملائكة → [1]ملاك *u.* [2]ملك

ملائكي [ma'laːʔikiː] engelhaft, Engels-

ملائم [mu'laːʔim] passend (ل für *A*); günstig

ملاية [mi'laːja], *pl.* [-aːt] *Äg. schwarzes* Umschlagtuch *der Frauen*; Bettuch *n*, Laken *n*

ملايين → مليون

ملبد [mu'labbad] verfilzt; بالغيوم ~ [bi-(-ɣu'juːm)] *Himmel*: bewölkt, bedeckt

[1]ملبس [malbas], *pl.* ملابس [ma'laːbis] (2) Kleidungsstück *n*, Gewand *n*; *pl. a.* Kleider *n/pl.*, Kleidung *f*; ملابس جاهزة Fertigkleidung *f*, Konfektion *f*; ملابس خارجية Oberbekleidung *f*; ملابس داخلية Unterwäsche *f*; ملابس رسمية Uniform *f*; عسكري ~ (Militär-)Uniform *f*; ~ الوقاية [m. al-wi'qaːja] Schutzanzug *m*

[2]ملبس [mu'labbas] überzogen, eingelegt (ب mit *D*); mit Zucker überzogen; *pl.* [-aːt] Bonbon *n*, Dragée *n*; *pl.* kandierte Mandeln *f/pl. od.* Nüsse *f/pl.*

ملبن [malban] **1.** Türstock *m*; **2.** Rahatlukum (*orientalische Süßigkeit*)

ملبنة [malbana], *pl.* ملابن [ma'laːbin] Molkerei *f*

ملبوس [mal'buːs] *Kleid*: getragen; *Äg.* besessen, im Zustand der Ekstase; ملبوسات *pl.* Kleidung *f*

ملتح [mul'taħin], *pl.* ملتحون [multa'ħuːn] bärtig, mit Bart

ملتحمة [mul'taħama] Bindehaut *f des Auges*

ملتزم [mul'tazim] sich haltend (ب an *A*); verpflichtet (ب zu *D*), gebunden (ب an *A*); *Schriftsteller*: engagiert; *pl.* [-uːn] *Hdl.* (*Wechsel-*, *Scheck-*)Verpflichtete(r)

ملتصق [mul'tasiq] haftend; (eng) verbunden (ب mit *D*); anliegend; *Linguistik*: agglutiniert

ملتف [mul'taff] zusammengerollt; (ineinander) verschlungen; gewikkelt (ب in *A*); sich windend (حول um *A*); geschart (حول um *A*)

ملتفت [mul'tafit] sich umdrehend, sich wendend; achtsam; Rücksicht nehmend (إلى auf *A*)

ملتق [mul'taqin] *Linien*: konvergierend

ملتقى [mul'taqan], *pl.* ملتقيات [multaqa'jaːt] Treffen *n*, Zusammenkunft *f*; Tagung *f*, Seminar *n*; Symposium *n*; Treffpunkt *m*; Schnittpunkt *m*, Kreuzung *f*; Zusammenfluß *m*

[1]ملتمس [mul'tamas], *pl.* [-aːt] Ersuchen *n*, Gesuch *n*, Bitte *f*

[2]ملتمس [mul'tamis], *pl.* [-uːn] Bittsteller *m*

ملتهب [mul'tahib] brennend, lodernd; *a. Med.* entzündet; entzündlich; *Rede*: flammend

ملتو [mul'tawin] gewunden, gebogen, verbogen, gekrümmt; *Wege*: verschlungen, krumm; بطريقة ~ية (غير مباشرة) [mul'tawija, mu'baːʃira] *fig.* auf Umwegen

ملتوى [mul'tawan], *pl.* ملتويات [multawa'jaːt] Windung *f*, Kurve *f*; Krümmung *f*

ملتئم [mul'taʔim] zusammengekommen, zusammengetreten

ملثم [mu'laθθam] verschleiert

ملجأ [maldʒaʔ], *pl.* ملاجئ [ma'laːdʒiʔ] (2) Zufluchtsort *m*, Refugium *n*; Asyl *n*; Heim *n*; *Mil.* Bunker *m*, Unterstand *m*; الأيتام ~ Waisenhaus *n*; العجزة ~ [m. al-ʕadʒaza] Altersheim *n*

[1]ملح [maluħa, u] **1.** salzig sein; **2.** schön, hübsch sein; **II** [mallaħa] salzen; einsalzen, pökeln; **X** استملح [is'tamlaħa] hübsch finden

[2]ملح [mu'liħħ] eindringlich, nachdrücklich; *Frage*, *Problem*: drängend; vordringlich; dringend (على auf *A*); beharrlich, beharrend

[3]ملح [milħ], *pl.* أملاح [ʔam'laːħ] Salz *n*; إنكليزي ~ *Med.* Bittersalz *n*; ~ البارود Salpeter *m*; صخري ~ Salpeter *m*; Steinsalz *n*; الصخور ~ Steinsalz *n*; الطعام ~ Speisesalz *n*; معدني ~ [maʕdiniː] Mineralsalz *n*; النشادر ~ [m. an-nu'ʃaːdir] Ammoniumchlorid *n*, Salmiak *m*

ملحاح [mil'ħaːħ] aufdringlich, zudringlich; hartnäckig

ملحد [mulħid] ungläubig, ketzerisch; *pl.* [-uːn] *u.* ملاحدة [ma'laːħida] Ungläubige(r), Ketzer *m*; Atheist *m*

ملحف [milħaf], *pl.* ملاحف [ma'laːħif] (2) Decke *f*, Überwurf *m*

ملحفة [milħafa], *pl.* ملاحف [ma'laːħif] (2) Decke *f*, Überwurf *m*

ملحق [mulħaq] angefügt, beigegeben (ب *D*); angegliedert (ب an *A*); *pl.* [-uːn] Attaché *m*; *pl.* [-aːt] *u.* ملاحق [ma'laːħiq] (2) Anhang *m*, Zusatz *m*, Ergänzung *f*, Nachtrag *m*; Beilage *f e-r Zeitung*; ملحقات *a.* abhängige Gebiete *n/pl.*; Zubehör *n*; تجاري ~ [ti'dʒaːriː] Handelsattaché *m*; ~ بناء [bi'naːʔ] Anbau *m*

ملحقية [mulħa'qiːja], *pl.* [-aːt] *Saudi-Ar.*, *Ir.* Abteilung *f* e-s Attachés *bei e-r Botschaft*

ملحمة [malħama] **1.** *pl.* ملاحم [ma'laːħim] (2) Schlacht *f*, Kampf *m*; Heldenepos *n*; **2.** *Saudi-Ar.*, *Jord.* Fleischerei *f*

ملحمي [malħamiː] episch; ~ شعر [ʃiʕr] (Helden-)Epos *n*

ملحن [mu'laħħin], *pl.* [-uːn] Komponist *m*

ملحة [mulħa], *pl.* ملح [mulaħ] Anekdote *f*, Bonmot *n*

ملحوس [mal'ħuːs] (ab)geleckt; *Äg.* blöde, behämmert

ملحوظ [mal'huːð] merklich, fühlbar; bemerkenswert, beträchtlich, beachtlich, erheblich; ~ بشكل beträchtlich, erheblich (*Adv.*)

ملحوظة [mal'ħuːðɒ], *pl.* [-aːt] Anmerkung *f*, Bemerkung *f*

ملحون [mal'ħuːn] *Sprache*: fehlerhaft; *Maghr.* Dichtung *f* in der Volkssprache

ملحي [milħiː] Salz-, salzig

ملخ [malaxa, a] ausrenken; **VII** انملخ [i'mmalaxa] ausgerenkt werden

ملخص [mu'laxxɒs] (kurz) zusammengefaßt, gekürzt; *pl.* [-aːt] Zusammenfassung *f*, Resümee *n*; Auszug *m*, Exzerpt *n*

ملد [malida, a] *Zweig*: zart, biegsam sein

ملدن [mu'laddin], *pl.* [aːt] *Techn.* Weichmacher *m*

ملذ [mu'liðð] Genuß verschaffend, angenehm

ملذة [ma'laððа], *pl.* [-aːt] Vergnügen *n*, Wonne *f*, Freude *f*, Genuß *m*

1**ملزم** [mulzam] verpflichtet, gehalten (ب zu *D*)

2**ملزم** [mulzim] bindend, verbindlich (ل für *A*), zwingend

3**ملزم** [milzam], *pl.* ملازم [ma'laːzim] (2) Schraubstock *m*; (Schraub-)Zwinge *f*

1**ملزمة** [malzama], *pl.* ملازم [ma'laːzim] (2) Bogen *m e-s Buches*

2**ملزمة** [milzama], *pl.* ملازم [ma'laːzim] (2) Schraubstock *m*; (Schraub-)Zwinge *f*

ملزومية [malzuː'miːja] Verpflichtung *f*

1**ملس** [malusa, u] *u.* [malisa, a] glatt sein; **II** [mallasa] glätten, ebnen; streichen (على über *A*); streicheln (على *ein Tier*); **V** تملس [ta'mallasa] glatt werden, sich glätten; entschlüpfen

2**ملس** [malis] glatt

1**ملص** [malisɒ, a] (ent)gleiten; **V** تملص [ta'mallasɒ] entgleiten, entschlüpfen; sich losmachen (من von *D*), sich drücken (من vor *D*)

2**ملص** [malɨs] glatt

ملصق [mulsɒq] angeheftet (ب an *A*); angeklebt; *pl.* [-aːt] Plakat *n*

1**ملط** [malatɒ, u] *u.* **II** [mallaṭɒ] *Mauer* mit Mörtel bewerfen, verputzen

2**ملط** [malṭ] *Äg.* nackt

ملطف [mu'lɒṭṭif] lindernd, beruhigend; besänftigend; *pl.* [-aːt] Linderungsmittel *n*, Beruhigungsmittel *n*

ملعب [malʕab], *pl.* ملاعب [ma'laːʕib] (2) Spielplatz *m*, Tummelplatz *m*; Sportplatz *m*, Stadion *n*; التنس ~ [m. at-tinis] Tennisplatz *m*

ملعقة [milʕaqa], *pl.* ملاعق [ma'laːʕiq] (2) Löffel *m*; شوربة/حساء ~ Eßlöffel *m*

ملعوب [mal'ʕuːb] *Ball*: (gut) gespielt; *pl.* ملاعيب [malaː'ʕiːb] (2) Trick *m*, List *f*

ملعون [mal'ʕuːn] verdammt, verflucht

ملغ [mulɣin] aufhebend, annullierend

ملغاش [mal'ɣaːʃ] *Alg.* Madagaskar

ملغاشي [mal'ɣaːʃiː] *Alg.* madegassisch; *pl.* [-uːn] Madegasse *m*

ملغز [mulɣaz] rätselhaft

1**ملغم** [malɣam] Amalgam *n*

2**ملغم** [mu'laɣɣam] vermint, mit Sprengstoff versehen

ملغوم [mal'ɣuːm] vermint; mit Sprengstoff versehen *od.* gefüllt

ملغى [mulɣan] aufgehoben, annulliert; ungültig; abgeschafft

1**ملف** [ma'laff], *pl.* [-aːt] (*Straßen-*)Biegung *f*, Windung *f*

2**ملف** [mi'laff, ma'laff], *pl.* [-aːt] Akte *f*; Dossier *n*, Dokumentation *f*; Personalakte *f*; (*Bewerbungs-*)Unterlagen *f/pl.*

3**ملف** [mi'laff], *pl.* [-aːt] Rolle *f*; *El.* Spule *f*

ملفت [mulfit]: للنظر ~ [li-n-nɒðɒr] auffallend, auffällig

ملفق [mu'laffaq] erfunden, erdichtet

ملفوظ [mal'fuːð] *Laut*: ausgesprochen, artikuliert

ملفوف [mal'fuːf] **1.** gewickelt; eingewickelt (في in *A*); herumgeschlungen (على um *A*); **2.** *koll.*, *n. un.* ة~ *Syr.* Kohl *m*

1(**ملق**) **III** مالق [maːlaqa] schmeicheln (ه *j-m*); **V** تملق [ta'mallaqa] schmeicheln (إلى/ل/ه *j-m*)

2**ملق** [mulqin] werfend

ملقب [mu'laqqab] benannt (ب mit *e-m Namen*)

ملقح [mu'laqqaħ] geimpft; befruchtet

ملقط [milqɒṭ], *pl.* ملاقط [ma'laːqiṭ] (2) Zange *f*; Pinzette *f*

ملقم [mu'laqqim], *pl.* [-uːn] *Syr. Mil.* Ladeschütze *m*

ملقن [mu'laqqin] soufflierend; eintrichternd; *pl.* [-uːn] Souffleur *m*; Unterrichtende(r), Unterweisende(r)

1**ملقى** [malqan], *pl.* ملاق [ma'laːqin] Treffpunkt *m*; Schnittpunkt *m*

2**ملقى** [mulqan] (hin-, weg)geworfen; على عاتقه ~ *Pflicht*, *Verantwortung*: auferlegt, übertragen

1**ملك** [malaka, i] besitzen, haben; in Besitz nehmen, erwerben; beherrschen; imstande sein (ـه *zu*), vermögen; *Saudi-Ar. Frau* heiraten; نفسه ~ sich beherrschen; عليه ~ مشاعره [maʃaː'ʕirahuː] j-s Gefühle beherrschen; لم يملك إلا أن [ʔillaː] er konnte nicht umhin, *es zu tun*; **II** [mallaka] zum Eigentümer *od.* Besitzer machen; übereignen (ه *j-m A*); zum König *od.* Herrscher machen (على über *A*); *Mann* verheiraten (ها mit *D*); **V** تملك [ta'mallaka] erwerben, in Besitz nehmen; sich bemächtigen (ه *j-s*), *j-n* überkommen; König *od.* Herrscher werden; **VI** تمالك [ta'maːlaka]: ~ نفسه sich beherrschen, an sich halten; لم يتمالك إلا أن [ʔillaː] er konnte sich *e-r Sache* nicht enthalten; **VIII** امتلك [im'talaka] besitzen; erwerben; *Gefühle* beherrschen; **X** استملك [is'tamlaka] in Besitz nehmen, sich aneignen, erwerben; enteignen

2 **ملك** [malak], *pl.* ملائكة [ma'laːʔika] Engel *m*

3 **ملك** [malik], *pl.* ملوك [mu'luːk] König *m*, Monarch *m*

4 **ملك** [mulk] Herrschaft *f*; Königtum *n*

5 **ملك** [milk], *pl.* أملاك [ʔam'laːk] Eigentum *n*, Besitz *m*; Vermögen *n*, Habe *f*, Hab und Gut *n*; *pl.* Grundstücke *n/pl.*, Besitzungen *f/pl.*, Ländereien *pl.*; أملاك الدولة [ʔa. ad-daula] Staatsgüter *n/pl.*, Domänen *f/pl.*; هذا ~ له das gehört ihm

1 **ملكة** [malaka], *pl.* [-aːt] Gabe *f*, Begabung *f*, Talent *n*

2 **ملكة** [malika], *pl.* [-aːt] Königin *f*; ~ الجمال Schönheitskönigin *f*; ~ جمال العالم [m. ʤa'maːli l-ʕaːlam] Miss World *f*

ملكوت [mala'kuːt] (*König-*)Reich *n*; ~ السماوات *Chr.* das Himmelreich

ملكي [malakiː] königlich; monarchistisch; *pl.* [-uːn] Monarchist *m*

1 **ملكية** [mala'kiːja] Monarchie *f*, Königtum *n*

2 **ملكية** [mil'kiːja], *pl.* [-aːt] Eigentum *n* (*G*: an *D*); *Tun.*, *Mar.* Liegenschaft *f*, Grundstück *n*, Besitzung *f*; ~ جماعية Kollektiveigentum *n*; ~ خاصة [xɒːssɒ] Privateigentum *n*; ~ عامة [ʕaːmma] Gemeineigentum *n*, öffentliche(s) Eigentum; ~ فردية Privateigentum *n*, persönliche(s) Eigentum; حق الـ~ [ħaqq al-m.] Eigentumsrecht *n*; نزع الـ~ Enteignung *f*

1 **ملل** [malal] Langeweile *f*; Verdrossenheit *f*

2 **ملل** [mulal] → 1 ملة

3 **ملل** [milal] → 2 ملة

1 **ملم** [mu'limm] vertraut (ب mit *D*); Kenner *m* (ب *G*)

2 **ملم** *Abk. für* مليمتر Millimeter *m*

ملمح [malmaħ] *sg.* → ملامح

ملمس [malmas] Berühren *n*, Fühlen *n*; *fig.* Anstrich *m*, Hauch *m*; *pl.* ملامس [ma'laːmis] (2) Fühler *m*; هو ناعم الـ~ es fühlt sich weich an

ملمع [mu'lammaʕ] poliert

(**ململ**) **II** تململ [ta'malmala] sich unruhig hin- und herbewegen, zappeln; unruhig sein *od.* werden

ملمة [mu'limma], *pl.* [-aːt] Unglück *n*, Schicksalsschlag *m*

ملموس [mal'muːs] berührt; fühlbar, spürbar, greifbar, merklich; konkret

ملنخوليا [malan'xoːlijaː] Melancholie *f*

مله [mulhin] unterhaltend, unterhaltsam

1 **ملة** [mulla], *pl.* ملل [mulal] *Äg.* Sprungfedermatratze *f*

2 **ملة** [milla], *pl.* ملل [milal] Religion *f*; Religionsgemeinschaft *f*

ملهاة [mal'haːt] Komödie *f*, Posse *f*

ملهم [mulham] inspiriert; ملهمات *pl.* Inspirationen *f/pl.*

ملهوف [mal'huːf] besorgt, betrübt; bedrückt; notleidend

1 **ملهى** [malhan], *pl.* ملاه [ma'laːhin] Vergnügungslokal *n*; Vergnügung *f*, Belustigung *f*; ~ ليلي [lailiː] Nachtlokal *n*

2 **ملهى** [milhan], *pl.* ملاه [ma'laːhin]: آلات الملاهي Musikinstrumente *n/pl.*

(**ملو**) **IV** أملى [ʔamlaː] *a. fig.* diktieren (على *j-m*); **V** تملى [ta'mallaː] genießen; **X** استملى [is'tamlaː] sich diktieren lassen (ه von *j-m A*)

1 **ملوث** [mu'lawwaθ] beschmutzt; verschmutzt; ~ بالدماء [bi-d-di-'maːʔ] blutverschmiert

2 **ملوث** [mu'lawwiθ] verschmutzend; Verschmutzer *m*; *pl.* [-aːt] Schadstoff *m*

1 **ملوحة** [mu'lawwiħa], *pl.* [-aːt] Signal *n bei der Eisenbahn*

2 **ملوحة** [mu'luːħa] Salzigkeit *f*; Salzgehalt *m*; Versalzung *f*

ملوخية [muluː'xiːja] Naltajute *f* (*Corchorus olitorius*; *als Gemüse verwendet*); *daraus zubereitete dunkelgrüne Soße*

ملوكي [mu'luːkiː] monarchisch; monarchistisch; *pl.* [-uːn] Monarchist *m*

ملوكية [muluː'kiːja] Monarchismus *m*

ملوم [ma'luːm] getadelt; tadelnswert

1 **ملون** [mu'lawwan] gefärbt, farbig; bunt; *pl.* [-uːn] Farbige(r); فيلم ~ Farbfilm *m*

2 **ملون** [mu'lawwin] färbend; مادة ~ة [maːdda] Farbstoff *m*

1 **ملوي** [mal'wiːj] gewunden; verbogen; gekrümmt, krumm

2 **ملوى** [milwan], *pl.* ملاو [ma'laːwin] Wirbel *m e-r Geige*; Schraubenschlüssel *m*

ملي [milliː] Religions-, religiös

مليء [ma'liːʔ] voll (ب von *D*), gefüllt (ب mit *D*), voller; füllig, dicklich; reich (ب an *D*); zahlungsfähig

مليا [mi'liːjan] *Adv.* lange Zeit

مليار [mil'jaːr], *pl.* [-aːt] Milliarde *f*

مليبار [milli'baːr] Millibar *n*

مليجرام [milli'graːm], *pl.* [-aːt] *Äg.* Milligramm *n*

مليح [ma'liːħ], *pl.* ملاح [mi'laːħ] hübsch, schön, nett

مليص [ma'lɨːs] Fehlgeburt *f*

مليغرام [milli'ɣraːm], *pl.* [-aːt] Milligramm *n*

مليك [ma'liːk], *pl.* ملكاء [mula'kaːʔ] (2) *bsd. Saudi-Ar.* König *m*

مليم [ma'lliːm], *pl.* [-aːt] Millième *m*, Mallim *m* (*Münzeinheit, früher Äg. 1/1000 Pfund, Tun. 1/1000 Dinar*)

مليمتر [milli'mitr], *pl.* [-aːt] Millimeter *m*

ملين [mu'lajjin] milde stimmend; weich machend; *Med.* abführend; *pl.* [-aːt] Abführmittel *n*

مليون [mal'juːn, mil'joːn], *pl.* ملايين [malaː'jiːn] (2) Million *f*; جزء من ~ من الثانية [ʤuzʔ, aθ-θaːnija] Mikrosekunde *f*; صاحب الملايين Millionär *m*

مليونير [maljuː'neːr, miljoː'neːr] Millionär *m*

1 **مم** [mimma] (= من ما) wovon?; woraus?

2 **مم** *Abk. für* مليمتر Millimeter *m*

مما [mimmaː] (= من ما) eine Tatsache, die; was (*auf den ganzen vorausgehenden Satz bezogen*); von dem, was; ~ لو *nach Komparativ*: als wenn; ~ أدى إلى [ʔaddaː] was zu

… führte; هو جدير بالذكر ~ [bi-ðːikr] erwähnenswert ist

[1]ممات [ma'maːt] Tod *m*, Ableben *n*

[2]ممات [mu'maːt] *Wort*: veraltet, ungebräuchlich

مماثل [mu'maːθil] ähnlich (ل *D*); gleich, analog

مماثلة [mu'maːθala] Ähnlichkeit *f*, Gleichheit *f*, Entsprechung *f*, Analogie *f*; Vergleich *m* (ب mit *D*, بين zwischen *D*)

مماحكة [mu'maːħaka] Streit *m*, Zank *m*; Streitsucht *f*

ممارس [mu'maːris] ausübend; *pl.* [-uːn] Praktiker *m*

ممارسة [mu'maːrasa] Ausübung *f e-s Berufs, e-s Rechts*; (= تطبيقية ~) Praxis *f*; Handlung *f*, Handeln *n*; ممارسات *pl.* Praktiken *f/pl.*

مماس [mu'maːss], *pl.* [-aːt] *Math.* Tangente *f*

مماسة [mu'maːssa] Berühren *n*, Angrenzen *n*

مماطل [mu'maːtˁil] saumselig, *Zahler*: säumig

مماطلة [mu'mɒːtˁɒla] Hinhalten *n*; (= تكتيك الـ~) Hinhaltetaktik *f*

ممال [mu'maːl] *Vokal a*: nach *ä* hin gesprochen

ممالأة [mu'maːlaʔa] Parteinahme *f*; Kollaboration *f*

ممالئ [mu'maːliʔ] parteiisch; *pl.* [-uːn] Kollaborateur *m*

ممانعة [mu'maːnaʕa] Widerstand *m*; Einwand *m*; *El.* Impedanz *f*

ممتاز [mum'taːz] ausgezeichnet, hervorragend, vorzüglich, vortrefflich; exquisit; Qualitäts-; ~ سهم *Fin.* Vorzugsaktie *f*; ~ بنزين Superbenzin *n*; ~ عدد [ʕadad] Sondernummer *f e-r Zeitschrift*

ممتثل [mum'taθil] sich fügend (ل *D*), gehorsam

[1]ممتحن [mum'taħan] geprüft; *pl.* [-uːn] Prüfling *m*

[2]ممتحن [mum'taħin], *pl.* [-uːn] Prüfer *m*

ممتد [mum'tadd] sich erstreckend, sich ausdehnend; ausgestreckt, ausgedehnt; *Name e-s arab. Metrums*

ممتص [mum'tɒsˁsˁ] saugfähig, absorbierend; absorbiert

ممتع [mumtiʕ] angenehm, genußreich, wohltuend, erquicklich, köstlich; *Nachricht*: erfreulich; *Buch*: interessant; *Geschichte*: unterhaltsam

ممتقع [mum'taqiʕ] *Gesicht*: blaß, bleich

ممتلك [mum'talik], *pl.* [-uːn] Besitzer *m*

ممتلكات [mumtala'kaːt] *pl.* Besitz *m*, Besitzung *f*, Besitztümer *n/pl.*; Vermögen *n*; Besitzungen *f/pl.*, Kolonien *f/pl.*; الدولة ~ [m. ad-daula] Staatsgüter *n/pl.*; الـ~ المستقلة [al-musta'qilla] *Pol.* die Dominions *n/pl.*

ممتلئ [mum'taliʔ] gefüllt, voll; ~ الجسم [m. al-dʒism] beleibt, füllig

ممتن [mum'tann] zu Dank verpflichtet, verbunden (ل *j-m*)

ممتنع [mum'taniʕ] sich enthaltend (عن *G*); unzugänglich (على für *j-n*); schwer nachzuahmen, unmöglich; → [2]سهل

[1]ممثل [mu'maθθal] vertreten (ب durch *A*); dargestellt (ب durch *A*); ~ًا ب/في [-an] *Adv.* vertreten durch

[2]ممثل [mu'maθθil] vertretend; darstellend; *pl.* [-uːn] Vertreter *m*, Repräsentant *m*; Darsteller *m*, Schauspieler *m*

ممثلة [mu'maθθila], *pl.* [-aːt] Vertreterin *f*, Repräsentantin *f*; Schauspielerin *f*

ممثلية [mumaθθi'liːja], *pl.* [-aːt] (*diplomatische, Handels-*)Vertretung

ممحاة [mim'ħaːt], *pl.* مماح [ma'maːħin] Radiergummi *m*

ممحل [mumħil] *Boden*: unfruchtbar

ممدد [mu'maddad] ausgedehnt, (*a. auf dem Boden*) ausgestreckt; verlängert

ممدوح [mam'duːħ] lobenswert; *a. npr. m*

ممدود [mam'duːd] *a. Hand, Fuß*: ausgestreckt; ausgedehnt; gedehnt, in die Länge gezogen; *Tisch*: gedeckt; الف ~ة → [4]ألف

ممر [ma'marr], *pl.* [-aːt] Gang *m*, Korridor *m*; Durchgang *m*, Übergang *m*, Überweg *m*; Paß *m im Gebirge*; جوي ~ [dʒawwiː] Luftkorridor *m*; مائي ~ Wasserstraße *f*; المشاة ~ [m. al-mu'ʃaːt] Fußgängerüberweg *m*; على ~ العصور im Laufe der Jahrhunderte

ممراح [mim'raːħ] fröhlich, lustig, fidel

ممرض [mu'marrid̶], *pl.* [-uːn] Krankenpfleger *m*, Sanitäter *m*

ممرضة [mu'marrid̶ɒ], *pl.* [-aːt] Krankenschwester *f*

[1]ممرن [mu'marran] geübt, erfahren (على in *D*); ausgebildet, trainiert; gewöhnt (على an *A*)

[2]ممرن [mu'marrin], *pl.* [-uːn] *Sport*: Trainer *m*; *Mil.* Ausbilder *m*

ممزق [mu'mazzaq] zerrissen

ممزوج [mam'zuːdʒ] gemischt (ب mit *D*)

ممسح [mimsaħ], *pl.* مماسح [ma'maːsiħ] (2) (Putz-, Wisch-)Lappen *m*

ممسحة [mimsaħa], *pl.* مماسح [ma'maːsiħ] (2) (Putz-, Wisch-)Lappen *m*; Türvorleger *m*, Fußmatte *f*; ~ الزجاج [m. az-zu'dʒaːdʒ] Scheibenwischer *m des Autos*

[1]ممسك [mu'massak] mit Moschus parfümiert

[2]ممسك [mumsik] ergreifend, fassend, festhaltend; sparsam; *Med.* stopfend

ممسوح [mam'suːħ] abgewischt, geputzt; vermessen; *Münze*: abgegriffen

ممسوخ [mam'suːx] mißgestaltet, entstellt

ممسوس [mam'suːs] berührt; fühlbar, greifbar; besessen, wahnsinnig

ممشط [mu'maʃʃɒtˁ] *Haar, Wolle*: gekämmt

ممشوق [mam'ʃuːq] schlank

ممشى [mamʃan], *pl.* مماش [ma'maːʃin] Gang *m*, Korridor *m*; Fußweg *m*, Pfad *m*; Promenade *f*; Laufsteg *m*

ممص [mi'mɒsˁsˁ], *pl.* مماص [ma'mɒːsˁsˁ] (2) Saugheber *m*; Siphon *m*

[1]ممض [mu'mid̶d̶] quälend, schmerzend

[2]ممض [mumd̶in], *pl.* ممضون [mum'd̶uːn] Unterzeichner *m*

ممضى [mumd̶ɒn] unterzeichnet, unterschrieben

[1]ممطر [mumtˁir] regnerisch, verregnet

[2]ممطر [mimtɒr], *pl.* مماطر [ma'mɒːtɨr] (2) Regenmantel *m*
ممعن [mumʕin] extrem, exzessiv
ممعود [mam'ʕuːd] magenleidend
ممغنط [mu'maɣnɒt] magnetisiert, Magnet-
ممقوت [mam'quːt] verhaßt, verabscheut
ممكن [mumkin] möglich; potentiell; غير ~ unmöglich; ممكنات *pl.* mögliche Dinge *n/pl.*; من الـ~ أن es ist möglich, daß; في أسرع وقت ~ so schnell wie möglich
ممل [mu'mill] langweilig, ermüdend
مملح [mu'mallaħ] gesalzen; eingesalzen, (ein)gepökelt
[1]مملحة [mamlaħa], *pl.* ممالح [ma'maːliħ] (2) Saline *f*
[2]مملحة [mimlaħa], *pl.* ممالح [ma'maːliħ] (2) Salzfaß *n*
مملك [mu'mallik] *bsd. Saudi-Ar.* Beamte(r), der die Befugnis hat, Ehen zu schließen, *etwa*: Standesbeamte(r)
مملكة [mamlaka], *pl.* ممالك [ma'maːlik] (2) Königreich *n*; Reich *n*; ~ الحيوان [m. al-ħaja'waːn] Tierreich *n*; الـ~ المتحدة [al-mu'ttaħida] das Vereinigte Königreich
مملوء [mam'luːʔ] gefüllt (ب mit *D*); erfüllt (ب von *D*)
مملوك [mam'luːk] gehörend (ل *j-m*); المماليك [al-mamaː'liːk] (2) *pl. hist.* die Mamluken *m/pl.*; ~ للدولة [li-d-daula] staatseigen
مملوكي [mam'luːkiː] *hist.* mamlukisch
ممن [mimman] (= من من) von wem
ممنوح [mam'nuːħ] gewährt (ل *j-m*)
ممنوع [mam'nuːʕ] verboten, untersagt; ausgeschlossen (من von *D*); التدخين ~ Rauchen verboten!; ~ من الصرف *Gr.* diptotisch
ممنون [mam'nuːn] zu Dank verpflichtet, dankbar, verbunden (ل *j-m*)
ممنونية [mamnuː'niːja] Dankbarkeit *f*; ~ بكل [bi-kulli m.] sehr gerne
ممهد [mu'mahhad] *Weg*: geebnet, gebahnt; vorbereitet; leicht (*gemacht*)
مموج [mu'mawwadʒ] wellig, gewellt, wellenförmig
ممول [mu'mawwil], *pl.* [-uːn] Finanzier *m*, Geldgeber *m*; *Äg.* Steuerpflichtige(r), Steuerzahler *m*; *Tun. a.* Investor *m*
مموه [mu'mawwah] überzogen, plattiert (ب *mit* D); verfälscht; verschleiert, kaschiert (على gegenüber *j-m*); *Syr.* getarnt
مميت [mu'miːt] tödlich, todbringend
[1]مميز [mu'majjaz] unterschieden; ausgezeichnet; bevorzugt, privilegiert
[2]مميز [mu'majjiz] unterscheidend; auszeichnend; charakteristisch, typisch; *Isl.* unterscheidungsfähig, vernünftig; *Ir.* leitende(r) Beamte(r), Amtmann *m*, Inspektor *m*
مميزة [mu'majjiza], *pl.* [-aːt] Charakteristikum *n*, Wesenszug *m*
[1]من [man] wer?; wen?; *Relativpronomen*: wer; einer, der...; ~ بيت [baitu m.] wessen Haus?; ~ مع mit wem?; ~ كل [kullu m.] jeder, der...; لمن für wen?; wem?
[2]من [min] *Präp.* von, aus; gehörend zu; von ... her, von ... weg; von ... an; seit; durch (*die Tür kommen*); *beim Passiv*: von, durch; *als Ausdruck der Verbalrektion verschieden zu übersetzen*: *sich* vor *etwas fürchten*, *j-n* an *etwas hindern*; *nach Komparativ*: als; ~ أن [ʔanna] daß nämlich; ~ بين [m. baini] aus e-r Anzahl; unter; ~ ذلك أن [ʔanna] dazu gehört, daß; ~ ساعته von diesem Augenblick an; ~ طرف [m. tɒrafi] + *G*: seitens; *beim Passiv, bsd. Maghr.*: von, durch; ~ على von ... herab; ~ قبل [m. qablu] vorher, zuvor, früher; [m. qabli] *Präp.* vor (*zeitlich*); [m. qibali] + *G*: *beim Passiv*: von, durch; ~ يومه [jaumihiː] von da an; منها ,منهم dazu gehören ...; منهم من [man] unter ihnen gibt es Leute, die ...; ما ~ أحد [ʔaħadin] es gibt niemanden, der...; keiner; في يوم ~ الأيام eines Tages; ~ المعروف أن [ʔanna] es ist bekannt, daß; bekanntlich; ~ ما يقرأه الكتب [jaq'raʔuhuː, al-kutub] die Bücher, die er liest
[3]من [manna, u] gewähren, schenken (على ب *j-m A*), beglücken, beschenken (على ب *j-n* mit *D*); **VIII** امتن [im'tanna] dankbar, verbunden sein (ل *j-m*)
[4]من [mann] Gunst *f*, Geschenk *n*; Manna *n*; Pflanzenlaus *f*; *pl.* أمنان [ʔam'naːn] *Ir. Gewichtseinheit von ca. 24 kg*; بمنه تعالى [ta'ʕaːlaː] durch die Gnade Gottes
مناب [ma'naːb] Stellvertretung *f*; ناب ~ـه [-ahuː] j-n vertreten, j-s Stelle einnehmen
مناجاة [munaː'dʒaːt] *geheime od. vertrauliche* Zwiesprache; *Mystik*: Zwiesprache *f* mit Gott; ~ الأرواح Spiritismus *m*
مناجزة [mu'naːdʒaza], *pl.* [-aːt] Kampf *m*, Streit *m*, Auseinandersetzung *f*
مناح → منحى
[1]مناخ [ma'naːx, mu'naːx], *pl.* [-aːt] Klima *n*; ~ قاري [qaːrriː] kontinentale(s) Klima; ~ مداري tropische(s) Klima
[2]مناخ [mu'naːx], *pl.* [-aːt] Aufenthaltsort *m*
مناخي [ma'naːxiː, mu'naːxiː] klimatisch
مناد [mu'naːdin] rufend; ausrufend (*a.* على *Waren*); verlangend (ب *A*); *pl.* منادون [munaː'duːn] Rufer *m*, Ausrufer *m*; Herold *m*; *Hdl.* Versteigerer *m*
مناداة [munaː'daːt] Rufen *n*; Ausrufung *f*, Proklamation *f* (ب *G*); Aufruf *m* (ب zu *D*); Verlangen *n*, Forderung *f* (ب nach *D*)
منادم [mu'naːdim], *pl.* [-uːn] Zechgenosse *m*; Vertraute(r), Kamerad *m*
منادمة [mu'naːdama] Zechgenossenschaft *f*; vertraute Freundschaft
مناذرة [ma'naːðira] *pl.*: الـ~ die Mundhiriten (*altarab. Dynastie in al-Hira*)
منار [ma'naːr], *pl.* منائر [ma'naːʔir] (2) Leuchtturm *m*
منارة [ma'naːra], *pl.* [-aːt] *u.* منائر [ma'naːʔir] (2) Leuchtturm *m*; Minarett *n*
[1]منازع [mu'naːzaʕ]: فيه/عليه ~ strittig
[2]منازع [mu'naːziʕ] (sich) streitend; ~ بدون/من غير unstreitig, unbestritten

منازعة [mu'na:zaʕa], *pl.* [-a:t] *a. Jur.* Streit *m*; Auseinandersetzung *f*, Konflikt *m*

منازلة [mu'na:zala] Bekämpfung *f j-s*

مناسب [mu'na:sib] passend (ل zu *D*), geeignet, recht, richtig; *Antwort*: treffend; entsprechend (ل *D*); *Preis*: günstig; angemessen; في الوقت الـ~ rechtzeitig

مناسبة [mu'na:saba] Entsprechung *f*, Eignung *f*, Passen *n*; *pl.* [-a:t] Anlaß *m*, Gelegenheit *f*; بـ~ + *G*: anläßlich, aus Anlaß; بلا ~ ohne Anlaß; بهذه الـ~ bei dieser Gelegenheit; بالـ~ übrigens, apropos; في المناسبات bei besonderen Anlässen

مناسك [ma'na:sik] *pl. Isl.* Zeremonien *f/pl. der Pilgerfahrt*

مناشدة [mu'na:ʃada] Beschwörung *f j-s*, Appell *m* (*G*: an *j-n*, بـ *etwas zu tun*)

[1]**مناص** [ma'nɒ:s]: لا ~ منه [-a] (es ist) unvermeidlich, unausweichlich

[2]**مناص** [ma'nɒss] → منصة

مناصر [mu'nɒ:sɨr], *pl.* [-u:n] Helfer *m*, Unterstützer *m*

مناصرة [mu'nɒ:sɒra] Hilfe *f*, Unterstützung *f*, Beistand *m*

مناصفة [munɒ:'sɒfatan] *Adv.* je zur Hälfte, zu gleichen Teilen

مناضل [mu'nɒ:đɨl] kämpfend; *pl.* [-u:n] Kämpfer *m*

مناضلة [mu'nɒ:đɒla] Kampf *m*

[1]**مناط** [ma'nɒ:t] Bedingung *f*, *an die sich etwas knüpft*; ~ الأمل [m. al-ʔamal] Gegenstand *m* der Hoffnung, Hoffnungsanker *m*

[2]**مناط** [mu'nɒ:t] beauftragt, betraut (بـ mit *D*); gebunden (بـ an *A*), abhängig (بـ von *D*)

[1]**مناظر** [ma'nɒ:ðir] → [1]منظر

[2]**مناظر** [mu'nɒ:ðɨr] gleich, gleichend (ل *D*); *pl.* [-u:n] Wettbewerber *m*, Konkurrent *m*; (*Diskussions-*)Gegner *m*

مناظرة [mu'nɒ:ðɒra] Auseinandersetzung *f*, Kontroverse *f*; Wettbewerb *m*; ~ الدخول *Tun.* Aufnahmeprüfung *f im Auswahlverfahren*

مناعة [ma'na:ʕa] Widerstandskraft *f*, Stärke *f*; *Pol.*, *Med.* Immunität *f*; Uneinnehmbarkeit *f e-r Burg*; نقص الـ~ Immunschwäche *f*

مناف [mu'na:fin] widersprechend (ل *D*), unvereinbar (ل mit *D*); ~ للقانون gesetzeswidrig

منافاة [muna:'fa:t] Widerspruch *m zu etwas*, Unvereinbarkeit *f mit etwas*

منافس [mu'na:fis] konkurrierend; *pl.* [-u:n] Konkurrent *m*, Mitbewerber *m*, Rivale *m*

[1]**منافسة** [mu'na:fasa] Wettbewerb *m*, Konkurrenz *f*, Rivalität *f*; *Saudi-Ar. Hdl.* Ausschreibung *f*

[2]**منافسة** [mu'na:fisa], *pl.* [-a:t] Konkurrentin *f*

منافق [mu'na:fiq] heuchlerisch, scheinheilig; *pl.* [-u:n] Heuchler *m*

منافقة [mu'na:faqa] Heuchelei *f*, Scheinheiligkeit *f*

مناقب [ma'na:qib] (2) *pl.* Verdienste *n/pl.*; Tugenden *f/pl.*; Ruhmestaten *f/pl.*

مناقش [mu'na:qiʃ], *pl.* [-u:n] Diskussionspartner *m*, Diskussionsredner *m*; Disputant *m*

مناقشة [mu'na:qaʃa], *pl.* [-a:t] Diskussion *f* (حول über *A*), Erörterung *f*; Verteidigung *f e-r Dissertation*, Disputation *f*

مناقص [mu'na:qɨs], *pl.* [-u:n] Bewerber *m* bei e-r Ausschreibung

مناقصة [mu'na:qɒsɒ], *pl.* [-a:t] (*öffentliche*) Ausschreibung

مناقض [mu'na:qɨđ] widersprechend (ل *D*), unvereinbar (ل mit *D*)

مناقضة [mu'na:qɒđɒ] Widerspruch *m* (*G*: zu *D*), Unvereinbarkeit *f* (*G*: mit *D*)

منال [ma'na:l] Erlangung *f*; بعيد/صعب الـ~ schwer zu erreichen; unerreichbar; سهل الـ~ leicht erreichbar

منام [ma'na:m] Schlaf *m*; Traum *m*; Schlafzimmer *n*; رآه في الـ~ etwas im Traum sehen

منامة [ma'na:ma] **1.** *pl.* [a:t] Schlafanzug *m*, Nachthemd *n*; Schlafzimmer *n*; **2.**: الـ~ Manama (*Hauptstadt von Bahrain*)

منان [ma'nna:n] gütig, wohltätig; الـ~ *Beiname Gottes*

مناة [ma'na:t] *Name e-r altarab. Göttin*

مناهض [mu'na:hɨđ] anti-, -feindlich; Widerstands-; *pl.* [-u:n] Gegner *m*; ~ للفاشية antifaschistisch

مناهضة [mu'na:hɒđɒ] Widerstand *m*, Opposition *f*, Gegnerschaft *f*

مناوأة [mu'na:waʔa] Gegnerschaft *f*, Widerstand *m*; Kampf *m* (*G*: gegen *A*)

مناوب [mu'na:wib] *Arzt*: diensttuend, *Apotheke*: dienstbereit, *Offizier*: diensthabend; *pl.* [-u:n] Diensthabende(r)

مناوبة [mu'na:waba] Abwechslung *f*, Ablösung *f*; ~ [-tan] *Adv. u.* بالـ~ abwechselnd

مناورة [mu'na:wara], *pl.* [-a:t] *a. Mil.* Manöver *n*; Rangieren *n bei der Eisenbahn*; schlaue(s), taktische(s) Vorgehen

مناوشة [mu'na:waʃa], *pl.* [-a:t] Geplänkel *n*, Scharmützel *n*

مناولة [mu'na:wala] (Hin-, Zu-)Reichen *n*; *Chr.* Kommunion *f*, Abendmahl *n*

مناوئ [mu'na:wiʔ] bekämpfend; entgegenwirkend, Widerstand leistend (ل *D*); *pl.* [-u:n] Gegner *m*, Opponent *m*

منأى [manʔan] Ferne *f*; كان بـ~ عن sich von *etwas* fernhalten, sich aus *etwas* heraushalten

منايا → [1]منية

منبار [mim'ba:r] *Äg.* Darm *m* (*als Wursthaut*); ~ محشي [ma'ʃi:j] *Äg.* Wurst *f*

[1]**منبت** [mambit, mambat], *pl.* منابت [ma'na:bit] (2) Ort *m*, wo etwas wächst; Baumschule *f*; Ursprung *m*; (*Krankheits-*)Herd *m*

[2]**منبت** [mum'batt] abgeschnitten

منبثق [mum'baθiq] hervorgegangen (عن aus *D*), ausgehend (عن von *D*); *Kommission*: eingesetzt (عن von *D*), unterstellt (عن *D*)

منبر [mimbar], *pl.* منابر [ma'na:bir] (2) Kanzel *f e-r Moschee od. Kirche*; Rednerpult *n*; *Äg. hist.* (*politisches*) Diskussionsforum

منبسط [mum'basit] ausgebreitet, flach; froh, heiter; *Gesichtszüge*: entspannt
منبض [mambiđ] Stelle *f* am Handgelenk, an der der Puls gefühlt werden kann
منبطح [mum'batiħ] ausgestreckt (daliegend); flach
منبع [mambaˁ], *pl.* منابع [ma'naːbiˁ] (2) Quelle *f*, Ursprung *m*
منبه [mu'nabbih] weckend; aufmerksam machend; anregend, stimulierend; *pl.* [-aːt] Wecker *m*; Hupe *f*; Reiz *m*, Stimulans *n*
منبهر [mum'bahir] *fig.* geblendet, überwältigt (ب von *D*)
منبوذ [mam'buːð] weggeworfen; ausgestoßen, verstoßen; *pl.* [-uːn] Unberührbare(r), Paria *m in Indien*
منبور [mam'buːr] *Linguistik*: betont
منتاش [min'taːʃ] Pinzette *f*
منتبه [mun'tabih] beachtend; aufmerksam, wachsam
[1]**منتج** [muntadʒ] erzeugt, produziert; *pl.* [-aːt] Produkt *n*, Erzeugnis *n*; ~ات تامة الصنع *u.* ~ات مصنوعة [taːmmat ɒs-sunˁ] Fertigprodukte *n/pl.*; ~ات نصف مصنوعة [m. nisf mɒs'nuːˁa] Halbfertigprodukte *n/pl.*
[2]**منتج** [muntidʒ] produzierend; produktiv; *pl.* [-uːn] Produzent *m*, Erzeuger *m*; ~ للبترول erdölproduzierend
منتجع [mun'tadʒaˁ] als Zuflucht *od.* zur Erholung aufgesuchte(r) Ort; *pl.* [-aːt]: (صحي) ~ [(siħhiː)] Erholungsheim *n*, Sanatorium *n*
منتحر [mun'taħir], *pl.* [-uːn] Selbstmörder *m*
[1]**منتحل** [mun'taħal] sich (unberechtigt) zugelegt; plagiiert; ~ اسم [ism] Deckname *m*
[2]**منتحل** [mun'taħil], *pl.* [-uːn] Plagiator *m*
[1]**منتخب** [mun'taxab] (aus)gewählt; *pl.* [-aːt] Auswahl(mannschaft) *f*; Auslese *f*; *pl. a.* Anthologie *f*
[2]**منتخب** [mun'taxib], *pl.* [-uːn] *Pol.* Wähler *m*
منتدب [mun'tadab] delegiert, abgeordnet; beauftragt; *bsd. Tun.* ernannt, in ein Amt eingesetzt
منتدى [mun'tadan], *pl.* منتديات [muntada'jaːt] Zusammenkunft *f*; Treffpunkt *m*, Klub *m*; Diskussionsrunde *f*; Symposium *n*
منتزه [mun'tazah], *pl.* [-aːt] Park *m*; Promenade *f*
منتسب [mun'tasib] zugehörig (إلى zu *D*); *pl.* [-uːn] Angehörige(r) *e-r Organisation od. Firma*; ~ طالب externe(r) Studierende(r)
منتشر [mun'taʃir] verbreitet
منتصب [mun'tɒsib] aufgerichtet, aufrecht
منتصر [mun'tɒsir] siegreich
منتصف [mun'tɒsɒf] Mitte *f*; ~ الليل [m. al-lail] Mitternacht *f*; ~ النهار Mittag *m*; في ~ الطريق auf halbem Wege
منتظر [mun'tɒðɒr] erwartet; غير ~ unerwartet; من الـ~ أن es ist *od.* steht zu erwarten, daß
منتظم [mun'tɒðim] (wohl)geordnet; ordentlich; geregelt, regelmäßig; systematisch, planmäßig; gleichmäßig; ~ طالب ordentliche(r) Studierende(r); ~ـة ملاحة [mi'laːħa] Linienschiffahrt *f*
منتعش [mun'taˁiʃ] belebt, erholt
منتفخ [mun'tafix] aufgebläht, *a. fig.* aufgeblasen; geschwollen
منتفع [mun'tafiˁ], *pl.* [-uːn] Nutznießer *m*
[1]**منتقد** [mun'taqad] tadelnswert, kritikwürdig
[2]**منتقد** [mun'taqid], *pl.* [-uːn] Kritiker *m*
منتقل [mun'taqil] den Ort *od.* die Lage verändernd; *Fest*: beweglich; *Krankheit*: übertragbar
منتقم [mun'taqim] rachsüchtig; *pl.* [-uːn] Rächer *m*
منتقى [mun'taqan] ausgewählt, ausgesucht
منتم [mun'tamin] zugehörig (إلى zu *D*); verpflichtet (لـ *e-r Sache*); *pl.* منتمون [munta'muːn] Angehörige(r) *e-r Partei*
منتمى [mun'taman] Abstammung *f*, Herkunft *f*; Zugehörigkeit *f*; Bindung *f*, Engagement *n*
منتن [muntin] stinkend
منته [mun'tahin] endend, aufhörend; zu Ende gegangen, *Frist*: abgelaufen; gelangend (إلى zu *D*)
منتهى [mun'tahan] Ende *n*; Äußerste(s), Extrem *n*, Höchste(s), höchste(r) Grad; بـ~ الدقة [mun'tahaː d-diqqa] äußerst genau; ~ في السهولة außerordentlich leicht
منتوج [man'tuːdʒ], *pl.* [-aːt] Erzeugnis *n*, Produkt *n*
منتول [man'toːl, min'tuːl] *Chem.* Menthol *n*
منثور [man'θuːr] zerstreut, verstreut; Prosa *f*; Prosa-; *Bot.* Levkoje *f*
منج [mu'naddʒin], *pl.* منجون [muna'ddʒuːn] Retter *m*
منجاة [man'dʒaːt], *pl.* مناج [ma'naːdʒin] Rettung *f*; بـ~/في ~ من sicher *od.* geschützt vor; Mittel *n* der Rettung
منجب [mundʒib] gebärend
[1]**منجد** [mu'naddʒad] gepolstert, Polster-
[2]**منجد** [mu'naddʒid], *pl.* [-uːn] Polsterer *m*
منجر [mindʒar], *pl.* مناجر [ma'naːdʒir] (2) Hobel *m*
منجرد [mun'dʒarid] *Teppich*: abgetreten; هو ~ الشعر er hat schütteres Haar
منجرة [mandʒara], *pl.* مناجر [ma'naːdʒir] (2) Tischlerwerkstatt *f*
[1]**منجز** [mundʒaz] durchgeführt, ausgeführt, verrichtet; منجزات *pl.* Leistungen *f/pl.*, Errungenschaften *f/pl.*
[2]**منجز** [mundʒiz] ausführend, verrichtend; flott arbeitend, flink
منجل [mindʒal], *pl.* مناجل [ma'naːdʒil] (2) Sichel *f*; Sense *f*
منجلة [mandʒala], *pl.* مناجل [ma'naːdʒil] (2) *Äg.* Schraubstock *m*
[1]**منجم** [mandʒam], *pl.* مناجم [ma'naːdʒim] (2) Bergwerk *n*, Mine *f*; ~ ذهب [m. ðahab] *fig.* Goldgrube *f*
[2]**منجم** [mu'naddʒim], *pl.* [-uːn] Astrologe *m*
منجنيز [manga'niːz] *Äg.* Mangan *n*
منجنيق [mandʒa'niːq], *pl.* مجانق [ma'dʒaːniq] (2) *u.* [-aːt] Katapult *n*
منجة [manga] *Bot.* Mango *f*

منجو [mangoː] *Bot.* Mango *f*

منجور [man'dʒuːr] *Syr.* Täfelung *f*, Verkleidung *f*

منجوم [man'dʒuːm] *Typ.* mit einem Sternchen versehen

منجى [mandʒan] sichere(r) Ort; في ~ in Sicherheit (من vor *D*)

1 **منح** [manaħa, a] gewähren, verleihen (ه/ل ه *j-m A*); *Erlaubnis* erteilen

2 **منح** [manħ] Gewährung *f*, Verleihung *f*; Erteilung *f e-r Erlaubnis*; قرض ~ Kreditgewährung *f*

منحاز [mun'ħaːz] voreingenommen; غير ~ unvoreingenommen; *Pol.* blockfrei; إلى نفسه ~ zurückgezogen, abgekapselt

منحت [minħat], *pl.* مناحت [ma'naːħit] (2) Meißel *m*

1 **منحدر** [mun'ħadar], *pl.* [-aːt] (Boden-)Neigung *f*, Gefälle *n*; (Ab-)Hang *m*, Böschung *f*; abschüssige(s) Gelände; *Geol.* Senke *f*

2 **منحدر** [mun'ħadir] *Gelände*: abschüssig, absteigend; *Dach*: schräg; abstammend (من von *D*); *pl.* [-uːn] Abkomme *m* (من *j-s*)

منحرف [mun'ħarif] abweichend; schief, schräg; verkehrt, verdreht; *Gedanke*: abwegig; *Sohn*: mißraten; *Mensch*: auf die schiefe Bahn geraten; *Jur.* straffällig; *Verhalten*: abnorm; abartig, pervers; *pl.* [-uːn] e-r, der krumme Wege geht; *Pol.* Abweichler *m*; *pl.* [-aːt] *Math.* Trapez *n*; شبه ~ [ʃibh m.] Trapezoid *n*

منحصر [mun'ħɒsɨr] beschränkt (في auf *A*)

منحط [mun'ħɒtˁt] niedrig, tiefstehend, minderwertig; heruntergekommen, verwahrlost; dekadent; niederträchtig, gemein

منحل [mun'ħall] *a. fig.* aufgelöst; in Auflösung begriffen; *Familie*: zerrüttet; heruntergekommen, verkommen

منحلة [mun'ħalla], *pl.* [-aːt] liederliche(s) Frauenzimmer, Luder *n*

منحن [mun'ħanin] gebogen, gekrümmt, krumm; geneigt, gebeugt; gebückt; *Kopf*: gesenkt; kurvenförmig; *Math.* Kurve *f*; خط ~ [xɒtˁt] Kurvenlinie *f*

منحنى [mun'ħanan], *pl.* منحنيات [munħana'jaːt] Biegung *f*, Krümmung *f*; Beugung *f*; *a. Math.* Kurve *f*; (Ab-)Hang *m*

منحة [minħa], *pl.* منح [minaħ] Zuwendung *f*, Schenkung *f*; Beihilfe *f*, Zuschuß *m*; (= دراسية ~ [diraː'siːja]) Stipendium *n*

منحوت [man'ħuːt] gemeißelt; geschnitzt; *Stein*: behauen; geformt

منحوتة [man'ħuːta], *pl.* [-aːt] Relief *n*; Skulptur *f*, Plastik *f*, Statue *f*

منحوس [man'ħuːs] unglückselig

منحى [manħan], *pl.* مناح [ma'naːħin] Richtung *f*; *fig.* Gebiet *n*, Bereich *m*

منخار [min'xaːr], *pl.* مناخير [manaː'xiːr] (2) Nasenloch *n*, Nüster *f*; *umg.* Nase *f*

منخر [manxar, minxar], *pl.* مناخر [ma'naːxir] (2) Nasenloch *n*, Nüster *f*; Nase *f*

منخس [minxas], *pl.* مناخس [ma'naːxis] (2) Sporn *m*

1 **منخفض** [mun'xafɒdˁ], *pl.* [-aːt] (Boden-)Senke *f*, Depression *f*; جوي ~ [dʒawwiː] *Meteor.* Tief *n*

2 **منخفض** [mun'xafɨdˁ] *a. Preis*: niedrig; tiefliegend, tief; *Stimme*: leise, gedämpft; *Puls*: schwach; عن ~ tiefer *od.* niedriger als; أرض ~ة Tiefland *n*; الأراضي المنخفضة die Niederlande *pl.*

منخل [munxul], *pl.* مناخل [ma'naːxil] (2) Sieb *n*

مندالة [min'daːla], *pl.* [-aːt] Ramme *f*

مندب [mandab] Totenklage *f*; باب الـ~ *Geo.* Bab el-Mandeb

مندرة [mandara], *pl.* منادر [ma'naːdir] (2) *Äg.* Empfangszimmer *n*

مندف [mindaf], *pl.* منادف [ma'naːdif] (2) Kämmaschine *f* (*für Baumwolle*)

مندفع [mun'dafiʕ] losstürzend; schwungvoll, voller Elan; draufgängerisch; impulsiv; spontan

مندل [mandal]: ضرب الـ~ *u.* فتح الـ~ Hellseherei *f*

مندلينا [manda'liːna] *Jord.* Mandarine *f*

مندم [mandam] Reue *f*

مندمج [mun'damidʒ] verschmolzen (في mit *D*); integriert, eingegliedert (في in *A*)

مندهش [mun'dahiʃ] verwundert (من über *A*), überrascht (من von *D*), verblüfft (ل über *A*), bestürzt

مندوب [man'duːb] delegiert; *pl.* [-uːn] Delegierte(r), Beauftragte(r); Pressevertreter *m*, Berichterstatter *m*, Reporter *m*; Vertreter *m*; خاص ~ [xɒːsˁsˁ] Sonderbeauftragte(r); سام ~ [saːmin] Hochkommissar *m*; مفوض ~ [mu'fawwɒdˁ] *Dipl.* Bevollmächtigte(r)

مندوبة [man'duːba], *pl.* [-aːt] Pressevertreterin *f*, Reporterin *f*; Vertreterin *f*

مندوبية [manduː'biːja] (Ober-)Kommissariat *n*

مندوحة [man'duːħa] Ausweg *m*, Ausweichmöglichkeit *f*; لا ~ عن [-ta] es ist unausweichlich *od.* unumgänglich

منديل [man'diːl, min'diːl], *pl.* مناديل [manaː'diːl] (2) Taschentuch *n*; Tuch *n*, Kopftuch *n*

منذ [munðu] **1.** *Präp.* seit; vor (*zeitlich*); الآن ~ [m. l-ʔaːna] von jetzt an; الساعة ~ ab sofort; sogleich; شهر ~ seit einem Monat; vor einem Monat; ... شهر و هو ~ seit einem Monat ist er ...; **2.** *Konj.* (= أن ~) seit, seitdem

منذر [munðir], *pl.* [-uːn] Warner *m*; *a. npr. m*

منذرة [munðira] Warnzeichen *n* (ب für *A*); Alarmsignal *n*

منذور [man'ðuːr] *Gott od. e-r Gottheit* geweiht

منرفز [mu'narfaz] *Syr.* nervös

منزرع [mun'zariʕ] *Boden*: bebaut, landwirtschaftlich genutzt; مساحة ~ة [mi'saːħa] Anbaufläche *f*

منزع [manzaʕ], *pl.* منازع [ma'naːziʕ] (2) Neigung *f*, Tendenz *f*

منزعج [mun'zaʕidʒ] beunruhigt; irritiert, verstört

1 **منزل** [manzil], *pl.* منازل [ma'naːzil] (2) Haus *n*, Heim *n*; Wohnung *f*; Tagesabschnitt *m* der Mondbahn auf der Ekliptik; متنقل ~ [muta-

'naqqil] Wohnwagen *m*; طلبة المنازل [tɒlabat al-m.] *Äg.* Studenten *m/pl.*, die als Externe auf dem zweiten Bildungsweg studieren

[2]منزل [mu'nazzal]: رتبة ~ [rutbatan] degradiert

[3]منزل [munzal] *Koran*: herabgesandt, geoffenbart

منزلة [manzila], *pl.* منازل [ma'naːzil] (2) Rang *m*, Stellung *f*

منزلي [manziliː] häuslich, Haus-; Heim-; Haushalts-; دراسة ~ة [di'raːsa] *Äg.* Fernstudium *n*

منزه [mu'nazzah] erhaben (عن über *A*), frei (عن von *D*); ~ عن الخطاء [ʕani l-xɒtɒʔ] unfehlbar

منزو[mun'zawin] zurückgezogen, einsam; entlegen, abgelegen

منزوع [man'zuːʕ] weggenommen, herausgezogen, entfernt; منطقة ~ة السلاح [mintɒqa -at as-si'laːħ] entmilitarisierte Zone

منزول [man'zuːl] *Äg. Art* Rauschgift *n*

منزولي [man'zuːliː] *Äg.* Rauschgiftsüchtige(r)

منساب [mun'saːb] strömend, fließend; dahingleitend

منساق [mun'saːq] getrieben, mitgerissen

[1]منسج [mansadʒ], *pl.* مناسج [ma'naːsidʒ] (2) Weberei *f*

[2]منسج [minsadʒ], *pl.* مناسج [ma'naːsidʒ] (2) Webstuhl *m*

منسجم [mun'sadʒim] harmonisch; ausgewogen, ausgeglichen; im Einklang (مع mit *D*); ~ مع نفسه im Einklang mit sich selbst; *System*: in sich geschlossen

منسحق [mun'saħiq] zerknirscht; gedemütigt

[1]منسر [mansar], *pl.* مناسر [ma'naːsir] (2) (*Räuber-*)Bande *f*

[2]منسر [minsar, mansir], *pl.* مناسر [ma'naːsir] (2) Schnabel *m e-s Greifvogels*

منسرح [mun'sariħ]: ~الـ *Name e-s arab. Versmaßes*; ~ الفكر [m. al-fikr] gedankenverloren, geistesabwesend

منسف [mansaf] *Jord. Gericht aus Lammfleisch u. Reis*

[1]منسق [mu'nassaq] wohlgeordnet; koordiniert

[2]منسق [mu'nassiq], *pl.* [-uːn] Koordinator *m*

منسك [mansik] *sg.* → مناسك

منسلخ [mun'salax]: ~ الشهر Monatsende *n*

منسوب [man'suːb] **1.** zugeschrieben (إلى *j-m*); bezogen (إلى auf *A*), in Beziehung gesetzt (إلى zu *D*); *pl.* [-uːn] *Saudi-Ar.* Angehörige(r) *e-r Institution*; **2.** *pl.* مناسيب [manaː'siːb] (2): ~ الماء Wasserspiegel *m*, Wasserstand *m*, Pegelstand *m*

منسوج [man'suːdʒ] gewebt; *pl.* [-aːt] Gewebe *n*, Textilerzeugnis *n*, Stoff *m*; *pl. a.* Webwaren *f/pl.*, Textilien *pl.*

منسوخ [man'suːx] aufgehoben, außer Kraft gesetzt; abgeschrieben, kopiert

منسي [man'siːj] vergessen

منشأ [manʃaʔ] Herkunft *f*, Ursprung *m*; Entstehung *f*; Ort *m* der Entstehung *od.* des Aufwachsens; ~الـ الاجتماعي soziale Herkunft; بلد الـ~ [balad al-m.] *Hdl.* Ursprungsland *n*; شهادة الـ~ Ursprungszeugnis *n*

منشار [min'ʃaːr], *pl.* مناشير [manaː'ʃiːr] (2) Säge *f*; ~ قرصي [qursiː], ~ دائري Kreissäge *f*

منشاري [min'ʃaːriː] Säge-; sägeartig, gezackt

منشأة [munʃaʔa], *pl.* منشآت [munʃa'ʔaːt] (*technische, industrielle, militärische*) Anlage; Einrichtung *f*, Institution *f*; Unternehmen *n*, Firma *f*

منشد [munʃid], *pl.* [-uːn] Sänger *m*; j-d, der vorträgt *od.* deklamiert

منشر [manʃar], *pl.* مناشر [ma'naːʃir] (2) Trockenplatz *m*, Trockenraum *m*; Trockenvorrichtung *f*, (Wäsche-)Trockner *m*

منشرح [mun'ʃariħ]: ~ الصدر gelöst, entspannt; freudig, froh

منشرة [manʃara] Sägewerk *n*

[1]منشط [manʃɒʈ], *pl.* مناشط [ma'naːʃiʈ] (2) Aktivität *f*

[2]منشط [mu'naʃʃiʈ] anregend, belebend, aktivierend; *pl.* [-uːn] *Tun.* Organisator *m* (*bsd. von kulturellen Veranstaltungen*); *Tun.* Showmaster *m*; *Alg.* Aktivist *m*; *pl.* [-aːt] Aktivierungsmittel *n*; Dopingmittel *n*

منشطة [mu'naʃʃiʈɒ], *pl.* [-aːt] *Tun.* Organisatorin *f* (*bsd. von kulturellen Veranstaltungen*)

منشغل [mun'ʃaɣil] beschäftigt (ب mit *D*); besorgt

منشفة [minʃafa], *pl.* مناشف [ma'naːʃif] (2) Handtuch *n*; Serviette *f*; ~ أطباق Geschirrtuch *n*

منشق [mun'ʃaqq] gespalten; abgespalten, abtrünnig; *Chr.* schismatisch; *pl.* [-uːn] Schismatiker *m*; Dissident *m*

منشة [mi'naʃʃa], *pl.* [-aːt] *u.* مناش [ma'naːʃʃ] (2) Fliegenwedel *m*

منشود [man'ʃuːd] gesucht; *Ziel*: erstrebt, ersehnt

منشور [man'ʃuːr] ausgebreitet, entfaltet; verbreitet; veröffentlicht; gesägt; *pl.* [-aːt] *u.* مناشير [manaː'ʃiːr] (2) Flugblatt *n*; Merkblatt *n*; Rundschreiben *n*; Proklamation *f*; (= ~ تجاري [ti'dʒaːriː]) Prospekt *m*; Verordnung *f*, Edikt *n*; *pl.* مناشير *Math.* Prisma *n*; منشورات Veröffentlichungen *f/pl.*, Publikationen *f/pl.*; ~ بابوي [baːbawiː] Enzyklika *f*

منشوري [man'ʃuːriː] **1.** Prismen-, prismatisch; **2.** mandschurisch

منشوريا [man'ʃuːrijaː] *Geo.* Mandschurei *f*

منشئ [munʃiʔ] errichtend, schaffend; *pl.* [-uːn] Gründer *m*, Errichter *m*, Schöpfer *m*; Verfasser *m*; Redakteur *m*

[1]منصب [mansib], *pl.* مناصب [ma'nɒːsib] (2) Amt *n*, Stellung *f*, Posten *m*

[2]منصب [mun'sɒbb] gerichtet (على auf *A*)

[3]منصب [minsɒb], *pl.* مناصب [ma'nɒːsib] (2) Feuerbock *m*

[1]منصرف [mun'sɒraf] Fortgang *m*, Weggang *m*

[2]منصرف [mun'sɒrif] weggehend; beschäftigt, befaßt (إلى mit *D*); *Geld*: ausgegeben; ausgezahlt (ل an *A*); Ausgaben *f/pl.* (على für *A*); *Gr.* voll

flektierbar, triptotisch; ~ غير nicht voll flektierbar, diptotisch

منصرم [mun'sɒrim] vergangen, verflossen; *Glück*: entschwunden

[1]منصف [mu'nɒssif] halbierend; Geom. Halbierende *f*

[2]منصف [munsif] gerecht, billig; fair; gerecht Denkende(r), Urteilende(r) *od*. Handelnde(r)

منصة [mi'nɒssɒ, ma'nɒssɒ], *pl*. [-aːt] *u*. مناص [ma'nɒːss] (2) Podium *n*, Podest *n*; (Redner-)Pult *n*; Tribüne *f*; Rampe *f*; حفر ~ Bohrinsel *f*; ~ شرف [m. ʃaraf] Ehrentribüne *f*

منصوب [man'suːb] aufgestellt, aufgerichtet, aufgepflanzt; *Geschütz*: gerichtet (على auf *A*); in ein Amt eingesetzt; *Gr*. im Akkusativ *od*. Subjunktiv (stehend)

منصور [man'suːr] *von Gott* unterstützt; siegreich; *a. npr. m*

منصوص [man'suːs]: عليه ~ vorgesehen, festgelegt; *im Text* angeführt

منضحة [minđɒħa], *pl*. مناضح [ma'nɒːđiħ] (2) Brause *f*; Gießkanne *f*

[1]منضد [mu'nɒđđɒd] ebenmäßig aneinandergereiht

[2]منضد [mu'nɒđđid], *pl*. [-uːn] *Typ*. Setzer *m*

منضدة [minđɒda], *pl*. مناضد [ma'nɒːđid] (2) Tisch *m*; Werkbank *f*

منضم [mun'đɒmm] beigetreten, angeschlossen (إلى *D*); إليه ~ا [-an] unter Hinzunahme *od*. Hinzuziehung von

منضو [mun'đɒwin] sich scharend (إلى um *j-n*), angeschlossen (إلى *j-m*)

منطاد [mun'tɒːd], *pl*. مناطيد [manɒː'tiːd] (2) Ballon *m*, Luftschiff *n*

[1](منطق) II تمنطق [ta'mantɒqa] sich gürten (ـه/ب mit *D*)

[2]منطق [mantiq] Logik *f*; Sprache *f* (*als Fähigkeit*); Sprachgewalt *f*; ~ رياضي ,رمزي [ri'jɒːdiː] symbolische *od*. mathematische Logik; علم الـ~ [ʕilm al-m.] Logik *f* (*als Wissenschaft*); ليس من الـ~ أن es ist unlogisch, daß

منطقة [mintɒqa], *a*. [mantiqa], *pl*. مناطق [ma'nɒːtiq] (2) Gebiet *n*, Region *f*, Zone *f*; Gegend *f*; *Syr*. Regierungsbezirk *m*; المناطق الاستوائية [al-istiwaː'ʔiːja], المناطق الحارة [al-ħaːrra] die Tropen *pl*.; ~ التجارة الحرة [m. at-ti'dʒaːra(ti) l-ħurra] Freihandelszone *f*; حرة ~ Zollfreigebiet *n*; Freihafen *m*; ~ المرمى *Fußball*: Torraum *m*; نفوذ ~ Einflußgebiet *n*, Machtbereich *m*; داء الـ~ *Med*. Gürtelrose *f*

[1]منطقي [mantiqiː] logisch; *pl*. مناطقة [ma'nɒːtiqa] Logiker *m*; ~ا [-jan] *Adv*. logischerweise; غير ~ unlogisch; unvernünftig

[2]منطقي [mintɒqiː] Zonen-, zonal

منطقية [manti'qiːja] logische(r) Charakter *e-r Sache*, Logik *f*; *Phil*. Logizismus *m*

[1]منطلق [mun'tɒlaq], *pl*. [-aːt] *a. fig*. Ausgangspunkt *m*, Ausgangsposition *f*

[2]منطلق [mun'tɒliq] startend; ausgehend (من von *D*); dahineilend; losgelassen, frei

منطو [mun'tɒwin] enthaltend (على *A*); على نفسه ~ verschlossen, introvertiert; zurückgezogen, abgekapselt

منطوق [man'tuːq] ausgesprochen; Wortlaut *m*; الحكم ~ [m. al-ħukm] *Jur*. Urteilstenor *m*; الكلمة ~ [m. al-kalima] wörtliche Bedeutung e-s Wortes

منطيق [min'tiːq] sprachgewaltig, wortgewaltig

منظار [min'ðɒːr], *pl*. مناظير [manaː'ðiːr] (2) Fernglas *n*, Fernrohr *n*; الحنجرة ~ [m. al-ħandʒara] *Med*. Kehlkopfspiegel *m*; مجسم ~ [mu'dʒassim] Stereoskop *n*

[1]منظر [manðɒr], *pl*. مناظر [ma'nɒːðir] (2) Anblick *m*, Ansicht *f*, Szene *f*; Aussicht *f*, Panorama *n*; Aussehen *n*; جوي ~ [dʒawwiː] Luftansicht *f*; طبيعي ~ Landschaft *f*; عام ~ [ʕaːmm] Panorama *n*

[2]منظر [mu'nɒððir], *pl*. [-uːn] Theoretiker *m*

منظرة [manðɒra], *pl*. مناظر [ma'nɒːðir] (2) Aussichtsplatz *m*; Gästezimmer *n*

منظف [mu'nɒððif], *pl*. [-aːt] Reinigungsmittel *n*

[1]منظم [mu'nɒððɒm] geregelt, geordnet; ordentlich; organisiert; regulär; *Verkehrsverbindung*: regelmäßig; systematisch, methodisch

[2]منظم [mu'nɒððim] regelnd; organisierend; *pl*. [-uːn] Organisator *m*, Veranstalter *m*; Ordner *m*; *Syr*., *Lib*. Aussteller *m e-s Dokuments*; *pl*. [-aːt] *Techn*. Regler *m*; ~ ضربات القلب [m. đara'baːti l-qalb] Herzschrittmacher *m*

منظمة [mu'nɒððɒma], *pl*. [-aːt] Organisation *f* (*konkret*); ~ الأمم المتحدة [m. al-ʔumami l-mu'ttaħida] die Vereinten Nationen *pl*.; ~ الأمم المتحدة للتربية والعلوم والثقافة [li-t-tarbija] UNESCO *f*; ~ التحرير الفلسطينية Palästinensische Befreiungsorganisation, PLO *f*; ~ التغذية والزراعة [m. at-taɣðija wa-z-zi'raːʕa] Organisation *f* für Ernährung und Landwirtschaft, FAO *f*; ~ الصحة العالمية [ɒs-siħħa(ti) l-ʕaːla'miːja] Weltgesundheitsorganisation *f*, WHO *f*; الـ~ العربية للتربية والعلوم والثقافة Organisation *f* der Arabischen Liga für Erziehung, Wissenschaft und Kultur, ALESCO *f*; ~ العمل الدولية [m. al-ʕamal ad-duwa'liːja] Internationale Arbeitsorganisation *f*, ILO *f*; ~ المؤتمر الإسلامي [m. al-muʔ'tamar] Organisation *f* der Islamischen Konferenz, OIC *f*; ~ الوحدة الإفريقية Organisation *f* für die afrikanische Einheit, OAU *f*

منظور [man'ðuːr] gesehen; sichtbar; *Zukunft*: absehbar; *Fall*: in Bearbeitung; *Prozeß*: anhängig; Blickwinkel *m*, Perspektive *f*; من هذا الـ~ aus diesem Blickwinkel

منظوم [man'ðuːm] *Perlen*: aufgereiht, aufgefädelt; geordnet; ordentlich; *Rede*: gebunden, in Versen; Dichtung *f*, Poesie *f*; منظومات *pl*. Gedichte *n/pl*., Poesie *f*

منظومة [man'ðuːma], *pl*. [-aːt] System *n*; Gedicht *n*

[1]منع [manaʕa, a] vebieten, untersagen (ـه/من ه *j-m A*); hindern (ه من/عن *j-n* an *D*), abhalten (ه من/عن *j-n* von *D*); verhindern; verweigern,

vorenthalten (عن هـ ه od. من/عن j-m A); entziehen (ه من/عن od. عن هـ j-m A); fernhalten (عن هـ etwas von j-m); schützen (ه من j-n vor D); **II** [mannaʕa] immunisieren; **III** مانع [maːnaʕa] dagegen sein, dagegen einwenden (أن daß); verweigern (ه هـ j-m A); **V** تمنع [ta'mannaʕa] sich weigern; sich enthalten (عن G); sich verschanzen (ب hinter D); **VIII** امتنع [im'tanaʕa] sich enthalten (عن G), unterlassen (عن A), verzichten (عن auf A); ablehnen (عن A), sich weigern (عن *etwas zu tun*); unmöglich sein (على für *j-n*)

[2]**منع** [manʕ] Verbot *n*; Hinderung *f* (من/عن an *D*); Verhinderung *f*; ~ا ل [-an] um zu verhindern; ~ التجول [m. at-ta'ʤawwul] Ausgehverbot *n*, Ausgangssperre *f*; Verkehrssperre *f*; ~ الحمل Schwangerschaftsverhütung *f*

منعدم [mun'ʕadim] nicht vorhanden, fehlend

[1]**منعرج** [mun'ʕaraʤ], *pl.* [-aːt] Biegung *f*, Windung *f e-r Straße od. e-s Flusses*, Krümmung *f*; Kurve *f*

[2]**منعرج** [mun'ʕariʤ] sich windend *od.* biegend, gewunden

منعزل [mun'ʕazil] isoliert; abgelegen

منعش [munʕiʃ] belebend, erfrischend; Erfrischung(sgetränk *n*) *f*

منعطف [mun'ʕatɒf], *pl.* [-aːt] Biegung *f*, Windung *f*, Wendung *f*, Kurve *f*; Wendepunkt *m* (*in der Geschichte*)

منعقد [mun'ʕaqid] *Konferenz*: stattfindend; verknotet; eingedickt; ~ الأجماع على أن [ʔanna] man ist sich darüber einig, daß

[1]**منعكس** [mun'ʕakas], *pl.* [-aːt] *Psych.* Reflex *m*

[2]**منعكس** [mun'ʕakis] reflektiert; Reflex-; صورة ~ة [suːra] Spiegelbild *n*; ~ فعل [fiʕl] Reflexhandlung *f*, Reflex *m*

[1]**منعم** [mu'naʕʕam] mit Wohlstand gesegnet; durch Wohlstand verwöhnt

[2]**منعم** [munʕim] Gewährer *m* von Gnade (*als Beiname Gottes*), Wohltäter *m*

منعة [manʕa, manaʕa] Stärke *f*, Kraft *f*, Unüberwindlichkeit *f*

منغصات [munaɣɣi'sɒːt] *pl.* Ungelegenheiten *f/pl.*, Unannehmlichkeiten *f/pl.*

منغنيز [manɣa'niːz] *u.* **منغنيس** [manɣa'niːs] Mangan *n*

منغول [man'ɣoːl, mun'ɣuːl] *koll.*: ~ال die Mongolen *m/pl.*

منغولي [man'ɣoːliː, mun'ɣuːliː] mongolisch; Mongole *m*

منغوليا [man'ɣoːlijaː, mun'ɣuːlijaː] Mongolei *f*; ~ الداخلية Innere Mongolei

منغوم [man'ɣuːm] *Stimme*: melodisch

منفاخ [min'faːx], *pl.* منافيخ [manaː'fiːx] (2) Blasebalg *m*; Luftpumpe *f*

منفتح [mun'fatiħ] *Charakter*: offen

منفجر [mun'faʤir] Explosiv-, Spreng-

منفخ [minfax], *pl.* منافخ [ma'naːfix] (2) Blasebalg *m*

[1]**منفذ** [manfað], *pl.* منافذ [ma'naːfið] (2) Ausgang *m*; Ausfallstraße *f*; Ausfahrt *f für Fahrzeuge*; Zugang *m z.B. zum Meer*; Ausweg *m*; Öffnung *f*, Durchlaß *m*; Luke *f*; *El.* Elektrode *f*

[2]**منفذ** [mu'naffað] durchgeführt, vollzogen; ~ عليه *Jur.* Schuldner *m*, in dessen Vermögen die Zwangsvollstreckung durchgeführt wird

[3]**منفذ** [mu'naffið] durchführend; *pl.* [-uːn] Ausführende(r); Vollzieher *m*, Vollstrecker *m*

منفر [mu'naffir] abstoßend, abschreckend

منفرج [mun'fariʤ] weit geöffnet; *Winkel*: stumpf; entspannt, gelöst

منفرد [mun'farid] einzeln; separat; isoliert (عن von *D*); *Musik*: Solo-

منفس [manfas], *pl.* منافس [ma'naːfis] (2) Lüftungsklappe *f*

منفصل [mun'fɒsil] getrennt, separat; ~ ضمير *Gr.* selbstständige(s) Personalpronomen

منفضة [minfɒđɒ], *pl.* منافض [ma'naːfiđ] (2) Aschenbecher *m*; Staubwedel *m*

منفط [mu'naffiŧ] *Med.* blasenziehend

منفعل [mun'faʕil] erregt, aufgeregt, bewegt

منفعة [manfaʕa], *pl.* منافع [ma'naːfiʕ] (2) Nutzen *m*, Vorteil *m*; *pl.* Nebenräume *m/pl. e-r Wohnung*; ~ حدية [ħa'ddiːja] *Ök.* Grenznutzen *m*; ~ عامة [ʕaːmma] öffentliche(s) Interesse; منافع صحية [sɨ'ħħiːja] sanitäre Anlagen *f/pl. od.* Einrichtungen *f/pl.*; منافع عامة gemeinnützige *od.* öffentliche Einrichtungen *f/pl.*; ~ متبادلة [muta'baːdala] beiderseitige(r) *od.* gegenseitige(r) Nutzen *od.* Vorteil

منفعية [manfa'ʕiːja] Utilitarismus *m*

منفك [mun'fakk] untrennbar, unauflöslich

منفوخ [man'fuːx] *a. fig.* aufgeblasen; aufgepumpt

منفوش [man'fuːʃ] *Haare*: zerzaust, zerrauft; *Gefieder*: aufgeplustert

[1]**منفى** [manfan], *pl.* مناف [ma'naːfin] Exil *n*; Verbannungsort *m*, Verbannung *f*

[2]**منفي** [man'fiːj] *Gr.* verneint; dementiert; verbannt, exiliert, ausgewiesen; *pl.* [-uːn] (Heimat-)Vertriebene(r)

منق [mu'naqqin] reinigend; *pl.* منقيات [munaqqi'jaːt] reinigende(s) Mittel

[1]**منقاد** [mun'qaːd] gefügig, gehorsam

[2]**منقاد** [min'qaːd], *pl.* مناقيد [manaː'qiːd] (2) Schnabel *m e-s Vogels*

منقار [min'qaːr], *pl.* مناقير [manaː'qiːr] (2) Schnabel *m e-s Vogels*

منقاش [min'qaːʃ], *pl.* مناقيش [manaː'qiːʃ] (2) Stichel *m des Graveurs*; Meißel *m*

[1]**منقب** [manqab, manqib], *pl.* مناقب [ma'naːqib] (2) Bergpfad *m*, Paß *m*

[2]**منقب** [mu'naqqib], *pl.* [-uːn] Ausgräber *m*; Schürfer *m*; Bohrungsfachmann *m*; j-d, der nach *etwas* (عن) sucht; Forscher *m*

[3]**منقب** [minqab] Bohrer *m*, Bohrgerät *n*

منقبض [mun'qabiđ] sich zusammenziehend; (= ~ الصدر) niedergeschlagen, bedrückt, deprimiert

[1]**منقبة** [manqaba], *pl.* مناقب [ma'naːqib] (2) Tugend *f*; Verdienst *n*

[2]**منقبة** [minqaba] Bohrer *m*, Bohrgerät *n*

منقح [mu'naqqaħ] *Auflage e-s Buches*: durchgesehen, überarbeitet, verbessert

منقد [manqad] *Äg*. Kohlenbecken *n*

منقذ [munqið], *pl*. [-uːn] Retter *m*

منقرض [mun'qarid̄] ausgestorben; *Seuche*: ausgerottet, erloschen

منقسم [mun'qasim] geteilt, gespalten; eingeteilt, gegliedert; على ~ نفسه in sich gespalten

منقش [minqaʃ], *pl*. مناقش [ma'naːqiʃ] (2) Stichel *m des Graveurs*; Meißel *m*

منقض [mun'qɒđđ]: طائرة ~ة Sturzkampfflugzeug *n*

منقط [mu'naqqɒt] *arab. Buchstabe*: mit diakritischen Punkten versehen, punktiert; getupft, gefleckt

منقطع [mun'qɒtiʕ] abgeschnitten, abgetrennt; unterbrochen; *Strom*: ausgefallen; sich (ausschließlich) widmend (ل *e-r Sache*); النظير ~ unvergleichlich; ~ غير ununterbrochen, unaufhörlich

منقل [manqal], *pl*. مناقل [ma'naːqil] (2) Kohlenbecken *n*

منقلب [mun'qalab] Ort *m* des Sichwendens *od*. der Umkehr; *Geo*. Wendekreis *m*; Sonnenwende *f*; ~ شتوي [ʃatawiː] Wendekreis *m* des Steinbocks; Wintersonnenwende *f*; صيفي ~ [sɒifiː] Wendekreis *m* des Krebses; Sommersonnenwende *f*

[1]**منقلة** [manqala] Etappe *f* des Reiseweges; *Name e-s orientalischen Brettspiels*

[2]**منقلة** [minqala], *pl*. مناقل [ma'naːqil] (2) Winkelmesser *m*

منقوش [man'quːʃ] graviert; *(als Inschrift)* eingemeißelt; bemalt

منقوص [man'quːs] mangelhaft, unvollständig; *Verb*: mit schwachem dritten Radikal

منقوط [man'quːt] mit e-m Punkt versehen; *arab. Buchstabe*: punktiert; فصلة ~ة Semikolon *n*

منقول [man'quːl] befördert, transportiert; übertragen (من von *D*); *in e-e andere Sprache* übersetzt; abgeschrieben; transportabel, tragbar, beweglich; منقولات *pl*. bewegliche Sachen *f/pl*., Mobilien *pl*.; أموال ~ة bewegliche(s) Vermögen; أموال غير ~ة unbewegliche(s) Vermögen; Immobilien *f/pl*.

منكاش [min'kaːʃ], *pl*. مناكيش [manaː'kiːʃ] (2) (Spitz-)Hacke *f*

منكب [mankib], *pl*. مناكب [ma'naːkib] (2) Schulter *f*; Seite *f*, Flanke *f*

[1]**منكر** [mu'nakkar] *Gr*. unbestimmt, indeterminiert

[2]**منكر** [munkar] verleugnet, in Abrede gestellt; verwerflich; abscheulich; منكرات *pl*. *Isl*. verwerfliche Handlungen *f/pl*.; ونكير ~ *Isl*. die beiden Engel, die die Toten im Grabe auf ihren Glauben prüfen; هزيمة ~ة vernichtende Niederlage

[3]**منكر** [munkir] (ver)leugnend; Leugner *m*

[1]**منكس** [mu'nakkas] *Kopf*: gesenkt; halbmast; الرأس ~ [-a r-raʔs] gesenkten Hauptes

[2]**منكس** [mu'nakkis] *den Kopf* senkend

منكش [minkaʃ], *pl*. مناكش [ma'naːkiʃ] (2) Hacke *f*; Spitzhacke *f*

منكمش [mun'kamiʃ] zusammengeschrumpft; على نفسه ~ in sich gekehrt *od*. versunken

منكوب [man'kuːb] vom Schicksal geschlagen, heimgesucht, leidgeprüft, unglücklich; *pl*. [-uːn] Opfer *n e-r Katastrophe*

منكود [man'kuːd], *pl*. مناكيد [manaː'kiːd] (2) *u*. الحظ ~ [m. al-ħɒðð] unglücklich, elend; Unglückliche(r)

منكور [man'kuːr] unbekannt, ungewiß

منكوس [man'kuːs] *Kranker*: von e-m Rückschlag betroffen; halbmast

منمر [mu'nammar] **1.** numeriert; **2.** getigert, gefleckt

منمق [mu'nammaq] verziert, geschmückt, dekoriert; *Stil*: blumig, bilderreich; *pej*. verschnörkelt

منمنم [mu'namnam] verziert, ornamentiert; Miniatur-

منمنمة [mu'namnama], *pl*. [-aːt] Miniatur *f*

[1]**منة** [munna] Kraft *f*, Stärke *f*

[2]**منة** [minna], *pl*. منن [minan] Gunst *f*, Gnade *f*, Huld *f*, Wohlwollen *n*, Güte *f*; Wohltat *f*

منه [minhu] von ihm; منها [minhaː] von ihr

منهاج [min'haːʤ], *pl*. مناهيج [manaː'hiːʤ] (2) *u*. مناهج [ma'naːhiʤ] (2) Weg *m*, Methode *f*; Programm *n*; استثماري ~ *bsd. Syr*. Investitionsprogramm *n*

منهار [mun'haːr] zusammengebrochen

منهج [manhaʤ], *pl*. مناهج [ma'naːhiʤ] (2) Weg *m*, Methode *f*; Methodik *f*; Programm *n*; التعليم ~ Lehrplan *m*; دراسي ~ [di'raːsiː] Studienplan *m*

منهجي [manhaʤiː] methodisch; methodologisch; programmatisch

منهجية [manha'ʤiːja] Methodik *f*; Methodologie *f*

منهزم [mun'hazim] besiegt, unterlegen

[1]**منهك** [munhak] erschöpft, entkräftet

[2]**منهك** [munhik] erschöpfend, zermürbend, aufreibend

منهل [manhal], *pl*. مناهل [ma'naːhil] (2) Wasserstelle *f*; *bsd. fig*. Quelle *f*

منهمر [mun'hamir] fließend, *a. Regen*: strömend

منهمك [mun'hamik] intensiv beschäftigt (في mit *D*), vertieft (في in *A*), in Anspruch genommen (في von *D*)

منهوك [man'huːk]: القوى ~ [m. al-quwaː] erschöpft, entkräftet, abgekämpft

منهي [man'hiːj] *u*. عنه ~ verboten

منوال [min'waːl] Art und Weise; على ~ + *G*: nach der Art *j-s*; على هذا الـ~ auf diese Art und Weise, so; هم على ~ واحد sie sind von derselben Art

منوبة [mu'nawwiba], *pl*. [-aːt] Wechselstromgenerator *m*

[1]**منور** [manwar], *pl*. مناور [ma'naːwir] (2) Lichtschacht *m*; Lichtöffnung *f*, Oberlicht *n*

[2]منور [mu'nawwar] erleuchtet; المنورة *Beiname von Medina*

منوط [ma'nuːt] gebunden (ب an *A*), abhängig (ب von *D*); *Aufgabe*: übertragen (ب *j-m*)

منوع [mu'nawwaʕ] verschiedenartig, mannigfaltig; منوعات *pl.* verschiedene Dinge *n/pl.*, bunte Mischung, Allerlei *n*; *Zeitung*: Vermischte(s); منوعات غنائية [ɣinaːˈʔiːja] musikalische(s) Allerlei *n*, Potpourri *n*; حفل منوعات bunte(r) Abend

منوعة [mu'nawwaʕa] *Tun.* Allerlei *n*, Potpourri *n*; *pl.* [-aːt] *Tun.* Unterhaltungssendung *f*, Show *f*

منول [minwal] Webstuhl *m*, Webrahmen *m*

منوم [mu'nawwim] einschläfernd; hypnotisch; *pl.* [-uːn] (= ~ مغنطيسي) Hypnotiseur *m*; *pl.* [-aːt] Schlafmittel *n*; حبوب ~ة Schlaftabletten *f/pl.*

منون [ma'nuːn] Todesgeschick *n*, Tod *m*

منوه [mu'nawwah]: الـ~ عنه der (oben)erwähnte …

[1]منوي [manawiː] Samen-, Sperma-; ~ حيوان [ħaja'waːn] Spermium *n*

[2]منوي [man'wiːj] beabsichtigt

[1]منى [manaː, iː] prüfen, heimsuchen; *Pass.* مني [munija] heimgesucht *od.* betroffen werden (ب von *D*), erleiden (ب *A*); hinnehmen müssen, einstecken (ب *e-e Niederlage*); **II** [mannaː] Hoffnung machen (ه/ب ه *j-m* auf *A*), den Wunsch erwekken (ه/ب ه in *j-m* nach *D*); ~ نفسه ب [nafsahuː] sich der Hoffnung hingeben, daß; **V** تمنى [ta'mannaː] wünschen (ل هـ *j-m A*); تمنيت لو كان ich wünschte, er *od.* es wäre …; **X** استمنى [is'tamnaː] onanieren

[2]مني [ma'niːj] Sperma *n*, Samen *m*

[3]منى [munaː] (*pl. von* منية [munja]) *npr. f*

[4]منى [minan] *m u.* [minaː] *f* das Tal Mina bei Mekka

[5]مني [minniː] von mir

منيا [minjaː]: الـ~ El-Minia (*Stadt in Mittelägypten*)

منيب [mu'niːb] reuig

مني جوب [miniː-ʒyːb] Minirock *m*

منير [mu'niːr] leuchtend, strahlend; *a. npr. m*

منيرة [mu'niːra] *npr. f*

منيع [ma'niːʕ] uneinnehmbar, unüberwindlich; wehrhaft; *Ort*: unzugänglich; الجانب ~ unangreifbar, stark

منيف [mu'niːf] hoch, hochragend, stolz; erhaben

[1]منية [ma'niːja], *pl.* منايا [ma'naːjaː] Todesgeschick *n*, Tod *m*

[2]منية [munja], *pl.* منى [munan] Wunsch *m*, Begehren *n*

مها [mahan] *koll.*, *n. un.* مهاة [ma'haːt], *pl.* مهوات [maha'waːt] Oryxantilope(n *pl.*) *f*

مهاب [mahaːb, mu'haːb] Ehrfurcht einflößend, respektgebietend

مهابة [ma'haːba] Ehrfurcht *f*, Respekt *m*; Würde *f*

مهاترة [mu'haːtara], *pl.* [-aːt] Beschimpfung *f*, Schmähung *f*; Gezänk *n*

مهاجر [mu'haːdʒir] auswandernd; ausgewandert; *pl.* [-uːn] Auswanderer *m*, Emigrant *m*; المهاجرون *hist.* die Mekkaner, die mit Mohammed nach Medina auswanderten; طائر ~ Zugvogel *m*; ~ عامل Gastarbeiter *m*, Fremdarbeiter *m*

مهاجرة [mu'haːdʒɒra] Auswanderung *f*

مهاجم [mu'haːdʒim], *pl.* [-uːn] Angreifer *m*, Aggressor *m*; *Fußball*: Stürmer *m*

مهاجمة [mu'haːdʒama], *pl.* [-aːt] Angriff *m*, Attacke *f*; Überfall *m*

مهاد [mi'haːd] Ruhestätte *f*, Bett *n*; ~ الدماغ [m. ad-di'maːɣ] *u.* الـ~ البصري [al-bɒsɒriː] *Anat.* Sehhügel *m*, Thalamus *m*

مهادنة [mu'haːdana] Abschluß *m* e-s Waffenstillstands; Waffenstillstand *m*; Friedensschluß *m*

مهارة [ma'haːra] Geschicklichkeit *f*, Geschick *n*; Cleverness *f*; Virtuosität *f e-s Künstlers*; *pl.* [-aːt] Fertigkeit *f*

مهام → مهم *u.* [2]مهمة

مهان [mu'haːn] beleidigt, gekränkt, herabgewürdigt; entwürdigt, verachtet

مهانة [ma'haːna] Verachtung *f*, Erniedrigung *f*, Herabwürdigung *f*; Schande *f*

مهاة → مها

مهايا → ماهية

مهب [ma'habb], *pl.* مهاب [ma'haːbb] (2) Ort *m*, wo der Wind weht; Wehen *n des Windes*; في ~ الريح [-i r-riːħ] vom Wind umweht

مهبط [mahbɨt, mahbɒt], *pl.* مهابط [ma'haːbɨt] (2) Ort *m* des Fallens *od.* Herabkommens; Landeplatz *m für Flugzeuge*; *El.* Kathode *f*

مهبل [mahbil], *pl.* مهابل [ma'haːbil] (2) Scheide *f*, Vagina *f*

مهبلي [mahbiliː] Scheiden-, vaginal

مهبول [mah'buːl] dumm, einfältig; Dummkopf *m*

مهتد [muh'tadin] rechtgeleitet; zu e-r Religion (إلى), *bsd. zum Islam*, Bekehrte(r)

مهترئ [muh'tariʔ] abgenutzt, verschlissen, zerrissen; zerkocht

مهتز [muh'tazz] zitternd, bebend; *Foto*: verwackelt

مهتزئ [muh'taziʔ] (ver)spottend, spöttisch; *pl.* [-uːn] Spötter *m*

مهتم [muh'tamm] sich kümmernd, besorgt (ب um *A*), beschäftigt (ب mit *D*); interessiert (ب an *D*), sich interessierend (ب für *A*)

[1]مهجر [mahdʒar], *pl.* مهاجر [ma'haːdʒir] (2) Emigration *f*, Exil *n*; الـ~ die arabische Diaspora, die in der Emigration lebenden Araber *m/pl.*

[2]مهجر [mu'haddʒar] vertrieben, ausgesiedelt; *pl.* [-uːn] (Heimat-)Vertriebene(r)

مهجة [muhdʒa], *pl.* مهج [muhadʒ] Lebensodem *m*, Leben *n*

مهجور [mah'dʒuːr] verlassen; *Wort*: veraltet, obsolet

[1]مهد **II** [mahhada] *Weg* ebnen, bahnen (ل für *A*); leicht zugänglich machen (ل für *A*); anbahnen, einleiten, vorbereiten (ل ب *etwas* durch *A*); **V** تمهد [ta'mahhada] geebnet werden

[2]مهد [mahd], *pl.* مهود [mu'huːd] Wiege *f*; من الـ~ إلى اللحد von der Wiege bis zum Grabe; وأده في ه~ etwas im Keim ersticken

[1]مهدد [mu'haddad] bedroht; ~ بالانهيار vom Einsturz bedroht

[2]مهدد [mu'haddid] (be)drohend; bedrohlich

مهدم [mu'haddam] zerstört, niedergerissen

مهدور [mah'duːr] vergeudet, verschwendet, *Zeit a.*: verloren

مهدوم [mah'duːm] zerstört, niedergerissen

مهدي [mah'diːj] rechtgeleitet; *Isl.* Mahdi *m*; *a. npr. m*

مهدئ [mu'haddiʔ] beruhigend; *pl.* مهدئات [muhaddi'ʔaːt] Beruhigungsmittel *n*; Moderator *m im Kernreaktor*; ~ للأعصاب nervenberuhigend; ~ للسعال [li-s-su'ʕaːl] hustenstillende(s) Mittel

[1]مهذب [mu'haððab] wohlerzogen, gesittet, artig; *Text*: überarbeitet, verbessert

[2]مهذب [mu'haððib], *pl.* [-uːn] Erzieher *m*; *pl.* [-aːt] Raffinierapparat *m*; ~ هيدروجيني [hidro'ʒeːniː] *Ölindustrie*: Gerät *n* zum Hydroformieren

[1]مهر [mahara, u] geschickt sein; — [mahara, a] das Brautgeld geben (ها *e-r Frau*); *Schriftstück* siegeln; **IV** أمهر [ʔamhara] das Brautgeld geben (ها *e-r Frau*)

[2]مهر [mahr], *pl.* مهور [mu'huːr] Brautgeld *n*

[3]مهر [muhr], *pl.* أمهار [ʔam'haːr] Fohlen *n*

مهراجا [maha'raːdʒaː] Maharadscha *m*

مهراس [mih'raːs], *pl.* مهاريس [ma-ha'riːs] (2) Mörser *m*; Stampfer *m*; Ramme *f*

[1]مهرب [mahrab] Flucht *f*, Entkommen *n*, Entrinnen *n*; *pl.* مهارب [ma-'haːrib] (2) Zufluchtsort *m*; لا ~ منه [-a] unausweichlich

[2]مهرب [mu'harrab] geschmuggelt; *pl. u.* مهربات ~ بضاعة [bi'đɒːʕa] Schmuggelware *f*

[3]مهرب [mu'harrib], *pl.* [-uːn] Schmuggler *m*

مهرج [mu'harridʒ], *pl.* [-uːn] Spaßmacher *m*, Clown *m*, Harlekin *m*

مهرجان [mihra'dʒaːn, mahra'dʒaːn], *pl.* [-aːt] Festival *n*, Festspiele *n/pl.*; (festliche) Veranstaltung, Feier *f*

مهرق [muhraq] *Blut*: vergossen

مهرة → ماهر

مهروس [mah'ruːs] zerstampft, zerquetscht; ~ البطاطس [m. al-ba-'tɒːt̶is] Kartoffelpüree *n*

مهرول [mu'harwil]: دخل ~ـا [-an] er kam hereingestürzt

مهزأة [mahzaʔa] Spott *m*; Gegenstand *m* des Spotts, Gespött *n*

مهزلة [mahzala], *pl.* مهازل [ma'haːzil] (2) Komödie *f*, Farce *f*

مهزة [mi'hazza] *Äg.* (*Kasten-*)Sieb *n für Sand*

مهزوز [mah'zuːz] leicht zu erschüttern; *Foto*: verwackelt

مهزول [mah'zuːl], *pl.* مهازيل [ma-haː'ziːl] (2) mager, abgezehrt; schwach

مهزوم [mah'zuːm] besiegt, unterlegen

مهشم [mu'haʃʃam] zerschlagen, zertrümmert

مهضوم [mah'đuːm] verdaut; verdaulich; *Recht*: vorenthalten, verletzt; ~ الحق in s-m Recht beeinträchtigt

مهفة [mi'haffa] *Äg.* Wedel *m*

مهفهف [mu'hafhaf] schlank

مهفوت [mah'fuːt] verblüfft, verwirrt

مهفوف [mah'fuːf] leichtsinnig, leichtfertig

مهك [mahaka, a] zerreiben, zerstoßen

[1](مهل) **IV** أمهل [ʔamhala] Zeit lassen, Aufschub *od.* e-e Frist gewähren (ه *j-m*); **V** تمهل [ta'mahhala] langsam tun (في *A*), sich Zeit lassen (في bei *D*)

[2]مهل [mahal] Langsamkeit *f*

[3]مهل [mahl] Langsamkeit *f*; ~ـا [-an] *Adv.* langsam, gemächlich; على ~ langsam, gemächlich; sachte; mit Muße; ~ـك [mahlak(a)] *u.* على ~ـك langsam!, sachte!, laß dir Zeit!, nicht so hastig!

مهلبية [muhalla'biːja] *e-e Süßspeise aus Reismehl, Milch u. Zucker*

مهلك [muhlik] vernichtend, verderblich, tödlich

مهلكة [mahlaka], *pl.* مهالك [ma-'haːlik] (2) Gefahr *f*

[1]مهلل [mu'hallal] halbmondförmig

[2]مهلل [mu'hallil] jubelnd

مهلة [muhla] Frist *f*, Aufschub *m*; Bedenkzeit *f*

مهم [mu'himm], *pl.* مهام [ma'haːmm] (2) wichtig, bedeutend; interessant; مهام الأمور wichtige Angelegenheiten *f/pl.*

مهما [mahmaː] + *Perfekt od. Apokopat*: was (auch) immer; wie (sehr auch) immer; ~ يكن من الأمر/أمر [jakun] wie dem auch sei; ~ كان كبيرا [ka'biːran] wie groß er *od.* es auch ist

مهماز [mih'maːz], *pl.* مهاميز [mahaː-'miːz] (2) Sporn *m des Reiters u. Bot.*

[1]مهمل [muhmal] vernachlässigt; verwahrlost; *Wort*: ungebräuchlich, veraltet; zu vernachlässigen, nicht weiter zu berücksichtigen; nicht versehen (*G*: mit *D*); *Gr.* ohne diakritische Punkte; مهملات *pl.* Abfälle *m/pl.*; سلة المهملات [sallat al-m.] Papierkorb *m*

[2]مهمل [muhmil] vernachlässigend; nachlässig, sorglos, liederlich

مهمه [mahmah], *pl.* مهامه [ma'haː-mih] (2) Wüste *f*

[1]مهمة [ma'hamma] Sorge *f*; لا ~ لي بذلك [-ta] das kümmert mich nicht

[2]مهمة [mu'himma], *a.* [ma'hamma], *pl.* مهام [ma'haːmm] (2) *u.* [mu-hi'mmaːt] Aufgabe *f*, Auftrag *m*, Mission *f*; مهمات *a.* Ausrüstungsgüter *n/pl.*, Material *n*, Bedarf *m*; مهام المنصب [m. al-mans̶ib] Amtspflichten *f/pl.*, Amtsgeschäfte *n/pl.*; تسلم مهام منصبه [ta'sallama] sein Amt antreten; في ~ خاصة [xɒːs̶s̶ɒ] in besonderer Mission

مهموز [mah'muːz] *Gr.* mit Hamza versehen; ~ اللام *Verb*: Tertiae hamzatae

مهموس [mah'muːs] *Phon.* stimmlos

مهموم [mah'muːm] besorgt, bekümmert

مهن [mahuna, u] verachtet *od.* herabgewürdigt sein *od.* werden; **VIII** امتهن [im'tahana] **1.** (beruflich) ausüben, betreiben; **2.** erniedrigen, herabwürdigen, mit Verachtung behandeln

مهند [mu'hannad] *Poet.* Schwert *n aus indischem Stahl*

مهندس [mu'handis], *pl.* [-uːn] Ingenieur *m*; Techniker *m*; المهندسين *Stadtviertel von Kairo*; ~ استشاري Beratungsingenieur *m*, beratende(r) Ingenieur; ~ إنشاءات Bauingenieur *m*; ~ الديكور Bühnenbildner *m*; Innenraumgestalter *m*; ~ زراعي [zi'raːʕiː] Agronom *m*; ~ الصوت [m. ɒs-sɒut] Toningenieur *m*; ~ كهربائي [kahra'baːʔiː] Elektroningenieur *m*; ~ مدني [madaniː] (Tief-)Bauingenieur *m*; ~ معماري [miʕ'maːriː] Architekt *m*; ~ ميكانيكي Maschinenbauingenieur *m*; سلاح المهندسين [si'laːħ al-m.] *Mil.* Pioniere *m/pl.*

مهندسة [mu'handisa], *pl.* [-aːt] Ingenieurin *f*

مهندم [mu'handam] schmuck, adrett

مهنة [mihna], *pl.* مهن [mihan] Beruf *m*; Gewerbe *n*; ~ حرة [ħurra] freie(r) Beruf; ~ المصارف Bankgewerbe *n*

مهني [mihniː, mihaniː] beruflich, Berufs-; gewerblich; مهنيون *pl.* Gewerbetreibende *m/pl.*

(مهو) VI تماهى [ta'maːhaː] sich identifizieren (مع mit *D*)

مهواة [mah'waːt], *pl.* مهاو [ma'haːwin] Abgrund *m*

مهوس [mu'hawwas] verrückt, besessen

مهول [ma'huːl] fürchterlich, schrecklich

مهووس [mah'wuːs] besessen, manisch

مهوى [mahwan], *pl.* مهاو [ma'haːwin] **1.** Abgrund *m*; **2.** Gegenstand *m* der Sehnsucht

مهيأ [mu'hajjaʔ] vorbereitet (ل für *A*, ل auf *A*); fertig, bereit; الفرصة ~ ل [al-fursɒ] die Gelegenheit ist günstig für

[1]**مهيب** [ma'hiːb] Ehrfurcht einflößend, respektgebietend, würdevoll, würdig

[2]**مهيب** [mu'hiːb] Ehrfurcht einflößend, respektgebietend; *Ir.* General *m*

[1]**مهيج** [mu'hajjadʒ] erregt, aufgeregt, aufgeputscht

[2]**مهيج** [mu'hajjidʒ] erregend, aufputschend; *pl.* [-uːn] Aufwiegler *m*, Agitator *m*; *pl.* [-aːt] Anregungsmittel *n*; Stimulans *n*; Aufputschmittel *n*, Dopingmittel *n*

مهيض [ma'hiːđ]: ~ الجناح schwach, kraftlos; mutlos

مهيمن [mu'haimin] kontrollierend, beherrschend (على *A*), Herr der Situation; الـ~ *Beiname Gottes*

[1]**مهين** [ma'hiːn], *pl.* مهناء [muha'naːʔ] (2) verachtet, verächtlich

[2]**مهين** [mu'hiːn] beleidigend, kränkend; schimpflich

(موء) ماء [maʔa, u] miauen

مواء [mu'waːʔ] Miauen *n*

مواءمة [mu'waːʔama] Übereinstimmung *f*; Anpassung *f*; Abstimmung *f* (بين *mehrerer Dinge* aufeinander)

[1]**موات** [ma'waːt] leblos; Unbelebte(s); (= أرض ~ [ʔarđun]) Ödland *n*, unbebaute(s) Land

[2]**موات** [mu'waːtin] günstig, passend; غير ~ ungünstig

مواتير → موتور[2]

مواثيق → ميثاق

مواج [ma'wwaːdʒ] Wellen schlagend, *See*: wogend; gewellt

مواجه [mu'waːdʒih] gegenüberliegend, gegenüberstehend (ل *D*)

مواجهة [mu'waːdʒaha] Gegenüberstehen *n*; Konfrontation *f*; Entgegentreten *n*; Sichstellen *n* (*G*: *e-r Situation*); *Jur.* Gegenüberstellung *f*; Audienz *f*; ~ [-tan] *Adv.* von Angesicht zu Angesicht; في ~ + *G*: gegenüber (*räumlich*); in der Konfrontation *od.* Auseinandersetzung mit

مواجير → ماجور[1]

مؤاخذ [mu'ʔaːxað] verantwortlich (على/عن für *A*)

مؤاخذة [mu'ʔaːxaða] Übelnehmen *n*, Verargen *n*; Verantwortlichkeit *f*; لا ~ [-ta] nehmen Sie es mir nicht übel!

مواخير → ماخور

مواد → مادة

موارب [mu'waːrab] *Tür*: angelehnt

مواربة [mu'waːraba]: بدون ~ *od.* في غير ~ unzweideutig, unmißverständlich (*Adv.*)

موارنة → ماروني

مواز [mu'waːzin] parallel (ل zu *D*); gleichkommend, gleichwertig (ل *D*)

موازاة [muwaː'zaːt] Parallelität *f*; Gleichwertigkeit *f*; على ~ + *G*: parallel zu

مؤازر [mu'ʔaːzir] helfend, unterstützend; Helfer *m*; ~ محرك [mu'ħarrik] *Techn.* Servomotor *m*

مؤازرة [mu'ʔaːzara] Unterstützung *f*, Beistand *m*

موازن [mu'waːzin] abwägend; aufwiegend; gleichwertig

موازنة [mu'waːzana] Ausbalancierung *f*; Aufwiegen *n*; Ausgleichen *n*, Ausgleich *m*; Abwägung *f* (بين ... وبين gegeneinander), Vergleich *m* (بين ... وبين zwischen *D*); *pl.* [-aːt] Haushalt *m*, Budget *n*; *Tun.* Stundenplan *m*; الـ~ العامة للدولة [al-ʕaːmma li-d-daula] Staatshaushalt *m*

موازين → ميزان

مواس [mu'waːsin] tröstend; Tröster *m*; Kondolent *m*

مؤاساة [muʔaː'saːt] *u.* مواساة [muwaː'saːt] Tröstung *f*, Trost *m*; Beileid *n*, Kondolenz *f*; Wohltätigkeit *f*

مواسرجي [ma'waːsirdʒiː], *pl.* ~ة *Jord.* Installateur *m*, Klempner *m*

مواسم → موسم[1] *u.* ميسم

مواسير → ماسورة

مواش → ماشية

مواصفة [mu'waːsɒfa], *pl.* [-aːt] Beschreibung *f*, Spezifikation *f*; *pl. a.* Daten *pl.*, Angaben *f/pl.*; Normen *f/pl.*; مواصفات فنية [fa'nniːja] technische Daten *pl.*; مواصفات قياسية [qijaː'siːja] Normen *f/pl.*

مواصلة [mu'waːsɒla] Fortsetzung *f*,

Fortführung *f*; مواصلات *pl.* Verkehrsverbindungen *f/pl.*; Verkehr *m*; (*Fernmelde-*)Verbindungen *f/pl.*; المواصلات الجوية [al-ʤa'wwiːja] Luftverkehr *m*; المواصلات السلكية واللاسلكية [as-sil'kiːja] Fernsprech- u. Telegrafenverkehr *m*, Fernmeldewesen *n*; المواصلات الهاتفية Telefonverkehr *m*; طرق المواصلات [ŧuruq al-m.] Verkehrswege *m/pl.*

مواطأة [mu'wɒːŧɒʔa] Einverständnis *n*; geheime Übereinstimmung, abgekartete(s) Spiel

مواطن [mu'wɒːŧin], *pl.* [-uːn] (Mit-)Bürger *m*, Landsmann *m*; Staatsbürger *m*; عالمي ~ [ʕaːlamiː] Weltbürger *m*

[1]**مواطنة** [mu'wɒːŧɒna] Zugehörigkeit *f* zu e-m Staat

[2]**مواطنة** [mu'wɒːŧina], *pl.* [-aːt] (Mit-)Bürgerin *f*, Landsmännin *f*; Staatsbürgerin *f*

مواظب [mu'wɒːðib] fleißig, arbeitsam; beharrlich, ausdauernd

مواظبة [mu'wɒːðɒba] Fleiß *m*, Arbeitsamkeit *f*; Beharrlichkeit *f*, Ausdauer *f*

مواعدة [mu'waːʕada] Verabredung *f*

مواعز → ماعزة

مواعيد → ميعاد

مواعين → ماعون *u.* ماعونة

موافاة [muwaː'faːt] Übermittlung *f* (*G*: an *A*, ب *G*); Mitteilung *f* (ب *G*); Eintreffen *n*, Sicheinstellen *n*

موافق [mu'waːfiq] einverstanden (على mit *D*); zustimmend, beipflichtend (على *D*); übereinstimmend, entsprechend; *zwischen den Daten der isl. u. der christlichen Zeitrechnung*: auf *e-n Tag* fallend

موافقة [mu'waːfaqa] Zustimmung *f* (على zu *D*), Einverständnis *n* (على mit *D*), Einwilligung *f*; Übereinstimmung *f* (على mit *D*)

مواقيت → ميقات

مواكب [mu'waːkib] begleitend; Schritt haltend (ل mit *D*)

مواكبة [mu'waːkaba] Begleiten *n*; Eskortieren *n*; Schritthalten *n* (*G*: mit *D*)

[1]**موال** [ma'wwaːl] **1.** *pl.* [-uːn] *Ir.* Finanzmann *m*, Finanzier *m*; **2.** *pl.* مواويل [mawaː'wiːl] (2) Volkslied *n*

[2]**موال** [mu'waːlin] **1.** *pl.* موالون [muwaː'luːn] Anhänger *m*; Sympathisant *m*; ل ~ pro-, -treu; للملك ~ [li-l-malik] königstreu; **2.** *Maghr. Tag, Monat*: folgende(r), nächste(r)

موالاة [muwaː'laːt] Unterstützung *f*, (*Regierungs- etc.*) Treue *f*

مواليا [ma'waːlijaː] Volkslied *n*

مؤامرة [mu'ʔaːmara], *pl.* [-aːt] Verschwörung *f*, Komplott *n*

موان → ميناء

مؤانسة [mu'ʔaːnasa] Geselligkeit *f*; Freundlichkeit *f*, Nettigkeit *f*; Traulichkeit *f*

موانع → مانع

موانئ → ميناء

موائد → مائدة

مؤبد [mu'ʔabbad] *Haft*: lebenslänglich; *Rente*: auf Lebenszeit

موبر [mu'wabbar] wollig, flauschig; *Äg.* frotteeartig, Frottee-

موبقة [muːbiqa], *pl.* [-aːt] schwere(s) Vergehen; Todsünde *f*

موبوء [mau'buːʔ] verseucht (ب mit *D*)

[1](**موت**) مات [maːta, uː] sterben, absterben; **II** [mawwata] töten; **IV** أمات [ʔa'maːta] sterben lassen, töten, abtöten; **VI** تماوت [ta'maːwata] sich tot stellen; Schwäche heucheln; **X** استمات [ista'maːta] todesmutig *od.* verzweifelt kämpfen (في um *A*); sich aufopfern

[2]**موت** [maut] Tod *m*; Absterben *n*; أبيض ~ [ʔabjɒđ] natürliche(r) *od.* plötzliche(r) Tod; أحمر ~ gewaltsame(r) Tod; طبيعي ~ natürliche(r) Tod; خطر الـ~ [xɒŧɒr al-m.] Lebensgefahr *f*

مؤتلف [muʔ'talif]: أحزاب ~ـة Koalitionsparteien *f/pl.*

مؤتمر [muʔ'tamar], *pl.* [-aːt] Konferenz *f*, Kongreß *m*; صحفي ~ [suħufiː, sɒħafiː] Pressekonferenz *f*; القمة ~ [m. al-qimma] Gipfelkonferenz *f*

مؤتمرون [muʔtami'ruːn] *pl.* Konferenzteilnehmer *m/pl.*

مؤتمن [muʔ'taman] *Dipl.* vertraulich; *Tun.* Verwahrer *m* (على *G*); *Tun.* (= عدلي ~) amtlich bestellte(r) Verwalter, Sequester *m*; على التركة ~ [at-tarika] *Tun.* Nachlaßverwalter *m*

[1]**موتور** [mau'tuːr] j-d, dem die Blutrache für die Ermordung e-s Verwandten noch versagt ist

[2]**موتور** [mo'toːr], *pl.* [-aːt] *u.* مواتير [mawaː'tiːr] (2) Motor *m*

موتوسيكل [moːto'siːk(i)l], *pl.* [-aːt] Motorrad *n*

موتى → ميت

مؤثث [mu'ʔaθθaθ] eingerichtet, möbliert

[1]**مؤثر** [mu'ʔaθθir] beeinflussend (في *A*); (ein)wirkend; wirksam, wirkungsvoll; eindrucksvoll; ergreifend, rührend; erschütternd; einflußreich; *pl.* [-aːt] Einflußfaktor *m*, (wirkendes) Moment; *pl. a.* Einflüsse *m/pl.*; الـ~ والأثر [al-ʔaθar] Ursache und Wirkung; السبب الـ~ [as-sabab] wirkende Ursache

[2]**مؤثر** [muʔθir] e-e Vorliebe habend (ل/هـ für *A*); vorziehend (على هـ *etwas e-r Sache*)

[1]**موثق** [mauθiq], *pl.* مواثق [ma'waːθiq] (2) Abkommen *n*, Zusicherung *f*

[2]**موثق** [mu'waθθaq] fest, solide

[3]**موثق** [mu'waθθiq], *pl.* [-uːn] (= عقود ~) Notar *m*

موثة [mauθa] *Anat.* Prostata *f*

موثوق [mau'θuːq] fest gebunden; ~ (به) zuverlässig, verläßlich, vertrauenswürdig; authentisch; مصدر به ~ sichere *od.* zuverlässige Quelle

موثوقية [mauθuː'qiːja] Zuverlässigkeit *f*, Verläßlichkeit *f*

[1](**موج**) ماج [maːʤa, uː] wogen; vom Wogen *der Menge od. der Ereignisse* (ب) erfüllt sein; **II** [mawwaʤa] gewellt machen; *Haar* wellen, ondulieren; **V** تموج [ta'mawwaʤa] wogen, Wellen schlagen; gewellt sein; schwanken, fluktuieren; **VI** تماوج [ta'maːwaʤa] schwanken

[2]**موج** [mauʤ] *koll.*, *pl.* أمواج [ʔam'waːʤ] Wellen *f/pl.*, Wogen *f/pl.*; خفيف الـ~ *See*: leicht bewegt

موجان [mawa'ʤaːn] Wogen *n*

[1]**موجب** [muːʤab] *a. El.* positiv; *Gr.* affirmativ

2**موجب** [muːdʒib] notwendig machend; *pl.* [-aːt] Veranlassung *f*, Anlaß *m*; Erfordernis *n*; ~بـ gemäß, kraft, auf Grund; لا ~ ل [-a] es besteht kein Anlaß zu

موجبة [muːdʒiba], *pl.* [-aːt] Anlaß *m*, Motiv *n*

مؤجج [mu'ʔaddʒadʒ] *Feuer*: lodernd, prasselnd

موجد [muːdʒid] Urheber *m*, Schöpfer *m*

1**مؤجر** [mu'ʔaddʒar] vermietet

2**مؤجر** [mu'ʔaddʒir], *pl.* [-uːn] Vermieter *m*; *Tun.* Lohnherr *m*, Arbeitgeber *m*

موجز [muːdʒaz] kurzgefaßt, kurz; prägnant; Abriß *m*, Resümee *n*; Auszug *m* (عن aus *D*); ~ الأخبار Zusammenfassung *f* der Nachrichten, Schlagzeilen *f/pl.*; أخبار ~ة Kurznachrichten *f/pl.*

موجع [muːdʒiʕ] schmerzend, schmerzhaft; *fig.* schmerzlich

مؤجل [mu'ʔaddʒal] verzögert; aufgeschoben, verschoben; *Sitzung*: vertagt; mit Frist; *Zahlung*: gestundet

1**موجه** [mu'waddʒah] gerichtet (على auf *A*, إلى an *A*, ضد gegen *A*); gesteuert, gelenkt; ferngesteuert, ferngelenkt; ~ إرسال Richtfunk *m*; ~ اقتصاد Planwirtschaft *f*

2**موجه** [mu'waddʒih] richtend (على auf *A*, إلى an *A*, ضد gegen *A*); steuernde *od.* lenkende Kraft; *fig.* Richtschnur *f*; *Math.* Vektor *m*; *pl.* [-uːn] Lenker *m*; Steuermann *m*; Beamte(r) in höherer Stellung, Rat *m*; تربوي ~ [tarbawiː] *Saudi-Ar.* Pädagogische(r) Rat

موجة [maudʒa], *pl.* [-aːt] Welle *f*, Woge *f*; برد ~ Kältewelle *f*; ~ صوتية [sɒu'tiːja] Schallwelle *f*; ~ طويلة Langwelle *f*; موجات فوق سمعية [fauqa sam'ʕiːja] Ultraschallwellen *f/pl.*; قصيرة ~ Kurzwelle *f*; متوسطة ~ [muta'wassitɒ] Mittelwelle *f*; موجات السخط [m. as-suxt] Wogen *f/pl.* der Empörung

موجود [mau'dʒuːd] vorhanden, existierend; anwesend; sich befindend *od.* aufhaltend; موجودات *pl.* *Hdl.* Aktiva *pl.*; Bestände *m/pl.*; الموجودات alles Existierende, die Schöpfung; موجودات ثابتة *Hdl.* Anlagevermögen *n*

موح [muːħin] inspirierend (بـ *A*); suggerierend (بـ *A*); suggestiv

1**موحد** [mu'waħħad] vereint, vereinigt, geeinigt; vereinheitlicht, einheitlich, Einheits-; القياس ~ [m. al-qi'jaːs] genormt

2**موحد** [mu'waħħid], *pl.* [-uːn] Monotheist *m*; Einiger *m*; الموحدون *hist.* die Almohaden *m/pl.* (*Dynastie in Marokko*)

موحدي [mu'waħħidiː] *hist.* almohadisch

موحش [muːħiʃ] einsam, verlassen, öde; bedrückend, beklemmend

موحل [muːħil] schlammig, morastig

مؤخر [mu'ʔaxxar] verzögert, zurückgestellt; hintere(r); Restbetrag *m*; ~ًا [-an] *Adv.* neulich, kürzlich; neuerdings; الدين ~ [m. ad-dain] Restschuld *f*; الرأس ~ Hinterkopf *m*; السفينة ~ Heck *n* des Schiffes; المهر ~ *im Falle der Scheidung auszuzahlender* Restbetrag des Brautgeldes

مؤخرة [mu'ʔaxxira, mu'ʔaxxara] hintere(r) *od.* rückwärtige(r) Teil; Heck *n e-s Schiffes*; Nachhut *f e-s Heeres*; الرأس ~ Hinterkopf *m*

1**مؤدب** [mu'ʔaddab] wohlerzogen, manierlich; *Kind*: artig

2**مؤدب** [mu'ʔaddib] erziehend; *pl.* [-uːn] Erzieher *m*

1**مودع** [mu'waddaʕ] verabschiedet

2**مودع** [mu'waddiʕ], *pl.* [-uːn] Person *f*, die j-n *am Flughafen etc.* verabschiedet

3**مودع** [muːdaʕ] hinterlegt, deponiert; *pl.* [-aːt] Depositum *n*; الـ~ لديه Verwahrer *m*, Depositar *m*

4**مودع** [muːdiʕ], *pl.* [-uːn] Deponent *m*, Hinterleger *m*; Einzahler *m auf ein Sparkonto*, Einleger *m*

1**مودة** [ma'wadda] Liebe *f*, Zuneigung *f*, Sympathie *f*

2**مودة** [moːda] Mode *f*

مؤدى [mu'ʔaddan] Sinn *m*, Bedeutungsgehalt *m*; Wesen *n*; هذا ~ النص [mu'ʔaddaː, an-nɒss] dieser Text besagt *od.* bringt zum Ausdruck

مؤذ [muʔðin] schädlich; schmerzlich; verletzend, kränkend; عادة مؤذية Unsitte *f*

1**مؤذن** [mu'ʔaððin], *pl.* [-uːn] Gebetsrufer *m*, Muezzin *m*

2**مؤذن** [muʔðin] ankündigend (بـ *A*); بنهايته ~ [bi-nihaː'jatihiː] zu Ende gehend

(**مور**) مار [maːra, uː] wogen, aufgewühlt sein; **V** تمور [ta'mawwara] wogen, aufgewühlt sein; sich hin- und herbewegen

مورث [mu'warriθ], *pl.* [-uːn] Erblasser *m*

مورثة [mu'warriθa], *pl.* [-aːt] *Biol.* Gen *n*

1**مؤرخ** [mu'ʔarrax] datiert; الرسالة المؤرخة في [ar-ri'saːla] der Brief vom…

2**مؤرخ** [mu'ʔarrix], *pl.* [-uːn] Historiker *m*; Chronist *m*, Annalist *m*; ~ الأدب [m. al-ʔadab] Literarhistoriker *m*

1**مورد** [maurid], *pl.* موارد [ma'waːrid] (2) *fig.* Quelle *f*; Einnahmequelle *f*, Einkommensquelle *f*; *pl.* Ressourcen *f/pl.*, Hilfsquellen *f/pl.*; Einnahmen *f/pl.*; رزق ~ [m. rizq] Quelle *f* des Lebensunterhalts, Erwerbsquelle *f*; موارد طبيعية natürliche Ressourcen *f/pl.*; موارد مالية finanzielle Mittel *n/pl.*

2**مورد** [mu'warrad] **1.** geliefert; importiert; **2.** rosig, rot

3**مورد** [mu'warrid] liefernd; *pl.* [-uːn] Lieferant *m*; Importeur *m*

مورط [mu'warrɒt] verwickelt (في in *A*); in der Klemme

مورفين [mor'fiːn] Morphium *n*

1**مورق** [mu'warriq], *pl.* [-uːn] Papier- u. Schreibwarenhändler *m*

2**مورق** [muːriq] belaubt

مورم [mu'warram] geschwollen

موروب [mau'ruːb] *bsd. Äg.* schräg, schief

موروث [mau'ruːθ] geerbt; ererbt; erblich; موروثات *pl.* ererbte Kulturgüter *n/pl.*, Kulturerbe *n*

موروط [mau'ruːt] in der Klemme

موري [moːriː] *Syr. Schafwolle*: goldbraun

موريتاني [muːriːˈtaːniː] mauretanisch; *pl.* [-uːn] Mauretanier *m*

موريتانيا [muːriːˈtaːnijaː] Mauretanien

موريسكي [muːˈriskiː, moːˈriskiː] maurisch; *hist.* Moriske *m*

موريشيوس [muːˈriʃijus] *f Geo.* Mauritius

موريطاني [muːriːˈtɒːniː] *Maghr.* mauretanisch; *pl.* [-uːn] Mauretanier *m*

موريطانيا [muːriːˈtɒːnijaː] *Maghr.* Mauretanien

موز [mauz] *koll., n. un.* ة~ Banane(n *pl.*) *f*

موزامبيق [moːzamˈbiːq, muːzamˈbiːq] *f Geo.* Mosambik

موزايكو [moˈzaːjkoː] Mosaik *n*

[1]**موزع** [muˈwazzaʕ] verteilt (على auf *A*)

[2]**موزع** [muˈwazziʕ] verteilend; *pl.* [-uːn] Verteiler *m*; Händler *m*; ~ البريد Postbote *m*, Zusteller *m*

موزمبيق [moːzamˈbiːq, muːzamˈbiːq] *f Geo.* Mosambik

موزمبيقي [moːzamˈbiːqiː, muːzamˈbiːqiː] mosambikanisch; *pl.* [-uːn] Mosambikaner *m*

موزة [moːza, mauza] *Syr., Lib.* gallertgebende(s) Fleisch von Hammelfüßen; → موز

موزون [mauˈzuːn] gewogen; ausgewogen; *Schritt*: gemessen; *Vers*: metrisch gebunden, rhythmisch

موس [muːs], *pl.* أمواس [ʔamˈwaːs] Rasiermesser *n*

موسر [muːsir] wohlhabend

مؤسس [muˈʔassis], *pl.* [-uːn] Gründer *m*, Begründer *m*

مؤسسة [muˈʔassasa], *pl.* [-aːt] Institution *f*, Einrichtung *f*; Unternehmen *n*, Betrieb *m*; Anstalt *f*, Institut *n*; Stiftung *f*; تجارية ~ [tidʒaːˈriːja] Handelsunternehmen *n*, Firma *f*; خيرية ~ [xaiˈriːja] karitative Einrichtung; صناعية ~ [sinaːˈʕiːja] Industrieunternehmen *n*; عامة ~ [ʕaːmma] öffentliche Einrichtung; staatliche(s) Unternehmen; مالية ~ Geldinstitut *n*; متخصصة ~ [mutaˈxɒssisɒ] Sonderorganisation *f der UNO*

مؤسسي [muˈʔassasiː] institutionell

موسع [muˈwassaʕ] erweitert; *Wissen*: umfassend

مؤسف [muʔsif] bedauerlich, betrüblich, schmerzlich

موسكو [muskuː, moskuː] Moskau

[1]**موسم** [mausim], *pl.* مواسم [maˈwaːsim] (2) Saison *f*, Jahreszeit *f*; (= الحصاد ~) Erntezeit *f*; *Isl.* Festzeit *f*, Fest *n*; Jahrmarkt *m*; الأمطار ~ Regenzeit *f*; الحج ~ [m. al-ħaddʒ] Zeit *f* der Pilgerfahrt; الـ~ الصيفي [ɒs-sɒifiː] Sommersaison *f*

[2]**موسم** [muˈwassam], *pl.* [-uːn] *Tun.* durch e-n Orden Ausgezeichnete(r)

موسمي [mausimiː] Saison-, saisonal, saisonbedingt; ريح ~ة [riːħ] Monsun *m*

موسوس [muˈwaswas] in e-r Zwangsvorstellung befangen; hypochondrisch; Hypochonder *m*

موسوعة [mauˈsuːʕa], *pl.* [-aːt] Enzyklopädie *f*; Thesaurus *m*

موسوعي [mauˈsuːʕiː] enzyklopädisch

موسوعية [mausuːˈʕiːja] enzyklopädische(r) Charakter

موسوق [mauˈsuːq] beladen

موسوم [mauˈsuːm] gekennzeichnet; *Buch*: mit dem Titel …

موسوي [muːsawiː] mosaisch

موسى [muːsaː] **1.** Moses *npr. m*; ~ سمك [samak m.] Seezunge *f*; **2.** *pl.* مواس [maˈwaːsin] Rasiermesser *n*

موسيقار [muːsiːˈqaːr] (großer) Musiker

[1]**موسيقى** [muːˈsiːqaː] Musik *f*

[2]**موسيقي** [muːˈsiːqiː] Musik-, musikalisch; *pl.* [-uːn] Musiker *m*

موسيقية [muːsiːˈqiːja] Musikalität *f*

موشح [muˈwaʃʃaħ], *pl.* [-aːt] Strophengedicht *n*, Strophenlied *n*

موشحة [muˈwaʃʃaħa], *pl.* [-aːt] = موشح

مؤشر [muˈʔaʃʃir], *pl.* [-aːt] Zeiger *m e-s Meßgerätes*; Indiz *n*, Anzeichen (على/عن/إلى für *A*); Indikator *m*; Index *m*, Indexzahl *f*; الأسعار ~ Preisindex *m*; Kursindex *m*

موشور [mauˈʃuːr], *pl.* مواشير [mawaːˈʃiːr] (2) Prisma *n*

موشوري [mauˈʃuːriː] prismatisch

موص [muːsin, muˈwɒssin] empfehlend (بـ *A*); Auftraggeber *m*; Erblasser *m*, Testator *m*; → شريك

[1]**موصل** [mausil]: الـ~ Mossul (*Stadt im Irak*)

[2]**موصل** [muˈwɒssil] verbindend; *El.* leitfähig; *pl.* [-aːt] *El.* Leiter *m*; ~ فائق *El.* Supraleiter *m*; ~ طريق Verbindungsstraße *f* (بين zwischen *D*); ~ نصف [nisf m.] *El.* Halbleiter *m*

موصلية [muwɒssiˈliːja] *El.* Leitfähigkeit *f*

موصوف [mauˈsuːf] beschrieben, geschildert; verschrieben, verordnet; *pl.* [-aːt] *Gr.* Nomen *n*, dem ein Attribut *od.* ein asyndetischer Relativsatz folgt

موصول [mauˈsuːl] verbunden; اسم ~ [ism] *Gr.* Relativpronomen *n*

[1]**موصى** [muːsɒn]: به ~ vermacht; Vermächtnis *n*; له ~ Erbe *m*

[2]**موصى** [muˈwɒssɒn]: به ~ empfohlen; aufgetragen; عليه ~ *Brief*: eingeschrieben

[1](**موضع**) **II** تموضع [taˈmauđɒʕa] lokalisiert sein

[2]**موضع** [mauđiʕ], *pl.* مواضع [maˈwɒːđiʕ] (2) Stelle *f*, Ort *m*, Platz *m*; Gegenstand *m* (*z.B. der Bewunderung*); في ~ه am rechten Platz, an der richtigen Stelle; هو ~ الاتهام [m. al-ittiˈhaːm] er steht unter Anklage; الظاهرة ~ البحث [-u l-baħθ(i)] das Phänomen, das Gegenstand der Untersuchung ist

موضعي [mauđiʕiː] lokal

موضة [moːđɒ], *pl.* [-aːt] Mode *f*

موضوع [mauˈđuːʕ] gesetzt, *Ziel*: gesteckt; *pl.* مواضيع [mawɒːˈđiːʕ] (2) *u.* [-aːt] Thema *n*; Objekt *n*, Gegenstand *m*; Aufsatz *m*, Abhandlung *f*; غير ذي ~ gegenstandslos; الغلاف ~ [m. al-ɣiˈlaːf] Titelgeschichte *f*; خلال الفترة ~ البحث [xiˈlaːla, -i l-baħθ] während des untersuchten Zeitraums

موضوعة [mauˈđuːʕa], *pl.* [-aːt] These *f*; Postulat *n*

موضوعي [mau'đuːˁiː] objektiv; sachlich; objektivistisch
موضوعية [mauđuː'ˁiːja] Objektivität *f*; Sachlichkeit *f*; Objektivismus *m*
موطد [mu'wɒŧŧɒd] fest, solide
موطن [mauŧin], *pl.* مواطن [ma'wɒːŧin] (2) Heimat *f*, Heimatort *m*; Vaterland *n*; Wohnort *m*, Wohnsitz *m*; Sitz *m e-s Gefühls od. e-r Krankheit*; Stelle *f*; *bsd. Tun.* Ort *m*; ~ أحيائي Biotop *m od. n*; ~ الشغل [m. aʃ-ʃuɣl] *Tun.* Arbeitsplatz *m*; ~ الضعف [m. ađ-đuˁf] schwache Stelle, Schwachpunkt *m*
موطئ [mauŧiʔ], *pl.* مواطئ [ma'wɒːŧiʔ] (2): ~ قدم [m. qadam(in)] Stelle *f*, wo der Fuß auftritt; Platz *m* zum Stehen
موظف [mu'wɒððɒf] angestellt; angelegt, investiert; *pl.* [-uːn] Angestellte(r); Beamte(r); *Pol.* Funktionär *m*
موظفة [mu'wɒððɒfa], *pl.* [-aːt] Angestellte *f*; Beamtin *f*
موعد [mauˁid], *pl.* مواعد [ma'waːˁid] (2) Termin *m*, Zeitpunkt *m*; Verabredung *f*; ~ الاستحقاق Fälligkeitstermin *m*; ~ الانطلاق Abfahrtszeit *f*; في ~ه *u.* في الـ~ المحدد (له) [fi l-mauˁidi l-mu'ħaddad] termingerecht, pünktlich; هو على ~ معه er ist mit ihm verabredet
موعز [muːˁaz]: ~ به angeregt, empfohlen
موعظة [mauˁiðɒ], *pl.* مواعظ [ma'waːˁið] (2) Predigt *f*; Mahnrede *f*, Ermahnung *f*; Warnung *f*, Lehre *f*
موعود [mau'ˁuːd] versprochen; *Zeit*: verabredet; *pl.* مواعيد [mawaːˁiːd] (2) Versprechung *f*; → ميعاد
موغل [muːɣil] tief eindringend; ~ في القدم [fi-l-qidam] *Zeit*: uralt
موف [mu'waffin]: موفي الشهر *Tun.* letzte(r) Tag des Monats
موفد [muːfad], *pl.* [-uːn] Abgesandte(r), Delegierte(r); *Syr.* Berichterstatter *m e-r Zeitung*
موفر [mu'waffir] **1.** vorhanden sein lassend, bereitstellend; **2.** sparsam
1**موفق** [mu'waffaq] erfolgreich; *Worte*: treffend, gut gewählt
2**موفق** [mu'waffiq] **1.** in Einklang bringend (بين *mehrere Dinge*); **2.**: والله الـ~ *Schlußformel*: (und) Gott verleiht den Erfolg!
موفور [mau'fuːr] reichlich, in Fülle vorhanden; ~ الصحة [m. ɒs-siħħa] beste Gesundheit
1**موقت** [mauqit], *pl.* مواقت [ma'waːqit] (2) Zeitpunkt *m*; Verabredung *f*
2**موقت** [mu'waqqat] zeitlich festgelegt; zeitlich begrenzt, zeitweilig, vorübergehend, provisorisch; قنبلة ~ة [qumbula] Zeitbombe *f*
3**مؤقت** [mu'ʔaqqat] zeitlich begrenzt, zeitweilig, vorübergehend, provisorisch; ~ا [-an] *Adv.* vorübergehend
4**موقت** [mu'waqqit] die Zeit bestimmend; Zeitnehmer *m*
موقد [mauqid], *pl.* مواقد [ma'waːqid] (2) Feuerstelle *f*; Herd *m*; (= ~ كهربائي [kahra'baːʔiː]) Kocher *m*
موقر [mu'waqqar] verehrungswürdig, ehrwürdig; *in Briefen*: verehrt
1**موقع** [mauqiˁ], *pl.* مواقع [ma'waːqiˁ] (2) Stelle *f*, Platz *m*; *a. Mil.* Stellung *f*; Position *f*, Lage *f*, Standort *m*; ~ العمل [m. al-ˁamal] Arbeitsplatz *m*; وقع الكلام منه ~ا [-an] die Worte beeindruckten ihn; وقع منه ~ا حسنا [ħasanan] es fand bei ihm Anklang, es gefiel ihm
2**موقع** [mu'waqqiˁ] unterschreibend; *pl.* [-uːn] Unterzeichner *m*; دولة ~ة [daula] Signatarstaat *m*; الـ~ أدناه [ʔad'naːhu] der Unterzeichnete
موقعة [mauqiˁa], *pl.* مواقع [ma'waːqiˁ] (2) Schlacht *f*
موقف [mauqif], *pl.* مواقف [ma'waːqif] (2) Halteplatz *m*, Haltestelle *f*; (= ~ سيارات [m. sajjaː'raːt]) Parkplatz *m*; Haltung *f* (من zu *D*, gegenüber *D*), Stellungnahme *f*, Standpunkt *m*; Stellung *f*, Position *f*; Lage *f*, Situation *f*; اتخذ ~ا [i'ttaxaða -an] e-e Haltung einnehmen; سيد الـ~ [sajjid al-m.] Herr *m* der Lage
موقن [muːqin] sicher, gewiß (ب *G*), überzeugt (ب von *D*)
موقوت [mau'quːt] zeitlich festgelegt; zeitlich begrenzt, zeitweilig; قنبلة ~ة [qumbula] Zeitbombe *f*
موقوف [mau'quːf] angehalten, gestoppt; eingestellt, stillgelegt; gesperrt; suspendiert; *Verfahren*: ausgesetzt; festgenommen; *Isl.* gestiftet, zur Stiftung (*Waqf*) gemacht; abhändig (على von *D*); أراض ~ة [ʔa'rɒːđin] *Isl.* Waqf-Land *n*, Grundbesitz *m* der Toten Hand
موكب [maukib], *pl.* مواكب [ma'waːkib] (2) Zug *m*, Umzug *m*, Prozession *f*; Konvoi *m*
1**موكد** [mu'wakkad] = مؤكد
2**مؤكد** [mu'ʔakkad] sicher, gewiß, bestimmt, feststehend; bekräftigt; من الـ~ أن [ʔanna] es ist sicher *od.* es steht fest, daß
1**مؤكسد** [mu'ʔaksad] oxydiert
2**مؤكسد** [mu'ʔaksid] Oxydationsmittel *n*
1**موكل** [mu'wakkal] beauftragt (ب mit *D*), bevollmächtigt; *Aufgabe*: übertragen (ل *j-m*)
2**موكل** [mu'wakkil], *pl.* [-uːn] Auftraggeber *m*, Vollmachtgeber *m*, Mandant *m*
موكيت [moː'keːt] Teppichboden *m*; Teppich *m*
مول II [mawwala] finanzieren; V تمول [ta'mawwala] sich finanzielle Mittel beschaffen
مولاة [mau'laːt] Herrin *f*
مولج [mu'wallaʤ] beauftragt, betraut (ب mit *D*)
1**مولد** [maulid], *pl.* موالد [ma'waːlid] (2) Geburt *f*; Geburtsfest *n*; Geburtsort *m*; الـ~ النبوي [an-nabawiː] das Geburtsfest des Propheten
2**مولد** [mu'wallad] erzeugt; *Dichter, Wort*: nachklassisch; gemischter Herkunft; *pl.* [-uːn] Mischling *m*, kein reiner Araber; *pl.* [-aːt] Erzeugnis *n*; Neologismus *m*
3**مولد** [mu'wallid] erzeugend; *pl.* [-uːn] Erzeuger *m*; Geburtshelfer *m*; *pl.* [-aːt] (= ~ كهربائي [kahra'baːʔiː]) Generator *m*, Dynamo *m*
مولدافيا [mol'daːvijaː] *Geo.* Moldawien
مولدة [mu'wallida], *pl.* [-aːt] Hebamme *f*; Generator *m*

مولع [muːlaʕ] begeistert (ب für *A*, von *D*), versessen (ب auf *A*), vernarrt (ب in *A*)

[1]**مؤلف** [muˈʔallaf] zusammengesetzt, gebildet (من aus *D*); verfaßt; *pl.* [-aːt] Schrift *f*, (*literarisches*) Werk; موسيقي ~ Komposition *f*, Tondichtung *f*; → [3]ألف

[2]**مؤلف** [muˈʔallif], *pl.* [-uːn] Verfasser *m*, Autor *m*; مسرحي ~ [masraħiː] Bühnenautor *m*; موسيقي ~ Komponist *m*; حقوق المؤلفين Urheberrechte *n/pl.*

مؤلم[muʔlim] schmerzhaft; schmerzlich, traurig

مولود [mauˈluːd] geboren; *pl.* مواليد [mawaːˈliːd] (2) Neugeborene(s), Kind *n*, Sohn *m*; السيدة فلانة ... المولودة [as-sajjida fuˈlaːna] Frau N.N., geborene ...; هو من مواليد ١٩٧٣ er ist 1973 geboren, er ist Jahrgang 1973

مولوي [maulawiː], *pl.* ـة~ Derwisch *m* des Mewlewi-Ordens

مولوية [maulaˈwiːja] Mewlewije (*türkischer Derwisch-Orden*)

مولى [maulan], *pl.* موال [maˈwaːlin] Herr *n*; Schutzherr *m*, Patron *m*; الـ~ der Herr, Gott; الموالي *hist.* die Schutzbefohlenen *m/pl.*, die Mawali *pl.* (*Nichtaraber, die als Freie od. freigelassene Sklaven zum Islam übertraten*)

موليبدينوم [molibˈdeːnum] Molybdän *n*

مومأ [muːmaʔ]: الـ~ إليه der, auf den hingewiesen wurde, der oben erwähnte

مومس [muːmis] *u.* مومسة [muːmisa], *pl.* [-aːt] Prostituierte *f*, Dirne *f*

مؤمل [muˈʔammal]: من الـ~ أن es ist zu hoffen, daß

[1]**مؤمن** [muˈʔamman], *pl.* [-uːn] Versicherte(r); عليه ~, *pl.* عليهم ~ versichert; Versicherte(r)

[2]**مؤمن** [muˈʔammin], *pl.* [-uːn] Versicherer *m*

[3]**مؤمن** [muʔmin] glaubend (ب an *A*), überzeugt (ب von *D*); gläubig; المؤمنون *pl.* die Gläubigen *m/pl.*; أمير المؤمنين *Titel des Kalifen*

مومياء [muːmiˈjaːʔ] (2), *pl.* مومياوات [muːmijaːˈwaːt] Mumie *f*

مون **II** [mawwana] versorgen; verproviantieren; finanzieren; **V** تمون [taˈmawwana] sich versorgen, versorgt werden

مؤن → مؤونة

موناكو [moːnakoː] *f Geo.* Monaco

مونتاج [monˈtaːʒ] *a. Film*: Montage *f*

مونتينيغرو [muntiˈniɣruː] *f* Montenegro

مؤنث [muˈʔannaθ] *Gr.* feminin, weiblich; *Gr.* Femininum *n*

مؤنس [muʔnis] vertraut (ل mit *j-m*); freundlich, nett (ل zu *j-m*); Gefährte *m*; (guter) Gesellschafter; *a. npr. m*

مونسنيور [monsinˈjoːr] *Chr.* Monsignore *m*

[1]**مونة** [muːna] Proviant *m*, Vorräte *m/pl.*; Mörtel *m*

[2]**مؤنة** [muʔna] Proviant *m*, Vorräte *m/pl.*

مونوتيب [monotaib] Monotype *f*

مونيخ [muːniːx] *Maghr.* München

موه **II** [mawwaha] überziehen, plattieren (ب mit *D*); verfälschen (هـ/على *A*); verschleiern, kaschieren (على *j-m* gegenüber); *Mil.* tarnen

موهبة [mauhiba], *pl.* مواهب [maˈwaːhib] (2) Begabung *f*, Talent *n*; ذو ~ talentierte(r) Mensch, Talent *n*

[1]**مؤهل** [muˈʔahhal] befähigt, qualifiziert (ل zu *D*); *Apotheker*: approbiert

[2]**مؤهل** [muˈʔahhil] qualifizierend; *pl.* [-aːt] Qualifikation *f*, Befähigungsnachweis *m*; Zeugnis *n über e-e wissenschaftliche od. fachliche Qualifikation*; *pl. a.* Fähigkeiten *f/pl.*, Eignung *f*; دراسي ~ [diˈraːsiː] Diplom *n*; عال ~ [ʕaːlin] (Qualifikation *f* durch) Hochschulzeugnis *n*

موهوب [mauˈhuːb] geschenkt; begabt, talentiert; له ~ beschenkt

موهوم [mauˈhuːm] eingebildet, imaginär; مريض ~ eingebildete(r) Kranke(r)

مؤونة [maˈʔuːna], *pl.* مؤن [muʔan] *u.* [-aːt] **1.** Proviant *m*, Vorrat *m*; Verpflegung *f*; Ausrüstung *f*, Material *n*; *Fin.* Deckung *f e-s Wechsels od. Schecks*; **2.** Mühsal *f*

[1]**مؤيد** [muˈʔajjad] unterstützt; bekräftigt; bestätigt

[2]**مؤيد** [muˈʔajjid] unterstützend; *pl.* [-uːn] Anhänger *m*, Sympathisant *m*; Befürworter *m*; للحكومة ~ regierungsfreundlich, regierungstreu

موئل [mauʔil] Zufluchtsort *m*, Zuflucht *f*

مئات → [1]مائة

ميال [maˈjjaːl] neigend (إلى zu *D*), eingenommen (إلى für *A*)

مياه → [2]ماء

مياوم [muˈjaːwim] *u.* عامل ~ Tagelöhner *m*

مياومة [muˈjaːwama] Tageslohn *m*; عامل ~ Tagelöhner *m*

ميت [majjit, mait], *pl.* موتى [mautaː], أموات [ʔamˈwaːt] *u.* [-uːn] tot; Tote(r)

ميتافيزيقا [meːtafiːˈziːqaː] Metaphysik *f*

ميتافيزيقي [meːtafiːˈziːqiː] metaphysisch

ميتان [meːˈtaːn] Methan *n*

[1]**ميتم** [maitam], *pl.* مياتم [maˈjaːtim] (2) Waisenhaus *n*

[2]**ميتم** [muˈjattam] verwaist

[1]**ميتة** [maita] Tierleiche *f*, Kadaver *m*, Aas *n*; *Isl.* nicht rituell geschlachtete(s) Fleisch

[2]**ميتة** [miːta] Todesart *f*; مات ~ طبيعية [-tan] eines natürlichen Todes sterben

ميثاق [miːˈθaːq], *pl.* مواثيق [mawaːˈθiːq] (2) Charta *f*; Bündnis *n*, Pakt *m*; الأطلسي ~ [m. al-ʔɒtlasiː] *u.* الـ~ الأطلنطي der Atlantikpakt; ~ الأمم المتحدة [m. al-ʔumami l-muˈttaħida] Charta *f* der Vereinten Nationen; الشرف ~ [m. aʃ-ʃaraf] Ehrenkodex *m*

ميثان [meːˈθaːn] Methan *n*

ميثولوجي [miːθoˈloːdʒiː] mythologisch

ميثولوجيا [miːθoˈloːdʒijaː] Mythologie *f*

ميجاواط [miːga'wɒːt] *Äg.* Megawatt
(**ميح**) **X** استماح [ista'maːħa] erbitten; العذر ~ [al-ʕuðra] um Entschuldigung bitten
(**ميد**) **VI** تمايد [ta'maːjada] schwanken
ميدالية [miː'daːlija], *pl.* [-aːt] Medaille *f*
ميدان [mai'daːn], *pl.* ميادين [majaː'diːn] (2) Platz *m*; *fig.* Gebiet *n*, Bereich *m*; الحرب ~ Kriegsschauplatz *m*; السباق ~ [m. as-si'baːq] Rennbahn *f*; المعركة ~ Schlachtfeld *n*, Kampfplatz *m*; سرير الـ~ Feldbett *n*; مدفعية الـ~ [midfa'ʕiːjat al-m.] Feldartillerie *f*; في ~ الشرف [-i ʃ-ʃaraf] auf dem Feld der Ehre; → ساحة
ميداني [mai'daːniː] *a. Mil.* Feld-; … vor Ort; تدريب ~ praktische Ausbildung (am Objekt); دراسة ~ة [di'raːsa] Feldstudie *f*; Feldforschung *f*; زيارة ~ة [zi'jaːra] Besuch *m* vor Ort; قوات ~ة [qu'wwaːt] Bodentruppen *f/pl.*
ميدعة [miːdaʕa] Schürze *f*, Kittel *m*
مئذنة [miʔðana], *pl.* مآذن [ma'ʔaːðin] (2) Minarett *n*
مير [meːr], *pl.* أميار [ʔam'jaːr] *Maghr.* Bürgermeister *m*
ميراث [miː'raːθ], *pl.* مواريث [mawaː'riːθ] (2) Erbe *n*, Erbschaft *f*, Hinterlassenschaft *f*
ميرالاي [miːraː'laːj] *früher Äg., Sud.* Brigadegeneral *m*
ميرلواء [miːrli'waːʔ] *früher Ir., Jord.* Generalmajor *m*
ميرة [miːra], *pl.* مير [mijar] Proviant *m*, Verpflegung *f*
ميرون [mai'ruːn] *Chr.* Chrisma *n*, geweihte(s) Salböl
ميري [miːriː] staatlich, öffentlich; fiskalisch
(**ميز**) ماز [maːza, iː] scheiden, unterscheiden (من von *D*); **II** [majjaza] unterscheiden (عن/من von *D*), differenzieren (بين zwischen *D*); erkennen; auszeichnen; bevorzugen (عن/على vor *D*); privilegieren; **V** تميز [ta'majjaza] sich auszeichnen (ب durch *A*, على gegenüber *D*); charakterisiert sein (ب durch *A*); sich unterscheiden (عن von *D*); ~ غيظا [ɣaiðɒn] vor Wut bersten; **VI** تمايز [ta'maːjaza] sich voneinander unterscheiden, im Gegensatz zueinander stehen; **VIII** امتاز [im'taːza] sich auszeichnen (ب durch *A*, عن/على vor *D*, في in *D*); sich unterscheiden (عن von *D*)
ميزاب [miː'zaːb], *pl.* ميازيب [majaː'ziːb] (2) Abfluß *m*, Abflußrohr *n*; Wasserrinne *f*; Dachrinne *f*
ميزان [miː'zaːn], *pl.* موازين [mawaː'ziːn] (2) *u.* (*selten*) ميازين [majaː'ziːn] (2) Waage *f*; Maß *n*, Maßstab *m*; Bilanz *f*; الـ~ *Astr.* die Waage; *Saudi-Ar. 7. Monat des Sonnenjahres*; الـ~ التجاري [at-ti'dʒaːriː] *Ök.* Handelsbilanz *f*; ~ الحرارة Thermometer *n*; ~ راصد Registrierwaage *f*; ~ القوى [m. al-quwaː] Kräftegleichgewicht *n*; ~ المدفوعات *Ök.* Zahlungsbilanz *f*; وضعه في الـ~ *fig.* etwas prüfen
ميزانين [meːzaː'niːn]: دور الـ~ [daur al-m.] Zwischengeschoß *n*
ميزانية [miːzaː'niːja], *pl.* [-aːt] Haushalt *m*, Budget *n*, Etat *m*; (= ~ عمومية) Bilanz *f e-s Unternehmens*; ~ الدولة [m. ad-daula] Staatshaushalt *m*; ~ ملحقة [mulħaqa] Nachtragsetat *m*
مئزر [miʔzar], *pl.* مآزر [ma'ʔaːzir] (2) Schurz *m*, Schürze *f*; Umhang *m*, Gewand *n*
ميزة [miːza], *pl.* [-aːt] Vorzug *m*, Vorteil *m* (على gegenüber *D*); Kennzeichen *n*, Charakteristikum *n*
[1](**ميس**) ماس [maːsa, iː] sich wiegen, schwingen
[2]**ميس** [miːs], *pl.* أمياس [ʔam'jaːs] *Äg.* Zielscheibe *f*
[1]**ميسر** [maisir] altarab. Glücksspiel *n*
[2]**ميسر** [mu'jassar] erleichtert, vereinfacht; leicht faßlich
[1]**ميسرة** [maisara] linke Seite; linke(r) Flügel *e-s Heeres*
[2]**ميسرة** [maisara, maisura] Wohlhabenheit *f*, Wohlstand *m*
ميسم [miːsam], *pl.* مياسم [ma'jaːsim] (2) *u.* مواسم [ma'waːsim] (2) Brandeisen *n*; *Bot.* Narbe *f*
ميسور [mai'suːr], *pl.* مياسير [majaː'siːr] (2) leicht (möglich), bequem, mühelos; wohlhabend; *Möglichkeiten*: verfügbar
ميضأة [miːđɒʔa] *Isl.* Brunnen *m* u. Becken *n* für die rituelle Waschung
(**ميط**) **IV** أماط [ʔa'maːtɒ] entfernen, fernhalten (عن von *D*); ~ اللثام عن [l-li'θaːma] aufdecken, enthüllen
(**ميع**) ماع [maːʕa, iː] (zer)fließen, schmelzen; **II** [majjaʕa] verflüssigen; verwässern; aufweichen; **IV** أماع [ʔa'maːʕa] verwässern
ميعاد [miː'ʕaːd], *pl.* مواعيد [mawaː'ʕiːd] (2) Termin *m*; verabredete(r) Zeitpunkt, Verabredung *f*; Öffnungszeit *f*, Sprechstunde *f*, Besuchszeit *f*; ~ القيام [m. al-qi'jaːm] Abfahrtszeit *f*; ~ الوصول Ankunftszeit *f*; أرض الـ~ das Gelobte Land; بيان المواعيد [ba'jaːn al-m.] (*Eisenbahn-*)Fahrplan *m*; في الـ~ *u.* في ~ه, *pl.* في مواعيدها termingerecht, pünktlich; على غير الـ~ unpünktlich; من غير ~ unversehens, unvorhergesehen; هو على ~ معه er ist mit ihm verabredet; → موعود
ميعة [maiʕa] Styrax(baum) *m*; Styrax *m* (*als Räuchermittel vewendetes Harz*); (= الشباب ~) die Blüte der Jugend
ميغاواط [miːɣa'wɒːt] Megawatt
ميقات [miː'qaːt], *pl.* مواقيت [mawaː'qiːt] (2) Zeit *f*, (*genaue*) Zeitangabe
ميكا [maikaː] *Min.* Glimmer *m*
ميكانيك [miːkaː'niːk] Mechanik *f*
ميكانيكا [miːkaː'niːkaː] Mechanik *f*
ميكانيكي [miːkaː'niːkiː] mechanisch; *pl.* [-uːn] Mechaniker *m*; *Mil.* motorisiert
ميكانيكية [miːkaːniː'kiːja] Mechanik *f*; *fig.* Automatik *f*
ميكرو [miːkro] Mikro-
ميكروب [miːk'roːb], *pl.* [-aːt] Mikrobe *f*
ميكروباص [miːkro'bɒːs], *pl.* [-aːt] Kleinbus *m*
ميكروبي [miːk'roːbiː] mikrobiell
ميكروبيولوجيا [miːkrobijo'loːdʒijaː] Mikrobiologie *f*

ميكروسكوب [miːkros'koːb], *pl.* [-aːt] Mikroskop *n*
ميكروغرام [miːkro'ɣraːm] Mikrogramm *n*
ميكروفون [miːkro'foːn], *pl.* [-aːt] Mikrophon *n*
ميكروفيش [miːkro'fiːʃ] Mikrofiche *n od. m*
ميكروفيلم [miːkrofilm], *pl.* [-aːt] Mikrofilm *m*
ميكن [maikana] mechanisieren
ميكنة [maikana] Mechanisierung *f*; Automatisierung *f*
[1]**(ميل)** مال [maːla, iː] sich neigen (إلى zu *D*, على über *A*); geneigt sein, schräg *od.* schief stehen; neigen, hinneigen, tendieren (إلى zu *D*), Sympathie haben (إلى für *A*); abweichen (عن von *D*); sich abwenden (عن von *D*); sich lehnen (على gegen *A*); feindlich gesinnt sein (على *j-m*); به ~ den Niedergang e-r Sache herbeiführen; j-n zur Seite nehmen; به إلى ~ j-n wohin schleppen *od.* mitnehmen; bewirken, daß j-d zu *etwas* neigt; **II** [majjala] neigen, beugen; **IV** أمال [ʔa'maːla] neigen, beugen; geneigt machen (إلى/نحو *D*); abgeneigt machen (عن *D*); *Gr.* das *a* wie *ä* aussprechen; **VI** تمايل [ta'maːjala] schwanken, taumeln; sich wiegen; sich (allmählich) neigen; **X** استمال [ista'maːla] sich geneigt machen, gewinnen (ه *j-n*)
[2]**ميل** [mail], *pl.* ميول [mu'juːl] Neigung *f* (*fig.* إلى zu *D*); Schrägheit *f*; Tendenz *f* (إلى zu *D*); Vorliebe *f* (إلى für *A*); Zuneigung *f* (إلى zu *D*), Sympathie *f* (إلى für *A*); Abweichen *n* (عن von *D*); له ~ إلى er neigt zu etwas; er ist zu etwas aufgelegt
[3]**ميل** [miːl], *pl.* أميال [ʔam'jaːl] Meile *f*; بحري ~ Seemeile *f*
ميلاد [miː'laːd] Geburt *f*; عيد الـ~ [ʕiːd al-m.] Weihnachten *n*; عيد ه~ sein Geburtstag; بعد الـ~ nach Christus; قبل الـ~ vor Christus
ميلادي [miː'laːdiː] *Jahr*: nach Christus; سنة ~ة [sana] Jahr *n* der christlichen Zeitrechnung
ميلان [maja'laːn] Neigung *f*
ميلودراما [meːlo'draːmaː], *pl.* ميلودرامات Melodrama *n*
ميلودرامي [meːlo'draːmiː] melodramatisch
ميليشيا [mi'liːʃijaː], *pl.* ميليشيات Miliz *f*
ميليمتر [milli'mitr], *pl.* [-aːt] Millimeter *m*
ميم [miːm] *f* der Buchstabe م
ميمنة [maimana] rechte Seite; rechte(r) Flügel *des Heeres*; Glück *n*
ميموزا [miːmoːzaː] *Bot.* Mimose *f*
ميمون [mai'muːn] **1.** *pl.* ميامين [majaː'miːn] (2) glücklich, gesegnet; على الطائر الـ~ glückliche Reise!; **2.** *Zool.* Mandrill *m*
ميمي [miːmiː]: مصدر ~ *Gr.* Masdar *m* mit dem Präfix *ma-*
[1]**(مين)** مان [maːna, iː] lügen
[2]**مين** [main], *pl.* ميون [mu'juːn] Lüge *f*, Trug *m*
[3]**مين** [miːn] *Äg., Syr. umg.* wer?
مينا [miːnaː] *m* Email *n*; Glasur *f* e r Keramik; Schmelz *m der Zähne*; *pl.* موان [ma'waːnin] (2) Zifferblatt *n*
ميناء [miː'naːʔ] *m u. f*, *pl.* موانئ [ma'waːniʔ] (2) *u.* موان [ma'waːnin] **1.** Hafen *m*; **2.** = مينا
ميني [miːniː] Mini-
مئة → [1]مائة
ميوعة [mu'juːʕa] flüssige(r) Zustand; Lauheit *f*, Flauheit *f*, Schlaffheit *f*; Verschwommenheit *f*
مئون → [1]مائة
ميونيخ [mi'juːnix] München
مئوي [miʔawiː] Hundert-; zentesimal; درجة ~ة [daradʒa] Grad Celsius; عيد ~ [ʕiːd] Hundertjahrfeier *f*; نسبة ~ة [nisba] Prozentsatz *m*

ن

[1]ن (نون) [nuːn] *fünfundzwanzigster Buchstabe des arab. Alphabets*

[2]ن *Abk. für* نسمة [nasama] Person *f*, Einwohner *m*

ـنا *u.* نا [-naː] **1.** *Possessivsuffix*: unser; **2.** *Objektsuffix*: uns

[1]ناء [naʔa] → [1](نوء)

[2]ناء [naːʔin] fern, entfernt, abgelegen

[1]ناب [naːba] → (نوب)

[2]ناب [naːb], *pl.* أنياب [ʔanˈjaːb] *u.* نيوب [nuˈjuːb] Eckzahn *m*; Reißzahn *m*; Stoßzahn *m*; كشر عن أنيابه [kaʃʃara] die Zähne zeigen *od.* blecken

[3]ناب [naːbin] häßlich, abstoßend; unpassend; *Pfeil*: abweichend, das Ziel verfehlend

نابالم [naːbalm] Napalm *n*

نابت [naːbit] keimend, wachsend

نابتة [naːbita] junge Generation

نابذ [naːbið] wegwerfend; verwerfend; zentrifugal; القوة النابذة [al-quwwa] Zentrifugalkraft *f*

نابض [naːbiđ] pulsierend; *pl.* نوابض [naˈwaːbiđ] (2) Sprungfeder *f*; Triebfeder *f e-r Uhr*; ~ بالحياة [bil-ħaˈjaːt] von Leben erfüllt

نابع [naːbiʕ] entspringend; entströmend; hervorgehend, stammend (من aus *D*)

نابغ [naːbiɣ] großartig, herausragend, genial

نابغة [naːbiɣa], *pl.* نوابغ [naˈwaːbiɣ] (2) herausragende Persönlichkeit, Genie *n*

نابل [naːbil] Nabeul (*Stadt in Tunesien*); → حابل

نابلس [naːb(u)lus] Nablus (*Stadt im Westjordanland*)

نابه [naːbih] angesehen, berühmt; *Angelegenheit*: wichtig; klug

ناتج [naːtidʒ] sich ergebend (عن aus *D*); *pl.* نواتج [naˈwaːtidʒ] (2) Ergebnis *n*, Ertrag *m*; Produkt *n*; الـ~ القومي (الإجمالي) [al-qaumiː] *Ök.* (Brutto-)Sozialprodukt *n*

ناتو [naːtoː]: الـ~ (حلف) [(ħilf) an-n.] die Nato

ناتئ [naːtiʔ] vorspringend, hervortretend

ناتئة [naːtiʔa], *pl.* نواتئ [naˈwaːtiʔ] (2) Vorsprung *m*, Erhebung *f*, Wölbung *f*

ناثر [naːθir] **1.** Prosaist *m*, Prosaschriftsteller *m*; **2.** *pl.* [-aːt] Gerät *n* zum Verstreuen *od.* Verteilen

ناج [naːdʒin] gerettet; entkommen; ناجي *npr. m*

ناجح [naːdʒiħ] erfolgreich; *Versuch a.*: gelungen; *Prüfung* bestanden habend

ناجذ [naːdʒið], *pl.* نواجذ [naˈwaːdʒið] (2) Backenzahn *m*; عض عليه بالنواجذ [ʕɒđđɒ] verbissen an etwas festhalten

ناجز [naːdʒiz] vollendet; vollkommen, voll; باعه ~ا بـ~ [-an] etwas gegen Barzahlung verkaufen

ناجع [naːdʒiʕ] wirksam, effektiv, erfolgreich

ناجم [naːdʒim] sich ergebend (عن aus *D*)

[1]ناح [naːħa] → [1](نوح)

[2]ناح [naːħin], *pl.* نحاة [nuˈħaːt] Grammatiker *m*, Philologe *m*

ناحل [naːħil] dünn; ausgemergelt, abgezehrt

ناحية [naːħija], *pl.* نواح [naˈwaːħin] Seite *f*, Richtung *f*; Gegend *f*, Gebiet *n*; (*Verwaltungs-*)Bezirk *m*, Distrikt *m*; Hinsicht *f*, Gesichtspunkt *m*, Aspekt *m*; ~ [-ta] auf j-n *od.* etwas zu; من ~ einerseits; من ~ + *G*: hinsichtlich; seitens; من ~ أخرى [ʔuxraː] andererseits; لا ... من ~ in keiner Weise; من الـ~ الثقافية in kultureller Hinsicht

ناخب [naːxib], *pl.* [-uːn] Wähler *m*

ناخر [naːxir] angefressen, zerfressen; *Zahn*: kariös; *meist fig.* nagend, bohrend; schnarchend

ناد [naːdin], *pl.* أندية [ʔandija] *u.* نواد [naˈwaːdin] Klub *m*, Verein *m*

نادبة [naːdiba], *pl.* [-aːt] *u.* نوادب [naˈwaːdib] (2) Klageweib *n*

نادر [naːdir] selten, ungewöhnlich; einmalig, einzigartig; ~ا [-an] *Adv. u.* ما ~ا selten; ~ المثال [n. al-miˈθaːl] beispiellos; من الـ~ أن es kommt selten vor, daß

نادرة [naːdira], *pl.* نوادر [naˈwaːdir] (2) Seltenheit *f*, Rarität *f*; ungewöhnliche(s) Phänomen; Anekdote *f*, Witz *m*, originelle Geschichte; نوادر الألفاظ seltene *od.* ungewöhnliche Wörter *n/pl.*

نادل [naːdil], *pl.* ندل [nudul] Kellner *m*

نادم [naːdim], *pl.* ندام [nuˈddaːm] reuig, reuevoll

ناذر [naːðir] j-d, der sein Gelübde getan *od.* sein Ordensgelübde abgelegt hat

نار [naːr] *f*, *pl.* نيران [niːˈraːn] *a. Mil.* Feuer *n*; Hölle *f*; ~ حامية [ħaːmija] *Mil.* Trommelfeuer *n*; ~ هادئة kleine(s) Feuer *beim Kochen*; نيران المدفعية [n. al-midfaˈʕiːja] Artilleriefeuer *n*; أشعل الـ~ في *etwas* in

Brand stecken; أطلق الـ~ على das Feuer auf *etwas* eröffnen, *etwas* beschießen; ~ كان على wie auf Kohlen sitzen; أشهر من ~ على علم [ʕalam] sehr berühmt; → أي¹, نير¹ *u.* نير²

نارجيل [naːr(a)'dʒiːl] *koll.* Kokosnuß *f*; الـ~ شجرة [ʃadʒarat an-n.] Kokospalme *f*

نارجيلة [naːr(a)'dʒiːla] **1.** *n. un.* Kokosnuß *f*; **2.** *pl.* [-aːt] Wasserpfeife *f*

ناردين [naːra'diːn] Narde *f*; Baldrian *m*

نارنج [naː'randʒ] *koll.*, *n. un.* ~ـة Pomeranze *f*, Bitterorange *f*

ناري [naːriː] Feuer-, feurig; ألعاب ~ـة Feuerwerk *n*; دراجة ~ـة [da'r-raːdʒa] Motorrad *n*; ~ سلاح [si-'laːħ] Feuerwaffe *f*

نازح [naːziħ] abwandernd, auswandernd; weit entfernt; *pl.* [-uːn] Abwanderer *m*, Auswanderer *m*

نازعة [naːziʕa], *pl.* نوازع [na'waːziʕ] (2) Tendenz *f*, Neigung *f*

نازل [naːzil] sich niedergelassen habend, seßhaft geworden; ansässig; نوازل [na'waːzil] (2) *pl.* Stalaktiten *m/pl.*

نازلة [naːzila] seßhaft gewordene Einwohner *m/pl.*; *pl.* نوازل [na'waːzil] (2) Mißgeschick *n*, Unglück *n*, Schicksalsschlag *m*; *Tun.* Prozeß *m*; ~ مدنية [mada'niːja] *Tun.* Zivilprozeß *m*; قام بـ~ *Tun.* Klage erheben

نازي [naːziː] Nazi-, nazistisch; *pl.* [-uːn] Nazi *m*

نازية [naː'ziːja] Nazismus *m*; ~ جديدة Neonazismus *m*

¹**ناس** [naːsa] → (نوس)

²**ناس** [naːs] *koll.* Leute *pl.*, Menschen *m/pl.*

ناسخ [naːsix] **1.** *Jur.* aufhebend; **2.** *pl.* نساخ [nu'ssaːx] Abschreiber *m*, Kopist *m*; آلة ~ـة Kopiergerät *n*

ناسف [naːsif] sprengend, Spreng-; رسالة ~ـة [ri'saːla] Briefbombe *f*; عبوة ~ـة [ʕu'buːwa] Sprengladung *f*, Sprengsatz *m*; مادة ~ـة [maːdda] Sprengstoff *m*

ناسك [naːsik], *pl.* نساك [nu'ssaːk] Asket *m*, Einsiedler *m*

ناسل [naːsil] *Stoff*: fadenscheinig

ناسوت [naː'suːt] menschliche Natur; Menschheit *f*

ناسور [naː'suːr], *pl.* نواسير [nawaː'siːr] (2) Fistel *f*

ناشر [naːʃir] veröffentlichend; *pl.* [-uːn] Verleger *m*

ناشز [naːʃiz] widerspenstig; mißtönend; vorspringend, erhaben

ناشزة [naːʃiza], *pl.* نواشز [na'waːʃiz] (2) *Anat.* Vorsprung *m*, Protuberanz *f*

ناشط [naːʃiṭ] munter, lebhaft, belebt; tätig, aktiv, rührig

ناشف [naːʃif] trocken; hart; نواشف [na'waːʃif] (2) *pl.* getrocknete Lebensmittel *n/pl.*; التنظيف على الـ~ Trockenreinigung *f*

ناشئ [naːʃiʔ] entstehend, sich ergebend (عن aus *D*); heranwachsend; *pl.* [-uːn] junge(r) Mensch, Jugendliche(r); *pl.* *Sport*: Jugend *f*, Junioren *m/pl.*

ناشئة [naːʃiʔa] **1.**: الـ~ *pl.* die Jugend, die junge Generation; **2.** *pl.* [-aːt] *Sport*: Juniorin *f*

ناصب [nɒːṣib] ermüdend, erschöpfend; *pl.* نواصب [na'wɒːṣib] (2) *Gr.* den Akkusativ *od.* Subjunktiv regierende Partikel

ناصح [nɒːṣiħ] ratend (بـ zu *D*); *pl.* نصاح [nu'ṣṣɒːħ] Ratgeber *m*

ناصر [nɒːṣir] Helfer *m*, Schützer *m*; أنصار [ʔan'ṣɒːr] *pl.* Anhänger *m/pl.*; Parteigänger *m/pl.*, Sympathisanten *m/pl.*; Befürworter *m/pl.*; الـ~ *Beiname Gottes*; الـ~ (شهر) *Libyen*: Juli *m*; الأنصار die medinensischen Anhänger Mohammeds, die ihn nach der Hidschra aufnahmen

ناصرة [nɒːṣira]: الـ~ Nazareth

ناصري [nɒːṣiriː] **1.** aus Nazareth; Nazarener *m*; **2.** nasseristisch; *pl.* [-uːn] Nasserist *m*

ناصرية [nɒːṣi'riːja]: الـ~ Nasserismus *m*

ناصع [nɒːṣiʕ] klar, deutlich, offenkundig; *Farbe*: leuchtend, strahlend; البياض~[n.al-ba'jɒːḍ] schneeweiß; حقيقة ~ـة reine Wahrheit

ناصل [nɒːṣil] verblaßt, verschossen

ناصور [nɒː'ṣuːr], *pl.* نواصير [nawɒː'ṣiːr] (2) Fistel *f*

ناصية [nɒːṣija], *pl.* نواص [na'wɒːṣin] Stirnhaar *n*, Schopf *m*; Ecke *f e-r Straße*; أخذ بناصيته etwas beim Schopf nehmen *od.* richtig anpakken; ملك ~ـه etwas beherrschen; قبض على ~ الأمور die Dinge in die Hand nehmen

ناضب [nɒːḍib] ausgetrocknet, versiegt

ناضج [nɒːḍidʒ], *pl.* [-uːn] reif; gar; *Idee*: ausgereift

ناضر [nɒːḍir] frisch, blühend

ناط → (نوط)¹

ناطحة [nɒːṭiħa], *pl.* [-aːt]: ~ السحاب Wolkenkratzer *m*

ناطر [nɒːṭir], *pl.* نطار [nu'ṭṭɒːr] *u.* نطرة [nɒṭɒra] Wächter *m*; (Flur-)Hüter *m*

ناطف [nɒːṭif] *Syr. weiße, cremeartige Süßigkeit*

ناطق [nɒːṭiq] (aus)sprechend; *Wesen*: vernunftbegabt; *pl.* [-uːn] Sprecher *m*; ~ باسم [bi-smi], ~ بلسان [bi-li'saːni] + *G*: Sprecher *m der Regierung, e-r Partei*; Organ *n* (= *Zeitung*); ~ الحكومة *Tun.* Regierungssprecher *m*; الناطقون بالضاد die Arabischsprechenden *m/pl.*, die Araber *m/pl.*; ~ بالفرنسية [bi-l-faran'siːja] französischsprachig, frankophon; جريدة ~ـة Wochenschau *f*; ~ حيوان vernunftbegabte(s) Wesen; ~ فيلم Tonfilm *m*

ناطور [nɒː'ṭuːr], *pl.* نواطير [nawɒː'ṭiːr] (2) Wächter *m*, (Flur-)Hüter *m*

ناظر [nɒːðir], *pl.* نظار [nu'ððɒːr] Vorsteher *m*, Leiter *m*; (Schul-)Direktor *m*; Aufseher *m*

ناظرة [nɒːðira], *pl.* [-aːt] Vorsteherin *f*, Leiterin *f*, Direktorin *f*

ناظم [nɒːðim] ordnend, regelnd; Dichter *m*, Poet *m*; Verseschmied *m*; *pl.* نواظم [na'wɒːðim] (2) *Ir.* (Stau-)Wehr *n*

ناظور [nɒː'ðuːr] **1.** *pl.* نواظير [nawɒː'ðiːr] (2) Wächter *m*, (Flur-)Hüter *m*; **2.** Feldstecher *m*

ناعس [naːʕis] *a. Blick*: schläfrig; eingenickt, schlummernd

ناعظ [naːʕið] Aphrodisiakum *n*

ناعل [naːʕil] beschuht; *Pferd*: beschlagen

ناعم [naːʕim] fein, zart, weich, glatt; *Liebe, Hände*: zärtlich; البال ~ unbeschwert, sorglos; ~ سكر [sukkar] Puderzucker *m*

ناعور [naːˈʕuːr], *pl.* نواعير [nawaːˈʕiːr] (2) Wasserrad *n*, Schöpfrad *n*

ناعورة [naːˈʕuːra], *pl.* نواعير [nawaːˈʕiːr] (2) Wasserrad *n*, Schöpfrad *n*

ناعورية [naːʕuːˈriːja] Bluterkrankheit *f*

ناعوظ [naːˈʕuːð̣] Aphrodisiakum *n*

[1]**ناف** [naːfa] → (نوف)

[2]**ناف** [naːfin] negierend; أداة نافية [nafija] *Gr.* Negationspartikel *f*

نافجة [naːfidʒa], *pl.* نوافج [naˈwaːfidʒ] (2) *Zool.* Moschusbeutel *m*; Moschusbehälter *m*

نافخ [naːfix] blasend; Bläser *m*; blähend

نافد [naːfid] *Ware*: vergriffen; *Geduld*: erschöpft

نافذ [naːfið] durchdringend, durchgehend; (= المفعول ~) rechtswirksam, (rechts)gültig, in Kraft; ~ البصر [n. al-bɒsɒr], البصيرة ~ scharfsichtig; الكلمة ~ [n. al-kalima] einflußreich, mächtig, maßgebend; ~ حكم [ħukm] rechtskräftige(s) Urteil; أصبح ~ المفعول [-a l-mafˈʕuːl] in Kraft treten

نافذة [naːfiða], *pl.* نوافذ [naˈwaːfið] (2) Fenster *n*

نافر [naːfir] scheu, fliehend; *Miene*: ablehnend, widerwillig; hervortretend, vorspringend, reliefartig

نافع [naːfiʕ] nützlich, vorteilhaft; *Heilmittel*: wirksam

نافق [naːfiq] *Ware*: gängig, gesucht; hoch im Kurs; *Markt*: florierend

نافلة [naːfila], *pl.* نوافل [naˈwaːfil] (2) über das vorgeschriebene Maß hinausgehende Leistung; nicht vorgeschriebene(s) gute(s) Werk; ~ من القول أن [naːˈfilati l-qaul(i) ʔanna] es ist überflüssig zu sagen, daß

نافورة [naːˈfuːra], *pl.* نوافير [nawaːˈfiːr] (2) Springbrunnen *m*, Fontäne *f*

ناقد [naːqid] kritisierend, kritisch; *pl.* [-uːn] *u.* نقاد [nuˈqqaːd] Kritiker *m*; أدبي ~ [ʔadabiː] Literaturkritiker *m*

ناقص [nɒːqiṣ] unvollkommen, unvollständig, unzulänglich, mangelhaft, fehlerhaft; mangelnd, fehlend; weniger (عن als); ~ا [-an], *umg.* ~ *Math.* minus; الوزن ~ *Kind*: untergewichtig; ~ فعل [fiʕl] *Gr.* defektive(s) Verb (*mit schwachem dritten Radikal*); Verb *n* mit unvollständiger Bedeutung, Hilfsverb *n*

ناقل [naːqil] tragend; *pl.* [-uːn] *u.* نقلة [naqala] Überbringer *m*; Übersetzer *m*; Abschreiber *m*; Überlieferer *m*; *Tun.* Spediteur *m*; *pl.* نواقل [naˈwaːqil] (2) *Techn.* Transmissionsriemen *m*; آلي ~ Fließband *n*; الجراثيم ~ [n. al-dʒaraːˈθiːm] Bazillenträger *m*; الحرارة ~ Wärmeleiter *m*; السرعة ~ [n. as-surʕa] Ganghebel *m*, Gangschaltung *f*

ناقلة [naːqila], *pl.* [-aːt] Transportschiff *n*; Transporter *m*; البترول ~ Tanker *m*; الجنود ~ Truppentransporter *m*; الطائرات ~ Flugzeugträger *m*; متحركة ~ [mutaˈħarrika] Förderband *n*

ناقم [naːqim] Rächer *m*; erbost (على über *j-n*)

ناقه [naːqih], *pl.* [-uːn] Rekonvaleszent *m*

ناقة [naːqa], *pl.* نوق [nuːq] *u.* نياق [niˈjaːq] weibliche(s) Kamel; ~ لا له فيه ولا جمل [-ta, dʒamal] er hat nichts damit zu schaffen

ناقور [naːˈquːr], *pl.* نواقير [nawaːˈqiːr] (2) ein Blasinstrument *im Koran*

ناقوس [naːˈquːs], *pl.* نواقيس [nawaːˈqiːs] (2) (*Kirchen-*)Glocke *f*; Gong *m*; دق/قرع نواقيس التحذير [daqqa] Alarm schlagen

ناكث [naːkiθ] wortbrüchig

ناكر [naːkir] leugnend; الجميل ~ undankbar

نال → [1](نول) *u.* [1](نيل)

[1]**نام** [naːma] → [1](نوم)

[2]**نام** [naːmin] wachsend, sich entwickelnd; ~ بلد [balad], *pl.* بلدان نامية [bulˈdaːn naːmija] Entwicklungsland *n*

[3]**نأم** [naʔama, a] *Ton*: erklingen

نأمة [naʔma] Laut *m*, Ton *m*, Geräusch *n*

ناموس [naːˈmuːs] **1.** *pl.* نواميس [nawaːˈmiːs] (2) (*bsd. moralisches od. religiöses*) Gesetz; الـ~ الأكبر der Erzengel Gabriel; **2.** *koll.*, *n. un.* ~ة Stechmücke(n *pl.*) *f*, Moskito(s *pl.*) *m*

ناموسية [naːmuːˈsiːja], *pl.* [-aːt] Moskitonetz *n*

ناميبي [naːˈmiːbiː] namibisch; *pl.* [-uːn] Namibier *m*

ناميبيا [naːˈmiːbijaː] Namibia

نانومتر [naːnuˈmitr] Nanometer *m*

ناه [naːhin] verbietend; ناهيك ب [naːˈhiːka] es genügt allein; es genügt zu erwähnen, nimm z.B. …; ناهيك عن ganz zu schweigen von, ganz abgesehen von; رجل ناهيك من رجل [radʒulun, radʒul(in)] was für ein Mann!

ناهب [naːhib], *pl.* [-uːn] Plünderer *m*, Räuber *m*

ناهج [naːhidʒ] *Weg*: klar erkennbar, begangen

ناهد [naːhid] *Busen*: schwellend, voll; vollbusig

ناهض [naːhiḍ] sich erhebend; tatkräftig, aktiv, strebsam; aufstrebend

ناهيك → ناه

ناهية [naːhija], *pl.* نواه [naˈwaːhin] Verbot *n*

ناولون [naːwuˈluːn] = نولون

ناووس [naːˈwuːs], *pl.* نواويس [nawaːˈwiːs] (2) Sarkophag *m*

[1]**ناي** [naːj], *pl.* [-aːt] Flöte *f*

[2]**نأى** [naʔaː, aː] fern sein (عن von *D*); sich fernhalten (عن von *D*); **IV** أنأى [ʔanʔaː] entfernen (عن von *D*); fernhalten (ب عن *j-n* von *D*); **VI** تناءى [taˈnaːʔaː] sich (voneinander) entfernen; entfernt sein; *Entfernung*: groß sein

[3]**نأي** [naʔj] **1.** Entferntsein *n*; Sichfernhalten; **2.** *pl.* آناء [ʔaːˈnaːʔ] *u.* نئي [nuˈʔiːj] Graben *m um das Zelt*

نائب [naːʔib], *pl.* نواب [nuˈwwaːb] Stellvertreter *m*; Abgeordnete(r), Deputierte(r); + *G*: Vize-; *Saudi-Ar.*, *Jord.* Feldwebel *m*, Sergeant *m*; الرئيس ~ Vizepräsident *m*; ~ شرعي *Isl.* Bevollmächtigte(r) des Kadi, Hilfsrichter *m*; ضابط ~, *pl.* نواب ضباط [n. đu'bbɒːṭ] *Ir.* Stabsfeldwebel *m*; الـ~ العام [al-ʕaːmm] (General-)Staatsanwalt *m*; عريف ~ *Ir.* Unteroffizier *m*; عمومي ~ Staatsanwalt *m*; الفاعل ~ *Gr.* Subjekt *n* e-r passiven Handlung; الملك ~ [n. al-malik] Vizekönig *m*; نواب الشعب die Volksvertreter *m/pl.*; مجلس النواب [madʒlis an-n.] Abgeordnetenhaus *n*, Parlament *n*; *USA*: Repräsentantenhaus *n*

نائبة [naːʔiba] **1.** *pl.* [-aːt] Stellvertreterin *f*; Abgeordnete *f*; **2.** *pl.* [-aːt] *u.* نوائب [na'waːʔib] (2) Unglück *n*, Schicksalsschlag *m*

نائحة [naːʔiħa], *pl.* [-aːt] *u.* نوائح [na'waːʔiħ] (2) Klageweib *n*

نائل [naːʔil] empfangend, erhaltend; Gabe *f*, Geschenk *n*

نايلون [nai'loːn] Nylon *n*

نائم [naːʔim] schlafend; *pl.* نيام [ni'jaːm] *u.* نوم [nuwwam] Schläfer *m*

[1]**نبأ II** [nabbaʔa] benachrichtigen (ب von *D*), mitteilen (ه ب *j-m A*); zeugen (عن von *D*), offenbaren (عن *A*); **IV** أنبأ [ʔanbaʔa] benachrichtigen (ب von *D*), mitteilen (ه ب *j-m A*); **V** تنبأ [ta'nabbaʔa] vorhersagen, prophezeien (ب *A*); sich für e-n Propheten ausgeben

[2]**نبأ** [nabaʔ], *pl.* أنباء [ʔam'baːʔ] Nachricht *f*, Meldung *f*, Kunde *f*; أنباء بيروت Nachrichten aus Beirut; وكالة الأنباء [wi'kaːlat al-ʔa.] Nachrichtenagentur *f*

نبات [na'baːt] *koll.* Pflanzen *f/pl.*; *pl.* [-aːt] Pflanze *f*, Gewächs *n*; ~ اقتصادي Nutzpflanze *f*; الزينة ~ [n. az-ziːna] Zierpflanze *f*; طبي ~ [ṭibbiː] Heilpflanze *f*; آكل الـ~ Pflanzenfresser *m*; سكر الـ~ [sukkar an-n.] Kandiszucker *m*; علم الـ~/ النباتات [ʕilm an-n.] Botanik *f*

نباتي [na'baːtiː] pflanzlich, Pflanzen-; botanisch; vegetarisch; *pl.* [-uːn] Vegetarier *m*; Botaniker *m*

[1]**نباح** [na'bbaːħ] Beller *m*, Kläffer *m*

[2]**نباح** [nu'baːħ] Gebell *n*, Bellen *n*

نباش [na'bbaːʃ] Ausgräber *m e-s Schatzes*; القبور ~ Grabplünderer *m*, Grabschänder *m*

نبال [na'bbaːl], *pl.* ~ة Bogenschütze *m*

نبالة [na'baːla] Adel *m*, Vornehmheit *f*

نبأة [nabʔa] schwache(r) Laut, Geräusch *n*

نباهة [na'baːha] Klugheit *f*, Gescheitheit *f*; Ruf *m*, Ruhm *m*; Adel *m*, Vornehmheit *f*

[1]**نبت** [nabata, u] wachsen, keimen, sprossen, *Saat*: aufgehen; **II** [nabbata] säen, pflanzen; **IV** أنبت [ʔanbata] wachsen *od.* keimen lassen; **X** استنبت [is'tambata] anpflanzen, anbauen, *a. Bakterien* züchten

[2]**نبت** [nabt] Wachsen *n*, Keimen *n*; Pflanzenwuchs *m*, Vegetation *f*; قوة الـ~ [quwwat an-n.] Keimfähigkeit *f*

نبتة [nabta], *pl.* [-aːt] Pflanze *f*; Keim *m*

نبتون [nap'tuːn, nip'tuːn] Neptun *m* (*Planet*)

نبح [nabaħa, a] bellen; anbellen

[1]**نبذ** [nabaða, i] wegwerfen; ausstoßen, verstoßen; verwerfen; beiseitelassen; *Vertrag* brechen; طاعته ~ j-m den Gehorsam versagen; **III** نابذ [naːbaða] sich widersetzen (ه *j-m*); الحرب ~ه j-m den Krieg erklären; **VI** تنابذ [ta'naːbaða] miteinander in Fehde liegen; **VIII** انتبذ [in'tabaða] sich zurückziehen

[2]**نبذ** [nabð] Wegwerfen *n*; Verwerfung *f*; Verzicht *m* (*G*: auf *A*); ~ الطاعة Gehorsamsverweigerung *f*

نبذة [nubða], *pl.* نبذ [nubað] Ausschnitt *m* (عن aus *D*), Abschnitt *m*, Teil *m*, kleine(s) Stück; (*Zeitungs*-)Artikel *m*, Skizze *f*

[1]**نبر** [nabara, i] *Silbe* betonen; *Stimme* heben

[2]**نبر** [nabr] Hebung *f der Stimme*; Hervorhebung *f*, *a. Phon.* Betonung *f*

[3]**نبر** [nibr], *pl.* أنبار [ʔan'baːr] Scheune *f*, Speicher *m*, Lager *n*

نبراس [nib'raːs] Leuchte *f*, Laterne *f*; ~ـا اتخذ منه [i'ttaxaða, -an] j-n zum Vorbild *od.* als Beispiel nehmen

نبرة [nabra], *pl.* [naba'raːt] Hebung *f* der Stimme; Betonung *f*, Akzent *m*; Ton *m*, Tonfall *m*, Klang *m*

نبز [nabaza, i] *u.* **II** [nabbaza] e-n Spottnamen (ب) geben (ه *j-m*)

نبس [nabasa, i] sprechen, sich äußern; لم ينبس بكلمة [bi-kalima] er sagte kein Wort; **II** [nabbasa] sprechen, sich äußern

[1]**نبش** [nabaʃa, u] ausgraben; *Grab* plündern; aufscharren; scharren (في in *D*); *Geheimnis* aufdecken; **II** [nabbaʃa] suchen, stöbern, wühlen (في in *D*), durchwühlen (في *A*)

[2]**نبش** [nabʃ] Ausgraben *n*; Aufscharren *n*; القبور ~ Grabplünderung *f*, Grabschändung *f*

[1]**نبض** [nabɒđɒ, i] *a. fig.* pulsieren; ينبض بالحياة [bi-l-ħa'jaːt] von pulsierendem Leben erfüllt

[2]**نبض** [nabđ] Pulsieren *n*, Pulsschlag *m*; Puls *m*; جس ~ه [dʒassa] j-m den Puls fühlen; bei j-m vorfühlen

نبضة [nabđɒ], *pl.* [nabɒ'đɒːt] (ein) Pulsschlag *m*; *El.* Impuls *m*

نبضي [nabđiː] Puls-

[1]**نبط II** [nabbɒṭɒ] *Äg.* spotten (على über *j-n*), höhnen; **X** استنبط [is'tambɒṭɒ] erschließen; entdecken, herausfinden; herleiten (من aus *D*); ableiten, folgern (من aus *D*)

[2]**نبط** [nabɒṭ] *koll.*: الـ~ *hist.* die Nabatäer *m/pl.* (*Volk*)

نبطي [nabɒṭiː] *hist.* nabatäisch; *pl.* أنباط [ʔam'bɒːṭ] Nabatäer *m*

نبطية [nab'ɒṭiːja]: الـ~ **1.** das Nabatäische; **2.** Nabatiye (*Stadt im Südlibanon*)

[1]**نبع** [nabaʕa, u] (hervor)quellen; *Fluß*: entspringen; hervorgehen, stammen (من aus *D*)

[2]**نبع** [nabʕ] Quelle *f*

نبغ [nabaɣa, u] Hervorragendes *od.* Geniales leisten (في in *D*), sich hervortun; hervorgehen (من aus *D*)

نبق [nabq] *koll.*, *n. un.* ~ة Kreuzdorn *m*; *Äg.* Jujube *f*

نبكة [nabka] *Äg.* Hügel *m*

[1]نبل [nabala, u] mit Pfeilen ([nabl]) *od.* e-r Schleuder ([nibla]) beschießen; — [nabula, u] edel, vornehm, nobel sein

[2]نبل [nabl] *koll.* Pfeile *m/pl.*

[3]نبل [nubl] Adel *m*, Vornehmheit *f*

نبلاء → نبيل

[1]**نبلة** [nabla], *pl.* نبال [ni'baːl] *u.* أنبال [ʔam'baːl] Pfeil *m*

[2]**نبلة** [nibla], *pl.* نبال [ni'baːl] *Äg.* Schleuder *f für Kinder*

نبه [nabiha, a] achten (ل auf *A*); erwachen; — [nabuha, u] angesehen sein; **II** [nabbaha] aufmerksam machen, hinweisen (إلى/على auf *A*); wecken; reizen, anregen, stimulieren; اسمه ~ [ismahuː], ~ باسمه [bi-smihiː] j-n angesehen *od.* berühmt machen; **V** تنبه [ta'nabbaha] achtgeben (ل/إلى auf *A*); aufmerksam werden (ل/إلى auf *A*), gewahr werden (ل/إلى *G*), bemerken (ل/إلى *A*); wach sein *od.* werden; *Gewissen*: erwachen; **VIII** انتبه [in'tabaha] achten (ل/إلى auf *A*); beachten (ل/إلى *A*); aufpassen (ل/إلى auf *A*); aufmerksam werden (ل/إلى auf *A*), bemerken (ل/إلى *A*); sich bewußt werden (ل/إلى *G*); aus s-n Gedanken erwachen; انتبه [in'tabih] *Imp.* Achtung!

[1]**(نبو)** نبا [nabaː, uː] danebentreffen; verfehlen (عن *A*); abprallen (عن von *D*); zuwiderlaufen (عن *D*); ~ به j-n abstoßen, j-m widerstreben; ~ به المكان er konnte es an dem Platz *od.* Ort nicht mehr aushalten

[2]**نبو** [nu'buːw] Danebentreffen *n*; Abprall *m*

نبوءة [nu'buːʔa] Prophetie *f*; Prophezeiung *f*

نبوت [na'bbuːt], *pl.* نبابيت [nabaː'biːt] (2) *Äg.* Stock *m*, Knüppel *m*, Knüttel *m*

نبوغ [nu'buːɣ] Sichauszeichnen *n*, Hervortreten *n*; Genialität *f*, Genie *n*, Größe *f*

نبوة [nu'buːwa] Prophetentum *n*; Prophetie *f*

نبوي [nabawiː] prophetisch, Propheten- (*bsd. auf Mohammed bezüglich*)

نبي [na'biːj], *pl.* أنبياء [ʔambi'jaːʔ] (2) *u.* [-uːn] Prophet *m*; الـ~ der Prophet Mohammed

نبيتي [na'biːtiː] *Äg.* weinrot

نبيذ [na'biːð], *pl.* أنبذة [ʔambiða] Wein *m*

نبيل [na'biːl], *pl.* نبلاء [nuba'laːʔ] (2) edel, vornehm; adlig; Edle(r); Adlige(r); *Gefühl*: erhaben; *a. npr. m*

نبيلة [na'biːla] *npr. f*

نبيه [na'biːh], *pl.* نبهاء [nuba'haːʔ] (2) aufgeweckt, gescheit, klug; vornehm, edel

نتأ [nataʔa, a] vorspringen, hervortreten; **IV** أنتأ [ʔantaʔa] hervortreten lassen

نتاج [ni'taːdʒ], *pl.* [-aːt] Ertrag *m*, Frucht *f*; Ergebnis *n*, Produkt *n*; Produktion *f*; Wurf *m von Tieren*; Jungtiere *n/pl.*

نتانة [na'taːna] Gestank *m*; Fäulnis- *od.* Verwesungsgeruch *m*; Fäulnis *f*, Verwesung *f*

نتأة [natʔa] Hügel *m*

نتج [natadʒa, i] **1.** sich ergeben, resultieren (من/عن aus *D*); **2.** *Junges* werfen; **IV** أنتج [ʔantadʒa] erzeugen, herstellen, produzieren; hervorbringen, hervorrufen; *Zinsen* abwerfen; **X** استنتج [is'tantadʒa] schließen, folgern, ableiten (من aus *D*); *Pass.* يستنتج من ذلك [jus'tantadʒu] daraus geht hervor *od.* ergibt sich

نتح [nataħa, i, u] *Schweiß*: aus den Poren dringen

[1]**نتر** [natara, u] reißen, wegreißen

[2]**نتر** [natr] Reißen *n* (*Gewichtheben*)

نترات [nit'raːt] *Chem.* Nitrat *n*

نتروجين [nitroː'ʒeːn] Stickstoff *m*

نتش [nataʃa, i] ausreißen, auszupfen, herausziehen; entreißen (من *j-m*)

نتف [natafa, i] *Haare* ausreißen, auszupfen; *Federn* ausrupfen; *Geflügel* rupfen; **II** [nattafa] = [natafa]

نتفة [nutfa], *pl.* نتف [nutaf] was man mit den Fingern ausreißt *od.* ausrupft; geringe Menge *e-r Sache*, Stückchen *n*, Quentchen *n*

[1]**نتن** [natuna, u], [natana, i] *u.* [natina, a] stinken; nach Fäulnis *od.* Verwesung stinken; verfaulen, verwesen; **II** [nattana] stinkend machen; zersetzen; **IV** أنتن [ʔantana] stinken; verfaulen, verwesen

[2]**نتن** [natn] Gestank *m*; Fäulnis- *od.* Verwesungsgeruch *m*; Fäulnis *f*, Verwesung *f*

[3]**نتن** [natin] stinkend; in Fäulnis übergegangen, zersetzt; *Äg.* knickerig

نتوء [nu'tuːʔ], *pl.* [-aːt] *a. Arch.* Vorsprung *m*; Ausbuchtung *f*; Auswuchs *m*; ~ صخري Felsvorsprung *m*

نتيجة [na'tiːdʒa], *pl.* نتائج [na'taːʔidʒ] (2) Ergebnis *n*, Resultat *n*; Folge *f*, Konsequenz *f* (على für *A*); Ausgang *m von Wahlen*; *Hdl.* Ertrag *m*, Erfolg *m*; *Techn.* Leistung *f*; *Äg.* (Taschen-, Wand-)Kalender *m*; ~ [-ta] + *G u.* ~ ل [-tan] *Präp.* infolge; ~ ذلك [-ta ðaːlika] demzufolge; بالـ~ folglich, infolgedessen; في الـ~ im Endergebnis, im Endeffekt

[1]**نثار** [nu'θaːr] verstreute Teilchen *n/pl. od.* Stückchen *n/pl.*; Konfetti *n*

[2]**نثار** [ni'θaːr] Kleingeld *n*, das bei Hochzeiten unter die Menge geworfen wird

[1]**نثر** [naθara, u] (aus)streuen, verstreuen (على über *A*); in Prosa schreiben; **VI** تناثر [ta'naːθara] ausgestreut *od.* umhergestreut werden; *Splitter*: herumschwirren; *Leute*: sich zerstreuen, sich verlaufen; *Blätter*: abfallen; **VIII** انتثر [in'taθara] verstreut sein *od.* werden

[2]**نثر** [naθr] (Aus-)Streuen *n*, Verstreuen *n*; Prosa *f*, ungebundene Rede

نثرة [naθra], *pl.* [naθa'raːt] kleine(s) Teilchen *e-r ausgestreuten Menge*; *pl.* Pailletten *f/pl.*

نثري [naθriː] Prosa-, prosaisch; geringfügig, unbedeutend, nebensächlich; نثريات *pl.* Verschiedene(s), Diverse(s); مصارف ~ـة [mɒ'sɒːrif] kleine Ausgaben *f/pl.*

نثير [na'θiːr] ausgestreut, verstreut

نجا → (نجو)

نجاء [na'dʒaːʔ] Entkommen *n*, Rettung *f*

نجابة [na'dʒaːba] Vornehmheit *f*, Adel *m*

نجاح [na'dʒaːħ], *pl.* [-aːt] Erfolg *m*; Bestehen *n e-r Prüfung*; بـ~ *Adv.* erfolgreich

[1]**نجاد** [na'ddʒaːd] Polsterer *m*; *pl.* ة~ *Syr. e-e Art* Pfadfinder

[2]**نجاد** [ni'dʒaːd] Schwertgehänge *n*

نجادة [ni'dʒaːda] Polsterergewerbe *n*

نجار [na'ddʒaːr], *pl.* [-uːn] Tischler *m*, Zimmermann *m*

[1]**نجارة** [nu'dʒaːra] Holzspäne *m/pl.*

[2]**نجارة** [ni'dʒaːra] Tischlerei *f*, Zimmerei *f*, Holzarbeit *f*

نجاسة [na'dʒaːsa] Unreinheit *f*, Unsauberkeit *f*

نجاشي [na'dʒaːʃiː]: الـ~ Negus *m* (*früher Titel der Kaiser von Äthiopien*)

نجاعة [na'dʒaːʕa] Wirksamkeit *f a. e-s Medikaments*, Effektivität *f*

نجام [na'ddʒaːm] *obs.* Astrologe *m*

نجاة [na'dʒaːt] Rettung *f*, Entkommen *n*; طوق الـ~ [tɒuq an-n.] Rettungsring *m*

نجب [nadʒuba, u] edler *od.* vornehmer Herkunft sein; **IV** أنجب [ʔandʒaba] das Leben schenken (ه *e-m Kind*), gebären; ein Kind bekommen; لم ينجب منها ولدا [waladan] er hatte von ihr keine Kinder

نجح [nadʒaħa, a] erfolgreich sein, Erfolg haben (في bei *D*); bestehen (في *Prüfung*); *Unternehmen*: gelingen; *fig.* gedeihen; **II** [naddʒaħa] (*selten*) *u.* **IV** أنجح [ʔandʒaħa] zum Erfolg verhelfen (ه/ـه *D*), zum Erfolg führen, erfolgreich sein lassen; gelingen lassen

[1]**نجد** [nadʒada, u] helfen, beistehen (ه *j-m*); **II** [naddʒada] (aus)polstern; *Baumwolle* krempeln; **IV** أنجد [ʔandʒada] helfen, beistehen (ه *j-m*); **X** استنجد [is'tandʒada] um Hilfe bitten, zu Hilfe holen (ه/ب *j-n*), Hilfe suchen (ه/ب bei *j-m*); um Hilfe rufen

[2]**نجد** [nadʒd] **1.** *pl.* نجاد [ni'dʒaːd] *u.* نجود [nu'dʒuːd] Hochland *n*; **2.** *f Geo.* Nedschd *m*

نجدة [nadʒda], *pl.* [nadʒa'daːt] Hilfe *f*, Beistand *m*; *Mil.* Entsatz *m*; *pl. Mil.* Verstärkung *f*; (Helden-)Mut *m*; الـ~ Hilfe!; شرطة الـ~ [ʃurtɒt an-n.] *Äg.* Bereitschaftspolizei *f*, Überfallkommando *n*

نجر [nadʒara, u] *Holz* behauen, bearbeiten *od.* hobeln; **II** [naddʒara] *Tischler, Zimmermann*: *Holz* bearbeiten

نجز [nadʒiza, a] durchgeführt, vollendet werden; **II** [naddʒaza] ausführen, durchführen; **III** ناجز [naːdʒaza] kämpfen (ه mit *j-m*), attackieren; **IV** أنجز [ʔandʒaza] ausführen, durchführen; *Arbeit* verrichten, erledigen; fertigstellen; *Versprechen* erfüllen; **X** استنجز [is'tandʒaza] auf Erledigung drängen; sich um die Erfüllung bemühen

[1]**نجس** [nadʒusa, u] *u.* [nadʒisa, a] unrein, unsauber, schmutzig sein; **II** [naddʒasa] *u.* **IV** أنجس [ʔandʒasa] verunreinigen, beschmutzen; **V** تنجس [ta'naddʒasa] verunreinigt *od.* beschmutzt sein *od.* werden

[2]**نجس** [nadʒas] Unreinheit *f*, Unsauberkeit *f*

[3]**نجس** [nadʒis], *pl.* أنجاس [ʔan'dʒaːs] unrein, unsauber, schmutzig

[1]**نجع** [nadʒaʕa, a] *bsd. Medikament*: wirksam sein, anschlagen; **VIII** انتجع [in'tadʒaʕa] *Ort* aufsuchen (*um Zuflucht, Ruhe od. Erholung zu finden*); e-n Weideplatz suchen

[2]**نجع** [nadʒʕ], *pl.* نجوع [nu'dʒuːʕ] Dörfchen *n*, Weiler *m*

نجعة [nudʒʕa] Nahrungssuche *f*

نجف [nadʒaf] **1.** *pl.* نجاف [ni'dʒaːf] Hügel *m*; hochgelegene Stelle im Wadi, die vom Wasser nicht erreicht wird; **2.**: الـ~ Nedschef (*Stadt im Irak*); **3.** *koll.* Kronleuchter *m/pl.*

نجفة [nadʒafa], *pl.* [-aːt], *koll.* نجف [nadʒaf] Kronleuchter *m*, Lüster *m*

[1]**نجل** [nadʒala, u] *ein Kind* zeugen

[2]**نجل** [nadʒl], *pl.* أنجال [ʔan'dʒaːl] Sprößling *m*, Nachkomme *m*, Sohn *m*; Nachkommenschaft *f*

[3]**نجل** [nudʒl] → [2]أنجل

نجلاء → [2]أنجل

[1]**نجم** [nadʒama, u] sich ergeben, resultieren (من/عن aus *D*); erscheinen, *Stern*: aufgehen; **II** [naddʒama] in den Sternen lesen, Astrologie betreiben; **V** تنجم [ta'naddʒama] die Sterne beobachten u. aus ihnen wahrsagen

[2]**نجم** [nadʒm], *pl.* نجوم [nu'dʒuːm] **1.** Stern *m*; Glücksstern *m*; (*Film-*)Star *m*; القطب ~ [n. al-qutb] Polarstern *m*; مذنب ~ [mu'ðannab] Komet *m*; **2.** *koll.* stengellose Pflanzen *f/pl.*

نجمة [nadʒma], *pl.* [nadʒa'maːt] Stern *m*; (*Film-*)Star *m*; *Typ.* Asteriskus *m*, Sternchen *n*; الصبح ~ [n. ɒs-subħ] Morgenstern *m*

نجمي [nadʒmiː] Stern-, astral; sternförmig; *Astr.* siderisch

(**نجو**) نجا [nadʒaː, uː] sich retten, gerettet werden (من vor *D*), entrinnen, entkommen, entgehen (من *D*); ~ بحياته [bi-ħa'jaːtihiː] sein Leben retten; ~ بنفسه sich retten; **II** نجى [naddʒaː] retten; **III** ناجى [naːdʒaː] zuflüstern (ب ه *j-m A*); anvertrauen (ب ه *j-m Geheimes*); ~ نفسه Selbstgespräche führen; **IV** أنجى [ʔandʒaː] retten; **VI** تناجى [ta'naːdʒaː] einander zuflüstern; tuscheln; **X** استنجى [is'tandʒaː] sich *nach dem Stuhlgang* reinigen

نجوة [nadʒwa] **1.** Rettung *f*; بـ~ من in Sicherheit vor, weit entfernt von; **2.** Bodenerhebung *f*, Hochland *n*

نجوى [nadʒwaː], *pl.* نجاوى [na'dʒaːwaː] vertrauliche(s) Gespräch, Flüstergespräch *n*; Selbstgespräch *n*

نجي [na'dʒiːj], *pl.* أنجياء [ʔandʒi'jaːʔ] (2) vertraute(r) Freund, Vertraute(r)

نجيب [na'dʒiːb], *pl.* نجباء [nudʒa'baːʔ] (2) vornehmer Herkunft; klug, gescheit

نجيس [nadʒiːs] *Krankheit*: unheilbar

نجيع [na'dʒiːʕ] nützlich; zuträglich, bekömmlich

نجيل [na'dʒiːl] *Bot.* Straußgras *n*; *Äg.* Quecke *f*

نجيمة [nu'dʒaima] Sternchen *n*

نحا → [1](نحو)

نحات [na'ħħaːt], *pl.* [-uːn] Bildhauer *m*; Steinmetz *m*; (*Holz-*)Schnitzer *m*

نحاتة [nu'ħaːta] (*Stein-*)Splitter *m/pl.*; (*Holz-*)Späne *m/pl.*

[1]**نحاس** [na'ħħaːs], *pl.* [-uːn] Kupferschmied *m*

[2]**نحاس** [nu'ħaːs] Kupfer *n*; أحمر ~ Kupfer *n*; أصفر ~ Messing *n*

نحاسي [nu'ħaːsiː] Kupfer-, kupfern; Messing-; آلات ~ة Blechblasinstrumente *n/pl.*

نحافة [na'ħaːfa] Magerkeit *f*

نحال [na'ħħaːl], *pl.* [-uːn] Imker *m*, Bienenzüchter *m*

نحالة [ni'ħaːla] Imkerei *f*

نحام [nu'ħaːm] Flamingo *m*

نحاة → ناح *u.* نحوي

[1](**نحب**) **VIII** انتحب [in'taħaba] schluchzen, heftig weinen

[2]**نحب** [naħb] Schluchzen *n*, Weinen *n*; Tod *m*; قضى ~ه s-n letzten Seufzer tun, die Augen schließen

[1]**نحت** [naħata, u, a] *Stein* behauen; *Statue* meißeln; einmeißeln (في/على in *A*); *Holz* schnitzen; formen, gestalten

[2]**نحت** [naħt] Behauen *n von Steinen*; Meißeln *n*; Schnitzen *n*; Zusammenfügung *f* von zwei Wörtern zu einem mit Reduzierung der Bestandteile; Profil *n e-s Reifens*; فن الـ~ [fann an-n.] Bildhauerei *f*; Schnitzkunst *f*

[1]**نحر** [naħara, a] die Kehle durchschneiden (ه *e-m Tier*), schlachten, töten; **VI** تناحر [ta'naːħara] sich streiten, einander bekämpfen; **VIII** انتحر [in'taħara] sich das Leben nehmen, Selbstmord begehen

[2]**نحر** [naħr] **1.** Schlachtung *f*, Tötung *f*; يوم الـ~ [jaum an-n.] *Isl.* Opfertag *m* (*10.* ذو الحجة [ðuː l-ħiddʒa]); **2.** *pl.* نحور [nu'ħuːr] Halsansatz *m*, Kehle *f*

نحرير [niħ'riːr] geschickt, fähig; bewandert (في in *D*)

[1]**نحس** [naħasa, a] Unglück bringen (ه *j-m*); — [naħusa, u] Unglück haben; unheilvoll sein; — [naħisa, a] Unglück haben; **II** [naħħasa] verkupfern; mit Messing überziehen

[2]**نحس** [naħs], *pl.* نحوس [nu'ħuːs] Unglück *n*, Unheil *n*

[3]**نحس** [naħis] unheilvoll, unglückbringend

نحف [naħufa, u] mager, dünn, dürr sein *od.* werden; **II** [naħħafa] *u.* **IV** أنحف [ʔanħafa] mager machen, auszehren

[1]**نحل** [naħala, a] (fälschlich) zuschreiben (ه ه *j-m A*); — [naħula, u], [naħala, u] *u.* [naħila, a] dünn sein *od.* werden; abmagern; **IV** أنحل [ʔanħala] dünn machen, dünn werden lassen; abmagern lassen, abzehren; **V** تنحل [ta'naħħala] sich zuschreiben, (unberechtigt) für sich in Anspruch nehmen; **VIII** انتحل [in'taħala] sich (unberechtigt) zulegen, sich anmaßen; plagiieren; *Religion* annehmen; اسما ~ [isman] sich e-n falschen Namen zulegen; شخصيته ~ [ʃaxsiː'jatahuː] sich für j-n ausgeben

[2]**نحل** [naħl] **1.** fälschliche Zuschreibung; **2.** *koll.*, *n. un.* ~ة Biene(n *pl.*) *f*

[1]**نحلة** [naħla], *pl.* [-aːt] *e-e* Biene; *Äg.* Kreisel *m*

[2]**نحلة** [niħla], *pl.* نحل [niħal] religiöse Gruppe, Sekte *f*, Glaubensrichtung *f*; Gabe *f*, Geschenk *n*

نحم [naħama, i] sich räuspern

نحن [naħnu] wir

نحنح [naħnaħa] *u.* **II** تنحنح [ta'naħnaħa] sich räuspern, hüsteln

[1](**نحو**) نحا [naħaː, uː] sich wenden, die Richtung einschlagen (ه nach *D*); zugehen (نحو [naħwa] auf *A*); نحوه ~ sich nach j-m richten, j-m folgen, j-n nachahmen; به إلى الباب ~ j-n zur Tür hinführen; **II** نحى [naħħaː] entfernen (عن von *D*); beiseite schieben; **IV** أنحى [ʔanħaː] sich wenden (على gegen *j-n*); *Blick* abwenden (عن von *D*); عليه باللائمة ~ j-m Vorwürfe machen, j-n tadeln; **V** تنحى [ta'naħħaː] zur Seite gehen, (= عن الطريق ~) ausweichen; sich entfernen; sich abwenden (عن von *D*); sich heraushalten (عن aus *D*); verzichten (عن auf *A*), aufgeben (عن *A*); **VIII** انتحى [in'taħaː] sich wenden (ه zu *D*, nach *D*); جانبا ~ [dʒaːniban] sich zur Seite wenden; sich zurückziehen; sich abseits halten; ركنا ~ [ruknan] sich in e-e Ecke zurückziehen

[2]**نحو** [naħw], *pl.* أنحاء [ʔan'ħaːʔ] Art und Weise *f*; *bsd. pl.* Gegend *f*; Grammatik *f*, *bsd.* Syntax *f*; من ~ *mit folgender Zahl*: ungefähr; على هذا الـ~ auf diese Weise; in diesem Sinne; على ~ ما [naħwin] gewissermaßen; ziemlich, einigermaßen; [naħwi maː] in der Art wie, so wie; و~ ذلك [naħwu ðaːlika] und dergleichen; من ~ي ich für meinen Teil; الـ~ المقارن [al-mu'qaːran] vergleichende Grammatik, vergleichende Syntax; في كل أنحاء العالم [ʔan'ħaːʔi l-ʕaːlam] auf der ganzen Welt

[3]**نحو** [naħwa] *Präp.* in Richtung auf, gegen, zu … hin; *mit folgender Zahl*: etwa, ungefähr; في ~ الساعة السادسة [naħwi s-saːʕa] etwa um sechs Uhr

نحول [nu'ħuːl] Magerkeit *f*, Auszehrung *f*

نحوي [naħwiː] grammatisch, *bsd.* syntaktisch; grammatisch richtig, schriftsprachlich; *pl.* نحاة [nu'ħaːt] *u.* [uːn] Grammatiker *m*

نحيب [na'ħiːb] Schluchzen *n*, Weinen *n*

نحيزة [na'ħiːza] Natur *f*, Veranlagung *f*, Wesensart *f*

نحيف [na'ħiːf], *pl.* نحفاء [nuħa'faːʔ] (2) *u.* نحاف [ni'ħaːf] mager, dünn, dürr, schmal; schmächtig

نحيل [na'ħiːl], *pl.* نحلى [naħlaː] mager, abgezehrt

نخاس [na'xxaːs] Viehhändler *m*; Sklavenhändler *m*; Mädchenhändler *m*

نخاسة [ni'xaːsa] Viehhandel *m*; Sklavenhandel *m*; Mädchenhandel *m*; Schacher *m*

نخاع [nu'xaːʕ] Rückenmark *n*; (= العظام ~ [n. al-ʕi'ðɒːm]) Knochenmark *n*; *pl.* [-aːt] Hirn *n e-s Tieres*; شوكي ~ [ʃaukiː] Rückenmark *n*

نخالة [nu'xaːla] Kleie *f*, Abfall *m beim Mahlen*

نخامة [nu'xaːma] Schleim *m*, Auswurf *m*

نخامي [nu'xaːmiː]: الغدة النخامية [al-ɣudda] *Anat.* Hypophyse *f*

[1](**نخب**) **VIII** انتخب [in'taxaba] *a. Pol.* wählen; auswählen

[2]**نخب** [naxb] Trunk *m* auf j-s Wohl; شرب ~ه [ʃariba -ahuː] auf j-s Wohl trinken

نخبة [nuxba], *pl.* نخب [nuxab] Auslese *f*; Elite *f*, führende Vertreter *m/pl.*

[1]**نخر** [naxara, u] **1.** anfressen, zerfressen; annagen, zernagen; *Wurm im Holz*: bohren; *Zweifel*: nagen (في نفسه an *j-m*); ~ فيه الدود [fiːhi d-duːd] von Würmern zerfressen sein; **2.** schnarchen; grunzen; — [naxira, a] zerfressen sein, faulen; *Zahn*: kariös sein

[2]**نخر** [naxar] Fäulnis *f*; *Med.* Karies *f*

[3]**نخر** [naxr] Zerfressen *n*, (Zer-)Nagen *n*

[4]**نخر** [naxir] zerfressen, zernagt, faulend; *Zahn*: kariös

نخرب [naxraba] durchlöchern, aushöhlen

نخز [naxaza, a] stechen, pieken; weh tun (ه *j-m*), kränken

نخس [naxasa, a, u] *Tier mit dem Stachel* antreiben

نخشوش [nax'ʃuːʃ], *pl.* نخاشيش [naxaː'ʃiːʃ] (2) Kieme *f des Fisches*

(**نخع**) **V** تنخع [ta'naxxaʕa] sich räuspern u. ausspucken

[1]**نخل** [naxala, u] sieben, durchsieben

[2]**نخل** [naxl] **1.** Sieben *n*; **2.** *koll.*, *n. un.* ~ة Dattelpalme(n *pl.*) *f*

نخلة [naxla] *e-e* Dattelpalme

(**نخم**) **V** تنخم [ta'naxxama] sich räuspern u. ausspucken

نخوة [naxwa] Stolz *m*, Ehrgefühl *n*; ~ وطنية [wɒtɒ'niːja] Nationalstolz *m*, patriotische Gesinnung

نخير [na'xiːr] Schnarchen *n*; Grunzen *n*

نخيل [na'xiːl] *koll.* Dattelpalmen *f/pl.*

نخيلي [na'xiːliː] Palm-, Palmen-

[1]**ند** [nadda, i] *Wort, Ausruf, Seufzer*: entschlüpfen, entfahren (عن *j-m*); entgehen (عن *j-m*); sich entziehen (عن *dem Zugriff*); **II** ندد [naddada] verurteilen, geißeln, (heftig) kritisieren (ب *A*); bloßstellen (ب *j-n*)

[2]**ند** [nadd, nidd] Räucherwerk *n aus Aloeholz*; Weidenröschen *n*

[3]**ند** [nadin] feucht

[4]**ند** [nidd], *pl.* أنداد [ʔan'daːd] gleich, ebenbürtig; gewachsen (ل *j-m*); gleiche(r) *od.* ebenbürtige(r) Partner *od.* Rivale

ندا → (ندو)

نداء [ni'daːʔ], *pl.* [-aːt] Ruf *m*, Aufruf *m*, Appell *m*; Ausruf *m*; Anruf *m*; *Gr.* Vokativ *m*; حرف الـ~ *Gr.* Interjektion *f*

ندابة [na'ddaːba], *pl.* [-aːt] Klageweib *n*

نداف [na'ddaːf], *pl.* [-uːn] Baumwollkrempler *m*

ندام → نادم

ندامة [na'daːma] Reue *f*

[1]**ندب** [nadaba, u] **1.** abordnen, entsenden, delegieren; beauftragen (ل mit *D*); **2.** *e-n Toten* beklagen, beweinen; — [nadiba, a] *Wunde*: vernarben; **VIII** انتدب [in'tadaba] abordnen (ل für *e-e Aufgabe od. ein Amt*); beauftragen, betrauen (ل mit *D*), übertragen (ل ه *j-m e-e Aufgabe*); *Tun. Arbeitskraft* einstellen; *Mil.* abkommandieren

[2]**ندب** [nadab], *pl.* ندوب [nu'duːb] *u.* أنداب [ʔan'daːb] Narbe *f*

[3]**ندب** [nadb] Totenklage *f*, Weinen *n*, Klagen *n*

[1]**ندبة** [nadaba, nadba], *pl.* ندوب [nu'duːb] *u.* أنداب [ʔan'daːb] Narbe *f*

[2]**ندبة** [nudba] Totenklage *f*

ندحة [nudħa, nadħa] freie(r) Raum; Freiraum *m*, Alternative *f*

ندر [nadara, u] *u.* [nadura, u] selten, ungewöhnlich sein; **V** تندر [ta'naddara] sich amüsieren (ب über *A*), Witze machen, sich lustig machen (على über *A*)

ندرة [nadra, nudra] seltene(s) *od.* geringe(s) Vorkommen, Seltenheit *f*; Knappheit *f von Mitteln*, Mangel *m*

ندف [nadafa, i] *Baumwolle* krempeln

ندفة [nudfa], *pl.* ندف [nudaf] Flocke *f*; ~ الثلج Schneeflocke *f*

ندل → نادل

[1]**ندم** [nadima, a] bereuen (على *A*); **III** نادم [naːdama] zechen (ه mit *j-m*); **V** تندم [ta'naddama] bereuen (على *A*); **VI** تنادم [ta'naːdama] miteinander zechen

[2]**ندم** [nadam] Reue *f*

ندمان [nad'maːn] (2), *pl.* ندامى [na'daːmaː] reuig, reuevoll

نده [nadaha, a] *Syr.* rufen (ب mit *e-m Namen*); *Tiere* antreiben

(**ندو**) ندا [nadaː, uː] zusammenkommen, sich versammeln; **III** نادى [naːdaː] rufen; ausrufen (*a.* على *e-e Ware zum Verkauf*); anrufen (ه/على *j-n*); zurufen (ه *j-m*); aufrufen (على *j-n*, ب zu *D*), verlangen (ب nach *D*); proklamieren (ب *A*); verkünden (ب *e-e Lehre*); **VI** تنادى [ta'naːdaː] *obs. u.* **VIII** انتدى [in'tadaː] sich versammeln, zusammenkommen

[1]**ندوة** [nadwa], *pl.* [nada'waːt] Versammlung *f*; Diskussionsgruppe *f*, Seminar *n*, Symposium *n*, Forum *n*; Tagung *f*, Konferenz *f*; ~ صحفية [sɒħa'fiːja] Pressekonferenz *f*

[2]**ندوة** [nu'duːwa] Feuchtigkeit *f*

[1]**ندي** [nadija, aː] feucht, taufeucht sein; شيء يندى له الجبين e-e beschämende Sache; **II** ندى [naddaː] befeuchten, benetzen; **V** تندى [ta'naddaː] feucht, betaut werden; sich freigebig zeigen; → (ندو)

[2]**ندى** [nadan], *pl.* أنداء [ʔan'daːʔ] Tau *m*; Feuchtigkeit *f*; Freigebigkeit *f*

[3]**ندي** [na'diːj] feucht; frisch, zart; ~ الكف [n. al-kaff] freigebig

نديد [na'diːd], *pl.* نداء [nuda'daːʔ] (2) gleich, ebenbürtig; ebenbürtige(r) Partner *od.* Rivale

نديف [na'diːf] *Baumwolle*: gekrempelt

نديم [na'diːm], *pl.* ندماء [nuda'maːʔ] (2), ندام [ni'daːm] *u.* ندمان [nud'maːn] Zechgenosse *m*; Vertraute(r), Kamerad *m*

ندية [ni'ddiːja] Ebenbürtigkeit *f*

نذالة [na'ðaːla] Verworfenheit *f*, Verächtlichkeit *f*, Gemeinheit *f*, Ehrlosigkeit *f*

[1]**نذر** [naðara, i, u] geloben, ein Gelübde tun; weihen (ﻫـ الله *etwas Gott*); ~ نفسه ل [nafsahuː] sich e-r Sache verschwören; **IV** أنذر [ʔanðara] warnen; verwarnen; (im voraus) benachrichtigen (ه ب *j-n* von *D*), ankündigen (ه ب *j-m A*); zu werden drohen (ب *A*)

[2]**نذر** [naðr], *pl.* نذور [nu'ðuːr] *u.* نذورات [nuðuː'raːt] Gelübde *n*; Weihgeschenk *n*, Votivgabe *f*

[1]**نذل** [naðula, u] verachtenswert, verworfen, ehrlos sein

[2]**نذل** [naðl], *pl.* أنذال [ʔan'ðaːl] verachtenswert, gemein, ehrlos

نذير [na'ðiːr] **1.** *pl.* نذر [nuður] Warner *m*; Warnzeichen *n*, Alarmsignal *n*; Vorbote *m e-r drohenden Entwicklung*; ~ شؤم [n. ʃuʔmin] böse(s) Vorzeichen; جاء ~ا [-an] zur Warnung dienen; **2.** durch Gelübde versprochen; (gott)geweiht

نذيل [na'ðiːl], *pl.* نذلاء [nuða'laːʔ] (2) *u.* نذال [ni'ðaːl] verachtenswert, gemein, ehrlos

نربيج [nar'biːʤ], *pl.* نرابيج [naraː'biːʤ] (2) Mundstück *n* der Wasserpfeife

نربيش [nar'biːʃ], *pl.* نرابيش [naraː'biːʃ] (2) Mundstück *n* der Wasserpfeife

نرجس [narʤis] *koll.*, *n. un.* ~ة Narzisse(n *pl.*) *f*

نرجسية [narʤi'siːja] Narzißmus *m*

نرجيلة [nar'ʤiːla], *pl.* [-aːt] *u.* نراجيل [naraː'ʤiːl] (2) Wasserpfeife *f*

نرد [nard] Tricktrack *n* (*Brettspiel*)

نردين [nar'diːn] Narde *f*

نرفز [narfaza] nervös machen; **II** تنرفز [ta'narfaza] nervös sein *od.* werden

نرفزة [narfaza] Nervosität *f*

نرنج [na'randʒ] Pomeranze *f*, Bitterorange *f*

نروج [narwiʤ] *u.* **نرويج** [nar'wiːʤ, nur'weːʤ] *f*: الـ~ Norwegen

نروجي [narwiʤiː] *u.* **نرويجي** [nar'wiːʤiː, nur'weːʤiː] norwegisch; *pl.* [-uːn] Norweger *m*

[1]**نز** [nazza, i] durchsickern; Feuchtigkeit ausschwitzen, nässen; *Saite*: schwingen

[2]**نز** [nazz] Durchsickern *n*; Sickerwasser *n*

[1]**نزاع** [na'zzaːʕ] e-e (starke) Neigung habend (إلى zu *D*)

[2]**نزاع** [ni'zaːʕ], *pl.* [-aːt] Streit *m* (على um *A*), Konflikt *m*, Auseinandersetzung *f*, Kampf *m*; *pl. a.* Streitigkeiten *f/pl.*; بلا ~ unstreitig; لا ~ فيه [-a] unbestritten

نزال [ni'zaːl], *pl.* [-aːt] *a. Sport*: Kampf *m*

نزالة [ni'zaːla] Gastfreundschaft *f*

نزاهة [na'zaːha] Lauterkeit *f*, Redlichkeit *f*; Unparteilichkeit *f*, Objektivität *f*, Unvoreingenommenheit *f*

[1]**نزح** [nazaħa, a, i] **1.** abwandern (عن aus *D*), wegziehen; auswandern, emigrieren (عن aus *D*, إلى nach *D*); **2.** *Wasser* ausschöpfen, entleeren; **VIII** انتزح [in'tazaħa] verlassen (عن e-n *Ort*), auswandern

[2]**نزح** [nazaħ] Schmutzwasser *n*

[3]**نزح** [nazħ] Ausschöpfen *n*, Entleerung *f*, Trockenlegung *f*

نزر [nazr] wenig, gering(fügig), *Menge*: unbedeutend; Kleinigkeit *f*; ~ الكلام wortkarg

[1]**نزع** [nazaʕa, i] **1.** herausziehen, (her)ausreißen (من aus *D*), abreißen (من/عن von *D*), herunterreißen; wegnehmen, entfernen; *Abschnitt, Kupon* abtrennen; entreißen, nehmen (من *j-m*); *Kleidungsstück* ausziehen; *entspricht häufig dem deutschen Präfix ent-*: ~ سلاحه [si'laːħahuː] j-n entwaffnen; ~ ملكيته [milkiː'jatahuː] j-n enteignen; **2.** neigen, Tendenz haben (إلى zu *D*), Verlangen tragen (إلى nach *D*); meiden, unterlassen (عن *A*); **III** نازع [naːzaʕa] **1.** streiten, kämpfen (ه mit *j-m*); streitig machen (ه ﻫـ *j-m A*); bestreiten (في *A*); **2.** im Todeskampf liegen; **VI** تنازع [ta'naːzaʕa] miteinander streiten (على um *A*), einander streitig machen (ﻫـ *A*); hin- u. herziehen *od.* -zerren; *widerstrebende Kräfte od. Gefühle*: erfassen; **VIII** انتزع [in'tazaʕa] herausziehen, (her)ausreißen (من aus *D*); wegreißen, abreißen (من von *D*); entreißen (ﻫـ من *j-m A*), wegnehmen; *Sieg* erringen; *Bewunderung* abnötigen (من *j-m*); *Geständnis* entlocken *od.* abringen (من *j-m*); ~ ملكيته [milkiː'jatahuː] j-n enteignen

[2]**نزع** [nazʕ] Herausziehen *n*, (Her-)Ausreißen *n*, Abreißen *n*; Wegnahme *f*, Entfernung *f*; Entreißen *n*; Todeskampf *m*, Agonie *f*; ~ السلاح [n. as-si'laːħ] Entwaffnung *f*; Abrüstung *f*; ~ الماء *Chem.* Dehydration *f*; ~ الملكية [n. almil'kiːja] Enteignung *f*

نزعة [nazʕa], *pl.* [naza'ʕaːt] Tendenz *f*, Neigung *f*; ~ وطنية [wɒtɒ'niːja], ~ قومية [qau'miːja] Patriotismus *m*

نزغة [nazɣa], *pl.* [naza'ɣaːt]: نزغات الشيطان [n. aʃ-ʃai'tɒːn] Einflüsterungen *f/pl.* des Teufels

[1]**نزف** [nazafa, i] *Blut* abzapfen; *Pass.* (دما) ~ [nuzifa (daman)] ausbluten, verbluten; — [nazifa, a]: ~ دمه [damuhuː] bluten; ~ أنفه [ʔanfuhuː] Nasenbluten haben; **X** استنزف [is'tanzafa] (durch Blutverlust) erschöpfen; *Mittel, Kräfte* aufbrauchen, aufzehren; auszehren, zermürben; *Quellen* ausschöpfen

[2]**نزف** [nazf] Blutverlust *m*, Schwächung *f* durch Blutverlust; *Med.* Blutfluß *m*, Hämorrhagie *f*; ~ مخي [muxxiː] Gehirnblutung *f*

[1]**نزق** [naziqa, a] voreilig, leichtsinnig sein; jähzornig sein; **II** [nazzaqa] *Pferd* antreiben

[2]**نزق** [nazaq] Voreiligkeit *f*, Leichtsinnigkeit *f*, Unbesonnenheit *f*

[3]**نزق** [naziq] voreilig, leichtsinnig, unbesonnen

[1]**نزل** [nazala, i] absteigen (*a.* ب/في in *e-m Hotel*), heruntersteigen; aussteigen (من aus *e-m Fahrzeug*); hinuntergehen, herunterkommen; *Flugzeug*: niedergehen, landen; *Preis*: sinken, fallen; sich niederlassen (في an *e-m Ort*); einkehren, wohnen (ب/على bei *j-m*); *zum Wettkampf* antreten; *Unglück*: zustoßen (ب *j-m*), treffen (ب *j-n*); (hinunter)führen, (herunter)bringen (ب إلى *j-n od. etwas* zu *D*,

nach *D*, in *A*); herfallen (على über *A*); aufgeben (عن *A*), verzichten (عن auf *A*); إلى البر ~ [al-barr] an Land gehen; ضيفا على ~ [đɒifan] bei *j-m* zu Gast sein; عند رغبته ~ [raɣ'batihiː] dem Wunsche j-s nachkommen; منزلا ~ [manzilan] e-n Platz *od.* e-e Stelle einnehmen; **II** [nazzala] herabsteigen lassen; herunterlassen, niederlassen, hinunterbringen, hinunterlassen, herunterholen; abladen, ausladen; *Fahrgast* absetzen; *Flagge* einholen; offenbaren (على *j-m*), *Offenbarung* herabsenden; *Preis* senken, herabsetzen; einlegen (هـ في *A* in *Holz*); abziehen, subtrahieren (من von *D*); درجته ~ [dara'ʤatahuː] j-n degradieren; من قيمته ~ [qiː'matihiː] etwas abwerten; **III** نازل [naːzala] den Kampf aufnehmen, kämpfen (ه mit *j-m*); **IV** أنزل [ʔanzala] herunterlassen, niederlassen, herunterbringen, herunterholen; *Anker* (aus)werfen; abladen; aussteigen lassen; unterbringen, wohnen lassen; *Flagge* einholen; offenbaren (على *j-m*), *Offenbarung* herabsenden; *Preis* senken, herabsetzen; *Schaden*, *Verlust*, *Niederlage* zufügen (ب *j-m*); *Strafe* verhängen (ب über *j-n*); إلى البحر ~ *Schiff* vom Stapel lassen; درجته ~ j-n degradieren; **V** تنزل [ta'nazzala] (allmählich) herabsteigen; verzichten (عن auf *A*); **VI** تنازل [ta'naːzala] verzichten (عن auf *A*), aufgeben (عن *A*); abtreten (عن إلى *etwas* an *j-n*); sich herablassen (إلى zu *D*); **X** استنزل [is'tanzala] herabsteigen lassen; herabwünschen

[2]**نزل** [nazl] (*Mar.*) *u.* [nuzl] (*Tun.*), *pl.* نزل [nuzul], أنزال [ʔan'zaːl] *u.* نزول [nu'zuːl] Hotel *n*, Herberge *f*

نزلة [nazla] **1.** Absteigen *n*, Einkehr *f*, Ankunft *f*; *Jord.* abschüssige Straße, Weg abwärts; الحج ~ [n. al-ħaddʒ] *Äg.* Fest *n* der Rückkehr des → **محمل** [maħmal] von Mekka; **2.** *pl.* [naza'laːt] (*Bronchial-*, *Darm-*)Katarrh *m*; Schnupfen *m*; وافدة ~ Grippe *f*, Influenza *f*

[1]**نزه** [nazuha, u] *u.* [naziha, a] redlich, lauter sein; frei sein (عن von *D*), sich fernhalten (عن von *D*); **II** [nazzaha] frei halten (عن von *D*); für ehrbar *od.* lauter halten; für erhaben halten (عن über *A*); spazierenführen; **V** تنزه [ta'nazzaha] spazierengehen, promenieren, spazierenfahren; erhaben sein (عن über *A*)

[2]**نزه** [nazih] redlich, lauter, ehrenhaft; uneigennützig

نزهة [nuzha], *pl.* [nuza'haːt] *u.* نزه [nuzah] Spaziergang *m*, Spazierfahrt *f*, Ausflug *m*

(**نزو**) نزا [nazaː, uː] springen; *Hengst*: bespringen (على *die Stute*); به ~ قلبه إلى [qalbuhuː] sich *nach etwas* sehnen

نزوان [naza'waːn] Springen *n*; Bespringen *n der Stute*; Ungestüm *n*

نزوح [nu'zuːħ] Abwanderung *f bsd. vom Lande*; Auswanderung *f*

نزوع [nu'zuːʕ] Streben *n*, Verlangen *n* (إلى nach *D*); Tendenz *f* (إلى zu *D*); الـ~ إلى البقاء Selbsterhaltungstrieb *m*

نزول [nu'zuːl] Hinuntersteigen *n*, Herunterkommen *n*, Absteigen *n*, Abstieg *m*; Aussteigen *n* (من aus *e-m Fahrzeug*); Landung *f e-s Flugzeugs*; Sinken *n*, Fallen *n des Preises*; Sichniederlassen *n*; Antreten *n zum Wettkampf*; Offenbarung *f e-s Koranverses*; Erfüllung (على *des Wunsches j-s*); ~ا على [-an] entsprechend, gemäß; ~ا عند رغبته [raɣ'batihiː] um seinen Wunsch zu erfüllen; المطر ~ [n. al-mɒtɒr] Regenfall *m*, Regnen *n*; → [2]نزل

نزوة [nazwa], *pl.* [naza'waːt] Sprung *m*; Laune *f*, Anwandlung *f*; Ungestüm *n*; ذو نزوات launisch

نزيح [na'ziːħ] (weit) entfernt

نزيف [na'ziːf] Blutung *f*; Blutfluß *m*, Hämorrhagie *f*; أنفي ~ Nasenbluten *n*; في المخ ~ [fi l-muxx] Gehirnblutung *f*

نزيل [na'ziːl], *pl.* نزلاء [nuza'laːʔ] (2) (*Hotel-*)Gast *m*; (*Gefängnis-*)Insasse *m*

نزيه [na'ziːh], *pl.* نزهاء [nuza'haːʔ] (2) redlich, lauter, ehrenhaft; uneigennützig

نسا → [3]عرق

نسأ [nasaʔa, a] *u.* **IV** أنسأ [ʔansaʔa] aufschieben; نسأ/أنسأ البيع [al-baiʕ(a)] die Zahlung stunden

[1]**نساء** [na'ssaːʔ] vergeßlich

[2]**نساء** [ni'saːʔ] *pl.* Frauen *f/pl.*

نساب [na'ssaːb], *pl.* [-uːn] Genealoge

نساج [na'ssaːʤ], *pl.* [-uːn] Weber *m*

نساجة [ni'saːʤa] Weberei *f*

نساخ [na'ssaːx], *pl.* ~ة *u.* [-uːn] Abschreiber *m*, Kopist *m*

نساف [na'ssaːf, nu'ssaːf], *pl.* نساسيف [nasaː'siːf] (2) Vogel *m* mit langem Schnabel

نسافة [na'ssaːfa], *pl.* [-aːt] Torpedoboot *n*

نساك → ناسك

نسالة [nu'saːla] faserige(r) Abfall, (*Woll-*, *Haar-*)Abfall *m*

نسائي [ni'saʔiː] Frauen-, Damen-, weiblich; feministisch; نسائيات *pl.* Frauenangelegenheiten *f/pl.*; الحركة النسائية [al-ħaraka] Frauenbewegung *f*; Feminismus *m*

[1]**نسب** [nasaba, i] zuschreiben (إلى *j-m*); beziehen (إلى auf *A*), in Beziehung setzen (إلى zu *D*); zur Last legen (هـ إلى *j-m A*); *j-s Abstammung* zurückführen (إلى auf *A*); إليه قوله إن ~ [qaulahuː ʔinna] von j-m berichten, er habe gesagt …; **II** [nassaba] *Ir.*, *Jord.* für angemessen *od.* passend halten; empfehlen (إلى *j-m*); **III** ناسب [naːsaba] entsprechen (هـ *D*); passen (ه/هـ zu *D*); sich verschwägern, verschwägert sein (ه mit *j-m*); **VI** تناسب [ta'naːsaba] zusammenpassen, miteinander übereinstimmen; entsprechen (مع *D*), passen (مع zu *D*); proportional sein (مع zu *D*); sich verschwägern, verschwägert sein; تناسبا عكسيا ~ [ta'naːsuban ʕak'siːjan] umgekehrt proportional sein (مع zu *D*); **VIII** انتسب [in'tasaba] gehören (إلى zu *D*), angehören (إلى *D*); beitreten (إلى

e-r *Organisation od. Partei*); s-e Abstammung zurückführen (إلى auf *A*), abstammen (إلى von *D*); **X** استنسب [is'tansaba] passend finden

[2]**نسب** [nasab], *pl.* أنساب [ʔan'saːb] Abstammung *f*, Herkunft *f*; Verwandtschaft *f*, Schwägerschaft *f*; سلسلة الـ~ [silsilat an-n.], شجرة الـ~ [ʃadʒarat an-n.] Stammbaum *m*; علم الأنساب [ʕilm al-ʔa.] Genealogie *f*; كريم الـ~ von vornehmer Herkunft

نسبة [nisba] Zuschreiben *n*; In-Beziehung-Setzen *n* (إلى zu *D*); *pl.* نسب [nisab] Beziehung *f*; Verhältnis *n*, Proportion *f*; (= ~ مئوية [miʔa'wiːja]) Prozentsatz *m*; Quote *f*; Rate *f*; *Gr.* Adjektiv *n*, das die Herkunft bezeichnet, Nisbe *f*; *Syr.* Zuname *m*, Familienname *m*; ~ إلى [-tan] in Beziehung zu, mit Bezug auf; nach … (*benannt*); بـ~ um (… *Prozent*); بالـ~ إلى im Hinblick auf, hinsichtlich, bezüglich, für; im Verhältnis zu; ~ البطالة [n. al-bi'ŧɒːla] Arbeitslosenquote *f*; ~ السكر في الدم [n. as-sukkar] (Blut-)Zuckerspiegel *m*; ~ المواليد [n. al-mawaː'liːd] Geburtenrate *f*, Geburtenziffer *f*; نظام النسب [ni'ðɒːm an-n.] Proporz *m*

[1]**نسبي** [nasabiː] verwandtschaftlich, genealogisch

[2]**نسبي** [nisbiː] relativ; proportional; ~اً [-jan] *Adv.* relativ, verhältnismäßig, vergleichsweise

نسبية [nis'biːja] Relativität *f*; نظرية الـ~ [nɒðɒ'riːjat an-n.] Relativitätstheorie *f*

[1]**نسج** [nasadʒa, i, u] weben; *Garn* verweben

[2]**نسج** [nasdʒ] Weben *n*, Weberei *f*; Verweben *n*; *a. fig.* Gewebe *n*; ~ الخيال [n. al-xa'jaːl] Phantasie *f*, Phantasterei *f*

[1]**نسخ** [nasaxa, a] *a. Gesetz* aufheben, außer Kraft setzen; *Vertrag* kündigen; abschreiben, kopieren; **VI** تناسخ [ta'naːsaxa] *Seele*: wandern, von e-m Körper in e-n anderen übergehen; **VIII** انتسخ [in'tasaxa] abschreiben, kopieren; **X** استنسخ [is'tansaxa] abschreiben, kopieren; abschreiben *od.* kopieren lassen

[2]**نسخ** [nasx] Aufhebung *f*; Abschreiben *n*; Kopieren *n*; آلة الـ~ Kopiergerät *n*; خط الـ~ [xɒŧŧ an-n.], قلم الـ~ [qalam an-n.] → نسخي

نسخة [nusxa], *pl.* نسخ [nusax] Abschrift *f*, Kopie *f*; Exemplar *n e-s Buches*

نسخي [nasxiː] *u.* الخط الـ~ [al-xɒŧŧ] *gewöhnlicher, runder, bsd. in Zeitungen u. Büchern verwendeter arab. Schrifttyp*

نسر [nasr], *pl.* نسور [nu'suːr] *Äg.* Adler *m*; *pl.* نسور *u.* نسورة *Syr.* Geier *m*

نسرين [nis'riːn] Hundsrose *f*

نسطور [nus'ŧuːr] (2) Nestorius (*Begründer des nestorianischen Christentums*)

نسطوري [nus'ŧuːriː] nestorianisch; *pl.* نساطرة [na'saːŧira] Nestorianer *m*

نسغ [nusɣ] (Pflanzen-)Saft *m*

[1]**نسف** [nasafa, i] (in die Luft) sprengen; *Schiff, a. fig.* torpedieren; *fig. Brücken* abbrechen

[2]**نسف** [nasf] Sprengung *f*; Torpedierung *f e-s Schiffes, a. fig.*; Abbrechen *n der Brücken*

[1]**نسق II** [nassaqa] planvoll anordnen, arrangieren; aufeinander abstimmen, koordinieren; **V** تنسق [ta'nassaqa] planvoll angeordnet, arrangiert werden; aufeinander abgestimmt, koordiniert werden; **VI** تناسق [ta'naːsaqa] aufeinander abgestimmt sein *od.* werden; symmetrisch sein; miteinander harmonieren

[2]**نسق** [nasaq] Ordnung *f*, System *n*; Art und Weise *f*; على ~ + *G*: nach der Art von; على ~ واحد nach derselben Art, gleichmäßig; حروف الـ~ *Gr.* koordinierende Konjunktionen *f/pl.*

[3]**نسق** [nasq]: حروف الـ~ *Gr.* koordinierende Konjunktionen *f/pl.*

[1]**نسك** [nasaka, u] *u.* **V** تنسك [ta'nassaka] ein gottgeweihtes *od.* asketisches Leben führen, sich von der Welt zurückziehen

[2]**نسك** [nusk] Askese *f*, gottgeweihte(s) Leben

نسكي [nuskiː] asketisch

[1]**نسل** [nasala, u] **1.** *Kinder* zeugen; **2.** auszupfen; *Gewebtes* aufziehen; *Haare, Federn*: ausgehen, ausfallen; **II** [nassala] zerfasern; *Gewebtes* aufziehen; **VI** تناسل [ta'naːsala] sich fortpflanzen, sich vermehren

[2]**نسل** [nasl], *pl.* أنسال [ʔan'saːl] Nachkommenschaft *f*; تحديد الـ~ Geburtenbeschränkung *f*; تنظيم الـ~ Geburtenregelung *f*

[1]**نسم** [nasama, i] (sanft) wehen; **V** تنسم [ta'nassama] (ein)atmen; duften (بـ nach *D*); *Neuigkeiten* aufspüren

[2]**نسم** [nasam], *pl.* أنسام [ʔan'saːm] Atem *m*, Hauch *m*

[1]**نسمة** [nasama], *pl.* [-aːt] Person *f*, Seele *f* (*als Zählwort in der Statistik*)

[2]**نسمة** [nasma] Windhauch *m*, Lüftchen *n*, Brise *f*

نسناس [nas'naːs, nis'naːs], *pl.* نسانيس [nasaː'niːs] (2) Affe *m*; *Fabelwesen mit einem Bein u. einem Arm*

نسوان [nis'waːn] *pl.* Frauen *f/pl.*

نسواني [nis'waːniː] feministisch

نسولة [na'suːla] Zuchttier *n*

نسوة [niswa] *pl.* Frauen *f/pl.*

نسوي [niswiː] Frauen-, weiblich

نسوية [nis'wiːja, nasa'wiːja] Feminismus *m*

[1]**نسي** [nasija, aː] vergessen; *Pass.* لاينسى [junsaː] unvergeßlich; ما أنس لا أنسى [ʔansa] ich werde niemals vergessen; **IV** أنسى [ʔansaː] vergessen lassen (ه ه *j-n A*); **VI** تناسى [ta'naːsaː] sich stellen, als ob man vergessen habe; vergessen, übersehen, außer acht lassen

[2]**نسي** [nasj] Vergessen *n*; vergessene Sache

[3]**نسي** [na'siːj] vergeßlich

نسيان [nis'jaːn] Vergessen *n*, Vergessenheit *f*; طواه الـ~ [ŧɒ'waːhu] in Vergessenheit geraten

نسيب [na'siːb] (*arab.*) Liebespoesie *f*; erotische Einleitung der Kasside;

pl. أنسباء [ʔansi'baːʔ] (2) angeheiratete(r) Verwandte(r); Schwager *m* (*Bruder der Ehefrau*); von vornehmer Herkunft

نسيج [na'siːdʒ] Weben *n*; *pl.* أنسجة [ʔansidʒa] *u.* نسج [nusudʒ] *a. Anat.* Gewebe *n*; Textilerzeugnis *n*; ~ العنكبوت [n. al-ʕanka'buːt] Spinngewebe *n*; وحده ~ [n. waħdihiː] einzig in s-r Art, einmalig; صناعة الـ~ [si'naːʕat an-n.] Textilindustrie *f*

نسيجي [na'siːdʒiː] Textil-

نسيق [na'siːq] (wohl)geordnet, regelmäßig

نسيم [na'siːm], *pl.* نسام [ni'saːm] Windhauch *m*, Lüftchen *n*, Brise *f*; شم الـ~ [ʃamm an-n.] *Äg. Frühlingsfest am koptischen Ostermontag*

نسيئة [na'siːʔa] Stundung *f der Zahlung*, Kredit *m*; بالـ~ *Zahlung*: gestundet; auf Kredit

نش [naʃʃa, i] sieden, brodeln; brutzeln, zischen; — [naʃʃa, u] *Fliegen* verscheuchen

نشء [naʃʔ] Jugend *f*; Nachwuchs *m*; الـ~ الجديد die junge Generation

[1]**نشا** [naʃan] Stärke *f*, Stärkemehl *n*

[2]**نشأ** [naʃaʔa, a] entstehen; aufwachsen; hervorgehen, entspringen (من/عن aus *D*); resultieren (من/عن aus *D*); **II** [naʃʃaʔa] aufziehen, heranziehen, erziehen; **IV** أنشأ [ʔanʃaʔa] errichten, einrichten, schaffen; (be)gründen, ins Leben rufen; (er)bauen; *Verbindungen, Beziehungen* herstellen; *Schriftstück, Buch* verfassen; beginnen (*mit Impf.: etwas zu tun*)

نشاء [na'ʃaːʔ], *umg.* [ni'ʃaːʔ] Stärke *f*, Stärkemehl *n*

[1]**نشاب** [na'ʃʃaːb], *pl.* ~ة Bogenschütze *m*; Pfeilmacher *m*

[2]**نشاب** [nu'ʃʃaːb] *koll., n. un.* ~ة Pfeile *m/pl.*

نشادر [nu'ʃaːdir] Ammoniak *n*

نشار [na'ʃʃaːr], *pl.* [-uːn] Säger *m*

[1]**نشارة** [nu'ʃaːra] *u.* الخشب ~ [n. al-xaʃab] Sägemehl *n*, Sägespäne *m/pl.*

[2]**نشارة** [ni'ʃaːra] Sägen *n*

نشاز [na'ʃaːz] Mißton *m*, Mißklang *m*, Kakophonie *f*; *Melodie*: mißtönend

نشاش [na'ʃʃaːʃ]: ~ ورق [waraq] Löschpapier *n*

نشاط [na'ʃɒːt], *pl.* [-aːt] *u.* أنشطة [ʔanʃitɒ] Tätigkeit *f*, Aktivität *f*; Tatkraft *f*, Energie *f*; Vitalität *f*; ~ إشعاعي Radioaktivität *f*; ذو ~ إشعاعي radioaktiv

نشاف [na'ʃʃaːf]: ~ ورق [waraq] Löschpapier *n*

نشافة [na'ʃʃaːfa], *pl.* [-aːt] Löschblatt *n*; Handtuch *n*

نشال [na'ʃʃaːl], *pl.* [-uːn] Taschendieb *m*

نشالة [na'ʃʃaːla], *pl.* [-aːt] Taschendiebin *f*

نشان [ni'ʃaːn] *Äg.* = نيشان

نشأة [naʃʔa] Entstehung *f*; Aufwachsen *n*

نشاوية [naʃaː'wiːja] = نشوية

[1]**نشب** [naʃiba, a] **1.** *Feuer, Krieg*: ausbrechen; **2.** haften (في an *D*); **IV** أنشب [ʔanʃaba] anheften (ب an *D*); أظافره في ~ [ʔaðɒː'firahuː] sich festkrallen an

[2]**نشب** [naʃab] Besitz *m*, Hab und Gut *n*

نشترة [naʃtara] *Syr.* Taschendiebstahl *m*

نشتري [naʃtariː] *Syr.* Taschendieb *m*

نشج [naʃadʒa, i] schluchzen

نشد [naʃada, u] suchen; beschwören (ه الله [-hu 'ɫaːh(a)] *j-n* bei Gott); **III** ناشد [naːʃada] beschwören (ه هـ/ب/أن *j-n etwas zu tun*); appellieren (ه an *j-n*); **IV** أنشد [ʔanʃada] vortragen, rezitieren; singen

[1]**نشر** [naʃara, u] **1.** ausbreiten, entfalten, *Fahne* entrollen; *Segel*: hissen; *Wäsche* aufhängen; *Truppen* stationieren; veröffentlichen, publizieren; *Flugblätter* verbreiten; **2.** sägen; zersägen; **3.** von den Toten auferwecken; **IV** أنشر [ʔanʃara] von den Toten auferwecken; **VIII** انتشر [in'taʃara] sich verbreiten, sich ausbreiten; verbreitet sein; *Gerücht*: aufkommen; *Mil.* ausschwärmen

[2]**نشر** [naʃr] Ausbreitung *f*, Entfaltung *f*, Entrollen *n*; Hissen *n des Segels*; Aufhängen *n der Wäsche*; Stationierung *f von Truppen*; Veröffentlichung *f*, Publizieren *n*; Verbreitung *f*; يوم الـ~ [jaum an-n.] Tag *m* der Auferstehung

نشرة [naʃra], *pl.* [naʃa'raːt] Veröffentlichung *f*, Publikation *f*; Bericht *m*; ~ الأخبار *u.* ~ إخبارية Nachrichtensendung *f*; ~ أسبوعية Wochenblatt *n*; Wochenschau *f*; ~ جوية [dʒa'wwiːja] Wetterbericht *m*; ~ دعائية [diʕaː'ʔiːja] Prospekt *m*; ~ رسمية offizielle Verlautbarung, Bulletin *n*; ~ شهرية Monatsschrift *f*; ~ يومية [jau'miːja] Tagesbericht *m*, tägliche(s) Bulletin

نشرية [naʃ'riːja], *pl.* [-aːt] *Tun.* Publikation *f*

[1]**نشز** [naʃaza, u, i] *Frau*: aufbegehren, sich auflehnen (ب/من/على gegen *ihren Mann*); *Mann*: roh behandeln (على/من *s-e Frau*); *Melodie*: mißtönend sein

[2]**نشز** [naʃaz], *pl.* أنشاز [ʔan'ʃaːz] (Boden-)Erhebung *f*

[1]**نشط** [naʃitɒ, a] tatkräftig, energisch sein; aktiv, tätig, lebhaft sein *od.* werden; sich beleben, *Wind*: auffrischen; sich begeistern (ل für *A*), begeistert tun (ل *A*); **II** [naʃʃatɒ] beleben, aktivieren, aufmuntern; anregen; **V** تنشط [ta'naʃʃatɒ] munter, lebhaft werden; sich beleben; Tatkraft *od.* Energie entwickeln (في bei *D*)

[2]**نشط** [naʃɨt] tatkräftig, energisch; aktiv, tätig, rührig; lebhaft, munter

نشع [naʃaʕa, a] *Wasser*: durchsickern; *Mauerwerk*: Wasserflecken haben

نشف [naʃifa, a] *intr.* trocknen, austrocknen; **II** [naʃʃafa] trocknen, abtrocknen, austrocknen; ريقه ~ [riːqahuː] j-n peinigen *od.* schikanieren; sich abquälen; **V** تنشف [ta'naʃʃafa] trocken werden; sich abtrocknen

نشق [naʃiqa, a] riechen, (in die Nase) einziehen; **II** [naʃʃaqa] zu riechen geben (ه *j-m*), einatmen lassen; **V**

تنشق [ta'naʃʃaqa] riechen, (in die Nase) einziehen, *Tabak* schnupfen; **X** استنشق [is'tanʃaqa] einatmen; ~ الهواء [al-ha'waːʔ(a)] frische Luft schöpfen

[1]**نشل** [naʃala, u, i] herausziehen, herausreißen (من aus *Gefahren*); (be)stehlen; **VIII** انتشل [in'taʃala] herausziehen (من aus *Gefahren od. Schwierigkeiten*), bergen, retten

[2]**نشل** [naʃl] (Be-)Stehlen *n*; Taschendiebstahl *m*

نشن II [naʃʃana] *Äg.* zielen, *Geschütz* richten (على auf *A*)

نشنجي [na'ʃangiː] *Äg.* Scharfschütze *m*

نشوء [nu'ʃuːʔ] Entstehung *f*, Entwicklung *f*; نظرية الـ~ والارتقاء [nɒðɒ-'riːjat an-n.] Evolutionstheorie *f*

نشوان [naʃ'waːn] (2), *f* نشوى [naʃ-waː], *pl.* نشاوى [na'ʃaːwaː] berauscht

نشوب [nu'ʃuːb] Ausbruch *m von Feuer, e-s Krieges*

نشور [nu'ʃuːr] Auferweckung *f*; يوم الـ~ [jaum an-n.] Tag *m* der Auferstehung

نشوز [nu'ʃuːz] Widerspenstigkeit *f*

نشوق [na'ʃuːq, nu'ʃuːq] Schnupftabak *m*

نشوة [naʃwa] Rausch *m*; Ekstase *f*; ~ الانتصار Siegesrausch *m*; ~ السكر [n. as-sukr] Schwips *m*; ~ الطرب [n. ɒt-tɒrab] Freudentaumel *m*

نشوي [naʃawiː] stärkehaltig, Stärke-; نشويات *pl.* stärkehaltige Nahrungsmittel *n/pl.*

نشوية [naʃa'wiːja] *Syr.-Lib. e-e Süßspeise aus Stärkemehl*

نشوئي [nu'ʃuːʔiː] evolutionistisch; *pl.* [-uːn] Evolutionist *m*

نشي [naʃija, aː] berauscht, trunken werden; **II** نشى [naʃʃaː] *Wäsche* stärken; **VIII** انتشى [in'taʃaː] sich berauschen, trunken werden

نشيج [na'ʃiːdʒ] Schluchzen *n*

نشيد [na'ʃiːd], *pl.* أناشيد [ʔanaː'ʃiːd] (2) Lied *n*, Hymne *f*; الـ~ الأممي [al-ʔumamiː] die Internationale; ~ الأناشيد das Hohelied Salomos; الـ~ الوطني [al-wɒtɒniː] Nationalhymne *f*

نشيط [na'ʃiːt], *pl.* [-uːn] *u.* نشاط [ni'ʃɒːt] tatkräftig, energisch; aktiv, tätig, rührig; lebhaft, munter

[1]**نص** [nɒssɒ, u] zum Inhalt haben, besagen (على *A*); vorsehen, bestimmen, festlegen (على *A*); **II** نصص [nɒssɒsɒ] anführen, zitieren; *Tun.* bestimmen, festlegen (على *A*)

[2]**نص** [nɒss] Vorsehen *n*, Bestimmen *n*, Festlegung *f* (على *G*); *pl.* نصوص [nu'suːs] Text *m*; Textstelle *f*, Zitat *n aus der Offenbarung*; Wortlaut *m*; (*Text-*)Fassung *f*; بنصه wörtlich; ~ا وروحا [-an wa-ruːħan] dem Buchstaben u. dem Geiste *od.* Sinne nach

[3]**نص** [nuss] *umg.* (= [3]نصف [nisf]) Hälfte *f*, + *G*: halb

[1]**نصاب** [nɒ'ssɒːb], *pl.* [-uːn] Betrüger *m*, Gauner *m*, Schwindler *m*; betrügerisch

[2]**نصاب** [ni'sɒːb] **1.** ursprüngliche(r) Zustand; vorgeschriebene (Mindest-)Zahl; الـ~ القانوني gesetzlich vorgeschriebene (Mindest-)Zahl, Quorum *n*; اكتمل الـ~ القانوني *Parlament*: beschlußfähig sein; أعاد الأمور إلى ~ها [ʔa'ʕaːda] die Dinge wieder in Ordnung *od.* ins rechte Lot bringen; **2.** *pl.* نصب [nusub] Griff *m e-s Messers od. Degens*

نصابة [nɒ'ssɒːba], *pl.* [-aːt] Betrügerin *f*, Schwindlerin *f*

نصاح → ناصح

نصارى → نصراني

[1]**نصب** [nɒsɒba, u, i] aufstellen, aufrichten; *Zelt* aufschlagen; *Gr.* in den Akkusativ *bzw.* Subjunktiv setzen; ~ له كمينا [ka'miːnan], ~ له فخا [faxxan] j-m e-e Falle stellen; — [nɒsɒba, u] *Äg.* betrügen, beschwindeln (على *j-n*); — [nɒsiba, a] ermattet sein; sich abkämpfen (في mit *D*); **II** [nɒssɒba] einsetzen (ه *j-n als*), ernennen (ه *j-n* zu *D*); *Alg. Institution* einrichten, *Kommission* einsetzen; ~ أذنيه [ʔuðu'naihi] die Ohren spitzen; **III** ناصب [nɒːsɒba]: ~ه العداء sich mit j-m verfeinden; mit j-m verfeindet sein; **IV** أنصب [ʔansɒba] **1.** ermüden, erschöpfen; **2.** s-n Anteil geben (ه *j-m*); **VIII** انتصب [in'tɒsɒba] sich aufrichten, sich erheben; aufgerichtet werden; (= ~ قائما [qaːʔiman], ~ واقفا [waːqifan]) aufstehen; eingesetzt werden (ل in *ein Amt*); *Gr.* in den Akkusativ *bzw.* Subjunktiv gesetzt werden

[2]**نصب** [nɒsɒb] **1.** Anstrengung *f*, Mühe *f*; **2.** aufgepflanzte Fahne

[3]**نصب** [nɒsb] Aufstellung *f*, Aufrichtung *f*; Aufschlagen *n des Zeltes*; *Gr.* Setzung *f* in den Akkusativ *bzw.* Subjunktiv; *Gr.* Akkusativ *m*; Subjunktiv *m*; *Äg.* Betrug *m*, Schwindel *m*, Gaunerei *f*

[4]**نصب** [nusba] *Präp.* vor (*räumlich*); جعله/وضعه ~ عينيه [ʕai'naihi] sich etwas vor Augen führen; sein Augenmerk auf etwas richten

[5]**نصب** [nusb, nusub], *pl.* أنصاب [ʔan-'sɒːb], *u.* ~ تذكاري [taðˈkaːriː] Denkmal *n*

نصبة [nɒsba] **1.** Pflanze *f*; **2.** *Ir.*, *Syr.* Schwindel *m*

(**نصت**) **IV** أنصت [ʔansɒta] zuhören, lauschen (ل/إلى *j-m*); **V** تنصت [ta'nɒssɒta] lauschen; belauschen (على *j-n*), abhören (على *A*)

[1]**نصح** [nɒsɒħa, a] raten (ه/ل/ب *j-m* zu *D*); **VI** تناصح [ta'nɒːsɒħa] einander raten; einander wohlmeinend sein; **VIII** انتصح [in'tɒsɒħa] e-n Rat befolgen *od.* annehmen; **X** استنصح [is'tansɒħa] um Rat fragen

[2]**نصح** [nusħ] (guter) Rat

[1]**نصر** [nɒsɒra, u] beistehen, helfen (ه على *j-m* gegen *A*); *Gott*: den Sieg verleihen (ه على *j-m* über *A*); **II** [nɒssɒra] christianisieren, zum Christen machen; **III** ناصر [nɒː-sɒra] beistehen, zur Seite stehen (ه *j-m*), unterstützen; **V** تنصر [ta'nɒs-sɒra] **1.** Christ werden; **2.** zu helfen suchen (ل *j-m*), eintreten (ل für *j-n*); **VI** تناصر [ta'nɒːsɒra] einander beistehen *od.* unterstützen; **VIII** انتصر [in'tɒsɒra] siegen, triumphieren (على über *A*); Partei ergreifen (ل für *j-n*), eintreten (ل für *j-n*); **X** استنصر [is'tansɒra] um Beistand *od.* Hilfe bitten

²نصر [nɒsr] Sieg *m*, Triumph *m* (على über *A*)

نصراني [nɒs'raːniː], *pl.* نصارى [nɒ'sɒːraː] Christ *m*

نصرانية [nɒsraː'niːja] Christentum *n*

نصرة [nusra] Beistand *m*, Unterstützung *f*, Hilfe *f*

نصع [nɒsɒʕa, a] *Farbe*: strahlend hell sein; leuchtend weiß sein; klar, offenkundig sein

¹نصف [nɒsɒfa, u] *Tag*: die Mitte erreichen; **II** [nɒssɒfa] halbieren; **III** ناصف [nɒːsɒfa] zur Hälfte beteiligt sein (هـ ه mit *j-m* an *D*), sich mit j-m (ه) in etwas (هـ) teilen; **IV** أنصف [ʔansɒfa] gerecht sein, gerecht urteilen; gerecht behandeln; Gerechtigkeit widerfahren lassen (ه *j-m*); zu s-m Recht verhelfen (ه من *j-m* gegenüber *e-m anderen*); **V** تنصف [ta'nɒssɒfa] Gerechtigkeit fordern; **VIII** انتصف [in'tɒsɒfa] die Mitte erreichen, in der Mitte stehen; Gerechtigkeit fordern (من von *j-m*); Gerechtigkeit widerfahren lassen (ل *j-m*); **X** استنصف [is'tansɒfa] Gerechtigkeit verlangen (ه von *j-m*)

²نصف [nɒsɒf] **1.** Gerechtigkeit *f*; **2.** *m u. f* in mittlerem Alter stehend

³نصف [nisf], *pl.* أنصاف [ʔan'sɒːf] Hälfte *f*; + *G*: halb-, Halb-; ~ حقيقة Halbwahrheit *f*; حل ~ [n. ħall], *pl.* أنصاف حلول halbe Lösung; دائرة ~ Halbkreis *m*; ~ سنوي [n. sanawiː] halbjährlich; ~ شهري halbmonatlich; قطر ~ [n. qutr] Radius *m*; مصنوع ~ *Produkt*: halbfertig; في الرابعة والـ~ um halb fünf Uhr

نصفي [nisfiː] Halb-; ~ تمثال [tim'θaːl] Büste *f*; ~ شلل [ʃalal] Halbseitenlähmung *f*

¹نصل [nɒsɒla, u, a] *Farbe*: ausgehen, verblassen; **V** تنصل [ta'nɒssɒla] sich lossagen, sich distanzieren (من von *D*); ablehnen (من *Verantwortung*)

²نصل [nɒsl], *pl.* نصال [ni'sɒːl] Klinge *f des Messers od. Schwertes*; (*Pfeil-*, *Speer-*)Spitze *f*

نصة [nussɒ], *pl.* نصص [nusɒs] Stirnlocke *f*

نصوح [nɒ'suːħ] *m u. f* aufrichtig

نصيب [nɒ'siːb], *pl.* أنصبة [ʔansiba], *klass. a.* نصب [nusub] *u.* أنصباء [ʔansi'baːʔ] (2) Anteil *m* (في/من an *D*); Los *n*, Schicksal *n*; ~ الأسد [n. al-ʔasad] Löwenanteil *m*; أنصبة *a. Hdl.* Dividenden *f/pl.*; ~ في الربح [fi r-ribħ] Gewinnanteil *m*; يانصيب [jaːnɒ'siːb] Lotterie *f*

نصيح [nɒ'siːħ] aufrichtig; *pl.* نصحاء [nusɒ'ħaːʔ] (2) aufrichtige(r) Ratgeber

نصيحة [nɒ'siːħa], *pl.* نصائح [nɒ'sɒːʔiħ] (2) (guter) Rat, Ratschlag *m*

نصير [nɒ'siːr], *pl.* نصراء [nusɒ'raːʔ] (2) Helfer *m*, Beistand *m*, Stütze *f*; Verbündete(r); Anhänger *m*; Förderer *m*

نصيرية [nusɒi'riːja]: الـ~ die Nusairier *m/pl.* (*gnostische Sekte in Syrien*)

نصيع [nɒ'siːʕ] klar, rein; deutlich

نض [nɒđđɒ, i] durchsickern, rinnen, tröpfeln; **II** نضض [nɒđđɒđɒ] schütteln

نضا → (نضو)

نضار [nu'đɒːr] (reines) Gold

نضارة [nɒ'đɒːra] Frische *f*, Jugendlichkeit *f des Gesichts*; Blüte *f der Jugend*

نضال [ni'đɒːl], *pl.* [-aːt] Kampf *m* (من أجل für *A*, ضد gegen *A*); ~ طبقي [tɒbaqiː] Klassenkampf *m*

نضالي [ni'đɒːliː] Kampf-, kämpferisch

نضب [nɒđɒba, u] *a. fig.* versiegen; *Vorräte*: sich erschöpfen; لاينضب unerschöpflich

¹نضج [nɒđiʤa, a] reif werden, *a. fig.* reifen; gar werden; **IV** أنضج [ʔan'đɒʤa] reifen lassen; gar kochen

²نضج [nuđʤ] *a. fig.* Reife *f*; Garsein *n*

نضح [nɒđɒħa, a] bespritzen, besprengen (ب mit *D*); durchsickern lassen (ب *Flüssigkeit*), *Gefäß*: lecken; schwitzen

¹نضد [nɒđɒda, i] (auf)schichten, (auf)reihen; ordnen; **II** [nɒđđɒda] (auf)schichten, (auf)reihen; *Typ.* setzen; صفوفا ~ها [su'fuːfan] *Dinge* in Reihen ordnen

²نضد [nɒđɒd], *pl.* أنضاد [ʔan'đɒːd] (Bett-)Gestell *n*

¹نضر [nɒđura, u] frisch, blühend sein *od.* werden; **II** [nɒđđɒra] frisch machen, frisch werden lassen; blühend machen

²نضر [nɒđir] frisch, blühend

نضرة [nɒđra] Frische *f*, blühende(s) Aussehen

نضل [nɒđɒla, u] besiegen, schlagen; **III** ناضل [nɒːđɒla] kämpfen (ه mit *j-m*, من أجل für *A*); verteidigen (عن *A*), eintreten (عن für *A*); **VI** تناضل [ta'nɒːđɒla] miteinander kämpfen *od.* wetteifern

(نضو) نضا [nɒđɒː, uː] *Kleidung* ausziehen, ablegen; **IV** أنضى [ʔanđɒː] *Reittier* erschöpfen; *Kleidungsstück* abnutzen; **VIII** انتضى [in'tɒđɒː] *Schwert* (aus der Scheide) ziehen, zücken

نضوب [nu'đuːb] *a. fig.* Versiegen *n*; Erschöpfung *f von Vorräten*

نضوج [nu'đuːʤ] *a. fig.* Reife *f*

نضيد [nɒ'điːd] (wohl)geordnet, gleichmäßig, ebenmäßig

نضيدة [nɒ'điːda], *pl.* نضائد [nɒ'đɒːʔid] (2) Polster *n*, Matratze *f*

نضير [nɒ'điːr] frisch, jugendlich, blühend

¹نط [nɒttɒ, u] springen, hüpfen; *Hengst*: bespringen (على *die Stute*)

²نط [nɒtt] Springen *n*; الحبل ~ Seilspringen *n*; طولي ~ [tuːliː] Weitsprung *m*

نطاح [nɒ'tɒːħ] *Stier*: stößig

نطار [nu'tɒːr] Vogelscheuche *f*, → ناطر

نطارة [ni'tɒːra] Hüten *n des Feldes*, Wache *f*

نطاسي [ni'tɒːsiː] geschickt, fähig, erfahren; *pl.* نطس [nutus] geschickte(r), fähige(r) Arzt; (medizinische) Kapazität

نطاط [nɒ'tɒːt] Springer *m*; Springheuschrecke *f*

نطاق [ni'tɒːq], *pl.* نطق [nutuq] Bereich *m*; *fig.* Rahmen *m*; Gürtel *m*; ~ في + *G*: im Rahmen von; ~ الجوزاء [n. al-ʤau'zaːʔ] *Astr.* der

Gürtel des Orion; الحصار ~ [n. al-ħi'sɒːr] Blockadering *m*; واسع الـ~ umfangreich, ausgedehnt; ~ على عالمي weltweit; واسع ~ على in großem Umfang *od.* Maßstab

نطح [nɒtɒħa, a] (*mit dem Kopf od. den Hörnern*) stoßen (ه/هـ *A*, *a.* هـ gegen *A*); **III** ناطح [nɒːtɒħa] stoßen (هـ an *A*, gegen *A*); **VI** تناطح [ta'nɒːtɒħa] einander stoßen

نطحة [nɒtħa], *pl.* [nɒtɒ'ħaːt] Stoß *m mit dem Kopf od. den Hörnern*

[1]**نطر** [nɒtɒra, u] **1.** *Feld* bewachen, hüten; *Ir.*, *Syr.* warten; **2.** *Äg.* (heftig) stoßen

[2]**نطر** [nɒtr] **1.** Hüten *n des Feldes*, Wache *f*; **2.** *Äg.* Stoßen *n*

نطرة → ناطر

نطرون [nɒt'ruːn] Natron *n*

نطس [nɒtis, nɒts] *bsd. Arzt*: geschickt, erfahren

[1](**نطع**) **V** تنطع [ta'nɒttɒʕa] übergenau, penibel sein (في bei *D*); ~ في الكلام großspurig *od.* hochgestochen reden

[2]**نطع** [nɒtʕ], *pl.* أنطاع [ʔan'tɒːʕ] Lederteppich *m bei Hinrichtungen*

نطعي [nitʕiː]: الحروف النطعية die Laute ط u. د, ت

نطفة [nutfa], *pl.* نطف [nutɒf] Tropfen *m*; Samentropfen *m*, Sperma *n*

[1]**نطق** [nɒtɒqa, i] sprechen; aussprechen, artikulieren (ب *A*); verkünden (ب Urteil); لم ينطق بكلمة [bi-kalima] er sagte kein Wort; **II** [nɒttɒqa] **1.** zum Sprechen bringen; **2.** umgürten; **IV** أنطق [ʔantɒqa] sprechen lassen; *Gott*: die Sprache geben (ه *dem Menschen*); **V** تنطق [ta'nɒttɒqa] *u.* **VIII** انتطق [in'tɒtɒqa] sich gürten (ب mit *D*); **X** استنطق [is'tantɒqa] befragen; verhören; sich erbrechen

[2]**نطق** [nutq] Aussprache *f*; Sprache *f*; الـ~ بالحكم [bi-l-ħukm] Urteilsverkündung *f*; فاقد الـ~ sprachlos

نطقي [nutqiː] phonetisch; artikulatorisch

نطة [nɒttɒ], *pl.* [-aːt] Sprung *m*

نظار → ناظر

نظاراتي [nɒð̣ð̣ɒː'raːtiː], *pl.* ~ة Optiker *m*; Brillenmacher *m*

[1]**نظارة** [nɒ'ð̣ð̣ɒːra] **1.** *pl.* [-aːt] Brille *f*; Fernglas *n*, Feldstecher *m*; **2.** *pl.* Zuschauer *m/pl.*

[2]**نظارة** [ni'ð̣ɒːra] Aufsicht *f*, Inspektion *f*; Leitung *f*, Direktion *f*

نظافة [nɒ'ð̣ɒːfa] Sauberkeit *f*, Reinheit *f*; Reinlichkeit *f*

نظام [ni'ð̣ɒːm], *pl.* نظم [nuð̣um] *u.* أنظمة [ʔanð̣ima] System *n*, Ordnung *f*; Satzung *f*, Statut *n*; *Pol.* Regime *n*; Disziplin *f*; ~ اجتماعي Gesellschaftsordnung *f*, Gesellschaftssystem *n*; ~ أساسي Statut *n*; الـ~ الاشتراكي das sozialistische System, der Sozialismus; الـ~ الاقتصادي العالمي [al-ʔaːlamiː] Weltwirtschaftsordnung *f*; ~ إيكولوجي, ~ بيئي [biːʔiː] Ökosystem *n*; ~ الحزبين [n. al-ħiz'bain] Zweiparteiensystem *n*; ~ الحكم [n. al-ħukm] Regierungsform *f*, Regime *n*; ~ داخلي Statut *n*; Geschäftsordnung *f*; ~ شمسي Sonnensystem *n*; الـ~ العام [al-ʕaːmm] öffentliche Ordnung; ~ غذائي [ɣi'ð̣aːʔiː] Diät *f*; ~ المرور Verkehrsordnung *f*; ~ منع التجول [n. manʕ at-ta'ʤawwul] Ausgehverbot *n*

نظامي [ni'ð̣ɒːmiː] regulär, ordentlich; systematisch, planmäßig; ~ة رحلة [riħla] Linienflug *m*

[1]**نظر** [nɒð̣ɒra, u] blicken, schauen (إلى auf *A*, nach *D*); anblicken, ansehen, betrachten (إلى *A*); erwägen (في *A*); untersuchen, prüfen, überprüfen (في *A*); sich befassen (في mit *D*, *bsd. Rechtssache*), bearbeiten (في *Fall*); ~ في قضية [qɒ-'ð̣iːja] *Jur.* e-e Sache verhandeln; *Imp.* أنظر [unð̣ur] siehe!; **II** [nɒð̣ð̣ɒra] theoretisieren; die theoretische Grundlage schaffen; **III** ناظر [nɒːð̣ɒra] disputieren, sich auseinandersetzen (ه mit *j-m*); gleichen, gleichkommen (ه/هـ *D*); **IV** أنظر [ʔanð̣ɒra] Aufschub gewähren (ه *j-m*), *Betrag* stunden; **V** تنظر [ta'nɒð̣ð̣ɒra] betrachten; abwarten; **VI** تناظر [ta'nɒːð̣ɒra] miteinander disputieren; *Math.* symmetrisch sein; **VIII** انتظر [in'tɒð̣ɒra] warten (ه/هـ auf *A*), erwarten; abwarten; مما ينتظر معه أن [mimmaː jun'tað̣ɒru] was erwarten läßt, daß; **X** استنظر [is'tanð̣ɒra] warten (ه/هـ auf *A*); um Aufschub bitten; zu warten bitten, warten lassen

[2]**نظر** [nɒð̣ɒr] Sehen *n*, Sicht *f*; Betrachtung *f* (إلى *G*); Erwägung *f* (في *G*), Überlegung *f* (في über *A*); Untersuchung *f*, Prüfung *f*, Überprüfung *f* (في *G*); Bearbeitung *f* (في *e-s Falles*); Erörtung *f* (في *G*); *pl.* أنظار [ʔan'ð̣ɒːr] Blick *m*; ~ا إلى/لـ [-an] im Himbick auf, in Anbetracht *von*, angesichts, mit Rücksicht auf; بالـ~ إلى in Anbetracht *von*; بالـ~ إلى أن [ʔanna] in Anbetracht dessen, daß; إعادة الـ~ Überprüfung *f*, Revision *f* (في *G*); بعيد الـ~ weitblickend; طويل الـ~ weitsichtig; قصير الـ~ *a. fig.* kurzsichtig; وجهة الـ~ [widʒhat an-n.] Standpunkt *m*, Gesichtspunkt *m*; تحت الـ~ *Angelegenheit*: in Bearbeitung; دون ~ إلى ungeachtet *des/der*; في ~ي in meinen Augen, nach meiner Meinung; بصرف/بقطع الـ~ عن ungeachtet *des/der*, abgesehen von; أخذه بـ~ الاعتبار etwas in Betracht ziehen; لفت الـ~ إلى den Blick *od.* die Aufmerksamkeit auf *etwas* lenken

[3]**نظر** [nið̣r] gleich, ähnlich; عديم الـ~ ohnegleichen

نظرة [nɒð̣ra], *pl.* [nɒð̣ɒ'raːt] Blick *m*; Betrachtung *f* (إلى *G*), Betrachtungsweise *f*

نظري [nɒð̣ɒriː] theoretisch; optisch; *pl.* [-uːn] Theoretiker *m*

نظرية [nɒð̣ɒ'riːja], *pl.* [-aːt] Theorie *f*; Theorem *n*; ~ المجموعات *Math.* Mengenlehre *f*; ~ المعرفة [n. al-maʕrifa] *Phil.* Erkenntnislehre *f*

نظف [nɒð̣ufa, u] sauber, rein sein; **II** [nɒð̣ð̣ɒfa] säubern, reinigen (من von *D*), putzen; ~ بالفرشة [bi-l-furʃa] abbürsten; **V** تنظف [ta'nɒð̣ð̣ɒfa] sich reinigen

[1]**نظم** [nɒð̣ɒma, i] *Perlen* auffädeln, aufreihen; dichten, *Gedichte* verfassen; **II** [nɒð̣ð̣ɒma] ordnen, anordnen; regeln, regulieren; organisieren, veranstalten; *Instrument*

stimmen; *Syr.*, *Lib. Dokument* ausstellen; **V** تنظم [ta'nɒðða̠ma] geordnet, geregelt werden; organisiert werden; **VIII** انتظم [in'tɒðɒma] geordnet, geregelt sein *od.* werden; organisiert werden; gleichmäßig sein *od.* werden; eintreten (في in *A*), sich anschließen (في *D*), beitreten (في *e-r Vereinigung*); ordnend zusammenfassen; durchdringen; *Gefühl*, *Schauder*: überkommen, ergreifen

2**نظم** [nɒðm] Auffädeln *n*, Aufreihen *n von Perlen*; Abfassung *f e-s Gedichts*; Dichtung *f*, Poesie *f*

نظير [nɒ'ðiːr] gleich, ähnlich, entsprechend; *pl.* نظراء [nuðɒ'raːʔ] (2) Amtskollege *m bsd. e-s Ministers in e-m anderen Land*; *pl.* نظائر [nɒ'ðɒːʔir] (2) Gleiche(s), Gegenstück *n*; Gegenleistung *f*, Gegenwert *m*; *Tun.* Kopie *f*, Abschrift *f*, Ausfertigung *f*; *Phys.* Isotop *n*; الـ~ (= السمت ~) *Astr.* Nadir *m*; ~ [-a] gegen, als Gegenleistung für; نظائر مشعة [mu'ʃiʕʕa] radioaktive Isotope *n/pl.*; منعدم الـ~ [mun'ʕadim an-n.], منقطع الـ~ [mun'qɒtiʕ an-n.] unvergleichlich; ~ ليس له *u.* ~ لا له [-a] ohnegleichen, unvergleichlich

نظيف [nɒ'ðiːf], *pl.* نظفاء [nuðɒ'faːʔ] (2) *u.* نظاف [ni'ðɒːf] sauber, rein; reinlich; *Sport*: fair

1**نعاب** [na'ʕʕaːb] *Rabe*: krächzend; unheilkündend

2**نعاب** [nu'ʕaːb] Krächzen *n des Raben*

نعار [na'ʕʕaːr] schreiend, brüllend, lärmend; Aufwiegler *m*

نعارة [na'ʕʕaːra], *pl.* [-aːt] irdene(r) Krug *od.* Topf

نعاس [nu'ʕaːs] Schläfrigkeit *f*, Müdigkeit *f*; Lethargie *f*

نعام [na'ʕaːm] *koll.*, *n. un.* ـة~, *pl.* نعائم [na'ʕaːʔim] (2) Strauß(e *pl.*) *m* (*Vogel*)

نعب [naʕaba, a, i] *Rabe*: krächzen; verkünden (ب *Unheil*)

1**نعت** [naʕata, a] beschreiben, kennzeichnen; *Substantiv* mit e-m Attribut versehen

2**نعت** [naʕt] Beschreibung *f*, Kennzeichnung *f*; *pl.* نعوت [nu'ʕuːt] beschreibende(s) Beiwort, Epitheton *n*; *Gr.* Attribut *n*; Adjektiv *n*

نعتي [naʕtiː] beschreibend, kennzeichnend

نعجة [naʕʤa], *pl.* [naʕa'ʤaːt] *u.* نعاج [ni'ʕaːʤ] (*weibliches*) Schaf, Mutterschaf *n*

نعر [naʕara, a] brüllen, schreien; grunzen; *Syr.* jaulen; *Blut*: hervorbrechen

1**نعرة** [naʕra] *n. vic.*, *pl.* [naʕa'raːt] Brüllen *n*; Grunzen *n*

2**نعرة** [nuʕara, naʕra] Dünkel *m*, Hochmut *m*; عنصرية ~ [ʕunsu'riːja] Rassismus *m*; قومية ~ [qau'miːja], ~ وطنية [wɒtɒ'niːja] übersteigerte(r) Patriotismus, Chauvinismus *m*

نعس [naʕasa, a] einnicken, einschlummern; **II** [naʕʕasa] *u.* **IV** أنعس [ʔanʕasa] schläfrig machen; *Kind* einschläfern; **VI** تناعس [ta'naːʕasa] sich schläfrig *od.* schlafend stellen; dösen

نعسان [naʕ'saːn] (2) schläfrig, müde

نعسة [naʕsa] Nickerchen *n*, Schlummer *m*

1(**نعش**) **IV** أنعش [ʔanʕaʃa] beleben, erfrischen; wiederbeleben; **VIII** انتعش [in'taʕaʃa] sich beleben, sich erholen; belebt *od.* erfrischt werden

2**نعش** [naʕʃ], *pl.* نعوش [nu'ʕuːʃ] (Toten-)Bahre *f*; بنات ~ الكبرى [al-kubraː] *Astr.* der Große Bär

نعشة [naʕʃa]: ~ الموت [n. al-maut] *Med.* Euphorie *f*; Schwanengesang *m*

نعظ [naʕaðɒ, a] *Penis*: erigieren; **IV** أنعظ [ʔanʕaðɒ] sexuell erregt sein *od.* werden

نعق [naʕaqa, a, i] *Rabe*: krächzen; *bsd. Nachtvögel*: schreien; kreischen

1**نعل** [naʕala, a] *Pferd* beschlagen; **II** [naʕʕala] *Schuh* besohlen; *Pferd* beschlagen; **IV** أنعل [ʔanʕala] *Pferd* beschlagen; **VIII** انتعل [in'taʕala] Schuhe (*bsd.* Sandalen) anziehen *od.* tragen

2**نعل** [naʕl], *pl.* نعال [ni'ʕaːl] (Schuh-) Sohle *f*; Paar *n* Schuhe (*bsd.* Sandalen); Hufeisen *n*

1**نعم** [naʕima, a] *u.* [naʕama, u, a] gut, bequem, sorgenfrei leben; genießen (ب *A*), sich erfreuen (ب *G*); — [naʕuma, u] zart, weich, glatt, fein sein; **II** [naʕʕama] weich, glatt, fein machen; pulverisieren; ein sorgenfreies Leben gewähren (ه *j-m*), verwöhnen; **IV** أنعم [ʔanʕama] schenken, gewähren, verleihen (ب على *j-m A*); sich vertiefen (في in *A*); الله صباحك ~ [ɒ'ɫɫɒːhu sɒ'baːħaka] guten Morgen!; ~ النظر في [an-nɒðɒra] genau *od.* aufmerksam betrachten; **V** تنعم [ta'naʕʕama] ein sorgenfreies Leben führen; genießen (ب *A*)

2**نعم** [naʕam] **1.** ja!, gewiß!; **2.** *pl.* أنعام [ʔan'ʕaːm] (*Weide-*)Vieh *n*

3**نعم** [niʕma] welch ein vortrefflicher *od.* wundervoller…!; ~ الرجل [r-raʤulu] was für ein Mann!; ~ ما فعلت [fa'ʕalta] gut gemacht!; فبها ونعمت [fa-bihaː wa-niʕmat] in diesem Falle *od.* dann ist es gut

نعماء [naʕ'maːʔ] (2) Gunst *f*, Huld *f*, Gnade *f*; في الـ~ والبأساء in Glück und Unglück

نعمان [nuʕ'maːn] *npr. m*; شقيق الـ~ *koll.*, *n. un.* شقيقة الـ~, *pl.* شقائق الـ~ Anemone(n *pl.*) *f*

1**نعمة** [naʕma] Wohlleben *n*, Annehmlichkeit *f*

2**نعمة** [niʕma], *pl.* نعم [niʕam], [-aːt] *u.* [niʕa'maːt] Wohltat *f*, Gnade *f*; Segen *m e-r Sache* (→ نقمة); واسع الـ~ mit Reichtümern gesegnet; ولي الـ~ [wa'liːj an-n.] Wohltäter *m*; بـ~ الله durch die Gnade Gottes

نعمى [nuʕmaː] Wohltat *f*; Glück *n*, Wohlhabenheit *f*

نعناع [naʕ'naːʕ] *u.* **نعنع** [naʕnaʕ] Pfefferminze *f*

نعوظ [nu'ʕuːð] Erektion *f*

نعومة [nu'ʕuːma] Weichheit *f*, Zartheit *f*, Glätte *f*, Feinheit *f*

نعوة [naʕwa] Todesbotschaft *f*, Todesanzeige *f*

1**نعى** [naʕaː, aː] den Tod j-s (ه) bekanntgeben *od.* anzeigen (إلى *j-m*); e-n Nachruf halten *od.* schreiben

(ه auf *j-n*); vorwerfen (على هـ *j-m A*); — [naʕaː, iː] *umg.*wehklagen, jammern; klagen (على über *A*)

2**نعي** [na'ʕiːj] Todesbote *m*; *pl.* نعايا [na'ʕaːjaː] Todesanzeige *f*

3**نعي** [naʕj] Todesbotschaft *f*, Todesanzeige *f*; Nachruf *m*

نعيب [na'ʕiːb] Krächzen *n des Raben*; Schrei *m der Eule*

نعير [na'ʕiːr] Gebrüll *n*, Schreien *n*; Grunzen *n*

نعيق [na'ʕiːq] Krächzen *n des Raben*; Schrei *m der Eule*

نعيم [na'ʕiːm] Wohlleben *n*, Glück *n*; الله ~ die Gaben Gottes; دار الـ~ Paradies *n*

نعية [naʕja], *pl.* [naʕa'jaːt] Todesanzeige *f*

نغز [naɣaza, a] stechen (ه *j-n*, هـ in *A*); **II** [naɣɣaza] stechen

نغش [naɣaʃa, a] erschüttert werden; **III** ناغش [naːɣaʃa] necken; sich necken (ه mit *j-m*)

نغص II [naɣɣɒsɒ] vergällen (على هـ *j-m A*, *bsd. das Leben*); **V** تنغص [ta'naɣɣɒsɒ] vergällt werden

نغصة [nuɣsɒ] Unannehmlichkeit *f*, Belästigung *f*

نغل [naɣl] uneheliche(s) Kind

1**نغم II** [naɣɣama] (vor sich hin) singen, summen; **VI** تناغم [ta'naːɣama] gleichzeitig ertönen, harmonisch zusammenklingen

2**نغم** [naɣam], *pl.* أنغام [ʔan'ɣaːm] Melodie *f*, Weise *f*; *pl. a.* Klänge *m/pl.*

نغمة [naɣma, naɣama], *pl.* [naɣa'maːt] *a. Mus.* Ton *m*; Klang *m*; Tonfall *m*; *pl.* Klänge *m/pl.*

(**نغو**) **III** ناغى [naːɣaː] zärtliche Worte sagen (ه *j-m*); den Hof machen (ها *e-r Frau*); sanft zureden (ه *e-m Kind*)

نغولة [nu'ɣuːla] uneheliche Herkunft *e-s Kindes*

نغيل [na'ɣiːl] uneheliche(s) Kind

نف [naffa, u] *Äg.* sich schneuzen; *Tun. Tabak* schnupfen

نفاث [na'ffaːθ] Düsen-; طائرة ~ة Düsenflugzeug *n*

1**نفاثة** [na'ffaːθa], *pl.* [-aːt] **1.** *im Koran*: Frau *f*, die auf den Knoten spuckt (*u. dabei den Knotenzauber ausübt*); **2.** Düsenflugzeug *n*

2**نفاثة** [nu'faːθa] Spucke *f*, Auswurf *m*

نفاثي [na'ffaːθiː]: ~ تسيير Düsenantrieb *m*

1**نفاخ** [na'ffaːx] blähend; aufgebläht

2**نفاخ** [nu'ffaːx] Schwellung *f*

نفاخة [nu'ffaːxa], *pl.* [-aːt] *a. Med.* Blase *f*; Wasserblase *f*; Schwimmblase *f des Fisches*

نفاد [na'faːd] Aufgebrauchtsein *n*, Erschöpfung *f der Vorräte*

1**نفاذ** [na'faːð] Durchdringung *f*; Eindringen *n* (إلى in *A*); Gültigkeit *f*, Inkrafttreten *n e-s Gesetzes*; *mißbräuchlich für* → نفاد; البصيرة ~ Scharfblick *m*

2**نفاذ**[na'ffaːð] durchdringend; durchlässig

نفاذية [naffaː'ðiːja] Durchlässigkeit *f*

نفاس [ni'faːs] Wochenbett *n*; Niederkunft *f*; حمى الـ~ [ħummaː n-n.] Kindbettfieber *n*

نفاسة [na'faːsa] Kostbarkeit *f*

نفاسي [ni'faːsiː]: حمى ~ة [ħummaː] Kindbettfieber *n*

نفاش [na'ffaːʃ] Pomeranze *f*, Bitterorange *f*

نفاضة [nu'fɒːđɒ] abgeschüttelte(r) Staub *od.* Schmutz

نفاع [na'ffaːʕ] sehr nützlich

1**نفاق** [na'faːq] gute Absetzbarkeit *der Ware*; Florieren *n der Geschäfte*

2**نفاق** [ni'faːq] Heuchelei *f*, Scheinheiligkeit *f*

نفاوة [nu'faːwa] Abfall *m*, Ausschuß *m*

نفاية [nu'faːja], *pl.* [-aːt] Abfall *m*, Ausschuß *m*; *bsd. pl.* Müll *m*; *pl. a. Biol.* Ausscheidungsstoffe *m/pl.*

نفتا [naftaː] Naphta *n*

نفتالين [nafta'liːn] Naphtalin *n*

1**نفث** [nafaθa, u, i] ausspeien, ausspucken; *Schlange*: *Gift* ausspritzen; *Raucher*: *Rauch* ausblasen; *Schadstoffe* ausstoßen, emittieren

2**نفث** [nafθ] Ausspeien *n*, Ausspucken *n*; Spucke *f*, Auswurf *m*; Ausstoß *m*, Emission *f von Schadstoffen*; الشيطان ~ [n. aʃ-ʃai'tɒːn] (Liebes-)Poesie *f*

نفثة [nafθa], *pl.* [nafa'θaːt] Spucke *f*, Auswurf *m*; Hauch *m*, Atem *m*; *pl. a.* Ausgespiene(s); *fig.* Ergüsse *m/pl.*; نفثات الأقلام literarische Ergüsse *m/pl.*

نفج [nafadʒa, u] prahlen

نفح [nafaħa, a] *Duft*: ausströmen, sich verbreiten; schenken (هـ ه *j-m A*); **III** نافح [naːfaħa] verteidigen (عن *A*)

نفحة [nafħa], *pl.* [nafa'ħaːt] (Wind-)Hauch *m*; Duft *m*, Wohlgeruch *m*; Geschenk *n*, Gabe *f*

1**نفخ** [nafaxa, u] blasen (*a.* هـ/في *ein Musikinstrument*); aufblasen, aufpumpen; hauchen; einhauchen (في *j-m*); *Kerze*, *Raucher den Rauch* ausblasen; شدقيه ~ [ʃid'qaihi] *fig.* sich aufblasen; **VIII** انتفخ [in'tafaxa] sich (auf)blähen; *fig.* sich aufblasen; anschwellen

2**نفخ** [nafx] Blasen *n*; Aufblasen *n*, Aufpumpen *n*; Einhauchen *n*; Ausblasen *n*

نفخة [nafxa] *n. vic.*, *pl.* [nafa'xaːt] Blasen *n*; (Wind-)Hauch *m*; Blähung *f*; Aufgeblasenheit *f*, Einbildung *f*

نفد[nafida, a] *Vorräte*: aufgebraucht, erschöpft sein; ausgehen, schwinden; *Buch*: vergriffen sein; **IV** أنفد [ʔanfada] aufbrauchen, aufzehren, erschöpfen; **X** استنفد [is'tanfada] aufbrauchen, aufzehren, erschöpfen; *Möglichkeit* ausschöpfen

1**نفذ** [nafaða, u] durchdringen (من/هـ *A*), (hin)durchgehen (من/هـ durch *A*); hineindringen (إلى in *A*); *Öffnung*: hinausgehen, hinausführen (إلى auf *A*), *Tür*, *Fenster*: sich öffnen (إلى auf *A*); (rechts)gültig, in Kraft sein; **II** [naffaða] durchführen, ausführen; *Beschluß* vollziehen; *Programm* abwickeln; *s-n Willen* durchsetzen; *Drohung* verwirklichen; *Urteil* vollstrecken (في an *j-m*); e-e Zwangsvollstreckung durchführen (على in *das Vermögen j-s*); **IV** أنفذ [ʔanfaða] *Nachricht* übermitteln, *Brief* übersenden (إلى *j-m*); **X** استنفذ [is'tanfaða] *mißbräuchlich für* استنفد, → نفد

[2]نفذ [nafað], *pl.* أنفاذ [ʔan'faːð] *obs.* Öffnung *f*, Weg *m* nach draußen

[1]نفر [nafara, i] **1.** Abneigung *od.* Widerwillen haben (من gegen *A*); meiden, fliehen (عن/من *A*); eilen (إلى zu *D*); (*a.* [nafara, u]) scheuen, scheu werden; **2.** anschwellen, hervortreten; **II** [naffara] *j-n* abstoßen; Abneigung einflößen (ه من *j-m* vor *D*); abschrecken (من von *D*); verscheuchen; **III** نافر [naːfara] Abneigung haben (ه gegen *j-n*), meiden; **VI** تنافر [ta'naːfara] einander meiden, einander abstoßen; nicht miteinander harmonieren; sich streiten; **X** استنفر [is'tanfara] zum Kampf aufrufen (ه على *j-n* gegen *A*); in Bereitschaft versetzen, mobilisieren

[2]نفر [nafar], *pl.* أنفار [ʔan'faːr] Person *f*, Mann *m* (*als Zählwort*); (einfacher) Soldat, Gemeine(r); Gruppe *f*, Schar *f*

نفرة [nafra] Abneigung *f*, Antipathie *f*

[1]نفس [nafisa, a] **1.** im Kindbett liegen; **2.** zurückhalten, geizen (ب mit *D*); neiden, mißgönnen (على ـه *j-m A*); — [nafusa, u] kostbar, wertvoll sein; **II** [naffasa] *Kummer, Sorge* vertreiben; Luft machen (عن *s-n Gefühlen*), abreagieren (عن *A*); ~ عن نفسه sich Luft machen, sich abreagieren; ~ عنه الكربة [ʕanhu l-kurba(ta)] j-m s-e Sorge nehmen; **III** نافس [naːfasa] wetteifern, konkurrieren (في in *D*, على um *A*), rivalisieren (ه/ـه mit *D*); *Pass.* لا ينافس [ju'naːfas(u)] konkurrenzlos; **V** تنفس [ta'naffasa] atmen, Atem holen; ~ الصعداء [ɒs-suʕa'daːʔ(a)] (erleichtert) aufatmen; tief aufseufzen; ~ النفس الأخير [an-nafasa] in den letzten Zügen liegen; **VI** تنافس [ta'naːfasa] miteinander wetteifern *od.* konkurrieren (على um *A*); konkurrieren (مع mit *j-m*); sich (konkurrierend) bewerben (على um *A*)

[2]نفس [nafas], *pl.* أنفاس [ʔan'faːs] Atem *m*, Atemzug *m*; Zug *m beim Rauchen*; Hauch *m*; Stil *m e-s Schriftstellers*; طويل ~ lange(r) Atem; طويل الـ~ e-n langen Atem habend; حتى الـ~ الأخير bis zum letzten Atemzug; أمسك أنفاسه [ʔamsaka] den Atem anhalten

[3]نفس [nafs] *f*, *pl.* نفوس [nu'fuːs] *u.* أنفس [ʔanfus] Seele *f*; Psyche *f*; Selbst *n*; *m*, *bsd. pl.* نفوس Person *f*, Mensch *m*; *pl.* أنفس selber, selbst; ~ + *G u.* ~ـه, ~ـها *etc.* (*nachgestellt*) derselbe, dasselbe, dieselbe; ~ـه [nafsahuː], ~ـها *etc.* *Reflexivpronomen*: sich (selbst); هو ~ـه/بنفسه er selbst; هم أنفسهم/بأنفسهم sie (*pl.*) selbst; ~ الشيء dasselbe Ding; dasselbe; الشيء ~ـه das Ding selbst; dasselbe Ding; gerade dieses Ding; في ~ الوقت *u.* في الوقت ~ـه zur selben Zeit, gleichzeitig; ما في ~ـه was in ihm vorgeht; ما له ~ *umg.* er hat keine Lust; الاعتماد على الـ~ *u.* الثقة بالـ~ Selbstvertrauen *n*; حفيظة النفوس *Saudi-Ar.* Personalausweis *m*; دفتر النفوس [daftar an-n.] *Ir.* Personenstandsregister *n*; مديرية النفوس [mudiː'riːjat an-n.] *Ir.* Einwohnermelde- u. Standesamt *n*; علم الـ~ [ʕilm an-n.] Psychologie *f*; بذل الـ~ والنفيس alles tun, jedes Opfer bringen

نفساء [nufa'saːʔ, naf'saːʔ] (2), *pl.* نفساوات [nufasaː'waːt, nafsaː'waːt] *u.* نوافس [na'waːfis] (2) Wöchnerin *f*

نفساني [naf'saːniː] seelisch, psychisch; psychologisch; طبيب ~ Psychiater *m*; Psychotherapeut *m*

نفسي [nafsiː] Seelen-, seelisch, psychisch; psychologisch; تحليل ~ Psychoanalyse *f*; علاج ~ [ʕi'laːdʒ] Psychotherapie *f*

نفسية [naf'siːja], *pl.* [-aːt] Seelenleben *n*, Psyche *f*, Psychologie *f*

[1]نفش [nafaʃa, u] *Baumwolle* krempeln, *Wolle* kämmen; *Äg.* aufquellen; ~ ريشه [riːʃahuː] das Gefieder sträuben, sich aufplustern; **II** [naffaʃa] *Baumwolle* krempeln, *Wolle* kämmen; **V** تنفش [ta'naffaʃa] das Gefieder *od.* die Haare sträuben; *Äg.* aufquellen; **VIII** انتفش [in'tafaʃa] das Gefieder *od.* die Haare sträuben

[2]نفش [nafaʃ] gekämmte Wolle

نفض [nafɒđɒ, u] schütteln, abschütteln, ausschütteln; abstauben; *Tuch* ausstauben; *Zigarette* abstreifen; ~ عنه الكسل [ʕanhu l-kasal] s-e Trägheit abschütteln; ~ يده من الأمر [jadahuː] nichts mit der Sache zu tun haben wollen; **II** [naffɒđɒ] kräftig schütteln, abschütteln, ausschütteln; *Teppich, Pfeife* ausklopfen; **VIII** انتفض [in'tafɒđɒ] sich schütteln; zittern, beben (من vor *D*); *Volk*: sich erheben

نفضة [nufɒđɒ] Fieberschauer *m*

[1]نفط [nafiṭɒ, a] Blasen bekommen

[2]نفط [nafṭ], *a.* [nifṭ] Erdöl *n*

نفطة [nafṭɒ] Blase *f*, Pustel *f*

نفطي [nafṭiː], *a.* [nifṭiː] Erdöl-, Öl-

[1]نفع [nafaʕa, a] nützen (ه *j-m*); nützlich sein (ل für *A*), dienen (ل zu *D*); لا ينفع nutzlos; **II** [naffaʕa] *Äg.* nutzbar machen; *Ir., Syr.* verdienen lassen; **VIII** انتفع [in'tafaʕa] Nutzen ziehen (ب/من aus *D*); in den Genuß e-r Sache (ب) kommen; ausnutzen (ب/من *A*); benutzen (ب/من *A*), sich bedienen (ب/من *A*); **X** استنفع [is'tanfaʕa] Nutzen ziehen (من aus *D*); nutzbar machen

[2]نفع [nafʕ] Nutzen *m*, Vorteil *m*

نفعي [nafʕiː] eigennützig; utilitaristisch; *pl.* [-uːn] Profitmacher *m*; Utilitarist *m*; المذهب الـ~ Utilitarismus *m*

نفعية [naf'ʕiːja] Utilitarismus *m*

[1]نفق [nafaqa, u] **1.** *Ware*: guten Absatz haben; *Markt*: florieren; **2.** *Tier*: verenden; — [nafaqa, u] *u.* [nafiqa, a] aufgebraucht werden, zu Ende gehen, sich erschöpfen; **III** نافق [naːfaqa] heucheln, sich verstellen; **IV** أنفق [ʔanfaqa] *Geld* ausgeben, *Mittel* aufwenden (على für *A*); *Zeit* zubringen; für j-n (على) *od.* j-s Lebensunterhalt (على) aufkommen

[2]نفق [nafaq], *pl.* أنفاق [ʔan'faːq] Tunnel *m*; unterirdische(r) Gang; Unterführung *f*; U-Bahn-Schacht *m*;

للمشاة ~ [li-l-muˈʃaːt] Fußgängertunnel *m*

نفقة [nafaqa], *pl.* [-aːt] Kosten *pl.*; Ausgaben *f/pl.*, Aufwendungen *f/pl.*; Auslagen *f/pl.*, Spesen *pl.*; *Isl.* (Lebens-)Unterhalt *m*, *bsd. für die Ehefrau*; Unterhaltszahlung *f*, Alimente *n/pl.*; على ~ه auf seine Kosten; نفقات المعيشة Lebenshaltungskosten *pl.*

[1](**نفل**) **V** تنفل [taˈnaffala] *Isl.* mehr tun als Pflicht ist (*bei Gebeten u. guten Werken*)

[2]**نفل** [nafal] **1.** *pl.* أنفال [ʔanˈfaːl] Beute *f*; Geschenk *n*; **2.** Klee *m*

نفنوف [nafˈnuːf] *Ir.* (Frauen-)Kleid *n*

نفة [naffa] *Tun.* Prise *f* Schnupftabak

(**نفو**) نفا [nafaː, uː] = [1]نفى

نفوذ [nuˈfuːð] Einfluß *m*; Durchdringung *f*; Eindringen *n* (إلى in *A*); ذو ~ einflußreich; منطقة الـ~ [mintɒqat an-n.] Einflußzone *f*, Machtbereich *m*

[1]**نفور** [naˈfuːr] scheu, schreckhaft, furchtsam

[2]**نفور** [nuˈfuːr] Abneigung *f*, Widerwille *m*, Antipathie *f* (من gegen *A*); Scheuen *n e-s Tieres*

[1]**نفى** [nafaː, iː] verneinen, negieren; leugnen, ableugnen; *Nachricht* dementieren; *Möglichkeit* ausschließen; *Argument*, *Verdacht* zurückweisen; ausweisen, verbannen, vertreiben; ausstoßen, verstoßen; **III** نافى [naːfaː] widersprechen, zuwiderlaufen (ـه *D*); unvereinbar sein (ـه mit *D*); ~ الآداب gegen die guten Sitten verstoßen; **VI** تنافى [taˈnaːfaː] miteinander unvereinbar sein, sich gegenseitig ausschließen; unvereinbar sein (مع mit *D*); **VIII** انتفى [inˈtafaː] entfallen, fortfallen; fehlen, nicht vorliegen; verneint, negiert werden; geleugnet werden; dementiert werden

[2]**نفي** [nafj] *a. Gr.* Verneinung *f*, Negation *f*; Leugnen *n*, Ableugnen *n*; Dementierung *f*, Dementi *n*; Zurückweisung *f e-s Arguments od. Verdachts;* Ausweisung *f*, Verbannung *f*; Ausstoßung *f*; ~ًا [-an] *Adv.* verneinend, negativ; أداة الـ~ *Gr.* Verneinungspartikel *f*, Negation *f*; شاهد ~ Entlastungszeuge *m*; أجاب بالـ~ [ʔaˈʤaːba] verneinen

[3]**نفي** [naˈfiːj] verbannt, ausgewiesen; ausgestoßen, verstoßen

نفير [naˈfiːr] **1.** Aufbruch *m* zum Krieg, Mobilmachung *f*; *pl.* أنفار [ʔanˈfaːr] *u.* أنفرة [ʔanfira] Signalhorn *n*, Hupe *f*; ~ عام [ʕaːmm] allgemeine Mobilmachung; **2.** *pl.* أنفار Gruppe *f von Menschen*, Schar *f*; → [3]عير

نفيس [naˈfiːs] kostbar, wertvoll; → [3]نفس

نفيسة [naˈfiːsa], *pl.* نفائس [naˈfaːʔis] (2) Kostbarkeit *f* (*konkret*); *a. npr. f*

نفيضة [naˈfiːđɒ], *pl.* نفائض [naˈfaːʔiđ] (2) Spähtrupp *m*

[1]**نق** [naqqa, i] *Frosch*: quaken; *Huhn*: gackern

[2]**نق** [naqq] Gequake *n*; Gackern *n*

نقاء [naˈqaːʔ] Reinheit *f*

نقاب [niˈqaːb], *pl.* نقب [nuqub] Schleier *m*; كشف الـ~ عن *etwas* aufdecken *od.* enthüllen

نقابة [niˈqaːba], *pl.* [-aːt] Gewerkschaft *f*; (= ~ مهنية [mihˈniːja]) Berufsverband *m*; Innung *f*; Gilde *f*; Syndikat *n*; ~ العمال [n. al-ʕuˈmmaːl] (Arbeiter-)Gewerkschaft *f*

نقابي [niˈqaːbiː] Gewerkschafts-, gewerkschaftlich; *pl.* [-uːn] Gewerkschafter *m*

نقابية [niqaːˈbiːja] Gewerkschaftsbewegung *f*

نقار [naˈqqaːr] Schnitzer *m*; Graveur *m*; ~ الخشب [n. al-xaʃab] Specht *m*

نقارة [naˈqqaːra], *pl.* [-aːt] kleine Pauke

نقارية [nuqqaːˈriːja], *pl.* [-aːt] *Äg.* kleine Kesselpauke

[1]**نقاش** [naˈqqaːʃ], *pl.* [-uːn] Graveur *m*; Ziseleur *m*; Holzschneider *m*, Xylograph *m*; Maler *m*

[2]**نقاش** [niˈqaːʃ], *pl.* [-aːt] Diskussion *f*, Debatte *f*, Disput *m*

نقاشة [niˈqaːʃa] Gravierkunst *f*, Gravieren *n*; Ziselieren *n*; Holzschneidekunst *f*, Xylographie *f*; Malerei *f*

نقاطة [naˈqqɒːtɒ] Tropfenzähler *m*, Pipette *f*

نقاعة [nuˈqaːʕa] Aufguß *m*

نقاعيات [nuqaːʕiːˈjaːt] *pl. Zool.* Aufgußtierchen *n/pl.*

نقاق[naˈqqaːq] mürrische(r) Mensch, Brummbär *m*; Meckerer *m*

نقال [naˈqqaːl] transportabel

نقالة [naˈqqaːla], *pl.* [-aːt] Bahre *f*, Trage *f*

نقالي [naˈqqaːliː] transportabel, beweglich

نقانق [naˈqaːniq] (2) *pl. Syr.* Würstchen *n/pl.*

نقاهة [naˈqaːha] Genesung *f*, Rekonvaleszenz *f*; دار الـ~ Erholungsheim *n*

[1]**نقاوة** [naˈqaːwa] Reinheit *f*

[2]**نقاوة** [naˈqaːwa, nuˈqaːwa] Auslese *f*, Beste(s)

[1]**نقب** [naqaba, u] *Mauer* durchbohren, durchbrechen; ein Loch bohren (ـه in *A*); *Boden* aufgraben; forschen (عن nach *D*); **II** [naqqaba] graben (عن *bsd. nach Altertümern*); bohren (عن *bsd. nach Öl*); schürfen (عن nach *D*); suchen, forschen (عن nach *D*); erkunden, erforschen, untersuchen (عن *A*); durchreisen (في *Land*); **V** تنقب [taˈnaqqaba] prüfen, untersuchen (عن *A*); *Frau*: sich verschleiern; **VIII** انتقب [inˈtaqaba] *Frau*: sich verschleiern

[2]**نقب** [naqab]: صحراء الـ~ die Negev-Wüste

[3]**نقب** [naqb] Durchbohrung *f*, Durchbruch *m*; Bohren *n e-s Loches*; Aufgraben *n*; أنقاب [ʔanˈqaːb] Loch *n*

نقح **II** [naqqaħa] *Auflage e-s Buches* überarbeiten, durchsehen, verbessern, korrigieren

[1]**نقد** [naqada, u] **1.** kritisieren; picken, hacken (ـه nach *D*); **2.** in bar bezahlen (ـه ه *j-m A*); **VIII** انتقد [inˈtaqada] kritisieren (ـه/ه *A*, على ـه an *j-m A*)

[2]**نقد** [naqd] **1.** Kritik *f*; ~ أدبي [ʔadabiː] Literaturkritik *f*; ~ ذاتي Selbstkritik *f*; **2.** *pl.* نقود [nuˈquːd] Geld *n*, Bargeld *n*; Währung *f*; *pl.*

Geld *n*; Münzen *f/pl.*; ا~ [-an] *Adv.* in bar; أجنبي ~ [ʔadʒnabiː] fremde Währung, Devisen *f/pl.*; نقود معدنية [maʕdi'niːja] Metallgeld *n*, Münzen *f/pl.*; ورقي ~ [waraqiː] Papiergeld *n*, Banknoten *f/pl.*; سوق الـ~ [suːq an-n.] Devisenmarkt *m*

نقدي [naqdiː] **1.** Geld-, geldlich; monetär; Währungs-; *Maßnahme*: währungspolitisch; Bar-; احتياطي ~ Devisenreserven *f/pl.*; أوراق ~ة Banknoten *f/pl.*; سياسة ~ة [si'jaːsa] Währungspolitik *f*; قطعة ~ة [qitʕa] Geldstück *n*, Münze *f*; نظام ~ [ni'ðɒːm] Währungssystem *n*; **2.** kritisch

نقدية [naq'diːja] Bargeld *n*

(**نقذ**) **IV** أنقذ [ʔanqaða] retten, erretten; befreien (من von *D*, aus *D*); bewahren (من vor *D*); **X** استنقذ [is'tanqaða] retten, befreien

[1]**نقر** [naqara, u] ein Loch machen (ـه in *A*), aushöhlen; *Vogel*: picken, hacken (ـه in *D*, nach *D*), aufpicken; schnitzen; ziselieren; klopfen, schlagen (على an *A*, auf *A*); — [naqira, a] sich ärgern (على über *A*); **II** [naqqara] picken (ـه nach *D*), aufpicken; etwas auszusetzen haben (على an *D*); **III** ناقر [naːqara] streiten, zanken (ه mit *j-m*)

[2]**نقر** [naqr] Aushöhlen *n*; Picken *n*, Aufpicken *n*; Schnitzen *n*; Ziselieren *n*; Klopfen *n*; *pl.* نقور [nu'quːr] Aushöhlung *f*, Loch *n*

نقرزان [naqra'zaːn] *Äg.* kleine Kesselpauke

نقرس [niqris] Gicht *f*, Podagra *n*

[1]**نقرة** [naqra], *pl.* [naqa'raːt] Schlag *m*; Trommelschlag *m*; Zupfen *n von Saiten*

[2]**نقرة** [nuqra], *pl.* نقر [nuqar] (Aus-)Höhlung *f*, Vertiefung *f*, Grube *f*; Loch *n*; العين ~ [n. al-ʕain] Augenhöhle *f*

نقز [naqaza, u, i] springen, hüpfen

نقزة [naqza] Sprung *m*

[1]**نقش** [naqaʃa, u] eingravieren (على in *A*), gravieren; einmeißeln; einritzen; ziselieren; schnitzen; bunt bemalen, anmalen; **II** [naqqaʃa] bunt bemalen, anmalen; **III** ناقش [naːqaʃa] diskutieren, erörtern (ـه *A*, في/ـه ه mit *j-m A*), debattieren; رسالة ~ [ri'saːlatan] e-e Disputation zur Verteidigung e-r Dissertation abhalten; **VI** تناقش [ta'naːqaʃa] miteinander diskutieren (في über *A*); diskutieren (مع mit *j-m*)

[2]**نقش** [naqʃ] (Ein-)Gravieren *n*; Einmeißeln *n*; Einritzen *n*; Ziselieren *n*; Schnitzen *n*; Bemalen *n*, Anmalen *n*; *pl.* نقوش [nu'quːʃ] Inschrift *f*; Gravierung *f*, Gravur *f*; Zeichnung *f*; Musterung *f*, Muster *n*; بارز/نافر ~ Relief *n*; الـ~ على النحاس [an-nu'ħaːs] Kupferstich *m*

نقشة [naqʃa], *pl.* [naqa'ʃaːt] Muster *n von Vorhängen, Fliesen*

[1]**نقص** [naqɒsɒ, u] abnehmen, sich verringern; weniger sein (عن als); niedriger liegen (عن als); fehlen, mangeln (ه *j-m*); **II** [naqqɒsɒ] *u.* **IV** أنقص [ʔanqɒsɒ] verringern, vermindern, herabsetzen (من/ـه *A*); *Gehalt* kürzen; **VI** تناقص [ta'naːqɒsɒ] (langsam) abnehmen, sich (allmählich) verringern; **VIII** انتقص [in'taqɒsɒ] verringern, vermindern; abnehmen, sich verringern; من قدره ~ j-n herabsetzen; **X** استنقص [is'tanqɒsɒ] e-e Ermäßigung verlangen (ـه *des Preises*); für (zu) gering *od.* für mangelhaft halten

[2]**نقص** [naqs] Abnahme *f*, Verringerung *f*, Rückgang *m*; Mangelhaftigkeit *f*, Unvollkommenheit *f*, Fehlerhaftigkeit *f*; Mangel *m*, Knappheit *f* (*G od.* في an *D*); Fehler *m*, Defekt *m*; Defizit *n in der Bilanz*; ~ الفيتامينات Vitaminmangel *m*; شعور بالـ~ Minderwertigkeitsgefühl *n*; ~ مركب [mu'rakkab n.] Minderwertigkeitskomplex *m*; استخدم حق الـ~ [is'taxdama] sein Veto einlegen (ضد gegen *A*)

نقصان [nuq'sɒːn] Abnahme *f*, Rückgang *m*; Mangel *m*, Knappheit *f*, Fehlen *n*; الـ~ والزيادة [wa-z-zi'jaːda] Auslassungen *f/pl.* und Hinzufügungen *f/pl. in e-m Text*

[1]**نقض** [naqɒđɒ, u] *Vertrag, Wort* brechen; *Rechtspflicht* verletzen; *Verdacht, Argument* entkräften; *Argument* widerlegen; *Urteil, Gesetz* aufheben; annullieren; *Haus* niederreißen, zerstören; *Gestricktes* auftrennen; *Strick* aufdröseln; *Pass.* لا ينقض [junqɒđ(u)] unwiderlegbar; **III** ناقض [naːqɒđɒ] im Widerspruch stehen (ـه zu *D*), unvereinbar sein (ـه mit *D*); **V** تنقض [ta'naqqɒđɒ] einstürzen, zusammenbrechen; *Gestricktes*: sich auftrennen, aufgehen; **VI** تناقض [ta'naːqɒđɒ] einander widersprechen; **VIII** انتقض [in'taqɒđɒ] *Vertrag, Wort*: gebrochen werden; *Rechtspflicht*: verletzt werden; niedergerissen, zerstört werden; einstürzen; sich auflehnen, sich erheben (على gegen *j-n*)

[2]**نقض** [naqđ] Bruch *m des Vertrages*; Verletzung *f der Rechtspflicht*; Entkräftung *f*, Widerlegung *f e-s Arguments*; Aufhebung *f e-s Gesetzes od. Urteils*, Annullierung *f*; *Pol.* Veto *n*; Niederreißen *n*, Zerstörung *f e-s Hauses*; حق الـ~ [ħaqq an-n.] Vetorecht *n*; محكمة الـ~ Kassationshof *m*

[1]**نقط** [naqɒtɒ, u] *e-n Buchstaben* mit diakritischen Punkten versehen; **II** [naqqɒtɒ] *Buchstaben* mit diakritischen Punkten versehen; *Linie* punktieren; tüpfeln; tropfen, tröpfeln; tropfen lassen; (Geld-)Geschenke geben, Geldmünzen zuwerfen (ها *der Braut*)

[2]**نقط** [naqt] Versehung *f e-s Buchstabens* mit diakritischen Punkten

نقطة [nuqtɒ], *pl.* نقط [nuqɒt] *u.* نقاط [ni'qɒːt] Punkt *m*; Fleckchen *n*, Tüpfelchen *n*; Tropfen *m*; Posten *m*, (Dienst-)Stelle *f*; الاتصال ~ [n. al-itti'sɒːl] Berühungspunkt *m*; ~ الارتكاز Stützpunkt *m*; ~ الانطلاق Ausgangspunkt *m*; التحول ~ [n. at-ta'ħawwul] Wendepunkt *m*; ~ تفتيش Kontrollpunkt *m*, Kontrollstelle *f*; التماس ~ [n. at-ta'maːss] *Math.* Berührungspunkt *m*; ~ حساسة [ħa'ssaːsa] neuralgische(r)

Punkt; الشرطة ~ [n. aʃ-ʃurtɒ] Polizeistation *f*, Polizeiwache *f*; ~ ضعف [n. đuˁf] schwache Stelle, wunde(r) Punkt; اللاعودة ~ [n. al-laː'ˁauda], اللارجوع ~ Punkt *m*, von dem es kein Zurück mehr gibt; بالنقاط *u.* بالنقط *Sport*: nach Punkten; وضع النقاط على الحروف Klarheit schaffen

¹نقع [naqaˁa, a] einweichen; *Tee* aufgießen; *Durst* löschen; *Wasser*: sich sammeln

²نقع [naqˁ] Einweichen *n*; Aufguß *m*

¹نقف [naqafa, u] *schlüpfendes Küken*: das Ei sprengen

²نقف [naqf, niqf] schlüpfende(s) Küken

¹نقل [naqala, u] befördern, transportieren (إلى nach *D*); bringen, schaffen (إلى nach *D*); transferieren (إلى nach *D*); *Sitz*, *Truppen* verlegen (من ... إلى von *D* nach *D*); überführen (إلى nach *D*); *Beamten* versetzen; schalten (على in *e-n anderen Gang*); übermitteln, überbringen (هـ إلى *j-m A*); übertragen (هـ إلى *ein Recht* auf *j-n*, *e-e Krankheit* auf *j-n*; من ... إلى aus *e-r Sprache* in *e-e andere*); übersetzen; überliefern (عن aus *e-r Quelle od.* von *j-m*); berichten (عن unter Berufung auf *j-n*); zitieren (عن aus *e-r Quelle*), anführen (عن *Autor*, *Werk*); herausschreiben (من aus *D*), abschreiben (من von *D*); *Schach*: ziehen, setzen; تنقلنا هذه القصة إلى [haːðihi l-qissɒ] diese Geschichte versetzt uns in *e-e Zeit od.* führt uns nach *e-r Stadt*; **II** [naqqala] mehrmals umherbewegen; *Blick* umherschweifen lassen; **V** تنقل [ta'naqqala] umherziehen, umhergehen, umherfahren, umherreisen; befördert, transportiert werden; naschen; **VI** تناقل [ta'naːqala] weitergeben, weiterreichen; weitererzählen; *Nachricht* verbreiten, bringen; ~ـته الألسن [-thu l-ʔalsun] etwas ging von Mund zu Mund; **VIII** انتقل [in'taqala] sich fortbewegen; den Ort *od.* die Stellung wechseln; umziehen, übersiedeln; verlegt, transferiert werden; *Schüler*: versetzt werden; sich verlagern (إلى nach *D*); übertragen werden, sich übertragen (إلى auf *A*); *Funke*: überspringen; übergehen (إلى zu *D*; *Eigentum*: من von *j-m*, إلى auf *j-n*); überwechseln (إلى zu *D*); sich zuwenden (إلى *D*); sich begeben (إلى zu *D*, nach *D*); ~ إلى جوار ربه [ʤi'waːri rabbihiː] *u.* ~ إلى رحمة الله (ver)sterben

²نقل [naql] Beförderung *f*, Transport *m*; Transferierung *f*, Transfer *m*; Verlegung *f des Sitzes od. von Truppen*; Überführung *f* (إلى nach *D*); Versetzung *f e-s Beamten*; Übermittlung *f*; Übertragung *f* (إلى auf *A*, in *e-e Sprache*); Übersetzung *f*; Zitieren *n* (عن aus *e-r Quelle*), Anführung *f* (عن *e-s Autors od. Werkes*); Herausschreiben (من aus *D*), Abschreiben *n* (من von *D*); *Schach*: Ziehen *n*, Setzen *n*; ~ًا عن [-an] *Adv.* nach (Aussage von), unter Berufung auf; ~ الأثاث Umzug *m*; ~ التكنولوجيا Technologietransfer *m*; ~ جوي [ʤawwiː] Lufttransport *m*, Luftverkehr *m*; ~ الدم [n. ad-dam] Bluttransfusion *f*; ~ مباشر [mu'baːʃir] *Rf.* Direktübertragung *f*; ~ الملكية [n. al-mil'kiːja] Übertragung *f* des Eigentums; أجرة الـ~ [ʔuʤrat an-n.] Frachtgebühr *f*; سيارة ~ [sa'jjaːrat n.] Lastkraftwagen *m*; وسائل الـ~ [wa-'saːʔil an-n.], وسائط الـ~ [wa'saːʔiŧ an-n.] Transportmittel *n/pl.*, Verkehrsmittel *n/pl.*

³نقل [nuql], *pl.* نقول [nu'quːl] *u.* نقولات [nuquː'laːt] gesalzene *od.* kandierte Nüsse *f/pl.*, Mandeln *f/pl. od.* Kerne *m/pl.*

¹نقلة [naqala] → ناقل

²نقلة [naqla], *pl.* [naqa'laːt] Sprung *m* (nach vorn), Fortschritt *m*; Zug *m beim Schachspiel*

³نقلة [nuqla] **1.** Ortswechsel *m*, Stellungswechsel *m*; **2.** *pl.* نقل [nuqal] Klatsch *m*; *Äg.* Muster *n*

¹نقلي [naqliː] *Wissenschaften*: traditionell

²نقلي [nuqaliː], *pl.* ~ة *Äg.* Nußverkäufer *m*

نقليات [naqliː'jaːt] *pl.* **1.** Transporte *m/pl.*; Transportwesen *n*; **2.** überlieferte, auf der Tradition beruhende Wissenschaften *f/pl.* (*der Araber*)

نقم [naqama, i] *u.* [naqima, a] grollen (على *j-m*); verübeln (هـ على *j-m A*); **VIII** انتقم [in'taqama] sich rächen (من an *j-m*, ل für *A*); rächen (ل *j-n*)

نقمة [naqma, niqma], *pl.* [niqam] Groll *m* (على auf, gegen *A*); نعمة الشيء و~ـه [niˁmat aʃ-ʃaiʔ] Segen und Fluch e-r Sache

نقنق [naqnaqa] *Frosch*: quaken; *Huhn*: gackern; wenig u. lustlos essen, (nur) ein paar Bissen zu sich nehmen

¹نقه [naqiha, a] genesen (من von *D*)

²نقه [naqah] Genesen *n*

نقود → ²نقد

نقوط [nu'quːŧ] Hochzeitsgeschenk *n*; *Syr.* Geldgeschenk *n für die Braut*

نقوع [na'quːˁ] getrocknete Aprikosen *f/pl.*, *allg.* getrocknete Früchte *f/pl.*

¹نقي [naqija, aː] rein sein; **II** نقى [naqqaː] reinigen (من von *D*); aussondern, aussortieren, auswählen; **VIII** انتقى [in'taqaː] auswählen, auslesen, aussuchen (من aus *D*), selektieren

²نقي [na'qiːj], *pl.* أنقياء [ʔanqi'jaːʔ] (2) rein; *Wasser*: klar; *Flüssigkeit*: unvermischt, pur; ~ القلب *Mensch*: lauter

نقيب [na'qiːb], *pl.* نقباء [nuqa'baːʔ] (2) Oberhaupt *n*; Vorsitzende(r) *bsd. e-r Gewerkschaft*, Vorsteher *m*, Obmann *m*; *Mil.* Hauptmann *m*, *Ir.* Unteroffizier *m*, *Jord.* Oberfeldwebel *m*; ~ الأشراف Oberhaupt *n* der Abkömmlinge des Propheten

نقيبة [na'qiːba] **1.** *pl.* نقائب [na'qaː-ʔib] (2) Veranlagung *f*, Wesensart *f*; Geist *m*, Verstand *m*; Seele *f*; **2.** *pl.* [-aːt] *f* zu نقيب

نقير [na'qiːr]: لا يجدي شروى ~ [judʒdiː ʃarwaː n.] es nützt nicht das geringste; لا يملك شروى ~ [jamliku] er besitzt rein gar nichts

نقيصة [na'qiːsɒ], *pl.* نقائص [na'qaːʔis] (2) Fehler *m*, Mangel *m*, Schwäche *f*

نقيض [na'qiːđ] Gegenteil *n*, Gegensatz *m*; ~ على + *G u.* على الـ~ من im Gegensatz zu; ~ على طرفي [tɒra'fai n.] diametral entgegengesetzt

نقيضة [na'qiːđɒ], *pl.* نقائض [na'qaːʔiđ] (2) Streitgedicht *n*

نقيع [na'qiːʕ], *pl.* أنقعة [ʔanqiʕa] Aufguß *m*; Saft *m* von getrockneten, in Wasser aufgeweichten Früchten

نقيق [na'qiːq] Gequake *n*; Gegacker *n*

نقيل [na'qiːl] *Jem.* Bergpfad *m*, Paß *m*

نكء [nakʔ] Aufreißen *n von Wunden*

نكأ [nakaʔa, a] *Wunde* aufreißen

نكات [na'kkaːt] Spaßmacher *m*; Spötter *m*

نكاح [ni'kaːħ], *pl.* أنكحة [ʔankiħa] Heirat *f*, Ehe *f*; (ehelicher) Beischlaf

نكاف [nu'kaːf] Ziegenpeter *m*, Mumps *m*

نكال [na'kaːl] exemplarische Bestrafung

نكاية [ni'kaːja] Bosheitsakt *m*, Schikane *f*; ~ فيه [-tan] aus Bosheit j-m gegenüber, j-m zum Trotz

نكب [nakaba, u] *Unglück, Schicksal*: heimsuchen, schwer treffen; abweichen (عن *vom Weg*); **II** [nakkaba] abweichen (عن *vom Weg*); ~ـه الطريق [-hu t-tɒ'riːqa] *u.* ~ به عن الطريق j-n vom (richtigen) Weg abbringen; **V** تنكب [ta'nakkaba] ausweichen (عن *D*), meiden (عن *A*); *Ir. Gewehr* schultern; ~ به عن j-n von *etwas* abbringen

نكبة [nakba], *pl.* [naka'baːt] Unglück *n*, Katastrophe *f*; Schicksalsschlag *m*, schwere(r) Schlag

نكت [nakata, u] *die Erde* aufscharren, aufkratzen; **II** [nakkata] Witze machen *od.* erzählen, witzeln; sich lustig machen (على über *A*)

نكتة [nukta], *pl.* نكت [nukat] *u.* نكات [ni'kaːt] Witz *m*; Pointe *f e-s Witzes*; Anekdote *f*; Fleck *m*, Tüpfelchen *n*

[1]**نكث** [nakaθa, u, i] *Wort* brechen, *Vertrag* verletzen; **VIII** انتكث [in'takaθa] *Wort*: gebrochen werden, *Vertrag*: verletzt werden

[2]**نكث** [nakθ] Bruch *m*, Verletzung *f e-s Vertrages*; Wortbruch *m*

نكح [nakaħa, a, i] ehelichen, heiraten (ها *e-e Frau*); **IV** أنكح [ʔankaħa] zur Frau geben (ه ها *j-m ein Mädchen*)

[1]**نكد** [nakida, a] *Leben*: hart, schwer sein; unglücklich sein; **II** [nakkada] das Leben schwer machen (ه *j-m*), unglücklich machen; **III** ناكد [naːkada] peinigen, plagen

[2]**نكد** [nakad] Unglück *n*, Widerwärtigkeit *f*; ~ الطالع die Ungunst des Schicksals

[3]**نكد** [nakid] verdrießlich, unleidlich; widerwärtig; unglücklich

نكداء → أنكد

نكر [nakira, a] *obs.* nicht wissen, nicht kennen; **II** [nakkara] unkenntlich machen; verkleiden; *Gr. Nomen* indeterminiert gebrauchen; **IV** أنكر [ʔankara] leugnen, in Abrede stellen, nicht anerkennen; *j-n* verleugnen; nichts wissen wollen (هـ von *D*); abstreiten, bestreiten; mißbilligen (هـ على bei *j-m A*), übelnehmen (هـ على *j-m A*); ~ ذاته sich selbst verleugnen; **V** تنكر [ta'nakkara] sich verkleiden; sich bis zur Unkenntlichkeit wandeln; sich entfremden (ل *D*); sich ablehnend verhalten (ل gegenüber *j-m*); **VI** تناكر [ta'naːkara] sich unwissend stellen; nichts wissen wollen (هـ von *D*); **X** استنكر [is'tankara] mißbilligen, verurteilen

نكراء → أنكر

نكران [nuk'raːn] Leugnen *n*, Verleugnung *f*; ~ الجميل Undankbarkeit *f*; ~ الذات Selbstverleugnung *f*; Selbstlosigkeit *f*

نكرة [nakira], *pl.* [-aːt] unbekannte Person; *Gr.* indeterminierte(s) Nomen

نكز [nakaza, u] stechen (ه *j-n*, هـ in *A*)

[1]**نكس** [nakasa, u] *Kopf* senken; *Fahne* auf halbmast setzen; bei e-r Krankheit (هـ) e-n Rückfall verursachen; *Pass.* [nukisa] e-n Rückfall erleiden; **II** [nakkasa] *Kopf* senken; *Fahne* auf halbmast setzen; **V** تنكس [ta'nakkasa] *Fahne*: auf halbmast gesetzt werden; **VIII** انتكس [in'takasa] *Kranker*: e-n Rückschlag *od.* Rückfall erleiden; auf e-e frühere Stufe zurückfallen

[2]**نكس** [nuks] Rückfall *m e-r Krankheit*

نكسة [naksa], *pl.* [naka'saːt] Rückfall *m e-r Krankheit*; Rückschlag *m*; Schlappe *f*, Debakel *n*, Desaster *m*

نكش [nakaʃa, u, i] *Boden* aufscharren, aufwühlen, aufhacken, aufharken; durchstöbern, durchwühlen; *Haar* zerzausen; ~ أسنانه in den Zähnen stochern

نكص [nakasɒ, u, i] sich zurückziehen (عن von *D*); zurückweichen; sich drücken (عن vor *D*, von *D*); ~ على عقبيه [ʕaqi'baihi] e-n Rückzieher machen, den Rückzug antreten

نكف [nakafa, u] zurückweisen (عن *A*); **III** ناكف [naːkafa] ärgern, plagen; **X** استنكف [is'tankafa] zurückweisen, von sich weisen (من/عن *A*); verschmähen (من/عن *A*); e-e Abneigung haben (من/عن gegen *A*); Abstand nehmen (من/عن von *D*), verzichten (من/عن auf *A*)

نكفة [nakafa] Ohrspeicheldrüse *f*

نكفي [nakafiː] Ohrspeicheldrüsen-; الغدة النكفية [al-ɣudda] Ohrspeicheldrüse *f*; التهاب الغدة النكفية Ziegenpeter *m*, Mumps *m*

[1]**نكل** [nakala, u] exemplarisch bestrafen (ب *j-n*); — [nakala, u, i] *u.* [nakila, a] zurückschrecken (عن vor *D*); sich enthalten (عن *G*), nicht tun (عن *A*); **II** [nakkala] **1.** exemplarisch bestrafen (ب *j-n*), ein Exempel statuieren (ب an *j-m*); mißhandeln, quälen (ب *A*); **2.** vernickeln

[2]**نكل** [nikl] **1.** Nickel *n*; **2.** *pl.* أنكال [ʔan'kaːl] *u.* نكول [nu'kuːl] Fessel *f*, Kette *f*

نكلة [nikla] *früher Äg.* Nickelmünze *f im Wert von 2 Mallim*

نكهة [nakha] Aroma *n*; ذو ~ طيبة [tɒjjiba] aromatisch

نكوص [nu'kuːs] Rückzug *m* (عن von *D*); *Psych.* Regression *f*

نكول [nu'kuːl] Zurückschrecken *n* (عن vor *D*); Ablassen *n* (عن von *D*); *Isl.* Verweigerung *f* der Aussage im Prozeß

نكير [na'kiːr] widerwärtig, gräßlich; → [2]منكر

[1]**نم** [namma, i, u] verraten, erkennen lassen (عن/على *A*); künden (عن von *D*); in verleumderischer Weise berichten (على هـ *A* über *j-n*); Zwietracht säen (بين zwischen *D*)

[2]**نم** [namm], *pl.* [-uːn] *u.* أنماء [ʔani'mmaːʔ] (2) *obs.* Verleumder *m*

نماء [na'maːʔ] Wachsen *n*, Wachstum *n*

نمارة [na'mmaːra], *pl.* [-aːt] Nummernstempel *m*

نمام [na'mmaːm] **1.** Feldthymian *m*, Quendel *m*; **2.** *pl.* [-uːn] Verleumder *m*

[1]**نمر II** [nammara] numerieren; **V** تنمر [ta'nammara] sich wie wild gebärden, zornig werden

[2]**نمر** [namir, nimr], *pl.* نمور [nu'muːr], أنمار [ʔan'maːr] *u. Syr., Lib.* نمورة [nu'muːra] Panther *m*, Leopard *m*; ~ مخطط [mu'xɒttɒt] Tiger *m*

نمراء → أنمر

نمرسي [numrusiː], *pl.* نمارسة [na'maːrisa] *Äg.* Porzellanhändler *m*

نمرق [numruq], *pl.* نمارق [na'maːriq] (2) kleine(s) Polster, Kissen *n*

[1]**نمرة** [numra], *pl.* نمر [numar] Fleck *m*, Tupfen *m*

[2]**نمرة** [numra], *umg.* [nimra], *pl.* نمر [numar], *umg.* [nimar] Nummer *f*

[3]**نمرة** [nimra] weibliche(r) Panther; Tigerin *f*

نمس [nims] *koll., n. un.* ~ة, *pl.* نموس [nu'muːs] Ichneumon *m od. n*, Manguste *f*; *a.* Marder *m*, Frettchen *n*

نمسا [namsaː], *Äg.* [nimsaː]: الـ~ Österreich

نمساوي [nam'saːwiː], *Äg.* [nim'saːwiː] österreichisch; *pl.* [-uːn] Österreicher *m*

[1]**نمش** [namaʃ] *koll., n. un.* ~ة Sommersprossen *f/pl.*

[2]**نمش** [namiʃ] sommersprossig

نمشاء → أنمش

نمط [namɒt], *pl.* أنماط [ʔan'mɒːt] Art und Weise *f*; Typ *m*; Modell *n*, (*Verhaltens-*)Muster *n*; ~ على + *G*: nach Art von; على هذا الـ~ auf diese Weise; أنماط استهلاكية Konsumgewohnheiten *f/pl.*; ~ الإنتاج Produktionsweise *f*; حديث الـ~ neumodisch, modern; هم على ~ واحد sie sind von einem Schlage

نمطي [namɒtiː] Standard-, Norm-; typisch

نمق II [nammaqa] verzieren, schmücken; *Text* ausschmücken; *pej.* verschnörkeln

[1]**نمل** [namila, a] *Gliedmaßen*: kribbeln, einschlafen

[2]**نمل** [namal] Kribbeln *n*, Ameisenkribbeln *n der Gliedmaßen*

[3]**نمل** [naml] *koll., n. un.* ~ة, *pl.* نمال [ni'maːl] Ameise(n *pl.*) *f*

نملة [namla] *e-e* Ameise

نملي [namliː] Ameisen-; ameisengleich

نملية [nam'liːja], *pl.* [-aːt] Fliegenschrank *m*

نمنم [namnama] verzieren, (aus-)schmücken; miniaturisieren

[1]**نمنمة** [namnama] Verzierung *f*; Miniaturisierung *f*

[2]**نمنمة** [nimnima, namnama] Zaunkönig *m*

[1](**نمو**) نما [namaː, uː] wachsen, sich entwickeln; *Persönlichkeit*: sich entfalten; → نمى

[2]**نمو** [nu'muːw] Wachsen *n*, Wachstum *n*, Entwicklung *f*; Zuwachs *m*

نموذج [na'muːðadʒ], *pl.* نماذج [na'maːðidʒ] (2) Muster *n*; Vorlage *f*, *a. Wissenschaft*: Modell *n*; Probestück *n*, Probe *f*; Beispiel *n*, Vorbild *n*; *pl.* [-aːt] Formular *n*

نموذجي [na'muːðadʒiː] Muster-, Modell-; musterhaft, mustergültig, vorbildlich

نمى [namaː, iː] wachsen, sich entwickeln; *Nachricht*: erreichen (إلى *j-n*), zu Ohren kommen (إلى *j-m*), zur Kenntnis gelangen (إلى *j-m*); zuschreiben (إلى هـ *A j-m*); **II** [nammaː] wachsen lassen, entwickeln; fördern; **IV** أنمى [ʔanmaː] wachsen lassen, entwickeln; **VI** تنامى [ta'naːmaː] (nach und nach) anwachsen, (immer mehr) zunehmen; **VIII** انتمى [in'tamaː] angehören (إلى *D*), zugehören (إلى zu *D*); Beziehungen haben (إلى zu *D*), Bindung haben (إلى an *A*)

نميات [nummiː'jaːt] *pl.*: علم الـ~ [ʕilm an-n.] Numismatik *f*

نمير [na'miːr] *Wasser*: rein, klar

نميمة [na'miːma], *pl.* نمائم [na'maːʔim] (2) Verleumdung *f*

نهاب [na'hhaːb], *pl.* [-uːn] Plünderer *m*, Räuber *m*

نهار [na'haːr], *pl.* أنهر [ʔanhur] *u.* نهر [nuhur] Tag *m* (*Gegens.* ليل Nacht); ~ا [-an] *Adv. u.* في الـ~ bei Tag(e), tagsüber; ~ اليوم [-a l-jaum] heute; ليل ~ [laila na'haːra] *u.* ليلا ~ا [-an] *Adv.* Tag und Nacht

نهاري [na'haːriː] Tages-

نهاز [na'hhaːz]: ~ الفرص [n. al-furɒs] Opportunist *m*

نهاش [na'hhaːʃ] beißend, bissig

نهاية [ni'haːja], *pl.* [-aːt] Ende *n*, Schluß *m*; *Gr.* Endung *f*; äußerste(r) Grad, Extrem *n*; الـ~ الصغرى [ɒs-suɣraː] unterste Grenze, Minimum *n*; ~ القصوى [al-quswaː] äußerste *od.* oberste Grenze, Maximum *n*; إلى الـ~ bis zum Ende; بلا ~ ohne Ende, endlos; في الـ~ am Ende, schließlich; (في ~ الأمر =) letzten Endes; لا ~ له [-ta] endlos, unendlich; إلى ما لا ~ (له) bis ins Unendliche, ad infinitum; → مطاف

نهائي [ni'haːʔiː] End-, Schluß-; endgültig, definitiv; *pl.* [-aːt] *Sport*: Endrunde *f*, Finale *n*; ~ا [-jan] *Adv.* endgültig, definitiv; *nach Neg.*: nie(mals); ~ إنذار Ultimatum *n*; الدور قبل الـ~ [ad-daur] Halbfinale *n*; vorletzte Runde; ربع الـ~ [rubʕ an-n.] Viertelfinale *n*; قبل الـ~ der vorletzte; مباراة ~ة [mubaː'raːt] Endspiel *n*, Finale *n*; نصف الـ~ [nisf an-n.] Halbfinale *n*

نهائية [nihaː'ʔiːja] Endgültigkeit *f*

[1]نهب [nahaba, a] rauben, plündern; ausrauben, ausplündern; الأرض / ~ الطريق dahineilen, rasen; **VI** تناهب [taˈnaːhaba] *fig.* erfassen, packen

[2]نهب [nahb] Raub *m*, Plünderung *f*; Beute *f*; ـًا~ [-an] *Adv.* auf räuberische Weise; أصبح ~ مشاعره [-a maʃaːˈʕirihiː] von s-n Gefühlen hin- und hergerissen sein; أصبح ~ النيران [-a n-niːˈraːn] ein Raub der Flammen werden

نهبة [nuhba] *u.* نهبى [nuhbaː] Beute *f*, Raub *m*

[1]نهج [nahadʒa, a] *Weg* einschlagen, verfolgen; verfahren, sich verhalten; — [nahidʒa, a] außer Atem sein; **II** [nahhadʒa] außer Atem bringen; *Syr.* e-n Plan *od.* ein Programm entwerfen; **IV** أنهج [ʔanhadʒa] **1.** außer Atem bringen; **2.** klar, deutlich sein; **VIII** انتهج [inˈtahadʒa] *Weg* einschlagen, beschreiten; *Politik* verfolgen, betreiben; ~ سبيله j-s Beispiel folgen

[2]نهج [nahadʒ] Atemlosigkeit *f*, Keuchen *n*

[3]نهج [nahdʒ], *pl.* نهوج [nuˈhuːdʒ] Weg *m*; Methode *f*; Art und Weise *f des Vorgehens*; *pl.* أنهج [ʔanhudʒ] *Tun., Alg.* Straße *f*; نهج ~ـه [-ahuː] j-s Methode befolgen, ebenso vorgehen wie j-d

[1]نهد [nahada, a, u] **1.** *Busen*: schwellen, sich wölben; *Mädchen*: e-n schwellenden Busen haben; **2.** unternehmen (ل *A*); **V** تنهد [taˈnahhada] seufzen

[2]نهد [nahd], *pl.* نهود [nuˈhuːd] Busen *m*

[1]نهر [nahara, a] **1.** fließen, strömen; **2.** schelten; *Bettler* verjagen; **VIII** انتهر [inˈtahara] (aus)schelten

[2]نهر [nahr], *pl.* أنهار [ʔanˈhaːr] *u.* أنهر [ʔanhur] Fluß *m*, Strom *m*; (*Zeitungs-*)Spalte *f*; ما بين النهرين [annahˈrain] Zweistromland *n*, Mesopotamien; ما وراء الـ~ *hist.* Transoxanien

نهري [nahriː] Fluß-; ~ سمك [samak] Süßwasserfische *m/pl.*; ملاحة ~ـة [miˈlaːħa] Binnenschiffahrt *f*

(نهز) **III** ناهز [naːhaza] sich nähern (ـه *e-r Zahl, e-m Alter*); يناهز الخمسين er ist an die Fünfzig; **VIII** انتهز [inˈtahaza] *Gelegenheit* ergreifen, benutzen, ausnutzen

نهزة [nuhza] Gelegenheit *f*

[1]نهش [nahaʃa, a, i] beißen, mit den Zähnen packen; schnappen (ه/ـه nach *D*); *Raubtier*: zerreißen

[2]نهش [nahʃ] Beißen *n*, Biß *m*

نهض [nahɒđɒ, a] sich erheben, aufstehen; *a. fig.* heben (ب *A*); anheben (ب *bsd. Niveau*), fördern (ب *A*); durchführen, ausführen (ب *Arbeit*); auf sich nehmen (ب *Bürde, Opfer*); sich machen (ل an *A*), unternehmen (ل *A*); (eilig) hingehen (إلى zu *D*); sich empören (على gegen *A*); *a.* (= قام على) beruhen (على auf *D*); **III** ناهض [naːhɒđɒ] sich entgegenstellen, sich widersetzen (ه *j-m*); entgegenwirken (ه/ـه *D*), opponieren (ـه/ه gegen *A*); **IV** أنهض [ʔanhɒđɒ] aufstehen lassen, aufrichten; anregen, aufmuntern (ل zu *D*); **VIII** انتهض [inˈtahɒđɒ] aufstehen, sich aufrichten; bewegen (ل ه *j-n* zu *D*); **X** استنهض [isˈtanhɒđɒ] *fig.* aufrütteln, wachrütteln; aufmuntern (ل zu *D*)

نهضة [nahđɒ], *pl.* [nahaˈđɒːt] Aufschwung *m*; Erneuerung *f*, Renaissance *f*, (*nationales*) Erwachen; الـ~ الأوروبية die Renaissance *in Europa*

نهق [nahaqa, a] *Esel*: schreien

[1]نهك [nahaka, a] erschöpfen, entkräften, schwächen, zermürben; ~ عرضه [ʕirđɒhuː] j-s Ehre verletzen; **IV** أنهك [ʔanhaka] erschöpfen, entkräften, schwächen, zermürben, aufreiben; **VIII** انتهك [inˈtahaka] *Gesetz, Rechte, Luftraum* verletzen; ~ حرمته [ħurˈmatahuː] etwas entweihen; ~ عرضه [ʕirđɒhuː] etwas entweihen *od.* schänden

[2]نهك [nahk] Erschöpfung *f*, Entkräftung *f*, Zermürbung *f*; ~ عصبي [ʕɒsɒbiː] Neurasthenie *f*

نهكة [nahka] Erschöpfung *f*, Auszehrung *f*

نهل [nahila, a] trinken; *fig.* schöpfen (من aus *e-r Quelle*)

[1]نهم [nahima, a] unersättlich sein, Heißhunger haben; gierig sein, lechzen (في nach *D*)

[2]نهم [naham] Unersättlichkeit *f*, Heißhunger *m*; Begierde *f*; ~ بـ *u.* ~ في (be)gierig (*Adv.*)

[3]نهم [nahim] unersättlich; gierig

نهوض [nuˈhuːđ] Sicherheben *n*, Aufstehen *n*; Hebung *f*, Anhebung *f* (ب *bsd. des Niveaus*), Förderung *f* (ب *G*); Durchführung *f*, Ausführung *f* (ب *e-r Arbeit*)

[1]نهى [nahaː, aː] verbieten, untersagen, verwehren (عن ه *j-m A*); abhalten (عن ه *j-n* von *D*); (= *Pass.* نهي [nuhija]) *Nachricht*: erreichen (إلى *j-n*), zur Kenntnis gelangen (إلى *j-m*); **IV** أنهى [ʔanhaː] beenden, abschließen; zur Kenntnis bringen, mitteilen (إلى *j-m*); **VI** تناهى [taˈnaːhaː] zur Kenntnis gelangen (إلى *j-m*), dringen (إلى zu *j-m*); den höchsten Grad erreichen; *Zeit*: ablaufen; einander abhalten (عن von *D*); ablassen (عن von *D*); **VIII** انتهى [inˈtahaː] zu Ende gehen, enden (ب mit *D*); *Zeit*: ablaufen; *Problem*: aus der Welt geschafft werden; fertig werden (من mit *D*), beenden, abschließen, fertigstellen (من *A*); (schließlich) gelangen (إلى zu *D*); *Straße*: führen (إلى zu *D*), einmünden (إلى in *e-n Platz*); bringen (ب إلى *j-n* zu *D*); aufhören (عن mit *D*), aufgeben (عن *A*); ~ به الأمر إلى أن es kam mit ihm so weit, daß

[2]نهي [nahj] Verbot *n*, Untersagung *f*; الـ~ والأمر die unumschränkte Entscheidungs- *od.* Befehlsgewalt; الـ~ عن المنكر [al-munkar] *Isl.* Verbot *n* verwerflicher Handlungen

[3]نهى [nuhan] Verstand *m*

نهيج [naˈhiːdʒ] Atemlosigkeit *f*, Keuchen *n*

نهير [nuˈhair] Flüßchen *n*, Bach *m*

نهيق [naˈhiːq] Schreien *n des Esels*

[1](نوء) ناء [naːʔa, uː] schwer zu tragen haben (ب an *D*), zusammenzubrechen drohen (ب unter *e-r Last*); schwer lasten (ب/بكلكله [bi-kalˈkalihiː] auf *j-m*); **III** ناوأ [naːwaʔa]

Widerstand leisten, sich widersetzen (ه *j-m*); entgegenwirken (ه/هـ *D*); bekämpfen; **IV** أناء [ʔa'naːʔa] *obs.* schwer lasten (ه auf *j-m*)

[2]**نوء** [nauʔ], *pl.* أنواء [ʔan'waːʔ] Unwetter *n*; Sturm *m*; طائر الـ~ Sturmvogel *m*

نواب ← نائب

نوابض ← نابض

نوابغ ← نابغة

نواتي ← نوتي

نواتىء ← ناتئة

نواجذ ← ناجذ

[1]**نواح** [na'waːhin] ← ناحية

[2]**نواح** [na'wwaːħ] Klagende(r), Trauernde(r)

[3]**نواح** [nu'waːħ] Klagen *n*, Wehklage *f*; Totenklage

نواحة [na'wwaːħa], *pl.* [-aːt] Klageweib *n*

نواد ← ناد

نوادب ← نادبة

نوادر ← نادرة

نوار [nu'wwaːr] *koll.*, *n. un.* ~ة, *pl.* نواوير [nawaː'wiːr] (2) Blüten *f/pl.*; (شهر) الـ~ *Libyen*: Februar *m*

نوازع ← نازعة

نوازل ← نازل *u.* نازلة

نواس [na'wwaːs] schwingend, schaukelnd; *Syr.* Pendel *n*

نواسير ← ناسور

نواشز ← ناشزة

نواشف ← ناشف

نواص ← ناصية

نواصب ← ناصب

نواصير ← ناصور

نواطير ← ناطور

نواظم ← ناظم

نواظير ← ناظور

نواعير ← ناعور *u.* ناعورة

نوافذ ← نافذة

نوافس ← نفساء

نوافل ← نافلة

نوافير ← نافورة

نواقص [na'wɒːqis] (2) *pl.* Mängel *m/pl.*

نواقير ← ناقور

نواقيس ← ناقوس

نوال [na'waːl] Geschenk *n*, Gabe *f*

نوام [na'wwaːm] j-d, der viel schläft

نواميس ← ناموس

نواه ← ناهية

نواة [na'waːt], *pl.* نويات [nawa'jaːt] Kern *m* (*a. des Atoms u. fig.*); Kernpunkt *m*; Kernstück *n*

نواويس ← ناووس

نوايا ← نية

نوائب ← نائبة

نوائح ← نائحة

(نوب) ناب [naːba, uː] vertreten (عن *j-n*), *j-s* (عن) Stelle einnehmen; *Unglück*: *j-n* treffen, zustoßen (ه *j-m*); immer wieder besuchen (إلى *j-n*), zurückkehren (إلى zu *D*); ~ إلى الله Reue empfinden; **III** ناوب [naːwaba] sich abwechseln (ه mit *j-m*); **IV** أناب [ʔa'naːba] mit der Vertretung *j-s* (عن) beauftragen, bevollmächtigen; ~ إلى الله Reue empfinden; **VI** تناوب [ta'naːwaba] miteinander abwechseln, einander ablösen (في/هـ bei *D*); nacheinander befallen *od.* heimsuchen; **VIII** انتاب [in'taːba] *Krankheit*: befallen, heimsuchen; *Verzweiflung*: überkommen

نوبتجي [nau'batʃiː] diensthabend; *pl.* ~ة Diensthabende(r); Wachhabende(r), Offizier *m* vom Dienst

نوبتجية [naubat'ʃiːja], *pl.* [-aːt] Nachtdienst *m im Krankenhaus*, Wachdienst *m*

[1]**نوبة** [nauba], *pl.* [-aːt] Reihe *f* (*an die man kommt*), Turnus *m*; (*Arbeits-*)Schicht *f*; *Mil.* Zapfenstreich *m*; Anfall *m e-r Krankheit*; *Syr.* kleine(s) Orchester mit einheimischen Instrumenten; بالـ~ abwechselnd, der Reihe nach; ~ عصبية [ʕɒsɒ'biːja] Nervenkrise *f*; ~ قلبية Herzanfall *m*; ~ آخر [ʔaːxir n.] *umg.* das letzte Mal; جاءت ~ه er kam an die Reihe

[2]**نوبة** [nuːba] *koll.*: الـ~ die Nubier *m/pl.*; (= بلاد الـ~ [bi'laːd an-n.]) Nubien (*Landschaft in Südägypten u. Nordsudan*)

نوبي [nuːbiː] nubisch; *pl.* [-uːn] Nubier *m*

نوت [noːt] *koll.* (*Musik-*)Noten *f/pl.*

نوتة [noːta], *pl.* [-aːt] (*Musik-*)Note *f*

نوتي [nuːtiː], *pl.* ~ة *u.* نواتي [na'waːtiː] Matrose *m*, Seemann *m*; *pl.* Besatzung *f*, Mannschaft *f e-s Schiffes*

[1]**(نوح)** ناح [naːħa, uː] wehklagen, jammern; klagen (على um *j-n*), beweinen (على *j-n*); **III** ناوح [naːwaħa] gegenüberliegen (هـ *D*); **V** تنوح [ta'nawwaħa] schwingen, pendeln; **VI** تناوح [ta'naːwaħa] *Wind*: von überallher blasen, stürmen

[2]**نوح** [nauħ] Klagen *n*, Wehklage *f*; Totenklage *f*

[3]**نوح** [nuːħ] Noah *npr. m*; سفينة ~ die Arche Noah

(نوخ) IV أناخ [ʔa'naːxa] *Kamel* niederknien lassen; sich aufhalten, verweilen (ب an *e-m Ort*); *Unglück*, *Not*: treffen, heimsuchen

[1]**(نور)** **II** [nawwara] leuchten; beleuchten; *a. fig.* erleuchten; *Lampe* anzünden; *j-n* aufklären (ب über *A*); blühen, Blüten tragen; **III** ناور [naːwara] manövrieren; **IV** أنار [ʔa'naːra] erleuchten, *a. fig.* beleuchten; ~ له الطريق j-m den Weg weisen; **V** تنور [ta'nawwara] erleuchtet werden; **X** استنار [ista'naːra] Erleuchtung *od.* Aufklärung suchen *od.* erhalten

[2]**نور** [nawar] *koll.* Zigeuner *m/pl.*

[3]**نور** [naur] *koll.*, *n. un.* ~ة, *pl.* أنوار [ʔan'waːr] Blüten *f/pl.*

[4]**نور** [nuːr], *pl.* أنوار [ʔan'waːr] Licht *n*; أنوار المرور Vekehrsampeln *f/pl.*; ~ كشاف, ~ كاشف [ka'ʃʃaːf] Scheinwerfer *m*; سبت الـ~ *Chr.* Karsamstag *m*; ~ عليك bravo!; رأى الـ~ das Licht der Welt erblicken

نوراني [nuː'raːniː] leuchtend

نورانية [nuːraː'niːja] (Licht-)Glanz *m*

نورج [nauraʤ], *pl.* نوارج [na'waːriʤ] (2) Dreschschlitten *m*

نورس [nauras], *pl.* نوارس [na'waːris] (2) Möwe *f*

نورمان [nur'maːn] *koll.*: الـ~ *hist.* die Normannen *m/pl.*

نورماندي [nur'maːndiː] normannisch; *Geo.* Normandie *f*; *pl.* [-uːn] Normanne *m*

نورماني [nur'maːniː] normannisch; Normanne *m*

[1]**نورة** [naura], *pl.* [-aːt] *e-e* Blüte

[2]**نورة** [nuːra] Enthaarungsmittel *n*

نوروز [nau'ruːz] (*persisches*) Neujahrsfest

نوري [nuːriː] Licht-; *a. npr. m*; *pl.* نور [nawar] Zigeuner *m*

(**نوس**) ناس [naːsa, uː] schwingen, schaukeln

(**نوش**) **III** ناوش [naːwaʃa] sich in Geplänkel, Scharmützel *od.* Gefechte verwickeln (ه mit *j-m*)

نوشة [nauʃa] *Äg.* Typhus *m*

(**نوص**) ناص [nɒːsɒ, uː] ausweichen (عن *D*)

[1](**نوط**) ناط [nɒːtɒ, uː] (auf-, an)hängen; abhängig machen (ب von *D*); **IV** أناط [ʔa'nɒːtɒ] betrauen (ب هـ *j-n* mit *D*), übertragen (ب هـ *j-m A*); abhängig machen (ب/على von *D*)

[2]**نوط** [nauŧ], *pl.* أنواط [ʔan'wɒːŧ] Ehrenzeichen *n*, Auszeichnung *f*, Medaille *f*

[3]**نوط** [noːŧ], *pl.* أنواط [ʔan'wɒːŧ] *Syr.* (*Musik-*)Note *f*

نوطة [noːtɒ], *pl.* [-aːt] *Ir.* (*Musik-*) Note *f*

[1]**نوع** **II** [nawwaʕa] variieren, breit fächern, diversifizieren; klassifizieren; **V** تنوع [ta'nawwaʕa] verschiedenartig, vielfältig, mannigfaltig sein, variieren

[2]**نوع** [nauʕ], *pl.* أنواع [ʔan'waːʕ] Art *f*, Gattung *f*, Spezies *f*; Sorte *f*, Kategorie *f*; *Techn.* Typ *m*; Beschaffenheit *f*; Qualität *f*; ~ا ما [-an] *Adv.* einigermaßen; gewissermaßen; ~ا وكما [-an wa-kamman] *Adv.* qualitativ und quantitativ; بـ~ خاص [xɒːss] besonders, speziell; فواكه على (اختلاف) أنواعها [fa'waːkih] Früchte *f/pl.* aller Art; هذا/هو ~ان davon gibt es zwei Arten

نوعي [nauʕiː] spezifisch, arteigen; qualitativ; ~ وزن spezifische(s) Gewicht

نوعية [nau'ʕiːja] Qualität *f*; besondere Art *od.* Beschaffenheit; *pl.* [-aːt] Art *f*; ~ الحياة [n. al-ħa'jaːt] Lebensqualität *f*

(**نوف**) ناف [naːfa, uː] hinausgehen (على/عن über *e-e Zahl*), übersteigen (على/عن *e-e Zahl*); **IV** أناف [ʔa'naːfa] hinausgehen (على über *A*), mehr sein (على als)

نوفمبر [nuː'fambar, noː'vambar] November *m*

نوفوتية [nuvo'teːh]: أصناف الـ~ Modeartikel *m/pl.*

نوق → ناقة

نوكاء → أنوك

[1](**نول**) نال [naːla, uː] geben, schenken, gewähren (ب ل/ه *j-m A*); → [1](نيل); **III** ناول [naːwala] (zu)reichen, geben, aushändigen (ه هـ *j-m A*); **VI** تناول [ta'naːwala] *Nahrung* zu sich nehmen, *Mahlzeit* einnehmen; *die Kommunion* empfangen; *a. das Wort* ergreifen; *Thema* behandeln; zum Thema *od.* zum Gegenstand haben; ~ه بالبحث etwas untersuchen

[2]**نول** [naul], *pl.* أنوال [ʔan'waːl] **1.** Webstuhl *m*; **2.** Frachtgeld *n*; **3.** Gabe *f*

نولون [nau'luːn] Frachtgeld *n*, Frachtgebühr *f*, Fracht *f*

[1](**نوم**) نام [naːma, aː] schlafen; einschlafen; *Wind*: nachlassen, sich legen; reglos, still sein; vernachlässigen (عن *A*); **II** [nawwama] *Kind* einschläfern; zu Bett bringen; hypnotisieren; **IV** أنام [ʔa'naːma] zum Schlafen bringen, einschläfern, in den Schlaf wiegen; **VI** تناوم [ta'naːwama] sich schlafend stellen; **X** استنام [ista'naːma] sich beruhigen (إلى bei *e-r Sache*), sich zufriedengeben (إلى mit *D*); sich überlassen (إلى *e-r Sache*); sich verlassen (إلى auf *j-n*)

[2]**نوم** [naum] Schlaf *m*, Schlummer *m*; ~ عميق Tiefschlaf *m*; ~ مغنطيسي [maɣna'ŧiːsiː] Hypnose *f*

[3]**نوم** [nuwwam] → نائم

نومة [nauma], *pl.* [-aːt] Schlaf *m*, Schläfchen *n*

[1]**نومي** [naumiː] Schlaf-

[2]**نومي** [nuːmiː] *Ir.*: ~ حلو [ħiluː] süße Limette(n *pl.*); ~ حامض Zitrone(n *pl.*) *f*

[1]**نون** **II** [nawwana] *Gr. ein Nomen* mit der Nunation (*Endung -n*) versehen

[2]**نون** [nuːn] **1.** *f*, *pl.* [-aːt] der Buchstabe ن; **2.** *pl.* أنوان [ʔan'waːn] *u.* نينان [niː'naːn] große(r) Fisch, Walfisch *m*; ذو الـ~ der Prophet Jona

نونبر [nu'wambir] *Mar.* November *m*

نونة [nuːna] Grübchen *n am Kinn*

نونو [nuːnuː] *bsd. Baby*: klein; Baby *n*, Kleinkind *n*

نوني [nuːniː] wie ein ن geformt

نوه **II** [nawwaha] lobend erwähnen (ب *A*); hervorheben, betonen (ب *A*); hinweisen, anspielen (ب/إلى/عن auf *A*)

نؤوم [na'ʔuːm] verschlafen; verschlafene(r) Mensch; Langschläfer *m*

نووي [nawawiː] Kern-, nuklear; Kernwaffen-

[1]**نوى** [nawaː, iː] beabsichtigen, vorhaben, anstreben; **VIII** انتوى [in'tawaː] beabsichtigen

[2]**نوى** [nawan] **1.** Entfernung *f*, Fernsein *n*; Ziel *n*, Bestimmungsort *m*; *koll.* Kerne *m/pl.*

[3]**نؤي** [nuʔj], *pl.* آناء [ʔaː'naːʔ] *u.* نئي [nu'ʔiːj] Graben *m um das Zelt*

نويع [nu'waiʕ], *pl.* [-aːt] *Biol.* Unterart *f*, Subspezies *f*

ني [najj, niːj] *umg.* roh, ungekocht

نيء [niːʔ, najjiʔ] roh, ungekocht

نيابة [ni'jaːba], *pl.* [-aːt] Vertretung *f*, Stellvertretung *f*; Staatsanwaltschaft *f*; ~ عن [-tan] stellvertretend für; in Vertretung *j-s*; بالـ~ in Vertretung; stellvertretend; بالـ~ عن in Vertretung *j-s*; im Namen von; الـ~ العامة [al-ʕaːmma] (General-)Staatsanwaltschaft *f*; المدير بالـ~ der stellvertretende Direktor; وكيل الـ~ Anklagevertreter *m*, Staatsanwalt *m*

نيابي [ni'jaːbiː] *Demokratie*: repräsentativ; parlamentarisch; مجلس ~ [madʒlis] Parlament *n*

نياط [ni'jɒːŧ]: يمزق ~ القلب/القلوب [ju'mazziqu] herzzerreißend

نيافة [ni'jaːfa] Eminenz *f* (*Titel der Kardinäle u. der koptischen Bischöfe*)

نياق → ناقة

نيام → نائم

نيبال [niː'baːl, neː'paːl] *f Geo.* Nepal

نيبالي [niː'baːliː, neː'paːliː] nepalesisch; *pl.* [-uːn] Nepalese *m*

نيتروجين [niːtro'ʒeːn, niːtru'dʒiːn] *Chem.* Stickstoff *m*

نيجر [naidʒar, niːdʒar] *f*: الـ~ *Geo.* Niger

نيجري [naidʒariː, niːdʒariː] nigrisch; *pl.* [-uːn] Nigrer *m*

نيجيري [nai'dʒiːriː, niː'dʒeːriː] nigerianisch; *pl.* [-uːn] Nigerianer *m*

نيجيريا [nai'dʒiːrijaː, niː'dʒeːrijaː] *Geo.* Nigeria

1**نير** [najjir] leuchtend; *fig.* glänzend, brillant; lichterfüllt, hell; النيران *du. poet.* Sonne *f* und Mond *m*

2**نير** [niːr], *pl.* أنيار [ʔan'jaːr] *u.* نيران [niː'raːn] Joch *n*

نيران → نار, 1نير *u.* 2نير

نيرة [niːra] Zahnfleisch *n*

نيروبي [nai'roːbiː] *Geo.* Nairobi

نيروز [nai'ruːz] (*koptischer*) Neujahrstag

نيرون [neː'roːn] Nero *npr.*

نيزك [naizak], *pl.* نيازك [na'jaːzik] (2) Sternschnuppe *f*, Meteor *m*; (kurze) Lanze

نيسان [niː'saːn, nai'saːn] *Ir., Syr., Lib., Jord.* April *m*

نيشان [niː'ʃaːn], *pl.* نياشين [najaː'ʃiːn] (2) **1.** Ziel *n*, Zielscheibe *f*; **2.** Orden *m*, Auszeichnung *f*

نيص [niːs] Stachelschwein *n*

1**نيف** **II** [najjafa] hinausgehen (على über *A*), übersteigen (على *A*)

2**نيف** [najjif]: و~... *u.* ...و ~ ein wenig mehr als, etwas über; عشرون و~ *u.* وعشرون ~ ein paar mehr als zwanzig, einige zwanzig; عشر سنوات و~ [ʕaʃru sana'waːtin] (etwas) über 10 Jahre, mehr als zehn Jahre

نيق [najjiq] *Kleidung*: fein, ausgesucht; wählerisch

(**نيك**) ناك [naːka, iː] koitieren (ها mit *e-r Frau*), *umg.* bumsen

نيكاراجوا [niːka'raːguwaː] *Äg. u.* **نيكاراغوا** [niːka'raːɣuwaː] *Geo.* Nicaragua

نيكاراجوي [niːkaraːguwiː] *Äg. u.* **نيكاراغوي** [niːka'raːɣuwiː] nicaraguanisch; *pl.* [-uːn] Nicaraguaner *m*

نيكل [niːkil, nikl] Nickel *n*

نيكوتين [niːko'tiːn] Nikotin *n*

1(**نيل**) نال [naːla, aː] erlangen, erreichen; *Ruhm* erwerben; *Zustimmung* finden; stoßen (هـ auf *Interesse*); beeinträchtigen (من *e-e Sache*), Abbruch tun (من *e-r Sache*), schaden (من *D*); treffen (من ب *j-n* mit *D*); → 1(نول); **IV** أنال [ʔa'naːla] erlangen *od.* erreichen lassen (ه/ل هـ *j-n A*); verschaffen (هـ ه *j-m A*)

2**نيل** [nail] Erlangung *f*, Erwerbung *f*; Beeinträchtigung *f* (من *e-r Sache*), Zufügung *f* von Schaden

3**نيل** [niːl] **1.** Indigopflanze *f*; Indigo *n od. m;* **2.**: الـ~ der Nil

نيلج [niːladʒ] Indigo *n od. m*

نيلة [niːla] Indigopflanze *f*; Indigo *n od. m*

نيلوفر [nai'luːfar, niː'luːfar] Seerose *f*, *bsd.* Weiße Seerose *u.* Ägyptische Lotosblume

نيلون [nai'loːn] Nylon *n*

نيلي [niːliː] **1.** indigofarben, tiefblau; **2.** Nil-

نينوى [niːnawaː] Ninive

نية [niːja], *pl.* نوايا [na'waːjaː] *u.* [-aːt] Absicht *f*, Intention *f*; Vorsatz *m*; ~ على + *G*: in der Absicht (*etwas zu tun*); في الـ~ أن es ist beabsichtigt, daß; حسن الـ~ [ħasan an-n.] ehrlich; *Jur.* gutgläubig; حسن الـ~ [ħusn an-n.] gute Absicht; Ehrlichkeit *f*; *Jur.* gute(r) Glaube; سليم الـ~ arglos; سوء الـ~ [suːʔ an-n.] böse Absicht; *Jur.* böse(r) Glaube; سيئ الـ~ [sajjiʔ an-n.] arglistig; *Jur.* bösgläubig

نيوب → 2ناب

نيوبيوم [ni'joːbijum] *Chem.* Niobium *n*

نيوترون [niju'troːn], *pl.* [-aːt] Neutron *n*

نيوزيلندا [nijuːziː'landaː] Neuseeland

نيوزيلندي [nijuːziː'landiː] neuseeländisch; *pl.* [-uːn] Neuseeländer *m*

نيون [ni'joːn, ni'juːn] Neon *n*; Neonbeleuchtung *f*

نيويورك [nijuːjork] New York

هـ

[1]هـ (هاء) [haːʔ] *sechsundzwanzigster Buchstabe des arab. Alphabets*; *bei Aufzählungen*: e); فيتامين هـ Vitamin *n* E

[2]هـ *Abk. für* هجرية [hiʤ'riːja] *nach Jahreszahlen*: nach der Hidschra, nach islamischer Zeitrechnung

[3]ـه *u.* ه [-huː, -hu] (*nach* [i]: [hiː, hi]) **1.** *Possessivsuffix*: sein; **2.** *Objektsuffix*: ihn

[1]**ها** [haː] da!, hier!; أنا ~ da bin ich!; هأنذا, هاءنذا [ha-'ʔanaðaː] *u.* ها أنا ذا, *f* أنا ذي ~ [haː 'ʔanaː ðiː] da bin ich!; ich (*emphatisch*); نحن ~ da sind wir (nun)!; wir hier; أنتم أولاء ~ [ʔu'laːʔi] ihr hier!; da seid ihr!; ~ك [haːka], *pl.* ~كم [haːkum] + *A*: hier nimm!; da hast du…!; es folgen nun (*im Text*)…

[2]ـها *u.* **ها** [-haː] **1.** *Possessivsuffix*: ihr; **2.** *Objektsuffix*: sie (*3. Pers. sg. f*)

هاء [haːʔ] *f*, *pl.* [-aːt] der Buchstabe ه

هاب → (هيب)

هابط [haːbiṭ] fallend, sinkend, niedergehend; *Niveau*: gesunken, niedrig

هابطة [haːbiṭɒ], *pl.* هوابط [ha'waːbiṭ] (2) Stalaktit *m*

هابيل [haː'biːl] (2) Abel *npr. m*

هات [haːt(i)], *f* هاتي [haːtiː], *pl.* هاتوا [haːtuː] gib (her)!; bring (her)!

هاتان → هذا

هاتف [haːtif] rufend; innere Stimme; *Isl. Mystik*: unsichtbare(r) Rufer; *pl.* هواتف [ha'waːtif] (2) Telefon *n*; آلي ~ automatisierte(r) Fernsprechverkehr; تكلم بالـ~ [ta'kallama] telefonieren

هاتفي [haːtifiː] Telefon-, telefonisch; ~ا [-jan] *Adv.* per Telefon, telefonisch; مكالمة ~ة [mu'kaːlama] Telefongespräch *n*; اتصل به ~ا [i'ttɒsɒla] mit j-m telefonieren, j-n anrufen

هاته → هذا

هاتور [haː'toːr] *dritter Monat des koptischen Kalenders*

[1]**هاج** [haːʤa] → [1](هيج)

[2]**هاج** [haːʤin] Spötter *m*; Satiriker *m*

هاجرة [haːʤira] Mittagshitze *f*

هاجري [haːʤiriː] mittäglich

هاجس [haːʤis], *pl.* هواجس [ha'waːʤis] (2) Sorge *f*, angstvolle(r) Gedanke, Befürchtung *f*; Gedanke *m*; fixe Idee; *pl. bsd.* Ängste *f/pl.*, Befürchtungen *f/pl.*

هاد [haːdin] führend; *pl.* [-uːn] *u.* هداة [hu'daːt] Führer *m*; الهادي [al-haːdiː] *Beiname Gottes*

هادف [haːdif] abzielend (إلى auf *A*); zielgerichtet, gezielt

هادم [haːdim] zerstörend; Zerstörer *m*

هادئ [haːdiʔ] ruhig, still; البال ~ beruhigt; المحيط الـ~ [al-mu'ħiːṭ] der Stille Ozean

هاذ [haːðin] irreredend, im Delirium; irre

هار [haːrin] wankend; baufällig

هارب [haːrib] fliehend, flüchtend, flüchtig; *pl.* [-uːn] Flüchtende(r), Geflohene(r); جندي ~ [ʤundiː] *u.* من الجندية ~ Deserteur *m*

هارون [haː'ruːn] Harun *npr. m*, Aaron *npr. m*

هازجة [haːziʤa] *Zool.* (Rohr-)Sänger *m*

هازل [haːzil] scherzend, spaßend, scherzhaft; Spaßvogel *m*; humorvoll; humoristisch; satirisch

[1]**هاش** [haːʃa] → (هوش) *u.* [1](هيش)

[2]**هاش** [haːʃʃ] vergnügt, frohgestimmt, heiter; باش ~ [baːʃʃ] guter Dinge

هاشم [haːʃim] Haschim *npr. m*

هاشمي [haːʃimiː] *Dynastie*: haschimitisch; *pl.* [-uːn] Haschimit *m*

هاض → (هيض)

هاضوم [haː'ḍuːm] verdauungsfördernde(s) Mittel

هاط → [1](هيط)

هاف [haːfin] ausgehungert

هافت [haːfit] *Meinung*: falsch, unbegründet

هاك [haːka], *pl.* هاكم → [1]ها

[1]**هال** [haːla] → [1](هول) *u.* [1](هيل)

[2]**هال** [haːl] **1.** Kardamom *m od. n*; **2.** Luftspiegelung *f*

هالك [haːlik] zugrunde gehend; zugrunde gegangen, verloren; vergänglich; *Tun.* Verstorbene(r)

هالة [haːla], *pl.* [-aːt] Hof *m um den Mond*; Ring *m um das Auge*; Aureole *f*, Nimbus *m*, Heiligenschein *m*

[1]**هام** [haːma] → [1](هيم)

[2]**هام** [haːmm] wichtig, bedeutend, bedeutsam; *Zahl*: groß

هامد [haːmid] leblos, regungslos, *Leichnam*: erstarrt; *Feuer*: erloschen

هامس [haːmis] flüsternd; حديث ~ Gespräch *n* im Flüsterton

هامش [haːmiʃ], *pl.* هوامش [ha'waːmiʃ] (2) Rand *m der Buchseite*; Randbemerkung *f* (*a. pl.*: على zu *D*); Fußnote *f*; (*Gewinn-*)Spanne *f*; ~ على + *G*: am Rande von; على ~الـ am Rande (*vermerkt*)

هامشي [haːmiʃiː] Rand-; marginal; von untergeordneter Bedeutung; ~ـة ملاحظة [muˈlaːħaðɒ] Randbemerkung *f*

هامل [haːmil] umherstreifend

[1]**هامة** [haːma], *pl.* [-aːt] Spitze *f*; Kopf *m*

[2]**هامة** [haːmma], *pl.* هوام [haˈwaːmm] (2) schädliche(s) Insekt; *pl.* Ungeziefer *n*

هامور [haːˈmuːr] *u.* سمك الـ~ [samak al-h.] *Saudi-Ar.*, *Kuw.* (Fluß-, See-)Barsch *m*

هان → [1](هون)

هأنذا → ها[1]

هانم [haːnim], *pl.* هوانم [haˈwaːnim] (2) *Äg.* Frau *f*, Dame *f*; يا ~ gnädige Frau!

هانئ [haːniʔ] glücklich, froh

هانيبال [haːniːˈbaːl] Hannibal; (شهر) ~ *Libyen*: August *m* (*Monat*)

هأهأ [haʔhaʔa] schallend lachen

هاهنا [haːhunaː] hier

هاو [haːwin] fallend; *pl.* هواة [huˈwaːt] Liebhaber *m*, Fan *m*; Amateur *m*; مسرح الهواة Laienbühne *f*

هاون [haːwun] *u.* (*selten*) **هاوون** [haːˈwuːn], *pl.* هواوين [hawaːˈwiːn] (2) *a. Mil.* Mörser *m*; مدفع الـ~ [midfaʕ al-h.] *Mil.* Granatwerfer *m*

هاوية [haːwija] Abgrund *m*, Tiefe *f*

هايتي [haːjitiː] *f Geo.* Haiti; haitisch; *pl.* [-uːn] Haitianer *m*

هائج [haːʔidʒ] *bsd. Meer*: bewegt; erregt, aufgeregt; aufgebracht

هائل [haːʔil] gewaltig, ungeheuer, riesig, enorm, immens, kolossal; erstaunlich, phantastisch; furchtbar, schrecklich

هائم [haːʔim] leidenschaftlich verliebt; von Sinnen; verwirrt; ~ على وجهه umherirrend

[1]**هب** [hab] (*Imp. von* وهب) nehmen wir an *od.* gesetzt den Fall, *daß*

[2]**هب** [habba, u] *Wind*: aufkommen, wehen, blasen; *Feuer*: ausbrechen; aufstehen (من *bsd. vom Schlaf*), sich erheben; *Hund*: anfallen (في *j-n*); sich anschicken, sich aufmachen (لـ *etwas zu tun*); واقفا ~ [waːqifan] aufspringen, aufstehen; كل ما ~ ودب [kullu maː h. wa-dabba] alles, was da kreucht und fleucht; كل من ~ ودب jedermann, Hinz und Kunz; **II** هبب [habbaba] **1.** zerreißen; **2.** *Äg.* mit Ruß schwärzen; **IV** أهب [ʔaˈhabba] (auf)wecken; **V** تهبب [taˈhabbaba] zerrissen, zerfetzt werden

هباء [haˈbaːʔ], *pl.* أهباء [ʔahˈbaːʔ] Staub *m*; ذهب/ضاع ~ا (منثورا) [-an] sich in nichts auflösen; umsonst *od.* vergeblich sein

هباءة [haˈbaːʔa] Staubteilchen *n*; Sonnenstäubchen *n*

[1]**هباب** [haˈbaːb] feine(r) Staub

[2]**هباب** [hiˈbaːb] Ruß *m*

هبالة [haˈbaːla] Dummheit *f*, Schwachsinn *m*

هبت [habata, i] *j-n* niederschlagen

[1]**هبر** [habara, u] *Fleisch* in große Stücke schneiden

[2]**هبر** [habr] (schieres) Fleisch

هبرة [habra] Stück *n* Fleisch

هبش [habaʃa, i] zusammenraffen; packen (ب mit *D*)

[1]**هبط** [habaŧɒ, i] herunterkommen, herabsteigen (من von *D*); *Flugzeug*: landen; *Preis*: fallen, sinken; absinken (إلى auf *ein Niveau*); ~ بالمظلة [bi-l-miˈðɒlla] mit dem Fallschirm abspringen; **IV** أهبط [ʔahˈbaŧɒ] sinken lassen; senken; niedergehen lassen

[2]**هبط** [habŧ] Senkung *f*, Verminderung *f*

هبطة [habŧɒ] Fall *m*, Abstieg *m*; Bodensenkung *f*

[1](**هبل**) **VIII** اهتبل [ihˈtabala] nutzen; *Interessen* wahrnehmen

[2]**هبل** [habal] **1.** Dummheit *f*, Schwachsinn *m*; **2.** Angelegenheit *f*

[3]**هبل** [hubal] *Name e-s altarab. Gottes*

[4]**هبل** [hubl] → أهبل

هبلاء → أهبل

[1]**هبة** [habba], *pl.* [-aːt] Windstoß *m*

[2]**هبة** [hiba], *pl.* [-aːt] Gabe *f*, Geschenk *n*; *Jur.* Schenkung *f*

هبهاب [habˈhaːb] **1.** flink; **2.** Luftspiegelung *f*, Fata Morgana *f*

هبهب [habhaba] *Äg.* bellen

(**هبو**) هبا [habaː, uː] *Staub*: aufwirbeln, umherfliegen

هبوب [huˈbuːb] Wehen *n des Windes*

هبوط [huˈbuːŧ] Herabsteigen *n*, Abstieg *m*; Landung *f e-s Flugzeugs*; Sinken *n*, Fallen *n der Preise od. Kurse*; Baisse *f an der Börse*; Abnahme *f*; *Med.* Senkung *f*; ~ اضطراري [idŧɨˈraːriː] Notlandung *f*

هبوة [habwa], *pl.* [habaˈwaːt] Staubwirbel *m*

هبيت [haˈbiːt] zaghaft, feige; schwachsinnig

هبيرة [hubaira] Hyäne *f*; أبو ~ [ʔabuː h.] männliche(r) Frosch

هبيط [haˈbiːŧ] abgemagert, ausgemergelt

هتاف [huˈtaːf], *pl.* [-aːt] Zuruf *m der Begeisterung*, Hochruf *m* (بحياته [bi-ħaˈjaːtihiː] auf *j-n*), Beifall *m*; Protestruf *m*, Schmähruf *m*; عاصفة من الـ~ Beifallssturm *m*

هتامة [huˈtaːma] abgebrochene(s) Stück

[1]**هتر** [hatara, i] zerreißen; **III** هاتر [haːtara] beschimpfen; **VI** تهاتر [taˈhaːtara] einander beschimpfen *od.* schmähen; *Aussagen*: einander widersprechen; **X** استهتر [isˈtahtara] leichtsinnig, leichtfertig, unbedacht handeln; auf die leichte Schulter nehmen, geringschätzen, verachten (ب *A*); rücksichtslos umgehen *od.* umspringen (ب mit *j-m*); s-n Spott treiben (ب mit *j-m*)

[2]**هتر** [hutr] Schwachsinn *m*

هتف [hatafa, i] (laut) rufen (ب *j-n*); voller Begeisterung zurufen, zujubeln (لـ *j-m*), in Hochrufe ausbrechen (لـ auf *j-n*); anfeuern (لـ *j-n*); ausbuhen (ضد *j-n*); jauchzen, jubeln; *Alg.* anrufen (لـ *j-n*), telefonieren (ب mit *j-m*); ~ بحياته [bi-ħaˈjaːtihiː] j-n hochleben lassen; ~ بسقوطه „nieder mit…“ rufen

[1]**هتك** [hataka, i] *Schleier*, *Vorhang* zerreißen; *Geheimnis* enthüllen, preisgeben; ~ عرضه [ʕirdɒhuː] j-n entehren; ~ عرضها *e-e Frau* entehren, schänden; **II** [hattaka] in Stücke zerreißen, zerfetzen; **V**

تهتك [ta'hattaka] zerrissen werden; entehrt werden; unanständig *od.* schamlos handeln; **VII** انهتك [in'hataka] zerrissen werden; entehrt werden

²**هتك** [hatk] Zerreißung *f*; Bloßstellung *f j-s*, Enthüllung *f e-s Geheimnisses*; Entehrung *f*; العرض ~ [h. al-ʕirđ] *Jur.* Notzucht *f*

هتن [hatana, i]: السماء ~ت in Strömen regnen

هتون [ha'tuːn] *Wolke*: regenschwer

هتيكة [ha'tiːka] Schande *f*, Skandal *m*

هج [haddʒa, u] **1.** lodern, flammen; **2.** *Äg.* davonlaufen, fliehen; **II** هجج [haddʒadʒa] *Feuer* auflodern lassen, entfachen

هجا → ¹(هجو)

¹**هجاء** [ha'ddʒaːʔ]: ~ شاعر Spottdichter *m*, Satiriker *m*

²**هجاء** [hi'dʒaːʔ] **1.** Verspottung *f*, Schmähung *f*; **2.** *pl.* أهجية [ʔahdʒija] Buchstabierung *f e-s Wortes*; Alphabet *n*; → ²حرف

هجان [ha'ddʒaːn], *pl.* ~ة Kamelreiter *m*

هجائي [hi'dʒaːʔiː] **1.** alphabetisch; **2.** satirisch

هجد [hadʒada, u] *u.* **II** [haddʒada] nachts wachbleiben, aufbleiben; die Nacht betend verbringen

¹**هجر** [hadʒara, u] auswandern, emigrieren (من von, aus *D*, إلى nach *D*); verlassen; aufgeben; **II** [haddʒara] aussiedeln, umsiedeln; **III** هاجر [haːdʒara] auswandern; fortziehen, abwandern (من aus *D*); *Lib.* außer sich sein, hingerissen sein (في wegen *G*, durch *A*)

²**هجر** [hadʒr] **1.** Verlassen *n*; Aufgabe *f*, Meidung *f*; الريف ~ [h. ar-riːf] Landflucht *f*; **2.** *obs.* Mittagshitze *f*

³**هجر** [hudʒr] unzüchtige Worte *n/pl.*

هجرة [hidʒra], *pl.* [-aːt] Auswanderung *f*, Emigration *f* (من aus *D*); Fortziehen *n*; Ausreise *f*; Einwanderung *f* (إلى nach *D*), Zuwanderung *f*; *bsd. pl.* Wanderung *f e-s Volkes*; Aufgabe *f* (*G*: *e-r Sache*), Verzicht *m* (*G*: auf *A*); الـ~ die Hidschra (*Auszug des Propheten Mohammed aus Mekka nach Medina im Jahre 622*; *Beginn der islamischen Zeitrechnung*); ~ العقول Abwanderung *f* der Intelligenz, Brain-Drain *m*; الـ~ من الريف [ar-riːf] Landflucht *f*; ~ دار Zufluchtsstätte *f*; دار الـ~ *Beiname von Medina*

هجري [hidʒriː] Hidschra-; *Jahr*: nach der Hidschra, islamischer Zeitrechnung

¹**هجس** [hadʒasa, i, u] *Ängste, Zweifel, Gedanken*: überkommen, beschleichen

²**هجس** [hadʒs] Gedanke *m*, Einfall *m*

¹**هجص** **II** [haddʒasɒ] *Äg.* Unsinn reden

²**هجص** [hadʒɒs] *Äg.* Unsinn *m*, dumme(s) Gerede

هجع [hadʒaʕa, a] schlafen, schlummern, ruhen; sich legen; sich unterwerfen (إلى *D*)

هجعة [hadʒʕa] Schlummer *m*

هجم [hadʒama, u] überfallen, angreifen (على *j-n*); sich stürzen (على auf *A*); eindringen (على in *A*); überfallartig *od.* plötzlich kommen; **II** [haddʒama] *obs.* angreifen lassen; **III** هاجم [haːdʒama] angreifen, attackieren; überfallen; **V** تهجم [ta'haddʒama] herfallen (على über *j-n*); **VI** تهاجم [ta'haːdʒama] einander angreifen

هجمة [hadʒma], *pl.* [hadʒa'maːt] Angriff *m*, Attacke *f*; Überfall *m*; (Kälte-)Einbruch *m*; الحر ~ [h. al-ħarr] plötzliche Hitzewelle

هجن [hadʒuna, u] *Sprache*: fehlerhaft sein; *Biol.* durch Kreuzung entstanden sein; **II** [haddʒana] *Biol.* kreuzen; *im Wert* herabsetzen; mißbilligen; **X** استهجن [is'tahdʒana] für schlecht *od.* unpassend halten; mißbilligen

هجنة [hudʒna] (*bsd. sprachlicher*) Fehler

¹(**هجو**) هجا [hadʒaː, uː] (in e-m Gedicht) verspotten, schmähen; **II** هجى [haddʒaː] buchstabieren; **III** هاجى [haːdʒaː] ein Spott- *od.* Schmähgedicht verfassen (ه gegen *j-n*); verspotten, schmähen; **V** تهجى [ta'haddʒaː] buchstabieren; **VI** تهاجى [ta'haːdʒaː] einander in Gedichten verspotten

²**هجو** [hadʒuː] Verspottung *f*, Schmähung *f*; Spottdichtung *f*

هجوع [hu'dʒuːʕ] Schlummer *m*; Sichlegen *n*, Beruhigung *f*

هجوم [hu'dʒuːm], *pl.* [-aːt] Angriff *m*, Attacke *f* (على auf *A*); Offensive *f*; Überfall *m* (على auf *A*); *Fußball*: Sturm *m*; جوي ~ [dʒawwiː] Luftangriff *m*; عام ~ [ʕaːmm] *a. fig.* Generalangriff *m*; مضاد ~ [mu'đɒːdd], معاكس ~ [mu'ʕaːkis] Gegenangriff *m*; جناح الـ~ *Fußball*: Außenstürmer *m*; خط الـ~ [xɒtt al-h.] Stürmerreihe *f*

هجومي [hu'dʒuːmiː] Angriffs-, offensiv; أسلحة ~ة [ʔasliħa] Angriffswaffen *f/pl.*

هجوي [hadʒwiː] schmähend; satirisch

هجير [ha'dʒiːr] Mittagshitze *f*

هجيرة [ha'dʒiːra] Mittagshitze *f*

هجين [ha'dʒiːn] **1.** *pl.* هجن [hudʒun] Reitkamel *n*, Dromedar *n*; **2.** *pl.* هجناء [hudʒa'naːʔ] (2), هجن [hudʒun] *u.* مهاجين [mahaː'dʒiːn] (2) durch Kreuzung entstanden; Halbblut *n*, Mischling *m*; Kreuzung *f*, Bastard *m*; niedrig, unedel

هجينة [ha'dʒiːna], *pl.* هجائن [ha'dʒaːʔin] (2) weibliche(s) Reitkamel, Dromedar *n*

¹**هد** [hadda, u] niederreißen, einreißen; zugrunde richten, ruinieren (ه *j-n*, هـ/من *etwas*), untergraben (هـ/من *A*); **II** هدد [haddada] drohen (ب mit *D*), androhen (ب *A*), bedrohen; ~ه بالقتل mit dem Tode bedrohen; **V** تهدد [ta'haddada] bedrohen; **VII** انهد [in'hadda] zusammenbrechen, einstürzen

²**هد** [hadd] Niederreißen *n*, Zerstörung *f*

هدأ [hadaʔa, a] ruhig werden; verstummen; *Wind*: sich legen, nachlassen; روعه ~ [rauʕuhuː] sich beruhigen; **II** [haddaʔa] beruhigen (ه *j-n*, هـ/من *etwas*); *Geschwindig-*

keit vermindern; روعه ~ [rauʕahuː] j-n beruhigen; هدئ روعك [haddiʔ] beruhige dich!

هداب [hu'ddaːb] *koll., n. un.* ـة~ Fransen *f/pl.*

هداد [ha'daːd] Gemächlichkeit *f*, Langsamkeit *f*

هدار [ha'ddaːr] tobend, tosend; dröhnend; brausend, rauschend; brüllend

هداف [ha'ddaːf] *Sport*: Torjäger *m*

هدام [ha'ddaːm] zerstörerisch, destruktiv; umstürzlerisch, subversiv

هدانة [hi'daːna] Waffenstillstand *m*

[1]**هداة** [hu'daːt] → هاد

[2]**هدأة** [hadʔa] Ruhe *f*, Stille *f*

هدايا → هدية

هداية [hi'daːja] (göttliche) Führung *od.* Leitung

[1]**هدب II** [haddaba] Fransen annähen (ـه an *ein Kleidungsstück*)

[2]**هدب** [hudb, hudub], *pl.* أهداب [ʔah'daːb] Wimpern *f/pl.*; Fransen *f/pl.*; تمسك بأهدابه [ta'massaka] an e-r Sache festhalten; → أهدب

هدباء → أهدب

(**هدج**) **V** تهدج [ta'haddadʒa] *Stimme*: beben

[1]**هدر** [hadara, i] **1.** toben, tosen; dröhnen; *Donner*: rollen; brausen, rauschen; brüllen; **2.** vergeuden, verschwenden; *Blut* ungestraft vergießen; — [hadara, u, i] *Mühe*: umsonst *od.* vergeblich aufgewendet werden; **IV** أهدر [ʔahdara] mißachten, vernachlässigen; preisgeben; zunichte machen; *Freiheiten, Rechte* beschneiden; كرامته ~ j-n erniedrigen

[2]**هدر** [hadr] Verschwendung *f*, Vergeudung *f*; اً~ [hadran, hadaran] *Adv.* nutzlos, vergeblich, umsonst; اً~ ذهب/ضاع umsonst *od.* sinnlos aufgewendet werden

هدرج [hadradʒa] hydrieren

هدرجة [hadradʒa] Hydrierung *f*

[1]**هدف** [hadafa, i] (ab)zielen (إلى auf *A*); — [hadafa, u] zugehen (ل auf *ein Lebensalter*), sich nähern (ل *D*); **X** استهدف [is'tahdafa] abzielen, gerichtet sein (ـه auf *A*), zum Ziel haben; zur Zielscheibe werden (ل für *A*), ausgesetzt sein (ل *e-r Gefahr*)

[2]**هدف** [hadaf], *pl.* أهداف [ʔah'daːf] Ziel *n*, Zweck *m*; *a. fig.* Zielscheibe *f*; *Sport*: Tor *n*; ~بـ + *G*: mit dem Ziel, *etwas zu tun*; بذاته ~ Selbstzweck *m*; نهائي ~ [ni'haːʔiː] Endziel *n*; جعله ~اً ل [-an] j-n *od.* etwas *e-r Sache* aussetzen; فاز بـ~ للاشيء [li-laː'ʃaiʔ] mit 1:0 Toren gewinnen

[1]**هدل** [hadala, i] *Taube*: gurren; — [hadila, a] herabhängen; **V** تهدل [ta'haddala] (lose) herabhängen; *Gewand, Haar*: wallen

[2]**هدل** [hudl] → أهدل

هدلاء → أهدل

[1]**هدم** [hadama, i] niederreißen, einreißen, abreißen, abbrechen; *a. fig.* zerstören; **II** [haddama] *bsd. fig.* niederreißen, zerstören; **V** تهدم [ta'haddama] niedergerissen, zerstört werden; verfallen; **VII** انهدم [in'hadama] niedergerissen werden; einstürzen

[2]**هدم** [hadm] Niederreißen *n*, Einreißen *n*, Abriß *m*, Abbruch *m*; *a. fig.* Zerstörung *f*

[3]**هدم** [hidm], *pl.* هدوم [hu'duːm] *u.* أهدام [ʔah'daːm] alte(s), abgetragene(s) Kleidungsstück, Lumpen *m*; هدوم *umg.* Kleidung *f*, Kleider *n/pl.*

هدمة [hidma], *pl.* هدم [hidam] *u.* هدوم [hu'duːm] alte(s), abgetragene(s) Kleidungsstück

هدمي [hadmiː] zerstörend, zerstörerisch; أيض ~ [ʔaiđ] *Biol.* Katabolismus *m*

هدن [hadana, i] ruhig werden, sich beruhigen; **III** هادن [haːdana] e-n Waffenstillstand schließen (ه mit *j-m*)

هدنة [hudna], *pl.* هدن [hudan] *u.* [-aːt] Waffenstillstand *m*; Waffenruhe *f*

هدة [hadda] Krachen *n des Einsturzes*, Krach *m*

[1]**هدهد** [hadhada] *Kind* wiegen, schaukeln

[2]**هدهد** [hudhud], *pl.* هداهد [ha'daːhid] (2) Wiedehopf *m* (*Vogel*)

هدوء [hu'duːʔ] Ruhe *f*, Stille *f*; بـ~ ruhig (*Adv.*); *a.* (= في ~) in aller Stille

هدوم → [3]هدم *u.* هدمة

[1]**هدى** [hadaː, iː] führen, leiten; den rechten Weg weisen (ه إلى *j-m* zu *D*); zum rechten Glauben führen; **III** هادى [haːdaː] Geschenke austauschen (ه mit *j-m*); **IV** أهدى [ʔahdaː] schenken (ـه/إلى/ل ه *j-m A*); *Buch* widmen, zueignen (ل/إلى *j-m*); *die Braut* zuführen (إلى *dem Bräutigam*); übermitteln (ه ـه/ب *j-m A*); **VI** تهادى [ta'haːdaː] **1.** Geschenke austauschen; untereinander austauschen; **2.** sich beim Gehen wiegen; hin- und herschwanken, torkeln; *Boot*: schwankend dahingleiten; **VIII** اهتدى [ih'tadaː] recht geleitet werden; den (richtigen) Weg finden (إلى zu, nach *D*); finden (إلى zu *D*); verfallen (إلى auf *e-n Gedanken*); sich leiten lassen (ب von *D*), sich richten (ب nach *D*); بهديه ~ [bi-hadjihiː] sich von s-m Beispiel leiten lassen; **X** استهدى [is'tahdaː] sich leiten lassen (ب von *D*), sich richten (ب nach *D*); *Gott* um die rechte Führung bitten; den rechten Weg suchen

[2]**هدي** [hadj] Führung *f*, Leitung *f*

[3]**هدى** [hudan] rechte Führung *od.* Leitung; الـ~ [al-hudaː] der rechte Weg; هو على ~ er ist auf dem rechten Weg; على غير ~ ohne Führung, planlos

هدير [ha'diːr] Toben *n*, Tosen *n*; Dröhnen *n*; Brausen *n*, Rauschen *n*; Brüllen *n*

هديل [ha'diːl] Gurren *n der Taube*

هدية [ha'diːja], *pl.* هدايا [ha'daːjaː] Geschenk *n*, Gabe *f*; ~ [-tan] als Geschenk

هذا [haːðaː], *f* هذه [haːðihiː], *bsd. Maghr.* هاته [haːtihiː] *u. selten* هذي [haːðiː], *du.* هذان [haː'ðaːni], *f* هاتان [haː'taːni], *pl.* هؤلاء [haː-ʔu'laːʔi] dieser, diese, dieses; dies; إلى أن ~ [ʔanna] außerdem, überdies; و ~ darüber hinaus; andererseits; بـ~ damit, hiermit, dadurch; مع ~ trotzdem; in der Anlage, anbei; ~لـ deshalb; ~ يا heda!

هذاء [huˈðaːʔ] Gefasel *n*, Unsinn *m*

هذان → هذا

هذب **II** [haððaba] verfeinern (*a. Manieren, Sitten*), verbessern; ausfeilen, überarbeiten; *Stil* glätten; erziehen; *Baum* (be)schneiden, stutzen; **V** تهذب [taˈhaððaba] verfeinert, verbessert werden; *Manieren*: geschliffen werden; erzogen werden

[1]**هذر** [haðara, u] schwätzen, Unsinn reden; **II** [haððara] *Äg.* scherzen, spaßen

[2]**هذر** [haðar] Geschwätz *n*, unsinnige(s) Gerede

[3]**هذر** [haðir] geschwätzig

هذلولي [huðˈluːliː]: ~ خط [xɒtt] *Math.* Hyperbel *f*

هذه → هذا

[1]**هذى** [haðaː, iː] faseln, irrereden, phantasieren; delirieren

[2]**هذي** [haːðiː] → هذا

هذيان [haðaˈjaːn] Faselei *f*, irre(s) *od.* unsinnige(s) Gerede, Phantasieren *n*; Delirium *n*

[1]**هر** [harra, i] *Hund*: knurren; — [harra, u] *umg.* Durchfall haben

[2]**هر** [hirr], *pl.* هررة [hirara] Kater *m*

[3]**هر** [herr]: ~الـ *vor deutschen Personennamen*: Herr …

هرأ [haraʔa, a] *Kleidungsstück* abtragen, abnutzen, zerschleißen; zerreißen; *Fleisch* zerkochen; *Frost*: beißen; *Haut* reizen; **V** تهرأ [taˈharraʔa] abgenutzt, zerschlissen werden; *intr.* zerkochen; **VIII** اهترأ [ihˈtaraʔa] zerschlissen, zerrissen werden

هراء [huˈraːʔ] alberne(s) Gerede, Geschwätz *n*

هراس [haˈrraːs], *pl.* [-aːt] (Straßen-)Walze *f*

هراسة [haˈrraːsa], *pl.* [-aːt] Walze *f*; Presse *f*, Quetsche *f*

هراش [hiˈraːʃ] Streit *m*, Zank *m*

هراع [huˈraːʕ] Eilen *n*, Eile *f*

هراوة [hiˈraːwa], *pl.* [-aːt] *u.* هراوى [haˈraːwaː] Stock *m*, Keule *f*, Knüppel *m*, Prügel *m*; Schlagstock *m e-s Polizisten*

[1]**هرب** [haraba, u] fliehen, flüchten (من vor *D*); ausreißen, durchbrennen; entlaufen (من *j-m*); ausbrechen (من aus *dem Gefängnis*); entrinnen, entkommen (من *e-r Gefahr*); ~ من الجندية [al-dʒunˈdiːja] desertieren; ~ من المدرسة die Schule schwänzen; **II** [harraba] schmuggeln; zur Flucht verhelfen (ه *j-m*); **V** تهرب [taˈharraba] ausweichen (من *e-r Sache*), sich drücken (من vor *D*); ~ من دفع الضرائب Steuern hinterziehen

[2]**هرب** [harab] Flucht *f*; Durchbrennen *n*; Ausbruch *m* (من aus *dem Gefängnis*); ~الـ من الجندية [al-dʒunˈdiːja] Desertion *f*

هربان [harˈbaːn] *Äg.* flüchtig; ~ من الجندية [al-dʒunˈdiːja] Deserteur *m*

[1]**هرج** [haradʒa, i]: ~ في الحديث wirres *od.* ungereimtes Zeug reden; **II** [harradʒa] Späße machen; *umg.* laut reden, schreien, Lärm machen

[2]**هرج** [hardʒ] Durcheinander *n*, Verwirrung *f*; Aufregung *f*; ~ ومرج Durcheinander *n*, Wirrwarr *m*

هرجل [hardʒala] *Äg.* unordentlich arbeiten, schludern

هرجلة [hardʒala] *Äg.* Unordentlichkeit *f*, Schluderei *f*; Durcheinander *n*

هردبشت [hardaˈbaʃt] *Äg.* dumme(s) Zeug, Unsinn *m*; Plunder *m*

هرس [harasa, u] zerstoßen, zerstampfen, zerquetschen; **VII** انهرس [inˈharasa] zerquetscht werden

هرسك [harsak] *f*: ~الـ *Geo.* Herzegowina *f*

[1]**هرش** [haraʃa, u] kratzen; ~ جلده [dʒildahuː] sich kratzen; ~ رأسه sich am Kopf kratzen; **II** [harraʃa] Zwietracht säen (بين zwischen *D*); **III** هارش [haːraʃa] sich streiten (ه mit *j-m*)

[2]**هرش** [harʃ] Kratzen *n*; Jucken *n*; *Äg.* Abnutzung *f*, Verschleiß *m von Maschinen*

هرطق [hartɒqa] Ketzer werden

هرطقة [hartɒqa], *pl.* [-aːt] Ketzerei *f*, Häresie *f*

هرطمان [hurtuˈmaːn] Hafer *m*

هرطوقي [harˈtuːqiː], *pl.* هراطقة [haˈraːtiqa] Ketzer *m*, Häretiker *m*

[1]**هرع** [haraʕa, a] eilen (إلى zu, nach *D*), hasten (إلى zu *D*); schleunigst tun (إلى *A*); *Pass.* [huriʕa] eilen, hasten

[2]**هرع** [haraʕ] Eile *f*, Hast *f*

هرف [harafa, i] (übermäßig) loben (ب *A*); يهرف بما لا يعرف [jahrifu, jaʕrif(u)] er äußert sich zu etwas, wovon er nichts versteht

[1]**هرق** [haraqa, a] *u.* **IV** أهرق [ʔahraqa] ausgießen, *Blut* vergießen

[2]**هرق** [harq] Vergießen *n von Blut*

هرقل [hiˈraql] (2) Herkules

[1]**هرم** [harima, a] altersschwach werden; **II** [harrama] altersschwach machen; *Fleisch* zerhacken

[2]**هرم** [haram] **1.** (hohes) Alter, Altersschwäche *f*; **2.** *pl.* أهرام [ʔahˈraːm] *u.* (*als Bauwerk a.*) أهرامات [ʔahraːˈmaːt] Pyramide *f*; ~ سكاني [suˈkkaːniː] Bevölkerungspyramide *f*; ~ ناقص *Math.* Pyramidenstumpf *m*

[3]**هرم** [harim] altersschwach, senil

هرمون [horˈmoːn], *pl.* [-aːt] Hormon *n*

هرمي [haramiː] Pyramiden-, pyramidenförmig

هرة [hirra], *pl.* هرر [hirar] Katze *f*

هروب [huˈruːb] Flucht *f* (من vor *D*); ~الـ من الجندية [al-dʒunˈdiːja] Fahnenflucht *f*, Desertion *f*

هروع [huˈruːʕ] Eilen *n* (إلى zu, nach *D*)

هرول [harwala] eilen (إلى zu, nach *D*), schnell gehen

هرولة [harwala] schnelle(r) Schritt *od.* Gang, Eile *f*

[1]**هرى** [haraː, iː] *u.* **II** [harraː] *Kleidungsstück* abtragen

[2]**هري** [hurj], *pl.* أهراء [ʔahˈraːʔ] Kornspeicher *m*

هرير [haˈriːr] Knurren *n des Hundes*

هريرة [huˈraira], *pl.* [-aːt] Kätzchen *n*

هريسة [haˈriːsa] Gericht *n* aus (Weizen-)Grütze u. Fleisch; *Tun.* scharfe, *bsd.* aus Cayennepfefferschoten bestehende Gewürzmischung

[1]**هز** [hazza, u] schütteln, hin- und herbewegen, schaukeln; erschüttern,

erzittern lassen; ذيله ~ [ðailahuː] mit dem Schwanz wedeln; رأسه ~ den Kopf schütteln; رأسه بالموافقة ~ mit dem Kopf nicken, zustimmend nicken; رأسه هز(ة) العارف ~ [hazza(ta) l-ʕaːrif] er nickte mit wissendem Blick *od.* vielsagend; ~ كتفيه [kati'faihi] die Achseln *od.* Schultern zucken; **II** هزز [hazzaza] (durch)schütteln, (durch)rütteln; **V** تهزز [ta'hazzaza] geschüttelt, erschüttert werden; **VIII** اهتز [ih'tazza] geschüttelt, erschüttert werden; (er)zittern, (er)beben; vibrieren, schwingen; *Zeiger*: ausschlagen; *Reiter auf Kamel*: schaukeln; bewegt, ergriffen sein

[2]**هز** [hazz] Schütteln *n*, Schaukeln *n*; (*Kopf-*)Nicken *n*

هزء [huzʔ] Spott *m*, Hohn *m*

هزأ → هزئ

[1]**هزار** [ha'zaːr], *pl.* [-aːt] Nachtigall *f*

[2]**هزار** [hi'zaːr] *Äg.* Spaßen *n*, Scherzen *n*, Spaß *m*

هزاز [ha'zzaːz] schüttelnd, rüttelnd; vibrierend; schaukelnd, Schaukel-; Rüttler *m beim Betonbau*; ~ حمام Pfauentaube(n *pl.*) *f*; *a.* Kropftaube(n *pl.*) *f*; ~ كرسي [kursiː] Schaukelstuhl *m*

[1]**هزال** [ha'zzaːl] Spaßmacher *m*

[2]**هزال** [hu'zaːl] Magerkeit *f*; Kräfteverfall *m*

[1]**هزأة** [huzaʔa] Spötter *m*

[2]**هزأة** [huzʔa] Gegenstand *m* des Spottes, Gespött *n*; komische Gestalt

[1]**هزج** [hazidʒa, a] (vor sich hin) singen

[2]**هزج** [hazadʒ]: الـ~ *ein arab. Versmaß*

هزر II [hazzara] *Äg.* scherzen, spaßen

[1]**هزل** [hazala, i] **1.** scherzen, spaßen; **2.** abmagern lassen; *Pass.* [huzila] abmagern; — [hazila, a] abmagern, mager sein *od.* werden; **II** [hazzala] abmagern lassen, ausmergeln; **III** هازل [haːzala] scherzen (ه mit *j-m*); **IV** أهزل [ʔahzala] abmagern lassen; **VII** انهزل [in'hazala] abmagern

[2]**هزل** [hazl] Spaß *m*, Scherz *m*

هزلي [hazliː] spaßig, scherzhaft; humoristisch, komisch; satirisch; parodistisch; رسوم ~ـة Comics *m/pl.*; رواية ~ـة [ri'waːja] Komödie *f*, Lustspiel *n*, Schwank *m*, Posse *f*; مجلة ~ـة [ma'dʒalla] satirische Zeitschrift

[1]**هزم** [hazama, i] besiegen, schlagen; *Pass.* [huzima] *Sport*: verlieren (أمام gegen *A*), unterliegen (أمام *D*); لا يهزم [juhzam(u)] unschlagbar; **VII** انهزم [in'hazama] besiegt, geschlagen werden (*Sport*: أمام von *D*), unterliegen (أمام *D*)

[2]**هزم** [hazm] Besiegen *n*

[1]**هزة** [hazza] *n. vic.*, *pl.* [-aːt] Erschütterung *f*; Schwingung *f*; Zittern *n*, Beben *n*; أرضية ~ Erdstoß *m*; ~ الرأس (Kopf-)Nicken *n*; Kopfschütteln *n*

[2]**هزة** [hizza] freudige Erregung; Taumel *m*; Lebhaftigkeit *f*

هزهز [hazhaza] in Bewegung versetzen, schütteln, schaukeln; **II** تهزهز [ta'hazhaza] sich bewegen, schaukeln

هزهزة [hazhaza] Bewegung *f*, Schwingung *f*; Erschütterung *f*

هزئ [haziʔa, a] verspotten, verlachen (ب/من *A*), spotten, sich lustig machen (ب/من über *A*); **V** تهزأ [ta'hazzaʔa] spotten (ب über *A*); **X** استهزأ [is'tahzaʔa] verspotten, verlachen (ب *A*), spotten, sich lustig machen (ب über *A*)

هزيز [ha'ziːz] Brausen *n des Windes*, Rauschen *n*; (*Donner-*)Rollen *n*

هزيع [ha'ziːʕ] Teil *m* der Nacht

هزيل [ha'ziːl], *pl.* هزلى [hazlaː] abgemagert, mager; ausgemergelt; *Ergebnis*: kümmerlich; *Betrag*: lächerlich gering

هزيم [ha'ziːm] (*Donner-*)Rollen *n*; *Heer*: besiegt, geschlagen

هزيمة [ha'ziːma], *pl.* هزائم [ha'zaːʔim] (2) Niederlage *f*

[1]**هس** [hassa, i] flüstern

[2]**هس** [hass] Flüstern *n*, Geflüster *n*

[3]**هس** [huss] pst!

هستولوجيا [histo'loːdʒijaː] *Med.* Histologie *f*

هستيري [his'teːriː] hysterisch

هستيريا [his'teːrijaː] Hysterie *f*

هسيس [ha'siːs] Flüstern *n*, Geflüster *n*

[1]**هش** [haʃʃa, a, i] **1.** ein fröhliches *od.* freundliches Gesicht machen; له/في وجهه ~ j-m freundlich entgegentreten, j-n freundlich aufnehmen; **2.** *Brot*: frisch, knusprig sein; zart, zerbrechlich, brüchig sein; — [haʃʃa, u] *Fliegen* fortscheuchen, verjagen; **II** هشش [haʃʃaʃa] aufheitern

[2]**هش** [haʃʃ] *Brot, Gebäck*: frisch, knusprig; zart, zerbrechlich, brüchig; *Metall, Holz*: spröde; *Syr. Zucker*: fein gemahlen; المكسر ~ [h. al-maksir] *Mensch*: nachgiebig, weich; الوجه ~ fröhlich, heiter

هشاش [ha'ʃaːʃ] bröckelig, weich

هشاشة [ha'ʃaːʃa] Zartheit *f*, Zerbrechlichkeit *f*, Brüchigkeit *f*; Sprödigkeit *f*; الوجه ~ Fröhlichkeit *f*, Heiterkeit *f*

هشك II [haʃʃaka] *Äg. Baby* wiegen, schaukeln

هشم [haʃama, i] zerschlagen, zerbrechen; **II** [haʃʃama] in Stücke schlagen, zertrümmern, zerschmettern; **V** تهشم [ta'haʃʃama] zerschlagen, zertrümmert, zerschmettert werden; *Sport*: deklassiert werden

هشيش [ha'ʃiːʃ] weich

هشيم [ha'ʃiːm] (leicht) zerbrechlich; dürre Halme *m/pl.*, Spreu *f*

هصر [hɒsɒra, i] knicken, brechen; **VII** انهصر [in'hɒsɒra] geknickt, gebrochen werden

هضبة [hɒđba], *pl.* [hɒđɒ'baːt] *u.* هضاب [hi'đɒːb] Anhöhe *f*, Höhe *f*, Hügel *m*; Hochebene *f*

هضبي [hɒđbiː] Hügel-, hügelig

[1]**هضم** [hɒđɒma, i] *a. fig.* verdauen; verdauen können; حقه ~ـه [ħaqqahuː] j-s Recht beschneiden, j-n ungerecht behandeln; **VII** انهضم [in'hɒđɒma] verdaut werden; **VIII** اهتضم [ih'tađɒma] Unrecht tun (ه *j-m*)

[2]**هضم** [hɒđm] Verdauung *f*; *fig.* Verdauen *n*; جهاز الـ~ [dʒi'haːz al-h.] Verdauungsapparat *m*; سهل الـ~ leicht verdaulich; سوء الـ~ [suːʔ al-h.] Verdauungsstörung *f*

هضمي [hɒđmiː] Verdauungs-

هضوم [ha'đuːm] verdauungsfördernd

هضيم [haḍiːm] verdaulich; schlank

هضيمة [ha'ḍiːma] Beeinträchtigung *f in s-n Rechten*, Unrecht *n*

هطال [hɒ'ṭṭɒːl] *Regen*: strömend

هطل [hɒṭɒla, i] *Regen*: strömen; ~ـت الأمطار es goß (in Strömen); **VI** تهاطل [ta'haːṭɒla] *Regen*: strömen

هطول [hu'ṭuːl]: ~ الأمطار Regenfälle *m/pl.*, Regenguß *m*

1**هف** [haffa, i] *Wind*: wehen, säuseln; rasch dahineilen *od.* vorbeieilen; *Äg.* leicht berühren, streifen; ~ـت نفسه إلى [nafsuhuː] er sehnte sich nach; ~ على باله *Äg.* es kam ihm plötzlich in den Sinn

2**هف** [hiff] leicht; unbeständig, launisch; leichtsinnig

هفاف [ha'ffaːf] durchscheinend, hauchdünn; blitzend, glänzend; flimmernd

هفت [hafata, i] zusammenstürzen; Unsinn reden; **VI** تهافت [ta'haːfata] sich stürzen (على auf *A*), herfallen (على über *A*), sich drängen (على nach *D*)

هفتان [haf'taːn] *Äg.* ausgehungert

هفهاف [haf'haːf] hauchfein, dünn; leicht; schlank

هفهف [hafhafa] *Äg.* schweben, fliegen, flattern

(**هفو**) هفا [hafaː, uː] e-n Fehltritt begehen, sich irren; (= هفت نفسه [nafsuhuː]) den Wunsch verspüren, sich sehnen (إلى nach *D*)

هفوة [hafwa], *pl.* [hafa'waːt] Fehltritt *m*, Fehler *m*, Versehen *n*, Lapsus *m*

هكتار [hik'taːr], *pl.* [-aːt] Hektar *m*

هكتولتر [hekto'litr], *pl.* [-aːt] Hektoliter *m*

هكذا [haːkaðaː] so, auf diese Weise; ~و und so fort

هكسوس [hik'suːs] *koll.*: الـ~ *hist.* die Hyksos *m/pl.* (*Erobervolk u. Dynastie im alten Ägypten*)

(**هكم**) **V** تهكم [ta'hakkama] spotten, sich lustig machen (على/ب über *A*)

1**هل** [hal] *Fragepartikel*; *in direkter Frage nicht zu übersetzen*: ~ فهمت [fa'himta] hast du verstanden?; *in indirekter Frage*: ob; *in Alternativfrage*: ~ ... أم (أن) [(ʔanna)] (etwa ...) oder; ob ... oder

2**هل** [halla, u] *Neumond*: sich zeigen, erscheinen; *neuer (Mond-)Monat*: beginnen; **II** هلل [hallala] jubeln, jauchzen; zujubeln (ل *j-m*); *die Formel* لا إله إلا الله aussprechen; *Chr.* halleluja rufen; **IV** أهل [ʔa'halla] *Neumond*: sich zeigen, erscheinen; *neuer* (*Mond-*)*Monat*, *a. allg.* beginnen; **V** تهلل [ta'hallala] jubeln, jauchzen; *Gesicht*: vor Freude strahlen; **VII** انهل [in'halla] *Regen*: strömen; **X** استهل [ista'halla] beginnen, einleiten (ب mit *D*)

هلا [hallaː] (< هل لا) ... (denn) nicht?; ist nicht...?; warum nicht?; *in indirekter Frage*: ob nicht; *mit 2. Pers. Perf. zum Ausdruck e-r höflichen Aufforderung*: ~ جلست möchtest du dich nicht setzen?

هلاك [ha'laːk] Untergang *m*, Verderben *n*, Ruin *m*

هلال [hi'laːl], *pl.* أهلة [ʔa'hilla] Neumond *m*, Halbmond *m*; Mondsichel *f*; *Typ.* (runde) Klammer; *Math.* (Kugel-)Zweieck *n*; الـ~ الأحمر der Rote Halbmond (*isl. Gegenstück zum Roten Kreuz*); ~ بنو [banuː h.] die Banu Hilal (*altarab. Stamm*)

هلالي [hi'laːliː] halbmondförmig, sichelförmig; Mond-; *hist.* auf die Banu Hilal bezüglich

هلام [hu'laːm] Gallert *n*, Gelatine *f*, Gelee *n*

هلامي [hu'laːmiː] gallertartig, gelatineartig; *pej.* schwammig

هلاهيل → هلهولة

1**هلب** [halib] behaart; zottig

2**هلب** [hulb] *koll.*, *n. un.* ~ة Haar *n*; Borsten *f/pl.*; → أهلب

3**هلب** [hilb], *pl.* أهلاب [ʔah'laːb] Anker *m*

هلباء → أهلب

هلس [hals] Abmagerung *f*, Auszehrung *f*, Schwindsucht *f*; *Äg.* Unsinn *m*, Geschwätz *m*; *Äg.* Ausschweifung *f*

هلسنكي [hel'sinkiː] Helsinki

1**هلع** [haliʕa, a] entsetzt sein; beunruhigt sein

2**هلع** [halaʕ] Entsetzen *n*, Bestürzung *f*; Angst *f* (من vor *D*); Beunruhigung *f*

هلقم [halqama] verschlingen

هلك [halaka, i] zugrunde gehen, umkommen, untergehen; **II** [hallaka] (*selten*) *u.* **IV** أهلك [ʔahlaka] zugrunde richten, untergehen lassen, vernichten; **VI** تهالك [ta'haːlaka] sein Äußerstes tun (في *um etwas zu erreichen*), sich abkämpfen, sich abschinden (على für *A*); sich stürzen (على auf *A*); sich ganz hingeben (على *e-r Sache*); erschöpft (hin)sinken (على auf *A*); **X** استهلك [is'tahlaka] verbrauchen, konsumieren; aufbrauchen, verzehren; abnutzen, verschleißen; amortisieren, tilgen; *Buchführung*: abschreiben

هللويا [halli'luːjaː] halleluja!

هلم [ha'lumma], *f* هلمي [ha'lummiː] auf!, los!, wohlan!; + *A*: her mit ...!; ~ بنا [binaː] los!, gehen wir!; ~ وجرا [dʒarran] und so weiter

1**هلهل** [halhala] fein *od.* dünn weben; lose *od.* schlecht weben

2**هلهل** [halhal] *Gewebe*: dünn, fein, durchscheinend

هلهولة [hal'huːla], *pl.* هلاهيل [halaː'hiːl] (2) *Äg.* abgetragene Kleider *n/pl.*, Lumpen *pl.*

هلوسة [halwasa], *pl.* [-aːt] Halluzination *f*

هلوع [ha'luːʕ] entsetzt, bestürzt; ängstlich, beunruhigt

هلوف [hi'llauf] Wildschwein *n*

هليكوبتر [heli'koptar] *u.* ~ طائرة Hubschrauber *m*

هليلج [ha'liːladʒ] *Bot.* Myrobalane *f*

هلينستي [hele'nistiː] hellenistisch

هلينة [haljana] Hellenisierung *f*

هليون [hil'jaun] *koll.* Spargel *m*

1**هم** [hamma, u] betreffen, angehen, kümmern; Sorgen machen (ه *j-m*), bekümmern; sich anschicken (ب *etwas zu tun*), vorhaben (ب *A*); هذا لا يهمني das interessiert *od.* kümmert mich nicht; إلى من يهمه الأمر [man] (*engl. to whom it may concern*) *auf Dokumenten*: an die zuständigen Stellen; **IV** أهم [ʔa'hamma] betreffen, angehen; wichtig sein (ه für *j-n*), interessieren; bekümmern; لا يهم es ist unwichtig *od.* nicht von Bedeutung; **VIII** اهتم [ih'tamma] sich kümmern (ب um *A*), sorgen (ب für *A*), sich beschäftigen (ب mit *D*); sich interessieren (ب für *A*); Wert legen (ب auf *A*); Anteil nehmen (ب an *D*); sich annehmen (ب *j-s*)

2**هم** [hum] *Personalpronomen*: sie *m/pl.*

3**ـهم** *u.* **هم** [-hum] **1.** *Possessivsuffix* (*nach* [i]: [-him]): ihr *m/pl.*; **2.** *Objektsuffix* (*nach* [i]: [-him]): sie *m/pl.*

4**هم** [hamm], *pl.* هموم [hu'muːm] Sorge *f*, Kummer *m*, Besorgnis *f*; Anliegen *n*, Vorhaben *n*; *pl.* Sorgen *f/pl.*, Probleme *n/pl.*; ـه الأول ~ [al-ʔawwal] sein Hauptanliegen; ... لا ~ له إلا [-a, ʔillaː] er hat keine anderen Sorgen *od.* nichts anderes im Sinn als

5**هم** [himm], *pl.* أهمام [ʔah'maːm] altersschwach; Greis *m*

1**هما** [humaː] *Personalpronomen*: sie beide

2**ـهما** *u.* **هما** [-humaː] **1.** *Possessivsuffix* (*nach* [i]: [-himaː]): ihrer beider; **2.** *Objektsuffix* (*nach* [i]: [-himaː]): sie beide

همّاز [ha'mmaːz], *pl.* [-uːn] Verleumder *m*

1**همّام** [ha'mmaːm] eifrig, energisch

2**همام** [hu'maːm] heldenhaft; mutig, couragiert; großmütig; hochgesinnt

همايوني [humaːˈjuːniː] auf den Herrscher bezüglich

همج [hamadʒ] **1.** Gesindel *n*; unzivilisierte Leute *pl.*, Barbaren *m/pl.*; **2.** Hunger *m*

همجي [hamadʒiː] unzivilisiert, unkultiviert; barbarisch; Barbar *m*

همجية [hama'dʒiːja] unzivilisierte Art, Unkultiviertheit *f*; Barbarei *f*

همد [hamada, u] sich legen, sich beruhigen, nachlassen, abklingen; *Gefühl*: erlöschen, ersterben; **II** [hammada] *u.* **IV** أهمد [ʔahmada] abschwächen, beruhigen, stillen; (aus)löschen

همر [hamara, u] ausgießen, vergießen; **VII** انهمر [in'hamara] ausgegossen, vergossen werden; *Regen*: strömen; *Tränen*: fließen; *Geschosse*: hageln

همرة [hamra] **1.** Regenschauer *m*; **2.** (wütendes) Knurren, Brummen *n*

1**همز** [hamaza, i, u] die Sporen geben (ه *dem Pferd*); anstacheln; Übles nachreden (ه *j-m*), schlechtmachen, verleumden; *Gr. e-n Buchstaben* mit Hamza versehen

2**همز** [hamz] Anspornen *n des Pferdes*; Verleumdung *f*; *Phon.* Kehlkopfverschluß *m*

همزة [hamza], *pl.* [hama'zaːt] Hamza *n* (*Zeichen für den Kehlkopfverschlußlaut*); القطع ~ feste(s) Hamza; الوصل ~ nicht feste(s) Hamza (*das im Kontext durch Wasla ersetzt wird*); *fig.* Bindeglied *n* (بين zwischen *D*); همزات الشيطان [h. aʃ-ʃai'tɒːn] Einflüsterungen *f/pl. od.* Versuchungen *f/pl.* des Teufels

1**همس** [hamasa, i] flüstern (ب *A*); zuflüstern (ب إلى *j-m A*); ~ به في أذنه [ʔu'ðunihiː] j-m etwas ins Ohr flüstern; j-m etwas einflüstern; **VI** تهامس [ta'haːmasa] miteinander flüstern, tuscheln

2**همس** [hams] Flüstern *n*; ~ًا [-an] *Adv.* flüsternd, im Flüsterton

همسة [hamsa] geflüsterte Worte *n/pl.*; همسات [hama'saːt] *pl.* Geflüster *n*

همش [hamaʃa, u] beißen (ه j-n, ـه in *etwas*)

همع [hamaʕa, a, u] *Auge*: Tränen vergießen

(**همك**) **VII** انهمك [in'hamaka] versunken sein, vertieft sein (في in *A*), sich vertiefen (في in *A*), aufgehen (في in *D*), sich ganz hingeben (في *e-r Sache*), völlig in Anspruch genommen sein (في von *D*)

همل [hamala, u, i] *Auge*: Tränen vergießen; **IV** أهمل [ʔahmala] vernachlässigen; nachlässig sein (في in *D*); unberücksichtigt lassen, übersehen, vergessen, unterlassen; *Gr. e-n Konsonanten* nicht mit diakritischen Punkten versehen; *Pass.* [ʔuhmila] *Wort*: außer Gebrauch kommen; **VI** تهامل [ta'haːmala] nachlässig sein

همة [himma], *pl.* همم [himam] Eifer *m*, Hingabe *f*, Einsatzbereitschaft *f*, Ambition *f*; Energie *f*, Aktivität *f*; عالي الـ~ voller Hingabe, ambitioniert, ehrgeizig

همهم [hamhama] „hm" sagen; murmeln (ب *Worte*); brummen

همهمة [hamhama], *pl.* [-aːt] Murmeln *n*, Gemurmel *n*; Brummen *n*, Gebrumm *n*

همود [hu'muːd] Sichlegen *n*, Beruhigung *f*, Nachlassen *n*; Erlöschen *n*, Erkalten *n e-s Gefühls*; Regungslosigkeit *f*, Starre *f*

1**هن** [hunna] *Personalpronomen*: sie *f/pl.*

2**ـهن** *u.* **هن** [-hunna] **1.** *Possessivsuffix* (*nach* [i]: [-hinna]): ihr *f/pl.*; **2.** *Objektsuffix* (*nach* [i]: [-hinna]): sie *f/pl.*

1**هنا** [hunaː] hier; إلى ~ hierher; bis hierher; من ~ von hier; von daher; ~ وهناك da und dort

2**هنأ** [hanaʔa, a, u, i] bekömmlich sein (ه/ل für *j-n*); → هنئ; **II** [hannaʔa] beglückwünschen (ب ه *j-n* zu *D*), gratulieren (ب ه *j-m* zu *D*); **V** تهنأ [ta'hannaʔa] sich erfreuen (ب *G*), genießen (ب *A*)

هناء [ha'naːʔ] Glück *n*, Wohlergehen *n*

هناك [hu'naːka] dort, da; es gibt; إلى ~ dorthin; من ~ von dort

هنالك [hu'naːlika] dort, da; es gibt

هند [hind]: الـ~ *f* Indien; *m* die Inder *m/pl.*; الـ~ الصينية [ɒs-siːˈniːja] Indochina; جزر الـ~ الغربية [dʒuzur] die Westindischen Inseln *f/pl.*

هنداز [hin'daːz] Maß *n*

هندازة [hin'daːza] Elle *f* (*Äg. 65,6 cm*)

هندام [hin'daːm] gepflegte(s) Äußere(s), schöne Kleidung; حسن الـ~ [ħasan al-h.] gut angezogen, adrett

هندبا [hindibaː, hindabaː] *u.* **هندباء** [hindi'baːʔ, hinda'baːʔ] Zichorie *f*; Endivie *f*

هندس [handasa] *Straße* bauen, anlegen, *Brücke* konstruieren

هندسة [handasa] Technik *f*, Ingenieurwesen *n*; Ingenieurberuf *m*; Geometrie *f*; Anlegen *n*, Bau *m von Straßen*; الآلات ~ Maschinenbau *m*; البناء ~ [h. al-bi'naːʔ] Bauwesen *n*; تحليلية ~ analytische Geometrie; حيوية ~ [ħaja'wiːja] Biotechnik *f*, Biotechnologie *f*; الري ~ [h. ar-rajj] landwirtschaftliche(r) Wasserbau; زراعية ~ [ziraː'ʕiːja] Agronomie *f*; السطوح ~ Planimetrie *f*; فراغية ~ Stereometrie *f*; كهربائية ~ [kahrabaː'ʔiːja] Elektrotechnik *f*; كيماوية ~ Chemotechnik *f*; المدن ~ [h. al-mudun] Städtebau *m*; مدنية ~ [mada'niːja] Ingenieurbau *m*, Bauwesen *n*; معمارية ~ [miʕmaː'riːja] Architektur *f*; ميكانيكية ~ Maschinenbau *m*; وراثية ~ [wiraː'θijaː] Gentechnik *f*

هندسي [handasiː] (ingenieur)technisch; geometrisch; الصناعات الهندسية [ɒs-sinaː'ʕaːt] Maschinenbau(industrie *f*) *m*; القوات الهندسية [al-qu'wwaːt] *Mil.* Pioniertruppen *f/pl.*

هندم [handama] ordentlich machen, ordnen, richten

هندوراس [hon'duːras] *f* Honduras

هندوراسي [honduː'raːsiː] honduranisch; *pl.* [-uːn] Honduraner *m*

هندوس [hin'duːs]: الـ~ *koll.* die Hindus *m/pl.*; نهر الـ~ *Geo.* der Indus

هندوسي [hin'duːsiː] hinduistisch; Hindu *m*

هندوسية [hinduː'siːja] Hinduismus *m*

هندوكي [hin'duːkiː] hinduistisch; Hindu *m*

هندوكية [hinduː'kiːja] Hinduismus *m*

هندي [hindiː] indisch; *pl.* هنود [hu'nuːd] Inder *m*; أحمر ~, *pl.* هنود حمر [ħumr] Indianer *m*; أوروبي ~ indoeuropäisch

هنغاري [hun'ɣaːriː] ungarisch; Ungar *m*

هنغاريا [hun'ɣaːrijaː] Ungarn

هنة [hana], *pl.* [-aːt] *u.* هنوات [hana'waːt] Kleinigkeit *f*, Unbedeutende(s); هنات (kleine) Fehler *m/pl.*, Mängel *m/pl.*

هنهن [hanhana] *Äg.* in den Schlaf singen (ل *ein Kind*)

هنهونة [han'huːna] *Äg.* Wiegenlied *n*

هنود → هندي

هنئ [haniʔa, a] glücklich sein; genießen (ب *A*), sich freuen (ب an *D*); → [2]هنأ

هنيء [ha'niːʔ] bekömmlich; *Leben*: angenehm, froh, glücklich; هنيئا (لك) [-an (laka)] *u.* هنيئا مريئا wohl bekomm's!; هنيئا لك بـ... alle guten Wünsche zu …!

هنيهة [hu'naiha], *pl.* [-aːt] kleine Weile, Weilchen *n*; ~ [-tan] *Adv.* ein Weilchen

ههنا [haːhunaː] hier

هو [huwa] er; es; *Mystik*: Gott; الـ~ *Psych.* das Es; ~ ~ بقي [baqija] er *od.* es ist der *od.* das gleiche geblieben; كما ~ الحال wie es der Fall ist

هواء [ha'waːʔ], *pl.* أهوية [ʔahwija] Luft *f*; مضغوط ~ Druckluft *f*; تكييف الـ~ Klimatisierung *f*, Air-condition *n*; في الـ~ الطلق im Freien, unter freiem Himmel; على الـ~ live (*ausgestrahlt*)

هوابط → هابطة

هواتف → هاتف

هواجس → هاجس

هوادة [ha'waːda] Nachsicht *f*, Entgegenkommen *n*; بلا ~ *u.* لا ~ فيه [-ta] rücksichtslos, umbarmherzig, gnadenlos

هوارة [ha'wwaːra] *pl.* irreguläre Truppen *f/pl.*

هوام → [2]هامة

هوامش → هامش

هوان [ha'waːn] Verächtlichkeit *f*, Geringschätzigkeit *f*, Verachtung *f*; Erniedrigung *f* (*die e-m widerfährt*); Schande *f*

هوائم → هائم

هواة → هاو

[1]**هواية** [ha'waːja] Amateureigenschaft *f*

[2]**هواية** [ha'wwaːja] Ventilator *m*

[3]**هواية** [hi'waːja], *pl.* [-aːt] Hobby *n*, Liebhaberei *f*, Steckenpferd *n*; Ausübung *f* e-s Sportes *od.* e-r Kunst als Amateur

هوائي [ha'waːʔiː] Luft-; *pl.* [-aːt] Antenne *f*; حركي ~ [ħarakiː] aerodynamisch; خط ~ [xɒtt] Freileitung *f*; علم الحركة الهوائية [ʕilm al-ħaraka] Aerodynamik *f*

هوج → أهوج

هوجاء [hau'dʒaːʔ] (2) Wirbelsturm *m*; → أهوج

[1]**هود** **II** [hawwada] judaisieren, zum Juden machen; langsam *od.* gemächlich gehen; **III** هاود [haːwada] entgegenkommen (ه *j-m*), nachsichtig handeln (ه gegenüber *j-m*); ه في الثمن ~ [fi θ-θaman] j-m mit dem Preis entgegenkommen; **V** تهود [ta'hawwada] jüdisch werden, Jude werden

[2]**هود** [huːd] *Name e-s Propheten im Koran*; الـ~ die Juden *m/pl.*

هودج [haudadʒ], *pl.* هوادج [ha'waːdidʒ] (2) (Kamel-)Sänfte *f*

هوذا → ذا

[1]**هور** **II** [hawwara] in Gefahr bringen; in die Tiefe stürzen lassen; **V** تهور [ta'hawwara] kopflos handeln, unbesonnen, leichtsinnig sein; *Auto*: hinabstürzen; **VII** انهار [in'haːra] zusammenbrechen, einstürzen, zerfallen; *Lage*: sich zuspitzen *od.* verschärfen

[2]**هور** [haur], *pl.* أهوار [ʔah'waːr] Sumpfsee *m*

هورمون [hor'moːn], *pl.* [-aːt] Hormon *n*

هورة [haura] Gefahr *f*

هوري [huːriː] *Saudi-Ar.* kleine(s) Fischerboot

[1]**هوس** [hawisa, a] verwirrt, ratlos sein; verrückt, besessen sein; **II** [hawwasa] verrückt, besessen machen; *Ir.* in (Kampf-)Geschrei ausbrechen, lärmen, toben; **V** تهوس [ta'hawwasa] verrückt, besessen werden

[2]**هوس** [hawas] Verrücktheit *f*, Besessenheit *f*; *Psych.* Manie *f*; Eifertum *n*, Schwärmerei *f*; الإحراق ~ Pyromanie *f*; الاضطهاد ~ Verfolgungswahn *m*; السرقة ~ [h. as-sariqa] Kleptomanie *f*; وطني ~ [wɒtɒniː] Chauvinismus *m*

هوسة [hausa] *Ir.* (Kampf-)Geschrei *n*, Lärm *m*, Krach *m*

هوسي [hawasiː] manisch

(هوش) هاش [haːʃa, uː] *u.* هوش [hawiʃa, a] erregt, aufgeregt sein; **II** [hawwaʃa] in Aufregung versetzen, aufhetzen; *Hund* hetzen (على auf *j-n*)

هوشة [hauʃa] Aufregung *f*, Tumult *m*, Lärm *m*

هوكي [hoːkiː] Hockey *n*; الانزلاق ~ Eishockey *n*

[1]**(هول)** هال [haːla, uː] mit Entsetzen erfüllen; Schrecken *od.* Furcht einjagen (ه *j-m*); **II** [hawwala] Schrekken einflößen (ه *j-m*); bedrohen (على ب *j-n* mit *D*); als schrecklich darstellen; übertreiben, aufbauschen; **X** استهول [is'tahwala] für gewaltig ansehen; fürchterlich finden

[2]**هول** [haul], *pl.* أهوال [ʔah'waːl] Schrecken *m*, Entsetzen *n*; أبو الـ~ [ʔabuː l-h.] Sphinx *f*; يا للـ~ [la-l-h.] wie schrecklich!

هؤلاء → هذا

هولندا [hoː'landaː] Holland

هولندي [hoː'landiː] holländisch; *pl.* [-uːn] Holländer *m*

هوم II [hawwama] *Kopf des Schlafenden*: nickend herabsinken; einnicken; dösen; **V** تهوم [ta'hawwama] einnicken; dösen

هوميروس [hoːmeː'ruːs] Homer

[1]**(هون)** هان [haːna, uː] verächtlich sein; unbedeutend sein; leicht fallen (على *j-m*); **II** [hawwana] leicht machen (هـ على *j-m A*); als leicht darstellen (هـ على *j-m A*); bagatellisieren (من *A*); هون عليك [hawwin] nimm's nicht so schwer!; **IV** أهان [ʔa'haːna] beleidigen; mit Geringschätzung behandeln; **VI** تهاون [ta'haːwana] geringschätzen (ب *A*); leichtfertig, nachlässig sein (في bei *D*), auf die leichte Schulter nehmen (في *A*); **X** استهان [ista'haːna] verachten, geringschätzen (ب *A*); unterschätzen (ب *A*); *Pass.* لا يستهان به [justa'haːnu] nicht zu verachten *od.* unterschätzen; beachtlich, beträchtlich

[2]**هون** [haun] Gemächlichkeit *f*; Leichtigkeit *f*; ~ا [-an] *Adv. u.* ~ على gemächlich, langsam u. bequem; sacht, leicht

[3]**هون** [huːn] **1.** Erniedrigung *f*, Entwürdigung *f*, Schande *f*; **2.**: الـ~ *koll.* die Hunnen *m/pl.*

هوة [huwwa], *pl.* هوى [huwan] Abgrund *m*; *fig.* Kluft *f*, Lücke *f*

[1]**هوى** [hawaː, iː] herabfallen, herabstürzen; einstürzen; — هوي [hawija, aː] lieben, gern haben, mögen; als Hobby betreiben; **II** [hawwaː] (be)lüften, ventilieren; *Äg. a.* fächeln; **IV** أهوى [ʔahwaː] herabfallen; sich herabstürzen, *Raubvogel*: herabstoßen; (herab)fallen lassen (ب *A*); ~ بيده إلى [bi-jadihiː] nach etwas greifen, die Hand nach etwas ausstrecken; **V** تهوى [ta'hawwaː] gelüftet, belüftet werden; **VI** تهاوى [ta'haːwaː] zusammenbrechen; (nieder)fallen; **X** استهوى [is'tahwaː] bezaubern, faszinieren, in s-n Bann schlagen; verlocken

[2]**هوى** [hawan], *pl.* أهواء [ʔah'waːʔ] Liebe *f*, Passion *f*, Leidenschaft *f*; Neigung *f*, Vorliebe *f*; *pl. a.* auf Laune u. Gutdünken beruhende Meinungen *f/pl.*; ketzerische Richtungen *f/pl.*; على هواه nach seinem Belieben; وافق هواه j-m gelegen sein *od.* passen

[3]**هوي** [hu'wiːj] Herabfallen *n*, Fall *m*, Sturz *m*

هويس [ha'wiːs] **1.** Gedanke *m*, Idee *f*; **2.** *Äg.* (Kanal-)Schleuse *f*

هوينا [hu'wainaː]: مشى الـ~ langsam u. gemächlich gehen

هوية [hu'wiːja] Identität *f*; *pl.* [-aːt] (Personal-)Ausweis *m*; أوراق الـ~ Ausweispapiere *n/pl.*; بطاقة الـ~ [bi'tɒːqat al-h.] *u. bsd. Ir., Syr.* تذكرة الـ~ [taðkirat al-h.] (Personal-)Ausweis *m*

هي [hija] sie *sg.*

[1]**هيا** [hajjaː] auf!, los!; بنا ~ los, gehen wir!

[2]**هيأ II** [hajjaʔa] vorbereiten, herrichten; bereitmachen; *Weg*, *Boden* bereiten (ل für *A*); *Bedingungen*, *Atmosphäre* schaffen (ل für *A*); *Gelegenheit* bieten (ل zu *D*); ~ نفسه [nafsahuː] sich vorbereiten (ل auf *A*); **V** تهيأ [ta'hajjaʔa] sich vorbereiten, sich rüsten; vorbereitet werden; bereitstehen (ل für *A*); *Gelegenheit*: sich bieten; möglich sein (ل *j-m*); **VI** تهايأ [ta'haːjaʔa] sich einander anpassen

هياب [ha'jjaːb] furchtsam, ängstlich

هياج [hi'jaːʤ] Aufregung *f*, Erregung *f*; Tumult *m*, Unruhe *f*; Wüten *n der Elemente*; سريع/سهل الـ~ leicht erregbar

هياط [hi'jɒːt] Geschrei *n*, Tumult *m*

هيام [hu'jaːm, hi'jaːm] leidenschaftliche Liebe; heftige(r) Durst

(هيب) هاب [haːba, aː] Ehrfurcht *od.* Respekt haben (ه/هـ vor *D*); sich fürchten (ه/هـ vor *D*); **II** [hajjaba] als furchtbar erscheinen lassen (إلى *j-m*); *Äg.* einschüchtern, bedrohen (على *j-n*); **IV** أهاب [ʔa'haːba] antreiben, aufrufen, ermuntern (ب إلى *j-n* zu *D*); (herbei)rufen (ب *j-n*); **V** تهيب [ta'hajjaba] Ehrfurcht *od.* Respekt haben (ه/هـ vor *D*)

هيبة [haiba] Ehrfurcht *f*, Respekt *m*, Achtung *f*; ehrfurchtgebietende Erscheinung, Würde *f*; Ansehen *n*, Prestige *n*; Furcht *f*, Scheu *f*

هيبي [hibiː], *pl.* [-uːn] Hippie *m*

هيت [haita] *u.* لك ~ komm her!

[1]**(هيج)** هاج [haːʤa, iː] sich aufregen, sich erregen (على über *A*); *See*: bewegt, aufgewühlt sein; in Wallung geraten; aufregen, erregen; **II** [hajjaʤa] aufregen, erregen; aufbringen (ه على *j-n* gegen *A*); *Blut* in Wallung bringen; reizen, stimulieren; aufreizen; entfachen; entzünden; *Wunsch* wachrufen; **IV** أهاج [ʔa'haːʤa] aufregen, erregen; → [hajjaʤa]; **V** تهيج [ta'hajjaʤa] sich erregen; in Bewegung *od.* Unruhe geraten; *Blut*: in Wallung geraten; *Organ*: sich entzünden; **VIII** اهتاج [ih'taːʤa] sich aufregen, sich erregen; in Bewegung *od.* Unruhe geraten; erregt sein

[2]**هيج** [haiʤ] Aufregung *f*, Erregung *f*, Unruhe *f*

هيجا [haidʒaː] *u.* **هيجاء** [hai'dʒaːʔ] (2) *poet.* Kampf *m*, Schlacht *f*
هيجان [haja'dʒaːn] Aufregung *f*, Erregung *f*; Unruhe *f*, Tumult *m*; Wutausbruch *m*, Wut *f*
هيدروجين [hidro'ʒeːn, haidro'dʒiːn] *Chem.* Wasserstoff *m*
هيدروجيني [hidro'ʒeːniː, haidro'dʒiːniː] Wasserstoff-
هيدروكربون [hidrokar'boːn] Kohlenwasserstoff *m*
هيدروكربوني [hidrokar'boːniː] Kohlenwasserstoff-
هيدروكسيد [hidrok'siːd] *Chem.* Hydroxyd *n*
هيدرولوجي [hidro'loːdʒiː] hydrologisch
هيدروليكي [hidro'liːkiː] hydraulisch
[1]**هير** **II** [hajjara] niederreißen, zerstören
[2]**هير** [hajjir] unbesonnen, unüberlegt
هيراطيقي [hiːraː'tiːqiː] *Schrift*: hieratisch
هيروغليفي [hiːru'ɣliːfiː] hieroglyphisch
هيروين [heːru'wiːn, hiːru'wiːn] Heroin *n*
[1](**هيش**) هاش [haːʃa, iː] erregt sein
[2]**هيش** [hiːʃ] *Äg.* Dickicht *n*
هيشة [haiʃa] Aufregung *f*; Lärm *m*, Tumult *m*
هيصة [haisɒ] *Äg.* Aufregung *f*; Lärm *m*, Tumult *m*
(**هيض**) هاض [haːđɒ, iː] *Knochen, Flügel* brechen
هيضة [haiđɒ] Brechdurchfall *m*; Rückfall *m e-r Krankheit*; ~ آسيوية [ʔaːsija'wiːja] Cholera *f*
[1](**هيط**) هاط [haːtɒ, iː] Lärm, Krach, Tumult machen
[2]**هيط** [hait] Lärm *m*, Geschrei *n*
[1]**هيف** [hajifa, a] schlank sein
[2]**هيف** [hajaf] Schlankheit *f*
[3]**هيف** [hiːf] → أهيف
هيفاء [hai'faːʔ] (2) *npr. f*; → أهيف
هيكل [haikal], *pl.* هياكل [ha'jaːkil] (2) Struktur *f*, Gefüge *n*; Skelett *n*, Gerippe *n*; (tragendes) Gerüst; Fahrgestell *n e-s Autos*; Rumpf *m e-s Schiffes od. Flugzeugs*; Altar *m*; Tempel *m*; على الـ~ im Rohbau; ~ أساسي *u. bsd. pl.* هياكل أساسية Infrastruktur *f*
هيكلي [haikaliː] Struktur-, strukturell
هيكلية [haika'liːja] *bsd. Syr.* Struktur *f*, Gefüge *n*
[1](**هيل**) هال [haːla, iː] *u.* **II** [hajjala] *Erde, Sand* schütten, streuen (على auf *A*); **IV** أهال [ʔa'haːla] *Erde, Sand* schütten (على auf *A*); *Wind*: *Erde, Sand* aufhäufen; **VII** انهال [in'haːla] herfallen (على ب über *j-n* mit *D*); hereinbrechen (على über *j-n*); sich ergießen; aufgehäuft werden
[2]**هيل** [hail] Schütten *n von Sand*; aufgehäufte(r) Sand
هيلان [haja'laːn] aufgehäufte(r) Sand
هيليني [heː'leːniː] hellenistisch
هيلينية [heːleː'niːja]: الـ~ der Hellenismus
هيليوم [hiːlijum] Helium *n*
[1](**هيم**) هام [haːma, iː] **1.** (leidenschaftlich) lieben (ب *j-n*), (leidenschaftlich) verliebt sein (ب in *j-n*); sich (unsterblich) verlieben (ب in *j-n*); ~ على وجهه umherirren; **2.** dürsten; **II** [hajjama] *Liebe*: betören; **X** *Pass.* استهيم [ustu'hiːma] leidenschaftlich verliebt sein
[2]**هيم** [hiːm] *Ir.* Brechstange *f*
هيمان [hai'maːn] (2), *f* هيمى [haimaː], *pl.* هيام [hi'jaːm] leidenschaftlich verliebt; sehr durstig
هيمن [haimana] beherrschen, kontrollieren (على *A*)
هيمنة [haimana] Beherrschung *f*, Herrschaft *f*, Kontrolle *f*; Vorherrschaft *f*, Hegemonie *f*, Oberhoheit *f*
هيموغلوبين [hiːmoɣloː'biːn] Hämoglobin *n*
هين [hajjin] leicht; geringfügig, unbedeutend
هينم [hainama] murmeln
هينة [hiːna] Leichtigkeit *f*, Bequemlichkeit *f*
هيهات [hai'haːti, hai'haːta, hai'haːtu] weit gefehlt!; ~ أن es ist gar nicht daran zu denken, daß; ~ أن يفعل كذا er ist weit davon entfernt, das zu tun
هيوب [ha'juːb] furchtsam, ängstlich
[1]**هيولى** [ha'juːlaː], *pl.* هيوليات [hajuːla'jaːt] *Phil.* Urstoff *m*, Urmaterie *f*; Stoff *m*, Materie *f*
[2]**هيولي** [ha'juːliː] stofflich, materiell
هيئ [hajjiʔ] *u.* **هييء** [ha'jiːʔ] stattlich, ansehnlich
هيئة [haiʔa] **1.** Form *f*, Aussehen *n*, Gestalt *f*; (Körper-)Haltung *f*; Physiognomie *f*; على ~ in Form *od.* Gestalt von; **2.** *pl.* هيئات [hai'ʔaːt] Organisation *f*; Behörde *f*, staatliche Stelle; Körperschaft *f*; Gremium *n*; Ausschuß *m*; ~ الإذاعة Rundfunkanstalt *f*; ~ أركان الحرب Generalstab *m*; ~ الأمم المتحدة [h. al-ʔumami l-mu'ttaħida] die Vereinten Nationen *f/pl.*; ~ تأمين *Äg.* Versicherungsanstalt *f*; ~ التحكيم Kampfgericht *n*, Jury *f*; ~ التدريس, ~ التعليم *u.* ~ تدريسية Lehrkörper *m*; Dozentenschaft *f*; ~ دبلوماسية, ~ سياسية [sijaː'siːja] diplomatische(s) Korps; ~ الرئاسة Präsidium *n*; ~ عامة [ʕaːmma] Körperschaft *f*; Körperschaft *f* des öffentlichen Rechts; *Jord.* Hauptversammlung *f* (*als Organ e-r Gesellschaft*)

و

[1]و (واو) [waːw] *siebenundzwanzigster Buchstabe des arab. Alphabets; bei Aufzählungen*: f)

[2]و *Abk. für* وكالة [wi'kaːla, wa'kaːla] (*Nachrichten-*)Agentur *f u.* ولد [wulida] geboren

[3]و [wa-] **1.** *Konj.* und; *zur Einleitung von Zustandssätzen*: indem, während, wobei, wie; während doch; ولا واحد auch nicht ein einziger; ... شاهدته وهو [ʃaː'hadtuhuː] ich sah, wie er...; ... وهو ... منذ seit ... ist er ...; **2.** *Präp.* (+ *A*) mit; وإياه [wa-ʔi'jjaːhu] mit ihm; **3.** *Schwurpartikel* (+ *G*): bei; والله [wɒ'łłɒːhi] bei Gott!; **4.** *poet.* (+ *G*) gar manche(r); → [2]أ

وا [waː-] *meist bei Ausrufen des Jammers zusammen mit der Endung* [-aːh] *des Nomens*: واأسفاه [waːʔasa'faːh] o Kummer!; واحسرتاه [waː-ħasra'taːh] welch ein Jammer!

و.أ.أ *Abk. für* وكالة الأنباء الأردنية [al-ʔurdu'nniːja] Jordanische Nachrichtenagentur

وابل [waːbil] Regenguß *m*; *fig.* Hagel *m*; ~ من الرصاص Kugelregen *m*, Kugelhagel *m*

وابور [waː'buːr], *pl.* [-aːt] *umg.* Lokomotive *f*; (Eisenbahn-)Zug *m*; Dampfer *m*; (Dampf-)Maschine *f*, Anlage *f*; *Äg.* (Petroleum-)Kocher *m*; ~ زلط [w. zalɒt] *Äg.* Dampfwalze *f*; ~ طحين Mühle *f*; ~ مياه [w. mi'jaːh] Wasserwerk *n*

[1]**وات** [waːt] *El.* Watt *n*

[2]**وات** *Abk. für* وكالة الأنباء التونسية [al-dʒazaːʔi'riːja] Algerische Nachrichtenagentur

واثق [waːθiq] vertrauend (بـ auf *A*); sicher, gewiß (من *e-r Sache*); ~ من نفسه/بنفسه selbstsicher, selbstbewußt

و.أ.ج *Abk. für* وكالة الأنباء الجزائرية [al-dʒazaːʔi'riːja] Algerische Nachrichtenagentur

واجب [waːdʒib] notwendig, zu *machend*; *pl.* [-aːt] Pflicht *f*, (*moralische*) Verpflichtung; Aufgabe *f*; ~ عليه es ist seine Pflicht, er muß; من الـ~ أن es ist notwendig, daß; كان من ~ـه أن er hätte müssen; الإجراءات الـ~ اتخاذها [al-waːdʒibu tti'xaːðuhaː] die zu ergreifenden Maßnahmen *f/pl.*; ~ مدرسي Schulaufgabe *f*, Schularbeit *f*

واجد [waːdʒid] **1.** findend; **2.** grollend (على *j-m*); (leidenschaftlich) verliebt (بـ in *j-n*)

واجس [waːdʒis] beunruhigende(r) Gedanke

واجف [waːdʒif] *Herz*: klopfend; *Stimme*: bebend

واجم [waːdʒim] wortlos, schweigend; niedergeschlagen

واجهة [waːdʒiha], *pl.* [-aːt] Vorderseite *f*, Front *f*, Fassade *f*; Schaufenster *n*

واحد [waːħid] eine(r); eins (*beim Zählen*); (ein und) derselbe; einheitlich; *umg.* jemand; *pl.* وحدان [wuħ'daːn] einzeln; الـ~ der Eine (*Beiname Gottes*); واحدا (فـ)واحدا einer nach dem andern, einzeln; أي ~ [ʔajju w.] jeder (beliebige); irgendeine(r); كل ~ [kullu w.] jeder einzelne; ولا ~ auch nicht ein einziger; ~ منهم einer von ihnen; الـ~ منهم jeder von ihnen

واحدة [waːħida] (*f von* واحد): بـ~ ~ wie du mir, so ich dir

واحدي [waːħidiː] *Phil.* monistisch; Monist *m*

واحدية [waːħi'diːja] *Phil.* Monismus *m*

واحة [waːħa], *pl.* [-aːt] Oase *f*

و.أ.خ *Abk. für* وكالة أنباء الخليج Golf-Nachrichtenagentur, GNA

واخز [waːxiz] stechend

[1]**وأد** [waʔada (يئد jaʔidu)] *neugeborenes Mädchen* lebendig begraben; **VIII** اتأد [i'ttaʔada] sich Zeit lassen; gemächlich tun (في *A*)

[2]**وأد** [waʔd] Begraben *n* bei lebendigem Leib

[3]**واد** [waːdin], *pl.* وديان [wid'jaːn] *u.* أودية [ʔaudija] Tal *n*; Flußbett *n*, Wadi *n*; الوادي الكبير Guadalquivir (*Fluß in Spanien*); كان/ذهب صيحة في ~ [sɒiħatan] ungehört verhallen; نحن في ~ وأنتم في ~ zwischen uns ist eine tiefe Kluft, uns trennen Welten

وادع [waːdiʕ] sanft, mild

وادي [waːdiː] Wadi ... (*häufiger erster Teil von zweigliedrigen Ortsnamen*); → [3]واد

وارث [waːriθ] erbend; *pl.* ورثة [waraθa] Erbe *m*

وارد [waːrid] ankommend, eintreffend; *Post*: eingehend; vorkommend, stehend (في in *e-m Text od. Buch*), aufgeführt, erscheinend (في in *D*); eintretend (على bei *e-r Sache*), betreffend (على *A*); *Möglichkeit, Gefahr*: bestehend; *Wahrscheinlichkeit*: gegeben; denkbar, vorstellbar; الـ~ eingehende *od.* eingegangene Post; واردات *pl.* Einfuhren *f/pl.*, Importe *m/pl.*; Einkünfte *pl.*, Einnahmen *f/pl.*; ~ غير undenkbar, unvorstellbar

وارسو [warsoː] Warschau

وارف [waːrif] *Schatten*: lang; *Pflanze*: grünend, üppig

وارق [waːriq] *Baum*: belaubt

وارم [waːrim] (an)geschwollen

وازع [waːziʕ] moralische Hemmung; moralische(r) Antrieb *od.* Zwang; ~ ديني [diːniː] religiöse(s) Gewissen; ~ قانوني gesetzliche(r) Zwang *od.* Druck; ~ دون أي [ʔajji w.] hemmungslos; بلا ~ من ضمير ohne (moralische) Hemmungen *od.* Skrupel

واس *Abk. für* وكالة الأنباء السعودية [as-suʕuː'diːja] Saudi-Arabische Nachrichtenagentur

واسطة [waːsitɒ], *pl.* وسائط [wa'saːʔit] (2) Mittel *n*; بـ~ + *G*: mittels, durch; بواسطته durch seine Vermittlung; ~ النقل Transportmittel *n*

واسع [waːsiʕ] weit, ausgedehnt, geräumig; *Maßnahmen etc.*: weitreichend, großangelegt; ~ الاطلاع [w. al-ittiʹlaːʕ] gut informiert (على über *A*); belesen; ~ الانتشار weitverbreitet; ~ الحيلة [w. al-ħiːla] listenreich, findig; ~ الرحمة voller Erbarmen; ~ الصدر großzügig, nachsichtig; ~ النطاق [w. an-ni'tɒːq] umfangreich; بمعناه الـ~ [bima'ʕnaːhu] im weiteren Sinne

واش [waːʃin], *pl.* واشون [waː'ʃuːn] *u.* وشاة [wu'ʃaːt] Verleumder *m*, Denunziant *m*

واشنطن *u.* **واشنطون** [waːʃintɒn] Washington

واضح [wɒːđiħ] klar, deutlich; offenkundig, augenfällig; ~ جلي [ʤa'liːj] klar u. deutlich; ~ المعالم [w. al-ma'ʕaːlim] fest umrissen, mit scharfen Konturen; (من) الـ~ ان [ʔanna] es ist klar, daß

واضع [wɒːđiʕ] Schöpfer *m*, Urheber *m*; Verfasser *m*; *Frau*: gebärend; ~ اليد [w. al-jad] *Jur.* Besitzer *m*, Inhaber *m* der tatsächlichen Gewalt

¹**واط** [wɒːt] *El.* Watt *n*

²**واط** [wɒːtin] *umg.* niedrig

واطئ [wɒːtiʔ] niedrig; *Stimme*: leise; الأراضي الواطئة die Niederlande *pl.*

¹**واع** [waːʕin] sich bewußt (لـ *e-r Sache*); *Kind*: aufgeweckt; *Publikum*: aufgeklärt, aufgeschlossen

²**واع** *Abk. für* وكالة الأنباء العراقية [al-ʕiraː'qiːja] Irakische Nachrichtenagentur, INA

واعد [waːʕid] vielversprechend, hoffnungsvoll

واعظ [waːʕið], *pl.* وعاظ [wu'ʕʕɒːð] Prediger *m*

واعية [waːʕija] Bewußtsein *n*

واف [waːfin] einhaltend (بـ *A*); reichlich; ausführlich; *Auskunft*: erschöpfend

وافد [waːfid] **1.** ankommend; *Ideen*: sich einstellend; *pl.* [-uːn] Ankömmling *m*; eingereiste(r) Ausländer; عمال ~ون [ʕu'mmaːl] ausländische Arbeitskräfte *f/pl.*; **2.** epidemisch

وافدة [waːfida], *pl.* [-aːt] Epidemie *f*

وافر [waːfir] reichlich, reich, ausgiebig; *Anteil*: erheblich, beträchtlich; الـ~ *ein arab. Versmaß*; ~ العدد [w. al-ʕadad] zahlreich

واق [waːqin] schützend, Schutz-; vorbeugend; Schutzmittel *n*, Schutz *m*; معطف ~ من المطر [miʕtɒf, al-mɒtɒr] Regenmantel *m*; ملابس واقية [ma'laːbis waːqija] Schutzkleidung *f*

واقع [waːqiʕ] (*a. auf ein Datum*) fallend; sich ereignend; *Geo.* liegend; Wirklichkeit *f*, Realität *f*; tatsächliche Lage, tatsächliche(r) Stand; بـ~ + *G*: in Höhe *od.* im Betrag von; في الـ~ *u.* في ~ الأمر tatsächlich, in der Tat; eigentlich, im Grunde (genommen), in Wirklichkeit; (و)الـ~ أن [ʔanna] Tatsache ist, daß; in Wirklichkeit; ~ الحال Tatbestand *m*; ~ حاله seine tatsächliche Lage; ~ الشيء wie es um e-e Sache steht; أمر ~ vollendete Tatsache; ~ غير unwirklich; هو ~ في الفخ [fi l-faxx] er sitzt in der Falle; في الفترة الواقعة بين ... و... in der Zeit von ... bis ...; من ~ هذا السجل [as-si'ʤill] auf Grund der Eintragungen *od.* Angaben in diesem Register

واقعة [waːqiʕa], *pl.* [-aːt] *u.* وقائع [wa'qaːʔiʕ] (2) Ereignis *n*, Vorfall *m*; (*Geburts-*, *Todes-*)Fall *m*; Tatsache *f*; Tatbestand *m*; Unglück *n*, Unfall *m*; Schlacht *f*, Kampf *m*; دفتر ~ات الميلاد [daftar w. al-miː'laːd] Geburtenbuch *n*

واقعي [waːqiʕiː] tatsächlich, wirklich, real; konkret; realistisch; wirklichkeitsnah; *pl.* [-uːn] Realist *m*; ~ًا [-jan] *Adv.* in der Praxis, de facto; المذهب الـ~ Realismus *m*

واقعية [waːqi'ʕiːja] Realismus *m*; الـ~ الاشتراكية sozialistische(r) Realismus; الـ~ النقدية kritische(r) Realismus

واقف [waːqif] stehend, aufrecht; vertraut (على mit *D*), informiert (على über *A*); Stifter *m e-s Waqf*; على الـ~ stehenden Fußes, sofort; هب ~ًا [habba -an] aufstehen, aufspringen

واقية [waːqija], *pl.* [-aːt] Schutzmittel *n*, Schutzvorrichtung *f*, Schutz *m*; (*Ohren-*)Schützer *m*; Vorbeugungsmittel *n*

¹**وال** [waːlin], *pl.* ولاة [wu'laːt] Gouverneur *m*, Wali *m*; Statthalter *m*; Präfekt *m*; *Tun.* Provinzialpräsident *m*; ولاة الأمر/الأمور führende *od.* maßgebliche Persönlichkeiten *f/pl.*

²**وال** *Abk. für* وكالة الأنباء الليبية [al-liː'biːja] Libysche Nachrichtenagentur

³**وأل** [waʔala (يئل jaʔilu)] sich flüchten (إلى zu *D*, in *A*)

¹**ولا** [walla] *umg.* oder

²**وإلا** [wa-'ʔillaː] und wenn nicht; sonst, andernfalls

والد [waːlid], *pl.* [-uːn] Vater *m*, Erzeuger *m*; الوالدان *du.* die Eltern *pl.*

والدة [waːlida], *pl.* [-aːt] Mutter *f*

والدي [waːlidiː] väterlich; elterlich

واله [waːlih] verwirrt, verstört

(**وأم**) **III** واءم [waːʔama] übereinstimmen, zusammenpassen (ه/ـه mit *D*); passen (ه/ـه zu *D*, ه *j-m*); anpassen (بين ... و... *etwas* an *A*),

abstimmen (... و ... بين *etwas* auf *A*); **VI** تواءم [ta'waːʔama] miteinander übereinstimmen; zusammenpassen, harmonieren (مع mit *D*)
وامض [waːmiđ] aufleuchtend, aufblitzend, blinkend
[1]**وان** [waːnin] schwach, matt
[2]**وإن** [wa-ʔin] und wenn; wenn auch, selbst wenn; obwohl
وانيت [wa'neːt], *pl.* [-aːt] *Saudi-Ar., Kuw.* Lieferwagen *m*
[1]**واه** [waːhin] schwach; *Stimme*: brüchig; *Grund*: nichtig; *Entschuldigung*: unbegründet; *Argument*: fadenscheinig
[2]**واه** [waːhi, waːha] = واها
واها [waːhan]: له/به ~ wie wundervoll ist ...!; على ~ o weh! *Es ist* ...
واهب [waːhib] Geber *m*, Spender *m*
واهم [waːhim] in e-m Irrtum *od.* e-r Illusion befangen
واهمة [waːhima] Einbildungskraft *f*, Phantasie *f*
واهن [waːhin] schwach, kraftlos; zermürbt, entnervt
واو [waːw] *f, pl.* [-aːt] der Buchstabe و; *Gr.* die Konjunktion و; ~ الجماعة *Gr.* die Plural-Endung [-uː] *beim Verb*; → معية
وباء [wa'baːʔ], *pl.* أوبئة [ʔaubiʔa] Seuche *f*, Epidemie *f*
وبال [wa'baːl] schlimme Folgen *f/pl.*; Verhängnis *n*, Unheil *n*
وبائي [wa'baːʔiː] epidemisch
وبخ **II** [wabbaxa] schelten, tadeln, rügen (على ه *j-n* wegen *G*)
[1]**وبر** [wabira (يوبر jaubaru)] *u.* **IV** أوبر [ʔaubara] behaart sein *od.* werden
[2]**وبر** [wabar], *pl.* أوبار [ʔau'baːr] Haar *n*, Fell *n*; (= الجمل ~ [w. al-ʤamal]) Kamelhaar *n*; أهل الـ~ die Beduinen *m/pl.*
[3]**وبر** [wabr] Syrische(r) Klippdachs
[4]**وبر** [wabir] behaart, wollig, flauschig
وبرة [wabara] *Äg.* Florgewebe *n*
وبري [wabariː] wollig, flauschig
وبش [wabaʃ]: أوباش [ʔau'baːʃ] *pl.* Pöbel *m*, Pack *n*
[1]**وبل** [wabala (يبل jabilu)]: ~ت السماء es regnete heftig
[2]**وبل** [wabl] Regenguß *m*
وبؤ [wabuʔa (يوبؤ jaubuʔu)] → وبئ
وبئ [wabiʔa (يوبأ jaubaʔu)] *u. Pass.* [wubiʔa] verseucht sein
وبيء [wa'biːʔ] verseucht
وبيل [wa'biːl] *Klima*: ungesund; *Nahrung*: gesundheitsschädlich; verhängnisvoll, unheilvoll
[1]**وتد** **II** [wattada] *Pflock* einschlagen
[2]**وتد** [watad, watid], *pl.* أوتاد [ʔau'taːd] (*Zelt-*)Pflock *m*, Pfahl *m*
[1]**وتر** [watara (يتر jatiru)] *Bogen* mit e-r Saite bespannen; ~ه حقه [ħaqqahuː] j-n in s-n Rechten beschneiden; **II** [wattara] *Bogen* (an)spannen; **V** توتر [ta'wattara] *a. Beziehungen*: (an)gespannt sein *od.* werden; **VI** تواتر [ta'waːtara] (ununterbrochen) aufeinanderfolgen; *Meldungen*: sich jagen; nicht abreißen
[2]**وتر** [watar], *pl.* أوتار [ʔau'taːr] Sehne *f* (*a. des Bogens u. Math.*); Saite *f*; *Math.* Hypotenuse *f*; صوتي ~ [sɒutiː] Stimmband *n*; ضرب على الـ~ الحساس [al-watari l-ħa'ssaːs] die empfindliche Stelle treffen
[3]**وتر** [watr, witr] *Zahl*: ungerade; ~اً [-an] *Adv.* einzeln
[1]**وتري** [watariː] Saiten-; آلة ~ة Saiteninstrument *n*, Streichinstrument *n*; موسيقى ~ة Streichmusik *f*
[2]**وتري** [watriː, witriː] = [3]وتر
(**وتى**) **III** واتى → أتى
وتيرة [wa'tiːra] *pl.* وتائر [wa'taːʔir] (2) Art und Weise *f*; العمل ~ [w. al-ʕamal] Arbeitsweise *f*; على هذه الـ~ auf diese Weise; على ~ واحدة auf dieselbe Art und Weise; gleichförmig; بـ~ أسرع schneller (*z.B. zunehmen*)
وتين [wa'tiːn], *pl.* أوتنة [ʔautina] Aorta *f*
وثء [waθʔ] Verrenkung *f*; Verstauchung *f*
وثأ [waθaʔa (يثأ jaθaʔu)] *Arm* verrenken; sich *den Fuß* verstauchen
وثاب [wa'θθaːb] draufgängerisch; *Pferd*: wild; feurig
وثاق [wi'θaːq, wa'θaːq], *pl.* وثق [wuθuq] Fessel *f*, Band *n*
وثائق → وثيقة
وثائقي [wa'θaːʔiqiː] dokumentarisch, Dokumentar-; فليم ~ Dokumentarfilm *m*
[1]**وثب** [waθaba (يثب jaθibu)] springen; aufspringen; überspringen (فوق *A*), setzen (فوق über *A*); losspringen (على auf *A*), herfallen (على über *A*); **II** [waθθaba] *u.* **IV** أوثب [ʔauθaba] springen lassen; **V** توثب [ta'waθθaba] losspringen (على auf *A*); *Herz*: vor Freude hüpfen; **VI** تواثب [ta'waːθaba] aufeinander losspringen
[2]**وثب** [waθb] Springen *n*; الـ~ بالزانة, الـ~ بالعصا [bi-l-ʕasɒː] Stabhochsprung *m*; ~ عال [ʕaːlin] Hochsprung *m*; ~ عريض/طويل Weitsprung *m*
وثبة [waθba], *pl.* [waθa'baːt] Sprung *m*, Satz *m*; Aufschwung *m*; ~ ثلاثية [θulaː'θiːja] Dreisprung *m*
وثر [waθir] *obs. Bett*: weich
وثق [waθiqa (يثق jaθiqu)] vertrauen, sich verlassen (ب auf *j-n*); ~ من نفسه Selbstvertrauen haben; *Pass.* يوثق به [juːθaqu] vertrauenswürdig, verläßlich; — [waθuqa (يوثق jauθuqu)] fest sein; sich sicher sein (من *G*); **II** [waθθaqa] *bsd. Beziehungen* festigen, konsolidieren; beurkunden; dokumentieren, durch Dokumente belegen; **III** واثق [waːθaqa] übereinkommen (على ه mit *j-m etwas zu tun*), abmachen (ه على mit *j-m A*); **IV** أوثق [ʔauθaqa] (fest)binden (ب/إلى an *D*); **V** توثق [ta'waθθaqa] sich festigen, sich konsolidieren; **X** استوثق [is'tauθaqa] sich vergewissern (من *e-r Sache*)
وثن [waθan], *pl.* أوثان [ʔau'θaːn] Götzenbild *n*, Götze *m*; عبادة الأوثان [ʕi'baːdat al-ʔa.] Götzendienerei *f*
وثني [waθaniː] heidnisch; *pl.* [-uːn] Götzendiener *m*, Heide *m*
وثنية [waθa'niːja] Heidentum *n*
وثوب [wu'θuːb] Springen *n*; Herfallen (على über *A*)
وثوق [wu'θuːq] Vertrauen *n*, Sichverlassen *n* (ب auf *A*); Zuverlässigkeit *f e-r Information*
وثير [wa'θiːr] *Bett*: weich

وثيق [wa'θiːq], *pl.* وثاق [wi'θaːq] fest, eng; الصلة ~ [w. ṣ-ṣila] fest *od.* eng verbunden

وثيقة [wa'θiːqa], *pl.* وثائق [wa'θaːʔiq] (2) Urkunde *f*, Dokument *n*; ~ التأمين Versicherungspolice *f*; ~ التصديق Ratifikationsurkunde *f*; ~ ختامية [xitaː'miːja] Schlußakte *f*; ~ سفر [w. safar] Reisedokument *n*; الـ~ العظمى [al-ʕuðmaː] *hist.* die Magna Charta

وجار [wi'dʒaːr, wa'dʒaːr], *pl.* أوجرة [ʔaudʒira] Höhle *f*, Bau *m von Tieren*

وجاق [wu'dʒaːq], *pl.* [-aːt] Feuerstelle *f*, Herd *m*

وجاها [wi'dʒaːhan] *Adv. Jur.* in Anwesenheit beider Parteien

وجاهة [wa'dʒaːha] Ansehen *n*, (*äußere*) Würde; Stichhaltigkeit *f*, Wohlbegründetheit *f*; أهل الـ~ angesehene Persönlichkeiten *f/pl.*; die Notabeln *m/pl.*; ~ ذو angesehen

وجاهي [wi'dʒaːhiː] *Urteil*: kontradiktorisch

وجب [wadʒaba (يجب jadʒibu)] **1.** Pflicht sein (على für *j-n*); nötig sein; أن (عليه) يجب er muß ...; يجب ألا [ʔallaː], *a.* لا يجب أن er darf nicht ...; كما يجب wie es sein muß, wie es sich gehört; **2.** *Herz*: pochen, klopfen; **II** [waddʒaba] *obs.* zur Pflicht machen (على *j-m*); **IV** أوجب [ʔaudʒaba] zur Pflicht machen, vorschreiben (على *j-m*); verlangen, notwendig machen; zusprechen (هـ ل *j-m A*); **V** توجب [ta'waddʒaba] erforderlich sein, Pflicht sein (على für *j-n*); **X** استوجب [is'taudʒaba] zur Pflicht machen, erfordern, verlangen; für notwendig ansehen; عمل يستوجب الشكر [ʕamalun jas'taudʒibu ʃ-ʃukr(a)] e-e dankenswerte Handlung

وجبة [wadʒba], *pl.* [wadʒa'baːt] Mahlzeit *f*; *Syr.* Menü *n*; *Ir.* Gruppe *f*; ~ خفيفة Häppchen *n*, Snack *m*; ~ عمل [w. ʕamal] *Ir.* (Arbeits-)Schicht *f*; ~ ناشفة *Mil.* Trockenverpflegung *f*, eiserne Ration

[1]**وجد** [wadʒada (يجد jadʒidu)] **1.** finden; antreffen; *Pass.* [wudʒida] vorhanden sein, existieren, sich befinden; يوجد [juːdʒadu] es gibt; ~ه جيدا [dʒajjidan] etwas gut finden; ~ نفسه sich (be)finden; ~ نفسه أمام sich *e-r Sache* gegenübersehen; *Pass.* ~ إن [wudʒida] falls vorhanden, eventuell; **2.** zürnen, grollen (على *j-m*); *u.* [wadʒada (يوجد jaudʒadu)] leidenschaftlich lieben (ب *j-n*); **IV** أوجد [ʔaudʒada] schaffen, ins Leben rufen; *Zustand* herbeiführen; *Lösung* finden; verschaffen (هـ ل *j-m A*); **V** توجد [ta'waddʒada] leidenschaftlich lieben (ب *j-n*); sich grämen (ب um *A*); **VI** تواجد [ta'waːdʒada] sich einfinden; anwesend, präsent sein; sich befinden

[2]**وجد** [wadʒd] Liebesleidenschaft *f*; Ekstase *f*

وجدان [widʒ'daːn] Fühlen *n*, Gefühl *n*, Gefühlsleben *n*; Gemüt *n*; Bewußtsein *n*

وجداني [widʒ'daːniː] Gefühls-, gefühlsmäßig, emotional; مشاركة ~ة [muʃaːraka] Mitgefühl *n*, Anteilnahme *f*, Sympathie *f*

وجر [wadʒr], *pl.* أوجار [ʔau'dʒaːr] Höhle *f*

وجرة [wadʒara, wadʒra], *pl.* أوجار [ʔau'dʒaːr] Fallgrube *f*

[1]**وجز** [wadʒaza (يجز jadʒizu)] kurz (gefaßt), knapp sein; **IV** أوجز [ʔaudʒaza] kurz fassen; sich kurz fassen (في/هـ bei *D*)

[2]**وجز** [wadʒz] *obs.* knapp, kurz und bündig; zusammengefaßt

[1]**وجس** [wadʒasa (يجس jadʒisu)] Befürchtungen haben; **IV** أوجس [ʔaudʒasa] befürchten, *Schlimmes* ahnen; ~ خيفة [xiːfatan] Furcht empfinden; **V** توجس [ta'waddʒasa] befürchten, *Schlimmes* ahnen; angstvoll lauschen (هـ auf *A*)

[2]**وجس** [wadʒs] Befürchtung *f*, Angst *f*

[1]**وجع** [wadʒiʕa (يوجع jaudʒaʕu)] Schmerz empfinden; weh tun (ه *j-m*); **IV** أوجع [ʔaudʒaʕa] weh tun (ه *j-m*), schmerzen; يوجعه رأسه [raʔsuhuː] ihm tut der Kopf weh; **V** توجع [ta'waddʒaʕa] Schmerz leiden; wehklagen; bemitleiden, bedauern (ل *j-n*)

[2]**وجع** [wadʒaʕ], *pl.* أوجاع [ʔau'dʒaːʕ] Schmerz *m*; ~ الدماغ [w. ad-di'maːɣ] *bsd. fig.* Kopfschmerzen *m/pl.*

وجف [wadʒafa (يجف jadʒifu)] *Herz*: beben, klopfen; vor Erregung beben

[1]**وجل** [wadʒila (يوجل jaudʒalu)] in Furcht geraten, Furcht haben; **IV** أوجل [ʔaudʒala] ängstigen

[2]**وجل** [wadʒal], *pl.* أوجال [ʔau'dʒaːl] Furcht *f*, Angst *f*

[3]**وجل** [wadʒil] furchtsam, ängstlich

وجم [wadʒama (يجم jadʒimu)] stillschweigen; sprachlos sein; niedergeschlagen sein

وجنة [wadʒna], *pl.* [wadʒa'naːt] Wange *f*, Backe *f*

وجني [wadʒniː] *Med.* Backen-, Joch(bein)-

[1]**وجه** [wadʒuha (يوجه jaudʒuhu)] angesehen sein; **II** [waddʒaha] richten (هـ إلى *Bitte*, *Frage*, *Brief* an *j-n*, *Aufmerksamkeit*, *Blick* auf *A*); lenken, leiten (إلى in *e-e Richtung*), dirigieren (إلى *wohin*); *Aufmerksamkeit* zuwenden (إلى *D*); *Anklage*, *Anschuldigungen* erheben; schicken, entsenden (إلى nach *D*); ~ه الوجهة الصحيحة [al-widʒhata] etwas in die richtige Richtung lenken; **III** واجه [waːdʒaha] gegenüberliegen (هـ *e-r Örtlichkeit*); (Auge in Auge) gegenübertreten (ه *j-m*); begegnen (ه *j-m*, *e-m Mangel*, *e-r Schwierigkeit*, *e-r Gefahr*, *der Nachfrage*, *Erfordernissen*); gegenüberstehen, sich gegenübersehen (ه/هـ *D*), konfrontiert sein (هـ mit *D*); sich stellen (هـ *e-m Problem*), ins Auge sehen (هـ *e-r Gefahr*); entgegentreten (ه/هـ *D*); *Bedarf*, *Nachfrage* befriedigen; konfrontieren (ه ب *j-n* mit *D*), gegenüberstellen; **V** توجه [ta'waddʒaha] sich wenden (إلى/نحو nach, zu *D*, إلى ب an *j-n* mit *D*); sich begeben (إلى nach, zu *D*); **VI** تواجه [ta'waːdʒaha] einander gegenüberstehen; **VIII** اتجه [i'ttadʒaha]

gerichtet sein, sich richten (إلى/ نحو auf *A*); sich wenden (إلى/نحو nach *D*); sich zuwenden (إلى/نحو *D*); zugehen (إلى/نحو auf *A*); يتجه التفكير إلى man denkt an *etwas*; ~ وجهة [widʒhatan] e-e Richtung *od.* e-n Kurs einschlagen

[2]**وجه** [wadʒh], *pl.* وجوه [wu'dʒuːh] Gesicht *n*, Antlitz *n*; Vorderseite *f*, Außenseite *f*; Oberfläche *f des Wassers*; Avers *m der Münze*; Zifferblatt *n der Uhr*; Seite *f*, Richtung *f*; Art und Weise *f*; Hinsicht *f*; *pl.* أوجه [ʔaudʒuh] Aspekt *m*, Gesichtspunkt *m*; الوجوه hochgestellte Persönlichkeiten *f/pl.*, Prominente *m/pl.*; الـ~ البحري Unterägypten; ~ خلفي Rückseite *f*; الـ~ القبلي [al-qibliː] Oberägypten; أوجه التشابه [ʔa. at-ta'ʃaːbuh] Ähnlichkeiten *f/pl.*, Gemeinsamkeiten *f/pl.*; ~ا لـ~ [-an] von Angesicht zu Angesicht, Auge in Auge; ~ في + *G*: gegenüber; für; بغير ~ـ ما [-in] in gewisser Weise; ~ حق [-i ħaqq(in)] unrechtmäßig; الإجمال ~ بـ~/على insgesamt; التقريب ~ بـ~/على annäherungsweise, annähernd; على الـ~ الأكمل in bestmöglicher Weise; على ~ الخصوص im besonderen, besonders; على ~ الدقة [-i d-diqqa] genau (*Adv.*); بـ~ عام ,على ~ العموم [ʕaːmm] im allgemeinen; على هذا الـ~ auf diese Weise; لـ~ الله um Gotteslohn; من كل الوجوه in jeder Hinsicht; ليس بـ~ من الوجوه in keiner Weise; لا ~ له من الصحة [-a, siħħa] es hat in keiner Weise Gültigkeit; مفتوح في ~ الجميع für alle offen

وجهة [widʒha, wudʒha], *pl.* [-aːt] Richtung *f*; Kurs *m e-s Schiffes*; Hinsicht *f*; ~ نظر [w. nɒðɒr] Standpunkt *m*, Gesichtspunkt *m*; ~ـه القاهرة er begibt sich nach Kairo

وجهي [wadʒhiː] Gesichts-

وجوب [wu'dʒuːb] Notwendigkeit *f*, Unerläßlichkeit *f*; ~ا [-an] *Adv.* obligatorisch

وجود [wu'dʒuːd] Vorhandensein *n*, Existenz *f*; Dasein *n*; Anwesenheit *f*, Präsenz *f*; Sichbefinden *n*, Aufenthalt *m*; عدم الـ~ [ʕadam al-w.] Nichtexistenz *f*; قليل الـ~ selten

وجودي [wu'dʒuːdiː] existentiell; existentialistisch; *pl.* [-uːn] Existentialist *m*

وجودية [wudʒuː'diːja] Existentialismus *m*

وجوم [wu'dʒuːm] Schweigen *n*, Sprachlosigkeit *f*; Niedergeschlagenheit *f*

وجيز [wa'dʒiːz] kurz; kurz zusammengefaßt, summarisch; kurz und bündig, knapp; بـ~ العبارة [-i l-ʕi-'baːra] kurz gesagt

وجيع [wa'dʒiːʕ] schmerzhaft, schmerzlich

وجيه [wa'dʒiːh], *pl.* وجهاء [wudʒa-'haːʔ] (2) angesehen, vornehm; Vornehme(r); stichhaltig, wohlbegründet; *pl.* die Prominenten *m/pl.*

وجيهة [wa'dʒiːha], *pl.* [-aːt] vornehme Dame

وحام [wi'ħaːm, wa'ħaːm] Schwangerschaftsgelüste n/*pl.*

[1]**وحد** **II** [waħħada] vereinigen, vereinen; einigen; vereinheitlichen; *Schulden* zusammenlegen, konsolidieren; ~ الله die Formel لا إله إلا الله aussprechen; sich zum Monotheismus bekennen; ~ الصفوف die Reihen schließen; **V** توحد [ta'waħ-ħada] sich vereinigen, sich zusammenschließen; vereinheitlicht werden; allein *od.* einsam sein *od.* leben; allein dastehen (ب mit *D*); allein tun (ب *A*); **VIII** اتحد [i'tta-ħada] sich vereinigen (ب mit *D*); *Chem.* sich verbinden; einig sein, übereinstimmen (في in *e-r Meinung*)

[2]**وحد** [waħda] (*nur mit Personalsuffixen*) allein; ~ه [waħdahuː] er allein; ~ك [waħdaka] du allein; لوحده [li-waħdihiː] für sich allein; er allein

وحدانا → واحد *u.* زرافة

وحداني [waħ'daːniː] einzeln, Einzel-; alleinig; einzig; alleinstehend; ~ طفل [tifl] Einzelkind *n*

وحدانية [waħdaː'niːja] Alleinsein *n*; Einzigkeit *f*; Einheit *f Gottes*

وحدة [waħda] Alleinsein *n*; Einssein *n*; *pl.* [waħa'daːt] *a. Mil.* Einheit *f*; Organisationseinheit *f*, Betriebseinheit *f*; *Techn.* Anlage *f*; ~ اقتصادية Wirtschaftsunion *f*; ~ حرارية Kalorie *f*; الشعور ~ Gefühlsgemeinschaft *f*; ~ صناعية [sinaː-'ʕiːja] Industrieanlage *f*; ~ واحدة (geschlossene) Einheit, Ganze(s)

وحدوي [waħdawiː] Einheits-; unionistisch; *pl.* [-uːn] Unionist *m*

وحدوية [waħda'wiːja] Streben *n* nach e-r (politischen) Einheit *od.* Union

[1]**(وحش)** **IV** أوحش [ʔauħaʃa] einsam machen, die Einsamkeit fühlen lassen; *Gegend*: öde, verlassen sein; **V** توحش [ta'waħħaʃa] wild, barbarisch sein *od.* werden; verwildern; verrohen; **X** استوحش [is'tauħaʃa] sich einsam fühlen, vereinsamt sein; Abneigung, Widerwillen empfinden (من gegen *A*)

[2]**وحش** [waħʃ] *Tier*: wild; *Gegend*: öde und verlassen; *pl.* وحوش [wu-'ħuːʃ] (wildes) Tier; Ungeheuer *n*, *a. fig.* Bestie *f*; ~ حمار [ħi'maːr w.] Wildesel *m*

وحشة [waħʃa] Einsamkeit *f*, Verlassenheit *f*, Trostlosigkeit *f*

وحشي [waħʃiː] barbarisch, roh, brutal, bestialisch; wild

وحشية [waħ'ʃiːja] Barbarei *f*, Roheit *f*, Brutalität *f*, Bestialität *f*; Wildheit *f*

وحف [waħf] üppig

[1]**وحل** [waħila (يوحل jauħalu)] im Schlamm *od.* Morast versinken *od.* steckenbleiben; **IV** أوحل [ʔauħala] *Äg.* in Schwierigkeiten bringen; verwickeln (في in *A*); **V** توحل [ta'waħħala] schlammig, morastig sein *od.* werden

[2]**وحل** [waħal, waħl], *pl.* أوحال [ʔau-'ħaːl] *u.* وحول [wu'ħuːl] Schlamm *m*, Morast *m*, (*Straßen-*)Kot *m*

[3]**وحل** [waħil] schlammig, morastig, kotig

وحلان [waħ'laːn] *Äg.* festsitzend, festgefahren; in der Klemme

[1]**وحم** [waħima (يحم jaħimu, يوحم jau-ħamu)] *Schwangere*: ein Gelüst haben (بـ auf *A*), verlangen (بـ nach *D*)

[2]وحم [waħam] Schwangerschaftsgelüst *n*; Gelüst *n*, Begierde *f*
وحمة [waħma] Muttermal *n*
وحوح [waħwaħa] erschauern
[1](**وحى**) **IV** أوحى [ʔauħaː] eingeben (إلى ب *j-m A*), inspirieren (إلى ب *j-n* zu *D*); *Gott*: offenbaren (إلى ب *j-m A*); suggerieren (إلى/ل ب *j-m A*), den Eindruck vermitteln *od.* erwecken (ب *G*, von *D*); einflößen (ب *Vertrauen*, *Widerwillen*); **X** استوحى [is'tauħaː] sich inspirieren lassen (هـ von *D*); sich leiten lassen (هـ von *D*)
[2]**وحي** [waħj] Eingebung *f*, Inspiration *f*; *Rel.* Offenbarung *f*
وحيد [wa'ħiːd], *pl.* [-uːn] einzig, alleinig; ـًا~ [-an] *Adv.* allein, einsam; ~ الخلية [w. al-xa'liːja], *pl.* وحيدات الخلية *Biol.* Einzeller *m*; ~ القرن Nashorn *n*; Einhorn *n* (*Fabeltier*)
وخامة [wa'xaːma] Unzuträglichkeit *f*, Unbekömmlichkeit *f*; Ungesundheit *f des Klimas*
[1]**وخز** [waxaza (يخز jaxizu)] stechen; *Gewissen*: quälen
[2]**وخز** [waxz] Stechen *n*; بالإبر الـ~ [bi-l-ʔibar] Akupunktur *f*; ~ الضمير Gewissensbisse *m/pl.*
وخزة [waxza] Stich *m*
وخط [waxatɒ (يخط jaxitu)] *Alter*: ergrauen lassen
وخم [waxuma (يوخم jauxumu)] *Speise*: unbekömmlich, unverdaulich sein; *Klima*: ungesund sein; — [waxima (يوخم jauxamu)] e-e Magenverstimmung haben; **VIII** اتخم [i'ttaxama] sich den Magen überladen
(**وخى**) **III** واخى [waːxaː] (*zu* أخو) sich verbrüdern (ه mit *j-m*); **V** توخى [ta'waxxaː] anstreben, im Sinn haben; bedacht sein (هـ auf *A*); *Ziel* verfolgen
وخيم [wa'xiːm] ungesund, unverdaulich; verhängnisvoll; ~ العاقبة mit schlimmen *od.* verhängnisvollen Folgen
[1]**ود** [wadda (يود jawaddu)] mögen, gern haben; wollen; نود أن wir möchten...; وددت لو كنت/كان [wa'didtu] ich wünschte *od.* wollte, ich/es wäre ...; **III** واد [waːdda] die Freundschaft j-s (ه) suchen, sich bemühen (ه um *j-n*); **V** تودد [ta'waddada] sich bemühen (إلى um *j-n*); den Hof machen (إلى/ها *e-r Frau*); sich anbiedern (إلى bei *j-m*), umschmeicheln (إلى *j-n*); **VI** تواد [ta'waːdda] miteinander befreundet sein
[2]**ود** [wudd, widd] Wunsch *m*, Begehren *n*; Zuneigung *f*, Freundschaft *f*, Sympathie *f*; بوده أن/لو er möchte (gern), er will
وداج [wi'daːdʒ] Hals(schlag)ader *f*
وداد [wi'daːd] Zuneigung *f*, Liebe *f*; Freundschaft *f*; *a. npr. f*
ودادية [widaː'diːja], *pl.* [-aːt] *Maghr.* Verein *m*
وداع [wa'daːʕ] Abschied *m*; ـًا~ [-an] *u.* الـ~ [-a] *Adv.* lebe wohl!; كان في ~ـه zu seiner Verabschiedung war erschienen
وداعة [wa'daːʕa] Sanftmut *f*, Milde *f*, Friedfertigkeit *f*
ودج [wadadʒ], *pl.* أوداج [ʔau'daːdʒ] Hals(schlag)ader *f*
[1]**ودع** [wadaʕa (يدع jadaʕu)] lassen; يدع محلا [ma'ħallan] Platz lassen; *Imp.* دع [daʕ] laß!; دعنا نذهب laß uns gehen!; دعني وشأني [wa-ʃaʔniː] laß mich in Ruhe!; دع عنك [ʕanka] *u.* دعك من laß...!; ganz zu schweigen von; لا يدع مجالا للشك [ma'dʒaːlan li-ʃ-ʃakk] keinen Zweifel zulassen; — [waduʕa (يودع jauduʕu)] sanftmütig, friedfertig sein; **II** [waddaʕa] Abschied nehmen (ه von *j-m*), verabschieden; **IV** أودع [ʔaudaʕa] hinterlegen, deponieren; *Geld bei e-r Bank* einlegen; anvertrauen, in Verwahrung geben (هـ ه *j-m A*); ~ـه السجن [-hu s-sidʒna] j-n ins Gefängnis werfen; **X** استودع [is'taudaʕa] anvertrauen, in Verwahrung geben (هـ ه *j-m A*); anbefehlen (الله ه *j-n Gottes Schutz*); speichern, aufbewahren; أستودعك الله [ʔastau'diʕuka] Gott befohlen!, lebe wohl!
[2]**ودع** [wadaʕ] *koll.* Muscheln *f/pl.*
ودعة [wadaʕa], *pl.* [-aːt] Muschel *f*
[1]**ودك** [wadak] Fett *n*; Fettheit *f*, Fettansatz *m*
[2]**ودك** [wadik] fett, feist
ودود [wa'duːd] freundlich, entgegenkommend, liebenswürdig; liebevoll
[1]**ودى** [wadaː (يدي jadiː)] das Blutgeld zahlen (ه für *e-n Getöteten*); **II** [waddaː] *umg. irgendwohin* geben, tun; *irgendwohin* bringen, führen, schicken; **IV** أودى [ʔaudaː] *Tod*: dahinraffen (ه *j-n*); zerstören, vernichten (ب *A*); untergraben (ب *Gesundheit*); umkommen, zugrunde gehen; ~ بحياته [bi-ħa'jaːtihiː] j-m den Tod bringen
[2]**ودي** [wuddi, widdiː] freundschaftlich, Freundschafts-; مباراة ~ـة [mubaː'raːt] *Sport*: Freundschaftsspiel *n*
وديان → [3]واد
وديع [wa'diːʕ] sanftmütig, mild, friedfertig; ~ كالحمل [ka-l-ħamal] lammfromm; *a. npr. m*
وديعة [wa'diːʕa], *pl.* ودائع [wa'daːʔiʕ] (2) hinterlegte Sache, anvertraute(s) Gut; Depositum *n*, Einlage *f*; ~ مصرفية [mɒsri'fiːja] Bankeinlage *f*; ~ نقدية Geldeinlage *f*, Bareinlage *f*
وديك [wa'diːk] fett, feist
وذر [waðara] (*nur Impf.* يذر [jaðaru] *u. Imp.* ذر [ðar] *gebräuchlich*) lassen
ورا [wara] *umg.* hinter; ~يا ~يا [wa'raːja] *Äg.* mir nach!
[1]**وراء** [wa'raːʔa] *Präp.* hinter; jenseits; إلى الـ~ nach hinten; من ~ [-i] + *G*: hinter; jenseits; durch, mittels; ما ~ الأردن [al-ʔur'dunn] Transjordanien; ما ~ البحار [al-bi'ħaːr] Übersee; ما ~ الطبيعة Metaphysik *f*; ~ ماذا was steckt hinter ...?; جرى ~ه j-m nachlaufen
[2]**وراء** [wa'raːʔu] *Adv.* hinten; من ~ von hinten
وراثة [wi'raːθa] Vererbung *f*; *Biol.* Erblichkeit *f*; علم الـ~ [ʕilm al-w.] Vererbungslehre *f*, Genetik *f*
وراثي [wi'raːθiː] erblich, Erb-; genetisch

وراق [wa'rraːq], *pl.* [-uːn] Papier- und Schreibwarenhändler *m*; *hist.* Schreiber *m*, Kopist *m*

وراقة [wi'raːqa] Schreibwarenhandel *m*

1**ورب** **II** [warraba] sich zweideutig ausdrücken; anspielen (عن auf *A*); **III** وارب [waːraba] *j-n* hintergehen; *Äg. Tür* anlehnen

2**ورب** [warb]: ~بالـ schräg, schief (*Adv.*)

1**ورث** [wariθa (يرث jariθu)] erben (هـ من/عن *A* von *j-m*); *j-n* beerben; **II** [warraθa] vererben (هـ ه *j-m A*); zum Erben einsetzen; **IV** أورث [ʔauraθa] vererben (هـ ه *j-m A*); verursachen (هـ ه *j-m A*); **VI** توارث [ta'waːraθa] (*von Generation zu Generation*) als Erbe weitergeben; ererben

2**ورث** [wirθ] Erbe *n*, Erbschaft *f*

ورثة → وارث

1**ورد** [warada (يرد jaridu)] eintreffen, ankommen; *Postsendung*: eingehen, einlaufen (على bei *j-m*); vorkommen, genannt werden, stehen (في in *e-m Text od. Buch*), aufgeführt sein, erscheinen (في in *D*); eintreten (على bei *D*), betreffen (على *A*); **II** [warrada] **1.** *Ware* liefern; einführen, importieren; **2.** *Baum*: blühen; *Wangen* rot färben; **IV** أورد [ʔaurada] gelangen lassen, bringen (إلى an *e-n Ort*); anführen, aufführen, angeben, zitieren; **V** تورد [ta'warrada] sich rot färben, *Wange*: glühen; leicht erröten; **VI** توارد [ta'waːrada] nacheinander eintreffen; *Nachrichten*: einlaufen, eingehen; *Gedanken*: sich einstellen (على خاطره bei *j-m*); *Fragen, Probleme*: einstürzen (على ذهنه [ðihnihiː] auf *j-n*); **X** استورد [is'tau-rada] einführen, importieren; beziehen (من aus *dem Ausland*)

2**ورد** [ward] *koll.*, *pl.* ورود [wu'ruːd] Rosen *f/pl.*; *Techn.* Unterlegscheiben *f/pl.*; بري ~ [barriː] Heckenrose *f*; → ورود

3**ورد** [wird] Wasserstelle *f*, Tränke *f*; Tiere *n/pl.* an e-r Tränke; *pl.* أوراد [ʔau'raːd] Koranabschnitt *m*, der zu bestimmten Zeiten gelesen *od.* gesprochen wird

وردان [war'daːn] (2): ~ بنت [bint w.], *pl.* ~ بنات *Zool.* Küchenschabe *f*

وردة [warda], *pl.* [-aːt] *u.* ورود [wu'ruːd] Rose *f*; Rosette *f*; *Techn.* Unterlegscheibe *f*; *Äg. a.* Dichtungsring *m*; دمشقية ~ [dimaʃ'qiːja], شامية ~ Damaszener-Rose *f*

وردي [wardiː] rosa, *a. fig.* rosig; الورديات *pl.* Rosengewächse *n/pl.*

وردية [war'diːja], *pl.* [-aːt] *Äg.*, *Syr.* (Arbeits-)Schicht *f*; *Chr.* Rosenkranz *m*; ليلية ~ [lai'liːja] Nachtschicht *f*

ورس [wars] Jemenitische Färberpflanze *f*

ورش [wariʃ] lebhaft; *Äg. Schlaf*: unruhig

ورشة [warʃa], *pl.* [-aːt] *u.* ورش [wiraʃ, wuraʃ] Werkstatt *f*; بناء ~ [w. bi'naːʔ] Baustelle *f*; تصليح السيارات ~ [w. tɒs'liːħi s-sajjaː'raːt] Kraftfahrzeugwerkstatt *f*

ورط **II** [warratɒ] *u.* (*selten*) **IV** أورط [ʔauratɒ] geraten lassen, bringen (في in *Schwierigkeiten*), verwickeln, verstricken (في in *A*); **V** تورط [ta'warratɒ] geraten (في in *Schwierigkeiten*), verwickelt werden, sich verstricken (في in *A*)

ورطة [wartɒ], *pl.* [wara'tɒːt] schwierige Lage, Verlegenheit *f*, Bedrängnis *f*, Klemme *f*; ~ وقع في in e-e Zwickmühle geraten

1**ورع** [wariʕa (يرع jariʕu)] *u.* [waraʕa (يرع jaraʕu)] fromm, gottesfürchtig sein; **V** تورع [ta'warraʕa] sich enthalten (عن *G*), zurückschrecken (عن vor *D*)

2**ورع** [waraʕ] Frömmigkeit *f*, Gottesfurcht *f*; (fromme) Scheu

3**ورع** [wariʕ] fromm, gottesfürchtig

ورف [warafa (يرف jarifu)] *Schatten*: länger werden; *Pflanze*: grün, üppig werden; **IV** أورف [ʔaurafa] *Schatten*: länger werden

1**ورق** **II** [warraqa] Blätter bekommen, sich belauben; *Wand* tapezieren; **IV** أورق [ʔauraqa] Blätter bekommen, sich belauben

2**ورق** [waraq] *koll.*, *pl.* أوراق [ʔau'raːq] Laub *n*, Blätter *n/pl. e-s Baumes*; Papier *n*; التواليت ~, المرحاض ~ [w. al-mir'ħɒːđ] Toilettenpapier *n*; الجدران ~ [w. al-ʤud'raːn], ~ الحائط Tapete *f*; دمغة ~ Stempelpapier *n*; رسم ~ Zeichenpapier *n*; صحي ~ [sɪħħiː] Zellstofftücher *n/pl.*; Toilettenpapier *n*; عنب ~ [w. ʕinab] *Kochkunst*: (*gefüllte*) Weinblätter *n/pl.*; اللعب ~ [w. al-laʕib] Spielkarten *f/pl.*; لف ~ Packpapier *n*; مقوى ~ [mu'qawwan] Karton *m*, Pappe *f*; ناعم ~ Seidenpapier *n*

ورقة [waraqa], *pl.* أوراق [ʔau'raːq] *u.* [-aːt] Blatt *n e-s Baumes od. Buches*; Blatt *n* Papier, Bogen *m*; Zettel *m*; Karte *f*; (*Telegramm-*) Formular *n*; أوراق *a.* Papiere *n/pl*, Dokumente *n/pl.*; أوراق الاعتماد *Dipl.* Beglaubigungsschreiben *n*; أوراق البنكنوت Banknoten *f/pl.*; أوراق تجارية [tiʤaː'riːja] *Fin.* Handelspapiere *n/pl.*; *im engeren Sinn bsd.* Wechsel u. Scheck; الاتهام ~ [w. al-itti'haːm] Anklageschrift *f*; رابحة ~ Trumpf *m*; عمل ~ [w. ʕamal] Arbeitspapier *n*; اللعب ~ [w. al-laʕib] Spielkarte *f*; مالية ~, *pl.* أوراق مالية Wertpapier *n*, *pl. a.* Effekten *pl.*; *pl.* (*selten*:) Banknoten *f/pl.*; نقد ~, *pl.* أوراق نقد, *u.* ~ نقدية, *pl.* أوراق نقدية Banknote *f*, Geldschein *m*; يانصيب ~ Lotterielos *n*; كشف أوراقه s-e Karten aufdecken

ورقي [waraqiː] Papier-; نقود ~ة Papiergeld *n*

ورك [wirk], *pl.* أوراك [ʔau'raːk] Hüfte *f*; *Anat.*, *Zool.* Oberschenkel *m*

ورل [waral], *pl.* ورلان [wir'laːn] *u.* أورال [ʔau'raːl] Waran *m* (*große Wüstenechse*)

1**ورم** [warima (يرم jarimu)] (an-) schwellen; **II** [warrama] e-e Schwellung hervorrufen; **V** تورم [ta'warrama] (an)schwellen

2**ورم** [waram], *pl.* أورام [ʔau'raːm] Geschwulst *f*, Tumor *m*; سرطاني ~ [sara'tɒːniː] Karzinom *n*; غدي ~ [ɣuddiː] Adenom *n*

ورنش [warnaʃa] lackieren; *Schuhe* eincremen

ورنيش [war'niːʃ] Firnis *m*; Lack *m*; Schuhcreme *f*; الأرضية ~ Bohnerwachs *n*

وروار [war'waːr] *Zool*. Bienenfresser *m*

ورود [wu'ruːd] Eintreffen *n*, Ankommen *n*; Eingang *m von Postsendungen*; Vorkommen *n in e-m Text*; → [2]ورد *u*. وردة

[1]**ورى** [waraː (يري jariː)] *u*. وري [warija (يري jariː)] *Feuerzeug*: zünden; **II** [warraː] Feuer schlagen; anspielen (عن auf *A*); verbergen, verheimlichen; *umg*., *bsd*. *Äg*. zeigen (ه هـ *j-m A*); **III** وارى [waːraː] verbergen, verheimlichen; واراه التراب [-hu t-tu'raːb(a)] j-n beerdigen *od*. beisetzen; **VI** توارى [ta'waːraː] sich verbergen, sich verstecken (عن vor *D*); entschwinden (عن *j-s Blicken*)

[2]**ورى** [waran]: الورى [al-waraː] die Menschen *m/pl*., die Sterblichen *m/pl*.; خير الـ~ der Prophet Mohammed

وريث [wa'riːθ], *pl*. ورثاء [wura'θaːʔ] (2) Erbe *m*

وريثة [wa'riːθa] Erbin *f*

وريد [wa'riːd], *pl*. أوردة [ʔaurida] Ader *f*, Vene *f*; حبل الـ~ Halsschlagader *f*; عن طريق الأوردة *Med*. intravenös; أدنى من حبل الـ~ [ʔadnaː] sehr nahe

وريدة [wu'raida], *pl*. [-aːt] Rosette *f*

وريقة [wu'raiqa], *pl*. [-aːt] Blättchen *n*

وز [wazz] *koll*. Gänse *f/pl*.

وزارة [wi'zaːra, wa'zaːra], *pl*. [-aːt] Ministerium *n*; Kabinett *n*; رئيس الـ~ Kabinettschef *m*, Ministerpräsident *m*

وزاري [wi'zaːriː] ministeriell, Ministerial-, Minister-; Kabinetts-; أزمة ~ة Kabinettskrise *f*

وزال [wa'zzaːl] Ginster *m*

[1]**وزان** [wa'zzaːn] Wiegemeister *m*

[2]**وزان** [wi'zaːn] *obs*. Entsprechung *f*; ~ [-a] *Präp*. entsprechend

[1]**وزر** [wazara (يزر jaziru)] *Last* auf sich nehmen, tragen; **III** وازر [waːzara] helfen (ه على *j-m* bei *D*), unterstützen; **V** توزر [ta'wazzara] Minister werden; **X** استوزر [is'tauzara] zum Minister ernennen

[2]**وزر** [wizr], *pl*. أوزار [ʔau'zaːr] Last *f*, Bürde *f*; Sünde *f*; حمل ~ه [-ahuː] die Verantwortung für etwas tragen; وضعت الحرب أوزارها der Krieg hat ein Ende genommen

وزراء → وزير

وزرة [wizra], *pl*. [wiza'raːt] Schurz *m*, Lendentuch *n*

وزع [wazaʕa (يزع jazaʕu)] zurückhalten, zügeln; **II** [wazzaʕa] verteilen (على auf *A*, بين unter *A*), aufteilen; austeilen (على an *A*); *Post* austragen; *Gewinne*, *Dividende* ausschütten; **V** توزع [ta'wazzaʕa] sich verteilen (على auf *A*), sich aufteilen; verteilt werden; *etwas* unter sich aufteilen; *Ängste*, *Sorgen*: befallen

[1]**وزن** [wazana (يزن jazinu)] abwiegen; *soundso viel* wiegen; *fig*. abwägen; **III** وازن [waːzana] das Gleichgewicht halten (هـ *e-r Sache*), aufwiegen; ausbalancieren (بين *zwei Dinge*), ausgleichen; abwägen (بين *mehrere Dinge gegeneinander*), vergleichen (بين ... و *etwas* mit *D*); **VI** توازن [ta'waːzana] im Gleichgewicht sein, sich die Waage halten, ausgewogen sein; **VIII** اتزن [i'ttazana] ausgewogen sein

[2]**وزن** [wazn] (Ab-)Wiegen *n*; *pl*. أوزان [ʔau'zaːn] *a*. *fig*. Gewicht *n*; Versmaß *n*, Metrum *n*; *Gr*. Form *f*, Formtyp *m*; إجمالي/قائم ~ Gesamtgewicht *n*, Bruttogewicht *n*; الثقيل ~ *Sport*: Schwergewicht *n*; الخفيف ~ *Sport*: Leichtgewicht *n*; خفيف الثقيل ~ *Sport*: Halbschwergewicht *n*; خفيف المتوسط ~ [w. xa'fiːfi l-muta'wassiṭ] *Sport*: Halbmittelgewicht *n*; خفيف الوسط ~ [w. xa'fiːfi l-wasɒṭ] Halbweltergewicht *n*; الديك ~ [w. ad-diːk] *Sport*: Bantamgewicht *n*; ذاتي ~ Eigengewicht *n*; الذبابة ~ [w. að-ðu'baːba] *Sport*: Fliegengewicht *n*; الريشة ~ [w. ar-riːʃa] *Sport*: Federgewicht *n*; زائد ~ Übergewicht *n*; صاف ~ [sɒːfin] Nettogewicht *n*; فارغ ~ Leergewicht *n*; الـ~ فوق الثقيل *Sport*: Superschwergewicht *n*; الـ~ المتوسط [al-muta'wassiṭ] *Sport*: Mittelgewicht *n*; ~ مثالي [mi'θaːliː] Idealgewicht *n*; ~ ناقص Untergewicht *n*; ~ نصف الثقيل [w. niṣfi θ-θa'qiːl] *Tun*. *Sport*: Halbschwergewicht *n*; ~ نوعي [nauʕiː] spezifische(s) Gewicht; انعدام الـ~ Schwerelosigkeit *f*; ~ه له etwas wiegt schwer *od*. ist bedeutsam; لا ~ له [-a] bedeutungslos; أقام ~ا ل [-an] *e-r Sache* Gewicht beimessen, auf *etwas* Wert legen

وزنة [wazna], *pl*. [waza'naːt] Gewicht *n*; *Ir*. *Gewichtseinheit von ca. 100 kg*

وزني [wazniː] Gewichts-

وزة [wazza] Gans *f*

(**وزى**) **III** وازى [waːzaː] gleichkommen, entsprechen (هـ *D*); parallel sein (هـ zu *D*); gegenüberstehen, gegenüberliegen (هـ *D*); **VI** توازى [ta'waːzaː] miteinander parallel laufen; parallel sein (مع zu *D*)

وزير [wa'ziːr], *pl*. وزراء [wuza'raːʔ] (2) Minister *m*; *hist*. Wesir *m*; *Schach*: Königin *f*; الـ~ الأول [al-ʔawwal] *Mar*., *Tun*. Premierminister *m*; ~ البلاط *Jord*. Hofminister *m*; ~ بلا وزارة [wi'zaːra] Minister *m* ohne Portefeuille; ~ الدولة [w. ad-daula] Staatsminister *m*; → مفوض

وزيرة [wa'ziːra], *pl*. [-aːt] Ministerin *f*

وزين [wa'ziːn]: ~ الرأي besonnen

وساخة [wa'saːxa] Schmutzigkeit *f*, Schmutz *m*

وسادة [wi'saːda], *pl*. وسائد [wa'saːʔid] (2) *u*. [-aːt] (Kopf-)Kissen *n*, Polster *n*

وساطة [wa'saːṭɒ, wi'saːṭɒ] Vermittlung *f*; Fürsprache *f*; بـ~ + *G*: mittels, durch; دور الـ~ [daur al-w.] Vermittlerrolle *f*

وسام [wi'saːm], *pl*. أوسمة [ʔausima] Orden *m*, Auszeichnung *f*; Medaille *f*; ~ الاستحقاق Verdienstorden *m*

وسامة [wa'saːma] Schönheit *f*, Anmut *f*, Lieblichkeit *f*

وسائط → وسيطة ,واسطة ,وسيط u. وسيطة

وسائل → وسيلة

[1]**وسخ II** [wassaxa] beschmutzen, verunreinigen; **V** توسخ [ta'wassaxa] *u.* **VIII** اتسخ [i'ttasaxa] schmutzig werden

[2]**وسخ** [wasax], *pl.* أوساخ [ʔau'saːx] Schmutz *m*, Verunreinigung *f*

[3]**وسخ** [wasix] schmutzig, unsauber

وسد II [wassada] *bsd. Kopf* betten, legen (ـه auf *A*); **V** توسد [ta'wassada] den Kopf legen *od.* stützen (ـه auf *A*)

[1]**وسط II** [wassaṭa] in die Mitte stellen *od.* setzen; j-n zum Vermittler machen (بين zwischen *D*); **V** توسط [ta'wassaṭa] in der Mitte liegen *od.* stehen (ها/هم von *D*), e-e Mittelstellung einnehmen; vermitteln (بين zwischen *D*)

[2]**وسط** [wasaṭ], *pl.* أوساط [ʔau'saːṭ] Mitte *f*; Zentrum *n* (*der Sadt, a. Pol.*); *Math.* Mittel *n*; Medium *n* (*e-s Hypnotiseurs, a. Phys.*); Milieu *n*; Taille *f*; mittlere(r); mittelmäßig; *pl.* Kreise *m/pl. der Gesellschaft*; ~ [wasṭa] *Präp. u.* ~ في [wasaṭi] + *G*: mitten in, inmitten; الأوساط الدبلوماسية diplomatische Kreise *m/pl.*; حسابي ~ [ħi'saːbiː] arithmetische(s) Mittel; الصيف ~ [w. ɒs-sɒif] Mittsommer *m*; ~ الملعب *Sport*: Mittelfeld *n*; ~ حل [ħall] Kompromiß *m*

وسطاني [was'ṭɒːniː] mittlere(r), in der Mitte befindlich

[1]**وسطى** [wusṭɒː] → أوسط

[2]**وسطي** [wasaṭiː] mittlere(r), Mittel-; durchschnittlich; zentristisch; Milieu-

وسطية [wasa'ṭiːja] mittlere Position, Mittelstellung *f*

[1]**وسع** [wasiʕa (يسع jasaʕu)] fassen, aufnehmen (ـه/هم *A*), Raum bieten (ـه/هم für *A*); groß genug sein (ـه/هم für *A*); möglich sein (ه *j-m*); لا يسعه أن er kann nicht; **II** [wassaʕa] erweitern, ausweiten, ausbauen; *Kleidungsstück* weiter machen; ausdehnen; verbreitern; großzügig sein (على gegen *j-n*); ~ المكان ل Platz machen für *j-n*; **IV** أوسع [ʔausaʕa] erweitern, weiter machen; in starkem Maße tun; überhäufen (ه ـه *j-n* mit *D*); ~ـه برا [birran] j-n sehr pietätvoll behandeln; j-m große Wohltaten erweisen; **V** توسع [ta'wassaʕa] sich erweitern, sich ausweiten; sich weiten, sich ausdehnen; erweitern, ausweiten, ausdehnen (في *A*); sich weitschweifig auslassen (في über *ein Thema*); **VIII** اتسع [i'ttasaʕa] sich erweitern, sich ausweiten; sich weiten, sich ausdehnen; groß *od.* weit genug sein, ausreichen (ل für *A*); Platz bieten (ل für *A*)

[2]**وسع** [wusʕ] Fähigkeit *f*, Vermögen *n*; في وسعه/بوسعه أن er ist in der Lage, *etwas zu tun*, er kann *etwas tun*; ليس في وسعه/بوسعه إلا أن [ʔillaː] er kann nicht umhin, *etwas zu tun*; بذل ~ـه [-ahuː] *u.* بذل ما في ~ـه alles in s-r Macht Stehende *od.* sein Möglichstes tun

وسعة [wusʕa] Weite *f*, Ausdehnung *f*; Fülle *f*

[1]**وسق** [wasaqa (يسق jasiqu)] *Schiff* beladen; **VIII** اتسق [i'ttasaqa] wohlgeordnet sein; im Einklang stehen, harmonieren (مع mit *D*)

[2]**وسق** [wasq] Beladen *n*; *pl.* أوساق [ʔau'saːq] *u.* وسوق [wu'suːq] Ladung *f*, Fracht *f*

وسكي [wiskiː] Whisky *m*

(**وسل**) **V** توسل [ta'wassala] anflehen, inständig bitten (إلى *j-n*); die Gunst *j-s* (إلى) suchen; sich bedienen (ب *e-r Sache*), als Mittel benutzen (ب *A*)

[1]**وسم** [wasama (يسم jasimu)] kennzeichnen; bezeichnen (ب als); brandmarken (ب als); *Vieh* mit e-m Brandzeichen versehen; **II** [wassama] *Tun.* auszeichnen (ه ب *j-n* mit *e-m Orden*); **V** توسم [ta'wassama] sorgfältig untersuchen *od.* prüfen; ~ فيه الخير [fiːhi l-xair(a)] Gutes *od.* Vielversprechendes in j-m erkennen; **VIII** اتسم [i'ttasama] gekennzeichnet *od.* charakterisiert sein, sich auszeichnen (ب durch *A*); gebrandmarkt sein

[2]**وسم** [wasm], *pl.* وسوم [wu'suːm] Brandmal *n*; Kennzeichen *n*, Marke *f*

[1]**وسن** [wasan] Schlummer *m*

[2]**وسن** [wasin] schläfrig, schlaftrunken

وسنان [was'naːn] (2), *f* وسنى [wasnaː] schläfrig, schlaftrunken

وسواس [was'waːs], *pl.* وساوس [wa'saːwis] (2) Einflüsterung *f*; Zwangsvorstellung *f*, fixe Idee; الـ~ der Satan

وسوس [waswasa] einflüstern (إلى/ل *j-m*); zuflüstern (إلى/ل *j-m*), flüstern; **V** توسوس [ta'waswasa] *Äg.* von Angstvorstellungen *od.* beunruhigenden Gedanken heimgesucht werden; *Äg.* Zweifel *od.* Argwohn haben

وسوسة [waswasa] Einflüsterung *f*, Versuchung *f*

(**وسى**) **III** واسى [waːsaː] Trost spenden (ه *j-m*); kondolieren (ه *j-m*, ب zum Tode *j-s*)

وسيط [wa'siːṭ] mittlere(r), Mittel-; *pl.* وسطاء [wusa'ṭɒːʔ] (2) Vermittler *m*; Mittelsmann *m*; Agent *m*, Makler *m*; Zwischenhändler *m*; *Okkultismus*: Medium *n*; *pl.* وسائط [wa'saːʔiṭ] (2) (= كيميائي ~ [kiːmi'jaːʔiː]) *Chem.* Katalysator *m*; العصر الـ~ das Mittelalter

وسيطة [wa'siːṭɒ], *pl.* وسائط [wa'saːʔiṭ] (2) Mittel *n*; النقل ~ Transportmittel *n*

وسيع [wa'siːʕ], *pl.* وساع [wi'saːʕ] weit, geräumig, ausgedehnt

وسيلة [wa'siːla], *pl.* وسائل [wa'saːʔil] (2) Mittel *n*; Hilfsmittel *n*; Medium *n der Information, des Unterrichts*; ضغط ~ Druckmittel *n*; وسائل الاتصال الجماهيري [w. al-itti'sɒːli l-dʒamaː'hiːriː] Massenmedien *n/pl.*; وسائل الإعلام (*sg.* ~ إعلامية) (Informations-, Massen-) Medien *n/pl.*; وسائل الإنتاج Produktionsmittel *n/pl.*; وسائل الإيضاح Anschauungsmaterial *n*; وسائل التعليم Lehrmittel *n/pl.*; المواصلات [w. al-muwaːsɒ'laːt] Verkehrsmittel *n/pl.*; وسائل النقل Transportmittel *n/pl.*

وسيم [wa'siːm], *pl.* وسام [wi'saːm] mit hübschem Gesicht; *Gesicht*: schön, hübsch

وشاح [wi'ʃaːħ], *pl.* أوشحة [ʔauʃiħa] Schärpe *f*; (Ordens-)Band *n*; Wehrgehänge *n*

وشاة → واش

وشاية [wi'ʃaːja], *pl.* [-aːt] Verleumdung *f*, Denunziation *f*

وشح **II** [waʃʃaħa] schmücken (ب mit *D*); **V** توشح [ta'waʃʃaħa] anlegen (ب *Gürtel, Schärpe*); überwerfen (ب *Kleidungsstück*); sich bekleiden (ب mit *D*); sich zulegen (ب *e-n Namen*); ~ بالسواد [bi-s-sa-'waːd] Trauerkleidung anlegen *od.* tragen

وشع **II** [waʃʃaʕa] *Baumwolle* aufwickeln

وشق [waʃaq] Luchs *m*

[1]**(وشك)** **IV** أوشك [ʔauʃaka] nahe daran sein, kurz davor sein, im Begriff sein (أن/على *etwas zu tun*); ~ على الانتهاء kurz vor der Fertigstellung stehen

[2]**وشك** [waʃk, wuʃk]: ~ على + *G u.* ~ على أن kurz vor, im Begriff zu; هو على ~ الافتتاح es steht kurz vor der Eröffnung

وشل [waʃal], *pl.* أوشال [ʔau'ʃaːl] tropfende(s) *od.* sickernde(s) Wasser; Tränen *f/pl.*

[1]**وشم** [waʃama (يشم jaʃimu)] *u.* **II** [waʃʃama] tätowieren

[2]**وشم** [waʃm], *pl.* وشوم [wu'ʃuːm] Tätowierung *f*

وشنة [wiʃna] *Äg.* Weichsel *f*

وشوش [waʃwaʃa] zuflüstern (ه *j-m*); **II** توشوش [ta'waʃwaʃa] flüstern

وشوشة [waʃwaʃa] Geflüster *n*

[1]**وشى** [waʃaː (يشي jaʃiː)] **1.** *Stoff* schmücken, verzieren, besticken; **2.** verraten, denunzieren, verleumden (ب إلى *j-n* bei *D*); **II** [waʃʃaː] *Stoff* (bunt) verzieren, besticken

[2]**وشي** [waʃj], *pl.* وشاء [wi'ʃaːʔ] (bunte) Verzierung *e-s Stoffes*; verzierte(r) *od.* bestickte(r) Stoff

وشيج [wa'ʃiːdʒ] eng (verbunden)

وشيجة [wa'ʃiːdʒa], *pl.* وشائج [wa'ʃaː-ʔidʒ] (2) *fig.* (enges) Band

وشيع [wa'ʃiːʕ] Hecke *f*

وشيعة [wa'ʃiːʕa], *pl.* وشائع [wa'ʃaːʔiʕ] (2) Spule *f*, Rolle *f*, Haspel *f*

وشيك [wa'ʃiːk] kurz bevorstehend, nahe; ~ الزوال [w. az-za'waːl] dem baldigen Untergang geweiht

وصال [wi'sɒːl] Vereinigung *f der Liebenden*

وصايا → وصية

وصاية [wi'sɒːja] Vormundschaft *f* (على für, über *A*); Treuhandschaft *f*; *Pol.* Mandat *n*; مجلس الـ~ [madʒlis al-w.] Treuhandschaftsrat *m der UNO*; Regentschaftsrat *m*

[1]**وصب** [wɒsiba (يوصب jausɒbu)] krank u. schwach sein

[2]**وصب** [wɒsɒb], *pl.* أوصاب [ʔau'sɒːb] Krankheit *f*, Entkräftung *f*, Schwäche *f*

(وصد) **IV** أوصد [ʔausɒda] *Tür* schließen; *Herz* verschließen

[1]**وصف** [wɒsɒfa (يصف jɒsifu)] beschreiben, schildern; bezeichnen (ب/بأنه als); *Arznei* verschreiben (ل *j-m*); *Pass.* لا يوصف [juːsɒf(u)] unbeschreiblich; **VIII** اتصف [i'ttɒ-sɒfa] gekennzeichnet, charakterisiert sein (ب durch *A*); besitzen (ب *Eigenschaft*); **X** استوصف [is-'tausɒfa] *Arzt* um Verschreibung e-s Medikaments bitten, *Arzt* konsultieren

[2]**وصف** [wɒsf] Beschreibung *f*, Schilderung *f*; *pl.* أوصاف [ʔau'sɒːf] Merkmal *n*, Eigenschaft *f*, Charakteristikum *n*, Charakter *m*; *pl. a.* (أوصاف شخصية =) Personalbeschreibung *f*; هو بوصفه وزيرا [wa-'ziːran] er als Minister; لا يمكن ـه~ [jumkinu -uhuː] *u.* يفوق الـ~ [ja'fuːqu l-wɒsf(a)] unbeschreiblich

وصفة [wɒsfa], *pl.* [wɒsɒ'faːt] ärztliche Verordnung, Rezept *n*; Kochrezept *n*

وصفي [wɒsfiː] beschreibend, deskriptiv; *Analyse*: qualitativ

وصفية [wɒs'fiːja] deskriptive Darstellungsweise

[1]**وصل** [wɒsɒla (يصل jɒsilu)] ankommen, eintreffen (ـه/إلى an *e-m Ort*); gelangen (ـه/إلى zu *D*), erreichen (ه/ـه/إلى *A*); bringen, führen (ب إلى *j-n* zu *D*); geben, schenken (ه ب *j-m A*); verbinden (ب ـه *od.* بين ... وبين *etwas* mit *D*); e-e Verbindung herstellen (بين ... وبين zwischen *D*); *Elektrogerät* anschließen; ـتني رسالة~ [ri'saː-la(tun)] ich habe e-n Brief erhalten; **II** [wɒssɒla] gelangen lassen, führen, bringen (إلى nach, zu *D*); *a. telefonisch* verbinden (ب mit *D*); *El.* leiten; *El.* anschließen; *El.* schalten; ـه~ إلى بيته [baitihiː] j-n nach Hause begleiten; **III** واصل [wɒːsɒla] fortsetzen, fortführen (ـه/في *A*); in engen Beziehungen stehen (ه mit *j-m*); geschlechtlich verkehren (ها mit *e-r Frau*); ~ الليل بالنهار [al-laila] Tag und Nacht arbeiten; **IV** أوصل [ʔausɒla] gelangen lassen, führen, bringen (إلى nach, zu *D*); übermitteln (إلى *j-m*); weiterleiten (إلى an *A*); **V** توصل [ta'wɒssɒla] gelangen (إلى zu *D*), erreichen (إلى *A*); *Mar.* erhalten (ب *A*); **VI** تواصل [ta'wɒːsɒla] (ununterbrochen) aufeinanderfolgen; miteinander in Verbindung *od.* Kontakt stehen; kommunizieren (مع mit *j-m*); **VIII** اتصل [i'ttɒsɒla] sich in Verbindung setzen, Kontakt aufnehmen (ب mit *j-m*); im Zusammenhang stehen, verbunden sein (ب mit *D*); angrenzen, sich anschließen (ب an *A*); zur Kenntnis gelangen (ب *j-m*)

[2]**وصل** [wɒsl] Verbindung *f*, Bindung *f*; *a. El.* Anschluß *m*; *pl.* وصول [wu'suːl] *u.* وصولات [wusuː'laːt] Quittung *f*, Empfangsschein *m*; حركة الـ~ [ħarakat al-w.] *Gr.* Verbindungsvokal *m*; ليلة الـ~ [lailat al-w.] die letzte Nacht des Mondmonats; همزة الـ~ → همزة; → وصول

[3]**وصل** [wusl], *pl.* أوصال [ʔau'sɒːl] (Körper-)Glied *n*

[1]**وصلة** [wɒsla] *Gr.* Wasla *n* (*das Zeichen* ء *über nicht ausgesprochenem Alif*)

[2]**وصلة** [wusla], *pl.* [-aːt] *u.* وصل [wu-sɒl] Verbindung *f*; *Techn.* Verbindungsstück *n*, Muffe *f*, Anschluß-

stück *n*, Zwischenstück *n*; *Techn.* Überlappungsverbindung *f*; Bindeglied *n*; Bindestrich *m*; *Ir.* Lappen *m*, Stoffetzen *m*

1 **وصم** [wɒsɒma (يصم jɒsɨmu)] brandmarken, anprangern (ب als); (= ~ بالعار) beflecken, entehren

2 **وصم** [wɒsm] Brandmarken *n*, Anprangern *n*

وصمة [wɒsma], *pl.* [wɒsɒ'maːt] (= ~ عار) Schandfleck *m*

وصوص [wɒswɒsɒ] verstohlen (durch ein Loch *od.* e-n Spalt) blicken

وصوصة [wɒswɒsɒ] verstohlene(r) Blick

وصول [wu'suːl] Ankunft *f*, Eintreffen *n*; Gelangen *n* (إلى zu *D*), Erreichen *n* (إلى *e-r Sache*); ~ًا إلى [-an] um etwas zu erreichen; bis (hin) zu; علم بالـ~ [ʕilm] Empfangsbestätigung *f*; مكان الـ~ Bestimmungsort *m*; → 2وصل

وصولي [wu'suːliː] karrieristisch; *pl.* [-uːn] Emporkömmling *m*, Parvenü *m*, Karrierist *m*

وصولية [wusuː'liːja] Karrierismus *m*

1 **وصى** **II** [wɒssɒː] *bsd. umg.* empfehlen (ب *A*, ب ه *j-m A*), anraten (ب ه *j-m A*); anbefehlen (ب ه *j-m j-n*), anvertrauen (على/ب ه *j-m j-n*); auftragen (ب ه *j-m A*); in Auftrag geben, bestellen (ب/على ه bei *j-m A*); (*selten*) testamentarisch verfügen (ب *A*); testamentarisch vermachen (ب ل *j-m A*); **IV** أوصى [ʔausɒː] empfehlen (ب *A*, ب ه *j-m A*), anraten (ه ب *j-m A*); anbefehlen (ب ه *j-m j-n*), anvertrauen (ب/على ه *j-m j-n*); auftragen (ب ه *j-m A*); in Auftrag geben, bestellen (ب/على ه bei *j-m A*); testamentarisch verfügen (ب *A*); testamentarisch vermachen (ب ل *j-m A*); **VI** تواصى [ta'wɒːsɒː] einander empfehlen (ب *A*); **X** استوصى [is'tausɒː]: ~ به خيرا [xairan] es mit ihm gut meinen

2 **وصي** [wɒ'sɨːj], *pl.* أوصياء [ʔausɨ'jaːʔ] (2) Vormund *m*; Treuhänder *m*; *Jur.* Verwalter *m*; ~ على التركة [at-tarika] Nachlaßverwalter *m*; ~ على العرش Regent *m*, Thronverweser *m*

وصيف [wɒ'sɨːf], *pl.* وصفاء [wusɒ'faːʔ] (2) Page *m*

وصيفة [wɒ'sɨːfa], *pl.* [-aːt] *u.* وصائف [wɒ'sɒːʔif] (2) Zofe *f*

وصيل [wɒ'sɨːl] unzertrennliche(r) Freund, Vertraute(r)

وصية [wɒ'sɨːja], *pl.* وصايا [wɒ'sɒːjaː] Testament *n*, Vermächtnis *n*; Auftrag *m*; *Rel.* Gebot *n*; الوصايا العشر die zehn Gebote *n/pl.*

وضأ → وضؤ

وضاء [wu'đđɒːʔ] strahlend, leuchtend

وضاءة [wɒ'đɒːʔa] Sauberkeit *f*; Strahlen *n*, Leuchten *n*

وضاعة [wɒ'đɒːʕa] Nichtswürdigkeit *f*, Niedrigkeit *f*

وضب II [wɒđđɒba] herrichten; *Ware* (abpacken u.) aufmachen; aufbereiten, vorbereiten

1 **وضح** [wɒđɒħa (يضح jɒđɨħu)] klar, deutlich sein *od.* werden; sichtbar werden; **II** [wɒđđɒħa] klarmachen, verdeutlichen, veranschaulichen, erläutern; يوضح ذلك أن [ʔanna] dies wird daraus deutlich *od.* erklärt sich daraus, daß; **IV** أوضح [ʔauđɒħa] erklären, erläutern, klarmachen, klarstellen, verdeutlichen; darlegen (ل *j-m*); **V** توضح [ta'wɒđđɒħa] klar, deutlich werden; **VIII** اتضح [i'ttɒđɒħa] klar, deutlich werden; sich herausstellen, sich zeigen; sich (klar) ergeben (من aus *D*); **X** استوضح [is'tauđɒħa] um Aufklärung bitten; sich Klarheit verschaffen (ه über *A*)

2 **وضح** [wɒđɒħ]: في ~ النهار am hellichten Tag

وضر [wɒđɒr], *pl.* أوضار [ʔau'đɒːr] Schmutz *m*, Schmiere *f*

1 **وضع** [wɒđɒʕa (يضع jɒđɒʕu)] setzen, stellen, legen; hinstellen, hinlegen; *Gegenstand* niederlegen; stecken (في in *A*); *Hut* aufsetzen; *a. Theorie* aufstellen; anbringen (في an *D*); gebären, zur Welt bringen; schaffen; *Buch* verfassen; *Wort* prägen; *Plan* ausarbeiten, konzipieren; herabsetzen (من *j-n*); ~ الأساس das Fundament legen; ~ أمام الأعين [al-ʔaʕjun] vor Augen führen; ~ الأولويات [al-ʔaulawiː'jaːt] Prioritäten setzen; ~ بيضا [baiđɒn] Eier legen; ~ه تحت تصرفه [tasɒ'rrufihiː] j-m etwas zur Verfügung stellen; ~ ثقته في [θiqatahuː] sein Vertrauen in *od.* auf *etwas* setzen; ~ه جانبا [dʒaːniban] etwas beiseite legen; ~ حدا ل [ħaddan] *e-r Sache* ein Ende setzen, *e-r Sache* Einhalt gebieten; ~ه على حدة [ħida] etwas absondern; ~ه فوق الاعتبارات الأخرى [al-iʕtibaː'raːti l-ʔuxraː] etwas über alle anderen Erwägungen stellen; ~ في حسابه [ħi'saːbihiː] in Rechnung stellen, einkalkulieren; ~ه موضعه [mau'đɨʕahuː] etwas an die Stelle e-r Sache setzen; ~ه موضع التنفيذ etwas in die Tat umsetzen; ~ يده على [jadahuː] *etwas* in Besitz nehmen, von *etwas* Besitz ergreifen; *etwas* erfassen *od.* erkennen; — [wɒđuʕa (يوضع jauđuʕu)] niedrig, gering sein; **VI** تواضع [ta'wɒːđɒʕa] bescheiden sein, sich bescheiden geben; übereinkommen (على über *A*); **VIII** اتضع [i'ttɒđɒʕa] sich bescheiden geben, demütig sein

2 **وضع** [wɒđʕ] Setzen *n*, (Hin-)Stellen *n*, (Hin-)Legen *n*; Niederlegen *n*; Aufstellung *f a. e-r Theorie*; Anbringung *f*; Gebären *n*; Schaffung *f*; Abfassung *f e-s Buches*, Anfertigung *f e-s Schriftstücks*; Prägung *f e-s Wortes*; Ausarbeitung *f*, Konzipierung *f e-s Plans*; *pl.* أوضاع [ʔau'đɒːʕ] Lage *f*, Situation *f*; Position *f*; Status *m*; Haltung *f*, Stellung *f*, Pose *f*; *pl. a.* Verhältnisse *n/pl.*, Umstände *m/pl.*, Gegebenheiten *f/pl.*, Zustände *m/pl.*; ~ اجتماعي soziale(r) Status; (هو) ليس في ~ يمكنه من [juma'kkinuhuː] er ist nicht in der Lage zu

وضعة [wɨđʕa, wɒđʕa] Stellung *f*, Position *f*, Pose *f*

وضعي [wɒđʕiː] auf die Lage *od.* Position bezüglich; *Phil.*, *Jur.* positiv; positivistisch; vom Menschen geschaffen; قيمة ـة ~ [qiːma] *Math.* Stellenwert *m*

وضعية [wɒđ'ʕiːja], *pl.* [-aːt] Lage *f*, Situation *f*; *Phil.* Positivismus *m*; عائلية ~ Familienstand *m*

وضم [wɒđɒm], *pl.* أوضام [ʔau'đɒːm] Fleischbank *f*, Hackbank *f*

وضؤ [wɒđuʔa (يوضؤ jauđuʔu)] sauber sein; leuchten; **II** وضأ [wɒđđɒʔa] (rituell) waschen; **V** توضأ [ta'wɒđđɒʔa] die rituelle Waschung vornehmen

¹**وضوء** [wɒ'đuːʔ] Wasser *n* für die rituelle Waschung

²**وضوء** [wu'đuːʔ] rituelle Waschung *vor dem Gebet*

وضوح [wu'đuːħ] Klarheit *f*, Deutlichkeit *f*; Augenscheinlichkeit *f*; Lesbarkeit *f*; بـ~ klar, deutlich (*Adv.*)

وضيء [wɒ'điːʔ], *pl.* وضاء [wi'đɒːʔ] rein, sauber; strahlend, leuchtend

وضيحي [wɒ'ðiːhiː] Oryxantilope *f*

وضيع [wɒ'điːʕ], *pl.* وضعاء [wuđɒ'ʕaːʔ] (2) niedrig, gemein, minderwertig, nichtswürdig; niederträchtig

وضيعة [wɒ'điːʕa], *pl.* وضائع [wɒ'đɒːʔiʕ] (2) Steuer *f*; *Isl.* Weiterverkauf *m* mit Verlust; *obs.* Depositum *n*

وطء [wɒŧʔ] Niederung *f*, Senke *f*; Beischlaf *m*

وطأ → ²وطئ

وطاء [wɒ'ŧɒːʔ] Niederung *f*, Senke *f*

وطأة [wɒŧʔa] Druck *m*, Schwere *f*; ~ تحت + *G*: unter dem Druck (*G*); شديد الـ~ schwer, hart, heftig, schlimm

وطب [wɒŧb], *pl.* وطاب [wi'ŧɒːb] *u.* أوطاب [ʔau'ŧɒːb] lederne(r) Milchschlauch

وطد **II** [wɒŧŧɒda] festigen, stärken; أقدامه ~ festen Fuß fassen (في in *D*, an *e-m Ort*), sich etablieren; ~ العزم على den festen Entschluß zu *etwas* fassen; **V** توطد [ta'wɒŧŧɒda] sich festigen; festen Fuß fassen (في in *D*, an *e-m Ort*)

وطر [wɒŧɒr], *pl.* أوطار [ʔau'ŧɒːr] Ziel *n*, Absicht *f*; قضى منه ـه~ [qɒđɒː, -ahuː] bei j-m sein Ziel *od.* s-e Absicht erreichen

¹**وطن** **II** [wɒŧŧɒna] sich niederlassen (هـ an *e-m Ort*), als Wohnort wählen; ansiedeln, heimisch machen; ~ نفسه على sich innerlich auf *etwas* vorbereiten *od.* einstellen; sich an *etwas* gewöhnen; **V** توطن [ta'wɒŧŧɒna] sich niederlassen, ansässig werden (هـ/بـ an *e-m Ort*); ~ـت وطن نفسه على [nafsuhuː] = نفسه على; **X** استوطن [is'tauŧɒna] sich ansiedeln (هـ in *D*, an *e-m Ort*), *Land* besiedeln; heimisch werden (هـ in *D*)

²**وطن** [wɒŧɒn], *pl.* أوطان [ʔau'ŧɒːn] Heimat *f*, Heimatland *n*, Vaterland *n*; الـ~ الأم [al-ʔumm] Vaterland *n*, Mutterland *n*; الـ~ العربي [al-ʕarabiː] die arabische Welt, der arabische Raum; ~ قومي [qaumiː] *hist.* Nationalheimstätte *f der Juden*; حب الـ~ [ħubb al-w.] Heimatliebe *f*; Patriotismus *m*

وطني [wɒŧɒniː] national; einheimisch; nationalistisch; patriotisch; *pl.* [-uːn] Nationalist *m*; Patriot *m*; Einheimische(r); ~ شعور Nationalgefühl *n*; ـة~ عملة [ʕumla] Landeswährung *f*; ~ نشيد Nationalhymne *f*

وطنية [wɒŧɒ'niːja] Nationalismus *m*; Patriotismus *m*

وطواط [wɒŧ'wɒːŧ], *pl.* وطاويط [wɒŧɒː'wiːŧ] (2) Fledermaus *f*

¹**وطى** **II** [wɒŧŧɒː] niedriger machen; *Stimme* senken

²**وطئ** [wɒŧiʔa (يطأ jɒŧɒʔu)] treten (هـ auf *A*); den Fuß setzen (هـ auf *A*), betreten; beiwohnen (ها *e-r Frau*); **II** وطأ [wɒŧŧɒʔa] *Weg* ebnen, bahnen; herrichten; den Weg bereiten (ل für *A*), anbahnen, vorbereiten (ل *A*); niedriger machen; *Stimme* senken; **III** واطأ [wɒːŧɒʔa] verabreden (على ه mit *j-m A*); heimlich abmachen (على ه mit *j-m A*); **IV** أوطأ [ʔauŧɒʔa] betreten lassen; **VI** تواطأ [ta'wɒːŧɒʔa] miteinander verabreden (على *A*), Hand in Hand arbeiten; e-e (heimliche) Abmachung treffen (مع mit *j-m*)

وطيء [wɒ'ŧiːʔ] niedrig, tief

وطيد [wɒ'ŧiːd] fest, stabil; *Glaube*: unerschütterlich; الأمل ~ [w. al-ʔamal] die feste Hoffnung habend (بـ auf *A*)

وطيس [wɒ'ŧiːs] Hitze *f des Kampfes*; حمي الـ~ [ħamija] es wurde erbittert *od.* heftig gekämpft

وظائفي [wɒ'ðɒːʔifiː] funktional, funktionell, Funktions-

وظائفية [wɒðɒːʔi'fiːja] Funktionalismus *m*

(**وظب**) **III** واظب [wɒːðɒba] fleißig sein (على bei *D*), sich mit Eifer *od.* Beharrlichkeit widmen (على *e-r Sache*)

وظف **II** [wɒððɒfa] *j-n* einstellen, anstellen; *Geld* anlegen, investieren; *Tun.* *Gebühr*, *Steuer* erheben (على auf *A*); **V** توظف [ta'wɒððɒfa] eingestellt, angestellt werden; e-n Posten übernehmen, Beamter werden; *Geld*: angelegt werden

وظيف [wɒ'ðiːf] *Mar.*, *Alg.* Stelle *f*, Posten *m*; Dienst *m*; الـ~ العمومي *Alg.* der öffentliche Dienst

وظيفة [wɒ'ðiːfa], *pl.* وظائف [wɒ'ðɒːʔif] (2) Stelle *f*, Posten *m*, Amt *n*; Dienst *m*; Aufgabe *f*; *a. Biol.*, *Med.* Funktion *f*; ~ خالية [xaːlija], ~ شاغرة freie Stelle; ~ عامة [ʕaːmma] Stelle *f* im öffentlichen Dienst, Beamtenstelle *f*; الـ~ العمومية *Tun.* der öffentliche Dienst; علم وظائف الأعضاء [ʕilm w.] Physiologie *f*

وظيفي [wɒ'ðiːfiː] funktional, funktionell, Funktions-

وظيفية [wɒðiː'fiːja] Funktionalismus *m*

وعاء [wi'ʕaːʔ], *pl.* أوعية [ʔauʕija] Behälter *m*; *a. Anat.* Gefäß *n*; *pl. a.* (*bsd. Äg.*) Formen *f/pl.*, Möglichkeiten *f/pl. der Geldanlage*; ~ دموي [damawiː] Blutgefäß *n*; ~ الضريبة Steuerbemessungsgrundlage *f*; Steuergegenstand *m*

وعاظ → واعظ

(**وعب**) **X** استوعب [is'tauʕaba] (in sich) aufnehmen, fassen; begreifen, erfassen; beherrschen

¹**وعث** [waʕθ], *pl.* وعوث [wu'ʕuːθ] schwer begehbare(r) Weg

²**وعث** [waʕiθ] *Weg*: schwer begehbar, schwierig

وعثاء [waʕ'θaːʔ] (2) Mühsal *f*, Ungemach *n*

[1]**وعد** [waʕada (يعد jaʕidu)] versprechen (ب/ه ه *j-m A*); androhen (ه ب *j-m A*); **III** واعد [waːʕada] sich verabreden (ه mit *j-m*); **IV** أوعد [ʔauʕada] androhen (ه ب *j-m A*); **V** توعد [ta'waʕʕada] drohen (ه *j-m*), bedrohen; **VI** تواعد [ta'waːʕada] sich verabreden; vereinbaren (ه *e-n Zeitpunkt*, مع mit *j-m*)

[2]**وعد** [waʕd], *pl.* وعود [wu'ʕuːd] Versprechen *n*, Zusage *f*; بذل وعودا [-an] Versprechungen machen

[1]**وعر** [waʕara (يعر jaʕiru)], [waʕira (يوعر jauʕaru)] *u.* [waʕura (jaʕuru)] *Gelände*: schwierig, unwegsam sein

[2]**وعر** [waʕr] *Gelände*: unwegsam, schwer zugänglich, zerklüftet; *fig. Weg*: steinig, schwierig

(وعز) **IV** أوعز [ʔauʕaza] zu verstehen geben (ب إلى *j-m A*), (*durch e-n Wink*) hinweisen (ب إلى *j-n* auf *A*); anregen (ب إلى *j-n* zu *D*), empfehlen (ب إلى *j-m A*); anweisen (ب إلى *j-n etwas zu tun*)

[1]**وعظ** [waʕaðɒ (يعظ jaʕiðu)] ermahnen; predigen; **VIII** اتعظ [i'ttaʕaðɒ] sich zu Herzen nehmen (ب *e-e Ermahnung*, *e-n Rat*), sich zur Warnung dienen lassen (ب *A*), e-e Lehre ziehen (ب aus *D*)

[2]**وعظ** [waʕð] Ermahnung *f*; Predigt *f*

وعظي [waʕðiː] Mahn-; خطبة ~ة [xutba] Mahnrede *f*

وعك [waʕaka (يعك jaʕiku)] entkräften, erschöpfen; drückend, schwül sein; **V** توعك [ta'waʕʕaka] unwohl, unpäßlich sein

وعكة [waʕka] Unwohlsein *n*, Unpäßlichkeit *f*; الحر ~ [w. al-ħarr] drückende Hitze, Schwüle *f*

وعل [waʕil, waʕl], *pl.* وعول [wu'ʕuːl] *u.* أوعال [ʔau'ʕaːl] Steinbock *m*

وعلة [waʕila, waʕla], *pl.* وعال [wi'ʕaːl] *u.* [-aːt] Steingeiß *f*

وعورة [wu'ʕuːra] Unwegsamkeit *f*, Zerklüftetheit *f*; Schwierigkeit *f* (*des Geländes*, *a. fig.*)

وعوع [waʕwaʕa] *Schakal*, *Hund*: heulen

[1]**وعى** [waʕaː (يعي jaʕiː)] sich bewußt sein *od.* werden (ه *e-r Sache*), erfassen, begreifen; sich besinnen können (ه auf *A*), im Gedächtnis behalten; شيء تعيه ذاكرته etwas, woran er sich erinnern kann; **II** [waʕʕaː] bewußt machen (ه ب *j-m A*); aufklären (ب über *A*); **IV** أوعى [ʔauʕaː] in e-n Behälter tun; bewahren, behalten

[2]**وعي** [waʕj] *a. fig.* Bewußtsein *n* (*a.* ب *e-r Sache*); Wissen *n* (ب um *A*); قومي ~ [qaumiː] Nationalbewußtsein *n*; عن ~ bewußt (*Adv.*); عن غير ~ unbewußt (*Adv.*); فقد ~ه [-ahuː] das Bewußtsein verlieren; هو على ~ من er ist sich *e-r Sache* bewußt

وعيد [wa'ʕiːd] Drohung *f*

وغد [waɣd], *pl.* أوغاد [ʔau'ɣaːd] Schuft *m*

وغر [waɣara (يغر jaɣiru)] *u.* [waɣira (يوغر jauɣaru)]: صدره ~ [sɒdruhuː] zornig, wutentbrannt sein; zürnen, grollen (على *j-m*); **IV** أوغر [ʔauɣara]: صدره ~ [sɒdrahuː] j-n aufbringen (على gegen *j-n*); **V** توغر [ta'waɣɣara] zornig, wutentbrannt sein

[1]**وغل** [waɣala (يغل jaɣilu)] uneingeladen kommen (على zu *j-m*); tief eindringen (في in *A*); **IV** أوغل [ʔauɣala] tief eindringen (في in *A*); hineinziehen, hineindrängen (في in *A*); في الرذيلة ~ dem Laster verfallen sein; في السير ~ [fi s-sair] schnell gehen; **V** توغل [ta'waɣɣala] tief eindringen (في in *A*)

[2]**وغل** [waɣl] Eindringling *m*, Schmarotzer *m*

وغى [waɣan] Kampf *m*; Tumult *m*, Lärm *m*

وفاء [wa'faːʔ] Erfüllung *f* (ب *e-r Verpflichtung*), Einhaltung *f* (ب *e-s Versprechens*, *e-s Termins*); Bezahlung *f*, Begleichung *f* (ب *od. G*: *e-r Schuld*); Treue *f*, Loyalität *f*; Gewissenhaftigkeit *f*; ~ل [-an] in Erfüllung (*G*); als Ausgleich für; zur Bezahlung von; قادر على الـ~ *Hdl.* zahlungsfähig; يوم ~ النيل [jaum w.] *Äg.* das Fest der Nilüberschwemmung

وفادة [wi'faːda] Ankunft *f*; أحسن ~ه [ʔaħsana -tahuː] j-n freundlich empfangen *od.* aufnehmen

وفاق [wi'faːq] Übereinstimmung *f*, Harmonie *f*, Eintracht *f*; *Pol.* Entspannung *f*, Ausgleich *m*, Aussöhnung *f*

وفاة [wa'faːt], *pl.* وفيات [wafa'jaːt] Tod *m*, Todesfall *m*; عدد الوفيات [ʕadad al-w.] Sterblichkeit *f*; معدل الوفيات [mu'ʕaddal al-w.] Sterblichkeitsrate *f*

[1]**وفد** [wafada (يفد jafidu)] ankommen (إلى/على in *e-r Stadt*, bei *j-m*), neu eintreffen; aufsuchen (على *A*); **IV** أوفد [ʔaufada] entsenden, abordnen, delegieren; als Emissär senden (إلى zu *j-m*); **VI** توافد [ta'waːfada] (*in Scharen*) strömen (على zu, nach *D*); zusammen ankommen, zusammenströmen (على an *e-m Ort*)

[2]**وفد** [wafd], *pl.* وفود [wu'fuːd] Abordnung *f*, Delegation *f*, Deputation *f*; الـ~ *Äg. hist.* die Wafd-Partei; ~ اقتصادي Wirtschaftsdelegation *f*; → وفود

وفدي [wafdiː] *Äg. hist.* Wafd-; Mitglied *n od.* Anhänger *m* der Wafd-Partei

[1]**وفر** [wafara (يفر jafiru)] *u.* [wafura (يوفر jaufuru)] reichlich vorhanden sein; **II** [waffara] vorhanden sein lassen, schaffen; bereitstellen, zur Verfügung stellen; verschaffen (ل ه *j-m A*); *Möglichkeit* bieten; *Beweise* liefern; sichern, sicherstellen, gewährleisten; *Bedingungen*, *Voraussetzungen* erfüllen; sparen; einsparen; ersparen (على ه *j-m A*); **V** توفر [ta'waffara] (reichlich *od.* in Fülle) vorhanden sein; zur Verfügung stehen; gesichert, gewährleistet sein; *Bedingung*: erfüllt sein *od.* werden; sich (intensiv) widmen (على *e-r Tätigkeit*), keine Mühe sparen (على bei *D*); *Maghr.* verfügen (على über *A*); من تتوفر فيه الخبرة [man, fihiː l-xibra] wer über die (erforderliche) Erfahrung verfügt; **VI** توافر [ta'waːfara] (reichlich *od.* in Fülle) vorhanden sein; sich (intensiv) widmen (على

e-r *Tätigkeit*); تتوافر فيه الشروط er erfüllt die Bedingungen

[2]**وفر** [wafr] Fülle *f*, große Menge; *pl.* وفورات [wufuːˈraːt] *u.* (*selten*) وفور Ersparung *f*, Ersparnis *f*; Überschuß *m*; *Ir.* Schnee *m*

وفرة [wafra] Fülle *f*, große Menge, Überfluß *m*; reichliche(s) Vorhandensein

وفز [wafz, wafaz] Eile *f*, Bereitschaft *f*; هو على ~ er ist auf dem Sprung

وفضة [wafđɒ], *pl.* وفاض [wiˈfɒːđ] Lederbeutel *m*, Tasche *f*; خالي/خاوي الوفاض mit leeren Händen

[1]**وفق** **II** [waffaqa] in Übereinstimmung *od.* Einklang bringen (مع mit *D*, بين ... وبين *mehrere Dinge*); anpassen (مع an *A*), abstimmen (مع auf *A*); versöhnen (بين *Streitende*); *Gott*: Erfolg verleihen (ه *j-m*), gelingen lassen (ه إلى *j-m A*); *Pass.* [wuffiqa] Erfolg haben (إلى/ل bei *D*); **III** وافق [waːfaqa] zustimmen (ه *j-m*, على *e-r Sache*), beipflichten (ه *j-m*), einverstanden sein (علىmit *D*); genehmigen, billigen, bewilligen (على *A*); *Parlament*: ratifizieren (على *A*); übereinstimmen (ه في/على mit *j-m* in *D*, ـه mit *e-r Sache*); *Kleid*: passen, stehen (ه *j-m*); fallen (ـه auf *ein Datum*), entsprechen (ـه *dem Datum e-r anderen Zeitrechnung*); zusagen (ه *j-m*); **V** توفق [taˈwaffaqa] erfolgreich sein, Erfolg haben; **VI** توافق [taˈwaːfaqa] übereinstimmen (مع mit *D*); sich anpassen (مع an *A*); **VIII** اتفق [iˈttafaqa] vereinbaren, verabreden (على *A*), übereinkommen, sich einigen (على über *A*, مع mit *j-m*); übereinstimmen, in Einklang stehen (مع/و mit *D*), entsprechen (مع/و *D*); geschehen, vorkommen, passieren, sich ereignen, sich treffen (أن daß); كيفما ~ [kaifamaː] ganz gleich wie, wie es gerade kommt

[2]**وفق** [wafqa] *u.* ~ًا ل [wafqan] gemäß, entsprechend, in Übereinstimmung mit

وفود [wuˈfuːd] Ankunft *f*, Eintreffen *n*; → [2]وفد

[1]**وفى** [wafaː (يفي jafiː)] halten, einhalten (ب *Wort*, *Versprechen*); erfüllen (ب *Verpflichtung*, *Bedingung*); nachkommen, entsprechen (ب *e-r Forderung*, *e-m Bedarf*); *Schuld* bezahlen, begleichen; treu bleiben (ب *e-m Wort*); treu sein (ل *j-m*); aufwiegen (ب *A*); **II** [waffaː] in vollem Maße geben (ه ـه *j-m A*); وفاه حقه [ħaqqahuː] j-m das geben, was ihm zusteht; **III** وافى [waːfaː] übermitteln, bringen (ه ب *j-m A*); informieren (ه ب *j-n* über *A*); kommen (ه zu *j-m*), sich einstellen (ه bei *j-m*); وافاه الأجل [-hu l-ʔadʒal] *u.* وافته المنية [waːˈfathu l-maˈniːja] er verschied; **IV** أوفى [ʔaufaː] in vollem Maße geben (ه ـه *j-m A*); erfüllen (ب/ـه *A*); bezahlen, begleichen (ـه/ب *Schuld*); (voll) einzahlen (ب *A*); überschreiten (على *e-e Zahl*), hinausgehen (على über *A*); أوفاه حقه [ħaqqahuː] j-m das geben, was ihm zusteht; e-r Sache gerecht werden; على ~ الانتهاء sich dem Ende zuneigen; **V** توفى [taˈwaffaː] *Gott*: zu sich nehmen; *Pass.* توفي [tuˈwuffija] sterben; توفاه الله Gott hat ihn abberufen; توفي عن ٨٠ سنة er starb im Alter von 80 Jahren; **X** استوفى [isˈtaufaː] (voll) erhalten; *Gebühren* erheben; *Bedingungen* erfüllen; (vollständig) durchführen; *Thema* erschöpfend behandeln; *bsd. Äg. Formular* ausfüllen; (voll) bezahlen; حقه ~ [ħaqqahuː] das bekommen, was einem zusteht

[2]**وفي** [waˈfiːj], *pl.* أوفياء [ʔaufiˈjaːʔ] (2) treu (ل *D*)

وفيات → وفاة

وفير [waˈfiːr] reichlich vorhanden

وقاء [waˈqaːʔ, wiˈqaːʔ] Schutz *m*; Verhütung *f*

وقاحة [waˈqaːħa] Frechheit *f*, Unverschämtheit *f*

وقاد [waˈqqaːd] brennend, lodernd; *Stern*: strahlend; *Geist*: sprühend; *pl.* [-uːn] Heizer *m*

وقار [waˈqaːr] Würde *f*, würdevolle(s) Wesen

[1]**وقاع** [waˈqqaːʕ], *pl.* [-uːn] Aufhetzer *m*

[2]**وقاع** [wiˈqaːʕ] Geschlechtsverkehr *m*

وقائع → واقعة *u.* وقيعة

وقاية [wiˈqaːja] Schutz *m*; Vorbeugung *f*, *Med.* Prophylaxe *f*; التربة ~ [w. at-turba] Bodenschutz *m*, Bodenerhaltung *f*; الـ~ خير من العلاج [xairun min al-ʕiˈlaːdʒ] *Spr.* Vorbeugen ist besser als Heilen

وقائي [wiˈqaːʔiː] schützend, Schutz-; vorbeugend, präventiv; *Med.* prophylaktisch; سياقة ~ـة [siˈjaːqa] vorsichtige(s) *od.* defensive(s) Fahren; طب ~ [tˤibb] vorbeugende Medizin, Prophylaxe *f*

وقب [waqb], *pl.* وقوب [wuˈquːb], أوقاب [ʔauˈqaːb] *u.* وقاب [wiˈqaːb] Höhlung *f*; العين ~ [w. al-ʕain] Augenhöhle *f*

[1]**وقت** **II** [waqqata] zeitlich festlegen *od.* bestimmen; *Sport*: die Zeit nehmen (ـه bei *e-m Wettbewerb*); den richtigen Zeitpunkt wählen (ـه für *A*)

[2]**وقت** [waqt], *pl.* أوقات [ʔauˈqaːt] Zeit *f*, Zeitpunkt *m*; ~ [-a] *Präp.* zur Zeit *od.* zum Zeitpunkt von; ~ـه [-ahuː] zu seiner Zeit; إلى ~ قريب bis vor kurzem; في ~ـه zu seiner Zeit; zur rechten Zeit; في غير ~ـه zur Unzeit; في ~ـنا هذا heute, heutzutage; في الـ~ الذي zu e-r Zeit, da …, während; في ~ لاحق später, demnächst; في ~ لاحق هذا اليوم [al-jaum(a)] noch heute; في نفس الـ~ *u.* في الـ~ نفسه zur gleichen Zeit, gleichzeitig; في ~ واحد gleichzeitig; لوقته sofort; مع الـ~ mit der Zeit; من ~ لآخر [li-ʔaːxar(a)] von Zeit zu Zeit; من ~ـها *u.* منذ ذلك الـ~ seit damals; إشارة (ضبط) الـ~ *Rf.* Zeitzeichen *n*; أوقات إضافية Überstunden *f/pl.*; الفراغ ~ Freizeit *f*; بعض الـ~ [baʕđɒ l-w.] einige Zeit; في بعض الأوقات manchmal; في كثير من الأوقات oft, häufig; أكثر من أي ~ مضى [ʔakθara min ʔajji waqtin mɒđɒː] mehr als je zuvor

وقتذاك [waqtaˈðaːk(a)] zu jener Zeit, damals, da

وقتما [waqtamaː] zu dem Zeitpunkt, an dem …, wenn; während

وقتي [waqtiː] zeitlich, Zeit-; zeitweilig, vorläufig

وقتئذ [waq'taʔiðin] zu jener Zeit, damals, da

[1]**وقح** [waquħa (يوقح jauquħu)] *u.* [waqiħa (يوقح jauqaħu)] frech, unverschämt sein; **V** توقح [ta'waqqaħa] frech, unverschämt sein; sich unverschämt verhalten (على gegenüber *j-m*); **VI** تواقح [ta'waːqaħa] frech *od.* unverschämt auftreten

[2]**وقح** [waqiħ] frech, unverschämt

[1]**(وقد)** **IV** أوقد [ʔauqada] anzünden; ~ فيه النار etwas in Brand stecken; **V** توقد [ta'waqqada] brennen, flammen; *Stern*: funkeln, leuchten; **VIII** اتقد [i'ttaqada] *bsd. fig.* entbrennen, sich entzünden; ~ حماسا [ħa'maːsan] von Feuereifer erfüllt sein; ~ غضبا [ɣɒđɒban] in Zorn entbrennen, vor Wut schäumen

[2]**وقد** [waqd, waqad] Feuer *n*, Brand *m*; Brennmaterial *n*

وقدة [waqda] Feuer *n*, Glut *f*; ~ الصيف [w. ɒs-sɒif] glühende Sommerhitze

وقذ [waqaða (يقذ jaqiðu)] tödlich treffen, niederstrecken

[1]**وقر** [waqara (يقر jaqiru)] *Knochen* zerbrechen; — [waqura (يوقر jauquru)] würdig, würdevoll sein; **II** [waqqara] achten, (ver)ehren, respektieren; **IV** أوقر [ʔauqara] *Lasttier* bepacken, beladen; *Obstbaum*: voll behangen sein

[2]**وقر** [waqr] Schwerhörigkeit *f*, Taubheit *f*

[3]**وقر** [wiqr] (schwere) Last (على für *j-n*)

وقص [waqɒsɒ (يقص jaqɨsu)]: ~ عنقه [ʕunuqahuː] j-m das Genick brechen

[1]**وقع** [waqaʕa (يقع jaqaʕu)] fallen (*a.* في auf *ein Datum*), stürzen; *nur Impf.*: *Geo.* liegen, gelegen sein; *Vogel*: sich setzen (على auf *A*); vorfallen, geschehen, sich ereignen, stattfinden; *Tun.* (= → [1]تم) erfolgen; zustoßen, passieren (ل *j-m*); geraten (في in *e-e Lage*); zerfallen (في in *A*), bestehen (في aus *D*); stoßen (على auf *A*); ~ الاختيار عليه die Wahl fiel auf ihn; ~ أرضا [ʔarđɒn] zu Boden fallen; ~ الكلام في نفسه die Worte beeindruckten ihn; ~ بالأعداء sich auf die Feinde stürzen; ~ تحت تأثيره unter j-s Einfluß geraten; ~ على عاتقه es obliegt ihm, er hat zu tragen *od.* zu erfüllen; وقعوا في بعضهم sie haben sich überworfen; ~ في حبها/هواها [ħubbihaː] sich in e-e Frau verlieben; ~ في خطأ [xɒtɒʔ] e-n Fehler begehen, in e-n Irrtum verfallen; ~ في الفخ [fi l-faxx] in die Falle gehen; **II** [waqqaʕa] unterschreiben, unterzeichnen (على/ ـه *A*); *Strafe* verhängen (على über *j-n*); spielen (على auf *e-m Musikinstrument*); *selten*: zu Fall bringen, stürzen lassen; Zwietracht säen (بين unter *D*); ~ بالأحرف الأولى [bi-l-ʔaħrufi l-ʔuːlaː] paraphieren; **III** واقع [waːqaʕa] (geschlechtlich) verkehren (ها mit *e-r Frau*); *klass.* kämpfen (ه mit *D*, gegen *A*); **IV** أوقع [ʔauqaʕa] fallen lassen, zu Fall bringen, stürzen lassen; bewirken, daß sich *etwas* ereignet; geraten lassen, bringen (في in *e-e Lage*); *Strafe* verhängen (على über *j-n*); *Verluste* zufügen, beibringen (ب *j-m*); herfallen (ب über *j-n*); Unfrieden stiften (بين ... وبين zwischen *D*); ~ الرعب في قلبه [ar-ruʕba] j-m e-n Schreck einjagen; ~ـه في فخ [faxx], ~ـه في كمين j-n in e-e Falle *od.* e-n Hinterhalt locken; **V** توقع [ta'waqqaʕa] erwarten; *Entwicklung* voraussagen

[2]**وقع** [waqʕ] Fallen *n*, Fall *m*, Auftreffen *n*, Aufprall *m*; Wirkung *f* (على auf *A*), Eindruck *m* (في auf *A*); ~ الأقدام Schritte *m/pl.*, Tritte *m/pl.*

وقعة [waqʕa], *pl.* [waqa'ʕaːt] Fall *m*; Vorfall *m*, Geschehnis *n*; Zusammenstoß *m*, Aufeinandertreffen *n im Kampf*; *Syr.* Mahlzeit *f*

[1]**وقف** [waqafa (يقف jaqifu)] stehenbleiben, anhalten, innehalten; Halt machen (عند/على bei *D*); sich (hin)stellen; stehen; aufstehen; sich in den Weg stellen (دون *e-r Sache*); unterstützen (مع *j-n*), halten (مع zu *j-m*); anhalten, stoppen; *Feuer* einstellen; hindern (عن ه *j-n* an *D*); widmen, weihen (على *e-m Zweck*); *Isl.* stiften (على für *e-n wohltätigen Zweck*), als fromme Stiftung vermachen (على *D*); sich informieren (على über *A*); verstehen, begreifen (على *A*); sich beschäftigen (على mit *D*); informieren (على ه *j-n* über *A*), in Kenntnis setzen (على ه *j-n* von *D*); قف [qif] halt!, stop!; ~ إلى جانبه auf *od.* an j-s Seite stehen; ~ أمامه sich vor j-n hinstellen; sich j-m entgegenstellen; ~ خلفه وقفة رجل واحد [xalfahuː waqfata radʒulin] wie ein Mann hinter j-m stehen; ~ على كلمة *Gr.* nach e-m Wort e-e Sprechpause machen u. es ohne Endung aussprechen; ~ في وجهه j-m entgegentreten; ~ منتصبا [mun'tɒsɨban] Haltung annehmen; ~ موقفا [mauqifan] e-e Haltung einnehmen; **II** [waqqafa] anhalten, zum Stehen bringen, stoppen, aufhalten; *umg. Auto* parken; aufrichten, aufrecht hinstellen; *selten* festnehmen, verhaften; **IV** أوقف [ʔauqafa] anhalten, zum Stehen *od.* Stillstand bringen, stoppen, aufhalten; *Auto* abstellen, parken; *Maschine* abschalten; einstellen, unterbinden; *Maßnahme*, *Verfahren* aussetzen; *Zeitung* verbieten; *Spiel* abbrechen; *Gehalt*, *Konto* sperren; festnehmen, verhaften; suspendieren (عن *vom Dienst*); informieren (على ه *j-n* über *A*), in Kenntnis setzen (على ه *j-n* von *D*); ~ـه عند حده [ħaddihiː] j-n in s-e Schranken verweisen; e-r Sache Einhalt gebieten; ~ تنفيذ الحكم [tan'fiːða l-hukm] e-e Strafe aussetzen; **V** توقف [ta'waqqafa] stehenbleiben, Halt machen, halten; innehalten, e-e Pause machen; verweilen (عند/ على bei *D*); zum Stillstand kommen, aussetzen; eingestellt wer-

den; aufhören (عن mit *D*), einstellen (عن *A*); abhängen, abhängig sein (على von *D*); ~ عن الصدور *Zeitung*: ihr Erscheinen einstellen; **X** استوقف [is'tauqafa] anhalten, zum Stehen bringen, aufhalten; ~ نظره [nɒ'ðɒrahuː] den Blick j-s auf sich ziehen, j-s Aufmerksamkeit erregen

²**وقف** [waqf] Stehenbleiben *n*, Halten *n*; *Gr.* Pausa *f*; Einstellung *f*, Stopp *m*; Sperrung *f des Kontos od. Gehaltes*; Suspendierung *f*; *pl.* أوقاف [ʔau'qaːf] *Isl.* Waqf *m*, fromme *od.* religiöse Stiftung; ~ على gebunden an; beschränkt auf; ~ إطلاق النار Feuereinstellung *f*; ~ خاص, أهلي ~ [xɒːss] *od. Ir.* ~ ذري [ðurriː] private(r) Waqf, *dessen Ertrag der Familie des Stifters u. erst nach deren Aussterben e-m wohltätigen Zweck zufließt*; ~ التنفيذ *Jur.* Strafaussetzung *f*; Strafaufschub *m*; وزارة الأوقاف [wi'zaːrat al-ʔa.] Ministerium *n* für religiöse Stiftungen

¹**وقفة** [waqfa], *pl.* [waqa'faːt] Halt *m*, Stehenbleiben *n*; Innehalten *n*, Pause *f*; kurze Beschäftigung (مع mit *D*); *Syr.*, *Jord.* Veranstaltung *f* (مع mit *e-m Sänger etc.*); Station *f od.* Aufenthalt *m* der Mekka-Pilger in der Ebene عرفات; *Ir.* Marktplatz *m*; Vorabend *m*, Vortag *m e-s Festes*

²**وقفة** [wiqfa, waqfa] Haltung *f beim Stehen*, Position *f*, Pose *f*

وقفي [waqfiː] Stiftungs-, Waqf-

وقفية [waq'fiːja] Urkunde *f* über die Errichtung e-s Waqf, Stiftungsurkunde *f*

وقة [wuqqa, wiqqa], *pl.* [-aːt] Okka *f* (*Gewichtseinheit, in Äg. 1248 g, in Syr. 1281 g*)

وقواق [waq'waːq] Kuckuck *m*

وقود [wa'quːd] Brennstoff *m*, Treibstoff *m*

وقور [wa'quːr] würdig, würdevoll, ehrwürdig

وقوع [wu'quːʕ] Fallen *n*; Eintritt *m e-s Ereignisses*; *pl.* [-aːt] Geschehen *n*, Vorfall *m*

وقوف [wu'quːf] Stehenbleiben *n*, (An-)Halten *n*; Stillstand *m*; Parken *n des Autos*; Stehen *n*; Unterstützung *f* (مع *j-s*); *Isl.* Station *f od.* Aufenthalt *m* der Mekka-Pilger in der Ebene عرفات; Sichinformieren *n* (على über *A*), Kennenlernen *n* (على *G*); Begreifen *n*, Erfassen *n* (على *G*); Beschäftigung *f* (على mit *D*); *a. pl. zu* واقف

وقوق [waqwaq] Kuckuck *m*

وقى [waqaː (يقي jaqiː)] schützen, bewahren, behüten (من/هـ vor *D*); **V** توقى [ta'waqqaː] sich schützen (هـ vor *D*); auf der Hut sein (هـ/ه); **VIII** اتقى [i'ttaqaː] sich schützen (هـ vor *D*); auf der Hut sein (ه/هـ vor *D*); ~ الله Gott fürchten; ~ خطرا [xɒtɒran] e-r Gefahr vorbeugen

وقيعة [wa'qiːʕa], *pl.* وقائع [wa'qaːʔiʕ] (2) Kampf *m*, Schlacht *f*; (وقائع: *a. pl.* zu واقعة)

وقية *Äg.* [wi'qiːja], *Syr.* [wu'qiːja] *Gewichtseinheit* (*in Äg. 37 g, in Syr. ca. 200 g*)

(**وكأ**) **V** توكأ [ta'wakkaʔa] sich stützen (على auf *A*); **VIII** اتكأ [i'ttakaʔa] sich (auf)stützen (على auf *A*); sich lehnen (على an *A*, gegen *A*)

وكالة [wi'kaːla, wa'kaːla], *pl.* [-aːt] Agentur *f*; Vertretung *f*, Stellvertretung *f*; *Saudi-Ar.* Behörde *f*, Amt *n*; ~بالـ in Vertretung, stellvertretend; ~ الإعلان *u. Tun.* ~ الإشهار Werbeagentur *f*; ~ الأنباء Nachrichtenagentur *f*; ~الـ بالعمولة Kommissionsgeschäft *n*; ~ تجارية [tidʒaː'riːja] Handelsvertretung *f*; ~ الجمهورية [w. al-dʒumhuː'riːja] *Tun.* Staatsanwaltschaft *f*; وكالات متخصصة [muta'xɒssisɒ] Sonderorganisationen *f/pl. der UNO*; ~ المخابرات المركزية [w. al-muxaːba'raːt] CIA *m*

(**وكب**) **III** واكب [waːkaba] begleiten; geleiten; Schritt halten (ه/هـ mit *D*)

¹**وكد** **II** [wakkada] bekräftigen, betonen; verstärken; → ¹أكد; **V** توكد [ta'wakkada] bekräftigt, betont werden; sich vergewissern (من *G*)

²**وكد** [wakd] Absicht *f*, Ziel *n*, Bestreben *n*

وكر [wakr], *pl.* أوكار [ʔau'kaːr] Nest *n e-s Vogels*, Horst *m*; Schlupfwinkel *m*

وكز [wakaza (يكز jakizu)] stoßen, mit der Faust schlagen

¹**وكس** [wakasa (يكس jakisu)] *u.* **II** [wakkasa] *bsd. Preis, Wert* herabsetzen

²**وكس** [waks] Herabsetzung *f des Preises od. Wertes*; باع بالـ~ mit Verlust verkaufen

وكف [wakafa (يكف jakifu)] *Wasser*: tropfen, *u. Tränen*: rinnen

وكل [wakala (يكل jakilu)] übertragen (هـ إلى *j-m e-e Aufgabe*), betrauen (هـ إلى *j-n* mit *D*); **II** [wakkala] bevollmächtigen, mit der Vertretung beauftragen; **IV** أوكل [ʔaukala] übertragen (هـ إلى *j-m e-e Aufgabe*), betrauen (هـ إلى *j-n* mit *D*), anvertrauen (هـ إلى *j-m A*); **V** توكل [ta'wakkala] vertrauen, sich verlassen (على auf *A*); auf sich nehmen, übernehmen (ب *A*); mit der Vertretung beauftragt werden; ~ على الله auf Gott *od.* Gottes Hilfe vertrauen; **VI** تواكل [ta'waːkala] aufeinander vertrauen, sich aufeinander verlassen; sorglos, gleichgültig sein; **VIII** اتكل [i'ttakala] sich verlassen, vertrauen (على auf *A*); ~ على الله auf Gott *od.* Gottes Hilfe vertrauen

¹**وكن** [wakana (يكن jakinu)] brüten, ausbrüten

²**وكن** [wakn], *pl.* وكون [wu'kuːn] Vogelnest *n*

وكيد [wa'kiːd] sicher, gewiß, fest

وكيل [wa'kiːl], *pl.* وكلاء [wuka'laːʔ] (2) Vertreter *m*, Repräsentant *m*, Agent *m*; Stellvertreter *m*, Vize-; Bevollmächtigte(r); Rechtsvertreter *m*; *Jord. Mil.* Hauptfeldwebel *m*; ~ بالعمولة *Hdl.* Kommissionär *m*; ~ تأمين Versicherungsvertreter *m*; ~ تجاري [ti'dʒaːriː] Handelsvertreter *m*; ~ الجامعة *etwa*: Vizepräsident *od.* Prorektor *m* der Universität; ~ الجمهورية [w. al-dʒumhuː'riːja] *Alg.* Staatsanwalt *m*; ~

الدولة [w. ad-daula] *Maghr.* Staatsanwalt *m*; ضابط ~ *Jord. Mil.* Stabsfeldwebel *m*; عام ~ [ʕaːmm], عمومي ~ *Hdl.* Generalvertreter *m*; عريف ~ *Äg., Syr. Mil.* Obergefreite(r); قنصل ~ [w. qunsul] Vizekonsul *m*; قوة ~ [w. quwwa] *Jord. Mil.* Stabsfeldwebel *m*; الكلية ~ [w. al-ku'lliːja] *etwa*: Prodekan *m* der Fakultät; متجول ~ [muta'dʒawwil] Handelsreisende(r); مدير ~ [w. mu'diːr] stellvertretende(r) Direktor; مساعد ~ [mu'saːʕid] Unterstaatssekretär *m im Ministerium*; الملك ~ [w. al-malik] *Mar.* Staatsanwalt *m*; النيابة ~ [w. an-ni'jaːba] *Äg.* Staatsanwalt *m*; الوزارة ~ [w. al-wi'zaːra] Staatssekretär *m*

ولاء [wa'laːʔ] Treue *f*, Loyalität *f*; Ergebenheit *f*; Freundschaft *f*; يمين الـ~ Treueid *m*

1**ولادة** [wa'llaːda] oftgebärend

2**ولادة** [wi'laːda] Geburt *f*, Entbindung *f*; علم الـ~ [ʕilm al-w.] Geburtshilfe *f*

ولادي [wi'laːdiː] Kinder-, Knaben- (*Kleidung*)

ولاعة [wa'llaːʕa], *pl.* [-aːt] Feuerzeug *n*

ولاة → وال1

ولاية [wi'laːja] Herrschaft *f*; rechtliche Gewalt; Amtszeit *f*; *pl.* [-aːt] (Bundes-)Staat *m*; *Alg., Tun.* Provinz *f*; *hist.* Verwaltungsbezirk *m* e-s Wali, Wilajet *n im osmanischen Reich*; الأب ~ väterliche Gewalt; العهد ~ Thronfolge *f*; الولايات المتحدة [al-mu'ttaħida] die Vereinigten Staaten *m/pl.*

ولج [waladʒa (يلج jalidʒu)] eintreten (في/هـ/إلى in *A*); eindringen (في/هـ in *A*); **IV** أولج [ʔauladʒa] einführen, hineinstecken (هـ in *A*)

1**ولد** [walada (يلد jalidu)] gebären, zur Welt bringen; ein Kind haben (من von *e-m Mann*); *Kind* zeugen; *Pass.* [wulida] geboren werden; **II** [wallada] Geburtshilfe leisten (ها *e-r Gebärenden*); erzeugen, produzieren, hervorbringen; entstehen lassen, verursachen; **IV** أولد [ʔaulada] zeugen (ه ها mit *e-r Frau ein Kind*); **V** تولد [ta'wallada] erzeugt, produziert werden; entstehen, sich ergeben, resultieren (من aus *D*); abstammen (من von *D*); **VI** توالد [ta'waːlada] sich fortpflanzen; **X** استولد [is'taulada] zeugen (ه ها mit *e-r Frau ein Kind*); Kinder haben wollen; erzeugen wollen (من aus *D*)

2**ولد** [walad], *pl.* أولاد [ʔau'laːd] Kind *n*, Sohn *m*; Junge *m*; (Tier-)Junge(s); *koll.* Nachkommen *m/pl.*

3**ولد** [wuld] *koll.* Nachkommen *m/pl.*; *pl.* أولاد [ʔau'laːd] *bsd. Maghr.* Sohn *m*, Kind *n*

ولدان → وليد

1**ولس** [walasa (يلس jalisu)] betrügen, täuschen; **III** والس [waːlasa] betrügen, täuschen

2**ولس** [wals] Betrug *m*, Täuschung *f*

ولط [wolt] *El.* Volt *n*

1**ولع** [waliʕa (يولع jaulaʕu)] versessen sein (ب auf *A*); leidenschaftlich lieben (ب *A*); sich entzünden; *Licht*: angehen; **II** [wallaʕa] *Feuer* anzünden; **IV** أولع [ʔaulaʕa] begeistert machen (ب ه *j-n* für *A*), verliebt machen (ب ه *j-n* in *A*); *Pass.* [ʔuːliʕa] versessen sein (ب auf *A*), begeistert sein (ب für *A*); leidenschaftlich lieben (ب *A*); **V** تولع [ta'wallaʕa] = [waliʕa]

2**ولع** [walaʕ] Leidenschaft *f*, leidenschaftliche Liebe *od.* Begeisterung

ولغ [walaɣa (يلغ jalaɣu)] lecken; ausschlecken (في/هـ *A*); في الدم ~ [fi d-dam] Blut lecken, nach Blut dürsten

1**ولف** **II** [wallafa] *Äg.* zusammenbringen, mischen; *Radio* genau (*auf den Sender*) einstellen

2**ولف** [wilf] Freund *m*

(**ولم**) **IV** أولم [ʔaulama] ein Essen *od.* ein Gastmahl geben

1**وله** [walaha (يله jalihu)] *u.* [waliha (يوله jaulahu)] die Fassung *od.* den Kopf verlieren; **II** [wallaha] *u.* (*selten*) **IV** أوله [ʔaulaha] verrückt, kopflos machen, verwirren, verstören; **V** توله [ta'wallaha] aus der Fassung geraten, verwirrt *od.* verstört werden

2**وله** [walah] Kopflosigkeit *f*, Verwirrung *f* der Sinne, Verstörtheit *f*

ولهان [wal'haːn] (2) kopflos, verwirrt, (wie) von Sinnen

ولو [wa-lau] selbst wenn, wenn auch; sogar

ولوج [wu'luːdʒ] Eintritt *m*, Eindringen *n* (في in *A*)

ولود [wa'luːd] *f* vielgebärend; *Tier*: lebendgebärend

1**ولوع** [wa'luːʕ] vernarrt (ب in *A*), begeistert (ب für *A*)

2**ولوع** [wu'luːʕ] Leidenschaft *f* (ب für *A*), Vernarrtheit *f* (ب in *A*), Begierde *f* (ب nach *D*)

ولول [walwala] wehklagen, jammern

ولولة [walwala] Wehgeschrei *n*, Wehklagen *n*

1**ولي** [walija (يلي jaliː)] **1.** folgen (ه/هـ *D*), sich anschließen (هـ *D*); فيما يلي im folgenden; كما يلي wie folgt; ما يلي folgende(s); **2.** verwalten, regieren; herrschen (هـ/على über *A*); الحكم ~ [al-ħukma] die Macht übernehmen *od.* ausüben; **II** ولى [wallaː] **1.** zuwenden, zukehren (ه هـ *j-m A*); sich abwenden (عن von *D*); fliehen, *Tage*: enteilen; ~ هاربا [haːriban] sich zur Flucht wenden; **2.** zum Verwalter *od.* Gouverneur ernennen; übertragen (ه هـ *j-m A*), betrauen (ه هـ *j-n* mit *D*); **III** والى [waːlaː] halten (ه zu *j-m*), unterstützen; nahestehen (هـ *e-r politischen Richtung*), sympathisieren (ه/هـ mit *D*); fortsetzen, fortwährend tun; **IV** أولى [ʔaulaː] *Aufmerksamkeit* zuwenden, widmen, *Interesse* entgegenbringen (ل *e-r Sache*); *Gunst, Gefallen* erweisen (ه *j-m*); *Vertrauen* schenken (ه *j-m*); **V** تولى [ta'wallaː] *Aufgabe, Amt, Macht* übernehmen; *Macht* innehaben; *Amt* ausüben, bekleiden; unternehmen, betreiben, besorgen; *in Verbindung mit Verbalsubstantiven häufig als Funktionsverb verwendet*; **VI** توالى [ta'waːlaː] ununterbrochen aufeinanderfolgen; dauernd *od.* ständig kommen (على zu, nach *D*); **X** استولى [is'taulaː] sich bemächtigen

(على *e-r Sache*), sich aneignen, in Besitz nehmen, erbeuten (على *A*); besetzen (على *ein Land*); überwältigen (على *j-n*)

[2] ولي [wa'liːj], *pl.* أولياء [ʔauli'jaːʔ] (2) Helfer *m*, Beistand *m*; Freund *m*; (= شرعي ~) gesetzliche(r) Vertreter, Vormund *m*; *Isl.* Heilige(r); Besitzer *m* (*G*: von *D*); الأمر ~, *pl.* أولياء الأمور verantwortliche Person; Sachwalter *m*; Erziehungsberechtigte(r); gesetzliche(r) Vertreter, Vormund *m*; السجادة ~ [w. as-sa'ddʒaːda] *Titel der Führer der Derwischorden* (*als Besitzer des Gebetsteppichs des Gründers*); ~ العهد Thronfolger *m*, Kronprinz *m*; النعمة ~ [w. an-niʕma] Wohltäter *m*; والله ~ التوفيق *Formel zum Abschluß e-s Berichtes od. e-r Rede*: Gott ist es, der über den Erfolg entscheidet

وليد [wa'liːd] hervorgegangen, entstanden (*G*: aus *D*); Ergebnis *n*, Produkt *n*, Resultat *n* (*G*: von *D*); neu, jung; *pl.* ولدان [wil'daːn] neugeboren; Kind *n*, Sohn *m*; *a. npr. m*; ساعته ~ aus dem Augenblick geboren; الصدفة ~ [w. ɒs-sudfa] Zufallsprodukt *n*

وليدة [wa'liːda] hervorgegangen; Produkt *n* (→ وليد); *pl.* ولائد [wa'laːʔid] (2) kleine(s) Mädchen

وليمة [wa'liːma], *pl.* ولائم [wa'laːʔim] (2) Gastmahl *n*, Festessen *n*, Bankett *n*

ولية [wa'liːja], *pl.* [-aːt] *u.* ولايا [wa'laːjaː] Helferin *f*; *Isl.* Heilige *f*; *Äg.* Frau *f der unteren Klassen*; ~ العهد Thronfolgerin *f*

(ومأ) **IV** أومأ [ʔaumaʔa] ein Zeichen *od.* e-n Wink geben; zeigen (إلى auf *A*); hinweisen (إلى auf *A*)

ومد [wamid] heiß, schwül

ومض [wamaðɒ (يمض jamiðu)] aufblitzen, aufleuchten; **IV** أومض [ʔaumaðɒ] aufblitzen, aufleuchten; verstohlen blicken; zublinzeln (ه *j-m*)

ومق [wamiqa (يمق jamiqu)] zärtlich lieben

ون [wanna (يون ja'winnu)] *Fliege*: summen, surren

وناء [wa'naːʔ] Schwäche *f*, Schlaffheit *f*, Mattigkeit *f*

وندال [wan'daːl] *koll.*: الـ~ *hist.* die Wandalen *m/pl.*

ونش [winʃ], *pl.* أوناش [ʔau'naːʃ] Winde *f*; Kran *m*; باليد ~ [bi-l-jad] Handwinde *f*; دوار ~ [da'wwaːr] Drehkran *m*; شوكة ~ [w. ʃauka] Gabelstapler *m*

[1] **ونى** [wanaː (يني janiː)] schwach, matt werden, erlahmen; لا يني unermüdlich; **VI** توانى [ta'waːnaː] ermatten, erlahmen; zögern (في mit *D*), saumselig sein; لا يتوانى nicht nachlassen (عن *etwas zu tun*)

[2] **ونى** [wanan] Erlahmen *n*, Ermattung *f*, Mattigkeit *f*

ونيت [wa'neːt], *pl.* [-aːt] *Saudi-Ar.* Lieferwagen *m*

وهاب [wa'hhaːb] Geber *m*, Schenkende(r); الـ~ *Beiname Gottes*

وهابي [wa'hhaːbiː] wahhabitisch; *pl.* [-uːn] Wahhabit *m* (*Anhänger e-r Sekte in Saudi-Arabien*)

وهابية [wahha'biːja]: الـ~ das Wahhabitentum

وهاج [wa'hhaːdʒ] glühend, lodernd; funkelnd, strahlend

وهب [wahaba (يهب jahabu)] geben, schenken (ـه ل/ه *j-m A*); beschenken (ـه ل/ه *j-n* mit *D*); *Imp.* هب [hab] gesetzt den Fall (أن [ʔanna] daß), angenommen (أن [ʔanna] daß); لنهب أن [li-nahab ʔanna] nehmen wir an, daß; نفسه ل ~ [nafsahuː] sich e-r Sache verschreiben *od.* weihen; **X** استوهب [is'tauhaba] als Geschenk erbitten (ـه ه *etwas* von *j-m*)

وهبة [wahba] *Äg.* Geschenk *n*, Trinkgeld *n*

[1] **(وهج)** **V** توهج [ta'wahhadʒa] glühen, flammen; funkeln, strahlen

[2] **وهج** [wahadʒ] Glühen *n*, Glut *f*; Strahlen *n*, Glanz *m*

[1] **وهد** **II** [wahhada] *Bett* machen, bereiten

[2] **وهد** [wahd], *pl.* أوهد [ʔauhud] (Boden-)Mulde *f*, (Boden-)Senkung *f*

وهدة [wahda], *pl.* وهاد [wi'haːd] (Boden-)Mulde *f*, (Boden-)Senkung *f*; *fig.* Tiefstand *m*

وهران [wah'raːn] (2) Oran (*Stadt in Algerien*)

وهرة [wahra] *Äg.* Schrecken *m*, Bestürzung *f*

وهق [wahaq, wahq], *pl.* أوهاق [ʔau'haːq] Lasso *n*

وهل [wahila (يوهل jauhalu)] *intr.* erschrecken; **II** [wahhala] *trans.* erschrecken

وهلة [wahla] Augenblick *m*, Moment *m*; لأول ~ [li-ʔawwali w.] *u.* للـ~ الأولى [li-l-wahlati l-ʔuːlaː] im ersten Moment

[1] **وهم** [wahama (يهم jahimu)] sich vorstellen, sich einbilden; — [wahima (يوهم jauhamu)] sich täuschen (في bei, in *D*); **IV** أوهم [ʔauhama] vortäuschen, vorspiegeln, weismachen (ـه/ب ه *j-m A*); **V** توهم [ta'wahhama] sich einbilden, wähnen; sich e-r Illusion hingeben; **VIII** اتهم [i'ttahama] beschuldigen, anklagen (ب ه *j-n e-r Sache*); verdächtigen (ب ه *j-n e-r Sache*); vorwerfen (ب ه *j-m A*)

[2] **وهم** [wahm], *pl.* أوهام [ʔau'haːm] Illusion *f*, (Selbst-)Täuschung *f*; Einbildung *f*, Phantasie *f*; falsche Vorstellung, Wahn *m*; Fiktion *f*; böse Ahnung; *pl. a.* Hirngespinste *n/pl.*

وهمي [wahmiː] illusorisch; eingebildet, imaginär, Schein-; Wahn-; fiktiv

وهمية [wah'miːja] Wahnvorstellung *f*, Hirngespinst *n*

[1] **وهن** [wahana, wahina (يهن jahinu)] *u.* [wahuna (يوهن jauhunu)] schwach, kraftlos sein; ermatten; **II** [wahhana] *obs. u.* **IV** أوهن [ʔauhana] schwächen; entmutigen, zermürben, entnerven

[2] **وهن** [wahan, wahn] Schwäche *f*, Kraftlosigkeit *f*

وهى [wahaː (يهي jahiː)] schwach, zerbrechlich sein; hinfällig, nichtig sein; **IV** أوهى [ʔauhaː] schwächen, entkräften

وهيج [wa'hiːdʒ] Glühen *n*, Glut *f*; Strahlen *n*, Glanz *m*

وهين [wa'hiːn] Vorarbeiter *m*, Aufseher *m*

وي [waj] oh!, ach!; wehe!

وئام [wiˈʔaːm] Eintracht *f*, Harmonie *f*; Übereinstimmung *f*
ويبة [waiba], *pl.* [-aːt] *ein Trockenhohlmaß* (*Äg.* = *33 l*)
ويح [waiħa] + *Pronominalsuffix u.* ~ًا ل [-an] wehe dem…!
ويسكي [wiskiː] Whisky *m*
ويك [waika] wehe dir!
ويكة [waika] *Äg.* Bamia *f*, Okra *f* (*Art Gemüse*)
ويل [wail] Unheil *n*; ~ٌ لك [-un laka] *u.* ~ك [-aka] wehe dir!
ويلز [wailz] *Geo.* Wales
ويلة [waila], *pl.* [-aːt] Unheil *n*, Leid *n*
وين [weːn] *Ir.*, *Syr. umg.* wo?
وئيد [waˈʔiːd] bedächtig, langsam

ي

[1]ي (ياء) [jaːʔ] *achtundzwanzigster Buchstabe des arab. Alphabets; bei Aufzählungen*: j)

[2]ـي *u.* ي [-iː], nach [-aː], [-iː] *u.* [-aj]: [-ja] *Possessivsuffix*: mein

يا [jaː] *Vokativpartikel*: o …! (*bleibt oft unübersetzt*); *Interjektion*: ach!; أيها ~ *Vokativpartikel*: o …!; ياترى → رأى[1]; سلام ~ *Ausruf des Erstaunens od. der Bestürzung*: Donnerwetter!; ach du meine Güte!; gütiger Himmel!; طالما ~ [tɒːlamaː] wie oft …!; للهول ~ [la-l-haul] (wie) entsetzlich!; له ~ من was ist er doch für ein …!; ~ ما wie oft …!; wie sehr!

ياء [jaːʔ] *f* der Buchstabe ي

يابان [jaːˈbaːn] *f*: الـ~ Japan

ياباني [jaːˈbaːniː] japanisch; *pl.* [-uːn] Japaner *m*

يابس [jaːbis] trocken; *Ast*: dürr; *Stein*: hart; → أتى

يابسة [jaːbisa]: الـ~ das Festland

ياردة [jaːrda], *pl.* [-aːt] Yard *n* (*englisches Längenmaß*)

يأس [jaʔs] Verzweiflung *f*; في ~ verzweifelt (*Adv.*); سن الـ~ [sinn al-j.] Wechseljahre *pl.*

ياسمين [jaːsaˈmiːn, jasˈmiːn] Jasmin *m*

ياسنت [jaːsint] Hyazinthe *f*

ياسين [jaːˈsiːn] *Name e-r Sure*; *a. npr. m*

يافث [jaːfiθ] (2) Japhet (*Sohn Noahs*)

يافطة [jaːfitɒ], *pl.* [-aːt] (*Namens-, Firmen-*)Schild *n*; Aufschrift *f*

يافع [jaːfiʕ] heranwachsend, halbwüchsig, jugendlich; Jugendliche(r)

يافوخ [jaːˈfuːx], *pl.* يوافيخ [jawaːˈfiːx] (2) *Anat.* Fontanelle *f*

ياقة [jaːqa], *pl.* [-aːt] Kragen *m*

ياقوت [jaːˈquːt] *koll.*, *n. un.* ـة~, *pl.* يواقيت [jawaːˈqiːt] (2) ein Edelstein, *bsd.* Korund *m*; *Syr.* Rubin *m*; أحمر ~ Rubin *m*; أزرق ~ Saphir *m*; أصفر ~ Topas *m*; جمري ~ Karfunkel *m*

ياميش [jaːˈmiːʃ] getrocknete Früchte *f/pl.*

يانسون [jaːnaˈsuːn, jaːniˈsuːn, janˈsuːn] Anis *m*

يانصيب [jaː-nɒˈsɨːb] Lotterie *f*; ورقة ~ [waraqat j.] Lotterielos *n*

يانع [jaːniʕ] reif

ياور [jaːwir], *pl.* ياورية [jaːwiˈriːja] *u.* [-aːn] *Äg., Syr.* Adjutant *m*

ياي [jaːj], *pl.* [-aːt] Sprungfeder *f*

يائس [jaːʔis] verzweifelt, hoffnungslos; محاولة ~ـة [muˈħaːwala] verzweifelte(r) Versuch

يباب [jaˈbaːb] wüst, verwüstet

[1]**يبس** [jabisa (ييبس jaibasu)] trocken sein *od.* werden, austrocknen; **II** [jabbasa] *trans.* austrocknen, ausdörren; **IV** أيبس [ʔaibasa] trocken sein *od.* werden; *trans.* austrocknen, ausdörren; **V** تيبس [taˈjabbasa] erstarren, steif werden

[2]**يبس** [jabas] Trockenheit *f*

يبوسة [juˈbuːsa] *a. fig.* Trockenheit *f*

[1]**يتم** [jatima (ييتم jaitamu)] *u.* [jatama (ييتم jaitimu)] verwaisen; **II** [jattama] *u.* **IV** أيتم [ʔaitama] zur Waise machen, der Eltern berauben; **V** تيتم [taˈjattama] Waise werden, verwaisen

[2]**يتم** [jatam, jutm] Verwaistsein *n*, Elternlosigkeit *f*

يتيم [jaˈtiːm], *pl.* يتامى [jaˈtaːmaː] *u.* أيتام [ʔaiˈtaːm] Waise *f*, Waisenkind *n*; einzig, einmalig; einzigartig; ~ الأب والأم [j. al-ʔab wa-l-ʔumm] Vollwaise *f*; نسخة ~ـة [nusxa] Einzelexemplar *n*

يتيمة [jaˈtiːma] (weibliche) Waise

يثرب [jaθrib] (2) *ursprünglicher Name der Stadt Medina*

يحمور [jaħˈmuːr] Hämoglobin *n*

يحيى [jaħjaː] Yahya, Johannes *npr. m*

يخت [jaxt], *pl.* يخوت [juˈxuːt] Jacht *f*; شراعي ~ [ʃiˈraːʕiː] Segeljacht *f*

يخضور [jaxˈđuːr] Chlorophyll *n*

يخنة [jaxna] *u.* **يخني** [jaxniː] *Art* Ragout *n*

يد [jad] *f*, *pl.* أيد [ʔaidin] *u.* أياد [ʔaˈjaːdin] Hand *f*; Vorderfuß *m*, Pfote *f*; Griff *m*, Henkel *m*, Stiel *m*; Einfluß *m*, Macht *f*; *Jur.* tatsächliche Gewalt; بأيدينا zu unserer Verfügung stehend; بين يديه [jaˈdaihi] vor ihm; in seiner Gegenwart; تحت الـ~ in Händen (*haben*); تحت ~ه in seiner Hand *od.* Gewalt; على ~ه, *pl.* على أيديهم durch j-n; الـ~ العاملة, *pl.* الأيدي العاملة Arbeitskraft *f*; الـ~ اليمنى [al-jumnaː] *a. fig.* rechte Hand; ساعة الـ~ Armbanduhr *f*; شغل الـ~ [ʃuɣl al-j.] Handarbeit *f*; له ~ في er ist an *etwas* beteiligt, er hat die Hand bei *etwas* im Spiele; له الـ~ الطولى في [ɒt-tuːlaː] er hat maßgeblichen Einfluß auf; له عند الناس ~ er hat bei den Leuten Einfluß; هذا في أيدينا das liegt in unserer Hand; أسدى إليه ~اً [-an] j-m e-n Gefallen erweisen; طلب

المرأة ~ um die Hand e-r Frau anhalten

يدوي [jadawiː] Hand-; manuell; صناعة ~ة [sɨ'naːʕa] Handwerk *n*; (= صناعة ~ة فنية [fa'nniːja]) Kunsthandwerk *n*; ~ عمل [ʕamal] manuelle Arbeit

يذر → وذر

يراع [ja'raːʕ] Rohr *n*; (Schreib-)Feder *f*; *koll.*, *n. un.* ~ة Glühwürmchen *n*

يراعة [ja'raːʕa], *pl.* [-aːt] Klarinette *f*

يربوع [jar'buːʕ], *pl.* يرابيع [jaraː'biːʕ] (2) Wüstenspringmaus *f*

يرقان [jara'qaːn] **1.** Gelbsucht *f*; *Bot.* Bleichsucht *f*; *Bot.* Mehltau *m*; **2.** *koll.*, *n. un.* ~ة *Zool.* Larven *f/pl.*; ~ الضفادع [j. ɒđ-đɒ'faːdiʕ] Kaulquappen *f/pl.*

يرقة [jaraqa], *pl.* [-aːt] *Zool.* Larve *f*

يرموك [jar'muːk]: الـ~ Jarmuk *m* (*Fluß in Jordanien*)

يرى → رأى[1]

يزيد [ja'ziːd] *npr. m*; → زيد[1])

يزيدي [ja'ziːdiː] jezidisch; Anhänger *m* der Sekte der Jeziden

يزيدية [jaziː'diːja]: الـ~ die Sekte der Jeziden (*in Kurdistan*)

يسار [ja'saːr] **1.** linke Seite; الـ~ *Pol.* die Linke; ~ا [-an] *Adv.*, على الـ~ *u.* عن الـ~ links; إلى الـ~ nach links; links; ~ على + *G*: links von; **2.** *klass.* Überfluß *m*, Wohlstand *m*

يساري [ja'saːriː] *Pol.* linksgerichtet, link, Links-; اليساريون *pl.* die Linken *m/pl.*, die Linke

[1]**يسر** [jasira (ييسر jaisaru)] leicht sein *od.* werden; **II** [jassara] leicht machen, erleichtern (على *j-m*); *Weg* ebnen, bereiten; möglich machen (ل *j-m*, für *j-n*); **III** ياسر [jaːsara] entgegenkommend sein (ه gegenüber *j-m*); **IV** أيسر [ʔaisara] zu Wohlstand gelangen, wohlhabend werden; *Frau*: leicht gebären; **V** تيسر [ta'jassara] leicht sein, erleichtert werden; leicht vonstatten gehen; möglich sein (ل *j-m*)

[2]**يسر** [jusr] Leichtigkeit *f*; Wohlstand *m*, Überfluß *m*; بـ~ leicht (*Adv.*); → عسر[3]

يسرة [jasra] linke Seite

يسروع [jas'ruːʕ], *pl.* يساريع [jasaː'riːʕ] (2) *Zool.* Raupe *f*

يسرى [jusraː]: الـ~ linke Hand; → أيسر

يسوع [ja'suːʕ] (2) *Chr.* Jesus

يسوعي [ja'suːʕiː] jesuitisch; *pl.* [-uːn] Jesuit *m*

يسير [ja'siːr] leicht (على für *j-n*); gering(fügig), unbedeutend; ~ غير nicht gering, nicht unbeträchtlich; من الـ~ es ist leicht

يشب [jaʃb] Jaspis *m*

يشم [jaʃm] Jade *m u. f*

يعاقبة → يعقوبي

يعسوب [jaʕ'suːb], *pl.* يعاسيب [jaʕaː'siːb] (2) Drohne *f*; Führer *m*, Oberhaupt *n*

يعقوب [jaʕ'quːb] (2) Jakob *npr. m*

يعقوبي [jaʕ'quːbiː] *Pol.* jakobinisch; *Rel.* jakobitisch; *pl.* يعاقبة [ja'ʕaːqiba] *Pol.* Jakobiner *m*; *Rel.* Jakobit *m*

يفاع [ja'faːʕ] *poet.* Anhöhe *f*, Hügel *m*

يفطة [jaftɒ] = يافطة

[1]**يفع** [jafaʕa (ييفع jaifaʕu)] *u.* **IV** أيفع [ʔaifaʕa] heranwachsen, das Jünglingsalter erreichen

[2]**يفع** [jafaʕ] **1.** *pl.* أيفاع [ʔai'faːʕ] Heranwachsende(r), Jugendliche(r); **2.** *poet.* Anhöhe *f*, Hügel *m*

[3]**يفع** [jafʕ] Jünglingsalter *n*, Jugendalter *n*

يقطين [jaq'tɨːn] *koll.*, *n. un.* ~ة *e-e Kürbisart*

[1]**يقظ** [jaqiðɒ (ييقظ jaiqɒðu)] *u.* [jaquðɒ (ييقظ jaiquðu)] wachen, wach sein; wachsam sein; **II** [jaqqɒðɒ] (*selten*) *u.* **IV** أيقظ [ʔaiqɒðɒ] aufwecken, wecken; **V** تيقظ [ta'jaqqɒðɒ] wachsam sein; **X** استيقظ [is'taiqɒðɒ] aufwachen, erwachen

[2]**يقظ** [jaqɨð], *pl.* [-uːn] wach, wachsam

يقظان [ja'qðɒːn] (2), *f* يقظى [yaqðɒː], *pl.* يقاظى [ja'qɒːðɒː] wach

يقظة [jaqɒðɒ], *a.* [jaqðɒ] Wachen *n*, Wachheit *f*; Wachsamkeit *f*; أحلام الـ~ Tagträume *m/pl.*

[1](**يقن**) **IV** أيقن [ʔaiqana] sich sicher sein (ب/ـه *G*), überzeugt sein (ب von *D*); **V** تيقن [ta'jaqqana] zur Überzeugung *od.* Gewißheit gelangen (بأن/من أن [ʔanna] daß); sicher sein; **X** استيقن [is'taiqana] sicher wissen (ب/ـه *A*)

[2]**يقن** [jaqan] *klass.* Sicherheit *f*, Gewißheit *f*

يقين [ja'qiːn] Sicherheit *f*, Gewißheit *f*; ~ا [-an] *Adv.* sicher, gewiß, mit Bestimmtheit; أنا على ~ (من) أن [ʔanna] *u.* في ~ي أن [ʔanna] ich bin sicher *od.* der (festen) Überzeugung, daß; هو على ~ من er ist sich *e-r Sache* sicher; ~ شيء e-e sichere Sache; علمه علم الـ~ [ʕa'limahuː ʕilma l-j.] etwas genau *od.* sicher wissen

يقيني [ja'qiːniː] gesichert, (absolut) feststehend; يقينيات *pl.* gesicherte *od.* feststehende Tatsachen *f/pl.*

يكون [ja'kuːn]: الـ~ (Gesamt-)Summe *f*

يلا [jałła] *umg.* los!, ab!, schnell!

[1]**يم** [jamm] Meer *n*; *Syr.* Seite *f*

[2](**يم**) **II** يمم [jammama] sich wenden (نحو, صوب [sɒuba], شطر [ʃɒtra] nach *D*); *Isl.* die rituelle Waschung symbolisch *od.* mit Sand vollziehen); ~ وجهه شطر [wadʒhahuː] sich nach … begeben; **V** تيمم [ta'jammama] sich wenden (ـه zu, nach *D*); *Isl.* die rituelle Waschung symbolisch *od.* mit Sand vollziehen

يمام [ja'maːm] *koll.*, *n. un.* ~ة, *pl.* [-aːt] *u.* يمائم [ja'maːʔim] (2) Wildtaube(n *pl.*) *f*

يمامة [ja'maːma]: الـ~ *Landschaft im Nedschd (Saudi-Arabien)*

يماني [ja'maːniː] jemenitisch, aus dem Jemen; *pl.* [uːn] Jemenit *m*

[1]**يمن** [jamuna (ييمن jaimunu)] glücklich sein; Glück bringen; **II** [jammana] nach rechts gehen; **V** تيمن [ta'jammana] ein gutes Vorzeichen erblicken (ب in *D*)

[2]**يمن** [jaman] rechte Seite; الـ~ *f u. m Geo.* Jemen; جمهورية الـ~ الديمقراطية الشعبية [dʒumhuː'riːjat al-j.] *bis 1990*: Demokratische Volksrepublik Jemen (= *Südjemen*)

[3]**يمن** [jumn] Glück *n*, Wohlergehen *n*, Segen *m*

يمنة [jamnatan] *Adv.* rechts

[1]**يمنى** [jumnaː] → [1]أيمن

[2]**يمني** [jamaniː] jemenitisch, aus dem Jemen; *pl.* [-uːn] Jemenit *m*; الجمهورية اليمنية [al-ʤumhuːˈriːja] *ab 1990*: Republik Jemen; الجمهورية العربية اليمنية *bis 1990*: Jemenitische Arabische Republik (= *Nordjemen*)

يمين [jaˈmiːn] **1.** rechte Seite; *f* rechte Hand; الـ~ *Pol.* die Rechte; ~ا [-an] *Adv.* rechts; nach rechts; إلى الـ~ nach rechts; rechts; إلى ~ه zu seiner Rechten; ~ا وشمالا [-an, ʃiˈmaːlan] (nach) rechts und links; ما تملك ~ه [tamliku] sein Besitz; **2.** *f, pl.* أيمان [ʔaiˈmaːn] *u.* أيمن [ʔaimun] Eid *m*, Schwur *m*; أيمن الله [ʔaimunu łłɒːhi] ich schwöre bei Gott; ~ الأمانة Treueid *m*; الـ~ الدستورية [ad-dustuːˈriːja] Eid *m* auf die Verfassung; ~ كاذبة Meineid *m*; أدى الـ~ [ʔaddaː] den Eid leisten

يميني [jaˈmiːniː] *Pol.* rechtsgerichtet, Rechts-; اليمينيون *pl.* die Rechte; ~ متطرف [mutaˈŧɒːrrif] *Pol.* rechtsextrem, rechtsradikal; Rechtsextremist *m*; الأحزاب اليمينية die Rechtsparteien *f/pl.*

ين [jan] Yen *m* (*japanische Währungseinheit*)

يناير [jaˈnaːjir] Januar *m*

ينبوع [jamˈbuːʕ], *pl.* ينابيع [janaːˈbiːʕ] (2) Quelle *f*

ينسون [janˈsuːn] Anis *m*

ينع [janaʕa (ينع jainaʕu)] *u.* **IV** أينع [ʔainaʕa] reifen, reif werden

ينيع [jaˈniːʕ] reif

يهود [jaˈhuːd]: الـ~ *koll.* die Juden *m/pl.*

يهودي [jaˈhuːdiː] jüdisch; Jude *m*

يهودية [jahuːˈdiːja]: الـ~ das Judentum

يوافيخ → يافوخ

يواقيت → ياقوت

يوبيل [juːˈbiːl] Jubiläum *n*; ~ فضي [fiđđiː] 25jährige(s) Jubiläum

يوتنان [jutˈnaːn] *Maghr.* Leutnant *m* (*in nicht-arab. Armeen*)

يوتوبي [juˈtoːbiː] utopisch

يوتوبيا [juˈtoːbijaː] Utopie *f*

يوجوسلافي [juːgusˈlaːviː] *Äg.* jugoslawisch; *pl.* [uːn] Jugoslawe *m*

يوجوسلافيا [juːgusˈlaːvijaː] *Äg.* Jugoslawien

يوحنا [juːˈħannaː] Johannes (*a. Evangelist*); → معمدان *u.* فارس

يود [joːd] Jod *n*; ~ صبغة [sɨbɣat j.] Jodtinktur *f*

يورانيوم [juˈraːnijum] Uran *n*

يوريا [juːrijaː] Harnstoff *m*, Carbamid *n*

يوزباشي [juzˈbaːʃiː], *pl.* ~ة *früher Äg., Sud. Mil.* Hauptmann *m*, Rittmeister *m*

يوسف [juːsuf] (2) Josef *npr. m*; ~ أفندي [ʔaˈfandiː] *koll. Äg., Saudi-Ar., Syr.* Mandarine(n *pl.*) *f*

يوسفي [juːsufiː] *koll. Äg.* Mandarine(n *pl.*) *f*

يوطنة [juːŧna] *Tun.* Leutnant *m* (*in nicht-arab. Armeen*)

يوطوبي [juˈŧoːbiː] utopisch

يوطوبيا [juˈŧoːbijaː] Utopie *f*

يوغسلاف [juːɣusˈlaːv]: الـ~ *koll.* die Jugoslaven *m/pl.*

يوغسلافي [juːɣusˈlaːviː] jugoslawisch; *pl.* [-uːn] Jugoslawe *m*

يوغسلافيا [juːɣusˈlaːvijaː] Jugoslawien

يوغندا [juːˈɣandaː] Uganda

يوغندي [juːˈɣandiː] ugandisch; *pl.* [-uːn] Ugander *m*

يوغورت [joːɣurt] Joghurt *m*

يوليه [juːlja, julja] Juli *m*

يوليو [juːljuː, juljoː] Juli *m*

يوليوز [julˈjuːz] *Mar.* Juli *m*

[1]**(يوم) III** ياوم [jaːwama] im Tagelohn beschäftigen

[2]**يوم** [jaum], *pl.* أيام [ʔaˈjjaːm] Tag *m* (*zu 24 Stunden*); *pl. a.* Zeiten *f/pl.*; الـ~ [-u] der heutige Tag, das Heute; الـ~ [-a] heute; ~ [-a] *u.* ~ أن an dem Tage als; ~ا [-an] *Adv. u.* ~ا ما eines Tages; ~ بعد ~ا [-an], ~ا فيوما, ~ عن ~ا *u.* ~ا ~ا Tag für Tag; أياما [-an] *Adv.* einige Tage (lang); ~ـها [-ahaː] an jenem Tage, damals; أيام العرب die großen Kämpfe der Araber; الأيام الماضية (السعيدة) [al-mɒːđija] die gute alte Zeit; ~ الأحد [j. al-ʔaħad] Sonntag *m*; ~ أسود [ʔaswad] Unglückstag *m*; ~ الدين [j. ad-diːn] der Tag des Jüngsten Gerichts; بعد الـ~ von heute an; ~ ذات [ðaːta j.] *u.* في ~ من الأيام eines Tages; في ~نا هذا heutzutage; كل ~ [kulla j.] jeden Tag, täglich; مع الأيام mit der Zeit; من ~ـها *u.* من ~ه von diesem Tag an, von da an; sofort; منذ الـ~ von heute *od.* von jetzt an; بين ~ وليلة [wa-laila] über Nacht

يومي [jaumiː] täglich, Tages-; ~ا [-jan] *Adv.* täglich, pro Tag; يوميات *pl.* Alltägliche(s); Tagebuch *n*

يومئذ [jauˈmaʔiðin] an jenem Tag, damals

يومية [jauˈmiːja] Tagelohn *m*; Tagebuch *n*; ~ السفينة Logbuch *n*

يونان [juːˈnaːn]: الـ~ *koll.* die Griechen *m/pl.*; *f* Griechenland

يوناني [juːˈnaːniː] griechisch; Grieche *m*

يونانية [juːnaːˈniːja] Griechentum *n*; الـ~ die griechische Sprache

يونس [juːnus] (2) Jonas (*Prophet*); *a. npr. m*

يونسكو [juːˈneskoː]: الـ~ *m u. f* UNESCO *f*

يونيه [juːnja, junja] Juni *m*

يونيو [juːnjuː, junjoː] Juni *m*

يئس [jaʔisa (ييئس jaiʔasu)] verzweifeln (من an *D*), die Hoffnung aufgeben; *Frau*: in die Wechseljahre kommen; **IV** أيأس [ʔaiʔasa] verzweifeln lassen; die Hoffnung rauben (ه *j-m*); **X** استيأس [isˈtaiʔasa] verzweifeln

Kurzer Überblick über die arabische Grammatik

1. Wurzel und Form

In der arabischen Sprache besteht eine Wurzel in der Regel aus drei, manchmal auch aus vier Wurzelkonsonanten, den sogenannten Radikalen. Jedes Wort muß als eine Kombination zwischen einer solchen bedeutungstragenden **Wurzel** und einer durch eine bestimmte Vokalfolge gekennzeichneten **Form**, die das so entstehende Wort sowohl einer Bedeutungskategorie zuordnet als auch seine grammatische Funktion definiert, betrachtet werden. So ist z.B. mit der Wurzel KTB die Idee des Schreibens verknüpft; aber erst wenn diese drei Konsonanten mit der jeweils charakteristischen Vokalfolge kombiniert werden, werden sie zu einem verwendbaren Wort, z.B.

KaTaBa – *er schrieb*
KuTiBa – *er wurde geschrieben*
KaːTiB – *jemand, der schreibt, der Schreibende*, also auch *Schreiber* und *Autor*
maKTuːB – *etwas, was geschrieben ist, das Geschriebene*, also auch *Brief*
maKTaB – *ein Ort, wo geschrieben wird*, also *Schreibtisch, Büro.*

Andererseits werden diese Formen jeder anderen Wurzel, die anstelle von KTB eingesetzt würde, die Bedeutungen der aktiven und passiven Vergangenheit, des aktiven und passiven Partizips, des „Ortes wo" usw. geben. Fast der ganze Wortschatz läßt sich auf solche Kategorieformen aufteilen, die mehr oder weniger spezifisch sein können. Es ist daher von größter Wichtigkeit, daß sich der Lernende dieser Formen bewußt wird und ein Gefühl für sie entwickelt, wodurch er in den Stand gesetzt wird, den Sinn noch nicht gelernter Wörter zu erschließen oder zu erahnen.

2. Das Nomen

2.1 Substantive und **Adjektive** werden grundsätzlich gleich behandelt und in Apposition vollständig miteinander koordiniert.

Indeterminiert:	ki'taːbun ka'biːrun	*ein großes Buch*
	ma'diːnatun ka'biːratun	*eine große Stadt*
Determiniert:	al-ki'taːbu l-ka'biːru	*das große Buch*
	al-ma'diːnatu l-ka'biːratu	*die große Stadt*

2.2 Der Artikel [al-] ist für alle Geschlechter und Numeri gleich. Sein **a** weicht dem Endvokal eines vorangehenden Wortes. Sein **l** wird an die Laute t, θ, ŧ, d, ð, đ, ð̵, z, s, ʂ, ʃ, r, n assimiliert. Bei seinem Antritt fällt das **n** der indeterminierten Endung weg. Dasselbe geschieht vor einem anderen Nomen im Genitiv, also in einer Genitivverbindung; das erste Nomen darf dann keinen Artikel annehmen:

ki'taːbu waladin *das Buch eines Jungen*
ki'taːbu l-waladi *das Buch des Jungen*

2.3 Das arabische Nomen kennt **drei Fälle**: Nominativ, Genitiv und Akkusativ, deren Charakteristiken die Vokale **u**, **i** und **a** sind (vgl. jedoch 2.8).

maskulin		*feminin*	
indeterminiert	*determiniert*	*indeterminiert*	*determiniert*
walad**un** walad**in** walad**an**	(al-)walad**u** (al-)walad**i** (al-)walad**a**	ma'diːnat**un** ma'diːnat**in** ma'diːnat**an**	(al-)ma'diːnat**u** (al-)ma'diːnat**i** (al-)ma'diːnat**a**

Diese Flexionsendungen einschließlich des femininen **t** fallen (mit einer Ausnahme) in der Aussprache weg, falls in der Rede nichts weiter folgt (Satzende, Sprechpause). Sie werden in der arabischen Schrift auch nicht geschrieben. Die einzige Ausnahme bildet der indeterminierte Akkusativ der maskulinen Wörter. Er wird durch ein Alif bezeichnet (ولدا) und wird auch in der Pause gesprochen (klassisch: [waladaː], modern: [waladan]). Die Endung [**-an**] fungiert darüber hinaus als Adverbialsuffix. Bei Antritt von Possessivsuffixen verwandelt sich die Femininendung ة/ـة in ein normales ـت. (Zur Darstellung der Femininendung vgl. die Benutzungshinweise sowie die Ausspracheerklärungen, Punkt 7.)
Bei Nomina, die von Wurzeln mit **w** und **j** als drittem Radikal gebildet sind, ist zu beachten, daß die zu erwartenden Lautfolgen [-awun/in/an], [-ajun/in/an] zu [-an] verkürzt werden (vgl. 2.8., [marman]). Bei Determination lautet die Endung [-aː]. In der arabischen Schrift enden diese Nomina in allen Fällen mit ا (wenn letzter Radikal **w**) oder ى (wenn letzter Radikal **j**).
Desgleichen verkürzen sich [-ujun/in], [-iwun/in], [-ijun/in] (nicht jedoch [-ijan]) zu [-in]. Bei Abfall des [-n] durch Determination lautet die Endung [-iː]. In der arabischen Schrift ist das [-iː] bezeichnet, das [-in] jedoch nicht. Wo also im Wörterbuch nur die indeterminierte Form auf [-in] für den Nominativ aufgeführt wird, bedeutet dies, daß die determinierte auf [-iː] endet, z.B. رام [raːmin], determiniert رامي [raːmiː] *Schütze*.

2.4 Das Arabische hat eine **Zweizahl (Dual)**, für die es nur ein Bildungselement gibt: [-aːni] (*G* und *A* fallen zusammen in [-aini]). Die Endungen verändern sich bei Antritt eines Artikels nicht, verlieren aber vor einem Genitiv das [-ni].

N	(al-)wala'd**aːni**,	*vor Genitivattribut*:	walad**aː**,	*f*	(al-)madiːna't**aːni**
G, A	(al-)wala'd**aini**,	*vor Genitivattribut*:	wala'd**ai**,	*f*	(al-)madiːna't**aini**

2.5 Der Plural: Eine beschränkte Anzahl maskuliner Substantive, hauptsächlich Personenbezeichnungen, die der Form nach Partizipien sind, bildet den Plural mit Hilfe der Endung [-uːna] (*G* und *A* [-iːna]), die an die Stelle der Fallendung des Singulars tritt (sogenannter **äußerer** oder gesunder Plural):

mu'ˁallimun *Lehrer, pl.*	*N*	muˁalli'm**uːna**
	G, A	muˁalli'm**iːna**

Wie beim Dual bleibt diese Endung bei Antritt eines Artikels unverändert, verliert jedoch vor einem Genitiv das [-na].

2.6 Das feminine Gegenstück dieses äußeren Plurals ist die Endung [-aːtun] (*G* und *A* [-aːtin]), welche an die Stelle der Femininendung des Singulars tritt. Sowohl bei Antritt eines Artikels als auch vor einem Genitiv fällt das [-n] weg:

sa'jjidatun,	*pl.*	sajji'd**aːtun** – (as-)sajji'd**aːtu**
	G, A	sajji'd**aːtin** – (as-)sajji'd**aːti**

Dieser Plural findet auch auf viele Abstrakta und Verbalnomina Anwendung, auch wenn sie im Singular maskulin sind:

ikti'ʃaːfun – *pl.* iktiʃaː'f**aːtun**

2.7 Die Mehrheit der Substantive bildet jedoch sogenannte **innere** oder gebrochene Plurale, die nicht von der Singularform abgeleitet werden können, sondern von der Wurzel neu zu bildende Formen sind, z.B. [ki'taːbun] – [kutubun]; [waladun] – [ʔau'laːdun]; [qɒsrun] – [qu'suːrun]; [baħrun] – [bi'ħaːrun]. Ihrer relativ geringen Berechenbarkeit zufolge werden sie hier nicht weiter aufgezählt, sondern sind dem Wörterbuch zu entnehmen. Nur bei folgenden Singularformen ist der dazugehörige Plural mit Sicherheit (a, b) oder fast mit Sicherheit (c, d) vorauszusagen:

a) [mafʕalun] – [ma'faːʕilu], sowie alle vierradikaligen Substantive ohne langen Vokal.
b) [maf'ʕuːlun] – [mafaː'ʕiːlu], sowie alle vierradikaligen Substantive mit langem Vokal in letzter Silbe.
c) Die aktive Partizipialform [faːʕilun], wenn sie keine Person bezeichnet: [ʕaːmilun] *Faktor* – [ʕa'waːmilu]; [faː'ʔidatun] *Nutzen* – [fa'waːʔidu].
d) [fa'ʕiːlatun] – [fa'ʕaːʔilu], wenn diese Form keine Person bezeichnet, z.B. [qa'biːlatun] *Volksstamm* – [qa'baːʔilu].

Ferner ist es nützlich zu wissen, daß die Pluralformen فعلاء [fuʕa'laːʔu] und أفعلاء [ʔafʕi'laːʔu] dem Singular فعيل [fa'ʕiːlun] und die Plurale فعال [fu'ʕʕaːlun] und فعلة [fa'ʕalatun] dem Singular فاعل [faːʕilun] zugeordnet sind, wenn es sich um Personen handelt.
Zur Endung [-u] der obigen Pluralformen vgl. 2.8.
Zu gebrochenen (wie auch zu äußeren) Pluralen, die keine Personen bezeichnen, tritt der feminine Singular der Adjektive. Einige häufige Adjektive haben gebrochene Plurale, z.B.:

qu'suːrun faː'xiratun	*prächtige Schlösser*, aber
ʔau'laːdun ki'baːrun	*große Kinder*

2.8 Diptosie. Gewisse Nominalformen haben, wenn sie nicht determiniert sind, abweichende Flexionsendungen, denen das [-n] fehlt und bei denen Genitiv und Akkusativ zusammenfallen. Man nennt sie Diptota. Sobald jedoch ein solches Nomen determiniert wird, flektiert es regelmäßig. Beispiele:

N	ʔaħmar**u**	ħam'raːʔ**u**	ʔakbar**u**	ma'kaːtib**u**
G, A	ʔaħmar**a**	ħam'raːʔ**a**	ʔakbar**a**	ma'kaːtib**a**

Diptotisch sind vor allem manche Eigennamen, die Adjektive für Farben und Gebrechen, der Elativ (vgl. 2.9) und die vierradikaligen Plurale (vgl. 2.7).
Obwohl die vierradikaligen Plurale diptotisch sind, haben solche, die von Wurzeln mit **j** als drittem Radikal abgeleitet sind, die Endung [-in], die determiniert zu [-iː] wird, z.B. مرمى [marman], determiniert [marmaː], *pl.* مرام [ma'raːmin], determiniert مرامي [ma'raːmiː].

2.9 Komparation. Von fast jedem zum Vergleich tauglichen Adjektiv kann die Form [ʔafʕalu] (genannt Elativ) gebildet werden: [ka'biːrun] *groß* – [ʔakbaru]. Dieser Elativ dient indeterminiert zum Ausdruck des Komparativs ([ʔakbaru min] – *größer als*), determiniert auch zum Ausdruck des Superlativs ([al-ʔakbaru] – *der größere, der größte*; [ʔakbaru ma'diːnatin] *die größte Stadt*). In eigentlich elativischer Funktion hat er eine eigene Femininform: الكبرى [al-kubraː] *die* (*sehr*) *große*.

3. Das Pronomen

3.1 Personalpronomina

	Singular	*Dual*	*Plural*
1. Pers.	ʔana	–	naħnu
2. Pers.	*m* ʔanta, *f* ʔanti	ʔantumaː	*m* ʔantum, *f* ʔan'tunna
3. Pers.	*m* huwa, *f* hija	humaː	*m* hum, *f* hunna

3.2 Possessivsuffixe

	Singular	*Dual*	*Plural*
1. Pers.	-iː (-ja)	–	-naː
2. Pers.	*m* -ka, *f* -ki	-kumaː	*m* -kum, *f* -kunna
3. Pers.	*m* -hu, *f* -haː	-humaː	*m* -hum, *f* -hunna

Nach langen Vokalen und dem Diphthong [ai] lautet das Suffix der 1. Pers. sg. [-ja]. Dieselben Suffixe mit Ausnahme des Suffixes der 1. Pers. sg., welches dann [-niː] lautet, dienen als Objektsuffixe beim Zeitwort.

3.3 Demonstrativpronomina

	„dieser"	*„jener"*
sg. m	haːðaː	ðaːlika
sg. f	haːðihiː	tilka
du. m, N	haː'ðaːni	(*klass.*) ðaːnika
du. m, G u. A	haː'ðaini	(*klass.*) ðainika
du. f, N	haː'taːni	(*klass.*) taːnika
du. f, G u. A	haː'taini	(*klass.*) tainika
pl. m u. f	haːʔu'laːʔi	ʔu'laːʔika

3.4 Relativpronomina

	maskulin	*feminin*
sg.	a'llaðiː	a'llatiː
du. N	alla'ðaːni	alla'taːni
du. G u. A	alla'ðaini	alla'taini
pl.	alla'ðiːna	a'llaːtiː *od.* alla'waːtiː

4. Das Verb

4.1 Das arabische Zeitwort unterscheidet zwei Zeitformen, die sich prinzipiell in der Konjugation unterscheiden und gewöhnlich (aufgrund der von ihnen bezeichneten abgeschlossenen bzw. nicht abgeschlossenen Handlung) **Perfekt** und **Imperfekt** genannt werden. Die Konjugation des ersteren operiert mit Suffixen, die des letzteren mit Präfixen und einigen zusätzlichen Suffixen:

[kataba] *er schrieb*, [katabat] *sie schrieb* etc.
[jaktubu] *er schreibt*, [taktubu] *sie schreibt* etc.

Als absolute Tempora fungieren sie also als Vergangenheit und Gegenwart, können jedoch in Relation zu einem bereits fixierten Zeitpunkt anders übersetzt werden, insbesondere das Imperfekt als Vergangenheit. Das Imperfekt kann auch zum Ausdruck der **Zukunft** verwendet werden, doch wird ihm dann meist die Silbe [sa-] präfigiert oder die Partikel [saufa] vorangesetzt.
Der mittlere Vokal im Aktiv des Perfekts und Imperfekts des Grundstamms ist lexikalisch gegeben und vom Paradigma unabhängig. Es gibt also individuelle Unterschiede wie:

[kasara] – [jaks**i**ru]
[samiˁa] – [jasm**a**ˁu]
[kabura] – [jakb**u**ru]

Im Passiv hingegen sind alle Vokale durch das Paradigma gegeben und daher für alle Zeitwörter gleich. (Zur Angabe des Imperfektvokals im Wörterbuch vgl. die Benutzungshinweise, Punkt 5.)

4.2 Vom Imperfekt leiten sich die eigentlich zeitlosen Modi ab: Der **Subjunktiv** (auch als Konjunktiv bezeichnet), eine von subordinierenden Konjunktionen abhängige Verbalform, und der **Apokopat** (auch Jussiv genannt), der mit der Negation [lam] die verneinte Vergangenheit ausdrückt, aber auch konditionale und kohortative Funktionen hat. Auch der **Imperativ** wird vom Imperfekt abgeleitet, wobei die Präfixe weggelassen und die Endungen gekürzt werden.

4.3 Die sogenannten **erweiterten Stämme** sind nichts anderes als ein System der Wortbildung, durch das, ähnlich den Vorsilben des deutschen Zeitwortes, die beschränkte Zahl der Grundverben erheblich vermehrt werden kann. Jedem Stamm entspricht eine (oft mehrdeutige) semantische Kategorie (Kausativ, Reflexiv usw.), die die Wurzelbedeutung modifiziert. Jedes so entstehende Zeitwort wird zu einer unabhängigen Einheit im Vokabular der Sprache, bleibt aber morphologisch vollkommen durch das Paradigma bestimmt, so daß sich die Angabe des Imperfekts im Wörterbuch erübrigt. Die Numerierung der Stämme ist rein konventionell.

4.4 Jeder Stamm hat seine aktive und passive **Partizipialform**. Viele Partizipien sind als Nomina selbständige Einheiten im Vokabular der Sprache geworden und werden als solche im Wörterbuch alphabetisch angeführt. Das Gleiche gilt von den **Verbalsubstantiven**, die substantivierte Infinitive darstellen, für die dem Grundstamm mehrere, teilweise den gebrochenen Pluralen ähnliche Formen zur Verfügung stehen, wohingegen den erweiterten Stämmen nur jeweils eine Form zugeordnet ist.

Konjugation der arabischen Verben

In den folgenden **Paradigmen** wird als Musterwurzel für alle Formen und Stämme des sog. „gesunden", d.h. des regelmäßigen dreikonsonantigen Zeitworts die Wurzel FˁL verwendet, selbst wenn solche Formen von dieser Wurzel nicht in allen Fällen auch eine tatsächliche Bedeutung haben.
Alle auf langes [-uː] auslautenden Verbalformen gehen in der arabischen Schrift auf ein stummes Alif aus: فعلوا [faˁaluː].
Die Reihenfolge der Personen von der dritten zur ersten ist traditionell in der arabischen Grammatik und hat ihren guten Grund, da die einfachste Form die der dritten Person ist.

Regelmäßige Verben

Grundstamm

Aktiv:

	Perfekt	*Imperfekt*	*Subjunktiv*	*Apokopat*	*Imperativ*[1]
sg.					
3. m	faˁal**a**	**jaf**ˁal**u**	**jaf**ˁal**a**	**jaf**ˁal	
3. f	faˁal**at**	**taf**ˁal**u**	**taf**ˁal**a**	**taf**ˁal	
2. m	fa'ˁal**ta**	**taf**ˁal**u**	**taf**ˁal**a**	**taf**ˁal	**if**ˁal
2. f	fa'ˁal**ti**	**taf**ˁa'l**iːna**	**taf**ˁal**iː**	**taf**ˁal**iː**	**if**ˁal**iː**
1.	fa'ˁal**tu**	**ˀaf**ˁal**u**	**ˀaf**ˁal**a**	**ˀaf**ˁal	
du.					
3. m	faˁal**aː**	**jaf**ˁa'l**aːni**	**jaf**ˁal**aː**	**jaf**ˁal**aː**	
3. f	fa'ˁal**ataː**	**taf**ˁa'l**aːni**	**taf**ˁal**aː**	**taf**ˁal**aː**	
2.	fa'ˁal**tumaː**	**taf**ˁa'l**aːni**	**taf**ˁal**aː**	**taf**ˁal**aː**	**if**ˁal**aː**
pl.					
3. m	faˁal**uː**	**jaf**ˁa'l**uːna**	**jaf**ˁal**uː**	**jaf**ˁal**uː**	
3. f	fa'ˁal**na**	**jaf**'ˁal**na**	**jaf**'ˁal**na**	**jaf**'ˁal**na**	
2. m	fa'ˁal**tum**	**taf**ˁa'l**uːna**	**taf**ˁal**uː**	**taf**ˁal**uː**	**if**ˁal**uː**
2. f	faˁal'**tunna**	**taf**'ˁal**na**	**taf**'ˁal**na**	**taf**'ˁal**na**	**if**'ˁal**na**
1.	fa'ˁal**naː**	**naf**ˁal**u**	**naf**ˁal**a**	**naf**ˁal	

[1] Ist der Imperfektvokal ein **u**, so lautet der Imperativ mit **u** an: **u**ktub, **u**ktubi**ː** etc.

Passiv:

	Perfekt	*Imperfekt*	*Subjunktiv*	*Apokopat*
sg.				
3. m	fuʕila	jufʕalu	jufʕala	jufʕal
3. f	fuʕilat	tufʕalu	tufʕala	tufʕal
2. m	fu'ʕilta	tufʕalu	tufʕala	tufʕal
2. f	fu'ʕilti	tufʕa'liːna	tufʕaliː	tufʕaliː
1.	fu'ʕiltu	ʔufʕalu	ʔufʕala	ʔufʕal
	etc.	*etc.*	*etc.*	*etc.*

***Aktives Partizip*:** faːʕilun ***Passives Partizip*:** maf'ʕuːlun

Die erweiterten Stämme des regelmäßigen Verbs[1)]

	Perfekt	*Imperfekt*	*Imperativ*	*Partizip*	*Verbalsubstantiv*
II.					
Aktiv	faʕʕala	ju'faʕʕilu	faʕʕil	mu'faʕʕil	**taf**'ʕiːl
Passiv	fuʕʕila	ju'faʕʕalu	–	mu'faʕʕal	–
III.					
Aktiv	faːʕala	ju'faːʕilu	faːʕil	mu'faːʕil	mu'faːʕala *od. (nicht mehr produktiv)* fi'ʕaːl
Passiv	fuːʕila	ju'faːʕalu	–	mu'faːʕal	–
IV.					
Aktiv	ʔafʕala	jufʕilu	ʔafʕil	mufʕil	ʔif'ʕaːl
Passiv	ʔufʕila	jufʕalu	–	mufʕal	–
V.					
Aktiv	**ta**'faʕʕala	**jata**'faʕʕalu	**ta**'faʕʕal	**muta**'faʕʕil	**ta**'faʕʕul
Passiv	**tu**'fuʕʕila	**juta**'faʕʕalu	–	**muta**'faʕʕal	–
VI.					
Aktiv	**ta**'faːʕala	**jata**'faːʕalu	**ta**'faːʕal	**muta**'faːʕil	**ta**'faːʕul
Passiv	**tu**'fuːʕila	**juta**'faːʕalu	–	**muta**'faːʕal	–
VII.					
Aktiv	**in**'faʕala	ja**n**'faʕilu	**in**'faʕil	mu**n**'faʕil	**infi**'ʕaːl
Passiv	**un**'fuʕila	ju**n**'faʕalu	–	mu**n**'faʕal	–
VIII.					
Aktiv	if'**ta**ʕala	jaf'**ta**ʕilu	if'**ta**ʕil	muf'**ta**ʕil	if**ti**'ʕaːl
Passiv	uf'**tu**ʕila	juf'**ta**ʕalu	–	muf'**ta**ʕal	–
IX.					
Aktiv	if'ʕalla	jaf'ʕallu	if'ʕalil	muf'ʕall	ifʕi'laːl
X.					
Aktiv	**is'ta**fʕala	ja**s'ta**fʕilu	**is'ta**fʕil	mu**s'ta**fʕil	**isti**f'ʕaːl
Passiv	**us'tu**fʕila	ju**s'ta**fʕalu	–	mu**s'ta**fʕal	–

[1)] Es genügt die Anführung der 3. Pers. m/sg., da jede dieser Formen völlig analog zum Grundstamm konjugiert wird. Die Partizipien und die Verbalsubstantiva sind in der Tabelle ohne die Flexionsendung [-un] angeführt.

Verben mit identischem zweiten und dritten Radikal

Grundstamm

Beispiel: رد

	Perfekt		*Imperfekt*		*Apokopat*[2]
	Aktiv	*Passiv*	*Aktiv*	*Passiv*	*Aktiv*
sg.					
3. m	radda	rudda	ja'ruddu	ju'raddu	jar**dud**
3. f	raddat	ruddat	ta'ruddu	tu'raddu	tar**dud**
2. m	ra'**dad**ta	ru'**did**ta	ta'ruddu	tu'raddu	tar**dud**
2. f	ra'**dad**ti	ru'**did**ti	taru'ddiːna	tura'ddiːna	ta'ruddiː
1.	ra'**dad**tu	ru'**did**tu	ʔa'ruddu	ʔu'raddu	ʔar**dud**
du.					
3. m	raddaː	ruddaː	jaru'ddaːni	jura'ddaːni	ja'ruddaː
3. f	raddataː	ruddataː	taru'ddaːni	tura'ddaːni	ta'ruddaː
2.	ra'**dad**tumaː	ru'**did**tumaː	taru'ddaːni	tura'ddaːni	ta'ruddaː
pl.					
3. *m*	radduː	rudduː	jaru'dduːna	jura'dduːna	ja'rudduː
3. f	ra'**dad**na	ru'**did**na	jar'**dud**na	jur'**dad**na	jar'**dud**na
2. m	ra'**dad**tum	ru'**did**tum	taru'dduːna	tura'dduːna	ta'rudduː
2. f	ra**da**'**d**tunna	ru**di**'**d**tunna	tar'**dud**na	tur'**dad**na	tar'**dud**na
1.	ra'**dad**naː	ru'**did**naː	na'ruddu	nu'raddu	nar**dud**

		Imperativ	
	maskulin		*feminin*
sg.	rudda *od.* ur**dud**		ruddiː
du.		ruddaː	
pl.	rudduː		ur'**dud**na

***Aktives Partizip*:** raːdd
***Passives Partizip*:** mar'duːd.

[2] Der Apokopat kann auch [ja'rudda] etc. lauten und ist dann identisch mit dem Subjunktiv.

Die erweiterten Stämme

	Perfekt	*Imperfekt*	*Imperativ*	*Partizip*	*Verbalsubstantiv*
II	raddada	ju'raddidu	raddid	mu'raddid	tar'diːd
III	maːssa	ju'maːssu	maːsis	mu'maːss	mu'maːssa
Passiv	muːsisa	ju'maːssu	–	mu'maːss	–
IV	ʔa'marra	ju'mirru	ʔamrir *od.* ʔa'mirra	mu'mirr	ʔim'raːr
V	ta'raddada	jata'raddadu	ta'raddad	muta'raddid	ta'raddud
VI	ta'maːssa	jata'maːssu	ta'maːsas *od.* ta'maːssa	muta'maːss	ta'maːss
VII	in'ʤarra	jan'ʤarru	in'ʤarir *od.* in'ʤarra	mun'ʤarr	inʤi'raːr
VIII	ir'tadda	jar'taddu	ir'tadid *od.* ir'tadda	mur'tadd	irti'daːd
X	ista'radda	jasta'riddu	is'tardid *od.* ista'ridda	musta'ridd	istir'daːd

Verben mit w als erstem Radikal

	Perfekt	*Imperfekt*	*Imperativ*	*Partizip*	*Verbalsubstantiv*
I	walada	j**a**lidu	lid	waːlid	
Passiv	wulida	j**uː**ladu	–	m**au'**luːd	
IV	ʔ**au**rada	j**uː**ridu	ʔ**au**rid	m**uː**rid	ʔ**iː**'raːd
Passiv	ʔ**uː**rida	j**uː**radu	–	m**uː**rad	
VIII	i'**tt**afaqa	ja'**tt**afiqu	i'**tt**afiq	mu'**tt**afiq	i**tt**i'faːq
Passiv	u'**tt**ufiqa	ju'**tt**afaqu	–	mu'**tt**afaq	–

Alle anderen Stämme regelmäßig.

Verben mit j als erstem Radikal

	Perfekt	*Imperfekt*	*Imperativ*	*Partizip*	*Verbalsubstantiv*
I	jabisa	ja**i**basu	**iː**bas	jaːbis	(jabas)
IV	ˀ**ai**qana	j**uː**qinu	ˀ**ai**qin	m**uː**qin	ˀ**iː**'qaːn

Verben mit w als mittlerem Radikal

Grundstamm

***Aktiv*:**

	mit [**u**] *im Perfekt* (*Beispiel*: قال)			*mit* [**i**] *im Perfekt* (*Beispiel*: خاف)		
	Perfekt	*Imperfekt*	*Apokopat*	*Perfekt*	*Imperfekt*	*Apokopat*
sg.						
3. m	qaːla	ja'quːlu	jaqul	xaːfa	ja'xaːfu	jaxaf
3. f	qaːlat	ta'quːlu	taqul	xaːfat	ta'xaːfu	taxaf
2. m	q**u**lta	ta'quːlu	taqul	x**i**fta	ta'xaːfu	taxaf
2. f	q**u**lti	taquː'liːna	ta'quːliː	x**i**fti	taxaː'fiːna	ta'xaːfiː
1.	q**u**ltu	ˀa'quːlu	ˀaqul	x**i**ftu	ˀa'xaːfu	ˀaxaf
du.						
3. m	qaːlaː	jaquː'laːni	ja'quːlaː	xaːfaː	jaxaː'faːni	ja'xaːfaː
3. f	qaːlataː	taquː'laːni	ta'quːlaː	xaːfataː	taxaː'faːni	ta'xaːfaː
2.	q**u**ltumaː	taquː'laːni	ta'quːlaː	x**i**ftumaː	taxaː'faːni	ta'xaːfaː
pl.						
3. m	qaːluː	jaquː'luːna	ja'quːluː	xaːfuː	jaxaː'fuːna	ja'xaːfuː
3. f	q**u**lna	ja'qulna	ja'qulna	x**i**fna	ja'xafna	ja'xafna
2. m	q**u**ltum	taquː'luːna	ta'quːluː	x**i**ftum	taxaː'fuːna	ta'xaːfuː
2. f	q**u**l'tunna	ta'qulna	ta'qulna	x**i**f'tunna	ta'xafna	ta'xafna
1.	q**u**lnaː	na'quːlu	naqul	x**i**fnaː	na'xaːfu	naxaf

Passiv *(Beispiel* قاد*)*:

	Perfekt	*Imperfekt*	*Apokopat*
3. m	qiːda	ju'qaːdu	juqad
3. f	qiːdat	tu'qaːdu	tuqad
2. m	qidta	tu'qaːdu	tuqad
	etc.	*etc.*	*etc.*

***Imperativ*:** q**u**l, q**u**ːliː, q**u**ːlaː, q**u**ːluː, q**u**lna.
***Aktives Partizip*:** qaːˀil
***Passives Partizip*:** ma'q**u**ːl.

Die erweiterten Stämme

	Perfekt	*Imperfekt*	*Apokopat*	*Imperativ*	*Partizip*
IV	ˀa'qaːma	ju'qiːmu	juqim	ˀaqim	mu'qiːm
2. m/pl.	ˀa'qamtum	tuqiː'muːna	tu'qiːmuː	ˀa'qiːmuː	–
Passiv	ˀu'qiːma	ju'qaːmu	juqam	–	mu'qaːm
VII	in'qaːda	jan'qaːdu	janqad	inqad	mun'qaːd
VIII	iħ'taːʤa	jaħ'taːʤu	jaħtaʤ	iħtaʤ	muħ'taːʤ
Passiv	uħ'tiːʤa	juħ'taːʤu	juħtaʤ	–	muħ'taːʤ
X	ista'ʃaːra	jasta'ʃiːru	jas'taʃir	is'taʃir	musta'ʃiːr
Passiv	ustu'ʃiːra	justa'ʃaːru	jus'taʃar	–	musta'ʃaːr

In den übrigen Stämmen behält das **w** konsonantische Qualität.

Die Verbalsubstantive zu den erweiterten Stämmen

II. taq'wiːm	***V.*** ta'nawwuˁ	***VIII.*** iħti'jaːʤ
III. mu'qaːwama	***VI.*** ta'naːwul	***IX.*** iswi'daːd
IV. ˀi'qaːma	***VII.*** inqi'jaːd	***X.*** isti'ʃaːra

Verben mit j als mittlerem Radikal

Grundstamm

Beispiel: سار

	Perfekt	*Imperfekt*	*Apokopat*	*Imperativ*
sg.				
3. m	saːra	ja'siːru	jasir	
3. f	saːrat	ta'siːru	tasir	
2. m	sirta	ta'siːru	tasir	sir
2. f	sirti	tasiː'riːna	ta'siːriː	siːriː
1.	sirtu	ʔa'siːru	ʔasir	
du.				
3. m	saːraː	jasiː'raːni	ja'siːraː	
3. f	saːrataː	tasiː'raːni	ta'siːraː	
2.	sirtumaː	tasiː'raːni	ta'siːraː	siːraː
pl.				
3. m	saːruː	jasiː'ruːna	ja'siːruː	
3. f	sirna	ja'sirna	ja'sirna	
2. m	sirtum	tasiː'ruːna	ta'siːruː	siːruː
2. f	sir'tunna	ta'sirna	ta'sirna	sirna
1.	sirnaː	na'siːru	nasir	

Das ***Passiv*** mit Ausnahme des passiven Partizips ist genau wie bei den **w**-Verben.
***Aktives Partizip*:** saːʔir
***Passives Partizip*:** ma'siːr.
Die ***erweiterten Stämme*** sind analog zu denen der **w**-Verben zu bilden, nur daß sinngemäß für jedes konsonantische **w** ein konsonantisches **j** zu setzen ist.

Verben mit w als drittem Radikal

Beispiel: دعا

	Perfekt	*Imperfekt*	*Subjunktiv*	*Apokopat*	*Imperativ*
sg.					
3. m	daˤaː	jadˤ**uː**	jadˤuwa	jadˤu	
3. f	daˤat	tadˤ**uː**	tadˤuwa	tadˤu	
2. m	da'ˤ**au**ta	tadˤ**uː**	tadˤuwa	tadˤu	udˤu
2. f	da'ˤ**au**ti	tad'ˤ**iː**na	tadˤiː	tadˤiː	udˤiː
1.	da'ˤ**au**tu	ʔadˤ**uː**	ʔadˤuwa	ʔadˤu	
du.					
3. m	daˤawaː	jadˤu'waːni	jadˤuwaː	jadˤuwaː	
3. f	daˤat**a**ː	tadˤu'waːni	tadˤuwaː	tadˤuwaː	
2.	da'ˤ**au**tumaː	tadˤu'waːni	tadˤuwaː	tadˤuwaː	udˤuwaː
pl.					
3. m	daˤ**au**	jad'ˤ**uː**na	jadˤuː	jadˤuː	
3. f	da'ˤ**au**na	jad'ˤ**uː**na	jad'ˤ**uː**na	jad'ˤ**uː**na	
2. m	da'ˤ**au**tum	tad'ˤ**uː**na	tadˤuː	tadˤuː	udˤuː
2. f	daˤ**au**'tunna	tad'ˤ**uː**na	tad'ˤ**uː**na	tad'ˤ**uː**na	ud'ˤ**uː**na
1.	da'ˤ**au**naː	nadˤ**uː**	nadˤuwa	nadˤu	

Zum Unterschied von den Verben mit **j** wird [daˤaː] in der arabischen Schrift mit Alif geschrieben: دعا. Der Plural [daˤau] hat in der arabischen Schrift ein stummes Alif: دعوا.

***Aktives Partizip*:** daːˤin, *determiniert* daːˤiː, *f* daːˤija
***Passives Partizip*:** mad'ˤuːw.

Verben mit j als drittem Radikal

Mit [a] ***im Perfekt*** (*Beispiel*: رمى)

	Perfekt	*Imperfekt*	*Subjunktiv*	*Apokopat*	*Imperativ*
sg.					
3. m	ramaː	jarm**i**ː	jarmija	jarmi	
3. f	ramat	tarm**i**ː	tarmija	tarmi	
2. m	ra'm**ai**ta	tarm**i**ː	tarmija	tarmi	irmi
2. f	ra'm**ai**ti	tar'm**i**ːna	tarmiː	tarmiː	irmiː
1.	ra'm**ai**tu	ʔarm**i**ː	ʔarmija	ʔarmi	
du.					
3. m	ramajaː	jarmi'jaːni	jarmijaː	jarmijaː	
3. f	ramataː	tarmi'jaːni	tarmijaː	tarmijaː	
2.	ra'm**ai**tumaː	tarmi'jaːni	tarmijaː	tarmijaː	irmijaː
pl.					
3. m	ram**au**	jar'm**u**ːna	jarmuː	jarmuː	
3. f	ra'm**ai**na	jar'm**i**ːna	jar'miːna	jar'miːna	
2. m	ra'm**ai**tum	tar'm**u**ːna	tarmuː	tarmuː	irmuː
2. f	ram**ai**'tunna	tar'm**i**ːna	tar'miːna	tar'miːna	ir'miːna
1.	ra'm**ai**naː	narm**i**ː	narmija	narmi	

***Aktives Partizip*:** raːmin, *determiniert* raːmiː, *f* raːmija.
***Passives Partizip*:** mar'm**i**ːj.

Mit [i] ***im Perfekt*** (*Beispiel*: لقي)

	Perfekt	*Imperfekt*	*Subjunktiv*	*Apokopat*	*Imperativ*
sg.					
3. m	laqija	jalq**a**ː	jalq**a**ː	jalq**a**	
3. f	laqijat	talq**a**ː	talq**a**ː	talq**a**	
2. m	la'qiːta	talq**a**ː	talq**a**ː	talq**a**	ilq**a**
2. f	la'qiːti	tal'q**ai**na	talq**ai**	talq**ai**	ilq**ai**
1.	la'qiːtu	ʔalq**a**ː	ʔalq**a**ː	ʔalq**a**	
du.					
3. m	laqijaː	jalqa'jaːni	jalqajaː	jalqajaː	
3. f	laqijataː	talqa'jaːni	talqajaː	talqajaː	
2. m	la'qiːtumaː	talqa'jaːni	talqajaː	talqajaː	ilqajaː

	Perfekt	*Imperfekt*	*Subjunktiv*	*Apokopat*	*Imperativ*
pl.					
3. m	laquː	jal'q**au**na	jalq**au**	jalq**au**	
3. f	la'qiːna	jal'q**ai**na	jal'q**ai**na	jal'q**ai**na	
2. m	la'qiːtum	tal'q**au**na	talq**au**	talq**au**	ilq**au**
2. f	laqiː'tunna	tal'q**ai**na	tal'q**ai**na	tal'q**ai**na	il'q**ai**na
1.	la'qiːnaː	nalq**aː**	nalq**aː**	nalq**a**	

***Aktives Partizip*:** laːqin, *determiniert* laːqiː, *f* laːqija.
***Passives Partizip*:** mal'q**iː**j.

***Passiv für alle Verben mit w und j als drittem Radikal*:**

	Perfekt	*Imperfekt*	*Subjunktiv*	*Apokopat*
sg.				
3. m	duʕija	judʕ**aː**	judʕ**aː**	judʕ**a**
3. f	duʕijat	tudʕ**aː**	tudʕ**aː**	tudʕ**a**
2. m	du'ʕiːta	tudʕ**aː**	tudʕ**aː**	tudʕ**a**
2. f	du'ʕiːti	tud'ʕ**ai**na	tudʕ**ai**	tudʕ**ai**
1.	du'ʕiːtu	ʔudʕ**aː**	ʔudʕ**aː**	ʔudʕ**a**
pl.				
3. m	duʕuː	jud'ʕauna	judʕau	judʕau
3. f	du'ʕiːna	jud'ʕaina	jud'ʕaina	jud'ʕaina
2. m	du'ʕiːtum	tud'ʕauna	tudʕau	tudʕau
2. f	duʕiː'tunna	tud'ʕaina	tud'ʕaina	tud'ʕaina
1.	du'ʕiːnaː	nudʕaː	nudʕaː	nudʕa

Erweiterte Stämme aller Verben mit w und j als drittem Radikal

	Perfekt	*Imperfekt*	*Apokopat*	*Imperativ*	*Partizip*
II.	sammaː	ju'sammiː	ju'sammi	sammi	mu'sammin
Passiv	summija	ju'sammaː	ju'samma	–	mu'samman
III.	laːqaː	ju'laːqiː	ju'laːqi	laːqi	mu'laːqin
Passiv	luːqija	ju'laːqaː	ju'laːqa	–	mulaːqan
IV.	ʔalqaː	julqiː	julqi	ʔalqi	mulqin
Passiv	ʔulqija	julqaː	julqa	–	mulqan
V.	ta'laqqaː	jata'laqqaː	jata'laqqa	talaqqa	muta'laqqin
Passiv	tu'luqqija	juta'laqqaː	juta'laqqa	–	muta'laqqan
VI.	ta'laːqaː	jata'laːqaː	jata'laːqa	ta'laːqa	muta'laːqin
Passiv	tu'luːqija	juta'laːqaː	juta'laːqa	–	muta'laːqan
VII.	in'qɒđɒː	jan'qɒđɨː	jan'qɒđɨ	in'qɒđɨ	mun'qɒđɨn
VIII.	il'taqaː	jal'taqiː	jal'taqi	il'taqi	mul'taqin
Passiv	ul'tuqija	jul'taqaː	jul'taqa	–	mul'taqan
X.	is'talqaː	jas'talqiː	jas'talqi	is'talqi	mus'talqin
Passiv	us'tulqija	jus'talqaː	jus'talqa	–	mus'talqan

Bei den erweiterten Stämmen wird das [-aː] aller Verben in der arabischen Schrift durch ى wiedergegeben.

Bei den ***Partizipien*** sind folgende Veränderungen zu beachten:
***Aktiv*:** مسم [mu'sammin], *determiniert* مسمي [mu'sammiː], *f* مسمية [mu'sammija].
***Passiv*:** مسمى [mu'samman], *determiniert* [mu'sammaː], *f* مسماة [musa'mmaːt].

Die Verbalsubstantive zu den erweiterten Stämmen

II.	tasmija	***IV.***	ʔil'qaːʔ	***VII.***	inqi'đɒːʔ
III.	mulaː'qaːt, li'qaːʔ	***V.***	ta'laqqin	***VIII.***	ilti'qaːʔ
		VI.	ta'laːqin	***X.***	istil'qaːʔ

Zahlwörter

Grundzahlen

	maskulin	*feminin*	
1	waːħidun	waː'ħidatun	١
2	iθ'naːni	iθna'taːni	٢
3	θa'laːθatun	θa'laːθun	٣
4	ʔar'baʕatun	ʔarbaʕun	٤
5	xamsatun	xamsun	٥
6	sittatun	sittun	٦
7	sabʕatun	sabʕun	٧
8	θamaː'nijatun	θa'maːnin	٨
9	tisʕatun	tisʕun	٩
10	ʕa'ʃaratun	ʕaʃrun	١٠
11	ʔaħada ʕaʃara	ʔiħdaː ʕaʃrata	١١
12	iθnaː ʕaʃara	iθnataː ʕaʃrata	١٢
13	θa'laːθata ʕaʃara	θa'laːθa ʕaʃrata	١٣
14	ʔar'baʕata ʕaʃara	ʔarbaʕa ʕaʃrata	١٤
19	tisʕata ʕaʃara	tisʕa ʕaʃrata	١٩
20	ʕiʃ'ruːna	ʕiʃ'ruːna	٢٠
21	waːħidun wa-ʕiʃ'ruːna	ʔiħdaː wa-ʕiʃ'ruːna	٢١
22	i'θnaːni wa-ʕiʃ'ruːna	iθna'taːni wa-ʕiʃ'ruːna	٢٢
23	θa'laːθatun wa-ʕiʃ'ruːna	θa'laːθun wa-ʕiʃ'ruːna	٢٣

30	θalaː'θuːna	**200**	miʔa'taːni	**1000**	ʔalfun
40	ʔarba'ʕuːna	**300**	θalaːθu'miʔatin	**2000**	ʔal'faːni
50	xam'suːna	**400**	ʔarbaʕu'miʔatin	**3000**	θa'laːθatu ʔaː'laːfin
60	si'ttuːna	**500**	xamsu'miʔatin	**11000**	ʔaħada ʕaʃara ʔalfan
70	sab'ʕuːna	**600**	sittu'miʔatin	**100.000**	miʔatu ʔalfin
80	θamaː'nuːna	**700**	sabʕu'miʔatin	**1.000.000**	mal'juːn
90	tis'ʕuːna	**800**	θamaːniː'miʔatin		
100	miʔatun	**900**	tisʕu'miʔatin		

Die Zahlwörter von 11 bis 19 sind indeklinabel, ausgenommen die Zahl 12: *G*, *A* iθnai ʕaʃara, *f* iθnatai ʕaʃrata.

Es ist ein bekanntes Paradox, daß die Zahlwörter von 3 bis 19 (mit Ausnahme von 11 und 12) in umgekehrter Weise mit dem Geschlecht der gezählten Objekte übereinstimmen. Nach den Zahlwörtern von 3 bis 10 steht der Genitiv des Plurals, von 11 bis 99 der Akkusativ des Singulars, und nach 100, 1000, 1.000.000 der Genitiv des Singulars. Das zweite Zahlwort für „ein" [ʔaħadun], *f* [ʔiħdaː] wird als Pronomen gebraucht: [ʔa'ħaduhum] *einer von ihnen.*

Ordnungszahlen

	maskulin	***feminin***
1.	al-ʔawwalu	al-ʔuːlaː
2.	aθ-θaːniː	aθ-θaː'nijatu
3.	aθ-θaːliθu	aθ-θaː'liθatu
4.	ar-raːbiʕu	ar-raː'biʕatu
5.	al-xaːmisu	al-xaː'misatu
6.	as-saːdisu	as-saː'disatu
7.	as-saːbiʕu	as-saː'biʕatu
8.	aθ-θaːminu	aθ-θaː'minatu
9.	at-taːsiʕu	at-taː'siʕatu
10.	al-ʕaːʃiru	al-ʕaː'ʃiratu
11.	al-ħaːdija ʕaʃara	al-ħaː'dijata ʕaʃrata
12.	aθ-θaːnija ʕaʃara	aθ-θaː'nijata ʕaʃrata
13.	aθ-θaːliθa ʕaʃara	aθ-θaː'liθata ʕaʃrata
20.	al-ʕiʃ'ruːna	al-ʕiʃ'ruːna
21.	al-ħaːdiː wa-l-ʕiʃ'ruːna	al-ħaː'dijatu wa-l-ʕiʃ'ruːna
25.	al-xaːmisu wa-l-ʕiʃ'ruːna	al-xaː'misatu wa-l-ʕiʃ'ruːna
100.	al-miʔatu	al-miʔatu

Bruchzahlen

1/2 nisfun	1/3 θulθun	1/4 rubʕun
1/5 xumsun	1/6 sudsun	1/7 subʕun
1/8 θumnun	1/9 tusʕun	1/10 ʕuʃrun

Vielfaches

mu'θallaθun	*dreifach*; *Dreieck*	mu'rabbaʕun	*vierfach*; *Viereck*, *Quadrat*
mu'saddasun	*sechsfach*; *Sechseck*; *Revolver*		

Die Tage der Woche

يوم الأحد	[jaumu l-ʔaħad(i)]	Sonntag
يوم الاثنين	[jaumu l-iθ'nain(i)]	Montag
يوم الثلاثاء	[jaumu l-θulaː'θaːʔ(i)]	Dienstag
يوم الأربعاء	[jaumu l-ʔarba'ʕaːʔ(i)]	Mittwoch
يوم الخميس	[jaumu l-xa'miːs(i)]	Donnerstag
يوم الجمعة	[jaumu l-ʤumʕa(ti)]	Freitag
يوم السبت	[jaumu s-sabt(i)]	Samstag

Das Wort يوم kann auch weggelassen werden.

Die Monate des islamischen Mondjahres

Die islamische Zeitrechnung beginnt mit 622 n.Chr. Da das Mondjahr kürzer ist, entsprechen 33 Mondjahre 32 Sonnenjahren. Um schnell die ungefähre Entsprechung eines Jahres der Hidschra festzustellen, ziehe man pro Jahrhundert 3 ab und schlage 622 dazu, z.B. für 1260 d.H. erhält man: (1260-38) + 622 = 1844.

I.	المحرم	[al-mu'ħarram]
II.	صفر	[sɒfɒr]
III.	ربيع الأول	[ra'biːʕu l-ʔawwal]
IV.	ربيع الثاني	[ra'biːʕu θ-θaːniː]
V.	جمادى الأولى	[ʤu'maːdaː l-ʔuːlaː]
VI.	جمادى الآخرة	[ʤu'maːdaː l-ʔaːxira]
VII.	رجب	[raʤab]
VIII.	شعبان	[ʃaʕ'baːn]
IX.	رمضان	[rama'đɒːn] (der Fastenmonat)
X.	شوال	[ʃa'wwaːl]
XI.	ذو القعدة	[ðuː l-qaʕda]
XII.	ذو الحجة	[ðuː l-ħiddʒa] (Monat der Pilgerfahrt)

Die Monate des christlichen Jahres

Links stehen die in Ägypten, rechts die in Syrien, im Irak, in Jordanien und im Libanon gebräuchlichen Namen:

Januar	يناير	[ja'naːjir]	كانون الثاني	[kaː'nuːnu θ-θaːniː]
Februar	فبراير	[fib'raːjir]	شباط	[ʃu'bɒːŧ]
März	مارس	[maːris]	آذار	[ʔaː'ðaːr]
April	أبريل	[ʔab'riːl]	نيسان	[niː'saːn]
Mai	مايو	[maːjuː]	أيار	[ʔa'jjaːr]
Juni	يونيو	[juːnjuː]	حزيران	[ħaziː'raːn]
Juli	يوليو	[juːljuː]	تموز	[ta'mmuːz]
August	أغسطس	[ʔa'ɣusŧus]	آب	[ʔaːb]
September	سبتمبر	[sib'tambar]	أيلول	[ʔai'luːl]
Oktober	أكتوبر	[ʔuk'toːbar]	تشرين الأول	[tiʃ'riːnu l-ʔawwal]
November	نوفمبر	[nuː'fambar]	تشرين الثاني	[tiʃ'riːnu θ-θaːniː]
Dezember	ديسمبر	[di'sambar]	كانون الأول	[kaː'nuːnu l-ʔawwal]

In Tunesien und Algerien werden folgende davon abweichende französische Monatsnamen verwendet: I. جانفي [ʒaːnfiː], II. فيفري [fiːvriː], IV. أفريل [ʔav'riːl], V. ماي [maːj], VI. جوان [ʒwaːn], VII. جويلية [ʒwiːlja], VIII. أوت [ʔuːt].

٧ – إذا ما ألحقت التاء المربوطة بكلمة مذكرة فإن نطق الكلمة الجديدة يجب أن يستكمل بحسب الأحوال، مثلا تفاح [tu'ffaːħ]، ~ـة [tu'ffaːħa] أو داخل جملة [tu'ffaːħatun].

٨ – النسبة يشار إليها في الكتابة الصوتية باللاحقة [-iː] أي بدون إظهار التشديد.

٩ – الياء في نهاية الكلمة رسمت بـ«ى» إذا ما كان نطقها [aː] أو [an] بينما رسمت بـ«ي» إذا كان نطقها [iː] أو [j] أو [ai]، وذلك جريا على العادة الكتابية المطبعية في معظم البلاد العربية.

٢ – وكما هو معروف تؤثر الحروف المفخمة على نطق الحروف الصائتة المجاورة لها، فبالنسبة للكتابة الصوتية لهذه الحروف الصائتة فقد كتبت كما يلي:

الحركة العربية	الكتابة الصوتية: نطق عادي	الكتابة الصوتية: نطق مفخم
ـَ	a	ɒ
ـَا	aː	ɒː
ـُ	u	
ـُو	uː	
ـِ	i	ɨ
ـِي	iː	ɨː

وإذا كانت الياء أو الولو مسبوقة بفتحة وتمثل جزءا من مقطع واحد فإن كتابتها الصوتية تكون [ai] للياء و [au] للواو. وإذا كانت الياء أو الولو جزءا من المقطع التالي في نفس الكلمة فتكتبان [aja] و [awa]. أما الحرفان الصائتان الطويلان [eː] و [oː] فإنهما يستخدمان في المعجم للإشارة إلى النطق العامي لـ [ai] و [au] في بعض الحالات أوكما يردان في بعض الكلمات الأجنبية.

٣ – تفخيم الحروف الساكنة ص و ض و ط و ظ و ل (في كلمة الله) يمثله في الكتابة الصوتية s و đ و ŧ و ð و ł.

٤ – همزة القطع يشار إليها في الكتابة الصوتية دائما برمز [ʔ] بينما ينعدم هذا الرمز في حالة همزة الوصل، مثلا إحسان [ʔiħ'saːn]، الإحسان [al-ʔiħ'saːn]، قال أحمد [qaːla ʔaħmad]، استخدام [istix'daːm]، الاستخدام [al-istix'daːm]، بالاستخدام [bi-l-istix'daːm]، يقول الولد [ja'quːlu l-walad].

٥ – الإعراب والحركات القصيرة في نهاية الكلمة لا يشار إليها في الكتابة الصوتية، ولا يستثنى من هذه القاعدة إلا الأفعال والتراكيب المؤلفة من حرف واسم وصفة أو المؤلفة من حرف ومضاف ومضاف إليه والتي يرد فيها الاسم دائما في نفس الحالة الإعرابية، كذلك تستثنى بعض الحالات القليلة النادرة التي رأينا فيها أنه من المفيد ذكر الحركة الإعرابية. أما التاء المربوطة فيمثلها في الكتابة الصوتية [a-] وفي بعض الأحيان يشار إلى الحالة الإعرابية بين قوسين مستديرين ضمن القوسين المعقوفين، مثال [al-batta(ta)].

٦ – علامة النبر هي ' وترد قبل المقطع الذي يقع عليه النبر، مثل [ma'kaːtib]، وإن لم ترد فمعناه أن المقطع الأول هو الذي يقع عليه النبر. وإذا كان هناك حرفان ساكنان أولهما في نهاية المقطع وثانيهما في بداية المقطع التالي فإن علامة النبر ترد بينهما، مثل [mus'taqbal]، بينما ترد هذه العلامة في حالة حرفين ساكنين متماثلين (الشد) قبل أولهما، مثل [ba'lluːra].

الحروف العربية وكتابتها الصوتية

١ – استخدمنا هنا في الكتابة الصوتية العربية الرموز التالية والتي قررتها هيئة International Phonetic Association (IPA):

الحرف العربي	الكتابة الصوتية	الحرف العربي	الكتابة الصوتية
أ، ا	ʔ، aː	ض	đ
ب	b	ط	ŧ
ت	t	ظ	ð̶
ث	θ	ع	ʕ
ج	ʤ، (وفي سوريا ولبنان والمغرب) ʒ، (وفي مصر) g	غ	ɣ
ح	ħ	ف	f
خ	x	ق	q
د	d	ك	k
ذ	ð	ل	l
ر	r	م	m
ز	z	ن	n
س	s	ه	h
ش	ʃ	و	w، uː
ص	ṣ	ي	j، iː

تحديد الفرق بين دلالات الكلمات

على المستعمل أن يراعي دائما العلاقات الدلالية بين المقابلات الألمانية ليفهمها على الوجه الصحيح إذ أن الألفاظ الألمانية المتعددة الدلالة لا يمكن ضبط معناها إلا بهذه الطريقة، مثال Stärke, Stärke- mehl مقابل Stärke, Kraft و Sprung, Satz مقابل Sprung, Riß و ausdrücken, auspressen مقابل ausdrücken, formulieren. وعلاوة على ذلك فإن معنى الكلمات يتم تحديده أيضا بذكر المجال الذي تستعمل فيه أو بالإشارة إلى تلك الكلمات على أنها اصطلاحات فنية في حقل من حقول العلم والمعرفة. وفي بعض الأحيان يذكر للكلمة العربية تركيب ألماني ممكن، مثلا (*Schreib-*, *Schul-*)Heft، والقاعدة هنا هي أن الإضافات الألمانية المطبوعة بخط مائل هي إضافات لا تحتوي عليها الكلمة العربية لفظا.

لسان [li'saːn], *pl.* ألسنة [ʔalsina], ألسن [ʔalsun] *u.* (*Anat.*) [-aːt] Zunge *f*; Sprache *f*; Organ *n* (*Zeitung*); (*Schlüssel-*)Bart *m*; Riegel *m des Türschlosses*; على ~ه durch (*e-n Sprecher*); الثور ~ [l. aθ-θaur] *Bot.* Ochsenzunge *f*, Borretsch *m*; …

وفيما يخص الأفعال فيستعان بذكر ما هو شائع من فاعل أو مفعول به قد يقترن بها عادة، وتستخدم نقطتان إذا كان الفعل العربي مقترنا في الترجمة بفاعل ولا تستخدمان إذا كان مقترنا بمفعول به، مثلا *Wasser*: versickern و *Strom* sperren. أما حروف الجر المستعملة مع الأفعال فإنها مذكورة بين قوسين علما بأن حرف الجر العربي لا يترجم بالضرورة بحرف جر ألماني والعكس صحيح. والأفعال العربية المتعدية تليها «ه» للدلالة على المفعول به العاقل و«هـ» للدلالة على المفعول به غير العاقل. وتذكر الحالة الإعرابية المرتبطة بحرف جر ألماني بالاختصار الخاص بها (انظر قائمة الاختصارات). وحيثما كان استعمال الأفعال واحدا لا اختلاف فيه في العربية والألمانية استغني عن أية إيضاحات، وهذه الطريقة تطبق خاصة بالنسبة للأفعال التي تكون متعدية في كلتا اللغتين.

قضى [qɒđɒː, iː] *Zeit* verbringen; *Aufgabe* erledigen; *Bitte*, *Pflicht* erfüllen; … vorsehen, vorschreiben, bestimmen (ب *A*); entscheiden (في über *A*); vernichten, ausrotten (على *A*), ein Ende bereiten (على *D*); … *Gott*: vorherbestimmen; …

من المستحسن ألا يقف المستعمل عند المقابل الأول لمفردة عربية ما، بل عليه أن يراعي دائما كل المقابلات المعطاة للمفردة، وعليه حتى إمعان النظر في الكلمات الأخرى الواردة بجوار المفردة المطلوبة الأمر الذي يمكنه من ضبط المعنى.

جنس الأسماء

٤ – جنس الأسماء يمكن معرفته في الغالب من نهاية الكلمة ولا ضرورة في هذه الحالات إلى الإشارة إليه. وفقط في الحالات القليلة النادرة التي تكون فيها الكلمة مؤنثة بدون تاء التأنيث، مثل أرض، أو تكون مذكرة مع أنها تنتهي بتاء التأنيث، مثل علاّمة، ففي هذه الحالات تضاف بعد الكتابة الصوتية مباشرة الإشارة *f* إلى الاسم إذا كان مؤنثا والإشارة *m* إذا كان مذكرا. وإذا ذكرت الصيغ المؤنثة للأسماء أو الصفات فإنها ترد بعد الفاصلة المتبوعة بـ *f*.

الأفعال

٥ – ترد الأفعال كما هي العادة في أبسط صيغها وهي المذكر للغائب فتكون الكتابة الصوتية للفعل متبوعة بحركة المضارع التي تليها بعد فاصلة. وجريا على عادة المستشرقين في الإشارة بأرقام رومانية إلى أوزان الأفعال المزيدة فقد استخدمنا هذه الارقام، غير أننا أضفنا إليها رسمها العربي مذكورا بعدها. والكتابة الصوتية لهذه المزيدات لم تذكر إلا في صيغة الماضي فقط إذ أن صيغة المضارع محددة دائما على أساس وزنها من تلك الأوزان المزيدة. واستغني عن الرسم العربي لوزن فعّل إذا ما تشابه تشابها تاما مع رسم المفردة التي هو في بابها أي الأصل المجرد للفعل. ونوع الألفاظ الأخرى من غير الأسماء والأفعال إما أن يشار إليه باختصارات أو يمكن معرفته بسهولة عن طريق ترجمتها المعطاة.

نطق الكلمات العربية

٦ – يعقب رسم كل مفردة عربية كتابتها الصوتية مباشرة بين قوسين معقوفين. أما في حالة التراكيب اللغوية التي تعقب المفردة إيضاحا لاستعمالها فإن الألفاظ الأخرى لا تعطى كتابتها الصوتية إذا كانت قراءتها واضحة من حيث رسمها العربي، مثل إرسال، أو إذا كانت تمثل إحدى الأوزان التالية: فعل (أصل الفعل المجرد بفتح العين)، فعل وفعلة بفتح الفاء وسكون العين، فعال وفعالة بفتح الفاء، فعول وفعولة بضم الفاء، فاعول، فعيل وفعيلة بفتح الفاء، فاعل وفاعلة بكسر العين، مفعول، مفعل ومفعلة بفتح الميم والعين، أفعل التفضيل، تفعيل بفتح التاء، تفاعل بفتح التاء وضم العين، انفعال، افتعال، استفعال. ويستغنى عن الكتابة الصوتية أيضا إذا ما لحقت النسبة بالأوزان المذكورة.

تعطى الكتابة الصوتية في الصورة التي تنطق بها الكلمة منفردة أي بدون حركات الإعراب. أما في التراكيب اللغوية الثابتة أو في حالات استثنائية لها مبررها فقد ذكرت حركات الإعراب.

الترجمة الألمانية

٧ – في الترجمة الألمانية بذلنا كل جهد لتوضيح معنى الكلمة بظلاله الشتى السائدة اليوم توضيحا شاملا. فقد روعي في توالي المقابلات الألمانية استخدام ترتيب منطقي مفيد وفصلنا بين الدلالات المتشابهة المتقاربة بفاصلة وبين الدلالات المتباعدة بفاصلة منقوطة. وإذا ما كانت هناك مفردات ذات أصل اشتقاقي مختلف متماثلة من حيث رسمها ونطقها فقط دون دلالاتها فصلنا بين تلك المفردات داخل ذات الفقرة بأرقام عربية شأنها في ذلك شأن بعض الحالات الخاصة. فاذا كانت هناك صيغة جمع تعود فقط على إحدى الدلالات المعطاة فإن هذه الصيغة تذكر بعد رقم الدلالة المقصود، مثال

عنبر [ʕambar] 1. Ambra *f*; 2. *pl.* عنابر [ʕa'naːbir] (2) (Werk-)Halle *f*; (*Straßenbahn-*)Depot *n*; Hangar *m*; …

إرشادات هامة لاستعمال القاموس

ترتيب المفردات

١ – رتبت مفردات المعجم ترتيبا أبجديا بحسب رسمها العربي وليس بحسب أصلها المجرد، والمفردات ذات الرسم الواحد قد رقمت بأرقام صغيرة مرفوعة. وإذا كانت ثمة أفعال في باب رسم معين فقد وردت قبل الأسماء والحروف التي تليها بحسب تشكيلها. ففي ترتيب المفردات على أساس حركاتها اعتمدت القاعدة التالية: الفتحة أولا فالضمة فالكسرة، مثلا

[kabara] **كبر**[1] (وهي فعل) ثم [kabar] **كبر**[2] ثم [kubr] **كبر**[3] ثم [kibar] **كبر**[4] ثم [kibr] **كبر**[5]

وقد أدرجت بحسب الترتيب الأبجدي أيضا أهم الاختصارات العربية وكذلك أسماء الأقطار والأعلام.

علامة التكرار

٢ – علامة التكرار المنفصلة:

يشار إلى تكرار المفردة بالعلامة ~، وفي حالة الأفعال تشير هذه العلامة إلى تكرار الأصل المجرد أو الأوزان المزيدة منها، مثلا

قوس [qaus] ... ~ قزح (= قوس قزح)

علامة التكرار المتصلة:

الـ~ تشير إلى المفردة معرفة بـ«الـ»، وتشير ~ة أو ~ـة إلى المفردة الملحق بها تاء التأنيث، وتشير ~ه و ~ـه إلى ضمير الملكية إذا لحق باسم أو إلى المفعول به إذا لحق بفعل.

جمع المفردات

٣ – معظم الأسماء متبوعة بصيغة الجمع فيعطى جمع التكسير في رسمه العربي والكتابة الصوتية له بينما لا يشار إلى الجمع السالم إلا بإيراد اللاحقة الخاصة به وذلك بكتابة صوتية. أما الألفاظ النادرة وأسماء الفاعل والمفعول المستعملة كصفة فلا تذكر لها صيغة الجمع في الحالات التي يمكن فيها الاهتداء إلى جمعها حسب القواعد المعروفة بسهولة. وصيغ الجمع دائما مسبوقة بفاصلة يليها الاختصار *pl.* وإذا كانت الكتابة الصوتية لمفردة عربية متبوعة بهذا الاختصار فمعنى ذلك أن هذه المفردة عادة ما تستخدم في صيغة الجمع فقط. أما إذا كان هذا الاختصار مسبوقا بفاصلة منقوطة فيشير ذلك إلى أن المفردة لها المعنى المذكور بعد ذلك إذا ما وردت في صيغة الجمع، مثلا

عيب [ʕaib], *pl.* عيوب [ʕu'juːb] Fehler *m*, Mangel *m* ...; *pl.* Nachteile *m/pl.*, negative Seiten *f/pl.*

هذا وقد استفدنا في إعداد المعجم في صورته هذه من اشتغالنا بنصوص عربية عصرية لما يقارب ثلاثين عاما وقد نتج عن هذا العمل مجموعة قوامها عشرات الآلاف من القصاصات، كما استفدنا بنفس القدر من خبرتنا التعليمية في كلية غرمرسهايم طوال المدة نفسها تقريبا. ولا يفوتنا في هذه المناسبة أن نشكر جميع الطلاب السابقين منهم والحاليين الذين شحذوا وعينا بالمشاكل المعجمية بالأسئلة وفي بعض الأحيان أيضا بعدم الدقة في ترجمتهم بهذا القدر أو ذاك والذين قد أوصلونا بذلك إلى المدخلات المعجمية الصحيحة والصائبة بإذن الله.

كذلك نقدم شكرنا الخاص إلى محررة دار النشر «لانجنشايت» المختصة بهذا المعجم السيدة استر ديبوس– غريغور التي قدمت عونها المشكور خلال فترة تصحيح التجارب المطبعية بعناية والتزام كبيرين وأسعفتنا بعدة مقترحات وإشارات قيمة، كما نشكر بصفة عامة كل أعضاء رئاسة التحرير للغات الشرقية في دار النشر هذه والذين أبدوا دائما تفاهمهم الواسع بالنسبة لرغباتنا وتصوراتنا.

وبذلك نرجو أن يكون الجهد الذي بذله كل المعنيين في إخراج هذا العمل قد أثمر ثمرة طيبة وأن نكون قد نجحنا جميعا في بلوغ هدفنا وهو توفير رائد أمين يرافق المستعمل مساعدا إياه على فهم النصوص العربية بدون عناء ويكون من شأنه إثارة اهتمام أكبر باللغة العربية وتيسير فهم أعمق للحضارة العربية الإسلامية ونأمل بمجهودنا هذا أن نكون قد قمنا بتقديم مساهمة متواضعة في سبيل تحقيق التفاهم بين الشعوب.

الدكتور لورنس كروبفيتش

الخصائص المعجمية القطرية وتقديمها للمستعمل بشكل متوازن متكافئ قدر المستطاع، علما بأن استعمالا خاصا لكلمة من الكلمات أو معنى من المعاني قد يكون مقتصرا على قطر أو أكثر من الأقطار العربية إنما أشرنا إليه في موضعه بالاختصار الخاص بذلك.

وإدخال بعض الألفاظ العامية كمقابلات لكلمات فصيحة مثل **من وما وأين وكيف** إنما هو تجديد آخر في تأليف القواميس العربية قد يكون أمرا مرفوضا من جانب المتزمتين، غير أن الذين يريدون فهم النكت ورسوم الكاريكاتير في الصحف العربية على سبيل المثال سوف يرحبون بذلك ولا شك. وكان المعيار الأول والأخير في هذا الحيد عن الأسس التقليدية في اختيار الكلمات والملتزم في نفس الوقت بالمبادئ العلمية الوصفية هو السعي إلى إتاحة الفرصة أمام القارئ أيضا لفهم نصوص مكتوبة عادة باللغة العامية.

لقد أبقينا على ترتيب المفردات حسب رسمها العربي والمتبع في قاموس الجيب وليس حسب أصلها المجرد إذ من الواضح أن تلك الطريقة تضمن للمستعمل من الناحية العملية سرعة إيجاد كلمته المنشودة أو المعنى المطلوب. ولم نستثن من ذلك إلا الأفعال التي ترد مزيداتها كلها تحت الأصل المجرد للفعل أي الجذر، وذلك من أجل إيضاح العلاقة الدلالية بين الأصل ومزيداته من جهة وبين المزيدات نفسها من جهة أخرى مما يسهل على المستعمل الفهم الأعمق والأدق لمزيدات أخرى قد تكون جديدة ولم ترد في المعجم.

وبما أن للمصادر في النحو العربي طابعا اسميا فإن المستخدم منها في الواقع أدخل في المعجم كمفردات مستقلة على عكس العادة المعجمية الجارية حتى الآن. وحيثما كان مصدر ألماني مقابلا لمصدر عربي بمعنى أن ذلك المصدر الألماني هو فعل مستخدم كاسم، فإن في ذلك دلالة على أن ترجمته بتركيب فعلي ألماني تكون ممكنة إن لم تكن مستحسنة.

ولأول مرة قد أدخل في معجم مرتبة مفرداته حسب رسمها العربي نظام مترابط للإحالات فيما يتعلق بصيغ الجمع وأسماء التفضيل. وقد استثنينا من ذلك فقط صيغ الجمع التي تبدأ بنفس الحرفين اللذين يبدأ بهما مفردها إذ أن صيغ الجمع هذه يمكن الاهتداء إليها في باب مفردها بدون صعوبة تذكر وذلك على أساس تشابهها معها.

وخلافا للأسلوب المتبع في مثيلاته من المعاجم وكتب القواعد والنحو أيضا فإن حرف ظ في هذا المعجم ممثل بـ [ð] في الكتابة الصوتية وذلك بحسب واقع صوته في اللغة العربية الفصحى وبحسب موضعه في النظام الصوتي الفونولوجي العربي.

مقدمة

لقد تزايد في السنوات الأخيرة وبشكل لم يسبق له مثيل الاهتمام باللغة العربية والحضارة العربية الإسلامية، وتبعا لذلك قفز عدد الذين يشتغلون باللغة العربية إما بحكم عملهم كمترجمين أو مدرسين أو طلاب أو بدافع حافز شخصي محض إلى مستوى لم يعرف من قبل، وكل ذلك بفضل الأهمية السياسية المتصاعدة للعالم العربي والمكانة المتزايدة قوة التي اكتسبها الإسلام في يومنا هذا.

هذا التطور الإيجابي قد حدا بالمؤلف وبدار النشر «لانجنشايت» إلى إضافة معجم جديد آخر إلى سلسلة قواميس «لانجنشايت» المتوسطة الحجم ليكون أول معجم للغة العربية في هذه السلسلة بهدف أن يفي بحاجات أولئك الذين يودون التعمق أكثر في اللغة العربية سواء أكان حافزهم في ذلك علميا بحثيا أم أدبيا فنيا أم صحفيا إعلاميا.

إن غاية المؤلف ودار النشر من مشروعهما هذا هي وضع معجم بمقدوره أن يقدم معلومات شاملة ومتوازنة تمكن المستعمل من فهم النصوص العامة وحتى النصوص التخصصية المتوسطة الصعوبة، لذا عمدنا في إنجاز عملنا إلى الاقتصار بقدر الإمكان على رصيد الألفاظ المستعملة في عصرنا والاختيار الهادف والصائب للوحدات المعجمية والدلالية في شتى الميادين ذات الأهمية في حياتنا اليومية المعاصرة.

لقد وضعنا نصب أعيننا خلال إعدادنا لهذا المعجم حصر آخر المستجد من الكلمات التي ظهرت حتى مشارف القرن الحادي والعشرين فراعينا من حيث إدراج المفردات أحدث التطورات السياسية بما فيها نشأة الدول الحديثة والمعطيات الاقتصادية الجديدة التي أصبحت مطبوعة في العالم العربي أيضا بطابع اقتصاديات السوق الحرة، كما أدخلنا العديد من مصطلحات علم الحاسوب وعلم البيئة وغيرهما من حقول المعرفة والعلم المختلفة.

إن المتتبع للصحف والمجلات العربية يواجه حقيقة مؤداها أن نفس المفاهيم التصورية وراء الكلمات يعبر عنها بطريقة مغايرة في بعض الأقطار العربية، لذلك نقوم قوم في هذا المعجم ولأول مرة بمحاولة حصر هذه

محتويات القاموس

الطبعة الأولى ١٩٩٦

طبعت في جمهورية ألمانيا الاتحادية

لانجنشايت

القاموس المتوسط
عربي – ألماني

تأليف
الدكتور لورنس كروبفيتش

لانجنشايت
برلين · ميونيخ · ڤيينا · زيوريخ · نيويورك